Lohnsteuer – Allgemeiner Tarif

Höherer Monat

Lohnsteuer

Diese **Lohnsteuer-Tabelle** ist für Arbeitnehmer anzuwenden, die in der gesetzlichen Rentenversicherung pflichtversichert sind.

Bei Arbeitnehmern, die privat kranken- und pflegeversichert sind, ist vor Anwendung der Tabelle eine Nebenrechnung durchzuführen.

Ab 4 800,- € ist wegen der Ermittlung der Vorsorgepauschale zwischen West und Ost zu unterscheiden.

In den Erläuterungen und im Anhang zur Tabelle „Monat" finden Sie nähere Informationen hierzu.

Solidaritätszuschlag

Neben der Lohnsteuer ist auch der Solidaritätszuschlag ausgewiesen.

In den Erläuterungen zur Tabelle „Monat" finden Sie nähere Informationen hierzu.

Kirchensteuer

Diese Tabelle enthält die für alle Bundesländer maßgebenden Steuersätze von **8 %** und **9 %.**

8 % = Baden-Württemberg, Bayern

9 % = Berlin, Brandenburg, Bremen, Hamburg, Hessen, Mecklenburg-Vorpommern, Niedersachsen, Nordrhein-Westfalen, Rheinland-Pfalz, Saarland, Sachsen, Sachsen-Anhalt, Schleswig-Holstein, Thüringen

Zu beachten ist besonders die Mindestbetrags-Kirchensteuer in den einzelnen Bundesländern.

In den Erläuterungen zur Tabelle „Monat" finden Sie nähere Informationen hierzu.

MONAT 4 800,–*

Lohn/ Gehalt bis €*	StKl	LSt	SolZ	8%	9%	StKl	LSt	0,5 SolZ	0,5 8%	0,5 9%	1 SolZ	1 8%	1 9%	1,5 SolZ	1,5 8%	1,5 9%	2 SolZ	2 8%	2 9%	2,5 SolZ	2,5 8%	2,5 9%	3 SolZ	3 8%	3 9%
			Abzüge an Lohnsteuer, Solidaritätszuschlag (SolZ) und Kirchensteuer (8%, 9%) in den Steuerklassen																						
			I – VI ohne Kinderfreibeträge			**I, II, III, IV** mit Zahl der Kinderfreibeträge . . .																			
4 802,99 West	I,IV	1 077,33	59,25	86,18	96,95	I	1 077,33	52,83	76,85	86,45	46,67	67,88	76,37	40,76	59,30	66,71	35,12	51,08	57,47	29,73	43,24	48,65	24,59	35,78	40,25
	II	1 033,25	56,82	82,66	92,99	II	1 033,25	50,50	73,46	82,64	44,44	64,64	72,72	38,62	56,18	63,20	33,07	48,11	54,12	27,78	40,41	45,46	22,74	33,08	37,22
	III	689,16	37,90	55,13	62,02	III	689,16	33,26	48,38	54,43	28,75	41,82	47,05	24,37	35,45	39,88	20,12	29,26	32,92	15,99	23,26	26,17	11,23	17,45	19,63
	V	1 490,58	81,98	119,24	134,15	IV	1 077,33	56,01	81,47	91,65	52,83	76,85	86,45	49,72	72,32	81,36	46,67	67,88	76,37	43,68	63,54	71,48	40,76	59,30	66,71
	VI	1 524,—	83,82	121,92	137,16																				
4 802,99 Ost	I,IV	1 077,41	59,25	86,19	96,96	I	1 077,41	52,84	76,86	86,46	46,67	67,89	76,37	40,77	59,30	66,71	35,12	51,09	57,47	29,73	43,25	48,65	24,60	35,78	40,25
	II	1 033,33	56,83	82,66	92,99	II	1 033,33	50,50	73,46	82,64	44,44	64,64	72,72	38,63	56,19	63,21	33,08	48,12	54,13	27,78	40,42	45,47	22,75	33,09	37,22
	III	689,16	37,90	55,13	62,02	III	689,16	33,26	48,38	54,43	28,75	41,82	47,05	24,37	35,45	39,88	20,12	29,26	32,92	15,99	23,26	26,17	11,23	17,45	19,63
	V	1 490,66	81,98	119,25	134,15	IV	1 077,41	56,01	81,48	91,66	52,84	76,86	86,46	49,72	72,32	81,36	46,67	67,89	76,37	43,69	63,55	71,49	40,77	59,30	66,71
	VI	1 524,08	83,82	121,92	137,16																				
4 805,99 West	I,IV	1 078,58	59,32	86,28	97,07	I	1 078,58	52,89	76,94	86,55	46,73	67,97	76,46	40,82	59,38	66,80	35,17	51,16	57,56	29,78	43,32	48,73	24,64	35,85	40,33
	II	1 034,41	56,89	82,75	93,09	II	1 034,41	50,56	73,55	82,74	44,49	64,72	72,81	38,68	56,27	63,30	33,13	48,19	54,21	27,83	40,49	45,55	22,79	33,16	37,30
	III	690,—	37,95	55,20	62,10	III	690,—	33,31	48,45	54,50	28,80	41,89	47,12	24,41	35,50	39,94	20,15	29,32	32,98	16,03	23,32	26,23	11,36	17,50	19,69
	V	1 491,75	82,04	119,34	134,25	IV	1 078,58	56,07	81,56	91,76	52,89	76,94	86,55	49,78	72,41	81,46	46,73	67,97	76,46	43,74	63,63	71,58	40,82	59,38	66,80
	VI	1 525,25	83,88	122,02	137,27																				
4 805,99 Ost	I,IV	1 078,66	59,32	86,29	97,07	I	1 078,66	52,90	76,95	86,57	46,74	67,98	76,48	40,83	59,39	66,81	35,18	51,17	57,56	29,78	43,32	48,74	24,65	35,86	40,34
	II	1 034,50	56,89	82,76	93,10	II	1 034,50	50,57	73,56	82,75	44,50	64,73	72,82	38,69	56,28	63,31	33,13	48,20	54,22	27,84	40,50	45,56	22,80	33,16	37,31
	III	690,—	37,95	55,20	62,10	III	690,—	33,31	48,45	54,50	28,80	41,89	47,12	24,42	35,52	39,96	20,15	29,32	32,98	16,03	23,32	26,23	11,36	17,50	19,69
	V	1 491,91	82,05	119,35	134,27	IV	1 078,66	56,08	81,57	91,76	52,90	76,95	86,57	49,78	72,42	81,47	46,74	67,98	76,48	43,75	63,64	71,59	40,83	59,39	66,81
	VI	1 525,33	83,89	122,02	137,27																				
4 808,99 West	I,IV	1 079,75	59,38	86,38	97,17	I	1 079,75	52,96	77,03	86,66	46,79	68,06	76,56	40,88	59,46	66,89	35,23	51,24	57,65	29,83	43,40	48,82	24,69	35,92	40,41
	II	1 035,58	56,95	82,84	93,20	II	1 035,58	50,62	73,64	82,84	44,55	64,80	72,90	38,74	56,35	63,39	33,18	48,27	54,30	27,88	40,56	45,63	22,84	33,23	37,38
	III	690,83	37,99	55,26	62,17	III	690,83	33,35	48,52	54,58	28,83	41,94	47,18	24,45	35,57	40,01	20,20	29,38	33,05	16,06	23,37	26,29	11,50	17,56	19,75
	V	1 493,—	82,11	119,44	134,37	IV	1 079,75	56,14	81,66	91,86	52,96	77,03	86,66	49,84	72,50	81,56	46,79	68,06	76,56	43,80	63,72	71,68	40,88	59,46	66,89
	VI	1 526,41	83,95	122,11	137,37																				
4 808,99 Ost	I,IV	1 079,91	59,39	86,39	97,19	I	1 079,91	52,96	77,04	86,67	46,80	68,07	76,58	40,89	59,48	66,91	35,23	51,25	57,65	29,84	43,40	48,83	24,70	35,93	40,42
	II	1 035,75	56,96	82,86	93,21	II	1 035,75	50,63	73,65	82,85	44,56	64,82	72,92	38,75	56,36	63,41	33,19	48,28	54,31	27,89	40,57	45,64	22,85	33,24	37,39
	III	691,—	38,—	55,28	62,19	III	691,—	33,35	48,52	54,58	28,84	41,96	47,20	24,45	35,57	40,01	20,20	29,38	33,05	16,07	23,38	26,30	11,53	17,57	19,76
	V	1 493,16	82,12	119,45	134,38	IV	1 079,91	56,15	81,67	91,88	52,96	77,04	86,67	49,85	72,51	81,57	46,80	68,07	76,58	43,81	63,72	71,69	40,89	59,48	66,91
	VI	1 526,58	83,96	122,12	137,39																				
4 811,99 West	I,IV	1 080,91	59,45	86,47	97,28	I	1 080,91	53,02	77,12	86,76	46,85	68,14	76,66	40,93	59,54	66,98	35,28	51,32	57,74	29,88	43,47	48,90	24,75	36,—	40,50
	II	1 036,75	57,02	82,94	93,30	II	1 036,75	50,68	73,72	82,94	44,61	64,89	73,—	38,79	56,43	63,48	33,23	48,34	54,38	27,94	40,64	45,72	22,89	33,30	37,46
	III	691,66	38,04	55,33	62,24	III	691,66	33,40	48,58	54,65	28,88	42,01	47,26	24,50	35,64	40,09	20,24	29,44	33,12	16,11	23,44	26,37	11,63	17,61	19,81
	V	1 494,16	82,17	119,53	134,47	IV	1 080,91	56,20	81,75	91,97	53,02	77,12	86,76	49,90	72,58	81,65	46,85	68,14	76,66	43,86	63,80	71,77	40,93	59,54	66,98
	VI	1 527,66	84,02	122,21	137,48																				
4 811,99 Ost	I,IV	1 081,08	59,45	86,48	97,29	I	1 081,08	53,03	77,14	86,78	46,86	68,16	76,68	40,95	59,56	67,01	35,29	51,34	57,75	29,89	43,48	48,92	24,75	36,—	40,50
	II	1 036,91	57,03	82,95	93,32	II	1 036,91	50,70	73,74	82,96	44,62	64,91	73,02	38,80	56,44	63,50	33,24	48,36	54,40	27,94	40,65	45,73	22,90	33,31	37,47
	III	691,83	38,05	55,34	62,26	III	691,83	33,40	48,58	54,65	28,89	42,02	47,27	24,50	35,64	40,09	20,24	29,45	33,13	16,11	23,44	26,37	11,66	17,62	19,82
	V	1 494,41	82,19	119,55	134,49	IV	1 081,08	56,21	81,76	91,98	53,03	77,14	86,78	49,91	72,60	81,68	46,86	68,16	76,68	43,87	63,82	71,79	40,95	59,56	67,01
	VI	1 527,83	84,03	122,22	137,50																				
4 814,99 West	I,IV	1 082,08	59,51	86,56	97,38	I	1 082,08	53,08	77,21	86,86	46,91	68,23	76,76	40,99	59,63	67,08	35,33	51,40	57,82	29,93	43,54	48,98	24,79	36,06	40,57
	II	1 037,83	57,08	83,02	93,40	II	1 037,83	50,75	73,82	83,04	44,67	64,98	73,10	38,85	56,51	63,57	33,29	48,42	54,47	27,99	40,71	45,80	22,94	33,37	37,54
	III	692,50	38,08	55,40	62,32	III	692,50	33,44	48,64	54,72	28,93	42,08	47,34	24,53	35,69	40,15	20,28	29,50	33,19	16,15	23,49	26,42	11,76	17,66	19,87
	V	1 495,41	82,24	119,63	134,58	IV	1 082,08	56,26	81,84	92,07	53,08	77,21	86,86	49,96	72,68	81,76	46,91	68,23	76,76	43,92	63,88	71,87	40,99	59,63	67,08
	VI	1 528,83	84,08	122,30	137,59																				
4 814,99 Ost	I,IV	1 082,33	59,52	86,58	97,40	I	1 082,33	53,09	77,23	86,88	46,92	68,25	76,78	41,01	59,65	67,10	35,35	51,42	57,84	29,95	43,56	49,01	24,80	36,08	40,59
	II	1 038,16	57,09	83,05	93,43	II	1 038,16	50,76	73,84	83,07	44,68	65,—	73,12	38,86	56,53	63,59	33,30	48,44	54,50	27,99	40,72	45,81	22,95	33,38	37,55
	III	692,66	38,09	55,41	62,33	III	692,66	33,45	48,66	54,74	28,93	42,09	47,35	24,54	35,70	40,16	20,29	29,52	33,21	16,16	23,50	26,44	11,80	17,68	19,89
	V	1 495,66	82,26	119,65	134,60	IV	1 082,33	56,27	81,86	92,09	53,09	77,23	86,88	49,98	72,70	81,78	46,92	68,25	76,78	43,93	63,90	71,89	41,01	59,65	67,10
	VI	1 529,16	84,10	122,33	137,62																				
4 817,99 West	I,IV	1 083,25	59,57	86,66	97,49	I	1 083,25	53,14	77,30	86,96	46,97	68,32	76,86	41,05	59,71	67,17	35,39	51,48	57,91	29,99	43,62	49,07	24,84	36,14	40,65
	II	1 039,08	57,14	83,12	93,51	II	1 039,08	50,81	73,90	83,14	44,73	65,06	73,19	38,91	56,60	63,67	33,34	48,50	54,56	28,04	40,78	45,88	22,99	33,44	37,62
	III	693,33	38,13	55,46	62,39	III	693,33	33,49	48,72	54,81	28,97	42,14	47,41	24,58	35,76	40,23	20,32	29,56	33,25	16,19	23,56	26,50	11,93	17,73	19,94
	V	1 496,58	82,31	119,72	134,69	IV	1 083,25	56,32	81,93	92,17	53,14	77,30	86,96	50,02	72,76	81,86	46,97	68,32	76,86	43,98	63,97	71,96	41,05	59,71	67,17
	VI	1 530,08	84,15	122,40	137,70																				
4 817,99 Ost	I,IV	1 083,58	59,59	86,68	97,52	I	1 083,58	53,16	77,32	86,99	46,98	68,34	76,88	41,07	59,74	67,20	35,40	51,50	57,93	30,—	43,64	49,10	24,86	36,16	40,68
	II	1 039,33	57,16	83,14	93,53	II	1 039,33	50,82	73,93	83,17	44,74	65,08	73,22	38,92	56,62	63,69	33,36	48,52	54,59	28,05	40,80	45,90	23,—	33,46	37,64
	III	693,66	38,15	55,49	62,42	III	693,66	33,50	48,73	54,82	28,98	42,16	47,43	24,59	35,77	40,24	20,33	29,57	33,26	16,20	23,57	26,51	11,96	17,74	19,96
	V	1 496,91	82,33	119,75	134,72	IV	1 083,58	56,34	81,96	92,20	53,16	77,32	86,99	50,04	72,78	81,88	46,98	68,34	76,88	43,99	63,99	71,99	41,07	59,74	67,20
	VI	1 530,41	84,17	122,43	137,73																				
4 820,99 West	I,IV	1 084,41	59,64	86,75	97,59	I	1 084,41	53,20	77,39	87,06	47,02	68,40	76,95	41,11	59,80	67,27	35,44	51,56	58,—	30,04	43,70	49,16	24,89	36,21	40,73
	II	1 040,16	57,20	83,21	93,61	II	1 040,16	50,87	73,99	83,24	44,78	65,14	73,28	38,96	56,68	63,76	33,39	48,58	54,65	28,09	40,86	45,96	23,04	33,51	37,70
	III	694,16	38,17	55,53	62,47	III	694,16	33,53	48,77	54,86	29,01	42,20	47,47	24,63	35,82	40,30	20,36	29,62	33,32	16,23	23,61	26,56	12,06	17,78	20,—
	V	1 497,83	82,38	119,82	134,80	IV	1 084,41	56,39	82,02	92,27	53,20	77,39	87,06	50,08	72,85	81,95	47,02	68,40	76,95	44,03	64,05	72,05	41,11	59,80	67,27
	VI	1 531,25	84,21	122,50	137,81																				
4 820,99 Ost	I,IV	1 084,75	59,66	86,78	97,62	I	1 084,75	53,22	77,42	87,09	47,04	68,43	76,98	41,13	59,82	67,30	35,46	51,58	58,03	30,05	43,72	49,18	24,91	36,23	40,76
	II	1 040,58	57,23	83,24	93,65	II	1 040,58	50,89	74,02	83,27	44,81	65,18	73,32	38,98	56,70	63,79	33,41	48,60	54,68	28,10	40,88	45,99	23,05	33,53	37,72
	III	694,50	38,19	55,56	62,50	III	694,50	33,55	48,80	54,90	29,03	42,22	47,50	24,64	35,84	40,32	20,37	29,64	33,34	16,24	23,62	26,57	12,10	17,80	20,02
	V	1 498,16	82,39	119,85	134,83	IV	1 084,75	56,41	82,05	92,30	53,22	77,42	87,09	50,10	72,88	81,99	47,04	68,43	76,98	44,05	64,08	72,09	41,13	59,82	67,30
	VI	1 531,66	84,24	122,53	137,84																				
4 823,99 West	I,IV	1 085,58	59,70	86,84	97,70	I	1 085,58	53,26	77,48	87,16	47,08	68,49	77,05	41,16	59,88	67,36	35,50	51,64	58,09	30,09	43,77	49,24	24,94	36,28	40,81
	II	1 041,33	57,27	83,30	93,71	II	1 041,33	50,93	74,08	83,34	44,84	65,23	73,38	39,02	56,76	63,85	33,45	48,66	54,74	28,14	40,93	46,04	23,08	33,58	37,77
	III	695,—	38,22	55,60	62,55	III	695,—	33,57	48,84	54,94	29,05	42,26	47,54	24,66	35,88	40,36	20,40	29,68	33,39	16,27	23,66	26,62	12,20	17,84	20,07
	V	1 499,—	82,44	119,92	134,91	IV	1 085,58	56,45	82,12	92,38	53,26	77,48	87,16	50,14	72,94	82,05	47,08	68,49	77,05	44,09	64,14	72,15	41,16	59,88	67,36
	VI	1 532,41	84,28	122,59	137,91																				
4 823,99 Ost	I,IV	1 086,—	59,73	86,88	97,74	I	1 086,—	53,29	77,51	87,20	47,11	68,52	77,09	41,18	59,90	67,39	35,52	51,66	58,12	30,11	43,80	49,27	24,96	36,30	40,84
	II	1 041,75	57,29	83,34	93,75	II	1 041,75	50,95	74,11	83,37	44,87	65,26	73,42	39,04	56,78	63,88	33,47	48,68	54,77	28,16	40,96	46,08	23,10	33,60	37,80
	III	695,33	38,24	55,62	62,57	III	695,33	33,59	48,86	54,97	29,07	42,29	47,57	24,68	35,90	40,39	20,42	29,70	33,41	16,28	23,69	26,65	12,26	17,86	20,09
	V	1 499,41	82,46	119,95	134,94	IV	1 086,—	56,48	82,15	92,42	53,29	77,51	87,20	50,16	72,97	82,09	47,11	68,52	77,09	44,11	64,17	72,19	41,18	59,90	67,39
	VI	1 532,91	84,31	122,63	137,96																				

* Die ausgewiesenen Tabellenwerte sind amtlich. Siehe Erläuterungen auf der Umschlaginnenseite (U2).

Lohn/ Gehalt bis €*		Abzüge an Lohnsteuer, Solidaritätszuschlag (SolZ) und Kirchensteuer (8%, 9%) in den Steuerklassen I – VI				I, II, III, IV																			
			ohne Kinderfreibeträge					mit Zahl der Kinderfreibeträge . . . 0,5			1			1,5			2			2,5			3		
		LSt	SolZ	8%	9%		LSt	SolZ	8%	9%	SolZ	8%	9%	SolZ	8%	9%	SolZ	8%	9%	SolZ	8%	9%	SolZ	8%	9%
4 826,99 West	I,IV	1 086,75	59,77	86,94	97,80	I	1 086,75	53,33	77,57	87,26	47,14	68,58	77,15	41,22	59,96	67,45	35,55	51,72	58,18	30,14	43,84	49,32	24,99	36,35	40,89
	II	1 042,50	57,33	83,40	93,82	II	1 042,50	50,99	74,17	83,44	44,90	65,32	73,48	39,07	56,84	63,94	33,50	48,74	54,83	28,19	41,—	46,13	23,13	33,65	37,85
	III	695,83	38,27	55,66	62,62	III	695,83	33,62	48,90	55,01	29,10	42,33	47,62	24,71	35,94	40,43	20,45	29,74	33,46	16,30	23,72	26,68	12,30	17,89	20,12
	V	1 500,25	82,51	120,02	135,02	IV	1 086,75	56,52	82,21	92,48	53,33	77,57	87,26	50,21	73,03	82,16	47,14	68,58	77,15	44,15	64,22	72,25	41,22	59,96	67,45
	VI	1 533,66	84,35	122,69	138,02																				
4 826,99 Ost	I,IV	1 087,25	59,79	86,98	97,85	I	1 087,25	53,35	77,61	87,31	47,17	68,61	77,18	41,24	59,99	67,49	35,58	51,75	58,22	30,16	43,88	49,36	25,01	36,38	40,93
	II	1 043,—	57,36	83,44	93,87	II	1 043,—	51,01	74,20	83,48	44,93	65,35	73,52	39,10	56,87	63,98	33,52	48,76	54,86	28,21	41,04	46,17	23,15	33,68	37,89
	III	696,16	38,28	55,69	62,65	III	696,16	33,64	48,93	55,04	29,12	42,36	47,65	24,73	35,97	40,46	20,46	29,76	33,48	16,32	23,74	26,71	12,32	17,92	20,16
	V	1 500,75	82,54	120,06	135,06	IV	1 087,25	56,54	82,24	92,52	53,35	77,61	87,31	50,23	73,06	82,19	47,17	68,61	77,18	44,17	64,26	72,29	41,24	59,99	67,49
	VI	1 534,16	84,37	122,73	138,07																				
4 829,99 West	I,IV	1 087,91	59,83	87,03	97,91	I	1 087,91	53,39	77,66	87,36	47,20	68,66	77,24	41,28	60,04	67,55	35,61	51,80	58,27	30,19	43,92	49,41	25,04	36,42	40,97
	II	1 043,66	57,40	83,49	93,92	II	1 043,66	51,05	74,26	83,54	44,96	65,40	73,58	39,13	56,92	64,03	33,55	48,81	54,91	28,24	41,08	46,21	23,18	33,72	37,93
	III	696,66	38,31	55,73	62,69	III	696,66	33,66	48,97	55,09	29,15	42,40	47,70	24,75	36,—	40,50	20,48	29,80	33,52	16,35	23,78	26,75	12,34	17,96	20,20
	V	1 501,41	82,57	120,11	135,12	IV	1 087,91	56,58	82,30	92,58	53,39	77,66	87,36	50,27	73,12	82,26	47,20	68,66	77,24	44,21	64,30	72,34	41,28	60,04	67,55
	VI	1 534,83	84,41	122,78	138,13																				
4 829,99 Ost	I,IV	1 088,50	59,86	87,08	97,96	I	1 088,50	53,42	77,70	87,41	47,23	68,70	77,29	41,30	60,08	67,59	35,63	51,83	58,31	30,22	43,96	49,45	25,06	36,46	41,01
	II	1 044,16	57,42	83,53	93,97	II	1 044,16	51,08	74,30	83,58	44,99	65,44	73,62	39,16	56,96	64,08	33,58	48,85	54,95	28,26	41,11	46,25	23,20	33,75	37,97
	III	697,16	38,34	55,77	62,74	III	697,16	33,68	49,—	55,12	29,16	42,42	47,72	24,76	36,02	40,52	20,50	29,82	33,55	16,37	23,81	26,78	12,36	17,98	20,23
	V	1 502,—	82,61	120,16	135,18	IV	1 088,50	56,61	82,34	92,63	53,42	77,70	87,41	50,29	73,16	82,30	47,23	68,70	77,29	44,23	64,34	72,38	41,30	60,08	67,59
	VI	1 535,41	84,44	122,83	138,18																				
4 832,99 West	I,IV	1 089,08	59,89	87,12	98,01	I	1 089,08	53,45	77,75	87,47	47,26	68,75	77,34	41,33	60,12	67,64	35,66	51,88	58,36	30,25	44,—	49,50	25,09	36,50	41,06
	II	1 044,83	57,46	83,58	94,03	II	1 044,83	51,11	74,35	83,64	45,02	65,49	73,67	39,19	57,—	64,13	33,61	48,89	55,—	28,29	41,16	46,30	23,23	33,79	38,01
	III	697,66	38,37	55,81	62,78	III	697,66	33,71	49,04	55,17	29,19	42,46	47,77	24,79	36,06	40,57	20,53	29,86	33,59	16,39	23,84	26,82	12,38	18,01	20,26
	V	1 502,66	82,64	120,21	135,23	IV	1 089,08	56,64	82,39	92,69	53,45	77,75	87,47	50,32	73,20	82,35	47,26	68,75	77,34	44,27	64,39	72,44	41,33	60,12	67,64
	VI	1 536,08	84,48	122,88	138,24																				
4 832,99 Ost	I,IV	1 089,66	59,93	87,17	98,06	I	1 089,66	53,48	77,80	87,52	47,30	68,80	77,40	41,36	60,16	67,68	35,69	51,92	58,41	30,27	44,04	49,54	25,11	36,53	41,09
	II	1 045,41	57,49	83,63	94,08	II	1 045,41	51,14	74,39	83,69	45,05	65,53	73,72	39,21	57,04	64,17	33,64	48,93	55,04	28,32	41,19	46,34	23,25	33,82	38,05
	III	698,—	38,39	55,84	62,82	III	698,—	33,73	49,06	55,19	29,21	42,49	47,80	24,81	36,09	40,60	20,55	29,89	33,62	16,40	23,86	26,84	12,40	18,04	20,29
	V	1 503,25	82,67	120,26	135,29	IV	1 089,66	56,67	82,44	92,74	53,48	77,80	87,52	50,36	73,25	82,40	47,30	68,80	77,40	44,30	64,44	72,49	41,36	60,16	67,68
	VI	1 536,66	84,51	122,93	138,29																				
4 835,99 West	I,IV	1 090,25	59,96	87,22	98,12	I	1 090,25	53,51	77,84	87,57	47,32	68,84	77,44	41,39	60,21	67,73	35,71	51,95	58,44	30,30	44,07	49,58	25,14	36,57	41,14
	II	1 046,—	57,53	83,68	94,14	II	1 046,—	51,17	74,44	83,74	45,08	65,57	73,76	39,24	57,08	64,22	33,66	48,97	55,09	28,34	41,23	46,38	23,28	33,86	38,09
	III	698,50	38,41	55,88	62,86	III	698,50	33,76	49,10	55,24	29,23	42,52	47,83	24,84	36,13	40,64	20,57	29,92	33,66	16,43	23,90	26,89	12,42	18,06	20,32
	V	1 503,83	82,71	120,30	135,34	IV	1 090,25	56,70	82,48	92,79	53,51	77,84	87,57	50,38	73,29	82,45	47,32	68,84	77,44	44,33	64,48	72,54	41,39	60,21	67,73
	VI	1 537,25	84,54	122,98	138,35																				
4 835,99 Ost	I,IV	1 090,91	60,—	87,27	98,18	I	1 090,91	53,55	77,89	87,62	47,35	68,88	77,49	41,42	60,25	67,78	35,75	52,—	58,50	30,33	44,12	49,63	25,16	36,60	41,18
	II	1 046,58	57,56	83,72	94,19	II	1 046,58	51,20	74,48	83,79	45,11	65,62	73,82	39,27	57,13	64,27	33,69	49,01	55,13	28,37	41,27	46,43	23,30	33,90	38,13
	III	698,83	38,43	55,90	62,89	III	698,83	33,78	49,14	55,28	29,26	42,56	47,88	24,86	36,16	40,68	20,59	29,96	33,70	16,45	23,93	26,92	12,43	18,09	20,35
	V	1 504,50	82,74	120,36	135,40	IV	1 090,91	56,74	82,54	92,85	53,55	77,89	87,62	50,42	73,34	82,51	47,35	68,88	77,49	44,36	64,52	72,59	41,42	60,25	67,78
	VI	1 537,91	84,58	123,03	138,41																				
4 838,99 West	I,IV	1 091,41	60,02	87,31	98,22	I	1 091,41	53,57	77,93	87,67	47,38	68,92	77,54	41,45	60,29	67,82	35,77	52,03	58,53	30,35	44,15	49,67	25,19	36,64	41,22
	II	1 047,08	57,58	83,76	94,23	II	1 047,08	51,23	74,52	83,84	45,14	65,66	73,86	39,30	57,16	64,31	33,71	49,04	55,17	28,39	41,30	46,46	23,32	33,93	38,17
	III	699,33	38,46	55,94	62,93	III	699,33	33,80	49,17	55,31	29,27	42,58	47,90	24,87	36,18	40,70	20,61	29,98	33,73	16,47	23,96	26,95	12,45	18,12	20,38
	V	1 505,—	82,77	120,40	135,45	IV	1 091,41	56,77	82,58	92,90	53,57	77,93	87,67	50,44	73,38	82,55	47,38	68,92	77,54	44,38	64,56	72,63	41,45	60,29	67,82
	VI	1 538,50	84,61	123,08	138,46																				
4 838,99 Ost	I,IV	1 092,16	60,06	87,37	98,29	I	1 092,16	53,61	77,98	87,73	47,42	68,98	77,60	41,48	60,34	67,88	35,80	52,08	58,59	30,38	44,20	49,72	25,22	36,68	41,27
	II	1 047,83	57,63	83,82	94,30	II	1 047,83	51,27	74,58	83,90	45,17	65,71	73,92	39,33	57,21	64,36	33,75	49,09	55,22	28,42	41,34	46,51	23,36	33,98	38,22
	III	699,83	38,49	55,98	62,98	III	699,83	33,83	49,21	55,36	29,30	42,62	47,95	24,90	36,22	40,75	20,63	30,01	33,76	16,50	24,—	27,—	12,48	18,16	20,43
	V	1 505,75	82,81	120,46	135,51	IV	1 092,16	56,81	82,63	92,96	53,61	77,98	87,73	50,48	73,43	82,61	47,42	68,98	77,60	44,42	64,61	72,68	41,48	60,34	67,88
	VI	1 539,25	84,65	123,14	138,53																				
4 841,99 West	I,IV	1 092,66	60,09	87,41	98,33	I	1 092,66	53,64	78,02	87,77	47,44	69,01	77,63	41,51	60,38	67,92	35,82	52,11	58,62	30,40	44,22	49,75	25,24	36,71	41,30
	II	1 048,25	57,65	83,86	94,34	II	1 048,25	51,30	74,62	83,94	45,20	65,74	73,96	39,35	57,24	64,40	33,77	49,12	55,26	28,44	41,38	46,55	23,37	34,—	38,25
	III	700,16	38,50	56,01	63,01	III	700,16	33,85	49,24	55,39	29,32	42,65	47,98	24,92	36,25	40,78	20,65	30,04	33,79	16,50	24,01	27,01	12,50	18,18	20,45
	V	1 506,25	82,84	120,50	135,56	IV	1 092,66	56,83	82,67	93,—	53,64	78,02	87,77	50,51	73,47	82,65	47,44	69,01	77,63	44,44	64,64	72,72	41,51	60,38	67,92
	VI	1 539,66	84,68	123,17	138,56																				
4 841,99 Ost	I,IV	1 093,41	60,13	87,47	98,40	I	1 093,41	53,68	78,08	87,84	47,48	69,06	77,69	41,54	60,43	67,98	35,86	52,16	58,68	30,43	44,27	49,80	25,27	36,76	41,35
	II	1 049,—	57,69	83,92	94,41	II	1 049,—	51,33	74,67	84,—	45,23	65,80	74,02	39,39	57,30	64,46	33,81	49,18	55,32	28,48	41,42	46,60	23,41	34,05	38,30
	III	700,66	38,53	56,05	63,05	III	700,66	33,88	49,28	55,44	29,35	42,69	48,02	24,95	36,29	40,82	20,68	30,08	33,84	16,53	24,05	27,05	12,52	18,21	20,48
	V	1 507,—	82,88	120,56	135,63	IV	1 093,41	56,87	82,72	93,06	53,68	78,08	87,84	50,54	73,52	82,71	47,48	69,06	77,69	44,48	64,70	72,78	41,54	60,43	67,98
	VI	1 540,50	84,72	123,24	138,64																				
4 844,99 West	I,IV	1 093,75	60,15	87,50	98,43	I	1 093,75	53,70	78,11	87,87	47,50	69,10	77,73	41,56	60,46	68,01	35,88	52,19	58,71	30,45	44,30	49,83	25,29	36,78	41,38
	II	1 049,41	57,71	83,95	94,44	II	1 049,41	51,36	74,70	84,04	45,26	65,83	74,06	39,41	57,32	64,49	33,82	49,20	55,35	28,49	41,45	46,63	23,42	34,07	38,33
	III	701,—	38,55	56,08	63,09	III	701,—	33,89	49,30	55,46	29,36	42,70	48,04	24,96	36,30	40,84	20,69	30,10	33,86	16,55	24,08	27,09	12,54	18,24	20,52
	V	1 507,41	82,90	120,59	135,66	IV	1 093,75	56,89	82,76	93,10	53,70	78,11	87,87	50,57	73,56	82,75	47,50	69,10	77,73	44,50	64,73	72,82	41,56	60,46	68,01
	VI	1 540,91	84,75	123,27	138,68																				
4 844,99 Ost	I,IV	1 094,58	60,20	87,56	98,51	I	1 094,58	53,74	78,18	87,95	47,54	69,16	77,80	41,60	60,52	68,08	35,91	52,24	58,77	30,49	44,35	49,89	25,32	36,83	41,43
	II	1 050,25	57,76	84,02	94,52	II	1 050,25	51,40	74,76	84,11	45,29	65,88	74,12	39,45	57,38	64,55	33,86	49,26	55,41	28,53	41,50	46,69	23,46	34,12	38,39
	III	701,50	38,58	56,12	63,13	III	701,50	33,92	49,34	55,51	29,39	42,76	48,10	24,99	36,36	40,90	20,72	30,14	33,91	16,58	24,12	27,13	12,56	18,28	20,56
	V	1 508,25	82,95	120,66	135,74	IV	1 094,58	56,94	82,82	93,17	53,74	78,18	87,95	50,61	73,62	82,82	47,54	69,16	77,80	44,54	64,79	72,89	41,60	60,52	68,08
	VI	1 541,75	84,79	123,34	138,75																				
4 847,99 West	I,IV	1 095,—	60,22	87,60	98,55	I	1 095,—	53,76	78,20	87,98	47,56	69,18	77,83	41,62	60,54	68,11	35,93	52,27	58,80	30,51	44,38	49,92	25,34	36,86	41,46
	II	1 050,58	57,78	84,04	94,55	II	1 050,58	51,42	74,79	84,14	45,32	65,92	74,16	39,47	57,41	64,58	33,88	49,28	55,44	28,54	41,52	46,71	23,47	34,14	38,41
	III	701,83	38,60	56,14	63,16	III	701,83	33,94	49,37	55,54	29,40	42,77	48,11	25,—	36,37	40,91	20,73	30,16	33,93	16,59	24,13	27,14	12,57	18,29	20,57
	V	1 508,66	82,97	120,69	135,77	IV	1 095,—	56,96	82,85	93,20	53,76	78,20	87,98	50,63	73,64	82,85	47,56	69,18	77,83	44,56	64,82	72,92	41,62	60,54	68,11
	VI	1 542,08	84,81	123,36	138,78																				
4 847,99 Ost	I,IV	1 095,83	60,27	87,66	98,62	I	1 095,83	53,81	78,27	88,05	47,61	69,25	77,90	41,66	60,60	68,18	35,97	52,33	58,87	30,54	44,43	49,98	25,37	36,91	41,52
	II	1 051,41	57,82	84,11	94,62	II	1 051,41	51,46	74,86	84,21	45,36	65,98	74,22	39,51	57,47	64,65	33,92	49,34	55,50	28,58	41,58	46,77	23,51	34,20	38,47
	III	702,33	38,62	56,18	63,20	III	702,33	33,97	49,41	55,58	29,44	42,82	48,17	25,04	36,42	40,97	20,76	30,20	33,97	16,61	24,17	27,19	12,60	18,33	20,62
	V	1 509,50	83,02	120,76	135,85	IV	1 095,83	57,—	82,92	93,28	53,81	78,27	88,05	50,67	73,71	82,92	47,61	69,25	77,90	44,60	64,88	72,99	41,66	60,60	68,18
	VI	1 543,—	84,86	123,44	138,87																				

* Die ausgewiesenen Tabellenwerte sind amtlich. Siehe Erläuterungen auf der Umschlaginnenseite (U2).

MONAT 4 848,–*

Abzüge an Lohnsteuer, Solidaritätszuschlag (SolZ) und Kirchensteuer (8%, 9%) in den Steuerklassen

Lohn/ Gehalt bis €*	I – VI ohne Kinderfreibeträge					I, II, III, IV mit Zahl der Kinderfreibeträge . . .																			
								0,5			1			1,5			2			2,5			3		
	StKl	LSt	SolZ	8%	9%	StKl	LSt	SolZ	8%	9%	SolZ	8%	9%	SolZ	8%	9%	SolZ	8%	9%	SolZ	8%	9%	SolZ	8%	9%
4 850,99 West	I,IV	1 096,16	60,28	87,69	98,65	I	1 096,16	53,82	78,29	88,07	47,62	69,27	77,93	41,68	60,62	68,20	35,99	52,35	58,89	30,56	44,45	50,—	25,38	36,92	41,54
	II	1 051,75	57,84	84,14	94,65	II	1 051,75	51,48	74,88	84,24	45,37	66,—	74,25	39,52	57,49	64,67	33,93	49,36	55,53	28,60	41,60	46,80	23,52	34,22	38,49
	III	702,66	38,64	56,21	63,23	III	702,66	33,99	49,44	55,62	29,45	42,84	48,19	25,05	36,44	40,99	20,78	30,22	34,—	16,62	24,18	27,20	12,61	18,34	20,63
	V	1 509,83	83,04	120,78	135,88	IV	1 096,16	57,02	82,94	93,31	53,82	78,29	88,07	50,69	73,74	82,95	47,62	69,27	77,93	44,61	64,90	73,01	41,68	60,62	68,20
	VI	1 543,33	84,88	123,46	138,89																				
4 850,99 Ost	I,IV	1 097,08	60,33	87,76	98,73	I	1 097,08	53,87	78,36	88,16	47,67	69,34	78,—	41,72	60,69	68,27	36,03	52,41	58,96	30,60	44,51	50,07	25,42	36,98	41,60
	II	1 052,66	57,89	84,21	94,73	II	1 052,66	51,53	74,95	84,32	45,42	66,06	74,32	39,57	57,56	64,75	33,97	49,42	55,59	28,64	41,66	46,86	23,56	34,27	38,55
	III	703,33	38,68	56,26	63,29	III	703,33	34,01	49,48	55,66	29,48	42,89	48,25	25,08	36,48	41,04	20,80	30,26	34,04	16,66	24,24	27,27	12,65	18,40	20,70
	V	1 510,75	83,09	120,86	135,96	IV	1 097,08	57,07	83,02	93,39	53,87	78,36	88,16	50,74	73,80	83,03	47,67	69,34	78,—	44,66	64,96	73,08	41,72	60,69	68,27
	VI	1 544,25	84,93	123,54	138,98																				
4 853,99 West	I,IV	1 097,33	60,35	87,78	98,75	I	1 097,33	53,89	78,38	88,18	47,68	69,36	78,03	41,74	60,71	68,30	36,04	52,43	58,98	30,61	44,53	50,09	25,43	37,—	41,62
	II	1 052,91	57,91	84,23	94,76	II	1 052,91	51,54	74,97	84,34	45,43	66,08	74,34	39,58	57,58	64,77	33,99	49,44	55,62	28,65	41,68	46,89	23,57	34,28	38,57
	III	703,50	38,69	56,28	63,31	III	703,50	34,02	49,49	55,67	29,49	42,90	48,26	25,09	36,50	41,06	20,81	30,28	34,06	16,67	24,25	27,28	12,65	18,41	20,71
	V	1 511,08	83,10	120,88	135,99	IV	1 097,33	57,09	83,04	93,42	53,89	78,38	88,18	50,75	73,82	83,05	47,68	69,36	78,03	44,67	64,98	73,10	41,74	60,71	68,30
	VI	1 544,50	84,94	123,56	139,—																				
4 853,99 Ost	I,IV	1 098,33	60,40	87,86	98,84	I	1 098,33	53,94	78,46	88,26	47,73	69,43	78,11	41,78	60,78	68,37	36,09	52,50	59,06	30,65	44,59	50,16	25,47	37,06	41,69
	II	1 053,91	57,96	84,31	94,85	II	1 053,91	51,59	75,04	84,42	45,48	66,16	74,43	39,62	57,64	64,84	34,03	49,50	55,68	28,69	41,74	46,95	23,61	34,34	38,63
	III	704,16	38,72	56,33	63,37	III	704,16	34,06	49,54	55,73	29,53	42,96	48,33	25,12	36,54	41,11	20,85	30,33	34,12	16,70	24,29	27,32	12,68	18,45	20,75
	V	1 512,08	83,16	120,96	136,08	IV	1 098,33	57,14	83,11	93,50	53,94	78,46	88,26	50,80	73,90	83,13	47,73	69,43	78,11	44,72	65,06	73,19	41,78	60,78	68,37
	VI	1 545,50	85,—	123,64	139,09																				
4 856,99 West	I,IV	1 098,50	60,41	87,88	98,86	I	1 098,50	53,95	78,48	88,29	47,74	69,44	78,12	41,79	60,79	68,39	36,10	52,51	59,07	30,66	44,60	50,18	25,48	37,07	41,70
	II	1 054,08	57,97	84,32	94,86	II	1 054,08	51,60	75,06	84,44	45,49	66,17	74,44	39,64	57,66	64,86	34,04	49,52	55,71	28,70	41,75	46,97	23,62	34,36	38,65
	III	704,33	38,73	56,34	63,38	III	704,33	34,07	49,56	55,75	29,54	42,97	48,34	25,13	36,56	41,13	20,86	30,34	34,13	16,71	24,30	27,34	12,69	18,46	20,77
	V	1 512,25	83,17	120,98	136,10	IV	1 098,50	57,15	83,13	93,52	53,95	78,48	88,29	50,81	73,91	83,15	47,74	69,44	78,12	44,73	65,07	73,20	41,79	60,79	68,39
	VI	1 545,75	85,01	123,66	139,11																				
4 856,99 Ost	I,IV	1 099,50	60,47	87,96	98,95	I	1 099,50	54,—	78,55	88,37	47,79	69,52	78,21	41,84	60,86	68,47	36,14	52,58	59,15	30,71	44,67	50,25	25,53	37,14	41,78
	II	1 055,08	58,02	84,40	94,95	II	1 055,08	51,65	75,14	84,53	45,54	66,24	74,52	39,68	57,72	64,94	34,09	49,58	55,78	28,74	41,81	47,03	23,66	34,42	38,72
	III	705,—	38,77	56,40	63,45	III	705,—	34,11	49,62	55,82	29,58	43,02	48,40	25,17	36,61	41,18	20,90	30,40	34,20	16,74	24,36	27,40	12,72	18,50	20,81
	V	1 513,33	83,23	121,06	136,19	IV	1 099,50	57,20	83,21	93,61	54,—	78,55	88,37	50,87	73,99	83,24	47,79	69,52	78,21	44,78	65,14	73,28	41,84	60,86	68,47
	VI	1 546,75	85,07	123,74	139,20																				
4 859,99 West	I,IV	1 099,66	60,48	87,97	98,96	I	1 099,66	54,01	78,56	88,38	47,80	69,53	78,22	41,85	60,87	68,48	36,15	52,59	59,16	30,71	44,68	50,26	25,53	37,14	41,78
	II	1 055,25	58,03	84,42	94,97	II	1 055,25	51,66	75,15	84,54	45,55	66,26	74,54	39,69	57,74	64,95	34,09	49,59	55,79	28,75	41,82	47,05	23,66	34,42	38,72
	III	705,16	38,78	56,41	63,46	III	705,16	34,11	49,62	55,82	29,58	43,02	48,40	25,18	36,62	41,20	20,90	30,40	34,20	16,74	24,36	27,40	12,73	18,52	20,83
	V	1 513,41	83,23	121,07	136,20	IV	1 099,66	57,21	83,22	93,62	54,01	78,56	88,38	50,87	74,—	83,25	47,80	69,53	78,22	44,79	65,16	73,30	41,85	60,87	68,48
	VI	1 546,91	85,08	123,75	139,22																				
4 859,99 Ost	I,IV	1 100,75	60,54	88,06	99,06	I	1 100,75	54,07	78,65	88,48	47,85	69,61	78,31	41,90	60,95	68,57	36,20	52,66	59,24	30,76	44,75	50,34	25,58	37,21	41,86
	II	1 056,33	58,09	84,50	95,06	II	1 056,33	51,72	75,23	84,63	45,60	66,34	74,63	39,74	57,81	65,03	34,14	49,66	55,87	28,80	41,89	47,12	23,71	34,49	38,80
	III	706,—	38,83	56,48	63,54	III	706,—	34,16	49,69	55,90	29,62	43,09	48,47	25,21	36,68	41,26	20,93	30,45	34,25	16,79	24,42	27,47	12,76	18,57	20,89
	V	1 514,58	83,30	121,16	136,31	IV	1 100,75	57,27	83,30	93,71	54,07	78,65	88,48	50,93	74,08	83,34	47,85	69,61	78,31	44,84	65,23	73,38	41,90	60,95	68,57
	VI	1 548,—	85,14	123,84	139,32																				
4 862,99 West	I,IV	1 100,83	60,54	88,06	99,07	I	1 100,83	54,07	78,66	88,49	47,86	69,62	78,32	41,91	60,96	68,58	36,21	52,67	59,25	30,77	44,76	50,35	25,58	37,22	41,87
	II	1 056,41	58,10	84,51	95,07	II	1 056,41	51,72	75,24	84,64	45,61	66,34	74,63	39,75	57,82	65,04	34,15	49,67	55,88	28,80	41,90	47,13	23,71	34,50	38,81
	III	706,—	38,83	56,48	63,54	III	706,—	34,16	49,69	55,90	29,62	43,09	48,47	25,22	36,69	41,27	20,94	30,46	34,27	16,79	24,42	27,47	12,76	18,57	20,89
	V	1 514,66	83,30	121,17	136,31	IV	1 100,83	57,28	83,32	93,73	54,07	78,66	88,49	50,93	74,09	83,35	47,86	69,62	78,32	44,85	65,24	73,40	41,91	60,96	68,58
	VI	1 548,16	85,14	123,85	139,33																				
4 862,99 Ost	I,IV	1 102,—	60,61	88,16	99,18	I	1 102,—	54,13	78,74	88,58	47,92	69,70	78,41	41,96	61,04	68,67	36,26	52,74	59,33	30,82	44,83	50,43	25,63	37,28	41,94
	II	1 057,50	58,16	84,60	95,17	II	1 057,50	51,78	75,32	84,74	45,66	66,42	74,72	39,80	57,90	65,13	34,20	49,74	55,96	28,85	41,97	47,21	23,76	34,56	38,88
	III	706,83	38,87	56,54	63,61	III	706,83	34,21	49,76	55,98	29,67	43,16	48,55	25,26	36,74	41,33	20,98	30,52	34,33	16,83	24,48	27,54	12,80	18,62	20,95
	V	1 515,83	83,37	121,26	136,42	IV	1 102,—	57,34	83,40	93,83	54,13	78,74	88,58	50,99	74,18	83,45	47,92	69,70	78,41	44,91	65,32	73,49	41,96	61,04	68,67
	VI	1 549,25	85,20	123,94	139,43																				
4 865,99 West	I,IV	1 102,—	60,61	88,16	99,18	I	1 102,—	54,13	78,74	88,58	47,92	69,70	78,41	41,96	61,04	68,67	36,26	52,74	59,33	30,82	44,83	50,43	25,63	37,29	41,95
	II	1 057,58	58,16	84,60	95,18	II	1 057,58	51,78	75,32	84,74	45,66	66,42	74,72	39,80	57,90	65,13	34,20	49,75	55,97	28,85	41,97	47,21	23,76	34,57	38,89
	III	706,83	38,87	56,54	63,61	III	706,83	34,21	49,76	55,98	29,67	43,16	48,55	25,26	36,74	41,33	20,98	30,52	34,33	16,83	24,48	27,54	12,81	18,64	20,97
	V	1 515,83	83,37	121,26	136,42	IV	1 102,—	57,34	83,40	93,83	54,13	78,74	88,58	50,99	74,18	83,45	47,92	69,70	78,41	44,91	65,32	73,49	41,96	61,04	68,67
	VI	1 549,33	85,21	123,94	139,43																				
4 865,99 Ost	I,IV	1 103,25	60,67	88,26	99,29	I	1 103,25	54,20	78,84	88,69	47,98	69,79	78,51	42,02	61,12	68,76	36,32	52,83	59,43	30,87	44,91	50,52	25,68	37,36	42,03
	II	1 058,75	58,23	84,70	95,28	II	1 058,75	51,85	75,42	84,84	45,72	66,51	74,82	39,86	57,98	65,23	34,26	49,83	56,06	28,90	42,04	47,30	23,81	34,64	38,97
	III	707,66	38,92	56,61	63,68	III	707,66	34,25	49,82	56,05	29,71	43,22	48,62	25,30	36,81	41,41	21,02	30,58	34,40	16,87	24,54	27,61	12,85	18,69	21,02
	V	1 517,08	83,43	121,36	136,53	IV	1 103,25	57,40	83,50	93,93	54,20	78,84	88,69	51,06	74,27	83,55	47,98	69,79	78,51	44,97	65,41	73,58	42,02	61,12	68,76
	VI	1 550,58	85,28	124,04	139,55																				
4 868,99 West	I,IV	1 103,25	60,67	88,26	99,29	I	1 103,25	54,20	78,84	88,69	47,98	69,79	78,51	42,02	61,12	68,76	36,32	52,83	59,43	30,87	44,91	50,52	25,68	37,36	42,03
	II	1 058,75	58,23	84,70	95,28	II	1 058,75	51,85	75,42	84,84	45,72	66,51	74,82	39,86	57,98	65,23	34,26	49,83	56,06	28,90	42,04	47,30	23,81	34,64	38,97
	III	707,66	38,92	56,61	63,68	III	707,66	34,25	49,82	56,05	29,71	43,22	48,62	25,30	36,81	41,41	21,02	30,58	34,40	16,87	24,54	27,61	12,85	18,69	21,02
	V	1 517,08	83,43	121,36	136,53	IV	1 103,25	57,40	83,50	93,93	54,20	78,84	88,69	51,06	74,27	83,55	47,98	69,79	78,51	44,97	65,41	73,58	42,02	61,12	68,76
	VI	1 550,58	85,28	124,04	139,55																				
4 868,99 Ost	I,IV	1 104,50	60,74	88,36	99,40	I	1 104,50	54,26	78,93	88,79	48,04	69,88	78,62	42,08	61,21	68,86	36,37	52,91	59,52	30,92	44,98	50,60	25,74	37,44	42,12
	II	1 059,91	58,29	84,79	95,39	II	1 059,91	51,91	75,51	84,95	45,79	66,60	74,93	39,92	58,07	65,33	34,31	49,91	56,15	28,96	42,12	47,39	23,87	34,72	39,06
	III	708,66	38,97	56,69	63,77	III	708,66	34,30	49,89	56,12	29,76	43,29	48,70	25,35	36,88	41,49	21,06	30,64	34,47	16,91	24,60	27,67	12,88	18,74	21,08
	V	1 518,33	83,50	121,46	136,64	IV	1 104,50	57,47	83,60	94,05	54,26	78,93	88,79	51,12	74,36	83,66	48,04	69,88	78,62	45,03	65,50	73,68	42,08	61,21	68,86
	VI	1 551,83	85,35	124,14	139,66																				
4 871,99 West	I,IV	1 104,41	60,74	88,35	99,39	I	1 104,41	54,26	78,92	88,79	48,04	69,88	78,61	42,07	61,20	68,85	36,37	52,90	59,51	30,92	44,98	50,60	25,73	37,43	42,11
	II	1 059,91	58,29	84,79	95,39	II	1 059,91	51,91	75,50	84,94	45,78	66,60	74,92	39,92	58,06	65,32	34,31	49,90	56,14	28,95	42,12	47,38	23,86	34,71	39,05
	III	708,50	38,96	56,68	63,76	III	708,50	34,30	49,89	56,12	29,76	43,29	48,70	25,34	36,86	41,47	21,06	30,64	34,47	16,91	24,60	27,67	12,88	18,74	21,08
	V	1 518,25	83,50	121,46	136,64	IV	1 104,41	57,47	83,59	94,04	54,26	78,92	88,79	51,12	74,36	83,65	48,04	69,88	78,61	45,03	65,50	73,68	42,07	61,20	68,85
	VI	1 551,75	85,34	124,14	139,65																				
4 871,99 Ost	I,IV	1 105,66	60,81	88,45	99,50	I	1 105,66	54,33	79,02	88,90	48,11	69,98	78,72	42,14	61,30	68,96	36,43	53,—	59,62	30,98	45,06	50,69	25,79	37,51	42,20
	II	1 061,16	58,36	84,89	95,50	II	1 061,16	51,97	75,60	85,05	45,85	66,69	75,02	39,98	58,16	65,43	34,37	49,99	56,24	29,01	42,20	47,48	23,92	34,79	39,14
	III	709,50	39,02	56,76	63,85	III	709,50	34,34	49,96	56,20	29,81	43,36	48,78	25,40	36,94	41,56	21,11	30,70	34,54	16,95	24,66	27,74	12,93	18,81	21,16
	V	1 519,58	83,57	121,56	136,76	IV	1 105,66	57,53	83,69	94,15	54,33	79,02	88,90	51,19	74,46	83,76	48,11	69,98	78,72	45,09	65,59	73,79	42,14	61,30	68,96
	VI	1 553,08	85,41	124,24	139,77																				

* Die ausgewiesenen Tabellenwerte sind amtlich. Siehe Erläuterungen auf der Umschlaginnenseite (U2).

Abzüge an Lohnsteuer, Solidaritätszuschlag (SolZ) und Kirchensteuer (8%, 9%) in den Steuerklassen

Lohn/ Gehalt bis €*		I – VI LSt	ohne Kinderfreibeträge SolZ	8%	9%	I, II, III, IV	LSt	mit Zahl der Kinderfreibeträge . . . 0,5 SolZ	8%	9%	1 SolZ	8%	9%	1,5 SolZ	8%	9%	2 SolZ	8%	9%	2,5 SolZ	8%	9%	3 SolZ	8%	9%
4 874,99 West	I,IV	1 105,58	60,80	88,44	99,50	I	1 105,58	54,32	79,02	88,89	48,10	69,97	78,71	42,13	61,29	68,95	36,43	52,99	59,61	30,97	45,06	50,69	25,78	37,50	42,19
	II	1 061,08	58,35	84,88	95,49	II	1 061,08	51,97	75,60	85,05	45,84	66,68	75,02	39,98	58,15	65,42	34,36	49,98	56,23	29,01	42,20	47,47	23,91	34,78	39,13
	III	709,50	39,02	56,76	63,85	III	709,50	34,34	49,96	56,20	29,81	43,36	48,78	25,39	36,93	41,54	21,11	30,70	34,54	16,95	24,66	27,74	12,92	18,80	21,15
	V	1 519,50	83,57	121,56	136,75	IV	1 105,58	57,53	83,68	94,14	54,32	79,02	88,89	51,18	74,44	83,75	48,10	69,97	78,71	45,09	65,58	73,78	42,13	61,29	68,95
	VI	1 553,—	85,41	124,24	139,77																				
4 874,99 Ost	I,IV	1 106,91	60,88	88,55	99,62	I	1 106,91	54,39	79,12	89,01	48,17	70,06	78,82	42,20	61,38	69,05	36,49	53,08	59,71	31,03	45,14	50,78	25,84	37,59	42,29
	II	1 062,41	58,43	84,99	95,61	II	1 062,41	52,04	75,70	85,16	45,91	66,78	75,13	40,04	58,24	65,52	34,42	50,07	56,33	29,07	42,28	47,57	23,97	34,86	39,22
	III	710,33	39,06	56,82	63,92	III	710,33	34,40	50,04	56,29	29,85	43,42	48,85	25,43	37,—	41,62	21,15	30,77	34,61	16,99	24,72	27,81	12,97	18,86	21,22
	V	1 520,83	83,64	121,66	136,87	IV	1 106,91	57,60	83,79	94,26	54,39	79,12	89,01	51,25	74,55	83,87	48,17	70,06	78,82	45,15	65,68	73,89	42,20	61,38	69,05
	VI	1 554,33	85,48	124,34	139,88																				
4 877,99 West	I,IV	1 106,75	60,87	88,54	99,60	I	1 106,75	54,39	79,11	89,—	48,16	70,05	78,80	42,19	61,37	69,04	36,48	53,06	59,69	31,03	45,14	50,78	25,83	37,58	42,27
	II	1 062,25	58,42	84,98	95,60	II	1 062,25	52,03	75,68	85,14	45,90	66,77	75,11	40,03	58,23	65,51	34,42	50,06	56,32	29,06	42,27	47,55	23,96	34,85	39,20
	III	710,33	39,06	56,82	63,92	III	710,33	34,39	50,02	56,27	29,84	43,41	48,83	25,43	37,—	41,62	21,14	30,76	34,60	16,99	24,72	27,81	12,97	18,86	21,22
	V	1 520,66	83,63	121,65	136,85	IV	1 106,75	57,59	83,78	94,25	54,39	79,11	89,—	51,24	74,54	83,85	48,16	70,05	78,80	45,14	65,66	73,87	42,19	61,37	69,04
	VI	1 554,16	85,47	124,33	139,87																				
4 877,99 Ost	I,IV	1 108,16	60,94	88,65	99,73	I	1 108,16	54,46	79,22	89,12	48,23	70,16	78,93	42,26	61,47	69,15	36,55	53,16	59,81	31,09	45,22	50,87	25,89	37,66	42,37
	II	1 063,58	58,49	85,08	95,72	II	1 063,58	52,10	75,79	85,26	45,97	66,87	75,23	40,09	58,32	65,61	34,48	50,16	56,43	29,12	42,36	47,65	24,02	34,94	39,30
	III	711,16	39,11	56,89	64,—	III	711,16	34,44	50,10	56,36	29,90	43,49	48,92	25,48	37,06	41,69	21,20	30,84	34,69	17,04	24,78	27,88	13,—	18,92	21,28
	V	1 522,16	83,71	121,77	136,99	IV	1 108,16	57,67	83,88	94,37	54,46	79,22	89,12	51,31	74,64	83,97	48,23	70,16	78,93	45,21	65,77	73,99	42,26	61,47	69,15
	VI	1 555,58	85,55	124,44	140,—																				
4 880,99 West	I,IV	1 107,91	60,93	88,63	99,71	I	1 107,91	54,45	79,20	89,10	48,22	70,14	78,90	42,25	61,46	69,14	36,53	53,14	59,78	31,08	45,21	50,86	25,88	37,65	42,35
	II	1 063,33	58,48	85,06	95,69	II	1 063,33	52,09	75,77	85,24	45,96	66,86	75,21	40,09	58,31	65,60	34,47	50,14	56,40	29,11	42,34	47,63	24,01	34,92	39,29
	III	711,16	39,11	56,89	64,—	III	711,16	34,43	50,09	56,35	29,89	43,48	48,91	25,47	37,05	41,68	21,19	30,82	34,67	17,03	24,77	27,86	13,—	18,92	21,28
	V	1 521,91	83,70	121,75	136,97	IV	1 107,91	57,66	83,87	94,35	54,45	79,20	89,10	51,30	74,62	83,95	48,22	70,14	78,90	45,20	65,75	73,97	42,25	61,46	69,14
	VI	1 555,33	85,54	124,42	139,97																				
4 880,99 Ost	I,IV	1 109,41	61,01	88,75	99,84	I	1 109,41	54,52	79,31	89,22	48,29	70,25	79,03	42,32	61,56	69,25	36,60	53,24	59,90	31,14	45,30	50,96	25,94	37,74	42,45
	II	1 064,83	58,56	85,18	95,83	II	1 064,83	52,17	75,88	85,37	46,03	66,96	75,33	40,15	58,41	65,71	34,54	50,24	56,52	29,17	42,44	47,74	24,07	35,01	39,38
	III	712,16	39,16	56,97	64,09	III	712,16	34,49	50,17	56,44	29,94	43,56	49,—	25,52	37,13	41,77	21,23	30,89	34,75	17,08	24,85	27,95	13,05	18,98	21,35
	V	1 523,41	83,78	121,87	137,10	IV	1 109,41	57,74	83,98	94,48	54,52	79,31	89,22	51,37	74,73	84,07	48,29	70,25	79,03	45,27	65,86	74,09	42,32	61,56	69,25
	VI	1 556,83	85,62	124,54	140,11																				
4 883,99 West	I,IV	1 109,16	61,—	88,73	99,82	I	1 109,16	54,51	79,29	89,20	48,28	70,23	79,01	42,30	61,54	69,23	36,59	53,22	59,87	31,13	45,29	50,95	25,93	37,72	42,44
	II	1 064,58	58,55	85,16	95,81	II	1 064,58	52,15	75,86	85,34	46,02	66,94	75,31	40,14	58,39	65,69	34,52	50,22	56,49	29,16	42,42	47,72	24,06	35,—	39,37
	III	712,—	39,16	56,96	64,08	III	712,—	34,48	50,16	56,43	29,93	43,54	48,98	25,52	37,12	41,76	21,23	30,88	34,74	17,07	24,84	27,94	13,04	18,97	21,34
	V	1 523,08	83,76	121,84	137,07	IV	1 109,16	57,72	83,96	94,46	54,51	79,29	89,20	51,36	74,71	84,05	48,28	70,23	79,01	45,26	65,84	74,07	42,30	61,54	69,23
	VI	1 556,58	85,61	124,52	140,09																				
4 883,99 Ost	I,IV	1 110,66	61,08	88,85	99,95	I	1 110,66	54,59	79,40	89,33	48,35	70,34	79,13	42,38	61,64	69,35	36,66	53,33	59,99	31,20	45,38	51,05	26,—	37,82	42,54
	II	1 066,—	58,63	85,28	95,94	II	1 066,—	52,23	75,98	85,47	46,09	67,05	75,43	40,21	58,50	65,81	34,59	50,32	56,61	29,23	42,52	47,83	24,12	35,08	39,47
	III	713,—	39,21	57,04	64,17	III	713,—	34,54	50,24	56,52	29,99	43,62	49,07	25,57	37,20	41,85	21,28	30,96	34,83	17,12	24,90	28,01	13,09	19,04	21,42
	V	1 524,66	83,85	121,97	137,21	IV	1 110,66	57,80	84,08	94,59	54,59	79,40	89,33	51,44	74,82	84,17	48,35	70,34	79,13	45,33	65,94	74,18	42,38	61,64	69,35
	VI	1 558,08	85,69	124,64	140,22																				
4 886,99 West	I,IV	1 110,33	61,06	88,82	99,92	I	1 110,33	54,57	79,38	89,30	48,34	70,32	79,11	42,36	61,62	69,32	36,64	53,30	59,96	31,18	45,36	51,03	25,98	37,80	42,52
	II	1 065,66	58,61	85,25	95,90	II	1 065,66	52,21	75,95	85,44	46,08	67,02	75,40	40,20	58,48	65,79	34,58	50,30	56,58	29,21	42,49	47,80	24,10	35,06	39,44
	III	712,83	39,20	57,02	64,15	III	712,83	34,53	50,22	56,50	29,98	43,61	49,06	25,56	37,18	41,83	21,27	30,94	34,81	17,11	24,89	28,—	13,08	19,02	21,40
	V	1 524,33	83,83	121,94	137,18	IV	1 110,33	57,79	84,06	94,56	54,57	79,38	89,30	51,42	74,80	84,15	48,34	70,32	79,11	45,32	65,92	74,16	42,36	61,62	69,32
	VI	1 557,75	85,67	124,62	140,19																				
4 886,99 Ost	I,IV	1 111,91	61,15	88,95	100,07	I	1 111,91	54,66	79,50	89,44	48,42	70,43	79,23	42,44	61,74	69,45	36,72	53,41	60,08	31,25	45,46	51,14	26,05	37,89	42,62
	II	1 067,25	58,69	85,38	96,05	II	1 067,25	52,30	76,07	85,58	46,16	67,14	75,53	40,27	58,58	65,90	34,65	50,40	56,70	29,28	42,59	47,91	24,17	35,16	39,55
	III	713,83	39,26	57,10	64,24	III	713,83	34,58	50,30	56,59	30,03	43,69	49,15	25,62	37,26	41,92	21,33	31,02	34,90	17,16	24,97	28,09	13,13	19,10	21,49
	V	1 525,91	83,92	122,07	137,33	IV	1 111,91	57,87	84,18	94,70	54,66	79,50	89,44	51,50	74,92	84,28	48,42	70,43	79,23	45,40	66,04	74,29	42,44	61,74	69,45
	VI	1 559,33	85,76	124,74	140,33																				
4 889,99 West	I,IV	1 111,50	61,13	88,92	100,03	I	1 111,50	54,63	79,47	89,40	48,40	70,40	79,20	42,42	61,71	69,42	36,70	53,38	60,05	31,24	45,44	51,12	26,03	37,87	42,60
	II	1 066,91	58,68	85,35	96,02	II	1 066,91	52,28	76,04	85,55	46,14	67,11	75,50	40,26	58,56	65,88	34,63	50,38	56,67	29,26	42,57	47,89	24,15	35,14	39,53
	III	713,66	39,25	57,09	64,22	III	713,66	34,57	50,29	56,57	30,03	43,68	49,14	25,61	37,25	41,90	21,32	31,01	34,88	17,16	24,96	28,08	13,12	19,09	21,47
	V	1 525,50	83,90	122,04	137,29	IV	1 111,50	57,85	84,15	94,67	54,63	79,47	89,40	51,48	74,89	84,25	48,40	70,40	79,20	45,38	66,01	74,26	42,42	61,71	69,42
	VI	1 559,—	85,74	124,72	140,31																				
4 889,99 Ost	I,IV	1 113,08	61,21	89,04	100,17	I	1 113,08	54,72	79,60	89,55	48,48	70,52	79,34	42,50	61,82	69,55	36,78	53,50	60,18	31,31	45,54	51,23	26,10	37,96	42,71
	II	1 068,50	58,76	85,48	96,16	II	1 068,50	52,36	76,16	85,68	46,22	67,23	75,63	40,33	58,67	66,—	34,70	50,48	56,79	29,33	42,67	48,—	24,22	35,24	39,64
	III	714,83	39,31	57,18	64,33	III	714,83	34,63	50,37	56,66	30,08	43,76	49,23	25,66	37,33	41,99	21,37	31,09	34,97	17,20	25,02	28,15	13,17	19,16	21,55
	V	1 527,16	83,99	122,17	137,44	IV	1 113,08	57,94	84,28	94,81	54,72	79,60	89,55	51,57	75,01	84,38	48,48	70,52	79,34	45,46	66,12	74,39	42,50	61,82	69,55
	VI	1 560,66	85,83	124,85	140,45																				
4 892,99 West	I,IV	1 112,66	61,19	89,01	100,13	I	1 112,66	54,70	79,56	89,51	48,46	70,49	79,30	42,48	61,79	69,51	36,75	53,46	60,14	31,29	45,52	51,21	26,08	37,94	42,68
	II	1 068,—	58,74	85,44	96,12	II	1 068,—	52,34	76,13	85,64	46,20	67,20	75,60	40,31	58,64	65,97	34,69	50,46	56,76	29,31	42,64	47,97	24,20	35,21	39,61
	III	714,50	39,29	57,16	64,30	III	714,50	34,62	50,36	56,65	30,06	43,73	49,19	25,64	37,30	41,96	21,35	31,06	34,94	17,19	25,01	28,13	13,16	19,14	21,53
	V	1 526,75	83,97	122,14	137,40	IV	1 112,66	57,91	84,24	94,77	54,70	79,56	89,51	51,54	74,98	84,35	48,46	70,49	79,30	45,43	66,09	74,35	42,48	61,79	69,51
	VI	1 560,16	85,80	124,81	140,41																				
4 892,99 Ost	I,IV	1 114,33	61,28	89,14	100,28	I	1 114,33	54,78	79,69	89,65	48,54	70,61	79,43	42,56	61,91	69,65	36,83	53,58	60,27	31,36	45,62	51,32	26,15	38,04	42,80
	II	1 069,66	58,83	85,57	96,26	II	1 069,66	52,42	76,26	85,79	46,28	67,32	75,74	40,39	58,76	66,10	34,76	50,56	56,88	29,39	42,75	48,09	24,27	35,31	39,72
	III	715,66	39,36	57,25	64,40	III	715,66	34,68	50,45	56,75	30,13	43,82	49,30	25,71	37,40	42,07	21,41	31,14	35,03	17,25	25,09	28,22	13,21	19,22	21,62
	V	1 528,41	84,06	122,27	137,55	IV	1 114,33	58,—	84,37	94,91	54,78	79,69	89,65	51,63	75,10	84,49	48,54	70,61	79,43	45,52	66,22	74,49	42,56	61,91	69,65
	VI	1 561,91	85,90	124,95	140,57																				
4 895,99 West	I,IV	1 113,83	61,26	89,10	100,24	I	1 113,83	54,76	79,66	89,61	48,52	70,58	79,40	42,54	61,88	69,61	36,81	53,54	60,23	31,34	45,59	51,29	26,13	38,01	42,76
	II	1 069,25	58,80	85,54	96,23	II	1 069,25	52,40	76,22	85,75	46,25	67,28	75,69	40,37	58,72	66,06	34,74	50,54	56,85	29,37	42,72	48,06	24,25	35,28	39,69
	III	715,33	39,34	57,22	64,37	III	715,33	34,66	50,42	56,72	30,11	43,80	49,27	25,69	37,37	42,04	21,39	31,12	35,01	17,23	25,06	28,19	13,20	19,20	21,60
	V	1 527,91	84,03	122,23	137,51	IV	1 113,83	57,98	84,34	94,88	54,76	79,66	89,61	51,61	75,07	84,45	48,52	70,58	79,40	45,49	66,18	74,45	42,54	61,88	69,61
	VI	1 561,41	85,87	124,91	140,52																				
4 895,99 Ost	I,IV	1 115,58	61,35	89,24	100,40	I	1 115,58	54,85	79,79	89,76	48,61	70,70	79,54	42,62	62,—	69,75	36,89	53,66	60,37	31,42	45,70	51,41	26,20	38,12	42,88
	II	1 070,91	58,90	85,67	96,38	II	1 070,91	52,49	76,35	85,89	46,34	67,41	75,83	40,45	58,84	66,20	34,82	50,65	56,98	29,44	42,83	48,18	24,32	35,38	39,80
	III	716,50	39,40	57,32	64,48	III	716,50	34,73	50,52	56,83	30,17	43,89	49,37	25,75	37,46	42,14	21,45	31,21	35,11	17,29	25,16	28,30	13,25	19,28	21,69
	V	1 529,66	84,13	122,37	137,66	IV	1 115,58	58,07	84,47	95,03	54,85	79,79	89,76	51,70	75,20	84,60	48,61	70,70	79,54	45,58	66,30	74,59	42,62	62,—	69,75
	VI	1 563,16	85,97	125,05	140,68																				

*** Die ausgewiesenen Tabellenwerte sind amtlich. Siehe Erläuterungen auf der Umschlaginnenseite (U2).**

Lohn/ Gehalt bis €*	Abzüge an Lohnsteuer, Solidaritätszuschlag (SolZ) und Kirchensteuer (8%, 9%) in den Steuerklassen I – VI					I, II, III, IV		mit Zahl der Kinderfreibeträge . . . 0,5			1			1,5			2			2,5			3		
		LSt	ohne Kinderfreibeträge SolZ	8%	9%		LSt	SolZ	8%	9%	SolZ	8%	9%	SolZ	8%	9%	SolZ	8%	9%	SolZ	8%	9%	SolZ	8%	9%
4 898,99 West	I,IV	1 115,08	61,32	89,20	100,35	I	1 115,08	54,82	79,74	89,71	48,58	70,66	79,49	42,59	61,96	69,70	36,86	53,62	60,32	31,40	45,67	51,38	26,18	38,08	42,84
	II	1 070,41	58,87	85,63	96,33	II	1 070,41	52,46	76,31	85,85	46,31	67,37	75,79	40,42	58,80	66,15	34,79	50,61	56,93	29,42	42,80	48,15	24,30	35,35	39,77
	III	716,16	39,38	57,29	64,45	III	716,16	34,70	50,48	56,79	30,15	43,86	49,34	25,73	37,42	42,10	21,44	31,18	35,08	17,27	25,13	28,27	13,23	19,25	21,65
	V	1 529,16	84,10	122,33	137,62	IV	1 115,08	58,04	84,42	94,97	54,82	79,74	89,71	51,67	75,16	84,55	48,58	70,66	79,49	45,55	66,26	74,54	42,59	61,96	69,70
	VI	1 562,58	85,94	125,—	140,63																				
4 898,99 Ost	I,IV	1 116,83	61,42	89,34	100,51	I	1 116,83	54,92	79,88	89,87	48,67	70,80	79,65	42,68	62,08	69,84	36,95	53,74	60,46	31,47	45,78	51,50	26,26	38,20	42,97
	II	1 072,16	58,96	85,77	96,49	II	1 072,16	52,56	76,45	86,—	46,40	67,50	75,93	40,51	58,93	66,29	34,87	50,73	57,07	29,50	42,91	48,27	24,37	35,46	39,89
	III	717,50	39,46	57,40	64,57	III	717,50	34,77	50,58	56,90	30,22	43,96	49,45	25,79	37,52	42,21	21,50	31,28	35,19	17,33	25,21	28,36	13,30	19,34	21,76
	V	1 530,91	84,20	122,47	137,78	IV	1 116,83	58,13	84,56	95,13	54,92	79,88	89,87	51,76	75,29	84,70	48,67	70,80	79,65	45,64	66,39	74,69	42,68	62,08	69,84
	VI	1 564,41	86,04	125,15	140,79																				
4 901,99 West	I,IV	1 116,25	61,39	89,30	100,46	I	1 116,25	54,89	79,84	89,82	48,64	70,75	79,59	42,65	62,04	69,80	36,92	53,70	60,41	31,45	45,74	51,46	26,23	38,16	42,93
	II	1 071,50	58,93	85,72	96,43	II	1 071,50	52,52	76,40	85,95	46,37	67,46	75,89	40,48	58,88	66,24	34,85	50,69	57,02	29,47	42,87	48,23	24,35	35,42	39,85
	III	717,—	39,43	57,36	64,53	III	717,—	34,75	50,54	56,86	30,20	43,93	49,42	25,77	37,49	42,17	21,47	31,24	35,14	17,31	25,18	28,33	13,27	19,30	21,71
	V	1 530,33	84,16	122,42	137,72	IV	1 116,25	58,10	84,52	95,08	54,89	79,84	89,82	51,73	75,24	84,65	48,64	70,75	79,59	45,61	66,35	74,64	42,65	62,04	69,80
	VI	1 563,75	86,—	125,10	140,73																				
4 901,99 Ost	I,IV	1 118,08	61,49	89,44	100,62	I	1 118,08	54,98	79,98	89,97	48,73	70,89	79,75	42,74	62,17	69,94	37,01	53,83	60,56	31,53	45,86	51,59	26,31	38,27	43,05
	II	1 073,33	59,03	85,86	96,59	II	1 073,33	52,62	76,54	86,11	46,47	67,59	76,04	40,57	59,02	66,39	34,93	50,81	57,16	29,55	42,98	48,35	24,42	35,53	39,97
	III	718,33	39,50	57,46	64,64	III	718,33	34,82	50,65	56,98	30,26	44,02	49,52	25,84	37,58	42,28	21,55	31,34	35,26	17,38	25,28	28,44	13,33	19,40	21,82
	V	1 532,25	84,27	122,58	137,90	IV	1 118,08	58,20	84,66	95,24	54,98	79,98	89,97	51,82	75,38	84,80	48,73	70,89	79,75	45,70	66,48	74,79	42,74	62,17	69,94
	VI	1 565,66	86,11	125,25	140,90																				
4 904,99 West	I,IV	1 117,41	61,45	89,39	100,56	I	1 117,41	54,95	79,93	89,92	48,70	70,84	79,69	42,71	62,12	69,89	36,97	53,78	60,50	31,50	45,82	51,55	26,28	38,23	43,01
	II	1 072,75	59,—	85,82	96,54	II	1 072,75	52,58	76,49	86,05	46,43	67,54	75,98	40,54	58,97	66,34	34,90	50,77	57,11	29,52	42,94	48,31	24,40	35,49	39,92
	III	717,83	39,48	57,42	64,60	III	717,83	34,79	50,61	56,93	30,25	44,—	49,50	25,82	37,56	42,25	21,52	31,30	35,21	17,35	25,24	28,39	13,31	19,37	21,79
	V	1 531,58	84,23	122,52	137,84	IV	1 117,41	58,17	84,61	95,18	54,95	79,93	89,92	51,79	75,34	84,75	48,70	70,84	79,69	45,67	66,44	74,74	42,71	62,12	69,89
	VI	1 565,—	86,07	125,20	140,85																				
4 904,99 Ost	I,IV	1 119,33	61,56	89,54	100,73	I	1 119,33	55,05	80,07	90,08	48,79	70,98	79,85	42,80	62,26	70,04	37,07	53,92	60,66	31,58	45,94	51,68	26,36	38,35	43,14
	II	1 074,58	59,10	85,96	96,71	II	1 074,58	52,69	76,64	86,22	46,53	67,68	76,14	40,63	59,10	66,49	34,99	50,90	57,26	29,60	43,06	48,44	24,48	35,61	40,06
	III	719,16	39,55	57,53	64,72	III	719,16	34,87	50,72	57,06	30,31	44,09	49,60	25,88	37,65	42,35	21,58	31,40	35,32	17,41	25,33	28,49	13,38	19,46	21,89
	V	1 533,50	84,34	122,68	138,01	IV	1 119,33	58,27	84,76	95,36	55,05	80,07	90,08	51,89	75,48	84,91	48,79	70,98	79,85	45,76	66,57	74,89	42,80	62,26	70,04
	VI	1 566,91	86,18	125,35	141,02																				
4 907,99 West	I,IV	1 118,58	61,52	89,48	100,67	I	1 118,58	55,01	80,02	90,02	48,76	70,92	79,79	42,77	62,21	69,98	37,03	53,86	60,59	31,55	45,90	51,63	26,33	38,30	43,09
	II	1 073,83	59,06	85,90	96,64	II	1 073,83	52,64	76,58	86,15	46,49	67,63	76,08	40,59	59,05	66,43	34,95	50,84	57,20	29,57	43,02	48,39	24,45	35,56	40,01
	III	718,66	39,52	57,49	64,67	III	718,66	34,84	50,68	57,01	30,28	44,05	49,55	25,86	37,62	42,32	21,56	31,37	35,29	17,39	25,30	28,46	13,35	19,42	21,85
	V	1 532,75	84,30	122,62	137,94	IV	1 118,58	58,23	84,70	95,29	55,01	80,02	90,02	51,85	75,42	84,85	48,76	70,92	79,79	45,73	66,52	74,83	42,77	62,21	69,98
	VI	1 566,16	86,13	125,29	140,95																				
4 907,99 Ost	I,IV	1 120,58	61,63	89,64	100,85	I	1 120,58	55,11	80,17	90,19	48,86	71,07	79,95	42,86	62,35	70,14	37,12	54,—	60,75	31,64	46,02	51,77	26,41	38,42	43,22
	II	1 075,83	59,17	86,06	96,82	II	1 075,83	52,75	76,73	86,32	46,59	67,77	76,24	40,69	59,18	66,58	35,04	50,98	57,35	29,66	43,14	48,53	24,53	35,68	40,14
	III	720,16	39,60	57,61	64,81	III	720,16	34,91	50,78	57,13	30,36	44,16	49,68	25,93	37,72	42,43	21,63	31,46	35,39	17,46	25,40	28,57	13,42	19,52	21,96
	V	1 534,75	84,41	122,78	138,12	IV	1 120,58	58,34	84,86	95,46	55,11	80,17	90,19	51,95	75,57	85,01	48,86	71,07	79,95	45,83	66,66	74,99	42,86	62,35	70,14
	VI	1 568,16	86,24	125,45	141,13																				
4 910,99 West	I,IV	1 119,83	61,59	89,58	100,78	I	1 119,83	55,07	80,11	90,12	48,82	71,02	79,89	42,82	62,29	70,07	37,08	53,94	60,68	31,61	45,98	51,72	26,38	38,38	43,17
	II	1 075,08	59,12	86,—	96,75	II	1 075,08	52,71	76,67	86,25	46,55	67,72	76,18	40,65	59,14	66,53	35,01	50,93	57,29	29,63	43,10	48,48	24,50	35,64	40,09
	III	719,50	39,57	57,56	64,75	III	719,50	34,88	50,74	57,08	30,33	44,12	49,63	25,90	37,68	42,39	21,60	31,42	35,35	17,43	25,36	28,53	13,39	19,48	21,91
	V	1 534,—	84,37	122,72	138,06	IV	1 119,83	58,30	84,80	95,40	55,07	80,11	90,12	51,92	75,52	84,96	48,82	71,02	79,89	45,79	66,61	74,93	42,82	62,29	70,07
	VI	1 567,41	86,20	125,39	141,06																				
4 910,99 Ost	I,IV	1 121,83	61,70	89,74	100,96	I	1 121,83	55,18	80,26	90,29	48,92	71,16	80,06	42,92	62,44	70,24	37,18	54,08	60,84	31,69	46,10	51,86	26,46	38,50	43,31
	II	1 077,—	59,23	86,16	96,93	II	1 077,—	52,81	76,82	86,42	46,65	67,86	76,34	40,75	59,27	66,68	35,10	51,06	57,44	29,71	43,22	48,62	24,58	35,76	40,23
	III	721,—	39,65	57,68	64,89	III	721,—	34,97	50,86	57,22	30,40	44,22	49,75	25,97	37,78	42,50	21,67	31,53	35,47	17,50	25,46	28,64	13,45	19,57	22,01
	V	1 536,—	84,48	122,88	138,24	IV	1 121,83	58,41	84,96	95,58	55,18	80,26	90,29	52,02	75,66	85,12	48,92	71,16	80,06	45,89	66,75	75,09	42,92	62,44	70,24
	VI	1 569,41	86,31	125,55	141,24																				
4 913,99 West	I,IV	1 121,—	61,65	89,68	100,89	I	1 121,—	55,14	80,20	90,23	48,88	71,10	79,99	42,88	62,38	70,17	37,14	54,02	60,77	31,66	46,05	51,80	26,43	38,45	43,25
	II	1 076,25	59,19	86,10	96,86	II	1 076,25	52,77	76,76	86,35	46,61	67,80	76,28	40,71	59,22	66,62	35,06	51,—	57,38	29,68	43,17	48,56	24,55	35,71	40,17
	III	720,33	39,61	57,62	64,82	III	720,33	34,93	50,81	57,16	30,37	44,18	49,70	25,95	37,74	42,46	21,65	31,49	35,42	17,48	25,42	28,60	13,42	19,53	21,97
	V	1 535,16	84,43	122,81	138,16	IV	1 121,—	58,36	84,89	95,50	55,14	80,20	90,23	51,97	75,60	85,05	48,88	71,10	79,99	45,85	66,69	75,02	42,88	62,38	70,17
	VI	1 568,58	86,27	125,48	141,17																				
4 913,99 Ost	I,IV	1 123,—	61,76	89,84	101,07	I	1 123,—	55,24	80,36	90,40	48,99	71,26	80,16	42,98	62,52	70,34	37,23	54,16	60,93	31,75	46,18	51,95	26,52	38,58	43,40
	II	1 078,25	59,30	86,26	97,04	II	1 078,25	52,88	76,92	86,53	46,71	67,95	76,44	40,81	59,36	66,78	35,16	51,14	57,53	29,76	43,30	48,71	24,63	35,83	40,31
	III	721,83	39,70	57,74	64,96	III	721,83	35,01	50,93	57,29	30,45	44,29	49,82	26,02	37,85	42,58	21,72	31,60	35,55	17,54	25,52	28,71	13,50	19,64	22,09
	V	1 537,25	84,54	122,98	138,35	IV	1 123,—	58,47	85,05	95,68	55,24	80,36	90,40	52,08	75,76	85,23	48,99	71,26	80,16	45,95	66,84	75,20	42,98	62,52	70,34
	VI	1 570,75	86,39	125,66	141,36																				
4 916,99 West	I,IV	1 122,16	61,71	89,77	100,99	I	1 122,16	55,20	80,29	90,32	48,94	71,19	80,09	42,94	62,46	70,27	37,20	54,11	60,87	31,71	46,13	51,89	26,48	38,52	43,34
	II	1 077,41	59,25	86,19	96,96	II	1 077,41	52,83	76,85	86,45	46,67	67,89	76,37	40,76	59,30	66,71	35,12	51,08	57,47	29,73	43,24	48,65	24,59	35,78	40,25
	III	721,33	39,67	57,70	64,91	III	721,33	34,98	50,88	57,24	30,42	44,25	49,78	25,99	37,81	42,53	21,68	31,54	35,48	17,51	25,48	28,66	13,47	19,60	22,05
	V	1 536,33	84,49	122,90	138,26	IV	1 122,16	58,42	84,98	95,60	55,20	80,29	90,32	52,04	75,70	85,16	48,94	71,19	80,09	45,91	66,78	75,12	42,94	62,46	70,27
	VI	1 569,83	86,34	125,58	141,28																				
4 916,99 Ost	I,IV	1 124,25	61,83	89,94	101,18	I	1 124,25	55,31	80,46	90,51	49,05	71,34	80,26	43,04	62,61	70,43	37,29	54,25	61,03	31,80	46,26	52,04	26,57	38,65	43,48
	II	1 079,50	59,37	86,36	97,15	II	1 079,50	52,94	77,01	86,63	46,78	68,04	76,55	40,86	59,44	66,87	35,21	51,22	57,62	29,82	43,38	48,80	24,68	35,90	40,39
	III	722,83	39,75	57,82	65,05	III	722,83	35,06	51,—	57,37	30,49	44,36	49,90	26,07	37,92	42,66	21,76	31,65	35,60	17,59	25,58	28,78	13,53	19,69	22,15
	V	1 538,50	84,61	123,08	138,46	IV	1 124,25	58,54	85,15	95,79	55,31	80,46	90,51	52,14	75,85	85,33	49,05	71,34	80,26	46,01	66,93	75,29	43,04	62,61	70,43
	VI	1 572,—	86,46	125,76	141,48																				
4 919,99 West	I,IV	1 123,33	61,78	89,86	101,09	I	1 123,33	55,26	80,38	90,43	49,—	71,28	80,19	43,—	62,54	70,36	37,25	54,18	60,95	31,76	46,20	51,98	26,53	38,60	43,42
	II	1 078,58	59,32	86,28	97,07	II	1 078,58	52,89	76,94	86,55	46,73	67,97	76,46	40,82	59,38	66,80	35,17	51,16	57,56	29,78	43,32	48,73	24,64	35,85	40,33
	III	722,16	39,71	57,77	64,99	III	722,16	35,02	50,94	57,31	30,47	44,32	49,86	26,03	37,86	42,59	21,73	31,61	35,56	17,55	25,53	28,72	13,51	19,65	22,10
	V	1 537,58	84,56	123,—	138,38	IV	1 123,33	58,49	85,08	95,71	55,26	80,38	90,43	52,10	75,78	85,25	49,—	71,28	80,19	45,97	66,86	75,22	43,—	62,54	70,36
	VI	1 571,—	86,40	125,68	141,39																				
4 919,99 Ost	I,IV	1 125,50	61,90	90,04	101,29	I	1 125,50	55,38	80,55	90,62	49,11	71,44	80,37	43,10	62,70	70,53	37,35	54,34	61,13	31,86	46,34	52,13	26,62	38,73	43,57
	II	1 080,66	59,43	86,45	97,25	II	1 080,66	53,01	77,10	86,74	46,84	68,13	76,64	40,92	59,53	66,97	35,27	51,31	57,72	29,87	43,46	48,89	24,74	35,98	40,48
	III	723,66	39,80	57,89	65,12	III	723,66	35,10	51,06	57,44	30,54	44,42	49,97	26,11	37,98	42,73	21,80	31,72	35,68	17,62	25,64	28,84	13,58	19,76	22,23
	V	1 539,75	84,68	123,18	138,57	IV	1 125,50	58,61	85,25	95,90	55,38	80,55	90,62	52,21	75,95	85,44	49,11	71,44	80,37	46,08	67,02	75,40	43,10	62,70	70,53
	VI	1 573,25	86,52	125,86	141,59																				

* Die ausgewiesenen Tabellenwerte sind amtlich. Siehe Erläuterungen auf der Umschlaginnenseite (U2).

Abzüge an Lohnsteuer, Solidaritätszuschlag (SolZ) und Kirchensteuer (8%, 9%) in den Steuerklassen

Lohn/Gehalt bis €*	I – VI					I, II, III, IV																			
			ohne Kinderfreibeträge					mit Zahl der Kinderfreibeträge . . .																	
								0,5			1			1,5			2			2,5			3		
		LSt	SolZ	8%	9%		LSt	SolZ	8%	9%	SolZ	8%	9%	SolZ	8%	9%	SolZ	8%	9%	SolZ	8%	9%	SolZ	8%	9%
4 922,99 West	I,IV	1 124,50	61,84	89,96	101,20	I	1 124,50	55,32	80,47	90,53	49,06	71,36	80,28	43,06	62,63	70,46	37,30	54,26	61,04	31,81	46,28	52,06	26,58	38,66	43,49
	II	1 079,75	59,38	86,38	97,17	II	1 079,75	52,96	77,03	86,66	46,79	68,06	76,56	40,88	59,46	66,89	35,23	51,24	57,65	29,83	43,40	48,82	24,69	35,92	40,41
	III	723,—	39,76	57,84	65,07	III	723,—	35,07	51,01	57,38	30,50	44,37	49,91	26,07	37,93	42,67	21,77	31,66	35,62	17,60	25,60	28,80	13,54	19,70	22,16
	V	1 538,75	84,63	123,10	138,48	IV	1 124,50	58,55	85,17	95,81	55,32	80,47	90,53	52,16	75,87	85,35	49,06	71,36	80,28	46,03	66,95	75,32	43,06	62,63	70,46
	VI	1 572,25	86,47	125,78	141,50																				
4 922,99 Ost	I,IV	1 126,75	61,97	90,14	101,40	I	1 126,75	55,44	80,64	90,72	49,17	71,53	80,47	43,16	62,78	70,63	37,41	54,42	61,22	31,91	46,42	52,22	26,67	38,80	43,65
	II	1 081,91	59,50	86,55	97,37	II	1 081,91	53,07	77,20	86,85	46,90	68,22	76,75	40,98	59,62	67,07	35,33	51,39	57,81	29,93	43,54	48,98	24,79	36,06	40,56
	III	724,50	39,84	57,96	65,20	III	724,50	35,15	51,13	57,52	30,58	44,49	50,05	26,16	38,05	42,80	21,85	31,78	35,75	17,67	25,70	28,91	13,62	19,81	22,28
	V	1 541,—	84,75	123,28	138,69	IV	1 126,75	58,67	85,34	96,01	55,44	80,64	90,72	52,28	76,04	85,55	49,17	71,53	80,47	46,14	67,11	75,50	43,16	62,78	70,63
	VI	1 574,50	86,59	125,96	141,70																				
4 925,99 West	I,IV	1 125,75	61,91	90,06	101,31	I	1 125,75	55,38	80,56	90,63	49,12	71,45	80,38	43,11	62,71	70,55	37,36	54,35	61,14	31,87	46,36	52,15	26,63	38,74	43,58
	II	1 080,91	59,45	86,47	97,28	II	1 080,91	53,02	77,12	86,76	46,85	68,14	76,66	40,93	59,54	66,98	35,28	51,32	57,74	29,88	43,47	48,90	24,75	36,—	40,50
	III	723,83	39,81	57,90	65,14	III	723,83	35,11	51,08	57,46	30,55	44,44	49,99	26,12	38,—	42,75	21,81	31,73	35,69	17,63	25,65	28,85	13,59	19,77	22,24
	V	1 540,—	84,70	123,20	138,60	IV	1 125,75	58,62	85,26	95,92	55,38	80,56	90,63	52,22	75,96	85,46	49,12	71,45	80,38	46,09	67,04	75,42	43,11	62,71	70,55
	VI	1 573,41	86,53	125,87	141,60																				
4 925,99 Ost	I,IV	1 128,—	62,04	90,24	101,52	I	1 128,—	55,51	80,74	90,83	49,24	71,62	80,57	43,23	62,88	70,74	37,47	54,50	61,31	31,97	46,50	52,31	26,73	38,88	43,74
	II	1 083,16	59,57	86,65	97,48	II	1 083,16	53,13	77,29	86,95	46,96	68,31	76,85	41,04	59,70	67,16	35,38	51,47	57,90	29,98	43,62	49,07	24,84	36,13	40,64
	III	725,50	39,90	58,04	65,29	III	725,50	35,20	51,21	57,61	30,63	44,56	50,13	26,19	38,10	42,86	21,89	31,85	35,83	17,71	25,77	28,99	13,66	19,88	22,36
	V	1 542,25	84,82	123,38	138,80	IV	1 128,—	58,74	85,44	96,12	55,51	80,74	90,83	52,34	76,14	85,65	49,24	71,62	80,57	46,20	67,20	75,60	43,23	62,88	70,74
	VI	1 575,75	86,66	126,06	141,81																				
4 928,99 West	I,IV	1 126,91	61,98	90,15	101,42	I	1 126,91	55,45	80,66	90,74	49,18	71,54	80,48	43,17	62,80	70,65	37,42	54,43	61,23	31,92	46,43	52,23	26,68	38,81	43,66
	II	1 082,08	59,51	86,56	97,38	II	1 082,08	53,08	77,21	86,86	46,91	68,23	76,76	40,99	59,63	67,08	35,33	51,40	57,82	29,93	43,54	48,98	24,79	36,06	40,57
	III	724,66	39,85	57,97	65,21	III	724,66	35,16	51,14	57,53	30,59	44,50	50,06	26,16	38,05	42,80	21,85	31,78	35,75	17,68	25,72	28,93	13,63	19,82	22,30
	V	1 541,16	84,76	123,29	138,70	IV	1 126,91	58,68	85,36	96,03	55,45	80,66	90,74	52,28	76,05	85,55	49,18	71,54	80,48	46,14	67,12	75,51	43,17	62,80	70,65
	VI	1 574,66	86,60	125,97	141,71																				
4 928,99 Ost	I,IV	1 129,25	62,10	90,34	101,63	I	1 129,25	55,57	80,84	90,94	49,30	71,71	80,67	43,28	62,96	70,83	37,52	54,58	61,40	32,02	46,58	52,40	26,78	38,96	43,83
	II	1 084,41	59,64	86,75	97,59	II	1 084,41	53,20	77,39	87,06	47,02	68,40	76,95	41,10	59,79	67,26	35,44	51,56	58,—	30,03	43,69	49,15	24,89	36,20	40,73
	III	726,33	39,94	58,10	65,36	III	726,33	35,25	51,28	57,69	30,69	44,64	50,22	26,24	38,17	42,94	21,93	31,90	35,89	17,75	25,82	29,05	13,70	19,93	22,42
	V	1 543,58	84,89	123,48	138,92	IV	1 129,25	58,80	85,54	96,23	55,57	80,84	90,94	52,41	76,23	85,76	49,30	71,71	80,67	46,26	67,29	75,70	43,28	62,96	70,83
	VI	1 577,—	86,73	126,16	141,93																				
4 931,99 West	I,IV	1 128,08	62,04	90,24	101,52	I	1 128,08	55,51	80,75	90,84	49,24	71,63	80,58	43,23	62,88	70,74	37,47	54,51	61,32	31,97	46,51	52,32	26,73	38,89	43,75
	II	1 083,25	59,57	86,66	97,49	II	1 083,25	53,14	77,30	86,96	46,97	68,32	76,86	41,05	59,71	67,17	35,39	51,48	57,91	29,99	43,62	49,07	24,84	36,14	40,65
	III	725,50	39,90	58,04	65,29	III	725,50	35,20	51,21	57,61	30,64	44,57	50,14	26,20	38,12	42,88	21,89	31,85	35,83	17,71	25,77	28,99	13,66	19,88	22,36
	V	1 542,41	84,83	123,39	138,81	IV	1 128,08	58,74	85,45	96,13	55,51	80,75	90,84	52,35	76,14	85,66	49,24	71,63	80,58	46,20	67,21	75,61	43,23	62,88	70,74
	VI	1 575,83	86,67	126,06	141,82																				
4 931,99 Ost	I,IV	1 130,50	62,17	90,44	101,74	I	1 130,50	55,64	80,93	91,04	49,36	71,80	80,78	43,34	63,05	70,93	37,58	54,67	61,50	32,08	46,66	52,49	26,84	39,04	43,92
	II	1 085,58	59,70	86,84	97,70	II	1 085,58	53,27	77,48	87,17	47,08	68,49	77,05	41,16	59,88	67,36	35,50	51,64	58,09	30,09	43,77	49,24	24,94	36,28	40,82
	III	727,16	39,99	58,17	65,44	III	727,16	35,30	51,34	57,76	30,73	44,70	50,29	26,29	38,24	43,02	21,98	31,97	35,96	17,80	25,89	29,12	13,75	20,—	22,50
	V	1 544,83	84,96	123,58	139,03	IV	1 130,50	58,87	85,64	96,34	55,64	80,93	91,04	52,47	76,32	85,86	49,36	71,80	80,78	46,32	67,38	75,80	43,34	63,05	70,93
	VI	1 578,25	86,80	126,26	142,04																				
4 934,99 West	I,IV	1 129,25	62,10	90,34	101,63	I	1 129,25	55,57	80,84	90,94	49,30	71,72	80,68	43,28	62,96	70,83	37,53	54,59	61,41	32,02	46,58	52,40	26,78	38,96	43,83
	II	1 084,41	59,64	86,75	97,59	II	1 084,41	53,20	77,39	87,06	47,02	68,40	76,95	41,11	59,80	67,27	35,44	51,56	58,—	30,04	43,70	49,16	24,89	36,21	40,73
	III	726,33	39,94	58,10	65,36	III	726,33	35,25	51,28	57,69	30,69	44,64	50,22	26,25	38,18	42,95	21,94	31,92	35,91	17,75	25,82	29,05	13,70	19,93	22,42
	V	1 543,58	84,89	123,48	138,92	IV	1 129,25	58,81	85,54	96,23	55,57	80,84	90,94	52,41	76,23	85,76	49,30	71,72	80,68	46,26	67,29	75,70	43,28	62,96	70,83
	VI	1 577,08	86,73	126,16	141,93																				
4 934,99 Ost	I,IV	1 131,75	62,24	90,54	101,85	I	1 131,75	55,71	81,03	91,16	49,43	71,90	80,88	43,40	63,14	71,03	37,64	54,76	61,60	32,13	46,74	52,58	26,89	39,11	44,—
	II	1 086,83	59,77	86,94	97,81	II	1 086,83	53,33	77,58	87,27	47,15	68,58	77,15	41,22	59,96	67,46	35,56	51,72	58,19	30,14	43,85	49,33	24,99	36,36	40,90
	III	728,16	40,04	58,25	65,53	III	728,16	35,34	51,41	57,83	30,78	44,77	50,36	26,33	38,30	43,09	22,02	32,04	36,04	17,83	25,94	29,18	13,78	20,05	22,55
	V	1 546,08	85,03	123,68	139,14	IV	1 131,75	58,94	85,74	96,45	55,71	81,03	91,16	52,53	76,42	85,97	49,43	71,90	80,88	46,38	67,47	75,90	43,40	63,14	71,03
	VI	1 579,50	86,87	126,36	142,15																				
4 937,99 West	I,IV	1 130,41	62,17	90,43	101,73	I	1 130,41	55,64	80,93	91,04	49,36	71,80	80,78	43,34	63,05	70,93	37,58	54,67	61,50	32,08	46,66	52,49	26,83	39,03	43,91
	II	1 085,58	59,70	86,84	97,70	II	1 085,58	53,26	77,48	87,16	47,08	68,49	77,05	41,16	59,88	67,36	35,50	51,64	58,09	30,09	43,77	49,24	24,94	36,28	40,81
	III	727,16	39,99	58,17	65,44	III	727,16	35,30	51,34	57,76	30,73	44,70	50,29	26,29	38,24	43,02	21,98	31,97	35,96	17,80	25,89	29,12	13,75	20,—	22,50
	V	1 544,75	84,96	123,58	139,02	IV	1 130,41	58,87	85,64	96,34	55,64	80,93	91,04	52,47	76,32	85,86	49,36	71,80	80,78	46,32	67,38	75,80	43,34	63,05	70,93
	VI	1 578,25	86,80	126,26	142,04																				
4 937,99 Ost	I,IV	1 133,—	62,31	90,64	101,97	I	1 133,—	55,77	81,12	91,26	49,49	71,99	80,99	43,46	63,22	71,12	37,70	54,84	61,69	32,19	46,82	52,67	26,94	39,18	44,08
	II	1 088,08	59,84	87,04	97,92	II	1 088,08	53,40	77,67	87,38	47,21	68,67	77,25	41,28	60,05	67,55	35,61	51,80	58,28	30,20	43,93	49,42	25,04	36,43	40,98
	III	729,—	40,09	58,32	65,61	III	729,—	35,39	51,48	57,91	30,82	44,84	50,44	26,38	38,37	43,16	22,07	32,10	36,11	17,88	26,01	29,26	13,83	20,12	22,63
	V	1 547,33	85,10	123,78	139,25	IV	1 133,—	59,01	85,83	96,56	55,77	81,12	91,26	52,60	76,51	86,07	49,49	71,99	80,99	46,44	67,56	76,—	43,46	63,22	71,12
	VI	1 580,75	86,94	126,46	142,26																				
4 940,99 West	I,IV	1 131,66	62,24	90,53	101,84	I	1 131,66	55,70	81,02	91,15	49,42	71,89	80,87	43,40	63,13	71,02	37,64	54,75	61,59	32,13	46,74	52,58	26,88	39,10	43,99
	II	1 086,75	59,77	86,94	97,80	II	1 086,75	53,33	77,57	87,26	47,14	68,58	77,15	41,22	59,96	67,45	35,55	51,72	58,18	30,14	43,84	49,32	24,99	36,35	40,89
	III	728,—	40,04	58,24	65,52	III	728,—	35,34	51,41	57,83	30,77	44,76	50,35	26,33	38,30	43,09	22,02	32,04	36,04	17,83	25,94	29,18	13,78	20,05	22,55
	V	1 546,—	85,03	123,68	139,14	IV	1 131,66	58,94	85,73	96,44	55,70	81,02	91,15	52,53	76,41	85,96	49,42	71,89	80,87	46,38	67,46	75,89	43,40	63,13	71,02
	VI	1 579,50	86,87	126,36	142,15																				
4 940,99 Ost	I,IV	1 134,25	62,38	90,74	102,08	I	1 134,25	55,84	81,22	91,37	49,55	72,08	81,09	43,53	63,32	71,23	37,76	54,92	61,79	32,24	46,90	52,76	26,99	39,26	44,17
	II	1 089,25	59,90	87,14	98,03	II	1 089,25	53,46	77,76	87,48	47,27	68,76	77,36	41,34	60,14	67,65	35,67	51,88	58,37	30,25	44,01	49,51	25,09	36,50	41,06
	III	729,83	40,14	58,38	65,68	III	729,83	35,43	51,54	57,98	30,87	44,90	50,51	26,42	38,44	43,24	22,11	32,16	36,18	17,93	26,08	29,34	13,86	20,17	22,69
	V	1 548,58	85,17	123,88	139,37	IV	1 134,25	59,07	85,93	96,67	55,84	81,22	91,37	52,66	76,60	86,18	49,55	72,08	81,09	46,51	67,65	76,10	43,53	63,32	71,23
	VI	1 582,08	87,01	126,56	142,38																				
4 943,99 West	I,IV	1 132,83	62,30	90,62	101,95	I	1 132,83	55,77	81,12	91,26	49,48	71,98	80,97	43,46	63,22	71,12	37,69	54,83	61,68	32,18	46,82	52,67	26,93	39,18	44,07
	II	1 087,91	59,83	87,03	97,91	II	1 087,91	53,39	77,66	87,36	47,20	68,66	77,24	41,28	60,04	67,55	35,61	51,80	58,27	30,19	43,92	49,41	25,04	36,42	40,97
	III	728,83	40,08	58,30	65,59	III	728,83	35,39	51,48	57,91	30,81	44,82	50,42	26,38	38,37	43,16	22,06	32,09	36,10	17,88	26,01	29,26	13,82	20,10	22,61
	V	1 547,16	85,09	123,77	139,24	IV	1 132,83	59,—	85,82	96,55	55,77	81,12	91,26	52,59	76,50	86,06	49,48	71,98	80,97	46,44	67,55	75,99	43,46	63,22	71,12
	VI	1 580,66	86,93	126,45	142,25																				
4 943,99 Ost	I,IV	1 135,50	62,45	90,84	102,19	I	1 135,50	55,90	81,32	91,48	49,61	72,17	81,19	43,59	63,40	71,33	37,82	55,01	61,88	32,30	46,98	52,85	27,04	39,34	44,25
	II	1 090,50	59,97	87,24	98,14	II	1 090,50	53,52	77,86	87,59	47,34	68,86	77,46	41,40	60,22	67,75	35,73	51,97	58,46	30,31	44,09	49,60	25,15	36,58	41,15
	III	730,83	40,19	58,46	65,77	III	730,83	35,49	51,62	58,07	30,91	44,97	50,59	26,47	38,50	43,31	22,15	32,22	36,25	17,96	26,13	29,39	13,91	20,24	22,77
	V	1 549,83	85,24	123,98	139,48	IV	1 135,50	59,14	86,03	96,78	55,90	81,32	91,48	52,73	76,70	86,28	49,61	72,17	81,19	46,57	67,74	76,21	43,59	63,40	71,33
	VI	1 583,33	87,08	126,66	142,49																				

*** Die ausgewiesenen Tabellenwerte sind amtlich. Siehe Erläuterungen auf der Umschlaginnenseite (U2).**

Abzüge an Lohnsteuer, Solidaritätszuschlag (SolZ) und Kirchensteuer (8%, 9%) in den Steuerklassen

Lohn/ Gehalt bis €*	I – VI		ohne Kinder-freibeträge			I, II, III, IV		mit Zahl der Kinderfreibeträge . . . 0,5			1			1,5			2			2,5			3		
		LSt	SolZ	8%	9%		LSt	SolZ	8%	9%	SolZ	8%	9%	SolZ	8%	9%	SolZ	8%	9%	SolZ	8%	9%	SolZ	8%	9%
4 946,99 West	I,IV	1 134,08	62,37	90,72	102,06	I	1 134,08	55,83	81,21	91,36	49,55	72,07	81,08	43,52	63,30	71,21	37,75	54,91	61,77	32,24	46,90	52,76	26,98	39,25	44,15
	II	1 089,08	59,89	87,12	98,01	II	1 089,08	53,45	77,75	87,47	47,26	68,75	77,34	41,33	60,12	67,64	35,66	51,88	58,36	30,25	44,—	49,50	25,09	36,50	41,06
	III	729,83	40,14	58,38	65,68	III	729,83	35,43	51,54	57,98	30,86	44,89	50,50	26,41	38,42	43,22	22,11	32,16	36,18	17,92	26,06	29,32	13,86	20,17	22,69
	V	1 548,41	85,16	123,87	139,35	IV	1 134,08	59,07	85,92	96,66	55,83	81,21	91,36	52,65	76,59	86,16	49,55	72,07	81,08	46,50	67,64	76,09	43,52	63,30	71,21
	VI	1 581,83	87,—	126,54	142,36																				
4 946,99 Ost	I,IV	1 136,75	62,52	90,94	102,30	I	1 136,75	55,97	81,41	91,58	49,68	72,26	81,29	43,65	63,49	71,42	37,87	55,09	61,97	32,35	47,06	52,94	27,10	39,42	44,34
	II	1 091,75	60,04	87,34	98,25	II	1 091,75	53,59	77,95	87,69	47,40	68,94	77,56	41,46	60,31	67,85	35,78	52,05	58,55	30,36	44,17	49,69	25,20	36,66	41,24
	III	731,66	40,24	58,53	65,84	III	731,66	35,53	51,69	58,15	30,96	45,04	50,67	26,51	38,57	43,39	22,20	32,29	36,32	18,01	26,20	29,47	13,95	20,29	22,82
	V	1 551,08	85,30	124,08	139,59	IV	1 136,75	59,21	86,12	96,89	55,97	81,41	91,58	52,79	76,79	86,39	49,68	72,26	81,29	46,63	67,83	76,31	43,65	63,49	71,42
	VI	1 584,58	87,15	126,76	142,61																				
4 949,99 West	I,IV	1 135,25	62,43	90,82	102,17	I	1 135,25	55,89	81,30	91,46	49,61	72,16	81,18	43,57	63,38	71,30	37,80	54,99	61,86	32,29	46,97	52,84	27,03	39,32	44,24
	II	1 090,25	59,96	87,22	98,12	II	1 090,25	53,51	77,84	87,57	47,32	68,84	77,44	41,39	60,21	67,73	35,71	51,95	58,44	30,30	44,07	49,58	25,14	36,57	41,14
	III	730,66	40,18	58,45	65,75	III	730,66	35,48	51,61	58,06	30,91	44,96	50,58	26,46	38,49	43,30	22,14	32,21	36,23	17,96	26,13	29,39	13,90	20,22	22,75
	V	1 549,58	85,22	123,96	139,46	IV	1 135,25	59,13	86,01	96,76	55,89	81,30	91,46	52,71	76,68	86,26	49,61	72,16	81,18	46,56	67,72	76,19	43,57	63,38	71,30
	VI	1 583,08	87,06	126,64	142,47																				
4 949,99 Ost	I,IV	1 138,—	62,59	91,04	102,42	I	1 138,—	56,04	81,51	91,70	49,74	72,36	81,40	43,71	63,58	71,52	37,93	55,18	62,07	32,41	47,15	53,04	27,15	39,49	44,42
	II	1 093,—	60,11	87,44	98,37	II	1 093,—	53,66	78,05	87,80	47,46	69,04	77,67	41,52	60,40	67,95	35,84	52,14	58,65	30,41	44,24	49,77	25,25	36,73	41,32
	III	732,50	40,28	58,60	65,92	III	732,50	35,58	51,76	58,23	31,01	45,10	50,74	26,56	38,64	43,47	22,24	32,36	36,40	18,05	26,26	29,54	13,99	20,36	22,90
	V	1 552,33	85,37	124,18	139,70	IV	1 138,—	59,28	86,22	97,—	56,04	81,51	91,70	52,85	76,88	86,49	49,74	72,36	81,40	46,69	67,92	76,41	43,71	63,58	71,52
	VI	1 585,83	87,22	126,86	142,72																				
4 952,99 West	I,IV	1 136,41	62,50	90,91	102,27	I	1 136,41	55,95	81,39	91,56	49,66	72,24	81,27	43,63	63,47	71,40	37,86	55,07	61,95	32,34	47,05	52,93	27,08	39,40	44,32
	II	1 091,50	60,03	87,32	98,23	II	1 091,50	53,57	77,93	87,67	47,38	68,92	77,54	41,45	60,29	67,82	35,77	52,04	58,54	30,35	44,15	49,67	25,19	36,64	41,22
	III	731,50	40,23	58,52	65,83	III	731,50	35,53	51,68	58,14	30,95	45,02	50,65	26,51	38,56	43,38	22,19	32,28	36,31	18,—	26,18	29,45	13,94	20,28	22,81
	V	1 550,83	85,29	124,06	139,57	IV	1 136,41	59,19	86,10	96,86	55,95	81,39	91,56	52,78	76,77	86,36	49,66	72,24	81,27	46,62	67,81	76,28	43,63	63,47	71,40
	VI	1 584,25	87,13	126,74	142,58																				
4 952,99 Ost	I,IV	1 139,25	62,65	91,14	102,53	I	1 139,25	56,10	81,60	91,80	49,81	72,45	81,50	43,77	63,67	71,63	37,99	55,26	62,16	32,47	47,23	53,13	27,20	39,57	44,51
	II	1 094,16	60,17	87,53	98,47	II	1 094,16	53,72	78,14	87,91	47,52	69,12	77,76	41,58	60,48	68,04	35,90	52,22	58,74	30,47	44,32	49,86	25,30	36,81	41,41
	III	733,50	40,34	58,68	66,01	III	733,50	35,63	51,82	58,30	31,05	45,17	50,81	26,61	38,70	43,54	22,28	32,41	36,46	18,09	26,32	29,61	14,03	20,41	22,96
	V	1 553,66	85,45	124,29	139,82	IV	1 139,25	59,34	86,32	97,11	56,10	81,60	91,80	52,92	76,98	86,60	49,81	72,45	81,50	46,75	68,01	76,51	43,77	63,67	71,63
	VI	1 587,08	87,28	126,96	142,83																				
4 955,99 West	I,IV	1 137,58	62,56	91,—	102,38	I	1 137,58	56,02	81,48	91,67	49,72	72,33	81,37	43,69	63,56	71,50	37,91	55,15	62,04	32,39	47,12	53,01	27,13	39,47	44,40
	II	1 092,66	60,09	87,41	98,33	II	1 092,66	53,64	78,02	87,78	47,44	69,01	77,63	41,51	60,38	67,92	35,82	52,11	58,62	30,40	44,22	49,75	25,24	36,71	41,30
	III	732,33	40,27	58,58	65,90	III	732,33	35,57	51,74	58,21	30,99	45,08	50,71	26,54	38,61	43,43	22,22	32,33	36,37	18,04	26,24	29,52	13,97	20,33	22,87
	V	1 552,—	85,36	124,16	139,68	IV	1 137,58	59,26	86,20	96,97	56,02	81,48	91,67	52,84	76,86	86,46	49,72	72,33	81,37	46,68	67,90	76,38	43,69	63,56	71,50
	VI	1 585,50	87,20	126,84	142,69																				
4 955,99 Ost	I,IV	1 140,50	62,72	91,24	102,64	I	1 140,50	56,16	81,70	91,91	49,87	72,54	81,61	43,83	63,76	71,73	38,05	55,34	62,26	32,52	47,31	53,22	27,25	39,64	44,60
	II	1 095,41	60,24	87,63	98,58	II	1 095,41	53,79	78,24	88,02	47,58	69,22	77,87	41,64	60,57	68,14	35,96	52,30	58,84	30,52	44,40	49,95	25,35	36,88	41,49
	III	734,33	40,38	58,74	66,08	III	734,33	35,67	51,89	58,37	31,10	45,24	50,89	26,65	38,77	43,61	22,33	32,48	36,54	18,14	26,38	29,68	14,08	20,48	23,04
	V	1 554,91	85,52	124,39	139,94	IV	1 140,50	59,41	86,42	97,22	56,16	81,70	91,91	52,98	77,07	86,70	49,87	72,54	81,61	46,82	68,10	76,61	43,83	63,76	71,73
	VI	1 588,33	87,35	127,06	142,94																				
4 958,99 West	I,IV	1 138,83	62,63	91,10	102,49	I	1 138,83	56,08	81,57	91,76	49,78	72,42	81,47	43,75	63,64	71,59	37,97	55,23	62,13	32,45	47,20	53,10	27,18	39,54	44,48
	II	1 093,75	60,15	87,50	98,43	II	1 093,75	53,70	78,11	87,87	47,50	69,10	77,73	41,56	60,46	68,01	35,88	52,19	58,71	30,45	44,30	49,83	25,29	36,78	41,38
	III	733,16	40,32	58,65	65,98	III	733,16	35,62	51,81	58,28	31,03	45,14	50,78	26,59	38,68	43,51	22,27	32,40	36,45	18,08	26,30	29,59	14,02	20,40	22,95
	V	1 553,25	85,42	124,26	139,79	IV	1 138,83	59,32	86,29	97,07	56,08	81,57	91,76	52,90	76,95	86,57	49,78	72,42	81,47	46,74	67,98	76,48	43,75	63,64	71,59
	VI	1 586,66	87,26	126,93	142,79																				
4 958,99 Ost	I,IV	1 141,75	62,79	91,34	102,75	I	1 141,75	56,23	81,80	92,02	49,93	72,63	81,71	43,89	63,84	71,82	38,11	55,43	62,36	32,58	47,39	53,31	27,31	39,72	44,69
	II	1 096,66	60,31	87,73	98,69	II	1 096,66	53,85	78,33	88,12	47,65	69,31	77,97	41,70	60,66	68,24	36,01	52,38	58,93	30,58	44,48	50,04	25,41	36,96	41,58
	III	735,16	40,43	58,81	66,16	III	735,16	35,73	51,97	58,46	31,14	45,30	50,96	26,69	38,82	43,67	22,37	32,54	36,61	18,17	26,44	29,74	14,11	20,53	23,09
	V	1 556,16	85,58	124,49	140,05	IV	1 141,75	59,48	86,52	97,33	56,23	81,80	92,02	53,05	77,17	86,81	49,93	72,63	81,71	46,88	68,19	76,71	43,89	63,84	71,82
	VI	1 589,58	87,42	127,16	143,06																				
4 961,99 West	I,IV	1 140,—	62,70	91,20	102,60	I	1 140,—	56,14	81,66	91,87	49,85	72,51	81,57	43,81	63,72	71,69	38,03	55,32	62,23	32,50	47,28	53,19	27,23	39,62	44,57
	II	1 095,—	60,22	87,60	98,55	II	1 095,—	53,76	78,20	87,98	47,56	69,18	77,83	41,62	60,54	68,11	35,93	52,27	58,80	30,51	44,38	49,92	25,34	36,86	41,46
	III	734,—	40,37	58,72	66,06	III	734,—	35,66	51,88	58,36	31,08	45,21	50,86	26,63	38,74	43,58	22,32	32,46	36,52	18,12	26,36	29,65	14,06	20,45	23,—
	V	1 554,41	85,49	124,35	139,89	IV	1 140,—	59,39	86,38	97,18	56,14	81,66	91,87	52,96	77,04	86,67	49,85	72,51	81,57	46,80	68,07	76,58	43,81	63,72	71,69
	VI	1 587,91	87,33	127,03	142,91																				
4 961,99 Ost	I,IV	1 143,—	62,86	91,44	102,87	I	1 143,—	56,30	81,89	92,12	49,99	72,72	81,81	43,95	63,93	71,92	38,17	55,52	62,46	32,63	47,47	53,40	27,36	39,80	44,78
	II	1 097,91	60,38	87,83	98,81	II	1 097,91	53,91	78,42	88,22	47,71	69,40	78,07	41,76	60,74	68,33	36,07	52,47	59,03	30,63	44,56	50,13	25,46	37,03	41,66
	III	736,16	40,48	58,89	66,25	III	736,16	35,77	52,04	58,54	31,19	45,37	51,04	26,73	38,89	43,75	22,42	32,61	36,68	18,22	26,50	29,81	14,15	20,58	23,15
	V	1 557,41	85,65	124,59	140,16	IV	1 143,—	59,55	86,62	97,44	56,30	81,89	92,12	53,12	77,26	86,92	49,99	72,72	81,81	46,94	68,28	76,82	43,95	63,93	71,92
	VI	1 590,83	87,49	127,26	143,17																				
4 964,99 West	I,IV	1 141,16	62,76	91,29	102,70	I	1 141,16	56,21	81,76	91,98	49,91	72,60	81,67	43,86	63,80	71,78	38,08	55,40	62,32	32,56	47,36	53,28	27,28	39,69	44,65
	II	1 096,16	60,28	87,69	98,65	II	1 096,16	53,82	78,29	88,07	47,62	69,27	77,93	41,68	60,62	68,20	35,99	52,35	58,89	30,56	44,45	50,—	25,38	36,92	41,54
	III	734,83	40,41	58,78	66,13	III	734,83	35,71	51,94	58,43	31,13	45,28	50,94	26,68	38,81	43,66	22,35	32,52	36,58	18,16	26,42	29,72	14,09	20,50	23,06
	V	1 555,58	85,55	124,44	140,—	IV	1 141,16	59,45	86,48	97,29	56,21	81,76	91,98	53,02	77,13	86,77	49,91	72,60	81,67	46,86	68,16	76,68	43,86	63,80	71,78
	VI	1 589,08	87,39	127,12	143,01																				
4 964,99 Ost	I,IV	1 144,25	62,93	91,54	102,98	I	1 144,25	56,37	81,99	92,24	50,06	72,82	81,92	44,01	64,02	72,02	38,22	55,60	62,55	32,69	47,55	53,49	27,41	39,88	44,86
	II	1 099,08	60,44	87,92	98,91	II	1 099,08	53,98	78,52	88,34	47,77	69,49	78,17	41,82	60,83	68,43	36,13	52,55	59,12	30,69	44,64	50,22	25,51	37,11	41,75
	III	737,—	40,53	58,96	66,33	III	737,—	35,82	52,10	58,61	31,24	45,44	51,12	26,78	38,96	43,83	22,45	32,66	36,74	18,26	26,57	29,89	14,19	20,65	23,23
	V	1 558,66	85,72	124,69	140,27	IV	1 144,25	59,62	86,72	97,56	56,37	81,99	92,24	53,18	77,36	87,03	50,06	72,82	81,92	47,—	68,37	76,91	44,01	64,02	72,02
	VI	1 592,16	87,56	127,37	143,29																				
4 967,99 West	I,IV	1 142,41	62,83	91,39	102,81	I	1 142,41	56,27	81,85	92,08	49,97	72,68	81,77	43,92	63,89	71,87	38,14	55,48	62,41	32,61	47,44	53,37	27,33	39,76	44,73
	II	1 097,33	60,35	87,78	98,75	II	1 097,33	53,89	78,38	88,18	47,68	69,36	78,03	41,74	60,71	68,30	36,04	52,43	58,98	30,61	44,53	50,09	25,43	37,—	41,62
	III	735,66	40,46	58,85	66,20	III	735,66	35,75	52,01	58,51	31,17	45,34	51,01	26,72	38,86	43,72	22,40	32,58	36,65	18,20	26,48	29,79	14,13	20,56	23,13
	V	1 556,83	85,62	124,54	140,11	IV	1 142,41	59,51	86,57	97,39	56,27	81,85	92,08	53,08	77,22	86,87	49,97	72,68	81,77	46,91	68,24	76,77	43,92	63,89	71,87
	VI	1 590,33	87,46	127,22	143,12																				
4 967,99 Ost	I,IV	1 145,50	63,—	91,64	103,09	I	1 145,50	56,43	82,08	92,34	50,12	72,91	82,02	44,07	64,11	72,12	38,28	55,68	62,64	32,74	47,63	53,58	27,47	39,96	44,95
	II	1 100,33	60,51	88,02	99,02	II	1 100,33	54,05	78,62	88,44	47,84	69,58	78,28	41,88	60,92	68,53	36,19	52,64	59,22	30,74	44,72	50,31	25,56	37,18	41,83
	III	737,83	40,58	59,02	66,40	III	737,83	35,86	52,17	58,69	31,28	45,50	51,19	26,83	39,02	43,90	22,50	32,73	36,82	18,30	26,62	29,95	14,23	20,70	23,29
	V	1 559,91	85,79	124,79	140,39	IV	1 145,50	59,68	86,81	97,66	56,43	82,08	92,34	53,24	77,45	87,13	50,12	72,91	82,02	47,07	68,46	77,02	44,07	64,11	72,12
	VI	1 593,41	87,63	127,47	143,40																				

* Die ausgewiesenen Tabellenwerte sind amtlich. Siehe Erläuterungen auf der Umschlaginnenseite (U2).

Lohn/ Gehalt bis €*		I – VI				I, II, III, IV																			
			ohne Kinderfreibeträge					mit Zahl der Kinderfreibeträge . . .																	
								0,5			1			1,5			2			2,5			3		
		LSt	SolZ	8%	9%		LSt	SolZ	8%	9%	SolZ	8%	9%	SolZ	8%	9%	SolZ	8%	9%	SolZ	8%	9%	SolZ	8%	9%
4 970,99 West	I,IV	1 143,58	62,89	91,48	102,92	I	1 143,58	56,33	81,94	92,18	50,03	72,77	81,86	43,98	63,98	71,97	38,19	55,56	62,50	32,66	47,51	53,45	27,39	39,84	44,82
	II	1 098,50	60,41	87,88	98,86	II	1 098,50	53,95	78,48	88,29	47,74	69,44	78,12	41,79	60,79	68,39	36,10	52,51	59,07	30,66	44,60	50,18	25,48	37,07	41,70
	III	736,50	40,50	58,92	66,28	III	736,50	35,79	52,06	58,57	31,22	45,41	51,08	26,76	38,93	43,79	22,44	32,64	36,72	18,24	26,53	29,84	14,18	20,62	23,20
	V	1 558,—	85,69	124,64	140,22	IV	1 143,58	59,58	86,66	97,49	56,33	81,94	92,18	53,15	77,31	86,97	50,03	72,77	81,86	46,97	68,32	76,86	43,98	63,98	71,97
	VI	1 591,50	87,53	127,32	143,23																				
4 970,99 Ost	I,IV	1 146,75	63,07	91,74	103,20	I	1 146,75	56,50	82,18	92,45	50,19	73,—	82,13	44,13	64,20	72,22	38,34	55,77	62,74	32,80	47,71	53,67	27,52	40,03	45,03
	II	1 101,58	60,58	88,12	99,14	II	1 101,58	54,11	78,71	88,55	47,90	69,67	78,38	41,94	61,01	68,63	36,24	52,72	59,31	30,80	44,80	50,40	25,61	37,26	41,91
	III	738,83	40,63	59,10	66,49	III	738,83	35,92	52,25	58,78	31,33	45,57	51,26	26,87	39,09	43,97	22,55	32,80	36,90	18,35	26,69	30,02	14,28	20,77	23,36
	V	1 561,16	85,86	124,89	140,50	IV	1 146,75	59,75	86,91	97,77	56,50	82,18	92,45	53,31	77,54	87,23	50,19	73,—	82,13	47,13	68,55	77,12	44,13	64,20	72,22
	VI	1 594,66	87,70	127,57	143,51																				
4 973,99 West	I,IV	1 144,83	62,96	91,58	103,03	I	1 144,83	56,40	82,04	92,29	50,09	72,86	81,97	44,04	64,06	72,07	38,25	55,64	62,59	32,72	47,59	53,54	27,44	39,92	44,91
	II	1 099,66	60,48	87,97	98,96	II	1 099,66	54,01	78,56	88,38	47,80	69,53	78,22	41,85	60,88	68,49	36,15	52,59	59,16	30,71	44,68	50,26	25,53	37,14	41,78
	III	737,50	40,56	59,—	66,37	III	737,50	35,85	52,14	58,66	31,26	45,48	51,16	26,81	39,—	43,87	22,48	32,70	36,79	18,28	26,60	29,92	14,21	20,68	23,26
	V	1 559,25	85,75	124,74	140,33	IV	1 144,83	59,65	86,76	97,61	56,40	82,04	92,29	53,21	77,40	87,08	50,09	72,86	81,97	47,03	68,42	76,97	44,04	64,06	72,07
	VI	1 592,75	87,60	127,42	143,34																				
4 973,99 Ost	I,IV	1 148,—	63,14	91,84	103,32	I	1 148,—	56,56	82,28	92,56	50,25	73,10	82,23	44,19	64,28	72,32	38,39	55,85	62,83	32,85	47,79	53,76	27,57	40,11	45,12
	II	1 102,83	60,65	88,22	99,25	II	1 102,83	54,17	78,80	88,65	47,96	69,76	78,48	42,—	61,10	68,73	36,30	52,80	59,40	30,85	44,88	50,49	25,67	37,34	42,—
	III	739,66	40,68	59,17	66,56	III	739,66	35,97	52,32	58,86	31,37	45,64	51,34	26,92	39,16	44,05	22,59	32,86	36,97	18,39	26,76	30,10	14,31	20,82	23,42
	V	1 562,41	85,93	124,99	140,61	IV	1 148,—	59,82	87,01	97,88	56,56	82,28	92,56	53,37	77,64	87,34	50,25	73,10	82,23	47,19	68,64	77,22	44,19	64,28	72,32
	VI	1 595,91	87,77	127,67	143,63																				
4 976,99 West	I,IV	1 146,—	63,03	91,68	103,14	I	1 146,—	56,46	82,12	92,39	50,15	72,95	82,07	44,10	64,14	72,16	38,30	55,72	62,68	32,77	47,66	53,62	27,49	39,98	44,98
	II	1 100,83	60,54	88,06	99,07	II	1 100,83	54,07	78,66	88,49	47,86	69,62	78,32	41,91	60,96	68,58	36,21	52,67	59,25	30,77	44,76	50,35	25,58	37,22	41,87
	III	738,33	40,60	59,06	66,44	III	738,33	35,89	52,21	58,73	31,31	45,54	51,23	26,84	39,05	43,93	22,52	32,76	36,85	18,32	26,65	29,98	14,25	20,73	23,32
	V	1 560,41	85,82	124,83	140,43	IV	1 146,—	59,71	86,85	97,70	56,46	82,12	92,39	53,27	77,49	87,17	50,15	72,95	82,07	47,09	68,50	77,06	44,10	64,14	72,16
	VI	1 593,91	87,66	127,51	143,45																				
4 976,99 Ost	I,IV	1 149,25	63,20	91,94	103,43	I	1 149,25	56,63	82,37	92,66	50,31	73,18	82,33	44,26	64,38	72,42	38,45	55,94	62,93	32,91	47,88	53,86	27,62	40,18	45,20
	II	1 104,08	60,72	88,32	99,36	II	1 104,08	54,24	78,90	88,76	48,02	69,85	78,58	42,06	61,18	68,83	36,35	52,88	59,49	30,91	44,96	50,58	25,72	37,41	42,08
	III	740,50	40,72	59,24	66,64	III	740,50	36,01	52,38	58,93	31,42	45,70	51,41	26,96	39,22	44,12	22,64	32,93	37,04	18,43	26,81	30,16	14,36	20,89	23,50
	V	1 563,75	86,—	125,10	140,73	IV	1 149,25	59,88	87,10	97,99	56,63	82,37	92,66	53,44	77,73	87,44	50,31	73,18	82,33	47,25	68,74	77,33	44,26	64,38	72,42
	VI	1 597,16	87,84	127,77	143,74																				
4 979,99 West	I,IV	1 147,16	63,09	91,77	103,24	I	1 147,16	56,52	82,22	92,49	50,21	73,04	82,17	44,16	64,23	72,26	38,36	55,80	62,77	32,82	47,74	53,71	27,54	40,06	45,06
	II	1 102,—	60,61	88,16	99,18	II	1 102,—	54,13	78,74	88,58	47,92	69,70	78,41	41,96	61,04	68,67	36,26	52,74	59,33	30,82	44,83	50,43	25,63	37,29	41,95
	III	739,16	40,65	59,13	66,52	III	739,16	35,94	52,28	58,81	31,35	45,60	51,30	26,89	39,12	44,01	22,56	32,82	36,92	18,37	26,72	30,06	14,30	20,80	23,40
	V	1 561,66	85,89	124,93	140,54	IV	1 147,16	59,77	86,94	97,81	56,52	82,22	92,49	53,33	77,58	87,27	50,21	73,04	82,17	47,15	68,58	77,15	44,16	64,23	72,26
	VI	1 595,08	87,72	127,60	143,55																				
4 979,99 Ost	I,IV	1 150,50	63,27	92,04	103,54	I	1 150,50	56,70	82,47	92,78	50,38	73,28	82,44	44,32	64,46	72,52	38,51	56,02	63,02	32,97	47,96	53,95	27,68	40,26	45,29
	II	1 105,25	60,78	88,42	99,47	II	1 105,25	54,31	79,—	88,87	48,08	69,94	78,68	42,12	61,27	68,93	36,41	52,96	59,58	30,96	45,04	50,67	25,77	37,48	42,17
	III	741,50	40,78	59,32	66,73	III	741,50	36,06	52,45	59,—	31,47	45,78	51,50	27,01	39,29	44,20	22,67	32,98	37,10	18,48	26,88	30,24	14,40	20,94	23,56
	V	1 565,—	86,07	125,20	140,85	IV	1 150,50	59,95	87,20	98,10	56,70	82,47	92,78	53,51	77,83	87,56	50,38	73,28	82,44	47,31	68,82	77,42	44,32	64,46	72,52
	VI	1 598,41	87,91	127,87	143,85																				
4 982,99 West	I,IV	1 148,41	63,16	91,87	103,35	I	1 148,41	56,59	82,31	92,60	50,27	73,12	82,26	44,22	64,32	72,36	38,42	55,88	62,87	32,87	47,82	53,79	27,59	40,14	45,15
	II	1 103,25	60,67	88,26	99,29	II	1 103,25	54,20	78,84	88,69	47,98	69,79	78,51	42,02	61,12	68,76	36,32	52,83	59,43	30,87	44,91	50,52	25,68	37,36	42,03
	III	740,—	40,70	59,20	66,60	III	740,—	35,97	52,33	58,87	31,39	45,66	51,37	26,94	39,18	44,08	22,60	32,88	36,99	18,40	26,77	30,11	14,33	20,85	23,45
	V	1 562,83	85,95	125,02	140,65	IV	1 148,41	59,84	87,04	97,92	56,59	82,31	92,60	53,40	77,67	87,38	50,27	73,12	82,26	47,21	68,67	77,25	44,22	64,32	72,36
	VI	1 596,33	87,79	127,70	143,66																				
4 982,99 Ost	I,IV	1 151,75	63,34	92,14	103,65	I	1 151,75	56,76	82,56	92,88	50,44	73,37	82,54	44,38	64,55	72,62	38,57	56,10	63,11	33,02	48,04	54,04	27,73	40,34	45,38
	II	1 106,50	60,85	88,52	99,58	II	1 106,50	54,37	79,09	88,97	48,15	70,04	78,79	42,18	61,36	69,03	36,47	53,05	59,68	31,02	45,12	50,76	25,82	37,56	42,26
	III	742,33	40,82	59,38	66,80	III	742,33	36,10	52,52	59,08	31,52	45,85	51,58	27,06	39,36	44,28	22,72	33,05	37,18	18,52	26,94	30,31	14,44	21,01	23,63
	V	1 566,25	86,14	125,30	140,96	IV	1 151,75	60,02	87,30	98,21	56,76	82,56	92,88	53,57	77,92	87,66	50,44	73,37	82,54	47,38	68,92	77,53	44,38	64,55	72,62
	VI	1 599,66	87,98	127,97	143,96																				
4 985,99 West	I,IV	1 149,58	63,22	91,96	103,46	I	1 149,58	56,65	82,40	92,70	50,33	73,21	82,36	44,27	64,40	72,45	38,47	55,96	62,96	32,93	47,90	53,88	27,64	40,20	45,23
	II	1 104,41	60,74	88,35	99,39	II	1 104,41	54,26	78,92	88,79	48,04	69,88	78,61	42,07	61,20	68,85	36,37	52,90	59,51	30,92	44,98	50,60	25,73	37,43	42,11
	III	740,83	40,74	59,26	66,67	III	740,83	36,02	52,40	58,95	31,44	45,73	51,44	26,97	39,24	44,14	22,65	32,94	37,06	18,45	26,84	30,19	14,37	20,90	23,51
	V	1 564,08	86,02	125,12	140,76	IV	1 149,58	59,90	87,14	98,03	56,65	82,40	92,70	53,46	77,76	87,48	50,33	73,21	82,36	47,27	68,76	77,35	44,27	64,40	72,45
	VI	1 597,50	87,86	127,80	143,77																				
4 985,99 Ost	I,IV	1 153,—	63,41	92,24	103,77	I	1 153,—	56,83	82,66	92,99	50,50	73,46	82,64	44,44	64,64	72,72	38,63	56,19	63,21	33,08	48,12	54,13	27,78	40,42	45,47
	II	1 107,75	60,92	88,62	99,69	II	1 107,75	54,44	79,18	89,08	48,21	70,12	78,89	42,24	61,44	69,12	36,52	53,13	59,77	31,07	45,20	50,85	25,87	37,64	42,34
	III	743,33	40,88	59,46	66,89	III	743,33	36,16	52,60	59,17	31,57	45,92	51,66	27,10	39,42	44,35	22,77	33,12	37,26	18,56	27,—	30,37	14,48	21,06	23,69
	V	1 567,50	86,21	125,40	141,07	IV	1 153,—	60,09	87,40	98,33	56,83	82,66	92,99	53,63	78,02	87,77	50,50	73,46	82,64	47,44	69,—	77,63	44,44	64,64	72,72
	VI	1 600,91	88,05	128,07	144,08																				
4 988,99 West	I,IV	1 150,75	63,29	92,06	103,56	I	1 150,75	56,71	82,50	92,81	50,39	73,30	82,46	44,33	64,48	72,54	38,53	56,04	63,05	32,98	47,98	53,97	27,69	40,28	45,32
	II	1 105,58	60,80	88,44	99,50	II	1 105,58	54,32	79,02	88,89	48,10	69,97	78,71	42,13	61,29	68,95	36,43	52,99	59,61	30,97	45,06	50,69	25,78	37,50	42,19
	III	741,66	40,79	59,33	66,74	III	741,66	36,08	52,48	59,04	31,48	45,80	51,52	27,02	39,30	44,21	22,69	33,01	37,13	18,48	26,89	30,25	14,41	20,97	23,59
	V	1 565,25	86,08	125,22	140,87	IV	1 150,75	59,97	87,23	98,13	56,71	82,50	92,81	53,52	77,85	87,58	50,39	73,30	82,46	47,33	68,85	77,45	44,33	64,48	72,54
	VI	1 598,75	87,93	127,90	143,88																				
4 988,99 Ost	I,IV	1 154,25	63,48	92,34	103,88	I	1 154,25	56,89	82,76	93,10	50,57	73,56	82,75	44,50	64,73	72,82	38,69	56,28	63,31	33,13	48,20	54,22	27,84	40,50	45,56
	II	1 109,—	60,99	88,72	99,81	II	1 109,—	54,50	79,28	89,19	48,27	70,22	78,99	42,30	61,53	69,22	36,58	53,22	59,87	31,13	45,28	50,94	25,93	37,72	42,43
	III	744,16	40,92	59,53	66,97	III	744,16	36,20	52,66	59,24	31,61	45,98	51,73	27,15	39,49	44,42	22,81	33,18	37,33	18,60	27,06	30,44	14,52	21,13	23,77
	V	1 568,75	86,28	125,50	141,18	IV	1 154,25	60,15	87,50	98,43	56,89	82,76	93,10	53,70	78,11	87,87	50,57	73,56	82,75	47,50	69,10	77,73	44,50	64,73	72,82
	VI	1 602,25	88,12	128,18	144,20																				
4 991,99 West	I,IV	1 152,—	63,36	92,16	103,68	I	1 152,—	56,77	82,58	92,90	50,45	73,39	82,56	44,39	64,57	72,64	38,58	56,12	63,14	33,03	48,05	54,05	27,74	40,36	45,40
	II	1 106,75	60,87	88,54	99,60	II	1 106,75	54,39	79,11	89,—	48,16	70,05	78,80	42,19	61,37	69,04	36,48	53,06	59,69	31,03	45,14	50,78	25,83	37,58	42,27
	III	742,50	40,83	59,40	66,82	III	742,50	36,12	52,54	59,11	31,53	45,86	51,59	27,06	39,37	44,29	22,73	33,06	37,19	18,53	26,96	30,33	14,45	21,02	23,65
	V	1 566,50	86,15	125,32	140,98	IV	1 152,—	60,03	87,32	98,24	56,77	82,58	92,90	53,58	77,94	87,68	50,45	73,39	82,56	47,39	68,93	77,54	44,39	64,57	72,64
	VI	1 599,91	87,99	127,99	143,99																				
4 991,99 Ost	I,IV	1 155,50	63,55	92,44	103,99	I	1 155,50	56,96	82,86	93,21	50,63	73,65	82,85	44,56	64,82	72,92	38,75	56,36	63,41	33,19	48,28	54,31	27,89	40,57	45,64
	II	1 110,25	61,06	88,82	99,92	II	1 110,25	54,57	79,38	89,30	48,34	70,31	79,10	42,36	61,62	69,32	36,64	53,30	59,96	31,18	45,36	51,03	25,98	37,79	42,51
	III	745,—	40,97	59,60	67,05	III	745,—	36,25	52,73	59,32	31,66	46,05	51,80	27,19	39,56	44,50	22,86	33,25	37,40	18,64	27,12	30,51	14,56	21,18	23,83
	V	1 570,—	86,35	125,60	141,30	IV	1 155,50	60,22	87,60	98,55	56,96	82,86	93,21	53,76	78,20	87,98	50,63	73,65	82,85	47,57	69,19	77,84	44,56	64,82	72,92
	VI	1 603,50	88,19	128,28	144,31																				

Abzüge an Lohnsteuer, Solidaritätszuschlag (SolZ) und Kirchensteuer (8%, 9%) in den Steuerklassen

* Die ausgewiesenen Tabellenwerte sind amtlich. Siehe Erläuterungen auf der Umschlaginnenseite (U2).

Abzüge an Lohnsteuer, Solidaritätszuschlag (SolZ) und Kirchensteuer (8%, 9%) in den Steuerklassen

Lohn/ Gehalt bis €*	I – VI					I, II, III, IV																			
			ohne Kinderfreibeträge					mit Zahl der Kinderfreibeträge . . .																	
								0,5			1			1,5			2			2,5			3		
		LSt	SolZ	8%	9%		LSt	SolZ	8%	9%	SolZ	8%	9%	SolZ	8%	9%	SolZ	8%	9%	SolZ	8%	9%	SolZ	8%	9%
4 994,99 West	I,IV	1 153,16	63,42	92,25	103,78	I	1 153,16	56,84	82,68	93,01	50,51	73,48	82,66	44,45	64,66	72,74	38,64	56,20	63,23	33,09	48,13	54,14	27,79	40,43	45,48
	II	1 108,–	60,94	88,64	99,72	II	1 108,–	54,45	79,20	89,10	48,22	70,14	78,91	42,25	61,46	69,14	36,54	53,15	59,79	31,08	45,21	50,86	25,88	37,65	42,35
	III	743,33	40,88	59,46	66,89	III	743,33	36,16	52,60	59,17	31,57	45,93	51,67	27,11	39,44	44,37	22,77	33,13	37,27	18,57	27,01	30,38	14,49	21,08	23,71
	V	1 567,66	86,22	125,41	141,08	IV	1 153,16	60,10	87,42	98,34	56,84	82,68	93,01	53,64	78,03	87,78	50,51	73,48	82,66	47,45	69,02	77,65	44,45	64,66	72,74
	VI	1 601,16	88,06	128,09	144,10																				
4 994,99 Ost	I,IV	1 156,75	63,62	92,54	104,10	I	1 156,75	57,03	82,95	93,32	50,70	73,74	82,96	44,62	64,91	73,02	38,80	56,44	63,50	33,24	48,36	54,40	27,94	40,65	45,73
	II	1 111,50	61,13	88,92	100,03	II	1 111,50	54,63	79,47	89,40	48,40	70,40	79,20	42,42	61,70	69,41	36,70	53,38	60,05	31,24	45,44	51,12	26,03	37,86	42,59
	III	746,–	41,03	59,68	67,14	III	746,–	36,30	52,80	59,40	31,70	46,12	51,88	27,24	39,62	44,57	22,89	33,30	37,46	18,69	27,18	30,58	14,61	21,25	23,90
	V	1 571,25	86,41	125,70	141,41	IV	1 156,75	60,29	87,70	98,66	57,03	82,95	93,32	53,83	78,30	88,08	50,70	73,74	82,96	47,63	69,28	77,94	44,62	64,91	73,02
	VI	1 604,75	88,26	128,38	144,42																				
4 997,99 West	I,IV	1 154,33	63,48	92,34	103,88	I	1 154,33	56,90	82,77	93,11	50,58	73,57	82,76	44,50	64,74	72,83	38,69	56,28	63,32	33,14	48,21	54,23	27,84	40,50	45,56
	II	1 109,16	61,–	88,73	99,82	II	1 109,16	54,51	79,29	89,20	48,28	70,23	79,01	42,30	61,54	69,23	36,59	53,22	59,87	31,13	45,29	50,95	25,93	37,72	42,44
	III	744,33	40,93	59,54	66,98	III	744,33	36,20	52,66	59,24	31,61	45,98	51,73	27,15	39,49	44,42	22,81	33,18	37,33	18,60	27,06	30,44	14,52	21,13	23,77
	V	1 568,91	86,29	125,51	141,20	IV	1 154,33	60,16	87,51	98,45	56,90	82,77	93,11	53,71	78,12	87,89	50,58	73,57	82,76	47,51	69,10	77,74	44,50	64,74	72,83
	VI	1 602,33	88,12	128,18	144,20																				
4 997,99 Ost	I,IV	1 158,–	63,69	92,64	104,22	I	1 158,–	57,09	83,05	93,43	50,76	73,84	83,07	44,68	65,–	73,12	38,86	56,53	63,59	33,30	48,44	54,50	27,99	40,72	45,81
	II	1 112,66	61,19	89,01	100,13	II	1 112,66	54,70	79,56	89,51	48,46	70,49	79,30	42,48	61,79	69,51	36,76	53,47	60,15	31,29	45,52	51,21	26,08	37,94	42,68
	III	746,83	41,07	59,74	67,21	III	746,83	36,34	52,86	59,47	31,75	46,18	51,95	27,28	39,69	44,65	22,94	33,37	37,54	18,73	27,25	30,65	14,64	21,30	23,96
	V	1 572,50	86,48	125,80	141,52	IV	1 158,–	60,36	87,80	98,77	57,09	83,05	93,43	53,90	78,40	88,20	50,76	73,84	83,07	47,69	69,37	78,04	44,68	65,–	73,12
	VI	1 606,–	88,33	128,48	144,54																				
5 000,99 West	I,IV	1 155,58	63,55	92,44	104,–	I	1 155,58	56,97	82,86	93,22	50,64	73,66	82,86	44,56	64,82	72,92	38,75	56,36	63,41	33,19	48,28	54,32	27,89	40,58	45,65
	II	1 110,33	61,06	88,82	99,92	II	1 110,33	54,57	79,38	89,30	48,34	70,32	79,11	42,36	61,62	69,32	36,64	53,30	59,96	31,18	45,36	51,03	25,98	37,80	42,52
	III	745,16	40,98	59,61	67,06	III	745,16	36,25	52,73	59,32	31,66	46,05	51,80	27,19	39,56	44,50	22,86	33,25	37,40	18,65	27,13	30,52	14,57	21,20	23,85
	V	1 570,08	86,35	125,60	141,30	IV	1 155,58	60,22	87,60	98,55	56,97	82,86	93,22	53,77	78,21	87,98	50,64	73,66	82,86	47,57	69,19	77,84	44,56	64,82	72,92
	VI	1 603,50	88,19	128,28	144,31																				
5 000,99 Ost	I,IV	1 159,25	63,75	92,74	104,33	I	1 159,25	57,16	83,14	93,53	50,82	73,93	83,17	44,74	65,08	73,22	38,92	56,62	63,69	33,36	48,52	54,59	28,05	40,80	45,90
	II	1 113,91	61,26	89,11	100,25	II	1 113,91	54,77	79,66	89,62	48,52	70,58	79,40	42,54	61,88	69,61	36,81	53,55	60,24	31,35	45,60	51,30	26,13	38,02	42,77
	III	747,66	41,12	59,81	67,28	III	747,66	36,40	52,94	59,56	31,79	46,25	52,03	27,32	39,74	44,71	22,99	33,44	37,62	18,77	27,30	30,71	14,69	21,37	24,04
	V	1 573,75	86,55	125,90	141,63	IV	1 159,25	60,43	87,90	98,88	57,16	83,14	93,53	53,96	78,49	88,30	50,82	73,93	83,17	47,75	69,46	78,14	44,74	65,08	73,22
	VI	1 607,25	88,39	128,58	144,65																				
5 003,99 West	I,IV	1 156,75	63,62	92,54	104,10	I	1 156,75	57,03	82,96	93,33	50,70	73,74	82,96	44,62	64,91	73,02	38,81	56,45	63,50	33,25	48,36	54,41	27,94	40,65	45,73
	II	1 111,50	61,13	88,92	100,03	II	1 111,50	54,63	79,47	89,40	48,40	70,40	79,20	42,42	61,71	69,42	36,70	53,38	60,05	31,24	45,44	51,12	26,03	37,87	42,60
	III	746,–	41,03	59,68	67,14	III	746,–	36,30	52,81	59,41	31,70	46,12	51,88	27,24	39,62	44,57	22,90	33,32	37,48	18,69	27,18	30,58	14,61	21,25	23,90
	V	1 571,33	86,42	125,70	141,41	IV	1 156,75	60,29	87,70	98,66	57,03	82,96	93,33	53,83	78,30	88,09	50,70	73,74	82,96	47,63	69,28	77,94	44,62	64,91	73,02
	VI	1 604,75	88,26	128,38	144,42																				
5 003,99 Ost	I,IV	1 160,50	63,82	92,84	104,44	I	1 160,50	57,23	83,24	93,65	50,89	74,02	83,27	44,81	65,18	73,32	38,98	56,70	63,79	33,41	48,60	54,68	28,10	40,88	45,99
	II	1 115,16	61,33	89,21	100,36	II	1 115,16	54,83	79,76	89,73	48,59	70,68	79,51	42,60	61,97	69,71	36,87	53,64	60,34	31,40	45,68	51,39	26,18	38,09	42,85
	III	748,66	41,17	59,89	67,37	III	748,66	36,44	53,01	59,63	31,84	46,32	52,11	27,37	39,81	44,78	23,03	33,50	37,69	18,81	27,37	30,79	14,73	21,42	24,10
	V	1 575,08	86,62	126,–	141,75	IV	1 160,50	60,49	87,99	98,99	57,23	83,24	93,65	54,02	78,58	88,40	50,89	74,02	83,27	47,81	69,55	78,24	44,81	65,18	73,32
	VI	1 608,50	88,46	128,68	144,76																				
5 006,99 West	I,IV	1 157,91	63,68	92,63	104,21	I	1 157,91	57,09	83,04	93,42	50,76	73,83	83,06	44,68	64,99	73,11	38,86	56,53	63,59	33,30	48,44	54,49	27,99	40,72	45,81
	II	1 112,66	61,19	89,01	100,13	II	1 112,66	54,70	79,56	89,51	48,46	70,49	79,30	42,48	61,79	69,51	36,75	53,46	60,14	31,29	45,52	51,21	26,08	37,94	42,68
	III	746,83	41,07	59,74	67,21	III	746,83	36,34	52,86	59,47	31,75	46,18	51,95	27,28	39,69	44,65	22,94	33,37	37,54	18,73	27,25	30,65	14,64	21,30	23,96
	V	1 572,50	86,48	125,80	141,52	IV	1 157,91	60,35	87,79	98,76	57,09	83,04	93,42	53,89	78,39	88,19	50,76	73,83	83,06	47,68	69,36	78,03	44,68	64,99	73,11
	VI	1 605,91	88,32	128,47	144,53																				
5 006,99 Ost	I,IV	1 161,75	63,89	92,94	104,55	I	1 161,75	57,29	83,34	93,75	50,95	74,11	83,37	44,87	65,26	73,42	39,04	56,78	63,88	33,47	48,68	54,77	28,16	40,96	46,08
	II	1 116,41	61,40	89,31	100,47	II	1 116,41	54,89	79,85	89,83	48,65	70,76	79,61	42,66	62,06	69,81	36,93	53,72	60,43	31,46	45,76	51,48	26,24	38,17	42,94
	III	749,50	41,22	59,96	67,45	III	749,50	36,49	53,08	59,71	31,89	46,38	52,18	27,41	39,88	44,86	23,07	33,56	37,75	18,86	27,44	30,87	14,77	21,49	24,17
	V	1 576,33	86,69	126,10	141,86	IV	1 161,75	60,56	88,09	99,10	57,29	83,34	93,75	54,09	78,68	88,51	50,95	74,11	83,37	47,88	69,64	78,35	44,87	65,26	73,42
	VI	1 609,75	88,53	128,78	144,87																				
5 009,99 West	I,IV	1 159,16	63,75	92,73	104,32	I	1 159,16	57,15	83,14	93,53	50,82	73,92	83,16	44,74	65,08	73,21	38,92	56,61	63,68	33,35	48,52	54,58	28,05	40,80	45,90
	II	1 113,83	61,26	89,10	100,24	II	1 113,83	54,76	79,66	89,61	48,52	70,58	79,40	42,54	61,88	69,61	36,81	53,54	60,23	31,34	45,59	51,29	26,13	38,01	42,76
	III	747,66	41,12	59,81	67,28	III	747,66	36,39	52,93	59,54	31,79	46,25	52,03	27,32	39,74	44,71	22,99	33,44	37,62	18,77	27,30	30,71	14,69	21,37	24,04
	V	1 573,75	86,55	125,90	141,63	IV	1 159,16	60,42	87,89	98,87	57,15	83,14	93,53	53,95	78,48	88,29	50,82	73,92	83,16	47,75	69,46	78,14	44,74	65,08	73,21
	VI	1 607,16	88,39	128,57	144,64																				
5 009,99 Ost	I,IV	1 163,–	63,96	93,04	104,67	I	1 163,–	57,36	83,44	93,87	51,01	74,20	83,48	44,93	65,35	73,52	39,10	56,87	63,98	33,52	48,76	54,86	28,21	41,04	46,17
	II	1 117,66	61,47	89,41	100,58	II	1 117,66	54,96	79,94	89,93	48,71	70,86	79,71	42,72	62,14	69,91	36,99	53,80	60,53	31,51	45,84	51,57	26,29	38,24	43,02
	III	750,50	41,27	60,04	67,54	III	750,50	36,53	53,14	59,78	31,93	46,45	52,25	27,46	39,94	44,93	23,11	33,62	37,82	18,90	27,49	30,92	14,81	21,54	24,23
	V	1 577,58	86,76	126,20	141,98	IV	1 163,–	60,63	88,19	99,21	57,36	83,44	93,87	54,16	78,78	88,62	51,01	74,20	83,48	47,94	69,73	78,44	44,93	65,35	73,52
	VI	1 611,–	88,60	128,88	144,99																				
5 012,99 West	I,IV	1 160,33	63,81	92,82	104,42	I	1 160,33	57,22	83,23	93,63	50,88	74,01	83,26	44,80	65,16	73,31	38,97	56,69	63,77	33,41	48,60	54,67	28,10	40,87	45,98
	II	1 115,08	61,32	89,20	100,35	II	1 115,08	54,82	79,74	89,71	48,58	70,66	79,49	42,59	61,96	69,70	36,86	53,62	60,32	31,40	45,67	51,38	26,18	38,08	42,84
	III	748,50	41,16	59,88	67,36	III	748,50	36,43	53,–	59,62	31,84	46,32	52,11	27,37	39,81	44,78	23,02	33,49	37,67	18,81	27,37	30,79	14,73	21,42	24,10
	V	1 574,91	86,62	125,99	141,74	IV	1 160,33	60,49	87,98	98,98	57,22	83,23	93,63	54,02	78,58	88,40	50,88	74,01	83,26	47,80	69,54	78,23	44,80	65,16	73,31
	VI	1 608,33	88,45	128,66	144,74																				
5 012,99 Ost	I,IV	1 164,25	64,03	93,14	104,78	I	1 164,25	57,42	83,53	93,97	51,08	74,30	83,58	44,99	65,44	73,62	39,16	56,96	64,08	33,58	48,85	54,95	28,26	41,11	46,25
	II	1 118,91	61,54	89,51	100,70	II	1 118,91	55,03	80,04	90,05	48,78	70,95	79,82	42,78	62,23	70,01	37,04	53,88	60,62	31,57	45,92	51,66	26,34	38,32	43,11
	III	751,33	41,32	60,10	67,61	III	751,33	36,59	53,22	59,87	31,98	46,52	52,33	27,50	40,01	45,01	23,16	33,69	37,90	18,94	27,56	31,–	14,85	21,61	24,31
	V	1 578,83	86,83	126,30	142,09	IV	1 164,25	60,70	88,29	99,32	57,42	83,53	93,97	54,22	78,87	88,73	51,08	74,30	83,58	48,–	69,82	78,55	44,99	65,44	73,62
	VI	1 612,25	88,67	128,98	145,10																				
5 015,99 West	I,IV	1 161,58	63,88	92,92	104,54	I	1 161,58	57,28	83,32	93,74	50,94	74,10	83,36	44,86	65,25	73,40	39,03	56,77	63,86	33,46	48,67	54,75	28,15	40,94	46,06
	II	1 116,25	61,39	89,30	100,46	II	1 116,25	54,89	79,84	89,82	48,64	70,75	79,59	42,65	62,04	69,80	36,92	53,70	60,41	31,45	45,74	51,46	26,23	38,16	42,93
	III	749,33	41,21	59,94	67,43	III	749,33	36,48	53,06	59,69	31,88	46,37	52,16	27,41	39,88	44,86	23,07	33,56	37,75	18,85	27,42	30,85	14,76	21,48	24,16
	V	1 576,08	86,68	126,08	141,84	IV	1 161,58	60,55	88,08	99,09	57,28	83,32	93,74	54,08	78,66	88,49	50,94	74,10	83,36	47,86	69,62	78,32	44,86	65,25	73,40
	VI	1 609,58	88,52	128,76	144,86																				
5 015,99 Ost	I,IV	1 165,50	64,10	93,24	104,89	I	1 165,50	57,49	83,63	94,08	51,14	74,39	83,69	45,05	65,53	73,72	39,21	57,04	64,17	33,64	48,93	55,04	28,32	41,19	46,34
	II	1 120,16	61,60	89,61	100,81	II	1 120,16	55,09	80,14	90,15	48,84	71,04	79,92	42,84	62,32	70,11	37,10	53,97	60,71	31,62	46,–	51,75	26,40	38,40	43,20
	III	752,16	41,36	60,17	67,69	III	752,16	36,63	53,29	59,95	32,02	46,58	52,40	27,55	40,08	45,09	23,21	33,76	37,98	18,99	27,62	31,07	14,89	21,66	24,37
	V	1 580,08	86,90	126,40	142,20	IV	1 165,50	60,77	88,39	99,44	57,49	83,63	94,08	54,28	78,96	88,83	51,14	74,39	83,69	48,07	69,92	78,66	45,05	65,53	73,72
	VI	1 613,58	88,74	129,08	145,22																				

* Die ausgewiesenen Tabellenwerte sind amtlich. Siehe Erläuterungen auf der Umschlaginnenseite (U2).

Abzüge an Lohnsteuer, Solidaritätszuschlag (SolZ) und Kirchensteuer (8%, 9%) in den Steuerklassen

Lohn/ Gehalt bis €*	I – VI	LSt	ohne Kinderfreibeträge SolZ	8%	9%	I, II, III, IV	LSt	0,5 SolZ	0,5 8%	0,5 9%	1 SolZ	1 8%	1 9%	1,5 SolZ	1,5 8%	1,5 9%	2 SolZ	2 8%	2 9%	2,5 SolZ	2,5 8%	2,5 9%	3 SolZ	3 8%	3 9%
5 018,99 West	I,IV	1 162,75	63,95	93,02	104,64	I	1 162,75	57,35	83,42	93,84	51,—	74,19	83,46	44,92	65,34	73,50	39,09	56,86	63,96	33,51	48,75	54,84	28,20	41,02	46,15
	II	1 117,41	61,45	89,39	100,56	II	1 117,41	54,95	79,93	89,92	48,70	70,84	79,69	42,71	62,12	69,89	36,97	53,78	60,50	31,50	45,82	51,55	26,28	38,23	43,01
	III	750,33	41,26	60,02	67,52	III	750,33	36,53	53,14	59,78	31,92	46,44	52,24	27,45	39,93	44,92	23,10	33,61	37,81	18,90	27,49	30,92	14,81	21,54	24,23
	V	1 577,33	86,75	126,18	141,95	IV	1 162,75	60,61	88,17	99,19	57,35	83,42	93,84	54,14	78,76	88,60	51,—	74,19	83,46	47,93	69,72	78,43	44,92	65,34	73,50
	VI	1 610,75	88,59	128,86	144,96																				
5 018,99 Ost	I,IV	1 166,75	64,17	93,34	105,—	I	1 166,75	57,56	83,72	94,19	51,20	74,48	83,79	45,11	65,62	73,82	39,27	57,13	64,27	33,69	49,01	55,13	28,37	41,27	46,43
	II	1 121,41	61,67	89,71	100,92	II	1 121,41	55,16	80,23	90,26	48,90	71,13	80,02	42,90	62,40	70,20	37,16	54,06	60,81	31,68	46,08	51,84	26,45	38,48	43,29
	III	753,16	41,42	60,25	67,78	III	753,16	36,68	53,36	60,03	32,08	46,66	52,49	27,60	40,14	45,16	23,25	33,82	38,05	19,03	27,68	31,14	14,94	21,73	24,44
	V	1 581,33	86,97	126,50	142,31	IV	1 166,75	60,83	88,48	99,54	57,56	83,72	94,19	54,35	79,06	88,94	51,20	74,48	83,79	48,12	70,—	78,75	45,11	65,62	73,82
	VI	1 614,83	88,81	129,18	145,33																				
5 021,99 West	I,IV	1 164,—	64,02	93,12	104,76	I	1 164,—	57,41	83,51	93,95	51,06	74,28	83,56	44,97	65,42	73,59	39,14	56,94	64,05	33,57	48,83	54,93	28,25	41,10	46,23
	II	1 118,58	61,52	89,48	100,67	II	1 118,58	55,01	80,02	90,02	48,76	70,92	79,79	42,77	62,21	69,98	37,03	53,86	60,59	31,55	45,90	51,63	26,33	38,30	43,09
	III	751,16	41,31	60,09	67,60	III	751,16	36,57	53,20	59,85	31,97	46,50	52,31	27,50	40,—	45,—	23,15	33,68	37,89	18,93	27,54	30,98	14,85	21,60	24,30
	V	1 578,50	86,81	126,28	142,06	IV	1 164,—	60,68	88,26	99,29	57,41	83,51	93,95	54,20	78,84	88,70	51,06	74,28	83,56	47,99	69,80	78,53	44,97	65,42	73,59
	VI	1 612,—	88,66	128,96	145,08																				
5 021,99 Ost	I,IV	1 168,08	64,24	93,44	105,12	I	1 168,08	57,63	83,82	94,30	51,27	74,58	83,90	45,17	65,71	73,92	39,33	57,21	64,36	33,75	49,09	55,22	28,42	41,34	46,51
	II	1 122,58	61,74	89,80	101,03	II	1 122,58	55,22	80,33	90,37	48,96	71,22	80,12	42,96	62,49	70,30	37,22	54,14	60,90	31,73	46,16	51,93	26,50	38,55	43,37
	III	754,—	41,47	60,32	67,86	III	754,—	36,73	53,42	60,10	32,12	46,73	52,57	27,64	40,21	45,23	23,29	33,88	38,11	19,07	27,74	31,21	14,97	21,78	24,50
	V	1 582,58	87,04	126,60	142,43	IV	1 168,08	60,90	88,58	99,65	57,63	83,82	94,30	54,41	79,15	89,04	51,27	74,58	83,90	48,19	70,10	78,86	45,17	65,71	73,92
	VI	1 616,08	88,88	129,28	145,44																				
5 024,99 West	I,IV	1 165,16	64,08	93,21	104,86	I	1 165,16	57,47	83,60	94,05	51,12	74,36	83,66	45,03	65,50	73,69	39,20	57,02	64,14	33,62	48,90	55,01	28,30	41,17	46,31
	II	1 119,83	61,59	89,58	100,78	II	1 119,83	55,07	80,11	90,12	48,82	71,02	79,89	42,82	62,29	70,07	37,08	53,94	60,68	31,61	45,98	51,72	26,38	38,38	43,17
	III	752,—	41,36	60,16	67,68	III	752,—	36,62	53,26	59,92	32,01	46,57	52,39	27,54	40,06	45,07	23,20	33,74	37,96	18,97	27,60	31,05	14,88	21,65	24,35
	V	1 579,75	86,88	126,38	142,17	IV	1 165,16	60,74	88,36	99,40	57,47	83,60	94,05	54,27	78,94	88,80	51,12	74,36	83,66	48,05	69,89	78,62	45,03	65,50	73,69
	VI	1 613,16	88,72	129,05	145,18																				
5 024,99 Ost	I,IV	1 169,33	64,31	93,54	105,23	I	1 169,33	57,69	83,92	94,41	51,33	74,67	84,—	45,23	65,80	74,02	39,39	57,30	64,46	33,81	49,18	55,32	28,48	41,42	46,60
	II	1 123,83	61,81	89,90	101,14	II	1 123,83	55,29	80,42	90,47	49,03	71,32	80,23	43,02	62,58	70,40	37,28	54,22	61,—	31,79	46,24	52,02	26,55	38,62	43,45
	III	754,83	41,51	60,38	67,93	III	754,83	36,78	53,50	60,19	32,17	46,80	52,65	27,69	40,28	45,31	23,33	33,94	38,18	19,12	27,81	31,28	15,02	21,85	24,58
	V	1 583,83	87,11	126,70	142,54	IV	1 169,33	60,97	88,68	99,77	57,69	83,92	94,41	54,48	79,25	89,15	51,33	74,67	84,—	48,25	70,19	78,96	45,23	65,80	74,02
	VI	1 617,33	88,95	129,38	145,55																				
5 027,99 West	I,IV	1 166,33	64,14	93,30	104,96	I	1 166,33	57,53	83,69	94,15	51,19	74,46	83,76	45,09	65,59	73,79	39,25	57,10	64,23	33,67	48,98	55,10	28,35	41,24	46,40
	II	1 121,—	61,65	89,68	100,89	II	1 121,—	55,14	80,20	90,23	48,88	71,10	79,99	42,88	62,38	70,17	37,14	54,02	60,77	31,66	46,05	51,80	26,43	38,45	43,25
	III	752,83	41,40	60,22	67,75	III	752,83	36,66	53,33	59,99	32,06	46,64	52,47	27,58	40,12	45,13	23,23	33,80	38,02	19,02	27,66	31,12	14,92	21,70	24,41
	V	1 580,91	86,95	126,47	142,28	IV	1 166,33	60,81	88,45	99,50	57,53	83,69	94,15	54,33	79,02	88,90	51,19	74,46	83,76	48,11	69,98	78,72	45,09	65,59	73,79
	VI	1 614,41	88,79	129,15	145,29																				
5 027,99 Ost	I,IV	1 170,58	64,38	93,64	105,35	I	1 170,58	57,76	84,02	94,52	51,40	74,76	84,11	45,29	65,88	74,12	39,45	57,38	64,55	33,86	49,26	55,41	28,53	41,50	46,69
	II	1 125,08	61,87	90,—	101,25	II	1 125,08	55,35	80,52	90,58	49,09	71,40	80,33	43,08	62,67	70,50	37,33	54,30	61,09	31,84	46,32	52,11	26,61	38,70	43,54
	III	755,83	41,57	60,46	68,02	III	755,83	36,83	53,57	60,26	32,22	46,86	52,72	27,73	40,34	45,38	23,38	34,01	38,26	19,15	27,86	31,34	15,07	21,92	24,66
	V	1 585,16	87,18	126,81	142,66	IV	1 170,58	61,04	88,78	99,88	57,76	84,02	94,52	54,55	79,34	89,26	51,40	74,76	84,11	48,31	70,28	79,06	45,29	65,88	74,12
	VI	1 618,58	89,02	129,48	145,67																				
5 030,99 West	I,IV	1 167,58	64,21	93,40	105,08	I	1 167,58	57,60	83,79	94,26	51,25	74,54	83,86	45,15	65,68	73,89	39,31	57,18	64,33	33,73	49,06	55,19	28,40	41,32	46,48
	II	1 122,16	61,71	89,77	100,99	II	1 122,16	55,20	80,29	90,32	48,94	71,19	80,09	42,94	62,46	70,27	37,20	54,11	60,87	31,71	46,13	51,89	26,48	38,52	43,34
	III	753,66	41,45	60,29	67,82	III	753,66	36,72	53,41	60,08	32,11	46,70	52,54	27,62	40,18	45,20	23,28	33,86	38,09	19,05	27,72	31,18	14,96	21,77	24,49
	V	1 582,16	87,01	126,57	142,39	IV	1 167,58	60,88	88,55	99,62	57,60	83,79	94,26	54,39	79,12	89,01	51,25	74,54	83,86	48,17	70,06	78,82	45,15	65,68	73,89
	VI	1 615,58	88,85	129,24	145,40																				
5 030,99 Ost	I,IV	1 171,83	64,45	93,74	105,46	I	1 171,83	57,82	84,11	94,62	51,46	74,86	84,21	45,36	65,98	74,22	39,51	57,47	64,65	33,92	49,34	55,50	28,58	41,58	46,77
	II	1 126,33	61,94	90,10	101,36	II	1 126,33	55,42	80,62	90,69	49,15	71,50	80,43	43,14	62,76	70,60	37,39	54,39	61,19	31,90	46,40	52,20	26,66	38,78	43,62
	III	756,66	41,61	60,53	68,09	III	756,66	36,87	53,64	60,34	32,26	46,93	52,79	27,78	40,41	45,46	23,43	34,08	38,34	19,20	27,93	31,42	15,10	21,97	24,71
	V	1 586,41	87,25	126,91	142,77	IV	1 171,83	61,10	88,88	99,99	57,82	84,11	94,62	54,61	79,44	89,37	51,46	74,86	84,21	48,38	70,37	79,16	45,36	65,98	74,22
	VI	1 619,83	89,09	129,58	145,78																				
5 033,99 West	I,IV	1 168,75	64,28	93,50	105,18	I	1 168,75	57,66	83,88	94,36	51,31	74,63	83,96	45,21	65,76	73,98	39,37	57,26	64,42	33,78	49,14	55,28	28,45	41,39	46,56
	II	1 123,33	61,78	89,86	101,09	II	1 123,33	55,26	80,38	90,43	49,—	71,28	80,19	43,—	62,54	70,36	37,25	54,18	60,95	31,76	46,20	51,98	26,53	38,60	43,42
	III	754,50	41,49	60,36	67,90	III	754,50	36,76	53,48	60,16	32,15	46,77	52,61	27,67	40,25	45,28	23,32	33,92	38,16	19,10	27,78	31,25	15,—	21,82	24,55
	V	1 583,33	87,08	126,66	142,49	IV	1 168,75	60,94	88,64	99,72	57,66	83,88	94,36	54,45	79,21	89,11	51,31	74,63	83,96	48,23	70,15	78,92	45,21	65,76	73,98
	VI	1 616,83	88,92	129,34	145,51																				
5 033,99 Ost	I,IV	1 173,08	64,51	93,84	105,57	I	1 173,08	57,89	84,21	94,73	51,53	74,95	84,32	45,42	66,06	74,32	39,57	57,56	64,75	33,97	49,42	55,59	28,64	41,66	46,86
	II	1 127,58	62,01	90,20	101,48	II	1 127,58	55,49	80,71	90,80	49,22	71,59	80,54	43,20	62,84	70,70	37,45	54,48	61,29	31,95	46,48	52,29	26,71	38,86	43,71
	III	757,66	41,67	60,61	68,18	III	757,66	36,92	53,70	60,41	32,31	47,—	52,87	27,83	40,48	45,54	23,47	34,14	38,41	19,25	28,—	31,50	15,15	22,04	24,79
	V	1 587,66	87,32	127,01	142,88	IV	1 173,08	61,17	88,98	100,10	57,89	84,21	94,73	54,67	79,53	89,47	51,53	74,95	84,32	48,44	70,46	79,27	45,42	66,06	74,32
	VI	1 621,08	89,15	129,68	145,89																				
5 036,99 West	I,IV	1 170,—	64,35	93,60	105,30	I	1 170,—	57,73	83,97	94,46	51,37	74,72	84,06	45,26	65,84	74,07	39,42	57,34	64,51	33,83	49,22	55,37	28,50	41,46	46,64
	II	1 124,50	61,84	89,96	101,20	II	1 124,50	55,32	80,47	90,53	49,06	71,36	80,28	43,06	62,63	70,46	37,30	54,26	61,04	31,81	46,28	52,06	26,58	38,66	43,49
	III	755,33	41,54	60,42	67,97	III	755,33	36,80	53,53	60,22	32,20	46,84	52,69	27,72	40,32	45,36	23,36	33,98	38,23	19,14	27,84	31,32	15,05	21,89	24,62
	V	1 584,50	87,14	126,76	142,60	IV	1 170,—	61,—	88,74	99,83	57,73	83,97	94,46	54,51	79,30	89,21	51,37	74,72	84,06	48,29	70,24	79,02	45,26	65,84	74,07
	VI	1 618,—	88,99	129,44	145,62																				
5 036,99 Ost	I,IV	1 174,33	64,58	93,94	105,68	I	1 174,33	57,96	84,31	94,85	51,59	75,04	84,42	45,48	66,16	74,43	39,62	57,64	64,84	34,03	49,50	55,68	28,69	41,74	46,95
	II	1 128,83	62,08	90,30	101,59	II	1 128,83	55,55	80,80	90,90	49,28	71,68	80,64	43,26	62,93	70,79	37,51	54,56	61,38	32,01	46,56	52,38	26,76	38,93	43,79
	III	758,50	41,71	60,68	68,26	III	758,50	36,97	53,78	60,50	32,35	47,06	52,94	27,87	40,54	45,61	23,52	34,21	38,48	19,28	28,05	31,55	15,18	22,09	24,85
	V	1 588,91	87,39	127,11	143,—	IV	1 174,33	61,24	89,08	100,21	57,96	84,31	94,85	54,74	79,63	89,58	51,59	75,04	84,42	48,50	70,55	79,37	45,48	66,16	74,43
	VI	1 622,33	89,22	129,78	146,—																				
5 039,99 West	I,IV	1 171,16	64,41	93,69	105,40	I	1 171,16	57,79	84,06	94,57	51,43	74,81	84,16	45,32	65,93	74,17	39,48	57,42	64,60	33,89	49,30	55,46	28,55	41,54	46,73
	II	1 125,75	61,91	90,06	101,31	II	1 125,75	55,38	80,56	90,63	49,12	71,45	80,38	43,11	62,71	70,55	37,36	54,35	61,14	31,87	46,36	52,15	26,63	38,74	43,58
	III	756,16	41,58	60,49	68,05	III	756,16	36,85	53,60	60,30	32,23	46,89	52,75	27,75	40,37	45,41	23,41	34,05	38,30	19,18	27,90	31,39	15,08	21,94	24,68
	V	1 585,75	87,21	126,86	142,71	IV	1 171,16	61,07	88,83	99,93	57,79	84,06	94,57	54,58	79,39	89,31	51,43	74,81	84,16	48,34	70,32	79,11	45,32	65,93	74,17
	VI	1 619,25	89,05	129,54	145,73																				
5 039,99 Ost	I,IV	1 175,58	64,65	94,04	105,80	I	1 175,58	58,02	84,40	94,95	51,65	75,14	84,53	45,54	66,24	74,52	39,68	57,72	64,94	34,09	49,58	55,78	28,74	41,81	47,03
	II	1 130,08	62,15	90,40	101,70	II	1 130,08	55,62	80,90	91,01	49,34	71,78	80,75	43,33	63,02	70,90	37,56	54,64	61,47	32,06	46,64	52,47	26,82	39,01	43,88
	III	759,33	41,76	60,74	68,33	III	759,33	37,02	53,85	60,58	32,40	47,13	53,02	27,92	40,61	45,68	23,55	34,26	38,54	19,33	28,12	31,63	15,23	22,16	24,93
	V	1 590,16	87,45	127,21	143,11	IV	1 175,58	61,31	89,18	100,32	58,02	84,40	94,95	54,81	79,72	89,69	51,65	75,14	84,53	48,56	70,64	79,47	45,54	66,24	74,52
	VI	1 623,66	89,30	129,89	146,12																				

* Die ausgewiesenen Tabellenwerte sind amtlich. Siehe Erläuterungen auf der Umschlaginnenseite (U2).

5 040,–*

Abzüge an Lohnsteuer, Solidaritätszuschlag (SolZ) und Kirchensteuer (8%, 9%) in den Steuerklassen

Lohn/Gehalt bis €*	I – VI					I, II, III, IV		mit Zahl der Kinderfreibeträge . . . 0,5			1			1,5			2			2,5			3		
		LSt	ohne Kinderfreibeträge SolZ	8%	9%		LSt	SolZ	8%	9%	SolZ	8%	9%	SolZ	8%	9%	SolZ	8%	9%	SolZ	8%	9%	SolZ	8%	9%
5 042,99 West	I,IV	1 172,41	64,48	93,79	105,51	I	1 172,41	57,86	84,16	94,68	51,49	74,90	84,26	45,38	66,02	74,27	39,54	57,51	64,70	33,94	49,37	55,54	28,60	41,61	46,81
	II	1 126,91	61,98	90,15	101,42	II	1 126,91	55,45	80,66	90,74	49,18	71,54	80,48	43,17	62,80	70,65	37,42	54,43	61,23	31,92	46,43	52,23	26,68	38,81	43,66
	III	757,16	41,64	60,57	68,14	III	757,16	36,89	53,66	60,37	32,28	46,96	52,83	27,80	40,44	45,49	23,44	34,10	38,36	19,22	27,96	31,45	15,12	22,—	24,75
	V	1 586,91	87,28	126,95	142,82	IV	1 172,41	61,13	88,92	100,04	57,86	84,16	94,68	54,64	79,48	89,42	51,49	74,90	84,26	48,40	70,41	79,21	45,38	66,02	74,27
	VI	1 620,41	89,12	129,63	145,83																				
5 042,99 Ost	I,IV	1 176,83	64,72	94,14	105,91	I	1 176,83	58,09	84,50	95,06	51,72	75,23	84,63	45,60	66,34	74,63	39,74	57,81	65,03	34,14	49,66	55,87	28,80	41,89	47,12
	II	1 131,33	62,22	90,50	101,81	II	1 131,33	55,68	81,—	91,12	49,40	71,86	80,84	43,39	63,11	71,—	37,62	54,72	61,56	32,12	46,72	52,56	26,87	39,08	43,97
	III	760,33	41,81	60,82	68,42	III	760,33	37,07	53,92	60,66	32,45	47,20	53,10	27,96	40,68	45,76	23,60	34,33	38,62	19,37	28,18	31,70	15,27	22,21	24,98
	V	1 591,41	87,52	127,31	143,22	IV	1 176,83	61,38	89,28	100,44	58,09	84,50	95,06	54,87	79,82	89,79	51,72	75,23	84,63	48,63	70,74	79,58	45,60	66,34	74,63
	VI	1 624,91	89,37	129,99	146,24																				
5 045,99 West	I,IV	1 173,58	64,54	93,88	105,62	I	1 173,58	57,92	84,25	94,78	51,55	74,99	84,36	45,44	66,10	74,36	39,59	57,59	64,79	33,99	49,45	55,63	28,66	41,69	46,90
	II	1 128,08	62,04	90,24	101,52	II	1 128,08	55,51	80,75	90,84	49,24	71,63	80,58	43,23	62,88	70,74	37,47	54,51	61,32	31,97	46,51	52,32	26,73	38,89	43,75
	III	758,—	41,69	60,64	68,22	III	758,—	36,95	53,74	60,46	32,33	47,02	52,90	27,84	40,50	45,56	23,49	34,17	38,44	19,26	28,02	31,52	15,17	22,06	24,82
	V	1 588,16	87,34	127,05	142,93	IV	1 173,58	61,20	89,02	100,15	57,92	84,25	94,78	54,70	79,57	89,51	51,55	74,99	84,36	48,46	70,50	79,31	45,44	66,10	74,36
	VI	1 621,66	89,19	129,73	145,94																				
5 045,99 Ost	I,IV	1 178,08	64,79	94,24	106,02	I	1 178,08	58,16	84,60	95,17	51,78	75,32	84,74	45,66	66,42	74,72	39,80	57,90	65,13	34,20	49,74	55,96	28,85	41,97	47,21
	II	1 132,58	62,29	90,60	101,93	II	1 132,58	55,75	81,09	91,22	49,47	71,96	80,95	43,45	63,20	71,10	37,68	54,81	61,66	32,17	46,80	52,65	26,92	39,16	44,06
	III	761,16	41,86	60,89	68,50	III	761,16	37,11	53,98	60,73	32,49	47,26	53,17	28,01	40,74	45,83	23,65	34,40	38,70	19,41	28,24	31,77	15,31	22,28	25,06
	V	1 592,66	87,59	127,41	143,33	IV	1 178,08	61,44	89,38	100,55	58,16	84,60	95,17	54,94	79,92	89,91	51,78	75,32	84,74	48,69	70,82	79,67	45,66	66,42	74,72
	VI	1 626,16	89,43	130,09	146,35																				
5 048,99 West	I,IV	1 174,83	64,61	93,98	105,73	I	1 174,83	57,98	84,34	94,88	51,61	75,08	84,46	45,50	66,19	74,46	39,65	57,67	64,88	34,05	49,53	55,72	28,71	41,76	46,98
	II	1 129,25	62,10	90,34	101,63	II	1 129,25	55,57	80,84	90,94	49,30	71,72	80,68	43,28	62,96	70,83	37,53	54,59	61,41	32,02	46,58	52,40	26,78	38,96	43,83
	III	758,83	41,73	60,70	68,29	III	758,83	36,99	53,81	60,53	32,37	47,09	52,97	27,89	40,57	45,64	23,53	34,22	38,50	19,30	28,08	31,59	15,20	22,12	24,88
	V	1 589,33	87,41	127,14	143,03	IV	1 174,83	61,27	89,12	100,26	57,98	84,34	94,88	54,77	79,66	89,62	51,61	75,08	84,46	48,52	70,58	79,40	45,50	66,19	74,46
	VI	1 622,83	89,25	129,82	146,05																				
5 048,99 Ost	I,IV	1 179,41	64,86	94,35	106,14	I	1 179,41	58,23	84,70	95,28	51,85	75,42	84,84	45,72	66,51	74,82	39,86	57,98	65,23	34,26	49,83	56,06	28,90	42,04	47,30
	II	1 133,83	62,36	90,70	102,04	II	1 133,83	55,82	81,19	91,34	49,53	72,05	81,05	43,50	63,28	71,19	37,74	54,90	61,76	32,23	46,88	52,74	26,97	39,24	44,14
	III	762,16	41,91	60,97	68,59	III	762,16	37,17	54,06	60,82	32,55	47,34	53,26	28,05	40,81	45,91	23,69	34,46	38,77	19,46	28,30	31,84	15,35	22,33	25,12
	V	1 593,91	87,66	127,51	143,45	IV	1 179,41	61,51	89,48	100,66	58,23	84,70	95,28	55,—	80,01	90,01	51,85	75,42	84,84	48,75	70,92	79,78	45,72	66,51	74,82
	VI	1 627,41	89,50	130,19	146,46																				
5 051,99 West	I,IV	1 176,—	64,68	94,08	105,84	I	1 176,—	58,05	84,44	94,99	51,68	75,17	84,56	45,56	66,28	74,56	39,71	57,76	64,98	34,10	49,61	55,81	28,76	41,84	47,07
	II	1 130,50	62,17	90,44	101,74	II	1 130,50	55,64	80,93	91,04	49,36	71,80	80,78	43,34	63,05	70,93	37,58	54,67	61,50	32,08	46,66	52,49	26,84	39,04	43,92
	III	759,66	41,78	60,77	68,36	III	759,66	37,04	53,88	60,61	32,42	47,16	53,05	27,93	40,62	45,70	23,57	34,29	38,57	19,35	28,14	31,66	15,24	22,17	24,94
	V	1 590,58	87,48	127,24	143,15	IV	1 176,—	61,33	89,21	100,36	58,05	84,44	94,99	54,83	79,76	89,73	51,68	75,17	84,56	48,59	70,68	79,51	45,56	66,28	74,56
	VI	1 624,08	89,32	129,92	146,16																				
5 051,99 Ost	I,IV	1 180,66	64,93	94,45	106,25	I	1 180,66	58,29	84,79	95,39	51,91	75,51	84,95	45,79	66,60	74,93	39,92	58,07	65,33	34,31	49,91	56,15	28,96	42,12	47,39
	II	1 135,08	62,42	90,80	102,15	II	1 135,08	55,88	81,28	91,44	49,60	72,14	81,16	43,56	63,37	71,29	37,79	54,98	61,85	32,28	46,96	52,83	27,03	39,32	44,23
	III	763,—	41,96	61,04	68,67	III	763,—	37,21	54,13	60,89	32,59	47,41	53,33	28,10	40,88	45,99	23,74	34,53	38,84	19,50	28,37	31,91	15,40	22,40	25,20
	V	1 595,25	87,73	127,62	143,57	IV	1 180,66	61,58	89,58	100,77	58,29	84,79	95,39	55,07	80,10	90,11	51,91	75,51	84,95	48,82	71,01	79,88	45,79	66,60	74,93
	VI	1 628,66	89,57	130,29	146,57																				
5 054,99 West	I,IV	1 177,25	64,74	94,18	105,95	I	1 177,25	58,11	84,53	95,09	51,74	75,26	84,66	45,62	66,36	74,65	39,76	57,84	65,07	34,15	49,68	55,89	28,81	41,91	47,15
	II	1 131,66	62,24	90,53	101,84	II	1 131,66	55,70	81,02	91,15	49,42	71,89	80,87	43,40	63,13	71,02	37,64	54,75	61,59	32,13	46,74	52,58	26,88	39,10	43,99
	III	760,50	41,82	60,84	68,44	III	760,50	37,07	53,93	60,67	32,46	47,22	53,12	27,97	40,69	45,77	23,61	34,34	38,63	19,38	28,20	31,72	15,28	22,22	25,—
	V	1 591,75	87,54	127,34	143,25	IV	1 177,25	61,39	89,30	100,46	58,11	84,53	95,09	54,89	79,84	89,82	51,74	75,26	84,66	48,65	70,76	79,61	45,62	66,36	74,65
	VI	1 625,25	89,38	130,02	146,27																				
5 054,99 Ost	I,IV	1 181,91	65,—	94,55	106,37	I	1 181,91	58,36	84,89	95,50	51,97	75,60	85,05	45,85	66,69	75,02	39,98	58,16	65,43	34,37	49,99	56,24	29,01	42,20	47,48
	II	1 136,33	62,49	90,90	102,26	II	1 136,33	55,94	81,38	91,55	49,66	72,23	81,26	43,63	63,46	71,39	37,85	55,06	61,94	32,34	47,04	52,92	27,08	39,39	44,31
	III	763,83	42,01	61,10	68,74	III	763,83	37,26	54,20	60,97	32,64	47,48	53,41	28,15	40,94	46,06	23,77	34,58	38,90	19,54	28,42	31,97	15,43	22,45	25,25
	V	1 596,50	87,80	127,72	143,68	IV	1 181,91	61,65	89,68	100,89	58,36	84,89	95,50	55,14	80,20	90,23	51,97	75,60	85,05	48,88	71,10	79,99	45,85	66,69	75,02
	VI	1 629,91	89,64	130,39	146,69																				
5 057,99 West	I,IV	1 178,41	64,81	94,27	106,05	I	1 178,41	58,18	84,62	95,20	51,80	75,34	84,76	45,68	66,44	74,75	39,82	57,92	65,16	34,21	49,76	55,98	28,86	41,98	47,23
	II	1 132,83	62,30	90,62	101,95	II	1 132,83	55,77	81,12	91,26	49,48	71,98	80,97	43,46	63,22	71,12	37,69	54,83	61,68	32,18	46,82	52,67	26,93	39,18	44,07
	III	761,33	41,87	60,90	68,51	III	761,33	37,12	54,—	60,75	32,51	47,29	53,20	28,02	40,76	45,85	23,65	34,41	38,71	19,42	28,25	31,78	15,32	22,29	25,07
	V	1 593,—	87,61	127,44	143,37	IV	1 178,41	61,46	89,40	100,57	58,18	84,62	95,20	54,95	79,94	89,93	51,80	75,34	84,76	48,71	70,85	79,70	45,68	66,44	74,75
	VI	1 626,41	89,45	130,11	146,37																				
5 057,99 Ost	I,IV	1 183,16	65,07	94,65	106,48	I	1 183,16	58,43	84,99	95,61	52,04	75,70	85,16	45,91	66,78	75,13	40,04	58,24	65,52	34,42	50,07	56,33	29,07	42,28	47,57
	II	1 137,58	62,56	91,—	102,38	II	1 137,58	56,01	81,48	91,66	49,72	72,32	81,36	43,69	63,55	71,49	37,91	55,15	62,04	32,39	47,12	53,01	27,13	39,47	44,40
	III	764,83	42,06	61,18	68,83	III	764,83	37,30	54,26	61,04	32,68	47,54	53,48	28,19	41,01	46,13	23,82	34,65	38,98	19,58	28,49	32,05	15,48	22,52	25,33
	V	1 597,75	87,87	127,82	143,79	IV	1 183,16	61,71	89,77	100,99	58,43	84,99	95,61	55,20	80,30	90,33	52,04	75,70	85,16	48,94	71,19	80,09	45,91	66,78	75,13
	VI	1 631,16	89,71	130,49	146,80																				
5 060,99 West	I,IV	1 179,66	64,88	94,37	106,16	I	1 179,66	58,24	84,72	95,31	51,86	75,44	84,87	45,74	66,53	74,84	39,87	58,—	65,25	34,26	49,84	56,07	28,92	42,06	47,32
	II	1 134,08	62,37	90,72	102,06	II	1 134,08	55,83	81,21	91,36	49,55	72,07	81,08	43,52	63,30	71,21	37,75	54,91	61,77	32,24	46,90	52,76	26,98	39,25	44,15
	III	762,33	41,92	60,98	68,60	III	762,33	37,18	54,08	60,84	32,56	47,36	53,28	28,06	40,82	45,92	23,70	34,48	38,79	19,47	28,32	31,86	15,36	22,34	25,13
	V	1 594,16	87,67	127,53	143,47	IV	1 179,66	61,53	89,50	100,68	58,24	84,72	95,31	55,02	80,03	90,03	51,86	75,44	84,87	48,77	70,94	79,80	45,74	66,53	74,84
	VI	1 627,66	89,52	130,21	146,48																				
5 060,99 Ost	I,IV	1 184,41	65,14	94,75	106,59	I	1 184,41	58,49	85,08	95,72	52,10	75,79	85,26	45,97	66,87	75,23	40,09	58,32	65,61	34,48	50,16	56,43	29,12	42,36	47,65
	II	1 138,83	62,63	91,10	102,49	II	1 138,83	56,08	81,57	91,76	49,78	72,42	81,47	43,75	63,64	71,59	37,97	55,23	62,13	32,45	47,20	53,10	27,18	39,54	44,48
	III	765,66	42,11	61,25	68,90	III	765,66	37,36	54,34	61,13	32,73	47,61	53,56	28,24	41,08	46,21	23,87	34,72	39,06	19,63	28,56	32,13	15,51	22,57	25,39
	V	1 599,—	87,94	127,92	143,91	IV	1 184,41	61,78	89,87	101,10	58,49	85,08	95,72	55,27	80,39	90,44	52,10	75,79	85,26	49,—	71,28	80,19	45,97	66,87	75,23
	VI	1 632,41	89,78	130,59	146,91																				
5 063,99 West	I,IV	1 180,83	64,94	94,46	106,27	I	1 180,83	58,30	84,80	95,40	51,92	75,52	84,96	45,80	66,62	74,94	39,93	58,08	65,34	34,32	49,92	56,16	28,97	42,14	47,40
	II	1 135,25	62,43	90,82	102,17	II	1 135,25	55,89	81,30	91,46	49,61	72,16	81,18	43,57	63,38	71,30	37,80	54,99	61,86	32,29	46,97	52,84	27,03	39,32	44,24
	III	763,16	41,97	61,05	68,68	III	763,16	37,22	54,14	60,91	32,60	47,42	53,35	28,10	40,88	45,99	23,74	34,53	38,84	19,50	28,37	31,91	15,40	22,40	25,20
	V	1 595,41	87,74	127,63	143,58	IV	1 180,83	61,59	89,59	100,79	58,30	84,80	95,40	55,08	80,12	90,13	51,92	75,52	84,96	48,83	71,02	79,90	45,80	66,62	74,94
	VI	1 628,83	89,58	130,30	146,59																				
5 063,99 Ost	I,IV	1 185,66	65,21	94,85	106,70	I	1 185,66	58,56	85,18	95,83	52,17	75,88	85,37	46,03	66,96	75,33	40,15	58,41	65,71	34,54	50,24	56,52	29,17	42,44	47,74
	II	1 140,08	62,70	91,20	102,60	II	1 140,08	56,15	81,67	91,88	49,85	72,51	81,57	43,81	63,72	71,69	38,03	55,32	62,23	32,50	47,28	53,19	27,24	39,62	44,57
	III	766,50	42,15	61,32	68,98	III	766,50	37,40	54,41	61,21	32,78	47,68	53,64	28,27	41,13	46,27	23,91	34,78	39,13	19,67	28,61	32,18	15,56	22,64	25,47
	V	1 600,25	88,01	128,02	144,02	IV	1 185,66	61,85	89,97	101,21	58,56	85,18	95,83	55,33	80,48	90,54	52,17	75,88	85,37	49,07	71,38	80,30	46,03	66,96	75,33
	VI	1 633,75	89,85	130,70	147,03																				

* Die ausgewiesenen Tabellenwerte sind amtlich. Siehe Erläuterungen auf der Umschlaginnenseite (U2).

Abzüge an Lohnsteuer, Solidaritätszuschlag (SolZ) und Kirchensteuer (8%, 9%) in den Steuerklassen

Lohn/ Gehalt bis €*	I – VI					I, II, III, IV		mit Zahl der Kinderfreibeträge . . . 0,5			1			1,5			2			2,5			3		
		LSt	ohne Kinderfreibeträge SolZ	8%	9%		LSt	SolZ	8%	9%	SolZ	8%	9%	SolZ	8%	9%	SolZ	8%	9%	SolZ	8%	9%	SolZ	8%	9%
5 066,99	I,IV	1 182,08	65,01	94,56	106,38	I	1 182,08	58,37	84,90	95,51	51,98	75,62	85,07	45,86	66,70	75,04	39,98	58,16	65,43	34,37	50,—	56,25	29,02	42,21	47,48
West	II	1 136,41	62,50	90,91	102,27	II	1 136,41	55,95	81,39	91,56	49,66	72,24	81,27	43,63	63,47	71,40	37,86	55,07	61,95	32,34	47,05	52,93	27,08	39,40	44,32
	III	764,—	42,02	61,12	68,76	III	764,—	37,27	54,21	60,98	32,64	47,48	53,41	28,15	40,94	46,06	23,78	34,60	38,92	19,55	28,44	31,99	15,44	22,46	25,27
	V	1 596,58	87,81	127,72	143,69	IV	1 182,08	61,65	89,68	100,89	58,37	84,90	95,51	55,14	80,21	90,23	51,98	75,62	85,07	48,89	71,11	80,—	45,86	66,70	75,04
	VI	1 630,08	89,65	130,40	146,70																				
5 066,99	I,IV	1 186,91	65,28	94,95	106,82	I	1 186,91	58,63	85,28	95,94	52,23	75,98	85,47	46,09	67,05	75,43	40,21	58,50	65,81	34,59	50,32	56,61	29,23	42,52	47,83
Ost	II	1 141,33	62,77	91,30	102,71	II	1 141,33	56,21	81,76	91,98	49,91	72,60	81,68	43,87	63,82	71,79	38,09	55,40	62,33	32,56	47,36	53,28	27,29	39,70	44,66
	III	767,50	42,21	61,40	69,07	III	767,50	37,45	54,48	61,29	32,82	47,74	53,71	28,32	41,20	46,35	23,96	34,85	39,20	19,71	28,68	32,26	15,60	22,69	25,52
	V	1 601,50	88,08	128,12	144,13	IV	1 186,91	61,92	90,07	101,33	58,63	85,28	95,94	55,40	80,58	90,65	52,23	75,98	85,47	49,13	71,47	80,40	46,09	67,05	75,43
	VI	1 635,—	89,92	130,80	147,15																				
5 069,99	I,IV	1 183,25	65,07	94,66	106,49	I	1 183,25	58,43	84,99	95,61	52,04	75,70	85,16	45,91	66,78	75,13	40,04	58,24	65,52	34,43	50,08	56,34	29,07	42,28	47,57
West	II	1 137,58	62,56	91,—	102,38	II	1 137,58	56,02	81,48	91,67	49,72	72,33	81,37	43,69	63,56	71,50	37,91	55,15	62,04	32,39	47,12	53,01	27,13	39,47	44,40
	III	764,83	42,06	61,18	68,83	III	764,83	37,31	54,28	61,06	32,68	47,54	53,48	28,19	41,01	46,13	23,83	34,66	38,99	19,58	28,49	32,05	15,48	22,52	25,33
	V	1 597,83	87,88	127,82	143,80	IV	1 183,25	61,72	89,78	101,—	58,43	84,99	95,61	55,21	80,30	90,34	52,04	75,70	85,16	48,95	71,20	80,10	45,91	66,78	75,13
	VI	1 631,25	89,71	130,50	146,81																				
5 069,99	I,IV	1 188,16	65,34	95,05	106,93	I	1 188,16	58,69	85,38	96,05	52,30	76,07	85,58	46,16	67,14	75,53	40,27	58,58	65,90	34,65	50,40	56,70	29,28	42,59	47,91
Ost	II	1 142,58	62,84	91,40	102,83	II	1 142,58	56,27	81,86	92,09	49,98	72,70	81,78	43,93	63,90	71,89	38,14	55,48	62,42	32,61	47,44	53,37	27,34	39,78	44,75
	III	768,33	42,25	61,46	69,14	III	768,33	37,50	54,54	61,36	32,87	47,81	53,78	28,37	41,26	46,42	24,—	34,92	39,28	19,76	28,74	32,33	15,64	22,76	25,60
	V	1 602,75	88,15	128,22	144,24	IV	1 188,16	61,99	90,17	101,44	58,69	85,38	96,05	55,46	80,68	90,76	52,30	76,07	85,58	49,19	71,56	80,50	46,16	67,14	75,53
	VI	1 636,25	89,99	130,90	147,26																				
5 072,99	I,IV	1 184,50	65,14	94,76	106,60	I	1 184,50	58,50	85,09	95,72	52,11	75,80	85,27	45,98	66,88	75,24	40,10	58,33	65,62	34,48	50,16	56,43	29,12	42,36	47,66
West	II	1 138,83	62,63	91,10	102,49	II	1 138,83	56,08	81,58	91,77	49,78	72,42	81,47	43,75	63,64	71,59	37,97	55,24	62,14	32,45	47,20	53,10	27,18	39,54	44,48
	III	765,66	42,11	61,25	68,90	III	765,66	37,36	54,34	61,13	32,73	47,61	53,56	28,24	41,08	46,21	23,87	34,72	39,06	19,63	28,56	32,13	15,52	22,58	25,40
	V	1 599,—	87,94	127,92	143,91	IV	1 184,50	61,79	89,88	101,11	58,50	85,09	95,72	55,27	80,40	90,45	52,11	75,80	85,27	49,—	71,28	80,19	45,98	66,88	75,24
	VI	1 632,50	89,78	130,60	146,92																				
5 072,99	I,IV	1 189,50	65,42	95,16	107,05	I	1 189,50	58,76	85,48	96,16	52,36	76,16	85,68	46,22	67,23	75,63	40,33	58,67	66,—	34,70	50,48	56,79	29,33	42,67	48,—
Ost	II	1 143,83	62,91	91,50	102,94	II	1 143,83	56,34	81,96	92,20	50,04	72,78	81,88	43,99	63,99	71,99	38,20	55,57	62,51	32,67	47,52	53,46	27,39	39,85	44,83
	III	769,33	42,31	61,54	69,23	III	769,33	37,55	54,62	61,45	32,91	47,88	53,86	28,41	41,33	46,49	24,04	34,97	39,34	19,80	28,80	32,40	15,68	22,81	25,66
	V	1 604,—	88,22	128,32	144,36	IV	1 189,50	62,06	90,27	101,55	58,76	85,48	96,16	55,53	80,77	90,86	52,36	76,16	85,68	49,26	71,65	80,60	46,22	67,23	75,63
	VI	1 637,50	90,06	131,—	147,37																				
5 075,99	I,IV	1 185,66	65,21	94,85	106,70	I	1 185,66	58,56	85,18	95,82	52,17	75,88	85,37	46,03	66,96	75,33	40,15	58,41	65,71	34,54	50,24	56,52	29,17	42,44	47,74
West	II	1 140,—	62,70	91,20	102,60	II	1 140,—	56,14	81,66	91,87	49,85	72,51	81,57	43,81	63,72	71,69	38,03	55,32	62,23	32,50	47,28	53,19	27,23	39,62	44,57
	III	766,50	42,15	61,32	68,98	III	766,50	37,40	54,41	61,21	32,78	47,68	53,64	28,27	41,13	46,27	23,91	34,78	39,13	19,67	28,61	32,18	15,56	22,64	25,47
	V	1 600,25	88,01	128,02	144,02	IV	1 185,66	61,85	89,97	101,21	58,56	85,18	95,82	55,33	80,48	90,54	52,17	75,88	85,37	49,06	71,37	80,29	46,03	66,96	75,33
	VI	1 633,66	89,85	130,69	147,02																				
5 075,99	I,IV	1 190,75	65,49	95,26	107,16	I	1 190,75	58,83	85,57	96,26	52,42	76,26	85,79	46,28	67,32	75,74	40,39	58,76	66,10	34,76	50,56	56,88	29,39	42,75	48,09
Ost	II	1 145,08	62,97	91,60	103,05	II	1 145,08	56,41	82,05	92,30	50,10	72,88	81,99	44,05	64,08	72,09	38,26	55,66	62,61	32,72	47,60	53,55	27,45	39,93	44,92
	III	770,16	42,35	61,61	69,31	III	770,16	37,60	54,69	61,52	32,97	47,96	53,95	28,46	41,40	46,57	24,09	35,04	39,42	19,84	28,86	32,47	15,73	22,88	25,74
	V	1 605,25	88,28	128,42	144,47	IV	1 190,75	62,13	90,37	101,66	58,83	85,57	96,26	55,60	80,87	90,98	52,42	76,26	85,79	49,32	71,74	80,71	46,28	67,32	75,74
	VI	1 638,75	90,13	131,10	147,48																				
5 078,99	I,IV	1 186,83	65,27	94,94	106,81	I	1 186,83	58,62	85,27	95,93	52,23	75,97	85,46	46,09	67,04	75,42	40,21	58,49	65,80	34,59	50,31	56,60	29,22	42,51	47,82
West	II	1 141,16	62,76	91,29	102,70	II	1 141,16	56,21	81,76	91,98	49,91	72,60	81,67	43,86	63,80	71,78	38,08	55,40	62,32	32,56	47,36	53,28	27,28	39,69	44,65
	III	767,50	42,21	61,40	69,07	III	767,50	37,45	54,48	61,29	32,82	47,74	53,71	28,32	41,20	46,35	23,95	34,84	39,19	19,71	28,68	32,26	15,60	22,69	25,52
	V	1 601,41	88,07	128,11	144,12	IV	1 186,83	61,92	90,06	101,32	58,62	85,27	95,93	55,39	80,58	90,65	52,23	75,97	85,46	49,12	71,46	80,39	46,09	67,04	75,42
	VI	1 634,83	89,91	130,78	147,13																				
5 078,99	I,IV	1 192,—	65,56	95,36	107,28	I	1 192,—	58,90	85,67	96,38	52,49	76,35	85,89	46,34	67,41	75,83	40,45	58,84	66,20	34,82	50,65	56,98	29,44	42,83	48,18
Ost	II	1 146,33	63,04	91,70	103,16	II	1 146,33	56,48	82,15	92,42	50,16	72,97	82,09	44,11	64,17	72,19	38,32	55,74	62,70	32,78	47,68	53,64	27,50	40,—	45,—
	III	771,16	42,41	61,69	69,40	III	771,16	37,64	54,76	61,60	33,01	48,02	54,02	28,50	41,46	46,64	24,13	35,10	39,49	19,89	28,93	32,54	15,77	22,94	25,81
	V	1 606,58	88,36	128,52	144,59	IV	1 192,—	62,20	90,47	101,78	58,90	85,67	96,38	55,66	80,96	91,08	52,49	76,35	85,89	49,39	71,84	80,82	46,34	67,41	75,83
	VI	1 640,—	90,20	131,20	147,60																				
5 081,99	I,IV	1 188,08	65,34	95,04	106,92	I	1 188,08	58,68	85,36	96,03	52,29	76,06	85,57	46,15	67,13	75,52	40,27	58,58	65,90	34,64	50,39	56,69	29,27	42,58	47,90
West	II	1 142,41	62,83	91,39	102,81	II	1 142,41	56,27	81,85	92,08	49,97	72,68	81,77	43,92	63,89	71,87	38,14	55,48	62,41	32,61	47,44	53,37	27,33	39,76	44,73
	III	768,33	42,25	61,46	69,14	III	768,33	37,50	54,54	61,36	32,87	47,81	53,78	28,37	41,26	46,42	23,99	34,90	39,26	19,75	28,73	32,32	15,63	22,74	25,58
	V	1 602,66	88,14	128,21	144,23	IV	1 188,08	61,98	90,16	101,43	58,68	85,36	96,03	55,46	80,67	90,75	52,29	76,06	85,57	49,19	71,55	80,49	46,15	67,13	75,52
	VI	1 636,08	89,98	130,88	147,24																				
5 081,99	I,IV	1 193,25	65,62	95,46	107,39	I	1 193,25	58,96	85,77	96,49	52,56	76,45	86,—	46,40	67,50	75,93	40,51	58,93	66,29	34,87	50,73	57,07	29,50	42,91	48,27
Ost	II	1 147,58	63,11	91,80	103,28	II	1 147,58	56,54	82,24	92,52	50,23	73,06	82,19	44,17	64,26	72,29	38,38	55,82	62,80	32,83	47,76	53,73	27,55	40,08	45,09
	III	772,—	42,46	61,76	69,48	III	772,—	37,69	54,82	61,67	33,06	48,09	54,10	28,55	41,53	46,72	24,18	35,17	39,56	19,92	28,98	32,60	15,81	23,—	25,87
	V	1 607,83	88,43	128,62	144,70	IV	1 193,25	62,26	90,57	101,89	58,96	85,77	96,49	55,73	81,06	91,19	52,56	76,45	86,—	49,44	71,92	80,91	46,40	67,50	75,93
	VI	1 641,25	90,26	131,30	147,71																				
5 084,99	I,IV	1 189,25	65,40	95,14	107,03	I	1 189,25	58,75	85,46	96,14	52,35	76,15	85,67	46,21	67,22	75,62	40,32	58,66	65,99	34,70	50,47	56,78	29,32	42,66	47,99
West	II	1 143,58	62,89	91,48	102,92	II	1 143,58	56,33	81,94	92,18	50,03	72,77	81,86	43,98	63,98	71,97	38,19	55,56	62,50	32,66	47,51	53,45	27,39	39,84	44,82
	III	769,16	42,30	61,53	69,22	III	769,16	37,54	54,61	61,43	32,91	47,88	53,86	28,41	41,33	46,49	24,04	34,97	39,34	19,80	28,80	32,40	15,68	22,81	25,66
	V	1 603,83	88,21	128,30	144,34	IV	1 189,25	62,05	90,26	101,54	58,75	85,46	96,14	55,52	80,76	90,85	52,35	76,15	85,67	49,25	71,64	80,59	46,21	67,22	75,62
	VI	1 637,25	90,04	130,98	147,35																				
5 084,99	I,IV	1 194,50	65,69	95,56	107,50	I	1 194,50	59,03	85,86	96,59	52,62	76,54	86,11	46,47	67,59	76,04	40,57	59,02	66,39	34,93	50,81	57,16	29,55	42,98	48,35
Ost	II	1 148,83	63,18	91,90	103,39	II	1 148,83	56,61	82,34	92,63	50,29	73,16	82,30	44,23	64,34	72,38	38,44	55,91	62,90	32,89	47,85	53,83	27,61	40,16	45,18
	III	772,83	42,50	61,82	69,55	III	772,83	37,74	54,90	61,76	33,11	48,16	54,18	28,60	41,60	46,80	24,22	35,24	39,64	19,97	29,05	32,68	15,85	23,06	25,94
	V	1 609,08	88,49	128,72	144,81	IV	1 194,50	62,33	90,67	102,—	59,03	85,86	96,59	55,79	81,16	91,30	52,62	76,54	86,11	49,51	72,02	81,02	46,47	67,59	76,04
	VI	1 642,50	90,33	131,40	147,82																				
5 087,99	I,IV	1 190,50	65,47	95,24	107,14	I	1 190,50	58,82	85,56	96,25	52,41	76,24	85,77	46,27	67,30	75,71	40,38	58,74	66,08	34,75	50,55	56,87	29,38	42,74	48,08
West	II	1 144,83	62,96	91,58	103,03	II	1 144,83	56,40	82,04	92,29	50,09	72,86	81,97	44,04	64,06	72,07	38,25	55,64	62,59	32,72	47,59	53,54	27,44	39,92	44,91
	III	770,—	42,35	61,60	69,30	III	770,—	37,59	54,68	61,51	32,96	47,94	53,93	28,46	41,40	46,57	24,08	35,02	39,40	19,83	28,85	32,45	15,72	22,86	25,72
	V	1 605,08	88,27	128,40	144,45	IV	1 190,50	62,11	90,35	101,64	58,82	85,56	96,25	55,58	80,85	90,95	52,41	76,24	85,77	49,31	71,72	80,69	46,27	67,30	75,71
	VI	1 638,50	90,11	131,08	147,46																				
5 087,99	I,IV	1 195,75	65,76	95,66	107,61	I	1 195,75	59,10	85,96	96,71	52,69	76,64	86,22	46,53	67,68	76,14	40,63	59,10	66,49	34,99	50,90	57,26	29,60	43,06	48,44
Ost	II	1 150,08	63,25	92,—	103,50	II	1 150,08	56,67	82,44	92,74	50,36	73,25	82,40	44,30	64,44	72,49	38,49	55,99	62,99	32,95	47,93	53,92	27,66	40,24	45,27
	III	773,83	42,56	61,90	69,64	III	773,83	37,79	54,97	61,84	33,15	48,22	54,25	28,64	41,66	46,87	24,27	35,30	39,71	20,02	29,12	32,76	15,89	23,12	26,01
	V	1 610,33	88,56	128,82	144,92	IV	1 195,75	62,40	90,77	102,11	59,10	85,96	96,71	55,86	81,25	91,40	52,69	76,64	86,22	49,57	72,11	81,12	46,53	67,68	76,14
	VI	1 643,75	90,40	131,50	147,93																				

*** Die ausgewiesenen Tabellenwerte sind amtlich. Siehe Erläuterungen auf der Umschlaginnenseite (U2).**

Lohn/ Gehalt bis €*		I – VI	ohne Kinderfreibeträge			I, II, III, IV		mit Zahl der Kinderfreibeträge . . . 0,5			1			1,5			2			2,5			3		
		LSt	SolZ	8%	9%		LSt	SolZ	8%	9%	SolZ	8%	9%	SolZ	8%	9%	SolZ	8%	9%	SolZ	8%	9%	SolZ	8%	9%
5 090,99 West	I,IV	1 191,66	65,54	95,33	107,24	I	1 191,66	58,88	85,64	96,35	52,47	76,33	85,87	46,33	67,39	75,81	40,44	58,82	66,17	34,81	50,63	56,96	29,43	42,81	48,16
	II	1 146,—	63,03	91,68	103,14	II	1 146,—	56,46	82,12	92,39	50,15	72,95	82,07	44,10	64,14	72,16	38,30	55,72	62,68	32,77	47,66	53,62	27,49	39,98	44,98
	III	770,83	42,39	61,66	69,37	III	770,83	37,63	54,74	61,58	33,—	48,01	54,01	28,49	41,45	46,63	24,12	35,09	39,47	19,88	28,92	32,53	15,76	22,93	25,79
	V	1 606,25	88,34	128,50	144,56	IV	1 191,66	62,18	90,44	101,75	58,88	85,64	96,35	55,65	80,94	91,06	52,47	76,33	85,87	49,37	71,81	80,78	46,33	67,39	75,81
	VI	1 639,66	90,18	131,17	147,56																				
5 090,99 Ost	I,IV	1 197,—	65,83	95,76	107,73	I	1 197,—	59,17	86,06	96,82	52,75	76,73	86,32	46,59	67,77	76,24	40,69	59,18	66,58	35,04	50,98	57,35	29,66	43,14	48,53
	II	1 151,33	63,32	92,10	103,61	II	1 151,33	56,74	82,54	92,85	50,42	73,34	82,51	44,36	64,52	72,59	38,55	56,08	63,09	33,—	48,01	54,01	27,72	40,32	45,36
	III	774,66	42,60	61,97	69,71	III	774,66	37,84	55,04	61,92	33,20	48,29	54,32	28,69	41,73	46,94	24,31	35,36	39,78	20,06	29,18	32,83	15,94	23,18	26,08
	V	1 611,58	88,63	128,92	145,04	IV	1 197,—	62,47	90,87	102,23	59,17	86,06	96,82	55,93	81,35	91,52	52,75	76,73	86,32	49,64	72,20	81,23	46,59	67,77	76,24
	VI	1 645,08	90,47	131,60	148,05																				
5 093,99 West	I,IV	1 192,91	65,61	95,43	107,36	I	1 192,91	58,95	85,74	96,46	52,54	76,42	85,97	46,39	67,48	75,91	40,49	58,90	66,26	34,86	50,71	57,05	29,48	42,88	48,24
	II	1 147,16	63,09	91,77	103,24	II	1 147,16	56,52	82,22	92,49	50,21	73,04	82,17	44,16	64,23	72,26	38,36	55,80	62,78	32,82	47,74	53,71	27,54	40,06	45,07
	III	771,66	42,44	61,73	69,44	III	771,66	37,68	54,81	61,66	33,04	48,06	54,07	28,54	41,52	46,71	24,17	35,16	39,55	19,91	28,97	32,59	15,80	22,98	25,85
	V	1 607,50	88,41	128,60	144,67	IV	1 192,91	62,25	90,54	101,86	58,95	85,74	96,46	55,71	81,04	91,17	52,54	76,42	85,97	49,43	71,90	80,89	46,39	67,48	75,91
	VI	1 640,91	90,25	131,27	147,68																				
5 093,99 Ost	I,IV	1 198,25	65,90	95,86	107,84	I	1 198,25	59,23	86,16	96,93	52,81	76,82	86,42	46,65	67,86	76,34	40,75	59,27	66,68	35,10	51,06	57,44	29,71	43,22	48,62
	II	1 152,58	63,39	92,20	103,73	II	1 152,58	56,81	82,63	92,96	50,48	73,43	82,61	44,42	64,61	72,68	38,61	56,16	63,18	33,06	48,09	54,10	27,77	40,39	45,44
	III	775,66	42,66	62,05	69,80	III	775,66	37,88	55,10	61,99	33,24	48,36	54,40	28,73	41,80	47,02	24,35	35,42	39,85	20,10	29,24	32,89	15,97	23,24	26,14
	V	1 612,83	88,70	129,02	145,15	IV	1 198,25	62,54	90,97	102,34	59,23	86,16	96,93	55,99	81,44	91,62	52,81	76,82	86,42	49,70	72,30	81,33	46,65	67,86	76,34
	VI	1 646,33	90,54	131,70	148,16																				
5 096,99 West	I,IV	1 194,08	65,67	95,52	107,46	I	1 194,08	59,01	85,83	96,56	52,60	76,51	86,07	46,44	67,56	76,—	40,55	58,98	66,35	34,91	50,78	57,13	29,53	42,96	48,33
	II	1 148,41	63,16	91,87	103,35	II	1 148,41	56,59	82,31	92,60	50,27	73,12	82,26	44,22	64,32	72,36	38,42	55,88	62,87	32,87	47,82	53,79	27,59	40,14	45,15
	III	772,66	42,49	61,81	69,53	III	772,66	37,73	54,88	61,74	33,09	48,13	54,14	28,59	41,58	46,78	24,20	35,21	39,61	19,96	29,04	32,67	15,84	23,04	25,92
	V	1 608,66	88,47	128,69	144,77	IV	1 194,08	62,31	90,64	101,97	59,01	85,83	96,56	55,77	81,12	91,26	52,60	76,51	86,07	49,49	71,99	80,99	46,44	67,56	76,—
	VI	1 642,08	90,31	131,36	147,78																				
5 096,99 Ost	I,IV	1 199,58	65,97	95,96	107,96	I	1 199,58	59,30	86,26	97,04	52,88	76,92	86,53	46,71	67,95	76,44	40,81	59,36	66,78	35,16	51,14	57,53	29,76	43,30	48,71
	II	1 153,83	63,46	92,30	103,84	II	1 153,83	56,87	82,72	93,06	50,54	73,52	82,71	44,48	64,70	72,78	38,67	56,25	63,28	33,11	48,17	54,19	27,82	40,47	45,53
	III	776,50	42,70	62,12	69,88	III	776,50	37,94	55,18	62,08	33,29	48,42	54,47	28,78	41,86	47,09	24,40	35,49	39,92	20,14	29,30	32,96	16,02	23,30	26,21
	V	1 614,08	88,77	129,12	145,26	IV	1 199,58	62,61	91,07	102,45	59,30	86,26	97,04	56,05	81,54	91,73	52,88	76,92	86,53	49,76	72,38	81,43	46,71	67,95	76,44
	VI	1 647,58	90,61	131,80	148,28																				
5 099,99 West	I,IV	1 195,25	65,73	95,62	107,57	I	1 195,25	59,07	85,92	96,66	52,66	76,60	86,17	46,50	67,64	76,10	40,60	59,06	66,44	34,97	50,86	57,22	29,58	43,03	48,41
	II	1 149,58	63,22	91,96	103,46	II	1 149,58	56,65	82,40	92,70	50,33	73,21	82,36	44,27	64,40	72,45	38,47	55,96	62,96	32,93	47,90	53,88	27,64	40,20	45,23
	III	773,50	42,54	61,88	69,61	III	773,50	37,77	54,94	61,81	33,13	48,20	54,22	28,62	41,64	46,84	24,25	35,28	39,69	20,—	29,09	32,72	15,87	23,09	25,97
	V	1 609,83	88,54	128,78	144,88	IV	1 195,25	62,37	90,73	102,07	59,07	85,92	96,66	55,83	81,22	91,37	52,66	76,60	86,17	49,55	72,08	81,09	46,50	67,64	76,10
	VI	1 643,33	90,38	131,46	147,89																				
5 099,99 Ost	I,IV	1 200,83	66,04	96,06	108,07	I	1 200,83	59,37	86,36	97,15	52,94	77,01	86,63	46,78	68,04	76,55	40,86	59,44	66,87	35,21	51,22	57,62	29,82	43,38	48,80
	II	1 155,08	63,52	92,40	103,95	II	1 155,08	56,94	82,82	93,17	50,61	73,62	82,82	44,54	64,79	72,89	38,72	56,33	63,37	33,17	48,25	54,28	27,87	40,54	45,61
	III	777,33	42,75	62,18	69,95	III	777,33	37,98	55,25	62,15	33,34	48,50	54,56	28,82	41,93	47,17	24,44	35,56	40,—	20,19	29,37	33,04	16,06	23,36	26,28
	V	1 615,33	88,84	129,22	145,37	IV	1 200,83	62,68	91,17	102,56	59,37	86,36	97,15	56,12	81,64	91,84	52,94	77,01	86,63	49,83	72,48	81,54	46,78	68,04	76,55
	VI	1 648,83	90,68	131,90	148,39																				
5 102,99 West	I,IV	1 196,50	65,80	95,72	107,68	I	1 196,50	59,14	86,02	96,77	52,72	76,69	86,27	46,56	67,73	76,19	40,66	59,15	66,54	35,02	50,94	57,31	29,64	43,11	48,50
	II	1 150,75	63,29	92,06	103,56	II	1 150,75	56,71	82,50	92,81	50,39	73,30	82,46	44,33	64,48	72,54	38,53	56,04	63,05	32,98	47,98	53,97	27,69	40,28	45,32
	III	774,33	42,58	61,94	69,68	III	774,33	37,82	55,01	61,88	33,18	48,26	54,29	28,67	41,70	46,91	24,29	35,33	39,74	20,04	29,16	32,80	15,92	23,16	26,05
	V	1 611,08	88,60	128,88	144,99	IV	1 196,50	62,44	90,82	102,17	59,14	86,02	96,77	55,90	81,31	91,47	52,72	76,69	86,27	49,61	72,16	81,18	46,56	67,73	76,19
	VI	1 644,50	90,44	131,56	148,—																				
5 102,99 Ost	I,IV	1 202,08	66,11	96,16	108,18	I	1 202,08	59,43	86,45	97,25	53,01	77,10	86,74	46,84	68,13	76,64	40,92	59,53	66,97	35,27	51,31	57,72	29,87	43,46	48,89
	II	1 156,33	63,59	92,50	104,06	II	1 156,33	57,—	82,92	93,28	50,67	73,71	82,92	44,60	64,88	72,99	38,78	56,42	63,47	33,22	48,33	54,37	27,93	40,62	45,70
	III	778,33	42,80	62,26	70,04	III	778,33	38,03	55,32	62,23	33,39	48,57	54,64	28,87	42,—	47,25	24,49	35,62	40,07	20,23	29,42	33,10	16,10	23,42	26,35
	V	1 616,66	88,91	129,33	145,49	IV	1 202,08	62,75	91,27	102,68	59,43	86,45	97,25	56,19	81,73	91,94	53,01	77,10	86,74	49,89	72,57	81,64	46,84	68,13	76,64
	VI	1 650,08	90,75	132,—	148,50																				
5 105,99 West	I,IV	1 197,66	65,87	95,81	107,78	I	1 197,66	59,20	86,11	96,87	52,78	76,78	86,37	46,62	67,82	76,29	40,72	59,23	66,63	35,08	51,02	57,40	29,69	43,18	48,58
	II	1 152,—	63,36	92,16	103,68	II	1 152,—	56,77	82,58	92,90	50,45	73,39	82,56	44,39	64,57	72,64	38,58	56,12	63,14	33,03	48,05	54,05	27,74	40,36	45,40
	III	775,16	42,63	62,01	69,76	III	775,16	37,86	55,08	61,96	33,22	48,33	54,37	28,71	41,77	46,99	24,33	35,40	39,82	20,08	29,21	32,86	15,95	23,21	26,11
	V	1 612,25	88,67	128,98	145,10	IV	1 197,66	62,51	90,92	102,29	59,20	86,11	96,87	55,96	81,40	91,57	52,78	76,78	86,37	49,67	72,25	81,28	46,62	67,82	76,29
	VI	1 645,75	90,51	131,66	148,11																				
5 105,99 Ost	I,IV	1 203,33	66,18	96,26	108,29	I	1 203,33	59,50	86,55	97,37	53,07	77,20	86,85	46,90	68,22	76,75	40,98	59,62	67,07	35,33	51,39	57,81	29,93	43,54	48,98
	II	1 157,58	63,66	92,60	104,18	II	1 157,58	57,07	83,02	93,39	50,74	73,80	83,03	44,66	64,96	73,08	38,84	56,50	63,56	33,28	48,42	54,47	27,98	40,70	45,78
	III	779,16	42,85	62,33	70,12	III	779,16	38,08	55,40	62,32	33,44	48,64	54,72	28,92	42,06	47,32	24,53	35,69	40,15	20,27	29,49	33,17	16,14	23,48	26,41
	V	1 617,91	88,98	129,43	145,61	IV	1 203,33	62,81	91,37	102,79	59,50	86,55	97,37	56,26	81,83	92,06	53,07	77,20	86,85	49,95	72,66	81,74	46,90	68,22	76,75
	VI	1 651,33	90,82	132,10	148,61																				
5 108,99 West	I,IV	1 198,91	65,94	95,91	107,90	I	1 198,91	59,27	86,21	96,98	52,85	76,87	86,48	46,68	67,90	76,39	40,78	59,32	66,73	35,13	51,10	57,49	29,74	43,26	48,67
	II	1 153,16	63,42	92,25	103,78	II	1 153,16	56,84	82,68	93,01	50,51	73,48	82,66	44,45	64,66	72,74	38,64	56,20	63,23	33,09	48,13	54,14	27,79	40,43	45,48
	III	776,—	42,68	62,08	69,84	III	776,—	37,91	55,14	62,03	33,27	48,40	54,45	28,76	41,84	47,07	24,38	35,46	39,89	20,13	29,28	32,94	16,—	23,28	26,19
	V	1 613,50	88,74	129,08	145,21	IV	1 198,91	62,57	91,02	102,39	59,27	86,21	96,98	56,02	81,49	91,67	52,85	76,87	86,48	49,73	72,34	81,38	46,68	67,90	76,39
	VI	1 646,91	90,58	131,75	148,22																				
5 108,99 Ost	I,IV	1 204,58	66,25	96,36	108,41	I	1 204,58	59,57	86,65	97,48	53,13	77,29	86,95	46,96	68,31	76,85	41,04	59,70	67,16	35,38	51,47	57,90	29,98	43,62	49,07
	II	1 158,83	63,73	92,70	104,29	II	1 158,83	57,14	83,11	93,50	50,80	73,90	83,13	44,72	65,06	73,19	38,90	56,59	63,66	33,34	48,50	54,56	28,03	40,78	45,87
	III	780,16	42,90	62,41	70,21	III	780,16	38,13	55,46	62,39	33,48	48,70	54,79	28,96	42,13	47,39	24,57	35,74	40,21	20,32	29,56	33,25	16,18	23,54	26,48
	V	1 619,16	89,05	129,53	145,72	IV	1 204,58	62,88	91,47	102,90	59,57	86,65	97,48	56,32	81,92	92,16	53,13	77,29	86,95	50,02	72,76	81,85	46,96	68,31	76,85
	VI	1 652,58	90,89	132,20	148,73																				
5 111,99 West	I,IV	1 200,08	66,—	96,—	108,—	I	1 200,08	59,33	86,30	97,09	52,91	76,96	86,58	46,74	67,99	76,49	40,83	59,40	66,82	35,18	51,18	57,57	29,79	43,34	48,75
	II	1 154,33	63,48	92,34	103,88	II	1 154,33	56,90	82,77	93,11	50,58	73,57	82,76	44,50	64,74	72,83	38,69	56,28	63,32	33,14	48,21	54,23	27,84	40,50	45,56
	III	776,83	42,72	62,14	69,91	III	776,83	37,95	55,21	62,11	33,32	48,46	54,52	28,80	41,89	47,12	24,42	35,52	39,96	20,16	29,33	32,99	16,04	23,33	26,24
	V	1 614,66	88,80	129,17	145,31	IV	1 200,08	62,64	91,11	102,50	59,33	86,30	97,09	56,09	81,58	91,78	52,91	76,96	86,58	49,79	72,43	81,48	46,74	67,99	76,49
	VI	1 648,16	90,64	131,85	148,33																				
5 111,99 Ost	I,IV	1 205,83	66,32	96,46	108,52	I	1 205,83	59,64	86,75	97,59	53,20	77,39	87,06	47,02	68,40	76,95	41,10	59,79	67,26	35,44	51,56	58,—	30,03	43,69	49,15
	II	1 160,08	63,80	92,80	104,40	II	1 160,08	57,20	83,21	93,61	50,87	73,99	83,24	44,78	65,14	73,28	38,96	56,67	63,75	33,39	48,58	54,65	28,09	40,86	45,96
	III	781,—	42,95	62,48	70,29	III	781,—	38,17	55,53	62,47	33,53	48,77	54,86	29,01	42,20	47,47	24,62	35,81	40,28	20,35	29,61	33,31	16,23	23,61	26,56
	V	1 620,41	89,12	129,63	145,83	IV	1 205,83	62,95	91,57	103,01	59,64	86,75	97,59	56,39	82,02	92,27	53,20	77,39	87,06	50,08	72,85	81,95	47,02	68,40	76,95
	VI	1 653,83	90,96	132,30	148,84																				

Abzüge an Lohnsteuer, Solidaritätszuschlag (SolZ) und Kirchensteuer (8%, 9%) in den Steuerklassen

* Die ausgewiesenen Tabellenwerte sind amtlich. Siehe Erläuterungen auf der Umschlaginnenseite (U2).

Lohn/ Gehalt bis €*		I – VI				I, II, III, IV		mit Zahl der Kinderfreibeträge . . .																	
			ohne Kinder-freibeträge					0,5			1			1,5			2			2,5			3		
		LSt	SolZ	8%	9%		LSt	SolZ	8%	9%	SolZ	8%	9%	SolZ	8%	9%	SolZ	8%	9%	SolZ	8%	9%	SolZ	8%	9%
5 114,99 West	I,IV	1 201,33	66,07	96,10	108,11	I	1 201,33	59,39	86,39	97,19	52,97	77,05	86,68	46,80	68,08	76,59	40,89	59,48	66,91	35,24	51,26	57,66	29,84	43,41	48,83
	II	1 155,58	63,55	92,44	104,—	II	1 155,58	56,97	82,86	93,22	50,64	73,66	82,86	44,56	64,82	72,92	38,75	56,36	63,41	33,19	48,28	54,32	27,89	40,58	45,65
	III	777,83	42,78	62,22	70,—	III	777,83	38,—	55,28	62,19	33,36	48,53	54,59	28,84	41,96	47,20	24,46	35,58	40,03	20,20	29,38	33,05	16,07	23,38	26,30
	V	1 615,83	88,87	129,26	145,42	IV	1 201,33	62,70	91,20	102,60	59,39	86,39	97,19	56,15	81,67	91,88	52,97	77,05	86,68	49,85	72,52	81,58	46,80	68,08	76,59
	VI	1 649,33	90,71	131,94	148,43																				
5 114,99 Ost	I,IV	1 207,08	66,38	96,56	108,63	I	1 207,08	59,70	86,84	97,70	53,27	77,48	87,17	47,08	68,49	77,05	41,16	59,88	67,36	35,50	51,64	58,09	30,09	43,77	49,24
	II	1 161,33	63,87	92,90	104,51	II	1 161,33	57,27	83,30	93,71	50,93	74,08	83,34	44,84	65,23	73,38	39,02	56,76	63,85	33,45	48,66	54,74	28,14	40,93	46,04
	III	782,—	43,01	62,56	70,38	III	782,—	38,22	55,60	62,55	33,57	48,84	54,94	29,05	42,26	47,54	24,66	35,88	40,36	20,40	29,68	33,39	16,27	23,66	26,62
	V	1 621,66	89,19	129,73	145,94	IV	1 207,08	63,02	91,67	103,13	59,70	86,84	97,70	56,45	82,12	92,38	53,27	77,48	87,17	50,15	72,94	82,06	47,08	68,49	77,05
	VI	1 655,16	91,03	132,41	148,96																				
5 117,99 West	I,IV	1 202,50	66,13	96,20	108,22	I	1 202,50	59,46	86,49	97,30	53,03	77,14	86,78	46,86	68,16	76,68	40,95	59,56	67,01	35,29	51,34	57,75	29,89	43,48	48,92
	II	1 156,75	63,62	92,54	104,10	II	1 156,75	57,03	82,96	93,33	50,70	73,74	82,96	44,62	64,91	73,02	38,81	56,45	63,50	33,25	48,36	54,41	27,94	40,65	45,73
	III	778,66	42,82	62,29	70,07	III	778,66	38,05	55,34	62,26	33,41	48,60	54,67	28,89	42,02	47,27	24,51	35,65	40,10	20,24	29,45	33,13	16,12	23,45	26,38
	V	1 617,08	88,93	129,36	145,53	IV	1 202,50	62,77	91,30	102,71	59,46	86,49	97,30	56,21	81,76	91,98	53,03	77,14	86,78	49,91	72,60	81,68	46,86	68,16	76,68
	VI	1 650,58	90,78	132,04	148,55																				
5 117,99 Ost	I,IV	1 208,33	66,45	96,66	108,74	I	1 208,33	59,77	86,94	97,81	53,33	77,58	87,27	47,15	68,58	77,15	41,22	59,96	67,46	35,56	51,72	58,19	30,14	43,85	49,33
	II	1 162,58	63,94	93,—	104,63	II	1 162,58	57,34	83,40	93,83	50,99	74,18	83,45	44,91	65,32	73,49	39,08	56,84	63,95	33,50	48,74	54,83	28,19	41,01	46,13
	III	782,83	43,05	62,62	70,45	III	782,83	38,28	55,68	62,64	33,62	48,90	55,01	29,10	42,33	47,62	24,71	35,94	40,43	20,45	29,74	33,46	16,31	23,73	26,69
	V	1 622,91	89,26	129,83	146,06	IV	1 208,33	63,09	91,77	103,24	59,77	86,94	97,81	56,52	82,21	92,48	53,33	77,58	87,27	50,21	73,03	82,16	47,15	68,58	77,15
	VI	1 656,41	91,10	132,51	149,07																				
5 120,99 West	I,IV	1 203,75	66,20	96,30	108,33	I	1 203,75	59,52	86,58	97,40	53,09	77,23	86,88	46,92	68,25	76,78	41,—	59,64	67,10	35,35	51,42	57,84	29,94	43,56	49,—
	II	1 157,91	63,68	92,63	104,21	II	1 157,91	57,09	83,04	93,42	50,76	73,83	83,06	44,68	64,99	73,11	38,86	56,53	63,59	33,30	48,44	54,49	27,99	40,72	45,81
	III	779,50	42,87	62,36	70,15	III	779,50	38,09	55,41	62,33	33,45	48,66	54,74	28,93	42,09	47,35	24,54	35,70	40,16	20,29	29,52	33,21	16,16	23,50	26,44
	V	1 618,25	89,—	129,46	145,64	IV	1 203,75	62,83	91,40	102,82	59,52	86,58	97,40	56,27	81,86	92,09	53,09	77,23	86,88	49,97	72,69	81,77	46,92	68,25	76,78
	VI	1 651,75	90,84	132,14	148,65																				
5 120,99 Ost	I,IV	1 209,58	66,52	96,76	108,86	I	1 209,58	59,84	87,04	97,92	53,40	77,67	87,38	47,21	68,67	77,25	41,28	60,05	67,55	35,61	51,80	58,28	30,20	43,93	49,42
	II	1 163,83	64,01	93,10	104,74	II	1 163,83	57,40	83,50	93,93	51,06	74,27	83,55	44,97	65,41	73,58	39,14	56,93	64,04	33,56	48,82	54,92	28,25	41,09	46,22
	III	783,66	43,10	62,69	70,52	III	783,66	38,32	55,74	62,71	33,67	48,98	55,10	29,15	42,40	47,70	24,75	36,01	40,51	20,49	29,81	33,53	16,35	23,78	26,75
	V	1 624,16	89,32	129,93	146,17	IV	1 209,58	63,16	91,87	103,35	59,84	87,04	97,92	56,59	82,31	92,60	53,40	77,67	87,38	50,27	73,12	82,26	47,21	68,67	77,25
	VI	1 657,66	91,17	132,61	149,18																				
5 123,99 West	I,IV	1 204,91	66,27	96,39	108,44	I	1 204,91	59,59	86,68	97,51	53,15	77,32	86,98	46,98	68,34	76,88	41,06	59,73	67,19	35,40	51,50	57,93	30,—	43,64	49,09
	II	1 159,16	63,75	92,73	104,32	II	1 159,16	57,15	83,14	93,53	50,82	73,92	83,16	44,74	65,08	73,21	38,92	56,61	63,68	33,35	48,52	54,58	28,05	40,80	45,90
	III	780,33	42,91	62,42	70,22	III	780,33	38,14	55,48	62,41	33,49	48,72	54,81	28,98	42,16	47,43	24,59	35,77	40,24	20,33	29,57	33,26	16,19	23,56	26,50
	V	1 619,50	89,07	129,56	145,75	IV	1 204,91	62,90	91,50	102,93	59,59	86,68	97,51	56,34	81,95	92,19	53,15	77,32	86,98	50,04	72,78	81,88	46,98	68,34	76,88
	VI	1 653,—	90,91	132,24	148,77																				
5 123,99 Ost	I,IV	1 210,91	66,60	96,87	108,98	I	1 210,91	59,90	87,14	98,03	53,46	77,76	87,48	47,27	68,76	77,36	41,34	60,14	67,65	35,67	51,88	58,37	30,25	44,01	49,51
	II	1 165,08	64,07	93,20	104,85	II	1 165,08	57,47	83,60	94,05	51,12	74,36	83,66	45,03	65,50	73,68	39,20	57,02	64,14	33,62	48,90	55,01	28,30	41,16	46,31
	III	784,66	43,15	62,77	70,61	III	784,66	38,37	55,81	62,78	33,72	49,05	55,18	29,19	42,46	47,77	24,80	36,08	40,59	20,53	29,86	33,59	16,39	23,85	26,83
	V	1 625,41	89,39	130,03	146,28	IV	1 210,91	63,23	91,97	103,46	59,90	87,14	98,03	56,65	82,40	92,70	53,46	77,76	87,48	50,33	73,22	82,37	47,27	68,76	77,36
	VI	1 658,91	91,24	132,71	149,30																				
5 126,99 West	I,IV	1 206,08	66,33	96,48	108,54	I	1 206,08	59,65	86,77	97,61	53,22	77,41	87,08	47,04	68,42	76,97	41,12	59,81	67,28	35,46	51,58	58,02	30,05	43,71	49,17
	II	1 160,33	63,81	92,82	104,42	II	1 160,33	57,22	83,23	93,63	50,88	74,01	83,26	44,80	65,16	73,31	38,97	56,69	63,77	33,41	48,60	54,67	28,10	40,87	45,98
	III	781,16	42,96	62,49	70,30	III	781,16	38,18	55,54	62,48	33,54	48,78	54,88	29,02	42,21	47,48	24,63	35,82	40,30	20,36	29,62	33,32	16,24	23,62	26,57
	V	1 620,66	89,13	129,65	145,85	IV	1 206,08	62,97	91,59	103,04	59,65	86,77	97,61	56,40	82,04	92,30	53,22	77,41	87,08	50,10	72,87	81,98	47,04	68,42	76,97
	VI	1 654,16	90,97	132,33	148,87																				
5 126,99 Ost	I,IV	1 212,16	66,66	96,97	109,09	I	1 212,16	59,97	87,24	98,14	53,52	77,86	87,59	47,34	68,86	77,46	41,40	60,22	67,75	35,73	51,97	58,46	30,31	44,09	49,60
	II	1 166,33	64,14	93,30	104,96	II	1 166,33	57,53	83,69	94,15	51,19	74,46	83,76	45,09	65,59	73,79	39,25	57,10	64,23	33,67	48,98	55,10	28,35	41,24	46,40
	III	785,50	43,20	62,84	70,69	III	785,50	38,42	55,89	62,87	33,77	49,12	55,26	29,24	42,53	47,84	24,85	36,14	40,66	20,57	29,93	33,67	16,43	23,90	26,89
	V	1 626,75	89,47	130,14	146,40	IV	1 212,16	63,30	92,07	103,58	59,97	87,24	98,14	56,72	82,50	92,81	53,52	77,86	87,59	50,40	73,31	82,47	47,34	68,86	77,46
	VI	1 660,16	91,30	132,81	149,41																				
5 129,99 West	I,IV	1 207,33	66,40	96,58	108,65	I	1 207,33	59,72	86,86	97,72	53,28	77,50	87,18	47,10	68,51	77,07	41,18	59,90	67,38	35,51	51,66	58,11	30,10	43,79	49,26
	II	1 161,58	63,88	92,92	104,54	II	1 161,58	57,28	83,32	93,74	50,94	74,10	83,36	44,86	65,25	73,40	39,03	56,78	63,87	33,46	48,68	54,76	28,15	40,95	46,07
	III	782,16	43,01	62,57	70,39	III	782,16	38,24	55,62	62,57	33,58	48,85	54,95	29,06	42,28	47,56	24,67	35,89	40,37	20,41	29,69	33,40	16,28	23,68	26,64
	V	1 621,91	89,20	129,75	145,97	IV	1 207,33	63,03	91,68	103,14	59,72	86,86	97,72	56,47	82,14	92,40	53,28	77,50	87,18	50,16	72,96	82,08	47,10	68,51	77,07
	VI	1 655,33	91,04	132,42	148,97																				
5 129,99 Ost	I,IV	1 213,41	66,73	97,07	109,20	I	1 213,41	60,04	87,34	98,25	53,59	77,95	87,69	47,40	68,94	77,56	41,46	60,31	67,85	35,78	52,05	58,55	30,36	44,17	49,69
	II	1 167,66	64,22	93,41	105,08	II	1 167,66	57,60	83,79	94,26	51,25	74,55	83,87	45,15	65,68	73,89	39,31	57,18	64,33	33,73	49,06	55,19	28,40	41,32	46,48
	III	786,50	43,25	62,92	70,78	III	786,50	38,47	55,96	62,95	33,81	49,18	55,33	29,28	42,60	47,92	24,88	36,20	40,72	20,62	30,—	33,75	16,48	23,97	26,96
	V	1 628,—	89,54	130,24	146,52	IV	1 213,41	63,36	92,17	103,69	60,04	87,34	98,25	56,78	82,60	92,92	53,59	77,95	87,69	50,46	73,40	82,58	47,40	68,94	77,56
	VI	1 661,41	91,37	132,91	149,52																				
5 132,99 West	I,IV	1 208,50	66,46	96,68	108,76	I	1 208,50	59,78	86,96	97,83	53,34	77,59	87,29	47,16	68,60	77,17	41,23	59,98	67,47	35,56	51,73	58,19	30,15	43,86	49,34
	II	1 162,75	63,95	93,02	104,64	II	1 162,75	57,35	83,42	93,84	51,—	74,19	83,46	44,92	65,34	73,50	39,09	56,86	63,96	33,51	48,75	54,84	28,20	41,02	46,15
	III	783,—	43,06	62,64	70,47	III	783,—	38,28	55,69	62,65	33,63	48,92	55,03	29,11	42,34	47,63	24,72	35,96	40,45	20,46	29,76	33,48	16,31	23,73	26,69
	V	1 623,08	89,26	129,84	146,07	IV	1 208,50	63,10	91,78	103,25	59,78	86,96	97,83	56,53	82,22	92,50	53,34	77,59	87,29	50,21	73,04	82,17	47,16	68,60	77,17
	VI	1 656,58	91,11	132,52	149,09																				
5 132,99 Ost	I,IV	1 214,66	66,80	97,17	109,31	I	1 214,66	60,11	87,44	98,37	53,66	78,05	87,80	47,46	69,04	77,67	41,52	60,40	67,95	35,84	52,14	58,65	30,41	44,24	49,77
	II	1 168,91	64,29	93,51	105,20	II	1 168,91	57,67	83,88	94,37	51,31	74,64	83,97	45,21	65,77	73,99	39,37	57,27	64,43	33,78	49,14	55,28	28,46	41,40	46,57
	III	787,33	43,30	62,98	70,85	III	787,33	38,51	56,02	63,02	33,86	49,25	55,40	29,33	42,66	47,99	24,93	36,26	40,79	20,66	30,05	33,80	16,52	24,04	27,04
	V	1 629,25	89,60	130,34	146,63	IV	1 214,66	63,43	92,27	103,80	60,11	87,44	98,37	56,85	82,70	93,03	53,66	78,05	87,80	50,53	73,50	82,68	47,46	69,04	77,67
	VI	1 662,66	91,44	133,01	149,63																				
5 135,99 West	I,IV	1 209,75	66,53	96,78	108,87	I	1 209,75	59,84	87,05	97,93	53,40	77,68	87,39	47,22	68,68	77,27	41,29	60,06	67,56	35,62	51,81	58,28	30,20	43,94	49,43
	II	1 164,—	64,02	93,12	104,76	II	1 164,—	57,41	83,51	93,95	51,06	74,28	83,56	44,97	65,42	73,59	39,14	56,94	64,05	33,57	48,83	54,93	28,25	41,10	46,23
	III	783,83	43,11	62,70	70,54	III	783,83	38,33	55,76	62,73	33,67	48,98	55,10	29,15	42,41	47,71	24,75	36,01	40,51	20,49	29,81	33,53	16,36	23,80	26,77
	V	1 624,33	89,33	129,94	146,18	IV	1 209,75	63,16	91,88	103,36	59,84	87,05	97,93	56,59	82,32	92,61	53,40	77,68	87,39	50,27	73,13	82,27	47,22	68,68	77,27
	VI	1 657,75	91,17	132,62	149,19																				
5 135,99 Ost	I,IV	1 215,91	66,87	97,27	109,43	I	1 215,91	60,17	87,53	98,47	53,72	78,14	87,91	47,52	69,12	77,76	41,58	60,48	68,04	35,90	52,22	58,74	30,47	44,32	49,86
	II	1 170,16	64,35	93,61	105,31	II	1 170,16	57,74	83,98	94,48	51,37	74,73	84,07	45,27	65,86	74,09	39,43	57,36	64,53	33,84	49,23	55,38	28,51	41,48	46,66
	III	788,33	43,35	63,06	70,94	III	788,33	38,56	56,09	63,10	33,90	49,32	55,48	29,37	42,73	48,07	24,97	36,33	40,87	20,70	30,12	33,88	16,56	24,09	27,10
	V	1 630,50	89,67	130,44	146,74	IV	1 215,91	63,50	92,37	103,91	60,17	87,53	98,47	56,92	82,79	93,14	53,72	78,14	87,91	50,59	73,59	82,79	47,52	69,12	77,76
	VI	1 663,91	91,51	133,11	149,75																				

Table heading: Abzüge an Lohnsteuer, Solidaritätszuschlag (SolZ) und Kirchensteuer (8%, 9%) in den Steuerklassen

*** Die ausgewiesenen Tabellenwerte sind amtlich. Siehe Erläuterungen auf der Umschlaginnenseite (U2).**

MONAT 5 136,–*

Lohn/ Gehalt bis €*	Abzüge an Lohnsteuer, Solidaritätszuschlag (SolZ) und Kirchensteuer (8%, 9%) in den Steuerklassen I – VI					I, II, III, IV		mit Zahl der Kinderfreibeträge . . . 0,5			1			1,5			2			2,5			3		
		LSt	ohne Kinderfreibeträge SolZ	8%	9%		LSt	SolZ	8%	9%	SolZ	8%	9%	SolZ	8%	9%	SolZ	8%	9%	SolZ	8%	9%	SolZ	8%	9%
5 138,99 West	I,IV	1 210,91	66,60	96,87	108,98	I	1 210,91	59,91	87,14	98,03	53,46	77,77	87,49	47,28	68,77	77,36	41,35	60,14	67,66	35,67	51,89	58,37	30,25	44,01	49,51
	II	1 165,16	64,08	93,21	104,86	II	1 165,16	57,47	83,60	94,05	51,12	74,36	83,66	45,03	65,50	73,69	39,20	57,02	64,14	33,62	48,90	55,01	28,30	41,17	46,31
	III	784,66	43,15	62,77	70,61	III	784,66	38,38	55,82	62,80	33,72	49,05	55,18	29,19	42,46	47,77	24,80	36,08	40,59	20,54	29,88	33,61	16,39	23,85	26,83
	V	1 625,50	89,40	130,04	146,29	IV	1 210,91	63,23	91,97	103,46	59,91	87,14	98,03	56,65	82,41	92,71	53,46	77,77	87,49	50,34	73,22	82,37	47,28	68,77	77,36
	VI	1 659,—	91,24	132,72	149,31																				
5 138,99 Ost	I,IV	1 217,16	66,94	97,37	109,54	I	1 217,16	60,24	87,63	98,58	53,79	78,24	88,02	47,58	69,22	77,87	41,64	60,57	68,14	35,96	52,30	58,84	30,52	44,40	49,95
	II	1 171,41	64,42	93,71	105,42	II	1 171,41	57,80	84,08	94,59	51,44	74,82	84,17	45,33	65,94	74,18	39,49	57,44	64,62	33,90	49,31	55,47	28,56	41,55	46,74
	III	789,16	43,40	63,13	71,02	III	789,16	38,61	56,17	63,19	33,95	49,38	55,55	29,42	42,80	48,15	25,02	36,40	40,95	20,75	30,18	33,95	16,61	24,16	27,18
	V	1 631,75	89,74	130,54	146,85	IV	1 217,16	63,57	92,47	104,03	60,24	87,63	98,58	56,98	82,89	93,25	53,79	78,24	88,02	50,65	73,68	82,89	47,58	69,22	77,87
	VI	1 665,25	91,58	133,22	149,87																				
5 141,99 West	I,IV	1 212,16	66,66	96,97	109,09	I	1 212,16	59,97	87,24	98,14	53,52	77,86	87,59	47,34	68,86	77,46	41,40	60,22	67,75	35,73	51,97	58,46	30,31	44,09	49,60
	II	1 166,33	64,14	93,30	104,96	II	1 166,33	57,53	83,69	94,15	51,19	74,46	83,76	45,09	65,59	73,79	39,25	57,10	64,23	33,67	48,98	55,10	28,35	41,24	46,40
	III	785,50	43,20	62,84	70,69	III	785,50	38,42	55,89	62,87	33,77	49,12	55,26	29,24	42,53	47,84	24,85	36,14	40,66	20,57	29,93	33,67	16,43	23,90	26,89
	V	1 626,75	89,47	130,14	146,40	IV	1 212,16	63,30	92,07	103,58	59,97	87,24	98,14	56,72	82,50	92,81	53,52	77,86	87,59	50,40	73,31	82,47	47,34	68,86	77,46
	VI	1 660,16	91,30	132,81	149,41																				
5 141,99 Ost	I,IV	1 218,41	67,01	97,47	109,65	I	1 218,41	60,31	87,73	98,69	53,85	78,33	88,12	47,65	69,31	77,97	41,70	60,66	68,24	36,01	52,38	58,93	30,58	44,48	50,04
	II	1 172,66	64,49	93,81	105,53	II	1 172,66	57,87	84,18	94,70	51,50	74,92	84,28	45,40	66,04	74,29	39,54	57,52	64,71	33,95	49,39	55,56	28,62	41,63	46,83
	III	790,—	43,45	63,20	71,10	III	790,—	38,66	56,24	63,27	34,—	49,46	55,64	29,47	42,86	48,22	25,07	36,46	41,02	20,79	30,25	34,03	16,64	24,21	27,23
	V	1 633,—	89,81	130,64	146,97	IV	1 218,41	63,64	92,57	104,14	60,31	87,73	98,69	57,05	82,98	93,35	53,85	78,33	88,12	50,71	73,77	82,99	47,65	69,31	77,97
	VI	1 666,50	91,65	133,32	149,98																				
5 144,99 West	I,IV	1 213,33	66,73	97,06	109,19	I	1 213,33	60,04	87,33	98,24	53,59	77,95	87,69	47,40	68,94	77,56	41,46	60,31	67,85	35,78	52,05	58,55	30,36	44,16	49,68
	II	1 167,58	64,21	93,40	105,08	II	1 167,58	57,60	83,79	94,26	51,25	74,54	83,86	45,15	65,68	73,89	39,31	57,18	64,33	33,73	49,06	55,19	28,40	41,32	46,48
	III	786,50	43,25	62,92	70,78	III	786,50	38,47	55,96	62,95	33,81	49,18	55,33	29,28	42,60	47,92	24,88	36,20	40,72	20,62	30,—	33,75	16,48	23,97	26,96
	V	1 627,91	89,53	130,23	146,51	IV	1 213,33	63,36	92,16	103,68	60,04	87,33	98,24	56,78	82,60	92,92	53,59	77,95	87,69	50,46	73,40	82,57	47,40	68,94	77,56
	VI	1 661,41	91,37	132,91	149,52																				
5 144,99 Ost	I,IV	1 219,66	67,08	97,57	109,76	I	1 219,66	60,38	87,83	98,81	53,91	78,42	88,22	47,71	69,40	78,07	41,76	60,74	68,33	36,07	52,47	59,03	30,63	44,56	50,13
	II	1 173,91	64,56	93,91	105,65	II	1 173,91	57,94	84,28	94,81	51,57	75,01	84,38	45,46	66,12	74,39	39,60	57,61	64,81	34,01	49,47	55,65	28,67	41,71	46,92
	III	791,—	43,50	63,28	71,19	III	791,—	38,71	56,30	63,34	34,05	49,53	55,72	29,51	42,93	48,29	25,11	36,53	41,09	20,83	30,30	34,09	16,69	24,28	27,31
	V	1 634,25	89,88	130,74	147,08	IV	1 219,66	63,71	92,67	104,25	60,38	87,83	98,81	57,12	83,08	93,47	53,91	78,42	88,22	50,78	73,86	83,09	47,71	69,40	78,07
	VI	1 667,75	91,72	133,42	150,09																				
5 147,99 West	I,IV	1 214,58	66,80	97,16	109,31	I	1 214,58	60,10	87,42	98,35	53,65	78,04	87,79	47,46	69,03	77,66	41,52	60,39	67,94	35,84	52,13	58,64	30,41	44,24	49,77
	II	1 168,75	64,28	93,50	105,18	II	1 168,75	57,66	83,88	94,36	51,31	74,63	83,96	45,21	65,76	73,98	39,37	57,26	64,42	33,78	49,14	55,28	28,45	41,39	46,56
	III	787,33	43,30	62,98	70,85	III	787,33	38,51	56,02	63,02	33,86	49,25	55,40	29,33	42,66	47,99	24,93	36,26	40,79	20,66	30,05	33,80	16,51	24,02	27,02
	V	1 629,08	89,59	130,32	146,61	IV	1 214,58	63,42	92,26	103,79	60,10	87,42	98,35	56,84	82,68	93,02	53,65	78,04	87,79	50,52	73,49	82,67	47,46	69,03	77,66
	VI	1 662,58	91,44	133,—	149,63																				
5 147,99 Ost	I,IV	1 221,—	67,15	97,68	109,89	I	1 221,—	60,44	87,92	98,91	53,98	78,52	88,34	47,77	69,49	78,17	41,82	60,83	68,43	36,13	52,55	59,12	30,69	44,64	50,22
	II	1 175,16	64,63	94,01	105,76	II	1 175,16	58,—	84,37	94,91	51,63	75,10	84,49	45,52	66,22	74,49	39,66	57,70	64,91	34,07	49,56	55,75	28,72	41,78	47,—
	III	791,83	43,55	63,34	71,26	III	791,83	38,76	56,38	63,43	34,10	49,60	55,80	29,56	43,—	48,37	25,16	36,60	41,17	20,88	30,37	34,16	16,72	24,33	27,37
	V	1 635,50	89,95	130,84	147,19	IV	1 221,—	63,78	92,77	104,36	60,44	87,92	98,91	57,18	83,18	93,57	53,98	78,52	88,34	50,84	73,96	83,20	47,77	69,49	78,17
	VI	1 669,—	91,79	133,52	150,21																				
5 150,99 West	I,IV	1 215,75	66,86	97,26	109,41	I	1 215,75	60,17	87,52	98,46	53,71	78,13	87,89	47,52	69,12	77,76	41,58	60,48	68,04	35,89	52,21	58,73	30,47	44,32	49,86
	II	1 170,—	64,35	93,60	105,30	II	1 170,—	57,73	83,97	94,46	51,37	74,72	84,06	45,27	65,85	74,08	39,42	57,34	64,51	33,83	49,22	55,37	28,50	41,46	46,64
	III	788,16	43,34	63,05	70,93	III	788,16	38,56	56,09	63,10	33,90	49,32	55,48	29,37	42,73	48,07	24,97	36,33	40,87	20,70	30,12	33,88	16,56	24,09	27,10
	V	1 630,33	89,66	130,42	146,72	IV	1 215,75	63,49	92,36	103,90	60,17	87,52	98,46	56,91	82,78	93,12	53,71	78,13	87,89	50,58	73,58	82,77	47,52	69,12	77,76
	VI	1 663,83	91,51	133,10	149,74																				
5 150,99 Ost	I,IV	1 222,25	67,22	97,78	110,—	I	1 222,25	60,51	88,02	99,02	54,05	78,62	88,44	47,84	69,58	78,28	41,88	60,92	68,53	36,19	52,64	59,22	30,74	44,72	50,31
	II	1 176,41	64,70	94,11	105,87	II	1 176,41	58,07	84,47	95,03	51,70	75,20	84,60	45,58	66,30	74,59	39,72	57,78	65,—	34,12	49,64	55,84	28,78	41,86	47,09
	III	792,83	43,60	63,42	71,35	III	792,83	38,81	56,45	63,50	34,14	49,66	55,87	29,60	43,06	48,44	25,19	36,65	41,23	20,92	30,44	34,24	16,77	24,40	27,45
	V	1 636,75	90,02	130,94	147,30	IV	1 222,25	63,85	92,87	104,48	60,51	88,02	99,02	57,25	83,28	93,69	54,05	78,62	88,44	50,91	74,05	83,30	47,84	69,58	78,28
	VI	1 670,25	91,86	133,62	150,32																				
5 153,99 West	I,IV	1 217,—	66,93	97,36	109,53	I	1 217,—	60,23	87,62	98,57	53,78	78,22	88,—	47,57	69,20	77,85	41,63	60,56	68,13	35,95	52,29	58,82	30,52	44,39	49,94
	II	1 171,16	64,41	93,69	105,40	II	1 171,16	57,79	84,06	94,57	51,43	74,81	84,16	45,32	65,93	74,17	39,48	57,42	64,60	33,89	49,30	55,46	28,55	41,54	46,73
	III	789,—	43,39	63,12	71,01	III	789,—	38,61	56,16	63,18	33,95	49,38	55,55	29,41	42,78	48,13	25,01	36,38	40,93	20,74	30,17	33,94	16,60	24,14	27,16
	V	1 631,50	89,73	130,52	146,83	IV	1 217,—	63,56	92,45	104,—	60,23	87,62	98,57	56,97	82,87	93,23	53,78	78,22	88,—	50,64	73,66	82,87	47,57	69,20	77,85
	VI	1 665,—	91,57	133,20	149,85																				
5 153,99 Ost	I,IV	1 223,50	67,29	97,88	110,11	I	1 223,50	60,58	88,12	99,14	54,11	78,71	88,55	47,90	69,67	78,38	41,94	61,01	68,63	36,24	52,72	59,31	30,80	44,80	50,40
	II	1 177,66	64,77	94,21	105,98	II	1 177,66	58,13	84,56	95,13	51,76	75,29	84,70	45,64	66,39	74,69	39,78	57,87	65,10	34,18	49,72	55,93	28,83	41,94	47,18
	III	793,66	43,65	63,49	71,42	III	793,66	38,85	56,52	63,58	34,19	49,73	55,94	29,65	43,13	48,52	25,24	36,72	41,31	20,96	30,49	34,30	16,82	24,46	27,52
	V	1 638,08	90,09	131,04	147,42	IV	1 223,50	63,91	92,97	104,59	60,58	88,12	99,14	57,31	83,37	93,79	54,11	78,71	88,55	50,97	74,14	83,41	47,90	69,67	78,38
	VI	1 671,50	91,93	133,72	150,43																				
5 156,99 West	I,IV	1 218,16	66,99	97,45	109,63	I	1 218,16	60,30	87,71	98,67	53,84	78,31	88,10	47,63	69,29	77,95	41,69	60,64	68,22	36,—	52,36	58,91	30,57	44,46	50,02
	II	1 172,41	64,48	93,79	105,51	II	1 172,41	57,86	84,16	94,68	51,49	74,90	84,26	45,38	66,02	74,27	39,54	57,51	64,70	33,94	49,37	55,54	28,60	41,61	46,81
	III	789,83	43,44	63,18	71,08	III	789,83	38,65	56,22	63,25	33,99	49,44	55,62	29,46	42,85	48,20	25,06	36,45	41,—	20,78	30,22	34,—	16,63	24,20	27,22
	V	1 632,75	89,80	130,62	146,94	IV	1 218,16	63,63	92,55	104,12	60,30	87,71	98,67	57,03	82,96	93,33	53,84	78,31	88,10	50,70	73,75	82,97	47,63	69,29	77,95
	VI	1 666,16	91,63	133,29	149,95																				
5 156,99 Ost	I,IV	1 224,75	67,36	97,98	110,22	I	1 224,75	60,65	88,22	99,25	54,17	78,80	88,65	47,96	69,76	78,48	42,—	61,10	68,73	36,30	52,80	59,40	30,85	44,88	50,49
	II	1 179,—	64,84	94,32	106,11	II	1 179,—	58,20	84,66	95,24	51,82	75,38	84,80	45,70	66,48	74,79	39,84	57,96	65,20	34,23	49,80	56,02	28,89	42,02	47,27
	III	794,66	43,70	63,57	71,51	III	794,66	38,90	56,58	63,65	34,23	49,80	56,02	29,70	43,20	48,60	25,29	36,78	41,38	21,01	30,56	34,38	16,85	24,52	27,58
	V	1 639,33	90,16	131,14	147,53	IV	1 224,75	63,98	93,07	104,70	60,65	88,22	99,25	57,38	83,47	93,90	54,17	78,80	88,65	51,04	74,24	83,52	47,96	69,76	78,48
	VI	1 672,75	92,—	133,82	150,54																				
5 159,99 West	I,IV	1 219,41	67,06	97,55	109,74	I	1 219,41	60,36	87,80	98,78	53,90	78,40	88,20	47,69	69,38	78,05	41,74	60,72	68,31	36,05	52,44	59,—	30,62	44,54	50,11
	II	1 173,58	64,54	93,88	105,62	II	1 173,58	57,92	84,25	94,78	51,55	74,99	84,36	45,44	66,10	74,36	39,59	57,59	64,79	33,99	49,45	55,63	28,66	41,69	46,90
	III	790,83	43,49	63,26	71,17	III	790,83	38,70	56,29	63,32	34,04	49,52	55,71	29,50	42,92	48,28	25,10	36,52	41,08	20,82	30,29	34,07	16,68	24,26	27,29
	V	1 633,91	89,86	130,71	147,05	IV	1 219,41	63,69	92,64	104,22	60,36	87,80	98,78	57,10	83,06	93,44	53,90	78,40	88,20	50,76	73,84	83,07	47,69	69,38	78,05
	VI	1 667,41	91,70	133,39	150,06																				
5 159,99 Ost	I,IV	1 226,—	67,43	98,08	110,34	I	1 226,—	60,72	88,32	99,36	54,24	78,90	88,76	48,02	69,85	78,58	42,06	61,18	68,83	36,35	52,88	59,49	30,91	44,96	50,58
	II	1 180,25	64,91	94,42	106,22	II	1 180,25	58,27	84,76	95,36	51,89	75,48	84,91	45,76	66,57	74,89	39,90	58,04	65,29	34,29	49,88	56,12	28,94	42,10	47,36
	III	795,50	43,75	63,64	71,59	III	795,50	38,95	56,66	63,74	34,28	49,86	56,09	29,74	43,26	48,67	25,33	36,85	41,45	21,05	30,62	34,45	16,90	24,58	27,65
	V	1 640,58	90,23	131,24	147,65	IV	1 226,—	64,05	93,17	104,81	60,72	88,32	99,36	57,45	83,56	94,01	54,24	78,90	88,76	51,10	74,33	83,62	48,02	69,85	78,58
	VI	1 674,—	92,07	133,92	150,66																				

*** Die ausgewiesenen Tabellenwerte sind amtlich. Siehe Erläuterungen auf der Umschlaginnenseite (U2).**

Abzüge an Lohnsteuer, Solidaritätszuschlag (SolZ) und Kirchensteuer (8%, 9%) in den Steuerklassen

Lohn/ Gehalt bis €*	I – VI					I, II, III, IV		mit Zahl der Kinderfreibeträge … 0,5			1			1,5			2			2,5			3		
		LSt	ohne Kinder-freibeträge SolZ	8%	9%		LSt	SolZ	8%	9%	SolZ	8%	9%	SolZ	8%	9%	SolZ	8%	9%	SolZ	8%	9%	SolZ	8%	9%
5 162,99 West	I,IV	1 220,58	67,13	97,64	109,85	I	1 220,58	60,43	87,90	98,88	53,96	78,49	88,30	47,75	69,46	78,14	41,80	60,80	68,40	36,11	52,52	59,09	30,67	44,62	50,19
	II	1 174,83	64,61	93,98	105,73	II	1 174,83	57,98	84,34	94,88	51,61	75,08	84,46	45,50	66,19	74,46	39,65	57,67	64,88	34,05	49,53	55,72	28,71	41,76	46,98
	III	791,66	43,54	63,33	71,24	III	791,66	38,74	56,36	63,40	34,08	49,57	55,76	29,55	42,98	48,35	25,14	36,57	41,14	20,87	30,36	34,15	16,72	24,32	27,36
	V	1 635,16	89,93	130,81	147,16	IV	1 220,58	63,75	92,74	104,33	60,43	87,90	98,88	57,16	83,15	93,54	53,96	78,49	88,30	50,82	73,93	83,17	47,75	69,46	78,14
	VI	1 668,58	91,77	133,48	150,17																				
5 162,99 Ost	I,IV	1 227,25	67,49	98,18	110,45	I	1 227,25	60,78	88,42	99,47	54,31	79,—	88,87	48,08	69,94	78,68	42,12	61,27	68,93	36,41	52,96	59,58	30,96	45,04	50,67
	II	1 181,50	64,98	94,52	106,33	II	1 181,50	58,34	84,86	95,46	51,95	75,57	85,01	45,83	66,66	74,99	39,96	58,12	65,30	34,35	49,96	56,21	28,99	42,18	47,45
	III	796,50	43,80	63,72	71,68	III	796,50	39,—	56,73	63,82	34,33	49,94	56,18	29,79	43,33	48,74	25,38	36,92	41,53	21,10	30,69	34,52	16,94	24,64	27,72
	V	1 641,83	90,30	131,34	147,76	IV	1 227,25	64,12	93,27	104,93	60,78	88,42	99,47	57,52	83,66	94,12	54,31	79,—	88,87	51,16	74,42	83,72	48,08	69,94	78,68
	VI	1 675,25	92,13	134,02	150,77																				
5 165,99 West	I,IV	1 221,83	67,20	97,74	109,96	I	1 221,83	60,49	87,99	98,99	54,02	78,58	88,40	47,81	69,55	78,24	41,86	60,89	68,50	36,16	52,60	59,18	30,73	44,70	50,28
	II	1 176,—	64,68	94,08	105,84	II	1 176,—	58,05	84,44	94,99	51,68	75,17	84,56	45,56	66,28	74,56	39,71	57,76	64,98	34,10	49,61	55,81	28,76	41,84	47,07
	III	792,50	43,58	63,40	71,32	III	792,50	38,79	56,42	63,47	34,12	49,64	55,84	29,59	43,05	48,43	25,19	36,64	41,22	20,90	30,41	34,21	16,75	24,37	27,41
	V	1 636,33	89,99	130,90	147,26	IV	1 221,83	63,82	92,84	104,44	60,49	87,99	98,99	57,23	83,24	93,65	54,02	78,58	88,40	50,89	74,02	83,27	47,81	69,55	78,24
	VI	1 669,83	91,84	133,58	150,28																				
5 165,99 Ost	I,IV	1 228,50	67,56	98,28	110,56	I	1 228,50	60,85	88,52	99,58	54,37	79,09	88,97	48,15	70,04	78,79	42,18	61,36	69,03	36,47	53,05	59,68	31,02	45,12	50,76
	II	1 182,75	65,05	94,62	106,44	II	1 182,75	58,41	84,96	95,58	52,02	75,66	85,12	45,89	66,75	75,09	40,02	58,21	65,48	34,40	50,04	56,30	29,05	42,26	47,54
	III	797,33	43,85	63,78	71,75	III	797,33	39,05	56,80	63,90	34,38	50,01	56,26	29,83	43,40	48,82	25,42	36,98	41,60	21,13	30,74	34,58	16,98	24,70	27,79
	V	1 643,08	90,36	131,44	147,87	IV	1 228,50	64,19	93,38	105,05	60,85	88,52	99,58	57,58	83,76	94,23	54,37	79,09	88,97	51,23	74,52	83,83	48,15	70,04	78,79
	VI	1 676,58	92,21	134,12	150,89																				
5 168,99 West	I,IV	1 223,—	67,26	97,84	110,07	I	1 223,—	60,55	88,08	99,09	54,09	78,68	88,51	47,87	69,64	78,34	41,91	60,97	68,59	36,22	52,68	59,27	30,78	44,77	50,36
	II	1 177,25	64,74	94,18	105,95	II	1 177,25	58,11	84,53	95,09	51,74	75,26	84,66	45,62	66,36	74,65	39,76	57,84	65,07	34,15	49,68	55,89	28,81	41,91	47,15
	III	793,33	43,63	63,46	71,39	III	793,33	38,83	56,49	63,55	34,17	49,70	55,91	29,63	43,10	48,49	25,22	36,69	41,27	20,95	30,48	34,29	16,80	24,44	27,49
	V	1 637,58	90,06	131,—	147,38	IV	1 223,—	63,89	92,93	104,54	60,55	88,08	99,09	57,29	83,33	93,74	54,09	78,68	88,51	50,95	74,11	83,37	47,87	69,64	78,34
	VI	1 671,—	91,90	133,68	150,39																				
5 168,99 Ost	I,IV	1 229,75	67,63	98,38	110,67	I	1 229,75	60,92	88,62	99,69	54,44	79,18	89,08	48,21	70,12	78,89	42,24	61,44	69,12	36,52	53,13	59,77	31,07	45,20	50,85
	II	1 184,—	65,12	94,72	106,56	II	1 184,—	58,47	85,05	95,68	52,08	75,76	85,23	45,95	66,84	75,20	40,08	58,30	65,58	34,46	50,13	56,39	29,10	42,33	47,62
	III	798,16	43,89	63,85	71,83	III	798,16	39,10	56,88	63,99	34,43	50,08	56,34	29,88	43,46	48,89	25,47	37,05	41,68	21,18	30,81	34,66	17,02	24,76	27,85
	V	1 644,33	90,43	131,54	147,98	IV	1 229,75	64,26	93,48	105,16	60,92	88,62	99,69	57,65	83,86	94,34	54,44	79,18	89,08	51,29	74,61	83,93	48,21	70,12	78,89
	VI	1 677,83	92,28	134,22	151,—																				
5 171,99 West	I,IV	1 224,25	67,33	97,94	110,18	I	1 224,25	60,62	88,18	99,20	54,15	78,76	88,61	47,93	69,72	78,44	41,97	61,06	68,69	36,27	52,76	59,36	30,83	44,85	50,45
	II	1 178,41	64,81	94,27	106,05	II	1 178,41	58,18	84,62	95,20	51,80	75,35	84,77	45,68	66,44	74,75	39,82	57,92	65,16	34,21	49,76	55,98	28,87	41,99	47,24
	III	794,33	43,68	63,54	71,48	III	794,33	38,88	56,56	63,63	34,21	49,77	55,99	29,68	43,17	48,56	25,27	36,76	41,35	20,99	30,53	34,34	16,83	24,49	27,55
	V	1 638,75	90,13	131,10	147,48	IV	1 224,25	63,96	93,03	104,66	60,62	88,18	99,20	57,35	83,42	93,85	54,15	78,76	88,61	51,01	74,20	83,47	47,93	69,72	78,44
	VI	1 672,25	91,97	133,78	150,50																				
5 171,99 Ost	I,IV	1 231,08	67,70	98,48	110,79	I	1 231,08	60,99	88,72	99,81	54,50	79,28	89,19	48,27	70,22	78,99	42,30	61,53	69,22	36,58	53,22	59,87	31,13	45,28	50,94
	II	1 185,25	65,18	94,82	106,67	II	1 185,25	58,54	85,15	95,79	52,14	75,85	85,33	46,01	66,93	75,29	40,14	58,38	65,68	34,52	50,21	56,48	29,15	42,41	47,71
	III	799,16	43,95	63,93	71,92	III	799,16	39,15	56,94	64,06	34,47	50,14	56,41	29,92	43,53	48,97	25,52	37,12	41,76	21,23	30,88	34,74	17,06	24,82	27,92
	V	1 645,58	90,50	131,64	148,10	IV	1 231,08	64,33	93,58	105,27	60,99	88,72	99,81	57,71	83,95	94,44	54,50	79,28	89,19	51,36	74,70	84,04	48,27	70,22	78,99
	VI	1 679,08	92,34	134,32	151,11																				
5 174,99 West	I,IV	1 225,41	67,39	98,03	110,28	I	1 225,41	60,69	88,28	99,31	54,21	78,86	88,71	47,99	69,81	78,53	42,03	61,14	68,78	36,33	52,84	59,45	30,88	44,92	50,54
	II	1 179,66	64,88	94,37	106,16	II	1 179,66	58,24	84,72	95,31	51,86	75,44	84,87	45,74	66,53	74,84	39,87	58,—	65,25	34,26	49,84	56,07	28,92	42,06	47,32
	III	795,16	43,73	63,61	71,56	III	795,16	38,93	56,62	63,70	34,26	49,84	56,07	29,72	43,24	48,64	25,31	36,82	41,42	21,03	30,60	34,42	16,88	24,56	27,63
	V	1 640,—	90,20	131,20	147,60	IV	1 225,41	64,02	93,12	104,76	60,69	88,28	99,31	57,42	83,52	93,96	54,21	78,86	88,71	51,07	74,28	83,57	47,99	69,81	78,53
	VI	1 673,41	92,03	133,87	150,60																				
5 174,99 Ost	I,IV	1 232,33	67,77	98,58	110,90	I	1 232,33	61,06	88,82	99,92	54,57	79,38	89,30	48,34	70,31	79,10	42,36	61,62	69,32	36,64	53,30	59,96	31,18	45,36	51,03
	II	1 186,50	65,25	94,92	106,78	II	1 186,50	58,61	85,25	95,90	52,21	75,95	85,44	46,08	67,02	75,40	40,20	58,47	65,78	34,57	50,29	56,57	29,21	42,49	47,80
	III	800,—	44,—	64,—	72,—	III	800,—	39,19	57,01	64,13	34,52	50,21	56,48	29,97	43,60	49,05	25,55	37,17	41,81	21,27	30,94	34,81	17,11	24,89	28,—
	V	1 646,83	90,57	131,74	148,21	IV	1 232,33	64,40	93,68	105,39	61,06	88,82	99,92	57,78	84,05	94,55	54,57	79,38	89,30	51,42	74,80	84,15	48,34	70,31	79,10
	VI	1 680,33	92,41	134,42	151,22																				
5 177,99 West	I,IV	1 226,58	67,46	98,12	110,39	I	1 226,58	60,75	88,37	99,41	54,27	78,94	88,81	48,05	69,90	78,63	42,09	61,22	68,87	36,38	52,92	59,54	30,93	45,—	50,62
	II	1 180,83	64,94	94,46	106,27	II	1 180,83	58,30	84,80	95,40	51,92	75,52	84,96	45,80	66,62	74,94	39,93	58,08	65,34	34,32	49,92	56,16	28,97	42,14	47,40
	III	796,—	43,78	63,68	71,64	III	796,—	38,97	56,69	63,77	34,31	49,90	56,14	29,77	43,30	48,71	25,35	36,88	41,49	21,07	30,65	34,48	16,92	24,61	27,68
	V	1 641,16	90,26	131,29	147,70	IV	1 226,58	64,08	93,22	104,87	60,75	88,37	99,41	57,48	83,61	94,06	54,27	78,94	88,81	51,13	74,38	83,67	48,05	69,90	78,63
	VI	1 674,58	92,10	133,96	150,71																				
5 177,99 Ost	I,IV	1 233,58	67,84	98,68	111,02	I	1 233,58	61,13	88,92	100,03	54,63	79,47	89,40	48,40	70,40	79,20	42,42	61,70	69,41	36,70	53,38	60,05	31,24	45,44	51,12
	II	1 187,75	65,32	95,02	106,89	II	1 187,75	58,67	85,34	96,01	52,28	76,04	85,55	46,14	67,11	75,50	40,26	58,56	65,88	34,63	50,38	56,67	29,26	42,57	47,89
	III	801,—	44,05	64,08	72,09	III	801,—	39,25	57,09	64,22	34,56	50,28	56,56	30,02	43,66	49,12	25,60	37,24	41,89	21,31	31,—	34,87	17,15	24,94	28,06
	V	1 648,16	90,64	131,85	148,33	IV	1 233,58	64,47	93,78	105,50	61,13	88,92	100,03	57,85	84,14	94,66	54,63	79,47	89,40	51,48	74,89	84,25	48,40	70,40	79,20
	VI	1 681,58	92,48	134,52	151,34																				
5 180,99 West	I,IV	1 227,83	67,53	98,22	110,50	I	1 227,83	60,82	88,46	99,52	54,34	79,04	88,92	48,11	69,98	78,73	42,15	61,31	68,97	36,44	53,—	59,63	30,99	45,08	50,71
	II	1 182,08	65,01	94,56	106,38	II	1 182,08	58,37	84,90	95,51	51,98	75,62	85,07	45,86	66,70	75,04	39,98	58,16	65,43	34,37	50,—	56,25	29,02	42,21	47,48
	III	796,83	43,82	63,74	71,71	III	796,83	39,02	56,76	63,85	34,35	49,97	56,21	29,81	43,36	48,78	25,40	36,94	41,56	21,12	30,72	34,56	16,95	24,66	27,74
	V	1 642,41	90,33	131,39	147,81	IV	1 227,83	64,15	93,32	104,98	60,82	88,46	99,52	57,54	83,70	94,16	54,34	79,04	88,92	51,19	74,46	83,77	48,11	69,98	78,73
	VI	1 675,83	92,17	134,06	150,82																				
5 180,99 Ost	I,IV	1 234,83	67,91	98,78	111,13	I	1 234,83	61,19	89,01	100,13	54,70	79,56	89,51	48,46	70,49	79,30	42,48	61,79	69,51	36,76	53,47	60,15	31,29	45,52	51,21
	II	1 189,08	65,39	95,12	107,01	II	1 189,08	58,74	85,44	96,12	52,34	76,14	85,65	46,20	67,20	75,60	40,31	58,64	65,97	34,69	50,46	56,76	29,31	42,64	47,97
	III	801,83	44,10	64,14	72,16	III	801,83	39,29	57,16	64,30	34,62	50,36	56,65	30,06	43,73	49,19	25,64	37,30	41,96	21,35	31,06	34,94	17,19	25,01	28,13
	V	1 649,41	90,71	131,95	148,44	IV	1 234,83	64,54	93,88	105,61	61,19	89,01	100,13	57,91	84,24	94,77	54,70	79,56	89,51	51,55	74,98	84,35	48,46	70,49	79,30
	VI	1 682,83	92,55	134,62	151,45																				
5 183,99 West	I,IV	1 229,—	67,59	98,32	110,61	I	1 229,—	60,88	88,56	99,63	54,39	79,12	89,01	48,17	70,07	78,83	42,20	61,39	69,06	36,49	53,08	59,72	31,04	45,15	50,79
	II	1 183,25	65,07	94,66	106,49	II	1 183,25	58,43	84,99	95,61	52,04	75,70	85,16	45,91	66,78	75,13	40,04	58,24	65,52	34,43	50,08	56,34	29,07	42,28	47,57
	III	797,66	43,87	63,81	71,78	III	797,66	39,06	56,82	63,92	34,40	50,04	56,29	29,85	43,42	48,85	25,44	37,01	41,63	21,15	30,77	34,61	17,—	24,73	27,82
	V	1 643,58	90,39	131,48	147,92	IV	1 229,—	64,22	93,41	105,08	60,88	88,56	99,63	57,61	83,80	94,27	54,39	79,12	89,01	51,25	74,55	83,87	48,17	70,07	78,83
	VI	1 677,—	92,23	134,16	150,93																				
5 183,99 Ost	I,IV	1 236,08	67,98	98,88	111,24	I	1 236,08	61,26	89,11	100,25	54,77	79,66	89,62	48,52	70,58	79,40	42,54	61,88	69,61	36,81	53,55	60,24	31,35	45,60	51,30
	II	1 190,33	65,46	95,22	107,12	II	1 190,33	58,80	85,54	96,23	52,41	76,23	85,76	46,26	67,29	75,70	40,37	58,73	66,07	34,74	50,54	56,85	29,37	42,72	48,06
	III	802,83	44,15	64,22	72,25	III	802,83	39,34	57,22	64,37	34,66	50,42	56,72	30,11	43,80	49,27	25,69	37,37	42,04	21,40	31,13	35,02	17,23	25,06	28,19
	V	1 650,66	90,78	132,05	148,55	IV	1 236,08	64,61	93,98	105,72	61,26	89,11	100,25	57,98	84,34	94,88	54,77	79,66	89,62	51,61	75,08	84,46	48,52	70,58	79,40
	VI	1 684,08	92,62	134,72	151,56																				

* **Die ausgewiesenen Tabellenwerte sind amtlich. Siehe Erläuterungen auf der Umschlaginnenseite (U2).**

MONAT 5 184,–*

Abzüge an Lohnsteuer, Solidaritätszuschlag (SolZ) und Kirchensteuer (8%, 9%) in den Steuerklassen

Lohn/ Gehalt bis €*		I – VI	ohne Kinderfreibeträge			I, II, III, IV		mit Zahl der Kinderfreibeträge . . . 0,5			1			1,5			2			2,5			3		
		LSt	SolZ	8%	9%		LSt	SolZ	8%	9%	SolZ	8%	9%	SolZ	8%	9%	SolZ	8%	9%	SolZ	8%	9%	SolZ	8%	9%
5 186,99 West	I,IV	1 230,25	67,66	98,42	110,72	I	1 230,25	60,94	88,65	99,73	54,46	79,22	89,12	48,23	70,16	78,93	42,26	61,48	69,16	36,55	53,16	59,81	31,09	45,23	50,88
	II	1 184,50	65,14	94,76	106,60	II	1 184,50	58,50	85,09	95,72	52,11	75,80	85,27	45,98	66,88	75,24	40,10	58,33	65,62	34,48	50,16	56,43	29,12	42,36	47,66
	III	798,66	43,92	63,89	71,87	III	798,66	39,12	56,90	64,01	34,44	50,10	56,36	29,90	43,49	48,92	25,49	37,08	41,71	21,20	30,84	34,69	17,04	24,78	27,88
	V	1 644,83	90,46	131,58	148,03	IV	1 230,25	64,29	93,51	105,20	60,94	88,65	99,73	57,67	83,89	94,37	54,46	79,22	89,12	51,31	74,64	83,97	48,23	70,16	78,93
	VI	1 678,25	92,30	134,26	151,04																				
5 186,99 Ost	I,IV	1 237,33	68,05	98,98	111,35	I	1 237,33	61,33	89,21	100,36	54,83	79,76	89,73	48,59	70,68	79,51	42,60	61,97	69,71	36,87	53,64	60,34	31,40	45,68	51,39
	II	1 191,58	65,53	95,32	107,24	II	1 191,58	58,87	85,64	96,34	52,47	76,32	85,86	46,32	67,38	75,80	40,43	58,81	66,16	34,80	50,62	56,95	29,42	42,80	48,15
	III	803,66	44,20	64,29	72,32	III	803,66	39,39	57,30	64,46	34,71	50,49	56,80	30,15	43,86	49,34	25,74	37,44	42,12	21,44	31,18	35,08	17,27	25,13	28,27
	V	1 651,91	90,85	132,15	148,67	IV	1 237,33	64,68	94,08	105,84	61,33	89,21	100,36	58,05	84,44	94,99	54,83	79,76	89,73	51,68	75,17	84,56	48,59	70,68	79,51
	VI	1 685,33	92,69	134,82	151,67																				
5 189,99 West	I,IV	1 231,41	67,72	98,51	110,82	I	1 231,41	61,01	88,74	99,83	54,52	79,31	89,22	48,29	70,24	79,02	42,32	61,56	69,25	36,60	53,24	59,90	31,14	45,30	50,96
	II	1 185,66	65,21	94,85	106,70	II	1 185,66	58,56	85,18	95,82	52,17	75,88	85,37	46,03	66,96	75,33	40,15	58,41	65,71	34,54	50,24	56,52	29,17	42,44	47,74
	III	799,50	43,97	63,96	71,95	III	799,50	39,16	56,97	64,09	34,49	50,17	56,44	29,94	43,56	49,—	25,52	37,13	41,77	21,23	30,89	34,75	17,08	24,85	27,95
	V	1 646,—	90,53	131,68	148,14	IV	1 231,41	64,35	93,60	105,30	61,01	88,74	99,83	57,74	83,98	94,48	54,52	79,31	89,22	51,37	74,73	84,07	48,29	70,24	79,02
	VI	1 679,41	92,36	134,35	151,14																				
5 189,99 Ost	I,IV	1 238,58	68,12	99,08	111,47	I	1 238,58	61,40	89,31	100,47	54,89	79,85	89,83	48,65	70,76	79,61	42,66	62,06	69,81	36,93	53,72	60,43	31,46	45,76	51,48
	II	1 192,83	65,60	95,42	107,35	II	1 192,83	58,94	85,74	96,45	52,53	76,42	85,97	46,38	67,47	75,90	40,49	58,90	66,26	34,86	50,70	57,04	29,48	42,88	48,24
	III	804,66	44,25	64,37	72,41	III	804,66	39,44	57,37	64,54	34,76	50,56	56,88	30,20	43,93	49,42	25,78	37,50	42,19	21,48	31,25	35,15	17,32	25,20	28,35
	V	1 653,16	90,92	132,25	148,78	IV	1 238,58	64,74	94,18	105,95	61,40	89,31	100,47	58,12	84,54	95,10	54,89	79,85	89,83	51,74	75,26	84,67	48,65	70,76	79,61
	VI	1 686,66	92,76	134,93	151,79																				
5 192,99 West	I,IV	1 232,66	67,79	98,61	110,93	I	1 232,66	61,08	88,84	99,95	54,59	79,40	89,33	48,35	70,34	79,13	42,38	61,64	69,35	36,66	53,32	59,99	31,19	45,38	51,05
	II	1 186,83	65,27	94,94	106,81	II	1 186,83	58,63	85,28	95,94	52,23	75,97	85,46	46,09	67,04	75,42	40,21	58,49	65,80	34,59	50,32	56,61	29,22	42,51	47,82
	III	800,33	44,01	64,02	72,02	III	800,33	39,21	57,04	64,17	34,54	50,24	56,52	29,99	43,62	49,07	25,57	37,20	41,85	21,28	30,96	34,83	17,12	24,90	28,01
	V	1 647,25	90,59	131,78	148,25	IV	1 232,66	64,42	93,70	105,41	61,08	88,84	99,95	57,80	84,08	94,59	54,59	79,40	89,33	51,44	74,82	84,17	48,35	70,34	79,13
	VI	1 680,66	92,43	134,45	151,25																				
5 192,99 Ost	I,IV	1 239,83	68,19	99,18	111,58	I	1 239,83	61,47	89,41	100,58	54,96	79,94	89,93	48,71	70,86	79,71	42,72	62,14	69,91	36,99	53,80	60,53	31,51	45,84	51,57
	II	1 194,08	65,67	95,52	107,46	II	1 194,08	59,01	85,83	96,56	52,60	76,51	86,07	46,44	67,56	76,—	40,55	58,98	66,35	34,91	50,78	57,13	29,53	42,96	48,33
	III	805,50	44,30	64,44	72,49	III	805,50	39,49	57,44	64,62	34,80	50,62	56,95	30,25	44,—	49,50	25,83	37,57	42,26	21,53	31,32	35,23	17,36	25,25	28,40
	V	1 654,41	90,99	132,35	148,89	IV	1 239,83	64,82	94,28	106,07	61,47	89,41	100,58	58,18	84,63	95,21	54,96	79,94	89,93	51,81	75,36	84,78	48,71	70,86	79,71
	VI	1 687,91	92,83	135,03	151,91																				
5 195,99 West	I,IV	1 233,83	67,86	98,70	111,04	I	1 233,83	61,14	88,94	100,05	54,65	79,49	89,42	48,41	70,42	79,22	42,43	61,72	69,44	36,71	53,40	60,08	31,25	45,46	51,14
	II	1 188,08	65,34	95,04	106,92	II	1 188,08	58,68	85,36	96,03	52,29	76,06	85,57	46,15	67,13	75,52	40,27	58,58	65,90	34,64	50,39	56,69	29,27	42,58	47,90
	III	801,16	44,06	64,09	72,10	III	801,16	39,26	57,10	64,24	34,58	50,30	56,59	30,03	43,68	49,14	25,61	37,25	41,90	21,32	31,01	34,88	17,16	24,96	28,08
	V	1 648,41	90,66	131,87	148,35	IV	1 233,83	64,48	93,80	105,52	61,14	88,94	100,05	57,86	84,17	94,69	54,65	79,49	89,42	51,50	74,91	84,27	48,41	70,42	79,22
	VI	1 681,83	92,50	134,54	151,36																				
5 195,99 Ost	I,IV	1 241,08	68,25	99,28	111,69	I	1 241,08	61,54	89,51	100,70	55,03	80,04	90,05	48,78	70,95	79,82	42,78	62,23	70,01	37,04	53,88	60,62	31,57	45,92	51,66
	II	1 195,33	65,74	95,62	107,57	II	1 195,33	59,07	85,93	96,67	52,66	76,60	86,18	46,51	67,65	76,10	40,61	59,07	66,45	34,97	50,87	57,23	29,59	43,04	48,42
	III	806,50	44,35	64,52	72,58	III	806,50	39,54	57,52	64,71	34,86	50,70	57,04	30,30	44,08	49,59	25,87	37,64	42,34	21,57	31,38	35,30	17,40	25,32	28,48
	V	1 655,66	91,06	132,45	149,—	IV	1 241,08	64,89	94,38	106,18	61,54	89,51	100,70	58,25	84,73	95,32	55,03	80,04	90,05	51,87	75,45	84,88	48,78	70,95	79,82
	VI	1 689,16	92,90	135,13	152,02																				
5 198,99 West	I,IV	1 235,—	67,92	98,80	111,15	I	1 235,—	61,21	89,03	100,16	54,71	79,58	89,53	48,47	70,50	79,31	42,49	61,81	69,53	36,77	53,48	60,17	31,30	45,53	51,22
	II	1 189,25	65,40	95,14	107,03	II	1 189,25	58,75	85,46	96,14	52,35	76,15	85,67	46,21	67,22	75,62	40,32	58,66	65,99	34,70	50,47	56,78	29,32	42,66	47,99
	III	802,—	44,11	64,16	72,18	III	802,—	39,30	57,17	64,31	34,62	50,36	56,65	30,07	43,74	49,21	25,65	37,32	41,98	21,36	31,08	34,96	17,20	25,02	28,15
	V	1 649,58	90,72	131,96	148,46	IV	1 235,—	64,55	93,90	105,63	61,21	89,03	100,16	57,92	84,26	94,79	54,71	79,58	89,53	51,56	75,—	84,37	48,47	70,50	79,31
	VI	1 683,08	92,56	134,64	151,47																				
5 198,99 Ost	I,IV	1 242,41	68,33	99,39	111,81	I	1 242,41	61,60	89,61	100,81	55,09	80,14	90,15	48,84	71,04	79,92	42,84	62,32	70,11	37,10	53,97	60,71	31,62	46,—	51,75
	II	1 196,58	65,81	95,72	107,69	II	1 196,58	59,14	86,03	96,78	52,73	76,70	86,28	46,57	67,74	76,21	40,67	59,16	66,55	35,03	50,95	57,32	29,64	43,12	48,51
	III	807,33	44,40	64,58	72,65	III	807,33	39,59	57,58	64,78	34,90	50,77	57,11	30,35	44,14	49,66	25,91	37,69	42,40	21,61	31,44	35,37	17,44	25,37	28,54
	V	1 656,91	91,13	132,55	149,12	IV	1 242,41	64,95	94,48	106,29	61,60	89,61	100,81	58,31	84,82	95,42	55,09	80,14	90,15	51,93	75,54	84,98	48,84	71,04	79,92
	VI	1 690,41	92,97	135,23	152,13																				
5 201,99 West	I,IV	1 236,25	67,99	98,90	111,26	I	1 236,25	61,27	89,12	100,26	54,78	79,68	89,64	48,53	70,60	79,42	42,55	61,89	69,62	36,82	53,56	60,26	31,35	45,61	51,31
	II	1 190,50	65,47	95,24	107,14	II	1 190,50	58,82	85,56	96,25	52,41	76,24	85,77	46,27	67,30	75,71	40,38	58,74	66,08	34,75	50,55	56,87	29,38	42,74	48,08
	III	803,—	44,16	64,24	72,27	III	803,—	39,35	57,24	64,39	34,67	50,44	56,74	30,12	43,81	49,28	25,70	37,38	42,05	21,41	31,14	35,03	17,24	25,08	28,21
	V	1 650,83	90,79	132,06	148,57	IV	1 236,25	64,62	93,99	105,74	61,27	89,12	100,26	57,99	84,35	94,89	54,78	79,68	89,64	51,62	75,09	84,47	48,53	70,60	79,42
	VI	1 684,25	92,63	134,74	151,58																				
5 201,99 Ost	I,IV	1 243,66	68,40	99,49	111,92	I	1 243,66	61,67	89,71	100,92	55,16	80,23	90,26	48,90	71,13	80,02	42,90	62,40	70,20	37,16	54,06	60,81	31,68	46,08	51,84
	II	1 197,83	65,88	95,82	107,80	II	1 197,83	59,21	86,12	96,89	52,79	76,79	86,39	46,63	67,83	76,31	40,73	59,24	66,65	35,08	51,03	57,41	29,70	43,20	48,60
	III	808,33	44,45	64,66	72,74	III	808,33	39,63	57,65	64,85	34,95	50,84	57,19	30,39	44,21	49,73	25,96	37,76	42,48	21,66	31,50	35,44	17,49	25,44	28,62
	V	1 658,25	91,20	132,66	149,24	IV	1 243,66	65,02	94,58	106,40	61,67	89,71	100,92	58,38	84,92	95,54	55,16	80,23	90,26	52,—	75,64	85,09	48,90	71,13	80,02
	VI	1 691,66	93,04	135,33	152,24																				
5 204,99 West	I,IV	1 237,41	68,05	98,99	111,36	I	1 237,41	61,33	89,22	100,37	54,83	79,76	89,73	48,59	70,68	79,52	42,61	61,98	69,72	36,88	53,64	60,35	31,40	45,68	51,39
	II	1 191,66	65,54	95,33	107,24	II	1 191,66	58,88	85,64	96,35	52,47	76,33	85,87	46,33	67,39	75,81	40,44	58,82	66,17	34,81	50,63	56,96	29,43	42,81	48,16
	III	803,83	44,21	64,30	72,34	III	803,83	39,39	57,30	64,46	34,72	50,50	56,81	30,16	43,88	49,36	25,74	37,44	42,12	21,45	31,20	35,10	17,28	25,14	28,28
	V	1 652,—	90,86	132,16	148,68	IV	1 237,41	64,68	94,09	105,85	61,33	89,22	100,37	58,05	84,44	95,—	54,83	79,76	89,73	51,68	75,18	84,57	48,59	70,68	79,52
	VI	1 685,50	92,70	134,84	151,69																				
5 204,99 Ost	I,IV	1 244,91	68,47	99,59	112,04	I	1 244,91	61,74	89,80	101,03	55,22	80,33	90,37	48,96	71,22	80,12	42,96	62,49	70,30	37,22	54,14	60,90	31,73	46,16	51,93
	II	1 199,08	65,94	95,92	107,91	II	1 199,08	59,28	86,22	97,—	52,85	76,88	86,49	46,69	67,92	76,41	40,79	59,33	66,74	35,14	51,12	57,51	29,75	43,27	48,68
	III	809,16	44,50	64,73	72,82	III	809,16	39,69	57,73	64,94	34,99	50,90	57,26	30,44	44,28	49,81	26,—	37,82	42,55	21,70	31,57	35,51	17,53	25,50	28,69
	V	1 659,50	91,27	132,76	149,35	IV	1 244,91	65,09	94,68	106,52	61,74	89,80	101,03	58,45	85,02	95,65	55,22	80,33	90,37	52,06	75,73	85,19	48,96	71,22	80,12
	VI	1 692,91	93,11	135,43	152,36																				
5 207,99 West	I,IV	1 238,66	68,12	99,09	111,47	I	1 238,66	61,40	89,32	100,48	54,90	79,86	89,84	48,65	70,77	79,61	42,66	62,06	69,81	36,93	53,72	60,44	31,46	45,76	51,48
	II	1 192,91	65,61	95,43	107,36	II	1 192,91	58,95	85,74	96,46	52,54	76,42	85,97	46,39	67,48	75,91	40,49	58,90	66,26	34,86	50,71	57,05	29,48	42,88	48,24
	III	804,66	44,25	64,37	72,41	III	804,66	39,44	57,37	64,54	34,76	50,56	56,88	30,21	43,94	49,43	25,78	37,50	42,19	21,48	31,25	35,15	17,32	25,20	28,35
	V	1 653,25	90,92	132,26	148,79	IV	1 238,66	64,75	94,18	105,95	61,40	89,32	100,48	58,12	84,54	95,10	54,90	79,86	89,84	51,74	75,26	84,67	48,65	70,77	79,61
	VI	1 686,66	92,76	134,93	151,79																				
5 207,99 Ost	I,IV	1 246,16	68,53	99,69	112,15	I	1 246,16	61,81	89,90	101,14	55,29	80,42	90,47	49,03	71,32	80,23	43,02	62,58	70,40	37,28	54,22	61,—	31,79	46,24	52,02
	II	1 200,41	66,02	96,03	108,03	II	1 200,41	59,34	86,32	97,11	52,92	76,98	86,60	46,75	68,01	76,51	40,85	59,42	66,84	35,20	51,20	57,60	29,80	43,35	48,77
	III	810,—	44,55	64,80	72,90	III	810,—	39,73	57,80	65,02	35,04	50,97	57,34	30,48	44,34	49,88	26,05	37,89	42,62	21,75	31,64	35,59	17,57	25,56	28,75
	V	1 660,75	91,34	132,86	149,46	IV	1 246,16	65,16	94,78	106,63	61,81	89,90	101,14	58,52	85,12	95,76	55,29	80,42	90,47	52,13	75,82	85,30	49,03	71,32	80,23
	VI	1 694,16	93,17	135,53	152,47																				

* Die ausgewiesenen Tabellenwerte sind amtlich. Siehe Erläuterungen auf der Umschlaginnenseite (U2).

Lohn/ Gehalt bis €*		I – VI LSt	ohne Kinderfreibeträge SolZ	8%	9%	I, II, III, IV	LSt	0,5 SolZ	0,5 8%	0,5 9%	1 SolZ	1 8%	1 9%	1,5 SolZ	1,5 8%	1,5 9%	2 SolZ	2 8%	2 9%	2,5 SolZ	2,5 8%	2,5 9%	3 SolZ	3 8%	3 9%
5 210,99 West	I,IV	1 239,83	68,19	99,18	111,58	I	1 239,83	61,47	89,41	100,58	54,96	79,94	89,93	48,71	70,86	79,71	42,72	62,14	69,91	36,99	53,80	60,53	31,51	45,84	51,57
	II	1 194,08	65,67	95,52	107,46	II	1 194,08	59,01	85,83	96,56	52,60	76,51	86,07	46,44	67,56	76,—	40,55	58,98	66,35	34,91	50,78	57,13	29,53	42,96	48,33
	III	805,50	44,30	64,44	72,49	III	805,50	39,49	57,44	64,62	34,80	50,62	56,95	30,25	44,—	49,50	25,83	37,57	42,26	21,53	31,32	35,23	17,36	25,25	28,40
	V	1 654,41	90,99	132,35	148,89	IV	1 239,83	64,82	94,28	106,07	61,47	89,41	100,58	58,18	84,63	95,21	54,96	79,94	89,93	51,81	75,36	84,78	48,71	70,86	79,71
	VI	1 687,91	92,83	135,03	151,91																				
5 210,99 Ost	I,IV	1 247,41	68,60	99,79	112,26	I	1 247,41	61,87	90,—	101,25	55,35	80,52	90,58	49,09	71,40	80,33	43,08	62,67	70,50	37,33	54,30	61,09	31,84	46,32	52,11
	II	1 201,66	66,09	96,13	108,14	II	1 201,66	59,41	86,42	97,22	52,98	77,07	86,70	46,82	68,10	76,61	40,91	59,50	66,94	35,25	51,28	57,69	29,86	43,43	48,86
	III	811,—	44,60	64,88	72,99	III	811,—	39,78	57,86	65,09	35,09	51,04	57,42	30,53	44,41	49,96	26,09	37,96	42,70	21,78	31,69	35,65	17,61	25,62	28,82
	V	1 662,—	91,41	132,96	149,58	IV	1 247,41	65,23	94,88	106,74	61,87	90,—	101,25	58,58	85,22	95,87	55,35	80,52	90,58	52,19	75,92	85,41	49,09	71,40	80,33
	VI	1 695,41	93,24	135,63	152,58																				
5 213,99 West	I,IV	1 241,08	68,25	99,28	111,69	I	1 241,08	61,53	89,50	100,69	55,02	80,04	90,04	48,77	70,94	79,81	42,78	62,22	70,—	37,04	53,88	60,62	31,56	45,91	51,65
	II	1 195,25	65,73	95,62	107,57	II	1 195,25	59,07	85,92	96,66	52,66	76,60	86,17	46,50	67,64	76,10	40,60	59,06	66,44	34,97	50,86	57,22	29,58	43,03	48,41
	III	806,33	44,34	64,50	72,56	III	806,33	39,53	57,50	64,69	34,85	50,69	57,02	30,29	44,06	49,57	25,86	37,62	42,32	21,56	31,37	35,29	17,40	25,32	28,48
	V	1 655,58	91,05	132,44	149,—	IV	1 241,08	64,88	94,38	106,17	61,53	89,50	100,69	58,24	84,72	95,31	55,02	80,04	90,04	51,86	75,44	84,87	48,77	70,94	79,81
	VI	1 689,08	92,89	135,12	152,01																				
5 213,99 Ost	I,IV	1 248,66	68,67	99,89	112,37	I	1 248,66	61,94	90,10	101,36	55,42	80,62	90,69	49,15	71,50	80,43	43,14	62,76	70,60	37,39	54,39	61,19	31,90	46,40	52,20
	II	1 202,91	66,16	96,23	108,26	II	1 202,91	59,48	86,52	97,33	53,05	77,17	86,81	46,88	68,19	76,71	40,97	59,59	67,04	35,31	51,36	57,78	29,91	43,51	48,95
	III	811,83	44,65	64,94	73,05	III	811,83	39,82	57,93	65,17	35,14	51,12	57,51	30,58	44,48	50,04	26,14	38,02	42,77	21,83	31,76	35,73	17,65	25,68	28,89
	V	1 663,25	91,47	133,06	149,69	IV	1 248,66	65,30	94,98	106,85	61,94	90,10	101,36	58,65	85,31	95,97	55,42	80,62	90,69	52,25	76,01	85,51	49,15	71,50	80,43
	VI	1 696,75	93,32	135,74	152,70																				
5 216,99 West	I,IV	1 242,25	68,32	99,38	111,80	I	1 242,25	61,60	89,60	100,80	55,09	80,13	90,14	48,83	71,03	79,91	42,84	62,31	70,10	37,10	53,96	60,71	31,62	45,99	51,74
	II	1 196,50	65,80	95,72	107,68	II	1 196,50	59,14	86,02	96,77	52,72	76,69	86,27	46,56	67,73	76,19	40,66	59,15	66,54	35,02	50,94	57,31	29,64	43,11	48,50
	III	807,33	44,40	64,58	72,65	III	807,33	39,59	57,58	64,78	34,89	50,76	57,10	30,34	44,13	49,64	25,91	37,69	42,40	21,61	31,44	35,37	17,44	25,37	28,54
	V	1 656,83	91,12	132,54	149,11	IV	1 242,25	64,95	94,48	106,29	61,60	89,60	100,80	58,31	84,82	95,42	55,09	80,13	90,14	51,93	75,54	84,98	48,83	71,03	79,91
	VI	1 690,33	92,96	135,22	152,12																				
5 216,99 Ost	I,IV	1 249,91	68,74	99,99	112,49	I	1 249,91	62,01	90,20	101,48	55,49	80,71	90,80	49,22	71,59	80,54	43,20	62,84	70,70	37,45	54,48	61,29	31,95	46,48	52,29
	II	1 204,16	66,22	96,33	108,37	II	1 204,16	59,55	86,62	97,44	53,12	77,26	86,92	46,94	68,28	76,82	41,03	59,68	67,14	35,36	51,44	57,87	29,97	43,59	49,04
	III	812,83	44,70	65,02	73,15	III	812,83	39,88	58,01	65,26	35,19	51,18	57,58	30,62	44,54	50,11	26,18	38,09	42,85	21,88	31,82	35,80	17,70	25,74	28,96
	V	1 664,50	91,54	133,16	149,80	IV	1 249,91	65,37	95,08	106,97	62,01	90,20	101,48	58,72	85,41	96,08	55,49	80,71	90,80	52,32	76,10	85,61	49,22	71,59	80,54
	VI	1 698,—	93,39	135,84	152,82																				
5 219,99 West	I,IV	1 243,50	68,39	99,48	111,91	I	1 243,50	61,66	89,69	100,90	55,15	80,22	90,24	48,89	71,12	80,01	42,89	62,39	70,19	37,15	54,04	60,80	31,67	46,06	51,82
	II	1 197,66	65,87	95,81	107,78	II	1 197,66	59,20	86,11	96,87	52,78	76,78	86,37	46,62	67,82	76,29	40,72	59,23	66,63	35,08	51,02	57,40	29,69	43,18	48,58
	III	808,16	44,44	64,65	72,73	III	808,16	39,63	57,65	64,85	34,94	50,82	57,17	30,38	44,20	49,72	25,96	37,76	42,48	21,66	31,50	35,44	17,49	25,44	28,62
	V	1 658,—	91,19	132,64	149,22	IV	1 243,50	65,01	94,57	106,39	61,66	89,69	100,90	58,37	84,91	95,52	55,15	80,22	90,24	51,99	75,62	85,07	48,89	71,12	80,01
	VI	1 691,50	93,03	135,32	152,23																				
5 219,99 Ost	I,IV	1 251,16	68,81	100,09	112,60	I	1 251,16	62,08	90,30	101,59	55,55	80,80	90,90	49,28	71,68	80,64	43,26	62,93	70,79	37,51	54,56	61,38	32,01	46,56	52,38
	II	1 205,41	66,29	96,43	108,48	II	1 205,41	59,62	86,72	97,56	53,18	77,36	87,03	47,—	68,37	76,91	41,08	59,76	67,23	35,42	51,53	57,97	30,02	43,67	49,13
	III	813,66	44,75	65,09	73,22	III	813,66	39,93	58,08	65,34	35,23	51,25	57,65	30,67	44,61	50,18	26,23	38,16	42,93	21,92	31,89	35,87	17,74	25,81	29,03
	V	1 665,75	91,61	133,26	149,91	IV	1 251,16	65,44	95,19	107,09	62,08	90,30	101,59	58,79	85,51	96,20	55,55	80,80	90,90	52,38	76,20	85,72	49,28	71,68	80,64
	VI	1 699,25	93,45	135,94	152,93																				
5 222,99 West	I,IV	1 244,66	68,45	99,57	112,01	I	1 244,66	61,73	89,79	101,01	55,21	80,31	90,35	48,95	71,21	80,11	42,95	62,48	70,29	37,21	54,12	60,89	31,72	46,14	51,91
	II	1 198,91	65,94	95,91	107,90	II	1 198,91	59,27	86,21	96,98	52,85	76,87	86,48	46,68	67,90	76,39	40,78	59,32	66,73	35,13	51,10	57,49	29,74	43,26	48,67
	III	809,—	44,49	64,72	72,81	III	809,—	39,68	57,72	64,93	34,98	50,89	57,25	30,43	44,26	49,79	25,99	37,81	42,53	21,69	31,56	35,50	17,52	25,49	28,67
	V	1 659,25	91,25	132,74	149,33	IV	1 244,66	65,08	94,66	106,49	61,73	89,79	101,01	58,44	85,—	95,63	55,21	80,31	90,35	52,05	75,71	85,17	48,95	71,21	80,11
	VI	1 692,75	93,10	135,42	152,34																				
5 222,99 Ost	I,IV	1 252,50	68,88	100,20	112,72	I	1 252,50	62,15	90,40	101,70	55,62	80,90	91,01	49,34	71,78	80,75	43,33	63,02	70,90	37,56	54,64	61,47	32,06	46,64	52,47
	II	1 206,66	66,36	96,53	108,59	II	1 206,66	59,68	86,81	97,66	53,24	77,45	87,13	47,07	68,46	77,02	41,14	59,85	67,33	35,48	51,61	58,06	30,07	43,74	49,21
	III	814,66	44,80	65,17	73,31	III	814,66	39,97	58,14	65,41	35,28	51,32	57,73	30,71	44,68	50,26	26,28	38,22	43,—	21,96	31,94	35,93	17,78	25,86	29,09
	V	1 667,—	91,68	133,36	150,03	IV	1 252,50	65,51	95,29	107,20	62,15	90,40	101,70	58,85	85,60	96,30	55,62	80,90	91,01	52,45	76,29	85,82	49,34	71,78	80,75
	VI	1 700,50	93,52	136,04	153,04																				
5 225,99 West	I,IV	1 245,91	68,52	99,67	112,13	I	1 245,91	61,79	89,88	101,12	55,27	80,40	90,45	49,01	71,30	80,21	43,01	62,56	70,38	37,26	54,20	60,98	31,77	46,22	51,99
	II	1 200,08	66,—	96,—	108,—	II	1 200,08	59,33	86,30	97,09	52,91	76,96	86,58	46,74	67,99	76,49	40,83	59,40	66,82	35,18	51,18	57,57	29,79	43,34	48,75
	III	809,83	44,54	64,78	72,88	III	809,83	39,72	57,78	65,—	35,03	50,96	57,33	30,47	44,33	49,87	26,04	37,88	42,61	21,74	31,62	35,57	17,56	25,54	28,73
	V	1 660,41	91,32	132,83	149,43	IV	1 245,91	65,15	94,76	106,61	61,79	89,88	101,12	58,50	85,10	95,73	55,27	80,40	90,45	52,11	75,80	85,28	49,01	71,30	80,21
	VI	1 693,91	93,16	135,51	152,45																				
5 225,99 Ost	I,IV	1 253,75	68,95	100,30	112,83	I	1 253,75	62,22	90,50	101,81	55,68	81,—	91,12	49,40	71,86	80,84	43,39	63,11	71,—	37,62	54,72	61,56	32,12	46,72	52,56
	II	1 207,91	66,43	96,63	108,71	II	1 207,91	59,75	86,91	97,77	53,31	77,54	87,23	47,13	68,55	77,12	41,20	59,94	67,43	35,53	51,69	58,15	30,13	43,82	49,30
	III	815,50	44,85	65,24	73,39	III	815,50	40,03	58,22	65,50	35,32	51,38	57,80	30,76	44,74	50,33	26,32	38,29	43,07	22,—	32,01	36,01	17,82	25,93	29,17
	V	1 668,25	91,75	133,46	150,14	IV	1 253,75	65,58	95,39	107,31	62,22	90,50	101,81	58,92	85,70	96,41	55,68	81,—	91,12	52,51	76,38	85,93	49,40	71,86	80,84
	VI	1 701,75	93,59	136,14	153,15																				
5 228,99 West	I,IV	1 247,08	68,58	99,76	112,23	I	1 247,08	61,86	89,98	101,23	55,34	80,50	90,56	49,07	71,38	80,30	43,06	62,64	70,47	37,32	54,28	61,07	31,83	46,30	52,08
	II	1 201,33	66,07	96,10	108,11	II	1 201,33	59,40	86,40	97,20	52,97	77,05	86,68	46,80	68,08	76,59	40,89	59,48	66,92	35,24	51,26	57,66	29,84	43,41	48,83
	III	810,83	44,59	64,86	72,97	III	810,83	39,77	57,85	65,08	35,08	51,02	57,40	30,52	44,40	49,95	26,08	37,94	42,68	21,78	31,68	35,64	17,60	25,61	28,81
	V	1 661,66	91,39	132,93	149,54	IV	1 247,08	65,21	94,86	106,71	61,86	89,98	101,23	58,57	85,19	95,84	55,34	80,50	90,56	52,17	75,89	85,37	49,07	71,38	80,30
	VI	1 695,16	93,23	135,61	152,56																				
5 228,99 Ost	I,IV	1 255,—	69,02	100,40	112,95	I	1 255,—	62,29	90,60	101,93	55,75	81,09	91,22	49,47	71,96	80,95	43,45	63,20	71,10	37,68	54,81	61,66	32,17	46,80	52,65
	II	1 209,16	66,50	96,73	108,82	II	1 209,16	59,82	87,01	97,88	53,37	77,64	87,34	47,19	68,64	77,22	41,26	60,02	67,52	35,59	51,78	58,25	30,18	43,90	49,39
	III	816,50	44,90	65,32	73,48	III	816,50	40,07	58,29	65,57	35,38	51,46	57,89	30,80	44,81	50,41	26,36	38,34	43,13	22,05	32,08	36,09	17,87	26,—	29,25
	V	1 669,58	91,82	133,56	150,26	IV	1 255,—	65,65	95,49	107,42	62,29	90,60	101,93	58,99	85,80	96,53	55,75	81,09	91,22	52,58	76,48	86,04	49,47	71,96	80,95
	VI	1 703,—	93,66	136,24	153,27																				
5 231,99 West	I,IV	1 248,33	68,65	99,86	112,34	I	1 248,33	61,93	90,08	101,34	55,40	80,58	90,65	49,13	71,47	80,40	43,12	62,73	70,57	37,37	54,36	61,16	31,88	46,37	52,16
	II	1 202,50	66,13	96,20	108,22	II	1 202,50	59,46	86,49	97,30	53,03	77,14	86,78	46,86	68,16	76,68	40,95	59,56	67,01	35,29	51,34	57,75	29,89	43,48	48,92
	III	811,66	44,64	64,93	73,04	III	811,66	39,82	57,92	65,16	35,12	51,09	57,47	30,56	44,45	50,—	26,13	38,01	42,76	21,82	31,74	35,71	17,64	25,66	28,87
	V	1 662,83	91,45	133,02	149,65	IV	1 248,33	65,28	94,96	106,83	61,93	90,08	101,34	58,63	85,28	95,94	55,40	80,58	90,65	52,24	75,98	85,48	49,13	71,47	80,40
	VI	1 696,33	93,29	135,70	152,66																				
5 231,99 Ost	I,IV	1 256,25	69,09	100,50	113,06	I	1 256,25	62,36	90,70	102,04	55,82	81,19	91,34	49,53	72,05	81,05	43,50	63,28	71,19	37,74	54,90	61,76	32,23	46,88	52,74
	II	1 210,50	66,57	96,84	108,94	II	1 210,50	59,88	87,10	97,99	53,44	77,73	87,44	47,25	68,74	77,33	41,32	60,11	67,62	35,65	51,86	58,34	30,24	43,98	49,48
	III	817,33	44,95	65,38	73,55	III	817,33	40,13	58,37	65,66	35,42	51,53	57,97	30,85	44,88	50,49	26,40	38,41	43,21	22,10	32,14	36,16	17,91	26,05	29,30
	V	1 670,83	91,89	133,66	150,37	IV	1 256,25	65,72	95,59	107,54	62,36	90,70	102,04	59,05	85,90	96,63	55,82	81,19	91,34	52,64	76,57	86,14	49,53	72,05	81,05
	VI	1 704,25	93,73	136,34	153,38																				

Abzüge an Lohnsteuer, Solidaritätszuschlag (SolZ) und Kirchensteuer (8%, 9%) in den Steuerklassen; mit Zahl der Kinderfreibeträge . . .

*** Die ausgewiesenen Tabellenwerte sind amtlich. Siehe Erläuterungen auf der Umschlaginnenseite (U2).**

5 232,–*

Abzüge an Lohnsteuer, Solidaritätszuschlag (SolZ) und Kirchensteuer (8%, 9%) in den Steuerklassen

Lohn/Gehalt bis €*	I – VI				I, II, III, IV		mit Zahl der Kinderfreibeträge . . . 0,5			1			1,5			2			2,5			3		
		LSt	ohne Kinderfreibeträge SolZ	8%	9%		LSt	SolZ	8%	9%	SolZ	8%	9%	SolZ	8%	9%	SolZ	8%	9%	SolZ	8%	9%	SolZ	8%	9%
5 234,99 West	I,IV	1 249,50	68,72	99,96	112,45	I	1 249,50	61,99	90,17	101,44	55,46	80,68	90,76	49,19	71,56	80,50	43,18	62,81	70,66	37,43	54,44	61,25	31,93	46,45	52,25
	II	1 203,75	66,20	96,30	108,33	II	1 203,75	59,52	86,58	97,40	53,09	77,23	86,88	46,92	68,25	76,78	41,—	59,64	67,10	35,35	51,42	57,84	29,94	43,56	49,—
	III	812,50	44,68	65,—	73,12	III	812,50	39,86	57,98	65,23	35,17	51,16	57,55	30,60	44,52	50,08	26,17	38,06	42,82	21,86	31,80	35,77	17,69	25,73	28,94
	V	1 664,08	91,52	133,12	149,76	IV	1 249,50	65,34	95,05	106,93	61,99	90,17	101,44	58,69	85,38	96,05	55,46	80,68	90,76	52,30	76,07	85,58	49,19	71,56	80,50
	VI	1 697,50	93,36	135,80	152,77																				
5 234,99 Ost	I,IV	1 257,50	69,16	100,60	113,17	I	1 257,50	62,42	90,80	102,15	55,88	81,28	91,44	49,60	72,14	81,16	43,56	63,37	71,29	37,79	54,98	61,85	32,28	46,96	52,83
	II	1 211,75	66,64	96,94	109,05	II	1 211,75	59,95	87,20	98,10	53,51	77,83	87,56	47,31	68,82	77,42	41,38	60,20	67,72	35,71	51,94	58,43	30,29	44,06	49,57
	III	818,33	45,—	65,46	73,64	III	818,33	40,17	58,44	65,74	35,47	51,60	58,05	30,90	44,94	50,56	26,45	38,48	43,29	22,14	32,21	36,23	17,95	26,12	29,38
	V	1 672,08	91,96	133,76	150,48	IV	1 257,50	65,78	95,69	107,65	62,42	90,80	102,15	59,12	86,—	96,75	55,88	81,28	91,44	52,70	76,66	86,24	49,60	72,14	81,16
	VI	1 705,50	93,80	136,44	153,49																				
5 237,99 West	I,IV	1 250,75	68,79	100,06	112,56	I	1 250,75	62,05	90,26	101,54	55,53	80,77	90,86	49,25	71,64	80,60	43,24	62,90	70,76	37,48	54,52	61,34	31,98	46,52	52,34
	II	1 204,91	66,27	96,39	108,44	II	1 204,91	59,59	86,68	97,51	53,15	77,32	86,98	46,98	68,34	76,88	41,06	59,73	67,19	35,40	51,50	57,93	30,—	43,64	49,09
	III	813,33	44,73	65,06	73,19	III	813,33	39,91	58,05	65,30	35,21	51,22	57,62	30,65	44,58	50,15	26,21	38,13	42,89	21,90	31,86	35,84	17,72	25,78	29,—
	V	1 665,25	91,58	133,22	149,87	IV	1 250,75	65,41	95,15	107,04	62,05	90,26	101,54	58,76	85,47	96,15	55,53	80,77	90,86	52,36	76,16	85,68	49,25	71,64	80,60
	VI	1 698,75	93,43	135,90	152,88																				
5 237,99 Ost	I,IV	1 258,75	69,23	100,70	113,28	I	1 258,75	62,49	90,90	102,26	55,94	81,38	91,55	49,66	72,23	81,26	43,63	63,46	71,39	37,85	55,06	61,94	32,34	47,04	52,92
	II	1 213,—	66,71	97,04	109,17	II	1 213,—	60,02	87,30	98,21	53,57	77,92	87,66	47,38	68,92	77,53	41,44	60,28	67,82	35,76	52,02	58,52	30,35	44,14	49,66
	III	819,16	45,05	65,53	73,72	III	819,16	40,22	58,50	65,81	35,52	51,66	58,12	30,94	45,01	50,63	26,50	38,54	43,36	22,18	32,26	36,29	17,99	26,17	29,44
	V	1 673,33	92,03	133,86	150,59	IV	1 258,75	65,85	95,79	107,76	62,49	90,90	102,26	59,19	86,10	96,86	55,94	81,38	91,55	52,77	76,76	86,35	49,66	72,23	81,26
	VI	1 706,75	93,87	136,54	153,60																				
5 240,99 West	I,IV	1 251,91	68,85	100,15	112,67	I	1 251,91	62,12	90,36	101,65	55,59	80,86	90,96	49,31	71,73	80,69	43,30	62,98	70,85	37,54	54,60	61,43	32,04	46,60	52,43
	II	1 206,08	66,33	96,48	108,54	II	1 206,08	59,65	86,77	97,61	53,22	77,41	87,08	47,04	68,42	76,97	41,12	59,81	67,28	35,46	51,58	58,02	30,05	43,71	49,17
	III	814,16	44,77	65,13	73,27	III	814,16	39,95	58,12	65,38	35,26	51,29	57,70	30,69	44,65	50,23	26,25	38,18	42,95	21,94	31,92	35,91	17,76	25,84	29,07
	V	1 666,50	91,65	133,32	149,98	IV	1 251,91	65,48	95,24	107,15	62,12	90,36	101,65	58,82	85,56	96,26	55,59	80,86	90,96	52,42	76,25	85,78	49,31	71,73	80,69
	VI	1 699,91	93,49	135,99	152,99																				
5 240,99 Ost	I,IV	1 260,—	69,30	100,80	113,40	I	1 260,—	62,56	91,—	102,38	56,01	81,48	91,66	49,72	72,32	81,36	43,69	63,55	71,49	37,91	55,15	62,04	32,39	47,12	53,01
	II	1 214,25	66,78	97,14	109,28	II	1 214,25	60,09	87,40	98,33	53,63	78,02	87,77	47,44	69,—	77,63	41,50	60,37	67,91	35,82	52,11	58,62	30,40	44,22	49,74
	III	820,16	45,10	65,61	73,81	III	820,16	40,27	58,58	65,90	35,56	51,73	58,19	30,99	45,08	50,71	26,54	38,61	43,43	22,22	32,33	36,37	18,04	26,24	29,52
	V	1 674,58	92,10	133,96	150,71	IV	1 260,—	65,92	95,89	107,87	62,56	91,—	102,38	59,25	86,19	96,96	56,01	81,48	91,66	52,84	76,86	86,46	49,72	72,32	81,36
	VI	1 708,08	93,94	136,64	153,72																				
5 243,99 West	I,IV	1 253,16	68,92	100,25	112,78	I	1 253,16	62,19	90,46	101,76	55,65	80,95	91,07	49,38	71,82	80,80	43,36	63,07	70,95	37,59	54,68	61,52	32,09	46,68	52,52
	II	1 207,33	66,40	96,58	108,65	II	1 207,33	59,72	86,86	97,72	53,28	77,50	87,18	47,10	68,51	77,07	41,18	59,90	67,38	35,51	51,66	58,11	30,10	43,79	49,26
	III	815,16	44,83	65,21	73,36	III	815,16	40,—	58,18	65,45	35,31	51,36	57,78	30,74	44,72	50,31	26,29	38,25	43,03	21,99	31,98	35,98	17,81	25,90	29,14
	V	1 667,66	91,72	133,41	150,08	IV	1 253,16	65,55	95,34	107,26	62,19	90,46	101,76	58,89	85,66	96,36	55,65	80,95	91,07	52,48	76,34	85,88	49,38	71,82	80,80
	VI	1 701,16	93,56	136,09	153,10																				
5 243,99 Ost	I,IV	1 261,25	69,36	100,90	113,51	I	1 261,25	62,63	91,10	102,49	56,08	81,57	91,76	49,78	72,42	81,47	43,75	63,64	71,59	37,97	55,23	62,13	32,45	47,20	53,10
	II	1 215,50	66,85	97,24	109,39	II	1 215,50	60,15	87,50	98,43	53,70	78,11	87,87	47,50	69,10	77,73	41,56	60,46	68,01	35,88	52,19	58,71	30,45	44,30	49,83
	III	821,—	45,15	65,68	73,89	III	821,—	40,32	58,65	65,98	35,62	51,81	58,28	31,03	45,14	50,78	26,59	38,68	43,51	22,27	32,40	36,45	18,08	26,30	29,59
	V	1 675,83	92,17	134,06	150,82	IV	1 261,25	66,—	96,—	108,—	62,63	91,10	102,49	59,32	86,29	97,07	56,08	81,57	91,76	52,90	76,95	86,57	49,78	72,42	81,47
	VI	1 709,33	94,01	136,74	153,83																				
5 246,99 West	I,IV	1 254,33	68,98	100,34	112,88	I	1 254,33	62,25	90,55	101,87	55,71	81,04	91,17	49,44	71,91	80,90	43,41	63,15	71,04	37,65	54,76	61,61	32,14	46,76	52,60
	II	1 208,50	66,46	96,68	108,76	II	1 208,50	59,78	86,96	97,83	53,34	77,59	87,29	47,16	68,60	77,17	41,23	59,98	67,47	35,56	51,73	58,19	30,15	43,86	49,34
	III	816,—	44,88	65,28	73,44	III	816,—	40,04	58,25	65,53	35,35	51,42	57,85	30,78	44,77	50,36	26,34	38,32	43,11	22,03	32,05	36,05	17,84	25,96	29,20
	V	1 668,91	91,79	133,51	150,20	IV	1 254,33	65,61	95,44	107,37	62,25	90,55	101,87	58,95	85,75	96,47	55,71	81,04	91,17	52,54	76,43	85,98	49,44	71,91	80,90
	VI	1 702,33	93,62	136,18	153,20																				
5 246,99 Ost	I,IV	1 262,58	69,44	101,—	113,63	I	1 262,58	62,70	91,20	102,60	56,15	81,67	91,88	49,85	72,51	81,57	43,81	63,72	71,69	38,03	55,32	62,23	32,50	47,28	53,19
	II	1 216,75	66,92	97,34	109,50	II	1 216,75	60,22	87,60	98,55	53,76	78,20	87,98	47,57	69,19	77,84	41,62	60,54	68,11	35,93	52,27	58,80	30,51	44,38	49,92
	III	822,—	45,21	65,76	73,98	III	822,—	40,37	58,72	66,06	35,66	51,88	58,36	31,08	45,21	50,86	26,63	38,74	43,58	22,32	32,46	36,52	18,12	26,36	29,65
	V	1 677,08	92,23	134,16	150,93	IV	1 262,58	66,06	96,10	108,11	62,70	91,20	102,60	59,39	86,39	97,19	56,15	81,67	91,88	52,96	77,04	86,67	49,85	72,51	81,57
	VI	1 710,58	94,08	136,84	153,95																				
5 249,99 West	I,IV	1 255,58	69,05	100,44	113,—	I	1 255,58	62,31	90,64	101,97	55,78	81,14	91,28	49,50	72,—	81,—	43,47	63,24	71,14	37,71	54,85	61,70	32,20	46,84	52,69
	II	1 209,75	66,53	96,78	108,87	II	1 209,75	59,84	87,05	97,93	53,40	77,68	87,39	47,22	68,68	77,27	41,29	60,06	67,57	35,62	51,81	58,28	30,20	43,94	49,43
	III	816,83	44,92	65,34	73,51	III	816,83	40,10	58,33	65,62	35,40	51,49	57,92	30,82	44,84	50,44	26,39	38,38	43,18	22,07	32,10	36,11	17,89	26,02	29,27
	V	1 670,08	91,85	133,60	150,30	IV	1 255,58	65,68	95,54	107,48	62,31	90,64	101,97	59,01	85,84	96,57	55,78	81,14	91,28	52,60	76,52	86,08	49,50	72,—	81,—
	VI	1 703,58	93,69	136,28	153,32																				
5 249,99 Ost	I,IV	1 263,83	69,51	101,10	113,74	I	1 263,83	62,77	91,30	102,71	56,21	81,76	91,98	49,91	72,60	81,68	43,87	63,82	71,79	38,09	55,40	62,33	32,56	47,36	53,28
	II	1 218,—	66,99	97,44	109,62	II	1 218,—	60,29	87,70	98,66	53,83	78,30	88,08	47,63	69,28	77,94	41,68	60,63	68,21	35,99	52,36	58,90	30,56	44,46	50,01
	III	822,83	45,25	65,82	74,05	III	822,83	40,42	58,80	66,15	35,71	51,94	58,43	31,13	45,28	50,94	26,68	38,81	43,66	22,35	32,52	36,58	18,16	26,42	29,72
	V	1 678,33	92,30	134,26	151,04	IV	1 263,83	66,13	96,20	108,22	62,77	91,30	102,71	59,45	86,48	97,29	56,21	81,76	91,98	53,03	77,14	86,78	49,91	72,60	81,68
	VI	1 711,83	94,15	136,94	154,06																				
5 252,99 West	I,IV	1 256,75	69,12	100,54	113,10	I	1 256,75	62,38	90,74	102,08	55,84	81,22	91,37	49,55	72,08	81,09	43,53	63,32	71,23	37,76	54,93	61,79	32,25	46,91	52,77
	II	1 210,91	66,60	96,87	108,98	II	1 210,91	59,91	87,14	98,03	53,46	77,77	87,49	47,28	68,77	77,36	41,35	60,14	67,66	35,67	51,89	58,37	30,25	44,01	49,51
	III	817,66	44,97	65,41	73,58	III	817,66	40,15	58,40	65,70	35,44	51,56	58,—	30,87	44,90	50,51	26,42	38,44	43,24	22,11	32,17	36,19	17,93	26,08	29,34
	V	1 671,33	91,92	133,70	150,41	IV	1 256,75	65,74	95,63	107,58	62,38	90,74	102,08	59,08	85,94	96,68	55,84	81,22	91,37	52,67	76,61	86,18	49,55	72,08	81,09
	VI	1 704,75	93,76	136,38	153,42																				
5 252,99 Ost	I,IV	1 265,08	69,57	101,20	113,85	I	1 265,08	62,84	91,40	102,83	56,27	81,86	92,09	49,98	72,70	81,78	43,93	63,90	71,89	38,14	55,48	62,42	32,61	47,44	53,37
	II	1 219,25	67,05	97,54	109,73	II	1 219,25	60,36	87,80	98,77	53,90	78,40	88,20	47,69	69,37	78,04	41,74	60,72	68,31	36,05	52,44	58,99	30,62	44,54	50,10
	III	823,83	45,31	65,90	74,14	III	823,83	40,47	58,86	66,22	35,75	52,01	58,51	31,17	45,34	51,01	26,73	38,88	43,74	22,40	32,58	36,65	18,21	26,49	29,80
	V	1 679,66	92,38	134,37	151,16	IV	1 265,08	66,20	96,30	108,33	62,84	91,40	102,83	59,52	86,58	97,40	56,27	81,86	92,09	53,09	77,23	86,88	49,98	72,70	81,78
	VI	1 713,08	94,21	137,04	154,17																				
5 255,99 West	I,IV	1 257,91	69,18	100,63	113,21	I	1 257,91	62,45	90,84	102,19	55,90	81,32	91,48	49,61	72,17	81,19	43,59	63,40	71,33	37,82	55,01	61,88	32,30	46,98	52,85
	II	1 212,16	66,66	96,97	109,09	II	1 212,16	59,97	87,24	98,14	53,52	77,86	87,59	47,34	68,86	77,46	41,40	60,22	67,75	35,73	51,97	58,46	30,31	44,09	49,60
	III	818,66	45,02	65,49	73,67	III	818,66	40,19	58,46	65,77	35,49	51,62	58,07	30,91	44,97	50,59	26,47	38,50	43,31	22,15	32,22	36,25	17,96	26,13	29,39
	V	1 672,50	91,98	133,80	150,52	IV	1 257,91	65,81	95,72	107,69	62,45	90,84	102,19	59,14	86,03	96,78	55,90	81,32	91,48	52,73	76,70	86,28	49,61	72,17	81,19
	VI	1 705,91	93,82	136,47	153,53																				
5 255,99 Ost	I,IV	1 266,33	69,64	101,30	113,96	I	1 266,33	62,91	91,50	102,94	56,34	81,96	92,20	50,04	72,78	81,88	43,99	63,99	71,99	38,20	55,57	62,51	32,67	47,52	53,46
	II	1 220,58	67,13	97,64	109,85	II	1 220,58	60,43	87,90	98,88	53,96	78,49	88,30	47,75	69,46	78,14	41,80	60,80	68,40	36,11	52,52	59,09	30,67	44,62	50,19
	III	824,66	45,35	65,97	74,21	III	824,66	40,51	58,93	66,29	35,80	52,08	58,59	31,23	45,42	51,10	26,77	38,94	43,81	22,44	32,65	36,73	18,25	26,54	29,86
	V	1 680,91	92,45	134,47	151,28	IV	1 266,33	66,27	96,40	108,45	62,91	91,50	102,94	59,59	86,68	97,52	56,34	81,96	92,20	53,16	77,32	86,99	50,04	72,78	81,88
	VI	1 714,33	94,28	137,14	154,28																				

* Die ausgewiesenen Tabellenwerte sind amtlich. Siehe Erläuterungen auf der Umschlaginnenseite (U2).

Abzüge an Lohnsteuer, Solidaritätszuschlag (SolZ) und Kirchensteuer (8%, 9%) in den Steuerklassen

Lohn/ Gehalt bis €*	I – VI					I, II, III, IV		mit Zahl der Kinderfreibeträge . . . 0,5			1			1,5			2			2,5			3		
		LSt	ohne Kinderfreibeträge SolZ	8%	9%		LSt	SolZ	8%	9%	SolZ	8%	9%	SolZ	8%	9%	SolZ	8%	9%	SolZ	8%	9%	SolZ	8%	9%
5 258,99	I,IV	1 259,16	69,25	100,73	113,32	I	1 259,16	62,51	90,93	102,29	55,97	81,41	91,58	49,68	72,26	81,29	43,65	63,49	71,42	37,87	55,09	61,97	32,35	47,06	52,94
West	II	1 213,33	66,73	97,06	109,19	II	1 213,33	60,04	87,33	98,24	53,59	77,95	87,69	47,40	68,94	77,56	41,46	60,31	67,85	35,78	52,05	58,55	30,36	44,16	49,68
	III	819,50	45,07	65,56	73,75	III	819,50	40,24	58,53	65,84	35,53	51,69	58,15	30,96	45,04	50,67	26,51	38,57	43,39	22,20	32,29	36,32	18,01	26,20	29,47
	V	1 673,75	92,05	133,90	150,63	IV	1 259,16	65,88	95,82	107,80	62,51	90,93	102,29	59,21	86,12	96,89	55,97	81,41	91,58	52,79	76,79	86,39	49,68	72,26	81,29
	VI	1 707,16	93,89	136,57	153,64																				
5 258,99	I,IV	1 267,58	69,71	101,40	114,08	I	1 267,58	62,97	91,60	103,05	56,41	82,05	92,30	50,10	72,88	81,99	44,05	64,08	72,09	38,26	55,66	62,61	32,72	47,60	53,55
Ost	II	1 221,83	67,20	97,74	109,96	II	1 221,83	60,49	87,99	98,99	54,02	78,58	88,40	47,81	69,55	78,24	41,86	60,89	68,50	36,16	52,60	59,18	30,73	44,70	50,28
	III	825,66	45,41	66,05	74,30	III	825,66	40,57	59,01	66,38	35,86	52,16	58,68	31,27	45,49	51,17	26,82	39,01	43,88	22,49	32,72	36,81	18,29	26,61	29,93
	V	1 682,16	92,51	134,57	151,39	IV	1 267,58	66,34	96,50	108,56	62,97	91,60	103,05	59,66	86,78	97,62	56,41	82,05	92,30	53,22	77,42	87,09	50,10	72,88	81,99
	VI	1 715,58	94,35	137,24	154,40																				
5 261,99	I,IV	1 260,33	69,31	100,82	113,42	I	1 260,33	62,58	91,02	102,40	56,03	81,50	91,68	49,74	72,35	81,39	43,70	63,57	71,51	37,93	55,17	62,06	32,41	47,14	53,03
West	II	1 214,58	66,80	97,16	109,31	II	1 214,58	60,10	87,42	98,35	53,65	78,04	87,79	47,46	69,03	77,66	41,52	60,39	67,94	35,84	52,13	58,64	30,41	44,24	49,77
	III	820,33	45,11	65,62	73,82	III	820,33	40,28	58,60	65,92	35,58	51,76	58,23	31,01	45,10	50,74	26,55	38,62	43,45	22,23	32,34	36,38	18,04	26,25	29,53
	V	1 674,91	92,12	133,99	150,74	IV	1 260,33	65,94	95,92	107,91	62,58	91,02	102,40	59,27	86,22	96,99	56,03	81,50	91,68	52,85	76,88	86,49	49,74	72,35	81,39
	VI	1 708,33	93,95	136,66	153,74																				
5 261,99	I,IV	1 268,83	69,78	101,50	114,19	I	1 268,83	63,04	91,70	103,16	56,48	82,15	92,42	50,16	72,97	82,09	44,11	64,17	72,19	38,32	55,74	62,70	32,78	47,68	53,64
Ost	II	1 223,08	67,26	97,84	110,07	II	1 223,08	60,56	88,09	99,10	54,09	78,68	88,51	47,88	69,64	78,35	41,92	60,98	68,60	36,22	52,69	59,27	30,78	44,78	50,37
	III	826,50	45,45	66,12	74,38	III	826,50	40,61	59,08	66,46	35,90	52,22	58,75	31,32	45,56	51,25	26,86	39,08	43,96	22,53	32,77	36,86	18,33	26,66	29,99
	V	1 683,41	92,58	134,67	151,50	IV	1 268,83	66,41	96,60	108,67	63,04	91,70	103,16	59,73	86,88	97,74	56,48	82,15	92,42	53,29	77,51	87,20	50,16	72,97	82,09
	VI	1 716,83	94,42	137,34	154,51																				
5 264,99	I,IV	1 261,58	69,38	100,92	113,54	I	1 261,58	62,64	91,12	102,51	56,09	81,59	91,79	49,80	72,44	81,49	43,76	63,66	71,61	37,98	55,25	62,15	32,46	47,22	53,12
West	II	1 215,75	66,86	97,26	109,41	II	1 215,75	60,17	87,52	98,46	53,71	78,13	87,89	47,52	69,12	77,76	41,58	60,48	68,04	35,89	52,21	58,73	30,47	44,32	49,86
	III	821,16	45,16	65,69	73,90	III	821,16	40,33	58,66	65,99	35,63	51,82	58,30	31,04	45,16	50,80	26,60	38,69	43,52	22,28	32,41	36,46	18,09	26,32	29,61
	V	1 676,16	92,18	134,09	150,85	IV	1 261,58	66,01	96,02	108,02	62,64	91,12	102,51	59,34	86,31	97,10	56,09	81,59	91,79	52,91	76,97	86,59	49,80	72,44	81,49
	VI	1 709,58	94,02	136,76	153,86																				
5 264,99	I,IV	1 270,08	69,85	101,60	114,30	I	1 270,08	63,11	91,80	103,28	56,54	82,24	92,52	50,23	73,06	82,19	44,17	64,26	72,29	38,38	55,82	62,80	32,83	47,76	53,73
Ost	II	1 224,33	67,33	97,94	110,18	II	1 224,33	60,63	88,19	99,21	54,16	78,78	88,62	47,94	69,73	78,44	41,98	61,06	68,69	36,28	52,77	59,36	30,84	44,86	50,46
	III	827,50	45,51	66,20	74,47	III	827,50	40,66	59,14	66,53	35,95	52,29	58,82	31,36	45,62	51,32	26,90	39,13	44,02	22,57	32,84	36,94	18,37	26,73	30,07
	V	1 684,66	92,65	134,77	151,61	IV	1 270,08	66,48	96,70	108,78	63,11	91,80	103,28	59,79	86,98	97,85	56,54	82,24	92,52	53,35	77,61	87,31	50,23	73,06	82,19
	VI	1 718,16	94,49	137,45	154,63																				
5 267,99	I,IV	1 262,75	69,45	101,02	113,64	I	1 262,75	62,71	91,22	102,62	56,15	81,68	91,89	49,86	72,52	81,59	43,82	63,74	71,71	38,04	55,33	62,24	32,51	47,30	53,21
West	II	1 217,—	66,93	97,36	109,53	II	1 217,—	60,23	87,62	98,57	53,78	78,22	88,—	47,57	69,20	77,85	41,63	60,56	68,13	35,95	52,29	58,82	30,52	44,39	49,94
	III	822,16	45,21	65,77	73,99	III	822,16	40,37	58,73	66,07	35,67	51,89	58,37	31,09	45,22	50,87	26,64	38,76	43,60	22,32	32,46	36,52	18,13	26,37	29,66
	V	1 677,33	92,25	134,18	150,95	IV	1 262,75	66,07	96,11	108,12	62,71	91,22	102,62	59,40	86,40	97,20	56,15	81,68	91,89	52,97	77,06	86,69	49,86	72,52	81,59
	VI	1 710,75	94,09	136,86	153,96																				
5 267,99	I,IV	1 271,33	69,92	101,70	114,41	I	1 271,33	63,18	91,90	103,39	56,61	82,34	92,63	50,29	73,16	82,30	44,23	64,34	72,38	38,44	55,91	62,90	32,89	47,85	53,83
Ost	II	1 225,58	67,40	98,04	110,30	II	1 225,58	60,70	88,29	99,32	54,22	78,87	88,73	48,—	69,82	78,55	42,04	61,15	68,79	36,34	52,86	59,46	30,89	44,93	50,54
	III	828,33	45,55	66,26	74,54	III	828,33	40,71	59,22	66,62	35,99	52,36	58,90	31,41	45,69	51,40	26,95	39,20	44,10	22,62	32,90	37,01	18,42	26,80	30,15
	V	1 685,91	92,72	134,87	151,73	IV	1 271,33	66,55	96,80	108,90	63,18	91,90	103,39	59,86	87,08	97,96	56,61	82,34	92,63	53,42	77,70	87,41	50,29	73,16	82,30
	VI	1 719,41	94,56	137,55	154,74																				
5 270,99	I,IV	1 264,—	69,52	101,12	113,76	I	1 264,—	62,78	91,32	102,73	56,22	81,78	92,—	49,92	72,62	81,69	43,88	63,82	71,80	38,09	55,41	62,33	32,56	47,37	53,29
West	II	1 218,16	66,99	97,45	109,63	II	1 218,16	60,30	87,71	98,67	53,84	78,31	88,10	47,63	69,29	77,95	41,69	60,64	68,22	36,—	52,37	58,91	30,57	44,47	50,03
	III	823,—	45,26	65,84	74,07	III	823,—	40,42	58,80	66,15	35,72	51,96	58,45	31,13	45,29	50,95	26,69	38,82	43,67	22,36	32,53	36,59	18,17	26,44	29,74
	V	1 678,58	92,32	134,28	151,07	IV	1 264,—	66,14	96,21	108,23	62,78	91,32	102,73	59,46	86,50	97,31	56,22	81,78	92,—	53,04	77,15	86,79	49,92	72,62	81,69
	VI	1 712,—	94,16	136,96	154,08																				
5 270,99	I,IV	1 272,58	69,99	101,80	114,53	I	1 272,58	63,25	92,—	103,50	56,67	82,44	92,74	50,36	73,25	82,40	44,30	64,44	72,49	38,49	55,99	62,99	32,95	47,93	53,92
Ost	II	1 226,83	67,47	98,14	110,41	II	1 226,83	60,77	88,39	99,44	54,28	78,96	88,83	48,07	69,92	78,66	42,10	61,24	68,89	36,39	52,94	59,55	30,94	45,01	50,63
	III	829,33	45,61	66,34	74,63	III	829,33	40,76	59,29	66,70	36,04	52,42	58,97	31,46	45,76	51,48	26,99	39,26	44,17	22,66	32,97	37,09	18,46	26,85	30,20
	V	1 687,16	92,79	134,97	151,84	IV	1 272,58	66,62	96,90	109,01	63,25	92,—	103,50	59,93	87,17	98,06	56,67	82,44	92,74	53,48	77,80	87,52	50,36	73,25	82,40
	VI	1 720,66	94,63	137,65	154,85																				
5 273,99	I,IV	1 265,16	69,58	101,21	113,86	I	1 265,16	62,84	91,41	102,83	56,28	81,87	92,10	49,98	72,70	81,79	43,94	63,91	71,90	38,15	55,49	62,42	32,62	47,45	53,38
West	II	1 219,41	67,06	97,55	109,74	II	1 219,41	60,36	87,80	98,78	53,90	78,40	88,20	47,69	69,38	78,05	41,74	60,72	68,31	36,05	52,44	59,—	30,62	44,54	50,11
	III	823,83	45,31	65,90	74,14	III	823,83	40,48	58,88	66,24	35,76	52,02	58,52	31,18	45,36	51,03	26,73	38,88	43,74	22,41	32,60	36,67	18,21	26,49	29,80
	V	1 679,75	92,38	134,38	151,17	IV	1 265,16	66,21	96,30	108,34	62,84	91,41	102,83	59,53	86,59	97,41	56,28	81,87	92,10	53,10	77,24	86,89	49,98	72,70	81,79
	VI	1 713,16	94,22	137,05	154,18																				
5 273,99	I,IV	1 273,91	70,06	101,91	114,65	I	1 273,91	63,32	92,10	103,61	56,74	82,54	92,85	50,42	73,34	82,51	44,36	64,52	72,59	38,55	56,08	63,09	33,—	48,01	54,01
Ost	II	1 228,08	67,54	98,24	110,52	II	1 228,08	60,83	88,48	99,54	54,35	79,06	88,94	48,12	70,—	78,75	42,16	61,32	68,99	36,45	53,02	59,65	31,—	45,09	50,72
	III	830,16	45,65	66,41	74,71	III	830,16	40,81	59,36	66,78	36,09	52,50	59,06	31,50	45,82	51,55	27,04	39,33	44,24	22,71	33,04	37,17	18,50	26,92	30,28
	V	1 688,41	92,86	135,07	151,95	IV	1 273,91	66,69	97,—	109,13	63,32	92,10	103,61	60,—	87,27	98,18	56,74	82,54	92,85	53,55	77,89	87,62	50,42	73,34	82,51
	VI	1 721,91	94,70	137,75	154,97																				
5 276,99	I,IV	1 266,33	69,64	101,30	113,96	I	1 266,33	62,91	91,50	102,94	56,34	81,96	92,20	50,04	72,79	81,89	43,99	63,99	71,99	38,20	55,57	62,51	32,67	47,52	53,46
West	II	1 220,58	67,13	97,64	109,85	II	1 220,58	60,43	87,90	98,88	53,96	78,49	88,30	47,75	69,46	78,14	41,80	60,80	68,40	36,11	52,52	59,09	30,67	44,62	50,19
	III	824,83	45,36	65,98	74,23	III	824,83	40,52	58,94	66,31	35,81	52,09	58,60	31,23	45,42	51,10	26,77	38,94	43,81	22,44	32,65	36,73	18,25	26,54	29,86
	V	1 680,91	92,45	134,47	151,28	IV	1 266,33	66,27	96,40	108,45	62,91	91,50	102,94	59,59	86,68	97,52	56,34	81,96	92,20	53,16	77,33	86,99	50,04	72,79	81,89
	VI	1 714,41	94,29	137,15	154,29																				
5 276,99	I,IV	1 275,16	70,13	102,01	114,76	I	1 275,16	63,39	92,20	103,73	56,81	82,63	92,96	50,48	73,43	82,61	44,42	64,61	72,68	38,61	56,16	63,18	33,06	48,09	54,10
Ost	II	1 229,33	67,61	98,34	110,63	II	1 229,33	60,90	88,58	99,65	54,41	79,15	89,04	48,19	70,10	78,86	42,22	61,42	69,09	36,51	53,10	59,74	31,05	45,17	50,81
	III	831,16	45,71	66,49	74,80	III	831,16	40,86	59,44	66,87	36,14	52,57	59,14	31,55	45,89	51,62	27,08	39,40	44,32	22,75	33,09	37,22	18,55	26,98	30,35
	V	1 689,75	92,93	135,18	152,07	IV	1 275,16	66,76	97,10	109,24	63,39	92,20	103,73	60,06	87,37	98,29	56,81	82,63	92,96	53,61	77,98	87,73	50,48	73,43	82,61
	VI	1 723,16	94,77	137,85	155,08																				
5 279,99	I,IV	1 267,58	69,71	101,40	114,08	I	1 267,58	62,97	91,60	103,05	56,41	82,05	92,30	50,10	72,88	81,99	44,05	64,08	72,09	38,26	55,66	62,61	32,72	47,60	53,55
West	II	1 221,83	67,20	97,74	109,96	II	1 221,83	60,49	87,99	98,99	54,02	78,58	88,40	47,81	69,55	78,24	41,86	60,89	68,50	36,16	52,60	59,18	30,73	44,70	50,28
	III	825,66	45,41	66,05	74,30	III	825,66	40,57	59,01	66,38	35,86	52,16	58,68	31,27	45,49	51,17	26,82	39,01	43,88	22,49	32,72	36,81	18,29	26,61	29,93
	V	1 682,16	92,51	134,57	151,39	IV	1 267,58	66,34	96,50	108,56	62,97	91,60	103,05	59,66	86,78	97,62	56,41	82,05	92,30	53,22	77,42	87,09	50,10	72,88	81,99
	VI	1 715,58	94,35	137,24	154,40																				
5 279,99	I,IV	1 276,41	70,20	102,11	114,87	I	1 276,41	63,46	92,30	103,84	56,87	82,72	93,06	50,54	73,52	82,71	44,48	64,70	72,78	38,67	56,25	63,28	33,11	48,17	54,19
Ost	II	1 230,58	67,68	98,44	110,75	II	1 230,58	60,97	88,68	99,77	54,48	79,25	89,15	48,25	70,19	78,96	42,28	61,50	69,19	36,57	53,19	59,84	31,11	45,25	50,90
	III	832,—	45,76	66,56	74,88	III	832,—	40,91	59,50	66,94	36,19	52,64	59,22	31,59	45,96	51,70	27,13	39,46	44,39	22,79	33,16	37,30	18,59	27,04	30,42
	V	1 691,—	93,—	135,28	152,19	IV	1 276,41	66,82	97,20	109,35	63,46	92,30	103,84	60,13	87,47	98,40	56,87	82,72	93,06	53,68	78,08	87,84	50,54	73,52	82,71
	VI	1 724,41	94,84	137,95	155,19																				

*** Die ausgewiesenen Tabellenwerte sind amtlich. Siehe Erläuterungen auf der Umschlaginnenseite (U2).**

5 280,–*

Lohn/ Gehalt bis €*		Abzüge an Lohnsteuer, Solidaritätszuschlag (SolZ) und Kirchensteuer (8%, 9%) in den Steuerklassen I – VI				I, II, III, IV		mit Zahl der Kinderfreibeträge . . . 0,5			1			1,5			2			2,5			3		
		LSt	ohne Kinderfreibeträge SolZ	8%	9%		LSt	SolZ	8%	9%	SolZ	8%	9%	SolZ	8%	9%	SolZ	8%	9%	SolZ	8%	9%	SolZ	8%	9%
5 282,99 West	I,IV	1 268,75	69,78	101,50	114,18	I	1 268,75	63,04	91,70	103,16	56,47	82,14	92,41	50,16	72,96	82,08	44,11	64,16	72,18	38,32	55,74	62,70	32,78	47,68	53,64
	II	1 223,—	67,26	97,84	110,07	II	1 223,—	60,55	88,08	99,09	54,09	78,68	88,51	47,87	69,64	78,34	41,91	60,97	68,59	36,22	52,68	59,27	30,78	44,77	50,36
	III	826,50	45,45	66,12	74,38	III	826,50	40,61	59,08	66,46	35,89	52,21	58,73	31,31	45,54	51,23	26,85	39,06	43,94	22,53	32,77	36,86	18,33	26,66	29,99
	V	1 683,33	92,58	134,66	151,49	IV	1 268,75	66,40	96,59	108,66	63,04	91,70	103,16	59,72	86,87	97,73	56,47	82,14	92,41	53,29	77,51	87,20	50,16	72,96	82,08
	VI	1 716,83	94,42	137,34	154,51																				
5 282,99 Ost	I,IV	1 277,66	70,27	102,21	114,98	I	1 277,66	63,52	92,40	103,95	56,94	82,82	93,17	50,61	73,62	82,82	44,54	64,79	72,89	38,72	56,33	63,37	33,17	48,25	54,28
	II	1 231,91	67,75	98,55	110,87	II	1 231,91	61,04	88,78	99,88	54,55	79,34	89,26	48,31	70,28	79,06	42,34	61,59	69,29	36,62	53,27	59,93	31,16	45,33	50,99
	III	833,—	45,81	66,64	74,97	III	833,—	40,96	59,58	67,03	36,23	52,70	59,29	31,64	46,02	51,77	27,17	39,53	44,47	22,84	33,22	37,37	18,63	27,10	30,49
	V	1 692,25	93,07	135,38	152,30	IV	1 277,66	66,89	97,30	109,46	63,52	92,40	103,95	60,20	87,56	98,51	56,94	82,82	93,17	53,74	78,18	87,95	50,61	73,62	82,82
	VI	1 725,66	94,91	138,05	155,30																				
5 285,99 West	I,IV	1 270,—	69,85	101,60	114,30	I	1 270,—	63,10	91,79	103,26	56,54	82,24	92,52	50,22	73,06	82,19	44,17	64,25	72,28	38,37	55,82	62,79	32,83	47,76	53,73
	II	1 224,25	67,33	97,94	110,18	II	1 224,25	60,62	88,18	99,20	54,15	78,76	88,61	47,93	69,72	78,44	41,97	61,06	68,69	36,27	52,76	59,36	30,83	44,85	50,45
	III	827,33	45,50	66,18	74,45	III	827,33	40,66	59,14	66,53	35,95	52,29	58,82	31,35	45,61	51,31	26,90	39,13	44,02	22,57	32,84	36,94	18,37	26,73	30,07
	V	1 684,58	92,65	134,76	151,61	IV	1 270,—	66,47	96,69	108,77	63,10	91,79	103,26	59,79	86,97	97,84	56,54	82,24	92,52	53,35	77,60	87,30	50,22	73,06	82,19
	VI	1 718,—	94,49	137,44	154,62																				
5 285,99 Ost	I,IV	1 278,91	70,34	102,31	115,10	I	1 278,91	63,59	92,50	104,06	57,—	82,92	93,28	50,67	73,71	82,92	44,60	64,88	72,99	38,78	56,42	63,47	33,22	48,33	54,37
	II	1 233,16	67,82	98,65	110,98	II	1 233,16	61,10	88,88	99,99	54,61	79,44	89,37	48,38	70,37	79,16	42,40	61,68	69,39	36,68	53,36	60,03	31,22	45,41	51,08
	III	833,83	45,86	66,70	75,04	III	833,83	41,01	59,65	67,10	36,29	52,78	59,38	31,68	46,09	51,85	27,22	39,60	44,55	22,88	33,29	37,45	18,68	27,17	30,56
	V	1 693,50	93,14	135,48	152,41	IV	1 278,91	66,96	97,40	109,58	63,59	92,50	104,06	60,27	87,66	98,62	57,—	82,92	93,28	53,81	78,27	88,05	50,67	73,71	82,92
	VI	1 726,91	94,98	138,15	155,42																				
5 288,99 West	I,IV	1 271,16	69,91	101,69	114,40	I	1 271,16	63,17	91,88	103,37	56,60	82,33	92,62	50,28	73,14	82,28	44,22	64,33	72,37	38,43	55,90	62,88	32,89	47,84	53,82
	II	1 225,41	67,39	98,03	110,28	II	1 225,41	60,69	88,28	99,31	54,21	78,86	88,71	47,99	69,81	78,53	42,03	61,14	68,78	36,33	52,84	59,45	30,88	44,92	50,54
	III	828,33	45,55	66,26	74,54	III	828,33	40,70	59,21	66,61	35,99	52,36	58,90	31,40	45,68	51,39	26,95	39,20	44,10	22,61	32,89	37,—	18,41	26,78	30,13
	V	1 685,75	92,71	134,86	151,71	IV	1 271,16	66,54	96,78	108,88	63,17	91,88	103,37	59,85	87,06	97,94	56,60	82,33	92,62	53,41	77,69	87,40	50,28	73,14	82,28
	VI	1 719,25	94,55	137,54	154,73																				
5 288,99 Ost	I,IV	1 280,16	70,40	102,41	115,21	I	1 280,16	63,66	92,60	104,18	57,07	83,02	93,39	50,74	73,80	83,03	44,66	64,96	73,08	38,84	56,50	63,56	33,28	48,42	54,47
	II	1 234,41	67,89	98,75	111,09	II	1 234,41	61,17	88,98	100,10	54,67	79,53	89,47	48,44	70,46	79,27	42,46	61,76	69,48	36,74	53,44	60,12	31,27	45,49	51,17
	III	834,83	45,91	66,78	75,13	III	834,83	41,05	59,72	67,18	36,33	52,85	59,45	31,73	46,16	51,93	27,27	39,66	44,62	22,93	33,36	37,53	18,71	27,22	30,62
	V	1 694,75	93,21	135,58	152,52	IV	1 280,16	67,03	97,50	109,69	63,66	92,60	104,18	60,33	87,76	98,73	57,07	83,02	93,39	53,87	78,36	88,16	50,74	73,80	83,03
	VI	1 728,25	95,05	138,26	155,54																				
5 291,99 West	I,IV	1 272,41	69,98	101,79	114,51	I	1 272,41	63,24	91,98	103,48	56,66	82,42	92,72	50,34	73,23	82,38	44,28	64,42	72,47	38,48	55,98	62,97	32,94	47,91	53,90
	II	1 226,58	67,46	98,12	110,39	II	1 226,58	60,75	88,37	99,41	54,27	78,94	88,81	48,05	69,90	78,63	42,09	61,22	68,87	36,38	52,92	59,54	30,93	45,—	50,62
	III	829,16	45,60	66,33	74,62	III	829,16	40,75	59,28	66,69	36,04	52,42	58,97	31,45	45,74	51,46	26,98	39,25	44,15	22,66	32,96	37,08	18,46	26,85	30,20
	V	1 686,91	92,78	134,95	151,82	IV	1 272,41	66,60	96,88	108,99	63,24	91,98	103,48	59,91	87,15	98,04	56,66	82,42	92,72	53,47	77,78	87,50	50,34	73,23	82,38
	VI	1 720,41	94,62	137,63	154,83																				
5 291,99 Ost	I,IV	1 281,41	70,47	102,51	115,32	I	1 281,41	63,73	92,70	104,29	57,14	83,11	93,50	50,80	73,90	83,13	44,72	65,06	73,19	38,90	56,59	63,66	33,34	48,50	54,56
	II	1 235,66	67,96	98,85	111,20	II	1 235,66	61,24	89,08	100,21	54,74	79,63	89,58	48,50	70,55	79,37	42,52	61,85	69,58	36,79	53,52	60,21	31,33	45,57	51,26
	III	835,66	45,96	66,85	75,20	III	835,66	41,11	59,80	67,27	36,38	52,92	59,53	31,78	46,22	52,—	27,31	39,73	44,69	22,97	33,41	37,58	18,76	27,29	30,70
	V	1 696,—	93,28	135,68	152,64	IV	1 281,41	67,10	97,60	109,80	63,73	92,70	104,29	60,40	87,86	98,84	57,14	83,11	93,50	53,94	78,46	88,26	50,80	73,90	83,13
	VI	1 729,50	95,12	138,36	155,65																				
5 294,99 West	I,IV	1 273,58	70,04	101,88	114,62	I	1 273,58	63,30	92,08	103,59	56,72	82,51	92,82	50,41	73,32	82,49	44,34	64,50	72,56	38,54	56,06	63,06	32,99	47,99	53,99
	II	1 227,83	67,53	98,22	110,50	II	1 227,83	60,82	88,46	99,52	54,34	79,04	88,92	48,11	69,98	78,73	42,15	61,31	68,97	36,44	53,—	59,63	30,99	45,08	50,71
	III	830,—	45,65	66,40	74,70	III	830,—	40,80	59,34	66,76	36,08	52,48	59,04	31,49	45,81	51,53	27,03	39,32	44,23	22,70	33,02	37,15	18,49	26,90	30,26
	V	1 688,16	92,84	135,05	151,93	IV	1 273,58	66,67	96,98	109,10	63,30	92,08	103,59	59,98	87,25	98,15	56,72	82,51	92,82	53,53	77,87	87,60	50,41	73,32	82,49
	VI	1 721,66	94,69	137,73	154,94																				
5 294,99 Ost	I,IV	1 282,66	70,54	102,61	115,43	I	1 282,66	63,80	92,80	104,40	57,20	83,21	93,61	50,87	73,99	83,24	44,78	65,14	73,28	38,96	56,67	63,75	33,39	48,58	54,65
	II	1 236,91	68,03	98,95	111,32	II	1 236,91	61,31	89,18	100,32	54,81	79,72	89,69	48,56	70,64	79,47	42,58	61,94	69,68	36,85	53,61	60,31	31,38	45,65	51,35
	III	836,66	46,01	66,93	75,29	III	836,66	41,15	59,86	67,34	36,42	52,98	59,60	31,82	46,29	52,07	27,36	39,80	44,77	23,01	33,48	37,66	18,80	27,34	30,76
	V	1 697,25	93,34	135,78	152,75	IV	1 282,66	67,17	97,71	109,92	63,80	92,80	104,40	60,47	87,96	98,95	57,20	83,21	93,61	54,—	78,55	88,37	50,87	73,99	83,24
	VI	1 730,75	95,19	138,46	155,76																				
5 297,99 West	I,IV	1 274,83	70,11	101,98	114,73	I	1 274,83	63,36	92,17	103,69	56,79	82,60	92,93	50,47	73,41	82,58	44,40	64,58	72,65	38,59	56,14	63,15	33,05	48,07	54,08
	II	1 229,—	67,59	98,32	110,61	II	1 229,—	60,88	88,56	99,63	54,39	79,12	89,01	48,17	70,07	78,83	42,20	61,39	69,06	36,49	53,08	59,72	31,04	45,15	50,79
	III	830,83	45,69	66,46	74,77	III	830,83	40,84	59,41	66,83	36,12	52,54	59,11	31,54	45,88	51,61	27,07	39,38	44,30	22,74	33,08	37,21	18,53	26,96	30,33
	V	1 689,33	92,91	135,14	152,03	IV	1 274,83	66,74	97,08	109,21	63,36	92,17	103,69	60,05	87,34	98,26	56,79	82,60	92,93	53,59	77,96	87,70	50,47	73,41	82,58
	VI	1 722,83	94,75	137,82	155,05																				
5 297,99 Ost	I,IV	1 284,—	70,62	102,72	115,56	I	1 284,—	63,87	92,90	104,51	57,27	83,30	93,71	50,93	74,08	83,34	44,84	65,23	73,38	39,02	56,76	63,85	33,45	48,66	54,74
	II	1 238,16	68,09	99,05	111,43	II	1 238,16	61,38	89,28	100,44	54,87	79,82	89,79	48,63	70,74	79,58	42,64	62,02	69,77	36,91	53,69	60,40	31,44	45,73	51,44
	III	837,50	46,06	67,—	75,37	III	837,50	41,20	59,93	67,42	36,47	53,05	59,68	31,88	46,37	52,16	27,40	39,86	44,84	23,06	33,54	37,73	18,84	27,41	30,83
	V	1 698,50	93,41	135,88	152,86	IV	1 284,—	67,24	97,81	110,03	63,87	92,90	104,51	60,54	88,06	99,06	57,27	83,30	93,71	54,07	78,65	88,48	50,93	74,08	83,34
	VI	1 732,—	95,26	138,56	155,88																				
5 300,99 West	I,IV	1 276,—	70,18	102,08	114,84	I	1 276,—	63,43	92,27	103,80	56,85	82,70	93,03	50,53	73,50	82,68	44,46	64,67	72,75	38,65	56,22	63,25	33,10	48,14	54,16
	II	1 230,25	67,66	98,42	110,72	II	1 230,25	60,94	88,65	99,73	54,46	79,22	89,12	48,23	70,16	78,93	42,26	61,48	69,16	36,55	53,16	59,81	31,09	45,23	50,88
	III	831,83	45,75	66,54	74,86	III	831,83	40,90	59,49	66,92	36,18	52,62	59,20	31,58	45,94	51,68	27,12	39,45	44,38	22,78	33,14	37,28	18,58	27,02	30,40
	V	1 690,58	92,98	135,24	152,15	IV	1 276,—	66,80	97,17	109,31	63,43	92,27	103,80	60,11	87,44	98,37	56,85	82,70	93,03	53,66	78,05	87,80	50,53	73,50	82,68
	VI	1 724,08	94,82	137,92	155,16																				
5 300,99 Ost	I,IV	1 285,25	70,68	102,82	115,67	I	1 285,25	63,94	93,—	104,63	57,34	83,40	93,83	50,99	74,18	83,45	44,91	65,32	73,49	39,08	56,84	63,95	33,50	48,74	54,83
	II	1 239,41	68,16	99,15	111,54	II	1 239,41	61,44	89,38	100,55	54,94	79,92	89,91	48,69	70,82	79,67	42,70	62,11	69,87	36,97	53,78	60,50	31,49	45,81	51,53
	III	838,50	46,11	67,08	75,46	III	838,50	41,25	60,01	67,51	36,52	53,13	59,77	31,92	46,44	52,24	27,45	39,93	44,92	23,10	33,61	37,81	18,89	27,48	30,91
	V	1 699,75	93,48	135,98	152,97	IV	1 285,25	67,31	97,91	110,15	63,94	93,—	104,63	60,61	88,16	99,18	57,34	83,40	93,83	54,13	78,74	88,58	50,99	74,18	83,45
	VI	1 733,25	95,32	138,66	155,99																				
5 303,99 West	I,IV	1 277,25	70,24	102,18	114,95	I	1 277,25	63,50	92,36	103,91	56,92	82,79	93,14	50,59	73,58	82,78	44,52	64,76	72,85	38,71	56,30	63,34	33,15	48,22	54,25
	II	1 231,41	67,72	98,51	110,82	II	1 231,41	61,01	88,74	99,83	54,52	79,31	89,22	48,29	70,24	79,02	42,32	61,56	69,25	36,60	53,24	59,90	31,14	45,30	50,96
	III	832,66	45,79	66,61	74,93	III	832,66	40,94	59,56	67,—	36,22	52,69	59,27	31,62	46,—	51,75	27,16	39,50	44,44	22,82	33,20	37,35	18,61	27,08	30,46
	V	1 691,75	93,04	135,34	152,25	IV	1 277,25	66,87	97,27	109,43	63,50	92,36	103,91	60,17	87,53	98,47	56,92	82,79	93,14	53,72	78,14	87,90	50,59	73,58	82,78
	VI	1 725,25	94,88	138,02	155,27																				
5 303,99 Ost	I,IV	1 286,50	70,75	102,92	115,78	I	1 286,50	64,01	93,10	104,74	57,40	83,50	93,93	51,06	74,27	83,55	44,97	65,41	73,58	39,14	56,93	64,04	33,56	48,82	54,92
	II	1 240,66	68,23	99,25	111,65	II	1 240,66	61,51	89,48	100,66	55,—	80,01	90,01	48,75	70,92	79,78	42,76	62,20	69,98	37,02	53,86	60,59	31,55	45,89	51,62
	III	839,33	46,16	67,14	75,53	III	839,33	41,30	60,08	67,59	36,57	53,20	59,85	31,97	46,50	52,31	27,50	40,—	45,—	23,14	33,66	37,87	18,92	27,53	30,97
	V	1 701,08	93,55	136,08	153,09	IV	1 286,50	67,38	98,01	110,26	64,01	93,10	104,74	60,67	88,26	99,29	57,40	83,50	93,93	54,20	78,84	88,69	51,06	74,27	83,55
	VI	1 734,50	95,39	138,76	156,10																				

* Die ausgewiesenen Tabellenwerte sind amtlich. Siehe Erläuterungen auf der Umschlaginnenseite (U2).

Abzüge an Lohnsteuer, Solidaritätszuschlag (SolZ) und Kirchensteuer (8%, 9%) in den Steuerklassen

Lohn/ Gehalt bis €*	I – VI		ohne Kinderfreibeträge			I, II, III, IV		mit Zahl der Kinderfreibeträge . . . 0,5			1			1,5			2			2,5			3		
		LSt	SolZ	8%	9%		LSt	SolZ	8%	9%	SolZ	8%	9%	SolZ	8%	9%	SolZ	8%	9%	SolZ	8%	9%	SolZ	8%	9%
5 306,99 West	I,IV	1 278,41	70,31	102,27	115,05	I	1 278,41	63,57	92,46	104,02	56,98	82,88	93,24	50,65	73,68	82,89	44,58	64,84	72,95	38,76	56,38	63,43	33,21	48,30	54,34
	II	1 232,66	67,79	98,61	110,93	II	1 232,66	61,08	88,84	99,95	54,59	79,40	89,33	48,35	70,34	79,13	42,38	61,64	69,35	36,66	53,32	59,99	31,19	45,38	51,05
	III	833,50	45,84	66,68	75,01	III	833,50	40,99	59,62	67,07	36,26	52,74	59,33	31,67	46,06	51,82	27,20	39,57	44,51	22,87	33,26	37,42	18,66	27,14	30,53
	V	1 693,—	93,11	135,44	152,37	IV	1 278,41	66,93	97,36	109,53	63,57	92,46	104,02	60,24	87,62	98,57	56,98	82,88	93,24	53,78	78,23	88,01	50,65	73,68	82,89
	VI	1 726,50	94,95	138,12	155,38																				
5 306,99 Ost	I,IV	1 287,75	70,82	103,02	115,89	I	1 287,75	64,07	93,20	104,85	57,47	83,60	94,05	51,15	74,36	83,66	45,03	65,50	73,68	39,20	57,02	64,14	33,62	48,90	55,01
	II	1 242,—	68,31	99,36	111,78	II	1 242,—	61,58	89,58	100,77	55,07	80,10	90,11	48,82	71,01	79,88	42,82	62,29	70,07	37,08	53,94	60,68	31,60	45,97	51,71
	III	840,33	46,21	67,22	75,62	III	840,33	41,35	60,14	67,66	36,62	53,26	59,92	32,01	46,57	52,39	27,54	40,06	45,07	23,19	33,73	37,94	18,97	27,60	31,05
	V	1 702,33	93,62	136,18	153,20	IV	1 287,75	67,45	98,11	110,37	64,07	93,20	104,85	60,74	88,36	99,40	57,47	83,60	94,05	54,26	78,93	88,79	51,12	74,36	83,66
	VI	1 735,75	95,46	138,86	156,21																				
5 309,99 West	I,IV	1 279,58	70,37	102,36	115,16	I	1 279,58	63,63	92,56	104,13	57,04	82,97	93,34	50,71	73,76	82,98	44,63	64,92	73,04	38,82	56,46	63,52	33,26	48,38	54,42
	II	1 233,83	67,86	98,70	111,04	II	1 233,83	61,14	88,94	100,05	54,65	79,49	89,42	48,41	70,42	79,22	42,43	61,72	69,44	36,71	53,40	60,08	31,25	45,46	51,14
	III	834,33	45,88	66,74	75,08	III	834,33	41,03	59,69	67,15	36,30	52,81	59,41	31,71	46,13	51,89	27,25	39,64	44,59	22,90	33,32	37,48	18,70	27,20	30,60
	V	1 694,16	93,17	135,53	152,47	IV	1 279,58	67,—	97,46	109,64	63,63	92,56	104,13	60,30	87,72	98,68	57,04	82,97	93,34	53,84	78,32	88,11	50,71	73,76	82,98
	VI	1 727,66	95,02	138,21	155,48																				
5 309,99 Ost	I,IV	1 289,—	70,89	103,12	116,01	I	1 289,—	64,14	93,30	104,96	57,53	83,69	94,15	51,19	74,46	83,76	45,09	65,59	73,79	39,25	57,10	64,23	33,67	48,98	55,10
	II	1 243,25	68,37	99,46	111,89	II	1 243,25	61,65	89,68	100,89	55,14	80,20	90,23	48,88	71,10	79,99	42,88	62,38	70,17	37,14	54,02	60,77	31,66	46,05	51,80
	III	841,16	46,26	67,29	75,70	III	841,16	41,40	60,22	67,75	36,66	53,33	59,99	32,06	46,64	52,47	27,58	40,12	45,13	23,23	33,80	38,02	19,02	27,66	31,12
	V	1 703,58	93,69	136,28	153,32	IV	1 289,—	67,52	98,21	110,48	64,14	93,30	104,96	60,81	88,45	99,50	57,53	83,69	94,15	54,33	79,02	88,90	51,19	74,46	83,76
	VI	1 737,—	95,53	138,96	156,33																				
5 312,99 West	I,IV	1 280,83	70,44	102,46	115,27	I	1 280,83	63,69	92,65	104,23	57,10	83,06	93,44	50,77	73,85	83,08	44,69	65,01	73,13	38,87	56,54	63,61	33,31	48,46	54,51
	II	1 235,—	67,92	98,80	111,15	II	1 235,—	61,21	89,03	100,16	54,71	79,58	89,53	48,47	70,50	79,31	42,49	61,81	69,53	36,77	53,48	60,17	31,30	45,53	51,22
	III	835,33	45,94	66,82	75,17	III	835,33	41,08	59,76	67,23	36,35	52,88	59,49	31,76	46,20	51,97	27,28	39,69	44,65	22,95	33,38	37,55	18,74	27,26	30,67
	V	1 695,41	93,24	135,63	152,58	IV	1 280,83	67,07	97,56	109,75	63,69	92,65	104,23	60,37	87,81	98,78	57,10	83,06	93,44	53,90	78,41	88,21	50,77	73,85	83,08
	VI	1 728,83	95,08	138,30	155,59																				
5 312,99 Ost	I,IV	1 290,25	70,96	103,22	116,12	I	1 290,25	64,22	93,41	105,08	57,60	83,79	94,26	51,25	74,55	83,87	45,15	65,68	73,89	39,31	57,18	64,33	33,73	49,06	55,19
	II	1 244,50	68,44	99,56	112,—	II	1 244,50	61,71	89,77	100,99	55,20	80,30	90,33	48,94	71,19	80,09	42,94	62,46	70,27	37,20	54,11	60,87	31,71	46,13	51,89
	III	842,16	46,31	67,37	75,79	III	842,16	41,45	60,29	67,82	36,72	53,41	60,08	32,11	46,70	52,54	27,62	40,18	45,20	23,28	33,86	38,09	19,05	27,72	31,18
	V	1 704,83	93,76	136,38	153,43	IV	1 290,25	67,59	98,31	110,60	64,22	93,41	105,08	60,88	88,55	99,62	57,60	83,79	94,26	54,39	79,12	89,01	51,25	74,55	83,87
	VI	1 738,25	95,60	139,06	156,44																				
5 315,99 West	I,IV	1 282,—	70,51	102,56	115,38	I	1 282,—	63,76	92,75	104,34	57,17	83,16	93,55	50,83	73,94	83,18	44,75	65,10	73,23	38,93	56,63	63,71	33,37	48,54	54,60
	II	1 236,25	67,99	98,90	111,26	II	1 236,25	61,27	89,12	100,26	54,78	79,68	89,64	48,53	70,60	79,42	42,55	61,89	69,62	36,82	53,56	60,26	31,35	45,61	51,31
	III	836,16	45,98	66,89	75,25	III	836,16	41,13	59,82	67,30	36,41	52,96	59,58	31,80	46,26	52,04	27,33	39,76	44,73	22,99	33,45	37,63	18,78	27,32	30,73
	V	1 696,58	93,31	135,72	152,69	IV	1 282,—	67,14	97,66	109,86	63,76	92,75	104,34	60,44	87,91	98,90	57,17	83,16	93,55	53,97	78,50	88,31	50,83	73,94	83,18
	VI	1 730,08	95,15	138,40	155,70																				
5 315,99 Ost	I,IV	1 291,50	71,03	103,32	116,23	I	1 291,50	64,29	93,51	105,20	57,67	83,88	94,37	51,31	74,64	83,97	45,21	65,77	73,99	39,37	57,27	64,43	33,78	49,14	55,28
	II	1 245,75	68,51	99,66	112,11	II	1 245,75	61,78	89,87	101,10	55,27	80,39	90,44	49,—	71,28	80,19	43,—	62,55	70,37	37,26	54,20	60,97	31,77	46,21	51,98
	III	843,—	46,36	67,44	75,87	III	843,—	41,50	60,37	67,91	36,76	53,48	60,16	32,15	46,77	52,61	27,67	40,25	45,28	23,32	33,93	38,17	19,10	27,78	31,25
	V	1 706,08	93,83	136,48	153,54	IV	1 291,50	67,65	98,41	110,71	64,29	93,51	105,20	60,94	88,65	99,73	57,67	83,88	94,37	54,46	79,22	89,12	51,31	74,64	83,97
	VI	1 739,58	95,67	139,16	156,56																				
5 318,99 West	I,IV	1 283,25	70,57	102,66	115,49	I	1 283,25	63,83	92,84	104,45	57,23	83,25	93,65	50,89	74,03	83,28	44,81	65,18	73,33	38,99	56,71	63,80	33,42	48,61	54,68
	II	1 237,41	68,05	98,99	111,36	II	1 237,41	61,33	89,22	100,37	54,83	79,76	89,73	48,59	70,68	79,52	42,61	61,98	69,72	36,88	53,64	60,35	31,40	45,68	51,39
	III	837,—	46,03	66,96	75,33	III	837,—	41,17	59,89	67,37	36,45	53,02	59,65	31,85	46,33	52,12	27,38	39,82	44,80	23,03	33,50	37,69	18,82	27,38	30,80
	V	1 697,83	93,38	135,82	152,80	IV	1 283,25	67,20	97,75	109,97	63,83	92,84	104,45	60,50	88,—	99,—	57,23	83,25	93,65	54,03	78,59	88,41	50,89	74,03	83,28
	VI	1 731,25	95,21	138,50	155,81																				
5 318,99 Ost	I,IV	1 292,75	71,10	103,42	116,34	I	1 292,75	64,35	93,61	105,31	57,74	83,98	94,48	51,37	74,73	84,07	45,27	65,86	74,09	39,43	57,36	64,53	33,84	49,23	55,38
	II	1 247,—	68,58	99,76	112,23	II	1 247,—	61,85	89,97	101,21	55,33	80,48	90,54	49,07	71,38	80,30	43,06	62,64	70,47	37,31	54,28	61,06	31,82	46,29	52,07
	III	844,—	46,42	67,52	75,96	III	844,—	41,55	60,44	67,99	36,81	53,54	60,23	32,20	46,84	52,69	27,72	40,32	45,36	23,36	33,98	38,23	19,14	27,85	31,33
	V	1 707,33	93,90	136,58	153,65	IV	1 292,75	67,73	98,52	110,83	64,35	93,61	105,31	61,01	88,75	99,84	57,74	83,98	94,48	54,52	79,31	89,22	51,37	74,73	84,07
	VI	1 740,83	95,74	139,26	156,67																				
5 321,99 West	I,IV	1 284,41	70,64	102,75	115,59	I	1 284,41	63,90	92,94	104,56	57,30	83,34	93,76	50,95	74,12	83,38	44,87	65,27	73,43	39,04	56,79	63,89	33,47	48,69	54,77
	II	1 238,66	68,12	99,09	111,47	II	1 238,66	61,40	89,32	100,48	54,90	79,86	89,84	48,65	70,77	79,61	42,66	62,06	69,81	36,93	53,72	60,44	31,46	45,76	51,48
	III	837,83	46,08	67,02	75,40	III	837,83	41,22	59,96	67,45	36,49	53,08	59,71	31,90	46,40	52,20	27,42	39,89	44,87	23,08	33,57	37,76	18,86	27,44	30,87
	V	1 699,—	93,44	135,92	152,91	IV	1 284,41	67,27	97,85	110,08	63,90	92,94	104,56	60,56	88,10	99,11	57,30	83,34	93,76	54,09	78,68	88,52	50,95	74,12	83,38
	VI	1 732,50	95,28	138,60	155,92																				
5 321,99 Ost	I,IV	1 294,08	71,17	103,52	116,46	I	1 294,08	64,42	93,71	105,42	57,80	84,08	94,59	51,44	74,82	84,17	45,33	65,94	74,18	39,49	57,44	64,62	33,90	49,31	55,47
	II	1 248,25	68,65	99,86	112,34	II	1 248,25	61,92	90,07	101,33	55,40	80,58	90,65	49,13	71,47	80,40	43,12	62,73	70,57	37,37	54,36	61,16	31,88	46,37	52,16
	III	844,83	46,46	67,58	76,03	III	844,83	41,59	60,50	68,06	36,85	53,61	60,31	32,24	46,90	52,76	27,76	40,38	45,43	23,41	34,05	38,30	19,18	27,90	31,39
	V	1 708,58	93,97	136,68	153,77	IV	1 294,08	67,80	98,62	110,94	64,42	93,71	105,42	61,08	88,85	99,95	57,80	84,08	94,59	54,59	79,40	89,33	51,44	74,82	84,17
	VI	1 742,08	95,81	139,36	156,78																				
5 324,99 West	I,IV	1 285,66	70,71	102,85	115,70	I	1 285,66	63,96	93,04	104,67	57,36	83,44	93,87	51,01	74,20	83,48	44,93	65,35	73,52	39,10	56,87	63,98	33,52	48,76	54,86
	II	1 239,83	68,19	99,18	111,58	II	1 239,83	61,47	89,41	100,58	54,96	79,94	89,93	48,71	70,86	79,71	42,72	62,14	69,91	36,99	53,80	60,53	31,51	45,84	51,57
	III	838,83	46,13	67,10	75,49	III	838,83	41,27	60,04	67,54	36,53	53,14	59,78	31,93	46,45	52,25	27,46	39,94	44,93	23,11	33,62	37,82	18,90	27,49	30,92
	V	1 700,25	93,51	136,02	153,02	IV	1 285,66	67,33	97,94	110,18	63,96	93,04	104,67	60,63	88,19	99,21	57,36	83,44	93,87	54,16	78,78	88,62	51,01	74,20	83,48
	VI	1 733,66	95,35	138,69	156,02																				
5 324,99 Ost	I,IV	1 295,33	71,24	103,62	116,57	I	1 295,33	64,49	93,81	105,53	57,87	84,18	94,70	51,50	74,92	84,28	45,40	66,04	74,29	39,54	57,52	64,71	33,95	49,39	55,56
	II	1 249,50	68,72	99,96	112,45	II	1 249,50	61,99	90,17	101,44	55,46	80,68	90,76	49,19	71,56	80,50	43,18	62,82	70,67	37,43	54,44	61,25	31,93	46,45	52,25
	III	845,83	46,52	67,66	76,12	III	845,83	41,65	60,58	68,15	36,91	53,69	60,40	32,29	46,97	52,84	27,81	40,45	45,50	23,45	34,12	38,38	19,23	27,97	31,46
	V	1 709,83	94,04	136,78	153,88	IV	1 295,33	67,87	98,72	111,06	64,49	93,81	105,53	61,15	88,95	100,07	57,87	84,18	94,70	54,66	79,50	89,44	51,50	74,92	84,28
	VI	1 743,33	95,88	139,46	156,89																				
5 327,99 West	I,IV	1 286,83	70,77	102,94	115,81	I	1 286,83	64,03	93,14	104,78	57,42	83,53	93,97	51,08	74,30	83,58	44,99	65,44	73,62	39,16	56,96	64,08	33,58	48,84	54,95
	II	1 241,08	68,25	99,28	111,69	II	1 241,08	61,53	89,50	100,69	55,02	80,04	90,04	48,77	70,94	79,81	42,78	62,23	70,01	37,04	53,88	60,62	31,57	45,92	51,66
	III	839,66	46,18	67,17	75,56	III	839,66	41,32	60,10	67,61	36,59	53,22	59,87	31,98	46,52	52,33	27,50	40,01	45,01	23,16	33,69	37,90	18,94	27,56	31,—
	V	1 701,41	93,57	136,11	153,12	IV	1 286,83	67,40	98,04	110,30	64,03	93,14	104,78	60,69	88,28	99,32	57,42	83,53	93,97	54,22	78,86	88,72	51,08	74,30	83,58
	VI	1 734,91	95,42	138,79	156,14																				
5 327,99 Ost	I,IV	1 296,58	71,31	103,72	116,69	I	1 296,58	64,56	93,91	105,65	57,94	84,28	94,81	51,57	75,01	84,38	45,46	66,12	74,39	39,60	57,61	64,81	34,01	49,47	55,65
	II	1 250,75	68,79	100,06	112,56	II	1 250,75	62,06	90,27	101,55	55,53	80,77	90,86	49,26	71,65	80,60	43,24	62,90	70,76	37,49	54,53	61,34	31,99	46,53	52,34
	III	846,83	46,57	67,74	76,21	III	846,83	41,69	60,65	68,23	36,96	53,76	60,48	32,34	47,04	52,92	27,85	40,52	45,58	23,50	34,18	38,45	19,27	28,04	31,54
	V	1 711,16	94,11	136,89	154,—	IV	1 296,58	67,93	98,82	111,17	64,56	93,91	105,65	61,21	89,04	100,17	57,94	84,28	94,81	54,72	79,60	89,55	51,57	75,01	84,38
	VI	1 744,58	95,95	139,56	157,01																				

*** Die ausgewiesenen Tabellenwerte sind amtlich. Siehe Erläuterungen auf der Umschlaginnenseite (U2).**

MONAT 5 328,–*

Lohn/ Gehalt bis €*		I – VI				I, II, III, IV																			
Abzüge an Lohnsteuer, Solidaritätszuschlag (SolZ) und Kirchensteuer (8%, 9%) in den Steuerklassen			ohne Kinderfreibeträge					mit Zahl der Kinderfreibeträge . . .																	
								0,5			1			1,5			2			2,5			3		
		LSt	SolZ	8%	9%		LSt	SolZ	8%	9%	SolZ	8%	9%	SolZ	8%	9%	SolZ	8%	9%	SolZ	8%	9%	SolZ	8%	9%
5 330,99 West	I,IV	1 288,08	70,84	103,04	115,92	I	1 288,08	64,09	93,23	104,88	57,49	83,62	94,07	51,14	74,38	83,68	45,04	65,52	73,71	39,21	57,04	64,17	33,63	48,92	55,04
	II	1 242,25	68,32	99,38	111,80	II	1 242,25	61,60	89,60	100,80	55,09	80,13	90,14	48,83	71,03	79,91	42,84	62,31	70,10	37,10	53,96	60,71	31,62	45,99	51,74
	III	840,50	46,22	67,24	75,64	III	840,50	41,36	60,17	67,69	36,63	53,29	59,95	32,02	46,58	52,40	27,55	40,08	45,09	23,21	33,76	37,98	18,98	27,61	31,06
	V	1 702,58	93,64	136,20	153,23	IV	1 288,08	67,47	98,14	110,40	64,09	93,23	104,88	60,76	88,38	99,42	57,49	83,62	94,07	54,28	78,96	88,83	51,14	74,38	83,68
	VI	1 736,08	95,48	138,88	156,24																				
5 330,99 Ost	I,IV	1 297,83	71,38	103,82	116,80	I	1 297,83	64,63	94,01	105,76	58,—	84,37	94,91	51,63	75,10	84,49	45,52	66,22	74,49	39,66	57,70	64,91	34,07	49,56	55,75
	II	1 252,08	68,86	100,16	112,68	II	1 252,08	62,13	90,37	101,66	55,60	80,87	90,98	49,32	71,74	80,71	43,30	62,99	70,86	37,55	54,62	61,44	32,04	46,61	52,43
	III	847,66	46,62	67,81	76,28	III	847,66	41,75	60,73	68,32	37,—	53,82	60,55	32,39	47,12	53,01	27,90	40,58	45,65	23,54	34,25	38,53	19,31	28,09	31,60
	V	1 712,41	94,18	136,99	154,11	IV	1 297,83	68,—	98,92	111,28	64,63	94,01	105,76	61,28	89,14	100,28	58,—	84,37	94,91	54,78	79,69	89,65	51,63	75,10	84,49
	VI	1 745,83	96,02	139,66	157,12																				
5 333,99 West	I,IV	1 289,25	70,90	103,14	116,03	I	1 289,25	64,16	93,32	104,99	57,55	83,71	94,17	51,20	74,47	83,78	45,10	65,60	73,80	39,27	57,12	64,26	33,68	49,—	55,12
	II	1 243,50	68,39	99,48	111,91	II	1 243,50	61,66	89,69	100,90	55,15	80,22	90,24	48,89	71,12	80,01	42,89	62,39	70,19	37,15	54,04	60,80	31,67	46,06	51,82
	III	841,50	46,28	67,32	75,73	III	841,50	41,41	60,24	67,77	36,68	53,36	60,03	32,07	46,65	52,48	27,60	40,14	45,16	23,24	33,81	38,03	19,03	27,68	31,14
	V	1 703,83	93,71	136,30	153,34	IV	1 289,25	67,53	98,23	110,51	64,16	93,32	104,99	60,82	88,47	99,53	57,55	83,71	94,17	54,34	79,04	88,92	51,20	74,47	83,78
	VI	1 737,25	95,54	138,98	156,35																				
5 333,99 Ost	I,IV	1 299,08	71,44	103,92	116,91	I	1 299,08	64,70	94,11	105,87	58,07	84,47	95,03	51,70	75,20	84,60	45,58	66,30	74,59	39,72	57,78	65,—	34,12	49,64	55,84
	II	1 253,33	68,93	100,26	112,79	II	1 253,33	62,20	90,47	101,78	55,66	80,96	91,08	49,39	71,84	80,82	43,36	63,08	70,96	37,60	54,70	61,53	32,10	46,69	52,52
	III	848,66	46,67	67,89	76,37	III	848,66	41,80	60,80	68,40	37,05	53,89	60,62	32,44	47,18	53,08	27,94	40,65	45,73	23,59	34,32	38,61	19,36	28,16	31,68
	V	1 713,66	94,25	137,09	154,22	IV	1 299,08	68,07	99,02	111,39	64,70	94,11	105,87	61,35	89,24	100,40	58,07	84,47	95,03	54,85	79,79	89,76	51,70	75,20	84,60
	VI	1 747,08	96,08	139,76	157,23																				
5 336,99 West	I,IV	1 290,50	70,97	103,24	116,14	I	1 290,50	64,23	93,42	105,10	57,61	83,80	94,28	51,26	74,56	83,88	45,16	65,69	73,90	39,32	57,20	64,35	33,74	49,08	55,21
	II	1 244,66	68,45	99,57	112,01	II	1 244,66	61,73	89,79	101,01	55,21	80,31	90,35	48,95	71,21	80,11	42,95	62,48	70,29	37,21	54,12	60,89	31,72	46,14	51,91
	III	842,33	46,32	67,38	75,80	III	842,33	41,46	60,30	67,84	36,72	53,41	60,08	32,12	46,72	52,56	27,63	40,20	45,22	23,29	33,88	38,11	19,06	27,73	31,19
	V	1 705,—	93,77	136,40	153,45	IV	1 290,50	67,60	98,33	110,62	64,23	93,42	105,10	60,89	88,57	99,64	57,61	83,80	94,28	54,40	79,14	89,03	51,26	74,56	83,88
	VI	1 738,50	95,61	139,08	156,46																				
5 336,99 Ost	I,IV	1 300,33	71,51	104,02	117,02	I	1 300,33	64,77	94,21	105,98	58,13	84,56	95,13	51,76	75,29	84,70	45,64	66,39	74,69	39,78	57,87	65,10	34,18	49,72	55,93
	II	1 254,58	69,—	100,36	112,91	II	1 254,58	62,26	90,57	101,89	55,73	81,06	91,19	49,44	71,92	80,91	43,43	63,17	71,06	37,66	54,78	61,63	32,15	46,77	52,61
	III	849,50	46,72	67,96	76,45	III	849,50	41,84	60,86	68,47	37,10	53,97	60,71	32,48	47,25	53,15	27,99	40,72	45,81	23,63	34,37	38,66	19,40	28,22	31,75
	V	1 714,91	94,32	137,19	154,34	IV	1 300,33	68,14	99,12	111,51	64,77	94,21	105,98	61,42	89,34	100,51	58,13	84,56	95,13	54,92	79,88	89,87	51,76	75,29	84,70
	VI	1 748,33	96,15	139,86	157,34																				
5 339,99 West	I,IV	1 291,66	71,04	103,33	116,24	I	1 291,66	64,29	93,52	105,21	57,68	83,90	94,38	51,32	74,65	83,98	45,22	65,78	74,—	39,38	57,28	64,44	33,79	49,16	55,30
	II	1 245,91	68,52	99,67	112,13	II	1 245,91	61,79	89,88	101,12	55,27	80,40	90,45	49,01	71,30	80,21	43,01	62,56	70,38	37,26	54,20	60,98	31,77	46,22	51,99
	III	843,16	46,37	67,45	75,88	III	843,16	41,50	60,37	67,91	36,76	53,48	60,16	32,16	46,78	52,63	27,68	40,26	45,29	23,32	33,93	38,17	19,11	27,80	31,27
	V	1 706,25	93,84	136,50	153,56	IV	1 291,66	67,66	98,42	110,72	64,29	93,52	105,21	60,95	88,66	99,74	57,68	83,90	94,38	54,47	79,23	89,13	51,32	74,65	83,98
	VI	1 739,66	95,68	139,17	156,56																				
5 339,99 Ost	I,IV	1 301,58	71,58	104,12	117,14	I	1 301,58	64,84	94,32	106,11	58,20	84,66	95,24	51,82	75,38	84,80	45,70	66,48	74,79	39,84	57,96	65,20	34,23	49,80	56,02
	II	1 255,83	69,07	100,46	113,02	II	1 255,83	62,33	90,67	102,—	55,79	81,16	91,30	49,51	72,02	81,02	43,49	63,26	71,16	37,72	54,86	61,72	32,21	46,85	52,70
	III	850,50	46,77	68,04	76,54	III	850,50	41,90	60,94	68,56	37,15	54,04	60,79	32,53	47,32	53,23	28,04	40,78	45,88	23,67	34,44	38,74	19,44	28,28	31,81
	V	1 716,16	94,38	137,29	154,45	IV	1 301,58	68,21	99,22	111,62	64,84	94,32	106,11	61,49	89,44	100,62	58,20	84,66	95,24	54,98	79,98	89,97	51,82	75,38	84,80
	VI	1 749,66	96,23	139,97	157,46																				
5 342,99 West	I,IV	1 292,91	71,11	103,43	116,36	I	1 292,91	64,36	93,62	105,32	57,74	83,99	94,49	51,38	74,74	84,08	45,28	65,86	74,09	39,43	57,36	64,53	33,85	49,24	55,39
	II	1 247,08	68,58	99,76	112,23	II	1 247,08	61,86	89,98	101,23	55,34	80,50	90,56	49,07	71,38	80,30	43,06	62,64	70,47	37,32	54,28	61,07	31,83	46,30	52,08
	III	844,16	46,42	67,53	75,97	III	844,16	41,56	60,45	68,—	36,82	53,56	60,25	32,21	46,85	52,70	27,72	40,33	45,37	23,37	34,—	38,25	19,14	27,85	31,33
	V	1 707,41	93,90	136,59	153,66	IV	1 292,91	67,73	98,52	110,84	64,36	93,62	105,32	61,02	88,76	99,85	57,74	83,99	94,49	54,53	79,32	89,23	51,38	74,74	84,08
	VI	1 740,91	95,75	139,27	156,68																				
5 342,99 Ost	I,IV	1 302,83	71,65	104,22	117,25	I	1 302,83	64,91	94,42	106,22	58,27	84,76	95,36	51,89	75,48	84,91	45,76	66,57	74,89	39,90	58,04	65,29	34,29	49,88	56,12
	II	1 257,08	69,13	100,56	113,13	II	1 257,08	62,40	90,77	102,11	55,86	81,25	91,40	49,57	72,11	81,12	43,55	63,34	71,26	37,78	54,95	61,82	32,26	46,93	52,79
	III	851,33	46,82	68,10	76,61	III	851,33	41,94	61,01	68,63	37,19	54,10	60,86	32,57	47,38	53,30	28,08	40,85	45,95	23,72	34,50	38,81	19,48	28,34	31,88
	V	1 717,41	94,45	137,39	154,56	IV	1 302,83	68,28	99,32	111,74	64,91	94,42	106,22	61,56	89,54	100,73	58,27	84,76	95,36	55,05	80,07	90,08	51,89	75,48	84,91
	VI	1 750,91	96,30	140,07	157,58																				
5 345,99 West	I,IV	1 294,08	71,17	103,52	116,46	I	1 294,08	64,42	93,71	105,42	57,80	84,08	94,59	51,44	74,83	84,18	45,34	65,95	74,19	39,49	57,44	64,62	33,90	49,31	55,47
	II	1 248,33	68,65	99,86	112,34	II	1 248,33	61,93	90,08	101,34	55,40	80,58	90,65	49,13	71,47	80,40	43,12	62,73	70,57	37,37	54,36	61,16	31,88	46,37	52,16
	III	845,—	46,47	67,60	76,05	III	845,—	41,60	60,52	68,08	36,86	53,62	60,32	32,25	46,92	52,78	27,77	40,40	45,45	23,42	34,06	38,32	19,19	27,92	31,41
	V	1 708,66	93,97	136,69	153,77	IV	1 294,08	67,80	98,62	110,94	64,42	93,71	105,42	61,08	88,85	99,95	57,80	84,08	94,59	54,59	79,41	89,33	51,44	74,83	84,18
	VI	1 742,08	95,81	139,36	156,78																				
5 345,99 Ost	I,IV	1 304,08	71,72	104,32	117,36	I	1 304,08	64,98	94,52	106,33	58,34	84,86	95,46	51,95	75,57	85,01	45,83	66,66	74,99	39,96	58,12	65,39	34,35	49,96	56,21
	II	1 258,33	69,20	100,66	113,24	II	1 258,33	62,47	90,87	102,23	55,93	81,35	91,52	49,64	72,20	81,23	43,61	63,43	71,36	37,84	55,04	61,92	32,32	47,01	52,88
	III	852,33	46,87	68,18	76,70	III	852,33	41,99	61,08	68,71	37,24	54,17	60,94	32,62	47,45	53,38	28,13	40,92	46,03	23,76	34,57	38,89	19,53	28,41	31,96
	V	1 718,66	94,52	137,49	154,67	IV	1 304,08	68,35	99,42	111,85	64,98	94,52	106,33	61,63	89,64	100,85	58,34	84,86	95,46	55,11	80,17	90,19	51,95	75,57	85,01
	VI	1 752,16	96,36	140,17	157,69																				
5 348,99 West	I,IV	1 295,33	71,24	103,62	116,57	I	1 295,33	64,49	93,81	105,53	57,87	84,18	94,70	51,50	74,92	84,28	45,40	66,04	74,29	39,54	57,52	64,71	33,95	49,39	55,56
	II	1 249,50	68,72	99,96	112,45	II	1 249,50	61,99	90,17	101,44	55,46	80,68	90,76	49,19	71,56	80,50	43,18	62,82	70,67	37,43	54,44	61,25	31,93	46,45	52,25
	III	845,83	46,52	67,66	76,12	III	845,83	41,65	60,58	68,15	36,91	53,69	60,40	32,29	46,97	52,84	27,81	40,45	45,50	23,45	34,12	38,38	19,23	27,97	31,46
	V	1 709,83	94,04	136,78	153,88	IV	1 295,33	67,87	98,72	111,06	64,49	93,81	105,53	61,15	88,95	100,07	57,87	84,18	94,70	54,66	79,50	89,44	51,50	74,92	84,28
	VI	1 743,33	95,88	139,46	156,89																				
5 348,99 Ost	I,IV	1 305,41	71,79	104,43	117,48	I	1 305,41	65,05	94,62	106,44	58,41	84,96	95,58	52,02	75,66	85,12	45,89	66,75	75,09	40,02	58,21	65,48	34,40	50,04	56,30
	II	1 259,58	69,27	100,76	113,36	II	1 259,58	62,54	90,97	102,34	55,99	81,44	91,62	49,70	72,30	81,33	43,67	63,52	71,46	37,89	55,12	62,01	32,38	47,10	52,98
	III	853,16	46,92	68,25	76,78	III	853,16	42,04	61,16	68,80	37,29	54,25	61,03	32,67	47,52	53,46	28,17	40,98	46,10	23,81	34,64	38,97	19,57	28,46	32,02
	V	1 719,91	94,59	137,59	154,79	IV	1 305,41	68,42	99,52	111,96	65,05	94,62	106,44	61,70	89,74	100,96	58,41	84,96	95,58	55,18	80,26	90,29	52,02	75,66	85,12
	VI	1 753,41	96,43	140,27	157,80																				
5 351,99 West	I,IV	1 296,50	71,30	103,72	116,68	I	1 296,50	64,56	93,90	105,64	57,93	84,27	94,80	51,57	75,01	84,38	45,45	66,12	74,38	39,60	57,61	64,81	34,01	49,47	55,65
	II	1 250,75	68,79	100,06	112,56	II	1 250,75	62,05	90,26	101,54	55,53	80,77	90,86	49,25	71,64	80,60	43,24	62,90	70,76	37,48	54,52	61,34	31,98	46,52	52,34
	III	846,66	46,56	67,73	76,19	III	846,66	41,69	60,65	68,23	36,95	53,74	60,46	32,34	47,04	52,92	27,85	40,52	45,58	23,50	34,18	38,45	19,26	28,02	31,52
	V	1 711,08	94,10	136,88	153,99	IV	1 296,50	67,93	98,81	111,16	64,56	93,90	105,64	61,21	89,04	100,17	57,93	84,27	94,80	54,72	79,59	89,54	51,57	75,01	84,38
	VI	1 744,50	95,94	139,56	157,—																				
5 351,99 Ost	I,IV	1 306,66	71,86	104,53	117,59	I	1 306,66	65,12	94,72	106,56	58,47	85,05	95,68	52,08	75,76	85,23	45,95	66,84	75,20	40,08	58,30	65,58	34,46	50,13	56,39
	II	1 260,83	69,34	100,86	113,47	II	1 260,83	62,61	91,07	102,45	56,05	81,54	91,73	49,76	72,38	81,43	43,73	63,61	71,56	37,95	55,20	62,10	32,43	47,18	53,07
	III	854,16	46,97	68,33	76,87	III	854,16	42,09	61,22	68,87	37,34	54,32	61,11	32,71	47,58	53,53	28,22	41,05	46,18	23,85	34,69	39,02	19,61	28,53	32,09
	V	1 721,25	94,66	137,70	154,91	IV	1 306,66	68,49	99,62	112,07	65,12	94,72	106,56	61,76	89,84	101,07	58,47	85,05	95,68	55,24	80,36	90,40	52,08	75,76	85,23
	VI	1 754,66	96,50	140,37	157,91																				

*** Die ausgewiesenen Tabellenwerte sind amtlich. Siehe Erläuterungen auf der Umschlaginnenseite (U2).**

Abzüge an Lohnsteuer, Solidaritätszuschlag (SolZ) und Kirchensteuer (8%, 9%) in den Steuerklassen

Lohn/ Gehalt bis €*	I – VI		ohne Kinderfreibeträge			I, II, III, IV		mit Zahl der Kinderfreibeträge . . . 0,5			1			1,5			2			2,5			3		
		LSt	SolZ	8%	9%		LSt	SolZ	8%	9%	SolZ	8%	9%	SolZ	8%	9%	SolZ	8%	9%	SolZ	8%	9%	SolZ	8%	9%
5 354,99 West	I,IV	1 297,66	71,37	103,81	116,78	I	1 297,66	64,62	94,—	105,75	58,—	84,36	94,91	51,63	75,10	84,48	45,51	66,20	74,48	39,66	57,69	64,90	34,06	49,54	55,73
	II	1 251,91	68,85	100,15	112,67	II	1 251,91	62,12	90,36	101,65	55,59	80,86	90,96	49,31	71,73	80,69	43,30	62,98	70,85	37,54	54,60	61,43	32,04	46,60	52,43
	III	847,50	46,61	67,80	76,27	III	847,50	41,74	60,72	68,31	36,99	53,81	60,53	32,38	47,10	52,99	27,90	40,58	45,65	23,54	34,24	38,52	19,31	28,09	31,60
	V	1 712,25	94,17	136,98	154,10	IV	1 297,66	67,99	98,90	111,26	64,62	94,—	105,75	61,28	89,14	100,28	58,—	84,36	94,91	54,78	79,68	89,64	51,63	75,10	84,48
	VI	1 745,75	96,01	139,66	157,11																				
5 354,99 Ost	I,IV	1 307,91	71,93	104,63	117,71	I	1 307,91	65,18	94,82	106,67	58,54	85,15	95,79	52,14	75,85	85,33	46,01	66,93	75,29	40,14	58,38	65,68	34,52	50,21	56,48
	II	1 262,08	69,41	100,96	113,58	II	1 262,08	62,68	91,17	102,56	56,12	81,64	91,84	49,83	72,48	81,54	43,79	63,70	71,66	38,01	55,29	62,20	32,49	47,26	53,16
	III	855,—	47,02	68,40	76,95	III	855,—	42,14	61,30	68,96	37,39	54,38	61,18	32,76	47,65	53,60	28,27	41,12	46,26	23,89	34,76	39,10	19,66	28,60	32,17
	V	1 722,50	94,73	137,80	155,02	IV	1 307,91	68,56	99,72	112,19	65,18	94,82	106,67	61,83	89,94	101,18	58,54	85,15	95,79	55,31	80,46	90,51	52,14	75,85	85,33
	VI	1 755,91	96,57	140,47	158,03																				
5 357,99 West	I,IV	1 298,91	71,44	103,91	116,90	I	1 298,91	64,69	94,10	105,86	58,06	84,46	95,01	51,69	75,18	84,58	45,57	66,29	74,57	39,71	57,77	64,99	34,11	49,62	55,82
	II	1 253,16	68,92	100,25	112,78	II	1 253,16	62,19	90,46	101,76	55,65	80,95	91,07	49,38	71,82	80,80	43,36	63,07	70,95	37,59	54,68	61,52	32,09	46,68	52,52
	III	848,50	46,66	67,88	76,36	III	848,50	41,79	60,78	68,38	37,05	53,89	60,62	32,43	47,17	53,06	27,94	40,65	45,73	23,58	34,30	38,59	19,36	28,16	31,68
	V	1 713,50	94,24	137,08	154,21	IV	1 298,91	68,06	99,—	111,38	64,69	94,10	105,86	61,34	89,23	100,38	58,06	84,46	95,01	54,84	79,78	89,75	51,69	75,18	84,58
	VI	1 746,91	96,08	139,75	157,22																				
5 357,99 Ost	I,IV	1 309,16	72,—	104,73	117,82	I	1 309,16	65,25	94,92	106,78	58,61	85,25	95,90	52,21	75,95	85,44	46,08	67,02	75,40	40,20	58,47	65,78	34,57	50,29	56,57
	II	1 263,41	69,48	101,07	113,70	II	1 263,41	62,75	91,27	102,68	56,19	81,73	91,94	49,89	72,57	81,64	43,85	63,78	71,75	38,06	55,37	62,29	32,54	47,34	53,25
	III	856,—	47,08	68,48	77,04	III	856,—	42,19	61,37	69,04	37,43	54,45	61,25	32,81	47,73	53,69	28,31	41,18	46,33	23,94	34,82	39,17	19,69	28,65	32,23
	V	1 723,75	94,80	137,90	155,13	IV	1 309,16	68,63	99,82	112,30	65,25	94,92	106,78	61,90	90,04	101,29	58,61	85,25	95,90	55,38	80,55	90,62	52,21	75,95	85,44
	VI	1 757,16	96,64	140,57	158,14																				
5 360,99 West	I,IV	1 300,08	71,50	104,—	117,—	I	1 300,08	64,76	94,20	105,97	58,13	84,55	95,12	51,75	75,28	84,69	45,63	66,38	74,67	39,77	57,85	65,08	34,17	49,70	55,91
	II	1 254,33	68,98	100,34	112,88	II	1 254,33	62,25	90,55	101,87	55,71	81,04	91,17	49,44	71,91	80,90	43,41	63,15	71,04	37,65	54,76	61,61	32,14	46,76	52,60
	III	849,33	46,71	67,94	76,43	III	849,33	41,83	60,85	68,45	37,09	53,96	60,70	32,47	47,24	53,14	27,98	40,70	45,79	23,63	34,37	38,66	19,39	28,21	31,73
	V	1 714,66	94,30	137,17	154,31	IV	1 300,08	68,13	99,10	111,48	64,76	94,20	105,97	61,41	89,32	100,49	58,13	84,55	95,12	54,90	79,86	89,84	51,75	75,28	84,69
	VI	1 748,08	96,14	139,84	157,32																				
5 360,99 Ost	I,IV	1 310,41	72,07	104,83	117,93	I	1 310,41	65,32	95,02	106,89	58,67	85,34	96,01	52,28	76,04	85,55	46,14	67,11	75,50	40,26	58,56	65,88	34,63	50,38	56,67
	II	1 264,66	69,55	101,17	113,81	II	1 264,66	62,81	91,37	102,79	56,26	81,83	92,06	49,95	72,66	81,74	43,91	63,87	71,85	38,12	55,46	62,39	32,60	47,42	53,34
	III	856,83	47,12	68,54	77,11	III	856,83	42,24	61,45	69,13	37,49	54,53	61,34	32,86	47,80	53,77	28,36	41,25	46,40	23,98	34,89	39,25	19,74	28,72	32,31
	V	1 725,—	94,87	138,—	155,25	IV	1 310,41	68,69	99,92	112,41	65,32	95,02	106,89	61,97	90,14	101,40	58,67	85,34	96,01	55,44	80,64	90,72	52,28	76,04	85,55
	VI	1 758,41	96,71	140,67	158,25																				
5 363,99 West	I,IV	1 301,33	71,57	104,10	117,11	I	1 301,33	64,82	94,29	106,07	58,19	84,64	95,22	51,81	75,36	84,78	45,69	66,46	74,77	39,83	57,94	65,18	34,22	49,78	56,—
	II	1 255,58	69,05	100,44	113,—	II	1 255,58	62,31	90,64	101,97	55,78	81,14	91,28	49,50	72,—	81,—	43,47	63,24	71,14	37,71	54,85	61,70	32,20	46,84	52,69
	III	850,16	46,75	68,01	76,51	III	850,16	41,89	60,93	68,54	37,14	54,02	60,77	32,52	47,30	53,21	28,03	40,77	45,86	23,66	34,42	38,72	19,43	28,26	31,79
	V	1 715,91	94,37	137,27	154,43	IV	1 301,33	68,20	99,20	111,60	64,82	94,29	106,07	61,48	89,42	100,60	58,19	84,64	95,22	54,97	79,96	89,95	51,81	75,36	84,78
	VI	1 749,33	96,21	139,94	157,43																				
5 363,99 Ost	I,IV	1 311,66	72,14	104,93	118,04	I	1 311,66	65,39	95,12	107,01	58,74	85,44	96,12	52,34	76,14	85,65	46,20	67,20	75,60	40,31	58,64	65,97	34,69	50,46	56,76
	II	1 265,91	69,62	101,27	113,93	II	1 265,91	62,88	91,47	102,90	56,32	81,92	92,16	50,02	72,76	81,85	43,97	63,96	71,96	38,18	55,54	62,48	32,65	47,50	53,43
	III	857,83	47,18	68,62	77,20	III	857,83	42,29	61,52	69,21	37,53	54,60	61,42	32,90	47,86	53,84	28,40	41,32	46,48	24,03	34,96	39,33	19,79	28,78	32,38
	V	1 726,25	94,94	138,10	155,36	IV	1 311,66	68,76	100,02	112,52	65,39	95,12	107,01	62,04	90,24	101,52	58,74	85,44	96,12	55,51	80,74	90,83	52,34	76,14	85,65
	VI	1 759,75	96,78	140,78	158,37																				
5 366,99 West	I,IV	1 302,50	71,63	104,20	117,22	I	1 302,50	64,89	94,38	106,18	58,25	84,74	95,33	51,87	75,45	84,88	45,75	66,55	74,87	39,88	58,02	65,27	34,27	49,86	56,09
	II	1 256,75	69,12	100,54	113,10	II	1 256,75	62,38	90,74	102,08	55,84	81,22	91,37	49,55	72,08	81,09	43,53	63,32	71,23	37,76	54,93	61,79	32,25	46,91	52,77
	III	851,16	46,81	68,09	76,60	III	851,16	41,93	61,—	68,62	37,18	54,09	60,85	32,56	47,37	53,29	28,07	40,84	45,94	23,71	34,49	38,80	19,47	28,33	31,87
	V	1 717,08	94,43	137,36	154,53	IV	1 302,50	68,26	99,29	111,70	64,89	94,38	106,18	61,54	89,52	100,71	58,25	84,74	95,33	55,03	80,04	90,05	51,87	75,45	84,88
	VI	1 750,50	96,27	140,04	157,54																				
5 366,99 Ost	I,IV	1 312,91	72,21	105,03	118,16	I	1 312,91	65,46	95,22	107,12	58,80	85,54	96,23	52,41	76,23	85,76	46,26	67,29	75,70	40,37	58,73	66,07	34,74	50,54	56,85
	II	1 267,16	69,69	101,37	114,04	II	1 267,16	62,95	91,57	103,01	56,39	82,02	92,27	50,08	72,85	81,95	44,03	64,05	72,05	38,24	55,62	62,57	32,71	47,58	53,52
	III	858,83	47,23	68,70	77,29	III	858,83	42,34	61,58	69,28	37,58	54,66	61,49	32,95	47,93	53,92	28,45	41,38	46,55	24,08	35,02	39,40	19,83	28,85	32,45
	V	1 727,50	95,01	138,20	155,47	IV	1 312,91	68,83	100,12	112,64	65,46	95,22	107,12	62,10	90,34	101,63	58,80	85,54	96,23	55,57	80,84	90,94	52,41	76,23	85,76
	VI	1 761,—	96,85	140,88	158,49																				
5 369,99 West	I,IV	1 303,75	71,70	104,30	117,33	I	1 303,75	64,95	94,48	106,29	58,32	84,83	95,43	51,93	75,54	84,98	45,81	66,64	74,97	39,94	58,10	65,36	34,33	49,94	56,18
	II	1 258,—	69,19	100,64	113,22	II	1 258,—	62,45	90,84	102,19	55,90	81,32	91,48	49,62	72,18	81,20	43,59	63,40	71,33	37,82	55,01	61,88	32,30	46,99	52,86
	III	852,—	46,86	68,16	76,68	III	852,—	41,98	61,06	68,69	37,23	54,16	60,93	32,61	47,44	53,37	28,12	40,90	46,01	23,75	34,54	38,86	19,51	28,38	31,93
	V	1 718,33	94,50	137,46	154,64	IV	1 303,75	68,33	99,39	111,81	64,95	94,48	106,29	61,60	89,61	100,81	58,32	84,83	95,43	55,09	80,14	90,15	51,93	75,54	84,98
	VI	1 751,75	96,34	140,14	157,65																				
5 369,99 Ost	I,IV	1 314,16	72,27	105,13	118,27	I	1 314,16	65,53	95,32	107,24	58,87	85,64	96,34	52,47	76,32	85,86	46,32	67,38	75,80	40,43	58,81	66,16	34,80	50,62	56,95
	II	1 268,41	69,76	101,47	114,15	II	1 268,41	63,02	91,67	103,13	56,45	82,12	92,38	50,15	72,94	82,06	44,09	64,14	72,15	38,30	55,71	62,67	32,76	47,66	53,61
	III	859,66	47,28	68,77	77,36	III	859,66	42,39	61,66	69,37	37,62	54,73	61,57	33,—	48,—	54,—	28,49	41,45	46,63	24,11	35,08	39,46	19,87	28,90	32,51
	V	1 728,75	95,08	138,30	155,58	IV	1 314,16	68,91	100,23	112,76	65,53	95,32	107,24	62,17	90,44	101,74	58,87	85,64	96,34	55,64	80,93	91,04	52,47	76,32	85,86
	VI	1 762,25	96,92	140,98	158,60																				
5 372,99 West	I,IV	1 304,91	71,77	104,39	117,44	I	1 304,91	65,02	94,58	106,40	58,38	84,92	95,53	51,99	75,63	85,08	45,87	66,72	75,06	40,—	58,18	65,45	34,38	50,02	56,27
	II	1 259,16	69,25	100,73	113,32	II	1 259,16	62,51	90,93	102,29	55,97	81,41	91,58	49,68	72,26	81,29	43,65	63,49	71,42	37,87	55,09	61,97	32,35	47,06	52,94
	III	852,83	46,90	68,22	76,75	III	852,83	42,02	61,13	68,77	37,28	54,22	61,—	32,65	47,49	53,42	28,16	40,96	46,08	23,79	34,61	38,93	19,56	28,45	32,—
	V	1 719,50	94,57	137,56	154,75	IV	1 304,91	68,39	99,48	111,92	65,02	94,58	106,40	61,67	89,70	100,91	58,38	84,92	95,53	55,16	80,23	90,26	51,99	75,63	85,08
	VI	1 752,91	96,41	140,23	157,76																				
5 372,99 Ost	I,IV	1 315,50	72,35	105,24	118,39	I	1 315,50	65,60	95,42	107,35	58,94	85,74	96,45	52,53	76,42	85,97	46,38	67,47	75,90	40,49	58,90	66,26	34,86	50,70	57,04
	II	1 269,66	69,83	101,57	114,26	II	1 269,66	63,09	91,77	103,24	56,52	82,21	92,48	50,21	73,03	82,16	44,16	64,23	72,26	38,36	55,80	62,77	32,82	47,74	53,70
	III	860,66	47,33	68,85	77,45	III	860,66	42,44	61,73	69,44	37,68	54,81	61,66	33,04	48,06	54,07	28,54	41,52	46,71	24,16	35,14	39,53	19,91	28,97	32,59
	V	1 730,—	95,15	138,40	155,70	IV	1 315,50	68,97	100,33	112,87	65,60	95,42	107,35	62,24	90,54	101,85	58,94	85,74	96,45	55,71	81,03	91,16	52,53	76,42	85,97
	VI	1 763,50	96,99	141,08	158,71																				
5 375,99 West	I,IV	1 306,08	71,83	104,48	117,54	I	1 306,08	65,09	94,68	106,51	58,44	85,01	95,63	52,06	75,72	85,19	45,92	66,80	75,15	40,05	58,26	65,54	34,44	50,10	56,36
	II	1 260,33	69,31	100,82	113,42	II	1 260,33	62,58	91,02	102,40	56,03	81,50	91,68	49,74	72,35	81,39	43,70	63,57	71,51	37,93	55,17	62,06	32,41	47,14	53,03
	III	853,83	46,96	68,30	76,84	III	853,83	42,07	61,20	68,85	37,32	54,29	61,07	32,69	47,56	53,50	28,20	41,02	46,15	23,84	34,68	39,01	19,59	28,50	32,06
	V	1 720,66	94,63	137,65	154,85	IV	1 306,08	68,46	99,58	112,03	65,09	94,68	106,51	61,73	89,80	101,02	58,44	85,01	95,63	55,22	80,32	90,36	52,06	75,72	85,19
	VI	1 754,16	96,47	140,33	157,87																				
5 375,99 Ost	I,IV	1 316,75	72,42	105,34	118,50	I	1 316,75	65,67	95,52	107,46	59,01	85,83	96,56	52,60	76,51	86,07	46,44	67,56	76,—	40,55	58,98	66,35	34,91	50,78	57,13
	II	1 270,91	69,90	101,67	114,38	II	1 270,91	63,16	91,87	103,35	56,59	82,31	92,60	50,27	73,12	82,26	44,22	64,32	72,36	38,42	55,88	62,87	32,87	47,82	53,79
	III	861,50	47,38	68,92	77,53	III	861,50	42,49	61,81	69,53	37,73	54,88	61,74	33,09	48,13	54,14	28,59	41,58	46,78	24,20	35,21	39,61	19,96	29,04	32,67
	V	1 731,25	95,21	138,50	155,81	IV	1 316,75	69,04	100,43	112,98	65,67	95,52	107,46	62,31	90,64	101,97	59,01	85,83	96,56	55,77	81,12	91,26	52,60	76,51	86,07
	VI	1 764,75	97,06	141,18	158,82																				

* Die ausgewiesenen Tabellenwerte sind amtlich. Siehe Erläuterungen auf der Umschlaginnenseite (U2).

Lohn/ Gehalt bis €*	Abzüge an Lohnsteuer, Solidaritätszuschlag (SolZ) und Kirchensteuer (8%, 9%) in den Steuerklassen																								
	I – VI					I, II, III, IV																			
			ohne Kinderfreibeträge					mit Zahl der Kinderfreibeträge . . .																	
								0,5			1			1,5			2			2,5			3		
		LSt	SolZ	8%	9%		LSt	SolZ	8%	9%	SolZ	8%	9%	SolZ	8%	9%	SolZ	8%	9%	SolZ	8%	9%	SolZ	8%	9%
5 378,99 West	I,IV	1 307,33	71,90	104,58	117,65	I	1 307,33	65,15	94,77	106,61	58,51	85,10	95,74	52,12	75,81	85,28	45,98	66,89	75,25	40,11	58,34	65,63	34,49	50,17	56,44
	II	1 261,58	69,38	100,92	113,54	II	1 261,58	62,64	91,12	102,51	56,09	81,59	91,79	49,80	72,44	81,49	43,76	63,66	71,61	37,98	55,25	62,15	32,46	47,22	53,12
	III	854,66	47,—	68,37	76,91	III	854,66	42,12	61,26	68,92	37,37	54,36	61,15	32,74	47,62	53,57	28,25	41,09	46,22	23,87	34,73	39,07	19,64	28,57	32,14
	V	1 721,91	94,70	137,75	154,97	IV	1 307,33	68,53	99,68	112,14	65,15	94,77	106,61	61,80	89,90	101,13	58,51	85,10	95,74	55,28	80,41	90,46	52,12	75,81	85,28
	VI	1 755,33	96,54	140,42	157,97																				
5 378,99 Ost	I,IV	1 318,—	72,49	105,44	118,62	I	1 318,—	65,74	95,62	107,57	59,07	85,93	96,67	52,66	76,60	86,18	46,51	67,65	76,10	40,61	59,07	66,45	34,97	50,87	57,23
	II	1 272,16	69,96	101,77	114,49	II	1 272,16	63,23	91,97	103,46	56,65	82,40	92,70	50,33	73,22	82,37	44,27	64,40	72,45	38,47	55,96	62,96	32,93	47,90	53,89
	III	862,50	47,43	69,—	77,62	III	862,50	42,54	61,88	69,61	37,77	54,94	61,81	33,13	48,20	54,22	28,63	41,65	46,85	24,25	35,28	39,69	20,—	29,09	32,72
	V	1 732,58	95,29	138,60	155,93	IV	1 318,—	69,11	100,53	113,09	65,74	95,62	107,57	62,38	90,74	102,08	59,07	85,93	96,67	55,84	81,22	91,37	52,66	76,60	86,18
	VI	1 766,—	97,13	141,28	158,94																				
5 381,99 West	I,IV	1 308,50	71,96	104,68	117,76	I	1 308,50	65,22	94,87	106,73	58,57	85,20	95,85	52,18	75,90	85,38	46,04	66,98	75,35	40,16	58,42	65,72	34,54	50,25	56,53
	II	1 262,75	69,45	101,02	113,64	II	1 262,75	62,71	91,22	102,62	56,15	81,68	91,89	49,86	72,52	81,59	43,82	63,74	71,71	38,04	55,33	62,24	32,51	47,30	53,21
	III	855,50	47,05	68,44	76,99	III	855,50	42,16	61,33	68,99	37,41	54,42	61,22	32,78	47,69	53,65	28,28	41,14	46,28	23,92	34,80	39,15	19,68	28,62	32,20
	V	1 723,08	94,76	137,84	155,07	IV	1 308,50	68,59	99,78	112,25	65,22	94,87	106,73	61,87	89,99	101,24	58,57	85,20	95,85	55,34	80,50	90,56	52,18	75,90	85,38
	VI	1 756,58	96,61	140,52	158,09																				
5 381,99 Ost	I,IV	1 319,25	72,55	105,54	118,73	I	1 319,25	65,81	95,72	107,69	59,14	86,03	96,78	52,73	76,70	86,28	46,57	67,74	76,21	40,67	59,16	66,55	35,03	50,95	57,32
	II	1 273,50	70,04	101,88	114,61	II	1 273,50	63,30	92,07	103,58	56,72	82,50	92,81	50,40	73,31	82,47	44,33	64,49	72,55	38,53	56,05	63,05	32,99	47,98	53,98
	III	863,33	47,48	69,06	77,69	III	863,33	42,58	61,94	69,68	37,82	55,01	61,88	33,18	48,26	54,29	28,68	41,72	46,93	24,30	35,34	39,76	20,04	29,16	32,80
	V	1 733,83	95,36	138,70	156,04	IV	1 319,25	69,18	100,63	113,21	65,81	95,72	107,69	62,45	90,84	102,19	59,14	86,03	96,78	55,90	81,32	91,48	52,73	76,70	86,28
	VI	1 767,25	97,19	141,38	159,05																				
5 384,99 West	I,IV	1 309,75	72,03	104,78	117,87	I	1 309,75	65,28	94,96	106,83	58,64	85,30	95,96	52,24	75,99	85,49	46,10	67,06	75,44	40,22	58,51	65,82	34,60	50,33	56,62
	II	1 264,—	69,52	101,12	113,76	II	1 264,—	62,78	91,32	102,73	56,22	81,78	92,—	49,92	72,62	81,69	43,88	63,82	71,80	38,09	55,41	62,33	32,56	47,37	53,29
	III	856,50	47,10	68,52	77,08	III	856,50	42,22	61,41	69,08	37,46	54,49	61,30	32,83	47,76	53,73	28,33	41,21	46,36	23,97	34,86	39,22	19,72	28,69	32,27
	V	1 724,33	94,83	137,94	155,18	IV	1 309,75	68,66	99,87	112,35	65,28	94,96	106,83	61,93	90,08	101,34	58,64	85,30	95,96	55,41	80,60	90,67	52,24	75,99	85,49
	VI	1 757,75	96,67	140,62	158,19																				
5 384,99 Ost	I,IV	1 320,50	72,62	105,64	118,84	I	1 320,50	65,88	95,82	107,80	59,21	86,12	96,89	52,79	76,79	86,39	46,63	67,83	76,31	40,73	59,24	66,65	35,08	51,03	57,41
	II	1 274,75	70,11	101,98	114,72	II	1 274,75	63,36	92,17	103,69	56,78	82,60	92,92	50,46	73,40	82,58	44,40	64,58	72,65	38,59	56,14	63,15	33,04	48,06	54,07
	III	864,33	47,53	69,14	77,78	III	864,33	42,64	62,02	69,77	37,87	55,09	61,97	33,23	48,34	54,38	28,72	41,78	47,—	24,34	35,41	39,83	20,09	29,22	32,87
	V	1 735,08	95,42	138,80	156,15	IV	1 320,50	69,25	100,73	113,32	65,88	95,82	107,80	62,52	90,94	102,30	59,21	86,12	96,89	55,97	81,41	91,58	52,79	76,79	86,39
	VI	1 768,50	97,26	141,48	159,16																				
5 387,99 West	I,IV	1 310,91	72,10	104,87	117,98	I	1 310,91	65,35	95,06	106,94	58,70	85,38	96,05	52,30	76,08	85,59	46,16	67,15	75,54	40,28	58,59	65,91	34,65	50,41	56,71
	II	1 265,16	69,58	101,21	113,86	II	1 265,16	62,84	91,41	102,83	56,28	81,87	92,10	49,98	72,70	81,79	43,94	63,91	71,90	38,15	55,49	62,42	32,62	47,45	53,38
	III	857,33	47,15	68,58	77,15	III	857,33	42,26	61,48	69,16	37,51	54,56	61,38	32,88	47,82	53,80	28,38	41,28	46,44	24,—	34,92	39,28	19,76	28,74	32,33
	V	1 725,50	94,90	138,04	155,29	IV	1 310,91	68,73	99,97	112,46	65,35	95,06	106,94	61,99	90,18	101,45	58,70	85,38	96,05	55,47	80,68	90,77	52,30	76,08	85,59
	VI	1 759,—	96,74	140,72	158,31																				
5 387,99 Ost	I,IV	1 321,75	72,69	105,74	118,95	I	1 321,75	65,94	95,92	107,91	59,28	86,22	97,—	52,85	76,88	86,49	46,69	67,92	76,41	40,79	59,33	66,74	35,14	51,12	57,51
	II	1 276,—	70,18	102,08	114,84	II	1 276,—	63,43	92,27	103,80	56,85	82,70	93,03	50,53	73,50	82,68	44,46	64,67	72,75	38,65	56,22	63,24	33,10	48,14	54,16
	III	865,16	47,58	69,21	77,86	III	865,16	42,68	62,09	69,85	37,92	55,16	62,05	33,28	48,41	54,46	28,77	41,85	47,08	24,38	35,46	39,89	20,13	29,28	32,94
	V	1 736,33	95,49	138,90	156,26	IV	1 321,75	69,32	100,83	113,43	65,94	95,92	107,91	62,59	91,04	102,42	59,28	86,22	97,—	56,04	81,51	91,70	52,85	76,88	86,49
	VI	1 769,75	97,33	141,58	159,27																				
5 390,99 West	I,IV	1 312,16	72,16	104,97	118,09	I	1 312,16	65,42	95,16	107,05	58,76	85,48	96,16	52,36	76,17	85,69	46,22	67,23	75,63	40,33	58,67	66,—	34,70	50,48	56,79
	II	1 266,33	69,64	101,30	113,96	II	1 266,33	62,91	91,50	102,94	56,34	81,96	92,20	50,04	72,79	81,89	43,99	63,99	71,99	38,20	55,57	62,51	32,67	47,52	53,46
	III	858,16	47,19	68,65	77,23	III	858,16	42,31	61,54	69,23	37,55	54,62	61,45	32,92	47,89	53,87	28,42	41,34	46,51	24,05	34,98	39,35	19,80	28,81	32,41
	V	1 726,66	94,96	138,13	155,39	IV	1 312,16	68,79	100,06	112,57	65,42	95,16	107,05	62,06	90,27	101,55	58,76	85,48	96,16	55,53	80,78	90,87	52,36	76,17	85,69
	VI	1 760,16	96,80	140,81	158,41																				
5 390,99 Ost	I,IV	1 323,—	72,76	105,84	119,07	I	1 323,—	66,02	96,03	108,03	59,34	86,32	97,11	52,92	76,98	86,60	46,75	68,01	76,51	40,85	59,42	66,84	35,20	51,20	57,60
	II	1 277,25	70,24	102,18	114,95	II	1 277,25	63,50	92,37	103,91	56,92	82,79	93,14	50,59	73,59	82,79	44,52	64,76	72,85	38,71	56,30	63,34	33,15	48,22	54,25
	III	866,16	47,63	69,29	77,95	III	866,16	42,74	62,17	69,94	37,96	55,22	62,12	33,33	48,48	54,54	28,82	41,92	47,16	24,42	35,53	39,97	20,17	29,34	33,01
	V	1 737,58	95,56	139,—	156,38	IV	1 323,—	69,39	100,93	113,54	66,02	96,03	108,03	62,65	91,14	102,53	59,34	86,32	97,11	56,10	81,60	91,80	52,92	76,98	86,60
	VI	1 771,08	97,40	141,68	159,39																				
5 393,99 West	I,IV	1 313,33	72,23	105,06	118,19	I	1 313,33	65,49	95,26	107,16	58,83	85,57	96,26	52,42	76,26	85,79	46,28	67,32	75,74	40,39	58,76	66,10	34,76	50,56	56,88
	II	1 267,58	69,71	101,40	114,08	II	1 267,58	62,97	91,60	103,05	56,41	82,05	92,30	50,10	72,88	81,99	44,05	64,08	72,09	38,26	55,66	62,61	32,72	47,60	53,55
	III	859,—	47,24	68,72	77,31	III	859,—	42,35	61,61	69,31	37,60	54,69	61,52	32,97	47,96	53,95	28,46	41,40	46,57	24,09	35,04	39,42	19,84	28,86	32,47
	V	1 727,91	95,03	138,23	155,51	IV	1 313,33	68,86	100,16	112,68	65,49	95,26	107,16	62,13	90,37	101,66	58,83	85,57	96,26	55,60	80,87	90,98	52,42	76,26	85,79
	VI	1 761,41	96,87	140,91	158,52																				
5 393,99 Ost	I,IV	1 324,25	72,83	105,94	119,18	I	1 324,25	66,09	96,13	108,14	59,41	86,42	97,22	52,98	77,07	86,70	46,82	68,10	76,61	40,91	59,50	66,94	35,25	51,28	57,69
	II	1 278,50	70,31	102,28	115,06	II	1 278,50	63,57	92,47	104,03	56,98	82,89	93,25	50,65	73,68	82,89	44,58	64,85	72,95	38,77	56,39	63,44	33,21	48,30	54,34
	III	867,16	47,69	69,37	78,04	III	867,16	42,79	62,24	70,02	38,01	55,29	62,20	33,37	48,54	54,61	28,86	41,98	47,23	24,47	35,60	40,05	20,22	29,41	33,08
	V	1 738,83	95,63	139,10	156,49	IV	1 324,25	69,46	101,04	113,67	66,09	96,13	108,14	62,72	91,24	102,64	59,41	86,42	97,22	56,16	81,70	91,91	52,98	77,07	86,70
	VI	1 772,33	97,47	141,78	159,50																				
5 396,99 West	I,IV	1 314,58	72,30	105,16	118,31	I	1 314,58	65,55	95,35	107,27	58,89	85,66	96,37	52,49	76,35	85,89	46,34	67,40	75,83	40,45	58,84	66,19	34,81	50,64	56,97
	II	1 268,75	69,78	101,50	114,18	II	1 268,75	63,04	91,70	103,16	56,47	82,14	92,41	50,16	72,96	82,08	44,11	64,16	72,18	38,32	55,74	62,70	32,78	47,68	53,64
	III	860,—	47,30	68,80	77,40	III	860,—	42,40	61,68	69,39	37,64	54,76	61,60	33,—	48,01	54,01	28,50	41,46	46,64	24,13	35,10	39,49	19,88	28,92	32,53
	V	1 729,08	95,09	138,32	155,61	IV	1 314,58	68,92	100,26	112,79	65,55	95,35	107,27	62,19	90,46	101,77	58,89	85,66	96,37	55,66	80,96	91,08	52,49	76,35	85,89
	VI	1 762,58	96,94	141,—	158,63																				
5 396,99 Ost	I,IV	1 325,58	72,90	106,04	119,30	I	1 325,58	66,16	96,23	108,26	59,48	86,52	97,33	53,05	77,17	86,81	46,88	68,19	76,71	40,97	59,59	67,04	35,31	51,36	57,78
	II	1 279,75	70,38	102,38	115,17	II	1 279,75	63,64	92,57	104,14	57,05	82,98	93,35	50,71	73,77	82,99	44,64	64,94	73,05	38,83	56,48	63,54	33,27	48,39	54,44
	III	868,—	47,74	69,44	78,12	III	868,—	42,83	62,30	70,09	38,06	55,37	62,29	33,42	48,61	54,68	28,91	42,05	47,30	24,52	35,66	40,12	20,25	29,46	33,14
	V	1 740,08	95,70	139,20	156,60	IV	1 325,58	69,53	101,14	113,78	66,16	96,23	108,26	62,79	91,34	102,75	59,48	86,52	97,33	56,23	81,80	92,02	53,05	77,17	86,81
	VI	1 773,58	97,54	141,88	159,62																				
5 399,99 West	I,IV	1 315,75	72,36	105,26	118,41	I	1 315,75	65,62	95,45	107,38	58,96	85,76	96,48	52,55	76,44	85,99	46,40	67,49	75,92	40,51	58,92	66,29	34,87	50,72	57,06
	II	1 270,—	69,85	101,60	114,30	II	1 270,—	63,10	91,79	103,26	56,54	82,24	92,52	50,22	73,06	82,19	44,17	64,25	72,28	38,37	55,82	62,79	32,83	47,76	53,73
	III	860,83	47,34	68,86	77,47	III	860,83	42,46	61,76	69,48	37,69	54,82	61,67	33,06	48,09	54,10	28,55	41,53	46,72	24,18	35,17	39,56	19,92	28,98	32,60
	V	1 730,33	95,16	138,42	155,72	IV	1 315,75	68,99	100,36	112,90	65,62	95,45	107,38	62,26	90,56	101,88	58,96	85,76	96,48	55,72	81,05	91,18	52,55	76,44	85,99
	VI	1 763,83	97,01	141,10	158,74																				
5 399,99 Ost	I,IV	1 326,83	72,97	106,14	119,41	I	1 326,83	66,22	96,33	108,37	59,55	86,62	97,44	53,12	77,26	86,92	46,94	68,28	76,82	41,03	59,68	67,14	35,36	51,44	57,87
	II	1 281,—	70,45	102,48	115,29	II	1 281,—	63,71	92,67	104,25	57,12	83,08	93,47	50,78	73,86	83,09	44,70	65,02	73,15	38,88	56,56	63,63	33,32	48,47	54,53
	III	869,—	47,79	69,52	78,21	III	869,—	42,89	62,38	70,18	38,11	55,44	62,37	33,46	48,68	54,76	28,95	42,12	47,38	24,56	35,73	40,19	20,30	29,53	33,22
	V	1 741,33	95,77	139,30	156,71	IV	1 326,83	69,60	101,24	113,89	66,22	96,33	108,37	62,86	91,44	102,87	59,55	86,62	97,44	56,30	81,89	92,12	53,12	77,26	86,92
	VI	1 774,83	97,61	141,98	159,73																				

* Die ausgewiesenen Tabellenwerte sind amtlich. Siehe Erläuterungen auf der Umschlaginnenseite (U2).

Abzüge an Lohnsteuer, Solidaritätszuschlag (SolZ) und Kirchensteuer (8%, 9%) in den Steuerklassen

Lohn/Gehalt bis €*	I – VI		ohne Kinderfreibeträge			I, II, III, IV		mit Zahl der Kinderfreibeträge . . . 0,5			1			1,5			2			2,5			3		
		LSt	SolZ	8%	9%		LSt	SolZ	8%	9%	SolZ	8%	9%	SolZ	8%	9%	SolZ	8%	9%	SolZ	8%	9%	SolZ	8%	9%
5 402,99 West	I,IV	1 317,—	72,43	105,36	118,53	I	1 317,—	65,68	95,54	107,48	59,02	85,85	96,58	52,61	76,53	86,09	46,46	67,58	76,02	40,56	59,—	66,38	34,92	50,80	57,15
	II	1 271,16	69,91	101,69	114,40	II	1 271,16	63,17	91,88	103,37	56,60	82,33	92,62	50,28	73,14	82,28	44,22	64,33	72,37	38,43	55,90	62,88	32,89	47,84	53,82
	III	861,66	47,39	68,93	77,54	III	861,66	42,50	61,82	69,55	37,73	54,89	61,75	33,10	48,14	54,16	28,60	41,60	46,80	24,21	35,22	39,62	19,97	29,05	32,68
	V	1 731,50	95,23	138,52	155,83	IV	1 317,—	69,06	100,45	113,—	65,68	95,54	107,48	62,32	90,66	101,99	59,02	85,85	96,58	55,78	81,14	91,28	52,61	76,53	86,09
	VI	1 765,—	97,07	141,20	158,85																				
5 402,99 Ost	I,IV	1 328,08	73,04	106,24	119,52	I	1 328,08	66,29	96,43	108,48	59,62	86,72	97,56	53,18	77,36	87,03	47,—	68,37	76,91	41,08	59,76	67,23	35,42	51,53	57,97
	II	1 282,25	70,52	102,58	115,40	II	1 282,25	63,78	92,77	104,36	57,18	83,18	93,57	50,84	73,96	83,20	44,77	65,12	73,26	38,94	56,64	63,72	33,38	48,55	54,62
	III	869,83	47,84	69,58	78,28	III	869,83	42,93	62,45	70,25	38,16	55,50	62,44	33,51	48,74	54,83	28,99	42,17	47,44	24,61	35,80	40,27	20,35	29,60	33,30
	V	1 742,66	95,84	139,41	156,83	IV	1 328,08	69,67	101,34	114,—	66,29	96,43	108,48	62,93	91,54	102,98	59,62	86,72	97,56	56,37	81,99	92,24	53,18	77,36	87,03
	VI	1 776,08	97,68	142,08	159,84																				
5 405,99 West	I,IV	1 318,16	72,49	105,45	118,63	I	1 318,16	65,75	95,64	107,60	59,09	85,95	96,69	52,67	76,62	86,19	46,52	67,66	76,12	40,62	59,08	66,47	34,98	50,88	57,24
	II	1 272,41	69,98	101,79	114,51	II	1 272,41	63,24	91,98	103,48	56,66	82,42	92,72	50,34	73,23	82,38	44,28	64,42	72,47	38,48	55,98	62,97	32,94	47,92	53,91
	III	862,66	47,44	69,01	77,63	III	862,66	42,55	61,89	69,62	37,78	54,96	61,83	33,14	48,21	54,23	28,63	41,65	46,85	24,26	35,29	39,70	20,01	29,10	32,74
	V	1 732,75	95,30	138,62	155,94	IV	1 318,16	69,12	100,54	113,11	65,75	95,64	107,60	62,39	90,75	102,09	59,09	85,95	96,69	55,85	81,24	91,39	52,67	76,62	86,19
	VI	1 766,25	97,14	141,30	158,96																				
5 405,99 Ost	I,IV	1 329,33	73,11	106,34	119,63	I	1 329,33	66,36	96,53	108,59	59,68	86,81	97,66	53,24	77,45	87,13	47,07	68,46	77,02	41,14	59,85	67,33	35,48	51,61	58,06
	II	1 283,58	70,59	102,68	115,52	II	1 283,58	63,85	92,87	104,48	57,25	83,28	93,69	50,91	74,05	83,30	44,82	65,20	73,35	39,—	56,73	63,82	33,43	48,63	54,71
	III	870,83	47,89	69,66	78,37	III	870,83	42,99	62,53	70,34	38,21	55,58	62,53	33,56	48,82	54,92	29,04	42,24	47,52	24,64	35,85	40,33	20,39	29,66	33,37
	V	1 743,91	95,91	139,51	156,95	IV	1 329,33	69,74	101,44	114,12	66,36	96,53	108,59	63,—	91,64	103,09	59,68	86,81	97,66	56,43	82,08	92,34	53,24	77,45	87,13
	VI	1 777,33	97,75	142,18	159,95																				
5 408,99 West	I,IV	1 319,41	72,56	105,55	118,74	I	1 319,41	65,82	95,74	107,70	59,15	86,04	96,79	52,74	76,71	86,30	46,58	67,75	76,22	40,68	59,17	66,56	35,03	50,96	57,33
	II	1 273,58	70,04	101,88	114,62	II	1 273,58	63,30	92,08	103,59	56,72	82,51	92,82	50,41	73,32	82,49	44,34	64,50	72,56	38,54	56,06	63,06	32,99	47,99	53,99
	III	863,50	47,49	69,08	77,71	III	863,50	42,59	61,96	69,70	37,83	55,02	61,90	33,19	48,28	54,31	28,68	41,72	46,93	24,30	35,34	39,76	20,04	29,16	32,80
	V	1 733,91	95,36	138,71	156,05	IV	1 319,41	69,19	100,64	113,22	65,82	95,74	107,70	62,45	90,84	102,20	59,15	86,04	96,79	55,91	81,32	91,49	52,74	76,71	86,30
	VI	1 767,41	97,20	141,39	159,06																				
5 408,99 Ost	I,IV	1 330,58	73,18	106,44	119,75	I	1 330,58	66,43	96,63	108,71	59,75	86,91	97,77	53,31	77,54	87,23	47,13	68,55	77,12	41,20	59,94	67,43	35,53	51,69	58,15
	II	1 284,83	70,66	102,78	115,63	II	1 284,83	63,91	92,97	104,59	57,31	83,37	93,79	50,97	74,14	83,41	44,88	65,29	73,45	39,06	56,82	63,92	33,49	48,71	54,80
	III	871,66	47,94	69,73	78,44	III	871,66	43,03	62,60	70,42	38,26	55,65	62,60	33,61	48,89	55,—	29,08	42,30	47,59	24,69	35,92	40,41	20,43	29,72	33,43
	V	1 745,16	95,98	139,61	157,06	IV	1 330,58	69,80	101,54	114,23	66,43	96,63	108,71	63,07	91,74	103,20	59,75	86,91	97,77	56,50	82,18	92,45	53,31	77,54	87,23
	VI	1 778,58	97,82	142,28	160,07																				
5 411,99 West	I,IV	1 320,58	72,63	105,64	118,85	I	1 320,58	65,88	95,83	107,81	59,21	86,13	96,89	52,80	76,80	86,40	46,64	67,84	76,32	40,73	59,25	66,65	35,09	51,04	57,42
	II	1 274,83	70,11	101,98	114,73	II	1 274,83	63,36	92,17	103,69	56,79	82,60	92,93	50,47	73,41	82,58	44,40	64,58	72,65	38,59	56,14	63,15	33,05	48,07	54,08
	III	864,33	47,53	69,14	77,78	III	864,33	42,64	62,02	69,77	37,87	55,09	61,97	33,23	48,34	54,38	28,72	41,78	47,—	24,34	35,41	39,83	20,09	29,22	32,87
	V	1 735,16	95,43	138,81	156,16	IV	1 320,58	69,25	100,74	113,33	65,88	95,83	107,81	62,52	90,94	102,30	59,21	86,13	96,89	55,97	81,42	91,59	52,80	76,80	86,40
	VI	1 768,58	97,27	141,48	159,17																				
5 411,99 Ost	I,IV	1 331,83	73,25	106,54	119,86	I	1 331,83	66,50	96,73	108,82	59,82	87,01	97,88	53,37	77,64	87,34	47,19	68,64	77,22	41,26	60,02	67,52	35,59	51,78	58,25
	II	1 286,08	70,73	102,88	115,74	II	1 286,08	63,98	93,07	104,70	57,38	83,47	93,90	51,04	74,24	83,52	44,95	65,38	73,55	39,12	56,90	64,01	33,54	48,79	54,89
	III	872,66	47,99	69,81	78,53	III	872,66	43,09	62,68	70,51	38,30	55,72	62,68	33,66	48,96	55,08	29,13	42,37	47,66	24,74	35,98	40,48	20,47	29,78	33,50
	V	1 746,41	96,05	139,71	157,17	IV	1 331,83	69,87	101,64	114,34	66,50	96,73	108,82	63,14	91,84	103,32	59,82	87,01	97,88	56,56	82,28	92,56	53,37	77,64	87,34
	VI	1 779,83	97,89	142,38	160,18																				
5 414,99 West	I,IV	1 321,83	72,70	105,74	118,96	I	1 321,83	65,95	95,93	107,92	59,28	86,23	97,01	52,86	76,89	86,50	46,69	67,92	76,41	40,79	59,33	66,74	35,14	51,12	57,51
	II	1 276,—	70,18	102,08	114,84	II	1 276,—	63,43	92,27	103,80	56,85	82,70	93,03	50,53	73,50	82,68	44,46	64,67	72,75	38,65	56,22	63,25	33,10	48,14	54,16
	III	865,33	47,59	69,22	77,87	III	865,33	42,68	62,09	69,85	37,92	55,16	62,05	33,28	48,41	54,46	28,77	41,85	47,08	24,39	35,48	39,91	20,13	29,29	32,95
	V	1 736,33	95,49	138,90	156,26	IV	1 321,83	69,32	100,84	113,44	65,95	95,93	107,92	62,59	91,04	102,42	59,28	86,23	97,01	56,04	81,51	91,70	52,86	76,89	86,50
	VI	1 769,83	97,34	141,58	159,28																				
5 414,99 Ost	I,IV	1 333,08	73,31	106,64	119,97	I	1 333,08	66,57	96,84	108,94	59,88	87,10	97,99	53,44	77,73	87,44	47,25	68,74	77,33	41,32	60,11	67,62	35,65	51,86	58,34
	II	1 287,33	70,80	102,98	115,85	II	1 287,33	64,05	93,17	104,81	57,45	83,56	94,01	51,10	74,33	83,62	45,01	65,47	73,65	39,17	56,98	64,10	33,60	48,88	54,99
	III	873,66	48,05	69,89	78,62	III	873,66	43,13	62,74	70,58	38,35	55,78	62,75	33,70	49,02	55,15	29,17	42,44	47,74	24,78	36,05	40,55	20,52	29,85	33,58
	V	1 747,66	96,12	139,81	157,28	IV	1 333,08	69,94	101,74	114,45	66,57	96,84	108,94	63,20	91,94	103,43	59,88	87,10	97,99	56,63	82,37	92,66	53,44	77,73	87,44
	VI	1 781,16	97,96	142,49	160,30																				
5 417,99 West	I,IV	1 323,—	72,76	105,84	119,07	I	1 323,—	66,01	96,02	108,02	59,34	86,32	97,11	52,92	76,98	86,60	46,75	68,01	76,51	40,85	59,42	66,84	35,20	51,20	57,60
	II	1 277,25	70,24	102,18	114,95	II	1 277,25	63,50	92,36	103,91	56,92	82,79	93,14	50,59	73,58	82,78	44,52	64,76	72,85	38,71	56,30	63,34	33,15	48,22	54,25
	III	866,16	47,63	69,29	77,95	III	866,16	42,74	62,17	69,94	37,96	55,22	62,12	33,33	48,48	54,54	28,82	41,92	47,16	24,42	35,53	39,97	20,17	29,34	33,01
	V	1 737,58	95,56	139,—	156,38	IV	1 323,—	69,39	100,93	113,54	66,01	96,02	108,02	62,65	91,13	102,52	59,34	86,32	97,11	56,10	81,60	91,80	52,92	76,98	86,60
	VI	1 771,—	97,40	141,68	159,39																				
5 417,99 Ost	I,IV	1 334,33	73,38	106,74	120,08	I	1 334,33	66,64	96,94	109,05	59,95	87,20	98,10	53,51	77,83	87,56	47,31	68,82	77,42	41,38	60,20	67,72	35,71	51,94	58,43
	II	1 288,58	70,87	103,08	115,97	II	1 288,58	64,12	93,27	104,93	57,52	83,66	94,12	51,16	74,42	83,72	45,07	65,56	73,75	39,23	57,07	64,20	33,66	48,96	55,08
	III	874,50	48,09	69,96	78,70	III	874,50	43,18	62,81	70,66	38,40	55,86	62,84	33,75	49,09	55,22	29,22	42,50	47,81	24,83	36,12	40,63	20,56	29,90	33,64
	V	1 748,91	96,19	139,91	157,40	IV	1 334,33	70,01	101,84	114,57	66,64	96,94	109,05	63,27	92,04	103,54	59,95	87,20	98,10	56,70	82,47	92,78	53,51	77,83	87,56
	VI	1 782,41	98,03	142,59	160,41																				
5 420,99 West	I,IV	1 324,25	72,83	105,94	119,18	I	1 324,25	66,08	96,12	108,14	59,41	86,42	97,22	52,98	77,07	86,70	46,81	68,10	76,61	40,90	59,50	66,93	35,25	51,28	57,69
	II	1 278,41	70,31	102,27	115,05	II	1 278,41	63,57	92,46	104,02	56,98	82,88	93,24	50,65	73,68	82,89	44,58	64,84	72,95	38,76	56,38	63,43	33,21	48,30	54,34
	III	867,—	47,68	69,36	78,03	III	867,—	42,79	62,24	70,02	38,01	55,29	62,20	33,37	48,54	54,61	28,85	41,97	47,21	24,47	35,60	40,05	20,21	29,40	33,07
	V	1 738,75	95,63	139,10	156,48	IV	1 324,25	69,46	101,03	113,66	66,08	96,12	108,14	62,72	91,23	102,63	59,41	86,42	97,22	56,16	81,70	91,91	52,98	77,07	86,70
	VI	1 772,25	97,47	141,78	159,50																				
5 420,99 Ost	I,IV	1 335,58	73,45	106,84	120,20	I	1 335,58	66,71	97,04	109,17	60,02	87,30	98,21	53,57	77,92	87,66	47,38	68,92	77,53	41,44	60,28	67,82	35,76	52,02	58,52
	II	1 289,83	70,94	103,18	116,08	II	1 289,83	64,19	93,38	105,05	57,58	83,76	94,23	51,23	74,52	83,83	45,13	65,65	73,85	39,29	57,16	64,30	33,71	49,04	55,17
	III	875,50	48,15	70,04	78,79	III	875,50	43,23	62,89	70,75	38,45	55,93	62,92	33,79	49,16	55,30	29,26	42,57	47,89	24,87	36,18	40,70	20,60	29,97	33,71
	V	1 750,16	96,25	140,01	157,51	IV	1 335,58	70,08	101,94	114,68	66,71	97,04	109,17	63,34	92,14	103,65	60,02	87,30	98,21	56,76	82,56	92,88	53,57	77,92	87,66
	VI	1 783,66	98,10	142,69	160,52																				
5 423,99 West	I,IV	1 325,41	72,89	106,03	119,28	I	1 325,41	66,15	96,22	108,24	59,47	86,51	97,32	53,04	77,16	86,80	46,87	68,18	76,70	40,96	59,58	67,02	35,30	51,35	57,77
	II	1 279,58	70,37	102,36	115,16	II	1 279,58	63,63	92,56	104,13	57,04	82,97	93,34	50,71	73,76	82,98	44,63	64,92	73,04	38,82	56,46	63,52	33,26	48,38	54,42
	III	868,—	47,74	69,44	78,12	III	868,—	42,83	62,30	70,09	38,06	55,36	62,28	33,42	48,61	54,68	28,90	42,04	47,29	24,51	35,65	40,10	20,25	29,46	33,14
	V	1 740,—	95,70	139,20	156,60	IV	1 325,41	69,52	101,12	113,76	66,15	96,22	108,24	62,78	91,32	102,74	59,47	86,51	97,32	56,22	81,78	92,—	53,04	77,16	86,80
	VI	1 773,41	97,53	141,87	159,60																				
5 423,99 Ost	I,IV	1 336,91	73,53	106,95	120,32	I	1 336,91	66,78	97,14	109,28	60,09	87,40	98,33	53,63	78,02	87,77	47,44	69,—	77,63	41,50	60,37	67,91	35,82	52,11	58,62
	II	1 291,08	71,—	103,28	116,19	II	1 291,08	64,26	93,48	105,16	57,65	83,86	94,34	51,29	74,61	83,93	45,19	65,74	73,95	39,35	57,24	64,40	33,77	49,12	55,26
	III	876,33	48,19	70,10	78,86	III	876,33	43,28	62,96	70,83	38,50	56,—	63,—	33,84	49,22	55,37	29,31	42,64	47,97	24,92	36,25	40,78	20,65	30,04	33,79
	V	1 751,41	96,32	140,11	157,62	IV	1 336,91	70,15	102,04	114,80	66,78	97,14	109,28	63,41	92,24	103,77	60,09	87,40	98,33	56,83	82,66	92,99	53,63	78,02	87,77
	VI	1 784,91	98,17	142,79	160,64																				

* Die ausgewiesenen Tabellenwerte sind amtlich. Siehe Erläuterungen auf der Umschlaginnenseite (U2).

MONAT 5 424,–*

Abzüge an Lohnsteuer, Solidaritätszuschlag (SolZ) und Kirchensteuer (8%, 9%) in den Steuerklassen

Lohn/ Gehalt bis €*	I – VI		ohne Kinderfreibeträge			I, II, III, IV		mit Zahl der Kinderfreibeträge . . . 0,5			1			1,5			2			2,5			3		
		LSt	SolZ	8%	9%		LSt	SolZ	8%	9%	SolZ	8%	9%	SolZ	8%	9%	SolZ	8%	9%	SolZ	8%	9%	SolZ	8%	9%
5 426,99 West	I,IV	1 326,66	72,96	106,13	119,39	I	1 326,66	66,22	96,32	108,36	59,54	86,60	97,43	53,11	77,25	86,90	46,93	68,27	76,80	41,02	59,66	67,12	35,36	51,43	57,86
	II	1 280,83	70,44	102,46	115,27	II	1 280,83	63,70	92,66	104,24	57,11	83,07	93,45	50,77	73,85	83,08	44,69	65,01	73,13	38,88	56,55	63,62	33,31	48,46	54,51
	III	868,83	47,78	69,50	78,19	III	868,83	42,88	62,37	70,16	38,10	55,42	62,35	33,46	48,68	54,76	28,94	42,10	47,36	24,55	35,72	40,18	20,30	29,53	33,22
	V	1 741,16	95,76	139,29	156,70	IV	1 326,66	69,59	101,22	113,87	66,22	96,32	108,36	62,85	91,42	102,84	59,54	86,60	97,43	56,29	81,88	92,11	53,11	77,25	86,90
	VI	1 774,66	97,60	141,97	159,71																				
5 426,99 Ost	I,IV	1 338,16	73,59	107,05	120,43	I	1 338,16	66,85	97,24	109,39	60,15	87,50	98,43	53,70	78,11	87,87	47,50	69,10	77,73	41,56	60,46	68,01	35,88	52,19	58,71
	II	1 292,33	71,07	103,38	116,30	II	1 292,33	64,33	93,58	105,27	57,71	83,95	94,44	51,36	74,70	84,04	45,26	65,83	74,06	39,41	57,32	64,49	33,82	49,20	55,35
	III	877,33	48,25	70,18	78,95	III	877,33	43,34	63,04	70,92	38,55	56,08	63,09	33,89	49,30	55,46	29,36	42,70	48,04	24,96	36,30	40,84	20,69	30,10	33,86
	V	1 752,75	96,40	140,22	157,74	IV	1 338,16	70,22	102,14	114,91	66,85	97,24	109,39	63,48	92,34	103,88	60,15	87,50	98,43	56,89	82,76	93,10	53,70	78,11	87,87
	VI	1 786,16	98,23	142,89	160,75																				
5 429,99 West	I,IV	1 327,83	73,03	106,22	119,50	I	1 327,83	66,28	96,41	108,46	59,60	86,70	97,53	53,17	77,34	87,–	46,99	68,36	76,90	41,07	59,74	67,21	35,41	51,51	57,95
	II	1 282,–	70,51	102,56	115,38	II	1 282,–	63,76	92,75	104,34	57,17	83,16	93,55	50,83	73,94	83,18	44,75	65,10	73,23	38,93	56,63	63,71	33,37	48,54	54,60
	III	869,66	47,83	69,57	78,26	III	869,66	42,92	62,44	70,24	38,15	55,49	62,42	33,51	48,74	54,83	28,99	42,17	47,44	24,60	35,78	40,25	20,34	29,58	33,28
	V	1 742,41	95,83	139,39	156,81	IV	1 327,83	69,65	101,32	113,98	66,28	96,41	108,46	62,92	91,52	102,96	59,60	86,70	97,53	56,35	81,97	92,21	53,17	77,34	87,–
	VI	1 775,83	97,67	142,06	159,82																				
5 429,99 Ost	I,IV	1 339,41	73,66	107,15	120,54	I	1 339,41	66,92	97,34	109,50	60,22	87,60	98,55	53,76	78,20	87,98	47,57	69,19	77,84	41,62	60,54	68,11	35,93	52,27	58,80
	II	1 293,58	71,14	103,48	116,42	II	1 293,58	64,40	93,68	105,39	57,78	84,05	94,55	51,42	74,80	84,15	45,32	65,92	74,16	39,47	57,41	64,58	33,88	49,28	55,44
	III	878,16	48,29	70,25	79,03	III	878,16	43,38	63,10	70,99	38,60	56,14	63,16	33,94	49,37	55,54	29,40	42,77	48,11	25,–	36,37	40,91	20,73	30,16	33,93
	V	1 754,–	96,47	140,32	157,86	IV	1 339,41	70,29	102,24	115,02	66,92	97,34	109,50	63,55	92,44	103,99	60,22	87,60	98,55	56,96	82,86	93,21	53,76	78,20	87,98
	VI	1 787,41	98,30	142,99	160,86																				
5 432,99 West	I,IV	1 329,–	73,09	106,32	119,61	I	1 329,–	66,34	96,50	108,56	59,67	86,79	97,64	53,23	77,42	87,10	47,05	68,44	76,99	41,13	59,83	67,31	35,47	51,59	58,04
	II	1 283,25	70,57	102,66	115,49	II	1 283,25	63,83	92,84	104,45	57,23	83,25	93,65	50,89	74,03	83,28	44,81	65,18	73,33	38,99	56,71	63,80	33,42	48,61	54,68
	III	870,66	47,88	69,65	78,35	III	870,66	42,98	62,52	70,33	38,19	55,56	62,50	33,55	48,80	54,90	29,03	42,22	47,50	24,64	35,84	40,32	20,38	29,65	33,35
	V	1 743,58	95,89	139,48	156,92	IV	1 329,–	69,72	101,41	114,08	66,34	96,50	108,56	62,98	91,61	103,06	59,67	86,79	97,64	56,42	82,06	92,32	53,23	77,42	87,10
	VI	1 777,–	97,73	142,16	159,93																				
5 432,99 Ost	I,IV	1 340,66	73,73	107,25	120,65	I	1 340,66	66,99	97,44	109,62	60,29	87,70	98,66	53,83	78,30	88,08	47,63	69,28	77,94	41,68	60,63	68,21	35,99	52,36	58,90
	II	1 294,91	71,22	103,59	116,54	II	1 294,91	64,47	93,78	105,50	57,85	84,14	94,66	51,48	74,89	84,25	45,37	66,–	74,25	39,53	57,50	64,68	33,93	49,36	55,53
	III	879,16	48,35	70,33	79,12	III	879,16	43,44	63,18	71,08	38,64	56,21	63,23	33,99	49,44	55,62	29,45	42,84	48,19	25,05	36,44	40,99	20,78	30,22	34,–
	V	1 755,25	96,53	140,42	157,97	IV	1 340,66	70,36	102,34	115,13	66,99	97,44	109,62	63,62	92,54	104,10	60,29	87,70	98,66	57,03	82,95	93,32	53,83	78,30	88,08
	VI	1 788,66	98,37	143,09	160,97																				
5 435,99 West	I,IV	1 330,25	73,16	106,42	119,72	I	1 330,25	66,41	96,60	108,68	59,73	86,88	97,74	53,29	77,52	87,21	47,11	68,53	77,09	41,19	59,91	67,40	35,52	51,67	58,13
	II	1 284,41	70,64	102,75	115,59	II	1 284,41	63,90	92,94	104,56	57,30	83,34	93,76	50,95	74,12	83,38	44,87	65,27	73,43	39,04	56,79	63,89	33,47	48,69	54,77
	III	871,50	47,93	69,72	78,43	III	871,50	43,02	62,58	70,40	38,24	55,62	62,57	33,59	48,86	54,97	29,07	42,29	47,57	24,68	35,90	40,39	20,42	29,70	33,41
	V	1 744,83	95,96	139,58	157,03	IV	1 330,25	69,79	101,51	114,20	66,41	96,60	108,68	63,04	91,70	103,16	59,73	86,88	97,74	56,48	82,16	92,43	53,29	77,52	87,21
	VI	1 778,25	97,80	142,26	160,04																				
5 435,99 Ost	I,IV	1 341,91	73,80	107,35	120,77	I	1 341,91	67,05	97,54	109,73	60,36	87,80	98,77	53,90	78,40	88,20	47,69	69,37	78,04	41,74	60,72	68,31	36,05	52,44	58,99
	II	1 296,16	71,28	103,69	116,65	II	1 296,16	64,54	93,88	105,61	57,91	84,24	94,77	51,55	74,98	84,35	45,44	66,10	74,36	39,59	57,58	64,78	33,99	49,44	55,62
	III	880,16	48,40	70,41	79,21	III	880,16	43,48	63,25	71,15	38,69	56,28	63,31	34,03	49,50	55,69	29,49	42,90	48,26	25,09	36,50	41,06	20,82	30,29	34,07
	V	1 756,50	96,60	140,52	158,08	IV	1 341,91	70,43	102,44	115,25	67,05	97,54	109,73	63,69	92,64	104,22	60,36	87,80	98,77	57,09	83,05	93,43	53,90	78,40	88,20
	VI	1 789,91	98,44	143,19	161,09																				
5 438,99 West	I,IV	1 331,41	73,22	106,51	119,82	I	1 331,41	66,48	96,70	108,78	59,79	86,98	97,85	53,35	77,61	87,31	47,17	68,61	77,18	41,24	59,99	67,49	35,58	51,75	58,22
	II	1 285,66	70,71	102,85	115,70	II	1 285,66	63,96	93,04	104,67	57,36	83,44	93,87	51,01	74,20	83,48	44,93	65,35	73,52	39,10	56,87	63,98	33,52	48,76	54,86
	III	872,33	47,97	69,78	78,50	III	872,33	43,07	62,65	70,48	38,28	55,69	62,65	33,64	48,93	55,04	29,12	42,36	47,65	24,73	35,97	40,46	20,46	29,76	33,48
	V	1 746,–	96,03	139,68	157,14	IV	1 331,41	69,85	101,60	114,30	66,48	96,70	108,78	63,11	91,80	103,28	59,79	86,98	97,85	56,54	82,24	92,52	53,35	77,61	87,31
	VI	1 779,41	97,86	142,35	160,14																				
5 438,99 Ost	I,IV	1 343,16	73,87	107,45	120,88	I	1 343,16	67,13	97,64	109,85	60,43	87,90	98,88	53,96	78,49	88,30	47,75	69,46	78,14	41,80	60,80	68,40	36,11	52,52	59,09
	II	1 297,41	71,35	103,79	116,76	II	1 297,41	64,61	93,98	105,72	57,98	84,34	94,88	51,61	75,08	84,46	45,50	66,18	74,45	39,65	57,67	64,88	34,05	49,53	55,72
	III	881,–	48,45	70,48	79,29	III	881,–	43,54	63,33	71,24	38,74	56,36	63,40	34,08	49,57	55,76	29,55	42,98	48,35	25,14	36,57	41,14	20,86	30,34	34,13
	V	1 757,75	96,67	140,62	158,19	IV	1 343,16	70,50	102,54	115,36	67,13	97,64	109,85	63,75	92,74	104,33	60,43	87,90	98,88	57,16	83,14	93,53	53,96	78,49	88,30
	VI	1 791,25	98,51	143,30	161,21																				
5 441,99 West	I,IV	1 332,66	73,29	106,61	119,93	I	1 332,66	66,55	96,80	108,90	59,86	87,07	97,95	53,41	77,70	87,41	47,23	68,70	77,29	41,30	60,08	67,59	35,63	51,83	58,31
	II	1 286,83	70,77	102,94	115,81	II	1 286,83	64,03	93,14	104,78	57,42	83,53	93,97	51,08	74,30	83,58	44,99	65,44	73,62	39,16	56,96	64,08	33,58	48,84	54,95
	III	873,33	48,03	69,86	78,59	III	873,33	43,12	62,72	70,56	38,34	55,77	62,74	33,68	49,–	55,12	29,16	42,42	47,72	24,76	36,02	40,52	20,50	29,82	33,55
	V	1 747,25	96,09	139,78	157,25	IV	1 332,66	69,92	101,70	114,41	66,55	96,80	108,90	63,18	91,90	103,38	59,86	87,07	97,95	56,60	82,34	92,63	53,41	77,70	87,41
	VI	1 780,66	97,93	142,45	160,25																				
5 441,99 Ost	I,IV	1 344,41	73,94	107,55	120,99	I	1 344,41	67,20	97,74	109,96	60,49	87,99	98,99	54,02	78,58	88,40	47,81	69,55	78,24	41,86	60,89	68,50	36,16	52,60	59,18
	II	1 298,66	71,42	103,89	116,87	II	1 298,66	64,68	94,08	105,84	58,05	84,44	94,99	51,68	75,17	84,56	45,56	66,28	74,56	39,71	57,76	64,98	34,10	49,61	55,81
	III	882,–	48,51	70,56	79,38	III	882,–	43,58	63,40	71,32	38,79	56,42	63,47	34,12	49,64	55,84	29,59	43,05	48,43	25,19	36,64	41,22	20,90	30,41	34,21
	V	1 759,–	96,74	140,72	158,31	IV	1 344,41	70,56	102,64	115,47	67,20	97,74	109,96	63,82	92,84	104,44	60,49	87,99	98,99	57,23	83,24	93,65	54,02	78,58	88,40
	VI	1 792,50	98,58	143,40	161,32																				
5 444,99 West	I,IV	1 333,83	73,36	106,70	120,04	I	1 333,83	66,61	96,89	109,–	59,92	87,16	98,06	53,48	77,79	87,51	47,29	68,78	77,38	41,36	60,16	67,68	35,69	51,91	58,40
	II	1 288,08	70,84	103,04	115,92	II	1 288,08	64,09	93,23	104,88	57,49	83,62	94,07	51,14	74,38	83,68	45,04	65,52	73,71	39,21	57,04	64,17	33,63	48,92	55,04
	III	874,16	48,07	69,93	78,67	III	874,16	43,16	62,78	70,63	38,39	55,84	62,82	33,73	49,06	55,19	29,21	42,49	47,80	24,81	36,09	40,60	20,55	29,89	33,62
	V	1 748,41	96,16	139,87	157,35	IV	1 333,83	69,98	101,80	114,52	66,61	96,89	109,–	63,24	91,99	103,49	59,92	87,16	98,06	56,67	82,43	92,73	53,48	77,79	87,51
	VI	1 781,83	98,–	142,54	160,36																				
5 444,99 Ost	I,IV	1 345,66	74,01	107,65	121,10	I	1 345,66	67,26	97,84	110,07	60,56	88,09	99,10	54,09	78,68	88,51	47,88	69,64	78,35	41,92	60,98	68,60	36,22	52,69	59,27
	II	1 299,91	71,49	103,99	116,99	II	1 299,91	64,74	94,18	105,95	58,12	84,54	95,10	51,74	75,26	84,67	45,62	66,36	74,66	39,76	57,84	65,07	34,16	49,69	55,90
	III	882,83	48,55	70,62	79,45	III	882,83	43,63	63,46	71,39	38,83	56,49	63,55	34,17	49,70	55,91	29,64	43,12	48,51	25,23	36,70	41,29	20,95	30,48	34,29
	V	1 760,25	96,81	140,82	158,42	IV	1 345,66	70,64	102,75	115,59	67,26	97,84	110,07	63,89	92,94	104,55	60,56	88,09	99,10	57,29	83,34	93,75	54,09	78,68	88,51
	VI	1 793,75	98,65	143,50	161,43																				
5 447,99 West	I,IV	1 335,08	73,42	106,80	120,15	I	1 335,08	66,68	96,99	109,11	59,99	87,26	98,16	53,54	77,88	87,61	47,35	68,88	77,49	41,41	60,24	67,77	35,74	51,99	58,49
	II	1 289,25	70,90	103,14	116,03	II	1 289,25	64,16	93,33	104,99	57,55	83,72	94,18	51,20	74,48	83,79	45,10	65,61	73,81	39,27	57,12	64,26	33,69	49,–	55,13
	III	875,–	48,12	70,–	78,75	III	875,–	43,21	62,85	70,70	38,43	55,90	62,89	33,77	49,13	55,27	29,25	42,54	47,86	24,86	36,16	40,68	20,58	29,94	33,68
	V	1 749,66	96,23	139,97	157,46	IV	1 335,08	70,05	101,90	114,63	66,68	96,99	109,11	63,31	92,09	103,60	59,99	87,26	98,16	56,73	82,52	92,84	53,54	77,88	87,61
	VI	1 783,08	98,06	142,64	160,47																				
5 447,99 Ost	I,IV	1 347,–	74,08	107,76	121,23	I	1 347,–	67,33	97,94	110,18	60,63	88,19	99,21	54,16	78,78	88,62	47,94	69,73	78,44	41,98	61,06	68,69	36,28	52,77	59,36
	II	1 301,16	71,56	104,09	117,10	II	1 301,16	64,82	94,28	106,07	58,18	84,63	95,21	51,81	75,36	84,78	45,68	66,45	74,75	39,82	57,92	65,16	34,21	49,77	55,99
	III	883,83	48,61	70,70	79,54	III	883,83	43,68	63,54	71,48	38,89	56,57	63,64	34,22	49,78	56,–	29,69	43,18	48,58	25,28	36,77	41,36	21,–	30,54	34,36
	V	1 761,50	96,88	140,92	158,53	IV	1 347,–	70,71	102,85	115,70	67,33	97,94	110,18	63,96	93,04	104,67	60,63	88,19	99,21	57,36	83,44	93,87	54,16	78,78	88,62
	VI	1 795,–	98,72	143,60	161,55																				

* Die ausgewiesenen Tabellenwerte sind amtlich. Siehe Erläuterungen auf der Umschlaginnenseite (U2).

Lohn/ Gehalt bis €*		I – VI	ohne Kinderfreibeträge			I, II, III, IV	mit Zahl der Kinderfreibeträge . . . 0,5			1			1,5			2			2,5			3		
		LSt	SolZ	8%	9%		LSt	SolZ	8%	9%	SolZ	8%	9%	SolZ	8%	9%	SolZ	8%	9%	SolZ	8%	9%	SolZ	8%	9%
5 450,99 West	I,IV	1 336,25	73,49	106,90	120,26	I	1 336,25	66,74	97,08	109,22	60,05	87,35	98,27	53,60	77,97	87,71	47,41	68,96	77,58	41,47	60,32	67,86	35,79	52,06	58,57
	II	1 290,50	70,97	103,24	116,14	II	1 290,50	64,23	93,42	105,10	57,61	83,80	94,28	51,26	74,56	83,88	45,16	65,69	73,90	39,32	57,20	64,35	33,74	49,08	55,21
	III	876,—	48,18	70,08	78,84	III	876,—	43,26	62,93	70,79	38,48	55,97	62,96	33,82	49,20	55,35	29,29	42,61	47,93	24,89	36,21	40,73	20,62	30,—	33,75
	V	1 750,83	96,29	140,06	157,57	IV	1 336,25	70,12	101,99	114,74	66,74	97,08	109,22	63,37	92,18	103,70	60,05	87,35	98,27	56,80	82,62	92,94	53,60	77,97	87,71
	VI	1 784,25	98,13	142,74	160,58																				
5 450,99 Ost	I,IV	1 348,25	74,15	107,86	121,34	I	1 348,25	67,40	98,04	110,30	60,70	88,29	99,32	54,22	78,87	88,73	48,—	69,82	78,55	42,04	61,15	68,79	36,34	52,86	59,46
	II	1 302,41	71,63	104,19	117,21	II	1 302,41	64,89	94,38	106,18	58,25	84,73	95,32	51,87	75,45	84,88	45,75	66,54	74,86	39,88	58,01	65,26	34,27	49,86	56,09
	III	884,83	48,66	70,78	79,63	III	884,83	43,73	63,61	71,56	38,94	56,64	63,72	34,27	49,85	56,08	29,73	43,25	48,65	25,31	36,82	41,42	21,03	30,60	34,42
	V	1 762,75	96,95	141,02	158,64	IV	1 348,25	70,78	102,95	115,82	67,40	98,04	110,30	64,03	93,14	104,78	60,70	88,29	99,32	57,42	83,53	93,97	54,22	78,87	88,73
	VI	1 796,25	98,79	143,70	161,66																				
5 453,99 West	I,IV	1 337,41	73,55	106,99	120,36	I	1 337,41	66,81	97,18	109,33	60,11	87,44	98,37	53,66	78,06	87,81	47,46	69,04	77,67	41,53	60,41	67,96	35,85	52,14	58,66
	II	1 291,66	71,04	103,33	116,24	II	1 291,66	64,29	93,52	105,21	57,68	83,90	94,38	51,32	74,65	83,98	45,22	65,78	74,—	39,38	57,28	64,44	33,79	49,16	55,30
	III	876,83	48,22	70,14	78,91	III	876,83	43,31	63,—	70,87	38,52	56,04	63,04	33,87	49,26	55,42	29,34	42,68	48,01	24,94	36,28	40,81	20,67	30,06	33,82
	V	1 752,—	96,36	140,16	157,68	IV	1 337,41	70,18	102,08	114,84	66,81	97,18	109,33	63,44	92,28	103,81	60,11	87,44	98,37	56,86	82,70	93,04	53,66	78,06	87,81
	VI	1 785,50	98,20	142,84	160,69																				
5 453,99 Ost	I,IV	1 349,50	74,22	107,96	121,45	I	1 349,50	67,47	98,14	110,41	60,77	88,39	99,44	54,28	78,96	88,83	48,07	69,92	78,66	42,10	61,24	68,89	36,39	52,94	59,55
	II	1 303,66	71,70	104,29	117,32	II	1 303,66	64,95	94,48	106,29	58,31	84,82	95,42	51,93	75,54	84,98	45,81	66,63	74,96	39,94	58,10	65,36	34,33	49,94	56,18
	III	885,66	48,71	70,85	79,70	III	885,66	43,78	63,69	71,65	38,98	56,70	63,79	34,32	49,92	56,16	29,78	43,32	48,73	25,36	36,89	41,50	21,08	30,66	34,49
	V	1 764,08	97,02	141,12	158,76	IV	1 349,50	70,84	103,05	115,93	67,47	98,14	110,41	64,10	93,24	104,89	60,77	88,39	99,44	57,49	83,63	94,08	54,28	78,96	88,83
	VI	1 797,50	98,86	143,80	161,77																				
5 456,99 West	I,IV	1 338,66	73,62	107,09	120,47	I	1 338,66	66,88	97,28	109,44	60,18	87,54	98,48	53,73	78,15	87,92	47,53	69,14	77,78	41,58	60,49	68,05	35,90	52,22	58,75
	II	1 292,91	71,11	103,43	116,36	II	1 292,91	64,36	93,62	105,32	57,74	83,99	94,49	51,38	74,74	84,08	45,28	65,86	74,09	39,43	57,36	64,53	33,85	49,24	55,39
	III	877,66	48,27	70,21	78,98	III	877,66	43,35	63,06	70,94	38,57	56,10	63,11	33,91	49,33	55,49	29,38	42,74	48,08	24,98	36,34	40,88	20,71	30,13	33,89
	V	1 753,25	96,42	140,26	157,79	IV	1 338,66	70,25	102,18	114,95	66,88	97,28	109,44	63,51	92,38	103,92	60,18	87,54	98,48	56,92	82,80	93,15	53,73	78,15	87,92
	VI	1 786,66	98,26	142,93	160,79																				
5 456,99 Ost	I,IV	1 350,75	74,29	108,06	121,56	I	1 350,75	67,54	98,24	110,52	60,83	88,48	99,54	54,35	79,06	88,94	48,12	70,—	78,75	42,16	61,32	68,99	36,45	53,02	59,65
	II	1 305,—	71,77	104,40	117,45	II	1 305,—	65,02	94,58	106,40	58,38	84,92	95,54	52,—	75,64	85,09	45,87	66,72	75,06	40,—	58,18	65,45	34,38	50,02	56,27
	III	886,66	48,76	70,93	79,79	III	886,66	43,83	63,76	71,73	39,04	56,78	63,88	34,36	49,98	56,23	29,82	43,38	48,80	25,41	36,96	41,58	21,12	30,73	34,57
	V	1 765,33	97,09	141,22	158,87	IV	1 350,75	70,91	103,15	116,04	67,54	98,24	110,52	64,17	93,34	105,—	60,83	88,48	99,54	57,56	83,72	94,19	54,35	79,06	88,94
	VI	1 798,75	98,93	143,90	161,88																				
5 459,99 West	I,IV	1 339,83	73,69	107,18	120,58	I	1 339,83	66,94	97,38	109,55	60,25	87,64	98,59	53,79	78,24	88,02	47,58	69,22	77,87	41,64	60,58	68,15	35,96	52,30	58,84
	II	1 294,08	71,17	103,52	116,46	II	1 294,08	64,42	93,71	105,42	57,80	84,08	94,59	51,44	74,83	84,18	45,34	65,95	74,19	39,49	57,44	64,62	33,90	49,31	55,47
	III	878,66	48,32	70,29	79,07	III	878,66	43,40	63,13	71,02	38,61	56,17	63,19	33,96	49,40	55,57	29,42	42,80	48,15	25,02	36,40	40,95	20,75	30,18	33,95
	V	1 754,41	96,49	140,35	157,89	IV	1 339,83	70,31	102,28	115,06	66,94	97,38	109,55	63,57	92,47	104,03	60,25	87,64	98,59	56,98	82,89	93,25	53,79	78,24	88,02
	VI	1 787,91	98,33	143,03	160,91																				
5 459,99 Ost	I,IV	1 352,—	74,36	108,16	121,68	I	1 352,—	67,61	98,34	110,63	60,90	88,58	99,65	54,41	79,15	89,04	48,19	70,10	78,86	42,22	61,42	69,09	36,51	53,10	59,74
	II	1 306,25	71,84	104,50	117,56	II	1 306,25	65,09	94,68	106,52	58,45	85,02	95,65	52,06	75,73	85,19	45,93	66,81	75,16	40,06	58,27	65,55	34,44	50,10	56,36
	III	887,50	48,81	71,—	79,87	III	887,50	43,89	63,84	71,82	39,08	56,85	63,95	34,41	50,05	56,30	29,87	43,45	48,88	25,45	37,02	41,65	21,16	30,78	34,63
	V	1 766,58	97,16	141,32	158,99	IV	1 352,—	70,98	103,25	116,15	67,61	98,34	110,63	64,24	93,44	105,12	60,90	88,58	99,65	57,63	83,82	94,30	54,41	79,15	89,04
	VI	1 800,—	99,—	144,—	162,—																				
5 462,99 West	I,IV	1 341,08	73,75	107,28	120,69	I	1 341,08	67,01	97,47	109,65	60,31	87,73	98,69	53,85	78,33	88,12	47,65	69,31	77,97	41,70	60,66	68,24	36,01	52,38	58,93
	II	1 295,33	71,24	103,62	116,57	II	1 295,33	64,49	93,81	105,53	57,87	84,18	94,70	51,50	74,92	84,28	45,40	66,04	74,29	39,54	57,52	64,71	33,95	49,39	55,56
	III	879,50	48,37	70,36	79,15	III	879,50	43,45	63,20	71,10	38,66	56,24	63,27	34,—	49,46	55,64	29,47	42,86	48,22	25,07	36,46	41,02	20,79	30,25	34,03
	V	1 755,66	96,56	140,45	158,—	IV	1 341,08	70,38	102,38	115,17	67,01	97,47	109,65	63,64	92,57	104,14	60,31	87,73	98,69	57,05	82,98	93,35	53,85	78,33	88,12
	VI	1 789,08	98,39	143,12	161,01																				
5 462,99 Ost	I,IV	1 353,25	74,42	108,26	121,79	I	1 353,25	67,68	98,44	110,75	60,97	88,68	99,77	54,48	79,25	89,15	48,25	70,19	78,96	42,28	61,50	69,19	36,57	53,19	59,84
	II	1 307,50	71,91	104,60	117,67	II	1 307,50	65,16	94,78	106,63	58,52	85,12	95,76	52,13	75,82	85,30	45,99	66,90	75,26	40,12	58,36	65,65	34,50	50,18	56,45
	III	888,50	48,86	71,08	79,96	III	888,50	43,93	63,90	71,89	39,13	56,92	64,03	34,45	50,12	56,38	29,92	43,52	48,96	25,50	37,09	41,72	21,21	30,85	34,70
	V	1 767,83	97,23	141,42	159,10	IV	1 353,25	71,05	103,35	116,27	67,68	98,44	110,75	64,31	93,54	105,23	60,97	88,68	99,77	57,69	83,92	94,41	54,48	79,25	89,15
	VI	1 801,25	99,06	144,10	162,11																				
5 465,99 West	I,IV	1 342,25	73,82	107,38	120,80	I	1 342,25	67,08	97,57	109,76	60,38	87,82	98,80	53,91	78,42	88,22	47,71	69,40	78,07	41,76	60,74	68,33	36,07	52,46	59,02
	II	1 296,50	71,30	103,72	116,68	II	1 296,50	64,56	93,90	105,64	57,93	84,27	94,80	51,57	75,01	84,38	45,45	66,12	74,38	39,60	57,61	64,81	34,01	49,47	55,65
	III	880,33	48,41	70,42	79,22	III	880,33	43,50	63,28	71,19	38,71	56,30	63,34	34,04	49,52	55,71	29,51	42,93	48,29	25,10	36,52	41,08	20,83	30,30	34,09
	V	1 756,83	96,62	140,54	158,11	IV	1 342,25	70,45	102,47	115,28	67,08	97,57	109,76	63,70	92,66	104,24	60,38	87,82	98,80	57,11	83,08	93,46	53,91	78,42	88,22
	VI	1 790,33	98,46	143,22	161,12																				
5 465,99 Ost	I,IV	1 354,50	74,49	108,36	121,90	I	1 354,50	67,75	98,55	110,87	61,04	88,78	99,88	54,55	79,34	89,26	48,31	70,28	79,06	42,34	61,59	69,29	36,62	53,27	59,93
	II	1 308,75	71,98	104,70	117,78	II	1 308,75	65,23	94,88	106,74	58,58	85,22	95,87	52,19	75,92	85,41	46,05	66,99	75,36	40,18	58,44	65,75	34,55	50,26	56,54
	III	889,50	48,92	71,16	80,05	III	889,50	43,99	63,98	71,98	39,18	57,—	64,12	34,51	50,20	56,47	29,96	43,58	49,03	25,54	37,16	41,80	21,25	30,92	34,78
	V	1 769,08	97,29	141,52	159,21	IV	1 354,50	71,12	103,45	116,38	67,75	98,55	110,87	64,38	93,64	105,35	61,04	88,78	99,88	57,76	84,02	94,52	54,55	79,34	89,26
	VI	1 802,58	99,14	144,20	162,23																				
5 468,99 West	I,IV	1 343,50	73,89	107,48	120,91	I	1 343,50	67,14	97,66	109,87	60,44	87,92	98,91	53,97	78,51	88,32	47,77	69,48	78,17	41,81	60,82	68,42	36,12	52,54	59,11
	II	1 297,75	71,37	103,82	116,79	II	1 297,75	64,62	94,—	105,75	58,—	84,36	94,91	51,63	75,10	84,48	45,52	66,21	74,48	39,66	57,69	64,90	34,06	49,55	55,74
	III	881,33	48,47	70,50	79,31	III	881,33	43,55	63,34	71,26	38,75	56,37	63,41	34,10	49,60	55,80	29,56	43,—	48,37	25,15	36,58	41,15	20,88	30,37	34,16
	V	1 758,08	96,69	140,64	158,22	IV	1 343,50	70,51	102,57	115,39	67,14	97,66	109,87	63,77	92,76	104,36	60,44	87,92	98,91	57,18	83,17	93,56	53,97	78,51	88,32
	VI	1 791,50	98,53	143,32	161,23																				
5 468,99 Ost	I,IV	1 355,75	74,56	108,46	122,01	I	1 355,75	67,82	98,65	110,98	61,10	88,88	99,99	54,61	79,44	89,37	48,38	70,37	79,16	42,40	61,68	69,39	36,68	53,36	60,03
	II	1 310,—	72,05	104,80	117,90	II	1 310,—	65,30	94,98	106,85	58,65	85,31	95,97	52,25	76,01	85,51	46,12	67,08	75,47	40,23	58,52	65,84	34,61	50,34	56,63
	III	890,33	48,96	71,22	80,12	III	890,33	44,03	64,05	72,05	39,23	57,06	64,19	34,55	50,26	56,54	30,01	43,65	49,10	25,59	37,22	41,87	21,30	30,98	34,85
	V	1 770,33	97,36	141,62	159,32	IV	1 355,75	71,19	103,56	116,50	67,82	98,65	110,98	64,45	93,74	105,46	61,10	88,88	99,99	57,82	84,11	94,62	54,61	79,44	89,37
	VI	1 803,83	99,21	144,30	162,34																				
5 471,99 West	I,IV	1 344,66	73,95	107,57	121,01	I	1 344,66	67,21	97,76	109,98	60,50	88,01	99,01	54,04	78,60	88,43	47,83	69,57	78,26	41,87	60,91	68,52	36,18	52,62	59,20
	II	1 298,91	71,44	103,91	116,90	II	1 298,91	64,69	94,10	105,86	58,06	84,46	95,01	51,69	75,18	84,58	45,57	66,29	74,57	39,71	57,77	64,99	34,11	49,62	55,82
	III	882,16	48,51	70,57	79,39	III	882,16	43,59	63,41	71,33	38,80	56,44	63,49	34,13	49,65	55,85	29,60	43,06	48,44	25,19	36,65	41,23	20,91	30,42	34,22
	V	1 759,25	96,75	140,74	158,33	IV	1 344,66	70,58	102,66	115,49	67,21	97,76	109,98	63,84	92,86	104,46	60,50	88,01	99,01	57,24	83,26	93,67	54,04	78,60	88,43
	VI	1 792,75	98,60	143,42	161,34																				
5 471,99 Ost	I,IV	1 357,08	74,63	108,56	122,13	I	1 357,08	67,89	98,75	111,09	61,17	88,98	100,10	54,67	79,53	89,47	48,44	70,46	79,27	42,46	61,76	69,48	36,74	53,44	60,12
	II	1 311,25	72,11	104,90	118,01	II	1 311,25	65,37	95,08	106,97	58,72	85,41	96,08	52,32	76,10	85,61	46,18	67,17	75,56	40,29	58,61	65,93	34,67	50,43	56,73
	III	891,33	49,02	71,30	80,21	III	891,33	44,08	64,12	72,13	39,27	57,13	64,27	34,60	50,33	56,62	30,05	43,72	49,18	25,63	37,29	41,95	21,34	31,04	34,92
	V	1 771,58	97,43	141,72	159,44	IV	1 357,08	71,26	103,66	116,61	67,89	98,75	111,09	64,51	93,84	105,57	61,17	88,98	100,10	57,89	84,21	94,73	54,67	79,53	89,47
	VI	1 805,08	99,27	144,40	162,45																				

Table heading: Abzüge an Lohnsteuer, Solidaritätszuschlag (SolZ) und Kirchensteuer (8%, 9%) in den Steuerklassen

*** Die ausgewiesenen Tabellenwerte sind amtlich. Siehe Erläuterungen auf der Umschlaginnenseite (U2).**

MONAT 5 472,–*

Abzüge an Lohnsteuer, Solidaritätszuschlag (SolZ) und Kirchensteuer (8%, 9%) in den Steuerklassen

Lohn/ Gehalt bis €*	I – VI					I, II, III, IV		mit Zahl der Kinderfreibeträge . . . 0,5			1			1,5			2			2,5			3		
		LSt	ohne Kinderfreibeträge SolZ	8%	9%		LSt	SolZ	8%	9%	SolZ	8%	9%	SolZ	8%	9%	SolZ	8%	9%	SolZ	8%	9%	SolZ	8%	9%
5 474,99 West	I,IV	1 345,91	74,02	107,67	121,13	I	1 345,91	67,27	97,86	110,09	60,57	88,10	99,11	54,10	78,69	88,52	47,89	69,66	78,36	41,93	60,99	68,61	36,23	52,70	59,29
	II	1 300,08	71,50	104,–	117,–	II	1 300,08	64,76	94,20	105,97	58,13	84,55	95,12	51,75	75,28	84,69	45,63	66,38	74,67	39,77	57,85	65,08	34,17	49,70	55,91
	III	883,–	48,56	70,64	79,47	III	883,–	43,64	63,48	71,41	38,84	56,50	63,56	34,18	49,72	55,93	29,64	43,12	48,51	25,23	36,70	41,29	20,96	30,49	34,30
	V	1 760,41	96,82	140,83	158,43	IV	1 345,91	70,65	102,76	115,61	67,27	97,86	110,09	63,90	92,95	104,57	60,57	88,10	99,11	57,30	83,35	93,77	54,10	78,69	88,52
	VI	1 793,91	98,66	143,51	161,45																				
5 474,99 Ost	I,IV	1 358,33	74,70	108,66	122,24	I	1 358,33	67,96	98,85	111,20	61,24	89,08	100,21	54,74	79,63	89,58	48,50	70,55	79,37	42,52	61,85	69,58	36,79	53,52	60,21
	II	1 312,50	72,18	105,–	118,12	II	1 312,50	65,44	95,19	107,09	58,79	85,51	96,20	52,38	76,20	85,72	46,24	67,26	75,67	40,35	58,70	66,03	34,72	50,51	56,82
	III	892,16	49,06	71,37	80,29	III	892,16	44,13	64,20	72,22	39,32	57,20	64,35	34,65	50,40	56,70	30,10	43,78	49,25	25,67	37,34	42,01	21,38	31,10	34,99
	V	1 772,83	97,50	141,82	159,55	IV	1 358,33	71,33	103,76	116,73	67,96	98,85	111,20	64,58	93,94	105,68	61,24	89,08	100,21	57,96	84,31	94,85	54,74	79,63	89,58
	VI	1 806,33	99,34	144,50	162,56																				
5 477,99 West	I,IV	1 347,08	74,08	107,76	121,23	I	1 347,08	67,34	97,96	110,20	60,64	88,20	99,23	54,16	78,78	88,63	47,95	69,74	78,46	41,99	61,08	68,71	36,29	52,78	59,38
	II	1 301,33	71,57	104,10	117,11	II	1 301,33	64,82	94,29	106,07	58,19	84,64	95,22	51,81	75,36	84,78	45,69	66,46	74,77	39,83	57,94	65,18	34,22	49,78	56,–
	III	884,–	48,62	70,72	79,56	III	884,–	43,68	63,54	71,48	38,89	56,57	63,64	34,22	49,78	56,–	29,69	43,18	48,58	25,28	36,77	41,36	21,–	30,54	34,36
	V	1 761,66	96,89	140,93	158,54	IV	1 347,08	70,71	102,86	115,71	67,34	97,96	110,20	63,97	93,05	104,68	60,64	88,20	99,23	57,36	83,44	93,87	54,16	78,78	88,63
	VI	1 795,16	98,73	143,61	161,56																				
5 477,99 Ost	I,IV	1 359,58	74,77	108,76	122,36	I	1 359,58	68,03	98,95	111,32	61,31	89,18	100,32	54,81	79,72	89,69	48,56	70,64	79,47	42,58	61,94	69,68	36,85	53,61	60,31
	II	1 313,75	72,25	105,10	118,23	II	1 313,75	65,51	95,29	107,20	58,85	85,60	96,30	52,45	76,29	85,82	46,30	67,35	75,77	40,41	58,78	66,13	34,78	50,59	56,91
	III	893,16	49,12	71,45	80,38	III	893,16	44,18	64,26	72,29	39,38	57,28	64,44	34,69	50,46	56,77	30,14	43,85	49,33	25,72	37,41	42,08	21,43	31,17	35,06
	V	1 774,16	97,57	141,93	159,67	IV	1 359,58	71,40	103,86	116,84	68,03	98,95	111,32	64,65	94,04	105,80	61,31	89,18	100,32	58,02	84,40	94,95	54,81	79,72	89,69
	VI	1 807,58	99,41	144,60	162,68																				
5 480,99 West	I,IV	1 348,33	74,15	107,86	121,34	I	1 348,33	67,41	98,05	110,30	60,70	88,30	99,33	54,23	78,88	88,74	48,01	69,83	78,56	42,04	61,16	68,80	36,34	52,86	59,47
	II	1 302,50	71,63	104,20	117,22	II	1 302,50	64,89	94,38	106,18	58,25	84,74	95,33	51,87	75,45	84,88	45,75	66,55	74,87	39,88	58,02	65,27	34,27	49,86	56,09
	III	884,83	48,66	70,78	79,63	III	884,83	43,74	63,62	71,57	38,94	56,64	63,72	34,27	49,85	56,08	29,73	43,25	48,65	25,32	36,84	41,44	21,04	30,61	34,43
	V	1 762,83	96,95	141,02	158,65	IV	1 348,33	70,78	102,96	115,83	67,41	98,05	110,30	64,03	93,14	104,78	60,70	88,30	99,33	57,43	83,54	93,98	54,23	78,88	88,74
	VI	1 796,33	98,79	143,70	161,66																				
5 480,99 Ost	I,IV	1 360,83	74,84	108,86	122,47	I	1 360,83	68,09	99,05	111,43	61,38	89,28	100,44	54,87	79,82	89,79	48,63	70,74	79,58	42,64	62,02	69,77	36,91	53,69	60,40
	II	1 315,08	72,32	105,20	118,35	II	1 315,08	65,58	95,39	107,31	58,92	85,70	96,41	52,51	76,38	85,93	46,36	67,44	75,87	40,47	58,87	66,23	34,84	50,68	57,01
	III	894,16	49,17	71,53	80,47	III	894,16	44,23	64,34	72,38	39,42	57,34	64,51	34,74	50,53	56,84	30,19	43,92	49,41	25,76	37,48	42,16	21,47	31,24	35,14
	V	1 775,41	97,64	142,03	159,78	IV	1 360,83	71,47	103,96	116,95	68,09	99,05	111,43	64,72	94,14	105,91	61,38	89,28	100,44	58,09	84,50	95,06	54,87	79,82	89,79
	VI	1 808,83	99,48	144,70	162,79																				
5 483,99 West	I,IV	1 349,50	74,22	107,96	121,45	I	1 349,50	67,48	98,15	110,42	60,77	88,39	99,44	54,28	78,96	88,83	48,07	69,92	78,66	42,10	61,24	68,90	36,40	52,94	59,56
	II	1 303,75	71,70	104,30	117,33	II	1 303,75	64,95	94,48	106,29	58,32	84,83	95,43	51,93	75,54	84,98	45,81	66,64	74,97	39,94	58,10	65,36	34,33	49,94	56,18
	III	885,83	48,72	70,86	79,72	III	885,83	43,78	63,69	71,65	38,99	56,72	63,81	34,32	49,92	56,16	29,78	43,32	48,73	25,37	36,90	41,51	21,08	30,66	34,49
	V	1 764,08	97,02	141,12	158,76	IV	1 349,50	70,84	103,05	115,93	67,48	98,15	110,42	64,10	93,24	104,90	60,77	88,39	99,44	57,49	83,63	94,08	54,28	78,96	88,83
	VI	1 797,58	98,86	143,80	161,78																				
5 483,99 Ost	I,IV	1 362,08	74,91	108,96	122,58	I	1 362,08	68,16	99,15	111,54	61,44	89,38	100,55	54,94	79,92	89,91	48,69	70,82	79,67	42,70	62,11	69,87	36,97	53,78	60,50
	II	1 316,33	72,39	105,30	118,46	II	1 316,33	65,65	95,49	107,42	58,99	85,80	96,53	52,58	76,48	86,04	46,42	67,53	75,97	40,53	58,96	66,33	34,89	50,76	57,10
	III	895,–	49,22	71,60	80,55	III	895,–	44,28	64,41	72,46	39,47	57,41	64,58	34,79	50,61	56,93	30,24	43,98	49,48	25,81	37,54	42,23	21,51	31,29	35,20
	V	1 776,66	97,71	142,13	159,89	IV	1 362,08	71,54	104,06	117,06	68,16	99,15	111,54	64,79	94,24	106,02	61,44	89,38	100,55	58,16	84,60	95,17	54,94	79,92	89,91
	VI	1 810,08	99,55	144,80	162,90																				
5 486,99 West	I,IV	1 350,75	74,29	108,06	121,56	I	1 350,75	67,54	98,24	110,52	60,83	88,48	99,54	54,35	79,06	88,94	48,12	70,–	78,75	42,16	61,32	68,99	36,45	53,02	59,64
	II	1 304,91	71,77	104,39	117,44	II	1 304,91	65,02	94,58	106,40	58,38	84,92	95,53	51,99	75,63	85,08	45,87	66,72	75,06	40,–	58,18	65,45	34,38	50,02	56,27
	III	886,66	48,76	70,93	79,79	III	886,66	43,83	63,76	71,73	39,04	56,78	63,88	34,36	49,98	56,23	29,82	43,38	48,80	25,41	36,96	41,58	21,12	30,73	34,57
	V	1 765,25	97,08	141,22	158,87	IV	1 350,75	70,91	103,15	116,04	67,54	98,24	110,52	64,17	93,34	105,–	60,83	88,48	99,54	57,56	83,72	94,19	54,35	79,06	88,94
	VI	1 798,75	98,93	143,90	161,88																				
5 486,99 Ost	I,IV	1 363,33	74,98	109,06	122,69	I	1 363,33	68,23	99,25	111,65	61,51	89,48	100,66	55,–	80,01	90,01	48,75	70,92	79,78	42,76	62,20	69,98	37,02	53,86	60,59
	II	1 317,58	72,46	105,40	118,58	II	1 317,58	65,72	95,59	107,54	59,05	85,90	96,63	52,64	76,57	86,14	46,49	67,62	76,07	40,59	59,04	66,42	34,95	50,84	57,19
	III	896,–	49,28	71,68	80,64	III	896,–	44,33	64,49	72,55	39,52	57,49	64,67	34,84	50,68	57,01	30,28	44,05	49,55	25,85	37,61	42,31	21,56	31,36	35,28
	V	1 777,91	97,78	142,23	160,01	IV	1 363,33	71,61	104,16	117,18	68,23	99,25	111,65	64,86	94,35	106,14	61,51	89,48	100,66	58,23	84,70	95,28	55,–	80,01	90,01
	VI	1 811,33	99,62	144,90	163,01																				
5 489,99 West	I,IV	1 351,91	74,35	108,15	121,67	I	1 351,91	67,60	98,34	110,63	60,89	88,58	99,65	54,41	79,14	89,03	48,18	70,09	78,85	42,21	61,40	69,08	36,50	53,10	59,73
	II	1 306,08	71,83	104,48	117,54	II	1 306,08	65,09	94,68	106,51	58,44	85,01	95,63	52,06	75,72	85,19	45,92	66,80	75,15	40,05	58,26	65,54	34,44	50,10	56,36
	III	887,50	48,81	71,–	79,87	III	887,50	43,88	63,82	71,80	39,08	56,85	63,95	34,41	50,05	56,30	29,86	43,44	48,87	25,45	37,02	41,65	21,16	30,78	34,63
	V	1 766,50	97,15	141,32	158,98	IV	1 351,91	70,98	103,24	116,15	67,60	98,34	110,63	64,23	93,43	105,11	60,89	88,58	99,65	57,62	83,82	94,29	54,41	79,14	89,03
	VI	1 799,91	98,99	143,99	161,99																				
5 489,99 Ost	I,IV	1 364,58	75,05	109,16	122,81	I	1 364,58	68,31	99,36	111,78	61,58	89,58	100,77	55,07	80,10	90,11	48,82	71,01	79,88	42,82	62,29	70,07	37,08	53,94	60,68
	II	1 318,83	72,53	105,50	118,69	II	1 318,83	65,78	95,69	107,65	59,12	86,–	96,75	52,70	76,66	86,24	46,55	67,71	76,17	40,65	59,13	66,52	35,01	50,92	57,29
	III	896,83	49,32	71,74	80,71	III	896,83	44,38	64,56	72,63	39,57	57,56	64,75	34,88	50,74	57,08	30,33	44,12	49,63	25,90	37,68	42,39	21,60	31,42	35,35
	V	1 779,16	97,85	142,33	160,12	IV	1 364,58	71,67	104,26	117,29	68,31	99,36	111,78	64,93	94,45	106,25	61,58	89,58	100,77	58,29	84,79	95,39	55,07	80,10	90,11
	VI	1 812,66	99,69	145,01	163,13																				
5 492,99 West	I,IV	1 353,08	74,41	108,24	121,77	I	1 353,08	67,67	98,44	110,74	60,96	88,67	99,75	54,47	79,24	89,14	48,24	70,18	78,95	42,27	61,49	69,17	36,56	53,18	59,82
	II	1 307,33	71,90	104,58	117,65	II	1 307,33	65,15	94,77	106,61	58,51	85,10	95,74	52,12	75,81	85,28	45,98	66,89	75,25	40,11	58,34	65,63	34,49	50,17	56,44
	III	888,33	48,85	71,06	79,94	III	888,33	43,92	63,89	71,87	39,13	56,92	64,03	34,45	50,12	56,38	29,91	43,50	48,94	25,49	37,08	41,71	21,21	30,85	34,70
	V	1 767,66	97,22	141,41	159,08	IV	1 353,08	71,05	103,34	116,26	67,67	98,44	110,74	64,30	93,53	105,22	60,96	88,67	99,75	57,69	83,91	94,40	54,47	79,24	89,14
	VI	1 801,16	99,06	144,09	162,10																				
5 492,99 Ost	I,IV	1 365,83	75,12	109,26	122,92	I	1 365,83	68,37	99,46	111,89	61,65	89,68	100,89	55,14	80,20	90,23	48,88	71,10	79,99	42,88	62,38	70,17	37,14	54,02	60,77
	II	1 320,08	72,60	105,60	118,80	II	1 320,08	65,85	95,79	107,76	59,19	86,10	96,86	52,77	76,76	86,35	46,61	67,80	76,28	40,71	59,22	66,62	35,06	51,–	57,38
	III	897,83	49,38	71,82	80,80	III	897,83	44,44	64,64	72,72	39,61	57,62	64,82	34,93	50,81	57,16	30,37	44,18	49,70	25,95	37,74	42,46	21,65	31,49	35,42
	V	1 780,41	97,92	142,43	160,23	IV	1 365,83	71,75	104,36	117,41	68,37	99,46	111,89	65,–	94,55	106,37	61,65	89,68	100,89	58,36	84,89	95,50	55,14	80,20	90,23
	VI	1 813,91	99,76	145,11	163,25																				
5 495,99 West	I,IV	1 354,33	74,48	108,34	121,88	I	1 354,33	67,74	98,53	110,84	61,02	88,76	99,86	54,54	79,33	89,24	48,30	70,26	79,04	42,33	61,58	69,27	36,61	53,26	59,91
	II	1 308,50	71,96	104,68	117,76	II	1 308,50	65,22	94,87	106,73	58,57	85,20	95,85	52,18	75,90	85,38	46,04	66,98	75,35	40,16	58,42	65,72	34,54	50,25	56,53
	III	889,33	48,91	71,14	80,03	III	889,33	43,98	63,97	71,96	39,17	56,98	64,10	34,50	50,18	56,45	29,95	43,57	49,01	25,53	37,14	41,78	21,24	30,90	34,76
	V	1 768,91	97,29	141,51	159,20	IV	1 354,33	71,11	103,44	116,37	67,74	98,53	110,84	64,36	93,62	105,32	61,02	88,76	99,86	57,75	84,–	94,50	54,54	79,33	89,24
	VI	1 802,33	99,12	144,18	162,20																				
5 495,99 Ost	I,IV	1 367,08	75,18	109,36	123,03	I	1 367,08	68,44	99,56	112,–	61,71	89,77	100,99	55,20	80,30	90,33	48,94	71,19	80,09	42,94	62,46	70,27	37,20	54,11	60,87
	II	1 321,33	72,67	105,70	118,91	II	1 321,33	65,92	95,89	107,87	59,25	86,19	96,96	52,84	76,86	86,46	46,67	67,89	76,37	40,77	59,30	66,71	35,12	51,09	57,47
	III	898,83	49,43	71,90	80,89	III	898,83	44,48	64,70	72,79	39,67	57,70	64,91	34,98	50,88	57,24	30,42	44,25	49,78	25,99	37,81	42,53	21,68	31,54	35,48
	V	1 781,66	97,99	142,53	160,34	IV	1 367,08	71,82	104,46	117,52	68,44	99,56	112,–	65,07	94,65	106,48	61,71	89,77	100,99	58,43	84,99	95,61	55,20	80,30	90,33
	VI	1 815,16	99,83	145,21	163,36																				

* Die ausgewiesenen Tabellenwerte sind amtlich. Siehe Erläuterungen auf der Umschlaginnenseite (U2).

Lohn/ Gehalt bis €*		I – VI				I, II, III, IV																			
			ohne Kinderfreibeträge					mit Zahl der Kinderfreibeträge . . .																	
								0,5			1			1,5			2			2,5			3		
		LSt	SolZ	8%	9%		LSt	SolZ	8%	9%	SolZ	8%	9%	SolZ	8%	9%	SolZ	8%	9%	SolZ	8%	9%	SolZ	8%	9%
5 498,99 West	I,IV	1 355,50	74,55	108,44	121,99	I	1 355,50	67,81	98,63	110,96	61,09	88,86	99,97	54,60	79,42	89,34	48,36	70,35	79,14	42,39	61,66	69,36	36,67	53,34	60,—
	II	1 309,75	72,03	104,78	117,87	II	1 309,75	65,28	94,96	106,83	58,64	85,30	95,96	52,24	75,99	85,49	46,10	67,06	75,44	40,22	58,51	65,82	34,60	50,33	56,62
	III	890,16	48,95	71,21	80,11	III	890,16	44,02	64,04	72,04	39,22	57,05	64,18	34,54	50,25	56,53	30,—	43,64	49,09	25,58	37,21	41,86	21,29	30,97	34,84
	V	1 770,08	97,35	141,60	159,30	IV	1 355,50	71,18	103,54	116,48	67,81	98,63	110,96	64,43	93,72	105,44	61,09	88,86	99,97	57,81	84,10	94,61	54,60	79,42	89,34
	VI	1 803,58	99,19	144,28	162,32																				
5 498,99 Ost	I,IV	1 368,41	75,26	109,47	123,15	I	1 368,41	68,51	99,66	112,11	61,78	89,87	101,10	55,27	80,39	90,44	49,—	71,28	80,19	43,—	62,55	70,37	37,26	54,20	60,97
	II	1 322,58	72,74	105,80	119,03	II	1 322,58	66,—	96,—	108,—	59,32	86,29	97,07	52,90	76,95	86,57	46,74	67,98	76,48	40,83	59,39	66,81	35,18	51,17	57,56
	III	899,66	49,48	71,97	80,96	III	899,66	44,54	64,78	72,88	39,71	57,77	64,99	35,03	50,96	57,33	30,47	44,32	49,86	26,04	37,88	42,61	21,73	31,61	35,56
	V	1 782,91	98,06	142,63	160,46	IV	1 368,41	71,88	104,56	117,63	68,51	99,66	112,11	65,14	94,75	106,59	61,78	89,87	101,10	58,49	85,08	95,72	55,27	80,39	90,44
	VI	1 816,41	99,90	145,31	163,47																				
5 501,99 West	I,IV	1 356,75	74,62	108,54	122,10	I	1 356,75	67,87	98,72	111,06	61,16	88,96	100,08	54,66	79,51	89,45	48,43	70,44	79,25	42,45	61,74	69,46	36,73	53,42	60,10
	II	1 311,—	72,10	104,88	117,99	II	1 311,—	65,35	95,06	106,94	58,70	85,39	96,06	52,30	76,08	85,59	46,16	67,15	75,54	40,28	58,59	65,91	34,65	50,41	56,71
	III	891,16	49,01	71,29	80,20	III	891,16	44,07	64,10	72,11	39,27	57,12	64,26	34,59	50,32	56,61	30,04	43,70	49,16	25,62	37,26	41,92	21,33	31,02	34,90
	V	1 771,33	97,42	141,70	159,41	IV	1 356,75	71,24	103,63	116,58	67,87	98,72	111,06	64,50	93,82	105,55	61,16	88,96	100,08	57,88	84,19	94,71	54,66	79,51	89,45
	VI	1 804,75	99,26	144,38	162,42																				
5 501,99 Ost	I,IV	1 369,66	75,33	109,57	123,26	I	1 369,66	68,58	99,76	112,23	61,85	89,97	101,21	55,33	80,48	90,54	49,07	71,38	80,30	43,06	62,64	70,47	37,31	54,28	61,06
	II	1 323,83	72,81	105,90	119,14	II	1 323,83	66,06	96,10	108,11	59,39	86,39	97,19	52,96	77,04	86,67	46,80	68,07	76,58	40,89	59,48	66,91	35,23	51,25	57,65
	III	900,66	49,53	72,05	81,05	III	900,66	44,58	64,85	72,95	39,76	57,84	65,07	35,08	51,02	57,40	30,51	44,38	49,93	26,07	37,93	42,67	21,78	31,68	35,64
	V	1 784,25	98,13	142,74	160,58	IV	1 369,66	71,95	104,66	117,74	68,58	99,76	112,23	65,21	94,85	106,70	61,85	89,97	101,21	58,56	85,18	95,83	55,33	80,48	90,54
	VI	1 817,66	99,97	145,41	163,58																				
5 504,99 West	I,IV	1 358,—	74,69	108,64	122,22	I	1 358,—	67,94	98,83	111,18	61,22	89,06	100,19	54,73	79,61	89,56	48,49	70,53	79,34	42,51	61,83	69,56	36,78	53,50	60,19
	II	1 312,25	72,17	104,98	118,10	II	1 312,25	65,42	95,16	107,06	58,77	85,48	96,17	52,37	76,18	85,70	46,23	67,24	75,65	40,34	58,68	66,01	34,71	50,49	56,80
	III	892,—	49,06	71,36	80,28	III	892,—	44,12	64,18	72,20	39,31	57,18	64,33	34,64	50,38	56,68	30,09	43,77	49,24	25,66	37,33	41,99	21,37	31,09	34,97
	V	1 772,58	97,49	141,80	159,53	IV	1 358,—	71,31	103,73	116,69	67,94	98,83	111,18	64,57	93,92	105,66	61,22	89,06	100,19	57,94	84,28	94,82	54,73	79,61	89,56
	VI	1 806,08	99,33	144,48	162,54																				
5 504,99 Ost	I,IV	1 370,91	75,40	109,67	123,38	I	1 370,91	68,65	99,86	112,34	61,92	90,07	101,33	55,40	80,58	90,65	49,13	71,47	80,40	43,12	62,73	70,57	37,37	54,36	61,16
	II	1 325,08	72,87	106,—	119,25	II	1 325,08	66,13	96,20	108,22	59,45	86,48	97,29	53,03	77,14	86,78	46,86	68,16	76,68	40,95	59,56	67,01	35,29	51,34	57,75
	III	901,66	49,59	72,13	81,14	III	901,66	44,64	64,93	73,04	39,82	57,92	65,16	35,12	51,09	57,47	30,56	44,45	50,—	26,12	38,—	42,75	21,82	31,74	35,71
	V	1 785,50	98,20	142,84	160,69	IV	1 370,91	72,02	104,76	117,86	68,65	99,86	112,34	65,28	94,95	106,82	61,92	90,07	101,33	58,63	85,28	95,94	55,40	80,58	90,65
	VI	1 818,91	100,04	145,51	163,70																				
5 507,99 West	I,IV	1 359,25	74,75	108,74	122,33	I	1 359,25	68,01	98,93	111,29	61,29	89,16	100,30	54,79	79,70	89,66	48,55	70,62	79,45	42,57	61,92	69,66	36,84	53,59	60,29
	II	1 313,50	72,24	105,08	118,21	II	1 313,50	65,49	95,26	107,17	58,84	85,58	96,28	52,43	76,27	85,80	46,29	67,33	75,74	40,40	58,76	66,11	34,77	50,58	56,90
	III	893,—	49,11	71,44	80,37	III	893,—	44,17	64,25	72,28	39,37	57,26	64,42	34,68	50,45	56,75	30,14	43,84	49,32	25,71	37,40	42,07	21,42	31,16	35,05
	V	1 773,83	97,56	141,90	159,64	IV	1 359,25	71,39	103,84	116,82	68,01	98,93	111,29	64,64	94,02	105,77	61,29	89,16	100,30	58,01	84,38	94,93	54,79	79,70	89,66
	VI	1 807,33	99,40	144,58	162,65																				
5 507,99 Ost	I,IV	1 372,16	75,46	109,77	123,49	I	1 372,16	68,72	99,96	112,45	61,99	90,17	101,44	55,46	80,68	90,76	49,19	71,56	80,50	43,18	62,82	70,67	37,43	54,44	61,25
	II	1 326,41	72,95	106,11	119,37	II	1 326,41	66,20	96,30	108,33	59,52	86,58	97,40	53,09	77,23	86,88	46,92	68,25	76,78	41,01	59,65	67,10	35,35	51,42	57,84
	III	902,50	49,63	72,20	81,22	III	902,50	44,68	65,—	73,12	39,86	57,98	65,23	35,17	51,16	57,55	30,60	44,52	50,08	26,17	38,06	42,82	21,86	31,80	35,77
	V	1 786,75	98,27	142,94	160,80	IV	1 372,16	72,09	104,86	117,97	68,72	99,96	112,45	65,34	95,05	106,93	61,99	90,17	101,44	58,69	85,38	96,05	55,46	80,68	90,76
	VI	1 820,16	100,10	145,61	163,81																				
5 510,99 West	I,IV	1 360,58	74,83	108,84	122,45	I	1 360,58	68,08	99,03	111,41	61,36	89,26	100,41	54,86	79,80	89,77	48,62	70,72	79,56	42,62	62,—	69,75	36,90	53,67	60,38
	II	1 314,75	72,31	105,18	118,32	II	1 314,75	65,56	95,36	107,28	58,90	85,68	96,39	52,50	76,36	85,91	46,35	67,42	75,85	40,46	58,85	66,20	34,82	50,66	56,99
	III	893,83	49,16	71,50	80,44	III	893,83	44,22	64,33	72,37	39,41	57,33	64,49	34,73	50,52	56,83	30,18	43,90	49,39	25,75	37,46	42,14	21,46	31,22	35,12
	V	1 775,08	97,62	142,—	159,75	IV	1 360,58	71,45	103,94	116,93	68,08	99,03	111,41	64,71	94,12	105,89	61,36	89,26	100,41	58,08	84,48	95,04	54,86	79,80	89,77
	VI	1 808,58	99,47	144,68	162,77																				
5 510,99 Ost	I,IV	1 373,41	75,53	109,87	123,60	I	1 373,41	68,79	100,06	112,56	62,06	90,27	101,55	55,53	80,77	90,86	49,26	71,65	80,60	43,24	62,90	70,76	37,49	54,53	61,34
	II	1 327,66	73,02	106,21	119,48	II	1 327,66	66,27	96,40	108,45	59,59	86,68	97,52	53,16	77,32	86,99	46,98	68,34	76,88	41,07	59,74	67,20	35,40	51,50	57,93
	III	903,50	49,69	72,28	81,31	III	903,50	44,74	65,08	73,21	39,91	58,05	65,30	35,21	51,22	57,62	30,65	44,58	50,15	26,21	38,13	42,89	21,90	31,86	35,84
	V	1 788,—	98,34	143,04	160,92	IV	1 373,41	72,16	104,96	118,08	68,79	100,06	112,56	65,42	95,16	107,05	62,06	90,27	101,55	58,76	85,48	96,16	55,53	80,77	90,86
	VI	1 821,41	100,17	145,71	163,92																				
5 513,99 West	I,IV	1 361,83	74,90	108,94	122,56	I	1 361,83	68,15	99,13	111,52	61,43	89,36	100,53	54,92	79,89	89,87	48,67	70,80	79,65	42,69	62,10	69,86	36,96	53,76	60,48
	II	1 316,—	72,38	105,28	118,44	II	1 316,—	65,63	95,47	107,40	58,97	85,78	96,50	52,56	76,46	86,01	46,41	67,51	75,95	40,52	58,94	66,30	34,88	50,74	57,08
	III	894,83	49,21	71,58	80,53	III	894,83	44,27	64,40	72,45	39,46	57,40	64,57	34,77	50,58	56,90	30,23	43,97	49,46	25,80	37,53	42,22	21,50	31,28	35,19
	V	1 776,33	97,69	142,10	159,86	IV	1 361,83	71,52	104,04	117,04	68,15	99,13	111,52	64,78	94,22	106,—	61,43	89,36	100,53	58,14	84,58	95,15	54,92	79,89	89,87
	VI	1 809,83	99,54	144,78	162,88																				
5 513,99 Ost	I,IV	1 374,66	75,60	109,97	123,71	I	1 374,66	68,86	100,16	112,68	62,13	90,37	101,66	55,60	80,87	90,98	49,32	71,74	80,71	43,30	62,99	70,86	37,55	54,62	61,44
	II	1 328,91	73,09	106,31	119,60	II	1 328,91	66,34	96,50	108,56	59,66	86,78	97,62	53,22	77,42	87,09	47,04	68,43	76,98	41,13	59,82	67,30	35,46	51,58	58,03
	III	904,33	49,73	72,34	81,38	III	904,33	44,78	65,14	73,28	39,96	58,13	65,39	35,26	51,29	57,70	30,69	44,65	50,23	26,26	38,20	42,97	21,95	31,93	35,92
	V	1 789,25	98,40	143,14	161,03	IV	1 374,66	72,23	105,06	118,19	68,86	100,16	112,68	65,49	95,26	107,16	62,13	90,37	101,66	58,83	85,57	96,26	55,60	80,87	90,98
	VI	1 822,75	100,25	145,82	164,04																				
5 516,99 West	I,IV	1 363,08	74,96	109,04	122,67	I	1 363,08	68,22	99,23	111,63	61,50	89,46	100,64	54,99	79,99	89,99	48,74	70,90	79,76	42,75	62,18	69,95	37,01	53,84	60,57
	II	1 317,25	72,44	105,38	118,55	II	1 317,25	65,70	95,57	107,51	59,04	85,88	96,61	52,63	76,55	86,12	46,47	67,60	76,05	40,58	59,02	66,40	34,94	50,82	57,17
	III	895,83	49,27	71,66	80,62	III	895,83	44,33	64,48	72,54	39,51	57,48	64,66	34,83	50,66	56,99	30,27	44,04	49,54	25,85	37,60	42,30	21,55	31,34	35,26
	V	1 777,66	97,77	142,21	159,98	IV	1 363,08	71,59	104,14	117,15	68,22	99,23	111,63	64,84	94,32	106,11	61,50	89,46	100,64	58,21	84,68	95,26	54,99	79,99	89,99
	VI	1 811,08	99,60	144,88	162,99																				
5 516,99 Ost	I,IV	1 375,91	75,67	110,07	123,83	I	1 375,91	68,93	100,26	112,79	62,20	90,47	101,78	55,66	80,96	91,08	49,39	71,84	80,82	43,36	63,08	70,96	37,60	54,70	61,53
	II	1 330,16	73,15	106,41	119,71	II	1 330,16	66,41	96,60	108,67	59,73	86,88	97,74	53,29	77,51	87,20	47,11	68,52	77,09	41,18	59,90	67,39	35,52	51,66	58,12
	III	905,33	49,79	72,42	81,47	III	905,33	44,84	65,22	73,37	40,01	58,20	65,47	35,31	51,37	57,79	30,74	44,72	50,31	26,30	38,26	43,04	22,—	32,—	36,—
	V	1 790,50	98,47	143,24	161,14	IV	1 375,91	72,30	105,16	118,31	68,93	100,26	112,79	65,56	95,36	107,28	62,20	90,47	101,78	58,90	85,67	96,38	55,66	80,96	91,08
	VI	1 824,—	100,32	145,92	164,16																				
5 519,99 West	I,IV	1 364,33	75,03	109,14	122,78	I	1 364,33	68,29	99,33	111,74	61,56	89,55	100,74	55,05	80,08	90,09	48,80	70,99	79,86	42,81	62,27	70,05	37,07	53,92	60,66
	II	1 318,58	72,52	105,48	118,67	II	1 318,58	65,77	95,67	107,63	59,11	85,98	96,72	52,69	76,64	86,22	46,53	67,69	76,15	40,64	59,11	66,50	34,99	50,90	57,26
	III	896,66	49,31	71,73	80,69	III	896,66	44,37	64,54	72,61	39,56	57,54	64,73	34,87	50,73	57,07	30,32	44,10	49,61	25,89	37,66	42,37	21,59	31,41	35,33
	V	1 778,91	97,84	142,31	160,10	IV	1 364,33	71,66	104,24	117,27	68,29	99,33	111,74	64,91	94,42	106,22	61,56	89,55	100,74	58,28	84,77	95,36	55,05	80,08	90,09
	VI	1 812,33	99,67	144,98	163,10																				
5 519,99 Ost	I,IV	1 377,16	75,74	110,17	123,94	I	1 377,16	69,—	100,36	112,91	62,26	90,57	101,89	55,73	81,06	91,19	49,44	71,92	80,91	43,43	63,17	71,06	37,66	54,78	61,63
	II	1 331,41	73,22	106,51	119,82	II	1 331,41	66,48	96,70	108,78	59,79	86,98	97,85	53,35	77,61	87,31	47,17	68,61	77,18	41,24	59,99	67,49	35,58	51,75	58,22
	III	906,33	49,84	72,50	81,56	III	906,33	44,88	65,29	73,45	40,05	58,26	65,54	35,36	51,44	57,87	30,79	44,78	50,38	26,35	38,33	43,12	22,03	32,05	36,05
	V	1 791,75	98,54	143,34	161,25	IV	1 377,16	72,37	105,27	118,43	69,—	100,36	112,91	65,62	95,46	107,39	62,26	90,57	101,89	58,96	85,77	96,49	55,73	81,06	91,19
	VI	1 825,25	100,38	146,02	164,27																				

Table header: Abzüge an Lohnsteuer, Solidaritätszuschlag (SolZ) und Kirchensteuer (8%, 9%) in den Steuerklassen

* Die ausgewiesenen Tabellenwerte sind amtlich. Siehe Erläuterungen auf der Umschlaginnenseite (U2).

Lohn/ Gehalt bis €*		I – VI				I, II, III, IV																			
Abzüge an Lohnsteuer, Solidaritätszuschlag (SolZ) und Kirchensteuer (8%, 9%) in den Steuerklassen		ohne Kinderfreibeträge				mit Zahl der Kinderfreibeträge . . .		0,5			1			1,5			2			2,5			3		
		LSt	SolZ	8%	9%		LSt	SolZ	8%	9%	SolZ	8%	9%	SolZ	8%	9%	SolZ	8%	9%	SolZ	8%	9%	SolZ	8%	9%
5 522,99	I,IV	1 365,58	75,10	109,24	122,90	I	1 365,58	68,36	99,43	111,86	61,63	89,65	100,85	55,12	80,18	90,20	48,87	71,08	79,97	42,87	62,36	70,15	37,13	54,01	60,76
West	II	1 319,83	72,59	105,58	118,78	II	1 319,83	65,84	95,77	107,74	59,17	86,07	96,83	52,75	76,74	86,33	46,60	67,78	76,25	40,70	59,20	66,60	35,05	50,98	57,35
	III	897,66	49,37	71,81	80,78	III	897,66	44,42	64,61	72,68	39,60	57,61	64,81	34,92	50,80	57,15	30,36	44,17	49,69	25,94	37,73	42,44	21,64	31,48	35,41
	V	1 780,16	97,90	142,41	160,21	IV	1 365,58	71,73	104,34	117,38	68,36	99,43	111,86	64,98	94,52	106,34	61,63	89,65	100,85	58,35	84,87	95,48	55,12	80,18	90,20
	VI	1 813,58	99,74	145,08	163,22																				
5 522,99	I,IV	1 378,50	75,81	110,28	124,06	I	1 378,50	69,07	100,46	113,02	62,33	90,67	102,—	55,79	81,16	91,30	49,51	72,02	81,02	43,49	63,26	71,16	37,72	54,86	61,72
Ost	II	1 332,66	73,29	106,61	119,93	II	1 332,66	66,55	96,80	108,90	59,86	87,08	97,96	53,42	77,70	87,41	47,23	68,70	77,29	41,30	60,08	67,59	35,63	51,83	58,31
	III	907,16	49,89	72,57	81,64	III	907,16	44,93	65,36	73,53	40,11	58,34	65,63	35,41	51,50	57,94	30,83	44,85	50,45	26,40	38,40	43,20	22,08	32,12	36,13
	V	1 793,—	98,61	143,44	161,37	IV	1 378,50	72,44	105,37	118,54	69,07	100,46	113,02	65,69	95,56	107,50	62,33	90,67	102,—	59,03	85,86	96,59	55,79	81,16	91,30
	VI	1 826,50	100,45	146,12	164,38																				
5 525,99	I,IV	1 366,83	75,17	109,34	123,01	I	1 366,83	68,42	99,53	111,97	61,70	89,75	100,97	55,19	80,28	90,31	48,93	71,17	80,06	42,93	62,44	70,25	37,18	54,09	60,85
West	II	1 321,08	72,65	105,68	118,89	II	1 321,08	65,91	95,87	107,85	59,24	86,17	96,94	52,82	76,83	86,43	46,66	67,87	76,35	40,75	59,28	66,69	35,11	51,07	57,45
	III	898,50	49,41	71,88	80,86	III	898,50	44,47	64,69	72,77	39,66	57,69	64,90	34,97	50,86	57,22	30,41	44,24	49,77	25,98	37,80	42,52	21,67	31,53	35,47
	V	1 781,41	97,97	142,51	160,32	IV	1 366,83	71,80	104,44	117,49	68,42	99,53	111,97	65,06	94,63	106,46	61,70	89,75	100,97	58,41	84,96	95,58	55,19	80,28	90,31
	VI	1 814,83	99,81	145,18	163,33																				
5 525,99	I,IV	1 379,75	75,88	110,38	124,17	I	1 379,75	69,13	100,56	113,13	62,40	90,77	102,11	55,86	81,25	91,40	49,57	72,11	81,12	43,55	63,34	71,26	37,78	54,95	61,82
Ost	II	1 333,91	73,36	106,71	120,05	II	1 333,91	66,62	96,90	109,01	59,93	87,17	98,06	53,48	77,80	87,52	47,30	68,80	77,40	41,36	60,16	67,68	35,69	51,92	58,41
	III	908,16	49,94	72,65	81,73	III	908,16	44,99	65,44	73,62	40,15	58,41	65,71	35,45	51,57	58,01	30,88	44,92	50,53	26,44	38,46	43,27	22,12	32,18	36,20
	V	1 794,25	98,68	143,54	161,48	IV	1 379,75	72,51	105,47	118,65	69,13	100,56	113,13	65,76	95,66	107,61	62,40	90,77	102,11	59,10	85,96	96,71	55,86	81,25	91,40
	VI	1 827,75	100,52	146,22	164,49																				
5 528,99	I,IV	1 368,08	75,24	109,44	123,12	I	1 368,08	68,50	99,64	112,09	61,77	89,85	101,08	55,25	80,37	90,41	48,99	71,26	80,17	42,99	62,53	70,34	37,24	54,18	60,95
West	II	1 322,33	72,72	105,78	119,—	II	1 322,33	65,98	95,97	107,96	59,31	86,27	97,05	52,89	76,93	86,54	46,72	67,96	76,46	40,81	59,37	66,79	35,16	51,15	57,54
	III	899,50	49,47	71,96	80,95	III	899,50	44,52	64,76	72,85	39,71	57,76	64,98	35,01	50,93	57,29	30,46	44,30	49,84	26,02	37,85	42,58	21,72	31,60	35,55
	V	1 782,66	98,04	142,61	160,43	IV	1 368,08	71,87	104,54	117,60	68,50	99,64	112,09	65,12	94,73	106,57	61,77	89,85	101,08	58,48	85,06	95,69	55,25	80,37	90,41
	VI	1 816,16	99,88	145,29	163,45																				
5 528,99	I,IV	1 381,—	75,95	110,48	124,29	I	1 381,—	69,20	100,66	113,24	62,47	90,87	102,23	55,93	81,35	91,52	49,64	72,20	81,23	43,61	63,43	71,36	37,84	55,04	61,92
Ost	II	1 335,16	73,43	106,81	120,16	II	1 335,16	66,69	97,—	109,13	60,—	87,27	98,18	53,55	77,89	87,62	47,35	68,88	77,49	41,42	60,25	67,78	35,75	52,—	58,50
	III	909,16	50,—	72,73	81,82	III	909,16	45,03	65,50	73,69	40,20	58,48	65,79	35,50	51,64	58,09	30,92	44,98	50,60	26,49	38,53	43,34	22,17	32,25	36,28
	V	1 795,58	98,75	143,64	161,60	IV	1 381,—	72,58	105,57	118,76	69,20	100,66	113,24	65,83	95,76	107,73	62,47	90,87	102,23	59,17	86,06	96,82	55,93	81,35	91,52
	VI	1 829,—	100,59	146,32	164,61																				
5 531,99	I,IV	1 369,33	75,31	109,54	123,23	I	1 369,33	68,57	99,74	112,20	61,84	89,95	101,19	55,32	80,46	90,52	49,06	71,36	80,28	43,05	62,62	70,44	37,30	54,26	61,04
West	II	1 323,58	72,79	105,88	119,12	II	1 323,58	66,05	96,07	108,08	59,37	86,36	97,16	52,95	77,02	86,65	46,78	68,05	76,55	40,87	59,46	66,89	35,22	51,24	57,64
	III	900,50	49,52	72,04	81,04	III	900,50	44,57	64,84	72,94	39,75	57,82	65,05	35,07	51,01	57,38	30,50	44,37	49,91	26,07	37,92	42,66	21,77	31,66	35,62
	V	1 783,91	98,11	142,71	160,55	IV	1 369,33	71,94	104,64	117,72	68,57	99,74	112,20	65,19	94,83	106,68	61,84	89,95	101,19	58,55	85,16	95,81	55,32	80,46	90,52
	VI	1 817,41	99,95	145,39	163,56																				
5 531,99	I,IV	1 382,25	76,02	110,58	124,40	I	1 382,25	69,27	100,76	113,36	62,54	90,97	102,34	55,99	81,44	91,62	49,70	72,30	81,33	43,67	63,52	71,46	37,89	55,12	62,01
Ost	II	1 336,50	73,50	106,92	120,28	II	1 336,50	66,76	97,10	109,24	60,06	87,37	98,29	53,61	77,98	87,73	47,42	68,98	77,60	41,48	60,34	67,88	35,80	52,08	58,59
	III	910,—	50,05	72,80	81,90	III	910,—	45,09	65,58	73,78	40,26	58,56	65,88	35,55	51,72	58,18	30,98	45,06	50,69	26,52	38,58	43,40	22,21	32,30	36,34
	V	1 796,83	98,82	143,74	161,71	IV	1 382,25	72,65	105,67	118,88	69,27	100,76	113,36	65,90	95,86	107,84	62,54	90,97	102,34	59,23	86,16	96,93	55,99	81,44	91,62
	VI	1 830,25	100,66	146,42	164,72																				
5 534,99	I,IV	1 370,58	75,38	109,64	123,35	I	1 370,58	68,64	99,84	112,32	61,91	90,05	101,30	55,38	80,56	90,63	49,12	71,45	80,38	43,11	62,71	70,55	37,36	54,34	61,13
West	II	1 324,83	72,86	105,98	119,23	II	1 324,83	66,11	96,17	108,19	59,44	86,46	97,27	53,02	77,12	86,76	46,85	68,14	76,66	40,93	59,54	66,98	35,28	51,32	57,73
	III	901,33	49,57	72,10	81,11	III	901,33	44,62	64,90	73,01	39,81	57,90	65,14	35,11	51,08	57,46	30,55	44,44	49,99	26,11	37,98	42,73	21,81	31,73	35,69
	V	1 785,16	98,18	142,81	160,66	IV	1 370,58	72,01	104,74	117,83	68,64	99,84	112,32	65,26	94,93	106,79	61,91	90,05	101,30	58,61	85,26	95,91	55,38	80,56	90,63
	VI	1 818,66	100,02	145,49	163,67																				
5 534,99	I,IV	1 383,50	76,09	110,68	124,51	I	1 383,50	69,34	100,86	113,47	62,61	91,07	102,45	56,05	81,54	91,73	49,76	72,38	81,43	43,73	63,61	71,56	37,95	55,20	62,10
Ost	II	1 337,75	73,57	107,02	120,39	II	1 337,75	66,82	97,20	109,35	60,13	87,47	98,40	53,68	78,08	87,84	47,48	69,06	77,69	41,54	60,43	67,98	35,86	52,16	58,68
	III	911,—	50,10	72,88	81,99	III	911,—	45,13	65,65	73,85	40,30	58,62	65,95	35,60	51,78	58,25	31,02	45,13	50,77	26,57	38,65	43,48	22,25	32,37	36,41
	V	1 798,08	98,89	143,84	161,82	IV	1 383,50	72,71	105,77	118,99	69,34	100,86	113,47	65,97	95,96	107,96	62,61	91,07	102,45	59,30	86,26	97,04	56,05	81,54	91,73
	VI	1 831,50	100,73	146,52	164,83																				
5 537,99	I,IV	1 371,91	75,45	109,75	123,47	I	1 371,91	68,70	99,94	112,43	61,98	90,15	101,42	55,45	80,66	90,74	49,18	71,54	80,48	43,17	62,80	70,65	37,42	54,43	61,23
West	II	1 326,08	72,93	106,08	119,34	II	1 326,08	66,19	96,28	108,31	59,51	86,56	97,38	53,08	77,21	86,86	46,91	68,23	76,76	40,99	59,63	67,08	35,33	51,40	57,82
	III	902,33	49,62	72,18	81,20	III	902,33	44,67	64,98	73,10	39,85	57,97	65,21	35,16	51,14	57,53	30,59	44,50	50,06	26,16	38,05	42,80	21,85	31,78	35,75
	V	1 786,41	98,25	142,91	160,77	IV	1 371,91	72,08	104,84	117,95	68,70	99,94	112,43	65,33	95,03	106,91	61,98	90,15	101,42	58,68	85,36	96,03	55,45	80,66	90,74
	VI	1 819,91	100,09	145,59	163,79																				
5 537,99	I,IV	1 384,75	76,16	110,78	124,62	I	1 384,75	69,41	100,96	113,58	62,68	91,17	102,56	56,12	81,64	91,84	49,83	72,48	81,54	43,79	63,70	71,66	38,01	55,29	62,20
Ost	II	1 339,—	73,64	107,12	120,51	II	1 339,—	66,89	97,30	109,46	60,20	87,56	98,51	53,74	78,18	87,95	47,54	69,16	77,80	41,60	60,52	68,08	35,91	52,24	58,77
	III	911,83	50,15	72,94	82,06	III	911,83	45,19	65,73	73,94	40,35	58,69	66,02	35,64	51,85	58,33	31,07	45,20	50,85	26,62	38,72	43,56	22,30	32,44	36,49
	V	1 799,33	98,96	143,94	161,93	IV	1 384,75	72,78	105,87	119,10	69,41	100,96	113,58	66,04	96,06	108,07	62,68	91,17	102,56	59,37	86,36	97,15	56,12	81,64	91,84
	VI	1 832,75	100,80	146,62	164,94																				
5 540,99	I,IV	1 373,16	75,52	109,85	123,58	I	1 373,16	68,77	100,04	112,54	62,04	90,25	101,53	55,51	80,75	90,84	49,24	71,63	80,58	43,23	62,88	70,74	37,47	54,51	61,32
West	II	1 327,33	73,—	106,18	119,45	II	1 327,33	66,26	96,38	108,42	59,57	86,66	97,49	53,14	77,30	86,96	46,97	68,32	76,86	41,05	59,72	67,18	35,39	51,48	57,92
	III	903,33	49,68	72,26	81,29	III	903,33	44,72	65,05	73,18	39,90	58,04	65,29	35,20	51,21	57,61	30,64	44,57	50,14	26,20	38,12	42,88	21,89	31,85	35,83
	V	1 787,75	98,32	143,02	160,89	IV	1 373,16	72,15	104,94	118,06	68,77	100,04	112,54	65,40	95,13	107,02	62,04	90,25	101,53	58,74	85,45	96,13	55,51	80,75	90,84
	VI	1 821,16	100,16	145,69	163,90																				
5 540,99	I,IV	1 386,—	76,23	110,88	124,74	I	1 386,—	69,48	101,07	113,70	62,75	91,27	102,68	56,19	81,73	91,94	49,89	72,57	81,64	43,85	63,78	71,75	38,06	55,37	62,29
Ost	II	1 340,25	73,71	107,22	120,62	II	1 340,25	66,96	97,40	109,58	60,27	87,66	98,62	53,81	78,27	88,05	47,61	69,25	77,90	41,66	60,60	68,18	35,97	52,33	58,87
	III	912,83	50,20	73,02	82,15	III	912,83	45,23	65,80	74,02	40,40	58,77	66,11	35,69	51,92	58,41	31,12	45,26	50,92	26,66	38,78	43,63	22,34	32,50	36,56
	V	1 800,58	99,03	144,04	162,05	IV	1 386,—	72,85	105,97	119,21	69,48	101,07	113,70	66,11	96,16	108,18	62,75	91,27	102,68	59,43	86,45	97,25	56,19	81,73	91,94
	VI	1 834,08	100,87	146,72	165,06																				
5 543,99	I,IV	1 374,41	75,59	109,95	123,69	I	1 374,41	68,84	100,14	112,65	62,11	90,35	101,64	55,58	80,85	90,95	49,31	71,72	80,69	43,29	62,97	70,84	37,53	54,60	61,42
West	II	1 328,58	73,07	106,28	119,57	II	1 328,58	66,33	96,48	108,54	59,64	86,76	97,60	53,21	77,40	87,07	47,03	68,41	76,96	41,11	59,80	67,28	35,45	51,56	58,01
	III	904,16	49,72	72,33	81,37	III	904,16	44,77	65,13	73,27	39,95	58,12	65,38	35,25	51,28	57,69	30,69	44,64	50,22	26,25	38,18	42,95	21,94	31,92	35,91
	V	1 789,—	98,39	143,12	161,01	IV	1 374,41	72,21	105,04	118,17	68,84	100,14	112,65	65,47	95,23	107,13	62,11	90,35	101,64	58,81	85,55	96,24	55,58	80,85	90,95
	VI	1 822,41	100,23	145,79	164,01																				
5 543,99	I,IV	1 387,25	76,29	110,98	124,85	I	1 387,25	69,55	101,17	113,81	62,81	91,37	102,79	56,26	81,83	92,06	49,95	72,66	81,74	43,91	63,87	71,85	38,12	55,46	62,39
Ost	II	1 341,50	73,78	107,32	120,73	II	1 341,50	67,03	97,50	109,69	60,33	87,76	98,73	53,87	78,36	88,16	47,67	69,34	78,—	41,72	60,69	68,27	36,03	52,41	58,96
	III	913,83	50,26	73,10	82,24	III	913,83	45,29	65,88	74,11	40,45	58,84	66,19	35,74	51,98	58,48	31,16	45,33	50,99	26,71	38,85	43,70	22,39	32,57	36,64
	V	1 801,83	99,10	144,14	162,16	IV	1 387,25	72,93	106,08	119,34	69,55	101,17	113,81	66,18	96,26	108,29	62,81	91,37	102,79	59,50	86,55	97,37	56,26	81,83	92,06
	VI	1 835,33	100,94	146,82	165,17																				

*** Die ausgewiesenen Tabellenwerte sind amtlich. Siehe Erläuterungen auf der Umschlaginnenseite (U2).**

Lohn/ Gehalt bis €*		I – VI				I, II, III, IV		mit Zahl der Kinderfreibeträge . . .																	
			ohne Kinderfreibeträge					0,5			1			1,5			2			2,5			3		
		LSt	SolZ	8%	9%		LSt	SolZ	8%	9%	SolZ	8%	9%	SolZ	8%	9%	SolZ	8%	9%	SolZ	8%	9%	SolZ	8%	9%
5 546,99 West	I,IV	1 375,66	75,66	110,05	123,80	I	1 375,66	68,91	100,24	112,77	62,18	90,45	101,75	55,65	80,94	91,06	49,37	71,82	80,79	43,35	63,06	70,94	37,59	54,68	61,51
	II	1 329,91	73,14	106,39	119,69	II	1 329,91	66,39	96,58	108,65	59,71	86,86	97,71	53,27	77,49	87,17	47,09	68,50	77,06	41,17	59,89	67,37	35,51	51,65	58,10
	III	905,16	49,78	72,41	81,46	III	905,16	44,82	65,20	73,35	40,—	58,18	65,45	35,30	51,34	57,76	30,73	44,70	50,29	26,29	38,25	43,03	21,99	31,98	35,98
	V	1 790,25	98,46	143,22	161,12	IV	1 375,66	72,28	105,14	118,28	68,91	100,24	112,77	65,54	95,33	107,24	62,18	90,45	101,75	58,88	85,65	96,35	55,65	80,94	91,06
	VI	1 823,66	100,30	145,89	164,12																				
5 546,99 Ost	I,IV	1 388,58	76,37	111,08	124,97	I	1 388,58	69,62	101,27	113,93	62,88	91,47	102,90	56,32	81,92	92,16	50,02	72,76	81,85	43,97	63,96	71,96	38,18	55,54	62,48
	II	1 342,75	73,85	107,42	120,84	II	1 342,75	67,10	97,60	109,80	60,40	87,86	98,84	53,94	78,46	88,26	47,73	69,43	78,11	41,78	60,78	68,37	36,09	52,50	59,06
	III	914,66	50,30	73,17	82,31	III	914,66	45,33	65,94	74,18	40,49	58,90	66,26	35,79	52,06	58,57	31,21	45,40	51,07	26,75	38,92	43,78	22,43	32,62	36,70
	V	1 803,08	99,16	144,24	162,27	IV	1 388,58	72,99	106,18	119,45	69,62	101,27	113,93	66,25	96,36	108,41	62,88	91,47	102,90	59,57	86,65	97,48	56,32	81,92	92,16
	VI	1 836,58	101,01	146,92	165,29																				
5 549,99 West	I,IV	1 376,91	75,73	110,15	123,92	I	1 376,91	68,98	100,34	112,88	62,25	90,55	101,87	55,71	81,04	91,17	49,43	71,90	80,89	43,41	63,15	71,04	37,65	54,76	61,61
	II	1 331,16	73,21	106,49	119,80	II	1 331,16	66,46	96,68	108,76	59,78	86,96	97,83	53,34	77,58	87,28	47,15	68,59	77,16	41,23	59,98	67,47	35,56	51,73	58,19
	III	906,—	49,83	72,48	81,54	III	906,—	44,88	65,28	73,44	40,04	58,25	65,53	35,35	51,42	57,85	30,78	44,77	50,36	26,34	38,32	43,11	22,02	32,04	36,04
	V	1 791,50	98,53	143,32	161,23	IV	1 376,91	72,35	105,24	118,40	68,98	100,34	112,88	65,61	95,44	107,37	62,25	90,55	101,87	58,95	85,74	96,46	55,71	81,04	91,17
	VI	1 824,91	100,37	145,99	164,24																				
5 549,99 Ost	I,IV	1 389,83	76,44	111,18	125,08	I	1 389,83	69,69	101,37	114,04	62,95	91,57	103,01	56,39	82,02	92,27	50,08	72,85	81,95	44,03	64,05	72,05	38,24	55,62	62,57
	II	1 344,—	73,92	107,52	120,96	II	1 344,—	67,17	97,71	109,92	60,47	87,96	98,95	54,—	78,55	88,37	47,79	69,52	78,21	41,84	60,86	68,47	36,14	52,58	59,15
	III	915,66	50,36	73,25	82,40	III	915,66	45,39	66,02	74,27	40,55	58,98	66,35	35,84	52,13	58,64	31,25	45,46	51,14	26,80	38,98	43,85	22,47	32,69	36,77
	V	1 804,33	99,23	144,34	162,38	IV	1 389,83	73,06	106,28	119,56	69,69	101,37	114,04	66,32	96,46	108,52	62,95	91,57	103,01	59,64	86,75	97,59	56,39	82,02	92,27
	VI	1 837,83	101,08	147,02	165,40																				
5 552,99 West	I,IV	1 378,16	75,79	110,25	124,03	I	1 378,16	69,05	100,44	113,—	62,31	90,64	101,97	55,78	81,14	91,28	49,50	72,—	81,—	43,47	63,24	71,14	37,71	54,85	61,70
	II	1 332,41	73,28	106,59	119,91	II	1 332,41	66,53	96,78	108,87	59,84	87,05	97,93	53,40	77,68	87,39	47,22	68,68	77,27	41,29	60,06	67,57	35,62	51,81	58,28
	III	907,—	49,88	72,56	81,63	III	907,—	44,92	65,34	73,51	40,10	58,33	65,62	35,40	51,49	57,92	30,82	44,84	50,44	26,39	38,38	43,18	22,07	32,10	36,11
	V	1 792,75	98,60	143,42	161,34	IV	1 378,16	72,42	105,34	118,51	69,05	100,44	113,—	65,68	95,54	107,48	62,31	90,64	101,97	59,01	85,84	96,57	55,78	81,14	91,28
	VI	1 826,25	100,44	146,10	164,36																				
5 552,99 Ost	I,IV	1 391,08	76,50	111,28	125,19	I	1 391,08	69,76	101,47	114,15	63,02	91,67	103,13	56,45	82,12	92,38	50,15	72,94	82,06	44,09	64,14	72,15	38,30	55,71	62,67
	II	1 345,25	73,98	107,62	121,07	II	1 345,25	67,24	97,81	110,03	60,54	88,06	99,06	54,07	78,65	88,48	47,85	69,61	78,31	41,90	60,95	68,57	36,20	52,66	59,24
	III	916,66	50,41	73,33	82,49	III	916,66	45,43	66,09	74,35	40,59	59,05	66,43	35,88	52,20	58,72	31,30	45,53	51,22	26,84	39,05	43,93	22,52	32,76	36,85
	V	1 805,66	99,31	144,45	162,50	IV	1 391,08	73,13	106,38	119,67	69,76	101,47	114,15	66,38	96,56	108,63	63,02	91,67	103,13	59,70	86,84	97,70	56,45	82,12	92,38
	VI	1 839,08	101,14	147,12	165,51																				
5 555,99 West	I,IV	1 379,41	75,86	110,35	124,14	I	1 379,41	69,12	100,54	113,11	62,38	90,74	102,08	55,84	81,23	91,38	49,56	72,09	81,10	43,53	63,32	71,24	37,76	54,93	61,79
	II	1 333,66	73,35	106,69	120,02	II	1 333,66	66,60	96,88	108,99	59,91	87,15	98,04	53,47	77,78	87,50	47,28	68,78	77,37	41,35	60,15	67,67	35,68	51,90	58,38
	III	908,—	49,94	72,64	81,72	III	908,—	44,98	65,42	73,60	40,15	58,40	65,70	35,44	51,56	58,—	30,87	44,90	50,51	26,43	38,45	43,25	22,11	32,17	36,19
	V	1 794,—	98,67	143,52	161,46	IV	1 379,41	72,49	105,44	118,62	69,12	100,54	113,11	65,75	95,64	107,59	62,38	90,74	102,08	59,08	85,94	96,68	55,84	81,23	91,38
	VI	1 827,50	100,51	146,20	164,47																				
5 555,99 Ost	I,IV	1 392,33	76,57	111,38	125,30	I	1 392,33	69,83	101,57	114,26	63,09	91,77	103,24	56,52	82,21	92,48	50,21	73,03	82,16	44,16	64,23	72,26	38,36	55,80	62,77
	II	1 346,58	74,06	107,72	121,19	II	1 346,58	67,31	97,91	110,15	60,61	88,16	99,18	54,13	78,74	88,58	47,92	69,70	78,41	41,96	61,04	68,67	36,26	52,74	59,33
	III	917,50	50,46	73,40	82,57	III	917,50	45,49	66,17	74,44	40,65	59,13	66,52	35,93	52,26	58,79	31,35	45,60	51,30	26,89	39,12	44,01	22,56	32,82	36,92
	V	1 806,91	99,38	144,55	162,62	IV	1 392,33	73,20	106,48	119,79	69,83	101,57	114,26	66,45	96,66	108,74	63,09	91,77	103,24	59,77	86,94	97,81	56,52	82,21	92,48
	VI	1 840,33	101,21	147,22	165,62																				
5 558,99 West	I,IV	1 380,66	75,93	110,45	124,25	I	1 380,66	69,19	100,64	113,22	62,45	90,84	102,20	55,91	81,32	91,49	49,62	72,18	81,20	43,59	63,41	71,33	37,82	55,02	61,89
	II	1 334,91	73,42	106,79	120,14	II	1 334,91	66,67	96,98	109,10	59,98	87,25	98,15	53,53	77,87	87,60	47,34	68,86	77,47	41,41	60,24	67,77	35,73	51,98	58,47
	III	908,83	49,98	72,70	81,79	III	908,83	45,02	65,49	73,67	40,19	58,46	65,77	35,49	51,62	58,07	30,91	44,97	50,59	26,47	38,50	43,31	22,16	32,24	36,27
	V	1 795,25	98,73	143,62	161,57	IV	1 380,66	72,56	105,55	118,74	69,19	100,64	113,22	65,82	95,74	107,70	62,45	90,84	102,20	59,15	86,04	96,79	55,91	81,32	91,49
	VI	1 828,75	100,58	146,30	164,58																				
5 558,99 Ost	I,IV	1 393,58	76,64	111,48	125,42	I	1 393,58	69,90	101,67	114,38	63,16	91,87	103,35	56,59	82,31	92,60	50,27	73,12	82,26	44,22	64,32	72,36	38,42	55,88	62,87
	II	1 347,83	74,13	107,82	121,30	II	1 347,83	67,38	98,01	110,26	60,67	88,26	99,29	54,20	78,84	88,69	47,98	69,79	78,51	42,02	61,12	68,76	36,32	52,83	59,43
	III	918,50	50,51	73,48	82,66	III	918,50	45,54	66,24	74,52	40,70	59,20	66,60	35,97	52,33	58,87	31,39	45,66	51,37	26,94	39,18	44,08	22,60	32,88	36,99
	V	1 808,16	99,44	144,65	162,73	IV	1 393,58	73,27	106,58	119,90	69,90	101,67	114,38	66,52	96,76	108,86	63,16	91,87	103,35	59,84	87,04	97,92	56,59	82,31	92,60
	VI	1 841,58	101,28	147,32	165,74																				
5 561,99 West	I,IV	1 382,—	76,01	110,56	124,38	I	1 382,—	69,26	100,74	113,33	62,52	90,94	102,31	55,98	81,42	91,60	49,69	72,28	81,31	43,66	63,50	71,44	37,88	55,10	61,99
	II	1 336,16	73,48	106,89	120,25	II	1 336,16	66,74	97,08	109,22	60,05	87,35	98,27	53,60	77,96	87,71	47,41	68,96	77,58	41,47	60,32	67,86	35,79	52,06	58,57
	III	909,83	50,04	72,78	81,88	III	909,83	45,08	65,57	73,76	40,25	58,54	65,86	35,53	51,69	58,15	30,96	45,04	50,67	26,51	38,57	43,39	22,20	32,29	36,32
	V	1 796,50	98,80	143,72	161,68	IV	1 382,—	72,63	105,65	118,85	69,26	100,74	113,33	65,89	95,84	107,82	62,52	90,94	102,31	59,22	86,14	96,90	55,98	81,42	91,60
	VI	1 830,—	100,65	146,40	164,70																				
5 561,99 Ost	I,IV	1 394,83	76,71	111,58	125,53	I	1 394,83	69,96	101,77	114,49	63,23	91,97	103,46	56,65	82,40	92,70	50,33	73,22	82,37	44,27	64,40	72,45	38,47	55,96	62,96
	II	1 349,08	74,19	107,92	121,41	II	1 349,08	67,45	98,11	110,37	60,74	88,36	99,40	54,26	78,93	88,79	48,04	69,88	78,62	42,08	61,21	68,86	36,37	52,91	59,52
	III	919,50	50,57	73,56	82,75	III	919,50	45,59	66,32	74,61	40,74	59,26	66,67	36,03	52,41	58,96	31,44	45,73	51,44	26,98	39,25	44,15	22,65	32,94	37,06
	V	1 809,41	99,51	144,75	162,84	IV	1 394,83	73,34	106,68	120,01	69,96	101,77	114,49	66,60	96,87	108,98	63,23	91,97	103,46	59,90	87,14	98,03	56,65	82,40	92,70
	VI	1 842,83	101,35	147,42	165,85																				
5 564,99 West	I,IV	1 383,25	76,07	110,66	124,49	I	1 383,25	69,33	100,84	113,45	62,59	91,04	102,42	56,04	81,52	91,71	49,75	72,36	81,41	43,72	63,59	71,54	37,94	55,18	62,08
	II	1 337,41	73,55	106,99	120,36	II	1 337,41	66,81	97,18	109,33	60,11	87,44	98,37	53,66	78,06	87,81	47,46	69,04	77,67	41,53	60,41	67,96	35,85	52,14	58,66
	III	910,83	50,09	72,86	81,97	III	910,83	45,12	65,64	73,84	40,29	58,61	65,93	35,59	51,77	58,24	31,01	45,10	50,74	26,56	38,64	43,47	22,24	32,36	36,40
	V	1 797,75	98,87	143,82	161,79	IV	1 383,25	72,70	105,75	118,97	69,33	100,84	113,45	65,95	95,94	107,93	62,59	91,04	102,42	59,29	86,24	97,02	56,04	81,52	91,71
	VI	1 831,25	100,71	146,50	164,81																				
5 564,99 Ost	I,IV	1 396,08	76,78	111,68	125,64	I	1 396,08	70,04	101,88	114,61	63,30	92,07	103,58	56,72	82,50	92,81	50,40	73,31	82,47	44,33	64,49	72,55	38,53	56,05	63,05
	II	1 350,33	74,26	108,02	121,52	II	1 350,33	67,52	98,21	110,48	60,81	88,45	99,50	54,33	79,02	88,90	48,11	69,98	78,72	42,14	61,30	68,96	36,43	53,—	59,62
	III	920,33	50,61	73,62	82,82	III	920,33	45,64	66,38	74,68	40,80	59,34	66,76	36,08	52,48	59,04	31,48	45,80	51,52	27,03	39,32	44,23	22,69	33,01	37,13
	V	1 810,66	99,58	144,85	162,95	IV	1 396,08	73,41	106,78	120,12	70,04	101,88	114,61	66,66	96,97	109,09	63,30	92,07	103,58	59,97	87,24	98,14	56,72	82,50	92,81
	VI	1 844,16	101,42	147,53	165,97																				
5 567,99 West	I,IV	1 384,50	76,14	110,76	124,60	I	1 384,50	69,40	100,94	113,56	62,66	91,14	102,53	56,11	81,62	91,82	49,81	72,46	81,51	43,78	63,68	71,64	38,—	55,27	62,18
	II	1 338,66	73,62	107,09	120,47	II	1 338,66	66,88	97,28	109,44	60,18	87,54	98,48	53,73	78,15	87,92	47,53	69,14	77,78	41,59	60,50	68,06	35,91	52,23	58,76
	III	911,66	50,14	72,93	82,04	III	911,66	45,18	65,72	73,93	40,34	58,68	66,01	35,64	51,84	58,32	31,06	45,18	50,83	26,61	38,70	43,54	22,29	32,42	36,47
	V	1 799,08	98,94	143,92	161,91	IV	1 384,50	72,77	105,85	119,08	69,40	100,94	113,56	66,02	96,04	108,04	62,66	91,14	102,53	59,35	86,33	97,12	56,11	81,62	91,82
	VI	1 832,50	100,78	146,60	164,92																				
5 567,99 Ost	I,IV	1 397,33	76,85	111,78	125,75	I	1 397,33	70,11	101,98	114,72	63,36	92,17	103,69	56,78	82,60	92,92	50,46	73,40	82,58	44,40	64,58	72,65	38,59	56,14	63,15
	II	1 351,58	74,33	108,12	121,64	II	1 351,58	67,59	98,31	110,60	60,88	88,55	99,62	54,39	79,12	89,01	48,17	70,06	78,82	42,20	61,38	69,05	36,49	53,08	59,71
	III	921,33	50,67	73,70	82,91	III	921,33	45,69	66,46	74,77	40,84	59,41	66,83	36,12	52,54	59,11	31,53	45,86	51,59	27,07	39,38	44,30	22,74	33,08	37,21
	V	1 811,91	99,65	144,95	163,07	IV	1 397,33	73,48	106,88	120,24	70,11	101,98	114,72	66,73	97,07	109,20	63,36	92,17	103,69	60,04	87,34	98,25	56,78	82,60	92,92
	VI	1 845,41	101,49	147,63	166,08																				

Table title: Abzüge an Lohnsteuer, Solidaritätszuschlag (SolZ) und Kirchensteuer (8%, 9%) in den Steuerklassen

*** Die ausgewiesenen Tabellenwerte sind amtlich. Siehe Erläuterungen auf der Umschlaginnenseite (U2).**

5 568,–*

Lohn/Gehalt bis €*	Abzüge an Lohnsteuer, Solidaritätszuschlag (SolZ) und Kirchensteuer (8%, 9%) in den Steuerklassen: I – VI					I, II, III, IV		mit Zahl der Kinderfreibeträge . . . 0,5			1			1,5			2			2,5			3		
			ohne Kinderfreibeträge																						
		LSt	SolZ	8%	9%		LSt	SolZ	8%	9%	SolZ	8%	9%	SolZ	8%	9%	SolZ	8%	9%	SolZ	8%	9%	SolZ	8%	9%
5 570,99 West	I,IV	1 385,75	76,21	110,86	124,71	I	1 385,75	69,46	101,04	113,67	62,73	91,24	102,65	56,17	81,71	91,92	49,88	72,55	81,62	43,83	63,76	71,73	38,06	55,36	62,28
	II	1 340,—	73,70	107,20	120,60	II	1 340,—	66,95	97,38	109,55	60,25	87,64	98,60	53,79	78,25	88,03	47,59	69,23	77,88	41,65	60,58	68,15	35,96	52,31	58,85
	III	912,66	50,19	73,01	82,13	III	912,66	45,22	65,78	74,—	40,39	58,76	66,10	35,68	51,90	58,39	31,11	45,25	50,90	26,65	38,77	43,61	22,33	32,49	36,55
	V	1 800,33	99,01	144,02	162,02	IV	1 385,75	72,84	105,95	119,19	69,46	101,04	113,67	66,09	96,14	108,15	62,73	91,24	102,65	59,42	86,43	97,23	56,17	81,71	91,92
	VI	1 833,75	100,85	146,70	165,03																				
5 570,99 Ost	I,IV	1 398,58	76,92	111,88	125,87	I	1 398,58	70,18	102,08	114,84	63,43	92,27	103,80	56,85	82,70	93,03	50,53	73,50	82,68	44,46	64,67	72,75	38,65	56,22	63,24
	II	1 352,83	74,40	108,22	121,75	II	1 352,83	67,65	98,41	110,71	60,94	88,65	99,73	54,46	79,22	89,12	48,23	70,16	78,93	42,26	61,47	69,15	36,55	53,16	59,81
	III	922,33	50,72	73,78	83,—	III	922,33	45,74	66,53	74,84	40,89	59,48	66,91	36,17	52,61	59,18	31,57	45,93	51,67	27,11	39,44	44,37	22,78	33,14	37,28
	V	1 813,16	99,72	145,05	163,18	IV	1 398,58	73,55	106,98	120,35	70,18	102,08	114,84	66,80	97,17	109,31	63,43	92,27	103,80	60,11	87,44	98,37	56,85	82,70	93,03
	VI	1 846,66	101,56	147,73	166,19																				
5 573,99 West	I,IV	1 387,—	76,28	110,96	124,83	I	1 387,—	69,53	101,14	113,78	62,80	91,34	102,76	56,24	81,80	92,03	49,94	72,64	81,72	43,89	63,85	71,83	38,11	55,44	62,37
	II	1 341,25	73,76	107,30	120,71	II	1 341,25	67,02	97,48	109,67	60,32	87,74	98,71	53,86	78,34	88,13	47,65	69,32	77,98	41,71	60,67	68,25	36,02	52,39	58,94
	III	913,50	50,24	73,08	82,21	III	913,50	45,28	65,86	74,09	40,44	58,82	66,17	35,73	51,97	58,46	31,15	45,32	50,98	26,70	38,84	43,69	22,37	32,54	36,61
	V	1 801,58	99,08	144,12	162,14	IV	1 387,—	72,91	106,05	119,30	69,53	101,14	113,78	66,16	96,24	108,27	62,80	91,34	102,76	59,49	86,53	97,34	56,24	81,80	92,03
	VI	1 835,—	100,92	146,80	165,15																				
5 573,99 Ost	I,IV	1 399,91	76,99	111,99	125,99	I	1 399,91	70,24	102,18	114,95	63,50	92,37	103,91	56,92	82,79	93,14	50,59	73,59	82,79	44,52	64,76	72,85	38,71	56,30	63,34
	II	1 354,08	74,47	108,32	121,86	II	1 354,08	67,73	98,52	110,83	61,01	88,75	99,84	54,52	79,31	89,22	48,29	70,25	79,03	42,32	61,56	69,25	36,60	53,24	59,90
	III	923,16	50,77	73,85	83,08	III	923,16	45,79	66,61	74,93	40,94	59,56	67,—	36,22	52,69	59,27	31,62	46,—	51,75	27,16	39,50	44,44	22,82	33,20	37,35
	V	1 814,41	99,79	145,15	163,29	IV	1 399,91	73,62	107,08	120,47	70,24	102,18	114,95	66,87	97,27	109,43	63,50	92,37	103,91	60,17	87,53	98,47	56,92	82,79	93,14
	VI	1 847,91	101,63	147,83	166,31																				
5 576,99 West	I,IV	1 388,25	76,35	111,06	124,94	I	1 388,25	69,60	101,24	113,90	62,86	91,44	102,87	56,31	81,90	92,14	50,—	72,74	81,83	43,96	63,94	71,93	38,17	55,52	62,46
	II	1 342,50	73,83	107,40	120,82	II	1 342,50	67,09	97,58	109,78	60,39	87,84	98,82	53,92	78,44	88,24	47,72	69,41	78,08	41,77	60,76	68,35	36,08	52,48	59,04
	III	914,50	50,29	73,16	82,30	III	914,50	45,32	65,93	74,17	40,48	58,89	66,25	35,77	52,04	58,54	31,20	45,38	51,05	26,74	38,90	43,76	22,42	32,61	36,68
	V	1 802,83	99,15	144,22	162,25	IV	1 388,25	72,98	106,15	119,42	69,60	101,24	113,90	66,23	96,34	108,38	62,86	91,44	102,87	59,56	86,63	97,46	56,31	81,90	92,14
	VI	1 836,25	100,99	146,90	165,26																				
5 576,99 Ost	I,IV	1 401,16	77,06	112,09	126,10	I	1 401,16	70,31	102,28	115,06	63,57	92,47	104,03	56,98	82,89	93,25	50,65	73,68	82,89	44,58	64,85	72,95	38,77	56,39	63,44
	II	1 355,33	74,54	108,42	121,97	II	1 355,33	67,80	98,62	110,94	61,08	88,85	99,95	54,59	79,40	89,33	48,35	70,34	79,13	42,38	61,64	69,35	36,66	53,33	59,99
	III	924,16	50,82	73,93	83,17	III	924,16	45,84	66,68	75,01	40,99	59,62	67,07	36,27	52,76	59,35	31,68	46,08	51,84	27,20	39,57	44,51	22,87	33,26	37,42
	V	1 815,75	99,86	145,26	163,41	IV	1 401,16	73,69	107,18	120,58	70,31	102,28	115,06	66,94	97,37	109,54	63,57	92,47	104,03	60,24	87,63	98,58	56,98	82,89	93,25
	VI	1 849,16	101,70	147,93	166,42																				
5 579,99 West	I,IV	1 389,50	76,42	111,16	125,05	I	1 389,50	69,68	101,35	114,02	62,93	91,54	102,98	56,37	82,—	92,25	50,07	72,83	81,93	44,02	64,03	72,03	38,23	55,61	62,56
	II	1 343,75	73,90	107,50	120,93	II	1 343,75	67,15	97,68	109,89	60,45	87,94	98,93	53,99	78,53	88,34	47,78	69,50	78,18	41,83	60,84	68,45	36,13	52,56	59,13
	III	915,50	50,35	73,24	82,39	III	915,50	45,38	66,01	74,26	40,54	58,97	66,34	35,83	52,12	58,63	31,24	45,45	51,13	26,79	38,97	43,84	22,46	32,68	36,76
	V	1 804,08	99,22	144,32	162,36	IV	1 389,50	73,04	106,25	119,53	69,68	101,35	114,02	66,30	96,44	108,50	62,93	91,54	102,98	59,62	86,72	97,56	56,37	82,—	92,25
	VI	1 837,58	101,06	147,—	165,38																				
5 579,99 Ost	I,IV	1 402,41	77,13	112,19	126,21	I	1 402,41	70,38	102,38	115,17	63,64	92,57	104,14	57,05	82,98	93,35	50,71	73,77	82,99	44,64	64,94	73,05	38,83	56,48	63,54
	II	1 356,58	74,61	108,52	122,09	II	1 356,58	67,87	98,72	111,06	61,15	88,95	100,07	54,66	79,50	89,44	48,42	70,43	79,23	42,44	61,74	69,45	36,72	53,41	60,08
	III	925,—	50,87	74,—	83,25	III	925,—	45,89	66,76	75,10	41,03	59,69	67,15	36,31	52,82	59,42	31,72	46,14	51,91	27,25	39,64	44,59	22,91	33,33	37,49
	V	1 817,—	99,93	145,36	163,53	IV	1 402,41	73,75	107,28	120,69	70,38	102,38	115,17	67,01	97,47	109,65	63,64	92,57	104,14	60,31	87,73	98,69	57,05	82,98	93,35
	VI	1 850,41	101,77	148,03	166,53																				
5 582,99 West	I,IV	1 390,75	76,49	111,26	125,16	I	1 390,75	69,74	101,45	114,13	63,—	91,64	103,10	56,44	82,10	92,36	50,13	72,92	82,03	44,08	64,12	72,13	38,28	55,69	62,65
	II	1 345,—	73,97	107,60	121,05	II	1 345,—	67,22	97,78	110,—	60,52	88,04	99,04	54,05	78,62	88,45	47,84	69,59	78,29	41,89	60,93	68,54	36,19	52,64	59,22
	III	916,33	50,39	73,30	82,46	III	916,33	45,43	66,08	74,34	40,59	59,04	66,42	35,87	52,18	58,70	31,29	45,52	51,21	26,84	39,04	43,92	22,51	32,74	36,83
	V	1 805,33	99,29	144,42	162,47	IV	1 390,75	73,12	106,36	119,65	69,74	101,45	114,13	66,37	96,54	108,61	63,—	91,64	103,10	59,69	86,82	97,67	56,44	82,10	92,36
	VI	1 838,83	101,13	147,10	165,49																				
5 582,99 Ost	I,IV	1 403,66	77,20	112,29	126,32	I	1 403,66	70,45	102,48	115,29	63,71	92,67	104,25	57,12	83,08	93,47	50,78	73,86	83,09	44,70	65,02	73,15	38,88	56,56	63,63
	II	1 357,91	74,68	108,63	122,21	II	1 357,91	67,93	98,82	111,17	61,21	89,04	100,17	54,72	79,60	89,55	48,48	70,52	79,34	42,50	61,82	69,55	36,78	53,50	60,18
	III	926,—	50,93	74,08	83,34	III	926,—	45,94	66,82	75,17	41,09	59,77	67,24	36,36	52,89	59,50	31,77	46,21	51,98	27,29	39,70	44,66	22,96	33,40	37,57
	V	1 818,25	100,—	145,46	163,64	IV	1 403,66	73,82	107,38	120,80	70,45	102,48	115,29	67,08	97,57	109,76	63,71	92,67	104,25	60,38	87,83	98,81	57,12	83,08	93,47
	VI	1 851,66	101,84	148,13	166,64																				
5 585,99 West	I,IV	1 392,08	76,56	111,36	125,28	I	1 392,08	69,81	101,55	114,24	63,07	91,74	103,21	56,50	82,19	92,46	50,19	73,01	82,13	44,14	64,21	72,23	38,34	55,78	62,75
	II	1 346,25	74,04	107,70	121,16	II	1 346,25	67,29	97,88	110,12	60,59	88,14	99,15	54,12	78,72	88,56	47,90	69,68	78,39	41,95	61,02	68,64	36,24	52,72	59,31
	III	917,33	50,45	73,38	82,55	III	917,33	45,48	66,16	74,43	40,63	59,10	66,49	35,92	52,25	58,78	31,34	45,58	51,28	26,88	39,10	43,99	22,55	32,81	36,91
	V	1 806,58	99,36	144,52	162,59	IV	1 392,08	73,19	106,46	119,76	69,81	101,55	114,24	66,44	96,64	108,72	63,07	91,74	103,21	59,76	86,92	97,79	56,50	82,19	92,46
	VI	1 840,08	101,20	147,20	165,60																				
5 585,99 Ost	I,IV	1 404,91	77,27	112,39	126,44	I	1 404,91	70,52	102,58	115,40	63,78	92,77	104,36	57,18	83,18	93,57	50,84	73,96	83,20	44,77	65,12	73,26	38,94	56,64	63,72
	II	1 359,16	74,75	108,73	122,32	II	1 359,16	68,—	98,92	111,28	61,28	89,14	100,28	54,78	79,69	89,65	48,54	70,61	79,43	42,56	61,91	69,65	36,83	53,58	60,27
	III	927,—	50,98	74,16	83,43	III	927,—	45,99	66,90	75,26	41,14	59,84	67,32	36,41	52,96	59,58	31,81	46,28	52,06	27,34	39,77	44,74	23,—	33,46	37,64
	V	1 819,50	100,07	145,56	163,75	IV	1 404,91	73,89	107,48	120,92	70,52	102,58	115,40	67,15	97,68	109,89	63,78	92,77	104,36	60,44	87,92	98,91	57,18	83,18	93,57
	VI	1 852,91	101,91	148,23	166,76																				
5 588,99 West	I,IV	1 393,33	76,63	111,46	125,39	I	1 393,33	69,88	101,65	114,35	63,14	91,84	103,32	56,57	82,29	92,57	50,26	73,10	82,24	44,20	64,30	72,33	38,40	55,86	62,84
	II	1 347,50	74,11	107,80	121,27	II	1 347,50	67,37	97,99	110,24	60,66	88,24	99,27	54,18	78,82	88,67	47,96	69,77	78,49	42,01	61,10	68,74	36,30	52,81	59,41
	III	918,33	50,50	73,46	82,64	III	918,33	45,53	66,22	74,50	40,69	59,18	66,58	35,97	52,32	58,86	31,38	45,65	51,35	26,93	39,17	44,06	22,59	32,86	36,97
	V	1 807,83	99,43	144,62	162,70	IV	1 393,33	73,26	106,56	119,88	69,88	101,65	114,35	66,51	96,74	108,83	63,14	91,84	103,32	59,82	87,02	97,89	56,57	82,29	92,57
	VI	1 841,33	101,27	147,30	165,71																				
5 588,99 Ost	I,IV	1 406,16	77,33	112,49	126,55	I	1 406,16	70,59	102,68	115,52	63,85	92,87	104,48	57,25	83,28	93,69	50,91	74,05	83,30	44,82	65,20	73,35	39,—	56,73	63,82
	II	1 360,41	74,82	108,83	122,43	II	1 360,41	68,07	99,02	111,39	61,35	89,24	100,40	54,85	79,79	89,76	48,61	70,70	79,54	42,62	62,—	69,75	36,89	53,66	60,37
	III	927,83	51,03	74,22	83,50	III	927,83	46,04	66,97	75,34	41,19	59,92	67,41	36,46	53,04	59,67	31,86	46,34	52,13	27,39	39,84	44,82	23,04	33,52	37,71
	V	1 820,75	100,14	145,66	163,86	IV	1 406,16	73,96	107,58	121,03	70,59	102,68	115,52	67,22	97,78	110,—	63,85	92,87	104,48	60,51	88,02	99,02	57,25	83,28	93,69
	VI	1 854,25	101,98	148,34	166,88																				
5 591,99 West	I,IV	1 394,58	76,70	111,56	125,51	I	1 394,58	69,95	101,75	114,47	63,21	91,94	103,43	56,64	82,38	92,68	50,32	73,20	82,35	44,26	64,38	72,43	38,46	55,94	62,93
	II	1 348,75	74,18	107,90	121,38	II	1 348,75	67,43	98,09	110,35	60,72	88,33	99,37	54,25	78,91	88,77	48,03	69,86	78,59	42,07	61,19	68,84	36,36	52,89	59,50
	III	919,16	50,55	73,53	82,72	III	919,16	45,58	66,30	74,59	40,73	59,25	66,65	36,02	52,40	58,95	31,43	45,72	51,43	26,97	39,24	44,14	22,64	32,93	37,04
	V	1 809,16	99,50	144,73	162,82	IV	1 394,58	73,32	106,66	119,99	69,95	101,75	114,47	66,58	96,84	108,95	63,21	91,94	103,43	59,89	87,12	98,01	56,64	82,38	92,68
	VI	1 842,58	101,34	147,40	165,83																				
5 591,99 Ost	I,IV	1 407,41	77,40	112,59	126,66	I	1 407,41	70,66	102,78	115,63	63,91	92,97	104,59	57,31	83,37	93,79	50,97	74,14	83,41	44,88	65,29	73,45	39,06	56,82	63,92
	II	1 361,66	74,89	108,93	122,54	II	1 361,66	68,14	99,12	111,51	61,42	89,34	100,51	54,92	79,88	89,87	48,67	70,80	79,65	42,68	62,08	69,84	36,95	53,74	60,46
	III	928,83	51,08	74,30	83,59	III	928,83	46,09	67,05	75,43	41,24	59,98	67,48	36,51	53,10	59,74	31,90	46,41	52,21	27,43	39,90	44,89	23,09	33,58	37,78
	V	1 822,—	100,21	145,76	163,98	IV	1 407,41	74,03	107,68	121,14	70,66	102,78	115,63	67,29	97,88	110,11	63,91	92,97	104,59	60,58	88,12	99,14	57,31	83,37	93,79
	VI	1 855,50	102,05	148,44	166,99																				

* Die ausgewiesenen Tabellenwerte sind amtlich. Siehe Erläuterungen auf der Umschlaginnenseite (U2).

Lohn/Gehalt bis €*		Abzüge an Lohnsteuer, Solidaritätszuschlag (SolZ) und Kirchensteuer (8%, 9%) in den Steuerklassen I – VI: LSt	ohne Kinderfreibeträge SolZ	8%	9%	I, II, III, IV	LSt	mit Zahl der Kinderfreibeträge . . . 0,5 SolZ	0,5 8%	0,5 9%	1 SolZ	1 8%	1 9%	1,5 SolZ	1,5 8%	1,5 9%	2 SolZ	2 8%	2 9%	2,5 SolZ	2,5 8%	2,5 9%	3 SolZ	3 8%	3 9%
5 594,99 West	I,IV	1 395,83	76,77	111,66	125,62	I	1 395,83	70,02	101,85	114,58	63,28	92,04	103,55	56,70	82,48	92,79	50,38	73,29	82,45	44,32	64,47	72,53	38,52	56,03	63,03
	II	1 350,08	74,25	108,—	121,50	II	1 350,08	67,50	98,19	110,46	60,79	88,43	99,48	54,31	79,—	88,88	48,09	69,96	78,70	42,13	61,28	68,94	36,42	52,98	59,60
	III	920,16	50,60	73,61	82,81	III	920,16	45,63	66,37	74,66	40,78	59,32	66,73	36,07	52,46	59,02	31,47	45,78	51,50	27,01	39,29	44,20	22,68	33,—	37,12
	V	1 810,41	99,57	144,83	162,93	IV	1 395,83	73,39	106,76	120,10	70,02	101,85	114,58	66,65	96,94	109,06	63,28	92,04	103,55	59,96	87,22	98,12	56,70	82,48	92,79
	VI	1 843,83	101,41	147,50	165,94																				
5 594,99 Ost	I,IV	1 408,66	77,47	112,69	126,77	I	1 408,66	70,73	102,88	115,74	63,98	93,07	104,70	57,38	83,47	93,90	51,04	74,24	83,52	44,95	65,38	73,55	39,12	56,90	64,01
	II	1 362,91	74,96	109,03	122,66	II	1 362,91	68,21	99,22	111,62	61,49	89,44	100,62	54,98	79,98	89,97	48,73	70,89	79,75	42,74	62,17	69,94	37,01	53,83	60,56
	III	929,83	51,14	74,38	83,68	III	929,83	46,15	67,13	75,52	41,28	60,05	67,55	36,55	53,17	59,81	31,95	46,48	52,29	27,48	39,97	44,96	23,13	33,65	37,85
	V	1 823,25	100,27	145,86	164,09	IV	1 408,66	74,10	107,79	121,26	70,73	102,88	115,74	67,36	97,98	110,22	63,98	93,07	104,70	60,65	88,22	99,25	57,38	83,47	93,90
	VI	1 856,75	102,12	148,54	167,10																				
5 597,99 West	I,IV	1 397,08	76,83	111,76	125,73	I	1 397,08	70,09	101,95	114,69	63,35	92,14	103,66	56,77	82,58	92,90	50,45	73,38	82,55	44,38	64,56	72,63	38,58	56,12	63,13
	II	1 351,33	74,32	108,10	121,61	II	1 351,33	67,57	98,29	110,57	60,86	88,53	99,59	54,38	79,10	88,99	48,15	70,04	78,80	42,18	61,36	69,03	36,47	53,06	59,69
	III	921,16	50,66	73,69	82,90	III	921,16	45,68	66,45	74,75	40,83	59,40	66,82	36,11	52,53	59,09	31,52	45,85	51,58	27,06	39,36	44,28	22,73	33,06	37,19
	V	1 811,66	99,64	144,93	163,04	IV	1 397,08	73,46	106,86	120,21	70,09	101,95	114,69	66,71	97,04	109,17	63,35	92,14	103,66	60,03	87,32	98,23	56,77	82,58	92,90
	VI	1 845,08	101,47	147,60	166,05																				
5 597,99 Ost	I,IV	1 410,—	77,55	112,80	126,90	I	1 410,—	70,80	102,98	115,85	64,05	93,17	104,81	57,45	83,56	94,01	51,10	74,33	83,62	45,01	65,47	73,65	39,17	56,98	64,10
	II	1 364,16	75,02	109,13	122,77	II	1 364,16	68,28	99,32	111,74	61,56	89,54	100,73	55,05	80,07	90,08	48,79	70,98	79,85	42,80	62,26	70,04	37,07	53,92	60,66
	III	930,66	51,18	74,45	83,75	III	930,66	46,20	67,20	75,60	41,34	60,13	67,64	36,60	53,24	59,89	32,—	46,54	52,36	27,52	40,04	45,04	23,18	33,72	37,93
	V	1 824,50	100,34	145,96	164,20	IV	1 410,—	74,17	107,89	121,37	70,80	102,98	115,85	67,43	98,08	110,34	64,05	93,17	104,81	60,72	88,32	99,36	57,45	83,56	94,01
	VI	1 858,—	102,19	148,64	167,22																				
5 600,99 West	I,IV	1 398,33	76,90	111,86	125,84	I	1 398,33	70,16	102,05	114,80	63,41	92,24	103,77	56,83	82,67	93,—	50,51	73,48	82,66	44,44	64,65	72,73	38,64	56,20	63,23
	II	1 352,58	74,39	108,20	121,73	II	1 352,58	67,64	98,39	110,69	60,93	88,63	99,71	54,45	79,20	89,10	48,22	70,14	78,90	42,24	61,45	69,13	36,53	53,14	59,78
	III	922,—	50,71	73,76	82,98	III	922,—	45,73	66,52	74,83	40,88	59,46	66,89	36,16	52,60	59,17	31,57	45,92	51,66	27,10	39,42	44,35	22,77	33,12	37,26
	V	1 812,91	99,71	145,03	163,16	IV	1 398,33	73,53	106,96	120,33	70,16	102,05	114,80	66,79	97,15	109,29	63,41	92,24	103,77	60,09	87,41	98,33	56,83	82,67	93,—
	VI	1 846,33	101,54	147,70	166,16																				
5 600,99 Ost	I,IV	1 411,25	77,61	112,90	127,01	I	1 411,25	70,87	103,08	115,97	64,12	93,27	104,93	57,52	83,66	94,12	51,16	74,42	83,72	45,07	65,56	73,75	39,23	57,07	64,20
	II	1 365,41	75,09	109,23	122,88	II	1 365,41	68,35	99,42	111,85	61,63	89,64	100,85	55,11	80,17	90,19	48,86	71,07	79,95	42,86	62,35	70,14	37,12	54,—	60,75
	III	931,66	51,24	74,53	83,84	III	931,66	46,25	67,28	75,69	41,38	60,20	67,72	36,65	53,32	59,98	32,04	46,61	52,43	27,57	40,10	45,11	23,21	33,77	37,99
	V	1 825,75	100,41	146,06	164,31	IV	1 411,25	74,24	107,99	121,49	70,87	103,08	115,97	67,49	98,18	110,45	64,12	93,27	104,93	60,78	88,42	99,47	57,52	83,66	94,12
	VI	1 859,25	102,25	148,74	167,33																				
5 603,99 West	I,IV	1 399,58	76,97	111,96	125,96	I	1 399,58	70,23	102,16	114,93	63,48	92,34	103,88	56,90	82,77	93,11	50,58	73,57	82,76	44,50	64,74	72,83	38,69	56,28	63,32
	II	1 353,83	74,46	108,30	121,84	II	1 353,83	67,71	98,49	110,80	61,—	88,73	99,82	54,51	79,29	89,20	48,28	70,23	79,01	42,30	61,54	69,23	36,59	53,22	59,87
	III	923,—	50,76	73,84	83,07	III	923,—	45,78	66,60	74,92	40,93	59,54	66,98	36,20	52,66	59,24	31,61	45,98	51,73	27,15	39,49	44,42	22,81	33,18	37,33
	V	1 814,16	99,77	145,13	163,27	IV	1 399,58	73,60	107,06	120,44	70,23	102,16	114,93	66,86	97,25	109,40	63,48	92,34	103,88	60,16	87,51	98,45	56,90	82,77	93,11
	VI	1 847,66	101,62	147,81	166,28																				
5 603,99 Ost	I,IV	1 412,50	77,68	113,—	127,12	I	1 412,50	70,94	103,18	116,08	64,19	93,38	105,05	57,58	83,76	94,23	51,23	74,52	83,83	45,13	65,65	73,85	39,29	57,16	64,30
	II	1 366,66	75,16	109,33	122,99	II	1 366,66	68,42	99,52	111,96	61,70	89,74	100,96	55,18	80,26	90,29	48,92	71,16	80,06	42,92	62,44	70,24	37,18	54,08	60,84
	III	932,66	51,29	74,61	83,93	III	932,66	46,30	67,34	75,76	41,43	60,26	67,79	36,70	53,38	60,05	32,09	46,68	52,51	27,61	40,17	45,19	23,26	33,84	38,07
	V	1 827,08	100,48	146,16	164,43	IV	1 412,50	74,31	108,09	121,60	70,94	103,18	116,08	67,56	98,28	110,56	64,19	93,38	105,05	60,85	88,52	99,58	57,58	83,76	94,23
	VI	1 860,50	102,32	148,84	167,44																				
5 606,99 West	I,IV	1 400,83	77,04	112,06	126,07	I	1 400,83	70,30	102,26	115,04	63,55	92,44	104,—	56,97	82,86	93,22	50,64	73,66	82,86	44,57	64,83	72,93	38,75	56,37	63,41
	II	1 355,08	74,52	108,40	121,95	II	1 355,08	67,78	98,59	110,91	61,06	88,82	99,92	54,57	79,38	89,30	48,34	70,32	79,11	42,37	61,63	69,33	36,65	53,31	59,97
	III	924,—	50,82	73,92	83,16	III	924,—	45,83	66,66	74,99	40,98	59,61	67,06	36,26	52,74	59,33	31,66	46,05	51,80	27,19	39,56	44,50	22,86	33,25	37,40
	V	1 815,41	99,84	145,23	163,38	IV	1 400,83	73,67	107,16	120,56	70,30	102,26	115,04	66,93	97,35	109,52	63,55	92,44	104,—	60,23	87,61	98,56	56,97	82,86	93,22
	VI	1 848,91	101,69	147,91	166,40																				
5 606,99 Ost	I,IV	1 413,75	77,75	113,10	127,23	I	1 413,75	71,—	103,28	116,19	64,26	93,48	105,16	57,65	83,86	94,34	51,29	74,61	83,93	45,19	65,74	73,95	39,35	57,24	64,40
	II	1 368,—	75,24	109,44	123,12	II	1 368,—	68,49	99,62	112,07	61,76	89,84	101,07	55,24	80,36	90,40	48,99	71,26	80,16	42,98	62,52	70,34	37,23	54,16	60,93
	III	933,50	51,34	74,68	84,01	III	933,50	46,35	67,42	75,85	41,48	60,34	67,88	36,74	53,45	60,13	32,13	46,74	52,58	27,66	40,24	45,27	23,31	33,90	38,14
	V	1 828,33	100,55	146,26	164,54	IV	1 413,75	74,38	108,19	121,71	71,—	103,28	116,19	67,63	98,38	110,67	64,26	93,48	105,16	60,92	88,62	99,69	57,65	83,86	94,34
	VI	1 861,75	102,39	148,94	167,55																				
5 609,99 West	I,IV	1 402,08	77,11	112,16	126,18	I	1 402,08	70,37	102,36	115,15	63,63	92,55	104,12	57,03	82,96	93,33	50,70	73,75	82,97	44,63	64,92	73,03	38,81	56,46	63,51
	II	1 356,33	74,59	108,50	122,06	II	1 356,33	67,85	98,69	111,02	61,13	88,92	100,04	54,64	79,48	89,42	48,40	70,41	79,21	42,43	61,72	69,43	36,70	53,39	60,06
	III	924,83	50,86	73,98	83,23	III	924,83	45,88	66,74	75,08	41,03	59,68	67,14	36,30	52,81	59,41	31,70	46,12	51,88	27,24	39,62	44,57	22,90	33,32	37,48
	V	1 816,66	99,91	145,33	163,49	IV	1 402,08	73,74	107,26	120,67	70,37	102,36	115,15	66,99	97,45	109,63	63,63	92,55	104,12	60,30	87,71	98,67	57,03	82,96	93,33
	VI	1 850,16	101,75	148,01	166,51																				
5 609,99 Ost	I,IV	1 415,—	77,82	113,20	127,35	I	1 415,—	71,07	103,38	116,30	64,33	93,58	105,27	57,71	83,95	94,44	51,36	74,70	84,04	45,26	65,83	74,06	39,41	57,32	64,49
	II	1 369,25	75,30	109,54	123,23	II	1 369,25	68,56	99,72	112,19	61,83	89,94	101,18	55,31	80,46	90,51	49,05	71,34	80,26	43,04	62,61	70,43	37,29	54,25	61,03
	III	934,50	51,39	74,76	84,10	III	934,50	46,40	67,49	75,92	41,53	60,41	67,96	36,79	53,52	60,21	32,18	46,81	52,66	27,71	40,30	45,34	23,35	33,97	38,21
	V	1 829,58	100,62	146,36	164,66	IV	1 415,—	74,45	108,29	121,82	71,07	103,38	116,30	67,70	98,48	110,79	64,33	93,58	105,27	60,99	88,72	99,81	57,71	83,95	94,44
	VI	1 863,—	102,46	149,04	167,67																				
5 612,99 West	I,IV	1 403,41	77,18	112,27	126,30	I	1 403,41	70,44	102,46	115,26	63,69	92,65	104,23	57,10	83,06	93,44	50,76	73,84	83,07	44,69	65,—	73,13	38,87	56,54	63,61
	II	1 357,58	74,66	108,60	122,18	II	1 357,58	67,92	98,80	111,15	61,20	89,02	100,15	54,71	79,58	89,52	48,47	70,50	79,31	42,49	61,80	69,53	36,76	53,48	60,16
	III	925,83	50,92	74,06	83,32	III	925,83	45,93	66,81	75,16	41,08	59,76	67,23	36,35	52,88	59,49	31,76	46,20	51,97	27,28	39,69	44,65	22,95	33,38	37,55
	V	1 817,91	99,98	145,43	163,61	IV	1 403,41	73,81	107,36	120,78	70,44	102,46	115,26	67,06	97,55	109,74	63,69	92,65	104,23	60,36	87,80	98,78	57,10	83,06	93,44
	VI	1 851,41	101,82	148,11	166,62																				
5 612,99 Ost	I,IV	1 416,25	77,89	113,30	127,46	I	1 416,25	71,14	103,48	116,42	64,40	93,68	105,39	57,78	84,05	94,55	51,42	74,80	84,15	45,32	65,92	74,16	39,47	57,41	64,58
	II	1 370,50	75,37	109,64	123,34	II	1 370,50	68,63	99,82	112,30	61,90	90,04	101,29	55,38	80,55	90,62	49,11	71,44	80,37	43,10	62,70	70,53	37,35	54,34	61,13
	III	935,50	51,45	74,84	84,19	III	935,50	46,45	67,57	76,01	41,58	60,49	68,05	36,85	53,60	60,30	32,23	46,89	52,75	27,75	40,37	45,41	23,40	34,04	38,29
	V	1 830,83	100,69	146,46	164,77	IV	1 416,25	74,52	108,39	121,94	71,14	103,48	116,42	67,77	98,58	110,90	64,40	93,68	105,39	61,06	88,82	99,92	57,78	84,05	94,55
	VI	1 864,25	102,53	149,14	167,78																				
5 615,99 West	I,IV	1 404,66	77,25	112,37	126,41	I	1 404,66	70,51	102,56	115,38	63,76	92,75	104,34	57,17	83,16	93,55	50,83	73,94	83,18	44,75	65,10	73,23	38,93	56,62	63,70
	II	1 358,83	74,73	108,70	122,29	II	1 358,83	67,99	98,90	111,26	61,27	89,12	100,26	54,77	79,67	89,63	48,53	70,59	79,41	42,55	61,89	69,62	36,82	53,56	60,26
	III	926,83	50,97	74,14	83,41	III	926,83	45,98	66,89	75,25	41,13	59,82	67,30	36,40	52,94	59,56	31,80	46,26	52,04	27,33	39,76	44,73	22,99	33,44	37,62
	V	1 819,25	100,05	145,54	163,73	IV	1 404,66	73,88	107,46	120,89	70,51	102,56	115,38	67,13	97,65	109,85	63,76	92,75	104,34	60,43	87,90	98,89	57,17	83,16	93,55
	VI	1 852,66	101,89	148,21	166,73																				
5 615,99 Ost	I,IV	1 417,50	77,96	113,40	127,57	I	1 417,50	71,22	103,59	116,54	64,47	93,78	105,50	57,85	84,14	94,66	51,48	74,89	84,25	45,37	66,—	74,25	39,53	57,50	64,68
	II	1 371,75	75,44	109,74	123,45	II	1 371,75	68,69	99,92	112,41	61,97	90,14	101,40	55,44	80,64	90,72	49,17	71,53	80,47	43,16	62,78	70,63	37,41	54,42	61,22
	III	936,33	51,49	74,90	84,26	III	936,33	46,50	67,64	76,09	41,63	60,56	68,13	36,89	53,66	60,37	32,28	46,96	52,83	27,80	40,44	45,49	23,44	34,10	38,36
	V	1 832,08	100,76	146,56	164,88	IV	1 417,50	74,58	108,49	122,05	71,22	103,59	116,54	67,84	98,68	111,02	64,47	93,78	105,50	61,13	88,92	100,03	57,85	84,14	94,66
	VI	1 865,58	102,60	149,24	167,90																				

*** Die ausgewiesenen Tabellenwerte sind amtlich. Siehe Erläuterungen auf der Umschlaginnenseite (U2).**

Abzüge an Lohnsteuer, Solidaritätszuschlag (SolZ) und Kirchensteuer (8%, 9%) in den Steuerklassen

Lohn/ Gehalt bis €*	I – VI					I, II, III, IV		mit Zahl der Kinderfreibeträge . . .																	
			ohne Kinderfreibeträge					0,5			1			1,5			2			2,5			3		
	StKl	LSt	SolZ	8%	9%	StKl	LSt	SolZ	8%	9%	SolZ	8%	9%	SolZ	8%	9%	SolZ	8%	9%	SolZ	8%	9%	SolZ	8%	9%
5 618,99 West	I,IV	1 405,91	77,32	112,47	126,53	I	1 405,91	70,57	102,66	115,49	63,83	92,85	104,45	57,23	83,25	93,65	50,89	74,03	83,28	44,81	65,18	73,33	38,99	56,71	63,80
	II	1 360,08	74,80	108,80	122,40	II	1 360,08	68,06	99,—	111,37	61,34	89,22	100,37	54,83	79,76	89,73	48,59	70,68	79,52	42,61	61,98	69,72	36,88	53,64	60,35
	III	927,66	51,02	74,21	83,48	III	927,66	46,03	66,96	75,33	41,17	59,89	67,37	36,45	53,02	59,65	31,85	46,33	52,12	27,38	39,82	44,80	23,03	33,50	37,69
	V	1 820,50	100,12	145,64	163,84	IV	1 405,91	73,95	107,56	121,01	70,57	102,66	115,49	67,20	97,75	109,97	63,83	92,85	104,45	60,50	88,—	99,—	57,23	83,25	93,65
	VI	1 853,91	101,96	148,31	166,85																				
5 618,99 Ost	I,IV	1 418,75	78,03	113,50	127,68	I	1 418,75	71,28	103,69	116,65	64,54	93,88	105,61	57,91	84,24	94,77	51,55	74,98	84,35	45,44	66,10	74,36	39,59	57,58	64,78
	II	1 373,—	75,51	109,84	123,57	II	1 373,—	68,76	100,02	112,52	62,04	90,24	101,52	55,51	80,74	90,83	49,24	71,62	80,57	43,23	62,88	70,74	37,47	54,50	61,31
	III	937,33	51,55	74,98	84,35	III	937,33	46,55	67,72	76,18	41,68	60,62	68,20	36,94	53,73	60,44	32,33	47,02	52,90	27,84	40,50	45,56	23,48	34,16	38,43
	V	1 833,33	100,83	146,66	164,99	IV	1 418,75	74,66	108,60	122,17	71,28	103,69	116,65	67,91	98,78	111,13	64,54	93,88	105,61	61,19	89,01	100,13	57,91	84,24	94,77
	VI	1 866,83	102,67	149,34	168,01																				
5 621,99 West	I,IV	1 407,16	77,39	112,57	126,64	I	1 407,16	70,64	102,76	115,60	63,90	92,95	104,57	57,30	83,35	93,77	50,96	74,12	83,39	44,87	65,27	73,43	39,05	56,80	63,90
	II	1 361,41	74,87	108,91	122,52	II	1 361,41	68,13	99,10	111,48	61,41	89,32	100,49	54,90	79,86	89,84	48,66	70,78	79,62	42,67	62,06	69,82	36,94	53,73	60,44
	III	928,66	51,07	74,29	83,57	III	928,66	46,09	67,04	75,42	41,23	59,97	67,46	36,50	53,09	59,72	31,90	46,40	52,20	27,42	39,89	44,87	23,08	33,57	37,76
	V	1 821,75	100,19	145,74	163,95	IV	1 407,16	74,02	107,66	121,12	70,64	102,76	115,60	67,27	97,85	110,08	63,90	92,95	104,57	60,57	88,10	99,11	57,30	83,35	93,77
	VI	1 855,16	102,03	148,41	166,96																				
5 621,99 Ost	I,IV	1 420,08	78,10	113,60	127,80	I	1 420,08	71,35	103,79	116,76	64,61	93,98	105,72	57,98	84,34	94,88	51,61	75,08	84,46	45,50	66,18	74,45	39,65	57,67	64,88
	II	1 374,25	75,58	109,94	123,68	II	1 374,25	68,83	100,12	112,64	62,10	90,34	101,63	55,57	80,84	90,94	49,30	71,71	80,67	43,28	62,96	70,83	37,52	54,58	61,40
	III	938,33	51,60	75,06	84,44	III	938,33	46,60	67,78	76,25	41,73	60,70	68,29	36,98	53,80	60,52	32,37	47,09	52,97	27,88	40,56	45,63	23,53	34,22	38,50
	V	1 834,58	100,90	146,76	165,11	IV	1 420,08	74,73	108,70	122,28	71,35	103,79	116,76	67,98	98,88	111,24	64,61	93,98	105,72	61,26	89,11	100,25	57,98	84,34	94,88
	VI	1 868,08	102,74	149,44	168,12																				
5 624,99 West	I,IV	1 408,41	77,46	112,67	126,75	I	1 408,41	70,71	102,86	115,71	63,97	93,05	104,68	57,36	83,44	93,87	51,02	74,22	83,49	44,93	65,36	73,53	39,10	56,88	63,99
	II	1 362,66	74,94	109,01	122,63	II	1 362,66	68,20	99,20	111,60	61,48	89,42	100,60	54,97	79,96	89,95	48,72	70,87	79,73	42,73	62,15	69,92	36,99	53,81	60,53
	III	929,66	51,13	74,37	83,66	III	929,66	46,13	67,10	75,49	41,27	60,04	67,54	36,54	53,16	59,80	31,94	46,46	52,27	27,47	39,96	44,95	23,12	33,64	37,84
	V	1 823,—	100,26	145,84	164,07	IV	1 408,41	74,08	107,76	121,23	70,71	102,86	115,71	67,34	97,96	110,20	63,97	93,05	104,68	60,64	88,20	99,23	57,36	83,44	93,87
	VI	1 856,41	102,10	148,51	167,07																				
5 624,99 Ost	I,IV	1 421,33	78,17	113,70	127,91	I	1 421,33	71,42	103,89	116,87	64,68	94,08	105,84	58,05	84,44	94,99	51,68	75,17	84,56	45,56	66,28	74,56	39,71	57,76	64,98
	II	1 375,50	75,65	110,04	123,79	II	1 375,50	68,91	100,23	112,76	62,17	90,44	101,74	55,64	80,93	91,04	49,36	71,80	80,78	43,34	63,05	70,93	37,58	54,67	61,50
	III	939,16	51,65	75,13	84,52	III	939,16	46,65	67,86	76,34	41,78	60,77	68,36	37,04	53,88	60,61	32,42	47,16	53,05	27,93	40,62	45,70	23,57	34,29	38,57
	V	1 835,83	100,97	146,86	165,22	IV	1 421,33	74,80	108,80	122,40	71,42	103,89	116,87	68,05	98,98	111,35	64,68	94,08	105,84	61,33	89,21	100,36	58,05	84,44	94,99
	VI	1 869,33	102,81	149,54	168,23																				
5 627,99 West	I,IV	1 409,66	77,53	112,77	126,86	I	1 409,66	70,78	102,96	115,83	64,04	93,15	104,79	57,43	83,54	93,98	51,09	74,31	83,60	44,99	65,45	73,63	39,16	56,96	64,08
	II	1 363,91	75,01	109,11	122,75	II	1 363,91	68,26	99,30	111,71	61,54	89,52	100,71	55,03	80,05	90,05	48,78	70,96	79,83	42,79	62,24	70,02	37,05	53,90	60,63
	III	930,50	51,17	74,44	83,74	III	930,50	46,19	67,18	75,58	41,32	60,10	67,61	36,59	53,22	59,87	31,99	46,53	52,34	27,51	40,02	45,02	23,17	33,70	37,91
	V	1 824,25	100,33	145,94	164,18	IV	1 409,66	74,15	107,86	121,34	70,78	102,96	115,83	67,41	98,06	110,31	64,04	93,15	104,79	60,70	88,30	99,33	57,43	83,54	93,98
	VI	1 857,75	102,17	148,62	167,19																				
5 627,99 Ost	I,IV	1 422,58	78,24	113,80	128,03	I	1 422,58	71,49	103,99	116,99	64,74	94,18	105,95	58,12	84,54	95,10	51,74	75,26	84,67	45,62	66,36	74,66	39,76	57,84	65,07
	II	1 376,75	75,72	110,14	123,90	II	1 376,75	68,97	100,33	112,87	62,24	90,54	101,85	55,71	81,03	91,16	49,43	71,90	80,88	43,40	63,14	71,03	37,64	54,76	61,60
	III	940,16	51,70	75,21	84,61	III	940,16	46,70	67,93	76,42	41,83	60,85	68,45	37,08	53,94	60,68	32,46	47,22	53,12	27,97	40,69	45,77	23,62	34,36	38,65
	V	1 837,16	101,04	146,97	165,34	IV	1 422,58	74,86	108,90	122,51	71,49	103,99	116,99	68,12	99,08	111,47	64,74	94,18	105,95	61,40	89,31	100,47	58,12	84,54	95,10
	VI	1 870,58	102,88	149,64	168,35																				
5 630,99 West	I,IV	1 410,91	77,60	112,87	126,98	I	1 410,91	70,85	103,06	115,94	64,11	93,25	104,90	57,50	83,64	94,09	51,15	74,40	83,70	45,05	65,54	73,73	39,22	57,05	64,18
	II	1 365,16	75,08	109,21	122,86	II	1 365,16	68,33	99,40	111,82	61,61	89,62	100,82	55,10	80,15	90,17	48,84	71,05	79,93	42,85	62,33	70,12	37,11	53,98	60,72
	III	931,50	51,23	74,52	83,83	III	931,50	46,23	67,25	75,65	41,37	60,18	67,70	36,63	53,29	59,95	32,03	46,60	52,42	27,56	40,09	45,10	23,21	33,76	37,98
	V	1 825,50	100,40	146,04	164,29	IV	1 410,91	74,22	107,96	121,46	70,85	103,06	115,94	67,48	98,16	110,43	64,11	93,25	104,90	60,77	88,40	99,45	57,50	83,64	94,09
	VI	1 859,—	102,24	148,72	167,31																				
5 630,99 Ost	I,IV	1 423,83	78,31	113,90	128,14	I	1 423,83	71,56	104,09	117,10	64,82	94,28	106,07	58,18	84,63	95,21	51,81	75,36	84,78	45,68	66,45	74,75	39,82	57,92	65,16
	II	1 378,08	75,79	110,24	124,02	II	1 378,08	69,04	100,43	112,98	62,31	90,64	101,97	55,77	81,12	91,26	49,49	71,99	80,99	43,46	63,22	71,12	37,70	54,84	61,69
	III	941,16	51,76	75,29	84,70	III	941,16	46,75	68,01	76,51	41,88	60,92	68,53	37,13	54,01	60,76	32,51	47,29	53,20	28,02	40,76	45,85	23,66	34,42	38,72
	V	1 838,41	101,11	147,07	165,45	IV	1 423,83	74,93	109,—	122,62	71,56	104,09	117,10	68,19	99,18	111,58	64,82	94,28	106,07	61,47	89,41	100,58	58,18	84,63	95,21
	VI	1 871,83	102,95	149,74	168,46																				
5 633,99 West	I,IV	1 412,16	77,66	112,97	127,09	I	1 412,16	70,92	103,16	116,06	64,18	93,35	105,02	57,57	83,74	94,20	51,21	74,50	83,81	45,12	65,63	73,83	39,28	57,14	64,28
	II	1 366,41	75,15	109,31	122,97	II	1 366,41	68,40	99,50	111,93	61,68	89,72	100,93	55,16	80,24	90,27	48,91	71,14	80,03	42,91	62,42	70,22	37,17	54,06	60,82
	III	932,50	51,28	74,60	83,92	III	932,50	46,29	67,33	75,74	41,42	60,25	67,78	36,69	53,37	60,04	32,08	46,66	52,49	27,61	40,16	45,18	23,25	33,82	38,05
	V	1 826,75	100,47	146,14	164,40	IV	1 412,16	74,30	108,07	121,58	70,92	103,16	116,06	67,55	98,26	110,54	64,18	93,35	105,02	60,84	88,50	99,56	57,57	83,74	94,20
	VI	1 860,25	102,31	148,82	167,42																				
5 633,99 Ost	I,IV	1 425,08	78,37	114,—	128,25	I	1 425,08	71,63	104,19	117,21	64,89	94,38	106,18	58,25	84,73	95,32	51,87	75,45	84,88	45,75	66,54	74,86	39,88	58,01	65,26
	II	1 379,33	75,86	110,34	124,13	II	1 379,33	69,11	100,53	113,09	62,38	90,74	102,08	55,84	81,22	91,37	49,55	72,08	81,09	43,53	63,32	71,23	37,76	54,92	61,79
	III	942,16	51,81	75,37	84,79	III	942,16	46,80	68,08	76,59	41,92	60,98	68,60	37,18	54,08	60,84	32,56	47,36	53,28	28,06	40,82	45,92	23,70	34,48	38,79
	V	1 839,66	101,18	147,17	165,56	IV	1 425,08	75,—	109,10	122,73	71,63	104,19	117,21	68,25	99,28	111,69	64,89	94,38	106,18	61,54	89,51	100,70	58,25	84,73	95,32
	VI	1 873,08	103,01	149,84	168,57																				
5 636,99 West	I,IV	1 413,50	77,74	113,08	127,21	I	1 413,50	70,99	103,26	116,17	64,24	93,45	105,13	57,63	83,83	94,31	51,28	74,59	83,91	45,18	65,72	73,93	39,34	57,22	64,37
	II	1 367,66	75,22	109,41	123,08	II	1 367,66	68,47	99,60	112,05	61,75	89,82	101,04	55,23	80,34	90,38	48,97	71,23	80,13	42,97	62,50	70,31	37,23	54,15	60,92
	III	933,33	51,33	74,66	83,99	III	933,33	46,33	67,40	75,82	41,47	60,33	67,87	36,74	53,44	60,12	32,12	46,73	52,57	27,65	40,22	45,25	23,30	33,89	38,12
	V	1 828,—	100,54	146,24	164,52	IV	1 413,50	74,36	108,17	121,69	70,99	103,26	116,17	67,62	98,36	110,65	64,24	93,45	105,13	60,91	88,60	99,67	57,63	83,83	94,31
	VI	1 861,50	102,38	148,92	167,53																				
5 636,99 Ost	I,IV	1 426,33	78,44	114,10	128,36	I	1 426,33	71,70	104,29	117,32	64,95	94,48	106,29	58,31	84,82	95,42	51,93	75,54	84,98	45,81	66,63	74,96	39,94	58,10	65,36
	II	1 380,58	75,93	110,44	124,25	II	1 380,58	69,18	100,63	113,21	62,45	90,84	102,19	55,90	81,32	91,48	49,61	72,17	81,19	43,59	63,40	71,33	37,82	55,01	61,88
	III	943,—	51,86	75,44	84,87	III	943,—	46,86	68,16	76,68	41,98	61,06	68,69	37,23	54,16	60,93	32,60	47,42	53,35	28,11	40,89	46,—	23,75	34,54	38,86
	V	1 840,91	101,25	147,27	165,68	IV	1 426,33	75,07	109,20	122,85	71,70	104,29	117,32	68,33	99,39	111,81	64,95	94,48	106,29	61,60	89,61	100,81	58,31	84,82	95,42
	VI	1 874,33	103,08	149,94	168,68																				
5 639,99 West	I,IV	1 414,75	77,81	113,18	127,32	I	1 414,75	71,06	103,36	116,28	64,31	93,55	105,24	57,70	83,93	94,42	51,34	74,68	84,02	45,24	65,81	74,03	39,40	57,31	64,47
	II	1 368,91	75,29	109,51	123,20	II	1 368,91	68,54	99,70	112,16	61,82	89,92	101,16	55,30	80,44	90,49	49,03	71,32	80,24	43,03	62,59	70,41	37,28	54,23	61,01
	III	934,33	51,38	74,74	84,08	III	934,33	46,39	67,48	75,91	41,52	60,40	67,95	36,78	53,50	60,19	32,17	46,80	52,65	27,70	40,29	45,32	23,34	33,96	38,20
	V	1 829,25	100,60	146,34	164,63	IV	1 414,75	74,43	108,27	121,80	71,06	103,36	116,28	67,69	98,46	110,76	64,31	93,55	105,24	60,98	88,70	99,78	57,70	83,93	94,42
	VI	1 862,75	102,45	149,02	167,64																				
5 639,99 Ost	I,IV	1 427,58	78,51	114,20	128,48	I	1 427,58	71,77	104,40	117,45	65,02	94,58	106,40	58,38	84,92	95,54	52,—	75,64	85,09	45,87	66,72	75,06	40,—	58,18	65,45
	II	1 381,83	76,—	110,54	124,36	II	1 381,83	69,25	100,73	113,32	62,52	90,94	102,30	55,97	81,41	91,58	49,68	72,26	81,29	43,65	63,49	71,42	37,87	55,09	61,97
	III	944,—	51,92	75,52	84,96	III	944,—	46,90	68,22	76,75	42,02	61,13	68,77	37,28	54,22	61,—	32,65	47,49	53,42	28,16	40,96	46,08	23,79	34,61	38,93
	V	1 842,16	101,31	147,37	165,79	IV	1 427,58	75,14	109,30	122,96	71,77	104,40	117,45	68,40	99,49	111,92	65,02	94,58	106,40	61,67	89,71	100,92	58,38	84,92	95,54
	VI	1 875,66	103,16	150,05	168,80																				

* Die ausgewiesenen Tabellenwerte sind amtlich. Siehe Erläuterungen auf der Umschlaginnenseite (U2).

Lohn/ Gehalt bis €*	Abzüge an Lohnsteuer, Solidaritätszuschlag (SolZ) und Kirchensteuer (8%, 9%) in den Steuerklassen I – VI					I, II, III, IV		mit Zahl der Kinderfreibeträge . . . 0,5			1			1,5			2			2,5			3		
		LSt	ohne Kinderfreibeträge SolZ	8%	9%		LSt	SolZ	8%	9%	SolZ	8%	9%	SolZ	8%	9%	SolZ	8%	9%	SolZ	8%	9%	SolZ	8%	9%
5 642,99 West	I,IV	1 416,—	77,88	113,28	127,44	I	1 416,—	71,13	103,46	116,39	64,38	93,65	105,35	57,76	84,02	94,52	51,41	74,78	84,12	45,30	65,90	74,13	39,45	57,39	64,56
	II	1 370,16	75,35	109,61	123,31	II	1 370,16	68,61	99,80	112,28	61,88	90,02	101,27	55,36	80,53	90,59	49,10	71,42	80,34	43,09	62,68	70,51	37,34	54,32	61,11
	III	935,33	51,44	74,82	84,17	III	935,33	46,43	67,54	75,98	41,57	60,46	68,02	36,83	53,57	60,26	32,22	46,86	52,72	27,74	40,36	45,40	23,39	34,02	38,27
	V	1 830,58	100,68	146,44	164,75	IV	1 416,—	74,50	108,37	121,91	71,13	103,46	116,39	67,76	98,56	110,88	64,38	93,65	105,35	61,04	88,79	99,89	57,76	84,02	94,52
	VI	1 864,—	102,52	149,12	167,76																				
5 642,99 Ost	I,IV	1 428,83	78,58	114,30	128,59	I	1 428,83	71,84	104,50	117,56	65,09	94,68	106,52	58,45	85,02	95,65	52,06	75,73	85,19	45,93	66,81	75,16	40,06	58,27	65,55
	II	1 383,08	76,06	110,64	124,47	II	1 383,08	69,32	100,83	113,43	62,59	91,04	102,42	56,04	81,51	91,70	49,74	72,36	81,40	43,71	63,58	71,52	37,93	55,18	62,07
	III	945,—	51,97	75,60	85,05	III	945,—	46,96	68,30	76,84	42,07	61,20	68,85	37,32	54,29	61,07	32,70	47,57	53,51	28,20	41,02	46,15	23,84	34,68	39,01
	V	1 843,41	101,38	147,47	165,90	IV	1 428,83	75,21	109,40	123,08	71,84	104,50	117,56	68,47	99,59	112,04	65,09	94,68	106,52	61,74	89,80	101,03	58,45	85,02	95,65
	VI	1 876,91	103,23	150,15	168,92																				
5 645,99 West	I,IV	1 417,25	77,94	113,38	127,55	I	1 417,25	71,20	103,56	116,51	64,46	93,76	105,48	57,83	84,12	94,64	51,47	74,87	84,23	45,36	65,98	74,23	39,51	57,48	64,66
	II	1 371,50	75,43	109,72	123,43	II	1 371,50	68,68	99,90	112,39	61,95	90,12	101,38	55,43	80,62	90,70	49,16	71,51	80,45	43,15	62,76	70,61	37,40	54,40	61,20
	III	936,16	51,48	74,89	84,25	III	936,16	46,49	67,62	76,07	41,62	60,54	68,11	36,88	53,65	60,35	32,27	46,94	52,81	27,78	40,41	45,46	23,43	34,08	38,34
	V	1 831,83	100,75	146,54	164,86	IV	1 417,25	74,57	108,47	122,03	71,20	103,56	116,51	67,82	98,66	110,99	64,46	93,76	105,48	61,11	88,89	100,—	57,83	84,12	94,64
	VI	1 865,25	102,58	149,22	167,87																				
5 645,99 Ost	I,IV	1 430,08	78,65	114,40	128,70	I	1 430,08	71,91	104,60	117,67	65,16	94,78	106,63	58,52	85,12	95,76	52,13	75,82	85,30	45,99	66,90	75,26	40,12	58,36	65,65
	II	1 384,33	76,13	110,74	124,58	II	1 384,33	69,39	100,93	113,54	62,65	91,14	102,53	56,10	81,60	91,80	49,81	72,45	81,50	43,77	63,67	71,63	37,99	55,26	62,16
	III	945,83	52,02	75,66	85,12	III	945,83	47,01	68,38	76,93	42,13	61,28	68,94	37,37	54,36	61,15	32,75	47,64	53,59	28,25	41,09	46,22	23,88	34,74	39,08
	V	1 844,66	101,45	147,57	166,01	IV	1 430,08	75,28	109,50	123,19	71,91	104,60	117,67	68,53	99,69	112,15	65,16	94,78	106,63	61,81	89,90	101,14	58,52	85,12	95,76
	VI	1 878,16	103,29	150,25	169,03																				
5 648,99 West	I,IV	1 418,50	78,01	113,48	127,66	I	1 418,50	71,27	103,66	116,62	64,52	93,86	105,59	57,90	84,22	94,75	51,53	74,96	84,33	45,43	66,08	74,34	39,57	57,56	64,76
	II	1 372,75	75,50	109,82	123,54	II	1 372,75	68,75	100,—	112,50	62,02	90,22	101,49	55,49	80,72	90,81	49,22	71,60	80,55	43,21	62,86	70,71	37,45	54,48	61,29
	III	937,16	51,54	74,97	84,34	III	937,16	46,53	67,69	76,15	41,67	60,61	68,18	36,93	53,72	60,43	32,32	47,01	52,88	27,83	40,48	45,54	23,47	34,14	38,41
	V	1 833,08	100,81	146,64	164,97	IV	1 418,50	74,64	108,57	122,14	71,27	103,66	116,62	67,90	98,76	111,11	64,52	93,86	105,59	61,18	88,99	100,11	57,90	84,22	94,75
	VI	1 866,50	102,65	149,32	167,98																				
5 648,99 Ost	I,IV	1 431,41	78,72	114,51	128,82	I	1 431,41	71,98	104,70	117,78	65,23	94,88	106,74	58,58	85,22	95,87	52,19	75,92	85,41	46,05	66,99	75,36	40,18	58,44	65,75
	II	1 385,58	76,20	110,84	124,70	II	1 385,58	69,46	101,04	113,67	62,72	91,24	102,64	56,16	81,70	91,91	49,87	72,54	81,61	43,83	63,76	71,73	38,05	55,34	62,26
	III	946,83	52,07	75,74	85,21	III	946,83	47,06	68,45	77,—	42,17	61,34	69,01	37,42	54,44	61,24	32,79	47,70	53,66	28,29	41,16	46,30	23,92	34,80	39,15
	V	1 845,91	101,52	147,67	166,13	IV	1 431,41	75,35	109,60	123,30	71,98	104,70	117,78	68,60	99,79	112,26	65,23	94,88	106,74	61,87	90,—	101,25	58,58	85,22	95,87
	VI	1 879,41	103,36	150,35	169,14																				
5 651,99 West	I,IV	1 419,75	78,08	113,58	127,77	I	1 419,75	71,33	103,76	116,73	64,59	93,96	105,70	57,97	84,32	94,86	51,60	75,06	84,44	45,48	66,16	74,43	39,63	57,65	64,85
	II	1 374,—	75,57	109,92	123,66	II	1 374,—	68,82	100,10	112,61	62,09	90,32	101,61	55,56	80,82	90,92	49,28	71,69	80,65	43,27	62,94	70,81	37,51	54,57	61,39
	III	938,16	51,59	75,05	84,43	III	938,16	46,59	67,77	76,24	41,72	60,69	68,27	36,97	53,78	60,50	32,36	47,08	52,96	27,87	40,54	45,61	23,52	34,21	38,48
	V	1 834,33	100,88	146,74	165,08	IV	1 419,75	74,71	108,67	122,25	71,33	103,76	116,73	67,97	98,86	111,22	64,59	93,96	105,70	61,25	89,09	100,22	57,97	84,32	94,86
	VI	1 867,75	102,72	149,42	168,09																				
5 651,99 Ost	I,IV	1 432,66	78,79	114,61	128,93	I	1 432,66	72,05	104,80	117,90	65,30	94,98	106,85	58,65	85,31	95,97	52,25	76,01	85,51	46,12	67,08	75,47	40,23	58,52	65,84
	II	1 386,83	76,27	110,94	124,81	II	1 386,83	69,53	101,14	113,78	62,79	91,34	102,75	56,23	81,80	92,02	49,93	72,63	81,71	43,89	63,84	71,82	38,11	55,43	62,36
	III	947,83	52,13	75,82	85,30	III	947,83	47,11	68,53	77,09	42,23	61,42	69,10	37,47	54,50	61,31	32,84	47,77	53,74	28,34	41,22	46,37	23,97	34,86	39,22
	V	1 847,25	101,59	147,78	166,25	IV	1 432,66	75,42	109,70	123,41	72,05	104,80	117,90	68,67	99,89	112,37	65,30	94,98	106,85	61,94	90,10	101,36	58,65	85,31	95,97
	VI	1 880,66	103,43	150,45	169,25																				
5 654,99 West	I,IV	1 421,—	78,15	113,68	127,89	I	1 421,—	71,41	103,87	116,85	64,66	94,06	105,81	58,03	84,42	94,97	51,66	75,15	84,54	45,55	66,26	74,54	39,69	57,74	64,95
	II	1 375,25	75,63	110,02	123,77	II	1 375,25	68,89	100,20	112,73	62,16	90,42	101,72	55,62	80,91	91,02	49,35	71,78	80,75	43,33	63,03	70,91	37,57	54,65	61,48
	III	939,—	51,64	75,12	84,51	III	939,—	46,64	67,85	76,33	41,77	60,76	68,35	37,02	53,85	60,58	32,41	47,14	53,03	27,92	40,61	45,68	23,56	34,28	38,56
	V	1 835,58	100,95	146,84	165,20	IV	1 421,—	74,78	108,77	122,36	71,41	103,87	116,85	68,03	98,96	111,33	64,66	94,06	105,81	61,32	89,19	100,34	58,03	84,42	94,97
	VI	1 869,08	102,79	149,52	168,21																				
5 654,99 Ost	I,IV	1 433,91	78,86	114,71	129,05	I	1 433,91	72,11	104,90	118,01	65,37	95,08	106,97	58,72	85,41	96,08	52,32	76,10	85,61	46,18	67,17	75,56	40,29	58,61	65,93
	II	1 388,08	76,34	111,04	124,92	II	1 388,08	69,60	101,24	113,89	62,86	91,44	102,87	56,30	81,89	92,12	49,99	72,72	81,81	43,95	63,93	71,92	38,17	55,52	62,46
	III	948,66	52,17	75,89	85,37	III	948,66	47,16	68,60	77,17	42,27	61,49	69,17	37,51	54,57	61,39	32,89	47,84	53,82	28,38	41,29	46,45	24,01	34,93	39,29
	V	1 848,50	101,66	147,88	166,36	IV	1 433,91	75,49	109,80	123,53	72,11	104,90	118,01	68,74	99,99	112,49	65,37	95,08	106,97	62,01	90,20	101,48	58,72	85,41	96,08
	VI	1 881,91	103,50	150,55	169,37																				
5 657,99 West	I,IV	1 422,25	78,22	113,78	128,—	I	1 422,25	71,48	103,97	116,96	64,73	94,16	105,93	58,10	84,51	95,07	51,73	75,24	84,65	45,61	66,34	74,63	39,75	57,82	65,05
	II	1 376,50	75,70	110,12	123,88	II	1 376,50	68,96	100,30	112,84	62,23	90,52	101,83	55,69	81,01	91,13	49,41	71,88	80,86	43,39	63,12	71,01	37,63	54,74	61,58
	III	940,—	51,70	75,20	84,60	III	940,—	46,69	67,92	76,41	41,81	60,82	68,42	37,07	53,93	60,67	32,45	47,21	53,11	27,96	40,68	45,76	23,61	34,34	38,63
	V	1 836,83	101,02	146,94	165,31	IV	1 422,25	74,85	108,88	122,49	71,48	103,97	116,96	68,10	99,06	111,44	64,73	94,16	105,93	61,38	89,29	100,45	58,10	84,51	95,07
	VI	1 870,33	102,86	149,62	168,32																				
5 657,99 Ost	I,IV	1 435,16	78,93	114,81	129,16	I	1 435,16	72,18	105,—	118,12	65,44	95,19	107,09	58,79	85,51	96,20	52,38	76,20	85,72	46,24	67,26	75,67	40,35	58,70	66,03
	II	1 389,41	76,41	111,15	125,04	II	1 389,41	69,67	101,34	114,—	62,93	91,54	102,98	56,37	81,99	92,24	50,06	72,82	81,92	44,01	64,02	72,02	38,22	55,60	62,55
	III	949,66	52,23	75,97	85,46	III	949,66	47,21	68,68	77,26	42,33	61,57	69,26	37,56	54,64	61,47	32,93	47,90	53,89	28,43	41,36	46,53	24,06	35,—	39,37
	V	1 849,75	101,73	147,98	166,47	IV	1 435,16	75,56	109,90	123,64	72,18	105,—	118,12	68,81	100,09	112,60	65,44	95,19	107,09	62,08	90,30	101,59	58,79	85,51	96,20
	VI	1 883,16	103,57	150,65	169,48																				
5 660,99 West	I,IV	1 423,58	78,29	113,88	128,12	I	1 423,58	71,55	104,07	117,08	64,80	94,26	106,04	58,17	84,61	95,18	51,79	75,34	84,75	45,67	66,43	74,73	39,81	57,90	65,14
	II	1 377,75	75,77	110,22	123,99	II	1 377,75	69,02	100,40	112,95	62,29	90,61	101,93	55,76	81,10	91,24	49,48	71,97	80,96	43,45	63,20	71,10	37,68	54,82	61,67
	III	941,—	51,75	75,28	84,69	III	941,—	46,75	68,—	76,50	41,87	60,90	68,51	37,12	54,—	60,75	32,50	47,28	53,19	28,01	40,74	45,83	23,65	34,41	38,71
	V	1 838,08	101,09	147,04	165,42	IV	1 423,58	74,92	108,98	122,60	71,55	104,07	117,08	68,17	99,16	111,56	64,80	94,26	106,04	61,45	89,39	100,56	58,17	84,61	95,18
	VI	1 871,58	102,93	149,72	168,44																				
5 660,99 Ost	I,IV	1 436,41	79,—	114,91	129,27	I	1 436,41	72,25	105,10	118,23	65,51	95,29	107,20	58,85	85,60	96,30	52,45	76,29	85,82	46,30	67,35	75,77	40,41	58,78	66,13
	II	1 390,66	76,48	111,25	125,15	II	1 390,66	69,74	101,44	114,12	63,—	91,64	103,09	56,43	82,08	92,34	50,12	72,91	82,02	44,07	64,11	72,12	38,28	55,68	62,64
	III	950,66	52,28	76,05	85,55	III	950,66	47,26	68,74	77,33	42,37	61,64	69,34	37,62	54,72	61,56	32,98	47,97	53,96	28,48	41,42	46,60	24,10	35,06	39,44
	V	1 851,—	101,80	148,08	166,59	IV	1 436,41	75,62	110,—	123,75	72,25	105,10	118,23	68,88	100,20	112,72	65,51	95,29	107,20	62,15	90,40	101,70	58,85	85,60	96,30
	VI	1 884,41	103,64	150,75	169,59																				
5 663,99 West	I,IV	1 424,83	78,36	113,98	128,23	I	1 424,83	71,61	104,17	117,19	64,87	94,36	106,15	58,23	84,70	95,29	51,86	75,43	84,86	45,73	66,52	74,84	39,87	57,99	65,24
	II	1 379,—	75,84	110,32	124,11	II	1 379,—	69,10	100,51	113,07	62,36	90,71	102,05	55,82	81,20	91,35	49,54	72,06	81,06	43,51	63,30	71,21	37,74	54,90	61,76
	III	941,83	51,80	75,34	84,76	III	941,83	46,79	68,06	76,57	41,91	60,97	68,59	37,17	54,06	60,82	32,55	47,34	53,26	28,05	40,81	45,91	23,69	34,46	38,77
	V	1 839,33	101,16	147,14	165,53	IV	1 424,83	74,99	109,08	122,71	71,61	104,17	117,19	68,24	99,26	111,67	64,87	94,36	106,15	61,52	89,48	100,67	58,23	84,70	95,29
	VI	1 872,83	103,—	149,82	168,55																				
5 663,99 Ost	I,IV	1 437,66	79,07	115,01	129,38	I	1 437,66	72,32	105,20	118,35	65,58	95,39	107,31	58,92	85,70	96,41	52,51	76,38	85,93	46,36	67,44	75,87	40,47	58,87	66,23
	II	1 391,91	76,55	111,35	125,27	II	1 391,91	69,80	101,54	114,23	63,07	91,74	103,20	56,50	82,18	92,45	50,19	73,—	82,13	44,13	64,20	72,22	38,34	55,77	62,74
	III	951,50	52,33	76,12	85,63	III	951,50	47,31	68,82	77,42	42,42	61,70	69,41	37,66	54,78	61,63	33,02	48,04	54,04	28,52	41,49	46,67	24,15	35,13	39,52
	V	1 852,25	101,87	148,18	166,70	IV	1 437,66	75,69	110,10	123,86	72,32	105,20	118,35	68,95	100,30	112,83	65,58	95,39	107,31	62,22	90,50	101,81	58,92	85,70	96,41
	VI	1 885,75	103,71	150,86	169,71																				

* Die ausgewiesenen Tabellenwerte sind amtlich. Siehe Erläuterungen auf der Umschlaginnenseite (U2).

MONAT **5 664,–***

Lohn/ Gehalt bis €*	Abzüge an Lohnsteuer, Solidaritätszuschlag (SolZ) und Kirchensteuer (8%, 9%) in den Steuerklassen I – VI					I, II, III, IV		mit Zahl der Kinderfreibeträge . . . 0,5			1			1,5			2			2,5			3		
		LSt	ohne Kinderfreibeträge SolZ	8%	9%		LSt	SolZ	8%	9%	SolZ	8%	9%	SolZ	8%	9%	SolZ	8%	9%	SolZ	8%	9%	SolZ	8%	9%
5 666,99 West	I,IV	1 426,08	78,43	114,08	128,34	I	1 426,08	71,68	104,27	117,30	64,94	94,46	106,26	58,30	84,80	95,40	51,92	75,52	84,96	45,79	66,61	74,93	39,93	58,08	65,34
	II	1 380,25	75,91	110,42	124,22	II	1 380,25	69,17	100,61	113,18	62,43	90,81	102,16	55,89	81,30	91,46	49,60	72,15	81,17	43,57	63,38	71,30	37,80	54,99	61,86
	III	942,83	51,85	75,42	84,85	III	942,83	46,85	68,14	76,66	41,97	61,05	68,68	37,21	54,13	60,89	32,59	47,41	53,33	28,10	40,88	45,99	23,74	34,53	38,84
	V	1 840,66	101,23	147,25	165,65	IV	1 426,08	75,06	109,18	122,82	71,68	104,27	117,30	68,31	99,36	111,78	64,94	94,46	106,26	61,59	89,58	100,78	58,30	84,80	95,40
	VI	1 874,08	103,07	149,92	168,66																				
5 666,99 Ost	I,IV	1 438,91	79,14	115,11	129,50	I	1 438,91	72,39	105,30	118,46	65,65	95,49	107,42	58,99	85,80	96,53	52,58	76,48	86,04	46,42	67,53	75,97	40,53	58,96	66,33
	II	1 393,16	76,62	111,45	125,38	II	1 393,16	69,87	101,64	114,34	63,14	91,84	103,32	56,56	82,28	92,56	50,25	73,10	82,23	44,19	64,28	72,32	38,39	55,85	62,83
	III	952,50	52,38	76,20	85,72	III	952,50	47,36	68,89	77,50	42,47	61,78	69,50	37,71	54,85	61,70	33,08	48,12	54,13	28,57	41,56	46,75	24,19	35,18	39,58
	V	1 853,50	101,94	148,28	166,81	IV	1 438,91	75,76	110,20	123,98	72,39	105,30	118,46	69,02	100,40	112,95	65,65	95,49	107,42	62,29	90,60	101,93	58,99	85,80	96,53
	VI	1 887,–	103,78	150,96	169,83																				
5 669,99 West	I,IV	1 427,33	78,50	114,18	128,45	I	1 427,33	71,75	104,37	117,41	65,01	94,56	106,38	58,37	84,90	95,51	51,98	75,62	85,07	45,86	66,70	75,04	39,98	58,16	65,43
	II	1 381,58	75,98	110,52	124,34	II	1 381,58	69,24	100,71	113,30	62,50	90,91	102,27	55,95	81,39	91,56	49,66	72,24	81,27	43,63	63,47	71,40	37,86	55,07	61,95
	III	943,83	51,91	75,50	84,94	III	943,83	46,89	68,21	76,73	42,02	61,12	68,76	37,27	54,21	60,98	32,64	47,48	53,41	28,15	40,94	46,06	23,78	34,60	38,92
	V	1 841,91	101,30	147,35	165,77	IV	1 427,33	75,13	109,28	122,94	71,75	104,37	117,41	68,38	99,46	111,89	65,01	94,56	106,38	61,65	89,68	100,89	58,37	84,90	95,51
	VI	1 875,33	103,14	150,02	168,77																				
5 669,99 Ost	I,IV	1 440,16	79,20	115,21	129,61	I	1 440,16	72,46	105,40	118,58	65,72	95,59	107,54	59,05	85,90	96,63	52,64	76,57	86,14	46,49	67,62	76,07	40,59	59,04	66,42
	II	1 394,41	76,69	111,55	125,49	II	1 394,41	69,94	101,74	114,45	63,20	91,94	103,43	56,63	82,37	92,66	50,31	73,18	82,33	44,26	64,38	72,42	38,45	55,94	62,93
	III	953,50	52,44	76,28	85,81	III	953,50	47,41	68,97	77,59	42,52	61,85	69,58	37,75	54,92	61,78	33,12	48,18	54,20	28,61	41,62	46,82	24,23	35,25	39,65
	V	1 854,75	102,01	148,38	166,92	IV	1 440,16	75,84	110,31	124,10	72,46	105,40	118,58	69,09	100,50	113,06	65,72	95,59	107,54	62,36	90,70	102,04	59,05	85,90	96,63
	VI	1 888,25	103,85	151,06	169,94																				
5 672,99 West	I,IV	1 428,58	78,57	114,28	128,57	I	1 428,58	71,82	104,47	117,53	65,08	94,66	106,49	58,43	85,–	95,62	52,05	75,71	85,17	45,92	66,79	75,14	40,04	58,25	65,53
	II	1 382,83	76,05	110,62	124,45	II	1 382,83	69,30	100,81	113,41	62,57	91,01	102,38	56,02	81,48	91,67	49,73	72,34	81,38	43,69	63,56	71,50	37,92	55,16	62,05
	III	944,66	51,95	75,57	85,01	III	944,66	46,95	68,29	76,82	42,06	61,18	68,83	37,31	54,28	61,06	32,68	47,54	53,48	28,19	41,01	46,13	23,83	34,66	38,99
	V	1 843,16	101,37	147,45	165,88	IV	1 428,58	75,19	109,38	123,05	71,82	104,47	117,53	68,45	99,56	112,01	65,08	94,66	106,49	61,72	89,78	101,–	58,43	85,–	95,62
	VI	1 876,58	103,21	150,12	168,89																				
5 672,99 Ost	I,IV	1 441,50	79,28	115,32	129,73	I	1 441,50	72,53	105,50	118,69	65,78	95,69	107,65	59,12	86,–	96,75	52,70	76,66	86,24	46,55	67,71	76,17	40,65	59,13	66,52
	II	1 395,66	76,76	111,65	125,60	II	1 395,66	70,01	101,84	114,57	63,27	92,04	103,54	56,70	82,47	92,78	50,38	73,28	82,44	44,32	64,46	72,52	38,51	56,02	63,02
	III	954,50	52,49	76,36	85,90	III	954,50	47,47	69,05	77,68	42,57	61,93	69,67	37,81	55,–	61,87	33,17	48,25	54,28	28,66	41,69	46,90	24,28	35,32	39,73
	V	1 856,–	102,08	148,48	167,04	IV	1 441,50	75,90	110,41	124,21	72,53	105,50	118,69	69,16	100,60	113,17	65,78	95,69	107,65	62,42	90,80	102,15	59,12	86,–	96,75
	VI	1 889,50	103,92	151,16	170,05																				
5 675,99 West	I,IV	1 429,83	78,64	114,38	128,68	I	1 429,83	71,89	104,57	117,64	65,15	94,76	106,61	58,50	85,10	95,73	52,11	75,80	85,28	45,98	66,88	75,24	40,10	58,34	65,63
	II	1 384,08	76,12	110,72	124,56	II	1 384,08	69,37	100,91	113,52	62,64	91,11	102,50	56,09	81,58	91,78	49,79	72,43	81,48	43,76	63,65	71,60	37,98	55,24	62,15
	III	945,66	52,01	75,65	85,10	III	945,66	46,99	68,36	76,90	42,12	61,26	68,92	37,36	54,34	61,13	32,74	47,62	53,57	28,24	41,08	46,21	23,87	34,73	39,07
	V	1 844,41	101,44	147,55	165,99	IV	1 429,83	75,26	109,48	123,16	71,89	104,57	117,64	68,52	99,67	112,13	65,15	94,76	106,61	61,79	89,88	101,12	58,50	85,10	95,73
	VI	1 877,83	103,28	150,22	169,–																				
5 675,99 Ost	I,IV	1 442,75	79,35	115,42	129,84	I	1 442,75	72,60	105,60	118,80	65,85	95,79	107,76	59,19	86,10	96,86	52,77	76,76	86,35	46,61	67,80	76,28	40,71	59,22	66,62
	II	1 396,91	76,83	111,75	125,72	II	1 396,91	70,08	101,94	114,68	63,34	92,14	103,65	56,76	82,56	92,88	50,44	73,37	82,54	44,38	64,55	72,62	38,57	56,10	63,11
	III	955,33	52,54	76,42	85,97	III	955,33	47,52	69,12	77,76	42,62	62,–	69,75	37,85	55,06	61,94	33,22	48,32	54,36	28,71	41,76	46,98	24,32	35,38	39,80
	V	1 857,25	102,14	148,58	167,15	IV	1 442,75	75,97	110,51	124,32	72,60	105,60	118,80	69,23	100,70	113,28	65,85	95,79	107,76	62,49	90,90	102,26	59,19	86,10	96,86
	VI	1 890,75	103,99	151,26	170,16																				
5 678,99 West	I,IV	1 431,08	78,70	114,48	128,79	I	1 431,08	71,96	104,68	117,76	65,22	94,86	106,72	58,57	85,19	95,84	52,18	75,90	85,38	46,04	66,97	75,34	40,16	58,42	65,72
	II	1 385,33	76,19	110,82	124,67	II	1 385,33	69,44	101,01	113,63	62,70	91,21	102,61	56,15	81,68	91,89	49,85	72,52	81,58	43,82	63,74	71,70	38,03	55,32	62,24
	III	946,66	52,06	75,73	85,19	III	946,66	47,05	68,44	76,99	42,16	61,33	68,99	37,40	54,41	61,21	32,78	47,69	53,65	28,28	41,14	46,28	23,91	34,78	39,13
	V	1 845,66	101,51	147,65	166,10	IV	1 431,08	75,33	109,58	123,27	71,96	104,68	117,76	68,59	99,77	112,24	65,22	94,86	106,72	61,86	89,98	101,23	58,57	85,19	95,84
	VI	1 879,16	103,35	150,33	169,12																				
5 678,99 Ost	I,IV	1 444,–	79,42	115,52	129,96	I	1 444,–	72,67	105,70	118,91	65,92	95,89	107,87	59,25	86,19	96,96	52,84	76,86	86,46	46,67	67,89	76,37	40,77	59,30	66,71
	II	1 398,16	76,89	111,85	125,83	II	1 398,16	70,15	102,04	114,80	63,41	92,24	103,77	56,83	82,66	92,99	50,50	73,46	82,64	44,44	64,64	72,72	38,63	56,19	63,21
	III	956,33	52,59	76,50	86,06	III	956,33	47,57	69,20	77,85	42,67	62,06	69,82	37,90	55,13	62,02	33,26	48,38	54,43	28,75	41,82	47,05	24,37	35,45	39,88
	V	1 858,58	102,22	148,68	167,27	IV	1 444,–	76,04	110,61	124,43	72,67	105,70	118,91	69,30	100,80	113,40	65,92	95,89	107,87	62,56	91,–	102,38	59,25	86,19	96,96
	VI	1 892,–	104,06	151,36	170,28																				
5 681,99 West	I,IV	1 432,33	78,77	114,58	128,90	I	1 432,33	72,03	104,78	117,87	65,28	94,96	106,83	58,63	85,29	95,95	52,24	75,99	85,49	46,10	67,06	75,44	40,22	58,51	65,82
	II	1 386,58	76,26	110,92	124,79	II	1 386,58	69,51	101,11	113,75	62,77	91,31	102,72	56,22	81,78	92,–	49,92	72,61	81,68	43,88	63,82	71,80	38,09	55,41	62,33
	III	947,50	52,11	75,80	85,27	III	947,50	47,09	68,50	77,06	42,21	61,40	69,07	37,46	54,49	61,30	32,83	47,76	53,73	28,33	41,21	46,36	23,96	34,85	39,20
	V	1 846,91	101,58	147,75	166,22	IV	1 432,33	75,40	109,68	123,39	72,03	104,78	117,87	68,66	99,87	112,35	65,28	94,96	106,83	61,93	90,08	101,34	58,63	85,29	95,95
	VI	1 880,41	103,42	150,43	169,23																				
5 681,99 Ost	I,IV	1 445,25	79,48	115,62	130,07	I	1 445,25	72,74	105,80	119,03	66,–	96,–	108,–	59,32	86,29	97,07	52,90	76,95	86,57	46,74	67,98	76,48	40,83	59,39	66,81
	II	1 399,50	76,97	111,96	125,95	II	1 399,50	70,22	102,14	114,91	63,48	92,34	103,88	56,89	82,76	93,10	50,57	73,56	82,75	44,50	64,73	72,82	38,69	56,28	63,31
	III	957,33	52,65	76,58	86,15	III	957,33	47,62	69,26	77,92	42,72	62,14	69,91	37,95	55,20	62,10	33,31	48,45	54,50	28,80	41,89	47,12	24,42	35,52	39,96
	V	1 859,83	102,29	148,78	167,38	IV	1 445,25	76,11	110,71	124,55	72,74	105,80	119,03	69,36	100,90	113,51	66,–	96,–	108,–	62,63	91,10	102,49	59,32	86,29	97,07
	VI	1 893,25	104,12	151,46	170,39																				
5 684,99 West	I,IV	1 433,58	78,84	114,68	129,02	I	1 433,58	72,10	104,88	117,99	65,35	95,06	106,94	58,70	85,39	96,06	52,30	76,08	85,59	46,16	67,15	75,54	40,28	58,59	65,91
	II	1 387,83	76,33	111,02	124,90	II	1 387,83	69,58	101,21	113,86	62,84	91,41	102,83	56,28	81,87	92,10	49,98	72,70	81,79	43,94	63,91	71,90	38,15	55,50	62,43
	III	948,50	52,16	75,88	85,36	III	948,50	47,15	68,58	77,15	42,26	61,48	69,16	37,51	54,56	61,38	32,88	47,82	53,80	28,38	41,28	46,44	24,–	34,92	39,28
	V	1 848,16	101,64	147,85	166,33	IV	1 433,58	75,47	109,78	123,50	72,10	104,88	117,99	68,73	99,97	112,46	65,35	95,06	106,94	62,–	90,18	101,45	58,70	85,39	96,06
	VI	1 881,66	103,49	150,53	169,34																				
5 684,99 Ost	I,IV	1 446,50	79,55	115,72	130,18	I	1 446,50	72,81	105,90	119,14	66,06	96,10	108,11	59,39	86,39	97,19	52,96	77,04	86,67	46,80	68,07	76,58	40,89	59,48	66,91
	II	1 400,75	77,04	112,06	126,06	II	1 400,75	70,29	102,24	115,02	63,55	92,44	103,99	56,96	82,86	93,21	50,63	73,65	82,85	44,56	64,82	72,92	38,75	56,36	63,41
	III	958,16	52,69	76,65	86,23	III	958,16	47,67	69,34	78,01	42,77	62,21	69,98	38,–	55,28	62,19	33,35	48,52	54,58	28,84	41,96	47,20	24,45	35,57	40,01
	V	1 861,08	102,35	148,88	167,49	IV	1 446,50	76,18	110,81	124,66	72,81	105,90	119,14	69,44	101,–	113,63	66,06	96,10	108,11	62,70	91,20	102,60	59,39	86,39	97,19
	VI	1 894,50	104,19	151,56	170,50																				
5 687,99 West	I,IV	1 434,91	78,92	114,79	129,14	I	1 434,91	72,17	104,98	118,10	65,42	95,16	107,06	58,77	85,48	96,17	52,37	76,18	85,70	46,23	67,24	75,65	40,34	58,68	66,01
	II	1 389,08	76,39	111,12	125,01	II	1 389,08	69,65	101,32	113,98	62,91	91,51	102,95	56,35	81,96	92,21	50,05	72,80	81,90	44,–	64,–	72,–	38,21	55,58	62,52
	III	949,50	52,22	75,96	85,45	III	949,50	47,20	68,66	77,24	42,31	61,54	69,23	37,55	54,62	61,45	32,92	47,89	53,87	28,42	41,34	46,51	24,05	34,98	39,35
	V	1 849,41	101,71	147,95	166,44	IV	1 434,91	75,54	109,88	123,62	72,17	104,98	118,10	68,80	100,07	112,58	65,42	95,16	107,06	62,07	90,28	101,57	58,77	85,48	96,17
	VI	1 882,91	103,56	150,63	169,46																				
5 687,99 Ost	I,IV	1 447,75	79,62	115,82	130,29	I	1 447,75	72,87	106,–	119,25	66,13	96,20	108,22	59,45	86,48	97,29	53,03	77,14	86,78	46,86	68,16	76,68	40,95	59,56	67,01
	II	1 402,–	77,11	112,16	126,18	II	1 402,–	70,36	102,34	115,13	63,62	92,54	104,10	57,03	82,95	93,32	50,70	73,74	82,96	44,62	64,91	73,02	38,80	56,44	63,50
	III	959,16	52,75	76,73	86,32	III	959,16	47,72	69,41	78,08	42,82	62,29	70,07	38,05	55,34	62,26	33,40	48,58	54,65	28,89	42,02	47,27	24,50	35,64	40,09
	V	1 862,33	102,42	148,98	167,60	IV	1 447,75	76,25	110,91	124,77	72,87	106,–	119,25	69,51	101,10	113,74	66,13	96,20	108,22	62,77	91,30	102,71	59,45	86,48	97,29
	VI	1 895,75	104,26	151,66	170,61																				

*** Die ausgewiesenen Tabellenwerte sind amtlich. Siehe Erläuterungen auf der Umschlaginnenseite (U2).**

Lohn/ Gehalt bis €*		Abzüge an Lohnsteuer, Solidaritätszuschlag (SolZ) und Kirchensteuer (8%, 9%) in den Steuerklassen I – VI				I, II, III, IV		mit Zahl der Kinderfreibeträge . . . 0,5			1			1,5			2			2,5			3		
		LSt	ohne Kinderfreibeträge SolZ	8%	9%		LSt	SolZ	8%	9%	SolZ	8%	9%	SolZ	8%	9%	SolZ	8%	9%	SolZ	8%	9%	SolZ	8%	9%
5 690,99 West	I,IV	1 436,16	78,98	114,89	129,25	I	1 436,16	72,24	105,08	118,21	65,49	95,26	107,17	58,84	85,58	96,28	52,43	76,27	85,80	46,29	67,33	75,74	40,40	58,76	66,11
	II	1 390,33	76,46	111,22	125,12	II	1 390,33	69,72	101,42	114,09	62,98	91,61	103,06	56,42	82,06	92,32	50,11	72,89	82,—	44,06	64,09	72,10	38,27	55,66	62,62
	III	950,33	52,26	76,02	85,52	III	950,33	47,25	68,73	77,32	42,36	61,62	69,32	37,60	54,69	61,52	32,97	47,96	53,95	28,47	41,41	46,58	24,09	35,05	39,43
	V	1 850,75	101,79	148,06	166,56	IV	1 436,16	75,61	109,98	123,73	72,24	105,08	118,21	68,86	100,17	112,69	65,49	95,26	107,17	62,14	90,38	101,68	58,84	85,58	96,28
	VI	1 884,16	103,62	150,73	169,57																				
5 690,99 Ost	I,IV	1 449,—	79,69	115,92	130,41	I	1 449,—	72,95	106,11	119,37	66,20	96,30	108,33	59,52	86,58	97,40	53,09	77,23	86,88	46,92	68,25	76,78	41,01	59,65	67,10
	II	1 403,25	77,17	112,26	126,29	II	1 403,25	70,43	102,44	115,25	63,69	92,64	104,22	57,09	83,05	93,43	50,76	73,84	83,07	44,68	65,—	73,12	38,86	56,53	63,59
	III	960,16	52,80	76,81	86,41	III	960,16	47,77	69,49	78,17	42,87	62,36	70,15	38,09	55,41	62,33	33,45	48,66	54,74	28,93	42,09	47,35	24,54	35,70	40,16
	V	1 863,58	102,49	149,08	167,72	IV	1 449,—	76,32	111,01	124,88	72,95	106,11	119,37	69,57	101,20	113,85	66,20	96,30	108,33	62,84	91,40	102,83	59,52	86,58	97,40
	VI	1 897,08	104,33	151,76	170,73																				
5 693,99 West	I,IV	1 437,41	79,05	114,99	129,36	I	1 437,41	72,31	105,18	118,32	65,56	95,36	107,28	58,90	85,68	96,39	52,50	76,36	85,91	46,35	67,42	75,85	40,46	58,85	66,20
	II	1 391,58	76,53	111,32	125,24	II	1 391,58	69,79	101,52	114,21	63,05	91,71	103,17	56,48	82,16	92,43	50,17	72,98	82,10	44,12	64,18	72,20	38,33	55,75	62,72
	III	951,33	52,32	76,10	85,61	III	951,33	47,30	68,81	77,41	42,41	61,69	69,40	37,65	54,77	61,61	33,01	48,02	54,02	28,51	41,48	46,66	24,14	35,12	39,51
	V	1 852,—	101,86	148,16	166,68	IV	1 437,41	75,68	110,08	123,84	72,31	105,18	118,32	68,93	100,27	112,80	65,56	95,36	107,28	62,20	90,48	101,79	58,90	85,68	96,39
	VI	1 885,41	103,69	150,83	169,68																				
5 693,99 Ost	I,IV	1 450,25	79,76	116,02	130,52	I	1 450,25	73,02	106,21	119,48	66,27	96,40	108,45	59,59	86,68	97,52	53,16	77,32	86,99	46,98	68,34	76,88	41,07	59,74	67,20
	II	1 404,50	77,24	112,36	126,40	II	1 404,50	70,50	102,54	115,36	63,75	92,74	104,33	57,16	83,14	93,53	50,82	73,93	83,17	44,74	65,08	73,22	38,92	56,62	63,69
	III	961,—	52,85	76,88	86,49	III	961,—	47,82	69,56	78,25	42,91	62,42	70,22	38,15	55,49	62,42	33,50	48,73	54,82	28,98	42,16	47,43	24,59	35,77	40,24
	V	1 864,83	102,56	149,18	167,83	IV	1 450,25	76,39	111,12	125,01	73,02	106,21	119,48	69,64	101,30	113,96	66,27	96,40	108,45	62,91	91,50	102,94	59,59	86,68	97,52
	VI	1 898,33	104,40	151,86	170,84																				
5 696,99 West	I,IV	1 438,66	79,12	115,09	129,47	I	1 438,66	72,38	105,28	118,44	65,63	95,47	107,40	58,97	85,78	96,50	52,56	76,46	86,01	46,41	67,51	75,95	40,52	58,94	66,30
	II	1 392,91	76,61	111,43	125,36	II	1 392,91	69,86	101,62	114,32	63,12	91,81	103,28	56,55	82,26	92,54	50,24	73,08	82,21	44,18	64,26	72,29	38,38	55,83	62,81
	III	952,33	52,37	76,18	85,70	III	952,33	47,35	68,88	77,49	42,46	61,77	69,49	37,70	54,84	61,69	33,06	48,09	54,10	28,56	41,54	46,73	24,18	35,17	39,56
	V	1 853,25	101,92	148,26	166,79	IV	1 438,66	75,75	110,18	123,95	72,38	105,28	118,44	69,—	100,37	112,91	65,63	95,47	107,40	62,27	90,58	101,90	58,97	85,78	96,50
	VI	1 886,66	103,76	150,93	169,79																				
5 696,99 Ost	I,IV	1 451,58	79,83	116,12	130,64	I	1 451,58	73,09	106,31	119,60	66,34	96,50	108,56	59,66	86,78	97,62	53,22	77,42	87,09	47,04	68,43	76,98	41,13	59,82	67,30
	II	1 405,75	77,31	112,46	126,51	II	1 405,75	70,56	102,64	115,47	63,82	92,84	104,44	57,23	83,24	93,65	50,89	74,02	83,27	44,81	65,18	73,32	38,98	56,70	63,79
	III	962,—	52,91	76,96	86,58	III	962,—	47,87	69,64	78,34	42,97	62,50	70,31	38,19	55,56	62,50	33,55	48,80	54,90	29,03	42,22	47,50	24,64	35,84	40,32
	V	1 866,08	102,63	149,28	167,94	IV	1 451,58	76,46	111,22	125,12	73,09	106,31	119,60	69,71	101,40	114,08	66,34	96,50	108,56	62,97	91,60	103,05	59,66	86,78	97,62
	VI	1 899,58	104,47	151,96	170,96																				
5 699,99 West	I,IV	1 439,91	79,19	115,19	129,59	I	1 439,91	72,44	105,38	118,55	65,70	95,57	107,51	59,04	85,88	96,61	52,63	76,55	86,12	46,47	67,60	76,05	40,58	59,02	66,40
	II	1 394,16	76,67	111,53	125,47	II	1 394,16	69,93	101,72	114,43	63,19	91,91	103,40	56,61	82,35	92,64	50,30	73,16	82,31	44,24	64,36	72,40	38,44	55,92	62,91
	III	953,33	52,43	76,26	85,79	III	953,33	47,41	68,96	77,58	42,51	61,84	69,57	37,74	54,90	61,76	33,11	48,17	54,19	28,60	41,61	46,81	24,22	35,24	39,64
	V	1 854,50	101,99	148,36	166,90	IV	1 439,91	75,82	110,28	124,07	72,44	105,38	118,55	69,08	100,48	113,04	65,70	95,57	107,51	62,34	90,68	102,01	59,04	85,88	96,61
	VI	1 887,91	103,83	151,03	169,91																				
5 699,99 Ost	I,IV	1 452,83	79,90	116,22	130,75	I	1 452,83	73,15	106,41	119,71	66,41	96,60	108,67	59,73	86,88	97,74	53,29	77,51	87,20	47,11	68,52	77,09	41,18	59,90	67,39
	II	1 407,—	77,38	112,56	126,63	II	1 407,—	70,64	102,75	115,59	63,89	92,94	104,55	57,29	83,34	93,75	50,95	74,11	83,37	44,87	65,26	73,42	39,04	56,78	63,88
	III	963,—	52,96	77,04	86,67	III	963,—	47,93	69,72	78,43	43,01	62,57	70,39	38,24	55,62	62,57	33,59	48,86	54,97	29,07	42,29	47,57	24,68	35,90	40,39
	V	1 867,33	102,70	149,38	168,05	IV	1 452,83	76,53	111,32	125,23	73,15	106,41	119,71	69,78	101,50	114,19	66,41	96,60	108,67	63,04	91,70	103,16	59,73	86,88	97,74
	VI	1 900,83	104,54	152,06	171,07																				
5 702,99 West	I,IV	1 441,16	79,26	115,29	129,70	I	1 441,16	72,52	105,48	118,67	65,77	95,67	107,63	59,11	85,98	96,72	52,69	76,64	86,22	46,53	67,69	76,15	40,64	59,11	66,50
	II	1 395,41	76,74	111,63	125,58	II	1 395,41	70,—	101,82	114,54	63,25	92,01	103,51	56,68	82,45	92,75	50,36	73,26	82,41	44,30	64,44	72,50	38,50	56,—	63,—
	III	954,16	52,47	76,33	85,87	III	954,16	47,45	69,02	77,65	42,56	61,90	69,64	37,79	54,97	61,84	33,16	48,24	54,27	28,65	41,68	46,89	24,27	35,30	39,71
	V	1 855,75	102,06	148,46	167,01	IV	1 441,16	75,89	110,38	124,18	72,52	105,48	118,67	69,14	100,58	113,15	65,77	95,67	107,63	62,41	90,78	102,12	59,11	85,98	96,72
	VI	1 889,25	103,90	151,14	170,03																				
5 702,99 Ost	I,IV	1 454,08	79,97	116,32	130,86	I	1 454,08	73,22	106,51	119,82	66,48	96,70	108,78	59,79	86,98	97,85	53,35	77,61	87,31	47,17	68,61	77,18	41,24	59,99	67,49
	II	1 408,25	77,45	112,66	126,74	II	1 408,25	70,71	102,85	115,70	63,96	93,04	104,67	57,36	83,44	93,87	51,01	74,20	83,48	44,93	65,35	73,52	39,10	56,87	63,98
	III	964,—	53,02	77,12	86,76	III	964,—	47,97	69,78	78,50	43,07	62,65	70,48	38,28	55,69	62,65	33,64	48,93	55,04	29,12	42,36	47,65	24,73	35,97	40,46
	V	1 868,66	102,77	149,49	168,17	IV	1 454,08	76,60	111,42	125,34	73,22	106,51	119,82	69,85	101,60	114,30	66,48	96,70	108,78	63,11	91,80	103,28	59,79	86,98	97,85
	VI	1 902,08	104,61	152,16	171,18																				
5 705,99 West	I,IV	1 442,41	79,33	115,39	129,81	I	1 442,41	72,59	105,58	118,78	65,84	95,77	107,74	59,17	86,07	96,83	52,75	76,74	86,33	46,60	67,78	76,25	40,70	59,20	66,60
	II	1 396,66	76,81	111,73	125,69	II	1 396,66	70,07	101,92	114,66	63,32	92,11	103,62	56,75	82,54	92,86	50,43	73,35	82,52	44,36	64,53	72,59	38,56	56,09	63,10
	III	955,16	52,53	76,41	85,96	III	955,16	47,51	69,10	77,74	42,61	61,98	69,73	37,84	55,05	61,93	33,21	48,30	54,34	28,70	41,74	46,96	24,31	35,37	39,79
	V	1 857,—	102,13	148,56	167,13	IV	1 442,41	75,95	110,48	124,29	72,59	105,58	118,78	69,21	100,68	113,26	65,84	95,77	107,74	62,48	90,88	102,24	59,17	86,07	96,83
	VI	1 890,50	103,97	151,24	170,14																				
5 705,99 Ost	I,IV	1 455,33	80,04	116,42	130,97	I	1 455,33	73,29	106,61	119,93	66,55	96,80	108,90	59,86	87,08	97,96	53,42	77,70	87,41	47,23	68,70	77,29	41,30	60,08	67,59
	II	1 409,58	77,52	112,76	126,86	II	1 409,58	70,78	102,95	115,82	64,03	93,14	104,78	57,42	83,53	93,97	51,08	74,30	83,58	44,99	65,44	73,62	39,16	56,96	64,08
	III	964,83	53,06	77,18	86,83	III	964,83	48,03	69,86	78,59	43,12	62,72	70,56	38,34	55,77	62,74	33,68	49,—	55,12	29,16	42,42	47,72	24,76	36,02	40,52
	V	1 869,91	102,84	149,59	168,29	IV	1 455,33	76,67	111,52	125,46	73,29	106,61	119,93	69,92	101,70	114,41	66,55	96,80	108,90	63,18	91,90	103,39	59,86	87,08	97,96
	VI	1 903,33	104,68	152,26	171,29																				
5 708,99 West	I,IV	1 443,66	79,40	115,49	129,92	I	1 443,66	72,65	105,68	118,89	65,91	95,87	107,85	59,24	86,17	96,94	52,82	76,83	86,43	46,66	67,87	76,35	40,75	59,28	66,69
	II	1 397,91	76,88	111,83	125,81	II	1 397,91	70,13	102,02	114,77	63,39	92,21	103,73	56,81	82,64	92,97	50,49	73,44	82,62	44,43	64,62	72,70	38,61	56,17	63,19
	III	956,16	52,58	76,49	86,05	III	956,16	47,55	69,17	77,81	42,66	62,05	69,80	37,89	55,12	62,01	33,25	48,37	54,41	28,74	41,81	47,03	24,36	35,44	39,87
	V	1 858,25	102,20	148,66	167,24	IV	1 443,66	76,03	110,59	124,41	72,65	105,68	118,89	69,28	100,78	113,37	65,91	95,87	107,85	62,54	90,98	102,35	59,24	86,17	96,94
	VI	1 891,75	104,04	151,34	170,25																				
5 708,99 Ost	I,IV	1 456,58	80,11	116,52	131,09	I	1 456,58	73,36	106,71	120,05	66,62	96,90	109,01	59,93	87,17	98,06	53,48	77,80	87,52	47,30	68,80	77,40	41,36	60,16	67,68
	II	1 410,83	77,59	112,86	126,97	II	1 410,83	70,84	103,05	115,93	64,10	93,24	104,89	57,49	83,63	94,08	51,14	74,39	83,69	45,05	65,53	73,72	39,21	57,04	64,17
	III	965,83	53,12	77,26	86,92	III	965,83	48,07	69,93	78,67	43,17	62,80	70,65	38,39	55,84	62,82	33,73	49,06	55,19	29,21	42,49	47,80	24,81	36,09	40,60
	V	1 871,16	102,91	149,69	168,40	IV	1 456,58	76,73	111,62	125,57	73,36	106,71	120,05	69,99	101,80	114,53	66,62	96,90	109,01	63,25	92,—	103,50	59,93	87,17	98,06
	VI	1 904,58	104,75	152,36	171,41																				
5 711,99 West	I,IV	1 445,—	79,47	115,60	130,05	I	1 445,—	72,72	105,78	119,—	65,98	95,97	107,96	59,31	86,27	97,05	52,89	76,93	86,54	46,72	67,96	76,46	40,81	59,37	66,79
	II	1 399,16	76,95	111,93	125,92	II	1 399,16	70,21	102,12	114,89	63,46	92,31	103,85	56,88	82,74	93,08	50,55	73,54	82,73	44,49	64,71	72,80	38,67	56,26	63,29
	III	957,—	52,63	76,56	86,13	III	957,—	47,61	69,25	77,90	42,71	62,13	69,89	37,94	55,18	62,08	33,30	48,44	54,49	28,79	41,88	47,11	24,41	35,50	39,94
	V	1 859,50	102,27	148,76	167,35	IV	1 445,—	76,10	110,69	124,52	72,72	105,78	119,—	69,35	100,88	113,49	65,98	95,97	107,96	62,61	91,08	102,46	59,31	86,27	97,05
	VI	1 893,—	104,11	151,44	170,37																				
5 711,99 Ost	I,IV	1 457,83	80,18	116,62	131,20	I	1 457,83	73,43	106,81	120,16	66,69	97,—	109,13	60,—	87,27	98,18	53,55	77,89	87,62	47,35	68,88	77,49	41,42	60,25	67,78
	II	1 412,08	77,66	112,96	127,08	II	1 412,08	70,91	103,15	116,04	64,17	93,34	105,—	57,56	83,72	94,19	51,20	74,48	83,79	45,11	65,62	73,82	39,27	57,13	64,27
	III	966,83	53,17	77,34	87,01	III	966,83	48,13	70,01	78,76	43,22	62,86	70,72	38,43	55,90	62,89	33,78	49,14	55,28	29,26	42,56	47,88	24,86	36,16	40,68
	V	1 872,41	102,98	149,79	168,51	IV	1 457,83	76,80	111,72	125,68	73,43	106,81	120,16	70,06	101,91	114,65	66,69	97,—	109,13	63,32	92,10	103,61	60,—	87,27	98,18
	VI	1 905,83	104,82	152,46	171,52																				

* Die ausgewiesenen Tabellenwerte sind amtlich. Siehe Erläuterungen auf der Umschlaginnenseite (U2).

MONAT 5 712,–*

Lohn/ Gehalt bis €*	Stkl.	LSt	SolZ	8%	9%	Stkl.	LSt	0,5 SolZ	0,5 8%	0,5 9%	1 SolZ	1 8%	1 9%	1,5 SolZ	1,5 8%	1,5 9%	2 SolZ	2 8%	2 9%	2,5 SolZ	2,5 8%	2,5 9%	3 SolZ	3 8%	3 9%
		Abzüge an Lohnsteuer, Solidaritätszuschlag (SolZ) und Kirchensteuer (8%, 9%) in den Steuerklassen																							
		I – VI				I, II, III, IV mit Zahl der Kinderfreibeträge . . .																			
		ohne Kinderfreibeträge																							
5 714,99 West	I,IV	1 446,25	79,54	115,70	130,16	I	1 446,25	72,79	105,88	119,12	66,05	96,07	108,08	59,37	86,36	97,16	52,95	77,02	86,65	46,78	68,05	76,55	40,87	59,46	66,89
	II	1 400,41	77,02	112,03	126,03	II	1 400,41	70,28	102,22	115,—	63,53	92,41	103,96	56,95	82,84	93,19	50,62	73,63	82,83	44,55	64,80	72,90	38,73	56,34	63,38
	III	958,—	52,69	76,64	86,22	III	958,—	47,66	69,33	77,99	42,76	62,20	69,97	37,99	55,26	62,17	33,34	48,50	54,56	28,83	41,94	47,18	24,44	35,56	40,—
	V	1 860,75	102,34	148,86	167,46	IV	1 446,25	76,17	110,79	124,64	72,79	105,88	119,12	69,42	100,98	113,60	66,05	96,07	108,08	62,68	91,18	102,57	59,37	86,36	97,16
	VI	1 894,25	104,18	151,54	170,48																				
5 714,99 Ost	I,IV	1 459,08	80,24	116,72	131,31	I	1 459,08	73,50	106,92	120,28	66,76	97,10	109,24	60,06	87,37	98,29	53,61	77,98	87,73	47,42	68,98	77,60	41,48	60,34	67,88
	II	1 413,33	77,73	113,06	127,19	II	1 413,33	70,98	103,25	116,15	64,24	93,44	105,12	57,63	83,82	94,30	51,27	74,58	83,90	45,17	65,71	73,92	39,33	57,21	64,36
	III	967,83	53,23	77,42	87,10	III	967,83	48,18	70,08	78,84	43,26	62,93	70,79	38,49	55,98	62,98	33,83	49,21	55,36	29,30	42,62	47,95	24,90	36,22	40,75
	V	1 873,66	103,05	149,89	168,62	IV	1 459,08	76,87	111,82	125,79	73,50	106,92	120,28	70,13	102,01	114,76	66,76	97,10	109,24	63,39	92,20	103,73	60,06	87,37	98,29
	VI	1 907,16	104,89	152,57	171,64																				
5 717,99 West	I,IV	1 447,50	79,61	115,80	130,27	I	1 447,50	72,86	105,98	119,23	66,11	96,17	108,19	59,44	86,46	97,27	53,02	77,12	86,76	46,85	68,14	76,66	40,93	59,54	66,98
	II	1 401,66	77,09	112,13	126,14	II	1 401,66	70,34	102,32	115,11	63,60	92,51	104,07	57,01	82,93	93,29	50,68	73,72	82,94	44,61	64,89	73,—	38,79	56,43	63,48
	III	959,—	52,74	76,72	86,31	III	959,—	47,71	69,40	78,07	42,80	62,26	70,04	38,04	55,33	62,24	33,39	48,57	54,64	28,88	42,01	47,26	24,49	35,62	40,07
	V	1 862,08	102,41	148,96	167,58	IV	1 447,50	76,23	110,89	124,75	72,86	105,98	119,23	69,49	101,08	113,71	66,11	96,17	108,19	62,75	91,28	102,69	59,44	86,46	97,27
	VI	1 895,50	104,25	151,64	170,59																				
5 717,99 Ost	I,IV	1 460,33	80,31	116,82	131,42	I	1 460,33	73,57	107,02	120,39	66,82	97,20	109,35	60,13	87,47	98,40	53,68	78,08	87,84	47,48	69,06	77,69	41,54	60,43	67,98
	II	1 414,58	77,80	113,16	127,31	II	1 414,58	71,05	103,35	116,27	64,31	93,54	105,23	57,69	83,92	94,41	51,33	74,67	84,—	45,23	65,80	74,02	39,39	57,30	64,46
	III	968,66	53,27	77,49	87,17	III	968,66	48,23	70,16	78,93	43,32	63,01	70,88	38,53	56,05	63,05	33,88	49,28	55,44	29,35	42,69	48,02	24,95	36,29	40,82
	V	1 874,91	103,12	149,99	168,74	IV	1 460,33	76,94	111,92	125,91	73,57	107,02	120,39	70,20	102,11	114,87	66,82	97,20	109,35	63,46	92,30	103,84	60,13	87,47	98,40
	VI	1 908,41	104,96	152,67	171,75																				
5 720,99 West	I,IV	1 448,75	79,68	115,90	130,38	I	1 448,75	72,93	106,08	119,34	66,19	96,28	108,31	59,51	86,56	97,38	53,08	77,21	86,86	46,91	68,23	76,76	40,99	59,63	67,08
	II	1 403,—	77,16	112,24	126,27	II	1 403,—	70,41	102,42	115,22	63,67	92,62	104,19	57,08	83,02	93,40	50,75	73,82	83,04	44,67	64,98	73,10	38,85	56,51	63,57
	III	959,83	52,79	76,78	86,38	III	959,83	47,76	69,48	78,16	42,86	62,34	70,13	38,08	55,40	62,32	33,44	48,64	54,72	28,93	42,08	47,34	24,53	35,69	40,15
	V	1 863,33	102,48	149,06	167,69	IV	1 448,75	76,30	110,99	124,86	72,93	106,08	119,34	69,56	101,18	113,82	66,19	96,28	108,31	62,82	91,38	102,80	59,51	86,56	97,38
	VI	1 896,75	104,32	151,74	170,70																				
5 720,99 Ost	I,IV	1 461,58	80,38	116,92	131,54	I	1 461,58	73,64	107,12	120,51	66,89	97,30	109,46	60,20	87,56	98,51	53,74	78,18	87,95	47,54	69,16	77,80	41,60	60,52	68,08
	II	1 415,83	77,87	113,26	127,42	II	1 415,83	71,12	103,45	116,38	64,38	93,64	105,35	57,76	84,02	94,52	51,40	74,76	84,11	45,29	65,88	74,12	39,45	57,38	64,55
	III	969,66	53,33	77,57	87,26	III	969,66	48,29	70,24	79,02	43,36	63,08	70,96	38,58	56,12	63,13	33,92	49,34	55,51	29,39	42,76	48,10	24,99	36,36	40,90
	V	1 876,16	103,18	150,09	168,85	IV	1 461,58	77,01	112,02	126,02	73,64	107,12	120,51	70,27	102,21	114,98	66,89	97,30	109,46	63,52	92,40	103,95	60,20	87,56	98,51
	VI	1 909,66	105,03	152,77	171,86																				
5 723,99 West	I,IV	1 450,—	79,75	116,—	130,50	I	1 450,—	73,—	106,18	119,45	66,26	96,38	108,42	59,57	86,66	97,49	53,14	77,30	86,96	46,97	68,32	76,86	41,05	59,72	67,18
	II	1 404,25	77,23	112,34	126,38	II	1 404,25	70,48	102,52	115,34	63,74	92,72	104,31	57,14	83,12	93,51	50,81	73,91	83,15	44,73	65,06	73,19	38,91	56,60	63,67
	III	960,83	52,84	76,86	86,47	III	960,83	47,81	69,54	78,23	42,90	62,41	70,21	38,13	55,46	62,39	33,49	48,72	54,81	28,97	42,14	47,41	24,58	35,76	40,23
	V	1 864,58	102,55	149,16	167,81	IV	1 450,—	76,37	111,09	124,97	73,—	106,18	119,45	69,63	101,28	113,94	66,26	96,38	108,42	62,89	91,48	102,91	59,57	86,66	97,49
	VI	1 898,—	104,39	151,84	170,82																				
5 723,99 Ost	I,IV	1 462,91	80,46	117,03	131,66	I	1 462,91	73,71	107,22	120,62	66,96	97,40	109,58	60,27	87,66	98,62	53,81	78,27	88,05	47,61	69,25	77,90	41,66	60,60	68,18
	II	1 417,08	77,93	113,36	127,53	II	1 417,08	71,19	103,56	116,50	64,45	93,74	105,46	57,82	84,11	94,62	51,46	74,86	84,21	45,36	65,98	74,22	39,51	57,47	64,65
	III	970,66	53,38	77,65	87,35	III	970,66	48,33	70,30	79,09	43,42	63,16	71,05	38,62	56,18	63,20	33,97	49,41	55,58	29,44	42,82	48,17	25,04	36,42	40,97
	V	1 877,41	103,25	150,19	168,96	IV	1 462,91	77,08	112,12	126,14	73,71	107,22	120,62	70,34	102,31	115,10	66,96	97,40	109,58	63,59	92,50	104,06	60,27	87,66	98,62
	VI	1 910,91	105,10	152,87	171,98																				
5 726,99 West	I,IV	1 451,25	79,81	116,10	130,61	I	1 451,25	73,07	106,28	119,57	66,33	96,48	108,54	59,64	86,76	97,60	53,21	77,40	87,07	47,03	68,41	76,96	41,11	59,80	67,28
	II	1 405,50	77,30	112,44	126,49	II	1 405,50	70,55	102,62	115,45	63,81	92,82	104,42	57,21	83,22	93,62	50,87	74,—	83,25	44,79	65,16	73,30	38,97	56,68	63,77
	III	961,83	52,90	76,94	86,56	III	961,83	47,86	69,62	78,32	42,96	62,49	70,30	38,18	55,54	62,48	33,54	48,78	54,88	29,02	42,21	47,48	24,63	35,82	40,30
	V	1 865,83	102,62	149,26	167,92	IV	1 451,25	76,44	111,19	125,09	73,07	106,28	119,57	69,70	101,38	114,05	66,33	96,48	108,54	62,96	91,58	103,02	59,64	86,76	97,60
	VI	1 899,25	104,45	151,94	170,93																				
5 726,99 Ost	I,IV	1 464,16	80,52	117,13	131,77	I	1 464,16	73,78	107,32	120,73	67,03	97,50	109,69	60,33	87,76	98,73	53,87	78,36	88,16	47,67	69,34	78,—	41,72	60,69	68,27
	II	1 418,33	78,—	113,46	127,64	II	1 418,33	71,26	103,66	116,61	64,51	93,84	105,57	57,89	84,21	94,73	51,53	74,95	84,32	45,42	66,06	74,32	39,57	57,56	64,75
	III	971,50	53,43	77,72	87,43	III	971,50	48,39	70,38	79,18	43,46	63,22	71,12	38,68	56,26	63,29	34,01	49,48	55,66	29,48	42,89	48,25	25,08	36,48	41,04
	V	1 878,75	103,33	150,30	169,08	IV	1 464,16	77,15	112,22	126,25	73,78	107,32	120,73	70,40	102,41	115,21	67,03	97,50	109,69	63,66	92,60	104,18	60,33	87,76	98,73
	VI	1 912,16	105,16	152,97	172,09																				
5 729,99 West	I,IV	1 452,50	79,88	116,20	130,72	I	1 452,50	73,14	106,39	119,69	66,39	96,58	108,65	59,71	86,86	97,71	53,27	77,49	87,17	47,09	68,50	77,06	41,17	59,89	67,37
	II	1 406,75	77,37	112,54	126,60	II	1 406,75	70,62	102,72	115,56	63,88	92,92	104,53	57,28	83,32	93,73	50,93	74,09	83,35	44,85	65,24	73,40	39,03	56,77	63,86
	III	962,83	52,95	77,02	86,65	III	962,83	47,91	69,69	78,40	43,01	62,56	70,38	38,23	55,61	62,56	33,58	48,85	54,95	29,06	42,28	47,56	24,67	35,89	40,37
	V	1 867,08	102,68	149,36	168,03	IV	1 452,50	76,51	111,29	125,20	73,14	106,39	119,69	69,77	101,48	114,17	66,39	96,58	108,65	63,03	91,68	103,14	59,71	86,86	97,71
	VI	1 900,58	104,53	152,04	171,05																				
5 729,99 Ost	I,IV	1 465,41	80,59	117,23	131,88	I	1 465,41	73,85	107,42	120,84	67,10	97,60	109,80	60,40	87,86	98,84	53,94	78,46	88,26	47,73	69,43	78,11	41,78	60,78	68,37
	II	1 419,58	78,07	113,56	127,76	II	1 419,58	71,33	103,76	116,73	64,58	93,94	105,68	57,96	84,31	94,85	51,59	75,04	84,42	45,48	66,16	74,43	39,62	57,64	64,84
	III	972,50	53,48	77,80	87,52	III	972,50	48,43	70,45	79,25	43,52	63,30	71,21	38,72	56,33	63,37	34,06	49,54	55,73	29,53	42,96	48,33	25,12	36,54	41,11
	V	1 880,—	103,40	150,40	169,20	IV	1 465,41	77,22	112,32	126,36	73,85	107,42	120,84	70,47	102,51	115,32	67,10	97,60	109,80	63,73	92,70	104,29	60,40	87,86	98,84
	VI	1 913,41	105,23	153,07	172,20																				
5 732,99 West	I,IV	1 453,75	79,95	116,30	130,83	I	1 453,75	73,21	106,49	119,80	66,46	96,68	108,76	59,78	86,96	97,83	53,34	77,58	87,28	47,15	68,59	77,16	41,23	59,98	67,47
	II	1 408,—	77,44	112,64	126,72	II	1 408,—	70,69	102,82	115,67	63,95	93,02	104,64	57,34	83,41	93,83	51,—	74,18	83,45	44,91	65,33	73,49	39,08	56,85	63,95
	III	963,66	53,—	77,09	86,72	III	963,66	47,96	69,77	78,49	43,06	62,64	70,47	38,28	55,68	62,64	33,63	48,92	55,03	29,11	42,34	47,63	24,72	35,96	40,45
	V	1 868,33	102,75	149,46	168,14	IV	1 453,75	76,58	111,40	125,32	73,21	106,49	119,80	69,84	101,58	114,28	66,46	96,68	108,76	63,09	91,78	103,25	59,78	86,96	97,83
	VI	1 901,83	104,60	152,14	171,16																				
5 732,99 Ost	I,IV	1 466,66	80,66	117,33	131,99	I	1 466,66	73,92	107,52	120,96	67,17	97,71	109,92	60,47	87,96	98,95	54,—	78,55	88,37	47,79	69,52	78,21	41,84	60,86	68,47
	II	1 420,91	78,15	113,67	127,88	II	1 420,91	71,40	103,86	116,84	64,65	94,04	105,80	58,02	84,40	94,95	51,65	75,14	84,53	45,54	66,24	74,52	39,68	57,72	64,94
	III	973,50	53,54	77,88	87,61	III	973,50	48,49	70,53	79,34	43,56	63,37	71,29	38,77	56,40	63,45	34,11	49,62	55,82	29,58	43,02	48,40	25,17	36,61	41,18
	V	1 881,25	103,46	150,50	169,31	IV	1 466,66	77,29	112,42	126,47	73,92	107,52	120,96	70,54	102,61	115,43	67,17	97,71	109,92	63,80	92,80	104,40	60,47	87,96	98,95
	VI	1 914,66	105,30	153,17	172,31																				
5 735,99 West	I,IV	1 455,08	80,02	116,40	130,95	I	1 455,08	73,28	106,59	119,91	66,53	96,78	108,87	59,84	87,05	97,93	53,40	77,68	87,39	47,22	68,68	77,27	41,29	60,06	67,57
	II	1 409,25	77,50	112,74	126,83	II	1 409,25	70,76	102,92	115,79	64,02	93,12	104,76	57,41	83,51	93,95	51,06	74,28	83,56	44,98	65,42	73,60	39,14	56,94	64,05
	III	964,66	53,05	77,17	86,81	III	964,66	48,02	69,85	78,58	43,11	62,70	70,54	38,33	55,76	62,73	33,67	48,98	55,10	29,15	42,41	47,71	24,75	36,01	40,51
	V	1 869,58	102,82	149,56	168,26	IV	1 455,08	76,65	111,50	125,43	73,28	106,59	119,91	69,90	101,68	114,39	66,53	96,78	108,87	63,16	91,88	103,36	59,84	87,05	97,93
	VI	1 903,08	104,66	152,24	171,27																				
5 735,99 Ost	I,IV	1 467,91	80,73	117,43	132,11	I	1 467,91	73,98	107,62	121,07	67,24	97,81	110,03	60,54	88,06	99,06	54,07	78,65	88,48	47,85	69,61	78,31	41,90	60,95	68,57
	II	1 422,16	78,21	113,77	127,99	II	1 422,16	71,47	103,96	116,95	64,72	94,14	105,91	58,09	84,50	95,06	51,72	75,23	84,63	45,60	66,34	74,63	39,74	57,81	65,03
	III	974,50	53,59	77,96	87,70	III	974,50	48,54	70,61	79,43	43,62	63,45	71,38	38,83	56,48	63,54	34,16	49,69	55,90	29,62	43,09	48,47	25,21	36,68	41,26
	V	1 882,50	103,53	150,60	169,42	IV	1 467,91	77,36	112,52	126,59	73,98	107,62	121,07	70,62	102,72	115,56	67,24	97,81	110,03	63,87	92,90	104,51	60,54	88,06	99,06
	VI	1 915,91	105,37	153,27	172,43																				

*** Die ausgewiesenen Tabellenwerte sind amtlich. Siehe Erläuterungen auf der Umschlaginnenseite (U2).**

5 759,99* MONAT

Abzüge an Lohnsteuer, Solidaritätszuschlag (SolZ) und Kirchensteuer (8%, 9%) in den Steuerklassen

Lohn/Gehalt bis €*	I – VI					I, II, III, IV		mit Zahl der Kinderfreibeträge . . . 0,5			1			1,5			2			2,5			3		
		LSt	ohne Kinderfreibeträge SolZ	8%	9%		LSt	SolZ	8%	9%	SolZ	8%	9%	SolZ	8%	9%	SolZ	8%	9%	SolZ	8%	9%	SolZ	8%	9%
5 738,99 West	I,IV	1 456,33	80,09	116,50	131,06	I	1 456,33	73,35	106,69	120,02	66,60	96,88	108,99	59,91	87,15	98,04	53,47	77,78	87,50	47,28	68,78	77,37	41,35	60,15	67,67
	II	1 410,50	77,57	112,84	126,94	II	1 410,50	70,83	103,03	115,91	64,08	93,22	104,87	57,48	83,61	94,06	51,13	74,37	83,66	45,04	65,51	73,70	39,20	57,02	64,15
	III	965,66	53,11	77,25	86,90	III	965,66	48,07	69,92	78,66	43,15	62,77	70,61	38,38	55,82	62,80	33,72	49,05	55,18	29,20	42,48	47,79	24,80	36,08	40,59
	V	1 870,83	102,89	149,66	168,37	IV	1 456,33	76,72	111,60	125,55	73,35	106,69	120,02	69,97	101,78	114,50	66,60	96,88	108,99	63,23	91,98	103,47	59,91	87,15	98,04
	VI	1 904,33	104,73	152,34	171,38																				
5 738,99 Ost	I,IV	1 469,16	80,80	117,53	132,22	I	1 469,16	74,06	107,72	121,19	67,31	97,91	110,15	60,61	88,16	99,18	54,13	78,74	88,58	47,92	69,70	78,41	41,96	61,04	68,67
	II	1 423,41	78,28	113,87	128,10	II	1 423,41	71,54	104,06	117,06	64,79	94,24	106,02	58,16	84,60	95,17	51,78	75,32	84,74	45,66	66,42	74,72	39,80	57,90	65,13
	III	975,33	53,64	78,02	87,77	III	975,33	48,59	70,68	79,51	43,67	63,52	71,46	38,87	56,54	63,61	34,21	49,76	55,98	29,67	43,16	48,55	25,26	36,74	41,33
	V	1 883,75	103,60	150,70	169,53	IV	1 469,16	77,43	112,62	126,70	74,06	107,72	121,19	70,68	102,82	115,67	67,31	97,91	110,15	63,94	93,—	104,63	60,61	88,16	99,18
	VI	1 917,25	105,44	153,38	172,55																				
5 741,99 West	I,IV	1 457,58	80,16	116,60	131,18	I	1 457,58	73,42	106,79	120,14	66,67	96,98	109,10	59,98	87,25	98,15	53,53	77,87	87,60	47,34	68,86	77,47	41,41	60,24	67,77
	II	1 411,75	77,64	112,94	127,05	II	1 411,75	70,90	103,13	116,02	64,15	93,32	104,98	57,54	83,70	94,16	51,19	74,46	83,77	45,10	65,60	73,80	39,26	57,11	64,25
	III	966,66	53,16	77,33	86,99	III	966,66	48,12	70,—	78,75	43,21	62,85	70,70	38,42	55,89	62,87	33,77	49,12	55,26	29,25	42,54	47,86	24,85	36,14	40,66
	V	1 872,16	102,96	149,77	168,49	IV	1 457,58	76,79	111,70	125,66	73,42	106,79	120,14	70,04	101,88	114,62	66,67	96,98	109,10	63,30	92,08	103,59	59,98	87,25	98,15
	VI	1 905,58	104,80	152,44	171,50																				
5 741,99 Ost	I,IV	1 470,41	80,87	117,63	132,33	I	1 470,41	74,13	107,82	121,30	67,38	98,01	110,26	60,67	88,26	99,29	54,20	78,84	88,69	47,98	69,79	78,51	42,02	61,12	68,76
	II	1 424,66	78,35	113,97	128,21	II	1 424,66	71,61	104,16	117,18	64,86	94,35	106,14	58,23	84,70	95,28	51,85	75,42	84,84	45,72	66,51	74,82	39,86	57,98	65,23
	III	976,33	53,69	78,10	87,86	III	976,33	48,64	70,76	79,60	43,71	63,58	71,53	38,92	56,61	63,68	34,25	49,82	56,05	29,71	43,22	48,62	25,30	36,81	41,41
	V	1 885,—	103,67	150,80	169,65	IV	1 470,41	77,49	112,72	126,81	74,13	107,82	121,30	70,75	102,92	115,78	67,38	98,01	110,26	64,01	93,10	104,74	60,67	88,26	99,29
	VI	1 918,50	105,51	153,48	172,66																				
5 744,99 West	I,IV	1 458,83	80,23	116,70	131,29	I	1 458,83	73,48	106,89	120,25	66,74	97,08	109,22	60,05	87,35	98,27	53,60	77,96	87,71	47,41	68,96	77,58	41,47	60,32	67,86
	II	1 413,08	77,71	113,04	127,17	II	1 413,08	70,97	103,23	116,13	64,22	93,42	105,09	57,61	83,80	94,28	51,26	74,56	83,88	45,16	65,69	73,90	39,32	57,20	64,35
	III	967,50	53,21	77,40	87,07	III	967,50	48,17	70,06	78,82	43,25	62,92	70,78	38,47	55,96	62,95	33,82	49,20	55,35	29,29	42,61	47,93	24,89	36,21	40,73
	V	1 873,41	103,03	149,87	168,60	IV	1 458,83	76,86	111,80	125,77	73,48	106,89	120,25	70,11	101,98	114,73	66,74	97,08	109,22	63,37	92,18	103,70	60,05	87,35	98,27
	VI	1 906,83	104,87	152,54	171,61																				
5 744,99 Ost	I,IV	1 471,66	80,94	117,73	132,44	I	1 471,66	74,19	107,92	121,41	67,45	98,11	110,37	60,74	88,36	99,40	54,26	78,93	88,79	48,04	69,88	78,62	42,08	61,21	68,86
	II	1 425,91	78,42	114,07	128,33	II	1 425,91	71,67	104,26	117,29	64,93	94,45	106,25	58,29	84,79	95,39	51,91	75,51	84,95	45,79	66,60	74,93	39,92	58,07	65,33
	III	977,33	53,75	78,18	87,95	III	977,33	48,69	70,82	79,67	43,77	63,66	71,62	38,97	56,69	63,77	34,30	49,89	56,12	29,76	43,29	48,70	25,35	36,88	41,49
	V	1 886,25	103,74	150,90	169,76	IV	1 471,66	77,57	112,83	126,93	74,19	107,92	121,41	70,82	103,02	115,89	67,45	98,11	110,37	64,07	93,20	104,85	60,74	88,36	99,40
	VI	1 919,75	105,58	153,58	172,77																				
5 747,99 West	I,IV	1 460,08	80,30	116,80	131,40	I	1 460,08	73,55	106,99	120,36	66,81	97,18	109,33	60,11	87,44	98,37	53,66	78,06	87,81	47,46	69,04	77,67	41,53	60,41	67,96
	II	1 414,33	77,78	113,14	127,28	II	1 414,33	71,04	103,33	116,24	64,29	93,52	105,21	57,68	83,90	94,38	51,32	74,65	83,98	45,22	65,78	74,—	39,38	57,28	64,44
	III	968,50	53,26	77,48	87,16	III	968,50	48,22	70,14	78,91	43,31	63,—	70,87	38,52	56,04	63,04	33,87	49,26	55,42	29,34	42,68	48,01	24,94	36,28	40,81
	V	1 874,66	103,10	149,97	168,71	IV	1 460,08	76,93	111,90	125,88	73,55	106,99	120,36	70,18	102,08	114,84	66,81	97,18	109,33	63,44	92,28	103,81	60,11	87,44	98,37
	VI	1 908,08	104,94	152,64	171,72																				
5 747,99 Ost	I,IV	1 473,—	81,01	117,84	132,57	I	1 473,—	74,26	108,02	121,52	67,52	98,21	110,48	60,81	88,45	99,50	54,33	79,02	88,90	48,11	69,98	78,72	42,14	61,30	68,96
	II	1 427,16	78,49	114,17	128,44	II	1 427,16	71,75	104,36	117,41	65,—	94,55	106,37	58,36	84,89	95,50	51,97	75,60	85,05	45,85	66,69	75,02	39,98	58,16	65,43
	III	978,33	53,80	78,26	88,04	III	978,33	48,74	70,90	79,76	43,81	63,73	71,69	39,02	56,76	63,85	34,34	49,96	56,20	29,81	43,36	48,78	25,40	36,94	41,56
	V	1 887,50	103,81	151,—	169,87	IV	1 473,—	77,64	112,93	127,04	74,26	108,02	121,52	70,89	103,12	116,01	67,52	98,21	110,48	64,14	93,30	104,96	60,81	88,45	99,50
	VI	1 921,—	105,65	153,68	172,89																				
5 750,99 West	I,IV	1 461,33	80,37	116,90	131,51	I	1 461,33	73,62	107,09	120,47	66,88	97,28	109,44	60,18	87,54	98,48	53,73	78,15	87,92	47,53	69,14	77,78	41,59	60,50	68,06
	II	1 415,58	77,85	113,24	127,40	II	1 415,58	71,11	103,43	116,36	64,36	93,62	105,32	57,75	84,—	94,50	51,38	74,74	84,08	45,28	65,86	74,09	39,43	57,36	64,53
	III	969,50	53,32	77,56	87,25	III	969,50	48,27	70,21	78,98	43,35	63,06	70,94	38,57	56,10	63,11	33,91	49,33	55,49	29,38	42,74	48,08	24,98	36,34	40,88
	V	1 875,91	103,17	150,07	168,83	IV	1 461,33	77,—	112,—	126,—	73,62	107,09	120,47	70,25	102,19	114,96	66,88	97,28	109,44	63,51	92,38	103,92	60,18	87,54	98,48
	VI	1 909,33	105,01	152,74	171,83																				
5 750,99 Ost	I,IV	1 474,25	81,08	117,94	132,68	I	1 474,25	74,33	108,12	121,64	67,59	98,31	110,60	60,88	88,55	99,62	54,39	79,12	89,01	48,17	70,06	78,82	42,20	61,38	69,05
	II	1 428,41	78,56	114,27	128,55	II	1 428,41	71,82	104,46	117,52	65,07	94,65	106,48	58,43	84,99	95,61	52,04	75,70	85,16	45,91	66,78	75,13	40,04	58,24	65,52
	III	979,16	53,85	78,33	88,12	III	979,16	48,80	70,98	79,85	43,87	63,81	71,78	39,06	56,82	63,92	34,40	50,04	56,29	29,85	43,42	48,85	25,43	37,—	41,62
	V	1 888,75	103,88	151,10	169,98	IV	1 474,25	77,71	113,03	127,16	74,33	108,12	121,64	70,96	103,22	116,12	67,59	98,31	110,60	64,22	93,41	105,08	60,88	88,55	99,62
	VI	1 922,25	105,72	153,78	173,—																				
5 753,99 West	I,IV	1 462,58	80,44	117,—	131,63	I	1 462,58	73,70	107,20	120,60	66,95	97,38	109,55	60,25	87,64	98,60	53,79	78,25	88,03	47,59	69,23	77,88	41,65	60,58	68,15
	II	1 416,83	77,92	113,34	127,51	II	1 416,83	71,17	103,53	116,47	64,43	93,72	105,44	57,81	84,09	94,60	51,45	74,84	84,19	45,34	65,96	74,20	39,49	57,45	64,63
	III	970,33	53,36	77,62	87,32	III	970,33	48,32	70,29	79,07	43,41	63,14	71,03	38,61	56,17	63,19	33,96	49,40	55,57	29,43	42,81	48,16	25,02	36,40	40,95
	V	1 877,16	103,24	150,17	168,94	IV	1 462,58	77,06	112,10	126,11	73,70	107,20	120,60	70,32	102,29	115,07	66,95	97,38	109,55	63,58	92,48	104,04	60,25	87,64	98,60
	VI	1 910,66	105,08	152,85	171,95																				
5 753,99 Ost	I,IV	1 475,50	81,15	118,04	132,79	I	1 475,50	74,40	108,22	121,75	67,65	98,41	110,71	60,94	88,65	99,73	54,46	79,22	89,12	48,23	70,16	78,93	42,26	61,47	69,15
	II	1 429,66	78,63	114,37	128,66	II	1 429,66	71,88	104,56	117,63	65,14	94,75	106,59	58,49	85,08	95,72	52,10	75,79	85,26	45,97	66,87	75,23	40,09	58,32	65,61
	III	980,16	53,90	78,41	88,21	III	980,16	48,84	71,05	79,93	43,91	63,88	71,86	39,11	56,89	64,—	34,44	50,10	56,36	29,90	43,49	48,92	25,48	37,06	41,69
	V	1 890,08	103,95	151,20	170,10	IV	1 475,50	77,77	113,13	127,27	74,40	108,22	121,75	71,03	103,32	116,23	67,65	98,41	110,71	64,29	93,51	105,20	60,94	88,65	99,73
	VI	1 923,50	105,79	153,88	173,11																				
5 756,99 West	I,IV	1 463,83	80,51	117,10	131,74	I	1 463,83	73,76	107,30	120,71	67,02	97,48	109,67	60,32	87,74	98,71	53,86	78,34	88,13	47,65	69,32	77,98	41,71	60,67	68,25
	II	1 418,08	77,99	113,44	127,62	II	1 418,08	71,24	103,63	116,58	64,50	93,82	105,55	57,88	84,19	94,71	51,51	74,93	84,29	45,40	66,04	74,30	39,55	57,54	64,73
	III	971,33	53,42	77,70	87,41	III	971,33	48,38	70,37	79,16	43,45	63,21	71,11	38,67	56,25	63,28	34,—	49,46	55,64	29,48	42,88	48,24	25,07	36,46	41,02
	V	1 878,41	103,31	150,27	169,05	IV	1 463,83	77,14	112,20	126,23	73,76	107,30	120,71	70,39	102,39	115,19	67,02	97,48	109,67	63,65	92,58	104,15	60,32	87,74	98,71
	VI	1 911,91	105,15	152,95	172,07																				
5 756,99 Ost	I,IV	1 476,75	81,22	118,14	132,90	I	1 476,75	74,47	108,32	121,86	67,73	98,52	110,83	61,01	88,75	99,84	54,52	79,31	89,22	48,29	70,25	79,03	42,32	61,56	69,25
	II	1 431,—	78,70	114,48	128,79	II	1 431,—	71,95	104,66	117,74	65,21	94,85	106,70	58,56	85,18	95,83	52,17	75,88	85,37	46,03	66,96	75,33	40,15	58,41	65,71
	III	981,16	53,96	78,49	88,30	III	981,16	48,90	71,13	80,02	43,97	63,96	71,95	39,16	56,97	64,09	34,49	50,17	56,44	29,94	43,56	49,—	25,52	37,13	41,77
	V	1 891,33	104,02	151,30	170,21	IV	1 476,75	77,84	113,23	127,38	74,47	108,32	121,86	71,10	103,42	116,34	67,73	98,52	110,83	64,35	93,61	105,31	61,01	88,75	99,84
	VI	1 924,75	105,86	153,98	173,22																				
5 759,99 West	I,IV	1 465,08	80,57	117,20	131,85	I	1 465,08	73,83	107,40	120,82	67,09	97,58	109,78	60,39	87,84	98,82	53,92	78,44	88,24	47,72	69,41	78,08	41,77	60,76	68,35
	II	1 419,33	78,06	113,54	127,73	II	1 419,33	71,31	103,73	116,69	64,57	93,92	105,66	57,94	84,28	94,82	51,58	75,02	84,40	45,47	66,14	74,40	39,61	57,62	64,82
	III	972,33	53,47	77,78	87,50	III	972,33	48,42	70,44	79,24	43,50	63,28	71,19	38,72	56,32	63,36	34,05	49,53	55,72	29,52	42,94	48,31	25,11	36,53	41,09
	V	1 879,66	103,38	150,37	169,16	IV	1 465,08	77,21	112,30	126,34	73,83	107,40	120,82	70,46	102,49	115,30	67,09	97,58	109,78	63,72	92,68	104,27	60,39	87,84	98,82
	VI	1 913,16	105,22	153,05	172,18																				
5 759,99 Ost	I,IV	1 478,—	81,29	118,24	133,02	I	1 478,—	74,54	108,42	121,97	67,80	98,62	110,94	61,08	88,85	99,95	54,59	79,40	89,33	48,35	70,34	79,13	42,38	61,64	69,35
	II	1 432,25	78,77	114,58	128,90	II	1 432,25	72,02	104,76	117,86	65,28	94,95	106,82	58,63	85,28	95,94	52,23	75,98	85,47	46,09	67,05	75,43	40,21	58,50	65,81
	III	982,16	54,01	78,57	88,39	III	982,16	48,95	71,20	80,10	44,01	64,02	72,02	39,21	57,04	64,17	34,54	50,24	56,52	29,99	43,62	49,07	25,57	37,20	41,85
	V	1 892,58	104,09	151,40	170,33	IV	1 478,—	77,91	113,33	127,49	74,54	108,42	121,97	71,17	103,52	116,46	67,80	98,62	110,94	64,42	93,71	105,42	61,08	88,85	99,95
	VI	1 926,—	105,93	154,08	173,34																				

* Die ausgewiesenen Tabellenwerte sind amtlich. Siehe Erläuterungen auf der Umschlaginnenseite (U2).

MONAT 5 760,–*

Abzüge an Lohnsteuer, Solidaritätszuschlag (SolZ) und Kirchensteuer (8%, 9%) in den Steuerklassen

Lohn/ Gehalt bis €*	I – VI					I, II, III, IV		mit Zahl der Kinderfreibeträge . . . 0,5			1			1,5			2			2,5			3		
		LSt	ohne Kinderfreibeträge SolZ	8%	9%		LSt	SolZ	8%	9%	SolZ	8%	9%	SolZ	8%	9%	SolZ	8%	9%	SolZ	8%	9%	SolZ	8%	9%
5 762,99 West	I,IV	1 466,41	80,65	117,31	131,97	I	1 466,41	73,90	107,50	120,93	67,15	97,68	109,89	60,45	87,94	98,93	53,99	78,53	88,34	47,78	69,50	78,18	41,83	60,84	68,45
	II	1 420,58	78,13	113,64	127,85	II	1 420,58	71,39	103,84	116,82	64,64	94,02	105,77	58,01	84,38	94,93	51,64	75,12	84,51	45,53	66,22	74,50	39,67	57,70	64,91
	III	973,33	53,53	77,86	87,59	III	973,33	48,48	70,52	79,33	43,56	63,36	71,28	38,76	56,38	63,43	34,10	49,60	55,80	29,57	43,01	48,38	25,16	36,60	41,17
	V	1 880,91	103,45	150,47	169,28	IV	1 466,41	77,27	112,40	126,45	73,90	107,50	120,93	70,53	102,59	115,41	67,15	97,68	109,89	63,79	92,78	104,38	60,45	87,94	98,93
	VI	1 914,41	105,29	153,15	172,29																				
5 762,99 Ost	I,IV	1 479,25	81,35	118,34	133,13	I	1 479,25	74,61	108,52	122,09	67,87	98,72	111,06	61,15	88,95	100,07	54,66	79,50	89,44	48,42	70,43	79,23	42,44	61,74	69,45
	II	1 433,50	78,84	114,68	129,01	II	1 433,50	72,09	104,86	117,97	65,34	95,05	106,93	58,69	85,38	96,05	52,30	76,07	85,58	46,16	67,14	75,53	40,27	58,58	65,90
	III	983,—	54,06	78,64	88,47	III	983,—	49,—	71,28	80,19	44,07	64,10	72,11	39,26	57,10	64,24	34,58	50,30	56,59	30,03	43,69	49,15	25,62	37,26	41,92
	V	1 893,83	104,16	151,50	170,44	IV	1 479,25	77,98	113,43	127,61	74,61	108,52	122,09	71,24	103,62	116,57	67,87	98,72	111,06	64,49	93,81	105,53	61,15	88,95	100,07
	VI	1 927,25	105,99	154,18	173,45																				
5 765,99 West	I,IV	1 467,66	80,72	117,41	132,08	I	1 467,66	73,97	107,60	121,05	67,22	97,78	110,—	60,52	88,04	99,04	54,05	78,62	88,45	47,84	69,59	78,29	41,89	60,93	68,54
	II	1 421,83	78,20	113,74	127,96	II	1 421,83	71,45	103,94	116,93	64,71	94,12	105,89	58,08	84,48	95,04	51,70	75,21	84,61	45,59	66,32	74,61	39,73	57,79	65,01
	III	974,16	53,57	77,93	87,67	III	974,16	48,52	70,58	79,40	43,60	63,42	71,35	38,81	56,45	63,50	34,15	49,68	55,89	29,61	43,08	48,46	25,20	36,66	41,24
	V	1 882,25	103,52	150,58	169,40	IV	1 467,66	77,34	112,50	126,56	73,97	107,60	121,05	70,60	102,69	115,52	67,22	97,78	110,—	63,85	92,88	104,49	60,52	88,04	99,04
	VI	1 915,66	105,36	153,25	172,40																				
5 765,99 Ost	I,IV	1 480,50	81,42	118,44	133,24	I	1 480,50	74,68	108,63	122,21	67,93	98,82	111,17	61,21	89,04	100,17	54,72	79,60	89,55	48,48	70,52	79,34	42,50	61,82	69,55
	II	1 434,75	78,91	114,78	129,12	II	1 434,75	72,16	104,96	118,08	65,42	95,16	107,05	58,76	85,48	96,16	52,36	76,16	85,68	46,22	67,23	75,63	40,33	58,67	66,—
	III	984,—	54,12	78,72	88,56	III	984,—	49,06	71,36	80,28	44,11	64,17	72,19	39,31	57,18	64,33	34,63	50,37	56,66	30,08	43,76	49,23	25,66	37,33	41,99
	V	1 895,08	104,22	151,60	170,55	IV	1 480,50	78,05	113,53	127,72	74,68	108,63	122,21	71,31	103,72	116,69	67,93	98,82	111,17	64,56	93,91	105,65	61,21	89,04	100,17
	VI	1 928,58	106,07	154,28	173,57																				
5 768,99 West	I,IV	1 468,91	80,79	117,51	132,20	I	1 468,91	74,04	107,70	121,16	67,29	97,88	110,12	60,59	88,14	99,15	54,12	78,72	88,56	47,90	69,68	78,39	41,95	61,02	68,64
	II	1 423,08	78,26	113,84	128,07	II	1 423,08	71,52	104,04	117,04	64,78	94,22	106,—	58,14	84,58	95,15	51,77	75,30	84,71	45,65	66,40	74,70	39,79	57,88	65,11
	III	975,16	53,63	78,01	87,76	III	975,16	48,58	70,66	79,49	43,66	63,50	71,44	38,86	56,53	63,59	34,20	49,74	55,96	29,66	43,14	48,53	25,25	36,73	41,32
	V	1 883,50	103,59	150,68	169,51	IV	1 468,91	77,41	112,60	126,68	74,04	107,70	121,16	70,67	102,79	115,64	67,29	97,88	110,12	63,92	92,98	104,60	60,59	88,14	99,15
	VI	1 916,91	105,43	153,35	172,52																				
5 768,99 Ost	I,IV	1 481,75	81,49	118,54	133,35	I	1 481,75	74,75	108,73	122,32	68,—	98,92	111,28	61,28	89,14	100,28	54,78	79,69	89,65	48,54	70,61	79,43	42,56	61,91	69,65
	II	1 436,—	78,98	114,88	129,24	II	1 436,—	72,23	105,06	118,19	65,49	95,26	107,16	58,83	85,57	96,26	52,42	76,26	85,79	46,28	67,32	75,74	40,39	58,76	66,10
	III	985,—	54,17	78,80	88,65	III	985,—	49,10	71,42	80,35	44,17	64,25	72,28	39,36	57,25	64,40	34,68	50,45	56,75	30,13	43,82	49,30	25,71	37,40	42,07
	V	1 896,33	104,29	151,70	170,66	IV	1 481,75	78,12	113,64	127,84	74,75	108,73	122,32	71,38	103,82	116,80	68,—	98,92	111,28	64,63	94,01	105,76	61,28	89,14	100,28
	VI	1 929,83	106,14	154,38	173,68																				
5 771,99 West	I,IV	1 470,16	80,85	117,61	132,31	I	1 470,16	74,11	107,80	121,27	67,37	97,99	110,24	60,66	88,24	99,27	54,18	78,82	88,67	47,96	69,77	78,49	42,01	61,10	68,74
	II	1 424,41	78,34	113,95	128,19	II	1 424,41	71,59	104,14	117,15	64,84	94,32	106,11	58,21	84,68	95,26	51,83	75,40	84,82	45,71	66,49	74,80	39,85	57,96	65,21
	III	976,16	53,68	78,09	87,85	III	976,16	48,63	70,74	79,58	43,70	63,57	71,51	38,91	56,60	63,67	34,24	49,81	56,03	29,70	43,21	48,61	25,30	36,80	41,40
	V	1 884,75	103,66	150,78	169,62	IV	1 470,16	77,48	112,70	126,79	74,11	107,80	121,27	70,73	102,89	115,75	67,37	97,99	110,24	63,99	93,08	104,72	60,66	88,24	99,27
	VI	1 918,16	105,49	153,45	172,63																				
5 771,99 Ost	I,IV	1 483,08	81,56	118,64	133,47	I	1 483,08	74,82	108,83	122,43	68,07	99,02	111,39	61,35	89,24	100,40	54,85	79,79	89,76	48,61	70,70	79,54	42,62	62,—	69,75
	II	1 437,25	79,04	114,98	129,35	II	1 437,25	72,30	105,16	118,31	65,56	95,36	107,28	58,90	85,67	96,38	52,49	76,35	85,89	46,34	67,41	75,83	40,45	58,84	66,20
	III	986,—	54,23	78,88	88,74	III	986,—	49,16	71,50	80,44	44,22	64,32	72,36	39,40	57,32	64,48	34,73	50,52	56,83	30,17	43,89	49,37	25,75	37,46	42,14
	V	1 897,58	104,36	151,80	170,78	IV	1 483,08	78,19	113,74	127,95	74,82	108,83	122,43	71,44	103,92	116,91	68,07	99,02	111,39	64,70	94,11	105,87	61,35	89,24	100,40
	VI	1 931,08	106,20	154,48	173,79																				
5 774,99 West	I,IV	1 471,41	80,92	117,71	132,42	I	1 471,41	74,18	107,90	121,38	67,43	98,09	110,35	60,72	88,33	99,37	54,25	78,91	88,77	48,03	69,86	78,59	42,07	61,19	68,84
	II	1 425,66	78,41	114,05	128,30	II	1 425,66	71,66	104,24	117,27	64,91	94,42	106,22	58,28	84,77	95,36	51,90	75,49	84,92	45,77	66,58	74,90	39,91	58,05	65,30
	III	977,16	53,74	78,17	87,94	III	977,16	48,68	70,81	79,66	43,76	63,65	71,60	38,95	56,66	63,74	34,29	49,88	56,11	29,75	43,28	48,69	25,34	36,86	41,47
	V	1 886,—	103,73	150,88	169,74	IV	1 471,41	77,55	112,80	126,90	74,18	107,90	121,38	70,81	103,—	115,87	67,43	98,09	110,35	64,06	93,18	104,83	60,72	88,33	99,37
	VI	1 919,41	105,56	153,55	172,74																				
5 774,99 Ost	I,IV	1 484,33	81,63	118,74	133,58	I	1 484,33	74,89	108,93	122,54	68,14	99,12	111,51	61,42	89,34	100,51	54,92	79,88	89,87	48,67	70,80	79,65	42,68	62,08	69,84
	II	1 438,50	79,11	115,08	129,46	II	1 438,50	72,37	105,27	118,43	65,62	95,46	107,39	58,96	85,77	96,49	52,56	76,45	86,—	46,40	67,50	75,93	40,51	58,93	66,29
	III	986,83	54,27	78,94	88,81	III	986,83	49,20	71,57	80,51	44,26	64,38	72,43	39,46	57,40	64,57	34,77	50,58	56,90	30,22	43,96	49,45	25,79	37,52	42,21
	V	1 898,83	104,43	151,90	170,89	IV	1 484,33	78,26	113,84	128,07	74,89	108,93	122,54	71,51	104,02	117,02	68,14	99,12	111,51	64,77	94,21	105,98	61,42	89,34	100,51
	VI	1 932,33	106,27	154,58	173,90																				
5 777,99 West	I,IV	1 472,66	80,99	117,81	132,53	I	1 472,66	74,25	108,—	121,50	67,50	98,19	110,46	60,79	88,43	99,48	54,31	79,—	88,88	48,09	69,96	78,70	42,13	61,28	68,94
	II	1 426,91	78,48	114,15	128,42	II	1 426,91	71,73	104,34	117,38	64,98	94,52	106,34	58,35	84,87	95,48	51,96	75,58	85,03	45,83	66,67	75,—	39,97	58,14	65,40
	III	978,—	53,79	78,24	88,02	III	978,—	48,73	70,89	79,75	43,80	63,72	71,68	39,01	56,74	63,83	34,33	49,94	56,18	29,80	43,34	48,76	25,38	36,92	41,53
	V	1 887,25	103,79	150,98	169,85	IV	1 472,66	77,62	112,90	127,01	74,25	108,—	121,50	70,88	103,10	115,98	67,50	98,19	110,46	64,13	93,28	104,94	60,79	88,43	99,48
	VI	1 920,75	105,64	153,66	172,86																				
5 777,99 Ost	I,IV	1 485,58	81,70	118,84	133,70	I	1 485,58	74,96	109,03	122,66	68,21	99,22	111,62	61,49	89,44	100,62	54,98	79,98	89,97	48,73	70,89	79,75	42,74	62,17	69,94
	II	1 439,75	79,18	115,18	129,57	II	1 439,75	72,44	105,37	118,54	65,69	95,56	107,50	59,03	85,86	96,59	52,62	76,54	86,11	46,47	67,59	76,04	40,57	59,02	66,39
	III	987,83	54,33	79,02	88,90	III	987,83	49,26	71,65	80,60	44,32	64,46	72,52	39,50	57,46	64,64	34,82	50,65	56,98	30,26	44,02	49,52	25,84	37,58	42,28
	V	1 900,16	104,50	152,01	171,01	IV	1 485,58	78,33	113,94	128,18	74,96	109,03	122,66	71,58	104,12	117,14	68,21	99,22	111,62	64,84	94,32	106,11	61,49	89,44	100,62
	VI	1 933,58	106,34	154,68	174,02																				
5 780,99 West	I,IV	1 473,91	81,06	117,91	132,65	I	1 473,91	74,32	108,10	121,61	67,57	98,29	110,57	60,86	88,53	99,59	54,38	79,10	88,99	48,15	70,04	78,80	42,18	61,36	69,03
	II	1 428,16	78,54	114,25	128,53	II	1 428,16	71,80	104,44	117,49	65,06	94,63	106,46	58,41	84,96	95,58	52,03	75,68	85,14	45,90	66,76	75,11	40,03	58,22	65,50
	III	979,—	53,84	78,32	88,11	III	979,—	48,78	70,96	79,83	43,86	63,80	71,77	39,05	56,81	63,91	34,38	50,01	56,26	29,84	43,41	48,83	25,42	36,98	41,60
	V	1 888,50	103,86	151,08	169,96	IV	1 473,91	77,69	113,—	127,13	74,32	108,10	121,61	70,95	103,20	116,10	67,57	98,29	110,57	64,20	93,38	105,05	60,86	88,53	99,59
	VI	1 922,—	105,71	153,76	172,98																				
5 780,99 Ost	I,IV	1 486,83	81,77	118,94	133,81	I	1 486,83	75,02	109,13	122,77	68,28	99,32	111,74	61,56	89,54	100,73	55,05	80,07	90,08	48,79	70,98	79,85	42,80	62,26	70,04
	II	1 441,08	79,25	115,28	129,69	II	1 441,08	72,51	105,47	118,65	65,76	95,66	107,61	59,10	85,96	96,71	52,69	76,64	86,22	46,53	67,68	76,14	40,63	59,10	66,49
	III	988,83	54,38	79,10	88,99	III	988,83	49,31	71,73	80,69	44,36	64,53	72,59	39,55	57,53	64,72	34,87	50,72	57,06	30,31	44,09	49,60	25,88	37,65	42,35
	V	1 901,41	104,57	152,11	171,12	IV	1 486,83	78,40	114,04	128,29	75,02	109,13	122,77	71,65	104,22	117,25	68,28	99,32	111,74	64,91	94,42	106,22	61,56	89,54	100,73
	VI	1 934,83	106,41	154,78	174,13																				
5 783,99 West	I,IV	1 475,16	81,13	118,01	132,76	I	1 475,16	74,39	108,20	121,73	67,64	98,39	110,69	60,93	88,63	99,71	54,45	79,20	89,10	48,22	70,14	78,90	42,24	61,45	69,13
	II	1 429,41	78,61	114,35	128,64	II	1 429,41	71,87	104,54	117,60	65,12	94,73	106,57	58,48	85,06	95,69	52,09	75,77	85,24	45,96	66,85	75,20	40,08	58,30	65,59
	III	980,—	53,90	78,40	88,20	III	980,—	48,84	71,04	79,92	43,90	63,86	71,84	39,10	56,88	63,99	34,43	50,09	56,35	29,89	43,48	48,91	25,47	37,05	41,68
	V	1 889,75	103,93	151,18	170,07	IV	1 475,16	77,76	113,11	127,25	74,39	108,20	121,73	71,01	103,30	116,21	67,64	98,39	110,69	64,27	93,48	105,17	60,93	88,63	99,71
	VI	1 923,25	105,77	153,86	173,09																				
5 783,99 Ost	I,IV	1 488,08	81,84	119,04	133,92	I	1 488,08	75,09	109,23	122,88	68,35	99,42	111,85	61,63	89,64	100,85	55,11	80,17	90,19	48,86	71,07	79,95	42,86	62,35	70,14
	II	1 442,33	79,32	115,38	129,80	II	1 442,33	72,58	105,57	118,76	65,83	95,76	107,73	59,17	86,06	96,82	52,75	76,73	86,32	46,59	67,77	76,24	40,69	59,18	66,58
	III	989,83	54,44	79,18	89,08	III	989,83	49,36	71,80	80,77	44,42	64,61	72,68	39,60	57,61	64,81	34,91	50,78	57,13	30,36	44,16	49,68	25,93	37,72	42,43
	V	1 902,66	104,64	152,21	171,23	IV	1 488,08	78,47	114,14	128,40	75,09	109,23	122,88	71,72	104,32	117,36	68,35	99,42	111,85	64,98	94,52	106,33	61,63	89,64	100,85
	VI	1 936,08	106,48	154,88	174,24																				

*** Die ausgewiesenen Tabellenwerte sind amtlich. Siehe Erläuterungen auf der Umschlaginnenseite (U2).**

Abzüge an Lohnsteuer, Solidaritätszuschlag (SolZ) und Kirchensteuer (8%, 9%) in den Steuerklassen

Lohn/ Gehalt bis €*	I – VI		ohne Kinderfreibeträge			I, II, III, IV		mit Zahl der Kinderfreibeträge . . . 0,5			1			1,5			2			2,5			3		
		LSt	SolZ	8%	9%		LSt	SolZ	8%	9%	SolZ	8%	9%	SolZ	8%	9%	SolZ	8%	9%	SolZ	8%	9%	SolZ	8%	9%
5 786,99 West	I,IV	1 476,50	81,20	118,12	132,88	I	1 476,50	74,46	108,30	121,84	67,71	98,49	110,80	61,—	88,73	99,82	54,51	79,29	89,20	48,28	70,23	79,01	42,30	61,54	69,23
	II	1 430,66	78,68	114,45	128,75	II	1 430,66	71,94	104,64	117,72	65,19	94,83	106,68	58,55	85,16	95,81	52,15	75,86	85,34	46,02	66,94	75,31	40,14	58,39	65,69
	III	980,83	53,94	78,46	88,27	III	980,83	48,88	71,10	79,99	43,96	63,94	71,93	39,16	56,96	64,08	34,48	50,16	56,43	29,93	43,54	48,98	25,52	37,12	41,76
	V	1 891,—	104,—	151,28	170,19	IV	1 476,50	77,83	113,21	127,36	74,46	108,30	121,84	71,08	103,40	116,32	67,71	98,49	110,80	64,34	93,58	105,28	61,—	88,73	99,82
	VI	1 924,50	105,84	153,96	173,20																				
5 786,99 Ost	I,IV	1 489,33	81,91	119,14	134,03	I	1 489,33	75,16	109,33	122,99	68,42	99,52	111,96	61,70	89,74	100,96	55,18	80,26	90,29	48,92	71,16	80,06	42,92	62,44	70,24
	II	1 443,58	79,39	115,48	129,92	II	1 443,58	72,65	105,67	118,88	65,90	95,86	107,84	59,23	86,16	96,93	52,81	76,82	86,42	46,65	67,86	76,34	40,75	59,27	66,68
	III	990,66	54,48	79,25	89,15	III	990,66	49,41	71,88	80,86	44,46	64,68	72,76	39,65	57,68	64,89	34,97	50,86	57,22	30,40	44,22	49,75	25,97	37,78	42,50
	V	1 903,91	104,71	152,31	171,35	IV	1 489,33	78,54	114,24	128,52	75,16	109,33	122,99	71,79	104,43	117,48	68,42	99,52	111,96	65,05	94,62	106,44	61,70	89,74	100,96
	VI	1 937,33	106,55	154,98	174,35																				
5 789,99 West	I,IV	1 477,75	81,27	118,22	132,99	I	1 477,75	74,52	108,40	121,95	67,78	98,59	110,91	61,06	88,82	99,92	54,57	79,38	89,30	48,34	70,32	79,11	42,37	61,63	69,33
	II	1 431,91	78,75	114,55	128,87	II	1 431,91	72,01	104,74	117,83	65,26	94,93	106,79	58,61	85,26	95,91	52,22	75,96	85,45	46,08	67,03	75,41	40,20	58,48	65,79
	III	981,83	54,—	78,54	88,36	III	981,83	48,94	71,18	80,08	44,—	64,01	72,01	39,20	57,02	64,15	34,53	50,22	56,50	29,98	43,61	49,06	25,56	37,18	41,83
	V	1 892,25	104,07	151,38	170,30	IV	1 477,75	77,90	113,31	127,47	74,52	108,40	121,95	71,15	103,50	116,43	67,78	98,59	110,91	64,40	93,68	105,39	61,06	88,82	99,92
	VI	1 925,75	105,91	154,06	173,31																				
5 789,99 Ost	I,IV	1 490,58	81,98	119,24	134,15	I	1 490,58	75,24	109,44	123,12	68,49	99,62	112,07	61,76	89,84	101,07	55,24	80,36	90,40	48,99	71,26	80,16	42,98	62,52	70,34
	II	1 444,83	79,46	115,58	130,03	II	1 444,83	72,71	105,77	118,99	65,97	95,96	107,96	59,30	86,26	97,04	52,88	76,92	86,53	46,71	67,95	76,44	40,81	59,36	66,78
	III	991,66	54,54	79,33	89,24	III	991,66	49,46	71,94	80,93	44,52	64,76	72,85	39,70	57,74	64,96	35,01	50,93	57,29	30,45	44,29	49,82	26,02	37,85	42,58
	V	1 905,16	104,78	152,41	171,46	IV	1 490,58	78,60	114,34	128,63	75,24	109,44	123,12	71,86	104,53	117,59	68,49	99,62	112,07	65,12	94,72	106,56	61,76	89,84	101,07
	VI	1 938,66	106,62	155,09	174,47																				
5 792,99 West	I,IV	1 479,—	81,34	118,32	133,11	I	1 479,—	74,59	108,50	122,06	67,85	98,69	111,02	61,13	88,92	100,04	54,64	79,48	89,42	48,40	70,41	79,21	42,43	61,72	69,43
	II	1 433,16	78,82	114,65	128,98	II	1 433,16	72,08	104,84	117,95	65,33	95,03	106,91	58,68	85,36	96,03	52,28	76,05	85,55	46,14	67,12	75,51	40,26	58,56	65,88
	III	982,83	54,05	78,62	88,45	III	982,83	48,99	71,26	80,17	44,05	64,08	72,09	39,25	57,09	64,22	34,57	50,29	56,57	30,03	43,68	49,14	25,61	37,25	41,90
	V	1 893,58	104,14	151,48	170,42	IV	1 479,—	77,97	113,41	127,58	74,59	108,50	122,06	71,22	103,60	116,55	67,85	98,69	111,02	64,48	93,79	105,51	61,13	88,92	100,04
	VI	1 927,—	105,98	154,16	173,43																				
5 792,99 Ost	I,IV	1 491,83	82,05	119,34	134,26	I	1 491,83	75,30	109,54	123,23	68,56	99,72	112,19	61,83	89,94	101,18	55,31	80,46	90,51	49,05	71,34	80,26	43,04	62,61	70,43
	II	1 446,08	79,53	115,68	130,14	II	1 446,08	72,78	105,87	119,10	66,04	96,06	108,07	59,37	86,36	97,15	52,94	77,01	86,63	46,78	68,04	76,55	40,86	59,44	66,87
	III	992,66	54,59	79,41	89,33	III	992,66	49,51	72,02	81,02	44,56	64,82	72,92	39,75	57,82	65,05	35,06	51,—	57,37	30,49	44,36	49,90	26,07	37,92	42,66
	V	1 906,41	104,85	152,51	171,57	IV	1 491,83	78,68	114,44	128,75	75,30	109,54	123,23	71,93	104,63	117,71	68,56	99,72	112,19	65,18	94,82	106,67	61,83	89,94	101,18
	VI	1 939,91	106,69	155,19	174,59																				
5 795,99 West	I,IV	1 480,25	81,41	118,42	133,22	I	1 480,25	74,66	108,60	122,18	67,92	98,80	111,15	61,20	89,02	100,15	54,71	79,58	89,52	48,47	70,50	79,31	42,49	61,80	69,53
	II	1 434,50	78,89	114,76	129,10	II	1 434,50	72,15	104,94	118,06	65,40	95,13	107,02	58,74	85,45	96,13	52,35	76,14	85,66	46,20	67,21	75,61	40,32	58,65	65,98
	III	983,83	54,11	78,70	88,54	III	983,83	49,04	71,33	80,24	44,11	64,16	72,18	39,30	57,17	64,31	34,62	50,36	56,65	30,07	43,74	49,21	25,65	37,32	41,98
	V	1 894,83	104,21	151,58	170,53	IV	1 480,25	78,04	113,51	127,70	74,66	108,60	122,18	71,29	103,70	116,66	67,92	98,80	111,15	64,55	93,89	105,62	61,20	89,02	100,15
	VI	1 928,25	106,05	154,26	173,54																				
5 795,99 Ost	I,IV	1 493,08	82,11	119,44	134,37	I	1 493,08	75,37	109,64	123,34	68,63	99,82	112,30	61,90	90,04	101,29	55,38	80,55	90,62	49,11	71,44	80,37	43,10	62,70	70,53
	II	1 447,33	79,60	115,78	130,25	II	1 447,33	72,85	105,97	119,21	66,11	96,16	108,18	59,43	86,45	97,25	53,01	77,10	86,74	46,84	68,13	76,64	40,92	59,53	66,97
	III	993,66	54,65	79,49	89,42	III	993,66	49,57	72,10	81,11	44,62	64,90	73,01	39,80	57,89	65,12	35,10	51,06	57,44	30,54	44,42	49,97	26,11	37,98	42,73
	V	1 907,66	104,92	152,61	171,68	IV	1 493,08	78,75	114,54	128,86	75,37	109,64	123,34	72,—	104,73	117,82	68,63	99,82	112,30	65,25	94,92	106,78	61,90	90,04	101,29
	VI	1 941,16	106,76	155,29	174,70																				
5 798,99 West	I,IV	1 481,50	81,48	118,52	133,33	I	1 481,50	74,73	108,70	122,29	67,99	98,90	111,26	61,27	89,12	100,26	54,77	79,67	89,63	48,53	70,59	79,41	42,55	61,89	69,62
	II	1 435,75	78,96	114,86	129,21	II	1 435,75	72,21	105,04	118,17	65,47	95,23	107,13	58,81	85,55	96,24	52,41	76,24	85,77	46,27	67,30	75,71	40,38	58,74	66,08
	III	984,66	54,15	78,77	88,61	III	984,66	49,09	71,41	80,33	44,15	64,22	72,25	39,35	57,24	64,39	34,66	50,42	56,72	30,12	43,81	49,28	25,70	37,38	42,05
	V	1 896,08	104,28	151,68	170,64	IV	1 481,50	78,10	113,61	127,81	74,73	108,70	122,29	71,36	103,80	116,78	67,99	98,90	111,26	64,62	93,99	105,74	61,27	89,12	100,26
	VI	1 929,50	106,12	154,36	173,65																				
5 798,99 Ost	I,IV	1 494,41	82,19	119,55	134,49	I	1 494,41	75,44	109,74	123,45	68,69	99,92	112,41	61,97	90,14	101,40	55,44	80,64	90,72	49,17	71,53	80,47	43,16	62,78	70,63
	II	1 448,58	79,67	115,88	130,37	II	1 448,58	72,93	106,08	119,34	66,18	96,26	108,29	59,50	86,55	97,37	53,07	77,20	86,85	46,90	68,22	76,75	40,98	59,62	67,07
	III	994,50	54,69	79,56	89,50	III	994,50	49,61	72,17	81,19	44,66	64,97	73,09	39,84	57,96	65,20	35,15	51,13	57,52	30,58	44,49	50,05	26,16	38,05	42,80
	V	1 908,91	104,99	152,71	171,80	IV	1 494,41	78,81	114,64	128,97	75,44	109,74	123,45	72,07	104,83	117,93	68,69	99,92	112,41	65,32	95,02	106,89	61,97	90,14	101,40
	VI	1 942,41	106,83	155,39	174,81																				
5 801,99 West	I,IV	1 482,75	81,55	118,62	133,44	I	1 482,75	74,80	108,80	122,40	68,06	99,—	111,37	61,34	89,22	100,37	54,83	79,76	89,73	48,59	70,68	79,52	42,61	61,98	69,72
	II	1 437,—	79,03	114,96	129,33	II	1 437,—	72,28	105,14	118,28	65,54	95,33	107,24	58,88	85,65	96,35	52,47	76,33	85,87	46,33	67,39	75,81	40,44	58,82	66,17
	III	985,66	54,21	78,85	88,70	III	985,66	49,14	71,48	80,41	44,21	64,30	72,34	39,39	57,30	64,46	34,72	50,50	56,81	30,16	43,88	49,36	25,74	37,44	42,12
	V	1 897,33	104,35	151,78	170,75	IV	1 482,75	78,17	113,71	127,92	74,80	108,80	122,40	71,43	103,90	116,89	68,06	99,—	111,37	64,68	94,09	105,85	61,34	89,22	100,37
	VI	1 930,75	106,19	154,46	173,76																				
5 801,99 Ost	I,IV	1 495,66	82,26	119,65	134,60	I	1 495,66	75,51	109,84	123,57	68,76	100,02	112,52	62,04	90,24	101,52	55,51	80,74	90,83	49,24	71,62	80,57	43,23	62,88	70,74
	II	1 449,83	79,74	115,98	130,48	II	1 449,83	72,99	106,18	119,45	66,25	96,36	108,41	59,57	86,65	97,48	53,13	77,29	86,95	46,96	68,31	76,85	41,04	59,70	67,16
	III	995,50	54,75	79,64	89,59	III	995,50	49,67	72,25	81,28	44,72	65,05	73,18	39,90	58,04	65,29	35,20	51,21	57,61	30,63	44,56	50,13	26,19	38,10	42,86
	V	1 910,25	105,06	152,82	171,92	IV	1 495,66	78,88	114,74	129,08	75,51	109,84	123,57	72,14	104,93	118,04	68,76	100,02	112,52	65,39	95,12	107,01	62,04	90,24	101,52
	VI	1 943,66	106,90	155,49	174,92																				
5 804,99 West	I,IV	1 484,—	81,62	118,72	133,56	I	1 484,—	74,87	108,91	122,52	68,13	99,10	111,48	61,41	89,32	100,49	54,90	79,86	89,84	48,66	70,78	79,62	42,67	62,06	69,82
	II	1 438,25	79,10	115,06	129,44	II	1 438,25	72,35	105,24	118,40	65,61	95,44	107,37	58,95	85,74	96,46	52,54	76,42	85,97	46,39	67,48	75,91	40,50	58,91	66,27
	III	986,66	54,26	78,93	88,79	III	986,66	49,19	71,56	80,50	44,25	64,37	72,41	39,44	57,37	64,54	34,76	50,57	56,89	30,21	43,94	49,43	25,78	37,50	42,19
	V	1 898,58	104,42	151,88	170,87	IV	1 484,—	78,24	113,81	128,03	74,87	108,91	122,52	71,50	104,—	117,—	68,13	99,10	111,48	64,75	94,19	105,96	61,41	89,32	100,49
	VI	1 932,08	106,26	154,56	173,88																				
5 804,99 Ost	I,IV	1 496,91	82,33	119,75	134,72	I	1 496,91	75,58	109,94	123,68	68,83	100,12	112,64	62,10	90,34	101,63	55,57	80,84	90,94	49,30	71,71	80,67	43,28	62,96	70,83
	II	1 451,08	79,80	116,08	130,59	II	1 451,08	73,06	106,28	119,56	66,32	96,46	108,52	59,64	86,75	97,59	53,20	77,39	87,06	47,02	68,40	76,95	41,10	59,79	67,26
	III	996,50	54,80	79,72	89,68	III	996,50	49,72	72,33	81,37	44,77	65,12	73,26	39,94	58,10	65,36	35,25	51,28	57,69	30,69	44,64	50,22	26,24	38,17	42,94
	V	1 911,50	105,13	152,92	172,03	IV	1 496,91	78,95	114,84	129,20	75,58	109,94	123,68	72,21	105,03	118,16	68,83	100,12	112,64	65,46	95,22	107,12	62,10	90,34	101,63
	VI	1 944,91	106,97	155,59	175,04																				
5 807,99 West	I,IV	1 485,25	81,68	118,82	133,67	I	1 485,25	74,94	109,01	122,63	68,20	99,20	111,60	61,48	89,42	100,60	54,97	79,96	89,95	48,72	70,87	79,73	42,73	62,15	69,92
	II	1 439,50	79,17	115,16	129,55	II	1 439,50	72,42	105,34	118,51	65,68	95,54	107,48	59,01	85,84	96,57	52,60	76,52	86,08	46,45	67,57	76,01	40,56	59,—	66,37
	III	987,66	54,32	79,01	88,88	III	987,66	49,25	71,64	80,59	44,31	64,45	72,50	39,49	57,45	64,63	34,81	50,64	56,97	30,25	44,01	49,51	25,83	37,57	42,26
	V	1 899,83	104,49	151,98	170,98	IV	1 485,25	78,32	113,92	128,16	74,94	109,01	122,63	71,57	104,10	117,11	68,20	99,20	111,60	64,82	94,29	106,07	61,48	89,42	100,60
	VI	1 933,33	106,33	154,66	173,99																				
5 807,99 Ost	I,IV	1 498,16	82,39	119,85	134,83	I	1 498,16	75,65	110,04	123,79	68,91	100,23	112,76	62,17	90,44	101,74	55,64	80,93	91,04	49,36	71,80	80,78	43,34	63,05	70,93
	II	1 452,41	79,88	116,19	130,71	II	1 452,41	73,13	106,38	119,67	66,38	96,56	108,63	59,70	86,84	97,70	53,27	77,48	87,17	47,08	68,49	77,05	41,16	59,88	67,36
	III	997,50	54,86	79,80	89,77	III	997,50	49,77	72,40	81,45	44,82	65,20	73,35	39,99	58,17	65,44	35,30	51,34	57,76	30,73	44,70	50,29	26,29	38,24	43,02
	V	1 912,75	105,20	153,02	172,14	IV	1 498,16	79,02	114,94	129,31	75,65	110,04	123,79	72,27	105,13	118,27	68,91	100,23	112,76	65,53	95,32	107,24	62,17	90,44	101,74
	VI	1 946,16	107,03	155,69	175,15																				

* Die ausgewiesenen Tabellenwerte sind amtlich. Siehe Erläuterungen auf der Umschlaginnenseite (U2).

MONAT 5 808,–*

Lohn/ Gehalt bis €*	Abzüge an Lohnsteuer, Solidaritätszuschlag (SolZ) und Kirchensteuer (8%, 9%) in den Steuerklassen I – VI					I, II, III, IV																			
			ohne Kinderfreibeträge					mit Zahl der Kinderfreibeträge . . . 0,5			1			1,5			2			2,5			3		
		LSt	SolZ	8%	9%		LSt	SolZ	8%	9%	SolZ	8%	9%	SolZ	8%	9%	SolZ	8%	9%	SolZ	8%	9%	SolZ	8%	9%
5 810,99 West	I,IV	1 486,58	81,76	118,92	133,79	I	1 486,58	75,01	109,11	122,75	68,26	99,30	111,71	61,54	89,52	100,71	55,03	80,05	90,05	48,78	70,96	79,83	42,79	62,24	70,02
	II	1 440,75	79,24	115,26	129,66	II	1 440,75	72,49	105,44	118,62	65,75	95,64	107,59	59,08	85,94	96,68	52,67	76,62	86,19	46,52	67,66	76,12	40,62	59,08	66,47
	III	988,50	54,36	79,08	88,96	III	988,50	49,29	71,70	80,66	44,35	64,52	72,58	39,54	57,52	64,71	34,86	50,70	57,04	30,30	44,08	49,59	25,87	37,64	42,34
	V	1 901,08	104,55	152,08	171,09	IV	1 486,58	78,38	114,02	128,27	75,01	109,11	122,75	71,64	104,20	117,23	68,26	99,30	111,71	64,89	94,39	106,19	61,54	89,52	100,71
	VI	1 934,58	106,40	154,76	174,11																				
5 810,99 Ost	I,IV	1 499,41	82,46	119,95	134,94	I	1 499,41	75,72	110,14	123,90	68,97	100,33	112,87	62,24	90,54	101,85	55,71	81,03	91,16	49,43	71,90	80,88	43,40	63,14	71,03
	II	1 453,66	79,95	116,29	130,82	II	1 453,66	73,20	106,48	119,79	66,45	96,66	108,74	59,77	86,94	97,81	53,33	77,58	87,27	47,15	68,58	77,15	41,22	59,96	67,46
	III	998,33	54,90	79,86	89,84	III	998,33	49,83	72,48	81,54	44,87	65,26	73,42	40,04	58,25	65,53	35,34	51,41	57,83	30,78	44,77	50,36	26,33	38,30	43,09
	V	1 914,–	105,27	153,12	172,26	IV	1 499,41	79,09	115,04	129,42	75,72	110,14	123,90	72,35	105,24	118,39	68,97	100,33	112,87	65,60	95,42	107,35	62,24	90,54	101,85
	VI	1 947,41	107,10	155,79	175,26																				
5 813,99 West	I,IV	1 487,83	81,83	119,02	133,90	I	1 487,83	75,08	109,21	122,86	68,33	99,40	111,82	61,61	89,62	100,82	55,10	80,15	90,17	48,84	71,05	79,93	42,85	62,33	70,12
	II	1 442,–	79,31	115,36	129,78	II	1 442,–	72,56	105,55	118,74	65,82	95,74	107,70	59,15	86,04	96,79	52,74	76,71	86,30	46,58	67,75	76,22	40,68	59,17	66,56
	III	989,50	54,42	79,16	89,05	III	989,50	49,35	71,78	80,75	44,41	64,60	72,67	39,59	57,58	64,78	34,90	50,77	57,11	30,35	44,14	49,66	25,92	37,70	42,41
	V	1 902,33	104,62	152,18	171,20	IV	1 487,83	78,45	114,12	128,38	75,08	109,21	122,86	71,71	104,30	117,34	68,33	99,40	111,82	64,96	94,49	106,30	61,61	89,62	100,82
	VI	1 935,83	106,47	154,86	174,22																				
5 813,99 Ost	I,IV	1 500,66	82,53	120,05	135,05	I	1 500,66	75,79	110,24	124,02	69,04	100,43	112,98	62,31	90,64	101,97	55,77	81,12	91,26	49,49	71,99	80,99	43,46	63,22	71,12
	II	1 454,91	80,02	116,39	130,94	II	1 454,91	73,27	106,58	119,90	66,52	96,76	108,86	59,84	87,04	97,92	53,40	77,67	87,38	47,21	68,67	77,25	41,28	60,05	67,55
	III	999,33	54,96	79,94	89,93	III	999,33	49,87	72,54	81,61	44,92	65,34	73,51	40,09	58,32	65,61	35,39	51,48	57,91	30,82	44,84	50,44	26,38	38,37	43,16
	V	1 915,25	105,33	153,22	172,37	IV	1 500,66	79,16	115,14	129,53	75,79	110,24	124,02	72,42	105,34	118,50	69,04	100,43	112,98	65,67	95,52	107,46	62,31	90,64	101,97
	VI	1 948,75	107,18	155,90	175,38																				
5 816,99 West	I,IV	1 489,08	81,89	119,12	134,01	I	1 489,08	75,15	109,31	122,97	68,40	99,50	111,93	61,68	89,72	100,93	55,16	80,24	90,27	48,91	71,14	80,03	42,91	62,42	70,22
	II	1 443,25	79,37	115,46	129,89	II	1 443,25	72,63	105,65	118,85	65,89	95,84	107,82	59,22	86,14	96,90	52,80	76,80	86,40	46,64	67,84	76,32	40,74	59,26	66,66
	III	990,50	54,47	79,24	89,14	III	990,50	49,40	71,86	80,84	44,45	64,66	72,74	39,64	57,66	64,87	34,95	50,84	57,19	30,39	44,21	49,73	25,96	37,77	42,49
	V	1 903,66	104,70	152,29	171,32	IV	1 489,08	78,52	114,22	128,49	75,15	109,31	122,97	71,77	104,40	117,45	68,40	99,50	111,93	65,03	94,60	106,42	61,68	89,72	100,93
	VI	1 937,08	106,53	154,96	174,33																				
5 816,99 Ost	I,IV	1 501,91	82,60	120,15	135,17	I	1 501,91	75,86	110,34	124,13	69,11	100,53	113,09	62,38	90,74	102,08	55,84	81,22	91,37	49,55	72,08	81,09	43,53	63,32	71,23
	II	1 456,16	80,08	116,49	131,05	II	1 456,16	73,34	106,68	120,01	66,60	96,87	108,98	59,90	87,14	98,03	53,46	77,76	87,48	47,27	68,76	77,36	41,34	60,14	67,65
	III	1 000,33	55,01	80,02	90,02	III	1 000,33	49,93	72,62	81,70	44,97	65,41	73,58	40,14	58,38	65,68	35,43	51,54	57,98	30,87	44,90	50,51	26,42	38,44	43,24
	V	1 916,50	105,40	153,32	172,48	IV	1 501,91	79,23	115,24	129,65	75,86	110,34	124,13	72,49	105,44	118,62	69,11	100,53	113,09	65,74	95,62	107,57	62,38	90,74	102,08
	VI	1 950,–	107,25	156,–	175,50																				
5 819,99 West	I,IV	1 490,33	81,96	119,22	134,12	I	1 490,33	75,22	109,41	123,08	68,47	99,60	112,05	61,75	89,82	101,04	55,23	80,34	90,38	48,97	71,23	80,13	42,97	62,50	70,31
	II	1 444,58	79,45	115,56	130,01	II	1 444,58	72,70	105,75	118,97	65,95	95,94	107,93	59,29	86,24	97,02	52,86	76,90	86,51	46,70	67,93	76,42	40,79	59,34	66,75
	III	991,50	54,53	79,32	89,23	III	991,50	49,45	71,93	80,92	44,51	64,74	72,83	39,69	57,73	64,94	35,–	50,92	57,28	30,44	44,28	49,81	26,01	37,84	42,57
	V	1 904,91	104,77	152,39	171,44	IV	1 490,33	78,59	114,32	128,61	75,22	109,41	123,08	71,84	104,50	117,56	68,47	99,60	112,05	65,10	94,70	106,53	61,75	89,82	101,04
	VI	1 938,33	106,60	155,06	174,44																				
5 819,99 Ost	I,IV	1 503,16	82,67	120,25	135,28	I	1 503,16	75,93	110,44	124,25	69,18	100,63	113,21	62,45	90,84	102,19	55,90	81,32	91,48	49,61	72,17	81,19	43,59	63,40	71,33
	II	1 457,41	80,15	116,59	131,16	II	1 457,41	73,41	106,78	120,12	66,66	96,97	109,09	59,97	87,24	98,14	53,52	77,86	87,59	47,34	68,86	77,46	41,40	60,22	67,75
	III	1 001,33	55,07	80,10	90,11	III	1 001,33	49,98	72,70	81,79	45,02	65,49	73,67	40,19	58,46	65,77	35,49	51,62	58,07	30,91	44,97	50,59	26,47	38,50	43,31
	V	1 917,75	105,47	153,42	172,59	IV	1 503,16	79,30	115,35	129,77	75,93	110,44	124,25	72,55	105,54	118,73	69,18	100,63	113,21	65,81	95,72	107,69	62,45	90,84	102,19
	VI	1 951,25	107,31	156,10	175,61																				
5 822,99 West	I,IV	1 491,58	82,03	119,32	134,24	I	1 491,58	75,29	109,51	123,20	68,54	99,70	112,16	61,82	89,92	101,16	55,30	80,44	90,49	49,03	71,32	80,24	43,03	62,59	70,41
	II	1 445,83	79,52	115,66	130,12	II	1 445,83	72,77	105,85	119,08	66,02	96,04	108,04	59,35	86,33	97,12	52,93	76,99	86,61	46,76	68,02	76,52	40,85	59,42	66,85
	III	992,50	54,58	79,40	89,32	III	992,50	49,50	72,01	81,01	44,55	64,81	72,91	39,73	57,80	65,02	35,05	50,98	57,35	30,48	44,34	49,88	26,06	37,90	42,64
	V	1 906,16	104,83	152,49	171,55	IV	1 491,58	78,66	114,42	128,72	75,29	109,51	123,20	71,91	104,60	117,68	68,54	99,70	112,16	65,17	94,80	106,65	61,82	89,92	101,16
	VI	1 939,58	106,67	155,16	174,56																				
5 822,99 Ost	I,IV	1 504,50	82,74	120,36	135,40	I	1 504,50	76,–	110,54	124,36	69,25	100,73	113,32	62,52	90,94	102,30	55,97	81,41	91,58	49,68	72,26	81,29	43,65	63,49	71,42
	II	1 458,66	80,22	116,69	131,27	II	1 458,66	73,48	106,88	120,24	66,73	97,07	109,20	60,04	87,34	98,25	53,59	77,95	87,69	47,40	68,94	77,56	41,46	60,31	67,85
	III	1 002,16	55,11	80,17	90,19	III	1 002,16	50,03	72,77	81,86	45,07	65,56	73,75	40,24	58,53	65,84	35,53	51,69	58,15	30,96	45,04	50,67	26,51	38,57	43,39
	V	1 919,–	105,54	153,52	172,71	IV	1 504,50	79,37	115,45	129,88	76,–	110,54	124,36	72,62	105,64	118,84	69,25	100,73	113,32	65,88	95,82	107,80	62,52	90,94	102,30
	VI	1 952,50	107,38	156,20	175,72																				
5 825,99 West	I,IV	1 492,83	82,10	119,42	134,35	I	1 492,83	75,35	109,61	123,31	68,61	99,80	112,28	61,88	90,02	101,27	55,36	80,53	90,59	49,10	71,42	80,34	43,09	62,68	70,51
	II	1 447,08	79,58	115,76	130,23	II	1 447,08	72,84	105,95	119,19	66,09	96,14	108,15	59,42	86,43	97,23	52,99	77,08	86,72	46,82	68,11	76,62	40,91	59,51	66,95
	III	993,33	54,63	79,46	89,39	III	993,33	49,55	72,08	81,09	44,61	64,89	73,–	39,79	57,88	65,11	35,09	51,05	57,43	30,53	44,41	49,96	26,10	37,97	42,71
	V	1 907,41	104,90	152,59	171,66	IV	1 492,83	78,73	114,52	128,83	75,35	109,61	123,31	71,99	104,71	117,80	68,61	99,80	112,28	65,24	94,90	106,76	61,88	90,02	101,27
	VI	1 940,83	106,74	155,26	174,67																				
5 825,99 Ost	I,IV	1 505,75	82,81	120,46	135,51	I	1 505,75	76,06	110,64	124,47	69,32	100,83	113,43	62,59	91,04	102,42	56,04	81,51	91,70	49,74	72,36	81,40	43,71	63,58	71,52
	II	1 459,91	80,29	116,79	131,39	II	1 459,91	73,55	106,98	120,36	66,80	97,17	109,31	60,11	87,44	98,37	53,66	78,05	87,80	47,46	69,04	77,67	41,52	60,40	67,95
	III	1 003,16	55,17	80,25	90,28	III	1 003,16	50,08	72,85	81,95	45,12	65,64	73,84	40,28	58,60	65,92	35,58	51,76	58,23	31,01	45,10	50,74	26,56	38,64	43,47
	V	1 920,25	105,61	153,62	172,82	IV	1 505,75	79,44	115,55	129,99	76,06	110,64	124,47	72,69	105,74	118,95	69,32	100,83	113,43	65,94	95,92	107,91	62,59	91,04	102,42
	VI	1 953,75	107,45	156,30	175,83																				
5 828,99 West	I,IV	1 494,08	82,17	119,52	134,46	I	1 494,08	75,43	109,72	123,43	68,68	99,90	112,39	61,95	90,12	101,38	55,43	80,62	90,70	49,16	71,51	80,45	43,15	62,76	70,61
	II	1 448,33	79,65	115,86	130,34	II	1 448,33	72,91	106,05	119,30	66,16	96,24	108,27	59,49	86,53	97,34	53,06	77,18	86,82	46,89	68,20	76,73	40,97	59,60	67,05
	III	994,33	54,68	79,54	89,48	III	994,33	49,61	72,16	81,18	44,66	64,96	73,08	39,83	57,94	65,18	35,14	51,12	57,51	30,58	44,48	50,04	26,15	38,04	42,79
	V	1 908,66	104,97	152,69	171,77	IV	1 494,08	78,80	114,62	128,94	75,43	109,72	123,43	72,05	104,81	117,91	68,68	99,90	112,39	65,31	95,–	106,87	61,95	90,12	101,38
	VI	1 942,16	106,81	155,37	174,79																				
5 828,99 Ost	I,IV	1 507,–	82,88	120,56	135,63	I	1 507,–	76,13	110,74	124,58	69,39	100,93	113,54	62,65	91,14	102,53	56,10	81,60	91,80	49,81	72,45	81,50	43,77	63,67	71,63
	II	1 461,16	80,36	116,89	131,50	II	1 461,16	73,62	107,08	120,47	66,87	97,27	109,43	60,17	87,53	98,47	53,72	78,14	87,91	47,52	69,12	77,76	41,58	60,48	68,04
	III	1 004,16	55,22	80,33	90,37	III	1 004,16	50,14	72,93	82,04	45,17	65,70	73,91	40,34	58,68	66,01	35,63	51,82	58,30	31,05	45,17	50,81	26,61	38,70	43,54
	V	1 921,58	105,68	153,72	172,94	IV	1 507,–	79,51	115,65	130,10	76,13	110,74	124,58	72,76	105,84	119,07	69,39	100,93	113,54	66,02	96,03	108,03	62,65	91,14	102,53
	VI	1 955,–	107,52	156,40	175,95																				
5 831,99 West	I,IV	1 495,33	82,24	119,62	134,57	I	1 495,33	75,50	109,82	123,54	68,75	100,–	112,50	62,02	90,22	101,49	55,49	80,72	90,81	49,22	71,60	80,55	43,21	62,86	70,71
	II	1 449,58	79,72	115,96	130,46	II	1 449,58	72,98	106,15	119,42	66,23	96,34	108,38	59,56	86,63	97,46	53,12	77,27	86,93	46,95	68,29	76,82	41,03	59,68	67,14
	III	995,33	54,74	79,62	89,57	III	995,33	49,66	72,24	81,27	44,71	65,04	73,17	39,88	58,01	65,26	35,19	51,18	57,58	30,62	44,54	50,11	26,18	38,09	42,85
	V	1 909,91	105,04	152,79	171,89	IV	1 495,33	78,87	114,72	129,06	75,50	109,82	123,54	72,12	104,91	118,02	68,75	100,–	112,50	65,38	95,10	106,98	62,02	90,22	101,49
	VI	1 943,41	106,88	155,47	174,90																				
5 831,99 Ost	I,IV	1 508,25	82,95	120,66	135,74	I	1 508,25	76,20	110,84	124,70	69,46	101,04	113,67	62,72	91,24	102,64	56,16	81,70	91,91	49,87	72,54	81,61	43,83	63,76	71,73
	II	1 462,50	80,43	117,–	131,62	II	1 462,50	73,69	107,18	120,58	66,94	97,37	109,54	60,24	87,63	98,58	53,79	78,24	88,02	47,58	69,22	77,87	41,64	60,57	68,14
	III	1 005,16	55,28	80,41	90,46	III	1 005,16	50,18	73,–	82,12	45,22	65,78	74,–	40,38	58,74	66,08	35,67	51,89	58,37	31,10	45,24	50,89	26,65	38,77	43,61
	V	1 922,83	105,75	153,82	173,05	IV	1 508,25	79,58	115,75	130,22	76,20	110,84	124,70	72,83	105,94	119,18	69,46	101,04	113,67	66,09	96,13	108,14	62,72	91,24	102,64
	VI	1 956,25	107,59	156,50	176,06																				

* Die ausgewiesenen Tabellenwerte sind amtlich. Siehe Erläuterungen auf der Umschlaginnenseite (U2).

Lohn/Gehalt bis €*	Abzüge an Lohnsteuer, Solidaritätszuschlag (SolZ) und Kirchensteuer (8%, 9%) in den Steuerklassen I – VI					I, II, III, IV																			
			ohne Kinderfreibeträge					mit Zahl der Kinderfreibeträge . . . 0,5			1			1,5			2			2,5			3		
		LSt	SolZ	8%	9%		LSt	SolZ	8%	9%	SolZ	8%	9%	SolZ	8%	9%	SolZ	8%	9%	SolZ	8%	9%	SolZ	8%	9%
5 834,99 West	I,IV	1 496,58	82,31	119,72	134,69	I	1 496,58	75,57	109,92	123,66	68,82	100,10	112,61	62,09	90,32	101,61	55,56	80,82	90,92	49,28	71,69	80,65	43,27	62,94	70,81
	II	1 450,83	79,79	116,06	130,57	II	1 450,83	73,04	106,25	119,53	66,30	96,44	108,50	59,62	86,72	97,56	53,18	77,36	87,03	47,01	68,38	76,93	41,09	59,77	67,24
	III	996,33	54,79	79,70	89,66	III	996,33	49,71	72,30	81,34	44,76	65,10	73,24	39,93	58,09	65,35	35,24	51,26	57,67	30,67	44,61	50,18	26,23	38,16	42,93
	V	1 911,16	105,11	152,89	172,—	IV	1 496,58	78,94	114,82	129,17	75,57	109,92	123,66	72,19	105,01	118,13	68,82	100,10	112,61	65,45	95,20	107,10	62,09	90,32	101,61
	VI	1 944,66	106,95	155,57	175,01																				
5 834,99 Ost	I,IV	1 509,50	83,02	120,76	135,85	I	1 509,50	76,27	110,94	124,81	69,53	101,14	113,78	62,79	91,34	102,75	56,23	81,80	92,02	49,93	72,63	81,71	43,89	63,84	71,82
	II	1 463,75	80,50	117,10	131,73	II	1 463,75	73,75	107,28	120,69	67,01	97,47	109,65	60,31	87,73	98,69	53,85	78,33	88,12	47,65	69,31	77,97	41,70	60,66	68,24
	III	1 006,16	55,33	80,49	90,55	III	1 006,16	50,24	73,08	82,21	45,27	65,85	74,08	40,43	58,81	66,16	35,73	51,97	58,46	31,14	45,30	50,96	26,69	38,82	43,67
	V	1 924,08	105,82	153,92	173,16	IV	1 509,50	79,64	115,85	130,33	76,27	110,94	124,81	72,90	106,04	119,30	69,53	101,14	113,78	66,16	96,23	108,26	62,79	91,34	102,75
	VI	1 957,50	107,66	156,60	176,17																				
5 837,99 West	I,IV	1 497,91	82,38	119,83	134,81	I	1 497,91	75,63	110,02	123,77	68,89	100,20	112,73	62,16	90,42	101,72	55,62	80,91	91,02	49,35	71,78	80,75	43,33	63,03	70,91
	II	1 452,08	79,86	116,16	130,68	II	1 452,08	73,12	106,36	119,65	66,37	96,54	108,61	59,69	86,82	97,67	53,25	77,46	87,14	47,07	68,47	77,03	41,15	59,86	67,34
	III	997,16	54,84	79,77	89,74	III	997,16	49,76	72,38	81,43	44,80	65,17	73,31	39,98	58,16	65,43	35,29	51,33	57,74	30,71	44,68	50,26	26,28	38,22	43,—
	V	1 912,41	105,18	152,99	172,11	IV	1 497,91	79,01	114,92	129,29	75,63	110,02	123,77	72,26	105,11	118,25	68,89	100,20	112,73	65,51	95,30	107,21	62,16	90,42	101,72
	VI	1 945,91	107,02	155,67	175,13																				
5 837,99 Ost	I,IV	1 510,75	83,09	120,86	135,96	I	1 510,75	76,34	111,04	124,92	69,60	101,24	113,89	62,86	91,44	102,87	56,30	81,89	92,12	49,99	72,72	81,81	43,95	63,93	71,92
	II	1 465,—	80,57	117,20	131,85	II	1 465,—	73,82	107,38	120,80	67,08	97,57	109,76	60,38	87,83	98,81	53,91	78,42	88,22	47,71	69,40	78,07	41,76	60,74	68,33
	III	1 007,—	55,38	80,56	90,63	III	1 007,—	50,28	73,14	82,28	45,32	65,93	74,17	40,48	58,89	66,25	35,77	52,04	58,54	31,19	45,37	51,04	26,73	38,89	43,75
	V	1 925,33	105,89	154,02	173,27	IV	1 510,75	79,71	115,95	130,44	76,34	111,04	124,92	72,97	106,14	119,41	69,60	101,24	113,89	66,22	96,33	108,37	62,86	91,44	102,87
	VI	1 958,75	107,73	156,70	176,28																				
5 840,99 West	I,IV	1 499,16	82,45	119,93	134,92	I	1 499,16	75,70	110,12	123,88	68,96	100,30	112,84	62,23	90,52	101,83	55,69	81,01	91,13	49,41	71,88	80,86	43,39	63,12	71,01
	II	1 453,33	79,93	116,26	130,79	II	1 453,33	73,19	106,46	119,76	66,44	96,64	108,72	59,76	86,92	97,79	53,32	77,56	87,25	47,13	68,56	77,13	41,21	59,94	67,43
	III	998,16	54,89	79,85	89,83	III	998,16	49,82	72,46	81,52	44,86	65,25	73,40	40,03	58,22	65,50	35,33	51,40	57,82	30,77	44,76	50,35	26,32	38,29	43,07
	V	1 913,75	105,25	153,10	172,23	IV	1 499,16	79,08	115,02	129,40	75,70	110,12	123,88	72,33	105,21	118,36	68,96	100,30	112,84	65,59	95,40	107,33	62,23	90,52	101,83
	VI	1 947,16	107,09	155,77	175,24																				
5 840,99 Ost	I,IV	1 512,—	83,16	120,96	136,08	I	1 512,—	76,41	111,15	125,04	69,67	101,34	114,—	62,93	91,54	102,98	56,37	81,99	92,24	50,06	72,82	81,92	44,01	64,02	72,02
	II	1 466,25	80,64	117,30	131,96	II	1 466,25	73,89	107,48	120,92	67,15	97,68	109,89	60,44	87,92	98,91	53,98	78,52	88,34	47,77	69,49	78,17	41,82	60,83	68,43
	III	1 008,—	55,44	80,64	90,72	III	1 008,—	50,34	73,22	82,37	45,37	66,—	74,25	40,53	58,96	66,33	35,82	52,10	58,61	31,24	45,44	51,12	26,78	38,96	43,83
	V	1 926,58	105,96	154,12	173,39	IV	1 512,—	79,78	116,05	130,55	76,41	111,15	125,04	73,04	106,24	119,52	69,67	101,34	114,—	66,29	96,43	108,48	62,93	91,54	102,98
	VI	1 960,08	107,80	156,80	176,40																				
5 843,99 West	I,IV	1 500,41	82,52	120,03	135,03	I	1 500,41	75,77	110,22	123,99	69,02	100,40	112,95	62,29	90,61	101,93	55,76	81,10	91,24	49,48	71,97	80,96	43,45	63,20	71,10
	II	1 454,58	80,—	116,36	130,91	II	1 454,58	73,26	106,56	119,88	66,51	96,74	108,83	59,82	87,02	97,89	53,38	77,65	87,35	47,19	68,65	77,23	41,27	60,03	67,53
	III	999,16	54,95	79,93	89,92	III	999,16	49,86	72,53	81,59	44,90	65,32	73,48	40,08	58,30	65,59	35,38	51,46	57,89	30,81	44,82	50,42	26,37	38,36	43,15
	V	1 915,—	105,32	153,20	172,35	IV	1 500,41	79,14	115,12	129,51	75,77	110,22	123,99	72,40	105,31	118,47	69,02	100,40	112,95	65,66	95,50	107,44	62,29	90,61	101,93
	VI	1 948,41	107,16	155,87	175,35																				
5 843,99 Ost	I,IV	1 513,25	83,22	121,06	136,19	I	1 513,25	76,48	111,25	125,15	69,74	101,44	114,12	63,—	91,64	103,09	56,43	82,08	92,34	50,12	72,91	82,02	44,07	64,11	72,12
	II	1 467,50	80,71	117,40	132,07	II	1 467,50	73,96	107,58	121,03	67,22	97,78	110,—	60,51	88,02	99,02	54,05	78,62	88,44	47,84	69,58	78,28	41,88	60,92	68,53
	III	1 009,—	55,49	80,72	90,81	III	1 009,—	50,39	73,30	82,46	45,43	66,08	74,34	40,58	59,02	66,40	35,86	52,17	58,69	31,28	45,50	51,19	26,83	39,02	43,90
	V	1 927,83	106,03	154,22	173,50	IV	1 513,25	79,86	116,16	130,68	76,48	111,25	125,15	73,11	106,34	119,63	69,74	101,44	114,12	66,36	96,53	108,59	63,—	91,64	103,09
	VI	1 961,33	107,87	156,90	176,51																				
5 846,99 West	I,IV	1 501,66	82,59	120,13	135,14	I	1 501,66	75,84	110,32	124,11	69,10	100,51	113,07	62,36	90,71	102,05	55,82	81,20	91,35	49,54	72,06	81,06	43,51	63,30	71,21
	II	1 455,91	80,07	116,47	131,03	II	1 455,91	73,32	106,66	119,99	66,58	96,84	108,95	59,89	87,12	98,01	53,45	77,74	87,46	47,26	68,74	77,33	41,33	60,12	67,63
	III	1 000,16	55,—	80,01	90,01	III	1 000,16	49,92	72,61	81,68	44,96	65,40	73,57	40,13	58,37	65,66	35,42	51,53	57,97	30,86	44,89	50,50	26,41	38,42	43,22
	V	1 916,25	105,39	153,30	172,46	IV	1 501,66	79,21	115,22	129,62	75,84	110,32	124,11	72,47	105,41	118,58	69,10	100,51	113,07	65,72	95,60	107,55	62,36	90,71	102,05
	VI	1 949,66	107,23	155,97	175,46																				
5 846,99 Ost	I,IV	1 514,58	83,30	121,16	136,31	I	1 514,58	76,55	111,35	125,27	69,80	101,54	114,23	63,07	91,74	103,20	56,50	82,18	92,45	50,19	73,—	82,13	44,13	64,20	72,22
	II	1 468,75	80,78	117,50	132,18	II	1 468,75	74,03	107,68	121,14	67,29	97,88	110,11	60,58	88,12	99,14	54,11	78,71	88,55	47,90	69,67	78,38	41,94	61,01	68,63
	III	1 010,—	55,55	80,80	90,90	III	1 010,—	50,44	73,37	82,54	45,47	66,14	74,41	40,63	59,10	66,49	35,92	52,25	58,78	31,33	45,57	51,26	26,87	39,09	43,97
	V	1 929,08	106,09	154,32	173,61	IV	1 514,58	79,92	116,26	130,79	76,55	111,35	125,27	73,18	106,44	119,75	69,80	101,54	114,23	66,43	96,63	108,71	63,07	91,74	103,20
	VI	1 962,58	107,94	157,—	176,63																				
5 849,99 West	I,IV	1 502,91	82,66	120,23	135,26	I	1 502,91	75,91	110,42	124,22	69,17	100,61	113,18	62,43	90,81	102,16	55,89	81,30	91,46	49,60	72,15	81,17	43,57	63,38	71,30
	II	1 457,16	80,14	116,57	131,14	II	1 457,16	73,39	106,76	120,10	66,65	96,94	109,06	59,96	87,22	98,12	53,51	77,84	87,57	47,32	68,84	77,44	41,39	60,20	67,73
	III	1 001,—	55,05	80,08	90,09	III	1 001,—	49,96	72,68	81,76	45,—	65,46	73,64	40,17	58,44	65,74	35,48	51,61	58,06	30,91	44,96	50,58	26,46	38,49	43,30
	V	1 917,50	105,46	153,40	172,57	IV	1 502,91	79,28	115,32	129,74	75,91	110,42	124,22	72,54	105,52	118,71	69,17	100,61	113,18	65,79	95,70	107,66	62,43	90,81	102,16
	VI	1 950,91	107,30	156,07	175,58																				
5 849,99 Ost	I,IV	1 515,83	83,37	121,26	136,42	I	1 515,83	76,62	111,45	125,38	69,87	101,64	114,34	63,14	91,84	103,32	56,56	82,28	92,56	50,25	73,10	82,23	44,19	64,28	72,32
	II	1 470,—	80,85	117,60	132,30	II	1 470,—	74,10	107,79	121,26	67,36	97,98	110,22	60,65	88,22	99,25	54,17	78,80	88,65	47,96	69,76	78,48	42,—	61,10	68,73
	III	1 011,—	55,60	80,88	90,99	III	1 011,—	50,49	73,45	82,63	45,53	66,22	74,50	40,68	59,17	66,56	35,97	52,32	58,86	31,37	45,64	51,34	26,92	39,16	44,05
	V	1 930,33	106,16	154,42	173,72	IV	1 515,83	79,99	116,36	130,90	76,62	111,45	125,38	73,25	106,54	119,86	69,87	101,64	114,34	66,50	96,73	108,82	63,14	91,84	103,32
	VI	1 963,83	108,01	157,10	176,74																				
5 852,99 West	I,IV	1 504,16	82,72	120,33	135,37	I	1 504,16	75,98	110,52	124,34	69,24	100,71	113,30	62,50	90,91	102,27	55,95	81,39	91,56	49,66	72,24	81,27	43,63	63,47	71,40
	II	1 458,41	80,21	116,67	131,25	II	1 458,41	73,46	106,86	120,21	66,71	97,04	109,17	60,03	87,32	98,23	53,57	77,93	87,67	47,38	68,92	77,54	41,45	60,29	67,82
	III	1 002,—	55,11	80,16	90,18	III	1 002,—	50,02	72,76	81,85	45,06	65,54	73,73	40,23	58,52	65,83	35,53	51,68	58,14	30,95	45,02	50,65	26,51	38,56	43,38
	V	1 918,75	105,53	153,50	172,68	IV	1 504,16	79,35	115,42	129,85	75,98	110,52	124,34	72,61	105,62	118,82	69,24	100,71	113,30	65,86	95,80	107,78	62,50	90,91	102,27
	VI	1 952,25	107,37	156,18	175,70																				
5 852,99 Ost	I,IV	1 517,08	83,43	121,36	136,53	I	1 517,08	76,69	111,55	125,49	69,94	101,74	114,45	63,20	91,94	103,43	56,63	82,37	92,66	50,31	73,18	82,33	44,26	64,38	72,42
	II	1 471,25	80,91	117,70	132,41	II	1 471,25	74,17	107,89	121,37	67,43	98,08	110,34	60,72	88,32	99,36	54,24	78,90	88,76	48,02	69,85	78,58	42,06	61,18	68,83
	III	1 011,83	55,65	80,94	91,06	III	1 011,83	50,55	73,53	82,72	45,57	66,29	74,57	40,72	59,24	66,64	36,01	52,38	58,93	31,42	45,70	51,41	26,96	39,22	44,12
	V	1 931,66	106,24	154,53	173,84	IV	1 517,08	80,06	116,46	131,01	76,69	111,55	125,49	73,31	106,64	119,97	69,94	101,74	114,45	66,57	96,84	108,94	63,20	91,94	103,43
	VI	1 965,08	108,07	157,20	176,85																				
5 855,99 West	I,IV	1 505,41	82,79	120,43	135,48	I	1 505,41	76,05	110,62	124,45	69,30	100,81	113,41	62,57	91,01	102,38	56,02	81,48	91,67	49,73	72,34	81,38	43,69	63,56	71,50
	II	1 459,66	80,28	116,77	131,36	II	1 459,66	73,53	106,96	120,33	66,79	97,15	109,29	60,09	87,41	98,33	53,64	78,03	87,78	47,45	69,02	77,64	41,51	60,38	67,92
	III	1 003,—	55,16	80,24	90,27	III	1 003,—	50,07	72,84	81,94	45,10	65,61	73,81	40,27	58,58	65,90	35,57	51,74	58,21	31,—	45,09	50,72	26,55	38,62	43,45
	V	1 920,—	105,60	153,60	172,80	IV	1 505,41	79,42	115,52	129,96	76,05	110,62	124,45	72,68	105,72	118,93	69,30	100,81	113,41	65,93	95,90	107,89	62,57	91,01	102,38
	VI	1 953,50	107,44	156,28	175,81																				
5 855,99 Ost	I,IV	1 518,33	83,50	121,46	136,64	I	1 518,33	76,76	111,65	125,60	70,01	101,84	114,57	63,27	92,04	103,54	56,70	82,47	92,78	50,38	73,28	82,44	44,32	64,46	72,52
	II	1 472,58	80,99	117,80	132,53	II	1 472,58	74,24	107,99	121,49	67,49	98,18	110,45	60,78	88,42	99,47	54,31	79,—	88,87	48,08	69,94	78,68	42,12	61,27	68,93
	III	1 012,83	55,70	81,02	91,15	III	1 012,83	50,60	73,60	82,80	45,63	66,37	74,66	40,78	59,32	66,73	36,06	52,45	59,—	31,47	45,78	51,50	27,01	39,29	44,20
	V	1 932,91	106,31	154,63	173,96	IV	1 518,33	80,13	116,56	131,13	76,76	111,65	125,60	73,38	106,74	120,08	70,01	101,84	114,57	66,64	96,94	109,05	63,27	92,04	103,54
	VI	1 966,33	108,14	157,30	176,96																				

*** Die ausgewiesenen Tabellenwerte sind amtlich. Siehe Erläuterungen auf der Umschlaginnenseite (U2).**

MONAT **5 856,–***

Lohn/ Gehalt bis €*		I – VI				I, II, III, IV																			
			ohne Kinderfreibeträge					mit Zahl der Kinderfreibeträge . . .																	
								0,5			1			1,5			2			2,5			3		
		LSt	SolZ	8%	9%		LSt	SolZ	8%	9%	SolZ	8%	9%	SolZ	8%	9%	SolZ	8%	9%	SolZ	8%	9%	SolZ	8%	9%
5 858,99 West	I,IV	1 506,66	82,86	120,53	135,59	I	1 506,66	76,12	110,72	124,56	69,37	100,91	113,52	62,64	91,11	102,50	56,09	81,58	91,78	49,79	72,43	81,48	43,76	63,65	71,60
	II	1 460,91	80,35	116,87	131,48	II	1 460,91	73,60	107,06	120,44	66,86	97,25	109,40	60,16	87,51	98,45	53,71	78,12	87,89	47,51	69,10	77,74	41,57	60,46	68,02
	III	1 004,—	55,22	80,32	90,36	III	1 004,—	50,12	72,90	82,01	45,16	65,69	73,90	40,32	58,65	65,98	35,62	51,81	58,28	31,04	45,16	50,80	26,60	38,69	43,52
	V	1 921,25	105,66	153,70	172,91	IV	1 506,66	79,49	115,63	130,08	76,12	110,72	124,56	72,75	105,82	119,04	69,37	100,91	113,52	66,—	96,—	108,—	62,64	91,11	102,50
	VI	1 954,75	107,51	156,38	175,92																				
5 858,99 Ost	I,IV	1 519,58	83,57	121,56	136,76	I	1 519,58	76,83	111,75	125,72	70,08	101,94	114,68	63,34	92,14	103,65	56,76	82,56	92,88	50,44	73,37	82,54	44,38	64,55	72,62
	II	1 473,83	81,06	117,90	132,64	II	1 473,83	74,31	108,09	121,60	67,56	98,28	110,56	60,85	88,52	99,58	54,37	79,09	88,97	48,15	70,04	78,79	42,18	61,36	69,03
	III	1 013,83	55,76	81,10	91,24	III	1 013,83	50,65	73,68	82,89	45,67	66,44	74,74	40,82	59,38	66,80	36,10	52,52	59,08	31,52	45,85	51,58	27,06	39,36	44,28
	V	1 934,16	106,37	154,73	174,07	IV	1 519,58	80,20	116,66	131,24	76,83	111,75	125,72	73,45	106,84	120,20	70,08	101,94	114,68	66,71	97,04	109,17	63,34	92,14	103,65
	VI	1 967,58	108,21	157,40	177,08																				
5 861,99 West	I,IV	1 508,—	82,94	120,64	135,72	I	1 508,—	76,19	110,82	124,67	69,44	101,01	113,63	62,70	91,21	102,61	56,15	81,68	91,89	49,85	72,52	81,58	43,82	63,74	71,70
	II	1 462,16	80,41	116,97	131,59	II	1 462,16	73,67	107,16	120,56	66,93	97,35	109,52	60,23	87,61	98,56	53,77	78,22	87,99	47,57	69,20	77,85	41,63	60,55	68,12
	III	1 005,—	55,27	80,40	90,45	III	1 005,—	50,17	72,98	82,10	45,21	65,76	73,98	40,37	58,73	66,07	35,66	51,88	58,36	31,09	45,22	50,87	26,63	38,74	43,58
	V	1 922,50	105,73	153,80	173,02	IV	1 508,—	79,56	115,73	130,19	76,19	110,82	124,67	72,82	105,92	119,16	69,44	101,01	113,63	66,07	96,10	108,11	62,70	91,21	102,61
	VI	1 956,—	107,58	156,48	176,04																				
5 861,99 Ost	I,IV	1 520,83	83,64	121,66	136,87	I	1 520,83	76,89	111,85	125,83	70,15	102,04	114,80	63,41	92,24	103,77	56,83	82,66	92,99	50,50	73,46	82,64	44,44	64,64	72,72
	II	1 475,08	81,12	118,—	132,75	II	1 475,08	74,38	108,19	121,71	67,63	98,38	110,67	60,92	88,62	99,69	54,44	79,18	89,08	48,21	70,12	78,89	42,24	61,44	69,12
	III	1 014,83	55,81	81,18	91,33	III	1 014,83	50,71	73,76	82,98	45,73	66,52	74,83	40,88	59,46	66,89	36,16	52,60	59,17	31,57	45,92	51,66	27,10	39,42	44,35
	V	1 935,41	106,44	154,83	174,18	IV	1 520,83	80,27	116,76	131,35	76,89	111,85	125,83	73,53	106,95	120,32	70,15	102,04	114,80	66,78	97,14	109,28	63,41	92,24	103,77
	VI	1 968,83	108,28	157,50	177,19																				
5 864,99 West	I,IV	1 509,25	83,—	120,74	135,83	I	1 509,25	76,26	110,92	124,79	69,51	101,11	113,75	62,77	91,31	102,72	56,22	81,78	92,—	49,92	72,61	81,68	43,88	63,82	71,80
	II	1 463,41	80,48	117,07	131,70	II	1 463,41	73,74	107,26	120,67	66,99	97,45	109,63	60,30	87,71	98,67	53,84	78,31	88,10	47,63	69,29	77,95	41,69	60,64	68,22
	III	1 005,83	55,32	80,46	90,52	III	1 005,83	50,23	73,06	82,19	45,26	65,84	74,07	40,42	58,80	66,15	35,72	51,96	58,45	31,13	45,29	50,95	26,68	38,81	43,66
	V	1 923,75	105,80	153,90	173,13	IV	1 509,25	79,63	115,83	130,31	76,26	110,92	124,79	72,88	106,02	119,27	69,51	101,11	113,75	66,14	96,20	108,23	62,77	91,31	102,72
	VI	1 957,25	107,64	156,58	176,15																				
5 864,99 Ost	I,IV	1 522,08	83,71	121,76	136,98	I	1 522,08	76,97	111,96	125,95	70,22	102,14	114,91	63,48	92,34	103,88	56,89	82,76	93,10	50,57	73,56	82,75	44,50	64,73	72,82
	II	1 476,33	81,19	118,10	132,86	II	1 476,33	74,45	108,29	121,82	67,70	98,48	110,79	60,99	88,72	99,81	54,50	79,28	89,19	48,27	70,22	78,99	42,30	61,53	69,22
	III	1 015,83	55,87	81,26	91,42	III	1 015,83	50,75	73,82	83,05	45,77	66,58	74,90	40,92	59,53	66,97	36,20	52,66	59,24	31,61	45,98	51,73	27,15	39,49	44,42
	V	1 936,66	106,51	154,93	174,29	IV	1 522,08	80,34	116,86	131,46	76,97	111,96	125,95	73,59	107,05	120,43	70,22	102,14	114,91	66,85	97,24	109,39	63,48	92,34	103,88
	VI	1 970,16	108,35	157,61	177,31																				
5 867,99 West	I,IV	1 510,50	83,07	120,84	135,94	I	1 510,50	76,33	111,02	124,90	69,58	101,21	113,86	62,84	91,41	102,83	56,28	81,87	92,10	49,98	72,70	81,79	43,94	63,91	71,90
	II	1 464,66	80,55	117,17	131,81	II	1 464,66	73,81	107,36	120,78	67,06	97,55	109,74	60,36	87,80	98,78	53,90	78,40	88,20	47,69	69,38	78,05	41,74	60,72	68,31
	III	1 006,83	55,37	80,54	90,61	III	1 006,83	50,27	73,13	82,27	45,31	65,90	74,14	40,48	58,88	66,24	35,76	52,02	58,52	31,18	45,36	51,03	26,73	38,88	43,74
	V	1 925,08	105,87	154,—	173,25	IV	1 510,50	79,70	115,93	130,42	76,33	111,02	124,90	72,95	106,12	119,38	69,58	101,21	113,86	66,21	96,31	108,35	62,84	91,41	102,83
	VI	1 958,50	107,71	156,68	176,26																				
5 867,99 Ost	I,IV	1 523,33	83,78	121,86	137,09	I	1 523,33	77,04	112,06	126,06	70,29	102,24	115,02	63,55	92,44	103,99	56,96	82,86	93,21	50,63	73,65	82,85	44,56	64,82	72,92
	II	1 477,58	81,26	118,20	132,98	II	1 477,58	74,52	108,39	121,94	67,77	98,58	110,90	61,06	88,82	99,92	54,57	79,38	89,30	48,34	70,31	79,10	42,36	61,62	69,32
	III	1 016,66	55,91	81,33	91,49	III	1 016,66	50,81	73,90	83,14	45,83	66,66	74,99	40,97	59,60	67,05	36,25	52,73	59,32	31,66	46,05	51,80	27,19	39,56	44,50
	V	1 937,91	106,58	155,03	174,41	IV	1 523,33	80,41	116,96	131,58	77,04	112,06	126,06	73,66	107,15	120,54	70,29	102,24	115,02	66,92	97,34	109,50	63,55	92,44	103,99
	VI	1 971,41	108,42	157,71	177,42																				
5 870,99 West	I,IV	1 511,75	83,14	120,94	136,05	I	1 511,75	76,39	111,12	125,01	69,65	101,32	113,98	62,91	91,51	102,95	56,35	81,96	92,21	50,05	72,80	81,90	44,—	64,—	72,—
	II	1 466,—	80,63	117,28	131,94	II	1 466,—	73,88	107,46	120,89	67,13	97,65	109,85	60,43	87,90	98,89	53,96	78,50	88,31	47,76	69,47	78,15	41,80	60,81	68,41
	III	1 007,83	55,43	80,62	90,70	III	1 007,83	50,33	73,21	82,36	45,36	65,98	74,23	40,52	58,94	66,31	35,81	52,09	58,60	31,23	45,42	51,10	26,77	38,94	43,81
	V	1 926,33	105,94	154,10	173,36	IV	1 511,75	79,77	116,03	130,53	76,39	111,12	125,01	73,02	106,22	119,49	69,65	101,32	113,98	66,28	96,41	108,46	62,91	91,51	102,95
	VI	1 959,75	107,78	156,78	176,37																				
5 870,99 Ost	I,IV	1 524,58	83,85	121,96	137,21	I	1 524,58	77,11	112,16	126,18	70,36	102,34	115,13	63,62	92,54	104,10	57,03	82,95	93,32	50,70	73,74	82,96	44,62	64,91	73,02
	II	1 478,83	81,33	118,30	133,09	II	1 478,83	74,58	108,49	122,05	67,84	98,68	111,02	61,13	88,92	100,03	54,63	79,47	89,40	48,40	70,40	79,20	42,42	61,70	69,41
	III	1 017,66	55,97	81,41	91,58	III	1 017,66	50,86	73,98	83,23	45,87	66,73	75,07	41,03	59,68	67,14	36,30	52,80	59,40	31,70	46,12	51,88	27,24	39,62	44,57
	V	1 939,16	106,65	155,13	174,52	IV	1 524,58	80,48	117,06	131,69	77,11	112,16	126,18	73,73	107,25	120,65	70,36	102,34	115,13	66,99	97,44	109,62	63,62	92,54	104,10
	VI	1 972,66	108,49	157,81	177,53																				
5 873,99 West	I,IV	1 513,—	83,21	121,04	136,17	I	1 513,—	76,46	111,22	125,12	69,72	101,42	114,09	62,98	91,61	103,06	56,42	82,06	92,32	50,11	72,89	82,—	44,06	64,09	72,10
	II	1 467,25	80,69	117,38	132,05	II	1 467,25	73,95	107,56	121,01	67,20	97,75	109,97	60,50	88,—	99,—	54,03	78,60	88,42	47,82	69,56	78,26	41,87	60,90	68,51
	III	1 008,83	55,48	80,70	90,79	III	1 008,83	50,38	73,28	82,44	45,41	66,05	74,30	40,57	59,01	66,38	35,86	52,16	58,68	31,27	45,49	51,17	26,82	39,01	43,88
	V	1 927,58	106,01	154,20	173,48	IV	1 513,—	79,84	116,13	130,64	76,46	111,22	125,12	73,09	106,32	119,61	69,72	101,42	114,09	66,35	96,51	108,57	62,98	91,61	103,06
	VI	1 961,—	107,85	156,88	176,49																				
5 873,99 Ost	I,IV	1 525,91	83,92	122,07	137,33	I	1 525,91	77,17	112,26	126,29	70,43	102,44	115,25	63,69	92,64	104,22	57,09	83,05	93,43	50,76	73,84	83,07	44,68	65,—	73,12
	II	1 480,08	81,40	118,40	133,20	II	1 480,08	74,66	108,60	122,17	67,91	98,78	111,13	61,19	89,01	100,13	54,70	79,56	89,51	48,46	70,49	79,30	42,48	61,79	69,51
	III	1 018,66	56,02	81,49	91,67	III	1 018,66	50,91	74,05	83,30	45,93	66,81	75,16	41,07	59,74	67,21	36,34	52,86	59,47	31,75	46,18	51,95	27,28	39,69	44,65
	V	1 940,41	106,72	155,23	174,63	IV	1 525,91	80,55	117,16	131,81	77,17	112,26	126,29	73,80	107,35	120,77	70,43	102,44	115,25	67,05	97,54	109,73	63,69	92,64	104,22
	VI	1 973,91	108,56	157,91	177,65																				
5 876,99 West	I,IV	1 514,25	83,28	121,14	136,28	I	1 514,25	76,53	111,32	125,24	69,79	101,52	114,21	63,05	91,71	103,17	56,48	82,16	92,43	50,17	72,98	82,10	44,12	64,18	72,20
	II	1 468,50	80,76	117,48	132,16	II	1 468,50	74,02	107,66	121,12	67,27	97,85	110,08	60,57	88,10	99,11	54,10	78,69	88,52	47,88	69,65	78,35	41,93	60,99	68,61
	III	1 009,66	55,53	80,77	90,86	III	1 009,66	50,43	73,36	82,53	45,46	66,13	74,39	40,62	59,09	66,47	35,90	52,22	58,75	31,32	45,56	51,25	26,86	39,08	43,96
	V	1 928,83	106,08	154,30	173,59	IV	1 514,25	79,91	116,23	130,76	76,53	111,32	125,24	73,16	106,42	119,72	69,79	101,52	114,21	66,42	96,61	108,68	63,05	91,71	103,17
	VI	1 962,25	107,92	156,98	176,60																				
5 876,99 Ost	I,IV	1 527,16	83,99	122,17	137,44	I	1 527,16	77,24	112,36	126,40	70,50	102,54	115,36	63,75	92,74	104,33	57,16	83,14	93,53	50,82	73,93	83,17	44,74	65,08	73,22
	II	1 481,33	81,47	118,50	133,31	II	1 481,33	74,73	108,70	122,28	67,98	98,88	111,24	61,26	89,11	100,25	54,77	79,66	89,62	48,52	70,58	79,40	42,54	61,88	69,61
	III	1 019,66	56,08	81,57	91,76	III	1 019,66	50,96	74,13	83,39	45,98	66,88	75,24	41,12	59,81	67,28	36,40	52,94	59,56	31,79	46,25	52,03	27,32	39,74	44,71
	V	1 941,75	106,79	155,34	174,75	IV	1 527,16	80,62	117,26	131,92	77,24	112,36	126,40	73,87	107,45	120,88	70,50	102,54	115,36	67,13	97,64	109,85	63,75	92,74	104,33
	VI	1 975,16	108,63	158,01	177,76																				
5 879,99 West	I,IV	1 515,50	83,35	121,24	136,39	I	1 515,50	76,61	111,43	125,36	69,86	101,62	114,32	63,12	91,81	103,28	56,55	82,26	92,54	50,24	73,08	82,21	44,18	64,26	72,29
	II	1 469,75	80,83	117,58	132,27	II	1 469,75	74,08	107,76	121,23	67,34	97,96	110,20	60,64	88,20	99,23	54,16	78,78	88,63	47,95	69,74	78,46	41,99	61,08	68,71
	III	1 010,66	55,58	80,85	90,95	III	1 010,66	50,49	73,44	82,62	45,51	66,20	74,47	40,67	59,16	66,55	35,96	52,30	58,84	31,36	45,62	51,32	26,91	39,14	44,03
	V	1 930,08	106,15	154,40	173,70	IV	1 515,50	79,97	116,33	130,87	76,61	111,43	125,36	73,23	106,52	119,84	69,86	101,62	114,32	66,49	96,71	108,80	63,12	91,81	103,28
	VI	1 963,58	107,99	157,08	176,72																				
5 879,99 Ost	I,IV	1 528,41	84,06	122,27	137,55	I	1 528,41	77,31	112,46	126,51	70,56	102,64	115,47	63,82	92,84	104,44	57,23	83,24	93,65	50,89	74,02	83,27	44,81	65,18	73,32
	II	1 482,58	81,54	118,60	133,43	II	1 482,58	74,80	108,80	122,40	68,05	98,98	111,35	61,33	89,21	100,36	54,83	79,76	89,73	48,59	70,68	79,51	42,60	61,97	69,71
	III	1 020,66	56,13	81,65	91,85	III	1 020,66	51,02	74,21	83,48	46,03	66,96	75,33	41,17	59,89	67,37	36,44	53,01	59,63	31,84	46,32	52,11	27,37	39,81	44,78
	V	1 943,—	106,86	155,44	174,87	IV	1 528,41	80,68	117,36	132,03	77,31	112,46	126,51	73,94	107,55	120,99	70,56	102,64	115,47	67,20	97,74	109,96	63,82	92,84	104,44
	VI	1 976,41	108,70	158,11	177,87																				

 Abzüge an Lohnsteuer, Solidaritätszuschlag (SolZ) und Kirchensteuer (8%, 9%) in den Steuerklassen

*** Die ausgewiesenen Tabellenwerte sind amtlich. Siehe Erläuterungen auf der Umschlaginnenseite (U2).**

Lohn/ Gehalt bis €*	Abzüge an Lohnsteuer, Solidaritätszuschlag (SolZ) und Kirchensteuer (8%, 9%) in den Steuerklassen																								
	I – VI					I, II, III, IV																			
			ohne Kinderfreibeträge					mit Zahl der Kinderfreibeträge . . .																	
								0,5			1			1,5			2			2,5			3		
		LSt	SolZ	8%	9%		LSt	SolZ	8%	9%	SolZ	8%	9%	SolZ	8%	9%	SolZ	8%	9%	SolZ	8%	9%	SolZ	8%	9%
5 882,99 West	I,IV	1 516,75	83,42	121,34	136,50	I	1 516,75	76,67	111,53	125,47	69,93	101,72	114,43	63,19	91,91	103,40	56,61	82,35	92,64	50,30	73,16	82,31	44,24	64,36	72,40
	II	1 471,—	80,90	117,68	132,39	II	1 471,—	74,15	107,86	121,34	67,41	98,06	110,31	60,70	88,30	99,33	54,23	78,88	88,74	48,01	69,83	78,56	42,05	61,16	68,81
	III	1 011,66	55,64	80,93	91,04	III	1 011,66	50,53	73,50	82,69	45,56	66,28	74,56	40,71	59,22	66,62	36,—	52,37	58,91	31,41	45,69	51,40	26,95	39,21	44,11
	V	1 931,33	106,22	154,50	173,81	IV	1 516,75	80,05	116,44	130,99	76,67	111,53	125,47	73,30	106,62	119,95	69,93	101,72	114,43	66,55	96,81	108,91	63,19	91,91	103,40
	VI	1 964,83	108,06	157,18	176,83																				
5 882,99 Ost	I,IV	1 529,66	84,13	122,37	137,66	I	1 529,66	77,38	112,56	126,63	70,64	102,75	115,59	63,89	92,94	104,55	57,29	83,34	93,75	50,95	74,11	83,37	44,87	65,26	73,42
	II	1 483,91	81,61	118,71	133,55	II	1 483,91	74,86	108,90	122,51	68,12	99,08	111,47	61,40	89,31	100,47	54,89	79,85	89,83	48,65	70,76	79,61	42,66	62,06	69,81
	III	1 021,50	56,18	81,72	91,93	III	1 021,50	51,06	74,28	83,56	46,08	67,02	75,40	41,22	59,96	67,45	36,49	53,08	59,71	31,89	46,38	52,18	27,41	39,88	44,86
	V	1 944,25	106,93	155,54	174,98	IV	1 529,66	80,75	117,46	132,14	77,38	112,56	126,63	74,01	107,65	121,10	70,64	102,75	115,59	67,26	97,84	110,07	63,89	92,94	104,55
	VI	1 977,66	108,77	158,21	177,98																				
5 885,99 West	I,IV	1 518,08	83,49	121,44	136,62	I	1 518,08	76,74	111,63	125,58	70,—	101,82	114,54	63,25	92,01	103,51	56,68	82,45	92,75	50,36	73,26	82,41	44,30	64,44	72,50
	II	1 472,25	80,97	117,78	132,50	II	1 472,25	74,22	107,96	121,46	67,48	98,16	110,43	60,77	88,40	99,45	54,29	78,98	88,85	48,07	69,92	78,66	42,11	61,25	68,90
	III	1 012,66	55,69	81,01	91,13	III	1 012,66	50,59	73,58	82,78	45,61	66,34	74,63	40,77	59,30	66,71	36,05	52,44	58,99	31,46	45,76	51,48	27,—	39,28	44,19
	V	1 932,58	106,29	154,60	173,93	IV	1 518,08	80,12	116,54	131,10	76,74	111,63	125,58	73,37	106,72	120,06	70,—	101,82	114,54	66,62	96,91	109,02	63,25	92,01	103,51
	VI	1 966,08	108,13	157,28	176,94																				
5 885,99 Ost	I,IV	1 530,91	84,20	122,47	137,78	I	1 530,91	77,45	112,66	126,74	70,71	102,85	115,70	63,96	93,04	104,67	57,36	83,44	93,87	51,01	74,20	83,48	44,93	65,35	73,52
	II	1 485,16	81,68	118,81	133,66	II	1 485,16	74,93	109,—	122,62	68,19	99,18	111,58	61,47	89,41	100,58	54,96	79,94	89,93	48,71	70,86	79,71	42,72	62,14	69,91
	III	1 022,50	56,23	81,80	92,02	III	1 022,50	51,12	74,36	83,65	46,13	67,10	75,49	41,27	60,04	67,54	36,53	53,14	59,78	31,93	46,45	52,25	27,46	39,94	44,93
	V	1 945,50	107,—	155,64	175,09	IV	1 530,91	80,82	117,56	132,26	77,45	112,66	126,74	74,08	107,76	121,23	70,71	102,85	115,70	67,33	97,94	110,18	63,96	93,04	104,67
	VI	1 978,91	108,84	158,31	178,10																				
5 888,99 West	I,IV	1 519,33	83,56	121,54	136,73	I	1 519,33	76,81	111,73	125,69	70,07	101,92	114,66	63,32	92,11	103,62	56,75	82,54	92,86	50,43	73,35	82,52	44,36	64,53	72,59
	II	1 473,50	81,04	117,88	132,61	II	1 473,50	74,30	108,07	121,58	67,55	98,26	110,54	60,84	88,50	99,56	54,36	79,07	88,95	48,13	70,02	78,77	42,17	61,34	69,—
	III	1 013,66	55,75	81,09	91,22	III	1 013,66	50,64	73,66	82,87	45,66	66,42	74,72	40,81	59,37	66,79	36,09	52,50	59,06	31,50	45,82	51,55	27,05	39,34	44,26
	V	1 933,83	106,36	154,70	174,04	IV	1 519,33	80,19	116,64	131,22	76,81	111,73	125,69	73,44	106,82	120,17	70,07	101,92	114,66	66,69	97,01	109,13	63,32	92,11	103,62
	VI	1 967,33	108,20	157,38	177,05																				
5 888,99 Ost	I,IV	1 532,16	84,26	122,57	137,89	I	1 532,16	77,52	112,76	126,86	70,78	102,95	115,82	64,03	93,14	104,78	57,42	83,53	93,97	51,08	74,30	83,58	44,99	65,44	73,62
	II	1 486,41	81,75	118,91	133,77	II	1 486,41	75,—	109,10	122,73	68,25	99,28	111,69	61,54	89,51	100,70	55,03	80,04	90,05	48,78	70,95	79,82	42,78	62,23	70,01
	III	1 023,50	56,29	81,88	92,11	III	1 023,50	51,17	74,44	83,74	46,18	67,17	75,56	41,32	60,10	67,61	36,59	53,22	59,87	31,98	46,52	52,33	27,50	40,01	45,01
	V	1 946,75	107,07	155,74	175,20	IV	1 532,16	80,89	117,66	132,37	77,52	112,76	126,86	74,15	107,86	121,34	70,78	102,95	115,82	67,40	98,04	110,30	64,03	93,14	104,78
	VI	1 980,25	108,91	158,42	178,22																				
5 891,99 West	I,IV	1 520,58	83,63	121,64	136,85	I	1 520,58	76,88	111,83	125,81	70,13	102,02	114,77	63,39	92,21	103,73	56,81	82,64	92,97	50,49	73,44	82,62	44,43	64,62	72,70
	II	1 474,75	81,11	117,98	132,72	II	1 474,75	74,36	108,17	121,69	67,62	98,36	110,65	60,91	88,60	99,67	54,42	79,16	89,06	48,19	70,10	78,86	42,23	61,42	69,10
	III	1 014,50	55,79	81,16	91,30	III	1 014,50	50,69	73,73	82,94	45,71	66,49	74,80	40,86	59,44	66,87	36,14	52,57	59,14	31,56	45,90	51,64	27,09	39,41	44,33
	V	1 935,16	106,43	154,81	174,16	IV	1 520,58	80,25	116,74	131,33	76,88	111,83	125,81	73,51	106,92	120,29	70,13	102,02	114,77	66,77	97,12	109,26	63,39	92,21	103,73
	VI	1 968,58	108,27	157,48	177,17																				
5 891,99 Ost	I,IV	1 533,41	84,33	122,67	138,—	I	1 533,41	77,59	112,86	126,97	70,84	103,05	115,93	64,10	93,24	104,89	57,49	83,63	94,08	51,14	74,39	83,69	45,05	65,53	73,72
	II	1 487,66	81,82	119,01	133,88	II	1 487,66	75,07	109,20	122,85	68,33	99,39	111,81	61,60	89,61	100,81	55,09	80,14	90,15	48,84	71,04	79,92	42,84	62,32	70,11
	III	1 024,50	56,34	81,96	92,20	III	1 024,50	51,22	74,50	83,81	46,23	67,25	75,65	41,36	60,17	67,69	36,63	53,29	59,95	32,02	46,58	52,40	27,55	40,08	45,09
	V	1 948,—	107,14	155,84	175,32	IV	1 533,41	80,96	117,76	132,48	77,59	112,86	126,97	74,22	107,96	121,45	70,84	103,05	115,93	67,47	98,14	110,41	64,10	93,24	104,89
	VI	1 981,50	108,98	158,52	178,33																				
5 894,99 West	I,IV	1 521,83	83,70	121,74	136,96	I	1 521,83	76,95	111,93	125,92	70,21	102,12	114,89	63,46	92,31	103,85	56,88	82,74	93,08	50,55	73,54	82,73	44,49	64,71	72,80
	II	1 476,08	81,18	118,08	132,84	II	1 476,08	74,43	108,27	121,80	67,69	98,46	110,76	60,98	88,70	99,78	54,49	79,26	89,16	48,26	70,20	78,97	42,29	61,51	69,20
	III	1 015,50	55,85	81,24	91,39	III	1 015,50	50,74	73,81	83,03	45,76	66,57	74,89	40,92	59,52	66,96	36,19	52,65	59,23	31,60	45,97	51,71	27,14	39,48	44,41
	V	1 936,41	106,50	154,91	174,27	IV	1 521,83	80,32	116,84	131,44	76,95	111,93	125,92	73,58	107,02	120,40	70,21	102,12	114,89	66,83	97,22	109,37	63,46	92,31	103,85
	VI	1 969,83	108,34	157,58	177,28																				
5 894,99 Ost	I,IV	1 534,66	84,40	122,77	138,11	I	1 534,66	77,66	112,96	127,08	70,91	103,15	116,04	64,17	93,34	105,—	57,56	83,72	94,19	51,20	74,48	83,79	45,11	65,62	73,82
	II	1 488,91	81,89	119,11	134,—	II	1 488,91	75,14	109,30	122,96	68,40	99,49	111,92	61,67	89,71	100,92	55,16	80,23	90,26	48,90	71,13	80,02	42,90	62,40	70,20
	III	1 025,50	56,40	82,04	92,29	III	1 025,50	51,27	74,58	83,90	46,28	67,32	75,73	41,42	60,25	67,78	36,68	53,36	60,03	32,08	46,66	52,49	27,60	40,14	45,16
	V	1 949,25	107,20	155,94	175,43	IV	1 534,66	81,03	117,87	132,60	77,66	112,96	127,08	74,29	108,06	121,56	70,91	103,15	116,04	67,54	98,24	110,52	64,17	93,34	105,—
	VI	1 982,75	109,05	158,62	178,44																				
5 897,99 West	I,IV	1 523,08	83,76	121,84	137,07	I	1 523,08	77,02	112,03	126,03	70,28	102,22	115,—	63,53	92,41	103,96	56,95	82,84	93,19	50,62	73,63	82,83	44,55	64,80	72,90
	II	1 477,33	81,25	118,18	132,95	II	1 477,33	74,50	108,37	121,91	67,76	98,56	110,88	61,04	88,79	99,89	54,56	79,36	89,28	48,32	70,29	79,07	42,35	61,60	69,30
	III	1 016,50	55,90	81,32	91,48	III	1 016,50	50,80	73,89	83,12	45,81	66,64	74,97	40,96	59,58	67,03	36,24	52,72	59,31	31,65	46,04	51,79	27,18	39,54	44,48
	V	1 937,66	106,57	155,01	174,38	IV	1 523,08	80,39	116,94	131,55	77,02	112,03	126,03	73,64	107,12	120,51	70,28	102,22	115,—	66,90	97,32	109,48	63,53	92,41	103,96
	VI	1 971,08	108,40	157,68	177,39																				
5 897,99 Ost	I,IV	1 536,—	84,48	122,88	138,24	I	1 536,—	77,73	113,06	127,19	70,98	103,25	116,15	64,24	93,44	105,12	57,63	83,82	94,30	51,27	74,58	83,90	45,17	65,71	73,92
	II	1 490,16	81,95	119,21	134,11	II	1 490,16	75,21	109,40	123,08	68,47	99,59	112,04	61,74	89,80	101,03	55,22	80,33	90,37	48,96	71,22	80,12	42,96	62,49	70,30
	III	1 026,33	56,44	82,10	92,36	III	1 026,33	51,33	74,66	83,99	46,33	67,40	75,82	41,47	60,32	67,86	36,73	53,42	60,10	32,12	46,73	52,57	27,64	40,21	45,23
	V	1 950,50	107,27	156,04	175,54	IV	1 536,—	81,10	117,97	132,71	77,73	113,06	127,19	74,36	108,16	121,68	70,98	103,25	116,15	67,61	98,34	110,63	64,24	93,44	105,12
	VI	1 984,—	109,12	158,72	178,56																				
5 900,99 West	I,IV	1 524,33	83,83	121,94	137,18	I	1 524,33	77,09	112,13	126,14	70,34	102,32	115,11	63,60	92,51	104,07	57,01	82,93	93,29	50,68	73,72	82,94	44,61	64,89	73,—
	II	1 478,58	81,32	118,28	133,07	II	1 478,58	74,57	108,47	122,03	67,82	98,66	110,99	61,11	88,89	100,—	54,62	79,45	89,38	48,38	70,38	79,17	42,40	61,68	69,39
	III	1 017,50	55,96	81,40	91,57	III	1 017,50	50,84	73,96	83,20	45,87	66,72	75,06	41,01	59,65	67,10	36,29	52,78	59,38	31,69	46,10	51,86	27,22	39,60	44,55
	V	1 938,91	106,64	155,11	174,50	IV	1 524,33	80,46	117,04	131,67	77,09	112,13	126,14	73,72	107,23	120,63	70,34	102,32	115,11	66,97	97,42	109,59	63,60	92,51	104,07
	VI	1 972,33	108,47	157,78	177,50																				
5 900,99 Ost	I,IV	1 537,25	84,54	122,98	138,35	I	1 537,25	77,80	113,16	127,31	71,05	103,35	116,27	64,31	93,54	105,23	57,69	83,92	94,41	51,33	74,67	84,—	45,23	65,80	74,02
	II	1 491,41	82,02	119,31	134,22	II	1 491,41	75,28	109,50	123,19	68,53	99,69	112,15	61,81	89,90	101,14	55,29	80,42	90,47	49,03	71,32	80,23	43,02	62,58	70,40
	III	1 027,33	56,50	82,18	92,45	III	1 027,33	51,37	74,73	84,07	46,38	67,46	75,89	41,51	60,38	67,93	36,78	53,50	60,19	32,17	46,80	52,65	27,69	40,28	45,31
	V	1 951,75	107,34	156,14	175,65	IV	1 537,25	81,17	118,07	132,83	77,80	113,16	127,31	74,42	108,26	121,79	71,05	103,35	116,27	67,68	98,44	110,75	64,31	93,54	105,23
	VI	1 985,25	109,18	158,82	178,67																				
5 903,99 West	I,IV	1 525,58	83,90	122,04	137,30	I	1 525,58	77,16	112,24	126,27	70,41	102,42	115,22	63,67	92,62	104,19	57,08	83,02	93,40	50,75	73,82	83,04	44,67	64,98	73,10
	II	1 479,83	81,39	118,38	133,18	II	1 479,83	74,64	108,57	122,14	67,90	98,76	111,11	61,18	88,99	100,11	54,68	79,54	89,48	48,45	70,47	79,28	42,46	61,77	69,49
	III	1 018,50	56,01	81,48	91,66	III	1 018,50	50,90	74,04	83,29	45,91	66,78	75,13	41,06	59,73	67,19	36,33	52,85	59,45	31,74	46,17	51,94	27,27	39,66	44,62
	V	1 940,16	106,70	155,21	174,61	IV	1 525,58	80,53	117,14	131,78	77,16	112,24	126,27	73,79	107,33	120,74	70,41	102,42	115,22	67,04	97,52	109,71	63,67	92,62	104,19
	VI	1 973,66	108,55	157,89	177,62																				
5 903,99 Ost	I,IV	1 538,50	84,61	123,08	138,46	I	1 538,50	77,87	113,26	127,42	71,12	103,45	116,38	64,38	93,64	105,35	57,76	84,02	94,52	51,40	74,76	84,11	45,29	65,88	74,12
	II	1 492,66	82,09	119,41	134,33	II	1 492,66	75,35	109,60	123,30	68,60	99,79	112,26	61,87	90,—	101,25	55,35	80,52	90,58	49,09	71,40	80,33	43,08	62,67	70,50
	III	1 028,33	56,55	82,26	92,54	III	1 028,33	51,43	74,81	84,16	46,43	67,54	75,98	41,57	60,46	68,02	36,83	53,57	60,26	32,22	46,86	52,72	27,73	40,34	45,38
	V	1 953,08	107,41	156,24	175,77	IV	1 538,50	81,24	118,17	132,94	77,87	113,26	127,42	74,49	108,36	121,90	71,12	103,45	116,38	67,75	98,55	110,87	64,38	93,64	105,35
	VI	1 986,50	109,25	158,92	178,78																				

* Die ausgewiesenen Tabellenwerte sind amtlich. Siehe Erläuterungen auf der Umschlaginnenseite (U2).

Lohn/ Gehalt bis €*	StKl	LSt	SolZ	8%	9%	StKl	LSt	0,5 SolZ	0,5 8%	0,5 9%	1 SolZ	1 8%	1 9%	1,5 SolZ	1,5 8%	1,5 9%	2 SolZ	2 8%	2 9%	2,5 SolZ	2,5 8%	2,5 9%	3 SolZ	3 8%	3 9%
		I – VI ohne Kinderfreibeträge				**I, II, III, IV** mit Zahl der Kinderfreibeträge . . .																			
5 906,99 West	I,IV	1 526,83	83,97	122,14	137,41	I	1 526,83	77,23	112,34	126,38	70,48	102,52	115,34	63,74	92,72	104,31	57,14	83,12	93,51	50,81	73,91	83,15	44,73	65,06	73,19
	II	1 481,08	81,45	118,48	133,29	II	1 481,08	74,71	108,67	122,25	67,97	98,86	111,22	61,25	89,09	100,22	54,75	79,64	89,59	48,51	70,56	79,38	42,53	61,86	69,59
	III	1 019,33	56,06	81,54	91,73	III	1 019,33	50,95	74,12	83,38	45,97	66,86	75,22	41,11	59,80	67,27	36,39	52,93	59,54	31,79	46,24	52,02	27,31	39,73	44,69
	V	1 941,41	106,77	155,31	174,72	IV	1 526,83	80,60	117,24	131,90	77,23	112,34	126,38	73,86	107,43	120,86	70,48	102,52	115,34	67,11	97,62	109,82	63,74	92,72	104,31
	VI	1 974,91	108,62	157,99	177,74																				
5 906,99 Ost	I,IV	1 539,75	84,68	123,18	138,57	I	1 539,75	77,93	113,36	127,53	71,19	103,56	116,50	64,45	93,74	105,46	57,82	84,11	94,62	51,46	74,86	84,21	45,36	65,98	74,22
	II	1 494,—	82,17	119,52	134,46	II	1 494,—	75,42	109,70	123,41	68,67	99,89	112,37	61,94	90,10	101,36	55,42	80,62	90,69	49,15	71,50	80,43	43,14	62,76	70,60
	III	1 029,33	56,61	82,34	92,63	III	1 029,33	51,48	74,89	84,25	46,48	67,61	76,06	41,61	60,53	68,09	36,87	53,64	60,34	32,26	46,93	52,79	27,78	40,41	45,46
	V	1 954,33	107,48	156,34	175,88	IV	1 539,75	81,31	118,27	133,05	77,93	113,36	127,53	74,56	108,46	122,01	71,19	103,56	116,50	67,82	98,65	110,98	64,45	93,74	105,46
	VI	1 987,75	109,32	159,02	178,89																				
5 909,99 West	I,IV	1 528,08	84,04	122,24	137,52	I	1 528,08	77,30	112,44	126,49	70,55	102,62	115,45	63,81	92,82	104,42	57,21	83,22	93,62	50,87	74,—	83,25	44,79	65,16	73,30
	II	1 482,33	81,52	118,58	133,40	II	1 482,33	74,78	108,77	122,36	68,03	98,96	111,33	61,32	89,19	100,34	54,82	79,74	89,70	48,57	70,66	79,49	42,59	61,95	69,69
	III	1 020,33	56,11	81,62	91,82	III	1 020,33	51,—	74,18	83,45	46,01	66,93	75,29	41,16	59,88	67,36	36,43	53,—	59,62	31,83	46,30	52,09	27,36	39,80	44,77
	V	1 942,66	106,84	155,41	174,83	IV	1 528,08	80,67	117,34	132,01	77,30	112,44	126,49	73,92	107,53	120,97	70,55	102,62	115,45	67,18	97,72	109,93	63,81	92,82	104,42
	VI	1 976,16	108,68	158,09	177,85																				
5 909,99 Ost	I,IV	1 541,—	84,75	123,28	138,69	I	1 541,—	78,—	113,46	127,64	71,26	103,66	116,61	64,51	93,84	105,57	57,89	84,21	94,73	51,53	74,95	84,32	45,42	66,06	74,32
	II	1 495,25	82,23	119,62	134,57	II	1 495,25	75,49	109,80	123,53	68,74	99,99	112,49	62,01	90,20	101,48	55,49	80,71	90,80	49,22	71,59	80,54	43,20	62,84	70,70
	III	1 030,33	56,66	82,42	92,72	III	1 030,33	51,53	74,96	84,33	46,53	67,69	76,15	41,67	60,61	68,18	36,92	53,70	60,41	32,31	47,—	52,87	27,83	40,48	45,54
	V	1 955,58	107,55	156,44	176,—	IV	1 541,—	81,38	118,37	133,16	78,—	113,46	127,64	74,63	108,56	122,13	71,26	103,66	116,61	67,89	98,75	111,09	64,51	93,84	105,57
	VI	1 989,—	109,39	159,12	179,01																				
5 912,99 West	I,IV	1 529,41	84,11	122,35	137,64	I	1 529,41	77,37	112,54	126,60	70,62	102,72	115,56	63,88	92,92	104,53	57,28	83,32	93,73	50,93	74,09	83,35	44,85	65,24	73,40
	II	1 483,58	81,59	118,68	133,52	II	1 483,58	74,85	108,88	122,49	68,10	99,06	111,44	61,38	89,29	100,45	54,88	79,83	89,81	48,63	70,74	79,58	42,65	62,04	69,79
	III	1 021,33	56,17	81,70	91,91	III	1 021,33	51,05	74,26	83,54	46,07	67,01	75,38	41,21	59,94	67,43	36,48	53,06	59,69	31,88	46,37	52,16	27,40	39,86	44,84
	V	1 943,91	106,91	155,51	174,95	IV	1 529,41	80,74	117,44	132,12	77,37	112,54	126,60	73,99	107,63	121,08	70,62	102,72	115,56	67,25	97,82	110,04	63,88	92,92	104,53
	VI	1 977,41	108,75	158,19	177,96																				
5 912,99 Ost	I,IV	1 542,25	84,82	123,38	138,80	I	1 542,25	78,07	113,56	127,76	71,33	103,76	116,73	64,58	93,94	105,68	57,96	84,31	94,85	51,59	75,04	84,42	45,48	66,16	74,43
	II	1 496,50	82,30	119,72	134,68	II	1 496,50	75,56	109,90	123,64	68,81	100,09	112,60	62,08	90,30	101,59	55,55	80,80	90,90	49,28	71,68	80,64	43,26	62,93	70,79
	III	1 031,16	56,71	82,49	92,80	III	1 031,16	51,59	75,04	84,42	46,58	67,76	76,23	41,71	60,68	68,26	36,97	53,78	60,50	32,35	47,06	52,94	27,87	40,54	45,61
	V	1 956,83	107,62	156,54	176,11	IV	1 542,25	81,45	118,47	133,28	78,07	113,56	127,76	74,70	108,66	122,24	71,33	103,76	116,73	67,96	98,85	111,20	64,58	93,94	105,68
	VI	1 990,25	109,46	159,22	179,12																				
5 915,99 West	I,IV	1 530,66	84,18	122,45	137,75	I	1 530,66	77,44	112,64	126,72	70,69	102,82	115,67	63,95	93,02	104,64	57,34	83,41	93,83	51,—	74,18	83,45	44,91	65,33	73,49
	II	1 484,83	81,66	118,78	133,63	II	1 484,83	74,92	108,98	122,60	68,17	99,16	111,56	61,45	89,39	100,56	54,94	79,92	89,91	48,70	70,84	79,69	42,71	62,12	69,89
	III	1 022,33	56,22	81,78	92,—	III	1 022,33	51,11	74,34	83,63	46,11	67,08	75,46	41,25	60,01	67,51	36,52	53,13	59,77	31,92	46,44	52,24	27,45	39,93	44,92
	V	1 945,25	106,98	155,62	175,07	IV	1 530,66	80,81	117,54	132,23	77,44	112,64	126,72	74,06	107,73	121,19	70,69	102,82	115,67	67,32	97,92	110,16	63,95	93,02	104,64
	VI	1 978,66	108,82	158,29	178,07																				
5 915,99 Ost	I,IV	1 543,50	84,89	123,48	138,91	I	1 543,50	78,15	113,67	127,88	71,40	103,86	116,84	64,65	94,04	105,80	58,02	84,40	94,95	51,65	75,14	84,53	45,54	66,24	74,52
	II	1 497,75	82,37	119,82	134,79	II	1 497,75	75,62	110,—	123,75	68,88	100,20	112,72	62,15	90,40	101,70	55,62	80,90	91,01	49,34	71,78	80,75	43,33	63,02	70,90
	III	1 032,16	56,76	82,57	92,89	III	1 032,16	51,64	75,12	84,51	46,64	67,84	76,32	41,76	60,74	68,33	37,02	53,85	60,58	32,40	47,13	53,02	27,92	40,61	45,68
	V	1 958,08	107,69	156,64	176,22	IV	1 543,50	81,51	118,57	133,39	78,15	113,67	127,88	74,77	108,76	122,36	71,40	103,86	116,84	68,03	98,95	111,32	64,65	94,04	105,80
	VI	1 991,58	109,53	159,32	179,24																				
5 918,99 West	I,IV	1 531,91	84,25	122,55	137,87	I	1 531,91	77,50	112,74	126,83	70,76	102,92	115,79	64,02	93,12	104,76	57,41	83,51	93,95	51,06	74,28	83,56	44,98	65,42	73,60
	II	1 486,08	81,73	118,88	133,74	II	1 486,08	74,99	109,08	122,71	68,24	99,26	111,67	61,52	89,48	100,67	55,01	80,02	90,02	48,76	70,93	79,79	42,77	62,21	69,98
	III	1 023,33	56,28	81,86	92,09	III	1 023,33	51,15	74,41	83,71	46,17	67,16	75,55	41,31	60,09	67,60	36,57	53,20	59,85	31,97	46,50	52,31	27,50	40,—	45,—
	V	1 946,50	107,05	155,72	175,18	IV	1 531,91	80,88	117,64	132,35	77,50	112,74	126,83	74,13	107,83	121,31	70,76	102,92	115,79	67,39	98,02	110,27	64,02	93,12	104,76
	VI	1 979,91	108,89	158,39	178,19																				
5 918,99 Ost	I,IV	1 544,75	84,96	123,58	139,02	I	1 544,75	78,21	113,77	127,99	71,47	103,96	116,95	64,72	94,14	105,91	58,09	84,50	95,06	51,72	75,23	84,63	45,60	66,34	74,63
	II	1 499,—	82,44	119,92	134,91	II	1 499,—	75,69	110,10	123,86	68,95	100,30	112,83	62,22	90,50	101,81	55,68	81,—	91,12	49,40	71,86	80,84	43,39	63,11	71,—
	III	1 033,16	56,82	82,65	92,98	III	1 033,16	51,69	75,18	84,58	46,68	67,90	76,39	41,81	60,82	68,42	37,07	53,92	60,66	32,45	47,20	53,10	27,96	40,68	45,76
	V	1 959,33	107,76	156,74	176,33	IV	1 544,75	81,59	118,68	133,51	78,21	113,77	127,99	74,84	108,86	122,47	71,47	103,96	116,95	68,09	99,05	111,43	64,72	94,14	105,91
	VI	1 992,83	109,60	159,42	179,35																				
5 921,99 West	I,IV	1 533,16	84,32	122,65	137,98	I	1 533,16	77,57	112,84	126,94	70,83	103,03	115,91	64,08	93,22	104,87	57,48	83,61	94,06	51,13	74,37	83,66	45,04	65,51	73,70
	II	1 487,41	81,80	118,99	133,86	II	1 487,41	75,06	109,18	122,82	68,31	99,36	111,78	61,59	89,58	100,78	55,08	80,12	90,13	48,82	71,02	79,89	42,83	62,30	70,08
	III	1 024,16	56,32	81,93	92,17	III	1 024,16	51,21	74,49	83,80	46,21	67,22	75,62	41,36	60,16	67,68	36,63	53,28	59,94	32,01	46,57	52,39	27,54	40,06	45,07
	V	1 947,75	107,12	155,82	175,29	IV	1 533,16	80,95	117,74	132,46	77,57	112,84	126,94	74,20	107,93	121,42	70,83	103,03	115,91	67,46	98,12	110,39	64,08	93,22	104,87
	VI	1 981,16	108,96	158,49	178,30																				
5 921,99 Ost	I,IV	1 546,08	85,03	123,68	139,14	I	1 546,08	78,28	113,87	128,10	71,54	104,06	117,06	64,79	94,24	106,02	58,16	84,60	95,17	51,78	75,32	84,74	45,66	66,42	74,72
	II	1 500,25	82,51	120,02	135,02	II	1 500,25	75,76	110,20	123,98	69,02	100,40	112,95	62,29	90,60	101,93	55,75	81,09	91,22	49,47	71,96	80,95	43,45	63,20	71,10
	III	1 034,16	56,87	82,73	93,07	III	1 034,16	51,74	75,26	84,67	46,74	67,98	76,48	41,86	60,89	68,50	37,11	53,98	60,73	32,49	47,26	53,17	28,01	40,74	45,83
	V	1 960,58	107,83	156,84	176,45	IV	1 546,08	81,66	118,78	133,62	78,28	113,87	128,10	74,91	108,96	122,58	71,54	104,06	117,06	68,16	99,15	111,54	64,79	94,24	106,02
	VI	1 994,08	109,67	159,52	179,46																				
5 924,99 West	I,IV	1 534,41	84,39	122,75	138,09	I	1 534,41	77,64	112,94	127,05	70,90	103,13	116,02	64,15	93,32	104,98	57,54	83,70	94,16	51,19	74,46	83,77	45,10	65,60	73,80
	II	1 488,66	81,87	119,09	133,97	II	1 488,66	75,13	109,28	122,94	68,38	99,46	111,89	61,65	89,68	100,89	55,14	80,21	90,23	48,89	71,11	80,—	42,89	62,38	70,18
	III	1 025,16	56,38	82,01	92,26	III	1 025,16	51,26	74,57	83,89	46,27	67,30	75,71	41,40	60,22	67,75	36,67	53,34	60,01	32,06	46,64	52,47	27,59	40,13	45,14
	V	1 949,—	107,19	155,92	175,41	IV	1 534,41	81,01	117,84	132,57	77,64	112,94	127,05	74,27	108,04	121,54	70,90	103,13	116,02	67,53	98,22	110,50	64,15	93,32	104,98
	VI	1 982,41	109,03	158,59	178,41																				
5 924,99 Ost	I,IV	1 547,33	85,10	123,78	139,25	I	1 547,33	78,35	113,97	128,21	71,61	104,16	117,18	64,86	94,35	106,14	58,23	84,70	95,28	51,85	75,42	84,84	45,72	66,51	74,82
	II	1 501,50	82,58	120,12	135,13	II	1 501,50	75,84	110,31	124,10	69,09	100,50	113,06	62,36	90,70	102,04	55,82	81,19	91,34	49,53	72,05	81,05	43,50	63,28	71,19
	III	1 035,16	56,93	82,81	93,16	III	1 035,16	51,80	75,34	84,76	46,79	68,06	76,57	41,91	60,97	68,59	37,17	54,06	60,82	32,55	47,34	53,26	28,05	40,81	45,91
	V	1 961,83	107,90	156,94	176,56	IV	1 547,33	81,73	118,88	133,74	78,35	113,97	128,21	74,98	109,06	122,69	71,61	104,16	117,18	68,23	99,25	111,65	64,86	94,35	106,14
	VI	1 995,33	109,74	159,62	179,57																				
5 927,99 West	I,IV	1 535,66	84,46	122,85	138,20	I	1 535,66	77,71	113,04	127,17	70,97	103,23	116,13	64,22	93,42	105,09	57,61	83,80	94,28	51,26	74,56	83,88	45,16	65,69	73,90
	II	1 489,91	81,94	119,19	134,09	II	1 489,91	75,19	109,38	123,05	68,45	99,56	112,01	61,72	89,78	101,—	55,21	80,30	90,34	48,95	71,20	80,10	42,95	62,48	70,29
	III	1 026,16	56,43	82,09	92,35	III	1 026,16	51,31	74,64	83,97	46,32	67,38	75,80	41,46	60,30	67,84	36,72	53,41	60,08	32,12	46,72	52,56	27,63	40,20	45,22
	V	1 950,25	107,26	156,02	175,52	IV	1 535,66	81,08	117,94	132,68	77,71	113,04	127,17	74,34	108,14	121,65	70,97	103,23	116,13	67,59	98,32	110,61	64,22	93,42	105,09
	VI	1 983,75	109,10	158,70	178,53																				
5 927,99 Ost	I,IV	1 548,58	85,17	123,88	139,37	I	1 548,58	78,42	114,07	128,33	71,67	104,26	117,29	64,93	94,45	106,25	58,29	84,79	95,39	51,91	75,51	84,95	45,79	66,60	74,93
	II	1 502,75	82,65	120,22	135,24	II	1 502,75	75,90	110,41	124,21	69,16	100,60	113,17	62,42	90,80	102,15	55,88	81,28	91,44	49,60	72,14	81,16	43,56	63,37	71,29
	III	1 036,16	56,98	82,89	93,25	III	1 036,16	51,84	75,41	84,83	46,84	68,13	76,64	41,96	61,04	68,67	37,21	54,13	60,89	32,59	47,41	53,33	28,10	40,88	45,99
	V	1 963,16	107,97	157,05	176,68	IV	1 548,58	81,79	118,98	133,85	78,42	114,07	128,33	75,05	109,16	122,81	71,67	104,26	117,29	68,31	99,36	111,78	64,93	94,45	106,25
	VI	1 996,58	109,81	159,72	179,69																				

Table heading: Abzüge an Lohnsteuer, Solidaritätszuschlag (SolZ) und Kirchensteuer (8%, 9%) in den Steuerklassen

* Die ausgewiesenen Tabellenwerte sind amtlich. Siehe Erläuterungen auf der Umschlaginnenseite (U2).

Lohn/ Gehalt bis €*	Abzüge an Lohnsteuer, Solidaritätszuschlag (SolZ) und Kirchensteuer (8%, 9%) in den Steuerklassen																								
	I – VI					I, II, III, IV																			
			ohne Kinderfreibeträge					mit Zahl der Kinderfreibeträge . . .																	
								0,5			1			1,5			2			2,5			3		
		LSt	SolZ	8%	9%		LSt	SolZ	8%	9%	SolZ	8%	9%	SolZ	8%	9%	SolZ	8%	9%	SolZ	8%	9%	SolZ	8%	9%
5 930,99 West	I,IV	1 536,91	84,53	122,95	138,32	I	1 536,91	77,78	113,14	127,28	71,04	103,33	116,24	64,29	93,52	105,21	57,68	83,90	94,38	51,32	74,65	83,98	45,22	65,78	74,—
	II	1 491,16	82,01	119,29	134,20	II	1 491,16	75,26	109,48	123,16	68,52	99,67	112,13	61,79	89,88	101,12	55,27	80,40	90,45	49,01	71,30	80,21	43,01	62,56	70,38
	III	1 027,16	56,49	82,17	92,44	III	1 027,16	51,37	74,72	84,06	46,37	67,45	75,88	41,50	60,37	67,91	36,76	53,48	60,16	32,16	46,78	52,63	27,68	40,26	45,29
	V	1 951,50	107,33	156,12	175,63	IV	1 536,91	81,15	118,04	132,80	77,78	113,14	127,28	74,41	108,24	121,77	71,04	103,33	116,24	67,66	98,42	110,72	64,29	93,52	105,21
	VI	1 985,—	109,17	158,80	178,65																				
5 930,99 Ost	I,IV	1 549,83	85,24	123,98	139,48	I	1 549,83	78,49	114,17	128,44	71,75	104,36	117,41	65,—	94,55	106,37	58,36	84,89	95,50	51,97	75,60	85,05	45,85	66,69	75,02
	II	1 504,08	82,72	120,32	135,36	II	1 504,08	75,97	110,51	124,32	69,23	100,70	113,28	62,49	90,90	102,26	55,94	81,38	91,55	49,66	72,23	81,26	43,63	63,46	71,39
	III	1 037,—	57,03	82,96	93,33	III	1 037,—	51,90	75,49	84,92	46,89	68,21	76,73	42,01	61,10	68,74	37,26	54,20	60,97	32,64	47,48	53,41	28,15	40,94	46,06
	V	1 964,41	108,04	157,15	176,79	IV	1 549,83	81,86	119,08	133,96	78,49	114,17	128,44	75,12	109,26	122,92	71,75	104,36	117,41	68,37	99,46	111,89	65,—	94,55	106,37
	VI	1 997,83	109,88	159,82	179,80																				
5 933,99 West	I,IV	1 538,16	84,59	123,05	138,43	I	1 538,16	77,85	113,24	127,40	71,11	103,43	116,36	64,36	93,62	105,32	57,75	84,—	94,50	51,38	74,74	84,08	45,28	65,86	74,09
	II	1 492,41	82,08	119,39	134,31	II	1 492,41	75,33	109,58	123,27	68,59	99,77	112,24	61,86	89,98	101,23	55,34	80,50	90,56	49,07	71,38	80,30	43,07	62,65	70,48
	III	1 028,16	56,54	82,25	92,53	III	1 028,16	51,42	74,80	84,15	46,42	67,53	75,97	41,56	60,45	68,—	36,82	53,56	60,25	32,21	46,85	52,70	27,72	40,33	45,37
	V	1 952,75	107,40	156,22	175,74	IV	1 538,16	81,23	118,15	132,92	77,85	113,24	127,40	74,48	108,34	121,88	71,11	103,43	116,36	67,73	98,52	110,84	64,36	93,62	105,32
	VI	1 986,25	109,24	158,90	178,76																				
5 933,99 Ost	I,IV	1 551,08	85,30	124,08	139,59	I	1 551,08	78,56	114,27	128,55	71,82	104,46	117,52	65,07	94,65	106,48	58,43	84,99	95,61	52,04	75,70	85,16	45,91	66,78	75,13
	II	1 505,33	82,79	120,42	135,47	II	1 505,33	76,04	110,61	124,43	69,30	100,80	113,40	62,56	91,—	102,38	56,01	81,48	91,66	49,72	72,32	81,36	43,69	63,55	71,49
	III	1 038,—	57,09	83,04	93,42	III	1 038,—	51,95	75,57	85,01	46,94	68,28	76,81	42,06	61,18	68,83	37,30	54,26	61,04	32,68	47,54	53,48	28,19	41,01	46,13
	V	1 965,66	108,11	157,25	176,90	IV	1 551,08	81,93	119,18	134,07	78,56	114,27	128,55	75,18	109,36	123,03	71,82	104,46	117,52	68,44	99,56	112,—	65,07	94,65	106,48
	VI	1 999,08	109,94	159,92	179,91																				
5 936,99 West	I,IV	1 539,50	84,67	123,16	138,55	I	1 539,50	77,92	113,34	127,51	71,17	103,53	116,47	64,43	93,72	105,44	57,81	84,09	94,60	51,45	74,84	84,19	45,34	65,96	74,20
	II	1 493,66	82,15	119,49	134,42	II	1 493,66	75,40	109,68	123,39	68,66	99,87	112,35	61,93	90,08	101,34	55,40	80,59	90,66	49,14	71,48	80,41	43,13	62,74	70,58
	III	1 029,16	56,60	82,33	92,62	III	1 029,16	51,47	74,86	84,22	46,47	67,60	76,05	41,60	60,52	68,08	36,86	53,62	60,32	32,25	46,92	52,78	27,77	40,40	45,45
	V	1 954,—	107,47	156,32	175,86	IV	1 539,50	81,29	118,25	133,03	77,92	113,34	127,51	74,55	108,44	121,99	71,17	103,53	116,47	67,80	98,62	110,95	64,43	93,72	105,44
	VI	1 987,50	109,31	159,—	178,87																				
5 936,99 Ost	I,IV	1 552,33	85,37	124,18	139,70	I	1 552,33	78,63	114,37	128,66	71,88	104,56	117,63	65,14	94,75	106,59	58,49	85,08	95,72	52,10	75,79	85,26	45,97	66,87	75,23
	II	1 506,58	82,86	120,52	135,59	II	1 506,58	76,11	110,71	124,55	69,36	100,90	113,51	62,63	91,10	102,49	56,08	81,57	91,76	49,78	72,42	81,47	43,75	63,64	71,59
	III	1 039,—	57,14	83,12	93,51	III	1 039,—	52,—	75,64	85,09	46,99	68,36	76,90	42,11	61,25	68,90	37,36	54,34	61,13	32,73	47,61	53,56	28,24	41,08	46,21
	V	1 966,91	108,18	157,35	177,02	IV	1 552,33	82,—	119,28	134,19	78,63	114,37	128,66	75,26	109,47	123,15	71,88	104,56	117,63	68,51	99,66	112,11	65,14	94,75	106,59
	VI	2 000,33	110,01	160,02	180,02																				
5 939,99 West	I,IV	1 540,75	84,74	123,26	138,66	I	1 540,75	77,99	113,44	127,62	71,24	103,63	116,58	64,50	93,82	105,55	57,88	84,19	94,71	51,51	74,93	84,29	45,40	66,04	74,30
	II	1 494,91	82,22	119,59	134,54	II	1 494,91	75,47	109,78	123,50	68,73	99,97	112,46	62,—	90,18	101,45	55,47	80,69	90,77	49,20	71,57	80,51	43,19	62,82	70,67
	III	1 030,—	56,65	82,40	92,70	III	1 030,—	51,52	74,94	84,31	46,53	67,68	76,14	41,65	60,58	68,15	36,91	53,69	60,40	32,30	46,98	52,85	27,82	40,46	45,52
	V	1 955,25	107,53	156,42	175,97	IV	1 540,75	81,36	118,35	133,14	77,99	113,44	127,62	74,62	108,54	122,10	71,24	103,63	116,58	67,87	98,72	111,06	64,50	93,82	105,55
	VI	1 988,75	109,38	159,10	178,98																				
5 939,99 Ost	I,IV	1 553,58	85,44	124,28	139,82	I	1 553,58	78,70	114,48	128,79	71,95	104,66	117,74	65,21	94,85	106,70	58,56	85,18	95,83	52,17	75,88	85,37	46,03	66,96	75,33
	II	1 507,83	82,93	120,62	135,70	II	1 507,83	76,18	110,81	124,66	69,44	101,—	113,63	62,70	91,20	102,60	56,15	81,67	91,88	49,85	72,51	81,57	43,81	63,72	71,69
	III	1 040,—	57,20	83,20	93,60	III	1 040,—	52,05	75,72	85,18	47,04	68,42	76,97	42,15	61,32	68,98	37,40	54,41	61,21	32,78	47,68	53,64	28,27	41,13	46,27
	V	1 968,16	108,24	157,45	177,13	IV	1 553,58	82,07	119,38	134,30	78,70	114,48	128,79	75,33	109,57	123,26	71,95	104,66	117,74	68,58	99,76	112,23	65,21	94,85	106,70
	VI	2 001,66	110,09	160,13	180,14																				
5 942,99 West	I,IV	1 542,—	84,81	123,36	138,78	I	1 542,—	78,06	113,54	127,73	71,31	103,73	116,69	64,57	93,92	105,66	57,94	84,28	94,82	51,58	75,02	84,40	45,47	66,14	74,40
	II	1 496,16	82,28	119,69	134,65	II	1 496,16	75,54	109,88	123,62	68,80	100,07	112,58	62,07	90,28	101,57	55,54	80,78	90,88	49,27	71,66	80,62	43,25	62,91	70,77
	III	1 031,—	56,70	82,48	92,79	III	1 031,—	51,58	75,02	84,40	46,57	67,74	76,21	41,70	60,66	68,24	36,96	53,76	60,48	32,34	47,05	52,93	27,86	40,53	45,59
	V	1 956,58	107,61	156,52	176,09	IV	1 542,—	81,43	118,45	133,25	78,06	113,54	127,73	74,69	108,64	122,22	71,31	103,73	116,69	67,94	98,83	111,18	64,57	93,92	105,66
	VI	1 990,—	109,45	159,20	179,10																				
5 942,99 Ost	I,IV	1 554,83	85,51	124,38	139,93	I	1 554,83	78,77	114,58	128,90	72,02	104,76	117,86	65,28	94,95	106,82	58,63	85,28	95,94	52,23	75,98	85,47	46,09	67,05	75,43
	II	1 509,08	82,99	120,72	135,81	II	1 509,08	76,25	110,91	124,77	69,51	101,10	113,74	62,77	91,30	102,71	56,21	81,76	91,98	49,91	72,60	81,68	43,87	63,82	71,79
	III	1 041,—	57,25	83,28	93,69	III	1 041,—	52,11	75,80	85,27	47,09	68,50	77,06	42,21	61,40	69,07	37,45	54,48	61,29	32,82	47,74	53,71	28,32	41,20	46,35
	V	1 969,41	108,31	157,55	177,24	IV	1 554,83	82,14	119,48	134,42	78,77	114,58	128,90	75,40	109,67	123,38	72,02	104,76	117,86	68,65	99,86	112,34	65,28	94,95	106,82
	VI	2 002,91	110,16	160,23	180,26																				
5 945,99 West	I,IV	1 543,25	84,87	123,46	138,89	I	1 543,25	78,13	113,64	127,85	71,39	103,84	116,82	64,64	94,02	105,77	58,01	84,38	94,93	51,64	75,12	84,51	45,53	66,22	74,50
	II	1 497,50	82,36	119,80	134,77	II	1 497,50	75,61	109,98	123,73	68,86	100,17	112,69	62,14	90,38	101,68	55,60	80,88	90,99	49,33	71,75	80,72	43,31	63,—	70,88
	III	1 032,—	56,76	82,56	92,88	III	1 032,—	51,62	75,09	84,47	46,63	67,82	76,30	41,75	60,73	68,32	37,01	53,84	60,57	32,39	47,12	53,01	27,91	40,60	45,67
	V	1 957,83	107,68	156,62	176,20	IV	1 543,25	81,50	118,55	133,37	78,13	113,64	127,85	74,75	108,74	122,33	71,39	103,84	116,82	68,01	98,93	111,29	64,64	94,02	105,77
	VI	1 991,25	109,51	159,30	179,21																				
5 945,99 Ost	I,IV	1 556,08	85,58	124,48	140,04	I	1 556,08	78,84	114,68	129,01	72,09	104,86	117,97	65,34	95,05	106,93	58,69	85,38	96,05	52,30	76,07	85,58	46,16	67,14	75,53
	II	1 510,33	83,06	120,82	135,92	II	1 510,33	76,32	111,01	124,88	69,57	101,20	113,85	62,84	91,40	102,83	56,27	81,86	92,09	49,98	72,70	81,78	43,93	63,90	71,89
	III	1 042,—	57,31	83,36	93,78	III	1 042,—	52,15	75,86	85,34	47,14	68,57	77,14	42,25	61,46	69,14	37,50	54,54	61,36	32,87	47,81	53,78	28,37	41,26	46,42
	V	1 970,66	108,38	157,65	177,35	IV	1 556,08	82,21	119,58	134,53	78,84	114,68	129,01	75,46	109,77	123,49	72,09	104,86	117,97	68,72	99,96	112,45	65,34	95,05	106,93
	VI	2 004,16	110,22	160,33	180,37																				
5 948,99 West	I,IV	1 544,50	84,94	123,56	139,—	I	1 544,50	78,20	113,74	127,96	71,45	103,94	116,93	64,71	94,12	105,89	58,08	84,48	95,04	51,70	75,21	84,61	45,59	66,32	74,61
	II	1 498,75	82,43	119,90	134,88	II	1 498,75	75,68	110,08	123,84	68,93	100,27	112,80	62,20	90,48	101,79	55,67	80,98	91,10	49,39	71,84	80,82	43,37	63,09	70,97
	III	1 033,—	56,81	82,64	92,97	III	1 033,—	51,68	75,17	84,56	46,67	67,89	76,37	41,80	60,81	68,41	37,06	53,90	60,64	32,44	47,18	53,08	27,95	40,66	45,74
	V	1 959,08	107,74	156,72	176,31	IV	1 544,50	81,57	118,65	133,48	78,20	113,74	127,96	74,83	108,84	122,45	71,45	103,94	116,93	68,08	99,03	111,41	64,71	94,12	105,89
	VI	1 992,50	109,58	159,40	179,32																				
5 948,99 Ost	I,IV	1 557,41	85,65	124,59	140,16	I	1 557,41	78,91	114,78	129,12	72,16	104,96	118,08	65,42	95,16	107,05	58,76	85,48	96,16	52,36	76,16	85,68	46,22	67,23	75,63
	II	1 511,58	83,13	120,92	136,04	II	1 511,58	76,39	111,12	125,01	69,64	101,30	113,96	62,91	91,50	102,94	56,34	81,96	92,20	50,04	72,78	81,88	43,99	63,99	71,99
	III	1 042,83	57,35	83,42	93,85	III	1 042,83	52,21	75,94	85,43	47,19	68,65	77,23	42,31	61,54	69,23	37,55	54,62	61,45	32,91	47,88	53,86	28,41	41,33	46,49
	V	1 971,91	108,45	157,75	177,47	IV	1 557,41	82,28	119,68	134,64	78,91	114,78	129,12	75,53	109,87	123,60	72,16	104,96	118,08	68,79	100,06	112,56	65,42	95,16	107,05
	VI	2 005,41	110,29	160,43	180,48																				
5 951,99 West	I,IV	1 545,75	85,01	123,66	139,11	I	1 545,75	78,26	113,84	128,07	71,52	104,04	117,04	64,78	94,22	106,—	58,14	84,58	95,15	51,77	75,30	84,71	45,65	66,40	74,70
	II	1 500,—	82,50	120,—	135,—	II	1 500,—	75,75	110,18	123,95	69,—	100,37	112,91	62,27	90,58	101,90	55,73	81,07	91,20	49,45	71,94	80,93	43,43	63,18	71,07
	III	1 034,—	56,87	82,72	93,06	III	1 034,—	51,73	75,25	84,65	46,73	67,97	76,46	41,85	60,88	68,49	37,10	53,97	60,71	32,48	47,25	53,15	28,—	40,73	45,82
	V	1 960,33	107,81	156,82	176,42	IV	1 545,75	81,64	118,75	133,59	78,26	113,84	128,07	74,90	108,94	122,56	71,52	104,04	117,04	68,15	99,13	111,52	64,78	94,22	106,—
	VI	1 993,75	109,65	159,50	179,43																				
5 951,99 Ost	I,IV	1 558,66	85,72	124,69	140,27	I	1 558,66	78,98	114,88	129,24	72,23	105,06	118,19	65,49	95,26	107,16	58,83	85,57	96,26	52,42	76,26	85,79	46,28	67,32	75,74
	II	1 512,83	83,20	121,02	136,15	II	1 512,83	76,46	111,22	125,12	69,71	101,40	114,08	62,97	91,60	103,05	56,41	82,05	92,30	50,10	72,88	81,99	44,05	64,08	72,09
	III	1 043,83	57,41	83,50	93,94	III	1 043,83	52,26	76,02	85,52	47,24	68,72	77,31	42,35	61,61	69,31	37,60	54,69	61,52	32,97	47,96	53,95	28,46	41,40	46,57
	V	1 973,25	108,52	157,86	177,59	IV	1 558,66	82,35	119,78	134,75	78,98	114,88	129,24	75,60	109,97	123,71	72,23	105,06	118,19	68,86	100,16	112,68	65,49	95,26	107,16
	VI	2 006,66	110,36	160,53	180,59																				

* Die ausgewiesenen Tabellenwerte sind amtlich. Siehe Erläuterungen auf der Umschlaginnenseite (U2).

MONAT 5 952,–*

Abzüge an Lohnsteuer, Solidaritätszuschlag (SolZ) und Kirchensteuer (8%, 9%) in den Steuerklassen

Lohn/ Gehalt bis €*	I – VI	LSt	ohne Kinderfreibeträge SolZ	8%	9%	I, II, III, IV	LSt	mit Zahl der Kinderfreibeträge . . . 0,5 SolZ	8%	9%	1 SolZ	8%	9%	1,5 SolZ	8%	9%	2 SolZ	8%	9%	2,5 SolZ	8%	9%	3 SolZ	8%	9%
5 954,99 West	I,IV	1 547,—	85,08	123,76	139,23	I	1 547,—	78,34	113,95	128,19	71,59	104,14	117,15	64,84	94,32	106,11	58,21	84,68	95,26	51,83	75,40	84,82	45,71	66,49	74,80
	II	1 501,25	82,56	120,10	135,11	II	1 501,25	75,82	110,28	124,07	69,08	100,48	113,04	62,34	90,68	102,01	55,80	81,17	91,31	49,52	72,03	81,03	43,49	63,26	71,17
	III	1 034,83	56,91	82,78	93,13	III	1 034,83	51,78	75,32	84,73	46,77	68,04	76,54	41,90	60,94	68,56	37,15	54,04	60,79	32,53	47,32	53,23	28,05	40,80	45,90
	V	1 961,58	107,88	156,92	176,54	IV	1 547,—	81,71	118,85	133,70	78,34	113,95	128,19	74,96	109,04	122,67	71,59	104,14	117,15	68,22	99,23	111,63	64,84	94,32	106,11
	VI	1 995,08	109,72	159,60	179,55																				
5 954,99 Ost	I,IV	1 559,91	85,79	124,79	140,39	I	1 559,91	79,04	114,98	129,35	72,30	105,16	118,31	65,56	95,36	107,28	58,90	85,67	96,38	52,49	76,35	85,89	46,34	67,41	75,83
	II	1 514,08	83,27	121,12	136,26	II	1 514,08	76,53	111,32	125,23	69,78	101,50	114,19	63,04	91,70	103,16	56,48	82,15	92,42	50,16	72,97	82,09	44,11	64,17	72,19
	III	1 044,83	57,46	83,58	94,03	III	1 044,83	52,32	76,10	85,61	47,30	68,80	77,40	42,41	61,69	69,40	37,64	54,76	61,60	33,01	48,02	54,02	28,50	41,46	46,64
	V	1 974,50	108,59	157,96	177,70	IV	1 559,91	82,42	119,88	134,87	79,04	114,98	129,35	75,67	110,07	123,83	72,30	105,16	118,31	68,93	100,26	112,79	65,56	95,36	107,28
	VI	2 007,91	110,43	160,63	180,71																				
5 957,99 West	I,IV	1 548,25	85,15	123,86	139,34	I	1 548,25	78,41	114,05	128,30	71,66	104,24	117,27	64,91	94,42	106,22	58,28	84,77	95,36	51,90	75,49	84,92	45,77	66,58	74,90
	II	1 502,50	82,63	120,20	135,22	II	1 502,50	75,89	110,38	124,18	69,14	100,58	113,15	62,41	90,78	102,12	55,87	81,26	91,42	49,58	72,12	81,14	43,55	63,35	71,27
	III	1 035,83	56,97	82,86	93,22	III	1 035,83	51,83	75,40	84,82	46,83	68,12	76,63	41,95	61,02	68,65	37,20	54,12	60,88	32,58	47,40	53,32	28,09	40,86	45,97
	V	1 962,83	107,95	157,02	176,65	IV	1 548,25	81,78	118,96	133,83	78,41	114,05	128,30	75,03	109,14	122,78	71,66	104,24	117,27	68,29	99,33	111,74	64,91	94,42	106,22
	VI	1 996,33	109,79	159,70	179,66																				
5 957,99 Ost	I,IV	1 561,16	85,86	124,89	140,50	I	1 561,16	79,11	115,08	129,46	72,37	105,27	118,43	65,62	95,46	107,39	58,96	85,77	96,49	52,56	76,45	86,—	46,40	67,50	75,93
	II	1 515,41	83,34	121,23	136,38	II	1 515,41	76,60	111,42	125,34	69,85	101,60	114,30	63,11	91,80	103,28	56,54	82,24	92,52	50,23	73,06	82,19	44,17	64,26	72,29
	III	1 045,83	57,52	83,66	94,12	III	1 045,83	52,36	76,17	85,69	47,35	68,88	77,49	42,46	61,76	69,48	37,69	54,82	61,67	33,06	48,09	54,10	28,55	41,53	46,72
	V	1 975,75	108,66	158,06	177,81	IV	1 561,16	82,49	119,98	134,98	79,11	115,08	129,46	75,74	110,17	123,94	72,37	105,27	118,43	69,—	100,36	112,91	65,62	95,46	107,39
	VI	2 009,16	110,50	160,73	180,82																				
5 960,99 West	I,IV	1 549,58	85,22	123,96	139,46	I	1 549,58	78,48	114,15	128,42	71,73	104,34	117,38	64,98	94,52	106,34	58,35	84,87	95,48	51,96	75,58	85,03	45,83	66,67	75,—
	II	1 503,75	82,70	120,30	135,33	II	1 503,75	75,95	110,48	124,29	69,21	100,68	113,26	62,48	90,88	102,24	55,93	81,36	91,53	49,64	72,21	81,23	43,61	63,44	71,37
	III	1 036,83	57,02	82,94	93,31	III	1 036,83	51,89	75,48	84,91	46,87	68,18	76,70	42,—	61,09	68,72	37,25	54,18	60,95	32,63	47,46	53,39	28,13	40,92	46,03
	V	1 964,08	108,02	157,12	176,76	IV	1 549,58	81,85	119,06	133,94	78,48	114,15	128,42	75,10	109,24	122,90	71,73	104,34	117,38	68,36	99,43	111,86	64,98	94,52	106,34
	VI	1 997,58	109,86	159,80	179,78																				
5 960,99 Ost	I,IV	1 562,41	85,93	124,99	140,61	I	1 562,41	79,18	115,18	129,57	72,44	105,37	118,54	65,69	95,56	107,50	59,03	85,86	96,59	52,62	76,54	86,11	46,47	67,59	76,04
	II	1 516,66	83,41	121,33	136,49	II	1 516,66	76,67	111,52	125,46	69,92	101,70	114,41	63,18	91,90	103,39	56,61	82,34	92,63	50,29	73,16	82,30	44,23	64,34	72,38
	III	1 046,83	57,57	83,74	94,21	III	1 046,83	52,42	76,25	85,78	47,40	68,94	77,56	42,50	61,82	69,55	37,74	54,90	61,76	33,11	48,16	54,18	28,60	41,60	46,80
	V	1 977,—	108,73	158,16	177,93	IV	1 562,41	82,55	120,08	135,09	79,18	115,18	129,57	75,81	110,28	124,06	72,44	105,37	118,54	69,07	100,46	113,02	65,69	95,56	107,50
	VI	2 010,41	110,57	160,83	180,93																				
5 963,99 West	I,IV	1 550,83	85,29	124,06	139,57	I	1 550,83	78,54	114,25	128,53	71,80	104,44	117,49	65,06	94,63	106,46	58,41	84,96	95,58	52,03	75,68	85,14	45,90	66,76	75,11
	II	1 505,—	82,77	120,40	135,45	II	1 505,—	76,03	110,59	124,41	69,28	100,78	113,37	62,54	90,98	102,35	56,—	81,46	91,64	49,71	72,30	81,34	43,67	63,53	71,47
	III	1 037,83	57,08	83,02	93,40	III	1 037,83	51,93	75,54	84,98	46,93	68,26	76,79	42,04	61,16	68,80	37,29	54,25	61,03	32,67	47,53	53,47	28,17	40,98	46,10
	V	1 965,33	108,09	157,22	176,87	IV	1 550,83	81,92	119,16	134,05	78,54	114,25	128,53	75,17	109,34	123,01	71,80	104,44	117,49	68,42	99,53	111,97	65,06	94,63	106,46
	VI	1 998,83	109,93	159,90	179,89																				
5 963,99 Ost	I,IV	1 563,66	86,—	125,09	140,72	I	1 563,66	79,25	115,28	129,69	72,51	105,47	118,65	65,76	95,66	107,61	59,10	85,96	96,71	52,69	76,64	86,22	46,53	67,68	76,14
	II	1 517,91	83,48	121,43	136,61	II	1 517,91	76,73	111,62	125,57	69,99	101,80	114,53	63,25	92,—	103,50	56,67	82,44	92,74	50,36	73,25	82,40	44,30	64,44	72,49
	III	1 047,83	57,63	83,82	94,30	III	1 047,83	52,47	76,33	85,87	47,45	69,02	77,65	42,56	61,90	69,64	37,79	54,97	61,84	33,15	48,22	54,25	28,64	41,66	46,87
	V	1 978,25	108,80	158,26	178,04	IV	1 563,66	82,62	120,18	135,20	79,25	115,28	129,69	75,88	110,38	124,17	72,51	105,47	118,65	69,13	100,56	113,13	65,76	95,66	107,61
	VI	2 011,75	110,64	160,94	181,05																				
5 966,99 West	I,IV	1 552,08	85,36	124,16	139,68	I	1 552,08	78,61	114,35	128,64	71,87	104,54	117,60	65,12	94,73	106,57	58,48	85,06	95,69	52,09	75,77	85,24	45,96	66,85	75,20
	II	1 506,25	82,84	120,50	135,56	II	1 506,25	76,10	110,69	124,52	69,35	100,88	113,49	62,61	91,08	102,46	56,06	81,55	91,74	49,77	72,40	81,45	43,73	63,62	71,57
	III	1 038,83	57,13	83,10	93,49	III	1 038,83	51,99	75,62	85,07	46,97	68,33	76,87	42,10	61,24	68,89	37,34	54,32	61,11	32,72	47,60	53,55	28,22	41,05	46,18
	V	1 966,66	108,16	157,33	176,99	IV	1 552,08	81,99	119,26	134,16	78,61	114,35	128,64	75,24	109,44	123,12	71,87	104,54	117,60	68,50	99,64	112,09	65,12	94,73	106,57
	VI	2 000,08	110,—	160,—	180,—																				
5 966,99 Ost	I,IV	1 564,91	86,07	125,19	140,84	I	1 564,91	79,32	115,38	129,80	72,58	105,57	118,76	65,83	95,76	107,73	59,17	86,06	96,82	52,75	76,73	86,32	46,59	67,77	76,24
	II	1 519,16	83,55	121,53	136,72	II	1 519,16	76,80	111,72	125,68	70,06	101,91	114,65	63,32	92,10	103,61	56,74	82,54	92,85	50,42	73,34	82,51	44,36	64,52	72,59
	III	1 048,66	57,67	83,89	94,37	III	1 048,66	52,52	76,40	85,95	47,50	69,09	77,72	42,60	61,97	69,71	37,84	55,04	61,92	33,20	48,29	54,32	28,69	41,73	46,94
	V	1 979,50	108,87	158,36	178,15	IV	1 564,91	82,69	120,28	135,32	79,32	115,38	129,80	75,95	110,48	124,29	72,58	105,57	118,76	69,20	100,66	113,24	65,83	95,76	107,73
	VI	2 013,—	110,71	161,04	181,17																				
5 969,99 West	I,IV	1 553,33	85,43	124,26	139,79	I	1 553,33	78,68	114,45	128,75	71,94	104,64	117,72	65,19	94,83	106,68	58,55	85,16	95,81	52,15	75,86	85,34	46,02	66,94	75,31
	II	1 507,58	82,91	120,60	135,68	II	1 507,58	76,17	110,79	124,64	69,42	100,98	113,60	62,68	91,18	102,57	56,13	81,64	91,85	49,83	72,49	81,55	43,79	63,70	71,66
	III	1 039,83	57,19	83,18	93,58	III	1 039,83	52,04	75,70	85,16	47,03	68,41	76,96	42,14	61,30	68,96	37,40	54,40	61,20	32,77	47,66	53,62	28,27	41,12	46,26
	V	1 967,91	108,23	157,43	177,11	IV	1 553,33	82,06	119,36	134,28	78,68	114,45	128,75	75,31	109,54	123,23	71,94	104,64	117,72	68,57	99,74	112,20	65,19	94,83	106,68
	VI	2 001,33	110,07	160,10	180,11																				
5 969,99 Ost	I,IV	1 566,16	86,13	125,29	140,95	I	1 566,16	79,39	115,48	129,92	72,65	105,67	118,88	65,90	95,86	107,84	59,23	86,16	96,93	52,81	76,82	86,42	46,65	67,86	76,34
	II	1 520,41	83,62	121,63	136,83	II	1 520,41	76,87	111,82	125,79	70,13	102,01	114,76	63,39	92,20	103,73	56,81	82,63	92,96	50,48	73,43	82,61	44,42	64,61	72,68
	III	1 049,66	57,73	83,97	94,46	III	1 049,66	52,58	76,48	86,04	47,55	69,17	77,81	42,66	62,05	69,80	37,88	55,10	61,99	33,24	48,36	54,40	28,73	41,80	47,02
	V	1 980,75	108,94	158,46	178,26	IV	1 566,16	82,77	120,39	135,44	79,39	115,48	129,92	76,02	110,58	124,40	72,65	105,67	118,88	69,27	100,76	113,36	65,90	95,86	107,84
	VI	2 014,25	110,78	161,14	181,28																				
5 972,99 West	I,IV	1 554,58	85,50	124,36	139,91	I	1 554,58	78,75	114,55	128,87	72,01	104,74	117,83	65,26	94,93	106,79	58,61	85,26	95,91	52,22	75,96	85,45	46,08	67,03	75,41
	II	1 508,83	82,98	120,70	135,79	II	1 508,83	76,23	110,89	124,75	69,49	101,08	113,71	62,75	91,28	102,69	56,20	81,74	91,96	49,90	72,58	81,65	43,86	63,80	71,77
	III	1 040,66	57,23	83,25	93,65	III	1 040,66	52,09	75,77	85,24	47,08	68,49	77,05	42,20	61,38	69,05	37,44	54,46	61,27	32,81	47,73	53,69	28,31	41,18	46,33
	V	1 969,16	108,30	157,53	177,22	IV	1 554,58	82,12	119,46	134,39	78,75	114,55	128,87	75,38	109,64	123,35	72,01	104,74	117,83	68,64	99,84	112,32	65,26	94,93	106,79
	VI	2 002,58	110,14	160,20	180,23																				
5 972,99 Ost	I,IV	1 567,50	86,21	125,40	141,07	I	1 567,50	79,46	115,58	130,03	72,71	105,77	118,99	65,97	95,96	107,96	59,30	86,26	97,04	52,88	76,92	86,53	46,71	67,95	76,44
	II	1 521,66	83,69	121,73	136,94	II	1 521,66	76,94	111,92	125,91	70,20	102,11	114,87	63,46	92,30	103,84	56,87	82,72	93,06	50,54	73,52	82,71	44,48	64,70	72,78
	III	1 050,66	57,78	84,05	94,55	III	1 050,66	52,63	76,56	86,13	47,60	69,24	77,89	42,70	62,12	69,88	37,94	55,18	62,08	33,29	48,42	54,47	28,78	41,86	47,09
	V	1 982,—	109,01	158,56	178,38	IV	1 567,50	82,83	120,49	135,55	79,46	115,58	130,03	76,09	110,68	124,51	72,71	105,77	118,99	69,34	100,86	113,47	65,97	95,96	107,96
	VI	2 015,50	110,85	161,24	181,39																				
5 975,99 West	I,IV	1 555,83	85,57	124,46	140,02	I	1 555,83	78,82	114,65	128,98	72,08	104,84	117,95	65,33	95,03	106,91	58,68	85,36	96,03	52,28	76,05	85,55	46,14	67,12	75,51
	II	1 510,08	83,05	120,80	135,90	II	1 510,08	76,30	110,99	124,86	69,56	101,18	113,82	62,82	91,38	102,80	56,26	81,84	92,07	49,96	72,68	81,76	43,92	63,88	71,87
	III	1 041,66	57,29	83,33	93,74	III	1 041,66	52,14	75,85	85,33	47,13	68,56	77,13	42,24	61,45	69,13	37,49	54,53	61,34	32,86	47,80	53,77	28,36	41,25	46,40
	V	1 970,41	108,37	157,63	177,33	IV	1 555,83	82,19	119,56	134,50	78,82	114,65	128,98	75,45	109,75	123,47	72,08	104,84	117,95	68,70	99,94	112,43	65,33	95,03	106,91
	VI	2 003,83	110,21	160,30	180,34																				
5 975,99 Ost	I,IV	1 568,75	86,28	125,50	141,18	I	1 568,75	79,53	115,68	130,14	72,78	105,87	119,10	66,04	96,06	108,07	59,37	86,36	97,15	52,94	77,01	86,63	46,78	68,04	76,55
	II	1 522,91	83,76	121,83	137,06	II	1 522,91	77,01	112,02	126,02	70,27	102,21	114,98	63,52	92,40	103,95	56,94	82,82	93,17	50,61	73,62	82,82	44,54	64,79	72,89
	III	1 051,66	57,84	84,13	94,64	III	1 051,66	52,68	76,62	86,20	47,65	69,32	77,98	42,75	62,18	69,95	37,98	55,25	62,15	33,34	48,50	54,56	28,82	41,93	47,17
	V	1 983,25	109,07	158,66	178,49	IV	1 568,75	82,90	120,59	135,66	79,53	115,68	130,14	76,16	110,78	124,62	72,78	105,87	119,10	69,41	100,96	113,58	66,04	96,06	108,07
	VI	2 016,75	110,92	161,34	181,50																				

* Die ausgewiesenen Tabellenwerte sind amtlich. Siehe Erläuterungen auf der Umschlaginnenseite (U2).

Lohn/ Gehalt bis €*	Abzüge an Lohnsteuer, Solidaritätszuschlag (SolZ) und Kirchensteuer (8%, 9%) in den Steuerklassen I – VI					I, II, III, IV		mit Zahl der Kinderfreibeträge . . .																	
			ohne Kinderfreibeträge					0,5			1			1,5			2			2,5			3		
		LSt	SolZ	8%	9%		LSt	SolZ	8%	9%	SolZ	8%	9%	SolZ	8%	9%	SolZ	8%	9%	SolZ	8%	9%	SolZ	8%	9%
5 978,99 West	I,IV	1 557,08	85,63	124,56	140,13	I	1 557,08	78,89	114,76	129,10	72,15	104,94	118,06	65,40	95,13	107,02	58,74	85,45	96,13	52,35	76,14	85,66	46,20	67,21	75,61
	II	1 511,33	83,12	120,90	136,01	II	1 511,33	76,37	111,09	124,97	69,63	101,28	113,94	62,89	91,48	102,91	56,33	81,94	92,18	50,02	72,76	81,86	43,98	63,97	71,96
	III	1 042,66	57,34	83,41	93,83	III	1 042,66	52,20	75,93	85,42	47,19	68,64	77,22	42,30	61,53	69,22	37,53	54,60	61,42	32,90	47,86	53,84	28,40	41,32	46,48
	V	1 971,66	108,44	157,73	177,44	IV	1 557,08	82,26	119,66	134,61	78,89	114,76	129,10	75,52	109,85	123,58	72,15	104,94	118,06	68,77	100,04	112,54	65,40	95,13	107,02
	VI	2 005,16	110,28	160,41	180,46																				
5 978,99 Ost	I,IV	1 570,—	86,35	125,60	141,30	I	1 570,—	79,60	115,78	130,25	72,85	105,97	119,21	66,11	96,16	108,18	59,43	86,45	97,25	53,01	77,10	86,74	46,84	68,13	76,64
	II	1 524,16	83,82	121,93	137,17	II	1 524,16	77,08	112,12	126,14	70,34	102,31	115,10	63,59	92,50	104,06	57,—	82,92	93,28	50,67	73,71	82,92	44,60	64,88	72,99
	III	1 052,66	57,89	84,21	94,73	III	1 052,66	52,73	76,70	86,29	47,70	69,38	78,05	42,80	62,26	70,04	38,03	55,32	62,23	33,39	48,57	54,64	28,87	42,—	47,25
	V	1 984,58	109,15	158,76	178,61	IV	1 570,—	82,97	120,69	135,77	79,60	115,78	130,25	76,23	110,88	124,74	72,85	105,97	119,21	69,48	101,07	113,70	66,11	96,16	108,18
	VI	2 018,—	110,99	161,44	181,62																				
5 981,99 West	I,IV	1 558,33	85,70	124,66	140,24	I	1 558,33	78,96	114,86	129,21	72,21	105,04	118,17	65,47	95,23	107,13	58,81	85,55	96,24	52,41	76,24	85,77	46,27	67,30	75,71
	II	1 512,58	83,19	121,—	136,13	II	1 512,58	76,44	111,19	125,09	69,70	101,38	114,05	62,96	91,58	103,02	56,39	82,03	92,28	50,09	72,86	81,96	44,04	64,06	72,06
	III	1 043,66	57,40	83,49	93,92	III	1 043,66	52,25	76,01	85,51	47,23	68,70	77,29	42,35	61,60	69,30	37,59	54,68	61,51	32,95	47,93	53,92	28,45	41,38	46,55
	V	1 972,91	108,51	157,83	177,56	IV	1 558,33	82,33	119,76	134,73	78,96	114,86	129,21	75,59	109,95	123,69	72,21	105,04	118,17	68,84	100,14	112,65	65,47	95,23	107,13
	VI	2 006,41	110,35	160,51	180,57																				
5 981,99 Ost	I,IV	1 571,25	86,41	125,70	141,41	I	1 571,25	79,67	115,88	130,37	72,93	106,08	119,34	66,18	96,26	108,29	59,50	86,55	97,37	53,07	77,20	86,85	46,90	68,22	76,75
	II	1 525,50	83,90	122,04	137,29	II	1 525,50	77,15	112,22	126,25	70,40	102,41	115,21	63,66	92,60	104,18	57,07	83,02	93,39	50,74	73,80	83,03	44,66	64,96	73,08
	III	1 053,66	57,95	84,29	94,82	III	1 053,66	52,79	76,78	86,38	47,75	69,46	78,14	42,85	62,33	70,12	38,08	55,40	62,32	33,44	48,64	54,72	28,92	42,06	47,32
	V	1 985,83	109,22	158,86	178,72	IV	1 571,25	83,04	120,79	135,89	79,67	115,88	130,37	76,29	110,98	124,85	72,93	106,08	119,34	69,55	101,17	113,81	66,18	96,26	108,29
	VI	2 019,25	111,05	161,54	181,73																				
5 984,99 West	I,IV	1 559,58	85,77	124,76	140,36	I	1 559,58	79,03	114,96	129,33	72,28	105,14	118,28	65,54	95,33	107,24	58,88	85,65	96,35	52,47	76,33	85,87	46,33	67,39	75,81
	II	1 513,83	83,26	121,10	136,24	II	1 513,83	76,51	111,29	125,20	69,77	101,48	114,17	63,03	91,68	103,14	56,46	82,13	92,39	50,15	72,95	82,07	44,10	64,15	72,17
	III	1 044,66	57,45	83,57	94,01	III	1 044,66	52,30	76,08	85,59	47,29	68,78	77,38	42,39	61,66	69,37	37,63	54,74	61,58	33,—	48,01	54,01	28,49	41,45	46,63
	V	1 974,16	108,57	157,93	177,67	IV	1 559,58	82,40	119,86	134,84	79,03	114,96	129,33	75,66	110,05	123,80	72,28	105,14	118,28	68,91	100,24	112,77	65,54	95,33	107,24
	VI	2 007,66	110,42	160,61	180,68																				
5 984,99 Ost	I,IV	1 572,50	86,48	125,80	141,52	I	1 572,50	79,74	115,98	130,48	72,99	106,18	119,45	66,25	96,36	108,41	59,57	86,65	97,48	53,13	77,29	86,95	46,96	68,31	76,85
	II	1 526,75	83,97	122,14	137,40	II	1 526,75	77,22	112,32	126,36	70,47	102,51	115,32	63,73	92,70	104,29	57,14	83,11	93,50	50,80	73,90	83,13	44,72	65,06	73,19
	III	1 054,66	58,—	84,37	94,91	III	1 054,66	52,84	76,86	86,47	47,81	69,54	78,23	42,90	62,41	70,21	38,13	55,46	62,39	33,48	48,70	54,79	28,96	42,13	47,39
	V	1 987,08	109,28	158,96	178,83	IV	1 572,50	83,11	120,89	136,—	79,74	115,98	130,48	76,37	111,08	124,97	72,99	106,18	119,45	69,62	101,27	113,93	66,25	96,36	108,41
	VI	2 020,50	111,12	161,64	181,84																				
5 987,99 West	I,IV	1 560,91	85,85	124,87	140,48	I	1 560,91	79,10	115,06	129,44	72,35	105,24	118,40	65,61	95,44	107,37	58,95	85,74	96,46	52,54	76,42	85,97	46,39	67,48	75,91
	II	1 515,08	83,32	121,20	136,35	II	1 515,08	76,58	111,40	125,32	69,84	101,58	114,28	63,09	91,78	103,25	56,53	82,22	92,50	50,21	73,04	82,17	44,16	64,24	72,27
	III	1 045,66	57,51	83,65	94,10	III	1 045,66	52,36	76,16	85,68	47,33	68,85	77,45	42,45	61,74	69,46	37,68	54,81	61,66	33,05	48,08	54,09	28,54	41,52	46,71
	V	1 975,41	108,64	158,03	177,78	IV	1 560,91	82,47	119,96	134,96	79,10	115,06	129,44	75,73	110,15	123,92	72,35	105,24	118,40	68,98	100,34	112,88	65,61	95,44	107,37
	VI	2 008,91	110,49	160,71	180,80																				
5 987,99 Ost	I,IV	1 573,75	86,55	125,90	141,63	I	1 573,75	79,80	116,08	130,59	73,06	106,28	119,56	66,32	96,46	108,52	59,64	86,75	97,59	53,20	77,39	87,06	47,02	68,40	76,95
	II	1 528,—	84,04	122,24	137,52	II	1 528,—	77,29	112,42	126,47	70,54	102,61	115,43	63,80	92,80	104,40	57,20	83,21	93,61	50,87	73,99	83,24	44,78	65,14	73,28
	III	1 055,50	58,05	84,44	94,99	III	1 055,50	52,89	76,93	86,54	47,85	69,61	78,31	42,95	62,48	70,29	38,17	55,53	62,47	33,53	48,77	54,86	29,01	42,20	47,47
	V	1 988,33	109,35	159,06	178,94	IV	1 573,75	83,18	120,99	136,11	79,80	116,08	130,59	76,44	111,18	125,08	73,06	106,28	119,56	69,69	101,37	114,04	66,32	96,46	108,52
	VI	2 021,75	111,19	161,74	181,95																				
5 990,99 West	I,IV	1 562,16	85,91	124,97	140,59	I	1 562,16	79,17	115,16	129,55	72,42	105,34	118,51	65,68	95,54	107,48	59,01	85,84	96,57	52,60	76,52	86,08	46,45	67,57	76,01
	II	1 516,33	83,39	121,30	136,46	II	1 516,33	76,65	111,50	125,43	69,90	101,68	114,39	63,16	91,88	103,36	56,59	82,32	92,61	50,28	73,14	82,28	44,22	64,32	72,36
	III	1 046,50	57,55	83,72	94,18	III	1 046,50	52,41	76,24	85,77	47,39	68,93	77,54	42,49	61,81	69,53	37,73	54,88	61,74	33,10	48,14	54,16	28,59	41,58	46,78
	V	1 976,75	108,72	158,14	177,90	IV	1 562,16	82,54	120,06	135,07	79,17	115,16	129,55	75,79	110,25	124,03	72,42	105,34	118,51	69,05	100,44	113,—	65,68	95,54	107,48
	VI	2 010,16	110,55	160,81	180,91																				
5 990,99 Ost	I,IV	1 575,—	86,62	126,—	141,75	I	1 575,—	79,88	116,19	130,71	73,13	106,38	119,67	66,38	96,56	108,63	59,70	86,84	97,70	53,27	77,48	87,17	47,08	68,49	77,05
	II	1 529,25	84,10	122,34	137,63	II	1 529,25	77,36	112,52	126,59	70,62	102,72	115,56	63,87	92,90	104,51	57,27	83,30	93,71	50,93	74,08	83,34	44,84	65,23	73,38
	III	1 056,50	58,10	84,52	95,08	III	1 056,50	52,94	77,01	86,63	47,91	69,69	78,40	43,01	62,56	70,38	38,22	55,60	62,55	33,57	48,84	54,94	29,05	42,26	47,54
	V	1 989,58	109,42	159,16	179,06	IV	1 575,—	83,25	121,09	136,22	79,88	116,19	130,71	76,50	111,28	125,19	73,13	106,38	119,67	69,76	101,47	114,15	66,38	96,56	108,63
	VI	2 023,08	111,26	161,84	182,07																				
5 993,99 West	I,IV	1 563,41	85,98	125,07	140,70	I	1 563,41	79,24	115,26	129,66	72,49	105,44	118,62	65,75	95,64	107,59	59,08	85,94	96,68	52,67	76,62	86,19	46,52	67,66	76,12
	II	1 517,58	83,46	121,40	136,58	II	1 517,58	76,72	111,60	125,55	69,97	101,78	114,50	63,23	91,98	103,47	56,66	82,42	92,72	50,34	73,23	82,38	44,28	64,42	72,47
	III	1 047,50	57,61	83,80	94,27	III	1 047,50	52,46	76,30	85,84	47,43	69,—	77,62	42,54	61,89	69,62	37,78	54,96	61,83	33,14	48,21	54,23	28,63	41,65	46,85
	V	1 978,—	108,79	158,24	178,02	IV	1 563,41	82,61	120,16	135,18	79,24	115,26	129,66	75,86	110,35	124,14	72,49	105,44	118,62	69,12	100,54	113,11	65,75	95,64	107,59
	VI	2 011,41	110,62	160,91	181,02																				
5 993,99 Ost	I,IV	1 576,25	86,69	126,10	141,86	I	1 576,25	79,95	116,29	130,82	73,20	106,48	119,79	66,45	96,66	108,74	59,77	86,94	97,81	53,33	77,58	87,27	47,15	68,58	77,15
	II	1 530,50	84,17	122,44	137,74	II	1 530,50	77,43	112,62	126,70	70,68	102,82	115,67	63,94	93,—	104,63	57,34	83,40	93,83	50,99	74,18	83,45	44,91	65,32	73,49
	III	1 057,50	58,16	84,60	95,17	III	1 057,50	53,—	77,09	86,72	47,96	69,76	78,48	43,05	62,62	70,45	38,28	55,68	62,64	33,62	48,90	55,01	29,10	42,33	47,62
	V	1 990,83	109,49	159,26	179,17	IV	1 576,25	83,32	121,20	136,35	79,95	116,29	130,82	76,57	111,38	125,30	73,20	106,48	119,79	69,83	101,57	114,26	66,45	96,66	108,74
	VI	2 024,33	111,33	161,94	182,18																				
5 996,99 West	I,IV	1 564,66	86,05	125,17	140,81	I	1 564,66	79,31	115,36	129,78	72,56	105,55	118,74	65,82	95,74	107,70	59,15	86,04	96,79	52,74	76,71	86,30	46,58	67,75	76,22
	II	1 518,91	83,54	121,51	136,70	II	1 518,91	76,79	111,70	125,66	70,04	101,88	114,62	63,30	92,08	103,59	56,72	82,51	92,82	50,41	73,32	82,49	44,34	64,50	72,56
	III	1 048,50	57,66	83,88	94,36	III	1 048,50	52,51	76,38	85,93	47,49	69,08	77,71	42,59	61,96	69,70	37,83	55,02	61,90	33,19	48,28	54,31	28,68	41,72	46,93
	V	1 979,25	108,85	158,34	178,13	IV	1 564,66	82,68	120,26	135,29	79,31	115,36	129,78	75,93	110,45	124,25	72,56	105,55	118,74	69,19	100,64	113,22	65,82	95,74	107,70
	VI	2 012,66	110,69	161,01	181,13																				
5 996,99 Ost	I,IV	1 577,58	86,76	126,20	141,98	I	1 577,58	80,02	116,39	130,94	73,27	106,58	119,90	66,52	96,76	108,86	59,84	87,04	97,92	53,40	77,67	87,38	47,21	68,67	77,25
	II	1 531,75	84,24	122,54	137,85	II	1 531,75	77,49	112,72	126,81	70,75	102,92	115,78	64,01	93,10	104,74	57,40	83,50	93,93	51,06	74,27	83,55	44,97	65,41	73,58
	III	1 058,50	58,21	84,68	95,26	III	1 058,50	53,04	77,16	86,80	48,01	69,84	78,57	43,10	62,69	70,52	38,32	55,74	62,71	33,67	48,98	55,10	29,15	42,40	47,70
	V	1 992,08	109,56	159,36	179,28	IV	1 577,58	83,39	121,30	136,46	80,02	116,39	130,94	76,64	111,48	125,42	73,27	106,58	119,90	69,90	101,67	114,38	66,52	96,76	108,86
	VI	2 025,58	111,40	162,04	182,30																				
5 999,99 West	I,IV	1 565,91	86,12	125,27	140,93	I	1 565,91	79,37	115,46	129,89	72,63	105,65	118,85	65,89	95,84	107,82	59,22	86,14	96,90	52,80	76,80	86,40	46,64	67,84	76,32
	II	1 520,16	83,60	121,61	136,81	II	1 520,16	76,86	111,80	125,77	70,11	101,98	114,73	63,37	92,18	103,70	56,79	82,61	92,93	50,47	73,41	82,58	44,40	64,59	72,66
	III	1 049,50	57,72	83,96	94,45	III	1 049,50	52,57	76,46	86,02	47,54	69,16	77,80	42,64	62,02	69,77	37,87	55,09	61,97	33,23	48,34	54,38	28,72	41,78	47,—
	V	1 980,50	108,92	158,44	178,24	IV	1 565,91	82,75	120,36	135,41	79,37	115,46	129,89	76,01	110,56	124,38	72,63	105,65	118,85	69,26	100,74	113,33	65,89	95,84	107,82
	VI	2 013,91	110,76	161,11	181,25																				
5 999,99 Ost	I,IV	1 578,83	86,83	126,30	142,09	I	1 578,83	80,08	116,49	131,05	73,34	106,68	120,01	66,60	96,87	108,98	59,90	87,14	98,03	53,46	77,76	87,48	47,27	68,76	77,36
	II	1 533,—	84,31	122,64	137,97	II	1 533,—	77,57	112,83	126,93	70,82	103,02	115,89	64,07	93,20	104,85	57,47	83,60	94,05	51,12	74,36	83,66	45,03	65,50	73,68
	III	1 059,50	58,27	84,76	95,35	III	1 059,50	53,10	77,24	86,89	48,06	69,90	78,64	43,15	62,77	70,61	38,37	55,81	62,78	33,72	49,05	55,18	29,19	42,46	47,77
	V	1 993,33	109,63	159,46	179,39	IV	1 578,83	83,46	121,40	136,57	80,08	116,49	131,05	76,71	111,58	125,53	73,34	106,68	120,01	69,96	101,77	114,49	66,60	96,87	108,98
	VI	2 026,83	111,47	162,14	182,41																				

* Die ausgewiesenen Tabellenwerte sind amtlich. Siehe Erläuterungen auf der Umschlaginnenseite (U2).

MONAT 6 000,–*

Abzüge an Lohnsteuer, Solidaritätszuschlag (SolZ) und Kirchensteuer (8%, 9%) in den Steuerklassen

Lohn/ Gehalt bis €*	I – VI		ohne Kinderfreibeträge			I, II, III, IV		mit Zahl der Kinderfreibeträge . . . 0,5			1			1,5			2			2,5			3		
		LSt	SolZ	8%	9%		LSt	SolZ	8%	9%	SolZ	8%	9%	SolZ	8%	9%	SolZ	8%	9%	SolZ	8%	9%	SolZ	8%	9%
6 002,99 West	I,IV	1 567,16	86,19	125,37	141,04	I	1 567,16	79,45	115,56	130,01	72,70	105,75	118,97	65,95	95,94	107,93	59,29	86,24	97,02	52,86	76,90	86,51	46,70	67,93	76,42
	II	1 521,41	83,67	121,71	136,92	II	1 521,41	76,93	111,90	125,88	70,18	102,08	114,84	63,44	92,28	103,81	56,86	82,70	93,04	50,53	73,50	82,69	44,46	64,68	72,76
	III	1 050,50	57,77	84,04	94,54	III	1 050,50	52,61	76,53	86,09	47,59	69,22	77,87	42,69	62,10	69,86	37,93	55,17	62,06	33,28	48,41	54,46	28,77	41,85	47,08
	V	1 981,75	108,99	158,54	178,35	IV	1 567,16	82,82	120,46	135,52	79,45	115,56	130,01	76,07	110,66	124,49	72,70	105,75	118,97	69,33	100,84	113,45	65,95	95,94	107,93
	VI	2 015,25	110,83	161,22	181,37																				
6 002,99 Ost	I,IV	1 580,08	86,90	126,40	142,20	I	1 580,08	80,15	116,59	131,16	73,41	106,78	120,12	66,66	96,97	109,09	59,97	87,24	98,14	53,52	77,86	87,59	47,34	68,86	77,46
	II	1 534,25	84,38	122,74	138,08	II	1 534,25	77,64	112,93	127,04	70,89	103,12	116,01	64,14	93,30	104,96	57,53	83,69	94,15	51,19	74,46	83,76	45,09	65,59	73,79
	III	1 060,50	58,32	84,84	95,44	III	1 060,50	53,15	77,32	86,98	48,11	69,98	78,73	43,20	62,84	70,69	38,42	55,89	62,87	33,77	49,12	55,26	29,24	42,53	47,84
	V	1 994,66	109,70	159,57	179,51	IV	1 580,08	83,53	121,50	136,68	80,15	116,59	131,16	76,78	111,68	125,64	73,41	106,78	120,12	70,04	101,88	114,61	66,66	96,97	109,09
	VI	2 028,08	111,54	162,24	182,52																				
6 005,99 West	I,IV	1 568,41	86,26	125,47	141,15	I	1 568,41	79,52	115,66	130,12	72,77	105,85	119,08	66,02	96,04	108,04	59,35	86,33	97,12	52,93	76,99	86,61	46,76	68,02	76,52
	II	1 522,66	83,74	121,81	137,03	II	1 522,66	77,–	112,–	126,–	70,25	102,19	114,96	63,51	92,38	103,92	56,92	82,80	93,15	50,60	73,60	82,80	44,53	64,77	72,86
	III	1 051,50	57,83	84,12	94,63	III	1 051,50	52,67	76,61	86,18	47,64	69,30	77,96	42,74	62,17	69,94	37,97	55,24	62,14	33,33	48,48	54,54	28,82	41,92	47,16
	V	1 983,–	109,06	158,64	178,47	IV	1 568,41	82,88	120,56	135,63	79,52	115,66	130,12	76,14	110,76	124,60	72,77	105,85	119,08	69,40	100,94	113,56	66,02	96,04	108,04
	VI	2 016,50	110,90	161,32	181,48																				
6 005,99 Ost	I,IV	1 581,33	86,97	126,50	142,31	I	1 581,33	80,22	116,69	131,27	73,48	106,88	120,24	66,73	97,07	109,20	60,04	87,34	98,25	53,59	77,95	87,69	47,40	68,94	77,56
	II	1 535,58	84,45	122,84	138,20	II	1 535,58	77,71	113,03	127,16	70,96	103,22	116,12	64,22	93,41	105,08	57,60	83,79	94,26	51,25	74,55	83,87	45,15	65,68	73,89
	III	1 061,50	58,38	84,92	95,53	III	1 061,50	53,21	77,40	87,07	48,17	70,06	78,82	43,25	62,92	70,78	38,47	55,96	62,95	33,81	49,18	55,33	29,28	42,60	47,92
	V	1 995,91	109,77	159,67	179,63	IV	1 581,33	83,60	121,60	136,80	80,22	116,69	131,27	76,85	111,78	125,75	73,48	106,88	120,24	70,11	101,98	114,72	66,73	97,07	109,20
	VI	2 029,33	111,61	162,34	182,63																				
6 008,99 West	I,IV	1 569,66	86,33	125,57	141,26	I	1 569,66	79,58	115,76	130,23	72,84	105,95	119,19	66,09	96,14	108,15	59,42	86,43	97,23	52,99	77,08	86,72	46,82	68,11	76,62
	II	1 523,91	83,81	121,91	137,15	II	1 523,91	77,06	112,10	126,11	70,32	102,29	115,07	63,58	92,48	104,04	56,99	82,90	93,26	50,66	73,69	82,90	44,59	64,86	72,96
	III	1 052,50	57,88	84,20	94,72	III	1 052,50	52,72	76,69	86,27	47,69	69,37	78,04	42,79	62,25	70,03	38,02	55,30	62,21	33,38	48,56	54,63	28,86	41,98	47,23
	V	1 984,25	109,13	158,74	178,58	IV	1 569,66	82,96	120,67	135,75	79,58	115,76	130,23	76,21	110,86	124,71	72,84	105,95	119,19	69,46	101,04	113,67	66,09	96,14	108,15
	VI	2 017,75	110,97	161,42	181,59																				
6 008,99 Ost	I,IV	1 582,58	87,04	126,60	142,43	I	1 582,58	80,29	116,79	131,39	73,55	106,98	120,35	66,80	97,17	109,31	60,11	87,44	98,37	53,66	78,05	87,80	47,46	69,04	77,67
	II	1 536,83	84,52	122,94	138,31	II	1 536,83	77,77	113,13	127,27	71,03	103,32	116,23	64,29	93,51	105,20	57,67	83,88	94,37	51,31	74,64	83,97	45,21	65,77	73,99
	III	1 062,33	58,42	84,98	95,60	III	1 062,33	53,25	77,46	87,14	48,21	70,13	78,89	43,30	62,98	70,85	38,51	56,02	63,02	33,86	49,25	55,40	29,33	42,66	47,99
	V	1 997,16	109,84	159,77	179,74	IV	1 582,58	83,66	121,70	136,91	80,29	116,79	131,39	76,92	111,88	125,87	73,55	106,98	120,35	70,18	102,08	114,84	66,80	97,17	109,31
	VI	2 030,58	111,68	162,44	182,75																				
6 011,99 West	I,IV	1 571,–	86,40	125,68	141,39	I	1 571,–	79,65	115,86	130,34	72,91	106,05	119,30	66,16	96,24	108,27	59,49	86,53	97,34	53,06	77,18	86,82	46,89	68,20	76,73
	II	1 525,16	83,88	122,01	137,26	II	1 525,16	77,14	112,20	126,23	70,39	102,39	115,19	63,65	92,58	104,15	57,06	83,–	93,37	50,72	73,78	83,–	44,65	64,94	73,06
	III	1 053,33	57,93	84,26	94,79	III	1 053,33	52,78	76,77	86,36	47,74	69,45	78,13	42,84	62,32	70,11	38,06	55,37	62,29	33,43	48,62	54,70	28,91	42,05	47,30
	V	1 985,50	109,20	158,84	178,69	IV	1 571,–	83,03	120,77	135,86	79,65	115,86	130,34	76,28	110,96	124,83	72,91	106,05	119,30	69,53	101,14	113,78	66,16	96,24	108,27
	VI	2 019,–	111,04	161,52	181,71																				
6 011,99 Ost	I,IV	1 583,83	87,11	126,70	142,54	I	1 583,83	80,36	116,89	131,50	73,62	107,08	120,47	66,87	97,27	109,43	60,17	87,53	98,47	53,72	78,14	87,91	47,52	69,12	77,76
	II	1 538,08	84,59	123,04	138,42	II	1 538,08	77,84	113,23	127,38	71,10	103,42	116,34	64,35	93,61	105,31	57,74	83,98	94,48	51,37	74,73	84,07	45,27	65,86	74,09
	III	1 063,33	58,48	85,06	95,69	III	1 063,33	53,31	77,54	87,23	48,27	70,21	78,98	43,35	63,06	70,94	38,56	56,09	63,10	33,90	49,32	55,48	29,37	42,73	48,07
	V	1 998,41	109,91	159,87	179,85	IV	1 583,83	83,73	121,80	137,02	80,36	116,89	131,50	76,99	111,99	125,99	73,62	107,08	120,47	70,24	102,18	114,95	66,87	97,27	109,43
	VI	2 031,83	111,75	162,54	182,86																				
6 014,99 West	I,IV	1 572,25	86,47	125,78	141,50	I	1 572,25	79,72	115,96	130,46	72,98	106,15	119,42	66,23	96,34	108,38	59,56	86,63	97,46	53,12	77,27	86,93	46,95	68,29	76,82
	II	1 526,41	83,95	122,11	137,37	II	1 526,41	77,21	112,30	126,34	70,46	102,49	115,30	63,72	92,68	104,27	57,12	83,09	93,47	50,79	73,88	83,11	44,71	65,04	73,17
	III	1 054,33	57,98	84,34	94,88	III	1 054,33	52,82	76,84	86,44	47,79	69,52	78,21	42,89	62,38	70,18	38,12	55,45	62,38	33,47	48,69	54,77	28,95	42,12	47,38
	V	1 986,75	109,27	158,94	178,80	IV	1 572,25	83,10	120,87	135,98	79,72	115,96	130,46	76,35	111,06	124,94	72,98	106,15	119,42	69,60	101,24	113,90	66,23	96,34	108,38
	VI	2 020,25	111,11	161,62	181,82																				
6 014,99 Ost	I,IV	1 585,08	87,17	126,80	142,65	I	1 585,08	80,43	117,–	131,62	73,69	107,18	120,58	66,94	97,37	109,54	60,24	87,63	98,58	53,79	78,24	88,02	47,58	69,22	77,87
	II	1 539,33	84,66	123,14	138,53	II	1 539,33	77,91	113,33	127,49	71,17	103,52	116,46	64,42	93,71	105,42	57,80	84,08	94,59	51,44	74,82	84,17	45,33	65,94	74,18
	III	1 064,33	58,53	85,14	95,78	III	1 064,33	53,36	77,62	87,32	48,31	70,28	79,06	43,40	63,13	71,02	38,61	56,17	63,19	33,95	49,38	55,55	29,42	42,80	48,15
	V	1 999,66	109,98	159,97	179,96	IV	1 585,08	83,80	121,90	137,13	80,43	117,–	131,62	77,06	112,09	126,10	73,69	107,18	120,58	70,31	102,28	115,06	66,94	97,37	109,54
	VI	2 033,16	111,82	162,65	182,98																				
6 017,99 West	I,IV	1 573,50	86,54	125,88	141,61	I	1 573,50	79,79	116,06	130,57	73,04	106,25	119,53	66,30	96,44	108,50	59,62	86,72	97,56	53,18	77,36	87,03	47,01	68,38	76,93
	II	1 527,66	84,02	122,21	137,48	II	1 527,66	77,27	112,40	126,45	70,53	102,59	115,41	63,79	92,78	104,38	57,19	83,19	93,59	50,85	73,97	83,21	44,77	65,12	73,26
	III	1 055,33	58,04	84,42	94,97	III	1 055,33	52,88	76,92	86,53	47,85	69,60	78,30	42,94	62,46	70,27	38,17	55,52	62,46	33,52	48,76	54,85	29,–	42,18	47,45
	V	1 988,08	109,34	159,04	178,92	IV	1 573,50	83,16	120,97	136,09	79,79	116,06	130,57	76,42	111,16	125,05	73,04	106,25	119,53	69,68	101,35	114,02	66,30	96,44	108,50
	VI	2 021,50	111,18	161,72	181,93																				
6 017,99 Ost	I,IV	1 586,33	87,24	126,90	142,76	I	1 586,33	80,50	117,10	131,73	73,75	107,28	120,69	67,01	97,47	109,65	60,31	87,73	98,69	53,85	78,33	88,12	47,65	69,31	77,97
	II	1 540,58	84,73	123,24	138,65	II	1 540,58	77,98	113,43	127,61	71,24	103,62	116,57	64,49	93,81	105,53	57,87	84,18	94,70	51,50	74,92	84,28	45,40	66,04	74,29
	III	1 065,33	58,59	85,22	95,87	III	1 065,33	53,41	77,69	87,40	48,37	70,36	79,15	43,45	63,20	71,10	38,66	56,24	63,27	34,–	49,46	55,64	29,47	42,86	48,22
	V	2 000,91	110,05	160,07	180,08	IV	1 586,33	83,87	122,–	137,25	80,50	117,10	131,73	77,13	112,19	126,21	73,75	107,28	120,69	70,38	102,38	115,17	67,01	97,47	109,65
	VI	2 034,41	111,89	162,75	183,09																				
6 020,99 West	I,IV	1 574,75	86,61	125,98	141,72	I	1 574,75	79,86	116,16	130,68	73,12	106,36	119,65	66,37	96,54	108,61	59,69	86,82	97,67	53,25	77,46	87,14	47,07	68,47	77,03
	II	1 529,–	84,09	122,32	137,61	II	1 529,–	77,34	112,50	126,56	70,60	102,69	115,52	63,85	92,88	104,49	57,25	83,28	93,69	50,92	74,06	83,32	44,83	65,21	73,36
	III	1 056,33	58,09	84,50	95,06	III	1 056,33	52,93	77,–	86,62	47,90	69,68	78,39	42,99	62,53	70,34	38,21	55,58	62,53	33,56	48,82	54,92	29,04	42,25	47,53
	V	1 989,33	109,41	159,14	179,03	IV	1 574,75	83,23	121,07	136,20	79,86	116,16	130,68	76,49	111,26	125,16	73,12	106,36	119,65	69,74	101,45	114,13	66,37	96,54	108,61
	VI	2 022,75	111,25	161,82	182,04																				
6 020,99 Ost	I,IV	1 587,58	87,31	127,–	142,88	I	1 587,58	80,57	117,20	131,85	73,82	107,38	120,80	67,08	97,57	109,76	60,38	87,83	98,81	53,91	78,42	88,22	47,71	69,40	78,07
	II	1 541,83	84,80	123,34	138,76	II	1 541,83	78,05	113,53	127,72	71,31	103,72	116,69	64,56	93,91	105,65	57,94	84,28	94,81	51,57	75,01	84,38	45,46	66,12	74,39
	III	1 066,33	58,64	85,30	95,96	III	1 066,33	53,46	77,77	87,49	48,42	70,44	79,24	43,50	63,28	71,19	38,71	56,30	63,34	34,05	49,53	55,72	29,51	42,93	48,29
	V	2 002,16	110,11	160,17	180,19	IV	1 587,58	83,94	122,10	137,36	80,57	117,20	131,85	77,20	112,29	126,32	73,82	107,38	120,80	70,45	102,48	115,29	67,08	97,57	109,76
	VI	2 035,66	111,96	162,85	183,20																				
6 023,99 West	I,IV	1 576,–	86,68	126,08	141,84	I	1 576,–	79,93	116,26	130,79	73,19	106,46	119,76	66,44	96,64	108,72	59,76	86,92	97,79	53,32	77,56	87,25	47,13	68,56	77,13
	II	1 530,25	84,16	122,42	137,72	II	1 530,25	77,41	112,60	126,68	70,67	102,79	115,64	63,92	92,98	104,60	57,32	83,38	93,80	50,98	74,16	83,43	44,89	65,30	73,46
	III	1 057,33	58,15	84,58	95,15	III	1 057,33	52,98	77,06	86,69	47,95	69,74	78,46	43,04	62,61	70,43	38,26	55,65	62,60	33,61	48,89	55,–	29,09	42,32	47,61
	V	1 990,58	109,48	159,24	179,15	IV	1 576,–	83,30	121,17	136,31	79,93	116,26	130,79	76,56	111,36	125,28	73,19	106,46	119,76	69,81	101,55	114,24	66,44	96,64	108,72
	VI	2 024,–	111,32	161,92	182,16																				
6 023,99 Ost	I,IV	1 588,91	87,39	127,11	143,–	I	1 588,91	80,64	117,30	131,96	73,89	107,48	120,92	67,15	97,68	109,89	60,44	87,92	98,91	53,98	78,52	88,34	47,77	69,49	78,17
	II	1 543,08	84,86	123,44	138,87	II	1 543,08	78,12	113,64	127,84	71,38	103,82	116,80	64,63	94,01	105,76	58,–	84,37	94,91	51,63	75,10	84,49	45,52	66,22	74,49
	III	1 067,33	58,70	85,38	96,05	III	1 067,33	53,52	77,85	87,58	48,47	70,50	79,31	43,55	63,34	71,26	38,76	56,38	63,43	34,10	49,60	55,80	29,56	43,–	48,37
	V	2 003,41	110,18	160,27	180,30	IV	1 588,91	84,01	122,20	137,48	80,64	117,30	131,96	77,27	112,39	126,44	73,89	107,48	120,92	70,52	102,58	115,40	67,15	97,68	109,89
	VI	2 036,91	112,03	162,95	183,32																				

* Die ausgewiesenen Tabellenwerte sind amtlich. Siehe Erläuterungen auf der Umschlaginnenseite (U2).

Lohn/ Gehalt bis €*	Abzüge an Lohnsteuer, Solidaritätszuschlag (SolZ) und Kirchensteuer (8%, 9%) in den Steuerklassen I – VI					I, II, III, IV		mit Zahl der Kinderfreibeträge . . . 0,5			1			1,5			2			2,5			3		
		LSt	ohne Kinderfreibeträge SolZ	8%	9%		LSt	SolZ	8%	9%	SolZ	8%	9%	SolZ	8%	9%	SolZ	8%	9%	SolZ	8%	9%	SolZ	8%	9%
6 026,99 West	I,IV	1 577,25	86,74	126,18	141,95	I	1 577,25	80,—	116,36	130,91	73,26	106,56	119,88	66,51	96,74	108,83	59,82	87,02	97,89	53,38	77,65	87,35	47,19	68,65	77,23
	II	1 531,50	84,23	122,52	137,83	II	1 531,50	77,48	112,70	126,79	70,73	102,89	115,75	63,99	93,08	104,72	57,39	83,48	93,91	51,04	74,25	83,53	44,95	65,39	73,56
	III	1 058,33	58,20	84,66	95,24	III	1 058,33	53,03	77,14	86,78	48,—	69,82	78,55	43,09	62,68	70,51	38,31	55,73	62,69	33,66	48,96	55,08	29,14	42,38	47,68
	V	1 991,83	109,55	159,34	179,26	IV	1 577,25	83,37	121,27	136,43	80,—	116,36	130,91	76,63	111,46	125,39	73,26	106,56	119,88	69,88	101,65	114,35	66,51	96,74	108,83
	VI	2 025,25	111,38	162,02	182,27																				
6 026,99 Ost	I,IV	1 590,16	87,45	127,21	143,11	I	1 590,16	80,71	117,40	132,07	73,96	107,58	121,03	67,22	97,78	110,—	60,51	88,02	99,02	54,05	78,62	88,44	47,84	69,58	78,28
	II	1 544,33	84,93	123,54	138,98	II	1 544,33	78,19	113,74	127,95	71,44	103,92	116,91	64,70	94,11	105,87	58,07	84,47	95,03	51,70	75,20	84,60	45,58	66,30	74,59
	III	1 068,33	58,75	85,46	96,14	III	1 068,33	53,57	77,93	87,67	48,52	70,58	79,40	43,60	63,42	71,35	38,81	56,45	63,50	34,14	49,66	55,87	29,60	43,06	48,44
	V	2 004,75	110,26	160,38	180,42	IV	1 590,16	84,08	122,30	137,59	80,71	117,40	132,07	77,33	112,49	126,55	73,96	107,58	121,03	70,59	102,68	115,52	67,22	97,78	110,—
	VI	2 038,16	112,09	163,05	183,43																				
6 029,99 West	I,IV	1 578,50	86,81	126,28	142,06	I	1 578,50	80,07	116,47	131,03	73,32	106,66	119,99	66,58	96,84	108,95	59,89	87,12	98,01	53,45	77,74	87,46	47,26	68,74	77,33
	II	1 532,75	84,30	122,62	137,94	II	1 532,75	77,55	112,80	126,90	70,81	103,—	115,87	64,06	93,18	104,83	57,46	83,58	94,02	51,11	74,34	83,63	45,02	65,48	73,67
	III	1 059,33	58,26	84,74	95,33	III	1 059,33	53,09	77,22	86,87	48,05	69,89	78,62	43,14	62,76	70,60	38,36	55,80	62,77	33,71	49,04	55,17	29,18	42,45	47,75
	V	1 993,08	109,61	159,44	179,37	IV	1 578,50	83,44	121,37	136,54	80,07	116,47	131,03	76,70	111,56	125,51	73,32	106,66	119,99	69,95	101,75	114,47	66,58	96,84	108,95
	VI	2 026,58	111,46	162,12	182,39																				
6 029,99 Ost	I,IV	1 591,41	87,52	127,31	143,22	I	1 591,41	80,78	117,50	132,18	74,03	107,68	121,14	67,29	97,88	110,11	60,58	88,12	99,14	54,11	78,71	88,55	47,90	69,67	78,38
	II	1 545,58	85,—	123,64	139,10	II	1 545,58	78,26	113,84	128,07	71,51	104,02	117,02	64,77	94,21	105,98	58,13	84,56	95,13	51,76	75,29	84,70	45,64	66,39	74,69
	III	1 069,33	58,81	85,54	96,23	III	1 069,33	53,62	78,—	87,75	48,57	70,65	79,48	43,65	63,49	71,42	38,85	56,52	63,58	34,19	49,73	55,94	29,65	43,13	48,52
	V	2 006,—	110,33	160,48	180,54	IV	1 591,41	84,15	122,40	137,70	80,78	117,50	132,18	77,40	112,59	126,66	74,03	107,68	121,14	70,66	102,78	115,63	67,29	97,88	110,11
	VI	2 039,41	112,16	163,15	183,54																				
6 032,99 West	I,IV	1 579,75	86,88	126,38	142,17	I	1 579,75	80,14	116,57	131,14	73,39	106,76	120,10	66,65	96,94	109,06	59,96	87,22	98,12	53,51	77,84	87,57	47,32	68,84	77,44
	II	1 534,—	84,37	122,72	138,06	II	1 534,—	77,62	112,90	127,01	70,88	103,10	115,98	64,13	93,28	104,94	57,52	83,67	94,13	51,17	74,43	83,73	45,08	65,57	73,76
	III	1 060,16	58,30	84,81	95,41	III	1 060,16	53,14	77,30	86,96	48,10	69,97	78,71	43,19	62,82	70,67	38,40	55,86	62,84	33,76	49,10	55,24	29,23	42,52	47,83
	V	1 994,33	109,68	159,54	179,48	IV	1 579,75	83,51	121,48	136,66	80,14	116,57	131,14	76,77	111,66	125,62	73,39	106,76	120,10	70,02	101,85	114,58	66,65	96,94	109,06
	VI	2 027,83	111,53	162,22	182,50																				
6 032,99 Ost	I,IV	1 592,66	87,59	127,41	143,33	I	1 592,66	80,85	117,60	132,30	74,10	107,79	121,26	67,36	97,98	110,22	60,65	88,22	99,25	54,17	78,80	88,65	47,96	69,76	78,48
	II	1 546,91	85,08	123,75	139,22	II	1 546,91	78,33	113,94	128,18	71,58	104,12	117,14	64,84	94,32	106,11	58,20	84,66	95,24	51,82	75,38	84,80	45,70	66,48	74,79
	III	1 070,16	58,85	85,61	96,31	III	1 070,16	53,68	78,08	87,84	48,62	70,73	79,57	43,70	63,57	71,51	38,90	56,58	63,65	34,23	49,80	56,02	29,70	43,20	48,60
	V	2 007,25	110,39	160,58	180,65	IV	1 592,66	84,22	122,50	137,81	80,85	117,60	132,30	77,47	112,69	126,77	74,10	107,79	121,26	70,73	102,88	115,74	67,36	97,98	110,22
	VI	2 040,66	112,23	163,25	183,65																				
6 035,99 West	I,IV	1 581,08	86,95	126,48	142,29	I	1 581,08	80,21	116,67	131,25	73,46	106,86	120,21	66,71	97,04	109,17	60,03	87,32	98,23	53,57	77,93	87,67	47,38	68,92	77,54
	II	1 535,25	84,43	122,82	138,17	II	1 535,25	77,69	113,—	127,13	70,95	103,20	116,10	64,20	93,38	105,05	57,59	83,77	94,24	51,23	74,52	83,84	45,14	65,66	73,86
	III	1 061,16	58,36	84,89	95,50	III	1 061,16	53,19	77,37	87,04	48,15	70,04	78,79	43,23	62,89	70,75	38,46	55,94	62,93	33,80	49,17	55,31	29,27	42,58	47,90
	V	1 995,58	109,75	159,64	179,60	IV	1 581,08	83,58	121,58	136,77	80,21	116,67	131,25	76,83	111,76	125,73	73,46	106,86	120,21	70,09	101,95	114,69	66,71	97,04	109,17
	VI	2 029,08	111,59	162,32	182,61																				
6 035,99 Ost	I,IV	1 593,91	87,66	127,51	143,45	I	1 593,91	80,91	117,70	132,41	74,17	107,89	121,37	67,43	98,08	110,34	60,72	88,32	99,36	54,24	78,90	88,76	48,02	69,85	78,58
	II	1 548,16	85,14	123,85	139,33	II	1 548,16	78,40	114,04	128,29	71,65	104,22	117,25	64,91	94,42	106,22	58,27	84,76	95,36	51,89	75,48	84,91	45,76	66,57	74,89
	III	1 071,16	58,91	85,69	96,40	III	1 071,16	53,73	78,16	87,93	48,67	70,80	79,65	43,75	63,64	71,59	38,95	56,66	63,74	34,28	49,86	56,09	29,74	43,26	48,67
	V	2 008,50	110,46	160,68	180,76	IV	1 593,91	84,29	122,60	137,93	80,91	117,70	132,41	77,55	112,80	126,90	74,17	107,89	121,37	70,80	102,98	115,85	67,43	98,08	110,34
	VI	2 041,91	112,30	163,35	183,77																				
6 038,99 West	I,IV	1 582,33	87,02	126,58	142,40	I	1 582,33	80,28	116,77	131,36	73,53	106,96	120,33	66,79	97,15	109,29	60,09	87,41	98,33	53,64	78,03	87,78	47,45	69,02	77,64
	II	1 536,50	84,50	122,92	138,28	II	1 536,50	77,76	113,11	127,25	71,01	103,30	116,21	64,27	93,48	105,17	57,65	83,86	94,34	51,30	74,62	83,94	45,20	65,75	73,97
	III	1 062,16	58,41	84,97	95,59	III	1 062,16	53,24	77,45	87,13	48,20	70,12	78,88	43,29	62,97	70,84	38,50	56,01	63,01	33,85	49,24	55,39	29,32	42,65	47,98
	V	1 996,83	109,82	159,74	179,71	IV	1 582,33	83,65	121,68	136,89	80,28	116,77	131,36	76,90	111,86	125,84	73,53	106,96	120,33	70,16	102,05	114,80	66,79	97,15	109,29
	VI	2 030,33	111,66	162,42	182,72																				
6 038,99 Ost	I,IV	1 595,16	87,73	127,61	143,56	I	1 595,16	80,99	117,80	132,53	74,24	107,99	121,49	67,49	98,18	110,45	60,78	88,42	99,47	54,31	79,—	88,87	48,08	69,94	78,68
	II	1 549,41	85,21	123,95	139,44	II	1 549,41	78,47	114,14	128,40	71,72	104,32	117,36	64,98	94,52	106,33	58,34	84,86	95,46	51,95	75,57	85,01	45,83	66,66	74,99
	III	1 072,16	58,96	85,77	96,49	III	1 072,16	53,79	78,24	88,02	48,73	70,88	79,74	43,80	63,72	71,68	39,—	56,73	63,82	34,33	49,94	56,18	29,79	43,33	48,74
	V	2 009,75	110,53	160,78	180,87	IV	1 595,16	84,36	122,70	138,04	80,99	117,80	132,53	77,61	112,90	127,01	74,24	107,99	121,49	70,87	103,08	115,97	67,49	98,18	110,45
	VI	2 043,25	112,37	163,46	183,89																				
6 041,99 West	I,IV	1 583,58	87,09	126,68	142,52	I	1 583,58	80,35	116,87	131,48	73,60	107,06	120,44	66,86	97,25	109,40	60,16	87,51	98,45	53,71	78,12	87,89	47,51	69,10	77,74
	II	1 537,75	84,57	123,02	138,39	II	1 537,75	77,83	113,21	127,36	71,08	103,40	116,32	64,34	93,58	105,28	57,72	83,96	94,46	51,36	74,71	84,05	45,26	65,84	74,07
	III	1 063,16	58,47	85,05	95,68	III	1 063,16	53,30	77,53	87,22	48,26	70,20	78,97	43,34	63,04	70,92	38,55	56,08	63,09	33,89	49,30	55,46	29,37	42,72	48,06
	V	1 998,16	109,89	159,85	179,83	IV	1 583,58	83,72	121,78	137,—	80,35	116,87	131,48	76,97	111,96	125,96	73,60	107,06	120,44	70,23	102,16	114,93	66,86	97,25	109,40
	VI	2 031,58	111,73	162,52	182,84																				
6 041,99 Ost	I,IV	1 596,41	87,80	127,71	143,67	I	1 596,41	81,06	117,90	132,64	74,31	108,09	121,60	67,56	98,28	110,56	60,85	88,52	99,58	54,37	79,09	88,97	48,15	70,04	78,79
	II	1 550,66	85,28	124,05	139,55	II	1 550,66	78,54	114,24	128,52	71,79	104,43	117,48	65,05	94,62	106,44	58,41	84,96	95,58	52,02	75,66	85,12	45,89	66,75	75,09
	III	1 073,16	59,02	85,85	96,58	III	1 073,16	53,83	78,30	88,09	48,78	70,96	79,83	43,85	63,78	71,75	39,05	56,80	63,90	34,38	50,01	56,26	29,83	43,40	48,82
	V	2 011,—	110,60	160,88	180,99	IV	1 596,41	84,42	122,80	138,15	81,06	117,90	132,64	77,68	113,—	127,12	74,31	108,09	121,60	70,94	103,18	116,08	67,56	98,28	110,56
	VI	2 044,50	112,44	163,56	184,—																				
6 044,99 West	I,IV	1 584,83	87,16	126,78	142,63	I	1 584,83	80,41	116,97	131,59	73,67	107,16	120,56	66,93	97,35	109,52	60,23	87,61	98,56	53,77	78,22	87,99	47,57	69,20	77,85
	II	1 539,08	84,64	123,12	138,51	II	1 539,08	77,90	113,31	127,47	71,15	103,50	116,43	64,40	93,68	105,39	57,79	84,06	94,56	51,42	74,80	84,15	45,32	65,92	74,16
	III	1 064,16	58,52	85,13	95,77	III	1 064,16	53,35	77,60	87,30	48,30	70,26	79,04	43,39	63,12	71,01	38,60	56,14	63,16	33,94	49,37	55,54	29,41	42,78	48,13
	V	1 999,41	109,96	159,95	179,94	IV	1 584,83	83,79	121,88	137,11	80,41	116,97	131,59	77,04	112,06	126,07	73,67	107,16	120,56	70,30	102,26	115,04	66,93	97,35	109,52
	VI	2 032,83	111,80	162,62	182,95																				
6 044,99 Ost	I,IV	1 597,66	87,87	127,81	143,78	I	1 597,66	81,12	118,—	132,75	74,38	108,19	121,71	67,63	98,38	110,67	60,92	88,62	99,69	54,44	79,18	89,08	48,21	70,12	78,89
	II	1 551,91	85,35	124,15	139,67	II	1 551,91	78,60	114,34	128,63	71,86	104,53	117,59	65,12	94,72	106,56	58,47	85,05	95,68	52,08	75,76	85,23	45,95	66,84	75,20
	III	1 074,16	59,07	85,93	96,67	III	1 074,16	53,89	78,38	88,18	48,83	71,02	79,90	43,89	63,85	71,83	39,10	56,88	63,99	34,43	50,08	56,34	29,88	43,46	48,89
	V	2 012,25	110,67	160,98	181,10	IV	1 597,66	84,50	122,91	138,27	81,12	118,—	132,75	77,75	113,10	127,23	74,38	108,19	121,71	71,—	103,28	116,19	67,63	98,38	110,67
	VI	2 045,75	112,51	163,66	184,11																				
6 047,99 West	I,IV	1 586,08	87,23	126,88	142,74	I	1 586,08	80,48	117,07	131,70	73,74	107,26	120,67	66,99	97,45	109,63	60,30	87,71	98,67	53,84	78,31	88,10	47,63	69,29	77,95
	II	1 540,33	84,71	123,22	138,62	II	1 540,33	77,97	113,41	127,58	71,22	103,60	116,55	64,48	93,79	105,51	57,86	84,16	94,68	51,49	74,90	84,26	45,38	66,02	74,27
	III	1 065,16	58,58	85,21	95,86	III	1 065,16	53,40	77,68	87,39	48,36	70,34	79,13	43,44	63,18	71,08	38,65	56,22	63,25	33,99	49,44	55,62	29,46	42,85	48,20
	V	2 000,66	110,03	160,05	180,05	IV	1 586,08	83,86	121,98	137,22	80,48	117,07	131,70	77,11	112,16	126,18	73,74	107,26	120,67	70,37	102,36	115,15	66,99	97,45	109,63
	VI	2 034,08	111,87	162,72	183,06																				
6 047,99 Ost	I,IV	1 599,—	87,94	127,92	143,91	I	1 599,—	81,19	118,10	132,86	74,45	108,29	121,82	67,70	98,48	110,79	60,99	88,72	99,81	54,50	79,28	89,19	48,27	70,22	78,99
	II	1 553,16	85,42	124,25	139,78	II	1 553,16	78,68	114,44	128,75	71,93	104,63	117,71	65,18	94,82	106,67	58,54	85,15	95,79	52,14	75,85	85,33	46,01	66,93	75,29
	III	1 075,16	59,13	86,01	96,76	III	1 075,16	53,94	78,46	88,27	48,88	71,10	79,99	43,95	63,93	71,92	39,15	56,94	64,06	34,47	50,14	56,41	29,92	43,53	48,97
	V	2 013,50	110,74	161,08	181,21	IV	1 599,—	84,57	123,01	138,38	81,19	118,10	132,86	77,82	113,20	127,35	74,45	108,29	121,82	71,07	103,38	116,30	67,70	98,48	110,79
	VI	2 047,—	112,58	163,76	184,23																				

* Die ausgewiesenen Tabellenwerte sind amtlich. Siehe Erläuterungen auf der Umschlaginnenseite (U2).

MONAT 6 048,–*

Lohn/Gehalt bis €*	Abzüge an Lohnsteuer, Solidaritätszuschlag (SolZ) und Kirchensteuer (8%, 9%) in den Steuerklassen: I – VI					I, II, III, IV																			
			ohne Kinderfreibeträge					mit Zahl der Kinderfreibeträge . . . 0,5			1			1,5			2			2,5			3		
		LSt	SolZ	8%	9%		LSt	SolZ	8%	9%	SolZ	8%	9%	SolZ	8%	9%	SolZ	8%	9%	SolZ	8%	9%	SolZ	8%	9%
6 050,99 West	I,IV	1 587,33	87,30	126,98	142,85	I	1 587,33	80,55	117,17	131,81	73,81	107,36	120,78	67,06	97,55	109,74	60,36	87,80	98,78	53,90	78,40	88,20	47,69	69,38	78,05
	II	1 541,58	84,78	123,32	138,74	II	1 541,58	78,04	113,51	127,70	71,29	103,70	116,66	64,55	93,89	105,62	57,92	84,25	94,78	51,55	74,99	84,36	45,44	66,10	74,36
	III	1 066,16	58,63	85,29	95,95	III	1 066,16	53,46	77,76	87,48	48,40	70,41	79,21	43,49	63,26	71,17	38,70	56,29	63,32	34,04	49,52	55,71	29,50	42,92	48,28
	V	2 001,91	110,10	160,15	180,17	IV	1 587,33	83,93	122,08	137,34	80,55	117,17	131,81	77,18	112,27	126,30	73,81	107,36	120,78	70,44	102,46	115,26	67,06	97,55	109,74
	VI	2 035,33	111,94	162,82	183,17																				
6 050,99 Ost	I,IV	1 600,25	88,01	128,02	144,02	I	1 600,25	81,26	118,20	132,98	74,52	108,39	121,94	67,77	98,58	110,90	61,06	88,82	99,92	54,57	79,38	89,30	48,34	70,31	79,10
	II	1 554,41	85,49	124,35	139,89	II	1 554,41	78,75	114,54	128,86	72,—	104,73	117,82	65,25	94,92	106,78	58,61	85,25	95,90	52,21	75,95	85,44	46,08	67,02	75,40
	III	1 076,16	59,18	86,09	96,85	III	1 076,16	54,—	78,54	88,36	48,93	71,17	80,06	44,—	64,—	72,—	39,19	57,01	64,13	34,52	50,21	56,48	29,97	43,60	49,05
	V	2 014,75	110,81	161,18	181,32	IV	1 600,25	84,64	123,11	138,50	81,26	118,20	132,98	77,89	113,30	127,46	74,52	108,39	121,94	71,14	103,48	116,42	67,77	98,58	110,90
	VI	2 048,25	112,65	163,86	184,34																				
6 053,99 West	I,IV	1 588,58	87,37	127,08	142,97	I	1 588,58	80,63	117,28	131,94	73,88	107,46	120,89	67,13	97,65	109,85	60,43	87,90	98,89	53,96	78,50	88,31	47,76	69,47	78,15
	II	1 542,83	84,85	123,42	138,85	II	1 542,83	78,10	113,61	127,81	71,36	103,80	116,78	64,62	93,99	105,74	57,99	84,35	94,89	51,62	75,08	84,47	45,51	66,20	74,47
	III	1 067,16	58,69	85,37	96,04	III	1 067,16	53,51	77,84	87,57	48,46	70,49	79,30	43,54	63,33	71,24	38,74	56,36	63,40	34,09	49,58	55,78	29,55	42,98	48,35
	V	2 003,16	110,17	160,25	180,28	IV	1 588,58	83,99	122,18	137,45	80,63	117,28	131,94	77,25	112,37	126,41	73,88	107,46	120,89	70,51	102,56	115,38	67,13	97,65	109,85
	VI	2 036,66	112,01	162,93	183,29																				
6 053,99 Ost	I,IV	1 601,50	88,08	128,12	144,13	I	1 601,50	81,33	118,30	133,09	74,58	108,49	122,05	67,84	98,68	111,02	61,13	88,92	100,03	54,63	79,47	89,40	48,40	70,40	79,20
	II	1 555,66	85,56	124,45	140,—	II	1 555,66	78,81	114,64	128,97	72,07	104,83	117,93	65,32	95,02	106,89	58,67	85,34	96,01	52,28	76,04	85,55	46,14	67,11	75,50
	III	1 077,16	59,24	86,17	96,94	III	1 077,16	54,04	78,61	88,43	48,98	71,25	80,15	44,05	64,08	72,09	39,25	57,09	64,22	34,56	50,28	56,56	30,02	43,66	49,12
	V	2 016,08	110,88	161,28	181,44	IV	1 601,50	84,70	123,21	138,61	81,33	118,30	133,09	77,96	113,40	127,57	74,58	108,49	122,05	71,22	103,59	116,54	67,84	98,68	111,02
	VI	2 049,50	112,72	163,96	184,45																				
6 056,99 West	I,IV	1 589,83	87,44	127,18	143,08	I	1 589,83	80,69	117,38	132,05	73,95	107,56	121,01	67,20	97,75	109,97	60,50	88,—	99,—	54,03	78,60	88,42	47,82	69,56	78,26
	II	1 544,08	84,92	123,52	138,96	II	1 544,08	78,17	113,71	127,92	71,43	103,90	116,89	64,68	94,09	105,85	58,06	84,45	95,—	51,68	75,18	84,57	45,57	66,28	74,57
	III	1 068,—	58,74	85,44	96,12	III	1 068,—	53,56	77,90	87,64	48,51	70,56	79,38	43,59	63,41	71,33	38,80	56,44	63,49	34,13	49,65	55,85	29,59	43,05	48,43
	V	2 004,41	110,24	160,35	180,39	IV	1 589,83	84,07	122,28	137,57	80,69	117,38	132,05	77,32	112,47	126,53	73,95	107,56	121,01	70,57	102,66	115,49	67,20	97,75	109,97
	VI	2 037,91	112,08	163,03	183,41																				
6 056,99 Ost	I,IV	1 602,75	88,15	128,22	144,24	I	1 602,75	81,40	118,40	133,20	74,66	108,60	122,17	67,91	98,78	111,13	61,19	89,01	100,13	54,70	79,56	89,51	48,46	70,49	79,30
	II	1 557,—	85,63	124,56	140,13	II	1 557,—	78,88	114,74	129,08	72,14	104,93	118,04	65,39	95,12	107,01	58,74	85,44	96,12	52,34	76,14	85,65	46,20	67,20	75,60
	III	1 078,16	59,29	86,25	97,03	III	1 078,16	54,10	78,69	88,52	49,04	71,33	80,24	44,10	64,14	72,16	39,29	57,16	64,30	34,62	50,36	56,65	30,06	43,73	49,19
	V	2 017,33	110,95	161,38	181,55	IV	1 602,75	84,77	123,31	138,72	81,40	118,40	133,20	78,03	113,50	127,68	74,66	108,60	122,17	71,28	103,69	116,65	67,91	98,78	111,13
	VI	2 050,75	112,79	164,06	184,56																				
6 059,99 West	I,IV	1 591,08	87,50	127,28	143,19	I	1 591,08	80,76	117,48	132,16	74,02	107,66	121,12	67,27	97,85	110,08	60,57	88,10	99,11	54,10	78,69	88,52	47,88	69,65	78,35
	II	1 545,33	84,99	123,62	139,07	II	1 545,33	78,24	113,81	128,03	71,50	104,—	117,—	64,75	94,19	105,96	58,12	84,54	95,11	51,75	75,27	84,68	45,63	66,37	74,66
	III	1 069,—	58,79	85,52	96,21	III	1 069,—	53,61	77,98	87,73	48,56	70,64	79,47	43,64	63,48	71,41	38,84	56,50	63,56	34,18	49,72	55,93	29,64	43,12	48,51
	V	2 005,66	110,31	160,45	180,50	IV	1 591,08	84,14	122,38	137,68	80,76	117,48	132,16	77,39	112,57	126,64	74,02	107,66	121,12	70,64	102,76	115,60	67,27	97,85	110,08
	VI	2 039,16	112,15	163,13	183,52																				
6 059,99 Ost	I,IV	1 604,—	88,22	128,32	144,36	I	1 604,—	81,47	118,50	133,31	74,73	108,70	122,28	67,98	98,88	111,24	61,26	89,11	100,25	54,77	79,66	89,62	48,52	70,58	79,40
	II	1 558,25	85,70	124,66	140,24	II	1 558,25	78,95	114,84	129,20	72,21	105,03	118,16	65,46	95,22	107,12	58,80	85,54	96,23	52,41	76,23	85,76	46,26	67,29	75,70
	III	1 079,—	59,34	86,32	97,11	III	1 079,—	54,15	78,77	88,61	49,08	71,40	80,32	44,15	64,22	72,25	39,34	57,22	64,37	34,66	50,42	56,72	30,11	43,80	49,27
	V	2 018,58	111,02	161,48	181,67	IV	1 604,—	84,84	123,41	138,83	81,47	118,50	133,31	78,10	113,60	127,80	74,73	108,70	122,28	71,35	103,79	116,76	67,98	98,88	111,24
	VI	2 052,—	112,86	164,16	184,68																				
6 062,99 West	I,IV	1 592,41	87,58	127,39	143,31	I	1 592,41	80,83	117,58	132,27	74,08	107,76	121,23	67,34	97,96	110,20	60,64	88,20	99,23	54,16	78,78	88,63	47,95	69,74	78,46
	II	1 546,58	85,06	123,72	139,19	II	1 546,58	78,32	113,92	128,16	71,57	104,10	117,11	64,82	94,29	106,07	58,19	84,64	95,22	51,81	75,36	84,78	45,69	66,46	74,77
	III	1 070,—	58,85	85,60	96,30	III	1 070,—	53,67	78,06	87,82	48,62	70,72	79,56	43,68	63,54	71,48	38,89	56,57	63,64	34,22	49,78	56,—	29,69	43,18	48,58
	V	2 006,91	110,38	160,55	180,62	IV	1 592,41	84,20	122,48	137,79	80,83	117,58	132,27	77,46	112,67	126,75	74,08	107,76	121,23	70,71	102,86	115,71	67,34	97,96	110,20
	VI	2 040,41	112,22	163,23	183,63																				
6 062,99 Ost	I,IV	1 605,25	88,28	128,42	144,47	I	1 605,25	81,54	118,60	133,43	74,80	108,80	122,40	68,05	98,98	111,35	61,33	89,21	100,36	54,83	79,76	89,73	48,59	70,68	79,51
	II	1 559,50	85,77	124,76	140,35	II	1 559,50	79,02	114,94	129,31	72,27	105,13	118,27	65,53	95,32	107,24	58,87	85,64	96,34	52,47	76,32	85,86	46,32	67,38	75,80
	III	1 080,—	59,40	86,40	97,20	III	1 080,—	54,21	78,85	88,70	49,14	71,48	80,41	44,20	64,29	72,32	39,39	57,30	64,46	34,71	50,49	56,80	30,15	43,86	49,34
	V	2 019,83	111,09	161,58	181,78	IV	1 605,25	84,91	123,51	138,95	81,54	118,60	133,43	78,17	113,70	127,91	74,80	108,80	122,40	71,42	103,89	116,87	68,05	98,98	111,35
	VI	2 053,25	112,92	164,26	184,79																				
6 065,99 West	I,IV	1 593,66	87,65	127,49	143,42	I	1 593,66	80,90	117,68	132,39	74,15	107,86	121,34	67,41	98,06	110,31	60,70	88,30	99,33	54,23	78,88	88,74	48,01	69,83	78,56
	II	1 547,83	85,13	123,82	139,30	II	1 547,83	78,38	114,02	128,27	71,64	104,20	117,23	64,89	94,39	106,19	58,25	84,74	95,33	51,87	75,46	84,89	45,75	66,55	74,87
	III	1 071,—	58,90	85,68	96,39	III	1 071,—	53,72	78,14	87,91	48,66	70,78	79,63	43,74	63,62	71,57	38,94	56,65	63,73	34,27	49,85	56,08	29,73	43,25	48,65
	V	2 008,25	110,45	160,66	180,74	IV	1 593,66	84,27	122,58	137,90	80,90	117,68	132,39	77,53	112,77	126,86	74,15	107,86	121,34	70,78	102,96	115,83	67,41	98,06	110,31
	VI	2 041,66	112,29	163,33	183,74																				
6 065,99 Ost	I,IV	1 606,50	88,35	128,52	144,58	I	1 606,50	81,61	118,71	133,55	74,86	108,90	122,51	68,12	99,08	111,47	61,40	89,31	100,47	54,89	79,85	89,83	48,65	70,76	79,61
	II	1 560,75	85,84	124,86	140,46	II	1 560,75	79,09	115,04	129,42	72,35	105,24	118,39	65,60	95,42	107,35	58,94	85,74	96,45	52,53	76,42	85,97	46,38	67,47	75,90
	III	1 081,—	59,45	86,48	97,29	III	1 081,—	54,25	78,92	88,78	49,18	71,54	80,48	44,25	64,37	72,41	39,44	57,37	64,54	34,76	50,56	56,88	30,20	43,93	49,42
	V	2 021,08	111,15	161,68	181,89	IV	1 606,50	84,98	123,61	139,06	81,61	118,71	133,55	78,24	113,80	128,03	74,86	108,90	122,51	71,49	103,99	116,99	68,12	99,08	111,47
	VI	2 054,58	113,—	164,36	184,91																				
6 068,99 West	I,IV	1 594,91	87,72	127,59	143,54	I	1 594,91	80,97	117,78	132,50	74,22	107,96	121,46	67,48	98,16	110,43	60,77	88,40	99,45	54,29	78,98	88,85	48,07	69,92	78,66
	II	1 549,08	85,19	123,92	139,41	II	1 549,08	78,45	114,12	128,38	71,71	104,30	117,34	64,96	94,49	106,30	58,32	84,84	95,44	51,94	75,55	84,99	45,81	66,64	74,97
	III	1 072,—	58,96	85,76	96,48	III	1 072,—	53,77	78,21	87,98	48,72	70,86	79,72	43,78	63,69	71,65	38,99	56,72	63,81	34,32	49,92	56,16	29,78	43,32	48,73
	V	2 009,50	110,52	160,76	180,85	IV	1 594,91	84,34	122,68	138,02	80,97	117,78	132,50	77,60	112,87	126,98	74,22	107,96	121,46	70,85	103,06	115,94	67,48	98,16	110,43
	VI	2 042,91	112,36	163,43	183,86																				
6 068,99 Ost	I,IV	1 607,75	88,42	128,62	144,69	I	1 607,75	81,68	118,81	133,66	74,93	109,—	122,62	68,19	99,18	111,58	61,47	89,41	100,58	54,96	79,94	89,93	48,71	70,86	79,71
	II	1 562,—	85,91	124,96	140,58	II	1 562,—	79,16	115,14	129,53	72,42	105,34	118,50	65,67	95,52	107,46	59,01	85,83	96,56	52,60	76,51	86,07	46,44	67,56	76,—
	III	1 082,—	59,51	86,56	97,38	III	1 082,—	54,31	79,—	88,87	49,24	71,62	80,57	44,30	64,44	72,49	39,49	57,44	64,62	34,80	50,62	56,95	30,25	44,—	49,50
	V	2 022,33	111,22	161,78	182,—	IV	1 607,75	85,05	123,72	139,18	81,68	118,81	133,66	78,31	113,90	128,14	74,93	109,—	122,62	71,56	104,09	117,10	68,19	99,18	111,58
	VI	2 055,83	113,07	164,46	185,02																				
6 071,99 West	I,IV	1 596,16	87,78	127,69	143,65	I	1 596,16	81,04	117,88	132,61	74,30	108,07	121,58	67,55	98,26	110,54	60,84	88,50	99,56	54,36	79,07	88,95	48,13	70,02	78,77
	II	1 550,41	85,27	124,03	139,53	II	1 550,41	78,52	114,22	128,49	71,77	104,40	117,45	65,03	94,60	106,42	58,39	84,94	95,55	52,—	75,64	85,10	45,87	66,73	75,07
	III	1 073,—	59,01	85,84	96,57	III	1 073,—	53,82	78,29	88,07	48,76	70,93	79,79	43,84	63,77	71,74	39,04	56,78	63,88	34,37	50,—	56,25	29,82	43,38	48,80
	V	2 010,75	110,59	160,86	180,96	IV	1 596,16	84,41	122,78	138,13	81,04	117,88	132,61	77,66	112,97	127,09	74,30	108,07	121,58	70,92	103,16	116,06	67,55	98,26	110,54
	VI	2 044,16	112,42	163,53	183,97																				
6 071,99 Ost	I,IV	1 609,08	88,49	128,72	144,81	I	1 609,08	81,75	118,91	133,77	75,—	109,10	122,73	68,25	99,28	111,69	61,54	89,51	100,70	55,03	80,04	90,05	48,78	70,95	79,82
	II	1 563,25	85,97	125,06	140,69	II	1 563,25	79,23	115,24	129,65	72,49	105,44	118,62	65,74	95,62	107,57	59,07	85,93	96,67	52,66	76,60	86,18	46,51	67,65	76,10
	III	1 083,—	59,56	86,64	97,47	III	1 083,—	54,36	79,08	88,96	49,29	71,70	80,66	44,35	64,52	72,58	39,54	57,52	64,71	34,86	50,70	57,04	30,30	44,08	49,59
	V	2 023,58	111,29	161,88	182,12	IV	1 609,08	85,12	123,82	139,29	81,75	118,91	133,77	78,37	114,—	128,25	75,—	109,10	122,73	71,63	104,19	117,21	68,25	99,28	111,69
	VI	2 057,08	113,13	164,56	185,13																				

* Die ausgewiesenen Tabellenwerte sind amtlich. Siehe Erläuterungen auf der Umschlaginnenseite (U2).

Lohn/ Gehalt bis €*		I – VI LSt	SolZ (ohne Kinderfreibeträge)	8%	9%	I, II, III, IV	LSt	0,5 SolZ	8%	9%	1 SolZ	8%	9%	1,5 SolZ	8%	9%	2 SolZ	8%	9%	2,5 SolZ	8%	9%	3 SolZ	8%	9%
6 074,99 West	I,IV	1 597,41	87,85	127,79	143,76	I	1 597,41	81,11	117,98	132,72	74,36	108,17	121,69	67,62	98,36	110,65	60,91	88,60	99,67	54,42	79,16	89,06	48,19	70,10	78,86
	II	1 551,66	85,34	124,13	139,64	II	1 551,66	78,59	114,32	128,61	71,84	104,50	117,56	65,10	94,70	106,53	58,46	85,03	95,66	52,07	75,74	85,20	45,94	66,82	75,17
	III	1 074,—	59,07	85,92	96,66	III	1 074,—	53,88	78,37	88,16	48,82	71,01	79,88	43,89	63,84	71,82	39,09	56,86	63,97	34,42	50,06	56,32	29,87	43,45	48,88
	V	2 012,—	110,66	160,96	181,08	IV	1 597,41	84,48	122,88	138,24	81,11	117,98	132,72	77,74	113,08	127,21	74,36	108,17	121,69	70,99	103,26	116,17	67,62	98,36	110,65
	VI	2 045,41	112,49	163,63	184,08																				
6 074,99 Ost	I,IV	1 610,33	88,56	128,82	144,92	I	1 610,33	81,82	119,01	133,88	75,07	109,20	122,85	68,33	99,39	111,81	61,60	89,61	100,81	55,09	80,14	90,15	48,84	71,04	79,92
	II	1 564,50	86,04	125,16	140,80	II	1 564,50	79,30	115,35	129,77	72,55	105,54	118,73	65,81	95,72	107,69	59,14	86,03	96,78	52,73	76,70	86,28	46,57	67,74	76,21
	III	1 084,—	59,62	86,72	97,56	III	1 084,—	54,42	79,16	89,05	49,34	71,77	80,74	44,40	64,58	72,65	39,59	57,58	64,78	34,90	50,77	57,11	30,35	44,14	49,66
	V	2 024,83	111,36	161,98	182,23	IV	1 610,33	85,19	123,92	139,41	81,82	119,01	133,88	78,44	114,10	128,36	75,07	109,20	122,85	71,70	104,29	117,32	68,33	99,39	111,81
	VI	2 058,33	113,20	164,66	185,24																				
6 077,99 West	I,IV	1 598,66	87,92	127,89	143,87	I	1 598,66	81,18	118,08	132,84	74,43	108,27	121,80	67,69	98,46	110,76	60,98	88,70	99,78	54,49	79,26	89,16	48,26	70,20	78,97
	II	1 552,91	85,41	124,23	139,76	II	1 552,91	78,66	114,42	128,72	71,91	104,60	117,68	65,17	94,80	106,65	58,52	85,13	95,77	52,13	75,83	85,31	46,—	66,91	75,27
	III	1 075,—	59,12	86,—	96,75	III	1 075,—	53,93	78,45	88,25	48,87	71,09	79,97	43,94	63,92	71,91	39,14	56,93	64,04	34,46	50,13	56,39	29,92	43,52	48,96
	V	2 013,25	110,72	161,06	181,19	IV	1 598,66	84,55	122,98	138,35	81,18	118,08	132,84	77,81	113,18	127,32	74,43	108,27	121,80	71,06	103,36	116,28	67,69	98,46	110,76
	VI	2 046,75	112,57	163,74	184,20																				
6 077,99 Ost	I,IV	1 611,58	88,63	128,92	145,04	I	1 611,58	81,89	119,11	134,—	75,14	109,30	122,96	68,40	99,49	111,92	61,67	89,71	100,92	55,16	80,23	90,26	48,90	71,13	80,02
	II	1 565,75	86,11	125,26	140,91	II	1 565,75	79,37	115,45	129,88	72,62	105,64	118,84	65,88	95,82	107,80	59,21	86,12	96,89	52,79	76,79	86,39	46,63	67,83	76,31
	III	1 085,—	59,67	86,80	97,65	III	1 085,—	54,46	79,22	89,12	49,39	71,85	80,83	44,45	64,66	72,74	39,63	57,65	64,85	34,95	50,84	57,19	30,39	44,21	49,73
	V	2 026,16	111,43	162,09	182,35	IV	1 611,58	85,26	124,02	139,52	81,89	119,11	134,—	78,51	114,20	128,48	75,14	109,30	122,96	71,77	104,40	117,45	68,40	99,49	111,92
	VI	2 059,58	113,27	164,76	185,36																				
6 080,99 West	I,IV	1 599,91	87,99	127,99	143,99	I	1 599,91	81,25	118,18	132,95	74,50	108,37	121,91	67,76	98,56	110,88	61,04	88,79	99,89	54,56	79,36	89,28	48,32	70,29	79,07
	II	1 554,16	85,47	124,33	139,87	II	1 554,16	78,73	114,52	128,83	71,99	104,71	117,80	65,24	94,90	106,76	58,59	85,22	95,87	52,19	75,92	85,41	46,06	67,—	75,38
	III	1 075,83	59,17	86,06	96,82	III	1 075,83	53,98	78,52	88,33	48,92	71,16	80,05	43,99	63,98	71,98	39,18	57,—	64,12	34,51	50,20	56,47	29,96	43,58	49,03
	V	2 014,50	110,79	161,16	181,30	IV	1 599,91	84,62	123,08	138,47	81,25	118,18	132,95	77,88	113,28	127,44	74,50	108,37	121,91	71,13	103,46	116,39	67,76	98,56	110,88
	VI	2 048,—	112,64	163,84	184,32																				
6 080,99 Ost	I,IV	1 612,83	88,70	129,02	145,15	I	1 612,83	81,95	119,21	134,11	75,21	109,40	123,08	68,47	99,59	112,04	61,74	89,80	101,03	55,22	80,33	90,37	48,96	71,22	80,12
	II	1 567,08	86,18	125,36	141,03	II	1 567,08	79,44	115,55	129,99	72,69	105,74	118,95	65,94	95,92	107,91	59,28	86,22	97,—	52,85	76,88	86,49	46,69	67,92	76,41
	III	1 086,—	59,73	86,88	97,74	III	1 086,—	54,52	79,30	89,21	49,45	71,93	80,92	44,50	64,73	72,82	39,69	57,73	64,94	34,99	50,90	57,26	30,44	44,28	49,81
	V	2 027,41	111,50	162,19	182,46	IV	1 612,83	85,33	124,12	139,63	81,95	119,21	134,11	78,58	114,30	128,59	75,21	109,40	123,08	71,84	104,50	117,56	68,47	99,59	112,04
	VI	2 060,83	113,34	164,86	185,47																				
6 083,99 West	I,IV	1 601,16	88,06	128,09	144,10	I	1 601,16	81,32	118,28	133,07	74,57	108,47	122,03	67,82	98,66	110,99	61,11	88,89	100,—	54,62	79,45	89,38	48,38	70,38	79,17
	II	1 555,41	85,54	124,43	139,98	II	1 555,41	78,80	114,62	128,94	72,05	104,81	117,91	65,31	95,—	106,87	58,66	85,32	95,99	52,26	76,02	85,52	46,12	67,09	75,47
	III	1 076,83	59,22	86,14	96,91	III	1 076,83	54,03	78,60	88,42	48,97	71,24	80,14	44,04	64,06	72,07	39,23	57,06	64,19	34,55	50,26	56,54	30,01	43,65	49,10
	V	2 015,75	110,86	161,26	181,41	IV	1 601,16	84,69	123,19	138,59	81,32	118,28	133,07	77,94	113,38	127,55	74,57	108,47	122,03	71,20	103,56	116,51	67,82	98,66	110,99
	VI	2 049,25	112,70	163,94	184,43																				
6 083,99 Ost	I,IV	1 614,08	88,77	129,12	145,26	I	1 614,08	82,02	119,31	134,22	75,28	109,50	123,19	68,53	99,69	112,15	61,81	89,90	101,14	55,29	80,42	90,47	49,03	71,32	80,23
	II	1 568,33	86,25	125,46	141,14	II	1 568,33	79,51	115,65	130,10	72,76	105,84	119,07	66,02	96,03	108,03	59,34	86,32	97,11	52,92	76,98	86,60	46,75	68,01	76,51
	III	1 087,—	59,78	86,96	97,83	III	1 087,—	54,57	79,38	89,30	49,50	72,—	81,—	44,55	64,80	72,90	39,73	57,80	65,02	35,04	50,97	57,34	30,48	44,34	49,88
	V	2 028,66	111,57	162,29	182,57	IV	1 614,08	85,40	124,22	139,74	82,02	119,31	134,22	78,65	114,40	128,70	75,28	109,50	123,19	71,91	104,60	117,67	68,53	99,69	112,15
	VI	2 062,08	113,41	164,96	185,58																				
6 086,99 West	I,IV	1 602,50	88,13	128,20	144,22	I	1 602,50	81,39	118,38	133,18	74,64	108,57	122,14	67,90	98,76	111,11	61,18	88,99	100,11	54,68	79,54	89,48	48,45	70,47	79,28
	II	1 556,66	85,61	124,53	140,09	II	1 556,66	78,87	114,72	129,06	72,12	104,91	118,02	65,38	95,10	106,98	58,73	85,42	96,10	52,32	76,11	85,62	46,19	67,18	75,58
	III	1 077,83	59,28	86,22	97,—	III	1 077,83	54,09	78,68	88,51	49,02	71,30	80,21	44,09	64,13	72,14	39,28	57,14	64,28	34,60	50,33	56,62	30,05	43,72	49,18
	V	2 017,—	110,93	161,36	181,53	IV	1 602,50	84,76	123,29	138,70	81,39	118,38	133,18	78,01	113,48	127,66	74,64	108,57	122,14	71,27	103,66	116,62	67,90	98,76	111,11
	VI	2 050,50	112,77	164,04	184,54																				
6 086,99 Ost	I,IV	1 615,33	88,84	129,22	145,37	I	1 615,33	82,09	119,41	134,33	75,35	109,60	123,30	68,60	99,79	112,26	61,87	90,—	101,25	55,35	80,52	90,58	49,09	71,40	80,33
	II	1 569,58	86,32	125,56	141,26	II	1 569,58	79,58	115,75	130,22	72,83	105,94	119,18	66,09	96,13	108,14	59,41	86,42	97,22	52,98	77,07	86,70	46,82	68,10	76,61
	III	1 088,—	59,84	87,04	97,92	III	1 088,—	54,63	79,46	89,39	49,55	72,08	81,09	44,60	64,88	72,99	39,78	57,86	65,09	35,09	51,04	57,42	30,53	44,41	49,96
	V	2 029,91	111,64	162,39	182,69	IV	1 615,33	85,47	124,32	139,86	82,09	119,41	134,33	78,72	114,51	128,82	75,35	109,60	123,30	71,98	104,70	117,78	68,60	99,79	112,26
	VI	2 063,33	113,48	165,06	185,69																				
6 089,99 West	I,IV	1 603,75	88,20	128,30	144,33	I	1 603,75	81,45	118,48	133,29	74,71	108,67	122,25	67,97	98,86	111,22	61,25	89,09	100,22	54,75	79,64	89,59	48,51	70,56	79,38
	II	1 557,91	85,68	124,63	140,21	II	1 557,91	78,94	114,82	129,17	72,19	105,01	118,13	65,45	95,20	107,10	58,79	85,52	96,21	52,39	76,21	85,73	46,25	67,27	75,68
	III	1 078,83	59,33	86,30	97,09	III	1 078,83	54,14	78,76	88,60	49,07	71,38	80,30	44,14	64,21	72,23	39,33	57,21	64,36	34,65	50,41	56,71	30,10	43,78	49,25
	V	2 018,25	111,—	161,46	181,64	IV	1 603,75	84,83	123,39	138,81	81,45	118,48	133,29	78,08	113,58	127,77	74,71	108,67	122,25	71,33	103,76	116,73	67,97	98,86	111,22
	VI	2 051,75	112,84	164,14	184,65																				
6 089,99 Ost	I,IV	1 616,58	88,91	129,32	145,49	I	1 616,58	82,17	119,52	134,46	75,42	109,70	123,41	68,67	99,89	112,37	61,94	90,10	101,36	55,42	80,62	90,69	49,15	71,50	80,43
	II	1 570,83	86,39	125,66	141,37	II	1 570,83	79,64	115,85	130,33	72,90	106,04	119,30	66,16	96,23	108,26	59,48	86,52	97,33	53,05	77,17	86,81	46,88	68,19	76,71
	III	1 088,83	59,88	87,10	97,99	III	1 088,83	54,67	79,53	89,47	49,60	72,14	81,16	44,65	64,94	73,06	39,82	57,93	65,17	35,14	51,12	57,51	30,58	44,48	50,04
	V	2 031,16	111,71	162,49	182,80	IV	1 616,58	85,53	124,42	139,97	82,17	119,52	134,46	78,79	114,61	128,93	75,42	109,70	123,41	72,05	104,80	117,90	68,67	99,89	112,37
	VI	2 064,66	113,55	165,17	185,81																				
6 092,99 West	I,IV	1 605,—	88,27	128,40	144,45	I	1 605,—	81,52	118,58	133,40	74,78	108,77	122,36	68,03	98,96	111,33	61,32	89,19	100,34	54,82	79,74	89,70	48,57	70,66	79,49
	II	1 559,16	85,75	124,73	140,32	II	1 559,16	79,01	114,92	129,29	72,26	105,11	118,25	65,51	95,30	107,21	58,86	85,62	96,32	52,46	76,30	85,84	46,31	67,36	75,78
	III	1 079,83	59,39	86,38	97,18	III	1 079,83	54,19	78,82	88,67	49,13	71,46	80,39	44,19	64,28	72,31	39,38	57,28	64,44	34,70	50,48	56,79	30,14	43,85	49,33
	V	2 019,58	111,07	161,56	181,76	IV	1 605,—	84,90	123,49	138,92	81,52	118,58	133,40	78,15	113,68	127,89	74,78	108,77	122,36	71,41	103,87	116,85	68,03	98,96	111,33
	VI	2 053,—	112,91	164,24	184,77																				
6 092,99 Ost	I,IV	1 617,83	88,98	129,42	145,60	I	1 617,83	82,23	119,62	134,57	75,49	109,80	123,53	68,74	99,99	112,49	62,01	90,20	101,48	55,49	80,71	90,80	49,22	71,59	80,54
	II	1 572,08	86,46	125,76	141,48	II	1 572,08	79,71	115,95	130,44	72,97	106,14	119,41	66,22	96,33	108,37	59,55	86,62	97,44	53,12	77,26	86,92	46,94	68,28	76,82
	III	1 089,83	59,94	87,18	98,08	III	1 089,83	54,73	79,61	89,56	49,65	72,22	81,25	44,70	65,02	73,15	39,88	58,01	65,26	35,19	51,18	57,58	30,62	44,54	50,11
	V	2 032,41	111,78	162,59	182,91	IV	1 617,83	85,61	124,52	140,09	82,23	119,62	134,57	78,86	114,71	129,05	75,49	109,80	123,53	72,11	104,90	118,01	68,74	99,99	112,49
	VI	2 065,91	113,62	165,27	185,93																				
6 095,99 West	I,IV	1 606,25	88,34	128,50	144,56	I	1 606,25	81,59	118,68	133,52	74,85	108,88	122,49	68,10	99,06	111,44	61,38	89,29	100,45	54,88	79,83	89,81	48,63	70,74	79,58
	II	1 560,50	85,82	124,84	140,44	II	1 560,50	79,08	115,02	129,40	72,33	105,21	118,36	65,59	95,40	107,33	58,93	85,72	96,43	52,52	76,40	85,95	46,37	67,45	75,88
	III	1 080,83	59,44	86,46	97,27	III	1 080,83	54,24	78,90	88,76	49,17	71,53	80,47	44,23	64,34	72,38	39,43	57,36	64,53	34,75	50,54	56,86	30,19	43,92	49,41
	V	2 020,83	111,14	161,66	181,87	IV	1 606,25	84,97	123,59	139,04	81,59	118,68	133,52	78,22	113,78	128,—	74,85	108,88	122,49	71,48	103,97	116,96	68,10	99,06	111,44
	VI	2 054,25	112,98	164,34	184,88																				
6 095,99 Ost	I,IV	1 619,08	89,04	129,52	145,71	I	1 619,08	82,30	119,72	134,68	75,56	109,90	123,64	68,81	100,09	112,60	62,08	90,30	101,59	55,55	80,80	90,90	49,28	71,68	80,64
	II	1 573,33	86,53	125,86	141,59	II	1 573,33	79,78	116,05	130,55	73,04	106,24	119,52	66,29	96,43	108,48	59,62	86,72	97,56	53,18	77,36	87,03	47,—	68,37	76,91
	III	1 090,83	59,99	87,26	98,17	III	1 090,83	54,78	79,69	89,65	49,71	72,30	81,34	44,75	65,09	73,22	39,93	58,08	65,34	35,23	51,25	57,65	30,67	44,61	50,18
	V	2 033,66	111,85	162,69	183,02	IV	1 619,08	85,68	124,62	140,20	82,30	119,72	134,68	78,93	114,81	129,16	75,56	109,90	123,64	72,18	105,—	118,12	68,81	100,09	112,60
	VI	2 067,16	113,69	165,37	186,04																				

Abzüge an Lohnsteuer, Solidaritätszuschlag (SolZ) und Kirchensteuer (8%, 9%) in den Steuerklassen I – VI (ohne Kinderfreibeträge) bzw. I, II, III, IV mit Zahl der Kinderfreibeträge . . .

*** Die ausgewiesenen Tabellenwerte sind amtlich. Siehe Erläuterungen auf der Umschlaginnenseite (U2).**

Lohn/ Gehalt bis €*	I – VI	LSt	ohne Kinderfreibeträge SolZ	8%	9%	I, II, III, IV	LSt	mit Zahl der Kinderfreibeträge . . . 0,5 SolZ	8%	9%	1 SolZ	8%	9%	1,5 SolZ	8%	9%	2 SolZ	8%	9%	2,5 SolZ	8%	9%	3 SolZ	8%	9%
6 098,99 West	I,IV	1 607,50	88,41	128,60	144,67	I	1 607,50	81,66	118,78	133,63	74,92	108,98	122,60	68,17	99,16	111,56	61,45	89,39	100,56	54,94	79,92	89,91	48,70	70,84	79,69
	II	1 561,75	85,89	124,94	140,55	II	1 561,75	79,14	115,12	129,51	72,40	105,31	118,47	65,66	95,50	107,44	58,99	85,81	96,53	52,58	76,49	86,05	46,43	67,54	75,98
	III	1 081,83	59,50	86,54	97,36	III	1 081,83	54,30	78,98	88,85	49,23	71,61	80,56	44,29	64,42	72,47	39,48	57,42	64,60	34,79	50,61	56,93	30,24	43,98	49,48
	V	2 022,08	111,21	161,76	181,98	IV	1 607,50	85,03	123,69	139,15	81,66	118,78	133,63	78,29	113,88	128,12	74,92	108,98	122,60	71,55	104,07	117,08	68,17	99,16	111,56
	VI	2 055,50	113,05	164,44	184,99																				
6 098,99 Ost	I,IV	1 620,41	89,12	129,63	145,83	I	1 620,41	82,37	119,82	134,79	75,62	110,–	123,75	68,88	100,20	112,72	62,15	90,40	101,70	55,62	80,90	91,01	49,34	71,78	80,75
	II	1 574,58	86,60	125,96	141,71	II	1 574,58	79,86	116,16	130,68	73,11	106,34	119,63	66,36	96,53	108,59	59,68	86,81	97,66	53,24	77,45	87,13	47,07	68,46	77,02
	III	1 091,83	60,05	87,34	98,26	III	1 091,83	54,84	79,77	89,74	49,75	72,37	81,41	44,80	65,17	73,31	39,97	58,14	65,41	35,28	51,32	57,73	30,71	44,68	50,26
	V	2 034,91	111,92	162,79	183,14	IV	1 620,41	85,74	124,72	140,31	82,37	119,82	134,79	79,–	114,91	129,27	75,62	110,–	123,75	72,25	105,10	118,23	68,88	100,20	112,72
	VI	2 068,41	113,76	165,47	186,15																				
6 101,99 West	I,IV	1 608,75	88,48	128,70	144,78	I	1 608,75	81,73	118,88	133,74	74,99	109,08	122,71	68,24	99,26	111,67	61,52	89,48	100,67	55,01	80,02	90,02	48,76	70,93	79,79
	II	1 563,–	85,96	125,04	140,67	II	1 563,–	79,21	115,22	129,62	72,47	105,41	118,58	65,72	95,60	107,55	59,06	85,91	96,65	52,65	76,58	86,15	46,49	67,63	76,08
	III	1 082,83	59,55	86,62	97,45	III	1 082,83	54,35	79,06	88,94	49,28	71,68	80,64	44,33	64,49	72,55	39,52	57,49	64,67	34,84	50,68	57,01	30,28	44,05	49,55
	V	2 023,33	111,28	161,86	182,09	IV	1 608,75	85,10	123,79	139,26	81,73	118,88	133,74	78,36	113,98	128,23	74,99	109,08	122,71	71,61	104,17	117,19	68,24	99,26	111,67
	VI	2 056,75	113,12	164,54	185,10																				
6 101,99 Ost	I,IV	1 621,66	89,19	129,73	145,94	I	1 621,66	82,44	119,92	134,91	75,69	110,10	123,86	68,95	100,30	112,83	62,22	90,50	101,81	55,68	81,–	91,12	49,40	71,86	80,84
	II	1 575,83	86,67	126,06	141,82	II	1 575,83	79,92	116,26	130,79	73,18	106,44	119,75	66,43	96,63	108,71	59,75	86,91	97,77	53,31	77,54	87,23	47,13	68,55	77,12
	III	1 092,83	60,10	87,42	98,35	III	1 092,83	54,89	79,84	89,82	49,81	72,45	81,50	44,85	65,24	73,39	40,03	58,22	65,50	35,32	51,38	57,80	30,76	44,74	50,33
	V	2 036,25	111,99	162,90	183,26	IV	1 621,66	85,81	124,82	140,42	82,44	119,92	134,91	79,07	115,01	129,38	75,69	110,10	123,86	72,32	105,20	118,35	68,95	100,30	112,83
	VI	2 069,66	113,83	165,57	186,26																				
6 104,99 West	I,IV	1 610,–	88,55	128,80	144,90	I	1 610,–	81,80	118,99	133,86	75,06	109,18	122,82	68,31	99,36	111,78	61,59	89,58	100,78	55,08	80,12	90,13	48,82	71,02	79,89
	II	1 564,25	86,03	125,14	140,78	II	1 564,25	79,28	115,32	129,74	72,54	105,52	118,71	65,79	95,70	107,66	59,13	86,01	96,76	52,71	76,68	86,26	46,56	67,72	76,19
	III	1 083,83	59,61	86,70	97,54	III	1 083,83	54,40	79,13	89,02	49,33	71,76	80,73	44,39	64,57	72,64	39,58	57,57	64,76	34,89	50,76	57,10	30,33	44,12	49,63
	V	2 024,58	111,35	161,96	182,21	IV	1 610,–	85,17	123,89	139,37	81,80	118,99	133,86	78,43	114,08	128,34	75,06	109,18	122,82	71,68	104,27	117,30	68,31	99,36	111,78
	VI	2 058,08	113,19	164,64	185,22																				
6 104,99 Ost	I,IV	1 622,91	89,26	129,83	146,06	I	1 622,91	82,51	120,02	135,02	75,76	110,20	123,98	69,02	100,40	112,95	62,29	90,60	101,93	55,75	81,09	91,22	49,47	71,96	80,95
	II	1 577,08	86,73	126,16	141,93	II	1 577,08	79,99	116,36	130,90	73,25	106,54	119,86	66,50	96,73	108,82	59,82	87,01	97,88	53,37	77,64	87,34	47,19	68,64	77,22
	III	1 093,83	60,16	87,50	98,44	III	1 093,83	54,94	79,92	89,91	49,86	72,53	81,59	44,90	65,32	73,48	40,07	58,29	65,57	35,38	51,46	57,89	30,80	44,81	50,41
	V	2 037,50	112,06	163,–	183,37	IV	1 622,91	85,88	124,92	140,54	82,51	120,02	135,02	79,14	115,11	129,50	75,76	110,20	123,98	72,39	105,30	118,46	69,02	100,40	112,95
	VI	2 070,91	113,90	165,67	186,38																				
6 107,99 West	I,IV	1 611,25	88,61	128,90	145,01	I	1 611,25	81,87	119,09	133,97	75,13	109,28	122,94	68,38	99,46	111,89	61,65	89,68	100,89	55,14	80,21	90,23	48,89	71,11	80,–
	II	1 565,50	86,10	125,24	140,89	II	1 565,50	79,35	115,42	129,85	72,61	105,62	118,82	65,86	95,80	107,78	59,19	86,10	96,86	52,78	76,77	86,36	46,62	67,81	76,28
	III	1 084,83	59,66	86,78	97,63	III	1 084,83	54,45	79,21	89,11	49,39	71,84	80,82	44,44	64,64	72,72	39,62	57,64	64,84	34,94	50,82	57,17	30,37	44,18	49,70
	V	2 025,83	111,42	162,06	182,32	IV	1 611,25	85,25	124,–	139,50	81,87	119,09	133,97	78,50	114,18	128,45	75,13	109,28	122,94	71,75	104,37	117,41	68,38	99,46	111,89
	VI	2 059,33	113,26	164,74	185,33																				
6 107,99 Ost	I,IV	1 624,16	89,32	129,93	146,17	I	1 624,16	82,58	120,12	135,13	75,84	110,31	124,10	69,09	100,50	113,06	62,36	90,70	102,04	55,82	81,19	91,34	49,53	72,05	81,05
	II	1 578,41	86,81	126,27	142,05	II	1 578,41	80,06	116,46	131,01	73,31	106,64	119,97	66,57	96,84	108,94	59,88	87,10	97,99	53,44	77,73	87,44	47,25	68,74	77,33
	III	1 094,83	60,21	87,58	98,53	III	1 094,83	55,–	80,–	90,–	49,91	72,60	81,67	44,95	65,38	73,55	40,13	58,37	65,66	35,42	51,53	57,97	30,85	44,88	50,49
	V	2 038,75	112,13	163,10	183,48	IV	1 624,16	85,95	125,02	140,65	82,58	120,12	135,13	79,20	115,21	129,61	75,84	110,31	124,10	72,46	105,40	118,58	69,09	100,50	113,06
	VI	2 072,16	113,96	165,77	186,49																				
6 110,99 West	I,IV	1 612,58	88,69	129,–	145,13	I	1 612,58	81,94	119,19	134,09	75,19	109,38	123,05	68,45	99,56	112,01	61,72	89,78	101,–	55,21	80,30	90,34	48,95	71,20	80,10
	II	1 566,75	86,17	125,34	141,–	II	1 566,75	79,42	115,52	129,96	72,68	105,72	118,93	65,93	95,90	107,89	59,26	86,20	96,98	52,84	76,86	86,47	46,68	67,90	76,39
	III	1 085,66	59,71	86,85	97,70	III	1 085,66	54,51	79,29	89,20	49,43	71,90	80,89	44,49	64,72	72,81	39,67	57,70	64,91	34,98	50,89	57,25	30,43	44,26	49,79
	V	2 027,08	111,48	162,16	182,43	IV	1 612,58	85,31	124,10	139,61	81,94	119,19	134,09	78,57	114,28	128,57	75,19	109,38	123,05	71,82	104,47	117,53	68,45	99,56	112,01
	VI	2 060,58	113,33	164,84	185,45																				
6 110,99 Ost	I,IV	1 625,41	89,39	130,03	146,28	I	1 625,41	82,65	120,22	135,24	75,90	110,41	124,21	69,16	100,60	113,17	62,42	90,80	102,15	55,88	81,28	91,44	49,60	72,14	81,16
	II	1 579,66	86,88	126,37	142,16	II	1 579,66	80,13	116,56	131,13	73,38	106,74	120,08	66,64	96,94	109,05	59,95	87,20	98,10	53,51	77,83	87,56	47,31	68,82	77,42
	III	1 095,83	60,27	87,66	98,62	III	1 095,83	55,05	80,08	90,09	49,96	72,68	81,76	45,–	65,46	73,64	40,17	58,44	65,74	35,47	51,60	58,05	30,90	44,94	50,56
	V	2 040,–	112,20	163,20	183,60	IV	1 625,41	86,02	125,12	140,76	82,65	120,22	135,24	79,28	115,32	129,73	75,90	110,41	124,21	72,53	105,50	118,69	69,16	100,60	113,17
	VI	2 073,41	114,03	165,87	186,60																				
6 113,99 West	I,IV	1 613,83	88,76	129,10	145,24	I	1 613,83	82,01	119,29	134,20	75,26	109,48	123,16	68,52	99,67	112,13	61,79	89,88	101,12	55,27	80,40	90,45	49,01	71,30	80,21
	II	1 568,–	86,24	125,44	141,12	II	1 568,–	79,49	115,63	130,08	72,75	105,82	119,04	66,–	96,–	108,–	59,33	86,30	97,09	52,91	76,96	86,58	46,74	67,99	76,49
	III	1 086,66	59,76	86,93	97,79	III	1 086,66	54,56	79,37	89,29	49,49	71,98	80,98	44,54	64,78	72,88	39,72	57,78	65,–	35,03	50,96	57,33	30,47	44,33	49,87
	V	2 028,33	111,55	162,26	182,54	IV	1 613,83	85,38	124,20	139,72	82,01	119,29	134,20	78,64	114,38	128,68	75,26	109,48	123,16	71,89	104,57	117,64	68,52	99,67	112,13
	VI	2 061,83	113,40	164,94	185,56																				
6 113,99 Ost	I,IV	1 626,66	89,46	130,13	146,39	I	1 626,66	82,72	120,32	135,36	75,97	110,51	124,32	69,23	100,70	113,28	62,49	90,90	102,26	55,94	81,38	91,55	49,66	72,23	81,26
	II	1 580,91	86,95	126,47	142,28	II	1 580,91	80,20	116,66	131,24	73,45	106,84	120,20	66,71	97,04	109,17	60,02	87,30	98,21	53,57	77,92	87,66	47,38	68,92	77,53
	III	1 096,83	60,32	87,74	98,71	III	1 096,83	55,11	80,16	90,18	50,01	72,74	81,83	45,05	65,53	73,72	40,22	58,50	65,81	35,52	51,66	58,12	30,94	45,01	50,63
	V	2 041,25	112,26	163,30	183,71	IV	1 626,66	86,09	125,22	140,87	82,72	120,32	135,36	79,35	115,42	129,84	75,97	110,51	124,32	72,60	105,60	118,80	69,23	100,70	113,28
	VI	2 074,75	114,11	165,98	186,72																				
6 116,99 West	I,IV	1 615,08	88,82	129,20	145,35	I	1 615,08	82,08	119,39	134,31	75,33	109,58	123,27	68,59	99,77	112,24	61,86	89,98	101,23	55,34	80,50	90,56	49,07	71,38	80,30
	II	1 569,25	86,30	125,54	141,23	II	1 569,25	79,56	115,73	130,19	72,82	105,92	119,16	66,07	96,10	108,11	59,40	86,40	97,20	52,97	77,05	86,68	46,80	68,08	76,59
	III	1 087,66	59,82	87,01	97,88	III	1 087,66	54,61	79,44	89,37	49,54	72,06	81,07	44,59	64,86	72,97	39,77	57,85	65,08	35,08	51,02	57,40	30,52	44,40	49,95
	V	2 029,66	111,63	162,37	182,66	IV	1 615,08	85,45	124,30	139,83	82,08	119,39	134,31	78,70	114,48	128,79	75,33	109,58	123,27	71,96	104,68	117,76	68,59	99,77	112,24
	VI	2 063,08	113,46	165,04	185,67																				
6 116,99 Ost	I,IV	1 627,91	89,53	130,23	146,51	I	1 627,91	82,79	120,42	135,47	76,04	110,61	124,43	69,30	100,80	113,40	62,56	91,–	102,38	56,01	81,48	91,66	49,72	72,32	81,36
	II	1 582,16	87,01	126,57	142,39	II	1 582,16	80,27	116,76	131,35	73,53	106,95	120,32	66,78	97,14	109,28	60,09	87,40	98,33	53,63	78,02	87,77	47,44	69,–	77,63
	III	1 097,83	60,38	87,82	98,80	III	1 097,83	55,15	80,22	90,25	50,06	72,82	81,92	45,10	65,61	73,81	40,27	58,58	65,90	35,56	51,73	58,19	30,99	45,08	50,71
	V	2 042,50	112,33	163,40	183,82	IV	1 627,91	86,16	125,32	140,99	82,79	120,42	135,47	79,42	115,52	129,96	76,04	110,61	124,43	72,67	105,70	118,91	69,30	100,80	113,40
	VI	2 076,–	114,18	166,08	186,84																				
6 119,99 West	I,IV	1 616,33	88,89	129,30	145,46	I	1 616,33	82,15	119,49	134,42	75,40	109,68	123,39	68,66	99,87	112,35	61,93	90,08	101,34	55,40	80,59	90,66	49,14	71,48	80,41
	II	1 570,58	86,38	125,64	141,35	II	1 570,58	79,63	115,83	130,31	72,88	106,02	119,27	66,14	96,20	108,23	59,46	86,50	97,31	53,03	77,14	86,78	46,86	68,17	76,69
	III	1 088,66	59,87	87,09	97,97	III	1 088,66	54,67	79,52	89,46	49,59	72,13	81,14	44,64	64,93	73,04	39,82	57,92	65,16	35,12	51,09	57,47	30,57	44,46	50,02
	V	2 030,91	111,70	162,47	182,78	IV	1 616,33	85,52	124,40	139,95	82,15	119,49	134,42	78,77	114,58	128,90	75,40	109,68	123,39	72,03	104,78	117,87	68,66	99,87	112,35
	VI	2 064,33	113,53	165,14	185,78																				
6 119,99 Ost	I,IV	1 629,16	89,60	130,33	146,62	I	1 629,16	82,86	120,52	135,59	76,11	110,71	124,55	69,36	100,90	113,51	62,63	91,10	102,49	56,08	81,57	91,76	49,78	72,42	81,47
	II	1 583,41	87,08	126,67	142,50	II	1 583,41	80,34	116,86	131,46	73,59	107,05	120,43	66,85	97,24	109,39	60,15	87,50	98,43	53,70	78,11	87,87	47,50	69,10	77,73
	III	1 098,83	60,43	87,90	98,89	III	1 098,83	55,21	80,30	90,34	50,12	72,90	82,01	45,15	65,68	73,89	40,32	58,65	65,98	35,62	51,81	58,28	31,03	45,14	50,78
	V	2 043,75	112,40	163,50	183,93	IV	1 629,16	86,23	125,43	141,11	82,86	120,52	135,59	79,48	115,62	130,07	76,11	110,71	124,55	72,74	105,80	119,03	69,36	100,90	113,51
	VI	2 077,25	114,24	166,18	186,95																				

Abzüge an Lohnsteuer, Solidaritätszuschlag (SolZ) und Kirchensteuer (8%, 9%) in den Steuerklassen

* Die ausgewiesenen Tabellenwerte sind amtlich. Siehe Erläuterungen auf der Umschlaginnenseite (U2).

Lohn/Gehalt bis €*	Abzüge an Lohnsteuer, Solidaritätszuschlag (SolZ) und Kirchensteuer (8%, 9%) in den Steuerklassen I – VI					I, II, III, IV																			
			ohne Kinderfreibeträge					mit Zahl der Kinderfreibeträge . . .																	
								0,5			1			1,5			2			2,5			3		
		LSt	SolZ	8%	9%		LSt	SolZ	8%	9%	SolZ	8%	9%	SolZ	8%	9%	SolZ	8%	9%	SolZ	8%	9%	SolZ	8%	9%
6 122,99 West	I,IV	1 617,58	88,96	129,40	145,58	I	1 617,58	82,22	119,59	134,54	75,47	109,78	123,50	68,73	99,97	112,46	62,—	90,18	101,45	55,47	80,69	90,77	49,20	71,57	80,51
	II	1 571,83	86,45	125,74	141,46	II	1 571,83	79,70	115,93	130,42	72,95	106,12	119,38	66,21	96,31	108,35	59,53	86,60	97,42	53,10	77,24	86,90	46,93	68,26	76,79
	III	1 089,66	59,93	87,17	98,06	III	1 089,66	54,72	79,60	89,55	49,64	72,21	81,23	44,69	65,01	73,13	39,87	58,—	65,25	35,18	51,17	57,56	30,61	44,53	50,09
	V	2 032,16	111,76	162,57	182,89	IV	1 617,58	85,59	124,50	140,06	82,22	119,59	134,54	78,84	114,68	129,02	75,47	109,78	123,50	72,10	104,88	117,99	68,73	99,97	112,46
	VI	2 065,58	113,60	165,24	185,90																				
6 122,99 Ost	I,IV	1 630,50	89,67	130,44	146,74	I	1 630,50	82,93	120,62	135,70	76,18	110,81	124,66	69,44	101,—	113,63	62,70	91,20	102,60	56,15	81,67	91,88	49,85	72,51	81,57
	II	1 584,66	87,15	126,77	142,61	II	1 584,66	80,41	116,96	131,58	73,66	107,15	120,54	66,92	97,34	109,50	60,22	87,60	98,55	53,76	78,20	87,98	47,57	69,19	77,84
	III	1 099,83	60,49	87,98	98,98	III	1 099,83	55,26	80,38	90,43	50,16	72,97	82,09	45,21	65,76	73,98	40,37	58,72	66,06	35,66	51,88	58,36	31,08	45,21	50,86
	V	2 045,—	112,47	163,60	184,05	IV	1 630,50	86,30	125,53	141,22	82,93	120,62	135,70	79,55	115,72	130,18	76,18	110,81	124,66	72,81	105,90	119,14	69,44	101,—	113,63
	VI	2 078,50	114,31	166,28	187,06																				
6 125,99 West	I,IV	1 618,83	89,03	129,50	145,69	I	1 618,83	82,28	119,69	134,65	75,54	109,88	123,62	68,80	100,07	112,58	62,07	90,28	101,57	55,54	80,78	90,88	49,27	71,66	80,62
	II	1 573,08	86,51	125,84	141,57	II	1 573,08	79,77	116,03	130,53	73,02	106,22	119,49	66,28	96,41	108,46	59,60	86,69	97,52	53,17	77,34	87,—	46,99	68,35	76,89
	III	1 090,66	59,98	87,25	98,15	III	1 090,66	54,78	79,68	89,64	49,69	72,28	81,31	44,74	65,08	73,21	39,92	58,06	65,32	35,22	51,24	57,64	30,66	44,60	50,17
	V	2 033,41	111,83	162,67	183,—	IV	1 618,83	85,66	124,60	140,17	82,28	119,69	134,65	78,92	114,79	129,14	75,54	109,88	123,62	72,17	104,98	118,10	68,80	100,07	112,58
	VI	2 066,83	113,67	165,34	186,01																				
6 125,99 Ost	I,IV	1 631,75	89,74	130,54	146,85	I	1 631,75	82,99	120,72	135,81	76,25	110,91	124,77	69,51	101,10	113,74	62,77	91,30	102,71	56,21	81,76	91,98	49,91	72,60	81,68
	II	1 585,91	87,22	126,87	142,73	II	1 585,91	80,48	117,06	131,69	73,73	107,25	120,65	66,99	97,44	109,62	60,29	87,70	98,66	53,83	78,30	88,08	47,63	69,28	77,94
	III	1 100,66	60,53	88,05	99,05	III	1 100,66	55,32	80,46	90,52	50,22	73,05	82,18	45,25	65,82	74,05	40,42	58,80	66,15	35,71	51,94	58,43	31,13	45,28	50,94
	V	2 046,25	112,54	163,70	184,16	IV	1 631,75	86,37	125,63	141,33	82,99	120,72	135,81	79,62	115,82	130,29	76,25	110,91	124,77	72,87	106,—	119,25	69,51	101,10	113,74
	VI	2 079,75	114,38	166,38	187,17																				
6 128,99 West	I,IV	1 620,08	89,10	129,60	145,80	I	1 620,08	82,36	119,80	134,77	75,61	109,98	123,73	68,86	100,17	112,69	62,14	90,38	101,68	55,60	80,88	90,99	49,33	71,75	80,72
	II	1 574,33	86,58	125,94	141,68	II	1 574,33	79,84	116,13	130,64	73,09	106,32	119,61	66,35	96,51	108,57	59,67	86,79	97,64	53,23	77,43	87,11	47,05	68,44	77,—
	III	1 091,66	60,04	87,33	98,24	III	1 091,66	54,82	79,74	89,71	49,74	72,36	81,40	44,79	65,16	73,30	39,96	58,13	65,39	35,27	51,30	57,71	30,70	44,66	50,24
	V	2 034,66	111,90	162,77	183,11	IV	1 620,08	85,73	124,70	140,28	82,36	119,80	134,77	78,98	114,89	129,25	75,61	109,98	123,73	72,24	105,08	118,21	68,86	100,17	112,69
	VI	2 068,16	113,74	165,45	186,13																				
6 128,99 Ost	I,IV	1 633,—	89,81	130,64	146,97	I	1 633,—	83,06	120,82	135,92	76,32	111,01	124,88	69,57	101,20	113,85	62,84	91,40	102,83	56,27	81,86	92,09	49,98	72,70	81,78
	II	1 587,16	87,29	126,97	142,84	II	1 587,16	80,55	117,16	131,81	73,80	107,35	120,77	67,05	97,54	109,73	60,36	87,80	98,77	53,90	78,40	88,20	47,69	69,37	78,04
	III	1 101,66	60,59	88,13	99,14	III	1 101,66	55,36	80,53	90,59	50,27	73,13	82,27	45,31	65,90	74,14	40,47	58,86	66,22	35,75	52,01	58,51	31,17	45,34	51,01
	V	2 047,58	112,61	163,80	184,28	IV	1 633,—	86,44	125,73	141,44	83,06	120,82	135,92	79,69	115,92	130,41	76,32	111,01	124,88	72,95	106,11	119,37	69,57	101,20	113,85
	VI	2 081,—	114,45	166,48	187,29																				
6 131,99 West	I,IV	1 621,33	89,17	129,70	145,91	I	1 621,33	82,43	119,90	134,88	75,68	110,08	123,84	68,93	100,27	112,80	62,20	90,48	101,79	55,67	80,98	91,10	49,39	71,84	80,82
	II	1 575,58	86,65	126,04	141,80	II	1 575,58	79,91	116,23	130,76	73,16	106,42	119,72	66,42	96,61	108,68	59,73	86,89	97,75	53,29	77,52	87,21	47,11	68,53	77,09
	III	1 092,66	60,09	87,41	98,33	III	1 092,66	54,88	79,82	89,80	49,80	72,44	81,49	44,84	65,22	73,37	40,02	58,21	65,48	35,31	51,37	57,79	30,75	44,73	50,32
	V	2 035,91	111,97	162,87	183,23	IV	1 621,33	85,80	124,80	140,40	82,43	119,90	134,88	79,05	114,99	129,36	75,68	110,08	123,84	72,31	105,18	118,32	68,93	100,27	112,80
	VI	2 069,41	113,81	165,55	186,24																				
6 131,99 Ost	I,IV	1 634,25	89,88	130,74	147,08	I	1 634,25	83,13	120,92	136,04	76,39	111,12	125,01	69,64	101,30	113,96	62,91	91,50	102,94	56,34	81,96	92,20	50,04	72,78	81,88
	II	1 588,50	87,36	127,08	142,96	II	1 588,50	80,62	117,26	131,92	73,87	107,45	120,88	67,13	97,64	109,85	60,43	87,90	98,88	53,96	78,49	88,30	47,75	69,46	78,14
	III	1 102,66	60,64	88,21	99,23	III	1 102,66	55,42	80,61	90,68	50,32	73,20	82,35	45,35	65,97	74,21	40,51	58,93	66,29	35,80	52,08	58,59	31,23	45,42	51,10
	V	2 048,83	112,68	163,90	184,39	IV	1 634,25	86,51	125,83	141,56	83,13	120,92	136,04	79,76	116,02	130,52	76,39	111,12	125,01	73,02	106,21	119,48	69,64	101,30	113,96
	VI	2 082,25	114,52	166,58	187,40																				
6 134,99 West	I,IV	1 622,58	89,24	129,80	146,03	I	1 622,58	82,50	120,—	135,—	75,75	110,18	123,95	69,—	100,37	112,91	62,27	90,58	101,90	55,73	81,07	91,20	49,45	71,94	80,93
	II	1 576,83	86,72	126,14	141,91	II	1 576,83	79,97	116,33	130,87	73,23	106,52	119,84	66,49	96,71	108,80	59,80	86,98	97,85	53,36	77,62	87,32	47,18	68,62	77,20
	III	1 093,66	60,15	87,49	98,42	III	1 093,66	54,93	79,90	89,89	49,84	72,50	81,56	44,89	65,30	73,46	40,06	58,28	65,56	35,36	51,44	57,87	30,80	44,80	50,40
	V	2 037,16	112,04	162,97	183,34	IV	1 622,58	85,87	124,90	140,51	82,50	120,—	135,—	79,12	115,09	129,47	75,75	110,18	123,95	72,38	105,28	118,44	69,—	100,37	112,91
	VI	2 070,66	113,88	165,65	186,35																				
6 134,99 Ost	I,IV	1 635,50	89,95	130,84	147,19	I	1 635,50	83,20	121,02	136,15	76,46	111,22	125,12	69,71	101,40	114,08	62,97	91,60	103,05	56,41	82,05	92,30	50,10	72,88	81,99
	II	1 589,75	87,43	127,18	143,07	II	1 589,75	80,68	117,36	132,03	73,94	107,55	120,99	67,20	97,74	109,96	60,49	87,99	98,99	54,02	78,58	88,40	47,81	69,55	78,24
	III	1 103,66	60,70	88,29	99,32	III	1 103,66	55,47	80,69	90,77	50,38	73,28	82,44	45,41	66,05	74,30	40,57	59,01	66,38	35,86	52,16	58,68	31,27	45,49	51,17
	V	2 050,08	112,75	164,—	184,50	IV	1 635,50	86,57	125,93	141,67	83,20	121,02	136,15	79,83	116,12	130,64	76,46	111,22	125,12	73,09	106,31	119,60	69,71	101,40	114,08
	VI	2 083,50	114,59	166,68	187,51																				
6 137,99 West	I,IV	1 623,91	89,31	129,91	146,15	I	1 623,91	82,56	120,10	135,11	75,82	110,28	124,07	69,08	100,48	113,04	62,34	90,68	102,01	55,80	81,17	91,31	49,52	72,03	81,03
	II	1 578,08	86,79	126,24	142,02	II	1 578,08	80,05	116,44	130,99	73,30	106,62	119,95	66,55	96,81	108,91	59,87	87,08	97,97	53,42	77,71	87,42	47,24	68,72	77,31
	III	1 094,66	60,20	87,57	98,51	III	1 094,66	54,99	79,98	89,98	49,90	72,58	81,65	44,94	65,37	73,54	40,11	58,34	65,63	35,42	51,52	57,96	30,84	44,86	50,47
	V	2 038,41	112,11	163,07	183,45	IV	1 623,91	85,94	125,—	140,63	82,56	120,10	135,11	79,19	115,19	129,59	75,82	110,28	124,07	72,44	105,38	118,55	69,08	100,48	113,04
	VI	2 071,91	113,95	165,75	186,47																				
6 137,99 Ost	I,IV	1 636,75	90,02	130,94	147,30	I	1 636,75	83,27	121,12	136,26	76,53	111,32	125,23	69,78	101,50	114,19	63,04	91,70	103,16	56,48	82,15	92,42	50,16	72,97	82,09
	II	1 591,—	87,50	127,28	143,19	II	1 591,—	80,75	117,46	132,14	74,01	107,65	121,10	67,26	97,84	110,07	60,56	88,09	99,10	54,09	78,68	88,51	47,88	69,64	78,35
	III	1 104,66	60,75	88,37	99,41	III	1 104,66	55,53	80,77	90,86	50,42	73,34	82,51	45,45	66,12	74,38	40,61	59,08	66,46	35,90	52,22	58,75	31,32	45,56	51,25
	V	2 051,33	112,82	164,10	184,61	IV	1 636,75	86,64	126,03	141,78	83,27	121,12	136,26	79,90	116,22	130,75	76,53	111,32	125,23	73,15	106,41	119,71	69,78	101,50	114,19
	VI	2 084,75	114,66	166,78	187,62																				
6 140,99 West	I,IV	1 625,16	89,38	130,01	146,26	I	1 625,16	82,63	120,20	135,22	75,89	110,38	124,18	69,14	100,58	113,15	62,41	90,78	102,12	55,87	81,26	91,42	49,58	72,12	81,14
	II	1 579,33	86,86	126,34	142,13	II	1 579,33	80,12	116,54	131,10	73,37	106,72	120,06	66,62	96,91	109,02	59,94	87,18	98,08	53,49	77,80	87,53	47,30	68,80	77,40
	III	1 095,66	60,26	87,65	98,60	III	1 095,66	55,04	80,06	90,07	49,95	72,66	81,74	44,99	65,45	73,63	40,16	58,42	65,72	35,46	51,58	58,03	30,89	44,93	50,54
	V	2 039,75	112,18	163,18	183,57	IV	1 625,16	86,01	125,10	140,74	82,63	120,20	135,22	79,26	115,29	129,70	75,89	110,38	124,18	72,52	105,48	118,67	69,14	100,58	113,15
	VI	2 073,16	114,02	165,85	186,58																				
6 140,99 Ost	I,IV	1 638,—	90,09	131,04	147,42	I	1 638,—	83,34	121,23	136,38	76,60	111,42	125,34	69,85	101,60	114,30	63,11	91,80	103,28	56,54	82,24	92,52	50,23	73,06	82,19
	II	1 592,25	87,57	127,38	143,30	II	1 592,25	80,82	117,56	132,26	74,08	107,76	121,23	67,33	97,94	110,18	60,63	88,19	99,21	54,16	78,78	88,62	47,94	69,73	78,44
	III	1 105,66	60,81	88,45	99,50	III	1 105,66	55,58	80,85	90,95	50,48	73,42	82,60	45,51	66,20	74,47	40,66	59,14	66,53	35,95	52,29	58,82	31,36	45,62	51,32
	V	2 052,58	112,89	164,20	184,73	IV	1 638,—	86,71	126,13	141,89	83,34	121,23	136,38	79,97	116,32	130,86	76,60	111,42	125,34	73,22	106,51	119,82	69,85	101,60	114,30
	VI	2 086,08	114,73	166,88	187,74																				
6 143,99 West	I,IV	1 626,41	89,45	130,11	146,37	I	1 626,41	82,70	120,30	135,33	75,95	110,48	124,29	69,21	100,68	113,26	62,48	90,88	102,24	55,93	81,36	91,53	49,64	72,21	81,23
	II	1 580,58	86,93	126,44	142,25	II	1 580,58	80,19	116,64	131,22	73,44	106,82	120,17	66,69	97,01	109,13	60,—	87,28	98,19	53,56	77,90	87,64	47,36	68,90	77,51
	III	1 096,50	60,30	87,72	98,68	III	1 096,50	55,09	80,13	90,14	50,—	72,73	81,82	45,04	65,52	73,71	40,21	58,49	65,80	35,51	51,65	58,10	30,93	45,—	50,62
	V	2 041,—	112,25	163,28	183,69	IV	1 626,41	86,07	125,20	140,85	82,70	120,30	135,33	79,33	115,39	129,81	75,95	110,48	124,29	72,59	105,58	118,78	69,21	100,68	113,26
	VI	2 074,41	114,09	165,95	186,69																				
6 143,99 Ost	I,IV	1 639,25	90,15	131,14	147,53	I	1 639,25	83,41	121,33	136,49	76,67	111,52	125,46	69,92	101,70	114,41	63,18	91,90	103,39	56,61	82,34	92,63	50,29	73,16	82,30
	II	1 593,50	87,64	127,48	143,41	II	1 593,50	80,89	117,66	132,37	74,15	107,86	121,34	67,40	98,04	110,30	60,70	88,29	99,32	54,22	78,87	88,73	48,—	69,82	78,55
	III	1 106,66	60,86	88,53	99,59	III	1 106,66	55,63	80,92	91,03	50,53	73,50	82,69	45,55	66,26	74,54	40,71	59,22	66,62	35,99	52,36	58,90	31,41	45,69	51,40
	V	2 053,83	112,96	164,30	184,84	IV	1 639,25	86,79	126,24	142,02	83,41	121,33	136,49	80,04	116,42	130,97	76,67	111,52	125,46	73,29	106,61	119,93	69,92	101,70	114,41
	VI	2 087,33	114,80	166,98	187,85																				

* Die ausgewiesenen Tabellenwerte sind amtlich. Siehe Erläuterungen auf der Umschlaginnenseite (U2).

MONAT 6 144,–*

Lohn/ Gehalt bis €*	I – VI	LSt	ohne Kinderfreibeträge SolZ	8%	9%	I, II, III, IV	LSt	0,5 SolZ	0,5 8%	0,5 9%	1 SolZ	1 8%	1 9%	1,5 SolZ	1,5 8%	1,5 9%	2 SolZ	2 8%	2 9%	2,5 SolZ	2,5 8%	2,5 9%	3 SolZ	3 8%	3 9%
6 146,99	I,IV	1 627,66	89,52	130,21	146,48	I	1 627,66	82,77	120,40	135,45	76,03	110,59	124,41	69,28	100,78	113,37	62,54	90,98	102,35	56,—	81,46	91,64	49,71	72,30	81,34
West	II	1 581,91	87,—	126,55	142,37	II	1 581,91	80,25	116,74	131,33	73,51	106,92	120,29	66,77	97,12	109,26	60,07	87,38	98,30	53,62	78,—	87,75	47,42	68,98	77,60
	III	1 097,50	60,36	87,80	98,77	III	1 097,50	55,14	80,21	90,23	50,05	72,81	81,91	45,10	65,60	73,80	40,26	58,56	65,88	35,55	51,72	58,18	30,98	45,06	50,69
	V	2 042,25	112,32	163,38	183,80	IV	1 627,66	86,14	125,30	140,96	82,77	120,40	135,45	79,40	115,49	129,92	76,03	110,59	124,41	72,65	105,68	118,89	69,28	100,78	113,37
	VI	2 075,66	114,16	166,05	186,80																				
6 146,99	I,IV	1 640,58	90,23	131,24	147,65	I	1 640,58	83,48	121,43	136,61	76,73	111,62	125,57	69,99	101,80	114,53	63,25	92,—	103,50	56,67	82,44	92,74	50,36	73,25	82,40
Ost	II	1 594,75	87,71	127,58	143,52	II	1 594,75	80,96	117,76	132,48	74,22	107,96	121,45	67,47	98,14	110,41	60,77	88,39	99,44	54,28	78,96	88,83	48,07	69,92	78,66
	III	1 107,66	60,92	88,61	99,68	III	1 107,66	55,68	81,—	91,12	50,58	73,57	82,76	45,61	66,34	74,63	40,76	59,29	66,70	36,04	52,42	58,97	31,46	45,76	51,48
	V	2 055,08	113,02	164,40	184,95	IV	1 640,58	86,85	126,34	142,13	83,48	121,43	136,61	80,11	116,52	131,09	76,73	111,62	125,57	73,36	106,71	120,05	69,99	101,80	114,53
	VI	2 088,58	114,87	167,08	187,97																				
6 149,99	I,IV	1 628,91	89,59	130,31	146,60	I	1 628,91	82,84	120,50	135,56	76,10	110,69	124,52	69,35	100,88	113,49	62,61	91,08	102,46	56,06	81,55	91,74	49,77	72,40	81,45
West	II	1 583,16	87,07	126,65	142,48	II	1 583,16	80,32	116,84	131,44	73,58	107,02	120,40	66,83	97,22	109,37	60,14	87,48	98,41	53,68	78,09	87,85	47,49	69,08	77,71
	III	1 098,50	60,41	87,88	98,86	III	1 098,50	55,20	80,29	90,32	50,10	72,88	81,99	45,14	65,66	73,87	40,31	58,64	65,97	35,60	51,78	58,25	31,02	45,13	50,77
	V	2 043,50	112,39	163,48	183,91	IV	1 628,91	86,21	125,40	141,08	82,84	120,50	135,56	79,47	115,60	130,05	76,10	110,69	124,52	72,72	105,78	119,—	69,35	100,88	113,49
	VI	2 076,91	114,23	166,15	186,92																				
6 149,99	I,IV	1 641,83	90,30	131,34	147,76	I	1 641,83	83,55	121,53	136,72	76,80	111,72	125,68	70,06	101,91	114,65	63,32	92,10	103,61	56,74	82,54	92,85	50,42	73,34	82,51
Ost	II	1 596,—	87,78	127,68	143,64	II	1 596,—	81,03	117,87	132,60	74,29	108,06	121,56	67,54	98,24	110,52	60,83	88,48	99,54	54,35	79,06	88,94	48,12	70,—	78,75
	III	1 108,66	60,97	88,69	99,77	III	1 108,66	55,74	81,08	91,21	50,63	73,65	82,85	45,65	66,41	74,71	40,81	59,36	66,78	36,09	52,50	59,06	31,50	45,82	51,55
	V	2 056,33	113,09	164,50	185,06	IV	1 641,83	86,92	126,44	142,24	83,55	121,53	136,72	80,18	116,62	131,20	76,80	111,72	125,68	73,43	106,81	120,16	70,06	101,91	114,65
	VI	2 089,83	114,94	167,18	188,08																				
6 152,99	I,IV	1 630,16	89,65	130,41	146,71	I	1 630,16	82,91	120,60	135,68	76,17	110,79	124,64	69,42	100,98	113,60	62,68	91,18	102,57	56,13	81,64	91,85	49,83	72,49	81,55
West	II	1 584,41	87,14	126,75	142,59	II	1 584,41	80,39	116,94	131,55	73,64	107,12	120,51	66,90	97,32	109,48	60,21	87,58	98,52	53,75	78,18	87,95	47,55	69,16	77,81
	III	1 099,50	60,47	87,96	98,95	III	1 099,50	55,25	80,37	90,41	50,16	72,96	82,08	45,20	65,74	73,96	40,36	58,70	66,04	35,65	51,86	58,34	31,07	45,20	50,85
	V	2 044,75	112,46	163,58	184,02	IV	1 630,16	86,28	125,50	141,19	82,91	120,60	135,68	79,54	115,70	130,16	76,17	110,79	124,64	72,79	105,88	119,12	69,42	100,98	113,60
	VI	2 078,25	114,30	166,26	187,04																				
6 152,99	I,IV	1 643,08	90,36	131,44	147,87	I	1 643,08	83,62	121,63	136,83	76,87	111,82	125,79	70,13	102,01	114,76	63,39	92,20	103,73	56,81	82,63	92,96	50,48	73,43	82,61
Ost	II	1 597,25	87,84	127,78	143,75	II	1 597,25	81,10	117,97	132,71	74,36	108,16	121,68	67,61	98,34	110,63	60,90	88,58	99,65	54,41	79,15	89,04	48,19	70,10	78,86
	III	1 109,66	61,03	88,77	99,86	III	1 109,66	55,79	81,16	91,30	50,69	73,73	82,94	45,71	66,49	74,80	40,86	59,44	66,87	36,14	52,57	59,14	31,55	45,89	51,62
	V	2 057,66	113,17	164,61	185,18	IV	1 643,08	86,99	126,54	142,35	83,62	121,63	136,83	80,24	116,72	131,31	76,87	111,82	125,79	73,50	106,92	120,28	70,13	102,01	114,76
	VI	2 091,08	115,—	167,28	188,19																				
6 155,99	I,IV	1 631,41	89,72	130,51	146,82	I	1 631,41	82,98	120,70	135,79	76,23	110,89	124,75	69,49	101,08	113,71	62,75	91,28	102,69	56,20	81,74	91,96	49,90	72,58	81,65
West	II	1 585,66	87,21	126,85	142,70	II	1 585,66	80,46	117,04	131,67	73,72	107,23	120,63	66,97	97,42	109,59	60,28	87,68	98,64	53,81	78,28	88,06	47,61	69,26	77,91
	III	1 100,50	60,52	88,04	99,04	III	1 100,50	55,30	80,44	90,49	50,21	73,04	82,17	45,24	65,81	74,03	40,40	58,77	66,11	35,70	51,93	58,42	31,12	45,26	50,92
	V	2 046,—	112,53	163,68	184,14	IV	1 631,41	86,35	125,60	141,30	82,98	120,70	135,79	79,61	115,80	130,27	76,23	110,89	124,75	72,86	105,98	119,23	69,49	101,08	113,71
	VI	2 079,50	114,37	166,36	187,15																				
6 155,99	I,IV	1 644,33	90,43	131,54	147,98	I	1 644,33	83,69	121,73	136,94	76,94	111,92	125,91	70,20	102,11	114,87	63,46	92,30	103,84	56,87	82,72	93,06	50,54	73,52	82,71
Ost	II	1 598,58	87,92	127,88	143,87	II	1 598,58	81,17	118,07	132,83	74,42	108,26	121,79	67,68	98,44	110,75	60,97	88,68	99,77	54,48	79,25	89,15	48,25	70,19	78,96
	III	1 110,66	61,08	88,85	99,95	III	1 110,66	55,85	81,24	91,39	50,73	73,80	83,02	45,76	66,56	74,88	40,91	59,50	66,94	36,19	52,64	59,22	31,59	45,96	51,70
	V	2 058,91	113,24	164,71	185,30	IV	1 644,33	87,06	126,64	142,47	83,69	121,73	136,94	80,31	116,82	131,42	76,94	111,92	125,91	73,57	107,02	120,39	70,20	102,11	114,87
	VI	2 092,33	115,07	167,38	188,30																				
6 158,99	I,IV	1 632,66	89,79	130,61	146,93	I	1 632,66	83,05	120,80	135,90	76,30	110,99	124,86	69,56	101,18	113,82	62,82	91,38	102,80	56,26	81,84	92,07	49,96	72,68	81,76
West	II	1 586,91	87,28	126,95	142,82	II	1 586,91	80,53	117,14	131,78	73,79	107,33	120,74	67,04	97,52	109,71	60,34	87,77	98,74	53,88	78,38	88,17	47,68	69,35	78,02
	III	1 101,50	60,58	88,12	99,13	III	1 101,50	55,35	80,52	90,58	50,26	73,10	82,24	45,30	65,89	74,12	40,46	58,85	66,20	35,75	52,—	58,50	31,16	45,33	50,99
	V	2 047,25	112,59	163,78	184,25	IV	1 632,66	86,42	125,71	141,42	83,05	120,80	135,90	79,68	115,90	130,38	76,30	110,99	124,86	72,93	106,08	119,34	69,56	101,18	113,82
	VI	2 080,75	114,44	166,46	187,26																				
6 158,99	I,IV	1 645,58	90,50	131,64	148,10	I	1 645,58	83,76	121,83	137,06	77,01	112,02	126,02	70,27	102,21	114,98	63,52	92,40	103,95	56,94	82,82	93,17	50,61	73,62	82,82
Ost	II	1 599,83	87,99	127,98	143,98	II	1 599,83	81,24	118,17	132,94	74,49	108,36	121,90	67,75	98,55	110,87	61,04	88,78	99,88	54,55	79,34	89,26	48,31	70,28	79,06
	III	1 111,66	61,14	88,93	100,04	III	1 111,66	55,89	81,30	91,46	50,79	73,88	83,11	45,81	66,64	74,97	40,96	59,58	67,03	36,23	52,70	59,29	31,64	46,02	51,77
	V	2 060,16	113,30	164,81	185,41	IV	1 645,58	87,13	126,74	142,58	83,76	121,83	137,06	80,38	116,92	131,54	77,01	112,02	126,02	73,64	107,12	120,51	70,27	102,21	114,98
	VI	2 093,58	115,14	167,48	188,42																				
6 161,99	I,IV	1 634,—	89,87	130,72	147,06	I	1 634,—	83,12	120,90	136,01	76,37	111,09	124,97	69,63	101,28	113,94	62,89	91,48	102,91	56,33	81,94	92,18	50,02	72,76	81,86
West	II	1 588,16	87,34	127,05	142,93	II	1 588,16	80,60	117,24	131,90	73,86	107,43	120,86	67,11	97,62	109,82	60,41	87,87	98,85	53,95	78,47	88,28	47,74	69,44	78,12
	III	1 102,50	60,63	88,20	99,22	III	1 102,50	55,41	80,60	90,67	50,31	73,18	82,33	45,34	65,96	74,20	40,50	58,92	66,28	35,79	52,06	58,57	31,21	45,40	51,07
	V	2 048,50	112,66	163,88	184,36	IV	1 634,—	86,49	125,81	141,53	83,12	120,90	136,01	79,75	116,—	130,50	76,37	111,09	124,97	73,—	106,18	119,45	69,63	101,28	113,94
	VI	2 082,—	114,51	166,56	187,38																				
6 161,99	I,IV	1 646,83	90,57	131,74	148,21	I	1 646,83	83,82	121,93	137,17	77,08	112,12	126,14	70,34	102,31	115,10	63,59	92,50	104,06	57,—	82,92	93,28	50,67	73,71	82,92
Ost	II	1 601,08	88,05	128,08	144,09	II	1 601,08	81,31	118,27	133,05	74,56	108,46	122,01	67,82	98,65	110,98	61,10	88,88	99,99	54,61	79,44	89,37	48,38	70,37	79,16
	III	1 112,66	61,19	89,01	100,13	III	1 112,66	55,95	81,38	91,55	50,84	73,96	83,20	45,86	66,70	75,04	41,01	59,65	67,10	36,29	52,78	59,38	31,68	46,09	51,85
	V	2 061,41	113,37	164,91	185,52	IV	1 646,83	87,20	126,84	142,69	83,82	121,93	137,17	80,46	117,03	131,66	77,08	112,12	126,14	73,71	107,22	120,62	70,34	102,31	115,10
	VI	2 094,83	115,21	167,58	188,53																				
6 164,99	I,IV	1 635,25	89,93	130,82	147,17	I	1 635,25	83,19	121,—	136,13	76,44	111,19	125,09	69,70	101,38	114,05	62,96	91,58	103,02	56,39	82,03	92,28	50,09	72,86	81,96
West	II	1 589,41	87,41	127,15	143,04	II	1 589,41	80,67	117,34	132,01	73,92	107,53	120,97	67,18	97,72	109,93	60,48	87,97	98,96	54,01	78,56	88,38	47,80	69,53	78,22
	III	1 103,50	60,69	88,28	99,31	III	1 103,50	55,46	80,68	90,76	50,37	73,26	82,42	45,39	66,02	74,27	40,55	58,98	66,35	35,84	52,13	58,64	31,25	45,46	51,14
	V	2 049,75	112,73	163,98	184,47	IV	1 635,25	86,56	125,91	141,65	83,19	121,—	136,13	79,81	116,10	130,61	76,44	111,19	125,09	73,07	106,28	119,57	69,70	101,38	114,05
	VI	2 083,25	114,57	166,66	187,49																				
6 164,99	I,IV	1 648,08	90,64	131,84	148,32	I	1 648,08	83,90	122,04	137,29	77,15	112,22	126,25	70,40	102,41	115,21	63,66	92,60	104,18	57,07	83,02	93,39	50,74	73,80	83,03
Ost	II	1 602,33	88,12	128,18	144,20	II	1 602,33	81,38	118,37	133,16	74,63	108,56	122,13	67,89	98,75	111,09	61,17	88,98	100,10	54,67	79,53	89,47	48,44	70,46	79,27
	III	1 113,66	61,25	89,09	100,22	III	1 113,66	56,—	81,46	91,64	50,89	74,02	83,27	45,91	66,78	75,13	41,05	59,72	67,18	36,33	52,85	59,45	31,73	46,16	51,93
	V	2 062,66	113,44	165,01	185,63	IV	1 648,08	87,27	126,94	142,80	83,90	122,04	137,29	80,52	117,13	131,77	77,15	112,22	126,25	73,78	107,32	120,73	70,40	102,41	115,21
	VI	2 096,16	115,28	167,69	188,65																				
6 167,99	I,IV	1 636,50	90,—	130,92	147,28	I	1 636,50	83,26	121,10	136,24	76,51	111,29	125,20	69,77	101,48	114,17	63,03	91,68	103,14	56,46	82,13	92,39	50,15	72,95	82,07
West	II	1 590,66	87,48	127,25	143,15	II	1 590,66	80,74	117,44	132,12	73,99	107,63	121,08	67,25	97,82	110,04	60,55	88,07	99,08	54,07	78,66	88,49	47,86	69,62	78,32
	III	1 104,50	60,74	88,36	99,40	III	1 104,50	55,52	80,76	90,85	50,41	73,33	82,49	45,44	66,10	74,36	40,60	59,06	66,44	35,89	52,21	58,73	31,31	45,54	51,23
	V	2 051,08	112,80	164,08	184,59	IV	1 636,50	86,63	126,01	141,76	83,26	121,10	136,24	79,88	116,20	130,72	76,51	111,29	125,20	73,14	106,39	119,69	69,77	101,48	114,17
	VI	2 084,50	114,64	166,76	187,60																				
6 167,99	I,IV	1 649,33	90,71	131,94	148,43	I	1 649,33	83,97	122,14	137,40	77,22	112,32	126,36	70,47	102,51	115,32	63,73	92,70	104,29	57,14	83,11	93,50	50,80	73,90	83,13
Ost	II	1 603,58	88,19	128,28	144,32	II	1 603,58	81,45	118,47	133,28	74,70	108,66	122,24	67,96	98,85	111,20	61,24	89,08	100,21	54,74	79,63	89,58	48,50	70,55	79,37
	III	1 114,66	61,30	89,17	100,31	III	1 114,66	56,06	81,54	91,73	50,94	74,10	83,36	45,96	66,85	75,20	41,11	59,80	67,27	36,38	52,92	59,53	31,78	46,22	52,—
	V	2 063,91	113,51	165,11	185,75	IV	1 649,33	87,34	127,04	142,92	83,97	122,14	137,40	80,59	117,23	131,88	77,22	112,32	126,36	73,85	107,42	120,84	70,47	102,51	115,32
	VI	2 097,41	115,35	167,79	188,76																				

Abzüge an Lohnsteuer, Solidaritätszuschlag (SolZ) und Kirchensteuer (8%, 9%) in den Steuerklassen; I, II, III, IV: mit Zahl der Kinderfreibeträge ...

* Die ausgewiesenen Tabellenwerte sind amtlich. Siehe Erläuterungen auf der Umschlaginnenseite (U2).

Lohn/ Gehalt bis €*		Abzüge an Lohnsteuer, Solidaritätszuschlag (SolZ) und Kirchensteuer (8%, 9%) in den Steuerklassen I – VI				I, II, III, IV																			
			ohne Kinderfreibeträge					mit Zahl der Kinderfreibeträge . . .																	
								0,5			1			1,5			2			2,5			3		
		LSt	SolZ	8%	9%		LSt	SolZ	8%	9%	SolZ	8%	9%	SolZ	8%	9%	SolZ	8%	9%	SolZ	8%	9%	SolZ	8%	9%
6 170,99 West	I,IV	1 637,75	90,07	131,02	147,39	I	1 637,75	83,32	121,20	136,35	76,58	111,40	125,32	69,84	101,58	114,28	63,09	91,78	103,25	56,53	82,22	92,50	50,21	73,04	82,17
	II	1 592,—	87,56	127,36	143,28	II	1 592,—	80,81	117,54	132,23	74,06	107,73	121,19	67,32	97,92	110,16	60,61	88,17	99,19	54,14	78,75	88,59	47,92	69,71	78,42
	III	1 105,50	60,80	88,44	99,49	III	1 105,50	55,56	80,82	90,92	50,47	73,41	82,58	45,49	66,17	74,44	40,65	59,13	66,52	35,94	52,28	58,81	31,35	45,61	51,31
	V	2 052,33	112,87	164,18	184,70	IV	1 637,75	86,70	126,11	141,87	83,32	121,20	136,35	79,95	116,30	130,83	76,58	111,40	125,32	73,21	106,49	119,80	69,84	101,58	114,28
	VI	2 085,75	114,71	166,86	187,71																				
6 170,99 Ost	I,IV	1 650,58	90,78	132,04	148,55	I	1 650,58	84,04	122,24	137,52	77,29	112,42	126,47	70,54	102,61	115,43	63,80	92,80	104,40	57,20	83,21	93,61	50,87	73,99	83,24
	II	1 604,83	88,26	128,38	144,43	II	1 604,83	81,51	118,57	133,39	74,77	108,76	122,36	68,03	98,95	111,32	61,31	89,18	100,32	54,81	79,72	89,69	48,56	70,64	79,47
	III	1 115,66	61,36	89,25	100,40	III	1 115,66	56,11	81,62	91,82	51,—	74,18	83,45	46,01	66,93	75,29	41,15	59,86	67,34	36,42	52,98	59,60	31,82	46,29	52,07
	V	2 065,16	113,58	165,21	185,86	IV	1 650,58	87,41	127,14	143,03	84,04	122,24	137,52	80,66	117,33	131,99	77,29	112,42	126,47	73,92	107,52	120,96	70,54	102,61	115,43
	VI	2 098,66	115,42	167,89	188,87																				
6 173,99 West	I,IV	1 639,—	90,14	131,12	147,51	I	1 639,—	83,39	121,30	136,46	76,65	111,50	125,43	69,90	101,68	114,39	63,16	91,88	103,36	56,59	82,32	92,61	50,28	73,14	82,28
	II	1 593,25	87,62	127,46	143,39	II	1 593,25	80,88	117,64	132,35	74,13	107,83	121,31	67,39	98,02	110,27	60,68	88,26	99,29	54,21	78,85	88,70	47,99	69,80	78,53
	III	1 106,50	60,85	88,52	99,58	III	1 106,50	55,62	80,90	91,01	50,52	73,49	82,67	45,54	66,25	74,53	40,70	59,21	66,61	35,98	52,34	58,88	31,40	45,68	51,39
	V	2 053,58	112,94	164,28	184,82	IV	1 639,—	86,77	126,21	141,98	83,39	121,30	136,46	80,02	116,40	130,95	76,65	111,50	125,43	73,28	106,59	119,91	69,90	101,68	114,39
	VI	2 087,—	114,78	166,96	187,83																				
6 173,99 Ost	I,IV	1 651,91	90,85	132,15	148,67	I	1 651,91	84,10	122,34	137,63	77,36	112,52	126,59	70,62	102,72	115,56	63,87	92,90	104,51	57,27	83,30	93,71	50,93	74,08	83,34
	II	1 606,08	88,33	128,48	144,54	II	1 606,08	81,59	118,68	133,51	74,84	108,86	122,47	68,09	99,05	111,43	61,38	89,28	100,44	54,87	79,82	89,79	48,63	70,74	79,58
	III	1 116,50	61,40	89,32	100,48	III	1 116,50	56,16	81,69	91,90	51,04	74,25	83,53	46,06	67,—	75,37	41,20	59,93	67,42	36,47	53,05	59,68	31,88	46,37	52,16
	V	2 066,41	113,65	165,31	185,97	IV	1 651,91	87,48	127,24	143,15	84,10	122,34	137,63	80,73	117,43	132,11	77,36	112,52	126,59	73,98	107,62	121,07	70,62	102,72	115,56
	VI	2 099,91	115,49	167,99	188,99																				
6 176,99 West	I,IV	1 640,25	90,21	131,22	147,62	I	1 640,25	83,46	121,40	136,58	76,72	111,60	125,55	69,97	101,78	114,50	63,23	91,98	103,47	56,66	82,42	92,72	50,34	73,23	82,38
	II	1 594,50	87,69	127,56	143,50	II	1 594,50	80,95	117,74	132,46	74,20	107,93	121,42	67,46	98,12	110,39	60,75	88,36	99,41	54,27	78,94	88,81	48,05	69,90	78,63
	III	1 107,50	60,91	88,60	99,67	III	1 107,50	55,67	80,98	91,10	50,57	73,56	82,75	45,59	66,32	74,61	40,75	59,28	66,69	36,03	52,41	58,96	31,45	45,74	51,46
	V	2 054,83	113,01	164,38	184,93	IV	1 640,25	86,84	126,31	142,10	83,46	121,40	136,58	80,09	116,50	131,06	76,72	111,60	125,55	73,35	106,69	120,02	69,97	101,78	114,50
	VI	2 088,25	114,85	167,06	187,94																				
6 176,99 Ost	I,IV	1 653,16	90,92	132,25	148,78	I	1 653,16	84,17	122,44	137,74	77,43	112,62	126,70	70,68	102,82	115,67	63,94	93,—	104,63	57,34	83,40	93,83	50,99	74,18	83,45
	II	1 607,33	88,40	128,58	144,65	II	1 607,33	81,66	118,78	133,62	74,91	108,96	122,58	68,16	99,15	111,54	61,44	89,38	100,55	54,94	79,92	89,91	48,69	70,82	79,67
	III	1 117,50	61,46	89,40	100,57	III	1 117,50	56,21	81,77	91,99	51,10	74,33	83,62	46,11	67,08	75,46	41,25	60,01	67,51	36,52	53,13	59,77	31,92	46,44	52,24
	V	2 067,75	113,72	165,42	186,09	IV	1 653,16	87,55	127,34	143,26	84,17	122,44	137,74	80,80	117,53	132,22	77,43	112,62	126,70	74,06	107,72	121,19	70,68	102,82	115,67
	VI	2 101,16	115,56	168,09	189,10																				
6 179,99 West	I,IV	1 641,50	90,28	131,32	147,73	I	1 641,50	83,54	121,51	136,70	76,79	111,70	125,66	70,04	101,88	114,62	63,30	92,08	103,59	56,72	82,51	92,82	50,41	73,32	82,49
	II	1 595,75	87,76	127,66	143,61	II	1 595,75	81,01	117,84	132,57	74,27	108,04	121,54	67,53	98,22	110,50	60,82	88,46	99,52	54,34	79,04	88,92	48,11	69,98	78,73
	III	1 108,50	60,96	88,68	99,76	III	1 108,50	55,73	81,06	91,19	50,62	73,64	82,84	45,65	66,40	74,70	40,80	59,34	66,76	36,08	52,48	59,04	31,49	45,81	51,53
	V	2 056,08	113,08	164,48	185,04	IV	1 641,50	86,90	126,41	142,21	83,54	121,51	136,70	80,16	116,60	131,18	76,79	111,70	125,66	73,42	106,79	120,14	70,04	101,88	114,62
	VI	2 089,58	114,92	167,16	188,06																				
6 179,99 Ost	I,IV	1 654,41	90,99	132,35	148,89	I	1 654,41	84,24	122,54	137,85	77,49	112,72	126,81	70,75	102,92	115,78	64,01	93,10	104,74	57,40	83,50	93,93	51,06	74,27	83,55
	II	1 608,58	88,47	128,68	144,77	II	1 608,58	81,73	118,88	133,74	74,98	109,06	122,69	68,23	99,25	111,65	61,51	89,48	100,66	55,—	80,01	90,01	48,75	70,92	79,78
	III	1 118,50	61,51	89,48	100,66	III	1 118,50	56,27	81,85	92,08	51,15	74,41	83,71	46,16	67,14	75,53	41,30	60,08	67,59	36,57	53,20	59,85	31,97	46,50	52,31
	V	2 069,—	113,79	165,52	186,21	IV	1 654,41	87,61	127,44	143,37	84,24	122,54	137,85	80,87	117,63	132,33	77,49	112,72	126,81	74,13	107,82	121,30	70,75	102,92	115,78
	VI	2 102,41	115,63	168,19	189,21																				
6 182,99 West	I,IV	1 642,75	90,35	131,42	147,84	I	1 642,75	83,60	121,61	136,81	76,86	111,80	125,77	70,11	101,98	114,73	63,37	92,18	103,70	56,79	82,61	92,93	50,47	73,41	82,58
	II	1 597,—	87,83	127,76	143,73	II	1 597,—	81,08	117,94	132,68	74,34	108,14	121,65	67,59	98,32	110,61	60,88	88,56	99,63	54,40	79,13	89,02	48,18	70,08	78,84
	III	1 109,50	61,02	88,76	99,85	III	1 109,50	55,77	81,13	91,27	50,67	73,70	82,91	45,70	66,48	74,79	40,85	59,42	66,85	36,13	52,56	59,13	31,54	45,88	51,61
	V	2 057,33	113,15	164,58	185,15	IV	1 642,75	86,98	126,52	142,33	83,60	121,61	136,81	80,23	116,70	131,29	76,86	111,80	125,77	73,48	106,89	120,25	70,11	101,98	114,73
	VI	2 090,83	114,99	167,26	188,17																				
6 182,99 Ost	I,IV	1 655,66	91,06	132,45	149,—	I	1 655,66	84,31	122,64	137,97	77,57	112,83	126,93	70,82	103,02	115,89	64,07	93,20	104,85	57,47	83,60	94,05	51,12	74,36	83,66
	II	1 609,91	88,54	128,79	144,89	II	1 609,91	81,79	118,98	133,85	75,05	109,16	122,81	68,31	99,36	111,78	61,58	89,58	100,77	55,07	80,10	90,11	48,82	71,01	79,88
	III	1 119,50	61,57	89,56	100,75	III	1 119,50	56,32	81,93	92,17	51,20	74,48	83,79	46,21	67,22	75,62	41,35	60,14	67,66	36,62	53,26	59,92	32,01	46,57	52,39
	V	2 070,25	113,86	165,62	186,32	IV	1 655,66	87,68	127,54	143,48	84,31	122,64	137,97	80,94	117,73	132,44	77,57	112,83	126,93	74,19	107,92	121,41	70,82	103,02	115,89
	VI	2 103,66	115,70	168,29	189,32																				
6 185,99 West	I,IV	1 644,08	90,42	131,52	147,96	I	1 644,08	83,67	121,71	136,92	76,93	111,90	125,88	70,18	102,08	114,84	63,44	92,28	103,81	56,86	82,70	93,04	50,53	73,50	82,69
	II	1 598,25	87,90	127,86	143,84	II	1 598,25	81,15	118,04	132,80	74,41	108,24	121,77	67,66	98,42	110,72	60,95	88,66	99,74	54,47	79,23	89,13	48,24	70,17	78,94
	III	1 110,33	61,06	88,82	99,92	III	1 110,33	55,83	81,21	91,36	50,72	73,78	83,—	45,75	66,54	74,86	40,90	59,49	66,92	36,18	52,62	59,20	31,58	45,94	51,68
	V	2 058,58	113,22	164,68	185,27	IV	1 644,08	87,05	126,62	142,44	83,67	121,71	136,92	80,30	116,80	131,40	76,93	111,90	125,88	73,55	106,99	120,36	70,18	102,08	114,84
	VI	2 092,08	115,06	167,36	188,28																				
6 185,99 Ost	I,IV	1 656,91	91,13	132,55	149,12	I	1 656,91	84,38	122,74	138,08	77,64	112,93	127,04	70,89	103,12	116,01	64,14	93,30	104,96	57,53	83,69	94,15	51,19	74,46	83,76
	II	1 611,16	88,61	128,89	145,—	II	1 611,16	81,86	119,08	133,96	75,12	109,26	122,92	68,37	99,46	111,89	61,65	89,68	100,89	55,14	80,20	90,23	48,88	71,10	79,99
	III	1 120,50	61,62	89,64	100,84	III	1 120,50	56,38	82,01	92,26	51,26	74,56	83,88	46,26	67,29	75,70	41,40	60,22	67,75	36,66	53,33	59,99	32,06	46,64	52,47
	V	2 071,50	113,93	165,72	186,43	IV	1 656,91	87,75	127,64	143,60	84,38	122,74	138,08	81,01	117,84	132,57	77,64	112,93	127,04	74,26	108,02	121,52	70,89	103,12	116,01
	VI	2 104,91	115,77	168,39	189,44																				
6 188,99 West	I,IV	1 645,33	90,49	131,62	148,07	I	1 645,33	83,74	121,81	137,03	77,—	112,—	126,—	70,25	102,19	114,96	63,51	92,38	103,92	56,92	82,80	93,15	50,60	73,60	82,80
	II	1 599,50	87,97	127,96	143,95	II	1 599,50	81,23	118,15	132,92	74,48	108,34	121,88	67,73	98,52	110,84	61,02	88,76	99,86	54,53	79,32	89,24	48,30	70,26	79,04
	III	1 111,33	61,12	88,90	100,01	III	1 111,33	55,88	81,29	91,45	50,78	73,86	83,09	45,80	66,62	74,95	40,94	59,56	67,—	36,22	52,69	59,27	31,63	46,01	51,76
	V	2 059,83	113,29	164,78	185,38	IV	1 645,33	87,12	126,72	142,56	83,74	121,81	137,03	80,37	116,90	131,51	77,—	112,—	126,—	73,62	107,09	120,47	70,25	102,19	114,96
	VI	2 093,33	115,13	167,46	188,39																				
6 188,99 Ost	I,IV	1 658,16	91,19	132,65	149,23	I	1 658,16	84,45	122,84	138,20	77,71	113,03	127,16	70,96	103,22	116,12	64,22	93,41	105,08	57,60	83,79	94,26	51,25	74,55	83,87
	II	1 612,41	88,68	128,99	145,11	II	1 612,41	81,93	119,18	134,07	75,18	109,36	123,03	68,44	99,56	112,—	61,71	89,77	100,99	55,20	80,30	90,33	48,94	71,19	80,09
	III	1 121,50	61,68	89,72	100,93	III	1 121,50	56,43	82,08	92,34	51,31	74,64	83,97	46,31	67,37	75,79	41,45	60,29	67,82	36,72	53,41	60,08	32,11	46,70	52,54
	V	2 072,75	114,—	165,82	186,54	IV	1 658,16	87,82	127,74	143,71	84,45	122,84	138,20	81,08	117,94	132,68	77,71	113,03	127,16	74,33	108,12	121,64	70,96	103,22	116,12
	VI	2 106,25	115,84	168,50	189,56																				
6 191,99 West	I,IV	1 646,58	90,56	131,72	148,19	I	1 646,58	83,81	121,91	137,15	77,06	112,10	126,11	70,32	102,29	115,07	63,58	92,48	104,04	56,99	82,90	93,26	50,66	73,69	82,90
	II	1 600,75	88,04	128,06	144,06	II	1 600,75	81,29	118,25	133,03	74,55	108,44	121,99	67,80	98,62	110,95	61,09	88,86	99,96	54,60	79,42	89,34	48,36	70,35	79,14
	III	1 112,33	61,17	88,98	100,10	III	1 112,33	55,94	81,37	91,54	50,82	73,93	83,17	45,85	66,69	75,02	41,—	59,64	67,09	36,27	52,76	59,35	31,68	46,08	51,84
	V	2 061,16	113,36	164,89	185,50	IV	1 646,58	87,18	126,82	142,67	83,81	121,91	137,15	80,44	117,—	131,63	77,06	112,10	126,11	73,70	107,20	120,60	70,32	102,29	115,07
	VI	2 094,58	115,20	167,56	188,51																				
6 191,99 Ost	I,IV	1 659,41	91,26	132,75	149,34	I	1 659,41	84,52	122,94	138,31	77,77	113,13	127,27	71,03	103,32	116,23	64,29	93,51	105,20	57,67	83,88	94,37	51,31	74,64	83,97
	II	1 613,66	88,75	129,09	145,22	II	1 613,66	82,—	119,28	134,19	75,26	109,47	123,15	68,51	99,66	112,11	61,78	89,87	101,10	55,27	80,39	90,44	49,—	71,28	80,19
	III	1 122,50	61,73	89,80	101,02	III	1 122,50	56,48	82,16	92,43	51,36	74,70	84,04	46,36	67,44	75,87	41,50	60,37	67,91	36,76	53,48	60,16	32,15	46,77	52,61
	V	2 074,—	114,07	165,92	186,66	IV	1 659,41	87,89	127,84	143,82	84,52	122,94	138,31	81,15	118,04	132,79	77,77	113,13	127,27	74,40	108,22	121,75	71,03	103,32	116,23
	VI	2 107,50	115,91	168,60	189,67																				

* Die ausgewiesenen Tabellenwerte sind amtlich. Siehe Erläuterungen auf der Umschlaginnenseite (U2).

MONAT 6 192,–*

Lohn/ Gehalt bis €*	Abzüge an Lohnsteuer, Solidaritätszuschlag (SolZ) und Kirchensteuer (8%, 9%) in den Steuerklassen I – VI					I, II, III, IV		mit Zahl der Kinderfreibeträge . . . 0,5			1			1,5			2			2,5			3		
		LSt	ohne Kinderfreibeträge SolZ	8%	9%		LSt	SolZ	8%	9%	SolZ	8%	9%	SolZ	8%	9%	SolZ	8%	9%	SolZ	8%	9%	SolZ	8%	9%
6 194,99 West	I,IV	1 647,83	90,63	131,82	148,30	I	1 647,83	83,88	122,01	137,26	77,14	112,20	126,23	70,39	102,39	115,19	63,65	92,58	104,15	57,06	83,—	93,37	50,72	73,78	83,—
	II	1 602,08	88,11	128,16	144,18	II	1 602,08	81,36	118,35	133,14	74,62	108,54	122,10	67,87	98,72	111,06	61,16	88,96	100,08	54,66	79,51	89,45	48,43	70,44	79,25
	III	1 113,33	61,23	89,06	100,19	III	1 113,33	55,99	81,45	91,63	50,88	74,01	83,26	45,90	66,77	75,11	41,04	59,70	67,16	36,32	52,84	59,44	31,72	46,14	51,91
	V	2 062,41	113,43	164,99	185,61	IV	1 647,83	87,25	126,92	142,78	83,88	122,01	137,26	80,51	117,10	131,74	77,14	112,20	126,23	73,76	107,30	120,71	70,39	102,39	115,19
	VI	2 095,83	115,27	167,66	188,62																				
6 194,99 Ost	I,IV	1 660,66	91,33	132,85	149,45	I	1 660,66	84,59	123,04	138,42	77,84	113,23	127,38	71,10	103,42	116,34	64,35	93,61	105,31	57,74	83,98	94,48	51,37	74,73	84,07
	II	1 614,91	88,82	129,19	145,34	II	1 614,91	82,07	119,38	134,30	75,33	109,57	123,26	68,58	99,76	112,23	61,85	89,97	101,21	55,33	80,48	90,54	49,07	71,38	80,30
	III	1 123,50	61,79	89,88	101,11	III	1 123,50	56,54	82,24	92,52	51,41	74,78	84,13	46,42	67,52	75,96	41,55	60,44	67,99	36,81	53,54	60,23	32,20	46,84	52,69
	V	2 075,25	114,13	166,02	186,77	IV	1 660,66	87,96	127,95	143,94	84,59	123,04	138,42	81,22	118,14	132,90	77,84	113,23	127,38	74,47	108,32	121,86	71,10	103,42	116,34
	VI	2 108,75	115,98	168,70	189,78																				
6 197,99 West	I,IV	1 649,08	90,69	131,92	148,41	I	1 649,08	83,95	122,11	137,37	77,21	112,30	126,34	70,46	102,49	115,30	63,72	92,68	104,27	57,12	83,09	93,47	50,79	73,88	83,11
	II	1 603,33	88,18	128,26	144,29	II	1 603,33	81,43	118,45	133,25	74,69	108,64	122,22	67,94	98,83	111,18	61,22	89,06	100,19	54,73	79,61	89,56	48,49	70,53	79,34
	III	1 114,33	61,28	89,14	100,28	III	1 114,33	56,04	81,52	91,71	50,93	74,09	83,35	45,95	66,84	75,19	41,09	59,77	67,24	36,37	52,90	59,51	31,77	46,21	51,98
	V	2 063,66	113,50	165,09	185,72	IV	1 649,08	87,32	127,02	142,89	83,95	122,11	137,37	80,57	117,20	131,85	77,21	112,30	126,34	73,83	107,40	120,82	70,46	102,49	115,30
	VI	2 097,08	115,33	167,76	188,73																				
6 197,99 Ost	I,IV	1 662,—	91,41	132,96	149,58	I	1 662,—	84,66	123,14	138,53	77,91	113,33	127,49	71,17	103,52	116,46	64,42	93,71	105,42	57,80	84,08	94,59	51,44	74,82	84,17
	II	1 616,16	88,88	129,29	145,45	II	1 616,16	82,14	119,48	134,42	75,40	109,67	123,38	68,65	99,86	112,34	61,92	90,07	101,33	55,40	80,58	90,65	49,13	71,47	80,40
	III	1 124,50	61,84	89,96	101,20	III	1 124,50	56,59	82,32	92,61	51,47	74,86	84,22	46,46	67,58	76,03	41,59	60,50	68,06	36,85	53,61	60,31	32,24	46,90	52,76
	V	2 076,50	114,20	166,12	186,88	IV	1 662,—	88,03	128,05	144,05	84,66	123,14	138,53	81,29	118,24	133,02	77,91	113,33	127,49	74,54	108,42	121,97	71,17	103,52	116,46
	VI	2 110,—	116,05	168,80	189,90																				
6 200,99 West	I,IV	1 650,33	90,76	132,02	148,52	I	1 650,33	84,02	122,21	137,48	77,27	112,40	126,45	70,53	102,59	115,41	63,79	92,78	104,38	57,19	83,19	93,59	50,85	73,97	83,21
	II	1 604,58	88,25	128,36	144,41	II	1 604,58	81,50	118,55	133,37	74,75	108,74	122,33	68,01	98,93	111,29	61,29	89,16	100,30	54,79	79,70	89,66	48,55	70,62	79,45
	III	1 115,33	61,34	89,22	100,37	III	1 115,33	56,10	81,60	91,80	50,98	74,16	83,43	46,—	66,92	75,28	41,14	59,85	67,33	36,41	52,97	59,59	31,81	46,28	52,06
	V	2 064,91	113,57	165,19	185,84	IV	1 650,33	87,39	127,12	143,01	84,02	122,21	137,48	80,65	117,31	131,97	77,27	112,40	126,45	73,90	107,50	120,93	70,53	102,59	115,41
	VI	2 098,33	115,40	167,86	188,84																				
6 200,99 Ost	I,IV	1 663,25	91,47	133,06	149,69	I	1 663,25	84,73	123,24	138,65	77,98	113,43	127,61	71,24	103,62	116,57	64,49	93,81	105,53	57,87	84,18	94,70	51,50	74,92	84,28
	II	1 617,41	88,95	129,39	145,56	II	1 617,41	82,21	119,58	134,53	75,46	109,77	123,49	68,72	99,96	112,45	61,99	90,17	101,44	55,46	80,68	90,76	49,19	71,56	80,50
	III	1 125,50	61,90	90,04	101,29	III	1 125,50	56,65	82,40	92,70	51,51	74,93	84,29	46,52	67,66	76,12	41,65	60,58	68,15	36,91	53,69	60,40	32,29	46,97	52,84
	V	2 077,75	114,27	166,22	186,99	IV	1 663,25	88,10	128,15	144,17	84,73	123,24	138,65	81,35	118,34	133,13	77,98	113,43	127,61	74,61	108,52	122,09	71,24	103,62	116,57
	VI	2 111,25	116,11	168,90	190,01																				
6 203,99 West	I,IV	1 651,58	90,83	132,12	148,64	I	1 651,58	84,09	122,32	137,61	77,34	112,50	126,56	70,60	102,69	115,52	63,85	92,88	104,49	57,25	83,28	93,69	50,92	74,06	83,32
	II	1 605,83	88,32	128,46	144,52	II	1 605,83	81,57	118,65	133,48	74,83	108,84	122,45	68,08	99,03	111,41	61,36	89,26	100,41	54,86	79,80	89,77	48,62	70,72	79,56
	III	1 116,33	61,39	89,30	100,46	III	1 116,33	56,15	81,68	91,89	51,04	74,24	83,52	46,05	66,98	75,35	41,19	59,92	67,41	36,46	53,04	59,67	31,86	46,34	52,13
	V	2 066,16	113,63	165,29	185,95	IV	1 651,58	87,46	127,22	143,12	84,09	122,32	137,61	80,72	117,41	132,08	77,34	112,50	126,56	73,97	107,60	121,05	70,60	102,69	115,52
	VI	2 099,66	115,48	167,97	188,96																				
6 203,99 Ost	I,IV	1 664,50	91,54	133,16	149,80	I	1 664,50	84,80	123,34	138,76	78,05	113,53	127,72	71,31	103,72	116,69	64,56	93,91	105,65	57,94	84,28	94,81	51,57	75,01	84,38
	II	1 618,66	89,02	129,49	145,67	II	1 618,66	82,28	119,68	134,64	75,53	109,87	123,60	68,79	100,06	112,56	62,06	90,27	101,55	55,53	80,77	90,86	49,26	71,65	80,60
	III	1 126,50	61,95	90,12	101,38	III	1 126,50	56,70	82,48	92,79	51,57	75,01	84,38	46,57	67,74	76,21	41,69	60,65	68,23	36,96	53,76	60,48	32,34	47,04	52,92
	V	2 079,08	114,34	166,32	187,11	IV	1 664,50	88,17	128,25	144,28	84,80	123,34	138,76	81,42	118,44	133,24	78,05	113,53	127,72	74,68	108,63	122,21	71,31	103,72	116,69
	VI	2 112,50	116,18	169,—	190,12																				
6 206,99 West	I,IV	1 652,83	90,90	132,22	148,75	I	1 652,83	84,16	122,42	137,72	77,41	112,60	126,68	70,67	102,79	115,64	63,92	92,98	104,60	57,32	83,38	93,80	50,98	74,16	83,43
	II	1 607,08	88,38	128,56	144,63	II	1 607,08	81,64	118,75	133,59	74,90	108,94	122,56	68,15	99,13	111,52	61,43	89,36	100,53	54,92	79,89	89,87	48,67	70,80	79,65
	III	1 117,33	61,45	89,38	100,55	III	1 117,33	56,21	81,76	91,98	51,09	74,32	83,61	46,10	67,06	75,44	41,25	60,—	67,50	36,51	53,10	59,74	31,90	46,41	52,21
	V	2 067,41	113,70	165,39	186,06	IV	1 652,83	87,53	127,32	143,24	84,16	122,42	137,72	80,79	117,51	132,20	77,41	112,60	126,68	74,04	107,70	121,16	70,67	102,79	115,64
	VI	2 100,91	115,55	168,07	189,08																				
6 206,99 Ost	I,IV	1 665,75	91,61	133,26	149,91	I	1 665,75	84,86	123,44	138,87	78,12	113,64	127,84	71,38	103,82	116,80	64,63	94,01	105,76	58,—	84,37	94,91	51,63	75,10	84,49
	II	1 620,—	89,10	129,60	145,80	II	1 620,—	82,35	119,78	134,75	75,60	109,97	123,71	68,86	100,16	112,68	62,13	90,37	101,66	55,60	80,87	90,98	49,32	71,74	80,71
	III	1 127,50	62,01	90,20	101,47	III	1 127,50	56,75	82,54	92,86	51,62	75,09	84,47	46,62	67,81	76,28	41,75	60,73	68,32	37,—	53,82	60,55	32,39	47,12	53,01
	V	2 080,33	114,41	166,42	187,22	IV	1 665,75	88,24	128,35	144,39	84,86	123,44	138,87	81,49	118,54	133,35	78,12	113,64	127,84	74,75	108,73	122,32	71,38	103,82	116,80
	VI	2 113,75	116,25	169,10	190,23																				
6 209,99 West	I,IV	1 654,08	90,97	132,32	148,86	I	1 654,08	84,23	122,52	137,83	77,48	112,70	126,79	70,73	102,89	115,75	63,99	93,08	104,72	57,39	83,48	93,91	51,04	74,25	83,53
	II	1 608,33	88,45	128,66	144,74	II	1 608,33	81,71	118,85	133,70	74,96	109,04	122,67	68,22	99,23	111,63	61,50	89,46	100,64	54,99	79,99	89,99	48,74	70,90	79,76
	III	1 118,33	61,50	89,46	100,64	III	1 118,33	56,26	81,84	92,07	51,14	74,38	83,68	46,15	67,13	75,52	41,29	60,06	67,57	36,56	53,18	59,83	31,96	46,49	52,30
	V	2 068,66	113,77	165,49	186,17	IV	1 654,08	87,60	127,42	143,35	84,23	122,52	137,83	80,85	117,61	132,31	77,48	112,70	126,79	74,11	107,80	121,27	70,73	102,89	115,75
	VI	2 102,16	115,61	168,17	189,19																				
6 209,99 Ost	I,IV	1 667,—	91,68	133,36	150,03	I	1 667,—	84,93	123,54	138,98	78,19	113,74	127,95	71,44	103,92	116,91	64,70	94,11	105,87	58,07	84,47	95,03	51,70	75,20	84,60
	II	1 621,25	89,16	129,70	145,91	II	1 621,25	82,42	119,88	134,87	75,67	110,07	123,83	68,93	100,26	112,79	62,20	90,47	101,78	55,66	80,96	91,08	49,39	71,84	80,82
	III	1 128,50	62,06	90,28	101,56	III	1 128,50	56,80	82,62	92,95	51,67	75,16	84,55	46,67	67,89	76,37	41,80	60,80	68,40	37,05	53,89	60,62	32,44	47,18	53,08
	V	2 081,58	114,48	166,52	187,34	IV	1 667,—	88,31	128,45	144,50	84,93	123,54	138,98	81,56	118,64	133,47	78,19	113,74	127,95	74,82	108,83	122,43	71,44	103,92	116,91
	VI	2 115,—	116,32	169,20	190,35																				
6 212,99 West	I,IV	1 655,41	91,04	132,43	148,98	I	1 655,41	84,30	122,62	137,94	77,55	112,80	126,90	70,81	103,—	115,87	64,06	93,18	104,83	57,46	83,58	94,02	51,11	74,34	83,63
	II	1 609,58	88,52	128,76	144,86	II	1 609,58	81,78	118,96	133,83	75,03	109,14	122,78	68,29	99,33	111,74	61,56	89,55	100,74	55,05	80,08	90,09	48,80	70,99	79,86
	III	1 119,33	61,56	89,54	100,73	III	1 119,33	56,32	81,92	92,16	51,19	74,46	83,77	46,20	67,21	75,61	41,34	60,13	67,64	36,61	53,25	59,90	32,01	46,56	52,38
	V	2 069,91	113,84	165,59	186,29	IV	1 655,41	87,67	127,52	143,46	84,30	122,62	137,94	80,92	117,71	132,42	77,55	112,80	126,90	74,18	107,90	121,38	70,81	103,—	115,87
	VI	2 103,41	115,68	168,27	189,30																				
6 212,99 Ost	I,IV	1 668,25	91,75	133,46	150,14	I	1 668,25	85,—	123,64	139,10	78,26	113,84	128,07	71,51	104,02	117,02	64,77	94,21	105,98	58,13	84,56	95,13	51,76	75,29	84,70
	II	1 622,50	89,23	129,80	146,02	II	1 622,50	82,49	119,98	134,98	75,74	110,17	123,94	69,—	100,36	112,91	62,26	90,57	101,89	55,73	81,06	91,19	49,44	71,92	80,91
	III	1 129,50	62,12	90,36	101,65	III	1 129,50	56,86	82,70	93,04	51,72	75,24	84,64	46,72	67,96	76,45	41,84	60,86	68,47	37,10	53,97	60,71	32,48	47,25	53,15
	V	2 082,83	114,55	166,62	187,45	IV	1 668,25	88,38	128,55	144,62	85,—	123,64	139,10	81,63	118,74	133,58	78,26	113,84	128,07	74,89	108,93	122,54	71,51	104,02	117,02
	VI	2 116,25	116,39	169,30	190,46																				
6 215,99 West	I,IV	1 656,66	91,11	132,53	149,09	I	1 656,66	84,37	122,72	138,06	77,62	112,90	127,01	70,88	103,10	115,98	64,13	93,28	104,94	57,52	83,67	94,13	51,17	74,43	83,73
	II	1 610,83	88,59	128,86	144,97	II	1 610,83	81,85	119,06	133,94	75,10	109,24	122,90	68,36	99,43	111,86	61,63	89,65	100,85	55,12	80,18	90,20	48,87	71,08	79,97
	III	1 120,33	61,61	89,62	100,82	III	1 120,33	56,36	81,98	92,23	51,25	74,54	83,86	46,25	67,28	75,69	41,39	60,21	67,73	36,65	53,32	59,98	32,05	46,62	52,45
	V	2 071,25	113,91	165,70	186,41	IV	1 656,66	87,74	127,62	143,57	84,37	122,72	138,06	80,99	117,81	132,53	77,62	112,90	127,01	74,25	108,—	121,50	70,88	103,10	115,98
	VI	2 104,66	115,75	168,37	189,41																				
6 215,99 Ost	I,IV	1 669,50	91,82	133,56	150,25	I	1 669,50	85,08	123,75	139,22	78,33	113,94	128,18	71,58	104,12	117,14	64,84	94,32	106,11	58,20	84,66	95,24	51,82	75,38	84,80
	II	1 623,75	89,30	129,90	146,13	II	1 623,75	82,55	120,08	135,09	75,81	110,28	124,06	69,07	100,46	113,02	62,33	90,67	102,—	55,79	81,16	91,30	49,51	72,02	81,02
	III	1 130,50	62,17	90,44	101,74	III	1 130,50	56,91	82,78	93,13	51,78	75,32	84,73	46,77	68,04	76,54	41,90	60,94	68,56	37,15	54,04	60,79	32,53	47,32	53,23
	V	2 084,08	114,62	166,72	187,56	IV	1 669,50	88,44	128,65	144,73	85,08	123,75	139,22	81,70	118,84	133,70	78,33	113,94	128,18	74,96	109,03	122,66	71,58	104,12	117,14
	VI	2 117,58	116,46	169,40	190,58																				

* Die ausgewiesenen Tabellenwerte sind amtlich. Siehe Erläuterungen auf der Umschlaginnenseite (U2).

Abzüge an Lohnsteuer, Solidaritätszuschlag (SolZ) und Kirchensteuer (8%, 9%) in den Steuerklassen

Lohn/Gehalt bis €*	I – VI	LSt	ohne Kinderfreibeträge SolZ	8%	9%	I, II, III, IV	LSt	mit Zahl der Kinderfreibeträge . . . 0,5 SolZ	8%	9%	1 SolZ	8%	9%	1,5 SolZ	8%	9%	2 SolZ	8%	9%	2,5 SolZ	8%	9%	3 SolZ	8%	9%
6 218,99 West	I,IV	1 657,91	91,18	132,63	149,21	I	1 657,91	84,43	122,82	138,17	77,69	113,—	127,13	70,95	103,20	116,10	64,20	93,38	105,05	57,59	83,77	94,24	51,23	74,52	83,84
	II	1 612,08	88,66	128,96	145,08	II	1 612,08	81,92	119,16	134,05	75,17	109,34	123,01	68,42	99,53	111,97	61,70	89,75	100,97	55,19	80,28	90,31	48,93	71,17	80,06
	III	1 121,33	61,67	89,70	100,91	III	1 121,33	56,42	82,06	92,32	51,29	74,61	83,93	46,31	67,36	75,78	41,44	60,28	67,81	36,70	53,38	60,05	32,10	46,69	52,52
	V	2 072,50	113,98	165,80	186,52	IV	1 657,91	87,81	127,72	143,69	84,43	122,82	138,17	81,06	117,91	132,65	77,69	113,—	127,13	74,32	108,10	121,61	70,95	103,20	116,10
	VI	2 105,91	115,82	168,47	189,53																				
6 218,99 Ost	I,IV	1 670,75	91,89	133,66	150,36	I	1 670,75	85,14	123,85	139,33	78,40	114,04	128,29	71,65	104,22	117,25	64,91	94,42	106,22	58,27	84,76	95,36	51,89	75,48	84,91
	II	1 625,—	89,37	130,—	146,25	II	1 625,—	82,62	120,18	135,20	75,88	110,38	124,17	69,13	100,56	113,13	62,40	90,77	102,11	55,86	81,25	91,40	49,57	72,11	81,12
	III	1 131,50	62,23	90,52	101,83	III	1 131,50	56,97	82,86	93,22	51,82	75,38	84,80	46,82	68,10	76,61	41,94	61,01	68,63	37,19	54,10	60,86	32,57	47,38	53,30
	V	2 085,33	114,69	166,82	187,67	IV	1 670,75	88,52	128,76	144,85	85,14	123,85	139,33	81,77	118,94	133,81	78,40	114,04	128,29	75,02	109,13	122,77	71,65	104,22	117,25
	VI	2 118,83	116,53	169,50	190,69																				
6 221,99 West	I,IV	1 659,16	91,25	132,73	149,32	I	1 659,16	84,50	122,92	138,28	77,76	113,11	127,25	71,01	103,30	116,21	64,27	93,48	105,17	57,65	83,86	94,34	51,30	74,62	83,94
	II	1 613,41	88,73	129,07	145,20	II	1 613,41	81,99	119,26	134,16	75,24	109,44	123,12	68,50	99,64	112,09	61,77	89,85	101,08	55,25	80,37	90,41	48,99	71,26	80,17
	III	1 122,33	61,72	89,78	101,—	III	1 122,33	56,47	82,14	92,41	51,35	74,69	84,02	46,35	67,42	75,85	41,48	60,34	67,88	36,75	53,46	60,14	32,14	46,76	52,60
	V	2 073,75	114,05	165,90	186,63	IV	1 659,16	87,88	127,82	143,80	84,50	122,92	138,28	81,13	118,01	132,76	77,76	113,11	127,25	74,39	108,20	121,73	71,01	103,30	116,21
	VI	2 107,16	115,89	168,57	189,64																				
6 221,99 Ost	I,IV	1 672,08	91,96	133,76	150,48	I	1 672,08	85,21	123,95	139,44	78,47	114,14	128,40	71,72	104,32	117,36	64,98	94,52	106,33	58,34	84,86	95,46	51,95	75,57	85,01
	II	1 626,25	89,44	130,10	146,36	II	1 626,25	82,69	120,28	135,32	75,95	110,48	124,29	69,20	100,66	113,24	62,47	90,87	102,23	55,93	81,35	91,52	49,64	72,20	81,23
	III	1 132,50	62,28	90,60	101,92	III	1 132,50	57,01	82,93	93,29	51,88	75,46	84,89	46,87	68,18	76,70	41,99	61,08	68,71	37,24	54,17	60,94	32,62	47,45	53,38
	V	2 086,58	114,76	166,92	187,79	IV	1 672,08	88,59	128,86	144,96	85,21	123,95	139,44	81,84	119,04	133,92	78,47	114,14	128,40	75,09	109,23	122,88	71,72	104,32	117,36
	VI	2 120,08	116,60	169,60	190,80																				
6 224,99 West	I,IV	1 660,41	91,32	132,83	149,43	I	1 660,41	84,57	123,02	138,39	77,83	113,21	127,36	71,08	103,40	116,32	64,34	93,58	105,28	57,72	83,96	94,46	51,36	74,71	84,05
	II	1 614,66	88,80	129,17	145,31	II	1 614,66	82,06	119,36	134,28	75,31	109,54	123,23	68,57	99,74	112,20	61,84	89,95	101,19	55,32	80,46	90,52	49,06	71,36	80,28
	III	1 123,33	61,78	89,86	101,09	III	1 123,33	56,53	82,22	92,50	51,40	74,77	84,11	46,41	67,50	75,94	41,54	60,42	67,97	36,80	53,53	60,22	32,19	46,82	52,67
	V	2 075,—	114,12	166,—	186,75	IV	1 660,41	87,94	127,92	143,91	84,57	123,02	138,39	81,20	118,12	132,88	77,83	113,21	127,36	74,46	108,30	121,84	71,08	103,40	116,32
	VI	2 108,41	115,96	168,67	189,75																				
6 224,99 Ost	I,IV	1 673,33	92,03	133,86	150,59	I	1 673,33	85,28	124,05	139,55	78,54	114,24	128,52	71,79	104,43	117,48	65,05	94,62	106,44	58,41	84,96	95,58	52,02	75,66	85,12
	II	1 627,50	89,51	130,20	146,47	II	1 627,50	82,77	120,39	135,44	76,02	110,58	124,40	69,27	100,76	113,36	62,54	90,97	102,34	55,99	81,44	91,62	49,70	72,30	81,33
	III	1 133,50	62,34	90,68	102,01	III	1 133,50	57,07	83,01	93,38	51,93	75,54	84,98	46,92	68,25	76,78	42,04	61,16	68,80	37,29	54,25	61,03	32,67	47,52	53,46
	V	2 087,83	114,83	167,02	187,90	IV	1 673,33	88,66	128,96	145,08	85,28	124,05	139,55	81,91	119,14	134,03	78,54	114,24	128,52	75,16	109,33	122,99	71,79	104,43	117,48
	VI	2 121,33	116,67	169,70	190,91																				
6 227,99 West	I,IV	1 661,66	91,39	132,93	149,54	I	1 661,66	84,64	123,12	138,51	77,90	113,31	127,47	71,15	103,50	116,43	64,40	93,68	105,39	57,79	84,06	94,56	51,42	74,80	84,15
	II	1 615,91	88,87	129,27	145,43	II	1 615,91	82,12	119,46	134,39	75,38	109,64	123,35	68,64	99,84	112,32	61,91	90,05	101,30	55,38	80,56	90,63	49,12	71,45	80,38
	III	1 124,33	61,83	89,94	101,18	III	1 124,33	56,58	82,30	92,59	51,45	74,84	84,19	46,45	67,57	76,01	41,58	60,49	68,05	36,85	53,60	60,30	32,23	46,89	52,75
	V	2 076,25	114,19	166,10	186,86	IV	1 661,66	88,01	128,02	144,02	84,64	123,12	138,51	81,27	118,22	132,99	77,90	113,31	127,47	74,52	108,40	121,95	71,15	103,50	116,43
	VI	2 109,75	116,03	168,78	189,87																				
6 227,99 Ost	I,IV	1 674,58	92,10	133,96	150,71	I	1 674,58	85,35	124,15	139,67	78,60	114,34	128,63	71,86	104,53	117,59	65,12	94,72	106,56	58,47	85,05	95,68	52,08	75,76	85,23
	II	1 628,75	89,58	130,30	146,58	II	1 628,75	82,83	120,49	135,55	76,09	110,68	124,51	69,34	100,86	113,47	62,61	91,07	102,45	56,05	81,54	91,73	49,76	72,38	81,43
	III	1 134,50	62,39	90,76	102,10	III	1 134,50	57,12	83,09	93,47	51,98	75,61	85,06	46,97	68,33	76,87	42,09	61,22	68,87	37,34	54,32	61,11	32,71	47,58	53,53
	V	2 089,16	114,90	167,13	188,02	IV	1 674,58	88,72	129,06	145,19	85,35	124,15	139,67	81,98	119,24	134,15	78,60	114,34	128,63	75,24	109,44	123,12	71,86	104,53	117,59
	VI	2 122,58	116,74	169,80	191,03																				
6 230,99 West	I,IV	1 662,91	91,46	133,03	149,66	I	1 662,91	84,71	123,22	138,62	77,97	113,41	127,58	71,22	103,60	116,55	64,48	93,79	105,51	57,86	84,16	94,68	51,49	74,90	84,26
	II	1 617,16	88,94	129,37	145,54	II	1 617,16	82,19	119,56	134,50	75,45	109,75	123,47	68,70	99,94	112,43	61,98	90,15	101,42	55,45	80,66	90,74	49,18	71,54	80,48
	III	1 125,33	61,89	90,02	101,27	III	1 125,33	56,63	82,37	92,66	51,50	74,92	84,28	46,51	67,65	76,10	41,64	60,57	68,14	36,89	53,66	60,37	32,28	46,96	52,83
	V	2 077,50	114,26	166,20	186,97	IV	1 662,91	88,08	128,12	144,14	84,71	123,22	138,62	81,34	118,32	133,11	77,97	113,41	127,58	74,59	108,50	122,06	71,22	103,60	116,55
	VI	2 111,—	116,10	168,88	189,99																				
6 230,99 Ost	I,IV	1 675,83	92,17	134,06	150,82	I	1 675,83	85,42	124,25	139,78	78,68	114,44	128,75	71,93	104,63	117,71	65,18	94,82	106,67	58,54	85,15	95,79	52,14	75,85	85,33
	II	1 630,08	89,65	130,40	146,70	II	1 630,08	82,90	120,59	135,66	76,16	110,78	124,62	69,41	100,96	113,58	62,68	91,17	102,56	56,12	81,64	91,84	49,83	72,48	81,54
	III	1 135,50	62,45	90,84	102,19	III	1 135,50	57,18	83,17	93,56	52,03	75,69	85,15	47,02	68,40	76,95	42,14	61,30	68,96	37,39	54,38	61,18	32,76	47,65	53,60
	V	2 090,41	114,97	167,23	188,13	IV	1 675,83	88,79	129,16	145,30	85,42	124,25	139,78	82,05	119,34	134,26	78,68	114,44	128,75	75,30	109,54	123,23	71,93	104,63	117,71
	VI	2 123,83	116,81	169,90	191,14																				
6 233,99 West	I,IV	1 664,16	91,52	133,13	149,77	I	1 664,16	84,78	123,32	138,74	78,04	113,51	127,70	71,29	103,70	116,66	64,55	93,89	105,62	57,92	84,25	94,78	51,55	74,99	84,36
	II	1 618,41	89,01	129,47	145,65	II	1 618,41	82,26	119,66	134,61	75,52	109,85	123,58	68,77	100,04	112,54	62,04	90,25	101,53	55,51	80,75	90,84	49,24	71,63	80,58
	III	1 126,33	61,94	90,10	101,36	III	1 126,33	56,68	82,45	92,75	51,56	75,—	84,37	46,55	67,72	76,18	41,69	60,64	68,22	36,95	53,74	60,46	32,33	47,02	52,90
	V	2 078,75	114,33	166,30	187,08	IV	1 664,16	88,16	128,23	144,26	84,78	123,32	138,74	81,41	118,42	133,22	78,04	113,51	127,70	74,66	108,60	122,18	71,29	103,70	116,66
	VI	2 112,25	116,17	168,98	190,10																				
6 233,99 Ost	I,IV	1 677,08	92,23	134,16	150,93	I	1 677,08	85,49	124,35	139,89	78,75	114,54	128,86	72,—	104,73	117,82	65,25	94,92	106,78	58,61	85,25	95,90	52,21	75,95	85,44
	II	1 631,33	89,72	130,50	146,81	II	1 631,33	82,97	120,69	135,77	76,23	110,88	124,74	69,48	101,07	113,70	62,75	91,27	102,68	56,19	81,73	91,94	49,89	72,57	81,64
	III	1 136,50	62,50	90,92	102,28	III	1 136,50	57,23	83,25	93,65	52,09	75,77	85,24	47,08	68,48	77,04	42,19	61,37	69,04	37,43	54,45	61,25	32,81	47,73	53,69
	V	2 091,66	115,04	167,33	188,24	IV	1 677,08	88,86	129,26	145,41	85,49	124,35	139,89	82,11	119,44	134,37	78,75	114,54	128,86	75,37	109,64	123,34	72,—	104,73	117,82
	VI	2 125,08	116,87	170,—	191,25																				
6 236,99 West	I,IV	1 665,50	91,60	133,24	149,89	I	1 665,50	84,85	123,42	138,85	78,10	113,61	127,81	71,36	103,80	116,78	64,62	93,99	105,74	57,99	84,35	94,89	51,62	75,08	84,47
	II	1 619,66	89,08	129,57	145,76	II	1 619,66	82,33	119,76	134,73	75,59	109,95	123,69	68,84	100,14	112,65	62,11	90,35	101,64	55,58	80,85	90,95	49,31	71,72	80,69
	III	1 127,33	62,—	90,18	101,45	III	1 127,33	56,74	82,53	92,84	51,60	75,06	84,44	46,61	67,80	76,27	41,73	60,70	68,29	36,99	53,81	60,53	32,37	47,09	52,97
	V	2 080,—	114,40	166,40	187,20	IV	1 665,50	88,22	128,33	144,37	84,85	123,42	138,85	81,48	118,52	133,33	78,10	113,61	127,81	74,73	108,70	122,29	71,36	103,80	116,78
	VI	2 113,50	116,24	169,08	190,21																				
6 236,99 Ost	I,IV	1 678,33	92,30	134,26	151,04	I	1 678,33	85,56	124,45	140,—	78,81	114,64	128,97	72,07	104,83	117,93	65,32	95,02	106,89	58,67	85,34	96,01	52,28	76,04	85,55
	II	1 632,58	89,79	130,60	146,93	II	1 632,58	83,04	120,79	135,89	76,29	110,98	124,85	69,55	101,17	113,81	62,81	91,37	102,79	56,26	81,83	92,06	49,95	72,66	81,74
	III	1 137,50	62,56	91,—	102,37	III	1 137,50	57,29	83,33	93,74	52,14	75,85	85,33	47,12	68,54	77,11	42,24	61,45	69,13	37,49	54,53	61,34	32,86	47,80	53,77
	V	2 092,91	115,11	167,43	188,36	IV	1 678,33	88,93	129,36	145,53	85,56	124,45	140,—	82,19	119,55	134,49	78,81	114,64	128,97	75,44	109,74	123,45	72,07	104,83	117,93
	VI	2 126,33	116,94	170,10	191,36																				
6 239,99 West	I,IV	1 666,75	91,67	133,34	150,—	I	1 666,75	84,92	123,52	138,96	78,17	113,71	127,92	71,43	103,90	116,89	64,68	94,09	105,85	58,06	84,45	95,—	51,68	75,18	84,57
	II	1 620,91	89,15	129,67	145,88	II	1 620,91	82,40	119,86	134,84	75,66	110,05	123,80	68,91	100,24	112,77	62,18	90,45	101,75	55,65	80,94	91,06	49,37	71,82	80,79
	III	1 128,33	62,05	90,26	101,54	III	1 128,33	56,79	82,61	92,93	51,66	75,14	84,53	46,65	67,86	76,34	41,79	60,78	68,38	37,04	53,88	60,61	32,43	47,17	53,06
	V	2 081,25	114,46	166,50	187,31	IV	1 666,75	88,29	128,43	144,48	84,92	123,52	138,96	81,55	118,62	133,44	78,17	113,71	127,92	74,80	108,80	122,40	71,43	103,90	116,89
	VI	2 114,75	116,31	169,18	190,32																				
6 239,99 Ost	I,IV	1 679,58	92,37	134,36	151,16	I	1 679,58	85,63	124,56	140,13	78,88	114,74	129,08	72,14	104,93	118,04	65,39	95,12	107,01	58,74	85,44	96,12	52,34	76,14	85,65
	II	1 633,83	89,86	130,70	147,04	II	1 633,83	83,11	120,89	136,—	76,37	111,08	124,97	69,62	101,27	113,93	62,88	91,47	102,90	56,32	81,92	92,16	50,02	72,76	81,85
	III	1 138,50	62,61	91,08	102,46	III	1 138,50	57,33	83,40	93,82	52,19	75,92	85,41	47,18	68,62	77,20	42,29	61,52	69,21	37,53	54,60	61,42	32,90	47,86	53,84
	V	2 094,16	115,17	167,53	188,47	IV	1 679,58	89,—	129,46	145,64	85,63	124,56	140,13	82,26	119,65	134,60	78,88	114,74	129,08	75,51	109,84	123,57	72,14	104,93	118,04
	VI	2 127,66	117,02	170,21	191,48																				

* Die ausgewiesenen Tabellenwerte sind amtlich. Siehe Erläuterungen auf der Umschlaginnenseite (U2).

Lohn/ Gehalt bis €*	Abzüge an Lohnsteuer, Solidaritätszuschlag (SolZ) und Kirchensteuer (8%, 9%) in den Steuerklassen I – VI					I, II, III, IV																			
			ohne Kinderfreibeträge					mit Zahl der Kinderfreibeträge . . . 0,5			1			1,5			2			2,5			3		
		LSt	SolZ	8%	9%		LSt	SolZ	8%	9%	SolZ	8%	9%	SolZ	8%	9%	SolZ	8%	9%	SolZ	8%	9%	SolZ	8%	9%
6 242,99 West	I,IV	1 668,—	91,74	133,44	150,12	I	1 668,—	84,99	123,62	139,07	78,24	113,81	128,03	71,50	104,—	117,—	64,75	94,19	105,96	58,12	84,54	95,11	51,75	75,27	84,68
	II	1 622,16	89,21	129,77	145,99	II	1 622,16	82,47	119,96	134,96	75,73	110,15	123,92	68,98	100,34	112,88	62,25	90,55	101,87	55,71	81,04	91,17	49,43	71,90	80,89
	III	1 129,33	62,11	90,34	101,63	III	1 129,33	56,85	82,69	93,02	51,71	75,22	84,62	46,71	67,94	76,43	41,83	60,85	68,45	37,08	53,94	60,68	32,47	47,24	53,14
	V	2 082,58	114,54	166,60	187,43	IV	1 668,—	88,36	128,53	144,59	84,99	123,62	139,07	81,62	118,72	133,56	78,24	113,81	128,03	74,87	108,91	122,52	71,50	104,—	117,—
	VI	2 116,—	116,38	169,28	190,44																				
6 242,99 Ost	I,IV	1 680,83	92,44	134,46	151,27	I	1 680,83	85,70	124,66	140,24	78,95	114,84	129,20	72,21	105,03	118,16	65,46	95,22	107,12	58,80	85,54	96,23	52,41	76,23	85,76
	II	1 635,08	89,92	130,80	147,15	II	1 635,08	83,18	120,99	136,11	76,44	111,18	125,08	69,69	101,37	114,04	62,95	91,57	103,01	56,39	82,02	92,27	50,08	72,85	81,95
	III	1 139,50	62,67	91,16	102,55	III	1 139,50	57,39	83,48	93,91	52,25	76,—	85,50	47,23	68,70	77,29	42,34	61,58	69,28	37,58	54,66	61,49	32,95	47,93	53,92
	V	2 095,41	115,24	167,63	188,58	IV	1 680,83	89,07	129,56	145,76	85,70	124,66	140,24	82,33	119,75	134,72	78,95	114,84	129,20	75,58	109,94	123,68	72,21	105,03	118,16
	VI	2 128,91	117,09	170,31	191,60																				
6 245,99 West	I,IV	1 669,25	91,80	133,54	150,23	I	1 669,25	85,06	123,72	139,19	78,32	113,92	128,16	71,57	104,10	117,11	64,82	94,29	106,07	58,19	84,64	95,22	51,81	75,36	84,78
	II	1 623,50	89,29	129,88	146,11	II	1 623,50	82,54	120,06	135,07	75,79	110,25	124,03	69,05	100,44	113,—	62,31	90,64	101,97	55,78	81,14	91,28	49,50	72,—	81,—
	III	1 130,33	62,16	90,42	101,72	III	1 130,33	56,90	82,77	93,11	51,76	75,29	84,70	46,75	68,01	76,51	41,89	60,93	68,54	37,14	54,02	60,77	32,52	47,30	53,21
	V	2 083,83	114,61	166,70	187,54	IV	1 669,25	88,43	128,63	144,71	85,06	123,72	139,19	81,68	118,82	133,67	78,32	113,92	128,16	74,94	109,01	122,63	71,57	104,10	117,11
	VI	2 117,25	116,44	169,38	190,55																				
6 245,99 Ost	I,IV	1 682,08	92,51	134,56	151,38	I	1 682,08	85,77	124,76	140,35	79,02	114,94	129,31	72,27	105,13	118,27	65,53	95,32	107,24	58,87	85,64	96,34	52,47	76,32	85,86
	II	1 636,33	89,99	130,90	147,26	II	1 636,33	83,25	121,09	136,22	76,50	111,28	125,19	69,76	101,47	114,15	63,02	91,67	103,13	56,45	82,12	92,38	50,15	72,94	82,06
	III	1 140,50	62,72	91,24	102,64	III	1 140,50	57,44	83,56	94,—	52,30	76,08	85,59	47,28	68,77	77,36	42,39	61,66	69,37	37,62	54,73	61,57	33,—	48,—	54,—
	V	2 096,66	115,31	167,73	188,69	IV	1 682,08	89,14	129,66	145,87	85,77	124,76	140,35	82,39	119,85	134,83	79,02	114,94	129,31	75,65	110,04	123,79	72,27	105,13	118,27
	VI	2 130,16	117,15	170,41	191,71																				
6 248,99 West	I,IV	1 670,50	91,87	133,64	150,34	I	1 670,50	85,13	123,82	139,30	78,38	114,02	128,27	71,64	104,20	117,23	64,89	94,39	106,19	58,25	84,74	95,33	51,87	75,46	84,89
	II	1 624,75	89,36	129,98	146,22	II	1 624,75	82,61	120,16	135,18	75,86	110,35	124,14	69,12	100,54	113,11	62,38	90,74	102,08	55,84	81,23	91,38	49,56	72,09	81,10
	III	1 131,33	62,22	90,50	101,81	III	1 131,33	56,95	82,84	93,19	51,81	75,37	84,79	46,81	68,09	76,60	41,93	61,—	68,62	37,18	54,09	60,85	32,56	47,37	53,29
	V	2 085,08	114,67	166,80	187,65	IV	1 670,50	88,50	128,73	144,82	85,13	123,82	139,30	81,76	118,92	133,79	78,38	114,02	128,27	75,01	109,11	122,75	71,64	104,20	117,23
	VI	2 118,50	116,51	169,48	190,66																				
6 248,99 Ost	I,IV	1 683,41	92,58	134,67	151,50	I	1 683,41	85,84	124,86	140,46	79,09	115,04	129,42	72,35	105,24	118,39	65,60	95,42	107,35	58,94	85,74	96,45	52,53	76,42	85,97
	II	1 637,58	90,06	131,—	147,38	II	1 637,58	83,32	121,20	136,35	76,57	111,38	125,30	69,83	101,57	114,26	63,09	91,77	103,24	56,52	82,21	92,48	50,21	73,03	82,16
	III	1 141,50	62,78	91,32	102,73	III	1 141,50	57,50	83,64	94,09	52,35	76,14	85,66	47,33	68,85	77,45	42,44	61,73	69,44	37,68	54,81	61,66	33,04	48,06	54,07
	V	2 097,91	115,38	167,83	188,81	IV	1 683,41	89,21	129,76	145,98	85,84	124,86	140,46	82,46	119,95	134,94	79,09	115,04	129,42	75,72	110,14	123,90	72,35	105,24	118,39
	VI	2 131,41	117,22	170,51	191,82																				
6 251,99 West	I,IV	1 671,75	91,94	133,74	150,45	I	1 671,75	85,19	123,92	139,41	78,45	114,12	128,38	71,71	104,30	117,34	64,96	94,49	106,30	58,32	84,84	95,44	51,94	75,55	84,99
	II	1 626,—	89,43	130,08	146,34	II	1 626,—	82,68	120,26	135,29	75,93	110,45	124,25	69,19	100,64	113,22	62,45	90,84	102,20	55,91	81,32	91,49	49,62	72,18	81,20
	III	1 132,33	62,27	90,58	101,90	III	1 132,33	57,—	82,92	93,28	51,87	75,45	84,88	46,86	68,17	76,69	41,98	61,06	68,69	37,23	54,16	60,93	32,61	47,44	53,37
	V	2 086,33	114,74	166,90	187,76	IV	1 671,75	88,57	128,83	144,93	85,19	123,92	139,41	81,83	119,02	133,90	78,45	114,12	128,38	75,08	109,21	122,86	71,71	104,30	117,34
	VI	2 119,75	116,58	169,58	190,77																				
6 251,99 Ost	I,IV	1 684,66	92,65	134,77	151,61	I	1 684,66	85,91	124,96	140,58	79,16	115,14	129,53	72,42	105,34	118,50	65,67	95,52	107,46	59,01	85,83	96,56	52,60	76,51	86,07
	II	1 638,83	90,13	131,10	147,49	II	1 638,83	83,39	121,30	136,46	76,64	111,48	125,42	69,90	101,67	114,38	63,16	91,87	103,35	56,59	82,31	92,60	50,27	73,12	82,26
	III	1 142,50	62,83	91,40	102,82	III	1 142,50	57,55	83,72	94,18	52,40	76,22	85,75	47,38	68,92	77,53	42,49	61,81	69,53	37,73	54,88	61,74	33,09	48,13	54,14
	V	2 099,25	115,45	167,94	188,93	IV	1 684,66	89,28	129,86	146,09	85,91	124,96	140,58	82,53	120,05	135,05	79,16	115,14	129,53	75,79	110,24	124,02	72,42	105,34	118,50
	VI	2 132,66	117,29	170,61	191,93																				
6 254,99 West	I,IV	1 673,—	92,01	133,84	150,57	I	1 673,—	85,27	124,03	139,53	78,52	114,22	128,49	71,77	104,40	117,45	65,03	94,60	106,42	58,39	84,94	95,55	52,—	75,64	85,10
	II	1 627,25	89,49	130,18	146,45	II	1 627,25	82,75	120,36	135,41	76,01	110,56	124,38	69,26	100,74	113,33	62,52	90,94	102,31	55,98	81,42	91,60	49,69	72,28	81,31
	III	1 133,33	62,33	90,66	101,99	III	1 133,33	57,06	83,—	93,37	51,92	75,53	84,97	46,91	68,24	76,77	42,03	61,14	68,78	37,28	54,22	61,—	32,66	47,50	53,44
	V	2 087,58	114,81	167,—	187,88	IV	1 673,—	88,64	128,93	145,04	85,27	124,03	139,53	81,89	119,12	134,01	78,52	114,22	128,49	75,15	109,31	122,97	71,77	104,40	117,45
	VI	2 121,08	116,65	169,68	190,89																				
6 254,99 Ost	I,IV	1 685,91	92,72	134,87	151,73	I	1 685,91	85,97	125,06	140,69	79,23	115,24	129,65	72,49	105,44	118,62	65,74	95,62	107,57	59,07	85,93	96,67	52,66	76,60	86,18
	II	1 640,08	90,20	131,20	147,60	II	1 640,08	83,46	121,40	136,57	76,71	111,58	125,53	69,96	101,77	114,49	63,23	91,97	103,46	56,65	82,40	92,70	50,33	73,22	82,37
	III	1 143,50	62,89	91,48	102,91	III	1 143,50	57,61	83,80	94,27	52,46	76,30	85,84	47,43	69,—	77,62	42,54	61,88	69,61	37,77	54,94	61,81	33,13	48,20	54,22
	V	2 100,50	115,52	168,04	189,04	IV	1 685,91	89,35	129,96	146,21	85,97	125,06	140,69	82,60	120,15	135,17	79,23	115,24	129,65	75,86	110,34	124,13	72,49	105,44	118,62
	VI	2 133,91	117,36	170,71	192,05																				
6 257,99 West	I,IV	1 674,25	92,08	133,94	150,68	I	1 674,25	85,34	124,13	139,64	78,59	114,32	128,61	71,84	104,50	117,56	65,10	94,70	106,53	58,46	85,03	95,66	52,07	75,74	85,20
	II	1 628,50	89,56	130,28	146,56	II	1 628,50	82,82	120,46	135,52	76,07	110,66	124,49	69,33	100,84	113,45	62,59	91,04	102,42	56,04	81,52	91,71	49,75	72,36	81,41
	III	1 134,16	62,37	90,73	102,07	III	1 134,16	57,11	83,08	93,46	51,97	75,60	85,05	46,97	68,32	76,86	42,08	61,21	68,86	37,33	54,30	61,09	32,70	47,57	53,51
	V	2 088,83	114,88	167,10	187,99	IV	1 674,25	88,71	129,04	145,17	85,34	124,13	139,64	81,96	119,22	134,12	78,59	114,32	128,61	75,22	109,41	123,08	71,84	104,50	117,56
	VI	2 122,33	116,72	169,78	191,—																				
6 257,99 Ost	I,IV	1 687,16	92,79	134,97	151,84	I	1 687,16	86,04	125,16	140,80	79,30	115,35	129,77	72,55	105,54	118,73	65,81	95,72	107,69	59,14	86,03	96,78	52,73	76,70	86,28
	II	1 641,41	90,27	131,31	147,72	II	1 641,41	83,53	121,50	136,68	76,78	111,68	125,64	70,04	101,88	114,61	63,30	92,07	103,58	56,72	82,50	92,81	50,40	73,31	82,47
	III	1 144,50	62,94	91,56	103,—	III	1 144,50	57,66	83,88	94,36	52,50	76,37	85,91	47,48	69,06	77,69	42,58	61,94	69,68	37,82	55,01	61,88	33,18	48,26	54,29
	V	2 101,75	115,59	168,14	189,15	IV	1 687,16	89,42	130,06	146,32	86,04	125,16	140,80	82,67	120,25	135,28	79,30	115,35	129,77	75,93	110,44	124,25	72,55	105,54	118,73
	VI	2 135,16	117,43	170,81	192,16																				
6 260,99 West	I,IV	1 675,58	92,15	134,04	150,80	I	1 675,58	85,41	124,23	139,76	78,66	114,42	128,72	71,91	104,60	117,68	65,17	94,80	106,65	58,52	85,13	95,77	52,13	75,83	85,31
	II	1 629,75	89,63	130,38	146,67	II	1 629,75	82,88	120,56	135,63	76,14	110,76	124,60	69,40	100,94	113,56	62,66	91,14	102,53	56,11	81,62	91,82	49,81	72,46	81,51
	III	1 135,16	62,43	90,81	102,16	III	1 135,16	57,17	83,16	93,55	52,03	75,68	85,14	47,01	68,38	76,93	42,13	61,28	68,94	37,38	54,37	61,16	32,75	47,64	53,59
	V	2 090,08	114,95	167,20	188,10	IV	1 675,58	88,78	129,14	145,28	85,41	124,23	139,76	82,03	119,32	134,24	78,66	114,42	128,72	75,29	109,51	123,20	71,91	104,60	117,68
	VI	2 123,58	116,79	169,88	191,12																				
6 260,99 Ost	I,IV	1 688,41	92,86	135,07	151,95	I	1 688,41	86,11	125,26	140,91	79,37	115,45	129,88	72,62	105,64	118,84	65,88	95,82	107,80	59,21	86,12	96,89	52,79	76,79	86,39
	II	1 642,66	90,34	131,41	147,83	II	1 642,66	83,60	121,60	136,80	76,85	111,78	125,75	70,11	101,98	114,72	63,36	92,17	103,69	56,78	82,60	92,92	50,46	73,40	82,58
	III	1 145,50	63,—	91,64	103,09	III	1 145,50	57,71	83,94	94,43	52,56	76,45	86,—	47,53	69,14	77,78	42,64	62,02	69,77	37,87	55,09	61,97	33,23	48,34	54,38
	V	2 103,—	115,66	168,24	189,27	IV	1 688,41	89,48	130,16	146,43	86,11	125,26	140,91	82,74	120,36	135,40	79,37	115,45	129,88	76,—	110,54	124,36	72,62	105,64	118,84
	VI	2 136,41	117,50	170,91	192,27																				
6 263,99 West	I,IV	1 676,83	92,22	134,14	150,91	I	1 676,83	85,47	124,33	139,87	78,73	114,52	128,83	71,99	104,71	117,80	65,24	94,90	106,76	58,59	85,22	95,87	52,19	75,92	85,41
	II	1 631,—	89,70	130,48	146,79	II	1 631,—	82,96	120,67	135,75	76,21	110,86	124,71	69,46	101,04	113,67	62,73	91,24	102,65	56,17	81,71	91,92	49,88	72,55	81,62
	III	1 136,16	62,48	90,89	102,25	III	1 136,16	57,21	83,22	93,62	52,08	75,76	85,23	47,07	68,46	77,02	42,18	61,36	69,03	37,42	54,44	61,24	32,79	47,70	53,66
	V	2 091,33	115,02	167,30	188,21	IV	1 676,83	88,85	129,24	145,39	85,47	124,33	139,87	82,10	119,42	134,35	78,73	114,52	128,83	75,35	109,61	123,31	71,99	104,71	117,80
	VI	2 124,83	116,86	169,98	191,23																				
6 263,99 Ost	I,IV	1 689,66	92,93	135,17	152,06	I	1 689,66	86,18	125,36	141,03	79,44	115,55	129,99	72,69	105,74	118,95	65,94	95,92	107,91	59,28	86,22	97,—	52,85	76,88	86,49
	II	1 643,91	90,41	131,51	147,95	II	1 643,91	83,66	121,70	136,91	76,92	111,88	125,87	70,18	102,08	114,84	63,43	92,27	103,80	56,85	82,70	93,03	50,53	73,50	82,68
	III	1 146,50	63,05	91,72	103,18	III	1 146,50	57,76	84,02	94,52	52,61	76,53	86,09	47,58	69,21	77,86	42,68	62,09	69,85	37,92	55,16	62,05	33,28	48,41	54,46
	V	2 104,25	115,73	168,34	189,38	IV	1 689,66	89,55	130,26	146,54	86,18	125,36	141,03	82,81	120,46	135,51	79,44	115,55	129,99	76,06	110,64	124,47	72,69	105,74	118,95
	VI	2 137,75	117,57	171,02	192,39																				

* Die ausgewiesenen Tabellenwerte sind amtlich. Siehe Erläuterungen auf der Umschlaginnenseite (U2).

Lohn/ Gehalt bis €*	Abzüge an Lohnsteuer, Solidaritätszuschlag (SolZ) und Kirchensteuer (8%, 9%) in den Steuerklassen																								
	I – VI					I, II, III, IV																			
			ohne Kinderfreibeträge					mit Zahl der Kinderfreibeträge . . .																	
								0,5			1			1,5			2			2,5			3		
		LSt	SolZ	8%	9%		LSt	SolZ	8%	9%	SolZ	8%	9%	SolZ	8%	9%	SolZ	8%	9%	SolZ	8%	9%	SolZ	8%	9%
6 266,99 West	I,IV	1 678,08	92,29	134,24	151,02	I	1 678,08	85,54	124,43	139,98	78,80	114,62	128,94	72,05	104,81	117,91	65,31	95,—	106,87	58,66	85,32	95,99	52,26	76,02	85,52
	II	1 632,25	89,77	130,58	146,90	II	1 632,25	83,03	120,77	135,86	76,28	110,96	124,83	69,53	101,14	113,78	62,80	91,34	102,76	56,24	81,80	92,03	49,94	72,64	81,72
	III	1 137,16	62,54	90,97	102,34	III	1 137,16	57,27	83,30	93,71	52,13	75,82	85,30	47,11	68,53	77,09	42,23	61,42	69,10	37,47	54,50	61,31	32,84	47,77	53,74
	V	2 092,66	115,09	167,41	188,33	IV	1 678,08	88,92	129,34	145,50	85,54	124,43	139,98	82,17	119,52	134,46	78,80	114,62	128,94	75,43	109,72	123,43	72,05	104,81	117,91
	VI	2 126,08	116,93	170,08	191,34																				
6 266,99 Ost	I,IV	1 690,91	93,—	135,27	152,18	I	1 690,91	86,25	125,46	141,14	79,51	115,65	130,10	72,76	105,84	119,07	66,02	96,03	108,03	59,34	86,32	97,11	52,92	76,98	86,60
	II	1 645,16	90,48	131,61	148,06	II	1 645,16	83,73	121,80	137,02	76,99	111,99	125,99	70,24	102,18	114,95	63,50	92,37	103,91	56,92	82,79	93,14	50,59	73,59	82,79
	III	1 147,50	63,11	91,80	103,27	III	1 147,50	57,82	84,10	94,61	52,67	76,61	86,18	47,63	69,29	77,95	42,74	62,17	69,94	37,96	55,22	62,12	33,33	48,48	54,54
	V	2 105,50	115,80	168,44	189,49	IV	1 690,91	89,62	130,36	146,66	86,25	125,46	141,14	82,88	120,56	135,63	79,51	115,65	130,10	76,13	110,74	124,58	72,76	105,84	119,07
	VI	2 139,—	117,64	171,12	192,51																				
6 269,99 West	I,IV	1 679,33	92,36	134,34	151,13	I	1 679,33	85,61	124,53	140,09	78,87	114,72	129,06	72,12	104,91	118,02	65,38	95,10	106,98	58,73	85,42	96,10	52,32	76,11	85,62
	II	1 633,58	89,84	130,68	147,02	II	1 633,58	83,10	120,87	135,98	76,35	111,06	124,94	69,60	101,24	113,90	62,86	91,44	102,87	56,31	81,90	92,14	50,—	72,74	81,83
	III	1 138,16	62,59	91,05	102,43	III	1 138,16	57,32	83,38	93,80	52,18	75,90	85,39	47,17	68,61	77,18	42,28	61,50	69,19	37,52	54,58	61,40	32,89	47,85	53,83
	V	2 093,91	115,16	167,51	188,45	IV	1 679,33	88,99	129,44	145,62	85,61	124,53	140,09	82,24	119,62	134,57	78,87	114,72	129,06	75,50	109,82	123,54	72,12	104,91	118,02
	VI	2 127,33	117,—	170,18	191,45																				
6 269,99 Ost	I,IV	1 692,16	93,06	135,37	152,29	I	1 692,16	86,32	125,56	141,26	79,58	115,75	130,22	72,83	105,94	119,18	66,09	96,13	108,14	59,41	86,42	97,22	52,98	77,07	86,70
	II	1 646,41	90,55	131,71	148,17	II	1 646,41	83,80	121,90	137,13	77,06	112,09	126,10	70,31	102,28	115,06	63,57	92,47	104,03	56,98	82,89	93,25	50,65	73,68	82,89
	III	1 148,50	63,16	91,88	103,36	III	1 148,50	57,87	84,18	94,70	52,71	76,68	86,26	47,69	69,37	78,04	42,79	62,24	70,02	38,01	55,29	62,20	33,37	48,54	54,61
	V	2 106,75	115,87	168,54	189,60	IV	1 692,16	89,70	130,47	146,78	86,32	125,56	141,26	82,95	120,66	135,74	79,58	115,75	130,22	76,20	110,84	124,70	72,83	105,94	119,18
	VI	2 140,25	117,71	171,22	192,62																				
6 272,99 West	I,IV	1 680,58	92,43	134,44	151,25	I	1 680,58	85,68	124,63	140,21	78,94	114,82	129,17	72,19	105,01	118,13	65,45	95,20	107,10	58,79	85,52	96,21	52,39	76,21	85,73
	II	1 634,83	89,91	130,78	147,13	II	1 634,83	83,16	120,97	136,09	76,42	111,16	125,05	69,68	101,35	114,02	62,93	91,54	102,98	56,37	82,—	92,25	50,07	72,83	81,93
	III	1 139,16	62,65	91,13	102,52	III	1 139,16	57,38	83,46	93,89	52,24	75,98	85,48	47,21	68,68	77,26	42,33	61,57	69,26	37,57	54,65	61,48	32,94	47,92	53,91
	V	2 095,16	115,23	167,61	188,56	IV	1 680,58	89,05	129,54	145,73	85,68	124,63	140,21	82,31	119,72	134,69	78,94	114,82	129,17	75,57	109,92	123,66	72,19	105,01	118,13
	VI	2 128,58	117,07	170,28	191,57																				
6 272,99 Ost	I,IV	1 693,50	93,14	135,48	152,41	I	1 693,50	86,39	125,66	141,37	79,64	115,85	130,33	72,90	106,04	119,30	66,16	96,23	108,26	59,48	86,52	97,33	53,05	77,17	86,81
	II	1 647,66	90,62	131,81	148,28	II	1 647,66	83,87	122,—	137,25	77,13	112,19	126,21	70,38	102,38	115,17	63,64	92,57	104,14	57,05	82,98	93,35	50,71	73,77	82,99
	III	1 149,50	63,22	91,96	103,45	III	1 149,50	57,93	84,26	94,79	52,77	76,76	86,35	47,74	69,44	78,12	42,83	62,30	70,09	38,06	55,37	62,29	33,42	48,61	54,68
	V	2 108,—	115,94	168,64	189,72	IV	1 693,50	89,76	130,57	146,89	86,39	125,66	141,37	83,02	120,76	135,85	79,64	115,85	130,33	76,27	110,94	124,81	72,90	106,04	119,30
	VI	2 141,50	117,78	171,32	192,73																				
6 275,99 West	I,IV	1 681,83	92,50	134,54	151,36	I	1 681,83	85,75	124,73	140,32	79,01	114,92	129,29	72,26	105,11	118,25	65,51	95,30	107,21	58,86	85,62	96,32	52,46	76,30	85,84
	II	1 636,08	89,98	130,88	147,24	II	1 636,08	83,23	121,07	136,20	76,49	111,26	125,16	69,74	101,45	114,13	63,—	91,64	103,10	56,44	82,10	92,36	50,13	72,92	82,03
	III	1 140,16	62,70	91,21	102,61	III	1 140,16	57,43	83,54	93,98	52,28	76,05	85,55	47,27	68,76	77,35	42,38	61,65	69,35	37,62	54,72	61,56	32,99	47,98	53,98
	V	2 096,41	115,30	167,71	188,67	IV	1 681,83	89,12	129,64	145,84	85,75	124,73	140,32	82,38	119,83	134,81	79,01	114,92	129,29	75,63	110,02	123,77	72,26	105,11	118,25
	VI	2 129,83	117,14	170,38	191,68																				
6 275,99 Ost	I,IV	1 694,75	93,21	135,58	152,52	I	1 694,75	86,46	125,76	141,48	79,71	115,95	130,44	72,97	106,14	119,41	66,22	96,33	108,37	59,55	86,62	97,44	53,12	77,26	86,92
	II	1 648,91	90,69	131,91	148,40	II	1 648,91	83,94	122,10	137,36	77,20	112,29	126,32	70,45	102,48	115,29	63,71	92,67	104,25	57,12	83,08	93,47	50,78	73,86	83,09
	III	1 150,50	63,27	92,04	103,54	III	1 150,50	57,98	84,34	94,88	52,82	76,84	86,44	47,79	69,52	78,21	42,89	62,38	70,18	38,11	55,44	62,37	33,46	48,68	54,76
	V	2 109,25	116,—	168,74	189,83	IV	1 694,75	89,83	130,67	147,—	86,46	125,76	141,48	83,09	120,86	135,96	79,71	115,95	130,44	76,34	111,04	124,92	72,97	106,14	119,41
	VI	2 142,75	117,85	171,42	192,84																				
6 278,99 West	I,IV	1 683,08	92,56	134,64	151,47	I	1 683,08	85,82	124,84	140,44	79,08	115,02	129,40	72,33	105,21	118,36	65,59	95,40	107,33	58,93	85,72	96,43	52,52	76,40	85,95
	II	1 637,33	90,05	130,98	147,35	II	1 637,33	83,30	121,17	136,31	76,56	111,36	125,28	69,81	101,55	114,24	63,07	91,74	103,21	56,50	82,19	92,46	50,19	73,01	82,13
	III	1 141,16	62,76	91,29	102,70	III	1 141,16	57,49	83,62	94,07	52,34	76,13	85,64	47,31	68,82	77,42	42,43	61,72	69,43	37,66	54,78	61,63	33,03	48,05	54,05
	V	2 097,66	115,37	167,81	188,78	IV	1 683,08	89,19	129,74	145,95	85,82	124,84	140,44	82,45	119,93	134,92	79,08	115,02	129,40	75,70	110,12	123,88	72,33	105,21	118,36
	VI	2 131,16	117,21	170,49	191,80																				
6 278,99 Ost	I,IV	1 696,—	93,28	135,68	152,64	I	1 696,—	86,53	125,86	141,59	79,78	116,05	130,55	73,04	106,24	119,52	66,29	96,43	108,48	59,62	86,72	97,56	53,18	77,36	87,03
	II	1 650,16	90,75	132,01	148,51	II	1 650,16	84,01	122,20	137,48	77,27	112,39	126,44	70,52	102,58	115,40	63,78	92,77	104,36	57,18	83,18	93,57	50,84	73,96	83,20
	III	1 151,50	63,33	92,12	103,63	III	1 151,50	58,03	84,41	94,96	52,87	76,90	86,51	47,84	69,58	78,28	42,93	62,45	70,25	38,16	55,50	62,44	33,51	48,74	54,83
	V	2 110,58	116,08	168,84	189,95	IV	1 696,—	89,90	130,77	147,11	86,53	125,86	141,59	83,16	120,96	136,08	79,78	116,05	130,55	76,41	111,15	125,04	73,04	106,24	119,52
	VI	2 144,—	117,92	171,52	192,96																				
6 281,99 West	I,IV	1 684,33	92,63	134,74	151,58	I	1 684,33	85,89	124,94	140,55	79,14	115,12	129,51	72,40	105,31	118,47	65,66	95,50	107,44	58,99	85,81	96,53	52,58	76,49	86,05
	II	1 638,58	90,12	131,08	147,47	II	1 638,58	83,37	121,27	136,43	76,63	111,46	125,39	69,88	101,65	114,35	63,14	91,84	103,32	56,57	82,29	92,57	50,26	73,10	82,24
	III	1 142,16	62,81	91,37	102,79	III	1 142,16	57,54	83,70	94,16	52,39	76,21	85,73	47,37	68,90	77,51	42,47	61,78	69,50	37,72	54,86	61,72	33,08	48,12	54,13
	V	2 098,91	115,44	167,91	188,90	IV	1 684,33	89,26	129,84	146,07	85,89	124,94	140,55	82,52	120,03	135,03	79,14	115,12	129,51	75,77	110,22	123,99	72,40	105,31	118,47
	VI	2 132,41	117,28	170,59	191,91																				
6 281,99 Ost	I,IV	1 697,25	93,34	135,78	152,75	I	1 697,25	86,60	125,96	141,71	79,86	116,16	130,68	73,11	106,34	119,63	66,36	96,53	108,59	59,68	86,81	97,66	53,24	77,45	87,13
	II	1 651,50	90,83	132,12	148,63	II	1 651,50	84,08	122,30	137,59	77,33	112,49	126,55	70,59	102,68	115,52	63,85	92,87	104,48	57,25	83,28	93,69	50,91	74,05	83,30
	III	1 152,50	63,38	92,20	103,72	III	1 152,50	58,08	84,49	95,05	52,92	76,98	86,60	47,89	69,66	78,37	42,99	62,53	70,34	38,21	55,58	62,53	33,56	48,82	54,92
	V	2 111,83	116,15	168,94	190,06	IV	1 697,25	89,97	130,87	147,23	86,60	125,96	141,71	83,22	121,06	136,19	79,86	116,16	130,68	76,48	111,25	125,15	73,11	106,34	119,63
	VI	2 145,25	117,98	171,62	193,07																				
6 284,99 West	I,IV	1 685,58	92,70	134,84	151,70	I	1 685,58	85,96	125,04	140,67	79,21	115,22	129,62	72,47	105,41	118,58	65,72	95,60	107,55	59,06	85,91	96,65	52,65	76,58	86,15
	II	1 639,83	90,19	131,18	147,58	II	1 639,83	83,44	121,37	136,54	76,70	111,56	125,51	69,95	101,75	114,47	63,21	91,94	103,43	56,64	82,38	92,68	50,32	73,20	82,35
	III	1 143,16	62,87	91,45	102,88	III	1 143,16	57,59	83,77	94,24	52,44	76,28	85,81	47,42	68,98	77,60	42,53	61,86	69,59	37,76	54,93	61,79	33,12	48,18	54,20
	V	2 100,16	115,50	168,01	189,01	IV	1 685,58	89,33	129,94	146,18	85,96	125,04	140,67	82,59	120,13	135,14	79,21	115,22	129,62	75,84	110,32	124,11	72,47	105,41	118,58
	VI	2 133,66	117,35	170,69	192,02																				
6 284,99 Ost	I,IV	1 698,50	93,41	135,88	152,86	I	1 698,50	86,67	126,06	141,82	79,92	116,26	130,79	73,18	106,44	119,75	66,43	96,63	108,71	59,75	86,91	97,77	53,31	77,54	87,23
	II	1 652,75	90,90	132,22	148,74	II	1 652,75	84,15	122,40	137,70	77,40	112,59	126,66	70,66	102,78	115,63	63,91	92,97	104,59	57,31	83,37	93,79	50,97	74,14	83,41
	III	1 153,50	63,44	92,28	103,81	III	1 153,50	58,14	84,57	95,14	52,98	77,06	86,69	47,94	69,73	78,44	43,03	62,60	70,42	38,26	55,65	62,60	33,61	48,89	55,—
	V	2 113,08	116,21	169,04	190,17	IV	1 698,50	90,04	130,97	147,34	86,67	126,06	141,82	83,30	121,16	136,31	79,92	116,26	130,79	76,55	111,35	125,27	73,18	106,44	119,75
	VI	2 146,50	118,05	171,72	193,18																				
6 287,99 West	I,IV	1 686,91	92,78	134,95	151,82	I	1 686,91	86,03	125,14	140,78	79,28	115,32	129,74	72,54	105,52	118,71	65,79	95,70	107,66	59,13	86,01	96,76	52,71	76,68	86,26
	II	1 641,08	90,25	131,28	147,69	II	1 641,08	83,51	121,48	136,66	76,77	111,66	125,62	70,02	101,85	114,58	63,28	92,04	103,55	56,70	82,48	92,79	50,38	73,29	82,45
	III	1 144,16	62,92	91,53	102,97	III	1 144,16	57,64	83,85	94,33	52,49	76,36	85,90	47,47	69,05	77,68	42,57	61,93	69,67	37,81	55,—	61,87	33,17	48,25	54,28
	V	2 101,41	115,57	168,11	189,12	IV	1 686,91	89,40	130,04	146,30	86,03	125,14	140,78	82,66	120,23	135,26	79,28	115,32	129,74	75,91	110,42	124,22	72,54	105,52	118,71
	VI	2 134,91	117,42	170,79	192,14																				
6 287,99 Ost	I,IV	1 699,75	93,48	135,98	152,97	I	1 699,75	86,73	126,16	141,93	79,99	116,36	130,90	73,25	106,54	119,86	66,50	96,73	108,82	59,82	87,01	97,88	53,37	77,64	87,34
	II	1 654,—	90,97	132,32	148,86	II	1 654,—	84,22	122,50	137,81	77,47	112,69	126,77	70,73	102,88	115,74	63,98	93,07	104,70	57,38	83,47	93,90	51,04	74,24	83,52
	III	1 154,50	63,49	92,36	103,90	III	1 154,50	58,19	84,65	95,23	53,03	77,14	86,78	47,99	69,81	78,53	43,09	62,68	70,51	38,30	55,72	62,68	33,66	48,96	55,08
	V	2 114,33	116,28	169,14	190,28	IV	1 699,75	90,11	131,07	147,45	86,73	126,16	141,93	83,37	121,26	136,42	79,99	116,36	130,90	76,62	111,45	125,38	73,25	106,54	119,86
	VI	2 147,75	118,12	171,82	193,29																				

*** Die ausgewiesenen Tabellenwerte sind amtlich. Siehe Erläuterungen auf der Umschlaginnenseite (U2).**

MONAT 6 288,–*

Lohn/ Gehalt bis €*		I – VI LSt	ohne Kinderfreibeträge SolZ	8%	9%		I, II, III, IV LSt	0,5 SolZ	8%	9%	1 SolZ	8%	9%	1,5 SolZ	8%	9%	2 SolZ	8%	9%	2,5 SolZ	8%	9%	3 SolZ	8%	9%
6 290,99 West	I,IV	1 688,16	92,84	135,05	151,93	I	1 688,16	86,10	125,24	140,89	79,35	115,42	129,85	72,61	105,62	118,82	65,86	95,80	107,78	59,19	86,10	96,86	52,78	76,77	86,36
	II	1 642,33	90,32	131,38	147,80	II	1 642,33	83,58	121,58	136,77	76,83	111,76	125,73	70,09	101,95	114,69	63,35	92,14	103,66	56,77	82,58	92,90	50,45	73,38	82,55
	III	1 145,16	62,98	91,61	103,06	III	1 145,16	57,70	83,93	94,42	52,55	76,44	85,99	47,52	69,13	77,77	42,63	62,01	69,76	37,85	55,06	61,94	33,22	48,32	54,36
	V	2 102,75	115,65	168,22	189,24	IV	1 688,16	89,47	130,14	146,41	86,10	125,24	140,89	82,72	120,33	135,37	79,35	115,42	129,85	75,98	110,52	124,34	72,61	105,62	118,82
	VI	2 136,16	117,48	170,89	192,25																				
6 290,99 Ost	I,IV	1 701,—	93,55	136,08	153,09	I	1 701,—	86,81	126,27	142,05	80,06	116,46	131,01	73,31	106,64	119,97	66,57	96,84	108,94	59,88	87,10	97,99	53,44	77,73	87,44
	II	1 655,25	91,03	132,42	148,97	II	1 655,25	84,29	122,60	137,93	77,55	112,80	126,90	70,80	102,98	115,85	64,05	93,17	104,81	57,45	83,56	94,01	51,10	74,33	83,62
	III	1 155,50	63,55	92,44	103,99	III	1 155,50	58,25	84,73	95,32	53,08	77,21	86,86	48,05	69,89	78,62	43,13	62,74	70,58	38,35	55,78	62,75	33,70	49,02	55,15
	V	2 115,58	116,35	169,24	190,40	IV	1 701,—	90,18	131,17	147,56	86,81	126,27	142,05	83,43	121,36	136,53	80,06	116,46	131,01	76,69	111,55	125,49	73,31	106,64	119,97
	VI	2 149,08	118,19	171,92	193,41																				
6 293,99 West	I,IV	1 689,41	92,91	135,15	152,04	I	1 689,41	86,17	125,34	141,—	79,42	115,52	129,96	72,68	105,72	118,93	65,93	95,90	107,89	59,26	86,20	96,98	52,84	76,86	86,47
	II	1 643,58	90,39	131,48	147,92	II	1 643,58	83,65	121,68	136,89	76,90	111,86	125,84	70,16	102,05	114,80	63,41	92,24	103,77	56,83	82,67	93,—	50,51	73,48	82,66
	III	1 146,16	63,03	91,69	103,15	III	1 146,16	57,75	84,01	94,51	52,60	76,52	86,08	47,57	69,20	77,85	42,68	62,08	69,84	37,91	55,14	62,03	33,27	48,40	54,45
	V	2 104,—	115,72	168,32	189,36	IV	1 689,41	89,54	130,24	146,52	86,17	125,34	141,—	82,79	120,43	135,48	79,42	115,52	129,96	76,05	110,62	124,45	72,68	105,72	118,93
	VI	2 137,41	117,55	170,99	192,36																				
6 293,99 Ost	I,IV	1 702,25	93,62	136,18	153,20	I	1 702,25	86,88	126,37	142,16	80,13	116,56	131,13	73,38	106,74	120,08	66,64	96,94	109,05	59,95	87,20	98,10	53,51	77,83	87,56
	II	1 656,50	91,10	132,52	149,08	II	1 656,50	84,36	122,70	138,04	77,61	112,90	127,01	70,87	103,08	115,97	64,12	93,27	104,93	57,52	83,66	94,12	51,16	74,42	83,72
	III	1 156,50	63,60	92,52	104,08	III	1 156,50	58,30	84,81	95,41	53,13	77,29	86,95	48,09	69,96	78,70	43,18	62,81	70,66	38,40	55,86	62,84	33,75	49,09	55,22
	V	2 116,83	116,42	169,34	190,51	IV	1 702,25	90,25	131,28	147,69	86,88	126,37	142,16	83,50	121,46	136,64	80,13	116,56	131,13	76,76	111,65	125,60	73,38	106,74	120,08
	VI	2 150,33	118,26	172,02	193,52																				
6 296,99 West	I,IV	1 690,66	92,98	135,25	152,15	I	1 690,66	86,24	125,44	141,12	79,49	115,63	130,08	72,75	105,82	119,04	66,—	96,—	108,—	59,33	86,30	97,09	52,91	76,96	86,58
	II	1 644,91	90,47	131,59	148,04	II	1 644,91	83,72	121,78	137,—	76,97	111,96	125,96	70,23	102,16	114,93	63,48	92,34	103,88	56,90	82,77	93,11	50,58	73,57	82,76
	III	1 147,16	63,09	91,77	103,24	III	1 147,16	57,81	84,09	94,60	52,65	76,58	86,15	47,63	69,28	77,94	42,72	62,14	69,91	37,95	55,21	62,11	33,32	48,46	54,52
	V	2 105,25	115,78	168,42	189,47	IV	1 690,66	89,61	130,34	146,63	86,24	125,44	141,12	82,86	120,53	135,59	79,49	115,63	130,08	76,12	110,72	124,56	72,75	105,82	119,04
	VI	2 138,66	117,62	171,09	192,47																				
6 296,99 Ost	I,IV	1 703,58	93,69	136,28	153,32	I	1 703,58	86,95	126,47	142,28	80,20	116,66	131,24	73,45	106,84	120,20	66,71	97,04	109,17	60,02	87,30	98,21	53,57	77,92	87,66
	II	1 657,75	91,17	132,62	149,19	II	1 657,75	84,42	122,80	138,15	77,68	113,—	127,12	70,94	103,18	116,08	64,19	93,38	105,05	57,58	83,76	94,23	51,23	74,52	83,83
	III	1 157,50	63,66	92,60	104,17	III	1 157,50	58,36	84,89	95,50	53,19	77,37	87,04	48,15	70,04	78,79	43,23	62,89	70,75	38,45	55,93	62,92	33,79	49,16	55,30
	V	2 118,08	116,49	169,44	190,62	IV	1 703,58	90,32	131,38	147,80	86,95	126,47	142,28	83,57	121,56	136,76	80,20	116,66	131,24	76,83	111,75	125,72	73,45	106,84	120,20
	VI	2 151,58	118,33	172,12	193,64																				
6 299,99 West	I,IV	1 691,91	93,05	135,35	152,27	I	1 691,91	86,30	125,54	141,23	79,56	115,73	130,19	72,82	105,92	119,16	66,07	96,10	108,11	59,40	86,40	97,20	52,97	77,05	86,68
	II	1 646,16	90,53	131,69	148,15	II	1 646,16	83,79	121,88	137,11	77,04	112,06	126,07	70,30	102,26	115,04	63,55	92,44	104,—	56,97	82,86	93,22	50,64	73,66	82,86
	III	1 148,16	63,14	91,85	103,33	III	1 148,16	57,86	84,17	94,69	52,70	76,66	86,24	47,67	69,34	78,01	42,78	62,22	70,—	38,—	55,28	62,19	33,36	48,53	54,59
	V	2 106,50	115,85	168,52	189,58	IV	1 691,91	89,68	130,44	146,75	86,30	125,54	141,23	82,94	120,64	135,72	79,56	115,73	130,19	76,19	110,82	124,67	72,82	105,92	119,16
	VI	2 139,91	117,69	171,19	192,59																				
6 299,99 Ost	I,IV	1 704,83	93,76	136,38	153,43	I	1 704,83	87,01	126,57	142,39	80,27	116,76	131,35	73,53	106,95	120,32	66,78	97,14	109,28	60,09	87,40	98,33	53,63	78,02	87,77
	II	1 659,—	91,24	132,72	149,31	II	1 659,—	84,50	122,91	138,27	77,75	113,10	127,23	71,—	103,28	116,19	64,26	93,48	105,16	57,65	83,86	94,34	51,29	74,61	83,93
	III	1 158,50	63,71	92,68	104,26	III	1 158,50	58,41	84,97	95,59	53,24	77,44	87,12	48,19	70,10	78,86	43,28	62,96	70,83	38,50	56,—	63,—	33,84	49,22	55,37
	V	2 119,33	116,56	169,54	190,73	IV	1 704,83	90,39	131,48	147,91	87,01	126,57	142,39	83,64	121,66	136,87	80,27	116,76	131,35	76,89	111,85	125,83	73,53	106,95	120,32
	VI	2 152,83	118,40	172,22	193,75																				
6 302,99 West	I,IV	1 693,16	93,12	135,45	152,38	I	1 693,16	86,38	125,64	141,35	79,63	115,83	130,31	72,88	106,02	119,27	66,14	96,20	108,23	59,46	86,50	97,31	53,03	77,14	86,78
	II	1 647,41	90,60	131,79	148,26	II	1 647,41	83,86	121,98	137,22	77,11	112,16	126,18	70,37	102,36	115,15	63,63	92,55	104,12	57,03	82,96	93,33	50,70	73,75	82,97
	III	1 149,16	63,20	91,93	103,42	III	1 149,16	57,91	84,24	94,77	52,76	76,74	86,33	47,73	69,42	78,10	42,82	62,29	70,07	38,06	55,36	62,28	33,41	48,60	54,67
	V	2 107,75	115,92	168,62	189,69	IV	1 693,16	89,75	130,54	146,86	86,38	125,64	141,35	83,—	120,74	135,83	79,63	115,83	130,31	76,26	110,92	124,79	72,88	106,02	119,27
	VI	2 141,25	117,76	171,30	192,71																				
6 302,99 Ost	I,IV	1 706,08	93,83	136,48	153,54	I	1 706,08	87,08	126,67	142,50	80,34	116,86	131,46	73,59	107,05	120,43	66,85	97,24	109,39	60,15	87,50	98,43	53,70	78,11	87,87
	II	1 660,25	91,31	132,82	149,42	II	1 660,25	84,57	123,01	138,38	77,82	113,20	127,35	71,07	103,38	116,30	64,33	93,58	105,27	57,71	83,95	94,44	51,36	74,70	84,04
	III	1 159,50	63,77	92,76	104,35	III	1 159,50	58,46	85,04	95,67	53,29	77,52	87,21	48,25	70,18	78,95	43,34	63,04	70,92	38,55	56,08	63,09	33,89	49,30	55,46
	V	2 120,66	116,63	169,65	190,85	IV	1 706,08	90,46	131,58	148,02	87,08	126,67	142,50	83,71	121,76	136,98	80,34	116,86	131,46	76,97	111,96	125,95	73,59	107,05	120,43
	VI	2 154,08	118,47	172,32	193,86																				
6 305,99 West	I,IV	1 694,41	93,19	135,55	152,49	I	1 694,41	86,45	125,74	141,46	79,70	115,93	130,42	72,95	106,12	119,38	66,21	96,31	108,35	59,53	86,60	97,42	53,10	77,24	86,90
	II	1 648,66	90,67	131,89	148,37	II	1 648,66	83,93	122,08	137,34	77,18	112,27	126,30	70,44	102,46	115,26	63,69	92,65	104,23	57,10	83,06	93,44	50,76	73,84	83,07
	III	1 150,16	63,25	92,01	103,51	III	1 150,16	57,97	84,32	94,86	52,80	76,81	86,41	47,78	69,50	78,19	42,88	62,37	70,16	38,10	55,42	62,35	33,45	48,66	54,74
	V	2 109,—	115,99	168,72	189,81	IV	1 694,41	89,81	130,64	146,97	86,45	125,74	141,46	83,07	120,84	135,94	79,70	115,93	130,42	76,33	111,02	124,90	72,95	106,12	119,38
	VI	2 142,50	117,83	171,40	192,82																				
6 305,99 Ost	I,IV	1 707,33	93,90	136,58	153,65	I	1 707,33	87,15	126,77	142,61	80,41	116,96	131,58	73,66	107,15	120,54	66,92	97,34	109,50	60,22	87,60	98,55	53,76	78,20	87,98
	II	1 661,58	91,38	132,92	149,54	II	1 661,58	84,64	123,11	138,50	77,89	113,30	127,46	71,14	103,48	116,42	64,40	93,68	105,39	57,78	84,05	94,55	51,42	74,80	84,15
	III	1 160,50	63,82	92,84	104,44	III	1 160,50	58,52	85,12	95,76	53,35	77,60	87,30	48,29	70,25	79,03	43,38	63,10	70,99	38,60	56,14	63,16	33,94	49,37	55,54
	V	2 121,91	116,70	169,75	190,97	IV	1 707,33	90,53	131,68	148,14	87,15	126,77	142,61	83,78	121,86	137,09	80,41	116,96	131,58	77,04	112,06	126,06	73,66	107,15	120,54
	VI	2 155,33	118,54	172,42	193,97																				
6 308,99 West	I,IV	1 695,66	93,26	135,65	152,60	I	1 695,66	86,51	125,84	141,57	79,77	116,03	130,53	73,02	106,22	119,49	66,28	96,41	108,46	59,60	86,69	97,52	53,17	77,34	87,—
	II	1 649,91	90,74	131,99	148,49	II	1 649,91	83,99	122,18	137,45	77,25	112,37	126,41	70,51	102,56	115,38	63,76	92,75	104,34	57,17	83,16	93,55	50,83	73,94	83,18
	III	1 151,16	63,31	92,09	103,60	III	1 151,16	58,02	84,40	94,95	52,86	76,89	86,50	47,83	69,57	78,26	42,92	62,44	70,24	38,15	55,49	62,42	33,50	48,73	54,82
	V	2 110,25	116,06	168,82	189,92	IV	1 695,66	89,89	130,75	147,09	86,51	125,84	141,57	83,14	120,94	136,05	79,77	116,03	130,53	76,39	111,12	125,01	73,02	106,22	119,49
	VI	2 143,75	117,90	171,50	192,93																				
6 308,99 Ost	I,IV	1 708,58	93,97	136,68	153,77	I	1 708,58	87,22	126,87	142,73	80,48	117,06	131,69	73,73	107,25	120,65	66,99	97,44	109,62	60,29	87,70	98,66	53,83	78,30	88,08
	II	1 662,83	91,45	133,02	149,65	II	1 662,83	84,70	123,21	138,61	77,96	113,40	127,57	71,22	103,59	116,54	64,47	93,78	105,50	57,85	84,14	94,66	51,48	74,89	84,25
	III	1 161,50	63,88	92,92	104,53	III	1 161,50	58,57	85,20	95,85	53,40	77,68	87,39	48,35	70,33	79,12	43,44	63,18	71,08	38,64	56,21	63,23	33,99	49,44	55,62
	V	2 123,16	116,77	169,85	191,08	IV	1 708,58	90,59	131,78	148,25	87,22	126,87	142,73	83,85	121,96	137,21	80,48	117,06	131,69	77,11	112,16	126,18	73,73	107,25	120,65
	VI	2 156,58	118,61	172,52	194,09																				
6 311,99 West	I,IV	1 697,—	93,33	135,76	152,73	I	1 697,—	86,58	125,94	141,68	79,84	116,13	130,64	73,09	106,32	119,61	66,35	96,51	108,57	59,67	86,79	97,64	53,23	77,43	87,11
	II	1 651,16	90,81	132,09	148,60	II	1 651,16	84,07	122,28	137,57	77,32	112,47	126,53	70,57	102,66	115,49	63,83	92,85	104,45	57,23	83,25	93,65	50,89	74,03	83,28
	III	1 152,16	63,36	92,17	103,69	III	1 152,16	58,08	84,48	95,04	52,91	76,97	86,59	47,88	69,65	78,35	42,98	62,52	70,33	38,19	55,56	62,50	33,55	48,80	54,90
	V	2 111,50	116,13	168,92	190,03	IV	1 697,—	89,96	130,85	147,20	86,58	125,94	141,68	83,21	121,04	136,17	79,84	116,13	130,64	76,46	111,22	125,12	73,09	106,32	119,61
	VI	2 145,—	117,97	171,60	193,05																				
6 311,99 Ost	I,IV	1 709,83	94,04	136,78	153,88	I	1 709,83	87,29	126,97	142,84	80,55	117,16	131,81	73,80	107,35	120,77	67,05	97,54	109,73	60,36	87,80	98,77	53,90	78,40	88,20
	II	1 664,08	91,52	133,12	149,76	II	1 664,08	84,77	123,31	138,72	78,03	113,50	127,68	71,28	103,69	116,65	64,54	93,88	105,61	57,91	84,24	94,77	51,55	74,98	84,35
	III	1 162,50	63,93	93,—	104,62	III	1 162,50	58,63	85,28	95,94	53,45	77,74	87,46	48,40	70,41	79,21	43,48	63,25	71,15	38,69	56,28	63,31	34,03	49,50	55,69
	V	2 124,41	116,84	169,95	191,19	IV	1 709,83	90,66	131,88	148,36	87,29	126,97	142,84	83,92	122,07	137,33	80,55	117,16	131,81	77,17	112,26	126,29	73,80	107,35	120,77
	VI	2 157,83	118,68	172,62	194,20																				

Abzüge an Lohnsteuer, Solidaritätszuschlag (SolZ) und Kirchensteuer (8%, 9%) in den Steuerklassen; I, II, III, IV: mit Zahl der Kinderfreibeträge . . .

*** Die ausgewiesenen Tabellenwerte sind amtlich. Siehe Erläuterungen auf der Umschlaginnenseite (U2).**

Lohn/Gehalt bis €*		I – VI LSt	ohne Kinderfreibeträge SolZ	8%	9%		I, II, III, IV LSt	0,5 SolZ	8%	9%	1 SolZ	8%	9%	1,5 SolZ	8%	9%	2 SolZ	8%	9%	2,5 SolZ	8%	9%	3 SolZ	8%	9%
6 314,99 West	I,IV	1 698,25	93,40	135,86	152,84	I	1 698,25	86,65	126,04	141,80	79,91	116,23	130,76	73,16	106,42	119,72	66,42	96,61	108,68	59,73	86,89	97,75	53,29	77,52	87,21
	II	1 652,41	90,88	132,19	148,71	II	1 652,41	84,14	122,38	137,68	77,39	112,57	126,64	70,64	102,76	115,60	63,90	92,95	104,57	57,30	83,35	93,77	50,96	74,12	83,39
	III	1 153,16	63,42	92,25	103,78	III	1 153,16	58,13	84,56	95,13	52,97	77,05	86,68	47,93	69,72	78,43	43,02	62,58	70,40	38,25	55,64	62,59	33,60	48,88	54,99
	V	2 112,75	116,20	169,02	190,14	IV	1 698,25	90,03	130,95	147,32	86,65	126,04	141,80	83,28	121,14	136,28	79,91	116,23	130,76	76,53	111,32	125,24	73,16	106,42	119,72
	VI	2 146,25	118,04	171,70	193,16																				
6 314,99 Ost	I,IV	1 711,08	94,10	136,88	153,99	I	1 711,08	87,36	127,08	142,96	80,62	117,26	131,92	73,87	107,45	120,88	67,13	97,64	109,85	60,43	87,90	98,88	53,96	78,49	88,30
	II	1 665,33	91,59	133,22	149,87	II	1 665,33	84,84	123,41	138,83	78,10	113,60	127,80	71,35	103,79	116,76	64,61	93,98	105,72	57,98	84,34	94,88	51,61	75,08	84,46
	III	1 163,50	63,99	93,08	104,71	III	1 163,50	58,68	85,36	96,03	53,50	77,82	87,55	48,45	70,48	79,29	43,54	63,33	71,24	38,74	56,36	63,40	34,08	49,57	55,76
	V	2 125,66	116,91	170,05	191,30	IV	1 711,08	90,73	131,98	148,47	87,36	127,08	142,96	83,99	122,17	137,44	80,62	117,26	131,92	77,24	112,36	126,40	73,87	107,45	120,88
	VI	2 159,16	118,75	172,73	194,32																				
6 317,99 West	I,IV	1 699,50	93,47	135,96	152,95	I	1 699,50	86,72	126,14	141,91	79,97	116,33	130,87	73,23	106,52	119,84	66,49	96,71	108,80	59,80	86,98	97,85	53,36	77,62	87,32
	II	1 653,66	90,95	132,29	148,82	II	1 653,66	84,20	122,48	137,79	77,46	112,67	126,75	70,71	102,86	115,71	63,97	93,05	104,68	57,36	83,44	93,87	51,02	74,22	83,49
	III	1 154,16	63,47	92,33	103,87	III	1 154,16	58,19	84,64	95,22	53,02	77,12	86,76	47,98	69,80	78,52	43,07	62,65	70,48	38,29	55,70	62,66	33,65	48,94	55,06
	V	2 114,08	116,27	169,12	190,26	IV	1 699,50	90,09	131,05	147,43	86,72	126,14	141,91	83,35	121,24	136,39	79,97	116,33	130,87	76,61	111,43	125,36	73,23	106,52	119,84
	VI	2 147,50	118,11	171,80	193,27																				
6 317,99 Ost	I,IV	1 712,33	94,17	136,98	154,10	I	1 712,33	87,43	127,18	143,07	80,68	117,36	132,03	73,94	107,55	120,99	67,20	97,74	109,96	60,49	87,99	98,99	54,02	78,58	88,40
	II	1 666,58	91,66	133,32	149,99	II	1 666,58	84,91	123,51	138,95	78,17	113,70	127,91	71,42	103,89	116,87	64,68	94,08	105,84	58,05	84,44	94,99	51,68	75,17	84,56
	III	1 164,50	64,04	93,16	104,80	III	1 164,50	58,74	85,44	96,12	53,56	77,90	87,64	48,51	70,56	79,38	43,58	63,40	71,32	38,79	56,42	63,47	34,12	49,64	55,84
	V	2 126,91	116,98	170,15	191,42	IV	1 712,33	90,80	132,08	148,59	87,43	127,18	143,07	84,06	122,27	137,55	80,68	117,36	132,03	77,31	112,46	126,51	73,94	107,55	120,99
	VI	2 160,41	118,82	172,83	194,43																				
6 320,99 West	I,IV	1 700,75	93,54	136,06	153,06	I	1 700,75	86,79	126,24	142,02	80,05	116,44	130,99	73,30	106,62	119,95	66,55	96,81	108,91	59,87	87,08	97,97	53,42	77,71	87,42
	II	1 655,—	91,02	132,40	148,95	II	1 655,—	84,27	122,58	137,90	77,53	112,77	126,86	70,78	102,96	115,83	64,04	93,15	104,79	57,43	83,54	93,98	51,09	74,31	83,60
	III	1 155,16	63,53	92,41	103,96	III	1 155,16	58,24	84,72	95,31	53,07	77,20	86,85	48,03	69,86	78,59	43,12	62,73	70,57	38,34	55,77	62,74	33,69	49,01	55,13
	V	2 115,33	116,34	169,22	190,37	IV	1 700,75	90,16	131,15	147,54	86,79	126,24	142,02	83,42	121,34	136,50	80,05	116,44	130,99	76,67	111,53	125,47	73,30	106,62	119,95
	VI	2 148,75	118,18	171,90	193,38																				
6 320,99 Ost	I,IV	1 713,58	94,24	137,08	154,22	I	1 713,58	87,50	127,28	143,19	80,75	117,46	132,14	74,01	107,65	121,10	67,26	97,84	110,07	60,56	88,09	99,10	54,09	78,68	88,51
	II	1 667,83	91,73	133,42	150,10	II	1 667,83	84,98	123,61	139,06	78,24	113,80	128,03	71,49	103,99	116,99	64,74	94,18	105,95	58,12	84,54	95,10	51,74	75,26	84,67
	III	1 165,50	64,10	93,24	104,89	III	1 165,50	58,79	85,52	96,21	53,61	77,98	87,73	48,55	70,62	79,45	43,63	63,46	71,39	38,83	56,49	63,55	34,17	49,70	55,91
	V	2 128,16	117,04	170,25	191,53	IV	1 713,58	90,87	132,18	148,70	87,50	127,28	143,19	84,13	122,37	137,66	80,75	117,46	132,14	77,38	112,56	126,63	74,01	107,65	121,10
	VI	2 161,66	118,89	172,93	194,54																				
6 323,99 West	I,IV	1 702,—	93,61	136,16	153,18	I	1 702,—	86,86	126,34	142,13	80,12	116,54	131,10	73,37	106,72	120,06	66,62	96,91	109,02	59,94	87,18	98,08	53,49	77,80	87,53
	II	1 656,25	91,09	132,50	149,06	II	1 656,25	84,34	122,68	138,02	77,60	112,87	126,98	70,85	103,06	115,94	64,11	93,25	104,90	57,50	83,64	94,09	51,15	74,40	83,70
	III	1 156,16	63,58	92,49	104,05	III	1 156,16	58,29	84,78	95,38	53,13	77,28	86,94	48,08	69,94	78,68	43,17	62,80	70,65	38,39	55,85	62,83	33,74	49,08	55,21
	V	2 116,58	116,41	169,32	190,49	IV	1 702,—	90,23	131,25	147,65	86,86	126,34	142,13	83,49	121,44	136,62	80,12	116,54	131,10	76,74	111,63	125,58	73,37	106,72	120,06
	VI	2 150,—	118,25	172,—	193,50																				
6 323,99 Ost	I,IV	1 714,91	94,32	137,19	154,34	I	1 714,91	87,57	127,38	143,30	80,82	117,56	132,26	74,08	107,76	121,23	67,33	97,94	110,18	60,63	88,19	99,21	54,16	78,78	88,62
	II	1 669,08	91,79	133,52	150,21	II	1 669,08	85,05	123,72	139,18	78,31	113,90	128,14	71,56	104,09	117,10	64,82	94,28	106,07	58,18	84,63	95,21	51,81	75,36	84,78
	III	1 166,50	64,15	93,32	104,98	III	1 166,50	58,85	85,60	96,30	53,66	78,05	87,80	48,61	70,70	79,54	43,68	63,54	71,48	38,89	56,57	63,64	34,22	49,78	56,—
	V	2 129,41	117,11	170,35	191,64	IV	1 714,91	90,94	132,28	148,82	87,57	127,38	143,30	84,20	122,47	137,78	80,82	117,56	132,26	77,45	112,66	126,74	74,08	107,76	121,23
	VI	2 162,91	118,96	173,03	194,66																				
6 326,99 West	I,IV	1 703,25	93,67	136,26	153,29	I	1 703,25	86,93	126,44	142,25	80,19	116,64	131,22	73,44	106,82	120,17	66,69	97,01	109,13	60,—	87,28	98,19	53,56	77,90	87,64
	II	1 657,50	91,16	132,60	149,17	II	1 657,50	84,41	122,78	138,13	77,66	112,97	127,09	70,92	103,16	116,06	64,18	93,35	105,02	57,57	83,74	94,20	51,21	74,50	83,81
	III	1 157,16	63,64	92,57	104,14	III	1 157,16	58,34	84,86	95,47	53,17	77,34	87,01	48,14	70,02	78,77	43,23	62,88	70,74	38,44	55,92	62,91	33,78	49,14	55,28
	V	2 117,83	116,48	169,42	190,60	IV	1 703,25	90,30	131,35	147,77	86,93	126,44	142,25	83,56	121,54	136,73	80,19	116,64	131,22	76,81	111,73	125,69	73,44	106,82	120,17
	VI	2 151,25	118,31	172,10	193,61																				
6 326,99 Ost	I,IV	1 716,16	94,38	137,29	154,45	I	1 716,16	87,64	127,48	143,41	80,89	117,66	132,37	74,15	107,86	121,34	67,40	98,04	110,30	60,70	88,29	99,32	54,22	78,87	88,73
	II	1 670,33	91,86	133,62	150,32	II	1 670,33	85,12	123,82	139,29	78,37	114,—	128,25	71,63	104,19	117,21	64,89	94,38	106,18	58,25	84,73	95,32	51,87	75,45	84,88
	III	1 167,50	64,21	93,40	105,07	III	1 167,50	58,89	85,66	96,37	53,71	78,13	87,89	48,66	70,78	79,63	43,73	63,61	71,56	38,94	56,64	63,72	34,27	49,85	56,08
	V	2 130,75	117,19	170,46	191,76	IV	1 716,16	91,01	132,38	148,93	87,64	127,48	143,41	84,26	122,57	137,89	80,89	117,66	132,37	77,52	112,76	126,86	74,15	107,86	121,34
	VI	2 164,16	119,02	173,13	194,77																				
6 329,99 West	I,IV	1 704,50	93,74	136,36	153,40	I	1 704,50	87,—	126,55	142,37	80,25	116,74	131,33	73,51	106,92	120,29	66,77	97,12	109,26	60,07	87,38	98,30	53,62	78,—	87,75
	II	1 658,75	91,23	132,70	149,28	II	1 658,75	84,48	122,88	138,24	77,74	113,08	127,21	70,99	103,26	116,17	64,24	93,45	105,13	57,63	83,83	94,31	51,28	74,59	83,91
	III	1 158,16	63,69	92,65	104,23	III	1 158,16	58,40	84,94	95,56	53,23	77,42	87,10	48,18	70,09	78,85	43,27	62,94	70,81	38,49	55,98	62,98	33,83	49,21	55,36
	V	2 119,08	116,54	169,52	190,71	IV	1 704,50	90,37	131,45	147,88	87,—	126,55	142,37	83,63	121,64	136,85	80,25	116,74	131,33	76,88	111,83	125,81	73,51	106,92	120,29
	VI	2 152,58	118,39	172,20	193,73																				
6 329,99 Ost	I,IV	1 717,41	94,45	137,39	154,56	I	1 717,41	87,71	127,58	143,52	80,96	117,76	132,48	74,22	107,96	121,45	67,47	98,14	110,41	60,77	88,39	99,44	54,28	78,96	88,83
	II	1 671,58	91,93	133,72	150,44	II	1 671,58	85,19	123,92	139,41	78,44	114,10	128,36	71,70	104,29	117,32	64,95	94,48	106,29	58,31	84,82	95,42	51,93	75,54	84,98
	III	1 168,50	64,26	93,48	105,16	III	1 168,50	58,95	85,74	96,46	53,77	78,21	87,98	48,71	70,85	79,70	43,78	63,69	71,65	38,98	56,70	63,79	34,32	49,92	56,16
	V	2 132,—	117,26	170,56	191,88	IV	1 717,41	91,08	132,48	149,04	87,71	127,58	143,52	84,33	122,67	138,—	80,96	117,76	132,48	77,59	112,86	126,97	74,22	107,96	121,45
	VI	2 165,41	119,09	173,23	194,88																				
6 332,99 West	I,IV	1 705,75	93,81	136,46	153,51	I	1 705,75	87,07	126,65	142,48	80,32	116,84	131,44	73,58	107,02	120,40	66,83	97,22	109,37	60,14	87,48	98,41	53,68	78,09	87,85
	II	1 660,—	91,30	132,80	149,40	II	1 660,—	84,55	122,98	138,35	77,81	113,18	127,32	71,06	103,36	116,28	64,31	93,55	105,24	57,70	83,93	94,42	51,34	74,68	84,02
	III	1 159,16	63,75	92,73	104,32	III	1 159,16	58,45	85,02	95,65	53,28	77,50	87,19	48,24	70,17	78,94	43,33	63,02	70,90	38,53	56,05	63,05	33,88	49,28	55,44
	V	2 120,33	116,61	169,62	190,82	IV	1 705,75	90,44	131,56	148,—	87,07	126,65	142,48	83,70	121,74	136,96	80,32	116,84	131,44	76,95	111,93	125,92	73,58	107,02	120,40
	VI	2 153,83	118,46	172,30	193,84																				
6 332,99 Ost	I,IV	1 718,66	94,52	137,49	154,67	I	1 718,66	87,78	127,68	143,64	81,03	117,87	132,60	74,29	108,06	121,56	67,54	98,24	110,52	60,83	88,48	99,54	54,35	79,06	88,94
	II	1 672,91	92,01	133,83	150,56	II	1 672,91	85,26	124,02	139,52	78,51	114,20	128,48	71,77	104,40	117,45	65,02	94,58	106,40	58,38	84,92	95,54	52,—	75,64	85,09
	III	1 169,50	64,32	93,56	105,25	III	1 169,50	59,—	85,82	96,55	53,81	78,28	88,06	48,76	70,93	79,79	43,83	63,76	71,73	39,04	56,78	63,88	34,36	49,98	56,23
	V	2 133,25	117,32	170,66	191,99	IV	1 718,66	91,15	132,58	149,15	87,78	127,68	143,64	84,40	122,77	138,11	81,03	117,87	132,60	77,66	112,96	127,08	74,29	108,06	121,56
	VI	2 166,66	119,16	173,33	194,99																				
6 335,99 West	I,IV	1 707,08	93,88	136,56	153,63	I	1 707,08	87,14	126,75	142,59	80,39	116,94	131,55	73,64	107,12	120,51	66,90	97,32	109,48	60,21	87,58	98,52	53,75	78,18	87,95
	II	1 661,25	91,36	132,90	149,51	II	1 661,25	84,62	123,08	138,47	77,88	113,28	127,44	71,13	103,46	116,39	64,38	93,65	105,35	57,76	84,02	94,52	51,41	74,78	84,12
	III	1 160,16	63,80	92,81	104,41	III	1 160,16	58,51	85,10	95,74	53,34	77,58	87,28	48,29	70,24	79,02	43,37	63,09	70,97	38,59	56,13	63,14	33,93	49,36	55,53
	V	2 121,58	116,68	169,72	190,94	IV	1 707,08	90,51	131,66	148,11	87,14	126,75	142,59	83,76	121,84	137,07	80,39	116,94	131,55	77,02	112,03	126,03	73,64	107,12	120,51
	VI	2 155,08	118,52	172,40	193,95																				
6 335,99 Ost	I,IV	1 719,91	94,59	137,59	154,79	I	1 719,91	87,84	127,78	143,75	81,10	117,97	132,71	74,36	108,16	121,68	67,61	98,34	110,63	60,90	88,58	99,65	54,41	79,15	89,04
	II	1 674,16	92,07	133,93	150,67	II	1 674,16	85,33	124,12	139,63	78,58	114,30	128,59	71,84	104,50	117,56	65,09	94,68	106,52	58,45	85,02	95,65	52,06	75,73	85,19
	III	1 170,50	64,37	93,64	105,34	III	1 170,50	59,06	85,90	96,64	53,87	78,36	88,15	48,81	71,—	79,87	43,89	63,84	71,82	39,08	56,85	63,95	34,41	50,05	56,30
	V	2 134,50	117,39	170,76	192,10	IV	1 719,91	91,22	132,68	149,27	87,84	127,78	143,75	84,48	122,88	138,24	81,10	117,97	132,71	77,73	113,06	127,19	74,36	108,16	121,68
	VI	2 167,91	119,23	173,43	195,11																				

Table heading: Abzüge an Lohnsteuer, Solidaritätszuschlag (SolZ) und Kirchensteuer (8%, 9%) in den Steuerklassen; I, II, III, IV: mit Zahl der Kinderfreibeträge …

*** Die ausgewiesenen Tabellenwerte sind amtlich. Siehe Erläuterungen auf der Umschlaginnenseite (U2).**

Lohn/ Gehalt bis €*	I – VI		ohne Kinderfreibeträge			I, II, III, IV		mit Zahl der Kinderfreibeträge … 0,5			1			1,5			2			2,5			3		
		LSt	SolZ	8%	9%		LSt	SolZ	8%	9%	SolZ	8%	9%	SolZ	8%	9%	SolZ	8%	9%	SolZ	8%	9%	SolZ	8%	9%
6 338,99 West	I,IV	1 708,33	93,95	136,66	153,74	I	1 708,33	87,21	126,85	142,70	80,46	117,04	131,67	73,72	107,23	120,63	66,97	97,42	109,59	60,28	87,68	98,64	53,81	78,28	88,06
	II	1 662,50	91,43	133,—	149,62	II	1 662,50	84,69	123,19	138,59	77,94	113,38	127,55	71,20	103,56	116,51	64,46	93,76	105,48	57,83	84,12	94,64	51,47	74,87	84,23
	III	1 161,16	63,86	92,89	104,50	III	1 161,16	58,56	85,18	95,83	53,38	77,65	87,35	48,34	70,32	79,11	43,42	63,16	71,05	38,63	56,20	63,22	33,98	49,42	55,60
	V	2 122,83	116,75	169,82	191,05	IV	1 708,33	90,58	131,76	148,23	87,21	126,85	142,70	83,83	121,94	137,18	80,46	117,04	131,67	77,09	112,13	126,14	73,72	107,23	120,63
	VI	2 156,33	118,59	172,50	194,06																				
6 338,99 Ost	I,IV	1 721,16	94,66	137,69	154,90	I	1 721,16	87,92	127,88	143,87	81,17	118,07	132,83	74,42	108,26	121,79	67,68	98,44	110,75	60,97	88,68	99,77	54,48	79,25	89,15
	II	1 675,41	92,14	134,03	150,78	II	1 675,41	85,40	124,22	139,74	78,65	114,40	128,70	71,91	104,60	117,67	65,16	94,78	106,63	58,52	85,12	95,76	52,13	75,82	85,30
	III	1 171,50	64,43	93,72	105,43	III	1 171,50	59,11	85,98	96,73	53,92	78,44	88,24	48,86	71,08	79,96	43,93	63,90	71,89	39,13	56,92	64,03	34,45	50,12	56,38
	V	2 135,75	117,46	170,86	192,21	IV	1 721,16	91,29	132,78	149,38	87,92	127,88	143,87	84,54	122,98	138,35	81,17	118,07	132,83	77,80	113,16	127,31	74,42	108,26	121,79
	VI	2 169,25	119,30	173,54	195,23																				
6 341,99 West	I,IV	1 709,58	94,02	136,76	153,86	I	1 709,58	87,28	126,95	142,82	80,53	117,14	131,78	73,79	107,33	120,74	67,04	97,52	109,71	60,34	87,77	98,74	53,88	78,38	88,17
	II	1 663,75	91,50	133,10	149,73	II	1 663,75	84,76	123,29	138,70	78,01	113,48	127,66	71,27	103,66	116,62	64,52	93,86	105,59	57,90	84,22	94,75	51,53	74,96	84,33
	III	1 162,16	63,91	92,97	104,59	III	1 162,16	58,62	85,26	95,92	53,44	77,73	87,44	48,39	70,38	79,18	43,47	63,24	71,14	38,68	56,26	63,29	34,02	49,49	55,67
	V	2 124,16	116,82	169,93	191,17	IV	1 709,58	90,65	131,86	148,34	87,28	126,95	142,82	83,90	122,04	137,30	80,53	117,14	131,78	77,16	112,24	126,27	73,79	107,33	120,74
	VI	2 157,58	118,66	172,60	194,18																				
6 341,99 Ost	I,IV	1 722,41	94,73	137,79	155,01	I	1 722,41	87,99	127,98	143,98	81,24	118,17	132,94	74,49	108,36	121,90	67,75	98,55	110,87	61,04	88,78	99,88	54,55	79,34	89,26
	II	1 676,66	92,21	134,13	150,89	II	1 676,66	85,47	124,32	139,86	78,72	114,51	128,82	71,98	104,70	117,78	65,23	94,88	106,74	58,58	85,22	95,87	52,19	75,92	85,41
	III	1 172,50	64,48	93,80	105,52	III	1 172,50	59,17	86,06	96,82	53,98	78,52	88,33	48,92	71,16	80,05	43,99	63,98	71,98	39,18	57,—	64,12	34,51	50,20	56,47
	V	2 137,—	117,53	170,96	192,33	IV	1 722,41	91,35	132,88	149,49	87,99	127,98	143,98	84,61	123,08	138,46	81,24	118,17	132,94	77,87	113,26	127,42	74,49	108,36	121,90
	VI	2 170,50	119,37	173,64	195,34																				
6 344,99 West	I,IV	1 710,83	94,09	136,86	153,97	I	1 710,83	87,34	127,05	142,93	80,60	117,24	131,90	73,86	107,43	120,86	67,11	97,62	109,82	60,41	87,87	98,85	53,95	78,47	88,28
	II	1 665,08	91,57	133,20	149,85	II	1 665,08	84,83	123,39	138,81	78,08	113,58	127,77	71,33	103,76	116,73	64,59	93,96	105,70	57,97	84,32	94,86	51,60	75,06	84,44
	III	1 163,16	63,97	93,05	104,68	III	1 163,16	58,67	85,34	96,01	53,49	77,81	87,53	48,44	70,46	79,27	43,52	63,30	71,21	38,73	56,34	63,38	34,07	49,56	55,75
	V	2 125,41	116,89	170,03	191,28	IV	1 710,83	90,72	131,96	148,45	87,34	127,05	142,93	83,97	122,14	137,41	80,60	117,24	131,90	77,23	112,34	126,38	73,86	107,43	120,86
	VI	2 158,83	118,73	172,70	194,29																				
6 344,99 Ost	I,IV	1 723,66	94,80	137,89	155,12	I	1 723,66	88,05	128,08	144,09	81,31	118,27	133,05	74,56	108,46	122,01	67,82	98,65	110,98	61,10	88,88	99,99	54,61	79,44	89,37
	II	1 677,91	92,28	134,23	151,01	II	1 677,91	85,53	124,42	139,97	78,79	114,61	128,93	72,05	104,80	117,90	65,30	94,98	106,85	58,65	85,31	95,97	52,25	76,01	85,51
	III	1 173,50	64,54	93,88	105,61	III	1 173,50	59,22	86,14	96,91	54,02	78,58	88,40	48,96	71,22	80,12	44,03	64,05	72,05	39,23	57,06	64,19	34,55	50,26	56,54
	V	2 138,25	117,60	171,06	192,44	IV	1 723,66	91,43	132,99	149,61	88,05	128,08	144,09	84,68	123,18	138,57	81,31	118,27	133,05	77,93	113,36	127,53	74,56	108,46	122,01
	VI	2 171,75	119,44	173,74	195,45																				
6 347,99 West	I,IV	1 712,08	94,16	136,96	154,08	I	1 712,08	87,41	127,15	143,04	80,67	117,34	132,01	73,92	107,53	120,97	67,18	97,72	109,93	60,48	87,97	98,96	54,01	78,56	88,38
	II	1 666,33	91,64	133,30	149,96	II	1 666,33	84,90	123,49	138,92	78,15	113,68	127,89	71,41	103,87	116,85	64,66	94,06	105,81	58,03	84,42	94,97	51,66	75,15	84,54
	III	1 164,16	64,02	93,13	104,77	III	1 164,16	58,72	85,41	96,08	53,55	77,89	87,62	48,50	70,54	79,36	43,57	63,38	71,30	38,78	56,41	63,46	34,11	49,62	55,82
	V	2 126,66	116,96	170,13	191,39	IV	1 712,08	90,79	132,06	148,56	87,41	127,15	143,04	84,04	122,24	137,52	80,67	117,34	132,01	77,30	112,44	126,49	73,92	107,53	120,97
	VI	2 160,08	118,80	172,80	194,40																				
6 347,99 Ost	I,IV	1 725,—	94,87	138,—	155,25	I	1 725,—	88,12	128,18	144,20	81,38	118,37	133,16	74,63	108,56	122,13	67,89	98,75	111,09	61,17	88,98	100,10	54,67	79,53	89,47
	II	1 679,16	92,35	134,33	151,12	II	1 679,16	85,61	124,52	140,09	78,86	114,71	129,05	72,11	104,90	118,01	65,37	95,08	106,97	58,72	85,41	96,08	52,32	76,10	85,61
	III	1 174,50	64,59	93,96	105,70	III	1 174,50	59,28	86,22	97,—	54,08	78,66	88,49	49,02	71,30	80,21	44,08	64,12	72,13	39,27	57,13	64,27	34,60	50,33	56,62
	V	2 139,50	117,67	171,16	192,55	IV	1 725,—	91,50	133,09	149,72	88,12	128,18	144,20	84,75	123,28	138,69	81,38	118,37	133,16	78,—	113,46	127,64	74,63	108,56	122,13
	VI	2 173,—	119,51	173,84	195,57																				
6 350,99 West	I,IV	1 713,33	94,23	137,06	154,19	I	1 713,33	87,48	127,25	143,15	80,74	117,44	132,12	73,99	107,63	121,08	67,25	97,82	110,04	60,55	88,07	99,08	54,07	78,66	88,49
	II	1 667,58	91,71	133,40	150,08	II	1 667,58	84,97	123,59	139,04	78,22	113,78	128,—	71,48	103,97	116,96	64,73	94,16	105,93	58,10	84,51	95,07	51,73	75,24	84,65
	III	1 165,16	64,08	93,21	104,86	III	1 165,16	58,77	85,49	96,17	53,59	77,96	87,70	48,54	70,61	79,43	43,62	63,45	71,38	38,83	56,48	63,54	34,16	49,69	55,90
	V	2 127,91	117,03	170,23	191,51	IV	1 713,33	90,86	132,16	148,68	87,48	127,25	143,15	84,11	122,35	137,64	80,74	117,44	132,12	77,37	112,54	126,60	73,99	107,63	121,08
	VI	2 161,33	118,87	172,90	194,51																				
6 350,99 Ost	I,IV	1 726,25	94,94	138,10	155,36	I	1 726,25	88,19	128,28	144,32	81,45	118,47	133,28	74,70	108,66	122,24	67,96	98,85	111,20	61,24	89,08	100,21	54,74	79,63	89,58
	II	1 680,41	92,42	134,43	151,23	II	1 680,41	85,68	124,62	140,20	78,93	114,81	129,16	72,18	105,—	118,12	65,44	95,19	107,09	58,79	85,51	96,20	52,38	76,20	85,72
	III	1 175,50	64,65	94,04	105,79	III	1 175,50	59,32	86,29	97,07	54,13	78,74	88,58	49,06	71,37	80,29	44,13	64,20	72,22	39,32	57,20	64,35	34,65	50,40	56,70
	V	2 140,75	117,74	171,26	192,66	IV	1 726,25	91,57	133,19	149,84	88,19	128,28	144,32	84,82	123,38	138,80	81,45	118,47	133,28	78,07	113,56	127,76	74,70	108,66	122,24
	VI	2 174,25	119,58	173,94	195,68																				
6 353,99 West	I,IV	1 714,58	94,30	137,16	154,31	I	1 714,58	87,56	127,36	143,28	80,81	117,54	132,23	74,06	107,73	121,19	67,32	97,92	110,16	60,61	88,17	99,19	54,14	78,75	88,59
	II	1 668,83	91,78	133,50	150,19	II	1 668,83	85,03	123,69	139,15	78,29	113,88	128,12	71,55	104,07	117,08	64,80	94,26	106,04	58,17	84,61	95,18	51,79	75,34	84,75
	III	1 166,16	64,13	93,29	104,95	III	1 166,16	58,83	85,57	96,26	53,65	78,04	87,79	48,60	70,69	79,52	43,67	63,53	71,47	38,88	56,56	63,63	34,21	49,76	55,98
	V	2 129,16	117,10	170,33	191,62	IV	1 714,58	90,92	132,26	148,79	87,56	127,36	143,28	84,18	122,45	137,75	80,81	117,54	132,23	77,44	112,64	126,72	74,06	107,73	121,19
	VI	2 162,66	118,94	173,01	194,63																				
6 353,99 Ost	I,IV	1 727,50	95,01	138,20	155,47	I	1 727,50	88,26	128,38	144,43	81,51	118,57	133,39	74,77	108,76	122,36	68,03	98,95	111,32	61,31	89,18	100,32	54,81	79,72	89,69
	II	1 681,66	92,49	134,53	151,34	II	1 681,66	85,74	124,72	140,31	79,—	114,91	129,27	72,25	105,10	118,23	65,51	95,29	107,20	58,85	85,60	96,30	52,45	76,29	85,82
	III	1 176,50	64,70	94,12	105,88	III	1 176,50	59,38	86,37	97,16	54,19	78,82	88,67	49,12	71,45	80,38	44,18	64,26	72,29	39,38	57,28	64,44	34,69	50,46	56,77
	V	2 142,08	117,81	171,36	192,78	IV	1 727,50	91,63	133,29	149,95	88,26	128,38	144,43	84,89	123,48	138,91	81,51	118,57	133,39	78,15	113,67	127,88	74,77	108,76	122,36
	VI	2 175,50	119,65	174,04	195,79																				
6 356,99 West	I,IV	1 715,83	94,37	137,26	154,42	I	1 715,83	87,62	127,46	143,39	80,88	117,64	132,35	74,13	107,83	121,31	67,39	98,02	110,27	60,68	88,26	99,29	54,21	78,85	88,70
	II	1 670,08	91,85	133,60	150,30	II	1 670,08	85,10	123,79	139,26	78,36	113,98	128,23	71,61	104,17	117,19	64,87	94,36	106,15	58,23	84,70	95,29	51,86	75,43	84,86
	III	1 167,33	64,20	93,38	105,05	III	1 167,33	58,88	85,65	96,35	53,70	78,12	87,88	48,64	70,76	79,60	43,72	63,60	71,55	38,93	56,62	63,70	34,26	49,84	56,07
	V	2 130,41	117,17	170,43	191,73	IV	1 715,83	91,—	132,36	148,91	87,62	127,46	143,39	84,25	122,55	137,87	80,88	117,64	132,35	77,50	112,74	126,83	74,13	107,83	121,31
	VI	2 163,91	119,01	173,11	194,75																				
6 356,99 Ost	I,IV	1 728,75	95,08	138,30	155,58	I	1 728,75	88,33	128,48	144,54	81,59	118,68	133,51	74,84	108,86	122,47	68,09	99,05	111,43	61,38	89,28	100,44	54,87	79,82	89,79
	II	1 683,—	92,56	134,64	151,47	II	1 683,—	85,81	124,82	140,42	79,07	115,01	129,38	72,32	105,20	118,35	65,58	95,39	107,31	58,92	85,70	96,41	52,51	76,38	85,93
	III	1 177,50	64,76	94,20	105,97	III	1 177,50	59,43	86,45	97,25	54,23	78,89	88,75	49,17	71,53	80,47	44,23	64,34	72,38	39,42	57,34	64,51	34,74	50,53	56,84
	V	2 143,33	117,88	171,46	192,89	IV	1 728,75	91,70	133,39	150,06	88,33	128,48	144,54	84,96	123,58	139,02	81,59	118,68	133,51	78,21	113,77	127,99	74,84	108,86	122,47
	VI	2 176,75	119,72	174,14	195,90																				
6 359,99 West	I,IV	1 717,08	94,43	137,36	154,53	I	1 717,08	87,69	127,56	143,50	80,95	117,74	132,46	74,20	107,93	121,42	67,46	98,12	110,39	60,75	88,36	99,41	54,27	78,94	88,81
	II	1 671,33	91,92	133,70	150,41	II	1 671,33	85,17	123,89	139,37	78,43	114,08	128,34	71,68	104,27	117,30	64,94	94,46	106,26	58,30	84,80	95,40	51,92	75,52	84,96
	III	1 168,33	64,25	93,46	105,14	III	1 168,33	58,94	85,73	96,44	53,75	78,18	87,95	48,70	70,84	79,69	43,78	63,68	71,64	38,97	56,69	63,77	34,31	49,90	56,14
	V	2 131,66	117,24	170,53	191,84	IV	1 717,08	91,07	132,46	149,02	87,69	127,56	143,50	84,32	122,65	137,98	80,95	117,74	132,46	77,57	112,84	126,94	74,20	107,93	121,42
	VI	2 165,16	119,08	173,21	194,86																				
6 359,99 Ost	I,IV	1 730,—	95,15	138,40	155,70	I	1 730,—	88,40	128,58	144,65	81,66	118,78	133,62	74,91	108,96	122,58	68,16	99,15	111,54	61,44	89,38	100,55	54,94	79,92	89,91
	II	1 684,25	92,63	134,74	151,58	II	1 684,25	85,88	124,92	140,54	79,14	115,11	129,50	72,39	105,30	118,46	65,65	95,49	107,42	58,99	85,80	96,53	52,58	76,48	86,04
	III	1 178,50	64,81	94,28	106,06	III	1 178,50	59,49	86,53	97,34	54,29	78,97	88,84	49,22	71,60	80,55	44,28	64,41	72,46	39,47	57,41	64,58	34,79	50,61	56,93
	V	2 144,58	117,95	171,56	193,01	IV	1 730,—	91,77	133,49	150,17	88,40	128,58	144,65	85,03	123,68	139,14	81,66	118,78	133,62	78,28	113,87	128,10	74,91	108,96	122,58
	VI	2 178,—	119,79	174,24	196,02																				

Abzüge an Lohnsteuer, Solidaritätszuschlag (SolZ) und Kirchensteuer (8%, 9%) in den Steuerklassen

* Die ausgewiesenen Tabellenwerte sind amtlich. Siehe Erläuterungen auf der Umschlaginnenseite (U2).

Lohn/ Gehalt bis €*		I – VI				I, II, III, IV																			
		Abzüge an Lohnsteuer, Solidaritätszuschlag (SolZ) und Kirchensteuer (8%, 9%) in den Steuerklassen																							
			ohne Kinderfreibeträge					mit Zahl der Kinderfreibeträge . . .																	
								0,5			1			1,5			2			2,5			3		
		LSt	SolZ	8%	9%		LSt	SolZ	8%	9%	SolZ	8%	9%	SolZ	8%	9%	SolZ	8%	9%	SolZ	8%	9%	SolZ	8%	9%
6 362,99 West	I,IV	1 718,41	94,51	137,47	154,65	I	1 718,41	87,76	127,66	143,61	81,01	117,84	132,57	74,27	108,04	121,54	67,53	98,22	110,50	60,82	88,46	99,52	54,34	79,04	88,92
	II	1 672,58	91,99	133,80	150,53	II	1 672,58	85,25	124,—	139,50	78,50	114,18	128,45	71,75	104,37	117,41	65,01	94,56	106,38	58,37	84,90	95,51	51,98	75,62	85,07
	III	1 169,33	64,31	93,54	105,23	III	1 169,33	58,99	85,81	96,53	53,80	78,26	88,04	48,75	70,92	79,78	43,82	63,74	71,71	39,02	56,76	63,85	34,35	49,97	56,21
	V	2 132,91	117,31	170,63	191,96	IV	1 718,41	91,13	132,56	149,13	87,76	127,66	143,61	84,39	122,75	138,09	81,01	117,84	132,57	77,64	112,94	127,05	74,27	108,04	121,54
	VI	2 166,41	119,15	173,31	194,97																				
6 362,99 Ost	I,IV	1 731,25	95,21	138,50	155,81	I	1 731,25	88,47	128,68	144,77	81,73	118,88	133,74	74,98	109,06	122,69	68,23	99,25	111,65	61,51	89,48	100,66	55,—	80,01	90,01
	II	1 685,50	92,70	134,84	151,69	II	1 685,50	85,95	125,02	140,65	79,20	115,21	129,61	72,46	105,40	118,58	65,72	95,59	107,54	59,05	85,90	96,63	52,64	76,57	86,14
	III	1 179,50	64,87	94,36	106,15	III	1 179,50	59,54	86,61	97,43	54,34	79,05	88,93	49,28	71,68	80,64	44,33	64,49	72,55	39,52	57,49	64,67	34,84	50,68	57,01
	V	2 145,83	118,02	171,66	193,12	IV	1 731,25	91,84	133,59	150,29	88,47	128,68	144,77	85,10	123,78	139,25	81,73	118,88	133,74	78,35	113,97	128,21	74,98	109,06	122,69
	VI	2 179,25	119,85	174,34	196,13																				
6 365,99 West	I,IV	1 719,66	94,58	137,57	154,76	I	1 719,66	87,83	127,76	143,73	81,08	117,94	132,68	74,34	108,14	121,65	67,59	98,32	110,61	60,88	88,56	99,63	54,40	79,13	89,02
	II	1 673,83	92,06	133,90	150,64	II	1 673,83	85,31	124,10	139,61	78,57	114,28	128,57	71,82	104,47	117,53	65,08	94,66	106,49	58,43	85,—	95,62	52,05	75,71	85,17
	III	1 170,33	64,36	93,62	105,32	III	1 170,33	59,05	85,89	96,62	53,86	78,34	88,13	48,80	70,98	79,85	43,87	63,81	71,78	39,07	56,84	63,94	34,40	50,04	56,29
	V	2 134,25	117,38	170,74	192,08	IV	1 719,66	91,20	132,66	149,24	87,83	127,76	143,73	84,46	122,85	138,20	81,08	117,94	132,68	77,71	113,04	127,17	74,34	108,14	121,65
	VI	2 167,66	119,22	173,41	195,08																				
6 365,99 Ost	I,IV	1 732,50	95,28	138,60	155,92	I	1 732,50	88,54	128,79	144,89	81,79	118,98	133,85	75,05	109,16	122,81	68,31	99,36	111,78	61,58	89,58	100,77	55,07	80,10	90,11
	II	1 686,75	92,77	134,94	151,80	II	1 686,75	86,02	125,12	140,76	79,28	115,32	129,73	72,53	105,50	118,69	65,78	95,69	107,65	59,12	86,—	96,75	52,70	76,66	86,24
	III	1 180,50	64,92	94,44	106,24	III	1 180,50	59,60	86,69	97,52	54,40	79,13	89,02	49,32	71,74	80,71	44,38	64,56	72,63	39,57	57,56	64,75	34,88	50,74	57,08
	V	2 147,08	118,08	171,76	193,23	IV	1 732,50	91,91	133,69	150,40	88,54	128,79	144,89	85,17	123,88	139,37	81,79	118,98	133,85	78,42	114,07	128,33	75,05	109,16	122,81
	VI	2 180,58	119,93	174,44	196,25																				
6 368,99 West	I,IV	1 720,91	94,65	137,67	154,88	I	1 720,91	87,90	127,86	143,84	81,15	118,04	132,80	74,41	108,24	121,77	67,66	98,42	110,72	60,95	88,66	99,74	54,47	79,23	89,13
	II	1 675,08	92,12	134,—	150,75	II	1 675,08	85,38	124,20	139,72	78,64	114,38	128,68	71,89	104,57	117,64	65,15	94,76	106,61	58,50	85,10	95,73	52,11	75,80	85,28
	III	1 171,33	64,42	93,70	105,41	III	1 171,33	59,10	85,97	96,71	53,91	78,42	88,22	48,85	71,06	79,94	43,92	63,89	71,87	39,12	56,90	64,01	34,44	50,10	56,36
	V	2 135,50	117,45	170,84	192,19	IV	1 720,91	91,27	132,76	149,36	87,90	127,86	143,84	84,53	122,95	138,32	81,15	118,04	132,80	77,78	113,14	127,28	74,41	108,24	121,77
	VI	2 168,91	119,29	173,51	195,20																				
6 368,99 Ost	I,IV	1 733,75	95,35	138,70	156,03	I	1 733,75	88,61	128,89	145,—	81,86	119,08	133,96	75,12	109,26	122,92	68,37	99,46	111,89	61,65	89,68	100,89	55,14	80,20	90,23
	II	1 688,—	92,84	135,04	151,92	II	1 688,—	86,09	125,22	140,87	79,35	115,42	129,84	72,60	105,60	118,80	65,85	95,79	107,76	59,19	86,10	96,86	52,77	76,76	86,35
	III	1 181,50	64,98	94,52	106,33	III	1 181,50	59,65	86,77	97,61	54,45	79,20	89,10	49,38	71,82	80,80	44,44	64,64	72,72	39,61	57,62	64,82	34,93	50,81	57,16
	V	2 148,33	118,15	171,86	193,34	IV	1 733,75	91,98	133,80	150,52	88,61	128,89	145,—	85,24	123,98	139,48	81,86	119,08	133,96	78,49	114,17	128,44	75,12	109,26	122,92
	VI	2 181,83	120,—	174,54	196,36																				
6 371,99 West	I,IV	1 722,16	94,71	137,77	154,99	I	1 722,16	87,97	127,96	143,95	81,23	118,15	132,92	74,48	108,34	121,88	67,73	98,52	110,84	61,02	88,76	99,86	54,53	79,32	89,24
	II	1 676,41	92,20	134,11	150,87	II	1 676,41	85,45	124,30	139,83	78,70	114,48	128,79	71,96	104,68	117,76	65,22	94,86	106,72	58,57	85,19	95,84	52,18	75,90	85,38
	III	1 172,33	64,47	93,78	105,50	III	1 172,33	59,16	86,05	96,80	53,96	78,49	88,30	48,90	71,13	80,02	43,97	63,96	71,95	39,16	56,97	64,09	34,49	50,17	56,44
	V	2 136,75	117,52	170,94	192,30	IV	1 722,16	91,34	132,86	149,47	87,97	127,96	143,95	84,59	123,05	138,43	81,23	118,15	132,92	77,85	113,24	127,40	74,48	108,34	121,88
	VI	2 170,16	119,35	173,61	195,31																				
6 371,99 Ost	I,IV	1 735,08	95,42	138,80	156,15	I	1 735,08	88,68	128,99	145,11	81,93	119,18	134,07	75,18	109,36	123,03	68,44	99,56	112,—	61,71	89,77	100,99	55,20	80,30	90,33
	II	1 689,25	92,90	135,14	152,03	II	1 689,25	86,16	125,32	140,99	79,42	115,52	129,96	72,67	105,70	118,91	65,92	95,89	107,87	59,25	86,19	96,96	52,84	76,86	86,46
	III	1 182,50	65,03	94,60	106,42	III	1 182,50	59,71	86,85	97,70	54,50	79,28	89,19	49,43	71,90	80,89	44,48	64,70	72,79	39,67	57,70	64,91	34,98	50,88	57,24
	V	2 149,58	118,22	171,96	193,46	IV	1 735,08	92,05	133,90	150,63	88,68	128,99	145,11	85,30	124,08	139,59	81,93	119,18	134,07	78,56	114,27	128,55	75,18	109,36	123,03
	VI	2 183,08	120,06	174,64	196,47																				
6 374,99 West	I,IV	1 723,41	94,78	137,87	155,10	I	1 723,41	88,04	128,06	144,06	81,29	118,25	133,03	74,55	108,44	121,99	67,80	98,62	110,95	61,09	88,86	99,96	54,60	79,42	89,34
	II	1 677,66	92,27	134,21	150,98	II	1 677,66	85,52	124,40	139,95	78,77	114,58	128,90	72,03	104,78	117,87	65,28	94,96	106,83	58,63	85,29	95,95	52,24	75,99	85,49
	III	1 173,33	64,53	93,86	105,59	III	1 173,33	59,20	86,12	96,88	54,01	78,57	88,39	48,95	71,21	80,11	44,02	64,04	72,04	39,22	57,05	64,18	34,54	50,25	56,53
	V	2 138,—	117,59	171,04	192,42	IV	1 723,41	91,41	132,96	149,58	88,04	128,06	144,06	84,67	123,16	138,55	81,29	118,25	133,03	77,92	113,34	127,51	74,55	108,44	121,99
	VI	2 171,41	119,42	173,71	195,42																				
6 374,99 Ost	I,IV	1 736,33	95,49	138,90	156,26	I	1 736,33	88,75	129,09	145,22	82,—	119,28	134,19	75,26	109,47	123,15	68,51	99,66	112,11	61,78	89,87	101,10	55,27	80,39	90,44
	II	1 690,50	92,97	135,24	152,14	II	1 690,50	86,23	125,43	141,11	79,48	115,62	130,07	72,74	105,80	119,03	66,—	96,—	108,—	59,32	86,29	97,07	52,90	76,95	86,57
	III	1 183,50	65,09	94,68	106,51	III	1 183,50	59,76	86,93	97,79	54,56	79,36	89,28	49,48	71,97	80,96	44,54	64,78	72,88	39,71	57,77	64,99	35,03	50,96	57,33
	V	2 150,83	118,29	172,06	193,57	IV	1 736,33	92,12	134,—	150,75	88,75	129,09	145,22	85,37	124,18	139,70	82,—	119,28	134,19	78,63	114,37	128,66	75,26	109,47	123,15
	VI	2 184,33	120,13	174,74	196,58																				
6 377,99 West	I,IV	1 724,66	94,85	137,97	155,21	I	1 724,66	88,11	128,16	144,18	81,36	118,35	133,14	74,62	108,54	122,10	67,87	98,72	111,06	61,16	88,96	100,08	54,66	79,51	89,45
	II	1 678,91	92,34	134,31	151,10	II	1 678,91	85,59	124,50	140,06	78,84	114,68	129,02	72,10	104,88	117,99	65,35	95,06	106,94	58,70	85,39	96,06	52,30	76,08	85,59
	III	1 174,33	64,58	93,94	105,68	III	1 174,33	59,26	86,20	96,97	54,07	78,65	88,48	49,01	71,29	80,20	44,07	64,10	72,11	39,27	57,12	64,26	34,59	50,32	56,61
	V	2 139,25	117,65	171,14	192,53	IV	1 724,66	91,48	133,06	149,69	88,11	128,16	144,18	84,74	123,26	138,66	81,36	118,35	133,14	77,99	113,44	127,62	74,62	108,54	122,10
	VI	2 172,75	119,50	173,82	195,54																				
6 377,99 Ost	I,IV	1 737,58	95,56	139,—	156,38	I	1 737,58	88,82	129,19	145,34	82,07	119,38	134,30	75,33	109,57	123,26	68,58	99,76	112,23	61,85	89,97	101,21	55,33	80,48	90,54
	II	1 691,75	93,04	135,34	152,25	II	1 691,75	86,30	125,53	141,22	79,55	115,72	130,18	72,81	105,90	119,14	66,06	96,10	108,11	59,39	86,39	97,19	52,96	77,04	86,67
	III	1 184,50	65,14	94,76	106,60	III	1 184,50	59,82	87,01	97,88	54,61	79,44	89,37	49,53	72,05	81,05	44,58	64,85	72,95	39,76	57,84	65,07	35,08	51,02	57,40
	V	2 152,16	118,36	172,17	193,69	IV	1 737,58	92,19	134,10	150,86	88,82	129,19	145,34	85,44	124,28	139,82	82,07	119,38	134,30	78,70	114,48	128,79	75,33	109,57	123,26
	VI	2 185,58	120,20	174,84	196,70																				
6 380,99 West	I,IV	1 725,91	94,92	138,07	155,33	I	1 725,91	88,18	128,26	144,29	81,43	118,45	133,25	74,69	108,64	122,22	67,94	98,83	111,18	61,22	89,06	100,19	54,73	79,61	89,56
	II	1 680,16	92,40	134,41	151,21	II	1 680,16	85,66	124,60	140,17	78,92	114,79	129,14	72,17	104,98	118,10	65,42	95,16	107,06	58,77	85,48	96,17	52,37	76,18	85,70
	III	1 175,33	64,64	94,02	105,77	III	1 175,33	59,31	86,28	97,06	54,12	78,73	88,57	49,06	71,36	80,28	44,12	64,18	72,20	39,31	57,18	64,33	34,64	50,38	56,68
	V	2 140,50	117,72	171,24	192,64	IV	1 725,91	91,55	133,16	149,81	88,18	128,26	144,29	84,81	123,36	138,78	81,43	118,45	133,25	78,06	113,54	127,73	74,69	108,64	122,22
	VI	2 174,—	119,57	173,92	195,66																				
6 380,99 Ost	I,IV	1 738,83	95,63	139,10	156,49	I	1 738,83	88,88	129,29	145,45	82,14	119,48	134,42	75,40	109,67	123,38	68,65	99,86	112,34	61,92	90,07	101,33	55,40	80,58	90,65
	II	1 693,08	93,11	135,44	152,37	II	1 693,08	86,37	125,63	141,33	79,62	115,82	130,29	72,87	106,—	119,25	66,13	96,20	108,22	59,45	86,48	97,29	53,03	77,14	86,78
	III	1 185,66	65,21	94,85	106,70	III	1 185,66	59,86	87,08	97,96	54,66	79,50	89,44	49,59	72,13	81,14	44,64	64,93	73,04	39,82	57,92	65,16	35,12	51,09	57,47
	V	2 153,41	118,43	172,27	193,80	IV	1 738,83	92,26	134,20	150,97	88,88	129,29	145,45	85,51	124,38	139,93	82,14	119,48	134,42	78,77	114,58	128,90	75,40	109,67	123,38
	VI	2 186,83	120,27	174,94	196,81																				
6 383,99 West	I,IV	1 727,16	94,99	138,17	155,44	I	1 727,16	88,25	128,36	144,41	81,50	118,55	133,37	74,75	108,74	122,33	68,01	98,93	111,29	61,29	89,16	100,30	54,79	79,70	89,66
	II	1 681,41	92,47	134,51	151,32	II	1 681,41	85,73	124,70	140,28	78,98	114,89	129,25	72,24	105,08	118,21	65,49	95,26	107,17	58,84	85,58	96,28	52,43	76,27	85,80
	III	1 176,33	64,69	94,10	105,86	III	1 176,33	59,37	86,36	97,15	54,17	78,80	88,65	49,11	71,44	80,37	44,17	64,25	72,28	39,37	57,26	64,42	34,68	50,45	56,75
	V	2 141,75	117,79	171,34	192,75	IV	1 727,16	91,62	133,27	149,93	88,25	128,36	144,41	84,87	123,46	138,89	81,50	118,55	133,37	78,13	113,64	127,85	74,75	108,74	122,33
	VI	2 175,25	119,63	174,02	195,77																				
6 383,99 Ost	I,IV	1 740,08	95,70	139,20	156,60	I	1 740,08	88,95	129,39	145,56	82,21	119,58	134,53	75,46	109,77	123,49	68,72	99,96	112,45	61,99	90,17	101,44	55,46	80,68	90,76
	II	1 694,33	93,18	135,54	152,48	II	1 694,33	86,44	125,73	141,44	79,69	115,92	130,41	72,95	106,11	119,37	66,20	96,30	108,33	59,52	86,58	97,40	53,09	77,23	86,88
	III	1 186,66	65,26	94,93	106,79	III	1 186,66	59,92	87,16	98,05	54,71	79,58	89,53	49,63	72,20	81,22	44,68	65,—	73,12	39,86	57,98	65,23	35,17	51,16	57,55
	V	2 154,66	118,50	172,37	193,91	IV	1 740,08	92,33	134,30	151,08	88,95	129,39	145,56	85,58	124,48	140,04	82,21	119,58	134,53	78,84	114,68	129,01	75,46	109,77	123,49
	VI	2 188,08	120,34	175,04	196,92																				

*** Die ausgewiesenen Tabellenwerte sind amtlich. Siehe Erläuterungen auf der Umschlaginnenseite (U2).**

Abzüge an Lohnsteuer, Solidaritätszuschlag (SolZ) und Kirchensteuer (8%, 9%) in den Steuerklassen

Lohn/ Gehalt bis €*		I – VI ohne Kinderfreibeträge				I, II, III, IV mit Zahl der Kinderfreibeträge . . .		0,5			1			1,5			2			2,5			3		
		LSt	SolZ	8%	9%		LSt	SolZ	8%	9%	SolZ	8%	9%	SolZ	8%	9%	SolZ	8%	9%	SolZ	8%	9%	SolZ	8%	9%
6 386,99 West	I,IV	1 728,50	95,06	138,28	155,56	I	1 728,50	88,32	128,46	144,52	81,57	118,65	133,48	74,84	108,84	122,45	68,08	99,03	111,41	61,36	89,26	100,41	54,86	79,80	89,77
	II	1 682,66	92,54	134,61	151,43	II	1 682,66	85,80	124,80	140,40	79,05	114,99	129,36	72,31	105,18	118,32	65,56	95,36	107,28	58,90	85,68	96,39	52,50	76,36	85,91
	III	1 177,33	64,75	94,18	105,95	III	1 177,33	59,42	86,44	97,24	54,23	78,88	88,74	49,16	71,50	80,44	44,22	64,33	72,37	39,41	57,33	64,49	34,73	50,52	56,83
	V	2 143,—	117,86	171,44	192,87	IV	1 728,50	91,69	133,37	150,04	88,32	128,46	144,52	84,94	123,56	139,—	81,57	118,65	133,48	78,20	113,74	127,96	74,83	108,84	122,45
	VI	2 176,50	119,70	174,12	195,88																				
6 386,99 Ost	I,IV	1 741,33	95,77	139,30	156,71	I	1 741,33	89,02	129,49	145,67	82,28	119,68	134,64	75,53	109,87	123,60	68,79	100,06	112,56	62,06	90,27	101,55	55,53	80,77	90,86
	II	1 695,58	93,25	135,64	152,60	II	1 695,58	86,51	125,83	141,56	79,76	116,02	130,52	73,02	106,21	119,48	66,27	96,40	108,45	59,59	86,68	97,52	53,16	77,32	86,99
	III	1 187,66	65,32	95,01	106,88	III	1 187,66	59,97	87,24	98,14	54,77	79,66	89,62	49,69	72,28	81,31	44,74	65,08	73,21	39,91	58,05	65,30	35,21	51,22	57,62
	V	2 155,91	118,57	172,47	194,03	IV	1 741,33	92,40	134,40	151,20	89,02	129,49	145,67	85,65	124,59	140,16	82,28	119,68	134,64	78,91	114,78	129,12	75,53	109,87	123,60
	VI	2 189,33	120,41	175,14	197,03																				
6 389,99 West	I,IV	1 729,75	95,13	138,38	155,67	I	1 729,75	88,38	128,56	144,63	81,64	118,75	133,59	74,90	108,94	122,56	68,15	99,13	111,52	61,43	89,36	100,53	54,92	79,89	89,87
	II	1 683,91	92,61	134,71	151,55	II	1 683,91	85,87	124,90	140,51	79,12	115,09	129,47	72,38	105,28	118,44	65,63	95,47	107,40	58,97	85,78	96,50	52,56	76,46	86,01
	III	1 178,33	64,80	94,26	106,04	III	1 178,33	59,48	86,52	97,33	54,28	78,96	88,83	49,21	71,58	80,53	44,27	64,40	72,45	39,46	57,40	64,57	34,77	50,58	56,90
	V	2 144,25	117,93	171,54	192,98	IV	1 729,75	91,76	133,47	150,15	88,38	128,56	144,63	85,01	123,66	139,11	81,64	118,75	133,59	78,26	113,84	128,07	74,90	108,94	122,56
	VI	2 177,75	119,77	174,22	195,99																				
6 389,99 Ost	I,IV	1 742,58	95,84	139,40	156,83	I	1 742,58	89,10	129,60	145,80	82,35	119,78	134,75	75,60	109,97	123,71	68,86	100,16	112,68	62,13	90,37	101,66	55,60	80,87	90,98
	II	1 696,83	93,32	135,74	152,71	II	1 696,83	86,57	125,93	141,67	79,83	116,12	130,64	73,09	106,31	119,60	66,34	96,50	108,56	59,66	86,78	97,62	53,22	77,42	87,09
	III	1 188,66	65,37	95,09	106,97	III	1 188,66	60,03	87,32	98,23	54,82	79,74	89,71	49,73	72,34	81,38	44,78	65,14	73,28	39,96	58,13	65,39	35,26	51,29	57,70
	V	2 157,16	118,64	172,57	194,14	IV	1 742,58	92,46	134,50	151,31	89,10	129,60	145,80	85,72	124,69	140,27	82,35	119,78	134,75	78,98	114,88	129,24	75,60	109,97	123,71
	VI	2 190,66	120,48	175,25	197,15																				
6 392,99 West	I,IV	1 731,—	95,20	138,48	155,79	I	1 731,—	88,45	128,66	144,74	81,71	118,85	133,70	74,96	109,04	122,67	68,22	99,23	111,63	61,50	89,46	100,64	54,99	79,99	89,99
	II	1 685,16	92,68	134,81	151,66	II	1 685,16	85,94	125,—	140,63	79,19	115,19	129,59	72,44	105,38	118,55	65,70	95,57	107,51	59,04	85,88	96,61	52,63	76,55	86,12
	III	1 179,33	64,86	94,34	106,13	III	1 179,33	59,53	86,60	97,42	54,34	79,04	88,92	49,27	71,66	80,62	44,33	64,48	72,54	39,51	57,48	64,66	34,83	50,66	56,99
	V	2 145,58	118,—	171,64	193,10	IV	1 731,—	91,83	133,57	150,26	88,45	128,66	144,74	85,08	123,76	139,23	81,71	118,85	133,70	78,34	113,95	128,19	74,96	109,04	122,67
	VI	2 179,—	119,84	174,32	196,11																				
6 392,99 Ost	I,IV	1 743,83	95,91	139,50	156,94	I	1 743,83	89,16	129,70	145,91	82,42	119,88	134,87	75,67	110,07	123,83	68,93	100,26	112,79	62,20	90,47	101,78	55,66	80,96	91,08
	II	1 698,08	93,39	135,84	152,82	II	1 698,08	86,64	126,03	141,78	79,90	116,22	130,75	73,15	106,41	119,71	66,41	96,60	108,67	59,73	86,88	97,74	53,29	77,51	87,20
	III	1 189,66	65,43	95,17	107,06	III	1 189,66	60,08	87,40	98,32	54,88	79,82	89,80	49,79	72,42	81,47	44,84	65,22	73,37	40,01	58,20	65,47	35,31	51,37	57,79
	V	2 158,41	118,71	172,67	194,25	IV	1 743,83	92,54	134,60	151,43	89,16	129,70	145,91	85,79	124,79	140,39	82,42	119,88	134,87	79,04	114,98	129,35	75,67	110,07	123,83
	VI	2 191,91	120,55	175,35	197,27																				
6 395,99 West	I,IV	1 732,25	95,27	138,58	155,90	I	1 732,25	88,52	128,76	144,86	81,78	118,96	133,83	75,03	109,14	122,78	68,29	99,33	111,74	61,56	89,55	100,74	55,05	80,08	90,09
	II	1 686,50	92,75	134,92	151,78	II	1 686,50	86,01	125,10	140,74	79,26	115,29	129,70	72,52	105,48	118,67	65,77	95,67	107,63	59,11	85,98	96,72	52,69	76,64	86,22
	III	1 180,33	64,91	94,42	106,22	III	1 180,33	59,59	86,68	97,51	54,38	79,10	88,99	49,31	71,73	80,69	44,37	64,54	72,61	39,56	57,54	64,73	34,87	50,73	57,07
	V	2 146,83	118,07	171,74	193,21	IV	1 732,25	91,90	133,67	150,38	88,52	128,76	144,86	85,15	123,86	139,34	81,78	118,96	133,83	78,41	114,05	128,30	75,03	109,14	122,78
	VI	2 180,25	119,91	174,42	196,22																				
6 395,99 Ost	I,IV	1 745,08	95,97	139,60	157,05	I	1 745,08	89,23	129,80	146,02	82,49	119,98	134,98	75,74	110,17	123,94	69,—	100,36	112,91	62,26	90,57	101,89	55,73	81,06	91,19
	II	1 699,33	93,46	135,94	152,93	II	1 699,33	86,71	126,13	141,89	79,97	116,32	130,86	73,22	106,51	119,82	66,48	96,70	108,78	59,79	86,98	97,85	53,35	77,61	87,31
	III	1 190,66	65,48	95,25	107,15	III	1 190,66	60,14	87,48	98,41	54,92	79,89	89,87	49,84	72,50	81,56	44,88	65,29	73,45	40,05	58,26	65,54	35,36	51,44	57,87
	V	2 159,66	118,78	172,77	194,36	IV	1 745,08	92,61	134,70	151,54	89,23	129,80	146,02	85,86	124,89	140,50	82,49	119,98	134,98	79,11	115,08	129,46	75,74	110,17	123,94
	VI	2 193,16	120,62	175,45	197,38																				
6 398,99 West	I,IV	1 733,50	95,34	138,68	156,01	I	1 733,50	88,59	128,86	144,97	81,85	119,06	133,94	75,10	109,24	122,90	68,36	99,43	111,86	61,63	89,65	100,85	55,12	80,18	90,20
	II	1 687,75	92,82	135,02	151,89	II	1 687,75	86,07	125,20	140,85	79,33	115,39	129,81	72,59	105,58	118,78	65,84	95,77	107,74	59,17	86,07	96,83	52,75	76,74	86,33
	III	1 181,33	64,97	94,50	106,31	III	1 181,33	59,64	86,76	97,60	54,44	79,18	89,08	49,37	71,81	80,78	44,42	64,61	72,68	39,60	57,61	64,81	34,92	50,80	57,15
	V	2 148,08	118,14	171,84	193,32	IV	1 733,50	91,96	133,77	150,49	88,59	128,86	144,97	85,22	123,96	139,46	81,85	119,06	133,94	78,48	114,15	128,42	75,10	109,24	122,90
	VI	2 181,50	119,98	174,52	196,33																				
6 398,99 Ost	I,IV	1 746,41	96,05	139,71	157,17	I	1 746,41	89,30	129,90	146,13	82,55	120,08	135,09	75,81	110,28	124,06	69,07	100,46	113,02	62,33	90,67	102,—	55,79	81,16	91,30
	II	1 700,58	93,53	136,04	153,05	II	1 700,58	86,79	126,24	142,02	80,04	116,42	130,97	73,29	106,61	119,93	66,55	96,80	108,90	59,86	87,08	97,96	53,42	77,70	87,41
	III	1 191,66	65,54	95,33	107,24	III	1 191,66	60,19	87,56	98,50	54,98	79,97	89,96	49,89	72,57	81,64	44,93	65,36	73,53	40,11	58,34	65,63	35,41	51,50	57,94
	V	2 160,91	118,85	172,87	194,48	IV	1 746,41	92,67	134,80	151,65	89,30	129,90	146,13	85,93	124,99	140,61	82,55	120,08	135,09	79,18	115,18	129,57	75,81	110,28	124,06
	VI	2 194,41	120,69	175,55	197,49																				
6 401,99 West	I,IV	1 734,75	95,41	138,78	156,12	I	1 734,75	88,66	128,96	145,08	81,92	119,16	134,05	75,17	109,34	123,01	68,42	99,53	111,97	61,70	89,75	100,97	55,19	80,28	90,31
	II	1 689,—	92,89	135,12	152,01	II	1 689,—	86,14	125,30	140,96	79,40	115,49	129,92	72,65	105,68	118,89	65,91	95,87	107,85	59,24	86,17	96,94	52,82	76,83	86,43
	III	1 182,33	65,02	94,58	106,40	III	1 182,33	59,69	86,82	97,67	54,49	79,26	89,17	49,41	71,88	80,86	44,47	64,69	72,77	39,66	57,69	64,90	34,97	50,86	57,22
	V	2 149,33	118,21	171,94	193,43	IV	1 734,75	92,03	133,87	150,60	88,66	128,96	145,08	85,29	124,06	139,57	81,92	119,16	134,05	78,54	114,25	128,53	75,17	109,34	123,01
	VI	2 182,75	120,05	174,62	196,44																				
6 401,99 Ost	I,IV	1 747,66	96,12	139,81	157,28	I	1 747,66	89,37	130,—	146,25	82,62	120,18	135,20	75,88	110,38	124,17	69,13	100,56	113,13	62,40	90,77	102,11	55,86	81,25	91,40
	II	1 701,83	93,60	136,14	153,16	II	1 701,83	86,85	126,34	142,13	80,11	116,52	131,09	73,36	106,71	120,05	66,62	96,90	109,01	59,93	87,17	98,06	53,48	77,80	87,52
	III	1 192,66	65,59	95,41	107,33	III	1 192,66	60,25	87,64	98,59	55,03	80,05	90,05	49,94	72,65	81,73	44,99	65,44	73,62	40,15	58,41	65,71	35,45	51,57	58,01
	V	2 162,25	118,92	172,98	194,60	IV	1 747,66	92,74	134,90	151,76	89,37	130,—	146,25	86,—	125,09	140,72	82,62	120,18	135,20	79,25	115,28	129,69	75,88	110,38	124,17
	VI	2 195,66	120,76	175,65	197,60																				
6 404,99 West	I,IV	1 736,—	95,48	138,88	156,24	I	1 736,—	88,73	129,07	145,20	81,99	119,26	134,16	75,24	109,44	123,12	68,50	99,64	112,09	61,77	89,85	101,08	55,25	80,37	90,41
	II	1 690,25	92,96	135,22	152,12	II	1 690,25	86,21	125,40	141,08	79,47	115,60	130,05	72,72	105,78	119,—	65,98	95,97	107,96	59,31	86,27	97,05	52,89	76,93	86,54
	III	1 183,33	65,08	94,66	106,49	III	1 183,33	59,74	86,90	97,76	54,55	79,34	89,26	49,47	71,96	80,95	44,52	64,76	72,85	39,71	57,76	64,98	35,01	50,93	57,29
	V	2 150,58	118,28	172,04	193,55	IV	1 736,—	92,10	133,97	150,71	88,73	129,07	145,20	85,36	124,16	139,68	81,99	119,26	134,16	78,61	114,35	128,64	75,24	109,44	123,12
	VI	2 184,08	120,12	174,72	196,56																				
6 404,99 Ost	I,IV	1 748,91	96,19	139,91	157,40	I	1 748,91	89,44	130,10	146,36	82,69	120,28	135,32	75,95	110,48	124,29	69,20	100,66	113,24	62,47	90,87	102,23	55,93	81,35	91,52
	II	1 703,08	93,66	136,24	153,27	II	1 703,08	86,92	126,44	142,24	80,18	116,62	131,20	73,43	106,81	120,16	66,69	97,—	109,13	60,—	87,27	98,18	53,55	77,89	87,62
	III	1 193,66	65,65	95,49	107,42	III	1 193,66	60,30	87,72	98,68	55,09	80,13	90,14	50,—	72,73	81,82	45,03	65,50	73,69	40,20	58,48	65,79	35,50	51,64	58,09
	V	2 163,50	118,99	173,08	194,71	IV	1 748,91	92,81	135,—	151,88	89,44	130,10	146,36	86,07	125,19	140,84	82,69	120,28	135,32	79,32	115,38	129,80	75,95	110,48	124,29
	VI	2 196,91	120,83	175,75	197,72																				
6 407,99 West	I,IV	1 737,25	95,54	138,98	156,35	I	1 737,25	88,80	129,17	145,31	82,06	119,36	134,28	75,31	109,54	123,23	68,57	99,74	112,20	61,84	89,95	101,19	55,32	80,46	90,52
	II	1 691,50	93,03	135,32	152,23	II	1 691,50	86,28	125,50	141,19	79,54	115,70	130,16	72,79	105,88	119,12	66,05	96,07	108,08	59,37	86,36	97,16	52,95	77,02	86,65
	III	1 184,33	65,13	94,74	106,58	III	1 184,33	59,80	86,98	97,85	54,59	79,41	89,33	49,52	72,04	81,04	44,57	64,84	72,94	39,75	57,82	65,05	35,07	51,01	57,38
	V	2 151,83	118,35	172,14	193,66	IV	1 737,25	92,18	134,08	150,84	88,80	129,17	145,31	85,43	124,26	139,79	82,06	119,36	134,28	78,68	114,45	128,75	75,31	109,54	123,23
	VI	2 185,33	120,19	174,82	196,67																				
6 407,99 Ost	I,IV	1 750,16	96,25	140,01	157,51	I	1 750,16	89,51	130,20	146,47	82,77	120,39	135,44	76,02	110,58	124,40	69,27	100,76	113,36	62,54	90,97	102,34	55,99	81,44	91,62
	II	1 704,41	93,74	136,35	153,39	II	1 704,41	86,99	126,54	142,35	80,24	116,72	131,31	73,50	106,92	120,28	66,76	97,10	109,24	60,06	87,37	98,29	53,61	77,98	87,73
	III	1 194,66	65,70	95,57	107,51	III	1 194,66	60,36	87,80	98,77	55,13	80,20	90,22	50,05	72,80	81,90	45,09	65,58	73,78	40,26	58,56	65,88	35,55	51,72	58,18
	V	2 164,75	119,06	173,18	194,82	IV	1 750,16	92,88	135,10	151,99	89,51	130,20	146,47	86,13	125,29	140,95	82,77	120,39	135,44	79,39	115,48	129,92	76,02	110,58	124,40
	VI	2 198,16	120,89	175,85	197,83																				

* Die ausgewiesenen Tabellenwerte sind amtlich. Siehe Erläuterungen auf der Umschlaginnenseite (U2).

Lohn/ Gehalt bis €*	Abzüge an Lohnsteuer, Solidaritätszuschlag (SolZ) und Kirchensteuer (8%, 9%) in den Steuerklassen I – VI					I, II, III, IV		mit Zahl der Kinderfreibeträge . . . 0,5			1			1,5			2			2,5			3		
		LSt	ohne Kinderfreibeträge SolZ	8%	9%		LSt	SolZ	8%	9%	SolZ	8%	9%	SolZ	8%	9%	SolZ	8%	9%	SolZ	8%	9%	SolZ	8%	9%
6 410,99 West	I,IV	1 738,58	95,62	139,08	156,47	I	1 738,58	88,87	129,27	145,43	82,12	119,46	134,39	75,38	109,64	123,35	68,64	99,84	112,32	61,91	90,05	101,30	55,38	80,56	90,63
	II	1 692,75	93,10	135,42	152,34	II	1 692,75	86,35	125,60	141,30	79,61	115,80	130,27	72,86	105,98	119,23	66,11	96,17	108,19	59,44	86,46	97,27	53,02	77,12	86,76
	III	1 185,33	65,19	94,82	106,67	III	1 185,33	59,85	87,06	97,94	54,65	79,49	89,42	49,57	72,10	81,11	44,62	64,90	73,01	39,81	57,90	65,14	35,11	51,08	57,46
	V	2 153,08	118,41	172,24	193,77	IV	1 738,58	92,24	134,18	150,95	88,87	129,27	145,43	85,50	124,36	139,91	82,12	119,46	134,39	78,75	114,55	128,87	75,38	109,64	123,35
	VI	2 186,58	120,26	174,92	196,79																				
6 410,99 Ost	I,IV	1 751,41	96,32	140,11	157,62	I	1 751,41	89,58	130,30	146,58	82,83	120,49	135,55	76,09	110,68	124,51	69,34	100,86	113,47	62,61	91,07	102,45	56,05	81,54	91,73
	II	1 705,66	93,81	136,45	153,50	II	1 705,66	87,06	126,64	142,47	80,31	116,82	131,42	73,57	107,02	120,39	66,82	97,20	109,35	60,13	87,47	98,40	53,68	78,08	87,84
	III	1 195,66	65,76	95,65	107,60	III	1 195,66	60,41	87,88	98,86	55,19	80,28	90,31	50,10	72,88	81,99	45,13	65,65	73,85	40,30	58,62	65,95	35,60	51,78	58,25
	V	2 166,—	119,13	173,28	194,94	IV	1 751,41	92,95	135,20	152,10	89,58	130,30	146,58	86,21	125,40	141,07	82,83	120,49	135,55	79,46	115,58	130,03	76,09	110,68	124,51
	VI	2 199,41	120,96	175,95	197,94																				
6 413,99 West	I,IV	1 739,83	95,69	139,18	156,58	I	1 739,83	88,94	129,37	145,54	82,19	119,56	134,50	75,45	109,75	123,47	68,70	99,94	112,43	61,98	90,15	101,42	55,45	80,66	90,74
	II	1 694,—	93,17	135,52	152,46	II	1 694,—	86,42	125,71	141,42	79,68	115,90	130,38	72,93	106,08	119,34	66,19	96,28	108,31	59,51	86,56	97,38	53,08	77,21	86,86
	III	1 186,33	65,24	94,90	106,76	III	1 186,33	59,91	87,14	98,03	54,70	79,57	89,51	49,62	72,18	81,20	44,67	64,98	73,10	39,85	57,97	65,21	35,16	51,14	57,53
	V	2 154,33	118,48	172,34	193,88	IV	1 739,83	92,31	134,28	151,06	88,94	129,37	145,54	85,57	124,46	140,02	82,19	119,56	134,50	78,82	114,65	128,98	75,45	109,75	123,47
	VI	2 187,83	120,33	175,02	196,90																				
6 413,99 Ost	I,IV	1 752,66	96,39	140,21	157,73	I	1 752,66	89,65	130,40	146,70	82,90	120,59	135,66	76,16	110,78	124,62	69,41	100,96	113,58	62,68	91,17	102,56	56,12	81,64	91,84
	II	1 706,91	93,88	136,55	153,62	II	1 706,91	87,13	126,74	142,58	80,38	116,92	131,54	73,64	107,12	120,51	66,89	97,30	109,46	60,20	87,56	98,51	53,74	78,18	87,95
	III	1 196,66	65,81	95,73	107,69	III	1 196,66	60,47	87,96	98,95	55,24	80,36	90,40	50,15	72,94	82,06	45,19	65,73	73,94	40,35	58,69	66,02	35,64	51,85	58,33
	V	2 167,25	119,19	173,38	195,05	IV	1 752,66	93,02	135,30	152,21	89,65	130,40	146,70	86,28	125,50	141,18	82,90	120,59	135,66	79,53	115,68	130,14	76,16	110,78	124,62
	VI	2 200,75	121,04	176,06	198,06																				
6 416,99 West	I,IV	1 741,08	95,75	139,28	156,69	I	1 741,08	89,01	129,47	145,65	82,26	119,66	134,61	75,52	109,85	123,58	68,77	100,04	112,54	62,04	90,25	101,53	55,51	80,75	90,84
	II	1 695,25	93,23	135,62	152,57	II	1 695,25	86,49	125,81	141,53	79,75	116,—	130,50	73,—	106,18	119,45	66,26	96,38	108,42	59,57	86,66	97,49	53,14	77,30	86,96
	III	1 187,33	65,30	94,98	106,85	III	1 187,33	59,96	87,22	98,12	54,76	79,65	89,60	49,68	72,26	81,29	44,72	65,05	73,18	39,90	58,04	65,29	35,20	51,21	57,61
	V	2 155,66	118,56	172,45	194,—	IV	1 741,08	92,38	134,38	151,17	89,01	129,47	145,65	85,63	124,56	140,13	82,26	119,66	134,61	78,89	114,76	129,10	75,52	109,85	123,58
	VI	2 189,08	120,39	175,12	197,01																				
6 416,99 Ost	I,IV	1 753,91	96,46	140,31	157,85	I	1 753,91	89,72	130,50	146,81	82,97	120,69	135,77	76,23	110,88	124,74	69,48	101,07	113,70	62,75	91,27	102,68	56,19	81,73	91,94
	II	1 708,16	93,94	136,65	153,73	II	1 708,16	87,20	126,84	142,69	80,46	117,03	131,66	73,71	107,22	120,62	66,96	97,40	109,58	60,27	87,66	98,62	53,81	78,27	88,05
	III	1 197,66	65,87	95,81	107,78	III	1 197,66	60,51	88,02	99,02	55,30	80,44	90,49	50,20	73,02	82,15	45,23	65,80	74,02	40,40	58,77	66,11	35,69	51,92	58,41
	V	2 168,50	119,26	173,48	195,16	IV	1 753,91	93,09	135,40	152,33	89,72	130,50	146,81	86,35	125,60	141,30	82,97	120,69	135,77	79,60	115,78	130,25	76,23	110,88	124,74
	VI	2 202,—	121,11	176,16	198,18																				
6 419,99 West	I,IV	1 742,33	95,82	139,38	156,80	I	1 742,33	89,08	129,57	145,76	82,33	119,76	134,73	75,59	109,95	123,69	68,84	100,14	112,65	62,11	90,35	101,64	55,58	80,85	90,95
	II	1 696,58	93,31	135,72	152,69	II	1 696,58	86,56	125,91	141,65	79,81	116,10	130,61	73,07	106,28	119,57	66,33	96,48	108,54	59,64	86,76	97,60	53,21	77,40	87,07
	III	1 188,33	65,35	95,06	106,94	III	1 188,33	60,02	87,30	98,21	54,80	79,72	89,68	49,72	72,33	81,37	44,77	65,13	73,27	39,95	58,12	65,38	35,25	51,28	57,69
	V	2 156,91	118,63	172,55	194,12	IV	1 742,33	92,45	134,48	151,29	89,08	129,57	145,76	85,70	124,66	140,24	82,33	119,76	134,73	78,96	114,86	129,21	75,59	109,95	123,69
	VI	2 190,33	120,46	175,22	197,12																				
6 419,99 Ost	I,IV	1 755,16	96,53	140,41	157,96	I	1 755,16	89,79	130,60	146,93	83,04	120,79	135,89	76,29	110,98	124,85	69,55	101,17	113,81	62,81	91,37	102,79	56,26	81,83	92,06
	II	1 709,41	94,01	136,75	153,84	II	1 709,41	87,27	126,94	142,80	80,52	117,13	131,77	73,78	107,32	120,73	67,03	97,50	109,69	60,33	87,76	98,73	53,87	78,36	88,16
	III	1 198,66	65,92	95,89	107,87	III	1 198,66	60,57	88,10	99,11	55,35	80,52	90,58	50,26	73,10	82,24	45,29	65,88	74,11	40,45	58,84	66,19	35,74	51,98	58,48
	V	2 169,75	119,33	173,58	195,27	IV	1 755,16	93,16	135,51	152,45	89,79	130,60	146,93	86,41	125,70	141,41	83,04	120,79	135,89	79,67	115,88	130,37	76,29	110,98	124,85
	VI	2 203,25	121,17	176,26	198,36																				
6 422,99 West	I,IV	1 743,58	95,89	139,48	156,92	I	1 743,58	89,15	129,67	145,88	82,40	119,86	134,84	75,66	110,05	123,80	68,91	100,24	112,77	62,18	90,45	101,75	55,65	80,94	91,06
	II	1 697,83	93,38	135,82	152,80	II	1 697,83	86,63	126,01	141,76	79,88	116,20	130,72	73,14	106,39	119,69	66,39	96,58	108,65	59,71	86,86	97,71	53,27	77,49	87,17
	III	1 189,33	65,41	95,14	107,03	III	1 189,33	60,07	87,38	98,30	54,86	79,80	89,77	49,78	72,41	81,46	44,82	65,20	73,35	40,—	58,18	65,45	35,30	51,34	57,76
	V	2 158,16	118,69	172,65	194,23	IV	1 743,58	92,52	134,58	151,40	89,15	129,67	145,88	85,77	124,76	140,36	82,40	119,86	134,84	79,03	114,96	129,33	75,66	110,05	123,80
	VI	2 191,58	120,53	175,32	197,24																				
6 422,99 Ost	I,IV	1 756,50	96,60	140,52	158,08	I	1 756,50	89,86	130,70	147,04	83,11	120,89	136,—	76,37	111,08	124,97	69,62	101,27	113,93	62,88	91,47	102,90	56,32	81,92	92,16
	II	1 710,66	94,08	136,85	153,95	II	1 710,66	87,34	127,04	142,92	80,59	117,23	131,88	73,85	107,42	120,84	67,10	97,60	109,80	60,40	87,86	98,84	53,94	78,46	88,26
	III	1 199,66	65,98	95,97	107,96	III	1 199,66	60,62	88,18	99,20	55,40	80,58	90,65	50,30	73,17	82,31	45,33	65,94	74,18	40,49	58,90	66,26	35,79	52,06	58,57
	V	2 171,—	119,40	173,68	195,39	IV	1 756,50	93,23	135,61	152,56	89,86	130,70	147,04	86,48	125,80	141,52	83,11	120,89	136,—	79,74	115,98	130,48	76,37	111,08	124,97
	VI	2 204,50	121,24	176,36	198,40																				
6 425,99 West	I,IV	1 744,83	95,96	139,58	157,03	I	1 744,83	89,21	129,77	145,99	82,47	119,96	134,96	75,73	110,15	123,92	68,98	100,34	112,88	62,25	90,55	101,87	55,71	81,04	91,17
	II	1 699,08	93,44	135,92	152,91	II	1 699,08	86,70	126,11	141,87	79,95	116,30	130,83	73,21	106,49	119,80	66,46	96,68	108,76	59,78	86,96	97,83	53,34	77,58	87,28
	III	1 190,33	65,46	95,22	107,12	III	1 190,33	60,13	87,46	98,39	54,91	79,88	89,86	49,83	72,48	81,54	44,88	65,28	73,44	40,04	58,25	65,53	35,35	51,42	57,85
	V	2 159,41	118,76	172,75	194,34	IV	1 744,83	92,59	134,68	151,51	89,21	129,77	145,99	85,85	124,87	140,48	82,47	119,96	134,96	79,10	115,06	129,44	75,73	110,15	123,92
	VI	2 192,83	120,60	175,42	197,35																				
6 425,99 Ost	I,IV	1 757,75	96,67	140,62	158,19	I	1 757,75	89,92	130,80	147,15	83,18	120,99	136,11	76,44	111,18	125,08	69,69	101,37	114,04	62,95	91,57	103,01	56,39	82,02	92,27
	II	1 711,91	94,15	136,95	154,07	II	1 711,91	87,41	127,14	143,03	80,66	117,33	131,99	73,92	107,52	120,96	67,17	97,71	109,92	60,47	87,96	98,95	54,—	78,55	88,37
	III	1 200,66	66,03	96,05	108,05	III	1 200,66	60,68	88,26	99,29	55,45	80,66	90,74	50,36	73,25	82,40	45,39	66,02	74,27	40,55	58,98	66,35	35,84	52,13	58,64
	V	2 172,25	119,47	173,78	195,50	IV	1 757,75	93,30	135,71	152,67	89,92	130,80	147,15	86,55	125,90	141,63	83,18	120,99	136,11	79,80	116,08	130,59	76,44	111,18	125,08
	VI	2 205,75	121,31	176,46	198,51																				
6 428,99 West	I,IV	1 746,08	96,03	139,68	157,14	I	1 746,08	89,29	129,88	146,11	82,54	120,06	135,07	75,79	110,25	124,03	69,05	100,44	113,—	62,31	90,64	101,97	55,78	81,14	91,28
	II	1 700,33	93,51	136,02	153,02	II	1 700,33	86,77	126,21	141,98	80,02	116,40	130,95	73,28	106,59	119,91	66,53	96,78	108,87	59,84	87,05	97,93	53,40	77,68	87,39
	III	1 191,50	65,53	95,32	107,23	III	1 191,50	60,18	87,54	98,48	54,97	79,96	89,95	49,88	72,56	81,63	44,92	65,34	73,51	40,10	58,33	65,62	35,40	51,49	57,92
	V	2 160,66	118,83	172,85	194,45	IV	1 746,08	92,66	134,78	151,62	89,29	129,88	146,11	85,91	124,97	140,59	82,54	120,06	135,07	79,17	115,16	129,55	75,79	110,25	124,03
	VI	2 194,16	120,67	175,53	197,47																				
6 428,99 Ost	I,IV	1 759,—	96,74	140,72	158,31	I	1 759,—	89,99	130,90	147,26	83,25	121,09	136,22	76,50	111,28	125,19	69,76	101,47	114,15	63,02	91,67	103,13	56,45	82,12	92,38
	II	1 713,16	94,22	137,05	154,18	II	1 713,16	87,48	127,24	143,15	80,73	117,43	132,11	73,98	107,62	121,07	67,24	97,81	110,03	60,54	88,06	99,06	54,07	78,65	88,48
	III	1 201,83	66,10	96,14	108,16	III	1 201,83	60,73	88,34	99,38	55,51	80,74	90,83	50,41	73,33	82,49	45,43	66,09	74,35	40,59	59,05	66,43	35,88	52,20	58,72
	V	2 173,58	119,54	173,88	195,62	IV	1 759,—	93,37	135,81	152,78	89,99	130,90	147,26	86,62	126,—	141,75	83,25	121,09	136,22	79,88	116,19	130,71	76,50	111,28	125,19
	VI	2 207,—	121,38	176,56	198,63																				
6 431,99 West	I,IV	1 747,33	96,10	139,78	157,25	I	1 747,33	89,36	129,98	146,22	82,61	120,16	135,18	75,86	110,35	124,14	69,12	100,54	113,11	62,38	90,74	102,08	55,84	81,23	91,38
	II	1 701,58	93,58	136,12	153,14	II	1 701,58	86,84	126,31	142,10	80,09	116,50	131,06	73,35	106,69	120,02	66,60	96,88	108,99	59,91	87,15	98,04	53,47	77,78	87,50
	III	1 192,50	65,58	95,40	107,32	III	1 192,50	60,24	87,62	98,57	55,02	80,04	90,04	49,94	72,64	81,72	44,98	65,42	73,60	40,15	58,40	65,70	35,44	51,56	58,—
	V	2 161,91	118,90	172,95	194,57	IV	1 747,33	92,73	134,88	151,74	89,36	129,98	146,22	85,98	125,07	140,70	82,61	120,16	135,18	79,24	115,26	129,66	75,86	110,35	124,14
	VI	2 195,41	120,74	175,63	197,58																				
6 431,99 Ost	I,IV	1 760,25	96,81	140,82	158,42	I	1 760,25	90,06	131,—	147,38	83,32	121,20	136,35	76,57	111,38	125,30	69,83	101,57	114,26	63,09	91,77	103,24	56,52	82,21	92,48
	II	1 714,50	94,29	137,16	154,30	II	1 714,50	87,55	127,34	143,26	80,80	117,53	132,22	74,06	107,72	121,19	67,31	97,91	110,15	60,61	88,16	99,18	54,13	78,74	88,58
	III	1 202,83	66,15	96,22	108,25	III	1 202,83	60,79	88,42	99,47	55,56	80,82	90,92	50,46	73,40	82,57	45,49	66,17	74,44	40,65	59,13	66,52	35,93	52,26	58,79
	V	2 174,83	119,61	173,98	195,73	IV	1 760,25	93,44	135,91	152,90	90,06	131,—	147,38	86,69	126,10	141,86	83,32	121,20	136,35	79,95	116,29	130,82	76,57	111,38	125,30
	VI	2 208,25	121,45	176,66	198,74																				

*** Die ausgewiesenen Tabellenwerte sind amtlich. Siehe Erläuterungen auf der Umschlaginnenseite (U2).**

Abzüge an Lohnsteuer, Solidaritätszuschlag (SolZ) und Kirchensteuer (8%, 9%) in den Steuerklassen

Lohn/ Gehalt bis €*	I – VI					I, II, III, IV		mit Zahl der Kinderfreibeträge . . .																	
			ohne Kinderfreibeträge					0,5			1			1,5			2			2,5			3		
		LSt	SolZ	8%	9%		LSt	SolZ	8%	9%	SolZ	8%	9%	SolZ	8%	9%	SolZ	8%	9%	SolZ	8%	9%	SolZ	8%	9%
6 434,99 West	I,IV	1 748,58	96,17	139,88	157,37	I	1 748,58	89,43	130,08	146,34	82,68	120,26	135,29	75,93	110,45	124,25	69,19	100,64	113,22	62,45	90,84	102,20	55,91	81,32	91,49
	II	1 702,83	93,65	136,22	153,25	II	1 702,83	86,90	126,41	142,21	80,16	116,60	131,18	73,42	106,79	120,14	66,67	96,98	109,10	59,98	87,25	98,15	53,53	77,87	87,60
	III	1 193,50	65,64	95,48	107,41	III	1 193,50	60,28	87,69	98,65	55,07	80,10	90,11	49,98	72,70	81,79	45,02	65,49	73,67	40,19	58,46	65,77	35,49	51,62	58,07
	V	2 163,16	118,97	173,05	194,68	IV	1 748,58	92,80	134,98	151,85	89,43	130,08	146,34	86,05	125,17	140,81	82,68	120,26	135,29	79,31	115,36	129,78	75,93	110,45	124,25
	VI	2 196,66	120,81	175,73	197,69																				
6 434,99 Ost	I,IV	1 761,50	96,88	140,92	158,53	I	1 761,50	90,13	131,10	147,49	83,39	121,30	136,46	76,64	111,48	125,42	69,90	101,67	114,38	63,16	91,87	103,35	56,59	82,31	92,60
	II	1 715,75	94,36	137,26	154,41	II	1 715,75	87,61	127,44	143,37	80,87	117,63	132,33	74,13	107,82	121,30	67,38	98,01	110,26	60,67	88,26	99,29	54,20	78,84	88,69
	III	1 203,83	66,21	96,30	108,34	III	1 203,83	60,84	88,50	99,56	55,61	80,89	91,—	50,51	73,48	82,66	45,54	66,24	74,52	40,70	59,20	66,60	35,97	52,33	58,87
	V	2 176,08	119,68	174,08	195,84	IV	1 761,50	93,50	136,01	153,01	90,13	131,10	147,49	86,76	126,20	141,98	83,39	121,30	136,46	80,02	116,39	130,94	76,64	111,48	125,42
	VI	2 209,50	121,52	176,76	198,85																				
6 437,99 West	I,IV	1 749,91	96,24	139,99	157,49	I	1 749,91	89,49	130,18	146,45	82,75	120,36	135,41	76,01	110,56	124,38	69,26	100,74	113,33	62,52	90,94	102,31	55,98	81,42	91,60
	II	1 704,08	93,72	136,32	153,36	II	1 704,08	86,98	126,52	142,33	80,23	116,70	131,29	73,48	106,89	120,25	66,74	97,08	109,22	60,05	87,35	98,27	53,60	77,96	87,71
	III	1 194,50	65,69	95,56	107,50	III	1 194,50	60,34	87,77	98,74	55,12	80,18	90,20	50,04	72,78	81,88	45,08	65,57	73,76	40,25	58,54	65,86	35,53	51,69	58,15
	V	2 164,41	119,04	173,15	194,79	IV	1 749,91	92,87	135,08	151,97	89,49	130,18	146,45	86,12	125,27	140,93	82,75	120,36	135,41	79,37	115,46	129,89	76,01	110,56	124,38
	VI	2 197,91	120,88	175,83	197,81																				
6 437,99 Ost	I,IV	1 762,75	96,95	141,02	158,64	I	1 762,75	90,20	131,20	147,60	83,46	121,40	136,57	76,71	111,58	125,53	69,96	101,77	114,49	63,23	91,97	103,46	56,65	82,40	92,70
	II	1 717,—	94,43	137,36	154,53	II	1 717,—	87,68	127,54	143,48	80,94	117,73	132,44	74,19	107,92	121,41	67,45	98,11	110,37	60,74	88,36	99,40	54,26	78,93	88,79
	III	1 204,83	66,26	96,38	108,43	III	1 204,83	60,90	88,58	99,65	55,66	80,97	91,09	50,57	73,56	82,75	45,59	66,32	74,61	40,74	59,26	66,67	36,03	52,41	58,96
	V	2 177,33	119,75	174,18	195,95	IV	1 762,75	93,57	136,11	153,12	90,20	131,20	147,60	86,83	126,30	142,09	83,46	121,40	136,57	80,08	116,49	131,05	76,71	111,58	125,53
	VI	2 210,75	121,59	176,86	198,96																				
6 440,99 West	I,IV	1 751,16	96,31	140,09	157,60	I	1 751,16	89,56	130,28	146,56	82,82	120,46	135,52	76,07	110,66	124,49	69,33	100,84	113,45	62,59	91,04	102,42	56,04	81,52	91,71
	II	1 705,33	93,79	136,42	153,47	II	1 705,33	87,05	126,62	142,44	80,30	116,80	131,40	73,55	106,99	120,36	66,81	97,18	109,33	60,11	87,44	98,37	53,66	78,06	87,81
	III	1 195,50	65,75	95,64	107,59	III	1 195,50	60,39	87,85	98,83	55,18	80,26	90,29	50,09	72,86	81,97	45,12	65,64	73,84	40,29	58,61	65,93	35,59	51,77	58,24
	V	2 165,75	119,11	173,26	194,91	IV	1 751,16	92,94	135,18	152,08	89,56	130,28	146,56	86,19	125,37	141,04	82,82	120,46	135,52	79,45	115,56	130,01	76,07	110,66	124,49
	VI	2 199,16	120,95	175,93	197,92																				
6 440,99 Ost	I,IV	1 764,—	97,02	141,12	158,76	I	1 764,—	90,27	131,31	147,72	83,53	121,50	136,68	76,78	111,68	125,64	70,04	101,88	114,61	63,30	92,07	103,58	56,72	82,50	92,81
	II	1 718,25	94,50	137,46	154,64	II	1 718,25	87,75	127,64	143,60	81,01	117,84	132,57	74,26	108,02	121,52	67,52	98,21	110,48	60,81	88,45	99,50	54,33	79,02	88,90
	III	1 205,83	66,32	96,46	108,52	III	1 205,83	60,95	88,66	99,74	55,72	81,05	91,18	50,61	73,62	82,82	45,64	66,38	74,68	40,80	59,34	66,76	36,08	52,48	59,04
	V	2 178,58	119,82	174,28	196,07	IV	1 764,—	93,64	136,21	153,23	90,27	131,31	147,72	86,90	126,40	142,20	83,53	121,50	136,68	80,15	116,59	131,16	76,78	111,68	125,64
	VI	2 212,08	121,66	176,96	199,08																				
6 443,99 West	I,IV	1 752,41	96,38	140,19	157,71	I	1 752,41	89,63	130,38	146,67	82,88	120,56	135,63	76,14	110,76	124,60	69,40	100,94	113,56	62,66	91,14	102,53	56,11	81,62	91,82
	II	1 706,58	93,86	136,52	153,59	II	1 706,58	87,12	126,72	142,56	80,37	116,90	131,51	73,62	107,09	120,47	66,88	97,28	109,44	60,18	87,54	98,48	53,73	78,15	87,92
	III	1 196,50	65,80	95,72	107,68	III	1 196,50	60,45	87,93	98,92	55,23	80,34	90,38	50,14	72,93	82,04	45,18	65,72	73,93	40,34	58,68	66,01	35,64	51,84	58,32
	V	2 167,—	119,18	173,36	195,03	IV	1 752,41	93,—	135,28	152,19	89,63	130,38	146,67	86,26	125,47	141,15	82,88	120,56	135,63	79,52	115,66	130,12	76,14	110,76	124,60
	VI	2 200,41	121,02	176,03	198,03																				
6 443,99 Ost	I,IV	1 765,25	97,08	141,22	158,87	I	1 765,25	90,34	131,41	147,83	83,60	121,60	136,80	76,85	111,78	125,75	70,11	101,98	114,72	63,36	92,17	103,69	56,78	82,60	92,92
	II	1 719,50	94,57	137,56	154,75	II	1 719,50	87,82	127,74	143,71	81,08	117,94	132,68	74,33	108,12	121,64	67,59	98,31	110,60	60,88	88,55	99,62	54,39	79,12	89,01
	III	1 206,83	66,37	96,54	108,61	III	1 206,83	61,01	88,74	99,83	55,77	81,13	91,27	50,67	73,70	82,91	45,69	66,46	74,77	40,84	59,41	66,83	36,12	52,54	59,11
	V	2 179,83	119,89	174,38	196,18	IV	1 765,25	93,72	136,32	153,36	90,34	131,41	147,83	86,97	126,50	142,31	83,60	121,60	136,80	80,22	116,69	131,27	76,85	111,78	125,75
	VI	2 213,33	121,73	177,06	199,19																				
6 446,99 West	I,IV	1 753,66	96,45	140,29	157,82	I	1 753,66	89,70	130,48	146,79	82,96	120,67	135,75	76,21	110,86	124,71	69,46	101,04	113,67	62,73	91,24	102,65	56,17	81,71	91,92
	II	1 707,91	93,93	136,63	153,71	II	1 707,91	87,18	126,82	142,67	80,44	117,—	131,63	73,70	107,20	120,60	66,95	97,38	109,55	60,25	87,64	98,60	53,79	78,25	88,03
	III	1 197,50	65,86	95,80	107,77	III	1 197,50	60,50	88,01	99,01	55,28	80,41	90,46	50,19	73,01	82,13	45,22	65,78	74,—	40,39	58,76	66,10	35,68	51,90	58,39
	V	2 168,25	119,25	173,46	195,14	IV	1 753,66	93,07	135,38	152,30	89,70	130,48	146,79	86,33	125,57	141,26	82,96	120,67	135,75	79,58	115,76	130,23	76,21	110,86	124,71
	VI	2 201,66	121,09	176,13	198,14																				
6 446,99 Ost	I,IV	1 766,58	97,16	141,32	158,99	I	1 766,58	90,41	131,51	147,95	83,66	121,70	136,91	76,92	111,88	125,87	70,18	102,08	114,84	63,43	92,27	103,80	56,85	82,70	93,03
	II	1 720,75	94,64	137,66	154,86	II	1 720,75	87,89	127,84	143,82	81,15	118,04	132,79	74,40	108,22	121,75	67,65	98,41	110,71	60,94	88,65	99,73	54,46	79,22	89,12
	III	1 207,83	66,43	96,62	108,70	III	1 207,83	61,06	88,82	99,92	55,83	81,21	91,36	50,72	73,78	83,—	45,74	66,53	74,84	40,89	59,48	66,91	36,17	52,61	59,18
	V	2 181,08	119,95	174,48	196,29	IV	1 766,58	93,78	136,42	153,47	90,41	131,51	147,95	87,04	126,60	142,43	83,66	121,70	136,91	80,29	116,79	131,39	76,92	111,88	125,87
	VI	2 214,58	121,80	177,16	199,31																				
6 449,99 West	I,IV	1 754,91	96,52	140,39	157,94	I	1 754,91	89,77	130,58	146,90	83,03	120,77	135,86	76,28	110,96	124,83	69,53	101,14	113,78	62,80	91,34	102,76	56,24	81,80	92,03
	II	1 709,16	94,—	136,73	153,82	II	1 709,16	87,25	126,92	142,78	80,51	117,10	131,74	73,76	107,30	120,71	67,02	97,48	109,67	60,32	87,74	98,71	53,86	78,34	88,13
	III	1 198,50	65,91	95,88	107,86	III	1 198,50	60,56	88,09	99,10	55,33	80,49	90,55	50,24	73,08	82,21	45,28	65,86	74,09	40,44	58,82	66,17	35,73	51,97	58,46
	V	2 169,50	119,32	173,56	195,25	IV	1 754,91	93,14	135,48	152,42	89,77	130,58	146,90	86,40	125,68	141,39	83,03	120,77	135,86	79,65	115,86	130,34	76,28	110,96	124,83
	VI	2 202,91	121,16	176,23	198,26																				
6 449,99 Ost	I,IV	1 767,83	97,23	141,42	159,10	I	1 767,83	90,48	131,61	148,06	83,73	121,80	137,02	76,99	111,99	125,99	70,24	102,18	114,95	63,50	92,37	103,91	56,92	82,79	93,14
	II	1 722,—	94,71	137,76	154,98	II	1 722,—	87,96	127,95	143,94	81,22	118,14	132,90	74,47	108,32	121,86	67,73	98,52	110,83	61,01	88,75	99,84	54,52	79,31	89,22
	III	1 208,83	66,48	96,70	108,79	III	1 208,83	61,12	88,90	100,01	55,88	81,28	91,44	50,77	73,85	83,08	45,79	66,61	74,93	40,94	59,56	67,—	36,22	52,69	59,27
	V	2 182,33	120,02	174,58	196,40	IV	1 767,83	93,85	136,52	153,58	90,48	131,61	148,06	87,11	126,70	142,54	83,73	121,80	137,02	80,36	116,89	131,50	76,99	111,99	125,99
	VI	2 215,83	121,87	177,26	199,42																				
6 452,99 West	I,IV	1 756,16	96,58	140,49	158,05	I	1 756,16	89,84	130,68	147,02	83,10	120,87	135,98	76,35	111,06	124,94	69,60	101,24	113,90	62,86	91,44	102,87	56,31	81,90	92,14
	II	1 710,41	94,07	136,83	153,93	II	1 710,41	87,32	127,02	142,89	80,57	117,20	131,85	73,83	107,40	120,82	67,09	97,58	109,78	60,39	87,84	98,82	53,92	78,44	88,24
	III	1 199,50	65,97	95,96	107,95	III	1 199,50	60,61	88,17	99,19	55,39	80,57	90,64	50,29	73,16	82,30	45,32	65,93	74,17	40,48	58,89	66,25	35,77	52,04	58,54
	V	2 170,75	119,39	173,66	195,36	IV	1 756,16	93,21	135,58	152,53	89,84	130,68	147,02	86,47	125,78	141,50	83,10	120,87	135,98	79,72	115,96	130,46	76,35	111,06	124,94
	VI	2 204,25	121,23	176,34	198,38																				
6 452,99 Ost	I,IV	1 769,08	97,29	141,52	159,21	I	1 769,08	90,55	131,71	148,17	83,80	121,90	137,13	77,06	112,09	126,10	70,31	102,28	115,06	63,57	92,47	104,03	56,98	82,89	93,25
	II	1 723,25	94,77	137,86	155,09	II	1 723,25	88,03	128,05	144,05	81,29	118,24	133,02	74,54	108,42	121,97	67,80	98,62	110,94	61,08	88,85	99,95	54,59	79,40	89,33
	III	1 209,83	66,54	96,78	108,88	III	1 209,83	61,17	88,98	100,10	55,93	81,36	91,53	50,82	73,93	83,17	45,84	66,68	75,01	40,99	59,62	67,07	36,27	52,76	59,35
	V	2 183,66	120,10	174,69	196,52	IV	1 769,08	93,92	136,62	153,69	90,55	131,71	148,17	87,17	126,80	142,65	83,80	121,90	137,13	80,43	117,—	131,62	77,06	112,09	126,10
	VI	2 217,08	121,93	177,36	199,53																				
6 455,99 West	I,IV	1 757,41	96,65	140,59	158,16	I	1 757,41	89,91	130,78	147,13	83,16	120,97	136,09	76,42	111,16	125,05	69,68	101,35	114,02	62,93	91,54	102,98	56,37	82,—	92,25
	II	1 711,66	94,14	136,93	154,04	II	1 711,66	87,39	127,12	143,01	80,65	117,31	131,97	73,90	107,50	120,93	67,15	97,68	109,89	60,45	87,94	98,93	53,99	78,53	88,34
	III	1 200,50	66,02	96,04	108,04	III	1 200,50	60,67	88,25	99,28	55,44	80,65	90,73	50,35	73,24	82,39	45,38	66,01	74,26	40,54	58,97	66,34	35,83	52,12	58,63
	V	2 172,—	119,46	173,76	195,48	IV	1 757,41	93,28	135,68	152,64	89,91	130,78	147,13	86,54	125,88	141,61	83,16	120,97	136,09	79,79	116,06	130,57	76,42	111,16	125,05
	VI	2 205,50	121,30	176,44	198,49																				
6 455,99 Ost	I,IV	1 770,33	97,36	141,62	159,32	I	1 770,33	90,62	131,81	148,28	83,87	122,—	137,25	77,13	112,19	126,21	70,38	102,38	115,17	63,64	92,57	104,14	57,05	82,98	93,35
	II	1 724,58	94,85	137,96	155,21	II	1 724,58	88,10	128,15	144,17	81,35	118,34	133,13	74,61	108,52	122,09	67,87	98,72	111,06	61,15	88,95	100,07	54,66	79,50	89,44
	III	1 210,83	66,59	96,86	108,97	III	1 210,83	61,23	89,06	100,19	55,99	81,44	91,62	50,87	74,—	83,25	45,89	66,76	75,10	41,03	59,69	67,15	36,31	52,82	59,42
	V	2 184,91	120,17	174,79	196,64	IV	1 770,33	93,99	136,72	153,81	90,62	131,81	148,28	87,24	126,90	142,76	83,87	122,—	137,25	80,50	117,10	131,73	77,13	112,19	126,21
	VI	2 218,33	122,—	177,46	199,64																				

* Die ausgewiesenen Tabellenwerte sind amtlich. Siehe Erläuterungen auf der Umschlaginnenseite (U2).

Abzüge an Lohnsteuer, Solidaritätszuschlag (SolZ) und Kirchensteuer (8%, 9%) in den Steuerklassen

Lohn/ Gehalt bis €*	I – VI					I, II, III, IV																			
			ohne Kinderfreibeträge					mit Zahl der Kinderfreibeträge . . .																	
								0,5			1			1,5			2			2,5			3		
		LSt	SolZ	8%	9%		LSt	SolZ	8%	9%	SolZ	8%	9%	SolZ	8%	9%	SolZ	8%	9%	SolZ	8%	9%	SolZ	8%	9%
6 458,99 West	I,IV	1 758,66	96,72	140,69	158,27	I	1 758,66	89,98	130,88	147,24	83,23	121,07	136,20	76,49	111,26	125,16	69,74	101,45	114,13	63,—	91,64	103,10	56,44	82,10	92,36
	II	1 712,91	94,21	137,03	154,16	II	1 712,91	87,46	127,22	143,12	80,72	117,41	132,08	73,97	107,60	121,05	67,22	97,78	110,—	60,52	88,04	99,04	54,05	78,62	88,45
	III	1 201,50	66,08	96,12	108,13	III	1 201,50	60,72	88,33	99,37	55,50	80,73	90,82	50,39	73,30	82,46	45,43	66,08	74,34	40,59	59,04	66,42	35,87	52,18	58,70
	V	2 173,25	119,52	173,86	195,59	IV	1 758,66	93,35	135,79	152,76	89,98	130,88	147,24	86,61	125,98	141,72	83,23	121,07	136,20	79,86	116,16	130,68	76,49	111,26	125,16
	VI	2 206,75	121,37	176,54	198,60																				
6 458,99 Ost	I,IV	1 771,58	97,43	141,72	159,44	I	1 771,58	90,69	131,91	148,40	83,94	122,10	137,36	77,20	112,29	126,32	70,45	102,48	115,29	63,71	92,67	104,25	57,12	83,08	93,47
	II	1 725,83	94,92	138,06	155,32	II	1 725,83	88,17	128,25	144,28	81,42	118,44	133,24	74,68	108,63	122,21	67,93	98,82	111,17	61,21	89,04	100,17	54,72	79,60	89,55
	III	1 211,83	66,65	96,94	109,06	III	1 211,83	61,28	89,14	100,28	56,04	81,52	91,71	50,93	74,08	83,34	45,94	66,82	75,17	41,09	59,77	67,24	36,36	52,89	59,50
	V	2 186,16	120,23	174,89	196,75	IV	1 771,58	94,06	136,82	153,92	90,69	131,91	148,40	87,31	127,—	142,88	83,94	122,10	137,36	80,57	117,20	131,85	77,20	112,29	126,32
	VI	2 219,58	122,07	177,56	199,76																				
6 461,99 West	I,IV	1 760,—	96,80	140,80	158,40	I	1 760,—	90,05	130,98	147,35	83,30	121,17	136,31	76,56	111,36	125,28	69,81	101,55	114,24	63,07	91,74	103,21	56,50	82,19	92,46
	II	1 714,16	94,27	137,13	154,27	II	1 714,16	87,53	127,32	143,24	80,79	117,51	132,20	74,04	107,70	121,16	67,29	97,88	110,12	60,59	88,14	99,15	54,12	78,72	88,56
	III	1 202,50	66,13	96,20	108,22	III	1 202,50	60,78	88,41	99,46	55,55	80,80	90,90	50,45	73,38	82,55	45,48	66,16	74,43	40,63	59,10	66,49	35,92	52,25	58,78
	V	2 174,50	119,59	173,96	195,70	IV	1 760,—	93,42	135,89	152,87	90,05	130,98	147,35	86,68	126,08	141,84	83,30	121,17	136,31	79,93	116,26	130,79	76,56	111,36	125,28
	VI	2 208,—	121,44	176,64	198,72																				
6 461,99 Ost	I,IV	1 772,83	97,50	141,82	159,55	I	1 772,83	90,75	132,01	148,51	84,01	122,20	137,48	77,27	112,39	126,44	70,52	102,58	115,40	63,78	92,77	104,36	57,18	83,18	93,57
	II	1 727,08	94,98	138,16	155,43	II	1 727,08	88,24	128,35	144,39	81,49	118,54	133,35	74,75	108,73	122,32	68,—	98,92	111,28	61,28	89,14	100,28	54,78	79,69	89,65
	III	1 212,83	66,70	97,02	109,15	III	1 212,83	61,34	89,22	100,37	56,10	81,60	91,80	50,98	74,16	83,43	45,99	66,90	75,26	41,14	59,84	67,32	36,41	52,96	59,58
	V	2 187,41	120,30	174,99	196,86	IV	1 772,83	94,13	136,92	154,03	90,75	132,01	148,51	87,39	127,11	143,—	84,01	122,20	137,48	80,64	117,30	131,96	77,27	112,39	126,44
	VI	2 220,83	122,14	177,66	199,87																				
6 464,99 West	I,IV	1 761,25	96,86	140,90	158,51	I	1 761,25	90,12	131,08	147,47	83,37	121,27	136,43	76,63	111,46	125,39	69,88	101,65	114,35	63,14	91,84	103,32	56,57	82,29	92,57
	II	1 715,41	94,34	137,23	154,38	II	1 715,41	87,60	127,42	143,35	80,85	117,61	132,31	74,11	107,80	121,27	67,37	97,99	110,24	60,66	88,24	99,27	54,18	78,82	88,67
	III	1 203,50	66,19	96,28	108,31	III	1 203,50	60,83	88,49	99,55	55,60	80,88	90,99	50,50	73,46	82,64	45,53	66,22	74,50	40,69	59,18	66,58	35,97	52,32	58,86
	V	2 175,75	119,66	174,06	195,81	IV	1 761,25	93,49	135,99	152,99	90,12	131,08	147,47	86,74	126,18	141,95	83,37	121,27	136,43	80,—	116,36	130,91	76,63	111,46	125,39
	VI	2 209,25	121,50	176,74	198,83																				
6 464,99 Ost	I,IV	1 774,08	97,57	141,92	159,66	I	1 774,08	90,83	132,12	148,63	84,08	122,30	137,59	77,33	112,49	126,55	70,59	102,68	115,52	63,85	92,87	104,48	57,25	83,28	93,69
	II	1 728,33	95,05	138,26	155,54	II	1 728,33	88,31	128,45	144,50	81,56	118,64	133,47	74,82	108,83	122,43	68,07	99,02	111,39	61,35	89,24	100,40	54,85	79,79	89,76
	III	1 214,—	66,77	97,12	109,26	III	1 214,—	61,38	89,29	100,45	56,14	81,66	91,87	51,03	74,22	83,50	46,04	66,97	75,34	41,19	59,92	67,41	36,46	53,04	59,67
	V	2 188,66	120,37	175,09	196,97	IV	1 774,08	94,20	137,02	154,14	90,83	132,12	148,63	87,45	127,21	143,11	84,08	122,30	137,59	80,71	117,40	132,07	77,33	112,49	126,55
	VI	2 222,16	122,21	177,77	199,99																				
6 467,99 West	I,IV	1 762,50	96,93	141,—	158,62	I	1 762,50	90,19	131,18	147,58	83,44	121,37	136,54	76,70	111,56	125,51	69,95	101,75	114,47	63,21	91,94	103,43	56,64	82,38	92,68
	II	1 716,66	94,41	137,33	154,49	II	1 716,66	87,67	127,52	143,46	80,92	117,71	132,42	74,18	107,90	121,38	67,43	98,09	110,35	60,72	88,33	99,37	54,25	78,91	88,77
	III	1 204,50	66,24	96,36	108,40	III	1 204,50	60,89	88,57	99,64	55,66	80,96	91,08	50,55	73,53	82,72	45,58	66,30	74,59	40,73	59,25	66,65	36,02	52,40	58,95
	V	2 177,08	119,73	174,16	195,93	IV	1 762,50	93,56	136,09	153,10	90,19	131,18	147,58	86,81	126,28	142,06	83,44	121,37	136,54	80,07	116,47	131,03	76,70	111,56	125,51
	VI	2 210,50	121,57	176,84	198,94																				
6 467,99 Ost	I,IV	1 775,33	97,64	142,02	159,77	I	1 775,33	90,90	132,22	148,74	84,15	122,40	137,70	77,40	112,59	126,66	70,66	102,78	115,63	63,91	92,97	104,59	57,31	83,37	93,79
	II	1 729,58	95,12	138,36	155,66	II	1 729,58	88,38	128,55	144,62	81,63	118,74	133,58	74,89	108,93	122,54	68,14	99,12	111,51	61,42	89,34	100,51	54,92	79,88	89,87
	III	1 215,—	66,82	97,20	109,35	III	1 215,—	61,44	89,37	100,54	56,20	81,74	91,96	51,08	74,30	83,59	46,09	67,05	75,43	41,24	59,98	67,48	36,51	53,10	59,74
	V	2 189,91	120,44	175,19	197,09	IV	1 775,33	94,27	137,12	154,26	90,90	132,22	148,74	87,52	127,31	143,22	84,15	122,40	137,70	80,78	117,50	132,18	77,40	112,59	126,66
	VI	2 223,41	122,28	177,87	200,10																				
6 470,99 West	I,IV	1 763,75	97,—	141,10	158,73	I	1 763,75	90,25	131,28	147,69	83,51	121,48	136,66	76,77	111,66	125,62	70,02	101,85	114,58	63,28	92,04	103,55	56,70	82,48	92,79
	II	1 718,—	94,49	137,44	154,62	II	1 718,—	87,74	127,62	143,57	80,99	117,81	132,53	74,25	108,—	121,50	67,50	98,19	110,46	60,79	88,43	99,48	54,31	79,—	88,88
	III	1 205,66	66,31	96,45	108,50	III	1 205,66	60,94	88,65	99,73	55,71	81,04	91,17	50,60	73,61	82,81	45,63	66,37	74,66	40,78	59,32	66,73	36,07	52,46	59,02
	V	2 178,33	119,80	174,26	196,04	IV	1 763,75	93,63	136,19	153,21	90,25	131,28	147,69	86,88	126,38	142,17	83,51	121,48	136,66	80,14	116,57	131,14	76,77	111,66	125,62
	VI	2 211,75	121,64	176,94	199,05																				
6 470,99 Ost	I,IV	1 776,58	97,71	142,12	159,89	I	1 776,58	90,97	132,32	148,86	84,22	122,50	137,81	77,47	112,69	126,77	70,73	102,88	115,74	63,98	93,07	104,70	57,38	83,47	93,90
	II	1 730,83	95,19	138,46	155,77	II	1 730,83	88,44	128,65	144,73	81,70	118,84	133,70	74,96	109,03	122,66	68,21	99,22	111,62	61,49	89,44	100,62	54,98	79,98	89,97
	III	1 216,—	66,88	97,28	109,44	III	1 216,—	61,49	89,45	100,63	56,25	81,82	92,05	51,14	74,38	83,68	46,15	67,13	75,52	41,28	60,05	67,55	36,55	53,17	59,81
	V	2 191,16	120,51	175,29	197,20	IV	1 776,58	94,34	137,22	154,37	90,97	132,32	148,86	87,59	127,41	143,33	84,22	122,50	137,81	80,85	117,60	132,30	77,47	112,69	126,77
	VI	2 224,66	122,35	177,97	200,21																				
6 473,99 West	I,IV	1 765,—	97,07	141,20	158,85	I	1 765,—	90,32	131,38	147,80	83,58	121,58	136,77	76,83	111,76	125,73	70,09	101,95	114,69	63,35	92,14	103,66	56,77	82,58	92,90
	II	1 719,25	94,55	137,54	154,73	II	1 719,25	87,81	127,72	143,69	81,06	117,91	132,65	74,32	108,10	121,61	67,57	98,29	110,57	60,86	88,53	99,59	54,38	79,10	88,99
	III	1 206,66	66,36	96,53	108,59	III	1 206,66	61,—	88,73	99,82	55,77	81,12	91,26	50,66	73,69	82,90	45,68	66,45	74,75	40,83	59,40	66,82	36,11	52,53	59,09
	V	2 179,58	119,87	174,36	196,16	IV	1 765,—	93,70	136,29	153,32	90,32	131,38	147,80	86,95	126,48	142,29	83,58	121,58	136,77	80,21	116,67	131,25	76,83	111,76	125,73
	VI	2 213,—	121,71	177,04	199,17																				
6 473,99 Ost	I,IV	1 777,91	97,78	142,23	160,01	I	1 777,91	91,03	132,42	148,97	84,29	122,60	137,93	77,55	112,80	126,90	70,80	102,98	115,85	64,05	93,17	104,81	57,45	83,56	94,01
	II	1 732,08	95,26	138,56	155,88	II	1 732,08	88,52	128,76	144,85	81,77	118,94	133,81	75,02	109,13	122,77	68,28	99,32	111,74	61,56	89,54	100,73	55,05	80,07	90,08
	III	1 217,—	66,93	97,36	109,53	III	1 217,—	61,55	89,53	100,72	56,31	81,90	92,14	51,18	74,45	83,75	46,20	67,20	75,60	41,34	60,13	67,64	36,60	53,24	59,89
	V	2 192,41	120,58	175,39	197,31	IV	1 777,91	94,41	137,32	154,49	91,03	132,42	148,97	87,66	127,51	143,45	84,29	122,60	137,93	80,91	117,70	132,41	77,55	112,80	126,90
	VI	2 225,91	122,42	178,07	200,33																				
6 476,99 West	I,IV	1 766,25	97,14	141,30	158,96	I	1 766,25	90,39	131,48	147,92	83,65	121,68	136,89	76,90	111,86	125,84	70,16	102,05	114,80	63,41	92,24	103,77	56,83	82,67	93,—
	II	1 720,50	94,62	137,64	154,84	II	1 720,50	87,88	127,82	143,80	81,13	118,01	132,76	74,39	108,20	121,73	67,64	98,39	110,69	60,93	88,63	99,71	54,45	79,20	89,10
	III	1 207,66	66,42	96,61	108,68	III	1 207,66	61,05	88,81	99,91	55,81	81,18	91,33	50,71	73,76	82,98	45,73	66,52	74,83	40,88	59,46	66,89	36,16	52,60	59,17
	V	2 180,83	119,94	174,46	196,27	IV	1 766,25	93,77	136,39	153,44	90,39	131,48	147,92	87,02	126,58	142,40	83,65	121,68	136,89	80,28	116,77	131,36	76,90	111,86	125,84
	VI	2 214,25	121,78	177,14	199,28																				
6 476,99 Ost	I,IV	1 779,16	97,85	142,33	160,12	I	1 779,16	91,10	132,52	149,08	84,36	122,70	138,04	77,61	112,90	127,01	70,87	103,08	115,97	64,12	93,27	104,93	57,52	83,66	94,12
	II	1 733,33	95,33	138,66	155,99	II	1 733,33	88,59	128,86	144,96	81,84	119,04	133,92	75,09	109,23	122,88	68,35	99,42	111,85	61,63	89,64	100,85	55,11	80,17	90,19
	III	1 218,—	66,99	97,44	109,62	III	1 218,—	61,60	89,61	100,81	56,36	81,98	92,22	51,24	74,53	83,84	46,25	67,28	75,69	41,38	60,20	67,72	36,65	53,32	59,98
	V	2 193,75	120,65	175,50	197,43	IV	1 779,16	94,48	137,42	154,60	91,10	132,52	149,08	87,73	127,61	143,56	84,36	122,70	138,04	80,99	117,80	132,53	77,61	112,90	127,01
	VI	2 227,16	122,49	178,17	200,44																				
6 479,99 West	I,IV	1 767,50	97,21	141,40	159,07	I	1 767,50	90,47	131,59	148,04	83,72	121,78	137,—	76,97	111,96	125,96	70,23	102,16	114,93	63,48	92,34	103,88	56,90	82,77	93,11
	II	1 721,75	94,69	137,74	154,95	II	1 721,75	87,94	127,92	143,91	81,20	118,12	132,88	74,46	108,30	121,84	67,71	98,49	110,80	61,—	88,73	99,82	54,51	79,29	89,20
	III	1 208,66	66,47	96,69	108,77	III	1 208,66	61,10	88,88	99,99	55,87	81,26	91,42	50,76	73,84	83,07	45,78	66,60	74,92	40,93	59,54	66,98	36,20	52,66	59,24
	V	2 182,08	120,01	174,56	196,38	IV	1 767,50	93,83	136,49	153,55	90,47	131,59	148,04	87,09	126,68	142,52	83,72	121,78	137,—	80,35	116,87	131,48	76,97	111,96	125,96
	VI	2 215,58	121,85	177,24	199,40																				
6 479,99 Ost	I,IV	1 780,41	97,92	142,43	160,23	I	1 780,41	91,17	132,62	149,19	84,42	122,80	138,15	77,68	113,—	127,12	70,94	103,18	116,08	64,19	93,38	105,05	57,58	83,76	94,23
	II	1 734,58	95,40	138,76	156,11	II	1 734,58	88,66	128,96	145,08	81,91	119,14	134,03	75,16	109,33	122,99	68,42	99,52	111,96	61,70	89,74	100,96	55,18	80,26	90,29
	III	1 219,—	67,04	97,52	109,71	III	1 219,—	61,66	89,69	100,90	56,41	82,05	92,30	51,29	74,61	83,93	46,30	67,34	75,76	41,43	60,26	67,79	36,70	53,38	60,05
	V	2 195,—	120,72	175,60	197,55	IV	1 780,41	94,54	137,52	154,71	91,17	132,62	149,19	87,80	127,71	143,67	84,42	122,80	138,15	81,06	117,90	132,64	77,68	113,—	127,12
	VI	2 228,41	122,56	178,27	200,55																				

* Die ausgewiesenen Tabellenwerte sind amtlich. Siehe Erläuterungen auf der Umschlaginnenseite (U2).

Abzüge an Lohnsteuer, Solidaritätszuschlag (SolZ) und Kirchensteuer (8%, 9%) in den Steuerklassen

Lohn/ Gehalt bis €*	I – VI					I, II, III, IV		mit Zahl der Kinderfreibeträge . . . 0,5			1			1,5			2			2,5			3		
		LSt	ohne Kinderfreibeträge SolZ	8%	9%		LSt	SolZ	8%	9%	SolZ	8%	9%	SolZ	8%	9%	SolZ	8%	9%	SolZ	8%	9%	SolZ	8%	9%
6 482,99 West	I,IV	1 768,75	97,28	141,50	159,18	I	1 768,75	90,53	131,69	148,15	83,79	121,88	137,11	77,04	112,06	126,07	70,30	102,26	115,04	63,55	92,44	104,—	56,97	82,86	93,22
	II	1 723,—	94,76	137,84	155,07	II	1 723,—	88,01	128,02	144,02	81,27	118,22	132,99	74,52	108,40	121,95	67,78	98,59	110,91	61,06	88,82	99,92	54,57	79,38	89,30
	III	1 209,66	66,53	96,77	108,86	III	1 209,66	61,16	88,96	100,08	55,92	81,34	91,51	50,82	73,92	83,16	45,83	66,66	74,99	40,98	59,61	67,06	36,26	52,74	59,33
	V	2 183,33	120,08	174,66	196,49	IV	1 768,75	93,91	136,60	153,67	90,53	131,69	148,15	87,16	126,78	142,63	83,79	121,88	137,11	80,41	116,97	131,59	77,04	112,06	126,07
	VI	2 216,83	121,92	177,34	199,51																				
6 482,99 Ost	I,IV	1 781,66	97,99	142,53	160,34	I	1 781,66	91,24	132,72	149,31	84,50	122,91	138,27	77,75	113,10	127,23	71,—	103,28	116,19	64,26	93,48	105,16	57,65	83,86	94,34
	II	1 735,91	95,47	138,87	156,23	II	1 735,91	88,72	129,06	145,19	81,98	119,24	134,15	75,24	109,44	123,12	68,49	99,62	112,07	61,76	89,84	101,07	55,24	80,36	90,40
	III	1 220,—	67,10	97,60	109,80	III	1 220,—	61,71	89,77	100,99	56,46	82,13	92,39	51,34	74,68	84,01	46,35	67,42	75,85	41,48	60,34	67,88	36,74	53,45	60,13
	V	2 196,25	120,79	175,70	197,66	IV	1 781,66	94,61	137,62	154,82	91,24	132,72	149,31	87,87	127,81	143,78	84,50	122,91	138,27	81,12	118,—	132,75	77,75	113,10	127,23
	VI	2 229,66	122,63	178,37	200,66																				
6 485,99 West	I,IV	1 770,08	97,35	141,60	159,30	I	1 770,08	90,60	131,79	148,26	83,86	121,98	137,22	77,11	112,16	126,18	70,37	102,36	115,15	63,63	92,55	104,12	57,03	82,96	93,33
	II	1 724,25	94,83	137,94	155,18	II	1 724,25	88,08	128,12	144,14	81,34	118,32	133,11	74,59	108,50	122,06	67,85	98,69	111,02	61,13	88,92	100,04	54,64	79,48	89,42
	III	1 210,66	66,58	96,85	108,95	III	1 210,66	61,21	89,04	100,17	55,98	81,42	91,60	50,86	73,98	83,23	45,88	66,74	75,08	41,03	59,68	67,14	36,30	52,81	59,41
	V	2 184,58	120,15	174,76	196,61	IV	1 770,08	93,98	136,70	153,78	90,60	131,79	148,26	87,23	126,88	142,74	83,86	121,98	137,22	80,48	117,07	131,70	77,11	112,16	126,18
	VI	2 218,08	121,99	177,44	199,62																				
6 485,99 Ost	I,IV	1 782,91	98,06	142,63	160,46	I	1 782,91	91,31	132,82	149,42	84,57	123,01	138,38	77,82	113,20	127,35	71,07	103,38	116,30	64,33	93,58	105,27	57,71	83,95	94,44
	II	1 737,16	95,54	138,97	156,34	II	1 737,16	88,79	129,16	145,30	82,05	119,34	134,26	75,30	109,54	123,23	68,56	99,72	112,19	61,83	89,94	101,18	55,31	80,46	90,51
	III	1 221,—	67,15	97,68	109,89	III	1 221,—	61,77	89,85	101,08	56,52	82,21	92,48	51,39	74,76	84,10	46,40	67,49	75,92	41,53	60,41	67,96	36,79	53,52	60,21
	V	2 197,50	120,86	175,80	197,77	IV	1 782,91	94,68	137,72	154,94	91,31	132,82	149,42	87,94	127,92	143,91	84,57	123,01	138,38	81,19	118,10	132,86	77,82	113,20	127,35
	VI	2 230,91	122,70	178,47	200,78																				
6 488,99 West	I,IV	1 771,33	97,42	141,70	159,41	I	1 771,33	90,67	131,89	148,37	83,93	122,08	137,34	77,18	112,27	126,30	70,44	102,46	115,26	63,69	92,65	104,23	57,10	83,06	93,44
	II	1 725,50	94,90	138,04	155,29	II	1 725,50	88,16	128,23	144,26	81,41	118,42	133,22	74,66	108,60	122,18	67,92	98,80	111,15	61,20	89,02	100,15	54,71	79,58	89,52
	III	1 211,66	66,64	96,93	109,04	III	1 211,66	61,27	89,12	100,26	56,03	81,50	91,69	50,92	74,06	83,32	45,93	66,81	75,16	41,08	59,76	67,23	36,35	52,88	59,49
	V	2 185,83	120,22	174,86	196,72	IV	1 771,33	94,05	136,80	153,90	90,67	131,89	148,37	87,30	126,98	142,85	83,93	122,08	137,34	80,55	117,17	131,81	77,18	112,27	126,30
	VI	2 219,33	122,06	177,54	199,73																				
6 488,99 Ost	I,IV	1 784,16	98,12	142,73	160,57	I	1 784,16	91,38	132,92	149,54	84,64	123,11	138,50	77,89	113,30	127,46	71,14	103,48	116,42	64,40	93,68	105,39	57,78	84,05	94,55
	II	1 738,41	95,61	139,07	156,45	II	1 738,41	88,86	129,26	145,41	82,11	119,44	134,37	75,37	109,64	123,34	68,63	99,82	112,30	61,90	90,04	101,29	55,38	80,55	90,62
	III	1 222,—	67,21	97,76	109,98	III	1 222,—	61,82	89,93	101,17	56,57	82,29	92,57	51,45	74,84	84,19	46,45	67,57	76,01	41,58	60,49	68,05	36,85	53,60	60,30
	V	2 198,75	120,93	175,90	197,88	IV	1 784,16	94,75	137,82	155,05	91,38	132,92	149,54	88,01	128,02	144,02	84,64	123,11	138,50	81,26	118,20	132,98	77,89	113,30	127,46
	VI	2 232,25	122,77	178,58	200,90																				
6 491,99 West	I,IV	1 772,58	97,49	141,80	159,53	I	1 772,58	90,74	131,99	148,49	83,99	122,18	137,45	77,25	112,37	126,41	70,51	102,56	115,38	63,76	92,75	104,34	57,17	83,16	93,55
	II	1 726,75	94,97	138,14	155,40	II	1 726,75	88,22	128,33	144,37	81,48	118,52	133,33	74,73	108,70	122,29	67,99	98,90	111,26	61,27	89,12	100,26	54,77	79,67	89,63
	III	1 212,66	66,69	97,01	109,13	III	1 212,66	61,32	89,20	100,35	56,08	81,57	91,76	50,97	74,14	83,41	45,98	66,89	75,25	41,13	59,82	67,30	36,40	52,94	59,56
	V	2 187,16	120,29	174,97	196,84	IV	1 772,58	94,11	136,90	154,01	90,74	131,99	148,49	87,37	127,08	142,97	83,99	122,18	137,45	80,63	117,28	131,94	77,25	112,37	126,41
	VI	2 220,58	122,13	177,64	199,85																				
6 491,99 Ost	I,IV	1 785,41	98,19	142,83	160,68	I	1 785,41	91,45	133,02	149,65	84,70	123,21	138,61	77,96	113,40	127,57	71,22	103,59	116,54	64,47	93,78	105,50	57,85	84,14	94,66
	II	1 739,66	95,68	139,17	156,56	II	1 739,66	88,93	129,36	145,53	82,19	119,55	134,49	75,44	109,74	123,45	68,69	99,92	112,41	61,97	90,14	101,40	55,44	80,64	90,72
	III	1 223,—	67,26	97,84	110,07	III	1 223,—	61,88	90,01	101,26	56,63	82,37	92,66	51,49	74,90	84,26	46,50	67,64	76,09	41,63	60,56	68,13	36,89	53,66	60,37
	V	2 200,—	121,—	176,—	198,—	IV	1 785,41	94,82	137,92	155,16	91,45	133,02	149,65	88,08	128,12	144,13	84,70	123,21	138,61	81,33	118,30	133,09	77,96	113,40	127,57
	VI	2 233,50	122,84	178,68	201,01																				
6 494,99 West	I,IV	1 773,83	97,56	141,90	159,64	I	1 773,83	90,81	132,09	148,60	84,07	122,28	137,57	77,32	112,47	126,53	70,57	102,66	115,49	63,83	92,85	104,45	57,23	83,25	93,65
	II	1 728,08	95,04	138,24	155,52	II	1 728,08	88,29	128,43	144,48	81,55	118,62	133,44	74,80	108,80	122,40	68,06	99,—	111,37	61,34	89,22	100,37	54,83	79,76	89,73
	III	1 213,66	66,75	97,09	109,22	III	1 213,66	61,38	89,28	100,44	56,13	81,65	91,85	51,02	74,21	83,48	46,03	66,96	75,33	41,17	59,89	67,37	36,45	53,02	59,65
	V	2 188,41	120,36	175,07	196,95	IV	1 773,83	94,18	137,—	154,12	90,81	132,09	148,60	87,44	127,18	143,08	84,07	122,28	137,57	80,69	117,38	132,05	77,32	112,47	126,53
	VI	2 221,83	122,20	177,74	199,96																				
6 494,99 Ost	I,IV	1 786,66	98,26	142,93	160,79	I	1 786,66	91,52	133,12	149,76	84,77	123,31	138,72	78,03	113,50	127,68	71,28	103,69	116,65	64,54	93,88	105,61	57,91	84,24	94,77
	II	1 740,91	95,75	139,27	156,68	II	1 740,91	89,—	129,46	145,64	82,26	119,65	134,60	75,51	109,84	123,57	68,76	100,02	112,52	62,04	90,24	101,52	55,51	80,74	90,83
	III	1 224,16	67,32	97,93	110,17	III	1 224,16	61,93	90,09	101,35	56,68	82,45	92,75	51,55	74,98	84,35	46,55	67,72	76,18	41,68	60,62	68,20	36,94	53,73	60,44
	V	2 201,25	121,06	176,10	198,11	IV	1 786,66	94,89	138,03	155,28	91,52	133,12	149,76	88,15	128,22	144,24	84,77	123,31	138,72	81,40	118,40	133,20	78,03	113,50	127,68
	VI	2 234,75	122,91	178,78	201,12																				
6 497,99 West	I,IV	1 775,08	97,62	142,—	159,75	I	1 775,08	90,88	132,19	148,71	84,14	122,38	137,68	77,39	112,57	126,64	70,64	102,76	115,60	63,90	92,95	104,57	57,30	83,35	93,77
	II	1 729,33	95,11	138,34	155,63	II	1 729,33	88,36	128,53	144,59	81,62	118,72	133,56	74,87	108,91	122,52	68,13	99,10	111,48	61,41	89,32	100,49	54,90	79,86	89,84
	III	1 214,66	66,80	97,17	109,31	III	1 214,66	61,43	89,36	100,53	56,19	81,73	91,94	51,07	74,29	83,57	46,09	67,04	75,42	41,23	59,97	67,46	36,50	53,09	59,72
	V	2 189,66	120,43	175,17	197,06	IV	1 775,08	94,25	137,10	154,23	90,88	132,19	148,71	87,50	127,28	143,19	84,14	122,38	137,68	80,76	117,48	132,16	77,39	112,57	126,64
	VI	2 223,08	122,26	177,84	200,07																				
6 497,99 Ost	I,IV	1 788,—	98,34	143,04	160,92	I	1 788,—	91,59	133,22	149,87	84,84	123,41	138,83	78,10	113,60	127,80	71,35	103,79	116,76	64,61	93,98	105,72	57,98	84,34	94,88
	II	1 742,16	95,81	139,37	156,79	II	1 742,16	89,07	129,56	145,76	82,33	119,75	134,72	75,58	109,94	123,68	68,83	100,12	112,64	62,10	90,34	101,63	55,57	80,84	90,94
	III	1 225,16	67,38	98,01	110,26	III	1 225,16	61,99	90,17	101,44	56,73	82,52	92,83	51,60	75,06	84,44	46,60	67,78	76,25	41,73	60,70	68,29	36,98	53,80	60,52
	V	2 202,50	121,13	176,20	198,22	IV	1 788,—	94,96	138,13	155,39	91,59	133,22	149,87	88,22	128,32	144,36	84,84	123,41	138,83	81,47	118,50	133,31	78,10	113,60	127,80
	VI	2 236,—	122,98	178,88	201,24																				
6 500,99 West	I,IV	1 776,33	97,69	142,10	159,86	I	1 776,33	90,95	132,29	148,82	84,20	122,48	137,79	77,46	112,67	126,75	70,71	102,86	115,71	63,97	93,05	104,68	57,36	83,44	93,87
	II	1 730,58	95,18	138,44	155,75	II	1 730,58	88,43	128,63	144,71	81,68	118,82	133,67	74,94	109,01	122,63	68,20	99,20	111,60	61,48	89,42	100,60	54,97	79,96	89,95
	III	1 215,66	66,86	97,25	109,40	III	1 215,66	61,49	89,44	100,62	56,24	81,81	92,03	51,13	74,37	83,66	46,13	67,10	75,49	41,27	60,04	67,54	36,54	53,16	59,80
	V	2 190,91	120,50	175,27	197,18	IV	1 776,33	94,32	137,20	154,35	90,95	132,29	148,82	87,58	127,39	143,31	84,20	122,48	137,79	80,83	117,58	132,27	77,46	112,67	126,75
	VI	2 224,33	122,33	177,94	200,18																				
6 500,99 Ost	I,IV	1 789,25	98,40	143,14	161,03	I	1 789,25	91,66	133,32	149,99	84,91	123,51	138,95	78,17	113,70	127,91	71,42	103,89	116,87	64,68	94,08	105,84	58,05	84,44	94,99
	II	1 743,41	95,88	139,47	156,90	II	1 743,41	89,14	129,66	145,87	82,39	119,85	134,83	75,65	110,04	123,79	68,91	100,23	112,76	62,17	90,44	101,74	55,64	80,93	91,04
	III	1 226,16	67,43	98,09	110,35	III	1 226,16	62,04	90,25	101,53	56,78	82,60	92,92	51,65	75,13	84,52	46,65	67,86	76,34	41,78	60,77	68,36	37,04	53,88	60,61
	V	2 203,75	121,20	176,30	198,33	IV	1 789,25	95,03	138,23	155,51	91,66	133,32	149,99	88,28	128,42	144,47	84,91	123,51	138,95	81,54	118,60	133,43	78,17	113,70	127,91
	VI	2 237,25	123,04	178,98	201,35																				
6 503,99 West	I,IV	1 777,58	97,76	142,20	159,98	I	1 777,58	91,02	132,40	148,95	84,27	122,58	137,90	77,53	112,77	126,86	70,78	102,96	115,83	64,04	93,15	104,79	57,43	83,54	93,98
	II	1 731,83	95,25	138,54	155,86	II	1 731,83	88,50	128,73	144,82	81,76	118,92	133,79	75,01	109,11	122,75	68,26	99,30	111,71	61,54	89,52	100,71	55,03	80,05	90,05
	III	1 216,83	66,92	97,34	109,51	III	1 216,83	61,54	89,52	100,71	56,30	81,89	92,12	51,17	74,44	83,74	46,19	67,18	75,58	41,32	60,10	67,61	36,59	53,22	59,87
	V	2 192,16	120,56	175,37	197,29	IV	1 777,58	94,39	137,30	154,46	91,02	132,40	148,95	87,65	127,49	143,42	84,27	122,58	137,90	80,90	117,68	132,39	77,53	112,77	126,86
	VI	2 225,66	122,41	178,05	200,30																				
6 503,99 Ost	I,IV	1 790,50	98,47	143,24	161,14	I	1 790,50	91,73	133,42	150,10	84,98	123,61	139,06	78,24	113,80	128,03	71,49	103,99	116,99	64,74	94,18	105,95	58,12	84,54	95,10
	II	1 744,66	95,95	139,57	157,01	II	1 744,66	89,21	129,76	145,98	82,46	119,95	134,94	75,72	110,14	123,90	68,97	100,33	112,87	62,24	90,54	101,85	55,71	81,03	91,16
	III	1 227,16	67,49	98,17	110,44	III	1 227,16	62,10	90,33	101,62	56,84	82,68	93,01	51,70	75,21	84,61	46,70	67,93	76,42	41,83	60,85	68,45	37,08	53,94	60,68
	V	2 205,08	121,27	176,40	198,45	IV	1 790,50	95,10	138,33	155,62	91,73	133,42	150,10	88,35	128,52	144,58	84,98	123,61	139,06	81,61	118,71	133,55	78,24	113,80	128,03
	VI	2 238,50	123,11	179,08	201,46																				

* Die ausgewiesenen Tabellenwerte sind amtlich. Siehe Erläuterungen auf der Umschlaginnenseite (U2).

Abzüge an Lohnsteuer, Solidaritätszuschlag (SolZ) und Kirchensteuer (8%, 9%) in den Steuerklassen

Lohn/ Gehalt bis €*	I – VI					I, II, III, IV		mit Zahl der Kinderfreibeträge . . .																	
			ohne Kinderfreibeträge					0,5			1			1,5			2			2,5			3		
		LSt	SolZ	8%	9%		LSt	SolZ	8%	9%	SolZ	8%	9%	SolZ	8%	9%	SolZ	8%	9%	SolZ	8%	9%	SolZ	8%	9%
6 506,99 West	I,IV	1 778,83	97,83	142,30	160,09	I	1 778,83	91,09	132,50	149,06	84,34	122,68	138,02	77,60	112,87	126,98	70,85	103,06	115,94	64,11	93,25	104,90	57,50	83,64	94,09
	II	1 733,08	95,31	138,64	155,97	II	1 733,08	88,57	128,83	144,93	81,83	119,02	133,90	75,08	109,21	122,86	68,33	99,40	111,82	61,61	89,62	100,82	55,10	80,15	90,17
	III	1 217,83	66,98	97,42	109,60	III	1 217,83	61,60	89,60	100,80	56,34	81,96	92,20	51,23	74,52	83,83	46,23	67,25	75,65	41,37	60,18	67,70	36,63	53,29	59,95
	V	2 193,41	120,63	175,47	197,40	IV	1 778,83	94,46	137,40	154,58	91,09	132,50	149,06	87,72	127,59	143,54	84,34	122,68	138,02	80,97	117,78	132,50	77,60	112,87	126,98
	VI	2 226,91	122,48	178,15	200,42																				
6 506,99 Ost	I,IV	1 791,75	98,54	143,34	161,25	I	1 791,75	91,79	133,52	150,21	85,05	123,72	139,18	78,31	113,90	128,14	71,56	104,09	117,10	64,82	94,28	106,07	58,18	84,63	95,21
	II	1 746,—	96,03	139,68	157,14	II	1 746,—	89,28	129,86	146,09	82,53	120,05	135,05	75,79	110,24	124,02	69,04	100,43	112,98	62,31	90,64	101,97	55,77	81,12	91,26
	III	1 228,16	67,54	98,25	110,53	III	1 228,16	62,15	90,41	101,71	56,89	82,76	93,10	51,76	75,29	84,70	46,75	68,01	76,51	41,88	60,92	68,53	37,13	54,01	60,76
	V	2 206,33	121,34	176,50	198,56	IV	1 791,75	95,17	138,43	155,73	91,79	133,52	150,21	88,42	128,62	144,69	85,05	123,72	139,18	81,68	118,81	133,66	78,31	113,90	128,14
	VI	2 239,75	123,18	179,18	201,57																				
6 509,99 West	I,IV	1 780,08	97,90	142,40	160,20	I	1 780,08	91,16	132,60	149,17	84,41	122,78	138,13	77,66	112,97	127,09	70,92	103,16	116,06	64,18	93,35	105,02	57,57	83,74	94,20
	II	1 734,33	95,38	138,74	156,08	II	1 734,33	88,64	128,93	145,04	81,89	119,12	134,01	75,15	109,31	122,97	68,40	99,50	111,93	61,68	89,72	100,93	55,16	80,24	90,27
	III	1 218,83	67,03	97,50	109,69	III	1 218,83	61,65	89,68	100,89	56,40	82,04	92,29	51,28	74,60	83,92	46,29	67,33	75,74	41,42	60,25	67,78	36,69	53,37	60,04
	V	2 194,66	120,70	175,57	197,51	IV	1 780,08	94,53	137,50	154,69	91,16	132,60	149,17	87,78	127,69	143,65	84,41	122,78	138,13	81,04	117,88	132,61	77,66	112,97	127,09
	VI	2 228,16	122,54	178,25	200,53																				
6 509,99 Ost	I,IV	1 793,—	98,61	143,44	161,37	I	1 793,—	91,86	133,62	150,32	85,12	123,82	139,29	78,37	114,—	128,25	71,63	104,19	117,21	64,89	94,38	106,18	58,25	84,73	95,32
	II	1 747,25	96,09	139,78	157,25	II	1 747,25	89,35	129,96	146,21	82,60	120,15	135,17	75,86	110,34	124,13	69,11	100,53	113,09	62,38	90,74	102,08	55,84	81,22	91,37
	III	1 229,16	67,60	98,33	110,62	III	1 229,16	62,21	90,49	101,80	56,95	82,84	93,19	51,81	75,37	84,79	46,80	68,08	76,59	41,92	60,98	68,60	37,18	54,08	60,84
	V	2 207,58	121,41	176,60	198,68	IV	1 793,—	95,24	138,53	155,84	91,86	133,62	150,32	88,49	128,72	144,81	85,12	123,82	139,29	81,75	118,91	133,77	78,37	114,—	128,25
	VI	2 241,—	123,25	179,28	201,69																				
6 512,99 West	I,IV	1 781,41	97,97	142,51	160,32	I	1 781,41	91,23	132,70	149,28	84,48	122,88	138,24	77,74	113,08	127,21	70,99	103,26	116,17	64,24	93,45	105,13	57,63	83,83	94,31
	II	1 735,58	95,45	138,84	156,20	II	1 735,58	88,71	129,04	145,17	81,96	119,22	134,12	75,22	109,41	123,08	68,47	99,60	112,05	61,75	89,82	101,04	55,23	80,34	90,38
	III	1 219,83	67,09	97,58	109,78	III	1 219,83	61,71	89,76	100,98	56,45	82,12	92,38	51,33	74,66	83,99	46,33	67,40	75,82	41,47	60,33	67,87	36,74	53,44	60,12
	V	2 195,91	120,77	175,67	197,63	IV	1 781,41	94,60	137,60	154,80	91,23	132,70	149,28	87,85	127,79	143,76	84,48	122,88	138,24	81,11	117,98	132,72	77,74	113,08	127,21
	VI	2 229,41	122,61	178,35	200,64																				
6 512,99 Ost	I,IV	1 794,25	98,68	143,54	161,48	I	1 794,25	91,93	133,72	150,44	85,19	123,92	139,41	78,44	114,10	128,36	71,70	104,29	117,32	64,95	94,48	106,29	58,31	84,82	95,42
	II	1 748,50	96,16	139,88	157,36	II	1 748,50	89,42	130,06	146,32	82,67	120,25	135,28	75,93	110,44	124,25	69,18	100,63	113,21	62,45	90,84	102,19	55,90	81,32	91,48
	III	1 230,16	67,65	98,41	110,71	III	1 230,16	62,26	90,57	101,89	57,—	82,92	93,28	51,86	75,44	84,87	46,86	68,16	76,68	41,98	61,06	68,69	37,23	54,16	60,93
	V	2 208,83	121,48	176,70	198,79	IV	1 794,25	95,31	138,63	155,96	91,93	133,72	150,44	88,56	128,82	144,92	85,19	123,92	139,41	81,82	119,01	133,88	78,44	114,10	128,36
	VI	2 242,25	123,32	179,38	201,80																				
6 515,99 West	I,IV	1 782,66	98,04	142,61	160,43	I	1 782,66	91,30	132,80	149,40	84,55	122,98	138,35	77,81	113,18	127,32	71,06	103,36	116,28	64,31	93,55	105,24	57,70	83,93	94,42
	II	1 736,83	95,52	138,94	156,31	II	1 736,83	88,78	129,14	145,28	82,03	119,32	134,24	75,29	109,51	123,20	68,54	99,70	112,16	61,82	89,92	101,16	55,30	80,44	90,49
	III	1 220,83	67,14	97,66	109,87	III	1 220,83	61,76	89,84	101,07	56,51	82,20	92,47	51,38	74,74	84,08	46,39	67,48	75,91	41,52	60,40	67,95	36,78	53,50	60,19
	V	2 197,25	120,84	175,78	197,75	IV	1 782,66	94,67	137,70	154,91	91,30	132,80	149,40	87,92	127,89	143,87	84,55	122,98	138,35	81,18	118,08	132,84	77,81	113,18	127,32
	VI	2 230,66	122,68	178,45	200,75																				
6 515,99 Ost	I,IV	1 795,50	98,75	143,64	161,59	I	1 795,50	92,01	133,83	150,56	85,26	124,02	139,52	78,51	114,20	128,48	71,77	104,40	117,45	65,02	94,58	106,40	58,38	84,92	95,54
	II	1 749,75	96,23	139,98	157,47	II	1 749,75	89,48	130,16	146,43	82,74	120,36	135,40	76,—	110,54	124,36	69,25	100,73	113,32	62,52	90,94	102,30	55,97	81,41	91,58
	III	1 231,16	67,71	98,49	110,80	III	1 231,16	62,32	90,65	101,98	57,05	82,98	93,35	51,92	75,52	84,96	46,90	68,22	76,75	42,02	61,13	68,77	37,28	54,22	61,—
	V	2 210,08	121,55	176,80	198,90	IV	1 795,50	95,37	138,73	156,07	92,01	133,83	150,56	88,63	128,92	145,04	85,26	124,02	139,52	81,89	119,11	134,—	78,51	114,20	128,48
	VI	2 243,58	123,39	179,48	201,92																				
6 518,99 West	I,IV	1 783,91	98,11	142,71	160,55	I	1 783,91	91,36	132,90	149,51	84,62	123,08	138,47	77,88	113,28	127,44	71,13	103,46	116,39	64,38	93,65	105,35	57,76	84,02	94,52
	II	1 738,08	95,59	139,04	156,42	II	1 738,08	88,85	129,24	145,39	82,10	119,42	134,35	75,35	109,61	123,31	68,61	99,80	112,28	61,88	90,02	101,27	55,36	80,53	90,59
	III	1 221,83	67,20	97,74	109,96	III	1 221,83	61,82	89,92	101,16	56,56	82,28	92,56	51,44	74,82	84,17	46,43	67,54	75,98	41,57	60,46	68,02	36,83	53,57	60,26
	V	2 198,50	120,91	175,88	197,86	IV	1 783,91	94,74	137,80	155,03	91,36	132,90	149,51	87,99	127,99	143,99	84,62	123,08	138,47	81,25	118,18	132,95	77,88	113,28	127,44
	VI	2 231,91	122,75	178,55	200,87																				
6 518,99 Ost	I,IV	1 796,75	98,82	143,74	161,70	I	1 796,75	92,07	133,93	150,67	85,33	124,12	139,63	78,58	114,30	128,59	71,84	104,50	117,56	65,09	94,68	106,52	58,45	85,02	95,65
	II	1 751,—	96,30	140,08	157,59	II	1 751,—	89,55	130,26	146,54	82,81	120,46	135,51	76,06	110,64	124,47	69,32	100,83	113,43	62,59	91,04	102,42	56,04	81,51	91,70
	III	1 232,33	67,77	98,58	110,90	III	1 232,33	62,37	90,73	102,07	57,10	83,06	93,44	51,97	75,60	85,05	46,96	68,30	76,84	42,07	61,20	68,85	37,32	54,29	61,07
	V	2 211,33	121,62	176,90	199,01	IV	1 796,75	95,45	138,84	156,19	92,07	133,93	150,67	88,70	129,02	145,15	85,33	124,12	139,63	81,95	119,21	134,11	78,58	114,30	128,59
	VI	2 244,83	123,46	179,58	202,03																				
6 521,99 West	I,IV	1 785,16	98,18	142,81	160,66	I	1 785,16	91,43	133,—	149,62	84,69	123,19	138,59	77,94	113,38	127,55	71,20	103,56	116,51	64,46	93,76	105,48	57,83	84,12	94,64
	II	1 739,41	95,66	139,15	156,54	II	1 739,41	88,92	129,34	145,50	82,17	119,52	134,46	75,43	109,72	123,43	68,68	99,90	112,39	61,95	90,12	101,38	55,43	80,62	90,70
	III	1 222,83	67,25	97,82	110,05	III	1 222,83	61,87	90,—	101,25	56,61	82,34	92,63	51,48	74,89	84,25	46,49	67,62	76,07	41,62	60,54	68,11	36,88	53,65	60,35
	V	2 199,75	120,98	175,98	197,97	IV	1 785,16	94,81	137,90	155,14	91,43	133,—	149,62	88,06	128,09	144,10	84,69	123,19	138,59	81,32	118,28	133,07	77,94	113,38	127,55
	VI	2 233,16	122,82	178,65	200,98																				
6 521,99 Ost	I,IV	1 798,08	98,89	143,84	161,82	I	1 798,08	92,14	134,03	150,78	85,40	124,22	139,74	78,65	114,40	128,70	71,91	104,60	117,67	65,16	94,78	106,63	58,52	85,12	95,76
	II	1 752,25	96,37	140,18	157,70	II	1 752,25	89,62	130,36	146,66	82,88	120,56	135,63	76,13	110,74	124,58	69,39	100,93	113,54	62,65	91,14	102,53	56,10	81,60	91,80
	III	1 233,33	67,83	98,66	110,99	III	1 233,33	62,43	90,81	102,16	57,16	83,14	93,53	52,02	75,66	85,12	47,01	68,38	76,93	42,13	61,28	68,94	37,37	54,36	61,15
	V	2 212,58	121,69	177,—	199,13	IV	1 798,08	95,52	138,94	156,30	92,14	134,03	150,78	88,77	129,12	145,26	85,40	124,22	139,74	82,02	119,31	134,22	78,65	114,40	128,70
	VI	2 246,08	123,53	179,68	202,14																				
6 524,99 West	I,IV	1 786,41	98,25	142,91	160,77	I	1 786,41	91,50	133,10	149,73	84,76	123,29	138,70	78,01	113,48	127,66	71,27	103,66	116,62	64,52	93,86	105,59	57,90	84,22	94,75
	II	1 740,66	95,73	139,25	156,65	II	1 740,66	88,99	129,44	145,62	82,24	119,62	134,57	75,50	109,82	123,54	68,75	100,—	112,50	62,02	90,22	101,49	55,49	80,72	90,81
	III	1 223,83	67,31	97,90	110,14	III	1 223,83	61,93	90,08	101,34	56,66	82,42	92,72	51,54	74,97	84,34	46,53	67,69	76,15	41,67	60,61	68,18	36,93	53,72	60,43
	V	2 201,—	121,05	176,08	198,09	IV	1 786,41	94,87	138,—	155,25	91,50	133,10	149,73	88,13	128,20	144,22	84,76	123,29	138,70	81,39	118,38	133,18	78,01	113,48	127,66
	VI	2 234,41	122,89	178,75	201,09																				
6 524,99 Ost	I,IV	1 799,33	98,96	143,94	161,93	I	1 799,33	92,21	134,13	150,89	85,47	124,32	139,86	78,72	114,51	128,82	71,98	104,70	117,78	65,23	94,88	106,74	58,58	85,22	95,87
	II	1 753,50	96,44	140,28	157,81	II	1 753,50	89,70	130,47	146,78	82,95	120,66	135,74	76,20	110,84	124,70	69,46	101,04	113,67	62,72	91,24	102,64	56,16	81,70	91,91
	III	1 234,33	67,88	98,74	111,08	III	1 234,33	62,48	90,89	102,25	57,21	83,22	93,62	52,07	75,74	85,21	47,06	68,45	77,—	42,17	61,34	69,01	37,42	54,44	61,24
	V	2 213,83	121,76	177,10	199,24	IV	1 799,33	95,59	139,04	156,42	92,21	134,13	150,89	88,84	129,22	145,37	85,47	124,32	139,86	82,09	119,41	134,33	78,72	114,51	128,82
	VI	2 247,33	123,60	179,78	202,25																				
6 527,99 West	I,IV	1 787,66	98,32	143,01	160,88	I	1 787,66	91,57	133,20	149,85	84,83	123,39	138,81	78,08	113,58	127,77	71,33	103,76	116,73	64,59	93,96	105,70	57,97	84,32	94,86
	II	1 741,91	95,80	139,35	156,77	II	1 741,91	89,05	129,54	145,73	82,31	119,72	134,69	75,57	109,92	123,66	68,82	100,10	112,61	62,09	90,32	101,61	55,56	80,82	90,92
	III	1 224,83	67,36	97,98	110,23	III	1 224,83	61,98	90,16	101,43	56,72	82,50	92,81	51,59	75,05	84,43	46,59	67,77	76,24	41,72	60,69	68,27	36,97	53,78	60,50
	V	2 202,25	121,12	176,18	198,20	IV	1 787,66	94,94	138,10	155,36	91,57	133,20	149,85	88,20	128,30	144,33	84,83	123,39	138,81	81,45	118,48	133,29	78,08	113,58	127,77
	VI	2 235,75	122,96	178,86	201,21																				
6 527,99 Ost	I,IV	1 800,58	99,03	144,04	162,05	I	1 800,58	92,28	134,23	151,01	85,53	124,42	139,97	78,79	114,61	128,93	72,05	104,80	117,90	65,30	94,98	106,85	58,65	85,31	95,97
	II	1 754,75	96,51	140,38	157,92	II	1 754,75	89,76	130,57	146,89	83,02	120,76	135,85	76,27	110,94	124,81	69,53	101,14	113,78	62,79	91,34	102,75	56,23	81,80	92,02
	III	1 235,33	67,94	98,82	111,17	III	1 235,33	62,54	90,97	102,34	57,27	83,30	93,71	52,13	75,82	85,30	47,11	68,53	77,09	42,23	61,42	69,10	37,47	54,50	61,31
	V	2 215,16	121,83	177,21	199,36	IV	1 800,58	95,65	139,14	156,53	92,28	134,23	151,01	88,91	129,32	145,49	85,53	124,42	139,97	82,17	119,52	134,46	78,79	114,61	128,93
	VI	2 248,58	123,67	179,88	202,37																				

*** Die ausgewiesenen Tabellenwerte sind amtlich. Siehe Erläuterungen auf der Umschlaginnenseite (U2).**

Abzüge an Lohnsteuer, Solidaritätszuschlag (SolZ) und Kirchensteuer (8%, 9%) in den Steuerklassen

Lohn/ Gehalt bis €*	I – VI					I, II, III, IV		mit Zahl der Kinderfreibeträge . . . 0,5			1			1,5			2			2,5			3		
		LSt	ohne Kinder-freibeträge SolZ	8%	9%		LSt	SolZ	8%	9%	SolZ	8%	9%	SolZ	8%	9%	SolZ	8%	9%	SolZ	8%	9%	SolZ	8%	9%
6 530,99 West	I,IV	1 788,91	98,39	143,11	161,—	I	1 788,91	91,64	133,30	149,96	84,90	123,49	138,92	78,15	113,68	127,89	71,41	103,87	116,85	64,66	94,06	105,81	58,03	84,42	94,97
	II	1 743,16	95,87	139,45	156,88	II	1 743,16	89,12	129,64	145,84	82,38	119,83	134,81	75,63	110,02	123,77	68,89	100,20	112,73	62,16	90,42	101,72	55,62	80,91	91,02
	III	1 225,83	67,42	98,06	110,32	III	1 225,83	62,04	90,24	101,52	56,77	82,58	92,90	51,64	75,12	84,51	46,64	67,85	76,33	41,77	60,76	68,35	37,02	53,85	60,58
	V	2 203,50	121,19	176,28	198,31	IV	1 788,91	95,01	138,20	155,48	91,64	133,30	149,96	88,27	128,40	144,45	84,90	123,49	138,92	81,52	118,58	133,40	78,15	113,68	127,89
	VI	2 237,—	123,03	178,96	201,33																				
6 530,99 Ost	I,IV	1 801,83	99,10	144,14	162,16	I	1 801,83	92,35	134,33	151,12	85,61	124,52	140,09	78,86	114,71	129,05	72,11	104,90	118,01	65,37	95,08	106,97	58,72	85,41	96,08
	II	1 756,08	96,58	140,48	158,04	II	1 756,08	89,83	130,67	147,—	83,09	120,86	135,96	76,34	111,04	124,92	69,60	101,24	113,89	62,86	91,44	102,87	56,30	81,89	92,12
	III	1 236,33	67,99	98,90	111,26	III	1 236,33	62,59	91,05	102,43	57,32	83,38	93,80	52,17	75,89	85,37	47,16	68,60	77,17	42,27	61,49	69,17	37,51	54,57	61,39
	V	2 216,41	121,90	177,31	199,47	IV	1 801,83	95,72	139,24	156,64	92,35	134,33	151,12	88,98	129,42	145,60	85,61	124,52	140,09	82,23	119,62	134,57	78,86	114,71	129,05
	VI	2 249,83	123,74	179,98	202,48																				
6 533,99 West	I,IV	1 790,16	98,45	143,21	161,11	I	1 790,16	91,71	133,40	150,08	84,97	123,59	139,04	78,22	113,78	128,—	71,48	103,97	116,96	64,73	94,16	105,93	58,10	84,51	95,07
	II	1 744,41	95,94	139,55	156,99	II	1 744,41	89,19	129,74	145,95	82,45	119,93	134,92	75,70	110,12	123,88	68,96	100,30	112,84	62,23	90,52	101,83	55,69	81,01	91,13
	III	1 227,—	67,48	98,16	110,43	III	1 227,—	62,09	90,32	101,61	56,83	82,66	92,99	51,70	75,20	84,60	46,69	67,92	76,41	41,81	60,82	68,42	37,07	53,93	60,67
	V	2 204,75	121,26	176,38	198,42	IV	1 790,16	95,09	138,31	155,60	91,71	133,40	150,08	88,34	128,50	144,56	84,97	123,59	139,04	81,59	118,68	133,52	78,22	113,78	128,—
	VI	2 238,25	123,10	179,06	201,44																				
6 533,99 Ost	I,IV	1 803,08	99,16	144,24	162,27	I	1 803,08	92,42	134,43	151,23	85,68	124,62	140,20	78,93	114,81	129,16	72,18	105,—	118,12	65,44	95,19	107,09	58,79	85,51	96,20
	II	1 757,33	96,65	140,58	158,15	II	1 757,33	89,90	130,77	147,11	83,16	120,96	136,08	76,41	111,15	125,04	69,67	101,34	114,—	62,93	91,54	102,98	56,37	81,99	92,24
	III	1 237,33	68,05	98,98	111,35	III	1 237,33	62,65	91,13	102,52	57,37	83,45	93,88	52,23	75,97	85,46	47,21	68,68	77,26	42,33	61,57	69,26	37,56	54,64	61,47
	V	2 217,66	121,97	177,41	199,58	IV	1 803,08	95,79	139,34	156,75	92,42	134,43	151,23	89,04	129,52	145,71	85,68	124,62	140,20	82,30	119,72	134,68	78,93	114,81	129,16
	VI	2 251,08	123,80	180,08	202,59																				
6 536,99 West	I,IV	1 791,50	98,53	143,32	161,23	I	1 791,50	91,78	133,50	150,19	85,03	123,69	139,15	78,29	113,88	128,12	71,55	104,07	117,08	64,80	94,26	106,04	58,17	84,61	95,18
	II	1 745,66	96,01	139,65	157,10	II	1 745,66	89,26	129,84	146,07	82,52	120,03	135,03	75,77	110,22	123,99	69,02	100,40	112,95	62,29	90,61	101,93	55,76	81,10	91,24
	III	1 228,—	67,54	98,24	110,52	III	1 228,—	62,15	90,40	101,70	56,88	82,74	93,08	51,75	75,28	84,69	46,75	68,—	76,50	41,87	60,90	68,51	37,12	54,—	60,75
	V	2 206,—	121,33	176,48	198,54	IV	1 791,50	95,15	138,41	155,71	91,78	133,50	150,19	88,41	128,60	144,67	85,03	123,69	139,15	81,66	118,78	133,63	78,29	113,88	128,12
	VI	2 239,50	123,17	179,16	201,55																				
6 536,99 Ost	I,IV	1 804,33	99,23	144,34	162,38	I	1 804,33	92,49	134,53	151,34	85,74	124,72	140,31	79,—	114,91	129,27	72,25	105,10	118,23	65,51	95,29	107,20	58,85	85,60	96,30
	II	1 758,58	96,72	140,68	158,27	II	1 758,58	89,97	130,87	147,23	83,22	121,06	136,19	76,48	111,25	125,15	69,74	101,44	114,12	63,—	91,64	103,09	56,43	82,08	92,34
	III	1 238,33	68,10	99,06	111,44	III	1 238,33	62,70	91,21	102,61	57,42	83,53	93,97	52,28	76,05	85,55	47,26	68,74	77,33	42,37	61,64	69,34	37,62	54,72	61,56
	V	2 218,91	122,04	177,51	199,70	IV	1 804,33	95,86	139,44	156,87	92,49	134,53	151,34	89,12	129,63	145,83	85,74	124,72	140,31	82,37	119,82	134,79	79,—	114,91	129,27
	VI	2 252,33	123,87	180,18	202,70																				
6 539,99 West	I,IV	1 792,75	98,60	143,42	161,34	I	1 792,75	91,85	133,60	150,30	85,10	123,79	139,26	78,36	113,98	128,23	71,61	104,17	117,19	64,87	94,36	106,15	58,23	84,70	95,29
	II	1 746,91	96,08	139,75	157,22	II	1 746,91	89,33	129,94	146,18	82,59	120,13	135,14	75,84	110,32	124,11	69,10	100,51	113,07	62,36	90,71	102,05	55,82	81,20	91,35
	III	1 229,—	67,59	98,32	110,61	III	1 229,—	62,20	90,48	101,79	56,93	82,81	93,16	51,80	75,34	84,76	46,79	68,06	76,57	41,91	60,97	68,59	37,17	54,06	60,82
	V	2 207,25	121,39	176,58	198,65	IV	1 792,75	95,22	138,51	155,82	91,85	133,60	150,30	88,48	128,70	144,78	85,10	123,79	139,26	81,73	118,88	133,74	78,36	113,98	128,23
	VI	2 240,75	123,24	179,26	201,66																				
6 539,99 Ost	I,IV	1 805,58	99,30	144,44	162,50	I	1 805,58	92,56	134,64	151,47	85,81	124,82	140,42	79,07	115,01	129,38	72,32	105,20	118,35	65,58	95,39	107,31	58,92	85,70	96,41
	II	1 759,83	96,79	140,78	158,38	II	1 759,83	90,04	130,97	147,34	83,30	121,16	136,31	76,55	111,35	125,27	69,80	101,54	114,23	63,07	91,74	103,20	56,50	82,18	92,45
	III	1 239,33	68,16	99,14	111,53	III	1 239,33	62,76	91,29	102,70	57,48	83,61	94,06	52,33	76,12	85,63	47,31	68,82	77,42	42,42	61,70	69,41	37,66	54,78	61,63
	V	2 220,16	122,10	177,61	199,81	IV	1 805,58	95,93	139,54	156,98	92,56	134,64	151,47	89,19	129,73	145,94	85,81	124,82	140,42	82,44	119,92	134,91	79,07	115,01	129,38
	VI	2 253,66	123,95	180,29	202,82																				
6 542,99 West	I,IV	1 794,—	98,67	143,52	161,46	I	1 794,—	91,92	133,70	150,41	85,17	123,89	139,37	78,43	114,08	128,34	71,68	104,27	117,30	64,94	94,46	106,26	58,30	84,80	95,40
	II	1 748,16	96,14	139,85	157,33	II	1 748,16	89,40	130,04	146,30	82,66	120,23	135,26	75,91	110,42	124,22	69,17	100,61	113,18	62,43	90,81	102,16	55,89	81,30	91,46
	III	1 230,—	67,65	98,40	110,70	III	1 230,—	62,26	90,56	101,88	56,98	82,89	93,25	51,85	75,42	84,85	46,85	68,14	76,66	41,97	61,05	68,68	37,21	54,13	60,89
	V	2 208,58	121,47	176,68	198,77	IV	1 794,—	95,29	138,61	155,93	91,92	133,70	150,41	88,55	128,80	144,90	85,17	123,89	139,37	81,80	118,99	133,86	78,43	114,08	128,34
	VI	2 242,—	123,31	179,36	201,78																				
6 542,99 Ost	I,IV	1 806,83	99,37	144,54	162,61	I	1 806,83	92,63	134,74	151,58	85,88	124,92	140,54	79,14	115,11	129,50	72,39	105,30	118,46	65,65	95,49	107,42	58,99	85,80	96,53
	II	1 761,08	96,85	140,88	158,49	II	1 761,08	90,11	131,07	147,45	83,37	121,26	136,42	76,62	111,45	125,38	69,87	101,64	114,34	63,14	91,84	103,32	56,56	82,28	92,56
	III	1 240,50	68,22	99,24	111,64	III	1 240,50	62,81	91,37	102,79	57,53	83,69	94,15	52,38	76,20	85,72	47,36	68,89	77,50	42,47	61,78	69,50	37,71	54,85	61,70
	V	2 221,41	122,17	177,71	199,92	IV	1 806,83	96,—	139,64	157,10	92,63	134,74	151,58	89,26	129,83	146,06	85,88	124,92	140,54	82,51	120,02	135,02	79,14	115,11	129,50
	VI	2 254,91	124,02	180,39	202,94																				
6 545,99 West	I,IV	1 795,25	98,73	143,62	161,57	I	1 795,25	91,99	133,80	150,53	85,25	124,—	139,50	78,50	114,18	128,45	71,75	104,37	117,41	65,01	94,56	106,38	58,37	84,90	95,51
	II	1 749,50	96,22	139,96	157,45	II	1 749,50	89,47	130,14	146,41	82,72	120,33	135,37	75,98	110,52	124,34	69,24	100,71	113,30	62,50	90,91	102,27	55,95	81,39	91,56
	III	1 231,—	67,70	98,48	110,79	III	1 231,—	62,31	90,64	101,97	57,04	82,97	93,34	51,91	75,50	84,94	46,89	68,21	76,73	42,02	61,12	68,76	37,27	54,21	60,98
	V	2 209,83	121,54	176,78	198,88	IV	1 795,25	95,36	138,71	156,05	91,99	133,80	150,53	88,61	128,90	145,01	85,25	124,—	139,50	81,87	119,09	133,97	78,50	114,18	128,45
	VI	2 243,25	123,37	179,46	201,89																				
6 545,99 Ost	I,IV	1 808,08	99,44	144,64	162,72	I	1 808,08	92,70	134,84	151,69	85,95	125,02	140,65	79,20	115,21	129,61	72,46	105,40	118,58	65,72	95,59	107,54	59,05	85,90	96,63
	II	1 762,33	96,92	140,98	158,60	II	1 762,33	90,18	131,17	147,56	83,43	121,36	136,53	76,69	111,55	125,49	69,94	101,74	114,45	63,20	91,94	103,43	56,63	82,37	92,66
	III	1 241,50	68,28	99,32	111,73	III	1 241,50	62,87	91,45	102,88	57,59	83,77	94,24	52,44	76,28	85,81	47,41	68,97	77,59	42,52	61,85	69,58	37,75	54,92	61,78
	V	2 222,66	122,24	177,81	200,03	IV	1 808,08	96,07	139,74	157,21	92,70	134,84	151,69	89,32	129,93	146,17	85,95	125,02	140,65	82,58	120,12	135,13	79,20	115,21	129,61
	VI	2 256,16	124,08	180,49	203,05																				
6 548,99 West	I,IV	1 796,50	98,80	143,72	161,68	I	1 796,50	92,06	133,90	150,64	85,31	124,10	139,61	78,57	114,28	128,57	71,82	104,47	117,53	65,08	94,66	106,49	58,43	85,—	95,62
	II	1 750,75	96,29	140,06	157,56	II	1 750,75	89,54	130,24	146,52	82,79	120,43	135,48	76,05	110,62	124,45	69,30	100,81	113,41	62,57	91,01	102,38	56,02	81,48	91,67
	III	1 232,—	67,76	98,56	110,88	III	1 232,—	62,36	90,70	102,04	57,09	83,05	93,43	51,95	75,57	85,01	46,95	68,29	76,82	42,06	61,18	68,83	37,31	54,28	61,06
	V	2 211,08	121,60	176,88	198,99	IV	1 796,50	95,43	138,81	156,16	92,06	133,90	150,64	88,69	129,—	145,13	85,31	124,10	139,61	81,94	119,19	134,09	78,57	114,28	128,57
	VI	2 244,50	123,44	179,56	202,—																				
6 548,99 Ost	I,IV	1 809,41	99,51	144,75	162,84	I	1 809,41	92,77	134,94	151,80	86,02	125,12	140,76	79,28	115,32	129,73	72,53	105,50	118,69	65,78	95,69	107,65	59,12	86,—	96,75
	II	1 763,58	96,99	141,08	158,72	II	1 763,58	90,25	131,28	147,69	83,50	121,46	136,64	76,76	111,65	125,60	70,01	101,84	114,57	63,27	92,04	103,54	56,70	82,47	92,78
	III	1 242,50	68,33	99,40	111,82	III	1 242,50	62,92	91,53	102,97	57,64	83,85	94,33	52,49	76,36	85,90	47,47	69,05	77,68	42,57	61,93	69,67	37,81	55,—	61,87
	V	2 223,91	122,31	177,91	200,15	IV	1 809,41	96,14	139,84	157,32	92,77	134,94	151,80	89,39	130,03	146,28	86,02	125,12	140,76	82,65	120,22	135,24	79,28	115,32	129,73
	VI	2 257,41	124,15	180,59	203,16																				
6 551,99 West	I,IV	1 797,75	98,87	143,82	161,79	I	1 797,75	92,12	134,—	150,75	85,38	124,20	139,72	78,64	114,38	128,68	71,89	104,57	117,64	65,15	94,76	106,61	58,50	85,10	95,73
	II	1 752,—	96,36	140,16	157,68	II	1 752,—	89,61	130,34	146,63	82,86	120,53	135,59	76,12	110,72	124,56	69,37	100,91	113,52	62,64	91,11	102,50	56,09	81,58	91,78
	III	1 233,—	67,81	98,64	110,97	III	1 233,—	62,41	90,78	102,13	57,15	83,13	93,52	52,01	75,65	85,10	46,99	68,36	76,90	42,12	61,26	68,92	37,36	54,34	61,13
	V	2 212,33	121,67	176,98	199,10	IV	1 797,75	95,50	138,91	156,27	92,12	134,—	150,75	88,76	129,10	145,24	85,38	124,20	139,72	82,01	119,29	134,20	78,64	114,38	128,68
	VI	2 245,75	123,51	179,66	202,11																				
6 551,99 Ost	I,IV	1 810,66	99,58	144,85	162,95	I	1 810,66	92,84	135,04	151,92	86,09	125,22	140,87	79,35	115,42	129,84	72,60	105,60	118,80	65,85	95,79	107,76	59,19	86,10	96,86
	II	1 764,83	97,06	141,18	158,83	II	1 764,83	90,32	131,38	147,80	83,57	121,56	136,76	76,83	111,75	125,72	70,08	101,94	114,68	63,34	92,14	103,65	56,76	82,56	92,88
	III	1 243,50	68,39	99,48	111,91	III	1 243,50	62,98	91,61	103,06	57,69	83,92	94,41	52,54	76,42	85,97	47,52	69,12	77,76	42,62	62,—	69,75	37,85	55,06	61,94
	V	2 225,25	122,38	178,02	200,27	IV	1 810,66	96,21	139,94	157,43	92,84	135,04	151,92	89,46	130,13	146,39	86,09	125,22	140,87	82,72	120,32	135,36	79,35	115,42	129,84
	VI	2 258,66	124,22	180,69	203,27																				

* Die ausgewiesenen Tabellenwerte sind amtlich. Siehe Erläuterungen auf der Umschlaginnenseite (U2).

Abzüge an Lohnsteuer, Solidaritätszuschlag (SolZ) und Kirchensteuer (8%, 9%) in den Steuerklassen

Lohn/ Gehalt bis €*	I – VI					I, II, III, IV		mit Zahl der Kinderfreibeträge . . . 0,5			1			1,5			2			2,5			3		
		LSt	ohne Kinderfreibeträge SolZ	8%	9%		LSt	SolZ	8%	9%	SolZ	8%	9%	SolZ	8%	9%	SolZ	8%	9%	SolZ	8%	9%	SolZ	8%	9%
6 554,99 West	I,IV	1 799,—	98,94	143,92	161,91	I	1 799,—	92,20	134,11	150,87	85,45	124,30	139,83	78,70	114,48	128,79	71,96	104,68	117,76	65,22	94,86	106,72	58,57	85,19	95,84
	II	1 753,25	96,42	140,26	157,79	II	1 753,25	89,68	130,44	146,75	82,94	120,64	135,72	76,19	110,82	124,67	69,44	101,01	113,63	62,70	91,21	102,61	56,15	81,68	91,89
	III	1 234,—	67,87	98,72	111,06	III	1 234,—	62,47	90,86	102,22	57,20	83,21	93,61	52,06	75,73	85,19	47,05	68,44	76,99	42,16	61,33	68,99	37,40	54,41	61,21
	V	2 213,58	121,74	177,08	199,22	IV	1 799,—	95,57	139,01	156,38	92,20	134,11	150,87	88,82	129,20	145,35	85,45	124,30	139,83	82,08	119,39	134,31	78,70	114,48	128,79
	VI	2 247,08	123,58	179,76	202,23																				
6 554,99 Ost	I,IV	1 811,91	99,65	144,95	163,07	I	1 811,91	92,90	135,14	152,03	86,16	125,32	140,99	79,42	115,52	129,96	72,67	105,70	118,91	65,92	95,89	107,87	59,25	86,19	96,96
	II	1 766,08	97,13	141,28	158,94	II	1 766,08	90,39	131,48	147,91	83,64	121,66	136,87	76,89	111,85	125,83	70,15	102,04	114,80	63,41	92,24	103,77	56,83	82,66	92,99
	III	1 244,50	68,44	99,56	112,—	III	1 244,50	63,03	91,69	103,15	57,75	84,—	94,50	52,59	76,50	86,06	47,57	69,20	77,85	42,67	62,06	69,82	37,90	55,13	62,02
	V	2 226,50	122,45	178,12	200,38	IV	1 811,91	96,28	140,04	157,55	92,90	135,14	152,03	89,53	130,23	146,51	86,16	125,32	140,99	82,79	120,42	135,47	79,42	115,52	129,96
	VI	2 259,91	124,29	180,79	203,39																				
6 557,99 West	I,IV	1 800,25	99,01	144,02	162,02	I	1 800,25	92,27	134,21	150,98	85,52	124,40	139,95	78,77	114,58	128,90	72,03	104,78	117,87	65,28	94,96	106,83	58,63	85,29	95,95
	II	1 754,50	96,49	140,36	157,90	II	1 754,50	89,75	130,54	146,86	83,—	120,74	135,83	76,26	110,92	124,79	69,51	101,11	113,75	62,77	91,31	102,72	56,22	81,78	92,—
	III	1 235,16	67,93	98,81	111,16	III	1 235,16	62,52	90,94	102,31	57,25	83,28	93,69	52,11	75,80	85,27	47,09	68,50	77,06	42,21	61,40	69,07	37,46	54,49	61,30
	V	2 214,83	121,81	177,18	199,33	IV	1 800,25	95,64	139,12	156,51	92,27	134,21	150,98	88,89	129,30	145,46	85,52	124,40	139,95	82,15	119,49	134,42	78,77	114,58	128,90
	VI	2 248,33	123,65	179,86	202,36																				
6 557,99 Ost	I,IV	1 813,16	99,72	145,05	163,18	I	1 813,16	92,97	135,24	152,14	86,23	125,43	141,11	79,48	115,62	130,07	72,74	105,80	119,03	66,—	96,—	108,—	59,32	86,29	97,07
	II	1 767,41	97,20	141,39	159,06	II	1 767,41	90,46	131,58	148,02	83,71	121,76	136,98	76,97	111,96	125,95	70,22	102,14	114,91	63,48	92,34	103,88	56,89	82,76	93,10
	III	1 245,50	68,50	99,64	112,09	III	1 245,50	63,09	91,77	103,24	57,80	84,08	94,59	52,65	76,58	86,15	47,62	69,26	77,92	42,72	62,14	69,91	37,95	55,20	62,10
	V	2 227,75	122,52	178,22	200,49	IV	1 813,16	96,35	140,14	157,66	92,97	135,24	152,14	89,60	130,33	146,62	86,23	125,43	141,11	82,86	120,52	135,59	79,48	115,62	130,07
	VI	2 261,16	124,36	180,89	203,50																				
6 560,99 West	I,IV	1 801,58	99,08	144,12	162,14	I	1 801,58	92,34	134,31	151,10	85,59	124,50	140,06	78,84	114,68	129,02	72,10	104,88	117,99	65,35	95,06	106,94	58,70	85,39	96,06
	II	1 755,75	96,56	140,46	158,01	II	1 755,75	89,81	130,64	146,97	83,07	120,84	135,94	76,33	111,02	124,90	69,58	101,21	113,86	62,84	91,41	102,83	56,28	81,87	92,10
	III	1 236,16	67,98	98,89	111,25	III	1 236,16	62,58	91,02	102,40	57,31	83,36	93,78	52,16	75,88	85,36	47,15	68,58	77,15	42,26	61,48	69,16	37,51	54,56	61,38
	V	2 216,08	121,88	177,28	199,44	IV	1 801,58	95,71	139,22	156,62	92,34	134,31	151,10	88,96	129,40	145,58	85,59	124,50	140,06	82,22	119,59	134,54	78,84	114,68	129,02
	VI	2 249,58	123,72	179,96	202,46																				
6 560,99 Ost	I,IV	1 814,41	99,79	145,15	163,29	I	1 814,41	93,04	135,34	152,25	86,30	125,53	141,22	79,55	115,72	130,18	72,81	105,90	119,14	66,06	96,10	108,11	59,39	86,39	97,19
	II	1 768,66	97,27	141,49	159,17	II	1 768,66	90,53	131,68	148,14	83,78	121,86	137,09	77,04	112,06	126,06	70,29	102,24	115,02	63,55	92,44	103,99	56,96	82,86	93,21
	III	1 246,50	68,55	99,72	112,18	III	1 246,50	63,14	91,85	103,33	57,86	84,16	94,68	52,69	76,65	86,23	47,67	69,34	78,01	42,77	62,21	69,98	38,—	55,28	62,19
	V	2 229,—	122,59	178,32	200,61	IV	1 814,41	96,41	140,24	157,77	93,04	135,34	152,25	89,67	130,44	146,74	86,30	125,53	141,22	82,93	120,62	135,70	79,55	115,72	130,18
	VI	2 262,41	124,43	180,99	203,61																				
6 563,99 West	I,IV	1 802,83	99,15	144,22	162,25	I	1 802,83	92,40	134,41	151,21	85,66	124,60	140,17	78,92	114,79	129,14	72,17	104,98	118,10	65,42	95,16	107,06	58,77	85,48	96,17
	II	1 757,—	96,63	140,56	158,13	II	1 757,—	89,89	130,75	147,09	83,14	120,94	136,05	76,39	111,12	125,01	69,65	101,32	113,98	62,91	91,51	102,95	56,35	81,96	92,21
	III	1 237,16	68,04	98,97	111,34	III	1 237,16	62,63	91,10	102,49	57,36	83,44	93,87	52,22	75,96	85,45	47,20	68,66	77,24	42,31	61,54	69,23	37,55	54,62	61,45
	V	2 217,33	121,95	177,38	199,55	IV	1 802,83	95,78	139,32	156,73	92,40	134,41	151,21	89,03	129,50	145,69	85,66	124,60	140,17	82,28	119,69	134,65	78,92	114,79	129,14
	VI	2 250,83	123,79	180,06	202,57																				
6 563,99 Ost	I,IV	1 815,66	99,86	145,25	163,40	I	1 815,66	93,11	135,44	152,37	86,37	125,63	141,33	79,62	115,82	130,29	72,87	106,—	119,25	66,13	96,20	108,22	59,45	86,48	97,29
	II	1 769,91	97,34	141,59	159,29	II	1 769,91	90,59	131,78	148,25	83,85	121,96	137,21	77,11	112,16	126,18	70,36	102,34	115,13	63,62	92,54	104,10	57,03	82,95	93,32
	III	1 247,50	68,61	99,80	112,27	III	1 247,50	63,20	91,93	103,42	57,91	84,24	94,77	52,75	76,73	86,32	47,72	69,41	78,08	42,82	62,29	70,07	38,05	55,34	62,26
	V	2 230,25	122,66	178,42	200,72	IV	1 815,66	96,48	140,34	157,88	93,11	135,44	152,37	89,74	130,54	146,85	86,37	125,63	141,33	82,99	120,72	135,81	79,62	115,82	130,29
	VI	2 263,75	124,50	181,10	203,73																				
6 566,99 West	I,IV	1 804,08	99,22	144,32	162,36	I	1 804,08	92,47	134,51	151,32	85,73	124,70	140,28	78,98	114,89	129,25	72,24	105,08	118,21	65,49	95,26	107,17	58,84	85,58	96,28
	II	1 758,25	96,70	140,66	158,24	II	1 758,25	89,96	130,85	147,20	83,21	121,04	136,17	76,46	111,22	125,12	69,72	101,42	114,09	62,98	91,61	103,06	56,42	82,06	92,32
	III	1 238,16	68,09	99,05	111,43	III	1 238,16	62,69	91,18	102,58	57,42	83,52	93,96	52,26	76,02	85,52	47,25	68,73	77,32	42,36	61,62	69,32	37,60	54,69	61,52
	V	2 218,66	122,02	177,49	199,67	IV	1 804,08	95,85	139,42	156,84	92,47	134,51	151,32	89,10	129,60	145,80	85,73	124,70	140,28	82,36	119,80	134,77	78,98	114,89	129,25
	VI	2 252,08	123,86	180,16	202,68																				
6 566,99 Ost	I,IV	1 816,91	99,93	145,35	163,52	I	1 816,91	93,18	135,54	152,48	86,44	125,73	141,44	79,69	115,92	130,41	72,95	106,11	119,37	66,20	96,30	108,33	59,52	86,58	97,40
	II	1 771,16	97,41	141,69	159,40	II	1 771,16	90,66	131,88	148,36	83,92	122,07	137,33	77,17	112,26	126,29	70,43	102,44	115,25	63,69	92,64	104,22	57,09	83,05	93,43
	III	1 248,66	68,67	99,89	112,37	III	1 248,66	63,25	92,01	103,51	57,97	84,32	94,86	52,80	76,81	86,41	47,77	69,49	78,17	42,87	62,36	70,15	38,09	55,41	62,33
	V	2 231,50	122,73	178,52	200,83	IV	1 816,91	96,55	140,44	158,—	93,18	135,54	152,48	89,81	130,64	146,97	86,44	125,73	141,44	83,06	120,82	135,92	79,69	115,92	130,41
	VI	2 265,—	124,57	181,20	203,85																				
6 569,99 West	I,IV	1 805,33	99,29	144,42	162,47	I	1 805,33	92,54	134,61	151,43	85,80	124,80	140,40	79,05	114,99	129,36	72,31	105,18	118,32	65,56	95,36	107,28	58,90	85,68	96,39
	II	1 759,58	96,77	140,76	158,36	II	1 759,58	90,03	130,95	147,32	83,28	121,14	136,28	76,53	111,32	125,24	69,79	101,52	114,21	63,05	91,71	103,17	56,48	82,16	92,43
	III	1 239,16	68,15	99,13	111,52	III	1 239,16	62,74	91,26	102,67	57,47	83,60	94,05	52,32	76,10	85,61	47,30	68,81	77,41	42,41	61,69	69,40	37,65	54,77	61,61
	V	2 219,91	122,09	177,59	199,79	IV	1 805,33	95,92	139,52	156,96	92,54	134,61	151,43	89,17	129,70	145,91	85,80	124,80	140,40	82,43	119,90	134,88	79,05	114,99	129,36
	VI	2 253,33	123,93	180,26	202,79																				
6 569,99 Ost	I,IV	1 818,16	99,99	145,45	163,63	I	1 818,16	93,25	135,64	152,60	86,51	125,83	141,56	79,76	116,02	130,52	73,02	106,21	119,48	66,27	96,40	108,45	59,59	86,68	97,52
	II	1 772,41	97,48	141,79	159,51	II	1 772,41	90,73	131,98	148,47	83,99	122,17	137,44	77,24	112,36	126,40	70,50	102,54	115,36	63,75	92,74	104,33	57,16	83,14	93,53
	III	1 249,66	68,73	99,97	112,46	III	1 249,66	63,31	92,09	103,60	58,02	84,40	94,95	52,85	76,88	86,49	47,82	69,56	78,25	42,91	62,42	70,22	38,15	55,49	62,42
	V	2 232,75	122,80	178,62	200,94	IV	1 818,16	96,63	140,55	158,12	93,25	135,64	152,60	89,88	130,74	147,08	86,51	125,83	141,56	83,13	120,92	136,04	79,76	116,02	130,52
	VI	2 266,25	124,64	181,30	203,96																				
6 572,99 West	I,IV	1 806,58	99,36	144,52	162,59	I	1 806,58	92,61	134,71	151,55	85,87	124,90	140,51	79,12	115,09	129,47	72,38	105,28	118,44	65,63	95,47	107,40	58,97	85,78	96,50
	II	1 760,83	96,84	140,86	158,47	II	1 760,83	90,09	131,05	147,43	83,35	121,24	136,39	76,61	111,43	125,36	69,86	101,62	114,32	63,12	91,81	103,28	56,55	82,26	92,54
	III	1 240,16	68,20	99,21	111,61	III	1 240,16	62,80	91,34	102,76	57,53	83,68	94,14	52,37	76,18	85,70	47,35	68,88	77,49	42,46	61,77	69,49	37,70	54,84	61,69
	V	2 221,16	122,16	177,69	199,90	IV	1 806,58	95,98	139,62	157,07	92,61	134,71	151,55	89,24	129,80	146,03	85,87	124,90	140,51	82,50	120,—	135,—	79,12	115,09	129,47
	VI	2 254,58	124,—	180,36	202,91																				
6 572,99 Ost	I,IV	1 819,50	100,07	145,56	163,75	I	1 819,50	93,32	135,74	152,71	86,57	125,93	141,67	79,83	116,12	130,64	73,09	106,31	119,60	66,34	96,50	108,56	59,66	86,78	97,62
	II	1 773,66	97,55	141,89	159,62	II	1 773,66	90,80	132,08	148,59	84,06	122,27	137,55	77,31	112,46	126,51	70,56	102,64	115,47	63,82	92,84	104,44	57,23	83,24	93,65
	III	1 250,66	68,78	100,05	112,55	III	1 250,66	63,36	92,17	103,69	58,07	84,46	95,02	52,91	76,96	86,58	47,87	69,64	78,34	42,97	62,50	70,31	38,19	55,56	62,50
	V	2 234,—	122,87	178,72	201,06	IV	1 819,50	96,69	140,65	158,23	93,32	135,74	152,71	89,95	130,84	147,19	86,57	125,93	141,67	83,20	121,02	136,15	79,83	116,12	130,64
	VI	2 267,50	124,71	181,40	204,07																				
6 575,99 West	I,IV	1 807,83	99,43	144,62	162,70	I	1 807,83	92,68	134,81	151,66	85,94	125,—	140,63	79,19	115,19	129,59	72,44	105,38	118,55	65,70	95,57	107,51	59,04	85,88	96,61
	II	1 762,08	96,91	140,96	158,58	II	1 762,08	90,16	131,15	147,54	83,42	121,34	136,50	76,67	111,53	125,47	69,93	101,72	114,43	63,19	91,91	103,40	56,61	82,35	92,64
	III	1 241,16	68,26	99,29	111,70	III	1 241,16	62,85	91,42	102,85	57,57	83,74	94,21	52,43	76,26	85,79	47,41	68,96	77,58	42,51	61,84	69,57	37,74	54,90	61,76
	V	2 222,41	122,23	177,79	200,01	IV	1 807,83	96,05	139,72	157,18	92,68	134,81	151,66	89,31	129,91	146,15	85,94	125,—	140,63	82,56	120,10	135,11	79,19	115,19	129,59
	VI	2 255,83	124,07	180,46	203,02																				
6 575,99 Ost	I,IV	1 820,75	100,14	145,66	163,86	I	1 820,75	93,39	135,84	152,82	86,64	126,03	141,78	79,90	116,22	130,75	73,15	106,41	119,71	66,41	96,60	108,67	59,73	86,88	97,74
	II	1 774,91	97,62	141,99	159,74	II	1 774,91	90,87	132,18	148,70	84,13	122,37	137,66	77,38	112,56	126,63	70,64	102,75	115,59	63,89	92,94	104,55	57,29	83,34	93,75
	III	1 251,66	68,84	100,13	112,64	III	1 251,66	63,42	92,25	103,78	58,12	84,54	95,11	52,96	77,04	86,67	47,93	69,72	78,43	43,01	62,57	70,39	38,24	55,62	62,57
	V	2 235,25	122,93	178,82	201,17	IV	1 820,75	96,76	140,75	158,34	93,39	135,84	152,82	90,02	130,94	147,30	86,64	126,03	141,78	83,27	121,12	136,26	79,90	116,22	130,75
	VI	2 268,75	124,78	181,50	204,18																				

*** Die ausgewiesenen Tabellenwerte sind amtlich. Siehe Erläuterungen auf der Umschlaginnenseite (U2).**

MONAT 6 576,–*

Lohn/ Gehalt bis €*		Abzüge an Lohnsteuer, Solidaritätszuschlag (SolZ) und Kirchensteuer (8%, 9%) in den Steuerklassen I – VI				I, II, III, IV		mit Zahl der Kinderfreibeträge . . .																	
			ohne Kinderfreibeträge					0,5			1			1,5			2			2,5			3		
		LSt	SolZ	8%	9%		LSt	SolZ	8%	9%	SolZ	8%	9%	SolZ	8%	9%	SolZ	8%	9%	SolZ	8%	9%	SolZ	8%	9%
6 578,99 West	I,IV	1 809,08	99,49	144,72	162,81	I	1 809,08	92,75	134,92	151,78	86,01	125,10	140,74	79,26	115,29	129,70	72,52	105,48	118,67	65,77	95,67	107,63	59,11	85,98	96,72
	II	1 763,33	96,98	141,06	158,69	II	1 763,33	90,23	131,25	147,65	83,49	121,44	136,62	76,74	111,63	125,58	70,—	101,82	114,54	63,25	92,01	103,51	56,68	82,45	92,75
	III	1 242,16	68,31	99,37	111,79	III	1 242,16	62,91	91,50	102,94	57,63	83,82	94,30	52,47	76,33	85,87	47,45	69,02	77,65	42,56	61,90	69,64	37,79	54,97	61,84
	V	2 223,66	122,30	177,89	200,12	IV	1 809,08	96,12	139,82	157,29	92,75	134,92	151,78	89,38	130,01	146,26	86,01	125,10	140,74	82,63	120,20	135,22	79,26	115,29	129,70
	VI	2 257,16	124,14	180,57	203,14																				
6 578,99 Ost	I,IV	1 822,—	100,21	145,76	163,98	I	1 822,—	93,46	135,94	152,93	86,71	126,13	141,89	79,97	116,32	130,86	73,22	106,51	119,82	66,48	96,70	108,78	59,79	86,98	97,85
	II	1 776,16	97,68	142,09	159,85	II	1 776,16	90,94	132,28	148,82	84,20	122,47	137,78	77,45	112,66	126,74	70,71	102,85	115,70	63,96	93,04	104,67	57,36	83,44	93,87
	III	1 252,66	68,89	100,21	112,73	III	1 252,66	63,47	92,33	103,87	58,18	84,62	95,20	53,02	77,12	86,76	47,97	69,78	78,50	43,07	62,65	70,48	38,28	55,69	62,65
	V	2 236,58	123,01	178,92	201,29	IV	1 822,—	96,83	140,85	158,45	93,46	135,94	152,93	90,09	131,04	147,42	86,71	126,13	141,89	83,34	121,23	136,38	79,97	116,32	130,86
	VI	2 270,—	124,85	181,60	204,30																				
6 581,99 West	I,IV	1 810,33	99,56	144,82	162,92	I	1 810,33	92,82	135,02	151,89	86,07	125,20	140,85	79,33	115,39	129,81	72,59	105,58	118,78	65,84	95,77	107,74	59,17	86,07	96,83
	II	1 764,58	97,05	141,16	158,81	II	1 764,58	90,30	131,35	147,77	83,56	121,54	136,73	76,81	111,73	125,69	70,07	101,92	114,66	63,32	92,11	103,62	56,75	82,54	92,86
	III	1 243,33	68,38	99,46	111,89	III	1 243,33	62,96	91,58	103,03	57,68	83,90	94,39	52,53	76,41	85,96	47,51	69,10	77,74	42,61	61,98	69,73	37,84	55,05	61,93
	V	2 224,91	122,37	177,99	200,24	IV	1 810,33	96,19	139,92	157,41	92,82	135,02	151,89	89,45	130,11	146,37	86,07	125,20	140,85	82,70	120,30	135,33	79,33	115,39	129,81
	VI	2 258,41	124,21	180,67	203,25																				
6 581,99 Ost	I,IV	1 823,25	100,27	145,86	164,09	I	1 823,25	93,53	136,04	153,05	86,79	126,24	142,02	80,04	116,42	130,97	73,29	106,61	119,93	66,55	96,80	108,90	59,86	87,08	97,96
	II	1 777,50	97,76	142,20	159,97	II	1 777,50	91,01	132,38	148,93	84,26	122,57	137,89	77,52	112,76	126,86	70,78	102,95	115,82	64,03	93,14	104,78	57,42	83,53	93,97
	III	1 253,66	68,95	100,29	112,82	III	1 253,66	63,53	92,41	103,96	58,23	84,70	95,29	53,06	77,18	86,83	48,03	69,86	78,59	43,12	62,72	70,56	38,34	55,77	62,74
	V	2 237,83	123,08	179,02	201,40	IV	1 823,25	96,90	140,95	158,57	93,53	136,04	153,05	90,15	131,14	147,53	86,79	126,24	142,02	83,41	121,33	136,49	80,04	116,42	130,97
	VI	2 271,25	124,91	181,70	204,41																				
6 584,99 West	I,IV	1 811,58	99,63	144,92	163,04	I	1 811,58	92,89	135,12	152,01	86,14	125,30	140,96	79,40	115,49	129,92	72,65	105,68	118,89	65,91	95,87	107,85	59,24	86,17	96,94
	II	1 765,83	97,12	141,26	158,92	II	1 765,83	90,37	131,45	147,88	83,63	121,64	136,85	76,88	111,83	125,81	70,13	102,02	114,77	63,39	92,21	103,73	56,81	82,64	92,97
	III	1 244,33	68,43	99,54	111,98	III	1 244,33	63,02	91,66	103,12	57,74	83,98	94,48	52,58	76,49	86,05	47,55	69,17	77,81	42,66	62,05	69,80	37,89	55,12	62,01
	V	2 226,16	122,43	178,09	200,35	IV	1 811,58	96,26	140,02	157,52	92,89	135,12	152,01	89,52	130,21	146,48	86,14	125,30	140,96	82,77	120,40	135,45	79,40	115,49	129,92
	VI	2 259,66	124,28	180,77	203,36																				
6 584,99 Ost	I,IV	1 824,50	100,34	145,96	164,20	I	1 824,50	93,60	136,14	153,16	86,85	126,34	142,13	80,11	116,52	131,09	73,36	106,71	120,05	66,62	96,90	109,01	59,93	87,17	98,06
	II	1 778,75	97,83	142,30	160,08	II	1 778,75	91,08	132,48	149,04	84,33	122,67	138,—	77,59	112,86	126,97	70,84	103,05	115,93	64,10	93,24	104,89	57,49	83,63	94,08
	III	1 254,83	69,01	100,38	112,93	III	1 254,83	63,58	92,49	104,05	58,29	84,78	95,38	53,12	77,26	86,92	48,07	69,93	78,67	43,17	62,80	70,65	38,39	55,84	62,82
	V	2 239,08	123,14	179,12	201,51	IV	1 824,50	96,97	141,05	158,68	93,60	136,14	153,16	90,23	131,24	147,65	86,85	126,34	142,13	83,48	121,43	136,61	80,11	116,52	131,09
	VI	2 272,50	124,98	181,80	204,52																				
6 587,99 West	I,IV	1 812,91	99,71	145,03	163,16	I	1 812,91	92,96	135,22	152,12	86,21	125,40	141,08	79,47	115,60	130,05	72,72	105,78	119,—	65,98	95,97	107,96	59,31	86,27	97,05
	II	1 767,08	97,18	141,36	159,03	II	1 767,08	90,44	131,56	148,—	83,70	121,74	136,96	76,95	111,93	125,92	70,21	102,12	114,89	63,46	92,31	103,85	56,88	82,74	93,08
	III	1 245,33	68,49	99,62	112,07	III	1 245,33	63,07	91,74	103,21	57,79	84,06	94,57	52,63	76,56	86,13	47,61	69,25	77,90	42,71	62,13	69,89	37,94	55,18	62,08
	V	2 227,41	122,50	178,19	200,46	IV	1 812,91	96,33	140,12	157,64	92,96	135,22	152,12	89,59	130,31	146,60	86,21	125,40	141,08	82,84	120,50	135,56	79,47	115,60	130,05
	VI	2 260,91	124,35	180,87	203,48																				
6 587,99 Ost	I,IV	1 825,75	100,41	146,06	164,31	I	1 825,75	93,66	136,24	153,27	86,92	126,44	142,24	80,18	116,62	131,20	73,43	106,81	120,16	66,69	97,—	109,13	60,—	87,27	98,18
	II	1 780,—	97,90	142,40	160,20	II	1 780,—	91,15	132,58	149,15	84,40	122,77	138,11	77,66	112,96	127,08	70,91	103,15	116,04	64,17	93,34	105,—	57,56	83,72	94,19
	III	1 255,83	69,07	100,46	113,02	III	1 255,83	63,64	92,57	104,14	58,34	84,86	95,47	53,17	77,34	87,01	48,13	70,01	78,76	43,22	62,86	70,72	38,43	55,90	62,89
	V	2 240,33	123,21	179,22	201,62	IV	1 825,75	97,04	141,15	158,79	93,66	136,24	153,27	90,30	131,34	147,76	86,92	126,44	142,24	83,55	121,53	136,72	80,18	116,62	131,20
	VI	2 273,75	125,05	181,90	204,63																				
6 590,99 West	I,IV	1 814,16	99,77	145,13	163,27	I	1 814,16	93,03	135,32	152,23	86,28	125,50	141,19	79,54	115,70	130,16	72,79	105,88	119,12	66,05	96,07	108,08	59,37	86,36	97,16
	II	1 768,33	97,25	141,46	159,14	II	1 768,33	90,51	131,66	148,11	83,76	121,84	137,07	77,02	112,03	126,03	70,28	102,22	115,—	63,53	92,41	103,96	56,95	82,84	93,19
	III	1 246,33	68,54	99,70	112,16	III	1 246,33	63,13	91,82	103,30	57,85	84,14	94,66	52,69	76,64	86,22	47,66	69,33	77,99	42,76	62,20	69,97	37,99	55,26	62,17
	V	2 228,75	122,58	178,30	200,58	IV	1 814,16	96,40	140,22	157,75	93,03	135,32	152,23	89,65	130,41	146,71	86,28	125,50	141,19	82,91	120,60	135,68	79,54	115,70	130,16
	VI	2 262,16	124,41	180,97	203,59																				
6 590,99 Ost	I,IV	1 827,—	100,48	146,16	164,43	I	1 827,—	93,74	136,35	153,39	86,99	126,54	142,35	80,24	116,72	131,31	73,50	106,92	120,28	66,76	97,10	109,24	60,06	87,37	98,29
	II	1 781,25	97,96	142,50	160,31	II	1 781,25	91,22	132,68	149,27	84,48	122,88	138,24	77,73	113,06	127,19	70,98	103,25	116,15	64,24	93,44	105,12	57,63	83,82	94,30
	III	1 256,83	69,12	100,54	113,11	III	1 256,83	63,69	92,65	104,23	58,40	84,94	95,56	53,23	77,42	87,10	48,18	70,08	78,84	43,26	62,93	70,79	38,49	55,98	62,98
	V	2 241,58	123,28	179,32	201,74	IV	1 827,—	97,11	141,25	158,90	93,74	136,35	153,39	90,36	131,44	147,87	86,99	126,54	142,35	83,62	121,63	136,83	80,24	116,72	131,31
	VI	2 275,08	125,12	182,—	204,75																				
6 593,99 West	I,IV	1 815,41	99,84	145,23	163,38	I	1 815,41	93,10	135,42	152,34	86,35	125,60	141,30	79,61	115,80	130,27	72,86	105,98	119,23	66,11	96,17	108,19	59,44	86,46	97,27
	II	1 769,58	97,32	141,56	159,26	II	1 769,58	90,58	131,76	148,23	83,83	121,94	137,18	77,09	112,13	126,14	70,34	102,32	115,11	63,60	92,51	104,07	57,01	82,93	93,29
	III	1 247,33	68,60	99,78	112,25	III	1 247,33	63,18	91,90	103,39	57,90	84,22	94,75	52,74	76,72	86,31	47,71	69,40	78,07	42,80	62,26	70,04	38,04	55,33	62,24
	V	2 230,—	122,65	178,40	200,70	IV	1 815,41	96,47	140,32	157,86	93,10	135,42	152,34	89,72	130,51	146,82	86,35	125,60	141,30	82,98	120,70	135,79	79,61	115,80	130,27
	VI	2 263,41	124,48	181,07	203,70																				
6 593,99 Ost	I,IV	1 828,25	100,55	146,26	164,54	I	1 828,25	93,81	136,45	153,50	87,06	126,64	142,47	80,31	116,82	131,42	73,57	107,02	120,39	66,82	97,20	109,35	60,13	87,47	98,40
	II	1 782,50	98,03	142,60	160,42	II	1 782,50	91,29	132,78	149,38	84,54	122,98	138,35	77,80	113,16	127,31	71,05	103,35	116,27	64,31	93,54	105,23	57,69	83,92	94,41
	III	1 257,83	69,18	100,62	113,20	III	1 257,83	63,75	92,73	104,32	58,44	85,01	95,63	53,27	77,49	87,17	48,23	70,16	78,93	43,32	63,01	70,88	38,53	56,05	63,05
	V	2 242,83	123,35	179,42	201,85	IV	1 828,25	97,18	141,36	159,03	93,81	136,45	153,50	90,43	131,54	147,98	87,06	126,64	142,47	83,69	121,73	136,94	80,31	116,82	131,42
	VI	2 276,33	125,19	182,10	204,86																				
6 596,99 West	I,IV	1 816,66	99,91	145,33	163,49	I	1 816,66	93,17	135,52	152,46	86,42	125,71	141,42	79,68	115,90	130,38	72,93	106,08	119,34	66,19	96,28	108,31	59,51	86,56	97,38
	II	1 770,91	97,40	141,67	159,38	II	1 770,91	90,65	131,86	148,34	83,90	122,04	137,30	77,16	112,24	126,27	70,41	102,42	115,22	63,67	92,62	104,19	57,08	83,02	93,40
	III	1 248,33	68,65	99,86	112,34	III	1 248,33	63,24	91,98	103,48	57,95	84,29	94,82	52,79	76,78	86,38	47,76	69,48	78,16	42,86	62,34	70,13	38,08	55,40	62,32
	V	2 231,25	122,71	178,50	200,81	IV	1 816,66	96,54	140,42	157,97	93,17	135,52	152,46	89,79	130,61	146,93	86,42	125,71	141,42	83,05	120,80	135,90	79,68	115,90	130,38
	VI	2 264,66	124,55	181,17	203,81																				
6 596,99 Ost	I,IV	1 829,58	100,62	146,36	164,66	I	1 829,58	93,88	136,55	153,62	87,13	126,74	142,58	80,38	116,92	131,54	73,64	107,12	120,51	66,89	97,30	109,46	60,20	87,56	98,51
	II	1 783,75	98,10	142,70	160,53	II	1 783,75	91,35	132,88	149,49	84,61	123,08	138,46	77,87	113,26	127,42	71,12	103,45	116,38	64,38	93,64	105,35	57,76	84,02	94,52
	III	1 258,83	69,23	100,70	113,29	III	1 258,83	63,80	92,81	104,41	58,50	85,09	95,72	53,33	77,57	87,26	48,29	70,24	79,02	43,36	63,08	70,96	38,58	56,12	63,13
	V	2 244,08	123,42	179,52	201,96	IV	1 829,58	97,25	141,46	159,14	93,88	136,55	153,62	90,50	131,64	148,10	87,13	126,74	142,58	83,76	121,83	137,06	80,38	116,92	131,54
	VI	2 277,58	125,26	182,20	204,98																				
6 599,99 West	I,IV	1 817,91	99,98	145,43	163,61	I	1 817,91	93,23	135,62	152,57	86,49	125,81	141,53	79,75	116,—	130,50	73,—	106,18	119,45	66,26	96,38	108,42	59,57	86,66	97,49
	II	1 772,16	97,46	141,77	159,49	II	1 772,16	90,72	131,96	148,45	83,97	122,14	137,41	77,23	112,34	126,38	70,48	102,52	115,34	63,74	92,72	104,31	57,14	83,12	93,51
	III	1 249,33	68,71	99,94	112,43	III	1 249,33	63,29	92,06	103,57	58,—	84,37	94,91	52,84	76,86	86,47	47,81	69,54	78,23	42,90	62,41	70,21	38,13	55,46	62,39
	V	2 232,50	122,78	178,60	200,93	IV	1 817,91	96,61	140,52	158,09	93,23	135,62	152,57	89,87	130,72	147,06	86,49	125,81	141,53	83,12	120,90	136,01	79,75	116,—	130,50
	VI	2 265,91	124,62	181,27	203,93																				
6 599,99 Ost	I,IV	1 830,83	100,69	146,46	164,77	I	1 830,83	93,94	136,65	153,73	87,20	126,84	142,69	80,46	117,03	131,66	73,71	107,22	120,62	66,96	97,40	109,58	60,27	87,66	98,62
	II	1 785,—	98,17	142,80	160,65	II	1 785,—	91,43	132,99	149,61	84,68	123,18	138,57	77,93	113,36	127,53	71,19	103,56	116,50	64,45	93,74	105,46	57,82	84,11	94,62
	III	1 259,83	69,29	100,78	113,38	III	1 259,83	63,86	92,89	104,50	58,55	85,17	95,81	53,38	77,65	87,35	48,33	70,30	79,09	43,42	63,16	71,05	38,62	56,18	63,20
	V	2 245,33	123,49	179,62	202,07	IV	1 830,83	97,32	141,56	159,25	93,94	136,65	153,73	90,57	131,74	148,21	87,20	126,84	142,69	83,82	121,93	137,17	80,46	117,03	131,66
	VI	2 278,83	125,33	182,30	205,09																				

*** Die ausgewiesenen Tabellenwerte sind amtlich. Siehe Erläuterungen auf der Umschlaginnenseite (U2).**

Abzüge an Lohnsteuer, Solidaritätszuschlag (SolZ) und Kirchensteuer (8%, 9%) in den Steuerklassen

Lohn/ Gehalt bis €*	I – VI					I, II, III, IV		mit Zahl der Kinderfreibeträge . . .																	
			ohne Kinder-freibeträge					0,5			1			1,5			2			2,5			3		
		LSt	SolZ	8%	9%		LSt	SolZ	8%	9%	SolZ	8%	9%	SolZ	8%	9%	SolZ	8%	9%	SolZ	8%	9%	SolZ	8%	9%
6 602,99 West	I,IV	1 819,16	100,05	145,53	163,72	I	1 819,16	93,31	135,72	152,69	86,56	125,91	141,65	79,81	116,10	130,61	73,07	106,28	119,57	66,33	96,48	108,54	59,64	86,76	97,60
	II	1 773,41	97,53	141,87	159,60	II	1 773,41	90,79	132,06	148,56	84,04	122,24	137,52	77,30	112,44	126,49	70,55	102,62	115,45	63,81	92,82	104,42	57,21	83,22	93,62
	III	1 250,50	68,77	100,04	112,54	III	1 250,50	63,35	92,14	103,66	58,06	84,45	95,—	52,90	76,94	86,56	47,86	69,62	78,32	42,96	62,49	70,30	38,18	55,54	62,48
	V	2 233,75	122,85	178,70	201,03	IV	1 819,16	96,68	140,62	158,20	93,31	135,72	152,69	89,93	130,82	147,17	86,56	125,91	141,65	83,19	121,—	136,13	79,81	116,10	130,61
	VI	2 267,25	124,69	181,38	204,05																				
6 602,99 Ost	I,IV	1 832,08	100,76	146,56	164,88	I	1 832,08	94,01	136,75	153,84	87,27	126,94	142,80	80,52	117,13	131,77	73,78	107,32	120,73	67,03	97,50	109,69	60,33	87,76	98,73
	II	1 786,25	98,24	142,90	160,76	II	1 786,25	91,50	133,09	149,72	84,75	123,28	138,69	78,—	113,46	127,64	71,26	103,66	116,61	64,51	93,84	105,57	57,89	84,21	94,73
	III	1 260,83	69,34	100,86	113,47	III	1 260,83	63,91	92,97	104,59	58,61	85,25	95,90	53,43	77,72	87,43	48,39	70,38	79,18	43,46	63,22	71,12	38,68	56,26	63,29
	V	2 246,66	123,56	179,73	202,19	IV	1 832,08	97,39	141,66	159,36	94,01	136,75	153,84	90,64	131,84	148,32	87,27	126,94	142,80	83,90	122,04	137,29	80,52	117,13	131,77
	VI	2 280,08	125,40	182,40	205,20																				
6 605,99 West	I,IV	1 820,41	100,12	145,63	163,83	I	1 820,41	93,38	135,82	152,80	86,63	126,01	141,76	79,88	116,20	130,72	73,14	106,39	119,69	66,39	96,58	108,65	59,71	86,86	97,71
	II	1 774,66	97,60	141,97	159,71	II	1 774,66	90,86	132,16	148,68	84,11	122,35	137,64	77,37	112,54	126,60	70,62	102,72	115,56	63,88	92,92	104,53	57,28	83,32	93,73
	III	1 251,50	68,83	100,12	112,63	III	1 251,50	63,40	92,22	103,75	58,11	84,53	95,09	52,95	77,02	86,65	47,91	69,69	78,40	43,01	62,56	70,38	38,23	55,61	62,56
	V	2 235,—	122,92	178,80	201,15	IV	1 820,41	96,74	140,72	158,31	93,38	135,82	152,80	90,—	130,92	147,28	86,63	126,01	141,76	83,26	121,10	136,24	79,88	116,20	130,72
	VI	2 268,50	124,76	181,48	204,16																				
6 605,99 Ost	I,IV	1 833,33	100,83	146,66	164,99	I	1 833,33	94,08	136,85	153,95	87,34	127,04	142,92	80,59	117,23	131,88	73,85	107,42	120,84	67,10	97,60	109,80	60,40	87,86	98,84
	II	1 787,58	98,31	143,—	160,88	II	1 787,58	91,57	133,19	149,84	84,82	123,38	138,80	78,07	113,56	127,76	71,33	103,76	116,73	64,58	93,94	105,68	57,96	84,31	94,85
	III	1 262,—	69,41	100,96	113,58	III	1 262,—	63,97	93,05	104,68	58,66	85,33	95,99	53,48	77,80	87,52	48,43	70,45	79,25	43,52	63,30	71,21	38,72	56,33	63,37
	V	2 247,91	123,63	179,83	202,31	IV	1 833,33	97,46	141,76	159,48	94,08	136,85	153,95	90,71	131,94	148,43	87,34	127,04	142,92	83,97	122,14	137,40	80,59	117,23	131,88
	VI	2 281,33	125,47	182,50	205,31																				
6 608,99 West	I,IV	1 821,66	100,19	145,73	163,94	I	1 821,66	93,44	135,92	152,91	86,70	126,11	141,87	79,95	116,30	130,83	73,21	106,49	119,80	66,46	96,68	108,76	59,78	86,96	97,83
	II	1 775,91	97,67	142,07	159,83	II	1 775,91	90,92	132,26	148,79	84,18	122,45	137,75	77,44	112,64	126,72	70,69	102,82	115,67	63,95	93,02	104,64	57,34	83,41	93,83
	III	1 252,50	68,88	100,20	112,72	III	1 252,50	63,46	92,30	103,84	58,17	84,61	95,18	53,—	77,09	86,72	47,96	69,77	78,49	43,06	62,64	70,47	38,28	55,68	62,64
	V	2 236,25	122,99	178,90	201,26	IV	1 821,66	96,82	140,83	158,43	93,44	135,92	152,91	90,07	131,02	147,39	86,70	126,11	141,87	83,32	121,20	136,35	79,95	116,30	130,83
	VI	2 269,75	124,83	181,58	204,27																				
6 608,99 Ost	I,IV	1 834,58	100,90	146,76	165,11	I	1 834,58	94,15	136,95	154,07	87,41	127,14	143,03	80,66	117,33	131,99	73,92	107,52	120,96	67,17	97,71	109,92	60,47	87,96	98,95
	II	1 788,83	98,38	143,10	160,99	II	1 788,83	91,63	133,29	149,95	84,89	123,48	138,91	78,15	113,67	127,88	71,40	103,86	116,84	64,65	94,04	105,80	58,02	84,40	94,95
	III	1 263,—	69,46	101,04	113,67	III	1 263,—	64,02	93,13	104,77	58,72	85,41	96,08	53,54	77,88	87,61	48,49	70,53	79,34	43,56	63,37	71,29	38,77	56,40	63,45
	V	2 249,16	123,70	179,93	202,42	IV	1 834,58	97,52	141,86	159,59	94,15	136,95	154,07	90,78	132,04	148,55	87,41	127,14	143,03	84,04	122,24	137,52	80,66	117,33	131,99
	VI	2 282,58	125,54	182,60	205,43																				
6 611,99 West	I,IV	1 823,—	100,26	145,84	164,07	I	1 823,—	93,51	136,02	153,02	86,77	126,21	141,98	80,02	116,40	130,95	73,28	106,59	119,91	66,53	96,78	108,87	59,84	87,05	97,93
	II	1 777,16	97,74	142,17	159,94	II	1 777,16	91,—	132,36	148,91	84,25	122,55	137,87	77,50	112,74	126,83	70,76	102,92	115,79	64,02	93,12	104,76	57,41	83,51	93,95
	III	1 253,50	68,94	100,28	112,81	III	1 253,50	63,51	92,38	103,93	58,22	84,69	95,27	53,05	77,17	86,81	48,02	69,85	78,58	43,11	62,70	70,54	38,33	55,76	62,73
	V	2 237,50	123,06	179,—	201,37	IV	1 823,—	96,89	140,93	158,54	93,51	136,02	153,02	90,14	131,12	147,51	86,77	126,21	141,98	83,39	121,30	136,46	80,02	116,40	130,95
	VI	2 271,—	124,90	181,68	204,39																				
6 611,99 Ost	I,IV	1 835,83	100,97	146,86	165,22	I	1 835,83	94,22	137,05	154,18	87,48	127,24	143,15	80,73	117,43	132,11	73,98	107,62	121,07	67,24	97,81	110,03	60,54	88,06	99,06
	II	1 790,08	98,45	143,20	161,10	II	1 790,08	91,70	133,39	150,06	84,96	123,58	139,02	78,21	113,77	127,99	71,47	103,96	116,95	64,72	94,14	105,91	58,09	84,50	95,06
	III	1 264,—	69,52	101,12	113,76	III	1 264,—	64,08	93,21	104,86	58,77	85,49	96,17	53,59	77,96	87,70	48,54	70,61	79,43	43,62	63,45	71,38	38,83	56,48	63,54
	V	2 250,41	123,77	180,03	202,53	IV	1 835,83	97,59	141,96	159,70	94,22	137,05	154,18	90,85	132,15	148,67	87,48	127,24	143,15	84,10	122,34	137,63	80,73	117,43	132,11
	VI	2 283,83	125,61	182,70	205,54																				
6 614,99 West	I,IV	1 824,25	100,33	145,94	164,18	I	1 824,25	93,58	136,12	153,14	86,84	126,31	142,10	80,09	116,50	131,06	73,35	106,69	120,02	66,60	96,88	108,99	59,91	87,15	98,04
	II	1 778,41	97,81	142,27	160,05	II	1 778,41	91,07	132,46	149,02	84,32	122,65	137,98	77,57	112,84	126,94	70,83	103,03	115,91	64,08	93,22	104,87	57,48	83,61	94,06
	III	1 254,50	68,99	100,36	112,90	III	1 254,50	63,57	92,46	104,02	58,28	84,77	95,36	53,11	77,25	86,90	48,07	69,92	78,66	43,15	62,77	70,61	38,38	55,82	62,80
	V	2 238,75	123,13	179,10	201,48	IV	1 824,25	96,96	141,03	158,66	93,58	136,12	153,14	90,21	131,22	147,62	86,84	126,31	142,10	83,46	121,40	136,58	80,09	116,50	131,06
	VI	2 272,25	124,97	181,78	204,50																				
6 614,99 Ost	I,IV	1 837,08	101,03	146,96	165,33	I	1 837,08	94,29	137,16	154,30	87,55	127,34	143,26	80,80	117,53	132,22	74,06	107,72	121,19	67,31	97,91	110,15	60,61	88,16	99,18
	II	1 791,33	98,52	143,30	161,21	II	1 791,33	91,77	133,49	150,17	85,03	123,68	139,14	78,28	113,87	128,10	71,54	104,06	117,06	64,79	94,24	106,02	58,16	84,60	95,17
	III	1 265,—	69,57	101,20	113,85	III	1 265,—	64,13	93,29	104,95	58,83	85,57	96,26	53,64	78,02	87,77	48,59	70,68	79,51	43,67	63,52	71,46	38,87	56,54	63,61
	V	2 251,66	123,84	180,13	202,64	IV	1 837,08	97,66	142,06	159,81	94,29	137,16	154,30	90,92	132,25	148,78	87,55	127,34	143,26	84,17	122,44	137,74	80,80	117,53	132,22
	VI	2 285,16	125,68	182,81	205,66																				
6 617,99 West	I,IV	1 825,50	100,40	146,04	164,29	I	1 825,50	93,65	136,22	153,25	86,90	126,41	142,21	80,16	116,60	131,18	73,42	106,79	120,14	66,67	96,98	109,10	59,98	87,25	98,15
	II	1 779,66	97,88	142,37	160,16	II	1 779,66	91,13	132,56	149,13	84,39	122,75	138,09	77,64	112,94	127,05	70,90	103,13	116,02	64,15	93,32	104,98	57,54	83,70	94,16
	III	1 255,50	69,05	100,44	112,99	III	1 255,50	63,62	92,54	104,11	58,32	84,84	95,44	53,16	77,33	86,99	48,12	70,—	78,75	43,21	62,85	70,70	38,42	55,89	62,87
	V	2 240,08	123,20	179,20	201,60	IV	1 825,50	97,02	141,13	158,77	93,65	136,22	153,25	90,28	131,32	147,73	86,90	126,41	142,21	83,54	121,51	136,70	80,16	116,60	131,18
	VI	2 273,50	125,04	181,88	204,61																				
6 617,99 Ost	I,IV	1 838,33	101,10	147,06	165,44	I	1 838,33	94,36	137,26	154,41	87,61	127,44	143,37	80,87	117,63	132,33	74,13	107,82	121,30	67,38	98,01	110,26	60,67	88,26	99,29
	II	1 792,58	98,59	143,40	161,33	II	1 792,58	91,84	133,59	150,29	85,10	123,78	139,25	78,35	113,97	128,21	71,61	104,16	117,18	64,86	94,35	106,14	58,23	84,70	95,28
	III	1 266,—	69,63	101,28	113,94	III	1 266,—	64,19	93,37	105,04	58,87	85,64	96,34	53,69	78,10	87,86	48,64	70,76	79,60	43,71	63,58	71,53	38,92	56,61	63,68
	V	2 252,91	123,91	180,23	202,76	IV	1 838,33	97,73	142,16	159,93	94,36	137,26	154,41	90,99	132,35	148,89	87,61	127,44	143,37	84,24	122,54	137,85	80,87	117,63	132,33
	VI	2 286,41	125,75	182,91	205,77																				
6 620,99 West	I,IV	1 826,75	100,47	146,14	164,40	I	1 826,75	93,72	136,32	153,36	86,98	126,52	142,33	80,23	116,70	131,29	73,48	106,89	120,25	66,74	97,08	109,22	60,05	87,35	98,27
	II	1 781,—	97,95	142,48	160,29	II	1 781,—	91,20	132,66	149,24	84,46	122,85	138,20	77,71	113,04	127,17	70,97	103,23	116,13	64,22	93,42	105,09	57,61	83,80	94,28
	III	1 256,50	69,10	100,52	113,08	III	1 256,50	63,68	92,62	104,20	58,38	84,92	95,53	53,21	77,40	87,07	48,17	70,06	78,82	43,25	62,92	70,78	38,47	55,96	62,95
	V	2 241,33	123,27	179,30	201,71	IV	1 826,75	97,09	141,23	158,88	93,72	136,32	153,36	90,35	131,42	147,84	86,98	126,52	142,33	83,60	121,61	136,81	80,23	116,70	131,29
	VI	2 274,75	125,11	181,98	204,72																				
6 620,99 Ost	I,IV	1 839,58	101,17	147,16	165,56	I	1 839,58	94,43	137,36	154,53	87,68	127,54	143,48	80,94	117,73	132,44	74,19	107,92	121,41	67,45	98,11	110,37	60,74	88,36	99,40
	II	1 793,83	98,66	143,50	161,44	II	1 793,83	91,91	133,69	150,40	85,17	123,88	139,37	78,42	114,07	128,33	71,67	104,26	117,29	64,93	94,45	106,25	58,29	84,79	95,39
	III	1 267,—	69,68	101,36	114,03	III	1 267,—	64,24	93,45	105,13	58,93	85,72	96,43	53,75	78,18	87,95	48,69	70,82	79,67	43,77	63,66	71,62	38,97	56,69	63,77
	V	2 254,16	123,97	180,33	202,87	IV	1 839,58	97,80	142,26	160,04	94,43	137,36	154,53	91,06	132,45	149,—	87,68	127,54	143,48	84,31	122,64	137,97	80,94	117,73	132,44
	VI	2 287,66	125,82	183,01	205,88																				
6 623,99 West	I,IV	1 828,—	100,54	146,24	164,52	I	1 828,—	93,79	136,42	153,47	87,05	126,62	142,44	80,30	116,80	131,40	73,55	106,99	120,36	66,81	97,18	109,33	60,11	87,44	98,37
	II	1 782,25	98,02	142,58	160,40	II	1 782,25	91,27	132,76	149,36	84,53	122,95	138,32	77,78	113,14	127,28	71,04	103,33	116,24	64,29	93,52	105,21	57,68	83,90	94,38
	III	1 257,66	69,17	100,61	113,18	III	1 257,66	63,73	92,70	104,29	58,43	85,—	95,62	53,26	77,48	87,16	48,22	70,14	78,91	43,31	63,—	70,87	38,52	56,04	63,04
	V	2 242,58	123,34	179,40	201,83	IV	1 828,—	97,16	141,33	158,99	93,79	136,42	153,47	90,42	131,52	147,96	87,05	126,62	142,44	83,67	121,71	136,92	80,30	116,80	131,40
	VI	2 276,—	125,18	182,08	204,84																				
6 623,99 Ost	I,IV	1 840,91	101,25	147,27	165,68	I	1 840,91	94,50	137,46	154,64	87,75	127,64	143,60	81,01	117,84	132,57	74,26	108,02	121,52	67,52	98,21	110,48	60,81	88,45	99,50
	II	1 795,08	98,72	143,60	161,55	II	1 795,08	91,98	133,80	150,52	85,24	123,98	139,48	78,49	114,17	128,44	71,75	104,36	117,41	65,—	94,55	106,37	58,36	84,89	95,50
	III	1 268,16	69,74	101,45	114,13	III	1 268,16	64,30	93,53	105,22	58,98	85,80	96,52	53,80	78,26	88,04	48,74	70,90	79,76	43,81	63,73	71,69	39,02	56,76	63,85
	V	2 255,41	124,04	180,43	202,98	IV	1 840,91	97,87	142,36	160,16	94,50	137,46	154,64	91,13	132,55	149,12	87,75	127,64	143,60	84,38	122,74	138,08	81,01	117,84	132,57
	VI	2 288,91	125,89	183,11	206,—																				

* Die ausgewiesenen Tabellenwerte sind amtlich. Siehe Erläuterungen auf der Umschlaginnenseite (U2).

Abzüge an Lohnsteuer, Solidaritätszuschlag (SolZ) und Kirchensteuer (8%, 9%) in den Steuerklassen

Lohn/ Gehalt bis €*	I – VI					I, II, III, IV		mit Zahl der Kinderfreibeträge . . . 0,5			1			1,5			2			2,5			3		
		LSt	ohne Kinderfreibeträge SolZ	8%	9%		LSt	SolZ	8%	9%	SolZ	8%	9%	SolZ	8%	9%	SolZ	8%	9%	SolZ	8%	9%	SolZ	8%	9%
6 626,99 West	I,IV	1 829,25	100,60	146,34	164,63	I	1 829,25	93,86	136,52	153,59	87,12	126,72	142,56	80,37	116,90	131,51	73,62	107,09	120,47	66,88	97,28	109,44	60,18	87,54	98,48
	II	1 783,50	98,09	142,68	160,51	II	1 783,50	91,34	132,86	149,47	84,59	123,05	138,43	77,85	113,24	127,40	71,11	103,43	116,36	64,36	93,62	105,32	57,75	84,—	94,50
	III	1 258,66	69,22	100,69	113,27	III	1 258,66	63,79	92,78	104,38	58,49	85,08	95,71	53,32	77,56	87,25	48,27	70,21	78,98	43,35	63,06	70,94	38,57	56,10	63,11
	V	2 243,83	123,41	179,50	201,94	IV	1 829,25	97,23	141,43	159,11	93,86	136,52	153,59	90,49	131,62	148,07	87,12	126,72	142,56	83,74	121,81	137,03	80,37	116,90	131,51
	VI	2 277,25	125,24	182,18	204,95																				
6 626,99 Ost	I,IV	1 842,16	101,31	147,37	165,79	I	1 842,16	94,57	137,56	154,75	87,82	127,74	143,71	81,08	117,94	132,68	74,33	108,12	121,64	67,59	98,31	110,60	60,88	88,55	99,62
	II	1 796,33	98,79	143,70	161,66	II	1 796,33	92,05	133,90	150,63	85,30	124,08	139,59	78,56	114,27	128,55	71,82	104,46	117,52	65,07	94,65	106,48	58,43	84,99	95,61
	III	1 269,16	69,80	101,53	114,22	III	1 269,16	64,35	93,61	105,31	59,04	85,88	96,61	53,85	78,33	88,12	48,80	70,98	79,85	43,87	63,81	71,78	39,06	56,82	63,92
	V	2 256,75	124,12	180,54	203,10	IV	1 842,16	97,94	142,46	160,27	94,57	137,56	154,75	91,19	132,65	149,23	87,82	127,74	143,71	84,45	122,84	138,20	81,08	117,94	132,68
	VI	2 290,16	125,95	183,21	206,11																				
6 629,99 West	I,IV	1 830,50	100,67	146,44	164,74	I	1 830,50	93,93	136,63	153,71	87,18	126,82	142,67	80,44	117,—	131,63	73,70	107,20	120,60	66,95	97,38	109,55	60,25	87,64	98,60
	II	1 784,75	98,16	142,78	160,62	II	1 784,75	91,41	132,96	149,58	84,67	123,16	138,55	77,92	113,34	127,51	71,17	103,53	116,47	64,43	93,72	105,44	57,81	84,09	94,60
	III	1 259,66	69,28	100,77	113,36	III	1 259,66	63,84	92,86	104,47	58,54	85,16	95,80	53,36	77,62	87,32	48,32	70,29	79,07	43,41	63,14	71,03	38,61	56,17	63,19
	V	2 245,08	123,47	179,60	202,05	IV	1 830,50	97,30	141,53	159,22	93,93	136,63	153,71	90,56	131,72	148,19	87,18	126,82	142,67	83,81	121,91	137,15	80,44	117,—	131,63
	VI	2 278,58	125,32	182,28	205,07																				
6 629,99 Ost	I,IV	1 843,41	101,38	147,47	165,90	I	1 843,41	94,64	137,66	154,86	87,89	127,84	143,82	81,15	118,04	132,79	74,40	108,22	121,75	67,65	98,41	110,71	60,94	88,65	99,73
	II	1 797,58	98,86	143,80	161,78	II	1 797,58	92,12	134,—	150,75	85,37	124,18	139,70	78,63	114,37	128,66	71,88	104,56	117,63	65,14	94,75	106,59	58,49	85,08	95,72
	III	1 270,16	69,85	101,61	114,31	III	1 270,16	64,41	93,69	105,40	59,09	85,96	96,70	53,90	78,41	88,21	48,84	71,05	79,93	43,91	63,88	71,86	39,11	56,89	64,—
	V	2 258,—	124,19	180,64	203,22	IV	1 843,41	98,01	142,56	160,38	94,64	137,66	154,86	91,26	132,75	149,34	87,89	127,84	143,82	84,52	122,94	138,31	81,15	118,04	132,79
	VI	2 291,41	126,02	183,31	206,22																				
6 632,99 West	I,IV	1 831,75	100,74	146,54	164,85	I	1 831,75	94,—	136,73	153,82	87,25	126,92	142,78	80,51	117,10	131,74	73,76	107,30	120,71	67,02	97,48	109,67	60,32	87,74	98,71
	II	1 786,—	98,23	142,88	160,74	II	1 786,—	91,48	133,06	149,69	84,74	123,26	138,66	77,99	113,44	127,62	71,24	103,63	116,58	64,50	93,82	105,55	57,88	84,19	94,71
	III	1 260,66	69,33	100,85	113,45	III	1 260,66	63,90	92,94	104,56	58,60	85,24	95,89	53,42	77,70	87,41	48,38	70,37	79,16	43,45	63,21	71,11	38,67	56,25	63,28
	V	2 246,33	123,54	179,70	202,16	IV	1 831,75	97,37	141,64	159,34	94,—	136,73	153,82	90,63	131,82	148,30	87,25	126,92	142,78	83,88	122,01	137,26	80,51	117,10	131,74
	VI	2 279,83	125,39	182,38	205,18																				
6 632,99 Ost	I,IV	1 844,66	101,45	147,57	166,01	I	1 844,66	94,71	137,76	154,98	87,96	127,95	143,94	81,22	118,14	132,90	74,47	108,32	121,86	67,73	98,52	110,83	61,01	88,75	99,84
	II	1 798,91	98,94	143,91	161,90	II	1 798,91	92,19	134,10	150,86	85,44	124,28	139,82	78,70	114,48	128,79	71,95	104,66	117,74	65,21	94,85	106,70	58,56	85,18	95,83
	III	1 271,16	69,91	101,69	114,40	III	1 271,16	64,46	93,77	105,49	59,15	86,04	96,79	53,96	78,49	88,30	48,90	71,13	80,02	43,97	63,96	71,95	39,16	56,97	64,09
	V	2 259,25	124,25	180,74	203,33	IV	1 844,66	98,08	142,66	160,49	94,71	137,76	154,98	91,33	132,85	149,45	87,96	127,95	143,94	84,59	123,04	138,42	81,22	118,14	132,90
	VI	2 292,66	126,09	183,41	206,33																				
6 635,99 West	I,IV	1 833,08	100,81	146,64	164,97	I	1 833,08	94,07	136,83	153,93	87,32	127,02	142,89	80,57	117,20	131,85	73,83	107,40	120,82	67,09	97,58	109,78	60,39	87,84	98,82
	II	1 787,25	98,29	142,98	160,85	II	1 787,25	91,55	133,16	149,81	84,81	123,36	138,78	78,06	113,54	127,73	71,31	103,73	116,69	64,57	93,92	105,66	57,94	84,28	94,82
	III	1 261,66	69,39	100,93	113,54	III	1 261,66	63,95	93,02	104,65	58,65	85,32	95,98	53,47	77,78	87,50	48,42	70,44	79,24	43,50	63,28	71,19	38,72	56,32	63,36
	V	2 247,58	123,61	179,80	202,28	IV	1 833,08	97,44	141,74	159,45	94,07	136,83	153,93	90,69	131,92	148,41	87,32	127,02	142,89	83,95	122,11	137,37	80,57	117,20	131,85
	VI	2 281,08	125,45	182,48	205,29																				
6 635,99 Ost	I,IV	1 845,91	101,52	147,67	166,13	I	1 845,91	94,77	137,86	155,09	88,03	128,05	144,05	81,29	118,24	133,02	74,54	108,42	121,97	67,80	98,62	110,94	61,08	88,85	99,95
	II	1 800,16	99,—	144,01	162,01	II	1 800,16	92,26	134,20	150,97	85,51	124,38	139,93	78,77	114,58	128,90	72,02	104,76	117,86	65,28	94,95	106,82	58,63	85,28	95,94
	III	1 272,16	69,96	101,77	114,49	III	1 272,16	64,52	93,85	105,58	59,20	86,12	96,88	54,01	78,57	88,39	48,95	71,20	80,10	44,01	64,02	72,02	39,21	57,04	64,17
	V	2 260,50	124,32	180,84	203,44	IV	1 845,91	98,15	142,76	160,61	94,77	137,86	155,09	91,41	132,96	149,58	88,03	128,05	144,05	84,66	123,14	138,53	81,29	118,24	133,02
	VI	2 293,91	126,16	183,51	206,45																				
6 638,99 West	I,IV	1 834,33	100,88	146,74	165,08	I	1 834,33	94,14	136,93	154,04	87,39	127,12	143,01	80,65	117,31	131,97	73,90	107,50	120,93	67,15	97,68	109,89	60,45	87,94	98,93
	II	1 788,50	98,36	143,08	160,96	II	1 788,50	91,62	133,27	149,93	84,87	123,46	138,89	78,13	113,64	127,85	71,39	103,84	116,82	64,64	94,02	105,77	58,01	84,38	94,93
	III	1 262,66	69,44	101,01	113,63	III	1 262,66	64,01	93,10	104,74	58,70	85,38	96,05	53,53	77,86	87,59	48,48	70,52	79,33	43,56	63,36	71,28	38,76	56,38	63,43
	V	2 248,83	123,68	179,90	202,39	IV	1 834,33	97,51	141,84	159,57	94,14	136,93	154,04	90,76	132,02	148,52	87,39	127,12	143,01	84,02	122,21	137,48	80,65	117,31	131,97
	VI	2 282,33	125,52	182,58	205,40																				
6 638,99 Ost	I,IV	1 847,16	101,59	147,77	166,24	I	1 847,16	94,85	137,96	155,21	88,10	128,15	144,17	81,35	118,34	133,13	74,61	108,52	122,09	67,87	98,72	111,06	61,15	88,95	100,07
	II	1 801,41	99,07	144,11	162,12	II	1 801,41	92,33	134,30	151,08	85,58	124,48	140,04	78,84	114,68	129,01	72,09	104,86	117,97	65,34	95,05	106,93	58,69	85,38	96,05
	III	1 273,33	70,03	101,86	114,59	III	1 273,33	64,57	93,93	105,67	59,26	86,20	96,97	54,06	78,64	88,47	49,—	71,28	80,19	44,07	64,10	72,11	39,26	57,10	64,24
	V	2 261,75	124,39	180,94	203,55	IV	1 847,16	98,22	142,86	160,72	94,85	137,96	155,21	91,47	133,06	149,69	88,10	128,15	144,17	84,73	123,24	138,65	81,35	118,34	133,13
	VI	2 295,25	126,23	183,62	206,57																				
6 641,99 West	I,IV	1 835,58	100,95	146,84	165,20	I	1 835,58	94,21	137,03	154,16	87,46	127,22	143,12	80,72	117,41	132,08	73,97	107,60	121,05	67,22	97,78	110,—	60,52	88,04	99,04
	II	1 789,75	98,43	143,18	161,07	II	1 789,75	91,69	133,37	150,04	84,94	123,56	139,—	78,20	113,74	127,96	71,45	103,94	116,93	64,71	94,12	105,89	58,08	84,48	95,04
	III	1 263,83	69,51	101,10	113,74	III	1 263,83	64,06	93,18	104,83	58,75	85,46	96,14	53,57	77,93	87,67	48,52	70,58	79,40	43,60	63,42	71,35	38,81	56,45	63,50
	V	2 250,16	123,75	180,01	202,51	IV	1 835,58	97,58	141,94	159,68	94,21	137,03	154,16	90,83	132,12	148,64	87,46	127,22	143,12	84,09	122,32	137,61	80,72	117,41	132,08
	VI	2 283,58	125,59	182,68	205,52																				
6 641,99 Ost	I,IV	1 848,41	101,66	147,87	166,35	I	1 848,41	94,92	138,06	155,32	88,17	128,25	144,28	81,42	118,44	133,24	74,68	108,63	122,21	67,93	98,82	111,17	61,21	89,04	100,17
	II	1 802,66	99,14	144,21	162,23	II	1 802,66	92,40	134,40	151,20	85,65	124,59	140,16	78,91	114,78	129,12	72,16	104,96	118,08	65,42	95,16	107,05	58,76	85,48	96,16
	III	1 274,33	70,08	101,94	114,68	III	1 274,33	64,63	94,01	105,76	59,31	86,28	97,06	54,12	78,72	88,56	49,06	71,36	80,28	44,11	64,17	72,19	39,31	57,18	64,33
	V	2 263,—	124,46	181,04	203,67	IV	1 848,41	98,28	142,96	160,83	94,92	138,06	155,32	91,54	133,16	149,80	88,17	128,25	144,28	84,80	123,34	138,76	81,42	118,44	133,24
	VI	2 296,50	126,30	183,72	206,68																				
6 644,99 West	I,IV	1 836,83	101,02	146,94	165,31	I	1 836,83	94,27	137,13	154,27	87,53	127,32	143,24	80,79	117,51	132,20	74,04	107,70	121,16	67,29	97,88	110,12	60,59	88,14	99,15
	II	1 791,08	98,50	143,28	161,19	II	1 791,08	91,76	133,47	150,15	85,01	123,66	139,11	78,26	113,84	128,07	71,52	104,04	117,04	64,78	94,22	106,—	58,14	84,58	95,15
	III	1 264,83	69,56	101,18	113,83	III	1 264,83	64,12	93,26	104,92	58,81	85,54	96,23	53,63	78,01	87,76	48,58	70,66	79,49	43,66	63,50	71,44	38,86	56,53	63,59
	V	2 251,41	123,82	180,11	202,62	IV	1 836,83	97,65	142,04	159,79	94,27	137,13	154,27	90,90	132,22	148,75	87,53	127,32	143,24	84,16	122,42	137,72	80,79	117,51	132,20
	VI	2 284,83	125,66	182,78	205,63																				
6 644,99 Ost	I,IV	1 849,66	101,73	147,97	166,46	I	1 849,66	94,98	138,16	155,43	88,24	128,35	144,39	81,49	118,54	133,35	74,75	108,73	122,32	68,—	98,92	111,28	61,28	89,14	100,28
	II	1 803,91	99,21	144,31	162,35	II	1 803,91	92,46	134,50	151,31	85,72	124,69	140,27	78,98	114,88	129,24	72,23	105,06	118,19	65,49	95,26	107,16	58,83	85,57	96,26
	III	1 275,33	70,14	102,02	114,77	III	1 275,33	64,68	94,09	105,85	59,36	86,34	97,13	54,17	78,80	88,65	49,10	71,42	80,35	44,17	64,25	72,28	39,36	57,25	64,40
	V	2 264,25	124,53	181,14	203,78	IV	1 849,66	98,36	143,07	160,95	94,98	138,16	155,43	91,61	133,26	149,91	88,24	128,35	144,39	84,86	123,44	138,87	81,49	118,54	133,35
	VI	2 297,75	126,37	183,82	206,79																				
6 647,99 West	I,IV	1 838,08	101,09	147,04	165,42	I	1 838,08	94,34	137,23	154,38	87,60	127,42	143,35	80,85	117,61	132,31	74,11	107,80	121,27	67,37	97,99	110,24	60,66	88,24	99,27
	II	1 792,33	98,57	143,38	161,30	II	1 792,33	91,83	133,57	150,26	85,08	123,76	139,23	78,34	113,95	128,19	71,59	104,14	117,15	64,84	94,32	106,11	58,21	84,68	95,26
	III	1 265,83	69,62	101,26	113,92	III	1 265,83	64,17	93,34	105,01	58,86	85,62	96,32	53,68	78,09	87,85	48,63	70,74	79,58	43,70	63,57	71,51	38,91	56,60	63,67
	V	2 252,66	123,89	180,21	202,73	IV	1 838,08	97,72	142,14	159,90	94,34	137,23	154,38	90,97	132,32	148,86	87,60	127,42	143,35	84,23	122,52	137,83	80,85	117,61	132,31
	VI	2 286,08	125,73	182,88	205,74																				
6 647,99 Ost	I,IV	1 851,—	101,80	148,08	166,59	I	1 851,—	95,05	138,26	155,54	88,31	128,45	144,50	81,56	118,64	133,47	74,82	108,83	122,43	68,07	99,02	111,39	61,35	89,24	100,40
	II	1 805,16	99,28	144,41	162,46	II	1 805,16	92,54	134,60	151,43	85,79	124,79	140,39	79,04	114,98	129,35	72,30	105,16	118,31	65,56	95,36	107,28	58,90	85,67	96,38
	III	1 276,33	70,19	102,10	114,86	III	1 276,33	64,74	94,17	105,94	59,41	86,42	97,22	54,23	78,88	88,74	49,16	71,50	80,44	44,22	64,32	72,36	39,40	57,32	64,48
	V	2 265,50	124,60	181,24	203,89	IV	1 851,—	98,43	143,17	161,06	95,05	138,26	155,54	91,68	133,36	150,03	88,31	128,45	144,50	84,93	123,54	138,98	81,56	118,64	133,47
	VI	2 299,—	126,44	183,92	206,91																				

* Die ausgewiesenen Tabellenwerte sind amtlich. Siehe Erläuterungen auf der Umschlaginnenseite (U2).

Lohn/ Gehalt bis €*	Abzüge an Lohnsteuer, Solidaritätszuschlag (SolZ) und Kirchensteuer (8%, 9%) in den Steuerklassen I – VI					I, II, III, IV		mit Zahl der Kinderfreibeträge . . . 0,5			1			1,5			2			2,5			3		
		LSt	ohne Kinderfreibeträge SolZ	8%	9%		LSt	SolZ	8%	9%	SolZ	8%	9%	SolZ	8%	9%	SolZ	8%	9%	SolZ	8%	9%	SolZ	8%	9%
6 650,99 West	I,IV	1 839,33	101,16	147,14	165,53	I	1 839,33	94,41	137,33	154,49	87,67	127,52	143,46	80,92	117,71	132,42	74,18	107,90	121,38	67,43	98,09	110,35	60,72	88,33	99,37
	II	1 793,58	98,64	143,48	161,42	II	1 793,58	91,90	133,67	150,38	85,15	123,86	139,34	78,41	114,05	128,30	71,66	104,24	117,27	64,91	94,42	106,22	58,28	84,77	95,36
	III	1 266,83	69,67	101,34	114,01	III	1 266,83	64,24	93,44	105,12	58,92	85,70	96,41	53,74	78,17	87,94	48,68	70,81	79,66	43,76	63,65	71,60	38,95	56,66	63,74
	V	2 253,91	123,96	180,31	202,85	IV	1 839,33	97,79	142,24	160,02	94,41	137,33	154,49	91,04	132,43	148,98	87,67	127,52	143,46	84,30	122,62	137,94	80,92	117,71	132,42
	VI	2 287,33	125,80	182,98	205,85																				
6 650,99 Ost	I,IV	1 852,25	101,87	148,18	166,70	I	1 852,25	95,12	138,36	155,66	88,38	128,55	144,62	81,63	118,74	133,58	74,89	108,93	122,54	68,14	99,12	111,51	61,42	89,34	100,51
	II	1 806,41	99,35	144,51	162,57	II	1 806,41	92,61	134,70	151,54	85,86	124,89	140,50	79,11	115,08	129,46	72,37	105,27	118,43	65,62	95,46	107,39	58,96	85,77	96,49
	III	1 277,33	70,25	102,18	114,95	III	1 277,33	64,79	94,25	106,03	59,47	86,50	97,31	54,27	78,94	88,81	49,20	71,57	80,51	44,26	64,38	72,43	39,46	57,40	64,57
	V	2 266,75	124,67	181,34	204,—	IV	1 852,25	98,50	143,27	161,18	95,12	138,36	155,66	91,75	133,46	150,14	88,38	128,55	144,62	85,—	123,64	139,10	81,63	118,74	133,58
	VI	2 300,25	126,51	184,02	207,02																				
6 653,99 West	I,IV	1 840,58	101,23	147,24	165,65	I	1 840,58	94,49	137,44	154,62	87,74	127,62	143,57	80,99	117,81	132,53	74,25	108,—	121,50	67,50	98,19	110,46	60,79	88,43	99,48
	II	1 794,83	98,71	143,58	161,53	II	1 794,83	91,96	133,77	150,49	85,22	123,96	139,46	78,48	114,15	128,42	71,73	104,34	117,38	64,98	94,52	106,34	58,35	84,87	95,48
	III	1 267,83	69,73	101,42	114,10	III	1 267,83	64,29	93,52	105,21	58,97	85,78	96,50	53,79	78,24	88,02	48,73	70,89	79,75	43,80	63,72	71,68	39,01	56,74	63,83
	V	2 255,16	124,03	180,41	202,96	IV	1 840,58	97,85	142,34	160,13	94,49	137,44	154,62	91,11	132,53	149,09	87,74	127,62	143,57	84,37	122,72	138,06	80,99	117,81	132,53
	VI	2 288,66	125,87	183,09	205,97																				
6 653,99 Ost	I,IV	1 853,50	101,94	148,28	166,81	I	1 853,50	95,19	138,46	155,77	88,44	128,65	144,73	81,70	118,84	133,70	74,96	109,03	122,66	68,21	99,22	111,62	61,49	89,44	100,62
	II	1 807,66	99,42	144,61	162,68	II	1 807,66	92,67	134,80	151,65	85,93	124,99	140,61	79,18	115,18	129,57	72,44	105,37	118,54	65,69	95,56	107,50	59,03	85,86	96,59
	III	1 278,33	70,30	102,26	115,04	III	1 278,33	64,85	94,33	106,12	59,52	86,58	97,40	54,33	79,02	88,90	49,26	71,65	80,60	44,32	64,46	72,52	39,50	57,46	64,64
	V	2 268,08	124,74	181,44	204,12	IV	1 853,50	98,56	143,37	161,29	95,19	138,46	155,77	91,82	133,56	150,25	88,44	128,65	144,73	85,08	123,75	139,22	81,70	118,84	133,70
	VI	2 301,50	126,58	184,12	207,13																				
6 656,99 West	I,IV	1 841,83	101,30	147,34	165,76	I	1 841,83	94,55	137,54	154,73	87,81	127,72	143,69	81,06	117,91	132,65	74,32	108,10	121,61	67,57	98,29	110,57	60,86	88,53	99,59
	II	1 796,08	98,78	143,68	161,64	II	1 796,08	92,03	133,87	150,60	85,29	124,06	139,57	78,54	114,25	128,53	71,80	104,44	117,49	65,06	94,63	106,46	58,41	84,96	95,58
	III	1 268,83	69,78	101,50	114,19	III	1 268,83	64,35	93,60	105,30	59,03	85,86	96,59	53,84	78,32	88,11	48,78	70,96	79,83	43,86	63,80	71,77	39,05	56,81	63,91
	V	2 256,41	124,10	180,51	203,07	IV	1 841,83	97,93	142,44	160,25	94,55	137,54	154,73	91,18	132,63	149,21	87,81	127,72	143,69	84,43	122,82	138,17	81,06	117,91	132,65
	VI	2 289,91	125,94	183,19	206,09																				
6 656,99 Ost	I,IV	1 854,75	102,01	148,38	166,92	I	1 854,75	95,26	138,56	155,88	88,52	128,76	144,85	81,77	118,94	133,81	75,02	109,13	122,77	68,28	99,32	111,74	61,56	89,54	100,73
	II	1 809,—	99,49	144,72	162,81	II	1 809,—	92,74	134,90	151,76	86,—	125,09	140,72	79,25	115,28	129,69	72,51	105,47	118,65	65,76	95,66	107,61	59,10	85,96	96,71
	III	1 279,50	70,37	102,36	115,15	III	1 279,50	64,90	94,41	106,21	59,58	86,66	97,49	54,38	79,10	88,99	49,31	71,73	80,69	44,36	64,53	72,59	39,55	57,53	64,72
	V	2 269,33	124,81	181,54	204,23	IV	1 854,75	98,63	143,47	161,40	95,26	138,56	155,88	91,89	133,66	150,36	88,52	128,76	144,85	85,14	123,85	139,33	81,77	118,94	133,81
	VI	2 302,75	126,65	184,22	207,24																				
6 659,99 West	I,IV	1 843,08	101,36	147,44	165,87	I	1 843,08	94,62	137,64	154,84	87,88	127,82	143,80	81,13	118,01	132,76	74,39	108,20	121,73	67,64	98,39	110,69	60,93	88,63	99,71
	II	1 797,33	98,85	143,78	161,75	II	1 797,33	92,10	133,97	150,71	85,36	124,16	139,68	78,61	114,35	128,64	71,87	104,54	117,60	65,12	94,73	106,57	58,48	85,06	95,69
	III	1 270,—	69,85	101,60	114,30	III	1 270,—	64,40	93,68	105,39	59,08	85,94	96,68	53,90	78,40	88,20	48,84	71,04	79,92	43,90	63,86	71,84	39,10	56,88	63,99
	V	2 257,66	124,17	180,61	203,18	IV	1 843,08	98,—	142,54	160,36	94,62	137,64	154,84	91,25	132,73	149,32	87,88	127,82	143,80	84,50	122,92	138,28	81,13	118,01	132,76
	VI	2 291,16	126,01	183,29	206,20																				
6 659,99 Ost	I,IV	1 856,—	102,08	148,48	167,04	I	1 856,—	95,33	138,66	155,99	88,59	128,86	144,96	81,84	119,04	133,92	75,09	109,23	122,88	68,35	99,42	111,85	61,63	89,64	100,85
	II	1 810,25	99,56	144,82	162,92	II	1 810,25	92,81	135,—	151,88	86,07	125,19	140,84	79,32	115,38	129,80	72,58	105,57	118,76	65,83	95,76	107,73	59,17	86,06	96,82
	III	1 280,50	70,42	102,44	115,24	III	1 280,50	64,96	94,49	106,30	59,63	86,74	97,58	54,44	79,18	89,08	49,36	71,80	80,77	44,42	64,61	72,68	39,60	57,61	64,81
	V	2 270,58	124,88	181,64	204,35	IV	1 856,—	98,70	143,57	161,51	95,33	138,66	155,99	91,96	133,76	150,48	88,59	128,86	144,96	85,21	123,95	139,44	81,84	119,04	133,92
	VI	2 304,—	126,72	184,32	207,36																				
6 662,99 West	I,IV	1 844,41	101,44	147,55	165,99	I	1 844,41	94,69	137,74	154,95	87,94	127,92	143,91	81,20	118,12	132,88	74,46	108,30	121,84	67,71	98,49	110,80	61,—	88,73	99,82
	II	1 798,58	98,92	143,88	161,87	II	1 798,58	92,18	134,08	150,84	85,43	124,26	139,79	78,68	114,45	128,75	71,94	104,64	117,72	65,19	94,83	106,68	58,55	85,16	95,81
	III	1 271,—	69,90	101,68	114,39	III	1 271,—	64,46	93,76	105,48	59,14	86,02	96,77	53,94	78,46	88,27	48,88	71,10	79,99	43,96	63,94	71,93	39,16	56,96	64,08
	V	2 258,91	124,24	180,71	203,30	IV	1 844,41	98,06	142,64	160,47	94,69	137,74	154,95	91,32	132,83	149,43	87,94	127,92	143,91	84,57	123,02	138,39	81,20	118,12	132,88
	VI	2 292,41	126,08	183,39	206,31																				
6 662,99 Ost	I,IV	1 857,25	102,14	148,58	167,15	I	1 857,25	95,40	138,76	156,11	88,66	128,96	145,08	81,91	119,14	134,03	75,16	109,33	122,99	68,42	99,52	111,96	61,70	89,74	100,96
	II	1 811,50	99,63	144,92	163,03	II	1 811,50	92,88	135,10	151,99	86,13	125,29	140,95	79,39	115,48	129,92	72,65	105,67	118,88	65,90	95,86	107,84	59,23	86,16	96,93
	III	1 281,50	70,48	102,52	115,33	III	1 281,50	65,01	94,57	106,39	59,69	86,82	97,67	54,48	79,25	89,15	49,41	71,88	80,86	44,46	64,68	72,76	39,65	57,68	64,89
	V	2 271,83	124,95	181,74	204,46	IV	1 857,25	98,77	143,67	161,63	95,40	138,76	156,11	92,03	133,86	150,59	88,66	128,96	145,08	85,28	124,05	139,55	81,91	119,14	134,03
	VI	2 305,25	126,78	184,42	207,47																				
6 665,99 West	I,IV	1 845,66	101,51	147,65	166,10	I	1 845,66	94,76	137,84	155,07	88,01	128,02	144,02	81,27	118,22	132,99	74,52	108,40	121,95	67,78	98,59	110,91	61,06	88,82	99,92
	II	1 799,83	98,99	143,98	161,98	II	1 799,83	92,24	134,18	150,95	85,50	124,36	139,91	78,75	114,55	128,87	72,01	104,74	117,83	65,26	94,93	106,79	58,61	85,26	95,91
	III	1 272,—	69,96	101,76	114,48	III	1 272,—	64,51	93,84	105,57	59,18	86,09	96,85	54,—	78,54	88,36	48,94	71,18	80,08	44,—	64,01	72,01	39,20	57,02	64,15
	V	2 260,25	124,31	180,82	203,42	IV	1 845,66	98,13	142,74	160,58	94,76	137,84	155,07	91,39	132,93	149,54	88,01	128,02	144,02	84,64	123,12	138,51	81,27	118,22	132,99
	VI	2 293,66	126,15	183,49	206,42																				
6 665,99 Ost	I,IV	1 858,50	102,21	148,68	167,26	I	1 858,50	95,47	138,87	156,23	88,72	129,06	145,19	81,98	119,24	134,15	75,24	109,44	123,12	68,49	99,62	112,07	61,76	89,84	101,07
	II	1 812,75	99,70	145,02	163,14	II	1 812,75	92,95	135,20	152,10	86,21	125,40	141,07	79,46	115,58	130,03	72,71	105,77	118,99	65,97	95,96	107,96	59,30	86,26	97,04
	III	1 282,50	70,53	102,60	115,42	III	1 282,50	65,07	94,65	106,48	59,74	86,90	97,76	54,54	79,33	89,24	49,46	71,94	80,93	44,52	64,76	72,85	39,70	57,74	64,96
	V	2 273,08	125,01	181,84	204,57	IV	1 858,50	98,84	143,77	161,74	95,47	138,87	156,23	92,10	133,96	150,71	88,72	129,06	145,19	85,35	124,15	139,67	81,98	119,24	134,15
	VI	2 306,58	126,86	184,52	207,59																				
6 668,99 West	I,IV	1 846,91	101,58	147,75	166,22	I	1 846,91	94,83	137,94	155,18	88,08	128,12	144,14	81,34	118,32	133,11	74,59	108,50	122,06	67,85	98,69	111,02	61,13	88,92	100,04
	II	1 801,08	99,05	144,08	162,09	II	1 801,08	92,31	134,28	151,06	85,57	124,46	140,02	78,82	114,65	128,98	72,08	104,84	117,95	65,33	95,03	106,91	58,68	85,36	96,03
	III	1 273,—	70,01	101,84	114,57	III	1 273,—	64,57	93,92	105,66	59,24	86,17	96,94	54,05	78,62	88,45	48,99	71,26	80,17	44,05	64,08	72,09	39,25	57,09	64,22
	V	2 261,50	124,38	180,92	203,53	IV	1 846,91	98,20	142,84	160,70	94,83	137,94	155,18	91,46	133,03	149,66	88,08	128,12	144,14	84,71	123,22	138,62	81,34	118,32	133,11
	VI	2 294,91	126,22	183,59	206,54																				
6 668,99 Ost	I,IV	1 859,75	102,28	148,78	167,37	I	1 859,75	95,54	138,97	156,34	88,79	129,16	145,30	82,05	119,34	134,26	75,30	109,54	123,23	68,56	99,72	112,19	61,83	89,94	101,18
	II	1 814,—	99,77	145,12	163,26	II	1 814,—	93,02	135,30	152,21	86,28	125,50	141,18	79,53	115,68	130,14	72,78	105,87	119,10	66,04	96,06	108,07	59,37	86,36	97,15
	III	1 283,50	70,59	102,68	115,51	III	1 283,50	65,12	94,73	106,57	59,80	86,98	97,85	54,59	79,41	89,33	49,51	72,02	81,02	44,56	64,82	72,92	39,75	57,82	65,05
	V	2 274,33	125,08	181,94	204,68	IV	1 859,75	98,91	143,88	161,86	95,54	138,97	156,34	92,17	134,06	150,82	88,79	129,16	145,30	85,42	124,25	139,78	82,05	119,34	134,26
	VI	2 307,83	126,93	184,62	207,70																				
6 671,99 West	I,IV	1 848,16	101,64	147,85	166,33	I	1 848,16	94,90	138,04	155,29	88,16	128,23	144,26	81,41	118,42	133,22	74,66	108,60	122,18	67,92	98,80	111,15	61,20	89,02	100,15
	II	1 802,41	99,13	144,19	162,21	II	1 802,41	92,38	134,38	151,17	85,63	124,56	140,13	78,89	114,76	129,10	72,15	104,94	118,06	65,40	95,13	107,02	58,74	85,45	96,13
	III	1 274,—	70,07	101,92	114,66	III	1 274,—	64,62	94,—	105,75	59,29	86,25	97,03	54,11	78,70	88,54	49,04	71,33	80,24	44,11	64,16	72,18	39,30	57,17	64,31
	V	2 262,75	124,45	181,02	203,64	IV	1 848,16	98,27	142,94	160,81	94,90	138,04	155,29	91,52	133,13	149,77	88,16	128,23	144,26	84,78	123,32	138,74	81,41	118,42	133,22
	VI	2 296,16	126,28	183,69	206,65																				
6 671,99 Ost	I,IV	1 861,08	102,35	148,88	167,49	I	1 861,08	95,61	139,07	156,45	88,86	129,26	145,41	82,11	119,44	134,37	75,37	109,64	123,34	68,63	99,82	112,30	61,90	90,04	101,29
	II	1 815,25	99,83	145,22	163,37	II	1 815,25	93,09	135,40	152,33	86,35	125,60	141,30	79,60	115,78	130,25	72,85	105,97	119,21	66,11	96,16	108,18	59,43	86,45	97,25
	III	1 284,66	70,65	102,77	115,61	III	1 284,66	65,19	94,82	106,67	59,85	87,06	97,94	54,65	79,49	89,42	49,57	72,10	81,11	44,62	64,90	73,01	39,80	57,89	65,12
	V	2 275,58	125,15	182,04	204,80	IV	1 861,08	98,98	143,98	161,97	95,61	139,07	156,45	92,23	134,16	150,93	88,86	129,26	145,41	85,49	124,35	139,89	82,11	119,44	134,37
	VI	2 309,08	126,99	184,72	207,81																				

* **Die ausgewiesenen Tabellenwerte sind amtlich. Siehe Erläuterungen auf der Umschlaginnenseite (U2).**

MONAT 6 672,–*

Lohn/ Gehalt bis €*		I – VI LSt	I – VI ohne Kinderfreibeträge SolZ	8%	9%		I, II, III, IV LSt	mit Zahl der Kinderfreibeträge . . . 0,5 SolZ	0,5 8%	0,5 9%	1 SolZ	1 8%	1 9%	1,5 SolZ	1,5 8%	1,5 9%	2 SolZ	2 8%	2 9%	2,5 SolZ	2,5 8%	2,5 9%	3 SolZ	3 8%	3 9%
6 674,99 West	I,IV	1 849,41	101,71	147,95	166,44	I	1 849,41	94,97	138,14	155,40	88,22	128,33	144,37	81,48	118,52	133,33	74,73	108,70	122,29	67,99	98,90	111,26	61,27	89,12	100,26
	II	1 803,66	99,20	144,29	162,32	II	1 803,66	92,45	134,48	151,29	85,70	124,66	140,24	78,96	114,86	129,21	72,21	105,04	118,17	65,47	95,23	107,13	58,81	85,55	96,24
	III	1 275,–	70,12	102,–	114,75	III	1 275,–	64,68	94,08	105,84	59,35	86,33	97,12	54,15	78,77	88,61	49,09	71,41	80,33	44,15	64,22	72,25	39,35	57,24	64,39
	V	2 264,–	124,52	181,12	203,76	IV	1 849,41	98,34	143,04	160,92	94,97	138,14	155,40	91,60	133,24	149,89	88,22	128,33	144,37	84,85	123,42	138,85	81,48	118,52	133,33
	VI	2 297,41	126,35	183,79	206,76																				
6 674,99 Ost	I,IV	1 862,33	102,42	148,98	167,60	I	1 862,33	95,68	139,17	156,56	88,93	129,36	145,53	82,19	119,55	134,49	75,44	109,74	123,45	68,69	99,92	112,41	61,97	90,14	101,40
	II	1 816,50	99,90	145,32	163,48	II	1 816,50	93,16	135,51	152,45	86,41	125,70	141,41	79,67	115,88	130,37	72,93	106,08	119,34	66,18	96,26	108,29	59,50	86,55	97,37
	III	1 285,66	70,71	102,85	115,70	III	1 285,66	65,24	94,90	106,76	59,90	87,13	98,02	54,69	79,56	89,50	49,61	72,17	81,19	44,66	64,97	73,09	39,84	57,96	65,20
	V	2 276,83	125,22	182,14	204,91	IV	1 862,33	99,05	144,08	162,09	95,68	139,17	156,56	92,30	134,26	151,04	88,93	129,36	145,53	85,56	124,45	140,–	82,19	119,55	134,49
	VI	2 310,33	127,06	184,82	207,92																				
6 677,99 West	I,IV	1 850,66	101,78	148,05	166,55	I	1 850,66	95,04	138,24	155,52	88,29	128,43	144,48	81,55	118,62	133,44	74,80	108,80	122,40	68,06	99,–	111,37	61,34	89,22	100,37
	II	1 804,91	99,27	144,39	162,44	II	1 804,91	92,52	134,58	151,40	85,77	124,76	140,36	79,03	114,96	129,33	72,28	105,14	118,28	65,54	95,33	107,24	58,88	85,65	96,35
	III	1 276,16	70,18	102,09	114,85	III	1 276,16	64,73	94,16	105,93	59,40	86,41	97,21	54,21	78,85	88,70	49,14	71,48	80,41	44,21	64,30	72,34	39,39	57,30	64,46
	V	2 265,25	124,58	181,22	203,87	IV	1 850,66	98,41	143,14	161,03	95,04	138,24	155,52	91,67	133,34	150,–	88,29	128,43	144,48	84,92	123,52	138,96	81,55	118,62	133,44
	VI	2 298,75	126,43	183,90	206,88																				
6 677,99 Ost	I,IV	1 863,58	102,49	149,08	167,72	I	1 863,58	95,75	139,27	156,68	89,–	129,46	145,64	82,26	119,65	134,60	75,51	109,84	123,57	68,76	100,02	112,52	62,04	90,24	101,52
	II	1 817,75	99,97	145,42	163,59	II	1 817,75	93,23	135,61	152,56	86,48	125,80	141,52	79,74	115,98	130,48	72,99	106,18	119,45	66,25	96,36	108,41	59,57	86,65	97,48
	III	1 286,66	70,76	102,93	115,79	III	1 286,66	65,30	94,98	106,85	59,95	87,21	98,11	54,75	79,64	89,59	49,67	72,25	81,28	44,72	65,05	73,18	39,90	58,04	65,29
	V	2 278,16	125,29	182,25	205,03	IV	1 863,58	99,12	144,18	162,20	95,75	139,27	156,68	92,37	134,36	151,16	89,–	129,46	145,64	85,63	124,56	140,13	82,26	119,65	134,60
	VI	2 311,58	127,13	184,92	208,04																				
6 680,99 West	I,IV	1 851,91	101,85	148,15	166,67	I	1 851,91	95,11	138,34	155,63	88,36	128,53	144,59	81,62	118,72	133,56	74,87	108,91	122,52	68,13	99,10	111,48	61,41	89,32	100,49
	II	1 806,16	99,33	144,49	162,55	II	1 806,16	92,59	134,68	151,51	85,85	124,87	140,48	79,10	115,06	129,44	72,35	105,24	118,40	65,61	95,44	107,37	58,95	85,74	96,46
	III	1 277,16	70,24	102,17	114,94	III	1 277,16	64,79	94,24	106,02	59,46	86,49	97,30	54,26	78,93	88,79	49,19	71,56	80,50	44,25	64,37	72,41	39,44	57,37	64,54
	V	2 266,50	124,65	181,32	203,98	IV	1 851,91	98,48	143,24	161,15	95,11	138,34	155,63	91,74	133,44	150,12	88,36	128,53	144,59	84,99	123,62	139,07	81,62	118,72	133,56
	VI	2 300,–	126,50	184,–	207,–																				
6 680,99 Ost	I,IV	1 864,83	102,56	149,18	167,83	I	1 864,83	95,81	139,37	156,79	89,07	129,56	145,76	82,33	119,75	134,72	75,58	109,94	123,68	68,83	100,12	112,64	62,10	90,34	101,63
	II	1 819,08	100,04	145,52	163,71	II	1 819,08	93,30	135,71	152,67	86,55	125,90	141,63	79,80	116,08	130,59	73,06	106,28	119,56	66,32	96,46	108,52	59,64	86,75	97,59
	III	1 287,66	70,82	103,01	115,88	III	1 287,66	65,35	95,06	106,94	60,01	87,29	98,20	54,80	79,72	89,68	49,72	72,33	81,37	44,77	65,12	73,26	39,94	58,10	65,36
	V	2 279,41	125,36	182,35	205,14	IV	1 864,83	99,19	144,28	162,31	95,81	139,37	156,79	92,44	134,46	151,27	89,07	129,56	145,76	85,70	124,66	140,24	82,33	119,75	134,72
	VI	2 312,83	127,20	185,02	208,15																				
6 683,99 West	I,IV	1 853,16	101,92	148,25	166,78	I	1 853,16	95,18	138,44	155,75	88,43	128,63	144,71	81,68	118,82	133,67	74,94	109,01	122,63	68,20	99,20	111,60	61,48	89,42	100,60
	II	1 807,41	99,40	144,59	162,66	II	1 807,41	92,66	134,78	151,62	85,91	124,97	140,59	79,17	115,16	129,55	72,42	105,34	118,51	65,68	95,54	107,48	59,01	85,84	96,57
	III	1 278,16	70,29	102,25	115,03	III	1 278,16	64,84	94,32	106,11	59,51	86,57	97,39	54,32	79,01	88,88	49,25	71,64	80,59	44,31	64,45	72,50	39,49	57,45	64,63
	V	2 267,75	124,72	181,42	204,09	IV	1 853,16	98,55	143,35	161,27	95,18	138,44	155,75	91,80	133,54	150,23	88,43	128,63	144,71	85,06	123,72	139,19	81,68	118,82	133,67
	VI	2 301,25	126,56	184,10	207,11																				
6 683,99 Ost	I,IV	1 866,08	102,63	149,28	167,94	I	1 866,08	95,88	139,47	156,90	89,14	129,66	145,87	82,39	119,85	134,83	75,65	110,04	123,79	68,91	100,23	112,76	62,17	90,44	101,74
	II	1 820,33	100,11	145,62	163,82	II	1 820,33	93,37	135,81	152,78	86,62	126,–	141,75	79,88	116,19	130,71	73,13	106,38	119,67	66,38	96,56	108,63	59,70	86,84	97,70
	III	1 288,66	70,87	103,09	115,97	III	1 288,66	65,41	95,14	107,03	60,06	87,37	98,29	54,86	79,80	89,77	49,77	72,40	81,45	44,82	65,20	73,35	39,99	58,17	65,44
	V	2 280,66	125,43	182,45	205,25	IV	1 866,08	99,26	144,38	162,42	95,88	139,47	156,90	92,51	134,56	151,38	89,14	129,66	145,87	85,77	124,76	140,35	82,39	119,85	134,83
	VI	2 314,08	127,27	185,12	208,26																				
6 686,99 West	I,IV	1 854,50	101,99	148,36	166,90	I	1 854,50	95,25	138,54	155,86	88,50	128,73	144,82	81,76	118,92	133,79	75,01	109,11	122,75	68,26	99,30	111,71	61,54	89,52	100,71
	II	1 808,66	99,47	144,69	162,77	II	1 808,66	92,73	134,88	151,74	85,98	125,07	140,70	79,24	115,26	129,66	72,49	105,44	118,62	65,75	95,64	107,59	59,08	85,94	96,68
	III	1 279,16	70,35	102,33	115,12	III	1 279,16	64,90	94,40	106,20	59,57	86,65	97,48	54,36	79,08	88,96	49,29	71,70	80,66	44,35	64,52	72,58	39,54	57,52	64,71
	V	2 269,–	124,79	181,52	204,21	IV	1 854,50	98,62	143,45	161,38	95,25	138,54	155,86	91,87	133,64	150,34	88,50	128,73	144,82	85,13	123,82	139,30	81,76	118,92	133,79
	VI	2 302,50	126,63	184,20	207,22																				
6 686,99 Ost	I,IV	1 867,33	102,70	149,38	168,05	I	1 867,33	95,95	139,57	157,01	89,21	129,76	145,98	82,46	119,95	134,94	75,72	110,14	123,90	68,97	100,33	112,87	62,24	90,54	101,85
	II	1 821,58	100,18	145,72	163,94	II	1 821,58	93,44	135,91	152,90	86,69	126,10	141,86	79,95	116,29	130,82	73,20	106,48	119,79	66,45	96,66	108,74	59,77	86,94	97,81
	III	1 289,83	70,94	103,18	116,08	III	1 289,83	65,46	95,22	107,12	60,12	87,45	98,38	54,90	79,86	89,84	49,83	72,48	81,54	44,87	65,26	73,42	40,04	58,25	65,53
	V	2 281,91	125,50	182,55	205,37	IV	1 867,33	99,33	144,48	162,54	95,95	139,57	157,01	92,58	134,67	151,50	89,21	129,76	145,98	85,84	124,86	140,46	82,46	119,95	134,94
	VI	2 315,33	127,34	185,22	208,37																				
6 689,99 West	I,IV	1 855,75	102,06	148,46	167,01	I	1 855,75	95,31	138,64	155,97	88,57	128,83	144,93	81,83	119,02	133,90	75,08	109,21	122,86	68,33	99,40	111,82	61,61	89,62	100,82
	II	1 809,91	99,54	144,79	162,89	II	1 809,91	92,80	134,98	151,85	86,05	125,17	140,81	79,31	115,36	129,78	72,56	105,55	118,74	65,82	95,74	107,70	59,15	86,04	96,79
	III	1 280,16	70,40	102,41	115,21	III	1 280,16	64,95	94,48	106,29	59,62	86,73	97,57	54,42	79,16	89,05	49,35	71,78	80,75	44,41	64,60	72,67	39,59	57,58	64,78
	V	2 270,25	124,86	181,62	204,32	IV	1 855,75	98,69	143,55	161,49	95,31	138,64	155,97	91,94	133,74	150,45	88,57	128,83	144,93	85,19	123,92	139,41	81,83	119,02	133,90
	VI	2 303,75	126,70	184,30	207,33																				
6 689,99 Ost	I,IV	1 868,58	102,77	149,48	168,17	I	1 868,58	96,03	139,68	157,14	89,28	129,86	146,09	82,53	120,05	135,05	75,79	110,24	124,02	69,04	100,43	112,98	62,31	90,64	101,97
	II	1 822,83	100,25	145,82	164,05	II	1 822,83	93,50	136,01	153,01	86,76	126,20	141,98	80,02	116,39	130,94	73,27	106,58	119,90	66,52	96,76	108,86	59,84	87,04	97,92
	III	1 290,83	70,99	103,26	116,17	III	1 290,83	65,52	95,30	107,21	60,17	87,53	98,47	54,96	79,94	89,93	49,87	72,54	81,61	44,92	65,34	73,51	40,09	58,32	65,61
	V	2 283,16	125,57	182,65	205,48	IV	1 868,58	99,39	144,58	162,65	96,03	139,68	157,14	92,65	134,77	151,61	89,28	129,86	146,09	85,91	124,96	140,58	82,53	120,05	135,05
	VI	2 316,66	127,41	185,33	208,49																				
6 692,99 West	I,IV	1 857,–	102,13	148,56	167,13	I	1 857,–	95,38	138,74	156,08	88,64	128,93	145,04	81,89	119,12	134,01	75,15	109,31	122,97	68,40	99,50	111,93	61,68	89,72	100,93
	II	1 811,16	99,61	144,89	163,–	II	1 811,16	92,87	135,08	151,97	86,12	125,27	140,93	79,37	115,46	129,89	72,63	105,65	118,85	65,89	95,84	107,82	59,22	86,14	96,90
	III	1 281,33	70,47	102,50	115,31	III	1 281,33	65,01	94,56	106,38	59,67	86,80	97,65	54,47	79,24	89,14	49,40	71,86	80,84	44,45	64,66	72,74	39,64	57,66	64,87
	V	2 271,58	124,93	181,72	204,44	IV	1 857,–	98,76	143,65	161,60	95,38	138,74	156,08	92,01	133,84	150,57	88,64	128,93	145,04	85,27	124,03	139,53	81,89	119,12	134,01
	VI	2 305,–	126,77	184,40	207,45																				
6 692,99 Ost	I,IV	1 869,83	102,84	149,58	168,28	I	1 869,83	96,09	139,78	157,25	89,35	129,96	146,21	82,60	120,15	135,17	75,86	110,34	124,13	69,11	100,53	113,09	62,38	90,74	102,08
	II	1 824,08	100,32	145,92	164,16	II	1 824,08	93,57	136,11	153,12	86,83	126,30	142,09	80,08	116,49	131,05	73,34	106,68	120,01	66,60	96,87	108,98	59,90	87,14	98,03
	III	1 291,83	71,05	103,34	116,26	III	1 291,83	65,57	95,38	107,30	60,23	87,61	98,56	55,01	80,02	90,02	49,93	72,62	81,70	44,97	65,41	73,58	40,14	58,38	65,68
	V	2 284,41	125,64	182,75	205,59	IV	1 869,83	99,47	144,68	162,77	96,09	139,78	157,25	92,72	134,87	151,73	89,35	129,96	146,21	85,97	125,06	140,69	82,60	120,15	135,17
	VI	2 317,91	127,48	185,43	208,61																				
6 695,99 West	I,IV	1 858,25	102,20	148,66	167,24	I	1 858,25	95,45	138,84	156,20	88,71	129,04	145,17	81,96	119,22	134,12	75,22	109,41	123,08	68,47	99,60	112,05	61,75	89,82	101,04
	II	1 812,50	99,68	145,–	163,12	II	1 812,50	92,94	135,18	152,08	86,19	125,37	141,04	79,45	115,56	130,01	72,70	105,75	118,97	65,95	95,94	107,93	59,29	86,24	97,02
	III	1 282,33	70,52	102,58	115,40	III	1 282,33	65,06	94,64	106,47	59,73	86,88	97,74	54,53	79,32	89,23	49,45	71,93	80,92	44,51	64,74	72,83	39,69	57,73	64,94
	V	2 272,83	125,–	181,82	204,55	IV	1 858,25	98,83	143,75	161,72	95,45	138,84	156,20	92,08	133,94	150,68	88,71	129,04	145,17	85,34	124,13	139,64	81,96	119,22	134,12
	VI	2 306,25	126,84	184,50	207,56																				
6 695,99 Ost	I,IV	1 871,08	102,90	149,68	168,39	I	1 871,08	96,16	139,88	157,36	89,42	130,06	146,32	82,67	120,25	135,28	75,93	110,44	124,25	69,18	100,63	113,21	62,45	90,84	102,19
	II	1 825,33	100,39	146,02	164,27	II	1 825,33	93,64	136,21	153,23	86,90	126,40	142,20	80,15	116,59	131,16	73,41	106,78	120,12	66,66	96,97	109,09	59,97	87,24	98,14
	III	1 292,83	71,10	103,42	116,35	III	1 292,83	65,63	95,46	107,39	60,28	87,69	98,65	55,07	80,10	90,11	49,98	72,70	81,79	45,02	65,49	73,67	40,19	58,46	65,77
	V	2 285,66	125,71	182,85	205,70	IV	1 871,08	99,54	144,78	162,88	96,16	139,88	157,36	92,79	134,97	151,84	89,42	130,06	146,32	86,04	125,16	140,80	82,67	120,25	135,28
	VI	2 319,16	127,55	185,53	208,72																				

Abzüge an Lohnsteuer, Solidaritätszuschlag (SolZ) und Kirchensteuer (8%, 9%) in den Steuerklassen

* Die ausgewiesenen Tabellenwerte sind amtlich. Siehe Erläuterungen auf der Umschlaginnenseite (U2).

Lohn/ Gehalt bis €*		Abzüge an Lohnsteuer, Solidaritätszuschlag (SolZ) und Kirchensteuer (8%, 9%) in den Steuerklassen I – VI					I, II, III, IV	mit Zahl der Kinderfreibeträge ... 0,5			1			1,5			2			2,5			3		
		LSt	ohne Kinder-freibeträge SolZ	8%	9%		LSt	SolZ	8%	9%	SolZ	8%	9%	SolZ	8%	9%	SolZ	8%	9%	SolZ	8%	9%	SolZ	8%	9%
6 698,99 West	I,IV	1 859,50	102,27	148,76	167,35	I	1 859,50	95,52	138,94	156,31	88,78	129,14	145,28	82,03	119,32	134,24	75,29	109,51	123,20	68,54	99,70	112,16	61,82	89,92	101,16
	II	1 813,75	99,75	145,10	163,23	II	1 813,75	93,—	135,28	152,19	86,26	125,47	141,15	79,52	115,66	130,12	72,77	105,85	119,08	66,02	96,04	108,04	59,35	86,33	97,12
	III	1 283,33	70,58	102,66	115,49	III	1 283,33	65,12	94,72	106,56	59,78	86,96	97,83	54,58	79,40	89,32	49,50	72,01	81,01	44,55	64,81	72,91	39,73	57,80	65,02
	V	2 274,08	125,07	181,92	204,66	IV	1 859,50	98,89	143,85	161,83	95,52	138,94	156,31	92,15	134,04	150,80	88,78	129,14	145,28	85,41	124,23	139,76	82,03	119,32	134,24
	VI	2 307,50	126,91	184,60	207,67																				
6 698,99 Ost	I,IV	1 872,41	102,98	149,79	168,51	I	1 872,41	96,23	139,98	157,47	89,48	130,16	146,43	82,74	120,36	135,40	76,—	110,54	124,36	69,25	100,73	113,32	62,52	90,94	102,30
	II	1 826,58	100,46	146,12	164,39	II	1 826,58	93,72	136,32	153,36	86,97	126,50	142,31	80,22	116,69	131,27	73,48	106,88	120,24	66,73	97,07	109,20	60,04	87,34	98,25
	III	1 293,83	71,16	103,50	116,44	III	1 293,83	65,68	95,54	107,48	60,34	87,77	98,74	55,11	80,17	90,19	50,03	72,77	81,86	45,07	65,56	73,75	40,24	58,53	65,84
	V	2 286,91	125,78	182,95	205,82	IV	1 872,41	99,60	144,88	162,99	96,23	139,98	157,47	92,86	135,07	151,95	89,48	130,16	146,43	86,11	125,26	140,91	82,74	120,36	135,40
	VI	2 320,41	127,62	185,63	208,83																				
6 701,99 West	I,IV	1 860,75	102,34	148,86	167,46	I	1 860,75	95,59	139,04	156,42	88,85	129,24	145,39	82,10	119,42	134,35	75,35	109,61	123,31	68,61	99,80	112,28	61,88	90,02	101,27
	II	1 815,—	99,82	145,20	163,35	II	1 815,—	93,07	135,38	152,30	86,33	125,57	141,26	79,58	115,76	130,23	72,84	105,95	119,19	66,09	96,14	108,15	59,42	86,43	97,23
	III	1 284,33	70,63	102,74	115,58	III	1 284,33	65,17	94,80	106,65	59,84	87,04	97,92	54,63	79,46	89,39	49,55	72,08	81,09	44,61	64,89	73,—	39,79	57,88	65,11
	V	2 275,33	125,14	182,02	204,77	IV	1 860,75	98,96	143,95	161,94	95,59	139,04	156,42	92,22	134,14	150,91	88,85	129,24	145,39	85,47	124,33	139,87	82,10	119,42	134,35
	VI	2 308,75	126,98	184,70	207,78																				
6 701,99 Ost	I,IV	1 873,66	103,05	149,89	168,62	I	1 873,66	96,30	140,08	157,59	89,55	130,26	146,54	82,81	120,46	135,51	76,06	110,64	124,47	69,32	100,83	113,43	62,59	91,04	102,42
	II	1 827,83	100,53	146,22	164,50	II	1 827,83	93,78	136,42	153,47	87,04	126,60	142,43	80,29	116,79	131,39	73,55	106,98	120,35	66,80	97,17	109,31	60,11	87,44	98,37
	III	1 295,—	71,22	103,60	116,55	III	1 295,—	65,74	95,62	107,57	60,39	87,85	98,83	55,17	80,25	90,28	50,08	72,85	81,95	45,12	65,64	73,84	40,28	58,60	65,92
	V	2 288,25	125,85	183,06	205,94	IV	1 873,66	99,67	144,98	163,10	96,30	140,08	157,59	92,93	135,17	152,06	89,55	130,26	146,54	86,18	125,36	141,03	82,81	120,46	135,51
	VI	2 321,66	127,69	185,73	208,94																				
6 704,99 West	I,IV	1 862,—	102,41	148,96	167,58	I	1 862,—	95,66	139,15	156,54	88,92	129,34	145,50	82,17	119,52	134,46	75,43	109,72	123,43	68,68	99,90	112,39	61,95	90,12	101,38
	II	1 816,25	99,89	145,30	163,46	II	1 816,25	93,14	135,48	152,42	86,40	125,68	141,39	79,65	115,86	130,34	72,91	106,05	119,30	66,16	96,24	108,27	59,49	86,53	97,34
	III	1 285,33	70,69	102,82	115,67	III	1 285,33	65,23	94,88	106,74	59,89	87,12	98,01	54,68	79,54	89,48	49,61	72,16	81,18	44,66	64,96	73,08	39,83	57,94	65,18
	V	2 276,58	125,21	182,12	204,89	IV	1 862,—	99,03	144,05	162,05	95,66	139,15	156,54	92,29	134,24	151,02	88,92	129,34	145,50	85,54	124,43	139,98	82,17	119,52	134,46
	VI	2 310,08	127,05	184,80	207,90																				
6 704,99 Ost	I,IV	1 874,91	103,12	149,99	168,74	I	1 874,91	96,37	140,18	157,70	89,62	130,36	146,66	82,88	120,56	135,63	76,13	110,74	124,58	69,39	100,93	113,54	62,65	91,14	102,53
	II	1 829,08	100,59	146,32	164,61	II	1 829,08	93,85	136,52	153,58	87,11	126,70	142,54	80,36	116,89	131,50	73,62	107,08	120,47	66,87	97,27	109,43	60,17	87,53	98,47
	III	1 296,—	71,28	103,68	116,64	III	1 296,—	65,79	95,70	107,66	60,45	87,93	98,92	55,22	80,33	90,37	50,14	72,93	82,04	45,17	65,70	73,91	40,34	58,68	66,01
	V	2 289,50	125,92	183,16	206,05	IV	1 874,91	99,74	145,08	163,22	96,37	140,18	157,70	93,—	135,27	152,18	89,62	130,36	146,66	86,25	125,46	141,14	82,88	120,56	135,63
	VI	2 322,91	127,76	185,83	209,06																				
6 707,99 West	I,IV	1 863,25	102,47	149,06	167,69	I	1 863,25	95,73	139,25	156,65	88,99	129,44	145,62	82,24	119,62	134,57	75,50	109,82	123,54	68,75	100,—	112,50	62,02	90,22	101,49
	II	1 817,50	99,96	145,40	163,57	II	1 817,50	93,21	135,58	152,53	86,47	125,78	141,50	79,72	115,96	130,46	72,98	106,15	119,42	66,23	96,34	108,38	59,56	86,63	97,46
	III	1 286,50	70,75	102,92	115,78	III	1 286,50	65,28	94,96	106,83	59,95	87,20	98,10	54,74	79,62	89,57	49,66	72,24	81,27	44,71	65,04	73,17	39,88	58,01	65,26
	V	2 277,83	125,28	182,22	205,—	IV	1 863,25	99,11	144,16	162,18	95,73	139,25	156,65	92,36	134,34	151,13	88,99	129,44	145,62	85,61	124,53	140,09	82,24	119,62	134,57
	VI	2 311,33	127,12	184,90	208,01																				
6 707,99 Ost	I,IV	1 876,16	103,18	150,09	168,85	I	1 876,16	96,44	140,28	157,81	89,70	130,47	146,78	82,95	120,66	135,74	76,20	110,84	124,70	69,46	101,04	113,67	62,72	91,24	102,64
	II	1 830,41	100,67	146,43	164,73	II	1 830,41	93,92	136,62	153,69	87,17	126,80	142,65	80,43	117,—	131,62	73,69	107,18	120,58	66,94	97,37	109,54	60,24	87,63	98,58
	III	1 297,—	71,33	103,76	116,73	III	1 297,—	65,85	95,78	107,75	60,50	88,01	99,01	55,28	80,41	90,46	50,18	73,—	82,12	45,22	65,78	74,—	40,38	58,74	66,08
	V	2 290,75	125,99	183,26	206,16	IV	1 876,16	99,81	145,18	163,33	96,44	140,28	157,81	93,06	135,37	152,29	89,70	130,47	146,78	86,32	125,56	141,26	82,95	120,66	135,74
	VI	2 324,16	127,82	185,93	209,17																				
6 710,99 West	I,IV	1 864,58	102,55	149,16	167,81	I	1 864,58	95,80	139,35	156,77	89,05	129,54	145,73	82,31	119,72	134,69	75,57	109,92	123,66	68,82	100,10	112,61	62,09	90,32	101,61
	II	1 818,75	100,03	145,50	163,68	II	1 818,75	93,28	135,68	152,64	86,54	125,88	141,61	79,79	116,06	130,57	73,04	106,25	119,53	66,30	96,44	108,50	59,62	86,72	97,56
	III	1 287,50	70,81	103,—	115,87	III	1 287,50	65,34	95,04	106,92	60,—	87,28	98,19	54,79	79,70	89,66	49,71	72,30	81,34	44,76	65,10	73,24	39,93	58,09	65,35
	V	2 279,08	125,34	182,32	205,11	IV	1 864,58	99,17	144,26	162,29	95,80	139,35	156,77	92,43	134,44	151,25	89,05	129,54	145,73	85,68	124,63	140,21	82,31	119,72	134,69
	VI	2 312,58	127,19	185,—	208,13																				
6 710,99 Ost	I,IV	1 877,41	103,25	150,19	168,96	I	1 877,41	96,51	140,38	157,92	89,76	130,57	146,89	83,02	120,76	135,85	76,27	110,94	124,81	69,53	101,14	113,78	62,79	91,34	102,75
	II	1 831,66	100,74	146,53	164,84	II	1 831,66	93,99	136,72	153,81	87,24	126,90	142,76	80,50	117,10	131,73	73,75	107,28	120,69	67,01	97,47	109,65	60,31	87,73	98,69
	III	1 298,—	71,39	103,84	116,82	III	1 298,—	65,90	95,86	107,84	60,55	88,08	99,09	55,33	80,49	90,55	50,24	73,08	82,21	45,27	65,85	74,08	40,43	58,81	66,16
	V	2 292,—	126,06	183,36	206,28	IV	1 877,41	99,88	145,28	163,44	96,51	140,38	157,92	93,14	135,48	152,41	89,76	130,57	146,89	86,39	125,66	141,37	83,02	120,76	135,85
	VI	2 325,41	127,89	186,03	209,28																				
6 713,99 West	I,IV	1 865,83	102,62	149,26	167,92	I	1 865,83	95,87	139,45	156,88	89,12	129,64	145,84	82,38	119,83	134,81	75,63	110,02	123,77	68,89	100,20	112,73	62,16	90,42	101,72
	II	1 820,—	100,10	145,60	163,80	II	1 820,—	93,35	135,79	152,76	86,61	125,98	141,72	79,86	116,16	130,68	73,12	106,36	119,65	66,37	96,54	108,61	59,69	86,82	97,67
	III	1 288,50	70,86	103,08	115,96	III	1 288,50	65,39	95,12	107,01	60,06	87,36	98,28	54,84	79,77	89,74	49,76	72,38	81,43	44,80	65,17	73,31	39,98	58,16	65,43
	V	2 280,33	125,41	182,42	205,22	IV	1 865,83	99,24	144,36	162,40	95,87	139,45	156,88	92,50	134,54	151,36	89,12	129,64	145,84	85,75	124,73	140,32	82,38	119,83	134,81
	VI	2 313,83	127,26	185,10	208,24																				
6 713,99 Ost	I,IV	1 878,66	103,32	150,29	169,07	I	1 878,66	96,58	140,48	158,04	89,83	130,67	147,—	83,09	120,86	135,96	76,34	111,04	124,92	69,60	101,24	113,89	62,86	91,44	102,87
	II	1 832,91	100,81	146,63	164,96	II	1 832,91	94,06	136,82	153,92	87,31	127,—	142,88	80,57	117,20	131,85	73,82	107,38	120,80	67,08	97,57	109,76	60,38	87,83	98,81
	III	1 299,—	71,44	103,92	116,91	III	1 299,—	65,96	95,94	107,93	60,61	88,16	99,18	55,38	80,56	90,63	50,28	73,14	82,28	45,32	65,93	74,17	40,48	58,89	66,25
	V	2 293,25	126,12	183,46	206,39	IV	1 878,66	99,95	145,38	163,55	96,58	140,48	158,04	93,21	135,58	152,52	89,83	130,67	147,—	86,46	125,76	141,48	83,09	120,86	135,96
	VI	2 326,75	127,97	186,14	209,40																				
6 716,99 West	I,IV	1 867,08	102,68	149,36	168,03	I	1 867,08	95,94	139,55	156,99	89,19	129,74	145,95	82,45	119,93	134,92	75,70	110,12	123,88	68,96	100,30	112,84	62,23	90,52	101,83
	II	1 821,25	100,16	145,70	163,91	II	1 821,25	93,42	135,89	152,87	86,68	126,08	141,84	79,93	116,26	130,79	73,19	106,46	119,76	66,44	96,64	108,72	59,76	86,92	97,79
	III	1 289,50	70,92	103,16	116,05	III	1 289,50	65,45	95,20	107,10	60,11	87,44	98,37	54,89	79,85	89,83	49,82	72,46	81,52	44,86	65,25	73,40	40,03	58,22	65,50
	V	2 281,66	125,49	182,53	205,34	IV	1 867,08	99,31	144,46	162,51	95,94	139,55	156,99	92,56	134,64	151,47	89,19	129,74	145,95	85,82	124,84	140,44	82,45	119,93	134,92
	VI	2 315,08	127,32	185,20	208,35																				
6 716,99 Ost	I,IV	1 879,91	103,39	150,39	169,19	I	1 879,91	96,65	140,58	158,15	89,90	130,77	147,11	83,16	120,96	136,08	76,41	111,15	125,04	69,67	101,34	114,—	62,93	91,54	102,98
	II	1 834,16	100,87	146,73	165,07	II	1 834,16	94,13	136,92	154,03	87,39	127,11	143,—	80,64	117,30	131,96	73,89	107,48	120,92	67,15	97,68	109,89	60,44	87,92	98,91
	III	1 300,16	71,50	104,01	117,01	III	1 300,16	66,01	96,02	108,02	60,66	88,24	99,27	55,44	80,64	90,72	50,34	73,22	82,37	45,37	66,—	74,25	40,53	58,96	66,33
	V	2 294,50	126,19	183,56	206,50	IV	1 879,91	100,02	145,48	163,67	96,65	140,58	158,15	93,28	135,68	152,64	89,90	130,77	147,11	86,53	125,86	141,59	83,16	120,96	136,08
	VI	2 328,—	128,04	186,24	209,52																				
6 719,99 West	I,IV	1 868,33	102,75	149,46	168,14	I	1 868,33	96,01	139,65	157,10	89,26	129,84	146,07	82,52	120,03	135,03	75,77	110,22	123,99	69,02	100,40	112,95	62,29	90,61	101,93
	II	1 822,58	100,24	145,80	164,03	II	1 822,58	93,49	135,99	152,99	86,74	126,18	141,95	80,—	116,36	130,91	73,26	106,56	119,88	66,51	96,74	108,83	59,82	87,02	97,89
	III	1 290,50	70,97	103,24	116,14	III	1 290,50	65,51	95,29	107,20	60,17	87,52	98,46	54,95	79,93	89,92	49,86	72,53	81,59	44,90	65,32	73,48	40,08	58,30	65,59
	V	2 282,91	125,56	182,63	205,46	IV	1 868,33	99,38	144,56	162,63	96,01	139,65	157,10	92,63	134,74	151,58	89,26	129,84	146,07	85,89	124,94	140,55	82,52	120,03	135,03
	VI	2 316,33	127,39	185,30	208,46																				
6 719,99 Ost	I,IV	1 881,16	103,46	150,49	169,30	I	1 881,16	96,72	140,68	158,27	89,97	130,87	147,23	83,22	121,06	136,19	76,48	111,25	125,15	69,74	101,44	114,12	63,—	91,64	103,09
	II	1 835,41	100,94	146,83	165,18	II	1 835,41	94,20	137,02	154,14	87,45	127,21	143,11	80,71	117,40	132,07	73,96	107,58	121,03	67,22	97,78	110,—	60,51	88,02	99,02
	III	1 301,16	71,56	104,09	117,10	III	1 301,16	66,08	96,12	108,13	60,72	88,32	99,36	55,49	80,72	90,81	50,39	73,30	82,46	45,43	66,08	74,34	40,58	59,02	66,40
	V	2 295,75	126,26	183,65	206,61	IV	1 881,16	100,09	145,59	163,79	96,72	140,68	158,27	93,34	135,78	152,75	89,97	130,87	147,23	86,60	125,96	141,71	83,22	121,06	136,19
	VI	2 329,25	128,10	186,34	209,63																				

* Die ausgewiesenen Tabellenwerte sind amtlich. Siehe Erläuterungen auf der Umschlaginnenseite (U2).

MONAT 6 720,–*

Abzüge an Lohnsteuer, Solidaritätszuschlag (SolZ) und Kirchensteuer (8%, 9%) in den Steuerklassen

Lohn/ Gehalt bis €*	I – VI	LSt	ohne Kinderfreibeträge SolZ	8%	9%	I, II, III, IV	LSt	mit Zahl der Kinderfreibeträge … 0,5 SolZ	0,5 8%	0,5 9%	1 SolZ	1 8%	1 9%	1,5 SolZ	1,5 8%	1,5 9%	2 SolZ	2 8%	2 9%	2,5 SolZ	2,5 8%	2,5 9%	3 SolZ	3 8%	3 9%
6 722,99 West	I,IV	1 869,58	102,82	149,56	168,26	I	1 869,58	96,08	139,75	157,22	89,33	129,94	146,18	82,59	120,13	135,14	75,84	110,32	124,11	69,10	100,51	113,07	62,36	90,71	102,05
	II	1 823,83	100,31	145,90	164,14	II	1 823,83	93,56	136,09	153,10	86,81	126,28	142,06	80,07	116,47	131,03	73,32	106,66	119,99	66,58	96,84	108,95	59,89	87,12	98,01
	III	1 291,66	71,04	103,33	116,24	III	1 291,66	65,56	95,37	107,29	60,22	87,60	98,55	55,—	80,01	90,01	49,92	72,61	81,68	44,96	65,40	73,57	40,13	58,37	65,66
	V	2 284,16	125,62	182,73	205,57	IV	1 869,58	99,45	144,66	162,74	96,08	139,75	157,22	92,70	134,84	151,70	89,33	129,94	146,18	85,96	125,04	140,67	82,59	120,13	135,14
	VI	2 317,58	127,46	185,40	208,58																				
6 722,99 Ost	I,IV	1 882,50	103,53	150,60	169,42	I	1 882,50	96,79	140,78	158,38	90,04	130,97	147,34	83,30	121,16	136,31	76,55	111,35	125,27	69,80	101,54	114,23	63,07	91,74	103,20
	II	1 836,66	101,01	146,93	165,29	II	1 836,66	94,27	137,12	154,26	87,52	127,31	143,22	80,78	117,50	132,18	74,03	107,68	121,14	67,29	97,88	110,11	60,58	88,12	99,14
	III	1 302,16	71,61	104,17	117,19	III	1 302,16	66,13	96,20	108,22	60,77	88,40	99,45	55,55	80,80	90,90	50,44	73,37	82,54	45,47	66,14	74,41	40,63	59,10	66,49
	V	2 297,—	126,33	183,76	206,73	IV	1 882,50	100,16	145,69	163,90	96,79	140,78	158,38	93,41	135,88	152,86	90,04	130,97	147,34	86,67	126,06	141,82	83,30	121,16	136,31
	VI	2 330,50	128,17	186,44	209,74																				
6 725,99 West	I,IV	1 870,83	102,89	149,66	168,37	I	1 870,83	96,14	139,85	157,33	89,40	130,04	146,30	82,66	120,23	135,26	75,91	110,42	124,22	69,17	100,61	113,18	62,43	90,81	102,16
	II	1 825,08	100,37	146,—	164,25	II	1 825,08	93,63	136,19	153,21	86,88	126,38	142,17	80,14	116,57	131,14	73,39	106,76	120,10	66,65	96,94	109,06	59,96	87,22	98,12
	III	1 292,66	71,09	103,41	116,33	III	1 292,66	65,62	95,45	107,38	60,28	87,68	98,64	55,05	80,08	90,09	49,96	72,68	81,76	45,—	65,46	73,64	40,17	58,44	65,74
	V	2 285,41	125,69	182,83	205,68	IV	1 870,83	99,52	144,76	162,85	96,14	139,85	157,33	92,78	134,95	151,82	89,40	130,04	146,30	86,03	125,14	140,78	82,66	120,23	135,26
	VI	2 318,83	127,53	185,50	208,69																				
6 725,99 Ost	I,IV	1 883,75	103,60	150,70	169,53	I	1 883,75	96,85	140,88	158,49	90,11	131,07	147,45	83,37	121,26	136,42	76,62	111,45	125,38	69,87	101,64	114,34	63,14	91,84	103,32
	II	1 837,91	101,08	147,03	165,41	II	1 837,91	94,34	137,22	154,37	87,59	127,41	143,33	80,85	117,60	132,30	74,10	107,79	121,26	67,36	97,98	110,22	60,65	88,22	99,25
	III	1 303,16	71,67	104,25	117,28	III	1 303,16	66,19	96,28	108,31	60,83	88,48	99,54	55,60	80,88	90,99	50,49	73,45	82,63	45,53	66,22	74,50	40,68	59,17	66,56
	V	2 298,25	126,40	183,86	206,84	IV	1 883,75	100,23	145,79	164,01	96,85	140,88	158,49	93,48	135,98	152,97	90,11	131,07	147,45	86,73	126,16	141,93	83,37	121,26	136,42
	VI	2 331,75	128,24	186,54	209,85																				
6 728,99 West	I,IV	1 872,08	102,96	149,76	168,48	I	1 872,08	96,22	139,96	157,45	89,47	130,14	146,41	82,72	120,33	135,37	75,98	110,52	124,34	69,24	100,71	113,30	62,50	90,91	102,27
	II	1 826,33	100,44	146,10	164,36	II	1 826,33	93,70	136,29	153,32	86,95	126,48	142,29	80,21	116,67	131,25	73,46	106,86	120,21	66,71	97,04	109,17	60,03	87,32	98,23
	III	1 293,66	71,15	103,49	116,42	III	1 293,66	65,67	95,53	107,47	60,32	87,74	98,71	55,11	80,16	90,18	50,02	72,76	81,85	45,06	65,54	73,73	40,23	58,52	65,83
	V	2 286,66	125,76	182,93	205,79	IV	1 872,08	99,59	144,86	162,96	96,22	139,96	157,45	92,84	135,05	151,93	89,47	130,14	146,41	86,10	125,24	140,89	82,72	120,33	135,37
	VI	2 320,16	127,60	185,61	208,81																				
6 728,99 Ost	I,IV	1 885,—	103,67	150,80	169,65	I	1 885,—	96,92	140,98	158,60	90,18	131,17	147,56	83,43	121,36	136,53	76,69	111,55	125,49	69,94	101,74	114,45	63,20	91,94	103,43
	II	1 839,16	101,15	147,13	165,52	II	1 839,16	94,41	137,32	154,49	87,66	127,51	143,45	80,91	117,70	132,41	74,17	107,89	121,37	67,43	98,08	110,34	60,72	88,32	99,36
	III	1 304,33	71,73	104,34	117,38	III	1 304,33	66,24	96,36	108,40	60,88	88,56	99,63	55,65	80,94	91,06	50,55	73,53	82,72	45,57	66,29	74,57	40,72	59,24	66,64
	V	2 299,58	126,47	183,96	206,96	IV	1 885,—	100,30	145,89	164,12	96,92	140,98	158,60	93,55	136,08	153,09	90,18	131,17	147,56	86,81	126,27	142,05	83,43	121,36	136,53
	VI	2 333,—	128,31	186,64	209,97																				
6 731,99 West	I,IV	1 873,33	103,03	149,86	168,59	I	1 873,33	96,29	140,06	157,56	89,54	130,24	146,52	82,79	120,43	135,48	76,05	110,62	124,45	69,30	100,81	113,41	62,57	91,01	102,38
	II	1 827,58	100,51	146,20	164,48	II	1 827,58	93,77	136,39	153,44	87,02	126,58	142,40	80,28	116,77	131,36	73,53	106,96	120,33	66,79	97,15	109,29	60,09	87,41	98,33
	III	1 294,66	71,20	103,57	116,51	III	1 294,66	65,73	95,61	107,56	60,38	87,82	98,80	55,16	80,24	90,27	50,07	72,84	81,94	45,10	65,61	73,81	40,27	58,58	65,90
	V	2 287,91	125,83	183,03	205,91	IV	1 873,33	99,66	144,96	163,08	96,29	140,06	157,56	92,91	135,15	152,04	89,54	130,24	146,52	86,17	125,34	141,—	82,79	120,43	135,48
	VI	2 321,41	127,67	185,71	208,92																				
6 731,99 Ost	I,IV	1 886,25	103,74	150,90	169,76	I	1 886,25	96,99	141,08	158,72	90,25	131,28	147,69	83,50	121,46	136,64	76,76	111,65	125,60	70,01	101,84	114,57	63,27	92,04	103,54
	II	1 840,50	101,22	147,24	165,64	II	1 840,50	94,48	137,42	154,60	87,73	127,61	143,56	80,99	117,80	132,53	74,24	107,99	121,49	67,49	98,18	110,45	60,78	88,42	99,47
	III	1 305,33	71,79	104,42	117,47	III	1 305,33	66,30	96,44	108,49	60,94	88,64	99,72	55,70	81,02	91,15	50,60	73,60	82,80	45,63	66,37	74,66	40,78	59,32	66,73
	V	2 300,83	126,54	184,06	207,07	IV	1 886,25	100,37	145,99	164,24	96,99	141,08	158,72	93,62	136,18	153,20	90,25	131,28	147,69	86,88	126,37	142,16	83,50	121,46	136,64
	VI	2 334,25	128,38	186,74	210,08																				
6 734,99 West	I,IV	1 874,58	103,10	149,96	168,71	I	1 874,58	96,36	140,16	157,68	89,61	130,34	146,63	82,86	120,53	135,59	76,12	110,72	124,56	69,37	100,91	113,52	62,64	91,11	102,50
	II	1 828,83	100,58	146,30	164,59	II	1 828,83	93,83	136,49	153,55	87,09	126,68	142,52	80,35	116,87	131,48	73,60	107,06	120,44	66,86	97,25	109,40	60,16	87,51	98,45
	III	1 295,66	71,26	103,65	116,60	III	1 295,66	65,78	95,69	107,65	60,43	87,90	98,89	55,22	80,32	90,36	50,12	72,90	82,01	45,16	65,69	73,90	40,32	58,65	65,98
	V	2 289,16	125,90	183,13	206,02	IV	1 874,58	99,73	145,06	163,19	96,36	140,16	157,68	92,98	135,25	152,15	89,61	130,34	146,63	86,24	125,44	141,12	82,86	120,53	135,59
	VI	2 322,66	127,74	185,81	209,03																				
6 734,99 Ost	I,IV	1 887,50	103,81	151,—	169,87	I	1 887,50	97,06	141,18	158,83	90,32	131,38	147,80	83,57	121,56	136,76	76,83	111,75	125,72	70,08	101,94	114,68	63,34	92,14	103,65
	II	1 841,75	101,29	147,34	165,75	II	1 841,75	94,54	137,52	154,71	87,80	127,71	143,67	81,06	117,90	132,64	74,31	108,09	121,60	67,56	98,28	110,56	60,85	88,52	99,58
	III	1 306,33	71,84	104,50	117,56	III	1 306,33	66,35	96,52	108,58	60,99	88,72	99,81	55,76	81,10	91,24	50,65	73,68	82,89	45,67	66,44	74,74	40,82	59,38	66,80
	V	2 302,08	126,61	184,16	207,18	IV	1 887,50	100,43	146,09	164,35	97,06	141,18	158,83	93,69	136,28	153,32	90,32	131,38	147,80	86,95	126,47	142,28	83,57	121,56	136,76
	VI	2 335,50	128,45	186,84	210,19																				
6 737,99 West	I,IV	1 875,91	103,17	150,07	168,83	I	1 875,91	96,42	140,26	157,79	89,68	130,44	146,75	82,94	120,64	135,72	76,19	110,82	124,67	69,44	101,01	113,63	62,70	91,21	102,61
	II	1 830,08	100,65	146,40	164,70	II	1 830,08	93,91	136,60	153,67	87,16	126,78	142,63	80,41	116,97	131,59	73,67	107,16	120,56	66,93	97,35	109,52	60,23	87,61	98,56
	III	1 296,83	71,32	103,74	116,71	III	1 296,83	65,84	95,77	107,74	60,49	87,98	98,98	55,27	80,40	90,45	50,17	72,98	82,10	45,21	65,76	73,98	40,37	58,73	66,07
	V	2 290,41	125,97	183,23	206,13	IV	1 875,91	99,80	145,16	163,31	96,42	140,26	157,79	93,05	135,35	152,27	89,68	130,44	146,75	86,30	125,54	141,23	82,94	120,64	135,72
	VI	2 323,91	127,81	185,91	209,15																				
6 737,99 Ost	I,IV	1 888,75	103,88	151,10	169,98	I	1 888,75	97,13	141,28	158,94	90,39	131,48	147,91	83,64	121,66	136,87	76,89	111,85	125,83	70,15	102,04	114,80	63,41	92,24	103,77
	II	1 843,—	101,36	147,44	165,87	II	1 843,—	94,61	137,62	154,82	87,87	127,81	143,78	81,12	118,—	132,75	74,38	108,19	121,71	67,63	98,38	110,67	60,92	88,62	99,69
	III	1 307,33	71,90	104,58	117,65	III	1 307,33	66,41	96,60	108,67	61,05	88,80	99,90	55,81	81,18	91,33	50,71	73,76	82,98	45,73	66,52	74,83	40,88	59,46	66,89
	V	2 303,33	126,68	184,26	207,29	IV	1 888,75	100,50	146,19	164,46	97,13	141,28	158,94	93,76	136,38	153,43	90,39	131,48	147,91	87,01	126,57	142,39	83,64	121,66	136,87
	VI	2 336,75	128,52	186,94	210,30																				
6 740,99 West	I,IV	1 877,16	103,24	150,17	168,94	I	1 877,16	96,49	140,36	157,90	89,75	130,54	146,86	83,—	120,74	135,83	76,26	110,92	124,79	69,51	101,11	113,75	62,77	91,31	102,72
	II	1 831,33	100,72	146,50	164,81	II	1 831,33	93,98	136,70	153,78	87,23	126,88	142,74	80,48	117,07	131,70	73,74	107,26	120,67	66,99	97,45	109,63	60,30	87,71	98,67
	III	1 297,83	71,38	103,82	116,80	III	1 297,83	65,89	95,85	107,83	60,54	88,06	99,07	55,32	80,46	90,52	50,23	73,06	82,19	45,26	65,84	74,07	40,42	58,80	66,15
	V	2 291,75	126,04	183,34	206,25	IV	1 877,16	99,87	145,26	163,42	96,49	140,36	157,90	93,12	135,45	152,38	89,75	130,54	146,86	86,38	125,64	141,35	83,—	120,74	135,83
	VI	2 325,16	127,88	186,01	209,26																				
6 740,99 Ost	I,IV	1 890,—	103,95	151,20	170,10	I	1 890,—	97,20	141,39	159,06	90,46	131,58	148,02	83,71	121,76	136,98	76,97	111,96	125,95	70,22	102,14	114,91	63,48	92,34	103,88
	II	1 844,25	101,43	147,54	165,98	II	1 844,25	94,68	137,72	154,94	87,94	127,92	143,91	81,19	118,10	132,86	74,45	108,29	121,82	67,70	98,48	110,79	60,99	88,72	99,81
	III	1 308,33	71,95	104,66	117,74	III	1 308,33	66,46	96,68	108,76	61,10	88,88	99,99	55,87	81,26	91,42	50,75	73,82	83,05	45,77	66,58	74,90	40,92	59,53	66,97
	V	2 304,58	126,75	184,36	207,41	IV	1 890,—	100,57	146,29	164,57	97,20	141,39	159,06	93,83	136,48	153,54	90,46	131,58	148,02	87,08	126,67	142,50	83,71	121,76	136,98
	VI	2 338,08	128,59	187,04	210,42																				
6 743,99 West	I,IV	1 878,41	103,31	150,27	169,05	I	1 878,41	96,56	140,46	158,01	89,81	130,64	146,97	83,07	120,84	135,94	76,33	111,02	124,90	69,58	101,21	113,86	62,84	91,41	102,83
	II	1 832,58	100,79	146,60	164,93	II	1 832,58	94,05	136,80	153,90	87,30	126,98	142,85	80,55	117,17	131,81	73,81	107,36	120,78	67,06	97,55	109,74	60,36	87,80	98,78
	III	1 298,83	71,43	103,90	116,89	III	1 298,83	65,95	95,93	107,92	60,60	88,14	99,16	55,37	80,54	90,61	50,27	73,13	82,27	45,31	65,90	74,14	40,48	58,88	66,24
	V	2 293,—	126,11	183,44	206,37	IV	1 878,41	99,93	145,36	163,53	96,56	140,46	158,01	93,19	135,55	152,49	89,81	130,64	146,97	86,45	125,74	141,46	83,07	120,84	135,94
	VI	2 326,41	127,95	186,11	209,37																				
6 743,99 Ost	I,IV	1 891,25	104,01	151,30	170,21	I	1 891,25	97,27	141,49	159,17	90,53	131,68	148,14	83,78	121,86	137,09	77,04	112,06	126,06	70,29	102,24	115,02	63,55	92,44	103,99
	II	1 845,50	101,50	147,64	166,09	II	1 845,50	94,75	137,82	155,05	88,01	128,02	144,02	81,26	118,20	132,98	74,52	108,39	121,94	67,77	98,58	110,90	61,06	88,82	99,92
	III	1 309,50	72,02	104,76	117,85	III	1 309,50	66,52	96,76	108,85	61,16	88,96	100,08	55,91	81,33	91,49	50,81	73,90	83,14	45,83	66,66	74,99	40,97	59,60	67,05
	V	2 305,83	126,82	184,46	207,52	IV	1 891,25	100,65	146,40	164,70	97,27	141,49	159,17	93,90	136,58	153,65	90,53	131,68	148,14	87,15	126,77	142,61	83,78	121,86	137,09
	VI	2 339,33	128,66	187,14	210,53																				

* Die ausgewiesenen Tabellenwerte sind amtlich. Siehe Erläuterungen auf der Umschlaginnenseite (U2).

Lohn/ Gehalt bis €*	Steuerklasse	I – VI LSt	ohne Kinderfreibeträge SolZ	8%	9%	Steuerklasse	I, II, III, IV LSt	0,5 SolZ	0,5 8%	0,5 9%	1 SolZ	1 8%	1 9%	1,5 SolZ	1,5 8%	1,5 9%	2 SolZ	2 8%	2 9%	2,5 SolZ	2,5 8%	2,5 9%	3 SolZ	3 8%	3 9%
6 746,99 West	I,IV	1 879,66	103,38	150,37	169,16	I	1 879,66	96,63	140,56	158,13	89,89	130,75	147,09	83,14	120,94	136,05	76,39	111,12	125,01	69,65	101,32	113,98	62,91	91,51	102,95
	II	1 833,91	100,86	146,71	165,05	II	1 833,91	94,11	136,90	154,01	87,37	127,08	142,97	80,63	117,28	131,94	73,88	107,46	120,89	67,13	97,65	109,85	60,43	87,90	98,89
	III	1 299,83	71,49	103,98	116,98	III	1 299,83	66,—	96,01	108,01	60,65	88,22	99,25	55,43	80,62	90,70	50,33	73,21	82,36	45,36	65,98	74,23	40,52	58,94	66,31
	V	2 294,25	126,18	183,54	206,48	IV	1 879,66	100,—	145,46	163,64	96,63	140,56	158,13	93,26	135,65	152,60	89,89	130,75	147,09	86,51	125,84	141,57	83,14	120,94	136,05
	VI	2 327,66	128,02	186,21	209,48																				
6 746,99 Ost	I,IV	1 892,58	104,09	151,40	170,33	I	1 892,58	97,34	141,59	159,29	90,59	131,78	148,25	83,85	121,96	137,21	77,11	112,16	126,18	70,36	102,34	115,13	63,62	92,54	104,10
	II	1 846,75	101,57	147,74	166,20	II	1 846,75	94,82	137,92	155,16	88,08	128,12	144,13	81,33	118,30	133,09	74,58	108,49	122,05	67,84	98,68	111,02	61,13	88,92	100,03
	III	1 310,50	72,07	104,84	117,94	III	1 310,50	66,57	96,84	108,94	61,21	89,04	100,17	55,97	81,41	91,58	50,86	73,98	83,23	45,87	66,73	75,07	41,03	59,68	67,14
	V	2 307,08	126,88	184,56	207,63	IV	1 892,58	100,71	146,50	164,81	97,34	141,59	159,29	93,97	136,68	153,77	90,59	131,78	148,25	87,22	126,87	142,73	83,85	121,96	137,21
	VI	2 340,58	128,73	187,24	210,65																				
6 749,99 West	I,IV	1 880,91	103,45	150,47	169,28	I	1 880,91	96,70	140,66	158,24	89,96	130,85	147,20	83,21	121,04	136,17	76,46	111,22	125,12	69,72	101,42	114,09	62,98	91,61	103,06
	II	1 835,16	100,93	146,81	165,16	II	1 835,16	94,18	137,—	154,12	87,44	127,18	143,08	80,69	117,38	132,05	73,95	107,56	121,01	67,20	97,75	109,97	60,50	88,—	99,—
	III	1 301,—	71,55	104,08	117,09	III	1 301,—	66,06	96,09	108,10	60,71	88,30	99,34	55,48	80,70	90,79	50,38	73,28	82,44	45,41	66,05	74,30	40,57	59,01	66,38
	V	2 295,50	126,25	183,64	206,59	IV	1 880,91	100,07	145,56	163,76	96,70	140,66	158,24	93,33	135,76	152,73	89,96	130,85	147,20	86,58	125,94	141,68	83,21	121,04	136,17
	VI	2 328,91	128,09	186,31	209,60																				
6 749,99 Ost	I,IV	1 893,83	104,16	151,50	170,44	I	1 893,83	97,41	141,69	159,40	90,66	131,88	148,36	83,92	122,07	137,33	77,17	112,26	126,29	70,43	102,44	115,25	63,69	92,64	104,22
	II	1 848,—	101,64	147,84	166,32	II	1 848,—	94,89	138,03	155,28	88,15	128,22	144,24	81,40	118,40	133,20	74,66	108,60	122,17	67,91	98,78	111,13	61,19	89,01	100,13
	III	1 311,50	72,13	104,92	118,03	III	1 311,50	66,63	96,92	109,03	61,27	89,12	100,26	56,02	81,49	91,67	50,91	74,05	83,30	45,93	66,81	75,16	41,07	59,74	67,21
	V	2 308,33	126,95	184,66	207,74	IV	1 893,83	100,78	146,60	164,92	97,41	141,69	159,40	94,04	136,78	153,88	90,66	131,88	148,36	87,29	126,97	142,84	83,92	122,07	137,33
	VI	2 341,83	128,80	187,34	210,76																				
6 752,99 West	I,IV	1 882,16	103,51	150,57	169,39	I	1 882,16	96,77	140,76	158,36	90,03	130,95	147,32	83,28	121,14	136,28	76,53	111,32	125,24	69,79	101,52	114,21	63,05	91,71	103,17
	II	1 836,41	101,—	146,91	165,27	II	1 836,41	94,25	137,10	154,23	87,50	127,28	143,19	80,76	117,48	132,16	74,02	107,66	121,12	67,27	97,85	110,08	60,57	88,10	99,11
	III	1 302,—	71,61	104,16	117,18	III	1 302,—	66,11	96,17	108,19	60,76	88,38	99,43	55,53	80,77	90,86	50,43	73,36	82,53	45,46	66,13	74,39	40,62	59,09	66,47
	V	2 296,75	126,32	183,74	206,70	IV	1 882,16	100,14	145,66	163,87	96,77	140,76	158,36	93,40	135,86	152,84	90,03	130,95	147,32	86,65	126,04	141,80	83,28	121,14	136,28
	VI	2 330,25	128,16	186,42	209,72																				
6 752,99 Ost	I,IV	1 895,08	104,22	151,60	170,55	I	1 895,08	97,48	141,79	159,51	90,73	131,98	148,47	83,99	122,17	137,44	77,24	112,36	126,40	70,50	102,54	115,36	63,75	92,74	104,33
	II	1 849,25	101,70	147,94	166,43	II	1 849,25	94,96	138,13	155,39	88,22	128,32	144,36	81,47	118,50	133,31	74,73	108,70	122,28	67,98	98,88	111,24	61,26	89,11	100,25
	III	1 312,50	72,18	105,—	118,12	III	1 312,50	66,68	97,—	109,12	61,32	89,20	100,35	56,08	81,57	91,76	50,96	74,13	83,39	45,98	66,88	75,24	41,12	59,81	67,28
	V	2 309,66	127,03	184,77	207,86	IV	1 895,08	100,85	146,70	165,03	97,48	141,79	159,51	94,10	136,88	153,99	90,73	131,98	148,47	87,36	127,08	142,96	83,99	122,17	137,44
	VI	2 343,08	128,86	187,44	210,87																				
6 755,99 West	I,IV	1 883,41	103,58	150,67	169,50	I	1 883,41	96,84	140,86	158,47	90,09	131,05	147,43	83,35	121,24	136,39	76,61	111,43	125,36	69,86	101,62	114,32	63,12	91,81	103,28
	II	1 837,66	101,07	147,01	165,38	II	1 837,66	94,32	137,20	154,35	87,58	127,39	143,31	80,83	117,58	132,27	74,08	107,76	121,23	67,34	97,96	110,20	60,64	88,20	99,23
	III	1 303,—	71,66	104,24	117,27	III	1 303,—	66,17	96,25	108,28	60,82	88,46	99,52	55,58	80,85	90,95	50,49	73,44	82,62	45,51	66,20	74,47	40,67	59,16	66,55
	V	2 298,—	126,39	183,84	206,82	IV	1 883,41	100,21	145,76	163,98	96,84	140,86	158,47	93,47	135,96	152,95	90,09	131,05	147,43	86,72	126,14	141,91	83,35	121,24	136,39
	VI	2 331,50	128,23	186,52	209,83																				
6 755,99 Ost	I,IV	1 896,33	104,29	151,70	170,66	I	1 896,33	97,55	141,89	159,62	90,80	132,08	148,59	84,06	122,27	137,55	77,31	112,46	126,51	70,56	102,64	115,47	63,82	92,84	104,44
	II	1 850,58	101,78	148,04	166,55	II	1 850,58	95,03	138,23	155,51	88,28	128,42	144,47	81,54	118,60	133,43	74,80	108,80	122,40	68,05	98,98	111,35	61,33	89,21	100,36
	III	1 313,66	72,25	105,09	118,22	III	1 313,66	66,75	97,09	109,22	61,38	89,28	100,44	56,13	81,65	91,85	51,02	74,21	83,48	46,03	66,96	75,33	41,17	59,89	67,37
	V	2 310,91	127,10	184,87	207,98	IV	1 896,33	100,92	146,80	165,15	97,55	141,89	159,62	94,17	136,98	154,10	90,80	132,08	148,59	87,43	127,18	143,07	84,06	122,27	137,55
	VI	2 344,33	128,93	187,54	210,98																				
6 758,99 West	I,IV	1 884,66	103,65	150,77	169,61	I	1 884,66	96,91	140,96	158,58	90,16	131,15	147,54	83,42	121,34	136,50	76,67	111,53	125,47	69,93	101,72	114,43	63,19	91,91	103,40
	II	1 838,91	101,14	147,11	165,50	II	1 838,91	94,39	137,30	154,46	87,65	127,49	143,42	80,90	117,68	132,39	74,15	107,86	121,34	67,41	98,06	110,31	60,70	88,30	99,33
	III	1 304,—	71,72	104,32	117,36	III	1 304,—	66,22	96,33	108,37	60,87	88,54	99,61	55,64	80,93	91,04	50,53	73,50	82,69	45,56	66,28	74,56	40,71	59,22	66,62
	V	2 299,25	126,45	183,94	206,93	IV	1 884,66	100,28	145,87	164,10	96,91	140,96	158,58	93,54	136,06	153,06	90,16	131,15	147,54	86,79	126,24	142,02	83,42	121,34	136,50
	VI	2 332,75	128,30	186,62	209,94																				
6 758,99 Ost	I,IV	1 897,58	104,36	151,80	170,78	I	1 897,58	97,62	141,99	159,74	90,87	132,18	148,70	84,13	122,37	137,66	77,38	112,56	126,63	70,64	102,75	115,59	63,89	92,94	104,55
	II	1 851,83	101,85	148,14	166,66	II	1 851,83	95,10	138,33	155,62	88,35	128,52	144,58	81,61	118,71	133,55	74,86	108,90	122,51	68,12	99,08	111,47	61,40	89,31	100,47
	III	1 314,66	72,30	105,17	118,31	III	1 314,66	66,80	97,17	109,31	61,42	89,34	100,51	56,18	81,72	91,93	51,06	74,28	83,56	46,08	67,02	75,40	41,22	59,96	67,45
	V	2 312,16	127,16	184,97	208,09	IV	1 897,58	100,99	146,90	165,26	97,62	141,99	159,74	94,24	137,08	154,22	90,87	132,18	148,70	87,50	127,28	143,19	84,13	122,37	137,66
	VI	2 345,58	129,—	187,64	211,10																				
6 761,99 West	I,IV	1 886,—	103,73	150,88	169,74	I	1 886,—	96,98	141,06	158,69	90,23	131,25	147,65	83,49	121,44	136,62	76,74	111,63	125,58	70,—	101,82	114,54	63,25	92,01	103,51
	II	1 840,16	101,20	147,21	165,61	II	1 840,16	94,46	137,40	154,58	87,72	127,59	143,54	80,97	117,78	132,50	74,22	107,96	121,46	67,48	98,16	110,43	60,77	88,40	99,45
	III	1 305,—	71,77	104,40	117,45	III	1 305,—	66,29	96,42	108,47	60,93	88,62	99,70	55,69	81,01	91,13	50,59	73,58	82,78	45,61	66,34	74,63	40,77	59,30	66,71
	V	2 300,50	126,52	184,04	207,04	IV	1 886,—	100,35	145,97	164,21	96,98	141,06	158,69	93,61	136,16	153,18	90,23	131,25	147,65	86,86	126,34	142,13	83,49	121,44	136,62
	VI	2 334,—	128,37	186,72	210,06																				
6 761,99 Ost	I,IV	1 898,83	104,43	151,90	170,89	I	1 898,83	97,68	142,09	159,85	90,94	132,28	148,82	84,20	122,47	137,78	77,45	112,66	126,74	70,71	102,85	115,70	63,96	93,04	104,67
	II	1 853,08	101,91	148,24	166,77	II	1 853,08	95,17	138,43	155,73	88,42	128,62	144,69	81,68	118,81	133,66	74,93	109,—	122,62	68,19	99,18	111,58	61,47	89,41	100,58
	III	1 315,66	72,36	105,25	118,40	III	1 315,66	66,86	97,25	109,40	61,48	89,42	100,60	56,23	81,80	92,02	51,12	74,36	83,65	46,13	67,10	75,49	41,27	60,04	67,54
	V	2 313,41	127,23	185,07	208,20	IV	1 898,83	101,06	147,—	165,37	97,68	142,09	159,85	94,32	137,19	154,34	90,94	132,28	148,82	87,57	127,38	143,30	84,20	122,47	137,78
	VI	2 346,83	129,07	187,74	211,21																				
6 764,99 West	I,IV	1 887,25	103,79	150,98	169,85	I	1 887,25	97,05	141,16	158,81	90,30	131,35	147,77	83,56	121,54	136,73	76,81	111,73	125,69	70,07	101,92	114,66	63,32	92,11	103,62
	II	1 841,41	101,27	147,31	165,72	II	1 841,41	94,53	137,50	154,69	87,78	127,69	143,65	81,04	117,88	132,61	74,30	108,07	121,58	67,55	98,26	110,54	60,84	88,50	99,56
	III	1 306,16	71,83	104,49	117,55	III	1 306,16	66,34	96,50	108,56	60,98	88,70	99,79	55,75	81,09	91,22	50,64	73,66	82,87	45,66	66,42	74,72	40,81	59,37	66,79
	V	2 301,75	126,59	184,14	207,15	IV	1 887,25	100,42	146,07	164,33	97,05	141,16	158,81	93,67	136,26	153,29	90,30	131,35	147,77	86,93	126,44	142,25	83,56	121,54	136,73
	VI	2 335,25	128,43	186,82	210,17																				
6 764,99 Ost	I,IV	1 900,08	104,50	152,—	171,—	I	1 900,08	97,76	142,20	159,97	91,01	132,38	148,93	84,26	122,57	137,89	77,52	112,76	126,86	70,78	102,95	115,82	64,03	93,14	104,78
	II	1 854,33	101,98	148,34	166,88	II	1 854,33	95,24	138,53	155,84	88,49	128,72	144,81	81,75	118,91	133,77	75,—	109,10	122,73	68,25	99,28	111,69	61,54	89,51	100,70
	III	1 316,66	72,41	105,33	118,49	III	1 316,66	66,91	97,33	109,49	61,53	89,50	100,69	56,29	81,88	92,11	51,17	74,44	83,74	46,18	67,17	75,56	41,32	60,10	67,61
	V	2 314,66	127,30	185,17	208,31	IV	1 900,08	101,13	147,10	165,48	97,76	142,20	159,97	94,38	137,29	154,45	91,01	132,38	148,93	87,64	127,48	143,41	84,26	122,57	137,89
	VI	2 348,16	129,14	187,85	211,33																				
6 767,99 West	I,IV	1 888,50	103,86	151,08	169,96	I	1 888,50	97,12	141,26	158,92	90,37	131,45	147,88	83,63	121,64	136,85	76,88	111,83	125,81	70,13	102,02	114,77	63,39	92,21	103,73
	II	1 842,66	101,34	147,41	165,83	II	1 842,66	94,60	137,60	154,80	87,85	127,79	143,76	81,11	117,98	132,72	74,36	108,17	121,69	67,62	98,36	110,65	60,91	88,60	99,67
	III	1 307,16	71,89	104,57	117,64	III	1 307,16	66,40	96,58	108,65	61,04	88,78	99,88	55,79	81,16	91,30	50,69	73,73	82,94	45,71	66,49	74,80	40,86	59,44	66,87
	V	2 303,08	126,66	184,24	207,27	IV	1 888,50	100,49	146,17	164,44	97,12	141,26	158,92	93,74	136,36	153,40	90,37	131,45	147,88	87,—	126,55	142,37	83,63	121,64	136,85
	VI	2 336,50	128,50	186,92	210,28																				
6 767,99 Ost	I,IV	1 901,33	104,57	152,10	171,11	I	1 901,33	97,83	142,30	160,08	91,08	132,48	149,04	84,33	122,67	138,—	77,59	112,86	126,97	70,84	103,05	115,93	64,10	93,24	104,89
	II	1 855,58	102,05	148,44	167,—	II	1 855,58	95,31	138,63	155,96	88,56	128,82	144,92	81,82	119,01	133,88	75,07	109,20	122,85	68,33	99,39	111,81	61,60	89,61	100,81
	III	1 317,83	72,48	105,42	118,60	III	1 317,83	66,97	97,41	109,58	61,59	89,58	100,78	56,34	81,96	92,20	51,22	74,50	83,81	46,23	67,25	75,65	41,36	60,17	67,69
	V	2 315,91	127,37	185,27	208,43	IV	1 901,33	101,20	147,20	165,60	97,83	142,30	160,08	94,45	137,39	154,56	91,08	132,48	149,04	87,71	127,58	143,52	84,33	122,67	138,—
	VI	2 349,41	129,21	187,95	211,44																				

Table heading: Abzüge an Lohnsteuer, Solidaritätszuschlag (SolZ) und Kirchensteuer (8%, 9%) in den Steuerklassen I – VI / I, II, III, IV mit Zahl der Kinderfreibeträge . . .

* Die ausgewiesenen Tabellenwerte sind amtlich. Siehe Erläuterungen auf der Umschlaginnenseite (U2).

Lohn/ Gehalt bis €*	Abzüge an Lohnsteuer, Solidaritätszuschlag (SolZ) und Kirchensteuer (8%, 9%) in den Steuerklassen I – VI					I, II, III, IV																			
			ohne Kinderfreibeträge					mit Zahl der Kinderfreibeträge . . .																	
								0,5			1			1,5			2			2,5			3		
		LSt	SolZ	8%	9%		LSt	SolZ	8%	9%	SolZ	8%	9%	SolZ	8%	9%	SolZ	8%	9%	SolZ	8%	9%	SolZ	8%	9%
6 770,99 West	I,IV	1 889,75	103,93	151,18	170,07	I	1 889,75	97,18	141,36	159,03	90,44	131,56	148,—	83,70	121,74	136,96	76,95	111,93	125,92	70,21	102,12	114,89	63,46	92,31	103,85
	II	1 844,—	101,42	147,52	165,96	II	1 844,—	94,67	137,70	154,91	87,92	127,89	143,87	81,18	118,08	132,84	74,43	108,27	121,80	67,69	98,46	110,76	60,98	88,70	99,78
	III	1 308,16	71,94	104,65	117,73	III	1 308,16	66,45	96,66	108,74	61,08	88,85	99,95	55,85	81,24	91,39	50,74	73,81	83,03	45,76	66,57	74,89	40,92	59,52	66,96
	V	2 304,33	126,73	184,34	207,38	IV	1 889,75	100,56	146,27	164,55	97,18	141,36	159,03	93,81	136,46	153,51	90,44	131,56	148,—	87,07	126,65	142,48	83,70	121,74	136,96
	VI	2 337,75	128,57	187,02	210,39																				
6 770,99 Ost	I,IV	1 902,58	104,64	152,20	171,23	I	1 902,58	97,90	142,40	160,20	91,15	132,58	149,15	84,40	122,77	138,11	77,66	112,96	127,08	70,91	103,15	116,04	64,17	93,34	105,—
	II	1 856,83	102,12	148,54	167,11	II	1 856,83	95,37	138,73	156,07	88,63	128,92	145,04	81,89	119,11	134,—	75,14	109,30	122,96	68,40	99,49	111,92	61,67	89,71	100,92
	III	1 318,83	72,53	105,50	118,69	III	1 318,83	67,02	97,49	109,67	61,64	89,66	100,87	56,40	82,04	92,29	51,27	74,58	83,90	46,28	67,32	75,73	41,42	60,25	67,78
	V	2 317,16	127,44	185,37	208,54	IV	1 902,58	101,27	147,30	165,71	97,90	142,40	160,20	94,52	137,49	154,67	91,15	132,58	149,15	87,78	127,68	143,64	84,40	122,77	138,11
	VI	2 350,66	129,28	188,05	211,55																				
6 773,99 West	I,IV	1 891,—	104,—	151,28	170,19	I	1 891,—	97,25	141,46	159,14	90,51	131,66	148,11	83,76	121,84	137,07	77,02	112,03	126,03	70,28	102,22	115,—	63,53	92,41	103,96
	II	1 845,25	101,48	147,62	166,07	II	1 845,25	94,74	137,80	155,03	87,99	127,99	143,99	81,25	118,18	132,95	74,50	108,37	121,91	67,76	98,56	110,88	61,04	88,79	99,89
	III	1 309,16	72,—	104,73	117,82	III	1 309,16	66,51	96,74	108,83	61,14	88,93	100,04	55,90	81,32	91,48	50,80	73,89	83,12	45,81	66,64	74,97	40,96	59,58	67,03
	V	2 305,58	126,80	184,44	207,50	IV	1 891,—	100,63	146,37	164,66	97,25	141,46	159,14	93,88	136,56	153,63	90,51	131,66	148,11	87,14	126,75	142,59	83,76	121,84	137,07
	VI	2 339,—	128,64	187,12	210,51																				
6 773,99 Ost	I,IV	1 903,91	104,71	152,31	171,35	I	1 903,91	97,96	142,50	160,31	91,22	132,68	149,27	84,48	122,88	138,24	77,73	113,06	127,19	70,98	103,25	116,15	64,24	93,44	105,12
	II	1 858,08	102,19	148,64	167,22	II	1 858,08	95,45	138,84	156,19	88,70	129,02	145,15	81,95	119,21	134,11	75,21	109,40	123,08	68,47	99,59	112,04	61,74	89,80	101,03
	III	1 319,83	72,59	105,58	118,78	III	1 319,83	67,08	97,57	109,76	61,70	89,74	100,96	56,44	82,10	92,36	51,33	74,66	83,99	46,33	67,40	75,82	41,47	60,32	67,86
	V	2 318,41	127,51	185,47	208,65	IV	1 903,91	101,34	147,40	165,83	97,96	142,50	160,31	94,59	137,59	154,79	91,22	132,68	149,27	87,84	127,78	143,75	84,48	122,88	138,24
	VI	2 351,91	129,35	188,15	211,67																				
6 776,99 West	I,IV	1 892,25	104,07	151,38	170,30	I	1 892,25	97,32	141,56	159,26	90,58	131,76	148,23	83,83	121,94	137,18	77,09	112,13	126,14	70,34	102,32	115,11	63,60	92,51	104,07
	II	1 846,50	101,55	147,72	166,18	II	1 846,50	94,81	137,90	155,14	88,06	128,09	144,10	81,32	118,28	133,07	74,57	108,47	122,03	67,82	98,66	110,99	61,11	88,89	100,—
	III	1 310,33	72,06	104,82	117,92	III	1 310,33	66,56	96,82	108,92	61,19	89,01	100,13	55,96	81,40	91,57	50,84	73,96	83,20	45,87	66,72	75,06	41,01	59,65	67,10
	V	2 306,83	126,87	184,54	207,61	IV	1 892,25	100,70	146,47	164,78	97,32	141,56	159,26	93,95	136,66	153,74	90,58	131,76	148,23	87,21	126,85	142,70	83,83	121,94	137,18
	VI	2 340,25	128,71	187,22	210,62																				
6 776,99 Ost	I,IV	1 905,16	104,78	152,41	171,46	I	1 905,16	98,03	142,60	160,42	91,29	132,78	149,38	84,54	122,98	138,35	77,80	113,16	127,31	71,05	103,35	116,27	64,31	93,54	105,23
	II	1 859,33	102,26	148,74	167,33	II	1 859,33	95,52	138,94	156,30	88,77	129,12	145,26	82,02	119,31	134,22	75,28	109,50	123,19	68,53	99,69	112,15	61,81	89,90	101,14
	III	1 320,83	72,64	105,66	118,87	III	1 320,83	67,13	97,65	109,85	61,75	89,82	101,05	56,50	82,18	92,45	51,37	74,73	84,07	46,38	67,46	75,89	41,51	60,38	67,93
	V	2 319,75	127,58	185,58	208,77	IV	1 905,16	101,41	147,50	165,94	98,03	142,60	160,42	94,66	137,69	154,90	91,29	132,78	149,38	87,92	127,88	143,87	84,54	122,98	138,35
	VI	2 353,16	129,42	188,25	211,78																				
6 779,99 West	I,IV	1 893,50	104,14	151,48	170,41	I	1 893,50	97,40	141,67	159,38	90,65	131,86	148,34	83,90	122,04	137,30	77,16	112,24	126,27	70,41	102,42	115,22	63,67	92,62	104,19
	II	1 847,75	101,62	147,82	166,29	II	1 847,75	94,87	138,—	155,25	88,13	128,20	144,22	81,39	118,38	133,18	74,64	108,57	122,14	67,90	98,76	111,11	61,18	88,99	100,11
	III	1 311,33	72,12	104,90	118,01	III	1 311,33	66,62	96,90	109,01	61,25	89,09	100,22	56,01	81,48	91,66	50,90	74,04	83,29	45,91	66,78	75,13	41,06	59,73	67,19
	V	2 308,08	126,94	184,64	207,72	IV	1 893,50	100,76	146,57	164,89	97,40	141,67	159,38	94,02	136,76	153,86	90,65	131,86	148,34	87,28	126,95	142,82	83,90	122,04	137,30
	VI	2 341,58	128,78	187,32	210,74																				
6 779,99 Ost	I,IV	1 906,41	104,85	152,51	171,57	I	1 906,41	98,10	142,70	160,53	91,35	132,88	149,49	84,61	123,08	138,46	77,87	113,26	127,42	71,12	103,45	116,38	64,38	93,64	105,35
	II	1 860,58	102,33	148,84	167,45	II	1 860,58	95,59	139,04	156,42	88,84	129,22	145,37	82,09	119,41	134,33	75,35	109,60	123,30	68,60	99,79	112,26	61,87	90,—	101,25
	III	1 322,—	72,71	105,76	118,98	III	1 322,—	67,19	97,73	109,94	61,81	89,90	101,14	56,55	82,26	92,54	51,43	74,81	84,16	46,43	67,54	75,98	41,57	60,46	68,02
	V	2 321,—	127,65	185,68	208,89	IV	1 906,41	101,47	147,60	166,05	98,10	142,70	160,53	94,73	137,79	155,01	91,35	132,88	149,49	87,99	127,98	143,98	84,61	123,08	138,46
	VI	2 354,41	129,49	188,35	211,89																				
6 782,99 West	I,IV	1 894,75	104,21	151,58	170,52	I	1 894,75	97,46	141,77	159,49	90,72	131,96	148,45	83,97	122,14	137,41	77,23	112,34	126,38	70,48	102,52	115,34	63,74	92,72	104,31
	II	1 849,—	101,69	147,92	166,41	II	1 849,—	94,94	138,10	155,36	88,20	128,30	144,33	81,45	118,48	133,29	74,71	108,67	122,25	67,97	98,86	111,22	61,25	89,09	100,22
	III	1 312,33	72,17	104,98	118,10	III	1 312,33	66,67	96,98	109,10	61,30	89,17	100,31	56,06	81,54	91,73	50,95	74,12	83,38	45,97	66,86	75,22	41,11	59,80	67,27
	V	2 309,33	127,01	184,74	207,83	IV	1 894,75	100,84	146,68	165,01	97,46	141,77	159,49	94,09	136,86	153,97	90,72	131,96	148,45	87,34	127,05	142,93	83,97	122,14	137,41
	VI	2 342,83	128,85	187,42	210,85																				
6 782,99 Ost	I,IV	1 907,66	104,92	152,61	171,68	I	1 907,66	98,17	142,80	160,65	91,43	132,99	149,61	84,68	123,18	138,57	77,93	113,36	127,53	71,19	103,56	116,50	64,45	93,74	105,46
	II	1 861,91	102,40	148,95	167,57	II	1 861,91	95,65	139,14	156,53	88,91	129,32	145,49	82,17	119,52	134,46	75,42	109,70	123,41	68,67	99,89	112,37	61,94	90,10	101,36
	III	1 323,—	72,76	105,84	119,07	III	1 323,—	67,24	97,81	110,03	61,86	89,98	101,23	56,61	82,34	92,63	51,48	74,89	84,25	46,48	67,61	76,06	41,61	60,53	68,09
	V	2 322,25	127,72	185,78	209,—	IV	1 907,66	101,54	147,70	166,16	98,17	142,80	160,65	94,80	137,89	155,12	91,43	132,99	149,61	88,05	128,08	144,09	84,68	123,18	138,57
	VI	2 355,66	129,56	188,45	212,—																				
6 785,99 West	I,IV	1 896,08	104,28	151,68	170,64	I	1 896,08	97,53	141,87	159,60	90,79	132,06	148,56	84,04	122,24	137,52	77,30	112,44	126,49	70,55	102,62	115,45	63,81	92,82	104,42
	II	1 850,25	101,76	148,02	166,52	II	1 850,25	95,01	138,20	155,48	88,27	128,40	144,45	81,52	118,58	133,40	74,78	108,77	122,36	68,03	98,96	111,33	61,32	89,19	100,34
	III	1 313,33	72,23	105,06	118,19	III	1 313,33	66,73	97,06	109,19	61,36	89,25	100,40	56,11	81,62	91,82	51,—	74,18	83,45	46,01	66,93	75,29	41,16	59,88	67,36
	V	2 310,58	127,08	184,84	207,95	IV	1 896,08	100,91	146,78	165,12	97,53	141,87	159,60	94,16	136,96	154,08	90,79	132,06	148,56	87,41	127,15	143,04	84,04	122,24	137,52
	VI	2 344,08	128,92	187,52	210,96																				
6 785,99 Ost	I,IV	1 908,91	104,99	152,71	171,80	I	1 908,91	98,24	142,90	160,76	91,50	133,09	149,72	84,75	123,28	138,69	78,—	113,46	127,64	71,26	103,66	116,61	64,51	93,84	105,57
	II	1 863,16	102,47	149,05	167,68	II	1 863,16	95,72	139,24	156,64	88,98	129,42	145,60	82,23	119,62	134,57	75,49	109,80	123,53	68,74	99,99	112,49	62,01	90,20	101,48
	III	1 324,—	72,82	105,92	119,16	III	1 324,—	67,31	97,90	110,14	61,92	90,06	101,32	56,66	82,42	92,72	51,53	74,96	84,33	46,53	67,69	76,15	41,67	60,61	68,18
	V	2 323,50	127,79	185,88	209,11	IV	1 908,91	101,61	147,80	166,28	98,24	142,90	160,76	94,87	138,—	155,25	91,50	133,09	149,72	88,12	128,18	144,20	84,75	123,28	138,69
	VI	2 356,91	129,63	188,55	212,12																				
6 788,99 West	I,IV	1 897,33	104,35	151,78	170,75	I	1 897,33	97,60	141,97	159,71	90,86	132,16	148,68	84,11	122,35	137,64	77,37	112,54	126,60	70,62	102,72	115,56	63,88	92,92	104,53
	II	1 851,50	101,83	148,12	166,63	II	1 851,50	95,08	138,31	155,60	88,34	128,50	144,56	81,59	118,68	133,52	74,85	108,88	122,49	68,10	99,06	111,44	61,38	89,29	100,45
	III	1 314,33	72,28	105,14	118,28	III	1 314,33	66,78	97,14	109,28	61,41	89,33	100,49	56,17	81,70	91,91	51,05	74,26	83,54	46,07	67,01	75,38	41,21	59,94	67,43
	V	2 311,83	127,15	184,94	208,06	IV	1 897,33	100,98	146,88	165,24	97,60	141,97	159,71	94,23	137,06	154,19	90,86	132,16	148,68	87,48	127,25	143,15	84,11	122,35	137,64
	VI	2 345,33	128,99	187,62	211,07																				
6 788,99 Ost	I,IV	1 910,16	105,05	152,81	171,91	I	1 910,16	98,31	143,—	160,88	91,57	133,19	149,84	84,82	123,38	138,80	78,07	113,56	127,76	71,33	103,76	116,73	64,58	93,94	105,68
	II	1 864,41	102,54	149,15	167,79	II	1 864,41	95,79	139,34	156,75	89,04	129,52	145,71	82,30	119,72	134,68	75,56	109,90	123,64	68,81	100,09	112,60	62,08	90,30	101,59
	III	1 325,—	72,87	106,—	119,25	III	1 325,—	67,36	97,98	110,23	61,97	90,14	101,41	56,71	82,49	92,80	51,59	75,04	84,42	46,58	67,76	76,23	41,71	60,68	68,26
	V	2 324,75	127,86	185,98	209,22	IV	1 910,16	101,68	147,90	166,39	98,31	143,—	160,88	94,94	138,10	155,36	91,57	133,19	149,84	88,19	128,28	144,32	84,82	123,38	138,80
	VI	2 358,25	129,70	188,66	212,24																				
6 791,99 West	I,IV	1 898,58	104,42	151,88	170,87	I	1 898,58	97,67	142,07	159,83	90,92	132,26	148,79	84,18	122,45	137,75	77,44	112,64	126,72	70,69	102,82	115,67	63,95	93,02	104,64
	II	1 852,75	101,90	148,22	166,74	II	1 852,75	95,15	138,41	155,71	88,41	128,60	144,67	81,66	118,78	133,63	74,92	108,98	122,60	68,17	99,16	111,56	61,45	89,39	100,56
	III	1 315,50	72,35	105,24	118,39	III	1 315,50	66,84	97,22	109,37	61,47	89,41	100,58	56,22	81,78	92,—	51,11	74,34	83,63	46,11	67,08	75,46	41,25	60,01	67,51
	V	2 313,16	127,22	185,05	208,18	IV	1 898,58	101,04	146,98	165,35	97,67	142,07	159,83	94,30	137,16	154,31	90,92	132,26	148,79	87,56	127,36	143,28	84,18	122,45	137,75
	VI	2 346,58	129,06	187,72	211,19																				
6 791,99 Ost	I,IV	1 911,41	105,12	152,91	172,02	I	1 911,41	98,38	143,10	160,99	91,63	133,29	149,95	84,89	123,48	138,91	78,15	113,67	127,88	71,40	103,86	116,84	64,65	94,04	105,80
	II	1 865,66	102,61	149,25	167,90	II	1 865,66	95,86	139,44	156,87	89,12	129,63	145,83	82,37	119,82	134,79	75,62	110,—	123,75	68,88	100,20	112,72	62,15	90,40	101,70
	III	1 326,16	72,93	106,09	119,35	III	1 326,16	67,42	98,06	110,32	62,03	90,22	101,50	56,76	82,57	92,89	51,64	75,12	84,51	46,64	67,84	76,32	41,76	60,74	68,33
	V	2 326,—	127,93	186,08	209,34	IV	1 911,41	101,75	148,—	166,50	98,38	143,10	160,99	95,01	138,20	155,47	91,63	133,29	149,95	88,26	128,38	144,43	84,89	123,48	138,91
	VI	2 359,50	129,77	188,76	212,35																				

*** Die ausgewiesenen Tabellenwerte sind amtlich. Siehe Erläuterungen auf der Umschlaginnenseite (U2).**

Abzüge an Lohnsteuer, Solidaritätszuschlag (SolZ) und Kirchensteuer (8%, 9%) in den Steuerklassen

Lohn/Gehalt bis €*	I – VI					I, II, III, IV		mit Zahl der Kinderfreibeträge . . . 0,5			1			1,5			2			2,5			3		
		LSt	ohne Kinderfreibeträge SolZ	8%	9%		LSt	SolZ	8%	9%	SolZ	8%	9%	SolZ	8%	9%	SolZ	8%	9%	SolZ	8%	9%	SolZ	8%	9%
	I,IV	1 899,83	104,49	151,98	170,98	I	1 899,83	97,74	142,17	159,94	91,—	132,36	148,91	84,25	122,55	137,87	77,50	112,74	126,83	70,76	102,92	115,79	64,02	93,12	104,76
6 794,99	II	1 854,08	101,97	148,32	166,86	II	1 854,08	95,22	138,51	155,82	88,48	128,70	144,78	81,73	118,88	133,74	74,99	109,08	122,71	68,24	99,26	111,67	61,52	89,48	100,67
	III	1 316,50	72,40	105,32	118,48	III	1 316,50	66,89	97,30	109,46	61,52	89,49	100,67	56,28	81,86	92,09	51,15	74,41	83,71	46,17	67,16	75,55	41,31	60,09	67,60
West	V	2 314,41	127,29	185,15	208,29	IV	1 899,83	101,11	147,08	165,46	97,74	142,17	159,94	94,37	137,26	154,42	91,—	132,36	148,91	87,62	127,46	143,39	84,25	122,55	137,87
	VI	2 347,83	129,13	187,82	211,30																				
	I,IV	1 912,66	105,19	153,01	172,13	I	1 912,66	98,45	143,20	161,10	91,70	133,39	150,06	84,96	123,58	139,02	78,21	113,77	127,99	71,47	103,96	116,95	64,72	94,14	105,91
6 794,99	II	1 866,91	102,68	149,35	168,02	II	1 866,91	95,93	139,54	156,98	89,19	129,73	145,94	82,44	119,92	134,91	75,69	110,10	123,86	68,95	100,30	112,83	62,22	90,50	101,81
	III	1 327,16	72,99	106,17	119,44	III	1 327,16	67,47	98,14	110,41	62,08	90,30	101,59	56,82	82,65	92,98	51,69	75,18	84,58	46,68	67,90	76,39	41,81	60,82	68,42
Ost	V	2 327,25	127,99	186,18	209,45	IV	1 912,66	101,82	148,11	166,62	98,45	143,20	161,10	95,08	138,30	155,58	91,70	133,39	150,06	88,33	128,48	144,54	84,96	123,58	139,02
	VI	2 360,75	129,84	188,86	212,46																				
	I,IV	1 901,08	104,55	152,08	171,09	I	1 901,08	97,81	142,27	160,05	91,07	132,46	149,02	84,32	122,65	137,98	77,57	112,84	126,94	70,83	103,03	115,91	64,08	93,22	104,87
6 797,99	II	1 855,33	102,04	148,42	166,97	II	1 855,33	95,29	138,61	155,93	88,55	128,80	144,90	81,80	118,99	133,86	75,06	109,18	122,82	68,31	99,36	111,78	61,59	89,58	100,78
	III	1 317,50	72,46	105,40	118,57	III	1 317,50	66,96	97,40	109,57	61,58	89,57	100,76	56,32	81,93	92,17	51,21	74,49	83,80	46,21	67,22	75,62	41,36	60,16	67,68
West	V	2 315,66	127,36	185,25	208,40	IV	1 901,08	101,18	147,18	165,57	97,81	142,27	160,05	94,43	137,36	154,53	91,07	132,46	149,02	87,69	127,56	143,50	84,32	122,65	137,98
	VI	2 349,08	129,19	187,92	211,41																				
	I,IV	1 914,—	105,27	153,12	172,26	I	1 914,—	98,52	143,30	161,21	91,77	133,49	150,17	85,03	123,68	139,14	78,28	113,87	128,10	71,54	104,06	117,06	64,79	94,24	106,02
6 797,99	II	1 868,16	102,74	149,45	168,13	II	1 868,16	96,—	139,64	157,10	89,26	129,83	146,06	82,51	120,02	135,02	75,76	110,20	123,98	69,02	100,40	112,95	62,29	90,60	101,93
	III	1 328,16	73,04	106,25	119,53	III	1 328,16	67,53	98,22	110,50	62,14	90,38	101,68	56,87	82,73	93,07	51,74	75,26	84,67	46,74	67,98	76,48	41,86	60,89	68,50
Ost	V	2 328,50	128,06	186,28	209,56	IV	1 914,—	101,89	148,21	166,73	98,52	143,30	161,21	95,15	138,40	155,70	91,77	133,49	150,17	88,40	128,58	144,65	85,03	123,68	139,14
	VI	2 362,—	129,91	188,96	212,58																				
	I,IV	1 902,33	104,62	152,18	171,20	I	1 902,33	97,88	142,37	160,16	91,13	132,56	149,13	84,39	122,75	138,09	77,64	112,94	127,05	70,90	103,13	116,02	64,15	93,32	104,98
6 800,99	II	1 856,58	102,11	148,52	167,09	II	1 856,58	95,36	138,71	156,05	88,61	128,90	145,01	81,87	119,09	133,97	75,13	109,28	122,94	68,38	99,46	111,89	61,65	89,68	100,89
	III	1 318,50	72,51	105,48	118,66	III	1 318,50	67,01	97,48	109,66	61,63	89,65	100,85	56,38	82,01	92,26	51,26	74,57	83,89	46,27	67,30	75,71	41,40	60,22	67,75
West	V	2 316,91	127,43	185,35	208,52	IV	1 902,33	101,25	147,28	165,69	97,88	142,37	160,16	94,51	137,47	154,65	91,13	132,56	149,13	87,76	127,66	143,61	84,39	122,75	138,09
	VI	2 350,33	129,26	188,02	211,52																				
	I,IV	1 915,25	105,33	153,22	172,37	I	1 915,25	98,59	143,40	161,33	91,84	133,59	150,29	85,10	123,78	139,25	78,35	113,97	128,21	71,61	104,16	117,18	64,86	94,35	106,14
6 800,99	II	1 869,41	102,81	149,55	168,24	II	1 869,41	96,07	139,74	157,21	89,32	129,93	146,17	82,58	120,12	135,13	75,84	110,31	124,10	69,09	100,50	113,06	62,36	90,70	102,04
	III	1 329,16	73,10	106,33	119,62	III	1 329,16	67,58	98,30	110,59	62,19	90,46	101,77	56,93	82,81	93,16	51,80	75,34	84,76	46,79	68,06	76,57	41,91	60,97	68,59
Ost	V	2 329,75	128,13	186,38	209,67	IV	1 915,25	101,96	148,31	166,85	98,59	143,40	161,33	95,21	138,50	155,81	91,84	133,59	150,29	88,47	128,68	144,77	85,10	123,78	139,25
	VI	2 363,25	129,97	189,06	212,69																				
	I,IV	1 903,58	104,69	152,28	171,32	I	1 903,58	97,95	142,48	160,29	91,20	132,66	149,24	84,46	122,85	138,20	77,71	113,04	127,17	70,97	103,23	116,13	64,22	93,42	105,09
6 803,99	II	1 857,83	102,18	148,62	167,20	II	1 857,83	95,43	138,81	156,16	88,69	129,—	145,13	81,94	119,19	134,09	75,19	109,38	123,05	68,45	99,56	112,01	61,72	89,78	101,—
	III	1 319,66	72,58	105,57	118,76	III	1 319,66	67,07	97,56	109,75	61,69	89,73	100,94	56,43	82,09	92,35	51,31	74,64	83,97	46,32	67,38	75,80	41,46	60,30	67,84
West	V	2 318,16	127,49	185,45	208,63	IV	1 903,58	101,32	147,38	165,80	97,95	142,48	160,29	94,58	137,57	154,76	91,20	132,66	149,24	87,83	127,76	143,73	84,46	122,85	138,20
	VI	2 351,66	129,34	188,13	211,64																				
	I,IV	1 916,50	105,40	153,32	172,48	I	1 916,50	98,66	143,50	161,44	91,91	133,69	150,40	85,17	123,88	139,37	78,42	114,07	128,33	71,67	104,26	117,29	64,93	94,45	106,25
6 803,99	II	1 870,66	102,88	149,65	168,35	II	1 870,66	96,14	139,84	157,32	89,39	130,03	146,28	82,65	120,22	135,24	75,90	110,41	124,21	69,16	100,60	113,17	62,42	90,80	102,15
	III	1 330,33	73,16	106,42	119,72	III	1 330,33	67,64	98,38	110,68	62,25	90,54	101,86	56,98	82,89	93,25	51,84	75,41	84,83	46,84	68,13	76,64	41,96	61,04	68,67
Ost	V	2 331,08	128,20	186,48	209,79	IV	1 916,50	102,03	148,41	166,96	98,66	143,50	161,44	95,28	138,60	155,92	91,91	133,69	150,40	88,54	128,79	144,89	85,17	123,88	139,37
	VI	2 364,50	130,04	189,16	212,80																				
	I,IV	1 904,83	104,76	152,38	171,43	I	1 904,83	98,02	142,58	160,40	91,27	132,76	149,36	84,53	122,95	138,32	77,78	113,14	127,28	71,04	103,33	116,24	64,29	93,52	105,21
6 806,99	II	1 859,08	102,24	148,72	167,31	II	1 859,08	95,50	138,91	156,27	88,76	129,10	145,24	82,01	119,29	134,20	75,26	109,48	123,16	68,52	99,67	112,13	61,79	89,88	101,12
	III	1 320,66	72,63	105,65	118,85	III	1 320,66	67,12	97,64	109,84	61,74	89,81	101,03	56,49	82,17	92,44	51,37	74,72	84,06	46,37	67,45	75,88	41,50	60,37	67,91
West	V	2 319,41	127,56	185,55	208,74	IV	1 904,83	101,39	147,48	165,92	98,02	142,58	160,40	94,65	137,67	154,88	91,27	132,76	149,36	87,90	127,86	143,84	84,53	122,95	138,32
	VI	2 352,91	129,41	188,23	211,76																				
	I,IV	1 917,75	105,47	153,42	172,59	I	1 917,75	98,72	143,60	161,55	91,98	133,80	150,52	85,24	123,98	139,48	78,49	114,17	128,44	71,75	104,36	117,41	65,—	94,55	106,37
6 806,99	II	1 872,—	102,96	149,76	168,48	II	1 872,—	96,21	139,94	157,43	89,46	130,13	146,39	82,72	120,32	135,36	75,97	110,51	124,32	69,23	100,70	113,28	62,49	90,90	102,26
	III	1 331,33	73,22	106,50	119,81	III	1 331,33	67,69	98,46	110,77	62,30	90,62	101,95	57,03	82,96	93,33	51,90	75,49	84,92	46,89	68,21	76,73	42,01	61,10	68,74
Ost	V	2 332,33	128,27	186,58	209,90	IV	1 917,75	102,10	148,51	167,07	98,72	143,60	161,55	95,35	138,70	156,03	91,98	133,80	150,52	88,61	128,89	145,—	85,24	123,98	139,48
	VI	2 365,75	130,11	189,26	212,91																				
	I,IV	1 906,08	104,83	152,48	171,54	I	1 906,08	98,09	142,68	160,51	91,34	132,86	149,47	84,59	123,05	138,43	77,85	113,24	127,40	71,11	103,43	116,36	64,36	93,62	105,32
6 809,99	II	1 860,33	102,31	148,82	167,42	II	1 860,33	95,57	139,01	156,38	88,82	129,20	145,35	82,08	119,39	134,31	75,33	109,58	123,27	68,59	99,77	112,24	61,86	89,98	101,23
	III	1 321,66	72,69	105,73	118,94	III	1 321,66	67,18	97,72	109,93	61,80	89,89	101,12	56,54	82,25	92,53	51,42	74,80	84,15	46,42	67,53	75,97	41,56	60,45	68,—
West	V	2 320,66	127,63	185,65	208,85	IV	1 906,08	101,46	147,58	166,03	98,09	142,68	160,51	94,71	137,77	154,99	91,34	132,86	149,47	87,97	127,96	143,95	84,59	123,05	138,43
	VI	2 354,16	129,47	188,33	211,87																				
	I,IV	1 919,—	105,54	153,52	172,71	I	1 919,—	98,79	143,70	161,66	92,05	133,90	150,63	85,30	124,08	139,59	78,56	114,27	128,55	71,82	104,46	117,52	65,07	94,65	106,48
6 809,99	II	1 873,25	103,02	149,86	168,59	II	1 873,25	96,28	140,04	157,55	89,53	130,23	146,51	82,79	120,42	135,47	76,04	110,61	124,43	69,30	100,80	113,40	62,56	91,—	102,38
	III	1 332,33	73,27	106,58	119,90	III	1 332,33	67,75	98,54	110,86	62,36	90,70	102,04	57,09	83,04	93,42	51,95	75,57	85,01	46,94	68,28	76,81	42,06	61,18	68,83
Ost	V	2 333,58	128,34	186,68	210,02	IV	1 919,—	102,17	148,61	167,18	98,79	143,70	161,66	95,42	138,80	156,15	92,05	133,90	150,63	88,68	128,99	145,11	85,30	124,08	139,59
	VI	2 367,—	130,18	189,36	213,03																				
	I,IV	1 907,41	104,90	152,59	171,66	I	1 907,41	98,16	142,78	160,62	91,41	132,96	149,58	84,67	123,16	138,55	77,92	113,34	127,51	71,17	103,53	116,47	64,43	93,72	105,44
6 812,99	II	1 861,58	102,38	148,92	167,54	II	1 861,58	95,64	139,12	156,51	88,89	129,30	145,46	82,15	119,49	134,42	75,40	109,68	123,39	68,66	99,87	112,35	61,93	90,08	101,34
	III	1 322,66	72,74	105,81	119,03	III	1 322,66	67,23	97,80	110,02	61,85	89,97	101,21	56,60	82,33	92,62	51,47	74,86	84,22	46,47	67,60	76,05	41,60	60,52	68,08
West	V	2 321,91	127,70	185,75	208,97	IV	1 907,41	101,53	147,68	166,14	98,16	142,78	160,62	94,78	137,87	155,10	91,41	132,96	149,58	88,04	128,06	144,06	84,67	123,16	138,55
	VI	2 355,41	129,54	188,43	211,98																				
	I,IV	1 920,25	105,61	153,62	172,82	I	1 920,25	98,86	143,80	161,78	92,12	134,—	150,75	85,37	124,18	139,70	78,63	114,37	128,66	71,88	104,56	117,63	65,14	94,75	106,59
6 812,99	II	1 874,50	103,09	149,96	168,70	II	1 874,50	96,35	140,14	157,66	89,60	130,33	146,62	82,86	120,52	135,59	76,11	110,71	124,55	69,36	100,90	113,51	62,63	91,10	102,49
	III	1 333,33	73,33	106,66	119,99	III	1 333,33	67,81	98,64	110,97	62,41	90,78	102,13	57,14	83,12	93,51	52,—	75,64	85,09	46,99	68,36	76,90	42,11	61,25	68,90
Ost	V	2 334,83	128,41	186,78	210,13	IV	1 920,25	102,24	148,71	167,30	98,86	143,80	161,78	95,49	138,90	156,26	92,12	134,—	150,75	88,75	129,09	145,22	85,37	124,18	139,70
	VI	2 368,25	130,25	189,46	213,14																				
	I,IV	1 908,66	104,97	152,69	171,77	I	1 908,66	98,23	142,88	160,74	91,48	133,06	149,69	84,74	123,26	138,66	77,99	113,44	127,62	71,24	103,63	116,58	64,50	93,82	105,55
6 815,99	II	1 862,83	102,45	149,02	167,65	II	1 862,83	95,71	139,22	156,62	88,96	129,40	145,58	82,22	119,59	134,54	75,47	109,78	123,50	68,73	99,97	112,46	62,—	90,18	101,45
	III	1 323,83	72,81	105,90	119,14	III	1 323,83	67,29	97,88	110,11	61,91	90,05	101,30	56,65	82,40	92,70	51,52	74,94	84,31	46,53	67,68	76,14	41,65	60,58	68,15
West	V	2 323,25	127,77	185,86	209,09	IV	1 908,66	101,60	147,78	166,25	98,23	142,88	160,74	94,85	137,97	155,21	91,48	133,06	149,69	88,11	128,16	144,18	84,74	123,26	138,66
	VI	2 356,66	129,61	188,53	212,09																				
	I,IV	1 921,50	105,68	153,72	172,93	I	1 921,50	98,94	143,91	161,90	92,19	134,10	150,86	85,44	124,28	139,82	78,70	114,48	128,79	71,95	104,66	117,74	65,21	94,85	106,70
6 815,99	II	1 875,75	103,16	150,06	168,81	II	1 875,75	96,41	140,24	157,77	89,67	130,44	146,74	82,93	120,62	135,70	76,18	110,81	124,66	69,44	101,—	113,63	62,70	91,20	102,60
	III	1 334,50	73,39	106,76	120,10	III	1 334,50	67,87	98,72	111,06	62,47	90,86	102,22	57,20	83,20	93,60	52,05	75,72	85,18	47,04	68,42	76,97	42,15	61,32	68,98
Ost	V	2 336,08	128,48	186,88	210,24	IV	1 921,50	102,30	148,81	167,41	98,94	143,91	161,90	95,56	139,—	156,38	92,19	134,10	150,86	88,82	129,19	145,34	85,44	124,28	139,82
	VI	2 369,58	130,32	189,56	213,26																				

* Die ausgewiesenen Tabellenwerte sind amtlich. Siehe Erläuterungen auf der Umschlaginnenseite (U2).

Lohn/Gehalt bis €*	Abzüge an Lohnsteuer, Solidaritätszuschlag (SolZ) und Kirchensteuer (8%, 9%) in den Steuerklassen I – VI					I, II, III, IV																			
			ohne Kinderfreibeträge					mit Zahl der Kinderfreibeträge . . . 0,5			1			1,5			2			2,5			3		
		LSt	SolZ	8%	9%		LSt	SolZ	8%	9%	SolZ	8%	9%	SolZ	8%	9%	SolZ	8%	9%	SolZ	8%	9%	SolZ	8%	9%
6 818,99 West	I,IV	1 909,91	105,04	152,79	171,89	I	1 909,91	98,29	142,98	160,85	91,55	133,16	149,81	84,81	123,36	138,78	78,06	113,54	127,73	71,31	103,73	116,69	64,57	93,92	105,66
	II	1 864,08	102,52	149,12	167,76	II	1 864,08	95,78	139,32	156,73	89,03	129,50	145,69	82,28	119,69	134,65	75,54	109,88	123,62	68,80	100,07	112,58	62,07	90,28	101,57
	III	1 324,83	72,86	105,98	119,23	III	1 324,83	67,34	97,96	110,20	61,96	90,13	101,39	56,70	82,48	92,79	51,58	75,02	84,40	46,57	67,74	76,21	41,70	60,66	68,24
	V	2 324,50	127,84	185,96	209,20	IV	1 909,91	101,67	147,88	166,37	98,29	142,98	160,85	94,92	138,07	155,33	91,55	133,16	149,81	88,18	128,26	144,29	84,81	123,36	138,78
	VI	2 357,91	129,68	188,63	212,21																				
6 818,99 Ost	I,IV	1 922,75	105,75	153,82	173,04	I	1 922,75	99,—	144,01	162,01	92,26	134,20	150,97	85,51	124,38	139,93	78,77	114,58	128,90	72,02	104,76	117,86	65,28	94,95	106,82
	II	1 877,—	103,23	150,16	168,93	II	1 877,—	96,48	140,34	157,88	89,74	130,54	146,85	82,99	120,72	135,81	76,25	110,91	124,77	69,51	101,10	113,74	62,77	91,30	102,71
	III	1 335,50	73,45	106,84	120,19	III	1 335,50	67,92	98,80	111,15	62,52	90,94	102,31	57,25	83,28	93,69	52,11	75,80	85,27	47,09	68,50	77,06	42,21	61,40	69,07
	V	2 337,33	128,55	186,98	210,35	IV	1 922,75	102,38	148,92	167,53	99,—	144,01	162,01	95,63	139,10	156,49	92,26	134,20	150,97	88,88	129,29	145,45	85,51	124,38	139,93
	VI	2 370,83	130,39	189,66	213,37																				
6 821,99 West	I,IV	1 911,16	105,11	152,89	172,—	I	1 911,16	98,36	143,08	160,96	91,62	133,27	149,93	84,87	123,46	138,89	78,13	113,64	127,85	71,39	103,84	116,82	64,64	94,02	105,77
	II	1 865,41	102,59	149,23	167,88	II	1 865,41	95,85	139,42	156,84	89,10	129,60	145,80	82,36	119,80	134,77	75,61	109,98	123,73	68,86	100,17	112,69	62,14	90,38	101,68
	III	1 325,83	72,92	106,06	119,32	III	1 325,83	67,40	98,04	110,29	62,02	90,21	101,48	56,76	82,56	92,88	51,62	75,09	84,47	46,63	67,82	76,30	41,75	60,73	68,32
	V	2 325,75	127,91	186,06	209,31	IV	1 911,16	101,74	147,98	166,48	98,36	143,08	160,96	94,99	138,17	155,44	91,62	133,27	149,93	88,25	128,36	144,41	84,87	123,46	138,89
	VI	2 359,16	129,75	188,73	212,32																				
6 821,99 Ost	I,IV	1 924,08	105,82	153,92	173,16	I	1 924,08	99,07	144,11	162,12	92,33	134,30	151,08	85,58	124,48	140,04	78,84	114,68	129,01	72,09	104,86	117,97	65,34	95,05	106,93
	II	1 878,25	103,30	150,26	169,04	II	1 878,25	96,55	140,44	158,—	89,81	130,64	146,97	83,06	120,82	135,92	76,32	111,01	124,88	69,57	101,20	113,85	62,84	91,40	102,83
	III	1 336,50	73,50	106,92	120,28	III	1 336,50	67,98	98,88	111,24	62,58	91,02	102,40	57,31	83,36	93,78	52,15	75,86	85,34	47,14	68,57	77,14	42,25	61,46	69,14
	V	2 338,58	128,62	187,08	210,47	IV	1 924,08	102,45	149,02	167,64	99,07	144,11	162,12	95,70	139,20	156,60	92,33	134,30	151,08	88,95	129,39	145,56	85,58	124,48	140,04
	VI	2 372,08	130,46	189,76	213,48																				
6 824,99 West	I,IV	1 912,41	105,18	152,99	172,11	I	1 912,41	98,43	143,18	161,07	91,69	133,37	150,04	84,94	123,56	139,—	78,20	113,74	127,96	71,45	103,94	116,93	64,71	94,12	105,89
	II	1 866,66	102,66	149,33	167,99	II	1 866,66	95,92	139,52	156,96	89,17	129,70	145,91	82,43	119,90	134,88	75,68	110,08	123,84	68,93	100,27	112,80	62,20	90,48	101,79
	III	1 326,83	72,97	106,14	119,41	III	1 326,83	67,46	98,13	110,39	62,07	90,29	101,57	56,81	82,64	92,97	51,68	75,17	84,56	46,67	67,89	76,37	41,80	60,81	68,41
	V	2 327,—	127,98	186,16	209,43	IV	1 912,41	101,80	148,08	166,59	98,43	143,18	161,07	95,06	138,28	155,56	91,69	133,37	150,04	88,32	128,46	144,52	84,94	123,56	139,—
	VI	2 360,41	129,82	188,83	212,43																				
6 824,99 Ost	I,IV	1 925,33	105,89	154,02	173,27	I	1 925,33	99,14	144,21	162,23	92,40	134,40	151,20	85,65	124,59	140,16	78,91	114,78	129,12	72,16	104,96	118,08	65,42	95,16	107,05
	II	1 879,50	103,37	150,36	169,15	II	1 879,50	96,63	140,55	158,12	89,88	130,74	147,08	83,13	120,92	136,04	76,39	111,12	125,01	69,64	101,30	113,96	62,91	91,50	102,94
	III	1 337,50	73,56	107,—	120,37	III	1 337,50	68,03	98,96	111,33	62,63	91,10	102,49	57,35	83,42	93,85	52,21	75,94	85,43	47,19	68,65	77,23	42,31	61,54	69,23
	V	2 339,83	128,69	187,18	210,58	IV	1 925,33	102,52	149,12	167,76	99,14	144,21	162,23	95,77	139,30	156,71	92,40	134,40	151,20	89,02	129,49	145,67	85,65	124,59	140,16
	VI	2 373,33	130,53	189,86	213,59																				
6 827,99 West	I,IV	1 913,66	105,25	153,09	172,22	I	1 913,66	98,50	143,28	161,19	91,76	133,47	150,15	85,01	123,66	139,11	78,26	113,84	128,07	71,52	104,04	117,04	64,78	94,22	106,—
	II	1 867,91	102,73	149,43	168,11	II	1 867,91	95,98	139,62	157,07	89,24	129,80	146,03	82,50	120,—	135,—	75,75	110,18	123,95	69,—	100,37	112,91	62,27	90,58	101,90
	III	1 328,—	73,04	106,24	119,52	III	1 328,—	67,52	98,21	110,48	62,13	90,37	101,66	56,87	82,72	93,06	51,73	75,25	84,65	46,73	67,97	76,46	41,85	60,88	68,49
	V	2 328,25	128,05	186,26	209,54	IV	1 913,66	101,87	148,18	166,70	98,50	143,28	161,19	95,13	138,38	155,67	91,76	133,47	150,15	88,38	128,56	144,63	85,01	123,66	139,11
	VI	2 361,75	129,89	188,94	212,55																				
6 827,99 Ost	I,IV	1 926,58	105,96	154,12	173,39	I	1 926,58	99,21	144,31	162,35	92,46	134,50	151,31	85,72	124,69	140,27	78,98	114,88	129,24	72,23	105,06	118,19	65,49	95,26	107,16
	II	1 880,75	103,44	150,46	169,26	II	1 880,75	96,69	140,65	158,23	89,95	130,84	147,19	83,20	121,02	136,15	76,46	111,22	125,12	69,71	101,40	114,08	62,97	91,60	103,05
	III	1 338,66	73,62	107,09	120,47	III	1 338,66	68,09	99,04	111,42	62,69	91,18	102,58	57,41	83,50	93,94	52,26	76,02	85,52	47,24	68,72	77,31	42,35	61,61	69,31
	V	2 341,16	128,76	187,29	210,70	IV	1 926,58	102,58	149,22	167,87	99,21	144,31	162,35	95,84	139,40	156,83	92,46	134,50	151,31	89,10	129,60	145,80	85,72	124,69	140,27
	VI	2 374,58	130,60	189,96	213,71																				
6 830,99 West	I,IV	1 914,91	105,32	153,19	172,34	I	1 914,91	98,57	143,38	161,30	91,83	133,57	150,26	85,08	123,76	139,23	78,34	113,95	128,19	71,59	104,14	117,15	64,84	94,32	106,11
	II	1 869,16	102,80	149,53	168,22	II	1 869,16	96,05	139,72	157,18	89,31	129,91	146,15	82,56	120,10	135,11	75,82	110,28	124,07	69,08	100,48	113,04	62,34	90,68	102,01
	III	1 329,—	73,09	106,32	119,61	III	1 329,—	67,57	98,29	110,57	62,18	90,45	101,75	56,91	82,78	93,13	51,78	75,32	84,73	46,77	68,04	76,54	41,90	60,94	68,56
	V	2 329,50	128,12	186,36	209,65	IV	1 914,91	101,94	148,28	166,82	98,57	143,38	161,30	95,20	138,48	155,79	91,83	133,57	150,26	88,45	128,66	144,74	85,08	123,76	139,23
	VI	2 363,—	129,96	189,04	212,67																				
6 830,99 Ost	I,IV	1 927,83	106,03	154,22	173,50	I	1 927,83	99,28	144,41	162,46	92,54	134,60	151,43	85,79	124,79	140,39	79,04	114,98	129,35	72,30	105,16	118,31	65,56	95,36	107,28
	II	1 882,08	103,51	150,56	169,38	II	1 882,08	96,76	140,75	158,34	90,02	130,94	147,30	83,27	121,12	136,26	76,53	111,32	125,23	69,78	101,50	114,19	63,04	91,70	103,16
	III	1 339,66	73,68	107,17	120,56	III	1 339,66	68,14	99,12	111,51	62,74	91,26	102,67	57,46	83,58	94,03	52,32	76,10	85,61	47,30	68,80	77,40	42,41	61,69	69,40
	V	2 342,41	128,83	187,39	210,81	IV	1 927,83	102,65	149,32	167,98	99,28	144,41	162,46	95,91	139,50	156,94	92,54	134,60	151,43	89,16	129,70	145,91	85,79	124,79	140,39
	VI	2 375,83	130,67	190,06	213,82																				
6 833,99 West	I,IV	1 916,16	105,38	153,29	172,45	I	1 916,16	98,64	143,48	161,42	91,90	133,67	150,38	85,15	123,86	139,34	78,41	114,05	128,30	71,66	104,24	117,27	64,91	94,42	106,22
	II	1 870,41	102,87	149,63	168,33	II	1 870,41	96,12	139,82	157,29	89,38	130,01	146,26	82,63	120,20	135,22	75,89	110,38	124,18	69,14	100,58	113,15	62,41	90,78	102,12
	III	1 330,—	73,15	106,40	119,70	III	1 330,—	67,63	98,37	110,66	62,24	90,53	101,84	56,97	82,86	93,22	51,83	75,40	84,82	46,83	68,12	76,63	41,95	61,02	68,65
	V	2 330,75	128,19	186,46	209,76	IV	1 916,16	102,02	148,39	166,94	98,64	143,48	161,42	95,27	138,58	155,90	91,90	133,67	150,38	88,52	128,76	144,86	85,15	123,86	139,34
	VI	2 364,25	130,03	189,14	212,78																				
6 833,99 Ost	I,IV	1 929,08	106,09	154,32	173,61	I	1 929,08	99,35	144,51	162,57	92,61	134,70	151,54	85,86	124,89	140,50	79,11	115,08	129,46	72,37	105,27	118,43	65,62	95,46	107,39
	II	1 883,33	103,58	150,66	169,49	II	1 883,33	96,83	140,85	158,45	90,09	131,04	147,42	83,34	121,23	136,38	76,60	111,42	125,34	69,85	101,60	114,30	63,11	91,80	103,28
	III	1 340,66	73,73	107,25	120,65	III	1 340,66	68,20	99,20	111,60	62,80	91,34	102,76	57,52	83,66	94,12	52,36	76,17	85,69	47,35	68,88	77,49	42,46	61,76	69,48
	V	2 343,66	128,90	187,49	210,92	IV	1 929,08	102,72	149,42	168,09	99,35	144,51	162,57	95,97	139,60	157,05	92,61	134,70	151,54	89,23	129,80	146,02	85,86	124,89	140,50
	VI	2 377,08	130,73	190,16	213,93																				
6 836,99 West	I,IV	1 917,50	105,46	153,40	172,57	I	1 917,50	98,71	143,58	161,53	91,96	133,77	150,49	85,22	123,96	139,46	78,48	114,15	128,42	71,73	104,34	117,38	64,98	94,52	106,34
	II	1 871,66	102,94	149,73	168,44	II	1 871,66	96,19	139,92	157,41	89,45	130,11	146,37	82,70	120,30	135,33	75,95	110,48	124,29	69,21	100,68	113,26	62,48	90,88	102,24
	III	1 331,—	73,20	106,48	119,79	III	1 331,—	67,68	98,45	110,75	62,29	90,61	101,93	57,02	82,94	93,31	51,89	75,48	84,91	46,87	68,18	76,70	42,—	61,09	68,72
	V	2 332,—	128,26	186,56	209,88	IV	1 917,50	102,08	148,49	167,05	98,71	143,58	161,53	95,34	138,68	156,01	91,96	133,77	150,49	88,59	128,86	144,97	85,22	123,96	139,46
	VI	2 365,50	130,10	189,24	212,89																				
6 836,99 Ost	I,IV	1 930,33	106,16	154,42	173,72	I	1 930,33	99,42	144,61	162,68	92,67	134,80	151,65	85,93	124,99	140,61	79,18	115,18	129,57	72,44	105,37	118,54	65,69	95,56	107,50
	II	1 884,58	103,65	150,76	169,61	II	1 884,58	96,90	140,95	158,57	90,15	131,14	147,53	83,41	121,33	136,49	76,67	111,52	125,46	69,92	101,70	114,41	63,18	91,90	103,39
	III	1 341,83	73,80	107,34	120,76	III	1 341,83	68,26	99,29	111,70	62,85	91,42	102,85	57,57	83,74	94,21	52,42	76,25	85,78	47,40	68,94	77,56	42,50	61,82	69,55
	V	2 344,91	128,97	187,59	211,04	IV	1 930,33	102,79	149,52	168,21	99,42	144,61	162,68	96,05	139,71	157,17	92,67	134,80	151,65	89,30	129,90	146,13	85,93	124,99	140,61
	VI	2 378,33	130,80	190,26	214,04																				
6 839,99 West	I,IV	1 918,75	105,53	153,50	172,68	I	1 918,75	98,78	143,68	161,64	92,03	133,87	150,60	85,29	124,06	139,57	78,54	114,25	128,53	71,80	104,44	117,49	65,06	94,63	106,46
	II	1 872,91	103,01	149,83	168,56	II	1 872,91	96,26	140,02	157,52	89,52	130,21	146,48	82,77	120,40	135,45	76,03	110,59	124,41	69,28	100,78	113,37	62,54	90,98	102,35
	III	1 332,16	73,26	106,57	119,89	III	1 332,16	67,74	98,53	110,84	62,35	90,69	102,02	57,08	83,02	93,40	51,93	75,54	84,98	46,93	68,26	76,79	42,04	61,16	68,80
	V	2 333,25	128,32	186,66	209,99	IV	1 918,75	102,15	148,59	167,16	98,78	143,68	161,64	95,41	138,78	156,12	92,03	133,87	150,60	88,66	128,96	145,08	85,29	124,06	139,57
	VI	2 366,75	130,17	189,34	213,—																				
6 839,99 Ost	I,IV	1 931,58	106,23	154,52	173,84	I	1 931,58	99,49	144,72	162,81	92,74	134,90	151,76	86,—	125,09	140,72	79,25	115,28	129,69	72,51	105,47	118,65	65,76	95,66	107,61
	II	1 885,83	103,72	150,86	169,72	II	1 885,83	96,97	141,05	158,68	90,23	131,24	147,65	83,48	121,43	136,61	76,73	111,62	125,57	69,99	101,80	114,53	63,25	92,—	103,50
	III	1 342,83	73,85	107,42	120,85	III	1 342,83	68,31	99,37	111,79	62,91	91,50	102,94	57,63	83,82	94,30	52,47	76,33	85,87	47,45	69,02	77,65	42,56	61,90	69,64
	V	2 346,16	129,03	187,69	211,15	IV	1 931,58	102,86	149,62	168,32	99,49	144,72	162,81	96,12	139,81	157,28	92,74	134,90	151,76	89,37	130,—	146,25	86,—	125,09	140,72
	VI	2 379,66	130,88	190,37	214,16																				

* Die ausgewiesenen Tabellenwerte sind amtlich. Siehe Erläuterungen auf der Umschlaginnenseite (U2).

Lohn/ Gehalt bis €*	Abzüge an Lohnsteuer, Solidaritätszuschlag (SolZ) und Kirchensteuer (8%, 9%) in den Steuerklassen I – VI					I, II, III, IV – mit Zahl der Kinderfreibeträge . . .																			
			ohne Kinderfreibeträge					0,5			1			1,5			2			2,5			3		
		LSt	SolZ	8%	9%		LSt	SolZ	8%	9%	SolZ	8%	9%	SolZ	8%	9%	SolZ	8%	9%	SolZ	8%	9%	SolZ	8%	9%
6 842,99 West	I,IV	1 920,—	105,60	153,60	172,80	I	1 920,—	98,85	143,78	161,75	92,10	133,97	150,71	85,36	124,16	139,68	78,61	114,35	128,64	71,87	104,54	117,60	65,12	94,73	106,57
	II	1 874,16	103,07	149,93	168,67	II	1 874,16	96,33	140,12	157,64	89,59	130,31	146,60	82,84	120,50	135,56	76,10	110,69	124,52	69,35	100,88	113,49	62,61	91,08	102,46
	III	1 333,16	73,32	106,65	119,98	III	1 333,16	67,79	98,61	110,93	62,39	90,76	102,10	57,13	83,10	93,49	51,99	75,62	85,07	46,97	68,33	76,87	42,10	61,24	68,89
	V	2 334,58	128,40	186,76	210,11	IV	1 920,—	102,22	148,69	167,27	98,85	143,78	161,75	95,48	138,88	156,24	92,10	133,97	150,71	88,73	129,07	145,20	85,36	124,16	139,68
	VI	2 368,—	130,24	189,44	213,12																				
6 842,99 Ost	I,IV	1 932,83	106,30	154,62	173,95	I	1 932,83	99,56	144,82	162,92	92,81	135,—	151,88	86,07	125,19	140,84	79,32	115,38	129,80	72,58	105,57	118,76	65,83	95,76	107,73
	II	1 887,08	103,78	150,96	169,83	II	1 887,08	97,04	141,15	158,79	90,30	131,34	147,76	83,55	121,53	136,72	76,80	111,72	125,68	70,06	101,91	114,65	63,32	92,10	103,61
	III	1 343,83	73,91	107,50	120,94	III	1 343,83	68,37	99,45	111,88	62,96	91,58	103,03	57,67	83,89	94,37	52,52	76,40	85,95	47,50	69,09	77,72	42,60	61,97	69,71
	V	2 347,41	129,10	187,79	211,26	IV	1 932,83	102,93	149,72	168,44	99,56	144,82	162,92	96,19	139,91	157,40	92,81	135,—	151,88	89,44	130,10	146,36	86,07	125,19	140,84
	VI	2 380,91	130,95	190,47	214,28																				
6 845,99 West	I,IV	1 921,25	105,66	153,70	172,91	I	1 921,25	98,92	143,88	161,87	92,18	134,08	150,84	85,43	124,26	139,79	78,68	114,45	128,75	71,94	104,64	117,72	65,19	94,83	106,68
	II	1 875,50	103,15	150,04	168,79	II	1 875,50	96,40	140,22	157,75	89,65	130,41	146,71	82,91	120,60	135,68	76,17	110,79	124,64	69,42	100,98	113,60	62,68	91,18	102,57
	III	1 334,16	73,37	106,73	120,07	III	1 334,16	67,85	98,69	111,02	62,45	90,84	102,19	57,19	83,18	93,58	52,04	75,70	85,16	47,03	68,41	76,96	42,14	61,30	68,96
	V	2 335,83	128,47	186,86	210,22	IV	1 921,25	102,29	148,79	167,39	98,92	143,88	161,87	95,54	138,98	156,35	92,18	134,08	150,84	88,80	129,17	145,31	85,43	124,26	139,79
	VI	2 369,25	130,30	189,54	213,23																				
6 845,99 Ost	I,IV	1 934,08	106,37	154,72	174,06	I	1 934,08	99,63	144,92	163,03	92,88	135,10	151,99	86,13	125,29	140,95	79,39	115,48	129,92	72,65	105,67	118,88	65,90	95,86	107,84
	II	1 888,33	103,85	151,06	169,94	II	1 888,33	97,11	141,25	158,90	90,36	131,44	147,87	83,62	121,63	136,83	76,87	111,82	125,79	70,13	102,01	114,76	63,39	92,20	103,73
	III	1 344,83	73,96	107,58	121,03	III	1 344,83	68,42	99,53	111,97	63,02	91,66	103,12	57,73	83,97	94,46	52,58	76,48	86,04	47,55	69,17	77,81	42,66	62,05	69,80
	V	2 348,66	129,17	187,89	211,37	IV	1 934,08	103,—	149,82	168,55	99,63	144,92	163,03	96,25	140,01	157,51	92,88	135,10	151,99	89,51	130,20	146,47	86,13	125,29	140,95
	VI	2 382,16	131,01	190,57	214,39																				
6 848,99 West	I,IV	1 922,50	105,73	153,80	173,02	I	1 922,50	98,99	143,98	161,98	92,24	134,18	150,95	85,50	124,36	139,91	78,75	114,55	128,87	72,01	104,74	117,83	65,26	94,93	106,79
	II	1 876,75	103,22	150,14	168,90	II	1 876,75	96,47	140,32	157,86	89,72	130,51	146,82	82,98	120,70	135,79	76,23	110,89	124,75	69,49	101,08	113,71	62,75	91,28	102,69
	III	1 335,33	73,44	106,82	120,17	III	1 335,33	67,90	98,77	111,11	62,50	90,92	102,28	57,23	83,25	93,65	52,09	75,77	85,24	47,08	68,49	77,05	42,20	61,38	69,05
	V	2 337,08	128,53	186,96	210,33	IV	1 922,50	102,36	148,89	167,50	98,99	143,98	161,98	95,62	139,08	156,47	92,24	134,18	150,95	88,87	129,27	145,43	85,50	124,36	139,91
	VI	2 370,50	130,37	189,64	213,34																				
6 848,99 Ost	I,IV	1 935,41	106,44	154,83	174,18	I	1 935,41	99,70	145,02	163,14	92,95	135,20	152,10	86,21	125,40	141,07	79,46	115,58	130,03	72,71	105,77	118,99	65,97	95,96	107,96
	II	1 889,58	103,92	151,16	170,06	II	1 889,58	97,18	141,36	159,03	90,43	131,54	147,98	83,69	121,73	136,94	76,94	111,92	125,91	70,20	102,11	114,87	63,46	92,30	103,84
	III	1 346,—	74,03	107,68	121,14	III	1 346,—	68,48	99,61	112,06	63,07	91,74	103,21	57,78	84,05	94,55	52,63	76,56	86,13	47,60	69,24	77,89	42,70	62,12	69,88
	V	2 349,91	129,24	187,99	211,49	IV	1 935,41	103,07	149,92	168,66	99,70	145,02	163,14	96,32	140,11	157,62	92,95	135,20	152,10	89,58	130,30	146,58	86,21	125,40	141,07
	VI	2 383,41	131,08	190,67	214,50																				
6 851,99 West	I,IV	1 923,75	105,80	153,90	173,13	I	1 923,75	99,05	144,08	162,09	92,31	134,28	151,06	85,57	124,46	140,02	78,82	114,65	128,98	72,08	104,84	117,95	65,33	95,03	106,91
	II	1 878,—	103,29	150,24	169,02	II	1 878,—	96,54	140,42	157,97	89,79	130,61	146,93	83,05	120,80	135,90	76,30	110,99	124,86	69,56	101,18	113,82	62,82	91,38	102,80
	III	1 336,33	73,49	106,90	120,26	III	1 336,33	67,97	98,86	111,22	62,56	91,—	102,37	57,29	83,33	93,74	52,14	75,85	85,33	47,13	68,56	77,13	42,24	61,45	69,13
	V	2 338,33	128,60	187,06	210,44	IV	1 923,75	102,43	148,99	167,61	99,05	144,08	162,09	95,69	139,18	156,58	92,31	134,28	151,06	88,94	129,37	145,54	85,57	124,46	140,02
	VI	2 371,75	130,44	189,74	213,45																				
6 851,99 Ost	I,IV	1 936,66	106,51	154,93	174,29	I	1 936,66	99,77	145,12	163,26	93,02	135,30	152,21	86,28	125,50	141,18	79,53	115,68	130,14	72,78	105,87	119,10	66,04	96,06	108,07
	II	1 890,83	103,99	151,26	170,17	II	1 890,83	97,25	141,46	159,14	90,50	131,64	148,10	83,76	121,83	137,06	77,01	112,02	126,02	70,27	102,21	114,98	63,52	92,40	103,95
	III	1 347,—	74,08	107,76	121,23	III	1 347,—	68,53	99,69	112,15	63,13	91,82	103,30	57,84	84,13	94,64	52,68	76,62	86,20	47,65	69,32	77,98	42,75	62,18	69,95
	V	2 351,25	129,31	188,10	211,61	IV	1 936,66	103,14	150,02	168,77	99,77	145,12	163,26	96,39	140,21	157,73	93,02	135,30	152,21	89,65	130,40	146,70	86,28	125,50	141,18
	VI	2 384,66	131,15	190,77	214,61																				
6 854,99 West	I,IV	1 925,—	105,87	154,—	173,25	I	1 925,—	99,13	144,19	162,21	92,38	134,38	151,17	85,63	124,56	140,13	78,89	114,76	129,10	72,15	104,94	118,06	65,40	95,13	107,02
	II	1 879,25	103,35	150,34	169,13	II	1 879,25	96,61	140,52	158,09	89,87	130,72	147,06	83,12	120,90	136,01	76,37	111,09	124,97	69,63	101,28	113,94	62,89	91,48	102,91
	III	1 337,33	73,55	106,98	120,35	III	1 337,33	68,02	98,94	111,31	62,61	91,08	102,46	57,34	83,41	93,83	52,20	75,93	85,42	47,19	68,64	77,22	42,30	61,53	69,22
	V	2 339,58	128,67	187,16	210,56	IV	1 925,—	102,50	149,09	167,72	99,13	144,19	162,21	95,75	139,28	156,69	92,38	134,38	151,17	89,01	129,47	145,65	85,63	124,56	140,13
	VI	2 373,08	130,51	189,84	213,57																				
6 854,99 Ost	I,IV	1 937,91	106,58	155,03	174,41	I	1 937,91	99,83	145,22	163,37	93,09	135,40	152,33	86,35	125,60	141,30	79,60	115,78	130,25	72,85	105,97	119,21	66,11	96,16	108,18
	II	1 892,08	104,06	151,36	170,28	II	1 892,08	97,32	141,56	159,25	90,57	131,74	148,21	83,82	121,93	137,17	77,08	112,12	126,14	70,34	102,31	115,10	63,59	92,50	104,06
	III	1 348,—	74,14	107,84	121,32	III	1 348,—	68,59	99,77	112,24	63,18	91,90	103,39	57,89	84,21	94,73	52,73	76,70	86,29	47,70	69,38	78,05	42,80	62,26	70,04
	V	2 352,50	129,38	188,20	211,72	IV	1 937,91	103,21	150,12	168,89	99,83	145,22	163,37	96,46	140,31	157,85	93,09	135,40	152,33	89,72	130,50	146,81	86,35	125,60	141,30
	VI	2 385,91	131,22	190,87	214,73																				
6 857,99 West	I,IV	1 926,25	105,94	154,10	173,36	I	1 926,25	99,20	144,29	162,32	92,45	134,48	151,29	85,70	124,66	140,24	78,96	114,86	129,21	72,21	105,04	118,17	65,47	95,23	107,13
	II	1 880,50	103,42	150,44	169,24	II	1 880,50	96,68	140,62	158,20	89,93	130,82	147,17	83,19	121,—	136,13	76,44	111,19	125,09	69,70	101,38	114,05	62,96	91,58	103,02
	III	1 338,33	73,60	107,06	120,44	III	1 338,33	68,08	99,02	111,40	62,67	91,16	102,55	57,40	83,49	93,92	52,25	76,01	85,51	47,23	68,70	77,29	42,35	61,60	69,30
	V	2 340,83	128,74	187,26	210,67	IV	1 926,25	102,57	149,20	167,85	99,20	144,29	162,32	95,82	139,38	156,80	92,45	134,48	151,29	89,08	129,57	145,76	85,70	124,66	140,24
	VI	2 374,33	130,58	189,94	213,68																				
6 857,99 Ost	I,IV	1 939,16	106,65	155,13	174,52	I	1 939,16	99,90	145,32	163,48	93,16	135,51	152,45	86,41	125,70	141,41	79,67	115,88	130,37	72,93	106,08	119,34	66,18	96,26	108,29
	II	1 893,41	104,13	151,47	170,40	II	1 893,41	97,39	141,66	159,36	90,64	131,84	148,32	83,90	122,04	137,29	77,15	112,22	126,25	70,40	102,41	115,21	63,66	92,60	104,18
	III	1 349,16	74,20	107,93	121,42	III	1 349,16	68,65	99,86	112,34	63,24	91,98	103,48	57,95	84,29	94,82	52,79	76,78	86,38	47,75	69,46	78,14	42,85	62,33	70,12
	V	2 353,75	129,45	188,30	211,83	IV	1 939,16	103,28	150,22	169,—	99,90	145,32	163,48	96,53	140,41	157,96	93,16	135,51	152,45	89,79	130,60	146,93	86,41	125,70	141,41
	VI	2 387,16	131,29	190,97	214,84																				
6 860,99 West	I,IV	1 927,58	106,01	154,20	173,48	I	1 927,58	99,27	144,39	162,44	92,52	134,58	151,40	85,77	124,76	140,36	79,03	114,96	129,33	72,28	105,14	118,28	65,54	95,33	107,24
	II	1 881,75	103,49	150,54	169,35	II	1 881,75	96,74	140,72	158,31	90,—	130,92	147,28	83,26	121,10	136,24	76,51	111,29	125,20	69,77	101,48	114,17	63,03	91,68	103,14
	III	1 339,50	73,67	107,16	120,55	III	1 339,50	68,13	99,10	111,49	62,72	91,24	102,64	57,45	83,57	94,01	52,30	76,08	85,59	47,29	68,78	77,38	42,39	61,66	69,37
	V	2 342,08	128,81	187,36	210,78	IV	1 927,58	102,64	149,30	167,96	99,27	144,39	162,44	95,89	139,48	156,92	92,52	134,58	151,40	89,15	129,67	145,88	85,77	124,76	140,36
	VI	2 375,58	130,65	190,04	213,80																				
6 860,99 Ost	I,IV	1 940,41	106,72	155,23	174,63	I	1 940,41	99,97	145,42	163,59	93,23	135,61	152,56	86,48	125,80	141,52	79,74	115,98	130,48	72,99	106,18	119,45	66,25	96,36	108,41
	II	1 894,66	104,20	151,57	170,51	II	1 894,66	97,46	141,76	159,48	90,71	131,94	148,43	83,97	122,14	137,40	77,22	112,32	126,36	70,47	102,51	115,32	63,73	92,70	104,29
	III	1 350,16	74,25	108,01	121,51	III	1 350,16	68,71	99,94	112,43	63,29	92,06	103,57	58,—	84,37	94,91	52,84	76,86	86,47	47,81	69,54	78,23	42,90	62,41	70,21
	V	2 355,—	129,52	188,40	211,95	IV	1 940,41	103,34	150,32	169,11	99,97	145,42	163,59	96,60	140,52	158,08	93,23	135,61	152,56	89,86	130,70	147,04	86,48	125,80	141,52
	VI	2 388,41	131,36	191,07	214,95																				
6 863,99 West	I,IV	1 928,83	106,08	154,30	173,59	I	1 928,83	99,33	144,49	162,55	92,59	134,68	151,51	85,85	124,87	140,48	79,10	115,06	129,44	72,35	105,24	118,40	65,61	95,44	107,37
	II	1 883,—	103,56	150,64	169,47	II	1 883,—	96,82	140,83	158,43	90,07	131,02	147,39	83,32	121,20	136,35	76,58	111,40	125,32	69,84	101,58	114,28	63,09	91,78	103,25
	III	1 340,50	73,72	107,24	120,64	III	1 340,50	68,19	99,18	111,58	62,78	91,32	102,73	57,51	83,65	94,10	52,36	76,16	85,68	47,33	68,85	77,45	42,45	61,74	69,46
	V	2 343,33	128,88	187,46	210,89	IV	1 928,83	102,71	149,40	168,07	99,33	144,49	162,55	95,96	139,58	157,03	92,59	134,68	151,51	89,21	129,77	145,99	85,85	124,87	140,48
	VI	2 376,83	130,72	190,14	213,91																				
6 863,99 Ost	I,IV	1 941,66	106,79	155,33	174,74	I	1 941,66	100,04	145,52	163,71	93,30	135,71	152,67	86,55	125,90	141,63	79,80	116,08	130,59	73,06	106,28	119,56	66,32	96,46	108,52
	II	1 895,91	104,27	151,67	170,63	II	1 895,91	97,52	141,86	159,59	90,78	132,04	148,55	84,04	122,24	137,52	77,29	112,42	126,47	70,54	102,61	115,43	63,80	92,80	104,40
	III	1 351,16	74,31	108,09	121,60	III	1 351,16	68,76	100,02	112,52	63,35	92,14	103,66	58,05	84,44	94,99	52,89	76,93	86,55	47,85	69,61	78,31	42,95	62,48	70,29
	V	2 356,25	129,59	188,50	212,06	IV	1 941,66	103,41	150,42	169,22	100,04	145,52	163,71	96,67	140,62	158,19	93,30	135,71	152,67	89,92	130,80	147,15	86,55	125,90	141,63
	VI	2 389,75	131,43	191,18	215,07																				

* Die ausgewiesenen Tabellenwerte sind amtlich. Siehe Erläuterungen auf der Umschlaginnenseite (U2).

Lohn/ Gehalt bis €*		I – VI LSt	ohne Kinderfreibeträge SolZ	8%	9%	I, II, III, IV	LSt	0,5 SolZ	0,5 8%	0,5 9%	1 SolZ	1 8%	1 9%	1,5 SolZ	1,5 8%	1,5 9%	2 SolZ	2 8%	2 9%	2,5 SolZ	2,5 8%	2,5 9%	3 SolZ	3 8%	3 9%
6 866,99 West	I,IV	1 930,08	106,15	154,40	173,70	I	1 930,08	99,40	144,59	162,66	92,66	134,78	151,62	85,91	124,97	140,59	79,17	115,16	129,55	72,42	105,34	118,51	65,68	95,54	107,48
	II	1 884,25	103,63	150,74	169,58	II	1 884,25	96,89	140,93	158,54	90,14	131,12	147,51	83,39	121,30	136,46	76,65	111,50	125,43	69,90	101,68	114,39	63,16	91,88	103,36
	III	1 341,50	73,78	107,32	120,73	III	1 341,50	68,24	99,26	111,67	62,83	91,40	102,82	57,55	83,72	94,18	52,41	76,24	85,77	47,39	68,93	77,54	42,49	61,81	69,53
	V	2 344,66	128,95	187,57	211,01	IV	1 930,08	102,78	149,50	168,18	99,40	144,59	162,66	96,03	139,68	157,14	92,66	134,78	151,62	89,29	129,88	146,11	85,91	124,97	140,59
	VI	2 378,08	130,79	190,24	214,02																				
6 866,99 Ost	I,IV	1 942,91	106,86	155,43	174,86	I	1 942,91	100,11	145,62	163,82	93,37	135,81	152,78	86,62	126,—	141,75	79,88	116,19	130,71	73,13	106,38	119,67	66,38	96,56	108,63
	II	1 897,16	104,34	151,77	170,74	II	1 897,16	97,59	141,96	159,70	90,85	132,15	148,67	84,10	122,34	137,63	77,36	112,52	126,59	70,62	102,72	115,56	63,87	92,90	104,51
	III	1 352,16	74,36	108,17	121,69	III	1 352,16	68,82	100,10	112,61	63,40	92,22	103,75	58,10	84,52	95,08	52,94	77,01	86,63	47,91	69,69	78,40	43,01	62,56	70,38
	V	2 357,50	129,66	188,60	212,17	IV	1 942,91	103,48	150,52	169,34	100,11	145,62	163,82	96,74	140,72	158,31	93,37	135,81	152,78	89,99	130,90	147,26	86,62	126,—	141,75
	VI	2 391,—	131,50	191,28	215,19																				
6 869,99 West	I,IV	1 931,33	106,22	154,50	173,81	I	1 931,33	99,47	144,69	162,77	92,73	134,88	151,74	85,98	125,07	140,70	79,24	115,26	129,66	72,49	105,44	118,62	65,75	95,64	107,59
	II	1 885,58	103,70	150,84	169,70	II	1 885,58	96,96	141,03	158,66	90,21	131,22	147,62	83,46	121,40	136,58	76,72	111,60	125,55	69,97	101,78	114,50	63,23	91,98	103,47
	III	1 342,50	73,83	107,40	120,82	III	1 342,50	68,30	99,34	111,76	62,89	91,48	102,91	57,61	83,80	94,27	52,46	76,30	85,84	47,43	69,—	77,62	42,55	61,89	69,62
	V	2 345,91	129,02	187,67	211,13	IV	1 931,33	102,85	149,60	168,30	99,47	144,69	162,77	96,10	139,78	157,25	92,73	134,88	151,74	89,36	129,98	146,22	85,98	125,07	140,70
	VI	2 379,33	130,86	190,34	214,13																				
6 869,99 Ost	I,IV	1 944,16	106,92	155,53	174,97	I	1 944,16	100,18	145,72	163,94	93,44	135,91	152,90	86,69	126,10	141,86	79,95	116,29	130,82	73,20	106,48	119,79	66,45	96,66	108,74
	II	1 898,41	104,41	151,87	170,85	II	1 898,41	97,66	142,06	159,81	90,92	132,25	148,78	84,17	122,44	137,74	77,43	112,62	126,70	70,68	102,82	115,67	63,94	93,—	104,63
	III	1 353,33	74,43	108,26	121,79	III	1 353,33	68,87	100,18	112,70	63,46	92,30	103,84	58,16	84,60	95,17	53,—	77,09	86,72	47,96	69,76	78,48	43,05	62,62	70,45
	V	2 358,75	129,73	188,70	212,28	IV	1 944,16	103,56	150,63	169,46	100,18	145,72	163,94	96,81	140,82	158,42	93,44	135,91	152,90	90,06	131,—	147,38	86,69	126,10	141,86
	VI	2 392,25	131,57	191,38	215,30																				
6 872,99 West	I,IV	1 932,58	106,29	154,60	173,93	I	1 932,58	99,54	144,79	162,89	92,80	134,98	151,85	86,05	125,17	140,81	79,31	115,36	129,78	72,56	105,55	118,74	65,82	95,74	107,70
	II	1 886,83	103,77	150,94	169,81	II	1 886,83	97,02	141,13	158,77	90,28	131,32	147,73	83,54	121,51	136,70	76,79	111,70	125,66	70,04	101,88	114,62	63,30	92,08	103,59
	III	1 343,66	73,90	107,49	120,92	III	1 343,66	68,36	99,44	111,87	62,94	91,56	103,—	57,66	83,88	94,36	52,51	76,38	85,93	47,49	69,08	77,71	42,59	61,96	69,70
	V	2 347,16	129,09	187,77	211,24	IV	1 932,58	102,91	149,70	168,41	99,54	144,79	162,89	96,17	139,88	157,37	92,80	134,98	151,85	89,43	130,08	146,34	86,05	125,17	140,81
	VI	2 380,58	130,93	190,44	214,25																				
6 872,99 Ost	I,IV	1 945,50	107,—	155,64	175,09	I	1 945,50	100,25	145,82	164,05	93,50	136,01	153,01	86,76	126,20	141,98	80,02	116,39	130,94	73,27	106,58	119,90	66,52	96,76	108,86
	II	1 899,66	104,48	151,97	170,96	II	1 899,66	97,73	142,16	159,93	90,99	132,35	148,89	84,24	122,54	137,85	77,49	112,72	126,81	70,75	102,92	115,78	64,01	93,10	104,74
	III	1 354,33	74,48	108,34	121,88	III	1 354,33	68,93	100,26	112,79	63,51	92,38	103,93	58,21	84,68	95,26	53,04	77,16	86,80	48,01	69,84	78,57	43,10	62,69	70,52
	V	2 360,—	129,80	188,80	212,40	IV	1 945,50	103,62	150,73	169,57	100,25	145,82	164,05	96,88	140,92	158,53	93,50	136,01	153,01	90,13	131,10	147,49	86,76	126,20	141,98
	VI	2 393,50	131,64	191,48	215,41																				
6 875,99 West	I,IV	1 933,83	106,36	154,70	174,04	I	1 933,83	99,61	144,89	163,—	92,87	135,08	151,97	86,12	125,27	140,93	79,37	115,46	129,89	72,63	105,65	118,85	65,89	95,84	107,82
	II	1 888,08	103,84	151,04	169,92	II	1 888,08	97,09	141,23	158,88	90,35	131,42	147,84	83,60	121,61	136,81	76,86	111,80	125,77	70,11	101,98	114,73	63,37	92,18	103,70
	III	1 344,66	73,95	107,57	121,01	III	1 344,66	68,42	99,52	111,96	63,—	91,64	103,09	57,72	83,96	94,45	52,57	76,46	86,02	47,54	69,16	77,80	42,64	62,02	69,77
	V	2 348,41	129,16	187,87	211,35	IV	1 933,83	102,98	149,80	168,52	99,61	144,89	163,—	96,24	139,99	157,49	92,87	135,08	151,97	89,49	130,18	146,45	86,12	125,27	140,93
	VI	2 381,83	131,—	190,54	214,36																				
6 875,99 Ost	I,IV	1 946,75	107,07	155,74	175,20	I	1 946,75	100,32	145,92	164,16	93,57	136,11	153,12	86,83	126,30	142,09	80,08	116,49	131,05	73,34	106,68	120,01	66,60	96,87	108,98
	II	1 900,91	104,55	152,07	171,08	II	1 900,91	97,80	142,26	160,04	91,06	132,45	149,—	84,31	122,64	137,97	77,57	112,83	126,93	70,82	103,02	115,89	64,07	93,20	104,85
	III	1 355,33	74,54	108,42	121,97	III	1 355,33	68,98	100,34	112,88	63,57	92,46	104,02	58,27	84,76	95,35	53,10	77,24	86,89	48,06	69,90	78,64	43,15	62,77	70,61
	V	2 361,25	129,86	188,90	212,51	IV	1 946,75	103,69	150,83	169,68	100,32	145,92	164,16	96,95	141,02	158,64	93,57	136,11	153,12	90,20	131,20	147,60	86,83	126,30	142,09
	VI	2 394,75	131,71	191,58	215,52																				
6 878,99 West	I,IV	1 935,08	106,42	154,80	174,15	I	1 935,08	99,68	145,—	163,12	92,94	135,18	152,08	86,19	125,37	141,04	79,45	115,56	130,01	72,70	105,75	118,97	65,95	95,94	107,93
	II	1 889,33	103,91	151,14	170,03	II	1 889,33	97,16	141,33	158,99	90,42	131,52	147,96	83,67	121,71	136,92	76,93	111,90	125,88	70,18	102,08	114,84	63,44	92,28	103,81
	III	1 345,66	74,01	107,65	121,10	III	1 345,66	68,47	99,60	112,05	63,05	91,72	103,18	57,77	84,04	94,54	52,61	76,53	86,09	47,59	69,22	77,87	42,69	62,10	69,86
	V	2 349,66	129,23	187,97	211,46	IV	1 935,08	103,05	149,90	168,63	99,68	145,—	163,12	96,31	140,09	157,60	92,94	135,18	152,08	89,56	130,28	146,56	86,19	125,37	141,04
	VI	2 383,16	131,07	190,65	214,48																				
6 878,99 Ost	I,IV	1 948,—	107,14	155,84	175,32	I	1 948,—	100,39	146,02	164,27	93,64	136,21	153,23	86,90	126,40	142,20	80,15	116,59	131,16	73,41	106,78	120,12	66,66	96,97	109,09
	II	1 902,16	104,61	152,17	171,19	II	1 902,16	97,87	142,36	160,16	91,13	132,55	149,12	84,38	122,74	138,08	77,64	112,93	127,04	70,89	103,12	116,01	64,14	93,30	104,96
	III	1 356,50	74,60	108,52	122,08	III	1 356,50	69,05	100,44	112,99	63,62	92,54	104,11	58,32	84,84	95,44	53,15	77,32	86,98	48,11	69,98	78,73	43,20	62,84	70,69
	V	2 362,58	129,94	189,—	212,63	IV	1 948,—	103,76	150,93	169,79	100,39	146,02	164,27	97,02	141,12	158,76	93,64	136,21	153,23	90,27	131,31	147,72	86,90	126,40	142,20
	VI	2 396,—	131,78	191,68	215,64																				
6 881,99 West	I,IV	1 936,33	106,49	154,90	174,26	I	1 936,33	99,75	145,10	163,23	93,—	135,28	152,19	86,26	125,47	141,15	79,52	115,66	130,12	72,77	105,85	119,08	66,02	96,04	108,04
	II	1 890,58	103,98	151,24	170,15	II	1 890,58	97,23	141,43	159,11	90,49	131,62	148,07	83,74	121,81	137,03	77,—	112,—	126,—	70,25	102,19	114,96	63,51	92,38	103,92
	III	1 346,83	74,07	107,74	121,21	III	1 346,83	68,53	99,68	112,14	63,11	91,80	103,27	57,83	84,12	94,63	52,67	76,61	86,18	47,64	69,30	77,96	42,74	62,17	69,94
	V	2 350,91	129,30	188,07	211,58	IV	1 936,33	103,12	150,—	168,75	99,75	145,10	163,23	96,38	140,19	157,71	93,—	135,28	152,19	89,63	130,38	146,67	86,26	125,47	141,15
	VI	2 384,41	131,14	190,75	214,59																				
6 881,99 Ost	I,IV	1 949,25	107,20	155,94	175,43	I	1 949,25	100,46	146,12	164,39	93,72	136,32	153,36	86,97	126,50	142,31	80,22	116,69	131,27	73,48	106,88	120,24	66,73	97,07	109,20
	II	1 903,50	104,69	152,28	171,31	II	1 903,50	97,94	142,46	160,27	91,19	132,65	149,23	84,45	122,84	138,20	77,71	113,03	127,16	70,96	103,22	116,12	64,22	93,41	105,08
	III	1 357,50	74,66	108,60	122,17	III	1 357,50	69,10	100,52	113,08	63,68	92,62	104,20	58,38	84,92	95,53	53,21	77,40	87,07	48,17	70,06	78,82	43,25	62,92	70,78
	V	2 363,83	130,01	189,10	212,74	IV	1 949,25	103,83	151,03	169,91	100,46	146,12	164,39	97,08	141,22	158,87	93,72	136,32	153,36	90,34	131,41	147,83	86,97	126,50	142,31
	VI	2 397,25	131,84	191,78	215,75																				
6 884,99 West	I,IV	1 937,58	106,56	155,—	174,38	I	1 937,58	99,82	145,20	163,35	93,07	135,38	152,30	86,33	125,57	141,26	79,58	115,76	130,23	72,84	105,95	119,19	66,09	96,14	108,15
	II	1 891,83	104,05	151,34	170,26	II	1 891,83	97,30	141,53	159,22	90,56	131,72	148,19	83,81	121,91	137,15	77,06	112,10	126,11	70,32	102,29	115,07	63,58	92,48	104,04
	III	1 347,83	74,13	107,82	121,30	III	1 347,83	68,58	99,76	112,23	63,16	91,88	103,36	57,88	84,20	94,72	52,72	76,69	86,27	47,69	69,37	78,04	42,79	62,25	70,03
	V	2 352,16	129,36	188,17	211,69	IV	1 937,58	103,19	150,10	168,86	99,82	145,20	163,35	96,45	140,29	157,82	93,07	135,38	152,30	89,70	130,48	146,79	86,33	125,57	141,26
	VI	2 385,66	131,21	190,85	214,70																				
6 884,99 Ost	I,IV	1 950,50	107,27	156,04	175,54	I	1 950,50	100,53	146,22	164,50	93,78	136,42	153,47	87,04	126,60	142,43	80,29	116,79	131,39	73,55	106,98	120,35	66,80	97,17	109,31
	II	1 904,75	104,76	152,38	171,42	II	1 904,75	98,01	142,56	160,38	91,26	132,75	149,34	84,52	122,94	138,31	77,77	113,13	127,27	71,03	103,32	116,23	64,29	93,51	105,20
	III	1 358,50	74,71	108,68	122,26	III	1 358,50	69,16	100,60	113,17	63,73	92,70	104,29	58,42	84,98	95,60	53,25	77,46	87,14	48,21	70,13	78,89	43,30	62,98	70,85
	V	2 365,08	130,07	189,20	212,85	IV	1 950,50	103,90	151,13	170,02	100,53	146,22	164,50	97,16	141,32	158,99	93,78	136,42	153,47	90,41	131,51	147,95	87,04	126,60	142,43
	VI	2 398,50	131,91	191,88	215,86																				
6 887,99 West	I,IV	1 938,91	106,64	155,11	174,50	I	1 938,91	99,89	145,30	163,46	93,14	135,48	152,42	86,40	125,68	141,39	79,65	115,86	130,34	72,91	106,05	119,30	66,16	96,24	108,27
	II	1 893,08	104,11	151,44	170,37	II	1 893,08	97,37	141,64	159,34	90,63	131,82	148,30	83,88	122,01	137,26	77,14	112,20	126,23	70,39	102,39	115,19	63,65	92,58	104,15
	III	1 348,83	74,18	107,90	121,39	III	1 348,83	68,64	99,84	112,32	63,22	91,96	103,45	57,93	84,26	94,79	52,78	76,77	86,36	47,74	69,45	78,13	42,84	62,32	70,11
	V	2 353,41	129,43	188,27	211,80	IV	1 938,91	103,26	150,20	168,98	99,89	145,30	163,46	96,52	140,39	157,94	93,14	135,48	152,42	89,77	130,58	146,90	86,40	125,68	141,39
	VI	2 386,91	131,28	190,95	214,82																				
6 887,99 Ost	I,IV	1 951,75	107,34	156,14	175,65	I	1 951,75	100,59	146,32	164,61	93,85	136,52	153,58	87,11	126,70	142,54	80,36	116,89	131,50	73,62	107,08	120,47	66,87	97,27	109,43
	II	1 906,—	104,83	152,48	171,54	II	1 906,—	98,08	142,66	160,49	91,33	132,85	149,45	84,59	123,04	138,42	77,84	113,23	127,38	71,10	103,42	116,34	64,35	93,61	105,31
	III	1 359,66	74,78	108,77	122,36	III	1 359,66	69,21	100,68	113,26	63,79	92,78	104,38	58,48	85,06	95,69	53,31	77,54	87,23	48,27	70,21	78,98	43,35	63,06	70,94
	V	2 366,33	130,14	189,30	212,96	IV	1 951,75	103,97	151,23	170,13	100,59	146,32	164,61	97,23	141,42	159,10	93,85	136,52	153,58	90,48	131,61	148,06	87,11	126,70	142,54
	VI	2 399,75	131,98	191,98	215,97																				

Table heading: Abzüge an Lohnsteuer, Solidaritätszuschlag (SolZ) und Kirchensteuer (8%, 9%) in den Steuerklassen I – VI / I, II, III, IV mit Zahl der Kinderfreibeträge . . .

*** Die ausgewiesenen Tabellenwerte sind amtlich. Siehe Erläuterungen auf der Umschlaginnenseite (U2).**

Abzüge an Lohnsteuer, Solidaritätszuschlag (SolZ) und Kirchensteuer (8%, 9%) in den Steuerklassen

Lohn/ Gehalt bis €*	I – VI					I, II, III, IV		mit Zahl der Kinderfreibeträge . . . 0,5			1			1,5			2			2,5			3		
		LSt	ohne Kinderfreibeträge SolZ	8%	9%		LSt	SolZ	8%	9%	SolZ	8%	9%	SolZ	8%	9%	SolZ	8%	9%	SolZ	8%	9%	SolZ	8%	9%
6 890,99 West	I,IV	1 940,16	106,70	155,21	174,61	I	1 940,16	99,96	145,40	163,57	93,21	135,58	152,53	86,47	125,78	141,50	79,72	115,96	130,46	72,98	106,15	119,42	66,23	96,34	108,38
	II	1 894,33	104,18	151,54	170,48	II	1 894,33	97,44	141,74	159,45	90,69	131,92	148,41	83,95	122,11	137,37	77,21	112,30	126,34	70,46	102,49	115,30	63,72	92,68	104,27
	III	1 349,83	74,24	107,98	121,48	III	1 349,83	68,69	99,92	112,41	63,27	92,04	103,54	57,98	84,34	94,88	52,82	76,84	86,44	47,79	69,52	78,21	42,89	62,38	70,18
	V	2 354,75	129,51	188,38	211,92	IV	1 940,16	103,33	150,30	169,09	99,96	145,40	163,57	96,58	140,49	158,05	93,21	135,58	152,53	89,84	130,68	147,02	86,47	125,78	141,50
	VI	2 388,16	131,34	191,05	214,93																				
6 890,99 Ost	I,IV	1 953,—	107,41	156,24	175,77	I	1 953,—	100,67	146,43	164,73	93,92	136,62	153,69	87,17	126,80	142,65	80,43	117,—	131,62	73,69	107,18	120,58	66,94	97,37	109,54
	II	1 907,25	104,89	152,58	171,65	II	1 907,25	98,15	142,76	160,61	91,41	132,96	149,58	84,66	123,14	138,53	77,91	113,33	127,49	71,17	103,52	116,46	64,42	93,71	105,42
	III	1 360,66	74,83	108,85	122,45	III	1 360,66	69,27	100,76	113,35	63,84	92,86	104,47	58,53	85,14	95,78	53,36	77,62	87,32	48,31	70,28	79,06	43,40	63,13	71,02
	V	2 367,58	130,21	189,40	213,08	IV	1 953,—	104,04	151,33	170,24	100,67	146,43	164,73	97,29	141,52	159,21	93,92	136,62	153,69	90,55	131,71	148,17	87,17	126,80	142,65
	VI	2 401,08	132,05	192,08	216,09																				
6 893,99 West	I,IV	1 941,41	106,77	155,31	174,72	I	1 941,41	100,03	145,50	163,68	93,28	135,68	152,64	86,54	125,88	141,61	79,79	116,06	130,57	73,04	106,25	119,53	66,30	96,44	108,50
	II	1 895,58	104,25	151,64	170,60	II	1 895,58	97,51	141,84	159,57	90,76	132,02	148,52	84,02	122,21	137,48	77,27	112,40	126,45	70,53	102,59	115,41	63,79	92,78	104,38
	III	1 351,—	74,30	108,08	121,59	III	1 351,—	68,75	100,—	112,50	63,33	92,12	103,63	58,04	84,42	94,97	52,88	76,92	86,53	47,85	69,60	78,30	42,94	62,46	70,27
	V	2 356,—	129,58	188,48	212,04	IV	1 941,41	103,40	150,40	169,20	100,03	145,50	163,68	96,65	140,59	158,16	93,28	135,68	152,64	89,91	130,78	147,13	86,54	125,88	141,61
	VI	2 389,41	131,41	191,15	215,04																				
6 893,99 Ost	I,IV	1 954,25	107,48	156,34	175,88	I	1 954,25	100,74	146,53	164,84	93,99	136,72	153,81	87,24	126,90	142,76	80,50	117,10	131,73	73,75	107,28	120,69	67,01	97,47	109,65
	II	1 908,50	104,96	152,68	171,76	II	1 908,50	98,22	142,86	160,72	91,47	133,06	149,69	84,73	123,24	138,65	77,98	113,43	127,61	71,24	103,62	116,57	64,49	93,81	105,53
	III	1 361,66	74,89	108,93	122,54	III	1 361,66	69,32	100,84	113,44	63,90	92,94	104,56	58,59	85,22	95,87	53,41	77,69	87,40	48,37	70,36	79,15	43,45	63,20	71,10
	V	2 368,83	130,28	189,50	213,19	IV	1 954,25	104,11	151,44	170,37	100,74	146,53	164,84	97,36	141,62	159,32	93,99	136,72	153,81	90,62	131,81	148,28	87,24	126,90	142,76
	VI	2 402,33	132,12	192,18	216,20																				
6 896,99 West	I,IV	1 942,66	106,84	155,41	174,83	I	1 942,66	100,10	145,60	163,80	93,35	135,79	152,76	86,61	125,98	141,72	79,86	116,16	130,68	73,12	106,36	119,65	66,37	96,54	108,61
	II	1 896,91	104,33	151,75	170,72	II	1 896,91	97,58	141,94	159,68	90,83	132,12	148,64	84,09	122,32	137,61	77,34	112,50	126,56	70,60	102,69	115,52	63,85	92,88	104,49
	III	1 352,—	74,36	108,16	121,68	III	1 352,—	68,81	100,09	112,60	63,38	92,20	103,72	58,09	84,50	95,06	52,93	77,—	86,62	47,90	69,68	78,39	42,99	62,53	70,34
	V	2 357,25	129,64	188,58	212,15	IV	1 942,66	103,47	150,50	169,31	100,10	145,60	163,80	96,72	140,69	158,27	93,35	135,79	152,76	89,98	130,88	147,24	86,61	125,98	141,72
	VI	2 390,66	131,48	191,25	215,15																				
6 896,99 Ost	I,IV	1 955,58	107,55	156,44	176,—	I	1 955,58	100,81	146,63	164,96	94,06	136,82	153,92	87,31	127,—	142,88	80,57	117,20	131,85	73,82	107,38	120,80	67,08	97,57	109,76
	II	1 909,75	105,03	152,78	171,87	II	1 909,75	98,28	142,96	160,83	91,54	133,16	149,80	84,80	123,34	138,76	78,05	113,53	127,72	71,31	103,72	116,69	64,56	93,91	105,65
	III	1 362,66	74,94	109,01	122,63	III	1 362,66	69,39	100,93	113,54	63,95	93,02	104,65	58,64	85,30	95,96	53,46	77,77	87,49	48,42	70,44	79,24	43,50	63,28	71,19
	V	2 370,08	130,35	189,60	213,30	IV	1 955,58	104,18	151,54	170,48	100,81	146,63	164,96	97,43	141,72	159,44	94,06	136,82	153,92	90,69	131,91	148,40	87,31	127,—	142,88
	VI	2 403,58	132,19	192,28	216,32																				
6 899,99 West	I,IV	1 943,91	106,91	155,51	174,95	I	1 943,91	100,16	145,70	163,91	93,42	135,89	152,87	86,68	126,08	141,84	79,93	116,26	130,79	73,19	106,46	119,76	66,44	96,64	108,72
	II	1 898,16	104,39	151,85	170,83	II	1 898,16	97,65	142,04	159,79	90,90	132,22	148,75	84,16	122,42	137,72	77,41	112,60	126,68	70,67	102,79	115,64	63,92	92,98	104,60
	III	1 353,—	74,41	108,24	121,77	III	1 353,—	68,86	100,17	112,69	63,44	92,28	103,81	58,15	84,58	95,15	52,98	77,06	86,69	47,95	69,74	78,46	43,04	62,61	70,43
	V	2 358,50	129,71	188,68	212,26	IV	1 943,91	103,54	150,60	169,43	100,16	145,70	163,91	96,80	140,80	158,40	93,42	135,89	152,87	90,05	130,98	147,35	86,68	126,08	141,84
	VI	2 391,91	131,55	191,35	215,27																				
6 899,99 Ost	I,IV	1 956,83	107,62	156,54	176,11	I	1 956,83	100,87	146,73	165,07	94,13	136,92	154,03	87,39	127,11	143,—	80,64	117,30	131,96	73,89	107,48	120,92	67,15	97,68	109,89
	II	1 911,—	105,10	152,88	171,99	II	1 911,—	98,36	143,07	160,95	91,61	133,26	149,91	84,86	123,44	138,87	78,12	113,64	127,84	71,38	103,82	116,80	64,63	94,01	105,76
	III	1 363,83	75,01	109,10	122,74	III	1 363,83	69,44	101,01	113,63	64,01	93,10	104,74	58,70	85,38	96,05	53,52	77,85	87,58	48,47	70,50	79,31	43,55	63,34	71,26
	V	2 371,33	130,42	189,70	213,41	IV	1 956,83	104,25	151,64	170,59	100,87	146,73	165,07	97,50	141,82	159,55	94,13	136,92	154,03	90,75	132,01	148,51	87,39	127,11	143,—
	VI	2 404,83	132,26	192,38	216,43																				
6 902,99 West	I,IV	1 945,16	106,98	155,61	175,06	I	1 945,16	100,24	145,80	164,03	93,49	135,99	152,99	86,74	126,18	141,95	80,—	116,36	130,91	73,26	106,56	119,88	66,51	96,74	108,83
	II	1 899,41	104,46	151,95	170,94	II	1 899,41	97,72	142,14	159,90	90,97	132,32	148,86	84,23	122,52	137,83	77,48	112,70	126,79	70,73	102,89	115,75	63,99	93,08	104,72
	III	1 354,16	74,47	108,33	121,87	III	1 354,16	68,92	100,25	112,78	63,49	92,36	103,90	58,20	84,66	95,24	53,03	77,14	86,78	48,—	69,82	78,55	43,09	62,68	70,51
	V	2 359,75	129,78	188,78	212,37	IV	1 945,16	103,61	150,70	169,54	100,24	145,80	164,03	96,86	140,90	158,51	93,49	135,99	152,99	90,12	131,08	147,47	86,74	126,18	141,95
	VI	2 393,25	131,62	191,46	215,39																				
6 902,99 Ost	I,IV	1 958,08	107,69	156,64	176,22	I	1 958,08	100,94	146,83	165,18	94,20	137,02	154,14	87,45	127,21	143,11	80,71	117,40	132,07	73,96	107,58	121,03	67,22	97,78	110,—
	II	1 912,25	105,17	152,98	172,10	II	1 912,25	98,43	143,17	161,06	91,68	133,36	150,03	84,93	123,54	138,98	78,19	113,74	127,95	71,44	103,92	116,91	64,70	94,11	105,87
	III	1 364,83	75,06	109,18	122,83	III	1 364,83	69,50	101,09	113,72	64,06	93,18	104,83	58,75	85,46	96,14	53,57	77,93	87,67	48,52	70,58	79,40	43,60	63,42	71,35
	V	2 372,66	130,49	189,81	213,53	IV	1 958,08	104,32	151,74	170,70	100,94	146,83	165,18	97,57	141,92	159,66	94,20	137,02	154,14	90,83	132,12	148,63	87,45	127,21	143,11
	VI	2 406,08	132,33	192,48	216,54																				
6 905,99 West	I,IV	1 946,41	107,05	155,71	175,17	I	1 946,41	100,31	145,90	164,14	93,56	136,09	153,10	86,81	126,28	142,06	80,07	116,47	131,03	73,32	106,66	119,99	66,58	96,84	108,95
	II	1 900,66	104,53	152,05	171,05	II	1 900,66	97,79	142,24	160,02	91,04	132,43	148,98	84,30	122,62	137,94	77,55	112,80	126,90	70,81	103,—	115,87	64,06	93,18	104,83
	III	1 355,16	74,53	108,41	121,96	III	1 355,16	68,97	100,33	112,87	63,55	92,44	103,99	58,26	84,74	95,33	53,09	77,22	86,87	48,05	69,89	78,62	43,14	62,76	70,60
	V	2 361,—	129,85	188,88	212,49	IV	1 946,41	103,67	150,80	169,65	100,31	145,90	164,14	96,93	141,—	158,62	93,56	136,09	153,10	90,19	131,18	147,58	86,81	126,28	142,06
	VI	2 394,50	131,69	191,56	215,50																				
6 905,99 Ost	I,IV	1 959,33	107,76	156,74	176,33	I	1 959,33	101,01	146,93	165,29	94,27	137,12	154,26	87,52	127,31	143,22	80,78	117,50	132,18	74,03	107,68	121,14	67,29	97,88	110,11
	II	1 913,58	105,24	153,08	172,22	II	1 913,58	98,50	143,27	161,18	91,75	133,46	150,14	85,—	123,64	139,10	78,26	113,84	128,07	71,51	104,02	117,02	64,77	94,21	105,98
	III	1 365,83	75,12	109,26	122,92	III	1 365,83	69,55	101,17	113,81	64,12	93,26	104,92	58,81	85,54	96,23	53,62	78,—	87,75	48,57	70,65	79,48	43,65	63,49	71,42
	V	2 373,91	130,56	189,91	213,65	IV	1 959,33	104,39	151,84	170,82	101,01	146,93	165,29	97,64	142,02	159,77	94,27	137,12	154,26	90,90	132,22	148,74	87,52	127,31	143,22
	VI	2 407,33	132,40	192,58	216,65																				
6 908,99 West	I,IV	1 947,66	107,12	155,81	175,28	I	1 947,66	100,37	146,—	164,25	93,63	136,19	153,21	86,88	126,38	142,17	80,14	116,57	131,14	73,39	106,76	120,10	66,65	96,94	109,06
	II	1 901,91	104,60	152,15	171,17	II	1 901,91	97,85	142,34	160,13	91,11	132,53	149,09	84,37	122,72	138,06	77,62	112,90	127,01	70,88	103,10	115,98	64,13	93,28	104,94
	III	1 356,16	74,58	108,49	122,05	III	1 356,16	69,03	100,41	112,96	63,60	92,52	104,08	58,30	84,81	95,41	53,14	77,30	86,96	48,10	69,97	78,71	43,19	62,82	70,67
	V	2 362,25	129,92	188,98	212,60	IV	1 947,66	103,75	150,91	169,77	100,37	146,—	164,25	97,—	141,10	158,73	93,63	136,19	153,21	90,25	131,28	147,69	86,88	126,38	142,17
	VI	2 395,75	131,76	191,66	215,61																				
6 908,99 Ost	I,IV	1 960,58	107,83	156,84	176,45	I	1 960,58	101,08	147,03	165,41	94,34	137,22	154,37	87,59	127,41	143,33	80,85	117,60	132,30	74,10	107,79	121,26	67,36	97,98	110,22
	II	1 914,83	105,31	153,18	172,33	II	1 914,83	98,56	143,37	161,29	91,82	133,56	150,25	85,08	123,75	139,22	78,33	113,94	128,18	71,58	104,12	117,14	64,84	94,32	106,11
	III	1 367,—	75,18	109,36	123,03	III	1 367,—	69,61	101,25	113,90	64,17	93,34	105,01	58,85	85,61	96,31	53,68	78,08	87,84	48,62	70,73	79,57	43,70	63,57	71,51
	V	2 375,16	130,63	190,01	213,76	IV	1 960,58	104,45	151,94	170,93	101,08	147,03	165,41	97,71	142,12	159,89	94,34	137,22	154,37	90,97	132,32	148,86	87,59	127,41	143,33
	VI	2 408,58	132,47	192,68	216,77																				
6 911,99 West	I,IV	1 949,—	107,19	155,92	175,41	I	1 949,—	100,44	146,10	164,36	93,70	136,29	153,32	86,95	126,48	142,29	80,21	116,67	131,25	73,46	106,86	120,21	66,71	97,04	109,17
	II	1 903,16	104,67	152,25	171,28	II	1 903,16	97,93	142,44	160,25	91,18	132,63	149,21	84,43	122,82	138,17	77,69	113,—	127,13	70,95	103,20	116,10	64,20	93,38	105,05
	III	1 357,33	74,65	108,58	122,15	III	1 357,33	69,08	100,49	113,05	63,66	92,60	104,17	58,36	84,89	95,50	53,19	77,37	87,04	48,15	70,04	78,79	43,23	62,89	70,75
	V	2 363,50	129,99	189,08	212,71	IV	1 949,—	103,82	151,01	169,88	100,44	146,10	164,36	97,07	141,20	158,85	93,70	136,29	153,32	90,32	131,38	147,80	86,95	126,48	142,29
	VI	2 397,—	131,83	191,76	215,73																				
6 911,99 Ost	I,IV	1 961,83	107,90	156,94	176,56	I	1 961,83	101,15	147,13	165,52	94,41	137,32	154,49	87,66	127,51	143,45	80,91	117,70	132,41	74,17	107,89	121,37	67,43	98,08	110,34
	II	1 916,08	105,38	153,28	172,44	II	1 916,08	98,63	143,47	161,40	91,89	133,66	150,36	85,14	123,85	139,33	78,40	114,04	128,29	71,65	104,22	117,25	64,91	94,42	106,22
	III	1 368,—	75,24	109,44	123,12	III	1 368,—	69,66	101,33	113,99	64,23	93,42	105,10	58,91	85,69	96,40	53,73	78,16	87,93	48,67	70,80	79,65	43,75	63,64	71,59
	V	2 376,41	130,70	190,11	213,87	IV	1 961,83	104,52	152,04	171,04	101,15	147,13	165,52	97,78	142,23	160,01	94,41	137,32	154,49	91,03	132,42	148,97	87,66	127,51	143,45
	VI	2 409,83	132,54	192,78	216,88																				

* Die ausgewiesenen Tabellenwerte sind amtlich. Siehe Erläuterungen auf der Umschlaginnenseite (U2).

MONAT 6 912,–*

Lohn/ Gehalt bis €*		I – VI				I, II, III, IV																			
			ohne Kinderfreibeträge					mit Zahl der Kinderfreibeträge . . .																	
								0,5			1			1,5			2			2,5			3		
		LSt	SolZ	8%	9%		LSt	SolZ	8%	9%	SolZ	8%	9%	SolZ	8%	9%	SolZ	8%	9%	SolZ	8%	9%	SolZ	8%	9%
6 914,99 West	I,IV	1 950,25	107,26	156,02	175,52	I	1 950,25	100,51	146,20	164,48	93,77	136,39	153,44	87,02	126,58	142,40	80,28	116,77	131,36	73,53	106,96	120,33	66,79	97,15	109,29
	II	1 904,41	104,74	152,35	171,39	II	1 904,41	98,—	142,54	160,36	91,25	132,73	149,32	84,50	122,92	138,28	77,76	113,11	127,25	71,01	103,30	116,21	64,27	93,48	105,17
	III	1 358,33	74,70	108,66	122,24	III	1 358,33	69,15	100,58	113,15	63,71	92,68	104,26	58,41	84,97	95,59	53,24	77,45	87,13	48,20	70,12	78,88	43,29	62,97	70,84
	V	2 364,75	130,06	189,18	212,82	IV	1 950,25	103,89	151,11	170,—	100,51	146,20	164,48	97,14	141,30	158,96	93,77	136,39	153,44	90,39	131,48	147,92	87,02	126,58	142,40
	VI	2 398,25	131,90	191,86	215,84																				
6 914,99 Ost	I,IV	1 963,08	107,96	157,04	176,67	I	1 963,08	101,22	147,24	165,64	94,48	137,42	154,60	87,73	127,61	143,56	80,99	117,80	132,53	74,24	107,99	121,49	67,49	98,18	110,45
	II	1 917,33	105,45	153,38	172,55	II	1 917,33	98,70	143,57	161,51	91,96	133,76	150,48	85,21	123,95	139,44	78,47	114,14	128,40	71,72	104,32	117,36	64,98	94,52	106,33
	III	1 369,—	75,29	109,52	123,21	III	1 369,—	69,73	101,42	114,10	64,28	93,50	105,19	58,96	85,77	96,49	53,79	78,24	88,02	48,73	70,88	79,74	43,80	63,72	71,68
	V	2 377,66	130,77	190,21	213,98	IV	1 963,08	104,59	152,14	171,15	101,22	147,24	165,64	97,85	142,33	160,12	94,48	137,42	154,60	91,10	132,52	149,08	87,73	127,61	143,56
	VI	2 411,16	132,61	192,89	217,—																				
6 917,99 West	I,IV	1 951,50	107,33	156,12	175,63	I	1 951,50	100,58	146,30	164,59	93,83	136,49	153,55	87,09	126,68	142,52	80,35	116,87	131,48	73,60	107,06	120,44	66,86	97,25	109,40
	II	1 905,66	104,81	152,45	171,50	II	1 905,66	98,06	142,64	160,47	91,32	132,83	149,43	84,57	123,02	138,39	77,83	113,21	127,36	71,08	103,40	116,32	64,34	93,58	105,28
	III	1 359,33	74,76	108,74	122,33	III	1 359,33	69,20	100,66	113,24	63,77	92,76	104,35	58,47	85,05	95,68	53,30	77,53	87,22	48,26	70,20	78,97	43,34	63,04	70,92
	V	2 366,08	130,13	189,28	212,94	IV	1 951,50	103,95	151,21	170,11	100,58	146,30	164,59	97,21	141,40	159,07	93,83	136,49	153,55	90,47	131,59	148,04	87,09	126,68	142,52
	VI	2 399,50	131,97	191,96	215,95																				
6 917,99 Ost	I,IV	1 964,33	108,03	157,14	176,78	I	1 964,33	101,29	147,34	165,75	94,54	137,52	154,71	87,80	127,71	143,67	81,06	117,90	132,64	74,31	108,09	121,60	67,56	98,28	110,56
	II	1 918,58	105,52	153,48	172,67	II	1 918,58	98,77	143,67	161,63	92,03	133,86	150,59	85,28	124,05	139,55	78,54	114,24	128,52	71,79	104,43	117,48	65,05	94,62	106,44
	III	1 370,16	75,35	109,61	123,31	III	1 370,16	69,78	101,50	114,19	64,34	93,58	105,28	59,02	85,85	96,58	53,83	78,30	88,09	48,78	70,96	79,83	43,85	63,78	71,75
	V	2 378,91	130,84	190,31	214,10	IV	1 964,33	104,66	152,24	171,27	101,29	147,34	165,75	97,92	142,43	160,23	94,54	137,52	154,71	91,17	132,62	149,19	87,80	127,71	143,67
	VI	2 412,41	132,68	192,99	217,11																				
6 920,99 West	I,IV	1 952,75	107,40	156,22	175,74	I	1 952,75	100,65	146,40	164,70	93,91	136,60	153,67	87,16	126,78	142,63	80,41	116,97	131,59	73,67	107,16	120,56	66,93	97,35	109,52
	II	1 907,—	104,88	152,56	171,63	II	1 907,—	98,13	142,74	160,58	91,39	132,93	149,54	84,64	123,12	138,51	77,90	113,31	127,47	71,15	103,50	116,43	64,40	93,68	105,39
	III	1 360,33	74,81	108,82	122,42	III	1 360,33	69,26	100,74	113,33	63,82	92,84	104,44	58,52	85,13	95,77	53,35	77,60	87,30	48,30	70,26	79,04	43,39	63,12	71,01
	V	2 367,33	130,20	189,38	213,05	IV	1 952,75	104,02	151,31	170,22	100,65	146,40	164,70	97,28	141,50	159,18	93,91	136,60	153,67	90,53	131,69	148,15	87,16	126,78	142,63
	VI	2 400,75	132,04	192,06	216,06																				
6 920,99 Ost	I,IV	1 965,58	108,10	157,24	176,90	I	1 965,58	101,36	147,44	165,87	94,61	137,62	154,82	87,87	127,81	143,78	81,12	118,—	132,75	74,38	108,19	121,71	67,63	98,38	110,67
	II	1 919,83	105,59	153,58	172,78	II	1 919,83	98,84	143,77	161,74	92,10	133,96	150,71	85,35	124,15	139,67	78,60	114,34	128,63	71,86	104,53	117,59	65,12	94,72	106,56
	III	1 371,16	75,41	109,69	123,40	III	1 371,16	69,84	101,58	114,28	64,39	93,66	105,37	59,07	85,93	96,67	53,89	78,38	88,18	48,83	71,02	79,90	43,89	63,85	71,83
	V	2 380,16	130,90	190,41	214,21	IV	1 965,58	104,73	152,34	171,38	101,36	147,44	165,87	97,99	142,53	160,34	94,61	137,62	154,82	91,24	132,72	149,31	87,87	127,81	143,78
	VI	2 413,66	132,75	193,09	217,22																				
6 923,99 West	I,IV	1 954,—	107,47	156,32	175,86	I	1 954,—	100,72	146,50	164,81	93,98	136,70	153,78	87,23	126,88	142,74	80,48	117,07	131,70	73,74	107,26	120,67	66,99	97,45	109,63
	II	1 908,25	104,95	152,66	171,74	II	1 908,25	98,20	142,84	160,70	91,46	133,03	149,66	84,71	123,22	138,62	77,97	113,41	127,58	71,22	103,60	116,55	64,48	93,79	105,51
	III	1 361,50	74,88	108,92	122,53	III	1 361,50	69,31	100,82	113,42	63,88	92,92	104,53	58,58	85,21	95,86	53,40	77,68	87,39	48,36	70,34	79,13	43,44	63,18	71,08
	V	2 368,58	130,27	189,48	213,17	IV	1 954,—	104,09	151,41	170,33	100,72	146,50	164,81	97,35	141,60	159,30	93,98	136,70	153,78	90,60	131,79	148,26	87,23	126,88	142,74
	VI	2 402,—	132,11	192,16	216,18																				
6 923,99 Ost	I,IV	1 966,91	108,18	157,35	177,02	I	1 966,91	101,43	147,54	165,98	94,68	137,72	154,94	87,94	127,92	143,91	81,19	118,10	132,86	74,45	108,29	121,82	67,70	98,48	110,79
	II	1 921,08	105,65	153,68	172,89	II	1 921,08	98,91	143,88	161,86	92,17	134,06	150,82	85,42	124,25	139,78	78,68	114,44	128,75	71,93	104,63	117,71	65,18	94,82	106,67
	III	1 372,16	75,46	109,77	123,49	III	1 372,16	69,89	101,66	114,37	64,45	93,74	105,46	59,13	86,01	96,76	53,94	78,46	88,27	48,88	71,10	79,99	43,95	63,93	71,92
	V	2 381,41	130,97	190,51	214,32	IV	1 966,91	104,80	152,44	171,50	101,43	147,54	165,98	98,06	142,63	160,46	94,68	137,72	154,94	91,31	132,82	149,42	87,94	127,92	143,91
	VI	2 414,91	132,82	193,19	217,34																				
6 926,99 West	I,IV	1 955,25	107,53	156,42	175,97	I	1 955,25	100,79	146,60	164,93	94,05	136,80	153,90	87,30	126,98	142,85	80,55	117,17	131,81	73,81	107,36	120,78	67,06	97,55	109,74
	II	1 909,50	105,02	152,76	171,85	II	1 909,50	98,27	142,94	160,81	91,52	133,13	149,77	84,78	123,32	138,74	78,04	113,51	127,70	71,29	103,70	116,66	64,55	93,89	105,62
	III	1 362,50	74,93	109,—	122,62	III	1 362,50	69,37	100,90	113,51	63,93	93,—	104,62	58,63	85,29	95,95	53,46	77,76	87,48	48,40	70,41	79,21	43,49	63,26	71,17
	V	2 369,83	130,34	189,58	213,28	IV	1 955,25	104,16	151,51	170,45	100,79	146,60	164,93	97,42	141,70	159,41	94,05	136,80	153,90	90,67	131,89	148,37	87,30	126,98	142,85
	VI	2 403,25	132,17	192,26	216,29																				
6 926,99 Ost	I,IV	1 968,16	108,24	157,45	177,13	I	1 968,16	101,50	147,64	166,09	94,75	137,82	155,05	88,01	128,02	144,02	81,26	118,20	132,98	74,52	108,39	121,94	67,77	98,58	110,90
	II	1 922,33	105,72	153,78	173,—	II	1 922,33	98,98	143,98	161,97	92,23	134,16	150,93	85,49	124,35	139,89	78,75	114,54	128,86	72,—	104,73	117,82	65,25	94,92	106,78
	III	1 373,33	75,53	109,86	123,59	III	1 373,33	69,95	101,74	114,46	64,50	93,82	105,55	59,18	86,09	96,85	54,—	78,54	88,36	48,93	71,17	80,06	44,—	64,—	72,—
	V	2 382,75	131,05	190,62	214,44	IV	1 968,16	104,87	152,54	171,61	101,50	147,64	166,09	98,12	142,73	160,57	94,75	137,82	155,05	91,38	132,92	149,54	88,01	128,02	144,02
	VI	2 416,16	132,88	193,29	217,45																				
6 929,99 West	I,IV	1 956,50	107,60	156,52	176,08	I	1 956,50	100,86	146,71	165,05	94,11	136,90	154,01	87,37	127,08	142,97	80,63	117,28	131,94	73,88	107,46	120,89	67,13	97,65	109,85
	II	1 910,75	105,09	152,86	171,96	II	1 910,75	98,34	143,04	160,92	91,60	133,24	149,89	84,85	123,42	138,85	78,10	113,61	127,81	71,36	103,80	116,78	64,62	93,99	105,74
	III	1 363,50	74,99	109,08	122,71	III	1 363,50	69,42	100,98	113,60	63,99	93,08	104,71	58,69	85,37	96,04	53,51	77,84	87,57	48,46	70,49	79,30	43,54	63,33	71,24
	V	2 371,08	130,40	189,68	213,39	IV	1 956,50	104,23	151,61	170,56	100,86	146,71	165,05	97,49	141,80	159,53	94,11	136,90	154,01	90,74	131,99	148,49	87,37	127,08	142,97
	VI	2 404,58	132,25	192,36	216,41																				
6 929,99 Ost	I,IV	1 969,41	108,31	157,55	177,24	I	1 969,41	101,57	147,74	166,20	94,82	137,92	155,16	88,08	128,12	144,13	81,33	118,30	133,09	74,58	108,49	122,05	67,84	98,68	111,02
	II	1 923,58	105,79	153,88	173,12	II	1 923,58	99,05	144,08	162,09	92,30	134,26	151,04	85,56	124,45	140,—	78,81	114,64	128,97	72,07	104,83	117,93	65,32	95,02	106,89
	III	1 374,33	75,58	109,94	123,68	III	1 374,33	70,—	101,82	114,55	64,56	93,90	105,64	59,24	86,17	96,94	54,04	78,61	88,43	48,98	71,25	80,15	44,05	64,08	72,09
	V	2 384,—	131,12	190,72	214,56	IV	1 969,41	104,94	152,64	171,72	101,57	147,74	166,20	98,19	142,83	160,68	94,82	137,92	155,16	91,45	133,02	149,65	88,08	128,12	144,13
	VI	2 417,41	132,95	193,39	217,56																				
6 932,99 West	I,IV	1 957,75	107,67	156,62	176,19	I	1 957,75	100,93	146,81	165,16	94,18	137,—	154,12	87,44	127,18	143,08	80,69	117,38	132,05	73,95	107,56	121,01	67,20	97,75	109,97
	II	1 912,—	105,16	152,96	172,08	II	1 912,—	98,41	143,14	161,03	91,67	133,34	150,—	84,92	123,52	138,96	78,17	113,71	127,92	71,43	103,90	116,89	64,68	94,09	105,85
	III	1 364,66	75,05	109,17	122,81	III	1 364,66	69,49	101,08	113,71	64,04	93,16	104,80	58,74	85,44	96,12	53,56	77,90	87,64	48,51	70,56	79,38	43,59	63,41	71,33
	V	2 372,33	130,47	189,78	213,50	IV	1 957,75	104,30	151,72	170,68	100,93	146,81	165,16	97,56	141,90	159,64	94,18	137,—	154,12	90,81	132,09	148,60	87,44	127,18	143,08
	VI	2 405,83	132,32	192,46	216,52																				
6 932,99 Ost	I,IV	1 970,66	108,38	157,65	177,35	I	1 970,66	101,64	147,84	166,32	94,89	138,03	155,28	88,15	128,22	144,24	81,40	118,40	133,20	74,66	108,60	122,17	67,91	98,78	111,13
	II	1 924,91	105,87	153,99	173,24	II	1 924,91	99,12	144,18	162,20	92,37	134,36	151,16	85,63	124,56	140,13	78,88	114,74	129,08	72,14	104,93	118,04	65,39	95,12	107,01
	III	1 375,33	75,64	110,02	123,77	III	1 375,33	70,07	101,92	114,66	64,61	93,98	105,73	59,29	86,25	97,03	54,10	78,69	88,52	49,04	71,33	80,24	44,10	64,14	72,16
	V	2 385,25	131,18	190,82	214,67	IV	1 970,66	105,01	152,74	171,83	101,64	147,84	166,32	98,26	142,93	160,79	94,89	138,03	155,28	91,52	133,12	149,76	88,15	128,22	144,24
	VI	2 418,66	133,02	193,49	217,67																				
6 935,99 West	I,IV	1 959,08	107,74	156,72	176,31	I	1 959,08	101,—	146,91	165,27	94,25	137,10	154,23	87,50	127,28	143,19	80,76	117,48	132,16	74,02	107,66	121,12	67,27	97,85	110,08
	II	1 913,25	105,22	153,06	172,19	II	1 913,25	98,48	143,24	161,15	91,74	133,44	150,12	84,99	123,62	139,07	78,24	113,81	128,03	71,50	104,—	117,—	64,75	94,19	105,96
	III	1 365,66	75,11	109,25	122,90	III	1 365,66	69,54	101,16	113,80	64,10	93,24	104,89	58,79	85,52	96,21	53,61	77,98	87,73	48,56	70,64	79,47	43,64	63,48	71,41
	V	2 373,58	130,54	189,88	213,62	IV	1 959,08	104,37	151,82	170,79	101,—	146,91	165,27	97,62	142,—	159,75	94,25	137,10	154,23	90,88	132,19	148,71	87,50	127,28	143,19
	VI	2 407,08	132,38	192,56	216,63																				
6 935,99 Ost	I,IV	1 971,91	108,45	157,75	177,47	I	1 971,91	101,70	147,94	166,43	94,96	138,13	155,39	88,22	128,32	144,36	81,47	118,50	133,31	74,73	108,70	122,28	67,98	98,88	111,24
	II	1 926,16	105,93	154,09	173,35	II	1 926,16	99,19	144,28	162,31	92,44	134,46	151,27	85,70	124,66	140,24	78,95	114,84	129,20	72,21	105,03	118,16	65,46	95,22	107,12
	III	1 376,50	75,70	110,12	123,88	III	1 376,50	70,12	102,—	114,75	64,67	94,06	105,82	59,34	86,32	97,11	54,15	78,77	88,61	49,08	71,40	80,32	44,15	64,22	72,25
	V	2 386,50	131,25	190,92	214,78	IV	1 971,91	105,08	152,84	171,95	101,70	147,94	166,43	98,34	143,04	160,92	94,96	138,13	155,39	91,59	133,22	149,87	88,22	128,32	144,36
	VI	2 419,91	133,09	193,59	217,79																				

Abzüge an Lohnsteuer, Solidaritätszuschlag (SolZ) und Kirchensteuer (8%, 9%) in den Steuerklassen

* Die ausgewiesenen Tabellenwerte sind amtlich. Siehe Erläuterungen auf der Umschlaginnenseite (U2).

Abzüge an Lohnsteuer, Solidaritätszuschlag (SolZ) und Kirchensteuer (8%, 9%) in den Steuerklassen

Lohn/ Gehalt bis €*	I – VI					I, II, III, IV		mit Zahl der Kinderfreibeträge . . .																	
			ohne Kinder-freibeträge					0,5			1			1,5			2			2,5			3		
		LSt	SolZ	8%	9%		LSt	SolZ	8%	9%	SolZ	8%	9%	SolZ	8%	9%	SolZ	8%	9%	SolZ	8%	9%	SolZ	8%	9%
6 938,99 West	I,IV	1 960,33	107,81	156,82	176,42	I	1 960,33	101,07	147,01	165,38	94,32	137,20	154,35	87,58	127,39	143,31	80,83	117,58	132,27	74,08	107,76	121,23	67,34	97,96	110,20
	II	1 914,50	105,29	153,16	172,30	II	1 914,50	98,55	143,35	161,27	91,80	133,54	150,23	85,06	123,72	139,19	78,32	113,92	128,16	71,57	104,10	117,11	64,82	94,29	106,07
	III	1 366,66	75,16	109,33	122,99	III	1 366,66	69,60	101,24	113,89	64,15	93,32	104,98	58,85	85,60	96,30	53,67	78,06	87,82	48,62	70,72	79,56	43,68	63,54	71,48
	V	2 374,83	130,61	189,98	213,73	IV	1 960,33	104,44	151,92	170,91	101,07	147,01	165,38	97,69	142,10	159,86	94,32	137,20	154,35	90,95	132,29	148,82	87,58	127,39	143,31
	VI	2 408,33	132,45	192,66	216,74																				
6 938,99 Ost	I,IV	1 973,16	108,52	157,85	177,58	I	1 973,16	101,78	148,04	166,55	95,03	138,23	155,51	88,28	128,42	144,47	81,54	118,60	133,43	74,80	108,80	122,40	68,05	98,98	111,35
	II	1 927,41	106,—	154,19	173,46	II	1 927,41	99,26	144,38	162,42	92,51	134,56	151,38	85,77	124,76	140,35	79,02	114,94	129,31	72,27	105,13	118,27	65,53	95,32	107,24
	III	1 377,50	75,76	110,20	123,97	III	1 377,50	70,18	102,08	114,84	64,72	94,14	105,91	59,40	86,40	97,20	54,21	78,85	88,70	49,14	71,48	80,41	44,20	64,29	72,32
	V	2 387,75	131,32	191,02	214,89	IV	1 973,16	105,15	152,94	172,06	101,78	148,04	166,55	98,40	143,14	161,03	95,03	138,23	155,51	91,66	133,32	149,99	88,28	128,42	144,47
	VI	2 421,25	133,16	193,70	217,91																				
6 941,99 West	I,IV	1 961,58	107,88	156,92	176,54	I	1 961,58	101,14	147,11	165,50	94,39	137,30	154,46	87,65	127,49	143,42	80,90	117,68	132,39	74,15	107,86	121,34	67,41	98,06	110,31
	II	1 915,75	105,36	153,26	172,41	II	1 915,75	98,62	143,45	161,38	91,87	133,64	150,34	85,13	123,82	139,30	78,38	114,02	128,27	71,64	104,20	117,23	64,89	94,39	106,19
	III	1 367,83	75,23	109,42	123,10	III	1 367,83	69,65	101,32	113,98	64,22	93,41	105,08	58,90	85,68	96,39	53,72	78,14	87,91	48,66	70,78	79,63	43,74	63,62	71,57
	V	2 376,16	130,68	190,09	213,85	IV	1 961,58	104,51	152,02	171,02	101,14	147,11	165,50	97,76	142,20	159,98	94,39	137,30	154,46	91,02	132,40	148,95	87,65	127,49	143,42
	VI	2 409,58	132,52	192,76	216,86																				
6 941,99 Ost	I,IV	1 974,41	108,59	157,95	177,69	I	1 974,41	101,85	148,14	166,66	95,10	138,33	155,62	88,35	128,52	144,58	81,61	118,71	133,55	74,86	108,90	122,51	68,12	99,08	111,47
	II	1 928,66	106,07	154,29	173,57	II	1 928,66	99,33	144,48	162,54	92,58	134,67	151,50	85,84	124,86	140,46	79,09	115,04	129,42	72,35	105,24	118,39	65,60	95,42	107,35
	III	1 378,50	75,81	110,28	124,06	III	1 378,50	70,23	102,16	114,93	64,78	94,22	106,—	59,45	86,48	97,29	54,25	78,92	88,78	49,18	71,54	80,48	44,25	64,37	72,41
	V	2 389,—	131,39	191,12	215,01	IV	1 974,41	105,21	153,04	172,17	101,85	148,14	166,66	98,47	143,24	161,14	95,10	138,33	155,62	91,73	133,42	150,10	88,35	128,52	144,58
	VI	2 422,50	133,23	193,80	218,02																				
6 944,99 West	I,IV	1 962,83	107,95	157,02	176,65	I	1 962,83	101,20	147,21	165,61	94,46	137,40	154,58	87,72	127,59	143,54	80,97	117,78	132,50	74,22	107,96	121,46	67,48	98,16	110,43
	II	1 917,08	105,43	153,36	172,53	II	1 917,08	98,69	143,55	161,49	91,94	133,74	150,45	85,19	123,92	139,41	78,45	114,12	128,38	71,71	104,30	117,34	64,96	94,49	106,30
	III	1 368,83	75,28	109,50	123,19	III	1 368,83	69,71	101,40	114,07	64,27	93,49	105,17	58,96	85,76	96,48	53,77	78,21	87,98	48,72	70,86	79,72	43,78	63,69	71,65
	V	2 377,41	130,75	190,19	213,96	IV	1 962,83	104,58	152,12	171,13	101,20	147,21	165,61	97,83	142,30	160,09	94,46	137,40	154,58	91,09	132,50	149,06	87,72	127,59	143,54
	VI	2 410,83	132,59	192,86	216,97																				
6 944,99 Ost	I,IV	1 975,66	108,66	158,05	177,80	I	1 975,66	101,91	148,24	166,77	95,17	138,43	155,73	88,42	128,62	144,69	81,68	118,81	133,66	74,93	109,—	122,62	68,19	99,18	111,58
	II	1 929,91	106,14	154,39	173,69	II	1 929,91	99,39	144,58	162,65	92,65	134,77	151,61	85,91	124,96	140,58	79,16	115,14	129,53	72,42	105,34	118,50	65,67	95,52	107,46
	III	1 379,66	75,88	110,37	124,16	III	1 379,66	70,29	102,24	115,02	64,83	94,30	106,09	59,51	86,56	97,38	54,31	79,—	88,87	49,24	71,62	80,57	44,30	64,44	72,49
	V	2 390,25	131,46	191,22	215,12	IV	1 975,66	105,29	153,15	172,29	101,91	148,24	166,77	98,54	143,34	161,25	95,17	138,43	155,73	91,79	133,52	150,21	88,42	128,62	144,69
	VI	2 423,75	133,30	193,90	218,13																				
6 947,99 West	I,IV	1 964,08	108,02	157,12	176,76	I	1 964,08	101,27	147,31	165,72	94,53	137,50	154,69	87,78	127,69	143,65	81,04	117,88	132,61	74,30	108,07	121,58	67,55	98,26	110,54
	II	1 918,33	105,50	153,46	172,64	II	1 918,33	98,76	143,65	161,60	92,01	133,84	150,57	85,27	124,03	139,53	78,52	114,22	128,49	71,77	104,40	117,45	65,03	94,60	106,42
	III	1 369,83	75,34	109,58	123,28	III	1 369,83	69,76	101,48	114,16	64,33	93,57	105,26	59,01	85,84	96,57	53,82	78,29	88,07	48,76	70,93	79,79	43,84	63,77	71,74
	V	2 378,66	130,82	190,29	214,07	IV	1 964,08	104,65	152,22	171,24	101,27	147,31	165,72	97,90	142,40	160,20	94,53	137,50	154,69	91,16	132,60	149,17	87,78	127,69	143,65
	VI	2 412,08	132,66	192,96	217,08																				
6 947,99 Ost	I,IV	1 977,—	108,73	158,16	177,93	I	1 977,—	101,98	148,34	166,88	95,24	138,53	155,84	88,49	128,72	144,81	81,75	118,91	133,77	75,—	109,10	122,73	68,25	99,28	111,69
	II	1 931,16	106,21	154,49	173,80	II	1 931,16	99,47	144,68	162,77	92,72	134,87	151,73	85,97	125,06	140,69	79,23	115,24	129,65	72,49	105,44	118,62	65,74	95,62	107,57
	III	1 380,66	75,93	110,45	124,25	III	1 380,66	70,35	102,33	115,12	64,89	94,38	106,18	59,56	86,64	97,47	54,36	79,08	88,96	49,29	71,70	80,66	44,35	64,52	72,58
	V	2 391,50	131,53	191,32	215,23	IV	1 977,—	105,36	153,25	172,40	101,98	148,34	166,88	98,61	143,44	161,37	95,24	138,53	155,84	91,86	133,62	150,32	88,49	128,72	144,81
	VI	2 425,—	133,37	194,—	218,25																				
6 950,99 West	I,IV	1 965,33	108,09	157,22	176,87	I	1 965,33	101,34	147,41	165,83	94,60	137,60	154,80	87,85	127,79	143,76	81,11	117,98	132,72	74,36	108,17	121,69	67,62	98,36	110,65
	II	1 919,58	105,57	153,56	172,76	II	1 919,58	98,83	143,75	161,72	92,08	133,94	150,68	85,34	124,13	139,64	78,59	114,32	128,61	71,84	104,50	117,56	65,10	94,70	106,53
	III	1 371,—	75,40	109,68	123,39	III	1 371,—	69,83	101,57	114,26	64,38	93,65	105,35	59,07	85,92	96,66	53,88	78,37	88,16	48,82	71,01	79,88	43,89	63,84	71,82
	V	2 379,91	130,89	190,39	214,19	IV	1 965,33	104,72	152,32	171,36	101,34	147,41	165,83	97,97	142,51	160,32	94,60	137,60	154,80	91,23	132,70	149,28	87,85	127,79	143,76
	VI	2 413,33	132,73	193,06	217,19																				
6 950,99 Ost	I,IV	1 978,25	108,80	158,26	178,04	I	1 978,25	102,05	148,44	167,—	95,31	138,63	155,96	88,56	128,82	144,92	81,82	119,01	133,88	75,07	109,20	122,85	68,33	99,39	111,81
	II	1 932,41	106,28	154,59	173,91	II	1 932,41	99,54	144,78	162,88	92,79	134,97	151,84	86,04	125,16	140,80	79,30	115,35	129,77	72,55	105,54	118,73	65,81	95,72	107,69
	III	1 381,66	75,99	110,53	124,34	III	1 381,66	70,40	102,41	115,21	64,94	94,46	106,27	59,62	86,72	97,56	54,42	79,16	89,05	49,34	71,77	80,74	44,40	64,58	72,65
	V	2 392,75	131,60	191,42	215,34	IV	1 978,25	105,43	153,35	172,52	102,05	148,44	167,—	98,68	143,54	161,48	95,31	138,63	155,96	91,93	133,72	150,44	88,56	128,82	144,92
	VI	2 426,25	133,44	194,10	218,36																				
6 953,99 West	I,IV	1 966,58	108,16	157,32	176,99	I	1 966,58	101,42	147,52	165,96	94,67	137,70	154,91	87,92	127,89	143,87	81,18	118,08	132,84	74,43	108,27	121,80	67,69	98,46	110,76
	II	1 920,83	105,64	153,66	172,87	II	1 920,83	98,89	143,85	161,83	92,15	134,04	150,80	85,41	124,23	139,76	78,66	114,42	128,72	71,91	104,60	117,68	65,17	94,80	106,65
	III	1 372,—	75,46	109,76	123,48	III	1 372,—	69,88	101,65	114,35	64,44	93,73	105,44	59,12	86,—	96,75	53,93	78,45	88,25	48,87	71,09	79,97	43,94	63,92	71,91
	V	2 381,16	130,96	190,49	214,30	IV	1 966,58	104,78	152,42	171,47	101,42	147,52	165,96	98,04	142,61	160,43	94,67	137,70	154,91	91,30	132,80	149,40	87,92	127,89	143,87
	VI	2 414,66	132,80	193,17	217,31																				
6 953,99 Ost	I,IV	1 979,50	108,87	158,36	178,15	I	1 979,50	102,12	148,54	167,11	95,37	138,73	156,07	88,63	128,92	145,04	81,89	119,11	134,—	75,14	109,30	122,96	68,40	99,49	111,92
	II	1 933,66	106,35	154,69	174,02	II	1 933,66	99,60	144,88	162,99	92,86	135,07	151,95	86,11	125,26	140,91	79,37	115,45	129,88	72,62	105,64	118,84	65,88	95,82	107,80
	III	1 382,83	76,05	110,62	124,45	III	1 382,83	70,46	102,49	115,30	65,—	94,54	106,36	59,67	86,80	97,65	54,46	79,22	89,12	49,39	71,85	80,83	44,45	64,66	72,74
	V	2 394,08	131,67	191,52	215,46	IV	1 979,50	105,49	153,45	172,63	102,12	148,54	167,11	98,75	143,64	161,59	95,37	138,73	156,07	92,01	133,83	150,56	88,63	128,92	145,04
	VI	2 427,50	133,51	194,20	218,47																				
6 956,99 West	I,IV	1 967,83	108,23	157,42	177,10	I	1 967,83	101,48	147,62	166,07	94,74	137,80	155,03	87,99	127,99	143,99	81,25	118,18	132,95	74,50	108,37	121,91	67,76	98,56	110,88
	II	1 922,08	105,71	153,76	172,98	II	1 922,08	98,96	143,95	161,94	92,22	134,14	150,91	85,47	124,33	139,87	78,73	114,52	128,83	71,99	104,71	117,80	65,24	94,90	106,76
	III	1 373,—	75,51	109,84	123,57	III	1 373,—	69,94	101,73	114,44	64,49	93,81	105,53	59,17	86,06	96,82	53,98	78,52	88,33	48,92	71,16	80,05	43,99	63,98	71,98
	V	2 382,41	131,03	190,59	214,41	IV	1 967,83	104,86	152,52	171,59	101,48	147,62	166,07	98,11	142,71	160,55	94,74	137,80	155,03	91,36	132,90	149,51	87,99	127,99	143,99
	VI	2 415,91	132,87	193,27	217,43																				
6 956,99 Ost	I,IV	1 980,75	108,94	158,46	178,26	I	1 980,75	102,19	148,64	167,22	95,45	138,84	156,19	88,70	129,02	145,15	81,95	119,21	134,11	75,21	109,40	123,08	68,47	99,59	112,04
	II	1 935,—	106,42	154,80	174,15	II	1 935,—	99,67	144,98	163,10	92,93	135,17	152,06	86,18	125,36	141,03	79,44	115,55	129,99	72,69	105,74	118,95	65,94	95,92	107,91
	III	1 383,83	76,11	110,70	124,54	III	1 383,83	70,51	102,57	115,39	65,05	94,62	106,45	59,73	86,88	97,74	54,52	79,30	89,21	49,45	71,93	80,92	44,50	64,73	72,82
	V	2 395,33	131,74	191,62	215,57	IV	1 980,75	105,56	153,55	172,74	102,19	148,64	167,22	98,82	143,74	161,70	95,45	138,84	156,19	92,07	133,93	150,67	88,70	129,02	145,15
	VI	2 428,75	133,58	194,30	218,58																				
6 959,99 West	I,IV	1 969,08	108,29	157,52	177,21	I	1 969,08	101,55	147,72	166,18	94,81	137,90	155,14	88,06	128,09	144,10	81,32	118,28	133,07	74,57	108,47	122,03	67,82	98,66	110,99
	II	1 923,33	105,78	153,86	173,09	II	1 923,33	99,03	144,05	162,05	92,29	134,24	151,02	85,54	124,43	139,98	78,80	114,62	128,94	72,05	104,81	117,91	65,31	95,—	106,87
	III	1 374,—	75,57	109,92	123,66	III	1 374,—	69,99	101,81	114,53	64,55	93,89	105,62	59,22	86,14	96,91	54,03	78,60	88,42	48,97	71,24	80,14	44,04	64,06	72,07
	V	2 383,66	131,10	190,69	214,52	IV	1 969,08	104,93	152,62	171,70	101,55	147,72	166,18	98,18	142,81	160,66	94,81	137,90	155,14	91,43	133,—	149,62	88,06	128,09	144,10
	VI	2 417,16	132,94	193,37	217,54																				
6 959,99 Ost	I,IV	1 982,—	109,01	158,56	178,38	I	1 982,—	102,26	148,74	167,33	95,52	138,94	156,30	88,77	129,12	145,26	82,02	119,31	134,22	75,28	109,50	123,19	68,53	99,69	112,15
	II	1 936,25	106,49	154,90	174,26	II	1 936,25	99,74	145,08	163,22	93,—	135,27	152,18	86,25	125,46	141,14	79,51	115,65	130,10	72,76	105,84	119,07	66,02	96,03	108,03
	III	1 384,83	76,16	110,78	124,63	III	1 384,83	70,57	102,65	115,48	65,11	94,70	106,54	59,78	86,96	97,83	54,57	79,38	89,30	49,50	72,—	81,—	44,55	64,80	72,90
	V	2 396,58	131,81	191,72	215,69	IV	1 982,—	105,63	153,65	172,85	102,26	148,74	167,33	98,89	143,84	161,82	95,52	138,94	156,30	92,14	134,03	150,78	88,77	129,12	145,26
	VI	2 430,—	133,65	194,40	218,70																				

*** Die ausgewiesenen Tabellenwerte sind amtlich. Siehe Erläuterungen auf der Umschlaginnenseite (U2).**

MONAT 6 960,–*

Lohn/ Gehalt bis €*	Stkl.	I – VI LSt	ohne Kinderfreibeträge SolZ	8%	9%	Stkl.	I, II, III, IV LSt	0,5 SolZ	0,5 8%	0,5 9%	1 SolZ	1 8%	1 9%	1,5 SolZ	1,5 8%	1,5 9%	2 SolZ	2 8%	2 9%	2,5 SolZ	2,5 8%	2,5 9%	3 SolZ	3 8%	3 9%
6 962,99 West	I,IV	1 970,41	108,37	157,63	177,33	I	1 970,41	101,62	147,82	166,29	94,87	138,—	155,25	88,13	128,20	144,22	81,39	118,38	133,18	74,64	108,57	122,14	67,90	98,76	111,11
	II	1 924,58	105,85	153,96	173,21	II	1 924,58	99,11	144,16	162,18	92,36	134,34	151,13	85,61	124,53	140,09	78,87	114,72	129,06	72,12	104,91	118,02	65,38	95,10	106,98
	III	1 375,16	75,63	110,01	123,76	III	1 375,16	70,05	101,89	114,62	64,60	93,97	105,71	59,28	86,22	97,—	54,09	78,68	88,51	49,02	71,30	80,21	44,09	64,13	72,14
	V	2 384,91	131,17	190,79	214,64	IV	1 970,41	104,99	152,72	171,81	101,62	147,82	166,29	98,25	142,91	160,77	94,87	138,—	155,25	91,50	133,10	149,73	88,13	128,20	144,22
	VI	2 418,41	133,01	193,47	217,65																				
6 962,99 Ost	I,IV	1 983,25	109,07	158,66	178,49	I	1 983,25	102,33	148,84	167,45	95,59	139,04	156,42	88,84	129,22	145,37	82,09	119,41	134,33	75,35	109,60	123,30	68,60	99,79	112,26
	II	1 937,50	106,56	155,—	174,37	II	1 937,50	99,81	145,18	163,33	93,06	135,37	152,29	86,32	125,56	141,26	79,58	115,75	130,22	72,83	105,94	119,18	66,09	96,13	108,14
	III	1 386,—	76,23	110,88	124,74	III	1 386,—	70,63	102,74	115,58	65,17	94,80	106,65	59,84	87,04	97,92	54,63	79,46	89,39	49,55	72,08	81,09	44,60	64,88	72,99
	V	2 397,83	131,88	191,82	215,80	IV	1 983,25	105,70	153,75	172,97	102,33	148,84	167,45	98,96	143,94	161,93	95,59	139,04	156,42	92,21	134,13	150,89	88,84	129,22	145,37
	VI	2 431,25	133,71	194,50	218,81																				
6 965,99 West	I,IV	1 971,66	108,44	157,73	177,44	I	1 971,66	101,69	147,92	166,41	94,94	138,10	155,36	88,20	128,30	144,33	81,45	118,48	133,29	74,71	108,67	122,25	67,97	98,86	111,22
	II	1 925,83	105,92	154,06	173,32	II	1 925,83	99,17	144,26	162,29	92,43	134,44	151,25	85,68	124,63	140,21	78,94	114,82	129,17	72,19	105,01	118,13	65,45	95,20	107,10
	III	1 376,16	75,68	110,09	123,85	III	1 376,16	70,10	101,97	114,71	64,66	94,05	105,80	59,33	86,30	97,09	54,14	78,76	88,60	49,07	71,38	80,30	44,14	64,21	72,23
	V	2 386,25	131,24	190,90	214,76	IV	1 971,66	105,06	152,82	171,92	101,69	147,92	166,41	98,32	143,01	160,88	94,94	138,10	155,36	91,57	133,20	149,85	88,20	128,30	144,33
	VI	2 419,66	133,08	193,57	217,76																				
6 965,99 Ost	I,IV	1 984,50	109,14	158,76	178,60	I	1 984,50	102,40	148,95	167,57	95,65	139,14	156,53	88,91	129,32	145,49	82,17	119,52	134,46	75,42	109,70	123,41	68,67	99,89	112,37
	II	1 938,75	106,63	155,10	174,48	II	1 938,75	99,88	145,28	163,44	93,14	135,48	152,41	86,39	125,66	141,37	79,64	115,85	130,33	72,90	106,04	119,30	66,16	96,23	108,26
	III	1 387,—	76,28	110,96	124,83	III	1 387,—	70,69	102,82	115,67	65,23	94,88	106,74	59,88	87,10	97,99	54,67	79,53	89,47	49,60	72,14	81,16	44,65	64,94	73,06
	V	2 399,08	131,94	191,92	215,91	IV	1 984,50	105,77	153,85	173,08	102,40	148,95	167,57	99,03	144,04	162,05	95,65	139,14	156,53	92,28	134,23	151,01	88,91	129,32	145,49
	VI	2 432,58	133,79	194,60	218,93																				
6 968,99 West	I,IV	1 972,91	108,51	157,83	177,56	I	1 972,91	101,76	148,02	166,52	95,01	138,20	155,48	88,27	128,40	144,45	81,52	118,58	133,40	74,78	108,77	122,36	68,03	98,96	111,33
	II	1 927,08	105,98	154,16	173,43	II	1 927,08	99,24	144,36	162,40	92,50	134,54	151,36	85,75	124,73	140,32	79,01	114,92	129,29	72,26	105,11	118,25	65,51	95,30	107,21
	III	1 377,16	75,74	110,17	123,94	III	1 377,16	70,17	102,06	114,82	64,71	94,13	105,89	59,39	86,38	97,18	54,19	78,82	88,67	49,13	71,46	80,39	44,19	64,28	72,31
	V	2 387,50	131,31	191,—	214,87	IV	1 972,91	105,13	152,92	172,04	101,76	148,02	166,52	98,39	143,11	161,—	95,01	138,20	155,48	91,64	133,30	149,96	88,27	128,40	144,45
	VI	2 420,91	133,15	193,67	217,88																				
6 968,99 Ost	I,IV	1 985,75	109,21	158,86	178,71	I	1 985,75	102,47	149,05	167,68	95,72	139,24	156,64	88,98	129,42	145,60	82,23	119,62	134,57	75,49	109,80	123,53	68,74	99,99	112,49
	II	1 940,—	106,70	155,20	174,60	II	1 940,—	99,95	145,38	163,55	93,21	135,58	152,52	86,46	125,76	141,48	79,71	115,95	130,44	72,97	106,14	119,41	66,22	96,33	108,37
	III	1 388,—	76,34	111,04	124,92	III	1 388,—	70,74	102,90	115,76	65,28	94,96	106,83	59,94	87,18	98,08	54,73	79,61	89,56	49,65	72,22	81,25	44,70	65,02	73,15
	V	2 400,33	132,01	192,02	216,02	IV	1 985,75	105,84	153,96	173,20	102,47	149,05	167,68	99,10	144,14	162,16	95,72	139,24	156,64	92,35	134,33	151,12	88,98	129,42	145,60
	VI	2 433,83	133,86	194,70	219,04																				
6 971,99 West	I,IV	1 974,16	108,57	157,93	177,67	I	1 974,16	101,83	148,12	166,63	95,09	138,31	155,60	88,34	128,50	144,56	81,59	118,68	133,52	74,85	108,88	122,49	68,10	99,06	111,44
	II	1 928,41	106,06	154,27	173,55	II	1 928,41	99,31	144,46	162,51	92,56	134,64	151,47	85,82	124,84	140,44	79,08	115,02	129,40	72,33	105,21	118,36	65,59	95,40	107,33
	III	1 378,33	75,80	110,26	124,04	III	1 378,33	70,22	102,14	114,91	64,77	94,21	105,98	59,44	86,46	97,27	54,24	78,90	88,76	49,17	71,53	80,47	44,23	64,34	72,38
	V	2 388,75	131,38	191,10	214,98	IV	1 974,16	105,20	153,02	172,15	101,83	148,12	166,63	98,45	143,21	161,11	95,09	138,31	155,60	91,71	133,40	150,08	88,34	128,50	144,56
	VI	2 422,16	133,21	193,77	217,99																				
6 971,99 Ost	I,IV	1 987,08	109,28	158,96	178,83	I	1 987,08	102,54	149,15	167,79	95,79	139,34	156,75	89,04	129,52	145,71	82,30	119,72	134,68	75,56	109,90	123,64	68,81	100,09	112,60
	II	1 941,25	106,76	155,30	174,71	II	1 941,25	100,02	145,48	163,67	93,28	135,68	152,64	86,53	125,86	141,59	79,78	116,05	130,55	73,04	106,24	119,52	66,29	96,43	108,48
	III	1 389,16	76,40	111,13	125,02	III	1 389,16	70,80	102,98	115,85	65,34	95,04	106,92	59,99	87,26	98,17	54,78	79,69	89,65	49,71	72,30	81,34	44,75	65,09	73,22
	V	2 401,58	132,08	192,12	216,14	IV	1 987,08	105,91	154,06	173,31	102,54	149,15	167,79	99,16	144,24	162,27	95,79	139,34	156,75	92,42	134,43	151,23	89,04	129,52	145,71
	VI	2 435,08	133,92	194,80	219,15																				
6 974,99 West	I,IV	1 975,41	108,64	158,03	177,78	I	1 975,41	101,90	148,22	166,74	95,15	138,41	155,71	88,41	128,60	144,67	81,66	118,78	133,63	74,92	108,98	122,60	68,17	99,16	111,56
	II	1 929,66	106,13	154,37	173,66	II	1 929,66	99,38	144,56	162,63	92,63	134,74	151,58	85,89	124,94	140,55	79,14	115,12	129,51	72,40	105,31	118,47	65,66	95,50	107,44
	III	1 379,33	75,86	110,34	124,13	III	1 379,33	70,28	102,22	115,—	64,82	94,29	106,07	59,50	86,54	97,36	54,30	78,98	88,85	49,23	71,61	80,56	44,29	64,42	72,47
	V	2 390,—	131,45	191,20	215,10	IV	1 975,41	105,27	153,12	172,26	101,90	148,22	166,74	98,53	143,32	161,23	95,15	138,41	155,71	91,78	133,50	150,19	88,41	128,60	144,67
	VI	2 423,41	133,28	193,87	218,10																				
6 974,99 Ost	I,IV	1 988,33	109,35	159,06	178,94	I	1 988,33	102,61	149,25	167,90	95,86	139,44	156,87	89,12	129,63	145,83	82,37	119,82	134,79	75,62	110,—	123,75	68,88	100,20	112,72
	II	1 942,50	106,83	155,40	174,82	II	1 942,50	100,09	145,59	163,79	93,34	135,78	152,75	86,60	125,96	141,71	79,86	116,16	130,68	73,11	106,34	119,63	66,36	96,53	108,59
	III	1 390,16	76,45	111,21	125,11	III	1 390,16	70,85	103,06	115,94	65,39	95,12	107,01	60,05	87,34	98,26	54,84	79,77	89,74	49,75	72,37	81,41	44,80	65,17	73,31
	V	2 402,83	132,15	192,22	216,25	IV	1 988,33	105,98	154,16	173,43	102,61	149,25	167,90	99,23	144,34	162,38	95,86	139,44	156,87	92,49	134,53	151,34	89,12	129,63	145,83
	VI	2 436,33	133,99	194,90	219,26																				
6 977,99 West	I,IV	1 976,66	108,71	158,13	177,89	I	1 976,66	101,97	148,32	166,86	95,22	138,51	155,82	88,48	128,70	144,78	81,73	118,88	133,74	74,99	109,08	122,71	68,24	99,26	111,67
	II	1 930,91	106,20	154,47	173,78	II	1 930,91	99,45	144,66	162,74	92,70	134,84	151,70	85,96	125,04	140,67	79,21	115,22	129,62	72,47	105,41	118,58	65,72	95,60	107,55
	III	1 380,33	75,91	110,42	124,22	III	1 380,33	70,33	102,30	115,09	64,88	94,37	106,16	59,55	86,62	97,45	54,35	79,06	88,94	49,28	71,68	80,64	44,33	64,49	72,55
	V	2 391,25	131,51	191,30	215,21	IV	1 976,66	105,34	153,22	172,37	101,97	148,32	166,86	98,60	143,42	161,34	95,22	138,51	155,82	91,85	133,60	150,30	88,48	128,70	144,78
	VI	2 424,75	133,36	193,98	218,22																				
6 977,99 Ost	I,IV	1 989,58	109,42	159,16	179,06	I	1 989,58	102,68	149,35	168,02	95,93	139,54	156,98	89,19	129,73	145,94	82,44	119,92	134,91	75,69	110,10	123,86	68,95	100,30	112,83
	II	1 943,75	106,90	155,50	174,93	II	1 943,75	100,16	145,69	163,90	93,41	135,88	152,86	86,67	126,06	141,82	79,92	116,26	130,79	73,18	106,44	119,75	66,43	96,63	108,71
	III	1 391,16	76,51	111,29	125,20	III	1 391,16	70,92	103,16	116,05	65,45	95,20	107,10	60,10	87,42	98,35	54,89	79,84	89,82	49,81	72,45	81,50	44,85	65,24	73,39
	V	2 404,16	132,22	192,33	216,37	IV	1 989,58	106,05	154,26	173,54	102,68	149,35	168,02	99,30	144,44	162,50	95,93	139,54	156,98	92,56	134,64	151,47	89,19	129,73	145,94
	VI	2 437,58	134,06	195,—	219,38																				
6 980,99 West	I,IV	1 977,91	108,78	158,23	178,01	I	1 977,91	102,04	148,42	166,97	95,29	138,61	155,93	88,55	128,80	144,90	81,80	118,99	133,86	75,06	109,18	122,82	68,31	99,36	111,78
	II	1 932,16	106,26	154,57	173,89	II	1 932,16	99,52	144,76	162,85	92,78	134,95	151,82	86,03	125,14	140,78	79,28	115,32	129,74	72,54	105,52	118,71	65,79	95,70	107,66
	III	1 381,50	75,98	110,52	124,33	III	1 381,50	70,39	102,38	115,18	64,93	94,45	106,25	59,61	86,70	97,54	54,40	79,13	89,02	49,33	71,76	80,73	44,39	64,57	72,64
	V	2 392,50	131,58	191,40	215,32	IV	1 977,91	105,41	153,32	172,49	102,04	148,42	166,97	98,67	143,52	161,46	95,29	138,61	155,93	91,92	133,70	150,41	88,55	128,80	144,90
	VI	2 426,—	133,43	194,08	218,34																				
6 980,99 Ost	I,IV	1 990,83	109,49	159,26	179,17	I	1 990,83	102,74	149,45	168,13	96,—	139,64	157,10	89,26	129,83	146,06	82,51	120,02	135,02	75,76	110,20	123,98	69,02	100,40	112,95
	II	1 945,08	106,97	155,60	175,05	II	1 945,08	100,23	145,79	164,01	93,48	135,98	152,97	86,73	126,16	141,93	79,99	116,36	130,90	73,25	106,54	119,86	66,50	96,73	108,82
	III	1 392,33	76,57	111,38	125,30	III	1 392,33	70,97	103,24	116,14	65,50	95,28	107,19	60,16	87,50	98,44	54,94	79,92	89,91	49,86	72,53	81,59	44,90	65,32	73,48
	V	2 405,41	132,29	192,43	216,48	IV	1 990,83	106,12	154,36	173,65	102,74	149,45	168,13	99,37	144,54	162,61	96,—	139,64	157,10	92,63	134,74	151,58	89,26	129,83	146,06
	VI	2 438,83	134,13	195,10	219,49																				
6 983,99 West	I,IV	1 979,16	108,85	158,33	178,12	I	1 979,16	102,11	148,52	167,09	95,36	138,71	156,05	88,61	128,90	145,01	81,87	119,09	133,97	75,13	109,28	122,94	68,38	99,46	111,89
	II	1 933,41	106,33	154,67	174,—	II	1 933,41	99,59	144,86	162,96	92,84	135,05	151,93	86,10	125,24	140,89	79,35	115,42	129,85	72,61	105,62	118,82	65,86	95,80	107,78
	III	1 382,50	76,03	110,60	124,42	III	1 382,50	70,45	102,48	115,29	64,99	94,53	106,34	59,66	86,78	97,63	54,45	79,21	89,11	49,39	71,84	80,82	44,44	64,64	72,72
	V	2 393,75	131,65	191,50	215,43	IV	1 979,16	105,48	153,43	172,61	102,11	148,52	167,09	98,73	143,62	161,57	95,36	138,71	156,05	91,99	133,80	150,53	88,61	128,90	145,01
	VI	2 427,25	133,49	194,18	218,45																				
6 983,99 Ost	I,IV	1 992,08	109,56	159,36	179,28	I	1 992,08	102,81	149,55	168,24	96,07	139,74	157,21	89,32	129,93	146,17	82,58	120,12	135,13	75,84	110,31	124,10	69,09	100,50	113,06
	II	1 946,33	107,04	155,70	175,16	II	1 946,33	100,30	145,89	164,12	93,55	136,08	153,09	86,81	126,27	142,05	80,06	116,46	131,01	73,31	106,64	119,97	66,57	96,84	108,94
	III	1 393,33	76,63	111,46	125,39	III	1 393,33	71,03	103,32	116,23	65,56	95,36	107,28	60,21	87,58	98,53	55,—	80,—	90,—	49,91	72,60	81,67	44,95	65,38	73,55
	V	2 406,66	132,36	192,53	216,59	IV	1 992,08	106,19	154,46	173,76	102,81	149,55	168,24	99,44	144,64	162,72	96,07	139,74	157,21	92,70	134,84	151,69	89,32	129,93	146,17
	VI	2 440,08	134,20	195,20	219,60																				

Table heading: Abzüge an Lohnsteuer, Solidaritätszuschlag (SolZ) und Kirchensteuer (8%, 9%) in den Steuerklassen I – VI (ohne Kinderfreibeträge) and I, II, III, IV (mit Zahl der Kinderfreibeträge . . . 0,5 / 1 / 1,5 / 2 / 2,5 / 3)

* Die ausgewiesenen Tabellenwerte sind amtlich. Siehe Erläuterungen auf der Umschlaginnenseite (U2).

Lohn/ Gehalt bis €*	Abzüge an Lohnsteuer, Solidaritätszuschlag (SolZ) und Kirchensteuer (8%, 9%) in den Steuerklassen I – VI					I, II, III, IV		mit Zahl der Kinderfreibeträge . . . 0,5			1			1,5			2			2,5			3		
		LSt	ohne Kinderfreibeträge SolZ	8%	9%		LSt	SolZ	8%	9%	SolZ	8%	9%	SolZ	8%	9%	SolZ	8%	9%	SolZ	8%	9%	SolZ	8%	9%
6 986,99 West	I,IV	1 980,50	108,92	158,44	178,24	I	1 980,50	102,18	148,62	167,20	95,43	138,81	156,16	88,69	129,—	145,13	81,94	119,19	134,09	75,19	109,38	123,05	68,45	99,56	112,01
	II	1 934,66	106,40	154,77	174,11	II	1 934,66	99,66	144,96	163,08	92,91	135,15	152,04	86,17	125,34	141,—	79,42	115,52	129,96	72,68	105,72	118,93	65,93	95,90	107,89
	III	1 383,50	76,09	110,68	124,51	III	1 383,50	70,51	102,56	115,38	65,04	94,61	106,43	59,71	86,85	97,70	54,51	79,29	89,20	49,43	71,90	80,89	44,49	64,72	72,81
	V	2 395,—	131,72	191,60	215,55	IV	1 980,50	105,55	153,53	172,72	102,18	148,62	167,20	98,80	143,72	161,68	95,43	138,81	156,16	92,06	133,90	150,64	88,69	129,—	145,13
	VI	2 428,50	133,56	194,28	218,56																				
6 986,99 Ost	I,IV	1 993,33	109,63	159,46	179,39	I	1 993,33	102,88	149,65	168,35	96,14	139,84	157,32	89,39	130,03	146,28	82,65	120,22	135,24	75,90	110,41	124,21	69,16	100,60	113,17
	II	1 947,58	107,11	155,80	175,28	II	1 947,58	100,37	145,99	164,24	93,62	136,18	153,20	86,88	126,37	142,16	80,13	116,56	131,13	73,38	106,74	120,08	66,64	96,94	109,05
	III	1 394,33	76,68	111,54	125,48	III	1 394,33	71,08	103,40	116,32	65,61	95,44	107,37	60,27	87,66	98,62	55,05	80,08	90,09	49,96	72,68	81,76	45,—	65,46	73,64
	V	2 407,91	132,43	192,63	216,71	IV	1 993,33	106,26	154,56	173,88	102,88	149,65	168,35	99,51	144,75	162,84	96,14	139,84	157,32	92,77	134,94	151,80	89,39	130,03	146,28
	VI	2 441,33	134,27	195,30	219,71																				
6 989,99 West	I,IV	1 981,75	108,99	158,54	178,35	I	1 981,75	102,24	148,72	167,31	95,50	138,91	156,27	88,76	129,10	145,24	82,01	119,29	134,20	75,26	109,48	123,16	68,52	99,67	112,13
	II	1 935,91	106,47	154,87	174,23	II	1 935,91	99,73	145,06	163,19	92,98	135,25	152,15	86,24	125,44	141,12	79,49	115,63	130,08	72,75	105,82	119,04	66,—	96,—	108,—
	III	1 384,66	76,15	110,77	124,61	III	1 384,66	70,56	102,64	115,47	65,10	94,69	106,52	59,76	86,93	97,79	54,56	79,37	89,29	49,49	71,98	80,98	44,54	64,78	72,88
	V	2 396,25	131,79	191,70	215,66	IV	1 981,75	105,62	153,63	172,83	102,24	148,72	167,31	98,87	143,82	161,79	95,50	138,91	156,27	92,12	134,—	150,75	88,76	129,10	145,24
	VI	2 429,75	133,63	194,38	218,67																				
6 989,99 Ost	I,IV	1 994,58	109,70	159,56	179,51	I	1 994,58	102,96	149,76	168,48	96,21	139,94	157,43	89,46	130,13	146,39	82,72	120,32	135,36	75,97	110,51	124,32	69,23	100,70	113,28
	II	1 948,83	107,18	155,90	175,39	II	1 948,83	100,43	146,09	164,35	93,69	136,28	153,32	86,95	126,47	142,28	80,20	116,66	131,24	73,45	106,84	120,20	66,71	97,04	109,17
	III	1 395,50	76,75	111,64	125,59	III	1 395,50	71,14	103,48	116,41	65,67	95,52	107,46	60,32	87,74	98,71	55,11	80,16	90,18	50,01	72,74	81,83	45,05	65,53	73,72
	V	2 409,16	132,50	192,73	216,82	IV	1 994,58	106,32	154,66	173,99	102,96	149,76	168,48	99,58	144,85	162,95	96,21	139,94	157,43	92,84	135,04	151,92	89,46	130,13	146,39
	VI	2 442,66	134,34	195,41	219,83																				
6 992,99 West	I,IV	1 983,—	109,06	158,64	178,47	I	1 983,—	102,31	148,82	167,42	95,57	139,01	156,38	88,82	129,20	145,35	82,08	119,39	134,31	75,33	109,58	123,27	68,59	99,77	112,24
	II	1 937,16	106,54	154,97	174,34	II	1 937,16	99,80	145,16	163,31	93,05	135,35	152,27	86,30	125,54	141,23	79,56	115,73	130,19	72,82	105,92	119,16	66,07	96,10	108,11
	III	1 385,66	76,21	110,85	124,70	III	1 385,66	70,62	102,72	115,56	65,15	94,77	106,61	59,82	87,01	97,88	54,61	79,44	89,37	49,54	72,06	81,07	44,59	64,86	72,97
	V	2 397,58	131,86	191,80	215,78	IV	1 983,—	105,69	153,73	172,94	102,31	148,82	167,42	98,94	143,92	161,91	95,57	139,01	156,38	92,20	134,11	150,87	88,82	129,20	145,35
	VI	2 431,—	133,70	194,48	218,79																				
6 992,99 Ost	I,IV	1 995,83	109,77	159,66	179,62	I	1 995,83	103,02	149,86	168,59	96,28	140,04	157,55	89,53	130,23	146,51	82,79	120,42	135,47	76,04	110,61	124,43	69,30	100,80	113,40
	II	1 950,08	107,25	156,—	175,50	II	1 950,08	100,50	146,19	164,46	93,76	136,38	153,43	87,01	126,57	142,39	80,27	116,76	131,35	73,53	106,95	120,32	66,78	97,14	109,28
	III	1 396,50	76,80	111,72	125,68	III	1 396,50	71,20	103,57	116,51	65,72	95,60	107,55	60,38	87,82	98,80	55,15	80,22	90,25	50,06	72,82	81,92	45,10	65,61	73,81
	V	2 410,41	132,57	192,83	216,93	IV	1 995,83	106,40	154,76	174,11	103,02	149,86	168,59	99,65	144,95	163,07	96,28	140,04	157,55	92,90	135,14	152,03	89,53	130,23	146,51
	VI	2 443,91	134,41	195,51	219,95																				
6 995,99 West	I,IV	1 984,25	109,13	158,74	178,58	I	1 984,25	102,38	148,92	167,54	95,64	139,12	156,51	88,89	129,30	145,46	82,15	119,49	134,42	75,40	109,68	123,39	68,66	99,87	112,35
	II	1 938,50	106,61	155,08	174,46	II	1 938,50	99,87	145,26	163,42	93,12	135,45	152,38	86,38	125,64	141,35	79,63	115,83	130,31	72,88	106,02	119,27	66,14	96,20	108,23
	III	1 386,66	76,26	110,93	124,79	III	1 386,66	70,67	102,80	115,65	65,21	94,85	106,70	59,87	87,09	97,97	54,67	79,52	89,46	49,59	72,13	81,14	44,64	64,93	73,04
	V	2 398,83	131,93	191,90	215,89	IV	1 984,25	105,76	153,83	173,06	102,38	148,92	167,54	99,01	144,02	162,02	95,64	139,12	156,51	92,27	134,21	150,98	88,89	129,30	145,46
	VI	2 432,25	133,77	194,58	218,90																				
6 995,99 Ost	I,IV	1 997,08	109,83	159,76	179,73	I	1 997,08	103,09	149,96	168,70	96,35	140,14	157,66	89,60	130,33	146,62	82,86	120,52	135,59	76,11	110,71	124,55	69,36	100,90	113,51
	II	1 951,33	107,32	156,10	175,61	II	1 951,33	100,57	146,29	164,57	93,83	136,48	153,54	87,08	126,67	142,50	80,34	116,86	131,46	73,59	107,05	120,43	66,85	97,24	109,39
	III	1 397,50	76,86	111,80	125,77	III	1 397,50	71,26	103,65	116,60	65,78	95,68	107,64	60,43	87,90	98,89	55,21	80,30	90,34	50,12	72,90	82,01	45,15	65,68	73,89
	V	2 411,66	132,64	192,93	217,04	IV	1 997,08	106,47	154,86	174,22	103,09	149,96	168,70	99,72	145,05	163,18	96,35	140,14	157,66	92,97	135,24	152,14	89,60	130,33	146,62
	VI	2 445,16	134,48	195,61	220,06																				
6 998,99 West	I,IV	1 985,50	109,20	158,84	178,69	I	1 985,50	102,45	149,02	167,65	95,71	139,22	156,62	88,96	129,40	145,58	82,22	119,59	134,54	75,47	109,78	123,50	68,73	99,97	112,46
	II	1 939,75	106,68	155,18	174,57	II	1 939,75	99,93	145,36	163,53	93,19	135,55	152,49	86,45	125,74	141,46	79,70	115,93	130,42	72,95	106,12	119,38	66,21	96,31	108,35
	III	1 387,83	76,33	111,02	124,90	III	1 387,83	70,73	102,89	115,75	65,26	94,93	106,79	59,93	87,17	98,06	54,72	79,60	89,55	49,64	72,21	81,23	44,69	65,01	73,13
	V	2 400,08	132,—	192,—	216,—	IV	1 985,50	105,82	153,93	173,17	102,45	149,02	167,65	99,08	144,12	162,14	95,71	139,22	156,62	92,34	134,31	151,10	88,96	129,40	145,58
	VI	2 433,50	133,84	194,68	219,01																				
6 998,99 Ost	I,IV	1 998,41	109,91	159,87	179,85	I	1 998,41	103,16	150,06	168,81	96,41	140,24	157,77	89,67	130,44	146,74	82,93	120,62	135,70	76,18	110,81	124,66	69,44	101,—	113,63
	II	1 952,58	107,39	156,20	175,73	II	1 952,58	100,65	146,40	164,70	93,90	136,58	153,65	87,15	126,77	142,61	80,41	116,96	131,58	73,66	107,15	120,54	66,92	97,34	109,50
	III	1 398,66	76,92	111,89	125,87	III	1 398,66	71,31	103,73	116,69	65,83	95,76	107,73	60,49	87,98	98,98	55,26	80,38	90,43	50,16	72,97	82,09	45,21	65,76	73,98
	V	2 412,91	132,71	193,03	217,16	IV	1 998,41	106,53	154,96	174,33	103,16	150,06	168,81	99,79	145,15	163,29	96,41	140,24	157,77	93,04	135,34	152,25	89,67	130,44	146,74
	VI	2 446,41	134,55	195,71	220,17																				
7 001,99 West	I,IV	1 986,75	109,27	158,94	178,80	I	1 986,75	102,52	149,12	167,76	95,78	139,32	156,73	89,03	129,50	145,69	82,28	119,69	134,65	75,54	109,88	123,62	68,80	100,07	112,58
	II	1 941,—	106,75	155,28	174,69	II	1 941,—	100,—	145,46	163,64	93,26	135,65	152,60	86,51	125,84	141,57	79,77	116,03	130,53	73,02	106,22	119,49	66,28	96,41	108,46
	III	1 388,83	76,38	111,10	124,99	III	1 388,83	70,79	102,97	115,84	65,32	95,01	106,88	59,98	87,25	98,15	54,78	79,68	89,64	49,69	72,28	81,31	44,74	65,08	73,21
	V	2 401,33	132,07	192,10	216,11	IV	1 986,75	105,89	154,03	173,28	102,52	149,12	167,76	99,15	144,22	162,25	95,78	139,32	156,73	92,40	134,41	151,21	89,03	129,50	145,69
	VI	2 434,75	133,91	194,78	219,12																				
7 001,99 Ost	I,IV	1 999,66	109,98	159,97	179,96	I	1 999,66	103,23	150,16	168,93	96,48	140,34	157,88	89,74	130,54	146,85	82,99	120,72	135,81	76,25	110,91	124,77	69,51	101,10	113,74
	II	1 953,83	107,46	156,30	175,84	II	1 953,83	100,71	146,50	164,81	93,97	136,68	153,77	87,22	126,87	142,73	80,48	117,06	131,69	73,73	107,25	120,65	66,99	97,44	109,62
	III	1 399,66	76,98	111,97	125,96	III	1 399,66	71,37	103,81	116,78	65,89	95,84	107,82	60,53	88,05	99,05	55,32	80,46	90,52	50,22	73,05	82,18	45,25	65,82	74,05
	V	2 414,25	132,78	193,14	217,28	IV	1 999,66	106,60	155,06	174,44	103,23	150,16	168,93	99,86	145,25	163,40	96,48	140,34	157,88	93,11	135,44	152,37	89,74	130,54	146,85
	VI	2 447,66	134,62	195,81	220,28																				
7 004,99 West	I,IV	1 988,—	109,34	159,04	178,92	I	1 988,—	102,59	149,23	167,88	95,85	139,42	156,84	89,10	129,60	145,80	82,36	119,80	134,77	75,61	109,98	123,73	68,86	100,17	112,69
	II	1 942,25	106,82	155,38	174,80	II	1 942,25	100,07	145,56	163,76	93,33	135,76	152,73	86,58	125,94	141,68	79,84	116,13	130,64	73,09	106,32	119,61	66,35	96,51	108,57
	III	1 390,—	76,45	111,20	125,10	III	1 390,—	70,84	103,05	115,93	65,37	95,09	106,97	60,04	87,33	98,24	54,82	79,74	89,71	49,74	72,36	81,40	44,79	65,16	73,30
	V	2 402,58	132,14	192,20	216,23	IV	1 988,—	105,96	154,13	173,39	102,59	149,23	167,88	99,22	144,32	162,36	95,85	139,42	156,84	92,47	134,51	151,32	89,10	129,60	145,80
	VI	2 436,08	133,98	194,88	219,24																				
7 004,99 Ost	I,IV	2 000,91	110,05	160,07	180,08	I	2 000,91	103,30	150,26	169,04	96,55	140,44	158,—	89,81	130,64	146,97	83,06	120,82	135,92	76,32	111,01	124,88	69,57	101,20	113,85
	II	1 955,08	107,52	156,40	175,95	II	1 955,08	100,78	146,60	164,92	94,04	136,78	153,88	87,29	126,97	142,84	80,55	117,16	131,81	73,80	107,35	120,77	67,05	97,54	109,73
	III	1 400,66	77,03	112,05	126,05	III	1 400,66	71,42	103,89	116,87	65,94	95,92	107,91	60,59	88,13	99,14	55,36	80,53	90,59	50,27	73,13	82,27	45,31	65,90	74,14
	V	2 415,50	132,85	193,24	217,39	IV	2 000,91	106,67	155,16	174,56	103,30	150,26	169,04	99,93	145,35	163,52	96,55	140,44	158,—	93,18	135,54	152,48	89,81	130,64	146,97
	VI	2 448,91	134,69	195,91	220,40																				
7 007,99 West	I,IV	1 989,25	109,40	159,14	179,03	I	1 989,25	102,66	149,33	167,99	95,92	139,52	156,96	89,17	129,70	145,91	82,43	119,90	134,88	75,68	110,08	123,84	68,93	100,27	112,80
	II	1 943,50	106,89	155,48	174,91	II	1 943,50	100,14	145,66	163,87	93,40	135,84	152,82	86,65	126,04	141,80	79,91	116,23	130,76	73,16	106,42	119,72	66,42	96,61	108,68
	III	1 391,—	76,50	111,28	125,19	III	1 391,—	70,90	103,13	116,02	65,43	95,17	107,06	60,09	87,41	98,33	54,88	79,82	89,80	49,80	72,44	81,49	44,84	65,22	73,37
	V	2 403,83	132,21	192,30	216,34	IV	1 989,25	106,04	154,24	173,52	102,66	149,33	167,99	99,29	144,42	162,47	95,92	139,52	156,96	92,54	134,61	151,43	89,17	129,70	145,91
	VI	2 437,33	134,05	194,98	219,35																				
7 007,99 Ost	I,IV	2 002,16	110,11	160,17	180,19	I	2 002,16	103,37	150,36	169,15	96,63	140,55	158,12	89,88	130,74	147,08	83,13	120,92	136,04	76,39	111,12	125,01	69,64	101,30	113,96
	II	1 956,41	107,60	156,51	176,07	II	1 956,41	100,85	146,70	165,03	94,10	136,88	153,99	87,36	127,08	142,96	80,62	117,26	131,92	73,87	107,45	120,88	67,13	97,64	109,85
	III	1 401,83	77,10	112,14	126,16	III	1 401,83	71,49	103,98	116,98	66,—	96,—	108,—	60,64	88,21	99,23	55,42	80,61	90,68	50,32	73,20	82,35	45,35	65,97	74,21
	V	2 416,75	132,92	193,34	217,50	IV	2 002,16	106,74	155,26	174,67	103,37	150,36	169,15	99,99	145,45	163,63	96,63	140,55	158,12	93,25	135,64	152,60	89,88	130,74	147,08
	VI	2 450,16	134,75	196,01	220,51																				

* **Die ausgewiesenen Tabellenwerte sind amtlich. Siehe Erläuterungen auf der Umschlaginnenseite (U2).**

MONAT 7 008,–*

Lohn/ Gehalt bis €*		Abzüge an Lohnsteuer, Solidaritätszuschlag (SolZ) und Kirchensteuer (8%, 9%) in den Steuerklassen I – VI				I, II, III, IV		mit Zahl der Kinderfreibeträge . . .																	
			ohne Kinderfreibeträge					0,5			1			1,5			2			2,5			3		
		LSt	SolZ	8%	9%		LSt	SolZ	8%	9%	SolZ	8%	9%	SolZ	8%	9%	SolZ	8%	9%	SolZ	8%	9%	SolZ	8%	9%
7 010,99	I,IV	1 990,58	109,48	159,24	179,15	I	1 990,58	102,73	149,43	168,11	95,98	139,62	157,07	89,24	129,80	146,03	82,50	120,—	135,—	75,75	110,18	123,95	69,—	100,37	112,91
West	II	1 944,75	106,96	155,58	175,02	II	1 944,75	100,21	145,76	163,98	93,47	135,96	152,95	86,72	126,14	141,91	79,97	116,33	130,87	73,23	106,52	119,84	66,49	96,71	108,80
	III	1 392,—	76,56	111,36	125,28	III	1 392,—	70,95	103,21	116,11	65,48	95,25	107,15	60,15	87,49	98,42	54,93	79,90	89,89	49,84	72,50	81,56	44,89	65,30	73,46
	V	2 405,08	132,27	192,40	216,45	IV	1 990,58	106,10	154,34	173,63	102,73	149,43	168,11	99,36	144,52	162,59	95,98	139,62	157,07	92,61	134,71	151,55	89,24	129,80	146,03
	VI	2 438,58	134,12	195,08	219,47																				
7 010,99	I,IV	2 003,41	110,18	160,27	180,30	I	2 003,41	103,44	150,46	169,26	96,69	140,65	158,23	89,95	130,84	147,19	83,20	121,02	136,15	76,46	111,22	125,12	69,71	101,40	114,08
Ost	II	1 957,66	107,67	156,61	176,18	II	1 957,66	100,92	146,80	165,15	94,17	136,98	154,10	87,43	127,18	143,07	80,68	117,36	132,03	73,94	107,55	120,99	67,20	97,74	109,96
	III	1 402,83	77,15	112,22	126,25	III	1 402,83	71,54	104,06	117,07	66,06	96,09	108,10	60,70	88,29	99,32	55,47	80,69	90,77	50,38	73,28	82,44	45,41	66,05	74,30
	V	2 418,—	132,99	193,44	217,62	IV	2 003,41	106,81	155,36	174,78	103,44	150,46	169,26	100,07	145,56	163,75	96,69	140,65	158,23	93,32	135,74	152,71	89,95	130,84	147,19
	VI	2 451,41	134,82	196,11	220,62																				
7 013,99	I,IV	1 991,83	109,55	159,34	179,26	I	1 991,83	102,80	149,53	168,22	96,05	139,72	157,18	89,31	129,91	146,15	82,56	120,10	135,11	75,82	110,28	124,07	69,08	100,48	113,04
West	II	1 946,—	107,03	155,68	175,14	II	1 946,—	100,28	145,87	164,10	93,54	136,06	153,06	86,79	126,24	142,02	80,05	116,44	130,99	73,30	106,62	119,95	66,55	96,81	108,91
	III	1 393,16	76,62	111,45	125,38	III	1 393,16	71,02	103,30	116,21	65,55	95,34	107,26	60,20	87,57	98,51	54,99	79,98	89,98	49,90	72,58	81,65	44,94	65,37	73,54
	V	2 406,33	132,34	192,50	216,56	IV	1 991,83	106,17	154,44	173,74	102,80	149,53	168,22	99,43	144,62	162,70	96,05	139,72	157,18	92,68	134,81	151,66	89,31	129,91	146,15
	VI	2 439,83	134,19	195,18	219,58																				
7 013,99	I,IV	2 004,66	110,25	160,37	180,41	I	2 004,66	103,51	150,56	169,38	96,76	140,75	158,34	90,02	130,94	147,30	83,27	121,12	136,26	76,53	111,32	125,23	69,78	101,50	114,19
Ost	II	1 958,91	107,74	156,71	176,30	II	1 958,91	100,99	146,90	165,26	94,24	137,08	154,22	87,50	127,28	143,19	80,75	117,46	132,14	74,01	107,65	121,10	67,26	97,84	110,07
	III	1 404,—	77,22	112,32	126,36	III	1 404,—	71,60	104,14	117,16	66,11	96,17	108,19	60,75	88,37	99,41	55,53	80,77	90,86	50,42	73,34	82,51	45,45	66,12	74,38
	V	2 419,25	133,05	193,54	217,73	IV	2 004,66	106,88	155,46	174,89	103,51	150,56	169,38	100,14	145,66	163,86	96,76	140,75	158,34	93,39	135,84	152,82	90,02	130,94	147,30
	VI	2 452,75	134,90	196,22	220,74																				
7 016,99	I,IV	1 993,08	109,61	159,44	179,37	I	1 993,08	102,87	149,63	168,33	96,12	139,82	157,29	89,38	130,01	146,26	82,63	120,20	135,22	75,89	110,38	124,18	69,14	100,58	113,15
West	II	1 947,25	107,09	155,78	175,25	II	1 947,25	100,35	145,97	164,21	93,61	136,16	153,18	86,86	126,34	142,13	80,12	116,54	131,10	73,37	106,72	120,06	66,62	96,91	109,02
	III	1 394,16	76,67	111,53	125,47	III	1 394,16	71,07	103,38	116,30	65,60	95,42	107,35	60,26	87,65	98,60	55,04	80,06	90,07	49,95	72,66	81,74	44,99	65,45	73,63
	V	2 407,66	132,42	192,61	216,68	IV	1 993,08	106,24	154,54	173,85	102,87	149,63	168,33	99,49	144,72	162,81	96,12	139,82	157,29	92,75	134,92	151,78	89,38	130,01	146,26
	VI	2 441,08	134,25	195,28	219,69																				
7 016,99	I,IV	2 005,91	110,32	160,47	180,53	I	2 005,91	103,58	150,66	169,49	96,83	140,85	158,45	90,09	131,04	147,42	83,34	121,23	136,38	76,60	111,42	125,34	69,85	101,60	114,30
Ost	II	1 960,16	107,80	156,81	176,41	II	1 960,16	101,06	147,—	165,37	94,32	137,19	154,34	87,57	127,38	143,30	80,82	117,56	132,26	74,08	107,76	121,23	67,33	97,94	110,18
	III	1 405,—	77,27	112,40	126,45	III	1 405,—	71,65	104,22	117,25	66,17	96,25	108,28	60,81	88,45	99,50	55,58	80,85	90,95	50,48	73,42	82,60	45,51	66,20	74,47
	V	2 420,50	133,12	193,64	217,84	IV	2 005,91	106,95	155,56	175,01	103,58	150,66	169,49	100,21	145,76	163,98	96,83	140,85	158,45	93,46	135,94	152,93	90,09	131,04	147,42
	VI	2 454,—	134,97	196,32	220,86																				
7 019,99	I,IV	1 994,33	109,68	159,54	179,48	I	1 994,33	102,94	149,73	168,44	96,19	139,92	157,41	89,45	130,11	146,37	82,70	120,30	135,33	75,95	110,48	124,29	69,21	100,68	113,26
West	II	1 948,58	107,17	155,88	175,37	II	1 948,58	100,42	146,07	164,33	93,67	136,26	153,29	86,93	126,44	142,25	80,19	116,64	131,22	73,44	106,82	120,17	66,69	97,01	109,13
	III	1 395,16	76,73	111,61	125,56	III	1 395,16	71,13	103,46	116,39	65,66	95,50	107,44	60,30	87,72	98,68	55,09	80,13	90,14	50,—	72,73	81,82	45,04	65,52	73,71
	V	2 408,91	132,49	192,71	216,80	IV	1 994,33	106,31	154,64	173,97	102,94	149,73	168,44	99,56	144,82	162,92	96,19	139,92	157,41	92,82	135,02	151,89	89,45	130,11	146,37
	VI	2 442,33	134,32	195,38	219,80																				
7 019,99	I,IV	2 007,16	110,39	160,57	180,64	I	2 007,16	103,65	150,76	169,61	96,90	140,95	158,57	90,15	131,14	147,53	83,41	121,33	136,49	76,67	111,52	125,46	69,92	101,70	114,41
Ost	II	1 961,41	107,87	156,91	176,52	II	1 961,41	101,13	147,10	165,48	94,38	137,29	154,45	87,64	127,48	143,41	80,89	117,66	132,37	74,15	107,86	121,34	67,40	98,04	110,30
	III	1 406,—	77,33	112,48	126,54	III	1 406,—	71,71	104,30	117,34	66,22	96,33	108,37	60,86	88,53	99,59	55,63	80,92	91,03	50,53	73,50	82,69	45,55	66,26	74,54
	V	2 421,75	133,19	193,74	217,95	IV	2 007,16	107,02	155,67	175,13	103,65	150,76	169,61	100,27	145,86	164,09	96,90	140,95	158,57	93,53	136,04	153,05	90,15	131,14	147,53
	VI	2 455,25	135,03	196,42	220,97																				
7 022,99	I,IV	1 995,58	109,75	159,64	179,60	I	1 995,58	103,01	149,83	168,56	96,26	140,02	157,52	89,52	130,21	146,48	82,77	120,40	135,45	76,03	110,59	124,41	69,28	100,78	113,37
West	II	1 949,83	107,24	155,98	175,48	II	1 949,83	100,49	146,17	164,44	93,74	136,36	153,40	87,—	126,55	142,37	80,25	116,74	131,33	73,51	106,92	120,29	66,77	97,12	109,26
	III	1 396,33	76,79	111,70	125,66	III	1 396,33	71,18	103,54	116,48	65,71	95,58	107,53	60,36	87,80	98,77	55,14	80,21	90,23	50,05	72,81	81,91	45,10	65,60	73,80
	V	2 410,16	132,55	192,81	216,91	IV	1 995,58	106,38	154,74	174,08	103,01	149,83	168,56	99,63	144,92	163,04	96,26	140,02	157,52	92,89	135,12	152,01	89,52	130,21	146,48
	VI	2 443,58	134,39	195,48	219,92																				
7 022,99	I,IV	2 008,50	110,46	160,68	180,76	I	2 008,50	103,72	150,86	169,72	96,97	141,05	158,68	90,23	131,24	147,65	83,48	121,43	136,61	76,73	111,62	125,57	69,99	101,80	114,53
Ost	II	1 962,66	107,94	157,01	176,63	II	1 962,66	101,20	147,20	165,60	94,45	137,39	154,56	87,71	127,58	143,52	80,96	117,76	132,48	74,22	107,96	121,45	67,47	98,14	110,41
	III	1 407,16	77,39	112,57	126,64	III	1 407,16	71,77	104,40	117,45	66,28	96,41	108,46	60,92	88,61	99,68	55,68	81,—	91,12	50,58	73,57	82,76	45,61	66,34	74,63
	V	2 423,—	133,26	193,84	218,07	IV	2 008,50	107,09	155,77	175,24	103,72	150,86	169,72	100,34	145,96	164,20	96,97	141,05	158,68	93,60	136,14	153,16	90,23	131,24	147,65
	VI	2 456,50	135,10	196,52	221,08																				
7 025,99	I,IV	1 996,83	109,82	159,74	179,71	I	1 996,83	103,07	149,93	168,67	96,33	140,12	157,64	89,59	130,31	146,60	82,84	120,50	135,56	76,10	110,69	124,52	69,35	100,88	113,49
West	II	1 951,08	107,30	156,08	175,59	II	1 951,08	100,56	146,27	164,55	93,81	136,46	153,51	87,07	126,65	142,48	80,32	116,84	131,44	73,58	107,02	120,40	66,83	97,22	109,37
	III	1 397,33	76,85	111,78	125,75	III	1 397,33	71,24	103,62	116,57	65,77	95,66	107,62	60,41	87,88	98,86	55,20	80,29	90,32	50,10	72,88	81,99	45,14	65,66	73,87
	V	2 411,41	132,62	192,91	217,02	IV	1 996,83	106,45	154,84	174,19	103,07	149,93	168,67	99,71	145,03	163,16	96,33	140,12	157,64	92,96	135,22	152,12	89,59	130,31	146,60
	VI	2 444,83	134,46	195,58	220,03																				
7 025,99	I,IV	2 009,75	110,53	160,78	180,87	I	2 009,75	103,78	150,96	169,83	97,04	141,15	158,79	90,30	131,34	147,76	83,55	121,53	136,72	76,80	111,72	125,68	70,06	101,91	114,65
Ost	II	1 963,91	108,01	157,11	176,75	II	1 963,91	101,27	147,30	165,71	94,52	137,49	154,67	87,78	127,68	143,64	81,03	117,87	132,60	74,29	108,06	121,56	67,54	98,24	110,52
	III	1 408,16	77,44	112,65	126,73	III	1 408,16	71,83	104,48	117,54	66,33	96,49	108,55	60,97	88,69	99,77	55,74	81,08	91,21	50,63	73,65	82,85	45,65	66,41	74,71
	V	2 424,25	133,33	193,94	218,18	IV	2 009,75	107,16	155,87	175,35	103,78	150,96	169,83	100,41	146,06	164,31	97,04	141,15	158,79	93,66	136,24	153,27	90,30	131,34	147,76
	VI	2 457,75	135,17	196,62	221,19																				
7 028,99	I,IV	1 998,08	109,89	159,84	179,82	I	1 998,08	103,15	150,04	168,79	96,40	140,22	157,75	89,65	130,41	146,71	82,91	120,60	135,68	76,17	110,79	124,64	69,42	100,98	113,60
West	II	1 952,33	107,37	156,18	175,70	II	1 952,33	100,63	146,37	164,66	93,88	136,56	153,63	87,14	126,75	142,59	80,39	116,94	131,55	73,64	107,12	120,51	66,90	97,32	109,48
	III	1 398,33	76,90	111,86	125,84	III	1 398,33	71,30	103,72	116,68	65,82	95,74	107,71	60,47	87,96	98,95	55,25	80,37	90,41	50,16	72,96	82,08	45,20	65,74	73,96
	V	2 412,66	132,69	193,01	217,13	IV	1 998,08	106,52	154,94	174,30	103,15	150,04	168,79	99,77	145,13	163,27	96,40	140,22	157,75	93,03	135,32	152,23	89,65	130,41	146,71
	VI	2 446,16	134,53	195,69	220,15																				
7 028,99	I,IV	2 011,—	110,60	160,88	180,99	I	2 011,—	103,85	151,06	169,94	97,11	141,25	158,90	90,36	131,44	147,87	83,62	121,63	136,83	76,87	111,82	125,79	70,13	102,01	114,76
Ost	II	1 965,16	108,08	157,21	176,86	II	1 965,16	101,34	147,40	165,83	94,59	137,59	154,79	87,84	127,78	143,75	81,10	117,97	132,71	74,36	108,16	121,68	67,61	98,34	110,63
	III	1 409,16	77,50	112,73	126,82	III	1 409,16	71,88	104,56	117,63	66,39	96,57	108,64	61,03	88,77	99,86	55,79	81,16	91,30	50,69	73,73	82,94	45,71	66,49	74,80
	V	2 425,58	133,40	194,04	218,30	IV	2 011,—	107,23	155,97	175,46	103,85	151,06	169,94	100,48	146,16	164,43	97,11	141,25	158,90	93,74	136,35	153,39	90,36	131,44	147,87
	VI	2 459,—	135,24	196,72	221,31																				
7 031,99	I,IV	1 999,33	109,96	159,94	179,93	I	1 999,33	103,22	150,14	168,90	96,47	140,32	157,86	89,72	130,51	146,82	82,98	120,70	135,79	76,23	110,89	124,75	69,49	101,08	113,71
West	II	1 953,58	107,44	156,28	175,82	II	1 953,58	100,70	146,47	164,78	93,95	136,66	153,74	87,21	126,85	142,70	80,46	117,04	131,67	73,72	107,23	120,63	66,97	97,42	109,59
	III	1 399,50	76,97	111,96	125,95	III	1 399,50	71,36	103,80	116,77	65,88	95,82	107,80	60,52	88,04	99,04	55,30	80,44	90,49	50,21	73,04	82,17	45,24	65,81	74,03
	V	2 413,91	132,76	193,11	217,25	IV	1 999,33	106,59	155,04	174,42	103,22	150,14	168,90	99,84	145,23	163,38	96,47	140,32	157,86	93,10	135,42	152,34	89,72	130,51	146,82
	VI	2 447,41	134,60	195,79	220,26																				
7 031,99	I,IV	2 012,25	110,67	160,98	181,10	I	2 012,25	103,92	151,16	170,06	97,18	141,36	159,03	90,43	131,54	147,98	83,69	121,73	136,94	76,94	111,92	125,91	70,20	102,11	114,87
Ost	II	1 966,50	108,15	157,32	176,98	II	1 966,50	101,41	147,50	165,94	94,66	137,69	154,90	87,92	127,88	143,87	81,17	118,07	132,83	74,42	108,26	121,79	67,68	98,44	110,75
	III	1 410,33	77,56	112,82	126,92	III	1 410,33	71,94	104,64	117,72	66,44	96,65	108,73	61,08	88,85	99,95	55,85	81,24	91,39	50,73	73,80	83,02	45,76	66,56	74,88
	V	2 426,83	133,47	194,14	218,41	IV	2 012,25	107,30	156,07	175,58	103,92	151,16	170,06	100,55	146,26	164,54	97,18	141,36	159,03	93,81	136,45	153,50	90,43	131,54	147,98
	VI	2 460,25	135,31	196,82	221,42																				

* Die ausgewiesenen Tabellenwerte sind amtlich. Siehe Erläuterungen auf der Umschlaginnenseite (U2).

Lohn/ Gehalt bis €*	Abzüge an Lohnsteuer, Solidaritätszuschlag (SolZ) und Kirchensteuer (8%, 9%) in den Steuerklassen I – VI					I, II, III, IV																			
			ohne Kinderfreibeträge					mit Zahl der Kinderfreibeträge . . . 0,5			1			1,5			2			2,5			3		
		LSt	SolZ	8%	9%		LSt	SolZ	8%	9%	SolZ	8%	9%	SolZ	8%	9%	SolZ	8%	9%	SolZ	8%	9%	SolZ	8%	9%
7 034,99 West	I,IV	2 000,58	110,03	160,04	180,05	I	2 000,58	103,29	150,24	169,02	96,54	140,42	157,97	89,79	130,61	146,93	83,05	120,80	135,90	76,30	110,99	124,86	69,56	101,18	113,82
	II	1 954,83	107,51	156,38	175,93	II	1 954,83	100,76	146,57	164,89	94,02	136,76	153,86	87,28	126,95	142,82	80,53	117,14	131,78	73,79	107,33	120,74	67,04	97,52	109,71
	III	1 400,50	77,02	112,04	126,04	III	1 400,50	71,41	103,88	116,86	65,93	95,90	107,89	60,58	88,12	99,13	55,35	80,52	90,58	50,26	73,10	82,24	45,30	65,89	74,12
	V	2 415,16	132,83	193,21	217,36	IV	2 000,58	106,66	155,14	174,53	103,29	150,24	169,02	99,91	145,33	163,49	96,54	140,42	157,97	93,17	135,52	152,46	89,79	130,61	146,93
	VI	2 448,66	134,67	195,89	220,37																				
7 034,99 Ost	I,IV	2 013,50	110,74	161,08	181,21	I	2 013,50	103,99	151,26	170,17	97,25	141,46	159,14	90,50	131,64	148,10	83,76	121,83	137,06	77,01	112,02	126,02	70,27	102,21	114,98
	II	1 967,75	108,22	157,42	177,09	II	1 967,75	101,47	147,60	166,05	94,73	137,79	155,01	87,99	127,98	143,98	81,24	118,17	132,94	74,49	108,36	121,90	67,75	98,55	110,87
	III	1 411,33	77,62	112,90	127,01	III	1 411,33	72,—	104,73	117,82	66,50	96,73	108,82	61,14	88,93	100,04	55,89	81,30	91,46	50,79	73,88	83,11	45,81	66,64	74,97
	V	2 428,08	133,54	194,24	218,52	IV	2 013,50	107,36	156,17	175,69	103,99	151,26	170,17	100,62	146,36	164,66	97,25	141,46	159,14	93,88	136,55	153,62	90,50	131,64	148,10
	VI	2 461,50	135,38	196,92	221,53																				
7 037,99 West	I,IV	2 001,91	110,10	160,15	180,17	I	2 001,91	103,35	150,34	169,13	96,61	140,52	158,09	89,87	130,72	147,06	83,12	120,90	136,01	76,37	111,09	124,97	69,63	101,28	113,94
	II	1 956,08	107,58	156,48	176,04	II	1 956,08	100,84	146,68	165,01	94,09	136,86	153,97	87,34	127,05	142,93	80,60	117,24	131,90	73,86	107,43	120,86	67,11	97,62	109,82
	III	1 401,50	77,08	112,12	126,13	III	1 401,50	71,47	103,96	116,95	65,99	95,98	107,98	60,63	88,20	99,22	55,41	80,60	90,67	50,31	73,18	82,33	45,34	65,96	74,20
	V	2 416,41	132,90	193,31	217,47	IV	2 001,91	106,73	155,24	174,65	103,35	150,34	169,13	99,98	145,43	163,61	96,61	140,52	158,09	93,23	135,62	152,57	89,87	130,72	147,06
	VI	2 449,91	134,74	195,99	220,49																				
7 037,99 Ost	I,IV	2 014,75	110,81	161,18	181,32	I	2 014,75	104,06	151,36	170,28	97,32	141,56	159,25	90,57	131,74	148,21	83,82	121,93	137,17	77,08	112,12	126,14	70,34	102,31	115,10
	II	1 969,—	108,29	157,52	177,21	II	1 969,—	101,54	147,70	166,16	94,80	137,89	155,12	88,05	128,08	144,09	81,31	118,27	133,05	74,56	108,46	122,01	67,82	98,65	110,98
	III	1 412,33	77,67	112,98	127,10	III	1 412,33	72,05	104,81	117,91	66,55	96,81	108,91	61,19	89,01	100,13	55,95	81,38	91,55	50,84	73,96	83,20	45,86	66,70	75,04
	V	2 429,33	133,61	194,34	218,63	IV	2 014,75	107,43	156,27	175,80	104,06	151,36	170,28	100,69	146,46	164,77	97,32	141,56	159,25	93,94	136,65	153,73	90,57	131,74	148,21
	VI	2 462,75	135,45	197,02	221,64																				
7 040,99 West	I,IV	2 003,16	110,17	160,25	180,28	I	2 003,16	103,42	150,44	169,24	96,68	140,62	158,20	89,93	130,82	147,17	83,19	121,—	136,13	76,44	111,19	125,09	69,70	101,38	114,05
	II	1 957,33	107,65	156,58	176,15	II	1 957,33	100,91	146,78	165,12	94,16	136,96	154,08	87,41	127,15	143,04	80,67	117,34	132,01	73,92	107,53	120,97	67,18	97,72	109,93
	III	1 402,66	77,14	112,21	126,23	III	1 402,66	71,52	104,04	117,04	66,04	96,06	108,07	60,69	88,28	99,31	55,46	80,68	90,76	50,37	73,26	82,42	45,39	66,02	74,27
	V	2 417,75	132,97	193,42	217,59	IV	2 003,16	106,80	155,34	174,76	103,42	150,44	169,24	100,05	145,53	163,72	96,68	140,62	158,20	93,31	135,72	152,69	89,93	130,82	147,17
	VI	2 451,16	134,81	196,09	220,60																				
7 040,99 Ost	I,IV	2 016,—	110,88	161,28	181,44	I	2 016,—	104,13	151,47	170,40	97,39	141,66	159,36	90,64	131,84	148,32	83,90	122,04	137,29	77,15	112,22	126,25	70,40	102,41	115,21
	II	1 970,25	108,36	157,62	177,32	II	1 970,25	101,61	147,80	166,28	94,87	138,—	155,25	88,12	128,18	144,20	81,38	118,37	133,16	74,63	108,56	122,13	67,89	98,75	111,09
	III	1 413,50	77,74	113,08	127,21	III	1 413,50	72,11	104,89	118,—	66,61	96,89	109,—	61,25	89,09	100,22	56,—	81,46	91,64	50,89	74,02	83,27	45,91	66,78	75,13
	V	2 430,58	133,68	194,44	218,75	IV	2 016,—	107,50	156,37	175,91	104,13	151,47	170,40	100,76	146,56	164,88	97,39	141,66	159,36	94,01	136,75	153,84	90,64	131,84	148,32
	VI	2 464,08	135,52	197,12	221,76																				
7 043,99 West	I,IV	2 004,41	110,24	160,35	180,39	I	2 004,41	103,49	150,54	169,35	96,74	140,72	158,31	90,—	130,92	147,28	83,26	121,10	136,24	76,51	111,29	125,20	69,77	101,48	114,17
	II	1 958,58	107,72	156,68	176,27	II	1 958,58	100,98	146,88	165,24	94,23	137,06	154,19	87,48	127,25	143,15	80,74	117,44	132,12	73,99	107,63	121,08	67,25	97,82	110,04
	III	1 403,66	77,20	112,29	126,32	III	1 403,66	71,59	104,13	117,14	66,10	96,14	108,16	60,74	88,36	99,40	55,52	80,76	90,85	50,41	73,33	82,49	45,44	66,10	74,36
	V	2 419,—	133,04	193,52	217,71	IV	2 004,41	106,86	155,44	174,87	103,49	150,54	169,35	100,12	145,63	163,83	96,74	140,72	158,31	93,38	135,82	152,80	90,—	130,92	147,28
	VI	2 452,41	134,88	196,19	220,71																				
7 043,99 Ost	I,IV	2 017,25	110,94	161,38	181,55	I	2 017,25	104,20	151,57	170,51	97,46	141,76	159,48	90,71	131,94	148,43	83,97	122,14	137,40	77,22	112,32	126,36	70,47	102,51	115,32
	II	1 971,50	108,43	157,72	177,43	II	1 971,50	101,68	147,90	166,39	94,94	138,10	155,36	88,19	128,28	144,32	81,45	118,47	133,28	74,70	108,66	122,24	67,96	98,85	111,20
	III	1 414,50	77,79	113,16	127,30	III	1 414,50	72,16	104,97	118,09	66,66	96,97	109,09	61,30	89,17	100,31	56,06	81,54	91,73	50,94	74,10	83,36	45,96	66,85	75,20
	V	2 431,83	133,75	194,54	218,86	IV	2 017,25	107,58	156,48	176,04	104,20	151,57	170,51	100,83	146,66	164,99	97,46	141,76	159,48	94,08	136,85	153,95	90,71	131,94	148,43
	VI	2 465,33	135,59	197,22	221,87																				
7 046,99 West	I,IV	2 005,66	110,31	160,45	180,50	I	2 005,66	103,56	150,64	169,47	96,82	140,83	158,43	90,07	131,02	147,39	83,32	121,20	136,35	76,58	111,40	125,32	69,84	101,58	114,28
	II	1 959,91	107,79	156,79	176,39	II	1 959,91	101,04	146,98	165,35	94,30	137,16	154,31	87,56	127,36	143,28	80,81	117,54	132,23	74,06	107,73	121,19	67,32	97,92	110,16
	III	1 404,66	77,25	112,37	126,41	III	1 404,66	71,64	104,21	117,23	66,15	96,22	108,25	60,80	88,44	99,49	55,56	80,82	90,92	50,47	73,41	82,58	45,49	66,17	74,44
	V	2 420,25	133,11	193,62	217,82	IV	2 005,66	106,93	155,54	174,98	103,56	150,64	169,47	100,19	145,73	163,94	96,82	140,83	158,43	93,44	135,92	152,91	90,07	131,02	147,39
	VI	2 453,66	134,95	196,29	220,82																				
7 046,99 Ost	I,IV	2 018,58	111,02	161,48	181,67	I	2 018,58	104,27	151,67	170,63	97,52	141,86	159,59	90,78	132,04	148,55	84,04	122,24	137,52	77,29	112,42	126,47	70,54	102,61	115,43
	II	1 972,75	108,50	157,82	177,54	II	1 972,75	101,75	148,—	166,50	95,01	138,20	155,47	88,26	128,38	144,43	81,51	118,57	133,39	74,77	108,76	122,36	68,03	98,95	111,32
	III	1 415,66	77,86	113,25	127,40	III	1 415,66	72,23	105,06	118,19	66,73	97,06	109,19	61,36	89,25	100,40	56,11	81,62	91,82	51,—	74,18	83,45	46,01	66,93	75,29
	V	2 433,08	133,81	194,64	218,97	IV	2 018,58	107,64	156,58	176,15	104,27	151,67	170,63	100,90	146,76	165,11	97,52	141,86	159,59	94,15	136,95	154,07	90,78	132,04	148,55
	VI	2 466,58	135,66	197,32	221,99																				
7 049,99 West	I,IV	2 006,91	110,38	160,55	180,62	I	2 006,91	103,63	150,74	169,58	96,89	140,93	158,54	90,14	131,12	147,51	83,39	121,30	136,46	76,65	111,50	125,43	69,90	101,68	114,39
	II	1 961,16	107,86	156,89	176,50	II	1 961,16	101,11	147,08	165,46	94,37	137,26	154,42	87,62	127,46	143,39	80,88	117,64	132,35	74,13	107,83	121,31	67,39	98,02	110,27
	III	1 405,83	77,32	112,46	126,52	III	1 405,83	71,70	104,29	117,32	66,21	96,30	108,34	60,85	88,52	99,58	55,62	80,90	91,01	50,52	73,49	82,67	45,54	66,25	74,53
	V	2 421,50	133,18	193,72	217,93	IV	2 006,91	107,—	155,64	175,10	103,63	150,74	169,58	100,26	145,84	164,07	96,89	140,93	158,54	93,51	136,02	153,02	90,14	131,12	147,51
	VI	2 454,91	135,02	196,39	220,94																				
7 049,99 Ost	I,IV	2 019,83	111,09	161,58	181,78	I	2 019,83	104,34	151,77	170,74	97,59	141,96	159,70	90,85	132,15	148,67	84,10	122,34	137,63	77,36	112,52	126,59	70,62	102,72	115,56
	II	1 974,—	108,57	157,92	177,66	II	1 974,—	101,82	148,11	166,62	95,08	138,30	155,58	88,33	128,48	144,54	81,59	118,68	133,51	74,84	108,86	122,47	68,09	99,05	111,43
	III	1 416,66	77,91	113,33	127,49	III	1 416,66	72,28	105,14	118,28	66,78	97,14	109,28	61,40	89,32	100,48	56,16	81,69	91,90	51,04	74,25	83,53	46,06	67,—	75,37
	V	2 434,33	133,88	194,74	219,08	IV	2 019,83	107,71	156,68	176,26	104,34	151,77	170,74	100,97	146,86	165,22	97,59	141,96	159,70	94,22	137,05	154,18	90,85	132,15	148,67
	VI	2 467,83	135,73	197,42	222,10																				
7 052,99 West	I,IV	2 008,16	110,44	160,65	180,73	I	2 008,16	103,70	150,84	169,70	96,96	141,03	158,66	90,21	131,22	147,62	83,46	121,40	136,58	76,72	111,60	125,55	69,97	101,78	114,50
	II	1 962,41	107,93	156,99	176,61	II	1 962,41	101,18	147,18	165,57	94,43	137,36	154,53	87,69	127,56	143,50	80,95	117,74	132,46	74,20	107,93	121,42	67,46	98,12	110,39
	III	1 406,83	77,37	112,54	126,61	III	1 406,83	71,75	104,37	117,41	66,26	96,38	108,43	60,91	88,60	99,67	55,67	80,98	91,10	50,57	73,56	82,75	45,59	66,32	74,61
	V	2 422,75	133,25	193,82	218,04	IV	2 008,16	107,07	155,74	175,21	103,70	150,84	169,70	100,33	145,94	164,18	96,96	141,03	158,66	93,58	136,12	153,14	90,21	131,22	147,62
	VI	2 456,25	135,09	196,50	221,06																				
7 052,99 Ost	I,IV	2 021,08	111,15	161,68	181,89	I	2 021,08	104,41	151,87	170,85	97,66	142,06	159,81	90,92	132,25	148,78	84,17	122,44	137,74	77,43	112,62	126,70	70,68	102,82	115,67
	II	1 975,25	108,63	158,02	177,77	II	1 975,25	101,89	148,21	166,73	95,15	138,40	155,70	88,40	128,58	144,65	81,66	118,78	133,62	74,91	108,96	122,58	68,16	99,15	111,54
	III	1 417,66	77,97	113,41	127,58	III	1 417,66	72,34	105,22	118,37	66,84	97,22	109,37	61,46	89,40	100,57	56,21	81,77	91,99	51,10	74,33	83,62	46,11	67,08	75,46
	V	2 435,66	133,96	194,85	219,20	IV	2 021,08	107,78	156,78	176,37	104,41	151,87	170,85	101,03	146,96	165,33	97,66	142,06	159,81	94,29	137,16	154,30	90,92	132,25	148,78
	VI	2 469,08	135,79	197,52	222,21																				
7 055,99 West	I,IV	2 009,41	110,51	160,75	180,84	I	2 009,41	103,77	150,94	169,81	97,02	141,13	158,77	90,28	131,32	147,73	83,54	121,51	136,70	76,79	111,70	125,66	70,04	101,88	114,62
	II	1 963,66	108,—	157,09	176,72	II	1 963,66	101,25	147,28	165,69	94,51	137,47	154,65	87,76	127,66	143,61	81,01	117,84	132,57	74,27	108,04	121,54	67,53	98,22	110,50
	III	1 408,—	77,44	112,64	126,72	III	1 408,—	71,82	104,46	117,52	66,33	96,48	108,54	60,96	88,68	99,76	55,73	81,06	91,19	50,62	73,64	82,84	45,65	66,40	74,70
	V	2 424,—	133,32	193,92	218,16	IV	2 009,41	107,14	155,84	175,32	103,77	150,94	169,81	100,40	146,04	164,29	97,02	141,13	158,77	93,65	136,22	153,25	90,28	131,32	147,73
	VI	2 457,50	135,16	196,60	221,17																				
7 055,99 Ost	I,IV	2 022,33	111,22	161,78	182,—	I	2 022,33	104,48	151,97	170,96	97,73	142,16	159,93	90,99	132,35	148,89	84,24	122,54	137,85	77,49	112,72	126,81	70,75	102,92	115,78
	II	1 976,58	108,71	158,12	177,89	II	1 976,58	101,96	148,31	166,85	95,21	138,50	155,81	88,47	128,68	144,77	81,73	118,88	133,74	74,98	109,06	122,69	68,23	99,25	111,65
	III	1 418,83	78,03	113,50	127,69	III	1 418,83	72,39	105,30	118,46	66,89	97,30	109,46	61,51	89,48	100,66	56,27	81,85	92,08	51,15	74,41	83,71	46,16	67,14	75,53
	V	2 436,91	134,03	194,95	219,32	IV	2 022,33	107,85	156,88	176,49	104,48	151,97	170,96	101,10	147,06	165,44	97,73	142,16	159,93	94,36	137,26	154,41	90,99	132,35	148,89
	VI	2 470,33	135,86	197,62	222,32																				

*** Die ausgewiesenen Tabellenwerte sind amtlich. Siehe Erläuterungen auf der Umschlaginnenseite (U2).**

Abzüge an Lohnsteuer, Solidaritätszuschlag (SolZ) und Kirchensteuer (8%, 9%) in den Steuerklassen

Lohn/ Gehalt bis €*	I – VI					I, II, III, IV		mit Zahl der Kinderfreibeträge . . .																	
			ohne Kinder-freibeträge					0,5			1			1,5			2			2,5			3		
		LSt	SolZ	8%	9%		LSt	SolZ	8%	9%	SolZ	8%	9%	SolZ	8%	9%	SolZ	8%	9%	SolZ	8%	9%	SolZ	8%	9%
7 058,99 West	I,IV	2 010,66	110,58	160,85	180,95	I	2 010,66	103,84	151,04	169,92	97,09	141,23	158,88	90,35	131,42	147,84	83,60	121,61	136,81	76,86	111,80	125,77	70,11	101,98	114,73
	II	1 964,91	108,07	157,19	176,84	II	1 964,91	101,32	147,38	165,80	94,58	137,57	154,76	87,83	127,76	143,73	81,08	117,94	132,68	74,34	108,14	121,65	67,59	98,32	110,61
	III	1 409,—	77,49	112,72	126,81	III	1 409,—	71,87	104,54	117,61	66,38	96,56	108,63	61,02	88,76	99,85	55,77	81,13	91,27	50,67	73,70	82,91	45,70	66,48	74,79
	V	2 425,25	133,38	194,02	218,27	IV	2 010,66	107,21	155,95	175,44	103,84	151,04	169,92	100,47	146,14	164,40	97,09	141,23	158,88	93,72	136,32	153,36	90,35	131,42	147,84
	VI	2 458,75	135,23	196,70	221,28																				
7 058,99 Ost	I,IV	2 023,58	111,29	161,88	182,12	I	2 023,58	104,55	152,07	171,08	97,80	142,26	160,04	91,06	132,45	149,—	84,31	122,64	137,97	77,57	112,83	126,93	70,82	103,02	115,89
	II	1 977,83	108,78	158,22	178,—	II	1 977,83	102,03	148,41	166,96	95,28	138,60	155,92	88,54	128,79	144,89	81,79	118,98	133,85	75,05	109,16	122,81	68,31	99,36	111,78
	III	1 419,83	78,09	113,58	127,78	III	1 419,83	72,46	105,40	118,57	66,95	97,38	109,55	61,57	89,56	100,75	56,32	81,93	92,17	51,20	74,48	83,79	46,21	67,22	75,62
	V	2 438,16	134,09	195,05	219,43	IV	2 023,58	107,92	156,98	176,60	104,55	152,07	171,08	101,17	147,16	165,56	97,80	142,26	160,04	94,43	137,36	154,53	91,06	132,45	149,—
	VI	2 471,58	135,93	197,72	222,44																				
7 061,99 West	I,IV	2 012,—	110,66	160,96	181,08	I	2 012,—	103,91	151,14	170,03	97,16	141,33	158,99	90,42	131,52	147,96	83,67	121,71	136,92	76,93	111,90	125,88	70,18	102,08	114,84
	II	1 966,16	108,13	157,29	176,95	II	1 966,16	101,39	147,48	165,92	94,65	137,67	154,88	87,90	127,86	143,84	81,15	118,04	132,80	74,41	108,24	121,77	67,66	98,42	110,72
	III	1 410,—	77,55	112,80	126,90	III	1 410,—	71,93	104,62	117,70	66,44	96,64	108,72	61,06	88,82	99,92	55,83	81,21	91,36	50,72	73,78	83,—	45,75	66,54	74,86
	V	2 426,50	133,45	194,12	218,38	IV	2 012,—	107,28	156,05	175,55	103,91	151,14	170,03	100,54	146,24	164,52	97,16	141,33	158,99	93,79	136,42	153,47	90,42	131,52	147,96
	VI	2 460,—	135,30	196,80	221,40																				
7 061,99 Ost	I,IV	2 024,83	111,36	161,98	182,23	I	2 024,83	104,61	152,17	171,19	97,87	142,36	160,16	91,13	132,55	149,12	84,38	122,74	138,08	77,64	112,93	127,04	70,89	103,12	116,01
	II	1 979,08	108,84	158,32	178,11	II	1 979,08	102,10	148,51	167,07	95,35	138,70	156,03	88,61	128,89	145,—	81,86	119,08	133,96	75,12	109,26	122,92	68,37	99,46	111,89
	III	1 421,—	78,15	113,68	127,89	III	1 421,—	72,51	105,48	118,66	67,—	97,46	109,64	61,62	89,64	100,84	56,38	82,01	92,26	51,26	74,56	83,88	46,26	67,29	75,70
	V	2 439,41	134,16	195,15	219,54	IV	2 024,83	107,99	157,08	176,71	104,61	152,17	171,19	101,25	147,27	165,68	97,87	142,36	160,16	94,50	137,46	154,64	91,13	132,55	149,12
	VI	2 472,83	136,—	197,82	222,55																				
7 064,99 West	I,IV	2 013,25	110,72	161,06	181,19	I	2 013,25	103,98	151,24	170,15	97,23	141,43	159,11	90,49	131,62	148,07	83,74	121,81	137,03	77,—	112,—	126,—	70,25	102,19	114,96
	II	1 967,41	108,20	157,39	177,06	II	1 967,41	101,46	147,58	166,03	94,71	137,77	154,99	87,97	127,96	143,95	81,23	118,15	132,92	74,48	108,34	121,88	67,73	98,52	110,84
	III	1 411,16	77,61	112,89	127,—	III	1 411,16	71,98	104,70	117,79	66,49	96,72	108,81	61,12	88,90	100,01	55,88	81,29	91,45	50,78	73,86	83,09	45,80	66,62	74,95
	V	2 427,75	133,52	194,22	218,49	IV	2 013,25	107,35	156,15	175,67	103,98	151,24	170,15	100,60	146,34	164,63	97,23	141,43	159,11	93,86	136,52	153,59	90,49	131,62	148,07
	VI	2 461,25	135,36	196,90	221,51																				
7 064,99 Ost	I,IV	2 026,08	111,43	162,08	182,34	I	2 026,08	104,69	152,28	171,31	97,94	142,46	160,27	91,19	132,65	149,23	84,45	122,84	138,20	77,71	113,03	127,16	70,96	103,22	116,12
	II	1 980,33	108,91	158,42	178,22	II	1 980,33	102,17	148,61	167,18	95,42	138,80	156,15	88,68	128,99	145,11	81,93	119,18	134,07	75,18	109,36	123,03	68,44	99,56	112,—
	III	1 422,—	78,21	113,76	127,98	III	1 422,—	72,57	105,56	118,75	67,06	97,54	109,73	61,68	89,72	100,93	56,43	82,08	92,34	51,31	74,64	83,97	46,31	67,37	75,79
	V	2 440,66	134,23	195,25	219,65	IV	2 026,08	108,06	157,18	176,82	104,69	152,28	171,31	101,31	147,37	165,79	97,94	142,46	160,27	94,57	137,56	154,75	91,19	132,65	149,23
	VI	2 474,16	136,07	197,93	222,67																				
7 067,99 West	I,IV	2 014,50	110,79	161,16	181,30	I	2 014,50	104,05	151,34	170,26	97,30	141,53	159,22	90,56	131,72	148,19	83,81	121,91	137,15	77,06	112,10	126,11	70,32	102,29	115,07
	II	1 968,66	108,27	157,49	177,17	II	1 968,66	101,53	147,68	166,14	94,78	137,87	155,10	88,04	128,06	144,06	81,29	118,25	133,03	74,55	108,44	121,99	67,80	98,62	110,95
	III	1 412,16	77,66	112,97	127,09	III	1 412,16	72,04	104,78	117,88	66,55	96,80	108,90	61,17	88,98	100,10	55,94	81,37	91,54	50,82	73,93	83,17	45,85	66,69	75,02
	V	2 429,08	133,59	194,32	218,61	IV	2 014,50	107,42	156,25	175,78	104,05	151,34	170,26	100,67	146,44	164,74	97,30	141,53	159,22	93,93	136,63	153,71	90,56	131,72	148,19
	VI	2 462,50	135,43	197,—	221,62																				
7 067,99 Ost	I,IV	2 027,33	111,50	162,18	182,45	I	2 027,33	104,76	152,38	171,42	98,01	142,56	160,38	91,26	132,75	149,34	84,52	122,94	138,31	77,77	113,13	127,27	71,03	103,32	116,23
	II	1 981,58	108,98	158,52	178,34	II	1 981,58	102,24	148,71	167,30	95,49	138,90	156,26	88,75	129,09	145,22	82,—	119,28	134,19	75,26	109,47	123,15	68,51	99,66	112,11
	III	1 423,—	78,26	113,84	128,07	III	1 423,—	72,62	105,64	118,84	67,11	97,62	109,82	61,73	89,80	101,02	56,48	82,16	92,43	51,36	74,70	84,04	46,36	67,44	75,87
	V	2 441,91	134,30	195,35	219,77	IV	2 027,33	108,13	157,28	176,94	104,76	152,38	171,42	101,38	147,47	165,90	98,01	142,56	160,38	94,64	137,66	154,86	91,26	132,75	149,34
	VI	2 475,41	136,14	198,03	222,78																				
7 070,99 West	I,IV	2 015,75	110,86	161,26	181,41	I	2 015,75	104,11	151,44	170,37	97,37	141,64	159,34	90,63	131,82	148,30	83,88	122,01	137,26	77,14	112,20	126,23	70,39	102,39	115,19
	II	1 970,—	108,35	157,60	177,30	II	1 970,—	101,60	147,78	166,25	94,85	137,97	155,21	88,11	128,16	144,18	81,36	118,35	133,14	74,62	108,54	122,10	67,87	98,72	111,06
	III	1 413,16	77,72	113,05	127,18	III	1 413,16	72,10	104,88	117,99	66,60	96,88	108,99	61,23	89,06	100,19	55,99	81,45	91,63	50,88	74,01	83,26	45,90	66,77	75,11
	V	2 430,33	133,66	194,42	218,72	IV	2 015,75	107,49	156,35	175,89	104,11	151,44	170,37	100,74	146,54	164,85	97,37	141,64	159,34	94,—	136,73	153,82	90,63	131,82	148,30
	VI	2 463,75	135,50	197,10	221,73																				
7 070,99 Ost	I,IV	2 028,58	111,57	162,28	182,57	I	2 028,58	104,83	152,48	171,54	98,08	142,66	160,49	91,33	132,85	149,45	84,59	123,04	138,42	77,84	113,23	127,38	71,10	103,42	116,34
	II	1 982,83	109,05	158,62	178,45	II	1 982,83	102,30	148,81	167,41	95,56	139,—	156,38	88,82	129,19	145,34	82,07	119,38	134,30	75,33	109,57	123,26	68,58	99,76	112,23
	III	1 424,16	78,32	113,93	128,17	III	1 424,16	72,69	105,73	118,94	67,17	97,70	109,91	61,79	89,88	101,11	56,54	82,24	92,52	51,41	74,78	84,13	46,42	67,52	75,96
	V	2 443,16	134,37	195,45	219,88	IV	2 028,58	108,20	157,38	177,05	104,83	152,48	171,54	101,45	147,57	166,01	98,08	142,66	160,49	94,71	137,76	154,98	91,33	132,85	149,45
	VI	2 476,66	136,21	198,13	222,89																				
7 073,99 West	I,IV	2 017,—	110,93	161,36	181,53	I	2 017,—	104,18	151,54	170,48	97,44	141,74	159,45	90,69	131,92	148,41	83,95	122,11	137,37	77,21	112,30	126,34	70,46	102,49	115,30
	II	1 971,25	108,41	157,70	177,41	II	1 971,25	101,67	147,88	166,37	94,92	138,07	155,33	88,18	128,26	144,29	81,43	118,45	133,25	74,69	108,64	122,22	67,94	98,83	111,18
	III	1 414,33	77,78	113,14	127,28	III	1 414,33	72,16	104,96	118,08	66,66	96,96	109,08	61,28	89,14	100,28	56,04	81,52	91,71	50,93	74,09	83,35	45,95	66,84	75,19
	V	2 431,58	133,73	194,52	218,84	IV	2 017,—	107,56	156,45	176,—	104,18	151,54	170,48	100,81	146,64	164,97	97,44	141,74	159,45	94,07	136,83	153,93	90,69	131,92	148,41
	VI	2 465,—	135,57	197,20	221,85																				
7 073,99 Ost	I,IV	2 029,91	111,64	162,39	182,69	I	2 029,91	104,89	152,58	171,65	98,15	142,76	160,61	91,41	132,96	149,58	84,66	123,14	138,53	77,91	113,33	127,49	71,17	103,52	116,46
	II	1 984,08	109,12	158,72	178,56	II	1 984,08	102,38	148,92	167,53	95,63	139,10	156,49	88,88	129,29	145,45	82,14	119,48	134,42	75,40	109,67	123,38	68,65	99,86	112,34
	III	1 425,16	78,38	114,01	128,26	III	1 425,16	72,74	105,81	119,03	67,22	97,78	110,—	61,84	89,96	101,20	56,59	82,32	92,61	51,47	74,86	84,22	46,46	67,58	76,03
	V	2 444,41	134,44	195,55	219,99	IV	2 029,91	108,27	157,48	177,17	104,89	152,58	171,65	101,52	147,67	166,13	98,15	142,76	160,61	94,77	137,86	155,09	91,41	132,96	149,58
	VI	2 477,91	136,28	198,23	223,01																				
7 076,99 West	I,IV	2 018,25	111,—	161,46	181,64	I	2 018,25	104,25	151,64	170,60	97,51	141,84	159,57	90,76	132,02	148,52	84,02	122,21	137,48	77,27	112,40	126,45	70,53	102,59	115,41
	II	1 972,50	108,48	157,80	177,52	II	1 972,50	101,74	147,98	166,48	94,99	138,17	155,44	88,25	128,36	144,41	81,50	118,55	133,37	74,75	108,74	122,33	68,01	98,93	111,29
	III	1 415,33	77,84	113,22	127,37	III	1 415,33	72,21	105,04	118,17	66,71	97,04	109,17	61,34	89,22	100,37	56,10	81,60	91,80	50,98	74,16	83,43	46,—	66,92	75,28
	V	2 432,83	133,80	194,62	218,95	IV	2 018,25	107,63	156,55	176,12	104,25	151,64	170,60	100,88	146,74	165,08	97,51	141,84	159,57	94,14	136,93	154,04	90,76	132,02	148,52
	VI	2 466,25	135,64	197,30	221,96																				
7 076,99 Ost	I,IV	2 031,16	111,71	162,49	182,80	I	2 031,16	104,96	152,68	171,76	98,22	142,86	160,72	91,47	133,06	149,69	84,73	123,24	138,65	77,98	113,43	127,61	71,24	103,62	116,57
	II	1 985,33	109,19	158,82	178,67	II	1 985,33	102,45	149,02	167,64	95,70	139,20	156,60	88,95	129,39	145,56	82,21	119,58	134,53	75,46	109,77	123,49	68,72	99,96	112,45
	III	1 426,33	78,44	114,10	128,36	III	1 426,33	72,80	105,89	119,12	67,29	97,88	110,11	61,90	90,04	101,29	56,65	82,40	92,70	51,51	74,93	84,29	46,52	67,66	76,12
	V	2 445,75	134,51	195,66	220,11	IV	2 031,16	108,34	157,58	177,28	104,96	152,68	171,76	101,59	147,77	166,24	98,22	142,86	160,72	94,85	137,96	155,21	91,47	133,06	149,69
	VI	2 479,16	136,35	198,33	223,12																				
7 079,99 West	I,IV	2 019,50	111,07	161,56	181,75	I	2 019,50	104,33	151,75	170,72	97,58	141,94	159,68	90,83	132,12	148,64	84,09	122,32	137,61	77,34	112,50	126,56	70,60	102,69	115,52
	II	1 973,75	108,55	157,90	177,63	II	1 973,75	101,80	148,08	166,59	95,06	138,28	155,56	88,32	128,46	144,52	81,57	118,65	133,48	74,83	108,84	122,45	68,08	99,03	111,41
	III	1 416,50	77,90	113,32	127,48	III	1 416,50	72,27	105,12	118,26	66,77	97,12	109,26	61,39	89,30	100,46	56,15	81,68	91,89	51,04	74,24	83,52	46,05	66,98	75,35
	V	2 434,08	133,87	194,72	219,06	IV	2 019,50	107,69	156,65	176,23	104,33	151,75	170,72	100,95	146,84	165,20	97,58	141,94	159,68	94,21	137,03	154,16	90,83	132,12	148,64
	VI	2 467,58	135,71	197,40	222,08																				
7 079,99 Ost	I,IV	2 032,41	111,78	162,59	182,91	I	2 032,41	105,03	152,78	171,87	98,28	142,96	160,83	91,54	133,16	149,80	84,80	123,34	138,76	78,05	113,53	127,72	71,31	103,72	116,69
	II	1 986,58	109,26	158,92	178,79	II	1 986,58	102,52	149,12	167,76	95,77	139,30	156,71	89,02	129,49	145,67	82,28	119,68	134,64	75,53	109,87	123,60	68,79	100,06	112,56
	III	1 427,33	78,50	114,18	128,45	III	1 427,33	72,85	105,97	119,21	67,34	97,96	110,20	61,95	90,12	101,38	56,70	82,48	92,79	51,57	75,01	84,38	46,57	67,74	76,21
	V	2 447,—	134,58	195,76	220,23	IV	2 032,41	108,40	157,68	177,39	105,03	152,78	171,87	101,66	147,87	166,35	98,28	142,96	160,83	94,92	138,06	155,32	91,54	133,16	149,80
	VI	2 480,41	136,42	198,43	223,23																				

* Die ausgewiesenen Tabellenwerte sind amtlich. Siehe Erläuterungen auf der Umschlaginnenseite (U2).

Abzüge an Lohnsteuer, Solidaritätszuschlag (SolZ) und Kirchensteuer (8%, 9%) in den Steuerklassen

Lohn/ Gehalt bis €*		I – VI				I, II, III, IV		mit Zahl der Kinderfreibeträge . . .																	
			ohne Kinder-freibeträge					0,5			1			1,5			2			2,5			3		
		LSt	SolZ	8%	9%		LSt	SolZ	8%	9%	SolZ	8%	9%	SolZ	8%	9%	SolZ	8%	9%	SolZ	8%	9%	SolZ	8%	9%
7 082,99 West	I,IV	2 020,75	111,14	161,66	181,86	I	2 020,75	104,39	151,85	170,83	97,65	142,04	159,79	90,90	132,22	148,75	84,16	122,42	137,72	77,41	112,60	126,68	70,67	102,79	115,64
	II	1 975,—	108,62	158,—	177,75	II	1 975,—	101,87	148,18	166,70	95,13	138,38	155,67	88,38	128,56	144,63	81,64	118,75	133,59	74,90	108,94	122,56	68,15	99,13	111,52
	III	1 417,50	77,96	113,40	127,57	III	1 417,50	72,33	105,21	118,36	66,82	97,20	109,35	61,45	89,38	100,55	56,21	81,76	91,98	51,09	74,32	83,61	46,10	67,06	75,44
	V	2 435,33	133,94	194,82	219,17	IV	2 020,75	107,77	156,76	176,35	104,39	151,85	170,83	101,02	146,94	165,31	97,65	142,04	159,79	94,27	137,13	154,27	90,90	132,22	148,75
	VI	2 468,83	135,78	197,50	222,19																				
7 082,99 Ost	I,IV	2 033,66	111,85	162,69	183,02	I	2 033,66	105,10	152,88	171,99	98,36	143,07	160,95	91,61	133,26	149,91	84,86	123,44	138,87	78,12	113,64	127,84	71,38	103,82	116,80
	II	1 987,91	109,33	159,03	178,91	II	1 987,91	102,58	149,22	167,87	95,84	139,40	156,83	89,10	129,60	145,80	82,35	119,78	134,75	75,60	109,97	123,71	68,86	100,16	112,68
	III	1 428,33	78,55	114,26	128,54	III	1 428,33	72,92	106,06	119,32	67,40	98,04	110,29	62,01	90,20	101,47	56,75	82,54	92,86	51,62	75,09	84,47	46,62	67,81	76,28
	V	2 448,25	134,65	195,86	220,34	IV	2 033,66	108,47	157,78	177,50	105,10	152,88	171,99	101,73	147,97	166,46	98,36	143,07	160,95	94,98	138,16	155,43	91,61	133,26	149,91
	VI	2 481,66	136,49	198,53	223,34																				
7 085,99 West	I,IV	2 022,08	111,21	161,76	181,98	I	2 022,08	104,46	151,95	170,94	97,72	142,14	159,90	90,97	132,32	148,86	84,23	122,52	137,83	77,48	112,70	126,79	70,73	102,89	115,75
	II	1 976,25	108,69	158,10	177,86	II	1 976,25	101,94	148,28	166,82	95,20	138,48	155,79	88,45	128,66	144,74	81,71	118,85	133,70	74,96	109,04	122,67	68,22	99,23	111,63
	III	1 418,50	78,01	113,48	127,66	III	1 418,50	72,38	105,29	118,45	66,88	97,28	109,44	61,50	89,46	100,64	56,26	81,84	92,07	51,14	74,38	83,68	46,15	67,13	75,52
	V	2 436,58	134,01	194,92	219,29	IV	2 022,08	107,84	156,86	176,46	104,46	151,95	170,94	101,09	147,04	165,42	97,72	142,14	159,90	94,34	137,23	154,38	90,97	132,32	148,86
	VI	2 470,08	135,85	197,60	222,30																				
7 085,99 Ost	I,IV	2 034,91	111,92	162,79	183,14	I	2 034,91	105,17	152,98	172,10	98,43	143,17	161,06	91,68	133,36	150,03	84,93	123,54	138,98	78,19	113,74	127,95	71,44	103,92	116,91
	II	1 989,16	109,40	159,13	179,02	II	1 989,16	102,65	149,32	167,98	95,91	139,50	156,94	89,16	129,70	145,91	82,42	119,88	134,87	75,67	110,07	123,83	68,93	100,26	112,79
	III	1 429,50	78,62	114,36	128,65	III	1 429,50	72,97	106,14	119,41	67,45	98,12	110,38	62,06	90,28	101,56	56,80	82,62	92,95	51,67	75,16	84,55	46,67	67,89	76,37
	V	2 449,50	134,72	195,96	220,45	IV	2 034,91	108,54	157,88	177,62	105,17	152,98	172,10	101,80	148,08	166,59	98,43	143,17	161,06	95,05	138,26	155,54	91,68	133,36	150,03
	VI	2 482,91	136,56	198,63	223,46																				
7 088,99 West	I,IV	2 023,33	111,28	161,86	182,09	I	2 023,33	104,53	152,05	171,05	97,79	142,24	160,02	91,04	132,43	148,98	84,30	122,62	137,94	77,55	112,80	126,90	70,81	103,—	115,87
	II	1 977,50	108,76	158,20	177,97	II	1 977,50	102,02	148,39	166,94	95,27	138,58	155,90	88,52	128,76	144,86	81,78	118,96	133,83	75,03	109,14	122,78	68,29	99,33	111,74
	III	1 419,66	78,08	113,57	127,76	III	1 419,66	72,44	105,37	118,54	66,94	97,37	109,54	61,56	89,54	100,73	56,32	81,92	92,16	51,19	74,46	83,77	46,20	67,21	75,61
	V	2 437,83	134,08	195,02	219,40	IV	2 023,33	107,91	156,96	176,58	104,53	152,05	171,05	101,16	147,14	165,53	97,79	142,24	160,02	94,41	137,33	154,49	91,04	132,43	148,98
	VI	2 471,33	135,92	197,70	222,41																				
7 088,99 Ost	I,IV	2 036,16	111,98	162,89	183,25	I	2 036,16	105,24	153,08	172,22	98,50	143,27	161,18	91,75	133,46	150,14	85,—	123,64	139,10	78,26	113,84	128,07	71,51	104,02	117,02
	II	1 990,41	109,47	159,23	179,13	II	1 990,41	102,72	149,42	168,09	95,97	139,60	157,05	89,23	129,80	146,02	82,49	119,98	134,98	75,74	110,17	123,94	69,—	100,36	112,91
	III	1 430,50	78,67	114,44	128,74	III	1 430,50	73,03	106,22	119,50	67,51	98,20	110,47	62,12	90,36	101,65	56,86	82,70	93,04	51,72	75,24	84,64	46,72	67,96	76,45
	V	2 450,75	134,79	196,06	220,56	IV	2 036,16	108,61	157,98	177,73	105,24	153,08	172,22	101,87	148,18	166,70	98,50	143,27	161,18	95,12	138,36	155,66	91,75	133,46	150,14
	VI	2 484,25	136,63	198,74	223,58																				
7 091,99 West	I,IV	2 024,58	111,35	161,96	182,21	I	2 024,58	104,60	152,15	171,17	97,85	142,34	160,13	91,11	132,53	149,09	84,37	122,72	138,06	77,62	112,90	127,01	70,88	103,10	115,98
	II	1 978,75	108,83	158,30	178,08	II	1 978,75	102,08	148,49	167,05	95,34	138,68	156,01	88,59	128,86	144,97	81,85	119,06	133,94	75,10	109,24	122,90	68,36	99,43	111,86
	III	1 420,66	78,13	113,65	127,85	III	1 420,66	72,49	105,45	118,63	66,99	97,45	109,63	61,61	89,62	100,82	56,36	81,98	92,23	51,25	74,54	83,86	46,25	67,28	75,69
	V	2 439,16	134,15	195,13	219,52	IV	2 024,58	107,97	157,06	176,69	104,60	152,15	171,17	101,23	147,24	165,65	97,85	142,34	160,13	94,49	137,44	154,62	91,11	132,53	149,09
	VI	2 472,58	135,99	197,80	222,53																				
7 091,99 Ost	I,IV	2 037,41	112,05	162,99	183,36	I	2 037,41	105,31	153,18	172,33	98,56	143,37	161,29	91,82	133,56	150,25	85,08	123,75	139,22	78,33	113,94	128,18	71,58	104,12	117,14
	II	1 991,66	109,54	159,33	179,24	II	1 991,66	102,79	149,52	168,21	96,05	139,71	157,17	89,30	129,90	146,13	82,55	120,08	135,09	75,81	110,28	124,06	69,07	100,46	113,02
	III	1 431,66	78,74	114,53	128,84	III	1 431,66	73,08	106,30	119,59	67,56	98,28	110,56	62,17	90,44	101,74	56,91	82,78	93,13	51,78	75,32	84,73	46,77	68,04	76,54
	V	2 452,—	134,86	196,16	220,68	IV	2 037,41	108,68	158,08	177,84	105,31	153,18	172,33	101,94	148,28	166,81	98,56	143,37	161,29	95,19	138,46	155,77	91,82	133,56	150,25
	VI	2 485,50	136,70	198,84	223,69																				
7 094,99 West	I,IV	2 025,83	111,42	162,06	182,32	I	2 025,83	104,67	152,25	171,28	97,93	142,44	160,25	91,18	132,63	149,21	84,43	122,82	138,17	77,69	113,—	127,13	70,95	103,20	116,10
	II	1 980,08	108,90	158,40	178,20	II	1 980,08	102,15	148,59	167,16	95,41	138,78	156,12	88,66	128,96	145,08	81,92	119,16	134,05	75,17	109,34	123,01	68,42	99,53	111,97
	III	1 421,83	78,20	113,74	127,96	III	1 421,83	72,56	105,54	118,73	67,05	97,53	109,72	61,67	89,70	100,91	56,42	82,06	92,32	51,29	74,61	83,93	46,31	67,36	75,78
	V	2 440,41	134,22	195,23	219,63	IV	2 025,83	108,04	157,16	176,80	104,67	152,25	171,28	101,30	147,34	165,76	97,93	142,44	160,25	94,55	137,54	154,73	91,18	132,63	149,21
	VI	2 473,83	136,06	197,90	222,64																				
7 094,99 Ost	I,IV	2 038,66	112,12	163,09	183,47	I	2 038,66	105,38	153,28	172,44	98,63	143,47	161,40	91,89	133,66	150,36	85,14	123,85	139,33	78,40	114,04	128,29	71,65	104,22	117,25
	II	1 992,91	109,61	159,43	179,36	II	1 992,91	102,86	149,62	168,32	96,12	139,81	157,28	89,37	130,—	146,25	82,62	120,18	135,20	75,88	110,38	124,17	69,13	100,56	113,13
	III	1 432,66	78,79	114,61	128,93	III	1 432,66	73,15	106,40	119,70	67,62	98,36	110,65	62,23	90,52	101,83	56,97	82,86	93,22	51,82	75,38	84,80	46,82	68,10	76,61
	V	2 453,25	134,92	196,26	220,79	IV	2 038,66	108,75	158,19	177,96	105,38	153,28	172,44	102,01	148,38	166,92	98,63	143,47	161,40	95,26	138,56	155,88	91,89	133,66	150,36
	VI	2 486,75	136,77	198,94	223,80																				
7 097,99 West	I,IV	2 027,08	111,48	162,16	182,43	I	2 027,08	104,74	152,35	171,39	98,—	142,54	160,36	91,25	132,73	149,32	84,50	122,92	138,28	77,76	113,11	127,25	71,01	103,30	116,21
	II	1 981,33	108,97	158,50	178,31	II	1 981,33	102,22	148,69	167,27	95,48	138,88	156,24	88,73	129,07	145,20	81,99	119,26	134,16	75,24	109,44	123,12	68,50	99,64	112,09
	III	1 422,83	78,25	113,82	128,05	III	1 422,83	72,61	105,62	118,82	67,10	97,61	109,81	61,72	89,78	101,—	56,47	82,14	92,41	51,35	74,69	84,02	46,35	67,42	75,85
	V	2 441,66	134,29	195,33	219,74	IV	2 027,08	108,11	157,26	176,91	104,74	152,35	171,39	101,36	147,44	165,87	98,—	142,54	160,36	94,62	137,64	154,84	91,25	132,73	149,32
	VI	2 475,08	136,12	198,—	222,75																				
7 097,99 Ost	I,IV	2 040,—	112,20	163,20	183,60	I	2 040,—	105,45	153,38	172,55	98,70	143,57	161,51	91,96	133,76	150,48	85,21	123,95	139,44	78,47	114,14	128,40	71,72	104,32	117,36
	II	1 994,16	109,67	159,53	179,47	II	1 994,16	102,93	149,72	168,44	96,19	139,91	157,40	89,44	130,10	146,36	82,69	120,28	135,32	75,95	110,48	124,29	69,20	100,66	113,24
	III	1 433,66	78,85	114,69	129,02	III	1 433,66	73,20	106,48	119,79	67,67	98,44	110,74	62,28	90,60	101,92	57,01	82,93	93,29	51,88	75,46	84,89	46,87	68,18	76,70
	V	2 454,50	134,99	196,36	220,90	IV	2 040,—	108,82	158,29	178,07	105,45	153,38	172,55	102,08	148,48	167,04	98,70	143,57	161,51	95,33	138,66	155,99	91,96	133,76	150,48
	VI	2 488,—	136,84	199,04	223,92																				
7 100,99 West	I,IV	2 028,33	111,55	162,26	182,54	I	2 028,33	104,81	152,45	171,50	98,06	142,64	160,47	91,32	132,83	149,43	84,57	123,02	138,39	77,83	113,21	127,36	71,08	103,40	116,32
	II	1 982,58	109,04	158,60	178,43	II	1 982,58	102,29	148,79	167,39	95,54	138,98	156,35	88,80	129,17	145,31	82,06	119,36	134,28	75,31	109,54	123,23	68,57	99,74	112,20
	III	1 423,83	78,31	113,90	128,14	III	1 423,83	72,67	105,70	118,91	67,16	97,69	109,90	61,78	89,86	101,09	56,53	82,22	92,50	51,40	74,77	84,11	46,41	67,50	75,94
	V	2 442,91	134,36	195,43	219,86	IV	2 028,33	108,18	157,36	177,03	104,81	152,45	171,50	101,44	147,55	165,99	98,06	142,64	160,47	94,69	137,74	154,95	91,32	132,83	149,43
	VI	2 476,33	136,19	198,10	222,86																				
7 100,99 Ost	I,IV	2 041,25	112,26	163,30	183,71	I	2 041,25	105,52	153,48	172,67	98,77	143,67	161,63	92,03	133,86	150,59	85,28	124,05	139,55	78,54	114,24	128,52	71,79	104,43	117,48
	II	1 995,41	109,74	159,63	179,58	II	1 995,41	103,—	149,82	168,55	96,25	140,01	157,51	89,51	130,20	146,47	82,77	120,39	135,44	76,02	110,58	124,40	69,27	100,76	113,36
	III	1 434,83	78,91	114,78	129,13	III	1 434,83	73,26	106,56	119,88	67,73	98,52	110,83	62,34	90,68	102,01	57,07	83,01	93,38	51,93	75,54	84,98	46,92	68,25	76,78
	V	2 455,75	135,06	196,46	221,01	IV	2 041,25	108,89	158,39	178,19	105,52	153,48	172,67	102,14	148,58	167,15	98,77	143,67	161,63	95,40	138,76	156,11	92,03	133,86	150,59
	VI	2 489,25	136,90	199,14	224,03																				
7 103,99 West	I,IV	2 029,58	111,62	162,36	182,66	I	2 029,58	104,88	152,56	171,63	98,13	142,74	160,58	91,39	132,93	149,54	84,64	123,12	138,51	77,90	113,31	127,47	71,15	103,50	116,43
	II	1 983,83	109,11	158,70	178,54	II	1 983,83	102,36	148,89	167,50	95,62	139,08	156,47	88,87	129,27	145,43	82,12	119,46	134,39	75,38	109,64	123,35	68,64	99,84	112,32
	III	1 425,—	78,37	114,—	128,25	III	1 425,—	72,72	105,78	119,—	67,21	97,77	109,99	61,83	89,94	101,18	56,58	82,30	92,59	51,45	74,84	84,19	46,45	67,57	76,01
	V	2 444,16	134,42	195,53	219,97	IV	2 029,58	108,25	157,46	177,14	104,88	152,56	171,63	101,51	147,65	166,10	98,13	142,74	160,58	94,76	137,84	155,07	91,39	132,93	149,54
	VI	2 477,66	136,27	198,21	222,98																				
7 103,99 Ost	I,IV	2 042,50	112,33	163,40	183,82	I	2 042,50	105,59	153,58	172,78	98,84	143,77	161,74	92,10	133,96	150,71	85,35	124,15	139,67	78,60	114,34	128,63	71,86	104,53	117,59
	II	1 996,66	109,81	159,73	179,69	II	1 996,66	103,07	149,92	168,66	96,32	140,11	157,62	89,58	130,30	146,58	82,83	120,49	135,55	76,09	110,68	124,51	69,34	100,86	113,47
	III	1 435,83	78,97	114,86	129,22	III	1 435,83	73,31	106,64	119,97	67,79	98,61	110,93	62,39	90,76	102,10	57,12	83,09	93,47	51,98	75,61	85,06	46,97	68,33	76,87
	V	2 457,08	135,13	196,56	221,13	IV	2 042,50	108,96	158,49	178,30	105,59	153,58	172,78	102,21	148,68	167,26	98,84	143,77	161,74	95,47	138,87	156,23	92,10	133,96	150,71
	VI	2 490,50	136,97	199,24	224,14																				

*** Die ausgewiesenen Tabellenwerte sind amtlich. Siehe Erläuterungen auf der Umschlaginnenseite (U2).**

Lohn/ Gehalt bis €*	Abzüge an Lohnsteuer, Solidaritätszuschlag (SolZ) und Kirchensteuer (8%, 9%) in den Steuerklassen I – VI					I, II, III, IV																			
			ohne Kinderfreibeträge					mit Zahl der Kinderfreibeträge . . .																	
								0,5			1			1,5			2			2,5			3		
		LSt	SolZ	8%	9%		LSt	SolZ	8%	9%	SolZ	8%	9%	SolZ	8%	9%	SolZ	8%	9%	SolZ	8%	9%	SolZ	8%	9%
7 106,99 West	I,IV	2 030,83	111,69	162,46	182,77	I	2 030,83	104,95	152,66	171,74	98,20	142,84	160,70	91,46	133,03	149,66	84,71	123,22	138,62	77,97	113,41	127,58	71,22	103,60	116,55
	II	1 985,08	109,17	158,80	178,65	II	1 985,08	102,43	148,99	167,61	95,69	139,18	156,58	88,94	129,37	145,54	82,19	119,56	134,50	75,45	109,75	123,47	68,70	99,94	112,43
	III	1 426,–	78,43	114,08	128,34	III	1 426,–	72,79	105,88	119,11	67,27	97,85	110,08	61,89	90,02	101,27	56,63	82,37	92,66	51,50	74,92	84,28	46,51	67,65	76,10
	V	2 445,41	134,49	195,63	220,08	IV	2 030,83	108,32	157,56	177,26	104,95	152,66	171,74	101,58	147,75	166,22	98,20	142,84	160,70	94,83	137,94	155,18	91,46	133,03	149,66
	VI	2 478,91	136,34	198,31	223,10																				
7 106,99 Ost	I,IV	2 043,75	112,40	163,50	183,93	I	2 043,75	105,65	153,68	172,89	98,91	143,88	161,86	92,17	134,06	150,82	85,42	124,25	139,78	78,68	114,44	128,75	71,93	104,63	117,71
	II	1 998,–	109,89	159,84	179,82	II	1 998,–	103,14	150,02	168,77	96,39	140,21	157,73	89,65	130,40	146,70	82,90	120,59	135,66	76,16	110,78	124,62	69,41	100,96	113,58
	III	1 437,–	79,03	114,96	129,33	III	1 437,–	73,37	106,73	120,07	67,85	98,69	111,02	62,45	90,84	102,19	57,18	83,17	93,56	52,03	75,69	85,15	47,02	68,40	76,95
	V	2 458,33	135,20	196,66	221,24	IV	2 043,75	109,03	158,59	178,41	105,65	153,68	172,89	102,28	148,78	167,37	98,91	143,88	161,86	95,54	138,97	156,34	92,17	134,06	150,82
	VI	2 491,75	137,04	199,34	224,25																				
7 109,99 West	I,IV	2 032,08	111,76	162,56	182,88	I	2 032,08	105,02	152,76	171,85	98,27	142,94	160,81	91,52	133,13	149,77	84,78	123,32	138,74	78,04	113,51	127,70	71,29	103,70	116,66
	II	1 986,33	109,24	158,90	178,76	II	1 986,33	102,50	149,09	167,72	95,75	139,28	156,69	89,01	129,47	145,65	82,26	119,66	134,61	75,52	109,85	123,58	68,77	100,04	112,54
	III	1 427,–	78,48	114,16	128,43	III	1 427,–	72,84	105,96	119,20	67,32	97,93	110,17	61,94	90,10	101,36	56,68	82,45	92,75	51,56	75,–	84,37	46,55	67,72	76,18
	V	2 446,66	134,56	195,73	220,19	IV	2 032,08	108,39	157,66	177,37	105,02	152,76	171,85	101,64	147,85	166,33	98,27	142,94	160,81	94,90	138,04	155,29	91,52	133,13	149,77
	VI	2 480,16	136,40	198,41	223,21																				
7 109,99 Ost	I,IV	2 045,–	112,47	163,60	184,05	I	2 045,–	105,72	153,78	173,–	98,98	143,98	161,97	92,23	134,16	150,93	85,49	124,35	139,89	78,75	114,54	128,86	72,–	104,73	117,82
	II	1 999,25	109,95	159,94	179,93	II	1 999,25	103,21	150,12	168,89	96,46	140,31	157,85	89,72	130,50	146,81	82,97	120,69	135,77	76,23	110,88	124,74	69,48	101,07	113,70
	III	1 438,–	79,09	115,04	129,42	III	1 438,–	73,43	106,81	120,16	67,90	98,77	111,11	62,50	90,92	102,28	57,23	83,25	93,65	52,09	75,77	85,24	47,08	68,48	77,04
	V	2 459,58	135,27	196,76	221,35	IV	2 045,–	109,10	158,69	178,52	105,72	153,78	173,–	102,35	148,88	167,49	98,98	143,98	161,97	95,61	139,07	156,45	92,23	134,16	150,93
	VI	2 493,–	137,11	199,44	224,37																				
7 112,99 West	I,IV	2 033,41	111,83	162,67	183,–	I	2 033,41	105,09	152,86	171,96	98,34	143,04	160,92	91,60	133,24	149,89	84,85	123,42	138,85	78,10	113,61	127,81	71,36	103,80	116,78
	II	1 987,58	109,31	159,–	178,88	II	1 987,58	102,57	149,20	167,85	95,82	139,38	156,80	89,08	129,57	145,76	82,33	119,76	134,73	75,59	109,95	123,69	68,84	100,14	112,65
	III	1 428,16	78,54	114,25	128,53	III	1 428,16	72,90	106,04	119,29	67,38	98,01	110,26	62,–	90,18	101,45	56,74	82,53	92,84	51,60	75,06	84,44	46,61	67,80	76,27
	V	2 447,91	134,63	195,83	220,31	IV	2 033,41	108,46	157,76	177,48	105,09	152,86	171,96	101,71	147,95	166,44	98,34	143,04	160,92	94,97	138,14	155,40	91,60	133,24	149,89
	VI	2 481,41	136,47	198,51	223,32																				
7 112,99 Ost	I,IV	2 046,25	112,54	163,70	184,16	I	2 046,25	105,79	153,88	173,12	99,05	144,08	162,09	92,30	134,26	151,04	85,56	124,45	140,–	78,81	114,64	128,97	72,07	104,83	117,93
	II	2 000,50	110,02	160,04	180,04	II	2 000,50	103,28	150,22	169,–	96,53	140,41	157,96	89,79	130,60	146,93	83,04	120,79	135,89	76,29	110,98	124,85	69,55	101,17	113,81
	III	1 439,–	79,14	115,12	129,51	III	1 439,–	73,48	106,89	120,25	67,96	98,85	111,20	62,56	91,–	102,37	57,29	83,33	93,74	52,14	75,85	85,33	47,12	68,54	77,11
	V	2 460,83	135,34	196,86	221,47	IV	2 046,25	109,17	158,79	178,64	105,79	153,88	173,12	102,42	148,98	167,60	99,05	144,08	162,09	95,68	139,17	156,56	92,30	134,26	151,04
	VI	2 494,25	137,18	199,54	224,48																				
7 115,99 West	I,IV	2 034,66	111,90	162,77	183,11	I	2 034,66	105,16	152,96	172,08	98,41	143,14	161,03	91,67	133,34	150,–	84,92	123,52	138,96	78,17	113,71	127,92	71,43	103,90	116,89
	II	1 988,83	109,38	159,10	178,99	II	1 988,83	102,64	149,30	167,96	95,89	139,48	156,92	89,15	129,67	145,88	82,40	119,86	134,84	75,66	110,05	123,80	68,91	100,24	112,77
	III	1 429,16	78,60	114,33	128,62	III	1 429,16	72,95	106,12	119,38	67,43	98,09	110,35	62,05	90,26	101,54	56,79	82,61	92,93	51,66	75,14	84,53	46,65	67,86	76,34
	V	2 449,25	134,70	195,94	220,43	IV	2 034,66	108,53	157,86	177,59	105,16	152,96	172,08	101,78	148,05	166,55	98,41	143,14	161,03	95,04	138,24	155,52	91,67	133,34	150,–
	VI	2 482,66	136,54	198,61	223,43																				
7 115,99 Ost	I,IV	2 047,50	112,61	163,80	184,27	I	2 047,50	105,87	153,99	173,24	99,12	144,18	162,20	92,37	134,36	151,16	85,63	124,56	140,13	78,88	114,74	129,08	72,14	104,93	118,04
	II	2 001,75	110,09	160,14	180,15	II	2 001,75	103,34	150,32	169,11	96,60	140,52	158,08	89,86	130,70	147,04	83,11	120,89	136,–	76,37	111,08	124,97	69,62	101,27	113,93
	III	1 440,16	79,20	115,21	129,61	III	1 440,16	73,54	106,97	120,34	68,01	98,93	111,29	62,61	91,08	102,46	57,33	83,40	93,82	52,19	75,92	85,41	47,18	68,62	77,20
	V	2 462,08	135,41	196,96	221,58	IV	2 047,50	109,23	158,89	178,75	105,87	153,99	173,24	102,49	149,08	167,72	99,12	144,18	162,20	95,75	139,27	156,68	92,37	134,36	151,16
	VI	2 495,58	137,25	199,64	224,60																				
7 118,99 West	I,IV	2 035,91	111,97	162,87	183,23	I	2 035,91	105,22	153,06	172,19	98,48	143,24	161,15	91,74	133,44	150,12	84,99	123,62	139,07	78,24	113,81	128,03	71,50	104,–	117,–
	II	1 990,08	109,45	159,20	179,10	II	1 990,08	102,71	149,40	168,07	95,96	139,58	157,03	89,21	129,77	145,99	82,47	119,96	134,96	75,73	110,15	123,92	68,98	100,34	112,88
	III	1 430,33	78,66	114,42	128,72	III	1 430,33	73,02	106,21	119,48	67,50	98,18	110,45	62,11	90,34	101,63	56,85	82,69	93,02	51,71	75,22	84,62	46,71	67,94	76,43
	V	2 450,50	134,77	196,04	220,54	IV	2 035,91	108,60	157,96	177,71	105,22	153,06	172,19	101,85	148,15	166,67	98,48	143,24	161,15	95,11	138,34	155,63	91,74	133,44	150,12
	VI	2 483,91	136,61	198,71	223,55																				
7 118,99 Ost	I,IV	2 048,75	112,68	163,90	184,38	I	2 048,75	105,93	154,09	173,35	99,19	144,28	162,31	92,44	134,46	151,27	85,70	124,66	140,24	78,95	114,84	129,20	72,21	105,03	118,16
	II	2 003,–	110,16	160,24	180,27	II	2 003,–	103,41	150,42	169,22	96,67	140,62	158,19	89,92	130,80	147,15	83,18	120,99	136,11	76,44	111,18	125,08	69,69	101,37	114,04
	III	1 441,16	79,26	115,29	129,70	III	1 441,16	73,60	107,06	120,44	68,07	99,01	111,38	62,67	91,16	102,55	57,39	83,48	93,91	52,25	76,–	85,50	47,23	68,70	77,29
	V	2 463,33	135,48	197,06	221,69	IV	2 048,75	109,31	159,–	178,87	105,93	154,09	173,35	102,56	149,18	167,83	99,19	144,28	162,31	95,81	139,37	156,79	92,44	134,46	151,27
	VI	2 496,83	137,32	199,74	224,71																				
7 121,99 West	I,IV	2 037,16	112,04	162,97	183,34	I	2 037,16	105,29	153,16	172,30	98,55	143,35	161,27	91,80	133,54	150,23	85,06	123,72	139,19	78,32	113,92	128,16	71,57	104,10	117,11
	II	1 991,41	109,52	159,31	179,22	II	1 991,41	102,78	149,50	168,18	96,03	139,68	157,14	89,29	129,88	146,11	82,54	120,06	135,07	75,79	110,25	124,03	69,05	100,44	113,–
	III	1 431,33	78,72	114,50	128,81	III	1 431,33	73,07	106,29	119,57	67,55	98,26	110,54	62,16	90,42	101,72	56,90	82,77	93,11	51,76	75,29	84,70	46,75	68,01	76,51
	V	2 451,75	134,84	196,14	220,65	IV	2 037,16	108,67	158,06	177,82	105,29	153,16	172,30	101,92	148,25	166,78	98,55	143,35	161,27	95,18	138,44	155,75	91,80	133,54	150,23
	VI	2 485,16	136,68	198,81	223,66																				
7 121,99 Ost	I,IV	2 050,08	112,75	164,–	184,50	I	2 050,08	106,–	154,19	173,46	99,26	144,38	162,42	92,51	134,56	151,38	85,77	124,76	140,35	79,02	114,94	129,31	72,27	105,13	118,27
	II	2 004,25	110,23	160,34	180,38	II	2 004,25	103,48	150,52	169,34	96,74	140,72	158,31	89,99	130,90	147,26	83,25	121,09	136,22	76,50	111,28	125,19	69,76	101,47	114,15
	III	1 442,33	79,32	115,38	129,80	III	1 442,33	73,66	107,14	120,53	68,12	99,09	111,47	62,72	91,24	102,64	57,44	83,56	94,–	52,30	76,08	85,59	47,28	68,77	77,36
	V	2 464,58	135,55	197,16	221,81	IV	2 050,08	109,38	159,10	178,98	106,–	154,19	173,46	102,63	149,28	167,94	99,26	144,38	162,42	95,88	139,47	156,90	92,51	134,56	151,38
	VI	2 498,08	137,39	199,84	224,82																				
7 124,99 West	I,IV	2 038,41	112,11	163,07	183,45	I	2 038,41	105,36	153,26	172,41	98,62	143,45	161,38	91,87	133,64	150,34	85,13	123,82	139,30	78,38	114,02	128,27	71,64	104,20	117,23
	II	1 992,66	109,59	159,41	179,33	II	1 992,66	102,85	149,60	168,30	96,10	139,78	157,25	89,36	129,98	146,22	82,61	120,16	135,18	75,86	110,35	124,14	69,12	100,54	113,11
	III	1 432,50	78,78	114,60	128,92	III	1 432,50	73,13	106,37	119,66	67,61	98,34	110,63	62,22	90,50	101,81	56,95	82,84	93,19	51,81	75,37	84,79	46,81	68,09	76,60
	V	2 453,–	134,91	196,24	220,77	IV	2 038,41	108,73	158,16	177,93	105,36	153,26	172,41	101,99	148,36	166,90	98,62	143,45	161,38	95,25	138,54	155,86	91,87	133,64	150,34
	VI	2 486,41	136,75	198,91	223,77																				
7 124,99 Ost	I,IV	2 051,33	112,82	164,10	184,61	I	2 051,33	106,07	154,29	173,57	99,33	144,48	162,54	92,58	134,67	151,50	85,84	124,86	140,46	79,09	115,04	129,42	72,35	105,24	118,39
	II	2 005,50	110,30	160,44	180,49	II	2 005,50	103,56	150,63	169,46	96,81	140,82	158,42	90,06	131,–	147,38	83,32	121,20	136,35	76,57	111,38	125,30	69,83	101,57	114,26
	III	1 443,33	79,38	115,46	129,89	III	1 443,33	73,71	107,22	120,62	68,18	99,17	111,56	62,78	91,32	102,73	57,50	83,64	94,09	52,35	76,14	85,66	47,33	68,85	77,45
	V	2 465,83	135,62	197,26	221,92	IV	2 051,33	109,45	159,20	179,10	106,07	154,29	173,57	102,70	149,38	168,05	99,33	144,48	162,54	95,95	139,57	157,01	92,58	134,67	151,50
	VI	2 499,33	137,46	199,94	224,93																				
7 127,99 West	I,IV	2 039,66	112,18	163,17	183,56	I	2 039,66	105,43	153,36	172,53	98,69	143,55	161,49	91,94	133,74	150,45	85,19	123,92	139,41	78,45	114,12	128,38	71,71	104,30	117,34
	II	1 993,91	109,66	159,51	179,45	II	1 993,91	102,91	149,70	168,41	96,17	139,88	157,37	89,43	130,08	146,34	82,68	120,26	135,29	75,93	110,45	124,25	69,19	100,64	113,22
	III	1 433,50	78,84	114,68	129,01	III	1 433,50	73,18	106,45	119,75	67,66	98,42	110,72	62,27	90,58	101,90	57,–	82,92	93,28	51,87	75,45	84,88	46,86	68,17	76,69
	V	2 454,25	134,98	196,34	220,88	IV	2 039,66	108,80	158,26	178,04	105,43	153,36	172,53	102,06	148,46	167,01	98,69	143,55	161,49	95,31	138,64	155,97	91,94	133,74	150,45
	VI	2 487,75	136,82	199,02	223,89																				
7 127,99 Ost	I,IV	2 052,58	112,89	164,20	184,73	I	2 052,58	106,14	154,39	173,69	99,39	144,58	162,65	92,65	134,77	151,61	85,91	124,96	140,58	79,16	115,14	129,53	72,42	105,34	118,50
	II	2 006,75	110,37	160,54	180,60	II	2 006,75	103,62	150,73	169,57	96,88	140,92	158,53	90,13	131,10	147,49	83,39	121,30	136,46	76,64	111,48	125,42	69,90	101,67	114,38
	III	1 444,33	79,43	115,54	129,98	III	1 444,33	73,77	107,30	120,71	68,24	99,26	111,67	62,83	91,40	102,82	57,55	83,72	94,18	52,40	76,22	85,75	47,38	68,92	77,53
	V	2 467,16	135,69	197,37	222,04	IV	2 052,58	109,51	159,30	179,21	106,14	154,39	173,69	102,77	149,48	168,17	99,39	144,58	162,65	96,03	139,68	157,14	92,65	134,77	151,61
	VI	2 500,58	137,53	200,04	225,05																				

* Die ausgewiesenen Tabellenwerte sind amtlich. Siehe Erläuterungen auf der Umschlaginnenseite (U2).

Lohn/ Gehalt bis €*		I – VI					I, II, III, IV																		
			ohne Kinderfreibeträge					mit Zahl der Kinderfreibeträge . . .																	
								0,5			1			1,5			2			2,5			3		
		LSt	SolZ	8%	9%		LSt	SolZ	8%	9%	SolZ	8%	9%	SolZ	8%	9%	SolZ	8%	9%	SolZ	8%	9%	SolZ	8%	9%
7 130,99	I,IV	2 040,91	112,25	163,27	183,68	I	2 040,91	105,50	153,46	172,64	98,76	143,65	161,60	92,01	133,84	150,57	85,27	124,03	139,53	78,52	114,22	128,49	71,77	104,40	117,45
West	II	1 995,16	109,73	159,61	179,56	II	1 995,16	102,98	149,80	168,52	96,24	139,99	157,49	89,49	130,18	146,45	82,75	120,36	135,41	76,01	110,56	124,38	69,26	100,74	113,33
	III	1 434,50	78,89	114,76	129,10	III	1 434,50	73,25	106,54	119,86	67,72	98,50	110,81	62,33	90,66	101,99	57,06	83,—	93,37	51,92	75,53	84,97	46,91	68,24	76,77
	V	2 455,50	135,05	196,44	220,99	IV	2 040,91	108,87	158,36	178,16	105,50	153,46	172,64	102,13	148,56	167,13	98,76	143,65	161,60	95,38	138,74	156,08	92,01	133,84	150,57
	VI	2 489,—	136,89	199,12	224,01																				
7 130,99	I,IV	2 053,83	112,96	164,30	184,84	I	2 053,83	106,21	154,49	173,80	99,47	144,68	162,77	92,72	134,87	151,73	85,97	125,06	140,69	79,23	115,24	129,65	72,49	105,44	118,62
Ost	II	2 008,08	110,44	160,64	180,72	II	2 008,08	103,69	150,83	169,68	96,95	141,02	158,64	90,20	131,20	147,60	83,46	121,40	136,57	76,71	111,58	125,53	69,96	101,77	114,49
	III	1 445,50	79,50	115,64	130,09	III	1 445,50	73,83	107,40	120,82	68,30	99,34	111,76	62,89	91,48	102,91	57,61	83,80	94,27	52,46	76,30	85,84	47,43	69,—	77,62
	V	2 468,41	135,76	197,47	222,15	IV	2 053,83	109,58	159,40	179,32	106,21	154,49	173,80	102,84	149,58	168,28	99,47	144,68	162,77	96,09	139,78	157,25	92,72	134,87	151,73
	VI	2 501,83	137,60	200,14	225,16																				
7 133,99	I,IV	2 042,16	112,31	163,37	183,79	I	2 042,16	105,57	153,56	172,76	98,83	143,75	161,72	92,08	133,94	150,68	85,34	124,13	139,64	78,59	114,32	128,61	71,84	104,50	117,56
West	II	1 996,41	109,80	159,71	179,67	II	1 996,41	103,05	149,90	168,63	96,31	140,09	157,60	89,56	130,28	146,56	82,82	120,46	135,52	76,07	110,66	124,49	69,33	100,84	113,45
	III	1 435,66	78,96	114,85	129,20	III	1 435,66	73,30	106,62	119,95	67,77	98,58	110,90	62,37	90,73	102,07	57,11	83,08	93,46	51,97	75,60	85,05	46,97	68,32	76,86
	V	2 456,75	135,12	196,54	221,10	IV	2 042,16	108,95	158,47	178,28	105,57	153,56	172,76	102,20	148,66	167,24	98,83	143,75	161,72	95,45	138,84	156,20	92,08	133,94	150,68
	VI	2 490,25	136,96	199,22	224,12																				
7 133,99	I,IV	2 055,08	113,02	164,40	184,95	I	2 055,08	106,28	154,59	173,91	99,54	144,78	162,88	92,79	134,97	151,84	86,04	125,16	140,80	79,30	115,35	129,77	72,55	105,54	118,73
Ost	II	2 009,33	110,51	160,74	180,83	II	2 009,33	103,76	150,93	169,79	97,02	141,12	158,76	90,27	131,31	147,72	83,53	121,50	136,68	76,78	111,68	125,64	70,04	101,88	114,61
	III	1 446,50	79,55	115,72	130,18	III	1 446,50	73,89	107,48	120,91	68,35	99,42	111,85	62,94	91,56	103,—	57,66	83,88	94,36	52,50	76,37	85,91	47,48	69,06	77,69
	V	2 469,66	135,83	197,57	222,26	IV	2 055,08	109,65	159,50	179,43	106,28	154,59	173,91	102,90	149,68	168,39	99,54	144,78	162,88	96,16	139,88	157,36	92,79	134,97	151,84
	VI	2 503,08	137,66	200,24	225,27																				
7 136,99	I,IV	2 043,50	112,39	163,48	183,91	I	2 043,50	105,64	153,66	172,87	98,89	143,85	161,83	92,15	134,04	150,80	85,41	124,23	139,76	78,66	114,42	128,72	71,91	104,60	117,68
West	II	1 997,66	109,87	159,81	179,78	II	1 997,66	103,12	150,—	168,75	96,38	140,19	157,71	89,63	130,38	146,67	82,88	120,56	135,63	76,14	110,76	124,60	69,40	100,94	113,56
	III	1 436,66	79,01	114,93	129,29	III	1 436,66	73,36	106,70	120,04	67,83	98,66	110,99	62,43	90,81	102,16	57,17	83,16	93,55	52,03	75,68	85,14	47,01	68,38	76,93
	V	2 458,—	135,19	196,64	221,22	IV	2 043,50	109,01	158,57	178,39	105,64	153,66	172,87	102,27	148,76	167,35	98,89	143,85	161,83	95,52	138,94	156,31	92,15	134,04	150,80
	VI	2 491,50	137,03	199,32	224,23																				
7 136,99	I,IV	2 056,33	113,09	164,50	185,06	I	2 056,33	106,35	154,69	174,02	99,60	144,88	162,99	92,86	135,07	151,95	86,11	125,26	140,91	79,37	115,45	129,88	72,62	105,64	118,84
Ost	II	2 010,58	110,58	160,84	180,95	II	2 010,58	103,83	151,03	169,91	97,08	141,22	158,87	90,34	131,41	147,83	83,60	121,60	136,80	76,85	111,78	125,75	70,11	101,98	114,72
	III	1 447,66	79,62	115,81	130,28	III	1 447,66	73,94	107,56	121,—	68,41	99,50	111,94	63,—	91,64	103,09	57,71	83,94	94,43	52,56	76,45	86,—	47,53	69,14	77,78
	V	2 470,91	135,90	197,67	222,38	IV	2 056,33	109,72	159,60	179,55	106,35	154,69	174,02	102,98	149,79	168,51	99,60	144,88	162,99	96,23	139,98	157,47	92,86	135,07	151,95
	VI	2 504,33	137,73	200,34	225,38																				
7 139,99	I,IV	2 044,75	112,46	163,58	184,02	I	2 044,75	105,71	153,76	172,98	98,96	143,95	161,94	92,22	134,14	150,91	85,47	124,33	139,87	78,73	114,52	128,83	71,99	104,71	117,80
West	II	1 998,91	109,94	159,91	179,90	II	1 998,91	103,19	150,10	168,86	96,45	140,29	157,82	89,70	130,48	146,79	82,96	120,67	135,75	76,21	110,86	124,71	69,46	101,04	113,67
	III	1 437,83	79,08	115,02	129,40	III	1 437,83	73,41	106,78	120,13	67,88	98,74	111,08	62,48	90,89	102,25	57,21	83,22	93,62	52,08	75,76	85,23	47,07	68,46	77,02
	V	2 459,25	135,25	196,74	221,33	IV	2 044,75	109,08	158,67	178,50	105,71	153,76	172,98	102,34	148,86	167,46	98,96	143,95	161,94	95,59	139,04	156,42	92,22	134,14	150,91
	VI	2 492,75	137,10	199,42	224,34																				
7 139,99	I,IV	2 057,58	113,16	164,60	185,18	I	2 057,58	106,42	154,80	174,15	99,67	144,98	163,10	92,93	135,17	152,06	86,18	125,36	141,03	79,44	115,55	129,99	72,69	105,74	118,95
Ost	II	2 011,83	110,65	160,94	181,06	II	2 011,83	103,90	151,13	170,02	97,16	141,32	158,99	90,41	131,51	147,95	83,66	121,70	136,91	76,92	111,88	125,87	70,18	102,08	114,84
	III	1 448,66	79,67	115,89	130,37	III	1 448,66	74,01	107,65	121,10	68,46	99,58	112,03	63,05	91,72	103,18	57,76	84,02	94,52	52,61	76,53	86,09	47,58	69,21	77,86
	V	2 472,16	135,96	197,77	222,49	IV	2 057,58	109,79	159,70	179,66	106,42	154,80	174,15	103,05	149,89	168,62	99,67	144,98	163,10	96,30	140,08	157,59	92,93	135,17	152,06
	VI	2 505,66	137,81	200,45	225,50																				
7 142,99	I,IV	2 046,—	112,53	163,68	184,14	I	2 046,—	105,78	153,86	173,09	99,03	144,05	162,05	92,29	134,24	151,02	85,54	124,43	139,98	78,80	114,62	128,94	72,05	104,81	117,91
West	II	2 000,16	110,—	160,01	180,01	II	2 000,16	103,26	150,20	168,98	96,52	140,39	157,94	89,77	130,58	146,90	83,03	120,77	135,86	76,28	110,96	124,83	69,53	101,14	113,78
	III	1 438,83	79,13	115,10	129,49	III	1 438,83	73,48	106,88	120,24	67,95	98,84	111,19	62,54	90,97	102,34	57,27	83,30	93,71	52,13	75,82	85,30	47,11	68,53	77,09
	V	2 460,58	135,33	196,84	221,45	IV	2 046,—	109,15	158,77	178,61	105,78	153,86	173,09	102,41	148,96	167,58	99,03	144,05	162,05	95,66	139,15	156,54	92,29	134,24	151,02
	VI	2 494,—	137,17	199,52	224,46																				
7 142,99	I,IV	2 058,83	113,23	164,70	185,29	I	2 058,83	106,49	154,90	174,26	99,74	145,08	163,22	93,—	135,27	152,18	86,25	125,46	141,14	79,51	115,65	130,10	72,76	105,84	119,07
Ost	II	2 013,08	110,71	161,04	181,17	II	2 013,08	103,97	151,23	170,13	97,23	141,42	159,10	90,48	131,61	148,06	83,73	121,80	137,02	76,99	111,99	125,99	70,24	102,18	114,95
	III	1 449,83	79,74	115,98	130,48	III	1 449,83	74,06	107,73	121,19	68,52	99,66	112,12	63,11	91,80	103,27	57,82	84,10	94,61	52,67	76,61	86,18	47,63	69,29	77,95
	V	2 473,41	136,03	197,87	222,60	IV	2 058,83	109,86	159,80	179,78	106,49	154,90	174,26	103,12	149,99	168,74	99,74	145,08	163,22	96,37	140,18	157,70	93,—	135,27	152,18
	VI	2 506,91	137,88	200,55	225,62																				
7 145,99	I,IV	2 047,25	112,59	163,78	184,25	I	2 047,25	105,85	153,96	173,21	99,11	144,16	162,18	92,36	134,34	151,13	85,61	124,53	140,09	78,87	114,72	129,06	72,12	104,91	118,02
West	II	2 001,50	110,08	160,12	180,13	II	2 001,50	103,33	150,30	169,09	96,58	140,49	158,05	89,84	130,68	147,02	83,10	120,87	135,98	76,35	111,06	124,94	69,60	101,24	113,90
	III	1 439,83	79,19	115,18	129,58	III	1 439,83	73,53	106,96	120,33	68,—	98,92	111,28	62,59	91,05	102,43	57,32	83,38	93,80	52,18	75,90	85,39	47,17	68,61	77,18
	V	2 461,83	135,40	196,94	221,56	IV	2 047,25	109,22	158,87	178,73	105,85	153,96	173,21	102,47	149,06	167,69	99,11	144,16	162,18	95,73	139,25	156,65	92,36	134,34	151,13
	VI	2 495,25	137,23	199,62	224,57																				
7 145,99	I,IV	2 060,08	113,30	164,80	185,40	I	2 060,08	106,56	155,—	174,37	99,81	145,18	163,33	93,06	135,37	152,29	86,32	125,56	141,26	79,58	115,75	130,22	72,83	105,94	119,18
Ost	II	2 014,33	110,78	161,14	181,28	II	2 014,33	104,04	151,33	170,24	97,29	141,52	159,21	90,55	131,71	148,17	83,80	121,90	137,13	77,06	112,09	126,10	70,31	102,28	115,06
	III	1 450,83	79,79	116,06	130,57	III	1 450,83	74,12	107,81	121,28	68,57	99,74	112,21	63,16	91,88	103,36	57,87	84,18	94,70	52,71	76,68	86,26	47,69	69,37	78,04
	V	2 474,66	136,10	197,97	222,71	IV	2 060,08	109,93	159,90	179,89	106,56	155,—	174,37	103,18	150,09	168,85	99,81	145,18	163,33	96,44	140,28	157,81	93,06	135,37	152,29
	VI	2 508,16	137,94	200,65	225,73																				
7 148,99	I,IV	2 048,50	112,66	163,88	184,36	I	2 048,50	105,92	154,06	173,32	99,17	144,26	162,29	92,43	134,44	151,25	85,68	124,63	140,21	78,94	114,82	129,17	72,19	105,01	118,13
West	II	2 002,75	110,15	160,22	180,24	II	2 002,75	103,40	150,40	169,20	96,65	140,59	158,16	89,91	130,78	147,13	83,16	120,97	136,09	76,42	111,16	125,05	69,68	101,35	114,02
	III	1 441,—	79,25	115,28	129,69	III	1 441,—	73,59	107,04	120,42	68,06	99,—	111,37	62,65	91,13	102,52	57,38	83,46	93,89	52,24	75,98	85,48	47,21	68,68	77,26
	V	2 463,08	135,46	197,04	221,67	IV	2 048,50	109,29	158,97	178,84	105,92	154,06	173,32	102,55	149,16	167,81	99,17	144,26	162,29	95,80	139,35	156,77	92,43	134,44	151,25
	VI	2 496,50	137,30	199,72	224,68																				
7 148,99	I,IV	2 061,41	113,37	164,91	185,52	I	2 061,41	106,63	155,10	174,48	99,88	145,28	163,44	93,14	135,48	152,41	86,39	125,66	141,37	79,64	115,85	130,33	72,90	106,04	119,30
Ost	II	2 015,58	110,85	161,24	181,40	II	2 015,58	104,11	151,44	170,37	97,36	141,62	159,32	90,62	131,81	148,28	83,87	122,—	137,25	77,13	112,19	126,21	70,38	102,38	115,17
	III	1 451,83	79,85	116,14	130,66	III	1 451,83	74,17	107,89	121,37	68,64	99,84	112,32	63,22	91,96	103,45	57,93	84,26	94,79	52,77	76,76	86,35	47,74	69,44	78,12
	V	2 475,91	136,17	198,07	222,83	IV	2 061,41	110,—	160,—	180,—	106,63	155,10	174,48	103,25	150,19	168,96	99,88	145,28	163,44	96,51	140,38	157,92	93,14	135,48	152,41
	VI	2 509,41	138,01	200,75	225,84																				
7 151,99	I,IV	2 049,75	112,73	163,98	184,47	I	2 049,75	105,98	154,16	173,43	99,24	144,36	162,40	92,50	134,54	151,36	85,75	124,73	140,32	79,01	114,92	129,29	72,26	105,11	118,25
West	II	2 004,—	110,22	160,32	180,36	II	2 004,—	103,47	150,50	169,31	96,72	140,69	158,27	89,98	130,88	147,24	83,23	121,07	136,20	76,49	111,26	125,16	69,74	101,45	114,13
	III	1 442,—	79,31	115,36	129,78	III	1 442,—	73,65	107,13	120,52	68,11	99,08	111,46	62,70	91,21	102,61	57,43	83,54	93,98	52,28	76,05	85,55	47,27	68,76	77,35
	V	2 464,33	135,53	197,14	221,78	IV	2 049,75	109,36	159,07	178,95	105,98	154,16	173,43	102,62	149,26	167,92	99,24	144,36	162,40	95,87	139,45	156,88	92,50	134,54	151,36
	VI	2 497,75	137,37	199,82	224,79																				
7 151,99	I,IV	2 062,66	113,44	165,01	185,63	I	2 062,66	106,70	155,20	174,60	99,95	145,38	163,55	93,21	135,58	152,52	86,46	125,76	141,48	79,71	115,95	130,44	72,97	106,14	119,41
Ost	II	2 016,83	110,92	161,34	181,51	II	2 016,83	104,18	151,54	170,48	97,43	141,72	159,44	90,69	131,91	148,40	83,94	122,10	137,36	77,20	112,29	126,32	70,45	102,48	115,29
	III	1 453,—	79,91	116,24	130,77	III	1 453,—	74,24	107,98	121,48	68,69	99,92	112,41	63,27	92,04	103,54	57,98	84,34	94,88	52,82	76,84	86,44	47,79	69,52	78,21
	V	2 477,25	136,24	198,18	222,95	IV	2 062,66	110,07	160,10	180,11	106,70	155,20	174,60	103,32	150,29	169,07	99,95	145,38	163,55	96,58	140,48	158,04	93,21	135,58	152,52
	VI	2 510,66	138,08	200,85	225,95																				

Table heading: Abzüge an Lohnsteuer, Solidaritätszuschlag (SolZ) und Kirchensteuer (8%, 9%) in den Steuerklassen

*** Die ausgewiesenen Tabellenwerte sind amtlich. Siehe Erläuterungen auf der Umschlaginnenseite (U2).**

MONAT 7 152,–*

Abzüge an Lohnsteuer, Solidaritätszuschlag (SolZ) und Kirchensteuer (8%, 9%) in den Steuerklassen

Lohn/ Gehalt bis €*	I – VI					I, II, III, IV																			
			ohne Kinderfreibeträge					**mit** Zahl der Kinderfreibeträge . . .																	
								0,5			1			1,5			2			2,5			3		
		LSt	SolZ	8%	9%		LSt	SolZ	8%	9%	SolZ	8%	9%	SolZ	8%	9%	SolZ	8%	9%	SolZ	8%	9%	SolZ	8%	9%
7 154,99 West	I,IV	2 051,—	112,80	164,08	184,59	I	2 051,—	106,06	154,27	173,55	99,31	144,46	162,51	92,56	134,64	151,47	85,82	124,84	140,44	79,08	115,02	129,40	72,33	105,21	118,36
	II	2 005,25	110,28	160,42	180,47	II	2 005,25	103,54	150,60	169,43	96,80	140,80	158,40	90,05	130,98	147,35	83,30	121,17	136,31	76,56	111,36	125,28	69,81	101,55	114,24
	III	1 443,16	79,37	115,45	129,88	III	1 443,16	73,70	107,21	120,61	68,17	99,16	111,55	62,76	91,29	102,70	57,49	83,62	94,07	52,34	76,13	85,64	47,31	68,82	77,42
	V	2 465,58	135,60	197,24	221,90	IV	2 051,—	109,43	159,17	179,06	106,06	154,27	173,55	102,68	149,36	168,03	99,31	144,46	162,51	95,94	139,55	156,99	92,56	134,64	151,47
	VI	2 499,08	137,44	199,92	224,91																				
7 154,99 Ost	I,IV	2 063,91	113,51	165,11	185,75	I	2 063,91	106,76	155,30	174,71	100,02	145,48	163,67	93,28	135,68	152,64	86,53	125,86	141,59	79,78	116,05	130,55	73,04	106,24	119,52
	II	2 018,08	110,99	161,44	181,62	II	2 018,08	104,25	151,64	170,59	97,50	141,82	159,55	90,75	132,01	148,51	84,01	122,20	137,48	77,27	112,39	126,44	70,52	102,58	115,40
	III	1 454,—	79,97	116,32	130,86	III	1 454,—	74,29	108,06	121,57	68,75	100,—	112,50	63,33	92,12	103,63	58,03	84,41	94,96	52,87	76,90	86,51	47,84	69,58	78,28
	V	2 478,50	136,31	198,28	223,06	IV	2 063,91	110,14	160,20	180,23	106,76	155,30	174,71	103,39	150,39	169,19	100,02	145,48	163,67	96,65	140,58	158,15	93,28	135,68	152,64
	VI	2 511,91	138,15	200,95	226,07																				
7 157,99 West	I,IV	2 052,25	112,87	164,18	184,70	I	2 052,25	106,13	154,37	173,66	99,38	144,56	162,63	92,63	134,74	151,58	85,89	124,94	140,55	79,14	115,12	129,51	72,40	105,31	118,47
	II	2 006,50	110,35	160,52	180,58	II	2 006,50	103,61	150,70	169,54	96,86	140,90	158,51	90,12	131,08	147,47	83,37	121,27	136,43	76,63	111,46	125,39	69,88	101,65	114,35
	III	1 444,16	79,42	115,53	129,97	III	1 444,16	73,76	107,29	120,70	68,22	99,24	111,64	62,81	91,37	102,79	57,54	83,70	94,16	52,39	76,21	85,73	47,37	68,90	77,51
	V	2 466,83	135,67	197,34	222,01	IV	2 052,25	109,50	159,28	179,19	106,13	154,37	173,66	102,75	149,46	168,14	99,38	144,56	162,63	96,01	139,65	157,10	92,63	134,74	151,58
	VI	2 500,33	137,51	200,02	225,02																				
7 157,99 Ost	I,IV	2 065,16	113,58	165,21	185,86	I	2 065,16	106,83	155,40	174,82	100,09	145,59	163,79	93,34	135,78	152,75	86,60	125,96	141,71	79,86	116,16	130,68	73,11	106,34	119,63
	II	2 019,41	111,06	161,55	181,74	II	2 019,41	104,32	151,74	170,70	97,57	141,92	159,66	90,83	132,12	148,63	84,08	122,30	137,59	77,33	112,49	126,55	70,59	102,68	115,52
	III	1 455,16	80,03	116,41	130,96	III	1 455,16	74,35	108,14	121,66	68,80	100,08	112,59	63,38	92,20	103,72	58,08	84,49	95,05	52,92	76,98	86,60	47,89	69,66	78,37
	V	2 479,75	136,38	198,38	223,17	IV	2 065,16	110,21	160,30	180,34	106,83	155,40	174,82	103,46	150,49	169,30	100,09	145,59	163,79	96,72	140,68	158,27	93,34	135,78	152,75
	VI	2 513,16	138,22	201,05	226,18																				
7 160,99 West	I,IV	2 053,58	112,94	164,28	184,82	I	2 053,58	106,20	154,47	173,78	99,45	144,66	162,74	92,70	134,84	151,70	85,96	125,04	140,67	79,21	115,22	129,62	72,47	105,41	118,58
	II	2 007,75	110,42	160,62	180,69	II	2 007,75	103,67	150,80	169,65	96,93	141,—	158,62	90,19	131,18	147,58	83,44	121,37	136,54	76,70	111,56	125,51	69,95	101,75	114,47
	III	1 445,16	79,48	115,61	130,06	III	1 445,16	73,81	107,37	120,79	68,28	99,32	111,73	62,87	91,45	102,88	57,59	83,77	94,24	52,44	76,28	85,81	47,42	68,98	77,60
	V	2 468,08	135,74	197,44	222,12	IV	2 053,58	109,57	159,38	179,30	106,20	154,47	173,78	102,82	149,56	168,26	99,45	144,66	162,74	96,08	139,75	157,22	92,70	134,84	151,70
	VI	2 501,58	137,58	200,12	225,14																				
7 160,99 Ost	I,IV	2 066,41	113,65	165,31	185,97	I	2 066,41	106,90	155,50	174,93	100,16	145,69	163,90	93,41	135,88	152,86	86,67	126,06	141,82	79,92	116,26	130,79	73,18	106,44	119,75
	II	2 020,66	111,13	161,65	181,85	II	2 020,66	104,39	151,84	170,82	97,64	142,02	159,77	90,90	132,22	148,74	84,15	122,40	137,70	77,40	112,59	126,66	70,66	102,78	115,63
	III	1 456,16	80,08	116,49	131,05	III	1 456,16	74,41	108,24	121,77	68,86	100,16	112,68	63,44	92,28	103,81	58,14	84,57	95,14	52,98	77,06	86,69	47,94	69,73	78,44
	V	2 481,—	136,45	198,48	223,29	IV	2 066,41	110,27	160,40	180,45	106,90	155,50	174,93	103,53	150,60	169,42	100,16	145,69	163,90	96,79	140,78	158,38	93,41	135,88	152,86
	VI	2 514,41	138,29	201,15	226,29																				
7 163,99 West	I,IV	2 054,83	113,01	164,38	184,93	I	2 054,83	106,26	154,57	173,89	99,52	144,76	162,85	92,78	134,95	151,82	86,03	125,14	140,78	79,28	115,32	129,74	72,54	105,52	118,71
	II	2 009,—	110,49	160,72	180,81	II	2 009,—	103,75	150,91	169,77	97,—	141,10	158,73	90,25	131,28	147,69	83,51	121,48	136,66	76,77	111,66	125,62	70,02	101,85	114,58
	III	1 446,33	79,54	115,70	130,16	III	1 446,33	73,88	107,46	120,89	68,33	99,40	111,82	62,92	91,53	102,97	57,64	83,85	94,33	52,49	76,36	85,90	47,47	69,05	77,68
	V	2 469,33	135,81	197,54	222,23	IV	2 054,83	109,64	159,48	179,41	106,26	154,57	173,89	102,89	149,66	168,37	99,52	144,76	162,85	96,14	139,85	157,33	92,78	134,95	151,82
	VI	2 502,83	137,65	200,22	225,25																				
7 163,99 Ost	I,IV	2 067,66	113,72	165,41	186,08	I	2 067,66	106,97	155,60	175,05	100,23	145,79	164,01	93,48	135,98	152,97	86,73	126,16	141,93	79,99	116,36	130,90	73,25	106,54	119,86
	II	2 021,91	111,20	161,75	181,97	II	2 021,91	104,45	151,94	170,93	97,71	142,12	159,89	90,97	132,32	148,86	84,22	122,50	137,81	77,47	112,69	126,77	70,73	102,88	115,74
	III	1 457,33	80,15	116,58	131,15	III	1 457,33	74,47	108,32	121,86	68,91	100,24	112,77	63,49	92,36	103,90	58,19	84,65	95,23	53,03	77,14	86,78	47,99	69,81	78,53
	V	2 482,25	136,52	198,58	223,40	IV	2 067,66	110,34	160,50	180,56	106,97	155,60	175,05	103,60	150,70	169,53	100,23	145,79	164,01	96,85	140,88	158,49	93,48	135,98	152,97
	VI	2 515,75	138,36	201,26	226,41																				
7 166,99 West	I,IV	2 056,08	113,08	164,48	185,04	I	2 056,08	106,33	154,67	174,—	99,59	144,86	162,96	92,84	135,05	151,93	86,10	125,24	140,89	79,35	115,42	129,85	72,61	105,62	118,82
	II	2 010,25	110,56	160,82	180,92	II	2 010,25	103,82	151,01	169,88	97,07	141,20	158,85	90,32	131,38	147,80	83,58	121,58	136,77	76,83	111,76	125,73	70,09	101,95	114,69
	III	1 447,33	79,60	115,78	130,25	III	1 447,33	73,93	107,54	120,98	68,40	99,49	111,92	62,98	91,61	103,06	57,70	83,93	94,42	52,55	76,44	85,99	47,52	69,13	77,77
	V	2 470,66	135,88	197,65	222,35	IV	2 056,08	109,71	159,58	179,52	106,33	154,67	174,—	102,96	149,76	168,48	99,59	144,86	162,96	96,22	139,96	157,45	92,84	135,05	151,93
	VI	2 504,08	137,72	200,32	225,36																				
7 166,99 Ost	I,IV	2 068,91	113,79	165,51	186,20	I	2 068,91	107,04	155,70	175,16	100,30	145,89	164,12	93,55	136,08	153,09	86,81	126,27	142,05	80,06	116,46	131,01	73,31	106,64	119,97
	II	2 023,16	111,27	161,85	182,08	II	2 023,16	104,52	152,04	171,04	97,78	142,23	160,01	91,03	132,42	148,97	84,29	122,60	137,93	77,55	112,80	126,90	70,80	102,98	115,85
	III	1 458,33	80,20	116,66	131,24	III	1 458,33	74,52	108,40	121,95	68,97	100,32	112,86	63,55	92,44	103,99	58,25	84,73	95,32	53,08	77,21	86,86	48,05	69,89	78,62
	V	2 483,50	136,59	198,68	223,51	IV	2 068,91	110,41	160,60	180,68	107,04	155,70	175,16	103,67	150,80	169,65	100,30	145,89	164,12	96,92	140,98	158,60	93,55	136,08	153,09
	VI	2 517,—	138,43	201,36	226,53																				
7 169,99 West	I,IV	2 057,33	113,15	164,58	185,15	I	2 057,33	106,40	154,77	174,11	99,66	144,96	163,08	92,91	135,15	152,04	86,17	125,34	141,—	79,42	115,52	129,96	72,68	105,72	118,93
	II	2 011,58	110,63	160,92	181,04	II	2 011,58	103,89	151,11	170,—	97,14	141,30	158,96	90,39	131,48	147,92	83,65	121,68	136,89	76,90	111,86	125,84	70,16	102,05	114,80
	III	1 448,50	79,66	115,88	130,36	III	1 448,50	73,99	107,62	121,07	68,45	99,57	112,01	63,03	91,69	103,15	57,75	84,01	94,51	52,60	76,52	86,08	47,57	69,20	77,85
	V	2 471,91	135,95	197,75	222,47	IV	2 057,33	109,78	159,68	179,64	106,40	154,77	174,11	103,03	149,86	168,59	99,66	144,96	163,08	96,29	140,06	157,56	92,91	135,15	152,04
	VI	2 505,33	137,79	200,42	225,47																				
7 169,99 Ost	I,IV	2 070,16	113,85	165,61	186,31	I	2 070,16	107,11	155,80	175,28	100,37	145,99	164,24	93,62	136,18	153,20	86,88	126,37	142,16	80,13	116,56	131,13	73,38	106,74	120,08
	II	2 024,41	111,34	161,95	182,19	II	2 024,41	104,59	152,14	171,15	97,85	142,33	160,12	91,10	132,52	149,08	84,36	122,70	138,04	77,61	112,90	127,01	70,87	103,08	115,97
	III	1 459,50	80,27	116,76	131,35	III	1 459,50	74,58	108,49	122,05	69,03	100,41	112,96	63,60	92,52	104,08	58,30	84,81	95,41	53,13	77,29	86,95	48,09	69,96	78,70
	V	2 484,75	136,66	198,78	223,62	IV	2 070,16	110,49	160,71	180,80	107,11	155,80	175,28	103,74	150,90	169,76	100,37	145,99	164,24	96,99	141,08	158,72	93,62	136,18	153,20
	VI	2 518,25	138,50	201,46	226,64																				
7 172,99 West	I,IV	2 058,58	113,22	164,68	185,27	I	2 058,58	106,47	154,87	174,23	99,73	145,06	163,19	92,98	135,25	152,15	86,24	125,44	141,12	79,49	115,63	130,08	72,75	105,82	119,04
	II	2 012,83	110,70	161,02	181,15	II	2 012,83	103,95	151,21	170,11	97,21	141,40	159,07	90,47	131,59	148,04	83,72	121,78	137,—	76,97	111,96	125,96	70,23	102,16	114,93
	III	1 449,50	79,72	115,96	130,45	III	1 449,50	74,05	107,72	121,18	68,51	99,65	112,10	63,09	91,77	103,24	57,81	84,09	94,60	52,65	76,58	86,15	47,63	69,28	77,94
	V	2 473,16	136,02	197,85	222,58	IV	2 058,58	109,84	159,78	179,75	106,47	154,87	174,23	103,10	149,96	168,71	99,73	145,06	163,19	96,36	140,16	157,68	92,98	135,25	152,15
	VI	2 506,58	137,86	200,52	225,59																				
7 172,99 Ost	I,IV	2 071,50	113,93	165,72	186,43	I	2 071,50	107,18	155,90	175,39	100,43	146,09	164,35	93,69	136,28	153,32	86,95	126,47	142,28	80,20	116,66	131,24	73,45	106,84	120,20
	II	2 025,66	111,41	162,05	182,30	II	2 025,66	104,66	152,24	171,27	97,92	142,43	160,23	91,17	132,62	149,19	84,42	122,80	138,15	77,68	113,—	127,12	70,94	103,18	116,08
	III	1 460,50	80,32	116,84	131,44	III	1 460,50	74,64	108,57	122,14	69,08	100,49	113,05	63,66	92,60	104,17	58,36	84,89	95,50	53,19	77,37	87,04	48,15	70,04	78,79
	V	2 486,—	136,73	198,88	223,74	IV	2 071,50	110,55	160,81	180,91	107,18	155,90	175,39	103,81	151,—	169,87	100,43	146,09	164,35	97,06	141,18	158,83	93,69	136,28	153,32
	VI	2 519,50	138,57	201,56	226,75																				
7 175,99 West	I,IV	2 059,83	113,29	164,78	185,38	I	2 059,83	106,54	154,97	174,34	99,80	145,16	163,31	93,05	135,35	152,27	86,30	125,54	141,23	79,56	115,73	130,19	72,82	105,92	119,16
	II	2 014,08	110,77	161,12	181,26	II	2 014,08	104,02	151,31	170,22	97,28	141,50	159,18	90,53	131,69	148,15	83,79	121,88	137,11	77,04	112,06	126,07	70,30	102,26	115,04
	III	1 450,66	79,78	116,05	130,55	III	1 450,66	74,11	107,80	121,27	68,56	99,73	112,19	63,14	91,85	103,33	57,86	84,17	94,69	52,70	76,66	86,24	47,67	69,34	78,01
	V	2 474,41	136,09	197,95	222,69	IV	2 059,83	109,91	159,88	179,86	106,54	154,97	174,34	103,17	150,07	168,83	99,80	145,16	163,31	96,42	140,26	157,79	93,05	135,35	152,27
	VI	2 507,83	137,93	200,62	225,70																				
7 175,99 Ost	I,IV	2 072,75	114,—	165,82	186,54	I	2 072,75	107,25	156,—	175,50	100,50	146,19	164,46	93,76	136,38	153,43	87,01	126,57	142,39	80,27	116,76	131,35	73,53	106,95	120,32
	II	2 026,91	111,48	162,15	182,42	II	2 026,91	104,73	152,34	171,38	97,99	142,53	160,34	91,24	132,72	149,31	84,50	122,91	138,27	77,75	113,10	127,23	71,—	103,28	116,19
	III	1 461,50	80,38	116,92	131,53	III	1 461,50	74,69	108,65	122,23	69,14	100,57	113,14	63,71	92,68	104,26	58,41	84,97	95,59	53,24	77,44	87,12	48,19	70,10	78,86
	V	2 487,25	136,79	198,98	223,85	IV	2 072,75	110,62	160,91	181,02	107,25	156,—	175,50	103,88	151,10	169,98	100,50	146,19	164,46	97,13	141,28	158,94	93,76	136,38	153,43
	VI	2 520,75	138,64	201,66	226,86																				

* Die ausgewiesenen Tabellenwerte sind amtlich. Siehe Erläuterungen auf der Umschlaginnenseite (U2).

Lohn/ Gehalt bis €*		Abzüge an Lohnsteuer, Solidaritätszuschlag (SolZ) und Kirchensteuer (8%, 9%) in den Steuerklassen I – VI					I, II, III, IV – mit Zahl der Kinderfreibeträge . . .																			
			ohne Kinderfreibeträge					0,5			1			1,5			2			2,5			3		
		LSt	SolZ	8%	9%		LSt	SolZ	8%	9%	SolZ	8%	9%	SolZ	8%	9%	SolZ	8%	9%	SolZ	8%	9%	SolZ	8%	9%
7 178,99 West	I,IV	2 061,08	113,35	164,88	185,49	I	2 061,08	106,61	155,08	174,46	99,87	145,26	163,42	93,12	135,45	152,38	86,38	125,64	141,35	79,63	115,83	130,31	72,88	106,02	119,27
	II	2 015,33	110,84	161,22	181,37	II	2 015,33	104,09	151,41	170,33	97,35	141,60	159,30	90,60	131,79	148,26	83,86	121,98	137,22	77,11	112,16	126,18	70,37	102,36	115,15
	III	1 451,66	79,84	116,13	130,64	III	1 451,66	74,16	107,88	121,36	68,62	99,81	112,28	63,20	91,93	103,42	57,91	84,24	94,77	52,76	76,74	86,33	47,73	69,42	78,10
	V	2 475,66	136,16	198,05	222,80	IV	2 061,08	109,98	159,98	179,97	106,61	155,08	174,46	103,24	150,17	168,94	99,87	145,26	163,42	96,49	140,36	157,90	93,12	135,45	152,38
	VI	2 509,16	138,—	200,73	225,82																				
7 178,99 Ost	I,IV	2 074,—	114,07	165,92	186,66	I	2 074,—	107,32	156,10	175,61	100,57	146,29	164,57	93,83	136,48	153,54	87,08	126,67	142,50	80,34	116,86	131,46	73,59	107,05	120,43
	II	2 028,16	111,54	162,25	182,53	II	2 028,16	104,80	152,44	171,50	98,06	142,63	160,46	91,31	132,82	149,42	84,57	123,01	138,38	77,82	113,20	127,35	71,07	103,38	116,30
	III	1 462,66	80,44	117,01	131,63	III	1 462,66	74,75	108,73	122,32	69,19	100,65	113,23	63,77	92,76	104,35	58,46	85,04	95,67	53,29	77,52	87,21	48,25	70,18	78,95
	V	2 488,58	136,87	199,08	223,97	IV	2 074,—	110,69	161,01	181,13	107,32	156,10	175,61	103,95	151,20	170,10	100,57	146,29	164,57	97,20	141,39	159,06	93,83	136,48	153,54
	VI	2 522,—	138,71	201,76	226,98																				
7 181,99 West	I,IV	2 062,33	113,42	164,98	185,60	I	2 062,33	106,68	155,18	174,57	99,93	145,36	163,53	93,19	135,55	152,49	86,45	125,74	141,46	79,70	115,93	130,42	72,95	106,12	119,38
	II	2 016,58	110,91	161,32	181,49	II	2 016,58	104,16	151,51	170,45	97,42	141,70	159,41	90,67	131,89	148,37	83,93	122,08	137,34	77,18	112,27	126,30	70,44	102,46	115,26
	III	1 452,66	79,89	116,21	130,73	III	1 452,66	74,22	107,96	121,45	68,67	99,89	112,37	63,25	92,01	103,51	57,97	84,32	94,86	52,80	76,81	86,41	47,78	69,50	78,19
	V	2 476,91	136,23	198,15	222,92	IV	2 062,33	110,05	160,08	180,09	106,68	155,18	174,57	103,31	150,27	169,05	99,93	145,36	163,53	96,56	140,46	158,01	93,19	135,55	152,49
	VI	2 510,41	138,07	200,83	225,93																				
7 181,99 Ost	I,IV	2 075,25	114,13	166,02	186,77	I	2 075,25	107,39	156,20	175,73	100,65	146,40	164,70	93,90	136,58	153,65	87,15	126,77	142,61	80,41	116,96	131,58	73,66	107,15	120,54
	II	2 029,50	111,62	162,36	182,65	II	2 029,50	104,87	152,54	171,61	98,12	142,73	160,57	91,38	132,92	149,54	84,64	123,11	138,50	77,89	113,30	127,46	71,14	103,48	116,42
	III	1 463,66	80,50	117,09	131,72	III	1 463,66	74,81	108,82	122,42	69,25	100,73	113,32	63,82	92,84	104,44	58,52	85,12	95,76	53,35	77,60	87,30	48,29	70,25	79,03
	V	2 489,83	136,94	199,18	224,08	IV	2 075,25	110,76	161,11	181,25	107,39	156,20	175,73	104,01	151,30	170,21	100,65	146,40	164,70	97,27	141,49	159,17	93,90	136,58	153,65
	VI	2 523,25	138,77	201,86	227,09																				
7 184,99 West	I,IV	2 063,58	113,49	165,08	185,72	I	2 063,58	106,75	155,28	174,69	100,—	145,46	163,64	93,26	135,65	152,60	86,51	125,84	141,57	79,77	116,03	130,53	73,02	106,22	119,49
	II	2 017,83	110,98	161,42	181,60	II	2 017,83	104,23	151,61	170,56	97,49	141,80	159,53	90,74	131,99	148,49	83,99	122,18	137,45	77,25	112,37	126,41	70,51	102,56	115,38
	III	1 453,83	79,96	116,30	130,84	III	1 453,83	74,28	108,05	121,55	68,73	99,97	112,46	63,31	92,09	103,60	58,02	84,40	94,95	52,86	76,89	86,50	47,83	69,57	78,26
	V	2 478,16	136,29	198,25	223,03	IV	2 063,58	110,12	160,18	180,20	106,75	155,28	174,69	103,38	150,37	169,16	100,—	145,46	163,64	96,63	140,56	158,13	93,26	135,65	152,60
	VI	2 511,66	138,14	200,93	226,04																				
7 184,99 Ost	I,IV	2 076,50	114,20	166,12	186,88	I	2 076,50	107,46	156,30	175,84	100,71	146,50	164,81	93,97	136,68	153,77	87,22	126,87	142,73	80,48	117,06	131,69	73,73	107,25	120,65
	II	2 030,75	111,69	162,46	182,76	II	2 030,75	104,94	152,64	171,72	98,19	142,83	160,68	91,45	133,02	149,65	84,70	123,21	138,61	77,96	113,40	127,57	71,22	103,59	116,54
	III	1 464,83	80,56	117,18	131,83	III	1 464,83	74,87	108,90	122,51	69,30	100,81	113,41	63,88	92,92	104,53	58,57	85,20	95,85	53,40	77,68	87,39	48,35	70,33	79,12
	V	2 491,08	137,—	199,28	224,19	IV	2 076,50	110,83	161,21	181,36	107,46	156,30	175,84	104,09	151,40	170,33	100,71	146,50	164,81	97,34	141,59	159,29	93,97	136,68	153,77
	VI	2 524,50	138,84	201,96	227,20																				
7 187,99 West	I,IV	2 064,91	113,57	165,19	185,84	I	2 064,91	106,82	155,38	174,80	100,07	145,56	163,76	93,33	135,76	152,73	86,58	125,94	141,68	79,84	116,13	130,64	73,09	106,32	119,61
	II	2 019,08	111,04	161,52	181,71	II	2 019,08	104,30	151,72	170,68	97,56	141,90	159,64	90,81	132,09	148,60	84,07	122,28	137,57	77,32	112,47	126,53	70,57	102,66	115,49
	III	1 454,83	80,01	116,38	130,93	III	1 454,83	74,34	108,13	121,64	68,79	100,06	112,57	63,36	92,17	103,69	58,08	84,48	95,04	52,91	76,97	86,59	47,88	69,65	78,35
	V	2 479,41	136,36	198,35	223,14	IV	2 064,91	110,19	160,28	180,32	106,82	155,38	174,80	103,45	150,47	169,28	100,07	145,56	163,76	96,70	140,66	158,24	93,33	135,76	152,73
	VI	2 512,91	138,21	201,03	226,16																				
7 187,99 Ost	I,IV	2 077,75	114,27	166,22	186,99	I	2 077,75	107,52	156,40	175,95	100,78	146,60	164,92	94,04	136,78	153,88	87,29	126,97	142,84	80,55	117,16	131,81	73,80	107,35	120,77
	II	2 032,—	111,76	162,56	182,88	II	2 032,—	105,01	152,74	171,83	98,26	142,93	160,79	91,52	133,12	149,76	84,77	123,31	138,72	78,03	113,50	127,68	71,28	103,69	116,65
	III	1 465,83	80,62	117,26	131,92	III	1 465,83	74,92	108,98	122,60	69,37	100,90	113,51	63,93	93,—	104,62	58,63	85,28	95,94	53,45	77,74	87,46	48,40	70,41	79,21
	V	2 492,33	137,07	199,38	224,30	IV	2 077,75	110,90	161,31	181,47	107,52	156,40	175,95	104,16	151,50	170,44	100,78	146,60	164,92	97,41	141,69	159,40	94,04	136,78	153,88
	VI	2 525,75	138,91	202,06	227,31																				
7 190,99 West	I,IV	2 066,16	113,63	165,29	185,95	I	2 066,16	106,89	155,48	174,91	100,14	145,66	163,87	93,40	135,86	152,84	86,65	126,04	141,80	79,91	116,23	130,76	73,16	106,42	119,72
	II	2 020,33	111,11	161,62	181,82	II	2 020,33	104,37	151,82	170,79	97,62	142,—	159,75	90,88	132,19	148,71	84,14	122,38	137,68	77,39	112,57	126,64	70,64	102,76	115,60
	III	1 456,—	80,08	116,48	131,04	III	1 456,—	74,39	108,21	121,73	68,85	100,14	112,66	63,42	92,25	103,78	58,13	84,56	95,13	52,97	77,05	86,68	47,93	69,72	78,43
	V	2 480,75	136,44	198,46	223,26	IV	2 066,16	110,26	160,38	180,43	106,89	155,48	174,91	103,51	150,57	169,39	100,14	145,66	163,87	96,77	140,76	158,36	93,40	135,86	152,84
	VI	2 514,16	138,27	201,13	226,27																				
7 190,99 Ost	I,IV	2 079,—	114,34	166,32	187,11	I	2 079,—	107,60	156,51	176,07	100,85	146,70	165,03	94,10	136,88	153,99	87,36	127,08	142,96	80,62	117,26	131,92	73,87	107,45	120,88
	II	2 033,25	111,82	162,66	182,99	II	2 033,25	105,08	152,84	171,95	98,34	143,04	160,92	91,59	133,22	149,87	84,84	123,41	138,83	78,10	113,60	127,80	71,35	103,79	116,76
	III	1 467,—	80,68	117,36	132,03	III	1 467,—	74,99	109,08	122,71	69,42	100,98	113,60	63,99	93,08	104,71	58,68	85,36	96,03	53,50	77,82	87,55	48,45	70,48	79,29
	V	2 493,58	137,14	199,48	224,42	IV	2 079,—	110,97	161,41	181,58	107,60	156,51	176,07	104,22	151,60	170,55	100,85	146,70	165,03	97,48	141,79	159,51	94,10	136,88	153,99
	VI	2 527,08	138,98	202,16	227,43																				
7 193,99 West	I,IV	2 067,41	113,70	165,39	186,06	I	2 067,41	106,96	155,58	175,02	100,21	145,76	163,98	93,47	135,96	152,95	86,72	126,14	141,91	79,97	116,33	130,87	73,23	106,52	119,84
	II	2 021,58	111,18	161,72	181,94	II	2 021,58	104,44	151,92	170,91	97,69	142,10	159,86	90,95	132,29	148,82	84,20	122,48	137,79	77,46	112,67	126,75	70,71	102,86	115,71
	III	1 457,—	80,13	116,56	131,13	III	1 457,—	74,46	108,30	121,84	68,90	100,22	112,75	63,47	92,33	103,87	58,19	84,64	95,22	53,02	77,12	86,76	47,98	69,80	78,52
	V	2 482,—	136,51	198,56	223,38	IV	2 067,41	110,33	160,48	180,54	106,96	155,58	175,02	103,58	150,67	169,50	100,21	145,76	163,98	96,84	140,86	158,47	93,47	135,96	152,95
	VI	2 515,41	138,34	201,23	226,38																				
7 193,99 Ost	I,IV	2 080,25	114,41	166,42	187,22	I	2 080,25	107,67	156,61	176,18	100,92	146,80	165,15	94,17	136,98	154,10	87,43	127,18	143,07	80,68	117,36	132,03	73,94	107,55	120,99
	II	2 034,50	111,89	162,76	183,10	II	2 034,50	105,15	152,94	172,06	98,40	143,14	161,03	91,66	133,32	149,99	84,91	123,51	138,95	78,17	113,70	127,91	71,42	103,89	116,87
	III	1 468,—	80,74	117,44	132,12	III	1 468,—	75,04	109,16	122,80	69,48	101,06	113,69	64,04	93,16	104,80	58,74	85,44	96,12	53,56	77,90	87,64	48,51	70,56	79,38
	V	2 494,83	137,21	199,58	224,53	IV	2 080,25	111,04	161,52	181,71	107,67	156,61	176,18	104,29	151,70	170,66	100,92	146,80	165,15	97,55	141,89	159,62	94,17	136,98	154,10
	VI	2 528,33	139,05	202,26	227,54																				
7 196,99 West	I,IV	2 068,66	113,77	165,49	186,17	I	2 068,66	107,03	155,68	175,14	100,28	145,87	164,10	93,54	136,06	153,06	86,79	126,24	142,02	80,05	116,44	130,99	73,30	106,62	119,95
	II	2 022,91	111,26	161,83	182,06	II	2 022,91	104,51	152,02	171,02	97,76	142,20	159,98	91,02	132,40	148,95	84,27	122,58	137,90	77,53	112,77	126,86	70,78	102,96	115,83
	III	1 458,16	80,19	116,65	131,23	III	1 458,16	74,51	108,38	121,93	68,96	100,30	112,84	63,53	92,41	103,96	58,24	84,72	95,31	53,07	77,20	86,85	48,03	69,86	78,59
	V	2 483,25	136,57	198,66	223,49	IV	2 068,66	110,40	160,58	180,65	107,03	155,68	175,14	103,65	150,77	169,61	100,28	145,87	164,10	96,91	140,96	158,58	93,54	136,06	153,06
	VI	2 516,66	138,41	201,33	226,49																				
7 196,99 Ost	I,IV	2 081,58	114,48	166,52	187,34	I	2 081,58	107,74	156,71	176,30	100,99	146,90	165,26	94,24	137,08	154,22	87,50	127,28	143,19	80,75	117,46	132,14	74,01	107,65	121,10
	II	2 035,75	111,96	162,86	183,21	II	2 035,75	105,21	153,04	172,17	98,47	143,24	161,14	91,73	133,42	150,10	84,98	123,61	139,06	78,24	113,80	128,03	71,49	103,99	116,99
	III	1 469,16	80,80	117,53	132,22	III	1 469,16	75,10	109,24	122,89	69,53	101,14	113,78	64,10	93,24	104,89	58,79	85,52	96,21	53,61	77,98	87,73	48,55	70,62	79,45
	V	2 496,08	137,28	199,68	224,64	IV	2 081,58	111,11	161,62	181,82	107,74	156,71	176,30	104,36	151,80	170,78	100,99	146,90	165,26	97,62	141,99	159,74	94,24	137,08	154,22
	VI	2 529,58	139,12	202,36	227,66																				
7 199,99 West	I,IV	2 069,91	113,84	165,59	186,29	I	2 069,91	107,09	155,78	175,25	100,35	145,97	164,21	93,61	136,16	153,18	86,86	126,34	142,13	80,12	116,54	131,10	73,37	106,72	120,06
	II	2 024,16	111,32	161,93	182,17	II	2 024,16	104,58	152,12	171,13	97,83	142,30	160,09	91,09	132,50	149,06	84,34	122,68	138,02	77,60	112,87	126,98	70,85	103,06	115,94
	III	1 459,16	80,25	116,73	131,32	III	1 459,16	74,57	108,46	122,02	69,01	100,38	112,93	63,58	92,49	104,05	58,29	84,78	95,38	53,13	77,28	86,94	48,08	69,94	78,68
	V	2 484,50	136,64	198,76	223,60	IV	2 069,91	110,47	160,68	180,77	107,09	155,78	175,25	103,73	150,88	169,74	100,35	145,97	164,21	96,98	141,06	158,69	93,61	136,16	153,18
	VI	2 517,91	138,48	201,43	226,61																				
7 199,99 Ost	I,IV	2 082,83	114,55	166,62	187,45	I	2 082,83	107,80	156,81	176,41	101,06	147,—	165,37	94,32	137,19	154,34	87,57	127,38	143,30	80,82	117,56	132,26	74,08	107,76	121,23
	II	2 037,—	112,03	162,96	183,33	II	2 037,—	105,29	153,15	172,29	98,54	143,34	161,25	91,79	133,52	150,21	85,05	123,72	139,18	78,31	113,90	128,14	71,56	104,09	117,10
	III	1 470,16	80,85	117,61	132,31	III	1 470,16	75,16	109,33	122,99	69,59	101,22	113,87	64,15	93,32	104,98	58,85	85,60	96,30	53,66	78,05	87,80	48,61	70,70	79,54
	V	2 497,33	137,35	199,78	224,75	IV	2 082,83	111,18	161,72	181,93	107,80	156,81	176,41	104,43	151,90	170,89	101,06	147,—	165,37	97,68	142,09	159,85	94,32	137,19	154,34
	VI	2 530,83	139,19	202,46	227,77																				

* Die ausgewiesenen Tabellenwerte sind amtlich. Siehe Erläuterungen auf der Umschlaginnenseite (U2).

Abzüge an Lohnsteuer, Solidaritätszuschlag (SolZ) und Kirchensteuer (8%, 9%) in den Steuerklassen

Lohn/ Gehalt bis €*	I – VI		ohne Kinderfreibeträge			I, II, III, IV		mit Zahl der Kinderfreibeträge . . . 0,5			1			1,5			2			2,5			3		
		LSt	SolZ	8%	9%		LSt	SolZ	8%	9%	SolZ	8%	9%	SolZ	8%	9%	SolZ	8%	9%	SolZ	8%	9%	SolZ	8%	9%
7 202,99 West	I,IV	2 071,16	113,91	165,69	186,40	I	2 071,16	107,17	155,88	175,37	100,42	146,07	164,33	93,67	136,26	153,29	86,93	126,44	142,25	80,19	116,64	131,22	73,44	106,82	120,17
	II	2 025,41	111,39	162,03	182,28	II	2 025,41	104,65	152,22	171,24	97,90	142,40	160,20	91,16	132,60	149,17	84,41	122,78	138,13	77,66	112,97	127,09	70,92	103,16	116,06
	III	1 460,33	80,31	116,82	131,42	III	1 460,33	74,62	108,54	122,11	69,07	100,46	113,02	63,64	92,57	104,14	58,34	84,86	95,47	53,17	77,34	87,01	48,14	70,02	78,77
	V	2 485,75	136,71	198,86	223,71	IV	2 071,16	110,54	160,78	180,88	107,17	155,88	175,37	103,79	150,98	169,85	100,42	146,07	164,33	97,05	141,16	158,81	93,67	136,26	153,29
	VI	2 519,25	138,55	201,54	226,73																				
7 202,99 Ost	I,IV	2 084,08	114,62	166,72	187,56	I	2 084,08	107,87	156,91	176,52	101,13	147,10	165,48	94,38	137,29	154,45	87,64	127,48	143,41	80,89	117,66	132,37	74,15	107,86	121,34
	II	2 038,25	112,10	163,06	183,44	II	2 038,25	105,36	153,25	172,40	98,61	143,44	161,37	91,86	133,62	150,32	85,12	123,82	139,29	78,37	114,—	128,25	71,63	104,19	117,21
	III	1 471,16	80,91	117,69	132,40	III	1 471,16	75,22	109,41	123,08	69,64	101,30	113,96	64,21	93,40	105,07	58,89	85,66	96,37	53,71	78,13	87,89	48,66	70,78	79,63
	V	2 498,66	137,42	199,89	224,87	IV	2 084,08	111,25	161,82	182,04	107,87	156,91	176,52	104,50	152,—	171,—	101,13	147,10	165,48	97,76	142,20	159,97	94,38	137,29	154,45
	VI	2 532,08	139,26	202,56	227,88																				
7 205,99 West	I,IV	2 072,41	113,98	165,79	186,51	I	2 072,41	107,24	155,98	175,48	100,49	146,17	164,44	93,74	136,36	153,40	87,—	126,55	142,37	80,25	116,74	131,33	73,51	106,92	120,29
	II	2 026,66	111,46	162,13	182,39	II	2 026,66	104,72	152,32	171,36	97,97	142,51	160,32	91,23	132,70	149,28	84,48	122,88	138,24	77,74	113,08	127,21	70,99	103,26	116,17
	III	1 461,33	80,37	116,90	131,51	III	1 461,33	74,69	108,64	122,22	69,13	100,56	113,13	63,69	92,65	104,23	58,40	84,94	95,56	53,23	77,42	87,10	48,18	70,09	78,85
	V	2 487,—	136,78	198,96	223,83	IV	2 072,41	110,60	160,88	180,99	107,24	155,98	175,48	103,86	151,08	169,96	100,49	146,17	164,44	97,12	141,26	158,92	93,74	136,36	153,40
	VI	2 520,50	138,62	201,64	226,84																				
7 205,99 Ost	I,IV	2 085,33	114,69	166,82	187,67	I	2 085,33	107,94	157,01	176,63	101,20	147,20	165,60	94,45	137,39	154,56	87,71	127,58	143,52	80,96	117,76	132,48	74,22	107,96	121,45
	II	2 039,58	112,17	163,16	183,56	II	2 039,58	105,43	153,35	172,52	98,68	143,54	161,48	91,93	133,72	150,44	85,19	123,92	139,41	78,44	114,10	128,36	71,70	104,29	117,32
	III	1 472,33	80,97	117,78	132,50	III	1 472,33	75,27	109,49	123,17	69,71	101,40	114,07	64,26	93,48	105,16	58,95	85,74	96,46	53,77	78,21	87,98	48,71	70,85	79,70
	V	2 499,91	137,49	199,99	224,99	IV	2 085,33	111,32	161,92	182,16	107,94	157,01	176,63	104,57	152,10	171,11	101,20	147,20	165,60	97,83	142,30	160,08	94,45	137,39	154,56
	VI	2 533,33	139,33	202,66	227,99																				
7 208,99 West	I,IV	2 073,66	114,05	165,89	186,62	I	2 073,66	107,30	156,08	175,59	100,56	146,27	164,55	93,81	136,46	153,51	87,07	126,65	142,48	80,32	116,84	131,44	73,58	107,02	120,40
	II	2 027,91	111,53	162,23	182,51	II	2 027,91	104,78	152,42	171,47	98,04	142,61	160,43	91,30	132,80	149,40	84,55	122,98	138,35	77,81	113,18	127,32	71,06	103,36	116,28
	III	1 462,33	80,42	116,98	131,60	III	1 462,33	74,74	108,72	122,31	69,19	100,64	113,22	63,75	92,73	104,32	58,45	85,02	95,65	53,28	77,50	87,19	48,24	70,17	78,94
	V	2 488,25	136,85	199,06	223,94	IV	2 073,66	110,68	160,99	181,11	107,30	156,08	175,59	103,93	151,18	170,07	100,56	146,27	164,55	97,18	141,36	159,03	93,81	136,46	153,51
	VI	2 521,75	138,69	201,74	226,95																				
7 208,99 Ost	I,IV	2 086,58	114,76	166,92	187,79	I	2 086,58	108,01	157,11	176,75	101,27	147,30	165,71	94,52	137,49	154,67	87,78	127,68	143,64	81,03	117,87	132,60	74,29	108,06	121,56
	II	2 040,83	112,24	163,26	183,67	II	2 040,83	105,49	153,45	172,63	98,75	143,64	161,59	92,01	133,83	150,56	85,26	124,02	139,52	78,51	114,20	128,48	71,77	104,40	117,45
	III	1 473,33	81,03	117,86	132,59	III	1 473,33	75,34	109,58	123,28	69,76	101,48	114,16	64,32	93,56	105,25	59,—	85,82	96,55	53,81	78,28	88,06	48,76	70,93	79,79
	V	2 501,16	137,56	200,09	225,10	IV	2 086,58	111,38	162,02	182,27	108,01	157,11	176,75	104,64	152,20	171,23	101,27	147,30	165,71	97,90	142,40	160,20	94,52	137,49	154,67
	VI	2 534,58	139,40	202,76	228,11																				
7 211,99 West	I,IV	2 075,—	114,12	166,—	186,75	I	2 075,—	107,37	156,18	175,70	100,63	146,37	164,66	93,88	136,56	153,63	87,14	126,75	142,59	80,39	116,94	131,55	73,64	107,12	120,51
	II	2 029,16	111,60	162,33	182,62	II	2 029,16	104,86	152,52	171,59	98,11	142,71	160,55	91,36	132,90	149,51	84,62	123,08	138,47	77,88	113,28	127,44	71,13	103,46	116,39
	III	1 463,50	80,49	117,08	131,71	III	1 463,50	74,80	108,80	122,40	69,24	100,72	113,31	63,80	92,81	104,41	58,51	85,10	95,74	53,34	77,58	87,28	48,29	70,24	79,02
	V	2 489,50	136,92	199,16	224,05	IV	2 075,—	110,75	161,09	181,22	107,37	156,18	175,70	104,—	151,28	170,19	100,63	146,37	164,66	97,25	141,46	159,14	93,88	136,56	153,63
	VI	2 523,—	138,76	201,84	227,07																				
7 211,99 Ost	I,IV	2 087,83	114,83	167,02	187,90	I	2 087,83	108,08	157,21	176,86	101,34	147,40	165,83	94,59	137,59	154,79	87,84	127,78	143,75	81,10	117,97	132,71	74,36	108,16	121,68
	II	2 042,08	112,31	163,36	183,78	II	2 042,08	105,56	153,55	172,74	98,82	143,74	161,70	92,07	133,93	150,67	85,33	124,12	139,63	78,58	114,30	128,59	71,84	104,50	117,56
	III	1 474,50	81,09	117,96	132,70	III	1 474,50	75,39	109,66	123,37	69,82	101,56	114,25	64,37	93,64	105,34	59,06	85,90	96,64	53,87	78,36	88,15	48,81	71,—	79,87
	V	2 502,41	137,63	200,19	225,21	IV	2 087,83	111,45	162,12	182,38	108,08	157,21	176,86	104,71	152,31	171,35	101,34	147,40	165,83	97,96	142,50	160,31	94,59	137,59	154,79
	VI	2 535,83	139,47	202,86	228,22																				
7 214,99 West	I,IV	2 076,25	114,19	166,10	186,86	I	2 076,25	107,44	156,28	175,82	100,70	146,47	164,78	93,95	136,66	153,74	87,21	126,85	142,70	80,46	117,04	131,67	73,72	107,23	120,63
	II	2 030,41	111,67	162,43	182,73	II	2 030,41	104,93	152,62	171,70	98,18	142,81	160,66	91,43	133,—	149,62	84,69	123,19	138,59	77,94	113,38	127,55	71,20	103,56	116,51
	III	1 464,50	80,54	117,16	131,80	III	1 464,50	74,86	108,89	122,50	69,30	100,80	113,40	63,86	92,89	104,50	58,56	85,18	95,83	53,38	77,65	87,35	48,34	70,32	79,11
	V	2 490,75	136,99	199,26	224,16	IV	2 076,25	110,82	161,19	181,34	107,44	156,28	175,82	104,07	151,38	170,30	100,70	146,47	164,78	97,32	141,56	159,26	93,95	136,66	153,74
	VI	2 524,25	138,83	201,94	227,18																				
7 214,99 Ost	I,IV	2 089,08	114,89	167,12	188,01	I	2 089,08	108,15	157,32	176,98	101,41	147,50	165,94	94,66	137,69	154,90	87,92	127,88	143,87	81,17	118,07	132,83	74,42	108,26	121,79
	II	2 043,33	112,38	163,46	183,89	II	2 043,33	105,63	153,65	172,85	98,89	143,84	161,82	92,14	134,03	150,78	85,40	124,22	139,74	78,65	114,40	128,70	71,91	104,60	117,67
	III	1 475,50	81,15	118,04	132,79	III	1 475,50	75,45	109,74	123,46	69,87	101,64	114,34	64,43	93,72	105,43	59,11	85,98	96,73	53,92	78,44	88,24	48,86	71,08	79,96
	V	2 503,66	137,70	200,29	225,32	IV	2 089,08	111,52	162,22	182,49	108,15	157,32	176,98	104,78	152,41	171,46	101,41	147,50	165,94	98,03	142,60	160,42	94,66	137,69	154,90
	VI	2 537,16	139,54	202,97	228,34																				
7 217,99 West	I,IV	2 077,50	114,26	166,20	186,97	I	2 077,50	107,51	156,38	175,93	100,76	146,57	164,89	94,02	136,76	153,86	87,28	126,95	142,82	80,53	117,14	131,78	73,79	107,33	120,74
	II	2 031,66	111,74	162,53	182,84	II	2 031,66	104,99	152,72	171,81	98,25	142,91	160,77	91,50	133,10	149,73	84,76	123,29	138,70	78,01	113,48	127,66	71,27	103,66	116,62
	III	1 465,66	80,61	117,25	131,90	III	1 465,66	74,91	108,97	122,59	69,35	100,88	113,49	63,91	92,97	104,59	58,62	85,26	95,92	53,44	77,73	87,44	48,39	70,38	79,18
	V	2 492,08	137,06	199,36	224,28	IV	2 077,50	110,88	161,29	181,45	107,51	156,38	175,93	104,14	151,48	170,41	100,76	146,57	164,89	97,40	141,67	159,38	94,02	136,76	153,86
	VI	2 525,50	138,90	202,04	227,29																				
7 217,99 Ost	I,IV	2 090,33	114,96	167,22	188,12	I	2 090,33	108,22	157,42	177,09	101,47	147,60	166,05	94,73	137,79	155,01	87,99	127,98	143,98	81,24	118,17	132,94	74,49	108,36	121,90
	II	2 044,58	112,45	163,56	184,01	II	2 044,58	105,70	153,75	172,97	98,96	143,94	161,93	92,21	134,13	150,89	85,47	124,32	139,86	78,72	114,51	128,82	71,98	104,70	117,78
	III	1 476,66	81,21	118,13	132,89	III	1 476,66	75,50	109,82	123,55	69,93	101,72	114,43	64,48	93,80	105,52	59,17	86,06	96,82	53,98	78,52	88,33	48,92	71,16	80,05
	V	2 504,91	137,77	200,39	225,44	IV	2 090,33	111,59	162,32	182,61	108,22	157,42	177,09	104,85	152,51	171,57	101,47	147,60	166,05	98,10	142,70	160,53	94,73	137,79	155,01
	VI	2 538,41	139,61	203,07	228,45																				
7 220,99 West	I,IV	2 078,75	114,33	166,30	187,08	I	2 078,75	107,58	156,48	176,04	100,84	146,68	165,01	94,09	136,86	153,97	87,34	127,05	142,93	80,60	117,24	131,90	73,86	107,43	120,86
	II	2 033,—	111,81	162,64	182,97	II	2 033,—	105,06	152,82	171,92	98,32	143,01	160,88	91,57	133,20	149,85	84,83	123,39	138,81	78,08	113,58	127,77	71,33	103,76	116,73
	III	1 466,66	80,66	117,33	131,99	III	1 466,66	74,97	109,05	122,68	69,41	100,96	113,58	63,97	93,05	104,68	58,67	85,34	96,01	53,49	77,81	87,53	48,44	70,46	79,27
	V	2 493,33	137,13	199,46	224,39	IV	2 078,75	110,95	161,39	181,56	107,58	156,48	176,04	104,21	151,58	170,52	100,84	146,68	165,01	97,46	141,77	159,49	94,09	136,86	153,97
	VI	2 526,75	138,97	202,14	227,40																				
7 220,99 Ost	I,IV	2 091,58	115,03	167,32	188,24	I	2 091,58	108,29	157,52	177,21	101,54	147,70	166,16	94,80	137,89	155,12	88,05	128,08	144,09	81,31	118,27	133,05	74,56	108,46	122,01
	II	2 045,83	112,52	163,66	184,12	II	2 045,83	105,77	153,85	173,08	99,03	144,04	162,05	92,28	134,23	151,01	85,53	124,42	139,97	78,79	114,61	128,93	72,05	104,80	117,90
	III	1 477,66	81,27	118,21	132,98	III	1 477,66	75,57	109,92	123,66	69,98	101,80	114,52	64,54	93,88	105,61	59,22	86,14	96,91	54,02	78,58	88,40	48,96	71,22	80,12
	V	2 506,16	137,83	200,49	225,55	IV	2 091,58	111,66	162,42	182,72	108,29	157,52	177,21	104,92	152,61	171,68	101,54	147,70	166,16	98,17	142,80	160,65	94,80	137,89	155,12
	VI	2 539,66	139,68	203,17	228,56																				
7 223,99 West	I,IV	2 080,—	114,40	166,40	187,20	I	2 080,—	107,65	156,58	176,15	100,91	146,78	165,12	94,16	136,96	154,08	87,41	127,15	143,04	80,67	117,34	132,01	73,92	107,53	120,97
	II	2 034,25	111,88	162,74	183,08	II	2 034,25	105,13	152,92	172,04	98,39	143,11	161,—	91,64	133,30	149,96	84,90	123,49	138,92	78,15	113,68	127,89	71,41	103,87	116,85
	III	1 467,83	80,73	117,42	132,10	III	1 467,83	75,03	109,14	122,78	69,46	101,04	113,67	64,02	93,13	104,77	58,72	85,41	96,08	53,55	77,89	87,62	48,50	70,54	79,36
	V	2 494,58	137,20	199,56	224,51	IV	2 080,—	111,02	161,49	181,67	107,65	156,58	176,15	104,28	151,68	170,64	100,91	146,78	165,12	97,53	141,87	159,60	94,16	136,96	154,08
	VI	2 528,—	139,04	202,24	227,52																				
7 223,99 Ost	I,IV	2 092,91	115,11	167,43	188,36	I	2 092,91	108,36	157,62	177,32	101,61	147,80	166,28	94,87	138,—	155,25	88,12	128,18	144,20	81,38	118,37	133,16	74,63	108,56	122,13
	II	2 047,08	112,58	163,76	184,23	II	2 047,08	105,84	153,96	173,20	99,10	144,14	162,16	92,35	134,33	151,12	85,61	124,52	140,09	78,86	114,71	129,05	72,11	104,90	118,01
	III	1 478,83	81,33	118,30	133,09	III	1 478,83	75,62	110,—	123,75	70,05	101,89	114,62	64,59	93,96	105,70	59,28	86,22	97,—	54,08	78,66	88,49	49,02	71,30	80,21
	V	2 507,41	137,90	200,59	225,66	IV	2 092,91	111,73	162,52	182,84	108,36	157,62	177,32	104,99	152,71	171,80	101,61	147,80	166,28	98,24	142,90	160,76	94,87	138,—	155,25
	VI	2 540,91	139,75	203,27	228,68																				

*** Die ausgewiesenen Tabellenwerte sind amtlich. Siehe Erläuterungen auf der Umschlaginnenseite (U2).**

Abzüge an Lohnsteuer, Solidaritätszuschlag (SolZ) und Kirchensteuer (8%, 9%) in den Steuerklassen

Lohn/ Gehalt bis €*	I – VI					I, II, III, IV																			
			ohne Kinderfreibeträge					mit Zahl der Kinderfreibeträge . . .																	
								0,5			1			1,5			2			2,5			3		
		LSt	SolZ	8%	9%		LSt	SolZ	8%	9%	SolZ	8%	9%	SolZ	8%	9%	SolZ	8%	9%	SolZ	8%	9%	SolZ	8%	9%
7 226,99 West	I,IV	2 081,25	114,46	166,50	187,31	I	2 081,25	107,72	156,68	176,27	100,98	146,88	165,24	94,23	137,06	154,19	87,48	127,25	143,15	80,74	117,44	132,12	73,99	107,63	121,08
	II	2 035,50	111,95	162,84	183,19	II	2 035,50	105,20	153,02	172,15	98,45	143,21	161,11	91,71	133,40	150,08	84,97	123,59	139,04	78,22	113,78	128,—	71,48	103,97	116,96
	III	1 468,83	80,78	117,50	132,19	III	1 468,83	75,09	109,22	122,87	69,52	101,13	113,77	64,08	93,21	104,86	58,77	85,49	96,17	53,59	77,96	87,70	48,54	70,61	79,43
	V	2 495,83	137,27	199,66	224,62	IV	2 081,25	111,09	161,59	181,79	107,72	156,68	176,27	104,35	151,78	170,75	100,98	146,88	165,24	97,60	141,97	159,71	94,23	137,06	154,19
	VI	2 529,25	139,10	202,34	227,63																				
7 226,99 Ost	I,IV	2 094,16	115,17	167,53	188,47	I	2 094,16	108,43	157,72	177,43	101,68	147,90	166,39	94,94	138,10	155,36	88,19	128,28	144,32	81,45	118,47	133,28	74,70	108,66	122,24
	II	2 048,33	112,65	163,86	184,34	II	2 048,33	105,91	154,06	173,31	99,16	144,24	162,27	92,42	134,43	151,23	85,68	124,62	140,20	78,93	114,81	129,16	72,18	105,—	118,12
	III	1 479,83	81,39	118,38	133,18	III	1 479,83	75,68	110,08	123,84	70,10	101,97	114,71	64,65	94,04	105,79	59,32	86,29	97,07	54,13	78,74	88,58	49,06	71,37	80,29
	V	2 508,75	137,98	200,70	225,78	IV	2 094,16	111,80	162,62	182,95	108,43	157,72	177,43	105,05	152,81	171,91	101,68	147,90	166,39	98,31	143,—	160,88	94,94	138,10	155,36
	VI	2 542,16	139,81	203,37	228,79																				
7 229,99 West	I,IV	2 082,50	114,53	166,60	187,42	I	2 082,50	107,79	156,79	176,39	101,04	146,98	165,35	94,30	137,16	154,31	87,56	127,36	143,28	80,81	117,54	132,23	74,06	107,73	121,19
	II	2 036,75	112,02	162,94	183,30	II	2 036,75	105,27	153,12	172,26	98,53	143,32	161,23	91,78	133,50	150,19	85,03	123,69	139,15	78,29	113,88	128,12	71,55	104,07	117,08
	III	1 470,—	80,85	117,60	132,30	III	1 470,—	75,14	109,30	122,96	69,58	101,21	113,86	64,13	93,29	104,95	58,83	85,57	96,26	53,65	78,04	87,79	48,60	70,69	79,52
	V	2 497,08	137,33	199,76	224,73	IV	2 082,50	111,16	161,69	181,90	107,79	156,79	176,39	104,42	151,88	170,87	101,04	146,98	165,35	97,67	142,07	159,83	94,30	137,16	154,31
	VI	2 530,58	139,18	202,44	227,75																				
7 229,99 Ost	I,IV	2 095,41	115,24	167,63	188,58	I	2 095,41	108,50	157,82	177,54	101,75	148,—	166,50	95,01	138,20	155,47	88,26	128,38	144,43	81,51	118,57	133,39	74,77	108,76	122,36
	II	2 049,58	112,72	163,96	184,46	II	2 049,58	105,98	154,16	173,43	99,23	144,34	162,38	92,49	134,53	151,34	85,74	124,72	140,31	79,—	114,91	129,27	72,25	105,10	118,23
	III	1 481,—	81,45	118,48	133,29	III	1 481,—	75,74	110,17	123,94	70,16	102,05	114,80	64,70	94,12	105,88	59,38	86,37	97,16	54,19	78,82	88,67	49,12	71,45	80,38
	V	2 510,—	138,05	200,80	225,90	IV	2 095,41	111,87	162,72	183,06	108,50	157,82	177,54	105,12	152,91	172,02	101,75	148,—	166,50	98,38	143,10	160,99	95,01	138,20	155,47
	VI	2 543,41	139,88	203,47	228,90																				
7 232,99 West	I,IV	2 083,75	114,60	166,70	187,53	I	2 083,75	107,86	156,89	176,50	101,11	147,08	165,46	94,37	137,26	154,42	87,62	127,46	143,39	80,88	117,64	132,35	74,13	107,83	121,31
	II	2 038,—	112,09	163,04	183,42	II	2 038,—	105,34	153,22	172,37	98,60	143,42	161,34	91,85	133,60	150,30	85,10	123,79	139,26	78,36	113,98	128,23	71,61	104,17	117,19
	III	1 471,—	80,90	117,68	132,39	III	1 471,—	75,20	109,38	123,05	69,63	101,29	113,95	64,20	93,38	105,05	58,88	85,65	96,35	53,70	78,12	87,88	48,64	70,76	79,60
	V	2 498,33	137,40	199,86	224,84	IV	2 083,75	111,23	161,80	182,02	107,86	156,89	176,50	104,49	151,98	170,98	101,11	147,08	165,46	97,74	142,17	159,94	94,37	137,26	154,42
	VI	2 531,83	139,25	202,54	227,86																				
7 232,99 Ost	I,IV	2 096,66	115,31	167,73	188,69	I	2 096,66	108,57	157,92	177,66	101,82	148,11	166,62	95,08	138,30	155,58	88,33	128,48	144,54	81,59	118,68	133,51	74,84	108,86	122,47
	II	2 050,91	112,80	164,07	184,58	II	2 050,91	106,05	154,26	173,54	99,30	144,44	162,50	92,56	134,64	151,47	85,81	124,82	140,42	79,07	115,01	129,38	72,32	105,20	118,35
	III	1 482,—	81,51	118,56	133,38	III	1 482,—	75,79	110,25	124,03	70,21	102,13	114,89	64,76	94,20	105,97	59,43	86,45	97,25	54,23	78,89	88,75	49,17	71,53	80,47
	V	2 511,25	138,11	200,90	226,01	IV	2 096,66	111,94	162,82	183,17	108,57	157,92	177,66	105,19	153,01	172,13	101,82	148,11	166,62	98,45	143,20	161,10	95,08	138,30	155,58
	VI	2 544,66	139,95	203,57	229,01																				
7 235,99 West	I,IV	2 085,08	114,67	166,80	187,65	I	2 085,08	107,93	156,99	176,61	101,18	147,18	165,57	94,43	137,36	154,53	87,69	127,56	143,50	80,95	117,74	132,46	74,20	107,93	121,42
	II	2 039,25	112,15	163,14	183,53	II	2 039,25	105,41	153,32	172,49	98,67	143,52	161,46	91,92	133,70	150,41	85,17	123,89	139,37	78,43	114,08	128,34	71,68	104,27	117,30
	III	1 472,—	80,96	117,76	132,48	III	1 472,—	75,26	109,48	123,16	69,69	101,37	114,04	64,25	93,46	105,14	58,94	85,73	96,44	53,75	78,18	87,95	48,70	70,84	79,69
	V	2 499,58	137,47	199,96	224,96	IV	2 085,08	111,30	161,90	182,13	107,93	156,99	176,61	104,55	152,08	171,09	101,18	147,18	165,57	97,81	142,27	160,05	94,43	137,36	154,53
	VI	2 533,08	139,31	202,64	227,97																				
7 235,99 Ost	I,IV	2 097,91	115,38	167,83	188,81	I	2 097,91	108,63	158,02	177,77	101,89	148,21	166,73	95,15	138,40	155,70	88,40	128,58	144,65	81,66	118,78	133,62	74,91	108,96	122,58
	II	2 052,16	112,86	164,17	184,69	II	2 052,16	106,12	154,36	173,65	99,37	144,54	162,61	92,63	134,74	151,58	85,88	124,92	140,54	79,14	115,11	129,50	72,39	105,30	118,46
	III	1 483,16	81,57	118,65	133,48	III	1 483,16	75,85	110,33	124,12	70,27	102,21	114,98	64,81	94,28	106,06	59,49	86,53	97,34	54,29	78,97	88,84	49,22	71,60	80,55
	V	2 512,50	138,18	201,—	226,12	IV	2 097,91	112,01	162,92	183,29	108,63	158,02	177,77	105,27	153,12	172,26	101,89	148,21	166,73	98,52	143,30	161,21	95,15	138,40	155,70
	VI	2 545,91	140,02	203,67	229,13																				
7 238,99 West	I,IV	2 086,33	114,74	166,90	187,76	I	2 086,33	108,—	157,09	176,72	101,25	147,28	165,69	94,51	137,47	154,65	87,76	127,66	143,61	81,01	117,84	132,57	74,27	108,04	121,54
	II	2 040,50	112,22	163,24	183,64	II	2 040,50	105,48	153,43	172,61	98,73	143,62	161,57	91,99	133,80	150,53	85,25	124,—	139,50	78,50	114,18	128,45	71,75	104,37	117,41
	III	1 473,16	81,02	117,85	132,58	III	1 473,16	75,32	109,56	123,25	69,74	101,45	114,13	64,31	93,54	105,23	58,99	85,81	96,53	53,80	78,26	88,04	48,75	70,92	79,78
	V	2 500,83	137,54	200,06	225,07	IV	2 086,33	111,37	162,—	182,25	108,—	157,09	176,72	104,62	152,18	171,20	101,25	147,28	165,69	97,88	142,37	160,16	94,51	137,47	154,65
	VI	2 534,33	139,38	202,74	228,08																				
7 238,99 Ost	I,IV	2 099,16	115,45	167,93	188,92	I	2 099,16	108,71	158,12	177,89	101,96	148,31	166,85	95,21	138,50	155,81	88,47	128,68	144,77	81,73	118,88	133,74	74,98	109,06	122,69
	II	2 053,41	112,93	164,27	184,80	II	2 053,41	106,19	154,46	173,76	99,44	144,64	162,72	92,70	134,84	151,69	85,95	125,02	140,65	79,20	115,21	129,61	72,46	105,40	118,58
	III	1 484,16	81,62	118,73	133,57	III	1 484,16	75,91	110,42	124,22	70,32	102,29	115,07	64,87	94,36	106,15	59,54	86,61	97,43	54,34	79,05	88,93	49,28	71,68	80,64
	V	2 513,75	138,25	201,10	226,23	IV	2 099,16	112,08	163,02	183,40	108,71	158,12	177,89	105,33	153,22	172,37	101,96	148,31	166,85	98,59	143,40	161,33	95,21	138,50	155,81
	VI	2 547,25	140,09	203,78	229,25																				
7 241,99 West	I,IV	2 087,58	114,81	167,—	187,88	I	2 087,58	108,07	157,19	176,84	101,32	147,38	165,80	94,58	137,57	154,76	87,83	127,76	143,73	81,08	117,94	132,68	74,34	108,14	121,65
	II	2 041,75	112,29	163,34	183,75	II	2 041,75	105,55	153,53	172,72	98,80	143,72	161,68	92,06	133,90	150,64	85,31	124,10	139,61	78,57	114,28	128,57	71,82	104,47	117,53
	III	1 474,16	81,07	117,93	132,67	III	1 474,16	75,37	109,64	123,34	69,80	101,53	114,22	64,36	93,62	105,32	59,05	85,89	96,62	53,86	78,34	88,13	48,80	70,98	79,85
	V	2 502,16	137,61	200,17	225,19	IV	2 087,58	111,44	162,10	182,36	108,07	157,19	176,84	104,69	152,28	171,32	101,32	147,38	165,80	97,95	142,48	160,29	94,58	137,57	154,76
	VI	2 535,58	139,45	202,84	228,20																				
7 241,99 Ost	I,IV	2 100,41	115,52	168,03	189,03	I	2 100,41	108,78	158,22	178,—	102,03	148,41	166,96	95,28	138,60	155,92	88,54	128,79	144,89	81,79	118,98	133,85	75,05	109,16	122,81
	II	2 054,66	113,—	164,37	184,91	II	2 054,66	106,26	154,56	173,88	99,51	144,75	162,84	92,77	134,94	151,80	86,02	125,12	140,76	79,28	115,32	129,73	72,53	105,50	118,69
	III	1 485,33	81,69	118,82	133,67	III	1 485,33	75,97	110,50	124,31	70,39	102,38	115,18	64,92	94,44	106,24	59,60	86,69	97,52	54,40	79,13	89,02	49,32	71,74	80,71
	V	2 515,—	138,32	201,20	226,35	IV	2 100,41	112,14	163,12	183,51	108,78	158,22	178,—	105,40	153,32	172,48	102,03	148,41	166,96	98,66	143,50	161,44	95,28	138,60	155,92
	VI	2 548,50	140,16	203,88	229,36																				
7 244,99 West	I,IV	2 088,83	114,88	167,10	187,99	I	2 088,83	108,13	157,29	176,95	101,39	147,48	165,92	94,65	137,67	154,88	87,90	127,86	143,84	81,15	118,04	132,80	74,41	108,24	121,77
	II	2 043,08	112,36	163,44	183,87	II	2 043,08	105,62	153,63	172,83	98,87	143,82	161,79	92,12	134,—	150,75	85,38	124,20	139,72	78,64	114,38	128,68	71,89	104,57	117,64
	III	1 475,33	81,14	118,02	132,77	III	1 475,33	75,44	109,73	123,44	69,86	101,62	114,32	64,42	93,70	105,41	59,10	85,97	96,71	53,91	78,42	88,22	48,85	71,06	79,94
	V	2 503,41	137,68	200,27	225,30	IV	2 088,83	111,51	162,20	182,47	108,13	157,29	176,95	104,76	152,38	171,43	101,39	147,48	165,92	98,02	142,58	160,40	94,65	137,67	154,88
	VI	2 536,83	139,52	202,94	228,31																				
7 244,99 Ost	I,IV	2 101,66	115,59	168,13	189,14	I	2 101,66	108,84	158,32	178,11	102,10	148,51	167,07	95,35	138,70	156,03	88,61	128,89	145,—	81,86	119,08	133,96	75,12	109,26	122,92
	II	2 055,91	113,07	164,47	185,03	II	2 055,91	106,32	154,66	173,99	99,58	144,85	162,95	92,84	135,04	151,92	86,09	125,22	140,87	79,35	115,42	129,84	72,60	105,60	118,80
	III	1 486,33	81,74	118,90	133,76	III	1 486,33	76,02	110,58	124,40	70,44	102,46	115,27	64,98	94,52	106,33	59,65	86,77	97,61	54,45	79,20	89,10	49,38	71,82	80,80
	V	2 516,25	138,39	201,30	226,46	IV	2 101,66	112,22	163,23	183,63	108,84	158,32	178,11	105,47	153,42	172,59	102,10	148,51	167,07	98,72	143,60	161,55	95,35	138,70	156,03
	VI	2 549,75	140,23	203,98	229,47																				
7 247,99 West	I,IV	2 090,08	114,95	167,20	188,10	I	2 090,08	108,20	157,39	177,06	101,46	147,58	166,03	94,71	137,77	154,99	87,97	127,96	143,95	81,23	118,15	132,92	74,48	108,34	121,88
	II	2 044,33	112,43	163,54	183,98	II	2 044,33	105,69	153,73	172,94	98,94	143,92	161,91	92,20	134,11	150,87	85,45	124,30	139,83	78,70	114,48	128,79	71,96	104,68	117,76
	III	1 476,33	81,19	118,10	132,86	III	1 476,33	75,49	109,81	123,53	69,92	101,70	114,41	64,47	93,78	105,50	59,16	86,05	96,80	53,96	78,49	88,30	48,90	71,13	80,02
	V	2 504,66	137,75	200,37	225,41	IV	2 090,08	111,58	162,30	182,58	108,20	157,39	177,06	104,83	152,48	171,54	101,46	147,58	166,03	98,09	142,68	160,51	94,71	137,77	154,99
	VI	2 538,08	139,59	203,04	228,42																				
7 247,99 Ost	I,IV	2 103,—	115,66	168,24	189,27	I	2 103,—	108,91	158,42	178,22	102,17	148,61	167,18	95,42	138,80	156,15	88,68	128,99	145,11	81,93	119,18	134,07	75,18	109,36	123,03
	II	2 057,16	113,14	164,57	185,14	II	2 057,16	106,40	154,76	174,11	99,65	144,95	163,07	92,90	135,14	152,03	86,16	125,32	140,99	79,42	115,52	129,96	72,67	105,70	118,91
	III	1 487,50	81,81	119,—	133,87	III	1 487,50	76,09	110,68	124,51	70,50	102,54	115,36	65,03	94,60	106,42	59,71	86,85	97,70	54,50	79,28	89,19	49,43	71,90	80,89
	V	2 517,50	138,46	201,40	226,57	IV	2 103,—	112,29	163,33	183,74	108,91	158,42	178,22	105,54	153,52	172,71	102,17	148,61	167,18	98,79	143,70	161,66	95,42	138,80	156,15
	VI	2 551,—	140,30	204,08	229,59																				

* Die ausgewiesenen Tabellenwerte sind amtlich. Siehe Erläuterungen auf der Umschlaginnenseite (U2).

Abzüge an Lohnsteuer, Solidaritätszuschlag (SolZ) und Kirchensteuer (8%, 9%) in den Steuerklassen

Lohn/ Gehalt bis €*	I – VI					I, II, III, IV																			
			ohne Kinderfreibeträge					mit Zahl der Kinderfreibeträge . . .																	
								0,5			1			1,5			2			2,5			3		
		LSt	SolZ	8%	9%		LSt	SolZ	8%	9%	SolZ	8%	9%	SolZ	8%	9%	SolZ	8%	9%	SolZ	8%	9%	SolZ	8%	9%
7 250,99 West	I,IV	2 091,33	115,02	167,30	188,21	I	2 091,33	108,27	157,49	177,17	101,53	147,68	166,14	94,78	137,87	155,10	88,04	128,06	144,06	81,29	118,25	133,03	74,55	108,44	121,99
	II	2 045,58	112,50	163,64	184,10	II	2 045,58	105,76	153,83	173,06	99,01	144,02	162,02	92,27	134,21	150,98	85,52	124,40	139,95	78,77	114,58	128,90	72,03	104,78	117,87
	III	1 477,50	81,26	118,20	132,97	III	1 477,50	75,55	109,89	123,62	69,97	101,78	114,50	64,53	93,86	105,59	59,20	86,12	96,88	54,01	78,57	88,39	48,95	71,21	80,11
	V	2 505,91	137,82	200,47	225,53	IV	2 091,33	111,65	162,40	182,70	108,27	157,49	177,17	104,90	152,59	171,66	101,53	147,68	166,14	98,16	142,78	160,62	94,78	137,87	155,10
	VI	2 539,33	139,66	203,14	228,53																				
7 250,99 Ost	I,IV	2 104,25	115,73	168,34	189,38	I	2 104,25	108,98	158,52	178,34	102,24	148,71	167,30	95,49	138,90	156,26	88,75	129,09	145,22	82,—	119,28	134,19	75,26	109,47	123,15
	II	2 058,41	113,21	164,67	185,25	II	2 058,41	106,47	154,86	174,22	99,72	145,05	163,18	92,97	135,24	152,14	86,23	125,43	141,11	79,48	115,62	130,07	72,74	105,80	119,03
	III	1 488,50	81,86	119,08	133,96	III	1 488,50	76,14	110,76	124,60	70,55	102,62	115,45	65,09	94,68	106,51	59,76	86,93	97,79	54,56	79,36	89,28	49,48	71,97	80,96
	V	2 518,75	138,53	201,50	226,68	IV	2 104,25	112,36	163,43	183,86	108,98	158,52	178,34	105,61	153,62	172,82	102,24	148,71	167,30	98,86	143,80	161,78	95,49	138,90	156,26
	VI	2 552,25	140,37	204,18	229,70																				
7 253,99 West	I,IV	2 092,58	115,09	167,40	188,33	I	2 092,58	108,35	157,60	177,30	101,60	147,78	166,25	94,85	137,97	155,21	88,11	128,16	144,18	81,36	118,35	133,14	74,62	108,54	122,10
	II	2 046,83	112,57	163,74	184,21	II	2 046,83	105,82	153,93	173,17	99,08	144,12	162,14	92,34	134,31	151,10	85,59	124,50	140,06	78,84	114,68	129,02	72,10	104,88	117,99
	III	1 478,50	81,31	118,28	133,06	III	1 478,50	75,61	109,98	123,73	70,03	101,86	114,59	64,58	93,94	105,68	59,26	86,20	96,97	54,07	78,65	88,48	49,01	71,29	80,20
	V	2 507,16	137,89	200,57	225,64	IV	2 092,58	111,71	162,50	182,81	108,35	157,60	177,30	104,97	152,69	171,77	101,60	147,78	166,25	98,23	142,88	160,74	94,85	137,97	155,21
	VI	2 540,66	139,73	203,25	228,65																				
7 253,99 Ost	I,IV	2 105,50	115,80	168,44	189,49	I	2 105,50	109,05	158,62	178,45	102,30	148,81	167,41	95,56	139,—	156,38	88,82	129,19	145,34	82,07	119,38	134,30	75,33	109,57	123,26
	II	2 059,66	113,28	164,77	185,36	II	2 059,66	106,53	154,96	174,33	99,79	145,15	163,29	93,04	135,34	152,25	86,30	125,53	141,22	79,55	115,72	130,18	72,81	105,90	119,14
	III	1 489,50	81,92	119,16	134,05	III	1 489,50	76,20	110,84	124,69	70,61	102,70	115,54	65,14	94,76	106,60	59,82	87,01	97,88	54,61	79,44	89,37	49,53	72,05	81,05
	V	2 520,08	138,60	201,60	226,80	IV	2 105,50	112,42	163,53	183,97	109,05	158,62	178,45	105,68	153,72	172,93	102,30	148,81	167,41	98,94	143,91	161,90	95,56	139,—	156,38
	VI	2 553,50	140,44	204,28	229,81																				
7 256,99 West	I,IV	2 093,83	115,16	167,50	188,44	I	2 093,83	108,41	157,70	177,41	101,67	147,88	166,37	94,92	138,07	155,33	88,18	128,26	144,29	81,43	118,45	133,25	74,69	108,64	122,22
	II	2 048,08	112,64	163,84	184,32	II	2 048,08	105,89	154,03	173,28	99,15	144,22	162,25	92,40	134,41	151,21	85,66	124,60	140,17	78,92	114,79	129,14	72,17	104,98	118,10
	III	1 479,66	81,38	118,37	133,16	III	1 479,66	75,67	110,06	123,82	70,08	101,94	114,68	64,64	94,02	105,77	59,31	86,28	97,06	54,12	78,73	88,57	49,06	71,36	80,28
	V	2 508,41	137,96	200,67	225,75	IV	2 093,83	111,79	162,60	182,93	108,41	157,70	177,41	105,04	152,79	171,89	101,67	147,88	166,37	98,29	142,98	160,85	94,92	138,07	155,33
	VI	2 541,91	139,80	203,35	228,77																				
7 256,99 Ost	I,IV	2 106,75	115,87	168,54	189,60	I	2 106,75	109,12	158,72	178,56	102,38	148,92	167,53	95,63	139,10	156,49	88,88	129,29	145,45	82,14	119,48	134,42	75,40	109,67	123,38
	II	2 061,—	113,35	164,88	185,49	II	2 061,—	106,60	155,06	174,44	99,86	145,25	163,40	93,11	135,44	152,37	86,37	125,63	141,33	79,62	115,82	130,29	72,87	106,—	119,25
	III	1 490,66	81,98	119,25	134,15	III	1 490,66	76,26	110,93	124,79	70,67	102,80	115,65	65,21	94,85	106,70	59,86	87,08	97,96	54,66	79,50	89,44	49,59	72,13	81,14
	V	2 521,33	138,67	201,70	226,91	IV	2 106,75	112,49	163,63	184,08	109,12	158,72	178,56	105,75	153,82	173,04	102,38	148,92	167,53	99,—	144,01	162,01	95,63	139,10	156,49
	VI	2 554,75	140,51	204,38	229,92																				
7 259,99 West	I,IV	2 095,08	115,22	167,60	188,55	I	2 095,08	108,48	157,80	177,52	101,74	147,98	166,48	94,99	138,17	155,44	88,25	128,36	144,41	81,50	118,55	133,37	74,75	108,74	122,33
	II	2 049,33	112,71	163,94	184,43	II	2 049,33	105,96	154,13	173,39	99,22	144,32	162,36	92,47	134,51	151,32	85,73	124,70	140,28	78,98	114,89	129,25	72,24	105,08	118,21
	III	1 480,66	81,43	118,45	133,25	III	1 480,66	75,72	110,14	123,91	70,15	102,04	114,79	64,69	94,10	105,86	59,37	86,36	97,15	54,17	78,80	88,65	49,11	71,44	80,37
	V	2 509,66	138,03	200,77	225,86	IV	2 095,08	111,86	162,70	183,04	108,48	157,80	177,52	105,11	152,89	172,—	101,74	147,98	166,48	98,36	143,08	160,96	94,99	138,17	155,44
	VI	2 543,16	139,87	203,45	228,88																				
7 259,99 Ost	I,IV	2 108,—	115,94	168,64	189,72	I	2 108,—	109,19	158,82	178,67	102,45	149,02	167,64	95,70	139,20	156,60	88,95	129,39	145,56	82,21	119,58	134,53	75,46	109,77	123,49
	II	2 062,25	113,42	164,98	185,60	II	2 062,25	106,67	155,16	174,56	99,93	145,35	163,52	93,18	135,54	152,48	86,44	125,73	141,44	79,69	115,92	130,41	72,95	106,11	119,37
	III	1 491,66	82,04	119,33	134,24	III	1 491,66	76,32	111,01	124,88	70,73	102,88	115,74	65,26	94,93	106,79	59,92	87,16	98,05	54,71	79,58	89,53	49,63	72,20	81,22
	V	2 522,58	138,74	201,80	227,03	IV	2 108,—	112,56	163,73	184,19	109,19	158,82	178,67	105,82	153,92	173,16	102,45	149,02	167,64	99,07	144,11	162,12	95,70	139,20	156,60
	VI	2 556,—	140,58	204,48	230,04																				
7 262,99 West	I,IV	2 096,41	115,30	167,71	188,67	I	2 096,41	108,55	157,90	177,63	101,80	148,08	166,59	95,06	138,28	155,56	88,32	128,46	144,52	81,57	118,65	133,48	74,83	108,84	122,45
	II	2 050,58	112,78	164,04	184,55	II	2 050,58	106,04	154,24	173,52	99,29	144,42	162,47	92,54	134,61	151,43	85,80	124,80	140,40	79,05	114,99	129,36	72,31	105,18	118,32
	III	1 481,83	81,50	118,54	133,36	III	1 481,83	75,79	110,24	124,02	70,20	102,12	114,88	64,75	94,18	105,95	59,42	86,44	97,24	54,23	78,88	88,74	49,16	71,50	80,44
	V	2 510,91	138,10	200,87	225,98	IV	2 096,41	111,92	162,80	183,15	108,55	157,90	177,63	105,18	152,99	172,11	101,80	148,08	166,59	98,43	143,18	161,07	95,06	138,28	155,56
	VI	2 544,41	139,94	203,55	228,99																				
7 262,99 Ost	I,IV	2 109,25	116,—	168,74	189,83	I	2 109,25	109,26	158,92	178,79	102,52	149,12	167,76	95,77	139,30	156,71	89,02	129,49	145,67	82,28	119,68	134,64	75,53	109,87	123,60
	II	2 063,50	113,49	165,08	185,71	II	2 063,50	106,74	155,26	174,67	99,99	145,45	163,63	93,25	135,64	152,60	86,51	125,83	141,56	79,76	116,02	130,52	73,02	106,21	119,48
	III	1 492,83	82,10	119,42	134,35	III	1 492,83	76,37	111,09	124,97	70,78	102,96	115,83	65,32	95,01	106,88	59,97	87,24	98,14	54,77	79,66	89,62	49,69	72,28	81,31
	V	2 523,83	138,81	201,90	227,14	IV	2 109,25	112,63	163,83	184,31	109,26	158,92	178,79	105,89	154,02	173,27	102,52	149,12	167,76	99,14	144,21	162,23	95,77	139,30	156,71
	VI	2 557,25	140,64	204,58	230,15																				
7 265,99 West	I,IV	2 097,66	115,37	167,81	188,78	I	2 097,66	108,62	158,—	177,75	101,87	148,18	166,70	95,13	138,38	155,67	88,38	128,56	144,63	81,64	118,75	133,59	74,90	108,94	122,56
	II	2 051,83	112,85	164,14	184,66	II	2 051,83	106,10	154,34	173,63	99,36	144,52	162,59	92,61	134,71	151,55	85,87	124,90	140,51	79,12	115,09	129,47	72,38	105,28	118,44
	III	1 482,83	81,55	118,62	133,45	III	1 482,83	75,84	110,32	124,11	70,26	102,20	114,97	64,80	94,26	106,04	59,48	86,52	97,33	54,28	78,96	88,83	49,21	71,58	80,53
	V	2 512,25	138,17	200,98	226,10	IV	2 097,66	111,99	162,90	183,26	108,62	158,—	177,75	105,25	153,09	172,22	101,87	148,18	166,70	98,50	143,28	161,19	95,13	138,38	155,67
	VI	2 545,66	140,01	203,65	229,10																				
7 265,99 Ost	I,IV	2 110,50	116,07	168,84	189,94	I	2 110,50	109,33	159,03	178,91	102,58	149,22	167,87	95,84	139,40	156,83	89,10	129,60	145,80	82,35	119,78	134,75	75,60	109,97	123,71
	II	2 064,75	113,56	165,18	185,82	II	2 064,75	106,81	155,36	174,78	100,07	145,56	163,75	93,32	135,74	152,71	86,57	125,93	141,67	79,83	116,12	130,64	73,09	106,31	119,60
	III	1 493,83	82,16	119,50	134,44	III	1 493,83	76,44	111,18	125,08	70,84	103,04	115,92	65,37	95,09	106,97	60,03	87,32	98,23	54,82	79,74	89,71	49,73	72,34	81,38
	V	2 525,08	138,87	202,—	227,25	IV	2 110,50	112,70	163,93	184,42	109,33	159,03	178,91	105,96	154,12	173,39	102,58	149,22	167,87	99,21	144,31	162,35	95,84	139,40	156,83
	VI	2 558,58	140,72	204,68	230,27																				
7 268,99 West	I,IV	2 098,91	115,44	167,91	188,90	I	2 098,91	108,69	158,10	177,86	101,94	148,28	166,82	95,20	138,48	155,79	88,45	128,66	144,74	81,71	118,85	133,70	74,96	109,04	122,67
	II	2 053,08	112,91	164,24	184,77	II	2 053,08	106,17	154,44	173,74	99,43	144,62	162,70	92,68	134,81	151,66	85,94	125,—	140,63	79,19	115,19	129,59	72,44	105,38	118,55
	III	1 484,—	81,62	118,72	133,56	III	1 484,—	75,90	110,40	124,20	70,31	102,28	115,06	64,86	94,34	106,13	59,53	86,60	97,42	54,34	79,04	88,92	49,27	71,66	80,62
	V	2 513,50	138,24	201,08	226,21	IV	2 098,91	112,06	163,—	183,38	108,69	158,10	177,86	105,32	153,19	172,34	101,94	148,28	166,82	98,57	143,38	161,30	95,20	138,48	155,79
	VI	2 546,91	140,08	203,75	229,22																				
7 268,99 Ost	I,IV	2 111,75	116,14	168,94	190,05	I	2 111,75	109,40	159,13	179,02	102,65	149,32	167,98	95,91	139,50	156,94	89,16	129,70	145,91	82,42	119,88	134,87	75,67	110,07	123,83
	II	2 066,—	113,63	165,28	185,94	II	2 066,—	106,88	155,46	174,89	100,14	145,66	163,86	93,39	135,84	152,82	86,64	126,03	141,78	79,90	116,22	130,75	73,15	106,41	119,71
	III	1 495,—	82,22	119,60	134,55	III	1 495,—	76,49	111,26	125,17	70,89	103,12	116,01	65,43	95,17	107,06	60,08	87,40	98,32	54,88	79,82	89,80	49,79	72,42	81,47
	V	2 526,33	138,94	202,10	227,36	IV	2 111,75	112,77	164,04	184,54	109,40	159,13	179,02	106,03	154,22	173,50	102,65	149,32	167,98	99,28	144,41	162,46	95,91	139,50	156,94
	VI	2 559,83	140,79	204,78	230,38																				
7 271,99 West	I,IV	2 100,16	115,50	168,01	189,01	I	2 100,16	108,76	158,20	177,97	102,02	148,39	166,94	95,27	138,58	155,90	88,52	128,76	144,86	81,78	118,96	133,83	75,03	109,14	122,78
	II	2 054,41	112,99	164,35	184,89	II	2 054,41	106,24	154,54	173,85	99,49	144,72	162,81	92,75	134,92	151,78	86,01	125,10	140,74	79,26	115,29	129,70	72,52	105,48	118,67
	III	1 485,—	81,67	118,80	133,65	III	1 485,—	75,96	110,49	124,30	70,37	102,36	115,15	64,91	94,42	106,22	59,59	86,68	97,51	54,38	79,10	88,99	49,31	71,73	80,69
	V	2 514,75	138,31	201,18	226,32	IV	2 100,16	112,13	163,10	183,49	108,76	158,20	177,97	105,38	153,29	172,45	102,02	148,39	166,94	98,64	143,48	161,42	95,27	138,58	155,90
	VI	2 548,16	140,14	203,85	229,33																				
7 271,99 Ost	I,IV	2 113,08	116,21	169,04	190,17	I	2 113,08	109,47	159,23	179,13	102,72	149,42	168,09	95,97	139,60	157,05	89,23	129,80	146,02	82,49	119,98	134,98	75,74	110,17	123,94
	II	2 067,25	113,69	165,38	186,05	II	2 067,25	106,95	155,56	175,01	100,21	145,76	163,98	93,46	135,94	152,93	86,71	126,13	141,89	79,97	116,32	130,86	73,22	106,51	119,82
	III	1 496,—	82,28	119,68	134,64	III	1 496,—	76,55	111,34	125,26	70,95	103,21	116,11	65,48	95,25	107,15	60,14	87,48	98,41	54,92	79,89	89,87	49,84	72,50	81,56
	V	2 527,58	139,01	202,20	227,48	IV	2 113,08	112,84	164,14	184,65	109,47	159,23	179,13	106,09	154,32	173,61	102,72	149,42	168,09	99,35	144,51	162,57	95,97	139,60	157,05
	VI	2 561,08	140,85	204,88	230,49																				

* **Die ausgewiesenen Tabellenwerte sind amtlich. Siehe Erläuterungen auf der Umschlaginnenseite (U2).**

Lohn/ Gehalt bis €*		Abzüge an Lohnsteuer, Solidaritätszuschlag (SolZ) und Kirchensteuer (8%, 9%) in den Steuerklassen I – VI				I, II, III, IV		mit Zahl der Kinderfreibeträge . . . 0,5			1			1,5			2			2,5			3		
		LSt	ohne Kinderfreibeträge SolZ	8%	9%		LSt	SolZ	8%	9%	SolZ	8%	9%	SolZ	8%	9%	SolZ	8%	9%	SolZ	8%	9%	SolZ	8%	9%
7 274,99 West	I,IV	2 101,41	115,57	168,11	189,12	I	2 101,41	108,83	158,30	178,08	102,08	148,49	167,05	95,34	138,68	156,01	88,59	128,86	144,97	81,85	119,06	133,94	75,10	109,24	122,90
	II	2 055,66	113,06	164,45	185,—	II	2 055,66	106,31	154,64	173,97	99,56	144,82	162,92	92,82	135,02	151,89	86,07	125,20	140,85	79,33	115,39	129,81	72,59	105,58	118,78
	III	1 486,16	81,73	118,89	133,75	III	1 486,16	76,01	110,57	124,39	70,42	102,44	115,24	64,97	94,50	106,31	59,64	86,76	97,60	54,44	79,18	89,08	49,37	71,81	80,78
	V	2 516,—	138,38	201,28	226,44	IV	2 101,41	112,20	163,20	183,60	108,83	158,30	178,08	105,46	153,40	172,57	102,08	148,49	167,05	98,71	143,58	161,53	95,34	138,68	156,01
	VI	2 549,41	140,21	203,95	229,44																				
7 274,99 Ost	I,IV	2 114,33	116,28	169,14	190,28	I	2 114,33	109,54	159,33	179,24	102,79	149,52	168,21	96,05	139,71	157,17	89,30	129,90	146,13	82,55	120,08	135,09	75,81	110,28	124,06
	II	2 068,50	113,76	165,48	186,16	II	2 068,50	107,02	155,67	175,13	100,27	145,86	164,09	93,53	136,04	153,05	86,79	126,24	142,02	80,04	116,42	130,97	73,29	106,61	119,93
	III	1 497,16	82,34	119,77	134,74	III	1 497,16	76,61	111,44	125,37	71,01	103,29	116,20	65,54	95,33	107,24	60,19	87,56	98,50	54,98	79,97	89,96	49,89	72,57	81,64
	V	2 528,83	139,08	202,30	227,59	IV	2 114,33	112,91	164,24	184,77	109,54	159,33	179,24	106,16	154,42	173,72	102,79	149,52	168,21	99,42	144,61	162,68	96,05	139,71	157,17
	VI	2 562,33	140,92	204,98	230,60																				
7 277,99 West	I,IV	2 102,66	115,64	168,21	189,23	I	2 102,66	108,90	158,40	178,20	102,15	148,59	167,16	95,41	138,78	156,12	88,66	128,96	145,08	81,92	119,16	134,05	75,17	109,34	123,01
	II	2 056,91	113,13	164,55	185,12	II	2 056,91	106,38	154,74	174,08	99,63	144,92	163,04	92,89	135,12	152,01	86,14	125,30	140,96	79,40	115,49	129,92	72,65	105,68	118,89
	III	1 487,16	81,79	118,97	133,84	III	1 487,16	76,07	110,65	124,48	70,49	102,53	115,34	65,02	94,58	106,40	59,69	86,82	97,67	54,49	79,26	89,17	49,41	71,88	80,86
	V	2 517,25	138,44	201,38	226,55	IV	2 102,66	112,27	163,30	183,71	108,90	158,40	178,20	105,53	153,50	172,68	102,15	148,59	167,16	98,78	143,68	161,64	95,41	138,78	156,12
	VI	2 550,75	140,29	204,06	229,56																				
7 277,99 Ost	I,IV	2 115,58	116,35	169,24	190,40	I	2 115,58	109,61	159,43	179,36	102,86	149,62	168,32	96,12	139,81	157,28	89,37	130,—	146,25	82,62	120,18	135,20	75,88	110,38	124,17
	II	2 069,75	113,83	165,58	186,27	II	2 069,75	107,09	155,77	175,24	100,34	145,96	164,20	93,60	136,14	153,16	86,85	126,34	142,13	80,11	116,52	131,09	73,36	106,71	120,05
	III	1 498,16	82,39	119,85	134,83	III	1 498,16	76,67	111,52	125,46	71,06	103,37	116,29	65,59	95,41	107,33	60,25	87,64	98,59	55,03	80,05	90,05	49,94	72,65	81,73
	V	2 530,16	139,15	202,41	227,71	IV	2 115,58	112,98	164,34	184,88	109,61	159,43	179,36	106,23	154,52	173,84	102,86	149,62	168,32	99,49	144,72	162,81	96,12	139,81	157,28
	VI	2 563,58	140,99	205,08	230,72																				
7 280,99 West	I,IV	2 103,91	115,71	168,31	189,35	I	2 103,91	108,97	158,50	178,31	102,22	148,69	167,27	95,48	138,88	156,24	88,73	129,07	145,20	81,99	119,26	134,16	75,24	109,44	123,12
	II	2 058,16	113,19	164,65	185,23	II	2 058,16	106,45	154,84	174,19	99,71	145,03	163,16	92,96	135,22	152,12	86,21	125,40	141,08	79,47	115,60	130,05	72,72	105,78	119,—
	III	1 488,33	81,85	119,06	133,94	III	1 488,33	76,13	110,74	124,58	70,54	102,61	115,43	65,08	94,66	106,49	59,74	86,90	97,76	54,55	79,34	89,26	49,47	71,96	80,95
	V	2 518,50	138,51	201,48	226,66	IV	2 103,91	112,34	163,40	183,83	108,97	158,50	178,31	105,60	153,60	172,80	102,22	148,69	167,27	98,85	143,78	161,75	95,48	138,88	156,24
	VI	2 552,—	140,36	204,16	229,68																				
7 280,99 Ost	I,IV	2 116,83	116,42	169,34	190,51	I	2 116,83	109,67	159,53	179,47	102,93	149,72	168,44	96,19	139,91	157,40	89,44	130,10	146,36	82,69	120,28	135,32	75,95	110,48	124,29
	II	2 071,08	113,90	165,68	186,39	II	2 071,08	107,16	155,87	175,35	100,41	146,06	164,31	93,66	136,24	153,27	86,92	126,44	142,24	80,18	116,62	131,20	73,43	106,81	120,16
	III	1 499,33	82,46	119,94	134,93	III	1 499,33	76,73	111,61	125,56	71,12	103,45	116,38	65,65	95,49	107,42	60,30	87,72	98,68	55,09	80,13	90,14	50,—	72,73	81,82
	V	2 531,41	139,22	202,51	227,82	IV	2 116,83	113,05	164,44	184,99	109,67	159,53	179,47	106,30	154,62	173,95	102,93	149,72	168,44	99,56	144,82	162,92	96,19	139,91	157,40
	VI	2 564,83	141,06	205,18	230,83																				
7 283,99 West	I,IV	2 105,16	115,78	168,41	189,46	I	2 105,16	109,04	158,60	178,43	102,29	148,79	167,39	95,54	138,98	156,35	88,80	129,17	145,31	82,06	119,36	134,28	75,31	109,54	123,23
	II	2 059,41	113,26	164,75	185,34	II	2 059,41	106,52	154,94	174,30	99,77	145,13	163,27	93,03	135,32	152,23	86,28	125,50	141,19	79,54	115,70	130,16	72,79	105,88	119,12
	III	1 489,33	81,91	119,14	134,03	III	1 489,33	76,19	110,82	124,67	70,60	102,69	115,52	65,13	94,74	106,58	59,80	86,98	97,85	54,59	79,41	89,33	49,52	72,04	81,04
	V	2 519,75	138,58	201,58	226,77	IV	2 105,16	112,41	163,51	183,95	109,04	158,60	178,43	105,66	153,70	172,91	102,29	148,79	167,39	98,92	143,88	161,87	95,54	138,98	156,35
	VI	2 553,25	140,42	204,26	229,79																				
7 283,99 Ost	I,IV	2 118,08	116,49	169,44	190,62	I	2 118,08	109,74	159,63	179,58	103,—	149,82	168,55	96,25	140,01	157,51	89,51	130,20	146,47	82,77	120,39	135,44	76,02	110,58	124,40
	II	2 072,33	113,97	165,78	186,50	II	2 072,33	107,23	155,97	175,46	100,48	146,16	164,43	93,74	136,35	153,39	86,99	126,54	142,35	80,24	116,72	131,31	73,50	106,92	120,28
	III	1 500,33	82,51	120,02	135,02	III	1 500,33	76,78	111,69	125,65	71,17	103,53	116,47	65,70	95,57	107,51	60,36	87,80	98,77	55,13	80,20	90,22	50,05	72,80	81,90
	V	2 532,66	139,29	202,61	227,93	IV	2 118,08	113,12	164,54	185,10	109,74	159,63	179,58	106,37	154,72	174,06	103,—	149,82	168,55	99,63	144,92	163,03	96,25	140,01	157,51
	VI	2 566,08	141,13	205,28	230,94																				
7 286,99 West	I,IV	2 106,50	115,85	168,52	189,58	I	2 106,50	109,11	158,70	178,54	102,36	148,89	167,50	95,62	139,08	156,47	88,87	129,27	145,43	82,12	119,46	134,39	75,38	109,64	123,35
	II	2 060,66	113,33	164,85	185,45	II	2 060,66	106,59	155,04	174,42	99,84	145,23	163,38	93,10	135,42	152,34	86,35	125,60	141,30	79,61	115,80	130,27	72,86	105,98	119,23
	III	1 490,50	81,97	119,24	134,14	III	1 490,50	76,24	110,90	124,76	70,65	102,77	115,61	65,19	94,82	106,67	59,85	87,06	97,94	54,65	79,49	89,42	49,57	72,10	81,11
	V	2 521,—	138,65	201,68	226,89	IV	2 106,50	112,48	163,61	184,06	109,11	158,70	178,54	105,73	153,80	173,02	102,36	148,89	167,50	98,99	143,98	161,98	95,62	139,08	156,47
	VI	2 554,50	140,49	204,36	229,90																				
7 286,99 Ost	I,IV	2 119,33	116,56	169,54	190,73	I	2 119,33	109,81	159,73	179,69	103,07	149,92	168,66	96,32	140,11	157,62	89,58	130,30	146,58	82,83	120,49	135,55	76,09	110,68	124,51
	II	2 073,58	114,04	165,88	186,62	II	2 073,58	107,30	156,07	175,58	100,55	146,26	164,54	93,81	136,45	153,50	87,06	126,64	142,47	80,31	116,82	131,42	73,57	107,02	120,39
	III	1 501,50	82,58	120,12	135,13	III	1 501,50	76,84	111,77	125,74	71,24	103,62	116,57	65,76	95,65	107,60	60,41	87,88	98,86	55,19	80,28	90,31	50,10	72,88	81,99
	V	2 533,91	139,36	202,71	228,05	IV	2 119,33	113,19	164,64	185,22	109,81	159,73	179,69	106,44	154,83	174,18	103,07	149,92	168,66	99,70	145,02	163,14	96,32	140,11	157,62
	VI	2 567,33	141,20	205,38	231,05																				
7 289,99 West	I,IV	2 107,75	115,92	168,62	189,69	I	2 107,75	109,17	158,80	178,65	102,43	148,99	167,61	95,69	139,18	156,58	88,94	129,37	145,54	82,19	119,56	134,50	75,45	109,75	123,47
	II	2 061,91	113,40	164,95	185,57	II	2 061,91	106,66	155,14	174,53	99,91	145,33	163,49	93,17	135,52	152,46	86,42	125,71	141,42	79,68	115,90	130,38	72,93	106,08	119,34
	III	1 491,50	82,03	119,32	134,23	III	1 491,50	76,31	111,—	124,87	70,71	102,85	115,70	65,24	94,90	106,76	59,91	87,14	98,03	54,70	79,57	89,51	49,62	72,18	81,20
	V	2 522,25	138,72	201,78	227,—	IV	2 107,75	112,55	163,71	184,17	109,17	158,80	178,65	105,80	153,90	173,13	102,43	148,99	167,61	99,05	144,08	162,09	95,69	139,18	156,58
	VI	2 555,75	140,56	204,46	230,01																				
7 289,99 Ost	I,IV	2 120,58	116,63	169,64	190,85	I	2 120,58	109,89	159,84	179,82	103,14	150,02	168,77	96,39	140,21	157,73	89,65	130,40	146,70	82,90	120,59	135,66	76,16	110,78	124,62
	II	2 074,83	114,11	165,98	186,73	II	2 074,83	107,36	156,17	175,69	100,62	146,36	164,66	93,88	136,55	153,62	87,13	126,74	142,58	80,38	116,92	131,54	73,64	107,12	120,51
	III	1 502,50	82,63	120,20	135,22	III	1 502,50	76,90	111,86	125,84	71,29	103,70	116,66	65,81	95,73	107,69	60,47	87,96	98,95	55,24	80,36	90,40	50,15	72,94	82,06
	V	2 535,16	139,43	202,81	228,16	IV	2 120,58	113,25	164,74	185,33	109,89	159,84	179,82	106,51	154,93	174,29	103,14	150,02	168,77	99,77	145,12	163,26	96,39	140,21	157,73
	VI	2 568,66	141,27	205,49	231,17																				
7 292,99 West	I,IV	2 109,—	115,99	168,72	189,81	I	2 109,—	109,24	158,90	178,76	102,50	149,09	167,72	95,75	139,28	156,69	89,01	129,47	145,65	82,26	119,66	134,61	75,52	109,85	123,58
	II	2 063,16	113,47	165,05	185,68	II	2 063,16	106,73	155,24	174,65	99,98	145,43	163,61	93,23	135,62	152,57	86,49	125,81	141,53	79,75	116,—	130,50	73,—	106,18	119,45
	III	1 492,50	82,08	119,40	134,32	III	1 492,50	76,36	111,08	124,96	70,77	102,94	115,81	65,30	94,98	106,85	59,96	87,22	98,12	54,76	79,65	89,60	49,68	72,26	81,29
	V	2 523,58	138,79	201,88	227,12	IV	2 109,—	112,62	163,81	184,28	109,24	158,90	178,76	105,87	154,—	173,25	102,50	149,09	167,72	99,13	144,19	162,21	95,75	139,28	156,69
	VI	2 557,—	140,63	204,56	230,13																				
7 292,99 Ost	I,IV	2 121,83	116,70	169,74	190,96	I	2 121,83	109,95	159,94	179,93	103,21	150,12	168,89	96,46	140,31	157,85	89,72	130,50	146,81	82,97	120,69	135,77	76,23	110,88	124,74
	II	2 076,08	114,18	166,08	186,84	II	2 076,08	107,43	156,27	175,80	100,69	146,46	164,77	93,94	136,65	153,73	87,20	126,84	142,69	80,46	117,03	131,66	73,71	107,22	120,62
	III	1 503,66	82,70	120,29	135,32	III	1 503,66	76,96	111,94	125,93	71,35	103,78	116,75	65,87	95,81	107,78	60,51	88,02	99,02	55,30	80,44	90,49	50,20	73,02	82,15
	V	2 536,41	139,50	202,91	228,27	IV	2 121,83	113,33	164,84	185,45	109,95	159,94	179,93	106,58	155,03	174,41	103,21	150,12	168,89	99,83	145,22	163,37	96,46	140,31	157,85
	VI	2 569,91	141,34	205,59	231,29																				
7 295,99 West	I,IV	2 110,25	116,06	168,82	189,92	I	2 110,25	109,31	159,—	178,88	102,57	149,20	167,85	95,82	139,38	156,80	89,08	129,57	145,76	82,33	119,76	134,73	75,59	109,95	123,69
	II	2 064,50	113,54	165,16	185,80	II	2 064,50	106,80	155,34	174,76	100,05	145,53	163,72	93,31	135,72	152,69	86,56	125,91	141,65	79,81	116,10	130,61	73,07	106,28	119,57
	III	1 493,66	82,15	119,49	134,42	III	1 493,66	76,42	111,16	125,05	70,83	103,02	115,90	65,35	95,06	106,94	60,02	87,30	98,21	54,80	79,72	89,68	49,72	72,33	81,37
	V	2 524,83	138,86	201,98	227,23	IV	2 110,25	112,69	163,91	184,40	109,31	159,—	178,88	105,94	154,10	173,36	102,57	149,20	167,85	99,20	144,29	162,32	95,82	139,38	156,80
	VI	2 558,25	140,70	204,66	230,24																				
7 295,99 Ost	I,IV	2 123,08	116,76	169,84	191,07	I	2 123,08	110,02	160,04	180,04	103,28	150,22	169,—	96,53	140,41	157,96	89,79	130,60	146,93	83,04	120,79	135,89	76,29	110,98	124,85
	II	2 077,33	114,25	166,18	186,95	II	2 077,33	107,50	156,37	175,91	100,76	146,56	164,88	94,01	136,75	153,84	87,27	126,94	142,80	80,52	117,13	131,77	73,78	107,32	120,73
	III	1 504,66	82,75	120,37	135,41	III	1 504,66	77,01	112,02	126,02	71,40	103,86	116,84	65,92	95,89	107,87	60,57	88,10	99,11	55,35	80,52	90,58	50,26	73,10	82,24
	V	2 537,66	139,57	203,01	228,38	IV	2 123,08	113,40	164,94	185,56	110,02	160,04	180,04	106,65	155,13	174,52	103,28	150,22	169,—	99,90	145,32	163,48	96,53	140,41	157,96
	VI	2 571,16	141,41	205,69	231,40																				

*** Die ausgewiesenen Tabellenwerte sind amtlich. Siehe Erläuterungen auf der Umschlaginnenseite (U2).**

MONAT 7 296,–*

Lohn/ Gehalt bis €*		I – VI					I, II, III, IV																		
			ohne Kinder-freibeträge					mit Zahl der Kinderfreibeträge . . .																	
								0,5			1			1,5			2			2,5			3		
		LSt	SolZ	8%	9%		LSt	SolZ	8%	9%	SolZ	8%	9%	SolZ	8%	9%	SolZ	8%	9%	SolZ	8%	9%	SolZ	8%	9%
7 298,99 West	I,IV	2 111,50	116,13	168,92	190,03	I	2 111,50	109,38	159,10	178,99	102,64	149,30	167,96	95,89	139,48	156,92	89,15	129,67	145,88	82,40	119,86	134,84	75,66	110,05	123,80
	II	2 065,75	113,61	165,26	185,91	II	2 065,75	106,86	155,44	174,87	100,12	145,63	163,83	93,38	135,82	152,80	86,63	126,01	141,76	79,88	116,20	130,72	73,14	106,39	119,69
	III	1 494,66	82,20	119,57	134,51	III	1 494,66	76,48	111,25	125,15	70,88	103,10	115,99	65,41	95,14	107,03	60,07	87,38	98,30	54,86	79,80	89,77	49,78	72,41	81,46
	V	2 526,08	138,93	202,08	227,34	IV	2 111,50	112,75	164,01	184,51	109,38	159,10	178,99	106,01	154,20	173,48	102,64	149,30	167,96	99,27	144,39	162,44	95,89	139,48	156,92
	VI	2 559,50	140,77	204,76	230,35																				
7 298,99 Ost	I,IV	2 124,41	116,84	169,95	191,19	I	2 124,41	110,09	160,14	180,15	103,34	150,32	169,11	96,60	140,52	158,08	89,86	130,70	147,04	83,11	120,89	136,—	76,37	111,08	124,97
	II	2 078,58	114,32	166,28	187,07	II	2 078,58	107,58	156,48	176,04	100,83	146,66	164,99	94,08	136,85	153,95	87,34	127,04	142,92	80,59	117,23	131,88	73,85	107,42	120,84
	III	1 505,83	82,82	120,46	135,52	III	1 505,83	77,08	112,12	126,13	71,47	103,96	116,95	65,98	95,97	107,96	60,62	88,18	99,20	55,40	80,58	90,65	50,30	73,17	82,31
	V	2 538,91	139,64	203,11	228,50	IV	2 124,41	113,46	165,04	185,67	110,09	160,14	180,15	106,72	155,23	174,63	103,34	150,32	169,11	99,97	145,42	163,59	96,60	140,52	158,08
	VI	2 572,41	141,48	205,79	231,51																				
7 301,99 West	I,IV	2 112,75	116,20	169,02	190,14	I	2 112,75	109,45	159,20	179,10	102,71	149,40	168,07	95,96	139,58	157,03	89,21	129,77	145,99	82,47	119,96	134,96	75,73	110,15	123,92
	II	2 067,—	113,68	165,36	186,03	II	2 067,—	106,93	155,54	174,98	100,19	145,73	163,94	93,44	135,92	152,91	86,70	126,11	141,87	79,95	116,30	130,83	73,21	106,49	119,80
	III	1 495,83	82,27	119,66	134,62	III	1 495,83	76,54	111,33	125,24	70,94	103,18	116,08	65,46	95,22	107,12	60,13	87,46	98,39	54,91	79,88	89,86	49,83	72,48	81,54
	V	2 527,33	139,—	202,18	227,45	IV	2 112,75	112,82	164,11	184,62	109,45	159,20	179,10	106,08	154,30	173,59	102,71	149,40	168,07	99,33	144,49	162,55	95,96	139,58	157,03
	VI	2 560,75	140,84	204,86	230,46																				
7 301,99 Ost	I,IV	2 125,66	116,91	170,05	191,30	I	2 125,66	110,16	160,24	180,27	103,41	150,42	169,22	96,67	140,62	158,19	89,92	130,80	147,15	83,18	120,99	136,11	76,44	111,18	125,08
	II	2 079,83	114,39	166,38	187,18	II	2 079,83	107,64	156,58	176,15	100,90	146,76	165,11	94,15	136,95	154,07	87,41	127,14	143,03	80,66	117,33	131,99	73,92	107,52	120,96
	III	1 506,83	82,87	120,54	135,61	III	1 506,83	77,13	112,20	126,22	71,52	104,04	117,04	66,03	96,05	108,05	60,68	88,26	99,29	55,45	80,66	90,74	50,36	73,25	82,40
	V	2 540,25	139,71	203,22	228,62	IV	2 125,66	113,53	165,14	185,78	110,16	160,24	180,27	106,79	155,33	174,74	103,41	150,42	169,22	100,04	145,52	163,71	96,67	140,62	158,19
	VI	2 573,66	141,55	205,89	231,62																				
7 304,99 West	I,IV	2 114,—	116,27	169,12	190,26	I	2 114,—	109,52	159,31	179,22	102,78	149,50	168,18	96,03	139,68	157,14	89,29	129,88	146,11	82,54	120,06	135,07	75,79	110,25	124,03
	II	2 068,25	113,75	165,46	186,14	II	2 068,25	107,—	155,64	175,10	100,26	145,84	164,07	93,51	136,02	153,02	86,77	126,21	141,98	80,02	116,40	130,95	73,28	106,59	119,91
	III	1 496,83	82,32	119,74	134,71	III	1 496,83	76,59	111,41	125,33	70,99	103,26	116,17	65,53	95,32	107,23	60,18	87,54	98,48	54,97	79,96	89,95	49,88	72,56	81,63
	V	2 528,58	139,07	202,28	227,57	IV	2 114,—	112,89	164,21	184,73	109,52	159,31	179,22	106,15	154,40	173,70	102,78	149,50	168,18	99,40	144,59	162,66	96,03	139,68	157,14
	VI	2 562,08	140,91	204,96	230,58																				
7 304,99 Ost	I,IV	2 126,91	116,98	170,15	191,42	I	2 126,91	110,23	160,34	180,38	103,48	150,52	169,34	96,74	140,72	158,31	89,99	130,90	147,26	83,25	121,09	136,22	76,50	111,28	125,19
	II	2 081,08	114,45	166,48	187,29	II	2 081,08	107,71	156,68	176,26	100,97	146,86	165,22	94,22	137,05	154,18	87,48	127,24	143,15	80,73	117,43	132,11	73,98	107,62	121,07
	III	1 508,—	82,94	120,64	135,72	III	1 508,—	77,19	112,28	126,31	71,58	104,12	117,13	66,10	96,14	108,16	60,73	88,34	99,38	55,51	80,74	90,83	50,41	73,33	82,49
	V	2 541,50	139,78	203,32	228,73	IV	2 126,91	113,60	165,24	185,90	110,23	160,34	180,38	106,86	155,43	174,86	103,48	150,52	169,34	100,11	145,62	163,82	96,74	140,72	158,31
	VI	2 574,91	141,62	205,99	231,74																				
7 307,99 West	I,IV	2 115,25	116,33	169,22	190,37	I	2 115,25	109,59	159,41	179,33	102,85	149,60	168,30	96,10	139,78	157,25	89,36	129,98	146,22	82,61	120,16	135,18	75,86	110,35	124,14
	II	2 069,50	113,82	165,56	186,25	II	2 069,50	107,07	155,74	175,21	100,33	145,94	164,18	93,58	136,12	153,14	86,84	126,31	142,10	80,09	116,50	131,06	73,35	106,69	120,02
	III	1 498,—	82,39	119,84	134,82	III	1 498,—	76,66	111,50	125,44	71,06	103,36	116,28	65,58	95,40	107,32	60,24	87,62	98,57	55,02	80,04	90,04	49,94	72,64	81,72
	V	2 529,83	139,14	202,38	227,68	IV	2 115,25	112,97	164,32	184,86	109,59	159,41	179,33	106,22	154,50	173,81	102,85	149,60	168,30	99,47	144,69	162,77	96,10	139,78	157,25
	VI	2 563,33	140,98	205,06	230,69																				
7 307,99 Ost	I,IV	2 128,16	117,04	170,25	191,53	I	2 128,16	110,30	160,44	180,49	103,56	150,63	169,46	96,81	140,82	158,42	90,06	131,—	147,38	83,32	121,20	136,35	76,57	111,38	125,30
	II	2 082,41	114,53	166,59	187,41	II	2 082,41	107,78	156,78	176,37	101,03	146,96	165,33	94,29	137,16	154,30	87,55	127,34	143,26	80,80	117,53	132,22	74,06	107,72	121,19
	III	1 509,—	82,99	120,72	135,81	III	1 509,—	77,25	112,37	126,41	71,63	104,20	117,22	66,15	96,22	108,25	60,79	88,42	99,47	55,56	80,82	90,92	50,46	73,40	82,57
	V	2 542,75	139,85	203,42	228,84	IV	2 128,16	113,67	165,34	186,01	110,30	160,44	180,49	106,92	155,53	174,97	103,56	150,63	169,46	100,18	145,72	163,94	96,81	140,82	158,42
	VI	2 576,16	141,68	206,09	231,85																				
7 310,99 West	I,IV	2 116,58	116,41	169,32	190,49	I	2 116,58	109,66	159,51	179,45	102,91	149,70	168,41	96,17	139,88	157,37	89,43	130,08	146,34	82,68	120,26	135,29	75,93	110,45	124,25
	II	2 070,75	113,89	165,66	186,36	II	2 070,75	107,14	155,84	175,32	100,40	146,04	164,29	93,65	136,22	153,25	86,90	126,41	142,21	80,16	116,60	131,18	73,42	106,79	120,14
	III	1 499,—	82,44	119,92	134,91	III	1 499,—	76,71	111,58	125,53	71,11	103,44	116,37	65,64	95,48	107,41	60,28	87,69	98,65	55,07	80,10	90,11	49,98	72,70	81,79
	V	2 531,08	139,20	202,48	227,79	IV	2 116,58	113,03	164,42	184,97	109,66	159,51	179,45	106,29	154,60	173,93	102,91	149,70	168,41	99,54	144,79	162,89	96,17	139,88	157,37
	VI	2 564,58	141,05	205,16	230,81																				
7 310,99 Ost	I,IV	2 129,41	117,11	170,35	191,64	I	2 129,41	110,37	160,54	180,60	103,62	150,73	169,57	96,88	140,92	158,53	90,13	131,10	147,49	83,39	121,30	136,46	76,64	111,48	125,42
	II	2 083,66	114,60	166,69	187,52	II	2 083,66	107,85	156,88	176,49	101,10	147,06	165,44	94,36	137,26	154,41	87,61	127,44	143,37	80,87	117,63	132,33	74,13	107,82	121,30
	III	1 510,16	83,05	120,81	135,91	III	1 510,16	77,31	112,45	126,50	71,69	104,28	117,31	66,21	96,30	108,34	60,84	88,50	99,56	55,61	80,89	91,—	50,51	73,48	82,66
	V	2 544,—	139,92	203,52	228,96	IV	2 129,41	113,74	165,44	186,12	110,37	160,54	180,60	107,—	155,64	175,09	103,62	150,73	169,57	100,25	145,82	164,05	96,88	140,92	158,53
	VI	2 577,41	141,75	206,19	231,96																				
7 313,99 West	I,IV	2 117,83	116,48	169,42	190,60	I	2 117,83	109,73	159,61	179,56	102,98	149,80	168,52	96,24	139,99	157,49	89,49	130,18	146,45	82,75	120,36	135,41	76,01	110,56	124,38
	II	2 072,—	113,96	165,76	186,48	II	2 072,—	107,21	155,95	175,44	100,47	146,14	164,40	93,72	136,32	153,36	86,98	126,52	142,33	80,23	116,70	131,29	73,48	106,89	120,25
	III	1 500,16	82,50	120,01	135,01	III	1 500,16	76,77	111,66	125,62	71,17	103,52	116,46	65,69	95,56	107,50	60,34	87,77	98,74	55,12	80,18	90,20	50,04	72,78	81,88
	V	2 532,33	139,27	202,58	227,90	IV	2 117,83	113,10	164,52	185,08	109,73	159,61	179,56	106,36	154,70	174,04	102,98	149,80	168,52	99,61	144,89	163,—	96,24	139,99	157,49
	VI	2 565,83	141,12	205,26	230,92																				
7 313,99 Ost	I,IV	2 130,66	117,18	170,45	191,75	I	2 130,66	110,44	160,64	180,72	103,69	150,83	169,68	96,95	141,02	158,64	90,20	131,20	147,60	83,46	121,40	136,57	76,71	111,58	125,53
	II	2 084,91	114,67	166,79	187,64	II	2 084,91	107,92	156,98	176,60	101,17	147,16	165,56	94,43	137,36	154,53	87,68	127,54	143,48	80,94	117,73	132,44	74,19	107,92	121,41
	III	1 511,16	83,11	120,89	136,—	III	1 511,16	77,37	112,54	126,61	71,75	104,37	117,41	66,26	96,38	108,43	60,90	88,58	99,65	55,66	80,97	91,09	50,57	73,56	82,75
	V	2 545,25	139,98	203,62	229,07	IV	2 130,66	113,81	165,54	186,23	110,44	160,64	180,72	107,07	155,74	175,20	103,69	150,83	169,68	100,32	145,92	164,16	96,95	141,02	158,64
	VI	2 578,75	141,83	206,30	232,08																				
7 316,99 West	I,IV	2 119,08	116,54	169,52	190,71	I	2 119,08	109,80	159,71	179,67	103,05	149,90	168,63	96,31	140,09	157,60	89,56	130,28	146,56	82,82	120,46	135,52	76,07	110,66	124,49
	II	2 073,25	114,02	165,86	186,59	II	2 073,25	107,28	156,05	175,55	100,54	146,24	164,52	93,79	136,42	153,47	87,05	126,62	142,44	80,30	116,80	131,40	73,55	106,99	120,36
	III	1 501,16	82,56	120,09	135,10	III	1 501,16	76,83	111,76	125,73	71,22	103,60	116,55	65,75	95,64	107,59	60,39	87,85	98,83	55,18	80,26	90,29	50,09	72,86	81,97
	V	2 533,66	139,35	202,69	228,02	IV	2 119,08	113,17	164,62	185,19	109,80	159,71	179,67	106,42	154,80	174,15	103,05	149,90	168,63	99,68	145,—	163,12	96,31	140,09	157,60
	VI	2 567,08	141,18	205,36	231,03																				
7 316,99 Ost	I,IV	2 131,91	117,25	170,55	191,87	I	2 131,91	110,51	160,74	180,83	103,76	150,93	169,79	97,02	141,12	158,76	90,27	131,31	147,72	83,53	121,50	136,68	76,78	111,68	125,64
	II	2 086,16	114,73	166,89	187,75	II	2 086,16	107,99	157,08	176,71	101,25	147,27	165,68	94,50	137,46	154,64	87,75	127,64	143,60	81,01	117,84	132,57	74,26	108,02	121,52
	III	1 512,33	83,17	120,98	136,10	III	1 512,33	77,43	112,62	126,70	71,81	104,45	117,50	66,32	96,46	108,52	60,95	88,66	99,74	55,72	81,05	91,18	50,61	73,62	82,82
	V	2 546,50	140,05	203,72	229,18	IV	2 131,91	113,88	165,64	186,35	110,51	160,74	180,83	107,14	155,84	175,32	103,76	150,93	169,79	100,39	146,02	164,27	97,02	141,12	158,76
	VI	2 580,—	141,90	206,40	232,20																				
7 319,99 West	I,IV	2 120,33	116,61	169,62	190,82	I	2 120,33	109,87	159,81	179,78	103,12	150,—	168,75	96,38	140,19	157,71	89,63	130,38	146,67	82,88	120,56	135,63	76,14	110,76	124,60
	II	2 074,58	114,10	165,96	186,71	II	2 074,58	107,35	156,15	175,67	100,60	146,34	164,63	93,86	136,52	153,59	87,12	126,72	142,56	80,37	116,90	131,51	73,62	107,09	120,47
	III	1 502,33	82,62	120,18	135,20	III	1 502,33	76,89	111,84	125,82	71,28	103,69	116,65	65,80	95,72	107,68	60,45	87,93	98,92	55,23	80,34	90,38	50,14	72,93	82,04
	V	2 534,91	139,42	202,79	228,14	IV	2 120,33	113,24	164,72	185,31	109,87	159,81	179,78	106,49	154,90	174,26	103,12	150,—	168,75	99,75	145,10	163,23	96,38	140,19	157,71
	VI	2 568,33	141,25	205,46	231,14																				
7 319,99 Ost	I,IV	2 133,16	117,32	170,65	191,98	I	2 133,16	110,58	160,84	180,95	103,83	151,03	169,91	97,08	141,22	158,87	90,34	131,41	147,83	83,60	121,60	136,80	76,85	111,78	125,75
	II	2 087,41	114,80	166,99	187,86	II	2 087,41	108,06	157,18	176,82	101,31	147,37	165,79	94,57	137,56	154,75	87,82	127,74	143,71	81,08	117,94	132,68	74,33	108,12	121,64
	III	1 513,33	83,23	121,06	136,19	III	1 513,33	77,48	112,70	126,79	71,86	104,53	117,59	66,37	96,54	108,61	61,01	88,74	99,83	55,77	81,13	91,27	50,67	73,70	82,91
	V	2 547,75	140,12	203,82	229,29	IV	2 133,16	113,95	165,75	186,47	110,58	160,84	180,95	107,20	155,94	175,43	103,83	151,03	169,91	100,46	146,12	164,39	97,08	141,22	158,87
	VI	2 581,25	141,96	206,50	232,31																				

Table heading: Abzüge an Lohnsteuer, Solidaritätszuschlag (SolZ) und Kirchensteuer (8%, 9%) in den Steuerklassen

*** Die ausgewiesenen Tabellenwerte sind amtlich. Siehe Erläuterungen auf der Umschlaginnenseite (U2).**

Abzüge an Lohnsteuer, Solidaritätszuschlag (SolZ) und Kirchensteuer (8%, 9%) in den Steuerklassen

Lohn/ Gehalt bis €*	I – VI					I, II, III, IV		mit Zahl der Kinderfreibeträge . . . 0,5			1			1,5			2			2,5			3		
		LSt	ohne Kinderfreibeträge SolZ	8%	9%		LSt	SolZ	8%	9%	SolZ	8%	9%	SolZ	8%	9%	SolZ	8%	9%	SolZ	8%	9%	SolZ	8%	9%
7 322,99 West	I,IV	2 121,58	116,68	169,72	190,94	I	2 121,58	109,94	159,91	179,90	103,19	150,10	168,86	96,45	140,29	157,82	89,70	130,48	146,79	82,96	120,67	135,75	76,21	110,86	124,71
	II	2 075,83	114,17	166,06	186,82	II	2 075,83	107,42	156,25	175,78	100,67	146,44	164,74	93,93	136,63	153,71	87,18	126,82	142,67	80,44	117,—	131,63	73,70	107,20	120,60
	III	1 503,33	82,68	120,26	135,29	III	1 503,33	76,95	111,93	125,92	71,34	103,77	116,74	65,86	95,80	107,77	60,50	88,01	99,01	55,28	80,41	90,46	50,19	73,01	82,13
	V	2 536,16	139,48	202,89	228,25	IV	2 121,58	113,31	164,82	185,42	109,94	159,91	179,90	106,56	155,—	174,38	103,19	150,10	168,86	99,82	145,20	163,35	96,45	140,29	157,82
	VI	2 569,58	141,32	205,56	231,26																				
7 322,99 Ost	I,IV	2 134,50	117,39	170,76	192,10	I	2 134,50	110,65	160,94	181,06	103,90	151,13	170,02	97,16	141,32	158,99	90,41	131,51	147,95	83,66	121,70	136,91	76,92	111,88	125,87
	II	2 088,66	114,87	167,09	187,97	II	2 088,66	108,13	157,28	176,94	101,38	147,47	165,90	94,64	137,66	154,86	87,89	127,84	143,82	81,15	118,04	132,79	74,40	108,22	121,75
	III	1 514,50	83,29	121,16	136,30	III	1 514,50	77,55	112,80	126,90	71,92	104,61	117,68	66,43	96,62	108,70	61,06	88,82	99,92	55,83	81,21	91,36	50,72	73,78	83,—
	V	2 549,—	140,19	203,92	229,41	IV	2 134,50	114,02	165,85	186,58	110,65	160,94	181,06	107,27	156,04	175,54	103,90	151,13	170,02	100,53	146,22	164,50	97,16	141,32	158,99
	VI	2 582,50	142,03	206,60	232,42																				
7 325,99 West	I,IV	2 122,83	116,75	169,82	191,05	I	2 122,83	110,—	160,01	180,01	103,26	150,20	168,98	96,52	140,39	157,94	89,77	130,58	146,90	83,03	120,77	135,86	76,28	110,96	124,83
	II	2 077,08	114,23	166,16	186,93	II	2 077,08	107,49	156,35	175,89	100,74	146,54	164,85	94,—	136,73	153,82	87,25	126,92	142,78	80,51	117,10	131,74	73,76	107,30	120,71
	III	1 504,50	82,74	120,36	135,40	III	1 504,50	77,—	112,01	126,01	71,39	103,85	116,83	65,91	95,88	107,86	60,56	88,09	99,10	55,33	80,49	90,55	50,24	73,08	82,21
	V	2 537,41	139,55	202,99	228,36	IV	2 122,83	113,38	164,92	185,53	110,—	160,01	180,01	106,64	155,11	174,50	103,26	150,20	168,98	99,89	145,30	163,46	96,52	140,39	157,94
	VI	2 570,83	141,39	205,66	231,37																				
7 325,99 Ost	I,IV	2 135,75	117,46	170,86	192,21	I	2 135,75	110,71	161,04	181,17	103,97	151,23	170,13	97,23	141,42	159,10	90,48	131,61	148,06	83,73	121,80	137,02	76,99	111,99	125,99
	II	2 089,91	114,94	167,19	188,09	II	2 089,91	108,20	157,38	177,05	101,45	147,57	166,01	94,71	137,76	154,98	87,96	127,95	143,94	81,22	118,14	132,90	74,47	108,32	121,86
	III	1 515,50	83,35	121,24	136,39	III	1 515,50	77,60	112,88	126,99	71,98	104,70	117,79	66,48	96,70	108,79	61,12	88,90	100,01	55,88	81,28	91,44	50,77	73,85	83,08
	V	2 550,25	140,26	204,02	229,52	IV	2 135,75	114,09	165,95	186,69	110,71	161,04	181,17	107,34	156,14	175,65	103,97	151,23	170,13	100,59	146,32	164,61	97,23	141,42	159,10
	VI	2 583,75	142,10	206,70	232,53																				
7 328,99 West	I,IV	2 124,08	116,82	169,92	191,16	I	2 124,08	110,08	160,12	180,13	103,33	150,30	169,09	96,58	140,49	158,05	89,84	130,68	147,02	83,10	120,87	135,98	76,35	111,06	124,94
	II	2 078,33	114,30	166,26	187,04	II	2 078,33	107,56	156,45	176,—	100,81	146,64	164,97	94,07	136,83	153,93	87,32	127,02	142,89	80,57	117,20	131,85	73,83	107,40	120,82
	III	1 505,50	82,80	120,44	135,49	III	1 505,50	77,06	112,09	126,10	71,45	103,93	116,92	65,97	95,96	107,95	60,61	88,17	99,19	55,39	80,57	90,64	50,29	73,16	82,30
	V	2 538,66	139,62	203,09	228,47	IV	2 124,08	113,45	165,02	185,64	110,08	160,12	180,13	106,70	155,21	174,61	103,33	150,30	169,09	99,96	145,40	163,57	96,58	140,49	158,05
	VI	2 572,16	141,46	205,77	231,49																				
7 328,99 Ost	I,IV	2 137,—	117,53	170,96	192,33	I	2 137,—	110,78	161,14	181,28	104,04	151,33	170,24	97,29	141,52	159,21	90,55	131,71	148,17	83,80	121,90	137,13	77,06	112,09	126,10
	II	2 091,16	115,01	167,29	188,20	II	2 091,16	108,27	157,48	177,17	101,52	147,67	166,13	94,77	137,86	155,09	88,03	128,05	144,05	81,29	118,24	133,02	74,54	108,42	121,97
	III	1 516,66	83,41	121,33	136,49	III	1 516,66	77,66	112,96	127,08	72,04	104,78	117,88	66,54	96,78	108,88	61,17	88,98	100,10	55,93	81,36	91,53	50,82	73,93	83,17
	V	2 551,58	140,33	204,12	229,64	IV	2 137,—	114,16	166,05	186,80	110,78	161,14	181,28	107,41	156,24	175,77	104,04	151,33	170,24	100,67	146,43	164,73	97,29	141,52	159,21
	VI	2 585,—	142,17	206,80	232,65																				
7 331,99 West	I,IV	2 125,33	116,89	170,02	191,27	I	2 125,33	110,15	160,22	180,24	103,40	150,40	169,20	96,65	140,59	158,16	89,91	130,78	147,13	83,16	120,97	136,09	76,42	111,16	125,05
	II	2 079,58	114,37	166,36	187,16	II	2 079,58	107,63	156,55	176,12	100,88	146,74	165,08	94,14	136,93	154,04	87,39	127,12	143,01	80,65	117,31	131,97	73,90	107,50	120,93
	III	1 506,66	82,86	120,53	135,59	III	1 506,66	77,12	112,18	126,20	71,50	104,01	117,01	66,02	96,04	108,04	60,67	88,25	99,28	55,44	80,65	90,73	50,35	73,24	82,39
	V	2 539,91	139,69	203,19	228,59	IV	2 125,33	113,52	165,12	185,76	110,15	160,22	180,24	106,77	155,31	174,72	103,40	150,40	169,20	100,03	145,50	163,68	96,65	140,59	158,16
	VI	2 573,41	141,53	205,87	231,60																				
7 331,99 Ost	I,IV	2 138,25	117,60	171,06	192,44	I	2 138,25	110,85	161,24	181,40	104,11	151,44	170,37	97,36	141,62	159,32	90,62	131,81	148,28	83,87	122,—	137,25	77,13	112,19	126,21
	II	2 092,50	115,08	167,40	188,32	II	2 092,50	108,34	157,58	177,28	101,59	147,77	166,24	94,85	137,96	155,21	88,10	128,15	144,17	81,35	118,34	133,13	74,61	108,52	122,09
	III	1 517,83	83,48	121,42	136,60	III	1 517,83	77,72	113,05	127,18	72,09	104,86	117,97	66,59	96,86	108,97	61,23	89,06	100,19	55,99	81,44	91,62	50,87	74,—	83,25
	V	2 552,83	140,40	204,22	229,75	IV	2 138,25	114,23	166,15	186,92	110,85	161,24	181,40	107,48	156,34	175,88	104,11	151,44	170,37	100,74	146,53	164,84	97,36	141,62	159,32
	VI	2 586,25	142,24	206,90	232,76																				
7 334,99 West	I,IV	2 126,58	116,96	170,12	191,39	I	2 126,58	110,22	160,32	180,36	103,47	150,50	169,31	96,72	140,69	158,27	89,98	130,88	147,24	83,23	121,07	136,20	76,49	111,26	125,16
	II	2 080,83	114,44	166,46	187,27	II	2 080,83	107,69	156,65	176,23	100,95	146,84	165,20	94,21	137,03	154,16	87,46	127,22	143,12	80,72	117,41	132,08	73,97	107,60	121,05
	III	1 507,66	82,92	120,61	135,68	III	1 507,66	77,18	112,26	126,29	71,57	104,10	117,11	66,08	96,12	108,13	60,72	88,33	99,37	55,50	80,73	90,82	50,39	73,30	82,46
	V	2 541,16	139,76	203,29	228,70	IV	2 126,58	113,59	165,22	185,87	110,22	160,32	180,36	106,84	155,41	174,83	103,47	150,50	169,31	100,10	145,60	163,80	96,72	140,69	158,27
	VI	2 574,66	141,60	205,97	231,71																				
7 334,99 Ost	I,IV	2 139,50	117,67	171,16	192,55	I	2 139,50	110,92	161,34	181,51	104,18	151,54	170,48	97,43	141,72	159,44	90,69	131,91	148,40	83,94	122,10	137,36	77,20	112,29	126,32
	II	2 093,75	115,15	167,50	188,43	II	2 093,75	108,40	157,68	177,39	101,66	147,87	166,35	94,92	138,06	155,32	88,17	128,25	144,28	81,42	118,44	133,24	74,68	108,63	122,21
	III	1 518,83	83,53	121,50	136,69	III	1 518,83	77,77	113,13	127,27	72,15	104,94	118,06	66,65	96,94	109,06	61,28	89,14	100,28	56,04	81,52	91,71	50,93	74,08	83,34
	V	2 554,08	140,47	204,32	229,86	IV	2 139,50	114,29	166,25	187,03	110,92	161,34	181,51	107,55	156,44	176,—	104,18	151,54	170,48	100,81	146,63	164,96	97,43	141,72	159,44
	VI	2 587,50	142,31	207,—	232,87																				
7 337,99 West	I,IV	2 127,91	117,03	170,23	191,51	I	2 127,91	110,28	160,42	180,47	103,54	150,60	169,43	96,80	140,80	158,40	90,05	130,98	147,35	83,30	121,17	136,31	76,56	111,36	125,28
	II	2 082,08	114,51	166,56	187,38	II	2 082,08	107,77	156,76	176,35	101,02	146,94	165,31	94,27	137,13	154,27	87,53	127,32	143,23	80,79	117,51	132,20	74,04	107,70	121,16
	III	1 508,83	82,98	120,70	135,79	III	1 508,83	77,23	112,34	126,38	71,62	104,18	117,20	66,13	96,20	108,22	60,78	88,41	99,46	55,55	80,80	90,90	50,45	73,38	82,55
	V	2 542,41	139,83	203,39	228,81	IV	2 127,91	113,66	165,32	185,99	110,28	160,42	180,47	106,91	155,51	174,95	103,54	150,60	169,43	100,16	145,70	163,91	96,80	140,80	158,40
	VI	2 575,91	141,67	206,07	231,83																				
7 337,99 Ost	I,IV	2 140,75	117,74	171,26	192,66	I	2 140,75	110,99	161,44	181,62	104,25	151,64	170,59	97,50	141,82	159,55	90,75	132,01	148,51	84,01	122,20	137,48	77,27	112,39	126,44
	II	2 095,—	115,22	167,60	188,55	II	2 095,—	108,47	157,78	177,50	101,73	147,97	166,46	94,98	138,16	155,43	88,24	128,35	144,39	81,49	118,54	133,35	74,75	108,73	122,32
	III	1 520,—	83,60	121,60	136,80	III	1 520,—	77,84	113,22	127,37	72,20	105,02	118,15	66,70	97,02	109,15	61,34	89,22	100,37	56,10	81,60	91,80	50,98	74,16	83,43
	V	2 555,33	140,54	204,42	229,97	IV	2 140,75	114,36	166,35	187,14	110,99	161,44	181,62	107,62	156,54	176,11	104,25	151,64	170,59	100,87	146,73	165,07	97,50	141,82	159,55
	VI	2 588,75	142,38	207,10	232,98																				
7 340,99 West	I,IV	2 129,16	117,10	170,33	191,62	I	2 129,16	110,35	160,52	180,58	103,61	150,70	169,54	96,86	140,90	158,51	90,12	131,08	147,47	83,37	121,27	136,43	76,63	111,46	125,39
	II	2 083,33	114,58	166,66	187,49	II	2 083,33	107,84	156,86	176,46	101,09	147,04	165,42	94,34	137,23	154,38	87,60	127,42	143,35	80,85	117,61	132,31	74,11	107,80	121,27
	III	1 509,83	83,04	120,78	135,88	III	1 509,83	77,30	112,44	126,49	71,68	104,26	117,29	66,19	96,28	108,31	60,83	88,49	99,55	55,60	80,88	90,99	50,50	73,46	82,64
	V	2 543,75	139,90	203,50	228,93	IV	2 129,16	113,73	165,42	186,10	110,35	160,52	180,58	106,98	155,61	175,06	103,61	150,70	169,54	100,24	145,80	164,03	96,86	140,90	158,51
	VI	2 577,16	141,74	206,17	231,94																				
7 340,99 Ost	I,IV	2 142,—	117,81	171,36	192,78	I	2 142,—	111,06	161,55	181,74	104,32	151,74	170,70	97,57	141,92	159,66	90,83	132,12	148,63	84,08	122,30	137,59	77,33	112,49	126,55
	II	2 096,25	115,29	167,70	188,66	II	2 096,25	108,54	157,88	177,62	101,80	148,08	166,59	95,05	138,26	155,54	88,31	128,45	144,50	81,56	118,64	133,47	74,82	108,83	122,43
	III	1 521,—	83,65	121,68	136,89	III	1 521,—	77,89	113,30	127,46	72,27	105,12	118,26	66,77	97,12	109,26	61,38	89,29	100,45	56,14	81,66	91,87	51,03	74,22	83,50
	V	2 556,58	140,61	204,52	230,09	IV	2 142,—	114,43	166,45	187,25	111,06	161,55	181,74	107,69	156,64	176,22	104,32	151,74	170,70	100,94	146,83	165,18	97,57	141,92	159,66
	VI	2 590,08	142,45	207,20	233,10																				
7 343,99 West	I,IV	2 130,41	117,17	170,43	191,73	I	2 130,41	110,42	160,62	180,69	103,67	150,80	169,65	96,93	141,—	158,62	90,19	131,18	147,58	83,44	121,37	136,54	76,70	111,56	125,51
	II	2 084,58	114,65	166,76	187,61	II	2 084,58	107,91	156,96	176,58	101,16	147,14	165,53	94,41	137,33	154,49	87,67	127,52	143,46	80,92	117,71	132,42	74,18	107,90	121,38
	III	1 511,—	83,10	120,88	135,99	III	1 511,—	77,35	112,52	126,58	71,73	104,34	117,38	66,24	96,36	108,40	60,89	88,57	99,64	55,66	80,96	91,08	50,55	73,53	82,72
	V	2 545,—	139,97	203,60	229,05	IV	2 130,41	113,79	165,52	186,21	110,42	160,62	180,69	107,05	155,71	175,17	103,67	150,80	169,65	100,31	145,90	164,14	96,93	141,—	158,62
	VI	2 578,41	141,81	206,27	232,05																				
7 343,99 Ost	I,IV	2 143,25	117,87	171,46	192,89	I	2 143,25	111,13	161,65	181,85	104,39	151,84	170,82	97,64	142,02	159,77	90,90	132,22	148,74	84,15	122,40	137,70	77,40	112,59	126,66
	II	2 097,50	115,36	167,80	188,77	II	2 097,50	108,61	157,98	177,73	101,87	148,18	166,70	95,12	138,36	155,66	88,38	128,55	144,62	81,63	118,74	133,58	74,89	108,93	122,54
	III	1 522,16	83,71	121,77	136,99	III	1 522,16	77,95	113,38	127,55	72,32	105,20	118,35	66,82	97,20	109,35	61,44	89,37	100,54	56,20	81,74	91,96	51,08	74,30	83,59
	V	2 557,83	140,68	204,62	230,20	IV	2 143,25	114,51	166,56	187,38	111,13	161,65	181,85	107,76	156,74	176,33	104,39	151,84	170,82	101,01	146,93	165,29	97,64	142,02	159,77
	VI	2 591,33	142,52	207,30	233,21																				

*** Die ausgewiesenen Tabellenwerte sind amtlich. Siehe Erläuterungen auf der Umschlaginnenseite (U2).**

MONAT 7 344,–*

Abzüge an Lohnsteuer, Solidaritätszuschlag (SolZ) und Kirchensteuer (8%, 9%) in den Steuerklassen

Lohn/ Gehalt bis €*	I – VI		ohne Kinderfreibeträge			I, II, III, IV		mit Zahl der Kinderfreibeträge . . . 0,5			1			1,5			2			2,5			3		
		LSt	SolZ	8%	9%		LSt	SolZ	8%	9%	SolZ	8%	9%	SolZ	8%	9%	SolZ	8%	9%	SolZ	8%	9%	SolZ	8%	9%
7 346,99 West	I,IV	2 131,66	117,24	170,53	191,84	I	2 131,66	110,49	160,72	180,81	103,75	150,91	169,77	97,—	141,10	158,73	90,25	131,28	147,69	83,51	121,48	136,66	76,77	111,66	125,62
	II	2 085,91	114,72	166,87	187,73	II	2 085,91	107,97	157,06	176,69	101,23	147,24	165,65	94,49	137,44	154,62	87,74	127,62	143,57	80,99	117,81	132,53	74,25	108,—	121,50
	III	1 512,—	83,16	120,96	136,08	III	1 512,—	77,41	112,60	126,67	71,79	104,42	117,47	66,31	96,45	108,50	60,94	88,65	99,73	55,71	81,04	91,17	50,60	73,61	82,81
	V	2 546,25	140,04	203,70	229,16	IV	2 131,66	113,86	165,62	186,32	110,49	160,72	180,81	107,12	155,81	175,28	103,75	150,91	169,77	100,37	146,—	164,25	97,—	141,10	158,73
	VI	2 579,66	141,88	206,37	232,16																				
7 346,99 Ost	I,IV	2 144,58	117,95	171,56	193,01	I	2 144,58	111,20	161,75	181,97	104,45	151,94	170,93	97,71	142,12	159,89	90,97	132,32	148,86	84,22	122,50	137,81	77,47	112,69	126,77
	II	2 098,75	115,43	167,90	188,88	II	2 098,75	108,68	158,08	177,84	101,94	148,28	166,81	95,19	138,46	155,77	88,44	128,65	144,73	81,70	118,84	133,70	74,96	109,03	122,66
	III	1 523,16	83,77	121,85	137,08	III	1 523,16	78,01	113,48	127,66	72,38	105,28	118,44	66,88	97,28	109,44	61,49	89,45	100,63	56,25	81,82	92,05	51,14	74,38	83,68
	V	2 559,08	140,74	204,72	230,31	IV	2 144,58	114,57	166,66	187,49	111,20	161,75	181,97	107,83	156,84	176,45	104,45	151,94	170,93	101,08	147,03	165,41	97,71	142,12	159,89
	VI	2 592,58	142,59	207,40	233,33																				
7 349,99 West	I,IV	2 132,91	117,31	170,63	191,96	I	2 132,91	110,56	160,82	180,92	103,82	151,01	169,88	97,07	141,20	158,85	90,32	131,38	147,80	83,58	121,58	136,77	76,83	111,76	125,73
	II	2 087,16	114,79	166,97	187,84	II	2 087,16	108,04	157,16	176,80	101,30	147,34	165,76	94,55	137,54	154,73	87,81	127,72	143,69	81,06	117,91	132,65	74,32	108,10	121,61
	III	1 513,16	83,22	121,05	136,18	III	1 513,16	77,47	112,69	126,77	71,85	104,52	117,58	66,36	96,53	108,59	61,—	88,73	99,82	55,77	81,12	91,26	50,66	73,69	82,90
	V	2 547,50	140,11	203,80	229,27	IV	2 132,91	113,93	165,72	186,44	110,56	160,82	180,92	107,19	155,92	175,41	103,82	151,01	169,88	100,44	146,10	164,36	97,07	141,20	158,85
	VI	2 580,91	141,95	206,47	232,28																				
7 349,99 Ost	I,IV	2 145,83	118,02	171,66	193,12	I	2 145,83	111,27	161,85	182,08	104,52	152,04	171,04	97,78	142,23	160,01	91,03	132,42	148,97	84,29	122,60	137,93	77,55	112,80	126,90
	II	2 100,—	115,50	168,—	189,—	II	2 100,—	108,75	158,19	177,96	102,01	148,38	166,92	95,26	138,56	155,88	88,52	128,76	144,85	81,77	118,94	133,81	75,02	109,13	122,77
	III	1 524,33	83,83	121,94	137,18	III	1 524,33	78,07	113,56	127,75	72,43	105,36	118,53	66,93	97,36	109,53	61,55	89,53	100,72	56,31	81,90	92,14	51,18	74,45	83,75
	V	2 560,33	140,81	204,82	230,42	IV	2 145,83	114,64	166,76	187,60	111,27	161,85	182,08	107,90	156,94	176,56	104,52	152,04	171,04	101,15	147,13	165,52	97,78	142,23	160,01
	VI	2 593,83	142,66	207,50	233,44																				
7 352,99 West	I,IV	2 134,16	117,37	170,73	192,07	I	2 134,16	110,63	160,92	181,04	103,89	151,11	170,—	97,14	141,30	158,96	90,39	131,48	147,92	83,65	121,68	136,89	76,90	111,86	125,84
	II	2 088,41	114,86	167,07	187,95	II	2 088,41	108,11	157,26	176,91	101,36	147,44	165,87	94,62	137,64	154,84	87,88	127,82	143,80	81,13	118,01	132,76	74,39	108,20	121,73
	III	1 514,33	83,28	121,14	136,28	III	1 514,33	77,53	112,77	126,86	71,91	104,60	117,67	66,42	96,61	108,68	61,05	88,81	99,91	55,81	81,18	91,33	50,71	73,76	82,98
	V	2 548,75	140,18	203,90	229,38	IV	2 134,16	114,—	165,82	186,55	110,63	160,92	181,04	107,26	156,02	175,52	103,89	151,11	170,—	100,51	146,20	164,48	97,14	141,30	158,96
	VI	2 582,25	142,02	206,58	232,40																				
7 352,99 Ost	I,IV	2 147,08	118,08	171,76	193,23	I	2 147,08	111,34	161,95	182,19	104,59	152,14	171,15	97,85	142,33	160,12	91,10	132,52	149,08	84,36	122,70	138,04	77,61	112,90	127,01
	II	2 101,25	115,56	168,10	189,11	II	2 101,25	108,82	158,29	178,07	102,08	148,48	167,04	95,33	138,66	155,99	88,59	128,86	144,96	81,84	119,04	133,92	75,09	109,23	122,88
	III	1 525,33	83,89	122,02	137,27	III	1 525,33	78,12	113,64	127,84	72,49	105,45	118,63	66,99	97,44	109,62	61,60	89,61	100,81	56,36	81,98	92,23	51,24	74,53	83,84
	V	2 561,66	140,89	204,93	230,54	IV	2 147,08	114,71	166,86	187,71	111,34	161,95	182,19	107,96	157,04	176,67	104,59	152,14	171,15	101,22	147,24	165,64	97,85	142,33	160,12
	VI	2 595,08	142,72	207,60	233,55																				
7 355,99 West	I,IV	2 135,41	117,44	170,83	192,18	I	2 135,41	110,70	161,02	181,15	103,95	151,21	170,11	97,21	141,40	159,07	90,47	131,59	148,04	83,72	121,78	137,—	76,97	111,96	125,96
	II	2 089,66	114,93	167,17	188,06	II	2 089,66	108,18	157,36	177,03	101,44	147,55	165,99	94,69	137,74	154,95	87,94	127,92	143,91	81,20	118,12	132,88	74,46	108,30	121,84
	III	1 515,33	83,34	121,22	136,37	III	1 515,33	77,59	112,86	126,97	71,96	104,68	117,76	66,47	96,69	108,77	61,10	88,88	99,99	55,87	81,26	91,42	50,76	73,84	83,07
	V	2 550,—	140,25	204,—	229,50	IV	2 135,41	114,07	165,92	186,66	110,70	161,02	181,15	107,33	156,12	175,63	103,95	151,21	170,11	100,58	146,30	164,59	97,21	141,40	159,07
	VI	2 583,50	142,09	206,68	232,51																				
7 355,99 Ost	I,IV	2 148,33	118,15	171,86	193,34	I	2 148,33	111,41	162,05	182,30	104,66	152,24	171,27	97,92	142,43	160,23	91,17	132,62	149,19	84,42	122,80	138,15	77,68	113,—	127,12
	II	2 102,58	115,64	168,20	189,23	II	2 102,58	108,89	158,39	178,19	102,14	148,58	167,15	95,40	138,76	156,11	88,66	128,96	145,08	81,91	119,14	134,03	75,16	109,33	122,99
	III	1 526,50	83,95	122,12	137,38	III	1 526,50	78,19	113,73	127,94	72,55	105,53	118,72	67,04	97,52	109,71	61,66	89,69	100,90	56,41	82,05	92,30	51,29	74,61	83,93
	V	2 562,91	140,96	205,03	230,66	IV	2 148,33	114,78	166,96	187,83	111,41	162,05	182,30	108,03	157,14	176,78	104,66	152,24	171,27	101,29	147,34	165,75	97,92	142,43	160,23
	VI	2 596,33	142,79	207,70	233,66																				
7 358,99 West	I,IV	2 136,66	117,51	170,93	192,29	I	2 136,66	110,77	161,12	181,26	104,02	151,31	170,22	97,28	141,50	159,18	90,53	131,69	148,15	83,79	121,88	137,11	77,04	112,06	126,07
	II	2 090,91	115,—	167,27	188,18	II	2 090,91	108,25	157,46	177,14	101,51	147,65	166,10	94,76	137,84	155,07	88,01	128,02	144,02	81,27	118,22	132,99	74,52	108,40	121,95
	III	1 516,50	83,40	121,32	136,48	III	1 516,50	77,65	112,94	127,06	72,02	104,76	117,85	66,53	96,77	108,86	61,16	88,96	100,08	55,92	81,34	91,51	50,82	73,92	83,16
	V	2 551,25	140,31	204,10	229,61	IV	2 136,66	114,14	166,03	186,78	110,77	161,12	181,26	107,40	156,22	175,74	104,02	151,31	170,22	100,65	146,40	164,70	97,28	141,50	159,18
	VI	2 584,75	142,16	206,78	232,62																				
7 358,99 Ost	I,IV	2 149,58	118,22	171,96	193,46	I	2 149,58	111,48	162,15	182,42	104,73	152,34	171,38	97,99	142,53	160,34	91,24	132,72	149,31	84,50	122,91	138,27	77,75	113,10	127,23
	II	2 103,83	115,71	168,30	189,34	II	2 103,83	108,96	158,49	178,30	102,21	148,68	167,26	95,47	138,87	156,23	88,72	129,06	145,19	81,98	119,24	134,15	75,24	109,44	123,12
	III	1 527,50	84,01	122,20	137,47	III	1 527,50	78,24	113,81	128,03	72,60	105,61	118,81	67,10	97,60	109,80	61,71	89,77	100,99	56,46	82,13	92,39	51,34	74,68	84,01
	V	2 564,16	141,02	205,13	230,77	IV	2 149,58	114,85	167,06	187,94	111,48	162,15	182,42	108,10	157,24	176,90	104,73	152,34	171,38	101,36	147,44	165,87	97,99	142,53	160,34
	VI	2 597,58	142,86	207,80	233,78																				
7 361,99 West	I,IV	2 138,—	117,59	171,04	192,42	I	2 138,—	110,84	161,22	181,37	104,09	151,41	170,33	97,35	141,60	159,30	90,60	131,79	148,26	83,86	121,98	137,22	77,11	112,16	126,18
	II	2 092,16	115,06	167,37	188,29	II	2 092,16	108,32	157,56	177,26	101,58	147,75	166,22	94,83	137,94	155,18	88,08	128,12	144,14	81,34	118,32	133,11	74,59	108,50	122,06
	III	1 517,50	83,46	121,40	136,57	III	1 517,50	77,70	113,02	127,15	72,08	104,85	117,95	66,58	96,85	108,95	61,21	89,04	100,17	55,98	81,42	91,60	50,86	73,98	83,23
	V	2 552,50	140,38	204,20	229,72	IV	2 138,—	114,21	166,13	186,89	110,84	161,22	181,37	107,47	156,32	175,86	104,09	151,41	170,33	100,72	146,50	164,81	97,35	141,60	159,30
	VI	2 586,—	142,23	206,88	232,74																				
7 361,99 Ost	I,IV	2 150,83	118,29	172,06	193,57	I	2 150,83	111,54	162,25	182,53	104,80	152,44	171,50	98,06	142,63	160,46	91,31	132,82	149,42	84,57	123,01	138,38	77,82	113,20	127,35
	II	2 105,08	115,77	168,40	189,45	II	2 105,08	109,03	158,59	178,41	102,28	148,78	167,37	95,54	138,97	156,34	88,79	129,16	145,30	82,05	119,34	134,26	75,30	109,54	123,23
	III	1 528,66	84,07	122,29	137,57	III	1 528,66	78,31	113,90	128,14	72,66	105,69	118,90	67,15	97,68	109,89	61,77	89,85	101,08	56,52	82,21	92,48	51,39	74,76	84,10
	V	2 565,41	141,09	205,23	230,88	IV	2 150,83	114,92	167,16	188,05	111,54	162,25	182,53	108,18	157,35	177,02	104,80	152,44	171,50	101,43	147,54	165,98	98,06	142,63	160,46
	VI	2 598,83	142,93	207,90	233,89																				
7 364,99 West	I,IV	2 139,25	117,65	171,14	192,53	I	2 139,25	110,91	161,32	181,49	104,16	151,51	170,45	97,42	141,70	159,41	90,67	131,89	148,37	83,93	122,08	137,34	77,18	112,27	126,30
	II	2 093,41	115,13	167,47	188,40	II	2 093,41	108,39	157,66	177,37	101,64	147,85	166,33	94,90	138,04	155,29	88,16	128,23	144,26	81,41	118,42	133,22	74,66	108,60	122,18
	III	1 518,66	83,52	121,49	136,67	III	1 518,66	77,77	113,12	127,26	72,14	104,93	118,04	66,64	96,93	109,04	61,27	89,12	100,26	56,03	81,50	91,69	50,92	74,06	83,32
	V	2 553,75	140,45	204,30	229,83	IV	2 139,25	114,28	166,23	187,01	110,91	161,32	181,49	107,53	156,42	175,97	104,16	151,51	170,45	100,79	146,60	164,93	97,42	141,70	159,41
	VI	2 587,25	142,29	206,98	232,85																				
7 364,99 Ost	I,IV	2 152,08	118,36	172,16	193,68	I	2 152,08	111,62	162,36	182,65	104,87	152,54	171,61	98,12	142,73	160,57	91,38	132,92	149,54	84,64	123,11	138,50	77,89	113,30	127,46
	II	2 106,33	115,84	168,50	189,56	II	2 106,33	109,10	158,69	178,52	102,35	148,88	167,49	95,61	139,07	156,45	88,86	129,26	145,41	82,11	119,44	134,37	75,37	109,64	123,34
	III	1 529,66	84,13	122,37	137,66	III	1 529,66	78,36	113,98	128,23	72,72	105,78	119,—	67,21	97,76	109,98	61,82	89,93	101,17	56,57	82,29	92,57	51,45	74,84	84,19
	V	2 566,66	141,16	205,33	230,99	IV	2 152,08	114,99	167,26	188,16	111,62	162,36	182,65	108,24	157,45	177,13	104,87	152,54	171,61	101,50	147,64	166,09	98,12	142,73	160,57
	VI	2 600,16	143,—	208,01	234,01																				
7 367,99 West	I,IV	2 140,50	117,72	171,24	192,64	I	2 140,50	110,98	161,42	181,60	104,23	151,61	170,56	97,49	141,80	159,53	90,74	131,99	148,49	83,99	122,18	137,45	77,25	112,37	126,41
	II	2 094,66	115,20	167,57	188,51	II	2 094,66	108,46	157,76	177,48	101,71	147,95	166,44	94,97	138,14	155,40	88,22	128,33	144,37	81,48	118,52	133,33	74,73	108,70	122,29
	III	1 519,66	83,58	121,57	136,76	III	1 519,66	77,82	113,20	127,35	72,19	105,01	118,13	66,69	97,01	109,13	61,32	89,20	100,35	56,08	81,57	91,76	50,97	74,14	83,41
	V	2 555,08	140,52	204,40	229,95	IV	2 140,50	114,35	166,33	187,12	110,98	161,42	181,60	107,60	156,52	176,08	104,23	151,61	170,56	100,86	146,71	165,05	97,49	141,80	159,53
	VI	2 588,50	142,36	207,08	232,96																				
7 367,99 Ost	I,IV	2 153,33	118,43	172,26	193,79	I	2 153,33	111,69	162,46	182,76	104,94	152,64	171,72	98,19	142,83	160,68	91,45	133,02	149,65	84,70	123,21	138,61	77,96	113,40	127,57
	II	2 107,58	115,91	168,60	189,68	II	2 107,58	109,17	158,79	178,64	102,42	148,98	167,60	95,68	139,17	156,56	88,93	129,36	145,53	82,19	119,55	134,49	75,44	109,74	123,45
	III	1 530,83	84,19	122,46	137,77	III	1 530,83	78,42	114,06	128,32	72,78	105,86	119,09	67,26	97,84	110,07	61,88	90,01	101,26	56,63	82,37	92,66	51,49	74,90	84,26
	V	2 567,91	141,23	205,43	231,11	IV	2 153,33	115,06	167,36	188,28	111,69	162,46	182,76	108,31	157,55	177,24	104,94	152,64	171,72	101,57	147,74	166,20	98,19	142,83	160,68
	VI	2 601,41	143,07	208,11	234,12																				

* Die ausgewiesenen Tabellenwerte sind amtlich. Siehe Erläuterungen auf der Umschlaginnenseite (U2).

Lohn/ Gehalt bis €*		Abzüge an Lohnsteuer, Solidaritätszuschlag (SolZ) und Kirchensteuer (8%, 9%) in den Steuerklassen I – VI					I, II, III, IV																		
			ohne Kinderfreibeträge					mit Zahl der Kinderfreibeträge . . . 0,5			1			1,5			2			2,5			3		
		LSt	SolZ	8%	9%		LSt	SolZ	8%	9%	SolZ	8%	9%	SolZ	8%	9%	SolZ	8%	9%	SolZ	8%	9%	SolZ	8%	9%
7 370,99 West	I,IV	2 141,75	117,79	171,34	192,75	I	2 141,75	111,04	161,52	181,71	104,30	151,72	170,68	97,56	141,90	159,64	90,81	132,09	148,60	84,07	122,28	137,57	77,32	112,47	126,53
	II	2 096,—	115,28	167,68	188,64	II	2 096,—	108,53	157,86	177,59	101,78	148,05	166,55	95,04	138,24	155,52	88,29	128,43	144,48	81,55	118,62	133,44	74,80	108,80	122,40
	III	1 520,83	83,64	121,66	136,87	III	1 520,83	77,88	113,28	127,44	72,25	105,09	118,22	66,75	97,09	109,22	61,38	89,28	100,44	56,13	81,65	91,85	51,02	74,21	83,48
	V	2 556,33	140,59	204,50	230,06	IV	2 141,75	114,42	166,43	187,23	111,04	161,52	181,71	107,67	156,62	176,19	104,30	151,72	170,68	100,93	146,81	165,16	97,56	141,90	159,64
	VI	2 589,75	142,43	207,18	233,07																				
7 370,99 Ost	I,IV	2 154,58	118,50	172,36	193,91	I	2 154,58	111,76	162,56	182,88	105,01	152,74	171,83	98,26	142,93	160,79	91,52	133,12	149,76	84,77	123,31	138,72	78,03	113,50	127,68
	II	2 108,83	115,98	168,70	189,79	II	2 108,83	109,23	158,89	178,75	102,49	149,08	167,72	95,75	139,27	156,68	89,—	129,46	145,64	82,26	119,65	134,60	75,51	109,84	123,57
	III	1 531,83	84,25	122,54	137,86	III	1 531,83	78,48	114,16	128,43	72,83	105,94	119,18	67,32	97,93	110,17	61,93	90,09	101,35	56,68	82,45	92,75	51,55	74,98	84,35
	V	2 569,16	141,30	205,53	231,22	IV	2 154,58	115,13	167,46	188,39	111,76	162,56	182,88	108,38	157,65	177,35	105,01	152,74	171,83	101,64	147,84	166,32	98,26	142,93	160,79
	VI	2 602,66	143,14	208,21	234,23																				
7 373,99 West	I,IV	2 143,—	117,86	171,44	192,87	I	2 143,—	111,11	161,62	181,82	104,37	151,82	170,79	97,62	142,—	159,75	90,88	132,19	148,71	84,14	122,38	137,68	77,39	112,57	126,64
	II	2 097,25	115,34	167,78	188,75	II	2 097,25	108,60	157,96	177,71	101,85	148,15	166,67	95,11	138,34	155,63	88,36	128,53	144,59	81,62	118,72	133,56	74,87	108,91	122,52
	III	1 521,83	83,70	121,74	136,96	III	1 521,83	77,94	113,37	127,54	72,31	105,18	118,33	66,80	97,17	109,31	61,43	89,36	100,53	56,19	81,73	91,94	51,07	74,29	83,57
	V	2 557,58	140,66	204,60	230,18	IV	2 143,—	114,49	166,53	187,34	111,11	161,62	181,82	107,74	156,72	176,31	104,37	151,82	170,79	101,—	146,91	165,27	97,62	142,—	159,75
	VI	2 591,—	142,50	207,28	233,19																				
7 373,99 Ost	I,IV	2 155,91	118,57	172,47	194,03	I	2 155,91	111,82	162,66	182,99	105,08	152,84	171,95	98,34	143,04	160,92	91,59	133,22	149,87	84,84	123,41	138,83	78,10	113,60	127,80
	II	2 110,08	116,05	168,80	189,90	II	2 110,08	109,31	159,—	178,87	102,56	149,18	167,83	95,81	139,37	156,79	89,07	129,56	145,76	82,33	119,75	134,72	75,58	109,94	123,68
	III	1 533,—	84,31	122,64	137,97	III	1 533,—	78,54	114,24	128,52	72,89	106,02	119,27	67,38	98,01	110,26	61,99	90,17	101,44	56,73	82,52	92,83	51,60	75,06	84,44
	V	2 570,41	141,37	205,63	231,33	IV	2 155,91	115,20	167,56	188,51	111,82	162,66	182,99	108,45	157,75	177,47	105,08	152,84	171,95	101,70	147,94	166,43	98,34	143,04	160,92
	VI	2 603,91	143,21	208,31	234,35																				
7 376,99 West	I,IV	2 144,25	117,93	171,54	192,98	I	2 144,25	111,18	161,72	181,94	104,44	151,92	170,91	97,69	142,10	159,86	90,95	132,29	148,82	84,20	122,48	137,79	77,46	112,67	126,75
	II	2 098,50	115,41	167,88	188,86	II	2 098,50	108,67	158,06	177,82	101,92	148,25	166,78	95,18	138,44	155,75	88,43	128,63	144,71	81,68	118,82	133,67	74,94	109,01	122,63
	III	1 523,—	83,76	121,84	137,07	III	1 523,—	77,99	113,45	127,63	72,37	105,26	118,42	66,86	97,25	109,40	61,49	89,44	100,62	56,24	81,81	92,03	51,13	74,37	83,66
	V	2 558,83	140,73	204,70	230,29	IV	2 144,25	114,56	166,63	187,46	111,18	161,72	181,94	107,81	156,82	176,42	104,44	151,92	170,91	101,07	147,01	165,38	97,69	142,10	159,86
	VI	2 592,25	142,57	207,38	233,30																				
7 376,99 Ost	I,IV	2 157,16	118,64	172,57	194,14	I	2 157,16	111,89	162,76	183,10	105,15	152,94	172,06	98,40	143,14	161,03	91,66	133,32	149,99	84,91	123,51	138,95	78,17	113,70	127,91
	II	2 111,33	116,12	168,90	190,01	II	2 111,33	109,38	159,10	178,98	102,63	149,28	167,94	95,88	139,47	156,90	89,14	129,66	145,87	82,39	119,85	134,83	75,65	110,04	123,79
	III	1 534,16	84,37	122,73	138,07	III	1 534,16	78,60	114,33	128,62	72,95	106,12	119,38	67,43	98,09	110,35	62,04	90,25	101,53	56,78	82,60	92,92	51,65	75,13	84,52
	V	2 571,75	141,44	205,74	231,45	IV	2 157,16	115,27	167,66	188,62	111,89	162,76	183,10	108,52	157,85	177,58	105,15	152,94	172,06	101,78	148,04	166,55	98,40	143,14	161,03
	VI	2 605,16	143,28	208,41	234,46																				
7 379,99 West	I,IV	2 145,50	118,—	171,64	193,09	I	2 145,50	111,26	161,83	182,06	104,51	152,02	171,02	97,76	142,20	159,98	91,02	132,40	148,95	84,27	122,58	137,90	77,53	112,77	126,86
	II	2 099,75	115,48	167,98	188,97	II	2 099,75	108,73	158,16	177,93	101,99	148,36	166,90	95,25	138,54	155,86	88,50	128,73	144,82	81,76	118,92	133,79	75,01	109,11	122,75
	III	1 524,—	83,82	121,92	137,16	III	1 524,—	78,06	113,54	127,73	72,42	105,34	118,51	66,92	97,34	109,51	61,54	89,52	100,71	56,30	81,89	92,12	51,17	74,44	83,74
	V	2 560,08	140,80	204,80	230,40	IV	2 145,50	114,62	166,73	187,57	111,26	161,83	182,06	107,88	156,92	176,54	104,51	152,02	171,02	101,14	147,11	165,50	97,76	142,20	159,98
	VI	2 593,58	142,64	207,48	233,42																				
7 379,99 Ost	I,IV	2 158,41	118,71	172,67	194,25	I	2 158,41	111,96	162,86	183,21	105,21	153,04	172,17	98,47	143,24	161,14	91,73	133,42	150,10	84,98	123,61	139,06	78,24	113,80	128,03
	II	2 112,58	116,19	169,—	190,13	II	2 112,58	109,45	159,20	179,10	102,70	149,38	168,05	95,95	139,57	157,01	89,21	129,76	145,98	82,46	119,95	134,94	75,72	110,14	123,90
	III	1 535,16	84,43	122,81	138,16	III	1 535,16	78,65	114,41	128,71	73,01	106,20	119,47	67,49	98,17	110,44	62,10	90,33	101,62	56,84	82,68	93,01	51,70	75,21	84,61
	V	2 573,—	141,51	205,84	231,57	IV	2 158,41	115,33	167,76	188,73	111,96	162,86	183,21	108,59	157,95	177,69	105,21	153,04	172,17	101,85	148,14	166,66	98,47	143,24	161,14
	VI	2 606,41	143,35	208,51	234,57																				
7 382,99 West	I,IV	2 146,75	118,07	171,74	193,20	I	2 146,75	111,32	161,93	182,17	104,58	152,12	171,13	97,83	142,30	160,09	91,09	132,50	149,06	84,34	122,68	138,02	77,60	112,87	126,98
	II	2 101,—	115,55	168,08	189,09	II	2 101,—	108,80	158,26	178,04	102,06	148,46	167,01	95,31	138,64	155,97	88,57	128,83	144,93	81,83	119,02	133,90	75,08	109,21	122,86
	III	1 525,16	83,88	122,01	137,26	III	1 525,16	78,11	113,62	127,82	72,48	105,42	118,60	66,98	97,42	109,60	61,60	89,60	100,80	56,34	81,96	92,20	51,23	74,52	83,83
	V	2 561,33	140,87	204,90	230,51	IV	2 146,75	114,70	166,84	187,69	111,32	161,93	182,17	107,95	157,02	176,65	104,58	152,12	171,13	101,20	147,21	165,61	97,83	142,30	160,09
	VI	2 594,83	142,71	207,58	233,53																				
7 382,99 Ost	I,IV	2 159,66	118,78	172,77	194,36	I	2 159,66	112,03	162,96	183,33	105,29	153,15	172,29	98,54	143,34	161,25	91,79	133,52	150,21	85,05	123,72	139,18	78,31	113,90	128,14
	II	2 113,91	116,26	169,11	190,25	II	2 113,91	109,51	159,30	179,21	102,77	149,48	168,17	96,03	139,68	157,14	89,28	129,86	146,09	82,53	120,05	135,05	75,79	110,24	124,02
	III	1 536,33	84,49	122,90	138,26	III	1 536,33	78,71	114,49	128,80	73,06	106,28	119,56	67,54	98,25	110,53	62,15	90,41	101,71	56,89	82,76	93,10	51,76	75,29	84,70
	V	2 574,25	141,58	205,94	231,68	IV	2 159,66	115,40	167,86	188,84	112,03	162,96	183,33	108,66	158,05	177,80	105,29	153,15	172,29	101,91	148,24	166,77	98,54	143,34	161,25
	VI	2 607,66	143,42	208,61	234,68																				
7 385,99 West	I,IV	2 148,08	118,14	171,84	193,32	I	2 148,08	111,39	162,03	182,28	104,65	152,22	171,24	97,90	142,40	160,20	91,16	132,60	149,17	84,41	122,78	138,13	77,66	112,97	127,09
	II	2 102,25	115,62	168,18	189,20	II	2 102,25	108,87	158,36	178,16	102,13	148,56	167,13	95,38	138,74	156,08	88,64	128,93	145,04	81,89	119,12	134,01	75,15	109,31	122,97
	III	1 526,16	83,93	122,09	137,35	III	1 526,16	78,17	113,70	127,91	72,54	105,52	118,71	67,03	97,50	109,69	61,65	89,68	100,89	56,40	82,04	92,29	51,28	74,60	83,92
	V	2 562,58	140,94	205,—	230,63	IV	2 148,08	114,77	166,94	187,80	111,39	162,03	182,28	108,02	157,12	176,76	104,65	152,22	171,24	101,27	147,31	165,72	97,90	142,40	160,20
	VI	2 596,08	142,78	207,68	233,64																				
7 385,99 Ost	I,IV	2 160,91	118,85	172,87	194,48	I	2 160,91	112,10	163,06	183,44	105,36	153,25	172,40	98,61	143,44	161,37	91,86	133,62	150,32	85,12	123,82	139,29	78,37	114,—	128,25
	II	2 115,16	116,33	169,21	190,36	II	2 115,16	109,58	159,40	179,32	102,84	149,58	168,28	96,09	139,78	157,25	89,35	129,96	146,21	82,60	120,15	135,17	75,86	110,34	124,13
	III	1 537,33	84,55	122,98	138,35	III	1 537,33	78,77	114,58	128,90	73,12	106,36	119,65	67,60	98,33	110,62	62,21	90,49	101,80	56,95	82,84	93,19	51,81	75,37	84,79
	V	2 575,50	141,65	206,04	231,79	IV	2 160,91	115,47	167,96	188,96	112,10	163,06	183,44	108,73	158,16	177,93	105,36	153,25	172,40	101,98	148,34	166,88	98,61	143,44	161,37
	VI	2 608,91	143,49	208,71	234,80																				
7 388,99 West	I,IV	2 149,33	118,21	171,94	193,43	I	2 149,33	111,46	162,13	182,39	104,72	152,32	171,36	97,97	142,51	160,32	91,23	132,70	149,28	84,48	122,88	138,24	77,74	113,08	127,21
	II	2 103,50	115,69	168,28	189,31	II	2 103,50	108,95	158,47	178,28	102,20	148,66	167,24	95,45	138,84	156,20	88,71	129,04	145,17	81,96	119,22	134,12	75,22	109,41	123,08
	III	1 527,33	84,—	122,18	137,45	III	1 527,33	78,23	113,80	128,02	72,60	105,60	118,80	67,09	97,58	109,78	61,71	89,76	100,98	56,45	82,12	92,38	51,33	74,66	83,99
	V	2 563,83	141,01	205,10	230,74	IV	2 149,33	114,84	167,04	187,92	111,46	162,13	182,39	108,09	157,22	176,87	104,72	152,32	171,36	101,34	147,41	165,83	97,97	142,51	160,32
	VI	2 597,33	142,85	207,78	233,75																				
7 388,99 Ost	I,IV	2 162,16	118,91	172,97	194,59	I	2 162,16	112,17	163,16	183,56	105,43	153,35	172,52	98,68	143,54	161,48	91,93	133,72	150,44	85,19	123,92	139,41	78,44	114,10	128,36
	II	2 116,41	116,40	169,31	190,47	II	2 116,41	109,65	159,50	179,43	102,90	149,68	168,39	96,16	139,88	157,36	89,42	130,06	146,32	82,67	120,25	135,28	75,93	110,44	124,25
	III	1 538,50	84,61	123,08	138,46	III	1 538,50	78,83	114,66	128,99	73,18	106,45	119,75	67,65	98,41	110,71	62,26	90,57	101,89	57,—	82,92	93,28	51,86	75,44	84,87
	V	2 576,75	141,72	206,14	231,90	IV	2 162,16	115,54	168,06	189,07	112,17	163,16	183,56	108,80	158,26	178,04	105,43	153,35	172,52	102,05	148,44	167,—	98,68	143,54	161,48
	VI	2 610,25	143,56	208,82	234,92																				
7 391,99 West	I,IV	2 150,58	118,28	172,04	193,55	I	2 150,58	111,53	162,23	182,51	104,78	152,42	171,47	98,04	142,61	160,43	91,30	132,80	149,40	84,55	122,98	138,35	77,81	113,18	127,32
	II	2 104,75	115,76	168,38	189,42	II	2 104,75	109,01	158,57	178,39	102,27	148,76	167,35	95,52	138,94	156,31	88,78	129,14	145,28	82,03	119,32	134,24	75,29	109,51	123,20
	III	1 528,33	84,05	122,26	137,54	III	1 528,33	78,29	113,88	128,11	72,65	105,68	118,89	67,14	97,66	109,87	61,76	89,84	101,07	56,51	82,20	92,47	51,38	74,74	84,08
	V	2 565,16	141,08	205,21	230,86	IV	2 150,58	114,90	167,14	188,03	111,53	162,23	182,51	108,16	157,32	176,99	104,78	152,42	171,47	101,42	147,52	165,96	98,04	142,61	160,43
	VI	2 598,58	142,92	207,88	233,87																				
7 391,99 Ost	I,IV	2 163,41	118,98	173,07	194,70	I	2 163,41	112,24	163,26	183,67	105,49	153,45	172,63	98,75	143,64	161,59	92,01	133,83	150,56	85,26	124,02	139,52	78,51	114,20	128,48
	II	2 117,66	116,47	169,41	190,58	II	2 117,66	109,72	159,60	179,55	102,98	149,79	168,51	96,23	139,98	157,47	89,48	130,16	146,43	82,74	120,36	135,40	76,—	110,54	124,36
	III	1 539,50	84,67	123,16	138,55	III	1 539,50	78,89	114,76	129,10	73,24	106,53	119,84	67,71	98,49	110,80	62,32	90,65	101,98	57,05	82,98	93,35	51,92	75,52	84,96
	V	2 578,—	141,79	206,24	232,02	IV	2 163,41	115,61	168,16	189,18	112,24	163,26	183,67	108,87	158,36	178,15	105,49	153,45	172,63	102,12	148,54	167,11	98,75	143,64	161,59
	VI	2 611,50	143,63	208,92	235,03																				

* **Die ausgewiesenen Tabellenwerte sind amtlich. Siehe Erläuterungen auf der Umschlaginnenseite (U2).**

Abzüge an Lohnsteuer, Solidaritätszuschlag (SolZ) und Kirchensteuer (8%, 9%) in den Steuerklassen

Lohn/ Gehalt bis €*	I – VI					I, II, III, IV mit Zahl der Kinderfreibeträge . . .																			
			ohne Kinder-freibeträge					0,5			1			1,5			2			2,5			3		
		LSt	SolZ	8%	9%		LSt	SolZ	8%	9%	SolZ	8%	9%	SolZ	8%	9%	SolZ	8%	9%	SolZ	8%	9%	SolZ	8%	9%
7 394,99 West	I,IV	2 151,83	118,35	172,14	193,66	I	2 151,83	111,60	162,33	182,62	104,86	152,52	171,59	98,11	142,71	160,55	91,36	132,90	149,51	84,62	123,08	138,47	77,88	113,28	127,44
	II	2 106,08	115,83	168,48	189,54	II	2 106,08	109,08	158,67	178,50	102,34	148,86	167,46	95,59	139,04	156,42	88,85	129,24	145,39	82,10	119,42	134,35	75,35	109,61	123,31
	III	1 529,50	84,12	122,36	137,65	III	1 529,50	78,35	113,97	128,21	72,71	105,76	118,98	67,20	97,74	109,96	61,82	89,92	101,16	56,56	82,28	92,56	51,44	74,82	84,17
	V	2 566,41	141,15	205,31	230,97	IV	2 151,83	114,97	167,24	188,14	111,60	162,33	182,62	108,23	157,42	177,10	104,86	152,52	171,59	101,48	147,62	166,07	98,11	142,71	160,55
	VI	2 599,83	142,99	207,98	233,98																				
7 394,99 Ost	I,IV	2 164,66	119,05	173,17	194,81	I	2 164,66	112,31	163,36	183,78	105,56	153,55	172,74	98,82	143,74	161,70	92,07	133,93	150,67	85,33	124,12	139,63	78,58	114,30	128,59
	II	2 118,91	116,54	169,51	190,70	II	2 118,91	109,79	159,70	179,66	103,05	149,89	168,62	96,30	140,08	157,59	89,55	130,26	146,54	82,81	120,46	135,51	76,06	110,64	124,47
	III	1 540,66	84,73	123,25	138,65	III	1 540,66	78,95	114,84	129,19	73,29	106,61	119,93	67,77	98,58	110,90	62,37	90,73	102,07	57,10	83,06	93,44	51,97	75,60	85,05
	V	2 579,25	141,85	206,34	232,13	IV	2 164,66	115,68	168,27	189,30	112,31	163,36	183,78	108,94	158,46	178,26	105,56	153,55	172,74	102,19	148,64	167,22	98,82	143,74	161,70
	VI	2 612,75	143,70	209,02	235,14																				
7 397,99 West	I,IV	2 153,08	118,41	172,24	193,77	I	2 153,08	111,67	162,43	182,73	104,93	152,62	171,70	98,18	142,81	160,66	91,43	133,—	149,62	84,69	123,19	138,59	77,94	113,38	127,55
	II	2 107,33	115,90	168,58	189,65	II	2 107,33	109,15	158,77	178,61	102,41	148,96	167,58	95,66	139,15	156,54	88,92	129,34	145,50	82,17	119,52	134,46	75,43	109,72	123,43
	III	1 530,50	84,17	122,44	137,74	III	1 530,50	78,41	114,05	128,30	72,77	105,85	119,08	67,25	97,82	110,05	61,87	90,—	101,25	56,61	82,34	92,63	51,48	74,89	84,25
	V	2 567,66	141,22	205,41	231,08	IV	2 153,08	115,04	167,34	188,25	111,67	162,43	182,73	108,29	157,52	177,21	104,93	152,62	171,70	101,55	147,72	166,18	98,18	142,81	160,66
	VI	2 601,08	143,05	208,08	234,09																				
7 397,99 Ost	I,IV	2 166,—	119,13	173,28	194,94	I	2 166,—	112,38	163,46	183,89	105,63	153,65	172,85	98,89	143,84	161,82	92,14	134,03	150,78	85,40	124,22	139,74	78,65	114,40	128,70
	II	2 120,16	116,60	169,61	190,81	II	2 120,16	109,86	159,80	179,78	103,12	149,99	168,74	96,37	140,18	157,70	89,62	130,36	146,66	82,88	120,56	135,63	76,13	110,74	124,58
	III	1 541,66	84,79	123,33	138,74	III	1 541,66	79,—	114,92	129,28	73,36	106,70	120,04	67,83	98,66	110,99	62,43	90,81	102,16	57,16	83,14	93,53	52,02	75,66	85,12
	V	2 580,50	141,92	206,44	232,24	IV	2 166,—	115,75	168,37	189,41	112,38	163,46	183,89	109,01	158,56	178,38	105,63	153,65	172,85	102,26	148,74	167,33	98,89	143,84	161,82
	VI	2 614,—	143,77	209,12	235,26																				
7 400,99 West	I,IV	2 154,33	118,48	172,34	193,88	I	2 154,33	111,74	162,53	182,84	104,99	152,72	171,81	98,25	142,91	160,77	91,50	133,10	149,73	84,76	123,29	138,70	78,01	113,48	127,66
	II	2 108,58	115,97	168,68	189,77	II	2 108,58	109,22	158,87	178,73	102,47	149,06	167,69	95,73	139,25	156,65	88,99	129,44	145,62	82,24	119,62	134,57	75,50	109,82	123,54
	III	1 531,66	84,24	122,53	137,84	III	1 531,66	78,46	114,13	128,39	72,82	105,93	119,17	67,31	97,90	110,14	61,93	90,08	101,34	56,66	82,42	92,72	51,54	74,97	84,34
	V	2 568,91	141,29	205,51	231,20	IV	2 154,33	115,11	167,44	188,37	111,74	162,53	182,84	108,37	157,63	177,33	104,99	152,72	171,81	101,62	147,82	166,29	98,25	142,91	160,77
	VI	2 602,33	143,12	208,18	234,20																				
7 400,99 Ost	I,IV	2 167,25	119,19	173,38	195,05	I	2 167,25	112,45	163,56	184,01	105,70	153,75	172,97	98,96	143,94	161,93	92,21	134,13	150,89	85,47	124,32	139,86	78,72	114,51	128,82
	II	2 121,41	116,67	169,71	190,92	II	2 121,41	109,93	159,90	179,89	103,18	150,09	168,85	96,44	140,28	157,81	89,70	130,47	146,78	82,95	120,66	135,74	76,20	110,84	124,70
	III	1 542,83	84,85	123,42	138,85	III	1 542,83	79,07	115,01	129,38	73,41	106,78	120,13	67,88	98,74	111,08	62,48	90,89	102,25	57,21	83,22	93,62	52,07	75,74	85,21
	V	2 581,75	141,99	206,54	232,35	IV	2 167,25	115,82	168,47	189,53	112,45	163,56	184,01	109,07	158,66	178,49	105,70	153,75	172,97	102,33	148,84	167,45	98,96	143,94	161,93
	VI	2 615,25	143,83	209,22	235,37																				
7 403,99 West	I,IV	2 155,58	118,55	172,44	194,—	I	2 155,58	111,81	162,64	182,97	105,06	152,82	171,92	98,32	143,01	160,88	91,57	133,20	149,85	84,83	123,39	138,81	78,08	113,58	127,77
	II	2 109,83	116,04	168,78	189,88	II	2 109,83	109,29	158,97	178,84	102,55	149,16	167,81	95,80	139,35	156,77	89,05	129,54	145,73	82,31	119,72	134,69	75,57	109,92	123,66
	III	1 532,83	84,30	122,62	137,95	III	1 532,83	78,53	114,22	128,50	72,88	106,01	119,26	67,36	97,98	110,23	61,98	90,16	101,43	56,72	82,50	92,81	51,59	75,05	84,43
	V	2 570,16	141,35	205,61	231,31	IV	2 155,58	115,18	167,54	188,48	111,81	162,64	182,97	108,44	157,73	177,44	105,06	152,82	171,92	101,69	147,92	166,41	98,32	143,01	160,88
	VI	2 603,66	143,20	208,29	234,32																				
7 403,99 Ost	I,IV	2 168,50	119,26	173,48	195,16	I	2 168,50	112,52	163,66	184,12	105,77	153,85	173,08	99,03	144,04	162,05	92,28	134,23	151,01	85,53	124,42	139,97	78,79	114,61	128,93
	II	2 122,66	116,74	169,81	191,03	II	2 122,66	110,—	160,—	180,—	103,25	150,19	168,96	96,51	140,38	157,92	89,76	130,57	146,89	83,02	120,76	135,85	76,27	110,94	124,81
	III	1 543,83	84,91	123,50	138,94	III	1 543,83	79,12	115,09	129,47	73,47	106,86	120,22	67,94	98,82	111,17	62,54	90,97	102,34	57,27	83,30	93,71	52,13	75,82	85,30
	V	2 583,08	142,06	206,64	232,47	IV	2 168,50	115,89	168,57	189,64	112,52	163,66	184,12	109,14	158,76	178,60	105,77	153,85	173,08	102,40	148,95	167,57	99,03	144,04	162,05
	VI	2 616,50	143,90	209,32	235,48																				
7 406,99 West	I,IV	2 156,83	118,62	172,54	194,11	I	2 156,83	111,88	162,74	183,08	105,13	152,92	172,04	98,39	143,11	161,—	91,64	133,30	149,96	84,90	123,49	138,92	78,15	113,68	127,89
	II	2 111,08	116,10	168,88	189,99	II	2 111,08	109,36	159,07	178,95	102,62	149,26	167,92	95,87	139,45	156,88	89,12	129,64	145,84	82,38	119,83	134,81	75,63	110,02	123,77
	III	1 533,83	84,36	122,70	138,04	III	1 533,83	78,58	114,30	128,59	72,93	106,09	119,35	67,42	98,06	110,32	62,04	90,24	101,52	56,77	82,58	92,90	51,64	75,12	84,51
	V	2 571,41	141,42	205,71	231,42	IV	2 156,83	115,25	167,64	188,60	111,88	162,74	183,08	108,51	157,83	177,56	105,13	152,92	172,04	101,76	148,02	166,52	98,39	143,11	161,—
	VI	2 604,91	143,27	208,39	234,44																				
7 406,99 Ost	I,IV	2 169,75	119,33	173,58	195,27	I	2 169,75	112,58	163,76	184,23	105,84	153,96	173,20	99,10	144,14	162,16	92,35	134,33	151,12	85,61	124,52	140,09	78,86	114,71	129,05
	II	2 124,—	116,82	169,92	191,16	II	2 124,—	110,07	160,10	180,11	103,32	150,29	169,07	96,58	140,48	158,04	89,83	130,67	147,—	83,09	120,86	135,96	76,34	111,04	124,92
	III	1 545,—	84,97	123,60	139,05	III	1 545,—	79,19	115,18	129,58	73,52	106,94	120,31	67,99	98,90	111,26	62,59	91,05	102,43	57,32	83,38	93,80	52,17	75,89	85,37
	V	2 584,33	142,13	206,74	232,58	IV	2 169,75	115,96	168,67	189,75	112,58	163,76	184,23	109,21	158,86	178,71	105,84	153,96	173,20	102,47	149,05	167,68	99,10	144,14	162,16
	VI	2 617,75	143,97	209,42	235,59																				
7 409,99 West	I,IV	2 158,08	118,69	172,64	194,22	I	2 158,08	111,95	162,84	183,19	105,20	153,02	172,15	98,45	143,21	161,11	91,71	133,40	150,08	84,97	123,59	139,04	78,22	113,78	128,—
	II	2 112,33	116,17	168,98	190,10	II	2 112,33	109,43	159,17	179,06	102,68	149,36	168,03	95,94	139,55	156,99	89,19	129,74	145,95	82,45	119,93	134,92	75,70	110,12	123,88
	III	1 535,—	84,42	122,80	138,15	III	1 535,—	78,65	114,40	128,70	73,—	106,18	119,45	67,48	98,16	110,43	62,09	90,32	101,61	56,83	82,66	92,99	51,70	75,20	84,60
	V	2 572,66	141,49	205,81	231,53	IV	2 158,08	115,32	167,74	188,71	111,95	162,84	183,19	108,57	157,93	177,67	105,20	153,02	172,15	101,83	148,12	166,63	98,45	143,21	161,11
	VI	2 606,16	143,33	208,49	234,55																				
7 409,99 Ost	I,IV	2 171,—	119,40	173,68	195,39	I	2 171,—	112,65	163,86	184,34	105,91	154,06	173,31	99,16	144,24	162,27	92,42	134,43	151,23	85,68	124,62	140,20	78,93	114,81	129,16
	II	2 125,25	116,88	170,02	191,27	II	2 125,25	110,14	160,20	180,23	103,39	150,39	169,19	96,65	140,58	158,15	89,90	130,77	147,11	83,16	120,96	136,08	76,41	111,15	125,04
	III	1 546,16	85,03	123,69	139,15	III	1 546,16	79,24	115,26	129,67	73,59	107,04	120,42	68,05	98,98	111,35	62,65	91,13	102,52	57,37	83,45	93,88	52,23	75,97	85,46
	V	2 585,58	142,20	206,84	232,70	IV	2 171,—	116,03	168,77	189,86	112,65	163,86	184,34	109,28	158,96	178,83	105,91	154,06	173,31	102,54	149,15	167,79	99,16	144,24	162,27
	VI	2 619,—	144,04	209,52	235,71																				
7 412,99 West	I,IV	2 159,41	118,76	172,75	194,34	I	2 159,41	112,02	162,94	183,30	105,27	153,12	172,26	98,53	143,32	161,23	91,78	133,50	150,19	85,03	123,69	139,15	78,29	113,88	128,12
	II	2 113,58	116,24	169,08	190,22	II	2 113,58	109,50	159,28	179,19	102,75	149,46	168,14	96,01	139,65	157,10	89,26	129,84	146,07	82,52	120,03	135,03	75,77	110,22	123,99
	III	1 536,—	84,48	122,88	138,24	III	1 536,—	78,70	114,48	128,79	73,05	106,26	119,54	67,54	98,24	110,52	62,15	90,40	101,70	56,88	82,74	93,08	51,75	75,28	84,69
	V	2 573,91	141,56	205,91	231,65	IV	2 159,41	115,39	167,84	188,82	112,02	162,94	183,30	108,64	158,03	177,78	105,27	153,12	172,26	101,90	148,22	166,74	98,53	143,32	161,23
	VI	2 607,41	143,40	208,59	234,66																				
7 412,99 Ost	I,IV	2 172,25	119,47	173,78	195,50	I	2 172,25	112,72	163,96	184,46	105,98	154,16	173,43	99,23	144,34	162,38	92,49	134,53	151,34	85,74	124,72	140,31	79,—	114,91	129,27
	II	2 126,50	116,95	170,12	191,38	II	2 126,50	110,21	160,30	180,34	103,46	150,49	169,30	96,72	140,68	158,27	89,97	130,87	147,23	83,22	121,06	136,19	76,48	111,25	125,15
	III	1 547,16	85,09	123,77	139,24	III	1 547,16	79,30	115,34	129,76	73,64	107,12	120,51	68,10	99,06	111,44	62,70	91,21	102,61	57,42	83,53	93,97	52,28	76,05	85,55
	V	2 586,83	142,27	206,94	232,81	IV	2 172,25	116,10	168,87	189,98	112,72	163,96	184,46	109,35	159,06	178,94	105,98	154,16	173,43	102,61	149,25	167,90	99,23	144,34	162,38
	VI	2 620,25	144,11	209,62	235,82																				
7 415,99 West	I,IV	2 160,66	118,83	172,85	194,45	I	2 160,66	112,09	163,04	183,42	105,34	153,22	172,37	98,60	143,42	161,34	91,85	133,60	150,30	85,10	123,79	139,26	78,36	113,98	128,23
	II	2 114,83	116,31	169,18	190,33	II	2 114,83	109,57	159,38	179,30	102,82	149,56	168,26	96,08	139,75	157,22	89,33	129,94	146,18	82,59	120,13	135,14	75,84	110,32	124,11
	III	1 537,16	84,54	122,97	138,34	III	1 537,16	78,76	114,56	128,88	73,11	106,34	119,63	67,59	98,32	110,61	62,20	90,48	101,79	56,93	82,81	93,16	51,80	75,34	84,76
	V	2 575,25	141,63	206,02	231,77	IV	2 160,66	115,46	167,94	188,93	112,09	163,04	183,42	108,71	158,13	177,89	105,34	153,22	172,37	101,97	148,32	166,86	98,60	143,42	161,34
	VI	2 608,66	143,47	208,69	234,77																				
7 415,99 Ost	I,IV	2 173,50	119,54	173,88	195,61	I	2 173,50	112,80	164,07	184,58	106,05	154,26	173,54	99,30	144,44	162,50	92,56	134,64	151,47	85,81	124,82	140,42	79,07	115,01	129,38
	II	2 127,75	117,02	170,22	191,49	II	2 127,75	110,27	160,40	180,45	103,53	150,60	169,42	96,79	140,78	158,38	90,04	130,97	147,34	83,30	121,16	136,31	76,55	111,35	125,27
	III	1 548,33	85,15	123,86	139,34	III	1 548,33	79,36	115,44	129,87	73,70	107,20	120,60	68,16	99,14	111,53	62,76	91,29	102,70	57,48	83,61	94,06	52,33	76,12	85,63
	V	2 588,08	142,34	207,04	232,92	IV	2 173,50	116,16	168,97	190,09	112,80	164,07	184,58	109,42	159,16	179,06	106,05	154,26	173,54	102,68	149,35	168,02	99,30	144,44	162,50
	VI	2 621,58	144,18	209,72	235,94																				

*** Die ausgewiesenen Tabellenwerte sind amtlich. Siehe Erläuterungen auf der Umschlaginnenseite (U2).**

Abzüge an Lohnsteuer, Solidaritätszuschlag (SolZ) und Kirchensteuer (8%, 9%) in den Steuerklassen

Lohn/ Gehalt bis €*	I – VI					I, II, III, IV		mit Zahl der Kinderfreibeträge . . . 0,5			1			1,5			2			2,5			3		
		LSt	ohne Kinderfreibeträge SolZ	8%	9%		LSt	SolZ	8%	9%	SolZ	8%	9%	SolZ	8%	9%	SolZ	8%	9%	SolZ	8%	9%	SolZ	8%	9%
7 418,99 West	I,IV	2 161,91	118,90	172,95	194,57	I	2 161,91	112,15	163,14	183,53	105,41	153,32	172,49	98,67	143,52	161,46	91,92	133,70	150,41	85,17	123,89	139,37	78,43	114,08	128,34
	II	2 116,08	116,38	169,28	190,44	II	2 116,08	109,64	159,48	179,41	102,89	149,66	168,37	96,14	139,85	157,33	89,40	130,04	146,30	82,66	120,23	135,26	75,91	110,42	124,22
	III	1 538,16	84,59	123,05	138,43	III	1 538,16	78,82	114,65	128,98	73,16	106,42	119,72	67,65	98,40	110,70	62,26	90,56	101,88	56,98	82,89	93,25	51,85	75,42	84,85
	V	2 576,50	141,70	206,12	231,88	IV	2 161,91	115,53	168,04	189,05	112,15	163,14	183,53	108,78	158,23	178,01	105,41	153,32	172,49	102,04	148,42	166,97	98,67	143,52	161,46
	VI	2 609,91	143,54	208,79	234,89																				
7 418,99 Ost	I,IV	2 174,75	119,61	173,98	195,72	I	2 174,75	112,86	164,17	184,69	106,12	154,36	173,65	99,37	144,54	162,61	92,63	134,74	151,58	85,88	124,92	140,54	79,14	115,11	129,50
	II	2 129,—	117,09	170,32	191,61	II	2 129,—	110,34	160,50	180,56	103,60	150,70	169,53	96,85	140,88	158,49	90,11	131,07	147,45	83,37	121,26	136,42	76,62	111,45	125,38
	III	1 549,33	85,21	123,94	139,43	III	1 549,33	79,42	115,52	129,96	73,75	107,28	120,69	68,22	99,24	111,64	62,81	91,37	102,79	57,53	83,69	94,15	52,38	76,20	85,72
	V	2 589,33	142,41	207,14	233,03	IV	2 174,75	116,24	169,08	190,21	112,86	164,17	184,69	109,49	159,26	179,17	106,12	154,36	173,65	102,74	149,45	168,13	99,37	144,54	162,61
	VI	2 622,83	144,25	209,82	236,05																				
7 421,99 West	I,IV	2 163,16	118,97	173,05	194,68	I	2 163,16	112,22	163,24	183,64	105,48	153,43	172,61	98,73	143,62	161,57	91,99	133,80	150,53	85,25	124,—	139,50	78,50	114,18	128,45
	II	2 117,41	116,45	169,39	190,56	II	2 117,41	109,71	159,58	179,52	102,96	149,76	168,48	96,22	139,96	157,45	89,47	130,14	146,41	82,72	120,33	135,37	75,98	110,52	124,34
	III	1 539,33	84,66	123,14	138,53	III	1 539,33	78,87	114,73	129,07	73,23	106,52	119,83	67,70	98,48	110,79	62,31	90,64	101,97	57,04	82,97	93,34	51,91	75,50	84,94
	V	2 577,75	141,77	206,22	231,99	IV	2 163,16	115,60	168,14	189,16	112,22	163,24	183,64	108,85	158,33	178,12	105,48	153,43	172,61	102,11	148,52	167,09	98,73	143,62	161,57
	VI	2 611,16	143,61	208,89	235,—																				
7 421,99 Ost	I,IV	2 176,08	119,68	174,08	195,84	I	2 176,08	112,93	164,27	184,80	106,19	154,46	173,76	99,44	144,64	162,72	92,70	134,84	151,69	85,95	125,02	140,65	79,20	115,21	129,61
	II	2 130,25	117,16	170,42	191,72	II	2 130,25	110,41	160,60	180,68	103,67	150,80	169,65	96,92	140,98	158,60	90,18	131,17	147,56	83,43	121,36	136,53	76,69	111,55	125,49
	III	1 550,50	85,27	124,04	139,54	III	1 550,50	79,48	115,61	130,06	73,81	107,37	120,79	68,28	99,32	111,73	62,87	91,45	102,88	57,59	83,77	94,24	52,44	76,28	85,81
	V	2 590,58	142,48	207,24	233,15	IV	2 176,08	116,31	169,18	190,32	112,93	164,27	184,80	109,56	159,36	179,28	106,19	154,46	173,76	102,81	149,55	168,24	99,44	144,64	162,72
	VI	2 624,08	144,32	209,92	236,16																				
7 424,99 West	I,IV	2 164,41	119,04	173,15	194,79	I	2 164,41	112,29	163,34	183,75	105,55	153,53	172,72	98,80	143,72	161,68	92,06	133,90	150,64	85,31	124,10	139,61	78,57	114,28	128,57
	II	2 118,66	116,52	169,49	190,67	II	2 118,66	109,78	159,68	179,64	103,03	149,86	168,59	96,29	140,06	157,56	89,54	130,24	146,52	82,79	120,43	135,48	76,05	110,62	124,45
	III	1 540,33	84,71	123,22	138,62	III	1 540,33	78,94	114,82	129,17	73,28	106,60	119,92	67,76	98,56	110,88	62,36	90,70	102,04	57,09	83,05	93,43	51,95	75,57	85,01
	V	2 579,—	141,84	206,32	232,11	IV	2 164,41	115,66	168,24	189,27	112,29	163,34	183,75	108,92	158,44	178,24	105,55	153,53	172,72	102,18	148,62	167,20	98,80	143,72	161,68
	VI	2 612,41	143,68	208,99	235,11																				
7 424,99 Ost	I,IV	2 177,33	119,75	174,18	195,95	I	2 177,33	113,—	164,37	184,91	106,26	154,56	173,88	99,51	144,75	162,84	92,77	134,94	151,80	86,02	125,12	140,76	79,28	115,32	129,73
	II	2 131,50	117,23	170,52	191,83	II	2 131,50	110,49	160,71	180,80	103,74	150,90	169,76	96,99	141,08	158,72	90,25	131,28	147,69	83,50	121,46	136,64	76,76	111,65	125,60
	III	1 551,50	85,33	124,12	139,63	III	1 551,50	79,53	115,69	130,15	73,87	107,45	120,88	68,33	99,40	111,82	62,92	91,53	102,97	57,64	83,85	94,33	52,49	76,36	85,90
	V	2 591,83	142,55	207,34	233,26	IV	2 177,33	116,38	169,28	190,44	113,—	164,37	184,91	109,63	159,46	179,39	106,26	154,56	173,88	102,88	149,65	168,35	99,51	144,75	162,84
	VI	2 625,33	144,39	210,02	236,27																				
7 427,99 West	I,IV	2 165,66	119,11	173,25	194,90	I	2 165,66	112,36	163,44	183,87	105,62	153,63	172,83	98,87	143,82	161,79	92,12	134,—	150,75	85,38	124,20	139,72	78,64	114,38	128,68
	II	2 119,91	116,59	169,59	190,79	II	2 119,91	109,84	159,78	179,75	103,10	149,96	168,71	96,36	140,16	157,68	89,61	130,34	146,63	82,86	120,53	135,59	76,12	110,72	124,56
	III	1 541,50	84,78	123,32	138,73	III	1 541,50	78,99	114,90	129,26	73,34	106,68	120,01	67,81	98,64	110,97	62,41	90,78	102,13	57,15	83,13	93,52	52,01	75,65	85,10
	V	2 580,25	141,91	206,42	232,22	IV	2 165,66	115,73	168,34	189,38	112,36	163,44	183,87	108,99	158,54	178,35	105,62	153,63	172,83	102,24	148,72	167,31	98,87	143,82	161,79
	VI	2 613,75	143,75	209,10	235,23																				
7 427,99 Ost	I,IV	2 178,58	119,82	174,28	196,07	I	2 178,58	113,07	164,47	185,03	106,32	154,66	173,99	99,58	144,85	162,95	92,84	135,04	151,92	86,09	125,22	140,87	79,35	115,42	129,84
	II	2 132,75	117,30	170,62	191,94	II	2 132,75	110,55	160,81	180,91	103,81	151,—	169,87	97,06	141,18	158,83	90,32	131,38	147,80	83,57	121,56	136,76	76,83	111,75	125,72
	III	1 552,66	85,39	124,21	139,73	III	1 552,66	79,60	115,78	130,25	73,92	107,53	120,97	68,39	99,48	111,91	62,98	91,61	103,06	57,69	83,92	94,41	52,54	76,42	85,97
	V	2 593,16	142,62	207,45	233,38	IV	2 178,58	116,44	169,38	190,55	113,07	164,47	185,03	109,70	159,56	179,51	106,32	154,66	173,99	102,96	149,76	168,48	99,58	144,85	162,95
	VI	2 626,58	144,46	210,12	236,39																				
7 430,99 West	I,IV	2 166,91	119,18	173,35	195,02	I	2 166,91	112,43	163,54	183,98	105,69	153,73	172,94	98,94	143,92	161,91	92,20	134,11	150,87	85,45	124,30	139,83	78,70	114,48	128,79
	II	2 121,16	116,66	169,69	190,90	II	2 121,16	109,91	159,88	179,86	103,17	150,07	168,83	96,42	140,26	157,79	89,68	130,44	146,75	82,94	120,64	135,72	76,19	110,82	124,67
	III	1 542,50	84,83	123,40	138,82	III	1 542,50	79,05	114,98	129,35	73,39	106,76	120,10	67,87	98,72	111,06	62,47	90,86	102,22	57,20	83,21	93,61	52,06	75,73	85,19
	V	2 581,50	141,98	206,52	232,33	IV	2 166,91	115,80	168,44	189,50	112,43	163,54	183,98	109,06	158,64	178,47	105,69	153,73	172,94	102,31	148,82	167,42	98,94	143,92	161,91
	VI	2 615,—	143,82	209,20	235,35																				
7 430,99 Ost	I,IV	2 179,83	119,89	174,38	196,18	I	2 179,83	113,14	164,57	185,14	106,40	154,76	174,11	99,65	144,95	163,07	92,90	135,14	152,03	86,16	125,32	140,99	79,42	115,52	129,96
	II	2 134,08	117,37	170,72	192,06	II	2 134,08	110,62	160,91	181,02	103,88	151,10	169,98	97,13	141,28	158,94	90,39	131,48	147,91	83,64	121,66	136,87	76,89	111,85	125,83
	III	1 553,83	85,46	124,30	139,84	III	1 553,83	79,65	115,86	130,34	73,99	107,62	121,07	68,44	99,56	112,—	63,03	91,69	103,15	57,75	84,—	94,50	52,59	76,50	86,06
	V	2 594,41	142,69	207,55	233,49	IV	2 179,83	116,51	169,48	190,66	113,14	164,57	185,14	109,77	159,66	179,62	106,40	154,76	174,11	103,02	149,86	168,59	99,65	144,95	163,07
	VI	2 627,83	144,53	210,22	236,50																				
7 433,99 West	I,IV	2 168,16	119,24	173,45	195,13	I	2 168,16	112,50	163,64	184,10	105,76	153,83	173,06	99,01	144,02	162,02	92,27	134,21	150,98	85,52	124,40	139,95	78,77	114,58	128,90
	II	2 122,41	116,73	169,79	191,01	II	2 122,41	109,98	159,98	179,97	103,24	150,17	168,94	96,49	140,36	157,90	89,75	130,54	146,86	83,—	120,74	135,83	76,26	110,92	124,79
	III	1 543,66	84,90	123,49	138,92	III	1 543,66	79,11	115,08	129,46	73,46	106,85	120,20	67,93	98,81	111,16	62,52	90,94	102,31	57,25	83,28	93,69	52,11	75,80	85,27
	V	2 582,75	142,05	206,62	232,44	IV	2 168,16	115,88	168,55	189,62	112,50	163,64	184,10	109,13	158,74	178,58	105,76	153,83	173,06	102,38	148,92	167,54	99,01	144,02	162,02
	VI	2 616,25	143,89	209,30	235,46																				
7 433,99 Ost	I,IV	2 181,08	119,95	174,48	196,29	I	2 181,08	113,21	164,67	185,25	106,47	154,86	174,22	99,72	145,05	163,18	92,97	135,24	152,14	86,23	125,43	141,11	79,48	115,62	130,07
	II	2 135,33	117,44	170,82	192,17	II	2 135,33	110,69	161,01	181,13	103,95	151,20	170,10	97,20	141,39	159,06	90,46	131,58	148,02	83,71	121,76	136,98	76,97	111,96	125,95
	III	1 554,83	85,51	124,38	139,93	III	1 554,83	79,71	115,94	130,43	74,04	107,70	121,16	68,50	99,64	112,09	63,09	91,77	103,24	57,80	84,08	94,59	52,65	76,58	86,15
	V	2 595,66	142,76	207,65	233,60	IV	2 181,08	116,58	169,58	190,77	113,21	164,67	185,25	109,83	159,76	179,73	106,47	154,86	174,22	103,09	149,96	168,70	99,72	145,05	163,18
	VI	2 629,08	144,59	210,32	236,61																				
7 436,99 West	I,IV	2 169,50	119,32	173,56	195,25	I	2 169,50	112,57	163,74	184,21	105,82	153,93	173,17	99,08	144,12	162,14	92,34	134,31	151,10	85,59	124,50	140,06	78,84	114,68	129,02
	II	2 123,66	116,80	169,89	191,12	II	2 123,66	110,05	160,08	180,09	103,31	150,27	169,05	96,56	140,46	158,01	89,81	130,64	146,97	83,07	120,84	135,94	76,33	111,02	124,90
	III	1 544,83	84,96	123,58	139,03	III	1 544,83	79,17	115,16	129,55	73,51	106,93	120,29	67,98	98,89	111,25	62,58	91,02	102,40	57,31	83,36	93,78	52,16	75,88	85,36
	V	2 584,—	142,12	206,72	232,56	IV	2 169,50	115,94	168,65	189,73	112,57	163,74	184,21	109,20	158,84	178,69	105,82	153,93	173,17	102,45	149,02	167,65	99,08	144,12	162,14
	VI	2 617,50	143,96	209,40	235,57																				
7 436,99 Ost	I,IV	2 182,33	120,02	174,58	196,40	I	2 182,33	113,28	164,77	185,36	106,53	154,96	174,33	99,79	145,15	163,29	93,04	135,34	152,25	86,30	125,53	141,22	79,55	115,72	130,18
	II	2 136,58	117,51	170,92	192,29	II	2 136,58	110,76	161,11	181,25	104,01	151,30	170,21	97,27	141,49	159,17	90,53	131,68	148,14	83,78	121,86	137,09	77,04	112,06	126,06
	III	1 556,—	85,58	124,48	140,04	III	1 556,—	79,77	116,04	130,54	74,10	107,78	121,25	68,55	99,72	112,18	63,14	91,85	103,33	57,86	84,16	94,68	52,69	76,65	86,23
	V	2 596,91	142,83	207,75	233,72	IV	2 182,33	116,65	169,68	190,89	113,28	164,77	185,36	109,91	159,87	179,85	106,53	154,96	174,33	103,16	150,06	168,81	99,79	145,15	163,29
	VI	2 630,33	144,66	210,42	236,72																				
7 439,99 West	I,IV	2 170,75	119,39	173,66	195,36	I	2 170,75	112,64	163,84	184,32	105,89	154,03	173,28	99,15	144,22	162,25	92,40	134,41	151,21	85,66	124,60	140,17	78,92	114,79	129,14
	II	2 124,91	116,87	169,99	191,24	II	2 124,91	110,12	160,18	180,20	103,38	150,37	169,16	96,63	140,56	158,13	89,89	130,75	147,09	83,14	120,94	136,05	76,39	111,12	125,01
	III	1 545,83	85,02	123,66	139,12	III	1 545,83	79,23	115,25	129,65	73,57	107,01	120,38	68,04	98,97	111,34	62,63	91,10	102,49	57,36	83,44	93,87	52,22	75,96	85,45
	V	2 585,25	142,18	206,82	232,67	IV	2 170,75	116,01	168,75	189,84	112,64	163,84	184,32	109,27	158,94	178,80	105,89	154,03	173,28	102,52	149,12	167,76	99,15	144,22	162,25
	VI	2 618,75	144,03	209,50	235,68																				
7 439,99 Ost	I,IV	2 183,58	120,09	174,68	196,52	I	2 183,58	113,35	164,88	185,49	106,60	155,06	174,44	99,86	145,25	163,40	93,11	135,44	152,37	86,37	125,63	141,33	79,62	115,82	130,29
	II	2 137,83	117,58	171,02	192,40	II	2 137,83	110,83	161,21	181,36	104,09	151,40	170,33	97,34	141,59	159,29	90,59	131,78	148,25	83,85	121,96	137,21	77,11	112,16	126,18
	III	1 557,—	85,63	124,56	140,13	III	1 557,—	79,83	116,12	130,63	74,15	107,86	121,34	68,61	99,80	112,27	63,20	91,93	103,42	57,91	84,24	94,77	52,75	76,73	86,32
	V	2 598,16	142,89	207,85	233,83	IV	2 183,58	116,72	169,78	191,—	113,35	164,88	185,49	109,98	159,97	179,96	106,60	155,06	174,44	103,23	150,16	168,93	99,86	145,25	163,40
	VI	2 631,66	144,74	210,53	236,84																				

* Die ausgewiesenen Tabellenwerte sind amtlich. Siehe Erläuterungen auf der Umschlaginnenseite (U2).

Abzüge an Lohnsteuer, Solidaritätszuschlag (SolZ) und Kirchensteuer (8%, 9%) in den Steuerklassen

Lohn/ Gehalt bis €*	I – VI	LSt	SolZ	8%	9%	I, II, III, IV	LSt	0,5 SolZ	0,5 8%	0,5 9%	1 SolZ	1 8%	1 9%	1,5 SolZ	1,5 8%	1,5 9%	2 SolZ	2 8%	2 9%	2,5 SolZ	2,5 8%	2,5 9%	3 SolZ	3 8%	3 9%
			ohne Kinderfreibeträge					mit Zahl der Kinderfreibeträge . . .																	
7 442,99 West	I,IV	2 172,—	119,46	173,76	195,48	I	2 172,—	112,71	163,94	184,43	105,96	154,13	173,39	99,22	144,32	162,36	92,47	134,51	151,32	85,73	124,70	140,28	78,98	114,89	129,25
	II	2 126,16	116,93	170,09	191,35	II	2 126,16	110,19	160,28	180,32	103,45	150,47	169,28	96,70	140,66	158,24	89,96	130,85	147,20	83,21	121,04	136,17	76,46	111,22	125,12
	III	1 547,—	85,08	123,76	139,23	III	1 547,—	79,29	115,33	129,74	73,62	107,09	120,47	68,09	99,05	111,43	62,69	91,18	102,58	57,42	83,52	93,96	52,26	76,02	85,52
	V	2 586,58	142,26	206,92	232,79	IV	2 172,—	116,08	168,85	189,95	112,71	163,94	184,43	109,34	159,04	178,92	105,96	154,13	173,39	102,59	149,23	167,88	99,22	144,32	162,36
	VI	2 620,—	144,10	209,60	235,80																				
7 442,99 Ost	I,IV	2 184,83	120,16	174,78	196,63	I	2 184,83	113,42	164,98	185,60	106,67	155,16	174,56	99,93	145,35	163,52	93,18	135,54	152,48	86,44	125,73	141,44	79,69	115,92	130,41
	II	2 139,08	117,64	171,12	192,51	II	2 139,08	110,90	161,31	181,47	104,16	151,50	170,44	97,41	141,69	159,40	90,66	131,88	148,36	83,92	122,07	137,33	77,17	112,26	126,29
	III	1 558,16	85,69	124,65	140,23	III	1 558,16	79,89	116,21	130,73	74,22	107,96	121,45	68,67	99,89	112,37	63,25	92,01	103,51	57,97	84,32	94,86	52,80	76,81	86,41
	V	2 599,41	142,96	207,95	233,94	IV	2 184,83	116,79	169,88	191,12	113,42	164,98	185,60	110,05	160,07	180,08	106,67	155,16	174,56	103,30	150,26	169,04	99,93	145,35	163,52
	VI	2 632,91	144,81	210,63	236,96																				
7 445,99 West	I,IV	2 173,25	119,52	173,86	195,59	I	2 173,25	112,78	164,04	184,55	106,04	154,24	173,52	99,29	144,42	162,47	92,54	134,61	151,43	85,80	124,80	140,40	79,05	114,99	129,36
	II	2 127,50	117,01	170,20	191,47	II	2 127,50	110,26	160,38	180,43	103,51	150,57	169,39	96,77	140,76	158,36	90,03	130,95	147,32	83,28	121,14	136,28	76,53	111,32	125,24
	III	1 548,—	85,14	123,84	139,32	III	1 548,—	79,34	115,41	129,83	73,69	107,18	120,58	68,15	99,13	111,52	62,74	91,26	102,67	57,47	83,60	94,05	52,32	76,10	85,61
	V	2 587,83	142,33	207,02	232,90	IV	2 173,25	116,15	168,95	190,07	112,78	164,04	184,55	109,40	159,14	179,03	106,04	154,24	173,52	102,66	149,33	167,99	99,29	144,42	162,47
	VI	2 621,25	144,16	209,70	235,91																				
7 445,99 Ost	I,IV	2 186,08	120,23	174,88	196,74	I	2 186,08	113,49	165,08	185,71	106,74	155,26	174,67	99,99	145,45	163,63	93,25	135,64	152,60	86,51	125,83	141,56	79,76	116,02	130,52
	II	2 140,33	117,71	171,22	192,62	II	2 140,33	110,97	161,41	181,58	104,22	151,60	170,55	97,48	141,79	159,51	90,73	131,98	148,47	83,99	122,17	137,44	77,24	112,36	126,40
	III	1 559,16	85,75	124,73	140,32	III	1 559,16	79,95	116,29	130,82	74,27	108,04	121,54	68,73	99,97	112,46	63,31	92,09	103,60	58,02	84,40	94,95	52,85	76,88	86,49
	V	2 600,66	143,03	208,05	234,05	IV	2 186,08	116,86	169,98	191,23	113,49	165,08	185,71	110,11	160,17	180,19	106,74	155,26	174,67	103,37	150,36	169,15	99,99	145,45	163,63
	VI	2 634,16	144,87	210,73	237,07																				
7 448,99 West	I,IV	2 174,50	119,59	173,96	195,70	I	2 174,50	112,85	164,14	184,66	106,10	154,34	173,63	99,36	144,52	162,59	92,61	134,71	151,55	85,87	124,90	140,51	79,12	115,09	129,47
	II	2 128,75	117,08	170,30	191,58	II	2 128,75	110,33	160,48	180,54	103,58	150,67	169,50	96,84	140,86	158,47	90,09	131,05	147,43	83,35	121,24	136,39	76,61	111,43	125,36
	III	1 549,16	85,20	123,93	139,42	III	1 549,16	79,41	115,50	129,94	73,74	107,26	120,67	68,20	99,21	111,61	62,80	91,34	102,76	57,53	83,68	94,14	52,37	76,18	85,70
	V	2 589,08	142,39	207,12	233,01	IV	2 174,50	116,22	169,05	190,18	112,85	164,14	184,66	109,48	159,24	179,15	106,10	154,34	173,63	102,73	149,43	168,11	99,36	144,52	162,59
	VI	2 622,50	144,23	209,80	236,02																				
7 448,99 Ost	I,IV	2 187,41	120,30	174,99	196,86	I	2 187,41	113,56	165,18	185,82	106,81	155,36	174,78	100,07	145,56	163,75	93,32	135,74	152,71	86,57	125,93	141,67	79,83	116,12	130,64
	II	2 141,58	117,78	171,32	192,74	II	2 141,58	111,04	161,52	181,71	104,29	151,70	170,66	97,55	141,89	159,62	90,80	132,08	148,59	84,06	122,27	137,55	77,31	112,46	126,51
	III	1 560,33	85,81	124,82	140,42	III	1 560,33	80,01	116,38	130,93	74,33	108,12	121,63	68,78	100,05	112,55	63,36	92,17	103,69	58,07	84,46	95,02	52,91	76,96	86,58
	V	2 601,91	143,10	208,15	234,17	IV	2 187,41	116,93	170,08	191,34	113,56	165,18	185,82	110,18	160,27	180,30	106,81	155,36	174,78	103,44	150,46	169,26	100,07	145,56	163,75
	VI	2 635,41	144,94	210,83	237,18																				
7 451,99 West	I,IV	2 175,75	119,66	174,06	195,81	I	2 175,75	112,91	164,24	184,77	106,17	154,44	173,74	99,43	144,62	162,70	92,68	134,81	151,66	85,94	125,—	140,63	79,19	115,19	129,59
	II	2 130,—	117,15	170,40	191,70	II	2 130,—	110,40	160,58	180,65	103,65	150,77	169,61	96,91	140,96	158,58	90,16	131,15	147,54	83,42	121,34	136,50	76,67	111,53	125,47
	III	1 550,16	85,25	124,01	139,51	III	1 550,16	79,46	115,58	130,03	73,80	107,34	120,76	68,26	99,29	111,70	62,85	91,42	102,85	57,57	83,74	94,21	52,43	76,26	85,79
	V	2 590,33	142,46	207,22	233,12	IV	2 175,75	116,29	169,15	190,29	112,91	164,24	184,77	109,55	159,34	179,26	106,17	154,44	173,74	102,80	149,53	168,22	99,43	144,62	162,70
	VI	2 623,75	144,30	209,90	236,13																				
7 451,99 Ost	I,IV	2 188,66	120,37	175,09	196,97	I	2 188,66	113,63	165,28	185,94	106,88	155,46	174,89	100,14	145,66	163,86	93,39	135,84	152,82	86,64	126,03	141,78	79,90	116,22	130,75
	II	2 142,83	117,85	171,42	192,85	II	2 142,83	111,11	161,62	181,82	104,36	151,80	170,78	97,62	141,99	159,74	90,87	132,18	148,70	84,13	122,37	137,66	77,38	112,56	126,63
	III	1 561,50	85,88	124,92	140,53	III	1 561,50	80,07	116,46	131,02	74,39	108,21	121,73	68,84	100,13	112,64	63,42	92,25	103,78	58,12	84,54	95,11	52,96	77,04	86,67
	V	2 603,25	143,17	208,26	234,29	IV	2 188,66	117,—	170,18	191,45	113,63	165,28	185,94	110,25	160,37	180,41	106,88	155,46	174,89	103,51	150,56	169,38	100,14	145,66	163,86
	VI	2 636,66	145,01	210,93	237,29																				
7 454,99 West	I,IV	2 177,—	119,73	174,16	195,93	I	2 177,—	112,99	164,35	184,89	106,24	154,54	173,85	99,49	144,72	162,81	92,75	134,92	151,78	86,01	125,10	140,74	79,26	115,29	129,70
	II	2 131,25	117,21	170,50	191,81	II	2 131,25	110,47	160,68	180,77	103,73	150,88	169,74	96,98	141,06	158,69	90,23	131,25	147,65	83,49	121,44	136,62	76,74	111,63	125,58
	III	1 551,33	85,32	124,10	139,61	III	1 551,33	79,53	115,68	130,14	73,86	107,44	120,87	68,31	99,37	111,79	62,91	91,50	102,94	57,63	83,82	94,30	52,47	76,33	85,87
	V	2 591,58	142,53	207,32	233,24	IV	2 177,—	116,36	169,25	190,40	112,99	164,35	184,89	109,61	159,44	179,37	106,24	154,54	173,85	102,87	149,63	168,33	99,49	144,72	162,81
	VI	2 625,08	144,37	210,—	236,25																				
7 454,99 Ost	I,IV	2 189,91	120,44	175,19	197,09	I	2 189,91	113,69	165,38	186,05	106,95	155,56	175,01	100,21	145,76	163,98	93,46	135,94	152,93	86,71	126,13	141,89	79,97	116,32	130,86
	II	2 144,08	117,92	171,52	192,96	II	2 144,08	111,18	161,72	181,93	104,43	151,90	170,89	97,68	142,09	159,85	90,94	132,28	148,82	84,20	122,47	137,78	77,45	112,66	126,74
	III	1 562,50	85,93	125,—	140,62	III	1 562,50	80,12	116,54	131,11	74,45	108,29	121,82	68,89	100,21	112,73	63,47	92,33	103,87	58,18	84,62	95,20	53,02	77,12	86,76
	V	2 604,50	143,24	208,36	234,40	IV	2 189,91	117,07	170,28	191,57	113,69	165,38	186,05	110,32	160,47	180,53	106,95	155,56	175,01	103,58	150,66	169,49	100,21	145,76	163,98
	VI	2 637,91	145,08	211,03	237,41																				
7 457,99 West	I,IV	2 178,25	119,80	174,26	196,04	I	2 178,25	113,06	164,45	185,—	106,31	154,64	173,97	99,56	144,82	162,92	92,82	135,02	151,89	86,07	125,20	140,85	79,33	115,39	129,81
	II	2 132,50	117,28	170,60	191,92	II	2 132,50	110,54	160,78	180,88	103,79	150,98	169,85	97,05	141,16	158,81	90,30	131,35	147,77	83,56	121,54	136,73	76,81	111,73	125,69
	III	1 552,50	85,38	124,20	139,72	III	1 552,50	79,58	115,76	130,23	73,92	107,52	120,96	68,38	99,46	111,89	62,96	91,58	103,03	57,68	83,90	94,39	52,53	76,41	85,96
	V	2 592,83	142,60	207,42	233,35	IV	2 178,25	116,43	169,36	190,53	113,06	164,45	185,—	109,68	159,54	179,48	106,31	154,64	173,97	102,94	149,73	168,44	99,56	144,82	162,92
	VI	2 626,33	144,44	210,10	236,36																				
7 457,99 Ost	I,IV	2 191,16	120,51	175,29	197,20	I	2 191,16	113,76	165,48	186,16	107,02	155,67	175,13	100,27	145,86	164,09	93,53	136,04	153,05	86,79	126,24	142,02	80,04	116,42	130,97
	II	2 145,41	117,99	171,63	193,08	II	2 145,41	111,25	161,82	182,04	104,50	152,—	171,—	97,76	142,20	159,97	91,01	132,38	148,93	84,26	122,57	137,89	77,52	112,76	126,86
	III	1 563,66	86,—	125,09	140,72	III	1 563,66	80,19	116,64	131,22	74,50	108,37	121,91	68,95	100,29	112,82	63,53	92,41	103,96	58,23	84,70	95,29	53,06	77,18	86,83
	V	2 605,75	143,31	208,46	234,51	IV	2 191,16	117,14	170,38	191,68	113,76	165,48	186,16	110,39	160,57	180,64	107,02	155,67	175,13	103,65	150,76	169,61	100,27	145,86	164,09
	VI	2 639,16	145,15	211,13	237,52																				
7 460,99 West	I,IV	2 179,58	119,87	174,36	196,16	I	2 179,58	113,13	164,55	185,12	106,38	154,74	174,08	99,63	144,92	163,04	92,89	135,12	152,01	86,14	125,30	140,96	79,40	115,49	129,92
	II	2 133,75	117,35	170,70	192,03	II	2 133,75	110,60	160,88	180,99	103,86	151,08	169,96	97,12	141,26	158,92	90,37	131,45	147,88	83,63	121,64	136,85	76,88	111,83	125,81
	III	1 553,50	85,44	124,28	139,81	III	1 553,50	79,64	115,85	130,33	73,97	107,60	121,05	68,43	99,54	111,98	63,02	91,66	103,12	57,74	83,98	94,48	52,58	76,49	86,05
	V	2 594,08	142,67	207,52	233,46	IV	2 179,58	116,50	169,46	190,64	113,13	164,55	185,12	109,75	159,64	179,60	106,38	154,74	174,08	103,01	149,83	168,56	99,63	144,92	163,04
	VI	2 627,58	144,51	210,20	236,48																				
7 460,99 Ost	I,IV	2 192,41	120,58	175,39	197,31	I	2 192,41	113,83	165,58	186,27	107,09	155,77	175,24	100,34	145,96	164,20	93,60	136,14	153,16	86,85	126,34	142,13	80,11	116,52	131,09
	II	2 146,66	118,06	171,73	193,19	II	2 146,66	111,32	161,92	182,16	104,57	152,10	171,11	97,83	142,30	160,08	91,08	132,48	149,04	84,33	122,67	138,—	77,59	112,86	126,97
	III	1 564,66	86,05	125,17	140,81	III	1 564,66	80,24	116,72	131,31	74,56	108,45	122,—	69,01	100,38	112,93	63,58	92,49	104,05	58,29	84,78	95,38	53,12	77,26	86,92
	V	2 607,—	143,38	208,56	234,63	IV	2 192,41	117,20	170,48	191,79	113,83	165,58	186,27	110,46	160,68	180,76	107,09	155,77	175,24	103,72	150,86	169,72	100,34	145,96	164,20
	VI	2 640,41	145,22	211,23	237,63																				
7 463,99 West	I,IV	2 180,83	119,94	174,46	196,27	I	2 180,83	113,19	164,65	185,23	106,45	154,84	174,19	99,71	145,03	163,16	92,96	135,22	152,12	86,21	125,40	141,08	79,47	115,60	130,05
	II	2 135,—	117,42	170,80	192,15	II	2 135,—	110,68	160,99	181,11	103,93	151,18	170,07	97,18	141,36	159,03	90,44	131,56	148,—	83,70	121,74	136,96	76,95	111,93	125,92
	III	1 554,66	85,50	124,37	139,91	III	1 554,66	79,70	115,93	130,42	74,03	107,68	121,14	68,49	99,62	112,07	63,07	91,74	103,21	57,79	84,06	94,57	52,63	76,56	86,13
	V	2 595,33	142,74	207,62	233,57	IV	2 180,83	116,57	169,56	190,75	113,19	164,65	185,23	109,82	159,74	179,71	106,45	154,84	174,19	103,07	149,93	168,67	99,71	145,03	163,16
	VI	2 628,83	144,58	210,30	236,59																				
7 463,99 Ost	I,IV	2 193,66	120,65	175,49	197,42	I	2 193,66	113,90	165,68	186,39	107,16	155,87	175,35	100,41	146,06	164,31	93,66	136,24	153,27	86,92	126,44	142,24	80,18	116,62	131,20
	II	2 147,91	118,13	171,83	193,31	II	2 147,91	111,38	162,02	182,27	104,64	152,20	171,23	97,90	142,40	160,20	91,15	132,58	149,15	84,40	122,77	138,11	77,66	112,96	127,08
	III	1 565,83	86,12	125,26	140,92	III	1 565,83	80,30	116,81	131,41	74,62	108,54	122,11	69,07	100,46	113,02	63,64	92,57	104,14	58,34	84,86	95,47	53,17	77,34	87,01
	V	2 608,25	143,45	208,66	234,74	IV	2 193,66	117,27	170,58	191,90	113,90	165,68	186,39	110,53	160,78	180,87	107,16	155,87	175,35	103,78	150,96	169,83	100,41	146,06	164,31
	VI	2 641,75	145,29	211,34	237,75																				

* Die ausgewiesenen Tabellenwerte sind amtlich. Siehe Erläuterungen auf der Umschlaginnenseite (U2).

Lohn/ Gehalt bis €*		Abzüge an Lohnsteuer, Solidaritätszuschlag (SolZ) und Kirchensteuer (8%, 9%) in den Steuerklassen I – VI				I, II, III, IV mit Zahl der Kinderfreibeträge . . .																			
			ohne Kinderfreibeträge					0,5			1			1,5			2			2,5			3		
		LSt	SolZ	8%	9%		LSt	SolZ	8%	9%	SolZ	8%	9%	SolZ	8%	9%	SolZ	8%	9%	SolZ	8%	9%	SolZ	8%	9%
7 466,99 West	I,IV	2 182,08	120,01	174,56	196,38	I	2 182,08	113,26	164,75	185,34	106,52	154,94	174,30	99,77	145,13	163,27	93,03	135,32	152,23	86,28	125,50	141,19	79,54	115,70	130,16
	II	2 136,25	117,49	170,90	192,26	II	2 136,25	110,75	161,09	181,22	104,—	151,28	170,19	97,25	141,46	159,14	90,51	131,66	148,11	83,76	121,84	137,07	77,02	112,03	126,03
	III	1 555,66	85,56	124,45	140,—	III	1 555,66	79,75	116,01	130,51	74,09	107,77	121,24	68,54	99,70	112,16	63,13	91,82	103,30	57,85	84,14	94,66	52,69	76,64	86,22
	V	2 596,66	142,81	207,73	233,69	IV	2 182,08	116,64	169,66	190,86	113,26	164,75	185,34	109,89	159,84	179,82	106,52	154,94	174,30	103,15	150,04	168,79	99,77	145,13	163,27
	VI	2 630,08	144,65	210,40	236,70																				
7 466,99 Ost	I,IV	2 194,91	120,72	175,59	197,54	I	2 194,91	113,97	165,78	186,50	107,23	155,97	175,46	100,48	146,16	164,43	93,74	136,35	153,39	86,99	126,54	142,35	80,24	116,72	131,31
	II	2 149,16	118,20	171,93	193,42	II	2 149,16	111,45	162,12	182,38	104,71	152,31	171,35	97,96	142,50	160,31	91,22	132,68	149,27	84,48	122,88	138,24	77,73	113,06	127,19
	III	1 567,—	86,18	125,36	141,03	III	1 567,—	80,36	116,89	131,50	74,68	108,62	122,20	69,12	100,54	113,11	63,69	92,65	104,23	58,40	84,94	95,56	53,23	77,42	87,10
	V	2 609,50	143,52	208,76	234,85	IV	2 194,91	117,34	170,68	192,02	113,97	165,78	186,50	110,60	160,88	180,99	107,23	155,97	175,46	103,85	151,06	169,94	100,48	146,16	164,43
	VI	2 643,—	145,36	211,44	237,87																				
7 469,99 West	I,IV	2 183,33	120,08	174,66	196,49	I	2 183,33	113,33	164,85	185,45	106,59	155,04	174,42	99,84	145,23	163,38	93,10	135,42	152,34	86,35	125,60	141,30	79,61	115,80	130,27
	II	2 137,58	117,56	171,—	192,38	II	2 137,58	110,82	161,19	181,34	104,07	151,38	170,30	97,32	141,56	159,26	90,58	131,76	148,23	83,83	121,94	137,18	77,09	112,13	126,14
	III	1 556,83	85,62	124,54	140,11	III	1 556,83	79,82	116,10	130,61	74,14	107,85	121,33	68,60	99,78	112,25	63,18	91,90	103,39	57,90	84,22	94,75	52,74	76,72	86,31
	V	2 597,91	142,88	207,83	233,81	IV	2 183,33	116,71	169,76	190,98	113,33	164,85	185,45	109,96	159,94	179,93	106,59	155,04	174,42	103,22	150,14	168,90	99,84	145,23	163,38
	VI	2 631,33	144,72	210,50	236,81																				
7 469,99 Ost	I,IV	2 196,16	120,78	175,69	197,65	I	2 196,16	114,04	165,88	186,62	107,30	156,07	175,58	100,55	146,26	164,54	93,81	136,45	153,50	87,06	126,64	142,47	80,31	116,82	131,42
	II	2 150,41	118,27	172,03	193,53	II	2 150,41	111,52	162,22	182,49	104,78	152,41	171,46	98,03	142,60	160,42	91,29	132,78	149,38	84,54	122,98	138,35	77,80	113,16	127,31
	III	1 568,—	86,24	125,44	141,12	III	1 568,—	80,42	116,98	131,60	74,73	108,70	122,29	69,18	100,62	113,20	63,75	92,73	104,32	58,44	85,01	95,63	53,27	77,49	87,17
	V	2 610,75	143,59	208,86	234,96	IV	2 196,16	117,42	170,79	192,14	114,04	165,88	186,62	110,67	160,98	181,10	107,30	156,07	175,58	103,92	151,16	170,06	100,55	146,26	164,54
	VI	2 644,25	145,43	211,54	237,98																				
7 472,99 West	I,IV	2 184,58	120,15	174,76	196,61	I	2 184,58	113,40	164,95	185,57	106,66	155,14	174,53	99,91	145,33	163,49	93,17	135,52	152,46	86,42	125,71	141,42	79,68	115,90	130,38
	II	2 138,83	117,63	171,10	192,49	II	2 138,83	110,88	161,29	181,45	104,14	151,48	170,41	97,40	141,67	159,38	90,65	131,86	148,34	83,90	122,04	137,30	77,16	112,24	126,27
	III	1 557,83	85,68	124,62	140,20	III	1 557,83	79,87	116,18	130,70	74,20	107,93	121,42	68,65	99,86	112,34	63,24	91,98	103,48	57,95	84,29	94,82	52,79	76,78	86,38
	V	2 599,16	142,95	207,93	233,92	IV	2 184,58	116,77	169,86	191,09	113,40	164,95	185,57	110,03	160,04	180,05	106,66	155,14	174,53	103,29	150,24	169,02	99,91	145,33	163,49
	VI	2 632,58	144,79	210,60	236,93																				
7 472,99 Ost	I,IV	2 197,50	120,86	175,80	197,77	I	2 197,50	114,11	165,98	186,73	107,36	156,17	175,69	100,62	146,36	164,66	93,88	136,55	153,62	87,13	126,74	142,58	80,38	116,92	131,54
	II	2 151,66	118,34	172,13	193,64	II	2 151,66	111,59	162,32	182,61	104,85	152,51	171,57	98,10	142,70	160,53	91,35	132,88	149,49	84,61	123,08	138,46	77,87	113,26	127,42
	III	1 569,16	86,30	125,53	141,22	III	1 569,16	80,48	117,06	131,69	74,80	108,80	122,40	69,23	100,70	113,29	63,80	92,81	104,41	58,50	85,09	95,72	53,33	77,57	87,26
	V	2 612,—	143,66	208,96	235,08	IV	2 197,50	117,48	170,89	192,25	114,11	165,98	186,73	110,74	161,08	181,21	107,36	156,17	175,69	103,99	151,26	170,17	100,62	146,36	164,66
	VI	2 645,50	145,50	211,64	238,09																				
7 475,99 West	I,IV	2 185,83	120,22	174,86	196,72	I	2 185,83	113,47	165,05	185,68	106,73	155,24	174,65	99,98	145,43	163,61	93,23	135,62	152,57	86,49	125,81	141,53	79,75	116,—	130,50
	II	2 140,08	117,70	171,20	192,60	II	2 140,08	110,95	161,39	181,56	104,21	151,58	170,52	97,46	141,77	159,49	90,72	131,96	148,45	83,97	122,14	137,41	77,23	112,34	126,38
	III	1 559,—	85,74	124,72	140,31	III	1 559,—	79,94	116,28	130,81	74,26	108,02	121,52	68,71	99,94	112,43	63,29	92,06	103,57	58,—	84,37	94,91	52,84	76,86	86,47
	V	2 600,41	143,02	208,03	234,03	IV	2 185,83	116,84	169,96	191,20	113,47	165,05	185,68	110,10	160,15	180,17	106,73	155,24	174,65	103,35	150,34	169,13	99,98	145,43	163,61
	VI	2 633,83	144,86	210,70	237,04																				
7 475,99 Ost	I,IV	2 198,75	120,93	175,90	197,88	I	2 198,75	114,18	166,08	186,84	107,43	156,27	175,80	100,69	146,46	164,77	93,94	136,65	153,73	87,20	126,84	142,69	80,46	117,03	131,66
	II	2 152,91	118,41	172,23	193,76	II	2 152,91	111,66	162,42	182,72	104,92	152,61	171,68	98,17	142,80	160,65	91,43	132,99	149,61	84,68	123,18	138,57	77,93	113,36	127,53
	III	1 570,16	86,35	125,61	141,31	III	1 570,16	80,54	117,16	131,80	74,85	108,88	122,49	69,29	100,78	113,38	63,86	92,89	104,50	58,55	85,17	95,81	53,38	77,65	87,35
	V	2 613,25	143,72	209,06	235,19	IV	2 198,75	117,55	170,99	192,36	114,18	166,08	186,84	110,81	161,18	181,32	107,43	156,27	175,80	104,06	151,36	170,28	100,69	146,46	164,77
	VI	2 646,75	145,57	211,74	238,20																				
7 478,99 West	I,IV	2 187,08	120,28	174,96	196,83	I	2 187,08	113,54	165,16	185,80	106,80	155,34	174,76	100,05	145,53	163,72	93,31	135,72	152,69	86,56	125,91	141,65	79,81	116,10	130,61
	II	2 141,33	117,77	171,30	192,71	II	2 141,33	111,02	161,49	181,67	104,28	151,68	170,64	97,53	141,87	159,60	90,79	132,06	148,56	84,04	122,24	137,52	77,30	112,44	126,49
	III	1 560,16	85,80	124,81	140,41	III	1 560,16	79,99	116,36	130,90	74,32	108,10	121,61	68,77	100,04	112,54	63,35	92,14	103,66	58,06	84,45	95,—	52,90	76,94	86,56
	V	2 601,66	143,09	208,13	234,14	IV	2 187,08	116,91	170,06	191,31	113,54	165,16	185,80	110,17	160,25	180,28	106,80	155,34	174,76	103,42	150,44	169,24	100,05	145,53	163,72
	VI	2 635,16	144,93	210,81	237,16																				
7 478,99 Ost	I,IV	2 200,—	121,—	176,—	198,—	I	2 200,—	114,25	166,18	186,95	107,50	156,37	175,91	100,76	146,56	164,88	94,01	136,75	153,84	87,27	126,94	142,80	80,52	117,13	131,77
	II	2 154,16	118,47	172,33	193,87	II	2 154,16	111,73	162,52	182,84	104,99	152,71	171,80	98,24	142,90	160,76	91,50	133,09	149,72	84,75	123,28	138,69	78,—	113,46	127,64
	III	1 571,33	86,42	125,70	141,41	III	1 571,33	80,60	117,24	131,89	74,91	108,96	122,58	69,34	100,86	113,47	63,91	92,97	104,59	58,61	85,25	95,90	53,43	77,72	87,43
	V	2 614,58	143,80	209,16	235,31	IV	2 200,—	117,62	171,09	192,47	114,25	166,18	186,95	110,88	161,28	181,44	107,50	156,37	175,91	104,13	151,47	170,40	100,76	146,56	164,88
	VI	2 648,—	145,64	211,84	238,32																				
7 481,99 West	I,IV	2 188,33	120,35	175,06	196,94	I	2 188,33	113,61	165,26	185,91	106,86	155,44	174,87	100,12	145,63	163,83	93,38	135,82	152,80	86,63	126,01	141,76	79,88	116,20	130,72
	II	2 142,58	117,84	171,40	192,83	II	2 142,58	111,09	161,59	181,79	104,35	151,78	170,75	97,60	141,97	159,71	90,86	132,16	148,68	84,11	122,35	137,64	77,37	112,54	126,60
	III	1 561,16	85,86	124,89	140,50	III	1 561,16	80,06	116,45	131,—	74,37	108,18	121,70	68,83	100,12	112,63	63,40	92,22	103,75	58,11	84,53	95,09	52,95	77,02	86,65
	V	2 602,91	143,16	208,23	234,26	IV	2 188,33	116,98	170,16	191,43	113,61	165,26	185,91	110,24	160,35	180,39	106,86	155,44	174,87	103,49	150,54	169,35	100,12	145,63	163,83
	VI	2 636,41	145,—	210,91	237,27																				
7 481,99 Ost	I,IV	2 201,25	121,06	176,10	198,11	I	2 201,25	114,32	166,28	187,07	107,58	156,48	176,04	100,83	146,66	164,99	94,08	136,85	153,95	87,34	127,04	142,92	80,59	117,23	131,88
	II	2 155,50	118,55	172,44	193,99	II	2 155,50	111,80	162,62	182,95	105,05	152,81	171,91	98,31	143,—	160,88	91,57	133,19	149,84	84,82	123,38	138,80	78,07	113,56	127,76
	III	1 572,33	86,47	125,78	141,50	III	1 572,33	80,65	117,32	131,98	74,97	109,05	122,68	69,41	100,96	113,58	63,97	93,05	104,68	58,66	85,33	95,99	53,48	77,80	87,52
	V	2 615,83	143,87	209,26	235,42	IV	2 201,25	117,69	171,19	192,59	114,32	166,28	187,07	110,94	161,38	181,55	107,58	156,48	176,04	104,20	151,57	170,51	100,83	146,66	164,99
	VI	2 649,25	145,70	211,94	238,43																				
7 484,99 West	I,IV	2 189,58	120,42	175,16	197,06	I	2 189,58	113,68	165,36	186,03	106,93	155,54	174,98	100,19	145,73	163,94	93,44	135,92	152,91	86,70	126,11	141,87	79,95	116,30	130,83
	II	2 143,83	117,91	171,50	192,94	II	2 143,83	111,16	161,69	181,90	104,42	151,88	170,87	97,67	142,07	159,83	90,92	132,26	148,79	84,18	122,45	137,75	77,44	112,64	126,72
	III	1 562,33	85,92	124,98	140,60	III	1 562,33	80,11	116,53	131,09	74,43	108,26	121,79	68,88	100,20	112,72	63,46	92,30	103,84	58,17	84,61	95,18	53,—	77,09	86,72
	V	2 604,16	143,22	208,33	234,37	IV	2 189,58	117,05	170,26	191,54	113,68	165,36	186,03	110,31	160,45	180,50	106,93	155,54	174,98	103,56	150,64	169,47	100,19	145,73	163,94
	VI	2 637,66	145,07	211,01	237,38																				
7 484,99 Ost	I,IV	2 202,50	121,13	176,20	198,22	I	2 202,50	114,39	166,38	187,18	107,64	156,58	176,15	100,90	146,76	165,11	94,15	136,95	154,07	87,41	127,14	143,03	80,66	117,33	131,99
	II	2 156,75	118,62	172,54	194,10	II	2 156,75	111,87	162,72	183,06	105,12	152,91	172,02	98,38	143,10	160,99	91,63	133,29	149,95	84,89	123,48	138,91	78,15	113,67	127,88
	III	1 573,50	86,54	125,88	141,61	III	1 573,50	80,72	117,41	132,08	75,02	109,13	122,77	69,46	101,04	113,67	64,02	93,13	104,77	58,72	85,41	96,08	53,54	77,88	87,61
	V	2 617,08	143,93	209,36	235,53	IV	2 202,50	117,76	171,29	192,70	114,39	166,38	187,18	111,02	161,48	181,67	107,64	156,58	176,15	104,27	151,67	170,63	100,90	146,76	165,11
	VI	2 650,50	145,77	212,04	238,54																				
7 487,99 West	I,IV	2 190,91	120,50	175,27	197,18	I	2 190,91	113,75	165,46	186,14	107,—	155,64	175,10	100,26	145,84	164,07	93,51	136,02	153,02	86,77	126,21	141,98	80,02	116,40	130,95
	II	2 145,08	117,97	171,60	193,05	II	2 145,08	111,23	161,80	182,02	104,49	151,98	170,98	97,74	142,17	159,94	91,—	132,36	148,91	84,25	122,55	137,87	77,50	112,74	126,83
	III	1 563,33	85,98	125,06	140,69	III	1 563,33	80,17	116,61	131,18	74,49	108,36	121,90	68,94	100,28	112,81	63,51	92,38	103,93	58,22	84,69	95,27	53,05	77,17	86,81
	V	2 605,41	143,29	208,43	234,48	IV	2 190,91	117,12	170,36	191,66	113,75	165,46	186,14	110,38	160,55	180,62	107,—	155,64	175,10	103,63	150,74	169,58	100,26	145,84	164,07
	VI	2 638,91	145,14	211,11	237,50																				
7 487,99 Ost	I,IV	2 203,75	121,20	176,30	198,33	I	2 203,75	114,45	166,48	187,29	107,71	156,68	176,26	100,97	146,86	165,22	94,22	137,05	154,18	87,48	127,24	143,15	80,73	117,43	132,11
	II	2 158,—	118,69	172,64	194,22	II	2 158,—	111,94	162,82	183,17	105,19	153,01	172,13	98,45	143,20	161,10	91,70	133,39	150,06	84,96	123,58	139,02	78,21	113,77	127,99
	III	1 574,66	86,60	125,97	141,71	III	1 574,66	80,77	117,49	132,17	75,08	109,21	122,86	69,52	101,12	113,76	64,08	93,21	104,86	58,77	85,49	96,17	53,59	77,96	87,70
	V	2 618,33	144,—	209,46	235,64	IV	2 203,75	117,83	171,39	192,81	114,45	166,48	187,29	111,09	161,58	181,78	107,71	156,68	176,26	104,34	151,77	170,74	100,97	146,86	165,22
	VI	2 651,75	145,84	212,14	238,65																				

*** Die ausgewiesenen Tabellenwerte sind amtlich. Siehe Erläuterungen auf der Umschlaginnenseite (U2).**

MONAT 7 488,–*

Lohn/Gehalt bis €*	Steuerklasse	LSt	SolZ	8%	9%	Steuerklasse	LSt	0,5 SolZ	0,5 8%	0,5 9%	1 SolZ	1 8%	1 9%	1,5 SolZ	1,5 8%	1,5 9%	2 SolZ	2 8%	2 9%	2,5 SolZ	2,5 8%	2,5 9%	3 SolZ	3 8%	3 9%
		I – VI	ohne Kinderfreibeträge				**I, II, III, IV** mit Zahl der Kinderfreibeträge . . .																		
7 490,99 West	I,IV	2 192,16	120,56	175,37	197,29	I	2 192,16	113,82	165,56	186,25	107,07	155,74	175,21	100,33	145,94	164,18	93,58	136,12	153,14	86,84	126,31	142,10	80,09	116,50	131,06
	II	2 146,33	118,04	171,70	193,16	II	2 146,33	111,30	161,90	182,13	104,55	152,08	171,09	97,81	142,27	160,05	91,07	132,46	149,02	84,32	122,65	137,98	77,57	112,84	126,94
	III	1 564,50	86,04	125,16	140,80	III	1 564,50	80,23	116,70	131,29	74,55	108,44	121,99	68,99	100,36	112,90	63,57	92,46	104,02	58,28	84,77	95,36	53,11	77,25	86,90
	V	2 606,75	143,37	208,54	234,60	IV	2 192,16	117,19	170,46	191,77	113,82	165,56	186,25	110,44	160,65	180,73	107,07	155,74	175,21	103,70	150,84	169,70	100,33	145,94	164,18
	VI	2 640,16	145,20	211,21	237,61																				
7 490,99 Ost	I,IV	2 205,—	121,27	176,40	198,45	I	2 205,—	114,53	166,59	187,41	107,78	156,78	176,37	101,03	146,96	165,33	94,29	137,16	154,30	87,55	127,34	143,26	80,80	117,53	132,22
	II	2 159,25	118,75	172,74	194,33	II	2 159,25	112,01	162,92	183,29	105,27	153,12	172,26	98,52	143,30	161,21	91,77	133,49	150,17	85,03	123,68	139,14	78,28	113,87	128,10
	III	1 575,66	86,66	126,05	141,80	III	1 575,66	80,84	117,58	132,28	75,13	109,29	122,95	69,57	101,20	113,85	64,13	93,29	104,95	58,83	85,57	96,26	53,64	78,02	87,77
	V	2 619,58	144,07	209,56	235,76	IV	2 205,—	117,90	171,49	192,92	114,53	166,59	187,41	111,15	161,68	181,89	107,78	156,78	176,37	104,41	151,87	170,85	101,03	146,96	165,33
	VI	2 653,08	145,91	212,24	238,77																				
7 493,99 West	I,IV	2 193,41	120,63	175,47	197,40	I	2 193,41	113,89	165,66	186,36	107,14	155,84	175,32	100,40	146,04	164,29	93,65	136,22	153,25	86,90	126,41	142,21	80,16	116,60	131,18
	II	2 147,58	118,11	171,80	193,28	II	2 147,58	111,37	162,—	182,25	104,62	152,18	171,20	97,88	142,37	160,16	91,13	132,56	149,13	84,39	122,75	138,09	77,64	112,94	127,05
	III	1 565,50	86,10	125,24	140,89	III	1 565,50	80,29	116,78	131,38	74,60	108,52	122,08	69,05	100,44	112,99	63,62	92,54	104,11	58,32	84,84	95,44	53,16	77,33	86,99
	V	2 608,—	143,44	208,64	234,72	IV	2 193,41	117,26	170,56	191,88	113,89	165,66	186,36	110,51	160,75	180,84	107,14	155,84	175,32	103,77	150,94	169,81	100,40	146,04	164,29
	VI	2 641,41	145,27	211,31	237,72																				
7 493,99 Ost	I,IV	2 206,25	121,34	176,50	198,56	I	2 206,25	114,60	166,69	187,52	107,85	156,88	176,49	101,10	147,06	165,44	94,36	137,26	154,41	87,61	127,44	143,37	80,87	117,63	132,33
	II	2 160,50	118,82	172,84	194,44	II	2 160,50	112,08	163,02	183,40	105,33	153,22	172,37	98,59	143,40	161,33	91,84	133,59	150,29	85,10	123,78	139,25	78,35	113,97	128,21
	III	1 576,83	86,72	126,14	141,91	III	1 576,83	80,89	117,66	132,37	75,20	109,38	123,05	69,63	101,28	113,94	64,19	93,37	105,04	58,87	85,64	96,34	53,69	78,10	87,86
	V	2 620,83	144,14	209,66	235,87	IV	2 206,25	117,97	171,60	193,05	114,60	166,69	187,52	111,22	161,78	182,—	107,85	156,88	176,49	104,48	151,97	170,96	101,10	147,06	165,44
	VI	2 654,33	145,98	212,34	238,88																				
7 496,99 West	I,IV	2 194,66	120,70	175,57	197,51	I	2 194,66	113,96	165,76	186,48	107,21	155,95	175,44	100,47	146,14	164,40	93,72	136,32	153,36	86,98	126,52	142,33	80,23	116,70	131,29
	II	2 148,91	118,19	171,91	193,40	II	2 148,91	111,44	162,10	182,36	104,69	152,28	171,32	97,95	142,48	160,29	91,20	132,66	149,24	84,46	122,85	138,20	77,71	113,04	127,17
	III	1 566,66	86,16	125,33	140,99	III	1 566,66	80,35	116,88	131,49	74,67	108,61	122,18	69,10	100,52	113,08	63,68	92,62	104,20	58,38	84,92	95,53	53,21	77,40	87,07
	V	2 609,25	143,50	208,74	234,83	IV	2 194,66	117,33	170,66	191,99	113,96	165,76	186,48	110,58	160,85	180,95	107,21	155,95	175,44	103,84	151,04	169,92	100,47	146,14	164,40
	VI	2 642,66	145,34	211,41	237,83																				
7 496,99 Ost	I,IV	2 207,58	121,41	176,60	198,68	I	2 207,58	114,67	166,79	187,64	107,92	156,98	176,60	101,17	147,16	165,56	94,43	137,36	154,53	87,68	127,54	143,48	80,94	117,73	132,44
	II	2 161,75	118,89	172,94	194,55	II	2 161,75	112,14	163,12	183,51	105,40	153,32	172,48	98,66	143,50	161,44	91,91	133,69	150,40	85,17	123,88	139,37	78,42	114,07	128,33
	III	1 577,83	86,78	126,22	142,—	III	1 577,83	80,96	117,76	132,48	75,25	109,46	123,14	69,68	101,36	114,03	64,24	93,45	105,13	58,93	85,72	96,43	53,75	78,18	87,95
	V	2 622,08	144,21	209,76	235,98	IV	2 207,58	118,04	171,70	193,16	114,67	166,79	187,64	111,29	161,88	182,12	107,92	156,98	176,60	104,55	152,07	171,08	101,17	147,16	165,56
	VI	2 655,58	146,05	212,44	239,—																				
7 499,99 West	I,IV	2 195,91	120,77	175,67	197,63	I	2 195,91	114,02	165,86	186,59	107,28	156,05	175,55	100,54	146,24	164,52	93,79	136,42	153,47	87,05	126,62	142,44	80,30	116,80	131,40
	II	2 150,16	118,25	172,01	193,51	II	2 150,16	111,51	162,20	182,47	104,76	152,38	171,43	98,02	142,58	160,40	91,27	132,76	149,36	84,53	122,95	138,32	77,78	113,14	127,28
	III	1 567,83	86,23	125,42	141,10	III	1 567,83	80,41	116,96	131,58	74,72	108,69	122,27	69,17	100,61	113,18	63,73	92,70	104,29	58,43	85,—	95,62	53,26	77,48	87,16
	V	2 610,50	143,57	208,84	234,94	IV	2 195,91	117,40	170,76	192,11	114,02	165,86	186,59	110,66	160,96	181,08	107,28	156,05	175,55	103,91	151,14	170,03	100,54	146,24	164,52
	VI	2 643,91	145,41	211,51	237,95																				
7 499,99 Ost	I,IV	2 208,83	121,48	176,70	198,79	I	2 208,83	114,73	166,89	187,75	107,99	157,08	176,71	101,25	147,27	165,68	94,50	137,46	154,64	87,75	127,64	143,60	81,01	117,84	132,57
	II	2 163,—	118,96	173,04	194,67	II	2 163,—	112,22	163,23	183,63	105,47	153,42	172,59	98,72	143,60	161,55	91,98	133,80	150,52	85,24	123,98	139,48	78,49	114,17	128,44
	III	1 579,—	86,84	126,32	142,11	III	1 579,—	81,01	117,84	132,57	75,31	109,54	123,23	69,74	101,45	114,13	64,30	93,53	105,22	58,98	85,80	96,52	53,80	78,26	88,04
	V	2 623,33	144,28	209,86	236,09	IV	2 208,83	118,11	171,80	193,27	114,73	166,89	187,75	111,36	161,98	182,23	107,99	157,08	176,71	104,61	152,17	171,19	101,25	147,27	165,68
	VI	2 656,83	146,12	212,54	239,11																				
7 502,99 West	I,IV	2 197,16	120,84	175,77	197,74	I	2 197,16	114,10	165,96	186,71	107,35	156,15	175,67	100,60	146,34	164,63	93,86	136,52	153,59	87,12	126,72	142,56	80,37	116,90	131,51
	II	2 151,41	118,32	172,11	193,62	II	2 151,41	111,58	162,30	182,58	104,83	152,48	171,54	98,09	142,68	160,51	91,34	132,86	149,47	84,59	123,05	138,43	77,85	113,24	127,40
	III	1 568,83	86,28	125,50	141,19	III	1 568,83	80,47	117,05	131,68	74,78	108,77	122,36	69,22	100,69	113,27	63,79	92,78	104,38	58,49	85,08	95,71	53,32	77,56	87,25
	V	2 611,75	143,64	208,94	235,05	IV	2 197,16	117,47	170,86	192,22	114,10	165,96	186,71	110,72	161,06	181,19	107,35	156,15	175,67	103,98	151,24	170,15	100,60	146,34	164,63
	VI	2 645,25	145,48	211,62	238,07																				
7 502,99 Ost	I,IV	2 210,08	121,55	176,80	198,90	I	2 210,08	114,80	166,99	187,86	108,06	157,18	176,82	101,31	147,37	165,79	94,57	137,56	154,75	87,82	127,74	143,71	81,08	117,94	132,68
	II	2 164,25	119,03	173,14	194,78	II	2 164,25	112,29	163,33	183,74	105,54	153,52	172,71	98,79	143,70	161,66	92,05	133,90	150,63	85,30	124,08	139,59	78,56	114,27	128,55
	III	1 580,16	86,90	126,41	142,21	III	1 580,16	81,07	117,93	132,67	75,37	109,64	123,34	69,80	101,53	114,22	64,35	93,61	105,31	59,04	85,88	96,61	53,85	78,33	88,12
	V	2 624,66	144,35	209,97	236,21	IV	2 210,08	118,18	171,90	193,38	114,80	166,99	187,86	111,43	162,08	182,34	108,06	157,18	176,82	104,69	152,28	171,31	101,31	147,37	165,79
	VI	2 658,08	146,19	212,64	239,22																				
7 505,99 West	I,IV	2 198,41	120,91	175,87	197,85	I	2 198,41	114,17	166,06	186,82	107,42	156,25	175,78	100,67	146,44	164,74	93,93	136,63	153,71	87,18	126,82	142,67	80,44	117,—	131,63
	II	2 152,66	118,39	172,21	193,73	II	2 152,66	111,65	162,40	182,70	104,90	152,59	171,66	98,16	142,78	160,62	91,41	132,96	149,58	84,67	123,16	138,55	77,92	113,34	127,51
	III	1 570,—	86,35	125,60	141,30	III	1 570,—	80,52	117,13	131,77	74,84	108,86	122,47	69,28	100,77	113,36	63,84	92,86	104,47	58,54	85,16	95,80	53,36	77,62	87,32
	V	2 613,—	143,71	209,04	235,17	IV	2 198,41	117,53	170,96	192,33	114,17	166,06	186,82	110,79	161,16	181,30	107,42	156,25	175,78	104,05	151,34	170,26	100,67	146,44	164,74
	VI	2 646,50	145,55	211,72	238,18																				
7 505,99 Ost	I,IV	2 211,33	121,62	176,90	199,01	I	2 211,33	114,87	167,09	187,97	108,13	157,28	176,94	101,38	147,47	165,90	94,64	137,66	154,86	87,89	127,84	143,82	81,15	118,04	132,79
	II	2 165,58	119,10	173,24	194,90	II	2 165,58	112,36	163,43	183,86	105,61	153,62	172,82	98,86	143,80	161,78	92,12	134,—	150,75	85,37	124,18	139,70	78,63	114,37	128,66
	III	1 581,16	86,96	126,49	142,30	III	1 581,16	81,13	118,01	132,76	75,43	109,72	123,43	69,85	101,61	114,31	64,41	93,69	105,40	59,09	85,96	96,70	53,90	78,41	88,21
	V	2 625,91	144,42	210,07	236,33	IV	2 211,33	118,25	172,—	193,50	114,87	167,09	187,97	111,50	162,18	182,45	108,13	157,28	176,94	104,76	152,38	171,42	101,38	147,47	165,90
	VI	2 659,33	146,26	212,74	239,33																				
7 508,99 West	I,IV	2 199,66	120,98	175,97	197,96	I	2 199,66	114,23	166,16	186,93	107,49	156,35	175,89	100,74	146,54	164,85	94,—	136,73	153,82	87,25	126,92	142,78	80,51	117,10	131,74
	II	2 153,91	118,46	172,31	193,85	II	2 153,91	111,71	162,50	182,81	104,97	152,69	171,77	98,23	142,88	160,74	91,48	133,06	149,69	84,74	123,26	138,66	77,99	113,44	127,62
	III	1 571,—	86,40	125,68	141,39	III	1 571,—	80,59	117,22	131,87	74,90	108,94	122,56	69,33	100,85	113,45	63,90	92,94	104,56	58,60	85,24	95,89	53,42	77,70	87,41
	V	2 614,25	143,78	209,14	235,28	IV	2 199,66	117,61	171,07	192,45	114,23	166,16	186,93	110,86	161,26	181,41	107,49	156,35	175,89	104,11	151,44	170,37	100,74	146,54	164,85
	VI	2 647,75	145,62	211,82	238,29																				
7 508,99 Ost	I,IV	2 212,58	121,69	177,—	199,13	I	2 212,58	114,94	167,19	188,09	108,20	157,38	177,05	101,45	147,57	166,01	94,71	137,76	154,98	87,96	127,95	143,94	81,22	118,14	132,90
	II	2 166,83	119,17	173,34	195,01	II	2 166,83	112,42	163,53	183,97	105,68	153,72	172,93	98,94	143,91	161,90	92,19	134,10	150,86	85,44	124,28	139,82	78,70	114,48	128,79
	III	1 582,33	87,02	126,58	142,40	III	1 582,33	81,19	118,10	132,86	75,48	109,80	123,52	69,91	101,69	114,40	64,46	93,77	105,49	59,15	86,04	96,79	53,96	78,49	88,30
	V	2 627,16	144,49	210,17	236,44	IV	2 212,58	118,31	172,10	193,61	114,94	167,19	188,09	111,57	162,28	182,57	108,20	157,38	177,05	104,83	152,48	171,54	101,45	147,57	166,01
	VI	2 660,58	146,33	212,84	239,45																				
7 511,99 West	I,IV	2 201,—	121,05	176,08	198,09	I	2 201,—	114,30	166,26	187,04	107,56	156,45	176,—	100,81	146,64	164,97	94,07	136,83	153,93	87,32	127,02	142,89	80,57	117,20	131,85
	II	2 155,16	118,53	172,41	193,96	II	2 155,16	111,79	162,60	182,93	105,04	152,79	171,89	98,29	142,98	160,85	91,55	133,16	149,81	84,81	123,36	138,78	78,06	113,54	127,73
	III	1 572,16	86,46	125,77	141,49	III	1 572,16	80,64	117,30	131,96	74,95	109,02	122,65	69,39	100,93	113,54	63,95	93,02	104,65	58,65	85,32	95,98	53,47	77,78	87,50
	V	2 615,50	143,85	209,24	235,39	IV	2 201,—	117,68	171,17	192,56	114,30	166,26	187,04	110,93	161,36	181,53	107,56	156,45	176,—	104,18	151,54	170,48	100,81	146,64	164,97
	VI	2 649,—	145,69	211,92	238,41																				
7 511,99 Ost	I,IV	2 213,83	121,76	177,10	199,24	I	2 213,83	115,01	167,29	188,20	108,27	157,48	177,17	101,52	147,67	166,13	94,77	137,86	155,09	88,03	128,05	144,05	81,29	118,24	133,02
	II	2 168,08	119,24	173,44	195,12	II	2 168,08	112,49	163,63	184,08	105,75	153,82	173,04	99,—	144,01	162,01	92,26	134,20	150,97	85,51	124,38	139,93	78,77	114,58	128,90
	III	1 583,50	87,09	126,68	142,51	III	1 583,50	81,25	118,18	132,95	75,55	109,89	123,62	69,96	101,77	114,49	64,52	93,85	105,58	59,20	86,12	96,88	54,01	78,57	88,39
	V	2 628,41	144,56	210,27	236,55	IV	2 213,83	118,38	172,20	193,72	115,01	167,29	188,20	111,64	162,39	182,69	108,27	157,48	177,17	104,89	152,58	171,65	101,52	147,67	166,13
	VI	2 661,83	146,40	212,94	239,56																				

Abzüge an Lohnsteuer, Solidaritätszuschlag (SolZ) und Kirchensteuer (8%, 9%) in den Steuerklassen

* Die ausgewiesenen Tabellenwerte sind amtlich. Siehe Erläuterungen auf der Umschlaginnenseite (U2).

Lohn/ Gehalt bis €*	Abzüge an Lohnsteuer, Solidaritätszuschlag (SolZ) und Kirchensteuer (8%, 9%) in den Steuerklassen I – VI					I, II, III, IV		mit Zahl der Kinderfreibeträge . . . 0,5			1			1,5			2			2,5			3		
		LSt	ohne Kinderfreibeträge SolZ	8%	9%		LSt	SolZ	8%	9%	SolZ	8%	9%	SolZ	8%	9%	SolZ	8%	9%	SolZ	8%	9%	SolZ	8%	9%
7 514,99 West	I,IV	2 202,25	121,12	176,18	198,20	I	2 202,25	114,37	166,36	187,16	107,63	156,55	176,12	100,88	146,74	165,08	94,14	136,93	154,04	87,39	127,12	143,01	80,65	117,31	131,97
	II	2 156,41	118,60	172,51	194,07	II	2 156,41	111,86	162,70	183,04	105,11	152,89	172,—	98,36	143,08	160,96	91,62	133,27	149,93	84,87	123,46	138,89	78,13	113,64	127,85
	III	1 573,33	86,53	125,86	141,59	III	1 573,33	80,71	117,40	132,07	75,01	109,10	122,74	69,44	101,01	113,63	64,01	93,10	104,74	58,70	85,38	96,05	53,53	77,86	87,59
	V	2 616,75	143,92	209,34	235,50	IV	2 202,25	117,75	171,27	192,68	114,37	166,36	187,16	111,—	161,46	181,64	107,63	156,55	176,12	104,25	151,64	170,60	100,88	146,74	165,08
	VI	2 650,25	145,76	212,02	238,52																				
7 514,99 Ost	I,IV	2 215,08	121,82	177,20	199,35	I	2 215,08	115,08	167,40	188,32	108,34	157,58	177,28	101,59	147,77	166,24	94,85	137,96	155,21	88,10	128,15	144,17	81,35	118,34	133,13
	II	2 169,33	119,31	173,54	195,23	II	2 169,33	112,56	163,73	184,19	105,82	153,92	173,16	99,07	144,11	162,12	92,33	134,30	151,08	85,58	124,48	140,04	78,84	114,68	129,01
	III	1 584,50	87,14	126,76	142,60	III	1 584,50	81,31	118,28	133,06	75,60	109,97	123,71	70,03	101,86	114,59	64,57	93,93	105,67	59,26	86,20	96,97	54,06	78,64	88,47
	V	2 629,66	144,63	210,37	236,66	IV	2 215,08	118,45	172,30	193,83	115,08	167,40	188,32	111,71	162,49	182,80	108,34	157,58	177,28	104,96	152,68	171,76	101,59	147,77	166,24
	VI	2 663,16	146,47	213,05	239,68																				
7 517,99 West	I,IV	2 203,50	121,19	176,28	198,31	I	2 203,50	114,44	166,46	187,27	107,69	156,65	176,23	100,95	146,84	165,20	94,21	137,03	154,16	87,46	127,22	143,12	80,72	117,41	132,08
	II	2 157,66	118,67	172,61	194,18	II	2 157,66	111,92	162,80	183,15	105,18	152,99	172,11	98,43	143,18	161,07	91,69	133,37	150,04	84,94	123,56	139,—	78,20	113,74	127,96
	III	1 574,33	86,58	125,94	141,68	III	1 574,33	80,76	117,48	132,16	75,07	109,20	122,85	69,51	101,10	113,74	64,06	93,18	104,83	58,75	85,46	96,14	53,57	77,93	87,67
	V	2 618,08	143,99	209,44	235,62	IV	2 203,50	117,81	171,37	192,79	114,44	166,46	187,27	111,07	161,56	181,75	107,69	156,65	176,23	104,33	151,75	170,72	100,95	146,84	165,20
	VI	2 651,50	145,83	212,12	238,63																				
7 517,99 Ost	I,IV	2 216,33	121,89	177,30	199,46	I	2 216,33	115,15	167,50	188,43	108,40	157,68	177,39	101,66	147,87	166,35	94,92	138,06	155,32	88,17	128,25	144,28	81,42	118,44	133,24
	II	2 170,58	119,38	173,64	195,35	II	2 170,58	112,63	163,83	184,31	105,89	154,02	173,27	99,14	144,21	162,23	92,40	134,40	151,20	85,65	124,59	140,16	78,91	114,78	129,12
	III	1 585,66	87,21	126,85	142,70	III	1 585,66	81,37	118,36	133,15	75,66	110,05	123,80	70,08	101,94	114,68	64,63	94,01	105,76	59,31	86,28	97,06	54,12	78,72	88,56
	V	2 630,91	144,70	210,47	236,78	IV	2 216,33	118,52	172,40	193,95	115,15	167,50	188,43	111,78	162,59	182,91	108,40	157,68	177,39	105,03	152,78	171,87	101,66	147,87	166,35
	VI	2 664,41	146,54	213,15	239,79																				
7 520,99 West	I,IV	2 204,75	121,26	176,38	198,42	I	2 204,75	114,51	166,56	187,38	107,77	156,76	176,35	101,02	146,94	165,31	94,27	137,13	154,27	87,53	127,32	143,24	80,79	117,51	132,20
	II	2 159,—	118,74	172,72	194,31	II	2 159,—	111,99	162,90	183,26	105,25	153,09	172,22	98,50	143,28	161,19	91,76	133,47	150,15	85,01	123,66	139,11	78,26	113,84	128,07
	III	1 575,50	86,65	126,04	141,79	III	1 575,50	80,82	117,56	132,25	75,13	109,28	122,94	69,56	101,18	113,83	64,12	93,26	104,92	58,81	85,54	96,23	53,63	78,01	87,76
	V	2 619,33	144,06	209,54	235,73	IV	2 204,75	117,88	171,47	192,90	114,51	166,56	187,38	111,14	161,66	181,86	107,77	156,76	176,35	104,39	151,85	170,83	101,02	146,94	165,31
	VI	2 652,75	145,90	212,22	238,74																				
7 520,99 Ost	I,IV	2 217,58	121,96	177,40	199,58	I	2 217,58	115,22	167,60	188,55	108,47	157,78	177,50	101,73	147,97	166,46	94,98	138,16	155,43	88,24	128,35	144,39	81,49	118,54	133,35
	II	2 171,83	119,45	173,74	195,46	II	2 171,83	112,70	163,93	184,42	105,96	154,12	173,39	99,21	144,31	162,35	92,46	134,50	151,31	85,72	124,69	140,27	78,98	114,88	129,24
	III	1 586,66	87,26	126,93	142,79	III	1 586,66	81,42	118,44	133,24	75,72	110,14	123,91	70,14	102,02	114,77	64,68	94,09	105,85	59,36	86,34	97,13	54,17	78,80	88,65
	V	2 632,16	144,76	210,57	236,89	IV	2 217,58	118,59	172,50	194,06	115,22	167,60	188,55	111,85	162,69	183,02	108,47	157,78	177,50	105,10	152,88	171,99	101,73	147,97	166,46
	VI	2 665,66	146,61	213,25	239,90																				
7 523,99 West	I,IV	2 206,—	121,33	176,48	198,54	I	2 206,—	114,58	166,66	187,49	107,84	156,86	176,46	101,09	147,04	165,42	94,34	137,23	154,38	87,60	127,42	143,35	80,85	117,61	132,31
	II	2 160,25	118,81	172,82	194,42	II	2 160,25	112,06	163,—	183,38	105,32	153,19	172,34	98,57	143,38	161,30	91,83	133,57	150,26	85,08	123,76	139,23	78,34	113,95	128,19
	III	1 576,50	86,70	126,12	141,88	III	1 576,50	80,88	117,65	132,35	75,18	109,36	123,03	69,62	101,26	113,92	64,17	93,34	105,01	58,86	85,62	96,32	53,68	78,09	87,85
	V	2 620,58	144,13	209,64	235,85	IV	2 206,—	117,95	171,57	193,01	114,58	166,66	187,49	111,21	161,76	181,98	107,84	156,86	176,46	104,46	151,95	170,94	101,09	147,04	165,42
	VI	2 654,—	145,97	212,32	238,86																				
7 523,99 Ost	I,IV	2 218,91	122,04	177,51	199,70	I	2 218,91	115,29	167,70	188,66	108,54	157,88	177,62	101,80	148,08	166,59	95,05	138,26	155,54	88,31	128,45	144,50	81,56	118,64	133,47
	II	2 173,08	119,51	173,84	195,57	II	2 173,08	112,77	164,04	184,54	106,03	154,22	173,50	99,28	144,41	162,46	92,54	134,60	151,43	85,79	124,79	140,39	79,04	114,98	129,35
	III	1 587,83	87,33	127,02	142,90	III	1 587,83	81,49	118,53	133,34	75,78	110,22	124,—	70,19	102,10	114,86	64,74	94,17	105,94	59,41	86,42	97,22	54,23	78,88	88,74
	V	2 633,41	144,83	210,67	237,—	IV	2 218,91	118,66	172,60	194,18	115,29	167,70	188,66	111,92	162,79	183,14	108,54	157,88	177,62	105,17	152,98	172,10	101,80	148,08	166,59
	VI	2 666,91	146,68	213,35	240,02																				
7 526,99 West	I,IV	2 207,25	121,39	176,58	198,65	I	2 207,25	114,65	166,76	187,61	107,91	156,96	176,58	101,16	147,14	165,53	94,41	137,33	154,49	87,67	127,52	143,46	80,92	117,71	132,42
	II	2 161,50	118,88	172,92	194,53	II	2 161,50	112,13	163,10	183,49	105,38	153,29	172,45	98,64	143,48	161,42	91,90	133,67	150,38	85,15	123,86	139,34	78,41	114,05	128,30
	III	1 577,66	86,77	126,21	141,98	III	1 577,66	80,94	117,73	132,44	75,24	109,45	123,13	69,67	101,34	114,01	64,24	93,44	105,12	58,92	85,70	96,41	53,74	78,17	87,94
	V	2 621,83	144,20	209,74	235,96	IV	2 207,25	118,02	171,67	193,13	114,65	166,76	187,61	111,28	161,86	182,09	107,91	156,96	176,58	104,53	152,05	171,05	101,16	147,14	165,53
	VI	2 655,25	146,03	212,42	238,97																				
7 526,99 Ost	I,IV	2 220,16	122,10	177,61	199,81	I	2 220,16	115,36	167,80	188,77	108,61	157,98	177,73	101,87	148,18	166,70	95,12	138,36	155,66	88,38	128,55	144,62	81,63	118,74	133,58
	II	2 174,33	119,58	173,94	195,68	II	2 174,33	112,84	164,14	184,65	106,09	154,32	173,61	99,35	144,51	162,57	92,61	134,70	151,54	85,86	124,89	140,50	79,11	115,08	129,46
	III	1 589,—	87,39	127,12	143,01	III	1 589,—	81,54	118,61	133,43	75,83	110,30	124,09	70,25	102,18	114,95	64,79	94,25	106,03	59,47	86,50	97,31	54,27	78,94	88,81
	V	2 634,75	144,91	210,78	237,12	IV	2 220,16	118,73	172,70	194,29	115,36	167,80	188,77	111,98	162,89	183,25	108,61	157,98	177,73	105,24	153,08	172,22	101,87	148,18	166,70
	VI	2 668,16	146,74	213,45	240,13																				
7 529,99 West	I,IV	2 208,50	121,46	176,68	198,76	I	2 208,50	114,72	166,87	187,73	107,97	157,06	176,69	101,23	147,24	165,65	94,49	137,44	154,62	87,74	127,62	143,57	80,99	117,81	132,53
	II	2 162,75	118,95	173,02	194,64	II	2 162,75	112,20	163,20	183,60	105,46	153,40	172,57	98,71	143,58	161,53	91,96	133,77	150,49	85,22	123,96	139,46	78,48	114,15	128,42
	III	1 578,83	86,83	126,30	142,09	III	1 578,83	81,—	117,82	132,55	75,30	109,53	123,22	69,73	101,42	114,10	64,29	93,52	105,21	58,97	85,78	96,50	53,79	78,24	88,02
	V	2 623,08	144,26	209,84	236,07	IV	2 208,50	118,09	171,77	193,24	114,72	166,87	187,73	111,35	161,96	182,21	107,97	157,06	176,69	104,60	152,15	171,17	101,23	147,24	165,65
	VI	2 656,58	146,11	212,52	239,09																				
7 529,99 Ost	I,IV	2 221,41	122,17	177,71	199,92	I	2 221,41	115,43	167,90	188,88	108,68	158,08	177,84	101,94	148,28	166,81	95,19	138,46	155,77	88,44	128,65	144,73	81,70	118,84	133,70
	II	2 175,58	119,65	174,04	195,80	II	2 175,58	112,91	164,24	184,77	106,16	154,42	173,72	99,42	144,61	162,68	92,67	134,80	151,65	85,93	124,99	140,61	79,18	115,18	129,57
	III	1 590,—	87,45	127,20	143,10	III	1 590,—	81,61	118,70	133,54	75,90	110,40	124,20	70,30	102,26	115,04	64,85	94,33	106,12	59,52	86,58	97,40	54,33	79,02	88,90
	V	2 636,—	144,98	210,88	237,24	IV	2 221,41	118,80	172,80	194,40	115,43	167,90	188,88	112,05	162,99	183,36	108,68	158,08	177,84	105,31	153,18	172,33	101,94	148,28	166,81
	VI	2 669,41	146,81	213,55	240,24																				
7 532,99 West	I,IV	2 209,75	121,53	176,78	198,87	I	2 209,75	114,79	166,97	187,84	108,04	157,16	176,80	101,30	147,34	165,76	94,55	137,54	154,73	87,81	127,72	143,69	81,06	117,91	132,65
	II	2 164,—	119,02	173,12	194,76	II	2 164,—	112,27	163,30	183,71	105,53	153,50	172,68	98,78	143,68	161,64	92,03	133,87	150,60	85,29	124,06	139,57	78,54	114,25	128,53
	III	1 579,83	86,89	126,38	142,18	III	1 579,83	81,06	117,90	132,64	75,35	109,61	123,31	69,78	101,50	114,19	64,35	93,60	105,30	59,03	85,86	96,59	53,84	78,32	88,11
	V	2 624,33	144,33	209,94	236,18	IV	2 209,75	118,16	171,88	193,36	114,79	166,97	187,84	111,42	162,06	182,32	108,04	157,16	176,80	104,67	152,25	171,28	101,30	147,34	165,76
	VI	2 657,83	146,18	212,62	239,20																				
7 532,99 Ost	I,IV	2 222,66	122,24	177,81	200,03	I	2 222,66	115,50	168,—	189,—	108,75	158,19	177,96	102,01	148,38	166,92	95,26	138,56	155,88	88,52	128,76	144,85	81,77	118,94	133,81
	II	2 176,91	119,73	174,15	195,92	II	2 176,91	112,98	164,34	184,88	106,23	154,52	173,84	99,49	144,72	162,81	92,74	134,90	151,76	86,—	125,09	140,72	79,25	115,28	129,69
	III	1 591,16	87,51	127,29	143,20	III	1 591,16	81,66	118,78	133,63	75,95	110,48	124,29	70,37	102,36	115,15	64,90	94,41	106,21	59,58	86,66	97,49	54,38	79,10	88,99
	V	2 637,25	145,04	210,98	237,35	IV	2 222,66	118,87	172,90	194,51	115,50	168,—	189,—	112,12	163,09	183,47	108,75	158,19	177,96	105,38	153,28	172,44	102,01	148,38	166,92
	VI	2 670,66	146,88	213,65	240,35																				
7 535,99 West	I,IV	2 211,08	121,60	176,88	198,99	I	2 211,08	114,86	167,07	187,95	108,11	157,26	176,91	101,36	147,44	165,87	94,62	137,64	154,84	87,88	127,82	143,80	81,13	118,01	132,76
	II	2 165,25	119,08	173,22	194,87	II	2 165,25	112,34	163,40	183,83	105,60	153,60	172,80	98,85	143,78	161,75	92,10	133,97	150,71	85,36	124,16	139,68	78,61	114,35	128,64
	III	1 581,—	86,95	126,48	142,29	III	1 581,—	81,12	118,—	132,75	75,42	109,70	123,41	69,85	101,60	114,30	64,40	93,68	105,39	59,08	85,94	96,68	53,90	78,40	88,20
	V	2 625,58	144,40	210,04	236,30	IV	2 211,08	118,23	171,98	193,47	114,86	167,07	187,95	111,48	162,16	182,43	108,11	157,26	176,91	104,74	152,35	171,39	101,36	147,44	165,87
	VI	2 659,08	146,24	212,72	239,31																				
7 535,99 Ost	I,IV	2 223,91	122,31	177,91	200,15	I	2 223,91	115,56	168,10	189,11	108,82	158,29	178,07	102,08	148,48	167,04	95,33	138,66	155,99	88,59	128,86	144,96	81,84	119,04	133,92
	II	2 178,16	119,79	174,25	196,03	II	2 178,16	113,05	164,44	184,99	106,30	154,62	173,95	99,56	144,82	162,92	92,81	135,—	151,88	86,07	125,19	140,84	79,32	115,38	129,80
	III	1 592,16	87,56	127,37	143,29	III	1 592,16	81,73	118,88	133,74	76,01	110,56	124,38	70,42	102,44	115,24	64,96	94,49	106,30	59,63	86,74	97,58	54,44	79,18	89,08
	V	2 638,50	145,11	211,08	237,46	IV	2 223,91	118,94	173,—	194,63	115,56	168,10	189,11	112,20	163,20	183,60	108,82	158,29	178,07	105,45	153,38	172,55	102,08	148,48	167,04
	VI	2 671,91	146,95	213,75	240,47																				

*** Die ausgewiesenen Tabellenwerte sind amtlich. Siehe Erläuterungen auf der Umschlaginnenseite (U2).**

MONAT 7 536,–*

Lohn/ Gehalt bis €*	Abzüge an Lohnsteuer, Solidaritätszuschlag (SolZ) und Kirchensteuer (8%, 9%) in den Steuerklassen I – VI					I, II, III, IV																			
			ohne Kinder-freibeträge					**mit** Zahl der Kinderfreibeträge . . .																	
								0,5			1			1,5			2			2,5			3		
		LSt	SolZ	8%	9%		LSt	SolZ	8%	9%	SolZ	8%	9%	SolZ	8%	9%	SolZ	8%	9%	SolZ	8%	9%	SolZ	8%	9%
7 538,99 West	I,IV	2 212,33	121,67	176,98	199,10	I	2 212,33	114,93	167,17	188,06	108,18	157,36	177,03	101,44	147,55	165,99	94,69	137,74	154,95	87,94	127,92	143,91	81,20	118,12	132,88
	II	2 166,50	119,15	173,32	194,98	II	2 166,50	112,41	163,51	183,95	105,66	153,70	172,91	98,92	143,88	161,87	92,18	134,08	150,84	85,43	124,26	139,79	78,68	114,45	128,75
	III	1 582,—	87,01	126,56	142,38	III	1 582,—	81,18	118,08	132,84	75,47	109,78	123,50	69,90	101,68	114,39	64,46	93,76	105,48	59,14	86,02	96,77	53,94	78,46	88,27
	V	2 626,83	144,47	210,14	236,41	IV	2 212,33	118,30	172,08	193,59	114,93	167,17	188,06	111,55	162,26	182,54	108,18	157,36	177,03	104,81	152,45	171,50	101,44	147,55	165,99
	VI	2 660,33	146,31	212,82	239,42																				
7 538,99 Ost	I,IV	2 225,16	122,38	178,01	200,26	I	2 225,16	115,64	168,20	189,23	108,89	158,39	178,19	102,14	148,58	167,15	95,40	138,76	156,11	88,66	128,96	145,08	81,91	119,14	134,03
	II	2 179,41	119,86	174,35	196,14	II	2 179,41	113,12	164,54	185,10	106,37	154,72	174,06	99,63	144,92	163,03	92,88	135,10	151,99	86,13	125,29	140,95	79,39	115,48	129,92
	III	1 593,33	87,63	127,46	143,39	III	1 593,33	81,78	118,96	133,83	76,07	110,65	124,48	70,48	102,52	115,33	65,01	94,57	106,39	59,69	86,82	97,67	54,48	79,25	89,15
	V	2 639,75	145,18	211,18	237,57	IV	2 225,16	119,01	173,10	194,74	115,64	168,20	189,23	112,26	163,30	183,71	108,89	158,39	178,19	105,52	153,48	172,67	102,14	148,58	167,15
	VI	2 673,25	147,02	213,86	240,59																				
7 541,99 West	I,IV	2 213,58	121,74	177,08	199,22	I	2 213,58	115,—	167,27	188,18	108,25	157,46	177,14	101,51	147,65	166,10	94,76	137,84	155,07	88,01	128,02	144,02	81,27	118,22	132,99
	II	2 167,75	119,22	173,42	195,09	II	2 167,75	112,48	163,61	184,06	105,73	153,80	173,02	98,99	143,98	161,98	92,24	134,18	150,95	85,50	124,36	139,91	78,75	114,55	128,87
	III	1 583,16	87,07	126,65	142,48	III	1 583,16	81,24	118,17	132,94	75,53	109,86	123,59	69,96	101,76	114,48	64,51	93,84	105,57	59,18	86,09	96,85	54,—	78,54	88,36
	V	2 628,16	144,54	210,25	236,53	IV	2 213,58	118,37	172,18	193,70	115,—	167,27	188,18	111,62	162,36	182,66	108,25	157,46	177,14	104,88	152,56	171,63	101,51	147,65	166,10
	VI	2 661,58	146,38	212,92	239,54																				
7 541,99 Ost	I,IV	2 226,41	122,45	178,11	200,37	I	2 226,41	115,71	168,30	189,34	108,96	158,49	178,30	102,21	148,68	167,26	95,47	138,87	156,23	88,72	129,06	145,19	81,98	119,24	134,15
	II	2 180,66	119,93	174,45	196,25	II	2 180,66	113,19	164,64	185,22	106,44	154,83	174,18	99,70	145,02	163,14	92,95	135,20	152,10	86,21	125,40	141,07	79,46	115,58	130,03
	III	1 594,50	87,69	127,56	143,50	III	1 594,50	81,84	119,05	133,93	76,12	110,73	124,57	70,53	102,60	115,42	65,07	94,65	106,48	59,74	86,90	97,76	54,54	79,33	89,24
	V	2 641,—	145,25	211,28	237,69	IV	2 226,41	119,07	173,20	194,85	115,71	168,30	189,34	112,33	163,40	183,82	108,96	158,49	178,30	105,59	153,58	172,78	102,21	148,68	167,26
	VI	2 674,50	147,09	213,96	240,70																				
7 544,99 West	I,IV	2 214,83	121,81	177,18	199,33	I	2 214,83	115,06	167,37	188,29	108,32	157,56	177,26	101,58	147,75	166,22	94,83	137,94	155,18	88,08	128,12	144,14	81,34	118,32	133,11
	II	2 169,08	119,29	173,52	195,21	II	2 169,08	112,55	163,71	184,17	105,80	153,90	173,13	99,05	144,08	162,09	92,31	134,28	151,06	85,57	124,46	140,02	78,82	114,65	128,98
	III	1 584,33	87,13	126,74	142,58	III	1 584,33	81,29	118,25	133,03	75,59	109,96	123,70	70,01	101,84	114,57	64,57	93,92	105,66	59,24	86,17	96,94	54,05	78,62	88,45
	V	2 629,41	144,61	210,35	236,64	IV	2 214,83	118,44	172,28	193,81	115,06	167,37	188,29	111,69	162,46	182,77	108,32	157,56	177,26	104,95	152,66	171,74	101,58	147,75	166,22
	VI	2 662,83	146,45	213,02	239,65																				
7 544,99 Ost	I,IV	2 227,66	122,52	178,21	200,48	I	2 227,66	115,77	168,40	189,45	109,03	158,59	178,41	102,28	148,78	167,37	95,54	138,97	156,34	88,79	129,16	145,30	82,05	119,34	134,26
	II	2 181,91	120,—	174,55	196,37	II	2 181,91	113,25	164,74	185,33	106,51	154,93	174,29	99,77	145,12	163,26	93,02	135,30	152,21	86,28	125,50	141,18	79,53	115,68	130,14
	III	1 595,50	87,75	127,64	143,59	III	1 595,50	81,90	119,13	134,02	76,18	110,81	124,66	70,59	102,68	115,51	65,12	94,73	106,57	59,80	86,98	97,85	54,59	79,41	89,33
	V	2 642,25	145,32	211,38	237,80	IV	2 227,66	119,15	173,31	194,97	115,77	168,40	189,45	112,40	163,50	183,93	109,03	158,59	178,41	105,65	153,68	172,89	102,28	148,78	167,37
	VI	2 675,75	147,16	214,06	240,81																				
7 547,99 West	I,IV	2 216,08	121,88	177,28	199,44	I	2 216,08	115,13	167,47	188,40	108,39	157,66	177,37	101,64	147,85	166,33	94,90	138,04	155,29	88,16	128,23	144,26	81,41	118,42	133,22
	II	2 170,33	119,36	173,62	195,32	II	2 170,33	112,62	163,81	184,28	105,87	154,—	173,25	99,13	144,19	162,21	92,38	134,38	151,17	85,63	124,56	140,13	78,89	114,76	129,10
	III	1 585,33	87,19	126,82	142,67	III	1 585,33	81,36	118,34	133,13	75,65	110,04	123,79	70,07	101,92	114,66	64,62	94,—	105,75	59,29	86,25	97,03	54,11	78,70	88,54
	V	2 630,66	144,68	210,45	236,75	IV	2 216,08	118,51	172,38	193,92	115,13	167,47	188,40	111,76	162,56	182,88	108,39	157,66	177,37	105,02	152,76	171,85	101,64	147,85	166,33
	VI	2 664,08	146,52	213,12	239,76																				
7 547,99 Ost	I,IV	2 229,—	122,59	178,32	200,61	I	2 229,—	115,84	168,50	189,56	109,10	158,69	178,52	102,35	148,88	167,49	95,61	139,07	156,45	88,86	129,26	145,41	82,11	119,44	134,37
	II	2 183,16	120,07	174,65	196,48	II	2 183,16	113,38	164,84	185,45	106,58	155,03	174,41	99,83	145,22	163,37	93,09	135,40	152,33	86,35	125,60	141,30	79,60	115,78	130,25
	III	1 596,66	87,81	127,73	143,69	III	1 596,66	81,96	119,22	134,12	76,24	110,90	124,76	70,65	102,77	115,61	65,19	94,82	106,67	59,85	87,06	97,94	54,65	79,49	89,42
	V	2 643,50	145,39	211,48	237,91	IV	2 229,—	119,22	173,41	195,08	115,84	168,50	189,56	112,47	163,60	184,05	109,10	158,69	178,52	105,72	153,78	173,—	102,35	148,88	167,49
	VI	2 677,—	147,23	214,16	240,93																				
7 550,99 West	I,IV	2 217,33	121,95	177,38	199,55	I	2 217,33	115,20	167,57	188,51	108,46	157,76	177,48	101,71	147,95	166,44	94,97	138,14	155,40	88,22	128,33	144,37	81,48	118,52	133,33
	II	2 171,58	119,43	173,72	195,44	II	2 171,58	112,69	163,91	184,40	105,94	154,10	173,36	99,20	144,29	162,32	92,45	134,48	151,29	85,70	124,66	140,24	78,96	114,86	129,21
	III	1 586,50	87,25	126,92	142,78	III	1 586,50	81,41	118,42	133,22	75,70	110,12	123,88	70,12	102,—	114,75	64,68	94,08	105,84	59,35	86,33	97,12	54,15	78,77	88,61
	V	2 631,91	144,75	210,55	236,87	IV	2 217,33	118,58	172,48	194,04	115,20	167,57	188,51	111,83	162,67	183,—	108,46	157,76	177,48	105,09	152,86	171,96	101,71	147,95	166,44
	VI	2 665,33	146,59	213,22	239,87																				
7 550,99 Ost	I,IV	2 230,25	122,66	178,42	200,72	I	2 230,25	115,91	168,60	189,68	109,17	158,79	178,64	102,42	148,98	167,60	95,68	139,17	156,56	88,93	129,36	145,53	82,19	119,55	134,49
	II	2 184,41	120,14	174,75	196,59	II	2 184,41	113,40	164,94	185,56	106,65	155,13	174,52	99,90	145,32	163,48	93,16	135,51	152,45	86,41	125,71	141,41	79,67	115,88	130,37
	III	1 597,83	87,88	127,82	143,80	III	1 597,83	82,02	119,30	134,21	76,30	110,98	124,85	70,71	102,85	115,70	65,24	94,90	106,76	59,90	87,13	98,02	54,69	79,56	89,50
	V	2 644,75	145,46	211,58	238,02	IV	2 230,25	119,29	173,51	195,20	115,91	168,60	189,68	112,54	163,70	184,16	109,17	158,79	178,64	105,79	153,88	173,12	102,42	148,98	167,60
	VI	2 678,25	147,30	214,26	241,04																				
7 553,99 West	I,IV	2 218,58	122,02	177,48	199,67	I	2 218,58	115,28	167,68	188,64	108,53	157,86	177,59	101,78	148,05	166,55	95,04	138,24	155,52	88,29	128,43	144,48	81,55	118,62	133,44
	II	2 172,83	119,50	173,82	195,55	II	2 172,83	112,75	164,01	184,51	106,01	154,20	173,48	99,27	144,39	162,44	92,52	134,58	151,40	85,77	124,76	140,36	79,03	114,96	129,33
	III	1 587,66	87,32	127,01	142,88	III	1 587,66	81,48	118,52	133,33	75,77	110,21	123,98	70,18	102,09	114,85	64,73	94,16	105,93	59,40	86,41	97,21	54,21	78,85	88,70
	V	2 633,16	144,82	210,65	236,98	IV	2 218,58	118,64	172,58	194,15	115,28	167,68	188,64	111,90	162,77	183,11	108,53	157,86	177,59	105,16	152,96	172,08	101,78	148,05	166,55
	VI	2 666,66	146,66	213,33	239,99																				
7 553,99 Ost	I,IV	2 231,50	122,73	178,52	200,83	I	2 231,50	115,98	168,70	189,79	109,23	158,89	178,75	102,49	149,08	167,72	95,75	139,27	156,68	89,—	129,46	145,64	82,26	119,65	134,60
	II	2 185,66	120,21	174,85	196,70	II	2 185,66	113,46	165,04	185,67	106,72	155,23	174,63	99,97	145,42	163,59	93,23	135,61	152,56	86,48	125,80	141,52	79,74	115,98	130,48
	III	1 598,83	87,93	127,90	143,89	III	1 598,83	82,08	119,40	134,32	76,35	111,06	124,94	70,76	102,93	115,79	65,30	94,98	106,85	59,95	87,21	98,11	54,75	79,64	89,59
	V	2 646,08	145,53	211,68	238,14	IV	2 231,50	119,35	173,61	195,31	115,98	168,70	189,79	112,61	163,80	184,27	109,23	158,89	178,75	105,87	153,99	173,24	102,49	149,08	167,72
	VI	2 679,50	147,37	214,36	241,15																				
7 556,99 West	I,IV	2 219,83	122,09	177,58	199,78	I	2 219,83	115,34	167,78	188,75	108,60	157,96	177,71	101,85	148,15	166,67	95,11	138,34	155,63	88,36	128,53	144,59	81,62	118,72	133,56
	II	2 174,08	119,57	173,92	195,66	II	2 174,08	112,82	164,11	184,62	106,08	154,30	173,59	99,33	144,49	162,55	92,59	134,68	151,51	85,85	124,87	140,48	79,10	115,06	129,44
	III	1 588,66	87,37	127,09	142,97	III	1 588,66	81,53	118,60	133,42	75,82	110,29	124,07	70,24	102,17	114,94	64,79	94,24	106,02	59,46	86,49	97,30	54,26	78,93	88,79
	V	2 634,41	144,89	210,75	237,09	IV	2 219,83	118,72	172,68	194,27	115,34	167,78	188,75	111,97	162,87	183,23	108,60	157,96	177,71	105,22	153,06	172,19	101,85	148,15	166,67
	VI	2 667,91	146,73	213,43	240,11																				
7 556,99 Ost	I,IV	2 232,75	122,80	178,62	200,94	I	2 232,75	116,05	168,80	189,90	109,31	159,—	178,87	102,56	149,18	167,83	95,81	139,37	156,79	89,07	129,56	145,76	82,33	119,75	134,72
	II	2 187,—	120,28	174,96	196,83	II	2 187,—	113,53	165,14	185,78	106,79	155,33	174,74	100,04	145,52	163,71	93,30	135,71	152,67	86,55	125,90	141,63	79,80	116,08	130,59
	III	1 600,—	88,—	128,—	144,—	III	1 600,—	82,14	119,48	134,41	76,42	111,16	125,05	70,82	103,01	115,88	65,35	95,06	106,94	60,01	87,29	98,20	54,80	79,72	89,68
	V	2 647,33	145,60	211,78	238,25	IV	2 232,75	119,42	173,71	195,42	116,05	168,80	189,90	112,68	163,90	184,38	109,31	159,—	178,87	105,93	154,09	173,35	102,56	149,18	167,83
	VI	2 680,75	147,44	214,46	241,26																				
7 559,99 West	I,IV	2 221,08	122,15	177,68	199,89	I	2 221,08	115,41	167,88	188,86	108,67	158,06	177,82	101,92	148,25	166,78	95,18	138,44	155,75	88,43	128,63	144,71	81,68	118,82	133,67
	II	2 175,33	119,64	174,02	195,77	II	2 175,33	112,89	164,21	184,73	106,15	154,40	173,70	99,40	144,59	162,66	92,66	134,78	151,62	85,91	124,97	140,59	79,17	115,16	129,55
	III	1 589,83	87,44	127,18	143,08	III	1 589,83	81,59	118,68	133,51	75,88	110,37	124,16	70,29	102,25	115,03	64,84	94,32	106,11	59,51	86,57	97,39	54,32	79,01	88,88
	V	2 635,66	144,96	210,85	237,20	IV	2 221,08	118,79	172,78	194,38	115,41	167,88	188,86	112,04	162,97	183,34	108,67	158,06	177,82	105,29	153,16	172,30	101,92	148,25	166,78
	VI	2 669,16	146,80	213,53	240,22																				
7 559,99 Ost	I,IV	2 234,—	122,87	178,72	201,06	I	2 234,—	116,12	168,90	190,01	109,38	159,10	178,98	102,63	149,28	167,94	95,88	139,47	156,90	89,14	129,66	145,87	82,39	119,85	134,83
	II	2 188,25	120,35	175,06	196,94	II	2 188,25	113,60	165,24	185,90	106,86	155,43	174,86	100,11	145,62	163,82	93,37	135,81	152,78	86,62	126,—	141,75	79,88	116,19	130,71
	III	1 601,—	88,05	128,08	144,09	III	1 601,—	82,20	119,57	134,51	76,47	111,24	125,14	70,87	103,09	115,97	65,41	95,14	107,03	60,06	87,37	98,29	54,86	79,80	89,77
	V	2 648,58	145,67	211,88	238,37	IV	2 234,—	119,49	173,81	195,53	116,12	168,90	190,01	112,75	164,—	184,50	109,38	159,10	178,98	106,—	154,19	173,46	102,63	149,28	167,94
	VI	2 682,—	147,51	214,56	241,38																				

* Die ausgewiesenen Tabellenwerte sind amtlich. Siehe Erläuterungen auf der Umschlaginnenseite (U2).

Lohn/Gehalt bis €*	Stkl.	I – VI LSt	ohne Kinderfreibeträge SolZ	8%	9%	Stkl.	I, II, III, IV LSt	0,5 SolZ	8%	9%	1 SolZ	8%	9%	1,5 SolZ	8%	9%	2 SolZ	8%	9%	2,5 SolZ	8%	9%	3 SolZ	8%	9%
7 562,99 West	I,IV	2 222,41	122,23	177,79	200,01	I	2 222,41	115,48	167,98	188,97	108,73	158,16	177,93	101,99	148,36	166,90	95,25	138,54	155,86	88,50	128,73	144,82	81,76	118,92	133,79
	II	2 176,58	119,71	174,12	195,89	II	2 176,58	112,97	164,32	184,86	106,22	154,50	173,81	99,47	144,69	162,77	92,73	134,88	151,74	85,98	125,07	140,70	79,24	115,26	129,66
	III	1 590,83	87,49	127,26	143,17	III	1 590,83	81,65	118,77	133,61	75,94	110,46	124,27	70,35	102,33	115,12	64,90	94,40	106,20	59,57	86,65	97,48	54,36	79,08	88,96
	V	2 636,91	145,03	210,95	237,32	IV	2 222,41	118,85	172,88	194,49	115,48	167,98	188,97	112,11	163,07	183,45	108,73	158,16	177,93	105,36	153,26	172,41	101,99	148,36	166,90
	VI	2 670,41	146,87	213,63	240,33																				
7 562,99 Ost	I,IV	2 235,25	122,93	178,82	201,17	I	2 235,25	116,19	169,—	190,13	109,45	159,20	179,10	102,70	149,38	168,05	95,95	139,57	157,01	89,21	129,76	145,98	82,46	119,95	134,94
	II	2 189,50	120,42	175,16	197,05	II	2 189,50	113,67	165,34	186,01	106,92	155,53	174,97	100,18	145,72	163,94	93,44	135,91	152,90	86,69	126,10	141,86	79,95	116,29	130,82
	III	1 602,16	88,11	128,17	144,19	III	1 602,16	82,26	119,65	134,60	76,53	111,32	125,23	70,94	103,18	116,08	65,46	95,22	107,12	60,12	87,45	98,38	54,90	79,86	89,84
	V	2 649,83	145,74	211,98	238,48	IV	2 235,25	119,56	173,91	195,65	116,19	169,—	190,13	112,82	164,10	184,61	109,45	159,20	179,10	106,07	154,29	173,57	102,70	149,38	168,05
	VI	2 683,25	147,57	214,66	241,49																				
7 565,99 West	I,IV	2 223,66	122,30	177,89	200,12	I	2 223,66	115,55	168,08	189,09	108,80	158,26	178,04	102,06	148,46	167,01	95,31	138,64	155,97	88,57	128,83	144,93	81,83	119,02	133,90
	II	2 177,83	119,78	174,22	196,—	II	2 177,83	113,03	164,42	184,97	106,29	154,60	173,93	99,54	144,79	162,89	92,80	134,98	151,85	86,05	125,17	140,81	79,31	115,36	129,78
	III	1 592,—	87,56	127,36	143,28	III	1 592,—	81,71	118,85	133,70	76,—	110,54	124,36	70,40	102,41	115,21	64,95	94,48	106,29	59,62	86,73	97,57	54,42	79,16	89,05
	V	2 638,25	145,10	211,06	237,44	IV	2 223,66	118,92	172,98	194,60	115,55	168,08	189,09	112,18	163,17	183,56	108,80	158,26	178,04	105,43	153,36	172,53	102,06	148,46	167,01
	VI	2 671,66	146,94	213,73	240,44																				
7 565,99 Ost	I,IV	2 236,50	123,—	178,92	201,28	I	2 236,50	116,26	169,11	190,25	109,51	159,30	179,21	102,77	149,48	168,17	96,03	139,68	157,14	89,28	129,86	146,09	82,53	120,05	135,05
	II	2 190,75	120,49	175,26	197,16	II	2 190,75	113,74	165,44	186,12	107,—	155,64	175,09	100,25	145,82	164,05	93,50	136,01	153,01	86,76	126,20	141,98	80,02	116,39	130,94
	III	1 603,33	88,18	128,26	144,29	III	1 603,33	82,32	119,74	134,71	76,59	111,41	125,33	70,99	103,26	116,17	65,52	95,30	107,21	60,17	87,53	98,47	54,96	79,94	89,93
	V	2 651,08	145,80	212,08	238,59	IV	2 236,50	119,63	174,01	195,76	116,26	169,11	190,25	112,89	164,20	184,73	109,51	159,30	179,21	106,14	154,39	173,69	102,77	149,48	168,17
	VI	2 684,58	147,65	214,76	241,61																				
7 568,99 West	I,IV	2 224,91	122,37	177,99	200,24	I	2 224,91	115,62	168,18	189,20	108,87	158,36	178,16	102,13	148,56	167,13	95,38	138,74	156,08	88,64	128,93	145,04	81,89	119,12	134,01
	II	2 179,08	119,84	174,32	196,11	II	2 179,08	113,10	164,52	185,08	106,36	154,70	174,04	99,61	144,89	163,—	92,87	135,08	151,97	86,12	125,27	140,93	79,37	115,46	129,89
	III	1 593,16	87,62	127,45	143,38	III	1 593,16	81,77	118,94	133,81	76,05	110,62	124,45	70,47	102,50	115,31	65,01	94,56	106,38	59,67	86,80	97,65	54,47	79,24	89,14
	V	2 639,50	145,17	211,16	237,55	IV	2 224,91	118,99	173,08	194,72	115,62	168,18	189,20	112,25	163,27	183,68	108,87	158,36	178,16	105,50	153,46	172,64	102,13	148,56	167,13
	VI	2 672,91	147,01	213,83	240,56																				
7 568,99 Ost	I,IV	2 237,75	123,07	179,02	201,39	I	2 237,75	116,33	169,21	190,36	109,58	159,40	179,32	102,84	149,58	168,28	96,09	139,78	157,25	89,35	129,96	146,21	82,60	120,15	135,17
	II	2 192,—	120,56	175,36	197,28	II	2 192,—	113,81	165,54	186,23	107,07	155,74	175,20	100,32	145,92	164,16	93,57	136,11	153,12	86,83	126,30	142,09	80,08	116,49	131,05
	III	1 604,33	88,23	128,34	144,38	III	1 604,33	82,38	119,82	134,80	76,65	111,49	125,42	71,05	103,34	116,26	65,57	95,38	107,30	60,23	87,61	98,56	55,01	80,02	90,02
	V	2 652,33	145,87	212,18	238,70	IV	2 237,75	119,70	174,12	195,88	116,33	169,21	190,36	112,96	164,30	184,84	109,58	159,40	179,32	106,21	154,49	173,80	102,84	149,58	168,28
	VI	2 685,83	147,72	214,86	241,72																				
7 571,99 West	I,IV	2 226,16	122,43	178,09	200,35	I	2 226,16	115,69	168,28	189,31	108,95	158,47	178,28	102,20	148,66	167,24	95,45	138,84	156,20	88,71	129,04	145,17	81,96	119,22	134,12
	II	2 180,41	119,92	174,43	196,23	II	2 180,41	113,17	164,62	185,19	106,42	154,80	174,15	99,68	145,—	163,12	92,94	135,18	152,08	86,19	125,37	141,04	79,45	115,56	130,01
	III	1 594,16	87,67	127,53	143,47	III	1 594,16	81,83	119,02	133,90	76,12	110,72	124,56	70,52	102,58	115,40	65,06	94,64	106,47	59,73	86,88	97,74	54,53	79,32	89,23
	V	2 640,75	145,24	211,26	237,66	IV	2 226,16	119,06	173,18	194,83	115,69	168,28	189,31	112,31	163,37	183,79	108,95	158,47	178,28	105,57	153,56	172,76	102,20	148,66	167,24
	VI	2 674,16	147,07	213,93	240,67																				
7 571,99 Ost	I,IV	2 239,08	123,14	179,12	201,51	I	2 239,08	116,40	169,31	190,47	109,65	159,50	179,43	102,90	149,68	168,39	96,16	139,88	157,36	89,42	130,06	146,32	82,67	120,25	135,28
	II	2 193,25	120,62	175,46	197,39	II	2 193,25	113,88	165,64	186,35	107,14	155,84	175,32	100,39	146,02	164,27	93,64	136,21	153,23	86,90	126,40	142,20	80,15	116,59	131,16
	III	1 605,50	88,30	128,44	144,49	III	1 605,50	82,44	119,92	134,91	76,70	111,57	125,51	71,10	103,42	116,35	65,63	95,46	107,39	60,28	87,69	98,65	55,07	80,10	90,11
	V	2 653,58	145,94	212,28	238,82	IV	2 239,08	119,77	174,22	195,99	116,40	169,31	190,47	113,02	164,40	184,95	109,65	159,50	179,43	106,28	154,59	173,91	102,90	149,68	168,39
	VI	2 687,08	147,78	214,96	241,83																				
7 574,99 West	I,IV	2 227,41	122,50	178,19	200,46	I	2 227,41	115,76	168,38	189,42	109,01	158,57	178,39	102,27	148,76	167,35	95,52	138,94	156,31	88,78	129,14	145,28	82,03	119,32	134,24
	II	2 181,66	119,99	174,53	196,34	II	2 181,66	113,24	164,72	185,31	106,49	154,90	174,26	99,75	145,10	163,23	93,—	135,28	152,19	86,26	125,47	141,15	79,52	115,66	130,12
	III	1 595,33	87,74	127,62	143,57	III	1 595,33	81,89	119,12	134,01	76,17	110,80	124,65	70,58	102,66	115,49	65,12	94,72	106,56	59,78	86,96	97,83	54,58	79,40	89,32
	V	2 642,—	145,31	211,36	237,78	IV	2 227,41	119,13	173,28	194,94	115,76	168,38	189,42	112,39	163,48	183,91	109,01	158,57	178,39	105,64	153,66	172,87	102,27	148,76	167,35
	VI	2 675,41	147,14	214,03	240,78																				
7 574,99 Ost	I,IV	2 240,33	123,21	179,22	201,62	I	2 240,33	116,47	169,41	190,58	109,72	159,60	179,55	102,98	149,79	168,51	96,23	139,98	157,47	89,48	130,16	146,43	82,74	120,36	135,40
	II	2 194,50	120,69	175,56	197,50	II	2 194,50	113,95	165,75	186,47	107,20	155,94	175,43	100,46	146,12	164,39	93,72	136,32	153,36	86,97	126,50	142,31	80,22	116,69	131,27
	III	1 606,66	88,36	128,53	144,59	III	1 606,66	82,50	120,—	135,—	76,77	111,66	125,62	71,16	103,50	116,44	65,68	95,54	107,48	60,34	87,77	98,74	55,11	80,17	90,19
	V	2 654,83	146,01	212,38	238,93	IV	2 240,33	119,84	174,32	196,11	116,47	169,41	190,58	113,09	164,50	185,06	109,72	159,60	179,55	106,35	154,69	174,02	102,98	149,79	168,51
	VI	2 688,33	147,85	215,06	241,94																				
7 577,99 West	I,IV	2 228,66	122,57	178,29	200,57	I	2 228,66	115,83	168,48	189,54	109,08	158,67	178,50	102,34	148,86	167,46	95,59	139,04	156,42	88,85	129,24	145,39	82,10	119,42	134,35
	II	2 182,91	120,06	174,63	196,46	II	2 182,91	113,31	164,82	185,42	106,56	155,—	174,38	99,82	145,20	163,35	93,07	135,38	152,30	86,33	125,57	141,26	79,58	115,76	130,23
	III	1 596,33	87,79	127,70	143,66	III	1 596,33	81,95	119,20	134,10	76,23	110,88	124,74	70,63	102,74	115,58	65,17	94,80	106,65	59,84	87,04	97,92	54,63	79,46	89,39
	V	2 643,25	145,37	211,46	237,89	IV	2 228,66	119,20	173,38	195,05	115,83	168,48	189,54	112,46	163,58	184,02	109,08	158,67	178,50	105,71	153,76	172,98	102,34	148,86	167,46
	VI	2 676,75	147,22	214,14	240,90																				
7 577,99 Ost	I,IV	2 241,58	123,28	179,32	201,74	I	2 241,58	116,54	169,51	190,70	109,79	159,70	179,66	103,05	149,89	168,62	96,30	140,08	157,59	89,55	130,26	146,54	82,81	120,46	135,51
	II	2 195,75	120,76	175,66	197,61	II	2 195,75	114,02	165,85	186,58	107,27	156,04	175,54	100,53	146,22	164,50	93,78	136,42	153,47	87,04	126,60	142,43	80,29	116,79	131,39
	III	1 607,66	88,42	128,61	144,68	III	1 607,66	82,56	120,09	135,10	76,82	111,74	125,71	71,22	103,60	116,55	65,74	95,62	107,57	60,39	87,85	98,83	55,17	80,25	90,28
	V	2 656,16	146,08	212,49	239,05	IV	2 241,58	119,91	174,42	196,22	116,54	169,51	190,70	113,16	164,60	185,18	109,79	159,70	179,66	106,42	154,80	174,15	103,05	149,89	168,62
	VI	2 689,58	147,92	215,16	242,06																				
7 580,99 West	I,IV	2 229,91	122,64	178,39	200,69	I	2 229,91	115,90	168,58	189,65	109,15	158,77	178,61	102,41	148,96	167,58	95,66	139,15	156,54	88,92	129,34	145,50	82,17	119,52	134,46
	II	2 184,16	120,12	174,73	196,57	II	2 184,16	113,38	164,92	185,53	106,64	155,11	174,50	99,89	145,30	163,46	93,14	135,48	152,42	86,40	125,68	141,39	79,65	115,86	130,34
	III	1 597,50	87,86	127,80	143,77	III	1 597,50	82,01	119,29	134,20	76,29	110,97	124,84	70,69	102,82	115,67	65,23	94,88	106,74	59,89	87,12	98,01	54,68	79,54	89,48
	V	2 644,50	145,44	211,56	238,—	IV	2 229,91	119,27	173,48	195,17	115,90	168,58	189,65	112,53	163,68	184,14	109,15	158,77	178,61	105,78	153,86	173,09	102,41	148,96	167,58
	VI	2 678,—	147,29	214,24	241,02																				
7 580,99 Ost	I,IV	2 242,83	123,35	179,42	201,85	I	2 242,83	116,60	169,61	190,81	109,86	159,80	179,78	103,12	149,99	168,74	96,37	140,18	157,70	89,62	130,36	146,66	82,88	120,56	135,63
	II	2 197,08	120,83	175,76	197,73	II	2 197,08	114,09	165,95	186,69	107,34	156,14	175,65	100,59	146,32	164,61	93,85	136,52	153,58	87,11	126,70	142,54	80,36	116,89	131,50
	III	1 608,83	88,48	128,70	144,79	III	1 608,83	82,61	120,17	135,19	76,88	111,82	125,80	71,28	103,68	116,64	65,79	95,70	107,66	60,45	87,93	98,92	55,22	80,33	90,37
	V	2 657,41	146,15	212,59	239,16	IV	2 242,83	119,98	174,52	196,33	116,60	169,61	190,81	113,23	164,70	185,29	109,86	159,80	179,78	106,49	154,90	174,26	103,12	149,99	168,74
	VI	2 690,83	147,99	215,26	242,17																				
7 583,99 West	I,IV	2 231,16	122,71	178,49	200,80	I	2 231,16	115,97	168,68	189,77	109,22	158,87	178,73	102,47	149,06	167,69	95,73	139,25	156,65	88,99	129,44	145,62	82,24	119,62	134,57
	II	2 185,41	120,19	174,83	196,68	II	2 185,41	113,45	165,02	185,64	106,70	155,21	174,61	99,96	145,40	163,57	93,21	135,58	152,53	86,47	125,78	141,50	79,72	115,96	130,46
	III	1 598,66	87,92	127,89	143,87	III	1 598,66	82,06	119,37	134,29	76,34	111,05	124,93	70,75	102,92	115,78	65,28	94,96	106,83	59,95	87,20	98,10	54,74	79,62	89,57
	V	2 645,75	145,51	211,66	238,11	IV	2 231,16	119,34	173,59	195,29	115,97	168,68	189,77	112,59	163,78	184,25	109,22	158,87	178,73	105,85	153,96	173,21	102,47	149,06	167,69
	VI	2 679,25	147,35	214,34	241,13																				
7 583,99 Ost	I,IV	2 244,08	123,42	179,52	201,96	I	2 244,08	116,67	169,71	190,92	109,93	159,90	179,89	103,18	150,09	168,85	96,44	140,28	157,81	89,70	130,47	146,78	82,95	120,66	135,74
	II	2 198,33	120,90	175,86	197,84	II	2 198,33	114,16	166,05	186,80	107,41	156,24	175,77	100,67	146,43	164,73	93,92	136,62	153,69	87,17	126,80	142,65	80,43	117,—	131,62
	III	1 610,—	88,55	128,80	144,90	III	1 610,—	82,68	120,26	135,29	76,94	111,92	125,91	71,33	103,76	116,73	65,85	95,78	107,75	60,50	88,01	99,01	55,28	80,41	90,46
	V	2 658,66	146,22	212,69	239,27	IV	2 244,08	120,05	174,62	196,44	116,67	169,71	190,92	113,30	164,80	185,40	109,93	159,90	179,89	106,56	155,—	174,37	103,18	150,09	168,85
	VI	2 692,08	148,06	215,36	242,28																				

Abzüge an Lohnsteuer, Solidaritätszuschlag (SolZ) und Kirchensteuer (8%, 9%) in den Steuerklassen; I, II, III, IV mit Zahl der Kinderfreibeträge . . .

*** Die ausgewiesenen Tabellenwerte sind amtlich. Siehe Erläuterungen auf der Umschlaginnenseite (U2).**

Abzüge an Lohnsteuer, Solidaritätszuschlag (SolZ) und Kirchensteuer (8%, 9%) in den Steuerklassen

Lohn/ Gehalt bis €*	I – VI	LSt	ohne Kinderfreibeträge SolZ	8%	9%	I, II, III, IV	LSt	mit Zahl der Kinderfreibeträge … 0,5 SolZ	8%	9%	1 SolZ	8%	9%	1,5 SolZ	8%	9%	2 SolZ	8%	9%	2,5 SolZ	8%	9%	3 SolZ	8%	9%
7 586,99 West	I,IV	2 232,50	122,78	178,60	200,92	I	2 232,50	116,04	168,78	189,88	109,29	158,97	178,84	102,55	149,16	167,81	95,80	139,35	156,77	89,05	129,54	145,73	82,31	119,72	134,69
	II	2 186,66	120,26	174,93	196,79	II	2 186,66	113,52	165,12	185,76	106,77	155,31	174,72	100,03	145,50	163,68	93,28	135,68	152,64	86,54	125,88	141,61	79,79	116,06	130,57
	III	1 599,66	87,98	127,97	143,96	III	1 599,66	82,13	119,46	134,39	76,40	111,13	125,02	70,81	103,—	115,87	65,34	95,04	106,92	60,—	87,28	98,19	54,79	79,70	89,66
	V	2 647,—	145,58	211,76	238,23	IV	2 232,50	119,41	173,69	195,40	116,04	168,78	189,88	112,66	163,88	184,36	109,29	158,97	178,84	105,92	154,06	173,32	102,55	149,16	167,81
	VI	2 680,50	147,42	214,44	241,24																				
7 586,99 Ost	I,IV	2 245,33	123,49	179,62	202,07	I	2 245,33	116,74	169,81	191,03	110,—	160,—	180,—	103,25	150,19	168,96	96,51	140,38	157,92	89,76	130,57	146,89	83,02	120,76	135,85
	II	2 199,58	120,97	175,96	197,96	II	2 199,58	114,23	166,15	186,92	107,48	156,34	175,88	100,74	146,53	164,84	93,99	136,72	153,81	87,24	126,90	142,76	80,50	117,10	131,73
	III	1 611,—	88,60	128,88	144,99	III	1 611,—	82,73	120,34	135,38	77,—	112,—	126,—	71,39	103,84	116,82	65,90	95,86	107,84	60,55	88,08	99,09	55,33	80,49	90,55
	V	2 659,91	146,29	212,79	239,39	IV	2 245,33	120,12	174,72	196,56	116,74	169,81	191,03	113,37	164,91	185,52	110,—	160,—	180,—	106,63	155,10	174,48	103,25	150,19	168,96
	VI	2 693,33	148,13	215,46	242,39																				
7 589,99 West	I,IV	2 233,75	122,85	178,70	201,03	I	2 233,75	116,10	168,88	189,99	109,36	159,07	178,95	102,62	149,26	167,92	95,87	139,45	156,88	89,12	129,64	145,84	82,38	119,83	134,81
	II	2 187,91	120,33	175,03	196,91	II	2 187,91	113,59	165,22	185,87	106,84	155,41	174,83	100,10	145,60	163,80	93,35	135,79	152,76	86,61	125,98	141,72	79,86	116,16	130,68
	III	1 600,83	88,04	128,06	144,07	III	1 600,83	82,18	119,54	134,48	76,46	111,22	125,12	70,86	103,08	115,96	65,39	95,12	107,01	60,06	87,36	98,28	54,84	79,77	89,74
	V	2 648,25	145,65	211,86	238,34	IV	2 233,75	119,48	173,79	195,51	116,10	168,88	189,99	112,73	163,98	184,47	109,36	159,07	178,95	105,98	154,16	173,43	102,62	149,26	167,92
	VI	2 681,75	147,49	214,54	241,35																				
7 589,99 Ost	I,IV	2 246,58	123,56	179,72	202,19	I	2 246,58	116,82	169,92	191,16	110,07	160,10	180,11	103,32	150,29	169,07	96,58	140,48	158,04	89,83	130,67	147,—	83,09	120,86	135,96
	II	2 200,83	121,04	176,06	198,07	II	2 200,83	114,29	166,25	187,03	107,55	156,44	176,—	100,81	146,63	164,96	94,06	136,82	153,92	87,31	127,—	142,88	80,57	117,20	131,85
	III	1 612,16	88,66	128,97	145,09	III	1 612,16	82,80	120,44	135,49	77,06	112,09	126,10	71,44	103,92	116,91	65,96	95,94	107,93	60,61	88,16	99,18	55,38	80,56	90,63
	V	2 661,16	146,36	212,89	239,50	IV	2 246,58	120,18	174,82	196,67	116,82	169,92	191,16	113,44	165,01	185,63	110,07	160,10	180,11	106,70	155,20	174,60	103,32	150,29	169,07
	VI	2 694,66	148,20	215,57	242,51																				
7 592,99 West	I,IV	2 235,—	122,92	178,80	201,15	I	2 235,—	116,17	168,98	190,10	109,43	159,17	179,06	102,68	149,36	168,03	95,94	139,55	156,99	89,19	129,74	145,95	82,45	119,93	134,92
	II	2 189,16	120,40	175,13	197,02	II	2 189,16	113,66	165,32	185,99	106,91	155,51	174,95	100,16	145,70	163,91	93,42	135,89	152,87	86,68	126,08	141,84	79,93	116,26	130,79
	III	1 602,—	88,11	128,16	144,18	III	1 602,—	82,25	119,64	134,59	76,52	111,30	125,21	70,92	103,16	116,05	65,45	95,20	107,10	60,11	87,44	98,37	54,89	79,85	89,83
	V	2 649,58	145,72	211,96	238,46	IV	2 235,—	119,55	173,89	195,62	116,17	168,98	190,10	112,80	164,08	184,59	109,43	159,17	179,06	106,06	154,27	173,55	102,68	149,36	168,03
	VI	2 683,—	147,56	214,64	241,47																				
7 592,99 Ost	I,IV	2 247,83	123,63	179,82	202,30	I	2 247,83	116,88	170,02	191,27	110,14	160,20	180,23	103,39	150,39	169,19	96,65	140,58	158,15	89,90	130,77	147,11	83,16	120,96	136,08
	II	2 202,08	121,11	176,16	198,18	II	2 202,08	114,36	166,35	187,14	107,62	156,54	176,11	100,87	146,73	165,07	94,13	136,92	154,03	87,39	127,11	143,—	80,64	117,30	131,96
	III	1 613,33	88,73	129,06	145,19	III	1 613,33	82,85	120,52	135,58	77,11	112,17	126,19	71,50	104,01	117,01	66,01	96,02	108,02	60,66	88,24	99,27	55,44	80,64	90,72
	V	2 662,41	146,43	212,99	239,61	IV	2 247,83	120,26	174,92	196,79	116,88	170,02	191,27	113,51	165,11	185,75	110,14	160,20	180,23	106,76	155,30	174,71	103,39	150,39	169,19
	VI	2 695,91	148,27	215,67	242,63																				
7 595,99 West	I,IV	2 236,25	122,99	178,90	201,26	I	2 236,25	116,24	169,08	190,22	109,50	159,28	179,19	102,75	149,46	168,14	96,01	139,65	157,10	89,26	129,84	146,07	82,52	120,03	135,03
	II	2 190,50	120,47	175,24	197,14	II	2 190,50	113,73	165,42	186,10	106,98	155,61	175,06	100,24	145,80	164,03	93,49	135,99	152,99	86,74	126,18	141,95	80,—	116,36	130,91
	III	1 603,—	88,16	128,24	144,27	III	1 603,—	82,30	119,72	134,68	76,57	111,38	125,30	70,97	103,24	116,14	65,51	95,29	107,20	60,17	87,52	98,46	54,95	79,93	89,92
	V	2 650,83	145,79	212,06	238,57	IV	2 236,25	119,62	173,99	195,74	116,24	169,08	190,22	112,87	164,18	184,70	109,50	159,28	179,19	106,13	154,37	173,66	102,75	149,46	168,14
	VI	2 684,25	147,63	214,74	241,58																				
7 595,99 Ost	I,IV	2 249,08	123,69	179,92	202,41	I	2 249,08	116,95	170,12	191,38	110,21	160,30	180,34	103,46	150,49	169,30	96,72	140,68	158,27	89,97	130,87	147,23	83,22	121,06	136,19
	II	2 203,33	121,18	176,26	198,29	II	2 203,33	114,43	166,45	187,25	107,69	156,64	176,22	100,94	146,83	165,18	94,20	137,02	154,14	87,45	127,21	143,11	80,71	117,40	132,07
	III	1 614,33	88,78	129,14	145,28	III	1 614,33	82,92	120,61	135,68	77,17	112,25	126,28	71,56	104,09	117,10	66,08	96,12	108,13	60,72	88,32	99,36	55,49	80,72	90,81
	V	2 663,66	146,50	213,09	239,72	IV	2 249,08	120,33	175,02	196,90	116,95	170,12	191,38	113,58	165,21	185,86	110,21	160,30	180,34	106,83	155,40	174,82	103,46	150,49	169,30
	VI	2 697,16	148,34	215,77	242,74																				
7 598,99 West	I,IV	2 237,50	123,06	179,—	201,37	I	2 237,50	116,31	169,18	190,33	109,57	159,38	179,30	102,82	149,56	168,26	96,08	139,75	157,22	89,33	129,94	146,18	82,59	120,13	135,14
	II	2 191,75	120,54	175,34	197,25	II	2 191,75	113,79	165,52	186,21	107,05	155,71	175,17	100,31	145,90	164,14	93,56	136,09	153,10	86,81	126,28	142,06	80,07	116,47	131,03
	III	1 604,16	88,22	128,33	144,37	III	1 604,16	82,37	119,81	134,78	76,64	111,48	125,41	71,04	103,33	116,24	65,56	95,37	107,29	60,22	87,60	98,55	55,—	80,01	90,01
	V	2 652,08	145,86	212,16	238,68	IV	2 237,50	119,68	174,09	195,85	116,31	169,18	190,33	112,94	164,28	184,82	109,57	159,38	179,30	106,20	154,47	173,78	102,82	149,56	168,26
	VI	2 685,50	147,70	214,84	241,69																				
7 598,99 Ost	I,IV	2 250,41	123,77	180,03	202,53	I	2 250,41	117,02	170,22	191,49	110,27	160,40	180,45	103,53	150,60	169,42	96,79	140,78	158,38	90,04	130,97	147,34	83,30	121,16	136,31
	II	2 204,58	121,25	176,36	198,41	II	2 204,58	114,51	166,56	187,38	107,76	156,74	176,33	101,01	146,93	165,29	94,27	137,12	154,26	87,52	127,31	143,22	80,78	117,50	132,18
	III	1 615,50	88,85	129,24	145,39	III	1 615,50	82,97	120,69	135,77	77,23	112,34	126,38	71,61	104,17	117,19	66,13	96,20	108,22	60,77	88,40	99,45	55,55	80,80	90,90
	V	2 664,91	146,57	213,19	239,84	IV	2 250,41	120,39	175,12	197,01	117,02	170,22	191,49	113,65	165,31	185,97	110,27	160,40	180,45	106,90	155,50	174,93	103,53	150,60	169,42
	VI	2 698,41	148,41	215,87	242,85																				
7 601,99 West	I,IV	2 238,75	123,13	179,10	201,48	I	2 238,75	116,38	169,28	190,44	109,64	159,48	179,41	102,89	149,66	168,37	96,14	139,85	157,33	89,40	130,04	146,30	82,66	120,23	135,26
	II	2 193,—	120,61	175,44	197,37	II	2 193,—	113,86	165,62	186,32	107,12	155,81	175,28	100,37	146,—	164,25	93,63	136,19	153,21	86,88	126,38	142,17	80,14	116,57	131,14
	III	1 605,33	88,29	128,42	144,47	III	1 605,33	82,42	119,89	134,87	76,69	111,56	125,50	71,09	103,41	116,33	65,62	95,45	107,38	60,28	87,68	98,64	55,05	80,08	90,09
	V	2 653,33	145,93	212,26	238,79	IV	2 238,75	119,75	174,19	195,96	116,38	169,28	190,44	113,01	164,38	184,93	109,64	159,48	179,41	106,26	154,57	173,89	102,89	149,66	168,37
	VI	2 686,75	147,77	214,94	241,80																				
7 601,99 Ost	I,IV	2 251,66	123,84	180,13	202,64	I	2 251,66	117,09	170,32	191,61	110,34	160,50	180,56	103,60	150,70	169,53	96,85	140,88	158,49	90,11	131,07	147,45	83,37	121,26	136,42
	II	2 205,83	121,32	176,46	198,52	II	2 205,83	114,57	166,66	187,49	107,83	156,84	176,45	101,08	147,03	165,41	94,34	137,22	154,37	87,59	127,41	143,33	80,85	117,60	132,30
	III	1 616,66	88,91	129,33	145,49	III	1 616,66	83,04	120,78	135,88	77,29	112,42	126,47	71,67	104,25	117,28	66,19	96,28	108,31	60,83	88,48	99,54	55,60	80,88	90,99
	V	2 666,25	146,64	213,30	239,96	IV	2 251,66	120,46	175,22	197,12	117,09	170,32	191,61	113,72	165,41	186,08	110,34	160,50	180,56	106,97	155,60	175,05	103,60	150,70	169,53
	VI	2 699,66	148,48	215,97	242,96																				
7 604,99 West	I,IV	2 240,—	123,20	179,20	201,60	I	2 240,—	116,45	169,39	190,56	109,71	159,58	179,52	102,96	149,76	168,48	96,22	139,96	157,45	89,47	130,14	146,41	82,72	120,33	135,37
	II	2 194,25	120,68	175,54	197,48	II	2 194,25	113,93	165,72	186,44	107,19	155,92	175,41	100,44	146,10	164,36	93,70	136,29	153,32	86,95	126,48	142,29	80,21	116,67	131,25
	III	1 606,33	88,34	128,50	144,56	III	1 606,33	82,49	119,98	134,98	76,75	111,64	125,59	71,15	103,49	116,42	65,67	95,53	107,47	60,32	87,74	98,71	55,11	80,16	90,18
	V	2 654,58	146,—	212,36	238,91	IV	2 240,—	119,82	174,29	196,07	116,45	169,39	190,56	113,08	164,48	185,04	109,71	159,58	179,52	106,33	154,67	174,—	102,96	149,76	168,48
	VI	2 688,08	147,84	215,04	241,92																				
7 604,99 Ost	I,IV	2 252,91	123,91	180,23	202,76	I	2 252,91	117,16	170,42	191,72	110,41	160,60	180,68	103,67	150,80	169,65	96,92	140,98	158,60	90,18	131,17	147,56	83,43	121,36	136,53
	II	2 207,08	121,38	176,56	198,63	II	2 207,08	114,64	166,76	187,60	107,90	156,94	176,56	101,15	147,13	165,52	94,41	137,32	154,49	87,66	127,51	143,45	80,91	117,70	132,41
	III	1 617,66	88,97	129,41	145,58	III	1 617,66	83,09	120,86	135,97	77,34	112,50	126,56	71,73	104,34	117,38	66,24	96,36	108,40	60,88	88,56	99,63	55,65	80,94	91,06
	V	2 667,50	146,71	213,40	240,07	IV	2 252,91	120,53	175,32	197,24	117,16	170,42	191,72	113,79	165,51	186,20	110,41	160,60	180,68	107,04	155,70	175,16	103,67	150,80	169,65
	VI	2 700,91	148,55	216,07	243,08																				
7 607,99 West	I,IV	2 241,25	123,26	179,30	201,71	I	2 241,25	116,52	169,49	190,67	109,78	159,68	179,64	103,03	149,86	168,59	96,29	140,06	157,56	89,54	130,24	146,52	82,79	120,43	135,48
	II	2 195,50	120,75	175,64	197,59	II	2 195,50	114,—	165,82	186,55	107,26	156,02	175,52	100,51	146,20	164,48	93,77	136,39	153,44	87,02	126,58	142,40	80,28	116,77	131,36
	III	1 607,50	88,41	128,60	144,67	III	1 607,50	82,54	120,06	135,07	76,81	111,73	125,69	71,20	103,57	116,51	65,73	95,61	107,56	60,38	87,82	98,80	55,16	80,24	90,27
	V	2 655,83	146,07	212,46	239,02	IV	2 241,25	119,90	174,40	196,20	116,52	169,49	190,67	113,15	164,58	185,15	109,78	159,68	179,64	106,40	154,77	174,11	103,03	149,86	168,59
	VI	2 689,33	147,91	215,14	242,03																				
7 607,99 Ost	I,IV	2 254,16	123,97	180,33	202,87	I	2 254,16	117,23	170,52	191,83	110,49	160,71	180,80	103,74	150,90	169,76	96,99	141,08	158,72	90,25	131,28	147,69	83,50	121,46	136,64
	II	2 208,41	121,46	176,67	198,75	II	2 208,41	114,71	166,86	187,71	107,96	157,04	176,67	101,22	147,24	165,64	94,48	137,42	154,60	87,73	127,61	143,56	80,99	117,80	132,53
	III	1 618,83	89,03	129,50	145,69	III	1 618,83	83,16	120,96	136,08	77,41	112,60	126,67	71,79	104,42	117,47	66,30	96,44	108,49	60,94	88,64	99,72	55,70	81,02	91,15
	V	2 668,75	146,78	213,50	240,18	IV	2 254,16	120,60	175,42	197,35	117,23	170,52	191,83	113,85	165,61	186,31	110,49	160,71	180,80	107,11	155,80	175,28	103,74	150,90	169,76
	VI	2 702,16	148,61	216,17	243,19																				

* **Die ausgewiesenen Tabellenwerte sind amtlich. Siehe Erläuterungen auf der Umschlaginnenseite (U2).**

Lohn/ Gehalt bis €*		Abzüge an Lohnsteuer, Solidaritätszuschlag (SolZ) und Kirchensteuer (8%, 9%) in den Steuerklassen I – VI				I, II, III, IV		mit Zahl der Kinderfreibeträge . . . 0,5			1			1,5			2			2,5			3		
		LSt	ohne Kinderfreibeträge SolZ	8%	9%		LSt	SolZ	8%	9%	SolZ	8%	9%	SolZ	8%	9%	SolZ	8%	9%	SolZ	8%	9%	SolZ	8%	9%
7 610,99 West	I,IV	2 242,58	123,34	179,40	201,83	I	2 242,58	116,59	169,59	190,79	109,84	159,78	179,75	103,10	149,96	168,71	96,36	140,16	157,68	89,61	130,34	146,63	82,86	120,53	135,59
	II	2 196,75	120,82	175,74	197,70	II	2 196,75	114,07	165,92	186,66	107,33	156,12	175,63	100,58	146,30	164,59	93,83	136,49	153,55	87,09	126,68	142,52	80,35	116,87	131,48
	III	1 608,50	88,46	128,68	144,76	III	1 608,50	82,61	120,16	135,18	76,87	111,81	125,78	71,26	103,65	116,60	65,78	95,69	107,65	60,43	87,90	98,89	55,22	80,32	90,36
	V	2 657,08	146,13	212,56	239,13	IV	2 242,58	119,96	174,50	196,31	116,59	169,59	190,79	113,22	164,68	185,27	109,84	159,78	179,75	106,47	154,87	174,23	103,10	149,96	168,71
	VI	2 690,58	147,98	215,24	242,15																				
7 610,99 Ost	I,IV	2 255,41	124,04	180,43	202,98	I	2 255,41	117,30	170,62	191,94	110,55	160,81	180,91	103,81	151,—	169,87	97,06	141,18	158,83	90,32	131,38	147,80	83,57	121,56	136,76
	II	2 209,66	121,53	176,77	198,86	II	2 209,66	114,78	166,96	187,83	108,03	157,14	176,78	101,29	147,34	165,75	94,54	137,52	154,71	87,80	127,71	143,67	81,06	117,90	132,64
	III	1 619,83	89,09	129,58	145,78	III	1 619,83	83,21	121,04	136,17	77,46	112,68	126,76	71,84	104,50	117,56	66,35	96,52	108,58	60,99	88,72	99,81	55,76	81,10	91,24
	V	2 670,—	146,85	213,60	240,30	IV	2 255,41	120,67	175,52	197,46	117,30	170,62	191,94	113,93	165,72	186,43	110,55	160,81	180,91	107,18	155,90	175,39	103,81	151,—	169,87
	VI	2 703,41	148,68	216,27	243,30																				
7 613,99 West	I,IV	2 243,83	123,41	179,50	201,94	I	2 243,83	116,66	169,69	190,90	109,91	159,88	179,86	103,17	150,07	168,83	96,42	140,26	157,79	89,68	130,44	146,75	82,94	120,64	135,72
	II	2 198,—	120,89	175,84	197,82	II	2 198,—	114,14	166,03	186,78	107,40	156,22	175,74	100,65	146,40	164,70	93,91	136,60	153,67	87,16	126,78	142,63	80,41	116,97	131,59
	III	1 609,66	88,53	128,77	144,86	III	1 609,66	82,66	120,24	135,27	76,92	111,89	125,87	71,32	103,74	116,71	65,84	95,77	107,74	60,49	87,98	98,98	55,27	80,40	90,45
	V	2 658,33	146,20	212,66	239,24	IV	2 243,83	120,03	174,60	196,42	116,66	169,69	190,90	113,29	164,78	185,38	109,91	159,88	179,86	106,54	154,97	174,34	103,17	150,07	168,83
	VI	2 691,83	148,05	215,34	242,26																				
7 613,99 Ost	I,IV	2 256,66	124,11	180,53	203,09	I	2 256,66	117,37	170,72	192,06	110,62	160,91	181,02	103,88	151,10	169,98	97,13	141,28	158,94	90,39	131,48	147,91	83,64	121,66	136,87
	II	2 210,91	121,60	176,87	198,98	II	2 210,91	114,85	167,06	187,94	108,10	157,24	176,90	101,36	147,44	165,87	94,61	137,62	154,82	87,87	127,81	143,78	81,12	118,—	132,75
	III	1 621,—	89,15	129,68	145,89	III	1 621,—	83,27	121,13	136,27	77,53	112,77	126,86	71,90	104,58	117,65	66,41	96,60	108,67	61,05	88,80	99,90	55,81	81,18	91,33
	V	2 671,25	146,91	213,70	240,41	IV	2 256,66	120,74	175,62	197,57	117,37	170,72	192,06	114,—	165,82	186,54	110,62	160,91	181,02	107,25	156,—	175,50	103,88	151,10	169,98
	VI	2 704,75	148,76	216,38	243,42																				
7 616,99 West	I,IV	2 245,08	123,47	179,60	202,05	I	2 245,08	116,73	169,79	191,01	109,98	159,98	179,97	103,24	150,17	168,94	96,49	140,36	157,90	89,75	130,54	146,86	83,—	120,74	135,83
	II	2 199,25	120,95	175,94	197,93	II	2 199,25	114,21	166,13	186,89	107,47	156,32	175,86	100,72	146,50	164,81	93,98	136,70	153,78	87,23	126,88	142,74	80,48	117,07	131,70
	III	1 610,83	88,59	128,86	144,97	III	1 610,83	82,72	120,33	135,37	76,99	111,98	125,98	71,38	103,82	116,80	65,89	95,85	107,83	60,54	88,06	99,07	55,32	80,46	90,52
	V	2 659,66	146,28	212,77	239,36	IV	2 245,08	120,10	174,70	196,53	116,73	169,79	191,01	113,35	164,88	185,49	109,98	159,98	179,97	106,61	155,08	174,46	103,24	150,17	168,94
	VI	2 693,08	148,11	215,44	242,37																				
7 616,99 Ost	I,IV	2 257,91	124,18	180,63	203,21	I	2 257,91	117,44	170,82	192,17	110,69	161,01	181,13	103,95	151,20	170,10	97,20	141,39	159,06	90,46	131,58	148,02	83,71	121,76	136,98
	II	2 212,16	121,66	176,97	199,09	II	2 212,16	114,92	167,16	188,05	108,18	157,35	177,02	101,43	147,54	165,98	94,68	137,72	154,94	87,94	127,92	143,91	81,19	118,10	132,86
	III	1 622,16	89,21	129,77	145,99	III	1 622,16	83,33	121,21	136,36	77,58	112,85	126,95	71,95	104,66	117,74	66,46	96,68	108,76	61,10	88,88	99,99	55,87	81,26	91,42
	V	2 672,50	146,98	213,80	240,52	IV	2 257,91	120,81	175,72	197,69	117,44	170,82	192,17	114,07	165,92	186,66	110,69	161,01	181,13	107,32	156,10	175,61	103,95	151,20	170,10
	VI	2 706,—	148,83	216,48	243,54																				
7 619,99 West	I,IV	2 246,33	123,54	179,70	202,16	I	2 246,33	116,80	169,89	191,12	110,05	160,08	180,09	103,31	150,27	169,05	96,56	140,46	158,01	89,81	130,64	146,97	83,07	120,84	135,94
	II	2 200,58	121,03	176,04	198,05	II	2 200,58	114,28	166,23	187,01	107,53	156,42	175,97	100,79	146,60	164,93	94,05	136,80	153,90	87,30	126,98	142,85	80,55	117,17	131,81
	III	1 611,83	88,65	128,94	145,06	III	1 611,83	82,78	120,41	135,46	77,04	112,06	126,07	71,43	103,90	116,89	65,95	95,93	107,92	60,60	88,14	99,16	55,37	80,54	90,61
	V	2 660,91	146,35	212,87	239,48	IV	2 246,33	120,17	174,80	196,65	116,80	169,89	191,12	113,42	164,98	185,60	110,05	160,08	180,09	106,68	155,18	174,57	103,31	150,27	169,05
	VI	2 694,33	148,18	215,54	242,48																				
7 619,99 Ost	I,IV	2 259,16	124,25	180,73	203,32	I	2 259,16	117,51	170,92	192,29	110,76	161,11	181,25	104,01	151,30	170,21	97,27	141,49	159,17	90,53	131,68	148,14	83,78	121,86	137,09
	II	2 213,41	121,73	177,07	199,20	II	2 213,41	114,99	167,26	188,16	108,24	157,45	177,13	101,50	147,64	166,09	94,75	137,82	155,05	88,01	128,02	144,02	81,26	118,20	132,98
	III	1 623,16	89,27	129,85	146,08	III	1 623,16	83,39	121,30	136,46	77,64	112,93	127,04	72,02	104,76	117,85	66,52	96,76	108,85	61,16	88,96	100,08	55,91	81,33	91,49
	V	2 673,75	147,05	213,90	240,63	IV	2 259,16	120,88	175,83	197,81	117,51	170,92	192,29	114,13	166,02	186,77	110,76	161,11	181,25	107,39	156,20	175,73	104,01	151,30	170,21
	VI	2 707,25	148,89	216,58	243,65																				
7 622,99 West	I,IV	2 247,58	123,61	179,80	202,28	I	2 247,58	116,87	169,99	191,24	110,12	160,18	180,20	103,38	150,37	169,16	96,63	140,56	158,13	89,89	130,75	147,09	83,14	120,94	136,05
	II	2 201,83	121,10	176,14	198,16	II	2 201,83	114,35	166,33	187,12	107,60	156,52	176,08	100,86	146,71	165,05	94,11	136,90	154,01	87,37	127,08	142,97	80,63	117,28	131,94
	III	1 613,—	88,71	129,04	145,17	III	1 613,—	82,84	120,50	135,56	77,11	112,16	126,18	71,49	103,98	116,98	66,—	96,01	108,01	60,65	88,22	99,25	55,43	80,62	90,70
	V	2 662,16	146,41	212,97	239,59	IV	2 247,58	120,24	174,90	196,76	116,87	169,99	191,24	113,49	165,08	185,72	110,12	160,18	180,20	106,75	155,28	174,69	103,38	150,37	169,16
	VI	2 695,58	148,25	215,64	242,60																				
7 622,99 Ost	I,IV	2 260,50	124,32	180,84	203,44	I	2 260,50	117,58	171,02	192,40	110,83	161,21	181,36	104,09	151,40	170,33	97,34	141,59	159,29	90,59	131,78	148,25	83,85	121,96	137,21
	II	2 214,66	121,80	177,17	199,31	II	2 214,66	115,06	167,36	188,28	108,31	157,55	177,24	101,57	147,74	166,20	94,82	137,92	155,16	88,08	128,12	144,13	81,33	118,30	133,09
	III	1 624,33	89,33	129,94	146,18	III	1 624,33	83,45	121,38	136,55	77,70	113,02	127,15	72,07	104,84	117,94	66,57	96,84	108,94	61,21	89,04	100,17	55,97	81,41	91,58
	V	2 675,—	147,12	214,—	240,75	IV	2 260,50	120,95	175,93	197,92	117,58	171,02	192,40	114,20	166,12	186,88	110,83	161,21	181,36	107,46	156,30	175,84	104,09	151,40	170,33
	VI	2 708,50	148,96	216,68	243,76																				
7 625,99 West	I,IV	2 248,83	123,68	179,90	202,39	I	2 248,83	116,93	170,09	191,35	110,19	160,28	180,32	103,45	150,47	169,28	96,70	140,66	158,24	89,96	130,85	147,20	83,21	121,04	136,17
	II	2 203,08	121,16	176,24	198,27	II	2 203,08	114,42	166,43	187,23	107,67	156,62	176,19	100,93	146,81	165,16	94,18	137,—	154,12	87,44	127,18	143,08	80,69	117,38	132,05
	III	1 614,16	88,77	129,13	145,27	III	1 614,16	82,90	120,58	135,65	77,16	112,24	126,27	71,55	104,08	117,09	66,06	96,09	108,10	60,71	88,30	99,34	55,48	80,70	90,79
	V	2 663,41	146,48	213,07	239,70	IV	2 248,83	120,31	175,—	196,87	116,93	170,09	191,35	113,57	165,19	185,84	110,19	160,28	180,32	106,82	155,38	174,80	103,45	150,47	169,28
	VI	2 696,83	148,32	215,74	242,71																				
7 625,99 Ost	I,IV	2 261,75	124,39	180,94	203,55	I	2 261,75	117,64	171,12	192,51	110,90	161,31	181,47	104,16	151,50	170,44	97,41	141,69	159,40	90,66	131,88	148,36	83,92	122,07	137,33
	II	2 215,91	121,87	177,27	199,43	II	2 215,91	115,13	167,46	188,39	108,38	157,65	177,35	101,64	147,84	166,32	94,89	138,03	155,28	88,15	128,22	144,24	81,40	118,40	133,20
	III	1 625,50	89,40	130,04	146,29	III	1 625,50	83,51	121,48	136,66	77,76	113,10	127,24	72,13	104,92	118,03	66,63	96,92	109,03	61,27	89,12	100,26	56,02	81,49	91,67
	V	2 676,25	147,19	214,10	240,86	IV	2 261,75	121,02	176,03	198,03	117,64	171,12	192,51	114,27	166,22	186,99	110,90	161,31	181,47	107,52	156,40	175,95	104,16	151,50	170,44
	VI	2 709,75	149,03	216,78	243,87																				
7 628,99 West	I,IV	2 250,08	123,75	180,—	202,50	I	2 250,08	117,01	170,20	191,47	110,26	160,38	180,43	103,51	150,57	169,39	96,77	140,76	158,36	90,03	130,95	147,32	83,28	121,14	136,28
	II	2 204,33	121,23	176,34	198,38	II	2 204,33	114,49	166,53	187,34	107,74	156,72	176,31	101,—	146,91	165,27	94,25	137,10	154,23	87,50	127,28	143,19	80,76	117,48	132,16
	III	1 615,16	88,83	129,21	145,36	III	1 615,16	82,96	120,68	135,76	77,22	112,32	126,36	71,61	104,16	117,18	66,11	96,17	108,19	60,76	88,38	99,43	55,53	80,77	90,86
	V	2 664,66	146,55	213,17	239,81	IV	2 250,08	120,38	175,10	196,98	117,01	170,20	191,47	113,63	165,29	185,95	110,26	160,38	180,43	106,89	155,48	174,91	103,51	150,57	169,39
	VI	2 698,16	148,39	215,85	242,83																				
7 628,99 Ost	I,IV	2 263,—	124,46	181,04	203,67	I	2 263,—	117,71	171,22	192,62	110,97	161,41	181,58	104,22	151,60	170,55	97,48	141,79	159,51	90,73	131,98	148,47	83,99	122,17	137,44
	II	2 217,16	121,94	177,37	199,54	II	2 217,16	115,20	167,56	188,51	108,45	157,75	177,47	101,70	147,94	166,43	94,96	138,13	155,39	88,22	128,32	144,36	81,47	118,50	133,31
	III	1 626,50	89,45	130,12	146,38	III	1 626,50	83,57	121,56	136,75	77,81	113,18	127,33	72,18	105,—	118,12	66,68	97,—	109,12	61,32	89,20	100,35	56,08	81,57	91,76
	V	2 677,58	147,26	214,20	240,98	IV	2 263,—	121,09	176,13	198,14	117,71	171,22	192,62	114,34	166,32	187,11	110,97	161,41	181,58	107,60	156,51	176,07	104,22	151,60	170,55
	VI	2 711,—	149,10	216,88	243,99																				
7 631,99 West	I,IV	2 251,33	123,82	180,10	202,61	I	2 251,33	117,08	170,30	191,58	110,33	160,48	180,54	103,58	150,67	169,50	96,84	140,86	158,47	90,09	131,05	147,43	83,35	121,24	136,39
	II	2 205,58	121,30	176,44	198,50	II	2 205,58	114,56	166,63	187,46	107,81	156,82	176,42	101,07	147,01	165,38	94,32	137,20	154,35	87,58	127,39	143,31	80,83	117,58	132,27
	III	1 616,33	88,89	129,30	145,46	III	1 616,33	83,02	120,76	135,85	77,28	112,41	126,46	71,66	104,24	117,27	66,17	96,25	108,28	60,82	88,46	99,52	55,58	80,85	90,95
	V	2 665,91	146,62	213,27	239,93	IV	2 251,33	120,45	175,20	197,10	117,08	170,30	191,58	113,70	165,39	186,06	110,33	160,48	180,54	106,96	155,58	175,02	103,58	150,67	169,50
	VI	2 699,41	148,46	215,95	242,94																				
7 631,99 Ost	I,IV	2 264,25	124,53	181,14	203,78	I	2 264,25	117,78	171,32	192,74	111,04	161,52	181,71	104,29	151,70	170,66	97,55	141,89	159,62	90,80	132,08	148,59	84,06	122,27	137,55
	II	2 218,50	122,01	177,48	199,66	II	2 218,50	115,27	167,66	188,62	108,52	157,85	177,58	101,78	148,04	166,55	95,03	138,23	155,51	88,28	128,42	144,47	81,54	118,60	133,43
	III	1 627,66	89,52	130,21	146,48	III	1 627,66	83,63	121,65	136,85	77,88	113,28	127,44	72,25	105,09	118,22	66,75	97,09	109,22	61,38	89,28	100,44	56,13	81,65	91,85
	V	2 678,83	147,33	214,30	241,09	IV	2 264,25	121,16	176,23	198,26	117,78	171,32	192,74	114,41	166,42	187,22	111,04	161,52	181,71	107,67	156,61	176,18	104,29	151,70	170,66
	VI	2 712,25	149,17	216,98	244,10																				

*** Die ausgewiesenen Tabellenwerte sind amtlich. Siehe Erläuterungen auf der Umschlaginnenseite (U2).**

MONAT 7 632,–*

Lohn/ Gehalt bis €*	Stkl.	LSt	SolZ	8%	9%	Stkl.	LSt	0,5 SolZ	0,5 8%	0,5 9%	1 SolZ	1 8%	1 9%	1,5 SolZ	1,5 8%	1,5 9%	2 SolZ	2 8%	2 9%	2,5 SolZ	2,5 8%	2,5 9%	3 SolZ	3 8%	3 9%
		I – VI ohne Kinderfreibeträge				I, II, III, IV mit Zahl der Kinderfreibeträge . . .																			
7 634,99 West	I,IV	2 252,58	123,89	180,20	202,73	I	2 252,58	117,15	170,40	191,70	110,40	160,58	180,65	103,65	150,77	169,61	96,91	140,96	158,58	90,16	131,15	147,54	83,42	121,34	136,50
	II	2 206,83	121,37	176,54	198,61	II	2 206,83	114,62	166,73	187,57	107,88	156,92	176,54	101,14	147,11	165,50	94,39	137,30	154,46	87,65	127,49	143,42	80,90	117,68	132,39
	III	1 617,50	88,96	129,40	145,57	III	1 617,50	83,08	120,85	135,95	77,33	112,49	126,55	71,72	104,32	117,36	66,22	96,33	108,37	60,87	88,54	99,61	55,64	80,93	91,04
	V	2 667,16	146,69	213,37	240,04	IV	2 252,58	120,52	175,30	197,21	117,15	170,40	191,70	113,77	165,49	186,17	110,40	160,58	180,65	107,03	155,68	175,14	103,65	150,77	169,61
	VI	2 700,66	148,53	216,05	243,05																				
7 634,99 Ost	I,IV	2 265,50	124,60	181,24	203,89	I	2 265,50	117,85	171,42	192,85	111,11	161,62	181,82	104,36	151,80	170,78	97,62	141,99	159,74	90,87	132,18	148,70	84,13	122,37	137,66
	II	2 219,75	122,08	177,58	199,77	II	2 219,75	115,33	167,76	188,73	108,59	157,95	177,69	101,85	148,14	166,66	95,10	138,33	155,62	88,35	128,52	144,58	81,61	118,71	133,55
	III	1 628,83	89,58	130,30	146,59	III	1 628,83	83,69	121,73	136,94	77,93	113,36	127,53	72,30	105,17	118,31	66,80	97,17	109,31	61,42	89,34	100,51	56,18	81,72	91,93
	V	2 680,08	147,40	214,40	241,20	IV	2 265,50	121,22	176,33	198,37	117,85	171,42	192,85	114,48	166,52	187,34	111,11	161,62	181,82	107,74	156,71	176,30	104,36	151,80	170,78
	VI	2 713,50	149,24	217,08	244,21																				
7 637,99 West	I,IV	2 253,91	123,96	180,31	202,85	I	2 253,91	117,21	170,50	191,81	110,47	160,68	180,77	103,73	150,88	169,74	96,98	141,06	158,69	90,23	131,25	147,65	83,49	121,44	136,62
	II	2 208,08	121,44	176,64	198,72	II	2 208,08	114,70	166,84	187,69	107,95	157,02	176,65	101,20	147,21	165,61	94,46	137,40	154,58	87,72	127,59	143,54	80,97	117,78	132,50
	III	1 618,50	89,01	129,48	145,66	III	1 618,50	83,14	120,93	136,04	77,39	112,57	126,64	71,77	104,40	117,45	66,29	96,42	108,47	60,93	88,62	99,70	55,69	81,01	91,13
	V	2 668,41	146,76	213,47	240,15	IV	2 253,91	120,59	175,40	197,33	117,21	170,50	191,81	113,84	165,59	186,29	110,47	160,68	180,77	107,09	155,78	175,25	103,73	150,88	169,74
	VI	2 701,91	148,60	216,15	243,17																				
7 637,99 Ost	I,IV	2 266,75	124,67	181,34	204,—	I	2 266,75	117,92	171,52	192,96	111,18	161,72	181,93	104,43	151,90	170,89	97,68	142,09	159,85	90,94	132,28	148,82	84,20	122,47	137,78
	II	2 221,—	122,15	177,68	199,89	II	2 221,—	115,40	167,86	188,84	108,66	158,05	177,80	101,91	148,24	166,77	95,17	138,43	155,73	88,42	128,62	144,69	81,68	118,81	133,66
	III	1 629,83	89,64	130,38	146,68	III	1 629,83	83,75	121,82	137,05	77,99	113,45	127,63	72,36	105,25	118,40	66,86	97,25	109,40	61,48	89,42	100,60	56,23	81,80	92,02
	V	2 681,33	147,47	214,50	241,31	IV	2 266,75	121,29	176,43	198,48	117,92	171,52	192,96	114,55	166,62	187,45	111,18	161,72	181,93	107,80	156,81	176,41	104,43	151,90	170,89
	VI	2 714,75	149,31	217,18	244,32																				
7 640,99 West	I,IV	2 255,16	124,03	180,41	202,96	I	2 255,16	117,28	170,60	191,92	110,54	160,78	180,88	103,79	150,98	169,85	97,05	141,16	158,81	90,30	131,35	147,77	83,56	121,54	136,73
	II	2 209,33	121,51	176,74	198,83	II	2 209,33	114,77	166,94	187,80	108,02	157,12	176,76	101,27	147,31	165,72	94,53	137,50	154,69	87,78	127,69	143,65	81,04	117,88	132,61
	III	1 619,66	89,08	129,57	145,76	III	1 619,66	83,20	121,02	136,15	77,45	112,66	126,74	71,83	104,49	117,55	66,34	96,50	108,56	60,98	88,70	99,79	55,75	81,09	91,22
	V	2 669,75	146,83	213,58	240,27	IV	2 255,16	120,66	175,50	197,44	117,28	170,60	191,92	113,91	165,69	186,40	110,54	160,78	180,88	107,17	155,88	175,37	103,79	150,98	169,85
	VI	2 703,16	148,67	216,25	243,28																				
7 640,99 Ost	I,IV	2 268,—	124,74	181,44	204,12	I	2 268,—	117,99	171,63	193,08	111,25	161,82	182,04	104,50	152,—	171,—	97,76	142,20	159,97	91,01	132,38	148,93	84,26	122,57	137,89
	II	2 222,25	122,22	177,78	200,—	II	2 222,25	115,47	167,96	188,96	108,73	158,16	177,93	101,98	148,34	166,88	95,24	138,53	155,84	88,49	128,72	144,81	81,75	118,91	133,77
	III	1 631,—	89,70	130,48	146,79	III	1 631,—	83,82	121,92	137,16	78,05	113,53	127,72	72,41	105,33	118,49	66,91	97,33	109,49	61,53	89,50	100,69	56,29	81,88	92,11
	V	2 682,58	147,54	214,60	241,43	IV	2 268,—	121,36	176,53	198,59	117,99	171,63	193,08	114,62	166,72	187,56	111,25	161,82	182,04	107,87	156,91	176,52	104,50	152,—	171,—
	VI	2 716,08	149,38	217,28	244,44																				
7 643,99 West	I,IV	2 256,41	124,10	180,51	203,07	I	2 256,41	117,35	170,70	192,03	110,60	160,88	180,99	103,86	151,08	169,96	97,12	141,26	158,92	90,37	131,45	147,88	83,63	121,64	136,85
	II	2 210,58	121,58	176,84	198,95	II	2 210,58	114,84	167,04	187,92	108,09	157,22	176,87	101,34	147,41	165,83	94,60	137,60	154,80	87,85	127,79	143,76	81,11	117,98	132,72
	III	1 620,83	89,14	129,66	145,87	III	1 620,83	83,26	121,10	136,24	77,51	112,74	126,83	71,89	104,57	117,64	66,40	96,58	108,65	61,04	88,78	99,88	55,79	81,16	91,30
	V	2 671,—	146,90	213,68	240,39	IV	2 256,41	120,72	175,60	197,55	117,35	170,70	192,03	113,98	165,79	186,51	110,60	160,88	180,99	107,24	155,98	175,48	103,86	151,08	169,96
	VI	2 704,41	148,74	216,35	243,39																				
7 643,99 Ost	I,IV	2 269,25	124,80	181,54	204,23	I	2 269,25	118,06	171,73	193,19	111,32	161,92	182,16	104,57	152,10	171,11	97,83	142,30	160,08	91,08	132,48	149,04	84,33	122,67	138,—
	II	2 223,50	122,29	177,88	200,11	II	2 223,50	115,54	168,06	189,07	108,80	158,26	178,04	102,05	148,44	167,—	95,31	138,63	155,96	88,56	128,82	144,92	81,82	119,01	133,88
	III	1 632,16	89,76	130,57	146,89	III	1 632,16	83,87	122,—	137,25	78,10	113,61	127,81	72,48	105,42	118,60	66,97	97,41	109,58	61,59	89,58	100,78	56,34	81,96	92,20
	V	2 683,83	147,61	214,70	241,54	IV	2 269,25	121,44	176,64	198,72	118,06	171,73	193,19	114,69	166,82	187,67	111,32	161,92	182,16	107,94	157,01	176,63	104,57	152,10	171,11
	VI	2 717,33	149,45	217,38	244,55																				
7 646,99 West	I,IV	2 257,66	124,17	180,61	203,18	I	2 257,66	117,42	170,80	192,15	110,68	160,99	181,11	103,93	151,18	170,07	97,18	141,36	159,03	90,44	131,56	148,—	83,70	121,74	136,96
	II	2 211,91	121,65	176,95	199,07	II	2 211,91	114,90	167,14	188,03	108,16	157,32	176,99	101,42	147,52	165,96	94,67	137,70	154,91	87,92	127,89	143,87	81,18	118,08	132,84
	III	1 621,83	89,20	129,74	145,96	III	1 621,83	83,32	121,20	136,35	77,56	112,82	126,92	71,94	104,65	117,73	66,45	96,66	108,74	61,08	88,85	99,95	55,85	81,24	91,39
	V	2 672,25	146,97	213,78	240,50	IV	2 257,66	120,79	175,70	197,66	117,42	170,80	192,15	114,05	165,89	186,62	110,68	160,99	181,11	107,30	156,08	175,59	103,93	151,18	170,07
	VI	2 705,66	148,81	216,45	243,50																				
7 646,99 Ost	I,IV	2 270,58	124,88	181,64	204,35	I	2 270,58	118,13	171,83	193,31	111,38	162,02	182,27	104,64	152,20	171,23	97,90	142,40	160,20	91,15	132,58	149,15	84,40	122,77	138,11
	II	2 224,75	122,36	177,98	200,22	II	2 224,75	115,61	168,16	189,18	108,87	158,36	178,15	102,12	148,54	167,11	95,37	138,73	156,07	88,63	128,92	145,04	81,89	119,11	134,—
	III	1 633,33	89,83	130,66	146,99	III	1 633,33	83,93	122,09	137,35	78,17	113,70	127,91	72,53	105,50	118,69	67,02	97,49	109,67	61,64	89,66	100,87	56,40	82,04	92,29
	V	2 685,08	147,67	214,80	241,65	IV	2 270,58	121,50	176,74	198,83	118,13	171,83	193,31	114,76	166,92	187,79	111,38	162,02	182,27	108,01	157,11	176,75	104,64	152,20	171,23
	VI	2 718,58	149,52	217,48	244,67																				
7 649,99 West	I,IV	2 258,91	124,24	180,71	203,30	I	2 258,91	117,49	170,90	192,26	110,75	161,09	181,22	104,—	151,28	170,19	97,25	141,46	159,14	90,51	131,66	148,11	83,76	121,84	137,07
	II	2 213,16	121,72	177,05	199,18	II	2 213,16	114,97	167,24	188,14	108,23	157,42	177,10	101,48	147,62	166,07	94,74	137,80	155,03	87,99	127,99	143,99	81,25	118,18	132,95
	III	1 623,—	89,26	129,84	146,07	III	1 623,—	83,38	121,28	136,44	77,63	112,92	127,03	72,—	104,73	117,82	66,51	96,74	108,83	61,14	88,93	100,04	55,90	81,32	91,48
	V	2 673,50	147,04	213,88	240,61	IV	2 258,91	120,86	175,80	197,78	117,49	170,90	192,26	114,12	166,—	186,75	110,75	161,09	181,22	107,37	156,18	175,70	104,—	151,28	170,19
	VI	2 706,91	148,88	216,55	243,62																				
7 649,99 Ost	I,IV	2 271,83	124,95	181,74	204,46	I	2 271,83	118,20	171,93	193,42	111,45	162,12	182,38	104,71	152,31	171,35	97,96	142,50	160,31	91,22	132,68	149,27	84,48	122,88	138,24
	II	2 226,—	122,43	178,08	200,34	II	2 226,—	115,68	168,27	189,30	108,94	158,46	178,26	102,19	148,64	167,22	95,45	138,84	156,19	88,70	129,02	145,15	81,95	119,21	134,11
	III	1 634,33	89,88	130,74	147,08	III	1 634,33	83,99	122,17	137,44	78,22	113,78	128,—	72,59	105,58	118,78	67,08	97,57	109,76	61,70	89,74	100,96	56,44	82,10	92,36
	V	2 686,33	147,74	214,90	241,76	IV	2 271,83	121,57	176,84	198,94	118,20	171,93	193,42	114,83	167,02	187,90	111,45	162,12	182,38	108,08	157,21	176,86	104,71	152,31	171,35
	VI	2 719,83	149,59	217,58	244,78																				
7 652,99 West	I,IV	2 260,16	124,30	180,81	203,41	I	2 260,16	117,56	171,—	192,38	110,82	161,19	181,34	104,07	151,38	170,30	97,32	141,56	159,26	90,58	131,76	148,23	83,83	121,94	137,18
	II	2 214,41	121,79	177,15	199,29	II	2 214,41	115,04	167,34	188,25	108,29	157,52	177,21	101,55	147,72	166,18	94,81	137,90	155,14	88,06	128,09	144,10	81,32	118,28	133,07
	III	1 624,16	89,32	129,93	146,17	III	1 624,16	83,44	121,37	136,54	77,68	113,—	127,12	72,06	104,82	117,92	66,56	96,82	108,92	61,19	89,01	100,13	55,96	81,40	91,57
	V	2 674,75	147,11	213,98	240,72	IV	2 260,16	120,93	175,90	197,89	117,56	171,—	192,38	114,19	166,10	186,86	110,82	161,19	181,34	107,44	156,28	175,82	104,07	151,38	170,30
	VI	2 708,25	148,95	216,66	243,74																				
7 652,99 Ost	I,IV	2 273,08	125,01	181,84	204,57	I	2 273,08	118,27	172,03	193,53	111,52	162,22	182,49	104,78	152,41	171,46	98,03	142,60	160,42	91,29	132,78	149,38	84,54	122,98	138,35
	II	2 227,25	122,49	178,18	200,45	II	2 227,25	115,75	168,37	189,41	109,01	158,56	178,38	102,26	148,74	167,33	95,52	138,94	156,30	88,77	129,12	145,26	82,02	119,31	134,22
	III	1 635,50	89,95	130,84	147,19	III	1 635,50	84,05	122,26	137,54	78,28	113,86	128,09	72,64	105,66	118,87	67,13	97,65	109,85	61,75	89,82	101,05	56,50	82,18	92,45
	V	2 687,66	147,82	215,01	241,88	IV	2 273,08	121,64	176,94	199,05	118,27	172,03	193,53	114,89	167,12	188,01	111,52	162,22	182,49	108,15	157,32	176,98	104,78	152,41	171,46
	VI	2 721,08	149,65	217,68	244,89																				
7 655,99 West	I,IV	2 261,41	124,37	180,91	203,52	I	2 261,41	117,63	171,10	192,49	110,88	161,29	181,45	104,14	151,48	170,41	97,40	141,67	159,38	90,65	131,86	148,34	83,90	122,04	137,30
	II	2 215,66	121,86	177,25	199,40	II	2 215,66	115,11	167,44	188,37	108,37	157,63	177,33	101,62	147,82	166,29	94,87	138,—	155,25	88,13	128,20	144,22	81,39	118,38	133,18
	III	1 625,16	89,38	130,01	146,26	III	1 625,16	83,49	121,45	136,63	77,75	113,09	127,22	72,12	104,90	118,01	66,62	96,90	109,01	61,25	89,09	100,22	56,01	81,48	91,66
	V	2 676,—	147,18	214,08	240,84	IV	2 261,41	121,—	176,—	198,—	117,63	171,10	192,49	114,26	166,20	186,97	110,88	161,29	181,45	107,51	156,38	175,93	104,14	151,48	170,41
	VI	2 709,50	149,02	216,76	243,85																				
7 655,99 Ost	I,IV	2 274,33	125,08	181,94	204,68	I	2 274,33	118,34	172,13	193,64	111,59	162,32	182,61	104,85	152,51	171,57	98,10	142,70	160,53	91,35	132,88	149,49	84,61	123,08	138,46
	II	2 228,58	122,57	178,28	200,57	II	2 228,58	115,82	168,47	189,53	109,07	158,66	178,49	102,33	148,84	167,45	95,59	139,04	156,42	88,84	129,22	145,37	82,09	119,41	134,33
	III	1 636,66	90,01	130,93	147,29	III	1 636,66	84,11	122,34	137,63	78,34	113,96	128,20	72,71	105,76	118,98	67,19	97,73	109,94	61,81	89,90	101,14	56,55	82,26	92,54
	V	2 688,91	147,89	215,11	242,—	IV	2 274,33	121,71	177,04	199,17	118,34	172,13	193,64	114,96	167,22	188,12	111,59	162,32	182,61	108,22	157,42	177,09	104,85	152,51	171,57
	VI	2 722,33	149,72	217,78	245,—																				

Table heading: Abzüge an Lohnsteuer, Solidaritätszuschlag (SolZ) und Kirchensteuer (8%, 9%) in den Steuerklassen

* Die ausgewiesenen Tabellenwerte sind amtlich. Siehe Erläuterungen auf der Umschlaginnenseite (U2).

Abzüge an Lohnsteuer, Solidaritätszuschlag (SolZ) und Kirchensteuer (8%, 9%) in den Steuerklassen

Lohn/ Gehalt bis €*	I – VI					I, II, III, IV		mit Zahl der Kinderfreibeträge . . . 0,5			1			1,5			2			2,5			3		
		LSt	ohne Kinderfreibeträge SolZ	8%	9%		LSt	SolZ	8%	9%	SolZ	8%	9%	SolZ	8%	9%	SolZ	8%	9%	SolZ	8%	9%	SolZ	8%	9%
7 658,99 West	I,IV	2 262,66	124,44	181,01	203,63	I	2 262,66	117,70	171,20	192,60	110,95	161,39	181,56	104,21	151,58	170,52	97,46	141,77	159,49	90,72	131,96	148,45	83,97	122,14	137,41
	II	2 216,91	121,93	177,35	199,52	II	2 216,91	115,18	167,54	188,48	108,44	157,73	177,44	101,69	147,92	166,41	94,94	138,10	155,36	88,20	128,30	144,33	81,45	118,48	133,29
	III	1 626,33	89,44	130,10	146,36	III	1 626,33	83,56	121,54	136,73	77,80	113,17	127,31	72,17	104,98	118,10	66,67	96,98	109,10	61,30	89,17	100,31	56,06	81,54	91,73
	V	2 677,25	147,24	214,18	240,95	IV	2 262,66	121,07	176,11	198,12	117,70	171,20	192,60	114,33	166,30	187,08	110,95	161,39	181,56	107,58	156,48	176,04	104,21	151,58	170,52
	VI	2 710,75	149,09	216,86	243,96																				
7 658,99 Ost	I,IV	2 275,58	125,15	182,04	204,80	I	2 275,58	118,41	172,23	193,76	111,66	162,42	182,72	104,92	152,61	171,68	98,17	142,80	160,65	91,43	132,99	149,61	84,68	123,18	138,57
	II	2 229,83	122,64	178,38	200,68	II	2 229,83	115,89	168,57	189,64	109,14	158,76	178,60	102,40	148,95	167,57	95,65	139,14	156,53	88,91	129,32	145,49	82,17	119,52	134,46
	III	1 637,66	90,07	131,01	147,38	III	1 637,66	84,17	122,44	137,74	78,40	114,04	128,29	72,76	105,84	119,07	67,24	97,81	110,03	61,86	89,98	101,23	56,61	82,34	92,63
	V	2 690,16	147,95	215,21	242,11	IV	2 275,58	121,78	177,14	199,28	118,41	172,23	193,76	115,03	167,32	188,24	111,66	162,42	182,72	108,29	157,52	177,21	104,92	152,61	171,68
	VI	2 723,58	149,79	217,88	245,12																				
7 661,99 West	I,IV	2 264,—	124,52	181,12	203,76	I	2 264,—	117,77	171,30	192,71	111,02	161,49	181,67	104,28	151,68	170,64	97,53	141,87	159,60	90,79	132,06	148,56	84,04	122,24	137,52
	II	2 218,16	121,99	177,45	199,63	II	2 218,16	115,25	167,64	188,60	108,51	157,83	177,56	101,76	148,02	166,52	95,01	138,20	155,48	88,27	128,40	144,45	81,52	118,58	133,40
	III	1 627,50	89,51	130,20	146,47	III	1 627,50	83,61	121,62	136,82	77,86	113,25	127,40	72,23	105,06	118,19	66,73	97,06	109,19	61,36	89,25	100,40	56,11	81,62	91,82
	V	2 678,50	147,31	214,28	241,06	IV	2 264,—	121,14	176,21	198,23	117,77	171,30	192,71	114,40	166,40	187,20	111,02	161,49	181,67	107,65	156,58	176,15	104,28	151,68	170,64
	VI	2 712,—	149,16	216,96	244,08																				
7 661,99 Ost	I,IV	2 276,83	125,22	182,14	204,91	I	2 276,83	118,47	172,33	193,87	111,73	162,52	182,84	104,99	152,71	171,80	98,24	142,90	160,76	91,50	133,09	149,72	84,75	123,28	138,69
	II	2 231,08	122,70	178,48	200,79	II	2 231,08	115,96	168,67	189,75	109,21	158,86	178,71	102,47	149,05	167,68	95,72	139,24	156,64	88,98	129,42	145,60	82,23	119,62	134,57
	III	1 638,83	90,13	131,10	147,49	III	1 638,83	84,23	122,52	137,83	78,46	114,13	128,39	72,82	105,92	119,16	67,31	97,90	110,14	61,92	90,06	101,32	56,66	82,42	92,72
	V	2 691,41	148,02	215,31	242,22	IV	2 276,83	121,85	177,24	199,39	118,47	172,33	193,87	115,11	167,43	188,36	111,73	162,52	182,84	108,36	157,62	177,32	104,99	152,71	171,80
	VI	2 724,83	149,86	217,98	245,23																				
7 664,99 West	I,IV	2 265,25	124,58	181,22	203,87	I	2 265,25	117,84	171,40	192,83	111,09	161,59	181,79	104,35	151,78	170,75	97,60	141,97	159,71	90,86	132,16	148,68	84,11	122,35	137,64
	II	2 219,41	122,06	177,55	199,74	II	2 219,41	115,32	167,74	188,71	108,57	157,93	177,67	101,83	148,12	166,63	95,09	138,31	155,60	88,34	128,50	144,56	81,59	118,68	133,52
	III	1 628,50	89,56	130,28	146,56	III	1 628,50	83,68	121,72	136,93	77,92	113,34	127,51	72,28	105,14	118,28	66,78	97,14	109,28	61,41	89,33	100,49	56,17	81,70	91,91
	V	2 679,75	147,38	214,38	241,17	IV	2 265,25	121,21	176,31	198,35	117,84	171,40	192,83	114,46	166,50	187,31	111,09	161,59	181,79	107,72	156,68	176,27	104,35	151,78	170,75
	VI	2 713,25	149,22	217,06	244,19																				
7 664,99 Ost	I,IV	2 278,08	125,29	182,24	205,02	I	2 278,08	118,55	172,44	193,99	111,80	162,62	182,95	105,05	152,81	171,91	98,31	143,—	160,88	91,57	133,19	149,84	84,82	123,38	138,80
	II	2 232,33	122,77	178,58	200,90	II	2 232,33	116,03	168,77	189,86	109,28	158,96	178,83	102,54	149,15	167,79	95,79	139,34	156,75	89,04	129,52	145,71	82,30	119,72	134,68
	III	1 640,—	90,20	131,20	147,60	III	1 640,—	84,29	122,61	137,93	78,52	114,21	128,48	72,87	106,—	119,25	67,36	97,98	110,23	61,97	90,14	101,41	56,71	82,49	92,80
	V	2 692,66	148,09	215,41	242,33	IV	2 278,08	121,92	177,34	199,50	118,55	172,44	193,99	115,17	167,53	188,47	111,80	162,62	182,95	108,43	157,72	177,43	105,05	152,81	171,91
	VI	2 726,16	149,93	218,09	245,35																				
7 667,99 West	I,IV	2 266,50	124,65	181,32	203,98	I	2 266,50	117,91	171,50	192,94	111,16	161,69	181,90	104,42	151,88	170,87	97,67	142,07	159,83	90,92	132,26	148,79	84,18	122,45	137,75
	II	2 220,66	122,13	177,65	199,85	II	2 220,66	115,39	167,84	188,82	108,64	158,03	177,78	101,90	148,22	166,74	95,15	138,41	155,71	88,41	128,60	144,67	81,66	118,78	133,63
	III	1 629,66	89,63	130,37	146,66	III	1 629,66	83,74	121,81	137,03	77,98	113,42	127,60	72,35	105,24	118,39	66,84	97,22	109,37	61,47	89,41	100,58	56,22	81,78	92,—
	V	2 681,08	147,45	214,48	241,29	IV	2 266,50	121,28	176,41	198,46	117,91	171,50	192,94	114,53	166,60	187,42	111,16	161,69	181,90	107,79	156,79	176,39	104,42	151,88	170,87
	VI	2 714,50	149,29	217,16	244,30																				
7 667,99 Ost	I,IV	2 279,33	125,36	182,34	205,13	I	2 279,33	118,62	172,54	194,10	111,87	162,72	183,06	105,12	152,91	172,02	98,38	143,10	160,99	91,63	133,29	149,95	84,89	123,48	138,91
	II	2 233,58	122,84	178,68	201,02	II	2 233,58	116,10	168,87	189,98	109,35	159,06	178,94	102,61	149,25	167,90	95,86	139,44	156,87	89,12	129,63	145,83	82,37	119,82	134,79
	III	1 641,—	90,25	131,28	147,69	III	1 641,—	84,35	122,69	138,02	78,57	114,29	128,57	72,93	106,09	119,35	67,42	98,06	110,32	62,03	90,22	101,50	56,76	82,57	92,89
	V	2 693,91	148,16	215,51	242,45	IV	2 279,33	121,99	177,44	199,62	118,62	172,54	194,10	115,24	167,63	188,58	111,87	162,72	183,06	108,50	157,82	177,54	105,12	152,91	172,02
	VI	2 727,41	150,—	218,19	245,46																				
7 670,99 West	I,IV	2 267,75	124,72	181,42	204,09	I	2 267,75	117,97	171,60	193,05	111,23	161,80	182,02	104,49	151,98	170,98	97,74	142,17	159,94	91,—	132,36	148,91	84,25	122,55	137,87
	II	2 222,—	122,21	177,76	199,98	II	2 222,—	115,46	167,94	188,93	108,71	158,13	177,89	101,97	148,32	166,86	95,22	138,51	155,82	88,48	128,70	144,78	81,73	118,88	133,74
	III	1 630,83	89,69	130,46	146,77	III	1 630,83	83,80	121,89	137,12	78,03	113,50	127,69	72,40	105,32	118,48	66,89	97,30	109,46	61,52	89,49	100,67	56,28	81,86	92,09
	V	2 682,33	147,52	214,58	241,40	IV	2 267,75	121,35	176,51	198,57	117,97	171,60	193,05	114,60	166,70	187,53	111,23	161,80	182,02	107,86	156,89	176,50	104,49	151,98	170,98
	VI	2 715,75	149,36	217,26	244,41																				
7 670,99 Ost	I,IV	2 280,58	125,43	182,44	205,25	I	2 280,58	118,69	172,64	194,22	111,94	162,82	183,17	105,19	153,01	172,13	98,45	143,20	161,10	91,70	133,39	150,06	84,96	123,58	139,02
	II	2 234,83	122,91	178,78	201,13	II	2 234,83	116,16	168,97	190,09	109,42	159,16	179,06	102,68	149,35	168,02	95,93	139,54	156,98	89,19	129,73	145,94	82,44	119,92	134,91
	III	1 642,16	90,31	131,37	147,79	III	1 642,16	84,41	122,78	138,13	78,64	114,38	128,68	72,99	106,17	119,44	67,47	98,14	110,41	62,08	90,30	101,59	56,82	82,65	92,98
	V	2 695,16	148,23	215,61	242,56	IV	2 280,58	122,06	177,54	199,73	118,69	172,64	194,22	115,31	167,73	188,69	111,94	162,82	183,17	108,57	157,92	177,66	105,19	153,01	172,13
	VI	2 728,66	150,07	218,29	245,57																				
7 673,99 West	I,IV	2 269,—	124,79	181,52	204,21	I	2 269,—	118,04	171,70	193,16	111,30	161,90	182,13	104,55	152,08	171,09	97,81	142,27	160,05	91,07	132,46	149,02	84,32	122,65	137,98
	II	2 223,25	122,27	177,86	200,09	II	2 223,25	115,53	168,04	189,05	108,78	158,23	178,01	102,04	148,42	166,97	95,29	138,61	155,93	88,55	128,80	144,90	81,80	118,99	133,86
	III	1 631,83	89,75	130,54	146,86	III	1 631,83	83,86	121,98	137,23	78,10	113,60	127,80	72,46	105,40	118,57	66,96	97,40	109,57	61,58	89,57	100,76	56,32	81,93	92,17
	V	2 683,58	147,59	214,68	241,51	IV	2 269,—	121,42	176,61	198,68	118,04	171,70	193,16	114,67	166,80	187,65	111,30	161,90	182,13	107,93	156,99	176,61	104,55	152,08	171,09
	VI	2 717,—	149,43	217,36	244,53																				
7 673,99 Ost	I,IV	2 281,91	125,50	182,55	205,37	I	2 281,91	118,75	172,74	194,33	112,01	162,92	183,29	105,27	153,12	172,26	98,52	143,30	161,21	91,77	133,49	150,17	85,03	123,68	139,14
	II	2 236,08	122,98	178,88	201,24	II	2 236,08	116,24	169,08	190,21	109,49	159,26	179,17	102,74	149,45	168,13	96,—	139,64	157,10	89,26	129,83	146,06	82,51	120,02	135,02
	III	1 643,33	90,38	131,46	147,89	III	1 643,33	84,47	122,86	138,22	78,69	114,46	128,77	73,04	106,25	119,53	67,53	98,22	110,50	62,14	90,38	101,68	56,87	82,73	93,07
	V	2 696,41	148,30	215,71	242,67	IV	2 281,91	122,13	177,64	199,85	118,75	172,74	194,33	115,38	167,83	188,81	112,01	162,92	183,29	108,63	158,02	177,77	105,27	153,12	172,26
	VI	2 729,91	150,14	218,39	245,69																				
7 676,99 West	I,IV	2 270,25	124,86	181,62	204,32	I	2 270,25	118,11	171,80	193,28	111,37	162,—	182,25	104,62	152,18	171,20	97,88	142,37	160,16	91,13	132,56	149,13	84,39	122,75	138,09
	II	2 224,50	122,34	177,96	200,20	II	2 224,50	115,60	168,14	189,16	108,85	158,33	178,12	102,11	148,52	167,09	95,36	138,71	156,05	88,61	128,90	145,01	81,87	119,09	133,97
	III	1 633,—	89,81	130,64	146,97	III	1 633,—	83,92	122,06	137,32	78,15	113,68	127,89	72,51	105,48	118,66	67,01	97,48	109,66	61,63	89,65	100,85	56,38	82,01	92,26
	V	2 684,83	147,66	214,78	241,63	IV	2 270,25	121,49	176,71	198,80	118,11	171,80	193,28	114,74	166,90	187,76	111,37	162,—	182,25	108,—	157,09	176,72	104,62	152,18	171,20
	VI	2 718,25	149,50	217,46	244,64																				
7 676,99 Ost	I,IV	2 283,16	125,57	182,65	205,48	I	2 283,16	118,82	172,84	194,44	112,08	163,02	183,40	105,33	153,22	172,37	98,59	143,40	161,33	91,84	133,59	150,29	85,10	123,78	139,25
	II	2 237,33	123,05	178,98	201,35	II	2 237,33	116,31	169,18	190,32	109,56	159,36	179,28	102,81	149,55	168,24	96,07	139,74	157,21	89,32	129,93	146,17	82,58	120,12	135,13
	III	1 644,33	90,43	131,54	147,98	III	1 644,33	84,53	122,96	138,33	78,76	114,56	128,88	73,10	106,33	119,62	67,58	98,30	110,59	62,19	90,46	101,77	56,93	82,81	93,16
	V	2 697,75	148,37	215,82	242,79	IV	2 283,16	122,20	177,74	199,96	118,82	172,84	194,44	115,45	167,93	188,92	112,08	163,02	183,40	108,71	158,12	177,89	105,33	153,22	172,37
	VI	2 731,16	150,21	218,49	245,80																				
7 679,99 West	I,IV	2 271,50	124,93	181,72	204,43	I	2 271,50	118,19	171,91	193,40	111,44	162,10	182,36	104,69	152,28	171,32	97,95	142,48	160,29	91,20	132,66	149,24	84,46	122,85	138,20
	II	2 225,75	122,41	178,06	200,31	II	2 225,75	115,66	168,24	189,27	108,92	158,44	178,24	102,18	148,62	167,20	95,43	138,81	156,16	88,69	129,—	145,13	81,94	119,19	134,09
	III	1 634,16	89,87	130,73	147,07	III	1 634,16	83,98	122,16	137,43	78,21	113,77	127,99	72,58	105,57	118,76	67,07	97,56	109,75	61,69	89,73	100,94	56,43	82,09	92,35
	V	2 686,08	147,73	214,88	241,74	IV	2 271,50	121,55	176,81	198,91	118,19	171,91	193,40	114,81	167,—	187,88	111,44	162,10	182,36	108,07	157,19	176,84	104,69	152,28	171,32
	VI	2 719,58	149,57	217,56	244,76																				
7 679,99 Ost	I,IV	2 284,41	125,64	182,75	205,59	I	2 284,41	118,89	172,94	194,55	112,14	163,12	183,51	105,40	153,32	172,48	98,66	143,50	161,44	91,91	133,69	150,40	85,17	123,88	139,37
	II	2 238,58	123,12	179,08	201,47	II	2 238,58	116,38	169,28	190,44	109,63	159,46	179,39	102,88	149,65	168,35	96,14	139,84	157,32	89,39	130,03	146,28	82,65	120,22	135,24
	III	1 645,50	90,50	131,64	148,09	III	1 645,50	84,59	123,05	138,43	78,81	114,64	128,97	73,16	106,42	119,72	67,64	98,38	110,68	62,25	90,54	101,86	56,98	82,89	93,25
	V	2 699,—	148,44	215,92	242,91	IV	2 284,41	122,26	177,84	200,07	118,89	172,94	194,55	115,52	168,03	189,03	112,14	163,12	183,51	108,78	158,22	178,—	105,40	153,32	172,48
	VI	2 732,41	150,28	218,59	245,91																				

*** Die ausgewiesenen Tabellenwerte sind amtlich. Siehe Erläuterungen auf der Umschlaginnenseite (U2).**

MONAT 7 680,–*

Lohn/ Gehalt bis €*	Abzüge an Lohnsteuer, Solidaritätszuschlag (SolZ) und Kirchensteuer (8%, 9%) in den Steuerklassen I – VI					I, II, III, IV																			
			ohne Kinderfreibeträge					mit Zahl der Kinderfreibeträge . . .																	
								0,5			1			1,5			2			2,5			3		
		LSt	SolZ	8%	9%		LSt	SolZ	8%	9%	SolZ	8%	9%	SolZ	8%	9%	SolZ	8%	9%	SolZ	8%	9%	SolZ	8%	9%
7 682,99 West	I,IV	2 272,75	125,—	181,82	204,54	I	2 272,75	118,25	172,01	193,51	111,51	162,20	182,47	104,76	152,38	171,43	98,02	142,58	160,40	91,27	132,76	149,36	84,53	122,95	138,32
	II	2 227,—	122,48	178,16	200,43	II	2 227,—	115,73	168,34	189,38	108,99	158,54	178,35	102,24	148,72	167,31	95,50	138,91	156,27	88,76	129,10	145,24	82,01	119,29	134,20
	III	1 635,16	89,93	130,81	147,16	III	1 635,16	84,04	122,24	137,52	78,27	113,85	128,08	72,63	105,65	118,85	67,12	97,64	109,84	61,74	89,81	101,03	56,49	82,17	92,44
	V	2 687,33	147,80	214,98	241,85	IV	2 272,75	121,63	176,92	199,03	118,25	172,01	193,51	114,88	167,10	187,99	111,51	162,20	182,47	108,13	157,29	176,95	104,76	152,38	171,43
	VI	2 720,83	149,64	217,66	244,87																				
7 682,99 Ost	I,IV	2 285,66	125,71	182,85	205,70	I	2 285,66	118,96	173,04	194,67	112,22	163,23	183,63	105,47	153,42	172,59	98,72	143,60	161,55	91,98	133,80	150,52	85,24	123,98	139,48
	II	2 239,91	123,19	179,19	201,59	II	2 239,91	116,44	169,38	190,55	109,70	159,56	179,51	102,96	149,76	168,48	96,21	139,94	157,43	89,46	130,13	146,39	82,72	120,32	135,36
	III	1 646,66	90,56	131,73	148,19	III	1 646,66	84,65	123,13	138,52	78,87	114,72	129,06	73,22	106,50	119,81	67,69	98,46	110,77	62,30	90,62	101,95	57,03	82,96	93,33
	V	2 700,25	148,51	216,02	243,02	IV	2 285,66	122,33	177,94	200,18	118,96	173,04	194,67	115,59	168,13	189,14	112,22	163,23	183,63	108,84	158,32	178,11	105,47	153,42	172,59
	VI	2 733,66	150,35	218,69	246,02																				
7 685,99 West	I,IV	2 274,08	125,07	181,92	204,66	I	2 274,08	118,32	172,11	193,62	111,58	162,30	182,58	104,83	152,48	171,54	98,09	142,68	160,51	91,34	132,86	149,47	84,59	123,05	138,43
	II	2 228,25	122,55	178,26	200,54	II	2 228,25	115,80	168,44	189,50	109,06	158,64	178,47	102,31	148,82	167,42	95,57	139,01	156,38	88,82	129,20	145,35	82,08	119,39	134,31
	III	1 636,33	89,99	130,90	147,26	III	1 636,33	84,10	122,33	137,62	78,32	113,93	128,17	72,69	105,73	118,94	67,18	97,72	109,93	61,80	89,89	101,12	56,54	82,25	92,53
	V	2 688,58	147,87	215,08	241,97	IV	2 274,08	121,70	177,02	199,14	118,32	172,11	193,62	114,95	167,20	188,10	111,58	162,30	182,58	108,20	157,39	177,06	104,83	152,48	171,54
	VI	2 722,08	149,71	217,76	244,98																				
7 685,99 Ost	I,IV	2 286,91	125,78	182,95	205,82	I	2 286,91	119,03	173,14	194,78	112,29	163,33	183,74	105,54	153,52	172,71	98,79	143,70	161,66	92,05	133,90	150,63	85,30	124,08	139,59
	II	2 241,16	123,26	179,29	201,70	II	2 241,16	116,51	169,48	190,66	109,77	159,66	179,62	103,02	149,86	168,59	96,28	140,04	157,55	89,53	130,23	146,51	82,79	120,42	135,47
	III	1 647,66	90,62	131,81	148,28	III	1 647,66	84,71	123,22	138,62	78,93	114,81	129,16	73,27	106,58	119,90	67,75	98,54	110,86	62,36	90,70	102,04	57,09	83,04	93,42
	V	2 701,50	148,58	216,12	243,13	IV	2 286,91	122,40	178,04	200,30	119,03	173,14	194,78	115,66	168,24	189,27	112,29	163,33	183,74	108,91	158,42	178,22	105,54	153,52	172,71
	VI	2 734,91	150,42	218,79	246,14																				
7 688,99 West	I,IV	2 275,33	125,14	182,02	204,77	I	2 275,33	118,39	172,21	193,73	111,65	162,40	182,70	104,90	152,59	171,66	98,16	142,78	160,62	91,41	132,96	149,58	84,67	123,16	138,55
	II	2 229,50	122,62	178,36	200,65	II	2 229,50	115,88	168,55	189,62	109,13	158,74	178,58	102,38	148,92	167,54	95,64	139,12	156,51	88,89	129,30	145,46	82,15	119,49	134,42
	III	1 637,50	90,06	131,—	147,37	III	1 637,50	84,15	122,41	137,71	78,39	114,02	128,27	72,74	105,81	119,03	67,23	97,80	110,02	61,85	89,97	101,21	56,60	82,33	92,62
	V	2 689,83	147,94	215,18	242,08	IV	2 275,33	121,77	177,12	199,26	118,39	172,21	193,73	115,02	167,30	188,21	111,65	162,40	182,70	108,27	157,49	177,17	104,90	152,59	171,66
	VI	2 723,33	149,78	217,86	245,09																				
7 688,99 Ost	I,IV	2 288,16	125,84	183,05	205,93	I	2 288,16	119,10	173,24	194,90	112,36	163,43	183,86	105,61	153,62	172,82	98,86	143,80	161,78	92,12	134,—	150,75	85,37	124,18	139,70
	II	2 242,41	123,33	179,39	201,81	II	2 242,41	116,58	169,58	190,77	109,83	159,76	179,73	103,09	149,96	168,70	96,35	140,14	157,66	89,60	130,33	146,62	82,86	120,52	135,59
	III	1 648,83	90,68	131,90	148,39	III	1 648,83	84,77	123,30	138,71	78,98	114,89	129,25	73,33	106,66	119,99	67,81	98,64	110,97	62,41	90,78	102,13	57,14	83,12	93,51
	V	2 702,75	148,65	216,22	243,24	IV	2 288,16	122,47	178,14	200,41	119,10	173,24	194,90	115,73	168,34	189,38	112,36	163,43	183,86	108,98	158,52	178,34	105,61	153,62	172,82
	VI	2 736,25	150,49	218,90	246,26																				
7 691,99 West	I,IV	2 276,58	125,21	182,12	204,89	I	2 276,58	118,46	172,31	193,85	111,71	162,50	182,81	104,97	152,69	171,77	98,23	142,88	160,74	91,48	133,06	149,69	84,74	123,26	138,66
	II	2 230,75	122,69	178,46	200,76	II	2 230,75	115,94	168,65	189,73	109,20	158,84	178,69	102,45	149,02	167,65	95,71	139,22	156,62	88,96	129,40	145,58	82,22	119,59	134,54
	III	1 638,50	90,11	131,08	147,46	III	1 638,50	84,22	122,50	137,81	78,44	114,10	128,36	72,81	105,90	119,14	67,29	97,88	110,11	61,91	90,05	101,30	56,65	82,40	92,70
	V	2 691,16	148,01	215,29	242,20	IV	2 276,58	121,83	177,22	199,37	118,46	172,31	193,85	115,09	167,40	188,33	111,71	162,50	182,81	108,35	157,60	177,30	104,97	152,69	171,77
	VI	2 724,58	149,85	217,96	245,21																				
7 691,99 Ost	I,IV	2 289,41	125,91	183,15	206,04	I	2 289,41	119,17	173,34	195,01	112,42	163,53	183,97	105,68	153,72	172,93	98,94	143,91	161,90	92,19	134,10	150,86	85,44	124,28	139,82
	II	2 243,66	123,40	179,49	201,92	II	2 243,66	116,65	169,68	190,89	109,91	159,87	179,85	103,16	150,06	168,81	96,41	140,24	157,77	89,67	130,44	146,74	82,93	120,62	135,70
	III	1 650,—	90,75	132,—	148,50	III	1 650,—	84,83	123,40	138,82	79,05	114,98	129,35	73,39	106,76	120,10	67,87	98,72	111,06	62,47	90,86	102,22	57,20	83,20	93,60
	V	2 704,—	148,72	216,32	243,36	IV	2 289,41	122,54	178,24	200,52	119,17	173,34	195,01	115,80	168,44	189,49	112,42	163,53	183,97	109,05	158,62	178,45	105,68	153,72	172,93
	VI	2 737,50	150,56	219,—	246,37																				
7 694,99 West	I,IV	2 277,83	125,28	182,22	205,—	I	2 277,83	118,53	172,41	193,96	111,79	162,60	182,93	105,04	152,79	171,89	98,29	142,98	160,85	91,55	133,16	149,81	84,81	123,36	138,78
	II	2 232,08	122,76	178,56	200,88	II	2 232,08	116,01	168,75	189,84	109,27	158,94	178,80	102,52	149,12	167,76	95,78	139,32	156,73	89,03	129,50	145,69	82,28	119,69	134,65
	III	1 639,66	90,18	131,17	147,56	III	1 639,66	84,27	122,58	137,90	78,51	114,20	128,47	72,86	105,98	119,23	67,34	97,96	110,20	61,96	90,13	101,39	56,70	82,48	92,79
	V	2 692,41	148,08	215,39	242,31	IV	2 277,83	121,90	177,32	199,48	118,53	172,41	193,96	115,16	167,50	188,44	111,79	162,60	182,93	108,41	157,70	177,41	105,04	152,79	171,89
	VI	2 725,83	149,92	218,06	245,32																				
7 694,99 Ost	I,IV	2 290,66	125,98	183,25	206,15	I	2 290,66	119,24	173,44	195,12	112,49	163,63	184,08	105,75	153,82	173,04	99,—	144,01	162,01	92,26	134,20	150,97	85,51	124,38	139,93
	II	2 244,91	123,47	179,59	202,04	II	2 244,91	116,72	169,78	191,—	109,98	159,97	179,96	103,23	150,16	168,93	96,48	140,34	157,88	89,74	130,54	146,85	82,99	120,72	135,81
	III	1 651,16	90,81	132,09	148,60	III	1 651,16	84,89	123,48	138,91	79,10	115,06	129,44	73,45	106,84	120,19	67,92	98,80	111,15	62,52	90,94	102,31	57,25	83,28	93,69
	V	2 705,25	148,78	216,42	243,47	IV	2 290,66	122,61	178,35	200,64	119,24	173,44	195,12	115,87	168,54	189,60	112,49	163,63	184,08	109,12	158,72	178,56	105,75	153,82	173,04
	VI	2 738,75	150,63	219,10	246,48																				
7 697,99 West	I,IV	2 279,08	125,34	182,32	205,11	I	2 279,08	118,60	172,51	194,07	111,86	162,70	183,04	105,11	152,89	172,—	98,36	143,08	160,96	91,62	133,27	149,93	84,87	123,46	138,89
	II	2 233,33	122,83	178,66	200,99	II	2 233,33	116,08	168,85	189,95	109,34	159,04	178,92	102,59	149,23	167,88	95,85	139,42	156,84	89,10	129,60	145,80	82,36	119,80	134,77
	III	1 640,83	90,24	131,26	147,67	III	1 640,83	84,34	122,68	138,01	78,56	114,28	128,56	72,92	106,06	119,32	67,40	98,04	110,29	62,02	90,21	101,48	56,76	82,56	92,88
	V	2 693,66	148,15	215,49	242,42	IV	2 279,08	121,97	177,42	199,59	118,60	172,51	194,07	115,22	167,60	188,55	111,86	162,70	183,04	108,48	157,80	177,52	105,11	152,89	172,—
	VI	2 727,08	149,98	218,16	245,43																				
7 697,99 Ost	I,IV	2 292,—	126,06	183,36	206,28	I	2 292,—	119,31	173,54	195,23	112,56	163,73	184,19	105,82	153,92	173,16	99,07	144,11	162,12	92,33	134,30	151,08	85,58	124,48	140,04
	II	2 246,16	123,53	179,69	202,15	II	2 246,16	116,79	169,88	191,12	110,05	160,07	180,08	103,30	150,26	169,04	96,55	140,44	158,—	89,81	130,64	146,97	83,06	120,82	135,92
	III	1 652,16	90,86	132,17	148,69	III	1 652,16	84,95	123,57	139,01	79,17	115,16	129,55	73,50	106,92	120,28	67,98	98,88	111,24	62,58	91,02	102,40	57,31	83,36	93,78
	V	2 706,50	148,85	216,52	243,58	IV	2 292,—	122,68	178,45	200,75	119,31	173,54	195,23	115,94	168,64	189,72	112,56	163,73	184,19	109,19	158,82	178,67	105,82	153,92	173,16
	VI	2 740,—	150,70	219,20	246,60																				
7 700,99 West	I,IV	2 280,33	125,41	182,42	205,22	I	2 280,33	118,67	172,61	194,18	111,92	162,80	183,15	105,18	152,99	172,11	98,43	143,18	161,07	91,69	133,37	150,04	84,94	123,56	139,—
	II	2 234,58	122,90	178,76	201,11	II	2 234,58	116,15	168,95	190,07	109,40	159,14	179,03	102,66	149,33	167,99	95,92	139,52	156,96	89,17	129,70	145,91	82,43	119,90	134,88
	III	1 641,83	90,30	131,34	147,76	III	1 641,83	84,39	122,76	138,10	78,62	114,36	128,65	72,97	106,14	119,41	67,46	98,13	110,39	62,07	90,29	101,57	56,81	82,64	92,97
	V	2 694,91	148,22	215,59	242,54	IV	2 280,33	122,04	177,52	199,71	118,67	172,61	194,18	115,30	167,71	188,67	111,92	162,80	183,15	108,55	157,90	177,63	105,18	152,99	172,11
	VI	2 728,33	150,05	218,26	245,54																				
7 700,99 Ost	I,IV	2 293,25	126,12	183,46	206,39	I	2 293,25	119,38	173,64	195,35	112,63	163,83	184,31	105,89	154,02	173,27	99,14	144,21	162,23	92,40	134,40	151,20	85,65	124,59	140,16
	II	2 247,41	123,60	179,79	202,26	II	2 247,41	116,86	169,98	191,23	110,11	160,17	180,19	103,37	150,36	169,15	96,63	140,55	158,12	89,88	130,74	147,08	83,13	120,92	136,04
	III	1 653,33	90,93	132,26	148,79	III	1 653,33	85,01	123,65	139,10	79,22	115,24	129,64	73,56	107,—	120,37	68,03	98,96	111,33	62,63	91,10	102,49	57,35	83,42	93,85
	V	2 707,75	148,92	216,62	243,69	IV	2 293,25	122,75	178,55	200,87	119,38	173,64	195,35	116,—	168,74	189,83	112,63	163,83	184,31	109,26	158,92	178,79	105,89	154,02	173,27
	VI	2 741,25	150,76	219,30	246,71																				
7 703,99 West	I,IV	2 281,58	125,48	182,52	205,34	I	2 281,58	118,74	172,72	194,31	111,99	162,90	183,26	105,25	153,09	172,22	98,50	143,28	161,19	91,76	133,47	150,15	85,01	123,66	139,11
	II	2 235,83	122,97	178,86	201,22	II	2 235,83	116,22	169,05	190,18	109,48	159,24	179,15	102,73	149,43	168,11	95,98	139,62	157,07	89,24	129,80	146,03	82,50	120,—	135,—
	III	1 643,—	90,36	131,44	147,87	III	1 643,—	84,46	122,85	138,20	78,68	114,45	128,75	73,04	106,24	119,52	67,52	98,21	110,48	62,13	90,37	101,66	56,87	82,72	93,06
	V	2 696,16	148,28	215,69	242,65	IV	2 281,58	122,11	177,62	199,82	118,74	172,72	194,31	115,37	167,81	188,78	111,99	162,90	183,26	108,62	158,—	177,75	105,25	153,09	172,22
	VI	2 729,66	150,13	218,37	245,66																				
7 703,99 Ost	I,IV	2 294,50	126,19	183,56	206,50	I	2 294,50	119,45	173,74	195,46	112,70	163,93	184,42	105,96	154,12	173,39	99,21	144,31	162,35	92,46	134,50	151,31	85,72	124,69	140,27
	II	2 248,66	123,67	179,89	202,37	II	2 248,66	116,93	170,08	191,34	110,18	160,27	180,30	103,44	150,46	169,26	96,69	140,65	158,23	89,95	130,84	147,19	83,20	121,02	136,15
	III	1 654,50	90,99	132,36	148,90	III	1 654,50	85,07	123,74	139,21	79,28	115,32	129,73	73,62	107,09	120,47	68,09	99,04	111,42	62,69	91,18	102,58	57,41	83,50	93,94
	V	2 709,08	148,99	216,72	243,81	IV	2 294,50	122,82	178,65	200,98	119,45	173,74	195,46	116,07	168,84	189,94	112,70	163,93	184,42	109,33	159,03	178,91	105,96	154,12	173,39
	VI	2 742,50	150,83	219,40	246,82																				

* Die ausgewiesenen Tabellenwerte sind amtlich. Siehe Erläuterungen auf der Umschlaginnenseite (U2).

Lohn/ Gehalt bis €*		I – VI				I, II, III, IV																			
		Abzüge an Lohnsteuer, Solidaritätszuschlag (SolZ) und Kirchensteuer (8%, 9%) in den Steuerklassen																							
			ohne Kinderfreibeträge					mit Zahl der Kinderfreibeträge . . .																	
								0,5			1			1,5			2			2,5			3		
		LSt	SolZ	8%	9%		LSt	SolZ	8%	9%	SolZ	8%	9%	SolZ	8%	9%	SolZ	8%	9%	SolZ	8%	9%	SolZ	8%	9%
7 706,99 West	I,IV	2 282,83	125,55	182,62	205,45	I	2 282,83	118,81	172,82	194,42	112,06	163,—	183,38	105,32	153,19	172,34	98,57	143,38	161,30	91,83	133,57	150,26	85,08	123,76	139,23
	II	2 237,08	123,03	178,96	201,33	II	2 237,08	116,29	169,15	190,29	109,55	159,34	179,26	102,80	149,53	168,22	96,05	139,72	157,18	89,31	129,91	146,15	82,56	120,10	135,11
	III	1 644,16	90,42	131,53	147,97	III	1 644,16	84,52	122,94	138,31	78,74	114,53	128,84	73,09	106,32	119,61	67,57	98,29	110,57	62,18	90,45	101,75	56,91	82,78	93,13
	V	2 697,41	148,35	215,79	242,76	IV	2 282,83	122,18	177,72	199,94	118,81	172,82	194,42	115,44	167,91	188,90	112,06	163,—	183,38	108,69	158,10	177,86	105,32	153,19	172,34
	VI	2 730,91	150,20	218,47	245,78																				
7 706,99 Ost	I,IV	2 295,75	126,26	183,66	206,61	I	2 295,75	119,51	173,84	195,57	112,77	164,04	184,54	106,03	154,22	173,50	99,28	144,41	162,46	92,54	134,60	151,43	85,79	124,79	140,39
	II	2 250,—	123,75	180,—	202,50	II	2 250,—	117,—	170,18	191,45	110,25	160,37	180,41	103,51	150,56	169,38	96,76	140,75	158,34	90,02	130,94	147,30	83,27	121,12	136,26
	III	1 655,50	91,05	132,44	148,99	III	1 655,50	85,14	123,84	139,32	79,34	115,41	129,83	73,68	107,17	120,56	68,14	99,12	111,51	62,74	91,26	102,67	57,46	83,58	94,03
	V	2 710,33	149,06	216,82	243,92	IV	2 295,75	122,89	178,75	201,09	119,51	173,84	195,57	116,14	168,94	190,05	112,77	164,04	184,54	109,40	159,13	179,02	106,03	154,22	173,50
	VI	2 743,75	150,90	219,50	246,93																				
7 709,99 West	I,IV	2 284,08	125,62	182,72	205,56	I	2 284,08	118,88	172,92	194,53	112,13	163,10	183,49	105,38	153,29	172,45	98,64	143,48	161,42	91,90	133,67	150,38	85,15	123,86	139,34
	II	2 238,33	123,10	179,06	201,44	II	2 238,33	116,36	169,25	190,40	109,61	159,44	179,37	102,87	149,63	168,33	96,12	139,82	157,29	89,38	130,01	146,26	82,63	120,20	135,22
	III	1 645,33	90,49	131,62	148,07	III	1 645,33	84,58	123,02	138,40	78,80	114,62	128,95	73,15	106,40	119,70	67,63	98,37	110,66	62,24	90,53	101,84	56,97	82,86	93,22
	V	2 698,66	148,42	215,89	242,87	IV	2 284,08	122,25	177,82	200,05	118,88	172,92	194,53	115,50	168,01	189,01	112,13	163,10	183,49	108,76	158,20	177,97	105,38	153,29	172,45
	VI	2 732,16	150,26	218,57	245,89																				
7 709,99 Ost	I,IV	2 297,—	126,33	183,76	206,73	I	2 297,—	119,58	173,94	195,68	112,84	164,14	184,65	106,09	154,32	173,61	99,35	144,51	162,57	92,61	134,70	151,54	85,86	124,89	140,50
	II	2 251,25	123,81	180,10	202,61	II	2 251,25	117,07	170,28	191,57	110,32	160,47	180,53	103,58	150,66	169,49	96,83	140,85	158,45	90,09	131,04	147,42	83,34	121,23	136,38
	III	1 656,66	91,11	132,53	149,09	III	1 656,66	85,19	123,92	139,41	79,40	115,49	129,92	73,73	107,25	120,65	68,20	99,20	111,60	62,80	91,34	102,76	57,52	83,66	94,12
	V	2 711,58	149,13	216,92	244,04	IV	2 297,—	122,96	178,85	201,20	119,58	173,94	195,68	116,21	169,04	190,17	112,84	164,14	184,65	109,47	159,23	179,13	106,09	154,32	173,61
	VI	2 745,—	150,97	219,60	247,05																				
7 712,99 West	I,IV	2 285,41	125,69	182,83	205,68	I	2 285,41	118,95	173,02	194,64	112,20	163,20	183,60	105,46	153,40	172,57	98,71	143,58	161,53	91,96	133,77	150,49	85,22	123,96	139,46
	II	2 239,58	123,17	179,16	201,56	II	2 239,58	116,43	169,36	190,53	109,68	159,54	179,48	102,94	149,73	168,44	96,19	139,92	157,41	89,45	130,11	146,37	82,70	120,30	135,33
	III	1 646,33	90,54	131,70	148,16	III	1 646,33	84,64	123,12	138,51	78,86	114,70	129,04	73,20	106,48	119,79	67,68	98,45	110,75	62,29	90,61	101,93	57,02	82,94	93,31
	V	2 699,91	148,49	215,99	242,99	IV	2 285,41	122,32	177,92	200,16	118,95	173,02	194,64	115,57	168,11	189,12	112,20	163,20	183,60	108,83	158,30	178,08	105,46	153,40	172,57
	VI	2 733,41	150,33	218,67	246,—																				
7 712,99 Ost	I,IV	2 298,25	126,40	183,86	206,84	I	2 298,25	119,65	174,04	195,80	112,91	164,24	184,77	106,16	154,42	173,72	99,42	144,61	162,68	92,67	134,80	151,65	85,93	124,99	140,61
	II	2 252,50	123,88	180,20	202,72	II	2 252,50	117,14	170,38	191,68	110,39	160,57	180,64	103,65	150,76	169,61	96,90	140,95	158,57	90,15	131,14	147,53	83,41	121,33	136,49
	III	1 657,83	91,18	132,62	149,20	III	1 657,83	85,25	124,01	139,51	79,46	115,58	130,03	73,80	107,34	120,76	68,26	99,29	111,70	62,85	91,42	102,85	57,57	83,74	94,21
	V	2 712,83	149,20	217,02	244,15	IV	2 298,25	123,03	178,95	201,32	119,65	174,04	195,80	116,28	169,14	190,28	112,91	164,24	184,77	109,54	159,33	179,24	106,16	154,42	173,72
	VI	2 746,25	151,04	219,70	247,16																				
7 715,99 West	I,IV	2 286,66	125,76	182,93	205,79	I	2 286,66	119,02	173,12	194,76	112,27	163,30	183,71	105,53	153,50	172,68	98,78	143,68	161,64	92,03	133,87	150,60	85,29	124,06	139,57
	II	2 240,83	123,24	179,26	201,67	II	2 240,83	116,50	169,46	190,64	109,75	159,64	179,60	103,01	149,83	168,56	96,26	140,02	157,52	89,52	130,21	146,48	82,77	120,40	135,45
	III	1 647,50	90,61	131,80	148,27	III	1 647,50	84,70	123,20	138,60	78,91	114,78	129,13	73,26	106,57	119,89	67,74	98,53	110,84	62,35	90,69	102,02	57,08	83,02	93,40
	V	2 701,25	148,56	216,10	243,11	IV	2 286,66	122,39	178,02	200,27	119,02	173,12	194,76	115,64	168,21	189,23	112,27	163,30	183,71	108,90	158,40	178,20	105,53	153,50	172,68
	VI	2 734,66	150,40	218,77	246,11																				
7 715,99 Ost	I,IV	2 299,50	126,47	183,96	206,95	I	2 299,50	119,73	174,15	195,92	112,98	164,34	184,88	106,23	154,52	173,84	99,49	144,72	162,81	92,74	134,90	151,76	86,—	125,09	140,72
	II	2 253,75	123,95	180,30	202,83	II	2 253,75	117,20	170,48	191,79	110,46	160,68	180,76	103,72	150,86	169,72	96,97	141,05	158,68	90,23	131,24	147,65	83,48	121,43	136,61
	III	1 658,83	91,23	132,70	149,29	III	1 658,83	85,31	124,09	139,60	79,52	115,66	130,12	73,85	107,42	120,85	68,31	99,37	111,79	62,91	91,50	102,94	57,63	83,82	94,30
	V	2 714,08	149,27	217,12	244,26	IV	2 299,50	123,09	179,05	201,43	119,73	174,15	195,92	116,35	169,24	190,40	112,98	164,34	184,88	109,61	159,43	179,36	106,23	154,52	173,84
	VI	2 747,58	151,11	219,80	247,28																				
7 718,99 West	I,IV	2 287,91	125,83	183,03	205,91	I	2 287,91	119,08	173,22	194,87	112,34	163,40	183,83	105,60	153,60	172,80	98,85	143,78	161,75	92,10	133,97	150,71	85,36	124,16	139,68
	II	2 242,08	123,31	179,36	201,78	II	2 242,08	116,57	169,56	190,75	109,82	159,74	179,71	103,07	149,93	168,67	96,33	140,12	157,64	89,59	130,31	146,60	82,84	120,50	135,56
	III	1 648,66	90,67	131,89	148,37	III	1 648,66	84,76	123,29	138,70	78,98	114,88	129,24	73,32	106,65	119,98	67,79	98,61	110,93	62,39	90,76	102,10	57,13	83,10	93,49
	V	2 702,50	148,63	216,20	243,22	IV	2 287,91	122,46	178,12	200,39	119,08	173,22	194,87	115,71	168,31	189,35	112,34	163,40	183,83	108,97	158,50	178,31	105,60	153,60	172,80
	VI	2 735,91	150,47	218,87	246,23																				
7 718,99 Ost	I,IV	2 300,75	126,54	184,06	207,06	I	2 300,75	119,79	174,25	196,03	113,05	164,44	184,99	106,30	154,62	173,95	99,56	144,82	162,92	92,81	135,—	151,88	86,07	125,19	140,84
	II	2 255,—	124,02	180,40	202,95	II	2 255,—	117,27	170,58	191,90	110,53	160,78	180,87	103,78	150,96	169,83	97,04	141,15	158,79	90,30	131,34	147,76	83,55	121,53	136,72
	III	1 660,—	91,30	132,80	149,40	III	1 660,—	85,37	124,18	139,70	79,57	115,74	130,21	73,91	107,50	120,94	68,37	99,45	111,88	62,96	91,58	103,03	57,67	83,89	94,37
	V	2 715,33	149,34	217,22	244,37	IV	2 300,75	123,17	179,16	201,55	119,79	174,25	196,03	116,42	169,34	190,51	113,05	164,44	184,99	109,67	159,53	179,47	106,30	154,62	173,95
	VI	2 748,83	151,18	219,90	247,39																				
7 721,99 West	I,IV	2 289,16	125,90	183,13	206,02	I	2 289,16	119,15	173,32	194,98	112,41	163,51	183,95	105,66	153,70	172,91	98,92	143,88	161,87	92,18	134,08	150,84	85,43	124,26	139,79
	II	2 243,41	123,38	179,47	201,90	II	2 243,41	116,64	169,66	190,86	109,89	159,84	179,82	103,15	150,04	168,79	96,40	140,22	157,75	89,65	130,41	146,71	82,91	120,60	135,68
	III	1 649,66	90,73	131,97	148,46	III	1 649,66	84,81	123,37	138,79	79,03	114,96	129,33	73,37	106,73	120,07	67,85	98,69	111,02	62,45	90,84	102,19	57,19	83,18	93,58
	V	2 703,75	148,70	216,30	243,33	IV	2 289,16	122,53	178,22	200,50	119,15	173,32	194,98	115,78	168,41	189,46	112,41	163,51	183,95	109,04	158,60	178,43	105,66	153,70	172,91
	VI	2 737,16	150,54	218,97	246,34																				
7 721,99 Ost	I,IV	2 302,08	126,61	184,16	207,18	I	2 302,08	119,86	174,35	196,14	113,12	164,54	185,10	106,37	154,72	174,06	99,63	144,92	163,03	92,88	135,10	151,99	86,13	125,29	140,95
	II	2 256,25	124,09	180,50	203,06	II	2 256,25	117,34	170,68	192,02	110,60	160,88	180,99	103,85	151,06	169,94	97,11	141,25	158,90	90,36	131,44	147,87	83,62	121,63	136,83
	III	1 661,16	91,36	132,89	149,50	III	1 661,16	85,43	124,26	139,79	79,64	115,84	130,32	73,96	107,58	121,03	68,42	99,53	111,97	63,02	91,66	103,12	57,73	83,97	94,46
	V	2 716,58	149,41	217,32	244,49	IV	2 302,08	123,24	179,26	201,66	119,86	174,35	196,14	116,49	169,44	190,62	113,12	164,54	185,10	109,74	159,63	179,58	106,37	154,72	174,06
	VI	2 750,08	151,25	220,—	247,50																				
7 724,99 West	I,IV	2 290,41	125,97	183,23	206,13	I	2 290,41	119,22	173,42	195,09	112,48	163,61	184,06	105,73	153,80	173,02	98,99	143,98	161,98	92,24	134,18	150,95	85,50	124,36	139,91
	II	2 244,66	123,45	179,57	202,01	II	2 244,66	116,71	169,76	190,98	109,96	159,94	179,93	103,22	150,14	168,90	96,47	140,32	157,86	89,72	130,51	146,82	82,98	120,70	135,79
	III	1 650,83	90,79	132,06	148,57	III	1 650,83	84,88	123,46	138,89	79,09	115,05	129,43	73,44	106,82	120,17	67,90	98,77	111,11	62,50	90,92	102,28	57,23	83,25	93,65
	V	2 705,—	148,77	216,40	243,45	IV	2 290,41	122,59	178,32	200,61	119,22	173,42	195,09	115,85	168,52	189,58	112,48	163,61	184,06	109,11	158,70	178,54	105,73	153,80	173,02
	VI	2 738,41	150,61	219,07	246,45																				
7 724,99 Ost	I,IV	2 303,33	126,68	184,26	207,29	I	2 303,33	119,93	174,45	196,25	113,19	164,64	185,22	106,44	154,83	174,18	99,70	145,02	163,14	92,95	135,20	152,10	86,21	125,40	141,07
	II	2 257,50	124,16	180,60	203,17	II	2 257,50	117,42	170,79	192,14	110,67	160,98	181,10	103,92	151,16	170,06	97,18	141,36	159,03	90,43	131,54	147,98	83,69	121,73	136,94
	III	1 662,33	91,42	132,98	149,60	III	1 662,33	85,49	124,36	139,90	79,69	115,92	130,41	74,03	107,68	121,14	68,48	99,61	112,06	63,07	91,74	103,21	57,78	84,05	94,55
	V	2 717,83	149,48	217,42	244,60	IV	2 303,33	123,31	179,36	201,78	119,93	174,45	196,25	116,56	169,54	190,73	113,19	164,64	185,22	109,81	159,73	179,69	106,44	154,83	174,18
	VI	2 751,33	151,32	220,10	247,61																				
7 727,99 West	I,IV	2 291,66	126,04	183,33	206,24	I	2 291,66	119,29	173,52	195,21	112,55	163,71	184,17	105,80	153,90	173,13	99,05	144,08	162,09	92,31	134,28	151,06	85,57	124,46	140,02
	II	2 245,91	123,52	179,67	202,13	II	2 245,91	116,77	169,86	191,09	110,03	160,04	180,05	103,29	150,24	169,02	96,54	140,42	157,97	89,79	130,61	146,93	83,05	120,80	135,90
	III	1 652,—	90,86	132,16	148,68	III	1 652,—	84,93	123,54	138,98	79,15	115,13	129,52	73,49	106,90	120,26	67,97	98,86	111,22	62,56	91,—	102,37	57,29	83,33	93,74
	V	2 706,25	148,84	216,50	243,56	IV	2 291,66	122,66	178,42	200,72	119,29	173,52	195,21	115,92	168,62	189,69	112,55	163,71	184,17	109,17	158,80	178,65	105,80	153,90	173,13
	VI	2 739,75	150,68	219,18	246,57																				
7 727,99 Ost	I,IV	2 304,58	126,75	184,36	207,41	I	2 304,58	120,—	174,55	196,37	113,25	164,74	185,33	106,51	154,93	174,29	99,77	145,12	163,26	93,02	135,30	152,21	86,28	125,50	141,18
	II	2 258,75	124,23	180,70	203,28	II	2 258,75	117,48	170,89	192,25	110,74	161,08	181,21	103,99	151,26	170,17	97,25	141,46	159,14	90,50	131,64	148,10	83,76	121,83	137,06
	III	1 663,33	91,48	133,06	149,69	III	1 663,33	85,56	124,45	140,—	79,75	116,01	130,51	74,08	107,76	121,23	68,53	99,69	112,15	63,13	91,82	103,30	57,84	84,13	94,64
	V	2 719,16	149,55	217,53	244,72	IV	2 304,58	123,37	179,46	201,89	120,—	174,55	196,37	116,63	169,64	190,85	113,25	164,74	185,33	109,89	159,84	179,82	106,51	154,93	174,29
	VI	2 752,58	151,39	220,20	247,73																				

*** Die ausgewiesenen Tabellenwerte sind amtlich. Siehe Erläuterungen auf der Umschlaginnenseite (U2).**

MONAT 7 728,–*

Lohn/ Gehalt bis €*		Abzüge an Lohnsteuer, Solidaritätszuschlag (SolZ) und Kirchensteuer (8%, 9%) in den Steuerklassen I – VI				I, II, III, IV		mit Zahl der Kinderfreibeträge . . . 0,5			1			1,5			2			2,5			3		
			ohne Kinder-freibeträge																						
		LSt	SolZ	8%	9%		LSt	SolZ	8%	9%	SolZ	8%	9%	SolZ	8%	9%	SolZ	8%	9%	SolZ	8%	9%	SolZ	8%	9%
7 730,99 West	I,IV	2 292,91	126,11	183,43	206,36	I	2 292,91	119,36	173,62	195,32	112,62	163,81	184,28	105,87	154,—	173,25	99,13	144,19	162,21	92,38	134,38	151,17	85,63	124,56	140,13
	II	2 247,16	123,59	179,77	202,24	II	2 247,16	116,84	169,96	191,20	110,10	160,15	180,17	103,35	150,34	169,13	96,61	140,52	158,09	89,87	130,72	147,06	83,12	120,90	136,01
	III	1 653,—	90,91	132,24	148,77	III	1 653,—	85,—	123,64	139,09	79,21	115,22	129,62	73,55	106,98	120,35	68,02	98,94	111,31	62,61	91,08	102,46	57,34	83,41	93,83
	V	2 707,50	148,91	216,60	243,67	IV	2 292,91	122,73	178,52	200,84	119,36	173,62	195,32	115,99	168,72	189,81	112,62	163,81	184,28	109,24	158,90	178,76	105,87	154,—	173,25
	VI	2 741,—	150,75	219,28	246,69																				
7 730,99 Ost	I,IV	2 305,83	126,82	184,46	207,52	I	2 305,83	120,07	174,65	196,48	113,33	164,84	185,45	106,58	155,03	174,41	99,83	145,22	163,37	93,09	135,40	152,33	86,35	125,60	141,30
	II	2 260,08	124,30	180,80	203,40	II	2 260,08	117,55	170,99	192,36	110,81	161,18	181,32	104,06	151,36	170,28	97,32	141,56	159,25	90,57	131,74	148,21	83,82	121,93	137,17
	III	1 664,50	91,54	133,16	149,80	III	1 664,50	85,61	124,53	140,09	79,81	116,09	130,60	74,14	107,84	121,32	68,59	99,77	112,24	63,18	91,90	103,39	57,89	84,21	94,73
	V	2 720,41	149,62	217,63	244,83	IV	2 305,83	123,44	179,56	202,—	120,07	174,65	196,48	116,70	169,74	190,96	113,33	164,84	185,45	109,95	159,94	179,93	106,58	155,03	174,41
	VI	2 753,83	151,46	220,30	247,84																				
7 733,99 West	I,IV	2 294,16	126,17	183,53	206,47	I	2 294,16	119,43	173,72	195,44	112,69	163,91	184,40	105,94	154,10	173,36	99,20	144,29	162,32	92,45	134,48	151,29	85,70	124,66	140,24
	II	2 248,41	123,66	179,87	202,35	II	2 248,41	116,91	170,06	191,31	110,17	160,25	180,28	103,42	150,44	169,24	96,68	140,62	158,20	89,93	130,82	147,17	83,19	121,—	136,13
	III	1 654,16	90,97	132,33	148,87	III	1 654,16	85,06	123,73	139,19	79,27	115,30	129,71	73,60	107,06	120,44	68,08	99,02	111,40	62,67	91,16	102,55	57,40	83,49	93,92
	V	2 708,75	148,98	216,70	243,78	IV	2 294,16	122,81	178,63	200,96	119,43	173,72	195,44	116,06	168,82	189,92	112,69	163,91	184,40	109,31	159,—	178,88	105,94	154,10	173,36
	VI	2 742,25	150,82	219,38	246,80																				
7 733,99 Ost	I,IV	2 307,08	126,88	184,56	207,63	I	2 307,08	120,14	174,75	196,59	113,40	164,94	185,56	106,65	155,13	174,52	99,90	145,32	163,48	93,16	135,51	152,45	86,41	125,70	141,41
	II	2 261,33	124,37	180,90	203,51	II	2 261,33	117,62	171,09	192,47	110,88	161,28	181,44	104,13	151,47	170,40	97,39	141,66	159,36	90,64	131,84	148,32	83,90	122,04	137,29
	III	1 665,66	91,61	133,25	149,90	III	1 665,66	85,68	124,62	140,20	79,87	116,18	130,70	74,20	107,93	121,42	68,65	99,86	112,34	63,24	91,98	103,48	57,95	84,29	94,82
	V	2 721,66	149,69	217,73	244,94	IV	2 307,08	123,51	179,66	202,11	120,14	174,75	196,59	116,76	169,84	191,07	113,40	164,94	185,56	110,02	160,04	180,04	106,65	155,13	174,52
	VI	2 755,08	151,52	220,40	247,95																				
7 736,99 West	I,IV	2 295,50	126,25	183,64	206,59	I	2 295,50	119,50	173,82	195,55	112,75	164,01	184,51	106,01	154,20	173,48	99,27	144,39	162,44	92,52	134,58	151,40	85,77	124,76	140,36
	II	2 249,66	123,73	179,97	202,46	II	2 249,66	116,98	170,16	191,43	110,24	160,35	180,39	103,49	150,54	169,35	96,74	140,72	158,31	90,—	130,92	147,28	83,26	121,10	136,24
	III	1 655,33	91,04	132,42	148,97	III	1 655,33	85,12	123,81	139,28	79,32	115,38	129,80	73,67	107,16	120,55	68,13	99,10	111,49	62,72	91,24	102,64	57,45	83,57	94,01
	V	2 710,—	149,05	216,80	243,90	IV	2 295,50	122,87	178,73	201,07	119,50	173,82	195,55	116,13	168,92	190,03	112,75	164,01	184,51	109,38	159,10	178,99	106,01	154,20	173,48
	VI	2 743,50	150,89	219,48	246,91																				
7 736,99 Ost	I,IV	2 308,33	126,95	184,66	207,74	I	2 308,33	120,21	174,85	196,70	113,46	165,04	185,67	106,72	155,23	174,63	99,97	145,42	163,59	93,23	135,61	152,56	86,48	125,80	141,52
	II	2 262,58	124,44	181,—	203,63	II	2 262,58	117,69	171,19	192,59	110,94	161,38	181,55	104,20	151,57	170,51	97,46	141,76	159,48	90,71	131,94	148,43	83,97	122,14	137,40
	III	1 666,83	91,67	133,34	150,01	III	1 666,83	85,73	124,70	140,29	79,93	116,26	130,79	74,25	108,01	121,51	68,71	99,94	112,43	63,29	92,06	103,57	58,—	84,37	94,91
	V	2 722,91	149,76	217,83	245,06	IV	2 308,33	123,58	179,76	202,23	120,21	174,85	196,70	116,84	169,95	191,19	113,46	165,04	185,67	110,09	160,14	180,15	106,72	155,23	174,63
	VI	2 756,33	151,59	220,50	248,06																				
7 739,99 West	I,IV	2 296,75	126,32	183,74	206,70	I	2 296,75	119,57	173,92	195,66	112,82	164,11	184,62	106,08	154,30	173,59	99,33	144,49	162,55	92,59	134,68	151,51	85,85	124,87	140,48
	II	2 250,91	123,80	180,07	202,58	II	2 250,91	117,05	170,26	191,54	110,31	160,45	180,50	103,56	150,64	169,47	96,82	140,83	158,43	90,07	131,02	147,39	83,32	121,20	136,35
	III	1 656,50	91,10	132,52	149,08	III	1 656,50	85,18	123,90	139,39	79,39	115,48	129,91	73,72	107,24	120,64	68,19	99,18	111,58	62,78	91,32	102,73	57,51	83,65	94,10
	V	2 711,25	149,11	216,90	244,01	IV	2 296,75	122,94	178,83	201,18	119,57	173,92	195,66	116,20	169,02	190,14	112,82	164,11	184,62	109,45	159,20	179,10	106,08	154,30	173,59
	VI	2 744,75	150,96	219,58	247,02																				
7 739,99 Ost	I,IV	2 309,58	127,02	184,76	207,86	I	2 309,58	120,28	174,96	196,83	113,53	165,14	185,78	106,79	155,33	174,74	100,04	145,52	163,71	93,30	135,71	152,67	86,55	125,90	141,63
	II	2 263,83	124,51	181,10	203,74	II	2 263,83	117,76	171,29	192,70	111,02	161,48	181,67	104,27	151,67	170,63	97,52	141,86	159,59	90,78	132,04	148,55	84,04	122,24	137,52
	III	1 667,83	91,73	133,42	150,10	III	1 667,83	85,80	124,80	140,40	79,98	116,34	130,88	74,31	108,09	121,60	68,76	100,02	112,52	63,35	92,14	103,66	58,05	84,44	94,99
	V	2 724,16	149,82	217,93	245,17	IV	2 309,58	123,65	179,86	202,34	120,28	174,96	196,83	116,91	170,05	191,30	113,53	165,14	185,78	110,16	160,24	180,27	106,79	155,33	174,74
	VI	2 757,66	151,67	220,61	248,18																				
7 742,99 West	I,IV	2 298,—	126,39	183,84	206,82	I	2 298,—	119,64	174,02	195,77	112,89	164,21	184,73	106,15	154,40	173,70	99,40	144,59	162,66	92,66	134,78	151,62	85,91	124,97	140,59
	II	2 252,16	123,86	180,17	202,69	II	2 252,16	117,12	170,36	191,66	110,38	160,55	180,62	103,63	150,74	169,58	96,89	140,93	158,54	90,14	131,12	147,51	83,39	121,30	136,46
	III	1 657,50	91,16	132,60	149,17	III	1 657,50	85,24	123,98	139,48	79,44	115,56	130,—	73,78	107,32	120,73	68,24	99,26	111,67	62,83	91,40	102,82	57,55	83,72	94,18
	V	2 712,58	149,19	217,—	244,13	IV	2 298,—	123,01	178,93	201,29	119,64	174,02	195,77	116,27	169,12	190,26	112,89	164,21	184,73	109,52	159,31	179,22	106,15	154,40	173,70
	VI	2 746,—	151,03	219,68	247,14																				
7 742,99 Ost	I,IV	2 310,83	127,09	184,86	207,97	I	2 310,83	120,35	175,06	196,94	113,60	165,24	185,90	106,86	155,43	174,86	100,11	145,62	163,82	93,37	135,81	152,78	86,62	126,—	141,75
	II	2 265,08	124,57	181,20	203,85	II	2 265,08	117,83	171,39	192,81	111,09	161,58	181,78	104,34	151,77	170,74	97,59	141,96	159,70	90,85	132,15	148,67	84,10	122,34	137,63
	III	1 669,—	91,79	133,52	150,21	III	1 669,—	85,85	124,88	140,49	80,05	116,44	130,99	74,36	108,17	121,69	68,82	100,10	112,61	63,40	92,22	103,75	58,10	84,52	95,08
	V	2 725,41	149,89	218,03	245,28	IV	2 310,83	123,72	179,96	202,46	120,35	175,06	196,94	116,98	170,15	191,42	113,60	165,24	185,90	110,23	160,34	180,38	106,86	155,43	174,86
	VI	2 758,91	151,74	220,71	248,30																				
7 745,99 West	I,IV	2 299,25	126,45	183,94	206,93	I	2 299,25	119,71	174,12	195,89	112,97	164,32	184,86	106,22	154,50	173,81	99,47	144,69	162,77	92,73	134,88	151,74	85,98	125,07	140,70
	II	2 253,50	123,94	180,28	202,81	II	2 253,50	117,19	170,46	191,77	110,44	160,65	180,73	103,70	150,84	169,70	96,96	141,03	158,66	90,21	131,22	147,62	83,46	121,40	136,58
	III	1 658,66	91,22	132,69	149,27	III	1 658,66	85,30	124,08	139,59	79,51	115,65	130,10	73,83	107,40	120,82	68,30	99,34	111,76	62,89	91,48	102,91	57,61	83,80	94,27
	V	2 713,83	149,26	217,10	244,24	IV	2 299,25	123,08	179,03	201,41	119,71	174,12	195,89	116,33	169,22	190,37	112,97	164,32	184,86	109,59	159,41	179,33	106,22	154,50	173,81
	VI	2 747,25	151,09	219,78	247,25																				
7 745,99 Ost	I,IV	2 312,08	127,16	184,96	208,08	I	2 312,08	120,42	175,16	197,05	113,67	165,34	186,01	106,92	155,53	174,97	100,18	145,72	163,94	93,44	135,91	152,90	86,69	126,10	141,86
	II	2 266,33	124,64	181,30	203,96	II	2 266,33	117,90	171,49	192,92	111,15	161,68	181,89	104,41	151,87	170,85	97,66	142,06	159,81	90,92	132,25	148,78	84,17	122,44	137,74
	III	1 670,16	91,85	133,61	150,31	III	1 670,16	85,91	124,97	140,59	80,10	116,52	131,08	74,43	108,26	121,79	68,87	100,18	112,70	63,46	92,30	103,84	58,16	84,60	95,17
	V	2 726,66	149,96	218,13	245,39	IV	2 312,08	123,79	180,06	202,57	120,42	175,16	197,05	117,04	170,25	191,53	113,67	165,34	186,01	110,30	160,44	180,49	106,92	155,53	174,97
	VI	2 760,16	151,80	220,81	248,41																				
7 748,99 West	I,IV	2 300,50	126,52	184,04	207,04	I	2 300,50	119,78	174,22	196,—	113,03	164,42	184,97	106,29	154,60	173,93	99,54	144,79	162,89	92,80	134,98	151,85	86,05	125,17	140,81
	II	2 254,75	124,01	180,38	202,92	II	2 254,75	117,26	170,56	191,88	110,51	160,75	180,84	103,77	150,94	169,81	97,02	141,13	158,77	90,28	131,32	147,73	83,54	121,51	136,70
	III	1 659,83	91,29	132,78	149,38	III	1 659,83	85,36	124,16	139,68	79,56	115,73	130,19	73,90	107,49	120,92	68,36	99,44	111,87	62,94	91,56	103,—	57,66	83,88	94,36
	V	2 715,08	149,32	217,20	244,35	IV	2 300,50	123,15	179,13	201,52	119,78	174,22	196,—	116,41	169,32	190,49	113,03	164,42	184,97	109,66	159,51	179,45	106,29	154,60	173,93
	VI	2 748,50	151,16	219,88	247,36																				
7 748,99 Ost	I,IV	2 313,41	127,23	185,07	208,20	I	2 313,41	120,49	175,26	197,16	113,74	165,44	186,12	107,—	155,64	175,09	100,25	145,82	164,05	93,50	136,01	153,01	86,76	126,20	141,98
	II	2 267,58	124,71	181,40	204,08	II	2 267,58	117,97	171,60	193,05	111,22	161,78	182,—	104,48	151,97	170,96	97,73	142,16	159,93	90,99	132,35	148,89	84,24	122,54	137,85
	III	1 671,16	91,91	133,69	150,40	III	1 671,16	85,98	125,06	140,69	80,17	116,61	131,18	74,48	108,34	121,88	68,93	100,26	112,79	63,51	92,38	103,93	58,21	84,68	95,26
	V	2 727,91	150,03	218,23	245,51	IV	2 313,41	123,86	180,16	202,68	120,49	175,26	197,16	117,11	170,35	191,64	113,74	165,44	186,12	110,37	160,54	180,60	107,—	155,64	175,09
	VI	2 761,41	151,87	220,91	248,53																				
7 751,99 West	I,IV	2 301,75	126,59	184,14	207,15	I	2 301,75	119,84	174,32	196,11	113,10	164,52	185,08	106,36	154,70	174,04	99,61	144,89	163,—	92,87	135,08	151,97	86,12	125,27	140,93
	II	2 256,—	124,08	180,48	203,04	II	2 256,—	117,33	170,66	191,99	110,58	160,85	180,95	103,84	151,04	169,92	97,09	141,23	158,88	90,35	131,42	147,84	83,60	121,61	136,81
	III	1 660,83	91,34	132,86	149,47	III	1 660,83	85,42	124,25	139,78	79,62	115,81	130,28	73,95	107,57	121,01	68,42	99,52	111,96	63,—	91,64	103,09	57,72	83,96	94,45
	V	2 716,33	149,39	217,30	244,46	IV	2 301,75	123,22	179,23	201,63	119,84	174,32	196,11	116,48	169,42	190,60	113,10	164,52	185,08	109,73	159,61	179,56	106,36	154,70	174,04
	VI	2 749,75	151,23	219,98	247,47																				
7 751,99 Ost	I,IV	2 314,66	127,30	185,17	208,31	I	2 314,66	120,56	175,36	197,28	113,81	165,54	186,23	107,07	155,74	175,20	100,32	145,92	164,16	93,57	136,11	153,12	86,83	126,30	142,09
	II	2 268,83	124,78	181,50	204,19	II	2 268,83	118,04	171,70	193,16	111,29	161,88	182,12	104,55	152,07	171,08	97,80	142,26	160,04	91,06	132,45	149,—	84,31	122,64	137,97
	III	1 672,33	91,97	133,78	150,50	III	1 672,33	86,03	125,14	140,78	80,22	116,69	131,27	74,54	108,42	121,97	68,98	100,34	112,88	63,57	92,46	104,02	58,27	84,76	95,35
	V	2 729,25	150,10	218,34	245,63	IV	2 314,66	123,93	180,26	202,79	120,56	175,36	197,28	117,18	170,45	191,75	113,81	165,54	186,23	110,44	160,64	180,72	107,07	155,74	175,20
	VI	2 762,66	151,94	221,01	248,63																				

* Die ausgewiesenen Tabellenwerte sind amtlich. Siehe Erläuterungen auf der Umschlaginnenseite (U2).

Lohn/ Gehalt bis €*		I – VI LSt	ohne Kinderfreibeträge SolZ	8%	9%	I, II, III, IV	LSt	0,5 SolZ	0,5 8%	0,5 9%	1 SolZ	1 8%	1 9%	1,5 SolZ	1,5 8%	1,5 9%	2 SolZ	2 8%	2 9%	2,5 SolZ	2,5 8%	2,5 9%	3 SolZ	3 8%	3 9%
7 754,99 West	I,IV	2 303,—	126,66	184,24	207,27	I	2 303,—	119,92	174,43	196,23	113,17	164,62	185,19	106,42	154,80	174,15	99,68	145,—	163,12	92,94	135,18	152,08	86,19	125,37	141,04
	II	2 257,25	124,14	180,58	203,15	II	2 257,25	117,40	170,76	192,11	110,66	160,96	181,08	103,91	151,14	170,03	97,16	141,33	158,99	90,42	131,52	147,96	83,67	121,71	136,92
	III	1 662,—	91,41	132,96	149,58	III	1 662,—	85,47	124,33	139,87	79,68	115,90	130,39	74,01	107,65	121,10	68,47	99,60	112,05	63,05	91,72	103,18	57,77	84,04	94,54
	V	2 717,58	149,46	217,40	244,58	IV	2 303,—	123,29	179,33	201,74	119,92	174,43	196,23	116,54	169,52	190,71	113,17	164,62	185,19	109,80	159,71	179,67	106,42	154,80	174,15
	VI	2 751,08	151,30	220,08	247,59																				
7 754,99 Ost	I,IV	2 315,91	127,37	185,27	208,43	I	2 315,91	120,62	175,46	197,39	113,88	165,64	186,35	107,14	155,84	175,32	100,39	146,02	164,27	93,64	136,21	153,23	86,90	126,40	142,20
	II	2 270,08	124,85	181,60	204,30	II	2 270,08	118,11	171,80	193,27	111,36	161,98	182,23	104,61	152,17	171,19	97,87	142,36	160,16	91,13	132,55	149,12	84,38	122,74	138,08
	III	1 673,50	92,04	133,88	150,61	III	1 673,50	86,10	125,24	140,89	80,29	116,78	131,38	74,60	108,52	122,08	69,05	100,44	112,99	63,62	92,54	104,11	58,32	84,84	95,44
	V	2 730,50	150,17	218,44	245,74	IV	2 315,91	124,—	180,36	202,91	120,62	175,46	197,39	117,25	170,55	191,87	113,88	165,64	186,35	110,51	160,74	180,83	107,14	155,84	175,32
	VI	2 763,91	152,01	221,11	248,75																				
7 757,99 West	I,IV	2 304,25	126,73	184,34	207,38	I	2 304,25	119,99	174,53	196,34	113,24	164,72	185,31	106,49	154,90	174,26	99,75	145,10	163,23	93,—	135,28	152,19	86,26	125,47	141,15
	II	2 258,50	124,21	180,68	203,26	II	2 258,50	117,47	170,86	192,22	110,72	161,06	181,19	103,98	151,24	170,15	97,23	141,43	159,11	90,49	131,62	148,07	83,74	121,81	137,03
	III	1 663,16	91,47	133,05	149,68	III	1 663,16	85,54	124,42	139,97	79,74	115,98	130,48	74,07	107,74	121,21	68,53	99,68	112,14	63,11	91,80	103,27	57,83	84,12	94,63
	V	2 718,83	149,53	217,50	244,69	IV	2 304,25	123,36	179,44	201,87	119,99	174,53	196,34	116,61	169,62	190,82	113,24	164,72	185,31	109,87	159,81	179,78	106,49	154,90	174,26
	VI	2 752,33	151,37	220,18	247,70																				
7 757,99 Ost	I,IV	2 317,16	127,44	185,37	208,54	I	2 317,16	120,69	175,56	197,50	113,95	165,75	186,47	107,20	155,94	175,43	100,46	146,12	164,39	93,72	136,32	153,36	86,97	126,50	142,31
	II	2 271,41	124,92	181,71	204,42	II	2 271,41	118,18	171,90	193,38	111,43	162,08	182,34	104,69	152,28	171,31	97,94	142,46	160,27	91,19	132,65	149,23	84,45	122,84	138,20
	III	1 674,66	92,10	133,97	150,71	III	1 674,66	86,15	125,32	140,98	80,34	116,86	131,47	74,66	108,60	122,17	69,10	100,52	113,08	63,68	92,62	104,20	58,38	84,92	95,53
	V	2 731,75	150,24	218,54	245,85	IV	2 317,16	124,07	180,46	203,02	120,69	175,56	197,50	117,32	170,65	191,98	113,95	165,75	186,47	110,58	160,84	180,95	107,20	155,94	175,43
	VI	2 765,16	152,08	221,21	248,86																				
7 760,99 West	I,IV	2 305,58	126,80	184,44	207,50	I	2 305,58	120,06	174,63	196,46	113,31	164,82	185,42	106,56	155,—	174,38	99,82	145,20	163,35	93,07	135,38	152,30	86,33	125,57	141,26
	II	2 259,75	124,28	180,78	203,37	II	2 259,75	117,53	170,96	192,33	110,79	161,16	181,30	104,05	151,34	170,26	97,30	141,53	159,22	90,56	131,72	148,19	83,81	121,91	137,15
	III	1 664,33	91,53	133,14	149,78	III	1 664,33	85,60	124,52	140,08	79,80	116,08	130,59	74,13	107,82	121,30	68,58	99,76	112,23	63,16	91,88	103,36	57,88	84,20	94,72
	V	2 720,08	149,60	217,60	244,80	IV	2 305,58	123,43	179,54	201,98	120,06	174,63	196,46	116,68	169,72	190,94	113,31	164,82	185,42	109,94	159,91	179,90	106,56	155,—	174,38
	VI	2 753,58	151,44	220,28	247,82																				
7 760,99 Ost	I,IV	2 318,41	127,51	185,47	208,65	I	2 318,41	120,76	175,66	197,61	114,02	165,85	186,58	107,27	156,04	175,54	100,53	146,22	164,50	93,78	136,42	153,47	87,04	126,60	142,43
	II	2 272,66	124,99	181,81	204,53	II	2 272,66	118,25	172,—	193,50	111,50	162,18	182,45	104,76	152,38	171,42	98,01	142,56	160,38	91,26	132,75	149,34	84,52	122,94	138,31
	III	1 675,66	92,16	134,05	150,80	III	1 675,66	86,22	125,41	141,08	80,41	116,96	131,58	74,71	108,68	122,26	69,16	100,60	113,17	63,73	92,70	104,29	58,42	84,98	95,60
	V	2 733,—	150,31	218,64	245,97	IV	2 318,41	124,13	180,56	203,13	120,76	175,66	197,61	117,39	170,76	192,10	114,02	165,85	186,58	110,65	160,94	181,06	107,27	156,04	175,54
	VI	2 766,41	152,15	221,31	248,97																				
7 763,99 West	I,IV	2 306,83	126,87	184,54	207,61	I	2 306,83	120,12	174,73	196,57	113,38	164,92	185,53	106,64	155,11	174,50	99,89	145,30	163,46	93,14	135,48	152,42	86,40	125,68	141,39
	II	2 261,—	124,35	180,88	203,49	II	2 261,—	117,61	171,07	192,45	110,86	161,26	181,41	104,11	151,44	170,37	97,37	141,64	159,34	90,63	131,82	148,30	83,88	122,01	137,26
	III	1 665,33	91,59	133,22	149,87	III	1 665,33	85,66	124,60	140,17	79,86	116,16	130,68	74,18	107,90	121,39	68,64	99,84	112,32	63,22	91,96	103,45	57,93	84,26	94,79
	V	2 721,33	149,67	217,70	244,91	IV	2 306,83	123,50	179,64	202,09	120,12	174,73	196,57	116,75	169,82	191,05	113,38	164,92	185,53	110,—	160,01	180,01	106,64	155,11	174,50
	VI	2 754,83	151,51	220,38	247,93																				
7 763,99 Ost	I,IV	2 319,66	127,58	185,57	208,76	I	2 319,66	120,83	175,76	197,73	114,09	165,95	186,69	107,34	156,14	175,65	100,59	146,32	164,61	93,85	136,52	153,58	87,11	126,70	142,54
	II	2 273,91	125,06	181,91	204,65	II	2 273,91	118,31	172,10	193,61	111,57	162,28	182,57	104,83	152,48	171,54	98,08	142,66	160,49	91,33	132,85	149,45	84,59	123,04	138,42
	III	1 676,83	92,22	134,14	150,91	III	1 676,83	86,28	125,50	141,19	80,46	117,04	131,67	74,78	108,77	122,36	69,21	100,68	113,26	63,79	92,78	104,38	58,48	85,06	95,69
	V	2 734,25	150,38	218,74	246,08	IV	2 319,66	124,20	180,66	203,24	120,83	175,76	197,73	117,46	170,86	192,21	114,09	165,95	186,69	110,71	161,04	181,17	107,34	156,14	175,65
	VI	2 767,75	152,22	221,42	249,09																				
7 766,99 West	I,IV	2 308,08	126,94	184,64	207,72	I	2 308,08	120,19	174,83	196,68	113,45	165,02	185,64	106,70	155,21	174,61	99,96	145,40	163,57	93,21	135,58	152,53	86,47	125,78	141,50
	II	2 262,25	124,42	180,98	203,60	II	2 262,25	117,68	171,17	192,56	110,93	161,36	181,53	104,18	151,54	170,48	97,44	141,74	159,45	90,69	131,92	148,41	83,95	122,11	137,37
	III	1 666,50	91,65	133,32	149,98	III	1 666,50	85,72	124,69	140,27	79,92	116,25	130,78	74,24	107,98	121,48	68,69	99,92	112,41	63,27	92,04	103,54	57,98	84,34	94,88
	V	2 722,66	149,74	217,81	245,03	IV	2 308,08	123,57	179,74	202,20	120,19	174,83	196,68	116,82	169,92	191,16	113,45	165,02	185,64	110,08	160,12	180,13	106,70	155,21	174,61
	VI	2 756,08	151,58	220,48	248,04																				
7 766,99 Ost	I,IV	2 320,91	127,65	185,67	208,88	I	2 320,91	120,90	175,86	197,84	114,16	166,05	186,80	107,41	156,24	175,77	100,67	146,43	164,73	93,92	136,62	153,69	87,17	126,80	142,65
	II	2 275,16	125,13	182,01	204,76	II	2 275,16	118,38	172,20	193,72	111,64	162,39	182,69	104,89	152,58	171,65	98,15	142,76	160,61	91,41	132,96	149,58	84,66	123,14	138,53
	III	1 678,—	92,29	134,24	151,02	III	1 678,—	86,34	125,58	141,28	80,52	117,12	131,76	74,83	108,85	122,45	69,27	100,76	113,35	63,84	92,86	104,47	58,53	85,14	95,78
	V	2 735,50	150,45	218,84	246,19	IV	2 320,91	124,27	180,76	203,36	120,90	175,86	197,84	117,53	170,96	192,33	114,16	166,05	186,80	110,78	161,14	181,28	107,41	156,24	175,77
	VI	2 769,—	152,29	221,52	249,21																				
7 769,99 West	I,IV	2 309,33	127,01	184,74	207,83	I	2 309,33	120,26	174,93	196,79	113,52	165,12	185,76	106,77	155,31	174,72	100,03	145,50	163,68	93,28	135,68	152,64	86,54	125,88	141,61
	II	2 263,58	124,49	181,08	203,72	II	2 263,58	117,75	171,27	192,68	111,—	161,46	181,64	104,25	151,64	170,60	97,51	141,84	159,57	90,76	132,02	148,52	84,02	122,21	137,48
	III	1 667,66	91,72	133,41	150,08	III	1 667,66	85,78	124,77	140,37	79,97	116,33	130,87	74,30	108,08	121,59	68,75	100,—	112,50	63,33	92,12	103,63	58,04	84,42	94,97
	V	2 723,91	149,81	217,91	245,15	IV	2 309,33	123,64	179,84	202,32	120,26	174,93	196,79	116,89	170,02	191,27	113,52	165,12	185,76	110,15	160,22	180,24	106,77	155,31	174,72
	VI	2 757,33	151,65	220,58	248,15																				
7 769,99 Ost	I,IV	2 322,16	127,71	185,77	208,99	I	2 322,16	120,97	175,96	197,96	114,23	166,15	186,92	107,48	156,34	175,88	100,74	146,53	164,84	93,99	136,72	153,81	87,24	126,90	142,76
	II	2 276,41	125,20	182,11	204,87	II	2 276,41	118,45	172,30	193,83	111,71	162,49	182,80	104,96	152,68	171,76	98,22	142,86	160,72	91,47	133,06	149,69	84,73	123,24	138,65
	III	1 679,16	92,35	134,33	151,12	III	1 679,16	86,40	125,68	141,39	80,58	117,21	131,86	74,89	108,93	122,54	69,32	100,84	113,44	63,90	92,94	104,56	58,59	85,22	95,87
	V	2 736,75	150,52	218,94	246,30	IV	2 322,16	124,35	180,87	203,48	120,97	175,96	197,96	117,60	171,06	192,44	114,23	166,15	186,92	110,85	161,24	181,40	107,48	156,34	175,88
	VI	2 770,25	152,36	221,62	249,32																				
7 772,99 West	I,IV	2 310,58	127,08	184,84	207,95	I	2 310,58	120,33	175,03	196,91	113,59	165,22	185,87	106,84	155,41	174,83	100,10	145,60	163,80	93,35	135,79	152,76	86,61	125,98	141,72
	II	2 264,83	124,56	181,18	203,83	II	2 264,83	117,81	171,37	192,79	111,07	161,56	181,75	104,33	151,75	170,72	97,58	141,94	159,68	90,83	132,12	148,64	84,09	122,32	137,61
	III	1 668,66	91,77	133,49	150,17	III	1 668,66	85,84	124,86	140,47	80,03	116,41	130,96	74,36	108,16	121,68	68,81	100,09	112,60	63,38	92,20	103,72	58,09	84,50	95,06
	V	2 725,16	149,88	218,01	245,26	IV	2 310,58	123,70	179,94	202,43	120,33	175,03	196,91	116,96	170,12	191,39	113,59	165,22	185,87	110,22	160,32	180,36	106,84	155,41	174,83
	VI	2 758,58	151,72	220,68	248,27																				
7 772,99 Ost	I,IV	2 323,50	127,79	185,88	209,11	I	2 323,50	121,04	176,06	198,07	114,29	166,25	187,03	107,55	156,44	176,—	100,81	146,63	164,96	94,06	136,82	153,92	87,31	127,—	142,88
	II	2 277,66	125,27	182,21	204,98	II	2 277,66	118,52	172,40	193,95	111,78	162,59	182,91	105,03	152,78	171,87	98,28	142,96	160,83	91,54	133,16	149,80	84,80	123,34	138,76
	III	1 680,16	92,40	134,41	151,21	III	1 680,16	86,46	125,76	141,48	80,63	117,29	131,95	74,94	109,01	122,63	69,39	100,93	113,54	63,95	93,02	104,65	58,64	85,30	95,96
	V	2 738,—	150,59	219,04	246,42	IV	2 323,50	124,41	180,97	203,59	121,04	176,06	198,07	117,67	171,16	192,55	114,29	166,25	187,03	110,92	161,34	181,51	107,55	156,44	176,—
	VI	2 771,50	152,43	221,72	249,43																				
7 775,99 West	I,IV	2 311,83	127,15	184,94	208,06	I	2 311,83	120,40	175,13	197,02	113,66	165,32	185,99	106,91	155,51	174,95	100,16	145,70	163,91	93,42	135,89	152,87	86,68	126,08	141,84
	II	2 266,08	124,63	181,28	203,94	II	2 266,08	117,88	171,47	192,90	111,14	161,66	181,86	104,39	151,85	170,83	97,65	142,04	159,79	90,90	132,22	148,75	84,16	122,42	137,72
	III	1 669,83	91,84	133,58	150,28	III	1 669,83	85,91	124,96	140,58	80,09	116,50	131,06	74,41	108,24	121,77	68,86	100,17	112,69	63,44	92,28	103,81	58,15	84,58	95,15
	V	2 726,41	149,95	218,11	245,37	IV	2 311,83	123,77	180,04	202,54	120,40	175,13	197,02	117,03	170,23	191,51	113,66	165,32	185,99	110,28	160,42	180,47	106,91	155,51	174,95
	VI	2 759,83	151,79	220,78	248,38																				
7 775,99 Ost	I,IV	2 324,75	127,86	185,98	209,22	I	2 324,75	121,11	176,16	198,18	114,36	166,35	187,14	107,62	156,54	176,11	100,87	146,73	165,07	94,13	136,92	154,03	87,39	127,11	143,—
	II	2 278,91	125,34	182,31	205,10	II	2 278,91	118,59	172,50	194,06	111,85	162,69	183,02	105,10	152,88	171,99	98,36	143,07	160,95	91,61	133,26	149,91	84,86	123,44	138,87
	III	1 681,33	92,47	134,50	151,31	III	1 681,33	86,52	125,85	141,58	80,70	117,38	132,05	75,01	109,10	122,74	69,44	101,01	113,63	64,01	93,10	104,74	58,70	85,38	96,05
	V	2 739,25	150,65	219,14	246,53	IV	2 324,75	124,48	181,07	203,70	121,11	176,16	198,18	117,74	171,26	192,66	114,36	166,35	187,14	110,99	161,44	181,62	107,62	156,54	176,11
	VI	2 772,75	152,50	221,82	249,54																				

Table heading: Abzüge an Lohnsteuer, Solidaritätszuschlag (SolZ) und Kirchensteuer (8%, 9%) in den Steuerklassen; I, II, III, IV: mit Zahl der Kinderfreibeträge . . .

* Die ausgewiesenen Tabellenwerte sind amtlich. Siehe Erläuterungen auf der Umschlaginnenseite (U2).

MONAT 7 776,–*

Lohn/ Gehalt bis €*	Abzüge an Lohnsteuer, Solidaritätszuschlag (SolZ) und Kirchensteuer (8%, 9%) in den Steuerklassen I – VI					I, II, III, IV		mit Zahl der Kinderfreibeträge . . .																	
			ohne Kinderfreibeträge					0,5			1			1,5			2			2,5			3		
		LSt	SolZ	8%	9%		LSt	SolZ	8%	9%	SolZ	8%	9%	SolZ	8%	9%	SolZ	8%	9%	SolZ	8%	9%	SolZ	8%	9%
7 778,99 West	I,IV	2 313,08	127,21	185,04	208,17	I	2 313,08	120,47	175,24	197,14	113,73	165,42	186,10	106,98	155,61	175,06	100,24	145,80	164,03	93,49	135,99	152,99	86,74	126,18	141,95
	II	2 267,33	124,70	181,38	204,05	II	2 267,33	117,95	171,57	193,01	111,21	161,76	181,98	104,46	151,95	170,94	97,72	142,14	159,90	90,97	132,32	148,86	84,23	122,52	137,83
	III	1 671,—	91,90	133,68	150,39	III	1 671,—	85,96	125,04	140,67	80,15	116,58	131,15	74,47	108,33	121,87	68,92	100,25	112,78	63,49	92,36	103,90	58,20	84,66	95,24
	V	2 727,66	150,02	218,21	245,48	IV	2 313,08	123,84	180,14	202,65	120,47	175,24	197,14	117,10	170,33	191,62	113,73	165,42	186,10	110,35	160,52	180,58	106,98	155,61	175,06
	VI	2 761,16	151,86	220,89	248,50																				
7 778,99 Ost	I,IV	2 326,—	127,93	186,08	209,34	I	2 326,—	121,18	176,26	198,29	114,43	166,45	187,25	107,69	156,64	176,22	100,94	146,83	165,18	94,20	137,02	154,14	87,45	127,21	143,11
	II	2 280,16	125,40	182,41	205,21	II	2 280,16	118,66	172,60	194,18	111,92	162,79	183,14	105,17	152,98	172,10	98,43	143,17	161,06	91,68	133,36	150,03	84,93	123,54	138,98
	III	1 682,50	92,53	134,60	151,42	III	1 682,50	86,57	125,93	141,67	80,75	117,46	132,14	75,06	109,18	122,83	69,50	101,09	113,72	64,06	93,18	104,83	58,75	85,46	96,14
	V	2 740,58	150,73	219,24	246,65	IV	2 326,—	124,55	181,17	203,81	121,18	176,26	198,29	117,81	171,36	192,78	114,43	166,45	187,25	111,06	161,55	181,74	107,69	156,64	176,22
	VI	2 774,—	152,57	221,92	249,66																				
7 781,99 West	I,IV	2 314,33	127,28	185,14	208,28	I	2 314,33	120,54	175,34	197,25	113,79	165,52	186,21	107,05	155,71	175,17	100,31	145,90	164,14	93,56	136,09	153,10	86,81	126,28	142,06
	II	2 268,58	124,77	181,48	204,17	II	2 268,58	118,02	171,67	193,13	111,28	161,86	182,09	104,53	152,05	171,05	97,79	142,24	160,02	91,04	132,43	148,98	84,30	122,62	137,94
	III	1 672,16	91,96	133,77	150,49	III	1 672,16	86,02	125,13	140,77	80,21	116,68	131,26	74,53	108,41	121,96	68,97	100,33	112,87	63,55	92,44	103,99	58,26	84,74	95,33
	V	2 728,91	150,09	218,31	245,60	IV	2 314,33	123,91	180,24	202,77	120,54	175,34	197,25	117,17	170,43	191,73	113,79	165,52	186,21	110,42	160,62	180,69	107,05	155,71	175,17
	VI	2 762,41	151,93	220,99	248,61																				
7 781,99 Ost	I,IV	2 327,25	127,99	186,18	209,45	I	2 327,25	121,25	176,36	198,41	114,51	166,56	187,38	107,76	156,74	176,33	101,01	146,93	165,29	94,27	137,12	154,26	87,52	127,31	143,22
	II	2 281,50	125,48	182,52	205,33	II	2 281,50	118,73	172,70	194,29	111,98	162,89	183,25	105,24	153,08	172,22	98,50	143,27	161,18	91,75	133,46	150,14	85,—	123,64	139,10
	III	1 683,66	92,60	134,69	151,52	III	1 683,66	86,64	126,02	141,77	80,82	117,56	132,25	75,12	109,26	122,92	69,55	101,17	113,81	64,12	93,26	104,92	58,81	85,54	96,23
	V	2 741,83	150,80	219,34	246,76	IV	2 327,25	124,62	181,27	203,93	121,25	176,36	198,41	117,87	171,46	192,89	114,51	166,56	187,38	111,13	161,65	181,85	107,76	156,74	176,33
	VI	2 775,25	152,63	222,02	249,77																				
7 784,99 West	I,IV	2 315,58	127,35	185,24	208,40	I	2 315,58	120,61	175,44	197,37	113,86	165,62	186,32	107,12	155,81	175,28	100,37	146,—	164,25	93,63	136,19	153,21	86,88	126,38	142,17
	II	2 269,83	124,84	181,58	204,28	II	2 269,83	118,09	171,77	193,24	111,35	161,96	182,21	104,60	152,15	171,17	97,85	142,34	160,13	91,11	132,53	149,09	84,37	122,72	138,06
	III	1 673,16	92,02	133,85	150,58	III	1 673,16	86,08	125,21	140,86	80,27	116,76	131,35	74,58	108,49	122,05	69,03	100,41	112,96	63,60	92,52	104,08	58,30	84,81	95,41
	V	2 730,16	150,15	218,41	245,71	IV	2 315,58	123,98	180,34	202,88	120,61	175,44	197,37	117,24	170,53	191,84	113,86	165,62	186,32	110,49	160,72	180,81	107,12	155,81	175,28
	VI	2 763,66	152,—	221,09	248,72																				
7 784,99 Ost	I,IV	2 328,50	128,06	186,28	209,56	I	2 328,50	121,32	176,46	198,52	114,57	166,66	187,49	107,83	156,84	176,45	101,08	147,03	165,41	94,34	137,22	154,37	87,59	127,41	143,33
	II	2 282,75	125,55	182,62	205,44	II	2 282,75	118,80	172,80	194,40	112,05	162,99	183,36	105,31	153,18	172,33	98,56	143,37	161,29	91,82	133,56	150,25	85,08	123,75	139,22
	III	1 684,66	92,65	134,77	151,61	III	1 684,66	86,70	126,12	141,88	80,87	117,64	132,34	75,18	109,36	123,03	69,61	101,25	113,90	64,17	93,34	105,01	58,85	85,61	96,31
	V	2 743,08	150,86	219,44	246,87	IV	2 328,50	124,69	181,37	204,04	121,32	176,46	198,52	117,95	171,56	193,01	114,57	166,66	187,49	111,20	161,75	181,97	107,83	156,84	176,45
	VI	2 776,50	152,70	222,12	249,88																				
7 787,99 West	I,IV	2 316,91	127,43	185,35	208,52	I	2 316,91	120,68	175,54	197,48	113,93	165,72	186,44	107,19	155,92	175,41	100,44	146,10	164,36	93,70	136,29	153,32	86,95	126,48	142,29
	II	2 271,08	124,90	181,68	204,39	II	2 271,08	118,16	171,88	193,36	111,42	162,06	182,32	104,67	152,25	171,28	97,93	142,44	160,25	91,18	132,63	149,21	84,43	122,82	138,17
	III	1 674,33	92,08	133,94	150,68	III	1 674,33	86,14	125,30	140,96	80,33	116,85	131,45	74,65	108,58	122,15	69,08	100,49	113,05	63,66	92,60	104,17	58,36	84,89	95,50
	V	2 731,41	150,22	218,51	245,82	IV	2 316,91	124,05	180,44	203,—	120,68	175,54	197,48	117,31	170,63	191,96	113,93	165,72	186,44	110,56	160,82	180,92	107,19	155,92	175,41
	VI	2 764,91	152,07	221,19	248,84																				
7 787,99 Ost	I,IV	2 329,75	128,13	186,38	209,67	I	2 329,75	121,38	176,56	198,63	114,64	166,76	187,60	107,90	156,94	176,56	101,15	147,13	165,52	94,41	137,32	154,49	87,66	127,51	143,45
	II	2 284,—	125,62	182,72	205,56	II	2 284,—	118,87	172,90	194,51	112,12	163,09	183,47	105,38	153,28	172,44	98,63	143,47	161,40	91,89	133,66	150,36	85,14	123,85	139,33
	III	1 685,83	92,72	134,86	151,72	III	1 685,83	86,76	126,20	141,97	80,94	117,73	132,44	75,24	109,44	123,12	69,66	101,33	113,99	64,23	93,42	105,10	58,91	85,69	96,40
	V	2 744,33	150,93	219,54	246,98	IV	2 329,75	124,76	181,47	204,15	121,38	176,56	198,63	118,02	171,66	193,12	114,64	166,76	187,60	111,27	161,85	182,08	107,90	156,94	176,56
	VI	2 777,75	152,77	222,22	249,99																				
7 790,99 West	I,IV	2 318,16	127,49	185,45	208,63	I	2 318,16	120,75	175,64	197,59	114,—	165,82	186,55	107,26	156,02	175,52	100,51	146,20	164,48	93,77	136,39	153,44	87,02	126,58	142,40
	II	2 272,33	124,97	181,78	204,50	II	2 272,33	118,23	171,98	193,47	111,48	162,16	182,43	104,74	152,35	171,39	98,—	142,54	160,36	91,25	132,73	149,32	84,50	122,92	138,28
	III	1 675,50	92,15	134,04	150,79	III	1 675,50	86,20	125,38	141,05	80,39	116,93	131,54	74,70	108,66	122,24	69,15	100,58	113,15	63,71	92,68	104,26	58,41	84,97	95,59
	V	2 732,75	150,30	218,62	245,94	IV	2 318,16	124,12	180,54	203,11	120,75	175,64	197,59	117,37	170,73	192,07	114,—	165,82	186,55	110,63	160,92	181,04	107,26	156,02	175,52
	VI	2 766,16	152,13	221,29	248,95																				
7 790,99 Ost	I,IV	2 331,—	128,20	186,48	209,79	I	2 331,—	121,46	176,67	198,75	114,71	166,86	187,71	107,96	157,04	176,67	101,22	147,24	165,64	94,48	137,42	154,60	87,73	127,61	143,56
	II	2 285,25	125,68	182,82	205,67	II	2 285,25	118,94	173,—	194,63	112,20	163,20	183,60	105,45	153,38	172,55	98,70	143,57	161,51	91,96	133,76	150,48	85,21	123,95	139,44
	III	1 687,—	92,78	134,96	151,83	III	1 687,—	86,82	126,29	142,07	80,99	117,81	132,53	75,29	109,52	123,21	69,73	101,42	114,10	64,28	93,50	105,19	58,96	85,77	96,49
	V	2 745,58	151,—	219,64	247,10	IV	2 331,—	124,83	181,57	204,26	121,46	176,67	198,75	118,08	171,76	193,23	114,71	166,86	187,71	111,34	161,95	182,19	107,96	157,04	176,67
	VI	2 779,08	152,84	222,32	250,11																				
7 793,99 West	I,IV	2 319,41	127,56	185,55	208,74	I	2 319,41	120,82	175,74	197,70	114,07	165,92	186,66	107,33	156,12	175,63	100,58	146,30	164,59	93,83	136,49	153,55	87,09	126,68	142,52
	II	2 273,58	125,04	181,88	204,62	II	2 273,58	118,30	172,08	193,59	111,55	162,26	182,54	104,81	152,45	171,50	98,06	142,64	160,47	91,32	132,83	149,43	84,57	123,02	138,39
	III	1 676,66	92,21	134,13	150,89	III	1 676,66	86,26	125,48	141,16	80,45	117,02	131,65	74,76	108,74	122,33	69,20	100,66	113,24	63,77	92,76	104,35	58,47	85,05	95,68
	V	2 734,—	150,37	218,72	246,06	IV	2 319,41	124,19	180,64	203,22	120,82	175,74	197,70	117,44	170,83	192,18	114,07	165,92	186,66	110,70	161,02	181,15	107,33	156,12	175,63
	VI	2 767,41	152,20	221,39	249,06																				
7 793,99 Ost	I,IV	2 332,25	128,27	186,58	209,90	I	2 332,25	121,53	176,77	198,86	114,78	166,96	187,83	108,03	157,14	176,78	101,29	147,34	165,75	94,54	137,52	154,71	87,80	127,71	143,67
	II	2 286,50	125,75	182,92	205,78	II	2 286,50	119,01	173,10	194,74	112,26	163,30	183,71	105,52	153,48	172,67	98,77	143,67	161,63	92,03	133,86	150,59	85,28	124,05	139,55
	III	1 688,—	92,84	135,04	151,92	III	1 688,—	86,88	126,37	142,16	81,06	117,90	132,64	75,35	109,61	123,31	69,78	101,50	114,19	64,34	93,58	105,28	59,02	85,85	96,58
	V	2 746,83	151,07	219,74	247,21	IV	2 332,25	124,90	181,68	204,39	121,53	176,77	198,86	118,15	171,86	193,34	114,78	166,96	187,83	111,41	162,05	182,30	108,03	157,14	176,78
	VI	2 780,33	152,91	222,42	250,22																				
7 796,99 West	I,IV	2 320,66	127,63	185,65	208,85	I	2 320,66	120,89	175,84	197,82	114,14	166,03	186,78	107,40	156,22	175,74	100,65	146,40	164,70	93,91	136,60	153,67	87,16	126,78	142,63
	II	2 274,91	125,12	181,99	204,74	II	2 274,91	118,37	172,18	193,70	111,62	162,36	182,66	104,88	152,56	171,63	98,13	142,74	160,58	91,39	132,93	149,54	84,64	123,12	138,51
	III	1 677,66	92,27	134,21	150,98	III	1 677,66	86,33	125,57	141,26	80,51	117,10	131,74	74,81	108,82	122,42	69,26	100,74	113,33	63,82	92,84	104,44	58,52	85,13	95,77
	V	2 735,25	150,43	218,82	246,17	IV	2 320,66	124,26	180,74	203,33	120,89	175,84	197,82	117,51	170,93	192,29	114,14	166,03	186,78	110,77	161,12	181,26	107,40	156,22	175,74
	VI	2 768,66	152,27	221,49	249,17																				
7 796,99 Ost	I,IV	2 333,58	128,34	186,68	210,02	I	2 333,58	121,60	176,87	198,98	114,85	167,06	187,94	108,10	157,24	176,90	101,36	147,44	165,87	94,61	137,62	154,82	87,87	127,81	143,78
	II	2 287,75	125,82	183,02	205,89	II	2 287,75	119,07	173,20	194,85	112,33	163,40	183,82	105,59	153,58	172,78	98,84	143,77	161,74	92,10	133,96	150,71	85,35	124,15	139,67
	III	1 689,16	92,90	135,13	152,02	III	1 689,16	86,94	126,46	142,27	81,11	117,98	132,73	75,41	109,69	123,40	69,84	101,58	114,28	64,39	93,66	105,37	59,07	85,93	96,67
	V	2 748,08	151,14	219,84	247,32	IV	2 333,58	124,97	181,78	204,50	121,60	176,87	198,98	118,22	171,96	193,46	114,85	167,06	187,94	111,48	162,15	182,42	108,10	157,24	176,90
	VI	2 781,58	152,98	222,52	250,34																				
7 799,99 West	I,IV	2 321,91	127,70	185,75	208,97	I	2 321,91	120,95	175,94	197,93	114,21	166,13	186,89	107,47	156,32	175,86	100,72	146,50	164,81	93,98	136,70	153,78	87,23	126,88	142,74
	II	2 276,16	125,18	182,09	204,85	II	2 276,16	118,44	172,28	193,81	111,69	162,46	182,77	104,95	152,66	171,74	98,20	142,84	160,70	91,46	133,03	149,66	84,71	123,22	138,62
	III	1 678,83	92,33	134,30	151,09	III	1 678,83	86,38	125,65	141,35	80,56	117,18	131,83	74,88	108,92	122,53	69,31	100,82	113,42	63,88	92,92	104,53	58,58	85,21	95,86
	V	2 736,50	150,50	218,92	246,28	IV	2 321,91	124,33	180,84	203,45	120,95	175,94	197,93	117,59	171,04	192,42	114,21	166,13	186,89	110,84	161,22	181,37	107,47	156,32	175,86
	VI	2 769,91	152,34	221,59	249,29																				
7 799,99 Ost	I,IV	2 334,83	128,41	186,78	210,13	I	2 334,83	121,66	176,97	199,09	114,92	167,16	188,05	108,18	157,35	177,02	101,43	147,54	165,98	94,68	137,72	154,94	87,94	127,92	143,91
	II	2 289,—	125,89	183,12	206,01	II	2 289,—	119,15	173,31	194,97	112,40	163,50	183,93	105,65	153,68	172,89	98,91	143,88	161,86	92,17	134,06	150,82	85,42	124,25	139,78
	III	1 690,33	92,96	135,22	152,12	III	1 690,33	87,01	126,56	142,38	81,17	118,06	132,82	75,46	109,77	123,49	69,89	101,66	114,37	64,45	93,74	105,46	59,13	86,01	96,76
	V	2 749,33	151,21	219,94	247,43	IV	2 334,83	125,04	181,88	204,61	121,66	176,97	199,09	118,29	172,06	193,57	114,92	167,16	188,05	111,54	162,25	182,53	108,18	157,35	177,02
	VI	2 782,83	153,05	222,62	250,45																				

* Die ausgewiesenen Tabellenwerte sind amtlich. Siehe Erläuterungen auf der Umschlaginnenseite (U2).

Lohn/ Gehalt bis €*		I – VI LSt	ohne Kinderfreibeträge SolZ	8%	9%		I, II, III, IV LSt	0,5 SolZ	8%	9%	1 SolZ	8%	9%	1,5 SolZ	8%	9%	2 SolZ	8%	9%	2,5 SolZ	8%	9%	3 SolZ	8%	9%
								mit Zahl der Kinderfreibeträge . . .																	
7 802,99 West	I,IV	2 323,16	127,77	185,85	209,08	I	2 323,16	121,03	176,04	198,05	114,28	166,23	187,01	107,53	156,42	175,97	100,79	146,60	164,93	94,05	136,80	153,90	87,30	126,98	142,85
	II	2 277,41	125,25	182,19	204,96	II	2 277,41	118,51	172,38	193,92	111,76	162,56	182,88	105,02	152,76	171,85	98,27	142,94	160,81	91,52	133,13	149,77	84,78	123,32	138,74
	III	1 680,—	92,40	134,40	151,20	III	1 680,—	86,45	125,74	141,46	80,63	117,28	131,94	74,93	109,—	122,62	69,37	100,90	113,51	63,93	93,—	104,62	58,63	85,29	95,95
	V	2 737,75	150,57	219,02	246,39	IV	2 323,16	124,40	180,94	203,56	121,03	176,04	198,05	117,65	171,14	192,53	114,28	166,23	187,01	110,91	161,32	181,49	107,53	156,42	175,97
	VI	2 771,25	152,41	221,70	249,41																				
7 802,99 Ost	I,IV	2 336,08	128,48	186,88	210,24	I	2 336,08	121,73	177,07	199,20	114,99	167,26	188,16	108,24	157,45	177,13	101,50	147,64	166,09	94,75	137,82	155,05	88,01	128,02	144,02
	II	2 290,25	125,96	183,22	206,12	II	2 290,25	119,22	173,41	195,08	112,47	163,60	184,05	105,72	153,78	173,—	98,98	143,98	161,97	92,23	134,16	150,93	85,49	124,35	139,89
	III	1 691,50	93,03	135,32	152,23	III	1 691,50	87,06	126,64	142,47	81,23	118,16	132,93	75,53	109,86	123,59	69,95	101,74	114,46	64,50	93,82	105,55	59,18	86,09	96,85
	V	2 750,66	151,28	220,05	247,55	IV	2 336,08	125,11	181,98	204,72	121,73	177,07	199,20	118,36	172,16	193,68	114,99	167,26	188,16	111,62	162,36	182,65	108,24	157,45	177,13
	VI	2 784,08	153,12	222,72	250,56																				
7 805,99 West	I,IV	2 324,41	127,84	185,95	209,19	I	2 324,41	121,10	176,14	198,16	114,35	166,33	187,12	107,60	156,52	176,08	100,86	146,71	165,05	94,11	136,90	154,01	87,37	127,08	142,97
	II	2 278,66	125,32	182,29	205,07	II	2 278,66	118,58	172,48	194,04	111,83	162,67	183,—	105,09	152,86	171,96	98,34	143,04	160,92	91,60	133,24	149,89	84,85	123,42	138,85
	III	1 681,16	92,46	134,49	151,30	III	1 681,16	86,50	125,82	141,55	80,68	117,36	132,03	74,99	109,08	122,71	69,42	100,98	113,60	63,99	93,08	104,71	58,69	85,37	96,04
	V	2 739,—	150,64	219,12	246,51	IV	2 324,41	124,46	181,04	203,67	121,10	176,14	198,16	117,72	171,24	192,64	114,35	166,33	187,12	110,98	161,42	181,60	107,60	156,52	176,08
	VI	2 772,50	152,48	221,80	249,52																				
7 805,99 Ost	I,IV	2 337,33	128,55	186,98	210,35	I	2 337,33	121,80	177,17	199,31	115,06	167,36	188,28	108,31	157,55	177,24	101,57	147,74	166,20	94,82	137,92	155,16	88,08	128,12	144,13
	II	2 291,58	126,03	183,32	206,24	II	2 291,58	119,29	173,51	195,20	112,54	163,70	184,16	105,79	153,88	173,12	99,05	144,08	162,09	92,30	134,26	151,04	85,56	124,45	140,—
	III	1 692,66	93,09	135,41	152,33	III	1 692,66	87,12	126,73	142,57	81,29	118,24	133,02	75,58	109,94	123,68	70,—	101,82	114,55	64,56	93,90	105,64	59,24	86,17	96,94
	V	2 751,91	151,35	220,15	247,67	IV	2 337,33	125,18	182,08	204,84	121,80	177,17	199,31	118,43	172,26	193,79	115,06	167,36	188,28	111,69	162,46	182,76	108,31	157,55	177,24
	VI	2 785,33	153,19	222,82	250,67																				
7 808,99 West	I,IV	2 325,66	127,91	186,05	209,30	I	2 325,66	121,16	176,24	198,27	114,42	166,43	187,23	107,67	156,62	176,19	100,93	146,81	165,16	94,18	137,—	154,12	87,44	127,18	143,08
	II	2 279,91	125,39	182,39	205,19	II	2 279,91	118,64	172,58	194,15	111,90	162,77	183,11	105,16	152,96	172,08	98,41	143,14	161,03	91,67	133,34	150,—	84,92	123,52	138,96
	III	1 682,16	92,51	134,57	151,39	III	1 682,16	86,57	125,92	141,66	80,74	117,45	132,13	75,05	109,17	122,81	69,49	101,08	113,71	64,04	93,16	104,80	58,74	85,44	96,12
	V	2 740,25	150,71	219,22	246,62	IV	2 325,66	124,54	181,15	203,79	121,16	176,24	198,27	117,79	171,34	192,75	114,42	166,43	187,23	111,04	161,52	181,71	107,67	156,62	176,19
	VI	2 773,75	152,55	221,90	249,63																				
7 808,99 Ost	I,IV	2 338,58	128,62	187,08	210,47	I	2 338,58	121,87	177,27	199,43	115,13	167,46	188,39	108,38	157,65	177,35	101,64	147,84	166,32	94,89	138,03	155,28	88,15	128,22	144,24
	II	2 292,83	126,10	183,42	206,35	II	2 292,83	119,35	173,61	195,31	112,61	163,80	184,27	105,87	153,99	173,24	99,12	144,18	162,20	92,37	134,36	151,16	85,63	124,56	140,13
	III	1 693,66	93,15	135,49	152,42	III	1 693,66	87,19	126,82	142,67	81,35	118,33	133,12	75,64	110,02	123,77	70,07	101,92	114,66	64,61	93,98	105,73	59,29	86,25	97,03
	V	2 753,16	151,42	220,25	247,78	IV	2 338,58	125,24	182,18	204,95	121,87	177,27	199,43	118,50	172,36	193,91	115,13	167,46	188,39	111,76	162,56	182,88	108,38	157,65	177,35
	VI	2 786,58	153,26	222,92	250,79																				
7 811,99 West	I,IV	2 327,—	127,98	186,16	209,43	I	2 327,—	121,23	176,34	198,38	114,49	166,53	187,34	107,74	156,72	176,31	101,—	146,91	165,27	94,25	137,10	154,23	87,50	127,28	143,19
	II	2 281,16	125,46	182,49	205,30	II	2 281,16	118,72	172,68	194,27	111,97	162,87	183,23	105,22	153,06	172,19	98,48	143,24	161,15	91,74	133,44	150,12	84,99	123,62	139,07
	III	1 683,33	92,58	134,66	151,49	III	1 683,33	86,63	126,01	141,76	80,80	117,53	132,22	75,11	109,25	122,90	69,54	101,16	113,80	64,10	93,24	104,89	58,79	85,52	96,21
	V	2 741,50	150,78	219,32	246,73	IV	2 327,—	124,61	181,25	203,90	121,23	176,34	198,38	117,86	171,44	192,87	114,49	166,53	187,34	111,11	161,62	181,82	107,74	156,72	176,31
	VI	2 775,—	152,62	222,—	249,75																				
7 811,99 Ost	I,IV	2 339,83	128,69	187,18	210,58	I	2 339,83	121,94	177,37	199,54	115,20	167,56	188,51	108,45	157,75	177,47	101,70	147,94	166,43	94,96	138,13	155,39	88,22	128,32	144,36
	II	2 294,08	126,17	183,52	206,46	II	2 294,08	119,42	173,71	195,42	112,68	163,90	184,38	105,93	154,09	173,35	99,19	144,28	162,31	92,44	134,46	151,27	85,70	124,66	140,24
	III	1 694,83	93,21	135,58	152,53	III	1 694,83	87,24	126,90	142,76	81,40	118,41	133,21	75,70	110,12	123,88	70,12	102,—	114,75	64,67	94,06	105,82	59,34	86,32	97,11
	V	2 754,41	151,49	220,35	247,89	IV	2 339,83	125,31	182,28	205,06	121,94	177,37	199,54	118,57	172,47	194,03	115,20	167,56	188,51	111,82	162,66	182,99	108,45	157,75	177,47
	VI	2 787,83	153,33	223,02	250,90																				
7 814,99 West	I,IV	2 328,25	128,05	186,26	209,54	I	2 328,25	121,30	176,44	198,50	114,56	166,63	187,46	107,81	156,82	176,42	101,07	147,01	165,38	94,32	137,20	154,35	87,58	127,39	143,31
	II	2 282,41	125,53	182,59	205,41	II	2 282,41	118,79	172,78	194,38	112,04	162,97	183,34	105,29	153,16	172,30	98,55	143,35	161,27	91,80	133,54	150,23	85,06	123,72	139,19
	III	1 684,50	92,64	134,76	151,60	III	1 684,50	86,68	126,09	141,85	80,86	117,62	132,32	75,16	109,33	122,99	69,60	101,24	113,89	64,15	93,32	104,98	58,85	85,60	96,30
	V	2 742,75	150,85	219,42	246,84	IV	2 328,25	124,68	181,35	204,02	121,30	176,44	198,50	117,93	171,54	192,98	114,56	166,63	187,46	111,18	161,72	181,94	107,81	156,82	176,42
	VI	2 776,25	152,69	222,10	249,86																				
7 814,99 Ost	I,IV	2 341,08	128,75	187,28	210,69	I	2 341,08	122,01	177,48	199,66	115,27	167,66	188,62	108,52	157,85	177,58	101,78	148,04	166,55	95,03	138,23	155,51	88,28	128,42	144,47
	II	2 295,33	126,24	183,62	206,57	II	2 295,33	119,49	173,81	195,53	112,75	164,—	184,50	106,—	154,19	173,46	99,26	144,38	162,42	92,51	134,56	151,38	85,77	124,76	140,35
	III	1 696,—	93,28	135,68	152,64	III	1 696,—	87,31	127,—	142,87	81,47	118,50	133,31	75,76	110,20	123,97	70,18	102,08	114,84	64,72	94,14	105,91	59,40	86,40	97,20
	V	2 755,66	151,56	220,45	248,—	IV	2 341,08	125,38	182,38	205,17	122,01	177,48	199,66	118,64	172,57	194,14	115,27	167,66	188,62	111,89	162,76	183,10	108,52	157,85	177,58
	VI	2 789,16	153,40	223,13	251,02																				
7 817,99 West	I,IV	2 329,50	128,12	186,36	209,65	I	2 329,50	121,37	176,54	198,61	114,62	166,73	187,57	107,88	156,92	176,54	101,14	147,11	165,50	94,39	137,30	154,46	87,65	127,49	143,42
	II	2 283,66	125,60	182,69	205,52	II	2 283,66	118,85	172,88	194,49	112,11	163,07	183,45	105,36	153,26	172,41	98,62	143,45	161,38	91,87	133,64	150,34	85,13	123,82	139,30
	III	1 685,66	92,71	134,85	151,70	III	1 685,66	86,75	126,18	141,95	80,92	117,70	132,41	75,23	109,42	123,10	69,65	101,32	113,98	64,22	93,41	105,08	58,90	85,68	96,39
	V	2 744,08	150,92	219,52	246,96	IV	2 329,50	124,74	181,45	204,13	121,37	176,54	198,61	118,—	171,64	193,09	114,62	166,73	187,57	111,26	161,83	182,06	107,88	156,92	176,54
	VI	2 777,50	152,76	222,20	249,97																				
7 817,99 Ost	I,IV	2 342,33	128,82	187,38	210,80	I	2 342,33	122,08	177,58	199,77	115,33	167,76	188,73	108,59	157,95	177,69	101,85	148,14	166,66	95,10	138,33	155,62	88,35	128,52	144,58
	II	2 296,58	126,31	183,72	206,69	II	2 296,58	119,56	173,91	195,65	112,82	164,10	184,61	106,07	154,29	173,57	99,33	144,48	162,54	92,58	134,67	151,50	85,84	124,86	140,46
	III	1 697,16	93,34	135,77	152,74	III	1 697,16	87,36	127,08	142,96	81,52	118,58	133,40	75,81	110,28	124,06	70,23	102,16	114,93	64,78	94,22	106,—	59,45	86,48	97,29
	V	2 756,91	151,63	220,55	248,12	IV	2 342,33	125,45	182,48	205,29	122,08	177,58	199,77	118,71	172,67	194,25	115,33	167,76	188,73	111,96	162,86	183,21	108,59	157,95	177,69
	VI	2 790,41	153,47	223,23	251,13																				
7 820,99 West	I,IV	2 330,75	128,19	186,46	209,76	I	2 330,75	121,44	176,64	198,72	114,70	166,84	187,69	107,95	157,02	176,65	101,20	147,21	165,61	94,46	137,40	154,58	87,72	127,59	143,54
	II	2 285,—	125,67	182,80	205,65	II	2 285,—	118,92	172,98	194,60	112,18	163,17	183,56	105,43	153,36	172,53	98,69	143,55	161,49	91,94	133,74	150,45	85,19	123,92	139,41
	III	1 686,66	92,76	134,93	151,79	III	1 686,66	86,80	126,26	142,04	80,98	117,80	132,52	75,28	109,50	123,19	69,71	101,40	114,07	64,27	93,49	105,17	58,96	85,76	96,48
	V	2 745,33	150,99	219,62	247,07	IV	2 330,75	124,81	181,55	204,24	121,44	176,64	198,72	118,07	171,74	193,20	114,70	166,84	187,69	111,32	161,93	182,17	107,95	157,02	176,65
	VI	2 778,75	152,83	222,30	250,08																				
7 820,99 Ost	I,IV	2 343,58	128,89	187,48	210,92	I	2 343,58	122,15	177,68	199,89	115,40	167,86	188,84	108,66	158,05	177,80	101,91	148,24	166,77	95,17	138,43	155,73	88,42	128,62	144,69
	II	2 297,83	126,38	183,82	206,80	II	2 297,83	119,63	174,01	195,76	112,89	164,20	184,73	106,14	154,39	173,69	99,39	144,58	162,65	92,65	134,77	151,61	85,91	124,96	140,58
	III	1 698,16	93,39	135,85	152,83	III	1 698,16	87,43	127,17	143,06	81,59	118,68	133,51	75,88	110,37	124,16	70,29	102,24	115,02	64,83	94,30	106,09	59,51	86,56	97,38
	V	2 758,16	151,69	220,65	248,23	IV	2 343,58	125,52	182,58	205,40	122,15	177,68	199,89	118,78	172,77	194,36	115,40	167,86	188,84	112,03	162,96	183,33	108,66	158,05	177,80
	VI	2 791,66	153,54	223,33	251,24																				
7 823,99 West	I,IV	2 332,—	128,26	186,56	209,88	I	2 332,—	121,51	176,74	198,83	114,77	166,94	187,80	108,02	157,12	176,76	101,27	147,31	165,72	94,53	137,50	154,69	87,78	127,69	143,65
	II	2 286,25	125,74	182,90	205,76	II	2 286,25	118,99	173,08	194,72	112,25	163,27	183,68	105,50	153,46	172,64	98,76	143,65	161,60	92,01	133,84	150,57	85,27	124,03	139,53
	III	1 687,83	92,83	135,02	151,90	III	1 687,83	86,87	126,36	142,15	81,04	117,88	132,61	75,34	109,58	123,28	69,76	101,48	114,16	64,33	93,57	105,26	59,01	85,84	96,57
	V	2 746,58	151,06	219,72	247,19	IV	2 332,—	124,88	181,65	204,35	121,51	176,74	198,83	118,14	171,84	193,32	114,77	166,94	187,80	111,39	162,03	182,28	108,02	157,12	176,76
	VI	2 780,—	152,90	222,40	250,20																				
7 823,99 Ost	I,IV	2 344,91	128,97	187,59	211,04	I	2 344,91	122,22	177,78	200,—	115,47	167,96	188,96	108,73	158,16	177,93	101,98	148,34	166,88	95,24	138,53	155,84	88,49	128,72	144,81
	II	2 299,08	126,44	183,92	206,91	II	2 299,08	119,70	174,12	195,88	112,96	164,30	184,84	106,21	154,49	173,80	99,47	144,68	162,77	92,72	134,87	151,73	85,97	125,06	140,69
	III	1 699,33	93,46	135,94	152,93	III	1 699,33	87,49	127,26	143,17	81,64	118,76	133,60	75,93	110,45	124,25	70,35	102,33	115,12	64,89	94,38	106,18	59,56	86,64	97,47
	V	2 759,41	151,76	220,75	248,34	IV	2 344,91	125,59	182,68	205,52	122,22	177,78	200,—	118,85	172,87	194,48	115,47	167,96	188,96	112,10	163,06	183,44	108,73	158,16	177,93
	VI	2 792,91	153,61	223,43	251,36																				

Abzüge an Lohnsteuer, Solidaritätszuschlag (SolZ) und Kirchensteuer (8%, 9%) in den Steuerklassen

*** Die ausgewiesenen Tabellenwerte sind amtlich. Siehe Erläuterungen auf der Umschlaginnenseite (U2).**

Abzüge an Lohnsteuer, Solidaritätszuschlag (SolZ) und Kirchensteuer (8%, 9%) in den Steuerklassen

Lohn/ Gehalt bis €*	I – VI	ohne Kinderfreibeträge				I, II, III, IV	mit Zahl der Kinderfreibeträge . . . 0,5			1			1,5			2			2,5			3		
		LSt	SolZ	8%	9%		LSt	SolZ	8%	9%	SolZ	8%	9%	SolZ	8%	9%	SolZ	8%	9%	SolZ	8%	9%	SolZ	8%	9%
7 826,99 West	I,IV	2 333,25	128,32	186,66	209,99	I	2 333,25	121,58	176,84	198,95	114,84	167,04	187,92	108,09	157,22	176,87	101,34	147,41	165,83	94,60	137,60	154,80	87,85	127,79	143,76
	II	2 287,50	125,81	183,—	205,87	II	2 287,50	119,06	173,18	194,83	112,31	163,37	183,79	105,57	153,56	172,76	98,83	143,75	161,72	92,08	133,94	150,68	85,34	124,13	139,64
	III	1 689,—	92,89	135,12	152,01	III	1 689,—	86,93	126,45	142,25	81,10	117,97	132,71	75,40	109,68	123,39	69,83	101,57	114,26	64,38	93,65	105,35	59,07	85,92	96,66
	V	2 747,83	151,13	219,82	247,30	IV	2 333,25	124,95	181,75	204,47	121,58	176,84	198,95	118,21	171,94	193,43	114,84	167,04	187,92	111,46	162,13	182,39	108,09	157,22	176,87
	VI	2 781,25	152,96	222,50	250,31																				
7 826,99 Ost	I,IV	2 346,16	129,03	187,69	211,15	I	2 346,16	122,29	177,88	200,11	115,54	168,06	189,07	108,80	158,26	178,04	102,05	148,44	167,—	95,31	138,63	155,96	88,56	128,82	144,92
	II	2 300,33	126,51	184,02	207,02	II	2 300,33	119,77	174,22	195,99	113,02	164,40	184,95	106,28	154,59	173,91	99,54	144,78	162,88	92,79	134,97	151,84	86,04	125,16	140,80
	III	1 700,50	93,52	136,04	153,04	III	1 700,50	87,55	127,34	143,26	81,71	118,85	133,70	75,99	110,53	124,34	70,42	102,41	115,21	64,94	94,46	106,27	59,62	86,72	97,56
	V	2 760,75	151,84	220,86	248,46	IV	2 346,16	125,66	182,78	205,63	122,29	177,88	200,11	118,91	172,97	194,59	115,54	168,06	189,07	112,17	163,16	183,56	108,80	158,26	178,04
	VI	2 794,16	153,67	223,53	251,47																				
7 829,99 West	I,IV	2 334,50	128,39	186,76	210,10	I	2 334,50	121,65	176,95	199,07	114,90	167,14	188,03	108,16	157,32	176,99	101,42	147,52	165,96	94,67	137,70	154,91	87,92	127,89	143,87
	II	2 288,75	125,88	183,10	205,98	II	2 288,75	119,13	173,28	194,94	112,39	163,48	183,91	105,64	153,66	172,87	98,89	143,85	161,83	92,15	134,04	150,80	85,41	124,23	139,76
	III	1 690,—	92,95	135,20	152,10	III	1 690,—	86,99	126,53	142,34	81,16	118,05	132,80	75,46	109,76	123,48	69,88	101,65	114,35	64,44	93,73	105,44	59,12	86,—	96,75
	V	2 749,08	151,19	219,92	247,41	IV	2 334,50	125,02	181,85	204,58	121,65	176,95	199,07	118,28	172,04	193,55	114,90	167,14	188,03	111,53	162,23	182,51	108,16	157,32	176,99
	VI	2 782,58	153,04	222,60	250,43																				
7 829,99 Ost	I,IV	2 347,41	129,10	187,79	211,26	I	2 347,41	122,36	177,98	200,22	115,61	168,16	189,18	108,87	158,36	178,15	102,12	148,54	167,11	95,37	138,73	156,07	88,63	128,92	145,04
	II	2 301,58	126,58	184,12	207,14	II	2 301,58	119,84	174,32	196,11	113,09	164,50	185,06	106,35	154,69	174,02	99,60	144,88	162,99	92,86	135,07	151,95	86,11	125,26	140,91
	III	1 701,66	93,59	136,13	153,14	III	1 701,66	87,61	127,44	143,37	81,76	118,93	133,79	76,05	110,62	124,45	70,46	102,49	115,30	65,—	94,54	106,36	59,67	86,80	97,65
	V	2 762,—	151,91	220,96	248,58	IV	2 347,41	125,73	182,88	205,74	122,36	177,98	200,22	118,98	173,07	194,70	115,61	168,16	189,18	112,24	163,26	183,67	108,87	158,36	178,15
	VI	2 795,41	153,74	223,63	251,58																				
7 832,99 West	I,IV	2 335,75	128,46	186,86	210,21	I	2 335,75	121,72	177,05	199,18	114,97	167,24	188,14	108,23	157,42	177,10	101,48	147,62	166,07	94,74	137,80	155,03	87,99	127,99	143,99
	II	2 290,—	125,95	183,20	206,10	II	2 290,—	119,20	173,38	195,05	112,46	163,58	184,02	105,71	153,76	172,98	98,96	143,95	161,94	92,22	134,14	150,91	85,47	124,33	139,87
	III	1 691,16	93,01	135,29	152,20	III	1 691,16	87,05	126,62	142,45	81,21	118,13	132,89	75,51	109,84	123,57	69,94	101,73	114,44	64,49	93,81	105,53	59,17	86,06	96,82
	V	2 750,33	151,26	220,02	247,52	IV	2 335,75	125,09	181,96	204,70	121,72	177,05	199,18	118,35	172,14	193,66	114,97	167,24	188,14	111,60	162,33	182,62	108,23	157,42	177,10
	VI	2 783,83	153,11	222,70	250,54																				
7 832,99 Ost	I,IV	2 348,66	129,17	187,89	211,37	I	2 348,66	122,43	178,08	200,34	115,68	168,27	189,30	108,94	158,46	178,26	102,19	148,64	167,22	95,45	138,84	156,19	88,70	129,02	145,15
	II	2 302,91	126,66	184,23	207,26	II	2 302,91	119,91	174,42	196,22	113,16	164,60	185,18	106,42	154,80	174,15	99,67	144,98	163,10	92,93	135,17	152,06	86,18	125,36	141,03
	III	1 702,66	93,64	136,21	153,23	III	1 702,66	87,67	127,52	143,46	81,83	119,02	133,90	76,11	110,70	124,54	70,51	102,57	115,39	65,05	94,62	106,45	59,73	86,88	97,74
	V	2 763,25	151,97	221,06	248,69	IV	2 348,66	125,80	182,98	205,85	122,43	178,08	200,34	119,05	173,17	194,81	115,68	168,27	189,30	112,31	163,36	183,78	108,94	158,46	178,26
	VI	2 796,66	153,81	223,73	251,69																				
7 835,99 West	I,IV	2 337,08	128,53	186,96	210,33	I	2 337,08	121,79	177,15	199,29	115,04	167,34	188,25	108,29	157,52	177,21	101,55	147,72	166,18	94,81	137,90	155,14	88,06	128,09	144,10
	II	2 291,25	126,01	183,30	206,21	II	2 291,25	119,27	173,48	195,17	112,53	163,68	184,14	105,78	153,86	173,09	99,03	144,05	162,05	92,29	134,24	151,02	85,54	124,43	139,98
	III	1 692,33	93,07	135,38	152,30	III	1 692,33	87,11	126,70	142,54	81,28	118,22	133,—	75,57	109,92	123,66	69,99	101,81	114,53	64,55	93,89	105,62	59,22	86,14	96,91
	V	2 751,58	151,33	220,12	247,64	IV	2 337,08	125,16	182,06	204,81	121,79	177,15	199,29	118,41	172,24	193,77	115,04	167,34	188,25	111,67	162,43	182,73	108,29	157,52	177,21
	VI	2 785,08	153,17	222,80	250,65																				
7 835,99 Ost	I,IV	2 349,91	129,24	187,99	211,49	I	2 349,91	122,49	178,18	200,45	115,75	168,37	189,41	109,01	158,56	178,38	102,26	148,74	167,33	95,52	138,94	156,30	88,77	129,12	145,26
	II	2 304,16	126,72	184,33	207,37	II	2 304,16	119,98	174,52	196,33	113,23	164,70	185,29	106,49	154,90	174,26	99,74	145,08	163,22	93,—	135,27	152,18	86,25	125,46	141,14
	III	1 703,83	93,71	136,30	153,34	III	1 703,83	87,73	127,61	143,56	81,88	119,10	133,99	76,16	110,78	124,63	70,57	102,65	115,48	65,11	94,70	106,54	59,78	86,96	97,83
	V	2 764,50	152,04	221,16	248,80	IV	2 349,91	125,87	183,08	205,97	122,49	178,18	200,45	119,13	173,28	194,94	115,75	168,37	189,41	112,38	163,46	183,89	109,01	158,56	178,38
	VI	2 797,91	153,88	223,83	251,81																				
7 838,99 West	I,IV	2 338,33	128,60	187,06	210,44	I	2 338,33	121,86	177,25	199,40	115,11	167,44	188,37	108,37	157,63	177,33	101,62	147,82	166,29	94,87	138,—	155,25	88,13	128,20	144,22
	II	2 292,50	126,08	183,40	206,32	II	2 292,50	119,34	173,59	195,29	112,59	163,78	184,25	105,85	153,96	173,21	99,11	144,16	162,18	92,36	134,34	151,13	85,61	124,53	140,09
	III	1 693,50	93,14	135,48	152,41	III	1 693,50	87,17	126,80	142,65	81,33	118,30	133,09	75,63	110,01	123,76	70,05	101,89	114,62	64,60	93,97	105,71	59,28	86,22	97,—
	V	2 752,83	151,40	220,22	247,75	IV	2 338,33	125,23	182,16	204,93	121,86	177,25	199,40	118,48	172,34	193,88	115,11	167,44	188,37	111,74	162,53	182,84	108,37	157,63	177,33
	VI	2 786,33	153,24	222,90	250,76																				
7 838,99 Ost	I,IV	2 351,16	129,31	188,09	211,60	I	2 351,16	122,57	178,28	200,57	115,82	168,47	189,53	109,07	158,66	178,49	102,33	148,84	167,45	95,59	139,04	156,42	88,84	129,22	145,37
	II	2 305,41	126,79	184,43	207,48	II	2 305,41	120,05	174,62	196,44	113,30	164,80	185,40	106,56	155,—	174,37	99,81	145,18	163,33	93,06	135,37	152,29	86,32	125,56	141,26
	III	1 705,—	93,77	136,40	153,45	III	1 705,—	87,79	127,70	143,66	81,95	119,20	134,10	76,23	110,88	124,74	70,63	102,74	115,58	65,17	94,80	106,65	59,84	87,04	97,92
	V	2 765,75	152,11	221,26	248,91	IV	2 351,16	125,94	183,18	206,08	122,57	178,28	200,57	119,19	173,38	195,05	115,82	168,47	189,53	112,45	163,56	184,01	109,07	158,66	178,49
	VI	2 799,25	153,95	223,94	251,93																				
7 841,99 West	I,IV	2 339,58	128,67	187,16	210,56	I	2 339,58	121,93	177,35	199,52	115,18	167,54	188,48	108,44	157,73	177,44	101,69	147,92	166,41	94,94	138,10	155,36	88,20	128,30	144,33
	II	2 293,75	126,15	183,50	206,43	II	2 293,75	119,41	173,69	195,40	112,66	163,88	184,36	105,92	154,06	173,32	99,17	144,26	162,29	92,43	134,44	151,25	85,68	124,63	140,21
	III	1 694,66	93,20	135,57	152,51	III	1 694,66	87,23	126,89	142,75	81,40	118,40	133,20	75,68	110,09	123,85	70,10	101,97	114,71	64,66	94,05	105,80	59,33	86,30	97,09
	V	2 754,16	151,47	220,33	247,87	IV	2 339,58	125,30	182,26	205,04	121,93	177,35	199,52	118,55	172,44	194,—	115,18	167,54	188,48	111,81	162,64	182,97	108,44	157,73	177,44
	VI	2 787,58	153,31	223,—	250,88																				
7 841,99 Ost	I,IV	2 352,41	129,38	188,19	211,71	I	2 352,41	122,64	178,38	200,68	115,89	168,57	189,64	109,14	158,76	178,60	102,40	148,95	167,57	95,65	139,14	156,53	88,91	129,32	145,49
	II	2 306,66	126,86	184,53	207,59	II	2 306,66	120,12	174,72	196,56	113,37	164,91	185,52	106,63	155,10	174,48	99,88	145,28	163,44	93,14	135,48	152,41	86,39	125,66	141,37
	III	1 706,16	93,83	136,49	153,55	III	1 706,16	87,85	127,78	143,75	82,—	119,28	134,19	76,28	110,96	124,83	70,69	102,82	115,67	65,23	94,88	106,74	59,88	87,10	97,99
	V	2 767,—	152,18	221,36	249,03	IV	2 352,41	126,—	183,28	206,19	122,64	178,38	200,68	119,26	173,48	195,16	115,89	168,57	189,64	112,52	163,66	184,12	109,14	158,76	178,60
	VI	2 800,50	154,02	224,04	252,04																				
7 844,99 West	I,IV	2 340,83	128,74	187,26	210,67	I	2 340,83	121,99	177,45	199,63	115,25	167,64	188,60	108,51	157,83	177,56	101,76	148,02	166,52	95,01	138,20	155,48	88,27	128,40	144,45
	II	2 295,08	126,22	183,60	206,55	II	2 295,08	119,48	173,79	195,51	112,73	163,98	184,47	105,98	154,16	173,43	99,24	144,36	162,40	92,50	134,54	151,36	85,75	124,73	140,32
	III	1 695,66	93,26	135,65	152,60	III	1 695,66	87,29	126,97	142,84	81,45	118,48	133,29	75,74	110,17	123,94	70,17	102,06	114,82	64,71	94,13	105,89	59,39	86,38	97,18
	V	2 755,41	151,54	220,43	247,98	IV	2 340,83	125,37	182,36	205,15	121,99	177,45	199,63	118,62	172,54	194,11	115,25	167,64	188,60	111,88	162,74	183,08	108,51	157,83	177,56
	VI	2 788,83	153,38	223,10	250,99																				
7 844,99 Ost	I,IV	2 353,66	129,45	188,29	211,82	I	2 353,66	122,70	178,48	200,79	115,96	168,67	189,75	109,21	158,86	178,71	102,47	149,05	167,68	95,72	139,24	156,64	88,98	129,42	145,60
	II	2 307,91	126,93	184,63	207,71	II	2 307,91	120,18	174,82	196,67	113,44	165,01	185,63	106,70	155,20	174,60	99,95	145,38	163,55	93,21	135,58	152,52	86,46	125,76	141,48
	III	1 707,16	93,89	136,57	153,64	III	1 707,16	87,91	127,88	143,86	82,06	119,37	134,29	76,34	111,04	124,92	70,74	102,90	115,76	65,28	94,96	106,83	59,94	87,18	98,08
	V	2 768,25	152,25	221,46	249,14	IV	2 353,66	126,08	183,39	206,31	122,70	178,48	200,79	119,33	173,58	195,27	115,96	168,67	189,75	112,58	163,76	184,23	109,21	158,86	178,71
	VI	2 801,75	154,09	224,14	252,15																				
7 847,99 West	I,IV	2 342,08	128,81	187,36	210,78	I	2 342,08	122,06	177,55	199,74	115,32	167,74	188,71	108,57	157,93	177,67	101,83	148,12	166,63	95,09	138,31	155,60	88,34	128,50	144,56
	II	2 296,33	126,29	183,70	206,66	II	2 296,33	119,55	173,89	195,62	112,80	164,08	184,59	106,06	154,27	173,55	99,31	144,46	162,51	92,56	134,64	151,47	85,82	124,84	140,44
	III	1 696,83	93,32	135,74	152,71	III	1 696,83	87,35	127,06	142,94	81,51	118,57	133,39	75,80	110,26	124,04	70,22	102,14	114,91	64,77	94,21	105,98	59,44	86,46	97,27
	V	2 756,66	151,61	220,53	248,09	IV	2 342,08	125,44	182,46	205,26	122,06	177,55	199,74	118,69	172,64	194,22	115,32	167,74	188,71	111,95	162,84	183,19	108,57	157,93	177,67
	VI	2 790,08	153,45	223,20	251,10																				
7 847,99 Ost	I,IV	2 355,—	129,52	188,40	211,95	I	2 355,—	122,77	178,58	200,90	116,03	168,77	189,86	109,28	158,96	178,83	102,54	149,15	167,79	95,79	139,34	156,75	89,04	129,52	145,71
	II	2 309,16	127,—	184,73	207,82	II	2 309,16	120,26	174,92	196,79	113,51	165,11	185,75	106,76	155,30	174,71	100,02	145,48	163,67	93,28	135,68	152,64	86,53	125,86	141,59
	III	1 708,33	93,95	136,66	153,74	III	1 708,33	87,98	127,97	143,96	82,12	119,45	134,38	76,40	111,13	125,02	70,80	102,98	115,85	65,34	95,04	106,92	59,99	87,26	98,17
	V	2 769,50	152,32	221,56	249,25	IV	2 355,—	126,15	183,49	206,42	122,77	178,58	200,90	119,40	173,68	195,39	116,03	168,77	189,86	112,65	163,86	184,34	109,28	158,96	178,83
	VI	2 803,—	154,16	224,24	252,27																				

* Die ausgewiesenen Tabellenwerte sind amtlich. Siehe Erläuterungen auf der Umschlaginnenseite (U2).

Abzüge an Lohnsteuer, Solidaritätszuschlag (SolZ) und Kirchensteuer (8%, 9%) in den Steuerklassen

Lohn/ Gehalt		I – VI					I, II, III, IV	mit Zahl der Kinderfreibeträge . . .																	
bis €*			ohne Kinderfreibeträge					0,5			1			1,5			2			2,5			3		
		LSt	SolZ	8%	9%		LSt	SolZ	8%	9%	SolZ	8%	9%	SolZ	8%	9%	SolZ	8%	9%	SolZ	8%	9%	SolZ	8%	9%
7 850,99 West	I,IV	2 343,33	128,88	187,46	210,89	I	2 343,33	122,13	177,65	199,85	115,39	167,84	188,82	108,64	158,03	177,78	101,90	148,22	166,74	95,15	138,41	155,71	88,41	128,60	144,67
	II	2 297,58	126,36	183,80	206,78	II	2 297,58	119,62	173,99	195,74	112,87	164,18	184,70	106,13	154,37	173,66	99,38	144,56	162,63	92,63	134,74	151,58	85,89	124,94	140,55
	III	1 698,—	93,39	135,84	152,82	III	1 698,—	87,42	127,16	143,05	81,57	118,65	133,48	75,86	110,34	124,13	70,28	102,22	115,—	64,82	94,29	106,07	59,50	86,54	97,36
	V	2 757,91	151,68	220,63	248,21	IV	2 343,33	125,51	182,56	205,38	122,13	177,65	199,85	118,76	172,75	194,34	115,39	167,84	188,82	112,02	162,94	183,30	108,64	158,03	177,78
	VI	2 791,33	153,52	223,30	251,21																				
7 850,99 Ost	I,IV	2 356,25	129,59	188,50	212,06	I	2 356,25	122,84	178,68	201,02	116,10	168,87	189,98	109,35	159,06	178,94	102,61	149,25	167,90	95,86	139,44	156,87	89,12	129,63	145,83
	II	2 310,41	127,07	184,83	207,93	II	2 310,41	120,33	175,02	196,90	113,58	165,21	185,86	106,83	155,40	174,82	100,09	145,59	163,79	93,34	135,78	152,75	86,60	125,96	141,71
	III	1 709,50	94,02	136,76	153,85	III	1 709,50	88,03	128,05	144,05	82,18	119,54	134,48	76,45	111,21	125,11	70,85	103,06	115,94	65,39	95,12	107,01	60,05	87,34	98,26
	V	2 770,75	152,39	221,66	249,36	IV	2 356,25	126,22	183,59	206,54	122,84	178,68	201,02	119,47	173,78	195,50	116,10	168,87	189,98	112,72	163,96	184,46	109,35	159,06	178,94
	VI	2 804,25	154,23	224,34	252,38																				
7 853,99 West	I,IV	2 344,58	128,95	187,56	211,01	I	2 344,58	122,21	177,76	199,98	115,46	167,94	188,93	108,71	158,13	177,89	101,97	148,32	166,86	95,22	138,51	155,82	88,48	128,70	144,78
	II	2 298,83	126,43	183,90	206,89	II	2 298,83	119,68	174,09	195,85	112,94	164,28	184,82	106,20	154,47	173,78	99,45	144,66	162,74	92,70	134,84	151,70	85,96	125,04	140,67
	III	1 699,16	93,45	135,93	152,92	III	1 699,16	87,47	127,24	143,14	81,63	118,74	133,58	75,91	110,42	124,22	70,33	102,30	115,09	64,88	94,37	106,16	59,55	86,62	97,45
	V	2 759,16	151,75	220,73	248,32	IV	2 344,58	125,57	182,66	205,49	122,21	177,76	199,98	118,83	172,85	194,45	115,46	167,94	188,93	112,09	163,04	183,42	108,71	158,13	177,89
	VI	2 792,66	153,59	223,41	251,33																				
7 853,99 Ost	I,IV	2 357,50	129,66	188,60	212,17	I	2 357,50	122,91	178,78	201,13	116,16	168,97	190,09	109,42	159,16	179,06	102,68	149,35	168,02	95,93	139,54	156,98	89,19	129,73	145,94
	II	2 311,66	127,14	184,93	208,04	II	2 311,66	120,39	175,12	197,01	113,65	165,31	185,97	106,90	155,50	174,93	100,16	145,69	163,90	93,41	135,88	152,86	86,67	126,06	141,82
	III	1 710,66	94,08	136,85	153,95	III	1 710,66	88,10	128,14	144,16	82,24	119,62	134,57	76,51	111,29	125,20	70,92	103,16	116,05	65,45	95,20	107,10	60,10	87,42	98,35
	V	2 772,08	152,46	221,76	249,48	IV	2 357,50	126,28	183,69	206,65	122,91	178,78	201,13	119,54	173,88	195,61	116,16	168,97	190,09	112,80	164,07	184,58	109,42	159,16	179,06
	VI	2 805,50	154,30	224,44	252,49																				
7 856,99 West	I,IV	2 345,83	129,02	187,66	211,12	I	2 345,83	122,27	177,86	200,09	115,53	168,04	189,05	108,78	158,23	178,01	102,04	148,42	166,97	95,29	138,61	155,93	88,55	128,80	144,90
	II	2 300,08	126,50	184,—	207,—	II	2 300,08	119,75	174,19	195,96	113,01	164,38	184,93	106,26	154,57	173,89	99,52	144,76	162,85	92,78	134,95	151,82	86,03	125,14	140,78
	III	1 700,16	93,50	136,01	153,01	III	1 700,16	87,54	127,33	143,24	81,69	118,82	133,67	75,98	110,52	124,33	70,39	102,38	115,18	64,93	94,45	106,25	59,61	86,70	97,54
	V	2 760,41	151,82	220,83	248,43	IV	2 345,83	125,65	182,76	205,61	122,27	177,86	200,09	118,90	172,95	194,57	115,53	168,04	189,05	112,15	163,14	183,53	108,78	158,23	178,01
	VI	2 793,91	153,66	223,51	251,45																				
7 856,99 Ost	I,IV	2 358,75	129,73	188,70	212,28	I	2 358,75	122,98	178,88	201,24	116,24	169,08	190,21	109,49	159,26	179,17	102,74	149,45	168,13	96,—	139,64	157,10	89,26	129,83	146,06
	II	2 313,—	127,21	185,04	208,17	II	2 313,—	120,46	175,22	197,12	113,72	165,41	186,08	106,97	155,60	175,05	100,23	145,79	164,01	93,48	135,98	152,97	86,73	126,16	141,93
	III	1 711,83	94,15	136,94	154,06	III	1 711,83	88,16	128,24	144,27	82,30	119,72	134,68	76,57	111,38	125,30	70,97	103,24	116,14	65,50	95,28	107,19	60,16	87,50	98,44
	V	2 773,33	152,53	221,86	249,59	IV	2 358,75	126,35	183,79	206,76	122,98	178,88	201,24	119,61	173,98	195,72	116,24	169,08	190,21	112,86	164,17	184,69	109,49	159,26	179,17
	VI	2 806,75	154,37	224,54	252,60																				
7 859,99 West	I,IV	2 347,08	129,08	187,76	211,23	I	2 347,08	122,34	177,96	200,20	115,60	168,14	189,16	108,85	158,33	178,12	102,11	148,52	167,09	95,36	138,71	156,05	88,61	128,90	145,01
	II	2 301,33	126,57	184,10	207,11	II	2 301,33	119,82	174,29	196,07	113,08	164,48	185,04	106,33	154,67	174,—	99,59	144,86	162,96	92,84	135,05	151,93	86,10	125,24	140,89
	III	1 701,33	93,57	136,10	153,11	III	1 701,33	87,59	127,41	143,33	81,75	118,92	133,78	76,03	110,60	124,42	70,45	102,48	115,29	64,99	94,53	106,34	59,66	86,78	97,63
	V	2 761,66	151,89	220,93	248,54	IV	2 347,08	125,72	182,86	205,72	122,34	177,96	200,20	118,97	173,05	194,68	115,60	168,14	189,16	112,22	163,24	183,64	108,85	158,33	178,12
	VI	2 795,16	153,73	223,61	251,56																				
7 859,99 Ost	I,IV	2 360,—	129,80	188,80	212,40	I	2 360,—	123,05	178,98	201,35	116,31	169,18	190,32	109,56	159,36	179,28	102,81	149,55	168,24	96,07	139,74	157,21	89,32	129,93	146,17
	II	2 314,25	127,28	185,14	208,28	II	2 314,25	120,53	175,32	197,24	113,79	165,51	186,20	107,04	155,70	175,16	100,30	145,89	164,12	93,55	136,08	153,09	86,81	126,27	142,05
	III	1 712,83	94,20	137,02	154,15	III	1 712,83	88,22	128,32	144,36	82,36	119,80	134,77	76,63	111,46	125,39	71,03	103,32	116,23	65,56	95,36	107,28	60,21	87,58	98,53
	V	2 774,58	152,60	221,96	249,71	IV	2 360,—	126,42	183,89	206,87	123,05	178,98	201,35	119,68	174,08	195,84	116,31	169,18	190,32	112,93	164,27	184,80	109,56	159,36	179,28
	VI	2 808,—	154,44	224,64	252,72																				
7 862,99 West	I,IV	2 348,41	129,16	187,87	211,35	I	2 348,41	122,41	178,06	200,31	115,66	168,24	189,27	108,92	158,44	178,24	102,18	148,62	167,20	95,43	138,81	156,16	88,69	129,—	145,13
	II	2 302,58	126,64	184,20	207,23	II	2 302,58	119,90	174,40	196,20	113,15	164,58	185,15	106,40	154,77	174,11	99,66	144,96	163,08	92,91	135,15	152,04	86,17	125,34	141,—
	III	1 702,50	93,63	136,20	153,22	III	1 702,50	87,66	127,50	143,44	81,81	119,—	133,87	76,09	110,68	124,51	70,51	102,56	115,38	65,04	94,61	106,43	59,71	86,85	97,70
	V	2 762,91	151,96	221,03	248,66	IV	2 348,41	125,78	182,96	205,83	122,41	178,06	200,31	119,04	173,15	194,79	115,66	168,24	189,27	112,29	163,34	183,75	108,92	158,44	178,24
	VI	2 796,41	153,80	223,71	251,67																				
7 862,99 Ost	I,IV	2 361,25	129,86	188,90	212,51	I	2 361,25	123,12	179,08	201,47	116,38	169,28	190,44	109,63	159,46	179,39	102,88	149,65	168,35	96,14	139,84	157,32	89,39	130,03	146,28
	II	2 315,50	127,35	185,24	208,39	II	2 315,50	120,60	175,42	197,35	113,85	165,61	186,31	107,11	155,80	175,28	100,37	145,99	164,24	93,62	136,18	153,20	86,88	126,37	142,16
	III	1 714,—	94,27	137,12	154,26	III	1 714,—	88,28	128,41	144,46	82,42	119,89	134,87	76,68	111,54	125,48	71,08	103,40	116,32	65,61	95,44	107,37	60,27	87,66	98,62
	V	2 775,83	152,67	222,06	249,82	IV	2 361,25	126,49	183,99	206,99	123,12	179,08	201,47	119,75	174,18	195,95	116,38	169,28	190,44	113,—	164,37	184,91	109,63	159,46	179,39
	VI	2 809,25	154,50	224,74	252,83																				
7 865,99 West	I,IV	2 349,66	129,23	187,97	211,46	I	2 349,66	122,48	178,16	200,43	115,73	168,34	189,38	108,99	158,54	178,35	102,24	148,72	167,31	95,50	138,91	156,27	88,76	129,10	145,24
	II	2 303,83	126,71	184,30	207,34	II	2 303,83	119,96	174,50	196,31	113,22	164,68	185,27	106,47	154,87	174,23	99,73	145,06	163,19	92,98	135,25	152,15	86,24	125,44	141,12
	III	1 703,66	93,70	136,29	153,32	III	1 703,66	87,72	127,60	143,55	81,87	119,09	133,97	76,15	110,77	124,61	70,56	102,64	115,47	65,10	94,69	106,52	59,76	86,93	97,79
	V	2 764,25	152,03	221,14	248,78	IV	2 349,66	125,85	183,06	205,94	122,48	178,16	200,43	119,11	173,25	194,90	115,73	168,34	189,38	112,36	163,44	183,87	108,99	158,54	178,35
	VI	2 797,66	153,87	223,81	251,78																				
7 865,99 Ost	I,IV	2 362,50	129,93	189,—	212,62	I	2 362,50	123,19	179,19	201,59	116,44	169,38	190,55	109,70	159,56	179,51	102,96	149,76	168,48	96,21	139,94	157,43	89,46	130,13	146,39
	II	2 316,75	127,42	185,34	208,50	II	2 316,75	120,67	175,52	197,46	113,93	165,72	186,43	107,18	155,90	175,39	100,43	146,09	164,35	93,69	136,28	153,32	86,95	126,47	142,28
	III	1 715,16	94,33	137,21	154,36	III	1 715,16	88,33	128,49	144,55	82,48	119,97	134,96	76,75	111,64	125,59	71,14	103,48	116,41	65,67	95,52	107,46	60,32	87,74	98,71
	V	2 777,08	152,73	222,16	249,93	IV	2 362,50	126,56	184,09	207,10	123,19	179,19	201,59	119,82	174,28	196,07	116,44	169,38	190,55	113,07	164,47	185,03	109,70	159,56	179,51
	VI	2 810,58	154,58	224,84	252,95																				
7 868,99 West	I,IV	2 350,91	129,30	188,07	211,58	I	2 350,91	122,55	178,26	200,54	115,80	168,44	189,50	109,06	158,64	178,47	102,31	148,82	167,42	95,57	139,01	156,38	88,82	129,20	145,35
	II	2 305,08	126,77	184,40	207,45	II	2 305,08	120,03	174,60	196,42	113,29	164,78	185,38	106,54	154,97	174,34	99,80	145,16	163,31	93,05	135,35	152,27	86,30	125,54	141,23
	III	1 704,66	93,75	136,37	153,41	III	1 704,66	87,78	127,68	143,64	81,93	119,17	134,06	76,21	110,85	124,70	70,62	102,72	115,56	65,15	94,77	106,61	59,82	87,01	97,88
	V	2 765,50	152,10	221,24	248,89	IV	2 350,91	125,92	183,16	206,06	122,55	178,26	200,54	119,18	173,35	195,02	115,80	168,44	189,50	112,43	163,54	183,98	109,06	158,64	178,47
	VI	2 798,91	153,94	223,91	251,90																				
7 868,99 Ost	I,IV	2 363,75	130,—	189,10	212,73	I	2 363,75	123,26	179,29	201,70	116,51	169,48	190,66	109,77	159,66	179,62	103,02	149,86	168,59	96,28	140,04	157,55	89,53	130,23	146,51
	II	2 318,—	127,49	185,44	208,62	II	2 318,—	120,74	175,62	197,57	114,—	165,82	186,54	107,25	156,—	175,50	100,50	146,19	164,46	93,76	136,38	153,43	87,01	126,57	142,39
	III	1 716,33	94,39	137,30	154,46	III	1 716,33	88,40	128,58	144,65	82,54	120,06	135,07	76,80	111,72	125,68	71,20	103,57	116,51	65,72	95,60	107,55	60,38	87,82	98,80
	V	2 778,33	152,80	222,26	250,04	IV	2 363,75	126,63	184,20	207,22	123,26	179,29	201,70	119,89	174,38	196,18	116,51	169,48	190,66	113,14	164,57	185,14	109,77	159,66	179,62
	VI	2 811,83	154,65	224,94	253,06																				
7 871,99 West	I,IV	2 352,16	129,36	188,17	211,69	I	2 352,16	122,62	178,36	200,65	115,88	168,55	189,62	109,13	158,74	178,58	102,38	148,92	167,54	95,64	139,12	156,51	88,89	129,30	145,46
	II	2 306,41	126,85	184,51	207,57	II	2 306,41	120,10	174,70	196,53	113,35	164,88	185,49	106,61	155,08	174,46	99,87	145,26	163,42	93,12	135,45	152,38	86,38	125,64	141,35
	III	1 705,83	93,82	136,46	153,52	III	1 705,83	87,84	127,77	143,74	81,99	119,26	134,17	76,26	110,93	124,79	70,67	102,80	115,65	65,21	94,85	106,70	59,87	87,09	97,97
	V	2 766,75	152,17	221,34	249,—	IV	2 352,16	125,99	183,26	206,17	122,62	178,36	200,65	119,24	173,45	195,13	115,88	168,55	189,62	112,50	163,64	184,10	109,13	158,74	178,58
	VI	2 800,16	154,—	224,01	252,01																				
7 871,99 Ost	I,IV	2 365,08	130,07	189,20	212,85	I	2 365,08	123,33	179,39	201,81	116,58	169,58	190,77	109,83	159,76	179,73	103,09	149,96	168,70	96,35	140,14	157,66	89,60	130,33	146,62
	II	2 319,25	127,55	185,54	208,73	II	2 319,25	120,81	175,72	197,69	114,07	165,92	186,66	107,32	156,10	175,61	100,57	146,29	164,57	93,83	136,48	153,54	87,08	126,67	142,50
	III	1 717,50	94,46	137,40	154,57	III	1 717,50	88,46	128,68	144,76	82,60	120,14	135,16	76,86	111,80	125,77	71,26	103,65	116,60	65,78	95,68	107,64	60,43	87,90	98,89
	V	2 779,58	152,87	222,36	250,16	IV	2 365,08	126,70	184,30	207,33	123,33	179,39	201,81	119,95	174,48	196,29	116,58	169,58	190,77	113,21	164,67	185,25	109,83	159,76	179,73
	VI	2 813,08	154,71	225,04	253,17																				

* Die ausgewiesenen Tabellenwerte sind amtlich. Siehe Erläuterungen auf der Umschlaginnenseite (U2).

Lohn/ Gehalt bis €*	I – VI					I, II, III, IV																			
			ohne Kinderfreibeträge					mit Zahl der Kinderfreibeträge . . .																	
								0,5			1			1,5			2			2,5			3		
		LSt	SolZ	8%	9%		LSt	SolZ	8%	9%	SolZ	8%	9%	SolZ	8%	9%	SolZ	8%	9%	SolZ	8%	9%	SolZ	8%	9%
7 874,99 West	I,IV	2 353,41	129,43	188,27	211,80	I	2 353,41	122,69	178,46	200,76	115,94	168,65	189,73	109,20	158,84	178,69	102,45	149,02	167,65	95,71	139,22	156,62	88,96	129,40	145,58
	II	2 307,66	126,92	184,61	207,68	II	2 307,66	120,17	174,80	196,65	113,42	164,98	185,60	106,68	155,18	174,57	99,93	145,36	163,53	93,19	135,55	152,49	86,45	125,74	141,46
	III	1 707,—	93,88	136,56	153,63	III	1 707,—	87,90	127,86	143,84	82,05	119,34	134,26	76,33	111,02	124,90	70,73	102,89	115,75	65,26	94,93	106,79	59,93	87,17	98,06
	V	2 768,—	152,24	221,44	249,12	IV	2 353,41	126,06	183,36	206,28	122,69	178,46	200,76	119,32	173,56	195,25	115,94	168,65	189,73	112,57	163,74	184,21	109,20	158,84	178,69
	VI	2 801,41	154,07	224,11	252,12																				
7 874,99 Ost	I,IV	2 366,33	130,14	189,30	212,96	I	2 366,33	123,40	179,49	201,92	116,65	169,68	190,89	109,91	159,87	179,85	103,16	150,06	168,81	96,41	140,24	157,77	89,67	130,44	146,74
	II	2 320,50	127,62	185,64	208,84	II	2 320,50	120,88	175,83	197,81	114,13	166,02	186,77	107,39	156,20	175,73	100,65	146,40	164,70	93,90	136,58	153,65	87,15	126,77	142,61
	III	1 718,50	94,51	137,48	154,66	III	1 718,50	88,52	128,76	144,85	82,66	120,24	135,27	76,92	111,89	125,87	71,31	103,73	116,69	65,83	95,76	107,73	60,49	87,98	98,98
	V	2 780,83	152,94	222,46	250,27	IV	2 366,33	126,77	184,40	207,45	123,40	179,49	201,92	120,02	174,58	196,40	116,65	169,68	190,89	113,28	164,77	185,36	109,91	159,87	179,85
	VI	2 814,33	154,78	225,14	253,28																				
7 877,99 West	I,IV	2 354,66	129,50	188,37	211,91	I	2 354,66	122,76	178,56	200,88	116,01	168,75	189,84	109,27	158,94	178,80	102,52	149,12	167,76	95,78	139,32	156,73	89,03	129,50	145,69
	II	2 308,91	126,99	184,71	207,80	II	2 308,91	120,24	174,90	196,76	113,49	165,08	185,72	106,75	155,28	174,69	100,—	145,46	163,64	93,26	135,65	152,60	86,51	125,84	141,57
	III	1 708,16	93,94	136,65	153,73	III	1 708,16	87,96	127,94	143,93	82,11	119,44	134,37	76,38	111,10	124,99	70,79	102,97	115,84	65,32	95,01	106,88	59,98	87,25	98,15
	V	2 769,25	152,30	221,54	249,23	IV	2 354,66	126,13	183,46	206,39	122,76	178,56	200,88	119,39	173,66	195,36	116,01	168,75	189,84	112,64	163,84	184,32	109,27	158,94	178,80
	VI	2 802,75	154,15	224,22	252,24																				
7 877,99 Ost	I,IV	2 367,58	130,21	189,40	213,08	I	2 367,58	123,47	179,59	202,04	116,72	169,78	191,—	109,98	159,97	179,96	103,23	150,16	168,93	96,48	140,34	157,88	89,74	130,54	146,85
	II	2 321,75	127,69	185,74	208,95	II	2 321,75	120,95	175,93	197,92	114,20	166,12	186,88	107,46	156,30	175,84	100,71	146,50	164,81	93,97	136,68	153,77	87,22	126,87	142,73
	III	1 719,66	94,58	137,57	154,76	III	1 719,66	88,58	128,85	144,95	82,72	120,32	135,36	76,98	111,97	125,96	71,37	103,81	116,78	65,89	95,84	107,82	60,53	88,05	99,05
	V	2 782,16	153,01	222,57	250,39	IV	2 367,58	126,84	184,50	207,56	123,47	179,59	202,04	120,09	174,68	196,52	116,72	169,78	191,—	113,35	164,88	185,49	109,98	159,97	179,96
	VI	2 815,58	154,85	225,24	253,40																				
7 880,99 West	I,IV	2 355,91	129,57	188,47	212,03	I	2 355,91	122,83	178,66	200,99	116,08	168,85	189,95	109,34	159,04	178,92	102,59	149,23	167,88	95,85	139,42	156,84	89,10	129,60	145,80
	II	2 310,16	127,05	184,81	207,91	II	2 310,16	120,31	175,—	196,87	113,57	165,19	185,84	106,82	155,38	174,80	100,07	145,56	163,76	93,33	135,76	152,73	86,58	125,94	141,68
	III	1 709,33	94,01	136,74	153,83	III	1 709,33	88,02	128,04	144,04	82,17	119,52	134,46	76,45	111,20	125,10	70,84	103,05	115,93	65,37	95,09	106,97	60,04	87,33	98,24
	V	2 770,50	152,37	221,64	249,34	IV	2 355,91	126,20	183,56	206,51	122,83	178,66	200,99	119,46	173,76	195,48	116,08	168,85	189,95	112,71	163,94	184,43	109,34	159,04	178,92
	VI	2 804,—	154,22	224,32	252,36																				
7 880,99 Ost	I,IV	2 368,83	130,28	189,50	213,19	I	2 368,83	123,53	179,69	202,15	116,79	169,88	191,12	110,05	160,07	180,08	103,30	150,26	169,04	96,55	140,44	158,—	89,81	130,64	146,97
	II	2 323,08	127,76	185,84	209,07	II	2 323,08	121,02	176,03	198,03	114,27	166,22	186,99	107,52	156,40	175,95	100,78	146,60	164,92	94,04	136,78	153,88	87,29	126,97	142,84
	III	1 720,83	94,64	137,66	154,87	III	1 720,83	88,65	128,94	145,06	82,78	120,41	135,46	77,03	112,05	126,05	71,42	103,89	116,87	65,94	95,92	107,91	60,59	88,13	99,14
	V	2 783,41	153,08	222,67	250,50	IV	2 368,83	126,91	184,60	207,67	123,53	179,69	202,15	120,16	174,78	196,63	116,79	169,88	191,12	113,42	164,98	185,60	110,05	160,07	180,08
	VI	2 816,83	154,92	225,34	253,51																				
7 883,99 West	I,IV	2 357,16	129,64	188,57	212,14	I	2 357,16	122,90	178,76	201,11	116,15	168,95	190,07	109,40	159,14	179,03	102,66	149,33	167,99	95,92	139,52	156,96	89,17	129,70	145,91
	II	2 311,41	127,12	184,91	208,02	II	2 311,41	120,38	175,10	196,98	113,63	165,29	185,95	106,89	155,48	174,91	100,14	145,66	163,87	93,40	135,86	152,84	86,65	126,04	141,80
	III	1 710,33	94,06	136,82	153,92	III	1 710,33	88,08	128,12	144,13	82,23	119,61	134,56	76,50	111,28	125,19	70,90	103,13	116,02	65,43	95,17	107,06	60,09	87,41	98,33
	V	2 771,75	152,44	221,74	249,45	IV	2 357,16	126,27	183,67	206,63	122,90	178,76	201,11	119,52	173,86	195,59	116,15	168,95	190,07	112,78	164,04	184,55	109,40	159,14	179,03
	VI	2 805,25	154,28	224,42	252,47																				
7 883,99 Ost	I,IV	2 370,08	130,35	189,60	213,30	I	2 370,08	123,60	179,79	202,26	116,86	169,98	191,23	110,11	160,17	180,19	103,37	150,36	169,15	96,63	140,55	158,12	89,88	130,74	147,08
	II	2 324,33	127,83	185,94	209,18	II	2 324,33	121,09	176,13	198,14	114,34	166,32	187,11	107,60	156,51	176,07	100,85	146,70	165,03	94,10	136,88	153,99	87,36	127,08	142,96
	III	1 722,—	94,71	137,76	154,98	III	1 722,—	88,70	129,02	145,15	82,83	120,49	135,55	77,10	112,14	126,16	71,49	103,98	116,98	66,—	96,—	108,—	60,64	88,21	99,23
	V	2 784,66	153,15	222,77	250,61	IV	2 370,08	126,98	184,70	207,78	123,60	179,79	202,26	120,23	174,88	196,74	116,86	169,98	191,23	113,49	165,08	185,71	110,11	160,17	180,19
	VI	2 818,08	154,99	225,44	253,62																				
7 886,99 West	I,IV	2 358,50	129,71	188,68	212,26	I	2 358,50	122,97	178,86	201,22	116,22	169,05	190,18	109,48	159,24	179,15	102,73	149,43	168,11	95,98	139,62	157,07	89,24	129,80	146,03
	II	2 312,66	127,19	185,01	208,13	II	2 312,66	120,45	175,20	197,10	113,70	165,39	186,06	106,96	155,58	175,02	100,21	145,76	163,98	93,47	135,96	152,95	86,72	126,14	141,91
	III	1 711,50	94,13	136,92	154,03	III	1 711,50	88,14	128,21	144,23	82,28	119,69	134,65	76,56	111,36	125,28	70,95	103,21	116,11	65,48	95,25	107,15	60,15	87,49	98,42
	V	2 773,—	152,51	221,84	249,57	IV	2 358,50	126,34	183,77	206,74	122,97	178,86	201,22	119,59	173,96	195,70	116,22	169,05	190,18	112,85	164,14	184,66	109,48	159,24	179,15
	VI	2 806,50	154,35	224,52	252,58																				
7 886,99 Ost	I,IV	2 371,33	130,42	189,70	213,41	I	2 371,33	123,67	179,89	202,37	116,93	170,08	191,34	110,18	160,27	180,30	103,44	150,46	169,26	96,69	140,65	158,23	89,95	130,84	147,19
	II	2 325,58	127,90	186,04	209,30	II	2 325,58	121,16	176,23	198,26	114,41	166,42	187,22	107,67	156,61	176,18	100,92	146,80	165,15	94,17	136,98	154,10	87,43	127,18	143,07
	III	1 723,—	94,76	137,84	155,07	III	1 723,—	88,77	129,12	145,26	82,90	120,58	135,65	77,15	112,22	126,25	71,54	104,06	117,07	66,06	96,09	108,10	60,70	88,29	99,32
	V	2 785,91	153,22	222,87	250,73	IV	2 371,33	127,05	184,80	207,90	123,67	179,89	202,37	120,30	174,99	196,86	116,93	170,08	191,34	113,56	165,18	185,82	110,18	160,27	180,30
	VI	2 819,33	155,06	225,54	253,73																				
7 889,99 West	I,IV	2 359,75	129,78	188,78	212,37	I	2 359,75	123,03	178,96	201,33	116,29	169,15	190,29	109,55	159,34	179,26	102,80	149,53	168,22	96,05	139,72	157,18	89,31	129,91	146,15
	II	2 313,91	127,26	185,11	208,25	II	2 313,91	120,52	175,30	197,21	113,77	165,49	186,17	107,03	155,68	175,14	100,28	145,87	164,10	93,54	136,06	153,06	86,79	126,24	142,02
	III	1 712,66	94,19	137,01	154,13	III	1 712,66	88,21	128,30	144,34	82,35	119,78	134,75	76,62	111,45	125,38	71,02	103,30	116,21	65,55	95,34	107,26	60,20	87,57	98,51
	V	2 774,25	152,58	221,94	249,68	IV	2 359,75	126,41	183,87	206,85	123,03	178,96	201,33	119,66	174,06	195,81	116,29	169,15	190,29	112,91	164,24	184,77	109,55	159,34	179,26
	VI	2 807,75	154,42	224,62	252,69																				
7 889,99 Ost	I,IV	2 372,58	130,49	189,80	213,53	I	2 372,58	123,75	180,—	202,50	117,—	170,18	191,45	110,25	160,37	180,41	103,51	150,56	169,38	96,76	140,75	158,34	90,02	130,94	147,30
	II	2 326,83	127,97	186,14	209,41	II	2 326,83	121,22	176,33	198,37	114,48	166,52	187,34	107,74	156,71	176,30	100,99	146,90	165,26	94,24	137,08	154,22	87,50	127,28	143,19
	III	1 724,16	94,82	137,93	155,17	III	1 724,16	88,83	129,21	145,36	82,95	120,66	135,74	77,22	112,32	126,36	71,60	104,14	117,16	66,11	96,17	108,19	60,75	88,37	99,41
	V	2 787,16	153,29	222,97	250,84	IV	2 372,58	127,11	184,90	208,01	123,75	180,—	202,50	120,37	175,09	196,97	117,—	170,18	191,45	113,63	165,28	185,94	110,25	160,37	180,41
	VI	2 820,66	155,13	225,65	253,85																				
7 892,99 West	I,IV	2 361,—	129,85	188,88	212,49	I	2 361,—	123,10	179,06	201,44	116,36	169,25	190,40	109,61	159,44	179,37	102,87	149,63	168,33	96,12	139,82	157,29	89,38	130,01	146,26
	II	2 315,16	127,33	185,21	208,36	II	2 315,16	120,59	175,40	197,33	113,84	165,59	186,29	107,09	155,78	175,25	100,35	145,97	164,21	93,61	136,16	153,18	86,86	126,34	142,13
	III	1 713,83	94,26	137,10	154,24	III	1 713,83	88,26	128,38	144,43	82,40	119,86	134,84	76,67	111,53	125,47	71,07	103,38	116,30	65,60	95,42	107,35	60,26	87,65	98,60
	V	2 775,58	152,65	222,04	249,80	IV	2 361,—	126,48	183,97	206,96	123,10	179,06	201,44	119,73	174,16	195,93	116,36	169,25	190,40	112,99	164,35	184,89	109,61	159,44	179,37
	VI	2 809,—	154,49	224,72	252,81																				
7 892,99 Ost	I,IV	2 373,83	130,56	189,90	213,64	I	2 373,83	123,81	180,10	202,61	117,07	170,28	191,57	110,32	160,47	180,53	103,58	150,66	169,49	96,83	140,85	158,45	90,09	131,04	147,42
	II	2 328,08	128,04	186,24	209,52	II	2 328,08	121,29	176,43	198,48	114,55	166,62	187,45	107,80	156,81	176,41	101,06	147,—	165,37	94,32	137,19	154,34	87,57	127,38	143,30
	III	1 725,33	94,89	138,02	155,27	III	1 725,33	88,88	129,29	145,45	83,02	120,76	135,85	77,27	112,40	126,45	71,65	104,22	117,25	66,17	96,25	108,28	60,81	88,45	99,50
	V	2 788,41	153,36	223,07	250,95	IV	2 373,83	127,19	185,—	208,13	123,81	180,10	202,61	120,44	175,19	197,09	117,07	170,28	191,57	113,69	165,38	186,05	110,32	160,47	180,53
	VI	2 821,91	155,20	225,75	253,97																				
7 895,99 West	I,IV	2 362,25	129,92	188,98	212,60	I	2 362,25	123,17	179,16	201,56	116,43	169,36	190,53	109,68	159,54	179,48	102,94	149,73	168,44	*96,19	139,92	157,41	89,45	130,11	146,37
	II	2 316,50	127,40	185,32	208,48	II	2 316,50	120,66	175,50	197,44	113,91	165,69	186,40	107,17	155,88	175,37	100,42	146,07	164,33	93,67	136,26	153,29	86,93	126,44	142,25
	III	1 714,83	94,31	137,18	154,33	III	1 714,83	88,33	128,48	144,54	82,47	119,96	134,95	76,73	111,61	125,56	71,13	103,46	116,39	65,66	95,50	107,44	60,30	87,72	98,68
	V	2 776,83	152,72	222,14	249,91	IV	2 362,25	126,55	184,07	207,08	123,17	179,16	201,56	119,80	174,26	196,04	116,43	169,36	190,53	113,06	164,45	185,—	109,68	159,54	179,48
	VI	2 810,25	154,56	224,82	252,92																				
7 895,99 Ost	I,IV	2 375,08	130,62	190,—	213,75	I	2 375,08	123,88	180,20	202,72	117,14	170,38	191,68	110,39	160,57	180,64	103,65	150,76	169,61	96,90	140,95	158,57	90,15	131,14	147,53
	II	2 329,33	128,11	186,34	209,63	II	2 329,33	121,36	176,53	198,59	114,62	166,72	187,56	107,87	156,91	176,52	101,13	147,10	165,48	94,38	137,29	154,45	87,64	127,48	143,41
	III	1 726,50	94,95	138,12	155,38	III	1 726,50	88,95	129,38	145,55	83,07	120,84	135,94	77,33	112,48	126,54	71,71	104,30	117,34	66,22	96,33	108,37	60,86	88,53	99,59
	V	2 789,66	153,43	223,17	251,06	IV	2 375,08	127,26	185,10	208,24	123,88	180,20	202,72	120,51	175,29	197,20	117,14	170,38	191,68	113,76	165,48	186,16	110,39	160,57	180,64
	VI	2 823,16	155,27	225,85	254,08																				

Table title: Abzüge an Lohnsteuer, Solidaritätszuschlag (SolZ) und Kirchensteuer (8%, 9%) in den Steuerklassen

* Die ausgewiesenen Tabellenwerte sind amtlich. Siehe Erläuterungen auf der Umschlaginnenseite (U2).

Lohn/ Gehalt bis €*		I – VI	ohne Kinderfreibeträge			I, II, III, IV		mit Zahl der Kinderfreibeträge . . . 0,5			1			1,5			2			2,5			3		
		LSt	SolZ	8%	9%		LSt	SolZ	8%	9%	SolZ	8%	9%	SolZ	8%	9%	SolZ	8%	9%	SolZ	8%	9%	SolZ	8%	9%
7 898,99 West	I,IV	2 363,50	129,99	189,08	212,71	I	2 363,50	123,24	179,26	201,67	116,50	169,46	190,64	109,75	159,64	179,60	103,01	149,83	168,56	96,26	140,02	157,52	89,52	130,21	146,48
	II	2 317,75	127,47	185,42	208,59	II	2 317,75	120,72	175,60	197,55	113,98	165,79	186,51	107,24	155,98	175,48	100,49	146,17	164,44	93,74	136,36	153,40	87,—	126,55	142,37
	III	1 716,—	94,38	137,28	154,44	III	1 716,—	88,39	128,57	144,64	82,52	120,04	135,04	76,79	111,70	125,66	71,18	103,54	116,48	65,71	95,58	107,53	60,36	87,80	98,77
	V	2 778,08	152,79	222,24	250,02	IV	2 363,50	126,61	184,17	207,19	123,24	179,26	201,67	119,87	174,36	196,16	116,50	169,46	190,64	113,13	164,55	185,12	109,75	159,64	179,60
	VI	2 811,50	154,63	224,92	253,03																				
7 898,99 Ost	I,IV	2 376,41	130,70	190,11	213,87	I	2 376,41	123,95	180,30	202,83	117,20	170,48	191,79	110,46	160,68	180,76	103,72	150,86	169,72	96,97	141,05	158,68	90,23	131,24	147,65
	II	2 330,58	128,18	186,44	209,75	II	2 330,58	121,44	176,64	198,72	114,69	166,82	187,67	107,94	157,01	176,63	101,20	147,20	165,60	94,45	137,39	154,56	87,71	127,58	143,52
	III	1 727,66	95,02	138,21	155,48	III	1 727,66	89,01	129,48	145,66	83,14	120,93	136,04	77,39	112,57	126,64	71,77	104,40	117,45	66,28	96,41	108,46	60,92	88,61	99,68
	V	2 790,91	153,50	223,27	251,18	IV	2 376,41	127,32	185,20	208,35	123,95	180,30	202,83	120,58	175,39	197,31	117,20	170,48	191,79	113,83	165,58	186,27	110,46	160,68	180,76
	VI	2 824,41	155,34	225,95	254,19																				
7 901,99 West	I,IV	2 364,75	130,06	189,18	212,82	I	2 364,75	123,31	179,36	201,78	116,57	169,56	190,75	109,82	159,74	179,71	103,07	149,93	168,67	96,33	140,12	157,64	89,59	130,31	146,60
	II	2 319,—	127,54	185,52	208,71	II	2 319,—	120,79	175,70	197,66	114,05	165,89	186,62	107,30	156,08	175,59	100,56	146,27	164,55	93,81	136,46	153,51	87,07	126,65	142,48
	III	1 717,16	94,44	137,37	154,54	III	1 717,16	88,44	128,65	144,73	82,59	120,13	135,14	76,85	111,78	125,75	71,24	103,62	116,57	65,77	95,66	107,62	60,41	87,88	98,86
	V	2 779,33	152,86	222,34	250,13	IV	2 364,75	126,68	184,27	207,30	123,31	179,36	201,78	119,94	174,46	196,27	116,57	169,56	190,75	113,19	164,65	185,23	109,82	159,74	179,71
	VI	2 812,75	154,70	225,02	253,14																				
7 901,99 Ost	I,IV	2 377,66	130,77	190,21	213,98	I	2 377,66	124,02	180,40	202,95	117,27	170,58	191,90	110,53	160,78	180,87	103,78	150,96	169,83	97,04	141,15	158,79	90,30	131,34	147,76
	II	2 331,83	128,25	186,54	209,86	II	2 331,83	121,50	176,74	198,83	114,76	166,92	187,79	108,01	157,11	176,75	101,27	147,30	165,71	94,52	137,49	154,67	87,78	127,68	143,64
	III	1 728,66	95,07	138,29	155,57	III	1 728,66	89,07	129,56	145,75	83,19	121,01	136,13	77,44	112,65	126,73	71,83	104,48	117,54	66,33	96,49	108,55	60,97	88,69	99,77
	V	2 792,25	153,57	223,38	251,30	IV	2 377,66	127,39	185,30	208,46	124,02	180,40	202,95	120,65	175,49	197,42	117,27	170,58	191,90	113,90	165,68	186,39	110,53	160,78	180,87
	VI	2 825,66	155,41	226,05	254,30																				
7 904,99 West	I,IV	2 366,—	130,13	189,28	212,94	I	2 366,—	123,38	179,47	201,90	116,64	169,66	190,86	109,89	159,84	179,82	103,15	150,04	168,79	96,40	140,22	157,75	89,65	130,41	146,71
	II	2 320,25	127,61	185,62	208,82	II	2 320,25	120,86	175,80	197,78	114,12	166,—	186,75	107,37	156,18	175,70	100,63	146,37	164,66	93,88	136,56	153,63	87,14	126,75	142,59
	III	1 718,33	94,50	137,46	154,64	III	1 718,33	88,51	128,74	144,83	82,64	120,21	135,23	76,90	111,86	125,84	71,30	103,72	116,68	65,82	95,74	107,71	60,47	87,96	98,95
	V	2 780,58	152,93	222,44	250,25	IV	2 366,—	126,75	184,37	207,41	123,38	179,47	201,90	120,01	174,56	196,38	116,64	169,66	190,86	113,26	164,75	185,34	109,89	159,84	179,82
	VI	2 814,08	154,77	225,12	253,26																				
7 904,99 Ost	I,IV	2 378,91	130,84	190,31	214,10	I	2 378,91	124,09	180,50	203,06	117,34	170,68	192,02	110,60	160,88	180,99	103,85	151,06	169,94	97,11	141,25	158,90	90,36	131,44	147,87
	II	2 333,08	128,31	186,64	209,97	II	2 333,08	121,57	176,84	198,94	114,83	167,02	187,90	108,08	157,21	176,86	101,34	147,40	165,83	94,59	137,59	154,79	87,84	127,78	143,75
	III	1 729,83	95,14	138,38	155,68	III	1 729,83	89,13	129,65	145,85	83,26	121,10	136,24	77,50	112,73	126,82	71,88	104,56	117,63	66,39	96,57	108,64	61,03	88,77	99,86
	V	2 793,50	153,64	223,48	251,41	IV	2 378,91	127,46	185,40	208,58	124,09	180,50	203,06	120,72	175,59	197,54	117,34	170,68	192,02	113,97	165,78	186,50	110,60	160,88	180,99
	VI	2 826,91	155,48	226,15	254,42																				
7 907,99 West	I,IV	2 367,25	130,19	189,38	213,05	I	2 367,25	123,45	179,57	202,01	116,71	169,76	190,98	109,96	159,94	179,93	103,22	150,14	168,90	96,47	140,32	157,86	89,72	130,51	146,82
	II	2 321,50	127,68	185,72	208,93	II	2 321,50	120,93	175,90	197,89	114,19	166,10	186,86	107,44	156,28	175,82	100,70	146,47	164,78	93,95	136,66	153,74	87,21	126,85	142,70
	III	1 719,50	94,57	137,56	154,75	III	1 719,50	88,57	128,84	144,94	82,71	120,30	135,34	76,97	111,96	125,95	71,36	103,80	116,77	65,88	95,82	107,80	60,52	88,04	99,04
	V	2 781,83	153,—	222,54	250,36	IV	2 367,25	126,83	184,48	207,54	123,45	179,57	202,01	120,08	174,66	196,49	116,71	169,76	190,98	113,33	164,85	185,45	109,96	159,94	179,93
	VI	2 815,33	154,84	225,22	253,37																				
7 907,99 Ost	I,IV	2 380,16	130,90	190,41	214,21	I	2 380,16	124,16	180,60	203,17	117,42	170,79	192,14	110,67	160,98	181,10	103,92	151,16	170,06	97,18	141,36	159,03	90,43	131,54	147,98
	II	2 334,41	128,39	186,75	210,09	II	2 334,41	121,64	176,94	199,05	114,89	167,12	188,01	108,15	157,32	176,98	101,41	147,50	165,94	94,66	137,69	154,90	87,92	127,88	143,87
	III	1 731,—	95,20	138,48	155,79	III	1 731,—	89,20	129,74	145,96	83,31	121,18	136,33	77,56	112,82	126,92	71,94	104,64	117,72	66,44	96,65	108,73	61,08	88,85	99,95
	V	2 794,75	153,71	223,58	251,52	IV	2 380,16	127,53	185,50	208,69	124,16	180,60	203,17	120,78	175,69	197,65	117,42	170,79	192,14	114,04	165,88	186,62	110,67	160,98	181,10
	VI	2 828,16	155,54	226,25	254,53																				
7 910,99 West	I,IV	2 368,58	130,27	189,48	213,17	I	2 368,58	123,52	179,67	202,13	116,77	169,86	191,09	110,03	160,04	180,05	103,29	150,24	169,02	96,54	140,42	157,97	89,79	130,61	146,93
	II	2 322,75	127,75	185,82	209,04	II	2 322,75	121,—	176,—	198,—	114,26	166,20	186,97	107,51	156,38	175,93	100,76	146,57	164,89	94,02	136,76	153,86	87,28	126,95	142,82
	III	1 720,50	94,62	137,64	154,84	III	1 720,50	88,63	128,92	145,03	82,76	120,38	135,43	77,02	112,04	126,04	71,41	103,88	116,86	65,93	95,90	107,89	60,58	88,12	99,13
	V	2 783,08	153,06	222,64	250,47	IV	2 368,58	126,89	184,58	207,65	123,52	179,67	202,13	120,15	174,76	196,61	116,77	169,86	191,09	113,40	164,95	185,57	110,03	160,04	180,05
	VI	2 816,58	154,91	225,32	253,49																				
7 910,99 Ost	I,IV	2 381,41	130,97	190,51	214,32	I	2 381,41	124,23	180,70	203,28	117,48	170,89	192,25	110,74	161,08	181,21	103,99	151,26	170,17	97,25	141,46	159,14	90,50	131,64	148,10
	II	2 335,66	128,46	186,85	210,20	II	2 335,66	121,71	177,04	199,17	114,96	167,22	188,12	108,22	157,42	177,09	101,47	147,60	166,05	94,73	137,79	155,01	87,99	127,98	143,98
	III	1 732,16	95,26	138,57	155,89	III	1 732,16	89,25	129,82	146,05	83,38	121,28	136,44	77,62	112,90	127,01	72,—	104,73	117,82	66,50	96,73	108,82	61,14	88,93	100,04
	V	2 796,—	153,78	223,68	251,64	IV	2 381,41	127,60	185,60	208,80	124,23	180,70	203,28	120,86	175,80	197,77	117,48	170,89	192,25	114,11	165,98	186,73	110,74	161,08	181,21
	VI	2 829,41	155,61	226,35	254,64																				
7 913,99 West	I,IV	2 369,83	130,34	189,58	213,28	I	2 369,83	123,59	179,77	202,24	116,84	169,96	191,20	110,10	160,15	180,17	103,35	150,34	169,13	96,61	140,52	158,09	89,87	130,72	147,06
	II	2 324,—	127,82	185,92	209,16	II	2 324,—	121,07	176,11	198,12	114,33	166,30	187,08	107,58	156,48	176,04	100,84	146,68	165,01	94,09	136,86	153,97	87,34	127,05	142,93
	III	1 721,66	94,69	137,73	154,94	III	1 721,66	88,69	129,01	145,13	82,83	120,48	135,54	77,08	112,12	126,13	71,47	103,96	116,95	65,99	95,98	107,98	60,63	88,20	99,22
	V	2 784,33	153,13	222,74	250,58	IV	2 369,83	126,96	184,68	207,76	123,59	179,77	202,24	120,22	174,86	196,72	116,84	169,96	191,20	113,47	165,05	185,68	110,10	160,15	180,17
	VI	2 817,83	154,98	225,42	253,60																				
7 913,99 Ost	I,IV	2 382,66	131,04	190,61	214,43	I	2 382,66	124,30	180,80	203,40	117,55	170,99	192,36	110,81	161,18	181,32	104,06	151,36	170,28	97,32	141,56	159,25	90,57	131,74	148,21
	II	2 336,91	128,53	186,95	210,32	II	2 336,91	121,78	177,14	199,28	115,03	167,32	188,24	108,29	157,52	177,21	101,54	147,70	166,16	94,80	137,89	155,12	88,05	128,08	144,09
	III	1 733,33	95,33	138,66	155,99	III	1 733,33	89,32	129,92	146,16	83,43	121,36	136,53	77,67	112,98	127,10	72,05	104,81	117,91	66,55	96,81	108,91	61,19	89,01	100,13
	V	2 797,25	153,84	223,78	251,75	IV	2 382,66	127,67	185,70	208,91	124,30	180,80	203,40	120,93	175,90	197,88	117,55	170,99	192,36	114,18	166,08	186,84	110,81	161,18	181,32
	VI	2 830,75	155,69	226,46	254,76																				
7 916,99 West	I,IV	2 371,08	130,40	189,68	213,39	I	2 371,08	123,66	179,87	202,35	116,91	170,06	191,31	110,17	160,25	180,28	103,42	150,44	169,24	96,68	140,62	158,20	89,93	130,82	147,17
	II	2 325,25	127,88	186,02	209,27	II	2 325,25	121,14	176,21	198,23	114,40	166,40	187,20	107,65	156,58	176,15	100,91	146,78	165,12	94,16	136,96	154,08	87,41	127,15	143,04
	III	1 722,83	94,75	137,82	155,05	III	1 722,83	88,76	129,10	145,24	82,88	120,56	135,63	77,14	112,21	126,23	71,52	104,04	117,04	66,04	96,06	108,07	60,69	88,28	99,31
	V	2 785,66	153,21	222,85	250,70	IV	2 371,08	127,03	184,78	207,87	123,66	179,87	202,35	120,28	174,96	196,83	116,91	170,06	191,31	113,54	165,16	185,80	110,17	160,25	180,28
	VI	2 819,08	155,04	225,52	253,71																				
7 916,99 Ost	I,IV	2 383,91	131,11	190,71	214,55	I	2 383,91	124,37	180,90	203,51	117,62	171,09	192,47	110,88	161,28	181,44	104,13	151,47	170,40	97,39	141,66	159,36	90,64	131,84	148,32
	II	2 338,16	128,59	187,05	210,43	II	2 338,16	121,85	177,24	199,39	115,11	167,43	188,36	108,36	157,62	177,32	101,61	147,80	166,28	94,87	138,—	155,25	88,12	128,18	144,20
	III	1 734,50	95,39	138,76	156,10	III	1 734,50	89,38	130,01	146,26	83,49	121,45	136,63	77,74	113,08	127,21	72,11	104,89	118,—	66,61	96,89	109,—	61,25	89,09	100,22
	V	2 798,50	153,91	223,88	251,86	IV	2 383,91	127,74	185,80	209,03	124,37	180,90	203,51	121,—	176,—	198,—	117,62	171,09	192,47	114,25	166,18	186,95	110,88	161,28	181,44
	VI	2 832,—	155,76	226,56	254,88																				
7 919,99 West	I,IV	2 372,33	130,47	189,78	213,50	I	2 372,33	123,73	179,97	202,46	116,98	170,16	191,43	110,24	160,35	180,39	103,49	150,54	169,35	96,74	140,72	158,31	90,—	130,92	147,28
	II	2 326,58	127,96	186,12	209,39	II	2 326,58	121,21	176,31	198,35	114,46	166,50	187,31	107,72	156,68	176,27	100,98	146,88	165,24	94,23	137,06	154,19	87,48	127,25	143,15
	III	1 724,—	94,82	137,92	155,16	III	1 724,—	88,81	129,18	145,33	82,94	120,65	135,73	77,20	112,29	126,32	71,59	104,13	117,14	66,10	96,14	108,16	60,74	88,36	99,40
	V	2 786,91	153,28	222,95	250,82	IV	2 372,33	127,10	184,88	207,99	123,73	179,97	202,46	120,35	175,06	196,94	116,98	170,16	191,43	113,61	165,26	185,91	110,24	160,35	180,39
	VI	2 820,33	155,11	225,62	253,82																				
7 919,99 Ost	I,IV	2 385,16	131,18	190,81	214,66	I	2 385,16	124,44	181,—	203,63	117,69	171,19	192,59	110,94	161,38	181,55	104,20	151,57	170,51	97,46	141,76	159,48	90,71	131,94	148,43
	II	2 339,41	128,66	187,15	210,54	II	2 339,41	121,92	177,34	199,50	115,17	167,53	188,47	108,43	157,72	177,43	101,68	147,90	166,39	94,94	138,10	155,36	88,19	128,28	144,32
	III	1 735,50	95,45	138,84	156,19	III	1 735,50	89,43	130,09	146,35	83,55	121,53	136,72	77,79	113,16	127,30	72,16	104,97	118,09	66,66	96,97	109,09	61,30	89,17	100,31
	V	2 799,75	153,98	223,98	251,97	IV	2 385,16	127,81	185,91	209,15	124,44	181,—	203,63	121,06	176,10	198,11	117,69	171,19	192,59	114,32	166,28	187,07	110,94	161,38	181,55
	VI	2 833,25	155,82	226,66	254,99																				

Abzüge an Lohnsteuer, Solidaritätszuschlag (SolZ) und Kirchensteuer (8%, 9%) in den Steuerklassen

*** Die ausgewiesenen Tabellenwerte sind amtlich. Siehe Erläuterungen auf der Umschlaginnenseite (U2).**

Abzüge an Lohnsteuer, Solidaritätszuschlag (SolZ) und Kirchensteuer (8%, 9%) in den Steuerklassen

Lohn/ Gehalt bis €*	I – VI	LSt	SolZ	8%	9%	I, II, III, IV	LSt	0,5 SolZ	0,5 8%	0,5 9%	1 SolZ	1 8%	1 9%	1,5 SolZ	1,5 8%	1,5 9%	2 SolZ	2 8%	2 9%	2,5 SolZ	2,5 8%	2,5 9%	3 SolZ	3 8%	3 9%
7 922,99 West	I,IV	2 373,58	130,54	189,88	213,62	I	2 373,58	123,80	180,07	202,58	117,05	170,26	191,54	110,31	160,45	180,50	103,56	150,64	169,47	96,82	140,83	158,43	90,07	131,02	147,39
	II	2 327,83	128,03	186,22	209,50	II	2 327,83	121,28	176,41	198,46	114,53	166,60	187,42	107,79	156,79	176,39	101,04	146,98	165,35	94,30	137,16	154,31	87,56	127,36	143,28
	III	1 725,16	94,88	138,01	155,26	III	1 725,16	88,88	129,28	145,44	83,—	120,73	135,82	77,25	112,37	126,41	71,64	104,21	117,23	66,15	96,22	108,25	60,80	88,44	99,49
	V	2 788,16	153,34	223,05	250,93	IV	2 373,58	127,17	184,98	208,10	123,80	180,07	202,58	120,42	175,16	197,06	117,05	170,26	191,54	113,68	165,36	186,03	110,31	160,45	180,50
	VI	2 821,58	155,18	225,72	253,94																				
7 922,99 Ost	I,IV	2 386,50	131,25	190,92	214,78	I	2 386,50	124,51	181,10	203,74	117,76	171,29	192,70	111,02	161,48	181,67	104,27	151,67	170,63	97,52	141,86	159,59	90,78	132,04	148,55
	II	2 340,66	128,73	187,25	210,65	II	2 340,66	121,99	177,44	199,62	115,24	167,63	188,58	108,50	157,82	177,54	101,75	148,—	166,50	95,01	138,20	155,47	88,26	128,38	144,43
	III	1 736,66	95,51	138,93	156,29	III	1 736,66	89,50	130,18	146,45	83,61	121,62	136,82	77,86	113,25	127,40	72,23	105,06	118,19	66,73	97,06	109,19	61,36	89,25	100,40
	V	2 801,—	154,05	224,08	252,09	IV	2 386,50	127,88	186,01	209,26	124,51	181,10	203,74	121,13	176,20	198,22	117,76	171,29	192,70	114,39	166,38	187,18	111,02	161,48	181,67
	VI	2 834,50	155,89	226,76	255,10																				
7 925,99 West	I,IV	2 374,83	130,61	189,98	213,73	I	2 374,83	123,86	180,17	202,69	117,12	170,36	191,66	110,38	160,55	180,62	103,63	150,74	169,58	96,89	140,93	158,54	90,14	131,12	147,51
	II	2 329,08	128,09	186,32	209,61	II	2 329,08	121,35	176,51	198,57	114,60	166,70	187,53	107,86	156,89	176,50	101,11	147,08	165,46	94,37	137,26	154,42	87,62	127,46	143,39
	III	1 726,16	94,93	138,09	155,35	III	1 726,16	88,93	129,36	145,53	83,06	120,82	135,92	77,32	112,46	126,52	71,70	104,29	117,32	66,21	96,30	108,34	60,85	88,52	99,58
	V	2 789,41	153,41	223,15	251,04	IV	2 374,83	127,24	185,08	208,21	123,86	180,17	202,69	120,50	175,27	197,18	117,12	170,36	191,66	113,75	165,46	186,14	110,38	160,55	180,62
	VI	2 822,83	155,25	225,82	254,05																				
7 925,99 Ost	I,IV	2 387,75	131,32	191,02	214,89	I	2 387,75	124,57	181,20	203,85	117,83	171,39	192,81	111,09	161,58	181,78	104,34	151,77	170,74	97,59	141,96	159,70	90,85	132,15	148,67
	II	2 341,91	128,80	187,35	210,77	II	2 341,91	122,06	177,54	199,73	115,31	167,73	188,69	108,57	157,92	177,66	101,82	148,11	166,62	95,08	138,30	155,58	88,33	128,48	144,54
	III	1 737,83	95,58	139,02	156,40	III	1 737,83	89,56	130,28	146,56	83,67	121,70	136,91	77,91	113,33	127,49	72,28	105,14	118,28	66,78	97,14	109,28	61,40	89,32	100,48
	V	2 802,25	154,12	224,18	252,20	IV	2 387,75	127,95	186,11	209,37	124,57	181,20	203,85	121,20	176,30	198,33	117,83	171,39	192,81	114,45	166,48	187,29	111,09	161,58	181,78
	VI	2 835,75	155,96	226,86	255,21																				
7 928,99 West	I,IV	2 376,08	130,68	190,08	213,84	I	2 376,08	123,94	180,28	202,81	117,19	170,46	191,77	110,44	160,65	180,73	103,70	150,84	169,70	96,96	141,03	158,66	90,21	131,22	147,62
	II	2 330,33	128,16	186,42	209,72	II	2 330,33	121,42	176,61	198,68	114,67	166,80	187,65	107,93	156,99	176,61	101,18	147,18	165,57	94,43	137,36	154,53	87,69	127,56	143,50
	III	1 727,33	95,—	138,18	155,45	III	1 727,33	88,99	129,45	145,63	83,12	120,90	136,01	77,37	112,54	126,61	71,75	104,37	117,41	66,26	96,38	108,43	60,91	88,60	99,67
	V	2 790,66	153,48	223,25	251,15	IV	2 376,08	127,31	185,18	208,32	123,94	180,28	202,81	120,56	175,37	197,29	117,19	170,46	191,77	113,82	165,56	186,25	110,44	160,65	180,73
	VI	2 824,16	155,32	225,93	254,17																				
7 928,99 Ost	I,IV	2 389,—	131,39	191,12	215,01	I	2 389,—	124,64	181,30	203,96	117,90	171,49	192,92	111,15	161,68	181,89	104,41	151,87	170,85	97,66	142,06	159,81	90,92	132,25	148,78
	II	2 343,16	128,87	187,45	210,88	II	2 343,16	122,13	177,64	199,84	115,38	167,83	188,81	108,63	158,02	177,77	101,89	148,21	166,73	95,15	138,40	155,70	88,40	128,58	144,65
	III	1 739,—	95,64	139,12	156,51	III	1 739,—	89,62	130,36	146,65	83,73	121,80	137,02	77,97	113,41	127,58	72,34	105,22	118,37	66,84	97,22	109,37	61,46	89,40	100,57
	V	2 803,58	154,19	224,28	252,32	IV	2 389,—	128,02	186,21	209,48	124,64	181,30	203,96	121,27	176,40	198,45	117,90	171,49	192,92	114,53	166,59	187,41	111,15	161,68	181,89
	VI	2 837,—	156,03	226,96	255,33																				
7 931,99 West	I,IV	2 377,33	130,75	190,18	213,95	I	2 377,33	124,01	180,38	202,92	117,26	170,56	191,88	110,51	160,75	180,84	103,77	150,94	169,81	97,02	141,13	158,77	90,28	131,32	147,73
	II	2 331,58	128,23	186,52	209,84	II	2 331,58	121,49	176,71	198,80	114,74	166,90	187,76	108,—	157,09	176,72	101,25	147,28	165,69	94,51	137,47	154,65	87,76	127,66	143,61
	III	1 728,50	95,06	138,28	155,56	III	1 728,50	89,06	129,54	145,73	83,18	121,—	136,12	77,44	112,64	126,72	71,82	104,46	117,52	66,33	96,48	108,54	60,96	88,68	99,76
	V	2 791,91	153,55	223,35	251,27	IV	2 377,33	127,38	185,28	208,44	124,01	180,38	202,92	120,63	175,47	197,40	117,26	170,56	191,88	113,89	165,66	186,36	110,51	160,75	180,84
	VI	2 825,41	155,39	226,03	254,28																				
7 931,99 Ost	I,IV	2 390,25	131,46	191,22	215,12	I	2 390,25	124,71	181,40	204,08	117,97	171,60	193,05	111,22	161,78	182,—	104,48	151,97	170,96	97,73	142,16	159,93	90,99	132,35	148,89
	II	2 344,50	128,94	187,56	211,—	II	2 344,50	122,20	177,74	199,96	115,45	167,93	188,92	108,71	158,12	177,89	101,96	148,31	166,85	95,21	138,50	155,81	88,47	128,68	144,77
	III	1 740,16	95,70	139,21	156,61	III	1 740,16	89,68	130,45	146,75	83,79	121,88	137,11	78,03	113,50	127,69	72,39	105,30	118,46	66,89	97,30	109,46	61,51	89,48	100,66
	V	2 804,83	154,26	224,38	252,43	IV	2 390,25	128,09	186,31	209,60	124,71	181,40	204,08	121,34	176,50	198,56	117,97	171,60	193,05	114,60	166,69	187,52	111,22	161,78	182,—
	VI	2 838,25	156,10	227,06	255,44																				
7 934,99 West	I,IV	2 378,58	130,82	190,28	214,07	I	2 378,58	124,08	180,48	203,04	117,33	170,66	191,99	110,58	160,85	180,95	103,84	151,04	169,92	97,09	141,23	158,88	90,35	131,42	147,84
	II	2 332,83	128,30	186,62	209,95	II	2 332,83	121,55	176,81	198,91	114,81	167,—	187,88	108,07	157,19	176,84	101,32	147,38	165,80	94,58	137,57	154,76	87,83	127,76	143,73
	III	1 729,66	95,13	138,37	155,66	III	1 729,66	89,11	129,62	145,82	83,24	121,08	136,21	77,49	112,72	126,81	71,87	104,54	117,61	66,38	96,56	108,63	61,02	88,76	99,85
	V	2 793,16	153,62	223,45	251,38	IV	2 378,58	127,45	185,38	208,55	124,08	180,48	203,04	120,70	175,57	197,51	117,33	170,66	191,99	113,96	165,76	186,48	110,58	160,85	180,95
	VI	2 826,66	155,46	226,13	254,39																				
7 934,99 Ost	I,IV	2 391,50	131,53	191,32	215,23	I	2 391,50	124,78	181,50	204,19	118,04	171,70	193,16	111,29	161,88	182,12	104,55	152,07	171,08	97,80	142,26	160,04	91,06	132,45	149,—
	II	2 345,75	129,01	187,66	211,11	II	2 345,75	122,26	177,84	200,07	115,52	168,03	189,03	108,78	158,22	178,—	102,03	148,41	166,96	95,28	138,60	155,92	88,54	128,79	144,89
	III	1 741,16	95,76	139,29	156,70	III	1 741,16	89,75	130,54	146,86	83,85	121,97	137,21	78,09	113,58	127,78	72,46	105,40	118,57	66,95	97,38	109,55	61,57	89,56	100,75
	V	2 806,08	154,33	224,48	252,54	IV	2 391,50	128,15	186,41	209,71	124,78	181,50	204,19	121,41	176,60	198,68	118,04	171,70	193,16	114,67	166,79	187,64	111,29	161,88	182,12
	VI	2 839,50	156,17	227,16	255,55																				
7 937,99 West	I,IV	2 379,91	130,89	190,39	214,19	I	2 379,91	124,14	180,58	203,15	117,40	170,76	192,11	110,66	160,96	181,08	103,91	151,14	170,03	97,16	141,33	158,99	90,42	131,52	147,96
	II	2 334,08	128,37	186,72	210,06	II	2 334,08	121,63	176,92	199,03	114,88	167,10	187,99	108,13	157,29	176,95	101,39	147,48	165,92	94,65	137,67	154,88	87,90	127,86	143,84
	III	1 730,83	95,19	138,46	155,77	III	1 730,83	89,18	129,72	145,93	83,30	121,17	136,31	77,55	112,80	126,90	71,93	104,62	117,70	66,44	96,64	108,72	61,06	88,82	99,92
	V	2 794,41	153,69	223,55	251,49	IV	2 379,91	127,52	185,48	208,67	124,14	180,58	203,15	120,77	175,67	197,63	117,40	170,76	192,11	114,02	165,86	186,59	110,66	160,96	181,08
	VI	2 827,91	155,53	226,23	254,51																				
7 937,99 Ost	I,IV	2 392,75	131,60	191,42	215,34	I	2 392,75	124,85	181,60	204,30	118,11	171,80	193,27	111,36	161,98	182,23	104,61	152,17	171,19	97,87	142,36	160,16	91,13	132,55	149,12
	II	2 347,—	129,08	187,76	211,23	II	2 347,—	122,33	177,94	200,18	115,59	168,13	189,14	108,84	158,32	178,11	102,10	148,51	167,07	95,35	138,70	156,03	88,61	128,89	145,—
	III	1 742,33	95,82	139,38	156,80	III	1 742,33	89,80	130,62	146,95	83,91	122,05	137,30	78,15	113,68	127,89	72,51	105,48	118,66	67,—	97,46	109,64	61,62	89,64	100,84
	V	2 807,33	154,40	224,58	252,65	IV	2 392,75	128,22	186,51	209,82	124,85	181,60	204,30	121,48	176,70	198,79	118,11	171,80	193,27	114,73	166,89	187,75	111,36	161,98	182,23
	VI	2 840,75	156,24	227,26	255,66																				
7 940,99 West	I,IV	2 381,16	130,96	190,49	214,30	I	2 381,16	124,21	180,68	203,26	117,47	170,86	192,22	110,72	161,06	181,19	103,98	151,24	170,15	97,23	141,43	159,11	90,49	131,62	148,07
	II	2 335,33	128,44	186,82	210,17	II	2 335,33	121,70	177,02	199,14	114,95	167,20	188,10	108,20	157,39	177,06	101,46	147,58	166,03	94,71	137,77	154,99	87,97	127,96	143,95
	III	1 731,83	95,25	138,54	155,86	III	1 731,83	89,24	129,81	146,03	83,36	121,25	136,40	77,61	112,89	127,—	71,98	104,70	117,79	66,49	96,72	108,81	61,12	88,90	100,01
	V	2 795,75	153,76	223,66	251,61	IV	2 381,16	127,59	185,58	208,78	124,21	180,68	203,26	120,84	175,77	197,74	117,47	170,86	192,22	114,10	165,96	186,71	110,72	161,06	181,19
	VI	2 829,16	155,60	226,33	254,62																				
7 940,99 Ost	I,IV	2 394,—	131,67	191,52	215,46	I	2 394,—	124,92	181,71	204,42	118,18	171,90	193,38	111,43	162,08	182,34	104,69	152,28	171,31	97,94	142,46	160,27	91,19	132,65	149,23
	II	2 348,25	129,15	187,86	211,34	II	2 348,25	122,40	178,04	200,30	115,66	168,24	189,27	108,91	158,42	178,22	102,17	148,61	167,18	95,42	138,80	156,15	88,68	128,99	145,11
	III	1 743,50	95,89	139,48	156,91	III	1 743,50	89,87	130,72	147,06	83,97	122,14	137,41	78,21	113,76	127,98	72,57	105,56	118,75	67,06	97,54	109,73	61,68	89,72	100,93
	V	2 808,58	154,47	224,68	252,77	IV	2 394,—	128,29	186,61	209,93	124,92	181,71	204,42	121,55	176,80	198,90	118,18	171,90	193,38	114,80	166,99	187,86	111,43	162,08	182,34
	VI	2 842,08	156,31	227,36	255,78																				
7 943,99 West	I,IV	2 382,41	131,03	190,59	214,41	I	2 382,41	124,28	180,78	203,37	117,53	170,96	192,33	110,79	161,16	181,30	104,05	151,34	170,26	97,30	141,53	159,22	90,56	131,72	148,19
	II	2 336,58	128,51	186,92	210,29	II	2 336,58	121,77	177,12	199,26	115,02	167,30	188,21	108,27	157,49	177,17	101,53	147,68	166,14	94,78	137,87	155,10	88,04	128,06	144,06
	III	1 733,—	95,31	138,64	155,97	III	1 733,—	89,30	129,89	146,12	83,42	121,34	136,51	77,66	112,97	127,09	72,04	104,78	117,88	66,55	96,80	108,90	61,17	88,98	100,10
	V	2 797,—	153,83	223,76	251,73	IV	2 382,41	127,65	185,68	208,89	124,28	180,78	203,37	120,91	175,87	197,85	117,53	170,96	192,33	114,17	166,06	186,82	110,79	161,16	181,30
	VI	2 830,41	155,67	226,43	254,73																				
7 943,99 Ost	I,IV	2 395,25	131,73	191,62	215,57	I	2 395,25	124,99	181,81	204,53	118,25	172,—	193,50	111,50	162,18	182,45	104,76	152,38	171,42	98,01	142,56	160,38	91,26	132,75	149,34
	II	2 349,50	129,22	187,96	211,45	II	2 349,50	122,47	178,14	200,41	115,73	168,34	189,38	108,98	158,52	178,34	102,24	148,71	167,30	95,49	138,90	156,26	88,75	129,09	145,22
	III	1 744,66	95,95	139,57	157,01	III	1 744,66	89,93	130,81	147,16	84,03	122,22	137,50	78,26	113,84	128,07	72,62	105,64	118,84	67,11	97,62	109,82	61,73	89,80	101,02
	V	2 809,83	154,54	224,78	252,88	IV	2 395,25	128,37	186,72	210,06	124,99	181,81	204,53	121,62	176,90	199,01	118,25	172,—	193,50	114,87	167,09	187,97	111,50	162,18	182,45
	VI	2 843,33	156,38	227,46	255,89																				

* Die ausgewiesenen Tabellenwerte sind amtlich. Siehe Erläuterungen auf der Umschlaginnenseite (U2).

Abzüge an Lohnsteuer, Solidaritätszuschlag (SolZ) und Kirchensteuer (8%, 9%) in den Steuerklassen

Lohn/Gehalt bis €*	I – VI	LSt	ohne Kinderfreibeträge SolZ	8%	9%	I, II, III, IV	LSt	mit Zahl der Kinderfreibeträge … 0,5 SolZ	8%	9%	1 SolZ	8%	9%	1,5 SolZ	8%	9%	2 SolZ	8%	9%	2,5 SolZ	8%	9%	3 SolZ	8%	9%
7 946,99 West	I,IV	2 383,66	131,10	190,69	214,52	I	2 383,66	124,35	180,88	203,49	117,61	171,07	192,45	110,86	161,26	181,41	104,11	151,44	170,37	97,37	141,64	159,34	90,63	131,82	148,30
	II	2 337,91	128,58	187,03	210,41	II	2 337,91	121,83	177,22	199,37	115,09	167,40	188,33	108,35	157,60	177,30	101,60	147,78	166,25	94,85	137,97	155,21	88,11	128,16	144,18
	III	1 734,16	95,37	138,73	156,07	III	1 734,16	89,36	129,98	146,23	83,48	121,42	136,60	77,72	113,05	127,18	72,10	104,88	117,99	66,60	96,88	108,99	61,23	89,06	100,19
	V	2 798,25	153,90	223,86	251,84	IV	2 383,66	127,72	185,78	209,—	124,35	180,88	203,49	120,98	175,97	197,96	117,61	171,07	192,45	114,23	166,16	186,93	110,86	161,26	181,41
	VI	2 831,66	155,74	226,53	254,84																				
7 946,99 Ost	I,IV	2 396,58	131,81	191,72	215,69	I	2 396,58	125,06	181,91	204,65	118,31	172,10	193,61	111,57	162,28	182,57	104,83	152,48	171,54	98,08	142,66	160,49	91,33	132,85	149,45
	II	2 350,75	129,29	188,06	211,56	II	2 350,75	122,54	178,24	200,52	115,80	168,44	189,49	109,05	158,62	178,45	102,30	148,81	167,41	95,56	139,—	156,38	88,82	129,19	145,34
	III	1 745,83	96,02	139,66	157,12	III	1 745,83	89,98	130,89	147,25	84,09	122,32	137,61	78,32	113,93	128,17	72,69	105,73	118,94	67,17	97,70	109,91	61,79	89,88	101,11
	V	2 811,08	154,60	224,88	252,99	IV	2 396,58	128,43	186,82	210,17	125,06	181,91	204,65	121,69	177,—	199,13	118,31	172,10	193,61	114,94	167,19	188,09	111,57	162,28	182,57
	VI	2 844,58	156,45	227,56	256,01																				
7 949,99 West	I,IV	2 384,91	131,17	190,79	214,64	I	2 384,91	124,42	180,98	203,60	117,68	171,17	192,56	110,93	161,36	181,53	104,18	151,54	170,48	97,44	141,74	159,45	90,69	131,92	148,41
	II	2 339,16	128,65	187,13	210,52	II	2 339,16	121,90	177,32	199,48	115,16	167,50	188,44	108,41	157,70	177,41	101,67	147,88	166,37	94,92	138,07	155,33	88,18	128,26	144,29
	III	1 735,33	95,44	138,82	156,17	III	1 735,33	89,43	130,08	146,34	83,54	121,52	136,71	77,78	113,14	127,28	72,16	104,96	118,08	66,66	96,96	109,08	61,28	89,14	100,28
	V	2 799,50	153,97	223,96	251,95	IV	2 384,91	127,79	185,88	209,12	124,42	180,98	203,60	121,05	176,08	198,09	117,68	171,17	192,56	114,30	166,26	187,04	110,93	161,36	181,53
	VI	2 832,91	155,81	226,63	254,96																				
7 949,99 Ost	I,IV	2 397,83	131,88	191,82	215,80	I	2 397,83	125,13	182,01	204,76	118,38	172,20	193,72	111,64	162,39	182,69	104,89	152,58	171,65	98,15	142,76	160,61	91,41	132,96	149,58
	II	2 352,—	129,36	188,16	211,68	II	2 352,—	122,61	178,35	200,64	115,87	168,54	189,60	109,12	158,72	178,56	102,38	148,92	167,53	95,63	139,10	156,49	88,88	129,29	145,45
	III	1 747,—	96,08	139,76	157,23	III	1 747,—	90,05	130,98	147,35	84,15	122,41	137,71	78,38	114,01	128,26	72,74	105,81	119,03	67,22	97,78	110,—	61,84	89,96	101,20
	V	2 812,33	154,67	224,98	253,10	IV	2 397,83	128,50	186,92	210,28	125,13	182,01	204,76	121,76	177,10	199,24	118,38	172,20	193,72	115,01	167,29	188,20	111,64	162,39	182,69
	VI	2 845,83	156,52	227,66	256,12																				
7 952,99 West	I,IV	2 386,16	131,23	190,89	214,75	I	2 386,16	124,49	181,08	203,72	117,75	171,27	192,68	111,—	161,46	181,64	104,25	151,64	170,60	97,51	141,84	159,57	90,76	132,02	148,52
	II	2 340,41	128,72	187,23	210,63	II	2 340,41	121,97	177,42	199,59	115,22	167,60	188,55	108,48	157,80	177,52	101,74	147,98	166,48	94,99	138,17	155,44	88,25	128,36	144,41
	III	1 736,50	95,50	138,92	156,28	III	1 736,50	89,48	130,16	146,43	83,60	121,60	136,80	77,84	113,22	127,37	72,21	105,04	118,17	66,71	97,04	109,17	61,34	89,22	100,37
	V	2 800,75	154,04	224,06	252,06	IV	2 386,16	127,86	185,98	209,23	124,49	181,08	203,72	121,12	176,18	198,20	117,75	171,27	192,68	114,37	166,36	187,16	111,—	161,46	181,64
	VI	2 834,25	155,88	226,74	255,08																				
7 952,99 Ost	I,IV	2 399,08	131,94	191,92	215,91	I	2 399,08	125,20	182,11	204,87	118,45	172,30	193,83	111,71	162,49	182,80	104,96	152,68	171,76	98,22	142,86	160,72	91,47	133,06	149,69
	II	2 353,25	129,42	188,26	211,79	II	2 353,25	122,68	178,45	200,75	115,94	168,64	189,72	109,19	158,82	178,67	102,45	149,02	167,64	95,70	139,20	156,60	88,95	129,39	145,56
	III	1 748,—	96,14	139,84	157,32	III	1 748,—	90,11	131,08	147,46	84,21	122,49	137,80	78,44	114,10	128,36	72,80	105,89	119,12	67,29	97,88	110,11	61,90	90,04	101,29
	V	2 813,66	154,75	225,09	253,22	IV	2 399,08	128,57	187,02	210,39	125,20	182,11	204,87	121,82	177,20	199,35	118,45	172,30	193,83	115,08	167,40	188,32	111,71	162,49	182,80
	VI	2 847,08	156,58	227,76	256,23																				
7 955,99 West	I,IV	2 387,41	131,30	190,99	214,86	I	2 387,41	124,56	181,18	203,83	117,81	171,37	192,79	111,07	161,56	181,75	104,33	151,75	170,72	97,58	141,94	159,68	90,83	132,12	148,64
	II	2 341,66	128,79	187,33	210,74	II	2 341,66	122,04	177,52	199,71	115,30	167,71	188,67	108,55	157,90	177,63	101,80	148,08	166,59	95,06	138,28	155,56	88,32	128,46	144,52
	III	1 737,50	95,56	139,—	156,37	III	1 737,50	89,54	130,25	146,53	83,66	121,69	136,90	77,90	113,32	127,48	72,27	105,12	118,26	66,77	97,12	109,26	61,39	89,30	100,46
	V	2 802,—	154,11	224,16	252,18	IV	2 387,41	127,93	186,08	209,34	124,56	181,18	203,83	121,19	176,28	198,31	117,81	171,37	192,79	114,44	166,46	187,27	111,07	161,56	181,75
	VI	2 835,50	155,95	226,84	255,19																				
7 955,99 Ost	I,IV	2 400,33	132,01	192,02	216,02	I	2 400,33	125,27	182,21	204,98	118,52	172,40	193,95	111,78	162,59	182,91	105,03	152,78	171,87	98,28	142,96	160,83	91,54	133,16	149,80
	II	2 354,58	129,50	188,36	211,91	II	2 354,58	122,75	178,55	200,87	116,—	168,74	189,83	109,26	158,92	178,79	102,52	149,12	167,76	95,77	139,30	156,71	89,02	129,49	145,67
	III	1 749,16	96,20	139,93	157,42	III	1 749,16	90,17	131,16	147,55	84,27	122,58	137,90	78,50	114,18	128,45	72,85	105,97	119,21	67,34	97,96	110,20	61,95	90,12	101,38
	V	2 814,91	154,82	225,19	253,34	IV	2 400,33	128,64	187,12	210,51	125,27	182,21	204,98	121,89	177,30	199,46	118,52	172,40	193,95	115,15	167,50	188,43	111,78	162,59	182,91
	VI	2 848,33	156,65	227,86	256,34																				
7 958,99 West	I,IV	2 388,66	131,37	191,09	214,97	I	2 388,66	124,63	181,28	203,94	117,88	171,47	192,90	111,14	161,66	181,86	104,39	151,85	170,83	97,65	142,04	159,79	90,90	132,22	148,75
	II	2 342,91	128,86	187,43	210,86	II	2 342,91	122,11	177,62	199,82	115,37	167,81	188,78	108,62	158,—	177,75	101,87	148,18	166,70	95,13	138,38	155,67	88,38	128,56	144,63
	III	1 738,66	95,62	139,09	156,47	III	1 738,66	89,61	130,34	146,63	83,71	121,77	136,99	77,96	113,40	127,57	72,33	105,21	118,36	66,82	97,20	109,35	61,45	89,38	100,55
	V	2 803,25	154,17	224,26	252,29	IV	2 388,66	128,—	186,19	209,46	124,63	181,28	203,94	121,26	176,38	198,42	117,88	171,47	192,90	114,51	166,56	187,38	111,14	161,66	181,86
	VI	2 836,75	156,02	226,94	255,30																				
7 958,99 Ost	I,IV	2 401,58	132,08	192,12	216,14	I	2 401,58	125,34	182,31	205,10	118,59	172,50	194,06	111,85	162,69	183,02	105,10	152,88	171,99	98,36	143,07	160,95	91,61	133,26	149,91
	II	2 355,83	129,57	188,46	212,02	II	2 355,83	122,82	178,65	200,98	116,07	168,84	189,94	109,33	159,03	178,91	102,58	149,22	167,87	95,84	139,40	156,83	89,10	129,60	145,80
	III	1 750,33	96,26	140,02	157,52	III	1 750,33	90,23	131,25	147,65	84,33	122,66	137,99	78,55	114,26	128,54	72,92	106,06	119,32	67,40	98,04	110,29	62,01	90,20	101,47
	V	2 816,16	154,88	225,29	253,45	IV	2 401,58	128,71	187,22	210,62	125,34	182,31	205,10	121,96	177,40	199,58	118,59	172,50	194,06	115,22	167,60	188,55	111,85	162,69	183,02
	VI	2 849,58	156,72	227,96	256,46																				
7 961,99 West	I,IV	2 390,—	131,45	191,20	215,10	I	2 390,—	124,70	181,38	204,05	117,95	171,57	193,01	111,21	161,76	181,98	104,46	151,95	170,94	97,72	142,14	159,90	90,97	132,32	148,86
	II	2 344,16	128,92	187,53	210,97	II	2 344,16	122,18	177,72	199,94	115,44	167,91	188,90	108,69	158,10	177,86	101,94	148,28	166,82	95,20	138,48	155,79	88,45	128,66	144,74
	III	1 739,83	95,69	139,18	156,58	III	1 739,83	89,66	130,42	146,72	83,78	121,86	137,09	78,01	113,48	127,66	72,38	105,29	118,45	66,88	97,28	109,44	61,50	89,46	100,64
	V	2 804,50	154,24	224,36	252,40	IV	2 390,—	128,07	186,29	209,57	124,70	181,38	204,05	121,33	176,48	198,54	117,95	171,57	193,01	114,58	166,66	187,49	111,21	161,76	181,98
	VI	2 838,—	156,09	227,04	255,42																				
7 961,99 Ost	I,IV	2 402,83	132,15	192,22	216,25	I	2 402,83	125,40	182,41	205,21	118,66	172,60	194,18	111,92	162,79	183,14	105,17	152,98	172,10	98,43	143,17	161,06	91,68	133,36	150,03
	II	2 357,08	129,63	188,56	212,13	II	2 357,08	122,89	178,75	201,09	116,14	168,94	190,05	109,40	159,13	179,02	102,65	149,32	167,98	95,91	139,50	156,94	89,16	129,70	145,91
	III	1 751,50	96,33	140,12	157,63	III	1 751,50	90,30	131,34	147,76	84,39	122,76	138,10	78,62	114,36	128,65	72,97	106,14	119,41	67,45	98,12	110,38	62,06	90,28	101,56
	V	2 817,41	154,95	225,39	253,56	IV	2 402,83	128,78	187,32	210,73	125,40	182,41	205,21	122,04	177,51	199,70	118,66	172,60	194,18	115,29	167,70	188,66	111,92	162,79	183,14
	VI	2 850,83	156,79	228,06	256,57																				
7 964,99 West	I,IV	2 391,25	131,51	191,30	215,21	I	2 391,25	124,77	181,48	204,17	118,02	171,67	193,13	111,28	161,86	182,09	104,53	152,05	171,05	97,79	142,24	160,02	91,04	132,43	148,98
	II	2 345,41	128,99	187,63	211,08	II	2 345,41	122,25	177,82	200,05	115,50	168,01	189,01	108,76	158,20	177,97	102,02	148,39	166,94	95,27	138,58	155,90	88,52	128,76	144,86
	III	1 741,—	95,75	139,28	156,69	III	1 741,—	89,73	130,52	146,83	83,83	121,94	137,18	78,08	113,57	127,76	72,44	105,37	118,54	66,94	97,37	109,54	61,56	89,54	100,73
	V	2 805,75	154,31	224,46	252,51	IV	2 391,25	128,14	186,39	209,69	124,77	181,48	204,17	121,39	176,58	198,65	118,02	171,67	193,13	114,65	166,76	187,61	111,28	161,86	182,09
	VI	2 839,25	156,15	227,14	255,53																				
7 964,99 Ost	I,IV	2 404,08	132,22	192,32	216,36	I	2 404,08	125,48	182,52	205,33	118,73	172,70	194,29	111,98	162,89	183,25	105,24	153,08	172,22	98,50	143,27	161,18	91,75	133,46	150,14
	II	2 358,33	129,70	188,66	212,24	II	2 358,33	122,96	178,85	201,20	116,21	169,04	190,17	109,47	159,23	179,13	102,72	149,42	168,09	95,97	139,60	157,05	89,23	129,80	146,02
	III	1 752,66	96,39	140,21	157,73	III	1 752,66	90,35	131,42	147,85	84,45	122,84	138,19	78,67	114,44	128,74	73,03	106,22	119,50	67,51	98,20	110,47	62,12	90,36	101,65
	V	2 818,66	155,02	225,49	253,67	IV	2 404,08	128,85	187,42	210,84	125,48	182,52	205,33	122,10	177,61	199,81	118,73	172,70	194,29	115,36	167,80	188,77	111,98	162,89	183,25
	VI	2 852,16	156,86	228,17	256,69																				
7 967,99 West	I,IV	2 392,50	131,58	191,40	215,32	I	2 392,50	124,84	181,58	204,28	118,09	171,77	193,24	111,35	161,96	182,21	104,60	152,15	171,17	97,85	142,34	160,13	91,11	132,53	149,09
	II	2 346,66	129,06	187,73	211,19	II	2 346,66	122,32	177,92	200,16	115,57	168,11	189,12	108,83	158,30	178,08	102,08	148,49	167,05	95,34	138,68	156,01	88,59	128,86	144,97
	III	1 742,16	95,81	139,37	156,79	III	1 742,16	89,79	130,61	146,93	83,90	122,04	137,29	78,13	113,65	127,85	72,49	105,45	118,63	66,99	97,45	109,63	61,61	89,62	100,82
	V	2 807,08	154,38	224,56	252,63	IV	2 392,50	128,21	186,49	209,80	124,84	181,58	204,28	121,46	176,68	198,76	118,09	171,77	193,24	114,72	166,87	187,73	111,35	161,96	182,21
	VI	2 840,50	156,22	227,24	255,64																				
7 967,99 Ost	I,IV	2 405,33	132,29	192,42	216,47	I	2 405,33	125,55	182,62	205,44	118,80	172,80	194,40	112,05	162,99	183,36	105,31	153,18	172,33	98,56	143,37	161,29	91,82	133,56	150,25
	II	2 359,58	129,77	188,76	212,36	II	2 359,58	123,03	178,95	201,32	116,28	169,14	190,28	109,54	159,33	179,24	102,79	149,52	168,21	96,05	139,71	157,17	89,30	129,90	146,13
	III	1 753,83	96,46	140,30	157,84	III	1 753,83	90,42	131,52	147,96	84,51	122,93	138,29	78,74	114,53	128,84	73,08	106,30	119,59	67,56	98,28	110,56	62,17	90,44	101,74
	V	2 819,91	155,09	225,59	253,79	IV	2 405,33	128,92	187,52	210,96	125,55	182,62	205,44	122,17	177,71	199,92	118,80	172,80	194,40	115,43	167,90	188,88	112,05	162,99	183,36
	VI	2 853,41	156,93	228,27	256,80																				

*** Die ausgewiesenen Tabellenwerte sind amtlich. Siehe Erläuterungen auf der Umschlaginnenseite (U2).**

MONAT 7 968,–*

Lohn/ Gehalt bis €*	Stkl.	I – VI LSt	ohne Kinderfreibeträge SolZ	8%	9%	Stkl.	I, II, III, IV LSt	mit Zahl der Kinderfreibeträge … 0,5 SolZ	8%	9%	1 SolZ	8%	9%	1,5 SolZ	8%	9%	2 SolZ	8%	9%	2,5 SolZ	8%	9%	3 SolZ	8%	9%
7 970,99 West	I,IV	2 393,75	131,65	191,50	215,43	I	2 393,75	124,90	181,68	204,39	118,16	171,88	193,36	111,42	162,06	182,32	104,67	152,25	171,28	97,93	142,44	160,25	91,18	132,63	149,21
	II	2 348,–	129,14	187,84	211,32	II	2 348,–	122,39	178,02	200,27	115,64	168,21	189,23	108,90	158,40	178,20	102,15	148,59	167,16	95,41	138,78	156,12	88,66	128,96	145,08
	III	1 743,33	95,88	139,46	156,89	III	1 743,33	89,85	130,69	147,02	83,95	122,12	137,38	78,20	113,74	127,96	72,56	105,54	118,73	67,05	97,53	109,72	61,67	89,70	100,91
	V	2 808,33	154,45	224,66	252,74	IV	2 393,75	128,28	186,59	209,91	124,90	181,68	204,39	121,53	176,78	198,87	118,16	171,88	193,36	114,79	166,97	187,84	111,42	162,06	182,32
	VI	2 841,75	156,29	227,34	255,75																				
7 970,99 Ost	I,IV	2 406,58	132,36	192,52	216,59	I	2 406,58	125,62	182,72	205,56	118,87	172,90	194,51	112,12	163,09	183,47	105,38	153,28	172,44	98,63	143,47	161,40	91,89	133,66	150,36
	II	2 360,83	129,84	188,86	212,47	II	2 360,83	123,09	179,05	201,43	116,35	169,24	190,40	109,61	159,43	179,36	102,86	149,62	168,32	96,12	139,81	157,28	89,37	130,–	146,25
	III	1 754,83	96,51	140,38	157,93	III	1 754,83	90,48	131,61	148,06	84,57	123,01	138,38	78,79	114,61	128,93	73,15	106,40	119,70	67,62	98,36	110,65	62,23	90,52	101,83
	V	2 821,16	155,16	225,69	253,90	IV	2 406,58	128,99	187,62	211,07	125,62	182,72	205,56	122,24	177,81	200,03	118,87	172,90	194,51	115,50	168,–	189,–	112,12	163,09	183,47
	VI	2 854,66	157,–	228,37	256,91																				
7 973,99 West	I,IV	2 395,–	131,72	191,60	215,55	I	2 395,–	124,97	181,78	204,50	118,23	171,98	193,47	111,48	162,16	182,43	104,74	152,35	171,39	98,–	142,54	160,36	91,25	132,73	149,32
	II	2 349,25	129,20	187,94	211,43	II	2 349,25	122,46	178,12	200,39	115,71	168,31	189,35	108,97	158,50	178,31	102,22	148,69	167,27	95,48	138,88	156,24	88,73	129,07	145,20
	III	1 744,33	95,93	139,54	156,98	III	1 744,33	89,91	130,78	147,13	84,02	122,21	137,48	78,25	113,82	128,05	72,61	105,62	118,82	67,10	97,61	109,81	61,72	89,78	101,–
	V	2 809,58	154,52	224,76	252,86	IV	2 395,–	128,35	186,69	210,02	124,97	181,78	204,50	121,60	176,88	198,99	118,23	171,98	193,47	114,86	167,07	187,95	111,48	162,16	182,43
	VI	2 843,–	156,36	227,44	255,87																				
7 973,99 Ost	I,IV	2 407,91	132,43	192,63	216,71	I	2 407,91	125,68	182,82	205,67	118,94	173,–	194,63	112,20	163,20	183,60	105,45	153,38	172,55	98,70	143,57	161,51	91,96	133,76	150,48
	II	2 362,08	129,91	188,96	212,58	II	2 362,08	123,17	179,16	201,55	116,42	169,34	190,51	109,67	159,53	179,47	102,93	149,72	168,44	96,19	139,91	157,40	89,44	130,10	146,36
	III	1 756,–	96,58	140,48	158,04	III	1 756,–	90,54	131,70	148,16	84,63	123,10	138,49	78,85	114,69	129,02	73,20	106,48	119,79	67,67	98,44	110,74	62,28	90,60	101,92
	V	2 822,41	155,23	225,79	254,01	IV	2 407,91	129,06	187,72	211,19	125,68	182,82	205,67	122,31	177,91	200,15	118,94	173,–	194,63	115,56	168,10	189,11	112,20	163,20	183,60
	VI	2 855,91	157,07	228,47	257,03																				
7 976,99 West	I,IV	2 396,25	131,79	191,70	215,66	I	2 396,25	125,04	181,88	204,62	118,30	172,08	193,59	111,55	162,26	182,54	104,81	152,45	171,50	98,06	142,64	160,47	91,32	132,83	149,43
	II	2 350,50	129,27	188,04	211,54	II	2 350,50	122,53	178,22	200,50	115,78	168,41	189,46	109,04	158,60	178,43	102,29	148,79	167,39	95,54	138,98	156,35	88,80	129,17	145,31
	III	1 745,50	96,–	139,64	157,09	III	1 745,50	89,98	130,88	147,24	84,08	122,30	137,59	78,31	113,90	128,14	72,67	105,70	118,91	67,16	97,69	109,90	61,78	89,86	101,09
	V	2 810,83	154,59	224,86	252,97	IV	2 396,25	128,42	186,79	210,14	125,04	181,88	204,62	121,67	176,98	199,10	118,30	172,08	193,59	114,93	167,17	188,06	111,55	162,26	182,54
	VI	2 844,25	156,43	227,54	255,98																				
7 976,99 Ost	I,IV	2 409,16	132,50	192,73	216,82	I	2 409,16	125,75	182,92	205,78	119,01	173,10	194,74	112,26	163,30	183,71	105,52	153,48	172,67	98,77	143,67	161,63	92,03	133,86	150,59
	II	2 363,33	129,98	189,06	212,69	II	2 363,33	123,24	179,26	201,66	116,49	169,44	190,62	109,74	159,63	179,58	103,–	149,82	168,55	96,25	140,01	157,51	89,51	130,20	146,47
	III	1 757,16	96,64	140,57	158,14	III	1 757,16	90,60	131,78	148,25	84,69	123,18	138,58	78,91	114,78	129,13	73,26	106,56	119,88	67,73	98,52	110,83	62,34	90,68	102,01
	V	2 823,75	155,30	225,90	254,13	IV	2 409,16	129,13	187,82	211,30	125,75	182,92	205,78	122,38	178,01	200,26	119,01	173,10	194,74	115,64	168,20	189,23	112,26	163,30	183,71
	VI	2 857,16	157,14	228,57	257,14																				
7 979,99 West	I,IV	2 397,50	131,86	191,80	215,77	I	2 397,50	125,12	181,99	204,74	118,37	172,18	193,70	111,62	162,36	182,66	104,88	152,56	171,63	98,13	142,74	160,58	91,39	132,93	149,54
	II	2 351,75	129,34	188,14	211,65	II	2 351,75	122,59	178,32	200,61	115,85	168,52	189,58	109,11	158,70	178,54	102,36	148,89	167,50	95,62	139,08	156,47	88,87	129,27	145,43
	III	1 746,66	96,06	139,73	157,19	III	1 746,66	90,04	130,97	147,34	84,14	122,38	137,68	78,37	114,–	128,25	72,72	105,78	119,–	67,21	97,77	109,99	61,83	89,94	101,18
	V	2 812,08	154,66	224,96	253,08	IV	2 397,50	128,48	186,89	210,25	125,12	181,99	204,74	121,74	177,08	199,22	118,37	172,18	193,70	115,–	167,27	188,18	111,62	162,36	182,66
	VI	2 845,58	156,50	227,64	256,10																				
7 979,99 Ost	I,IV	2 410,41	132,57	192,83	216,93	I	2 410,41	125,82	183,02	205,89	119,07	173,20	194,85	112,33	163,40	183,82	105,59	153,58	172,78	98,84	143,77	161,74	92,10	133,96	150,71
	II	2 364,58	130,05	189,16	212,81	II	2 364,58	123,31	179,36	201,78	116,56	169,54	190,73	109,81	159,73	179,69	103,07	149,92	168,66	96,32	140,11	157,62	89,58	130,30	146,58
	III	1 758,33	96,70	140,66	158,24	III	1 758,33	90,66	131,88	148,36	84,75	123,28	138,69	78,97	114,86	129,22	73,31	106,64	119,97	67,79	98,61	110,93	62,39	90,76	102,10
	V	2 825,–	155,37	226,–	254,25	IV	2 410,41	129,19	187,92	211,41	125,82	183,02	205,89	122,45	178,11	200,37	119,07	173,20	194,85	115,71	168,30	189,34	112,33	163,40	183,82
	VI	2 858,41	157,21	228,67	257,25																				
7 982,99 West	I,IV	2 398,75	131,93	191,90	215,88	I	2 398,75	125,18	182,09	204,85	118,44	172,28	193,81	111,69	162,46	182,77	104,95	152,66	171,74	98,20	142,84	160,70	91,46	133,03	149,66
	II	2 353,–	129,41	188,24	211,77	II	2 353,–	122,66	178,42	200,72	115,92	168,62	189,69	109,17	158,80	178,65	102,43	148,99	167,61	95,69	139,18	156,58	88,94	129,37	145,54
	III	1 747,83	96,13	139,82	157,30	III	1 747,83	90,09	131,05	147,43	84,20	122,48	137,79	78,43	114,08	128,34	72,79	105,88	119,11	67,27	97,85	110,08	61,89	90,02	101,27
	V	2 813,33	154,73	225,06	253,19	IV	2 398,75	128,56	187,–	210,37	125,18	182,09	204,85	121,81	177,18	199,33	118,44	172,28	193,81	115,06	167,37	188,29	111,69	162,46	182,77
	VI	2 846,83	156,57	227,74	256,21																				
7 982,99 Ost	I,IV	2 411,66	132,64	192,93	217,04	I	2 411,66	125,89	183,12	206,01	119,15	173,31	194,97	112,40	163,50	183,93	105,65	153,68	172,89	98,91	143,88	161,86	92,17	134,06	150,82
	II	2 365,91	130,12	189,27	212,93	II	2 365,91	123,37	179,46	201,89	116,63	169,64	190,85	109,89	159,84	179,82	103,14	150,02	168,77	96,39	140,21	157,73	89,65	130,40	146,70
	III	1 759,50	96,77	140,76	158,35	III	1 759,50	90,73	131,97	148,46	84,81	123,37	138,79	79,03	114,96	129,33	73,37	106,73	120,07	67,85	98,69	111,02	62,45	90,84	102,19
	V	2 826,25	155,44	226,10	254,36	IV	2 411,66	129,26	188,02	211,52	125,89	183,12	206,01	122,52	178,21	200,48	119,15	173,31	194,97	115,77	168,40	189,45	112,40	163,50	183,93
	VI	2 859,66	157,28	228,77	257,36																				
7 985,99 West	I,IV	2 400,08	132,–	192,–	216,–	I	2 400,08	125,25	182,19	204,96	118,51	172,38	193,92	111,76	162,56	182,88	105,02	152,76	171,85	98,27	142,94	160,81	91,52	133,13	149,77
	II	2 354,25	129,48	188,34	211,88	II	2 354,25	122,73	178,52	200,84	115,99	168,72	189,81	109,24	158,90	178,76	102,50	149,09	167,72	95,75	139,28	156,69	89,01	129,47	145,65
	III	1 749,–	96,19	139,92	157,41	III	1 749,–	90,16	131,14	147,53	84,26	122,56	137,88	78,48	114,16	128,43	72,84	105,96	119,20	67,32	97,93	110,17	61,94	90,10	101,36
	V	2 814,58	154,80	225,16	253,31	IV	2 400,08	128,63	187,10	210,48	125,25	182,19	204,96	121,88	177,28	199,44	118,51	172,38	193,92	115,13	167,47	188,40	111,76	162,56	182,88
	VI	2 848,08	156,64	227,84	256,32																				
7 985,99 Ost	I,IV	2 412,91	132,71	193,03	217,16	I	2 412,91	125,96	183,22	206,12	119,22	173,41	195,08	112,47	163,60	184,05	105,72	153,78	173,–	98,98	143,98	161,97	92,23	134,16	150,93
	II	2 367,16	130,19	189,37	213,04	II	2 367,16	123,44	179,56	202,–	116,70	169,74	190,96	109,95	159,94	179,93	103,21	150,12	168,89	96,46	140,31	157,85	89,72	130,50	146,81
	III	1 760,66	96,83	140,85	158,45	III	1 760,66	90,78	132,05	148,55	84,87	123,45	138,88	79,09	115,04	129,42	73,43	106,81	120,16	67,90	98,77	111,11	62,50	90,92	102,28
	V	2 827,50	155,51	226,20	254,47	IV	2 412,91	129,33	188,12	211,64	125,96	183,22	206,12	122,59	178,32	200,61	119,22	173,41	195,08	115,84	168,50	189,56	112,47	163,60	184,05
	VI	2 860,91	157,35	228,87	257,48																				
7 988,99 West	I,IV	2 401,33	132,07	192,10	216,11	I	2 401,33	125,32	182,29	205,07	118,58	172,48	194,04	111,83	162,67	183,–	105,09	152,86	171,96	98,34	143,04	160,92	91,60	133,24	149,89
	II	2 355,50	129,55	188,44	211,99	II	2 355,50	122,81	178,63	200,96	116,06	168,82	189,92	109,31	159,–	178,88	102,57	149,20	167,85	95,82	139,38	156,80	89,08	129,57	145,76
	III	1 750,–	96,25	140,–	157,50	III	1 750,–	90,22	131,24	147,64	84,32	122,65	137,98	78,54	114,25	128,53	72,90	106,04	119,29	67,38	98,01	110,26	62,–	90,18	101,45
	V	2 815,83	154,87	225,26	253,42	IV	2 401,33	128,70	187,20	210,60	125,32	182,29	205,07	121,95	177,38	199,55	118,58	172,48	194,04	115,20	167,57	188,51	111,83	162,67	183,–
	VI	2 849,33	156,71	227,94	256,43																				
7 988,99 Ost	I,IV	2 414,16	132,77	193,13	217,27	I	2 414,16	126,03	183,32	206,24	119,29	173,51	195,20	112,54	163,70	184,16	105,79	153,88	173,12	99,05	144,08	162,09	92,30	134,26	151,04
	II	2 368,41	130,26	189,47	213,15	II	2 368,41	123,51	179,66	202,11	116,76	169,84	191,07	110,02	160,04	180,04	103,28	150,22	169,–	96,53	140,41	157,96	89,79	130,60	146,93
	III	1 761,66	96,89	140,93	158,54	III	1 761,66	90,85	132,14	148,66	84,93	123,54	138,98	79,14	115,12	129,51	73,48	106,89	120,25	67,96	98,85	111,20	62,56	91,–	102,37
	V	2 828,75	155,58	226,30	254,58	IV	2 414,16	129,40	188,22	211,75	126,03	183,32	206,24	122,66	178,42	200,72	119,29	173,51	195,20	115,91	168,60	189,68	112,54	163,70	184,16
	VI	2 862,25	157,42	228,98	257,60																				
7 991,99 West	I,IV	2 402,58	132,14	192,20	216,23	I	2 402,58	125,39	182,39	205,19	118,64	172,58	194,15	111,90	162,77	183,11	105,16	152,96	172,08	98,41	143,14	161,03	91,67	133,34	150,–
	II	2 356,75	129,62	188,54	212,10	II	2 356,75	122,87	178,73	201,07	116,13	168,92	190,03	109,38	159,10	178,99	102,64	149,30	167,96	95,89	139,48	156,92	89,15	129,67	145,88
	III	1 751,16	96,31	140,09	157,60	III	1 751,16	90,28	131,32	147,73	84,37	122,73	138,07	78,60	114,33	128,62	72,95	106,12	119,38	67,43	98,09	110,35	62,05	90,26	101,54
	V	2 817,16	154,94	225,37	253,54	IV	2 402,58	128,76	187,30	210,71	125,39	182,39	205,19	122,02	177,48	199,67	118,64	172,58	194,15	115,28	167,68	188,64	111,90	162,77	183,11
	VI	2 850,58	156,78	228,04	256,55																				
7 991,99 Ost	I,IV	2 415,41	132,84	193,23	217,38	I	2 415,41	126,10	183,42	206,35	119,35	173,61	195,31	112,61	163,80	184,27	105,87	153,99	173,24	99,12	144,18	162,20	92,37	134,36	151,16
	II	2 369,66	130,33	189,57	213,26	II	2 369,66	123,58	179,76	202,23	116,84	169,95	191,19	110,09	160,14	180,15	103,34	150,32	169,11	96,60	140,52	158,08	89,86	130,70	147,04
	III	1 762,83	96,95	141,02	158,65	III	1 762,83	90,91	132,24	148,77	84,99	123,62	139,07	79,20	115,21	129,61	73,54	106,97	120,34	68,01	98,93	111,29	62,61	91,08	102,46
	V	2 830,–	155,65	226,40	254,70	IV	2 415,41	129,47	188,32	211,86	126,10	183,42	206,35	122,73	178,52	200,83	119,35	173,61	195,31	115,98	168,70	189,79	112,61	163,80	184,27
	VI	2 863,50	157,49	229,08	257,71																				

Table heading: Abzüge an Lohnsteuer, Solidaritätszuschlag (SolZ) und Kirchensteuer (8%, 9%) in den Steuerklassen

*** Die ausgewiesenen Tabellenwerte sind amtlich. Siehe Erläuterungen auf der Umschlaginnenseite (U2).**

Abzüge an Lohnsteuer, Solidaritätszuschlag (SolZ) und Kirchensteuer (8%, 9%) in den Steuerklassen

Lohn/ Gehalt bis €*	I – VI	LSt	ohne Kinderfreibeträge SolZ	8%	9%	I, II, III, IV	LSt	mit Zahl der Kinderfreibeträge … 0,5 SolZ	0,5 8%	0,5 9%	1 SolZ	1 8%	1 9%	1,5 SolZ	1,5 8%	1,5 9%	2 SolZ	2 8%	2 9%	2,5 SolZ	2,5 8%	2,5 9%	3 SolZ	3 8%	3 9%
7 994,99 West	I,IV	2 403,83	132,21	192,30	216,34	I	2 403,83	125,46	182,49	205,30	118,72	172,68	194,27	111,97	162,87	183,23	105,22	153,06	172,19	98,48	143,24	161,15	91,74	133,44	150,12
	II	2 358,08	129,69	188,64	212,22	II	2 358,08	122,94	178,83	201,18	116,20	169,02	190,14	109,45	159,20	179,10	102,71	149,40	168,07	95,96	139,58	157,03	89,21	129,77	145,99
	III	1 752,33	96,37	140,18	157,70	III	1 752,33	90,34	131,41	147,83	84,44	122,82	138,17	78,66	114,42	128,72	73,02	106,21	119,48	67,50	98,18	110,45	62,11	90,34	101,63
	V	2 818,41	155,01	225,47	253,65	IV	2 403,83	128,83	187,40	210,82	125,46	182,49	205,30	122,09	177,58	199,78	118,72	172,68	194,27	115,34	167,78	188,75	111,97	162,87	183,23
	VI	2 851,83	156,85	228,14	256,66																				
7 994,99 Ost	I,IV	2 416,66	132,91	193,33	217,49	I	2 416,66	126,17	183,52	206,46	119,42	173,71	195,42	112,68	163,90	184,38	105,93	154,09	173,35	99,19	144,28	162,31	92,44	134,46	151,27
	II	2 370,91	130,40	189,67	213,38	II	2 370,91	123,65	179,86	202,34	116,91	170,05	191,30	110,16	160,24	180,27	103,41	150,42	169,22	96,67	140,62	158,19	89,92	130,80	147,15
	III	1 764,—	97,02	141,12	158,76	III	1 764,—	90,97	132,32	148,86	85,05	123,72	139,18	79,26	115,29	129,70	73,60	107,06	120,44	68,07	99,01	111,38	62,67	91,16	102,55
	V	2 831,25	155,71	226,50	254,81	IV	2 416,66	129,54	188,43	211,98	126,17	183,52	206,46	122,80	178,62	200,94	119,42	173,71	195,42	116,05	168,80	189,90	112,68	163,90	184,38
	VI	2 864,75	157,56	229,18	257,82																				
7 997,99 West	I,IV	2 405,08	132,27	192,40	216,45	I	2 405,08	125,53	182,59	205,41	118,79	172,78	194,38	112,04	162,97	183,34	105,29	153,16	172,30	98,55	143,35	161,27	91,80	133,54	150,23
	II	2 359,33	129,76	188,74	212,33	II	2 359,33	123,01	178,93	201,29	116,27	169,12	190,26	109,52	159,31	179,22	102,78	149,50	168,18	96,03	139,68	157,14	89,29	129,88	146,11
	III	1 753,50	96,44	140,28	157,81	III	1 753,50	90,41	131,50	147,94	84,49	122,90	138,26	78,72	114,50	128,81	73,07	106,29	119,57	67,55	98,26	110,54	62,16	90,42	101,72
	V	2 819,66	155,08	225,57	253,76	IV	2 405,08	128,90	187,50	210,93	125,53	182,59	205,41	122,15	177,68	199,89	118,79	172,78	194,38	115,41	167,88	188,86	112,04	162,97	183,34
	VI	2 853,08	156,91	228,24	256,77																				
7 997,99 Ost	I,IV	2 418,—	132,99	193,44	217,62	I	2 418,—	126,24	183,62	206,57	119,49	173,81	195,53	112,75	164,—	184,50	106,—	154,19	173,46	99,26	144,38	162,42	92,51	134,56	151,38
	II	2 372,16	130,46	189,77	213,49	II	2 372,16	123,72	179,96	202,46	116,98	170,15	191,42	110,23	160,34	180,38	103,48	150,52	169,34	96,74	140,72	158,31	89,99	130,90	147,26
	III	1 765,16	97,08	141,21	158,86	III	1 765,16	91,03	132,41	148,96	85,11	123,80	139,27	79,32	115,38	129,80	73,66	107,14	120,53	68,12	99,09	111,47	62,72	91,24	102,64
	V	2 832,50	155,78	226,60	254,92	IV	2 418,—	129,61	188,53	212,09	126,24	183,62	206,57	122,87	178,72	201,06	119,49	173,81	195,53	116,12	168,90	190,01	112,75	164,—	184,50
	VI	2 866,—	157,63	229,28	257,94																				
8 000,99 West	I,IV	2 406,33	132,34	192,50	216,56	I	2 406,33	125,60	182,69	205,52	118,85	172,88	194,49	112,11	163,07	183,45	105,36	153,26	172,41	98,62	143,45	161,38	91,87	133,64	150,34
	II	2 360,58	129,83	188,84	212,45	II	2 360,58	123,08	179,03	201,41	116,33	169,22	190,37	109,59	159,41	179,33	102,85	149,60	168,30	96,10	139,78	157,25	89,36	129,98	146,22
	III	1 754,66	96,50	140,37	157,91	III	1 754,66	90,46	131,58	148,03	84,56	123,—	138,37	78,78	114,60	128,92	73,13	106,37	119,66	67,61	98,34	110,63	62,22	90,50	101,81
	V	2 820,91	155,15	225,67	253,88	IV	2 406,33	128,97	187,60	211,05	125,60	182,69	205,52	122,23	177,79	200,01	118,85	172,88	194,49	115,48	167,98	188,97	112,11	163,07	183,45
	VI	2 854,33	156,98	228,34	256,88																				
8 000,99 Ost	I,IV	2 419,25	133,05	193,54	217,73	I	2 419,25	126,31	183,72	206,69	119,56	173,91	195,65	112,82	164,10	184,61	106,07	154,29	173,57	99,33	144,48	162,54	92,58	134,67	151,50
	II	2 373,41	130,53	189,87	213,60	II	2 373,41	123,79	180,06	202,57	117,04	170,25	191,53	110,30	160,44	180,49	103,56	150,63	169,46	96,81	140,82	158,42	90,06	131,—	147,38
	III	1 766,33	97,14	141,30	158,96	III	1 766,33	91,09	132,50	149,06	85,17	123,89	139,37	79,38	115,46	129,89	73,71	107,22	120,62	68,18	99,17	111,56	62,78	91,32	102,73
	V	2 833,75	155,85	226,70	255,03	IV	2 419,25	129,68	188,63	212,21	126,31	183,72	206,69	122,93	178,82	201,17	119,56	173,91	195,65	116,19	169,—	190,13	112,82	164,10	184,61
	VI	2 867,25	157,69	229,38	258,05																				
8 003,99 West	I,IV	2 407,58	132,41	192,60	216,68	I	2 407,58	125,67	182,80	205,65	118,92	172,98	194,60	112,18	163,17	183,56	105,43	153,36	172,53	98,69	143,55	161,49	91,94	133,74	150,45
	II	2 361,83	129,90	188,94	212,56	II	2 361,83	123,15	179,13	201,52	116,41	169,32	190,49	109,66	159,51	179,45	102,91	149,70	168,41	96,17	139,88	157,37	89,43	130,08	146,34
	III	1 755,83	96,57	140,46	158,02	III	1 755,83	90,53	131,68	148,14	84,61	123,08	138,46	78,84	114,68	129,01	73,18	106,45	119,75	67,66	98,42	110,72	62,27	90,58	101,90
	V	2 822,16	155,21	225,77	253,99	IV	2 407,58	129,04	187,70	211,16	125,67	182,80	205,65	122,30	177,89	200,12	118,92	172,98	194,60	115,55	168,08	189,09	112,18	163,17	183,56
	VI	2 855,66	157,06	228,45	257,—																				
8 003,99 Ost	I,IV	2 420,50	133,12	193,64	217,84	I	2 420,50	126,38	183,82	206,80	119,63	174,01	195,76	112,89	164,20	184,73	106,14	154,39	173,69	99,39	144,58	162,65	92,65	134,77	151,61
	II	2 374,66	130,60	189,97	213,71	II	2 374,66	123,86	180,16	202,68	117,11	170,35	191,64	110,37	160,54	180,60	103,62	150,73	169,57	96,88	140,92	158,53	90,13	131,10	147,49
	III	1 767,50	97,21	141,40	159,07	III	1 767,50	91,16	132,60	149,17	85,23	123,97	139,46	79,43	115,54	129,98	73,77	107,30	120,71	68,24	99,26	111,67	62,83	91,40	102,82
	V	2 835,08	155,92	226,80	255,15	IV	2 420,50	129,75	188,73	212,32	126,38	183,82	206,80	123,—	178,92	201,28	119,63	174,01	195,76	116,26	169,11	190,25	112,89	164,20	184,73
	VI	2 868,50	157,76	229,48	258,16																				
8 006,99 West	I,IV	2 408,83	132,48	192,70	216,79	I	2 408,83	125,74	182,90	205,76	118,99	173,08	194,72	112,25	163,27	183,68	105,50	153,46	172,64	98,76	143,65	161,60	92,01	133,84	150,57
	II	2 363,08	129,96	189,04	212,67	II	2 363,08	123,22	179,23	201,63	116,48	169,42	190,60	109,73	159,61	179,56	102,98	149,80	168,52	96,24	139,99	157,49	89,49	130,18	146,45
	III	1 756,83	96,62	140,54	158,11	III	1 756,83	90,59	131,77	148,24	84,68	123,17	138,56	78,89	114,76	129,10	73,25	106,54	119,86	67,72	98,50	110,81	62,33	90,66	101,99
	V	2 823,41	155,28	225,87	254,10	IV	2 408,83	129,11	187,80	211,28	125,74	182,90	205,76	122,37	177,99	200,24	118,99	173,08	194,72	115,62	168,18	189,20	112,25	163,27	183,68
	VI	2 856,91	157,13	228,55	257,12																				
8 006,99 Ost	I,IV	2 421,75	133,19	193,74	217,95	I	2 421,75	126,44	183,92	206,91	119,70	174,12	195,88	112,96	164,30	184,84	106,21	154,49	173,80	99,47	144,68	162,77	92,72	134,87	151,73
	II	2 376,—	130,68	190,08	213,84	II	2 376,—	123,93	180,26	202,79	117,18	170,45	191,75	110,44	160,64	180,72	103,69	150,83	169,68	96,95	141,02	158,64	90,20	131,20	147,60
	III	1 768,66	97,27	141,49	159,17	III	1 768,66	91,21	132,68	149,26	85,29	124,06	139,57	79,50	115,64	130,09	73,83	107,40	120,82	68,30	99,34	111,76	62,89	91,48	102,91
	V	2 836,33	155,99	226,90	255,26	IV	2 421,75	129,82	188,83	212,43	126,44	183,92	206,91	123,07	179,02	201,39	119,70	174,12	195,88	116,33	169,21	190,36	112,96	164,30	184,84
	VI	2 869,75	157,83	229,58	258,27																				
8 009,99 West	I,IV	2 410,08	132,55	192,80	216,90	I	2 410,08	125,81	183,—	205,87	119,06	173,18	194,83	112,31	163,37	183,79	105,57	153,56	172,76	98,83	143,75	161,72	92,08	133,94	150,68
	II	2 364,33	130,03	189,14	212,78	II	2 364,33	123,29	179,33	201,74	116,54	169,52	190,71	109,80	159,71	179,67	103,05	149,90	168,63	96,31	140,09	157,60	89,56	130,28	146,56
	III	1 758,—	96,69	140,64	158,22	III	1 758,—	90,64	131,85	148,33	84,74	123,26	138,67	78,96	114,85	129,20	73,30	106,62	119,95	67,77	98,58	110,90	62,37	90,73	102,07
	V	2 824,66	155,35	225,97	254,21	IV	2 410,08	129,18	187,90	211,39	125,81	183,—	205,87	122,43	178,09	200,35	119,06	173,18	194,83	115,69	168,28	189,31	112,31	163,37	183,79
	VI	2 858,16	157,19	228,65	257,23																				
8 009,99 Ost	I,IV	2 423,—	133,26	193,84	218,07	I	2 423,—	126,51	184,02	207,02	119,77	174,22	195,99	113,02	164,40	184,95	106,28	154,59	173,91	99,54	144,78	162,88	92,79	134,97	151,84
	II	2 377,25	130,74	190,18	213,95	II	2 377,25	124,—	180,36	202,91	117,25	170,55	191,87	110,51	160,74	180,83	103,76	150,93	169,79	97,02	141,12	158,76	90,27	131,31	147,72
	III	1 769,66	97,33	141,57	159,26	III	1 769,66	91,28	132,77	149,36	85,36	124,16	139,68	79,55	115,72	130,18	73,89	107,48	120,91	68,35	99,42	111,85	62,94	91,56	103,—
	V	2 837,58	156,06	227,—	255,38	IV	2 423,—	129,89	188,93	212,54	126,51	184,02	207,02	123,14	179,12	201,51	119,77	174,22	195,99	116,40	169,31	190,47	113,02	164,40	184,95
	VI	2 871,—	157,90	229,68	258,39																				
8 012,99 West	I,IV	2 411,41	132,62	192,91	217,02	I	2 411,41	125,88	183,10	205,98	119,13	173,28	194,94	112,39	163,48	183,91	105,64	153,66	172,87	98,89	143,85	161,83	92,15	134,04	150,80
	II	2 365,58	130,10	189,24	212,90	II	2 365,58	123,36	179,44	201,87	116,61	169,62	190,82	109,87	159,81	179,78	103,12	150,—	168,75	96,38	140,19	157,71	89,63	130,38	146,67
	III	1 759,16	96,75	140,73	158,32	III	1 759,16	90,71	131,94	148,43	84,80	123,34	138,76	79,01	114,93	129,29	73,36	106,70	120,04	67,83	98,66	110,99	62,43	90,81	102,16
	V	2 825,91	155,42	226,07	254,33	IV	2 411,41	129,25	188,—	211,50	125,88	183,10	205,98	122,50	178,19	200,46	119,13	173,28	194,94	115,76	168,38	189,42	112,39	163,48	183,91
	VI	2 859,41	157,26	228,75	257,34																				
8 012,99 Ost	I,IV	2 424,25	133,33	193,94	218,18	I	2 424,25	126,58	184,12	207,14	119,84	174,32	196,11	113,09	164,50	185,06	106,35	154,69	174,02	99,60	144,88	162,99	92,86	135,07	151,95
	II	2 378,50	130,81	190,28	214,06	II	2 378,50	124,07	180,46	203,02	117,32	170,65	191,98	110,58	160,84	180,95	103,83	151,03	169,91	97,08	141,22	158,87	90,34	131,41	147,83
	III	1 770,83	97,39	141,66	159,37	III	1 770,83	91,34	132,86	149,47	85,41	124,24	139,77	79,62	115,81	130,28	73,94	107,56	121,—	68,41	99,50	111,94	63,—	91,64	103,09
	V	2 838,83	156,13	227,10	255,49	IV	2 424,25	129,96	189,03	212,66	126,58	184,12	207,14	123,21	179,22	201,62	119,84	174,32	196,11	116,47	169,41	190,58	113,09	164,50	185,06
	VI	2 872,25	157,97	229,78	258,50																				
8 015,99 West	I,IV	2 412,66	132,69	193,01	217,13	I	2 412,66	125,95	183,20	206,10	119,20	173,38	195,05	112,46	163,58	184,02	105,71	153,76	172,98	98,96	143,95	161,94	92,22	134,14	150,91
	II	2 366,83	130,17	189,34	213,01	II	2 366,83	123,43	179,54	201,98	116,68	169,72	190,94	109,94	159,91	179,90	103,19	150,10	168,86	96,45	140,29	157,82	89,70	130,48	146,79
	III	1 760,33	96,81	140,82	158,42	III	1 760,33	90,77	132,04	148,54	84,86	123,44	138,87	79,08	115,02	129,40	73,41	106,78	120,13	67,88	98,74	111,08	62,48	90,89	102,25
	V	2 827,25	155,49	226,18	254,45	IV	2 412,66	129,32	188,10	211,61	125,95	183,20	206,10	122,57	178,29	200,57	119,20	173,38	195,05	115,83	168,48	189,54	112,46	163,58	184,02
	VI	2 860,66	157,33	228,85	257,45																				
8 015,99 Ost	I,IV	2 425,50	133,40	194,04	218,29	I	2 425,50	126,66	184,23	207,26	119,91	174,42	196,22	113,16	164,60	185,18	106,42	154,80	174,15	99,67	144,98	163,10	92,93	135,17	152,06
	II	2 379,75	130,88	190,38	214,17	II	2 379,75	124,13	180,56	203,13	117,39	170,76	192,10	110,65	160,94	181,06	103,90	151,13	170,02	97,16	141,32	158,99	90,41	131,51	147,95
	III	1 772,—	97,46	141,76	159,48	III	1 772,—	91,40	132,94	149,56	85,47	124,33	139,87	79,67	115,89	130,37	74,01	107,65	121,10	68,46	99,58	112,03	63,05	91,72	103,18
	V	2 840,08	156,20	227,20	255,60	IV	2 425,50	130,02	189,13	212,77	126,66	184,23	207,26	123,28	179,32	201,74	119,91	174,42	196,22	116,54	169,51	190,70	113,16	164,60	185,18
	VI	2 873,58	158,04	229,88	258,62																				

* Die ausgewiesenen Tabellenwerte sind amtlich. Siehe Erläuterungen auf der Umschlaginnenseite (U2).

Lohn/ Gehalt bis €*	Abzüge an Lohnsteuer, Solidaritätszuschlag (SolZ) und Kirchensteuer (8%, 9%) in den Steuerklassen I – VI					I, II, III, IV		mit Zahl der Kinderfreibeträge . . . 0,5			1			1,5			2			2,5			3		
		LSt	ohne Kinderfreibeträge SolZ	8%	9%		LSt	SolZ	8%	9%	SolZ	8%	9%	SolZ	8%	9%	SolZ	8%	9%	SolZ	8%	9%	SolZ	8%	9%
8 018,99 West	I,IV	2 413,91	132,76	193,11	217,25	I	2 413,91	126,01	183,30	206,21	119,27	173,48	195,17	112,53	163,68	184,14	105,78	153,86	173,09	99,03	144,05	162,05	92,29	134,24	151,02
	II	2 368,08	130,24	189,44	213,12	II	2 368,08	123,50	179,64	202,09	116,75	169,82	191,05	110,—	160,01	180,01	103,26	150,20	168,98	96,52	140,39	157,94	89,77	130,58	146,90
	III	1 761,50	96,88	140,92	158,53	III	1 761,50	90,84	132,13	148,64	84,92	123,52	138,96	79,13	115,10	129,49	73,48	106,88	120,24	67,95	98,84	111,19	62,54	90,97	102,34
	V	2 828,50	155,56	226,28	254,56	IV	2 413,91	129,39	188,20	211,73	126,01	183,30	206,21	122,64	178,39	200,69	119,27	173,48	195,17	115,90	168,58	189,65	112,53	163,68	184,14
	VI	2 861,91	157,40	228,95	257,57																				
8 018,99 Ost	I,IV	2 426,75	133,47	194,14	218,40	I	2 426,75	126,72	184,33	207,37	119,98	174,52	196,33	113,23	164,70	185,29	106,49	154,90	174,26	99,74	145,08	163,22	93,—	135,27	152,18
	II	2 381,—	130,95	190,48	214,29	II	2 381,—	124,20	180,66	203,24	117,46	170,86	192,21	110,71	161,04	181,17	103,97	151,23	170,13	97,23	141,42	159,10	90,48	131,61	148,06
	III	1 773,16	97,52	141,85	159,58	III	1 773,16	91,46	133,04	149,67	85,53	124,41	139,96	79,74	115,98	130,48	74,06	107,73	121,19	68,52	99,66	112,12	63,11	91,80	103,27
	V	2 841,33	156,27	227,30	255,71	IV	2 426,75	130,10	189,24	212,89	126,72	184,33	207,37	123,35	179,42	201,85	119,98	174,52	196,33	116,60	169,61	190,81	113,23	164,70	185,29
	VI	2 874,83	158,11	229,98	258,73																				
8 021,99 West	I,IV	2 415,16	132,83	193,21	217,36	I	2 415,16	126,08	183,40	206,32	119,34	173,59	195,29	112,59	163,78	184,25	105,85	153,96	173,21	99,11	144,16	162,18	92,36	134,34	151,13
	II	2 369,41	130,31	189,55	213,24	II	2 369,41	123,57	179,74	202,20	116,82	169,92	191,16	110,08	160,12	180,13	103,33	150,30	169,09	96,58	140,49	158,05	89,84	130,68	147,02
	III	1 762,66	96,94	141,01	158,63	III	1 762,66	90,89	132,21	148,73	84,98	123,61	139,06	79,19	115,18	129,58	73,53	106,96	120,33	68,—	98,92	111,28	62,59	91,05	102,43
	V	2 829,75	155,63	226,38	254,67	IV	2 415,16	129,46	188,30	211,84	126,08	183,40	206,32	122,71	178,49	200,80	119,34	173,59	195,29	115,97	168,68	189,77	112,59	163,78	184,25
	VI	2 863,16	157,47	229,05	257,68																				
8 021,99 Ost	I,IV	2 428,08	133,54	194,24	218,52	I	2 428,08	126,79	184,43	207,48	120,05	174,62	196,44	113,30	164,80	185,40	106,56	155,—	174,37	99,81	145,18	163,33	93,06	135,37	152,29
	II	2 382,25	131,02	190,58	214,40	II	2 382,25	124,27	180,76	203,36	117,53	170,96	192,33	110,78	161,14	181,28	104,04	151,33	170,24	97,29	141,52	159,21	90,55	131,71	148,17
	III	1 774,33	97,58	141,94	159,68	III	1 774,33	91,52	133,13	149,77	85,59	124,50	140,06	79,79	116,06	130,57	74,12	107,81	121,28	68,57	99,74	112,21	63,16	91,88	103,36
	V	2 842,58	156,34	227,40	255,83	IV	2 428,08	130,17	189,34	213,—	126,79	184,43	207,48	123,42	179,52	201,96	120,05	174,62	196,44	116,67	169,71	190,92	113,30	164,80	185,40
	VI	2 876,08	158,18	230,08	258,84																				
8 024,99 West	I,IV	2 416,41	132,90	193,31	217,47	I	2 416,41	126,15	183,50	206,43	119,41	173,69	195,40	112,66	163,88	184,36	105,92	154,06	173,32	99,17	144,26	162,29	92,43	134,44	151,25
	II	2 370,66	130,38	189,65	213,35	II	2 370,66	123,64	179,84	202,32	116,89	170,02	191,27	110,15	160,22	180,24	103,40	150,40	169,20	96,65	140,59	158,16	89,91	130,78	147,13
	III	1 763,83	97,01	141,10	158,74	III	1 763,83	90,96	132,30	148,84	85,03	123,69	139,15	79,25	115,28	129,69	73,59	107,04	120,42	68,06	99,—	111,37	62,65	91,13	102,52
	V	2 831,—	155,70	226,48	254,79	IV	2 416,41	129,52	188,40	211,95	126,15	183,50	206,43	122,78	178,60	200,92	119,41	173,69	195,40	116,04	168,78	189,88	112,66	163,88	184,36
	VI	2 864,41	157,54	229,15	257,79																				
8 024,99 Ost	I,IV	2 429,33	133,61	194,34	218,63	I	2 429,33	126,86	184,53	207,59	120,12	174,72	196,56	113,37	164,91	185,52	106,63	155,10	174,48	99,88	145,28	163,44	93,14	135,48	152,41
	II	2 383,50	131,09	190,68	214,51	II	2 383,50	124,35	180,87	203,48	117,60	171,06	192,44	110,85	161,24	181,40	104,11	151,44	170,37	97,36	141,62	159,32	90,62	131,81	148,28
	III	1 775,50	97,65	142,04	159,79	III	1 775,50	91,59	133,22	149,87	85,65	124,58	140,15	79,85	116,14	130,66	74,17	107,89	121,37	68,64	99,84	112,32	63,22	91,96	103,45
	V	2 843,83	156,41	227,50	255,94	IV	2 429,33	130,24	189,44	213,12	126,86	184,53	207,59	123,49	179,62	202,07	120,12	174,72	196,56	116,74	169,81	191,03	113,37	164,91	185,52
	VI	2 877,33	158,25	230,18	258,95																				
8 027,99 West	I,IV	2 417,66	132,97	193,41	217,58	I	2 417,66	126,22	183,60	206,55	119,48	173,79	195,51	112,73	163,98	184,47	105,98	154,16	173,43	99,24	144,36	162,40	92,50	134,54	151,36
	II	2 371,91	130,45	189,75	213,47	II	2 371,91	123,70	179,94	202,43	116,96	170,12	191,39	110,22	160,32	180,36	103,47	150,50	169,31	96,72	140,69	158,27	89,98	130,88	147,24
	III	1 764,83	97,06	141,18	158,83	III	1 764,83	91,02	132,40	148,95	85,10	123,78	139,25	79,31	115,36	129,78	73,65	107,13	120,52	68,11	99,08	111,46	62,70	91,21	102,61
	V	2 832,25	155,77	226,58	254,90	IV	2 417,66	129,59	188,50	212,06	126,22	183,60	206,55	122,85	178,70	201,03	119,48	173,79	195,51	116,10	168,88	189,99	112,73	163,98	184,47
	VI	2 865,75	157,61	229,26	257,91																				
8 027,99 Ost	I,IV	2 430,58	133,68	194,44	218,75	I	2 430,58	126,93	184,63	207,71	120,18	174,82	196,67	113,44	165,01	185,63	106,70	155,20	174,60	99,95	145,38	163,55	93,21	135,58	152,52
	II	2 384,75	131,16	190,78	214,62	II	2 384,75	124,41	180,97	203,59	117,67	171,16	192,55	110,92	161,34	181,51	104,18	151,54	170,48	97,43	141,72	159,44	90,69	131,91	148,40
	III	1 776,66	97,71	142,13	159,89	III	1 776,66	91,64	133,30	149,96	85,71	124,68	140,26	79,91	116,24	130,77	74,24	107,98	121,48	68,69	99,92	112,41	63,27	92,04	103,54
	V	2 845,16	156,48	227,61	256,06	IV	2 430,58	130,30	189,54	213,23	126,93	184,63	207,71	123,56	179,72	202,19	120,18	174,82	196,67	116,82	169,92	191,16	113,44	165,01	185,63
	VI	2 878,58	158,32	230,28	259,07																				
8 030,99 West	I,IV	2 418,91	133,04	193,51	217,70	I	2 418,91	126,29	183,70	206,66	119,55	173,89	195,62	112,80	164,08	184,59	106,06	154,27	173,55	99,31	144,46	162,51	92,56	134,64	151,47
	II	2 373,16	130,52	189,85	213,58	II	2 373,16	123,77	180,04	202,54	117,03	170,23	191,51	110,28	160,42	180,47	103,54	150,60	169,43	96,80	140,80	158,40	90,05	130,98	147,35
	III	1 766,—	97,13	141,28	158,94	III	1 766,—	91,08	132,48	149,04	85,15	123,86	139,34	79,37	115,45	129,88	73,70	107,21	120,61	68,17	99,16	111,55	62,76	91,29	102,70
	V	2 833,50	155,84	226,68	255,01	IV	2 418,91	129,66	188,60	212,18	126,29	183,70	206,66	122,92	178,80	201,15	119,55	173,89	195,62	116,17	168,98	190,10	112,80	164,08	184,59
	VI	2 867,—	157,68	229,36	258,03																				
8 030,99 Ost	I,IV	2 431,83	133,75	194,54	218,86	I	2 431,83	127,—	184,73	207,82	120,26	174,92	196,79	113,51	165,11	185,75	106,76	155,30	174,71	100,02	145,48	163,67	93,28	135,68	152,64
	II	2 386,08	131,23	190,88	214,74	II	2 386,08	124,48	181,07	203,70	117,74	171,26	192,66	110,99	161,44	181,62	104,25	151,64	170,59	97,50	141,82	159,55	90,75	132,01	148,51
	III	1 777,66	97,77	142,21	159,98	III	1 777,66	91,71	133,40	150,07	85,78	124,77	140,36	79,97	116,32	130,86	74,29	108,06	121,57	68,75	100,—	112,50	63,33	92,12	103,63
	V	2 846,41	156,55	227,71	256,17	IV	2 431,83	130,37	189,64	213,34	127,—	184,73	207,82	123,63	179,82	202,30	120,26	174,92	196,79	116,88	170,02	191,27	113,51	165,11	185,75
	VI	2 879,83	158,39	230,38	259,18																				
8 033,99 West	I,IV	2 420,16	133,10	193,61	217,81	I	2 420,16	126,36	183,80	206,78	119,62	173,99	195,74	112,87	164,18	184,70	106,13	154,37	173,66	99,38	144,56	162,63	92,63	134,74	151,58
	II	2 374,41	130,59	189,95	213,69	II	2 374,41	123,84	180,14	202,65	117,10	170,33	191,62	110,35	160,52	180,58	103,61	150,70	169,54	96,86	140,90	158,51	90,12	131,08	147,47
	III	1 767,16	97,19	141,37	159,04	III	1 767,16	91,14	132,57	149,14	85,22	123,96	139,45	79,42	115,53	129,97	73,76	107,29	120,70	68,22	99,24	111,64	62,81	91,37	102,79
	V	2 834,75	155,91	226,78	255,12	IV	2 420,16	129,74	188,71	212,30	126,36	183,80	206,78	122,99	178,90	201,26	119,62	173,99	195,74	116,24	169,08	190,22	112,87	164,18	184,70
	VI	2 868,25	157,75	229,46	258,14																				
8 033,99 Ost	I,IV	2 433,08	133,81	194,64	218,97	I	2 433,08	127,07	184,83	207,93	120,33	175,02	196,90	113,58	165,21	185,86	106,83	155,40	174,82	100,09	145,59	163,79	93,34	135,78	152,75
	II	2 387,33	131,30	190,98	214,85	II	2 387,33	124,55	181,17	203,81	117,81	171,36	192,78	111,06	161,55	181,74	104,32	151,74	170,70	97,57	141,92	159,66	90,83	132,12	148,63
	III	1 778,83	97,83	142,30	160,09	III	1 778,83	91,77	133,49	150,17	85,83	124,85	140,45	80,03	116,41	130,96	74,35	108,14	121,66	68,80	100,08	112,59	63,38	92,20	103,72
	V	2 847,66	156,62	227,81	256,28	IV	2 433,08	130,44	189,74	213,45	127,07	184,83	207,93	123,69	179,92	202,41	120,33	175,02	196,90	116,95	170,12	191,38	113,58	165,21	185,86
	VI	2 881,08	158,45	230,48	259,29																				
8 036,99 West	I,IV	2 421,50	133,18	193,72	217,93	I	2 421,50	126,43	183,90	206,89	119,68	174,09	195,85	112,94	164,28	184,82	106,20	154,47	173,78	99,45	144,66	162,74	92,70	134,84	151,70
	II	2 375,66	130,66	190,05	213,80	II	2 375,66	123,91	180,24	202,77	117,17	170,43	191,73	110,42	160,62	180,69	103,67	150,80	169,65	96,93	141,—	158,62	90,19	131,18	147,58
	III	1 768,33	97,25	141,46	159,14	III	1 768,33	91,20	132,66	149,24	85,28	124,05	139,55	79,48	115,61	130,06	73,81	107,37	120,79	68,28	99,32	111,73	62,87	91,45	102,88
	V	2 836,—	155,98	226,88	255,24	IV	2 421,50	129,80	188,81	212,41	126,43	183,90	206,89	123,06	179,—	201,37	119,68	174,09	195,85	116,31	169,18	190,33	112,94	164,28	184,82
	VI	2 869,50	157,82	229,56	258,25																				
8 036,99 Ost	I,IV	2 434,33	133,88	194,74	219,08	I	2 434,33	127,14	184,93	208,04	120,39	175,12	197,01	113,65	165,31	185,97	106,90	155,50	174,93	100,16	145,69	163,90	93,41	135,88	152,86
	II	2 388,58	131,37	191,08	214,97	II	2 388,58	124,62	181,27	203,93	117,87	171,46	192,89	111,13	161,65	181,85	104,39	151,84	170,82	97,64	142,02	159,77	90,90	132,22	148,74
	III	1 780,—	97,90	142,40	160,20	III	1 780,—	91,83	133,57	150,26	85,90	124,94	140,56	80,08	116,49	131,05	74,41	108,24	121,77	68,86	100,16	112,68	63,44	92,28	103,81
	V	2 848,91	156,69	227,91	256,40	IV	2 434,33	130,51	189,84	213,57	127,14	184,93	208,04	123,77	180,03	202,53	120,39	175,12	197,01	117,02	170,22	191,49	113,65	165,31	185,97
	VI	2 882,33	158,52	230,58	259,40																				
8 039,99 West	I,IV	2 422,75	133,25	193,82	218,04	I	2 422,75	126,50	184,—	207,—	119,75	174,19	195,96	113,01	164,38	184,93	106,26	154,57	173,89	99,52	144,76	162,85	92,78	134,95	151,82
	II	2 376,91	130,73	190,15	213,92	II	2 376,91	123,98	180,34	202,88	117,24	170,53	191,84	110,49	160,72	180,81	103,75	150,91	169,77	97,—	141,10	158,73	90,25	131,28	147,69
	III	1 769,50	97,32	141,56	159,25	III	1 769,50	91,26	132,74	149,33	85,34	124,13	139,64	79,54	115,70	130,16	73,88	107,46	120,89	68,33	99,40	111,82	62,92	91,53	102,97
	V	2 837,25	156,04	226,98	255,35	IV	2 422,75	129,87	188,91	212,52	126,50	184,—	207,—	123,13	179,10	201,48	119,75	174,19	195,96	116,38	169,28	190,44	113,01	164,38	184,93
	VI	2 870,75	157,89	229,66	258,36																				
8 039,99 Ost	I,IV	2 435,58	133,95	194,84	219,20	I	2 435,58	127,21	185,04	208,17	120,46	175,22	197,12	113,72	165,41	186,08	106,97	155,60	175,05	100,23	145,79	164,01	93,48	135,98	152,97
	II	2 389,83	131,44	191,18	215,08	II	2 389,83	124,69	181,37	204,04	117,95	171,56	193,01	111,20	161,75	181,97	104,45	151,94	170,93	97,71	142,12	159,89	90,97	132,32	148,86
	III	1 781,16	97,96	142,49	160,30	III	1 781,16	91,89	133,66	150,37	85,95	125,02	140,65	80,15	116,58	131,15	74,47	108,32	121,86	68,91	100,24	112,77	63,49	92,36	103,90
	V	2 850,16	156,75	228,01	256,51	IV	2 435,58	130,58	189,94	213,68	127,21	185,04	208,17	123,84	180,13	202,64	120,46	175,22	197,12	117,09	170,32	191,61	113,72	165,41	186,08
	VI	2 883,66	158,60	230,69	259,52																				

* Die ausgewiesenen Tabellenwerte sind amtlich. Siehe Erläuterungen auf der Umschlaginnenseite (U2).

Lohn/ Gehalt bis €*	Abzüge an Lohnsteuer, Solidaritätszuschlag (SolZ) und Kirchensteuer (8%, 9%) in den Steuerklassen																								
	I – VI					I, II, III, IV																			
		ohne Kinderfreibeträge						mit Zahl der Kinderfreibeträge . . .																	
								0,5			1			1,5			2			2,5			3		
		LSt	SolZ	8%	9%		LSt	SolZ	8%	9%	SolZ	8%	9%	SolZ	8%	9%	SolZ	8%	9%	SolZ	8%	9%	SolZ	8%	9%
8 042,99 West	I,IV	2 424,—	133,32	193,92	218,16	I	2 424,—	126,57	184,10	207,11	119,82	174,29	196,07	113,08	164,48	185,04	106,33	154,67	174,—	99,59	144,86	162,96	92,84	135,05	151,93
	II	2 378,16	130,79	190,25	214,03	II	2 378,16	124,05	180,44	203,—	117,31	170,63	191,96	110,56	160,82	180,92	103,82	151,01	169,88	97,07	141,20	158,85	90,32	131,38	147,80
	III	1 770,66	97,38	141,65	159,35	III	1 770,66	91,32	132,84	149,44	85,40	124,22	139,75	79,60	115,78	130,25	73,93	107,54	120,98	68,40	99,49	111,92	62,98	91,61	103,06
	V	2 838,58	156,12	227,08	255,47	IV	2 424,—	129,94	189,01	212,63	126,57	184,10	207,11	123,20	179,20	201,60	119,82	174,29	196,07	116,45	169,39	190,56	113,08	164,48	185,04
	VI	2 872,—	157,96	229,76	258,48																				
8 042,99 Ost	I,IV	2 436,83	134,02	194,94	219,31	I	2 436,83	127,28	185,14	208,28	120,53	175,32	197,24	113,79	165,51	186,20	107,04	155,70	175,16	100,30	145,89	164,12	93,55	136,08	153,09
	II	2 391,08	131,50	191,28	215,19	II	2 391,08	124,76	181,47	204,15	118,02	171,66	193,12	111,27	161,85	182,08	104,52	152,04	171,04	97,78	142,23	160,01	91,03	132,42	148,97
	III	1 782,33	98,02	142,58	160,40	III	1 782,33	91,96	133,76	150,48	86,02	125,12	140,76	80,20	116,66	131,24	74,52	108,40	121,95	68,97	100,32	112,86	63,55	92,44	103,99
	V	2 851,41	156,82	228,11	256,62	IV	2 436,83	130,65	190,04	213,80	127,28	185,14	208,28	123,91	180,23	202,76	120,53	175,32	197,24	117,16	170,42	191,72	113,79	165,51	186,20
	VI	2 884,91	158,67	230,79	259,64																				
8 045,99 West	I,IV	2 425,25	133,38	194,02	218,27	I	2 425,25	126,64	184,20	207,23	119,90	174,40	196,20	113,15	164,58	185,15	106,40	154,77	174,11	99,66	144,96	163,08	92,91	135,15	152,04
	II	2 379,50	130,87	190,36	214,15	II	2 379,50	124,12	180,54	203,11	117,37	170,73	192,07	110,63	160,92	181,04	103,89	151,11	170,—	97,14	141,30	158,96	90,39	131,48	147,92
	III	1 771,83	97,45	141,74	159,46	III	1 771,83	91,39	132,93	149,54	85,46	124,30	139,84	79,66	115,88	130,36	73,99	107,62	121,07	68,45	99,57	112,01	63,03	91,69	103,15
	V	2 839,83	156,19	227,18	255,58	IV	2 425,25	130,01	189,11	212,75	126,64	184,20	207,23	123,26	179,30	201,71	119,90	174,40	196,20	116,52	169,49	190,67	113,15	164,58	185,15
	VI	2 873,25	158,02	229,86	258,59																				
8 045,99 Ost	I,IV	2 438,08	134,09	195,04	219,42	I	2 438,08	127,35	185,24	208,39	120,60	175,42	197,35	113,85	165,61	186,31	107,11	155,80	175,28	100,37	145,99	164,24	93,62	136,18	153,20
	II	2 392,33	131,57	191,38	215,30	II	2 392,33	124,83	181,57	204,26	118,08	171,76	193,23	111,34	161,95	182,19	104,59	152,14	171,15	97,85	142,33	160,12	91,10	132,52	149,08
	III	1 783,50	98,09	142,68	160,51	III	1 783,50	92,02	133,85	150,58	86,08	125,21	140,86	80,27	116,76	131,35	74,58	108,49	122,05	69,03	100,41	112,96	63,60	92,52	104,08
	V	2 852,66	156,89	228,21	256,73	IV	2 438,08	130,72	190,14	213,91	127,35	185,24	208,39	123,97	180,33	202,87	120,60	175,42	197,35	117,23	170,52	191,83	113,85	165,61	186,31
	VI	2 886,16	158,73	230,89	259,75																				
8 048,99 West	I,IV	2 426,50	133,45	194,12	218,38	I	2 426,50	126,71	184,30	207,34	119,96	174,50	196,31	113,22	164,68	185,27	106,47	154,87	174,23	99,73	145,06	163,19	92,98	135,25	152,15
	II	2 380,75	130,94	190,46	214,26	II	2 380,75	124,19	180,64	203,22	117,44	170,83	192,18	110,70	161,02	181,15	103,95	151,21	170,11	97,21	141,40	159,07	90,47	131,59	148,04
	III	1 772,83	97,50	141,82	159,55	III	1 772,83	91,45	133,02	149,65	85,52	124,40	139,95	79,72	115,96	130,45	74,05	107,72	121,18	68,51	99,65	112,10	63,09	91,77	103,24
	V	2 841,08	156,25	227,28	255,69	IV	2 426,50	130,08	189,21	212,86	126,71	184,30	207,34	123,34	179,40	201,83	119,96	174,50	196,31	116,59	169,59	190,79	113,22	164,68	185,27
	VI	2 874,50	158,09	229,96	258,70																				
8 048,99 Ost	I,IV	2 439,41	134,16	195,15	219,54	I	2 439,41	127,42	185,34	208,50	120,67	175,52	197,46	113,93	165,72	186,43	107,18	155,90	175,39	100,43	146,09	164,35	93,69	136,28	153,32
	II	2 393,58	131,64	191,48	215,42	II	2 393,58	124,90	181,68	204,39	118,15	171,86	193,34	111,41	162,05	182,30	104,66	152,24	171,27	97,92	142,43	160,23	91,17	132,62	149,19
	III	1 784,66	98,15	142,77	160,61	III	1 784,66	92,07	133,93	150,67	86,13	125,29	140,95	80,32	116,84	131,44	74,64	108,57	122,14	69,08	100,49	113,05	63,66	92,60	104,17
	V	2 853,91	156,96	228,31	256,85	IV	2 439,41	130,79	190,24	214,02	127,42	185,34	208,50	124,04	180,43	202,98	120,67	175,52	197,46	117,30	170,62	191,94	113,93	165,72	186,43
	VI	2 887,41	158,80	230,99	259,86																				
8 051,99 West	I,IV	2 427,75	133,52	194,22	218,49	I	2 427,75	126,77	184,40	207,45	120,03	174,60	196,42	113,29	164,78	185,38	106,54	154,97	174,34	99,80	145,16	163,31	93,05	135,35	152,27
	II	2 382,—	131,01	190,56	214,38	II	2 382,—	124,26	180,74	203,33	117,51	170,93	192,29	110,77	161,12	181,26	104,02	151,31	170,22	97,28	141,50	159,18	90,53	131,69	148,15
	III	1 774,—	97,57	141,92	159,66	III	1 774,—	91,51	133,10	149,74	85,58	124,48	140,04	79,78	116,05	130,55	74,11	107,80	121,27	68,56	99,73	112,19	63,14	91,85	103,33
	V	2 842,33	156,32	227,38	255,80	IV	2 427,75	130,15	189,31	212,97	126,77	184,40	207,45	123,41	179,50	201,94	120,03	174,60	196,42	116,66	169,69	190,90	113,29	164,78	185,38
	VI	2 875,75	158,16	230,06	258,81																				
8 051,99 Ost	I,IV	2 440,66	134,23	195,25	219,65	I	2 440,66	127,49	185,44	208,62	120,74	175,62	197,57	114,—	165,82	186,54	107,25	156,—	175,50	100,50	146,19	164,46	93,76	136,38	153,43
	II	2 394,83	131,71	191,58	215,53	II	2 394,83	124,97	181,78	204,50	118,22	171,96	193,46	111,48	162,15	182,42	104,73	152,34	171,38	97,99	142,53	160,34	91,24	132,72	149,31
	III	1 785,66	98,21	142,85	160,70	III	1 785,66	92,14	134,02	150,77	86,20	125,38	141,05	80,38	116,92	131,53	74,69	108,65	122,23	69,14	100,57	113,14	63,71	92,68	104,26
	V	2 855,25	157,03	228,42	256,97	IV	2 440,66	130,86	190,34	214,13	127,49	185,44	208,62	124,11	180,53	203,09	120,74	175,62	197,57	117,37	170,72	192,06	114,—	165,82	186,54
	VI	2 888,66	158,87	231,09	259,97																				
8 054,99 West	I,IV	2 429,—	133,59	194,32	218,61	I	2 429,—	126,85	184,51	207,57	120,10	174,70	196,53	113,35	164,88	185,49	106,61	155,08	174,46	99,87	145,26	163,42	93,12	135,45	152,38
	II	2 383,25	131,07	190,66	214,49	II	2 383,25	124,33	180,84	203,45	117,59	171,04	192,42	110,84	161,22	181,37	104,09	151,41	170,33	97,35	141,60	159,30	90,60	131,79	148,26
	III	1 775,16	97,63	142,01	159,76	III	1 775,16	91,57	133,20	149,85	85,64	124,57	140,14	79,84	116,13	130,64	74,16	107,88	121,36	68,62	99,81	112,28	63,20	91,93	103,42
	V	2 843,58	156,39	227,48	255,92	IV	2 429,—	130,22	189,41	213,08	126,85	184,51	207,57	123,47	179,60	202,05	120,10	174,70	196,53	116,73	169,79	191,01	113,35	164,88	185,49
	VI	2 877,08	158,23	230,16	258,93																				
8 054,99 Ost	I,IV	2 441,91	134,30	195,35	219,77	I	2 441,91	127,55	185,54	208,73	120,81	175,72	197,69	114,07	165,92	186,66	107,32	156,10	175,61	100,57	146,29	164,57	93,83	136,48	153,54
	II	2 396,08	131,78	191,68	215,64	II	2 396,08	125,04	181,88	204,61	118,29	172,06	193,57	111,54	162,25	182,53	104,80	152,44	171,50	98,06	142,63	160,46	91,31	132,82	149,42
	III	1 786,83	98,27	142,94	160,81	III	1 786,83	92,20	134,12	150,88	86,25	125,46	141,14	80,44	117,01	131,63	74,75	108,73	122,32	69,19	100,65	113,23	63,77	92,76	104,35
	V	2 856,50	157,10	228,52	257,08	IV	2 441,91	130,93	190,44	214,25	127,55	185,54	208,73	124,18	180,63	203,21	120,81	175,72	197,69	117,44	170,82	192,17	114,07	165,92	186,66
	VI	2 889,91	158,94	231,19	260,09																				
8 057,99 West	I,IV	2 430,25	133,66	194,42	218,72	I	2 430,25	126,92	184,61	207,68	120,17	174,80	196,65	113,42	164,98	185,60	106,68	155,18	174,57	99,93	145,36	163,53	93,19	135,55	152,49
	II	2 384,50	131,14	190,76	214,60	II	2 384,50	124,40	180,94	203,56	117,65	171,14	192,53	110,91	161,32	181,49	104,16	151,51	170,45	97,42	141,70	159,41	90,67	131,89	148,37
	III	1 776,33	97,69	142,10	159,86	III	1 776,33	91,63	133,29	149,95	85,70	124,66	140,24	79,89	116,21	130,73	74,22	107,96	121,45	68,67	99,89	112,37	63,25	92,01	103,51
	V	2 844,83	156,46	227,58	256,03	IV	2 430,25	130,29	189,52	213,21	126,92	184,61	207,68	123,54	179,70	202,16	120,17	174,80	196,65	116,80	169,89	191,12	113,42	164,98	185,60
	VI	2 878,33	158,30	230,26	259,04																				
8 057,99 Ost	I,IV	2 443,16	134,37	195,45	219,88	I	2 443,16	127,62	185,64	208,84	120,88	175,83	197,81	114,13	166,02	186,77	107,39	156,20	175,73	100,65	146,40	164,70	93,90	136,58	153,65
	II	2 397,41	131,85	191,79	215,76	II	2 397,41	125,11	181,98	204,72	118,36	172,16	193,68	111,62	162,36	182,65	104,87	152,54	171,61	98,12	142,73	160,57	91,38	132,92	149,54
	III	1 788,—	98,34	143,04	160,92	III	1 788,—	92,27	134,21	150,98	86,32	125,56	141,25	80,50	117,09	131,72	74,81	108,82	122,42	69,25	100,73	113,32	63,82	92,84	104,44
	V	2 857,75	157,17	228,62	257,19	IV	2 443,16	131,—	190,54	214,36	127,62	185,64	208,84	124,25	180,73	203,32	120,88	175,83	197,81	117,51	170,92	192,29	114,13	166,02	186,77
	VI	2 891,16	159,01	231,29	260,20																				
8 060,99 West	I,IV	2 431,58	133,73	194,52	218,84	I	2 431,58	126,99	184,71	207,80	120,24	174,90	196,76	113,49	165,08	185,72	106,75	155,28	174,69	100,—	145,46	163,64	93,26	135,65	152,60
	II	2 385,75	131,21	190,86	214,71	II	2 385,75	124,46	181,04	203,67	117,72	171,24	192,64	110,98	161,42	181,60	104,23	151,61	170,56	97,49	141,80	159,53	90,74	131,99	148,49
	III	1 777,50	97,76	142,20	159,97	III	1 777,50	91,69	133,37	150,04	85,76	124,74	140,33	79,96	116,30	130,84	74,28	108,05	121,55	68,73	99,97	112,46	63,31	92,09	103,60
	V	2 846,08	156,53	227,68	256,14	IV	2 431,58	130,36	189,62	213,32	126,99	184,71	207,80	123,61	179,80	202,28	120,24	174,90	196,76	116,87	169,99	191,24	113,49	165,08	185,72
	VI	2 879,58	158,37	230,36	259,16																				
8 060,99 Ost	I,IV	2 444,41	134,44	195,55	219,99	I	2 444,41	127,69	185,74	208,95	120,95	175,93	197,92	114,20	166,12	186,88	107,46	156,30	175,84	100,71	146,50	164,81	93,97	136,68	153,77
	II	2 398,66	131,92	191,89	215,87	II	2 398,66	125,18	182,08	204,84	118,43	172,26	193,79	111,69	162,46	182,76	104,94	152,64	171,72	98,19	142,83	160,68	91,45	133,02	149,65
	III	1 789,16	98,40	143,13	161,02	III	1 789,16	92,32	134,29	151,07	86,37	125,64	141,34	80,56	117,18	131,83	74,87	108,90	122,51	69,30	100,81	113,41	63,88	92,92	104,53
	V	2 859,—	157,24	228,72	257,31	IV	2 444,41	131,06	190,64	214,47	127,69	185,74	208,95	124,32	180,84	203,44	120,95	175,93	197,92	117,58	171,02	192,40	114,20	166,12	186,88
	VI	2 892,41	159,08	231,39	260,31																				
8 063,99 West	I,IV	2 432,83	133,80	194,62	218,95	I	2 432,83	127,05	184,81	207,91	120,31	175,—	196,87	113,57	165,19	185,84	106,82	155,38	174,80	100,07	145,56	163,76	93,33	135,76	152,73
	II	2 387,—	131,28	190,96	214,83	II	2 387,—	124,54	181,15	203,79	117,79	171,34	192,75	111,04	161,52	181,71	104,30	151,72	170,68	97,56	141,90	159,64	90,81	132,09	148,60
	III	1 778,66	97,82	142,29	160,07	III	1 778,66	91,75	133,46	150,14	85,82	124,84	140,44	80,01	116,38	130,93	74,34	108,13	121,64	68,79	100,06	112,57	63,36	92,17	103,69
	V	2 847,33	156,60	227,78	256,25	IV	2 432,83	130,43	189,72	213,43	127,05	184,81	207,91	123,68	179,90	202,39	120,31	175,—	196,87	116,93	170,09	191,35	113,57	165,19	185,84
	VI	2 880,83	158,44	230,46	259,27																				
8 063,99 Ost	I,IV	2 445,66	134,51	195,65	220,10	I	2 445,66	127,76	185,84	209,07	121,02	176,03	198,03	114,27	166,22	186,99	107,52	156,40	175,95	100,78	146,60	164,92	94,04	136,78	153,88
	II	2 399,91	131,99	191,99	215,99	II	2 399,91	125,24	182,18	204,95	118,50	172,36	193,91	111,76	162,56	182,88	105,01	152,74	171,83	98,26	142,93	160,79	91,52	133,12	149,76
	III	1 790,33	98,46	143,22	161,12	III	1 790,33	92,39	134,38	151,18	86,44	125,73	141,44	80,62	117,26	131,92	74,92	108,98	122,60	69,37	100,90	113,51	63,93	93,—	104,62
	V	2 860,25	157,31	228,82	257,42	IV	2 445,66	131,13	190,74	214,58	127,76	185,84	209,07	124,39	180,94	203,55	121,02	176,03	198,03	117,64	171,12	192,51	114,27	166,22	186,99
	VI	2 893,75	159,15	231,50	260,43																				

* Die ausgewiesenen Tabellenwerte sind amtlich. Siehe Erläuterungen auf der Umschlaginnenseite (U2).

Lohn/ Gehalt bis €*	Abzüge an Lohnsteuer, Solidaritätszuschlag (SolZ) und Kirchensteuer (8%, 9%) in den Steuerklassen I – VI					I, II, III, IV		mit Zahl der Kinderfreibeträge . . . 0,5			1			1,5			2			2,5			3		
		LSt	ohne Kinderfreibeträge SolZ	8%	9%		LSt	SolZ	8%	9%	SolZ	8%	9%	SolZ	8%	9%	SolZ	8%	9%	SolZ	8%	9%	SolZ	8%	9%
8 066,99 West	I,IV	2 434,08	133,87	194,72	219,06	I	2 434,08	127,12	184,91	208,02	120,38	175,10	196,98	113,63	165,29	185,95	106,89	155,48	174,91	100,14	145,66	163,87	93,40	135,86	152,84
	II	2 388,25	131,35	191,06	214,94	II	2 388,25	124,61	181,25	203,90	117,86	171,44	192,87	111,11	161,62	181,82	104,37	151,82	170,79	97,62	142,—	159,75	90,88	132,19	148,71
	III	1 779,83	97,89	142,38	160,18	III	1 779,83	91,82	133,56	150,25	85,88	124,92	140,53	80,08	116,48	131,04	74,39	108,21	121,73	68,85	100,14	112,66	63,42	92,25	103,78
	V	2 848,66	156,67	227,89	256,37	IV	2 434,08	130,50	189,82	213,54	127,12	184,91	208,02	123,75	180,—	202,50	120,38	175,10	196,98	117,01	170,20	191,47	113,63	165,29	185,95
	VI	2 882,08	158,51	230,56	259,38																				
8 066,99 Ost	I,IV	2 446,91	134,58	195,75	220,22	I	2 446,91	127,83	185,94	209,18	121,09	176,13	198,14	114,34	166,32	187,11	107,60	156,51	176,07	100,85	146,70	165,03	94,10	136,88	153,99
	II	2 401,16	132,06	192,09	216,10	II	2 401,16	125,31	182,28	205,06	118,57	172,47	194,03	111,82	162,66	182,99	105,08	152,84	171,95	98,34	143,04	160,92	91,59	133,22	149,87
	III	1 791,50	98,53	143,32	161,23	III	1 791,50	92,45	134,48	151,29	86,50	125,82	141,55	80,68	117,36	132,03	74,99	109,08	122,71	69,42	100,98	113,60	63,99	93,08	104,71
	V	2 861,50	157,38	228,92	257,53	IV	2 446,91	131,20	190,84	214,70	127,83	185,94	209,18	124,46	181,04	203,67	121,09	176,13	198,14	117,71	171,22	192,62	114,34	166,32	187,11
	VI	2 895,—	159,22	231,60	260,55																				
8 069,99 West	I,IV	2 435,33	133,94	194,82	219,17	I	2 435,33	127,19	185,01	208,13	120,45	175,20	197,10	113,70	165,39	186,06	106,96	155,58	175,02	100,21	145,76	163,98	93,47	135,96	152,95
	II	2 389,58	131,42	191,16	215,06	II	2 389,58	124,68	181,35	204,02	117,93	171,54	192,98	111,18	161,72	181,94	104,44	151,92	170,91	97,69	142,10	159,86	90,95	132,29	148,82
	III	1 780,83	97,94	142,46	160,27	III	1 780,83	91,88	133,65	150,35	85,94	125,01	140,63	80,13	116,56	131,13	74,46	108,30	121,84	68,90	100,22	112,75	63,47	92,33	103,87
	V	2 849,91	156,74	227,99	256,49	IV	2 435,33	130,57	189,92	213,66	127,19	185,01	208,13	123,82	180,10	202,61	120,45	175,20	197,10	117,08	170,30	191,58	113,70	165,39	186,06
	VI	2 883,33	158,58	230,66	259,49																				
8 069,99 Ost	I,IV	2 448,16	134,64	195,85	220,33	I	2 448,16	127,90	186,04	209,30	121,16	176,23	198,26	114,41	166,42	187,22	107,67	156,61	176,18	100,92	146,80	165,15	94,17	136,98	154,10
	II	2 402,41	132,13	192,19	216,21	II	2 402,41	125,38	182,38	205,17	118,64	172,57	194,14	111,89	162,76	183,10	105,15	152,94	172,06	98,40	143,14	161,03	91,66	133,32	149,99
	III	1 792,66	98,59	143,41	161,33	III	1 792,66	92,51	134,57	151,39	86,56	125,90	141,64	80,74	117,44	132,12	75,04	109,16	122,80	69,48	101,06	113,69	64,04	93,16	104,80
	V	2 862,75	157,45	229,02	257,64	IV	2 448,16	131,28	190,95	214,82	127,90	186,04	209,30	124,53	181,14	203,78	121,16	176,23	198,26	117,78	171,32	192,74	114,41	166,42	187,22
	VI	2 896,25	159,29	231,70	260,66																				
8 072,99 West	I,IV	2 436,58	134,01	194,92	219,29	I	2 436,58	127,26	185,11	208,25	120,52	175,30	197,21	113,77	165,49	186,17	107,03	155,68	175,14	100,28	145,87	164,10	93,54	136,06	153,06
	II	2 390,83	131,49	191,26	215,17	II	2 390,83	124,74	181,45	204,13	118,—	171,64	193,09	111,26	161,83	182,06	104,51	152,02	171,02	97,76	142,20	159,98	91,02	132,40	148,95
	III	1 782,—	98,01	142,56	160,38	III	1 782,—	91,94	133,73	150,44	86,—	125,09	140,72	80,19	116,65	131,23	74,51	108,38	121,93	68,96	100,30	112,84	63,53	92,41	103,96
	V	2 851,16	156,81	228,09	256,60	IV	2 436,58	130,63	190,02	213,77	127,26	185,11	208,25	123,89	180,20	202,73	120,52	175,30	197,21	117,15	170,40	191,70	113,77	165,49	186,17
	VI	2 884,58	158,65	230,76	259,61																				
8 072,99 Ost	I,IV	2 449,50	134,72	195,96	220,45	I	2 449,50	127,97	186,14	209,41	121,22	176,33	198,37	114,48	166,52	187,34	107,74	156,71	176,30	100,99	146,90	165,26	94,24	137,08	154,22
	II	2 403,66	132,20	192,29	216,32	II	2 403,66	125,45	182,48	205,29	118,71	172,67	194,25	111,96	162,86	183,21	105,21	153,04	172,17	98,47	143,24	161,14	91,73	133,42	150,10
	III	1 793,83	98,66	143,50	161,44	III	1 793,83	92,57	134,65	151,48	86,62	126,—	141,75	80,80	117,53	132,22	75,10	109,24	122,89	69,53	101,14	113,78	64,10	93,24	104,89
	V	2 864,—	157,52	229,12	257,76	IV	2 449,50	131,34	191,05	214,93	127,97	186,14	209,41	124,60	181,24	203,89	121,22	176,33	198,37	117,85	171,42	192,85	114,48	166,52	187,34
	VI	2 897,50	159,36	231,80	260,77																				
8 075,99 West	I,IV	2 437,83	134,08	195,02	219,40	I	2 437,83	127,33	185,21	208,36	120,59	175,40	197,33	113,84	165,59	186,29	107,09	155,78	175,25	100,35	145,97	164,21	93,61	136,16	153,18
	II	2 392,08	131,56	191,36	215,28	II	2 392,08	124,81	181,55	204,24	118,07	171,74	193,20	111,32	161,93	182,17	104,58	152,12	171,13	97,83	142,30	160,09	91,09	132,50	149,06
	III	1 783,16	98,07	142,65	160,48	III	1 783,16	92,—	133,82	150,55	86,06	125,18	140,83	80,25	116,73	131,32	74,57	108,46	122,02	69,01	100,38	112,93	63,58	92,49	104,05
	V	2 852,41	156,88	228,19	256,71	IV	2 437,83	130,70	190,12	213,88	127,33	185,21	208,36	123,96	180,31	202,85	120,59	175,40	197,33	117,21	170,50	191,81	113,84	165,59	186,29
	VI	2 885,83	158,72	230,86	259,72																				
8 075,99 Ost	I,IV	2 450,75	134,79	196,06	220,56	I	2 450,75	128,04	186,24	209,52	121,29	176,43	198,48	114,55	166,62	187,45	107,80	156,81	176,41	101,06	147,—	165,37	94,32	137,19	154,34
	II	2 404,91	132,27	192,39	216,44	II	2 404,91	125,52	182,58	205,40	118,78	172,77	194,36	112,03	162,96	183,33	105,29	153,15	172,29	98,54	143,34	161,25	91,79	133,52	150,21
	III	1 795,—	98,72	143,60	161,55	III	1 795,—	92,63	134,74	151,58	86,68	126,08	141,84	80,85	117,61	132,31	75,16	109,33	122,99	69,59	101,22	113,87	64,15	93,32	104,98
	V	2 865,25	157,58	229,22	257,87	IV	2 450,75	131,41	191,15	215,04	128,04	186,24	209,52	124,67	181,34	204,—	121,29	176,43	198,48	117,92	171,52	192,96	114,55	166,62	187,45
	VI	2 898,75	159,43	231,90	260,88																				
8 078,99 West	I,IV	2 439,08	134,14	195,12	219,51	I	2 439,08	127,40	185,32	208,48	120,66	175,50	197,44	113,91	165,69	186,40	107,17	155,88	175,37	100,42	146,07	164,33	93,67	136,26	153,29
	II	2 393,33	131,63	191,46	215,39	II	2 393,33	124,88	181,65	204,35	118,14	171,84	193,32	111,39	162,03	182,28	104,65	152,22	171,24	97,90	142,40	160,20	91,16	132,60	149,17
	III	1 784,33	98,13	142,74	160,58	III	1 784,33	92,07	133,92	150,66	86,13	125,28	140,94	80,31	116,82	131,42	74,62	108,54	122,11	69,07	100,46	113,02	63,64	92,57	104,14
	V	2 853,66	156,95	228,29	256,82	IV	2 439,08	130,77	190,22	213,99	127,40	185,32	208,48	124,03	180,41	202,96	120,66	175,50	197,44	117,28	170,60	191,92	113,91	165,69	186,40
	VI	2 887,16	158,79	230,97	259,84																				
8 078,99 Ost	I,IV	2 452,—	134,86	196,16	220,68	I	2 452,—	128,11	186,34	209,63	121,36	176,53	198,59	114,62	166,72	187,56	107,87	156,91	176,52	101,13	147,10	165,48	94,38	137,29	154,45
	II	2 406,16	132,33	192,49	216,55	II	2 406,16	125,59	182,68	205,52	118,85	172,87	194,48	112,10	163,06	183,44	105,36	153,25	172,40	98,61	143,44	161,37	91,86	133,62	150,32
	III	1 796,—	98,78	143,68	161,64	III	1 796,—	92,70	134,84	151,69	86,74	126,17	141,94	80,91	117,69	132,40	75,22	109,41	123,08	69,64	101,30	113,96	64,21	93,40	105,07
	V	2 866,58	157,66	229,32	257,99	IV	2 452,—	131,48	191,25	215,15	128,11	186,34	209,63	124,74	181,44	204,12	121,36	176,53	198,59	117,99	171,63	193,08	114,62	166,72	187,56
	VI	2 900,—	159,50	232,—	261,—																				
8 081,99 West	I,IV	2 440,33	134,21	195,22	219,62	I	2 440,33	127,47	185,42	208,59	120,72	175,60	197,55	113,98	165,79	186,51	107,24	155,98	175,48	100,49	146,17	164,44	93,74	136,36	153,40
	II	2 394,58	131,70	191,56	215,51	II	2 394,58	124,95	181,75	204,47	118,21	171,94	193,43	111,46	162,13	182,39	104,72	152,32	171,36	97,97	142,51	160,32	91,23	132,70	149,28
	III	1 785,50	98,20	142,84	160,69	III	1 785,50	92,13	134,01	150,76	86,18	125,36	141,03	80,37	116,90	131,51	74,69	108,64	122,22	69,13	100,56	113,13	63,69	92,65	104,23
	V	2 854,91	157,02	228,39	256,94	IV	2 440,33	130,84	190,32	214,11	127,47	185,42	208,59	124,10	180,51	203,07	120,72	175,60	197,55	117,35	170,70	192,03	113,98	165,79	186,51
	VI	2 888,41	158,86	231,07	259,95																				
8 081,99 Ost	I,IV	2 453,25	134,92	196,26	220,79	I	2 453,25	128,18	186,44	209,75	121,44	176,64	198,72	114,69	166,82	187,67	107,94	157,01	176,63	101,20	147,20	165,60	94,45	137,39	154,56
	II	2 407,50	132,41	192,60	216,67	II	2 407,50	125,66	182,78	205,63	118,91	172,97	194,59	112,17	163,16	183,56	105,43	153,35	172,52	98,68	143,54	161,48	91,93	133,72	150,44
	III	1 797,16	98,84	143,77	161,74	III	1 797,16	92,75	134,92	151,78	86,80	126,26	142,04	80,97	117,78	132,50	75,27	109,49	123,17	69,71	101,40	114,07	64,26	93,48	105,16
	V	2 867,83	157,73	229,42	258,10	IV	2 453,25	131,55	191,35	215,27	128,18	186,44	209,75	124,80	181,54	204,23	121,44	176,64	198,72	118,06	171,73	193,19	114,69	166,82	187,67
	VI	2 901,25	159,56	232,10	261,11																				
8 084,99 West	I,IV	2 441,58	134,28	195,32	219,74	I	2 441,58	127,54	185,52	208,71	120,79	175,70	197,66	114,05	165,89	186,62	107,30	156,08	175,59	100,56	146,27	164,55	93,81	136,46	153,51
	II	2 395,83	131,77	191,66	215,62	II	2 395,83	125,02	181,85	204,58	118,28	172,04	193,55	111,53	162,23	182,51	104,78	152,42	171,47	98,04	142,61	160,43	91,30	132,80	149,40
	III	1 786,66	98,26	142,93	160,79	III	1 786,66	92,18	134,09	150,85	86,24	125,45	141,13	80,42	116,98	131,60	74,74	108,72	122,31	69,19	100,64	113,22	63,75	92,73	104,32
	V	2 856,16	157,08	228,49	257,05	IV	2 441,58	130,91	190,42	214,22	127,54	185,52	208,71	124,17	180,61	203,18	120,79	175,70	197,66	117,42	170,80	192,15	114,05	165,89	186,62
	VI	2 889,66	158,93	231,17	260,06																				
8 084,99 Ost	I,IV	2 454,50	134,99	196,36	220,90	I	2 454,50	128,25	186,54	209,86	121,50	176,74	198,83	114,76	166,92	187,79	108,01	157,11	176,75	101,27	147,30	165,71	94,52	137,49	154,67
	II	2 408,75	132,48	192,70	216,78	II	2 408,75	125,73	182,88	205,74	118,98	173,07	194,70	112,24	163,26	183,67	105,49	153,45	172,63	98,75	143,64	161,59	92,01	133,83	150,56
	III	1 798,33	98,90	143,86	161,84	III	1 798,33	92,82	135,01	151,88	86,86	126,34	142,13	81,03	117,86	132,59	75,34	109,58	123,28	69,76	101,48	114,16	64,32	93,56	105,25
	V	2 869,08	157,79	229,52	258,21	IV	2 454,50	131,62	191,45	215,38	128,25	186,54	209,86	124,88	181,64	204,35	121,50	176,74	198,83	118,13	171,83	193,31	114,76	166,92	187,79
	VI	2 902,50	159,63	232,20	261,22																				
8 087,99 West	I,IV	2 442,91	134,36	195,43	219,86	I	2 442,91	127,61	185,62	208,82	120,86	175,80	197,78	114,12	166,—	186,75	107,37	156,18	175,70	100,63	146,37	164,66	93,88	136,56	153,63
	II	2 397,08	131,83	191,76	215,73	II	2 397,08	125,09	181,96	204,70	118,35	172,14	193,66	111,60	162,33	182,62	104,86	152,52	171,59	98,11	142,71	160,55	91,36	132,90	149,51
	III	1 787,83	98,33	143,02	160,90	III	1 787,83	92,25	134,18	150,95	86,30	125,53	141,22	80,49	117,08	131,71	74,80	108,80	122,40	69,24	100,72	113,31	63,80	92,81	104,41
	V	2 857,41	157,15	228,59	257,16	IV	2 442,91	130,98	190,52	214,34	127,61	185,62	208,82	124,24	180,71	203,30	120,86	175,80	197,78	117,49	170,90	192,26	114,12	166,—	186,75
	VI	2 890,91	159,—	231,27	260,18																				
8 087,99 Ost	I,IV	2 455,75	135,06	196,46	221,01	I	2 455,75	128,31	186,64	209,97	121,57	176,84	198,94	114,83	167,02	187,90	108,08	157,21	176,86	101,34	147,40	165,83	94,59	137,59	154,79
	II	2 410,—	132,55	192,80	216,90	II	2 410,—	125,80	182,98	205,85	119,05	173,17	194,81	112,31	163,36	183,78	105,56	153,55	172,74	98,82	143,74	161,70	92,07	133,93	150,67
	III	1 799,50	98,97	143,96	161,95	III	1 799,50	92,88	135,10	151,99	86,92	126,44	142,24	81,09	117,96	132,70	75,39	109,66	123,37	69,82	101,56	114,25	64,37	93,64	105,34
	V	2 870,33	157,86	229,62	258,32	IV	2 455,75	131,69	191,55	215,49	128,31	186,64	209,97	124,95	181,74	204,46	121,57	176,84	198,94	118,20	171,93	193,42	114,83	167,02	187,90
	VI	2 903,75	159,70	232,30	261,33																				

*** Die ausgewiesenen Tabellenwerte sind amtlich. Siehe Erläuterungen auf der Umschlaginnenseite (U2).**

Abzüge an Lohnsteuer, Solidaritätszuschlag (SolZ) und Kirchensteuer (8%, 9%) in den Steuerklassen

Lohn/ Gehalt bis €*	I – VI					I, II, III, IV		mit Zahl der Kinderfreibeträge . . .															
			ohne Kinderfreibeträge					0,5			1			1,5			2			2,5			3
		LSt	SolZ	8%	9%		LSt	SolZ	8%	9%	SolZ	8%	9%	SolZ	8%	9%	SolZ	8%	9%	SolZ	8%	9%	SolZ
8 090,99 West	I,IV	2 444,16	134,42	195,53	219,97	I	2 444,16	127,68	185,72	208,93	120,93	175,90	197,89	114,19	166,10	186,86	107,44	156,28	175,82	100,70	146,47	164,78	93,95 136,66 153,74
	II	2 398,33	131,90	191,86	215,84	II	2 398,33	125,16	182,06	204,81	118,41	172,24	193,77	111,67	162,43	182,73	104,93	152,62	171,70	98,18	142,81	160,66	91,43 133,— 149,62
	III	1 789,—	98,39	143,12	161,01	III	1 789,—	92,31	134,28	151,06	86,36	125,62	141,32	80,54	117,16	131,80	74,86	108,89	122,50	69,30	100,80	113,40	63,86 92,89 104,50
	V	2 858,75	157,23	228,70	257,28	IV	2 444,16	131,05	190,62	214,45	127,68	185,72	208,93	124,30	180,81	203,41	120,93	175,90	197,89	117,56	171,—	192,38	114,19 166,10 186,86
	VI	2 892,16	159,06	231,37	260,29																		
8 090,99 Ost	I,IV	2 457,—	135,13	196,56	221,13	I	2 457,—	128,39	186,75	210,09	121,64	176,94	199,05	114,89	167,12	188,01	108,15	157,32	176,98	101,41	147,50	165,94	94,66 137,69 154,90
	II	2 411,25	132,61	192,90	217,01	II	2 411,25	125,87	183,08	205,97	119,13	173,28	194,94	112,38	163,46	183,89	105,63	153,65	172,85	98,89	143,84	161,82	92,14 134,03 150,78
	III	1 800,66	99,03	144,05	162,05	III	1 800,66	92,95	135,20	152,10	86,99	126,53	142,34	81,15	118,04	132,79	75,45	109,74	123,46	69,87	101,64	114,34	64,43 93,72 105,43
	V	2 871,58	157,93	229,72	258,44	IV	2 457,—	131,76	191,65	215,60	128,39	186,75	210,09	125,01	181,84	204,57	121,64	176,94	199,05	118,27	172,03	193,53	114,89 167,12 188,01
	VI	2 905,08	159,77	232,40	261,45																		
8 093,99 West	I,IV	2 445,41	134,49	195,63	220,08	I	2 445,41	127,75	185,82	209,04	121,—	176,—	198,—	114,26	166,20	186,97	107,51	156,38	175,93	100,76	146,57	164,89	94,02 136,76 153,86
	II	2 399,58	131,97	191,96	215,96	II	2 399,58	125,23	182,16	204,93	118,48	172,34	193,88	111,74	162,53	182,84	104,99	152,72	171,81	98,25	142,91	160,77	91,50 133,10 149,73
	III	1 790,—	98,45	143,20	161,10	III	1 790,—	92,38	134,37	151,16	86,43	125,72	141,43	80,61	117,25	131,90	74,91	108,97	122,59	69,35	100,88	113,49	63,91 92,97 104,59
	V	2 860,—	157,30	228,80	257,40	IV	2 445,41	131,12	190,72	214,56	127,75	185,82	209,04	124,37	180,91	203,52	121,—	176,—	198,—	117,63	171,10	192,49	114,26 166,20 186,97
	VI	2 893,41	159,13	231,47	260,40																		
8 093,99 Ost	I,IV	2 458,25	135,20	196,66	221,24	I	2 458,25	128,46	186,85	210,20	121,71	177,04	199,17	114,96	167,22	188,12	108,22	157,42	177,09	101,47	147,60	166,05	94,73 137,79 155,01
	II	2 412,50	132,68	193,—	217,12	II	2 412,50	125,94	183,18	206,08	119,19	173,38	195,05	112,45	163,56	184,01	105,70	153,75	172,97	98,96	143,94	161,93	92,21 134,13 150,89
	III	1 801,83	99,10	144,14	162,16	III	1 801,83	93,01	135,29	152,20	87,04	126,61	142,43	81,21	118,13	132,89	75,50	109,82	123,55	69,93	101,72	114,43	64,48 93,80 105,52
	V	2 872,83	158,—	229,82	258,55	IV	2 458,25	131,83	191,76	215,73	128,46	186,85	210,20	125,08	181,94	204,68	121,71	177,04	199,17	118,34	172,13	193,64	114,96 167,22 188,12
	VI	2 906,33	159,84	232,50	261,56																		
8 096,99 West	I,IV	2 446,66	134,56	195,73	220,19	I	2 446,66	127,82	185,92	209,16	121,07	176,11	198,12	114,33	166,30	187,08	107,58	156,48	176,04	100,84	146,68	165,01	94,09 136,86 153,97
	II	2 400,91	132,05	192,07	216,08	II	2 400,91	125,30	182,26	205,04	118,55	172,44	194,—	111,81	162,64	182,97	105,06	152,82	171,92	98,32	143,01	160,88	91,57 133,20 149,85
	III	1 791,16	98,51	143,29	161,20	III	1 791,16	92,43	134,45	151,25	86,48	125,80	141,52	80,66	117,33	131,99	74,97	109,05	122,68	69,41	100,96	113,58	63,97 93,05 104,68
	V	2 861,25	157,36	228,90	257,51	IV	2 446,66	131,19	190,82	214,67	127,82	185,92	209,16	124,44	181,01	203,63	121,07	176,11	198,12	117,70	171,20	192,60	114,33 166,30 187,08
	VI	2 894,66	159,20	231,57	260,51																		
8 096,99 Ost	I,IV	2 459,58	135,27	196,76	221,36	I	2 459,58	128,53	186,95	210,32	121,78	177,14	199,28	115,03	167,32	188,24	108,29	157,52	177,21	101,54	147,70	166,16	94,80 137,89 155,12
	II	2 413,75	132,75	193,10	217,23	II	2 413,75	126,—	183,28	206,19	119,26	173,48	195,16	112,52	163,66	184,12	105,77	153,85	173,08	99,03	144,04	162,05	92,28 134,23 151,01
	III	1 803,—	99,16	144,24	162,27	III	1 803,—	93,06	135,37	152,29	87,11	126,70	142,54	81,27	118,21	132,98	75,57	109,92	123,66	69,98	101,80	114,52	64,54 93,88 105,61
	V	2 874,08	158,07	229,92	258,66	IV	2 459,58	131,90	191,86	215,84	128,53	186,95	210,32	125,15	182,04	204,80	121,78	177,14	199,28	118,41	172,23	193,76	115,03 167,32 188,24
	VI	2 907,58	159,91	232,60	261,68																		
8 099,99 West	I,IV	2 447,91	134,63	195,83	220,31	I	2 447,91	127,88	186,02	209,27	121,14	176,21	198,23	114,40	166,40	187,20	107,65	156,58	176,15	100,91	146,78	165,12	94,16 136,96 154,08
	II	2 402,16	132,11	192,17	216,19	II	2 402,16	125,37	182,36	205,15	118,62	172,54	194,11	111,88	162,74	183,08	105,13	152,92	172,04	98,39	143,11	161,—	91,64 133,30 149,96
	III	1 792,33	98,57	143,38	161,30	III	1 792,33	92,50	134,54	151,36	86,55	125,89	141,62	80,73	117,42	132,10	75,03	109,14	122,78	69,46	101,04	113,67	64,02 93,13 104,77
	V	2 862,50	157,43	229,—	257,62	IV	2 447,91	131,26	190,92	214,79	127,88	186,02	209,27	124,52	181,12	203,76	121,14	176,21	198,23	117,77	171,30	192,71	114,40 166,40 187,20
	VI	2 895,91	159,27	231,67	260,63																		
8 099,99 Ost	I,IV	2 460,83	135,34	196,86	221,47	I	2 460,83	128,59	187,05	210,43	121,85	177,24	199,39	115,11	167,43	188,36	108,36	157,62	177,32	101,61	147,80	166,28	94,87 138,— 155,25
	II	2 415,—	132,82	193,20	217,35	II	2 415,—	126,08	183,39	206,31	119,33	173,58	195,27	112,58	163,76	184,23	105,84	153,96	173,20	99,10	144,14	162,16	92,35 134,33 151,12
	III	1 804,16	99,22	144,33	162,37	III	1 804,16	93,13	135,46	152,39	87,16	126,78	142,63	81,33	118,30	133,09	75,62	110,—	123,75	70,05	101,89	114,62	64,59 93,96 105,70
	V	2 875,33	158,14	230,02	258,77	IV	2 460,83	131,97	191,96	215,95	128,59	187,05	210,43	125,22	182,14	204,91	121,85	177,24	199,39	118,47	172,33	193,87	115,11 167,43 188,36
	VI	2 908,83	159,98	232,70	261,79																		
8 102,99 West	I,IV	2 449,16	134,70	195,93	220,42	I	2 449,16	127,96	186,12	209,39	121,21	176,31	198,35	114,46	166,50	187,31	107,72	156,68	176,27	100,98	146,88	165,24	94,23 137,06 154,19
	II	2 403,41	132,18	192,27	216,30	II	2 403,41	125,44	182,46	205,26	118,69	172,64	194,22	111,95	162,84	183,19	105,20	153,02	172,15	98,45	143,21	161,11	91,71 133,40 150,08
	III	1 793,50	98,64	143,48	161,41	III	1 793,50	92,56	134,64	151,47	86,60	125,97	141,71	80,78	117,50	132,19	75,09	109,22	122,87	69,52	101,13	113,77	64,08 93,21 104,86
	V	2 863,75	157,50	229,10	257,73	IV	2 449,16	131,33	191,02	214,90	127,96	186,12	209,39	124,58	181,22	203,87	121,21	176,31	198,35	117,84	171,40	192,83	114,46 166,50 187,31
	VI	2 897,25	159,34	231,78	260,75																		
8 102,99 Ost	I,IV	2 462,08	135,41	196,96	221,58	I	2 462,08	128,66	187,15	210,54	121,92	177,34	199,50	115,17	167,53	188,47	108,43	157,72	177,43	101,68	147,90	166,39	94,94 138,10 155,36
	II	2 416,25	132,89	193,30	217,46	II	2 416,25	126,15	183,49	206,42	119,40	173,68	195,39	112,65	163,86	184,34	105,91	154,06	173,31	99,16	144,24	162,27	92,42 134,43 151,23
	III	1 805,33	99,29	144,42	162,47	III	1 805,33	93,19	135,56	152,50	87,23	126,88	142,74	81,39	118,38	133,18	75,68	110,08	123,84	70,10	101,97	114,71	64,65 94,04 105,79
	V	2 876,66	158,21	230,13	258,89	IV	2 462,08	132,04	192,06	216,06	128,66	187,15	210,54	125,29	182,24	205,02	121,92	177,34	199,50	118,55	172,44	193,99	115,17 167,53 188,47
	VI	2 910,08	160,05	232,80	261,90																		
8 105,99 West	I,IV	2 450,41	134,77	196,03	220,53	I	2 450,41	128,03	186,22	209,50	121,28	176,41	198,46	114,53	166,60	187,42	107,79	156,79	176,39	101,04	146,98	165,35	94,30 137,16 154,31
	II	2 404,66	132,25	192,37	216,41	II	2 404,66	125,51	182,56	205,38	118,76	172,75	194,34	112,02	162,94	183,30	105,27	153,12	172,26	98,53	143,32	161,23	91,78 133,50 150,19
	III	1 794,66	98,70	143,57	161,51	III	1 794,66	92,62	134,73	151,57	86,67	126,06	141,82	80,85	117,60	132,30	75,14	109,30	122,96	69,58	101,21	113,86	64,13 93,29 104,95
	V	2 865,—	157,57	229,20	257,85	IV	2 450,41	131,39	191,12	215,01	128,03	186,22	209,50	124,65	181,32	203,98	121,28	176,41	198,46	117,91	171,50	192,94	114,53 166,60 187,42
	VI	2 898,50	159,41	231,88	260,86																		
8 105,99 Ost	I,IV	2 463,33	135,48	197,06	221,69	I	2 463,33	128,73	187,25	210,65	121,99	177,44	199,62	115,24	167,63	188,58	108,50	157,82	177,54	101,75	148,—	166,50	95,01 138,20 155,47
	II	2 417,58	132,96	193,40	217,58	II	2 417,58	126,22	183,59	206,54	119,47	173,78	195,50	112,72	163,96	184,46	105,98	154,16	173,43	99,23	144,34	162,38	92,49 134,53 151,34
	III	1 806,50	99,35	144,52	162,58	III	1 806,50	93,26	135,65	152,60	87,29	126,97	142,84	81,45	118,48	133,29	75,74	110,17	123,94	70,16	102,05	114,80	64,70 94,12 105,88
	V	2 877,91	158,28	230,23	259,01	IV	2 463,33	132,11	192,16	216,18	128,73	187,25	210,65	125,36	182,34	205,13	121,99	177,44	199,62	118,62	172,54	194,10	115,24 167,63 188,58
	VI	2 911,33	160,12	232,90	262,01																		
8 108,99 West	I,IV	2 451,66	134,84	196,13	220,64	I	2 451,66	128,09	186,32	209,61	121,35	176,51	198,57	114,60	166,70	187,53	107,86	156,89	176,50	101,11	147,08	165,46	94,37 137,26 154,42
	II	2 405,91	132,32	192,47	216,53	II	2 405,91	125,57	182,66	205,49	118,83	172,85	194,45	112,09	163,04	183,42	105,34	153,22	172,37	98,60	143,42	161,34	91,85 133,60 150,30
	III	1 795,83	98,77	143,66	161,62	III	1 795,83	92,68	134,81	151,66	86,73	126,16	141,93	80,90	117,68	132,39	75,20	109,38	123,05	69,63	101,29	113,95	64,20 93,38 105,05
	V	2 866,25	157,64	229,30	257,96	IV	2 451,66	131,47	191,23	215,13	128,09	186,32	209,61	124,72	181,42	204,09	121,35	176,51	198,57	117,97	171,60	193,05	114,60 166,70 187,53
	VI	2 899,75	159,48	231,98	260,97																		
8 108,99 Ost	I,IV	2 464,58	135,55	197,16	221,81	I	2 464,58	128,80	187,35	210,77	122,06	177,54	199,73	115,31	167,73	188,69	108,57	157,92	177,66	101,82	148,11	166,62	95,08 138,30 155,58
	II	2 418,83	133,03	193,50	217,69	II	2 418,83	126,28	183,69	206,65	119,54	173,88	195,61	112,80	164,07	184,58	106,05	154,26	173,54	99,30	144,44	162,50	92,56 134,64 151,47
	III	1 807,50	99,41	144,60	162,67	III	1 807,50	93,31	135,73	152,69	87,34	127,05	142,93	81,51	118,56	133,38	75,79	110,25	124,03	70,21	102,13	114,89	64,76 94,20 105,97
	V	2 879,16	158,35	230,33	259,12	IV	2 464,58	132,17	192,26	216,29	128,80	187,35	210,77	125,43	182,44	205,25	122,06	177,54	199,73	118,69	172,64	194,22	115,31 167,73 188,69
	VI	2 912,58	160,19	233,—	262,13																		
8 111,99 West	I,IV	2 453,—	134,91	196,24	220,77	I	2 453,—	128,16	186,42	209,72	121,42	176,61	198,68	114,67	166,80	187,65	107,93	156,99	176,61	101,18	147,18	165,57	94,43 137,36 154,53
	II	2 407,16	132,39	192,57	216,64	II	2 407,16	125,65	182,76	205,60	118,90	172,95	194,57	112,15	163,14	183,53	105,41	153,32	172,49	98,67	143,52	161,46	91,92 133,70 150,41
	III	1 797,—	98,83	143,76	161,73	III	1 797,—	92,74	134,90	151,76	86,79	126,24	142,02	80,96	117,76	132,48	75,26	109,48	123,16	69,69	101,37	114,04	64,25 93,46 105,14
	V	2 867,50	157,71	229,40	258,07	IV	2 453,—	131,54	191,33	215,24	128,16	186,42	209,72	124,79	181,52	204,21	121,42	176,61	198,68	118,04	171,70	193,16	114,67 166,80 187,65
	VI	2 901,—	159,55	232,08	261,09																		
8 111,99 Ost	I,IV	2 465,83	135,62	197,26	221,92	I	2 465,83	128,87	187,45	210,88	122,13	177,64	199,85	115,38	167,83	188,81	108,63	158,02	177,77	101,89	148,21	166,73	95,15 138,40 155,70
	II	2 420,08	133,10	193,60	217,80	II	2 420,08	126,35	183,79	206,76	119,61	173,98	195,72	112,86	164,17	184,69	106,12	154,36	173,65	99,37	144,54	162,61	92,63 134,74 151,58
	III	1 808,66	99,47	144,69	162,77	III	1 808,66	93,38	135,82	152,80	87,41	127,14	143,03	81,57	118,65	133,48	75,85	110,33	124,12	70,27	102,21	114,98	64,81 94,28 106,06
	V	2 880,41	158,42	230,43	259,24	IV	2 465,83	132,24	192,36	216,40	128,87	187,45	210,88	125,50	182,55	205,37	122,13	177,64	199,85	118,75	172,74	194,33	115,38 167,83 188,81
	VI	2 913,83	160,26	233,10	262,24																		

(Column "3" contains SolZ, 8%, 9% values in that order.)

* Die ausgewiesenen Tabellenwerte sind amtlich. Siehe Erläuterungen auf der Umschlaginnenseite (U2).

Lohn/ Gehalt bis €*		Abzüge an Lohnsteuer, Solidaritätszuschlag (SolZ) und Kirchensteuer (8%, 9%) in den Steuerklassen I – VI LSt	ohne Kinderfreibeträge SolZ	8%	9%	I, II, III, IV	LSt	mit Zahl der Kinderfreibeträge . . . 0,5 SolZ	8%	9%	1 SolZ	8%	9%	1,5 SolZ	8%	9%	2 SolZ	8%	9%	2,5 SolZ	8%	9%	3 SolZ	8%	9%
8 114,99 West	I,IV	2 454,25	134,98	196,34	220,88	I	2 454,25	128,23	186,52	209,84	121,49	176,71	198,80	114,74	166,90	187,76	108,—	157,09	176,72	101,25	147,28	165,69	94,51	137,47	154,65
	II	2 408,41	132,46	192,67	216,75	II	2 408,41	125,72	182,86	205,72	118,97	173,05	194,68	112,22	163,24	183,64	105,48	153,43	172,61	98,73	143,62	161,57	91,99	133,80	150,53
	III	1 798,16	98,89	143,85	161,83	III	1 798,16	92,81	135,—	151,87	86,85	126,33	142,12	81,02	117,85	132,58	75,32	109,56	123,25	69,74	101,45	114,13	64,31	93,54	105,23
	V	2 868,75	157,78	229,50	258,18	IV	2 454,25	131,61	191,43	215,36	128,23	186,52	209,84	124,86	181,62	204,32	121,49	176,71	198,80	118,11	171,80	193,28	114,74	166,90	187,76
	VI	2 902,25	159,62	232,18	261,20																				
8 114,99 Ost	I,IV	2 467,08	135,68	197,36	222,03	I	2 467,08	128,94	187,56	211,—	122,20	177,74	199,96	115,45	167,93	188,92	108,71	158,12	177,89	101,96	148,31	166,85	95,21	138,50	155,81
	II	2 421,33	133,17	193,70	217,91	II	2 421,33	126,42	183,89	206,87	119,68	174,08	195,84	112,93	164,27	184,80	106,19	154,46	173,76	99,44	144,64	162,72	92,70	134,84	151,69
	III	1 809,83	99,54	144,78	162,88	III	1 809,83	93,44	135,92	152,91	87,46	127,22	143,12	81,62	118,73	133,57	75,91	110,42	124,22	70,32	102,29	115,07	64,87	94,36	106,15
	V	2 881,66	158,49	230,53	259,34	IV	2 467,08	132,31	192,46	216,51	128,94	187,56	211,—	125,57	182,65	205,48	122,20	177,74	199,96	118,82	172,84	194,44	115,45	167,93	188,92
	VI	2 915,16	160,33	233,21	262,36																				
8 117,99 West	I,IV	2 455,50	135,05	196,44	220,99	I	2 455,50	128,30	186,62	209,95	121,55	176,81	198,91	114,81	167,—	187,88	108,07	157,19	176,84	101,32	147,38	165,80	94,58	137,57	154,76
	II	2 409,66	132,53	192,77	216,86	II	2 409,66	125,78	182,96	205,83	119,04	173,15	194,79	112,29	163,34	183,75	105,55	153,53	172,72	98,80	143,72	161,68	92,06	133,90	150,64
	III	1 799,33	98,96	143,94	161,93	III	1 799,33	92,86	135,08	151,96	86,90	126,41	142,21	81,07	117,93	132,67	75,37	109,64	123,34	69,80	101,53	114,22	64,36	93,62	105,32
	V	2 870,08	157,85	229,60	258,30	IV	2 455,50	131,67	191,53	215,47	128,30	186,62	209,95	124,93	181,72	204,43	121,55	176,81	198,91	118,19	171,91	193,40	114,81	167,—	187,88
	VI	2 903,50	159,69	232,28	261,31																				
8 117,99 Ost	I,IV	2 468,33	135,75	197,46	222,14	I	2 468,33	129,01	187,66	211,11	122,26	177,84	200,07	115,52	168,03	189,03	108,78	158,22	178,—	102,03	148,41	166,96	95,28	138,60	155,92
	II	2 422,58	133,24	193,80	218,03	II	2 422,58	126,49	183,99	206,99	119,75	174,18	195,95	113,—	164,37	184,91	106,26	154,56	173,88	99,51	144,75	162,84	92,77	134,94	151,80
	III	1 811,—	99,60	144,88	162,99	III	1 811,—	93,50	136,01	153,01	87,53	127,32	143,23	81,69	118,82	133,67	75,97	110,50	124,31	70,39	102,38	115,18	64,92	94,44	106,24
	V	2 882,91	158,56	230,63	259,46	IV	2 468,33	132,38	192,56	216,63	129,01	187,66	211,11	125,64	182,75	205,59	122,26	177,84	200,07	118,89	172,94	194,55	115,52	168,03	189,03
	VI	2 916,41	160,40	233,31	262,47																				
8 120,99 West	I,IV	2 456,75	135,12	196,54	221,10	I	2 456,75	128,37	186,72	210,06	121,63	176,92	199,03	114,88	167,10	187,99	108,13	157,29	176,95	101,39	147,48	165,92	94,65	137,67	154,88
	II	2 411,—	132,60	192,88	216,99	II	2 411,—	125,85	183,06	205,94	119,11	173,25	194,90	112,36	163,44	183,87	105,62	153,63	172,83	98,87	143,82	161,79	92,12	134,—	150,75
	III	1 800,50	99,02	144,04	162,04	III	1 800,50	92,93	135,17	152,06	86,97	126,50	142,31	81,14	118,02	132,77	75,44	109,73	123,44	69,86	101,62	114,32	64,42	93,70	105,41
	V	2 871,33	157,92	229,70	258,41	IV	2 456,75	131,74	191,63	215,58	128,37	186,72	210,06	125,—	181,82	204,54	121,63	176,92	199,03	118,25	172,01	193,51	114,88	167,10	187,99
	VI	2 904,75	159,76	232,38	261,42																				
8 120,99 Ost	I,IV	2 469,58	135,82	197,56	222,26	I	2 469,58	129,08	187,76	211,23	122,33	177,94	200,18	115,59	168,13	189,14	108,84	158,32	178,11	102,10	148,51	167,07	95,35	138,70	156,03
	II	2 423,83	133,31	193,90	218,14	II	2 423,83	126,56	184,09	207,10	119,82	174,28	196,07	113,07	164,47	185,03	106,32	154,66	173,99	99,58	144,85	162,95	92,84	135,04	151,92
	III	1 812,16	99,66	144,97	163,09	III	1 812,16	93,56	136,09	153,10	87,59	127,41	143,33	81,74	118,90	133,76	76,02	110,58	124,40	70,44	102,46	115,27	64,98	94,52	106,33
	V	2 884,16	158,62	230,73	259,57	IV	2 469,58	132,45	192,66	216,74	129,08	187,76	211,23	125,71	182,85	205,70	122,33	177,94	200,18	118,96	173,04	194,67	115,59	168,13	189,14
	VI	2 917,66	160,47	233,41	262,58																				
8 123,99 West	I,IV	2 458,—	135,19	196,64	221,22	I	2 458,—	128,44	186,82	210,17	121,70	177,02	199,14	114,95	167,20	188,10	108,20	157,39	177,06	101,46	147,58	166,03	94,71	137,77	154,99
	II	2 412,25	132,67	192,98	217,10	II	2 412,25	125,92	183,16	206,06	119,18	173,35	195,02	112,43	163,54	183,98	105,69	153,73	172,94	98,94	143,92	161,91	92,20	134,11	150,87
	III	1 801,50	99,08	144,12	162,13	III	1 801,50	92,99	135,26	152,17	87,03	126,60	142,42	81,19	118,10	132,86	75,49	109,81	123,53	69,92	101,70	114,41	64,47	93,78	105,50
	V	2 872,58	157,99	229,80	258,53	IV	2 458,—	131,81	191,73	215,69	128,44	186,82	210,17	125,07	181,92	204,66	121,70	177,02	199,14	118,32	172,11	193,62	114,95	167,20	188,10
	VI	2 906,—	159,83	232,48	261,54																				
8 123,99 Ost	I,IV	2 470,91	135,90	197,67	222,38	I	2 470,91	129,15	187,86	211,34	122,40	178,04	200,30	115,66	168,24	189,27	108,91	158,42	178,22	102,17	148,61	167,18	95,42	138,80	156,15
	II	2 425,08	133,37	194,—	218,25	II	2 425,08	126,63	184,20	207,22	119,89	174,38	196,18	113,14	164,57	185,14	106,40	154,76	174,11	99,65	144,95	163,07	92,90	135,14	152,03
	III	1 813,33	99,73	145,06	163,19	III	1 813,33	93,62	136,18	153,20	87,65	127,49	143,42	81,81	119,—	133,87	76,09	110,68	124,51	70,50	102,54	115,36	65,03	94,60	106,42
	V	2 885,41	158,69	230,83	259,68	IV	2 470,91	132,52	192,76	216,86	129,15	187,86	211,34	125,78	182,95	205,82	122,40	178,04	200,30	119,03	173,14	194,78	115,66	168,24	189,27
	VI	2 918,91	160,54	233,51	262,70																				
8 126,99 West	I,IV	2 459,25	135,25	196,74	221,33	I	2 459,25	128,51	186,92	210,29	121,77	177,12	199,26	115,02	167,30	188,21	108,27	157,49	177,17	101,53	147,68	166,14	94,78	137,87	155,10
	II	2 413,50	132,74	193,08	217,21	II	2 413,50	125,99	183,26	206,17	119,24	173,45	195,13	112,50	163,64	184,10	105,76	153,83	173,06	99,01	144,02	162,02	92,27	134,21	150,98
	III	1 802,66	99,14	144,21	162,23	III	1 802,66	93,06	135,36	152,28	87,09	126,68	142,51	81,26	118,20	132,97	75,55	109,89	123,62	69,97	101,78	114,50	64,53	93,86	105,59
	V	2 873,83	158,06	229,90	258,64	IV	2 459,25	131,88	191,83	215,81	128,51	186,92	210,29	125,14	182,02	204,77	121,77	177,12	199,26	118,39	172,21	193,73	115,02	167,30	188,21
	VI	2 907,25	159,89	232,58	261,65																				
8 126,99 Ost	I,IV	2 472,16	135,96	197,77	222,49	I	2 472,16	129,22	187,96	211,45	122,47	178,14	200,41	115,73	168,34	189,38	108,98	158,52	178,34	102,24	148,71	167,30	95,49	138,90	156,26
	II	2 426,33	133,44	194,10	218,36	II	2 426,33	126,70	184,30	207,33	119,95	174,48	196,29	113,21	164,67	185,25	106,47	154,86	174,22	99,72	145,05	163,18	92,97	135,24	152,14
	III	1 814,50	99,79	145,16	163,30	III	1 814,50	93,69	136,28	153,31	87,71	127,58	143,53	81,86	119,08	133,96	76,14	110,76	124,60	70,55	102,62	115,45	65,09	94,68	106,51
	V	2 886,75	158,77	230,94	259,80	IV	2 472,16	132,59	192,86	216,97	129,22	187,96	211,45	125,84	183,05	205,93	122,47	178,14	200,41	119,10	173,24	194,90	115,73	168,34	189,38
	VI	2 920,16	160,60	233,61	262,81																				
8 129,99 West	I,IV	2 460,50	135,32	196,84	221,44	I	2 460,50	128,58	187,03	210,41	121,83	177,22	199,37	115,09	167,40	188,33	108,35	157,60	177,30	101,60	147,78	166,25	94,85	137,97	155,21
	II	2 414,75	132,81	193,18	217,32	II	2 414,75	126,06	183,36	206,28	119,32	173,56	195,25	112,57	163,74	184,21	105,82	153,93	173,17	99,08	144,12	162,14	92,34	134,31	151,10
	III	1 803,83	99,21	144,30	162,34	III	1 803,83	93,12	135,45	152,38	87,15	126,77	142,61	81,31	118,28	133,06	75,61	109,98	123,73	70,03	101,86	114,59	64,58	93,94	105,68
	V	2 875,08	158,12	230,—	258,75	IV	2 460,50	131,95	191,93	215,92	128,58	187,03	210,41	125,21	182,12	204,89	121,83	177,22	199,37	118,46	172,31	193,85	115,09	167,40	188,33
	VI	2 908,58	159,97	232,68	261,77																				
8 129,99 Ost	I,IV	2 473,41	136,03	197,87	222,60	I	2 473,41	129,29	188,06	211,56	122,54	178,24	200,52	115,80	168,44	189,49	109,05	158,62	178,45	102,30	148,81	167,41	95,56	139,—	156,38
	II	2 427,58	133,51	194,20	218,48	II	2 427,58	126,77	184,40	207,45	120,02	174,58	196,40	113,28	164,77	185,36	106,53	154,96	174,33	99,79	145,15	163,29	93,04	135,34	152,25
	III	1 815,66	99,86	145,25	163,40	III	1 815,66	93,75	136,37	153,41	87,78	127,68	143,64	81,92	119,16	134,05	76,20	110,84	124,69	70,61	102,70	115,54	65,14	94,76	106,60
	V	2 888,—	158,84	231,04	259,92	IV	2 473,41	132,66	192,96	217,08	129,29	188,06	211,56	125,91	183,15	206,04	122,54	178,24	200,52	119,17	173,34	195,01	115,80	168,44	189,49
	VI	2 921,41	160,67	233,71	262,92																				
8 132,99 West	I,IV	2 461,75	135,39	196,94	221,55	I	2 461,75	128,65	187,13	210,52	121,90	177,32	199,48	115,16	167,50	188,44	108,41	157,70	177,41	101,67	147,88	166,37	94,92	138,07	155,33
	II	2 416,—	132,88	193,28	217,44	II	2 416,—	126,13	183,46	206,39	119,39	173,66	195,36	112,64	163,84	184,32	105,89	154,03	173,28	99,15	144,22	162,25	92,40	134,41	151,21
	III	1 805,—	99,27	144,40	162,45	III	1 805,—	93,17	135,53	152,47	87,21	126,85	142,70	81,38	118,37	133,16	75,67	110,06	123,82	70,08	101,94	114,68	64,64	94,02	105,77
	V	2 876,33	158,19	230,10	258,86	IV	2 461,75	132,02	192,04	216,04	128,65	187,13	210,52	125,28	182,22	205,—	121,90	177,32	199,48	118,53	172,41	193,96	115,16	167,50	188,44
	VI	2 909,83	160,04	232,78	261,88																				
8 132,99 Ost	I,IV	2 474,66	136,10	197,97	222,71	I	2 474,66	129,36	188,16	211,68	122,61	178,35	200,64	115,87	168,54	189,60	109,12	158,72	178,56	102,38	148,92	167,53	95,63	139,10	156,49
	II	2 428,91	133,59	194,31	218,60	II	2 428,91	126,84	184,50	207,56	120,09	174,68	196,52	113,35	164,88	185,49	106,60	155,06	174,44	99,86	145,25	163,40	93,11	135,44	152,37
	III	1 816,83	99,92	145,34	163,51	III	1 816,83	93,81	136,45	153,50	87,83	127,76	143,73	81,98	119,25	134,15	76,26	110,93	124,79	70,67	102,80	115,65	65,21	94,85	106,70
	V	2 889,25	158,90	231,14	260,03	IV	2 474,66	132,73	193,06	217,19	129,36	188,16	211,68	125,98	183,25	206,15	122,61	178,35	200,64	119,24	173,44	195,12	115,87	168,54	189,60
	VI	2 922,66	160,74	233,81	263,03																				
8 135,99 West	I,IV	2 463,08	135,46	197,04	221,67	I	2 463,08	128,72	187,23	210,63	121,97	177,42	199,59	115,22	167,60	188,55	108,48	157,80	177,52	101,74	147,98	166,48	94,99	138,17	155,44
	II	2 417,25	132,94	193,38	217,55	II	2 417,25	126,20	183,56	206,51	119,46	173,76	195,48	112,71	163,94	184,43	105,96	154,13	173,39	99,22	144,32	162,36	92,47	134,51	151,32
	III	1 806,16	99,33	144,49	162,55	III	1 806,16	93,24	135,62	152,57	87,27	126,94	142,81	81,43	118,45	133,25	75,72	110,14	123,91	70,15	102,04	114,79	64,69	94,10	105,86
	V	2 877,58	158,26	230,20	258,98	IV	2 463,08	132,09	192,14	216,15	128,72	187,23	210,63	125,34	182,32	205,11	121,97	177,42	199,59	118,60	172,51	194,07	115,22	167,60	188,55
	VI	2 911,08	160,10	232,88	261,99																				
8 135,99 Ost	I,IV	2 475,91	136,17	198,07	222,83	I	2 475,91	129,42	188,26	211,79	122,68	178,45	200,75	115,94	168,64	189,72	109,19	158,82	178,67	102,45	149,02	167,64	95,70	139,20	156,60
	II	2 430,16	133,65	194,41	218,71	II	2 430,16	126,91	184,60	207,67	120,16	174,78	196,63	113,42	164,98	185,60	106,67	155,16	174,56	99,93	145,35	163,52	93,18	135,54	152,48
	III	1 818,—	99,99	145,44	163,62	III	1 818,—	93,87	136,54	153,61	87,89	127,85	143,83	82,04	119,33	134,24	76,32	111,01	124,88	70,73	102,88	115,74	65,26	94,93	106,79
	V	2 890,50	158,97	231,24	260,14	IV	2 475,91	132,80	193,16	217,31	129,42	188,26	211,79	126,06	183,36	206,28	122,68	178,45	200,75	119,31	173,54	195,23	115,94	168,64	189,72
	VI	2 923,91	160,81	233,91	263,15																				

*** Die ausgewiesenen Tabellenwerte sind amtlich. Siehe Erläuterungen auf der Umschlaginnenseite (U2).**

Abzüge an Lohnsteuer, Solidaritätszuschlag (SolZ) und Kirchensteuer (8%, 9%) in den Steuerklassen

Lohn/ Gehalt bis €*	I – VI		ohne Kinderfreibeträge			I, II, III, IV		mit Zahl der Kinderfreibeträge . . . 0,5			1			1,5			2			2,5			3		
		LSt	SolZ	8%	9%		LSt	SolZ	8%	9%	SolZ	8%	9%	SolZ	8%	9%	SolZ	8%	9%	SolZ	8%	9%	SolZ	8%	9%
8 138,99 West	I,IV	2 464,33	135,53	197,14	221,78	I	2 464,33	128,79	187,33	210,74	122,04	177,52	199,71	115,30	167,71	188,67	108,55	157,90	177,63	101,80	148,08	166,59	95,06	138,28	155,56
	II	2 418,50	133,01	193,48	217,66	II	2 418,50	126,27	183,67	206,63	119,52	173,86	195,59	112,78	164,04	184,55	106,04	154,24	173,52	99,29	144,42	162,47	92,54	134,61	151,43
	III	1 807,33	99,40	144,58	162,65	III	1 807,33	93,30	135,72	152,68	87,34	127,04	142,92	81,50	118,54	133,36	75,79	110,24	124,02	70,20	102,12	114,88	64,75	94,18	105,95
	V	2 878,83	158,33	230,30	259,09	IV	2 464,33	132,16	192,24	216,27	128,79	187,33	210,74	125,41	182,42	205,22	122,04	177,52	199,71	118,67	172,61	194,18	115,30	167,71	188,67
	VI	2 912,33	160,17	232,98	262,10																				
8 138,99 Ost	I,IV	2 477,16	136,24	198,17	222,94	I	2 477,16	129,50	188,36	211,91	122,75	178,55	200,87	116,—	168,74	189,83	109,26	158,92	178,79	102,52	149,12	167,76	95,77	139,30	156,71
	II	2 431,41	133,72	194,51	218,82	II	2 431,41	126,98	184,70	207,78	120,23	174,88	196,74	113,49	165,08	185,71	106,74	155,26	174,67	99,99	145,45	163,63	93,25	135,64	152,60
	III	1 819,16	100,05	145,53	163,72	III	1 819,16	93,94	136,64	153,72	87,95	127,93	143,92	82,10	119,42	134,35	76,37	111,09	124,97	70,78	102,96	115,83	65,32	95,01	106,88
	V	2 891,75	159,04	231,34	260,25	IV	2 477,16	132,87	193,26	217,42	129,50	188,36	211,91	126,12	183,46	206,39	122,75	178,55	200,87	119,38	173,64	195,35	116,—	168,74	189,83
	VI	2 925,25	160,88	234,02	263,27																				
8 141,99 West	I,IV	2 465,58	135,60	197,24	221,90	I	2 465,58	128,86	187,43	210,86	122,11	177,62	199,82	115,37	167,81	188,78	108,62	158,—	177,75	101,87	148,18	166,70	95,13	138,38	155,67
	II	2 419,75	133,08	193,58	217,77	II	2 419,75	126,34	183,77	206,74	119,59	173,96	195,70	112,85	164,14	184,66	106,10	154,34	173,63	99,36	144,52	162,59	92,61	134,71	151,55
	III	1 808,50	99,46	144,68	162,76	III	1 808,50	93,37	135,81	152,78	87,39	127,12	143,01	81,55	118,62	133,45	75,84	110,32	124,11	70,26	102,20	114,97	64,80	94,26	106,04
	V	2 880,16	158,40	230,41	259,21	IV	2 465,58	132,23	192,34	216,38	128,86	187,43	210,86	125,48	182,52	205,34	122,11	177,62	199,82	118,74	172,72	194,31	115,37	167,81	188,78
	VI	2 913,58	160,24	233,08	262,22																				
8 141,99 Ost	I,IV	2 478,41	136,31	198,27	223,05	I	2 478,41	129,57	188,46	212,02	122,82	178,65	200,98	116,07	168,84	189,94	109,33	159,03	178,91	102,58	149,22	167,87	95,84	139,40	156,83
	II	2 432,66	133,79	194,61	218,93	II	2 432,66	127,05	184,80	207,90	120,30	174,99	196,86	113,56	165,18	185,82	106,81	155,36	174,78	100,07	145,56	163,75	93,32	135,74	152,71
	III	1 820,16	100,10	145,61	163,81	III	1 820,16	94,—	136,73	153,82	88,01	128,02	144,02	82,16	119,50	134,44	76,44	111,18	125,08	70,84	103,04	115,92	65,37	95,09	106,97
	V	2 893,—	159,11	231,44	260,37	IV	2 478,41	132,93	193,36	217,53	129,57	188,46	212,02	126,19	183,56	206,50	122,82	178,65	200,98	119,45	173,74	195,46	116,07	168,84	189,94
	VI	2 926,50	160,95	234,12	263,38																				
8 144,99 West	I,IV	2 466,83	135,67	197,34	222,01	I	2 466,83	128,92	187,53	210,97	122,18	177,72	199,94	115,44	167,91	188,90	108,69	158,10	177,86	101,94	148,28	166,82	95,20	138,48	155,79
	II	2 421,08	133,15	193,68	217,89	II	2 421,08	126,41	183,87	206,85	119,66	174,06	195,81	112,91	164,24	184,77	106,17	154,44	173,74	99,43	144,62	162,70	92,68	134,81	151,66
	III	1 809,66	99,53	144,77	162,86	III	1 809,66	93,42	135,89	152,87	87,45	127,21	143,11	81,62	118,72	133,56	75,90	110,40	124,20	70,31	102,28	115,06	64,86	94,34	106,13
	V	2 881,41	158,47	230,51	259,32	IV	2 466,83	132,30	192,44	216,49	128,92	187,53	210,97	125,55	182,62	205,45	122,18	177,72	199,94	118,81	172,82	194,42	115,44	167,91	188,90
	VI	2 914,83	160,31	233,18	262,33																				
8 144,99 Ost	I,IV	2 479,66	136,38	198,37	223,16	I	2 479,66	129,63	188,56	212,13	122,89	178,75	201,09	116,14	168,94	190,05	109,40	159,13	179,02	102,65	149,32	167,98	95,91	139,50	156,94
	II	2 433,91	133,86	194,71	219,05	II	2 433,91	127,11	184,90	208,01	120,37	175,09	196,97	113,63	165,28	185,94	106,88	155,46	174,89	100,14	145,66	163,86	93,39	135,84	152,82
	III	1 821,33	100,17	145,70	163,91	III	1 821,33	94,06	136,82	153,92	88,08	128,12	144,13	82,22	119,60	134,55	76,49	111,26	125,17	70,89	103,12	116,01	65,43	95,17	107,06
	V	2 894,25	159,18	231,54	260,48	IV	2 479,66	133,01	193,47	217,65	129,63	188,56	212,13	126,26	183,66	206,61	122,89	178,75	201,09	119,51	173,84	195,57	116,14	168,94	190,05
	VI	2 927,75	161,02	234,22	263,49																				
8 147,99 West	I,IV	2 468,08	135,74	197,44	222,12	I	2 468,08	128,99	187,63	211,08	122,25	177,82	200,05	115,50	168,01	189,01	108,76	158,20	177,97	102,02	148,39	166,94	95,27	138,58	155,90
	II	2 422,33	133,22	193,78	218,—	II	2 422,33	126,48	183,97	206,96	119,73	174,16	195,93	112,99	164,35	184,89	106,24	154,54	173,85	99,49	144,72	162,81	92,75	134,92	151,78
	III	1 810,83	99,59	144,86	162,97	III	1 810,83	93,49	135,98	152,98	87,52	127,30	143,21	81,67	118,80	133,65	75,96	110,49	124,30	70,37	102,36	115,15	64,91	94,42	106,22
	V	2 882,66	158,54	230,61	259,43	IV	2 468,08	132,37	192,54	216,60	128,99	187,63	211,08	125,62	182,72	205,56	122,25	177,82	200,05	118,88	172,92	194,53	115,50	168,01	189,01
	VI	2 916,08	160,38	233,28	262,44																				
8 147,99 Ost	I,IV	2 481,—	136,45	198,48	223,29	I	2 481,—	129,70	188,66	212,24	122,96	178,85	201,20	116,21	169,04	190,17	109,47	159,23	179,13	102,72	149,42	168,09	95,97	139,60	157,05
	II	2 435,16	133,93	194,81	219,16	II	2 435,16	127,19	185,—	208,13	120,44	175,19	197,09	113,69	165,38	186,05	106,95	155,56	175,01	100,21	145,76	163,98	93,46	135,94	152,93
	III	1 822,50	100,23	145,80	164,02	III	1 822,50	94,12	136,90	154,01	88,13	128,20	144,22	82,28	119,68	134,64	76,55	111,34	125,26	70,95	103,21	116,11	65,48	95,25	107,15
	V	2 895,50	159,25	231,64	260,59	IV	2 481,—	133,08	193,57	217,76	129,70	188,66	212,24	126,33	183,76	206,73	122,96	178,85	201,20	119,58	173,94	195,68	116,21	169,04	190,17
	VI	2 929,—	161,09	234,32	263,61																				
8 150,99 West	I,IV	2 469,33	135,81	197,54	222,23	I	2 469,33	129,06	187,73	211,19	122,32	177,92	200,16	115,57	168,11	189,12	108,83	158,30	178,08	102,08	148,49	167,05	95,34	138,68	156,01
	II	2 423,58	133,29	193,88	218,12	II	2 423,58	126,55	184,07	207,08	119,80	174,26	196,04	113,06	164,45	185,—	106,31	154,64	173,97	99,56	144,82	162,92	92,82	135,02	151,89
	III	1 812,—	99,66	144,96	163,08	III	1 812,—	93,55	136,08	153,09	87,57	127,38	143,30	81,73	118,89	133,75	76,01	110,57	124,39	70,42	102,44	115,24	64,97	94,50	106,31
	V	2 883,91	158,61	230,71	259,55	IV	2 469,33	132,44	192,64	216,72	129,06	187,73	211,19	125,69	182,83	205,68	122,32	177,92	200,16	118,95	173,02	194,64	115,57	168,11	189,12
	VI	2 917,33	160,45	233,38	262,55																				
8 150,99 Ost	I,IV	2 482,25	136,52	198,58	223,40	I	2 482,25	129,77	188,76	212,36	123,03	178,95	201,32	116,28	169,14	190,28	109,54	159,33	179,24	102,79	149,52	168,21	96,05	139,71	157,17
	II	2 436,41	134,—	194,91	219,27	II	2 436,41	127,26	185,10	208,24	120,51	175,29	197,20	113,76	165,48	186,16	107,02	155,67	175,13	100,27	145,86	164,09	93,53	136,04	153,05
	III	1 823,66	100,30	145,89	164,12	III	1 823,66	94,18	137,—	154,12	88,20	128,29	144,32	82,34	119,77	134,74	76,61	111,44	125,37	71,01	103,29	116,20	65,54	95,33	107,24
	V	2 896,75	159,32	231,74	260,70	IV	2 482,25	133,15	193,67	217,88	129,77	188,76	212,36	126,40	183,86	206,84	123,03	178,95	201,32	119,65	174,04	195,80	116,28	169,14	190,28
	VI	2 930,25	161,16	234,42	263,72																				
8 153,99 West	I,IV	2 470,58	135,88	197,64	222,35	I	2 470,58	129,14	187,84	211,32	122,39	178,02	200,27	115,64	168,21	189,23	108,90	158,40	178,20	102,15	148,59	167,16	95,41	138,78	156,12
	II	2 424,83	133,36	193,98	218,23	II	2 424,83	126,61	184,17	207,19	119,87	174,36	196,16	113,13	164,55	185,12	106,38	154,74	174,08	99,63	144,92	163,04	92,89	135,12	152,01
	III	1 813,—	99,71	145,04	163,17	III	1 813,—	93,61	136,17	153,19	87,64	127,48	143,41	81,79	118,97	133,84	76,07	110,65	124,48	70,49	102,53	115,34	65,02	94,58	106,40
	V	2 885,16	158,68	230,81	259,66	IV	2 470,58	132,50	192,74	216,83	129,14	187,84	211,32	125,76	182,93	205,79	122,39	178,02	200,27	119,02	173,12	194,76	115,64	168,21	189,23
	VI	2 918,66	160,52	233,49	262,67																				
8 153,99 Ost	I,IV	2 483,50	136,59	198,68	223,51	I	2 483,50	129,84	188,86	212,47	123,09	179,05	201,43	116,35	169,24	190,40	109,61	159,43	179,36	102,86	149,62	168,32	96,12	139,81	157,28
	II	2 437,66	134,07	195,01	219,38	II	2 437,66	127,32	185,20	208,35	120,58	175,39	197,31	113,83	165,58	186,27	107,09	155,77	175,24	100,34	145,96	164,20	93,60	136,14	153,16
	III	1 824,83	100,36	145,98	164,23	III	1 824,83	94,25	137,09	154,22	88,26	128,38	144,43	82,39	119,85	134,83	76,67	111,52	125,46	71,06	103,37	116,29	65,59	95,41	107,33
	V	2 898,08	159,39	231,84	260,82	IV	2 483,50	133,21	193,77	217,99	129,84	188,86	212,47	126,47	183,96	206,95	123,09	179,05	201,43	119,73	174,15	195,92	116,35	169,24	190,40
	VI	2 931,50	161,23	234,52	263,83																				
8 156,99 West	I,IV	2 471,83	135,95	197,74	222,46	I	2 471,83	129,20	187,94	211,43	122,46	178,12	200,39	115,71	168,31	189,35	108,97	158,50	178,31	102,22	148,69	167,27	95,48	138,88	156,24
	II	2 426,08	133,43	194,08	218,34	II	2 426,08	126,68	184,27	207,30	119,94	174,46	196,27	113,19	164,65	185,23	106,45	154,84	174,19	99,71	145,03	163,16	92,96	135,22	152,12
	III	1 814,16	99,77	145,13	163,27	III	1 814,16	93,67	136,25	153,28	87,69	127,56	143,50	81,85	119,06	133,94	76,13	110,74	124,58	70,54	102,61	115,43	65,08	94,66	106,49
	V	2 886,41	158,75	230,91	259,77	IV	2 471,83	132,58	192,84	216,95	129,20	187,94	211,43	125,83	183,03	205,91	122,46	178,12	200,39	119,08	173,22	194,87	115,71	168,31	189,35
	VI	2 919,91	160,59	233,59	262,79																				
8 156,99 Ost	I,IV	2 484,75	136,66	198,78	223,62	I	2 484,75	129,91	188,96	212,58	123,17	179,16	201,55	116,42	169,34	190,51	109,67	159,53	179,47	102,93	149,72	168,44	96,19	139,91	157,40
	II	2 439,—	134,14	195,12	219,51	II	2 439,—	127,39	185,30	208,46	120,65	175,49	197,42	113,90	165,68	186,39	107,16	155,87	175,35	100,41	146,06	164,31	93,66	136,24	153,27
	III	1 826,—	100,43	146,08	164,34	III	1 826,—	94,31	137,18	154,33	88,32	128,46	144,52	82,46	119,94	134,93	76,73	111,61	125,56	71,12	103,45	116,38	65,65	95,49	107,42
	V	2 899,33	159,46	231,94	260,93	IV	2 484,75	133,28	193,87	218,10	129,91	188,96	212,58	126,54	184,06	207,06	123,17	179,16	201,55	119,79	174,25	196,03	116,42	169,34	190,51
	VI	2 932,75	161,30	234,62	263,94																				
8 159,99 West	I,IV	2 473,08	136,01	197,84	222,57	I	2 473,08	129,27	188,04	211,54	122,53	178,22	200,50	115,78	168,41	189,46	109,04	158,60	178,43	102,29	148,79	167,39	95,54	138,98	156,35
	II	2 427,33	133,50	194,18	218,45	II	2 427,33	126,75	184,37	207,41	120,01	174,56	196,38	113,26	164,75	185,34	106,52	154,94	174,30	99,77	145,13	163,27	93,03	135,32	152,23
	III	1 815,33	99,84	145,22	163,37	III	1 815,33	93,73	136,34	153,38	87,76	127,65	143,60	81,91	119,14	134,03	76,19	110,82	124,67	70,60	102,69	115,52	65,13	94,74	106,58
	V	2 887,66	158,82	231,01	259,88	IV	2 473,08	132,65	192,94	217,06	129,27	188,04	211,54	125,90	183,13	206,02	122,53	178,22	200,50	119,15	173,32	194,98	115,78	168,41	189,46
	VI	2 921,16	160,66	233,69	262,90																				
8 159,99 Ost	I,IV	2 486,—	136,73	198,88	223,74	I	2 486,—	129,98	189,06	212,69	123,24	179,26	201,66	116,49	169,44	190,62	109,74	159,63	179,58	103,—	149,82	168,55	96,25	140,01	157,51
	II	2 440,25	134,21	195,22	219,62	II	2 440,25	127,46	185,40	208,58	120,72	175,59	197,54	113,97	165,78	186,50	107,23	155,97	175,46	100,48	146,16	164,43	93,74	136,35	153,39
	III	1 827,16	100,49	146,17	164,44	III	1 827,16	94,37	137,26	154,42	88,38	128,56	144,63	82,51	120,02	135,02	76,78	111,69	125,65	71,17	103,53	116,47	65,70	95,57	107,51
	V	2 900,58	159,53	232,04	261,05	IV	2 486,—	133,35	193,97	218,21	129,98	189,06	212,69	126,61	184,16	207,18	123,24	179,26	201,66	119,86	174,35	196,14	116,49	169,44	190,62
	VI	2 934,—	161,37	234,72	264,06																				

* **Die ausgewiesenen Tabellenwerte sind amtlich. Siehe Erläuterungen auf der Umschlaginnenseite (U2).**

Abzüge an Lohnsteuer, Solidaritätszuschlag (SolZ) und Kirchensteuer (8%, 9%) in den Steuerklassen

Lohn/ Gehalt bis €*	I – VI	LSt	SolZ	8%	9%	I, II, III, IV	LSt	0,5 SolZ	0,5 8%	0,5 9%	1 SolZ	1 8%	1 9%	1,5 SolZ	1,5 8%	1,5 9%	2 SolZ	2 8%	2 9%	2,5 SolZ	2,5 8%	2,5 9%	3 SolZ	3 8%	3 9%
			ohne Kinderfreibeträge					mit Zahl der Kinderfreibeträge …																	
8 162,99 West	I,IV	2 474,41	136,09	197,95	222,69	I	2 474,41	129,34	188,14	211,65	122,59	178,32	200,61	115,85	168,52	189,58	109,11	158,70	178,54	102,36	148,89	167,50	95,62	139,08	156,47
	II	2 428,58	133,57	194,28	218,57	II	2 428,58	126,83	184,48	207,54	120,08	174,66	196,49	113,33	164,85	185,45	106,59	155,04	174,42	99,84	145,23	163,38	93,10	135,42	152,34
	III	1 816,50	99,90	145,32	163,48	III	1 816,50	93,80	136,44	153,49	87,82	127,74	143,71	81,97	119,24	134,14	76,24	110,90	124,76	70,65	102,77	115,61	65,19	94,82	106,67
	V	2 888,91	158,89	231,11	260,—	IV	2 474,41	132,71	193,04	217,17	129,34	188,14	211,65	125,97	183,23	206,13	122,59	178,32	200,61	119,22	173,42	195,09	115,85	168,52	189,58
	VI	2 922,41	160,73	233,79	263,01																				
8 162,99 Ost	I,IV	2 487,25	136,79	198,98	223,85	I	2 487,25	130,05	189,16	212,81	123,31	179,36	201,78	116,56	169,54	190,73	109,81	159,73	179,69	103,07	149,92	168,66	96,32	140,11	157,62
	II	2 441,50	134,28	195,32	219,73	II	2 441,50	127,53	185,50	208,69	120,78	175,69	197,65	114,04	165,88	186,62	107,30	156,07	175,58	100,55	146,26	164,54	93,81	136,45	153,50
	III	1 828,33	100,55	146,26	164,54	III	1 828,33	94,43	137,36	154,53	88,44	128,65	144,73	82,58	120,12	135,13	76,84	111,77	125,74	71,24	103,62	116,57	65,76	95,65	107,60
	V	2 901,83	159,60	232,14	261,16	IV	2 487,25	133,42	194,07	218,33	130,05	189,16	212,81	126,68	184,26	207,29	123,31	179,36	201,78	119,93	174,45	196,25	116,56	169,54	190,73
	VI	2 935,25	161,43	234,82	264,17																				
8 165,99 West	I,IV	2 475,66	136,16	198,05	222,80	I	2 475,66	129,41	188,24	211,77	122,66	178,42	200,72	115,92	168,62	189,69	109,17	158,80	178,65	102,43	148,99	167,61	95,69	139,18	156,58
	II	2 429,83	133,64	194,38	218,68	II	2 429,83	126,89	184,58	207,65	120,15	174,76	196,61	113,40	164,95	185,57	106,66	155,14	174,53	99,91	145,33	163,49	93,17	135,52	152,46
	III	1 817,66	99,97	145,41	163,58	III	1 817,66	93,86	136,53	153,59	87,88	127,82	143,80	82,03	119,32	134,23	76,31	111,—	124,87	70,71	102,85	115,70	65,24	94,90	106,76
	V	2 890,25	158,96	231,22	260,12	IV	2 475,66	132,78	193,14	217,28	129,41	188,24	211,77	126,04	183,33	206,24	122,66	178,42	200,72	119,29	173,52	195,21	115,92	168,62	189,69
	VI	2 923,66	160,80	233,89	263,12																				
8 165,99 Ost	I,IV	2 488,50	136,86	199,08	223,96	I	2 488,50	130,12	189,27	212,93	123,37	179,46	201,89	116,63	169,64	190,85	109,89	159,84	179,82	103,14	150,02	168,77	96,39	140,21	157,73
	II	2 442,75	134,35	195,42	219,84	II	2 442,75	127,60	185,60	208,80	120,86	175,80	197,77	114,11	165,98	186,73	107,36	156,17	175,69	100,62	146,36	164,66	93,88	136,55	153,62
	III	1 829,50	100,62	146,36	164,65	III	1 829,50	94,49	137,45	154,63	88,50	128,73	144,82	82,63	120,20	135,22	76,90	111,86	125,84	71,29	103,70	116,66	65,81	95,73	107,69
	V	2 903,08	159,66	232,24	261,27	IV	2 488,50	133,49	194,17	218,44	130,12	189,27	212,93	126,75	184,36	207,41	123,37	179,46	201,89	120,—	174,55	196,37	116,63	169,64	190,85
	VI	2 936,58	161,51	234,92	264,29																				
8 168,99 West	I,IV	2 476,91	136,23	198,15	222,92	I	2 476,91	129,48	188,34	211,88	122,73	178,52	200,84	115,99	168,72	189,81	109,24	158,90	178,76	102,50	149,09	167,72	95,75	139,28	156,69
	II	2 431,08	133,70	194,48	218,79	II	2 431,08	126,96	184,68	207,76	120,22	174,86	196,72	113,47	165,05	185,68	106,73	155,24	174,65	99,98	145,43	163,61	93,23	135,62	152,57
	III	1 818,83	100,03	145,50	163,69	III	1 818,83	93,92	136,61	153,68	87,94	127,92	143,91	82,08	119,40	134,32	76,36	111,08	124,96	70,77	102,94	115,81	65,30	94,98	106,85
	V	2 891,50	159,03	231,32	260,23	IV	2 476,91	132,85	193,24	217,40	129,48	188,34	211,88	126,11	183,43	206,36	122,73	178,52	200,84	119,36	173,62	195,32	115,99	168,72	189,81
	VI	2 924,91	160,87	233,99	263,24																				
8 168,99 Ost	I,IV	2 489,75	136,93	199,18	224,07	I	2 489,75	130,19	189,37	213,04	123,44	179,56	202,—	116,70	169,74	190,96	109,95	159,94	179,93	103,21	150,12	168,89	96,46	140,31	157,85
	II	2 444,—	134,42	195,52	219,96	II	2 444,—	127,67	185,70	208,91	120,93	175,90	197,88	114,18	166,08	186,84	107,43	156,27	175,80	100,69	146,46	164,77	93,94	136,65	153,73
	III	1 830,66	100,68	146,45	164,75	III	1 830,66	94,56	137,54	154,73	88,56	128,82	144,92	82,70	120,29	135,32	76,96	111,94	125,93	71,35	103,78	116,75	65,87	95,81	107,78
	V	2 904,33	159,73	232,34	261,38	IV	2 489,75	133,56	194,28	218,56	130,19	189,37	213,04	126,82	184,46	207,52	123,44	179,56	202,—	120,07	174,65	196,48	116,70	169,74	190,96
	VI	2 937,83	161,58	235,02	264,40																				
8 171,99 West	I,IV	2 478,16	136,29	198,25	223,03	I	2 478,16	129,55	188,44	211,99	122,81	178,63	200,96	116,06	168,82	189,92	109,31	159,—	178,88	102,57	149,20	167,85	95,82	139,38	156,80
	II	2 432,41	133,78	194,59	218,91	II	2 432,41	127,03	184,78	207,87	120,28	174,96	196,83	113,54	165,16	185,80	106,80	155,34	174,76	100,05	145,53	163,72	93,31	135,72	152,69
	III	1 820,—	100,10	145,60	163,80	III	1 820,—	93,98	136,70	153,79	88,—	128,01	144,01	82,15	119,49	134,42	76,42	111,16	125,05	70,83	103,02	115,90	65,35	95,06	106,94
	V	2 892,75	159,10	231,42	260,34	IV	2 478,16	132,92	193,34	217,51	129,55	188,44	211,99	126,17	183,53	206,47	122,81	178,63	200,96	119,43	173,72	195,44	116,06	168,82	189,92
	VI	2 926,16	160,93	234,09	263,35																				
8 171,99 Ost	I,IV	2 491,08	137,—	199,28	224,19	I	2 491,08	130,26	189,47	213,15	123,51	179,66	202,11	116,76	169,84	191,07	110,02	160,04	180,04	103,28	150,22	169,—	96,53	140,41	157,96
	II	2 445,25	134,48	195,62	220,07	II	2 445,25	127,74	185,80	209,03	121,—	176,—	198,—	114,25	166,18	186,95	107,50	156,37	175,91	100,76	146,56	164,88	94,01	136,75	153,84
	III	1 831,83	100,75	146,54	164,86	III	1 831,83	94,62	137,64	154,84	88,62	128,90	145,01	82,75	120,37	135,41	77,01	112,02	126,02	71,40	103,86	116,84	65,92	95,89	107,87
	V	2 905,58	159,80	232,44	261,50	IV	2 491,08	133,63	194,38	218,67	130,26	189,47	213,15	126,88	184,56	207,63	123,51	179,66	202,11	120,14	174,75	196,59	116,76	169,84	191,07
	VI	2 939,08	161,64	235,12	264,51																				
8 174,99 West	I,IV	2 479,41	136,36	198,35	223,14	I	2 479,41	129,62	188,54	212,10	122,87	178,73	201,07	116,13	168,92	190,03	109,38	159,10	178,99	102,64	149,30	167,96	95,89	139,48	156,92
	II	2 433,66	133,85	194,69	219,02	II	2 433,66	127,10	184,88	207,99	120,35	175,06	196,94	113,61	165,26	185,91	106,86	155,44	174,87	100,12	145,63	163,83	93,38	135,82	152,80
	III	1 821,16	100,16	145,69	163,90	III	1 821,16	94,05	136,80	153,90	88,06	128,09	144,10	82,20	119,57	134,51	76,48	111,25	125,15	70,88	103,10	115,99	65,41	95,14	107,03
	V	2 894,—	159,17	231,52	260,46	IV	2 479,41	132,99	193,44	217,62	129,62	188,54	212,10	126,25	183,64	206,59	122,87	178,73	201,07	119,50	173,82	195,55	116,13	168,92	190,03
	VI	2 927,41	161,—	234,19	263,46																				
8 174,99 Ost	I,IV	2 492,33	137,07	199,38	224,30	I	2 492,33	130,33	189,57	213,26	123,58	179,76	202,23	116,84	169,95	191,19	110,09	160,14	180,15	103,34	150,32	169,11	96,60	140,52	158,08
	II	2 446,50	134,55	195,72	220,18	II	2 446,50	127,81	185,91	209,15	121,06	176,10	198,11	114,32	166,28	187,07	107,58	156,48	176,04	100,83	146,66	164,99	94,08	136,85	153,95
	III	1 833,—	100,81	146,64	164,97	III	1 833,—	94,68	137,72	154,93	88,68	129,—	145,12	82,82	120,46	135,52	77,08	112,12	126,13	71,47	103,96	116,95	65,98	95,97	107,96
	V	2 906,83	159,87	232,54	261,61	IV	2 492,33	133,70	194,48	218,79	130,33	189,57	213,26	126,95	184,66	207,74	123,58	179,76	202,23	120,21	174,85	196,70	116,84	169,95	191,19
	VI	2 940,33	161,71	235,22	264,62																				
8 177,99 West	I,IV	2 480,66	136,43	198,45	223,25	I	2 480,66	129,69	188,64	212,22	122,94	178,83	201,18	116,20	169,02	190,14	109,45	159,20	179,10	102,71	149,40	168,07	95,96	139,58	157,03
	II	2 434,91	133,92	194,79	219,14	II	2 434,91	127,17	184,98	208,10	120,42	175,16	197,06	113,68	165,36	186,03	106,93	155,54	174,98	100,19	145,73	163,94	93,44	135,92	152,91
	III	1 822,33	100,22	145,78	164,—	III	1 822,33	94,11	136,89	154,—	88,12	128,18	144,20	82,27	119,66	134,62	76,54	111,33	125,24	70,94	103,18	116,08	65,46	95,22	107,12
	V	2 895,25	159,23	231,62	260,57	IV	2 480,66	133,06	193,54	217,73	129,69	188,64	212,22	126,32	183,74	206,70	122,94	178,83	201,18	119,57	173,92	195,66	116,20	169,02	190,14
	VI	2 928,75	161,08	234,30	263,58																				
8 177,99 Ost	I,IV	2 493,58	137,14	199,48	224,42	I	2 493,58	130,40	189,67	213,38	123,65	179,86	202,34	116,91	170,05	191,30	110,16	160,24	180,27	103,41	150,42	169,22	96,67	140,62	158,19
	II	2 447,75	134,62	195,82	220,29	II	2 447,75	127,88	186,01	209,26	121,13	176,20	198,22	114,39	166,38	187,18	107,64	156,58	176,15	100,90	146,76	165,11	94,15	136,95	154,07
	III	1 834,16	100,87	146,73	165,07	III	1 834,16	94,74	137,81	155,03	88,75	129,09	145,22	82,87	120,54	135,61	77,13	112,20	126,22	71,52	104,04	117,04	66,03	96,05	108,05
	V	2 908,16	159,94	232,65	261,73	IV	2 493,58	133,77	194,58	218,90	130,40	189,67	213,38	127,02	184,76	207,86	123,65	179,86	202,34	120,28	174,96	196,83	116,91	170,05	191,30
	VI	2 941,58	161,78	235,32	264,74																				
8 180,99 West	I,IV	2 481,91	136,50	198,55	223,37	I	2 481,91	129,76	188,74	212,33	123,01	178,93	201,29	116,27	169,12	190,26	109,52	159,31	179,22	102,78	149,50	168,18	96,03	139,68	157,14
	II	2 436,16	133,98	194,89	219,25	II	2 436,16	127,24	185,08	208,21	120,50	175,27	197,18	113,75	165,46	186,14	107,—	155,64	175,10	100,26	145,84	164,07	93,51	136,02	153,02
	III	1 823,50	100,29	145,88	164,11	III	1 823,50	94,17	136,98	154,10	88,18	128,26	144,29	82,32	119,74	134,71	76,59	111,41	125,33	70,99	103,26	116,17	65,53	95,32	107,23
	V	2 896,50	159,30	231,72	260,68	IV	2 481,91	133,13	193,64	217,85	129,76	188,74	212,33	126,39	183,84	206,82	123,01	178,93	201,29	119,64	174,02	195,77	116,27	169,12	190,26
	VI	2 930,—	161,15	234,40	263,70																				
8 180,99 Ost	I,IV	2 494,83	137,21	199,58	224,53	I	2 494,83	130,46	189,77	213,49	123,72	179,96	202,46	116,98	170,15	191,42	110,23	160,34	180,38	103,48	150,52	169,34	96,74	140,72	158,31
	II	2 449,08	134,69	195,92	220,41	II	2 449,08	127,95	186,11	209,37	121,20	176,30	198,33	114,45	166,48	187,29	107,71	156,68	176,26	100,97	146,86	165,22	94,22	137,05	154,18
	III	1 835,33	100,94	146,82	165,17	III	1 835,33	94,81	137,90	155,14	88,80	129,17	145,31	82,94	120,64	135,72	77,19	112,28	126,31	71,58	104,12	117,13	66,10	96,14	108,16
	V	2 909,41	160,01	232,75	261,84	IV	2 494,83	133,84	194,68	219,01	130,46	189,77	213,49	127,09	184,86	207,97	123,72	179,96	202,46	120,35	175,06	196,94	116,98	170,15	191,42
	VI	2 942,83	161,85	235,42	264,85																				
8 183,99 West	I,IV	2 483,16	136,57	198,65	223,48	I	2 483,16	129,83	188,84	212,45	123,08	179,03	201,41	116,33	169,22	190,37	109,59	159,41	179,33	102,85	149,60	168,30	96,10	139,78	157,25
	II	2 437,41	134,05	194,99	219,36	II	2 437,41	127,31	185,18	208,32	120,56	175,37	197,29	113,82	165,56	186,25	107,07	155,74	175,21	100,33	145,94	164,18	93,58	136,12	153,14
	III	1 824,66	100,35	145,97	164,21	III	1 824,66	94,23	137,06	154,19	88,24	128,36	144,40	82,39	119,84	134,82	76,66	111,50	125,44	71,06	103,36	116,28	65,58	95,40	107,32
	V	2 897,75	159,37	231,82	260,79	IV	2 483,16	133,20	193,75	217,97	129,83	188,84	212,45	126,45	183,94	206,93	123,08	179,03	201,41	119,71	174,12	195,89	116,33	169,22	190,37
	VI	2 931,25	161,21	234,50	263,81																				
8 183,99 Ost	I,IV	2 496,08	137,28	199,68	224,64	I	2 496,08	130,53	189,87	213,60	123,79	180,06	202,57	117,04	170,25	191,53	110,30	160,44	180,49	103,56	150,63	169,46	96,81	140,82	158,42
	II	2 450,33	134,76	196,02	220,52	II	2 450,33	128,02	186,21	209,48	121,27	176,40	198,45	114,53	166,59	187,41	107,78	156,78	176,37	101,03	146,96	165,33	94,29	137,16	154,30
	III	1 836,50	101,—	146,92	165,28	III	1 836,50	94,87	138,—	155,25	88,87	129,26	145,42	82,99	120,72	135,81	77,25	112,37	126,41	71,63	104,20	117,22	66,15	96,22	108,25
	V	2 910,66	160,08	232,85	261,95	IV	2 496,08	133,91	194,78	219,12	130,53	189,87	213,60	127,16	184,96	208,08	123,79	180,06	202,57	120,42	175,16	197,05	117,04	170,25	191,53
	VI	2 944,08	161,92	235,52	264,96																				

* Die ausgewiesenen Tabellenwerte sind amtlich. Siehe Erläuterungen auf der Umschlaginnenseite (U2).

Abzüge an Lohnsteuer, Solidaritätszuschlag (SolZ) und Kirchensteuer (8%, 9%) in den Steuerklassen

Lohn/ Gehalt bis €*	I – VI					I, II, III, IV		mit Zahl der Kinderfreibeträge . . .																	
			ohne Kinderfreibeträge					0,5			1			1,5			2			2,5			3		
		LSt	SolZ	8%	9%		LSt	SolZ	8%	9%	SolZ	8%	9%	SolZ	8%	9%	SolZ	8%	9%	SolZ	8%	9%	SolZ	8%	9%
8 186,99 West	I,IV	2 484,50	136,64	198,76	223,60	I	2 484,50	129,90	188,94	212,56	123,15	179,13	201,52	116,41	169,32	190,49	109,66	159,51	179,45	102,91	149,70	168,41	96,17	139,88	157,37
	II	2 438,66	134,12	195,09	219,47	II	2 438,66	127,38	185,28	208,44	120,63	175,47	197,40	113,89	165,66	186,36	107,14	155,84	175,32	100,40	146,04	164,29	93,65	136,22	153,25
	III	1 825,83	100,42	146,06	164,32	III	1 825,83	94,29	137,16	154,30	88,31	128,45	144,50	82,44	119,92	134,91	76,71	111,58	125,53	71,11	103,44	116,37	65,64	95,48	107,41
	V	2 899,—	159,44	231,92	260,91	IV	2 484,50	133,27	193,85	218,08	129,90	188,94	212,56	126,52	184,04	207,04	123,15	179,13	201,52	119,78	174,22	196,—	116,41	169,32	190,49
	VI	2 932,50	161,28	234,60	263,92																				
8 186,99 Ost	I,IV	2 497,33	137,35	199,78	224,75	I	2 497,33	130,60	189,97	213,71	123,86	180,16	202,68	117,11	170,35	191,64	110,37	160,54	180,60	103,62	150,73	169,57	96,88	140,92	158,53
	II	2 451,58	134,83	196,12	220,64	II	2 451,58	128,09	186,31	209,60	121,34	176,50	198,56	114,60	166,69	187,52	107,85	156,88	176,49	101,10	147,06	165,44	94,36	137,26	154,41
	III	1 837,50	101,06	147,—	165,37	III	1 837,50	94,93	138,09	155,35	88,93	129,36	145,53	83,05	120,81	135,91	77,31	112,45	126,50	71,69	104,28	117,31	66,21	96,30	108,34
	V	2 911,91	160,15	232,95	262,07	IV	2 497,33	133,98	194,88	219,24	130,60	189,97	213,71	127,23	185,07	208,20	123,86	180,16	202,68	120,49	175,26	197,16	117,11	170,35	191,64
	VI	2 945,33	161,99	235,62	265,07																				
8 189,99 West	I,IV	2 485,75	136,71	198,86	223,71	I	2 485,75	129,96	189,04	212,67	123,22	179,23	201,63	116,48	169,42	190,60	109,73	159,61	179,56	102,98	149,80	168,52	96,24	139,99	157,49
	II	2 439,91	134,19	195,19	219,59	II	2 439,91	127,45	185,38	208,55	120,70	175,57	197,51	113,96	165,76	186,48	107,21	155,95	175,44	100,47	146,14	164,40	93,72	136,32	153,36
	III	1 827,—	100,48	146,16	164,43	III	1 827,—	94,36	137,25	154,40	88,36	128,53	144,59	82,50	120,01	135,01	76,77	111,66	125,62	71,17	103,52	116,46	65,69	95,56	107,50
	V	2 900,25	159,51	232,02	261,02	IV	2 485,75	133,34	193,95	218,19	129,96	189,04	212,67	126,59	184,14	207,15	123,22	179,23	201,63	119,84	174,32	196,11	116,48	169,42	190,60
	VI	2 933,75	161,35	234,70	264,03																				
8 189,99 Ost	I,IV	2 498,58	137,42	199,88	224,87	I	2 498,58	130,68	190,08	213,84	123,93	180,26	202,79	117,18	170,45	191,75	110,44	160,64	180,72	103,69	150,83	169,68	96,95	141,02	158,64
	II	2 452,83	134,90	196,22	220,75	II	2 452,83	128,15	186,41	209,71	121,41	176,60	198,68	114,67	166,79	187,64	107,92	156,98	176,60	101,17	147,16	165,56	94,43	137,36	154,53
	III	1 838,66	101,12	147,09	165,47	III	1 838,66	94,99	138,17	155,44	88,99	129,44	145,62	83,11	120,89	136,—	77,37	112,54	126,61	71,75	104,37	117,41	66,26	96,38	108,43
	V	2 913,16	160,22	233,05	262,18	IV	2 498,58	134,04	194,98	219,35	130,68	190,08	213,84	127,30	185,17	208,31	123,93	180,26	202,79	120,56	175,36	197,28	117,18	170,45	191,75
	VI	2 946,66	162,06	235,73	265,19																				
8 192,99 West	I,IV	2 487,—	136,78	198,96	223,83	I	2 487,—	130,03	189,14	212,78	123,29	179,33	201,74	116,54	169,52	190,71	109,80	159,71	179,67	103,05	149,90	168,63	96,31	140,09	157,60
	II	2 441,16	134,26	195,29	219,70	II	2 441,16	127,52	185,48	208,67	120,77	175,67	197,63	114,02	165,86	186,59	107,28	156,05	175,55	100,54	146,24	164,52	93,79	136,42	153,47
	III	1 828,—	100,54	146,24	164,52	III	1 828,—	94,42	137,34	154,51	88,43	128,62	144,70	82,56	120,09	135,10	76,83	111,76	125,73	71,22	103,60	116,55	65,75	95,64	107,59
	V	2 901,58	159,58	232,12	261,14	IV	2 487,—	133,41	194,05	218,30	130,03	189,14	212,78	126,66	184,24	207,27	123,29	179,33	201,74	119,92	174,43	196,23	116,54	169,52	190,71
	VI	2 935,—	161,42	234,80	264,15																				
8 192,99 Ost	I,IV	2 499,83	137,49	199,98	224,98	I	2 499,83	130,74	190,18	213,95	124,—	180,36	202,91	117,25	170,55	191,87	110,51	160,74	180,83	103,76	150,93	169,79	97,02	141,12	158,76
	II	2 454,08	134,97	196,32	220,86	II	2 454,08	128,22	186,51	209,82	121,48	176,70	198,79	114,73	166,89	187,75	107,99	157,08	176,71	101,25	147,27	165,68	94,50	137,46	154,64
	III	1 839,83	101,19	147,18	165,58	III	1 839,83	95,05	138,26	155,54	89,05	129,53	145,72	83,17	120,98	136,10	77,43	112,62	126,70	71,81	104,45	117,50	66,32	96,46	108,52
	V	2 914,41	160,29	233,15	262,29	IV	2 499,83	134,12	195,08	219,47	130,74	190,18	213,95	127,37	185,27	208,43	124,—	180,36	202,91	120,62	175,46	197,39	117,25	170,55	191,87
	VI	2 947,91	162,13	235,83	265,31																				
8 195,99 West	I,IV	2 488,25	136,85	199,06	223,94	I	2 488,25	130,10	189,24	212,90	123,36	179,44	201,87	116,61	169,62	190,82	109,87	159,81	179,78	103,12	150,—	168,75	96,38	140,19	157,71
	II	2 442,50	134,33	195,40	219,82	II	2 442,50	127,59	185,58	208,78	120,84	175,77	197,74	114,10	165,96	186,71	107,35	156,15	175,67	100,60	146,34	164,63	93,86	136,52	153,59
	III	1 829,16	100,60	146,33	164,62	III	1 829,16	94,49	137,44	154,62	88,49	128,72	144,81	82,62	120,18	135,20	76,89	111,84	125,82	71,28	103,69	116,65	65,80	95,72	107,68
	V	2 902,83	159,65	232,22	261,25	IV	2 488,25	133,48	194,15	218,42	130,10	189,24	212,90	126,73	184,34	207,38	123,36	179,44	201,87	119,99	174,53	196,34	116,61	169,62	190,82
	VI	2 936,25	161,49	234,90	264,26																				
8 195,99 Ost	I,IV	2 501,08	137,55	200,08	225,09	I	2 501,08	130,81	190,28	214,06	124,07	180,46	203,02	117,32	170,65	191,98	110,58	160,84	180,95	103,83	151,03	169,91	97,08	141,22	158,87
	II	2 455,33	135,04	196,42	220,97	II	2 455,33	128,29	186,61	209,93	121,55	176,80	198,90	114,80	166,99	187,86	108,06	157,18	176,82	101,31	147,37	165,79	94,57	137,56	154,75
	III	1 841,—	101,25	147,28	165,69	III	1 841,—	95,12	138,36	155,65	89,11	129,62	145,82	83,23	121,06	136,19	77,48	112,70	126,79	71,86	104,53	117,59	66,37	96,54	108,61
	V	2 915,66	160,36	233,25	262,40	IV	2 501,08	134,19	195,18	219,58	130,81	190,28	214,06	127,44	185,37	208,54	124,07	180,46	203,02	120,69	175,56	197,50	117,32	170,65	191,98
	VI	2 949,16	162,20	235,93	265,42																				
8 198,99 West	I,IV	2 489,50	136,92	199,16	224,05	I	2 489,50	130,17	189,34	213,01	123,43	179,54	201,98	116,68	169,72	190,94	109,94	159,91	179,90	103,19	150,10	168,86	96,45	140,29	157,82
	II	2 443,75	134,40	195,50	219,93	II	2 443,75	127,65	185,68	208,89	120,91	175,87	197,85	114,17	166,06	186,82	107,42	156,25	175,78	100,67	146,44	164,74	93,93	136,63	153,71
	III	1 830,33	100,66	146,42	164,72	III	1 830,33	94,54	137,52	154,71	88,55	128,80	144,90	82,68	120,26	135,29	76,95	111,93	125,92	71,34	103,77	116,74	65,86	95,80	107,77
	V	2 904,08	159,72	232,32	261,36	IV	2 489,50	133,54	194,25	218,53	130,17	189,34	213,01	126,80	184,44	207,50	123,43	179,54	201,98	120,06	174,63	196,46	116,68	169,72	190,94
	VI	2 937,50	161,56	235,—	264,37																				
8 198,99 Ost	I,IV	2 502,41	137,63	200,19	225,21	I	2 502,41	130,88	190,38	214,17	124,13	180,56	203,13	117,39	170,76	192,10	110,65	160,94	181,06	103,90	151,13	170,02	97,16	141,32	158,99
	II	2 456,58	135,11	196,52	221,09	II	2 456,58	128,37	186,72	210,06	121,62	176,90	199,01	114,87	167,09	187,97	108,13	157,28	176,94	101,38	147,47	165,90	94,64	137,66	154,86
	III	1 842,16	101,31	147,37	165,79	III	1 842,16	95,18	138,45	155,75	89,17	129,70	145,91	83,29	121,16	136,30	77,55	112,80	126,90	71,92	104,61	117,68	66,43	96,62	108,70
	V	2 916,91	160,43	233,35	262,52	IV	2 502,41	134,25	195,28	219,69	130,88	190,38	214,17	127,51	185,47	208,65	124,13	180,56	203,13	120,76	175,66	197,61	117,39	170,76	192,10
	VI	2 950,41	162,27	236,03	265,53																				
8 201,99 West	I,IV	2 490,75	136,99	199,26	224,16	I	2 490,75	130,24	189,44	213,12	123,50	179,64	202,09	116,75	169,82	191,05	110,—	160,01	180,01	103,26	150,20	168,98	96,52	140,39	157,94
	II	2 445,—	134,47	195,60	220,05	II	2 445,—	127,72	185,78	209,—	120,98	175,97	197,96	114,23	166,16	186,93	107,49	156,35	175,89	100,74	146,54	164,85	94,—	136,73	153,82
	III	1 831,50	100,73	146,52	164,83	III	1 831,50	94,60	137,61	154,81	88,61	128,89	145,—	82,74	120,36	135,40	77,—	112,01	126,01	71,39	103,85	116,83	65,91	95,88	107,86
	V	2 905,33	159,79	232,42	261,47	IV	2 490,75	133,61	194,35	218,64	130,24	189,44	213,12	126,87	184,54	207,61	123,50	179,64	202,09	120,12	174,73	196,57	116,75	169,82	191,05
	VI	2 938,75	161,63	235,10	264,48																				
8 201,99 Ost	I,IV	2 503,66	137,70	200,29	225,32	I	2 503,66	130,95	190,48	214,29	124,20	180,66	203,24	117,46	170,86	192,21	110,71	161,04	181,17	103,97	151,23	170,13	97,23	141,42	159,10
	II	2 457,83	135,18	196,62	221,20	II	2 457,83	128,43	186,82	210,17	121,69	177,—	199,13	114,94	167,19	188,09	108,20	157,38	177,05	101,45	147,57	166,01	94,71	137,76	154,98
	III	1 843,33	101,38	147,46	165,89	III	1 843,33	95,25	138,54	155,86	89,23	129,80	146,02	83,35	121,24	136,39	77,60	112,88	126,99	71,98	104,70	117,79	66,48	96,70	108,79
	V	2 918,25	160,50	233,46	262,64	IV	2 503,66	134,32	195,38	219,80	130,95	190,48	214,29	127,58	185,57	208,76	124,20	180,66	203,24	120,83	175,76	197,73	117,46	170,86	192,21
	VI	2 951,66	162,34	236,13	265,64																				
8 204,99 West	I,IV	2 492,—	137,06	199,36	224,28	I	2 492,—	130,31	189,55	213,24	123,57	179,74	202,20	116,82	169,92	191,16	110,08	160,12	180,13	103,33	150,30	169,09	96,58	140,49	158,05
	II	2 446,25	134,54	195,70	220,16	II	2 446,25	127,79	185,88	209,12	121,05	176,08	198,09	114,30	166,26	187,04	107,56	156,45	176,—	100,81	146,64	164,97	94,07	136,83	153,93
	III	1 832,66	100,79	146,61	164,93	III	1 832,66	94,67	137,70	154,91	88,67	128,98	145,10	82,80	120,44	135,49	77,06	112,09	126,10	71,45	103,93	116,92	65,97	95,96	107,95
	V	2 906,58	159,86	232,52	261,59	IV	2 492,—	133,68	194,45	218,75	130,31	189,55	213,24	126,94	184,64	207,72	123,57	179,74	202,20	120,19	174,83	196,68	116,82	169,92	191,16
	VI	2 940,08	161,70	235,20	264,60																				
8 204,99 Ost	I,IV	2 504,91	137,77	200,39	225,44	I	2 504,91	131,02	190,58	214,40	124,27	180,76	203,36	117,53	170,96	192,33	110,78	161,14	181,28	104,04	151,33	170,24	97,29	141,52	159,21
	II	2 459,08	135,24	196,72	221,31	II	2 459,08	128,50	186,92	210,28	121,76	177,10	199,24	115,01	167,29	188,20	108,27	157,48	177,17	101,52	147,67	166,13	94,77	137,86	155,09
	III	1 844,50	101,44	147,56	166,—	III	1 844,50	95,30	138,62	155,95	89,30	129,89	146,12	83,41	121,33	136,49	77,66	112,96	127,08	72,04	104,78	117,88	66,54	96,78	108,88
	V	2 919,50	160,57	233,56	262,75	IV	2 504,91	134,39	195,48	219,92	131,02	190,58	214,40	127,65	185,67	208,88	124,27	180,76	203,36	120,90	175,86	197,84	117,53	170,96	192,33
	VI	2 952,91	162,41	236,23	265,76																				
8 207,99 West	I,IV	2 493,25	137,12	199,46	224,39	I	2 493,25	130,38	189,65	213,35	123,64	179,84	202,32	116,89	170,02	191,27	110,15	160,22	180,24	103,40	150,40	169,20	96,65	140,59	158,16
	II	2 447,50	134,61	195,80	220,27	II	2 447,50	127,86	185,98	209,23	121,12	176,18	198,20	114,37	166,36	187,16	107,63	156,55	176,12	100,88	146,74	165,08	94,14	136,93	154,04
	III	1 833,83	100,86	146,70	165,04	III	1 833,83	94,73	137,80	155,02	88,73	129,06	145,19	82,86	120,53	135,59	77,12	112,18	126,20	71,50	104,01	117,01	66,02	96,04	108,04
	V	2 907,83	159,93	232,62	261,70	IV	2 493,25	133,76	194,56	218,88	130,38	189,65	213,35	127,01	184,74	207,83	123,64	179,84	202,32	120,26	174,93	196,79	116,89	170,02	191,27
	VI	2 941,33	161,77	235,30	264,71																				
8 207,99 Ost	I,IV	2 506,16	137,83	200,49	225,55	I	2 506,16	131,09	190,68	214,51	124,35	180,87	203,48	117,60	171,06	192,44	110,85	161,24	181,40	104,11	151,44	170,37	97,36	141,62	159,32
	II	2 460,41	135,32	196,83	221,43	II	2 460,41	128,57	187,02	210,39	121,82	177,20	199,35	115,08	167,40	188,32	108,34	157,58	177,28	101,59	147,77	166,24	94,85	137,96	155,21
	III	1 845,66	101,51	147,65	166,10	III	1 845,66	95,37	138,72	156,06	89,35	129,97	146,21	83,48	121,42	136,60	77,72	113,05	127,18	72,09	104,86	117,97	66,59	96,86	108,97
	V	2 920,75	160,64	233,66	262,86	IV	2 506,16	134,46	195,58	220,03	131,09	190,68	214,51	127,71	185,77	208,99	124,35	180,87	203,48	120,97	175,96	197,96	117,60	171,06	192,44
	VI	2 954,16	162,47	236,33	265,87																				

* Die ausgewiesenen Tabellenwerte sind amtlich. Siehe Erläuterungen auf der Umschlaginnenseite (U2).

Abzüge an Lohnsteuer, Solidaritätszuschlag (SolZ) und Kirchensteuer (8%, 9%) in den Steuerklassen

I – VI: ohne Kinderfreibeträge · I, II, III, IV: mit Zahl der Kinderfreibeträge . . .

Lohn/ Gehalt bis €*		LSt	I – VI SolZ	8%	9%		LSt	0,5 SolZ	8%	9%	1 SolZ	8%	9%	1,5 SolZ	8%	9%	2 SolZ	8%	9%	2,5 SolZ	8%	9%	3 SolZ	8%	9%
8 210,99 West	I,IV	2 494,58	137,20	199,56	224,51	I	2 494,58	130,45	189,75	213,47	123,70	179,94	202,43	116,96	170,12	191,39	110,22	160,32	180,36	103,47	150,50	169,31	96,72	140,69	158,27
	II	2 448,75	134,68	195,90	220,38	II	2 448,75	127,93	186,08	209,34	121,19	176,28	198,31	114,44	166,46	187,27	107,69	156,65	176,23	100,95	146,84	165,20	94,21	137,03	154,16
	III	1 835,—	100,92	146,80	165,15	III	1 835,—	94,79	137,88	155,11	88,79	129,16	145,30	82,92	120,61	135,68	77,18	112,26	126,29	71,57	104,10	117,11	66,08	96,12	108,13
	V	2 909,08	159,99	232,72	261,81	IV	2 494,58	133,82	194,66	218,99	130,45	189,75	213,47	127,08	184,84	207,95	123,70	179,94	202,43	120,33	175,03	196,91	116,96	170,12	191,39
	VI	2 942,58	161,84	235,40	264,83																				
8 210,99 Ost	I,IV	2 507,41	137,90	200,59	225,66	I	2 507,41	131,16	190,78	214,62	124,41	180,97	203,59	117,67	171,16	192,55	110,92	161,34	181,51	104,18	151,54	170,48	97,43	141,72	159,44
	II	2 461,66	135,39	196,93	221,54	II	2 461,66	128,64	187,12	210,51	121,89	177,30	199,46	115,15	167,50	188,43	108,40	157,68	177,39	101,66	147,87	166,35	94,92	138,06	155,32
	III	1 846,83	101,57	147,74	166,21	III	1 846,83	95,43	138,81	156,16	89,42	130,06	146,32	83,53	121,50	136,69	77,77	113,13	127,27	72,15	104,94	118,06	66,65	96,94	109,06
	V	2 922,—	160,71	233,76	262,98	IV	2 507,41	134,53	195,68	220,14	131,16	190,78	214,62	127,79	185,88	209,11	124,41	180,97	203,59	121,04	176,06	198,07	117,67	171,16	192,55
	VI	2 955,41	162,54	236,43	265,98																				
8 213,99 West	I,IV	2 495,83	137,27	199,66	224,62	I	2 495,83	130,52	189,85	213,58	123,77	180,04	202,54	117,03	170,23	191,51	110,28	160,42	180,47	103,54	150,60	169,43	96,80	140,80	158,40
	II	2 450,—	134,75	196,—	220,50	II	2 450,—	128,—	186,19	209,46	121,26	176,38	198,42	114,51	166,56	187,38	107,77	156,76	176,35	101,02	146,94	165,31	94,27	137,13	154,27
	III	1 836,16	100,98	146,89	165,25	III	1 836,16	94,85	137,97	155,21	88,86	129,25	145,40	82,98	120,70	135,79	77,23	112,34	126,38	71,62	104,18	117,20	66,13	96,20	108,22
	V	2 910,33	160,06	232,82	261,92	IV	2 495,83	133,89	194,76	219,10	130,52	189,85	213,58	127,15	184,94	208,06	123,77	180,04	202,54	120,40	175,13	197,02	117,03	170,23	191,51
	VI	2 943,83	161,91	235,50	264,94																				
8 213,99 Ost	I,IV	2 508,66	137,97	200,69	225,77	I	2 508,66	131,23	190,88	214,74	124,48	181,07	203,70	117,74	171,26	192,66	110,99	161,44	181,62	104,25	151,64	170,59	97,50	141,82	159,55
	II	2 462,91	135,46	197,03	221,66	II	2 462,91	128,71	187,22	210,62	121,96	177,40	199,58	115,22	167,60	188,55	108,47	157,78	177,50	101,73	147,97	166,46	94,98	138,16	155,43
	III	1 848,—	101,64	147,84	166,32	III	1 848,—	95,49	138,90	156,26	89,48	130,16	146,43	83,60	121,60	136,80	77,84	113,22	127,37	72,20	105,02	118,15	66,70	97,02	109,15
	V	2 923,25	160,77	233,86	263,09	IV	2 508,66	134,60	195,78	220,25	131,23	190,88	214,74	127,86	185,98	209,22	124,48	181,07	203,70	121,11	176,16	198,18	117,74	171,26	192,66
	VI	2 956,75	162,62	236,54	266,10																				
8 216,99 West	I,IV	2 497,08	137,33	199,76	224,73	I	2 497,08	130,59	189,95	213,69	123,84	180,14	202,65	117,10	170,33	191,62	110,35	160,52	180,58	103,61	150,70	169,54	96,86	140,90	158,51
	II	2 451,25	134,81	196,10	220,61	II	2 451,25	128,07	186,29	209,57	121,33	176,48	198,54	114,58	166,66	187,49	107,84	156,86	176,46	101,09	147,04	165,42	94,34	137,23	154,38
	III	1 837,33	101,05	146,98	165,35	III	1 837,33	94,92	138,06	155,32	88,91	129,33	145,49	83,04	120,78	135,88	77,30	112,44	126,49	71,68	104,26	117,29	66,19	96,28	108,31
	V	2 911,66	160,14	232,93	262,04	IV	2 497,08	133,96	194,86	219,21	130,59	189,95	213,69	127,21	185,04	208,17	123,84	180,14	202,65	120,47	175,24	197,14	117,10	170,33	191,62
	VI	2 945,08	161,97	235,60	265,05																				
8 216,99 Ost	I,IV	2 509,91	138,04	200,79	225,89	I	2 509,91	131,30	190,98	214,85	124,55	181,17	203,81	117,81	171,36	192,78	111,06	161,55	181,74	104,32	151,74	170,70	97,57	141,92	159,66
	II	2 464,16	135,52	197,13	221,77	II	2 464,16	128,78	187,32	210,73	122,04	177,51	199,70	115,29	167,70	188,66	108,54	157,88	177,62	101,80	148,08	166,59	95,05	138,26	155,54
	III	1 849,16	101,70	147,93	166,42	III	1 849,16	95,56	139,—	156,37	89,54	130,24	146,52	83,65	121,68	136,89	77,89	113,30	127,46	72,27	105,12	118,26	66,77	97,12	109,26
	V	2 924,50	160,84	233,96	263,20	IV	2 509,91	134,67	195,88	220,37	131,30	190,98	214,85	127,93	186,08	209,34	124,55	181,17	203,81	121,18	176,26	198,29	117,81	171,36	192,78
	VI	2 958,—	162,69	236,64	266,22																				
8 219,99 West	I,IV	2 498,33	137,40	199,86	224,84	I	2 498,33	130,66	190,05	213,80	123,91	180,24	202,77	117,17	170,43	191,73	110,42	160,62	180,69	103,67	150,80	169,65	96,93	141,—	158,62
	II	2 452,58	134,89	196,20	220,73	II	2 452,58	128,14	186,39	209,69	121,39	176,58	198,65	114,65	166,76	187,61	107,91	156,96	176,58	101,16	147,14	165,53	94,41	137,33	154,49
	III	1 838,50	101,11	147,08	165,46	III	1 838,50	94,98	138,16	155,43	88,98	129,42	145,60	83,10	120,88	135,99	77,35	112,52	126,58	71,73	104,34	117,38	66,24	96,36	108,40
	V	2 912,91	160,21	233,03	262,16	IV	2 498,33	134,03	194,96	219,33	130,66	190,05	213,80	127,28	185,14	208,28	123,91	180,24	202,77	120,54	175,34	197,25	117,17	170,43	191,73
	VI	2 946,33	162,04	235,70	265,16																				
8 219,99 Ost	I,IV	2 511,16	138,11	200,89	226,—	I	2 511,16	131,37	191,08	214,97	124,62	181,27	203,93	117,87	171,46	192,89	111,13	161,65	181,85	104,39	151,84	170,82	97,64	142,02	159,77
	II	2 465,41	135,59	197,23	221,88	II	2 465,41	128,85	187,42	210,84	122,10	177,61	199,81	115,36	167,80	188,77	108,61	157,98	177,73	101,87	148,18	166,70	95,12	138,36	155,66
	III	1 850,33	101,76	148,02	166,52	III	1 850,33	95,61	139,08	156,46	89,60	130,33	146,62	83,71	121,77	136,99	77,95	113,38	127,55	72,32	105,20	118,35	66,82	97,20	109,35
	V	2 925,75	160,91	234,06	263,31	IV	2 511,16	134,74	195,99	220,49	131,37	191,08	214,97	127,99	186,18	209,45	124,62	181,27	203,93	121,25	176,36	198,41	117,87	171,46	192,89
	VI	2 959,25	162,75	236,74	266,33																				
8 222,99 West	I,IV	2 499,58	137,47	199,96	224,96	I	2 499,58	130,73	190,15	213,92	123,98	180,34	202,88	117,24	170,53	191,84	110,49	160,72	180,81	103,75	150,91	169,77	97,—	141,10	158,73
	II	2 453,83	134,96	196,30	220,84	II	2 453,83	128,21	186,49	209,80	121,46	176,68	198,76	114,72	166,87	187,73	107,97	157,06	176,69	101,23	147,24	165,65	94,49	137,44	154,62
	III	1 839,66	101,18	147,17	165,56	III	1 839,66	95,04	138,25	155,53	89,04	129,52	145,71	83,16	120,96	136,08	77,41	112,60	126,67	71,79	104,42	117,47	66,31	96,45	108,50
	V	2 914,16	160,27	233,13	262,27	IV	2 499,58	134,10	195,06	219,44	130,73	190,15	213,92	127,35	185,24	208,40	123,98	180,34	202,88	120,61	175,44	197,37	117,24	170,53	191,84
	VI	2 947,58	162,11	235,80	265,28																				
8 222,99 Ost	I,IV	2 512,50	138,18	201,—	226,12	I	2 512,50	131,44	191,18	215,08	124,69	181,37	204,04	117,95	171,56	193,01	111,20	161,75	181,97	104,45	151,94	170,93	97,71	142,12	159,89
	II	2 466,66	135,66	197,33	221,99	II	2 466,66	128,92	187,52	210,96	122,17	177,71	199,92	115,43	167,90	188,88	108,68	158,08	177,84	101,94	148,28	166,81	95,19	138,46	155,77
	III	1 851,50	101,83	148,12	166,63	III	1 851,50	95,68	139,17	156,56	89,66	130,42	146,72	83,77	121,85	137,08	78,01	113,48	127,66	72,38	105,28	118,44	66,88	97,28	109,44
	V	2 927,—	160,98	234,16	263,43	IV	2 512,50	134,81	196,09	220,60	131,44	191,18	215,08	128,06	186,28	209,56	124,69	181,37	204,04	121,32	176,46	198,52	117,95	171,56	193,01
	VI	2 960,50	162,82	236,84	266,44																				
8 225,99 West	I,IV	2 500,83	137,54	200,06	225,07	I	2 500,83	130,79	190,25	214,03	124,05	180,44	203,—	117,31	170,63	191,96	110,56	160,82	180,92	103,82	151,01	169,88	97,07	141,20	158,85
	II	2 455,08	135,02	196,40	220,95	II	2 455,08	128,28	186,59	209,91	121,53	176,78	198,87	114,79	166,97	187,84	108,04	157,16	176,80	101,30	147,34	165,76	94,55	137,54	154,73
	III	1 840,83	101,24	147,26	165,67	III	1 840,83	95,10	138,33	155,62	89,10	129,60	145,80	83,22	121,05	136,18	77,47	112,69	126,77	71,85	104,52	117,58	66,36	96,53	108,59
	V	2 915,41	160,34	233,23	262,38	IV	2 500,83	134,17	195,16	219,55	130,79	190,25	214,03	127,43	185,35	208,52	124,05	180,44	203,—	120,68	175,54	197,48	117,31	170,63	191,96
	VI	2 948,83	162,18	235,90	265,39																				
8 225,99 Ost	I,IV	2 513,75	138,25	201,10	226,23	I	2 513,75	131,50	191,28	215,19	124,76	181,47	204,15	118,02	171,66	193,12	111,27	161,85	182,08	104,52	152,04	171,04	97,78	142,23	160,01
	II	2 467,91	135,73	197,43	222,11	II	2 467,91	128,99	187,62	211,07	122,24	177,81	200,03	115,50	168,—	189,—	108,75	158,19	177,96	102,01	148,38	166,92	95,26	138,56	155,88
	III	1 852,66	101,89	148,21	166,73	III	1 852,66	95,74	139,26	156,67	89,72	130,50	146,81	83,83	121,94	137,18	78,07	113,56	127,75	72,43	105,36	118,53	66,93	97,36	109,53
	V	2 928,25	161,05	234,26	263,54	IV	2 513,75	134,88	196,19	220,71	131,50	191,28	215,19	128,13	186,38	209,67	124,76	181,47	204,15	121,38	176,56	198,63	118,02	171,66	193,12
	VI	2 961,75	162,89	236,94	266,55																				
8 228,99 West	I,IV	2 502,08	137,61	200,16	225,18	I	2 502,08	130,87	190,36	214,15	124,12	180,54	203,11	117,37	170,73	192,07	110,63	160,92	181,04	103,89	151,11	170,—	97,14	141,30	158,96
	II	2 456,33	135,09	196,50	221,06	II	2 456,33	128,35	186,69	210,02	121,60	176,88	198,99	114,86	167,07	187,95	108,11	157,26	176,91	101,36	147,44	165,87	94,62	137,64	154,84
	III	1 842,—	101,31	147,36	165,78	III	1 842,—	95,16	138,42	155,72	89,16	129,69	145,90	83,28	121,14	136,28	77,53	112,77	126,86	71,91	104,60	117,67	66,42	96,61	108,68
	V	2 916,66	160,41	233,33	262,49	IV	2 502,08	134,24	195,26	219,66	130,87	190,36	214,15	127,49	185,45	208,63	124,12	180,54	203,11	120,75	175,64	197,59	117,37	170,73	192,07
	VI	2 950,16	162,25	236,01	265,51																				
8 228,99 Ost	I,IV	2 515,—	138,32	201,20	226,35	I	2 515,—	131,57	191,38	215,30	124,83	181,57	204,26	118,08	171,76	193,23	111,34	161,95	182,19	104,59	152,14	171,15	97,85	142,33	160,12
	II	2 469,16	135,80	197,53	222,22	II	2 469,16	129,06	187,72	211,19	122,31	177,91	200,15	115,56	168,10	189,11	108,82	158,29	178,07	102,08	148,48	167,04	95,33	138,66	155,99
	III	1 853,83	101,96	148,30	166,84	III	1 853,83	95,81	139,36	156,78	89,78	130,60	146,92	83,89	122,02	137,27	78,12	113,64	127,84	72,49	105,45	118,63	66,99	97,44	109,62
	V	2 929,58	161,12	234,36	263,66	IV	2 515,—	134,95	196,29	220,82	131,57	191,38	215,30	128,20	186,48	209,79	124,83	181,57	204,26	121,46	176,67	198,75	118,08	171,76	193,23
	VI	2 963,—	162,96	237,04	266,67																				
8 231,99 West	I,IV	2 503,33	137,68	200,26	225,29	I	2 503,33	130,94	190,46	214,26	124,19	180,64	203,22	117,44	170,83	192,18	110,70	161,02	181,15	103,95	151,21	170,11	97,21	141,40	159,07
	II	2 457,58	135,16	196,60	221,18	II	2 457,58	128,42	186,79	210,14	121,67	176,98	199,10	114,93	167,17	188,06	108,18	157,36	177,03	101,44	147,55	165,99	94,69	137,74	154,95
	III	1 843,16	101,37	147,45	165,88	III	1 843,16	95,23	138,52	155,83	89,22	129,78	146,—	83,34	121,22	136,37	77,59	112,86	126,97	71,96	104,68	117,76	66,47	96,69	108,77
	V	2 917,91	160,48	233,43	262,61	IV	2 503,33	134,31	195,36	219,78	130,94	190,46	214,26	127,56	185,55	208,74	124,19	180,64	203,22	120,82	175,74	197,70	117,44	170,83	192,18
	VI	2 951,41	162,32	236,11	265,62																				
8 231,99 Ost	I,IV	2 516,25	138,39	201,30	226,46	I	2 516,25	131,64	191,48	215,42	124,90	181,68	204,39	118,15	171,86	193,34	111,41	162,05	182,30	104,66	152,24	171,27	97,92	142,43	160,23
	II	2 470,50	135,87	197,64	222,34	II	2 470,50	129,13	187,82	211,30	122,38	178,01	200,26	115,64	168,20	189,23	108,89	158,39	178,19	102,14	148,58	167,15	95,40	138,76	156,11
	III	1 855,—	102,02	148,40	166,95	III	1 855,—	95,87	139,45	156,88	89,85	130,69	147,02	83,95	122,12	137,38	78,19	113,73	127,94	72,55	105,53	118,72	67,04	97,52	109,71
	V	2 930,83	161,19	234,46	263,77	IV	2 516,25	135,02	196,39	220,94	131,64	191,48	215,42	128,27	186,58	209,90	124,90	181,68	204,39	121,53	176,77	198,86	118,15	171,86	193,34
	VI	2 964,25	163,03	237,14	266,78																				

* Die ausgewiesenen Tabellenwerte sind amtlich. Siehe Erläuterungen auf der Umschlaginnenseite (U2).

Lohn/ Gehalt bis €*	I – VI	LSt	SolZ	8%	9%	I, II, III, IV	LSt	0,5 SolZ	0,5 8%	0,5 9%	1 SolZ	1 8%	1 9%	1,5 SolZ	1,5 8%	1,5 9%	2 SolZ	2 8%	2 9%	2,5 SolZ	2,5 8%	2,5 9%	3 SolZ	3 8%	3 9%
			ohne Kinderfreibeträge					mit Zahl der Kinderfreibeträge . . .																	
8 234,99 West	I,IV	2 504,58	137,75	200,36	225,41	I	2 504,58	131,01	190,56	214,38	124,26	180,74	203,33	117,51	170,93	192,29	110,77	161,12	181,26	104,02	151,31	170,22	97,28	141,50	159,18
	II	2 458,83	135,23	196,70	221,29	II	2 458,83	128,48	186,89	210,25	121,74	177,08	199,22	115,—	167,27	188,18	108,25	157,46	177,14	101,51	147,65	166,10	94,76	137,84	155,07
	III	1 844,33	101,43	147,54	165,98	III	1 844,33	95,29	138,61	155,93	89,28	129,86	146,09	83,40	121,32	136,48	77,65	112,94	127,06	72,02	104,76	117,85	66,53	96,77	108,86
	V	2 919,16	160,55	233,53	262,72	IV	2 504,58	134,38	195,46	219,89	131,01	190,56	214,38	127,63	185,65	208,85	124,26	180,74	203,33	120,89	175,84	197,82	117,51	170,93	192,29
	VI	2 952,66	162,39	236,21	265,73																				
8 234,99 Ost	I,IV	2 517,50	138,46	201,40	226,57	I	2 517,50	131,71	191,58	215,53	124,97	181,78	204,50	118,22	171,96	193,46	111,48	162,15	182,42	104,73	152,34	171,38	97,99	142,53	160,34
	II	2 471,75	135,94	197,74	222,45	II	2 471,75	129,19	187,92	211,41	122,45	178,11	200,37	115,71	168,30	189,34	108,96	158,49	178,30	102,21	148,68	167,26	95,47	138,87	156,23
	III	1 856,16	102,08	148,49	167,05	III	1 856,16	95,93	139,54	156,98	89,90	130,77	147,11	84,01	122,20	137,47	78,24	113,81	128,03	72,60	105,61	118,81	67,10	97,60	109,80
	V	2 932,08	161,26	234,56	263,88	IV	2 517,50	135,08	196,49	221,05	131,71	191,58	215,53	128,34	186,68	210,02	124,97	181,78	204,50	121,60	176,87	198,98	118,22	171,96	193,46
	VI	2 965,50	163,10	237,24	266,89																				
8 237,99 West	I,IV	2 505,91	137,82	200,47	225,53	I	2 505,91	131,07	190,66	214,49	124,33	180,84	203,45	117,59	171,04	192,42	110,84	161,22	181,37	104,09	151,41	170,33	97,35	141,60	159,30
	II	2 460,08	135,30	196,80	221,40	II	2 460,08	128,56	187,—	210,37	121,81	177,18	199,33	115,06	167,37	188,29	108,32	157,56	177,26	101,58	147,75	166,22	94,83	137,94	155,18
	III	1 845,50	101,50	147,64	166,09	III	1 845,50	95,36	138,70	156,04	89,34	129,96	146,20	83,46	121,40	136,57	77,70	113,02	127,15	72,08	104,85	117,95	66,58	96,85	108,95
	V	2 920,41	160,62	233,63	262,83	IV	2 505,91	134,45	195,56	220,01	131,07	190,66	214,49	127,70	185,75	208,97	124,33	180,84	203,45	120,95	175,94	197,93	117,59	171,04	192,42
	VI	2 953,91	162,46	236,31	265,85																				
8 237,99 Ost	I,IV	2 518,75	138,53	201,50	226,68	I	2 518,75	131,78	191,68	215,64	125,04	181,88	204,61	118,29	172,06	193,57	111,54	162,25	182,53	104,80	152,44	171,50	98,06	142,63	160,46
	II	2 473,—	136,01	197,84	222,57	II	2 473,—	129,26	188,02	211,52	122,52	178,21	200,48	115,77	168,40	189,45	109,03	158,59	178,41	102,28	148,78	167,37	95,54	138,97	156,34
	III	1 857,33	102,15	148,58	167,15	III	1 857,33	95,99	139,62	157,07	89,97	130,86	147,22	84,07	122,29	137,57	78,31	113,90	128,14	72,66	105,69	118,90	67,15	97,68	109,89
	V	2 933,33	161,33	234,66	263,99	IV	2 518,75	135,15	196,59	221,16	131,78	191,68	215,64	128,41	186,78	210,13	125,04	181,88	204,61	121,66	176,97	199,09	118,29	172,06	193,57
	VI	2 966,75	163,17	237,34	267,—																				
8 240,99 West	I,IV	2 507,16	137,89	200,57	225,64	I	2 507,16	131,14	190,76	214,60	124,40	180,94	203,56	117,65	171,14	192,53	110,91	161,32	181,49	104,16	151,51	170,45	97,42	141,70	159,41
	II	2 461,33	135,37	196,90	221,51	II	2 461,33	128,63	187,10	210,48	121,88	177,28	199,44	115,13	167,47	188,40	108,39	157,66	177,37	101,64	147,85	166,33	94,90	138,04	155,29
	III	1 846,66	101,56	147,73	166,19	III	1 846,66	95,42	138,80	156,15	89,41	130,05	146,30	83,52	121,49	136,67	77,77	113,12	127,26	72,14	104,93	118,04	66,64	96,93	109,04
	V	2 921,75	160,69	233,74	262,95	IV	2 507,16	134,52	195,66	220,12	131,14	190,76	214,60	127,77	185,85	209,08	124,40	180,94	203,56	121,03	176,04	198,05	117,65	171,14	192,53
	VI	2 955,16	162,53	236,41	265,96																				
8 240,99 Ost	I,IV	2 520,—	138,60	201,60	226,80	I	2 520,—	131,85	191,79	215,76	125,11	181,98	204,72	118,36	172,16	193,68	111,62	162,36	182,65	104,87	152,54	171,61	98,12	142,73	160,57
	II	2 474,25	136,08	197,94	222,68	II	2 474,25	129,33	188,12	211,64	122,59	178,32	200,61	115,84	168,50	189,56	109,10	158,69	178,52	102,35	148,88	167,49	95,61	139,07	156,45
	III	1 858,50	102,21	148,68	167,26	III	1 858,50	96,05	139,72	157,18	90,03	130,96	147,33	84,13	122,37	137,66	78,36	113,98	128,23	72,72	105,78	119,—	67,21	97,76	109,98
	V	2 934,58	161,40	234,76	264,11	IV	2 520,—	135,22	196,69	221,27	131,85	191,79	215,76	128,48	186,88	210,24	125,11	181,98	204,72	121,73	177,07	199,20	118,36	172,16	193,68
	VI	2 968,08	163,24	237,44	267,12																				
8 243,99 West	I,IV	2 508,41	137,96	200,67	225,75	I	2 508,41	131,21	190,86	214,71	124,46	181,04	203,67	117,72	171,24	192,64	110,98	161,42	181,60	104,23	151,61	170,56	97,49	141,80	159,53
	II	2 462,58	135,44	197,—	221,63	II	2 462,58	128,70	187,20	210,60	121,95	177,38	199,55	115,20	167,57	188,51	108,46	157,76	177,48	101,71	147,95	166,44	94,97	138,14	155,40
	III	1 847,83	101,63	147,82	166,30	III	1 847,83	95,48	138,88	156,24	89,46	130,13	146,39	83,58	121,57	136,76	77,82	113,20	127,35	72,19	105,01	118,13	66,69	97,01	109,13
	V	2 923,—	160,76	233,84	263,07	IV	2 508,41	134,58	195,76	220,23	131,21	190,86	214,71	127,84	185,95	209,19	124,46	181,04	203,67	121,10	176,14	198,16	117,72	171,24	192,64
	VI	2 956,41	162,60	236,51	266,07																				
8 243,99 Ost	I,IV	2 521,25	138,66	201,70	226,91	I	2 521,25	131,92	191,89	215,87	125,18	182,08	204,84	118,43	172,26	193,79	111,69	162,46	182,76	104,94	152,64	171,72	98,19	142,83	160,68
	II	2 475,50	136,15	198,04	222,79	II	2 475,50	129,40	188,22	211,75	122,66	178,42	200,72	115,91	168,60	189,68	109,17	158,79	178,64	102,42	148,98	167,60	95,68	139,17	156,56
	III	1 859,66	102,28	148,77	167,36	III	1 859,66	96,12	139,81	157,28	90,09	131,04	147,42	84,19	122,46	137,77	78,42	114,06	128,32	72,78	105,86	119,09	67,26	97,84	110,07
	V	2 935,83	161,47	234,86	264,22	IV	2 521,25	135,30	196,80	221,40	131,92	191,89	215,87	128,55	186,98	210,35	125,18	182,08	204,84	121,80	177,17	199,31	118,43	172,26	193,79
	VI	2 969,33	163,31	237,54	267,23																				
8 246,99 West	I,IV	2 509,66	138,03	200,77	225,86	I	2 509,66	131,28	190,96	214,83	124,54	181,15	203,79	117,79	171,34	192,75	111,04	161,52	181,71	104,30	151,72	170,68	97,56	141,90	159,64
	II	2 463,91	135,51	197,11	221,75	II	2 463,91	128,76	187,30	210,71	122,02	177,48	199,67	115,28	167,68	188,64	108,53	157,86	177,59	101,78	148,05	166,55	95,04	138,24	155,52
	III	1 848,83	101,68	147,90	166,39	III	1 848,83	95,54	138,97	156,34	89,53	130,22	146,50	83,64	121,66	136,87	77,88	113,28	127,44	72,25	105,09	118,22	66,75	97,09	109,22
	V	2 924,25	160,83	233,94	263,18	IV	2 509,66	134,65	195,86	220,34	131,28	190,96	214,83	127,91	186,05	209,30	124,54	181,15	203,79	121,16	176,24	198,27	117,79	171,34	192,75
	VI	2 957,66	162,67	236,61	266,18																				
8 246,99 Ost	I,IV	2 522,58	138,74	201,80	227,03	I	2 522,58	131,99	191,99	215,99	125,24	182,18	204,95	118,50	172,36	193,91	111,76	162,56	182,88	105,01	152,74	171,83	98,26	142,93	160,79
	II	2 476,75	136,22	198,14	222,90	II	2 476,75	129,47	188,32	211,86	122,73	178,52	200,83	115,98	168,70	189,79	109,23	158,89	178,75	102,49	149,08	167,72	95,75	139,27	156,68
	III	1 860,83	102,34	148,86	167,47	III	1 860,83	96,18	139,90	157,39	90,15	131,13	147,52	84,25	122,54	137,86	78,48	114,16	128,43	72,83	105,94	119,18	67,32	97,93	110,17
	V	2 937,08	161,53	234,96	264,33	IV	2 522,58	135,36	196,90	221,51	131,99	191,99	215,99	128,62	187,08	210,47	125,24	182,18	204,95	121,87	177,27	199,43	118,50	172,36	193,91
	VI	2 970,58	163,38	237,64	267,35																				
8 249,99 West	I,IV	2 510,91	138,10	200,87	225,98	I	2 510,91	131,35	191,06	214,94	124,61	181,25	203,90	117,86	171,44	192,87	111,11	161,62	181,82	104,37	151,82	170,79	97,62	142,—	159,75
	II	2 465,16	135,58	197,21	221,86	II	2 465,16	128,83	187,40	210,82	122,09	177,58	199,78	115,34	167,78	188,75	108,60	157,96	177,71	101,85	148,15	166,67	95,11	138,34	155,63
	III	1 850,—	101,75	148,—	166,50	III	1 850,—	95,60	139,06	156,44	89,59	130,32	146,61	83,70	121,74	136,96	77,94	113,37	127,54	72,31	105,18	118,33	66,80	97,17	109,31
	V	2 925,50	160,90	234,04	263,29	IV	2 510,91	134,72	195,96	220,46	131,35	191,06	214,94	127,98	186,16	209,43	124,61	181,25	203,90	121,23	176,34	198,38	117,86	171,44	192,87
	VI	2 958,91	162,74	236,71	266,30																				
8 249,99 Ost	I,IV	2 523,83	138,81	201,90	227,14	I	2 523,83	132,06	192,09	216,10	125,31	182,28	205,06	118,57	172,47	194,03	111,82	162,66	182,99	105,08	152,84	171,95	98,34	143,04	160,92
	II	2 478,—	136,29	198,24	223,02	II	2 478,—	129,54	188,43	211,98	122,80	178,62	200,94	116,05	168,80	189,90	109,31	159,—	178,87	102,56	149,18	167,83	95,81	139,37	156,79
	III	1 862,—	102,41	148,96	167,58	III	1 862,—	96,25	140,—	157,50	90,21	131,22	147,62	84,31	122,64	137,97	78,54	114,24	128,52	72,89	106,02	119,27	67,38	98,01	110,26
	V	2 938,33	161,60	235,06	264,44	IV	2 523,83	135,43	197,—	221,62	132,06	192,09	216,10	128,69	187,18	210,58	125,31	182,28	205,06	121,94	177,37	199,54	118,57	172,47	194,03
	VI	2 971,83	163,45	237,74	267,46																				
8 252,99 West	I,IV	2 512,16	138,16	200,97	226,09	I	2 512,16	131,42	191,16	215,06	124,68	181,35	204,02	117,93	171,54	192,98	111,18	161,72	181,94	104,44	151,92	170,91	97,69	142,10	159,86
	II	2 466,41	135,65	197,31	221,97	II	2 466,41	128,90	187,50	210,93	122,15	177,68	199,89	115,41	167,88	188,86	108,67	158,06	177,82	101,92	148,25	166,78	95,18	138,44	155,75
	III	1 851,16	101,81	148,09	166,60	III	1 851,16	95,67	139,16	156,55	89,65	130,40	146,70	83,76	121,84	137,07	77,99	113,45	127,63	72,37	105,26	118,42	66,86	97,25	109,40
	V	2 926,75	160,97	234,14	263,40	IV	2 512,16	134,79	196,06	220,57	131,42	191,16	215,06	128,05	186,26	209,54	124,68	181,35	204,02	121,30	176,44	198,50	117,93	171,54	192,98
	VI	2 960,25	162,81	236,82	266,42																				
8 252,99 Ost	I,IV	2 525,08	138,87	202,—	227,25	I	2 525,08	132,13	192,19	216,21	125,38	182,38	205,17	118,64	172,57	194,14	111,89	162,76	183,10	105,15	152,94	172,06	98,40	143,14	161,03
	II	2 479,25	136,35	198,34	223,13	II	2 479,25	129,61	188,53	212,09	122,87	178,72	201,06	116,12	168,90	190,01	109,38	159,10	178,98	102,63	149,28	167,94	95,88	139,47	156,90
	III	1 863,16	102,47	149,05	167,68	III	1 863,16	96,31	140,09	157,60	90,28	131,32	147,73	84,37	122,73	138,07	78,60	114,33	128,62	72,95	106,12	119,38	67,43	98,09	110,35
	V	2 939,66	161,68	235,17	264,56	IV	2 525,08	135,50	197,10	221,73	132,13	192,19	216,21	128,75	187,28	210,69	125,38	182,38	205,17	122,01	177,48	199,66	118,64	172,57	194,14
	VI	2 973,08	163,51	237,84	267,57																				
8 255,99 West	I,IV	2 513,41	138,23	201,07	226,20	I	2 513,41	131,49	191,26	215,17	124,74	181,45	204,13	118,—	171,64	193,09	111,26	161,83	182,06	104,51	152,02	171,02	97,76	142,20	159,98
	II	2 467,66	135,72	197,41	222,08	II	2 467,66	128,97	187,60	211,05	122,23	177,79	200,01	115,48	167,98	188,97	108,73	158,16	177,93	101,99	148,36	166,90	95,25	138,54	155,86
	III	1 852,33	101,87	148,18	166,70	III	1 852,33	95,73	139,25	156,65	89,71	130,49	146,80	83,82	121,92	137,16	78,06	113,54	127,73	72,42	105,34	118,51	66,92	97,34	109,51
	V	2 928,—	161,04	234,24	263,52	IV	2 513,41	134,86	196,16	220,68	131,49	191,26	215,17	128,12	186,36	209,65	124,74	181,45	204,13	121,37	176,54	198,61	118,—	171,64	193,09
	VI	2 961,50	162,88	236,92	266,53																				
8 255,99 Ost	I,IV	2 526,33	138,94	202,10	227,36	I	2 526,33	132,20	192,29	216,32	125,45	182,48	205,29	118,71	172,67	194,25	111,96	162,86	183,21	105,21	153,04	172,17	98,47	143,24	161,14
	II	2 480,58	136,43	198,44	223,25	II	2 480,58	129,68	188,63	212,21	122,93	178,82	201,17	116,19	169,—	190,13	109,45	159,20	179,10	102,70	149,38	168,05	95,95	139,57	157,01
	III	1 864,33	102,53	149,14	167,78	III	1 864,33	96,36	140,17	157,69	90,33	131,40	147,82	84,43	122,81	138,16	78,65	114,41	128,71	73,01	106,20	119,47	67,49	98,17	110,44
	V	2 940,91	161,75	235,27	264,68	IV	2 526,33	135,57	197,20	221,85	132,20	192,29	216,32	128,82	187,38	210,80	125,45	182,48	205,29	122,08	177,58	199,77	118,71	172,67	194,25
	VI	2 974,33	163,58	237,94	267,68																				

Abzüge an Lohnsteuer, Solidaritätszuschlag (SolZ) und Kirchensteuer (8%, 9%) in den Steuerklassen

*** Die ausgewiesenen Tabellenwerte sind amtlich. Siehe Erläuterungen auf der Umschlaginnenseite (U2).**

Abzüge an Lohnsteuer, Solidaritätszuschlag (SolZ) und Kirchensteuer (8%, 9%) in den Steuerklassen

Lohn/ Gehalt bis €*		I – VI	ohne Kinderfreibeträge			I, II, III, IV		mit Zahl der Kinderfreibeträge . . .																	
								0,5			1			1,5			2			2,5			3		
		LSt	SolZ	8%	9%		LSt	SolZ	8%	9%	SolZ	8%	9%	SolZ	8%	9%	SolZ	8%	9%	SolZ	8%	9%	SolZ	8%	9%
8 258,99 West	I,IV	2 514,66	138,30	201,17	226,31	I	2 514,66	131,56	191,36	215,28	124,81	181,55	204,24	118,07	171,74	193,20	111,32	161,93	182,17	104,58	152,12	171,13	97,83	142,30	160,09
	II	2 468,91	135,79	197,51	222,20	II	2 468,91	129,04	187,70	211,16	122,30	177,89	200,12	115,55	168,08	189,09	108,80	158,26	178,04	102,06	148,46	167,01	95,31	138,64	155,97
	III	1 853,50	101,94	148,28	166,81	III	1 853,50	95,79	139,33	156,74	89,77	130,58	146,90	83,88	122,01	137,26	78,11	113,62	127,82	72,48	105,42	118,60	66,98	97,42	109,60
	V	2 929,25	161,10	234,34	263,63	IV	2 514,66	134,93	196,27	220,80	131,56	191,36	215,28	128,19	186,46	209,76	124,81	181,55	204,24	121,44	176,64	198,72	118,07	171,74	193,20
	VI	2 962,75	162,95	237,02	266,64																				
8 258,99 Ost	I,IV	2 527,58	139,01	202,20	227,48	I	2 527,58	132,27	192,39	216,44	125,52	182,58	205,40	118,78	172,77	194,36	112,03	162,96	183,33	105,29	153,15	172,29	98,54	143,34	161,25
	II	2 481,83	136,50	198,54	223,36	II	2 481,83	129,75	188,73	212,32	123,—	178,92	201,28	116,26	169,11	190,25	109,51	159,30	179,21	102,77	149,48	168,17	96,03	139,68	157,14
	III	1 865,50	102,60	149,24	167,89	III	1 865,50	96,43	140,26	157,79	90,40	131,49	147,92	84,49	122,90	138,26	78,71	114,49	128,80	73,06	106,28	119,56	67,54	98,25	110,53
	V	2 942,16	161,81	235,37	264,79	IV	2 527,58	135,64	197,30	221,96	132,27	192,39	216,44	128,89	187,48	210,92	125,52	182,58	205,40	122,15	177,68	199,89	118,78	172,77	194,36
	VI	2 975,58	163,65	238,04	267,80																				
8 261,99 West	I,IV	2 516,—	138,38	201,28	226,44	I	2 516,—	131,63	191,46	215,39	124,88	181,65	204,35	118,14	171,84	193,32	111,39	162,03	182,28	104,65	152,22	171,24	97,90	142,40	160,20
	II	2 470,16	135,85	197,61	222,31	II	2 470,16	129,11	187,80	211,28	122,37	177,99	200,24	115,62	168,18	189,20	108,87	158,36	178,16	102,13	148,56	167,13	95,38	138,74	156,08
	III	1 854,66	102,—	148,37	166,91	III	1 854,66	95,85	139,42	156,85	89,83	130,66	146,99	83,93	122,09	137,35	78,17	113,70	127,91	72,54	105,52	118,71	67,03	97,50	109,69
	V	2 930,50	161,17	234,44	263,74	IV	2 516,—	135,—	196,37	220,91	131,63	191,46	215,39	128,26	186,56	209,88	124,88	181,65	204,35	121,51	176,74	198,83	118,14	171,84	193,32
	VI	2 964,—	163,02	237,12	266,76																				
8 261,99 Ost	I,IV	2 528,83	139,08	202,30	227,59	I	2 528,83	132,33	192,49	216,55	125,59	182,68	205,52	118,85	172,87	194,48	112,10	163,06	183,44	105,36	153,25	172,40	98,61	143,44	161,37
	II	2 483,08	136,56	198,64	223,47	II	2 483,08	129,82	188,83	212,43	123,07	179,02	201,39	116,33	169,21	190,36	109,58	159,40	179,32	102,84	149,58	168,28	96,09	139,78	157,25
	III	1 866,66	102,66	149,33	167,99	III	1 866,66	96,49	140,36	157,90	90,46	131,58	148,03	84,55	122,98	138,35	78,77	114,58	128,90	73,12	106,36	119,65	67,60	98,33	110,62
	V	2 943,41	161,88	235,47	264,90	IV	2 528,83	135,71	197,40	222,07	132,33	192,49	216,55	128,97	187,59	211,04	125,59	182,68	205,52	122,22	177,78	200,—	118,85	172,87	194,48
	VI	2 976,83	163,72	238,14	267,91																				
8 264,99 West	I,IV	2 517,25	138,44	201,38	226,55	I	2 517,25	131,70	191,56	215,51	124,95	181,75	204,47	118,21	171,94	193,43	111,46	162,13	182,39	104,72	152,32	171,36	97,97	142,51	160,32
	II	2 471,41	135,92	197,71	222,42	II	2 471,41	129,18	187,90	211,39	122,43	178,09	200,35	115,69	168,28	189,31	108,95	158,47	178,28	102,20	148,66	167,24	95,45	138,84	156,20
	III	1 855,83	102,07	148,46	167,02	III	1 855,83	95,92	139,52	156,96	89,89	130,76	147,10	84,—	122,18	137,45	78,23	113,80	128,02	72,60	105,60	118,80	67,09	97,58	109,78
	V	2 931,75	161,24	234,54	263,85	IV	2 517,25	135,07	196,47	221,03	131,70	191,56	215,51	128,32	186,66	209,99	124,95	181,75	204,47	121,58	176,84	198,95	118,21	171,94	193,43
	VI	2 965,25	163,08	237,22	266,87																				
8 264,99 Ost	I,IV	2 530,08	139,15	202,40	227,70	I	2 530,08	132,41	192,60	216,67	125,66	182,78	205,63	118,91	172,97	194,59	112,17	163,16	183,56	105,43	153,35	172,52	98,68	143,54	161,48
	II	2 484,33	136,63	198,74	223,58	II	2 484,33	129,89	188,93	212,54	123,14	179,12	201,51	116,40	169,31	190,47	109,65	159,50	179,43	102,90	149,68	168,39	96,16	139,88	157,36
	III	1 867,83	102,73	149,42	168,10	III	1 867,83	96,56	140,45	158,—	90,52	131,66	148,12	84,61	123,08	138,46	78,83	114,66	128,99	73,18	106,45	119,75	67,65	98,41	110,71
	V	2 944,66	161,95	235,57	265,01	IV	2 530,08	135,78	197,50	222,18	132,41	192,60	216,67	129,03	187,69	211,15	125,66	182,78	205,63	122,29	177,88	200,11	118,91	172,97	194,59
	VI	2 978,16	163,79	238,25	268,03																				
8 267,99 West	I,IV	2 518,50	138,51	201,48	226,66	I	2 518,50	131,77	191,66	215,62	125,02	181,85	204,58	118,28	172,04	193,55	111,53	162,23	182,51	104,78	152,42	171,47	98,04	142,61	160,43
	II	2 472,66	135,99	197,81	222,53	II	2 472,66	129,25	188,—	211,50	122,50	178,19	200,46	115,76	168,38	189,42	109,01	158,57	178,39	102,27	148,76	167,35	95,52	138,94	156,31
	III	1 857,—	102,13	148,56	167,13	III	1 857,—	95,98	139,61	157,06	89,96	130,85	147,20	84,05	122,26	137,54	78,29	113,88	128,11	72,65	105,68	118,89	67,14	97,66	109,87
	V	2 933,08	161,31	234,64	263,97	IV	2 518,50	135,14	196,57	221,14	131,77	191,66	215,62	128,39	186,76	210,10	125,02	181,85	204,58	121,65	176,95	199,07	118,28	172,04	193,55
	VI	2 966,50	163,15	237,32	266,98																				
8 267,99 Ost	I,IV	2 531,33	139,22	202,50	227,81	I	2 531,33	132,48	192,70	216,78	125,73	182,88	205,74	118,98	173,07	194,70	112,24	163,26	183,67	105,49	153,45	172,63	98,75	143,64	161,59
	II	2 485,58	136,70	198,84	223,70	II	2 485,58	129,96	189,03	212,66	123,21	179,22	201,62	116,47	169,41	190,58	109,72	159,60	179,55	102,98	149,79	168,51	96,23	139,98	157,47
	III	1 869,—	102,79	149,52	168,21	III	1 869,—	96,62	140,54	158,11	90,58	131,76	148,23	84,67	123,16	138,55	78,89	114,76	129,10	73,24	106,53	119,84	67,71	98,49	110,80
	V	2 945,91	162,02	235,67	265,13	IV	2 531,33	135,85	197,60	222,30	132,48	192,70	216,78	129,10	187,79	211,26	125,73	182,88	205,74	122,36	177,98	200,22	118,98	173,07	194,70
	VI	2 979,41	163,86	238,35	268,14																				
8 270,99 West	I,IV	2 519,75	138,58	201,58	226,77	I	2 519,75	131,83	191,76	215,73	125,09	181,96	204,70	118,35	172,14	193,66	111,60	162,33	182,62	104,86	152,52	171,59	98,11	142,71	160,55
	II	2 474,—	136,07	197,92	222,66	II	2 474,—	129,32	188,10	211,61	122,57	178,29	200,57	115,83	168,48	189,54	109,08	158,67	178,50	102,34	148,86	167,46	95,59	139,04	156,42
	III	1 858,16	102,19	148,65	167,23	III	1 858,16	96,04	139,70	157,16	90,01	130,93	147,29	84,12	122,36	137,65	78,35	113,97	128,21	72,71	105,76	118,98	67,20	97,74	109,96
	V	2 934,33	161,38	234,74	264,08	IV	2 519,75	135,21	196,67	221,25	131,83	191,76	215,73	128,46	186,86	210,21	125,09	181,96	204,70	121,72	177,05	199,18	118,35	172,14	193,66
	VI	2 967,75	163,22	237,42	267,09																				
8 270,99 Ost	I,IV	2 532,58	139,29	202,60	227,93	I	2 532,58	132,55	192,80	216,90	125,80	182,98	205,85	119,05	173,17	194,81	112,31	163,36	183,78	105,56	153,55	172,74	98,82	143,74	161,70
	II	2 486,83	136,77	198,94	223,81	II	2 486,83	130,02	189,13	212,77	123,28	179,32	201,74	116,54	169,51	190,70	109,79	159,70	179,66	103,05	149,89	168,62	96,30	140,08	157,59
	III	1 870,16	102,85	149,61	168,31	III	1 870,16	96,69	140,64	158,22	90,64	131,85	148,33	84,73	123,25	138,65	78,95	114,84	129,19	73,29	106,61	119,93	67,77	98,58	110,90
	V	2 947,16	162,09	235,77	265,24	IV	2 532,58	135,92	197,70	222,41	132,55	192,80	216,90	129,17	187,89	211,37	125,80	182,98	205,85	122,43	178,08	200,34	119,05	173,17	194,81
	VI	2 980,66	163,93	238,45	268,25																				
8 273,99 West	I,IV	2 521,—	138,65	201,68	226,89	I	2 521,—	131,90	191,86	215,84	125,16	182,06	204,81	118,41	172,24	193,77	111,67	162,43	182,73	104,93	152,62	171,70	98,18	142,81	160,66
	II	2 475,25	136,13	198,02	222,77	II	2 475,25	129,39	188,20	211,73	122,64	178,39	200,69	115,90	168,58	189,65	109,15	158,77	178,61	102,41	148,96	167,58	95,66	139,15	156,54
	III	1 859,33	102,26	148,74	167,33	III	1 859,33	96,11	139,80	157,27	90,08	131,02	147,40	84,17	122,44	137,74	78,41	114,05	128,30	72,77	105,85	119,08	67,25	97,82	110,05
	V	2 935,58	161,45	234,84	264,20	IV	2 521,—	135,28	196,77	221,36	131,90	191,86	215,84	128,53	186,96	210,33	125,16	182,06	204,81	121,79	177,15	199,29	118,41	172,24	193,77
	VI	2 969,—	163,29	237,52	267,21																				
8 273,99 Ost	I,IV	2 533,91	139,36	202,71	228,05	I	2 533,91	132,61	192,90	217,01	125,87	183,08	205,97	119,13	173,28	194,94	112,38	163,46	183,89	105,63	153,65	172,85	98,89	143,84	161,82
	II	2 488,08	136,84	199,04	223,92	II	2 488,08	130,10	189,24	212,89	123,35	179,42	201,85	116,60	169,61	190,81	109,86	159,80	179,77	103,12	149,99	168,74	96,37	140,18	157,70
	III	1 871,33	102,92	149,70	168,41	III	1 871,33	96,74	140,72	158,31	90,70	131,93	148,42	84,79	123,33	138,74	79,—	114,92	129,28	73,36	106,70	120,04	67,83	98,66	110,99
	V	2 948,41	162,16	235,87	265,35	IV	2 533,91	135,99	197,80	222,53	132,61	192,90	217,01	129,24	187,99	211,49	125,87	183,08	205,97	122,49	178,18	200,45	119,13	173,28	194,94
	VI	2 981,91	164,—	238,55	268,37																				
8 276,99 West	I,IV	2 522,25	138,72	201,78	227,—	I	2 522,25	131,97	191,96	215,96	125,23	182,16	204,93	118,48	172,34	193,88	111,74	162,53	182,84	104,99	152,72	171,81	98,25	142,91	160,77
	II	2 476,50	136,20	198,12	222,88	II	2 476,50	129,46	188,30	211,84	122,71	178,49	200,80	115,97	168,68	189,77	109,22	158,87	178,73	102,47	149,06	167,69	95,73	139,25	156,65
	III	1 860,50	102,32	148,84	167,44	III	1 860,50	96,16	139,88	157,36	90,14	131,12	147,51	84,24	122,53	137,84	78,46	114,13	128,39	72,82	105,93	119,17	67,31	97,90	110,14
	V	2 936,83	161,52	234,94	264,31	IV	2 522,25	135,35	196,87	221,48	131,97	191,96	215,96	128,60	187,06	210,44	125,23	182,16	204,93	121,86	177,25	199,40	118,48	172,34	193,88
	VI	2 970,25	163,36	237,62	267,32																				
8 276,99 Ost	I,IV	2 535,16	139,43	202,81	228,16	I	2 535,16	132,68	193,—	217,12	125,94	183,18	206,08	119,19	173,38	195,05	112,45	163,56	184,01	105,70	153,75	172,97	98,96	143,94	161,93
	II	2 489,33	136,91	199,14	224,03	II	2 489,33	130,17	189,34	213,—	123,42	179,52	201,96	116,67	169,71	190,92	109,93	159,90	179,89	103,18	150,09	168,85	96,44	140,28	157,81
	III	1 872,33	102,97	149,78	168,50	III	1 872,33	96,80	140,81	158,41	90,76	132,02	148,52	84,85	123,42	138,85	79,07	115,01	129,38	73,41	106,78	120,13	67,88	98,74	111,08
	V	2 949,75	162,23	235,98	265,47	IV	2 535,16	136,06	197,90	222,64	132,68	193,—	217,12	129,31	188,09	211,60	125,94	183,18	206,08	122,57	178,28	200,57	119,19	173,38	195,05
	VI	2 983,16	164,07	238,65	268,48																				
8 279,99 West	I,IV	2 523,50	138,79	201,88	227,11	I	2 523,50	132,05	192,07	216,08	125,30	182,26	205,04	118,55	172,44	194,—	111,81	162,64	182,97	105,06	152,82	171,92	98,32	143,01	160,88
	II	2 477,75	136,27	198,22	222,99	II	2 477,75	129,52	188,40	211,95	122,78	178,60	200,92	116,04	168,78	189,88	109,29	158,97	178,84	102,55	149,16	167,81	95,80	139,35	156,77
	III	1 861,66	102,39	148,93	167,54	III	1 861,66	96,23	139,97	157,46	90,20	131,20	147,60	84,30	122,62	137,95	78,53	114,22	128,50	72,88	106,01	119,26	67,36	97,98	110,23
	V	2 938,08	161,59	235,04	264,42	IV	2 523,50	135,41	196,97	221,59	132,05	192,07	216,08	128,67	187,16	210,56	125,30	182,26	205,04	121,93	177,35	199,52	118,55	172,44	194,—
	VI	2 971,58	163,43	237,72	267,44																				
8 279,99 Ost	I,IV	2 536,41	139,50	202,91	228,27	I	2 536,41	132,75	193,10	217,23	126,—	183,28	206,19	119,26	173,48	195,16	112,52	163,66	184,12	105,77	153,85	173,08	99,03	144,04	162,05
	II	2 490,58	136,98	199,24	224,15	II	2 490,58	130,24	189,44	213,12	123,49	179,62	202,07	116,74	169,81	191,03	110,—	160,—	180,—	103,25	150,19	168,96	96,51	140,38	157,92
	III	1 873,50	103,04	149,88	168,61	III	1 873,50	96,87	140,90	158,51	90,83	132,12	148,63	84,91	123,50	138,94	79,12	115,09	129,47	73,47	106,86	120,22	67,94	98,82	111,17
	V	2 951,—	162,30	236,08	265,59	IV	2 536,41	136,12	198,—	222,75	132,75	193,10	217,23	129,38	188,19	211,71	126,—	183,28	206,19	122,64	178,38	200,68	119,26	173,48	195,16
	VI	2 984,41	164,14	238,75	268,59																				

* Die ausgewiesenen Tabellenwerte sind amtlich. Siehe Erläuterungen auf der Umschlaginnenseite (U2).

Abzüge an Lohnsteuer, Solidaritätszuschlag (SolZ) und Kirchensteuer (8%, 9%) in den Steuerklassen

Lohn/Gehalt bis €*	I – VI					I, II, III, IV																			
			ohne Kinderfreibeträge					mit Zahl der Kinderfreibeträge . . . 0,5			1			1,5			2			2,5			3		
		LSt	SolZ	8%	9%		LSt	SolZ	8%	9%	SolZ	8%	9%	SolZ	8%	9%	SolZ	8%	9%	SolZ	8%	9%	SolZ	8%	9%
8 282,99 West	I,IV	2 524,75	138,86	201,98	227,22	I	2 524,75	132,11	192,17	216,19	125,37	182,36	205,15	118,62	172,54	194,11	111,88	162,74	183,08	105,13	152,92	172,04	98,39	143,11	161,—
	II	2 479,—	136,34	198,32	223,11	II	2 479,—	129,59	188,50	212,06	122,85	178,70	201,03	116,10	168,88	189,99	109,36	159,07	178,95	102,62	149,26	167,92	95,87	139,45	156,88
	III	1 862,83	102,45	149,02	167,65	III	1 862,83	96,29	140,06	157,57	90,26	131,29	147,70	84,36	122,70	138,04	78,58	114,30	128,59	72,93	106,09	119,35	67,42	98,06	110,32
	V	2 939,33	161,66	235,14	264,53	IV	2 524,75	135,49	197,08	221,71	132,11	192,17	216,19	128,74	187,26	210,67	125,37	182,36	205,15	121,99	177,45	199,63	118,62	172,54	194,11
	VI	2 972,83	163,50	237,82	267,55																				
8 282,99 Ost	I,IV	2 537,66	139,57	203,01	228,38	I	2 537,66	132,82	193,20	217,35	126,08	183,39	206,31	119,33	173,58	195,27	112,58	163,76	184,23	105,84	153,96	173,20	99,10	144,14	162,16
	II	2 491,91	137,05	199,35	224,27	II	2 491,91	130,30	189,54	213,23	123,56	179,72	202,19	116,82	169,92	191,16	110,07	160,10	180,11	103,32	150,29	169,07	96,58	140,48	158,04
	III	1 874,66	103,10	149,97	168,71	III	1 874,66	96,93	141,—	158,62	90,88	132,20	148,72	84,97	123,60	139,05	79,19	115,18	129,58	73,52	106,94	120,31	67,99	98,90	111,26
	V	2 952,25	162,37	236,18	265,70	IV	2 537,66	136,19	198,10	222,86	132,82	193,20	217,35	129,45	188,29	211,82	126,08	183,39	206,31	122,70	178,48	200,79	119,33	173,58	195,27
	VI	2 985,66	164,21	238,85	268,70																				
8 285,99 West	I,IV	2 526,08	138,93	202,08	227,34	I	2 526,08	132,18	192,27	216,30	125,44	182,46	205,26	118,69	172,64	194,22	111,95	162,84	183,19	105,20	153,02	172,15	98,45	143,21	161,11
	II	2 480,25	136,41	198,42	223,22	II	2 480,25	129,66	188,60	212,18	122,92	178,80	201,15	116,17	168,98	190,10	109,43	159,17	179,06	102,68	149,36	168,03	95,94	139,55	156,99
	III	1 864,—	102,52	149,12	167,76	III	1 864,—	96,36	140,16	157,68	90,32	131,38	147,80	84,42	122,80	138,15	78,65	114,40	128,70	73,—	106,18	119,45	67,48	98,16	110,43
	V	2 940,58	161,73	235,24	264,65	IV	2 526,08	135,56	197,18	221,82	132,18	192,27	216,30	128,81	187,36	210,78	125,44	182,46	205,26	122,06	177,55	199,74	118,69	172,64	194,22
	VI	2 974,08	163,57	237,92	267,66																				
8 285,99 Ost	I,IV	2 538,91	139,64	203,11	228,50	I	2 538,91	132,89	193,30	217,46	126,15	183,49	206,42	119,40	173,68	195,39	112,65	163,86	184,34	105,91	154,06	173,31	99,16	144,24	162,27
	II	2 493,16	137,12	199,45	224,38	II	2 493,16	130,37	189,64	213,34	123,63	179,82	202,30	116,88	170,02	191,27	110,14	160,20	180,23	103,39	150,39	169,19	96,65	140,58	158,15
	III	1 875,83	103,17	150,06	168,82	III	1 875,83	97,—	141,09	158,72	90,95	132,29	148,82	85,03	123,69	139,15	79,24	115,26	129,67	73,59	107,04	120,42	68,05	98,98	111,35
	V	2 953,50	162,44	236,28	265,81	IV	2 538,91	136,26	198,20	222,98	132,89	193,30	217,46	129,52	188,40	211,95	126,15	183,49	206,42	122,77	178,58	200,90	119,40	173,68	195,39
	VI	2 986,91	164,28	238,95	268,82																				
8 288,99 West	I,IV	2 527,33	139,—	202,18	227,45	I	2 527,33	132,25	192,37	216,41	125,51	182,56	205,38	118,76	172,75	194,34	112,02	162,94	183,30	105,27	153,12	172,26	98,53	143,32	161,23
	II	2 481,50	136,48	198,52	223,33	II	2 481,50	129,74	188,71	212,30	122,99	178,90	201,26	116,24	169,08	190,22	109,50	159,28	179,19	102,75	149,46	168,14	96,01	139,65	157,10
	III	1 865,16	102,58	149,21	167,86	III	1 865,16	96,42	140,25	157,78	90,38	131,46	147,89	84,48	122,88	138,24	78,70	114,48	128,79	73,05	106,26	119,54	67,54	98,24	110,52
	V	2 941,83	161,80	235,34	264,76	IV	2 527,33	135,63	197,28	221,94	132,25	192,37	216,41	128,88	187,46	210,89	125,51	182,56	205,38	122,13	177,65	199,85	118,76	172,75	194,34
	VI	2 975,33	163,64	238,02	267,77																				
8 288,99 Ost	I,IV	2 540,16	139,70	203,21	228,61	I	2 540,16	132,96	193,40	217,58	126,22	183,59	206,54	119,47	173,78	195,50	112,72	163,96	184,46	105,98	154,16	173,43	99,23	144,34	162,38
	II	2 494,41	137,19	199,55	224,49	II	2 494,41	130,44	189,74	213,45	123,69	179,92	202,41	116,95	170,12	191,38	110,21	160,30	180,34	103,46	150,49	169,30	96,72	140,68	158,27
	III	1 877,—	103,23	150,16	168,93	III	1 877,—	97,06	141,18	158,83	91,01	132,38	148,93	85,09	123,77	139,24	79,30	115,34	129,76	73,64	107,12	120,51	68,10	99,06	111,44
	V	2 954,75	162,51	236,38	265,92	IV	2 540,16	136,33	198,30	223,09	132,96	193,40	217,58	129,59	188,50	212,06	126,22	183,59	206,54	122,84	178,68	201,02	119,47	173,78	195,50
	VI	2 988,25	164,35	239,06	268,94																				
8 291,99 West	I,IV	2 528,58	139,07	202,28	227,57	I	2 528,58	132,32	192,47	216,53	125,57	182,66	205,49	118,83	172,85	194,45	112,09	163,04	183,42	105,34	153,22	172,37	98,60	143,42	161,34
	II	2 482,75	136,55	198,62	223,44	II	2 482,75	129,80	188,81	212,41	123,06	179,—	201,37	116,31	169,18	190,33	109,57	159,38	179,30	102,82	149,56	168,26	96,08	139,75	157,22
	III	1 866,33	102,64	149,30	167,96	III	1 866,33	96,48	140,34	157,88	90,44	131,56	148,—	84,54	122,97	138,34	78,76	114,56	128,88	73,11	106,34	119,63	67,59	98,32	110,61
	V	2 943,16	161,87	235,45	264,88	IV	2 528,58	135,69	197,38	222,05	132,32	192,47	216,53	128,95	187,56	211,01	125,57	182,66	205,49	122,21	177,76	199,98	118,83	172,85	194,45
	VI	2 976,58	163,71	238,12	267,89																				
8 291,99 Ost	I,IV	2 541,41	139,77	203,31	228,72	I	2 541,41	133,03	193,50	217,69	126,28	183,69	206,65	119,54	173,88	195,61	112,80	164,07	184,58	106,05	154,26	173,54	99,30	144,44	162,50
	II	2 495,66	137,26	199,65	224,60	II	2 495,66	130,51	189,84	213,57	123,77	180,03	202,53	117,02	170,22	191,49	110,27	160,40	180,45	103,53	150,60	169,42	96,79	140,78	158,38
	III	1 878,16	103,29	150,25	169,03	III	1 878,16	97,13	141,28	158,94	91,08	132,48	149,04	85,15	123,86	139,34	79,36	115,44	129,87	73,70	107,20	120,60	68,16	99,14	111,53
	V	2 956,—	162,58	236,48	266,04	IV	2 541,41	136,40	198,40	223,20	133,03	193,50	217,69	129,66	188,60	212,17	126,28	183,69	206,65	122,91	178,78	201,13	119,54	173,88	195,61
	VI	2 989,50	164,42	239,16	269,05																				
8 294,99 West	I,IV	2 529,83	139,14	202,38	227,68	I	2 529,83	132,39	192,57	216,64	125,65	182,76	205,61	118,90	172,95	194,57	112,15	163,14	183,53	105,41	153,32	172,49	98,67	143,52	161,46
	II	2 484,08	136,62	198,72	223,56	II	2 484,08	129,87	188,91	212,52	123,13	179,10	201,48	116,38	169,28	190,44	109,64	159,48	179,41	102,89	149,66	168,37	96,14	139,85	157,33
	III	1 867,50	102,71	149,40	168,07	III	1 867,50	96,54	140,42	157,97	90,51	131,65	148,10	84,59	123,05	138,43	78,82	114,65	128,98	73,16	106,42	119,72	67,65	98,40	110,70
	V	2 944,41	161,94	235,55	264,99	IV	2 529,83	135,76	197,48	222,16	132,39	192,57	216,64	129,02	187,66	211,12	125,65	182,76	205,61	122,27	177,86	200,09	118,90	172,95	194,57
	VI	2 977,83	163,78	238,22	268,—																				
8 294,99 Ost	I,IV	2 542,66	139,84	203,41	228,83	I	2 542,66	133,10	193,60	217,80	126,35	183,79	206,76	119,61	173,98	195,72	112,86	164,17	184,69	106,12	154,36	173,65	99,37	144,54	162,61
	II	2 496,91	137,33	199,75	224,72	II	2 496,91	130,58	189,94	213,68	123,84	180,13	202,64	117,09	170,32	191,61	110,34	160,50	180,56	103,60	150,70	169,53	96,85	140,88	158,49
	III	1 879,33	103,36	150,34	169,13	III	1 879,33	97,18	141,36	159,03	91,13	132,56	149,13	85,21	123,94	139,43	79,42	115,52	129,96	73,75	107,28	120,69	68,22	99,24	111,64
	V	2 957,25	162,64	236,58	266,15	IV	2 542,66	136,47	198,51	223,32	133,10	193,60	217,80	129,73	188,70	212,28	126,35	183,79	206,76	122,98	178,88	201,24	119,61	173,98	195,72
	VI	2 990,75	164,49	239,26	269,16																				
8 297,99 West	I,IV	2 531,08	139,20	202,48	227,79	I	2 531,08	132,46	192,67	216,75	125,72	182,86	205,72	118,97	173,05	194,68	112,22	163,24	183,64	105,48	153,43	172,61	98,73	143,62	161,57
	II	2 485,33	136,69	198,82	223,67	II	2 485,33	129,94	189,01	212,63	123,20	179,20	201,60	116,45	169,39	190,56	109,71	159,58	179,52	102,96	149,76	168,48	96,22	139,96	157,45
	III	1 868,66	102,77	149,49	168,17	III	1 868,66	96,60	140,52	158,08	90,56	131,73	148,19	84,66	123,14	138,53	78,87	114,73	129,07	73,23	106,52	119,83	67,70	98,48	110,79
	V	2 945,66	162,01	235,65	265,10	IV	2 531,08	135,83	197,58	222,27	132,46	192,67	216,75	129,08	187,76	211,23	125,72	182,86	205,72	122,34	177,96	200,20	118,97	173,05	194,68
	VI	2 979,08	163,84	238,32	268,11																				
8 297,99 Ost	I,IV	2 544,—	139,92	203,52	228,96	I	2 544,—	133,17	193,70	217,91	126,42	183,89	206,87	119,68	174,08	195,84	112,93	164,27	184,80	106,19	154,46	173,76	99,44	144,64	162,72
	II	2 498,16	137,39	199,85	224,83	II	2 498,16	130,65	190,04	213,80	123,91	180,23	202,76	117,16	170,42	191,72	110,41	160,60	180,68	103,67	150,80	169,65	96,92	140,98	158,60
	III	1 880,50	103,42	150,44	169,24	III	1 880,50	97,24	141,45	159,13	91,19	132,65	149,23	85,27	124,04	139,54	79,48	115,61	130,06	73,81	107,37	120,79	68,28	99,32	111,73
	V	2 958,50	162,71	236,68	266,26	IV	2 544,—	136,54	198,61	223,43	133,17	193,70	217,91	129,80	188,80	212,40	126,42	183,89	206,87	123,05	178,98	201,35	119,68	174,08	195,84
	VI	2 992,—	164,56	239,36	269,28																				
8 300,99 West	I,IV	2 532,33	139,27	202,58	227,90	I	2 532,33	132,53	192,77	216,86	125,78	182,96	205,83	119,04	173,15	194,79	112,29	163,34	183,75	105,55	153,53	172,72	98,80	143,72	161,68
	II	2 486,58	136,76	198,92	223,79	II	2 486,58	130,01	189,11	212,75	123,26	179,30	201,71	116,52	169,49	190,67	109,78	159,68	179,64	103,03	149,86	168,59	96,29	140,06	157,56
	III	1 869,83	102,84	149,58	168,28	III	1 869,83	96,67	140,61	158,18	90,63	131,82	148,30	84,71	123,22	138,62	78,94	114,82	129,17	73,28	106,60	119,92	67,76	98,56	110,88
	V	2 946,91	162,08	235,75	265,22	IV	2 532,33	135,90	197,68	222,39	132,53	192,77	216,86	129,16	187,87	211,35	125,78	182,96	205,83	122,41	178,06	200,31	119,04	173,15	194,79
	VI	2 980,33	163,91	238,42	268,22																				
8 300,99 Ost	I,IV	2 545,25	139,98	203,62	229,07	I	2 545,25	133,24	193,80	218,03	126,49	183,99	206,99	119,75	174,18	195,95	113,—	164,37	184,91	106,26	154,56	173,88	99,51	144,75	162,84
	II	2 499,41	137,46	199,95	224,94	II	2 499,41	130,72	190,14	213,91	123,97	180,33	202,87	117,23	170,52	191,83	110,49	160,71	180,80	103,74	150,90	169,76	96,99	141,08	158,72
	III	1 881,66	103,49	150,53	169,34	III	1 881,66	97,31	141,54	159,23	91,26	132,74	149,33	85,33	124,12	139,63	79,53	115,69	130,15	73,87	107,45	120,88	68,33	99,40	111,82
	V	2 959,75	162,78	236,78	266,37	IV	2 545,25	136,61	198,71	223,55	133,24	193,80	218,03	129,86	188,90	212,51	126,49	183,99	206,99	123,12	179,08	201,47	119,75	174,18	195,95
	VI	2 993,25	164,62	239,46	269,39																				
8 303,99 West	I,IV	2 533,58	139,34	202,68	228,02	I	2 533,58	132,60	192,88	216,99	125,85	183,06	205,94	119,11	173,25	194,90	112,36	163,44	183,87	105,62	153,63	172,83	98,87	143,82	161,79
	II	2 487,83	136,83	199,02	223,90	II	2 487,83	130,08	189,21	212,86	123,34	179,40	201,83	116,59	169,59	190,79	109,84	159,78	179,75	103,10	149,96	168,71	96,36	140,16	157,68
	III	1 871,—	102,90	149,68	168,39	III	1 871,—	96,73	140,70	158,29	90,69	131,92	148,41	84,78	123,32	138,73	78,99	114,90	129,26	73,34	106,68	120,01	67,81	98,64	110,97
	V	2 948,16	162,14	235,85	265,33	IV	2 533,58	135,97	197,78	222,50	132,60	192,88	216,99	129,23	187,97	211,46	125,85	183,06	205,94	122,48	178,16	200,43	119,11	173,25	194,90
	VI	2 981,66	163,99	238,53	268,34																				
8 303,99 Ost	I,IV	2 546,50	140,05	203,72	229,18	I	2 546,50	133,31	193,90	218,14	126,56	184,09	207,10	119,82	174,28	196,07	113,07	164,47	185,03	106,32	154,66	173,99	99,58	144,85	162,95
	II	2 500,66	137,53	200,05	225,05	II	2 500,66	130,79	190,24	214,02	124,04	180,43	202,98	117,30	170,62	191,94	110,55	160,81	180,91	103,81	151,—	169,87	97,06	141,18	158,83
	III	1 882,83	103,55	150,62	169,45	III	1 882,83	97,37	141,64	159,34	91,31	132,82	149,42	85,39	124,21	139,73	79,60	115,78	130,25	73,92	107,53	120,97	68,39	99,48	111,91
	V	2 961,08	162,85	236,88	266,49	IV	2 546,50	136,68	198,81	223,66	133,31	193,90	218,14	129,93	189,—	212,62	126,56	184,09	207,10	123,19	179,19	201,59	119,82	174,28	196,07
	VI	2 994,50	164,69	239,56	269,50																				

* Die ausgewiesenen Tabellenwerte sind amtlich. Siehe Erläuterungen auf der Umschlaginnenseite (U2).

MONAT 8 304,–*

Lohn/Gehalt bis €*	Abzüge an Lohnsteuer, Solidaritätszuschlag (SolZ) und Kirchensteuer (8%, 9%) in den Steuerklassen – I – VI: ohne Kinderfreibeträge	LSt	SolZ	8%	9%	I, II, III, IV: mit Zahl der Kinderfreibeträge . . .	LSt	0,5 SolZ	0,5 8%	0,5 9%	1 SolZ	1 8%	1 9%	1,5 SolZ	1,5 8%	1,5 9%	2 SolZ	2 8%	2 9%	2,5 SolZ	2,5 8%	2,5 9%	3 SolZ	3 8%	3 9%
8 306,99 West	I,IV	2 534,83	139,41	202,78	228,13	I	2 534,83	132,67	192,98	217,10	125,92	183,16	206,06	119,18	173,35	195,02	112,43	163,54	183,98	105,69	153,73	172,94	98,94	143,92	161,91
	II	2 489,08	136,89	199,12	224,01	II	2 489,08	130,15	189,31	212,97	123,41	179,50	201,94	116,66	169,69	190,90	109,91	159,88	179,86	103,17	150,07	168,83	96,42	140,26	157,79
	III	1 872,16	102,96	149,77	168,49	III	1 872,16	96,80	140,80	158,40	90,75	132,01	148,51	84,83	123,40	138,82	79,05	114,98	129,35	73,39	106,76	120,10	67,87	98,72	111,06
	V	2 949,41	162,21	235,95	265,44	IV	2 534,83	136,04	197,88	222,62	132,67	192,98	217,10	129,30	188,07	211,58	125,92	183,16	206,06	122,55	178,26	200,54	119,18	173,35	195,02
	VI	2 982,91	164,06	238,63	268,46																				
8 306,99 Ost	I,IV	2 547,75	140,12	203,82	229,29	I	2 547,75	133,37	194,–	218,25	126,63	184,20	207,22	119,89	174,38	196,18	113,14	164,57	185,14	106,40	154,76	174,11	99,65	144,95	163,07
	II	2 502,–	137,61	200,16	225,18	II	2 502,–	130,86	190,34	214,13	124,11	180,53	203,09	117,37	170,72	192,06	110,62	160,91	181,02	103,88	151,10	169,98	97,13	141,28	158,94
	III	1 884,–	103,62	150,72	169,56	III	1 884,–	97,44	141,73	159,44	91,38	132,92	149,53	85,46	124,30	139,84	79,65	115,86	130,34	73,99	107,62	121,07	68,44	99,56	112,–
	V	2 962,33	162,92	236,98	266,60	IV	2 547,75	136,75	198,91	223,77	133,37	194,–	218,25	130,–	189,10	212,73	126,63	184,20	207,22	123,26	179,29	201,70	119,89	174,38	196,18
	VI	2 995,75	164,76	239,66	269,61																				
8 309,99 West	I,IV	2 536,08	139,48	202,88	228,24	I	2 536,08	132,74	193,08	217,21	125,99	183,26	206,17	119,24	173,45	195,13	112,50	163,64	184,10	105,76	153,83	173,06	99,01	144,02	162,02
	II	2 490,33	136,96	199,22	224,12	II	2 490,33	130,22	189,41	213,08	123,47	179,60	202,05	116,73	169,79	191,01	109,98	159,98	179,97	103,24	150,17	168,94	96,49	140,36	157,90
	III	1 873,33	103,03	149,86	168,59	III	1 873,33	96,86	140,89	158,50	90,81	132,09	148,60	84,90	123,49	138,92	79,11	115,08	129,46	73,46	106,85	120,20	67,93	98,81	111,16
	V	2 950,66	162,28	236,05	265,55	IV	2 536,08	136,11	197,98	222,73	132,74	193,08	217,21	129,36	188,17	211,69	125,99	183,26	206,17	122,62	178,36	200,65	119,24	173,45	195,13
	VI	2 984,16	164,12	238,73	268,57																				
8 309,99 Ost	I,IV	2 549,–	140,19	203,92	229,41	I	2 549,–	133,44	194,10	218,36	126,70	184,30	207,33	119,95	174,48	196,29	113,21	164,67	185,25	106,47	154,86	174,22	99,72	145,05	163,18
	II	2 503,25	137,67	200,26	225,29	II	2 503,25	130,93	190,44	214,25	124,18	180,63	203,21	117,44	170,82	192,17	110,69	161,01	181,13	103,95	151,20	170,10	97,20	141,39	159,06
	III	1 885,16	103,68	150,81	169,66	III	1 885,16	97,50	141,82	159,55	91,44	133,01	149,63	85,51	124,38	139,93	79,71	115,94	130,43	74,04	107,70	121,16	68,50	99,64	112,09
	V	2 963,58	162,99	237,08	266,72	IV	2 549,–	136,82	199,01	223,88	133,44	194,10	218,36	130,07	189,20	212,85	126,70	184,30	207,33	123,33	179,39	201,81	119,95	174,48	196,29
	VI	2 997,–	164,83	239,76	269,73																				
8 312,99 West	I,IV	2 537,41	139,55	202,99	228,36	I	2 537,41	132,81	193,18	217,32	126,06	183,36	206,28	119,32	173,56	195,25	112,57	163,74	184,21	105,82	153,93	173,17	99,08	144,12	162,14
	II	2 491,58	137,03	199,32	224,24	II	2 491,58	130,29	189,52	213,21	123,54	179,70	202,16	116,80	169,89	191,12	110,05	160,08	180,09	103,31	150,27	169,05	96,56	140,46	158,01
	III	1 874,50	103,09	149,96	168,70	III	1 874,50	96,91	140,97	158,59	90,87	132,18	148,70	84,96	123,58	139,03	79,17	115,16	129,55	73,51	106,93	120,29	67,98	98,89	111,25
	V	2 951,91	162,35	236,15	265,67	IV	2 537,41	136,18	198,08	222,84	132,81	193,18	217,32	129,43	188,27	211,80	126,06	183,36	206,28	122,69	178,46	200,76	119,32	173,56	195,25
	VI	2 985,41	164,19	238,83	268,68																				
8 312,99 Ost	I,IV	2 550,25	140,26	204,02	229,52	I	2 550,25	133,51	194,20	218,48	126,77	184,40	207,45	120,02	174,58	196,40	113,28	164,77	185,36	106,53	154,96	174,33	99,79	145,15	163,29
	II	2 504,50	137,74	200,36	225,40	II	2 504,50	131,–	190,54	214,36	124,25	180,73	203,32	117,51	170,92	192,29	110,76	161,11	181,25	104,01	151,30	170,21	97,27	141,49	159,17
	III	1 886,33	103,74	150,90	169,76	III	1 886,33	97,57	141,92	159,66	91,51	133,10	149,74	85,58	124,48	140,04	79,77	116,04	130,54	74,10	107,78	121,25	68,55	99,72	112,18
	V	2 964,83	163,06	237,18	266,83	IV	2 550,25	136,89	199,11	224,–	133,51	194,20	218,48	130,14	189,30	212,96	126,77	184,40	207,45	123,40	179,49	201,92	120,02	174,58	196,40
	VI	2 998,25	164,90	239,86	269,84																				
8 315,99 West	I,IV	2 538,66	139,62	203,09	228,47	I	2 538,66	132,88	193,28	217,44	126,13	183,46	206,39	119,39	173,66	195,36	112,64	163,84	184,32	105,89	154,03	173,28	99,15	144,22	162,25
	II	2 492,83	137,10	199,42	224,35	II	2 492,83	130,36	189,62	213,32	123,61	179,80	202,28	116,87	169,99	191,24	110,12	160,18	180,20	103,38	150,37	169,16	96,63	140,56	158,13
	III	1 875,66	103,16	150,05	168,80	III	1 875,66	96,98	141,06	158,69	90,94	132,28	148,81	85,02	123,66	139,12	79,23	115,25	129,65	73,57	107,01	120,38	68,04	98,97	111,34
	V	2 953,25	162,42	236,26	265,79	IV	2 538,66	136,25	198,18	222,95	132,88	193,28	217,44	129,50	188,37	211,91	126,13	183,46	206,39	122,76	178,56	200,88	119,39	173,66	195,36
	VI	2 986,66	164,26	238,93	268,79																				
8 315,99 Ost	I,IV	2 551,50	140,33	204,12	229,63	I	2 551,50	133,59	194,31	218,60	126,84	184,50	207,56	120,09	174,68	196,52	113,35	164,88	185,49	106,60	155,06	174,44	99,86	145,25	163,40
	II	2 505,75	137,81	200,46	225,51	II	2 505,75	131,06	190,64	214,47	124,32	180,84	203,44	117,58	171,02	192,40	110,83	161,21	181,36	104,09	151,40	170,33	97,34	141,59	159,29
	III	1 887,50	103,81	151,–	169,87	III	1 887,50	97,62	142,–	159,75	91,56	133,18	149,83	85,63	124,56	140,13	79,83	116,12	130,63	74,15	107,86	121,34	68,61	99,80	112,27
	V	2 966,08	163,13	237,28	266,94	IV	2 551,50	136,95	199,21	224,11	133,59	194,31	218,60	130,21	189,40	213,08	126,84	184,50	207,56	123,47	179,59	202,04	120,09	174,68	196,52
	VI	2 999,58	164,97	239,96	269,96																				
8 318,99 West	I,IV	2 539,91	139,69	203,19	228,59	I	2 539,91	132,94	193,38	217,55	126,20	183,56	206,51	119,46	173,76	195,48	112,71	163,94	184,43	105,96	154,13	173,39	99,22	144,32	162,36
	II	2 494,08	137,17	199,52	224,46	II	2 494,08	130,43	189,72	213,43	123,68	179,90	202,39	116,93	170,09	191,35	110,19	160,28	180,32	103,45	150,47	169,28	96,70	140,66	158,24
	III	1 876,83	103,22	150,14	168,91	III	1 876,83	97,04	141,16	158,80	90,99	132,36	148,90	85,08	123,76	139,23	79,29	115,33	129,74	73,62	107,09	120,47	68,09	99,05	111,43
	V	2 954,50	162,49	236,36	265,90	IV	2 539,91	136,32	198,28	223,07	132,94	193,38	217,55	129,57	188,47	212,03	126,20	183,56	206,51	122,83	178,66	200,99	119,46	173,76	195,48
	VI	2 987,91	164,33	239,03	268,91																				
8 318,99 Ost	I,IV	2 552,75	140,40	204,22	229,74	I	2 552,75	133,65	194,41	218,71	126,91	184,60	207,67	120,16	174,78	196,63	113,42	164,98	185,60	106,67	155,16	174,56	99,93	145,35	163,52
	II	2 507,–	137,88	200,56	225,63	II	2 507,–	131,13	190,74	214,58	124,39	180,94	203,55	117,64	171,12	192,51	110,90	161,31	181,47	104,16	151,50	170,44	97,41	141,69	159,40
	III	1 888,66	103,87	151,09	169,97	III	1 888,66	97,68	142,09	159,85	91,63	133,28	149,94	85,69	124,65	140,23	79,89	116,21	130,73	74,22	107,96	121,45	68,67	99,89	112,37
	V	2 967,33	163,20	237,38	267,05	IV	2 552,75	137,03	199,32	224,23	133,65	194,41	218,71	130,28	189,50	213,19	126,91	184,60	207,67	123,53	179,69	202,15	120,16	174,78	196,63
	VI	3 000,83	165,04	240,06	270,07																				
8 321,99 West	I,IV	2 541,16	139,76	203,29	228,70	I	2 541,16	133,01	193,48	217,66	126,27	183,67	206,63	119,52	173,86	195,59	112,78	164,04	184,55	106,04	154,24	173,52	99,29	144,42	162,47
	II	2 495,41	137,24	199,63	224,58	II	2 495,41	130,50	189,82	213,54	123,75	180,–	202,50	117,01	170,20	191,47	110,26	160,38	180,43	103,51	150,57	169,39	96,77	140,76	158,36
	III	1 878,–	103,29	150,24	169,02	III	1 878,–	97,11	141,25	158,90	91,06	132,45	149,–	85,14	123,84	139,32	79,34	115,41	129,83	73,69	107,18	120,58	68,15	99,13	111,52
	V	2 955,75	162,56	236,46	266,01	IV	2 541,16	136,39	198,38	223,18	133,01	193,48	217,66	129,64	188,57	212,14	126,27	183,67	206,63	122,90	178,76	201,11	119,52	173,86	195,59
	VI	2 989,16	164,40	239,13	269,02																				
8 321,99 Ost	I,IV	2 554,08	140,47	204,32	229,86	I	2 554,08	133,72	194,51	218,82	126,98	184,70	207,78	120,23	174,88	196,74	113,49	165,08	185,71	106,74	155,26	174,67	99,99	145,45	163,63
	II	2 508,25	137,95	200,66	225,74	II	2 508,25	131,20	190,84	214,70	124,46	181,04	203,67	117,71	171,22	192,62	110,97	161,41	181,58	104,22	151,60	170,55	97,48	141,79	159,51
	III	1 889,83	103,94	151,18	170,08	III	1 889,83	97,75	142,18	159,95	91,69	133,37	150,04	85,75	124,73	140,32	79,95	116,29	130,82	74,27	108,04	121,54	68,73	99,97	112,46
	V	2 968,58	163,27	237,48	267,17	IV	2 554,08	137,10	199,42	224,34	133,72	194,51	218,82	130,35	189,60	213,30	126,98	184,70	207,78	123,60	179,79	202,26	120,23	174,88	196,74
	VI	3 002,08	165,11	240,16	270,18																				
8 324,99 West	I,IV	2 542,41	139,83	203,39	228,81	I	2 542,41	133,08	193,58	217,77	126,34	183,77	206,74	119,59	173,96	195,70	112,85	164,14	184,66	106,10	154,34	173,63	99,36	144,52	162,59
	II	2 496,66	137,31	199,73	224,69	II	2 496,66	130,57	189,92	213,66	123,82	180,10	202,61	117,08	170,30	191,58	110,33	160,48	180,54	103,58	150,67	169,50	96,84	140,86	158,47
	III	1 879,16	103,35	150,33	169,12	III	1 879,16	97,17	141,34	159,01	91,12	132,54	149,11	85,20	123,93	139,42	79,41	115,50	129,94	73,74	107,26	120,67	68,20	99,21	111,61
	V	2 957,–	162,63	236,56	266,13	IV	2 542,41	136,45	198,48	223,29	133,08	193,58	217,77	129,71	188,68	212,26	126,34	183,77	206,74	122,97	178,86	201,22	119,59	173,96	195,70
	VI	2 990,41	164,47	239,23	269,13																				
8 324,99 Ost	I,IV	2 555,33	140,54	204,42	229,97	I	2 555,33	133,79	194,61	218,93	127,05	184,80	207,90	120,30	174,99	196,86	113,56	165,18	185,82	106,81	155,36	174,78	100,07	145,56	163,75
	II	2 509,50	138,02	200,76	225,85	II	2 509,50	131,28	190,95	214,82	124,53	181,14	203,78	117,78	171,32	192,74	111,04	161,52	181,71	104,29	151,70	170,66	97,55	141,89	159,62
	III	1 891,16	104,01	151,29	170,20	III	1 891,16	97,81	142,28	160,06	91,74	133,45	150,13	85,81	124,82	140,42	80,01	116,38	130,93	74,33	108,12	121,63	68,78	100,05	112,55
	V	2 969,83	163,34	237,58	267,28	IV	2 555,33	137,17	199,52	224,46	133,79	194,61	218,93	130,42	189,70	213,41	127,05	184,80	207,90	123,67	179,89	202,37	120,30	174,99	196,86
	VI	3 003,33	165,18	240,26	270,29																				
8 327,99 West	I,IV	2 543,66	139,90	203,49	228,92	I	2 543,66	133,15	193,68	217,89	126,41	183,87	206,85	119,66	174,06	195,81	112,91	164,24	184,77	106,17	154,44	173,74	99,43	144,62	162,70
	II	2 497,91	137,38	199,83	224,81	II	2 497,91	130,63	190,02	213,77	123,89	180,20	202,72	117,15	170,40	191,70	110,40	160,58	180,65	103,65	150,77	169,61	96,91	140,96	158,58
	III	1 880,33	103,41	150,42	169,22	III	1 880,33	97,24	141,44	159,12	91,19	132,64	149,22	85,25	124,01	139,51	79,46	115,58	130,03	73,80	107,34	120,76	68,26	99,29	111,70
	V	2 958,25	162,70	236,66	266,24	IV	2 543,66	136,52	198,58	223,40	133,15	193,68	217,89	129,78	188,78	212,37	126,41	183,87	206,85	123,03	178,96	201,33	119,66	174,06	195,81
	VI	2 991,75	164,54	239,34	269,25																				
8 327,99 Ost	I,IV	2 556,58	140,61	204,52	230,09	I	2 556,58	133,86	194,71	219,05	127,11	184,90	208,01	120,37	175,09	196,97	113,63	165,28	185,94	106,88	155,46	174,89	100,14	145,66	163,86
	II	2 510,75	138,09	200,86	225,96	II	2 510,75	131,34	191,05	214,93	124,60	181,24	203,89	117,85	171,42	192,85	111,11	161,62	181,82	104,36	151,80	170,78	97,62	141,99	159,74
	III	1 892,33	104,07	151,38	170,30	III	1 892,33	97,88	142,37	160,16	91,81	133,54	150,23	85,88	124,92	140,53	80,07	116,46	131,02	74,39	108,21	121,73	68,84	100,13	112,64
	V	2 971,16	163,41	237,69	267,40	IV	2 556,58	137,23	199,62	224,57	133,86	194,71	219,05	130,49	189,80	213,53	127,11	184,90	208,01	123,75	180,–	202,50	120,37	175,09	196,97
	VI	3 004,58	165,25	240,36	270,41																				

* Die ausgewiesenen Tabellenwerte sind amtlich. Siehe Erläuterungen auf der Umschlaginnenseite (U2).

Abzüge an Lohnsteuer, Solidaritätszuschlag (SolZ) und Kirchensteuer (8%, 9%) in den Steuerklassen

Lohn/ Gehalt bis €*	I – VI					I, II, III, IV	mit Zahl der Kinderfreibeträge . . .																		
			ohne Kinderfreibeträge					0,5			1			1,5			2			2,5			3		
		LSt	SolZ	8%	9%		LSt	SolZ	8%	9%	SolZ	8%	9%	SolZ	8%	9%	SolZ	8%	9%	SolZ	8%	9%	SolZ	8%	9%
8 330,99 West	I,IV	2 544,91	139,97	203,59	229,04	I	2 544,91	133,22	193,78	218,—	126,48	183,97	206,96	119,73	174,16	195,93	112,99	164,35	184,89	106,24	154,54	173,85	99,49	144,72	162,81
	II	2 499,16	137,45	199,93	224,92	II	2 499,16	130,70	190,12	213,88	123,96	180,31	202,85	117,21	170,50	191,81	110,47	160,68	180,77	103,73	150,88	169,74	96,98	141,06	158,69
	III	1 881,50	103,48	150,52	169,33	III	1 881,50	97,30	141,53	159,22	91,24	132,72	149,31	85,32	124,10	139,61	79,53	115,68	130,14	73,86	107,44	120,87	68,31	99,37	111,79
	V	2 959,50	162,77	236,76	266,35	IV	2 544,91	136,59	198,68	223,52	133,22	193,78	218,—	129,85	188,88	212,49	126,48	183,97	206,96	123,10	179,06	201,44	119,73	174,16	195,93
	VI	2 993,—	164,61	239,44	269,37																				
8 330,99 Ost	I,IV	2 557,83	140,68	204,62	230,20	I	2 557,83	133,93	194,81	219,16	127,19	185,—	208,13	120,44	175,19	197,09	113,69	165,38	186,05	106,95	155,56	175,01	100,21	145,76	163,98
	II	2 512,08	138,16	200,96	226,08	II	2 512,08	131,41	191,15	215,04	124,67	181,34	204,—	117,92	171,52	192,96	111,18	161,72	181,93	104,43	151,90	170,89	97,68	142,09	159,85
	III	1 893,50	104,14	151,48	170,41	III	1 893,50	97,94	142,46	160,27	91,87	133,64	150,34	85,93	125,—	140,62	80,12	116,54	131,11	74,45	108,29	121,82	68,89	100,21	112,73
	V	2 972,41	163,48	237,79	267,51	IV	2 557,83	137,30	199,72	224,68	133,93	194,81	219,16	130,56	189,90	213,64	127,19	185,—	208,13	123,81	180,10	202,61	120,44	175,19	197,09
	VI	3 005,83	165,32	240,46	270,52																				
8 333,99 West	I,IV	2 546,16	140,03	203,69	229,15	I	2 546,16	133,29	193,88	218,12	126,55	184,07	207,08	119,80	174,26	196,04	113,06	164,45	185,—	106,31	154,64	173,97	99,56	144,82	162,92
	II	2 500,41	137,52	200,03	225,03	II	2 500,41	130,77	190,22	213,99	124,03	180,41	202,96	117,28	170,60	191,92	110,54	160,78	180,88	103,79	150,98	169,85	97,05	141,16	158,81
	III	1 882,66	103,54	150,61	169,43	III	1 882,66	97,35	141,61	159,31	91,30	132,81	149,41	85,38	124,20	139,72	79,58	115,76	130,23	73,92	107,52	120,96	68,38	99,46	111,89
	V	2 960,75	162,84	236,86	266,46	IV	2 546,16	136,67	198,79	223,64	133,29	193,88	218,12	129,92	188,98	212,60	126,55	184,07	207,08	123,17	179,16	201,56	119,80	174,26	196,04
	VI	2 994,25	164,68	239,54	269,48																				
8 333,99 Ost	I,IV	2 559,08	140,74	204,72	230,31	I	2 559,08	134,—	194,91	219,27	127,26	185,10	208,24	120,51	175,29	197,20	113,76	165,48	186,16	107,02	155,67	175,13	100,27	145,86	164,09
	II	2 513,33	138,23	201,06	226,19	II	2 513,33	131,48	191,25	215,15	124,74	181,44	204,12	117,99	171,63	193,08	111,25	161,82	182,04	104,50	152,—	171,—	97,76	142,20	159,97
	III	1 894,66	104,20	151,57	170,51	III	1 894,66	98,01	142,56	160,38	91,94	133,73	150,44	86,—	125,09	140,72	80,19	116,64	131,22	74,50	108,37	121,91	68,95	100,29	112,82
	V	2 973,66	163,55	237,89	267,62	IV	2 559,08	137,37	199,82	224,79	134,—	194,91	219,27	130,62	190,—	213,75	127,26	185,10	208,24	123,88	180,20	202,72	120,51	175,29	197,20
	VI	3 007,08	165,38	240,56	270,63																				
8 336,99 West	I,IV	2 547,50	140,11	203,80	229,27	I	2 547,50	133,36	193,98	218,23	126,61	184,17	207,19	119,87	174,36	196,16	113,13	164,55	185,12	106,38	154,74	174,08	99,63	144,92	163,04
	II	2 501,66	137,59	200,13	225,14	II	2 501,66	130,84	190,32	214,11	124,10	180,51	203,07	117,35	170,70	192,03	110,60	160,88	180,99	103,86	151,08	169,96	97,12	141,26	158,92
	III	1 883,83	103,61	150,70	169,54	III	1 883,83	97,42	141,70	159,41	91,37	132,90	149,51	85,44	124,28	139,81	79,64	115,85	130,33	73,97	107,60	121,05	68,43	99,54	111,98
	V	2 962,—	162,91	236,96	266,58	IV	2 547,50	136,73	198,89	223,75	133,36	193,98	218,23	129,99	189,08	212,71	126,61	184,17	207,19	123,24	179,26	201,67	119,87	174,36	196,16
	VI	2 995,50	164,75	239,64	269,59																				
8 336,99 Ost	I,IV	2 560,33	140,81	204,82	230,42	I	2 560,33	134,07	195,01	219,38	127,32	185,20	208,35	120,58	175,39	197,31	113,83	165,58	186,27	107,09	155,77	175,24	100,34	145,96	164,20
	II	2 514,58	138,30	201,16	226,31	II	2 514,58	131,55	191,35	215,27	124,80	181,54	204,23	118,06	171,73	193,19	111,32	161,92	182,16	104,57	152,10	171,11	97,83	142,30	160,08
	III	1 895,83	104,27	151,66	170,62	III	1 895,83	98,06	142,64	160,47	91,99	133,81	150,53	86,05	125,17	140,81	80,24	116,72	131,31	74,56	108,45	122,—	69,01	100,38	112,93
	V	2 974,91	163,62	237,99	267,74	IV	2 560,33	137,44	199,92	224,91	134,07	195,01	219,38	130,70	190,11	213,87	127,32	185,20	208,35	123,95	180,30	202,83	120,58	175,39	197,31
	VI	3 008,33	165,45	240,66	270,74																				
8 339,99 West	I,IV	2 548,75	140,18	203,90	229,38	I	2 548,75	133,43	194,08	218,34	126,68	184,27	207,30	119,94	174,46	196,27	113,19	164,65	185,23	106,45	154,84	174,19	99,71	145,03	163,16
	II	2 502,91	137,66	200,23	225,26	II	2 502,91	130,91	190,42	214,22	124,17	180,61	203,18	117,42	170,80	192,15	110,68	160,99	181,11	103,93	151,18	170,07	97,18	141,36	159,03
	III	1 885,—	103,67	150,80	169,65	III	1 885,—	97,48	141,80	159,52	91,42	132,98	149,60	85,50	124,37	139,91	79,70	115,93	130,42	74,03	107,68	121,14	68,49	99,62	112,07
	V	2 963,25	162,97	237,06	266,69	IV	2 548,75	136,80	198,99	223,86	133,43	194,08	218,34	130,06	189,18	212,82	126,68	184,27	207,30	123,31	179,36	201,78	119,94	174,46	196,27
	VI	2 996,75	164,82	239,74	269,70																				
8 339,99 Ost	I,IV	2 561,58	140,88	204,92	230,54	I	2 561,58	134,14	195,12	219,51	127,39	185,30	208,46	120,65	175,49	197,42	113,90	165,68	186,39	107,16	155,87	175,35	100,41	146,06	164,31
	II	2 515,83	138,37	201,26	226,42	II	2 515,83	131,62	191,45	215,38	124,88	181,64	204,35	118,13	171,83	193,31	111,38	162,02	182,27	104,64	152,20	171,23	97,90	142,40	160,20
	III	1 897,—	104,33	151,76	170,73	III	1 897,—	98,12	142,73	160,57	92,06	133,90	150,64	86,12	125,26	140,92	80,30	116,81	131,41	74,62	108,54	122,11	69,07	100,46	113,02
	V	2 976,16	163,68	238,09	267,85	IV	2 561,58	137,51	200,02	225,02	134,14	195,12	219,51	130,77	190,21	213,98	127,39	185,30	208,46	124,02	180,40	202,95	120,65	175,49	197,42
	VI	3 009,66	165,53	240,77	270,86																				
8 342,99 West	I,IV	2 550,—	140,25	204,—	229,50	I	2 550,—	133,50	194,18	218,45	126,75	184,37	207,41	120,01	174,56	196,38	113,26	164,75	185,34	106,52	154,94	174,30	99,77	145,13	163,27
	II	2 504,16	137,72	200,33	225,37	II	2 504,16	130,98	190,52	214,34	124,24	180,71	203,30	117,49	170,90	192,26	110,75	161,09	181,22	104,—	151,28	170,19	97,25	141,46	159,14
	III	1 886,16	103,73	150,89	169,75	III	1 886,16	97,55	141,89	159,62	91,49	133,08	149,71	85,56	124,45	140,—	79,75	116,01	130,51	74,09	107,77	121,24	68,54	99,70	112,16
	V	2 964,58	163,05	237,16	266,81	IV	2 550,—	136,87	199,09	223,97	133,50	194,18	218,45	130,13	189,28	212,94	126,75	184,37	207,41	123,38	179,47	201,90	120,01	174,56	196,38
	VI	2 998,—	164,89	239,84	269,82																				
8 342,99 Ost	I,IV	2 562,83	140,95	205,02	230,65	I	2 562,83	134,21	195,22	219,62	127,46	185,40	208,58	120,72	175,59	197,54	113,97	165,78	186,50	107,23	155,97	175,46	100,48	146,16	164,43
	II	2 517,08	138,43	201,36	226,53	II	2 517,08	131,69	191,55	215,49	124,95	181,74	204,46	118,20	171,93	193,42	111,45	162,12	182,38	104,71	152,31	171,35	97,96	142,50	160,31
	III	1 898,16	104,39	151,85	170,83	III	1 898,16	98,19	142,82	160,67	92,12	134,—	150,75	86,18	125,36	141,03	80,36	116,89	131,50	74,68	108,62	122,20	69,12	100,54	113,11
	V	2 977,41	163,75	238,19	267,96	IV	2 562,83	137,58	200,12	225,14	134,21	195,22	219,62	130,84	190,31	214,10	127,46	185,40	208,58	124,09	180,50	203,06	120,72	175,59	197,54
	VI	3 010,91	165,60	240,87	270,98																				
8 345,99 West	I,IV	2 551,25	140,31	204,10	229,61	I	2 551,25	133,57	194,28	218,57	126,83	184,48	207,54	120,08	174,66	196,49	113,33	164,85	185,45	106,59	155,04	174,42	99,84	145,23	163,38
	II	2 505,50	137,80	200,44	225,49	II	2 505,50	131,05	190,62	214,45	124,30	180,81	203,41	117,56	171,—	192,38	110,82	161,19	181,34	104,07	151,38	170,30	97,32	141,56	159,26
	III	1 887,33	103,80	150,98	169,85	III	1 887,33	97,61	141,98	159,73	91,55	133,17	149,81	85,62	124,54	140,11	79,82	116,10	130,61	74,14	107,85	121,33	68,60	99,78	112,25
	V	2 965,83	163,12	237,26	266,92	IV	2 551,25	136,94	199,19	224,09	133,57	194,28	218,57	130,19	189,38	213,05	126,83	184,48	207,54	123,45	179,57	202,01	120,08	174,66	196,49
	VI	2 999,25	164,95	239,94	269,93																				
8 345,99 Ost	I,IV	2 564,08	141,02	205,12	230,76	I	2 564,08	134,28	195,32	219,73	127,53	185,50	208,69	120,78	175,69	197,65	114,04	165,88	186,62	107,30	156,07	175,58	100,55	146,26	164,54
	II	2 518,33	138,50	201,46	226,64	II	2 518,33	131,76	191,65	215,60	125,01	181,84	204,57	118,27	172,03	193,53	111,52	162,22	182,49	104,78	152,41	171,46	98,03	142,60	160,42
	III	1 899,33	104,46	151,94	170,93	III	1 899,33	98,25	142,92	160,78	92,18	134,09	150,85	86,24	125,44	141,12	80,42	116,98	131,60	74,73	108,70	122,29	69,18	100,62	113,20
	V	2 978,66	163,82	238,29	268,07	IV	2 564,08	137,65	200,22	225,25	134,28	195,32	219,73	130,90	190,41	214,21	127,53	185,50	208,69	124,16	180,60	203,17	120,78	175,69	197,65
	VI	3 012,16	165,66	240,97	271,09																				
8 348,99 West	I,IV	2 552,50	140,38	204,20	229,72	I	2 552,50	133,64	194,38	218,68	126,89	184,58	207,65	120,15	174,76	196,61	113,40	164,95	185,57	106,66	155,14	174,53	99,91	145,33	163,49
	II	2 506,75	137,87	200,54	225,60	II	2 506,75	131,12	190,72	214,56	124,37	180,91	203,52	117,63	171,10	192,49	110,88	161,29	181,45	104,14	151,48	170,41	97,40	141,67	159,38
	III	1 888,50	103,86	151,08	169,96	III	1 888,50	97,68	142,08	159,84	91,62	133,26	149,92	85,68	124,62	140,20	79,87	116,18	130,70	74,20	107,93	121,42	68,65	99,86	112,34
	V	2 967,08	163,18	237,36	267,03	IV	2 552,50	137,01	199,29	224,20	133,64	194,38	218,68	130,27	189,48	213,17	126,89	184,58	207,65	123,52	179,67	202,13	120,15	174,76	196,61
	VI	3 000,50	165,02	240,04	270,04																				
8 348,99 Ost	I,IV	2 565,41	141,09	205,23	230,88	I	2 565,41	134,35	195,42	219,84	127,60	185,60	208,80	120,86	175,80	197,77	114,11	165,98	186,73	107,36	156,17	175,69	100,62	146,36	164,66
	II	2 519,58	138,57	201,56	226,76	II	2 519,58	131,83	191,76	215,73	125,08	181,94	204,68	118,34	172,13	193,64	111,59	162,32	182,61	104,85	152,51	171,57	98,10	142,70	160,53
	III	1 900,50	104,52	152,04	171,04	III	1 900,50	98,32	143,01	160,88	92,24	134,17	150,94	86,30	125,53	141,22	80,48	117,06	131,69	74,80	108,80	122,40	69,23	100,70	113,29
	V	2 979,91	163,89	238,39	268,19	IV	2 565,41	137,72	200,32	225,36	134,35	195,42	219,84	130,97	190,51	214,32	127,60	185,60	208,80	124,23	180,70	203,28	120,86	175,80	197,77
	VI	3 013,41	165,73	241,07	271,20																				
8 351,99 West	I,IV	2 553,75	140,45	204,30	229,83	I	2 553,75	133,70	194,48	218,79	126,96	184,68	207,76	120,22	174,86	196,72	113,47	165,05	185,68	106,73	155,24	174,65	99,98	145,43	163,61
	II	2 508,—	137,94	200,64	225,72	II	2 508,—	131,19	190,82	214,67	124,44	181,01	203,63	117,70	171,20	192,60	110,95	161,39	181,56	104,21	151,58	170,52	97,46	141,77	159,49
	III	1 889,66	103,93	151,17	170,06	III	1 889,66	97,74	142,17	159,94	91,67	133,34	150,01	85,74	124,72	140,31	79,94	116,28	130,81	74,26	108,02	121,52	68,71	99,94	112,43
	V	2 968,33	163,25	237,46	267,14	IV	2 553,75	137,08	199,39	224,31	133,70	194,48	218,79	130,34	189,58	213,28	126,96	184,68	207,76	123,59	179,77	202,24	120,22	174,86	196,72
	VI	3 001,75	165,09	240,14	270,15																				
8 351,99 Ost	I,IV	2 566,66	141,16	205,33	230,99	I	2 566,66	134,42	195,52	219,96	127,67	185,70	208,91	120,93	175,90	197,88	114,18	166,08	186,84	107,43	156,27	175,80	100,69	146,46	164,77
	II	2 520,83	138,64	201,66	226,87	II	2 520,83	131,90	191,86	215,84	125,15	182,04	204,80	118,41	172,23	193,76	111,66	162,42	182,72	104,92	152,61	171,68	98,17	142,80	160,65
	III	1 901,66	104,59	152,13	171,14	III	1 901,66	98,38	143,10	160,99	92,30	134,26	151,04	86,35	125,61	141,31	80,54	117,16	131,80	74,85	108,88	122,49	69,29	100,78	113,38
	V	2 981,25	163,96	238,50	268,31	IV	2 566,66	137,79	200,42	225,47	134,42	195,52	219,96	131,04	190,61	214,43	127,67	185,70	208,91	124,30	180,80	203,40	120,93	175,90	197,88
	VI	3 014,66	165,80	241,17	271,31																				

* Die ausgewiesenen Tabellenwerte sind amtlich. Siehe Erläuterungen auf der Umschlaginnenseite (U2).

MONAT 8 352,–*

Lohn/ Gehalt bis €*	Abzüge an Lohnsteuer, Solidaritätszuschlag (SolZ) und Kirchensteuer (8%, 9%) in den Steuerklassen: I – VI					I, II, III, IV		mit Zahl der Kinderfreibeträge . . . 0,5			1			1,5			2			2,5			3		
		LSt	ohne Kinderfreibeträge SolZ	8%	9%		LSt	SolZ	8%	9%	SolZ	8%	9%	SolZ	8%	9%	SolZ	8%	9%	SolZ	8%	9%	SolZ	8%	9%
8 354,99 West	I,IV	2 555,—	140,52	204,40	229,95	I	2 555,—	133,78	194,59	218,91	127,03	184,78	207,87	120,28	174,96	196,83	113,54	165,16	185,80	106,80	155,34	174,76	100,05	145,53	163,72
	II	2 509,25	138,—	200,74	225,83	II	2 509,25	131,26	190,92	214,79	124,52	181,12	203,76	117,77	171,30	192,71	111,02	161,49	181,67	104,28	151,68	170,64	97,53	141,87	159,60
	III	1 890,83	103,99	151,26	170,17	III	1 890,83	97,79	142,25	160,03	91,74	133,44	150,12	85,80	124,81	140,41	79,99	116,36	130,90	74,32	108,10	121,61	68,77	100,04	112,54
	V	2 969,58	163,32	237,56	267,26	IV	2 555,—	137,15	199,49	224,42	133,78	194,59	218,91	130,40	189,68	213,39	127,03	184,78	207,87	123,66	179,87	202,35	120,28	174,96	196,83
	VI	3 003,08	165,16	240,24	270,27																				
8 354,99 Ost	I,IV	2 567,91	141,23	205,43	231,11	I	2 567,91	134,48	195,62	220,07	127,74	185,80	209,03	121,—	176,—	198,—	114,25	166,18	186,95	107,50	156,37	175,91	100,76	146,56	164,88
	II	2 522,08	138,71	201,76	226,98	II	2 522,08	131,97	191,96	215,95	125,22	182,14	204,91	118,47	172,33	193,87	111,73	162,52	182,84	104,99	152,71	171,80	98,24	142,90	160,76
	III	1 902,83	104,65	152,22	171,25	III	1 902,83	98,45	143,20	161,10	92,37	134,36	151,15	86,42	125,70	141,41	80,60	117,24	131,89	74,91	108,96	122,58	69,34	100,86	113,47
	V	2 982,50	164,03	238,60	268,42	IV	2 567,91	137,86	200,52	225,59	134,48	195,62	220,07	131,11	190,71	214,55	127,74	185,80	209,03	124,37	180,90	203,51	121,—	176,—	198,—
	VI	3 015,91	165,87	241,27	271,43																				
8 357,99 West	I,IV	2 556,25	140,59	204,50	230,06	I	2 556,25	133,85	194,69	219,02	127,10	184,88	207,99	120,35	175,06	196,94	113,61	165,26	185,91	106,86	155,44	174,87	100,12	145,63	163,83
	II	2 510,50	138,07	200,84	225,94	II	2 510,50	131,33	191,02	214,90	124,58	181,22	203,87	117,84	171,40	192,83	111,09	161,59	181,79	104,35	151,78	170,75	97,60	141,97	159,71
	III	1 892,—	104,06	151,36	170,28	III	1 892,—	97,86	142,34	160,13	91,80	133,53	150,22	85,86	124,89	140,50	80,06	116,45	131,—	74,37	108,18	121,70	68,83	100,12	112,63
	V	2 970,83	163,39	237,66	267,37	IV	2 556,25	137,22	199,60	224,55	133,85	194,69	219,02	130,47	189,78	213,50	127,10	184,88	207,99	123,73	179,97	202,46	120,35	175,06	196,94
	VI	3 004,33	165,23	240,34	270,38																				
8 357,99 Ost	I,IV	2 569,16	141,30	205,53	231,22	I	2 569,16	134,55	195,72	220,18	127,81	185,91	209,15	121,06	176,10	198,11	114,32	166,28	187,07	107,58	156,48	176,04	100,83	146,66	164,99
	II	2 523,41	138,78	201,87	227,10	II	2 523,41	132,04	192,06	216,06	125,29	182,24	205,02	118,55	172,44	193,99	111,80	162,62	182,95	105,05	152,81	171,91	98,31	143,—	160,88
	III	1 904,—	104,72	152,32	171,36	III	1 904,—	98,51	143,29	161,20	92,43	134,45	151,25	86,47	125,78	141,50	80,65	117,32	131,98	74,97	109,05	122,68	69,41	100,96	113,58
	V	2 983,75	164,10	238,70	268,53	IV	2 569,16	137,93	200,62	225,70	134,55	195,72	220,18	131,18	190,81	214,66	127,81	185,91	209,15	124,44	181,—	203,63	121,06	176,10	198,11
	VI	3 017,16	165,94	241,37	271,54																				
8 360,99 West	I,IV	2 557,58	140,66	204,60	230,18	I	2 557,58	133,92	194,79	219,14	127,17	184,98	208,10	120,42	175,16	197,06	113,68	165,36	186,03	106,93	155,54	174,98	100,19	145,73	163,94
	II	2 511,75	138,14	200,94	226,05	II	2 511,75	131,39	191,12	215,01	124,65	181,32	203,98	117,91	171,50	192,94	111,16	161,69	181,90	104,42	151,88	170,87	97,67	142,07	159,83
	III	1 893,16	104,12	151,45	170,38	III	1 893,16	97,92	142,44	160,24	91,85	133,61	150,31	85,92	124,98	140,60	80,11	116,53	131,09	74,43	108,26	121,79	68,88	100,20	112,72
	V	2 972,08	163,46	237,76	267,48	IV	2 557,58	137,29	199,70	224,66	133,92	194,79	219,14	130,54	189,88	213,62	127,17	184,98	208,10	123,80	180,07	202,58	120,42	175,16	197,06
	VI	3 005,58	165,30	240,44	270,50																				
8 360,99 Ost	I,IV	2 570,41	141,37	205,63	231,33	I	2 570,41	134,62	195,82	220,29	127,88	186,01	209,26	121,13	176,20	198,22	114,39	166,38	187,18	107,64	156,58	176,15	100,90	146,76	165,11
	II	2 524,66	138,85	201,97	227,21	II	2 524,66	132,11	192,16	216,18	125,36	182,34	205,13	118,62	172,54	194,10	111,87	162,72	183,06	105,12	152,91	172,02	98,38	143,10	160,99
	III	1 905,16	104,78	152,41	171,46	III	1 905,16	98,56	143,37	161,29	92,49	134,53	151,34	86,54	125,88	141,61	80,72	117,41	132,08	75,02	109,13	122,77	69,46	101,04	113,67
	V	2 985,—	164,17	238,80	268,65	IV	2 570,41	137,99	200,72	225,81	134,62	195,82	220,29	131,25	190,92	214,78	127,88	186,01	209,26	124,51	181,10	203,74	121,13	176,20	198,22
	VI	3 018,41	166,01	241,47	271,65																				
8 363,99 West	I,IV	2 558,83	140,73	204,70	230,29	I	2 558,83	133,98	194,89	219,25	127,24	185,08	208,21	120,50	175,27	197,18	113,75	165,46	186,14	107,—	155,64	175,10	100,26	145,84	164,07
	II	2 513,—	138,21	201,04	226,17	II	2 513,—	131,47	191,23	215,13	124,72	181,42	204,09	117,97	171,60	193,05	111,23	161,80	182,02	104,49	151,98	170,98	97,74	142,17	159,94
	III	1 894,33	104,18	151,54	170,48	III	1 894,33	97,99	142,53	160,34	91,92	133,70	150,41	85,98	125,06	140,69	80,17	116,61	131,18	74,49	108,36	121,90	68,94	100,28	112,81
	V	2 973,33	163,53	237,86	267,59	IV	2 558,83	137,36	199,80	224,77	133,98	194,89	219,25	130,61	189,98	213,73	127,24	185,08	208,21	123,86	180,17	202,69	120,50	175,27	197,18
	VI	3 006,83	165,37	240,54	270,61																				
8 363,99 Ost	I,IV	2 571,66	141,44	205,73	231,44	I	2 571,66	134,69	195,92	220,41	127,95	186,11	209,37	121,20	176,30	198,33	114,45	166,48	187,29	107,71	156,68	176,26	100,97	146,86	165,22
	II	2 525,91	138,92	202,07	227,33	II	2 525,91	132,17	192,26	216,29	125,43	182,44	205,25	118,69	172,64	194,22	111,94	162,82	183,17	105,19	153,01	172,13	98,45	143,20	161,10
	III	1 906,33	104,84	152,50	171,56	III	1 906,33	98,63	143,46	161,39	92,55	134,62	151,45	86,60	125,97	141,71	80,77	117,49	132,17	75,08	109,21	122,86	69,52	101,12	113,76
	V	2 986,25	164,24	238,90	268,76	IV	2 571,66	138,06	200,82	225,92	134,69	195,92	220,41	131,32	191,02	214,89	127,95	186,11	209,37	124,57	181,20	203,85	121,20	176,30	198,33
	VI	3 019,75	166,08	241,58	271,77																				
8 366,99 West	I,IV	2 560,08	140,80	204,80	230,40	I	2 560,08	134,05	194,99	219,36	127,31	185,18	208,32	120,56	175,37	197,29	113,82	165,56	186,25	107,07	155,74	175,21	100,33	145,94	164,18
	II	2 514,25	138,28	201,14	226,28	II	2 514,25	131,54	191,33	215,24	124,79	181,52	204,21	118,04	171,70	193,16	111,30	161,90	182,13	104,55	152,08	171,09	97,81	142,27	160,05
	III	1 895,50	104,25	151,64	170,59	III	1 895,50	98,05	142,62	160,45	91,98	133,80	150,52	86,04	125,16	140,80	80,23	116,70	131,29	74,55	108,44	121,99	68,99	100,36	112,90
	V	2 974,66	163,60	237,97	267,71	IV	2 560,08	137,43	199,90	224,88	134,05	194,99	219,36	130,68	190,08	213,84	127,31	185,18	208,32	123,94	180,28	202,81	120,56	175,37	197,29
	VI	3 008,08	165,44	240,64	270,72																				
8 366,99 Ost	I,IV	2 572,91	141,51	205,83	231,56	I	2 572,91	134,76	196,02	220,52	128,02	186,21	209,48	121,27	176,40	198,45	114,53	166,59	187,41	107,78	156,78	176,37	101,03	146,96	165,33
	II	2 527,16	138,99	202,17	227,44	II	2 527,16	132,24	192,36	216,40	125,50	182,55	205,37	118,75	172,74	194,33	112,01	162,92	183,29	105,27	153,12	172,26	98,52	143,30	161,21
	III	1 907,50	104,91	152,60	171,67	III	1 907,50	98,69	143,56	161,50	92,62	134,72	151,56	86,66	126,05	141,80	80,84	117,58	132,28	75,13	109,29	122,95	69,57	101,20	113,85
	V	2 987,50	164,31	239,—	268,87	IV	2 572,91	138,13	200,92	226,04	134,76	196,02	220,52	131,39	191,12	215,01	128,02	186,21	209,48	124,64	181,30	203,96	121,27	176,40	198,45
	VI	3 021,—	166,15	241,68	271,89																				
8 369,99 West	I,IV	2 561,33	140,87	204,90	230,51	I	2 561,33	134,12	195,09	219,47	127,38	185,28	208,44	120,63	175,47	197,40	113,89	165,66	186,36	107,14	155,84	175,32	100,40	146,04	164,29
	II	2 515,58	138,35	201,24	226,40	II	2 515,58	131,61	191,43	215,36	124,86	181,62	204,32	118,11	171,80	193,28	111,37	162,—	182,25	104,62	152,18	171,20	97,88	142,37	160,16
	III	1 896,66	104,31	151,73	170,69	III	1 896,66	98,12	142,72	160,56	92,05	133,89	150,62	86,10	125,24	140,89	80,29	116,78	131,38	74,60	108,52	122,08	69,05	100,44	112,99
	V	2 975,91	163,67	238,07	267,83	IV	2 561,33	137,50	200,—	225,—	134,12	195,09	219,47	130,75	190,18	213,95	127,38	185,28	208,44	124,01	180,38	202,92	120,63	175,47	197,40
	VI	3 009,33	165,51	240,74	270,83																				
8 369,99 Ost	I,IV	2 574,16	141,57	205,93	231,67	I	2 574,16	134,83	196,12	220,64	128,09	186,31	209,60	121,34	176,50	198,56	114,60	166,69	187,52	107,85	156,88	176,49	101,10	147,06	165,44
	II	2 528,41	139,06	202,27	227,55	II	2 528,41	132,31	192,46	216,51	125,57	182,65	205,48	118,82	172,84	194,44	112,08	163,02	183,40	105,33	153,22	172,37	98,59	143,40	161,33
	III	1 908,66	104,97	152,69	171,77	III	1 908,66	98,76	143,65	161,60	92,68	134,81	151,66	86,72	126,14	141,91	80,89	117,66	132,37	75,20	109,38	123,05	69,63	101,28	113,94
	V	2 988,75	164,38	239,10	268,98	IV	2 574,16	138,21	201,03	226,16	134,83	196,12	220,64	131,46	191,22	215,12	128,09	186,31	209,60	124,71	181,40	204,08	121,34	176,50	198,56
	VI	3 022,25	166,22	241,78	272,—																				
8 372,99 West	I,IV	2 562,58	140,94	205,—	230,63	I	2 562,58	134,19	195,19	219,59	127,45	185,38	208,55	120,70	175,57	197,51	113,96	165,76	186,48	107,21	155,95	175,44	100,47	146,14	164,40
	II	2 516,83	138,42	201,34	226,51	II	2 516,83	131,67	191,53	215,47	124,93	181,72	204,43	118,19	171,91	193,40	111,44	162,10	182,36	104,69	152,28	171,32	97,95	142,48	160,29
	III	1 897,83	104,38	151,82	170,80	III	1 897,83	98,18	142,81	160,66	92,10	133,97	150,71	86,16	125,33	140,99	80,35	116,88	131,49	74,67	108,61	122,18	69,10	100,52	113,08
	V	2 977,16	163,74	238,17	267,94	IV	2 562,58	137,56	200,10	225,11	134,19	195,19	219,59	130,82	190,28	214,07	127,45	185,38	208,55	124,08	180,48	203,04	120,70	175,57	197,51
	VI	3 010,58	165,58	240,84	270,95																				
8 372,99 Ost	I,IV	2 575,50	141,65	206,04	231,79	I	2 575,50	134,90	196,22	220,75	128,15	186,41	209,71	121,41	176,60	198,68	114,67	166,79	187,64	107,92	156,98	176,60	101,17	147,16	165,56
	II	2 529,66	139,13	202,37	227,66	II	2 529,66	132,38	192,56	216,63	125,64	182,75	205,59	118,89	172,94	194,55	112,14	163,12	183,51	105,40	153,32	172,48	98,66	143,50	161,44
	III	1 909,83	105,04	152,78	171,88	III	1 909,83	98,82	143,74	161,71	92,73	134,89	151,75	86,78	126,22	142,—	80,96	117,76	132,48	75,25	109,46	123,14	69,68	101,36	114,03
	V	2 990,—	164,45	239,20	269,10	IV	2 575,50	138,27	201,13	226,27	134,90	196,22	220,75	131,53	191,32	215,23	128,15	186,41	209,71	124,78	181,50	204,19	121,41	176,60	198,68
	VI	3 023,50	166,29	241,88	272,11																				
8 375,99 West	I,IV	2 563,83	141,01	205,10	230,74	I	2 563,83	134,26	195,29	219,70	127,52	185,48	208,67	120,77	175,67	197,63	114,02	165,86	186,59	107,28	156,05	175,55	100,54	146,24	164,52
	II	2 518,08	138,49	201,44	226,62	II	2 518,08	131,74	191,63	215,58	125,—	181,82	204,54	118,25	172,01	193,51	111,51	162,20	182,47	104,76	152,38	171,43	98,02	142,58	160,40
	III	1 899,—	104,44	151,92	170,91	III	1 899,—	98,24	142,90	160,76	92,17	134,06	150,82	86,23	125,42	141,10	80,41	116,96	131,58	74,72	108,69	122,27	69,17	100,61	113,18
	V	2 978,41	163,81	238,27	268,05	IV	2 563,83	137,63	200,20	225,22	134,26	195,29	219,70	130,89	190,39	214,19	127,52	185,48	208,67	124,14	180,58	203,15	120,77	175,67	197,63
	VI	3 011,83	165,65	240,94	271,06																				
8 375,99 Ost	I,IV	2 576,75	141,72	206,14	231,90	I	2 576,75	134,97	196,32	220,86	128,22	186,51	209,82	121,48	176,70	198,79	114,73	166,89	187,75	107,99	157,08	176,71	101,25	147,27	165,68
	II	2 530,91	139,20	202,47	227,78	II	2 530,91	132,45	192,66	216,74	125,71	182,85	205,70	118,96	173,04	194,67	112,22	163,23	183,63	105,47	153,42	172,59	98,72	143,60	161,55
	III	1 911,—	105,10	152,88	171,99	III	1 911,—	98,89	143,84	161,82	92,80	134,98	151,85	86,84	126,32	142,11	81,01	117,84	132,57	75,31	109,54	123,23	69,74	101,45	114,13
	V	2 991,25	164,51	239,30	269,21	IV	2 576,75	138,34	201,23	226,38	134,97	196,32	220,86	131,60	191,42	215,34	128,22	186,51	209,82	124,85	181,60	204,30	121,48	176,70	198,79
	VI	3 024,75	166,36	241,98	272,22																				

*** Die ausgewiesenen Tabellenwerte sind amtlich. Siehe Erläuterungen auf der Umschlaginnenseite (U2).**

Lohn/ Gehalt bis €*		I – VI	ohne Kinderfreibeträge			I, II, III, IV		mit Zahl der Kinderfreibeträge . . .																	
								0,5			1			1,5			2			2,5			3		
		LSt	SolZ	8%	9%		LSt	SolZ	8%	9%	SolZ	8%	9%	SolZ	8%	9%	SolZ	8%	9%	SolZ	8%	9%	SolZ	8%	9%
8 378,99 West	I,IV	2 565,08	141,07	205,20	230,85	I	2 565,08	134,33	195,40	219,82	127,59	185,58	208,78	120,84	175,77	197,74	114,10	165,96	186,71	107,35	156,15	175,67	100,60	146,34	164,63
	II	2 519,33	138,56	201,54	226,73	II	2 519,33	131,81	191,73	215,69	125,07	181,92	204,66	118,32	172,11	193,62	111,58	162,30	182,58	104,83	152,48	171,54	98,09	142,68	160,51
	III	1 900,16	104,50	152,01	171,01	III	1 900,16	98,30	142,98	160,85	92,23	134,16	150,93	86,28	125,50	141,19	80,47	117,05	131,68	74,78	108,77	122,36	69,22	100,69	113,27
	V	2 979,66	163,88	238,37	268,16	IV	2 565,08	137,70	200,30	225,33	134,33	195,40	219,82	130,96	190,49	214,30	127,59	185,58	208,78	124,21	180,68	203,26	120,84	175,77	197,74
	VI	3 013,16	165,72	241,05	271,18																				
8 378,99 Ost	I,IV	2 578,—	141,79	206,24	232,02	I	2 578,—	135,04	196,42	220,97	128,29	186,61	209,93	121,55	176,80	198,90	114,80	166,99	187,86	108,06	157,18	176,82	101,31	147,37	165,79
	II	2 532,16	139,26	202,57	227,89	II	2 532,16	132,52	192,76	216,86	125,78	182,95	205,82	119,03	173,14	194,78	112,29	163,33	183,74	105,54	153,52	172,71	98,79	143,70	161,66
	III	1 912,16	105,16	152,97	172,09	III	1 912,16	98,95	143,93	161,92	92,86	135,08	151,96	86,90	126,41	142,21	81,07	117,93	132,67	75,37	109,64	123,34	69,80	101,53	114,22
	V	2 992,58	164,59	239,40	269,33	IV	2 578,—	138,41	201,33	226,49	135,04	196,42	220,97	131,67	191,52	215,46	128,29	186,61	209,93	124,92	181,71	204,42	121,55	176,80	198,90
	VI	3 026,—	166,43	242,08	272,34																				
8 381,99 West	I,IV	2 566,33	141,14	205,30	230,96	I	2 566,33	134,40	195,50	219,93	127,65	185,68	208,89	120,91	175,87	197,85	114,17	166,06	186,82	107,42	156,25	175,78	100,67	146,44	164,74
	II	2 520,58	138,63	201,64	226,85	II	2 520,58	131,88	191,83	215,81	125,14	182,02	204,77	118,39	172,21	193,73	111,65	162,40	182,70	104,90	152,59	171,66	98,16	142,78	160,62
	III	1 901,33	104,57	152,10	171,11	III	1 901,33	98,36	143,08	160,96	92,29	134,25	151,03	86,35	125,60	141,30	80,52	117,13	131,77	74,84	108,86	122,47	69,28	100,77	113,36
	V	2 980,91	163,95	238,47	268,28	IV	2 566,33	137,77	200,40	225,45	134,40	195,50	219,93	131,03	190,59	214,41	127,65	185,68	208,89	124,28	180,78	203,37	120,91	175,87	197,85
	VI	3 014,41	165,79	241,15	271,29																				
8 381,99 Ost	I,IV	2 579,25	141,85	206,34	232,13	I	2 579,25	135,11	196,52	221,09	128,37	186,72	210,06	121,62	176,90	199,01	114,87	167,09	187,97	108,13	157,28	176,94	101,38	147,47	165,90
	II	2 533,50	139,34	202,68	228,01	II	2 533,50	132,59	192,86	216,97	125,84	183,05	205,93	119,10	173,24	194,90	112,36	163,43	183,86	105,61	153,62	172,82	98,86	143,80	161,78
	III	1 913,33	105,23	153,06	172,19	III	1 913,33	99,01	144,02	162,02	92,92	135,16	152,05	86,96	126,49	142,30	81,13	118,01	132,76	75,43	109,72	123,43	69,85	101,61	114,31
	V	2 993,83	164,66	239,50	269,44	IV	2 579,25	138,48	201,43	226,61	135,11	196,52	221,09	131,73	191,62	215,57	128,37	186,72	210,06	124,99	181,81	204,53	121,62	176,90	199,01
	VI	3 027,25	166,49	242,18	272,45																				
8 384,99 West	I,IV	2 567,58	141,21	205,40	231,08	I	2 567,58	134,47	195,60	220,05	127,72	185,78	209,—	120,98	175,97	197,96	114,23	166,16	186,93	107,49	156,35	175,89	100,74	146,54	164,85
	II	2 521,83	138,70	201,74	226,96	II	2 521,83	131,95	191,93	215,92	125,21	182,12	204,89	118,46	172,31	193,85	111,71	162,50	182,81	104,97	152,69	171,77	98,23	142,88	160,74
	III	1 902,50	104,63	152,20	171,22	III	1 902,50	98,43	143,17	161,06	92,35	134,33	151,12	86,40	125,68	141,39	80,59	117,22	131,87	74,90	108,94	122,56	69,33	100,85	113,45
	V	2 982,16	164,01	238,57	268,39	IV	2 567,58	137,84	200,50	225,56	134,47	195,60	220,05	131,10	190,69	214,52	127,72	185,78	209,—	124,35	180,88	203,49	120,98	175,97	197,96
	VI	3 015,66	165,86	241,25	271,40																				
8 384,99 Ost	I,IV	2 580,50	141,92	206,44	232,24	I	2 580,50	135,18	196,62	221,20	128,43	186,82	210,17	121,69	177,—	199,13	114,94	167,19	188,09	108,20	157,38	177,05	101,45	147,57	166,01
	II	2 534,75	139,41	202,78	228,12	II	2 534,75	132,66	192,96	217,08	125,91	183,15	206,04	119,17	173,34	195,01	112,42	163,53	183,97	105,68	153,72	172,93	98,94	143,91	161,90
	III	1 914,50	105,29	153,16	172,30	III	1 914,50	99,08	144,12	162,13	92,98	135,25	152,15	87,02	126,58	142,40	81,19	118,10	132,86	75,48	109,80	123,52	69,91	101,69	114,40
	V	2 995,08	164,72	239,60	269,55	IV	2 580,50	138,55	201,53	226,72	135,18	196,62	221,20	131,81	191,72	215,69	128,43	186,82	210,17	125,06	181,91	204,65	121,69	177,—	199,13
	VI	3 028,50	166,56	242,28	272,56																				
8 387,99 West	I,IV	2 568,91	141,29	205,51	231,20	I	2 568,91	134,54	195,70	220,16	127,79	185,88	209,12	121,05	176,08	198,09	114,30	166,26	187,04	107,56	156,45	176,—	100,81	146,64	164,97
	II	2 523,08	138,76	201,84	227,07	II	2 523,08	132,02	192,04	216,04	125,28	182,22	205,—	118,53	172,41	193,96	111,79	162,60	182,93	105,04	152,79	171,89	98,29	142,98	160,85
	III	1 903,66	104,70	152,29	171,32	III	1 903,66	98,49	143,26	161,17	92,41	134,42	151,22	86,46	125,77	141,49	80,64	117,30	131,96	74,95	109,02	122,65	69,39	100,93	113,54
	V	2 983,41	164,08	238,67	268,50	IV	2 568,91	137,91	200,60	225,68	134,54	195,70	220,16	131,17	190,79	214,64	127,79	185,88	209,12	124,42	180,98	203,60	121,05	176,08	198,09
	VI	3 016,91	165,93	241,35	271,52																				
8 387,99 Ost	I,IV	2 581,75	141,99	206,54	232,35	I	2 581,75	135,24	196,72	221,31	128,50	186,92	210,28	121,76	177,10	199,24	115,01	167,29	188,20	108,27	157,48	177,17	101,52	147,67	166,13
	II	2 536,—	139,48	202,88	228,24	II	2 536,—	132,73	193,06	217,19	125,98	183,25	206,15	119,24	173,44	195,12	112,49	163,63	184,08	105,75	153,82	173,04	99,—	144,01	162,01
	III	1 915,66	105,36	153,25	172,40	III	1 915,66	99,14	144,21	162,23	93,05	135,34	152,26	87,09	126,68	142,51	81,25	118,18	132,95	75,55	109,89	123,62	69,96	101,77	114,49
	V	2 996,33	164,79	239,70	269,66	IV	2 581,75	138,62	201,63	226,83	135,24	196,72	221,31	131,88	191,82	215,80	128,50	186,92	210,28	125,13	182,01	204,76	121,76	177,10	199,24
	VI	3 029,75	166,63	242,38	272,67																				
8 390,99 West	I,IV	2 570,16	141,35	205,61	231,31	I	2 570,16	134,61	195,80	220,27	127,86	185,98	209,23	121,12	176,18	198,20	114,37	166,36	187,16	107,63	156,55	176,12	100,88	146,74	165,08
	II	2 524,33	138,83	201,94	227,18	II	2 524,33	132,09	192,14	216,15	125,34	182,32	205,11	118,60	172,51	194,07	111,86	162,70	183,04	105,11	152,89	172,—	98,36	143,08	160,96
	III	1 904,83	104,76	152,38	171,43	III	1 904,83	98,56	143,36	161,28	92,48	134,52	151,33	86,53	125,86	141,59	80,71	117,40	132,07	75,01	109,10	122,74	69,44	101,01	113,63
	V	2 984,75	164,16	238,78	268,62	IV	2 570,16	137,98	200,70	225,79	134,61	195,80	220,27	131,23	190,89	214,75	127,86	185,98	209,23	124,49	181,08	203,72	121,12	176,18	198,20
	VI	3 018,16	165,99	241,45	271,63																				
8 390,99 Ost	I,IV	2 583,—	142,06	206,64	232,47	I	2 583,—	135,32	196,83	221,43	128,57	187,02	210,39	121,82	177,20	199,35	115,08	167,40	188,32	108,34	157,58	177,28	101,59	147,77	166,24
	II	2 537,25	139,54	202,98	228,35	II	2 537,25	132,80	193,16	217,31	126,06	183,36	206,28	119,31	173,54	195,23	112,56	163,73	184,19	105,82	153,92	173,16	99,07	144,11	162,12
	III	1 916,83	105,42	153,34	172,51	III	1 916,83	99,20	144,29	162,32	93,11	135,44	152,37	87,14	126,76	142,60	81,31	118,28	133,06	75,60	109,97	123,71	70,03	101,86	114,59
	V	2 997,58	164,86	239,80	269,78	IV	2 583,—	138,69	201,73	226,94	135,32	196,83	221,43	131,94	191,92	215,91	128,57	187,02	210,39	125,20	182,11	204,87	121,82	177,20	199,35
	VI	3 031,08	166,70	242,48	272,79																				
8 393,99 West	I,IV	2 571,41	141,42	205,71	231,42	I	2 571,41	134,68	195,90	220,38	127,93	186,08	209,34	121,19	176,28	198,31	114,44	166,46	187,27	107,69	156,65	176,23	100,95	146,84	165,20
	II	2 525,58	138,90	202,04	227,30	II	2 525,58	132,16	192,24	216,27	125,41	182,42	205,22	118,67	172,61	194,18	111,92	162,80	183,15	105,18	152,99	172,11	98,43	143,18	161,07
	III	1 906,—	104,83	152,48	171,54	III	1 906,—	98,62	143,45	161,38	92,54	134,61	151,43	86,58	125,94	141,68	80,76	117,48	132,16	75,07	109,20	122,85	69,51	101,10	113,74
	V	2 986,—	164,23	238,88	268,74	IV	2 571,41	138,05	200,80	225,90	134,68	195,90	220,38	131,30	190,99	214,86	127,93	186,08	209,34	124,56	181,18	203,83	121,19	176,28	198,31
	VI	3 019,41	166,06	241,55	271,74																				
8 393,99 Ost	I,IV	2 584,25	142,13	206,74	232,58	I	2 584,25	135,39	196,93	221,54	128,64	187,12	210,51	121,89	177,30	199,46	115,15	167,50	188,43	108,40	157,68	177,39	101,66	147,87	166,35
	II	2 538,50	139,61	203,08	228,46	II	2 538,50	132,87	193,26	217,42	126,12	183,46	206,39	119,38	173,64	195,35	112,63	163,83	184,31	105,89	154,02	173,27	99,14	144,21	162,23
	III	1 918,—	105,49	153,44	172,62	III	1 918,—	99,26	144,38	162,43	93,17	135,53	152,47	87,21	126,85	142,70	81,37	118,36	133,15	75,66	110,05	123,80	70,08	101,94	114,68
	V	2 998,83	164,93	239,90	269,89	IV	2 584,25	138,76	201,84	227,07	135,39	196,93	221,54	132,01	192,02	216,02	128,64	187,12	210,51	125,27	182,21	204,98	121,89	177,30	199,46
	VI	3 032,33	166,77	242,58	272,90																				
8 396,99 West	I,IV	2 572,66	141,49	205,81	231,53	I	2 572,66	134,75	196,—	220,50	128,—	186,19	209,46	121,26	176,38	198,42	114,51	166,56	187,38	107,77	156,76	176,35	101,02	146,94	165,31
	II	2 526,91	138,98	202,15	227,42	II	2 526,91	132,23	192,34	216,38	125,48	182,52	205,34	118,74	172,72	194,31	111,99	162,90	183,26	105,25	153,09	172,22	98,50	143,28	161,19
	III	1 907,16	104,89	152,57	171,64	III	1 907,16	98,68	143,54	161,48	92,60	134,69	151,52	86,65	126,04	141,79	80,82	117,56	132,25	75,13	109,28	122,94	69,56	101,18	113,83
	V	2 987,25	164,29	238,98	268,85	IV	2 572,66	138,12	200,90	226,01	134,75	196,—	220,50	131,37	191,09	214,97	128,—	186,19	209,46	124,63	181,28	203,94	121,26	176,38	198,42
	VI	3 020,66	166,13	241,65	271,85																				
8 396,99 Ost	I,IV	2 585,58	142,20	206,84	232,70	I	2 585,58	135,46	197,03	221,66	128,71	187,22	210,62	121,96	177,40	199,58	115,22	167,60	188,55	108,47	157,78	177,50	101,73	147,97	166,46
	II	2 539,75	139,68	203,18	228,57	II	2 539,75	132,93	193,36	217,53	126,19	183,56	206,50	119,45	173,74	195,46	112,70	163,93	184,42	105,96	154,12	173,39	99,21	144,31	162,35
	III	1 919,16	105,55	153,53	172,72	III	1 919,16	99,33	144,48	162,54	93,23	135,61	152,56	87,26	126,93	142,79	81,42	118,44	133,24	75,72	110,14	123,91	70,14	102,02	114,77
	V	3 000,08	165,—	240,—	270,—	IV	2 585,58	138,83	201,94	227,18	135,46	197,03	221,66	132,08	192,12	216,14	128,71	187,22	210,62	125,34	182,31	205,10	121,96	177,40	199,58
	VI	3 033,58	166,84	242,68	273,02																				
8 399,99 West	I,IV	2 573,91	141,56	205,91	231,65	I	2 573,91	134,81	196,10	220,61	128,07	186,29	209,57	121,33	176,48	198,54	114,58	166,66	187,49	107,84	156,86	176,46	101,09	147,04	165,42
	II	2 528,16	139,04	202,25	227,53	II	2 528,16	132,30	192,44	216,49	125,55	182,62	205,45	118,81	172,82	194,42	112,06	163,—	183,38	105,32	153,19	172,34	98,57	143,38	161,30
	III	1 908,33	104,95	152,66	171,74	III	1 908,33	98,75	143,64	161,59	92,66	134,78	151,63	86,70	126,12	141,88	80,88	117,65	132,35	75,18	109,36	123,03	69,62	101,26	113,92
	V	2 988,50	164,36	239,08	268,96	IV	2 573,91	138,19	201,—	226,13	134,81	196,10	220,61	131,45	191,20	215,10	128,07	186,29	209,57	124,70	181,38	204,05	121,33	176,48	198,54
	VI	3 021,91	166,20	241,75	271,97																				
8 399,99 Ost	I,IV	2 586,83	142,27	206,94	232,81	I	2 586,83	135,52	197,13	221,77	128,78	187,32	210,73	122,04	177,51	199,70	115,29	167,70	188,66	108,54	157,88	177,62	101,80	148,08	166,59
	II	2 541,—	139,75	203,28	228,69	II	2 541,—	133,01	193,47	217,65	126,26	183,66	206,61	119,51	173,84	195,57	112,77	164,04	184,54	106,03	154,22	173,50	99,28	144,41	162,46
	III	1 920,33	105,61	153,62	172,82	III	1 920,33	99,39	144,57	162,64	93,29	135,70	152,66	87,33	127,02	142,90	81,49	118,53	133,34	75,78	110,22	124,—	70,19	102,10	114,86
	V	3 001,33	165,07	240,10	270,11	IV	2 586,83	138,90	202,04	227,29	135,52	197,13	221,77	132,15	192,22	216,25	128,78	187,32	210,73	125,40	182,41	205,21	122,04	177,51	199,70
	VI	3 034,83	166,91	242,78	273,13																				

Abzüge an Lohnsteuer, Solidaritätszuschlag (SolZ) und Kirchensteuer (8%, 9%) in den Steuerklassen

* Die ausgewiesenen Tabellenwerte sind amtlich. Siehe Erläuterungen auf der Umschlaginnenseite (U2).

Lohn/ Gehalt bis €*	StKl	LSt	SolZ	8%	9%	StKl	LSt	0,5 SolZ	0,5 8%	0,5 9%	1 SolZ	1 8%	1 9%	1,5 SolZ	1,5 8%	1,5 9%	2 SolZ	2 8%	2 9%	2,5 SolZ	2,5 8%	2,5 9%	3 SolZ	3 8%	3 9%
		I – VI: ohne Kinderfreibeträge					I, II, III, IV: mit Zahl der Kinderfreibeträge ...																		
8 402,99 West	I,IV	2 575,16	141,63	206,01	231,76	I	2 575,16	134,89	196,20	220,73	128,14	186,39	209,69	121,39	176,58	198,65	114,65	166,76	187,61	107,91	156,96	176,58	101,16	147,14	165,53
	II	2 529,41	139,11	202,35	227,64	II	2 529,41	132,37	192,54	216,60	125,62	182,72	205,56	118,88	172,92	194,53	112,13	163,10	183,49	105,38	153,29	172,45	98,64	143,48	161,42
	III	1 909,50	105,02	152,76	171,85	III	1 909,50	98,81	143,73	161,69	92,73	134,88	151,74	86,77	126,21	141,98	80,94	117,73	132,44	75,24	109,45	123,13	69,67	101,34	114,01
	V	2 989,75	164,43	239,18	269,07	IV	2 575,16	138,26	201,10	226,24	134,89	196,20	220,73	131,51	191,30	215,21	128,14	186,39	209,69	124,77	181,48	204,17	121,39	176,58	198,65
	VI	3 023,25	166,27	241,86	272,09																				
8 402,99 Ost	I,IV	2 588,08	142,34	207,04	232,92	I	2 588,08	135,59	197,23	221,88	128,85	187,42	210,84	122,10	177,61	199,81	115,36	167,80	188,77	108,61	157,98	177,73	101,87	148,18	166,70
	II	2 542,25	139,82	203,38	228,80	II	2 542,25	133,08	193,57	217,76	126,33	183,76	206,73	119,58	173,94	195,68	112,84	164,14	184,65	106,09	154,32	173,61	99,35	144,51	162,57
	III	1 921,50	105,68	153,72	172,93	III	1 921,50	99,45	144,66	162,74	93,36	135,80	152,77	87,39	127,12	143,01	81,54	118,61	133,43	75,83	110,30	124,09	70,25	102,18	114,95
	V	3 002,66	165,14	240,21	270,23	IV	2 588,08	138,97	202,14	227,40	135,59	197,23	221,88	132,22	192,32	216,36	128,85	187,42	210,84	125,48	182,52	205,33	122,10	177,61	199,81
	VI	3 036,08	166,98	242,88	273,24																				
8 405,99 West	I,IV	2 576,41	141,70	206,11	231,87	I	2 576,41	134,96	196,30	220,84	128,21	186,49	209,80	121,46	176,68	198,76	114,72	166,87	187,73	107,97	157,06	176,69	101,23	147,24	165,65
	II	2 530,66	139,18	202,45	227,75	II	2 530,66	132,44	192,64	216,72	125,69	182,83	205,68	118,95	173,02	194,64	112,20	163,20	183,60	105,46	153,40	172,57	98,71	143,58	161,53
	III	1 910,66	105,08	152,85	171,95	III	1 910,66	98,87	143,81	161,78	92,78	134,96	151,83	86,83	126,30	142,09	81,—	117,82	132,55	75,30	109,53	123,22	69,73	101,42	114,10
	V	2 991,—	164,50	239,28	269,19	IV	2 576,41	138,32	201,20	226,35	134,96	196,30	220,84	131,58	191,40	215,32	128,21	186,49	209,80	124,84	181,58	204,28	121,46	176,68	198,76
	VI	3 024,50	166,34	241,96	272,20																				
8 405,99 Ost	I,IV	2 589,33	142,41	207,14	233,03	I	2 589,33	135,66	197,33	221,99	128,92	187,52	210,96	122,17	177,71	199,92	115,43	167,90	188,88	108,68	158,08	177,84	101,94	148,28	166,81
	II	2 543,58	139,89	203,48	228,92	II	2 543,58	133,15	193,67	217,88	126,40	183,86	206,84	119,65	174,04	195,80	112,91	164,24	184,77	106,16	154,42	173,72	99,42	144,61	162,68
	III	1 922,66	105,74	153,81	173,03	III	1 922,66	99,52	144,76	162,85	93,42	135,89	152,87	87,45	127,20	143,10	81,61	118,70	133,54	75,90	110,40	124,20	70,30	102,26	115,04
	V	3 003,91	165,21	240,31	270,35	IV	2 589,33	139,04	202,24	227,52	135,66	197,33	221,99	132,29	192,42	216,47	128,92	187,52	210,96	125,55	182,62	205,44	122,17	177,71	199,92
	VI	3 037,33	167,05	242,98	273,35																				
8 408,99 West	I,IV	2 577,66	141,77	206,21	231,98	I	2 577,66	135,02	196,40	220,95	128,28	186,59	209,91	121,53	176,78	198,87	114,79	166,97	187,84	108,04	157,16	176,80	101,30	147,34	165,76
	II	2 531,91	139,25	202,55	227,87	II	2 531,91	132,50	192,74	216,83	125,76	182,93	205,79	119,02	173,12	194,76	112,27	163,30	183,71	105,53	153,50	172,68	98,78	143,68	161,64
	III	1 911,83	105,15	152,94	172,06	III	1 911,83	98,93	143,90	161,89	92,84	135,05	151,93	86,89	126,38	142,18	81,06	117,90	132,64	75,35	109,61	123,31	69,78	101,50	114,19
	V	2 992,25	164,57	239,38	269,30	IV	2 577,66	138,40	201,31	226,47	135,02	196,40	220,95	131,65	191,50	215,43	128,28	186,59	209,91	124,90	181,68	204,39	121,53	176,78	198,87
	VI	3 025,75	166,41	242,06	272,31																				
8 408,99 Ost	I,IV	2 590,58	142,48	207,24	233,15	I	2 590,58	135,73	197,43	222,11	128,99	187,62	211,07	122,24	177,81	200,03	115,50	168,—	189,—	108,75	158,19	177,96	102,01	148,38	166,92
	II	2 544,83	139,96	203,58	229,03	II	2 544,83	133,21	193,77	217,99	126,47	183,96	206,95	119,73	174,15	195,92	112,98	164,34	184,88	106,23	154,52	173,84	99,49	144,72	162,81
	III	1 923,83	105,81	153,90	173,14	III	1 923,83	99,58	144,85	162,95	93,48	135,97	152,96	87,51	127,29	143,20	81,66	118,78	133,63	75,95	110,48	124,29	70,37	102,36	115,15
	V	3 005,16	165,28	240,41	270,46	IV	2 590,58	139,10	202,34	227,63	135,73	197,43	222,11	132,36	192,52	216,59	128,99	187,62	211,07	125,62	182,72	205,56	122,24	177,81	200,03
	VI	3 038,58	167,12	243,08	273,47																				
8 411,99 West	I,IV	2 579,—	141,84	206,32	232,11	I	2 579,—	135,09	196,50	221,06	128,35	186,69	210,02	121,60	176,88	198,99	114,86	167,07	187,95	108,11	157,26	176,91	101,36	147,44	165,87
	II	2 533,16	139,32	202,65	227,98	II	2 533,16	132,58	192,84	216,95	125,83	183,03	205,91	119,08	173,22	194,87	112,34	163,40	183,83	105,60	153,60	172,80	98,85	143,78	161,75
	III	1 913,—	105,21	153,04	172,17	III	1 913,—	99,—	144,—	162,—	92,91	135,14	152,03	86,95	126,48	142,29	81,12	118,—	132,75	75,42	109,70	123,41	69,85	101,60	114,30
	V	2 993,50	164,64	239,48	269,41	IV	2 579,—	138,47	201,41	226,58	135,09	196,50	221,06	131,72	191,60	215,55	128,35	186,69	210,02	124,97	181,78	204,50	121,60	176,88	198,99
	VI	3 027,—	166,48	242,16	272,43																				
8 411,99 Ost	I,IV	2 591,83	142,55	207,34	233,26	I	2 591,83	135,80	197,53	222,22	129,06	187,72	211,19	122,31	177,91	200,15	115,56	168,10	189,11	108,82	158,29	178,07	102,08	148,48	167,04
	II	2 546,08	140,03	203,68	229,14	II	2 546,08	133,28	193,87	218,10	126,54	184,06	207,06	119,79	174,25	196,03	113,05	164,44	184,99	106,30	154,62	173,95	99,56	144,82	162,92
	III	1 925,—	105,87	154,—	173,25	III	1 925,—	99,65	144,94	163,06	93,54	136,06	153,07	87,56	127,37	143,29	81,73	118,88	133,74	76,01	110,56	124,38	70,42	102,44	115,24
	V	3 006,41	165,35	240,51	270,57	IV	2 591,83	139,17	202,44	227,74	135,80	197,53	222,22	132,43	192,63	216,71	129,06	187,72	211,19	125,68	182,82	205,67	122,31	177,91	200,15
	VI	3 039,83	167,19	243,18	273,58																				
8 414,99 West	I,IV	2 580,25	141,91	206,42	232,22	I	2 580,25	135,16	196,60	221,18	128,42	186,79	210,14	121,67	176,98	199,10	114,93	167,17	188,06	108,18	157,36	177,03	101,44	147,55	165,99
	II	2 534,41	139,39	202,75	228,09	II	2 534,41	132,65	192,94	217,06	125,90	183,13	206,02	119,15	173,32	194,98	112,41	163,51	183,95	105,66	153,70	172,91	98,92	143,88	161,87
	III	1 914,16	105,27	153,13	172,27	III	1 914,16	99,06	144,09	162,10	92,97	135,24	152,14	87,01	126,56	142,38	81,18	118,08	132,84	75,47	109,78	123,50	69,90	101,68	114,39
	V	2 994,75	164,71	239,58	269,52	IV	2 580,25	138,54	201,51	226,70	135,16	196,60	221,18	131,79	191,70	215,66	128,42	186,79	210,14	125,04	181,88	204,62	121,67	176,98	199,10
	VI	3 028,25	166,55	242,26	272,54																				
8 414,99 Ost	I,IV	2 593,08	142,61	207,44	233,37	I	2 593,08	135,87	197,64	222,34	129,13	187,82	211,30	122,38	178,01	200,26	115,64	168,20	189,23	108,89	158,39	178,19	102,14	148,58	167,15
	II	2 547,33	140,10	203,78	229,25	II	2 547,33	133,35	193,97	218,21	126,61	184,16	207,18	119,86	174,35	196,14	113,12	164,54	185,10	106,37	154,72	174,06	99,63	144,92	163,03
	III	1 926,33	105,94	154,10	173,36	III	1 926,33	99,71	145,04	163,17	93,61	136,16	153,18	87,63	127,46	143,39	81,78	118,96	133,83	76,07	110,65	124,48	70,48	102,52	115,33
	V	3 007,66	165,42	240,61	270,68	IV	2 593,08	139,24	202,54	227,85	135,87	197,64	222,34	132,50	192,73	216,82	129,13	187,82	211,30	125,75	182,92	205,78	122,38	178,01	200,26
	VI	3 041,16	167,26	243,29	273,70																				
8 417,99 West	I,IV	2 581,50	141,98	206,52	232,33	I	2 581,50	135,23	196,70	221,29	128,48	186,89	210,25	121,74	177,08	199,22	115,—	167,27	188,18	108,25	157,46	177,14	101,51	147,65	166,10
	II	2 535,66	139,46	202,85	228,20	II	2 535,66	132,71	193,04	217,17	125,97	183,23	206,13	119,22	173,42	195,09	112,48	163,61	184,06	105,73	153,80	173,02	98,99	143,98	161,98
	III	1 915,50	105,35	153,24	172,39	III	1 915,50	99,12	144,18	162,20	93,04	135,33	152,24	87,07	126,65	142,48	81,24	118,17	132,94	75,53	109,86	123,59	69,96	101,76	114,48
	V	2 996,08	164,78	239,68	269,64	IV	2 581,50	138,60	201,61	226,81	135,23	196,70	221,29	131,86	191,80	215,77	128,48	186,89	210,25	125,12	181,99	204,74	121,74	177,08	199,22
	VI	3 029,50	166,62	242,36	272,65																				
8 417,99 Ost	I,IV	2 594,33	142,68	207,54	233,48	I	2 594,33	135,94	197,74	222,45	129,19	187,92	211,41	122,45	178,11	200,37	115,71	168,30	189,34	108,96	158,49	178,30	102,21	148,68	167,26
	II	2 548,58	140,17	203,88	229,37	II	2 548,58	133,42	194,07	218,33	126,68	184,26	207,29	119,93	174,45	196,25	113,19	164,64	185,22	106,44	154,83	174,18	99,70	145,02	163,14
	III	1 927,50	106,01	154,20	173,47	III	1 927,50	99,77	145,13	163,27	93,67	136,25	153,28	87,69	127,56	143,50	81,84	119,05	133,93	76,12	110,73	124,57	70,53	102,60	115,42
	V	3 008,91	165,49	240,71	270,80	IV	2 594,33	139,31	202,64	227,97	135,94	197,74	222,45	132,57	192,83	216,93	129,19	187,92	211,41	125,82	183,02	205,89	122,45	178,11	200,37
	VI	3 042,41	167,33	243,39	273,81																				
8 420,99 West	I,IV	2 582,75	142,05	206,62	232,44	I	2 582,75	135,30	196,80	221,40	128,56	187,—	210,37	121,81	177,18	199,33	115,06	167,37	188,29	108,32	157,56	177,26	101,58	147,75	166,22
	II	2 537,—	139,53	202,96	228,33	II	2 537,—	132,78	193,14	217,28	126,04	183,33	206,24	119,29	173,52	195,21	112,55	163,71	184,17	105,80	153,90	173,13	99,05	144,08	162,09
	III	1 916,66	105,41	153,33	172,49	III	1 916,66	99,19	144,28	162,31	93,09	135,41	152,33	87,13	126,74	142,58	81,29	118,25	133,03	75,59	109,96	123,70	70,01	101,84	114,57
	V	2 997,33	164,85	239,78	269,75	IV	2 582,75	138,67	201,71	226,92	135,30	196,80	221,40	131,93	191,90	215,88	128,56	187,—	210,37	125,18	182,09	204,85	121,81	177,18	199,33
	VI	3 030,75	166,69	242,46	272,76																				
8 420,99 Ost	I,IV	2 595,58	142,75	207,64	233,60	I	2 595,58	136,01	197,84	222,57	129,26	188,02	211,52	122,52	178,21	200,48	115,77	168,40	189,45	109,03	158,59	178,41	102,28	148,78	167,37
	II	2 549,83	140,24	203,98	229,48	II	2 549,83	133,49	194,17	218,44	126,75	184,36	207,41	120,—	174,55	196,37	113,25	164,74	185,33	106,51	154,93	174,29	99,77	145,12	163,26
	III	1 928,66	106,07	154,29	173,57	III	1 928,66	99,84	145,22	163,37	93,72	136,33	153,37	87,75	127,64	143,59	81,90	119,13	134,02	76,18	110,81	124,66	70,59	102,68	115,51
	V	3 010,16	165,55	240,81	270,91	IV	2 595,58	139,38	202,74	228,08	136,01	197,84	222,57	132,64	192,93	217,04	129,26	188,02	211,52	125,89	183,12	206,01	122,52	178,21	200,48
	VI	3 043,66	167,40	243,49	273,92																				
8 423,99 West	I,IV	2 584,—	142,12	206,72	232,56	I	2 584,—	135,37	196,90	221,51	128,63	187,10	210,48	121,88	177,28	199,44	115,13	167,47	188,40	108,39	157,66	177,37	101,64	147,85	166,33
	II	2 538,25	139,60	203,06	228,44	II	2 538,25	132,85	193,24	217,40	126,11	183,43	206,36	119,36	173,62	195,32	112,62	163,81	184,28	105,87	154,—	173,25	99,13	144,19	162,21
	III	1 917,83	105,48	153,42	172,60	III	1 917,83	99,25	144,37	162,41	93,16	135,50	152,44	87,19	126,82	142,67	81,36	118,34	133,13	75,65	110,04	123,79	70,07	101,92	114,66
	V	2 998,58	164,92	239,88	269,87	IV	2 584,—	138,74	201,81	227,03	135,37	196,90	221,51	132,—	192,—	216,—	128,63	187,10	210,48	125,25	182,19	204,96	121,88	177,28	199,44
	VI	3 032,—	166,76	242,56	272,88																				
8 423,99 Ost	I,IV	2 596,91	142,83	207,75	233,72	I	2 596,91	136,08	197,94	222,68	129,33	188,12	211,64	122,59	178,32	200,61	115,84	168,50	189,56	109,10	158,69	178,52	102,35	148,88	167,49
	II	2 551,08	140,30	204,08	229,59	II	2 551,08	133,56	194,28	218,56	126,82	184,46	207,52	120,07	174,65	196,48	113,33	164,84	185,45	106,58	155,03	174,41	99,83	145,22	163,37
	III	1 929,83	106,14	154,38	173,68	III	1 929,83	99,89	145,30	163,46	93,79	136,42	153,47	87,81	127,73	143,69	81,96	119,22	134,12	76,24	110,90	124,76	70,65	102,77	115,61
	V	3 011,41	165,62	240,91	271,02	IV	2 596,91	139,45	202,84	228,20	136,08	197,94	222,68	132,71	193,03	217,16	129,33	188,12	211,64	125,96	183,22	206,12	122,59	178,32	200,61
	VI	3 044,91	167,47	243,59	274,04																				

Table heading: Abzüge an Lohnsteuer, Solidaritätszuschlag (SolZ) und Kirchensteuer (8%, 9%) in den Steuerklassen

* Die ausgewiesenen Tabellenwerte sind amtlich. Siehe Erläuterungen auf der Umschlaginnenseite (U2).

Abzüge an Lohnsteuer, Solidaritätszuschlag (SolZ) und Kirchensteuer (8%, 9%) in den Steuerklassen

Lohn/ Gehalt bis €*	I – VI	LSt	SolZ	8%	9%	I, II, III, IV	LSt	0,5 SolZ	0,5 8%	0,5 9%	1 SolZ	1 8%	1 9%	1,5 SolZ	1,5 8%	1,5 9%	2 SolZ	2 8%	2 9%	2,5 SolZ	2,5 8%	2,5 9%	3 SolZ	3 8%	3 9%
			ohne Kinderfreibeträge					mit Zahl der Kinderfreibeträge . . .																	
8 426,99 West	I,IV	2 585,25	142,18	206,82	232,67	I	2 585,25	135,44	197,—	221,63	128,70	187,20	210,60	121,95	177,38	199,55	115,20	167,57	188,51	108,46	157,76	177,48	101,71	147,95	166,44
	II	2 539,50	139,67	203,16	228,55	II	2 539,50	132,92	193,34	217,51	126,17	183,53	206,47	119,43	173,72	195,44	112,69	163,91	184,40	105,94	154,10	173,36	99,20	144,29	162,32
	III	1 919,—	105,54	153,52	172,71	III	1 919,—	99,32	144,46	162,52	93,22	135,60	152,55	87,25	126,92	142,78	81,41	118,42	133,22	75,70	110,12	123,88	70,12	102,—	114,75
	V	2 999,83	164,99	239,98	269,98	IV	2 585,25	138,81	201,91	227,15	135,44	197,—	221,63	132,07	192,10	216,11	128,70	187,20	210,60	125,32	182,29	205,07	121,95	177,38	199,55
	VI	3 033,25	166,82	242,66	272,99																				
8 426,99 Ost	I,IV	2 598,16	142,89	207,85	233,83	I	2 598,16	136,15	198,04	222,79	129,40	188,22	211,75	122,66	178,42	200,72	115,91	168,60	189,68	109,17	158,79	178,64	102,42	148,98	167,60
	II	2 552,33	140,37	204,18	229,70	II	2 552,33	133,63	194,38	218,67	126,88	184,56	207,63	120,14	174,75	196,59	113,40	164,94	185,56	106,65	155,13	174,52	99,90	145,32	163,48
	III	1 931,—	106,20	154,48	173,79	III	1 931,—	99,96	145,40	163,57	93,85	136,52	153,58	87,88	127,82	143,80	82,02	119,30	134,21	76,30	110,98	124,85	70,71	102,85	115,70
	V	3 012,75	165,70	241,02	271,14	IV	2 598,16	139,52	202,94	228,31	136,15	198,04	222,79	132,77	193,13	217,27	129,40	188,22	211,75	126,03	183,32	206,24	122,66	178,42	200,72
	VI	3 046,16	167,53	243,69	274,15																				
8 429,99 West	I,IV	2 586,50	142,25	206,92	232,78	I	2 586,50	135,51	197,11	221,75	128,76	187,30	210,71	122,02	177,48	199,67	115,28	167,68	188,64	108,53	157,86	177,59	101,78	148,05	166,55
	II	2 540,75	139,74	203,26	228,66	II	2 540,75	132,99	193,44	217,62	126,25	183,64	206,59	119,50	173,82	195,55	112,75	164,01	184,51	106,01	154,20	173,48	99,27	144,39	162,44
	III	1 920,16	105,60	153,61	172,81	III	1 920,16	99,38	144,56	162,63	93,28	135,69	152,65	87,32	127,01	142,88	81,48	118,52	133,33	75,77	110,21	123,98	70,18	102,09	114,85
	V	3 001,08	165,05	240,08	270,09	IV	2 586,50	138,88	202,01	227,26	135,51	197,11	221,75	132,14	192,20	216,23	128,76	187,30	210,71	125,39	182,39	205,19	122,02	177,48	199,67
	VI	3 034,58	166,90	242,76	273,11																				
8 429,99 Ost	I,IV	2 599,41	142,96	207,95	233,94	I	2 599,41	136,22	198,14	222,90	129,47	188,32	211,86	122,73	178,52	200,83	115,98	168,70	189,79	109,23	158,89	178,75	102,49	149,08	167,72
	II	2 553,58	140,44	204,28	229,82	II	2 553,58	133,70	194,48	218,79	126,95	184,66	207,74	120,21	174,85	196,70	113,46	165,04	185,67	106,72	155,23	174,63	99,97	145,42	163,59
	III	1 932,16	106,26	154,57	173,89	III	1 932,16	100,02	145,49	163,67	93,92	136,61	153,68	87,93	127,90	143,89	82,08	119,40	134,32	76,35	111,06	124,94	70,76	102,93	115,79
	V	3 014,—	165,77	241,12	271,26	IV	2 599,41	139,59	203,04	228,42	136,22	198,14	222,90	132,84	193,23	217,38	129,47	188,32	211,86	126,10	183,42	206,35	122,73	178,52	200,83
	VI	3 047,41	167,60	243,79	274,26																				
8 432,99 West	I,IV	2 587,75	142,32	207,02	232,89	I	2 587,75	135,58	197,21	221,86	128,83	187,40	210,82	122,09	177,58	199,78	115,34	167,78	188,75	108,60	157,96	177,71	101,85	148,15	166,67
	II	2 542,—	139,81	203,36	228,78	II	2 542,—	133,06	193,54	217,73	126,32	183,74	206,70	119,57	173,92	195,66	112,82	164,11	184,62	106,08	154,30	173,59	99,33	144,49	162,55
	III	1 921,33	105,67	153,70	172,91	III	1 921,33	99,44	144,65	162,73	93,34	135,77	152,74	87,37	127,09	142,97	81,53	118,60	133,42	75,82	110,29	124,07	70,24	102,17	114,94
	V	3 002,33	165,12	240,18	270,20	IV	2 587,75	138,95	202,12	227,38	135,58	197,21	221,86	132,21	192,30	216,34	128,83	187,40	210,82	125,46	182,49	205,30	122,09	177,58	199,78
	VI	3 035,83	166,97	242,86	273,22																				
8 432,99 Ost	I,IV	2 600,66	143,03	208,05	234,05	I	2 600,66	136,29	198,24	223,02	129,54	188,43	211,98	122,80	178,62	200,94	116,05	168,80	189,90	109,31	159,—	178,87	102,56	149,18	167,83
	II	2 554,91	140,52	204,39	229,94	II	2 554,91	133,77	194,58	218,90	127,02	184,76	207,86	120,28	174,96	196,83	113,53	165,14	185,78	106,79	155,33	174,74	100,04	145,52	163,71
	III	1 933,33	106,33	154,66	173,99	III	1 933,33	100,09	145,58	163,78	93,98	136,70	153,79	88,—	128,—	144,—	82,14	119,48	134,41	76,42	111,16	125,05	70,82	103,01	115,88
	V	3 015,25	165,83	241,22	271,37	IV	2 600,66	139,66	203,14	228,53	136,29	198,24	223,02	132,91	193,33	217,49	129,54	188,43	211,98	126,17	183,52	206,46	122,80	178,62	200,94
	VI	3 048,66	167,67	243,89	274,37																				
8 435,99 West	I,IV	2 589,08	142,39	207,12	233,01	I	2 589,08	135,65	197,31	221,97	128,90	187,50	210,93	122,15	177,68	199,89	115,41	167,88	188,86	108,67	158,06	177,82	101,92	148,25	166,78
	II	2 543,25	139,87	203,46	228,89	II	2 543,25	133,13	193,64	217,85	126,39	183,84	206,82	119,64	174,02	195,77	112,89	164,21	184,73	106,15	154,40	173,70	99,40	144,59	162,66
	III	1 922,50	105,73	153,80	173,02	III	1 922,50	99,50	144,73	162,82	93,40	135,86	152,84	87,44	127,18	143,08	81,59	118,68	133,51	75,88	110,37	124,16	70,29	102,25	115,03
	V	3 003,58	165,19	240,28	270,32	IV	2 589,08	139,02	202,22	227,49	135,65	197,31	221,97	132,27	192,40	216,45	128,90	187,50	210,93	125,53	182,59	205,41	122,15	177,68	199,89
	VI	3 037,08	167,03	242,96	273,33																				
8 435,99 Ost	I,IV	2 601,91	143,10	208,15	234,17	I	2 601,91	136,35	198,34	223,13	129,61	188,53	212,09	122,87	178,72	201,06	116,12	168,90	190,01	109,38	159,10	178,98	102,63	149,28	167,94
	II	2 556,16	140,58	204,49	230,05	II	2 556,16	133,84	194,68	219,01	127,09	184,86	207,97	120,35	175,06	196,94	113,60	165,24	185,90	106,86	155,43	174,86	100,11	145,62	163,82
	III	1 934,50	106,39	154,76	174,10	III	1 934,50	100,15	145,68	163,89	94,04	136,78	153,88	88,05	128,08	144,09	82,20	119,57	134,51	76,47	111,24	125,14	70,87	103,09	115,97
	V	3 016,50	165,90	241,32	271,48	IV	2 601,91	139,73	203,24	228,65	136,35	198,34	223,13	132,99	193,44	217,62	129,61	188,53	212,09	126,24	183,62	206,57	122,87	178,72	201,06
	VI	3 049,91	167,74	243,99	274,49																				
8 438,99 West	I,IV	2 590,33	142,46	207,22	233,12	I	2 590,33	135,72	197,41	222,08	128,97	187,60	211,05	122,23	177,79	200,01	115,48	167,98	188,97	108,73	158,16	177,93	101,99	148,36	166,90
	II	2 544,50	139,94	203,56	229,—	II	2 544,50	133,20	193,75	217,97	126,45	183,94	206,93	119,71	174,12	195,89	112,97	164,32	184,86	106,22	154,50	173,81	99,47	144,69	162,77
	III	1 923,66	105,80	153,89	173,12	III	1 923,66	99,56	144,82	162,92	93,47	135,96	152,95	87,49	127,26	143,17	81,65	118,77	133,61	75,94	110,46	124,27	70,35	102,33	115,12
	V	3 004,83	165,26	240,38	270,43	IV	2 590,33	139,09	202,32	227,61	135,72	197,41	222,08	132,34	192,50	216,56	128,97	187,60	211,05	125,60	182,69	205,52	122,23	177,79	200,01
	VI	3 038,33	167,10	243,06	273,44																				
8 438,99 Ost	I,IV	2 603,16	143,17	208,25	234,28	I	2 603,16	136,43	198,44	223,25	129,68	188,63	212,21	122,93	178,82	201,17	116,19	169,—	190,13	109,45	159,20	179,10	102,70	149,38	168,05
	II	2 557,41	140,65	204,59	230,16	II	2 557,41	133,91	194,78	219,12	127,16	184,96	208,08	120,42	175,16	197,05	113,67	165,34	186,01	106,92	155,53	174,97	100,18	145,72	163,94
	III	1 935,66	106,46	154,85	174,20	III	1 935,66	100,21	145,77	163,99	94,10	136,88	153,99	88,11	128,17	144,19	82,26	119,65	134,60	76,53	111,32	125,23	70,94	103,18	116,08
	V	3 017,75	165,97	241,42	271,59	IV	2 603,16	139,80	203,34	228,76	136,43	198,44	223,25	133,05	193,54	217,73	129,68	188,63	212,21	126,31	183,72	206,69	122,93	178,82	201,17
	VI	3 051,25	167,81	244,10	274,61																				
8 441,99 West	I,IV	2 591,58	142,53	207,32	233,24	I	2 591,58	135,79	197,51	222,20	129,04	187,70	211,16	122,30	177,89	200,12	115,55	168,08	189,09	108,80	158,26	178,04	102,06	148,46	167,01
	II	2 545,75	140,01	203,66	229,11	II	2 545,75	133,27	193,85	218,08	126,52	184,04	207,04	119,78	174,22	196,—	113,03	164,42	184,97	106,29	154,60	173,93	99,54	144,79	162,89
	III	1 924,83	105,86	153,98	173,23	III	1 924,83	99,63	144,92	163,03	93,53	136,05	153,05	87,56	127,36	143,28	81,71	118,85	133,70	76,—	110,54	124,36	70,40	102,41	115,21
	V	3 006,16	165,33	240,49	270,55	IV	2 591,58	139,16	202,42	227,72	135,79	197,51	222,20	132,41	192,60	216,68	129,04	187,70	211,16	125,67	182,80	205,65	122,30	177,89	200,12
	VI	3 039,58	167,17	243,16	273,56																				
8 441,99 Ost	I,IV	2 604,41	143,24	208,35	234,39	I	2 604,41	136,50	198,54	223,36	129,75	188,73	212,32	123,—	178,92	201,28	116,26	169,11	190,25	109,51	159,30	179,21	102,77	149,48	168,17
	II	2 558,66	140,72	204,69	230,27	II	2 558,66	133,98	194,88	219,24	127,23	185,07	208,20	120,49	175,26	197,16	113,74	165,44	186,12	107,—	155,64	175,09	100,25	145,82	164,05
	III	1 936,83	106,52	154,94	174,31	III	1 936,83	100,28	145,86	164,09	94,16	136,97	154,09	88,18	128,26	144,29	82,32	119,74	134,71	76,59	111,41	125,33	70,99	103,26	116,17
	V	3 019,—	166,04	241,52	271,71	IV	2 604,41	139,86	203,44	228,87	136,50	198,54	223,36	133,12	193,64	217,84	129,75	188,73	212,32	126,38	183,82	206,80	123,—	178,92	201,28
	VI	3 052,50	167,88	244,20	274,72																				
8 444,99 West	I,IV	2 592,83	142,60	207,42	233,35	I	2 592,83	135,85	197,61	222,31	129,11	187,80	211,28	122,37	177,99	200,24	115,62	168,18	189,20	108,87	158,36	178,16	102,13	148,56	167,13
	II	2 547,08	140,08	203,76	229,23	II	2 547,08	133,34	193,95	218,19	126,59	184,14	207,15	119,84	174,32	196,11	113,10	164,52	185,08	106,36	154,70	174,04	99,61	144,89	163,—
	III	1 926,—	105,93	154,08	173,34	III	1 926,—	99,69	145,01	163,13	93,59	136,13	153,14	87,62	127,45	143,38	81,77	118,94	133,81	76,05	110,62	124,45	70,47	102,50	115,31
	V	3 007,41	165,40	240,59	270,66	IV	2 592,83	139,23	202,52	227,83	135,85	197,61	222,31	132,48	192,70	216,79	129,11	187,80	211,28	125,74	182,90	205,76	122,37	177,99	200,24
	VI	3 040,83	167,24	243,26	273,67																				
8 444,99 Ost	I,IV	2 605,66	143,31	208,45	234,50	I	2 605,66	136,56	198,64	223,47	129,82	188,83	212,43	123,07	179,02	201,39	116,33	169,21	190,36	109,58	159,40	179,32	102,84	149,58	168,28
	II	2 559,91	140,79	204,79	230,39	II	2 559,91	134,04	194,98	219,35	127,30	185,17	208,31	120,56	175,36	197,28	113,81	165,54	186,23	107,07	155,74	175,20	100,32	145,92	164,16
	III	1 938,—	106,59	155,04	174,42	III	1 938,—	100,34	145,96	164,20	94,23	137,06	154,19	88,23	128,34	144,38	82,38	119,82	134,80	76,65	111,49	125,42	71,05	103,34	116,26
	V	3 020,25	166,11	241,62	271,82	IV	2 605,66	139,94	203,55	228,99	136,56	198,64	223,47	133,19	193,74	217,95	129,82	188,83	212,43	126,44	183,92	206,91	123,07	179,02	201,39
	VI	3 053,75	167,95	244,30	274,83																				
8 447,99 West	I,IV	2 594,08	142,67	207,52	233,46	I	2 594,08	135,92	197,71	222,42	129,18	187,90	211,39	122,43	178,09	200,35	115,69	168,28	189,31	108,95	158,47	178,28	102,20	148,66	167,24
	II	2 548,33	140,15	203,86	229,34	II	2 548,33	133,41	194,05	218,30	126,66	184,24	207,27	119,92	174,43	196,23	113,17	164,62	185,19	106,42	154,80	174,15	99,68	145,—	163,12
	III	1 927,16	105,99	154,17	173,44	III	1 927,16	99,76	145,10	163,24	93,65	136,22	153,25	87,67	127,53	143,47	81,83	119,02	133,90	76,12	110,72	124,56	70,52	102,58	115,40
	V	3 008,66	165,47	240,69	270,77	IV	2 594,08	139,30	202,62	227,94	135,92	197,71	222,42	132,55	192,80	216,90	129,18	187,90	211,39	125,81	183,—	205,87	122,43	178,09	200,35
	VI	3 042,08	167,31	243,36	273,78																				
8 447,99 Ost	I,IV	2 607,—	143,38	208,56	234,63	I	2 607,—	136,63	198,74	223,58	129,89	188,93	212,54	123,14	179,12	201,51	116,40	169,31	190,47	109,65	159,50	179,43	102,90	149,68	168,39
	II	2 561,16	140,86	204,89	230,50	II	2 561,16	134,12	195,08	219,47	127,37	185,27	208,43	120,62	175,46	197,39	113,88	165,64	186,35	107,14	155,84	175,32	100,39	146,02	164,27
	III	1 939,16	106,65	155,13	174,52	III	1 939,16	100,41	146,05	164,30	94,28	137,14	154,28	88,30	128,44	144,49	82,44	119,92	134,91	76,70	111,57	125,51	71,10	103,42	116,35
	V	3 021,50	166,18	241,72	271,93	IV	2 607,—	140,01	203,65	229,10	136,63	198,74	223,58	133,26	193,84	218,07	129,89	188,93	212,54	126,51	184,02	207,02	123,14	179,12	201,51
	VI	3 055,—	168,02	244,40	274,95																				

* Die ausgewiesenen Tabellenwerte sind amtlich. Siehe Erläuterungen auf der Umschlaginnenseite (U2).

MONAT 8 448,–*

Lohn/ Gehalt bis €*	Abzüge an Lohnsteuer, Solidaritätszuschlag (SolZ) und Kirchensteuer (8%, 9%) in den Steuerklassen I – VI					I, II, III, IV																			
			ohne Kinderfreibeträge					mit Zahl der Kinderfreibeträge . . . 0,5			1			1,5			2			2,5			3		
		LSt	SolZ	8%	9%		LSt	SolZ	8%	9%	SolZ	8%	9%	SolZ	8%	9%	SolZ	8%	9%	SolZ	8%	9%	SolZ	8%	9%
8 450,99 West	I,IV	2 595,33	142,74	207,62	233,57	I	2 595,33	135,99	197,81	222,53	129,25	188,—	211,50	122,50	178,19	200,46	115,76	168,38	189,42	109,01	158,57	178,39	102,27	148,76	167,35
	II	2 549,58	140,22	203,96	229,46	II	2 549,58	133,48	194,15	218,42	126,73	184,34	207,38	119,99	174,53	196,34	113,24	164,72	185,31	106,49	154,90	174,26	99,75	145,10	163,23
	III	1 928,33	106,05	154,26	173,54	III	1 928,33	99,82	145,20	163,35	93,72	136,32	153,36	87,74	127,62	143,57	81,89	119,12	134,01	76,17	110,80	124,65	70,58	102,66	115,49
	V	3 009,91	165,54	240,79	270,89	IV	2 595,33	139,37	202,72	228,06	135,99	197,81	222,53	132,62	192,91	217,02	129,25	188,—	211,50	125,88	183,10	205,98	122,50	178,19	200,46
	VI	3 043,33	167,38	243,46	273,89																				
8 450,99 Ost	I,IV	2 608,25	143,45	208,66	234,74	I	2 608,25	136,70	198,84	223,70	129,96	189,03	212,66	123,21	179,22	201,62	116,47	169,41	190,58	109,72	159,60	179,55	102,98	149,79	168,51
	II	2 562,41	140,93	204,99	230,61	II	2 562,41	134,19	195,18	219,58	127,44	185,37	208,54	120,69	175,56	197,50	113,95	165,75	186,47	107,20	155,94	175,43	100,46	146,12	164,39
	III	1 940,33	106,71	155,22	174,62	III	1 940,33	100,47	146,14	164,41	94,35	137,24	154,39	88,36	128,53	144,59	82,50	120,—	135,—	76,77	111,66	125,62	71,16	103,50	116,44
	V	3 022,75	166,25	241,82	272,04	IV	2 608,25	140,08	203,75	229,22	136,70	198,84	223,70	133,33	193,94	218,18	129,96	189,03	212,66	126,58	184,12	207,14	123,21	179,22	201,62
	VI	3 056,25	168,09	244,50	275,06																				
8 453,99 West	I,IV	2 596,58	142,81	207,72	233,69	I	2 596,58	136,07	197,92	222,66	129,32	188,10	211,61	122,57	178,29	200,57	115,83	168,48	189,54	109,08	158,67	178,50	102,34	148,86	167,46
	II	2 550,83	140,29	204,06	229,57	II	2 550,83	133,54	194,25	218,53	126,80	184,44	207,50	120,06	174,63	196,46	113,31	164,82	185,42	106,56	155,—	174,38	99,82	145,20	163,35
	III	1 929,50	106,12	154,36	173,65	III	1 929,50	99,88	145,29	163,45	93,78	136,41	153,46	87,79	127,70	143,66	81,95	119,20	134,10	76,23	110,88	124,74	70,63	102,74	115,58
	V	3 011,16	165,61	240,89	271,—	IV	2 596,58	139,43	202,82	228,17	136,07	197,92	222,66	132,69	193,01	217,13	129,32	188,10	211,61	125,95	183,20	206,10	122,57	178,29	200,57
	VI	3 044,66	167,45	243,57	274,01																				
8 453,99 Ost	I,IV	2 609,50	143,52	208,76	234,85	I	2 609,50	136,77	198,94	223,81	130,02	189,13	212,77	123,28	179,32	201,74	116,54	169,51	190,70	109,79	159,70	179,66	103,05	149,89	168,62
	II	2 563,66	141,—	205,09	230,72	II	2 563,66	134,25	195,28	219,69	127,51	185,47	208,65	120,76	175,66	197,61	114,02	165,85	186,58	107,27	156,04	175,54	100,53	146,22	164,50
	III	1 941,50	106,78	155,32	174,73	III	1 941,50	100,54	146,24	164,52	94,41	137,33	154,49	88,42	128,61	144,68	82,56	120,09	135,10	76,82	111,74	125,71	71,22	103,60	116,55
	V	3 024,08	166,32	241,92	272,16	IV	2 609,50	140,14	203,85	229,33	136,77	198,94	223,81	133,40	194,04	218,29	130,02	189,13	212,77	126,66	184,23	207,26	123,28	179,32	201,74
	VI	3 057,50	168,16	244,60	275,17																				
8 456,99 West	I,IV	2 597,83	142,88	207,82	233,80	I	2 597,83	136,13	198,02	222,77	129,39	188,20	211,73	122,64	178,39	200,69	115,90	168,58	189,65	109,15	158,77	178,61	102,41	148,96	167,58
	II	2 552,08	140,36	204,16	229,68	II	2 552,08	133,61	194,35	218,64	126,87	184,54	207,61	120,12	174,73	196,57	113,38	164,92	185,53	106,64	155,11	174,50	99,89	145,30	163,46
	III	1 930,66	106,18	154,45	173,75	III	1 930,66	99,95	145,38	163,55	93,83	136,49	153,55	87,86	127,80	143,77	82,01	119,29	134,20	76,29	110,97	124,84	70,69	102,82	115,67
	V	3 012,41	165,68	240,99	271,11	IV	2 597,83	139,51	202,92	228,29	136,13	198,02	222,77	132,76	193,11	217,25	129,39	188,20	211,73	126,01	183,30	206,21	122,64	178,39	200,69
	VI	3 045,91	167,52	243,67	274,13																				
8 456,99 Ost	I,IV	2 610,75	143,59	208,86	234,96	I	2 610,75	136,84	199,04	223,92	130,10	189,24	212,89	123,35	179,42	201,85	116,60	169,61	190,81	109,86	159,80	179,78	103,12	149,99	168,74
	II	2 565,—	141,07	205,20	230,85	II	2 565,—	134,32	195,38	219,80	127,58	185,57	208,76	120,83	175,76	197,73	114,09	165,95	186,69	107,34	156,14	175,65	100,59	146,32	164,61
	III	1 942,66	106,84	155,41	174,83	III	1 942,66	100,60	146,33	164,62	94,48	137,42	154,60	88,48	128,70	144,79	82,61	120,17	135,19	76,88	111,82	125,80	71,28	103,68	116,64
	V	3 025,33	166,39	242,02	272,27	IV	2 610,75	140,21	203,95	229,44	136,84	199,04	223,92	133,47	194,14	218,40	130,10	189,24	212,89	126,72	184,33	207,37	123,35	179,42	201,85
	VI	3 058,75	168,23	244,70	275,28																				
8 459,99 West	I,IV	2 599,08	142,94	207,92	233,91	I	2 599,08	136,20	198,12	222,88	129,46	188,30	211,84	122,71	178,49	200,80	115,97	168,68	189,77	109,22	158,87	178,73	102,47	149,06	167,69
	II	2 553,33	140,43	204,26	229,79	II	2 553,33	133,68	194,45	218,75	126,94	184,64	207,72	120,19	174,83	196,68	113,45	165,02	185,64	106,70	155,21	174,61	99,96	145,40	163,57
	III	1 931,83	106,25	154,54	173,86	III	1 931,83	100,01	145,48	163,66	93,90	136,58	153,65	87,92	127,89	143,87	82,06	119,37	134,29	76,34	111,05	124,93	70,75	102,92	115,78
	V	3 013,66	165,75	241,09	271,22	IV	2 599,08	139,58	203,02	228,40	136,20	198,12	222,88	132,83	193,21	217,36	129,46	188,30	211,84	126,08	183,40	206,32	122,71	178,49	200,80
	VI	3 047,16	167,59	243,77	274,24																				
8 459,99 Ost	I,IV	2 612,—	143,66	208,96	235,08	I	2 612,—	136,91	199,14	224,03	130,17	189,34	213,—	123,42	179,52	201,96	116,67	169,71	190,92	109,93	159,90	179,89	103,18	150,09	168,85
	II	2 566,25	141,14	205,30	230,96	II	2 566,25	134,39	195,48	219,92	127,65	185,67	208,88	120,90	175,86	197,84	114,16	166,05	186,80	107,41	156,24	175,77	100,67	146,43	164,73
	III	1 944,—	106,92	155,52	174,96	III	1 944,—	100,66	146,42	164,72	94,54	137,52	154,71	88,55	128,80	144,90	82,68	120,26	135,29	76,94	111,92	125,91	71,33	103,76	116,73
	V	3 026,58	166,46	242,12	272,39	IV	2 612,—	140,28	204,05	229,55	136,91	199,14	224,03	133,54	194,24	218,52	130,17	189,34	213,—	126,79	184,43	207,48	123,42	179,52	201,96
	VI	3 060,—	168,30	244,80	275,40																				
8 462,99 West	I,IV	2 600,41	143,02	208,03	234,03	I	2 600,41	136,27	198,22	222,99	129,52	188,40	211,95	122,78	178,60	200,92	116,04	168,78	189,88	109,29	158,97	178,84	102,55	149,16	167,81
	II	2 554,58	140,50	204,36	229,91	II	2 554,58	133,76	194,56	218,88	127,01	184,74	207,83	120,26	174,93	196,79	113,52	165,12	185,76	106,77	155,31	174,72	100,03	145,50	163,68
	III	1 933,—	106,31	154,64	173,97	III	1 933,—	100,08	145,57	163,76	93,96	136,68	153,76	87,98	127,97	143,96	82,13	119,46	134,39	76,40	111,13	125,02	70,81	103,—	115,87
	V	3 014,91	165,82	241,19	271,34	IV	2 600,41	139,64	203,12	228,51	136,27	198,22	222,99	132,90	193,31	217,47	129,52	188,40	211,95	126,15	183,50	206,43	122,78	178,60	200,92
	VI	3 048,41	167,66	243,87	274,35																				
8 462,99 Ost	I,IV	2 613,25	143,72	209,06	235,19	I	2 613,25	136,98	199,24	224,15	130,24	189,44	213,12	123,49	179,62	202,07	116,74	169,81	191,03	110,—	160,—	180,—	103,25	150,19	168,96
	II	2 567,50	141,21	205,40	231,07	II	2 567,50	134,46	195,58	220,03	127,71	185,77	208,99	120,97	175,96	197,96	114,23	166,15	186,92	107,48	156,34	175,88	100,74	146,53	164,84
	III	1 945,16	106,98	155,61	175,06	III	1 945,16	100,72	146,50	164,81	94,60	137,60	154,80	88,60	128,88	144,99	82,73	120,34	135,38	77,—	112,—	126,—	71,39	103,84	116,82
	V	3 027,83	166,53	242,22	272,50	IV	2 613,25	140,35	204,15	229,67	136,98	199,24	224,15	133,61	194,34	218,63	130,24	189,44	213,12	126,86	184,53	207,59	123,49	179,62	202,07
	VI	3 061,25	168,36	244,90	275,51																				
8 465,99 West	I,IV	2 601,66	143,09	208,13	234,14	I	2 601,66	136,34	198,32	223,11	129,59	188,50	212,06	122,85	178,70	201,03	116,10	168,88	189,99	109,36	159,07	178,95	102,62	149,26	167,92
	II	2 555,83	140,57	204,46	230,02	II	2 555,83	133,82	194,66	218,99	127,08	184,84	207,95	120,33	175,03	196,91	113,59	165,22	185,87	106,84	155,41	174,83	100,10	145,60	163,80
	III	1 934,16	106,37	154,73	174,07	III	1 934,16	100,14	145,66	163,87	94,03	136,77	153,86	88,04	128,06	144,07	82,18	119,54	134,48	76,46	111,22	125,12	70,86	103,08	115,96
	V	3 016,25	165,89	241,30	271,46	IV	2 601,66	139,71	203,22	228,62	136,34	198,32	223,11	132,97	193,41	217,58	129,59	188,50	212,06	126,22	183,60	206,55	122,85	178,70	201,03
	VI	3 049,66	167,73	243,97	274,46																				
8 465,99 Ost	I,IV	2 614,50	143,79	209,16	235,30	I	2 614,50	137,05	199,35	224,27	130,30	189,54	213,23	123,56	179,72	202,19	116,82	169,92	191,16	110,07	160,10	180,11	103,32	150,29	169,07
	II	2 568,75	141,28	205,50	231,18	II	2 568,75	134,53	195,68	220,14	127,79	185,88	209,11	121,04	176,06	198,07	114,29	166,25	187,03	107,55	156,44	176,—	100,81	146,63	164,96
	III	1 946,33	107,04	155,70	175,16	III	1 946,33	100,78	146,60	164,92	94,66	137,69	154,90	88,66	128,97	145,09	82,80	120,44	135,49	77,06	112,09	126,10	71,44	103,92	116,91
	V	3 029,08	166,59	242,32	272,61	IV	2 614,50	140,42	204,25	229,78	137,05	199,35	224,27	133,68	194,44	218,75	130,30	189,54	213,23	126,93	184,63	207,71	123,56	179,72	202,19
	VI	3 062,58	168,44	245,—	275,63																				
8 468,99 West	I,IV	2 602,91	143,16	208,23	234,26	I	2 602,91	136,41	198,42	223,22	129,66	188,60	212,18	122,92	178,80	201,15	116,17	168,98	190,10	109,43	159,17	179,06	102,68	149,36	168,03
	II	2 557,08	140,63	204,56	230,13	II	2 557,08	133,89	194,76	219,10	127,15	184,94	208,06	120,40	175,13	197,02	113,66	165,32	185,99	106,91	155,51	174,95	100,16	145,70	163,91
	III	1 935,33	106,44	154,82	174,17	III	1 935,33	100,20	145,74	163,96	94,09	136,86	153,97	88,11	128,16	144,18	82,25	119,64	134,59	76,52	111,30	125,21	70,92	103,16	116,05
	V	3 017,50	165,96	241,40	271,57	IV	2 602,91	139,78	203,32	228,74	136,41	198,42	223,22	133,04	193,51	217,70	129,66	188,60	212,18	126,29	183,70	206,66	122,92	178,80	201,15
	VI	3 050,91	167,80	244,07	274,58																				
8 468,99 Ost	I,IV	2 615,75	143,86	209,26	235,41	I	2 615,75	137,12	199,45	224,38	130,37	189,64	213,34	123,63	179,82	202,30	116,88	170,02	191,27	110,14	160,20	180,23	103,39	150,39	169,19
	II	2 570,—	141,35	205,60	231,30	II	2 570,—	134,60	195,78	220,25	127,86	185,98	209,22	121,11	176,16	198,18	114,36	166,35	187,14	107,62	156,54	176,11	100,87	146,73	165,07
	III	1 947,50	107,11	155,80	175,27	III	1 947,50	100,85	146,69	165,02	94,72	137,78	155,—	88,73	129,06	145,19	82,85	120,52	135,58	77,11	112,17	126,19	71,50	104,01	117,01
	V	3 030,33	166,66	242,42	272,72	IV	2 615,75	140,49	204,36	229,90	137,12	199,45	224,38	133,75	194,54	218,86	130,37	189,64	213,34	127,—	184,73	207,82	123,63	179,82	202,30
	VI	3 063,83	168,51	245,10	275,74																				
8 471,99 West	I,IV	2 604,16	143,22	208,33	234,37	I	2 604,16	136,48	198,52	223,33	129,74	188,71	212,30	122,99	178,90	201,26	116,24	169,08	190,22	109,50	159,28	179,19	102,75	149,46	168,14
	II	2 558,41	140,71	204,67	230,25	II	2 558,41	133,96	194,86	219,21	127,21	185,04	208,17	120,47	175,24	197,14	113,73	165,42	186,10	106,98	155,61	175,06	100,24	145,80	164,03
	III	1 936,66	106,51	154,93	174,29	III	1 936,66	100,26	145,84	164,07	94,15	136,94	154,06	88,16	128,24	144,27	82,30	119,72	134,68	76,57	111,38	125,30	70,97	103,24	116,14
	V	3 018,75	166,03	241,50	271,68	IV	2 604,16	139,85	203,42	228,85	136,48	198,52	223,33	133,10	193,61	217,81	129,74	188,71	212,30	126,36	183,80	206,78	122,99	178,90	201,26
	VI	3 052,16	167,86	244,17	274,69																				
8 471,99 Ost	I,IV	2 617,08	143,93	209,36	235,53	I	2 617,08	137,19	199,55	224,49	130,44	189,74	213,45	123,69	179,92	202,41	116,95	170,12	191,38	110,21	160,30	180,34	103,46	150,49	169,30
	II	2 571,25	141,41	205,70	231,41	II	2 571,25	134,67	195,88	220,37	127,93	186,08	209,34	121,18	176,26	198,29	114,43	166,45	187,25	107,69	156,64	176,22	100,94	146,83	165,18
	III	1 948,66	107,17	155,89	175,37	III	1 948,66	100,91	146,78	165,13	94,79	137,88	155,11	88,78	129,14	145,28	82,92	120,61	135,68	77,17	112,25	126,28	71,56	104,09	117,10
	V	3 031,58	166,73	242,52	272,84	IV	2 617,08	140,56	204,46	230,01	137,19	199,55	224,49	133,81	194,64	218,97	130,44	189,74	213,45	127,07	184,83	207,93	123,69	179,92	202,41
	VI	3 065,08	168,57	245,20	275,85																				

* Die ausgewiesenen Tabellenwerte sind amtlich. Siehe Erläuterungen auf der Umschlaginnenseite (U2).

Abzüge an Lohnsteuer, Solidaritätszuschlag (SolZ) und Kirchensteuer (8%, 9%) in den Steuerklassen

Lohn/ Gehalt bis €*	I – VI		ohne Kinderfreibeträge			I, II, III, IV		mit Zahl der Kinderfreibeträge . . . 0,5			1			1,5			2			2,5			3		
		LSt	SolZ	8%	9%		LSt	SolZ	8%	9%	SolZ	8%	9%	SolZ	8%	9%	SolZ	8%	9%	SolZ	8%	9%	SolZ	8%	9%
8 474,99 West	I,IV	2 605,41	143,29	208,43	234,48	I	2 605,41	136,55	198,62	223,44	129,80	188,81	212,41	123,06	179,—	201,37	116,31	169,18	190,33	109,57	159,38	179,30	102,82	149,56	168,26
	II	2 559,66	140,78	204,77	230,36	II	2 559,66	134,03	194,96	219,33	127,28	185,14	208,28	120,54	175,34	197,25	113,79	165,52	186,21	107,05	155,71	175,17	100,31	145,90	164,14
	III	1 937,83	106,58	155,02	174,40	III	1 937,83	100,32	145,93	164,17	94,21	137,04	154,17	88,22	128,33	144,37	82,37	119,81	134,78	76,64	111,48	125,41	71,04	103,33	116,24
	V	3 020,—	166,10	241,60	271,80	IV	2 605,41	139,92	203,52	228,96	136,55	198,62	223,44	133,18	193,72	217,93	129,80	188,81	212,41	126,43	183,90	206,89	123,06	179,—	201,37
	VI	3 053,41	167,93	244,27	274,80																				
8 474,99 Ost	I,IV	2 618,33	144,—	209,46	235,64	I	2 618,33	137,26	199,65	224,60	130,51	189,84	213,57	123,77	180,03	202,53	117,02	170,22	191,49	110,27	160,40	180,45	103,53	150,60	169,42
	II	2 572,50	141,48	205,80	231,52	II	2 572,50	134,74	195,99	220,49	127,99	186,18	209,45	121,25	176,36	198,41	114,51	166,56	187,38	107,76	156,74	176,33	101,01	146,93	165,29
	III	1 949,83	107,24	155,98	175,48	III	1 949,83	100,98	146,88	165,24	94,85	137,97	155,21	88,85	129,24	145,39	82,97	120,69	135,77	77,23	112,34	126,38	71,61	104,17	117,19
	V	3 032,83	166,80	242,62	272,95	IV	2 618,33	140,63	204,56	230,13	137,26	199,65	224,60	133,88	194,74	219,08	130,51	189,84	213,57	127,14	184,93	208,04	123,77	180,03	202,53
	VI	3 066,33	168,64	245,30	275,96																				
8 477,99 West	I,IV	2 606,66	143,36	208,53	234,59	I	2 606,66	136,62	198,72	223,56	129,87	188,91	212,52	123,13	179,10	201,48	116,38	169,28	190,44	109,64	159,48	179,41	102,89	149,66	168,37
	II	2 560,91	140,85	204,87	230,48	II	2 560,91	134,10	195,06	219,44	127,35	185,24	208,40	120,61	175,44	197,37	113,86	165,62	186,32	107,12	155,81	175,28	100,37	146,—	164,25
	III	1 939,—	106,64	155,12	174,51	III	1 939,—	100,39	146,02	164,27	94,27	137,13	154,27	88,29	128,42	144,47	82,42	119,89	134,87	76,69	111,56	125,50	71,09	103,41	116,33
	V	3 021,25	166,16	241,70	271,91	IV	2 606,66	139,99	203,62	229,07	136,62	198,72	223,56	133,25	193,82	218,04	129,87	188,91	212,52	126,50	184,—	207,—	123,13	179,10	201,48
	VI	3 054,75	168,01	244,38	274,92																				
8 477,99 Ost	I,IV	2 619,58	144,07	209,56	235,76	I	2 619,58	137,33	199,75	224,72	130,58	189,94	213,68	123,84	180,13	202,64	117,09	170,32	191,61	110,34	160,50	180,56	103,60	150,70	169,53
	II	2 573,75	141,55	205,90	231,63	II	2 573,75	134,81	196,09	220,60	128,06	186,28	209,56	121,32	176,46	198,52	114,57	166,66	187,49	107,83	156,84	176,45	101,08	147,03	165,41
	III	1 951,—	107,30	156,08	175,59	III	1 951,—	101,04	146,97	165,34	94,91	138,05	155,30	88,91	129,33	145,49	83,04	120,78	135,88	77,29	112,42	126,47	71,67	104,25	117,28
	V	3 034,16	166,87	242,73	273,07	IV	2 619,58	140,70	204,66	230,24	137,33	199,75	224,72	133,95	194,84	219,20	130,58	189,94	213,68	127,21	185,04	208,17	123,84	180,13	202,64
	VI	3 067,58	168,71	245,40	276,08																				
8 480,99 West	I,IV	2 607,91	143,43	208,63	234,71	I	2 607,91	136,69	198,82	223,67	129,94	189,01	212,63	123,20	179,20	201,60	116,45	169,39	190,56	109,71	159,58	179,52	102,96	149,76	168,48
	II	2 562,16	140,91	204,97	230,59	II	2 562,16	134,17	195,16	219,55	127,43	185,35	208,52	120,68	175,54	197,48	113,93	165,72	186,44	107,19	155,92	175,41	100,44	146,10	164,36
	III	1 940,16	106,70	155,21	174,61	III	1 940,16	100,45	146,12	164,38	94,34	137,22	154,37	88,34	128,50	144,56	82,49	119,98	134,98	76,75	111,64	125,59	71,15	103,49	116,42
	V	3 022,50	166,23	241,80	272,02	IV	2 607,91	140,06	203,72	229,19	136,69	198,82	223,67	133,32	193,92	218,16	129,94	189,01	212,63	126,57	184,10	207,11	123,20	179,20	201,60
	VI	3 056,—	168,08	244,48	275,04																				
8 480,99 Ost	I,IV	2 620,83	144,14	209,66	235,87	I	2 620,83	137,39	199,85	224,83	130,65	190,04	213,80	123,91	180,23	202,76	117,16	170,42	191,72	110,41	160,60	180,68	103,67	150,80	169,65
	II	2 575,08	141,62	206,—	231,75	II	2 575,08	134,88	196,19	220,71	128,13	186,38	209,67	121,38	176,56	198,63	114,64	166,76	187,60	107,90	156,94	176,56	101,15	147,13	165,52
	III	1 952,16	107,36	156,17	175,69	III	1 952,16	101,10	147,06	165,44	94,97	138,14	155,41	88,97	129,41	145,58	83,09	120,86	135,97	77,34	112,50	126,56	71,73	104,34	117,38
	V	3 035,41	166,94	242,83	273,18	IV	2 620,83	140,77	204,76	230,35	137,39	199,85	224,83	134,02	194,94	219,31	130,65	190,04	213,80	127,28	185,14	208,28	123,91	180,23	202,76
	VI	3 068,83	168,78	245,50	276,19																				
8 483,99 West	I,IV	2 609,16	143,50	208,73	234,82	I	2 609,16	136,76	198,92	223,79	130,01	189,11	212,75	123,26	179,30	201,71	116,52	169,49	190,67	109,78	159,68	179,64	103,03	149,86	168,59
	II	2 563,41	140,98	205,07	230,70	II	2 563,41	134,24	195,26	219,66	127,49	185,45	208,63	120,75	175,64	197,59	114,—	165,82	186,55	107,26	156,02	175,52	100,51	146,20	164,48
	III	1 941,33	106,77	155,30	174,71	III	1 941,33	100,52	146,21	164,48	94,39	137,30	154,46	88,41	128,60	144,67	82,54	120,06	135,07	76,81	111,73	125,69	71,20	103,57	116,51
	V	3 023,75	166,30	241,90	272,13	IV	2 609,16	140,13	203,83	229,31	136,76	198,92	223,79	133,38	194,02	218,27	130,01	189,11	212,75	126,64	184,20	207,23	123,26	179,30	201,71
	VI	3 057,25	168,14	244,58	275,15																				
8 483,99 Ost	I,IV	2 622,08	144,21	209,76	235,98	I	2 622,08	137,46	199,95	224,94	130,72	190,14	213,91	123,97	180,33	202,87	117,23	170,52	191,83	110,49	160,71	180,80	103,74	150,90	169,76
	II	2 576,33	141,69	206,10	231,86	II	2 576,33	134,95	196,29	220,82	128,20	186,48	209,79	121,46	176,67	198,75	114,71	166,86	187,71	107,96	157,04	176,67	101,22	147,24	165,64
	III	1 953,33	107,43	156,26	175,79	III	1 953,33	101,17	147,16	165,55	95,04	138,24	155,52	89,03	129,50	145,69	83,16	120,96	136,08	77,41	112,60	126,67	71,79	104,42	117,47
	V	3 036,66	167,01	242,93	273,29	IV	2 622,08	140,84	204,86	230,46	137,46	199,95	224,94	134,09	195,04	219,42	130,72	190,14	213,91	127,35	185,24	208,39	123,97	180,33	202,87
	VI	3 070,08	168,85	245,60	276,30																				
8 486,99 West	I,IV	2 610,50	143,57	208,84	234,94	I	2 610,50	136,83	199,02	223,90	130,08	189,21	212,86	123,34	179,40	201,83	116,59	169,59	190,79	109,84	159,78	179,75	103,10	149,96	168,71
	II	2 564,66	141,05	205,17	230,81	II	2 564,66	134,31	195,36	219,78	127,56	185,55	208,74	120,82	175,74	197,70	114,07	165,92	186,66	107,33	156,12	175,63	100,58	146,30	164,59
	III	1 942,50	106,83	155,40	174,82	III	1 942,50	100,58	146,30	164,59	94,46	137,40	154,57	88,46	128,68	144,76	82,61	120,16	135,18	76,87	111,81	125,78	71,26	103,65	116,60
	V	3 025,—	166,37	242,—	272,25	IV	2 610,50	140,20	203,93	229,42	136,83	199,02	223,90	133,45	194,12	218,38	130,08	189,21	212,86	126,71	184,30	207,34	123,34	179,40	201,83
	VI	3 058,50	168,21	244,68	275,26																				
8 486,99 Ost	I,IV	2 623,33	144,28	209,86	236,09	I	2 623,33	137,53	200,05	225,05	130,79	190,24	214,02	124,04	180,43	202,98	117,30	170,62	191,94	110,55	160,81	180,91	103,81	151,—	169,87
	II	2 577,58	141,76	206,20	231,98	II	2 577,58	135,02	196,39	220,94	128,27	186,58	209,90	121,53	176,77	198,86	114,78	166,96	187,83	108,03	157,14	176,78	101,29	147,34	165,75
	III	1 954,50	107,49	156,36	175,90	III	1 954,50	101,23	147,25	165,65	95,10	138,33	155,62	89,09	129,58	145,78	83,21	121,04	136,17	77,46	112,68	126,76	71,84	104,50	117,56
	V	3 037,91	167,08	243,03	273,41	IV	2 623,33	140,91	204,96	230,58	137,53	200,05	225,05	134,16	195,15	219,54	130,79	190,24	214,02	127,42	185,34	208,50	124,04	180,43	202,98
	VI	3 071,33	168,92	245,70	276,41																				
8 489,99 West	I,IV	2 611,75	143,64	208,94	235,05	I	2 611,75	136,89	199,12	224,01	130,15	189,31	212,97	123,41	179,50	201,94	116,66	169,69	190,90	109,91	159,88	179,86	103,17	150,07	168,83
	II	2 565,91	141,12	205,27	230,93	II	2 565,91	134,38	195,46	219,89	127,63	185,65	208,85	120,89	175,84	197,82	114,14	166,03	186,78	107,40	156,22	175,74	100,65	146,40	164,70
	III	1 943,66	106,90	155,49	174,92	III	1 943,66	100,65	146,40	164,70	94,52	137,49	154,67	88,53	128,77	144,86	82,66	120,24	135,27	76,92	111,89	125,87	71,32	103,74	116,71
	V	3 026,25	166,44	242,10	272,36	IV	2 611,75	140,27	204,03	229,53	136,89	199,12	224,01	133,52	194,22	218,49	130,15	189,31	212,97	126,77	184,40	207,45	123,41	179,50	201,94
	VI	3 059,75	168,28	244,78	275,37																				
8 489,99 Ost	I,IV	2 624,58	144,35	209,96	236,21	I	2 624,58	137,61	200,16	225,18	130,86	190,34	214,13	124,11	180,53	203,09	117,37	170,72	192,06	110,62	160,91	181,02	103,88	151,10	169,98
	II	2 578,83	141,83	206,30	232,09	II	2 578,83	135,08	196,49	221,05	128,34	186,68	210,02	121,60	176,87	198,98	114,85	167,06	187,94	108,10	157,24	176,90	101,36	147,44	165,87
	III	1 955,66	107,56	156,45	176,—	III	1 955,66	101,30	147,34	165,76	95,16	138,42	155,72	89,15	129,68	145,89	83,27	121,13	136,27	77,53	112,77	126,86	71,90	104,58	117,65
	V	3 039,16	167,15	243,13	273,52	IV	2 624,58	140,97	205,06	230,69	137,61	200,16	225,18	134,23	195,25	219,65	130,86	190,34	214,13	127,49	185,44	208,62	124,11	180,53	203,09
	VI	3 072,66	168,99	245,81	276,53																				
8 492,99 West	I,IV	2 613,—	143,71	209,04	235,17	I	2 613,—	136,96	199,22	224,12	130,22	189,41	213,08	123,47	179,60	202,05	116,73	169,79	191,01	109,98	159,98	179,97	103,24	150,17	168,94
	II	2 567,16	141,19	205,37	231,04	II	2 567,16	134,45	195,56	220,01	127,70	185,75	208,97	120,95	175,94	197,93	114,21	166,13	186,89	107,47	156,32	175,86	100,72	146,50	164,81
	III	1 944,83	106,96	155,58	175,03	III	1 944,83	100,71	146,49	164,80	94,59	137,58	154,78	88,59	128,86	144,97	82,72	120,33	135,37	76,99	111,98	125,98	71,38	103,82	116,80
	V	3 027,58	166,51	242,20	272,48	IV	2 613,—	140,34	204,13	229,64	136,96	199,22	224,12	133,59	194,32	218,61	130,22	189,41	213,08	126,85	184,51	207,57	123,47	179,60	202,05
	VI	3 061,—	168,35	244,88	275,49																				
8 492,99 Ost	I,IV	2 625,83	144,42	210,06	236,32	I	2 625,83	137,67	200,26	225,29	130,93	190,44	214,25	124,18	180,63	203,21	117,44	170,82	192,17	110,69	161,01	181,13	103,95	151,20	170,10
	II	2 580,08	141,90	206,40	232,20	II	2 580,08	135,15	196,59	221,16	128,41	186,78	210,13	121,66	176,97	199,09	114,92	167,16	188,05	108,18	157,35	177,02	101,43	147,54	165,98
	III	1 957,—	107,63	156,56	176,13	III	1 957,—	101,36	147,44	165,87	95,22	138,50	155,81	89,21	129,77	145,99	83,33	121,21	136,36	77,58	112,85	126,95	71,95	104,66	117,74
	V	3 040,41	167,22	243,23	273,63	IV	2 625,83	141,05	205,16	230,81	137,67	200,26	225,29	134,30	195,35	219,77	130,93	190,44	214,25	127,55	185,54	208,73	124,18	180,63	203,21
	VI	3 073,91	169,06	245,91	276,65																				
8 495,99 West	I,IV	2 614,25	143,78	209,14	235,28	I	2 614,25	137,03	199,32	224,24	130,29	189,52	213,21	123,54	179,70	202,16	116,80	169,89	191,12	110,05	160,08	180,09	103,31	150,27	169,05
	II	2 568,50	141,26	205,48	231,16	II	2 568,50	134,52	195,66	220,12	127,77	185,85	209,08	121,03	176,04	198,05	114,28	166,23	187,01	107,53	156,42	175,97	100,79	146,60	164,93
	III	1 946,—	107,03	155,68	175,14	III	1 946,—	100,77	146,58	164,90	94,65	137,68	154,89	88,65	128,94	145,06	82,78	120,41	135,46	77,04	112,06	126,07	71,43	103,90	116,89
	V	3 028,83	166,58	242,30	272,59	IV	2 614,25	140,41	204,23	229,76	137,03	199,32	224,24	133,66	194,42	218,72	130,29	189,52	213,21	126,92	184,61	207,68	123,54	179,70	202,16
	VI	3 062,25	168,42	244,98	275,60																				
8 495,99 Ost	I,IV	2 627,08	144,48	210,16	236,43	I	2 627,08	137,74	200,36	225,40	131,—	190,54	214,36	124,25	180,73	203,32	117,51	170,92	192,29	110,76	161,11	181,25	104,01	151,30	170,21
	II	2 581,33	141,97	206,50	232,31	II	2 581,33	135,22	196,69	221,27	128,48	186,88	210,24	121,73	177,07	199,20	114,99	167,26	188,16	108,24	157,45	177,13	101,50	147,64	166,09
	III	1 958,16	107,69	156,65	176,23	III	1 958,16	101,42	147,53	165,97	95,28	138,60	155,92	89,27	129,85	146,08	83,39	121,30	136,46	77,64	112,93	127,04	72,02	104,76	117,85
	V	3 041,66	167,29	243,33	273,74	IV	2 627,08	141,12	205,26	230,92	137,74	200,36	225,40	134,37	195,45	219,88	131,—	190,54	214,36	127,62	185,64	208,84	124,25	180,73	203,32
	VI	3 075,16	169,13	246,01	276,76																				

* Die ausgewiesenen Tabellenwerte sind amtlich. Siehe Erläuterungen auf der Umschlaginnenseite (U2).

MONAT 8 496,–*

Lohn/ Gehalt bis €*	Abzüge an Lohnsteuer, Solidaritätszuschlag (SolZ) und Kirchensteuer (8%, 9%) in den Steuerklassen																								
	I – VI		ohne Kinderfreibeträge			I, II, III, IV		mit Zahl der Kinderfreibeträge . . .																	
								0,5			1			1,5			2			2,5			3		
		LSt	SolZ	8%	9%		LSt	SolZ	8%	9%	SolZ	8%	9%	SolZ	8%	9%	SolZ	8%	9%	SolZ	8%	9%	SolZ	8%	9%
8 498,99 West	I,IV	2 615,50	143,85	209,24	235,39	I	2 615,50	137,10	199,42	224,35	130,36	189,62	213,32	123,61	179,80	202,28	116,87	169,99	191,24	110,12	160,18	180,20	103,38	150,37	169,16
	II	2 569,75	141,33	205,58	231,27	II	2 569,75	134,58	195,76	220,23	127,84	185,95	209,19	121,10	176,14	198,16	114,35	166,33	187,12	107,60	156,52	176,08	100,86	146,71	165,05
	III	1 947,16	107,09	155,77	175,24	III	1 947,16	100,84	146,68	165,01	94,71	137,76	154,98	88,71	129,04	145,17	82,84	120,50	135,56	77,11	112,16	126,18	71,49	103,98	116,98
	V	3 030,08	166,65	242,40	272,70	IV	2 615,50	140,47	204,33	229,87	137,10	199,42	224,35	133,73	194,52	218,84	130,36	189,62	213,32	126,99	184,71	207,80	123,61	179,80	202,28
	VI	3 063,50	168,49	245,08	275,71																				
8 498,99 Ost	I,IV	2 628,41	144,56	210,27	236,55	I	2 628,41	137,81	200,46	225,51	131,06	190,64	214,47	124,32	180,84	203,44	117,58	171,02	192,40	110,83	161,21	181,36	104,09	151,40	170,33
	II	2 582,58	142,04	206,60	232,43	II	2 582,58	135,30	196,80	221,40	128,55	186,98	210,35	121,80	177,17	199,31	115,06	167,36	188,28	108,31	157,55	177,24	101,57	147,74	166,20
	III	1 959,33	107,76	156,74	176,33	III	1 959,33	101,49	147,62	166,07	95,35	138,69	156,02	89,33	129,94	146,18	83,45	121,38	136,55	77,70	113,02	127,15	72,07	104,84	117,94
	V	3 042,91	167,36	243,43	273,86	IV	2 628,41	141,18	205,36	231,03	137,81	200,46	225,51	134,44	195,55	219,99	131,06	190,64	214,47	127,69	185,74	208,95	124,32	180,84	203,44
	VI	3 076,41	169,20	246,11	276,87																				
8 501,99 West	I,IV	2 616,75	143,92	209,34	235,50	I	2 616,75	137,17	199,52	224,46	130,43	189,72	213,43	123,68	179,90	202,39	116,93	170,09	191,35	110,19	160,28	180,32	103,45	150,47	169,28
	II	2 571,—	141,40	205,68	231,39	II	2 571,—	134,65	195,86	220,34	127,91	186,05	209,30	121,16	176,24	198,27	114,42	166,43	187,23	107,67	156,62	176,19	100,93	146,81	165,16
	III	1 948,33	107,15	155,86	175,34	III	1 948,33	100,90	146,77	165,11	94,77	137,85	155,08	88,77	129,13	145,27	82,90	120,58	135,65	77,16	112,24	126,27	71,55	104,08	117,09
	V	3 031,33	166,72	242,50	272,81	IV	2 616,75	140,54	204,43	229,98	137,17	199,52	224,46	133,80	194,62	218,95	130,43	189,72	213,43	127,05	184,81	207,91	123,68	179,90	202,39
	VI	3 064,75	168,56	245,18	275,82																				
8 501,99 Ost	I,IV	2 629,66	144,63	210,37	236,66	I	2 629,66	137,88	200,56	225,63	131,13	190,74	214,58	124,39	180,94	203,55	117,64	171,12	192,51	110,90	161,31	181,47	104,16	151,50	170,44
	II	2 583,83	142,11	206,70	232,54	II	2 583,83	135,36	196,90	221,51	128,62	187,08	210,47	121,87	177,27	199,43	115,13	167,46	188,39	108,38	157,65	177,35	101,64	147,84	166,32
	III	1 960,50	107,82	156,84	176,44	III	1 960,50	101,55	147,72	166,18	95,41	138,78	156,13	89,40	130,04	146,29	83,51	121,48	136,66	77,76	113,10	127,24	72,13	104,92	118,03
	V	3 044,25	167,43	243,54	273,98	IV	2 629,66	141,25	205,46	231,14	137,88	200,56	225,63	134,51	195,65	220,10	131,13	190,74	214,58	127,76	185,84	209,07	124,39	180,94	203,55
	VI	3 077,66	169,27	246,21	276,98																				
8 504,99 West	I,IV	2 618,—	143,99	209,44	235,62	I	2 618,—	137,24	199,63	224,58	130,50	189,82	213,54	123,75	180,—	202,50	117,01	170,20	191,47	110,26	160,38	180,43	103,51	150,57	169,39
	II	2 572,25	141,47	205,78	231,50	II	2 572,25	134,72	195,96	220,46	127,98	186,16	209,43	121,23	176,34	198,38	114,49	166,53	187,34	107,74	156,72	176,31	101,—	146,91	165,27
	III	1 949,50	107,22	155,96	175,45	III	1 949,50	100,97	146,86	165,22	94,83	137,94	155,18	88,83	129,21	145,36	82,96	120,68	135,76	77,22	112,32	126,36	71,61	104,16	117,18
	V	3 032,58	166,79	242,60	272,93	IV	2 618,—	140,61	204,53	230,09	137,24	199,63	224,58	133,87	194,72	219,06	130,50	189,82	213,54	127,12	184,91	208,02	123,75	180,—	202,50
	VI	3 066,08	168,63	245,28	275,94																				
8 504,99 Ost	I,IV	2 630,91	144,70	210,47	236,78	I	2 630,91	137,95	200,66	225,74	131,20	190,84	214,70	124,46	181,04	203,67	117,71	171,22	192,62	110,97	161,41	181,58	104,22	151,60	170,55
	II	2 585,08	142,17	206,80	232,65	II	2 585,08	135,43	197,—	221,62	128,69	187,18	210,58	121,94	177,37	199,54	115,20	167,56	188,51	108,45	157,75	177,47	101,70	147,94	166,43
	III	1 961,66	107,89	156,93	176,54	III	1 961,66	101,62	147,81	166,28	95,48	138,88	156,24	89,45	130,12	146,38	83,57	121,56	136,75	77,81	113,18	127,33	72,18	105,—	118,12
	V	3 045,50	167,50	243,64	274,09	IV	2 630,91	141,32	205,56	231,26	137,95	200,66	225,74	134,58	195,75	220,22	131,20	190,84	214,70	127,83	185,94	209,18	124,46	181,04	203,67
	VI	3 078,91	169,34	246,31	277,10																				
8 507,99 West	I,IV	2 619,25	144,05	209,54	235,73	I	2 619,25	137,31	199,73	224,69	130,57	189,92	213,66	123,82	180,10	202,61	117,08	170,30	191,58	110,33	160,48	180,54	103,58	150,67	169,50
	II	2 573,50	141,54	205,88	231,61	II	2 573,50	134,79	196,06	220,57	128,05	186,26	209,54	121,30	176,44	198,50	114,56	166,63	187,46	107,81	156,82	176,42	101,07	147,01	165,38
	III	1 950,83	107,29	156,06	175,57	III	1 950,83	101,03	146,96	165,33	94,90	138,04	155,29	88,89	129,30	145,46	83,02	120,76	135,85	77,28	112,41	126,46	71,66	104,24	117,27
	V	3 033,83	166,86	242,70	273,04	IV	2 619,25	140,69	204,64	230,22	137,31	199,73	224,69	133,94	194,82	219,17	130,57	189,92	213,66	127,19	185,01	208,13	123,82	180,10	202,61
	VI	3 067,33	168,70	245,38	276,05																				
8 507,99 Ost	I,IV	2 632,16	144,76	210,57	236,89	I	2 632,16	138,02	200,76	225,85	131,28	190,95	214,82	124,53	181,14	203,78	117,78	171,32	192,74	111,04	161,52	181,71	104,29	151,70	170,66
	II	2 586,41	142,25	206,91	232,77	II	2 586,41	135,50	197,10	221,73	128,75	187,28	210,69	122,01	177,48	199,66	115,27	167,66	188,62	108,52	157,85	177,58	101,78	148,04	166,55
	III	1 962,83	107,95	157,02	176,65	III	1 962,83	101,68	147,90	166,39	95,53	138,96	156,33	89,52	130,21	146,48	83,63	121,65	136,85	77,88	113,28	127,44	72,25	105,09	118,22
	V	3 046,75	167,57	243,74	274,20	IV	2 632,16	141,39	205,66	231,37	138,02	200,76	225,85	134,64	195,85	220,33	131,28	190,95	214,82	127,90	186,04	209,30	124,53	181,14	203,78
	VI	3 080,16	169,40	246,41	277,21																				
8 510,99 West	I,IV	2 620,58	144,13	209,64	235,85	I	2 620,58	137,38	199,83	224,81	130,63	190,02	213,77	123,89	180,20	202,73	117,15	170,40	191,70	110,40	160,58	180,65	103,65	150,77	169,61
	II	2 574,75	141,61	205,98	231,72	II	2 574,75	134,86	196,16	220,68	128,12	186,36	209,65	121,37	176,54	198,61	114,62	166,73	187,57	107,88	156,92	176,54	101,14	147,11	165,50
	III	1 952,—	107,36	156,16	175,68	III	1 952,—	101,09	147,05	165,43	94,96	138,13	155,39	88,96	129,40	145,57	83,08	120,85	135,95	77,33	112,49	126,55	71,72	104,32	117,36
	V	3 035,08	166,92	242,80	273,15	IV	2 620,58	140,75	204,74	230,33	137,38	199,83	224,81	134,01	194,92	219,29	130,63	190,02	213,77	127,26	185,11	208,25	123,89	180,20	202,73
	VI	3 068,58	168,77	245,48	276,17																				
8 510,99 Ost	I,IV	2 633,41	144,83	210,67	237,—	I	2 633,41	138,09	200,86	225,96	131,34	191,05	214,93	124,60	181,24	203,89	117,85	171,42	192,85	111,11	161,62	181,82	104,36	151,80	170,78
	II	2 587,66	142,32	207,01	232,88	II	2 587,66	135,57	197,20	221,85	128,82	187,38	210,80	122,08	177,58	199,77	115,33	167,76	188,73	108,59	157,95	177,69	101,85	148,14	166,66
	III	1 964,—	108,02	157,12	176,76	III	1 964,—	101,75	148,—	166,50	95,59	139,05	156,43	89,58	130,30	146,59	83,69	121,73	136,94	77,93	113,36	127,53	72,30	105,17	118,31
	V	3 048,—	167,64	243,84	274,32	IV	2 633,41	141,46	205,76	231,48	138,09	200,86	225,96	134,72	195,96	220,45	131,34	191,05	214,93	127,97	186,14	209,41	124,60	181,24	203,89
	VI	3 081,41	169,47	246,51	277,32																				
8 513,99 West	I,IV	2 621,83	144,20	209,74	235,96	I	2 621,83	137,45	199,93	224,92	130,70	190,12	213,88	123,96	180,31	202,85	117,21	170,50	191,81	110,47	160,68	180,77	103,73	150,88	169,74
	II	2 576,—	141,68	206,08	231,84	II	2 576,—	134,93	196,27	220,80	128,19	186,46	209,76	121,44	176,64	198,72	114,70	166,84	187,69	107,95	157,02	176,65	101,20	147,21	165,61
	III	1 953,16	107,42	156,25	175,78	III	1 953,16	101,16	147,14	165,53	95,02	138,21	155,48	89,01	129,48	145,66	83,14	120,93	136,04	77,39	112,57	126,64	71,77	104,40	117,45
	V	3 036,33	166,99	242,90	273,26	IV	2 621,83	140,82	204,84	230,44	137,45	199,93	224,92	134,08	195,02	219,40	130,70	190,12	213,88	127,33	185,21	208,36	123,96	180,31	202,85
	VI	3 069,83	168,84	245,58	276,28																				
8 513,99 Ost	I,IV	2 634,66	144,90	210,77	237,11	I	2 634,66	138,16	200,96	226,08	131,41	191,15	215,04	124,67	181,34	204,—	117,92	171,52	192,96	111,18	161,72	181,93	104,43	151,90	170,89
	II	2 588,91	142,39	207,11	233,—	II	2 588,91	135,64	197,30	221,96	128,89	187,48	210,92	122,15	177,68	199,89	115,40	167,86	188,84	108,66	158,05	177,80	101,91	148,24	166,77
	III	1 965,16	108,08	157,21	176,86	III	1 965,16	101,81	148,09	166,60	95,66	139,14	156,53	89,64	130,38	146,68	83,75	121,82	137,05	77,99	113,45	127,63	72,36	105,25	118,40
	V	3 049,25	167,70	243,94	274,43	IV	2 634,66	141,53	205,86	231,59	138,16	200,96	226,08	134,79	196,06	220,56	131,41	191,15	215,04	128,04	186,24	209,52	124,67	181,34	204,—
	VI	3 082,75	169,55	246,62	277,44																				
8 516,99 West	I,IV	2 623,08	144,26	209,84	236,07	I	2 623,08	137,52	200,03	225,03	130,77	190,22	213,99	124,03	180,41	202,96	117,28	170,60	191,92	110,54	160,78	180,88	103,79	150,98	169,85
	II	2 577,25	141,74	206,18	231,95	II	2 577,25	135,—	196,37	220,91	128,26	186,56	209,88	121,51	176,74	198,83	114,77	166,94	187,80	108,02	157,12	176,76	101,27	147,31	165,72
	III	1 954,33	107,48	156,34	175,88	III	1 954,33	101,21	147,22	165,62	95,08	138,30	155,59	89,08	129,57	145,76	83,20	121,02	136,15	77,45	112,66	126,74	71,83	104,49	117,55
	V	3 037,66	167,07	243,01	273,38	IV	2 623,08	140,89	204,94	230,55	137,52	200,03	225,03	134,14	195,12	219,51	130,77	190,22	213,99	127,40	185,32	208,48	124,03	180,41	202,96
	VI	3 071,08	168,90	245,68	276,39																				
8 516,99 Ost	I,IV	2 635,91	144,97	210,87	237,23	I	2 635,91	138,23	201,06	226,19	131,48	191,25	215,15	124,74	181,44	204,12	117,99	171,63	193,08	111,25	161,82	182,04	104,50	152,—	171,—
	II	2 590,16	142,45	207,21	233,11	II	2 590,16	135,71	197,40	222,07	128,97	187,59	211,04	122,22	177,78	200,—	115,47	167,96	188,96	108,73	158,16	177,93	101,98	148,34	166,88
	III	1 966,33	108,14	157,30	176,96	III	1 966,33	101,87	148,18	166,70	95,72	139,24	156,64	89,70	130,48	146,79	83,82	121,92	137,16	78,05	113,53	127,72	72,41	105,33	118,49
	V	3 050,50	167,77	244,04	274,54	IV	2 635,91	141,60	205,96	231,71	138,23	201,06	226,19	134,86	196,16	220,68	131,48	191,25	215,15	128,11	186,34	209,63	124,74	181,44	204,12
	VI	3 084,—	169,62	246,72	277,56																				
8 519,99 West	I,IV	2 624,33	144,33	209,94	236,18	I	2 624,33	137,59	200,13	225,14	130,84	190,32	214,11	124,10	180,51	203,07	117,35	170,70	192,03	110,60	160,88	180,99	103,86	151,08	169,96
	II	2 578,58	141,82	206,28	232,07	II	2 578,58	135,07	196,47	221,03	128,32	186,66	209,99	121,58	176,84	198,95	114,84	167,04	187,92	108,09	157,22	176,87	101,34	147,41	165,83
	III	1 955,50	107,55	156,44	175,99	III	1 955,50	101,28	147,32	165,73	95,15	138,40	155,70	89,14	129,66	145,87	83,26	121,10	136,24	77,51	112,74	126,83	71,89	104,57	117,64
	V	3 038,91	167,14	243,11	273,50	IV	2 624,33	140,96	205,04	230,67	137,59	200,13	225,14	134,21	195,22	219,62	130,84	190,32	214,11	127,47	185,42	208,59	124,10	180,51	203,07
	VI	3 072,33	168,97	245,78	276,50																				
8 519,99 Ost	I,IV	2 637,16	145,04	210,97	237,34	I	2 637,16	138,30	201,16	226,31	131,55	191,35	215,27	124,80	181,54	204,23	118,06	171,73	193,19	111,32	161,92	182,16	104,57	152,10	171,11
	II	2 591,41	142,52	207,31	233,22	II	2 591,41	135,78	197,50	222,18	129,03	187,69	211,15	122,29	177,88	200,11	115,54	168,06	189,07	108,80	158,26	178,04	102,05	148,44	167,—
	III	1 967,50	108,21	157,40	177,07	III	1 967,50	101,94	148,28	166,81	95,79	139,33	156,74	89,76	130,57	146,89	83,87	122,—	137,25	78,10	113,61	127,81	72,48	105,42	118,60
	V	3 051,75	167,84	244,14	274,65	IV	2 637,16	141,67	206,07	231,83	138,30	201,16	226,31	134,92	196,26	220,79	131,55	191,35	215,27	128,18	186,44	209,75	124,80	181,54	204,23
	VI	3 085,25	169,68	246,82	277,67																				

*** Die ausgewiesenen Tabellenwerte sind amtlich. Siehe Erläuterungen auf der Umschlaginnenseite (U2).**

Lohn/ Gehalt bis €*		Abzüge an Lohnsteuer, Solidaritätszuschlag (SolZ) und Kirchensteuer (8%, 9%) in den Steuerklassen I – VI				I, II, III, IV		mit Zahl der Kinderfreibeträge . . . 0,5			1			1,5			2			2,5			3		
		LSt	ohne Kinderfreibeträge SolZ	8%	9%		LSt	SolZ	8%	9%	SolZ	8%	9%	SolZ	8%	9%	SolZ	8%	9%	SolZ	8%	9%	SolZ	8%	9%
8 522,99 West	I,IV	2 625,58	144,40	210,04	236,30	I	2 625,58	137,66	200,23	225,26	130,91	190,42	214,22	124,17	180,61	203,18	117,42	170,80	192,15	110,68	160,99	181,11	103,93	151,18	170,07
	II	2 579,83	141,89	206,38	232,18	II	2 579,83	135,14	196,57	221,14	128,39	186,76	210,10	121,65	176,95	199,07	114,90	167,14	188,03	108,16	157,32	176,99	101,42	147,52	165,96
	III	1 956,66	107,61	156,53	176,09	III	1 956,66	101,34	147,41	165,83	95,21	138,49	155,80	89,20	129,74	145,96	83,32	121,20	136,35	77,56	112,82	126,92	71,94	104,65	117,73
	V	3 040,16	167,20	243,21	273,61	IV	2 625,58	141,03	205,14	230,78	137,66	200,23	225,26	134,28	195,32	219,74	130,91	190,42	214,22	127,54	185,52	208,71	124,17	180,61	203,18
	VI	3 073,58	169,04	245,88	276,62																				
8 522,99 Ost	I,IV	2 638,50	145,11	211,08	237,46	I	2 638,50	138,37	201,26	226,42	131,62	191,45	215,38	124,88	181,64	204,35	118,13	171,83	193,31	111,38	162,02	182,27	104,64	152,20	171,23
	II	2 592,66	142,59	207,41	233,33	II	2 592,66	135,85	197,60	222,30	129,10	187,79	211,26	122,36	177,98	200,22	115,61	168,16	189,18	108,87	158,36	178,15	102,12	148,54	167,11
	III	1 968,83	108,28	157,50	177,19	III	1 968,83	102,—	148,37	166,91	95,84	139,41	156,83	89,83	130,66	146,99	83,93	122,09	137,35	78,17	113,70	127,91	72,53	105,50	118,69
	V	3 053,—	167,91	244,24	274,77	IV	2 638,50	141,74	206,17	231,94	138,37	201,26	226,42	134,99	196,36	220,90	131,62	191,45	215,38	128,25	186,54	209,86	124,88	181,64	204,35
	VI	3 086,50	169,75	246,92	277,78																				
8 525,99 West	I,IV	2 626,83	144,47	210,14	236,41	I	2 626,83	137,72	200,33	225,37	130,98	190,52	214,34	124,24	180,71	203,30	117,49	170,90	192,26	110,75	161,09	181,22	104,—	151,28	170,19
	II	2 581,08	141,95	206,48	232,29	II	2 581,08	135,21	196,67	221,25	128,46	186,86	210,21	121,72	177,05	199,18	114,97	167,24	188,14	108,23	157,42	177,10	101,48	147,62	166,07
	III	1 957,83	107,68	156,62	176,20	III	1 957,83	101,41	147,50	165,94	95,27	138,58	155,90	89,26	129,84	146,07	83,38	121,28	136,44	77,63	112,92	127,03	72,—	104,73	117,82
	V	3 041,41	167,27	243,31	273,72	IV	2 626,83	141,10	205,24	230,89	137,72	200,33	225,37	134,36	195,43	219,86	130,98	190,52	214,34	127,61	185,62	208,82	124,24	180,71	203,30
	VI	3 074,83	169,11	245,98	276,73																				
8 525,99 Ost	I,IV	2 639,75	145,18	211,18	237,57	I	2 639,75	138,43	201,36	226,53	131,69	191,55	215,49	124,95	181,74	204,46	118,20	171,93	193,42	111,45	162,12	182,38	104,71	152,31	171,35
	II	2 593,91	142,66	207,51	233,45	II	2 593,91	135,92	197,70	222,41	129,17	187,89	211,37	122,43	178,08	200,34	115,68	168,27	189,30	108,94	158,46	178,26	102,19	148,64	167,22
	III	1 970,—	108,35	157,60	177,30	III	1 970,—	102,06	148,45	167,—	95,91	139,50	156,94	89,88	130,74	147,08	83,99	122,17	137,44	78,22	113,78	128,—	72,59	105,58	118,78
	V	3 054,25	167,98	244,34	274,88	IV	2 639,75	141,81	206,27	232,05	138,43	201,36	226,53	135,06	196,46	221,01	131,69	191,55	215,49	128,31	186,64	209,97	124,95	181,74	204,46
	VI	3 087,75	169,82	247,02	277,89																				
8 528,99 West	I,IV	2 628,08	144,54	210,24	236,52	I	2 628,08	137,80	200,44	225,49	131,05	190,62	214,45	124,30	180,81	203,41	117,56	171,—	192,38	110,82	161,19	181,34	104,07	151,38	170,30
	II	2 582,33	142,02	206,58	232,40	II	2 582,33	135,28	196,77	221,36	128,53	186,96	210,33	121,79	177,15	199,29	115,04	167,34	188,25	108,29	157,52	177,21	101,55	147,72	166,18
	III	1 959,—	107,74	156,72	176,31	III	1 959,—	101,47	147,60	166,05	95,33	138,66	155,99	89,32	129,93	146,17	83,44	121,37	136,54	77,68	113,—	127,12	72,06	104,82	117,92
	V	3 042,66	167,34	243,41	273,83	IV	2 628,08	141,17	205,34	231,—	137,80	200,44	225,49	134,42	195,53	219,97	131,05	190,62	214,45	127,68	185,72	208,93	124,30	180,81	203,41
	VI	3 076,16	169,18	246,09	276,85																				
8 528,99 Ost	I,IV	2 641,—	145,25	211,28	237,69	I	2 641,—	138,50	201,46	226,64	131,76	191,65	215,60	125,01	181,84	204,57	118,27	172,03	193,53	111,52	162,22	182,49	104,78	152,41	171,46
	II	2 595,16	142,73	207,61	233,56	II	2 595,16	135,99	197,80	222,53	129,24	187,99	211,49	122,49	178,18	200,45	115,75	168,37	189,41	109,01	158,56	178,38	102,26	148,74	167,33
	III	1 971,16	108,41	157,69	177,40	III	1 971,16	102,12	148,54	167,11	95,97	139,60	157,05	89,95	130,84	147,19	84,05	122,26	137,54	78,28	113,86	128,09	72,64	105,66	118,87
	V	3 055,58	168,05	244,44	275,—	IV	2 641,—	141,88	206,37	232,16	138,50	201,46	226,64	135,13	196,56	221,13	131,76	191,65	215,60	128,39	186,75	210,09	125,01	181,84	204,57
	VI	3 089,—	169,89	247,12	278,01																				
8 531,99 West	I,IV	2 629,33	144,61	210,34	236,63	I	2 629,33	137,87	200,54	225,60	131,12	190,72	214,56	124,37	180,91	203,52	117,63	171,10	192,49	110,88	161,29	181,45	104,14	151,48	170,41
	II	2 583,58	142,09	206,68	232,52	II	2 583,58	135,35	196,87	221,48	128,60	187,06	210,44	121,86	177,25	199,40	115,11	167,44	188,37	108,37	157,63	177,33	101,62	147,82	166,29
	III	1 960,16	107,80	156,81	176,41	III	1 960,16	101,53	147,69	166,15	95,39	138,76	156,10	89,38	130,01	146,26	83,49	121,45	136,63	77,75	113,09	127,22	72,12	104,90	118,01
	V	3 043,91	167,41	243,51	273,95	IV	2 629,33	141,24	205,44	231,12	137,87	200,54	225,60	134,49	195,63	220,08	131,12	190,72	214,56	127,75	185,82	209,04	124,37	180,91	203,52
	VI	3 077,41	169,25	246,19	276,96																				
8 531,99 Ost	I,IV	2 642,25	145,32	211,38	237,80	I	2 642,25	138,57	201,56	226,76	131,83	191,76	215,73	125,08	181,94	204,68	118,34	172,13	193,64	111,59	162,32	182,61	104,85	152,51	171,57
	II	2 596,50	142,80	207,72	233,68	II	2 596,50	136,06	197,90	222,64	129,31	188,09	211,60	122,57	178,28	200,57	115,82	168,47	189,53	109,07	158,66	178,49	102,33	148,84	167,45
	III	1 972,33	108,47	157,78	177,50	III	1 972,33	102,19	148,64	167,22	96,03	139,69	157,15	90,01	130,93	147,29	84,11	122,34	137,63	78,34	113,96	128,20	72,71	105,76	118,98
	V	3 056,83	168,12	244,54	275,11	IV	2 642,25	141,95	206,47	232,28	138,57	201,56	226,76	135,20	196,66	221,24	131,83	191,76	215,73	128,46	186,85	210,20	125,08	181,94	204,68
	VI	3 090,25	169,96	247,22	278,12																				
8 534,99 West	I,IV	2 630,58	144,68	210,44	236,75	I	2 630,58	137,94	200,64	225,72	131,19	190,82	214,67	124,44	181,01	203,63	117,70	171,20	192,60	110,95	161,39	181,56	104,21	151,58	170,52
	II	2 584,83	142,16	206,78	232,63	II	2 584,83	135,41	196,97	221,59	128,67	187,16	210,56	121,93	177,35	199,52	115,18	167,54	188,48	108,44	157,73	177,44	101,69	147,92	166,41
	III	1 961,33	107,87	156,90	176,51	III	1 961,33	101,60	147,78	166,25	95,46	138,85	156,20	89,44	130,10	146,36	83,56	121,54	136,73	77,80	113,17	127,31	72,17	104,98	118,10
	V	3 045,16	167,48	243,61	274,06	IV	2 630,58	141,31	205,54	231,23	137,94	200,64	225,72	134,56	195,73	220,19	131,19	190,82	214,67	127,82	185,92	209,16	124,44	181,01	203,63
	VI	3 078,66	169,32	246,29	277,07																				
8 534,99 Ost	I,IV	2 643,50	145,39	211,48	237,91	I	2 643,50	138,64	201,66	226,87	131,90	191,86	215,84	125,15	182,04	204,80	118,41	172,23	193,76	111,66	162,42	182,72	104,92	152,61	171,68
	II	2 597,75	142,87	207,82	233,79	II	2 597,75	136,12	198,—	222,75	129,38	188,19	211,71	122,64	178,38	200,68	115,89	168,57	189,64	109,14	158,76	178,60	102,40	148,95	167,57
	III	1 973,50	108,54	157,88	177,61	III	1 973,50	102,25	148,73	167,32	96,10	139,78	157,25	90,07	131,01	147,38	84,17	122,44	137,74	78,40	114,04	128,29	72,76	105,84	119,07
	V	3 058,08	168,19	244,64	275,22	IV	2 643,50	142,01	206,57	232,39	138,64	201,66	226,87	135,27	196,76	221,36	131,90	191,86	215,84	128,53	186,95	210,32	125,15	182,04	204,80
	VI	3 091,50	170,03	247,32	278,23																				
8 537,99 West	I,IV	2 631,91	144,75	210,55	236,87	I	2 631,91	138,—	200,74	225,83	131,26	190,92	214,79	124,52	181,12	203,76	117,77	171,30	192,71	111,02	161,49	181,67	104,28	151,68	170,64
	II	2 586,08	142,23	206,88	232,74	II	2 586,08	135,49	197,08	221,71	128,74	187,26	210,67	121,99	177,45	199,63	115,25	167,64	188,60	108,51	157,83	177,56	101,76	148,02	166,52
	III	1 962,50	107,93	157,—	176,62	III	1 962,50	101,66	147,88	166,36	95,52	138,94	156,31	89,51	130,20	146,47	83,61	121,62	136,82	77,86	113,25	127,40	72,23	105,06	118,19
	V	3 046,41	167,55	243,71	274,17	IV	2 631,91	141,38	205,64	231,35	138,—	200,74	225,83	134,63	195,83	220,31	131,26	190,92	214,79	127,88	186,02	209,27	124,52	181,12	203,76
	VI	3 079,91	169,39	246,39	277,19																				
8 537,99 Ost	I,IV	2 644,75	145,46	211,58	238,02	I	2 644,75	138,71	201,76	226,98	131,97	191,96	215,95	125,22	182,14	204,91	118,47	172,33	193,87	111,73	162,52	182,84	104,99	152,71	171,80
	II	2 599,—	142,94	207,92	233,91	II	2 599,—	136,19	198,10	222,86	129,45	188,29	211,82	122,70	178,48	200,79	115,96	168,67	189,75	109,21	158,86	178,71	102,47	149,05	167,68
	III	1 974,66	108,60	157,97	177,71	III	1 974,66	102,31	148,82	167,42	96,16	139,88	157,36	90,13	131,10	147,49	84,23	122,52	137,83	78,46	114,13	128,39	72,82	105,92	119,16
	V	3 059,33	168,26	244,74	275,33	IV	2 644,75	142,08	206,67	232,50	138,71	201,76	226,98	135,34	196,86	221,47	131,97	191,96	215,95	128,59	187,05	210,43	125,22	182,14	204,91
	VI	3 092,75	170,10	247,42	278,34																				
8 540,99 West	I,IV	2 633,16	144,82	210,65	236,98	I	2 633,16	138,07	200,84	225,94	131,33	191,02	214,90	124,58	181,22	203,87	117,84	171,40	192,83	111,09	161,59	181,79	104,35	151,78	170,75
	II	2 587,33	142,30	206,98	232,85	II	2 587,33	135,56	197,18	221,82	128,81	187,36	210,78	122,06	177,55	199,74	115,32	167,74	188,71	108,57	157,93	177,67	101,83	148,12	166,63
	III	1 963,83	108,01	157,10	176,74	III	1 963,83	101,73	147,97	166,46	95,59	139,04	156,42	89,56	130,28	146,56	83,68	121,72	136,93	77,92	113,34	127,51	72,28	105,14	118,28
	V	3 047,75	167,62	243,82	274,29	IV	2 633,16	141,45	205,74	231,46	138,07	200,84	225,94	134,70	195,93	220,42	131,33	191,02	214,90	127,96	186,12	209,39	124,58	181,22	203,87
	VI	3 081,16	169,46	246,49	277,30																				
8 540,99 Ost	I,IV	2 646,—	145,53	211,68	238,14	I	2 646,—	138,78	201,87	227,10	132,04	192,06	216,06	125,29	182,24	205,02	118,55	172,44	193,99	111,80	162,62	182,95	105,05	152,81	171,91
	II	2 600,25	143,01	208,02	234,02	II	2 600,25	136,26	198,20	222,98	129,52	188,40	211,95	122,77	178,58	200,90	116,03	168,77	189,86	109,28	158,96	178,83	102,54	149,15	167,79
	III	1 975,83	108,67	158,06	177,82	III	1 975,83	102,38	148,92	167,53	96,22	139,96	157,45	90,20	131,20	147,60	84,29	122,61	137,93	78,52	114,21	128,48	72,87	106,—	119,25
	V	3 060,58	168,33	244,84	275,45	IV	2 646,—	142,15	206,77	232,61	138,78	201,87	227,10	135,41	196,96	221,58	132,04	192,06	216,06	128,66	187,15	210,54	125,29	182,24	205,02
	VI	3 094,08	170,17	247,52	278,46																				
8 543,99 West	I,IV	2 634,41	144,89	210,75	237,09	I	2 634,41	138,14	200,94	226,05	131,39	191,12	215,01	124,65	181,32	203,98	117,91	171,50	192,94	111,16	161,69	181,90	104,42	151,88	170,87
	II	2 588,58	142,37	207,08	232,97	II	2 588,58	135,63	197,28	221,94	128,88	187,46	210,89	122,13	177,65	199,85	115,39	167,84	188,82	108,64	158,03	177,78	101,90	148,22	166,74
	III	1 965,—	108,07	157,20	176,85	III	1 965,—	101,79	148,06	166,57	95,65	139,13	156,52	89,63	130,37	146,66	83,74	121,81	137,03	77,98	113,42	127,60	72,35	105,24	118,39
	V	3 049,—	167,69	243,92	274,41	IV	2 634,41	141,51	205,84	231,57	138,14	200,94	226,05	134,77	196,03	220,53	131,39	191,12	215,01	128,03	186,22	209,50	124,65	181,32	203,98
	VI	3 082,41	169,53	246,59	277,41																				
8 543,99 Ost	I,IV	2 647,25	145,59	211,78	238,25	I	2 647,25	138,85	201,97	227,21	132,11	192,16	216,18	125,36	182,34	205,13	118,62	172,54	194,10	111,87	162,72	183,06	105,12	152,91	172,02
	II	2 601,50	143,08	208,12	234,13	II	2 601,50	136,33	198,30	223,09	129,59	188,50	212,06	122,84	178,68	201,02	116,10	168,87	189,98	109,35	159,06	178,94	102,61	149,25	167,90
	III	1 977,—	108,73	158,16	177,93	III	1 977,—	102,44	149,01	167,63	96,28	140,05	157,55	90,25	131,28	147,69	84,35	122,69	138,02	78,57	114,29	128,57	72,93	106,09	119,35
	V	3 061,83	168,40	244,94	275,56	IV	2 647,25	142,23	206,88	232,74	138,85	201,97	227,21	135,48	197,06	221,69	132,11	192,16	216,18	128,73	187,25	210,65	125,36	182,34	205,13
	VI	3 095,33	170,24	247,62	278,57																				

* Die ausgewiesenen Tabellenwerte sind amtlich. Siehe Erläuterungen auf der Umschlaginnenseite (U2).

Lohn/ Gehalt bis €*		I – VI LSt	ohne Kinderfreibeträge SolZ	8%	9%		I, II, III, IV LSt	0,5 SolZ	0,5 8%	0,5 9%	1 SolZ	1 8%	1 9%	1,5 SolZ	1,5 8%	1,5 9%	2 SolZ	2 8%	2 9%	2,5 SolZ	2,5 8%	2,5 9%	3 SolZ	3 8%	3 9%
8 546,99	I,IV	2 635,66	144,96	210,85	237,20	I	2 635,66	138,21	201,04	226,17	131,47	191,23	215,13	124,72	181,42	204,09	117,97	171,60	193,05	111,23	161,80	182,02	104,49	151,98	170,98
West	II	2 589,91	142,44	207,19	233,09	II	2 589,91	135,69	197,38	222,05	128,95	187,56	211,01	122,21	177,76	199,98	115,46	167,94	188,93	108,71	158,13	177,89	101,97	148,32	166,86
	III	1 966,16	108,13	157,29	176,95	III	1 966,16	101,86	148,16	166,68	95,70	139,21	156,61	89,69	130,46	146,77	83,80	121,89	137,12	78,03	113,50	127,69	72,40	105,32	118,48
	V	3 050,25	167,76	244,02	274,52	IV	2 635,66	141,58	205,94	231,68	138,21	201,04	226,17	134,84	196,13	220,64	131,47	191,23	215,13	128,09	186,32	209,61	124,72	181,42	204,09
	VI	3 083,66	169,60	246,69	277,52																				
8 546,99	I,IV	2 648,58	145,67	211,88	238,37	I	2 648,58	138,92	202,07	227,33	132,17	192,26	216,29	125,43	182,44	205,25	118,69	172,64	194,22	111,94	162,82	183,17	105,19	153,01	172,13
Ost	II	2 602,75	143,15	208,22	234,24	II	2 602,75	136,40	198,40	223,20	129,66	188,60	212,17	122,91	178,78	201,13	116,16	168,97	190,09	109,42	159,16	179,06	102,68	149,35	168,02
	III	1 978,16	108,79	158,25	178,03	III	1 978,16	102,51	149,10	167,74	96,35	140,14	157,66	90,31	131,37	147,79	84,41	122,78	138,13	78,64	114,38	128,68	72,99	106,17	119,44
	V	3 063,08	168,46	245,04	275,67	IV	2 648,58	142,29	206,98	232,85	138,92	202,07	227,33	135,55	197,16	221,81	132,17	192,26	216,29	128,80	187,35	210,77	125,43	182,44	205,25
	VI	3 096,58	170,31	247,72	278,69																				
8 549,99	I,IV	2 636,91	145,03	210,95	237,32	I	2 636,91	138,28	201,14	226,28	131,54	191,33	215,24	124,79	181,52	204,21	118,04	171,70	193,16	111,30	161,90	182,13	104,55	152,08	171,09
West	II	2 591,16	142,51	207,29	233,20	II	2 591,16	135,76	197,48	222,16	129,02	187,66	211,12	122,27	177,86	200,09	115,53	168,04	189,05	108,78	158,23	178,01	102,04	148,42	166,97
	III	1 967,33	108,20	157,38	177,05	III	1 967,33	101,92	148,25	166,78	95,77	139,30	156,71	89,75	130,54	146,86	83,86	121,98	137,23	78,10	113,60	127,80	72,46	105,40	118,57
	V	3 051,50	167,83	244,12	274,63	IV	2 636,91	141,65	206,04	231,80	138,28	201,14	226,28	134,91	196,24	220,77	131,54	191,33	215,24	128,16	186,42	209,72	124,79	181,52	204,21
	VI	3 084,91	169,67	246,79	277,64																				
8 549,99	I,IV	2 649,83	145,74	211,98	238,48	I	2 649,83	138,99	202,17	227,44	132,24	192,36	216,40	125,50	182,55	205,37	118,75	172,74	194,33	112,01	162,92	183,29	105,27	153,12	172,26
Ost	II	2 604,—	143,22	208,32	234,36	II	2 604,—	136,47	198,51	223,32	129,73	188,70	212,28	122,98	178,88	201,24	116,24	169,08	190,21	109,49	159,26	179,17	102,74	149,45	168,13
	III	1 979,50	108,87	158,36	178,15	III	1 979,50	102,57	149,20	167,85	96,41	140,24	157,77	90,38	131,46	147,89	84,47	122,86	138,22	78,69	114,46	128,77	73,04	106,25	119,53
	V	3 064,33	168,53	245,14	275,78	IV	2 649,83	142,36	207,08	232,96	138,99	202,17	227,44	135,62	197,26	221,92	132,24	192,36	216,40	128,87	187,45	210,88	125,50	182,55	205,37
	VI	3 097,83	170,38	247,82	278,80																				
8 552,99	I,IV	2 638,16	145,09	211,05	237,43	I	2 638,16	138,35	201,24	226,40	131,61	191,43	215,36	124,86	181,62	204,32	118,11	171,80	193,28	111,37	162,—	182,25	104,62	152,18	171,20
West	II	2 592,41	142,58	207,39	233,31	II	2 592,41	135,83	197,58	222,27	129,08	187,76	211,23	122,34	177,96	200,20	115,60	168,14	189,16	108,85	158,33	178,12	102,11	148,52	167,09
	III	1 968,50	108,26	157,48	177,16	III	1 968,50	101,98	148,34	166,88	95,83	139,40	156,82	89,81	130,64	146,97	83,92	122,06	137,32	78,15	113,68	127,89	72,51	105,48	118,66
	V	3 052,75	167,90	244,22	274,74	IV	2 638,16	141,72	206,14	231,91	138,35	201,24	226,40	134,98	196,34	220,88	131,61	191,43	215,36	128,23	186,52	209,84	124,86	181,62	204,32
	VI	3 086,25	169,74	246,90	277,76																				
8 552,99	I,IV	2 651,08	145,80	212,08	238,59	I	2 651,08	139,06	202,27	227,55	132,31	192,46	216,51	125,57	182,65	205,48	118,82	172,84	194,44	112,08	163,02	183,40	105,33	153,22	172,37
Ost	II	2 605,25	143,28	208,42	234,47	II	2 605,25	136,54	198,61	223,43	129,80	188,80	212,40	123,05	178,98	201,35	116,31	169,18	190,32	109,56	159,36	179,28	102,81	149,55	168,24
	III	1 980,66	108,93	158,45	178,25	III	1 980,66	102,63	149,29	167,95	96,47	140,33	157,87	90,43	131,54	147,98	84,53	122,96	138,33	78,76	114,56	128,88	73,10	106,33	119,62
	V	3 065,66	168,61	245,25	275,90	IV	2 651,08	142,43	207,18	233,07	139,06	202,27	227,55	135,68	197,36	222,03	132,31	192,46	216,51	128,94	187,56	211,—	125,57	182,65	205,48
	VI	3 099,08	170,44	247,92	278,91																				
8 555,99	I,IV	2 639,41	145,16	211,15	237,54	I	2 639,41	138,42	201,34	226,51	131,67	191,53	215,47	124,93	181,72	204,43	118,19	171,91	193,40	111,44	162,10	182,36	104,69	152,28	171,32
West	II	2 593,66	142,65	207,49	233,42	II	2 593,66	135,90	197,68	222,39	129,16	187,87	211,35	122,41	178,06	200,31	115,66	168,24	189,27	108,92	158,44	178,24	102,18	148,62	167,20
	III	1 969,66	108,33	157,57	177,26	III	1 969,66	102,05	148,44	166,99	95,90	139,49	156,92	89,87	130,73	147,07	83,98	122,16	137,43	78,21	113,77	127,99	72,58	105,57	118,76
	V	3 054,—	167,97	244,32	274,86	IV	2 639,41	141,79	206,24	232,02	138,42	201,34	226,51	135,05	196,44	220,99	131,67	191,53	215,47	128,30	186,62	209,95	124,93	181,72	204,43
	VI	3 087,50	169,81	247,—	277,87																				
8 555,99	I,IV	2 652,33	145,87	212,18	238,70	I	2 652,33	139,13	202,37	227,66	132,38	192,56	216,63	125,64	182,75	205,59	118,89	172,94	194,55	112,14	163,12	183,51	105,40	153,32	172,48
Ost	II	2 606,58	143,36	208,52	234,59	II	2 606,58	136,61	198,71	223,55	129,86	188,90	212,51	123,12	179,08	201,47	116,38	169,28	190,44	109,63	159,46	179,39	102,88	149,65	168,35
	III	1 981,83	109,—	158,54	178,36	III	1 981,83	102,70	149,38	168,05	96,54	140,42	157,97	90,50	131,64	148,09	84,59	123,05	138,43	78,81	114,64	128,97	73,16	106,42	119,72
	V	3 066,91	168,68	245,35	276,02	IV	2 652,33	142,50	207,28	233,19	139,13	202,37	227,66	135,75	197,46	222,14	132,38	192,56	216,63	129,01	187,66	211,11	125,64	182,75	205,59
	VI	3 100,33	170,51	248,02	279,02																				
8 558,99	I,IV	2 640,66	145,23	211,25	237,65	I	2 640,66	138,49	201,44	226,62	131,74	191,63	215,58	125,—	181,82	204,54	118,25	172,01	193,51	111,51	162,20	182,47	104,76	152,38	171,43
West	II	2 594,91	142,72	207,59	233,54	II	2 594,91	135,97	197,78	222,50	129,23	187,97	211,46	122,48	178,16	200,43	115,73	168,34	189,38	108,99	158,54	178,35	102,24	148,72	167,31
	III	1 970,83	108,39	157,66	177,37	III	1 970,83	102,11	148,53	167,09	95,96	139,58	157,03	89,93	130,81	147,16	84,04	122,24	137,52	78,27	113,85	128,08	72,63	105,65	118,85
	V	3 055,25	168,03	244,42	274,97	IV	2 640,66	141,86	206,35	232,14	138,49	201,44	226,62	135,12	196,54	221,10	131,74	191,63	215,58	128,37	186,72	210,06	125,—	181,82	204,54
	VI	3 088,75	169,88	247,10	277,98																				
8 558,99	I,IV	2 653,58	145,94	212,28	238,82	I	2 653,58	139,20	202,47	227,78	132,45	192,66	216,74	125,71	182,85	205,70	118,96	173,04	194,67	112,22	163,23	183,63	105,47	153,42	172,59
Ost	II	2 607,83	143,43	208,62	234,70	II	2 607,83	136,68	198,81	223,66	129,93	189,—	212,62	123,19	179,19	201,59	116,44	169,38	190,55	109,70	159,56	179,51	102,96	149,76	168,48
	III	1 983,—	109,06	158,64	178,47	III	1 983,—	102,76	149,48	168,16	96,59	140,50	158,06	90,56	131,73	148,19	84,65	123,13	138,52	78,87	114,72	129,06	73,22	106,50	119,81
	V	3 068,16	168,74	245,45	276,13	IV	2 653,58	142,57	207,38	233,30	139,20	202,47	227,78	135,82	197,56	222,26	132,45	192,66	216,74	129,08	187,76	211,23	125,71	182,85	205,70
	VI	3 101,58	170,58	248,12	279,14																				
8 561,99	I,IV	2 642,—	145,31	211,36	237,78	I	2 642,—	138,56	201,54	226,73	131,81	191,73	215,69	125,07	181,92	204,66	118,32	172,11	193,62	111,58	162,30	182,58	104,83	152,48	171,54
West	II	2 596,16	142,78	207,69	233,65	II	2 596,16	136,04	197,88	222,62	129,30	188,07	211,58	122,55	178,26	200,54	115,80	168,44	189,50	109,06	158,64	178,47	102,31	148,82	167,42
	III	1 972,—	108,46	157,76	177,48	III	1 972,—	102,18	148,62	167,20	96,02	139,66	157,12	89,99	130,90	147,26	84,10	122,33	137,62	78,32	113,93	128,17	72,69	105,73	118,94
	V	3 056,50	168,10	244,52	275,08	IV	2 642,—	141,93	206,45	232,25	138,56	201,54	226,73	135,19	196,64	221,22	131,81	191,73	215,69	128,44	186,82	210,17	125,07	181,92	204,66
	VI	3 090,—	169,95	247,20	278,10																				
8 561,99	I,IV	2 654,83	146,01	212,38	238,93	I	2 654,83	139,26	202,57	227,89	132,52	192,76	216,86	125,78	182,95	205,82	119,03	173,14	194,78	112,29	163,33	183,74	105,54	153,52	172,71
Ost	II	2 609,08	143,49	208,72	234,81	II	2 609,08	136,75	198,91	223,77	130,—	189,10	212,73	123,26	179,29	201,70	116,51	169,48	190,66	109,77	159,66	179,62	103,02	149,86	168,59
	III	1 984,16	109,12	158,73	178,57	III	1 984,16	102,83	149,57	168,26	96,66	140,60	158,17	90,62	131,81	148,28	84,71	123,22	138,62	78,93	114,81	129,16	73,27	106,58	119,90
	V	3 069,41	168,81	245,55	276,24	IV	2 654,83	142,64	207,48	233,41	139,26	202,57	227,89	135,90	197,67	222,38	132,52	192,76	216,86	129,15	187,86	211,34	125,78	182,95	205,82
	VI	3 102,83	170,65	248,22	279,25																				
8 564,99	I,IV	2 643,25	145,37	211,46	237,89	I	2 643,25	138,63	201,64	226,85	131,88	191,83	215,81	125,14	182,02	204,77	118,39	172,21	193,73	111,65	162,40	182,70	104,90	152,59	171,66
West	II	2 597,41	142,85	207,79	233,76	II	2 597,41	136,11	197,98	222,73	129,36	188,17	211,69	122,62	178,36	200,65	115,88	168,55	189,62	109,13	158,74	178,58	102,38	148,92	167,54
	III	1 973,16	108,52	157,85	177,58	III	1 973,16	102,24	148,72	167,31	96,08	139,76	157,23	90,06	131,—	147,37	84,15	122,41	137,71	78,39	114,02	128,27	72,74	105,81	119,03
	V	3 057,75	168,17	244,62	275,19	IV	2 643,25	142,—	206,55	232,37	138,63	201,64	226,85	135,25	196,74	221,33	131,88	191,83	215,81	128,51	186,92	210,29	125,14	182,02	204,77
	VI	3 091,25	170,01	247,30	278,21																				
8 564,99	I,IV	2 656,08	146,08	212,48	239,04	I	2 656,08	139,34	202,68	228,01	132,59	192,86	216,97	125,84	183,05	205,93	119,10	173,24	194,90	112,36	163,43	183,86	105,61	153,62	172,82
Ost	II	2 610,33	143,56	208,82	234,92	II	2 610,33	136,82	199,01	223,88	130,07	189,20	212,85	123,33	179,39	201,81	116,58	169,58	190,77	109,83	159,76	179,73	103,09	149,96	168,70
	III	1 985,33	109,19	158,82	178,67	III	1 985,33	102,89	149,66	168,37	96,72	140,69	158,27	90,68	131,90	148,39	84,77	123,30	138,71	78,98	114,89	129,25	73,33	106,66	119,99
	V	3 070,66	168,88	245,65	276,35	IV	2 656,08	142,71	207,58	233,52	139,34	202,68	228,01	135,96	197,77	222,49	132,59	192,86	216,97	129,22	187,96	211,45	125,84	183,05	205,93
	VI	3 104,16	170,72	248,33	279,37																				
8 567,99	I,IV	2 644,50	145,44	211,56	238,—	I	2 644,50	138,70	201,74	226,96	131,95	191,93	215,92	125,21	182,12	204,89	118,46	172,31	193,85	111,71	162,50	182,81	104,97	152,69	171,77
West	II	2 598,66	142,92	207,89	233,87	II	2 598,66	136,18	198,08	222,84	129,43	188,27	211,80	122,69	178,46	200,76	115,94	168,65	189,73	109,20	158,84	178,69	102,45	149,02	167,65
	III	1 974,50	108,59	157,96	177,70	III	1 974,50	102,30	148,81	167,41	96,14	139,85	157,33	90,11	131,08	147,46	84,22	122,50	137,81	78,44	114,10	128,36	72,81	105,90	119,14
	V	3 059,08	168,24	244,72	275,31	IV	2 644,50	142,07	206,65	232,48	138,70	201,74	226,96	135,32	196,84	221,44	131,95	191,93	215,92	128,58	187,03	210,41	125,21	182,12	204,89
	VI	3 092,50	170,08	247,40	278,32																				
8 567,99	I,IV	2 657,33	146,15	212,58	239,15	I	2 657,33	139,41	202,78	228,12	132,66	192,96	217,08	125,91	183,15	206,04	119,17	173,34	195,01	112,42	163,53	183,97	105,68	153,72	172,93
Ost	II	2 611,58	143,63	208,92	235,04	II	2 611,58	136,89	199,11	224,—	130,14	189,30	212,96	123,40	179,49	201,92	116,65	169,68	190,89	109,91	159,87	179,85	103,16	150,06	168,81
	III	1 986,50	109,25	158,92	178,78	III	1 986,50	102,96	149,76	168,48	96,79	140,78	158,38	90,75	132,—	148,50	84,83	123,40	138,82	79,05	114,98	129,35	73,39	106,76	120,10
	V	3 071,91	168,95	245,75	276,47	IV	2 657,33	142,78	207,68	233,64	139,41	202,78	228,12	136,03	197,87	222,60	132,66	192,96	217,08	129,29	188,06	211,56	125,91	183,15	206,04
	VI	3 105,41	170,79	248,43	279,48																				

Table heading: Abzüge an Lohnsteuer, Solidaritätszuschlag (SolZ) und Kirchensteuer (8%, 9%) in den Steuerklassen; I, II, III, IV: mit Zahl der Kinderfreibeträge . . .

* Die ausgewiesenen Tabellenwerte sind amtlich. Siehe Erläuterungen auf der Umschlaginnenseite (U2).

Abzüge an Lohnsteuer, Solidaritätszuschlag (SolZ) und Kirchensteuer (8%, 9%) in den Steuerklassen

Lohn/ Gehalt bis €*		I – VI				I, II, III, IV		mit Zahl der Kinderfreibeträge . . . 0,5			1			1,5			2			2,5			3		
		LSt	ohne Kinderfreibeträge SolZ	8%	9%		LSt	SolZ	8%	9%	SolZ	8%	9%	SolZ	8%	9%	SolZ	8%	9%	SolZ	8%	9%	SolZ	8%	9%
8 570,99 West	I,IV	2 645,75	145,51	211,66	238,11	I	2 645,75	138,76	201,84	227,07	132,02	192,04	216,04	125,28	182,22	205,—	118,53	172,41	193,96	111,79	162,60	182,93	105,04	152,79	171,89
	II	2 600,—	143,—	208,—	234,—	II	2 600,—	136,25	198,18	222,95	129,50	188,37	211,91	122,76	178,56	200,88	116,01	168,75	189,84	109,27	158,94	178,80	102,52	149,12	167,76
	III	1 975,66	108,66	158,05	177,80	III	1 975,66	102,37	148,90	167,51	96,21	139,94	157,43	90,18	131,17	147,56	84,27	122,58	137,90	78,51	114,20	128,47	72,86	105,98	119,23
	V	3 060,33	168,31	244,82	275,42	IV	2 645,75	142,14	206,75	232,59	138,76	201,84	227,07	135,39	196,94	221,55	132,02	192,04	216,04	128,65	187,13	210,52	125,28	182,22	205,—
	VI	3 093,75	170,15	247,50	278,43																				
8 570,99 Ost	I,IV	2 658,58	146,22	212,68	239,27	I	2 658,58	139,48	202,88	228,24	132,73	193,06	217,19	125,98	183,25	206,15	119,24	173,44	195,12	112,49	163,63	184,08	105,75	153,82	173,04
	II	2 612,83	143,70	209,02	235,15	II	2 612,83	136,95	199,21	224,11	130,21	189,40	213,08	123,47	179,59	202,04	116,72	169,78	191,—	109,98	159,97	179,96	103,23	150,16	168,93
	III	1 987,83	109,33	159,02	178,90	III	1 987,83	103,02	149,85	168,58	96,85	140,88	158,49	90,81	132,09	148,60	84,89	123,48	138,91	79,10	115,06	129,44	73,45	106,84	120,19
	V	3 073,16	169,02	245,85	276,58	IV	2 658,58	142,85	207,78	233,75	139,48	202,88	228,24	136,10	197,97	222,71	132,73	193,06	217,19	129,36	188,16	211,68	125,98	183,25	206,15
	VI	3 106,66	170,86	248,53	279,59																				
8 573,99 West	I,IV	2 647,—	145,58	211,76	238,23	I	2 647,—	138,83	201,94	227,18	132,09	192,14	216,15	125,34	182,32	205,11	118,60	172,51	194,07	111,86	162,70	183,04	105,11	152,89	172,—
	II	2 601,25	143,06	208,10	234,11	II	2 601,25	136,32	198,28	223,07	129,57	188,47	212,03	122,83	178,66	200,99	116,08	168,85	189,95	109,34	159,04	178,92	102,59	149,23	167,88
	III	1 976,83	108,72	158,14	177,91	III	1 976,83	102,43	149,—	167,62	96,27	140,04	157,54	90,24	131,26	147,67	84,34	122,68	138,01	78,56	114,28	128,56	72,92	106,06	119,32
	V	3 061,58	168,38	244,92	275,54	IV	2 647,—	142,21	206,85	232,70	138,83	201,94	227,18	135,46	197,04	221,67	132,09	192,14	216,15	128,72	187,23	210,63	125,34	182,32	205,11
	VI	3 095,—	170,22	247,60	278,55																				
8 573,99 Ost	I,IV	2 659,91	146,29	212,79	239,39	I	2 659,91	139,54	202,98	228,35	132,80	193,16	217,31	126,06	183,36	206,28	119,31	173,54	195,23	112,56	163,73	184,19	105,82	153,92	173,16
	II	2 614,08	143,77	209,12	235,26	II	2 614,08	137,03	199,32	224,23	130,28	189,50	213,19	123,53	179,69	202,15	116,79	169,88	191,12	110,05	160,07	180,08	103,30	150,26	169,04
	III	1 989,—	109,39	159,12	179,01	III	1 989,—	103,08	149,94	168,68	96,91	140,97	158,59	90,86	132,17	148,69	84,95	123,57	139,01	79,17	115,16	129,55	73,50	106,92	120,28
	V	3 074,41	169,09	245,95	276,69	IV	2 659,91	142,92	207,88	233,87	139,54	202,98	228,35	136,17	198,07	222,83	132,80	193,16	217,31	129,42	188,26	211,79	126,06	183,36	206,28
	VI	3 107,91	170,93	248,63	279,71																				
8 576,99 West	I,IV	2 648,25	145,65	211,86	238,34	I	2 648,25	138,90	202,04	227,30	132,16	192,24	216,27	125,41	182,42	205,22	118,67	172,61	194,18	111,92	162,80	183,15	105,18	152,99	172,11
	II	2 602,50	143,13	208,20	234,22	II	2 602,50	136,39	198,38	223,18	129,64	188,57	212,14	122,90	178,76	201,11	116,15	168,95	190,07	109,40	159,14	179,03	102,66	149,33	167,99
	III	1 978,—	108,79	158,24	178,02	III	1 978,—	102,50	149,09	167,72	96,34	140,13	157,64	90,30	131,34	147,76	84,39	122,76	138,10	78,62	114,36	128,65	72,97	106,14	119,41
	V	3 062,83	168,45	245,02	275,65	IV	2 648,25	142,28	206,95	232,82	138,90	202,04	227,30	135,53	197,14	221,78	132,16	192,24	216,27	128,79	187,33	210,74	125,41	182,42	205,22
	VI	3 096,25	170,29	247,70	278,66																				
8 576,99 Ost	I,IV	2 661,16	146,36	212,89	239,50	I	2 661,16	139,61	203,08	228,46	132,87	193,26	217,42	126,12	183,46	206,39	119,38	173,64	195,35	112,63	163,83	184,31	105,89	154,02	173,27
	II	2 615,33	143,84	209,22	235,37	II	2 615,33	137,10	199,42	224,34	130,35	189,60	213,30	123,60	179,79	202,26	116,86	169,98	191,23	110,11	160,17	180,19	103,37	150,36	169,15
	III	1 990,16	109,45	159,21	179,11	III	1 990,16	103,15	150,04	168,79	96,98	141,06	158,69	90,93	132,26	148,79	85,01	123,65	139,10	79,22	115,24	129,64	73,56	107,—	120,37
	V	3 075,75	169,16	246,06	276,81	IV	2 661,16	142,99	207,98	233,98	139,61	203,08	228,46	136,24	198,17	222,94	132,87	193,26	217,42	129,50	188,36	211,91	126,12	183,46	206,39
	VI	3 109,16	171,—	248,73	279,82																				
8 579,99 West	I,IV	2 649,50	145,72	211,96	238,45	I	2 649,50	138,98	202,15	227,42	132,23	192,34	216,38	125,48	182,52	205,34	118,74	172,72	194,31	111,99	162,90	183,26	105,25	153,09	172,22
	II	2 603,75	143,20	208,30	234,33	II	2 603,75	136,45	198,48	223,29	129,71	188,68	212,26	122,97	178,86	201,22	116,22	169,05	190,18	109,48	159,24	179,15	102,73	149,43	168,11
	III	1 979,16	108,85	158,33	178,12	III	1 979,16	102,56	149,18	167,83	96,39	140,21	157,73	90,36	131,44	147,87	84,46	122,85	138,20	78,68	114,45	128,75	73,04	106,24	119,52
	V	3 064,08	168,52	245,12	275,76	IV	2 649,50	142,34	207,05	232,93	138,98	202,15	227,42	135,60	197,24	221,90	132,23	192,34	216,38	128,86	187,43	210,86	125,48	182,52	205,34
	VI	3 097,58	170,36	247,80	278,78																				
8 579,99 Ost	I,IV	2 662,41	146,43	212,99	239,61	I	2 662,41	139,68	203,18	228,57	132,93	193,36	217,53	126,19	183,56	206,50	119,45	173,74	195,46	112,70	163,93	184,42	105,96	154,12	173,39
	II	2 616,58	143,91	209,32	235,49	II	2 616,58	137,17	199,52	224,46	130,42	189,70	213,41	123,67	179,89	202,37	116,93	170,08	191,34	110,18	160,27	180,30	103,44	150,46	169,26
	III	1 991,33	109,52	159,30	179,21	III	1 991,33	103,21	150,13	168,89	97,03	141,14	158,78	90,99	132,36	148,90	85,07	123,74	139,21	79,28	115,32	129,73	73,62	107,09	120,47
	V	3 077,—	169,23	246,16	276,93	IV	2 662,41	143,05	208,08	234,09	139,68	203,18	228,57	136,31	198,27	223,05	132,93	193,36	217,53	129,57	188,46	212,02	126,19	183,56	206,50
	VI	3 110,41	171,07	248,83	279,93																				
8 582,99 West	I,IV	2 650,75	145,79	212,06	238,56	I	2 650,75	139,04	202,25	227,53	132,30	192,44	216,49	125,55	182,62	205,45	118,81	172,82	194,42	112,06	163,—	183,38	105,32	153,19	172,34
	II	2 605,—	143,27	208,40	234,45	II	2 605,—	136,52	198,58	223,40	129,78	188,78	212,37	123,03	178,96	201,33	116,29	169,15	190,29	109,55	159,34	179,26	102,80	149,53	168,22
	III	1 980,33	108,91	158,42	178,22	III	1 980,33	102,63	149,28	167,94	96,46	140,30	157,84	90,42	131,53	147,97	84,52	122,94	138,31	78,74	114,53	128,84	73,09	106,32	119,61
	V	3 065,33	168,59	245,22	275,87	IV	2 650,75	142,42	207,16	233,05	139,04	202,25	227,53	135,67	197,34	222,01	132,30	192,44	216,49	128,92	187,53	210,97	125,55	182,62	205,45
	VI	3 098,83	170,43	247,90	278,89																				
8 582,99 Ost	I,IV	2 663,66	146,50	213,09	239,72	I	2 663,66	139,75	203,28	228,69	133,01	193,47	217,65	126,26	183,66	206,61	119,51	173,84	195,57	112,77	164,04	184,54	106,03	154,22	173,50
	II	2 617,91	143,98	209,43	235,61	II	2 617,91	137,23	199,62	224,57	130,49	189,80	213,53	123,75	180,—	202,50	117,—	170,18	191,45	110,25	160,37	180,41	103,51	150,56	169,38
	III	1 992,50	109,58	159,40	179,32	III	1 992,50	103,28	150,22	169,—	97,10	141,24	158,89	91,05	132,44	148,99	85,14	123,84	139,32	79,34	115,41	129,83	73,68	107,17	120,56
	V	3 078,25	169,30	246,26	277,04	IV	2 663,66	143,12	208,18	234,20	139,75	203,28	228,69	136,38	198,37	223,16	133,01	193,47	217,65	129,63	188,56	212,13	126,26	183,66	206,61
	VI	3 111,66	171,14	248,93	280,04																				
8 585,99 West	I,IV	2 652,08	145,86	212,16	238,68	I	2 652,08	139,11	202,35	227,64	132,37	192,54	216,60	125,62	182,72	205,56	118,88	172,92	194,53	112,13	163,10	183,49	105,38	153,29	172,45
	II	2 606,25	143,34	208,50	234,56	II	2 606,25	136,59	198,68	223,52	129,85	188,88	212,49	123,10	179,06	201,44	116,36	169,25	190,40	109,61	159,44	179,37	102,87	149,63	168,33
	III	1 981,50	108,98	158,52	178,33	III	1 981,50	102,69	149,37	168,04	96,52	140,40	157,95	90,49	131,62	148,07	84,58	123,02	138,40	78,80	114,62	128,95	73,15	106,40	119,70
	V	3 066,58	168,66	245,32	275,99	IV	2 652,08	142,49	207,26	233,16	139,11	202,35	227,64	135,74	197,44	222,12	132,37	192,54	216,60	128,99	187,63	211,08	125,62	182,72	205,56
	VI	3 100,08	170,50	248,—	279,—																				
8 585,99 Ost	I,IV	2 664,91	146,57	213,19	239,84	I	2 664,91	139,82	203,38	228,80	133,08	193,57	217,76	126,33	183,76	206,73	119,58	173,94	195,68	112,84	164,14	184,65	106,09	154,32	173,61
	II	2 619,16	144,05	209,53	235,72	II	2 619,16	137,30	199,72	224,68	130,56	189,90	213,64	123,81	180,10	202,61	117,07	170,28	191,57	110,32	160,47	180,53	103,58	150,66	169,49
	III	1 993,66	109,65	159,49	179,42	III	1 993,66	103,34	150,32	169,11	97,16	141,33	158,99	91,11	132,53	149,09	85,19	123,92	139,41	79,40	115,49	129,92	73,73	107,25	120,65
	V	3 079,50	169,37	246,36	277,15	IV	2 664,91	143,19	208,28	234,32	139,82	203,38	228,80	136,45	198,48	223,29	133,08	193,57	217,76	129,70	188,66	212,24	126,33	183,76	206,73
	VI	3 112,91	171,21	249,03	280,16																				
8 588,99 West	I,IV	2 653,33	145,93	212,26	238,79	I	2 653,33	139,18	202,45	227,75	132,44	192,64	216,72	125,69	182,83	205,68	118,95	173,02	194,64	112,20	163,20	183,60	105,46	153,40	172,57
	II	2 607,50	143,41	208,60	234,67	II	2 607,50	136,67	198,79	223,64	129,92	188,98	212,60	123,17	179,16	201,56	116,43	169,36	190,53	109,68	159,54	179,48	102,94	149,73	168,44
	III	1 982,66	109,04	158,61	178,43	III	1 982,66	102,75	149,46	168,14	96,58	140,49	158,05	90,54	131,70	148,16	84,64	123,12	138,51	78,86	114,70	129,04	73,20	106,48	119,79
	V	3 067,83	168,73	245,42	276,10	IV	2 653,33	142,56	207,36	233,28	139,18	202,45	227,75	135,81	197,54	222,23	132,44	192,64	216,72	129,06	187,73	211,19	125,69	182,83	205,68
	VI	3 101,33	170,57	248,10	279,11																				
8 588,99 Ost	I,IV	2 666,16	146,63	213,29	239,95	I	2 666,16	139,89	203,48	228,92	133,15	193,67	217,88	126,40	183,86	206,84	119,65	174,04	195,80	112,91	164,24	184,77	106,16	154,42	173,72
	II	2 620,41	144,12	209,63	235,83	II	2 620,41	137,37	199,82	224,79	130,62	190,—	213,75	123,88	180,20	202,72	117,14	170,38	191,68	110,39	160,57	180,64	103,65	150,76	169,61
	III	1 994,83	109,71	159,58	179,53	III	1 994,83	103,40	150,41	169,21	97,23	141,42	159,10	91,18	132,62	149,20	85,25	124,01	139,51	79,46	115,58	130,03	73,80	107,34	120,76
	V	3 080,75	169,44	246,46	277,26	IV	2 666,16	143,26	208,38	234,43	139,89	203,48	228,92	136,52	198,58	223,40	133,15	193,67	217,88	129,77	188,76	212,36	126,40	183,86	206,84
	VI	3 114,25	171,28	249,14	280,28																				
8 591,99 West	I,IV	2 654,58	146,—	212,36	238,91	I	2 654,58	139,25	202,55	227,87	132,50	192,74	216,83	125,76	182,93	205,79	119,02	173,12	194,76	112,27	163,30	183,71	105,53	153,50	172,68
	II	2 608,75	143,48	208,70	234,78	II	2 608,75	136,73	198,89	223,75	129,99	189,08	212,71	123,24	179,26	201,67	116,50	169,46	190,64	109,75	159,64	179,60	103,01	149,83	168,56
	III	1 984,—	109,12	158,72	178,56	III	1 984,—	102,82	149,56	168,25	96,65	140,58	158,15	90,61	131,80	148,27	84,70	123,20	138,60	78,91	114,78	129,13	73,26	106,57	119,89
	V	3 069,16	168,80	245,53	276,22	IV	2 654,58	142,62	207,46	233,39	139,25	202,55	227,87	135,88	197,64	222,35	132,50	192,74	216,83	129,14	187,84	211,32	125,76	182,93	205,79
	VI	3 102,58	170,64	248,20	279,23																				
8 591,99 Ost	I,IV	2 667,41	146,70	213,39	240,06	I	2 667,41	139,96	203,58	229,03	133,21	193,77	217,99	126,47	183,96	206,95	119,73	174,15	195,92	112,98	164,34	184,88	106,23	154,52	173,84
	II	2 621,66	144,19	209,73	235,94	II	2 621,66	137,44	199,92	224,91	130,70	190,11	213,87	123,95	180,30	202,83	117,20	170,48	191,79	110,46	160,68	180,76	103,72	150,86	169,72
	III	1 996,—	109,78	159,68	179,64	III	1 996,—	103,47	150,50	169,31	97,29	141,52	159,21	91,23	132,70	149,29	85,31	124,09	139,60	79,52	115,66	130,12	73,85	107,42	120,85
	V	3 082,—	169,51	246,56	277,38	IV	2 667,41	143,33	208,48	234,54	139,96	203,58	229,03	136,59	198,68	223,51	133,21	193,77	217,99	129,84	188,86	212,47	126,47	183,96	206,95
	VI	3 115,50	171,35	249,24	280,39																				

* Die ausgewiesenen Tabellenwerte sind amtlich. Siehe Erläuterungen auf der Umschlaginnenseite (U2).

MONAT 8 592,–*

Lohn/ Gehalt bis €*	Abzüge an Lohnsteuer, Solidaritätszuschlag (SolZ) und Kirchensteuer (8%, 9%) in den Steuerklassen I – VI					I, II, III, IV																			
	ohne Kinderfreibeträge					mit Zahl der Kinderfreibeträge . . .																			
								0,5			1			1,5			2			2,5			3		
		LSt	SolZ	8%	9%		LSt	SolZ	8%	9%	SolZ	8%	9%	SolZ	8%	9%	SolZ	8%	9%	SolZ	8%	9%	SolZ	8%	9%
8 594,99 West	I,IV	2 655,83	146,07	212,46	239,02	I	2 655,83	139,32	202,65	227,98	132,58	192,84	216,95	125,83	183,03	205,91	119,08	173,22	194,87	112,34	163,40	183,83	105,60	153,60	172,80
	II	2 610,08	143,55	208,80	234,90	II	2 610,08	136,80	198,99	223,86	130,06	189,18	212,82	123,31	179,36	201,78	116,57	169,56	190,75	109,82	159,74	179,71	103,07	149,93	168,67
	III	1 985,16	109,18	158,81	178,66	III	1 985,16	102,88	149,65	168,35	96,71	140,68	158,26	90,67	131,89	148,37	84,76	123,29	138,70	78,98	114,88	129,24	73,32	106,65	119,98
	V	3 070,41	168,87	245,63	276,33	IV	2 655,83	142,69	207,56	233,50	139,32	202,65	227,98	135,95	197,74	222,46	132,58	192,84	216,95	129,20	187,94	211,43	125,83	183,03	205,91
	VI	3 103,83	170,71	248,30	279,34																				
8 594,99 Ost	I,IV	2 668,66	146,77	213,49	240,17	I	2 668,66	140,03	203,68	229,14	133,28	193,87	218,10	126,54	184,06	207,06	119,79	174,25	196,03	113,05	164,44	184,99	106,30	154,62	173,95
	II	2 622,91	144,26	209,83	236,06	II	2 622,91	137,51	200,02	225,02	130,77	190,21	213,98	124,02	180,40	202,95	117,27	170,58	191,90	110,53	160,78	180,87	103,78	150,96	169,83
	III	1 997,33	109,85	159,78	179,75	III	1 997,33	103,53	150,60	169,42	97,35	141,61	159,31	91,30	132,80	149,40	85,37	124,18	139,70	79,57	115,74	130,21	73,91	107,50	120,94
	V	3 083,25	169,57	246,66	277,49	IV	2 668,66	143,40	208,59	234,66	140,03	203,68	229,14	136,66	198,78	223,62	133,28	193,87	218,10	129,91	188,96	212,58	126,54	184,06	207,06
	VI	3 116,75	171,42	249,34	280,50																				
8 597,99 West	I,IV	2 657,08	146,13	212,56	239,13	I	2 657,08	139,39	202,75	228,09	132,65	192,94	217,06	125,90	183,13	206,02	119,15	173,32	194,98	112,41	163,51	183,95	105,66	153,70	172,91
	II	2 611,33	143,62	208,90	235,01	II	2 611,33	136,87	199,09	223,97	130,13	189,28	212,94	123,38	179,47	201,90	116,64	169,66	190,86	109,89	159,84	179,82	103,15	150,04	168,79
	III	1 986,33	109,24	158,90	178,76	III	1 986,33	102,95	149,74	168,46	96,77	140,76	158,35	90,73	131,97	148,46	84,81	123,37	138,79	79,03	114,96	129,33	73,37	106,73	120,07
	V	3 071,66	168,94	245,73	276,44	IV	2 657,08	142,76	207,66	233,61	139,39	202,75	228,09	136,01	197,84	222,57	132,65	192,94	217,06	129,27	188,04	211,54	125,90	183,13	206,02
	VI	3 105,08	170,77	248,40	279,45																				
8 597,99 Ost	I,IV	2 670,—	146,85	213,60	240,30	I	2 670,—	140,10	203,78	229,25	133,35	193,97	218,21	126,61	184,16	207,18	119,86	174,35	196,14	113,12	164,54	185,10	106,37	154,72	174,06
	II	2 624,16	144,32	209,93	236,17	II	2 624,16	137,58	200,12	225,14	130,84	190,31	214,10	124,09	180,50	203,06	117,34	170,68	192,02	110,60	160,88	180,99	103,85	151,06	169,94
	III	1 998,50	109,91	159,88	179,86	III	1 998,50	103,60	150,69	169,52	97,42	141,70	159,41	91,36	132,89	149,50	85,43	124,26	139,79	79,64	115,84	130,32	73,96	107,58	121,03
	V	3 084,50	169,64	246,76	277,60	IV	2 670,—	143,47	208,69	234,77	140,10	203,78	229,25	136,73	198,88	223,74	133,35	193,97	218,21	129,98	189,06	212,69	126,61	184,16	207,18
	VI	3 118,—	171,49	249,44	280,62																				
8 600,99 West	I,IV	2 658,33	146,20	212,66	239,24	I	2 658,33	139,46	202,85	228,20	132,71	193,04	217,17	125,97	183,23	206,13	119,22	173,42	195,09	112,48	163,61	184,06	105,73	153,80	173,02
	II	2 612,58	143,69	209,—	235,13	II	2 612,58	136,94	199,19	224,09	130,19	189,38	213,05	123,45	179,57	202,01	116,71	169,76	190,98	109,96	159,94	179,93	103,22	150,14	168,90
	III	1 987,50	109,31	159,—	178,87	III	1 987,50	103,01	149,84	168,57	96,83	140,85	158,45	90,79	132,06	148,57	84,88	123,46	138,89	79,09	115,05	129,43	73,44	106,82	120,17
	V	3 072,91	169,01	245,83	276,56	IV	2 658,33	142,83	207,76	233,73	139,46	202,85	228,20	136,09	197,95	222,69	132,71	193,04	217,17	129,34	188,14	211,65	125,97	183,23	206,13
	VI	3 106,33	170,84	248,50	279,56																				
8 600,99 Ost	I,IV	2 671,25	146,91	213,70	240,41	I	2 671,25	140,17	203,88	229,37	133,42	194,07	218,33	126,68	184,26	207,29	119,93	174,45	196,25	113,19	164,64	185,22	106,44	154,83	174,18
	II	2 625,41	144,39	210,03	236,28	II	2 625,41	137,65	200,22	225,25	130,90	190,41	214,21	124,16	180,60	203,17	117,42	170,79	192,14	110,67	160,98	181,10	103,92	151,16	170,06
	III	1 999,66	109,98	159,97	179,96	III	1 999,66	103,66	150,78	169,63	97,47	141,78	159,50	91,42	132,98	149,60	85,49	124,36	139,90	79,69	115,92	130,41	74,03	107,68	121,14
	V	3 085,75	169,71	246,86	277,71	IV	2 671,25	143,54	208,79	234,89	140,17	203,88	229,37	136,79	198,98	223,85	133,42	194,07	218,33	130,05	189,16	212,81	126,68	184,26	207,29
	VI	3 119,25	171,55	249,54	280,73																				
8 603,99 West	I,IV	2 659,58	146,27	212,76	239,36	I	2 659,58	139,53	202,96	228,33	132,78	193,14	217,28	126,04	183,33	206,24	119,29	173,52	195,21	112,55	163,71	184,17	105,80	153,90	173,13
	II	2 613,83	143,76	209,10	235,24	II	2 613,83	137,01	199,29	224,20	130,27	189,48	213,17	123,52	179,67	202,13	116,77	169,86	191,09	110,03	160,04	180,05	103,29	150,24	169,02
	III	1 988,66	109,37	159,09	178,97	III	1 988,66	103,07	149,93	168,67	96,90	140,94	158,56	90,86	132,16	148,68	84,93	123,54	138,98	79,15	115,13	129,52	73,49	106,90	120,26
	V	3 074,16	169,07	245,93	276,67	IV	2 659,58	142,90	207,86	233,84	139,53	202,96	228,33	136,16	198,05	222,80	132,78	193,14	217,28	129,41	188,24	211,77	126,04	183,33	206,24
	VI	3 107,66	170,92	248,61	279,68																				
8 603,99 Ost	I,IV	2 672,50	146,98	213,80	240,52	I	2 672,50	140,24	203,98	229,48	133,49	194,17	218,44	126,75	184,36	207,41	120,—	174,55	196,37	113,25	164,74	185,33	106,51	154,93	174,29
	II	2 626,66	144,46	210,13	236,39	II	2 626,66	137,72	200,32	225,36	130,97	190,51	214,32	124,23	180,70	203,28	117,48	170,89	192,25	110,74	161,08	181,22	103,99	151,26	170,17
	III	2 000,83	110,04	160,06	180,07	III	2 000,83	103,73	150,88	169,74	97,54	141,88	159,61	91,48	133,06	149,69	85,56	124,45	140,—	79,75	116,01	130,51	74,08	107,76	121,23
	V	3 087,08	169,78	246,96	277,83	IV	2 672,50	143,61	208,89	235,—	140,24	203,98	229,48	136,86	199,08	223,96	133,49	194,17	218,44	130,12	189,27	212,93	126,75	184,36	207,41
	VI	3 120,50	171,62	249,64	280,84																				
8 606,99 West	I,IV	2 660,83	146,34	212,86	239,47	I	2 660,83	139,60	203,06	228,44	132,85	193,24	217,40	126,11	183,43	206,36	119,36	173,62	195,32	112,62	163,81	184,28	105,87	154,—	173,25
	II	2 615,08	143,82	209,20	235,35	II	2 615,08	137,08	199,39	224,31	130,34	189,58	213,28	123,59	179,77	202,24	116,84	169,96	191,20	110,10	160,15	180,17	103,35	150,34	169,13
	III	1 989,83	109,44	159,18	179,08	III	1 989,83	103,14	150,02	168,77	96,96	141,04	158,67	90,91	132,24	148,77	85,—	123,64	139,09	79,21	115,22	129,62	73,55	106,98	120,35
	V	3 075,41	169,14	246,03	276,78	IV	2 660,83	142,97	207,96	233,96	139,60	203,06	228,44	136,23	198,15	222,92	132,85	193,24	217,40	129,48	188,34	211,88	126,11	183,43	206,36
	VI	3 108,91	170,99	248,71	279,80																				
8 606,99 Ost	I,IV	2 673,75	147,05	213,90	240,63	I	2 673,75	140,30	204,08	229,59	133,56	194,28	218,56	126,82	184,46	207,52	120,07	174,65	196,48	113,33	164,84	185,45	106,58	155,03	174,41
	II	2 628,—	144,54	210,24	236,52	II	2 628,—	137,79	200,42	225,47	131,04	190,61	214,43	124,30	180,80	203,40	117,55	170,99	192,36	110,81	161,18	181,32	104,06	151,36	170,28
	III	2 002,—	110,11	160,16	180,18	III	2 002,—	103,79	150,97	169,84	97,60	141,97	159,71	91,54	133,16	149,80	85,61	124,53	140,09	79,81	116,09	130,60	74,14	107,84	121,32
	V	3 088,33	169,85	247,06	277,94	IV	2 673,75	143,68	208,99	235,11	140,30	204,08	229,59	136,93	199,18	224,07	133,56	194,28	218,56	130,19	189,37	213,04	126,82	184,46	207,52
	VI	3 121,75	171,69	249,74	280,95																				
8 609,99 West	I,IV	2 662,08	146,41	212,96	239,58	I	2 662,08	139,67	203,16	228,55	132,92	193,34	217,51	126,17	183,53	206,47	119,43	173,72	195,44	112,69	163,91	184,40	105,94	154,10	173,36
	II	2 616,33	143,89	209,30	235,46	II	2 616,33	137,15	199,49	224,42	130,40	189,68	213,39	123,66	179,87	202,35	116,91	170,06	191,31	110,17	160,25	180,28	103,42	150,44	169,24
	III	1 991,—	109,50	159,28	179,19	III	1 991,—	103,20	150,12	168,88	97,02	141,13	158,77	90,97	132,33	148,87	85,06	123,73	139,19	79,27	115,30	129,71	73,60	107,06	120,44
	V	3 076,66	169,21	246,13	276,89	IV	2 662,08	143,04	208,06	234,07	139,67	203,16	228,55	136,29	198,25	223,03	132,92	193,34	217,51	129,55	188,44	211,99	126,17	183,53	206,47
	VI	3 110,16	171,05	248,81	279,91																				
8 609,99 Ost	I,IV	2 675,—	147,12	214,—	240,75	I	2 675,—	140,37	204,18	229,70	133,63	194,38	218,67	126,88	184,56	207,63	120,14	174,75	196,59	113,40	164,94	185,56	106,65	155,13	174,52
	II	2 629,25	144,60	210,34	236,63	II	2 629,25	137,86	200,52	225,59	131,11	190,71	214,55	124,37	180,90	203,51	117,62	171,09	192,47	110,88	161,28	181,44	104,13	151,47	170,40
	III	2 003,16	110,17	160,25	180,28	III	2 003,16	103,85	151,06	169,94	97,67	142,06	159,82	91,61	133,25	149,90	85,68	124,62	140,20	79,87	116,18	130,70	74,20	107,93	121,42
	V	3 089,58	169,92	247,16	278,06	IV	2 675,—	143,75	209,09	235,22	140,37	204,18	229,70	137,—	199,28	224,19	133,63	194,38	218,67	130,26	189,47	213,15	126,88	184,56	207,63
	VI	3 123,—	171,76	249,84	281,07																				
8 612,99 West	I,IV	2 663,41	146,48	213,07	239,70	I	2 663,41	139,74	203,26	228,66	132,99	193,44	217,62	126,25	183,64	206,59	119,50	173,82	195,55	112,75	164,01	184,51	106,01	154,20	173,48
	II	2 617,58	143,96	209,40	235,58	II	2 617,58	137,22	199,60	224,55	130,47	189,78	213,50	123,73	179,97	202,46	116,98	170,16	191,43	110,24	160,35	180,39	103,49	150,54	169,35
	III	1 992,16	109,56	159,37	179,29	III	1 992,16	103,27	150,21	168,98	97,09	141,22	158,87	91,04	132,42	148,97	85,12	123,81	139,28	79,32	115,38	129,80	73,67	107,16	120,55
	V	3 077,91	169,28	246,23	277,01	IV	2 663,41	143,11	208,16	234,18	139,74	203,26	228,66	136,36	198,35	223,14	132,99	193,44	217,62	129,62	188,54	212,10	126,25	183,64	206,59
	VI	3 111,41	171,12	248,91	280,02																				
8 612,99 Ost	I,IV	2 676,25	147,19	214,10	240,86	I	2 676,25	140,44	204,28	229,82	133,70	194,48	218,79	126,95	184,66	207,74	120,21	174,85	196,70	113,46	165,04	185,67	106,72	155,23	174,63
	II	2 630,50	144,67	210,44	236,74	II	2 630,50	137,93	200,62	225,70	131,18	190,81	214,66	124,44	181,—	203,63	117,69	171,19	192,59	110,94	161,38	181,55	104,20	151,57	170,51
	III	2 004,50	110,24	160,36	180,40	III	2 004,50	103,92	151,16	170,05	97,73	142,16	159,93	91,67	133,34	150,01	85,73	124,70	140,29	79,93	116,26	130,79	74,25	108,01	121,51
	V	3 090,83	169,99	247,26	278,17	IV	2 676,25	143,82	209,19	235,34	140,44	204,28	229,82	137,07	199,38	224,30	133,70	194,48	218,79	130,33	189,57	213,26	126,95	184,66	207,74
	VI	3 124,25	171,83	249,94	281,18																				
8 615,99 West	I,IV	2 664,66	146,55	213,17	239,81	I	2 664,66	139,81	203,36	228,78	133,06	193,54	217,73	126,32	183,74	206,70	119,57	173,92	195,66	112,82	164,11	184,62	106,08	154,30	173,59
	II	2 618,83	144,03	209,50	235,69	II	2 618,83	137,29	199,70	224,66	130,54	189,88	213,62	123,80	180,07	202,58	117,05	170,26	191,54	110,31	160,45	180,50	103,56	150,64	169,47
	III	1 993,50	109,64	159,48	179,41	III	1 993,50	103,33	150,30	169,09	97,15	141,32	158,98	91,10	132,52	149,08	85,18	123,90	139,39	79,39	115,48	129,91	73,72	107,24	120,64
	V	3 079,25	169,35	246,34	277,13	IV	2 664,66	143,18	208,26	234,29	139,81	203,36	228,78	136,43	198,45	223,25	133,06	193,54	217,73	129,69	188,64	212,22	126,32	183,74	206,70
	VI	3 112,66	171,19	249,01	280,13																				
8 615,99 Ost	I,IV	2 677,50	147,26	214,20	240,97	I	2 677,50	140,52	204,39	229,94	133,77	194,58	218,90	127,02	184,76	207,86	120,28	174,96	196,83	113,53	165,14	185,78	106,79	155,33	174,74
	II	2 631,75	144,74	210,54	236,85	II	2 631,75	137,99	200,72	225,81	131,25	190,92	214,78	124,51	181,10	203,74	117,76	171,29	192,70	111,02	161,48	181,67	104,27	151,67	170,63
	III	2 005,66	110,31	160,45	180,50	III	2 005,66	103,98	151,25	170,15	97,79	142,25	160,03	91,73	133,42	150,10	85,80	124,80	140,40	79,98	116,34	130,88	74,31	108,09	121,60
	V	3 092,08	170,06	247,36	278,28	IV	2 677,50	143,88	209,29	235,45	140,52	204,39	229,94	137,14	199,48	224,42	133,77	194,58	218,90	130,40	189,67	213,38	127,02	184,76	207,86
	VI	3 125,58	171,90	250,04	281,30																				

* **Die ausgewiesenen Tabellenwerte sind amtlich. Siehe Erläuterungen auf der Umschlaginnenseite (U2).**

Abzüge an Lohnsteuer, Solidaritätszuschlag (SolZ) und Kirchensteuer (8%, 9%) in den Steuerklassen

Lohn/ Gehalt bis €*	I – VI					I, II, III, IV																			
			ohne Kinderfreibeträge					mit Zahl der Kinderfreibeträge . . .																	
								0,5			1			1,5			2			2,5			3		
		LSt	SolZ	8%	9%		LSt	SolZ	8%	9%	SolZ	8%	9%	SolZ	8%	9%	SolZ	8%	9%	SolZ	8%	9%	SolZ	8%	9%
8 618,99 West	I,IV	2 665,91	146,62	213,27	239,93	I	2 665,91	139,87	203,46	228,89	133,13	193,64	217,85	126,39	183,84	206,82	119,64	174,02	195,77	112,89	164,21	184,73	106,15	154,40	173,70
	II	2 620,08	144,10	209,60	235,80	II	2 620,08	137,36	199,80	224,77	130,61	189,98	213,73	123,86	180,17	202,69	117,12	170,36	191,66	110,38	160,55	180,62	103,63	150,74	169,58
	III	1 994,66	109,70	159,57	179,51	III	1 994,66	103,40	150,40	169,20	97,21	141,40	159,07	91,16	132,60	149,17	85,24	123,98	139,48	79,44	115,56	130,—	73,78	107,32	120,73
	V	3 080,50	169,42	246,44	277,24	IV	2 665,91	143,25	208,36	234,41	139,87	203,46	228,89	136,50	198,55	223,37	133,13	193,64	217,85	129,76	188,74	212,33	126,39	183,84	206,82
	VI	3 113,91	171,26	249,11	280,25																				
8 618,99 Ost	I,IV	2 678,75	147,33	214,30	241,08	I	2 678,75	140,58	204,49	230,05	133,84	194,68	219,01	127,09	184,86	207,97	120,35	175,06	196,94	113,60	165,24	185,90	106,86	155,43	174,86
	II	2 633,—	144,81	210,64	236,97	II	2 633,—	138,06	200,82	225,92	131,32	191,02	214,89	124,57	181,20	203,85	117,83	171,39	192,81	111,09	161,58	181,78	104,34	151,77	170,74
	III	2 006,83	110,37	160,54	180,61	III	2 006,83	104,05	151,34	170,26	97,86	142,34	160,13	91,79	133,52	150,21	85,85	124,88	140,49	80,05	116,44	130,99	74,36	108,17	121,69
	V	3 093,33	170,13	247,46	278,39	IV	2 678,75	143,96	209,40	235,57	140,58	204,49	230,05	137,21	199,58	224,53	133,84	194,68	219,01	130,46	189,77	213,49	127,09	184,86	207,97
	VI	3 126,83	171,97	250,14	281,41																				
8 621,99 West	I,IV	2 667,16	146,69	213,37	240,04	I	2 667,16	139,94	203,56	229,—	133,20	193,75	217,97	126,45	183,94	206,93	119,71	174,12	195,89	112,97	164,32	184,86	106,22	154,50	173,81
	II	2 621,41	144,17	209,71	235,92	II	2 621,41	137,43	199,90	224,88	130,68	190,08	213,84	123,94	180,28	202,81	117,19	170,46	191,77	110,44	160,65	180,73	103,70	150,84	169,70
	III	1 995,83	109,77	159,66	179,62	III	1 995,83	103,46	150,49	169,30	97,27	141,49	159,17	91,22	132,69	149,27	85,30	124,08	139,59	79,51	115,65	130,10	73,83	107,40	120,82
	V	3 081,75	169,49	246,54	277,35	IV	2 667,16	143,32	208,46	234,52	139,94	203,56	229,—	136,57	198,65	223,48	133,20	193,75	217,97	129,83	188,84	212,45	126,45	183,94	206,93
	VI	3 115,16	171,33	249,21	280,36																				
8 621,99 Ost	I,IV	2 680,08	147,40	214,40	241,20	I	2 680,08	140,65	204,59	230,16	133,91	194,78	219,12	127,16	184,96	208,08	120,42	175,16	197,05	113,67	165,34	186,01	106,92	155,53	174,97
	II	2 634,25	144,88	210,74	237,08	II	2 634,25	138,13	200,92	226,04	131,39	191,12	215,01	124,64	181,30	203,96	117,90	171,49	192,92	111,15	161,68	181,89	104,41	151,87	170,85
	III	2 008,—	110,44	160,64	180,72	III	2 008,—	104,11	151,44	170,37	97,91	142,42	160,22	91,85	133,61	150,31	85,91	124,97	140,59	80,10	116,52	131,08	74,43	108,26	121,79
	V	3 094,58	170,20	247,56	278,51	IV	2 680,08	144,03	209,50	235,68	140,65	204,59	230,16	137,28	199,68	224,64	133,91	194,78	219,12	130,53	189,87	213,60	127,16	184,96	208,08
	VI	3 128,08	172,04	250,24	281,52																				
8 624,99 West	I,IV	2 668,41	146,76	213,47	240,15	I	2 668,41	140,01	203,66	229,11	133,27	193,85	218,08	126,52	184,04	207,04	119,78	174,22	196,—	113,03	164,42	184,97	106,29	154,60	173,93
	II	2 622,66	144,24	209,81	236,03	II	2 622,66	137,50	200,—	225,—	130,75	190,18	213,95	124,01	180,38	202,92	117,26	170,56	191,88	110,51	160,75	180,84	103,77	150,94	169,81
	III	1 997,—	109,83	159,76	179,73	III	1 997,—	103,52	150,58	169,40	97,34	141,58	159,28	91,29	132,78	149,38	85,36	124,16	139,68	79,56	115,73	130,19	73,90	107,49	120,92
	V	3 083,—	169,56	246,64	277,47	IV	2 668,41	143,38	208,56	234,63	140,01	203,66	229,11	136,64	198,76	223,60	133,27	193,85	218,08	129,90	188,94	212,56	126,52	184,04	207,04
	VI	3 116,41	171,40	249,31	280,47																				
8 624,99 Ost	I,IV	2 681,33	147,47	214,50	241,31	I	2 681,33	140,72	204,69	230,27	133,98	194,88	219,24	127,23	185,07	208,20	120,49	175,26	197,16	113,74	165,44	186,12	107,—	155,64	175,09
	II	2 635,50	144,95	210,84	237,19	II	2 635,50	138,21	201,03	226,16	131,46	191,22	215,12	124,71	181,40	204,08	117,97	171,60	193,05	111,22	161,78	182,—	104,48	151,97	170,96
	III	2 009,16	110,50	160,73	180,82	III	2 009,16	104,17	151,53	170,47	97,98	142,52	160,33	91,91	133,69	150,40	85,98	125,06	140,69	80,17	116,61	131,18	74,48	108,34	121,88
	V	3 095,83	170,27	247,66	278,62	IV	2 681,33	144,10	209,60	235,80	140,72	204,69	230,27	137,35	199,78	224,75	133,98	194,88	219,24	130,60	189,97	213,71	127,23	185,07	208,20
	VI	3 129,33	172,11	250,34	281,63																				
8 627,99 West	I,IV	2 669,66	146,83	213,57	240,26	I	2 669,66	140,08	203,76	229,23	133,34	193,95	218,19	126,59	184,14	207,15	119,84	174,32	196,11	113,10	164,52	185,08	106,36	154,70	174,04
	II	2 623,91	144,31	209,91	236,15	II	2 623,91	137,56	200,10	225,11	130,82	190,28	214,07	124,08	180,48	203,04	117,33	170,66	191,99	110,58	160,85	180,95	103,84	151,04	169,92
	III	1 998,16	109,89	159,85	179,83	III	1 998,16	103,59	150,68	169,51	97,40	141,68	159,39	91,34	132,86	149,47	85,42	124,25	139,78	79,62	115,81	130,28	73,95	107,57	121,01
	V	3 084,25	169,63	246,74	277,58	IV	2 669,66	143,45	208,66	234,74	140,08	203,76	229,23	136,71	198,86	223,71	133,34	193,95	218,19	129,96	189,04	212,67	126,59	184,14	207,15
	VI	3 117,75	171,47	249,42	280,59																				
8 627,99 Ost	I,IV	2 682,58	147,54	214,60	241,43	I	2 682,58	140,79	204,79	230,39	134,04	194,98	219,35	127,30	185,17	208,31	120,56	175,36	197,28	113,81	165,54	186,23	107,07	155,74	175,20
	II	2 636,75	145,02	210,94	237,30	II	2 636,75	138,27	201,13	226,27	131,53	191,32	215,23	124,78	181,50	204,19	118,04	171,70	193,16	111,29	161,88	182,12	104,55	152,07	171,08
	III	2 010,33	110,56	160,82	180,92	III	2 010,33	104,24	151,62	170,57	98,04	142,61	160,43	91,97	133,78	150,50	86,03	125,14	140,78	80,22	116,69	131,27	74,54	108,42	121,97
	V	3 097,16	170,34	247,77	278,74	IV	2 682,58	144,16	209,70	235,91	140,79	204,79	230,39	137,42	199,88	224,87	134,04	194,98	219,35	130,68	190,08	213,84	127,30	185,17	208,31
	VI	3 130,58	172,18	250,44	281,75																				
8 630,99 West	I,IV	2 670,91	146,90	213,67	240,38	I	2 670,91	140,15	203,86	229,34	133,41	194,05	218,30	126,66	184,24	207,27	119,92	174,43	196,23	113,17	164,62	185,19	106,42	154,80	174,15
	II	2 625,16	144,38	210,01	236,26	II	2 625,16	137,63	200,20	225,22	130,89	190,39	214,19	124,14	180,58	203,15	117,40	170,76	192,11	110,66	160,96	181,08	103,91	151,14	170,03
	III	1 999,33	109,96	159,94	179,93	III	1 999,33	103,65	150,77	169,61	97,46	141,77	159,49	91,41	132,96	149,58	85,47	124,33	139,87	79,68	115,90	130,39	74,01	107,65	121,10
	V	3 085,50	169,70	246,84	277,69	IV	2 670,91	143,52	208,76	234,86	140,15	203,86	229,34	136,78	198,96	223,83	133,41	194,05	218,30	130,03	189,14	212,78	126,66	184,24	207,27
	VI	3 119,—	171,54	249,52	280,71																				
8 630,99 Ost	I,IV	2 683,83	147,61	214,70	241,54	I	2 683,83	140,86	204,89	230,50	134,12	195,08	219,47	127,37	185,27	208,43	120,62	175,46	197,39	113,88	165,64	186,35	107,14	155,84	175,32
	II	2 638,08	145,09	211,04	237,42	II	2 638,08	138,34	201,23	226,38	131,60	191,42	215,34	124,85	181,60	204,30	118,11	171,80	193,27	111,36	161,98	182,23	104,61	152,17	171,19
	III	2 011,66	110,64	160,93	181,04	III	2 011,66	104,30	151,72	170,68	98,11	142,70	160,54	92,04	133,88	150,61	86,10	125,24	140,89	80,29	116,78	131,38	74,60	108,52	122,08
	V	3 098,41	170,41	247,87	278,85	IV	2 683,83	144,23	209,80	236,02	140,86	204,89	230,50	137,49	199,98	224,98	134,12	195,08	219,47	130,74	190,18	213,95	127,37	185,27	208,43
	VI	3 131,83	172,25	250,54	281,86																				
8 633,99 West	I,IV	2 672,16	146,96	213,77	240,49	I	2 672,16	140,22	203,96	229,46	133,48	194,15	218,42	126,73	184,34	207,38	119,99	174,53	196,34	113,24	164,72	185,31	106,49	154,90	174,26
	II	2 626,41	144,45	210,11	236,37	II	2 626,41	137,70	200,30	225,33	130,96	190,49	214,30	124,21	180,68	203,26	117,47	170,86	192,22	110,72	161,06	181,19	103,98	151,24	170,15
	III	2 000,66	110,03	160,05	180,05	III	2 000,66	103,72	150,87	169,72	97,53	141,86	159,59	91,47	133,05	149,68	85,54	124,42	139,97	79,74	115,98	130,48	74,07	107,74	121,21
	V	3 086,75	169,77	246,94	277,80	IV	2 672,16	143,60	208,87	234,98	140,22	203,96	229,46	136,85	199,06	223,94	133,48	194,15	218,42	130,10	189,24	212,90	126,73	184,34	207,38
	VI	3 120,25	171,61	249,62	280,82																				
8 633,99 Ost	I,IV	2 685,08	147,67	214,80	241,65	I	2 685,08	140,93	204,99	230,61	134,19	195,18	219,58	127,44	185,37	208,54	120,69	175,56	197,50	113,95	165,75	186,47	107,20	155,94	175,43
	II	2 639,33	145,16	211,14	237,53	II	2 639,33	138,41	201,33	226,49	131,67	191,52	215,46	124,92	181,71	204,42	118,18	171,90	193,38	111,43	162,08	182,34	104,69	152,28	171,31
	III	2 012,83	110,70	161,02	181,15	III	2 012,83	104,37	151,81	170,78	98,17	142,80	160,65	92,10	133,97	150,71	86,15	125,32	140,98	80,34	116,86	131,47	74,66	108,60	122,17
	V	3 099,66	170,48	247,97	278,96	IV	2 685,08	144,30	209,90	236,13	140,93	204,99	230,61	137,55	200,08	225,09	134,19	195,18	219,58	130,81	190,28	214,06	127,44	185,37	208,54
	VI	3 133,08	172,31	250,64	281,97																				
8 636,99 West	I,IV	2 673,50	147,04	213,88	240,61	I	2 673,50	140,29	204,06	229,57	133,54	194,25	218,53	126,80	184,44	207,50	120,06	174,63	196,46	113,31	164,82	185,42	106,56	155,—	174,38
	II	2 627,66	144,52	210,21	236,48	II	2 627,66	137,77	200,40	225,45	131,03	190,59	214,41	124,28	180,78	203,37	117,53	170,96	192,33	110,79	161,16	181,30	104,05	151,34	170,26
	III	2 001,83	110,10	160,14	180,16	III	2 001,83	103,78	150,96	169,83	97,59	141,96	159,70	91,53	133,14	149,78	85,60	124,52	140,08	79,80	116,08	130,59	74,13	107,82	121,30
	V	3 088,—	169,84	247,04	277,92	IV	2 673,50	143,66	208,97	235,09	140,29	204,06	229,57	136,92	199,16	224,05	133,54	194,25	218,53	130,17	189,34	213,01	126,80	184,44	207,50
	VI	3 121,50	171,68	249,72	280,93																				
8 636,99 Ost	I,IV	2 686,33	147,74	214,90	241,76	I	2 686,33	141,—	205,09	230,72	134,25	195,28	219,69	127,51	185,47	208,65	120,76	175,66	197,61	114,02	165,85	186,58	107,27	156,04	175,54
	II	2 640,58	145,23	211,24	237,65	II	2 640,58	138,48	201,43	226,61	131,73	191,62	215,57	124,99	181,81	204,53	118,25	172,—	193,50	111,50	162,18	182,45	104,76	152,38	171,42
	III	2 014,—	110,77	161,12	181,26	III	2 014,—	104,43	151,90	170,89	98,23	142,89	160,75	92,16	134,05	150,80	86,22	125,41	141,08	80,41	116,96	131,58	74,71	108,68	122,26
	V	3 100,91	170,55	248,07	279,08	IV	2 686,33	144,37	210,—	236,25	141,—	205,09	230,72	137,63	200,19	225,21	134,25	195,28	219,69	130,88	190,38	214,17	127,51	185,47	208,65
	VI	3 134,33	172,38	250,74	282,08																				
8 639,99 West	I,IV	2 674,75	147,11	213,98	240,72	I	2 674,75	140,36	204,16	229,68	133,61	194,35	218,64	126,87	184,54	207,61	120,12	174,73	196,57	113,38	164,92	185,53	106,64	155,11	174,50
	II	2 628,91	144,59	210,31	236,60	II	2 628,91	137,84	200,50	225,56	131,10	190,69	214,52	124,35	180,88	203,49	117,61	171,07	192,45	110,86	161,26	181,41	104,11	151,44	170,37
	III	2 003,—	110,16	160,24	180,27	III	2 003,—	103,84	151,05	169,93	97,65	142,04	159,79	91,59	133,22	149,87	85,66	124,60	140,17	79,86	116,16	130,68	74,18	107,90	121,39
	V	3 089,25	169,90	247,14	278,03	IV	2 674,75	143,73	209,07	235,20	140,36	204,16	229,68	136,99	199,26	224,16	133,61	194,35	218,64	130,24	189,44	213,12	126,87	184,54	207,61
	VI	3 122,75	171,75	249,82	281,04																				
8 639,99 Ost	I,IV	2 687,58	147,81	215,—	241,88	I	2 687,58	141,07	205,20	230,85	134,32	195,38	219,80	127,58	185,57	208,76	120,83	175,76	197,73	114,09	165,95	186,69	107,34	156,14	175,65
	II	2 641,83	145,30	211,34	237,76	II	2 641,83	138,55	201,53	226,72	131,81	191,72	215,69	125,06	181,91	204,65	118,31	172,10	193,61	111,57	162,28	182,57	104,83	152,48	171,54
	III	2 015,16	110,83	161,21	181,36	III	2 015,16	104,50	152,—	171,—	98,30	142,98	160,85	92,22	134,14	150,91	86,28	125,50	141,19	80,46	117,04	131,67	74,78	108,77	122,36
	V	3 102,16	170,61	248,17	279,19	IV	2 687,58	144,44	210,10	236,36	141,07	205,20	230,85	137,70	200,29	225,32	134,32	195,38	219,80	130,95	190,48	214,29	127,58	185,57	208,76
	VI	3 135,66	172,46	250,85	282,20																				

* **Die ausgewiesenen Tabellenwerte sind amtlich. Siehe Erläuterungen auf der Umschlaginnenseite (U2).**

MONAT **8 640,–***

Abzüge an Lohnsteuer, Solidaritätszuschlag (SolZ) und Kirchensteuer (8%, 9%) in den Steuerklassen

Lohn/ Gehalt bis €*	I – VI		ohne Kinderfreibeträge			I, II, III, IV		mit Zahl der Kinderfreibeträge . . . 0,5			1			1,5			2			2,5			3		
		LSt	SolZ	8%	9%		LSt	SolZ	8%	9%	SolZ	8%	9%	SolZ	8%	9%	SolZ	8%	9%	SolZ	8%	9%	SolZ	8%	9%
8 642,99 West	I,IV	2 676,—	147,18	214,08	240,84	I	2 676,—	140,43	204,26	229,79	133,68	194,45	218,75	126,94	184,64	207,72	120,19	174,83	196,68	113,45	165,02	185,64	106,70	155,21	174,61
	II	2 630,16	144,65	210,41	236,71	II	2 630,16	137,91	200,60	225,68	131,17	190,79	214,64	124,42	180,98	203,60	117,68	171,17	192,56	110,93	161,36	181,53	104,18	151,54	170,48
	III	2 004,16	110,22	160,33	180,37	III	2 004,16	103,91	151,14	170,03	97,71	142,13	159,89	91,65	133,32	149,98	85,72	124,69	140,27	79,92	116,25	130,78	74,24	107,98	121,48
	V	3 090,58	169,98	247,24	278,15	IV	2 676,—	143,80	209,17	235,31	140,43	204,26	229,79	137,06	199,36	224,28	133,68	194,45	218,75	130,31	189,55	213,24	126,94	184,64	207,72
	VI	3 124,—	171,82	249,92	281,16																				
8 642,99 Ost	I,IV	2 688,83	147,88	215,10	241,99	I	2 688,83	141,14	205,30	230,96	134,39	195,48	219,92	127,65	185,67	208,88	120,90	175,86	197,84	114,16	166,05	186,80	107,41	156,24	175,77
	II	2 643,08	145,36	211,44	237,87	II	2 643,08	138,62	201,63	226,83	131,88	191,82	215,80	125,13	182,01	204,76	118,38	172,20	193,72	111,64	162,39	182,69	104,89	152,58	171,65
	III	2 016,33	110,89	161,30	181,46	III	2 016,33	104,56	152,09	171,10	98,36	143,08	160,96	92,29	134,24	151,02	86,34	125,58	141,28	80,52	117,12	131,76	74,83	108,85	122,45
	V	3 103,41	170,68	248,27	279,30	IV	2 688,83	144,51	210,20	236,48	141,14	205,30	230,96	137,77	200,39	225,44	134,39	195,48	219,92	131,02	190,58	214,40	127,65	185,67	208,88
	VI	3 136,91	172,53	250,95	282,32																				
8 645,99 West	I,IV	2 677,25	147,24	214,18	240,95	I	2 677,25	140,50	204,36	229,91	133,76	194,56	218,88	127,01	184,74	207,83	120,26	174,93	196,79	113,52	165,12	185,76	106,77	155,31	174,72
	II	2 631,50	144,73	210,52	236,83	II	2 631,50	137,98	200,70	225,79	131,23	190,89	214,75	124,49	181,08	203,72	117,75	171,27	192,68	111,—	161,46	181,64	104,25	151,64	170,60
	III	2 005,33	110,29	160,42	180,47	III	2 005,33	103,97	151,24	170,14	97,78	142,22	160,—	91,72	133,41	150,08	85,78	124,77	140,36	79,97	116,33	130,87	74,30	108,08	121,59
	V	3 091,83	170,05	247,34	278,26	IV	2 677,25	143,87	209,27	235,43	140,50	204,36	229,91	137,12	199,46	224,39	133,76	194,56	218,88	130,38	189,65	213,35	127,01	184,74	207,83
	VI	3 125,25	171,88	250,02	281,27																				
8 645,99 Ost	I,IV	2 690,08	147,95	215,20	242,10	I	2 690,08	141,21	205,40	231,07	134,46	195,58	220,03	127,71	185,77	208,99	120,97	175,96	197,96	114,23	166,15	186,92	107,48	156,34	175,88
	II	2 644,33	145,43	211,54	237,98	II	2 644,33	138,69	201,73	226,94	131,94	191,92	215,91	125,20	182,11	204,87	118,45	172,30	193,83	111,71	162,49	182,80	104,96	152,68	171,76
	III	2 017,50	110,96	161,40	181,57	III	2 017,50	104,62	152,18	171,20	98,42	143,16	161,05	92,35	134,33	151,12	86,40	125,68	141,39	80,58	117,21	131,86	74,89	108,93	122,54
	V	3 104,66	170,75	248,37	279,41	IV	2 690,08	144,58	210,30	236,59	141,21	205,40	231,07	137,83	200,49	225,55	134,46	195,58	220,03	131,09	190,68	214,51	127,71	185,77	208,99
	VI	3 138,16	172,59	251,05	282,43																				
8 648,99 West	I,IV	2 678,50	147,31	214,28	241,06	I	2 678,50	140,57	204,46	230,02	133,82	194,66	218,99	127,08	184,84	207,95	120,33	175,03	196,91	113,59	165,22	185,87	106,84	155,41	174,83
	II	2 632,75	144,80	210,62	236,94	II	2 632,75	138,05	200,80	225,90	131,30	190,99	214,86	124,56	181,18	203,83	117,81	171,37	192,79	111,07	161,56	181,75	104,33	151,75	170,72
	III	2 006,50	110,35	160,52	180,58	III	2 006,50	104,04	151,33	170,24	97,84	142,32	160,11	91,77	133,49	150,17	85,84	124,86	140,47	80,03	116,41	130,96	74,36	108,16	121,68
	V	3 093,08	170,11	247,44	278,37	IV	2 678,50	143,94	209,37	235,54	140,57	204,46	230,02	137,20	199,56	224,51	133,82	194,66	218,99	130,45	189,75	213,47	127,08	184,84	207,95
	VI	3 126,50	171,95	250,12	281,38																				
8 648,99 Ost	I,IV	2 691,41	148,02	215,31	242,22	I	2 691,41	141,28	205,50	231,18	134,53	195,68	220,14	127,79	185,88	209,11	121,04	176,06	198,07	114,29	166,25	187,03	107,55	156,44	176,—
	II	2 645,58	145,50	211,64	238,10	II	2 645,58	138,76	201,84	227,07	132,01	192,02	216,02	125,27	182,21	204,98	118,52	172,40	193,95	111,78	162,59	182,91	105,03	152,78	171,87
	III	2 018,83	111,03	161,50	181,69	III	2 018,83	104,69	152,28	171,31	98,48	143,25	161,15	92,40	134,41	151,21	86,46	125,76	141,48	80,63	117,29	131,95	74,94	109,01	122,63
	V	3 105,91	170,82	248,47	279,53	IV	2 691,41	144,65	210,40	236,70	141,28	205,50	231,18	137,90	200,59	225,66	134,53	195,68	220,14	131,16	190,78	214,62	127,79	185,88	209,11
	VI	3 139,41	172,66	251,15	282,54																				
8 651,99 West	I,IV	2 679,75	147,38	214,38	241,17	I	2 679,75	140,63	204,56	230,13	133,89	194,76	219,10	127,15	184,94	208,06	120,40	175,13	197,02	113,66	165,32	185,99	106,91	155,51	174,95
	II	2 634,—	144,87	210,72	237,06	II	2 634,—	138,12	200,90	226,01	131,37	191,09	214,97	124,63	181,28	203,94	117,88	171,47	192,90	111,14	161,66	181,86	104,39	151,85	170,83
	III	2 007,66	110,42	160,61	180,68	III	2 007,66	104,10	151,42	170,35	97,90	142,41	160,21	91,84	133,58	150,28	85,91	124,96	140,58	80,09	116,50	131,06	74,41	108,24	121,77
	V	3 094,33	170,18	247,54	278,48	IV	2 679,75	144,01	209,47	235,65	140,63	204,56	230,13	137,27	199,66	224,62	133,89	194,76	219,10	130,52	189,85	213,58	127,15	184,94	208,06
	VI	3 127,75	172,02	250,22	281,49																				
8 651,99 Ost	I,IV	2 692,66	148,09	215,41	242,33	I	2 692,66	141,35	205,60	231,30	134,60	195,78	220,25	127,86	185,98	209,22	121,11	176,16	198,18	114,36	166,35	187,14	107,62	156,54	176,11
	II	2 646,83	145,57	211,74	238,21	II	2 646,83	138,83	201,94	227,18	132,08	192,12	216,14	125,34	182,31	205,10	118,59	172,50	194,06	111,85	162,69	183,02	105,10	152,88	171,99
	III	2 020,—	111,10	161,60	181,80	III	2 020,—	104,75	152,37	171,41	98,55	143,34	161,26	92,47	134,50	151,31	86,52	125,85	141,58	80,70	117,38	132,05	75,01	109,10	122,74
	V	3 107,25	170,89	248,58	279,65	IV	2 692,66	144,72	210,50	236,81	141,35	205,60	231,30	137,97	200,69	225,77	134,60	195,78	220,25	131,23	190,88	214,74	127,86	185,98	209,22
	VI	3 140,66	172,73	251,25	282,65																				
8 654,99 West	I,IV	2 681,—	147,45	214,48	241,29	I	2 681,—	140,71	204,67	230,25	133,96	194,86	219,21	127,21	185,04	208,17	120,47	175,24	197,14	113,73	165,42	186,10	106,98	155,61	175,06
	II	2 635,25	144,93	210,82	237,17	II	2 635,25	138,19	201,—	226,13	131,45	191,20	215,10	124,70	181,38	204,05	117,95	171,57	193,01	111,21	161,76	181,98	104,46	151,95	170,94
	III	2 009,—	110,49	160,72	180,81	III	2 009,—	104,17	151,52	170,46	97,97	142,50	160,31	91,90	133,68	150,39	85,96	125,04	140,67	80,15	116,58	131,15	74,47	108,33	121,87
	V	3 095,58	170,25	247,64	278,60	IV	2 681,—	144,08	209,57	235,76	140,71	204,67	230,25	137,33	199,76	224,73	133,96	194,86	219,21	130,59	189,95	213,69	127,21	185,04	208,17
	VI	3 129,08	172,09	250,32	281,61																				
8 654,99 Ost	I,IV	2 693,91	148,16	215,51	242,45	I	2 693,91	141,41	205,70	231,41	134,67	195,88	220,37	127,93	186,08	209,34	121,18	176,26	198,29	114,43	166,45	187,25	107,69	156,64	176,22
	II	2 648,08	145,64	211,84	238,32	II	2 648,08	138,90	202,04	227,29	132,15	192,22	216,25	125,40	182,41	205,21	118,66	172,60	194,18	111,92	162,79	183,14	105,17	152,98	172,10
	III	2 021,16	111,16	161,69	181,90	III	2 021,16	104,82	152,46	171,52	98,61	143,44	161,37	92,53	134,60	151,42	86,57	125,93	141,67	80,75	117,46	132,14	75,06	109,18	122,83
	V	3 108,50	170,96	248,68	279,76	IV	2 693,91	144,79	210,60	236,93	141,41	205,70	231,41	138,04	200,79	225,89	134,67	195,88	220,37	131,30	190,98	214,85	127,93	186,08	209,34
	VI	3 141,91	172,80	251,35	282,77																				
8 657,99 West	I,IV	2 682,25	147,52	214,58	241,40	I	2 682,25	140,78	204,77	230,36	134,03	194,96	219,33	127,28	185,14	208,28	120,54	175,34	197,25	113,79	165,52	186,21	107,05	155,71	175,17
	II	2 636,50	145,—	210,92	237,28	II	2 636,50	138,26	201,10	226,24	131,51	191,30	215,21	124,77	181,48	204,17	118,02	171,67	193,13	111,28	161,86	182,09	104,53	152,05	171,05
	III	2 010,16	110,55	160,81	180,91	III	2 010,16	104,23	151,61	170,56	98,03	142,60	160,42	91,96	133,77	150,49	86,02	125,13	140,77	80,21	116,68	131,26	74,53	108,41	121,96
	V	3 096,83	170,32	247,74	278,71	IV	2 682,25	144,15	209,68	235,89	140,78	204,77	230,36	137,40	199,86	224,84	134,03	194,96	219,33	130,66	190,05	213,80	127,28	185,14	208,28
	VI	3 130,33	172,16	250,42	281,72																				
8 657,99 Ost	I,IV	2 695,16	148,23	215,61	242,56	I	2 695,16	141,48	205,80	231,52	134,74	195,99	220,49	127,99	186,18	209,45	121,25	176,36	198,41	114,51	166,56	187,38	107,76	156,74	176,33
	II	2 649,41	145,71	211,95	238,44	II	2 649,41	138,97	202,14	227,40	132,22	192,32	216,36	125,48	182,52	205,33	118,73	172,70	194,29	111,98	162,89	183,25	105,24	153,08	172,22
	III	2 022,33	111,22	161,78	182,—	III	2 022,33	104,88	152,56	171,63	98,67	143,53	161,47	92,60	134,69	151,52	86,64	126,02	141,77	80,82	117,56	132,25	75,12	109,26	122,92
	V	3 109,75	171,03	248,78	279,87	IV	2 695,16	144,86	210,70	237,04	141,48	205,80	231,52	138,11	200,89	226,—	134,74	195,99	220,49	131,37	191,08	214,97	127,99	186,18	209,45
	VI	3 143,16	172,87	251,45	282,88																				
8 660,99 West	I,IV	2 683,58	147,59	214,68	241,52	I	2 683,58	140,85	204,87	230,48	134,10	195,06	219,44	127,35	185,24	208,40	120,61	175,44	197,37	113,86	165,62	186,32	107,12	155,81	175,28
	II	2 637,75	145,07	211,02	237,39	II	2 637,75	138,32	201,20	226,35	131,58	191,40	215,32	124,84	181,58	204,28	118,09	171,77	193,24	111,35	161,96	182,21	104,60	152,15	171,17
	III	2 011,33	110,62	160,90	181,01	III	2 011,33	104,29	151,70	170,66	98,10	142,69	160,52	92,02	133,85	150,58	86,08	125,21	140,86	80,27	116,76	131,35	74,58	108,49	122,05
	V	3 098,08	170,39	247,84	278,82	IV	2 683,58	144,22	209,78	236,—	140,85	204,87	230,48	137,47	199,96	224,96	134,10	195,06	219,44	130,73	190,15	213,92	127,35	185,24	208,40
	VI	3 131,58	172,23	250,52	281,84																				
8 660,99 Ost	I,IV	2 696,41	148,30	215,71	242,67	I	2 696,41	141,55	205,90	231,63	134,81	196,09	220,60	128,06	186,28	209,56	121,32	176,46	198,52	114,57	166,66	187,49	107,83	156,84	176,45
	II	2 650,66	145,78	212,05	238,55	II	2 650,66	139,04	202,24	227,52	132,29	192,42	216,47	125,55	182,62	205,44	118,80	172,80	194,40	112,05	162,99	183,36	105,31	153,18	172,33
	III	2 023,50	111,29	161,88	182,11	III	2 023,50	104,95	152,66	171,74	98,74	143,62	161,57	92,65	134,77	151,61	86,70	126,12	141,88	80,87	117,64	132,34	75,18	109,36	123,03
	V	3 111,—	171,10	248,88	279,99	IV	2 696,41	144,92	210,80	237,15	141,55	205,90	231,63	138,18	201,—	226,12	134,81	196,09	220,60	131,44	191,18	215,08	128,06	186,28	209,56
	VI	3 144,41	172,94	251,55	282,99																				
8 663,99 West	I,IV	2 684,83	147,66	214,78	241,63	I	2 684,83	140,91	204,97	230,59	134,17	195,16	219,55	127,43	185,35	208,52	120,68	175,54	197,48	113,93	165,72	186,44	107,19	155,92	175,41
	II	2 639,—	145,14	211,12	237,51	II	2 639,—	138,40	201,31	226,47	131,65	191,50	215,43	124,90	181,68	204,39	118,16	171,88	193,36	111,42	162,06	182,32	104,67	152,25	171,28
	III	2 012,50	110,68	161,—	181,12	III	2 012,50	104,36	151,80	170,77	98,15	142,77	160,61	92,08	133,94	150,68	86,14	125,30	140,96	80,33	116,85	131,45	74,65	108,58	122,15
	V	3 099,33	170,46	247,94	278,93	IV	2 684,83	144,29	209,88	236,11	140,91	204,97	230,59	137,54	200,06	225,07	134,17	195,16	219,55	130,79	190,25	214,03	127,43	185,35	208,52
	VI	3 132,83	172,30	250,62	281,95																				
8 663,99 Ost	I,IV	2 697,66	148,37	215,81	242,78	I	2 697,66	141,62	206,—	231,75	134,88	196,19	220,71	128,13	186,38	209,67	121,38	176,56	198,63	114,64	166,76	187,60	107,90	156,94	176,56
	II	2 651,91	145,85	212,15	238,67	II	2 651,91	139,10	202,34	227,63	132,36	192,52	216,59	125,62	182,72	205,56	118,87	172,90	194,51	112,12	163,09	183,47	105,38	153,28	172,44
	III	2 024,66	111,35	161,97	182,21	III	2 024,66	105,02	152,76	171,85	98,80	143,72	161,68	92,72	134,86	151,72	86,76	126,20	141,97	80,94	117,73	132,44	75,24	109,44	123,12
	V	3 112,25	171,17	248,98	280,10	IV	2 697,66	144,99	210,90	237,26	141,62	206,—	231,75	138,25	201,10	226,23	134,88	196,19	220,71	131,50	191,28	215,19	128,13	186,38	209,67
	VI	3 145,75	173,01	251,66	283,11																				

* Die ausgewiesenen Tabellenwerte sind amtlich. Siehe Erläuterungen auf der Umschlaginnenseite (U2).

Lohn/ Gehalt bis €*	Abzüge an Lohnsteuer, Solidaritätszuschlag (SolZ) und Kirchensteuer (8%, 9%) in den Steuerklassen I – VI					I, II, III, IV		mit Zahl der Kinderfreibeträge . . . 0,5			1			1,5			2			2,5			3		
		LSt	ohne Kinderfreibeträge SolZ	8%	9%		LSt	SolZ	8%	9%	SolZ	8%	9%	SolZ	8%	9%	SolZ	8%	9%	SolZ	8%	9%	SolZ	8%	9%
8 666,99 West	I,IV	2 686,08	147,73	214,88	241,74	I	2 686,08	140,98	205,07	230,70	134,24	195,26	219,66	127,49	185,45	208,63	120,75	175,64	197,59	114,—	165,82	186,55	107,26	156,02	175,52
	II	2 640,25	145,21	211,22	237,62	II	2 640,25	138,47	201,41	226,58	131,72	191,60	215,55	124,97	181,78	204,50	118,23	171,98	193,47	111,48	162,16	182,43	104,74	152,35	171,39
	III	2 013,66	110,75	161,09	181,22	III	2 013,66	104,42	151,89	170,87	98,22	142,86	160,72	92,15	134,04	150,79	86,20	125,38	141,05	80,39	116,93	131,54	74,70	108,66	122,24
	V	3 100,66	170,53	248,05	279,05	IV	2 686,08	144,36	209,98	236,22	140,98	205,07	230,70	137,61	200,16	225,18	134,24	195,26	219,66	130,87	190,36	214,15	127,49	185,45	208,63
	VI	3 134,08	172,37	250,72	282,06																				
8 666,99 Ost	I,IV	2 698,91	148,44	215,91	242,90	I	2 698,91	141,69	206,10	231,86	134,95	196,29	220,82	128,20	186,48	209,79	121,46	176,67	198,75	114,71	166,86	187,71	107,96	157,04	176,67
	II	2 653,16	145,92	212,25	238,78	II	2 653,16	139,17	202,44	227,74	132,43	192,63	216,71	125,68	182,82	205,67	118,94	173,—	194,63	112,20	163,20	183,60	105,45	153,38	172,55
	III	2 026,—	111,43	162,08	182,34	III	2 026,—	105,08	152,85	171,95	98,87	143,81	161,78	92,78	134,96	151,83	86,82	126,29	142,07	80,99	117,81	132,53	75,29	109,52	123,21
	V	3 113,50	171,24	249,08	280,21	IV	2 698,91	145,06	211,—	237,38	141,69	206,10	231,86	138,32	201,20	226,35	134,95	196,29	220,82	131,57	191,38	215,30	128,20	186,48	209,79
	VI	3 147,—	173,08	251,76	283,23																				
8 669,99 West	I,IV	2 687,33	147,80	214,98	241,85	I	2 687,33	141,05	205,17	230,81	134,31	195,36	219,78	127,56	185,55	208,74	120,82	175,74	197,70	114,07	165,92	186,66	107,33	156,12	175,63
	II	2 641,58	145,28	211,32	237,74	II	2 641,58	138,54	201,51	226,70	131,79	191,70	215,66	125,04	181,88	204,62	118,30	172,08	193,59	111,55	162,26	182,54	104,81	152,45	171,50
	III	2 014,83	110,81	161,18	181,33	III	2 014,83	104,49	151,98	170,98	98,28	142,96	160,83	92,21	134,13	150,89	86,26	125,48	141,16	80,45	117,02	131,65	74,76	108,74	122,33
	V	3 101,91	170,60	248,15	279,17	IV	2 687,33	144,43	210,08	236,34	141,05	205,17	230,81	137,68	200,26	225,29	134,31	195,36	219,78	130,94	190,46	214,26	127,56	185,55	208,74
	VI	3 135,33	172,44	250,82	282,17																				
8 669,99 Ost	I,IV	2 700,16	148,50	216,01	243,01	I	2 700,16	141,76	206,20	231,98	135,02	196,39	220,94	128,27	186,58	209,90	121,53	176,77	198,86	114,78	166,96	187,83	108,03	157,14	176,78
	II	2 654,41	145,99	212,35	238,89	II	2 654,41	139,24	202,54	227,85	132,50	192,73	216,82	125,75	182,92	205,78	119,01	173,10	194,74	112,26	163,30	183,71	105,52	153,48	172,67
	III	2 027,16	111,49	162,17	182,44	III	2 027,16	105,15	152,94	172,06	98,93	143,90	161,89	92,84	135,04	151,92	86,88	126,37	142,16	81,06	117,90	132,64	75,35	109,61	123,31
	V	3 114,75	171,31	249,18	280,32	IV	2 700,16	145,14	211,11	237,50	141,76	206,20	231,98	138,39	201,30	226,46	135,02	196,39	220,94	131,64	191,48	215,42	128,27	186,58	209,90
	VI	3 148,25	173,15	251,86	283,34																				
8 672,99 West	I,IV	2 688,58	147,87	215,08	241,97	I	2 688,58	141,12	205,27	230,93	134,38	195,46	219,89	127,63	185,65	208,85	120,89	175,84	197,82	114,14	166,03	186,78	107,40	156,22	175,74
	II	2 642,83	145,35	211,42	237,85	II	2 642,83	138,60	201,61	226,81	131,86	191,80	215,77	125,12	181,99	204,74	118,37	172,18	193,70	111,62	162,36	182,66	104,88	152,56	171,63
	III	2 016,16	110,88	161,29	181,45	III	2 016,16	104,55	152,08	171,09	98,34	143,05	160,93	92,27	134,21	150,98	86,33	125,57	141,26	80,51	117,10	131,74	74,81	108,82	122,42
	V	3 103,16	170,67	248,25	279,28	IV	2 688,58	144,49	210,18	236,45	141,12	205,27	230,93	137,75	200,36	225,41	134,38	195,46	219,89	131,01	190,56	214,38	127,63	185,65	208,85
	VI	3 136,58	172,51	250,92	282,29																				
8 672,99 Ost	I,IV	2 701,50	148,58	216,12	243,13	I	2 701,50	141,83	206,30	232,09	135,08	196,49	221,05	128,34	186,68	210,02	121,60	176,87	198,98	114,85	167,06	187,94	108,10	157,24	176,90
	II	2 655,66	146,06	212,45	239,—	II	2 655,66	139,31	202,64	227,97	132,57	192,83	216,93	125,82	183,02	205,89	119,07	173,20	194,85	112,33	163,40	183,82	105,59	153,58	172,78
	III	2 028,33	111,55	162,26	182,54	III	2 028,33	105,21	153,04	172,17	98,99	143,98	161,98	92,90	135,13	152,02	86,94	126,46	142,27	81,11	117,98	132,73	75,41	109,69	123,40
	V	3 116,—	171,38	249,28	280,44	IV	2 701,50	145,20	211,21	237,61	141,83	206,30	232,09	138,46	201,40	226,57	135,08	196,49	221,05	131,71	191,58	215,53	128,34	186,68	210,02
	VI	3 149,50	173,22	251,96	283,45																				
8 675,99 West	I,IV	2 689,83	147,94	215,18	242,08	I	2 689,83	141,19	205,37	231,04	134,45	195,56	220,01	127,70	185,75	208,97	120,95	175,94	197,93	114,21	166,13	186,89	107,47	156,32	175,86
	II	2 644,08	145,42	211,52	237,96	II	2 644,08	138,67	201,71	226,92	131,93	191,90	215,88	125,18	182,09	204,85	118,44	172,28	193,81	111,69	162,46	182,77	104,95	152,66	171,74
	III	2 017,33	110,95	161,38	181,55	III	2 017,33	104,61	152,17	171,19	98,41	143,14	161,03	92,33	134,30	151,09	86,38	125,65	141,35	80,56	117,18	131,83	74,88	108,92	122,53
	V	3 104,41	170,74	248,35	279,39	IV	2 689,83	144,56	210,28	236,56	141,19	205,37	231,04	137,82	200,47	225,53	134,45	195,56	220,01	131,07	190,66	214,49	127,70	185,75	208,97
	VI	3 137,83	172,58	251,02	282,40																				
8 675,99 Ost	I,IV	2 702,75	148,65	216,22	243,24	I	2 702,75	141,90	206,40	232,20	135,15	196,59	221,16	128,41	186,78	210,13	121,66	176,97	199,09	114,92	167,16	188,05	108,18	157,35	177,02
	II	2 656,91	146,13	212,55	239,12	II	2 656,91	139,38	202,74	228,08	132,64	192,93	217,04	125,89	183,12	206,01	119,15	173,31	194,97	112,40	163,50	183,93	105,65	153,68	172,89
	III	2 029,50	111,62	162,36	182,65	III	2 029,50	105,27	153,13	172,27	99,05	144,08	162,09	92,96	135,22	152,12	87,01	126,56	142,38	81,17	118,06	132,82	75,46	109,77	123,49
	V	3 117,25	171,44	249,38	280,55	IV	2 702,75	145,27	211,31	237,72	141,90	206,40	232,20	138,53	201,50	226,68	135,15	196,59	221,16	131,78	191,68	215,64	128,41	186,78	210,13
	VI	3 150,75	173,29	252,06	283,56																				
8 678,99 West	I,IV	2 691,08	148,—	215,28	242,19	I	2 691,08	141,26	205,48	231,16	134,52	195,66	220,12	127,77	185,85	209,08	121,03	176,04	198,05	114,28	166,23	187,01	107,53	156,42	175,97
	II	2 645,33	145,49	211,62	238,07	II	2 645,33	138,74	201,81	227,03	132,—	192,—	216,—	125,25	182,19	204,96	118,51	172,38	193,92	111,76	162,56	182,88	105,02	152,76	171,85
	III	2 018,50	111,01	161,48	181,66	III	2 018,50	104,68	152,26	171,29	98,47	143,24	161,14	92,40	134,40	151,20	86,45	125,74	141,46	80,63	117,28	131,94	74,93	109,—	122,62
	V	3 105,66	170,81	248,45	279,50	IV	2 691,08	144,63	210,38	236,67	141,26	205,48	231,16	137,89	200,57	225,64	134,52	195,66	220,12	131,14	190,76	214,60	127,77	185,85	209,08
	VI	3 139,16	172,65	251,13	282,52																				
8 678,99 Ost	I,IV	2 704,—	148,72	216,32	243,36	I	2 704,—	141,97	206,50	232,31	135,22	196,69	221,27	128,48	186,88	210,24	121,73	177,07	199,20	114,99	167,26	188,16	108,24	157,45	177,13
	II	2 658,16	146,19	212,65	239,23	II	2 658,16	139,45	202,84	228,20	132,71	193,03	217,16	125,96	183,22	206,12	119,22	173,41	195,08	112,47	163,60	184,05	105,72	153,78	173,—
	III	2 030,66	111,68	162,45	182,75	III	2 030,66	105,34	153,22	172,37	99,11	144,17	162,19	93,03	135,32	152,23	87,06	126,64	142,47	81,23	118,16	132,93	75,53	109,86	123,59
	V	3 118,58	171,52	249,48	280,67	IV	2 704,—	145,34	211,41	237,83	141,97	206,50	232,31	138,60	201,60	226,80	135,22	196,69	221,27	131,85	191,79	215,76	128,48	186,88	210,24
	VI	3 152,—	173,36	252,16	283,68																				
8 681,99 West	I,IV	2 692,33	148,07	215,38	242,30	I	2 692,33	141,33	205,58	231,27	134,58	195,76	220,23	127,84	185,95	209,19	121,10	176,14	198,16	114,35	166,33	187,12	107,60	156,52	176,08
	II	2 646,58	145,56	211,72	238,19	II	2 646,58	138,81	201,91	227,15	132,07	192,10	216,11	125,32	182,29	205,07	118,58	172,48	194,04	111,83	162,67	183,—	105,09	152,86	171,96
	III	2 019,66	111,08	161,57	181,76	III	2 019,66	104,74	152,36	171,40	98,54	143,33	161,24	92,46	134,49	151,30	86,50	125,82	141,55	80,68	117,36	132,03	74,99	109,08	122,71
	V	3 106,91	170,88	248,55	279,62	IV	2 692,33	144,70	210,48	236,79	141,33	205,58	231,27	137,96	200,67	225,75	134,58	195,76	220,23	131,21	190,86	214,71	127,84	185,95	209,19
	VI	3 140,41	172,72	251,23	282,63																				
8 681,99 Ost	I,IV	2 705,25	148,78	216,42	243,47	I	2 705,25	142,04	206,60	232,43	135,30	196,80	221,40	128,55	186,98	210,35	121,80	177,17	199,31	115,06	167,36	188,28	108,31	157,55	177,24
	II	2 659,50	146,27	212,76	239,35	II	2 659,50	139,52	202,94	228,31	132,77	193,13	217,27	126,03	183,32	206,24	119,29	173,51	195,20	112,54	163,70	184,16	105,79	153,88	173,12
	III	2 032,—	111,76	162,56	182,88	III	2 032,—	105,40	153,32	172,48	99,18	144,26	162,29	93,09	135,41	152,33	87,12	126,73	142,57	81,29	118,24	133,02	75,58	109,94	123,68
	V	3 119,83	171,59	249,58	280,78	IV	2 705,25	145,41	211,51	237,95	142,04	206,60	232,43	138,66	201,70	226,91	135,30	196,80	221,40	131,92	191,89	215,87	128,55	186,98	210,35
	VI	3 153,25	173,42	252,26	283,79																				
8 684,99 West	I,IV	2 693,58	148,14	215,48	242,42	I	2 693,58	141,40	205,68	231,39	134,65	195,86	220,34	127,91	186,05	209,30	121,16	176,24	198,27	114,42	166,43	187,23	107,67	156,62	176,19
	II	2 647,83	145,63	211,82	238,30	II	2 647,83	138,88	202,01	227,26	132,14	192,20	216,23	125,39	182,39	205,19	118,64	172,58	194,15	111,90	162,77	183,11	105,16	152,96	172,08
	III	2 020,83	111,14	161,66	181,87	III	2 020,83	104,81	152,45	171,50	98,60	143,42	161,35	92,51	134,57	151,39	86,57	125,92	141,66	80,74	117,45	132,13	75,05	109,17	122,81
	V	3 108,16	170,94	248,65	279,73	IV	2 693,58	144,77	210,58	236,90	141,40	205,68	231,39	138,03	200,77	225,86	134,65	195,86	220,34	131,28	190,96	214,83	127,91	186,05	209,30
	VI	3 141,66	172,79	251,33	282,74																				
8 684,99 Ost	I,IV	2 706,50	148,85	216,52	243,58	I	2 706,50	142,11	206,70	232,54	135,36	196,90	221,51	128,62	187,08	210,47	121,87	177,27	199,43	115,13	167,46	188,39	108,38	157,65	177,35
	II	2 660,75	146,34	212,86	239,46	II	2 660,75	139,59	203,04	228,42	132,84	193,23	217,38	126,10	183,42	206,35	119,35	173,61	195,31	112,61	163,80	184,27	105,87	153,99	173,24
	III	2 033,16	111,82	162,65	182,98	III	2 033,16	105,47	153,41	172,58	99,24	144,36	162,40	93,15	135,49	152,42	87,19	126,82	142,67	81,35	118,33	133,12	75,64	110,02	123,77
	V	3 121,08	171,65	249,68	280,89	IV	2 706,50	145,48	211,61	238,06	142,11	206,70	232,54	138,74	201,80	227,03	135,36	196,90	221,51	131,99	191,99	215,99	128,62	187,08	210,47
	VI	3 154,50	173,49	252,36	283,90																				
8 687,99 West	I,IV	2 694,91	148,22	215,59	242,54	I	2 694,91	141,47	205,78	231,50	134,72	195,96	220,46	127,98	186,16	209,43	121,23	176,34	198,38	114,49	166,53	187,34	107,74	156,72	176,31
	II	2 649,08	145,69	211,92	238,41	II	2 649,08	138,95	202,12	227,38	132,21	192,30	216,34	125,46	182,49	205,30	118,72	172,68	194,27	111,97	162,87	183,23	105,22	153,06	172,19
	III	2 022,—	111,21	161,76	181,98	III	2 022,—	104,87	152,54	171,61	98,66	143,50	161,44	92,58	134,66	151,49	86,63	126,01	141,76	80,80	117,53	132,22	75,11	109,25	122,90
	V	3 109,41	171,01	248,75	279,84	IV	2 694,91	144,84	210,68	237,02	141,47	205,78	231,50	138,10	200,87	225,98	134,72	195,96	220,46	131,35	191,06	214,94	127,98	186,16	209,43
	VI	3 142,91	172,86	251,43	282,85																				
8 687,99 Ost	I,IV	2 707,75	148,92	216,62	243,69	I	2 707,75	142,17	206,80	232,65	135,43	197,—	221,62	128,69	187,18	210,58	121,94	177,37	199,54	115,20	167,56	188,51	108,45	157,75	177,47
	II	2 662,—	146,41	212,96	239,58	II	2 662,—	139,66	203,14	228,53	132,91	193,33	217,49	126,17	183,52	206,46	119,42	173,71	195,42	112,68	163,90	184,38	105,93	154,09	173,35
	III	2 034,33	111,88	162,74	183,08	III	2 034,33	105,53	153,50	172,69	99,31	144,45	162,50	93,21	135,58	152,53	87,24	126,90	142,76	81,40	118,41	133,21	75,70	110,12	123,88
	V	3 122,33	171,72	249,78	281,—	IV	2 707,75	145,55	211,71	238,17	142,17	206,80	232,65	138,81	201,90	227,14	135,43	197,—	221,62	132,06	192,09	216,10	128,69	187,18	210,58
	VI	3 155,75	173,56	252,46	284,01																				

*** Die ausgewiesenen Tabellenwerte sind amtlich. Siehe Erläuterungen auf der Umschlaginnenseite (U2).**

Lohn/ Gehalt bis €*		I – VI LSt	ohne Kinderfreibeträge SolZ	8%	9%		I, II, III, IV LSt	0,5 SolZ	8%	9%	1 SolZ	8%	9%	1,5 SolZ	8%	9%	2 SolZ	8%	9%	2,5 SolZ	8%	9%	3 SolZ	8%	9%
8 690,99 West	I,IV	2 696,16	148,28	215,69	242,65	I	2 696,16	141,54	205,88	231,61	134,79	196,06	220,57	128,05	186,26	209,54	121,30	176,44	198,50	114,56	166,63	187,46	107,81	156,82	176,42
	II	2 650,33	145,76	212,02	238,52	II	2 650,33	139,02	202,22	227,49	132,27	192,40	216,45	125,53	182,59	205,41	118,79	172,78	194,38	112,04	162,97	183,34	105,29	153,16	172,30
	III	2 023,33	111,28	161,86	182,09	III	2 023,33	104,94	152,64	171,72	98,72	143,60	161,55	92,64	134,76	151,60	86,68	126,09	141,85	80,86	117,62	132,32	75,16	109,33	122,99
	V	3 110,75	171,09	248,86	279,96	IV	2 696,16	144,91	210,78	237,13	141,54	205,88	231,61	138,16	200,97	226,09	134,79	196,06	220,57	131,42	191,16	215,06	128,05	186,26	209,54
	VI	3 144,16	172,92	251,53	282,97																				
8 690,99 Ost	I,IV	2 709,—	148,99	216,72	243,81	I	2 709,—	142,25	206,91	232,77	135,50	197,10	221,73	128,75	187,28	210,69	122,01	177,48	199,66	115,27	167,66	188,62	108,52	157,85	177,58
	II	2 663,25	146,47	213,06	239,69	II	2 663,25	139,73	203,24	228,65	132,99	193,44	217,62	126,24	183,62	206,57	119,49	173,81	195,53	112,75	164,—	184,50	106,—	154,19	173,46
	III	2 035,50	111,95	162,84	183,19	III	2 035,50	105,60	153,60	172,80	99,37	144,54	162,61	93,28	135,68	152,64	87,31	127,—	142,87	81,47	118,50	133,31	75,76	110,20	123,97
	V	3 123,58	171,79	249,88	281,12	IV	2 709,—	145,62	211,81	238,28	142,25	206,91	232,77	138,87	202,—	227,25	135,50	197,10	221,73	132,13	192,19	216,21	128,75	187,28	210,69
	VI	3 157,08	173,63	252,56	284,13																				
8 693,99 West	I,IV	2 697,41	148,35	215,79	242,76	I	2 697,41	141,61	205,98	231,72	134,86	196,16	220,68	128,12	186,36	209,65	121,37	176,54	198,61	114,62	166,73	187,57	107,88	156,92	176,54
	II	2 651,58	145,83	212,12	238,64	II	2 651,58	139,09	202,32	227,61	132,34	192,50	216,56	125,60	182,69	205,52	118,85	172,88	194,49	112,11	163,07	183,45	105,36	153,26	172,41
	III	2 024,50	111,34	161,96	182,20	III	2 024,50	105,—	152,73	171,82	98,78	143,69	161,65	92,71	134,85	151,70	86,75	126,18	141,95	80,92	117,70	132,41	75,23	109,42	123,10
	V	3 112,—	171,16	248,96	280,08	IV	2 697,41	144,98	210,88	237,24	141,61	205,98	231,72	138,23	201,07	226,20	134,86	196,16	220,68	131,49	191,26	215,17	128,12	186,36	209,65
	VI	3 145,41	172,99	251,63	283,08																				
8 693,99 Ost	I,IV	2 710,25	149,06	216,82	243,92	I	2 710,25	142,32	207,01	232,88	135,57	197,20	221,85	128,82	187,38	210,80	122,08	177,58	199,77	115,33	167,76	188,73	108,59	157,95	177,69
	II	2 664,50	146,54	213,16	239,80	II	2 664,50	139,80	203,34	228,76	133,05	193,54	217,73	126,31	183,72	206,69	119,56	173,91	195,65	112,82	164,10	184,61	106,07	154,29	173,57
	III	2 036,66	112,01	162,93	183,29	III	2 036,66	105,66	153,69	172,90	99,44	144,64	162,72	93,34	135,77	152,74	87,36	127,08	142,96	81,52	118,58	133,40	75,81	110,28	124,06
	V	3 124,83	171,86	249,98	281,23	IV	2 710,25	145,69	211,92	238,41	142,32	207,01	232,88	138,94	202,10	227,36	135,57	197,20	221,85	132,20	192,29	216,32	128,82	187,38	210,80
	VI	3 158,33	173,70	252,66	284,24																				
8 696,99 West	I,IV	2 698,66	148,42	215,89	242,87	I	2 698,66	141,68	206,08	231,84	134,93	196,27	220,80	128,19	186,46	209,76	121,44	176,64	198,72	114,70	166,84	187,69	107,95	157,02	176,65
	II	2 652,91	145,91	212,23	238,76	II	2 652,91	139,16	202,42	227,72	132,41	192,60	216,68	125,67	182,80	205,65	118,92	172,98	194,60	112,18	163,17	183,56	105,43	153,36	172,53
	III	2 025,66	111,41	162,05	182,30	III	2 025,66	105,06	152,82	171,92	98,85	143,78	161,75	92,76	134,93	151,79	86,80	126,26	142,04	80,98	117,80	132,52	75,28	109,50	123,19
	V	3 113,25	171,22	249,06	280,19	IV	2 698,66	145,05	210,98	237,35	141,68	206,08	231,84	138,30	201,17	226,31	134,93	196,27	220,80	131,56	191,36	215,28	128,19	186,46	209,76
	VI	3 146,66	173,06	251,73	283,19																				
8 696,99 Ost	I,IV	2 711,58	149,13	216,92	244,04	I	2 711,58	142,39	207,11	233,—	135,64	197,30	221,96	128,89	187,48	210,92	122,15	177,68	199,89	115,40	167,86	188,84	108,66	158,05	177,80
	II	2 665,75	146,61	213,26	239,91	II	2 665,75	139,86	203,44	228,87	133,12	193,64	217,84	126,38	183,82	206,80	119,63	174,01	195,76	112,89	164,20	184,73	106,14	154,39	173,69
	III	2 037,83	112,08	163,02	183,40	III	2 037,83	105,72	153,78	173,—	99,50	144,73	162,82	93,39	135,85	152,83	87,43	127,17	143,06	81,59	118,68	133,51	75,88	110,37	124,16
	V	3 126,08	171,93	250,08	281,34	IV	2 711,58	145,76	212,02	238,52	142,39	207,11	233,—	139,01	202,20	227,48	135,64	197,30	221,96	132,27	192,39	216,44	128,89	187,48	210,92
	VI	3 159,58	173,77	252,76	284,36																				
8 699,99 West	I,IV	2 699,91	148,49	215,99	242,99	I	2 699,91	141,74	206,18	231,95	135,—	196,37	220,91	128,26	186,56	209,88	121,51	176,74	198,83	114,77	166,94	187,80	108,02	157,12	176,76
	II	2 654,16	145,97	212,33	238,87	II	2 654,16	139,23	202,52	227,83	132,48	192,70	216,79	125,74	182,90	205,76	118,99	173,08	194,72	112,25	163,27	183,68	105,50	153,46	172,64
	III	2 026,83	111,47	162,14	182,41	III	2 026,83	105,13	152,92	172,03	98,91	143,88	161,86	92,83	135,02	151,90	86,87	126,36	142,15	81,04	117,88	132,61	75,34	109,58	123,28
	V	3 114,50	171,29	249,16	280,30	IV	2 699,91	145,12	211,08	237,47	141,74	206,18	231,95	138,38	201,28	226,44	135,—	196,37	220,91	131,63	191,46	215,39	128,26	186,56	209,88
	VI	3 147,91	173,13	251,83	283,31																				
8 699,99 Ost	I,IV	2 712,83	149,20	217,02	244,15	I	2 712,83	142,45	207,21	233,11	135,71	197,40	222,07	128,97	187,59	211,04	122,22	177,78	200,—	115,47	167,96	188,96	108,73	158,16	177,93
	II	2 667,—	146,68	213,36	240,03	II	2 667,—	139,94	203,55	228,99	133,19	193,74	217,95	126,44	183,92	206,91	119,70	174,12	195,88	112,96	164,30	184,84	106,21	154,49	173,80
	III	2 039,16	112,15	163,13	183,52	III	2 039,16	105,79	153,88	173,11	99,56	144,82	162,92	93,46	135,94	152,93	87,49	127,26	143,17	81,64	118,76	133,60	75,93	110,45	124,25
	V	3 127,33	172,—	250,18	281,45	IV	2 712,83	145,83	212,12	238,63	142,45	207,21	233,11	139,08	202,30	227,59	135,71	197,40	222,07	132,33	192,49	216,55	128,97	187,59	211,04
	VI	3 160,83	173,84	252,86	284,47																				
8 702,99 West	I,IV	2 701,16	148,56	216,09	243,10	I	2 701,16	141,82	206,28	232,07	135,07	196,47	221,03	128,32	186,66	209,99	121,58	176,84	198,95	114,84	167,04	187,92	108,09	157,22	176,87
	II	2 655,41	146,04	212,43	238,98	II	2 655,41	139,30	202,62	227,94	132,55	192,80	216,90	125,81	183,—	205,87	119,06	173,18	194,83	112,31	163,37	183,79	105,57	153,56	172,76
	III	2 028,—	111,54	162,24	182,52	III	2 028,—	105,19	153,01	172,13	98,98	143,97	161,96	92,89	135,12	152,01	86,93	126,45	142,25	81,10	117,97	132,71	75,40	109,68	123,39
	V	3 115,75	171,36	249,26	280,41	IV	2 701,16	145,19	211,18	237,58	141,82	206,28	232,07	138,44	201,38	226,55	135,07	196,47	221,03	131,70	191,56	215,51	128,32	186,66	209,99
	VI	3 149,25	173,20	251,94	283,43																				
8 702,99 Ost	I,IV	2 714,08	149,27	217,12	244,26	I	2 714,08	142,52	207,31	233,22	135,78	197,50	222,18	129,03	187,69	211,15	122,29	177,88	200,11	115,54	168,06	189,07	108,80	158,26	178,04
	II	2 668,25	146,75	213,46	240,14	II	2 668,25	140,01	203,65	229,10	133,26	193,84	218,07	126,51	184,02	207,02	119,77	174,22	195,99	113,02	164,40	184,95	106,28	154,59	173,91
	III	2 040,33	112,21	163,22	183,62	III	2 040,33	105,85	153,97	173,21	99,62	144,90	163,01	93,52	136,04	153,04	87,55	127,34	143,26	81,71	118,85	133,70	75,99	110,53	124,34
	V	3 128,66	172,07	250,29	281,57	IV	2 714,08	145,90	212,22	238,74	142,52	207,31	233,22	139,15	202,40	227,70	135,78	197,50	222,18	132,41	192,60	216,67	129,03	187,69	211,15
	VI	3 162,08	173,91	252,96	284,58																				
8 705,99 West	I,IV	2 702,41	148,63	216,19	243,21	I	2 702,41	141,89	206,38	232,18	135,14	196,57	221,14	128,39	186,76	210,10	121,65	176,95	199,07	114,90	167,14	188,03	108,16	157,32	176,99
	II	2 656,66	146,11	212,53	239,09	II	2 656,66	139,37	202,72	228,06	132,62	192,91	217,02	125,88	183,10	205,98	119,13	173,28	194,94	112,39	163,48	183,91	105,64	153,66	172,87
	III	2 029,33	111,61	162,34	182,63	III	2 029,33	105,26	153,10	172,24	99,04	144,06	162,07	92,95	135,20	152,10	86,99	126,53	142,34	81,16	118,05	132,80	75,46	109,76	123,48
	V	3 117,—	171,43	249,36	280,53	IV	2 702,41	145,25	211,28	237,69	141,89	206,38	232,18	138,51	201,48	226,66	135,14	196,57	221,14	131,77	191,66	215,62	128,39	186,76	210,10
	VI	3 150,50	173,27	252,04	283,54																				
8 705,99 Ost	I,IV	2 715,33	149,34	217,22	244,37	I	2 715,33	142,59	207,41	233,33	135,85	197,60	222,30	129,10	187,79	211,26	122,36	177,98	200,22	115,61	168,16	189,18	108,87	158,36	178,15
	II	2 669,58	146,82	213,56	240,26	II	2 669,58	140,08	203,75	229,22	133,33	193,94	218,18	126,58	184,12	207,14	119,84	174,32	196,11	113,09	164,50	185,06	106,35	154,69	174,02
	III	2 041,50	112,28	163,32	183,73	III	2 041,50	105,92	154,06	173,32	99,68	145,—	163,12	93,59	136,13	153,14	87,61	127,44	143,37	81,76	118,93	133,79	76,05	110,62	124,45
	V	3 129,91	172,14	250,39	281,69	IV	2 715,33	145,97	212,32	238,86	142,59	207,41	233,33	139,22	202,50	227,81	135,85	197,60	222,30	132,48	192,70	216,78	129,10	187,79	211,26
	VI	3 163,33	173,98	253,06	284,69																				
8 708,99 West	I,IV	2 703,66	148,70	216,29	243,32	I	2 703,66	141,95	206,48	232,29	135,21	196,67	221,25	128,46	186,86	210,21	121,72	177,05	199,18	114,97	167,24	188,14	108,23	157,42	177,10
	II	2 657,91	146,18	212,63	239,21	II	2 657,91	139,43	202,82	228,17	132,69	193,01	217,13	125,95	183,20	206,10	119,20	173,38	195,05	112,46	163,58	184,02	105,71	153,76	172,98
	III	2 030,50	111,67	162,44	182,74	III	2 030,50	105,32	153,20	172,35	99,11	144,16	162,18	93,01	135,29	152,20	87,05	126,62	142,45	81,21	118,13	132,89	75,51	109,84	123,57
	V	3 118,25	171,50	249,46	280,64	IV	2 703,66	145,33	211,39	237,81	141,95	206,48	232,29	138,58	201,58	226,77	135,21	196,67	221,25	131,83	191,76	215,73	128,46	186,86	210,21
	VI	3 151,75	173,34	252,14	283,65																				
8 708,99 Ost	I,IV	2 716,58	149,41	217,32	244,49	I	2 716,58	142,66	207,51	233,45	135,92	197,70	222,41	129,17	187,89	211,37	122,43	178,08	200,34	115,68	168,27	189,30	108,94	158,46	178,26
	II	2 670,83	146,89	213,66	240,37	II	2 670,83	140,14	203,85	229,33	133,40	194,04	218,29	126,66	184,23	207,26	119,91	174,42	196,22	113,16	164,60	185,18	106,42	154,80	174,15
	III	2 042,66	112,34	163,41	183,83	III	2 042,66	105,98	154,16	173,43	99,75	145,09	163,22	93,64	136,21	153,23	87,67	127,52	143,46	81,83	119,02	133,90	76,11	110,70	124,54
	V	3 131,16	172,21	250,49	281,80	IV	2 716,58	146,03	212,42	238,97	142,66	207,51	233,45	139,29	202,60	227,93	135,92	197,70	222,41	132,55	192,80	216,90	129,17	187,89	211,37
	VI	3 164,58	174,05	253,16	284,81																				
8 711,99 West	I,IV	2 705,—	148,77	216,40	243,45	I	2 705,—	142,02	206,58	232,40	135,28	196,77	221,36	128,53	186,96	210,33	121,79	177,15	199,29	115,04	167,34	188,25	108,29	157,52	177,21
	II	2 659,16	146,25	212,73	239,32	II	2 659,16	139,51	202,92	228,29	132,76	193,11	217,25	126,01	183,30	206,21	119,27	173,48	195,17	112,53	163,68	184,14	105,78	153,86	173,09
	III	2 031,66	111,74	162,53	182,84	III	2 031,66	105,38	153,29	172,45	99,17	144,25	162,28	93,07	135,38	152,30	87,11	126,70	142,54	81,28	118,22	133,—	75,57	109,92	123,66
	V	3 119,50	171,57	249,56	280,75	IV	2 705,—	145,40	211,49	237,92	142,02	206,58	232,40	138,65	201,68	226,89	135,28	196,77	221,36	131,90	191,86	215,84	128,53	186,96	210,33
	VI	3 153,—	173,41	252,24	283,77																				
8 711,99 Ost	I,IV	2 717,83	149,48	217,42	244,60	I	2 717,83	142,73	207,61	233,56	135,99	197,80	222,53	129,24	187,99	211,49	122,49	178,18	200,45	115,75	168,37	189,41	109,01	158,56	178,38
	II	2 672,08	146,96	213,76	240,48	II	2 672,08	140,21	203,95	229,44	133,47	194,14	218,40	126,72	184,33	207,37	119,98	174,52	196,33	113,23	164,70	185,29	106,49	154,90	174,26
	III	2 043,83	112,41	163,50	183,94	III	2 043,83	106,04	154,25	173,53	99,81	145,18	163,33	93,71	136,30	153,34	87,73	127,61	143,56	81,88	119,10	133,99	76,16	110,78	124,63
	V	3 132,41	172,28	250,59	281,91	IV	2 717,83	146,10	212,52	239,08	142,73	207,61	233,56	139,36	202,71	228,05	135,99	197,80	222,53	132,61	192,90	217,01	129,24	187,99	211,49
	VI	3 165,83	174,12	253,26	284,92																				

Table heading: Abzüge an Lohnsteuer, Solidaritätszuschlag (SolZ) und Kirchensteuer (8%, 9%) in den Steuerklassen; I, II, III, IV mit Zahl der Kinderfreibeträge . . .

* Die ausgewiesenen Tabellenwerte sind amtlich. Siehe Erläuterungen auf der Umschlaginnenseite (U2).

Lohn/ Gehalt bis €*	Abzüge an Lohnsteuer, Solidaritätszuschlag (SolZ) und Kirchensteuer (8%, 9%) in den Steuerklassen I – VI	LSt	SolZ	8%	9%	I, II, III, IV	LSt	mit Zahl der Kinderfreibeträge . . . 0,5 SolZ	0,5 8%	0,5 9%	1 SolZ	1 8%	1 9%	1,5 SolZ	1,5 8%	1,5 9%	2 SolZ	2 8%	2 9%	2,5 SolZ	2,5 8%	2,5 9%	3 SolZ	3 8%	3 9%
			ohne Kinderfreibeträge																						
8 714,99 West	I,IV	2 706,25	148,84	216,50	243,56	I	2 706,25	142,09	206,68	232,52	135,35	196,87	221,48	128,60	187,06	210,44	121,86	177,25	199,40	115,11	167,44	188,37	108,37	157,63	177,33
	II	2 660,41	146,32	212,83	239,43	II	2 660,41	139,58	203,02	228,40	132,83	193,21	217,36	126,08	183,40	206,32	119,34	173,59	195,29	112,59	163,78	184,25	105,85	153,96	173,21
	III	2 032,83	111,80	162,62	182,95	III	2 032,83	105,45	153,38	172,55	99,22	144,33	162,37	93,14	135,48	152,41	87,17	126,80	142,65	81,33	118,30	133,09	75,63	110,01	123,76
	V	3 120,75	171,64	249,66	280,86	IV	2 706,25	145,47	211,59	238,04	142,09	206,68	232,52	138,72	201,78	227,—	135,35	196,87	221,48	131,97	191,96	215,96	128,60	187,06	210,44
	VI	3 154,25	173,48	252,34	283,88																				
8 714,99 Ost	I,IV	2 719,08	149,54	217,52	244,71	I	2 719,08	142,80	207,72	233,68	136,06	197,90	222,64	129,31	188,09	211,60	122,57	178,28	200,57	115,82	168,47	189,53	109,07	158,66	178,49
	II	2 673,33	147,03	213,86	240,59	II	2 673,33	140,28	204,05	229,55	133,54	194,24	218,52	126,79	184,43	207,48	120,05	174,62	196,44	113,30	164,80	185,40	106,56	155,—	174,37
	III	2 045,16	112,48	163,61	184,06	III	2 045,16	106,11	154,34	173,63	99,88	145,28	163,44	93,77	136,40	153,45	87,79	127,70	143,66	81,95	119,20	134,10	76,23	110,88	124,74
	V	3 133,66	172,35	250,69	282,02	IV	2 719,08	146,17	212,62	239,19	142,80	207,72	233,68	139,43	202,81	228,16	136,06	197,90	222,64	132,68	193,—	217,12	129,31	188,09	211,60
	VI	3 167,16	174,19	253,37	285,04																				
8 717,99 West	I,IV	2 707,50	148,91	216,60	243,67	I	2 707,50	142,16	206,78	232,63	135,41	196,97	221,59	128,67	187,16	210,56	121,93	177,35	199,52	115,18	167,54	188,48	108,44	157,73	177,44
	II	2 661,66	146,39	212,93	239,54	II	2 661,66	139,64	203,12	228,51	132,90	193,31	217,47	126,15	183,50	206,43	119,41	173,69	195,40	112,66	163,88	184,36	105,92	154,06	173,32
	III	2 034,—	111,87	162,72	183,06	III	2 034,—	105,51	153,48	172,66	99,29	144,42	162,47	93,20	135,57	152,51	87,23	126,89	142,75	81,40	118,40	133,20	75,68	110,09	123,85
	V	3 122,08	171,71	249,76	280,98	IV	2 707,50	145,53	211,69	238,15	142,16	206,78	232,63	138,79	201,88	227,11	135,41	196,97	221,59	132,05	192,07	216,08	128,67	187,16	210,56
	VI	3 155,50	173,55	252,44	283,99																				
8 717,99 Ost	I,IV	2 720,33	149,61	217,62	244,82	I	2 720,33	142,87	207,82	233,79	136,12	198,—	222,75	129,38	188,19	211,71	122,64	178,38	200,68	115,89	168,57	189,64	109,14	158,76	178,60
	II	2 674,58	147,10	213,96	240,71	II	2 674,58	140,35	204,15	229,67	133,61	194,34	218,63	126,86	184,53	207,59	120,12	174,72	196,56	113,37	164,91	185,52	106,63	155,10	174,48
	III	2 046,33	112,54	163,70	184,16	III	2 046,33	106,17	154,44	173,74	99,94	145,37	163,54	93,83	136,49	153,55	87,85	127,78	143,75	82,—	119,28	134,19	76,28	110,96	124,83
	V	3 134,91	172,42	250,79	282,14	IV	2 720,33	146,24	212,72	239,31	142,87	207,82	233,79	139,50	202,91	228,27	136,12	198,—	222,75	132,75	193,10	217,23	129,38	188,19	211,71
	VI	3 168,41	174,26	253,47	285,15																				
8 720,99 West	I,IV	2 708,75	148,98	216,70	243,78	I	2 708,75	142,23	206,88	232,74	135,49	197,08	221,71	128,74	187,26	210,67	121,99	177,45	199,63	115,25	167,64	188,60	108,51	157,83	177,56
	II	2 663,—	146,46	213,04	239,67	II	2 663,—	139,71	203,22	228,62	132,97	193,41	217,58	126,22	183,60	206,55	119,48	173,79	195,51	112,73	163,98	184,47	105,98	154,16	173,43
	III	2 035,16	111,93	162,81	183,16	III	2 035,16	105,58	153,57	172,76	99,35	144,52	162,58	93,26	135,65	152,60	87,29	126,97	142,84	81,45	118,48	133,29	75,74	110,17	123,94
	V	3 123,33	171,78	249,86	281,09	IV	2 708,75	145,60	211,79	238,26	142,23	206,88	232,74	138,86	201,98	227,22	135,49	197,08	221,71	132,11	192,17	216,19	128,74	187,26	210,67
	VI	3 156,75	173,62	252,54	284,10																				
8 720,99 Ost	I,IV	2 721,58	149,68	217,72	244,94	I	2 721,58	142,94	207,92	233,91	136,19	198,10	222,86	129,45	188,29	211,82	122,70	178,48	200,79	115,96	168,67	189,75	109,21	158,86	178,71
	II	2 675,83	147,17	214,06	240,82	II	2 675,83	140,42	204,25	229,78	133,68	194,44	218,75	126,93	184,63	207,71	120,18	174,82	196,67	113,44	165,01	185,63	106,70	155,20	174,60
	III	2 047,50	112,61	163,80	184,27	III	2 047,50	106,25	154,54	173,86	100,—	145,46	163,64	93,89	136,57	153,64	87,91	127,88	143,86	82,06	119,37	134,29	76,34	111,04	124,92
	V	3 136,16	172,48	250,89	282,25	IV	2 721,58	146,31	212,82	239,42	142,94	207,92	233,91	139,57	203,01	228,38	136,19	198,10	222,86	132,82	193,20	217,35	129,45	188,29	211,82
	VI	3 169,66	174,33	253,57	285,26																				
8 723,99 West	I,IV	2 710,—	149,05	216,80	243,90	I	2 710,—	142,30	206,98	232,85	135,56	197,18	221,82	128,81	187,36	210,78	122,06	177,55	199,74	115,32	167,74	188,71	108,57	157,93	177,67
	II	2 664,25	146,53	213,14	239,78	II	2 664,25	139,78	203,32	228,74	133,04	193,51	217,70	126,29	183,70	206,66	119,55	173,89	195,62	112,80	164,08	184,59	106,06	154,27	173,55
	III	2 036,50	112,—	162,92	183,28	III	2 036,50	105,64	153,66	172,87	99,42	144,61	162,68	93,32	135,74	152,71	87,35	127,06	142,94	81,51	118,57	133,39	75,80	110,26	124,04
	V	3 124,58	171,85	249,96	281,21	IV	2 710,—	145,67	211,89	238,37	142,30	206,98	232,85	138,93	202,08	227,34	135,56	197,18	221,82	132,18	192,27	216,30	128,81	187,36	210,78
	VI	3 158,—	173,69	252,64	284,22																				
8 723,99 Ost	I,IV	2 722,91	149,76	217,83	245,06	I	2 722,91	143,01	208,02	234,02	136,26	198,20	222,98	129,52	188,40	211,95	122,77	178,58	200,90	116,03	168,77	189,86	109,28	158,96	178,83
	II	2 677,08	147,23	214,16	240,93	II	2 677,08	140,49	204,36	229,90	133,75	194,54	218,86	127,—	184,73	207,82	120,26	174,92	196,79	113,51	165,11	185,75	106,76	155,30	174,71
	III	2 048,66	112,67	163,89	184,37	III	2 048,66	106,31	154,64	173,97	100,07	145,56	163,75	93,95	136,66	153,74	87,98	127,97	143,96	82,12	119,45	134,38	76,40	111,13	125,02
	V	3 137,41	172,55	250,99	282,36	IV	2 722,91	146,38	212,92	239,54	143,01	208,02	234,02	139,64	203,11	228,50	136,26	198,20	222,98	132,89	193,30	217,46	129,52	188,40	211,95
	VI	3 170,91	174,40	253,67	285,38																				
8 726,99 West	I,IV	2 711,25	149,11	216,90	244,01	I	2 711,25	142,37	207,08	232,97	135,63	197,28	221,94	128,88	187,46	210,89	122,13	177,65	199,85	115,39	167,84	188,82	108,64	158,03	177,78
	II	2 665,50	146,60	213,24	239,89	II	2 665,50	139,85	203,42	228,85	133,10	193,61	217,81	126,36	183,80	206,78	119,62	173,99	195,74	112,87	164,18	184,70	106,13	154,37	173,66
	III	2 037,66	112,07	163,01	183,38	III	2 037,66	105,71	153,76	172,98	99,48	144,70	162,79	93,39	135,84	152,82	87,42	127,16	143,05	81,57	118,65	133,48	75,86	110,34	124,13
	V	3 125,83	171,92	250,06	281,32	IV	2 711,25	145,74	211,99	238,49	142,37	207,08	232,97	139,—	202,18	227,45	135,63	197,28	221,94	132,25	192,37	216,41	128,88	187,46	210,89
	VI	3 159,25	173,75	252,74	284,33																				
8 726,99 Ost	I,IV	2 724,16	149,82	217,93	245,17	I	2 724,16	143,08	208,12	234,13	136,33	198,30	223,09	129,59	188,50	212,06	122,84	178,68	201,02	116,10	168,87	189,98	109,35	159,06	178,94
	II	2 678,33	147,30	214,26	241,04	II	2 678,33	140,56	204,46	230,01	133,81	194,64	218,97	127,07	184,83	207,93	120,33	175,02	196,90	113,58	165,21	185,86	106,83	155,40	174,82
	III	2 050,—	112,75	164,—	184,50	III	2 050,—	106,37	154,73	174,07	100,13	145,65	163,85	94,02	136,76	153,85	88,03	128,05	144,05	82,18	119,54	134,48	76,45	111,21	125,11
	V	3 138,75	172,63	251,10	282,48	IV	2 724,16	146,45	213,02	239,65	143,08	208,12	234,13	139,70	203,21	228,61	136,33	198,30	223,09	132,96	193,40	217,58	129,59	188,50	212,06
	VI	3 172,16	174,46	253,77	285,49																				
8 729,99 West	I,IV	2 712,50	149,18	217,—	244,12	I	2 712,50	142,44	207,19	233,09	135,69	197,38	222,05	128,95	187,56	211,01	122,21	177,76	199,98	115,46	167,94	188,93	108,71	158,13	177,89
	II	2 666,75	146,67	213,34	240,—	II	2 666,75	139,92	203,52	228,96	133,18	193,72	217,93	126,43	183,90	206,89	119,68	174,09	195,85	112,94	164,28	184,82	106,20	154,47	173,78
	III	2 038,83	112,13	163,10	183,49	III	2 038,83	105,78	153,86	173,09	99,55	144,80	162,90	93,45	135,93	152,92	87,47	127,24	143,14	81,63	118,74	133,58	75,91	110,42	124,22
	V	3 127,08	171,98	250,16	281,43	IV	2 712,50	145,81	212,09	238,60	142,44	207,19	233,09	139,07	202,28	227,57	135,69	197,38	222,05	132,32	192,47	216,53	128,95	187,56	211,01
	VI	3 160,58	173,83	252,84	284,45																				
8 729,99 Ost	I,IV	2 725,41	149,89	218,03	245,28	I	2 725,41	143,15	208,22	234,24	136,40	198,40	223,20	129,66	188,60	212,17	122,91	178,78	201,13	116,16	168,97	190,09	109,42	159,16	179,06
	II	2 679,58	147,37	214,36	241,16	II	2 679,58	140,63	204,56	230,13	133,88	194,74	219,08	127,14	184,93	208,04	120,39	175,12	197,01	113,65	165,31	185,97	106,90	155,50	174,93
	III	2 051,16	112,81	164,09	184,60	III	2 051,16	106,44	154,82	174,17	100,20	145,74	163,96	94,08	136,85	153,95	88,10	128,14	144,16	82,24	119,62	134,57	76,51	111,29	125,20
	V	3 140,—	172,70	251,20	282,60	IV	2 725,41	146,52	213,12	239,76	143,15	208,22	234,24	139,77	203,31	228,72	136,40	198,40	223,20	133,03	193,50	217,69	129,66	188,60	212,17
	VI	3 173,41	174,53	253,87	285,60																				
8 732,99 West	I,IV	2 713,75	149,25	217,10	244,23	I	2 713,75	142,51	207,29	233,20	135,76	197,48	222,16	129,02	187,66	211,12	122,27	177,86	200,09	115,53	168,04	189,05	108,78	158,23	178,01
	II	2 668,—	146,74	213,44	240,12	II	2 668,—	139,99	203,62	229,07	133,25	193,82	218,04	126,50	184,—	207,—	119,75	174,19	195,96	113,01	164,38	184,93	106,26	154,57	173,89
	III	2 040,—	112,20	163,20	183,60	III	2 040,—	105,84	153,96	173,20	99,61	144,89	163,—	93,50	136,01	153,01	87,54	127,33	143,24	81,69	118,82	133,67	75,98	110,52	124,33
	V	3 128,33	172,05	250,26	281,54	IV	2 713,75	145,88	212,20	238,72	142,51	207,29	233,20	139,14	202,38	227,68	135,76	197,48	222,16	132,39	192,57	216,64	129,02	187,66	211,12
	VI	3 161,83	173,90	252,94	284,56																				
8 732,99 Ost	I,IV	2 726,66	149,96	218,13	245,39	I	2 726,66	143,22	208,32	234,36	136,47	198,51	223,32	129,73	188,70	212,28	122,98	178,88	201,24	116,24	169,08	190,21	109,49	159,26	179,17
	II	2 680,91	147,45	214,47	241,28	II	2 680,91	140,70	204,66	230,24	133,95	194,84	219,20	127,21	185,04	208,17	120,46	175,22	197,12	113,72	165,41	186,08	106,97	155,60	175,05
	III	2 052,33	112,87	164,18	184,70	III	2 052,33	106,50	154,92	174,28	100,26	145,84	164,07	94,15	136,94	154,06	88,16	128,24	144,27	82,30	119,72	134,68	76,57	111,38	125,30
	V	3 141,25	172,76	251,30	282,71	IV	2 726,66	146,59	213,22	239,87	143,22	208,32	234,36	139,84	203,41	228,83	136,47	198,51	223,32	133,10	193,60	217,80	129,73	188,70	212,28
	VI	3 174,66	174,60	253,97	285,71																				
8 735,99 West	I,IV	2 715,08	149,32	217,20	244,35	I	2 715,08	142,58	207,39	233,31	135,83	197,58	222,27	129,08	187,76	211,23	122,34	177,96	200,20	115,60	168,14	189,16	108,85	158,33	178,12
	II	2 669,25	146,80	213,54	240,23	II	2 669,25	140,06	203,72	229,19	133,32	193,92	218,16	126,57	184,10	207,11	119,82	174,29	196,07	113,08	164,48	185,04	106,33	154,67	174,—
	III	2 041,16	112,26	163,29	183,70	III	2 041,16	105,91	154,05	173,30	99,67	144,98	163,10	93,57	136,10	153,11	87,59	127,41	143,33	81,75	118,92	133,78	76,03	110,60	124,42
	V	3 129,58	172,12	250,36	281,66	IV	2 715,08	145,95	212,30	238,83	142,58	207,39	233,31	139,20	202,48	227,79	135,83	197,58	222,27	132,46	192,67	216,75	129,08	187,76	211,23
	VI	3 163,08	173,96	253,04	284,67																				
8 735,99 Ost	I,IV	2 727,91	150,03	218,23	245,51	I	2 727,91	143,28	208,42	234,47	136,54	198,61	223,43	129,80	188,80	212,40	123,05	178,98	201,35	116,31	169,18	190,32	109,56	159,36	179,28
	II	2 682,16	147,51	214,57	241,39	II	2 682,16	140,77	204,76	230,35	134,02	194,94	219,31	127,28	185,14	208,28	120,53	175,32	197,24	113,79	165,51	186,20	107,04	155,70	175,16
	III	2 053,50	112,94	164,28	184,81	III	2 053,50	106,57	155,01	174,38	100,32	145,93	164,17	94,20	137,02	154,15	88,22	128,32	144,36	82,36	119,80	134,77	76,63	111,46	125,39
	V	3 142,50	172,83	251,40	282,83	IV	2 727,91	146,66	213,32	239,99	143,28	208,42	234,47	139,92	203,52	228,96	136,54	198,61	223,43	133,17	193,70	217,91	129,80	188,80	212,40
	VI	3 175,91	174,67	254,07	285,83																				

* Die ausgewiesenen Tabellenwerte sind amtlich. Siehe Erläuterungen auf der Umschlaginnenseite (U2).

MONAT 8 736,–*

Lohn/Gehalt bis €*		I – VI LSt	ohne Kinderfreibeträge SolZ	8%	9%	I, II, III, IV	LSt	0,5 SolZ	8%	9%	1 SolZ	8%	9%	1,5 SolZ	8%	9%	2 SolZ	8%	9%	2,5 SolZ	8%	9%	3 SolZ	8%	9%
8 738,99 West	I,IV	2 716,33	149,39	217,30	244,46	I	2 716,33	142,65	207,49	233,42	135,90	197,68	222,39	129,16	187,87	211,35	122,41	178,06	200,31	115,66	168,24	189,27	108,92	158,44	178,24
	II	2 670,50	146,87	213,64	240,34	II	2 670,50	140,13	203,83	229,31	133,38	194,02	218,27	126,64	184,20	207,23	119,90	174,40	196,20	113,15	164,58	185,15	106,40	154,77	174,11
	III	2 042,50	112,33	163,40	183,82	III	2 042,50	105,97	154,14	173,41	99,74	145,08	163,21	93,63	136,20	153,22	87,66	127,50	143,44	81,81	119,–	133,87	76,09	110,68	124,51
	V	3 130,83	172,19	250,46	281,77	IV	2 716,33	146,02	212,40	238,95	142,65	207,49	233,42	139,27	202,58	227,90	135,90	197,68	222,39	132,53	192,77	216,86	129,16	187,87	211,35
	VI	3 164,33	174,03	253,14	284,78																				
8 738,99 Ost	I,IV	2 729,16	150,10	218,33	245,62	I	2 729,16	143,36	208,52	234,59	136,61	198,71	223,55	129,86	188,90	212,51	123,12	179,08	201,47	116,38	169,28	190,44	109,63	159,46	179,39
	II	2 683,41	147,58	214,67	241,50	II	2 683,41	140,84	204,86	230,46	134,09	195,04	219,42	127,35	185,24	208,39	120,60	175,42	197,35	113,85	165,61	186,31	107,11	155,80	175,28
	III	2 054,66	113,–	164,37	184,91	III	2 054,66	106,63	155,10	174,49	100,39	146,02	164,27	94,27	137,12	154,26	88,28	128,41	144,46	82,42	119,89	134,87	76,68	111,54	125,48
	V	3 143,75	172,90	251,50	282,93	IV	2 729,16	146,73	213,42	240,10	143,36	208,52	234,59	139,98	203,62	229,07	136,61	198,71	223,55	133,24	193,80	218,03	129,86	188,90	212,51
	VI	3 177,25	174,74	254,18	285,95																				
8 741,99 West	I,IV	2 717,58	149,46	217,40	244,58	I	2 717,58	142,72	207,59	233,54	135,97	197,78	222,50	129,23	187,97	211,46	122,48	178,16	200,43	115,73	168,34	189,38	108,99	158,54	178,35
	II	2 671,75	146,94	213,74	240,45	II	2 671,75	140,20	203,93	229,42	133,45	194,12	218,38	126,71	184,30	207,34	119,96	174,50	196,31	113,22	164,68	185,27	106,47	154,87	174,23
	III	2 043,66	112,40	163,49	183,92	III	2 043,66	106,04	154,24	173,52	99,80	145,17	163,31	93,70	136,29	153,32	87,72	127,60	143,55	81,87	119,09	133,97	76,15	110,77	124,61
	V	3 132,16	172,26	250,57	281,89	IV	2 717,58	146,09	212,50	239,06	142,72	207,59	233,54	139,34	202,68	228,02	135,97	197,78	222,50	132,60	192,88	216,99	129,23	187,97	211,46
	VI	3 165,58	174,10	253,24	284,90																				
8 741,99 Ost	I,IV	2 730,41	150,17	218,43	245,73	I	2 730,41	143,43	208,62	234,70	136,68	198,81	223,66	129,93	189,–	212,62	123,19	179,19	201,59	116,44	169,38	190,55	109,70	159,56	179,51
	II	2 684,66	147,65	214,77	241,61	II	2 684,66	140,91	204,96	230,58	134,16	195,15	219,54	127,42	185,34	208,50	120,67	175,52	197,46	113,93	165,72	186,43	107,18	155,90	175,39
	III	2 056,–	113,08	164,48	185,04	III	2 056,–	106,70	155,20	174,60	100,44	146,10	164,36	94,33	137,21	154,36	88,33	128,49	144,55	82,48	119,97	134,96	76,75	111,64	125,59
	V	3 145,–	172,97	251,60	283,05	IV	2 730,41	146,79	213,52	240,21	143,43	208,62	234,70	140,05	203,72	229,18	136,68	198,81	223,66	133,31	193,90	218,14	129,93	189,–	212,62
	VI	3 178,50	174,81	254,28	286,06																				
8 744,99 West	I,IV	2 718,83	149,53	217,50	244,69	I	2 718,83	142,78	207,69	233,65	136,04	197,88	222,62	129,30	188,07	211,58	122,55	178,26	200,54	115,80	168,44	189,50	109,06	158,64	178,47
	II	2 673,08	147,01	213,84	240,57	II	2 673,08	140,27	204,03	229,53	133,52	194,22	218,49	126,77	184,40	207,45	120,03	174,60	196,42	113,29	164,78	185,38	106,54	154,97	174,34
	III	2 044,83	112,46	163,58	184,03	III	2 044,83	106,10	154,33	173,62	99,87	145,26	163,42	93,75	136,37	153,41	87,78	127,68	143,64	81,93	119,17	134,06	76,21	110,85	124,70
	V	3 133,41	172,33	250,67	282,–	IV	2 718,83	146,16	212,60	239,17	142,78	207,69	233,65	139,41	202,78	228,13	136,04	197,88	222,62	132,67	192,98	217,10	129,30	188,07	211,58
	VI	3 166,83	174,17	253,34	285,01																				
8 744,99 Ost	I,IV	2 731,66	150,24	218,53	245,84	I	2 731,66	143,49	208,72	234,81	136,75	198,91	223,77	130,–	189,10	212,73	123,26	179,29	201,70	116,51	169,48	190,66	109,77	159,66	179,62
	II	2 685,91	147,72	214,87	241,73	II	2 685,91	140,97	205,06	230,69	134,23	195,25	219,65	127,49	185,44	208,62	120,74	175,62	197,57	114,–	165,82	186,54	107,25	156,–	175,50
	III	2 057,16	113,14	164,57	185,14	III	2 057,16	106,76	155,29	174,70	100,51	146,20	164,47	94,39	137,30	154,46	88,40	128,58	144,65	82,54	120,06	135,07	76,80	111,72	125,68
	V	3 146,25	173,04	251,70	283,16	IV	2 731,66	146,87	213,63	240,33	143,49	208,72	234,81	140,12	203,82	229,29	136,75	198,91	223,77	133,37	194,–	218,25	130,–	189,10	212,73
	VI	3 179,75	174,88	254,38	286,17																				
8 747,99 West	I,IV	2 720,08	149,60	217,60	244,80	I	2 720,08	142,85	207,79	233,76	136,11	197,98	222,73	129,36	188,17	211,69	122,62	178,36	200,65	115,88	168,55	189,62	109,13	158,74	178,58
	II	2 674,33	147,08	213,94	240,68	II	2 674,33	140,34	204,13	229,64	133,59	194,32	218,61	126,85	184,51	207,57	120,10	174,70	196,53	113,35	164,88	185,49	106,61	155,08	174,46
	III	2 046,–	112,53	163,68	184,14	III	2 046,–	106,16	154,42	173,72	99,93	145,36	163,53	93,82	136,46	153,52	87,84	127,77	143,74	81,99	119,26	134,17	76,26	110,93	124,79
	V	3 134,66	172,40	250,77	282,11	IV	2 720,08	146,23	212,70	239,28	142,85	207,79	233,76	139,48	202,88	228,24	136,11	197,98	222,73	132,74	193,08	217,21	129,36	188,17	211,69
	VI	3 168,08	174,24	253,44	285,12																				
8 747,99 Ost	I,IV	2 733,–	150,31	218,64	245,97	I	2 733,–	143,56	208,82	234,92	136,82	199,01	223,88	130,07	189,20	212,85	123,33	179,39	201,81	116,58	169,58	190,77	109,83	159,76	179,73
	II	2 687,16	147,79	214,97	241,84	II	2 687,16	141,05	205,16	230,81	134,30	195,35	219,77	127,55	185,54	208,73	120,81	175,72	197,69	114,07	165,92	186,66	107,32	156,10	175,61
	III	2 058,33	113,20	164,66	185,24	III	2 058,33	106,82	155,38	174,80	100,57	146,29	164,57	94,46	137,40	154,57	88,46	128,68	144,76	82,60	120,14	135,16	76,86	111,80	125,77
	V	3 147,50	173,11	251,80	283,27	IV	2 733,–	146,94	213,73	240,44	143,56	208,82	234,92	140,19	203,92	229,41	136,82	199,01	223,88	133,44	194,10	218,36	130,07	189,20	212,85
	VI	3 181,–	174,95	254,48	286,29																				
8 750,99 West	I,IV	2 721,33	149,67	217,70	244,91	I	2 721,33	142,92	207,89	233,87	136,18	198,08	222,84	129,43	188,27	211,80	122,69	178,46	200,76	115,94	168,65	189,73	109,20	158,84	178,69
	II	2 675,58	147,15	214,04	240,80	II	2 675,58	140,41	204,23	229,76	133,66	194,42	218,72	126,92	184,61	207,68	120,17	174,80	196,65	113,42	164,98	185,60	106,68	155,18	174,57
	III	2 047,16	112,59	163,77	184,24	III	2 047,16	106,23	154,52	173,83	99,99	145,44	163,62	93,88	136,56	153,63	87,90	127,86	143,84	82,05	119,34	134,26	76,33	111,02	124,90
	V	3 135,91	172,47	250,87	282,23	IV	2 721,33	146,30	212,80	239,40	142,92	207,89	233,87	139,55	202,99	228,36	136,18	198,08	222,84	132,81	193,18	217,32	129,43	188,27	211,80
	VI	3 169,33	174,31	253,54	285,23																				
8 750,99 Ost	I,IV	2 734,25	150,38	218,74	246,08	I	2 734,25	143,63	208,92	235,04	136,89	199,11	224,–	130,14	189,30	212,96	123,40	179,49	201,92	116,65	169,68	190,89	109,91	159,87	179,85
	II	2 688,41	147,86	215,07	241,95	II	2 688,41	141,12	205,26	230,92	134,37	195,45	219,88	127,62	185,64	208,84	120,88	175,83	197,81	114,13	166,02	186,77	107,39	156,20	175,73
	III	2 059,50	113,27	164,76	185,35	III	2 059,50	106,89	155,48	174,91	100,64	146,38	164,68	94,51	137,48	154,66	88,52	128,76	144,85	82,66	120,24	135,27	76,92	111,89	125,87
	V	3 148,75	173,18	251,90	283,38	IV	2 734,25	147,01	213,83	240,56	143,63	208,92	235,04	140,26	204,02	229,52	136,89	199,11	224,–	133,51	194,20	218,48	130,14	189,30	212,96
	VI	3 182,25	175,02	254,58	286,40																				
8 753,99 West	I,IV	2 722,58	149,74	217,80	245,03	I	2 722,58	143,–	208,–	234,–	136,25	198,18	222,95	129,50	188,37	211,91	122,76	178,56	200,88	116,01	168,75	189,84	109,27	158,94	178,80
	II	2 676,83	147,22	214,14	240,91	II	2 676,83	140,47	204,33	229,87	133,73	194,52	218,84	126,99	184,71	207,80	120,24	174,90	196,76	113,49	165,08	185,72	106,75	155,28	174,69
	III	2 048,50	112,66	163,88	184,36	III	2 048,50	106,29	154,61	173,93	100,05	145,53	163,72	93,94	136,65	153,73	87,96	127,94	143,93	82,11	119,44	134,37	76,38	111,10	124,99
	V	3 137,16	172,54	250,97	282,34	IV	2 722,58	146,36	212,90	239,51	143,–	208,–	234,–	139,62	203,09	228,47	136,25	198,18	222,95	132,88	193,28	217,44	129,50	188,37	211,91
	VI	3 170,66	174,38	253,65	285,35																				
8 753,99 Ost	I,IV	2 735,50	150,45	218,84	246,19	I	2 735,50	143,70	209,02	235,15	136,95	199,21	224,11	130,21	189,40	213,08	123,47	179,59	202,04	116,72	169,78	191,–	109,98	159,97	179,96
	II	2 689,66	147,93	215,17	242,06	II	2 689,66	141,18	205,36	231,03	134,44	195,55	219,99	127,69	185,74	208,95	120,95	175,93	197,92	114,20	166,12	186,88	107,46	156,30	175,84
	III	2 060,66	113,33	164,85	185,45	III	2 060,66	106,95	155,57	175,01	100,70	146,48	164,79	94,58	137,57	154,76	88,58	128,85	144,95	82,72	120,32	135,36	76,98	111,97	125,96
	V	3 150,08	173,25	252,–	283,50	IV	2 735,50	147,07	213,93	240,67	143,70	209,02	235,15	140,33	204,12	229,63	136,95	199,21	224,11	133,59	194,31	218,60	130,21	189,40	213,08
	VI	3 183,50	175,09	254,68	286,51																				
8 756,99 West	I,IV	2 723,83	149,81	217,90	245,14	I	2 723,83	143,06	208,10	234,11	136,32	198,28	223,07	129,57	188,47	212,03	122,83	178,66	200,99	116,08	168,85	189,95	109,34	159,04	178,92
	II	2 678,08	147,29	214,24	241,02	II	2 678,08	140,54	204,43	229,98	133,80	194,62	218,95	127,05	184,81	207,91	120,31	175,–	196,87	113,57	165,19	185,84	106,82	155,38	174,80
	III	2 049,66	112,73	163,97	184,46	III	2 049,66	106,36	154,70	174,04	100,11	145,62	163,82	94,01	136,74	153,83	88,02	128,04	144,04	82,17	119,52	134,46	76,45	111,20	125,10
	V	3 138,41	172,61	251,07	282,45	IV	2 723,83	146,44	213,–	239,63	143,06	208,10	234,11	139,69	203,19	228,59	136,32	198,28	223,07	132,94	193,38	217,55	129,57	188,47	212,03
	VI	3 171,91	174,45	253,75	285,47																				
8 756,99 Ost	I,IV	2 736,75	150,52	218,94	246,30	I	2 736,75	143,77	209,12	235,26	137,03	199,32	224,23	130,28	189,50	213,19	123,53	179,69	202,15	116,79	169,88	191,12	110,05	160,07	180,08
	II	2 691,–	148,–	215,28	242,19	II	2 691,–	141,25	205,46	231,14	134,51	195,65	220,10	127,76	185,84	209,07	121,02	176,03	198,03	114,27	166,22	186,99	107,52	156,40	175,95
	III	2 062,–	113,41	164,96	185,58	III	2 062,–	107,02	155,66	175,12	100,76	146,57	164,89	94,64	137,66	154,87	88,65	128,94	145,06	82,78	120,41	135,46	77,03	112,05	126,05
	V	3 151,33	173,32	252,10	283,61	IV	2 736,75	147,14	214,03	240,78	143,77	209,12	235,26	140,40	204,22	229,74	137,03	199,32	224,23	133,65	194,41	218,71	130,28	189,50	213,19
	VI	3 184,75	175,16	254,78	286,62																				
8 759,99 West	I,IV	2 725,08	149,87	218,–	245,25	I	2 725,08	143,13	208,20	234,22	136,39	198,38	223,18	129,64	188,57	212,14	122,90	178,76	201,11	116,15	168,95	190,07	109,40	159,14	179,03
	II	2 679,33	147,36	214,34	241,13	II	2 679,33	140,61	204,53	230,09	133,87	194,72	219,06	127,12	184,91	208,02	120,38	175,10	196,98	113,63	165,29	185,95	106,89	155,48	174,91
	III	2 050,83	112,79	164,06	184,57	III	2 050,83	106,42	154,80	174,15	100,18	145,72	163,93	94,06	136,82	153,92	88,08	128,12	144,13	82,23	119,61	134,56	76,50	111,28	125,19
	V	3 139,66	172,68	251,17	282,56	IV	2 725,08	146,51	213,10	239,74	143,13	208,20	234,22	139,76	203,29	228,70	136,39	198,38	223,18	133,01	193,48	217,66	129,64	188,57	212,14
	VI	3 173,16	174,52	253,85	285,58																				
8 759,99 Ost	I,IV	2 738,–	150,59	219,04	246,42	I	2 738,–	143,84	209,22	235,37	137,10	199,42	224,34	130,35	189,60	213,30	123,60	179,79	202,26	116,86	169,98	191,23	110,11	160,17	180,19
	II	2 692,25	148,07	215,38	242,30	II	2 692,25	141,32	205,56	231,26	134,58	195,75	220,22	127,83	185,94	209,18	121,09	176,13	198,14	114,34	166,32	187,11	107,60	156,51	176,07
	III	2 063,16	113,47	165,05	185,68	III	2 063,16	107,08	155,76	175,23	100,83	146,66	164,99	94,71	137,76	154,98	88,71	129,02	145,15	82,83	120,49	135,55	77,10	112,14	126,16
	V	3 152,58	173,39	252,20	283,73	IV	2 738,–	147,21	214,13	240,89	143,84	209,22	235,37	140,47	204,32	229,86	137,10	199,42	224,34	133,72	194,51	218,82	130,35	189,60	213,30
	VI	3 186,–	175,23	254,88	286,74																				

Abzüge an Lohnsteuer, Solidaritätszuschlag (SolZ) und Kirchensteuer (8%, 9%) in den Steuerklassen; I, II, III, IV mit Zahl der Kinderfreibeträge . . .

* Die ausgewiesenen Tabellenwerte sind amtlich. Siehe Erläuterungen auf der Umschlaginnenseite (U2).

Abzüge an Lohnsteuer, Solidaritätszuschlag (SolZ) und Kirchensteuer (8%, 9%) in den Steuerklassen

Lohn/ Gehalt bis €*	I – VI					I, II, III, IV		mit Zahl der Kinderfreibeträge . . . 0,5			1			1,5			2			2,5			3		
		LSt	ohne Kinderfreibeträge SolZ	8%	9%		LSt	SolZ	8%	9%	SolZ	8%	9%	SolZ	8%	9%	SolZ	8%	9%	SolZ	8%	9%	SolZ	8%	9%
8 762,99 West	I,IV	2 726,41	149,95	218,11	245,37	I	2 726,41	143,20	208,30	234,33	136,45	198,48	223,29	129,71	188,68	212,26	122,97	178,86	201,22	116,22	169,05	190,18	109,48	159,24	179,15
	II	2 680,58	147,43	214,44	241,25	II	2 680,58	140,69	204,64	230,22	133,94	194,82	219,17	127,19	185,01	208,13	120,45	175,20	197,10	113,70	165,39	186,06	106,96	155,58	175,02
	III	2 052,—	112,86	164,16	184,68	III	2 052,—	106,48	154,89	174,25	100,24	145,81	164,03	94,13	136,92	154,03	88,14	128,21	144,23	82,28	119,69	134,65	76,56	111,36	125,28
	V	3 140,91	172,75	251,27	282,68	IV	2 726,41	146,57	213,20	239,85	143,20	208,30	234,33	139,83	203,39	228,81	136,45	198,48	223,29	133,08	193,58	217,77	129,71	188,68	212,26
	VI	3 174,41	174,59	253,95	285,69																				
8 762,99 Ost	I,IV	2 739,25	150,65	219,14	246,53	I	2 739,25	143,91	209,32	235,49	137,17	199,52	224,46	130,42	189,70	213,41	123,67	179,89	202,37	116,93	170,08	191,34	110,18	160,27	180,30
	II	2 693,50	148,14	215,48	242,41	II	2 693,50	141,39	205,66	231,37	134,64	195,85	220,33	127,90	186,04	209,30	121,16	176,23	198,26	114,41	166,42	187,22	107,67	156,61	176,18
	III	2 064,33	113,53	165,14	185,78	III	2 064,33	107,15	155,86	175,34	100,89	146,76	165,10	94,76	137,84	155,07	88,71	129,12	145,26	82,90	120,58	135,65	77,15	112,22	126,25
	V	3 153,83	173,46	252,30	283,84	IV	2 739,25	147,28	214,23	241,01	143,91	209,32	235,49	140,54	204,42	229,97	137,17	199,52	224,46	133,79	194,61	218,93	130,42	189,70	213,41
	VI	3 187,25	175,29	254,98	286,85																				
8 765,99 West	I,IV	2 727,66	150,02	218,21	245,48	I	2 727,66	143,27	208,40	234,45	136,52	198,58	223,40	129,78	188,78	212,37	123,03	178,96	201,33	116,29	169,15	190,29	109,55	159,34	179,26
	II	2 681,83	147,50	214,54	241,36	II	2 681,83	140,75	204,74	230,33	134,01	194,92	219,29	127,26	185,11	208,25	120,52	175,30	197,21	113,77	165,49	186,17	107,03	155,68	175,14
	III	2 053,33	112,93	164,26	184,79	III	2 053,33	106,55	154,98	174,35	100,31	145,90	164,14	94,19	137,01	154,13	88,21	128,30	144,34	82,35	119,78	134,75	76,62	111,45	125,38
	V	3 142,25	172,82	251,38	282,80	IV	2 727,66	146,64	213,30	239,96	143,27	208,40	234,45	139,90	203,49	228,92	136,52	198,58	223,40	133,15	193,68	217,89	129,78	188,78	212,37
	VI	3 175,66	174,66	254,05	285,80																				
8 765,99 Ost	I,IV	2 740,50	150,72	219,24	246,64	I	2 740,50	143,98	209,43	235,61	137,23	199,62	224,57	130,49	189,80	213,53	123,75	180,—	202,50	117,—	170,18	191,45	110,25	160,37	180,41
	II	2 694,75	148,21	215,58	242,52	II	2 694,75	141,46	205,76	231,48	134,72	195,96	220,45	127,97	186,14	209,41	121,22	176,33	198,37	114,48	166,52	187,34	107,74	156,71	176,30
	III	2 065,50	113,60	165,24	185,89	III	2 065,50	107,22	155,96	175,45	100,96	146,85	165,20	94,82	137,93	155,17	88,83	129,21	145,36	82,95	120,66	135,74	77,22	112,32	126,36
	V	3 155,08	173,52	252,40	283,95	IV	2 740,50	147,35	214,33	241,12	143,98	209,43	235,61	140,61	204,52	230,09	137,23	199,62	224,57	133,86	194,71	219,05	130,49	189,80	213,53
	VI	3 188,58	175,37	255,08	286,97																				
8 768,99 West	I,IV	2 728,91	150,09	218,31	245,60	I	2 728,91	143,34	208,50	234,56	136,59	198,68	223,52	129,85	188,88	212,49	123,10	179,06	201,44	116,36	169,25	190,40	109,61	159,44	179,37
	II	2 683,08	147,56	214,64	241,47	II	2 683,08	140,82	204,84	230,44	134,08	195,02	219,40	127,33	185,21	208,36	120,59	175,40	197,33	113,84	165,59	186,29	107,09	155,78	175,25
	III	2 054,50	112,99	164,36	184,90	III	2 054,50	106,61	155,08	174,46	100,37	146,—	164,25	94,26	137,10	154,24	88,26	128,38	144,43	82,40	119,86	134,84	76,67	111,53	125,47
	V	3 143,50	172,89	251,48	282,91	IV	2 728,91	146,71	213,40	240,08	143,34	208,50	234,56	139,97	203,59	229,04	136,59	198,68	223,52	133,22	193,78	218,—	129,85	188,88	212,49
	VI	3 176,91	174,73	254,15	285,92																				
8 768,99 Ost	I,IV	2 741,75	150,79	219,34	246,75	I	2 741,75	144,05	209,53	235,72	137,30	199,72	224,68	130,56	189,90	213,64	123,81	180,10	202,61	117,07	170,28	191,57	110,32	160,47	180,53
	II	2 696,—	148,28	215,68	242,64	II	2 696,—	141,53	205,86	231,59	134,79	196,06	220,56	128,04	186,24	209,52	121,29	176,43	198,48	114,55	166,62	187,45	107,80	156,81	176,41
	III	2 066,83	113,67	165,34	186,01	III	2 066,83	107,28	156,05	175,55	101,02	146,94	165,31	94,89	138,02	155,27	88,88	129,29	145,45	83,02	120,76	135,85	77,27	112,40	126,45
	V	3 156,33	173,59	252,50	284,06	IV	2 741,75	147,42	214,44	241,24	144,05	209,53	235,72	140,68	204,62	230,20	137,30	199,72	224,68	133,93	194,81	219,16	130,56	189,90	213,64
	VI	3 189,83	175,44	255,18	287,08																				
8 771,99 West	I,IV	2 730,16	150,15	218,41	245,71	I	2 730,16	143,41	208,60	234,67	136,67	198,79	223,64	129,92	188,98	212,60	123,17	179,16	201,56	116,43	169,36	190,53	109,68	159,54	179,48
	II	2 684,41	147,64	214,75	241,59	II	2 684,41	140,89	204,94	230,55	134,14	195,12	219,51	127,40	185,32	208,48	120,66	175,50	197,44	113,91	165,69	186,40	107,17	155,88	175,37
	III	2 055,66	113,06	164,45	185,—	III	2 055,66	106,68	155,17	174,56	100,43	146,09	164,35	94,31	137,18	154,33	88,33	128,48	144,54	82,47	119,96	134,95	76,73	111,61	125,56
	V	3 144,75	172,96	251,58	283,02	IV	2 730,16	146,78	213,50	240,19	143,41	208,60	234,67	140,03	203,69	229,15	136,67	198,79	223,64	133,29	193,88	218,12	129,92	188,98	212,60
	VI	3 178,16	174,79	254,25	286,03																				
8 771,99 Ost	I,IV	2 743,08	150,86	219,44	246,87	I	2 743,08	144,12	209,63	235,83	137,37	199,82	224,79	130,62	190,—	213,75	123,88	180,20	202,72	117,14	170,38	191,68	110,39	160,57	180,64
	II	2 697,25	148,34	215,78	242,75	II	2 697,25	141,60	205,96	231,71	134,86	196,16	220,68	128,11	186,34	209,63	121,36	176,53	198,59	114,62	166,72	187,56	107,87	156,91	176,52
	III	2 068,—	113,74	165,44	186,12	III	2 068,—	107,35	156,14	175,66	101,09	147,04	165,42	94,95	138,12	155,38	88,95	129,38	145,55	83,07	120,84	135,94	77,33	112,48	126,54
	V	3 157,58	173,66	252,60	284,18	IV	2 743,08	147,49	214,54	241,35	144,12	209,63	235,83	140,74	204,72	230,31	137,37	199,82	224,79	134,—	194,91	219,27	130,62	190,—	213,75
	VI	3 191,08	175,50	255,28	287,19																				
8 774,99 West	I,IV	2 731,41	150,22	218,51	245,82	I	2 731,41	143,48	208,70	234,78	136,73	198,89	223,75	129,99	189,08	212,71	123,24	179,26	201,67	116,50	169,46	190,64	109,75	159,64	179,60
	II	2 685,66	147,71	214,85	241,70	II	2 685,66	140,96	205,04	230,67	134,21	195,22	219,62	127,47	185,42	208,59	120,72	175,60	197,55	113,98	165,79	186,51	107,24	155,98	175,48
	III	2 056,83	113,12	164,54	185,11	III	2 056,83	106,74	155,26	174,67	100,50	146,18	164,45	94,38	137,28	154,44	88,39	128,57	144,64	82,52	120,04	135,04	76,79	111,70	125,66
	V	3 146,—	173,03	251,68	283,14	IV	2 731,41	146,85	213,60	240,30	143,48	208,70	234,78	140,11	203,80	229,27	136,73	198,89	223,75	133,36	193,98	218,23	129,99	189,08	212,71
	VI	3 179,41	174,86	254,35	286,14																				
8 774,99 Ost	I,IV	2 744,33	150,93	219,54	246,98	I	2 744,33	144,19	209,73	235,94	137,44	199,92	224,91	130,70	190,11	213,87	123,95	180,30	202,83	117,20	170,48	191,79	110,46	160,68	180,76
	II	2 698,50	148,41	215,88	242,86	II	2 698,50	141,67	206,07	231,83	134,92	196,26	220,79	128,18	186,44	209,75	121,44	176,64	198,72	114,69	166,82	187,67	107,94	157,01	176,63
	III	2 069,16	113,80	165,53	186,22	III	2 069,16	107,41	156,24	175,77	101,15	147,13	165,52	95,02	138,21	155,48	89,01	129,48	145,66	83,14	120,93	136,04	77,39	112,57	126,64
	V	3 158,83	173,73	252,70	284,29	IV	2 744,33	147,56	214,64	241,47	144,19	209,73	235,94	140,81	204,82	230,42	137,44	199,92	224,91	134,07	195,01	219,38	130,70	190,11	213,87
	VI	3 192,33	175,57	255,38	287,30																				
8 777,99 West	I,IV	2 732,66	150,29	218,61	245,93	I	2 732,66	143,55	208,80	234,90	136,80	198,99	223,86	130,06	189,18	212,82	123,31	179,36	201,78	116,57	169,56	190,75	109,82	159,74	179,71
	II	2 686,91	147,78	214,95	241,82	II	2 686,91	141,03	205,14	230,78	134,28	195,32	219,74	127,54	185,52	208,71	120,79	175,70	197,66	114,05	165,89	186,62	107,30	156,08	175,59
	III	2 058,—	113,19	164,64	185,22	III	2 058,—	106,81	155,37	174,79	100,56	146,28	164,56	94,44	137,37	154,54	88,44	128,65	144,73	82,59	120,13	135,14	76,85	111,78	125,75
	V	3 147,25	173,09	251,78	283,25	IV	2 732,66	146,92	213,70	240,41	143,55	208,80	234,90	140,18	203,90	229,38	136,80	198,99	223,86	133,43	194,08	218,34	130,06	189,18	212,82
	VI	3 180,75	174,94	254,46	286,26																				
8 777,99 Ost	I,IV	2 745,58	151,—	219,64	247,10	I	2 745,58	144,26	209,83	236,06	137,51	200,02	225,02	130,77	190,21	213,98	124,02	180,40	202,95	117,27	170,58	191,90	110,53	160,78	180,87
	II	2 699,75	148,48	215,98	242,97	II	2 699,75	141,74	206,17	231,94	134,99	196,36	220,90	128,25	186,54	209,86	121,50	176,74	198,83	114,76	166,92	187,79	108,01	157,11	176,75
	III	2 070,33	113,86	165,62	186,32	III	2 070,33	107,47	156,33	175,87	101,21	147,22	165,62	95,07	138,29	155,57	89,07	129,56	145,75	83,19	121,01	136,13	77,44	112,65	126,73
	V	3 160,16	173,80	252,81	284,41	IV	2 745,58	147,63	214,74	241,58	144,26	209,83	236,06	140,88	204,92	230,54	137,51	200,02	225,02	134,14	195,12	219,51	130,77	190,21	213,98
	VI	3 193,58	175,64	255,48	287,42																				
8 780,99 West	I,IV	2 733,91	150,36	218,71	246,05	I	2 733,91	143,62	208,90	235,01	136,87	199,09	223,97	130,13	189,28	212,94	123,38	179,47	201,90	116,64	169,66	190,86	109,89	159,84	179,82
	II	2 688,16	147,84	215,05	241,93	II	2 688,16	141,10	205,24	230,89	134,36	195,43	219,86	127,61	185,62	208,82	120,86	175,80	197,78	114,12	166,—	186,75	107,37	156,18	175,70
	III	2 059,33	113,26	164,74	185,33	III	2 059,33	106,88	155,46	174,89	100,63	146,37	164,66	94,50	137,46	154,64	88,51	128,74	144,83	82,64	120,21	135,23	76,90	111,86	125,84
	V	3 148,50	173,16	251,88	283,36	IV	2 733,91	146,99	213,80	240,53	143,62	208,90	235,01	140,25	204,—	229,50	136,87	199,09	223,97	133,50	194,18	218,45	130,13	189,28	212,94
	VI	3 182,—	175,01	254,56	286,38																				
8 780,99 Ost	I,IV	2 746,83	151,07	219,74	247,21	I	2 746,83	144,32	209,93	236,17	137,58	200,12	225,14	130,84	190,31	214,10	124,09	180,50	203,06	117,34	170,68	192,02	110,60	160,88	180,99
	II	2 701,08	148,55	216,08	243,09	II	2 701,08	141,81	206,27	232,05	135,06	196,46	221,01	128,31	186,64	209,97	121,57	176,84	198,94	114,83	167,02	187,90	108,08	157,21	176,86
	III	2 071,66	113,94	165,73	186,44	III	2 071,66	107,54	156,42	175,97	101,28	147,32	165,73	95,14	138,38	155,68	89,13	129,65	145,85	83,26	121,10	136,24	77,50	112,73	126,82
	V	3 161,41	173,87	252,91	284,52	IV	2 746,83	147,70	214,84	241,69	144,32	209,93	236,17	140,95	205,02	230,65	137,58	200,12	225,14	134,21	195,22	219,62	130,84	190,31	214,10
	VI	3 194,83	175,71	255,58	287,53																				
8 783,99 West	I,IV	2 735,16	150,43	218,81	246,16	I	2 735,16	143,69	209,—	235,13	136,94	199,19	224,09	130,19	189,38	213,05	123,45	179,57	202,01	116,71	169,76	190,98	109,96	159,94	179,93
	II	2 689,41	147,91	215,15	242,04	II	2 689,41	141,17	205,34	231,—	134,42	195,53	219,97	127,68	185,72	208,93	120,93	175,90	197,89	114,19	166,10	186,86	107,44	156,28	175,82
	III	2 060,50	113,32	164,84	185,44	III	2 060,50	106,94	155,56	175,—	100,69	146,46	164,77	94,57	137,56	154,75	88,57	128,84	144,94	82,71	120,30	135,34	76,97	111,96	125,95
	V	3 149,75	173,23	251,98	283,47	IV	2 735,16	147,06	213,91	240,65	143,69	209,—	235,13	140,31	204,10	229,61	136,94	199,19	224,09	133,57	194,28	218,57	130,19	189,38	213,05
	VI	3 183,25	175,07	254,66	286,49																				
8 783,99 Ost	I,IV	2 748,08	151,14	219,84	247,32	I	2 748,08	144,39	210,03	236,28	137,65	200,22	225,25	130,90	190,41	214,21	124,16	180,60	203,17	117,42	170,79	192,14	110,67	160,98	181,10
	II	2 702,33	148,62	216,18	243,20	II	2 702,33	141,88	206,37	232,16	135,13	196,56	221,13	128,39	186,75	210,09	121,64	176,94	199,05	114,89	167,12	188,01	108,15	157,32	176,98
	III	2 072,83	114,—	165,82	186,55	III	2 072,83	107,60	156,52	176,08	101,34	147,41	165,83	95,20	138,48	155,79	89,20	129,74	145,96	83,31	121,18	136,33	77,56	112,82	126,92
	V	3 162,66	173,94	253,01	284,63	IV	2 748,08	147,77	214,94	241,80	144,39	210,03	236,28	141,02	205,12	230,76	137,65	200,22	225,25	134,28	195,32	219,73	130,90	190,41	214,21
	VI	3 196,08	175,78	255,68	287,64																				

* Die ausgewiesenen Tabellenwerte sind amtlich. Siehe Erläuterungen auf der Umschlaginnenseite (U2).

MONAT 8 784,–*

Abzüge an Lohnsteuer, Solidaritätszuschlag (SolZ) und Kirchensteuer (8%, 9%) in den Steuerklassen

Lohn/ Gehalt bis €*	I – VI		ohne Kinderfreibeträge			I, II, III, IV		mit Zahl der Kinderfreibeträge . . . 0,5			1			1,5			2			2,5			3		
		LSt	SolZ	8%	9%		LSt	SolZ	8%	9%	SolZ	8%	9%	SolZ	8%	9%	SolZ	8%	9%	SolZ	8%	9%	SolZ	8%	9%
8 786,99 West	I,IV	2 736,50	150,50	218,92	246,28	I	2 736,50	143,76	209,10	235,24	137,01	199,29	224,20	130,27	189,48	213,17	123,52	179,67	202,13	116,77	169,86	191,09	110,03	160,04	180,05
	II	2 690,66	147,98	215,25	242,15	II	2 690,66	141,24	205,44	231,12	134,49	195,63	220,08	127,75	185,82	209,04	121,—	176,—	198,—	114,26	166,20	186,97	107,51	156,38	175,93
	III	2 061,66	113,39	164,93	185,54	III	2 061,66	107,01	155,65	175,10	100,76	146,56	164,88	94,62	137,64	154,84	88,63	128,92	145,03	82,76	120,38	135,43	77,02	112,04	126,04
	V	3 151,—	173,30	252,08	283,59	IV	2 736,50	147,13	214,01	240,76	143,76	209,10	235,24	140,38	204,20	229,72	137,01	199,29	224,20	133,64	194,38	218,68	130,27	189,48	213,17
	VI	3 184,50	175,14	254,76	286,60																				
8 786,99 Ost	I,IV	2 749,33	151,21	219,94	247,43	I	2 749,33	144,46	210,13	236,39	137,72	200,32	225,36	130,97	190,51	214,32	124,23	180,70	203,28	117,48	170,89	192,25	110,74	161,08	181,21
	II	2 703,58	148,69	216,28	243,32	II	2 703,58	141,95	206,47	232,28	135,20	196,66	221,24	128,46	186,85	210,20	121,71	177,04	199,17	114,96	167,22	188,12	108,22	157,42	177,09
	III	2 074,—	114,07	165,92	186,66	III	2 074,—	107,67	156,61	176,18	101,41	147,50	165,94	95,26	138,57	155,89	89,25	129,82	146,05	83,38	121,28	136,44	77,62	112,90	127,01
	V	3 163,91	174,01	253,11	284,75	IV	2 749,33	147,84	215,04	241,92	144,46	210,13	236,39	141,09	205,23	230,88	137,72	200,32	225,36	134,35	195,42	219,84	130,97	190,51	214,32
	VI	3 197,33	175,85	255,78	287,75																				
8 789,99 West	I,IV	2 737,75	150,57	219,02	246,39	I	2 737,75	143,82	209,20	235,35	137,08	199,39	224,31	130,34	189,58	213,28	123,59	179,77	202,24	116,84	169,96	191,20	110,10	160,15	180,17
	II	2 691,91	148,05	215,35	242,27	II	2 691,91	141,31	205,54	231,23	134,56	195,73	220,19	127,82	185,92	209,16	121,07	176,11	198,12	114,33	166,30	187,08	107,58	156,48	176,04
	III	2 062,83	113,45	165,02	185,65	III	2 062,83	107,07	155,74	175,21	100,82	146,65	164,98	94,69	137,73	154,94	88,69	129,01	145,13	82,83	120,48	135,54	77,08	112,12	126,13
	V	3 152,25	173,37	252,18	283,70	IV	2 737,75	147,20	214,11	240,87	143,82	209,20	235,35	140,45	204,30	229,83	137,08	199,39	224,31	133,70	194,48	218,79	130,34	189,58	213,28
	VI	3 185,75	175,21	254,86	286,71																				
8 789,99 Ost	I,IV	2 750,58	151,28	220,04	247,55	I	2 750,58	144,54	210,24	236,52	137,79	200,42	225,47	131,04	190,61	214,43	124,30	180,80	203,40	117,55	170,99	192,36	110,81	161,18	181,32
	II	2 704,83	148,76	216,38	243,43	II	2 704,83	142,01	206,57	232,39	135,27	196,76	221,36	128,53	186,95	210,32	121,78	177,14	199,28	115,03	167,32	188,24	108,29	157,52	177,21
	III	2 075,16	114,13	166,01	186,76	III	2 075,16	107,73	156,70	176,29	101,47	147,60	166,05	95,33	138,66	155,99	89,32	129,92	146,16	83,43	121,36	136,53	77,67	112,98	127,10
	V	3 165,16	174,08	253,21	284,86	IV	2 750,58	147,90	215,14	242,03	144,54	210,24	236,52	141,16	205,33	230,99	137,79	200,42	225,47	134,42	195,52	219,96	131,04	190,61	214,43
	VI	3 198,66	175,92	255,89	287,87																				
8 792,99 West	I,IV	2 739,—	150,64	219,12	246,51	I	2 739,—	143,89	209,30	235,46	137,15	199,49	224,42	130,40	189,68	213,39	123,66	179,87	202,35	116,91	170,06	191,31	110,17	160,25	180,28
	II	2 693,16	148,12	215,45	242,38	II	2 693,16	141,38	205,64	231,35	134,63	195,83	220,31	127,88	186,02	209,27	121,14	176,21	198,23	114,40	166,40	187,20	107,65	156,58	176,15
	III	2 064,16	113,52	165,13	185,77	III	2 064,16	107,14	155,84	175,32	100,87	146,73	165,07	94,75	137,82	155,05	88,76	129,10	145,24	82,88	120,56	135,63	77,14	112,21	126,23
	V	3 153,58	173,44	252,28	283,82	IV	2 739,—	147,27	214,21	240,98	143,89	209,30	235,46	140,52	204,40	229,95	137,15	199,49	224,42	133,78	194,59	218,91	130,40	189,68	213,39
	VI	3 187,—	175,28	254,96	286,83																				
8 792,99 Ost	I,IV	2 751,83	151,35	220,14	247,66	I	2 751,83	144,60	210,34	236,63	137,86	200,52	225,59	131,11	190,71	214,55	124,37	180,90	203,51	117,62	171,09	192,47	110,88	161,28	181,44
	II	2 706,08	148,83	216,48	243,54	II	2 706,08	142,08	206,67	232,50	135,34	196,86	221,47	128,59	187,05	210,43	121,85	177,24	199,39	115,11	167,43	188,36	108,36	157,62	177,32
	III	2 076,50	114,20	166,12	186,88	III	2 076,50	107,80	156,80	176,40	101,53	147,68	166,14	95,39	138,76	156,10	89,38	130,01	146,26	83,49	121,45	136,63	77,74	113,08	127,21
	V	3 166,41	174,15	253,31	284,97	IV	2 751,83	147,98	215,24	242,15	144,60	210,34	236,63	141,23	205,43	231,11	137,86	200,52	225,59	134,48	195,62	220,07	131,11	190,71	214,55
	VI	3 199,91	175,99	255,99	287,99																				
8 795,99 West	I,IV	2 740,25	150,71	219,22	246,62	I	2 740,25	143,96	209,40	235,58	137,22	199,60	224,55	130,47	189,78	213,50	123,73	179,97	202,46	116,98	170,16	191,43	110,24	160,35	180,39
	II	2 694,50	148,19	215,56	242,50	II	2 694,50	141,45	205,74	231,46	134,70	195,93	220,42	127,96	186,12	209,39	121,21	176,31	198,35	114,46	166,50	187,31	107,72	156,68	176,27
	III	2 065,33	113,59	165,22	185,87	III	2 065,33	107,20	155,93	175,42	100,94	146,82	165,17	94,82	137,92	155,16	88,81	129,18	145,33	82,94	120,65	135,73	77,20	112,29	126,32
	V	3 154,83	173,51	252,38	283,93	IV	2 740,25	147,34	214,31	241,10	143,96	209,40	235,58	140,59	204,50	230,06	137,22	199,60	224,55	133,85	194,69	219,02	130,47	189,78	213,50
	VI	3 188,25	175,35	255,06	286,94																				
8 795,99 Ost	I,IV	2 753,08	151,41	220,24	247,77	I	2 753,08	144,67	210,44	236,74	137,93	200,62	225,70	131,18	190,81	214,66	124,44	181,—	203,63	117,69	171,19	192,59	110,94	161,38	181,55
	II	2 707,33	148,90	216,58	243,65	II	2 707,33	142,15	206,77	232,61	135,41	196,96	221,58	128,66	187,15	210,54	121,92	177,34	199,50	115,17	167,53	188,47	108,43	157,72	177,43
	III	2 077,66	114,27	166,21	186,98	III	2 077,66	107,87	156,90	176,51	101,59	147,77	166,24	95,45	138,84	156,19	89,43	130,09	146,35	83,55	121,53	136,72	77,79	113,16	127,30
	V	3 167,66	174,22	253,41	285,08	IV	2 753,08	148,05	215,34	242,26	144,67	210,44	236,74	141,30	205,53	231,22	137,93	200,62	225,70	134,55	195,72	220,18	131,18	190,81	214,66
	VI	3 201,16	176,06	256,09	288,10																				
8 798,99 West	I,IV	2 741,50	150,78	219,32	246,73	I	2 741,50	144,03	209,50	235,69	137,29	199,70	224,66	130,54	189,88	213,62	123,80	180,07	202,58	117,05	170,26	191,54	110,31	160,45	180,50
	II	2 695,75	148,26	215,66	242,61	II	2 695,75	141,51	205,84	231,57	134,77	196,03	220,53	128,03	186,22	209,50	121,28	176,41	198,46	114,53	166,60	187,42	107,79	156,79	176,39
	III	2 066,50	113,65	165,32	185,98	III	2 066,50	107,26	156,02	175,52	101,—	146,92	165,28	94,88	138,01	155,26	88,88	129,28	145,44	83,—	120,73	135,82	77,25	112,37	126,41
	V	3 156,08	173,58	252,48	284,04	IV	2 741,50	147,40	214,41	241,21	144,03	209,50	235,69	140,66	204,60	230,18	137,29	199,70	224,66	133,92	194,79	219,14	130,54	189,88	213,62
	VI	3 189,50	175,42	255,16	287,05																				
8 798,99 Ost	I,IV	2 754,41	151,49	220,35	247,89	I	2 754,41	144,74	210,54	236,85	137,99	200,72	225,81	131,25	190,92	214,78	124,51	181,10	203,74	117,76	171,29	192,70	111,02	161,48	181,67
	II	2 708,58	148,97	216,68	243,77	II	2 708,58	142,23	206,88	232,74	135,48	197,06	221,69	128,73	187,25	210,65	121,99	177,44	199,62	115,24	167,63	188,58	108,50	157,82	177,54
	III	2 078,83	114,33	166,30	187,09	III	2 078,83	107,93	157,—	176,62	101,65	147,86	166,34	95,51	138,93	156,29	89,50	130,18	146,45	83,61	121,62	136,82	77,86	113,25	127,40
	V	3 168,91	174,29	253,51	285,20	IV	2 754,41	148,11	215,44	242,37	144,74	210,54	236,85	141,37	205,63	231,33	137,99	200,72	225,81	134,62	195,82	220,29	131,25	190,92	214,78
	VI	3 202,41	176,13	256,19	288,21																				
8 801,99 West	I,IV	2 742,75	150,85	219,42	246,84	I	2 742,75	144,10	209,60	235,80	137,36	199,80	224,77	130,61	189,98	213,73	123,86	180,17	202,69	117,12	170,36	191,66	110,38	160,55	180,62
	II	2 697,—	148,33	215,76	242,73	II	2 697,—	141,58	205,94	231,68	134,84	196,13	220,64	128,09	186,32	209,61	121,35	176,51	198,57	114,60	166,70	187,53	107,86	156,89	176,50
	III	2 067,66	113,72	165,41	186,08	III	2 067,66	107,33	156,12	175,63	101,07	147,01	165,38	94,93	138,09	155,35	88,93	129,36	145,53	83,06	120,82	135,92	77,32	112,46	126,52
	V	3 157,33	173,65	252,58	284,15	IV	2 742,75	147,47	214,51	241,32	144,10	209,60	235,80	140,73	204,70	230,29	137,36	199,80	224,77	133,98	194,89	219,25	130,61	189,98	213,73
	VI	3 190,75	175,49	255,26	287,16																				
8 801,99 Ost	I,IV	2 755,66	151,56	220,45	248,—	I	2 755,66	144,81	210,64	236,97	138,06	200,82	225,92	131,32	191,02	214,89	124,57	181,20	203,85	117,83	171,39	192,81	111,09	161,58	181,78
	II	2 709,83	149,04	216,78	243,88	II	2 709,83	142,29	206,98	232,85	135,55	197,16	221,81	128,80	187,35	210,77	122,06	177,54	199,73	115,31	167,73	188,69	108,57	157,92	177,66
	III	2 080,—	114,40	166,40	187,20	III	2 080,—	108,—	157,09	176,72	101,72	147,96	166,45	95,58	139,02	156,40	89,56	130,28	146,56	83,67	121,70	136,91	77,91	113,33	127,49
	V	3 170,25	174,36	253,62	285,32	IV	2 755,66	148,18	215,54	242,48	144,81	210,64	236,97	141,44	205,73	231,44	138,06	200,82	225,92	134,69	195,92	220,41	131,32	191,02	214,89
	VI	3 203,66	176,20	256,29	288,32																				
8 804,99 West	I,IV	2 744,—	150,92	219,52	246,96	I	2 744,—	144,17	209,71	235,92	137,43	199,90	224,88	130,68	190,08	213,84	123,94	180,28	202,81	117,19	170,46	191,77	110,44	160,65	180,73
	II	2 698,25	148,40	215,86	242,84	II	2 698,25	141,65	206,04	231,80	134,91	196,24	220,77	128,16	186,42	209,72	121,42	176,61	198,68	114,67	166,80	187,65	107,93	156,99	176,61
	III	2 068,83	113,78	165,50	186,19	III	2 068,83	107,39	156,21	175,73	101,13	147,10	165,49	95,—	138,18	155,45	88,99	129,45	145,63	83,12	120,90	136,01	77,37	112,54	126,61
	V	3 158,58	173,72	252,68	284,27	IV	2 744,—	147,54	214,61	241,43	144,17	209,71	235,92	140,80	204,80	230,40	137,43	199,90	224,88	134,05	194,99	219,36	130,68	190,08	213,84
	VI	3 192,08	175,56	255,36	287,28																				
8 804,99 Ost	I,IV	2 756,91	151,63	220,55	248,12	I	2 756,91	144,88	210,74	237,08	138,13	200,92	226,04	131,39	191,12	215,01	124,64	181,30	203,96	117,90	171,49	192,92	111,15	161,68	181,89
	II	2 711,08	149,10	216,88	243,99	II	2 711,08	142,36	207,08	232,96	135,62	197,26	221,92	128,87	187,45	210,88	122,13	177,64	199,85	115,38	167,83	188,81	108,63	158,02	177,77
	III	2 081,16	114,46	166,49	187,30	III	2 081,16	108,06	157,18	176,83	101,78	148,05	166,55	95,64	139,12	156,51	89,62	130,36	146,65	83,73	121,80	137,02	77,97	113,41	127,58
	V	3 171,50	174,43	253,72	285,43	IV	2 756,91	148,25	215,64	242,60	144,88	210,74	237,08	141,51	205,83	231,56	138,13	200,92	226,04	134,76	196,02	220,52	131,39	191,12	215,01
	VI	3 204,91	176,27	256,39	288,44																				
8 807,99 West	I,IV	2 745,25	150,98	219,62	247,07	I	2 745,25	144,24	209,81	236,03	137,50	200,—	225,—	130,75	190,18	213,95	124,01	180,38	202,92	117,26	170,56	191,88	110,51	160,75	180,84
	II	2 699,50	148,47	215,96	242,95	II	2 699,50	141,72	206,14	231,91	134,98	196,34	220,88	128,23	186,52	209,84	121,49	176,71	198,80	114,74	166,90	187,76	108,—	157,09	176,72
	III	2 070,16	113,85	165,61	186,31	III	2 070,16	107,46	156,30	175,84	101,20	147,20	165,60	95,06	138,28	155,56	89,06	129,54	145,73	83,18	121,—	136,12	77,44	112,64	126,72
	V	3 159,83	173,79	252,78	284,38	IV	2 745,25	147,62	214,72	241,56	144,24	209,81	236,03	140,87	204,90	230,51	137,50	200,—	225,—	134,12	195,09	219,47	130,75	190,18	213,95
	VI	3 193,33	175,63	255,46	287,39																				
8 807,99 Ost	I,IV	2 758,16	151,69	220,65	248,23	I	2 758,16	144,95	210,84	237,19	138,21	201,03	226,16	131,46	191,22	215,12	124,71	181,40	204,08	117,97	171,60	193,05	111,22	161,78	182,—
	II	2 712,41	149,18	216,99	244,11	II	2 712,41	142,43	207,18	233,07	135,68	197,36	222,03	128,94	187,56	211,—	122,20	177,74	199,96	115,45	167,93	188,92	108,71	158,12	177,89
	III	2 082,50	114,53	166,60	187,42	III	2 082,50	108,13	157,28	176,94	101,85	148,14	166,66	95,70	139,21	156,61	89,68	130,45	146,75	83,79	121,88	137,11	78,03	113,50	127,69
	V	3 172,75	174,50	253,82	285,54	IV	2 758,16	148,32	215,74	242,71	144,95	210,84	237,19	141,57	205,93	231,67	138,21	201,03	226,16	134,83	196,12	220,64	131,46	191,22	215,12
	VI	3 206,16	176,33	256,49	288,55																				

* Die ausgewiesenen Tabellenwerte sind amtlich. Siehe Erläuterungen auf der Umschlaginnenseite (U2).

Abzüge an Lohnsteuer, Solidaritätszuschlag (SolZ) und Kirchensteuer (8%, 9%) in den Steuerklassen

Lohn/ Gehalt bis €*	I – VI					I, II, III, IV		mit Zahl der Kinderfreibeträge . . . 0,5			1			1,5			2			2,5			3		
		LSt	ohne Kinderfreibeträge SolZ	8%	9%		LSt	SolZ	8%	9%	SolZ	8%	9%	SolZ	8%	9%	SolZ	8%	9%	SolZ	8%	9%	SolZ	8%	9%
8 810,99 West	I,IV	2 746,58	151,06	219,72	247,19	I	2 746,58	144,31	209,91	236,15	137,56	200,10	225,11	130,82	190,28	214,07	124,08	180,48	203,04	117,33	170,66	191,99	110,58	160,85	180,95
	II	2 700,75	148,54	216,06	243,06	II	2 700,75	141,79	206,24	232,02	135,05	196,44	220,99	128,30	186,62	209,95	121,55	176,81	198,91	114,81	167,—	187,88	108,07	157,19	176,84
	III	2 071,33	113,92	165,70	186,41	III	2 071,33	107,53	156,41	175,96	101,26	147,29	165,70	95,13	138,37	155,66	89,11	129,62	145,82	83,24	121,08	136,21	77,49	112,72	126,81
	V	3 161,08	173,85	252,88	284,49	IV	2 746,58	147,68	214,82	241,67	144,31	209,91	236,15	140,94	205,—	230,63	137,56	200,10	225,11	134,19	195,19	219,59	130,82	190,28	214,07
	VI	3 194,58	175,70	255,56	287,51																				
8 810,99 Ost	I,IV	2 759,41	151,76	220,75	248,34	I	2 759,41	145,02	210,94	237,30	138,27	201,13	226,27	131,53	191,32	215,23	124,78	181,50	204,19	118,04	171,70	193,16	111,29	161,88	182,12
	II	2 713,66	149,25	217,09	244,22	II	2 713,66	142,50	207,28	233,19	135,75	197,46	222,14	129,01	187,66	211,11	122,26	177,84	200,07	115,52	168,03	189,03	108,78	158,22	178,—
	III	2 083,66	114,60	166,69	187,52	III	2 083,66	108,19	157,37	177,04	101,91	148,24	166,77	95,76	139,29	156,70	89,75	130,54	146,86	83,85	121,97	137,21	78,09	113,58	127,78
	V	3 174,—	174,57	253,92	285,66	IV	2 759,41	148,39	215,84	242,82	145,02	210,94	237,30	141,65	206,04	231,79	138,27	201,13	226,27	134,90	196,22	220,75	131,53	191,32	215,23
	VI	3 207,41	176,40	256,59	288,66																				
8 813,99 West	I,IV	2 747,83	151,13	219,82	247,30	I	2 747,83	144,38	210,01	236,26	137,63	200,20	225,22	130,89	190,39	214,19	124,14	180,58	203,15	117,40	170,76	192,11	110,66	160,96	181,08
	II	2 702,—	148,61	216,16	243,18	II	2 702,—	141,86	206,35	232,14	135,12	196,54	221,10	128,37	186,72	210,06	121,63	176,92	199,03	114,88	167,10	187,99	108,13	157,29	176,95
	III	2 072,50	113,98	165,80	186,52	III	2 072,50	107,59	156,50	176,06	101,32	147,38	165,80	95,19	138,46	155,77	89,18	129,72	145,93	83,30	121,17	136,31	77,55	112,80	126,90
	V	3 162,33	173,92	252,98	284,60	IV	2 747,83	147,75	214,92	241,78	144,38	210,01	236,26	141,01	205,10	230,74	137,63	200,20	225,22	134,26	195,29	219,70	130,89	190,39	214,19
	VI	3 195,83	175,77	255,66	287,62																				
8 813,99 Ost	I,IV	2 760,66	151,83	220,85	248,45	I	2 760,66	145,09	211,04	237,42	138,34	201,23	226,38	131,60	191,42	215,34	124,85	181,60	204,30	118,11	171,80	193,27	111,36	161,98	182,23
	II	2 714,91	149,32	217,19	244,34	II	2 714,91	142,57	207,38	233,30	135,82	197,56	222,26	129,08	187,76	211,23	122,33	177,94	200,18	115,59	168,13	189,14	108,84	158,32	178,11
	III	2 084,83	114,66	166,78	187,63	III	2 084,83	108,25	157,46	177,14	101,97	148,33	166,87	95,82	139,38	156,80	89,80	130,62	146,95	83,91	122,05	137,30	78,15	113,68	127,89
	V	3 175,25	174,63	254,02	285,77	IV	2 760,66	148,46	215,94	242,93	145,09	211,04	237,42	141,72	206,14	231,90	138,34	201,23	226,38	134,97	196,32	220,86	131,60	191,42	215,34
	VI	3 208,75	176,48	256,70	288,78																				
8 816,99 West	I,IV	2 749,08	151,19	219,92	247,41	I	2 749,08	144,45	210,11	236,37	137,70	200,30	225,33	130,96	190,49	214,30	124,21	180,68	203,26	117,47	170,86	192,22	110,72	161,06	181,19
	II	2 703,25	148,67	216,26	243,29	II	2 703,25	141,93	206,45	232,25	135,19	196,64	221,22	128,44	186,82	210,17	121,70	177,02	199,14	114,95	167,20	188,10	108,20	157,39	177,06
	III	2 073,66	114,05	165,89	186,62	III	2 073,66	107,66	156,60	176,17	101,39	147,48	165,91	95,25	138,54	155,86	89,24	129,81	146,03	83,36	121,25	136,40	77,61	112,89	127,—
	V	3 163,66	174,—	253,09	284,72	IV	2 749,08	147,82	215,02	241,89	144,45	210,11	236,37	141,07	205,20	230,85	137,70	200,30	225,33	134,33	195,40	219,82	130,96	190,49	214,30
	VI	3 197,08	175,83	255,76	287,73																				
8 816,99 Ost	I,IV	2 761,91	151,90	220,95	248,57	I	2 761,91	145,16	211,14	237,53	138,41	201,33	226,49	131,67	191,52	215,46	124,92	181,71	204,42	118,18	171,90	193,38	111,43	162,08	182,34
	II	2 716,16	149,38	217,29	244,45	II	2 716,16	142,64	207,48	233,41	135,90	197,67	222,38	129,15	187,86	211,34	122,40	178,04	200,30	115,66	168,24	189,27	108,91	158,42	178,22
	III	2 086,16	114,73	166,89	187,75	III	2 086,16	108,32	157,56	177,25	102,04	148,42	166,97	95,89	139,48	156,91	89,87	130,72	147,06	83,97	122,14	137,41	78,21	113,76	127,98
	V	3 176,50	174,70	254,12	285,88	IV	2 761,91	148,53	216,04	243,05	145,16	211,14	237,53	141,79	206,24	232,02	138,41	201,33	226,49	135,04	196,42	220,97	131,67	191,52	215,46
	VI	3 210,—	176,55	256,80	288,90																				
8 819,99 West	I,IV	2 750,33	151,26	220,02	247,52	I	2 750,33	144,52	210,21	236,48	137,77	200,40	225,45	131,03	190,59	214,41	124,28	180,78	203,37	117,53	170,96	192,33	110,79	161,16	181,30
	II	2 704,58	148,75	216,36	243,41	II	2 704,58	142,—	206,55	232,37	135,25	196,74	221,33	128,51	186,92	210,29	121,77	177,12	199,26	115,02	167,30	188,21	108,27	157,49	177,17
	III	2 075,—	114,12	166,—	186,75	III	2 075,—	107,72	156,69	176,27	101,45	147,57	166,01	95,31	138,64	155,97	89,30	129,89	146,12	83,42	121,34	136,51	77,66	112,97	127,09
	V	3 164,91	174,07	253,19	284,84	IV	2 750,33	147,89	215,12	242,01	144,52	210,21	236,48	141,14	205,30	230,96	137,77	200,40	225,45	134,40	195,50	219,93	131,03	190,59	214,41
	VI	3 198,33	175,90	255,86	287,84																				
8 819,99 Ost	I,IV	2 763,16	151,97	221,05	248,68	I	2 763,16	145,23	211,24	237,65	138,48	201,43	226,61	131,73	191,62	215,57	124,99	181,81	204,53	118,25	172,—	193,50	111,50	162,18	182,45
	II	2 717,41	149,45	217,39	244,56	II	2 717,41	142,71	207,58	233,52	135,96	197,77	222,49	129,22	187,96	211,45	122,47	178,14	200,41	115,73	168,34	189,38	108,98	158,52	178,34
	III	2 087,33	114,80	166,98	187,85	III	2 087,33	108,38	157,65	177,35	102,10	148,52	167,08	95,95	139,57	157,01	89,93	130,81	147,16	84,03	122,22	137,50	78,26	113,84	128,07
	V	3 177,75	174,77	254,22	285,99	IV	2 763,16	148,60	216,15	243,17	145,23	211,24	237,65	141,85	206,34	232,13	138,48	201,43	226,61	135,11	196,52	221,09	131,73	191,62	215,57
	VI	3 211,25	176,61	256,90	289,01																				
8 822,99 West	I,IV	2 751,58	151,33	220,12	247,64	I	2 751,58	144,59	210,31	236,60	137,84	200,50	225,56	131,10	190,69	214,52	124,35	180,88	203,49	117,61	171,07	192,45	110,86	161,26	181,41
	II	2 705,83	148,82	216,46	243,52	II	2 705,83	142,07	206,65	232,48	135,32	196,84	221,44	128,58	187,03	210,41	121,83	177,22	199,37	115,09	167,40	188,33	108,35	157,60	177,30
	III	2 076,16	114,18	166,09	186,85	III	2 076,16	107,79	156,78	176,38	101,52	147,66	166,12	95,37	138,73	156,07	89,36	129,98	146,23	83,48	121,42	136,60	77,72	113,05	127,18
	V	3 166,16	174,13	253,29	284,95	IV	2 751,58	147,96	215,22	242,12	144,59	210,31	236,60	141,21	205,40	231,08	137,84	200,50	225,56	134,47	195,60	220,05	131,10	190,69	214,52
	VI	3 199,58	175,97	255,96	287,96																				
8 822,99 Ost	I,IV	2 764,50	152,04	221,16	248,80	I	2 764,50	145,30	211,34	237,76	138,55	201,53	226,72	131,81	191,72	215,69	125,06	181,91	204,65	118,31	172,10	193,61	111,57	162,28	182,57
	II	2 718,66	149,52	217,49	244,67	II	2 718,66	142,78	207,68	233,64	136,03	197,87	222,60	129,29	188,06	211,56	122,54	178,24	200,52	115,80	168,44	189,49	109,05	158,62	178,45
	III	2 088,50	114,86	167,08	187,96	III	2 088,50	108,46	157,76	177,48	102,17	148,61	167,18	96,02	139,66	157,12	89,98	130,89	147,25	84,09	122,32	137,61	78,32	113,93	128,17
	V	3 179,—	174,84	254,32	286,11	IV	2 764,50	148,67	216,25	243,28	145,30	211,34	237,76	141,92	206,44	232,24	138,55	201,53	226,72	135,18	196,62	221,20	131,81	191,72	215,69
	VI	3 212,50	176,68	257,—	289,12																				
8 825,99 West	I,IV	2 752,83	151,40	220,22	247,75	I	2 752,83	144,65	210,41	236,71	137,91	200,60	225,68	131,17	190,79	214,64	124,42	180,98	203,60	117,68	171,17	192,56	110,93	161,36	181,53
	II	2 707,08	148,88	216,56	243,63	II	2 707,08	142,14	206,75	232,59	135,39	196,94	221,55	128,65	187,13	210,52	121,90	177,32	199,48	115,16	167,50	188,44	108,41	157,70	177,41
	III	2 077,33	114,25	166,18	186,95	III	2 077,33	107,85	156,88	176,49	101,58	147,76	166,23	95,44	138,82	156,17	89,43	130,08	146,34	83,54	121,52	136,71	77,78	113,14	127,28
	V	3 167,41	174,20	253,39	285,06	IV	2 752,83	148,03	215,32	242,23	144,65	210,41	236,71	141,29	205,51	231,20	137,91	200,60	225,68	134,54	195,70	220,16	131,17	190,79	214,64
	VI	3 200,83	176,04	256,06	288,07																				
8 825,99 Ost	I,IV	2 765,75	152,11	221,26	248,91	I	2 765,75	145,36	211,44	237,87	138,62	201,63	226,83	131,88	191,82	215,80	125,13	182,01	204,76	118,38	172,20	193,72	111,64	162,39	182,69
	II	2 719,91	149,59	217,59	244,79	II	2 719,91	142,85	207,78	233,75	136,10	197,97	222,71	129,36	188,16	211,68	122,61	178,35	200,64	115,87	168,54	189,60	109,12	158,72	178,56
	III	2 089,66	114,93	167,17	188,06	III	2 089,66	108,52	157,85	177,58	102,23	148,70	167,29	96,08	139,76	157,23	90,05	130,98	147,35	84,15	122,41	137,71	78,38	114,01	128,26
	V	3 180,25	174,91	254,42	286,22	IV	2 765,75	148,74	216,35	243,39	145,36	211,44	237,87	141,99	206,54	232,35	138,62	201,63	226,83	135,24	196,72	221,31	131,88	191,82	215,80
	VI	3 213,75	176,75	257,10	289,23																				
8 828,99 West	I,IV	2 754,08	151,47	220,32	247,86	I	2 754,08	144,73	210,52	236,83	137,98	200,70	225,79	131,23	190,89	214,75	124,49	181,08	203,72	117,75	171,27	192,68	111,—	161,46	181,64
	II	2 708,33	148,95	216,66	243,74	II	2 708,33	142,21	206,85	232,70	135,46	197,04	221,67	128,72	187,23	210,63	121,97	177,42	199,59	115,22	167,60	188,55	108,48	157,80	177,52
	III	2 078,50	114,31	166,28	187,06	III	2 078,50	107,91	156,97	176,59	101,64	147,85	166,33	95,50	138,92	156,28	89,48	130,16	146,43	83,60	121,60	136,80	77,84	113,22	127,37
	V	3 168,66	174,27	253,49	285,17	IV	2 754,08	148,10	215,42	242,34	144,73	210,52	236,83	141,35	205,61	231,31	137,98	200,70	225,79	134,61	195,80	220,27	131,23	190,89	214,75
	VI	3 202,16	176,11	256,17	288,19																				
8 828,99 Ost	I,IV	2 767,—	152,18	221,36	249,03	I	2 767,—	145,43	211,54	237,98	138,69	201,73	226,94	131,94	191,92	215,91	125,20	182,11	204,87	118,45	172,30	193,83	111,71	162,49	182,80
	II	2 721,16	149,66	217,69	244,90	II	2 721,16	142,92	207,88	233,87	136,17	198,07	222,83	129,42	188,26	211,79	122,68	178,45	200,75	115,94	168,64	189,72	109,19	158,82	178,67
	III	2 091,—	115,—	167,28	188,19	III	2 091,—	108,58	157,94	177,68	102,30	148,80	167,40	96,14	139,84	157,32	90,11	131,08	147,46	84,21	122,49	137,80	78,44	114,10	128,36
	V	3 181,58	174,98	254,52	286,34	IV	2 767,—	148,81	216,45	243,50	145,43	211,54	237,98	142,06	206,64	232,47	138,69	201,73	226,94	135,32	196,83	221,43	131,94	191,92	215,91
	VI	3 215,—	176,82	257,20	289,35																				
8 831,99 West	I,IV	2 755,33	151,54	220,42	247,97	I	2 755,33	144,80	210,62	236,94	138,05	200,80	225,90	131,30	190,99	214,86	124,56	181,18	203,83	117,81	171,37	192,79	111,07	161,56	181,75
	II	2 709,58	149,02	216,76	243,86	II	2 709,58	142,28	206,95	232,82	135,53	197,14	221,78	128,79	187,33	210,74	122,04	177,52	199,71	115,30	167,71	188,67	108,55	157,90	177,63
	III	2 079,83	114,39	166,38	187,18	III	2 079,83	107,98	157,06	176,69	101,71	147,94	166,43	95,56	139,—	156,37	89,54	130,25	146,53	83,66	121,69	136,90	77,90	113,32	127,48
	V	3 169,91	174,34	253,59	285,29	IV	2 755,33	148,17	215,52	242,46	144,80	210,62	236,94	141,42	205,71	231,42	138,05	200,80	225,90	134,68	195,90	220,38	131,30	190,99	214,86
	VI	3 203,41	176,18	256,27	288,30																				
8 831,99 Ost	I,IV	2 768,25	152,25	221,46	249,14	I	2 768,25	145,50	211,64	238,10	138,76	201,84	227,07	132,01	192,02	216,02	125,27	182,21	204,98	118,52	172,40	193,95	111,78	162,59	182,91
	II	2 722,50	149,73	217,80	245,02	II	2 722,50	142,99	207,98	233,98	136,24	198,17	222,94	129,50	188,36	211,91	122,75	178,55	200,87	116,—	168,74	189,83	109,26	158,92	178,79
	III	2 092,16	115,06	167,37	188,29	III	2 092,16	108,65	158,04	177,79	102,36	148,89	167,50	96,20	139,93	157,42	90,17	131,16	147,55	84,27	122,58	137,90	78,50	114,18	128,45
	V	3 182,83	175,05	254,62	286,45	IV	2 768,25	148,88	216,55	243,62	145,50	211,64	238,10	142,13	206,74	232,58	138,76	201,84	227,07	135,39	196,93	221,54	132,01	192,02	216,02
	VI	3 216,25	176,89	257,30	289,46																				

* Die ausgewiesenen Tabellenwerte sind amtlich. Siehe Erläuterungen auf der Umschlaginnenseite (U2).

MONAT 8 832,–*

Lohn/Gehalt bis €*	I – VI					I, II, III, IV		mit Zahl der Kinderfreibeträge . . . 0,5			1			1,5			2			2,5			3		
		LSt	ohne Kinderfreibeträge SolZ	8%	9%		LSt	SolZ	8%	9%	SolZ	8%	9%	SolZ	8%	9%	SolZ	8%	9%	SolZ	8%	9%	SolZ	8%	9%
8 834,99 West	I,IV	2 756,58	151,61	220,52	248,09	I	2 756,58	144,87	210,72	237,06	138,12	200,90	226,01	131,37	191,09	214,97	124,63	181,28	203,94	117,88	171,47	192,90	111,14	161,66	181,86
	II	2 710,83	149,09	216,86	243,97	II	2 710,83	142,34	207,05	232,93	135,60	197,24	221,90	128,86	187,43	210,86	122,11	177,62	199,82	115,37	167,81	188,78	108,62	158,—	177,75
	III	2 081,—	114,45	166,48	187,29	III	2 081,—	108,04	157,16	176,80	101,77	148,04	166,54	95,62	139,09	156,47	89,61	130,34	146,63	83,71	121,77	136,99	77,96	113,40	127,57
	V	3 171,16	174,41	253,69	285,40	IV	2 756,58	148,24	215,62	242,57	144,87	210,72	237,06	141,49	205,81	231,53	138,12	200,90	226,01	134,75	196,—	220,50	131,37	191,09	214,97
	VI	3 204,66	176,25	256,37	288,41																				
8 834,99 Ost	I,IV	2 769,50	152,32	221,56	249,25	I	2 769,50	145,57	211,74	238,21	138,83	201,94	227,18	132,08	192,12	216,14	125,34	182,31	205,10	118,59	172,50	194,06	111,85	162,69	183,02
	II	2 723,75	149,80	217,90	245,13	II	2 723,75	143,05	208,08	234,09	136,31	198,27	223,05	129,57	188,46	212,02	122,82	178,65	200,98	116,07	168,84	189,94	109,33	159,03	178,91
	III	2 093,33	115,13	167,46	188,39	III	2 093,33	108,71	158,13	177,89	102,42	148,98	167,60	96,26	140,02	157,52	90,23	131,25	147,65	84,33	122,66	137,99	78,55	114,26	128,54
	V	3 184,08	175,12	254,72	286,56	IV	2 769,50	148,94	216,65	243,73	145,57	211,74	238,21	142,20	206,84	232,70	138,83	201,94	227,18	135,46	197,03	221,66	132,08	192,12	216,14
	VI	3 217,50	176,96	257,40	289,57																				
8 837,99 West	I,IV	2 757,91	151,68	220,63	248,21	I	2 757,91	144,93	210,82	237,17	138,19	201,—	226,13	131,45	191,20	215,10	124,70	181,38	204,05	117,95	171,57	193,01	111,21	161,76	181,98
	II	2 712,08	149,16	216,96	244,08	II	2 712,08	142,42	207,16	233,05	135,67	197,34	222,01	128,92	187,53	210,97	122,18	177,72	199,94	115,44	167,91	188,90	108,69	158,10	177,86
	III	2 082,16	114,51	166,57	187,39	III	2 082,16	108,11	157,25	176,90	101,84	148,13	166,64	95,69	139,18	156,58	89,66	130,42	146,72	83,78	121,86	137,09	78,01	113,48	127,66
	V	3 172,41	174,48	253,79	285,51	IV	2 757,91	148,31	215,72	242,69	144,93	210,82	237,17	141,56	205,91	231,65	138,19	201,—	226,13	134,81	196,10	220,61	131,45	191,20	215,10
	VI	3 205,91	176,32	256,47	288,53																				
8 837,99 Ost	I,IV	2 770,75	152,39	221,66	249,36	I	2 770,75	145,64	211,84	238,32	138,90	202,04	227,29	132,15	192,22	216,25	125,40	182,41	205,21	118,66	172,60	194,18	111,92	162,79	183,14
	II	2 725,—	149,87	218,—	245,25	II	2 725,—	143,12	208,18	234,20	136,38	198,37	223,16	129,63	188,56	212,13	122,89	178,75	201,09	116,14	168,94	190,05	109,40	159,13	179,02
	III	2 094,50	115,19	167,56	188,50	III	2 094,50	108,78	158,22	178,—	102,49	149,08	167,71	96,33	140,12	157,63	90,30	131,34	147,76	84,39	122,76	138,10	78,62	114,36	128,65
	V	3 185,33	175,19	254,82	286,67	IV	2 770,75	149,01	216,75	243,84	145,64	211,84	238,32	142,27	206,94	232,81	138,90	202,04	227,29	135,52	197,13	221,77	132,15	192,22	216,25
	VI	3 218,75	177,03	257,50	289,68																				
8 840,99 West	I,IV	2 759,16	151,75	220,73	248,32	I	2 759,16	145,—	210,92	237,28	138,26	201,10	226,24	131,51	191,30	215,21	124,77	181,48	204,17	118,02	171,67	193,13	111,28	161,86	182,09
	II	2 713,33	149,23	217,06	244,19	II	2 713,33	142,49	207,26	233,16	135,74	197,44	222,12	128,99	187,63	211,08	122,25	177,82	200,05	115,50	168,01	189,01	108,76	158,20	177,97
	III	2 083,33	114,58	166,66	187,49	III	2 083,33	108,18	157,36	177,03	101,90	148,22	166,75	95,75	139,28	156,69	89,73	130,52	146,83	83,83	121,94	137,18	78,08	113,57	127,76
	V	3 173,75	174,55	253,90	285,63	IV	2 759,16	148,38	215,82	242,80	145,—	210,92	237,28	141,63	206,01	231,76	138,26	201,10	226,24	134,89	196,20	220,73	131,51	191,30	215,21
	VI	3 207,16	176,39	256,57	288,64																				
8 840,99 Ost	I,IV	2 772,—	152,46	221,76	249,48	I	2 772,—	145,71	211,95	238,44	138,97	202,14	227,40	132,22	192,32	216,36	125,48	182,52	205,33	118,73	172,70	194,29	111,98	162,89	183,25
	II	2 726,25	149,94	218,10	245,36	II	2 726,25	143,19	208,28	234,32	136,45	198,48	223,29	129,70	188,66	212,24	122,96	178,85	201,20	116,21	169,04	190,17	109,47	159,23	179,13
	III	2 095,83	115,27	167,66	188,62	III	2 095,83	108,84	158,32	178,11	102,55	149,17	167,81	96,39	140,21	157,73	90,35	131,42	147,85	84,45	122,84	138,19	78,67	114,44	128,74
	V	3 186,58	175,26	254,92	286,79	IV	2 772,—	149,08	216,85	243,95	145,71	211,95	238,44	142,34	207,04	232,92	138,97	202,14	227,40	135,59	197,23	221,88	132,22	192,32	216,36
	VI	3 220,08	177,10	257,60	289,80																				
8 843,99 West	I,IV	2 760,41	151,82	220,83	248,43	I	2 760,41	145,07	211,02	237,39	138,32	201,20	226,35	131,58	191,40	215,32	124,84	181,58	204,28	118,09	171,77	193,24	111,35	161,96	182,21
	II	2 714,58	149,30	217,16	244,31	II	2 714,58	142,56	207,36	233,28	135,81	197,54	222,23	129,06	187,73	211,19	122,32	177,92	200,16	115,57	168,11	189,12	108,83	158,30	178,08
	III	2 084,66	114,65	166,77	187,61	III	2 084,66	108,24	157,45	177,13	101,97	148,32	166,86	95,81	139,37	156,79	89,79	130,61	146,93	83,90	122,04	137,29	78,13	113,65	127,85
	V	3 175,—	174,62	254,—	285,75	IV	2 760,41	148,44	215,92	242,91	145,07	211,02	237,39	141,70	206,11	231,87	138,32	201,20	226,35	134,96	196,30	220,84	131,58	191,40	215,32
	VI	3 208,41	176,46	256,67	288,75																				
8 843,99 Ost	I,IV	2 773,25	152,52	221,86	249,59	I	2 773,25	145,78	212,05	238,55	139,04	202,24	227,52	132,29	192,42	216,47	125,55	182,62	205,44	118,80	172,80	194,40	112,05	162,99	183,36
	II	2 727,50	150,01	218,20	245,47	II	2 727,50	143,26	208,38	234,43	136,52	198,58	223,40	129,77	188,76	212,36	123,03	178,95	201,32	116,28	169,14	190,28	109,54	159,33	179,24
	III	2 097,—	115,33	167,76	188,73	III	2 097,—	108,90	158,41	178,21	102,62	149,26	167,92	96,46	140,30	157,84	90,42	131,52	147,96	84,51	122,93	138,29	78,74	114,53	128,84
	V	3 187,83	175,33	255,02	286,90	IV	2 773,25	149,16	216,96	244,08	145,78	212,05	238,55	142,41	207,14	233,03	139,04	202,24	227,52	135,66	197,33	221,99	132,29	192,42	216,47
	VI	3 221,33	177,17	257,70	289,91																				
8 846,99 West	I,IV	2 761,66	151,89	220,93	248,54	I	2 761,66	145,14	211,12	237,51	138,40	201,31	226,47	131,65	191,50	215,43	124,90	181,68	204,39	118,16	171,88	193,36	111,42	162,06	182,32
	II	2 715,91	149,37	217,27	244,43	II	2 715,91	142,62	207,46	233,39	135,88	197,64	222,35	129,14	187,84	211,32	122,39	178,02	200,27	115,64	168,21	189,23	108,90	158,40	178,20
	III	2 085,83	114,72	166,86	187,72	III	2 085,83	108,31	157,54	177,23	102,03	148,41	166,96	95,88	139,46	156,89	89,85	130,69	147,02	83,95	122,12	137,38	78,20	113,74	127,96
	V	3 176,25	174,69	254,10	285,86	IV	2 761,66	148,51	216,02	243,02	145,14	211,12	237,51	141,77	206,21	231,98	138,40	201,31	226,47	135,02	196,40	220,95	131,65	191,50	215,43
	VI	3 209,66	176,53	256,77	288,86																				
8 846,99 Ost	I,IV	2 774,58	152,60	221,96	249,71	I	2 774,58	145,85	212,15	238,67	139,10	202,34	227,63	132,36	192,52	216,59	125,62	182,72	205,56	118,87	172,90	194,51	112,12	163,09	183,47
	II	2 728,75	150,08	218,30	245,58	II	2 728,75	143,33	208,48	234,54	136,59	198,68	223,51	129,84	188,86	212,47	123,09	179,05	201,43	116,35	169,24	190,40	109,61	159,43	179,36
	III	2 098,16	115,39	167,85	188,83	III	2 098,16	108,97	158,50	178,31	102,68	149,36	168,03	96,51	140,38	157,93	90,48	131,61	148,06	84,57	123,01	138,38	78,79	114,61	128,93
	V	3 189,08	175,39	255,12	287,01	IV	2 774,58	149,22	217,06	244,19	145,85	212,15	238,67	142,48	207,24	233,15	139,10	202,34	227,63	135,73	197,43	222,11	132,36	192,52	216,59
	VI	3 222,58	177,24	257,80	290,03																				
8 849,99 West	I,IV	2 762,91	151,96	221,03	248,66	I	2 762,91	145,21	211,22	237,62	138,47	201,41	226,58	131,72	191,60	215,55	124,97	181,78	204,50	118,23	171,98	193,47	111,48	162,16	182,43
	II	2 717,16	149,44	217,37	244,54	II	2 717,16	142,69	207,56	233,50	135,95	197,74	222,46	129,20	187,94	211,43	122,46	178,12	200,39	115,71	168,31	189,35	108,97	158,50	178,31
	III	2 087,—	114,78	166,96	187,83	III	2 087,—	108,37	157,64	177,34	102,09	148,50	167,06	95,93	139,54	156,98	89,91	130,78	147,13	84,02	122,21	137,48	78,25	113,82	128,05
	V	3 177,50	174,76	254,20	285,97	IV	2 762,91	148,58	216,12	243,14	145,21	211,22	237,62	141,84	206,32	232,11	138,47	201,41	226,58	135,09	196,50	221,06	131,72	191,60	215,55
	VI	3 210,91	176,60	256,87	288,98																				
8 849,99 Ost	I,IV	2 775,83	152,67	222,06	249,82	I	2 775,83	145,92	212,25	238,78	139,17	202,44	227,74	132,43	192,63	216,71	125,68	182,82	205,67	118,94	173,—	194,63	112,20	163,20	183,60
	II	2 730,—	150,15	218,40	245,70	II	2 730,—	143,40	208,59	234,66	136,66	198,78	223,62	129,91	188,96	212,58	123,17	179,16	201,55	116,42	169,34	190,51	109,67	159,53	179,47
	III	2 099,33	115,46	167,94	188,93	III	2 099,33	109,04	158,61	178,43	102,74	149,45	168,13	96,58	140,48	158,04	90,54	131,70	148,16	84,63	123,10	138,49	78,85	114,69	129,02
	V	3 190,33	175,46	255,22	287,12	IV	2 775,83	149,29	217,16	244,30	145,92	212,25	238,78	142,55	207,34	233,26	139,17	202,44	227,74	135,80	197,53	222,22	132,43	192,63	216,71
	VI	3 223,83	177,31	257,90	290,14																				
8 852,99 West	I,IV	2 764,16	152,02	221,13	248,77	I	2 764,16	145,28	211,32	237,74	138,54	201,51	226,70	131,79	191,70	215,66	125,04	181,88	204,62	118,30	172,08	193,59	111,55	162,26	182,54
	II	2 718,41	149,51	217,47	244,65	II	2 718,41	142,76	207,66	233,61	136,01	197,84	222,57	129,27	188,04	211,54	122,53	178,22	200,50	115,78	168,41	189,46	109,04	158,60	178,43
	III	2 088,16	114,84	167,05	187,93	III	2 088,16	108,44	157,73	177,44	102,16	148,60	167,17	96,—	139,64	157,09	89,98	130,88	147,24	84,08	122,30	137,59	78,31	113,90	128,14
	V	3 178,75	174,83	254,30	286,08	IV	2 764,16	148,65	216,22	243,25	145,28	211,32	237,74	141,91	206,42	232,22	138,54	201,51	226,70	135,16	196,60	221,18	131,79	191,70	215,66
	VI	3 212,25	176,67	256,98	289,10																				
8 852,99 Ost	I,IV	2 777,08	152,73	222,16	249,93	I	2 777,08	145,99	212,35	238,89	139,24	202,54	227,85	132,50	192,73	216,82	125,75	182,92	205,78	119,01	173,10	194,74	112,26	163,30	183,71
	II	2 731,25	150,21	218,50	245,81	II	2 731,25	143,47	208,69	234,77	136,73	198,88	223,74	129,98	189,06	212,69	123,24	179,26	201,66	116,49	169,44	190,62	109,74	159,63	179,58
	III	2 100,66	115,53	168,05	189,05	III	2 100,66	109,11	158,70	178,54	102,81	149,54	168,23	96,64	140,57	158,14	90,60	131,78	148,25	84,69	123,18	138,58	78,91	114,78	129,13
	V	3 191,66	175,54	255,33	287,24	IV	2 777,08	149,36	217,26	244,41	145,99	212,35	238,89	142,61	207,44	233,37	139,24	202,54	227,85	135,87	197,64	222,34	132,50	192,73	216,82
	VI	3 225,08	177,37	258,—	290,25																				
8 855,99 West	I,IV	2 765,41	152,09	221,23	248,88	I	2 765,41	145,35	211,42	237,85	138,60	201,61	226,81	131,86	191,80	215,77	125,12	181,99	204,74	118,37	172,18	193,70	111,62	162,36	182,66
	II	2 719,66	149,58	217,57	244,76	II	2 719,66	142,83	207,76	233,73	136,09	197,95	222,69	129,34	188,14	211,65	122,59	178,32	200,61	115,85	168,52	189,58	109,11	158,70	178,54
	III	2 089,50	114,92	167,16	188,05	III	2 089,50	108,50	157,82	177,55	102,22	148,69	167,27	96,06	139,73	157,19	90,04	130,97	147,34	84,14	122,38	137,68	78,37	114,—	128,25
	V	3 180,—	174,90	254,40	286,20	IV	2 765,41	148,72	216,32	243,36	145,35	211,42	237,85	141,98	206,52	232,33	138,60	201,61	226,81	135,23	196,70	221,29	131,86	191,80	215,77
	VI	3 213,50	176,74	257,08	289,21																				
8 855,99 Ost	I,IV	2 778,33	152,80	222,26	250,04	I	2 778,33	146,06	212,45	239,—	139,31	202,64	227,97	132,57	192,83	216,93	125,82	183,02	205,89	119,07	173,20	194,85	112,33	163,40	183,82
	II	2 732,58	150,29	218,60	245,93	II	2 732,58	143,54	208,79	234,89	136,79	198,98	223,85	130,05	189,16	212,81	123,31	179,36	201,78	116,56	169,54	190,73	109,81	159,73	179,69
	III	2 101,83	115,60	168,14	189,16	III	2 101,83	109,17	158,80	178,65	102,87	149,64	168,34	96,70	140,66	158,24	90,66	131,88	148,36	84,75	123,28	138,69	78,97	114,86	129,22
	V	3 192,91	175,61	255,43	287,36	IV	2 778,33	149,43	217,36	244,53	146,06	212,45	239,—	142,68	207,54	233,48	139,31	202,64	227,97	135,94	197,74	222,45	132,57	192,83	216,93
	VI	3 226,33	177,44	258,10	290,36																				

Table title: Abzüge an Lohnsteuer, Solidaritätszuschlag (SolZ) und Kirchensteuer (8%, 9%) in den Steuerklassen

* Die ausgewiesenen Tabellenwerte sind amtlich. Siehe Erläuterungen auf der Umschlaginnenseite (U2).

Abzüge an Lohnsteuer, Solidaritätszuschlag (SolZ) und Kirchensteuer (8%, 9%) in den Steuerklassen

Lohn/ Gehalt bis €*	I – VI		ohne Kinderfreibeträge			I, II, III, IV		mit Zahl der Kinderfreibeträge . . . 0,5			1			1,5			2			2,5			3		
		LSt	SolZ	8%	9%		LSt	SolZ	8%	9%	SolZ	8%	9%	SolZ	8%	9%	SolZ	8%	9%	SolZ	8%	9%	SolZ	8%	9%
8 858,99 West	I,IV	2 766,66	152,16	221,33	248,99	I	2 766,66	145,42	211,52	237,96	138,67	201,71	226,92	131,93	191,90	215,88	125,18	182,09	204,85	118,44	172,28	193,81	111,69	162,46	182,77
	II	2 720,91	149,65	217,67	244,88	II	2 720,91	142,90	207,86	233,84	136,16	198,05	222,80	129,41	188,24	211,77	122,66	178,42	200,72	115,92	168,62	189,69	109,17	158,80	178,65
	III	2 090,66	114,98	167,25	188,15	III	2 090,66	108,57	157,92	177,66	102,28	148,77	167,36	96,13	139,82	157,30	90,09	131,05	147,43	84,20	122,48	137,79	78,43	114,08	128,34
	V	3 181,25	174,96	254,50	286,31	IV	2 766,66	148,79	216,43	243,48	145,42	211,52	237,96	142,05	206,62	232,44	138,67	201,71	226,92	135,30	196,80	221,40	131,93	191,90	215,88
	VI	3 214,75	176,81	257,18	289,32																				
8 858,99 Ost	I,IV	2 779,58	152,87	222,36	250,16	I	2 779,58	146,13	212,55	239,12	139,38	202,74	228,08	132,64	192,93	217,04	125,89	183,12	206,01	119,15	173,31	194,97	112,40	163,50	183,93
	II	2 733,83	150,36	218,70	246,04	II	2 733,83	143,61	208,89	235,—	136,86	199,08	223,96	130,12	189,27	212,93	123,37	179,46	201,89	116,63	169,64	190,85	109,89	159,84	179,82
	III	2 103,—	115,66	168,24	189,27	III	2 103,—	109,23	158,89	178,75	102,94	149,73	168,44	96,77	140,76	158,35	90,73	131,97	148,46	84,81	123,37	138,79	79,03	114,96	129,33
	V	3 194,16	175,67	255,53	287,47	IV	2 779,58	149,50	217,46	244,64	146,13	212,55	239,12	142,75	207,64	233,60	139,38	202,74	228,08	136,01	197,84	222,57	132,64	192,93	217,04
	VI	3 227,58	177,51	258,20	290,48																				
8 861,99 West	I,IV	2 768,—	152,24	221,44	249,12	I	2 768,—	145,49	211,62	238,07	138,74	201,81	227,03	132,—	192,—	216,—	125,25	182,19	204,96	118,51	172,38	193,92	111,76	162,56	182,88
	II	2 722,16	149,71	217,77	244,99	II	2 722,16	142,97	207,96	233,96	136,23	198,15	222,92	129,48	188,34	211,88	122,73	178,52	200,84	115,99	168,72	189,81	109,24	158,90	178,76
	III	2 091,83	115,05	167,34	188,26	III	2 091,83	108,63	158,01	177,76	102,34	148,86	167,47	96,19	139,92	157,41	90,16	131,14	147,53	84,26	122,56	137,88	78,48	114,16	128,43
	V	3 182,50	175,03	254,60	286,42	IV	2 768,—	148,86	216,53	243,59	145,49	211,62	238,07	142,12	206,72	232,56	138,74	201,81	227,03	135,37	196,90	221,51	132,—	192,—	216,—
	VI	3 216,—	176,88	257,28	289,44																				
8 861,99 Ost	I,IV	2 780,83	152,94	222,46	250,27	I	2 780,83	146,19	212,65	239,23	139,45	202,84	228,20	132,71	193,03	217,16	125,96	183,22	206,12	119,22	173,41	195,08	112,47	163,60	184,05
	II	2 735,08	150,42	218,80	246,15	II	2 735,08	143,68	208,99	235,11	136,93	199,18	224,07	130,19	189,37	213,04	123,44	179,56	202,—	116,70	169,74	190,96	109,95	159,94	179,93
	III	2 104,33	115,73	168,34	189,38	III	2 104,33	109,30	158,98	178,85	103,—	149,82	168,55	96,83	140,85	158,45	90,78	132,05	148,55	84,87	123,45	138,88	79,09	115,04	129,42
	V	3 195,41	175,74	255,63	287,58	IV	2 780,83	149,57	217,56	244,75	146,19	212,65	239,23	142,83	207,75	233,72	139,45	202,84	228,20	136,08	197,94	222,68	132,71	193,03	217,16
	VI	3 228,83	177,58	258,30	290,59																				
8 864,99 West	I,IV	2 769,25	152,30	221,54	249,23	I	2 769,25	145,56	211,72	238,19	138,81	201,91	227,15	132,07	192,10	216,11	125,32	182,29	205,07	118,58	172,48	194,04	111,83	162,67	183,—
	II	2 723,41	149,78	217,87	245,10	II	2 723,41	143,04	208,06	234,07	136,29	198,25	223,03	129,55	188,44	211,99	122,81	178,63	200,96	116,06	168,82	189,92	109,31	159,—	178,88
	III	2 093,—	115,11	167,44	188,37	III	2 093,—	108,69	158,10	177,86	102,41	148,96	167,58	96,25	140,—	157,50	90,22	131,24	147,64	84,32	122,65	137,98	78,54	114,25	128,53
	V	3 183,75	175,10	254,70	286,53	IV	2 769,25	148,93	216,63	243,71	145,56	211,72	238,19	142,18	206,82	232,67	138,81	201,91	227,15	135,44	197,—	221,63	132,07	192,10	216,11
	VI	3 217,25	176,94	257,38	289,55																				
8 864,99 Ost	I,IV	2 782,08	153,01	222,56	250,38	I	2 782,08	146,27	212,76	239,35	139,52	202,94	228,31	132,77	193,13	217,27	126,03	183,32	206,24	119,29	173,51	195,20	112,54	163,70	184,16
	II	2 736,33	150,49	218,90	246,26	II	2 736,33	143,75	209,09	235,22	137,—	199,28	224,19	130,26	189,47	213,15	123,51	179,66	202,11	116,76	169,84	191,07	110,02	160,04	180,04
	III	2 105,50	115,80	168,44	189,49	III	2 105,50	109,36	159,08	178,96	103,07	149,92	168,66	96,89	140,93	158,54	90,85	132,14	148,66	84,93	123,54	138,98	79,14	115,12	129,51
	V	3 196,66	175,81	255,73	287,69	IV	2 782,08	149,64	217,66	244,86	146,27	212,76	239,35	142,89	207,85	233,83	139,52	202,94	228,31	136,15	198,04	222,79	132,77	193,13	217,27
	VI	3 230,16	177,65	258,41	290,71																				
8 867,99 West	I,IV	2 770,50	152,37	221,64	249,34	I	2 770,50	145,63	211,82	238,30	138,88	202,01	227,26	132,14	192,20	216,23	125,39	182,39	205,19	118,64	172,58	194,15	111,90	162,77	183,11
	II	2 724,66	149,85	217,97	245,21	II	2 724,66	143,11	208,16	234,18	136,36	198,35	223,14	129,62	188,54	212,10	122,87	178,73	201,07	116,13	168,92	190,03	109,38	159,10	178,99
	III	2 094,33	115,18	167,54	188,48	III	2 094,33	108,77	158,21	177,98	102,47	149,05	167,68	96,31	140,09	157,60	90,28	131,32	147,73	84,37	122,73	138,07	78,60	114,33	128,62
	V	3 185,08	175,17	254,80	286,65	IV	2 770,50	149,—	216,73	243,82	145,63	211,82	238,30	142,25	206,92	232,78	138,88	202,01	227,26	135,51	197,11	221,75	132,14	192,20	216,23
	VI	3 218,50	177,01	257,48	289,66																				
8 867,99 Ost	I,IV	2 783,33	153,08	222,66	250,49	I	2 783,33	146,34	212,86	239,46	139,59	203,04	228,42	132,84	193,23	217,38	126,10	183,42	206,35	119,35	173,61	195,31	112,61	163,80	184,27
	II	2 737,58	150,56	219,—	246,38	II	2 737,58	143,82	209,19	235,34	137,07	199,38	224,30	130,33	189,57	213,26	123,58	179,76	202,23	116,84	169,95	191,19	110,09	160,14	180,15
	III	2 106,66	115,86	168,53	189,59	III	2 106,66	109,43	159,17	179,06	103,13	150,01	168,76	96,95	141,02	158,65	90,91	132,24	148,77	84,99	123,62	139,07	79,20	115,21	129,61
	V	3 197,91	175,88	255,83	287,81	IV	2 783,33	149,71	217,76	244,98	146,34	212,86	239,46	142,96	207,95	233,94	139,59	203,04	228,42	136,22	198,14	222,90	132,84	193,23	217,38
	VI	3 231,41	177,72	258,51	290,82																				
8 870,99 West	I,IV	2 771,75	152,44	221,74	249,45	I	2 771,75	145,69	211,92	238,41	138,95	202,12	227,38	132,21	192,30	216,34	125,46	182,49	205,30	118,72	172,68	194,27	111,97	162,87	183,23
	II	2 726,—	149,93	218,08	245,34	II	2 726,—	143,18	208,26	234,29	136,43	198,45	223,25	129,69	188,64	212,22	122,94	178,83	201,18	116,20	169,02	190,14	109,45	159,20	179,10
	III	2 095,50	115,25	167,64	188,59	III	2 095,50	108,83	158,30	178,09	102,53	149,14	167,78	96,37	140,18	157,70	90,34	131,41	147,83	84,44	122,82	138,17	78,66	114,42	128,72
	V	3 186,33	175,24	254,90	286,76	IV	2 771,75	149,07	216,83	243,93	145,69	211,92	238,41	142,32	207,02	232,89	138,95	202,12	227,38	135,58	197,21	221,86	132,21	192,30	216,34
	VI	3 219,75	177,08	257,58	289,77																				
8 870,99 Ost	I,IV	2 784,58	153,15	222,76	250,61	I	2 784,58	146,41	212,96	239,58	139,66	203,14	228,53	132,91	193,33	217,49	126,17	183,52	206,46	119,42	173,71	195,42	112,68	163,90	184,38
	II	2 738,83	150,63	219,10	246,49	II	2 738,83	143,88	209,29	235,45	137,14	199,48	224,42	130,40	189,67	213,38	123,65	179,86	202,34	116,91	170,05	191,30	110,16	160,24	180,27
	III	2 107,83	115,93	168,62	189,70	III	2 107,83	109,50	159,28	179,19	103,19	150,10	168,86	97,02	141,12	158,76	90,97	132,32	148,86	85,05	123,72	139,18	79,26	115,29	129,70
	V	3 199,16	175,95	255,93	287,92	IV	2 784,58	149,78	217,86	245,09	146,41	212,96	239,58	143,03	208,05	234,05	139,66	203,14	228,53	136,29	198,24	223,02	132,91	193,33	217,49
	VI	3 232,66	177,79	258,61	290,93																				
8 873,99 West	I,IV	2 773,—	152,51	221,84	249,57	I	2 773,—	145,76	212,02	238,52	139,02	202,22	227,49	132,27	192,40	216,45	125,53	182,59	205,41	118,79	172,78	194,38	112,04	162,97	183,34
	II	2 727,25	149,99	218,18	245,45	II	2 727,25	143,25	208,36	234,41	136,50	198,55	223,37	129,76	188,74	212,33	123,01	178,93	201,29	116,27	169,12	190,26	109,52	159,31	179,22
	III	2 096,66	115,31	167,73	188,69	III	2 096,66	108,90	158,40	178,20	102,60	149,24	167,89	96,44	140,28	157,81	90,41	131,50	147,94	84,49	122,90	138,26	78,72	114,50	128,81
	V	3 187,58	175,31	255,—	286,88	IV	2 773,—	149,14	216,93	244,04	145,76	212,02	238,52	142,39	207,12	233,01	139,02	202,22	227,49	135,65	197,31	221,97	132,27	192,40	216,45
	VI	3 221,—	177,15	257,68	289,89																				
8 873,99 Ost	I,IV	2 785,91	153,22	222,87	250,73	I	2 785,91	146,47	213,06	239,69	139,73	203,24	228,65	132,99	193,44	217,62	126,24	183,62	206,57	119,49	173,81	195,53	112,75	164,—	184,50
	II	2 740,08	150,70	219,20	246,60	II	2 740,08	143,96	209,40	235,57	137,21	199,58	224,53	130,46	189,77	213,49	123,72	179,96	202,46	116,98	170,15	191,42	110,23	160,34	180,38
	III	2 109,16	116,—	168,73	189,82	III	2 109,16	109,56	159,37	179,29	103,26	150,20	168,97	97,08	141,21	158,86	91,03	132,41	148,96	85,11	123,80	139,27	79,32	115,38	129,80
	V	3 200,41	176,02	256,03	288,03	IV	2 785,91	149,85	217,96	245,21	146,47	213,06	239,69	143,10	208,15	234,17	139,73	203,24	228,65	136,35	198,34	223,13	132,99	193,44	217,62
	VI	3 233,91	177,86	258,71	291,05																				
8 876,99 West	I,IV	2 774,25	152,58	221,94	249,68	I	2 774,25	145,83	212,12	238,64	139,09	202,32	227,61	132,34	192,50	216,56	125,60	182,69	205,52	118,85	172,88	194,49	112,11	163,07	183,45
	II	2 728,50	150,06	218,28	245,56	II	2 728,50	143,32	208,46	234,52	136,57	198,65	223,48	129,83	188,84	212,45	123,08	179,03	201,41	116,33	169,22	190,37	109,59	159,41	179,33
	III	2 098,—	115,39	167,84	188,82	III	2 098,—	108,96	158,49	178,30	102,66	149,33	167,99	96,50	140,37	157,91	90,46	131,58	148,03	84,56	123,—	138,37	78,78	114,60	128,92
	V	3 188,83	175,38	255,10	286,99	IV	2 774,25	149,21	217,03	244,16	145,83	212,12	238,64	142,46	207,22	233,12	139,09	202,32	227,61	135,72	197,41	222,08	132,34	192,50	216,56
	VI	3 222,25	177,22	257,78	290,—																				
8 876,99 Ost	I,IV	2 787,16	153,29	222,97	250,84	I	2 787,16	146,54	213,16	239,80	139,80	203,34	228,76	133,05	193,54	217,73	126,31	183,72	206,69	119,56	173,91	195,65	112,82	164,10	184,61
	II	2 741,33	150,77	219,30	246,71	II	2 741,33	144,03	209,50	235,68	137,28	199,68	224,64	130,53	189,87	213,60	123,79	180,06	202,57	117,04	170,25	191,53	110,30	160,44	180,49
	III	2 110,33	116,06	168,82	189,92	III	2 110,33	109,63	159,46	179,39	103,32	150,29	169,07	97,14	141,30	158,96	91,09	132,50	149,06	85,17	123,89	139,37	79,38	115,46	129,89
	V	3 201,75	176,09	256,14	288,15	IV	2 787,16	149,92	218,06	245,32	146,54	213,16	239,80	143,17	208,25	234,28	139,80	203,34	228,76	136,43	198,44	223,25	133,05	193,54	217,73
	VI	3 235,16	177,93	258,81	291,16																				
8 879,99 West	I,IV	2 775,50	152,65	222,04	249,79	I	2 775,50	145,91	212,23	238,76	139,16	202,42	227,72	132,41	192,60	216,68	125,67	182,80	205,65	118,92	172,98	194,60	112,18	163,17	183,56
	II	2 729,75	150,13	218,38	245,67	II	2 729,75	143,38	208,56	234,63	136,64	198,76	223,60	129,90	188,94	212,56	123,15	179,13	201,52	116,41	169,32	190,49	109,66	159,51	179,45
	III	2 099,16	115,45	167,93	188,92	III	2 099,16	109,02	158,58	178,40	102,73	149,42	168,10	96,57	140,46	158,02	90,53	131,68	148,14	84,61	123,08	138,46	78,84	114,68	129,01
	V	3 190,08	175,45	255,20	287,10	IV	2 775,50	149,27	217,13	244,27	145,91	212,23	238,76	142,53	207,32	233,24	139,16	202,42	227,72	135,79	197,51	222,20	132,41	192,60	216,68
	VI	3 223,58	177,29	257,88	290,12																				
8 879,99 Ost	I,IV	2 788,41	153,36	223,07	250,95	I	2 788,41	146,61	213,26	239,91	139,86	203,44	228,87	133,12	193,64	217,84	126,38	183,82	206,80	119,63	174,01	195,76	112,89	164,20	184,73
	II	2 742,58	150,84	219,40	246,83	II	2 742,58	144,10	209,60	235,80	137,35	199,78	224,75	130,60	189,97	213,71	123,86	180,16	202,68	117,11	170,35	191,64	110,37	160,54	180,60
	III	2 111,50	116,13	168,92	190,03	III	2 111,50	109,69	159,56	179,50	103,39	150,38	169,18	97,21	141,40	159,07	91,16	132,60	149,17	85,23	123,97	139,46	79,43	115,54	129,98
	V	3 203,—	176,16	256,24	288,27	IV	2 788,41	149,98	218,16	245,43	146,61	213,26	239,91	143,24	208,35	234,39	139,86	203,44	228,87	136,50	198,54	223,36	133,12	193,64	217,84
	VI	3 236,41	178,—	258,91	291,27																				

* Die ausgewiesenen Tabellenwerte sind amtlich. Siehe Erläuterungen auf der Umschlaginnenseite (U2).

Abzüge an Lohnsteuer, Solidaritätszuschlag (SolZ) und Kirchensteuer (8%, 9%) in den Steuerklassen

Lohn/ Gehalt bis €*	I – VI	LSt	ohne Kinderfreibeträge SolZ	8%	9%	I, II, III, IV	LSt	0,5 SolZ	0,5 8%	0,5 9%	1 SolZ	1 8%	1 9%	1,5 SolZ	1,5 8%	1,5 9%	2 SolZ	2 8%	2 9%	2,5 SolZ	2,5 8%	2,5 9%	3 SolZ	3 8%	3 9%
8 882,99 West	I,IV	2 776,75	152,72	222,14	249,90	I	2 776,75	145,97	212,33	238,87	139,23	202,52	227,83	132,48	192,70	216,79	125,74	182,90	205,76	118,99	173,08	194,72	112,25	163,27	183,68
	II	2 731,—	150,20	218,48	245,79	II	2 731,—	143,45	208,66	234,74	136,71	198,86	223,71	129,96	189,04	212,67	123,22	179,23	201,63	116,48	169,42	190,60	109,73	159,61	179,56
	III	2 100,33	115,51	168,02	189,02	III	2 100,33	109,09	158,68	178,51	102,79	149,52	168,21	96,62	140,54	158,11	90,59	131,77	148,24	84,68	123,17	138,56	78,89	114,76	129,10
	V	3 191,33	175,52	255,30	287,21	IV	2 776,75	149,35	217,24	244,39	145,97	212,33	238,87	142,60	207,42	233,35	139,23	202,52	227,83	135,85	197,61	222,31	132,48	192,70	216,79
	VI	3 224,83	177,36	257,98	290,23																				
8 882,99 Ost	I,IV	2 789,66	153,43	223,17	251,06	I	2 789,66	146,68	213,36	240,03	139,94	203,55	228,99	133,19	193,74	217,95	126,44	183,92	206,91	119,70	174,12	195,88	112,96	164,30	184,84
	II	2 743,91	150,91	219,51	246,95	II	2 743,91	144,16	209,70	235,91	137,42	199,88	224,87	130,68	190,08	213,84	123,93	180,26	202,79	117,18	170,45	191,75	110,44	160,64	180,72
	III	2 112,66	116,19	169,01	190,13	III	2 112,66	109,76	159,65	179,60	103,45	150,48	169,29	97,27	141,49	159,17	91,21	132,68	149,26	85,29	124,06	139,57	79,50	115,64	130,09
	V	3 204,25	176,23	256,34	288,38	IV	2 789,66	150,05	218,26	245,54	146,68	213,36	240,03	143,31	208,45	234,50	139,94	203,55	228,99	136,56	198,64	223,47	133,19	193,74	217,95
	VI	3 237,66	178,07	259,01	291,38																				
8 885,99 West	I,IV	2 778,08	152,79	222,24	250,02	I	2 778,08	146,04	212,43	238,98	139,30	202,62	227,94	132,55	192,80	216,90	125,81	183,—	205,87	119,06	173,18	194,83	112,31	163,37	183,79
	II	2 732,25	150,27	218,58	245,90	II	2 732,25	143,52	208,76	234,86	136,78	198,96	223,83	130,03	189,14	212,78	123,29	179,33	201,74	116,54	169,52	190,71	109,80	159,71	179,67
	III	2 101,50	115,58	168,12	189,13	III	2 101,50	109,15	158,77	178,61	102,85	149,61	168,31	96,69	140,64	158,22	90,64	131,85	148,33	84,74	123,26	138,67	78,96	114,85	129,20
	V	3 192,58	175,59	255,40	287,33	IV	2 778,08	149,42	217,34	244,50	146,04	212,43	238,98	142,67	207,52	233,46	139,30	202,62	227,94	135,92	197,71	222,42	132,55	192,80	216,90
	VI	3 226,08	177,43	258,08	290,34																				
8 885,99 Ost	I,IV	2 790,91	153,50	223,27	251,18	I	2 790,91	146,75	213,46	240,14	140,01	203,65	229,10	133,26	193,84	218,07	126,51	184,02	207,02	119,77	174,22	195,99	113,02	164,40	184,95
	II	2 745,16	150,98	219,61	247,06	II	2 745,16	144,23	209,80	236,02	137,49	199,98	224,98	130,74	190,18	213,95	124,—	180,36	202,91	117,25	170,55	191,87	110,51	160,74	180,83
	III	2 114,—	116,27	169,12	190,26	III	2 114,—	109,82	159,74	179,71	103,51	150,57	169,39	97,33	141,57	159,26	91,28	132,77	149,36	85,36	124,16	139,68	79,55	115,72	130,18
	V	3 205,50	176,30	256,44	288,49	IV	2 790,91	150,12	218,36	245,66	146,75	213,46	240,14	143,38	208,56	234,63	140,01	203,65	229,10	136,63	198,74	223,58	133,26	193,84	218,07
	VI	3 238,91	178,14	259,11	291,50																				
8 888,99 West	I,IV	2 779,33	152,86	222,34	250,13	I	2 779,33	146,11	212,53	239,09	139,37	202,72	228,06	132,62	192,91	217,02	125,88	183,10	205,98	119,13	173,28	194,94	112,39	163,48	183,91
	II	2 733,50	150,34	218,68	246,01	II	2 733,50	143,60	208,87	234,98	136,85	199,06	223,94	130,10	189,24	212,90	123,36	179,44	201,87	116,61	169,62	190,82	109,87	159,81	179,78
	III	2 102,83	115,65	168,22	189,25	III	2 102,83	109,22	158,86	178,72	102,92	149,70	168,41	96,75	140,73	158,32	90,71	131,94	148,43	84,80	123,34	138,76	79,01	114,93	129,29
	V	3 193,83	175,66	255,50	287,44	IV	2 779,33	149,49	217,44	244,62	146,11	212,53	239,09	142,74	207,62	233,57	139,37	202,72	228,06	135,99	197,81	222,53	132,62	192,91	217,02
	VI	3 227,33	177,50	258,18	290,45																				
8 888,99 Ost	I,IV	2 792,16	153,56	223,37	251,29	I	2 792,16	146,82	213,56	240,26	140,08	203,75	229,22	133,33	193,94	218,18	126,58	184,12	207,14	119,84	174,32	196,11	113,09	164,50	185,06
	II	2 746,41	151,05	219,71	247,17	II	2 746,41	144,30	209,90	236,13	137,55	200,08	225,09	130,81	190,28	214,06	124,07	180,46	203,02	117,32	170,65	191,98	110,58	160,84	180,95
	III	2 115,16	116,33	169,21	190,36	III	2 115,16	109,89	159,84	179,82	103,58	150,66	169,49	97,39	141,66	159,37	91,34	132,86	149,47	85,41	124,24	139,77	79,62	115,81	130,28
	V	3 206,75	176,37	256,54	288,60	IV	2 792,16	150,19	218,46	245,77	146,82	213,56	240,26	143,45	208,66	234,74	140,08	203,75	229,22	136,70	198,84	223,70	133,33	193,94	218,18
	VI	3 240,25	178,21	259,22	291,62																				
8 891,99 West	I,IV	2 780,58	152,93	222,44	250,25	I	2 780,58	146,18	212,63	239,21	139,43	202,82	228,17	132,69	193,01	217,13	125,95	183,20	206,10	119,20	173,38	195,05	112,46	163,58	184,02
	II	2 734,75	150,41	218,78	246,12	II	2 734,75	143,66	208,97	235,09	136,92	199,16	224,05	130,17	189,34	213,01	123,43	179,54	201,98	116,68	169,72	190,94	109,94	159,91	179,90
	III	2 104,—	115,72	168,32	189,36	III	2 104,—	109,29	158,97	178,84	102,98	149,80	168,52	96,81	140,82	158,42	90,77	132,04	148,54	84,86	123,44	138,87	79,08	115,02	129,40
	V	3 195,16	175,73	255,61	287,56	IV	2 780,58	149,55	217,54	244,73	146,18	212,63	239,21	142,81	207,72	233,69	139,43	202,82	228,17	136,07	197,92	222,66	132,69	193,01	217,13
	VI	3 228,58	177,57	258,28	290,57																				
8 891,99 Ost	I,IV	2 793,41	153,63	223,47	251,40	I	2 793,41	146,89	213,66	240,37	140,14	203,85	229,33	133,40	194,04	218,29	126,66	184,23	207,26	119,91	174,42	196,22	113,16	164,60	185,18
	II	2 747,66	151,12	219,81	247,28	II	2 747,66	144,37	210,—	236,25	137,63	200,19	225,21	130,88	190,38	214,17	124,13	180,56	203,13	117,39	170,76	192,10	110,65	160,94	181,06
	III	2 116,33	116,39	169,30	190,46	III	2 116,33	109,96	159,94	179,93	103,64	150,76	169,60	97,46	141,76	159,48	91,40	132,94	149,56	85,47	124,33	139,87	79,67	115,89	130,37
	V	3 208,—	176,44	256,64	288,72	IV	2 793,41	150,26	218,56	245,88	146,89	213,66	240,37	143,52	208,76	234,85	140,14	203,85	229,33	136,77	198,94	223,81	133,40	194,04	218,29
	VI	3 241,50	178,28	259,32	291,73																				
8 894,99 West	I,IV	2 781,83	153,—	222,54	250,36	I	2 781,83	146,25	212,73	239,32	139,51	202,92	228,29	132,76	193,11	217,25	126,01	183,30	206,21	119,27	173,48	195,17	112,53	163,68	184,14
	II	2 736,08	150,48	218,88	246,24	II	2 736,08	143,73	209,07	235,20	136,99	199,26	224,16	130,24	189,44	213,12	123,50	179,64	202,09	116,75	169,82	191,05	110,—	160,01	180,01
	III	2 105,16	115,78	168,41	189,46	III	2 105,16	109,35	159,06	178,94	103,05	149,89	168,62	96,88	140,92	158,53	90,84	132,13	148,64	84,92	123,52	138,96	79,13	115,10	129,49
	V	3 196,41	175,80	255,71	287,67	IV	2 781,83	149,62	217,64	244,84	146,25	212,73	239,32	142,88	207,82	233,80	139,51	202,92	228,29	136,13	198,02	222,77	132,76	193,11	217,25
	VI	3 229,83	177,64	258,38	290,68																				
8 894,99 Ost	I,IV	2 794,66	153,70	223,57	251,51	I	2 794,66	146,96	213,76	240,48	140,21	203,95	229,44	133,47	194,14	218,40	126,72	184,33	207,37	119,98	174,52	196,33	113,23	164,70	185,29
	II	2 748,91	151,19	219,91	247,40	II	2 748,91	144,44	210,10	236,36	137,70	200,29	225,32	130,95	190,48	214,29	124,20	180,66	203,24	117,46	170,86	192,21	110,71	161,04	181,17
	III	2 117,66	116,47	169,41	190,58	III	2 117,66	110,02	160,04	180,04	103,71	150,85	169,70	97,52	141,85	159,58	91,46	133,04	149,67	85,53	124,41	139,96	79,74	115,98	130,48
	V	3 209,25	176,50	256,74	288,83	IV	2 794,66	150,33	218,67	246,—	146,96	213,76	240,48	143,59	208,86	234,96	140,21	203,95	229,44	136,84	199,04	223,92	133,47	194,14	218,40
	VI	3 242,75	178,35	259,42	291,84																				
8 897,99 West	I,IV	2 783,08	153,06	222,64	250,47	I	2 783,08	146,32	212,83	239,43	139,58	203,02	228,40	132,83	193,21	217,36	126,08	183,40	206,32	119,34	173,59	195,29	112,59	163,78	184,25
	II	2 737,33	150,55	218,98	246,35	II	2 737,33	143,80	209,17	235,31	137,06	199,36	224,28	130,31	189,55	213,24	123,57	179,74	202,20	116,82	169,92	191,16	110,08	160,12	180,13
	III	2 106,33	115,84	168,50	189,56	III	2 106,33	109,42	159,16	179,05	103,11	149,98	168,73	96,94	141,01	158,63	90,89	132,21	148,73	84,98	123,61	139,06	79,19	115,18	129,58
	V	3 197,66	175,87	255,81	287,78	IV	2 783,08	149,69	217,74	244,95	146,32	212,83	239,43	142,94	207,92	233,91	139,58	203,02	228,40	136,20	198,12	222,88	132,83	193,21	217,36
	VI	3 231,08	177,70	258,48	290,79																				
8 897,99 Ost	I,IV	2 796,—	153,78	223,68	251,64	I	2 796,—	147,03	213,86	240,59	140,28	204,05	229,55	133,54	194,24	218,52	126,79	184,43	207,48	120,05	174,62	196,44	113,30	164,80	185,40
	II	2 750,16	151,25	220,01	247,51	II	2 750,16	144,51	210,20	236,48	137,77	200,39	225,44	131,02	190,58	214,40	124,27	180,76	203,36	117,53	170,96	192,33	110,78	161,14	181,28
	III	2 118,83	116,53	169,50	190,69	III	2 118,83	110,09	160,13	180,14	103,77	150,94	169,81	97,58	141,94	159,68	91,52	133,13	149,77	85,59	124,50	140,06	79,79	116,06	130,57
	V	3 210,50	176,57	256,84	288,94	IV	2 796,—	150,40	218,77	246,11	147,03	213,86	240,59	143,66	208,96	235,08	140,28	204,05	229,55	136,91	199,14	224,03	133,54	194,24	218,52
	VI	3 244,—	178,42	259,52	291,96																				
8 900,99 West	I,IV	2 784,33	153,13	222,74	250,58	I	2 784,33	146,39	212,93	239,54	139,64	203,12	228,51	132,90	193,31	217,47	126,15	183,50	206,43	119,41	173,69	195,40	112,66	163,88	184,36
	II	2 738,58	150,62	219,08	246,47	II	2 738,58	143,87	209,27	235,43	137,12	199,46	224,39	130,38	189,65	213,35	123,64	179,84	202,32	116,89	170,02	191,27	110,15	160,22	180,24
	III	2 107,66	115,92	168,61	189,68	III	2 107,66	109,48	159,25	179,15	103,18	150,08	168,84	97,01	141,10	158,74	90,96	132,30	148,84	85,03	123,69	139,15	79,25	115,28	129,69
	V	3 198,91	175,94	255,91	287,90	IV	2 784,33	149,76	217,84	245,07	146,39	212,93	239,54	143,02	208,03	234,03	139,64	203,12	228,51	136,27	198,22	222,99	132,90	193,31	217,47
	VI	3 232,33	177,77	258,58	290,90																				
8 900,99 Ost	I,IV	2 797,25	153,84	223,78	251,75	I	2 797,25	147,10	213,96	240,71	140,35	204,15	229,67	133,61	194,34	218,63	126,86	184,53	207,59	120,12	174,72	196,56	113,37	164,91	185,52
	II	2 751,41	151,32	220,11	247,62	II	2 751,41	144,58	210,30	236,59	137,83	200,49	225,55	131,09	190,68	214,51	124,35	180,87	203,48	117,60	171,06	192,44	110,85	161,24	181,40
	III	2 120,—	116,60	169,60	190,80	III	2 120,—	110,15	160,22	180,25	103,84	151,04	169,92	97,65	142,04	159,79	91,59	133,22	149,87	85,65	124,58	140,15	79,85	116,14	130,66
	V	3 211,75	176,64	256,94	289,05	IV	2 797,25	150,47	218,87	246,23	147,10	213,96	240,71	143,72	209,06	235,19	140,35	204,15	229,67	136,98	199,24	224,15	133,61	194,34	218,63
	VI	3 245,25	178,48	259,62	292,07																				
8 903,99 West	I,IV	2 785,58	153,20	222,84	250,70	I	2 785,58	146,46	213,04	239,67	139,71	203,22	228,62	132,97	193,41	217,58	126,22	183,60	206,55	119,48	173,79	195,51	112,73	163,98	184,47
	II	2 739,83	150,69	219,18	246,58	II	2 739,83	143,94	209,37	235,54	137,20	199,56	224,51	130,45	189,75	213,47	123,70	179,94	202,43	116,96	170,12	191,39	110,22	160,32	180,36
	III	2 108,83	115,98	168,70	189,79	III	2 108,83	109,55	159,34	179,26	103,24	150,17	168,94	97,06	141,18	158,83	91,02	132,40	148,95	85,10	123,78	139,25	79,31	115,36	129,78
	V	3 200,16	176,—	256,01	288,01	IV	2 785,58	149,83	217,94	245,18	146,46	213,04	239,67	143,09	208,13	234,14	139,71	203,22	228,62	136,34	198,32	223,11	132,97	193,41	217,58
	VI	3 233,66	177,85	258,69	291,02																				
8 903,99 Ost	I,IV	2 798,50	153,91	223,88	251,86	I	2 798,50	147,17	214,06	240,82	140,42	204,25	229,78	133,68	194,44	218,75	126,93	184,63	207,71	120,18	174,82	196,67	113,44	165,01	185,63
	II	2 752,66	151,39	220,21	247,73	II	2 752,66	144,65	210,40	236,70	137,90	200,59	225,66	131,16	190,78	214,62	124,41	180,97	203,59	117,67	171,16	192,55	110,92	161,34	181,51
	III	2 121,33	116,67	169,70	190,91	III	2 121,33	110,22	160,32	180,36	103,90	151,13	170,02	97,71	142,13	159,89	91,64	133,30	149,96	85,71	124,68	140,26	79,91	116,24	130,77
	V	3 213,08	176,71	257,04	289,17	IV	2 798,50	150,54	218,97	246,34	147,17	214,06	240,82	143,79	209,16	235,30	140,42	204,25	229,78	137,05	199,35	224,27	133,68	194,44	218,75
	VI	3 246,50	178,55	259,72	292,18																				

(Spalten 0,5 bis 3: mit Zahl der Kinderfreibeträge . . .)

* Die ausgewiesenen Tabellenwerte sind amtlich. Siehe Erläuterungen auf der Umschlaginnenseite (U2).

Lohn/ Gehalt bis €*	Abzüge an Lohnsteuer, Solidaritätszuschlag (SolZ) und Kirchensteuer (8%, 9%) in den Steuerklassen	I – VI				I, II, III, IV		mit Zahl der Kinderfreibeträge . . .																	
			ohne Kinderfreibeträge					0,5			1			1,5			2			2,5			3		
		LSt	SolZ	8%	9%		LSt	SolZ	8%	9%	SolZ	8%	9%	SolZ	8%	9%	SolZ	8%	9%	SolZ	8%	9%	SolZ	8%	9%
8 906,99 West	I,IV	2 786,83	153,27	222,94	250,81	I	2 786,83	146,53	213,14	239,78	139,78	203,32	228,74	133,04	193,51	217,70	126,29	183,70	206,66	119,55	173,89	195,62	112,80	164,08	184,59
	II	2 741,08	150,75	219,28	246,69	II	2 741,08	144,01	209,47	235,65	137,27	199,66	224,62	130,52	189,85	213,58	123,77	180,04	202,54	117,03	170,23	191,51	110,28	160,42	180,47
	III	2 110,—	116,05	168,80	189,90	III	2 110,—	109,61	159,44	179,37	103,30	150,26	169,04	97,13	141,28	158,94	91,08	132,48	149,04	85,15	123,86	139,34	79,37	115,45	129,88
	V	3 201,41	176,07	256,11	288,12	IV	2 786,83	149,90	218,04	245,30	146,53	213,14	239,78	143,16	208,23	234,26	139,78	203,32	228,74	136,41	198,42	223,22	133,04	193,51	217,70
	VI	3 234,91	177,92	258,79	291,14																				
8 906,99 Ost	I,IV	2 799,75	153,98	223,98	251,97	I	2 799,75	147,23	214,16	240,93	140,49	204,36	229,90	133,75	194,54	218,86	127,—	184,73	207,82	120,26	174,92	196,79	113,51	165,11	185,75
	II	2 754,—	151,47	220,32	247,86	II	2 754,—	144,72	210,50	236,81	137,97	200,69	225,77	131,23	190,88	214,74	124,48	181,07	203,70	117,74	171,26	192,66	110,99	161,44	181,62
	III	2 122,50	116,73	169,80	191,02	III	2 122,50	110,28	160,41	180,46	103,96	151,22	170,12	97,77	142,21	159,98	91,71	133,40	150,07	85,78	124,77	140,36	79,97	116,32	130,86
	V	3 214,33	176,78	257,14	289,28	IV	2 799,75	150,61	219,07	246,45	147,23	214,16	240,93	143,86	209,26	235,41	140,49	204,36	229,90	137,12	199,45	224,38	133,75	194,54	218,86
	VI	3 247,75	178,62	259,82	292,29																				
8 909,99 West	I,IV	2 788,08	153,34	223,04	250,92	I	2 788,08	146,60	213,24	239,89	139,85	203,42	228,85	133,10	193,61	217,81	126,36	183,80	206,78	119,62	173,99	195,74	112,87	164,18	184,70
	II	2 742,33	150,82	219,38	246,80	II	2 742,33	144,08	209,57	235,76	137,33	199,76	224,73	130,59	189,95	213,69	123,84	180,14	202,65	117,10	170,33	191,62	110,35	160,52	180,58
	III	2 111,33	116,12	168,90	190,01	III	2 111,33	109,67	159,53	179,47	103,37	150,36	169,15	97,19	141,37	159,04	91,14	132,57	149,14	85,22	123,96	139,45	79,42	115,53	129,97
	V	3 202,66	176,14	256,21	288,23	IV	2 788,08	149,97	218,14	245,41	146,60	213,24	239,89	143,22	208,33	234,37	139,85	203,42	228,85	136,48	198,52	223,33	133,10	193,61	217,81
	VI	3 236,16	177,98	258,89	291,25																				
8 909,99 Ost	I,IV	2 801,—	154,05	224,08	252,09	I	2 801,—	147,30	214,26	241,04	140,56	204,46	230,01	133,81	194,64	218,97	127,07	184,83	207,93	120,33	175,02	196,90	113,58	165,21	185,86
	II	2 755,25	151,53	220,42	247,97	II	2 755,25	144,79	210,60	236,93	138,04	200,79	225,89	131,30	190,98	214,85	124,55	181,17	203,81	117,81	171,36	192,78	111,06	161,55	181,74
	III	2 123,66	116,80	169,89	191,12	III	2 123,66	110,34	160,50	180,56	104,03	151,32	170,23	97,83	142,30	160,09	91,77	133,49	150,17	85,83	124,85	140,45	80,03	116,41	130,96
	V	3 215,58	176,85	257,24	289,40	IV	2 801,—	150,68	219,17	246,56	147,30	214,26	241,04	143,93	209,36	235,53	140,56	204,46	230,01	137,19	199,55	224,49	133,81	194,64	218,97
	VI	3 249,—	178,69	259,92	292,41																				
8 912,99 West	I,IV	2 789,41	153,41	223,15	251,04	I	2 789,41	146,67	213,34	240,—	139,92	203,52	228,96	133,18	193,72	217,93	126,43	183,90	206,89	119,68	174,09	195,85	112,94	164,28	184,82
	II	2 743,58	150,89	219,48	246,92	II	2 743,58	144,15	209,68	235,89	137,40	199,86	224,84	130,66	190,05	213,80	123,91	180,24	202,77	117,17	170,43	191,73	110,42	160,62	180,69
	III	2 112,50	116,18	169,—	190,12	III	2 112,50	109,75	159,64	179,59	103,43	150,45	169,25	97,25	141,46	159,14	91,20	132,66	149,24	85,28	124,05	139,55	79,48	115,61	130,06
	V	3 203,91	176,21	256,31	288,35	IV	2 789,41	150,04	218,24	245,52	146,67	213,34	240,—	143,29	208,43	234,48	139,92	203,52	228,96	136,55	198,62	223,44	133,18	193,72	217,93
	VI	3 237,41	178,05	258,99	291,36																				
8 912,99 Ost	I,IV	2 802,25	154,12	224,18	252,20	I	2 802,25	147,37	214,36	241,16	140,63	204,56	230,13	133,88	194,74	219,08	127,14	184,93	208,04	120,39	175,12	197,01	113,65	165,31	185,97
	II	2 756,50	151,60	220,52	248,08	II	2 756,50	144,86	210,70	237,04	138,11	200,89	226,—	131,37	191,08	214,97	124,62	181,27	203,93	117,87	171,46	192,89	111,13	161,65	181,85
	III	2 124,83	116,86	169,98	191,23	III	2 124,83	110,42	160,61	180,68	104,09	151,41	170,33	97,90	142,40	160,20	91,83	133,57	150,26	85,90	124,94	140,56	80,08	116,49	131,05
	V	3 216,83	176,92	257,34	289,51	IV	2 802,25	150,75	219,27	246,68	147,37	214,36	241,16	144,—	209,46	235,64	140,63	204,56	230,13	137,26	199,65	224,60	133,88	194,74	219,08
	VI	3 250,25	178,76	260,02	292,52																				
8 915,99 West	I,IV	2 790,66	153,48	223,25	251,15	I	2 790,66	146,74	213,44	240,12	139,99	203,62	229,07	133,25	193,82	218,04	126,50	184,—	207,—	119,75	174,19	195,96	113,01	164,38	184,93
	II	2 744,83	150,96	219,58	247,03	II	2 744,83	144,22	209,78	236,—	137,47	199,96	224,96	130,73	190,15	213,92	123,98	180,34	202,88	117,24	170,53	191,84	110,49	160,72	180,81
	III	2 113,66	116,25	169,09	190,22	III	2 113,66	109,81	159,73	179,69	103,50	150,54	169,36	97,32	141,56	159,25	91,26	132,74	149,33	85,34	124,13	139,64	79,54	115,70	130,16
	V	3 205,25	176,28	256,42	288,47	IV	2 790,66	150,11	218,34	245,63	146,74	213,44	240,12	143,36	208,53	234,59	139,99	203,62	229,07	136,62	198,72	223,56	133,25	193,82	218,04
	VI	3 238,66	178,12	259,09	291,47																				
8 915,99 Ost	I,IV	2 803,50	154,19	224,28	252,31	I	2 803,50	147,45	214,47	241,28	140,70	204,66	230,24	133,95	194,84	219,20	127,21	185,04	208,17	120,46	175,22	197,12	113,72	165,41	186,08
	II	2 757,75	151,67	220,62	248,19	II	2 757,75	144,92	210,80	237,15	138,18	201,—	226,12	131,44	191,18	215,08	124,69	181,37	204,04	117,95	171,56	193,01	111,20	161,75	181,97
	III	2 126,16	116,93	170,09	191,35	III	2 126,16	110,48	160,70	180,79	104,16	151,50	170,44	97,96	142,49	160,30	91,89	133,66	150,37	85,95	125,02	140,65	80,15	116,58	131,15
	V	3 218,08	176,99	257,44	289,62	IV	2 803,50	150,81	219,37	246,79	147,45	214,47	241,28	144,07	209,56	235,76	140,70	204,66	230,24	137,33	199,75	224,72	133,95	194,84	219,20
	VI	3 251,58	178,83	260,12	292,64																				
8 918,99 West	I,IV	2 791,91	153,55	223,35	251,27	I	2 791,91	146,80	213,54	240,23	140,06	203,72	229,19	133,32	193,92	218,16	126,57	184,10	207,11	119,82	174,29	196,07	113,08	164,48	185,04
	II	2 746,08	151,03	219,68	247,14	II	2 746,08	144,29	209,88	236,11	137,54	200,06	225,07	130,79	190,25	214,03	124,05	180,44	203,—	117,31	170,63	191,96	110,56	160,82	180,92
	III	2 114,83	116,31	169,18	190,33	III	2 114,83	109,88	159,82	179,80	103,56	150,64	169,47	97,38	141,65	159,35	91,32	132,84	149,44	85,40	124,22	139,75	79,60	115,78	130,25
	V	3 206,50	176,35	256,52	288,58	IV	2 791,91	150,18	218,44	245,75	146,80	213,54	240,23	143,43	208,63	234,71	140,06	203,72	229,19	136,69	198,82	223,67	133,32	193,92	218,16
	VI	3 239,91	178,19	259,19	291,59																				
8 918,99 Ost	I,IV	2 804,75	154,26	224,38	252,42	I	2 804,75	147,51	214,57	241,39	140,77	204,76	230,35	134,02	194,94	219,31	127,28	185,14	208,28	120,53	175,32	197,24	113,79	165,51	186,20
	II	2 759,—	151,74	220,72	248,31	II	2 759,—	144,99	210,90	237,26	138,25	201,10	226,23	131,50	191,28	215,19	124,76	181,47	204,15	118,02	171,66	193,12	111,27	161,85	182,08
	III	2 127,33	117,—	170,18	191,45	III	2 127,33	110,55	160,80	180,90	104,22	151,60	170,55	98,02	142,58	160,40	91,96	133,76	150,48	86,02	125,12	140,76	80,20	116,66	131,24
	V	3 219,33	177,06	257,54	289,73	IV	2 804,75	150,89	219,48	246,91	147,51	214,57	241,39	144,14	209,66	235,87	140,77	204,76	230,35	137,39	199,85	224,83	134,02	194,94	219,31
	VI	3 252,83	178,90	260,22	292,75																				
8 921,99 West	I,IV	2 793,16	153,62	223,45	251,38	I	2 793,16	146,87	213,64	240,34	140,13	203,83	229,31	133,38	194,02	218,27	126,64	184,20	207,23	119,90	174,40	196,20	113,15	164,58	185,15
	II	2 747,41	151,10	219,79	247,26	II	2 747,41	144,36	209,98	236,22	137,61	200,16	225,18	130,87	190,36	214,15	124,12	180,54	203,11	117,37	170,73	192,07	110,63	160,92	181,04
	III	2 116,16	116,38	169,29	190,45	III	2 116,16	109,94	159,92	179,91	103,62	150,73	169,57	97,45	141,74	159,46	91,39	132,93	149,54	85,46	124,30	139,84	79,66	115,88	130,36
	V	3 207,75	176,42	256,62	288,69	IV	2 793,16	150,25	218,54	245,86	146,87	213,64	240,34	143,50	208,73	234,82	140,13	203,83	229,31	136,76	198,92	223,79	133,38	194,02	218,27
	VI	3 241,16	178,26	259,29	291,70																				
8 921,99 Ost	I,IV	2 806,08	154,33	224,48	252,54	I	2 806,08	147,58	214,67	241,50	140,84	204,86	230,46	134,09	195,04	219,42	127,35	185,24	208,39	120,60	175,42	197,35	113,85	165,61	186,31
	II	2 760,25	151,81	220,82	248,42	II	2 760,25	145,06	211,—	237,38	138,32	201,20	226,35	131,57	191,38	215,30	124,83	181,57	204,26	118,08	171,76	193,23	111,34	161,95	182,19
	III	2 128,50	117,06	170,28	191,56	III	2 128,50	110,61	160,89	181,—	104,28	151,69	170,65	98,09	142,68	160,51	92,02	133,85	150,58	86,08	125,21	140,86	80,27	116,76	131,35
	V	3 220,58	177,13	257,64	289,85	IV	2 806,08	150,96	219,58	247,02	147,58	214,67	241,50	144,21	209,76	235,98	140,84	204,86	230,46	137,46	199,95	224,94	134,09	195,04	219,42
	VI	3 254,08	178,97	260,32	292,86																				
8 924,99 West	I,IV	2 794,41	153,69	223,55	251,49	I	2 794,41	146,94	213,74	240,45	140,20	203,93	229,42	133,45	194,12	218,38	126,71	184,30	207,34	119,96	174,50	196,31	113,22	164,68	185,27
	II	2 748,66	151,17	219,89	247,37	II	2 748,66	144,43	210,08	236,34	137,68	200,26	225,29	130,94	190,46	214,26	124,19	180,64	203,22	117,44	170,83	192,18	110,70	161,02	181,15
	III	2 117,33	116,45	169,38	190,55	III	2 117,33	110,—	160,01	180,01	103,69	150,82	169,67	97,50	141,82	159,55	91,45	133,02	149,65	85,52	124,40	139,95	79,72	115,96	130,45
	V	3 209,—	176,49	256,72	288,81	IV	2 794,41	150,31	218,64	245,97	146,94	213,74	240,45	143,57	208,84	234,94	140,20	203,93	229,42	136,83	199,02	223,90	133,45	194,12	218,38
	VI	3 242,41	178,33	259,39	291,81																				
8 924,99 Ost	I,IV	2 807,33	154,40	224,58	252,65	I	2 807,33	147,65	214,77	241,61	140,91	204,96	230,58	134,16	195,15	219,54	127,42	185,34	208,50	120,67	175,52	197,46	113,93	165,72	186,43
	II	2 761,50	151,88	220,92	248,53	II	2 761,50	145,14	211,11	237,50	138,39	201,30	226,46	131,64	191,48	215,42	124,90	181,68	204,39	118,15	171,86	193,34	111,41	162,05	182,30
	III	2 129,83	117,14	170,38	191,68	III	2 129,83	110,67	160,98	181,10	104,35	151,78	170,75	98,15	142,77	160,61	92,07	133,93	150,67	86,13	125,29	140,95	80,32	116,84	131,44
	V	3 221,83	177,20	257,74	289,96	IV	2 807,33	151,03	219,68	247,14	147,65	214,77	241,61	144,28	209,86	236,09	140,91	204,96	230,58	137,53	200,05	225,05	134,16	195,15	219,54
	VI	3 255,33	179,04	260,42	292,97																				
8 927,99 West	I,IV	2 795,66	153,76	223,65	251,60	I	2 795,66	147,01	213,84	240,57	140,27	204,03	229,53	133,52	194,22	218,49	126,77	184,40	207,45	120,03	174,60	196,42	113,29	164,78	185,38
	II	2 749,91	151,24	219,99	247,49	II	2 749,91	144,49	210,18	236,45	137,75	200,36	225,41	131,01	190,56	214,38	124,26	180,74	203,33	117,51	170,93	192,29	110,77	161,12	181,26
	III	2 118,50	116,51	169,48	190,66	III	2 118,50	110,07	160,10	180,11	103,75	150,92	169,78	97,57	141,92	159,66	91,51	133,10	149,74	85,58	124,48	140,04	79,78	116,05	130,55
	V	3 210,25	176,56	256,82	288,92	IV	2 795,66	150,38	218,74	246,08	147,01	213,84	240,57	143,64	208,94	235,05	140,27	204,03	229,53	136,89	199,12	224,01	133,52	194,22	218,49
	VI	3 243,75	178,40	259,50	291,93																				
8 927,99 Ost	I,IV	2 808,58	154,47	224,68	252,77	I	2 808,58	147,72	214,87	241,73	140,97	205,06	230,69	134,23	195,25	219,65	127,49	185,44	208,62	120,74	175,62	197,57	114,—	165,82	186,54
	II	2 762,75	151,95	221,02	248,64	II	2 762,75	145,20	211,21	237,61	138,46	201,40	226,57	131,71	191,58	215,53	124,97	181,78	204,50	118,22	171,96	193,46	111,48	162,15	182,42
	III	2 131,—	117,20	170,48	191,79	III	2 131,—	110,74	161,08	181,21	104,41	151,88	170,86	98,21	142,85	160,70	92,14	134,02	150,77	86,20	125,38	141,05	80,38	116,92	131,53
	V	3 223,16	177,27	257,85	290,08	IV	2 808,58	151,09	219,78	247,25	147,72	214,87	241,73	144,35	209,96	236,21	140,97	205,06	230,69	137,61	200,16	225,18	134,23	195,25	219,65
	VI	3 256,58	179,11	260,52	293,09																				

* Die ausgewiesenen Tabellenwerte sind amtlich. Siehe Erläuterungen auf der Umschlaginnenseite (U2).

MONAT **8 928,–***

Lohn/ Gehalt bis €*	Abzüge an Lohnsteuer, Solidaritätszuschlag (SolZ) und Kirchensteuer (8%, 9%) in den Steuerklassen I – VI					I, II, III, IV mit Zahl der Kinderfreibeträge . . .																				
			ohne Kinderfreibeträge					0,5			1			1,5			2			2,5			3		
		LSt	SolZ	8%	9%		LSt	SolZ	8%	9%	SolZ	8%	9%	SolZ	8%	9%	SolZ	8%	9%	SolZ	8%	9%	SolZ	8%	9%
8 930,99 West	I,IV	2 796,91	153,83	223,75	251,72	I	2 796,91	147,08	213,94	240,68	140,34	204,13	229,64	133,59	194,32	218,61	126,85	184,51	207,57	120,10	174,70	196,53	113,35	164,88	185,49
	II	2 751,16	151,31	220,09	247,60	II	2 751,16	144,56	210,28	236,56	137,82	200,47	225,53	131,07	190,66	214,49	124,33	180,84	203,45	117,59	171,04	192,42	110,84	161,22	181,37
	III	2 119,83	116,59	169,58	190,78	III	2 119,83	110,13	160,20	180,22	103,82	151,01	169,88	97,63	142,01	159,76	91,57	133,20	149,85	85,64	124,57	140,14	79,84	116,13	130,64
	V	3 211,50	176,63	256,92	289,03	IV	2 796,91	150,45	218,84	246,20	147,08	213,94	240,68	143,71	209,04	235,17	140,34	204,13	229,64	136,96	199,22	224,12	133,59	194,32	218,61
	VI	3 245,—	178,47	259,60	292,05																				
8 930,99 Ost	I,IV	2 809,83	154,54	224,78	252,88	I	2 809,83	147,79	214,97	241,84	141,05	205,16	230,81	134,30	195,35	219,77	127,55	185,54	208,73	120,81	175,72	197,69	114,07	165,92	186,66
	II	2 764,08	152,02	221,12	248,76	II	2 764,08	145,27	211,31	237,72	138,53	201,50	226,68	131,78	191,68	215,64	125,04	181,88	204,61	118,29	172,06	193,57	111,54	162,25	182,53
	III	2 132,16	117,26	170,57	191,89	III	2 132,16	110,81	161,18	181,33	104,48	151,97	170,96	98,27	142,94	160,81	92,20	134,12	150,88	86,25	125,46	141,14	80,44	117,01	131,63
	V	3 224,41	177,34	257,95	290,19	IV	2 809,83	151,16	219,88	247,36	147,79	214,97	241,84	144,42	210,06	236,32	141,05	205,16	230,81	137,67	200,26	225,29	134,30	195,35	219,77
	VI	3 257,83	179,18	260,62	293,20																				
8 933,99 West	I,IV	2 798,16	153,89	223,85	251,83	I	2 798,16	147,15	214,04	240,80	140,41	204,23	229,76	133,66	194,42	218,72	126,92	184,61	207,68	120,17	174,80	196,65	113,42	164,98	185,60
	II	2 752,41	151,38	220,19	247,71	II	2 752,41	144,63	210,38	236,67	137,89	200,57	225,64	131,14	190,76	214,60	124,40	180,94	203,56	117,65	171,14	192,53	110,91	161,32	181,49
	III	2 121,—	116,65	169,68	190,89	III	2 121,—	110,21	160,30	180,34	103,88	151,10	169,99	97,69	142,10	159,86	91,63	133,29	149,95	85,70	124,66	140,24	79,89	116,21	130,73
	V	3 212,75	176,70	257,02	289,14	IV	2 798,16	150,53	218,95	246,32	147,15	214,04	240,80	143,78	209,14	235,28	140,41	204,23	229,76	137,03	199,32	224,24	133,66	194,42	218,72
	VI	3 246,25	178,54	259,70	292,16																				
8 933,99 Ost	I,IV	2 811,08	154,60	224,88	252,99	I	2 811,08	147,86	215,07	241,95	141,12	205,26	230,92	134,37	195,45	219,88	127,62	185,64	208,84	120,88	175,83	197,81	114,13	166,02	186,77
	II	2 765,33	152,09	221,22	248,87	II	2 765,33	145,34	211,41	237,83	138,60	201,60	226,80	131,85	191,79	215,76	125,11	181,98	204,72	118,36	172,16	193,68	111,62	162,36	182,65
	III	2 133,50	117,34	170,68	192,01	III	2 133,50	110,88	161,28	181,44	104,54	152,06	171,07	98,34	143,04	160,92	92,27	134,21	150,98	86,32	125,56	141,25	80,50	117,09	131,72
	V	3 225,66	177,41	258,05	290,30	IV	2 811,08	151,23	219,98	247,47	147,86	215,07	241,95	144,48	210,16	236,43	141,12	205,26	230,92	137,74	200,36	225,40	134,37	195,45	219,88
	VI	3 259,08	179,24	260,72	293,31																				
8 936,99 West	I,IV	2 799,50	153,97	223,96	251,95	I	2 799,50	147,22	214,14	240,91	140,47	204,33	229,87	133,73	194,52	218,84	126,99	184,71	207,80	120,24	174,90	196,76	113,49	165,08	185,72
	II	2 753,66	151,45	220,29	247,82	II	2 753,66	144,70	210,48	236,79	137,96	200,67	225,75	131,21	190,86	214,71	124,46	181,04	203,67	117,72	171,24	192,64	110,98	161,42	181,60
	III	2 122,16	116,71	169,77	190,99	III	2 122,16	110,27	160,40	180,45	103,95	151,20	170,10	97,76	142,20	159,97	91,69	133,37	150,04	85,76	124,74	140,33	79,96	116,30	130,84
	V	3 214,—	176,77	257,12	289,26	IV	2 799,50	150,59	219,05	246,43	147,22	214,14	240,91	143,85	209,24	235,39	140,47	204,33	229,87	137,10	199,42	224,35	133,73	194,52	218,84
	VI	3 247,50	178,61	259,80	292,27																				
8 936,99 Ost	I,IV	2 812,33	154,67	224,98	253,10	I	2 812,33	147,93	215,17	242,06	141,18	205,36	231,03	134,44	195,55	219,99	127,69	185,74	208,95	120,95	175,93	197,92	114,20	166,12	186,88
	II	2 766,58	152,16	221,32	248,99	II	2 766,58	145,41	211,51	237,95	138,66	201,70	226,91	131,92	191,89	215,87	125,18	182,08	204,84	118,43	172,26	193,79	111,69	162,46	182,76
	III	2 134,66	117,40	170,77	192,11	III	2 134,66	110,94	161,37	181,54	104,61	152,16	171,18	98,40	143,13	161,02	92,32	134,29	151,07	86,37	125,64	141,34	80,56	117,18	131,83
	V	3 226,91	177,48	258,15	290,42	IV	2 812,33	151,30	220,08	247,59	147,93	215,17	242,06	144,56	210,27	236,55	141,18	205,36	231,03	137,81	200,46	225,51	134,44	195,55	219,99
	VI	3 260,33	179,31	260,82	293,42																				
8 939,99 West	I,IV	2 800,75	154,04	224,06	252,06	I	2 800,75	147,29	214,24	241,02	140,54	204,43	229,98	133,80	194,62	218,95	127,05	184,81	207,91	120,31	175,—	196,87	113,57	165,19	185,84
	II	2 754,91	151,52	220,39	247,94	II	2 754,91	144,77	210,58	236,90	138,03	200,77	225,86	131,28	190,96	214,83	124,54	181,15	203,79	117,79	171,34	192,75	111,04	161,52	181,71
	III	2 123,50	116,79	169,88	191,11	III	2 123,50	110,33	160,49	180,55	104,01	151,29	170,20	97,82	142,29	160,07	91,75	133,46	150,14	85,82	124,84	140,44	80,01	116,38	130,93
	V	3 215,25	176,83	257,22	289,37	IV	2 800,75	150,66	219,15	246,54	147,29	214,24	241,02	143,92	209,34	235,50	140,54	204,43	229,98	137,17	199,52	224,46	133,80	194,62	218,95
	VI	3 248,75	178,68	259,90	292,38																				
8 939,99 Ost	I,IV	2 813,58	154,74	225,08	253,22	I	2 813,58	148,—	215,28	242,19	141,25	205,46	231,14	134,51	195,65	220,10	127,76	185,84	209,07	121,02	176,03	198,03	114,27	166,22	186,99
	II	2 767,83	152,23	221,42	249,10	II	2 767,83	145,48	211,61	238,06	138,74	201,80	227,03	131,99	191,99	215,99	125,24	182,18	204,95	118,50	172,36	193,91	111,76	162,56	182,88
	III	2 135,83	117,47	170,86	192,22	III	2 135,83	111,—	161,46	181,64	104,67	152,25	171,28	98,46	143,22	161,12	92,39	134,38	151,18	86,44	125,73	141,44	80,62	117,26	131,92
	V	3 228,16	177,54	258,25	290,53	IV	2 813,58	151,37	220,18	247,70	148,—	215,28	242,19	144,63	210,37	236,66	141,25	205,46	231,14	137,88	200,56	225,63	134,51	195,65	220,10
	VI	3 261,66	179,39	260,93	293,54																				
8 942,99 West	I,IV	2 802,—	154,11	224,16	252,18	I	2 802,—	147,36	214,34	241,13	140,61	204,53	230,09	133,87	194,72	219,06	127,12	184,91	208,02	120,38	175,10	196,98	113,63	165,29	185,95
	II	2 756,16	151,58	220,49	248,05	II	2 756,16	144,84	210,68	237,02	138,10	200,87	225,98	131,35	191,06	214,94	124,61	181,25	203,90	117,86	171,44	192,87	111,11	161,62	181,82
	III	2 124,66	116,85	169,97	191,21	III	2 124,66	110,40	160,58	180,65	104,07	151,38	170,30	97,89	142,38	160,18	91,82	133,56	150,25	85,88	124,92	140,53	80,08	116,48	131,04
	V	3 216,58	176,91	257,32	289,49	IV	2 802,—	150,73	219,25	246,65	147,36	214,34	241,13	143,99	209,44	235,62	140,61	204,53	230,09	137,24	199,63	224,58	133,87	194,72	219,06
	VI	3 250,—	178,75	260,—	292,50																				
8 942,99 Ost	I,IV	2 814,83	154,81	225,18	253,33	I	2 814,83	148,07	215,38	242,30	141,32	205,56	231,26	134,58	195,75	220,22	127,83	185,94	209,18	121,09	176,13	198,14	114,34	166,32	187,11
	II	2 769,08	152,29	221,52	249,21	II	2 769,08	145,55	211,71	238,17	138,81	201,90	227,14	132,06	192,09	216,10	125,31	182,28	205,06	118,57	172,47	194,03	111,82	162,66	182,99
	III	2 137,16	117,54	170,97	192,34	III	2 137,16	111,07	161,56	181,75	104,73	152,34	171,38	98,53	143,32	161,23	92,45	134,48	151,29	86,50	125,82	141,55	80,68	117,36	132,03
	V	3 229,41	177,61	258,35	290,64	IV	2 814,83	151,44	220,28	247,82	148,07	215,38	242,30	144,70	210,47	236,78	141,32	205,56	231,26	137,95	200,66	225,74	134,58	195,75	220,22
	VI	3 262,91	179,46	261,03	293,66																				
8 945,99 West	I,IV	2 803,25	154,17	224,26	252,29	I	2 803,25	147,43	214,44	241,25	140,69	204,64	230,22	133,94	194,82	219,17	127,19	185,01	208,13	120,45	175,20	197,10	113,70	165,39	186,06
	II	2 757,50	151,66	220,60	248,17	II	2 757,50	144,91	210,78	237,13	138,16	200,97	226,09	131,42	191,16	215,06	124,68	181,35	204,02	117,93	171,54	192,98	111,18	161,72	181,94
	III	2 125,83	116,92	170,06	191,32	III	2 125,83	110,46	160,68	180,76	104,14	151,48	170,41	97,94	142,46	160,27	91,88	133,65	150,35	85,94	125,01	140,63	80,13	116,56	131,13
	V	3 217,83	176,98	257,42	289,60	IV	2 803,25	150,80	219,35	246,77	147,43	214,44	241,25	144,05	209,54	235,73	140,69	204,64	230,22	137,31	199,73	224,69	133,94	194,82	219,17
	VI	3 251,25	178,81	260,10	292,61																				
8 945,99 Ost	I,IV	2 816,08	154,88	225,28	253,44	I	2 816,08	148,14	215,48	242,41	141,39	205,66	231,37	134,64	195,85	220,33	127,90	186,04	209,30	121,16	176,23	198,26	114,41	166,42	187,22
	II	2 770,33	152,36	221,62	249,32	II	2 770,33	145,62	211,81	238,28	138,87	202,—	227,25	132,13	192,19	216,21	125,38	182,38	205,17	118,64	172,57	194,14	111,89	162,76	183,10
	III	2 138,33	117,60	171,06	192,44	III	2 138,33	111,13	161,65	181,85	104,80	152,44	171,49	98,59	143,41	161,33	92,51	134,57	151,39	86,56	125,90	141,64	80,74	117,44	132,12
	V	3 230,66	177,68	258,45	290,75	IV	2 816,08	151,51	220,38	247,93	148,14	215,48	242,41	144,76	210,57	236,89	141,39	205,66	231,37	138,02	200,76	225,85	134,64	195,85	220,33
	VI	3 264,16	179,52	261,13	293,77																				
8 948,99 West	I,IV	2 804,50	154,24	224,36	252,40	I	2 804,50	147,50	214,54	241,36	140,75	204,74	230,33	134,01	194,92	219,29	127,26	185,11	208,25	120,52	175,30	197,21	113,77	165,49	186,17
	II	2 758,75	151,73	220,70	248,28	II	2 758,75	144,98	210,88	237,24	138,23	201,07	226,20	131,49	191,26	215,17	124,74	181,45	204,13	118,—	171,64	193,09	111,26	161,83	182,06
	III	2 127,—	116,98	170,16	191,43	III	2 127,—	110,53	160,77	180,86	104,20	151,57	170,51	98,01	142,56	160,38	91,94	133,73	150,44	86,—	125,09	140,72	80,19	116,65	131,23
	V	3 219,08	177,04	257,52	289,71	IV	2 804,50	150,87	219,45	246,88	147,50	214,54	241,36	144,13	209,64	235,85	140,75	204,74	230,33	137,38	199,83	224,81	134,01	194,92	219,29
	VI	3 252,50	178,88	260,20	292,72																				
8 948,99 Ost	I,IV	2 817,41	154,95	225,39	253,56	I	2 817,41	148,21	215,58	242,52	141,46	205,76	231,48	134,72	195,96	220,45	127,97	186,14	209,41	121,22	176,33	198,37	114,48	166,52	187,34
	II	2 771,58	152,43	221,72	249,44	II	2 771,58	145,69	211,92	238,41	138,94	202,10	227,36	132,20	192,29	216,32	125,45	182,48	205,29	118,71	172,67	194,25	111,96	162,86	183,21
	III	2 139,50	117,67	171,16	192,55	III	2 139,50	111,21	161,76	181,98	104,86	152,53	171,59	98,66	143,50	161,44	92,57	134,65	151,48	86,62	126,—	141,75	80,80	117,53	132,22
	V	3 231,91	177,75	258,55	290,87	IV	2 817,41	151,58	220,48	248,04	148,21	215,58	242,52	144,83	210,67	237,—	141,46	205,76	231,48	138,09	200,86	225,96	134,72	195,96	220,45
	VI	3 265,41	179,59	261,23	293,88																				
8 951,99 West	I,IV	2 805,75	154,31	224,46	252,51	I	2 805,75	147,56	214,64	241,47	140,82	204,84	230,44	134,08	195,02	219,40	127,33	185,21	208,36	120,59	175,40	197,33	113,84	165,59	186,29
	II	2 760,—	151,80	220,80	248,40	II	2 760,—	145,05	210,98	237,35	138,30	201,17	226,31	131,56	191,36	215,28	124,81	181,55	204,24	118,07	171,74	193,20	111,32	161,93	182,17
	III	2 128,33	117,05	170,26	191,54	III	2 128,33	110,60	160,88	180,99	104,27	151,66	170,62	98,07	142,65	160,48	92,—	133,82	150,55	86,06	125,18	140,83	80,25	116,73	131,32
	V	3 220,33	177,11	257,62	289,82	IV	2 805,75	150,94	219,55	246,99	147,56	214,64	241,47	144,20	209,74	235,96	140,82	204,84	230,44	137,45	199,93	224,92	134,08	195,02	219,40
	VI	3 253,75	178,95	260,30	292,83																				
8 951,99 Ost	I,IV	2 818,66	155,02	225,49	253,67	I	2 818,66	148,28	215,68	242,64	141,53	205,86	231,59	134,79	196,06	220,56	128,04	186,24	209,52	121,29	176,43	198,48	114,55	166,62	187,45
	II	2 772,83	152,50	221,82	249,55	II	2 772,83	145,76	212,02	238,52	139,01	202,20	227,48	132,27	192,39	216,44	125,52	182,58	205,40	118,78	172,77	194,36	112,03	162,96	183,33
	III	2 140,83	117,74	171,26	192,67	III	2 140,83	111,27	161,85	182,08	104,93	152,62	171,70	98,72	143,60	161,55	92,63	134,74	151,58	86,68	126,08	141,84	80,85	117,61	132,31
	V	3 233,25	177,82	258,66	290,99	IV	2 818,66	151,65	220,58	248,15	148,28	215,68	242,64	144,90	210,77	237,11	141,53	205,86	231,59	138,16	200,96	226,08	134,79	196,06	220,56
	VI	3 266,66	179,66	261,33	293,99																				

*** Die ausgewiesenen Tabellenwerte sind amtlich. Siehe Erläuterungen auf der Umschlaginnenseite (U2).**

Abzüge an Lohnsteuer, Solidaritätszuschlag (SolZ) und Kirchensteuer (8%, 9%) in den Steuerklassen

Lohn/ Gehalt bis €*	I – VI					I, II, III, IV		mit Zahl der Kinderfreibeträge . . . 0,5			1			1,5			2			2,5			3		
			ohne Kinderfreibeträge																						
		LSt	SolZ	8%	9%		LSt	SolZ	8%	9%	SolZ	8%	9%	SolZ	8%	9%	SolZ	8%	9%	SolZ	8%	9%	SolZ	8%	9%
8 954,99 West	I,IV	2 807,—	154,38	224,56	252,63	I	2 807,—	147,64	214,75	241,59	140,89	204,94	230,55	134,14	195,12	219,51	127,40	185,32	208,48	120,66	175,50	197,44	113,91	165,69	186,40
	II	2 761,25	151,86	220,90	248,51	II	2 761,25	145,12	211,08	237,47	138,38	201,28	226,44	131,63	191,46	215,39	124,88	181,65	204,35	118,14	171,84	193,32	111,39	162,03	182,28
	III	2 129,50	117,12	170,36	191,65	III	2 129,50	110,66	160,97	181,09	104,33	151,76	170,73	98,13	142,74	160,58	92,07	133,92	150,66	86,13	125,28	140,94	80,31	116,82	131,42
	V	3 221,58	177,18	257,72	289,94	IV	2 807,—	151,01	219,65	247,10	147,64	214,75	241,59	144,26	209,84	236,07	140,89	204,94	230,55	137,52	200,03	225,03	134,14	195,12	219,51
	VI	3 255,08	179,02	260,40	292,95																				
8 954,99 Ost	I,IV	2 819,91	155,09	225,59	253,79	I	2 819,91	148,34	215,78	242,75	141,60	205,96	231,71	134,86	196,16	220,68	128,11	186,34	209,63	121,36	176,53	198,59	114,62	166,72	187,56
	II	2 774,08	152,57	221,92	249,66	II	2 774,08	145,83	212,12	238,63	139,08	202,30	227,59	132,33	192,49	216,55	125,59	182,68	205,52	118,85	172,87	194,48	112,10	163,06	183,44
	III	2 142,—	117,81	171,36	192,78	III	2 142,—	111,33	161,94	182,18	104,99	152,72	171,81	98,78	143,68	161,64	92,70	134,84	151,69	86,74	126,17	141,94	80,91	117,69	132,40
	V	3 234,50	177,89	258,76	291,10	IV	2 819,91	151,72	220,68	248,27	148,34	215,78	242,75	144,97	210,87	237,23	141,60	205,96	231,71	138,23	201,06	226,19	134,86	196,16	220,68
	VI	3 267,91	179,73	261,43	294,11																				
8 957,99 West	I,IV	2 808,25	154,45	224,66	252,74	I	2 808,25	147,71	214,85	241,70	140,96	205,04	230,67	134,21	195,22	219,62	127,47	185,42	208,59	120,72	175,60	197,55	113,98	165,79	186,51
	II	2 762,50	151,93	221,—	248,62	II	2 762,50	145,19	211,18	237,58	138,44	201,38	226,55	131,70	191,56	215,51	124,95	181,75	204,47	118,21	171,94	193,43	111,46	162,13	182,39
	III	2 130,66	117,18	170,45	191,75	III	2 130,66	110,73	161,06	181,19	104,39	151,85	170,83	98,20	142,84	160,69	92,13	134,01	150,76	86,18	125,36	141,03	80,37	116,90	131,51
	V	3 222,83	177,25	257,82	290,05	IV	2 808,25	151,08	219,76	247,23	147,71	214,85	241,70	144,33	209,94	236,18	140,96	205,04	230,67	137,59	200,13	225,14	134,21	195,22	219,62
	VI	3 256,33	179,09	260,50	293,06																				
8 957,99 Ost	I,IV	2 821,16	155,16	225,69	253,90	I	2 821,16	148,41	215,88	242,86	141,67	206,07	231,83	134,92	196,26	220,79	128,18	186,44	209,75	121,44	176,64	198,72	114,69	166,82	187,67
	II	2 775,41	152,64	222,03	249,78	II	2 775,41	145,90	212,22	238,74	139,15	202,40	227,70	132,41	192,60	216,67	125,66	182,78	205,63	118,91	172,97	194,59	112,17	163,16	183,56
	III	2 143,16	117,87	171,45	192,88	III	2 143,16	111,40	162,04	182,29	105,05	152,81	171,91	98,84	143,77	161,74	92,75	134,92	151,78	86,80	126,26	142,04	80,97	117,78	132,50
	V	3 235,75	177,96	258,86	291,21	IV	2 821,16	151,79	220,78	248,38	148,41	215,88	242,86	145,04	210,97	237,34	141,67	206,07	231,83	138,30	201,16	226,31	134,92	196,26	220,79
	VI	3 269,16	179,80	261,53	294,22																				
8 960,99 West	I,IV	2 809,58	154,52	224,76	252,86	I	2 809,58	147,78	214,95	241,82	141,03	205,14	230,78	134,28	195,32	219,74	127,54	185,52	208,71	120,79	175,70	197,66	114,05	165,89	186,62
	II	2 763,75	152,—	221,10	248,73	II	2 763,75	145,25	211,28	237,69	138,51	201,48	226,66	131,77	191,66	215,62	125,02	181,85	204,58	118,28	172,04	193,55	111,53	162,23	182,51
	III	2 132,—	117,26	170,56	191,88	III	2 132,—	110,79	161,16	181,30	104,46	151,94	170,93	98,26	142,93	160,79	92,18	134,09	150,85	86,24	125,45	141,13	80,42	116,98	131,60
	V	3 224,08	177,32	257,92	290,16	IV	2 809,58	151,15	219,86	247,34	147,78	214,95	241,82	144,40	210,04	236,30	141,03	205,14	230,78	137,66	200,23	225,26	134,28	195,32	219,74
	VI	3 257,58	179,16	260,60	293,18																				
8 960,99 Ost	I,IV	2 822,41	155,23	225,79	254,01	I	2 822,41	148,48	215,98	242,97	141,74	206,17	231,94	134,99	196,36	220,90	128,25	186,54	209,86	121,50	176,74	198,83	114,76	166,92	187,79
	II	2 776,66	152,71	222,13	249,89	II	2 776,66	145,97	212,32	238,86	139,22	202,50	227,81	132,48	192,70	216,78	125,73	182,88	205,74	118,98	173,07	194,70	112,24	163,26	183,67
	III	2 144,33	117,93	171,54	192,98	III	2 144,33	111,46	162,13	182,39	105,12	152,90	172,01	98,90	143,86	161,84	92,82	135,01	151,88	86,86	126,34	142,13	81,03	117,86	132,59
	V	3 237,—	178,03	258,96	291,33	IV	2 822,41	151,85	220,88	248,49	148,48	215,98	242,97	145,11	211,08	237,46	141,74	206,17	231,94	138,37	201,26	226,42	134,99	196,36	220,90
	VI	3 270,41	179,87	261,63	294,33																				
8 963,99 West	I,IV	2 810,83	154,59	224,86	252,97	I	2 810,83	147,84	215,05	241,93	141,10	205,24	230,89	134,36	195,43	219,86	127,61	185,62	208,82	120,86	175,80	197,78	114,12	166,—	186,75
	II	2 765,—	152,07	221,20	248,85	II	2 765,—	145,33	211,39	237,81	138,58	201,58	226,77	131,83	191,76	215,73	125,09	181,96	204,70	118,35	172,14	193,66	111,60	162,33	182,62
	III	2 133,16	117,32	170,65	191,98	III	2 133,16	110,86	161,25	181,40	104,52	152,04	171,04	98,33	143,02	160,90	92,25	134,18	150,95	86,30	125,53	141,22	80,49	117,08	131,71
	V	3 225,33	177,39	258,02	290,27	IV	2 810,83	151,22	219,96	247,45	147,84	215,05	241,93	144,47	210,14	236,41	141,10	205,24	230,89	137,72	200,33	225,37	134,36	195,43	219,86
	VI	3 258,83	179,23	260,70	293,29																				
8 963,99 Ost	I,IV	2 823,66	155,30	225,89	254,12	I	2 823,66	148,55	216,08	243,09	141,81	206,27	232,05	135,06	196,46	221,01	128,31	186,64	209,97	121,57	176,84	198,94	114,83	167,02	187,90
	II	2 777,91	152,78	222,23	250,01	II	2 777,91	146,03	212,42	238,97	139,29	202,60	227,93	132,55	192,80	216,90	125,80	182,98	205,85	119,05	173,17	194,81	112,31	163,36	183,78
	III	2 145,66	118,01	171,65	193,10	III	2 145,66	111,54	162,24	182,52	105,18	153,—	172,12	98,97	143,96	161,95	92,88	135,10	151,99	86,92	126,44	142,24	81,09	117,96	132,70
	V	3 238,25	178,10	259,06	291,44	IV	2 823,66	151,92	220,98	248,60	148,55	216,08	243,09	145,18	211,18	237,57	141,81	206,27	232,05	138,43	201,36	226,53	135,06	196,46	221,01
	VI	3 271,75	179,94	261,74	294,45																				
8 966,99 West	I,IV	2 812,08	154,66	224,96	253,08	I	2 812,08	147,91	215,15	242,04	141,17	205,34	231,—	134,42	195,53	219,97	127,68	185,72	208,93	120,93	175,90	197,89	114,19	166,10	186,86
	II	2 766,25	152,14	221,30	248,96	II	2 766,25	145,40	211,49	237,92	138,65	201,68	226,89	131,90	191,86	215,84	125,16	182,06	204,81	118,41	172,24	193,77	111,67	162,43	182,73
	III	2 134,33	117,38	170,74	192,08	III	2 134,33	110,92	161,34	181,51	104,59	152,13	171,14	98,39	143,12	161,01	92,31	134,28	151,06	86,36	125,62	141,32	80,54	117,16	131,80
	V	3 226,66	177,46	258,13	290,39	IV	2 812,08	151,29	220,06	247,56	147,91	215,15	242,04	144,54	210,24	236,52	141,17	205,34	231,—	137,80	200,44	225,49	134,42	195,53	219,97
	VI	3 260,08	179,30	260,80	293,40																				
8 966,99 Ost	I,IV	2 824,91	155,37	225,99	254,24	I	2 824,91	148,62	216,18	243,20	141,88	206,37	232,16	135,13	196,56	221,13	128,39	186,75	210,09	121,64	176,94	199,05	114,89	167,12	188,01
	II	2 779,16	152,85	222,33	250,12	II	2 779,16	146,10	212,52	239,08	139,36	202,71	228,05	132,61	192,90	217,01	125,87	183,08	205,97	119,13	173,28	194,94	112,38	163,46	183,89
	III	2 146,83	118,07	171,74	193,21	III	2 146,83	111,60	162,33	182,62	105,25	153,09	172,22	99,03	144,05	162,05	92,95	135,20	152,10	86,99	126,53	142,34	81,15	118,04	132,79
	V	3 239,50	178,17	259,16	291,55	IV	2 824,91	151,99	221,08	248,72	148,62	216,18	243,20	145,25	211,28	237,69	141,88	206,37	232,16	138,50	201,46	226,64	135,13	196,56	221,13
	VI	3 273,—	180,01	261,84	294,57																				
8 969,99 West	I,IV	2 813,33	154,73	225,06	253,19	I	2 813,33	147,98	215,25	242,15	141,24	205,44	231,12	134,49	195,63	220,08	127,75	185,82	209,04	121,—	176,—	198,—	114,26	166,20	186,97
	II	2 767,58	152,21	221,40	249,08	II	2 767,58	145,47	211,59	238,04	138,72	201,78	227,—	131,97	191,96	215,96	125,23	182,16	204,93	118,48	172,34	193,88	111,74	162,53	182,84
	III	2 135,66	117,46	170,85	192,20	III	2 135,66	110,99	161,45	181,63	104,65	152,22	171,25	98,45	143,20	161,10	92,38	134,37	151,16	86,43	125,72	141,43	80,61	117,25	131,90
	V	3 227,91	177,53	258,23	290,51	IV	2 813,33	151,36	220,16	247,68	147,98	215,25	242,15	144,61	210,34	236,63	141,24	205,44	231,12	137,87	200,54	225,60	134,49	195,63	220,08
	VI	3 261,33	179,37	260,90	293,51																				
8 969,99 Ost	I,IV	2 826,16	155,43	226,09	254,35	I	2 826,16	148,69	216,28	243,32	141,95	206,47	232,28	135,20	196,66	221,24	128,46	186,85	210,20	121,71	177,04	199,17	114,96	167,22	188,12
	II	2 780,41	152,92	222,43	250,23	II	2 780,41	146,17	212,62	239,19	139,43	202,81	228,16	132,68	193,—	217,12	125,94	183,18	206,08	119,19	173,38	195,05	112,45	163,56	184,01
	III	2 148,—	118,14	171,84	193,32	III	2 148,—	111,66	162,42	182,72	105,31	153,18	172,33	99,10	144,14	162,16	93,01	135,29	152,20	87,04	126,61	142,43	81,21	118,13	132,89
	V	3 240,75	178,24	259,26	291,66	IV	2 826,16	152,07	221,19	248,84	148,69	216,28	243,32	145,32	211,38	237,80	141,95	206,47	232,28	138,57	201,56	226,76	135,20	196,66	221,24
	VI	3 274,25	180,08	261,94	294,68																				
8 972,99 West	I,IV	2 814,58	154,80	225,16	253,31	I	2 814,58	148,05	215,35	242,27	141,31	205,54	231,23	134,56	195,73	220,19	127,82	185,92	209,16	121,07	176,11	198,12	114,33	166,30	187,08
	II	2 768,83	152,28	221,50	249,19	II	2 768,83	145,53	211,69	238,15	138,79	201,88	227,11	132,05	192,07	216,08	125,30	182,26	205,04	118,55	172,44	194,—	111,81	162,64	182,97
	III	2 136,83	117,52	170,94	192,31	III	2 136,83	111,06	161,54	181,73	104,72	152,33	171,37	98,51	143,29	161,20	92,43	134,45	151,25	86,48	125,80	141,52	80,66	117,33	131,99
	V	3 229,16	177,60	258,33	290,62	IV	2 814,58	151,42	220,26	247,79	148,05	215,35	242,27	144,68	210,44	236,75	141,31	205,54	231,23	137,94	200,64	225,72	134,56	195,73	220,19
	VI	3 262,58	179,44	261,—	293,63																				
8 972,99 Ost	I,IV	2 827,50	155,51	226,20	254,47	I	2 827,50	148,76	216,38	243,43	142,01	206,57	232,39	135,27	196,76	221,36	128,53	186,95	210,32	121,78	177,14	199,28	115,03	167,32	188,24
	II	2 781,66	152,99	222,53	250,34	II	2 781,66	146,24	212,72	239,31	139,50	202,91	228,27	132,75	193,10	217,23	126,—	183,28	206,19	119,26	173,48	195,16	112,52	163,66	184,12
	III	2 149,33	118,21	171,94	193,43	III	2 149,33	111,73	162,52	182,83	105,38	153,28	172,44	99,16	144,24	162,27	93,06	135,37	152,29	87,11	126,70	142,54	81,27	118,21	132,98
	V	3 242,—	178,31	259,36	291,78	IV	2 827,50	152,13	221,29	248,95	148,76	216,38	243,43	145,39	211,48	237,91	142,01	206,57	232,39	138,64	201,66	226,87	135,27	196,76	221,36
	VI	3 275,50	180,15	262,04	294,79																				
8 975,99 West	I,IV	2 815,83	154,87	225,26	253,42	I	2 815,83	148,12	215,45	242,38	141,38	205,64	231,35	134,63	195,83	220,31	127,88	186,02	209,27	121,14	176,21	198,23	114,40	166,40	187,20
	II	2 770,08	152,35	221,60	249,30	II	2 770,08	145,60	211,79	238,26	138,86	201,98	227,22	132,11	192,17	216,19	125,37	182,36	205,15	118,62	172,54	194,11	111,88	162,74	183,08
	III	2 138,—	117,59	171,04	192,42	III	2 138,—	111,12	161,64	181,84	104,79	152,42	171,47	98,57	143,38	161,30	92,50	134,54	151,36	86,55	125,89	141,62	80,73	117,42	132,10
	V	3 230,41	177,67	258,43	290,73	IV	2 815,83	151,49	220,36	247,90	148,12	215,45	242,38	144,75	210,55	236,87	141,38	205,64	231,35	138,—	200,74	225,83	134,63	195,83	220,31
	VI	3 263,83	179,51	261,10	293,74																				
8 975,99 Ost	I,IV	2 828,75	155,58	226,30	254,58	I	2 828,75	148,83	216,48	243,54	142,08	206,67	232,50	135,34	196,86	221,47	128,59	187,05	210,43	121,85	177,24	199,39	115,11	167,43	188,36
	II	2 782,91	153,06	222,63	250,46	II	2 782,91	146,31	212,82	239,42	139,57	203,01	228,38	132,82	193,20	217,35	126,08	183,39	206,31	119,33	173,58	195,27	112,58	163,76	184,23
	III	2 150,50	118,27	172,04	193,54	III	2 150,50	111,79	162,61	182,93	105,44	153,37	172,54	99,22	144,33	162,37	93,13	135,46	152,39	87,16	126,78	142,63	81,33	118,30	133,09
	V	3 243,25	178,37	259,46	291,89	IV	2 828,75	152,20	221,39	249,06	148,83	216,48	243,54	145,46	211,58	238,02	142,08	206,67	232,50	138,71	201,76	226,98	135,34	196,86	221,47
	VI	3 276,75	180,22	262,14	294,90																				

*** Die ausgewiesenen Tabellenwerte sind amtlich. Siehe Erläuterungen auf der Umschlaginnenseite (U2).**

Lohn/ Gehalt bis €*	Abzüge an Lohnsteuer, Solidaritätszuschlag (SolZ) und Kirchensteuer (8%, 9%) in den Steuerklassen I – VI ohne Kinderfreibeträge					I, II, III, IV mit Zahl der Kinderfreibeträge . . .		0,5			1			1,5			2			2,5			3		
		LSt	SolZ	8%	9%		LSt	SolZ	8%	9%	SolZ	8%	9%	SolZ	8%	9%	SolZ	8%	9%	SolZ	8%	9%	SolZ	8%	9%
8 978,99 West	I,IV	2 817,08	154,93	225,36	253,53	I	2 817,08	148,19	215,56	242,50	141,45	205,74	231,46	134,70	195,93	220,42	127,96	186,12	209,39	121,21	176,31	198,35	114,46	166,50	187,31
	II	2 771,33	152,42	221,70	249,41	II	2 771,33	145,67	211,89	238,37	138,93	202,08	227,34	132,18	192,27	216,30	125,44	182,46	205,26	118,69	172,64	194,22	111,95	162,84	183,19
	III	2 139,33	117,66	171,14	192,53	III	2 139,33	111,19	161,73	181,94	104,85	152,52	171,58	98,64	143,48	161,41	92,56	134,64	151,47	86,60	125,97	141,71	80,78	117,50	132,19
	V	3 231,66	177,74	258,53	290,84	IV	2 817,08	151,56	220,46	248,01	148,19	215,56	242,50	144,82	210,65	236,98	141,45	205,74	231,46	138,07	200,84	225,94	134,70	195,93	220,42
	VI	3 265,16	179,58	261,21	293,86																				
8 978,99 Ost	I,IV	2 830,–	155,65	226,40	254,70	I	2 830,–	148,90	216,58	243,65	142,15	206,77	232,61	135,41	196,96	221,58	128,66	187,15	210,54	121,92	177,34	199,50	115,17	167,53	188,47
	II	2 784,16	153,12	222,73	250,57	II	2 784,16	146,38	212,92	239,54	139,64	203,11	228,50	132,89	193,30	217,46	126,15	183,49	206,42	119,40	173,68	195,39	112,65	163,86	184,34
	III	2 151,66	118,34	172,13	193,64	III	2 151,66	111,86	162,70	183,04	105,51	153,48	172,66	99,29	144,42	162,47	93,19	135,56	152,50	87,23	126,88	142,74	81,39	118,38	133,18
	V	3 244,58	178,45	259,56	292,01	IV	2 830,–	152,27	221,49	249,17	148,90	216,58	243,65	145,53	211,68	238,14	142,15	206,77	232,61	138,78	201,87	227,10	135,41	196,96	221,58
	VI	3 278,–	180,29	262,24	295,02																				
8 981,99 West	I,IV	2 818,33	155,–	225,46	253,64	I	2 818,33	148,26	215,66	242,61	141,51	205,84	231,57	134,77	196,03	220,53	128,03	186,22	209,50	121,28	176,41	198,46	114,53	166,60	187,42
	II	2 772,58	152,49	221,80	249,53	II	2 772,58	145,74	211,99	238,49	139,–	202,18	227,45	132,25	192,37	216,41	125,51	182,56	205,38	118,76	172,75	194,34	112,02	162,94	183,30
	III	2 140,50	117,72	171,24	192,64	III	2 140,50	111,25	161,82	182,05	104,92	152,61	171,68	98,70	143,57	161,51	92,62	134,73	151,57	86,67	126,06	141,82	80,85	117,60	132,30
	V	3 232,91	177,81	258,63	290,96	IV	2 818,33	151,63	220,56	248,13	148,26	215,66	242,61	144,89	210,75	237,09	141,51	205,84	231,57	138,14	200,94	226,05	134,77	196,03	220,53
	VI	3 266,41	179,65	261,31	293,97																				
8 981,99 Ost	I,IV	2 831,25	155,71	226,50	254,81	I	2 831,25	148,97	216,68	243,77	142,23	206,88	232,74	135,48	197,06	221,69	128,73	187,25	210,65	121,99	177,44	199,62	115,24	167,63	188,58
	II	2 785,50	153,20	222,84	250,69	II	2 785,50	146,45	213,02	239,65	139,70	203,21	228,61	132,96	193,40	217,58	126,22	183,59	206,54	119,47	173,78	195,50	112,72	163,96	184,46
	III	2 153,–	118,41	172,24	193,77	III	2 153,–	111,93	162,81	183,16	105,58	153,57	172,76	99,35	144,52	162,58	93,26	135,65	152,60	87,29	126,97	142,84	81,45	118,48	133,29
	V	3 245,83	178,52	259,66	292,12	IV	2 831,25	152,34	221,59	249,29	148,97	216,68	243,77	145,59	211,78	238,25	142,23	206,88	232,74	138,85	201,97	227,21	135,48	197,06	221,69
	VI	3 279,25	180,35	262,34	295,13																				
8 984,99 West	I,IV	2 819,58	155,07	225,56	253,76	I	2 819,58	148,33	215,76	242,73	141,58	205,94	231,68	134,84	196,13	220,64	128,09	186,32	209,61	121,35	176,51	198,57	114,60	166,70	187,53
	II	2 773,83	152,56	221,90	249,64	II	2 773,83	145,81	212,09	238,60	139,07	202,28	227,57	132,32	192,47	216,53	125,57	182,66	205,49	118,83	172,85	194,45	112,09	163,04	183,42
	III	2 141,66	117,79	171,33	192,74	III	2 141,66	111,32	161,92	182,16	104,98	152,70	171,79	98,77	143,66	161,62	92,68	134,81	151,66	86,73	126,16	141,93	80,90	117,68	132,39
	V	3 234,16	177,87	258,73	291,07	IV	2 819,58	151,70	220,66	248,24	148,33	215,76	242,73	144,96	210,85	237,20	141,58	205,94	231,68	138,21	201,04	226,17	134,84	196,13	220,64
	VI	3 267,66	179,72	261,41	294,08																				
8 984,99 Ost	I,IV	2 832,50	155,78	226,60	254,92	I	2 832,50	149,04	216,78	243,88	142,29	206,98	232,85	135,55	197,16	221,81	128,80	187,35	210,77	122,06	177,54	199,73	115,31	167,73	188,69
	II	2 786,75	153,27	222,94	250,80	II	2 786,75	146,52	213,12	239,76	139,77	203,31	228,72	133,03	193,50	217,69	126,28	183,69	206,65	119,54	173,88	195,61	112,80	164,07	184,58
	III	2 154,16	118,47	172,33	193,87	III	2 154,16	111,99	162,90	183,26	105,64	153,66	172,87	99,41	144,60	162,67	93,31	135,73	152,69	87,34	127,05	142,93	81,51	118,56	133,38
	V	3 247,08	178,58	259,76	292,23	IV	2 832,50	152,41	221,69	249,40	149,04	216,78	243,88	145,67	211,88	238,37	142,29	206,98	232,85	138,92	202,07	227,33	135,55	197,16	221,81
	VI	3 280,50	180,42	262,44	295,24																				
8 987,99 West	I,IV	2 820,91	155,15	225,67	253,88	I	2 820,91	148,40	215,86	242,84	141,65	206,04	231,80	134,91	196,24	220,77	128,16	186,42	209,72	121,42	176,61	198,68	114,67	166,80	187,65
	II	2 775,08	152,62	222,–	249,75	II	2 775,08	145,88	212,20	238,72	139,14	202,38	227,68	132,39	192,57	216,64	125,65	182,76	205,61	118,90	172,95	194,57	112,15	163,14	183,53
	III	2 143,–	117,86	171,44	192,87	III	2 143,–	111,39	162,02	182,27	105,05	152,80	171,90	98,83	143,76	161,73	92,74	134,90	151,76	86,79	126,24	142,02	80,96	117,76	132,48
	V	3 235,41	177,94	258,83	291,18	IV	2 820,91	151,77	220,76	248,36	148,40	215,86	242,84	145,03	210,95	237,32	141,65	206,04	231,80	138,28	201,14	226,28	134,91	196,24	220,77
	VI	3 268,91	179,79	261,51	294,20																				
8 987,99 Ost	I,IV	2 833,75	155,85	226,70	255,03	I	2 833,75	149,10	216,88	243,99	142,36	207,08	232,96	135,62	197,26	221,92	128,87	187,45	210,88	122,13	177,64	199,85	115,38	167,83	188,81
	II	2 788,–	153,34	223,04	250,92	II	2 788,–	146,59	213,22	239,87	139,84	203,41	228,83	133,10	193,60	217,80	126,35	183,79	206,76	119,61	173,98	195,72	112,86	164,17	184,69
	III	2 155,33	118,54	172,42	193,97	III	2 155,33	112,06	163,–	183,37	105,71	153,76	172,98	99,47	144,69	162,77	93,38	135,82	152,80	87,41	127,14	143,03	81,57	118,65	133,48
	V	3 248,33	178,65	259,86	292,34	IV	2 833,75	152,48	221,79	249,51	149,10	216,88	243,99	145,74	211,98	238,48	142,36	207,08	232,96	138,99	202,17	227,44	135,62	197,26	221,92
	VI	3 281,75	180,49	262,54	295,35																				
8 990,99 West	I,IV	2 822,16	155,21	225,77	253,99	I	2 822,16	148,47	215,96	242,95	141,72	206,14	231,91	134,98	196,34	220,88	128,23	186,52	209,84	121,49	176,71	198,80	114,74	166,90	187,76
	II	2 776,33	152,69	222,10	249,86	II	2 776,33	145,95	212,30	238,83	139,20	202,48	227,79	132,46	192,67	216,75	125,72	182,86	205,72	118,97	173,05	194,68	112,22	163,24	183,64
	III	2 144,16	117,92	171,53	192,97	III	2 144,16	111,45	162,12	182,38	105,11	152,89	172,–	98,89	143,85	161,83	92,81	135,–	151,87	86,85	126,33	142,12	81,02	117,85	132,58
	V	3 236,75	178,02	258,94	291,30	IV	2 822,16	151,84	220,86	248,47	148,47	215,96	242,95	145,09	211,05	237,43	141,72	206,14	231,91	138,35	201,24	226,40	134,98	196,34	220,88
	VI	3 270,16	179,85	261,61	294,31																				
8 990,99 Ost	I,IV	2 835,–	155,92	226,80	255,15	I	2 835,–	149,18	216,99	244,11	142,43	207,18	233,07	135,68	197,36	222,03	128,94	187,56	211,–	122,20	177,74	199,96	115,45	167,93	188,92
	II	2 789,25	153,40	223,14	251,03	II	2 789,25	146,66	213,32	239,99	139,92	203,52	228,96	133,17	193,70	217,91	126,42	183,89	206,87	119,68	174,08	195,84	112,93	164,27	184,80
	III	2 156,66	118,61	172,53	194,09	III	2 156,66	112,12	163,09	183,47	105,77	153,85	173,08	99,54	144,78	162,88	93,44	135,92	152,91	87,46	127,22	143,12	81,62	118,73	133,57
	V	3 249,58	178,72	259,96	292,46	IV	2 835,–	152,55	221,89	249,62	149,18	216,99	244,11	145,80	212,08	238,59	142,43	207,18	233,07	139,06	202,27	227,55	135,68	197,36	222,03
	VI	3 283,08	180,56	262,64	295,47																				
8 993,99 West	I,IV	2 823,41	155,28	225,87	254,10	I	2 823,41	148,54	216,06	243,06	141,79	206,24	232,02	135,05	196,44	220,99	128,30	186,62	209,95	121,55	176,81	198,91	114,81	167,–	187,88
	II	2 777,58	152,76	222,20	249,98	II	2 777,58	146,02	212,40	238,95	139,27	202,58	227,90	132,53	192,77	216,86	125,78	182,96	205,83	119,04	173,15	194,79	112,29	163,34	183,75
	III	2 145,33	117,99	171,62	193,07	III	2 145,33	111,52	162,21	182,48	105,17	152,98	172,10	98,96	143,94	161,93	92,86	135,08	151,96	86,90	126,41	142,21	81,07	117,93	132,67
	V	3 238,–	178,09	259,04	291,42	IV	2 823,41	151,91	220,96	248,58	148,54	216,06	243,06	145,16	211,15	237,54	141,79	206,24	232,02	138,42	201,34	226,51	135,05	196,44	220,99
	VI	3 271,41	179,92	261,71	294,42																				
8 993,99 Ost	I,IV	2 836,25	155,99	226,90	255,26	I	2 836,25	149,25	217,09	244,22	142,50	207,28	233,19	135,75	197,46	222,14	129,01	187,66	211,11	122,26	177,84	200,07	115,52	168,03	189,03
	II	2 790,50	153,47	223,24	251,14	II	2 790,50	146,73	213,42	240,10	139,98	203,62	229,07	133,24	193,80	218,03	126,49	183,99	206,99	119,75	174,18	195,95	113,–	164,37	184,91
	III	2 157,83	118,68	172,62	194,20	III	2 157,83	112,19	163,18	183,58	105,83	153,94	173,18	99,60	144,88	162,99	93,50	136,01	153,01	87,53	127,32	143,23	81,69	118,82	133,67
	V	3 250,83	178,79	260,06	292,57	IV	2 836,25	152,62	222,–	249,75	149,25	217,09	244,22	145,87	212,18	238,70	142,50	207,28	233,19	139,13	202,37	227,66	135,75	197,46	222,14
	VI	3 284,33	180,63	262,74	295,58																				
8 996,99 West	I,IV	2 824,66	155,35	225,97	254,21	I	2 824,66	148,61	216,16	243,18	141,86	206,35	232,14	135,12	196,54	221,10	128,37	186,72	210,06	121,63	176,92	199,03	114,88	167,10	187,99
	II	2 778,91	152,84	222,31	250,10	II	2 778,91	146,09	212,50	239,06	139,34	202,68	228,02	132,60	192,88	216,99	125,85	183,06	205,94	119,11	173,25	194,90	112,36	163,44	183,87
	III	2 146,66	118,06	171,73	193,19	III	2 146,66	111,58	162,30	182,59	105,24	153,08	172,21	99,02	144,04	162,04	92,93	135,17	152,06	86,97	126,50	142,31	81,14	118,02	132,77
	V	3 239,25	178,15	259,14	291,53	IV	2 824,66	151,98	221,06	248,69	148,61	216,16	243,18	145,23	211,25	237,65	141,86	206,35	232,14	138,49	201,44	226,62	135,12	196,54	221,10
	VI	3 272,66	179,99	261,81	294,53																				
8 996,99 Ost	I,IV	2 837,58	156,06	227,–	255,38	I	2 837,58	149,32	217,19	244,34	142,57	207,38	233,30	135,82	197,56	222,26	129,08	187,76	211,23	122,33	177,94	200,18	115,59	168,13	189,14
	II	2 791,75	153,54	223,34	251,25	II	2 791,75	146,79	213,52	240,21	140,05	203,72	229,18	133,31	193,90	218,14	126,56	184,09	207,10	119,82	174,28	196,07	113,07	164,47	185,03
	III	2 159,16	118,75	172,73	194,32	III	2 159,16	112,26	163,29	183,70	105,90	154,04	173,29	99,66	144,97	163,09	93,56	136,09	153,10	87,59	127,41	143,33	81,74	118,90	133,76
	V	3 252,08	178,86	260,16	292,68	IV	2 837,58	152,69	222,10	249,86	149,32	217,19	244,34	145,94	212,28	238,82	142,57	207,38	233,30	139,20	202,47	227,78	135,82	197,56	222,26
	VI	3 285,58	180,70	262,84	295,70																				
8 999,99 West	I,IV	2 825,91	155,42	226,07	254,33	I	2 825,91	148,67	216,26	243,29	141,93	206,45	232,25	135,19	196,64	221,22	128,44	186,82	210,17	121,70	177,02	199,14	114,95	167,20	188,10
	II	2 780,16	152,90	222,41	250,21	II	2 780,16	146,16	212,60	239,17	139,41	202,78	228,13	132,67	192,98	217,10	125,92	183,16	206,06	119,18	173,35	195,02	112,43	163,54	183,98
	III	2 147,83	118,13	171,82	193,30	III	2 147,83	111,65	162,40	182,70	105,30	153,17	172,31	99,08	144,12	162,13	92,99	135,26	152,17	87,03	126,60	142,42	81,19	118,10	132,86
	V	3 240,50	178,22	259,24	291,64	IV	2 825,91	152,05	221,16	248,81	148,67	216,26	243,29	145,31	211,36	237,78	141,93	206,45	232,25	138,56	201,54	226,73	135,19	196,64	221,22
	VI	3 273,91	180,06	261,91	294,65																				
8 999,99 Ost	I,IV	2 838,83	156,13	227,10	255,49	I	2 838,83	149,38	217,29	244,45	142,64	207,48	233,41	135,90	197,67	222,38	129,15	187,86	211,34	122,40	178,04	200,30	115,66	168,24	189,27
	II	2 793,–	153,61	223,44	251,37	II	2 793,–	146,87	213,63	240,33	140,12	203,82	229,29	133,37	194,–	218,25	126,63	184,20	207,22	119,89	174,38	196,18	113,14	164,57	185,14
	III	2 160,33	118,81	172,82	194,42	III	2 160,33	112,32	163,38	183,80	105,96	154,13	173,39	99,73	145,06	163,19	93,62	136,18	153,20	87,65	127,49	143,42	81,81	119,–	133,87
	V	3 253,33	178,93	260,26	292,79	IV	2 838,83	152,76	222,20	249,97	149,38	217,29	244,45	146,01	212,38	238,93	142,64	207,48	233,41	139,26	202,57	227,89	135,90	197,67	222,38
	VI	3 286,83	180,77	262,94	295,81																				

*** Die ausgewiesenen Tabellenwerte sind amtlich. Siehe Erläuterungen auf der Umschlaginnenseite (U2).**

Lohn/ Gehalt bis €*	Abzüge an Lohnsteuer, Solidaritätszuschlag (SolZ) und Kirchensteuer (8%, 9%) in den Steuerklassen I – VI					I, II, III, IV		mit Zahl der Kinderfreibeträge . . . 0,5			1			1,5			2			2,5			3		
		LSt	ohne Kinderfreibeträge SolZ	8%	9%		LSt	SolZ	8%	9%	SolZ	8%	9%	SolZ	8%	9%	SolZ	8%	9%	SolZ	8%	9%	SolZ	8%	9%
9 002,99 West	I,IV	2 827,16	155,49	226,17	254,44	I	2 827,16	148,75	216,36	243,41	142,—	206,55	232,37	135,25	196,74	221,33	128,51	186,92	210,29	121,77	177,12	199,26	115,02	167,30	188,21
	II	2 781,41	152,97	222,51	250,32	II	2 781,41	146,23	212,70	239,28	139,48	202,88	228,24	132,74	193,08	217,21	125,99	183,26	206,17	119,24	173,45	195,13	112,50	163,64	184,10
	III	2 149,—	118,19	171,92	193,41	III	2 149,—	111,72	162,50	182,81	105,37	153,26	172,42	99,14	144,21	162,23	93,06	135,36	152,28	87,09	126,68	142,51	81,26	118,20	132,97
	V	3 241,75	178,29	259,34	291,75	IV	2 827,16	152,12	221,26	248,92	148,75	216,36	243,41	145,37	211,46	237,89	142,—	206,55	232,37	138,63	201,64	226,85	135,25	196,74	221,33
	VI	3 275,25	180,13	262,02	294,77																				
9 002,99 Ost	I,IV	2 840,08	156,20	227,20	255,60	I	2 840,08	149,45	217,39	244,56	142,71	207,58	233,52	135,96	197,77	222,49	129,22	187,96	211,45	122,47	178,14	200,41	115,73	168,34	189,38
	II	2 794,25	153,68	223,54	251,48	II	2 794,25	146,94	213,73	240,44	140,19	203,92	229,41	133,44	194,10	218,36	126,70	184,30	207,33	119,95	174,48	196,29	113,21	164,67	185,25
	III	2 161,50	118,88	172,92	194,53	III	2 161,50	112,39	163,48	183,91	106,03	154,22	173,50	99,79	145,16	163,30	93,69	136,28	153,31	87,71	127,58	143,53	81,86	119,08	133,96
	V	3 254,66	179,—	260,37	292,91	IV	2 840,08	152,83	222,30	250,08	149,45	217,39	244,56	146,08	212,48	239,04	142,71	207,58	233,52	139,34	202,68	228,01	135,96	197,77	222,49
	VI	3 288,08	180,84	263,04	295,92																				
9 005,99 West	I,IV	2 828,41	155,56	226,27	254,55	I	2 828,41	148,82	216,46	243,52	142,07	206,65	232,48	135,32	196,84	221,44	128,58	187,03	210,41	121,83	177,22	199,37	115,09	167,40	188,33
	II	2 782,66	153,04	222,61	250,43	II	2 782,66	146,30	212,80	239,40	139,55	202,99	228,36	132,81	193,18	217,32	126,06	183,36	206,28	119,32	173,56	195,25	112,57	163,74	184,21
	III	2 150,33	118,26	172,02	193,52	III	2 150,33	111,78	162,60	182,92	105,43	153,36	172,53	99,21	144,30	162,34	93,12	135,45	152,38	87,15	126,77	142,61	81,31	118,28	133,06
	V	3 243,—	178,36	259,44	291,87	IV	2 828,41	152,18	221,36	249,03	148,82	216,46	243,52	145,44	211,56	238,—	142,07	206,65	232,48	138,70	201,74	226,96	135,32	196,84	221,44
	VI	3 276,50	180,20	262,12	294,88																				
9 005,99 Ost	I,IV	2 841,33	156,27	227,30	255,71	I	2 841,33	149,52	217,49	244,67	142,78	207,68	233,64	136,03	197,87	222,60	129,29	188,06	211,56	122,54	178,24	200,52	115,80	168,44	189,49
	II	2 795,58	153,75	223,64	251,60	II	2 795,58	147,01	213,83	240,56	140,26	204,02	229,52	133,51	194,20	218,48	126,77	184,40	207,45	120,02	174,58	196,40	113,28	164,77	185,36
	III	2 162,83	118,95	173,02	194,65	III	2 162,83	112,45	163,57	184,01	106,09	154,32	173,61	99,86	145,25	163,40	93,75	136,37	153,41	87,78	127,68	143,64	81,92	119,16	134,05
	V	3 255,91	179,07	260,47	293,03	IV	2 841,33	152,90	222,40	250,20	149,52	217,49	244,67	146,15	212,58	239,15	142,78	207,68	233,64	139,41	202,78	228,12	136,03	197,87	222,60
	VI	3 289,33	180,91	263,14	296,03																				
9 008,99 West	I,IV	2 829,66	155,63	226,37	254,66	I	2 829,66	148,88	216,56	243,63	142,14	206,75	232,59	135,39	196,94	221,55	128,65	187,13	210,52	121,90	177,32	199,48	115,16	167,50	188,44
	II	2 783,91	153,11	222,71	250,55	II	2 783,91	146,36	212,90	239,51	139,62	203,09	228,47	132,88	193,28	217,44	126,13	183,46	206,39	119,39	173,66	195,36	112,64	163,84	184,32
	III	2 151,50	118,33	172,12	193,63	III	2 151,50	111,85	162,69	183,02	105,49	153,45	172,63	99,27	144,40	162,45	93,17	135,53	152,47	87,21	126,85	142,70	81,38	118,37	133,16
	V	3 244,25	178,43	259,54	291,98	IV	2 829,66	152,26	221,47	249,15	148,88	216,56	243,63	145,51	211,66	238,11	142,14	206,75	232,59	138,76	201,84	227,07	135,39	196,94	221,55
	VI	3 277,75	180,27	262,22	294,99																				
9 008,99 Ost	I,IV	2 842,58	156,34	227,40	255,83	I	2 842,58	149,59	217,59	244,79	142,85	207,78	233,75	136,10	197,97	222,71	129,36	188,16	211,68	122,61	178,35	200,64	115,87	168,54	189,60
	II	2 796,83	153,82	223,74	251,71	II	2 796,83	147,07	213,93	240,67	140,33	204,12	229,63	133,59	194,31	218,60	126,84	184,50	207,56	120,09	174,68	196,52	113,35	164,88	185,49
	III	2 164,—	119,02	173,12	194,76	III	2 164,—	112,52	163,66	184,12	106,15	154,41	173,71	99,92	145,34	163,51	93,81	136,45	153,50	87,83	127,76	143,73	81,98	119,25	134,15
	V	3 257,16	179,14	260,57	293,14	IV	2 842,58	152,96	222,50	250,31	149,59	217,59	244,79	146,22	212,68	239,27	142,85	207,78	233,75	139,48	202,88	228,24	136,10	197,97	222,71
	VI	3 290,58	180,98	263,24	296,15																				
9 011,99 West	I,IV	2 831,—	155,70	226,48	254,79	I	2 831,—	148,95	216,66	243,74	142,21	206,85	232,70	135,46	197,04	221,67	128,72	187,23	210,63	121,97	177,42	199,59	115,22	167,60	188,55
	II	2 785,16	153,18	222,81	250,66	II	2 785,16	146,44	213,—	239,63	139,69	203,19	228,59	132,94	193,38	217,55	126,20	183,56	206,51	119,46	173,76	195,48	112,71	163,94	184,43
	III	2 152,66	118,39	172,21	193,73	III	2 152,66	111,91	162,78	183,13	105,56	153,54	172,73	99,33	144,49	162,55	93,24	135,62	152,57	87,27	126,94	142,81	81,43	118,45	133,25
	V	3 245,50	178,50	259,64	292,09	IV	2 831,—	152,33	221,57	249,26	148,95	216,66	243,74	145,58	211,76	238,23	142,21	206,85	232,70	138,83	201,94	227,18	135,46	197,04	221,67
	VI	3 279,—	180,34	262,32	295,11																				
9 011,99 Ost	I,IV	2 843,83	156,41	227,50	255,94	I	2 843,83	149,66	217,69	244,90	142,92	207,88	233,87	136,17	198,07	222,83	129,42	188,26	211,79	122,68	178,45	200,75	115,94	168,64	189,72
	II	2 798,08	153,89	223,84	251,82	II	2 798,08	147,14	214,03	240,78	140,40	204,22	229,74	133,65	194,41	218,71	126,91	184,60	207,67	120,16	174,78	196,63	113,42	164,98	185,60
	III	2 165,16	119,08	173,21	194,86	III	2 165,16	112,59	163,77	184,24	106,22	154,50	173,81	99,99	145,44	163,62	93,87	136,54	153,61	87,89	127,85	143,83	82,04	119,33	134,24
	V	3 258,41	179,21	260,67	293,25	IV	2 843,83	153,03	222,60	250,42	149,66	217,69	244,90	146,29	212,79	239,39	142,92	207,88	233,87	139,54	202,98	228,35	136,17	198,07	222,83
	VI	3 291,83	181,05	263,34	296,26																				
9 014,99 West	I,IV	2 832,25	155,77	226,58	254,90	I	2 832,25	149,02	216,76	243,86	142,28	206,95	232,82	135,53	197,14	221,78	128,79	187,33	210,74	122,04	177,52	199,71	115,30	167,71	188,67
	II	2 786,41	153,25	222,91	250,77	II	2 786,41	146,51	213,10	239,74	139,76	203,29	228,70	133,01	193,48	217,66	126,27	183,67	206,63	119,52	173,86	195,59	112,78	164,04	184,55
	III	2 154,—	118,47	172,32	193,86	III	2 154,—	111,98	162,88	183,24	105,62	153,64	172,84	99,40	144,58	162,65	93,30	135,72	152,68	87,34	127,04	142,92	81,50	118,54	133,36
	V	3 246,75	178,57	259,74	292,20	IV	2 832,25	152,40	221,67	249,38	149,02	216,76	243,86	145,65	211,86	238,34	142,28	206,95	232,82	138,90	202,04	227,30	135,53	197,14	221,78
	VI	3 280,25	180,41	262,42	295,22																				
9 014,99 Ost	I,IV	2 845,08	156,47	227,60	256,05	I	2 845,08	149,73	217,80	245,02	142,99	207,98	233,98	136,24	198,17	222,94	129,50	188,36	211,91	122,75	178,55	200,87	116,—	168,74	189,83
	II	2 799,33	153,96	223,94	251,93	II	2 799,33	147,21	214,13	240,89	140,47	204,32	229,86	133,72	194,51	218,82	126,98	184,70	207,78	120,23	174,88	196,74	113,49	165,08	185,71
	III	2 166,50	119,15	173,32	194,98	III	2 166,50	112,65	163,86	184,34	106,28	154,60	173,92	100,05	145,53	163,72	93,94	136,64	153,72	87,95	127,93	143,92	82,10	119,42	134,35
	V	3 259,66	179,28	260,77	293,36	IV	2 845,08	153,10	222,70	250,53	149,73	217,80	245,02	146,36	212,89	239,50	142,99	207,98	233,98	139,61	203,08	228,46	136,24	198,17	222,94
	VI	3 293,16	181,12	263,45	296,38																				
9 017,99 West	I,IV	2 833,50	155,84	226,68	255,01	I	2 833,50	149,09	216,86	243,97	142,34	207,05	232,93	135,60	197,24	221,90	128,86	187,43	210,86	122,11	177,62	199,82	115,37	167,81	188,78
	II	2 787,66	153,32	223,01	250,88	II	2 787,66	146,57	213,20	239,85	139,83	203,39	228,81	133,08	193,58	217,77	126,34	183,77	206,74	119,59	173,96	195,70	112,85	164,14	184,66
	III	2 155,16	118,53	172,41	193,96	III	2 155,16	112,04	162,97	183,34	105,69	153,73	172,94	99,46	144,68	162,76	93,37	135,81	152,78	87,39	127,12	143,01	81,55	118,62	133,45
	V	3 248,08	178,64	259,84	292,32	IV	2 833,50	152,46	221,77	249,49	149,09	216,86	243,97	145,72	211,96	238,45	142,34	207,05	232,93	138,98	202,15	227,42	135,60	197,24	221,90
	VI	3 281,50	180,48	262,52	295,33																				
9 017,99 Ost	I,IV	2 846,33	156,54	227,70	256,16	I	2 846,33	149,80	217,90	245,13	143,05	208,08	234,09	136,31	198,27	223,05	129,57	188,46	212,02	122,82	178,65	200,98	116,07	168,84	189,94
	II	2 800,58	154,03	224,04	252,05	II	2 800,58	147,28	214,23	241,01	140,54	204,42	229,97	133,79	194,61	218,93	127,05	184,80	207,90	120,30	174,99	196,86	113,56	165,18	185,82
	III	2 167,66	119,22	173,41	195,08	III	2 167,66	112,72	163,96	184,45	106,35	154,69	174,02	100,10	145,61	163,81	94,—	136,73	153,82	88,01	128,02	144,02	82,16	119,50	134,44
	V	3 260,91	179,35	260,87	293,48	IV	2 846,33	153,17	222,80	250,65	149,80	217,90	245,13	146,43	212,99	239,61	143,05	208,08	234,09	139,68	203,18	228,57	136,31	198,27	223,05
	VI	3 294,41	181,19	263,55	296,49																				
9 020,99 West	I,IV	2 834,75	155,91	226,78	255,12	I	2 834,75	149,16	216,96	244,08	142,42	207,16	233,05	135,67	197,34	222,01	128,92	187,53	210,97	122,18	177,72	199,94	115,44	167,91	188,90
	II	2 789,—	153,39	223,12	251,01	II	2 789,—	146,64	213,30	239,96	139,90	203,49	228,92	133,15	193,68	217,89	126,41	183,87	206,85	119,66	174,06	195,81	112,91	164,24	184,77
	III	2 156,33	118,59	172,50	194,06	III	2 156,33	112,11	163,08	183,46	105,75	153,82	173,05	99,53	144,77	162,86	93,42	135,89	152,87	87,45	127,21	143,11	81,62	118,72	133,56
	V	3 249,33	178,71	259,94	292,43	IV	2 834,75	152,53	221,87	249,60	149,16	216,96	244,08	145,79	212,06	238,56	142,42	207,16	233,05	139,04	202,25	227,53	135,67	197,34	222,01
	VI	3 282,75	180,55	262,62	295,44																				
9 020,99 Ost	I,IV	2 847,58	156,61	227,80	256,28	I	2 847,58	149,87	218,—	245,25	143,12	208,18	234,20	136,38	198,37	223,16	129,63	188,56	212,13	122,89	178,75	201,09	116,14	168,94	190,05
	II	2 801,83	154,10	224,14	252,16	II	2 801,83	147,35	214,33	241,12	140,61	204,52	230,09	133,86	194,71	219,05	127,11	184,90	208,01	120,37	175,09	196,97	113,63	165,28	185,94
	III	2 168,83	119,28	173,50	195,19	III	2 168,83	112,78	164,05	184,55	106,41	154,78	174,13	100,17	145,70	163,91	94,06	136,82	153,92	88,08	128,12	144,13	82,22	119,60	134,55
	V	3 262,16	179,41	260,97	293,59	IV	2 847,58	153,24	222,90	250,76	149,87	218,—	245,25	146,50	213,09	239,72	143,12	208,18	234,20	139,75	203,28	228,69	136,38	198,37	223,16
	VI	3 295,66	181,26	263,65	296,60																				
9 023,99 West	I,IV	2 836,—	155,98	226,88	255,24	I	2 836,—	149,23	217,06	244,19	142,49	207,26	233,16	135,74	197,44	222,12	128,99	187,63	211,08	122,25	177,82	200,05	115,50	168,01	189,01
	II	2 790,25	153,46	223,22	251,12	II	2 790,25	146,71	213,40	240,08	139,97	203,59	229,04	133,22	193,78	218,—	126,48	183,97	206,96	119,73	174,16	195,93	112,99	164,35	184,89
	III	2 157,66	118,67	172,61	194,18	III	2 157,66	112,18	163,17	183,56	105,82	153,92	173,16	99,59	144,86	162,97	93,49	135,98	152,98	87,52	127,30	143,21	81,67	118,80	133,65
	V	3 250,58	178,78	260,04	292,55	IV	2 836,—	152,60	221,97	249,71	149,23	217,06	244,19	145,86	212,16	238,68	142,49	207,26	233,16	139,11	202,35	227,64	135,74	197,44	222,12
	VI	3 284,—	180,62	262,72	295,56																				
9 023,99 Ost	I,IV	2 848,91	156,69	227,91	256,40	I	2 848,91	149,94	218,10	245,36	143,19	208,28	234,32	136,45	198,48	223,29	129,70	188,66	212,24	122,96	178,85	201,20	116,21	169,04	190,17
	II	2 803,08	154,16	224,24	252,27	II	2 803,08	147,42	214,44	241,24	140,68	204,62	230,20	133,93	194,81	219,16	127,19	185,—	208,13	120,44	175,19	197,09	113,69	165,38	186,05
	III	2 170,16	119,35	173,61	195,31	III	2 170,16	112,86	164,16	184,68	106,48	154,88	174,24	100,23	145,80	164,02	94,12	136,90	154,01	88,13	128,20	144,22	82,28	119,68	134,64
	V	3 263,41	179,48	261,07	293,70	IV	2 848,91	153,31	223,—	250,88	149,94	218,10	245,36	146,57	213,19	239,84	143,19	208,28	234,32	139,82	203,38	228,80	136,45	198,48	223,29
	VI	3 296,91	181,33	263,75	296,72																				

* Die ausgewiesenen Tabellenwerte sind amtlich. Siehe Erläuterungen auf der Umschlaginnenseite (U2).

MONAT 9 024,–*

Lohn/ Gehalt bis €*		I – VI				I, II, III, IV		Abzüge an Lohnsteuer, Solidaritätszuschlag (SolZ) und Kirchensteuer (8%, 9%) in den Steuerklassen																	
			ohne Kinderfreibeträge					mit Zahl der Kinderfreibeträge . . .																	
								0,5			1			1,5			2			2,5			3		
		LSt	SolZ	8%	9%		LSt	SolZ	8%	9%	SolZ	8%	9%	SolZ	8%	9%	SolZ	8%	9%	SolZ	8%	9%	SolZ	8%	9%
9 026,99 West	I,IV	2 837,25	156,04	226,98	255,35	I	2 837,25	149,30	217,16	244,31	142,56	207,36	233,28	135,81	197,54	222,23	129,06	187,73	211,19	122,32	177,92	200,16	115,57	168,11	189,12
	II	2 791,50	153,53	223,32	251,23	II	2 791,50	146,78	213,50	240,19	140,03	203,69	229,15	133,29	193,88	218,12	126,55	184,07	207,08	119,80	174,26	196,04	113,06	164,45	185,—
	III	2 158,83	118,73	172,70	194,29	III	2 158,83	112,24	163,26	183,67	105,88	154,01	173,26	99,66	144,96	163,08	93,55	136,08	153,09	87,57	127,38	143,30	81,73	118,89	133,75
	V	3 251,83	178,85	260,14	292,66	IV	2 837,25	152,67	222,07	249,83	149,30	217,16	244,31	145,93	212,26	238,79	142,56	207,36	233,28	139,18	202,45	227,75	135,81	197,54	222,23
	VI	3 285,25	180,68	262,82	295,67																				
9 026,99 Ost	I,IV	2 850,16	156,75	228,01	256,51	I	2 850,16	150,01	218,20	245,47	143,26	208,38	234,43	136,52	198,58	223,40	129,77	188,76	212,36	123,03	178,95	201,32	116,28	169,14	190,28
	II	2 804,33	154,23	224,34	252,38	II	2 804,33	147,49	214,54	241,35	140,74	204,72	230,31	134,—	194,91	219,27	127,26	185,10	208,24	120,51	175,29	197,20	113,76	165,48	186,16
	III	2 171,33	119,42	173,70	195,41	III	2 171,33	112,92	164,25	184,78	106,54	154,97	174,34	100,30	145,89	164,12	94,18	137,—	154,12	88,20	128,29	144,32	82,34	119,77	134,74
	V	3 264,75	179,56	261,18	293,82	IV	2 850,16	153,38	223,10	250,99	150,01	218,20	245,47	146,63	213,29	239,95	143,26	208,38	234,43	139,89	203,48	228,92	136,52	198,58	223,40
	VI	3 298,16	181,39	263,85	296,83																				
9 029,99 West	I,IV	2 838,50	156,11	227,08	255,46	I	2 838,50	149,37	217,27	244,43	142,62	207,46	233,39	135,88	197,64	222,35	129,14	187,84	211,32	122,39	178,02	200,27	115,64	168,21	189,23
	II	2 792,75	153,60	223,42	251,34	II	2 792,75	146,85	213,60	240,30	140,11	203,80	229,27	133,36	193,98	218,23	126,61	184,17	207,19	119,87	174,36	196,16	113,13	164,55	185,12
	III	2 160,—	118,80	172,80	194,40	III	2 160,—	112,31	163,36	183,78	105,94	154,10	173,36	99,71	145,04	163,17	93,61	136,17	153,19	87,64	127,48	143,41	81,79	118,97	133,84
	V	3 253,08	178,91	260,24	292,77	IV	2 838,50	152,74	222,17	249,94	149,37	217,27	244,43	146,—	212,36	238,91	142,62	207,46	233,39	139,25	202,55	227,87	135,88	197,64	222,35
	VI	3 286,58	180,76	262,92	295,79																				
9 029,99 Ost	I,IV	2 851,41	156,82	228,11	256,62	I	2 851,41	150,08	218,30	245,58	143,33	208,48	234,54	136,59	198,68	223,51	129,84	188,86	212,47	123,09	179,05	201,43	116,35	169,24	190,40
	II	2 805,58	154,30	224,44	252,50	II	2 805,58	147,56	214,64	241,47	140,81	204,82	230,42	134,07	195,01	219,38	127,32	185,20	208,35	120,58	175,39	197,31	113,83	165,58	186,27
	III	2 172,50	119,48	173,80	195,52	III	2 172,50	112,98	164,34	184,88	106,61	155,08	174,46	100,36	145,98	164,23	94,25	137,09	154,22	88,26	128,38	144,43	82,39	119,85	134,83
	V	3 266,—	179,63	261,28	293,94	IV	2 851,41	153,45	223,20	251,10	150,08	218,30	245,58	146,70	213,39	240,06	143,33	208,48	234,54	139,96	203,58	229,03	136,59	198,68	223,51
	VI	3 299,41	181,46	263,95	296,94																				
9 032,99 West	I,IV	2 839,75	156,18	227,18	255,57	I	2 839,75	149,44	217,37	244,54	142,69	207,56	233,50	135,95	197,74	222,46	129,20	187,94	211,43	122,46	178,12	200,39	115,71	168,31	189,35
	II	2 794,—	153,67	223,52	251,46	II	2 794,—	146,92	213,70	240,41	140,18	203,90	229,38	133,43	194,08	218,34	126,68	184,27	207,30	119,94	174,46	196,27	113,19	164,65	185,23
	III	2 161,33	118,87	172,90	194,51	III	2 161,33	112,37	163,45	183,88	106,01	154,20	173,47	99,77	145,13	163,27	93,67	136,25	153,28	87,69	127,56	143,50	81,85	119,06	133,94
	V	3 254,33	178,98	260,34	292,88	IV	2 839,75	152,81	222,28	250,06	149,44	217,37	244,54	146,07	212,46	239,02	142,69	207,56	233,50	139,32	202,65	227,98	135,95	197,74	222,46
	VI	3 287,83	180,83	263,02	295,90																				
9 032,99 Ost	I,IV	2 852,66	156,89	228,21	256,73	I	2 852,66	150,15	218,40	245,70	143,40	208,59	234,66	136,66	198,78	223,62	129,91	188,96	212,58	123,17	179,16	201,55	116,42	169,34	190,51
	II	2 806,91	154,38	224,55	252,62	II	2 806,91	147,63	214,74	241,58	140,88	204,92	230,54	134,14	195,12	219,51	127,39	185,30	208,46	120,65	175,49	197,42	113,90	165,68	186,39
	III	2 173,83	119,56	173,90	195,64	III	2 173,83	113,05	164,44	184,99	106,68	155,17	174,56	100,43	146,08	164,34	94,31	137,18	154,33	88,32	128,46	144,52	82,46	119,94	134,93
	V	3 267,25	179,69	261,38	294,05	IV	2 852,66	153,52	223,30	251,21	150,15	218,40	245,70	146,77	213,49	240,17	143,40	208,59	234,66	140,03	203,68	229,14	136,66	198,78	223,62
	VI	3 300,66	181,53	264,05	297,05																				
9 035,99 West	I,IV	2 841,08	156,25	227,28	255,69	I	2 841,08	149,51	217,47	244,65	142,76	207,66	233,61	136,01	197,84	222,57	129,27	188,04	211,54	122,53	178,22	200,50	115,78	168,41	189,46
	II	2 795,25	153,73	223,62	251,57	II	2 795,25	146,99	213,80	240,53	140,25	204,—	229,50	133,50	194,18	218,45	126,75	184,37	207,41	120,01	174,56	196,38	113,26	164,75	185,34
	III	2 162,50	118,93	173,—	194,62	III	2 162,50	112,44	163,56	184,—	106,07	154,29	173,57	99,84	145,22	163,37	93,73	136,34	153,38	87,76	127,65	143,60	81,91	119,14	134,03
	V	3 255,58	179,05	260,44	293,—	IV	2 841,08	152,88	222,38	250,17	149,51	217,47	244,65	146,13	212,56	239,13	142,76	207,66	233,61	139,39	202,75	228,09	136,01	197,84	222,57
	VI	3 289,08	180,89	263,12	296,01																				
9 035,99 Ost	I,IV	2 853,91	156,96	228,31	256,85	I	2 853,91	150,21	218,50	245,81	143,47	208,69	234,77	136,73	198,88	223,74	129,98	189,06	212,69	123,24	179,26	201,66	116,49	169,44	190,62
	II	2 808,16	154,44	224,65	252,73	II	2 808,16	147,70	214,84	241,69	140,95	205,02	230,65	134,21	195,22	219,62	127,46	185,40	208,58	120,72	175,59	197,54	113,97	165,78	186,50
	III	2 175,—	119,62	174,—	195,75	III	2 175,—	113,11	164,53	185,09	106,74	155,26	174,67	100,49	146,17	164,44	94,37	137,26	154,42	88,38	128,56	144,63	82,51	120,02	135,02
	V	3 268,50	179,76	261,48	294,16	IV	2 853,91	153,59	223,40	251,33	150,21	218,50	245,81	146,85	213,60	240,30	143,47	208,69	234,77	140,10	203,78	229,25	136,73	198,88	223,74
	VI	3 301,91	181,60	264,15	297,17																				
9 038,99 West	I,IV	2 842,33	156,32	227,38	255,80	I	2 842,33	149,58	217,57	244,76	142,83	207,76	233,73	136,09	197,95	222,69	129,34	188,14	211,65	122,59	178,32	200,61	115,85	168,52	189,58
	II	2 796,50	153,80	223,72	251,68	II	2 796,50	147,06	213,91	240,65	140,31	204,10	229,61	133,57	194,28	218,57	126,83	184,48	207,54	120,08	174,66	196,49	113,33	164,85	185,45
	III	2 163,66	119,—	173,09	194,72	III	2 163,66	112,51	163,65	184,10	106,15	154,40	173,70	99,90	145,32	163,48	93,80	136,44	153,49	87,82	127,74	143,71	81,97	119,24	134,14
	V	3 256,83	179,12	260,54	293,11	IV	2 842,33	152,95	222,48	250,29	149,58	217,57	244,76	146,20	212,66	239,24	142,83	207,76	233,73	139,46	202,85	228,20	136,09	197,95	222,69
	VI	3 290,33	180,96	263,22	296,12																				
9 038,99 Ost	I,IV	2 855,16	157,03	228,41	256,96	I	2 855,16	150,29	218,60	245,93	143,54	208,79	234,89	136,79	198,98	223,85	130,05	189,16	212,81	123,31	179,36	201,78	116,56	169,54	190,73
	II	2 809,41	154,51	224,75	252,84	II	2 809,41	147,77	214,94	241,80	141,02	205,12	230,76	134,28	195,32	219,73	127,53	185,50	208,69	120,78	175,69	197,65	114,04	165,88	186,62
	III	2 176,16	119,68	174,09	195,85	III	2 176,16	113,19	164,64	185,22	106,81	155,36	174,78	100,55	146,26	164,54	94,43	137,36	154,53	88,44	128,65	144,73	82,58	120,12	135,13
	V	3 269,75	179,83	261,58	294,27	IV	2 855,16	153,66	223,50	251,44	150,29	218,60	245,93	146,91	213,70	240,41	143,54	208,79	234,89	140,17	203,88	229,37	136,79	198,98	223,85
	VI	3 303,25	181,67	264,26	297,29																				
9 041,99 West	I,IV	2 843,58	156,39	227,48	255,92	I	2 843,58	149,65	217,67	244,88	142,90	207,86	233,84	136,16	198,05	222,80	129,41	188,24	211,77	122,66	178,42	200,72	115,92	168,62	189,69
	II	2 797,75	153,87	223,82	251,79	II	2 797,75	147,13	214,01	240,76	140,38	204,20	229,72	133,64	194,38	218,68	126,89	184,58	207,65	120,15	174,76	196,61	113,40	164,95	185,57
	III	2 165,—	119,07	173,20	194,85	III	2 165,—	112,57	163,74	184,21	106,21	154,49	173,80	99,97	145,41	163,58	93,86	136,53	153,59	87,88	127,82	143,80	82,03	119,32	134,23
	V	3 258,16	179,19	260,65	293,23	IV	2 843,58	153,02	222,58	250,40	149,65	217,67	244,88	146,27	212,76	239,36	142,90	207,86	233,84	139,53	202,96	228,33	136,16	198,05	222,80
	VI	3 291,58	181,03	263,32	296,24																				
9 041,99 Ost	I,IV	2 856,41	157,10	228,51	257,07	I	2 856,41	150,36	218,70	246,04	143,61	208,89	235,—	136,86	199,08	223,96	130,12	189,27	212,93	123,37	179,46	201,89	116,63	169,64	190,85
	II	2 810,66	154,58	224,85	252,95	II	2 810,66	147,84	215,04	241,92	141,09	205,23	230,88	134,35	195,42	219,84	127,60	185,60	208,80	120,86	175,80	197,77	114,11	165,98	186,73
	III	2 177,50	119,76	174,20	195,97	III	2 177,50	113,25	164,73	185,32	106,87	155,45	174,88	100,62	146,36	164,65	94,49	137,45	154,63	88,50	128,73	144,82	82,63	120,20	135,22
	V	3 271,—	179,90	261,68	294,39	IV	2 856,41	153,72	223,60	251,55	150,36	218,70	246,04	146,98	213,80	240,52	143,61	208,89	235,—	140,24	203,98	229,48	136,86	199,08	223,96
	VI	3 304,50	181,74	264,36	297,40																				
9 044,99 West	I,IV	2 844,83	156,46	227,58	256,03	I	2 844,83	149,71	217,77	244,99	142,97	207,96	233,96	136,23	198,15	222,92	129,48	188,34	211,88	122,73	178,52	200,84	115,99	168,72	189,81
	II	2 799,08	153,94	223,92	251,91	II	2 799,08	147,20	214,11	240,87	140,45	204,30	229,83	133,70	194,48	218,79	126,96	184,68	207,76	120,22	174,86	196,72	113,47	165,05	185,68
	III	2 166,16	119,13	173,29	194,95	III	2 166,16	112,64	163,84	184,32	106,27	154,58	173,90	100,03	145,50	163,69	93,92	136,61	153,68	87,94	127,92	143,91	82,08	119,40	134,32
	V	3 259,41	179,26	260,75	293,34	IV	2 844,83	153,09	222,68	250,51	149,71	217,77	244,99	146,34	212,86	239,47	142,97	207,96	233,96	139,60	203,06	228,44	136,23	198,15	222,92
	VI	3 292,83	181,10	263,42	296,35																				
9 044,99 Ost	I,IV	2 857,66	157,17	228,61	257,18	I	2 857,66	150,42	218,80	246,15	143,68	208,99	235,11	136,93	199,18	224,07	130,19	189,37	213,04	123,44	179,56	202,—	116,70	169,74	190,96
	II	2 811,91	154,65	224,95	253,07	II	2 811,91	147,90	215,14	242,03	141,16	205,33	230,99	134,42	195,52	219,96	127,67	185,70	208,91	120,93	175,90	197,88	114,18	166,08	186,84
	III	2 178,66	119,82	174,29	196,07	III	2 178,66	113,31	164,82	185,42	106,93	155,54	174,98	100,68	146,45	164,75	94,56	137,54	154,73	88,56	128,82	144,92	82,70	120,29	135,32
	V	3 272,25	179,97	261,78	294,50	IV	2 857,66	153,80	223,71	251,67	150,42	218,80	246,15	147,05	213,90	240,63	143,68	208,99	235,11	140,30	204,08	229,59	136,93	199,18	224,07
	VI	3 305,75	181,81	264,46	297,51																				
9 047,99 West	I,IV	2 846,08	156,53	227,68	256,14	I	2 846,08	149,78	217,87	245,10	143,04	208,06	234,07	136,29	198,25	223,03	129,55	188,44	211,99	122,81	178,63	200,96	116,06	168,82	189,92
	II	2 800,33	154,01	224,02	252,02	II	2 800,33	147,27	214,21	240,98	140,52	204,40	229,95	133,78	194,59	218,91	127,03	184,78	207,87	120,28	174,96	196,83	113,54	165,16	185,80
	III	2 167,33	119,20	173,38	195,05	III	2 167,33	112,70	163,93	184,42	106,34	154,68	174,01	100,10	145,60	163,80	93,98	136,70	153,79	88,—	128,01	144,01	82,15	119,49	134,42
	V	3 260,66	179,33	260,85	293,45	IV	2 846,08	153,16	222,78	250,62	149,78	217,87	245,10	146,41	212,96	239,58	143,04	208,06	234,07	139,67	203,16	228,55	136,29	198,25	223,03
	VI	3 294,08	181,17	263,52	296,46																				
9 047,99 Ost	I,IV	2 859,—	157,24	228,72	257,31	I	2 859,—	150,49	218,90	246,26	143,75	209,09	235,22	137,—	199,28	224,19	130,26	189,47	213,15	123,51	179,66	202,11	116,76	169,84	191,07
	II	2 813,16	154,72	225,05	253,18	II	2 813,16	147,98	215,24	242,15	141,23	205,43	231,11	134,48	195,62	220,07	127,74	185,80	209,03	121,—	176,—	198,—	114,25	166,18	186,95
	III	2 180,—	119,90	174,40	196,20	III	2 180,—	113,38	164,92	185,53	107,—	155,64	175,09	100,75	146,54	164,86	94,62	137,64	154,84	88,62	128,90	145,01	82,75	120,37	135,41
	V	3 273,50	180,04	261,88	294,61	IV	2 859,—	153,87	223,81	251,78	150,49	218,90	246,26	147,12	214,—	240,75	143,75	209,09	235,22	140,37	204,18	229,70	137,—	199,28	224,19
	VI	3 307,—	181,88	264,56	297,63																				

* Die ausgewiesenen Tabellenwerte sind amtlich. Siehe Erläuterungen auf der Umschlaginnenseite (U2).

Abzüge an Lohnsteuer, Solidaritätszuschlag (SolZ) und Kirchensteuer (8%, 9%) in den Steuerklassen

mit Zahl der Kinderfreibeträge . . .

Lohn/ Gehalt bis €*	I – VI					I, II, III, IV		0,5			1			1,5			2			2,5			3		
		LSt	ohne Kinderfreibeträge SolZ	8%	9%		LSt	SolZ	8%	9%	SolZ	8%	9%	SolZ	8%	9%	SolZ	8%	9%	SolZ	8%	9%	SolZ	8%	9%
9 050,99 West	I,IV	2 847,33	156,60	227,78	256,25	I	2 847,33	149,85	217,97	245,21	143,11	208,16	234,18	136,36	198,35	223,14	129,62	188,54	212,10	122,87	178,73	201,07	116,13	168,92	190,03
	II	2 801,58	154,08	224,12	252,14	II	2 801,58	147,34	214,31	241,10	140,59	204,50	230,06	133,85	194,69	219,02	127,10	184,88	207,99	120,35	175,06	196,94	113,61	165,26	185,91
	III	2 168,66	119,27	173,49	195,17	III	2 168,66	112,77	164,04	184,54	106,40	154,77	174,11	100,16	145,69	163,90	94,05	136,80	153,90	88,06	128,09	144,10	82,20	119,57	134,51
	V	3 261,91	179,40	260,95	293,57	IV	2 847,33	153,23	222,88	250,74	149,85	217,97	245,21	146,48	213,07	239,70	143,11	208,16	234,18	139,74	203,26	228,66	136,36	198,35	223,14
	VI	3 295,33	181,24	263,62	296,57																				
9 050,99 Ost	I,IV	2 860,25	157,31	228,82	257,42	I	2 860,25	150,56	219,—	246,38	143,82	209,19	235,34	137,07	199,38	224,30	130,33	189,57	213,26	123,58	179,76	202,23	116,84	169,95	191,19
	II	2 814,41	154,79	225,15	253,29	II	2 814,41	148,05	215,34	242,26	141,30	205,53	231,22	134,55	195,72	220,18	127,81	185,91	209,15	121,06	176,10	198,11	114,32	166,28	187,07
	III	2 181,16	119,96	174,49	196,30	III	2 181,16	113,45	165,02	185,65	107,06	155,73	175,19	100,81	146,64	164,97	94,68	137,72	154,93	88,68	129,—	145,12	82,82	120,46	135,52
	V	3 274,75	180,11	261,98	294,72	IV	2 860,25	153,94	223,91	251,90	150,56	219,—	246,38	147,19	214,10	240,86	143,82	209,19	235,34	140,44	204,28	229,82	137,07	199,38	224,30
	VI	3 308,25	181,95	264,66	297,74																				
9 053,99 West	I,IV	2 848,58	156,67	227,88	256,37	I	2 848,58	149,93	218,08	245,34	143,18	208,26	234,29	136,43	198,45	223,25	129,69	188,64	212,22	122,94	178,83	201,18	116,20	169,02	190,14
	II	2 802,83	154,15	224,22	252,25	II	2 802,83	147,40	214,41	241,21	140,66	204,60	230,18	133,92	194,79	219,14	127,17	184,98	208,10	120,42	175,16	197,06	113,68	165,36	186,03
	III	2 169,83	119,34	173,58	195,28	III	2 169,83	112,84	164,13	184,64	106,47	154,86	174,22	100,22	145,78	164,—	94,11	136,89	154,—	88,12	128,18	144,20	82,27	119,66	134,62
	V	3 263,16	179,47	261,05	293,68	IV	2 848,58	153,29	222,98	250,85	149,93	218,08	245,34	146,55	213,17	239,81	143,18	208,26	234,29	139,81	203,36	228,78	136,43	198,45	223,25
	VI	3 296,66	181,31	263,73	296,69																				
9 053,99 Ost	I,IV	2 861,50	157,38	228,92	257,53	I	2 861,50	150,63	219,10	246,49	143,88	209,29	235,45	137,14	199,48	224,42	130,40	189,67	213,38	123,65	179,86	202,34	116,91	170,05	191,30
	II	2 815,66	154,86	225,25	253,40	II	2 815,66	148,11	215,44	242,37	141,37	205,63	231,33	134,62	195,82	220,29	127,88	186,01	209,26	121,13	176,20	198,22	114,39	166,38	187,18
	III	2 182,33	120,02	174,58	196,40	III	2 182,33	113,52	165,12	185,76	107,13	155,82	175,30	100,87	146,73	165,07	94,74	137,81	155,03	88,75	129,09	145,22	82,87	120,54	135,61
	V	3 276,08	180,18	262,08	294,84	IV	2 861,50	154,—	224,01	252,01	150,63	219,10	246,49	147,26	214,20	240,97	143,88	209,29	235,45	140,52	204,39	229,94	137,14	199,48	224,42
	VI	3 309,50	182,02	264,76	297,85																				
9 056,99 West	I,IV	2 849,83	156,74	227,98	256,48	I	2 849,83	149,99	218,18	245,45	143,25	208,36	234,41	136,50	198,55	223,37	129,76	188,74	212,33	123,01	178,93	201,29	116,27	169,12	190,26
	II	2 804,08	154,22	224,32	252,36	II	2 804,08	147,47	214,51	241,32	140,73	204,70	230,29	133,98	194,89	219,25	127,24	185,08	208,21	120,50	175,27	197,18	113,75	165,46	186,14
	III	2 171,—	119,40	173,68	195,39	III	2 171,—	112,90	164,22	184,75	106,53	154,96	174,33	100,29	145,88	164,11	94,17	136,98	154,10	88,18	128,26	144,29	82,32	119,74	134,71
	V	3 264,41	179,54	261,15	293,79	IV	2 849,83	153,37	223,08	250,97	149,99	218,18	245,45	146,62	213,27	239,93	143,25	208,36	234,41	139,87	203,46	228,89	136,50	198,55	223,37
	VI	3 297,91	181,38	263,83	296,81																				
9 056,99 Ost	I,IV	2 862,75	157,45	229,02	257,64	I	2 862,75	150,70	219,20	246,60	143,96	209,40	235,57	137,21	199,58	224,53	130,46	189,77	213,49	123,72	179,96	202,46	116,98	170,15	191,42
	II	2 817,—	154,93	225,36	253,53	II	2 817,—	148,18	215,54	242,48	141,44	205,73	231,44	134,69	195,92	220,41	127,95	186,11	209,37	121,20	176,30	198,33	114,45	166,48	187,29
	III	2 183,66	120,10	174,69	196,52	III	2 183,66	113,58	165,21	185,86	107,19	155,92	175,41	100,94	146,82	165,17	94,81	137,90	155,14	88,80	129,17	145,31	82,94	120,64	135,72
	V	3 277,33	180,25	262,18	294,95	IV	2 862,75	154,07	224,11	252,12	150,70	219,20	246,60	147,33	214,30	241,08	143,96	209,40	235,57	140,58	204,49	230,05	137,21	199,58	224,53
	VI	3 310,75	182,09	264,86	297,96																				
9 059,99 West	I,IV	2 851,08	156,80	228,08	256,59	I	2 851,08	150,06	218,28	245,56	143,32	208,46	234,52	136,57	198,65	223,48	129,83	188,84	212,45	123,08	179,03	201,41	116,33	169,22	190,37
	II	2 805,33	154,29	224,42	252,47	II	2 805,33	147,54	214,61	241,43	140,80	204,80	230,40	134,05	194,99	219,36	127,31	185,18	208,32	120,56	175,37	197,29	113,82	165,56	186,25
	III	2 172,33	119,47	173,78	195,50	III	2 172,33	112,97	164,32	184,86	106,59	155,05	174,43	100,35	145,97	164,21	94,23	137,06	154,19	88,24	128,36	144,40	82,39	119,84	134,82
	V	3 265,66	179,61	261,25	293,90	IV	2 851,08	153,44	223,18	251,08	150,06	218,28	245,56	146,69	213,37	240,04	143,32	208,46	234,52	139,94	203,56	229,—	136,57	198,65	223,48
	VI	3 299,16	181,45	263,93	296,92																				
9 059,99 Ost	I,IV	2 864,—	157,52	229,12	257,76	I	2 864,—	150,77	219,30	246,71	144,03	209,50	235,68	137,28	199,68	224,64	130,53	189,87	213,60	123,79	180,06	202,57	117,04	170,25	191,53
	II	2 818,25	155,—	225,46	253,64	II	2 818,25	148,25	215,64	242,60	141,51	205,83	231,56	134,76	196,02	220,52	128,02	186,21	209,48	121,27	176,40	198,45	114,53	166,59	187,41
	III	2 184,83	120,16	174,78	196,63	III	2 184,83	113,64	165,30	185,96	107,25	156,01	175,51	101,—	146,92	165,28	94,87	138,—	155,25	88,87	129,26	145,42	82,99	120,72	135,81
	V	3 278,58	180,32	262,28	295,07	IV	2 864,—	154,14	224,21	252,23	150,77	219,30	246,71	147,40	214,40	241,20	144,03	209,50	235,68	140,65	204,59	230,16	137,28	199,68	224,64
	VI	3 312,—	182,16	264,96	298,08																				
9 062,99 West	I,IV	2 852,41	156,88	228,19	256,71	I	2 852,41	150,13	218,38	245,67	143,38	208,56	234,63	136,64	198,76	223,60	129,90	188,94	212,56	123,15	179,13	201,52	116,41	169,32	190,49
	II	2 806,58	154,36	224,52	252,59	II	2 806,58	147,62	214,72	241,56	140,87	204,90	230,51	134,12	195,09	219,47	127,38	185,28	208,44	120,63	175,47	197,40	113,89	165,66	186,36
	III	2 173,50	119,54	173,88	195,61	III	2 173,50	113,04	164,42	184,97	106,66	155,14	174,53	100,42	146,06	164,32	94,29	137,16	154,30	88,31	128,45	144,50	82,44	119,92	134,91
	V	3 266,91	179,68	261,35	294,02	IV	2 852,41	153,50	223,28	251,19	150,13	218,38	245,67	146,76	213,47	240,15	143,38	208,56	234,63	140,01	203,66	229,11	136,64	198,76	223,60
	VI	3 300,41	181,52	264,03	297,03																				
9 062,99 Ost	I,IV	2 865,25	157,58	229,22	257,87	I	2 865,25	150,84	219,40	246,83	144,10	209,60	235,80	137,35	199,78	224,75	130,60	189,97	213,71	123,86	180,16	202,68	117,11	170,35	191,64
	II	2 819,50	155,07	225,56	253,75	II	2 819,50	148,32	215,74	242,71	141,57	205,93	231,67	134,83	196,12	220,64	128,09	186,31	209,60	121,34	176,50	198,56	114,60	166,69	187,52
	III	2 186,—	120,23	174,88	196,74	III	2 186,—	113,71	165,40	186,07	107,32	156,10	175,61	101,06	147,—	165,37	94,93	138,09	155,35	88,93	129,36	145,53	83,05	120,81	135,91
	V	3 279,83	180,39	262,38	295,18	IV	2 865,25	154,21	224,31	252,35	150,84	219,40	246,83	147,47	214,50	241,31	144,10	209,60	235,80	140,72	204,69	230,27	137,35	199,78	224,75
	VI	3 313,25	182,22	265,06	298,19																				
9 065,99 West	I,IV	2 853,66	156,95	228,29	256,82	I	2 853,66	150,20	218,48	245,79	143,45	208,66	234,74	136,71	198,86	223,71	129,96	189,04	212,67	123,22	179,23	201,63	116,48	169,42	190,60
	II	2 807,83	154,43	224,62	252,70	II	2 807,83	147,68	214,82	241,67	140,94	205,—	230,63	134,19	195,19	219,59	127,45	185,38	208,55	120,70	175,57	197,51	113,96	165,76	186,48
	III	2 174,66	119,60	173,97	195,71	III	2 174,66	113,10	164,52	185,08	106,72	155,24	174,64	100,48	146,16	164,43	94,36	137,25	154,40	88,36	128,53	144,59	82,50	120,01	135,01
	V	3 268,25	179,75	261,46	294,14	IV	2 853,66	153,57	223,38	251,30	150,20	218,48	245,79	146,83	213,57	240,26	143,45	208,66	234,74	140,08	203,76	229,23	136,71	198,86	223,71
	VI	3 301,66	181,59	264,13	297,14																				
9 065,99 Ost	I,IV	2 866,50	157,65	229,32	257,98	I	2 866,50	150,91	219,51	246,95	144,16	209,70	235,91	137,42	199,88	224,87	130,68	190,08	213,84	123,93	180,26	202,79	117,18	170,45	191,75
	II	2 820,75	155,14	225,66	253,86	II	2 820,75	148,39	215,84	242,82	141,65	206,04	231,79	134,90	196,22	220,75	128,15	186,41	209,71	121,41	176,60	198,68	114,67	166,79	187,64
	III	2 187,33	120,30	174,98	196,85	III	2 187,33	113,78	165,50	186,19	107,39	156,21	175,73	101,12	147,09	165,47	94,99	138,17	155,44	88,99	129,44	145,62	83,11	120,89	136,—
	V	3 281,08	180,45	262,48	295,29	IV	2 866,50	154,28	224,41	252,46	150,91	219,51	246,95	147,54	214,60	241,43	144,16	209,70	235,91	140,79	204,79	230,39	137,42	199,88	224,87
	VI	3 314,58	182,30	265,16	298,31																				
9 068,99 West	I,IV	2 854,91	157,02	228,39	256,94	I	2 854,91	150,27	218,58	245,90	143,52	208,76	234,86	136,78	198,96	223,83	130,03	189,14	212,78	123,29	179,33	201,74	116,54	169,52	190,71
	II	2 809,08	154,49	224,72	252,81	II	2 809,08	147,75	214,92	241,78	141,01	205,10	230,74	134,26	195,29	219,70	127,52	185,48	208,67	120,77	175,67	197,63	114,02	165,86	186,59
	III	2 176,—	119,68	174,08	195,84	III	2 176,—	113,17	164,61	185,18	106,79	155,33	174,74	100,54	146,24	164,52	94,42	137,34	154,51	88,43	128,62	144,70	82,56	120,09	135,10
	V	3 269,50	179,82	261,56	294,25	IV	2 854,91	153,64	223,48	251,42	150,27	218,58	245,90	146,90	213,67	240,38	143,52	208,76	234,86	140,15	203,86	229,34	136,78	198,96	223,83
	VI	3 302,91	181,66	264,23	297,26																				
9 068,99 Ost	I,IV	2 867,75	157,72	229,42	258,09	I	2 867,75	150,98	219,61	247,06	144,23	209,80	236,02	137,49	199,98	224,98	130,74	190,18	213,95	124,—	180,36	202,91	117,25	170,55	191,87
	II	2 822,—	155,21	225,76	253,98	II	2 822,—	148,46	215,94	242,93	141,72	206,14	231,90	134,97	196,32	220,86	128,22	186,51	209,82	121,48	176,70	198,79	114,73	166,89	187,75
	III	2 188,50	120,36	175,08	196,96	III	2 188,50	113,85	165,60	186,30	107,46	156,30	175,84	101,19	147,18	165,58	95,05	138,26	155,54	89,05	129,53	145,72	83,17	120,98	136,10
	V	3 282,33	180,52	262,58	295,40	IV	2 867,75	154,35	224,52	252,58	150,98	219,61	247,06	147,61	214,70	241,54	144,23	209,80	236,02	140,86	204,89	230,50	137,49	199,98	224,98
	VI	3 315,83	182,37	265,26	298,42																				
9 071,99 West	I,IV	2 856,16	157,08	228,49	257,05	I	2 856,16	150,34	218,68	246,01	143,60	208,87	234,98	136,85	199,06	223,94	130,10	189,24	212,90	123,36	179,44	201,87	116,61	169,62	190,82
	II	2 810,41	154,57	224,83	252,93	II	2 810,41	147,82	215,02	241,89	141,07	205,20	230,85	134,33	195,40	219,82	127,59	185,58	208,78	120,84	175,77	197,74	114,10	165,96	186,71
	III	2 177,16	119,74	174,17	195,94	III	2 177,16	113,23	164,70	185,29	106,85	155,42	174,85	100,60	146,33	164,62	94,49	137,44	154,62	88,49	128,72	144,81	82,62	120,18	135,20
	V	3 270,75	179,89	261,66	294,36	IV	2 856,16	153,71	223,58	251,53	150,34	218,68	246,01	146,96	213,77	240,49	143,60	208,87	234,98	140,22	203,96	229,46	136,85	199,06	223,94
	VI	3 304,16	181,72	264,33	297,37																				
9 071,99 Ost	I,IV	2 869,08	157,79	229,52	258,21	I	2 869,08	151,05	219,71	247,17	144,30	209,90	236,13	137,55	200,08	225,09	130,81	190,28	214,06	124,07	180,46	203,02	117,32	170,65	191,98
	II	2 823,25	155,27	225,86	254,09	II	2 823,25	148,53	216,04	243,05	141,79	206,24	232,02	135,04	196,42	220,97	128,29	186,61	209,93	121,55	176,80	198,90	114,80	166,99	187,86
	III	2 189,83	120,44	175,18	197,08	III	2 189,83	113,91	165,69	186,40	107,52	156,40	175,95	101,25	147,28	165,69	95,12	138,36	155,65	89,11	129,62	145,82	83,23	121,06	136,19
	V	3 283,58	180,59	262,68	295,52	IV	2 869,08	154,42	224,62	252,69	151,05	219,71	247,17	147,67	214,80	241,65	144,30	209,90	236,13	140,93	204,99	230,61	137,55	200,08	225,09
	VI	3 317,08	182,43	265,36	298,53																				

* Die ausgewiesenen Tabellenwerte sind amtlich. Siehe Erläuterungen auf der Umschlaginnenseite (U2).

Abzüge an Lohnsteuer, Solidaritätszuschlag (SolZ) und Kirchensteuer (8%, 9%) in den Steuerklassen

Lohn/ Gehalt bis €*	I – VI					I, II, III, IV		mit Zahl der Kinderfreibeträge . . .																	
			ohne Kinderfreibeträge					0,5			1			1,5			2			2,5			3		
		LSt	SolZ	8%	9%		LSt	SolZ	8%	9%	SolZ	8%	9%	SolZ	8%	9%	SolZ	8%	9%	SolZ	8%	9%	SolZ	8%	9%
9 074,99 West	I,IV	2 857,41	157,15	228,59	257,16	I	2 857,41	150,41	218,78	246,12	143,66	208,97	235,09	136,92	199,16	224,05	130,17	189,34	213,01	123,43	179,54	201,98	116,68	169,72	190,94
	II	2 811,66	154,64	224,93	253,04	II	2 811,66	147,89	215,12	242,01	141,14	205,30	230,96	134,40	195,50	219,93	127,65	185,68	208,89	120,91	175,87	197,85	114,17	166,06	186,82
	III	2 178,50	119,81	174,28	196,06	III	2 178,50	113,30	164,80	185,40	106,92	155,52	174,96	100,66	146,42	164,72	94,54	137,52	154,71	88,55	128,80	144,90	82,68	120,26	135,29
	V	3 272,—	179,96	261,76	294,48	IV	2 857,41	153,78	223,68	251,64	150,41	218,78	246,12	147,04	213,88	240,61	143,66	208,97	235,09	140,29	204,06	229,57	136,92	199,16	224,05
	VI	3 305,41	181,79	264,43	297,48																				
9 074,99 Ost	I,IV	2 870,33	157,86	229,62	258,32	I	2 870,33	151,12	219,81	247,28	144,37	210,—	236,25	137,63	200,19	225,21	130,88	190,38	214,17	124,13	180,56	203,13	117,39	170,76	192,10
	II	2 824,50	155,34	225,96	254,20	II	2 824,50	148,60	216,15	243,17	141,85	206,34	232,13	135,11	196,52	221,09	128,37	186,72	210,06	121,62	176,90	199,01	114,87	167,09	187,97
	III	2 191,—	120,50	175,28	197,19	III	2 191,—	113,97	165,78	186,50	107,58	156,49	176,05	101,31	147,37	165,79	95,18	138,45	155,75	89,17	129,70	145,91	83,29	121,16	136,30
	V	3 284,83	180,66	262,78	295,63	IV	2 870,33	154,49	224,72	252,81	151,12	219,81	247,28	147,74	214,90	241,76	144,37	210,—	236,25	141,—	205,09	230,72	137,63	200,19	225,21
	VI	3 318,33	182,50	265,46	298,64																				
9 077,99 West	I,IV	2 858,66	157,22	228,69	257,27	I	2 858,66	150,48	218,88	246,24	143,73	209,07	235,20	136,99	199,26	224,16	130,24	189,44	213,12	123,50	179,64	202,09	116,75	169,82	191,05
	II	2 812,91	154,71	225,03	253,16	II	2 812,91	147,96	215,22	242,12	141,21	205,40	231,08	134,47	195,60	220,05	127,72	185,78	209,—	120,98	175,97	197,96	114,23	166,16	186,93
	III	2 179,66	119,88	174,37	196,16	III	2 179,66	113,37	164,90	185,51	106,98	155,61	175,06	100,73	146,52	164,83	94,60	137,61	154,81	88,61	128,89	145,—	82,74	120,36	135,40
	V	3 273,25	180,02	261,86	294,59	IV	2 858,66	153,85	223,78	251,75	150,48	218,88	246,24	147,11	213,98	240,72	143,73	209,07	235,20	140,36	204,16	229,68	136,99	199,26	224,16
	VI	3 306,75	181,87	264,54	297,60																				
9 077,99 Ost	I,IV	2 871,58	157,93	229,72	258,44	I	2 871,58	151,19	219,91	247,40	144,44	210,10	236,36	137,70	200,29	225,32	130,95	190,48	214,29	124,20	180,66	203,24	117,46	170,86	192,21
	II	2 825,75	155,41	226,06	254,31	II	2 825,75	148,67	216,25	243,28	141,92	206,44	232,24	135,18	196,62	221,20	128,43	186,82	210,17	121,69	177,—	199,13	114,94	167,19	188,09
	III	2 192,16	120,56	175,37	197,29	III	2 192,16	114,05	165,89	186,62	107,65	156,58	176,15	101,38	147,46	165,89	95,25	138,54	155,86	89,23	129,80	146,02	83,35	121,24	136,39
	V	3 286,16	180,73	262,89	295,75	IV	2 871,58	154,56	224,82	252,92	151,19	219,91	247,40	147,81	215,—	241,88	144,44	210,10	236,36	141,07	205,20	230,85	137,70	200,29	225,32
	VI	3 319,58	182,57	265,56	298,76																				
9 080,99 West	I,IV	2 859,91	157,29	228,79	257,39	I	2 859,91	150,55	218,98	246,35	143,80	209,17	235,31	137,06	199,36	224,28	130,31	189,55	213,24	123,57	179,74	202,20	116,82	169,92	191,16
	II	2 814,16	154,77	225,13	253,27	II	2 814,16	148,03	215,32	242,23	141,29	205,51	231,20	134,54	195,70	220,16	127,79	185,88	209,12	121,05	176,08	198,09	114,30	166,26	187,04
	III	2 180,83	119,94	174,46	196,27	III	2 180,83	113,43	165,—	185,62	107,05	155,72	175,18	100,79	146,61	164,93	94,67	137,70	154,91	88,67	128,98	145,10	82,80	120,44	135,49
	V	3 274,50	180,09	261,96	294,70	IV	2 859,91	153,92	223,88	251,87	150,55	218,98	246,35	147,18	214,08	240,84	143,80	209,17	235,31	140,43	204,26	229,79	137,06	199,36	224,28
	VI	3 308,—	181,94	264,64	297,72																				
9 080,99 Ost	I,IV	2 872,83	158,—	229,82	258,55	I	2 872,83	151,25	220,01	247,51	144,51	210,20	236,48	137,77	200,39	225,44	131,02	190,58	214,40	124,27	180,76	203,36	117,53	170,96	192,33
	II	2 827,08	155,48	226,16	254,43	II	2 827,08	148,74	216,35	243,39	141,99	206,54	232,35	135,24	196,72	221,31	128,50	186,92	210,28	121,76	177,10	199,24	115,01	167,29	188,20
	III	2 193,50	120,64	175,48	197,41	III	2 193,50	114,11	165,98	186,73	107,71	156,68	176,26	101,44	147,56	166,—	95,30	138,62	155,95	89,30	129,89	146,12	83,41	121,33	136,49
	V	3 287,41	180,80	262,99	295,86	IV	2 872,83	154,63	224,92	253,03	151,25	220,01	247,51	147,88	215,10	241,99	144,51	210,20	236,48	141,14	205,30	230,96	137,77	200,39	225,44
	VI	3 320,83	182,64	265,66	298,87																				
9 083,99 West	I,IV	2 861,16	157,36	228,89	257,50	I	2 861,16	150,62	219,08	246,47	143,87	209,27	235,43	137,12	199,46	224,39	130,38	189,65	213,35	123,64	179,84	202,32	116,89	170,02	191,27
	II	2 815,41	154,84	225,23	253,38	II	2 815,41	148,10	215,42	242,34	141,35	205,61	231,31	134,61	195,80	220,27	127,86	185,98	209,23	121,12	176,18	198,20	114,37	166,36	187,16
	III	2 182,16	120,01	174,57	196,39	III	2 182,16	113,50	165,09	185,72	107,12	155,81	175,28	100,86	146,70	165,04	94,73	137,80	155,02	88,73	129,06	145,19	82,86	120,53	135,59
	V	3 275,75	180,16	262,06	294,81	IV	2 861,16	153,99	223,99	251,99	150,62	219,08	246,47	147,24	214,18	240,95	143,87	209,27	235,43	140,50	204,36	229,91	137,12	199,46	224,39
	VI	3 309,25	182,—	264,74	297,83																				
9 083,99 Ost	I,IV	2 874,08	158,07	229,92	258,66	I	2 874,08	151,32	220,11	247,62	144,58	210,30	236,59	137,83	200,49	225,55	131,09	190,68	214,51	124,35	180,87	203,48	117,60	171,06	192,44
	II	2 828,33	155,55	226,26	254,54	II	2 828,33	148,81	216,45	243,50	142,06	206,64	232,47	135,32	196,83	221,43	128,57	187,02	210,39	121,82	177,20	199,35	115,08	167,40	188,32
	III	2 194,66	120,70	175,57	197,51	III	2 194,66	114,18	166,08	186,84	107,78	156,77	176,36	101,51	147,65	166,10	95,37	138,72	156,06	89,35	129,97	146,21	83,48	121,42	136,60
	V	3 288,66	180,87	263,09	295,97	IV	2 874,08	154,70	225,02	253,14	151,32	220,11	247,62	147,95	215,20	242,10	144,58	210,30	236,59	141,21	205,40	231,07	137,83	200,49	225,55
	VI	3 322,08	182,71	265,76	298,98																				
9 086,99 West	I,IV	2 862,50	157,43	229,—	257,62	I	2 862,50	150,69	219,18	246,58	143,94	209,37	235,54	137,20	199,56	224,51	130,45	189,75	213,47	123,70	179,94	202,43	116,96	170,12	191,39
	II	2 816,66	154,91	225,33	253,49	II	2 816,66	148,17	215,52	242,46	141,42	205,71	231,42	134,68	195,90	220,38	127,93	186,08	209,34	121,19	176,28	198,31	114,44	166,46	187,27
	III	2 183,33	120,08	174,66	196,49	III	2 183,33	113,56	165,18	185,83	107,18	155,90	175,39	100,92	146,80	165,15	94,79	137,88	155,11	88,79	129,16	145,30	82,92	120,61	135,68
	V	3 277,—	180,23	262,16	294,93	IV	2 862,50	154,06	224,09	252,10	150,69	219,18	246,58	147,31	214,28	241,06	143,94	209,37	235,54	140,57	204,46	230,02	137,20	199,56	224,51
	VI	3 310,50	182,07	264,84	297,94																				
9 086,99 Ost	I,IV	2 875,33	158,14	230,02	258,77	I	2 875,33	151,39	220,21	247,73	144,65	210,40	236,70	137,90	200,59	225,66	131,16	190,78	214,62	124,41	180,97	203,59	117,67	171,16	192,55
	II	2 829,58	155,62	226,36	254,66	II	2 829,58	148,88	216,55	243,62	142,13	206,74	232,58	135,39	196,93	221,54	128,64	187,12	210,51	121,89	177,30	199,46	115,15	167,50	188,43
	III	2 196,—	120,78	175,68	197,64	III	2 196,—	114,24	166,17	186,94	107,84	156,86	176,47	101,57	147,74	166,21	95,43	138,81	156,16	89,42	130,06	146,32	83,53	121,50	136,69
	V	3 289,91	180,94	263,19	296,09	IV	2 875,33	154,77	225,12	253,26	151,39	220,21	247,73	148,02	215,31	242,22	144,65	210,40	236,70	141,28	205,50	231,18	137,90	200,59	225,66
	VI	3 323,33	182,78	265,86	299,09																				
9 089,99 West	I,IV	2 863,75	157,50	229,10	257,73	I	2 863,75	150,75	219,28	246,69	144,01	209,47	235,65	137,27	199,66	224,62	130,52	189,85	213,58	123,77	180,04	202,54	117,03	170,23	191,51
	II	2 817,91	154,98	225,43	253,61	II	2 817,91	148,24	215,62	242,57	141,49	205,81	231,53	134,75	196,—	220,50	128,—	186,19	209,46	121,26	176,38	198,42	114,51	166,56	187,38
	III	2 184,50	120,14	174,76	196,60	III	2 184,50	113,63	165,29	185,95	107,25	156,—	175,50	100,98	146,89	165,25	94,85	137,97	155,21	88,86	129,25	145,40	82,98	120,70	135,79
	V	3 278,25	180,30	262,26	295,04	IV	2 863,75	154,13	224,19	252,21	150,75	219,28	246,69	147,38	214,38	241,17	144,01	209,47	235,65	140,63	204,56	230,13	137,27	199,66	224,62
	VI	3 311,75	182,14	264,94	298,05																				
9 089,99 Ost	I,IV	2 876,58	158,21	230,12	258,89	I	2 876,58	151,47	220,32	247,86	144,72	210,50	236,81	137,97	200,69	225,77	131,23	190,88	214,74	124,48	181,07	203,70	117,74	171,26	192,66
	II	2 830,83	155,69	226,46	254,77	II	2 830,83	148,94	216,65	243,73	142,20	206,84	232,70	135,46	197,03	221,66	128,71	187,22	210,62	121,96	177,40	199,58	115,22	167,60	188,55
	III	2 197,16	120,84	175,77	197,74	III	2 197,16	114,31	166,28	187,06	107,91	156,96	176,58	101,64	147,84	166,32	95,49	138,90	156,26	89,48	130,16	146,43	83,60	121,60	136,80
	V	3 291,16	181,01	263,29	296,20	IV	2 876,58	154,83	225,22	253,37	151,47	220,32	247,86	148,09	215,41	242,33	144,72	210,50	236,81	141,35	205,60	231,30	137,97	200,69	225,77
	VI	3 324,66	182,85	265,97	299,21																				
9 092,99 West	I,IV	2 865,—	157,57	229,20	257,85	I	2 865,—	150,82	219,38	246,80	144,08	209,57	235,76	137,33	199,76	224,73	130,59	189,95	213,69	123,84	180,14	202,65	117,10	170,33	191,62
	II	2 819,16	155,05	225,53	253,72	II	2 819,16	148,31	215,72	242,69	141,56	205,91	231,65	134,81	196,10	220,61	128,07	186,29	209,57	121,33	176,48	198,54	114,58	166,66	187,49
	III	2 185,83	120,22	174,86	196,72	III	2 185,83	113,70	165,38	186,05	107,31	156,09	175,60	101,05	146,98	165,35	94,92	138,06	155,32	88,91	129,33	145,49	83,04	120,78	135,88
	V	3 279,58	180,37	262,36	295,16	IV	2 865,—	154,20	224,29	252,32	150,82	219,38	246,80	147,45	214,48	241,29	144,08	209,57	235,76	140,71	204,67	230,25	137,33	199,76	224,73
	VI	3 313,—	182,21	265,04	298,17																				
9 092,99 Ost	I,IV	2 877,83	158,28	230,22	259,—	I	2 877,83	151,53	220,42	247,97	144,79	210,60	236,93	138,04	200,79	225,89	131,30	190,98	214,85	124,55	181,17	203,81	117,81	171,36	192,78
	II	2 832,08	155,76	226,56	254,88	II	2 832,08	149,01	216,75	243,84	142,27	206,94	232,81	135,52	197,13	221,77	128,78	187,32	210,73	122,04	177,51	199,70	115,29	167,70	188,66
	III	2 198,33	120,90	175,86	197,84	III	2 198,33	114,38	166,37	187,16	107,97	157,05	176,68	101,70	147,93	166,42	95,56	139,—	156,37	89,54	130,24	146,52	83,65	121,68	136,89
	V	3 292,41	181,08	263,39	296,31	IV	2 877,83	154,91	225,32	253,49	151,53	220,42	247,97	148,16	215,51	242,45	144,79	210,60	236,93	141,41	205,70	231,41	138,04	200,79	225,89
	VI	3 325,91	182,92	266,07	299,33																				
9 095,99 West	I,IV	2 866,25	157,64	229,30	257,96	I	2 866,25	150,89	219,48	246,92	144,15	209,68	235,89	137,40	199,86	224,84	130,66	190,05	213,80	123,91	180,24	202,77	117,17	170,43	191,73
	II	2 820,50	155,12	225,64	253,84	II	2 820,50	148,38	215,82	242,80	141,63	206,01	231,76	134,89	196,20	220,73	128,14	186,39	209,69	121,39	176,58	198,65	114,65	166,76	187,61
	III	2 187,—	120,28	174,96	196,83	III	2 187,—	113,76	165,48	186,16	107,37	156,18	175,70	101,11	147,08	165,46	94,98	138,16	155,43	88,98	129,42	145,60	83,10	120,88	135,99
	V	3 280,83	180,44	262,46	295,27	IV	2 866,25	154,27	224,39	252,44	150,89	219,48	246,92	147,52	214,58	241,40	144,15	209,68	235,89	140,78	204,77	230,36	137,40	199,86	224,84
	VI	3 314,25	182,28	265,14	298,28																				
9 095,99 Ost	I,IV	2 879,08	158,34	230,32	259,11	I	2 879,08	151,60	220,52	248,08	144,86	210,70	237,04	138,11	200,89	226,—	131,37	191,08	214,97	124,62	181,27	203,93	117,87	171,46	192,89
	II	2 833,33	155,83	226,66	254,99	II	2 833,33	149,08	216,85	243,95	142,34	207,04	232,92	135,59	197,23	221,88	128,85	187,42	210,84	122,10	177,61	199,81	115,36	167,80	188,77
	III	2 199,66	120,98	175,97	197,96	III	2 199,66	114,44	166,46	187,27	108,04	157,16	176,80	101,76	148,02	166,52	95,61	139,08	156,46	89,60	130,33	146,62	83,71	121,77	136,99
	V	3 293,66	181,15	263,49	296,42	IV	2 879,08	154,98	225,42	253,60	151,60	220,52	248,08	148,23	215,61	242,56	144,86	210,70	237,04	141,48	205,80	231,52	138,11	200,89	226,—
	VI	3 327,16	182,99	266,17	299,44																				

* Die ausgewiesenen Tabellenwerte sind amtlich. Siehe Erläuterungen auf der Umschlaginnenseite (U2).

Lohn/ Gehalt bis €*	Abzüge an Lohnsteuer, Solidaritätszuschlag (SolZ) und Kirchensteuer (8%, 9%) in den Steuerklassen I – VI					Abzüge an Lohnsteuer, Solidaritätszuschlag (SolZ) und Kirchensteuer (8%, 9%) in den Steuerklassen I, II, III, IV																			
			ohne Kinderfreibeträge					mit Zahl der Kinderfreibeträge . . . 0,5			1			1,5			2			2,5			3		
		LSt	SolZ	8%	9%		LSt	SolZ	8%	9%	SolZ	8%	9%	SolZ	8%	9%	SolZ	8%	9%	SolZ	8%	9%	SolZ	8%	9%
9 098,99 West	I,IV	2 867,50	157,71	229,40	258,07	I	2 867,50	150,96	219,58	247,03	144,22	209,78	236,—	137,47	199,96	224,96	130,73	190,15	213,92	123,98	180,34	202,88	117,24	170,53	191,84
	II	2 821,75	155,19	225,74	253,95	II	2 821,75	148,44	215,92	242,91	141,70	206,11	231,87	134,96	196,30	220,84	128,21	186,49	209,80	121,46	176,68	198,76	114,72	166,87	187,73
	III	2 188,33	120,35	175,06	196,94	III	2 188,33	113,83	165,57	186,26	107,44	156,28	175,81	101,18	147,17	165,56	95,04	138,25	155,53	89,04	129,52	145,71	83,16	120,96	136,08
	V	3 282,08	180,51	262,56	295,38	IV	2 867,50	154,33	224,49	252,55	150,96	219,58	247,03	147,59	214,68	241,52	144,22	209,78	236,—	140,85	204,87	230,48	137,47	199,96	224,96
	VI	3 315,50	182,35	265,24	298,39																				
9 098,99 Ost	I,IV	2 880,41	158,42	230,43	259,23	I	2 880,41	151,67	220,62	248,19	144,92	210,80	237,15	138,18	201,—	226,12	131,44	191,18	215,08	124,69	181,37	204,04	117,95	171,56	193,01
	II	2 834,58	155,90	226,76	255,11	II	2 834,58	149,16	216,96	244,08	142,41	207,14	233,03	135,66	197,33	221,99	128,92	187,52	210,96	122,17	177,71	199,92	115,43	167,90	188,88
	III	2 200,83	121,04	176,06	198,07	III	2 200,83	114,51	166,56	187,38	108,11	157,25	176,90	101,83	148,12	166,63	95,68	139,17	156,56	89,66	130,42	146,72	83,77	121,85	137,08
	V	3 294,91	181,22	263,59	296,54	IV	2 880,41	155,04	225,52	253,71	151,67	220,62	248,19	148,30	215,71	242,67	144,92	210,80	237,15	141,55	205,90	231,63	138,18	201,—	226,12
	VI	3 328,41	183,06	266,27	299,55																				
9 101,99 West	I,IV	2 868,75	157,78	229,50	258,18	I	2 868,75	151,03	219,68	247,14	144,29	209,88	236,11	137,54	200,06	225,07	130,79	190,25	214,03	124,05	180,44	203,—	117,31	170,63	191,96
	II	2 823,—	155,26	225,84	254,07	II	2 823,—	148,51	216,02	243,02	141,77	206,21	231,98	135,02	196,40	220,95	128,28	186,59	209,91	121,53	176,78	198,87	114,79	166,97	187,84
	III	2 189,50	120,42	175,16	197,05	III	2 189,50	113,90	165,68	186,39	107,50	156,37	175,91	101,24	147,26	165,67	95,10	138,33	155,62	89,10	129,60	145,80	83,22	121,05	136,18
	V	3 283,33	180,58	262,66	295,49	IV	2 868,75	154,40	224,59	252,66	151,03	219,68	247,14	147,66	214,78	241,63	144,29	209,88	236,11	140,91	204,97	230,59	137,54	200,06	225,07
	VI	3 316,75	182,42	265,34	298,50																				
9 101,99 Ost	I,IV	2 881,66	158,49	230,53	259,34	I	2 881,66	151,74	220,72	248,31	144,99	210,90	237,26	138,25	201,10	226,23	131,50	191,28	215,19	124,76	181,47	204,15	118,02	171,66	193,12
	II	2 835,83	155,97	226,86	255,22	II	2 835,83	149,22	217,06	244,19	142,48	207,24	233,15	135,73	197,43	222,11	128,99	187,62	211,07	122,24	177,81	200,03	115,50	168,—	189,—
	III	2 202,—	121,11	176,16	198,18	III	2 202,—	114,58	166,66	187,49	108,17	157,34	177,01	101,89	148,21	166,73	95,74	139,26	156,67	89,72	130,50	146,81	83,83	121,94	137,18
	V	3 296,25	181,29	263,70	296,66	IV	2 881,66	155,11	225,62	253,82	151,74	220,72	248,31	148,37	215,81	242,78	144,99	210,90	237,26	141,62	206,—	231,75	138,25	201,10	226,23
	VI	3 329,66	183,13	266,37	299,66																				
9 104,99 West	I,IV	2 870,—	157,85	229,60	258,30	I	2 870,—	151,10	219,79	247,26	144,36	209,98	236,22	137,61	200,16	225,18	130,87	190,36	214,15	124,12	180,54	203,11	117,37	170,73	192,07
	II	2 824,25	155,33	225,94	254,18	II	2 824,25	148,58	216,12	243,14	141,84	206,32	232,11	135,09	196,50	221,06	128,35	186,69	210,02	121,60	176,88	198,99	114,86	167,07	187,95
	III	2 190,66	120,48	175,25	197,15	III	2 190,66	113,96	165,77	186,49	107,57	156,46	176,02	101,31	147,36	165,78	95,16	138,42	155,72	89,16	129,69	145,90	83,28	121,14	136,28
	V	3 284,58	180,65	262,76	295,61	IV	2 870,—	154,47	224,69	252,77	151,10	219,79	247,26	147,73	214,88	241,74	144,36	209,98	236,22	140,98	205,07	230,70	137,61	200,16	225,18
	VI	3 318,08	182,49	265,44	298,62																				
9 104,99 Ost	I,IV	2 882,91	158,56	230,63	259,46	I	2 882,91	151,81	220,82	248,42	145,06	211,—	237,38	138,32	201,20	226,35	131,57	191,38	215,30	124,83	181,57	204,26	118,08	171,76	193,23
	II	2 837,08	156,03	226,96	255,33	II	2 837,08	149,29	217,16	244,30	142,55	207,34	233,26	135,80	197,53	222,22	129,06	187,72	211,19	122,31	177,91	200,15	115,56	168,10	189,11
	III	2 203,33	121,18	176,26	198,29	III	2 203,33	114,64	166,76	187,60	108,24	157,44	177,12	101,96	148,30	166,84	95,81	139,36	156,78	89,78	130,60	146,92	83,89	122,02	137,27
	V	3 297,50	181,36	263,80	296,77	IV	2 882,91	155,18	225,72	253,94	151,81	220,82	248,42	148,44	215,91	242,90	145,06	211,—	237,38	141,69	206,10	231,86	138,32	201,20	226,35
	VI	3 330,91	183,20	266,47	299,78																				
9 107,99 West	I,IV	2 871,25	157,91	229,70	258,41	I	2 871,25	151,17	219,89	247,37	144,43	210,08	236,34	137,68	200,26	225,29	130,94	190,46	214,26	124,19	180,64	203,22	117,44	170,83	192,18
	II	2 825,50	155,40	226,04	254,29	II	2 825,50	148,65	216,22	243,25	141,91	206,42	232,22	135,16	196,60	221,18	128,42	186,79	210,14	121,67	176,98	199,10	114,93	167,17	188,06
	III	2 192,—	120,56	175,36	197,28	III	2 192,—	114,03	165,86	186,59	107,63	156,56	176,13	101,37	147,45	165,88	95,23	138,52	155,83	89,22	129,78	146,—	83,34	121,22	136,37
	V	3 285,83	180,72	262,86	295,72	IV	2 871,25	154,55	224,80	252,90	151,17	219,89	247,37	147,80	214,98	241,85	144,43	210,08	236,34	141,05	205,17	230,81	137,68	200,26	225,29
	VI	3 319,33	182,56	265,54	298,73																				
9 107,99 Ost	I,IV	2 884,16	158,62	230,73	259,57	I	2 884,16	151,88	220,92	248,53	145,14	211,11	237,50	138,39	201,30	226,46	131,64	191,48	215,42	124,90	181,68	204,39	118,15	171,86	193,34
	II	2 838,41	156,11	227,07	255,45	II	2 838,41	149,36	217,26	244,41	142,61	207,44	233,37	135,87	197,64	222,34	129,13	187,82	211,30	122,38	178,01	200,26	115,64	168,20	189,23
	III	2 204,50	121,24	176,36	198,40	III	2 204,50	114,71	166,85	187,70	108,30	157,53	177,22	102,02	148,40	166,95	95,87	139,45	156,88	89,85	130,69	147,02	83,95	122,12	137,38
	V	3 298,75	181,43	263,90	296,88	IV	2 884,16	155,25	225,82	254,05	151,88	220,92	248,53	148,50	216,01	243,01	145,14	211,11	237,50	141,76	206,20	231,98	138,39	201,30	226,46
	VI	3 332,16	183,26	266,57	299,89																				
9 110,99 West	I,IV	2 872,58	157,99	229,80	258,53	I	2 872,58	151,24	219,99	247,49	144,49	210,18	236,45	137,75	200,36	225,41	131,01	190,56	214,38	124,26	180,74	203,33	117,51	170,93	192,29
	II	2 826,75	155,47	226,14	254,40	II	2 826,75	148,72	216,32	243,36	141,98	206,52	232,33	135,23	196,70	221,29	128,48	186,89	210,25	121,74	177,08	199,22	115,—	167,27	188,18
	III	2 193,16	120,62	175,45	197,38	III	2 193,16	114,09	165,96	186,70	107,69	156,65	176,23	101,43	147,54	165,98	95,29	138,61	155,93	89,28	129,86	146,09	83,40	121,32	136,48
	V	3 287,08	180,78	262,96	295,83	IV	2 872,58	154,61	224,90	253,01	151,24	219,99	247,49	147,87	215,08	241,97	144,49	210,18	236,45	141,12	205,27	230,93	137,75	200,36	225,41
	VI	3 320,58	182,63	265,64	298,85																				
9 110,99 Ost	I,IV	2 885,41	158,69	230,83	259,68	I	2 885,41	151,95	221,02	248,64	145,20	211,21	237,61	138,46	201,40	226,57	131,71	191,58	215,53	124,97	181,78	204,50	118,22	171,96	193,46
	II	2 839,66	156,18	227,17	255,56	II	2 839,66	149,43	217,36	244,53	142,68	207,54	233,48	135,94	197,74	222,45	129,19	187,92	211,41	122,45	178,11	200,37	115,71	168,30	189,34
	III	2 205,83	121,32	176,46	198,52	III	2 205,83	114,77	166,94	187,81	108,36	157,62	177,32	102,08	148,49	167,05	95,93	139,54	156,98	89,90	130,77	147,11	84,01	122,20	137,47
	V	3 300,—	181,50	264,—	297,—	IV	2 885,41	155,32	225,92	254,16	151,95	221,02	248,64	148,58	216,12	243,13	145,20	211,21	237,61	141,83	206,30	232,09	138,46	201,40	226,57
	VI	3 333,41	183,33	266,67	300,—																				
9 113,99 West	I,IV	2 873,83	158,06	229,90	258,64	I	2 873,83	151,31	220,09	247,60	144,56	210,28	236,56	137,82	200,47	225,53	131,07	190,66	214,49	124,33	180,84	203,45	117,59	171,04	192,42
	II	2 828,—	155,54	226,24	254,52	II	2 828,—	148,79	216,43	243,48	142,05	206,62	232,44	135,30	196,80	221,40	128,56	187,—	210,37	121,81	177,18	199,33	115,06	167,37	188,29
	III	2 194,33	120,68	175,54	197,48	III	2 194,33	114,16	166,05	186,80	107,77	156,76	176,35	101,50	147,64	166,09	95,36	138,70	156,04	89,34	129,96	146,20	83,46	121,40	136,57
	V	3 288,33	180,85	263,06	295,94	IV	2 873,83	154,68	225,—	253,12	151,31	220,09	247,60	147,94	215,18	242,08	144,56	210,28	236,56	141,19	205,37	231,04	137,82	200,47	225,53
	VI	3 321,83	182,70	265,74	298,96																				
9 113,99 Ost	I,IV	2 886,66	158,76	230,93	259,79	I	2 886,66	152,02	221,12	248,76	145,27	211,31	237,72	138,53	201,50	226,68	131,78	191,68	215,64	125,04	181,88	204,61	118,29	172,06	193,57
	II	2 840,91	156,25	227,27	255,68	II	2 840,91	149,50	217,46	244,64	142,75	207,64	233,60	136,01	197,84	222,57	129,26	188,02	211,52	122,52	178,21	200,48	115,77	168,40	189,45
	III	2 207,—	121,38	176,56	198,63	III	2 207,—	114,84	167,05	187,93	108,43	157,72	177,43	102,15	148,58	167,15	95,99	139,62	157,07	89,97	130,86	147,22	84,07	122,29	137,57
	V	3 301,25	181,56	264,10	297,11	IV	2 886,66	155,39	226,02	254,27	152,02	221,12	248,76	148,65	216,22	243,24	145,27	211,31	237,72	141,90	206,40	232,20	138,53	201,50	226,68
	VI	3 334,75	183,41	266,78	300,12																				
9 116,99 West	I,IV	2 875,08	158,12	230,—	258,75	I	2 875,08	151,38	220,19	247,71	144,63	210,38	236,67	137,89	200,57	225,64	131,14	190,76	214,60	124,40	180,94	203,56	117,65	171,14	192,53
	II	2 829,25	155,60	226,34	254,63	II	2 829,25	148,86	216,53	243,59	142,12	206,72	232,56	135,37	196,90	221,51	128,63	187,10	210,48	121,88	177,28	199,44	115,13	167,47	188,40
	III	2 195,66	120,76	175,65	197,60	III	2 195,66	114,23	166,16	186,93	107,83	156,85	176,45	101,56	147,73	166,19	95,42	138,80	156,15	89,41	130,05	146,30	83,52	121,49	136,67
	V	3 289,66	180,93	263,17	296,06	IV	2 875,08	154,75	225,10	253,23	151,38	220,19	247,71	148,—	215,28	242,19	144,63	210,38	236,67	141,26	205,48	231,16	137,89	200,57	225,64
	VI	3 323,08	182,76	265,84	299,07																				
9 116,99 Ost	I,IV	2 887,91	158,83	231,03	259,91	I	2 887,91	152,09	221,22	248,87	145,34	211,41	237,83	138,60	201,60	226,80	131,85	191,79	215,76	125,11	181,98	204,72	118,36	172,16	193,68
	II	2 842,16	156,31	227,37	255,79	II	2 842,16	149,57	217,56	244,75	142,83	207,75	233,72	136,08	197,94	222,68	129,33	188,12	211,64	122,59	178,32	200,61	115,84	168,50	189,56
	III	2 208,16	121,44	176,65	198,73	III	2 208,16	114,91	167,14	188,03	108,49	157,81	177,53	102,21	148,68	167,26	96,05	139,72	157,18	90,03	130,96	147,33	84,13	122,37	137,66
	V	3 302,50	181,63	264,20	297,22	IV	2 887,91	155,46	226,12	254,39	152,09	221,22	248,87	148,72	216,32	243,36	145,34	211,41	237,83	141,97	206,50	232,31	138,60	201,60	226,80
	VI	3 336,—	183,48	266,88	300,24																				
9 119,99 West	I,IV	2 876,33	158,19	230,10	258,86	I	2 876,33	151,45	220,29	247,82	144,70	210,48	236,79	137,96	200,67	225,75	131,21	190,86	214,71	124,46	181,04	203,67	117,72	171,24	192,64
	II	2 830,58	155,68	226,44	254,75	II	2 830,58	148,93	216,63	243,71	142,18	206,82	232,67	135,44	197,—	221,63	128,70	187,20	210,60	121,95	177,38	199,55	115,20	167,57	188,51
	III	2 196,83	120,82	175,74	197,71	III	2 196,83	114,29	166,25	187,03	107,90	156,94	176,56	101,63	147,82	166,30	95,48	138,88	156,24	89,46	130,13	146,39	83,58	121,57	136,76
	V	3 290,91	181,—	263,27	296,18	IV	2 876,33	154,82	225,20	253,35	151,45	220,29	247,82	148,07	215,38	242,30	144,70	210,48	236,79	141,33	205,58	231,27	137,96	200,67	225,75
	VI	3 324,33	182,83	265,94	299,18																				
9 119,99 Ost	I,IV	2 889,16	158,90	231,13	260,02	I	2 889,16	152,16	221,32	248,99	145,41	211,51	237,95	138,66	201,70	226,91	131,92	191,89	215,87	125,18	182,08	204,84	118,43	172,26	193,79
	II	2 843,41	156,38	227,47	255,90	II	2 843,41	149,64	217,66	244,86	142,89	207,85	233,83	136,15	198,04	222,79	129,40	188,22	211,75	122,66	178,42	200,72	115,91	168,60	189,68
	III	2 209,50	121,52	176,76	198,85	III	2 209,50	114,97	167,24	188,14	108,56	157,90	177,64	102,28	148,77	167,36	96,12	139,81	157,28	90,09	131,04	147,42	84,19	122,46	137,77
	V	3 303,75	181,70	264,30	297,33	IV	2 889,16	155,53	226,23	254,51	152,16	221,32	248,99	148,78	216,42	243,47	145,41	211,51	237,95	142,04	206,60	232,43	138,66	201,70	226,91
	VI	3 337,25	183,54	266,98	300,35																				

* Die ausgewiesenen Tabellenwerte sind amtlich. Siehe Erläuterungen auf der Umschlaginnenseite (U2).

MONAT 9 120,–*

Abzüge an Lohnsteuer, Solidaritätszuschlag (SolZ) und Kirchensteuer (8%, 9%) in den Steuerklassen

Lohn/ Gehalt bis €*	I – VI		ohne Kinderfreibeträge			I, II, III, IV		mit Zahl der Kinderfreibeträge . . . 0,5			1			1,5			2			2,5			3		
		LSt	SolZ	8%	9%		LSt	SolZ	8%	9%	SolZ	8%	9%	SolZ	8%	9%	SolZ	8%	9%	SolZ	8%	9%	SolZ	8%	9%
9 122,99 West	I,IV	2 877,58	158,26	230,20	258,98	I	2 877,58	151,52	220,39	247,94	144,77	210,58	236,90	138,03	200,77	225,86	131,28	190,96	214,83	124,54	181,15	203,79	117,79	171,34	192,75
	II	2 831,83	155,75	226,54	254,86	II	2 831,83	149,—	216,73	243,82	142,25	206,92	232,78	135,51	197,11	221,75	128,76	187,30	210,71	122,02	177,48	199,67	115,28	167,68	188,64
	III	2 198,16	120,89	175,85	197,83	III	2 198,16	114,36	166,34	187,13	107,96	157,04	176,67	101,68	147,90	166,39	95,54	138,97	156,34	89,53	130,22	146,50	83,64	121,66	136,87
	V	3 292,16	181,06	263,37	296,29	IV	2 877,58	154,89	225,30	253,46	151,52	220,39	247,94	148,14	215,48	242,42	144,77	210,58	236,90	141,40	205,68	231,39	138,03	200,77	225,86
	VI	3 325,58	182,90	266,04	299,30																				
9 122,99 Ost	I,IV	2 890,50	158,97	231,24	260,14	I	2 890,50	152,23	221,42	249,10	145,48	211,61	238,06	138,74	201,80	227,03	131,99	191,99	215,99	125,24	182,18	204,95	118,50	172,36	193,91
	II	2 844,66	156,45	227,57	256,01	II	2 844,66	149,71	217,76	244,98	142,96	207,95	233,94	136,22	198,14	222,90	129,47	188,32	211,86	122,73	178,52	200,83	115,98	168,70	189,79
	III	2 210,66	121,58	176,85	198,95	III	2 210,66	115,04	167,33	188,24	108,63	158,01	177,76	102,34	148,86	167,47	96,18	139,90	157,39	90,15	131,13	147,52	84,25	122,54	137,86
	V	3 305,—	181,77	264,40	297,45	IV	2 890,50	155,60	226,33	254,62	152,23	221,42	249,10	148,85	216,52	243,58	145,48	211,61	238,06	142,11	206,70	232,54	138,74	201,80	227,03
	VI	3 338,50	183,61	267,08	300,46																				
9 125,99 West	I,IV	2 878,83	158,33	230,30	259,09	I	2 878,83	151,58	220,49	248,05	144,84	210,68	237,02	138,10	200,87	225,98	131,35	191,06	214,94	124,61	181,25	203,90	117,86	171,44	192,87
	II	2 833,08	155,81	226,64	254,97	II	2 833,08	149,07	216,83	243,93	142,32	207,02	232,89	135,58	197,21	221,86	128,83	187,40	210,82	122,09	177,58	199,78	115,34	167,78	188,75
	III	2 199,33	120,96	175,94	197,93	III	2 199,33	114,42	166,44	187,24	108,02	157,13	176,77	101,75	148,—	166,50	95,60	139,06	156,44	89,59	130,32	146,61	83,70	121,74	136,96
	V	3 293,41	181,13	263,47	296,40	IV	2 878,83	154,96	225,40	253,57	151,58	220,49	248,05	148,22	215,59	242,54	144,84	210,68	237,02	141,47	205,78	231,50	138,10	200,87	225,98
	VI	3 326,83	182,97	266,14	299,41																				
9 125,99 Ost	I,IV	2 891,75	159,04	231,34	260,25	I	2 891,75	152,29	221,52	249,21	145,55	211,71	238,17	138,81	201,90	227,14	132,06	192,09	216,10	125,31	182,28	205,06	118,57	172,47	194,03
	II	2 845,91	156,52	227,67	256,13	II	2 845,91	149,78	217,86	245,09	143,03	208,05	234,05	136,29	198,24	223,02	129,54	188,43	211,98	122,80	178,62	200,94	116,05	168,80	189,90
	III	2 212,—	121,66	176,96	199,08	III	2 212,—	115,11	167,44	188,37	108,69	158,10	177,86	102,41	148,96	167,58	96,25	140,—	157,50	90,21	131,22	147,62	84,31	122,64	137,97
	V	3 306,25	181,84	264,50	297,56	IV	2 891,75	155,67	226,43	254,73	152,29	221,52	249,21	148,92	216,62	243,69	145,55	211,71	238,17	142,17	206,80	232,65	138,81	201,90	227,14
	VI	3 339,75	183,68	267,18	300,57																				
9 128,99 West	I,IV	2 880,08	158,40	230,40	259,20	I	2 880,08	151,66	220,60	248,17	144,91	210,78	237,13	138,16	200,97	226,09	131,42	191,16	215,06	124,68	181,35	204,02	117,93	171,54	192,98
	II	2 834,33	155,88	226,74	255,08	II	2 834,33	149,14	216,93	244,04	142,39	207,12	233,01	135,65	197,31	221,97	128,90	187,50	210,93	122,15	177,68	199,89	115,41	167,88	188,86
	III	2 200,50	121,02	176,04	198,04	III	2 200,50	114,50	166,54	187,36	108,09	157,22	176,87	101,81	148,09	166,60	95,67	139,16	156,55	89,65	130,40	146,70	83,76	121,84	137,07
	V	3 294,66	181,20	263,57	296,51	IV	2 880,08	155,03	225,50	253,68	151,66	220,60	248,17	148,28	215,69	242,65	144,91	210,78	237,13	141,54	205,88	231,61	138,16	200,97	226,09
	VI	3 328,16	183,04	266,25	299,53																				
9 128,99 Ost	I,IV	2 893,—	159,11	231,44	260,37	I	2 893,—	152,36	221,62	249,32	145,62	211,81	238,28	138,87	202,—	227,25	132,13	192,19	216,21	125,38	182,38	205,17	118,64	172,57	194,14
	II	2 847,16	156,59	227,77	256,24	II	2 847,16	149,85	217,96	245,21	143,10	208,15	234,17	136,35	198,34	223,13	129,61	188,53	212,09	122,87	178,72	201,06	116,12	168,90	190,01
	III	2 213,16	121,72	177,05	199,18	III	2 213,16	115,17	167,53	188,47	108,76	158,20	177,97	102,47	149,05	167,68	96,31	140,09	157,60	90,28	131,32	147,73	84,37	122,73	138,07
	V	3 307,58	181,91	264,60	297,68	IV	2 893,—	155,74	226,53	254,84	152,36	221,62	249,32	148,99	216,72	243,81	145,62	211,81	238,28	142,25	206,91	232,77	138,87	202,—	227,25
	VI	3 341,—	183,75	267,28	300,69																				
9 131,99 West	I,IV	2 881,33	158,47	230,50	259,31	I	2 881,33	151,73	220,70	248,28	144,98	210,88	237,24	138,23	201,07	226,20	131,49	191,26	215,17	124,74	181,45	204,13	118,—	171,64	193,09
	II	2 835,58	155,95	226,84	255,20	II	2 835,58	149,21	217,03	244,16	142,46	207,22	233,12	135,72	197,41	222,08	128,97	187,60	211,05	122,23	177,79	200,01	115,48	167,98	188,97
	III	2 201,83	121,10	176,14	198,16	III	2 201,83	114,56	166,64	187,47	108,15	157,32	176,98	101,87	148,18	166,70	95,73	139,25	156,65	89,71	130,49	146,80	83,82	121,92	137,16
	V	3 295,91	181,27	263,67	296,63	IV	2 881,33	155,10	225,60	253,80	151,73	220,70	248,28	148,35	215,79	242,76	144,98	210,88	237,24	141,61	205,98	231,72	138,23	201,07	226,20
	VI	3 329,41	183,11	266,35	299,64																				
9 131,99 Ost	I,IV	2 894,25	159,18	231,54	260,48	I	2 894,25	152,43	221,72	249,44	145,69	211,92	238,41	138,94	202,10	227,36	132,20	192,29	216,32	125,45	182,48	205,29	118,71	172,67	194,25
	II	2 848,50	156,66	227,88	256,36	II	2 848,50	149,92	218,06	245,32	143,17	208,25	234,28	136,43	198,44	223,25	129,68	188,63	212,21	122,93	178,82	201,17	116,19	169,—	190,13
	III	2 214,50	121,79	177,16	199,30	III	2 214,50	115,24	167,62	188,57	108,82	158,29	178,07	102,53	149,14	167,78	96,36	140,17	157,69	90,33	131,40	147,82	84,43	122,81	138,16
	V	3 308,83	181,98	264,70	297,79	IV	2 894,25	155,81	226,63	254,96	152,43	221,72	249,44	149,06	216,82	243,92	145,69	211,92	238,41	142,32	207,01	232,88	138,94	202,10	227,36
	VI	3 342,25	183,82	267,38	300,80																				
9 134,99 West	I,IV	2 882,58	158,54	230,60	259,43	I	2 882,58	151,80	220,80	248,40	145,05	210,98	237,35	138,30	201,17	226,31	131,56	191,36	215,28	124,81	181,55	204,24	118,07	171,74	193,20
	II	2 836,83	156,02	226,94	255,31	II	2 836,83	149,27	217,13	244,27	142,53	207,32	233,24	135,79	197,51	222,20	129,04	187,70	211,16	122,30	177,89	200,12	115,55	168,08	189,09
	III	2 203,—	121,16	176,24	198,27	III	2 203,—	114,62	166,73	187,57	108,22	157,41	177,08	101,94	148,28	166,81	95,79	139,33	156,74	89,77	130,58	146,90	83,88	122,01	137,26
	V	3 297,16	181,34	263,77	296,74	IV	2 882,58	155,17	225,70	253,91	151,80	220,80	248,40	148,42	215,89	242,87	145,05	210,98	237,35	141,68	206,08	231,84	138,30	201,17	226,31
	VI	3 330,66	183,18	266,45	299,75																				
9 134,99 Ost	I,IV	2 895,50	159,25	231,64	260,59	I	2 895,50	152,50	221,82	249,55	145,76	212,02	238,52	139,01	202,20	227,48	132,27	192,39	216,44	125,52	182,58	205,40	118,78	172,77	194,36
	II	2 849,75	156,73	227,98	256,47	II	2 849,75	149,98	218,16	245,43	143,24	208,35	234,39	136,50	198,54	223,36	129,75	188,73	212,32	123,—	178,92	201,28	116,26	169,11	190,25
	III	2 215,66	121,86	177,25	199,40	III	2 215,66	115,30	167,72	188,68	108,89	158,38	178,18	102,60	149,24	167,89	96,43	140,26	157,79	90,40	131,49	147,92	84,49	122,90	138,26
	V	3 310,08	182,05	264,80	297,90	IV	2 895,50	155,87	226,73	255,07	152,50	221,82	249,55	149,13	216,92	244,04	145,76	212,02	238,52	142,39	207,11	233,—	139,01	202,20	227,48
	VI	3 343,50	183,89	267,48	300,91																				
9 137,99 West	I,IV	2 883,91	158,61	230,71	259,55	I	2 883,91	151,86	220,90	248,51	145,12	211,08	237,47	138,38	201,28	226,44	131,63	191,46	215,39	124,88	181,65	204,35	118,14	171,84	193,32
	II	2 838,08	156,09	227,04	255,42	II	2 838,08	149,35	217,24	244,39	142,60	207,42	233,35	135,85	197,61	222,31	129,11	187,80	211,28	122,37	177,99	200,24	115,62	168,18	189,20
	III	2 204,33	121,23	176,34	198,38	III	2 204,33	114,69	166,82	187,67	108,28	157,50	177,19	102,—	148,37	166,91	95,85	139,42	156,85	89,83	130,66	146,99	83,93	122,09	137,35
	V	3 298,41	181,41	263,87	296,85	IV	2 883,91	155,24	225,80	254,03	151,86	220,90	248,51	148,49	215,99	242,99	145,12	211,08	237,47	141,74	206,18	231,95	138,38	201,28	226,44
	VI	3 331,91	183,25	266,55	299,87																				
9 137,99 Ost	I,IV	2 896,75	159,32	231,74	260,70	I	2 896,75	152,57	221,92	249,66	145,83	212,12	238,63	139,08	202,30	227,59	132,33	192,49	216,55	125,59	182,68	205,52	118,85	172,87	194,48
	II	2 851,—	156,80	228,08	256,59	II	2 851,—	150,05	218,26	245,54	143,31	208,45	234,50	136,56	198,64	223,47	129,82	188,83	212,43	123,07	179,02	201,39	116,33	169,21	190,36
	III	2 216,83	121,92	177,34	199,51	III	2 216,83	115,38	167,82	188,80	108,95	158,48	178,29	102,66	149,33	167,99	96,49	140,36	157,90	90,46	131,58	148,03	84,55	122,98	138,35
	V	3 311,33	182,12	264,90	298,01	IV	2 896,75	155,94	226,83	255,18	152,57	221,92	249,66	149,20	217,02	244,15	145,83	212,12	238,63	142,45	207,21	233,11	139,08	202,30	227,59
	VI	3 344,75	183,96	267,58	301,02																				
9 140,99 West	I,IV	2 885,16	158,68	230,81	259,66	I	2 885,16	151,93	221,—	248,62	145,19	211,18	237,58	138,44	201,38	226,55	131,70	191,56	215,51	124,95	181,75	204,47	118,21	171,94	193,43
	II	2 839,33	156,16	227,14	255,53	II	2 839,33	149,42	217,34	244,50	142,67	207,52	233,46	135,92	197,71	222,42	129,18	187,90	211,39	122,43	178,09	200,35	115,69	168,28	189,31
	III	2 205,50	121,30	176,44	198,49	III	2 205,50	114,76	166,93	187,79	108,35	157,60	177,30	102,07	148,46	167,02	95,92	139,52	156,96	89,89	130,76	147,10	84,—	122,18	137,45
	V	3 299,75	181,48	263,98	296,97	IV	2 885,16	155,31	225,90	254,14	151,93	221,—	248,62	148,56	216,09	243,10	145,19	211,18	237,58	141,82	206,28	232,07	138,44	201,38	226,55
	VI	3 333,16	183,32	266,65	299,98																				
9 140,99 Ost	I,IV	2 898,—	159,39	231,84	260,82	I	2 898,—	152,64	222,03	249,78	145,90	212,22	238,74	139,15	202,40	227,70	132,41	192,60	216,67	125,66	182,78	205,63	118,91	172,97	194,59
	II	2 852,25	156,87	228,18	256,70	II	2 852,25	150,12	218,36	245,66	143,38	208,56	234,63	136,63	198,74	223,58	129,89	188,93	212,54	123,14	179,12	201,51	116,40	169,31	190,47
	III	2 218,16	121,99	177,45	199,63	III	2 218,16	115,44	167,92	188,91	109,01	158,57	178,39	102,73	149,42	168,10	96,56	140,45	158,—	90,52	131,66	148,12	84,61	123,08	138,46
	V	3 312,58	182,19	265,—	298,13	IV	2 898,—	156,01	226,93	255,29	152,64	222,03	249,78	149,27	217,12	244,26	145,90	212,22	238,74	142,52	207,31	233,22	139,15	202,40	227,70
	VI	3 346,08	184,03	267,68	301,14																				
9 143,99 West	I,IV	2 886,41	158,75	230,91	259,77	I	2 886,41	152,—	221,10	248,73	145,25	211,28	237,69	138,51	201,48	226,66	131,77	191,66	215,62	125,02	181,85	204,58	118,28	172,04	193,55
	II	2 840,58	156,23	227,24	255,65	II	2 840,58	149,49	217,44	244,62	142,74	207,62	233,57	135,99	197,81	222,53	129,25	188,—	211,50	122,50	178,19	200,46	115,76	168,38	189,42
	III	2 206,66	121,36	176,53	198,59	III	2 206,66	114,83	167,02	187,90	108,42	157,70	177,41	102,13	148,56	167,13	95,98	139,61	157,06	89,96	130,85	147,20	84,05	122,26	137,54
	V	3 301,—	181,55	264,08	297,09	IV	2 886,41	155,37	226,—	254,25	152,—	221,10	248,73	148,63	216,19	243,21	145,25	211,28	237,69	141,89	206,38	232,18	138,51	201,48	226,66
	VI	3 334,41	183,39	266,75	300,09																				
9 143,99 Ost	I,IV	2 899,25	159,45	231,94	260,93	I	2 899,25	152,71	222,13	249,89	145,97	212,32	238,86	139,22	202,50	227,81	132,48	192,70	216,78	125,73	182,88	205,74	118,98	173,07	194,70
	II	2 853,50	156,94	228,28	256,81	II	2 853,50	150,19	218,46	245,77	143,45	208,66	234,74	136,70	198,84	223,70	129,96	189,03	212,66	123,21	179,22	201,62	116,47	169,41	190,58
	III	2 219,33	122,06	177,54	199,73	III	2 219,33	115,50	168,01	189,01	109,08	158,66	178,49	102,79	149,52	168,21	96,62	140,54	158,11	90,58	131,76	148,23	84,67	123,16	138,55
	V	3 313,83	182,26	265,10	298,24	IV	2 899,25	156,09	227,04	255,42	152,71	222,13	249,89	149,34	217,22	244,37	145,97	212,32	238,86	142,59	207,41	233,33	139,22	202,50	227,81
	VI	3 347,33	184,10	267,78	301,25																				

* Die ausgewiesenen Tabellenwerte sind amtlich. Siehe Erläuterungen auf der Umschlaginnenseite (U2).

Lohn/ Gehalt bis €*	Abzüge an Lohnsteuer, Solidaritätszuschlag (SolZ) und Kirchensteuer (8%, 9%) in den Steuerklassen																								
	I – VI					I, II, III, IV																			
			ohne Kinderfreibeträge					mit Zahl der Kinderfreibeträge . . .																	
								0,5			1			1,5			2			2,5			3		
		LSt	SolZ	8%	9%		LSt	SolZ	8%	9%	SolZ	8%	9%	SolZ	8%	9%	SolZ	8%	9%	SolZ	8%	9%	SolZ	8%	9%
9 146,99 West	I,IV	2 887,66	158,82	231,01	259,88	I	2 887,66	152,07	221,20	248,85	145,33	211,39	237,81	138,58	201,58	226,77	131,83	191,76	215,73	125,09	181,96	204,70	118,35	172,14	193,66
	II	2 841,91	156,30	227,35	255,77	II	2 841,91	149,55	217,54	244,73	142,81	207,72	233,69	136,07	197,92	222,66	129,32	188,10	211,61	122,57	178,29	200,57	115,83	168,48	189,54
	III	2 208,—	121,44	176,64	198,72	III	2 208,—	114,89	167,12	188,01	108,48	157,80	177,52	102,19	148,65	167,23	96,04	139,70	157,16	90,01	130,93	147,29	84,12	122,36	137,65
	V	3 302,25	181,62	264,18	297,20	IV	2 887,66	155,44	226,10	254,36	152,07	221,20	248,85	148,70	216,29	243,32	145,33	211,39	237,81	141,95	206,48	232,29	138,58	201,58	226,77
	VI	3 335,66	183,46	266,85	300,20																				
9 146,99 Ost	I,IV	2 900,58	159,53	232,04	261,05	I	2 900,58	152,78	222,23	250,01	146,03	212,42	238,97	139,29	202,60	227,93	132,55	192,80	216,90	125,80	182,98	205,85	119,05	173,17	194,81
	II	2 854,75	157,01	228,38	256,92	II	2 854,75	150,26	218,56	245,88	143,52	208,76	234,85	136,77	198,94	223,81	130,02	189,13	212,77	123,28	179,32	201,74	116,54	169,51	190,70
	III	2 220,66	122,13	177,65	199,85	III	2 220,66	115,58	168,12	189,13	109,15	158,77	178,61	102,85	149,61	168,31	96,69	140,64	158,22	90,64	131,85	148,33	84,73	123,25	138,65
	V	3 315,08	182,32	265,20	298,35	IV	2 900,58	156,15	227,14	255,53	152,78	222,23	250,01	149,41	217,32	244,49	146,03	212,42	238,97	142,66	207,51	233,45	139,29	202,60	227,93
	VI	3 348,58	184,17	267,88	301,37																				
9 149,99 West	I,IV	2 888,91	158,89	231,11	260,—	I	2 888,91	152,14	221,30	248,96	145,40	211,49	237,92	138,65	201,68	226,89	131,90	191,86	215,84	125,16	182,06	204,81	118,41	172,24	193,77
	II	2 843,16	156,37	227,45	255,88	II	2 843,16	149,62	217,64	244,84	142,88	207,82	233,80	136,13	198,02	222,77	129,39	188,20	211,73	122,64	178,39	200,69	115,90	168,58	189,65
	III	2 209,16	121,50	176,73	198,82	III	2 209,16	114,96	167,22	188,12	108,55	157,89	177,62	102,26	148,74	167,33	96,11	139,80	157,27	90,08	131,02	147,40	84,17	122,44	137,74
	V	3 303,50	181,69	264,28	297,31	IV	2 888,91	155,51	226,20	254,48	152,14	221,30	248,96	148,77	216,40	243,45	145,40	211,49	237,92	142,02	206,58	232,40	138,65	201,68	226,89
	VI	3 336,91	183,53	266,95	300,32																				
9 149,99 Ost	I,IV	2 901,83	159,60	232,14	261,16	I	2 901,83	152,85	222,33	250,12	146,10	212,52	239,08	139,36	202,71	228,05	132,61	192,90	217,01	125,87	183,08	205,97	119,13	173,28	194,94
	II	2 856,—	157,08	228,48	257,04	II	2 856,—	150,33	218,67	246,—	143,59	208,86	234,96	136,84	199,04	223,92	130,10	189,24	212,89	123,35	179,42	201,85	116,60	169,61	190,81
	III	2 221,83	122,20	177,74	199,96	III	2 221,83	115,64	168,21	189,23	109,22	158,86	178,72	102,92	149,70	168,41	96,74	140,72	158,31	90,70	131,93	148,42	84,79	123,33	138,74
	V	3 316,33	182,39	265,30	298,46	IV	2 901,83	156,22	227,24	255,64	152,85	222,33	250,12	149,48	217,42	244,60	146,10	212,52	239,08	142,73	207,61	233,56	139,36	202,71	228,05
	VI	3 349,83	184,24	267,98	301,48																				
9 152,99 West	I,IV	2 890,16	158,95	231,21	260,11	I	2 890,16	152,21	221,40	249,08	145,47	211,59	238,04	138,72	201,78	227,—	131,97	191,96	215,96	125,23	182,16	204,93	118,48	172,34	193,88
	II	2 844,41	156,44	227,55	255,99	II	2 844,41	149,69	217,74	244,95	142,94	207,92	233,91	136,20	198,12	222,88	129,46	188,30	211,84	122,71	178,49	200,80	115,97	168,68	189,77
	III	2 210,50	121,57	176,84	198,94	III	2 210,50	115,03	167,32	188,23	108,61	157,98	177,73	102,32	148,84	167,44	96,16	139,88	157,36	90,14	131,12	147,51	84,24	122,53	137,84
	V	3 304,75	181,76	264,38	297,42	IV	2 890,16	155,58	226,30	254,59	152,21	221,40	249,08	148,84	216,50	243,56	145,47	211,59	238,04	142,09	206,68	232,52	138,72	201,78	227,—
	VI	3 338,25	183,60	267,06	300,44																				
9 152,99 Ost	I,IV	2 903,08	159,66	232,24	261,27	I	2 903,08	152,92	222,43	250,23	146,17	212,62	239,19	139,43	202,81	228,16	132,68	193,—	217,12	125,94	183,18	206,08	119,19	173,38	195,05
	II	2 857,25	157,14	228,58	257,15	II	2 857,25	150,40	218,77	246,11	143,66	208,96	235,08	136,91	199,14	224,03	130,17	189,34	213,—	123,42	179,52	201,96	116,67	169,71	190,92
	III	2 223,—	122,26	177,84	200,07	III	2 223,—	115,71	168,30	189,34	109,28	158,96	178,83	102,97	149,78	168,50	96,80	140,81	158,41	90,76	132,02	148,52	84,85	123,42	138,85
	V	3 317,66	182,47	265,41	298,58	IV	2 903,08	156,29	227,34	255,75	152,92	222,43	250,23	149,54	217,52	244,71	146,17	212,62	239,19	142,80	207,72	233,68	139,43	202,81	228,16
	VI	3 351,08	184,30	268,08	301,59																				
9 155,99 West	I,IV	2 891,41	159,02	231,31	260,22	I	2 891,41	152,28	221,50	249,19	145,53	211,69	238,15	138,79	201,88	227,11	132,05	192,07	216,08	125,30	182,26	205,04	118,55	172,44	194,—
	II	2 845,66	156,51	227,65	256,10	II	2 845,66	149,76	217,84	245,07	143,02	208,03	234,03	136,27	198,22	222,99	129,52	188,40	211,95	122,78	178,60	200,92	116,04	168,78	189,88
	III	2 211,66	121,64	176,93	199,04	III	2 211,66	115,09	167,41	188,33	108,68	158,08	177,84	102,39	148,93	167,54	96,23	139,97	157,46	90,20	131,20	147,60	84,30	122,62	137,95
	V	3 306,—	181,83	264,48	297,54	IV	2 891,41	155,65	226,40	254,70	152,28	221,50	249,19	148,91	216,60	243,67	145,53	211,69	238,15	142,16	206,78	232,63	138,79	201,88	227,11
	VI	3 339,50	183,67	267,16	300,55																				
9 155,99 Ost	I,IV	2 904,33	159,73	232,34	261,38	I	2 904,33	152,99	222,53	250,34	146,24	212,72	239,31	139,50	202,91	228,27	132,75	193,10	217,23	126,—	183,28	206,19	119,26	173,48	195,16
	II	2 858,58	157,22	228,68	257,27	II	2 858,58	150,47	218,87	246,23	143,72	209,06	235,19	136,98	199,24	224,15	130,24	189,44	213,12	123,49	179,62	202,07	116,74	169,81	191,03
	III	2 224,33	122,33	177,94	200,18	III	2 224,33	115,77	168,40	189,45	109,34	159,05	178,93	103,04	149,88	168,61	96,87	140,90	158,51	90,83	132,12	148,63	84,91	123,50	138,94
	V	3 318,91	182,54	265,51	298,70	IV	2 904,33	156,36	227,44	255,87	152,99	222,53	250,34	149,61	217,62	244,82	146,24	212,72	239,31	142,87	207,82	233,79	139,50	202,91	228,27
	VI	3 352,33	184,37	268,18	301,70																				
9 158,99 West	I,IV	2 892,66	159,09	231,41	260,33	I	2 892,66	152,35	221,60	249,30	145,60	211,79	238,26	138,86	201,98	227,22	132,11	192,17	216,19	125,37	182,36	205,15	118,62	172,54	194,11
	II	2 846,91	156,58	227,75	256,22	II	2 846,91	149,83	217,94	245,18	143,09	208,13	234,14	136,34	198,32	223,11	129,59	188,50	212,06	122,85	178,70	201,03	116,10	168,88	189,99
	III	2 212,83	121,70	177,02	199,15	III	2 212,83	115,16	167,50	188,44	108,74	158,17	177,94	102,45	149,02	167,65	96,29	140,06	157,57	90,26	131,29	147,70	84,36	122,70	138,04
	V	3 307,25	181,89	264,58	297,65	IV	2 892,66	155,72	226,51	254,82	152,35	221,60	249,30	148,98	216,70	243,78	145,60	211,79	238,26	142,23	206,88	232,74	138,86	201,98	227,22
	VI	3 340,75	183,74	267,26	300,66																				
9 158,99 Ost	I,IV	2 905,58	159,80	232,44	261,50	I	2 905,58	153,06	222,63	250,46	146,31	212,82	239,42	139,57	203,01	228,38	132,82	193,20	217,35	126,08	183,39	206,31	119,33	173,58	195,27
	II	2 859,83	157,29	228,78	257,38	II	2 859,83	150,54	218,97	246,34	143,79	209,16	235,30	137,05	199,35	224,27	130,30	189,54	213,23	123,56	179,72	202,19	116,82	169,92	191,16
	III	2 225,50	122,40	178,04	200,29	III	2 225,50	115,84	168,50	189,56	109,41	159,14	179,03	103,10	149,97	168,71	96,93	141,—	158,62	90,88	132,20	148,72	84,97	123,60	139,05
	V	3 320,16	182,60	265,61	298,81	IV	2 905,58	156,43	227,54	255,98	153,06	222,63	250,46	149,68	217,72	244,94	146,31	212,82	239,42	142,94	207,92	233,91	139,57	203,01	228,38
	VI	3 353,58	184,44	268,28	301,82																				
9 161,99 West	I,IV	2 894,—	159,17	231,52	260,46	I	2 894,—	152,42	221,70	249,41	145,67	211,89	238,37	138,93	202,08	227,34	132,18	192,27	216,30	125,44	182,46	205,26	118,69	172,64	194,22
	II	2 848,16	156,64	227,85	256,33	II	2 848,16	149,90	218,04	245,30	143,16	208,23	234,26	136,41	198,42	223,22	129,66	188,60	212,18	122,92	178,80	201,15	116,17	168,98	190,10
	III	2 214,16	121,77	177,13	199,27	III	2 214,16	115,23	167,61	188,56	108,80	158,26	178,04	102,52	149,12	167,76	96,36	140,16	157,68	90,32	131,38	147,80	84,42	122,80	138,15
	V	3 308,50	181,96	264,68	297,76	IV	2 894,—	155,79	226,61	254,93	152,42	221,70	249,41	149,05	216,80	243,90	145,67	211,89	238,37	142,30	206,98	232,85	138,93	202,08	227,34
	VI	3 342,—	183,81	267,36	300,78																				
9 161,99 Ost	I,IV	2 906,83	159,87	232,54	261,61	I	2 906,83	153,12	222,73	250,57	146,38	212,92	239,54	139,64	203,11	228,50	132,89	193,30	217,46	126,15	183,49	206,42	119,40	173,68	195,39
	II	2 861,08	157,35	228,88	257,49	II	2 861,08	150,61	219,07	246,45	143,86	209,26	235,41	137,12	199,45	224,38	130,37	189,64	213,34	123,63	179,82	202,30	116,88	170,02	191,27
	III	2 226,83	122,47	178,14	200,41	III	2 226,83	115,91	168,60	189,67	109,47	159,24	179,14	103,17	150,06	168,82	97,—	141,09	158,72	90,95	132,29	148,82	85,03	123,69	139,15
	V	3 321,41	182,67	265,71	298,92	IV	2 906,83	156,50	227,64	256,09	153,12	222,73	250,57	149,76	217,83	245,06	146,38	212,92	239,54	143,01	208,02	234,02	139,64	203,11	228,50
	VI	3 354,83	184,51	268,38	301,93																				
9 164,99 West	I,IV	2 895,25	159,23	231,62	260,57	I	2 895,25	152,49	221,80	249,53	145,74	211,99	238,49	139,—	202,18	227,45	132,25	192,37	216,41	125,51	182,56	205,38	118,76	172,75	194,34
	II	2 849,41	156,71	227,95	256,44	II	2 849,41	149,97	218,14	245,41	143,22	208,33	234,37	136,48	198,52	223,33	129,74	188,71	212,30	122,99	178,90	201,26	116,24	169,08	190,22
	III	2 215,33	121,84	177,22	199,37	III	2 215,33	115,29	167,70	188,66	108,87	158,36	178,15	102,58	149,21	167,86	96,42	140,25	157,78	90,38	131,46	147,89	84,48	122,88	138,24
	V	3 309,75	182,03	264,78	297,87	IV	2 895,25	155,86	226,71	255,05	152,49	221,80	249,53	149,11	216,90	244,01	145,74	211,99	238,49	142,37	207,08	232,97	139,—	202,18	227,45
	VI	3 343,25	183,87	267,46	300,89																				
9 164,99 Ost	I,IV	2 908,08	159,94	232,64	261,72	I	2 908,08	153,20	222,84	250,69	146,45	213,02	239,65	139,70	203,21	228,61	132,96	193,40	217,58	126,22	183,59	206,54	119,47	173,78	195,50
	II	2 862,33	157,42	228,98	257,60	II	2 862,33	150,68	219,17	246,56	143,93	209,36	235,53	137,19	199,55	224,49	130,44	189,74	213,45	123,69	179,92	202,41	116,95	170,12	191,38
	III	2 228,—	122,54	178,24	200,52	III	2 228,—	115,97	168,69	189,77	109,54	159,33	179,24	103,23	150,16	168,93	97,06	141,18	158,83	91,01	132,38	148,93	85,09	123,77	139,24
	V	3 322,66	182,74	265,81	299,03	IV	2 908,08	156,57	227,74	256,20	153,20	222,84	250,69	149,82	217,93	245,17	146,45	213,02	239,65	143,08	208,12	234,13	139,70	203,21	228,61
	VI	3 356,16	184,58	268,49	302,05																				
9 167,99 West	I,IV	2 896,50	159,30	231,72	260,68	I	2 896,50	152,56	221,90	249,64	145,81	212,09	238,60	139,07	202,28	227,57	132,32	192,47	216,53	125,57	182,66	205,49	118,83	172,85	194,45
	II	2 850,66	156,78	228,05	256,55	II	2 850,66	150,04	218,24	245,52	143,29	208,43	234,48	136,55	198,62	223,44	129,80	188,81	212,41	123,06	179,—	201,37	116,31	169,18	190,33
	III	2 216,66	121,91	177,33	199,49	III	2 216,66	115,36	167,80	188,77	108,94	158,46	178,27	102,64	149,30	167,96	96,48	140,34	157,88	90,44	131,56	148,—	84,54	122,97	138,34
	V	3 311,08	182,10	264,88	297,99	IV	2 896,50	155,93	226,81	255,16	152,56	221,90	249,64	149,18	217,—	244,12	145,81	212,09	238,60	142,44	207,19	233,09	139,07	202,28	227,57
	VI	3 344,50	183,94	267,56	301,—																				
9 167,99 Ost	I,IV	2 909,33	160,01	232,74	261,83	I	2 909,33	153,27	222,94	250,80	146,52	213,12	239,76	139,77	203,31	228,72	133,03	193,50	217,69	126,28	183,69	206,65	119,54	173,88	195,61
	II	2 863,58	157,49	229,08	257,72	II	2 863,58	150,75	219,27	246,68	144,—	209,46	235,64	137,26	199,65	224,60	130,51	189,84	213,57	123,77	180,03	202,53	117,02	170,22	191,49
	III	2 229,33	122,61	178,34	200,63	III	2 229,33	116,04	168,78	189,88	109,60	159,42	179,35	103,29	150,25	169,03	97,13	141,28	158,94	91,08	132,48	149,04	85,15	123,86	139,34
	V	3 323,91	182,81	265,91	299,15	IV	2 909,33	156,64	227,84	256,32	153,27	222,94	250,80	149,89	218,03	245,28	146,52	213,12	239,76	143,15	208,22	234,24	139,77	203,31	228,72
	VI	3 357,41	184,65	268,59	302,16																				

*** Die ausgewiesenen Tabellenwerte sind amtlich. Siehe Erläuterungen auf der Umschlaginnenseite (U2).**

MONAT 9 168,–*

Lohn/ Gehalt bis €*	Abzüge an Lohnsteuer, Solidaritätszuschlag (SolZ) und Kirchensteuer (8%, 9%) in den Steuerklassen I – VI					I, II, III, IV																			
			ohne Kinderfreibeträge					mit Zahl der Kinderfreibeträge . . . 0,5			1			1,5			2			2,5			3		
		LSt	SolZ	8%	9%		LSt	SolZ	8%	9%	SolZ	8%	9%	SolZ	8%	9%	SolZ	8%	9%	SolZ	8%	9%	SolZ	8%	9%
9 170,99 West	I,IV	2 897,75	159,37	231,82	260,79	I	2 897,75	152,62	222,—	249,75	145,88	212,20	238,72	139,14	202,38	227,68	132,39	192,57	216,64	125,65	182,76	205,61	118,90	172,95	194,57
	II	2 852,—	156,86	228,16	256,68	II	2 852,—	150,11	218,34	245,63	143,36	208,53	234,59	136,62	198,72	223,56	129,87	188,91	212,52	123,13	179,10	201,48	116,38	169,28	190,44
	III	2 217,83	121,98	177,42	199,60	III	2 217,83	115,42	167,89	188,87	109,01	158,56	178,38	102,71	149,40	168,07	96,54	140,42	157,97	90,51	131,65	148,10	84,59	123,05	138,43
	V	3 312,33	182,17	264,98	298,10	IV	2 897,75	156,—	226,91	255,27	152,62	222,—	249,75	149,25	217,10	244,23	145,88	212,20	238,72	142,51	207,29	233,20	139,14	202,38	227,68
	VI	3 345,75	184,01	267,66	301,11																				
9 170,99 Ost	I,IV	2 910,58	160,08	232,84	261,95	I	2 910,58	153,34	223,04	250,92	146,59	213,22	239,87	139,84	203,41	228,83	133,10	193,60	217,80	126,35	183,79	206,76	119,61	173,98	195,72
	II	2 864,83	157,56	229,18	257,83	II	2 864,83	150,81	219,37	246,79	144,07	209,56	235,76	137,33	199,75	224,72	130,58	189,94	213,68	123,84	180,13	202,64	117,09	170,32	191,61
	III	2 230,50	122,67	178,44	200,74	III	2 230,50	116,11	168,89	190,—	109,67	159,53	179,47	103,36	150,34	169,13	97,18	141,36	159,03	91,13	132,56	149,13	85,21	123,94	139,43
	V	3 325,16	182,88	266,01	299,26	IV	2 910,58	156,71	227,94	256,43	153,34	223,04	250,92	149,96	218,13	245,39	146,59	213,22	239,87	143,22	208,32	234,36	139,84	203,41	228,83
	VI	3 358,66	184,72	268,69	302,27																				
9 173,99 West	I,IV	2 899,—	159,44	231,92	260,91	I	2 899,—	152,69	222,10	249,86	145,95	212,30	238,83	139,20	202,48	227,79	132,46	192,67	216,75	125,72	182,86	205,72	118,97	173,05	194,68
	II	2 853,25	156,92	228,26	256,79	II	2 853,25	150,18	218,44	245,75	143,43	208,63	234,71	136,69	198,82	223,67	129,94	189,01	212,63	123,20	179,20	201,60	116,45	169,39	190,56
	III	2 219,16	122,05	177,53	199,72	III	2 219,16	115,50	168,—	189,—	109,07	158,65	178,48	102,77	149,49	168,17	96,60	140,52	158,08	90,56	131,73	148,19	84,66	123,14	138,53
	V	3 313,58	182,24	265,08	298,22	IV	2 899,—	156,07	227,01	255,38	152,69	222,10	249,86	149,32	217,20	244,35	145,95	212,30	238,83	142,58	207,39	233,31	139,20	202,48	227,79
	VI	3 347,—	184,08	267,76	301,23																				
9 173,99 Ost	I,IV	2 911,91	160,15	232,95	262,07	I	2 911,91	153,40	223,14	251,03	146,66	213,32	239,99	139,92	203,52	228,96	133,17	193,70	217,91	126,42	183,89	206,87	119,68	174,08	195,84
	II	2 866,08	157,63	229,28	257,94	II	2 866,08	150,89	219,48	246,91	144,14	209,66	235,87	137,39	199,85	224,83	130,65	190,04	213,80	123,91	180,23	202,76	117,16	170,42	191,72
	III	2 231,66	122,74	178,53	200,84	III	2 231,66	116,17	168,98	190,10	109,74	159,62	179,57	103,42	150,44	169,24	97,24	141,45	159,13	91,19	132,65	149,23	85,27	124,04	139,54
	V	3 326,41	182,95	266,11	299,37	IV	2 911,91	156,78	228,04	256,55	153,40	223,14	251,03	150,03	218,23	245,51	146,66	213,32	239,99	143,28	208,42	234,47	139,92	203,52	228,96
	VI	3 359,91	184,79	268,79	302,39																				
9 176,99 West	I,IV	2 900,25	159,51	232,02	261,02	I	2 900,25	152,76	222,20	249,98	146,02	212,40	238,95	139,27	202,58	227,90	132,53	192,77	216,86	125,78	182,96	205,83	119,04	173,15	194,79
	II	2 854,50	156,99	228,36	256,90	II	2 854,50	150,25	218,54	245,86	143,50	208,73	234,82	136,76	198,92	223,79	130,01	189,11	212,75	123,26	179,30	201,71	116,52	169,49	190,67
	III	2 220,33	122,11	177,62	199,82	III	2 220,33	115,56	168,09	189,10	109,13	158,74	178,58	102,84	149,58	168,28	96,67	140,61	158,18	90,63	131,82	148,30	84,71	123,22	138,62
	V	3 314,83	182,31	265,18	298,33	IV	2 900,25	156,14	227,11	255,50	152,76	222,20	249,98	149,39	217,30	244,46	146,02	212,40	238,95	142,65	207,49	233,42	139,27	202,58	227,90
	VI	3 348,25	184,15	267,86	301,34																				
9 176,99 Ost	I,IV	2 913,16	160,22	233,05	262,18	I	2 913,16	153,47	223,24	251,14	146,73	213,42	240,10	139,98	203,62	229,07	133,24	193,80	218,03	126,49	183,99	206,99	119,75	174,18	195,95
	II	2 867,33	157,70	229,38	258,05	II	2 867,33	150,96	219,58	247,02	144,21	209,76	235,98	137,46	199,95	224,94	130,72	190,14	213,91	123,97	180,33	202,87	117,23	170,52	191,83
	III	2 233,—	122,81	178,64	200,97	III	2 233,—	116,24	169,08	190,21	109,80	159,72	179,68	103,49	150,53	169,34	97,31	141,54	159,23	91,26	132,74	149,33	85,33	124,12	139,63
	V	3 327,75	183,02	266,22	299,49	IV	2 913,16	156,85	228,14	256,66	153,47	223,24	251,14	150,10	218,33	245,62	146,73	213,42	240,10	143,36	208,52	234,59	139,98	203,62	229,07
	VI	3 361,16	184,86	268,89	302,50																				
9 179,99 West	I,IV	2 901,50	159,58	232,12	261,13	I	2 901,50	152,84	222,31	250,10	146,09	212,50	239,06	139,34	202,68	228,02	132,60	192,88	216,99	125,85	183,06	205,94	119,11	173,25	194,90
	II	2 855,75	157,06	228,46	257,01	II	2 855,75	150,31	218,64	245,97	143,57	208,84	234,94	136,83	199,02	223,90	130,08	189,21	212,86	123,34	179,40	201,83	116,59	169,59	190,79
	III	2 221,50	122,18	177,72	199,93	III	2 221,50	115,62	168,18	189,20	109,20	158,84	178,69	102,90	149,68	168,39	96,73	140,70	158,29	90,69	131,92	148,41	84,78	123,32	138,73
	V	3 316,08	182,38	265,28	298,44	IV	2 901,50	156,20	227,21	255,61	152,84	222,31	250,10	149,46	217,40	244,58	146,09	212,50	239,06	142,72	207,59	233,54	139,34	202,68	228,02
	VI	3 349,58	184,22	267,96	301,46																				
9 179,99 Ost	I,IV	2 914,41	160,29	233,15	262,29	I	2 914,41	153,54	223,34	251,25	146,79	213,52	240,21	140,05	203,72	229,18	133,31	193,90	218,14	126,56	184,09	207,10	119,82	174,28	196,07
	II	2 868,58	157,77	229,48	258,17	II	2 868,58	151,03	219,68	247,14	144,28	209,86	236,09	137,53	200,05	225,05	130,79	190,24	214,02	124,04	180,43	202,98	117,30	170,62	191,94
	III	2 234,16	122,87	178,73	201,07	III	2 234,16	116,31	169,18	190,33	109,87	159,81	179,78	103,55	150,62	169,45	97,37	141,64	159,34	91,31	132,82	149,42	85,39	124,21	139,73
	V	3 329,—	183,09	266,32	299,61	IV	2 914,41	156,91	228,24	256,77	153,54	223,34	251,25	150,17	218,43	245,73	146,79	213,52	240,21	143,43	208,62	234,70	140,05	203,72	229,18
	VI	3 362,41	184,93	268,99	302,61																				
9 182,99 West	I,IV	2 902,75	159,65	232,22	261,24	I	2 902,75	152,90	222,41	250,21	146,16	212,60	239,17	139,41	202,78	228,13	132,67	192,98	217,10	125,92	183,16	206,06	119,18	173,35	195,02
	II	2 857,—	157,13	228,56	257,13	II	2 857,—	150,38	218,74	246,08	143,64	208,94	235,05	136,89	199,12	224,01	130,15	189,31	212,97	123,41	179,50	201,94	116,66	169,69	190,90
	III	2 222,83	122,25	177,82	200,05	III	2 222,83	115,69	168,28	189,31	109,26	158,93	178,79	102,96	149,77	168,49	96,80	140,80	158,40	90,75	132,01	148,51	84,83	123,40	138,82
	V	3 317,33	182,45	265,38	298,55	IV	2 902,75	156,28	227,32	255,73	152,90	222,41	250,21	149,53	217,50	244,69	146,16	212,60	239,17	142,78	207,69	233,65	139,41	202,78	228,13
	VI	3 350,83	184,29	268,06	301,57																				
9 182,99 Ost	I,IV	2 915,66	160,36	233,25	262,40	I	2 915,66	153,61	223,44	251,37	146,87	213,63	240,33	140,12	203,82	229,29	133,37	194,—	218,25	126,63	184,20	207,22	119,89	174,38	196,18
	II	2 869,91	157,84	229,59	258,29	II	2 869,91	151,09	219,78	247,25	144,35	209,96	236,21	137,61	200,16	225,18	130,86	190,34	214,13	124,11	180,53	203,09	117,37	170,72	192,06
	III	2 235,50	122,95	178,84	201,19	III	2 235,50	116,38	169,28	190,44	109,93	159,90	179,89	103,62	150,72	169,56	97,44	141,73	159,44	91,38	132,92	149,53	85,46	124,30	139,84
	V	3 330,25	183,16	266,42	299,72	IV	2 915,66	156,98	228,34	256,88	153,61	223,44	251,37	150,24	218,53	245,84	146,87	213,63	240,33	143,49	208,72	234,81	140,12	203,82	229,29
	VI	3 363,66	185,—	269,09	302,72																				
9 185,99 West	I,IV	2 904,08	159,72	232,32	261,36	I	2 904,08	152,97	222,51	250,32	146,23	212,70	239,28	139,48	202,88	228,24	132,74	193,08	217,21	125,99	183,26	206,17	119,24	173,45	195,13
	II	2 858,25	157,20	228,66	257,24	II	2 858,25	150,45	218,84	246,20	143,71	209,04	235,17	136,96	199,22	224,12	130,22	189,41	213,08	123,47	179,60	202,05	116,73	169,79	191,01
	III	2 224,—	122,32	177,92	200,16	III	2 224,—	115,76	168,38	189,43	109,33	159,02	178,90	103,03	149,86	168,59	96,86	140,89	158,50	90,81	132,09	148,60	84,90	123,49	138,92
	V	3 318,58	182,52	265,48	298,67	IV	2 904,08	156,35	227,42	255,84	152,97	222,51	250,32	149,60	217,60	244,80	146,23	212,70	239,28	142,85	207,79	233,76	139,48	202,88	228,24
	VI	3 352,08	184,36	268,16	301,68																				
9 185,99 Ost	I,IV	2 916,91	160,43	233,35	262,52	I	2 916,91	153,68	223,54	251,48	146,94	213,73	240,44	140,19	203,92	229,41	133,44	194,10	218,36	126,70	184,30	207,33	119,95	174,48	196,29
	II	2 871,16	157,91	229,69	258,40	II	2 871,16	151,16	219,88	247,36	144,42	210,06	236,32	137,67	200,26	225,29	130,93	190,44	214,25	124,18	180,63	203,21	117,44	170,82	192,17
	III	2 236,66	123,01	178,93	201,29	III	2 236,66	116,44	169,37	190,54	110,—	160,—	180,—	103,68	150,81	169,66	97,50	141,82	159,55	91,44	133,01	149,63	85,51	124,38	139,93
	V	3 331,50	183,23	266,52	299,83	IV	2 916,91	157,05	228,44	257,—	153,68	223,54	251,48	150,31	218,64	245,97	146,94	213,73	240,44	143,56	208,82	234,92	140,19	203,92	229,41
	VI	3 364,91	185,07	269,19	302,84																				
9 188,99 West	I,IV	2 905,33	159,79	232,42	261,47	I	2 905,33	153,04	222,61	250,43	146,30	212,80	239,40	139,55	202,99	228,36	132,81	193,18	217,32	126,06	183,36	206,28	119,32	173,56	195,25
	II	2 859,50	157,27	228,76	257,35	II	2 859,50	150,53	218,95	246,32	143,78	209,14	235,28	137,03	199,32	224,24	130,29	189,52	213,21	123,54	179,70	202,16	116,80	169,89	191,12
	III	2 225,33	122,39	178,02	200,27	III	2 225,33	115,83	168,48	189,54	109,39	159,12	179,01	103,09	149,96	168,70	96,91	140,97	158,59	90,87	132,18	148,70	84,96	123,58	139,03
	V	3 319,83	182,59	265,58	298,78	IV	2 905,33	156,42	227,52	255,96	153,04	222,61	250,43	149,67	217,70	244,91	146,30	212,80	239,40	142,92	207,89	233,87	139,55	202,99	228,36
	VI	3 353,33	184,43	268,26	301,79																				
9 188,99 Ost	I,IV	2 918,16	160,49	233,45	262,63	I	2 918,16	153,75	223,64	251,60	147,01	213,83	240,56	140,26	204,02	229,52	133,51	194,20	218,48	126,77	184,40	207,45	120,02	174,58	196,40
	II	2 872,41	157,98	229,79	258,51	II	2 872,41	151,23	219,98	247,47	144,48	210,16	236,43	137,74	200,36	225,40	131,—	190,54	214,36	124,25	180,73	203,32	117,51	170,92	192,29
	III	2 238,—	123,09	179,04	201,42	III	2 238,—	116,51	169,48	190,66	110,06	160,09	180,10	103,74	150,90	169,76	97,57	141,92	159,66	91,51	133,10	149,74	85,58	124,48	140,04
	V	3 332,75	183,30	266,62	299,94	IV	2 918,16	157,12	228,54	257,11	153,75	223,64	251,60	150,38	218,74	246,08	147,01	213,83	240,56	143,63	208,92	235,04	140,26	204,02	229,52
	VI	3 366,25	185,14	269,30	302,96																				
9 191,99 West	I,IV	2 906,58	159,86	232,52	261,59	I	2 906,58	153,11	222,71	250,55	146,36	212,90	239,51	139,62	203,09	228,47	132,88	193,28	217,44	126,13	183,46	206,39	119,39	173,66	195,36
	II	2 860,75	157,34	228,86	257,46	II	2 860,75	150,59	219,05	246,43	143,85	209,24	235,39	137,10	199,42	224,35	130,36	189,62	213,32	123,61	179,80	202,28	116,87	169,99	191,24
	III	2 226,50	122,45	178,12	200,38	III	2 226,50	115,89	168,57	189,64	109,46	159,22	179,12	103,16	150,05	168,80	96,98	141,06	158,69	90,94	132,28	148,81	85,02	123,66	139,12
	V	3 321,16	182,66	265,69	298,90	IV	2 906,58	156,48	227,62	256,07	153,11	222,71	250,55	149,74	217,80	245,03	146,36	212,90	239,51	143,—	208,—	234,—	139,62	203,09	228,47
	VI	3 354,58	184,50	268,36	301,91																				
9 191,99 Ost	I,IV	2 919,41	160,56	233,55	262,74	I	2 919,41	153,82	223,74	251,71	147,07	213,93	240,67	140,33	204,12	229,63	133,59	194,31	218,60	126,84	184,50	207,56	120,09	174,68	196,52
	II	2 873,66	158,05	229,89	258,62	II	2 873,66	151,30	220,08	247,59	144,56	210,27	236,55	137,81	200,46	225,51	131,06	190,64	214,47	124,32	180,84	203,44	117,58	171,02	192,40
	III	2 239,16	123,15	179,13	201,52	III	2 239,16	116,58	169,57	190,76	110,13	160,20	180,22	103,81	151,—	169,87	97,62	142,—	159,75	91,56	133,18	149,83	85,63	124,56	140,13
	V	3 334,—	183,37	266,72	300,06	IV	2 919,41	157,19	228,64	257,22	153,82	223,74	251,71	150,45	218,84	246,19	147,07	213,93	240,67	143,70	209,02	235,15	140,33	204,12	229,63
	VI	3 367,50	185,21	269,40	303,07																				

* Die ausgewiesenen Tabellenwerte sind amtlich. Siehe Erläuterungen auf der Umschlaginnenseite (U2).

Abzüge an Lohnsteuer, Solidaritätszuschlag (SolZ) und Kirchensteuer (8%, 9%) in den Steuerklassen

Lohn/ Gehalt bis €*	I – VI	LSt	ohne Kinderfreibeträge SolZ	8%	9%	I, II, III, IV	LSt	0,5 SolZ	8%	9%	1 SolZ	8%	9%	1,5 SolZ	8%	9%	2 SolZ	8%	9%	2,5 SolZ	8%	9%	3 SolZ	8%	9%
9 194,99 West	I,IV	2 907,83	159,93	232,62	261,70	I	2 907,83	153,18	222,81	250,66	146,44	213,—	239,63	139,69	203,19	228,59	132,94	193,38	217,55	126,20	183,56	206,51	119,46	173,76	195,48
	II	2 862,08	157,41	228,96	257,58	II	2 862,08	150,66	219,15	246,54	143,92	209,34	235,50	137,17	199,52	224,46	130,43	189,72	213,43	123,68	179,90	202,39	116,93	170,09	191,35
	III	2 227,66	122,52	178,21	200,48	III	2 227,66	115,96	168,68	189,76	109,53	159,32	179,23	103,22	150,14	168,91	97,04	141,16	158,80	90,99	132,36	148,90	85,08	123,76	139,23
	V	3 322,41	182,73	265,79	299,01	IV	2 907,83	156,55	227,72	256,18	153,18	222,81	250,66	149,81	217,90	245,14	146,44	213,—	239,63	143,06	208,10	234,11	139,69	203,19	228,59
	VI	3 355,83	184,57	268,46	302,02																				
9 194,99 Ost	I,IV	2 920,66	160,63	233,65	262,85	I	2 920,66	153,89	223,84	251,82	147,14	214,03	240,78	140,40	204,22	229,74	133,65	194,41	218,71	126,91	184,60	207,67	120,16	174,78	196,63
	II	2 874,91	158,12	229,99	258,74	II	2 874,91	151,37	220,18	247,70	144,63	210,37	236,66	137,88	200,56	225,63	131,13	190,74	214,58	124,39	180,94	203,55	117,64	171,12	192,51
	III	2 240,33	123,21	179,22	201,62	III	2 240,33	116,64	169,66	190,87	110,20	160,29	180,32	103,87	151,09	169,97	97,68	142,09	159,85	91,63	133,28	149,94	85,69	124,65	140,23
	V	3 335,25	183,43	266,82	300,17	IV	2 920,66	157,26	228,75	257,34	153,89	223,84	251,82	150,52	218,94	246,30	147,14	214,03	240,78	143,77	209,12	235,26	140,40	204,22	229,74
	VI	3 368,75	185,28	269,50	303,18																				
9 197,99 West	I,IV	2 909,08	159,99	232,72	261,81	I	2 909,08	153,25	222,91	250,77	146,51	213,10	239,74	139,76	203,29	228,70	133,01	193,48	217,66	126,27	183,67	206,63	119,52	173,86	195,59
	II	2 863,33	157,48	229,06	257,69	II	2 863,33	150,73	219,25	246,65	143,99	209,44	235,62	137,24	199,63	224,58	130,50	189,82	213,54	123,75	180,—	202,50	117,01	170,20	191,47
	III	2 229,—	122,59	178,32	200,61	III	2 229,—	116,03	168,77	189,86	109,59	159,41	179,33	103,29	150,24	169,02	97,11	141,25	158,90	91,06	132,45	149,—	85,14	123,84	139,32
	V	3 323,66	182,80	265,89	299,12	IV	2 909,08	156,62	227,82	256,29	153,25	222,91	250,77	149,87	218,—	245,25	146,51	213,10	239,74	143,13	208,20	234,22	139,76	203,29	228,70
	VI	3 357,08	184,63	268,56	302,13																				
9 197,99 Ost	I,IV	2 922,—	160,71	233,76	262,98	I	2 922,—	153,96	223,94	251,93	147,21	214,13	240,89	140,47	204,32	229,86	133,72	194,51	218,82	126,98	184,70	207,78	120,23	174,88	196,74
	II	2 876,16	158,18	230,09	258,85	II	2 876,16	151,44	220,28	247,82	144,70	210,47	236,78	137,95	200,66	225,74	131,20	190,84	214,70	124,46	181,04	203,67	117,71	171,22	192,62
	III	2 241,66	123,29	179,33	201,74	III	2 241,66	116,71	169,76	190,98	110,26	160,38	180,43	103,94	151,18	170,08	97,75	142,18	159,95	91,69	133,37	150,04	85,75	124,73	140,32
	V	3 336,50	183,50	266,92	300,28	IV	2 922,—	157,33	228,85	257,45	153,96	223,94	251,93	150,59	219,04	246,42	147,21	214,13	240,89	143,84	209,22	235,37	140,47	204,32	229,86
	VI	3 370,—	185,35	269,60	303,30																				
9 200,99 West	I,IV	2 910,33	160,06	232,82	261,92	I	2 910,33	153,32	223,01	250,88	146,57	213,20	239,85	139,83	203,39	228,81	133,08	193,58	217,77	126,34	183,77	206,74	119,59	173,96	195,70
	II	2 864,58	157,55	229,16	257,81	II	2 864,58	150,80	219,35	246,77	144,05	209,54	235,73	137,31	199,73	224,69	130,57	189,92	213,66	123,82	180,10	202,61	117,08	170,30	191,58
	III	2 230,16	122,65	178,41	200,71	III	2 230,16	116,09	168,86	189,97	109,66	159,50	179,44	103,35	150,33	169,12	97,17	141,34	159,01	91,12	132,54	149,11	85,20	123,93	139,42
	V	3 324,91	182,87	265,99	299,24	IV	2 910,33	156,69	227,92	256,41	153,32	223,01	250,88	149,95	218,11	245,37	146,57	213,20	239,85	143,20	208,30	234,33	139,83	203,39	228,81
	VI	3 358,33	184,70	268,66	302,24																				
9 200,99 Ost	I,IV	2 923,25	160,77	233,86	263,09	I	2 923,25	154,03	224,04	252,05	147,28	214,23	241,01	140,54	204,42	229,97	133,79	194,61	218,93	127,05	184,80	207,90	120,30	174,99	196,86
	II	2 877,41	158,25	230,19	258,96	II	2 877,41	151,51	220,38	247,93	144,76	210,57	236,89	138,02	200,76	225,85	131,28	190,95	214,82	124,53	181,14	203,78	117,78	171,32	192,74
	III	2 242,83	123,35	179,42	201,85	III	2 242,83	116,78	169,86	191,09	110,33	160,48	180,54	104,01	151,29	170,20	97,81	142,28	160,06	91,74	133,45	150,13	85,81	124,82	140,42
	V	3 337,75	183,57	267,02	300,39	IV	2 923,25	157,40	228,95	257,57	154,03	224,04	252,05	150,65	219,14	246,53	147,28	214,23	241,01	143,91	209,32	235,49	140,54	204,42	229,97
	VI	3 371,25	185,41	269,70	303,41																				
9 203,99 West	I,IV	2 911,58	160,13	232,92	262,04	I	2 911,58	153,39	223,12	251,01	146,64	213,30	239,96	139,90	203,49	228,92	133,15	193,68	217,89	126,41	183,87	206,85	119,66	174,06	195,81
	II	2 865,83	157,62	229,26	257,92	II	2 865,83	150,87	219,45	246,88	144,13	209,64	235,85	137,38	199,83	224,81	130,63	190,02	213,77	123,89	180,20	202,73	117,15	170,40	191,70
	III	2 231,50	122,73	178,52	200,83	III	2 231,50	116,16	168,96	190,08	109,72	159,60	179,55	103,41	150,42	169,22	97,24	141,44	159,12	91,19	132,64	149,22	85,25	124,01	139,51
	V	3 326,16	182,93	266,09	299,35	IV	2 911,58	156,76	228,02	256,52	153,39	223,12	251,01	150,02	218,21	245,48	146,64	213,30	239,96	143,27	208,40	234,45	139,90	203,49	228,92
	VI	3 359,66	184,78	268,77	302,36																				
9 203,99 Ost	I,IV	2 924,50	160,84	233,96	263,20	I	2 924,50	154,10	224,14	252,16	147,35	214,33	241,12	140,61	204,52	230,09	133,86	194,71	219,05	127,11	184,90	208,01	120,37	175,09	196,97
	II	2 878,66	158,32	230,29	259,07	II	2 878,66	151,58	220,48	248,04	144,83	210,67	237,—	138,09	200,86	225,96	131,34	191,05	214,93	124,60	181,24	203,89	117,85	171,42	192,85
	III	2 244,16	123,42	179,53	201,97	III	2 244,16	116,84	169,96	191,20	110,39	160,57	180,64	104,07	151,38	170,30	97,88	142,37	160,16	91,81	133,54	150,23	85,88	124,92	140,53
	V	3 339,08	183,64	267,12	300,51	IV	2 924,50	157,47	229,05	257,68	154,10	224,14	252,16	150,72	219,24	246,64	147,35	214,33	241,12	143,98	209,43	235,61	140,61	204,52	230,09
	VI	3 372,50	185,48	269,80	303,52																				
9 206,99 West	I,IV	2 912,83	160,20	233,02	262,15	I	2 912,83	153,46	223,22	251,12	146,71	213,40	240,08	139,97	203,59	229,04	133,22	193,78	218,—	126,48	183,97	206,96	119,73	174,16	195,93
	II	2 867,08	157,68	229,36	258,03	II	2 867,08	150,94	219,55	246,99	144,20	209,74	235,96	137,45	199,93	224,92	130,70	190,12	213,88	123,96	180,31	202,85	117,21	170,50	191,81
	III	2 232,66	122,79	178,61	200,93	III	2 232,66	116,23	169,06	190,19	109,78	159,69	179,65	103,48	150,52	169,33	97,30	141,53	159,22	91,24	132,72	149,31	85,32	124,10	139,61
	V	3 327,41	183,—	266,19	299,46	IV	2 912,83	156,83	228,12	256,64	153,46	223,22	251,12	150,09	218,31	245,60	146,71	213,40	240,08	143,34	208,50	234,56	139,97	203,59	229,04
	VI	3 360,91	184,85	268,87	302,48																				
9 206,99 Ost	I,IV	2 925,75	160,91	234,06	263,31	I	2 925,75	154,16	224,24	252,27	147,42	214,44	241,24	140,68	204,62	230,20	133,93	194,81	219,16	127,19	185,—	208,13	120,44	175,19	197,09
	II	2 880,—	158,40	230,40	259,20	II	2 880,—	151,65	220,58	248,15	144,90	210,77	237,11	138,16	200,96	226,08	131,41	191,15	215,04	124,67	181,34	204,—	117,92	171,52	192,96
	III	2 245,33	123,49	179,62	202,07	III	2 245,33	116,91	170,05	191,30	110,45	160,66	180,74	104,14	151,48	170,41	97,94	142,46	160,27	91,87	133,64	150,34	85,93	125,—	140,62
	V	3 340,33	183,71	267,22	300,62	IV	2 925,75	157,54	229,15	257,79	154,16	224,24	252,27	150,79	219,34	246,75	147,42	214,44	241,24	144,05	209,53	235,72	140,68	204,62	230,20
	VI	3 373,75	185,55	269,90	303,63																				
9 209,99 West	I,IV	2 914,08	160,27	233,12	262,26	I	2 914,08	153,53	223,32	251,23	146,78	213,50	240,19	140,03	203,69	229,15	133,29	193,88	218,12	126,55	184,07	207,08	119,80	174,26	196,04
	II	2 868,33	157,75	229,46	258,14	II	2 868,33	151,01	219,65	247,10	144,26	209,84	236,07	137,52	200,03	225,03	130,77	190,22	213,99	124,03	180,41	202,96	117,28	170,60	191,92
	III	2 234,—	122,87	178,72	201,06	III	2 234,—	116,29	169,16	190,30	109,85	159,78	179,75	103,54	150,61	169,43	97,35	141,61	159,31	91,30	132,81	149,41	85,38	124,20	139,72
	V	3 328,66	183,07	266,29	299,57	IV	2 914,08	156,90	228,22	256,75	153,53	223,32	251,23	150,15	218,41	245,71	146,78	213,50	240,19	143,41	208,60	234,67	140,03	203,69	229,15
	VI	3 362,16	184,91	268,97	302,59																				
9 209,99 Ost	I,IV	2 927,—	160,98	234,16	263,43	I	2 927,—	154,23	224,34	252,38	147,49	214,54	241,35	140,74	204,72	230,31	134,—	194,91	219,27	127,26	185,10	208,24	120,51	175,29	197,20
	II	2 881,25	158,46	230,50	259,31	II	2 881,25	151,72	220,68	248,27	144,97	210,87	237,23	138,23	201,06	226,19	131,48	191,25	215,15	124,74	181,44	204,12	117,99	171,63	193,08
	III	2 246,66	123,56	179,73	202,19	III	2 246,66	116,98	170,16	191,43	110,53	160,77	180,86	104,20	151,57	170,51	98,01	142,56	160,38	91,94	133,73	150,44	86,—	125,09	140,72
	V	3 341,58	183,78	267,32	300,74	IV	2 927,—	157,61	229,25	257,90	154,23	224,34	252,38	150,86	219,44	246,87	147,49	214,54	241,35	144,12	209,63	235,83	140,74	204,72	230,31
	VI	3 375,—	185,62	270,—	303,75																				
9 212,99 West	I,IV	2 915,41	160,34	233,23	262,38	I	2 915,41	153,60	223,42	251,34	146,85	213,60	240,30	140,11	203,80	229,27	133,36	193,98	218,23	126,61	184,17	207,19	119,87	174,36	196,16
	II	2 869,58	157,82	229,56	258,26	II	2 869,58	151,08	219,76	247,23	144,33	209,94	236,18	137,59	200,13	225,14	130,84	190,32	214,11	124,10	180,51	203,07	117,35	170,70	192,03
	III	2 235,16	122,93	178,81	201,16	III	2 235,16	116,36	169,25	190,40	109,92	159,89	179,87	103,61	150,70	169,54	97,42	141,70	159,41	91,37	132,90	149,51	85,44	124,28	139,81
	V	3 329,91	183,14	266,39	299,69	IV	2 915,41	156,97	228,32	256,86	153,60	223,42	251,34	150,22	218,51	245,82	146,85	213,60	240,30	143,48	208,70	234,78	140,11	203,80	229,27
	VI	3 363,41	184,98	269,07	302,70																				
9 212,99 Ost	I,IV	2 928,25	161,05	234,26	263,54	I	2 928,25	154,30	224,44	252,50	147,56	214,64	241,47	140,81	204,82	230,42	134,07	195,01	219,38	127,32	185,20	208,35	120,58	175,39	197,31
	II	2 882,50	158,53	230,60	259,42	II	2 882,50	151,79	220,78	248,38	145,04	210,97	237,34	138,30	201,16	226,31	131,55	191,35	215,27	124,80	181,54	204,23	118,06	171,73	193,19
	III	2 247,83	123,63	179,82	202,30	III	2 247,83	117,04	170,25	191,53	110,59	160,86	180,97	104,27	151,66	170,62	98,06	142,64	160,47	91,99	133,81	150,53	86,05	125,17	140,81
	V	3 342,83	183,85	267,42	300,85	IV	2 928,25	157,68	229,35	258,02	154,30	224,44	252,50	150,93	219,54	246,98	147,56	214,64	241,47	144,19	209,73	235,94	140,81	204,82	230,42
	VI	3 376,25	185,69	270,10	303,86																				
9 215,99 West	I,IV	2 916,66	160,41	233,33	262,49	I	2 916,66	153,67	223,52	251,46	146,92	213,70	240,41	140,18	203,90	229,38	133,43	194,08	218,34	126,68	184,27	207,30	119,94	174,46	196,27
	II	2 870,83	157,89	229,66	258,37	II	2 870,83	151,15	219,86	247,34	144,40	210,04	236,30	137,66	200,23	225,26	130,91	190,42	214,22	124,17	180,61	203,18	117,42	170,80	192,15
	III	2 236,50	123,—	178,92	201,28	III	2 236,50	116,43	169,36	190,53	109,99	159,98	179,98	103,67	150,80	169,65	97,48	141,80	159,52	91,42	132,98	149,60	85,50	124,37	139,91
	V	3 331,25	183,21	266,50	299,81	IV	2 916,66	157,04	228,42	256,97	153,67	223,52	251,46	150,29	218,61	245,93	146,92	213,70	240,41	143,55	208,80	234,90	140,18	203,90	229,38
	VI	3 364,66	185,05	269,17	302,81																				
9 215,99 Ost	I,IV	2 929,50	161,12	234,36	263,65	I	2 929,50	154,38	224,55	252,62	147,63	214,74	241,58	140,88	204,92	230,54	134,14	195,12	219,51	127,39	185,30	208,46	120,65	175,49	197,42
	II	2 883,75	158,60	230,70	259,53	II	2 883,75	151,85	220,88	248,49	145,11	211,08	237,46	138,37	201,26	226,42	131,62	191,45	215,38	124,88	181,64	204,35	118,13	171,83	193,31
	III	2 249,16	123,70	179,93	202,42	III	2 249,16	117,11	170,34	191,63	110,66	160,96	181,08	104,33	151,76	170,73	98,12	142,73	160,57	92,06	133,90	150,64	86,12	125,26	140,92
	V	3 344,08	183,92	267,52	300,96	IV	2 929,50	157,74	229,45	258,13	154,38	224,55	252,62	151,—	219,64	247,10	147,63	214,74	241,58	144,26	209,83	236,06	140,88	204,92	230,54
	VI	3 377,58	185,76	270,20	303,98																				

*** Die ausgewiesenen Tabellenwerte sind amtlich. Siehe Erläuterungen auf der Umschlaginnenseite (U2).**

Lohn/ Gehalt bis €*	Abzüge an Lohnsteuer, Solidaritätszuschlag (SolZ) und Kirchensteuer (8%, 9%) in den Steuerklassen I – VI					I, II, III, IV		mit Zahl der Kinderfreibeträge . . . 0,5			1			1,5			2			2,5			3		
		LSt	ohne Kinderfreibeträge SolZ	8%	9%		LSt	SolZ	8%	9%	SolZ	8%	9%	SolZ	8%	9%	SolZ	8%	9%	SolZ	8%	9%	SolZ	8%	9%
9 218,99 West	I,IV	2 917,91	160,48	233,43	262,61	I	2 917,91	153,73	223,62	251,57	146,99	213,80	240,53	140,25	204,—	229,50	133,50	194,18	218,45	126,75	184,37	207,41	120,01	174,56	196,38
	II	2 872,08	157,96	229,76	258,48	II	2 872,08	151,22	219,96	247,45	144,47	210,14	236,41	137,72	200,33	225,37	130,98	190,52	214,34	124,24	180,71	203,30	117,49	170,90	192,26
	III	2 237,66	123,07	179,01	201,38	III	2 237,66	116,49	169,45	190,63	110,05	160,08	180,09	103,73	150,89	169,75	97,55	141,89	159,62	91,49	133,08	149,71	85,56	124,45	140,—
	V	3 332,50	183,28	266,60	299,92	IV	2 917,91	157,11	228,52	257,09	153,73	223,62	251,57	150,36	218,71	246,05	146,99	213,80	240,53	143,62	208,90	235,01	140,25	204,—	229,50
	VI	3 365,91	185,12	269,27	302,93																				
9 218,99 Ost	I,IV	2 930,75	161,19	234,46	263,76	I	2 930,75	154,44	224,65	252,73	147,70	214,84	241,69	140,95	205,02	230,65	134,21	195,22	219,62	127,46	185,40	208,58	120,72	175,59	197,54
	II	2 885,—	158,67	230,80	259,65	II	2 885,—	151,92	220,98	248,60	145,18	211,18	237,57	138,43	201,36	226,53	131,69	191,55	215,49	124,95	181,74	204,46	118,20	171,93	193,42
	III	2 250,33	123,76	180,02	202,52	III	2 250,33	117,18	170,45	191,75	110,72	161,05	181,18	104,39	151,85	170,83	98,19	142,82	160,67	92,12	134,—	150,75	86,18	125,36	141,03
	V	3 345,33	183,99	267,62	301,07	IV	2 930,75	157,82	229,56	258,25	154,44	224,65	252,73	151,07	219,74	247,21	147,70	214,84	241,69	144,32	209,93	236,17	140,95	205,02	230,65
	VI	3 378,83	185,83	270,30	304,09																				
9 221,99 West	I,IV	2 919,16	160,55	233,53	262,72	I	2 919,16	153,80	223,72	251,68	147,06	213,91	240,65	140,31	204,10	229,61	133,57	194,28	218,57	126,83	184,48	207,54	120,08	174,66	196,49
	II	2 873,41	158,03	229,87	258,60	II	2 873,41	151,29	220,06	247,56	144,54	210,24	236,52	137,80	200,44	225,49	131,05	190,62	214,45	124,30	180,81	203,41	117,56	171,—	192,38
	III	2 238,83	123,13	179,10	201,49	III	2 238,83	116,56	169,54	190,73	110,11	160,17	180,19	103,80	150,98	169,85	97,61	141,98	159,73	91,55	133,17	149,81	85,62	124,54	140,11
	V	3 333,75	183,35	266,70	300,03	IV	2 919,16	157,18	228,62	257,20	153,80	223,72	251,68	150,43	218,81	246,16	147,06	213,91	240,65	143,69	209,—	235,13	140,31	204,10	229,61
	VI	3 367,16	185,19	269,37	303,04																				
9 221,99 Ost	I,IV	2 932,08	161,26	234,56	263,88	I	2 932,08	154,51	224,75	252,84	147,77	214,94	241,80	141,02	205,12	230,76	134,28	195,32	219,73	127,53	185,50	208,69	120,78	175,69	197,65
	II	2 886,25	158,74	230,90	259,76	II	2 886,25	151,99	221,08	248,72	145,25	211,28	237,69	138,50	201,46	226,64	131,76	191,65	215,60	125,01	181,84	204,57	118,27	172,03	193,53
	III	2 251,66	123,84	180,13	202,64	III	2 251,66	117,25	170,54	191,86	110,78	161,14	181,28	104,46	151,94	170,93	98,25	142,92	160,78	92,18	134,09	150,85	86,24	125,44	141,12
	V	3 346,58	184,06	267,72	301,19	IV	2 932,08	157,89	229,66	258,36	154,51	224,75	252,84	151,14	219,84	247,32	147,77	214,94	241,80	144,39	210,03	236,28	141,02	205,12	230,76
	VI	3 380,08	185,90	270,40	304,20																				
9 224,99 West	I,IV	2 920,41	160,62	233,63	262,83	I	2 920,41	153,87	223,82	251,79	147,13	214,01	240,76	140,38	204,20	229,72	133,64	194,38	218,68	126,89	184,58	207,65	120,15	174,76	196,61
	II	2 874,66	158,10	229,97	258,71	II	2 874,66	151,36	220,16	247,68	144,61	210,34	236,63	137,87	200,54	225,60	131,12	190,72	214,56	124,37	180,91	203,52	117,63	171,10	192,49
	III	2 240,16	123,20	179,21	201,61	III	2 240,16	116,62	169,64	190,84	110,18	160,26	180,29	103,86	151,08	169,96	97,68	142,08	159,84	91,62	133,26	149,92	85,68	124,62	140,20
	V	3 335,—	183,42	266,80	300,15	IV	2 920,41	157,24	228,72	257,31	153,87	223,82	251,79	150,50	218,92	246,28	147,13	214,01	240,76	143,76	209,10	235,24	140,38	204,20	229,72
	VI	3 368,41	185,26	269,47	303,15																				
9 224,99 Ost	I,IV	2 933,33	161,33	234,66	263,99	I	2 933,33	154,58	224,85	252,95	147,84	215,04	241,92	141,09	205,23	230,88	134,35	195,42	219,84	127,60	185,60	208,80	120,86	175,80	197,77
	II	2 887,50	158,81	231,—	259,87	II	2 887,50	152,07	221,19	248,84	145,32	211,38	237,80	138,57	201,56	226,76	131,83	191,76	215,73	125,08	181,94	204,68	118,34	172,13	193,64
	III	2 252,83	123,90	180,22	202,75	III	2 252,83	117,31	170,64	191,97	110,85	161,24	181,39	104,52	152,04	171,04	98,32	143,01	160,88	92,24	134,17	150,94	86,30	125,53	141,22
	V	3 347,83	184,13	267,82	301,30	IV	2 933,33	157,96	229,76	258,48	154,58	224,85	252,95	151,21	219,94	247,43	147,84	215,04	241,92	144,46	210,13	236,39	141,09	205,23	230,88
	VI	3 381,33	185,97	270,50	304,31																				
9 227,99 West	I,IV	2 921,66	160,69	233,73	262,94	I	2 921,66	153,94	223,92	251,91	147,20	214,11	240,87	140,45	204,30	229,83	133,70	194,48	218,79	126,96	184,68	207,76	120,22	174,86	196,72
	II	2 875,91	158,17	230,07	258,83	II	2 875,91	151,42	220,26	247,79	144,68	210,44	236,75	137,94	200,64	225,72	131,19	190,82	214,67	124,44	181,01	203,63	117,70	171,20	192,60
	III	2 241,33	123,27	179,30	201,71	III	2 241,33	116,70	169,74	190,96	110,24	160,36	180,40	103,93	151,17	170,06	97,74	142,17	159,94	91,67	133,34	150,01	85,74	124,72	140,31
	V	3 336,25	183,49	266,90	300,26	IV	2 921,66	157,31	228,82	257,42	153,94	223,92	251,91	150,57	219,02	246,39	147,20	214,11	240,87	143,82	209,20	235,35	140,45	204,30	229,83
	VI	3 369,75	185,33	269,58	303,27																				
9 227,99 Ost	I,IV	2 934,58	161,40	234,76	264,11	I	2 934,58	154,65	224,95	253,07	147,90	215,14	242,03	141,16	205,33	230,99	134,42	195,52	219,96	127,67	185,70	208,91	120,93	175,90	197,88
	II	2 888,75	158,88	231,10	259,98	II	2 888,75	152,13	221,29	248,95	145,39	211,48	237,91	138,64	201,66	226,87	131,90	191,86	215,84	125,15	182,04	204,80	118,41	172,23	193,76
	III	2 254,—	123,97	180,32	202,86	III	2 254,—	117,37	170,73	192,07	110,92	161,34	181,51	104,59	152,13	171,14	98,38	143,10	160,99	92,30	134,26	151,04	86,35	125,61	141,31
	V	3 349,16	184,20	267,93	301,42	IV	2 934,58	158,02	229,86	258,59	154,65	224,95	253,07	151,28	220,04	247,55	147,90	215,14	242,03	144,54	210,24	236,52	141,16	205,33	230,99
	VI	3 382,58	186,04	270,60	304,43																				
9 230,99 West	I,IV	2 922,91	160,76	233,83	263,06	I	2 922,91	154,01	224,02	252,02	147,27	214,21	240,98	140,52	204,40	229,95	133,78	194,59	218,91	127,03	184,78	207,87	120,28	174,96	196,83
	II	2 877,16	158,24	230,17	258,94	II	2 877,16	151,49	220,36	247,90	144,75	210,55	236,87	138,—	200,74	225,83	131,26	190,92	214,79	124,52	181,12	203,76	117,77	171,30	192,71
	III	2 242,66	123,34	179,41	201,83	III	2 242,66	116,76	169,84	191,07	110,31	160,45	180,50	103,99	151,26	170,17	97,79	142,25	160,03	91,74	133,44	150,12	85,80	124,81	140,41
	V	3 337,50	183,56	267,—	300,37	IV	2 922,91	157,38	228,92	257,54	154,01	224,02	252,02	150,64	219,12	246,51	147,27	214,21	240,98	143,89	209,30	235,46	140,52	204,40	229,95
	VI	3 371,—	185,40	269,68	303,39																				
9 230,99 Ost	I,IV	2 935,83	161,47	234,86	264,22	I	2 935,83	154,72	225,05	253,18	147,98	215,24	242,15	141,23	205,43	231,11	134,48	195,62	220,07	127,74	185,80	209,03	121,—	176,—	198,—
	II	2 890,08	158,95	231,20	260,10	II	2 890,08	152,20	221,39	249,06	145,46	211,58	238,02	138,71	201,76	226,98	131,97	191,96	215,95	125,22	182,14	204,91	118,47	172,33	193,87
	III	2 255,33	124,04	180,42	202,97	III	2 255,33	117,45	170,84	192,19	110,99	161,44	181,62	104,65	152,22	171,25	98,45	143,20	161,10	92,37	134,36	151,15	86,42	125,70	141,41
	V	3 350,41	184,27	268,03	301,53	IV	2 935,83	158,09	229,96	258,70	154,72	225,05	253,18	151,35	220,14	247,66	147,98	215,24	242,15	144,60	210,34	236,63	141,23	205,43	231,11
	VI	3 383,83	186,11	270,70	304,54																				
9 233,99 West	I,IV	2 924,16	160,82	233,93	263,17	I	2 924,16	154,08	224,12	252,14	147,34	214,31	241,10	140,59	204,50	230,06	133,85	194,69	219,02	127,10	184,88	207,99	120,35	175,06	196,94
	II	2 878,41	158,31	230,27	259,05	II	2 878,41	151,56	220,46	248,01	144,82	210,65	236,98	138,07	200,84	225,94	131,33	191,02	214,90	124,58	181,22	203,87	117,84	171,40	192,83
	III	2 243,83	123,41	179,50	201,94	III	2 243,83	116,82	169,93	191,17	110,38	160,56	180,63	104,06	151,36	170,28	97,86	142,34	160,13	91,80	133,53	150,22	85,86	124,89	140,50
	V	3 338,75	183,63	267,10	300,48	IV	2 924,16	157,46	229,03	257,66	154,08	224,12	252,14	150,71	219,22	246,62	147,34	214,31	241,10	143,96	209,40	235,58	140,59	204,50	230,06
	VI	3 372,25	185,47	269,78	303,50																				
9 233,99 Ost	I,IV	2 937,08	161,53	234,96	264,33	I	2 937,08	154,79	225,15	253,29	148,05	215,34	242,26	141,30	205,53	231,22	134,55	195,72	220,18	127,81	185,91	209,15	121,06	176,10	198,11
	II	2 891,33	159,02	231,30	260,21	II	2 891,33	152,27	221,49	249,17	145,53	211,68	238,14	138,78	201,87	227,10	132,04	192,06	216,06	125,29	182,24	205,02	118,55	172,44	193,99
	III	2 256,50	124,10	180,52	203,08	III	2 256,50	117,51	170,93	192,29	111,05	161,53	181,72	104,72	152,32	171,36	98,51	143,29	161,20	92,43	134,45	151,25	86,47	125,78	141,50
	V	3 351,66	184,34	268,13	301,64	IV	2 937,08	158,16	230,06	258,81	154,79	225,15	253,29	151,41	220,24	247,77	148,05	215,34	242,26	144,67	210,44	236,74	141,30	205,53	231,22
	VI	3 385,08	186,17	270,80	304,65																				
9 236,99 West	I,IV	2 925,50	160,90	234,04	263,29	I	2 925,50	154,15	224,22	252,25	147,40	214,41	241,21	140,66	204,60	230,18	133,92	194,79	219,14	127,17	184,98	208,10	120,42	175,16	197,06
	II	2 879,66	158,38	230,37	259,16	II	2 879,66	151,63	220,56	248,13	144,89	210,75	237,09	138,14	200,94	226,05	131,39	191,12	215,01	124,65	181,32	203,98	117,91	171,50	192,94
	III	2 245,16	123,48	179,61	202,06	III	2 245,16	116,90	170,04	191,29	110,44	160,65	180,73	104,12	151,45	170,38	97,92	142,44	160,24	91,85	133,61	150,31	85,92	124,98	140,60
	V	3 340,—	183,70	267,20	300,60	IV	2 925,50	157,52	229,13	257,77	154,15	224,22	252,25	150,78	219,32	246,73	147,40	214,41	241,21	144,03	209,50	235,69	140,66	204,60	230,18
	VI	3 373,50	185,54	269,88	303,61																				
9 236,99 Ost	I,IV	2 938,33	161,60	235,06	264,44	I	2 938,33	154,86	225,25	253,40	148,11	215,44	242,37	141,37	205,63	231,33	134,62	195,82	220,29	127,88	186,01	209,26	121,13	176,20	198,22
	II	2 892,58	159,09	231,40	260,33	II	2 892,58	152,34	221,59	249,29	145,59	211,78	238,25	138,85	201,97	227,21	132,11	192,16	216,18	125,36	182,34	205,13	118,62	172,54	194,10
	III	2 257,83	124,18	180,62	203,20	III	2 257,83	117,58	171,02	192,40	111,11	161,62	181,82	104,78	152,41	171,46	98,56	143,37	161,29	92,49	134,53	151,34	86,54	125,88	141,61
	V	3 352,91	184,41	268,23	301,76	IV	2 938,33	158,23	230,16	258,93	154,86	225,25	253,40	151,49	220,35	247,89	148,11	215,44	242,37	144,74	210,54	236,85	141,37	205,63	231,33
	VI	3 386,33	186,24	270,90	304,76																				
9 239,99 West	I,IV	2 926,75	160,97	234,14	263,40	I	2 926,75	154,22	224,32	252,36	147,47	214,51	241,32	140,73	204,70	230,29	133,98	194,89	219,25	127,24	185,08	208,21	120,50	175,27	197,18
	II	2 880,91	158,45	230,47	259,28	II	2 880,91	151,70	220,66	248,24	144,96	210,85	237,20	138,21	201,04	226,17	131,47	191,23	215,13	124,72	181,42	204,09	117,97	171,60	193,05
	III	2 246,33	123,54	179,70	202,16	III	2 246,33	116,96	170,13	191,39	110,51	160,74	180,83	104,18	151,54	170,48	97,99	142,53	160,34	91,92	133,70	150,41	85,98	125,06	140,69
	V	3 341,25	183,76	267,30	300,71	IV	2 926,75	157,59	229,23	257,88	154,22	224,32	252,36	150,85	219,42	246,84	147,47	214,51	241,32	144,10	209,60	235,80	140,73	204,70	230,29
	VI	3 374,75	185,61	269,98	303,72																				
9 239,99 Ost	I,IV	2 939,58	161,67	235,16	264,56	I	2 939,58	154,93	225,36	253,53	148,18	215,54	242,48	141,44	205,73	231,44	134,69	195,92	220,41	127,95	186,11	209,37	121,20	176,30	198,33
	II	2 893,83	159,16	231,50	260,44	II	2 893,83	152,41	221,69	249,40	145,67	211,88	238,37	138,92	202,07	227,33	132,17	192,26	216,29	125,43	182,44	205,25	118,69	172,64	194,22
	III	2 259,—	124,24	180,72	203,31	III	2 259,—	117,65	171,13	192,52	111,18	161,72	181,93	104,84	152,50	171,56	98,63	143,46	161,39	92,55	134,62	151,45	86,60	125,97	141,71
	V	3 354,16	184,47	268,33	301,87	IV	2 939,58	158,30	230,26	259,04	154,93	225,36	253,53	151,56	220,45	248,—	148,18	215,54	242,48	144,81	210,64	236,97	141,44	205,73	231,44
	VI	3 387,66	186,32	271,01	304,88																				

* Die ausgewiesenen Tabellenwerte sind amtlich. Siehe Erläuterungen auf der Umschlaginnenseite (U2).

Abzüge an Lohnsteuer, Solidaritätszuschlag (SolZ) und Kirchensteuer (8%, 9%) in den Steuerklassen

Lohn/Gehalt bis €*	I – VI		ohne Kinderfreibeträge			I, II, III, IV		mit Zahl der Kinderfreibeträge . . . 0,5			1			1,5			2			2,5			3		
		LSt	SolZ	8%	9%		LSt	SolZ	8%	9%	SolZ	8%	9%	SolZ	8%	9%	SolZ	8%	9%	SolZ	8%	9%	SolZ	8%	9%
9 242,99 West	I,IV	2 928,—	161,04	234,24	263,52	I	2 928,—	154,29	224,42	252,47	147,54	214,61	241,43	140,80	204,80	230,40	134,05	194,99	219,36	127,31	185,18	208,32	120,56	175,37	197,29
	II	2 882,16	158,51	230,57	259,39	II	2 882,16	151,77	220,76	248,36	145,03	210,95	237,32	138,28	201,14	226,28	131,54	191,33	215,24	124,79	181,52	204,21	118,04	171,70	193,16
	III	2 247,66	123,62	179,81	202,28	III	2 247,66	117,03	170,22	191,50	110,57	160,84	180,94	104,25	151,64	170,59	98,05	142,62	160,45	91,98	133,80	150,52	86,04	125,16	140,80
	V	3 342,58	183,84	267,40	300,83	IV	2 928,—	157,66	229,33	257,99	154,29	224,42	252,47	150,92	219,52	246,96	147,54	214,61	241,43	144,17	209,71	235,92	140,80	204,80	230,40
	VI	3 376,—	185,68	270,08	303,84																				
9 242,99 Ost	I,IV	2 940,83	161,74	235,26	264,67	I	2 940,83	155,—	225,46	253,64	148,25	215,64	242,60	141,51	205,83	231,56	134,76	196,02	220,52	128,02	186,21	209,48	121,27	176,40	198,45
	II	2 895,08	159,22	231,60	260,55	II	2 895,08	152,48	221,79	249,51	145,74	211,98	238,48	138,99	202,17	227,44	132,24	192,36	216,40	125,50	182,55	205,37	118,75	172,74	194,33
	III	2 260,33	124,31	180,82	203,42	III	2 260,33	117,71	171,22	192,62	111,24	161,81	182,03	104,91	152,60	171,67	98,69	143,56	161,50	92,62	134,72	151,56	86,66	126,05	141,80
	V	3 355,41	184,54	268,43	301,98	IV	2 940,83	158,37	230,36	259,16	155,—	225,46	253,64	151,63	220,55	248,12	148,25	215,64	242,60	144,88	210,74	237,08	141,51	205,83	231,56
	VI	3 388,91	186,39	271,11	305,—																				
9 245,99 West	I,IV	2 929,25	161,10	234,34	263,63	I	2 929,25	154,36	224,52	252,59	147,62	214,72	241,56	140,87	204,90	230,51	134,12	195,09	219,47	127,38	185,28	208,44	120,63	175,47	197,40
	II	2 883,50	158,59	230,68	259,51	II	2 883,50	151,84	220,86	248,47	145,09	211,05	237,43	138,35	201,24	226,40	131,61	191,43	215,36	124,86	181,62	204,32	118,11	171,80	193,28
	III	2 248,83	123,68	179,90	202,39	III	2 248,83	117,10	170,33	191,62	110,64	160,93	181,04	104,31	151,73	170,69	98,12	142,72	160,56	92,05	133,89	150,62	86,10	125,24	140,89
	V	3 343,83	183,91	267,50	300,94	IV	2 929,25	157,73	229,43	258,11	154,36	224,52	252,59	150,98	219,62	247,07	147,62	214,72	241,56	144,24	209,81	236,03	140,87	204,90	230,51
	VI	3 377,25	185,74	270,18	303,95																				
9 245,99 Ost	I,IV	2 942,08	161,81	235,36	264,78	I	2 942,08	155,07	225,56	253,75	148,32	215,74	242,71	141,57	205,93	231,67	134,83	196,12	220,64	128,09	186,31	209,60	121,34	176,50	198,56
	II	2 896,33	159,29	231,70	260,66	II	2 896,33	152,55	221,89	249,62	145,80	212,08	238,59	139,06	202,27	227,55	132,31	192,46	216,51	125,57	182,65	205,48	118,82	172,84	194,44
	III	2 261,50	124,38	180,92	203,53	III	2 261,50	117,78	171,32	192,73	111,32	161,92	182,16	104,97	152,69	171,77	98,76	143,65	161,60	92,68	134,81	151,66	86,72	126,14	141,91
	V	3 356,66	184,61	268,53	302,09	IV	2 942,08	158,44	230,46	259,27	155,07	225,56	253,75	151,69	220,65	248,23	148,32	215,74	242,71	144,95	210,84	237,19	141,57	205,93	231,67
	VI	3 390,16	186,45	271,21	305,11																				
9 248,99 West	I,IV	2 930,50	161,17	234,44	263,74	I	2 930,50	154,43	224,62	252,70	147,68	214,82	241,67	140,94	205,—	230,63	134,19	195,19	219,59	127,45	185,38	208,55	120,70	175,57	197,51
	II	2 884,75	158,66	230,78	259,62	II	2 884,75	151,91	220,96	248,58	145,16	211,15	237,54	138,42	201,34	226,51	131,67	191,53	215,47	124,93	181,72	204,43	118,19	171,91	193,40
	III	2 250,—	123,75	180,—	202,50	III	2 250,—	117,16	170,42	191,72	110,70	161,02	181,15	104,38	151,82	170,80	98,18	142,81	160,66	92,10	133,97	150,71	86,16	125,33	140,99
	V	3 345,08	183,97	267,60	301,05	IV	2 930,50	157,80	229,53	258,22	154,43	224,62	252,70	151,06	219,72	247,19	147,68	214,82	241,67	144,31	209,91	236,15	140,94	205,—	230,63
	VI	3 378,50	185,81	270,28	304,06																				
9 248,99 Ost	I,IV	2 943,41	161,88	235,47	264,90	I	2 943,41	155,14	225,66	253,86	148,39	215,84	242,82	141,65	206,04	231,79	134,90	196,22	220,75	128,15	186,41	209,71	121,41	176,60	198,68
	II	2 897,58	159,36	231,80	260,78	II	2 897,58	152,62	222,—	249,75	145,87	212,18	238,70	139,13	202,37	227,66	132,38	192,56	216,63	125,64	182,75	205,59	118,89	172,94	194,55
	III	2 262,83	124,45	181,02	203,65	III	2 262,83	117,85	171,42	192,85	111,38	162,01	182,26	105,04	152,78	171,88	98,82	143,74	161,71	92,73	134,89	151,75	86,78	126,22	142,—
	V	3 357,91	184,68	268,63	302,21	IV	2 943,41	158,51	230,56	259,38	155,14	225,66	253,86	151,76	220,75	248,34	148,39	215,84	242,82	145,02	210,94	237,30	141,65	206,04	231,79
	VI	3 391,41	186,52	271,31	305,22																				
9 251,99 West	I,IV	2 931,75	161,24	234,54	263,85	I	2 931,75	154,49	224,72	252,81	147,75	214,92	241,78	141,01	205,10	230,74	134,26	195,29	219,70	127,52	185,48	208,67	120,77	175,67	197,63
	II	2 886,—	158,73	230,88	259,74	II	2 886,—	151,98	221,06	248,69	145,23	211,25	237,65	138,49	201,44	226,62	131,74	191,63	215,58	125,—	181,82	204,54	118,25	172,01	193,51
	III	2 251,33	123,82	180,10	202,61	III	2 251,33	117,23	170,52	191,83	110,77	161,13	181,27	104,44	151,92	170,91	98,24	142,90	160,76	92,17	134,06	150,82	86,23	125,42	141,10
	V	3 346,33	184,04	267,70	301,16	IV	2 931,75	157,87	229,63	258,33	154,49	224,72	252,81	151,13	219,82	247,30	147,75	214,92	241,78	144,38	210,01	236,26	141,01	205,10	230,74
	VI	3 379,75	185,88	270,38	304,17																				
9 251,99 Ost	I,IV	2 944,66	161,95	235,57	265,01	I	2 944,66	155,21	225,76	253,98	148,46	215,94	242,93	141,72	206,14	231,90	134,97	196,32	220,86	128,22	186,51	209,82	121,48	176,70	198,79
	II	2 898,83	159,43	231,90	260,89	II	2 898,83	152,69	222,10	249,86	145,94	212,28	238,82	139,20	202,47	227,78	132,45	192,66	216,74	125,71	182,85	205,70	118,96	173,04	194,67
	III	2 264,—	124,52	181,12	203,76	III	2 264,—	117,92	171,52	192,96	111,44	162,10	182,36	105,10	152,88	171,99	98,89	143,84	161,82	92,80	134,98	151,85	86,84	126,32	142,11
	V	3 359,25	184,75	268,74	302,33	IV	2 944,66	158,58	230,66	259,49	155,21	225,76	253,98	151,83	220,85	248,45	148,46	215,94	242,93	145,09	211,04	237,42	141,72	206,14	231,90
	VI	3 392,66	186,59	271,41	305,33																				
9 254,99 West	I,IV	2 933,—	161,31	234,64	263,97	I	2 933,—	154,57	224,83	252,93	147,82	215,02	241,89	141,07	205,20	230,85	134,33	195,40	219,82	127,59	185,58	208,78	120,84	175,77	197,74
	II	2 887,25	158,79	230,98	259,85	II	2 887,25	152,05	221,16	248,81	145,31	211,36	237,78	138,56	201,54	226,73	131,81	191,73	215,69	125,07	181,92	204,66	118,32	172,11	193,62
	III	2 252,50	123,88	180,20	202,72	III	2 252,50	117,30	170,62	191,95	110,84	161,22	181,37	104,50	152,01	171,01	98,30	142,98	160,85	92,23	134,16	150,93	86,28	125,50	141,19
	V	3 347,58	184,11	267,80	301,28	IV	2 933,—	157,94	229,73	258,44	154,57	224,83	252,93	151,19	219,92	247,41	147,82	215,02	241,89	144,45	210,11	236,37	141,07	205,20	230,85
	VI	3 381,08	185,95	270,48	304,29																				
9 254,99 Ost	I,IV	2 945,91	162,02	235,67	265,13	I	2 945,91	155,27	225,86	254,09	148,53	216,04	243,05	141,79	206,24	232,02	135,04	196,42	220,97	128,29	186,61	209,93	121,55	176,80	198,90
	II	2 900,08	159,50	232,—	261,—	II	2 900,08	152,76	222,20	249,97	146,01	212,38	238,93	139,26	202,57	227,89	132,52	192,76	216,86	125,78	182,95	205,82	119,03	173,14	194,78
	III	2 265,33	124,59	181,22	203,87	III	2 265,33	117,98	171,61	193,06	111,51	162,20	182,47	105,16	152,97	172,09	98,95	143,93	161,92	92,86	135,08	151,96	86,90	126,41	142,21
	V	3 360,50	184,82	268,84	302,44	IV	2 945,91	158,65	230,76	259,61	155,27	225,86	254,09	151,90	220,95	248,57	148,53	216,04	243,05	145,16	211,14	237,53	141,79	206,24	232,02
	VI	3 393,91	186,66	271,51	305,45																				
9 257,99 West	I,IV	2 934,25	161,38	234,74	264,08	I	2 934,25	154,64	224,93	253,04	147,89	215,12	242,01	141,14	205,30	230,96	134,40	195,50	219,93	127,65	185,68	208,89	120,91	175,87	197,85
	II	2 888,50	158,86	231,08	259,96	II	2 888,50	152,12	221,26	248,92	145,37	211,46	237,89	138,63	201,64	226,85	131,88	191,83	215,81	125,14	182,02	204,77	118,39	172,21	193,73
	III	2 253,83	123,96	180,30	202,84	III	2 253,83	117,37	170,72	192,06	110,90	161,32	181,48	104,57	152,10	171,11	98,36	143,08	160,96	92,29	134,25	151,03	86,35	125,60	141,30
	V	3 348,83	184,18	267,90	301,39	IV	2 934,25	158,01	229,84	258,57	154,64	224,93	253,04	151,26	220,02	247,52	147,89	215,12	242,01	144,52	210,21	236,48	141,14	205,30	230,96
	VI	3 382,33	186,02	270,58	304,40																				
9 257,99 Ost	I,IV	2 947,16	162,09	235,77	265,24	I	2 947,16	155,34	225,96	254,20	148,60	216,15	243,17	141,85	206,34	232,13	135,11	196,52	221,09	128,37	186,72	210,06	121,62	176,90	199,01
	II	2 901,41	159,57	232,11	261,12	II	2 901,41	152,83	222,30	250,08	146,08	212,48	239,04	139,34	202,68	228,01	132,59	192,86	216,97	125,84	183,05	205,93	119,10	173,24	194,90
	III	2 266,50	124,65	181,32	203,98	III	2 266,50	118,05	171,72	193,18	111,57	162,29	182,57	105,23	153,06	172,19	99,01	144,02	162,02	92,92	135,16	152,05	86,96	126,49	142,30
	V	3 361,75	184,89	268,94	302,55	IV	2 947,16	158,72	230,86	259,72	155,34	225,96	254,20	151,97	221,05	248,68	148,60	216,15	243,17	145,23	211,24	237,65	141,85	206,34	232,13
	VI	3 395,16	186,73	271,61	305,56																				
9 260,99 West	I,IV	2 935,58	161,45	234,84	264,20	I	2 935,58	154,71	225,03	253,16	147,96	215,22	242,12	141,21	205,40	231,08	134,47	195,60	220,05	127,72	185,78	209,—	120,98	175,97	197,96
	II	2 889,75	158,93	231,18	260,07	II	2 889,75	152,18	221,36	249,03	145,44	211,56	238,—	138,70	201,74	226,96	131,95	191,93	215,92	125,21	182,12	204,89	118,46	172,31	193,85
	III	2 255,—	124,02	180,40	202,95	III	2 255,—	117,43	170,81	192,16	110,97	161,41	181,58	104,63	152,20	171,22	98,43	143,17	161,06	92,35	134,33	151,12	86,40	125,68	141,39
	V	3 350,08	184,25	268,—	301,50	IV	2 935,58	158,08	229,94	258,68	154,71	225,03	253,16	151,33	220,12	247,64	147,96	215,22	242,12	144,59	210,31	236,60	141,21	205,40	231,08
	VI	3 383,58	186,09	270,68	304,52																				
9 260,99 Ost	I,IV	2 948,41	162,16	235,87	265,35	I	2 948,41	155,41	226,06	254,31	148,67	216,25	243,28	141,92	206,44	232,24	135,18	196,62	221,20	128,43	186,82	210,17	121,69	177,—	199,13
	II	2 902,66	159,64	232,21	261,23	II	2 902,66	152,90	222,40	250,20	146,15	212,58	239,15	139,41	202,78	228,12	132,66	192,96	217,08	125,91	183,15	206,04	119,17	173,34	195,01
	III	2 267,83	124,73	181,42	204,10	III	2 267,83	118,12	171,81	193,28	111,65	162,40	182,70	105,29	153,16	172,30	99,08	144,12	162,13	92,98	135,25	152,15	87,02	126,58	142,40
	V	3 363,—	184,96	269,04	302,67	IV	2 948,41	158,78	230,96	259,83	155,41	226,06	254,31	152,04	221,16	248,80	148,67	216,25	243,28	145,30	211,34	237,76	141,92	206,44	232,24
	VI	3 396,41	186,80	271,71	305,67																				
9 263,99 West	I,IV	2 936,83	161,52	234,94	264,31	I	2 936,83	154,77	225,13	253,27	148,03	215,32	242,23	141,29	205,51	231,20	134,54	195,70	220,16	127,79	185,88	209,12	121,05	176,08	198,09
	II	2 891,—	159,—	231,28	260,19	II	2 891,—	152,26	221,47	249,15	145,51	211,66	238,11	138,76	201,84	227,07	132,02	192,04	216,04	125,28	182,22	205,—	118,53	172,41	193,96
	III	2 256,33	124,09	180,50	203,06	III	2 256,33	117,49	170,90	192,26	111,03	161,50	181,69	104,70	152,29	171,32	98,49	143,26	161,17	92,41	134,42	151,22	86,46	125,77	141,49
	V	3 351,33	184,32	268,10	301,61	IV	2 936,83	158,15	230,04	258,79	154,77	225,13	253,27	151,40	220,22	247,75	148,03	215,32	242,23	144,65	210,41	236,71	141,29	205,51	231,20
	VI	3 384,83	186,16	270,78	304,63																				
9 263,99 Ost	I,IV	2 949,66	162,23	235,97	265,46	I	2 949,66	155,48	226,16	254,43	148,74	216,35	243,39	141,99	206,54	232,35	135,24	196,72	221,31	128,50	186,92	210,28	121,76	177,10	199,24
	II	2 903,91	159,71	232,31	261,35	II	2 903,91	152,96	222,50	250,31	146,22	212,68	239,27	139,48	202,88	228,24	132,73	193,06	217,19	125,98	183,25	206,15	119,24	173,44	195,12
	III	2 269,—	124,79	181,52	204,21	III	2 269,—	118,18	171,90	193,39	111,71	162,49	182,80	105,36	153,25	172,40	99,14	144,21	162,23	93,05	135,34	152,26	87,09	126,68	142,51
	V	3 364,25	185,03	269,14	302,78	IV	2 949,66	158,85	231,06	259,94	155,48	226,16	254,43	152,11	221,26	248,91	148,74	216,35	243,39	145,36	211,44	237,87	141,99	206,54	232,35
	VI	3 397,75	186,87	271,82	305,79																				

* Die ausgewiesenen Tabellenwerte sind amtlich. Siehe Erläuterungen auf der Umschlaginnenseite (U2).

MONAT **9 264,–***

Abzüge an Lohnsteuer, Solidaritätszuschlag (SolZ) und Kirchensteuer (8%, 9%) in den Steuerklassen

Lohn/ Gehalt bis €*	I – VI					I, II, III, IV		mit Zahl der Kinderfreibeträge . . .																	
			ohne Kinderfreibeträge					0,5			1			1,5			2			2,5			3		
		LSt	SolZ	8%	9%		LSt	SolZ	8%	9%	SolZ	8%	9%	SolZ	8%	9%	SolZ	8%	9%	SolZ	8%	9%	SolZ	8%	9%
9 266,99	I,IV	2 938,08	161,59	235,04	264,42	I	2 938,08	154,84	225,23	253,38	148,10	215,42	242,34	141,35	205,61	231,31	134,61	195,80	220,27	127,86	185,98	209,23	121,12	176,18	198,20
West	II	2 892,25	159,07	231,38	260,30	II	2 892,25	152,33	221,57	249,26	145,58	211,76	238,23	138,83	201,94	227,18	132,09	192,14	216,15	125,34	182,32	205,11	118,60	172,51	194,07
	III	2 257,50	124,16	180,60	203,17	III	2 257,50	117,57	171,01	192,38	111,10	161,60	181,80	104,76	152,38	171,43	98,56	143,36	161,28	92,48	134,52	151,33	86,53	125,86	141,59
	V	3 352,66	184,39	268,21	301,73	IV	2 938,08	158,22	230,14	258,90	154,84	225,23	253,38	151,47	220,32	247,86	148,10	215,42	242,34	144,73	210,52	236,83	141,35	205,61	231,31
	VI	3 386,08	186,23	270,88	304,74																				
9 266,99	I,IV	2 950,91	162,30	236,07	265,58	I	2 950,91	155,55	226,26	254,54	148,81	216,45	243,50	142,06	206,64	232,47	135,32	196,83	221,43	128,57	187,02	210,39	121,82	177,20	199,35
Ost	II	2 905,16	159,78	232,41	261,46	II	2 905,16	153,03	222,60	250,42	146,29	212,79	239,39	139,54	202,98	228,35	132,80	193,16	217,31	126,06	183,36	206,28	119,31	173,54	195,23
	III	2 270,33	124,86	181,62	204,32	III	2 270,33	118,25	172,01	193,51	111,77	162,58	182,90	105,42	153,34	172,51	99,20	144,29	162,32	93,11	135,44	152,37	87,14	126,76	142,60
	V	3 365,50	185,10	269,24	302,89	IV	2 950,91	158,92	231,16	260,06	155,55	226,26	254,54	152,18	221,36	249,03	148,81	216,45	243,50	145,43	211,54	237,98	142,06	206,64	232,47
	VI	3 399,–	186,94	271,92	305,91																				
9 269,99	I,IV	2 939,33	161,66	235,14	264,53	I	2 939,33	154,91	225,33	253,49	148,17	215,52	242,46	141,42	205,71	231,42	134,68	195,90	220,38	127,93	186,08	209,34	121,19	176,28	198,31
West	II	2 893,58	159,14	231,48	260,42	II	2 893,58	152,40	221,67	249,38	145,65	211,86	238,34	138,90	202,04	227,30	132,16	192,24	216,27	125,41	182,42	205,22	118,67	172,61	194,18
	III	2 258,83	124,23	180,70	203,29	III	2 258,83	117,63	171,10	192,49	111,17	161,70	181,91	104,83	152,48	171,54	98,62	143,45	161,38	92,54	134,61	151,43	86,58	125,94	141,68
	V	3 353,91	184,46	268,31	301,85	IV	2 939,33	158,29	230,24	259,02	154,91	225,33	253,49	151,54	220,42	247,97	148,17	215,52	242,46	144,80	210,62	236,94	141,42	205,71	231,42
	VI	3 387,33	186,30	270,98	304,85																				
9 269,99	I,IV	2 952,16	162,36	236,17	265,69	I	2 952,16	155,62	226,36	254,66	148,88	216,55	243,62	142,13	206,74	232,58	135,39	196,93	221,54	128,64	187,12	210,51	121,89	177,30	199,46
Ost	II	2 906,41	159,85	232,51	261,57	II	2 906,41	153,10	222,70	250,53	146,36	212,89	239,50	139,61	203,08	228,46	132,87	193,26	217,42	126,12	183,46	206,39	119,38	173,64	195,35
	III	2 271,50	124,93	181,72	204,43	III	2 271,50	118,32	172,10	193,61	111,84	162,68	183,01	105,49	153,44	172,62	99,26	144,38	162,43	93,17	135,53	152,47	87,21	126,85	142,70
	V	3 366,75	185,17	269,34	303,–	IV	2 952,16	159,–	231,27	260,18	155,62	226,36	254,66	152,25	221,46	249,14	148,88	216,55	243,62	145,50	211,64	238,10	142,13	206,74	232,58
	VI	3 400,25	187,01	272,02	306,02																				
9 272,99	I,IV	2 940,58	161,73	235,24	264,65	I	2 940,58	154,98	225,43	253,61	148,24	215,62	242,57	141,49	205,81	231,53	134,75	196,–	220,50	128,–	186,19	209,46	121,26	176,38	198,42
West	II	2 894,83	159,21	231,58	260,53	II	2 894,83	152,46	221,77	249,49	145,72	211,96	238,45	138,98	202,15	227,42	132,23	192,34	216,38	125,48	182,52	205,34	118,74	172,72	194,31
	III	2 260,–	124,30	180,80	203,40	III	2 260,–	117,70	171,20	192,60	111,23	161,80	182,02	104,89	152,57	171,64	98,68	143,54	161,48	92,60	134,69	151,52	86,65	126,04	141,79
	V	3 355,16	184,53	268,41	301,96	IV	2 940,58	158,35	230,34	259,13	154,98	225,43	253,61	151,61	220,52	248,09	148,24	215,62	242,57	144,87	210,72	237,06	141,49	205,81	231,53
	VI	3 388,58	186,37	271,08	304,97																				
9 272,99	I,IV	2 953,50	162,44	236,28	265,81	I	2 953,50	155,69	226,46	254,77	148,94	216,65	243,73	142,20	206,84	232,70	135,46	197,03	221,66	128,71	187,22	210,62	121,96	177,40	199,58
Ost	II	2 907,66	159,92	232,61	261,68	II	2 907,66	153,17	222,80	250,65	146,43	212,99	239,61	139,68	203,18	228,57	132,93	193,36	217,53	126,19	183,56	206,50	119,45	173,74	195,46
	III	2 272,66	124,99	181,81	204,53	III	2 272,66	118,38	172,20	193,72	111,90	162,77	183,11	105,55	153,53	172,72	99,33	144,48	162,54	93,23	135,61	152,56	87,26	126,93	142,79
	V	3 368,–	185,24	269,44	303,12	IV	2 953,50	159,06	231,37	260,29	155,69	226,46	254,77	152,32	221,56	249,25	148,94	216,65	243,73	145,57	211,74	238,21	142,20	206,84	232,70
	VI	3 401,50	187,08	272,12	306,13																				
9 275,99	I,IV	2 941,83	161,80	235,34	264,76	I	2 941,83	155,05	225,53	253,72	148,31	215,72	242,69	141,56	205,91	231,65	134,81	196,10	220,61	128,07	186,29	209,57	121,33	176,48	198,54
West	II	2 896,08	159,28	231,68	260,64	II	2 896,08	152,53	221,87	249,60	145,79	212,06	238,56	139,04	202,25	227,53	132,30	192,44	216,49	125,55	182,62	205,45	118,81	172,82	194,42
	III	2 261,33	124,37	180,90	203,51	III	2 261,33	117,77	171,30	192,71	111,30	161,89	182,12	104,95	152,66	171,74	98,75	143,64	161,59	92,66	134,78	151,63	86,70	126,12	141,88
	V	3 356,41	184,60	268,51	302,07	IV	2 941,83	158,42	230,44	259,24	155,05	225,53	253,72	151,68	220,63	248,21	148,31	215,72	242,69	144,93	210,82	237,17	141,56	205,91	231,65
	VI	3 389,83	186,44	271,18	305,08																				
9 275,99	I,IV	2 954,75	162,51	236,38	265,92	I	2 954,75	155,76	226,56	254,88	149,01	216,75	243,84	142,27	206,94	232,81	135,52	197,13	221,77	128,78	187,32	210,73	122,04	177,51	199,70
Ost	II	2 908,91	159,99	232,71	261,80	II	2 908,91	153,24	222,90	250,76	146,50	213,09	239,72	139,75	203,28	228,69	133,01	193,47	217,65	126,26	183,66	206,61	119,51	173,84	195,57
	III	2 274,–	125,07	181,92	204,66	III	2 274,–	118,46	172,30	193,84	111,97	162,86	183,22	105,61	153,62	172,82	99,39	144,57	162,64	93,29	135,70	152,66	87,33	127,02	142,90
	V	3 369,25	185,30	269,54	303,23	IV	2 954,75	159,13	231,47	260,40	155,76	226,56	254,88	152,39	221,66	249,36	149,01	216,75	243,84	145,64	211,84	238,32	142,27	206,94	232,81
	VI	3 402,75	187,15	272,22	306,24																				
9 278,99	I,IV	2 943,08	161,86	235,44	264,87	I	2 943,08	155,12	225,64	253,84	148,38	215,82	242,80	141,63	206,01	231,76	134,89	196,20	220,73	128,14	186,39	209,69	121,39	176,58	198,65
West	II	2 897,33	159,35	231,78	260,75	II	2 897,33	152,60	221,97	249,71	145,86	212,16	238,68	139,11	202,35	227,64	132,37	192,54	216,60	125,62	182,72	205,56	118,88	172,92	194,53
	III	2 262,50	124,43	181,–	203,62	III	2 262,50	117,83	171,40	192,82	111,36	161,98	182,23	105,02	152,76	171,85	98,81	143,73	161,69	92,73	134,88	151,74	86,77	126,21	141,98
	V	3 357,66	184,67	268,61	302,18	IV	2 943,08	158,49	230,54	259,35	155,12	225,64	253,84	151,75	220,73	248,32	148,38	215,82	242,80	145,–	210,92	237,28	141,63	206,01	231,76
	VI	3 391,16	186,51	271,29	305,20																				
9 278,99	I,IV	2 956,–	162,58	236,48	266,04	I	2 956,–	155,83	226,66	254,99	149,08	216,85	243,95	142,34	207,04	232,92	135,59	197,23	221,88	128,85	187,42	210,84	122,10	177,61	199,81
Ost	II	2 910,16	160,05	232,81	261,91	II	2 910,16	153,31	223,–	250,88	146,57	213,19	239,84	139,82	203,38	228,80	133,08	193,57	217,76	126,33	183,76	206,73	119,58	173,94	195,68
	III	2 275,16	125,13	182,01	204,76	III	2 275,16	118,52	172,40	193,95	112,04	162,97	183,34	105,68	153,72	172,93	99,45	144,66	162,74	93,36	135,80	152,77	87,39	127,12	143,01
	V	3 370,58	185,38	269,64	303,35	IV	2 956,–	159,20	231,57	260,51	155,83	226,66	254,99	152,46	221,76	249,48	149,08	216,85	243,95	145,71	211,95	238,44	142,34	207,04	232,92
	VI	3 404,–	187,22	272,32	306,36																				
9 281,99	I,IV	2 944,33	161,93	235,54	264,98	I	2 944,33	155,19	225,74	253,95	148,44	215,92	242,91	141,70	206,11	231,87	134,96	196,30	220,84	128,21	186,49	209,80	121,46	176,68	198,76
West	II	2 898,58	159,42	231,88	260,87	II	2 898,58	152,67	222,07	249,83	145,93	212,26	238,79	139,18	202,45	227,75	132,44	192,64	216,72	125,69	182,83	205,68	118,95	173,02	194,64
	III	2 263,83	124,51	181,10	203,74	III	2 263,83	117,90	171,49	192,92	111,43	162,08	182,34	105,08	152,85	171,95	98,87	143,81	161,78	92,78	134,96	151,83	86,83	126,30	142,09
	V	3 358,91	184,74	268,71	302,30	IV	2 944,33	158,56	230,64	259,47	155,19	225,74	253,95	151,82	220,83	248,43	148,44	215,92	242,91	145,07	211,02	237,39	141,70	206,11	231,87
	VI	3 392,41	186,58	271,39	305,31																				
9 281,99	I,IV	2 957,25	162,64	236,58	266,15	I	2 957,25	155,90	226,76	255,11	149,16	216,96	244,08	142,41	207,14	233,03	135,66	197,33	221,99	128,92	187,52	210,96	122,17	177,71	199,92
Ost	II	2 911,50	160,13	232,92	262,03	II	2 911,50	153,38	223,10	250,99	146,63	213,29	239,95	139,89	203,48	228,92	133,15	193,67	217,88	126,40	183,86	206,84	119,65	174,04	195,80
	III	2 276,50	125,20	182,12	204,88	III	2 276,50	118,58	172,49	194,05	112,10	163,06	183,44	105,74	153,81	173,03	99,52	144,76	162,85	93,42	135,89	152,87	87,45	127,20	143,10
	V	3 371,83	185,45	269,74	303,46	IV	2 957,25	159,27	231,67	260,63	155,90	226,76	255,11	152,52	221,86	249,59	149,16	216,96	244,08	145,78	212,05	238,55	142,41	207,14	233,03
	VI	3 405,25	187,28	272,42	306,47																				
9 284,99	I,IV	2 945,58	162,–	235,64	265,10	I	2 945,58	155,26	225,84	254,07	148,51	216,02	243,02	141,77	206,21	231,98	135,02	196,40	220,95	128,28	186,59	209,91	121,53	176,78	198,87
West	II	2 899,83	159,49	231,98	260,98	II	2 899,83	152,74	222,17	249,94	146,–	212,36	238,91	139,25	202,55	227,87	132,50	192,74	216,83	125,76	182,93	205,79	119,02	173,12	194,76
	III	2 265,–	124,57	181,20	203,85	III	2 265,–	117,97	171,60	193,05	111,50	162,18	182,45	105,15	152,94	172,06	98,93	143,90	161,89	92,84	135,05	151,93	86,89	126,38	142,18
	V	3 360,16	184,80	268,81	302,41	IV	2 945,58	158,63	230,74	259,58	155,26	225,84	254,07	151,89	220,93	248,54	148,51	216,02	243,02	145,14	211,12	237,51	141,77	206,21	231,98
	VI	3 393,66	186,65	271,49	305,42																				
9 284,99	I,IV	2 958,50	162,71	236,68	266,26	I	2 958,50	155,97	226,86	255,22	149,22	217,06	244,19	142,48	207,24	233,15	135,73	197,43	222,11	128,99	187,62	211,07	122,24	177,81	200,03
Ost	II	2 912,75	160,20	233,02	262,14	II	2 912,75	153,45	223,20	251,10	146,70	213,39	240,06	139,96	203,58	229,03	133,21	193,77	217,99	126,47	183,96	206,95	119,73	174,15	195,92
	III	2 277,66	125,27	182,21	204,98	III	2 277,66	118,66	172,60	194,17	112,17	163,16	183,55	105,81	153,90	173,14	99,58	144,85	162,95	93,48	135,97	152,96	87,51	127,29	143,20
	V	3 373,08	185,51	269,84	303,57	IV	2 958,50	159,34	231,77	260,74	155,97	226,86	255,22	152,60	221,96	249,71	149,22	217,06	244,19	145,85	212,15	238,67	142,48	207,24	233,15
	VI	3 406,50	187,35	272,52	306,58																				
9 287,99	I,IV	2 946,91	162,08	235,75	265,22	I	2 946,91	155,33	225,94	254,18	148,58	216,12	243,14	141,84	206,32	232,11	135,09	196,50	221,06	128,35	186,69	210,02	121,60	176,88	198,99
West	II	2 901,08	159,55	232,08	261,09	II	2 901,08	152,81	222,28	250,06	146,07	212,46	239,02	139,32	202,65	227,98	132,58	192,84	216,95	125,83	183,03	205,91	119,08	173,22	194,87
	III	2 266,16	124,63	181,29	203,95	III	2 266,16	118,03	171,69	193,15	111,56	162,28	182,56	105,21	153,04	172,17	99,–	144,–	162,–	92,91	135,14	152,03	86,95	126,48	142,29
	V	3 361,41	184,87	268,91	302,52	IV	2 946,91	158,70	230,84	259,70	155,33	225,94	254,18	151,96	221,03	248,66	148,58	216,12	243,14	145,21	211,22	237,62	141,84	206,32	232,11
	VI	3 394,91	186,72	271,59	305,54																				
9 287,99	I,IV	2 959,75	162,78	236,78	266,37	I	2 959,75	156,03	226,96	255,33	149,29	217,16	244,30	142,55	207,34	233,26	135,80	197,53	222,22	129,06	187,72	211,19	122,31	177,91	200,15
Ost	II	2 914,–	160,27	233,12	262,26	II	2 914,–	153,52	223,30	251,21	146,77	213,49	240,17	140,03	203,68	229,14	133,28	193,87	218,10	126,54	184,06	207,06	119,79	174,25	196,03
	III	2 279,–	125,34	182,32	205,11	III	2 279,–	118,72	172,69	194,27	112,23	163,25	183,65	105,87	154,–	173,25	99,65	144,94	163,06	93,54	136,06	153,07	87,56	127,37	143,29
	V	3 374,33	185,58	269,94	303,68	IV	2 959,75	159,41	231,87	260,85	156,03	226,96	255,33	152,67	222,06	249,82	149,29	217,16	244,30	145,92	212,25	238,78	142,55	207,34	233,26
	VI	3 407,75	187,42	272,62	306,69																				

* Die ausgewiesenen Tabellenwerte sind amtlich. Siehe Erläuterungen auf der Umschlaginnenseite (U2).

Lohn/ Gehalt bis €*		I – VI LSt	ohne Kinderfreibeträge SolZ	8%	9%	I, II, III, IV	LSt	0,5 SolZ	8%	9%	1 SolZ	8%	9%	1,5 SolZ	8%	9%	2 SolZ	8%	9%	2,5 SolZ	8%	9%	3 SolZ	8%	9%
9 290,99 West	I,IV	2 948,16	162,14	235,85	265,33	I	2 948,16	155,40	226,04	254,29	148,65	216,22	243,25	141,91	206,42	232,22	135,16	196,60	221,18	128,42	186,79	210,14	121,67	176,98	199,10
	II	2 902,33	159,62	232,18	261,20	II	2 902,33	152,88	222,38	250,17	146,13	212,56	239,13	139,39	202,75	228,09	132,65	192,94	217,06	125,90	183,13	206,02	119,15	173,32	194,98
	III	2 267,50	124,71	181,40	204,07	III	2 267,50	118,10	171,78	193,25	111,63	162,37	182,66	105,27	153,13	172,27	99,06	144,09	162,10	92,97	135,24	152,14	87,01	126,56	142,38
	V	3 362,75	184,95	269,02	302,64	IV	2 948,16	158,77	230,94	259,81	155,40	226,04	254,29	152,02	221,13	248,77	148,65	216,22	243,25	145,28	211,32	237,74	141,91	206,42	232,22
	VI	3 396,16	186,78	271,69	305,65																				
9 290,99 Ost	I,IV	2 961,—	162,85	236,88	266,49	I	2 961,—	156,11	227,07	255,45	149,36	217,26	244,41	142,61	207,44	233,37	135,87	197,64	222,34	129,13	187,82	211,30	122,38	178,01	200,26
	II	2 915,25	160,33	233,22	262,37	II	2 915,25	153,59	223,40	251,33	146,85	213,60	240,30	140,10	203,78	229,25	133,35	193,97	218,21	126,61	184,16	207,18	119,86	174,35	196,14
	III	2 280,16	125,40	182,41	205,21	III	2 280,16	118,79	172,78	194,38	112,30	163,34	183,76	105,94	154,10	173,36	99,71	145,04	163,17	93,61	136,16	153,18	87,63	127,46	143,39
	V	3 375,58	185,65	270,04	303,80	IV	2 961,—	159,48	231,97	260,96	156,11	227,07	255,45	152,73	222,16	249,93	149,36	217,26	244,41	145,99	212,35	238,89	142,61	207,44	233,37
	VI	3 409,08	187,49	272,72	306,81																				
9 293,99 West	I,IV	2 949,41	162,21	235,95	265,44	I	2 949,41	155,47	226,14	254,40	148,72	216,32	243,36	141,98	206,52	232,33	135,23	196,70	221,29	128,48	186,89	210,25	121,74	177,08	199,22
	II	2 903,58	159,69	232,28	261,32	II	2 903,58	152,95	222,48	250,29	146,20	212,66	239,24	139,46	202,85	228,20	132,71	193,04	217,17	125,97	183,23	206,13	119,22	173,42	195,09
	III	2 268,66	124,77	181,49	204,17	III	2 268,66	118,17	171,89	193,37	111,69	162,46	182,77	105,35	153,24	172,39	99,12	144,18	162,20	93,04	135,33	152,24	87,07	126,65	142,48
	V	3 364,—	185,02	269,12	302,76	IV	2 949,41	158,84	231,04	259,92	155,47	226,14	254,40	152,09	221,23	248,88	148,72	216,32	243,36	145,35	211,42	237,85	141,98	206,52	232,33
	VI	3 397,41	186,85	271,79	305,76																				
9 293,99 Ost	I,IV	2 962,25	162,92	236,98	266,60	I	2 962,25	156,18	227,17	255,56	149,43	217,36	244,53	142,68	207,54	233,48	135,94	197,74	222,45	129,19	187,92	211,41	122,45	178,11	200,37
	II	2 916,50	160,40	233,32	262,48	II	2 916,50	153,66	223,50	251,44	146,91	213,70	240,41	140,17	203,88	229,37	133,42	194,07	218,33	126,68	184,26	207,29	119,93	174,45	196,25
	III	2 281,50	125,48	182,52	205,33	III	2 281,50	118,86	172,89	194,50	112,37	163,45	183,88	106,01	154,20	173,47	99,77	145,13	163,27	93,67	136,25	153,28	87,69	127,56	143,50
	V	3 376,83	185,72	270,14	303,91	IV	2 962,25	159,55	232,08	261,09	156,18	227,17	255,56	152,80	222,26	250,04	149,43	217,36	244,53	146,06	212,45	239,—	142,68	207,54	233,48
	VI	3 410,33	187,56	272,82	306,92																				
9 296,99 West	I,IV	2 950,66	162,28	236,05	265,55	I	2 950,66	155,54	226,24	254,52	148,79	216,43	243,48	142,05	206,62	232,44	135,30	196,80	221,40	128,56	187,—	210,37	121,81	177,18	199,33
	II	2 904,91	159,77	232,39	261,44	II	2 904,91	153,02	222,58	250,40	146,27	212,76	239,36	139,53	202,96	228,33	132,78	193,14	217,28	126,04	183,33	206,24	119,29	173,52	195,21
	III	2 270,—	124,85	181,60	204,30	III	2 270,—	118,24	171,98	193,48	111,76	162,56	182,88	105,41	153,33	172,49	99,19	144,28	162,31	93,09	135,41	152,33	87,13	126,74	142,58
	V	3 365,25	185,08	269,22	302,87	IV	2 950,66	158,91	231,14	260,03	155,54	226,24	254,52	152,16	221,33	248,99	148,79	216,43	243,48	145,42	211,52	237,96	142,05	206,62	232,44
	VI	3 398,66	186,92	271,89	305,87																				
9 296,99 Ost	I,IV	2 963,58	162,99	237,08	266,72	I	2 963,58	156,25	227,27	255,68	149,50	217,46	244,64	142,75	207,64	233,60	136,01	197,84	222,57	129,26	188,02	211,52	122,52	178,21	200,48
	II	2 917,75	160,47	233,42	262,59	II	2 917,75	153,72	223,60	251,55	146,98	213,80	240,52	140,24	203,98	229,48	133,49	194,17	218,44	126,75	184,36	207,41	120,—	174,55	196,37
	III	2 282,66	125,54	182,61	205,43	III	2 282,66	118,92	172,98	194,60	112,43	163,54	183,98	106,07	154,29	173,57	99,84	145,22	163,37	93,72	136,33	153,37	87,75	127,64	143,59
	V	3 378,08	185,79	270,24	304,02	IV	2 963,58	159,62	232,18	261,20	156,25	227,27	255,68	152,87	222,36	250,16	149,50	217,46	244,64	146,13	212,55	239,12	142,75	207,64	233,60
	VI	3 411,58	187,63	272,92	307,04																				
9 299,99 West	I,IV	2 951,91	162,35	236,15	265,67	I	2 951,91	155,60	226,34	254,63	148,86	216,53	243,59	142,12	206,72	232,56	135,37	196,90	221,51	128,63	187,10	210,48	121,88	177,28	199,44
	II	2 906,16	159,83	232,49	261,55	II	2 906,16	153,09	222,68	250,51	146,34	212,86	239,47	139,60	203,06	228,44	132,85	193,24	217,40	126,11	183,43	206,36	119,36	173,62	195,32
	III	2 271,16	124,91	181,69	204,40	III	2 271,16	118,30	172,08	193,59	111,82	162,65	182,98	105,48	153,42	172,60	99,25	144,37	162,41	93,16	135,50	152,44	87,19	126,82	142,67
	V	3 366,50	185,15	269,32	302,98	IV	2 951,91	158,98	231,24	260,15	155,60	226,34	254,63	152,24	221,44	249,12	148,86	216,53	243,59	145,49	211,62	238,07	142,12	206,72	232,56
	VI	3 399,91	186,99	271,99	305,99																				
9 299,99 Ost	I,IV	2 964,83	163,06	237,18	266,83	I	2 964,83	156,31	227,37	255,79	149,57	217,56	244,75	142,83	207,75	233,72	136,08	197,94	222,68	129,33	188,12	211,64	122,59	178,32	200,61
	II	2 919,—	160,54	233,52	262,71	II	2 919,—	153,80	223,71	251,67	147,05	213,90	240,63	140,30	204,08	229,59	133,56	194,28	218,56	126,82	184,46	207,52	120,07	174,65	196,48
	III	2 284,—	125,62	182,72	205,56	III	2 284,—	118,99	173,08	194,71	112,50	163,64	184,09	106,14	154,38	173,68	99,89	145,30	163,46	93,79	136,42	153,47	87,81	127,73	143,69
	V	3 379,33	185,86	270,34	304,13	IV	2 964,83	159,69	232,28	261,31	156,31	227,37	255,79	152,94	222,46	250,27	149,57	217,56	244,75	146,19	212,65	239,23	142,83	207,75	233,72
	VI	3 412,83	187,70	273,02	307,15																				
9 302,99 West	I,IV	2 953,16	162,42	236,25	265,78	I	2 953,16	155,68	226,44	254,75	148,93	216,63	243,71	142,18	206,82	232,67	135,44	197,—	221,63	128,70	187,20	210,60	121,95	177,38	199,55
	II	2 907,41	159,90	232,59	261,66	II	2 907,41	153,16	222,78	250,62	146,41	212,96	239,58	139,67	203,16	228,55	132,92	193,34	217,51	126,17	183,53	206,47	119,43	173,72	195,44
	III	2 272,50	124,98	181,80	204,52	III	2 272,50	118,37	172,18	193,70	111,89	162,76	183,10	105,54	153,52	172,71	99,32	144,46	162,52	93,22	135,60	152,55	87,25	126,92	142,78
	V	3 367,75	185,22	269,42	303,09	IV	2 953,16	159,05	231,34	260,26	155,68	226,44	254,75	152,30	221,54	249,23	148,93	216,63	243,71	145,56	211,72	238,19	142,18	206,82	232,67
	VI	3 401,25	187,06	272,10	306,11																				
9 302,99 Ost	I,IV	2 966,08	163,13	237,28	266,94	I	2 966,08	156,38	227,47	255,90	149,64	217,66	244,86	142,89	207,85	233,83	136,15	198,04	222,79	129,40	188,22	211,75	122,66	178,42	200,72
	II	2 920,25	160,61	233,62	262,82	II	2 920,25	153,87	223,81	251,78	147,12	214,—	240,75	140,37	204,18	229,70	133,63	194,38	218,67	126,88	184,56	207,63	120,14	174,75	196,59
	III	2 285,16	125,68	182,81	205,66	III	2 285,16	119,06	173,18	194,83	112,56	163,73	184,19	106,20	154,48	173,79	99,96	145,40	163,57	93,85	136,52	153,58	87,88	127,82	143,80
	V	3 380,66	185,93	270,45	304,25	IV	2 966,08	159,76	232,38	261,42	156,38	227,47	255,90	153,01	222,56	250,38	149,64	217,66	244,86	146,27	212,76	239,35	142,89	207,85	233,83
	VI	3 414,08	187,77	273,12	307,26																				
9 305,99 West	I,IV	2 954,41	162,49	236,35	265,89	I	2 954,41	155,75	226,54	254,86	149,—	216,73	243,82	142,25	206,92	232,78	135,51	197,11	221,75	128,76	187,30	210,71	122,02	177,48	199,67
	II	2 908,66	159,97	232,69	261,77	II	2 908,66	153,23	222,88	250,74	146,48	213,07	239,70	139,74	203,26	228,66	132,99	193,44	217,62	126,25	183,64	206,59	119,50	173,82	195,55
	III	2 273,66	125,05	181,89	204,62	III	2 273,66	118,44	172,28	193,81	111,96	162,85	183,20	105,60	153,61	172,81	99,38	144,56	162,63	93,28	135,69	152,65	87,32	127,01	142,88
	V	3 369,—	185,29	269,52	303,21	IV	2 954,41	159,11	231,44	260,37	155,75	226,54	254,86	152,37	221,64	249,34	149,—	216,73	243,82	145,63	211,82	238,30	142,25	206,92	232,78
	VI	3 402,50	187,13	272,20	306,22																				
9 305,99 Ost	I,IV	2 967,33	163,20	237,38	267,05	I	2 967,33	156,45	227,57	256,01	149,71	217,76	244,98	142,96	207,95	233,94	136,22	198,14	222,90	129,47	188,32	211,86	122,73	178,52	200,83
	II	2 921,58	160,68	233,72	262,94	II	2 921,58	153,94	223,91	251,90	147,19	214,10	240,86	140,44	204,28	229,82	133,70	194,48	218,79	126,95	184,66	207,74	120,21	174,85	196,70
	III	2 286,50	125,75	182,92	205,78	III	2 286,50	119,13	173,28	194,94	112,63	163,82	184,30	106,26	154,57	173,89	100,02	145,49	163,67	93,92	136,61	153,68	87,93	127,90	143,89
	V	3 381,91	186,—	270,55	304,37	IV	2 967,33	159,83	232,48	261,54	156,45	227,57	256,01	153,08	222,66	250,49	149,71	217,76	244,98	146,34	212,86	239,46	142,96	207,95	233,94
	VI	3 415,33	187,84	273,22	307,37																				
9 308,99 West	I,IV	2 955,66	162,56	236,45	266,—	I	2 955,66	155,81	226,64	254,97	149,07	216,83	243,93	142,32	207,02	232,89	135,58	197,21	221,86	128,83	187,40	210,82	122,09	177,58	199,78
	II	2 909,91	160,04	232,79	261,89	II	2 909,91	153,29	222,98	250,85	146,55	213,17	239,81	139,81	203,36	228,78	133,06	193,54	217,73	126,32	183,74	206,70	119,57	173,92	195,66
	III	2 275,—	125,12	182,—	204,75	III	2 275,—	118,50	172,37	193,91	112,02	162,94	183,31	105,67	153,70	172,91	99,44	144,65	162,73	93,34	135,77	152,74	87,37	127,09	142,97
	V	3 370,25	185,36	269,62	303,32	IV	2 955,66	159,19	231,55	260,49	155,81	226,64	254,97	152,44	221,74	249,45	149,07	216,83	243,93	145,69	211,92	238,41	142,32	207,02	232,89
	VI	3 403,75	187,20	272,30	306,33																				
9 308,99 Ost	I,IV	2 968,58	163,27	237,48	267,17	I	2 968,58	156,52	227,67	256,13	149,78	217,86	245,09	143,03	208,05	234,05	136,29	198,24	223,02	129,54	188,43	211,98	122,80	178,62	200,94
	II	2 922,83	160,75	233,82	263,05	II	2 922,83	154,—	224,01	252,01	147,26	214,20	240,97	140,52	204,39	229,94	133,77	194,58	218,90	127,02	184,76	207,86	120,28	174,96	196,83
	III	2 287,66	125,82	183,01	205,88	III	2 287,66	119,20	173,38	195,05	112,70	163,93	184,42	106,33	154,66	173,99	100,09	145,58	163,78	93,98	136,70	153,79	88,—	128,—	144,—
	V	3 383,16	186,07	270,65	304,48	IV	2 968,58	159,89	232,58	261,65	156,52	227,67	256,13	153,15	222,76	250,61	149,78	217,86	245,09	146,41	212,96	239,58	143,03	208,05	234,05
	VI	3 416,58	187,91	273,32	307,49																				
9 311,99 West	I,IV	2 957,—	162,63	236,56	266,13	I	2 957,—	155,88	226,74	255,08	149,14	216,93	244,04	142,39	207,12	233,01	135,65	197,31	221,97	128,90	187,50	210,93	122,15	177,68	199,89
	II	2 911,16	160,11	232,89	262,—	II	2 911,16	153,37	223,08	250,97	146,62	213,27	239,93	139,87	203,46	228,89	133,13	193,64	217,85	126,39	183,84	206,82	119,64	174,02	195,77
	III	2 276,16	125,18	182,09	204,85	III	2 276,16	118,58	172,48	194,04	112,09	163,04	183,42	105,73	153,80	173,02	99,50	144,73	162,82	93,40	135,86	152,84	87,44	127,18	143,08
	V	3 371,50	185,43	269,72	303,43	IV	2 957,—	159,26	231,65	260,60	155,88	226,74	255,08	152,51	221,84	249,57	149,14	216,93	244,04	145,76	212,02	238,52	142,39	207,12	233,01
	VI	3 405,—	187,27	272,40	306,45																				
9 311,99 Ost	I,IV	2 969,83	163,34	237,58	267,28	I	2 969,83	156,59	227,77	256,24	149,85	217,96	245,21	143,10	208,15	234,17	136,35	198,34	223,13	129,61	188,53	212,09	122,87	178,72	201,06
	II	2 924,08	160,82	233,92	263,16	II	2 924,08	154,07	224,11	252,12	147,33	214,30	241,08	140,58	204,49	230,05	133,84	194,68	219,01	127,09	184,86	207,97	120,35	175,06	196,94
	III	2 289,—	125,89	183,12	206,01	III	2 289,—	119,26	173,48	195,16	112,76	164,02	184,52	106,39	154,76	174,10	100,15	145,68	163,89	94,04	136,78	153,88	88,05	128,08	144,09
	V	3 384,41	186,14	270,75	304,59	IV	2 969,83	159,96	232,68	261,76	156,59	227,77	256,24	153,22	222,87	250,73	149,85	217,96	245,21	146,47	213,06	239,69	143,10	208,15	234,17
	VI	3 417,83	187,98	273,42	307,60																				

Table heading: Abzüge an Lohnsteuer, Solidaritätszuschlag (SolZ) und Kirchensteuer (8%, 9%) in den Steuerklassen I – VI (ohne Kinderfreibeträge) and I, II, III, IV (mit Zahl der Kinderfreibeträge . . .)

*** Die ausgewiesenen Tabellenwerte sind amtlich. Siehe Erläuterungen auf der Umschlaginnenseite (U2).**

Lohn/ Gehalt bis €*		I – VI				I, II, III, IV																			
			ohne Kinderfreibeträge					mit Zahl der Kinderfreibeträge . . .																	
								0,5			1			1,5			2			2,5			3		
		LSt	SolZ	8%	9%		LSt	SolZ	8%	9%	SolZ	8%	9%	SolZ	8%	9%	SolZ	8%	9%	SolZ	8%	9%	SolZ	8%	9%
9 314,99 West	I,IV	2 958,25	162,70	236,66	266,24	I	2 958,25	155,95	226,84	255,20	149,21	217,03	244,16	142,46	207,22	233,12	135,72	197,41	222,08	128,97	187,60	211,05	122,23	177,79	200,01
	II	2 912,41	160,18	232,99	262,11	II	2 912,41	153,44	223,18	251,08	146,69	213,37	240,04	139,94	203,56	229,—	133,20	193,75	217,97	126,45	183,94	206,93	119,71	174,12	195,89
	III	2 277,50	125,26	182,20	204,97	III	2 277,50	118,64	172,57	194,14	112,15	163,13	183,52	105,80	153,89	173,12	99,56	144,82	162,92	93,47	135,96	152,95	87,49	127,26	143,17
	V	3 372,75	185,50	269,82	303,54	IV	2 958,25	159,33	231,75	260,72	155,95	226,84	255,20	152,58	221,94	249,68	149,21	217,03	244,16	145,83	212,12	238,64	142,46	207,22	233,12
	VI	3 406,25	187,34	272,50	306,56																				
9 314,99 Ost	I,IV	2 971,08	163,40	237,68	267,39	I	2 971,08	156,66	227,88	256,36	149,92	218,06	245,32	143,17	208,25	234,28	136,43	198,44	223,25	129,68	188,63	212,21	122,93	178,82	201,17
	II	2 925,33	160,89	234,02	263,27	II	2 925,33	154,14	224,21	252,23	147,40	214,40	241,20	140,65	204,59	230,16	133,91	194,78	219,12	127,16	184,96	208,08	120,42	175,16	197,05
	III	2 290,16	125,95	183,21	206,11	III	2 290,16	119,33	173,57	195,26	112,83	164,12	184,63	106,46	154,85	174,20	100,21	145,77	163,99	94,10	136,88	153,99	88,11	128,17	144,19
	V	3 385,66	186,21	270,85	304,70	IV	2 971,08	160,03	232,78	261,87	156,66	227,88	256,36	153,29	222,97	250,84	149,92	218,06	245,32	146,54	213,16	239,80	143,17	208,25	234,28
	VI	3 419,16	188,05	273,53	307,72																				
9 317,99 West	I,IV	2 959,50	162,77	236,76	266,35	I	2 959,50	156,02	226,94	255,31	149,27	217,13	244,27	142,53	207,32	233,24	135,79	197,51	222,20	129,04	187,70	211,16	122,30	177,89	200,12
	II	2 913,66	160,25	233,09	262,22	II	2 913,66	153,50	223,28	251,19	146,76	213,47	240,15	140,01	203,66	229,11	133,27	193,85	218,08	126,52	184,04	207,04	119,78	174,22	196,—
	III	2 278,66	125,32	182,29	205,07	III	2 278,66	118,70	172,66	194,24	112,22	163,24	183,64	105,86	153,98	173,23	99,63	144,92	163,03	93,53	136,05	153,05	87,56	127,36	143,28
	V	3 374,08	185,57	269,92	303,66	IV	2 959,50	159,39	231,85	260,83	156,02	226,94	255,31	152,65	222,04	249,79	149,27	217,13	244,27	145,91	212,23	238,76	142,53	207,32	233,24
	VI	3 407,50	187,41	272,60	306,67																				
9 317,99 Ost	I,IV	2 972,33	163,47	237,78	267,50	I	2 972,33	156,73	227,98	256,47	149,98	218,16	245,43	143,24	208,35	234,39	136,50	198,54	223,36	129,75	188,73	212,32	123,—	178,92	201,28
	II	2 926,58	160,96	234,12	263,39	II	2 926,58	154,21	224,31	252,35	147,47	214,50	241,31	140,72	204,69	230,27	133,98	194,88	219,24	127,23	185,07	208,20	120,49	175,26	197,16
	III	2 291,50	126,03	183,32	206,23	III	2 291,50	119,40	173,68	195,39	112,89	164,21	184,73	106,52	154,94	174,31	100,28	145,86	164,09	94,16	136,97	154,09	88,18	128,26	144,29
	V	3 386,91	186,28	270,95	304,82	IV	2 972,33	160,10	232,88	261,99	156,73	227,98	256,47	153,36	223,07	250,95	149,98	218,16	245,43	146,61	213,26	239,91	143,24	208,35	234,39
	VI	3 420,41	188,12	273,63	307,83																				
9 320,99 West	I,IV	2 960,75	162,84	236,86	266,46	I	2 960,75	156,09	227,04	255,42	149,35	217,24	244,39	142,60	207,42	233,35	135,85	197,61	222,31	129,11	187,80	211,28	122,37	177,99	200,24
	II	2 915,—	160,32	233,20	262,35	II	2 915,—	153,57	223,38	251,30	146,83	213,57	240,26	140,08	203,76	229,23	133,34	193,95	218,19	126,59	184,14	207,15	119,84	174,32	196,11
	III	2 280,—	125,40	182,40	205,20	III	2 280,—	118,78	172,77	194,36	112,29	163,33	183,74	105,93	154,08	173,34	99,69	145,01	163,13	93,59	136,13	153,14	87,62	127,45	143,38
	V	3 375,33	185,64	270,02	303,77	IV	2 960,75	159,46	231,95	260,94	156,09	227,04	255,42	152,72	222,14	249,90	149,35	217,24	244,39	145,97	212,33	238,87	142,60	207,42	233,35
	VI	3 408,75	187,48	272,70	306,78																				
9 320,99 Ost	I,IV	2 973,58	163,54	237,88	267,62	I	2 973,58	156,80	228,08	256,59	150,05	218,26	245,54	143,31	208,45	234,50	136,56	198,64	223,47	129,82	188,83	212,43	123,07	179,02	201,39
	II	2 927,83	161,03	234,22	263,50	II	2 927,83	154,28	224,41	252,46	147,54	214,60	241,43	140,79	204,79	230,39	134,04	194,98	219,35	127,30	185,17	208,31	120,56	175,36	197,28
	III	2 292,66	126,09	183,41	206,33	III	2 292,66	119,46	173,77	195,49	112,97	164,32	184,86	106,59	155,04	174,42	100,34	145,96	164,20	94,23	137,06	154,19	88,23	128,34	144,38
	V	3 388,16	186,34	271,05	304,93	IV	2 973,58	160,17	232,98	262,10	156,80	228,08	256,59	153,43	223,17	251,06	150,05	218,26	245,54	146,68	213,36	240,03	143,31	208,45	234,50
	VI	3 421,66	188,19	273,73	307,94																				
9 323,99 West	I,IV	2 962,—	162,91	236,96	266,58	I	2 962,—	156,16	227,14	255,53	149,42	217,34	244,50	142,67	207,52	233,46	135,92	197,71	222,42	129,18	187,90	211,39	122,43	178,09	200,35
	II	2 916,25	160,39	233,30	262,46	II	2 916,25	153,64	223,48	251,42	146,90	213,67	240,38	140,15	203,86	229,34	133,41	194,05	218,30	126,66	184,24	207,27	119,92	174,43	196,23
	III	2 281,16	125,46	182,49	205,30	III	2 281,16	118,84	172,86	194,47	112,35	163,42	183,85	105,99	154,17	173,44	99,76	145,10	163,24	93,65	136,22	153,25	87,67	127,53	143,47
	V	3 376,58	185,71	270,12	303,89	IV	2 962,—	159,53	232,05	261,05	156,16	227,14	255,53	152,79	222,24	250,02	149,42	217,34	244,50	146,04	212,43	238,98	142,67	207,52	233,46
	VI	3 410,—	187,55	272,80	306,90																				
9 323,99 Ost	I,IV	2 974,91	163,62	237,99	267,74	I	2 974,91	156,87	228,18	256,70	150,12	218,36	245,66	143,38	208,56	234,63	136,63	198,74	223,58	129,89	188,93	212,54	123,14	179,12	201,51
	II	2 929,08	161,09	234,32	263,61	II	2 929,08	154,35	224,52	252,58	147,61	214,70	241,54	140,86	204,89	230,50	134,12	195,08	219,47	127,37	185,27	208,43	120,62	175,46	197,39
	III	2 294,—	126,17	183,52	206,46	III	2 294,—	119,53	173,86	195,59	113,03	164,41	184,96	106,65	155,13	174,52	100,41	146,05	164,30	94,28	137,14	154,28	88,30	128,44	144,49
	V	3 389,41	186,41	271,15	305,04	IV	2 974,91	160,24	233,08	262,22	156,87	228,18	256,70	153,50	223,27	251,18	150,12	218,36	245,66	146,75	213,46	240,14	143,38	208,56	234,63
	VI	3 422,91	188,26	273,83	308,06																				
9 326,99 West	I,IV	2 963,25	162,97	237,06	266,69	I	2 963,25	156,23	227,24	255,65	149,49	217,44	244,62	142,74	207,62	233,57	135,99	197,81	222,53	129,25	188,—	211,50	122,50	178,19	200,46
	II	2 917,50	160,46	233,40	262,57	II	2 917,50	153,71	223,58	251,53	146,96	213,77	240,49	140,22	203,96	229,46	133,48	194,15	218,42	126,73	184,34	207,38	119,99	174,53	196,34
	III	2 282,50	125,53	182,60	205,42	III	2 282,50	118,91	172,96	194,58	112,42	163,52	183,96	106,05	154,26	173,54	99,82	145,20	163,35	93,72	136,32	153,36	87,74	127,62	143,57
	V	3 377,83	185,78	270,22	304,—	IV	2 963,25	159,60	232,15	261,17	156,23	227,24	255,65	152,86	222,34	250,13	149,49	217,44	244,62	146,11	212,53	239,09	142,74	207,62	233,57
	VI	3 411,25	187,61	272,90	307,01																				
9 326,99 Ost	I,IV	2 976,16	163,68	238,09	267,85	I	2 976,16	156,94	228,28	256,81	150,19	218,46	245,77	143,45	208,66	234,74	136,70	198,84	223,70	129,96	189,03	212,66	123,21	179,22	201,62
	II	2 930,33	161,16	234,42	263,72	II	2 930,33	154,42	224,62	252,69	147,67	214,80	241,65	140,93	204,99	230,61	134,19	195,18	219,58	127,44	185,37	208,54	120,69	175,56	197,50
	III	2 295,16	126,23	183,61	206,56	III	2 295,16	119,60	173,97	195,71	113,09	164,50	185,06	106,71	155,22	174,62	100,47	146,14	164,41	94,35	137,24	154,39	88,36	128,53	144,59
	V	3 390,75	186,49	271,26	305,16	IV	2 976,16	160,31	233,18	262,33	156,94	228,28	256,81	153,56	223,37	251,29	150,19	218,46	245,77	146,82	213,56	240,26	143,45	208,66	234,74
	VI	3 424,16	188,32	273,93	308,17																				
9 329,99 West	I,IV	2 964,50	163,04	237,16	266,80	I	2 964,50	156,30	227,35	255,77	149,55	217,54	244,73	142,81	207,72	233,69	136,07	197,92	222,66	129,32	188,10	211,61	122,57	178,29	200,57
	II	2 918,75	160,53	233,50	262,68	II	2 918,75	153,78	223,68	251,64	147,04	213,88	240,61	140,29	204,06	229,57	133,54	194,25	218,53	126,80	184,44	207,50	120,06	174,63	196,46
	III	2 283,66	125,60	182,69	205,52	III	2 283,66	118,98	173,06	194,69	112,48	163,61	184,06	106,12	154,36	173,65	99,88	145,29	163,45	93,78	136,41	153,46	87,79	127,70	143,66
	V	3 379,08	185,84	270,32	304,11	IV	2 964,50	159,67	232,25	261,28	156,30	227,35	255,77	152,93	222,44	250,25	149,55	217,54	244,73	146,18	212,63	239,21	142,81	207,72	233,69
	VI	3 412,58	187,69	273,—	307,13																				
9 329,99 Ost	I,IV	2 977,41	163,75	238,19	267,96	I	2 977,41	157,01	228,38	256,92	150,26	218,56	245,88	143,52	208,76	234,85	136,77	198,94	223,81	130,02	189,13	212,77	123,28	179,32	201,74
	II	2 931,58	161,23	234,52	263,84	II	2 931,58	154,49	224,72	252,81	147,74	214,90	241,76	141,—	205,09	230,72	134,25	195,28	219,69	127,51	185,47	208,65	120,76	175,66	197,61
	III	2 296,50	126,30	183,72	206,68	III	2 296,50	119,67	174,06	195,82	113,16	164,60	185,17	106,78	155,32	174,73	100,54	146,24	164,52	94,42	137,33	154,49	88,42	128,61	144,68
	V	3 392,—	186,56	271,36	305,28	IV	2 977,41	160,38	233,28	262,44	157,01	228,38	256,92	153,63	223,47	251,40	150,26	218,56	245,88	146,89	213,66	240,37	143,52	208,76	234,85
	VI	3 425,41	188,39	274,03	308,28																				
9 332,99 West	I,IV	2 965,75	163,11	237,26	266,91	I	2 965,75	156,37	227,45	255,88	149,62	217,64	244,84	142,88	207,82	233,80	136,13	198,02	222,77	129,39	188,20	211,73	122,64	178,39	200,69
	II	2 920,—	160,60	233,60	262,80	II	2 920,—	153,85	223,78	251,75	147,11	213,98	240,72	140,36	204,16	229,68	133,61	194,35	218,64	126,87	184,54	207,61	120,12	174,73	196,57
	III	2 285,—	125,67	182,80	205,65	III	2 285,—	119,04	173,16	194,80	112,55	163,72	184,18	106,18	154,45	173,75	99,95	145,38	163,55	93,83	136,49	153,55	87,86	127,80	143,77
	V	3 380,33	185,91	270,42	304,22	IV	2 965,75	159,74	232,36	261,40	156,37	227,45	255,88	153,—	222,54	250,36	149,62	217,64	244,84	146,25	212,73	239,32	142,88	207,82	233,80
	VI	3 413,83	187,76	273,10	307,24																				
9 332,99 Ost	I,IV	2 978,66	163,82	238,29	268,07	I	2 978,66	157,08	228,48	257,04	150,33	218,67	246,—	143,59	208,86	234,96	136,84	199,04	223,92	130,10	189,24	212,89	123,35	179,42	201,85
	II	2 932,91	161,31	234,63	263,96	II	2 932,91	154,56	224,82	252,92	147,81	215,—	241,88	141,07	205,20	230,85	134,32	195,38	219,80	127,58	185,57	208,76	120,83	175,76	197,73
	III	2 297,66	126,37	183,81	206,78	III	2 297,66	119,73	174,16	195,93	113,22	164,69	185,27	106,84	155,41	174,83	100,60	146,33	164,62	94,48	137,42	154,60	88,48	128,70	144,79
	V	3 393,25	186,62	271,46	305,39	IV	2 978,66	160,45	233,38	262,55	157,08	228,48	257,04	153,70	223,57	251,51	150,33	218,67	246,—	146,96	213,76	240,48	143,59	208,86	234,96
	VI	3 426,66	188,46	274,13	308,39																				
9 335,99 West	I,IV	2 967,08	163,18	237,36	267,03	I	2 967,08	156,44	227,55	255,99	149,69	217,74	244,95	142,94	207,92	233,91	136,20	198,12	222,88	129,46	188,30	211,84	122,71	178,49	200,80
	II	2 921,25	160,66	233,70	262,91	II	2 921,25	153,92	223,88	251,87	147,18	214,08	240,84	140,43	204,26	229,79	133,68	194,45	218,75	126,94	184,64	207,72	120,19	174,83	196,68
	III	2 286,16	125,73	182,89	205,75	III	2 286,16	119,12	173,26	194,92	112,62	163,81	184,28	106,25	154,54	173,86	100,01	145,48	163,66	93,90	136,58	153,65	87,92	127,89	143,87
	V	3 381,58	185,98	270,52	304,34	IV	2 967,08	159,81	232,46	261,51	156,44	227,55	255,99	153,06	222,64	250,47	149,69	217,74	244,95	146,32	212,83	239,43	142,94	207,92	233,91
	VI	3 415,08	187,82	273,20	307,35																				
9 335,99 Ost	I,IV	2 979,91	163,89	238,39	268,19	I	2 979,91	157,14	228,58	257,15	150,40	218,77	246,11	143,66	208,96	235,08	136,91	199,14	224,03	130,17	189,34	213,—	123,42	179,52	201,96
	II	2 934,16	161,37	234,73	264,07	II	2 934,16	154,63	224,92	253,03	147,88	215,10	241,99	141,14	205,30	230,96	134,39	195,48	219,92	127,65	185,67	208,88	120,90	175,86	197,84
	III	2 299,—	126,44	183,92	206,91	III	2 299,—	119,80	174,26	196,04	113,30	164,80	185,40	106,92	155,52	174,96	100,66	146,42	164,72	94,54	137,52	154,71	88,55	128,80	144,90
	V	3 394,50	186,69	271,56	305,50	IV	2 979,91	160,52	233,48	262,67	157,14	228,58	257,15	153,78	223,68	251,64	150,40	218,77	246,11	147,03	213,86	240,59	143,66	208,96	235,08
	VI	3 427,91	188,53	274,23	308,51																				

Table heading: Abzüge an Lohnsteuer, Solidaritätszuschlag (SolZ) und Kirchensteuer (8%, 9%) in den Steuerklassen

*** Die ausgewiesenen Tabellenwerte sind amtlich. Siehe Erläuterungen auf der Umschlaginnenseite (U2).**

Lohn/ Gehalt bis €*	Abzüge an Lohnsteuer, Solidaritätszuschlag (SolZ) und Kirchensteuer (8%, 9%) in den Steuerklassen I – VI					I, II, III, IV		mit Zahl der Kinderfreibeträge . . . 0,5			1			1,5			2			2,5			3		
		LSt	ohne Kinderfreibeträge SolZ	8%	9%		LSt	SolZ	8%	9%	SolZ	8%	9%	SolZ	8%	9%	SolZ	8%	9%	SolZ	8%	9%	SolZ	8%	9%
9 338,99 West	I,IV	2 968,33	163,25	237,46	267,14	I	2 968,33	156,51	227,65	256,10	149,76	217,84	245,07	143,02	208,03	234,03	136,27	198,22	222,99	129,52	188,40	211,95	122,78	178,60	200,92
	II	2 922,50	160,73	233,80	263,02	II	2 922,50	153,99	223,99	251,99	147,24	214,18	240,95	140,50	204,36	229,91	133,76	194,56	218,88	127,01	184,74	207,83	120,26	174,93	196,79
	III	2 287,50	125,81	183,—	205,87	III	2 287,50	119,18	173,36	195,03	112,68	163,90	184,39	106,31	154,64	173,97	100,08	145,57	163,76	93,96	136,68	153,76	87,98	127,97	143,96
	V	3 382,83	186,05	270,62	304,45	IV	2 968,33	159,88	232,56	261,63	156,51	227,65	256,10	153,13	222,74	250,58	149,76	217,84	245,07	146,39	212,93	239,54	143,02	208,03	234,03
	VI	3 416,33	187,89	273,30	307,46																				
9 338,99 Ost	I,IV	2 981,16	163,96	238,49	268,30	I	2 981,16	157,22	228,68	257,27	150,47	218,87	246,23	143,72	209,06	235,19	136,98	199,24	224,15	130,24	189,44	213,12	123,49	179,62	202,07
	II	2 935,41	161,44	234,83	264,18	II	2 935,41	154,70	225,02	253,14	147,95	215,20	242,10	141,21	205,40	231,07	134,46	195,58	220,03	127,71	185,77	208,99	120,97	175,96	197,96
	III	2 300,16	126,50	184,01	207,01	III	2 300,16	119,87	174,36	196,15	113,36	164,89	185,50	106,98	155,61	175,06	100,72	146,50	164,81	94,60	137,60	154,80	88,60	128,88	144,99
	V	3 395,75	186,76	271,66	305,61	IV	2 981,16	160,59	233,58	262,78	157,22	228,68	257,27	153,84	223,78	251,75	150,47	218,87	246,23	147,10	213,96	240,71	143,72	209,06	235,19
	VI	3 429,25	188,60	274,34	308,63																				
9 341,99 West	I,IV	2 969,58	163,32	237,56	267,26	I	2 969,58	156,58	227,75	256,22	149,83	217,94	245,18	143,09	208,13	234,14	136,34	198,32	223,11	129,59	188,50	212,06	122,85	178,70	201,03
	II	2 923,75	160,80	233,90	263,13	II	2 923,75	154,06	224,09	252,10	147,31	214,28	241,06	140,57	204,46	230,02	133,82	194,66	218,99	127,08	184,84	207,95	120,33	175,03	196,91
	III	2 288,66	125,87	183,09	205,97	III	2 288,66	119,24	173,45	195,13	112,75	164,—	184,50	106,37	154,73	174,07	100,14	145,66	163,87	94,03	136,77	153,86	88,04	128,06	144,07
	V	3 384,16	186,12	270,73	304,57	IV	2 969,58	159,95	232,66	261,74	156,58	227,75	256,22	153,20	222,84	250,70	149,83	217,94	245,18	146,46	213,04	239,67	143,09	208,13	234,14
	VI	3 417,58	187,96	273,40	307,58																				
9 341,99 Ost	I,IV	2 982,41	164,03	238,59	268,41	I	2 982,41	157,29	228,78	257,38	150,54	218,97	246,34	143,79	209,16	235,30	137,05	199,35	224,27	130,30	189,54	213,23	123,56	179,72	202,19
	II	2 936,66	161,51	234,93	264,29	II	2 936,66	154,77	225,12	253,26	148,02	215,31	242,22	141,28	205,50	231,18	134,53	195,68	220,14	127,79	185,88	209,11	121,04	176,06	198,07
	III	2 301,50	126,58	184,12	207,13	III	2 301,50	119,94	174,46	196,27	113,42	164,98	185,60	107,04	155,70	175,16	100,78	146,60	164,92	94,66	137,69	154,90	88,66	128,97	145,09
	V	3 397,—	186,83	271,76	305,73	IV	2 982,41	160,65	233,68	262,89	157,29	228,78	257,38	153,91	223,88	251,86	150,54	218,97	246,34	147,17	214,06	240,82	143,79	209,16	235,30
	VI	3 430,50	188,67	274,44	308,74																				
9 344,99 West	I,IV	2 970,83	163,39	237,66	267,37	I	2 970,83	156,64	227,85	256,33	149,90	218,04	245,30	143,16	208,23	234,26	136,41	198,42	223,22	129,66	188,60	212,18	122,92	178,80	201,15
	II	2 925,08	160,87	234,—	263,25	II	2 925,08	154,13	224,19	252,21	147,38	214,38	241,17	140,63	204,56	230,13	133,89	194,76	219,10	127,15	184,94	208,06	120,40	175,13	197,02
	III	2 290,—	125,95	183,20	206,10	III	2 290,—	119,32	173,56	195,25	112,82	164,10	184,61	106,44	154,82	174,17	100,20	145,74	163,96	94,09	136,86	153,97	88,11	128,16	144,18
	V	3 385,41	186,19	270,83	304,68	IV	2 970,83	160,02	232,76	261,85	156,64	227,85	256,33	153,27	222,94	250,81	149,90	218,04	245,30	146,53	213,14	239,78	143,16	208,23	234,26
	VI	3 418,83	188,03	273,50	307,69																				
9 344,99 Ost	I,IV	2 983,66	164,10	238,69	268,52	I	2 983,66	157,35	228,88	257,49	150,61	219,07	246,45	143,86	209,26	235,41	137,12	199,45	224,38	130,37	189,64	213,34	123,63	179,82	202,30
	II	2 937,91	161,58	235,03	264,41	II	2 937,91	154,83	225,22	253,37	148,09	215,41	242,33	141,35	205,60	231,30	134,60	195,78	220,25	127,86	185,98	209,22	121,11	176,16	198,18
	III	2 302,66	126,64	184,21	207,23	III	2 302,66	120,01	174,56	196,38	113,49	165,08	185,71	107,11	155,80	175,27	100,85	146,69	165,02	94,72	137,78	155,—	88,73	129,06	145,19
	V	3 398,25	186,90	271,86	305,84	IV	2 983,66	160,73	233,79	263,01	157,35	228,88	257,49	153,98	223,98	251,97	150,61	219,07	246,45	147,23	214,16	240,93	143,86	209,26	235,41
	VI	3 431,75	188,74	274,54	308,85																				
9 347,99 West	I,IV	2 972,08	163,46	237,76	267,48	I	2 972,08	156,71	227,95	256,44	149,97	218,14	245,41	143,22	208,33	234,37	136,48	198,52	223,33	129,74	188,71	212,30	122,99	178,90	201,26
	II	2 926,33	160,94	234,10	263,36	II	2 926,33	154,20	224,29	252,32	147,45	214,48	241,29	140,71	204,67	230,25	133,96	194,86	219,21	127,21	185,04	208,17	120,47	175,24	197,14
	III	2 291,16	126,01	183,29	206,20	III	2 291,16	119,38	173,65	195,35	112,88	164,20	184,72	106,51	154,93	174,29	100,26	145,84	164,07	94,15	136,94	154,06	88,16	128,24	144,27
	V	3 386,66	186,26	270,93	304,79	IV	2 972,08	160,09	232,86	261,96	156,71	227,95	256,44	153,34	223,04	250,92	149,97	218,14	245,41	146,60	213,24	239,89	143,22	208,33	234,37
	VI	3 420,08	188,10	273,60	307,80																				
9 347,99 Ost	I,IV	2 985,—	164,17	238,80	268,65	I	2 985,—	157,42	228,98	257,60	150,68	219,17	246,56	143,93	209,36	235,53	137,19	199,55	224,49	130,44	189,74	213,45	123,69	179,92	202,41
	II	2 939,16	161,65	235,13	264,52	II	2 939,16	154,91	225,32	253,49	148,16	215,51	242,45	141,41	205,70	231,41	134,67	195,88	220,37	127,93	186,08	209,34	121,18	176,26	198,29
	III	2 304,—	126,72	184,32	207,36	III	2 304,—	120,07	174,65	196,48	113,56	165,18	185,83	107,17	155,89	175,37	100,91	146,78	165,13	94,79	137,88	155,11	88,78	129,14	145,28
	V	3 399,50	186,97	271,96	305,95	IV	2 985,—	160,80	233,89	263,12	157,42	228,98	257,60	154,05	224,08	252,09	150,68	219,17	246,56	147,30	214,26	241,04	143,93	209,36	235,53
	VI	3 433,—	188,81	274,64	308,97																				
9 350,99 West	I,IV	2 973,33	163,53	237,86	267,59	I	2 973,33	156,78	228,05	256,55	150,04	218,24	245,52	143,29	208,43	234,48	136,55	198,62	223,44	129,80	188,81	212,41	123,06	179,—	201,37
	II	2 927,58	161,01	234,20	263,48	II	2 927,58	154,27	224,39	252,44	147,52	214,58	241,40	140,78	204,77	230,36	134,03	194,96	219,33	127,28	185,14	208,28	120,54	175,34	197,25
	III	2 292,50	126,08	183,40	206,32	III	2 292,50	119,45	173,74	195,46	112,95	164,29	184,82	106,58	155,02	174,40	100,32	145,93	164,17	94,21	137,04	154,17	88,22	128,33	144,37
	V	3 387,91	186,33	271,03	304,91	IV	2 973,33	160,16	232,96	262,08	156,78	228,05	256,55	153,41	223,15	251,04	150,04	218,24	245,52	146,67	213,34	240,—	143,29	208,43	234,48
	VI	3 421,33	188,17	273,70	307,91																				
9 350,99 Ost	I,IV	2 986,25	164,24	238,90	268,76	I	2 986,25	157,49	229,08	257,72	150,75	219,27	246,68	144,—	209,46	235,64	137,26	199,65	224,60	130,51	189,84	213,57	123,77	180,03	202,53
	II	2 940,41	161,72	235,23	264,63	II	2 940,41	154,98	225,42	253,60	148,23	215,61	242,56	141,48	205,80	231,52	134,74	195,99	220,49	127,99	186,18	209,45	121,25	176,36	198,41
	III	2 305,33	126,79	184,42	207,47	III	2 305,33	120,14	174,76	196,60	113,63	165,28	185,94	107,24	155,98	175,48	100,98	146,88	165,24	94,85	137,97	155,21	88,85	129,24	145,39
	V	3 400,75	187,04	272,06	306,06	IV	2 986,25	160,87	233,99	263,24	157,49	229,08	257,72	154,12	224,18	252,20	150,75	219,27	246,68	147,37	214,36	241,16	144,—	209,46	235,64
	VI	3 434,25	188,88	274,74	309,08																				
9 353,99 West	I,IV	2 974,58	163,60	237,96	267,71	I	2 974,58	156,86	228,16	256,68	150,11	218,34	245,63	143,36	208,53	234,59	136,62	198,72	223,56	129,87	188,91	212,52	123,13	179,10	201,48
	II	2 928,83	161,08	234,30	263,59	II	2 928,83	154,33	224,49	252,55	147,59	214,68	241,52	140,85	204,87	230,48	134,10	195,06	219,44	127,35	185,24	208,40	120,61	175,44	197,37
	III	2 293,66	126,15	183,49	206,42	III	2 293,66	119,52	173,85	195,58	113,01	164,38	184,93	106,64	155,12	174,51	100,39	146,02	164,27	94,27	137,13	154,27	88,29	128,42	144,47
	V	3 389,16	186,40	271,13	305,02	IV	2 974,58	160,22	233,06	262,19	156,86	228,16	256,68	153,48	223,25	251,15	150,11	218,34	245,63	146,74	213,44	240,12	143,36	208,53	234,59
	VI	3 422,66	188,24	273,81	308,03																				
9 353,99 Ost	I,IV	2 987,50	164,31	239,—	268,87	I	2 987,50	157,56	229,18	257,83	150,81	219,37	246,79	144,07	209,56	235,76	137,33	199,75	224,72	130,58	189,94	213,68	123,84	180,13	202,64
	II	2 941,66	161,79	235,33	264,74	II	2 941,66	155,04	225,52	253,71	148,30	215,71	242,67	141,55	205,90	231,63	134,81	196,09	220,60	128,06	186,28	209,56	121,32	176,46	198,52
	III	2 306,50	126,85	184,52	207,58	III	2 306,50	120,21	174,85	196,70	113,69	165,37	186,04	107,30	156,08	175,59	101,04	146,97	165,34	94,91	138,05	155,30	88,91	129,33	145,49
	V	3 402,08	187,11	272,16	306,18	IV	2 987,50	160,93	234,09	263,35	157,56	229,18	257,83	154,19	224,28	252,31	150,81	219,37	246,79	147,45	214,47	241,28	144,07	209,56	235,76
	VI	3 435,50	188,95	274,84	309,19																				
9 356,99 West	I,IV	2 975,83	163,67	238,06	267,82	I	2 975,83	156,92	228,26	256,79	150,18	218,44	245,75	143,43	208,63	234,71	136,69	198,82	223,67	129,94	189,01	212,63	123,20	179,20	201,60
	II	2 930,08	161,15	234,40	263,70	II	2 930,08	154,40	224,59	252,66	147,66	214,78	241,63	140,91	204,97	230,59	134,17	195,16	219,55	127,43	185,35	208,52	120,68	175,54	197,48
	III	2 295,—	126,22	183,60	206,55	III	2 295,—	119,58	173,94	195,68	113,08	164,48	185,04	106,70	155,21	174,61	100,45	146,12	164,38	94,34	137,22	154,37	88,34	128,50	144,56
	V	3 390,41	186,47	271,23	305,13	IV	2 975,83	160,30	233,16	262,31	156,92	228,26	256,79	153,55	223,35	251,27	150,18	218,44	245,75	146,80	213,54	240,23	143,43	208,63	234,71
	VI	3 423,91	188,31	273,91	308,15																				
9 356,99 Ost	I,IV	2 988,75	164,38	239,10	268,98	I	2 988,75	157,63	229,28	257,94	150,89	219,48	246,91	144,14	209,66	235,87	137,39	199,85	224,83	130,65	190,04	213,80	123,91	180,23	202,76
	II	2 943,—	161,86	235,44	264,87	II	2 943,—	155,11	225,62	253,82	148,37	215,81	242,78	141,62	206,—	231,75	134,88	196,19	220,71	128,13	186,38	209,67	121,38	176,56	198,63
	III	2 307,83	126,93	184,62	207,70	III	2 307,83	120,27	174,94	196,81	113,75	165,46	186,14	107,36	156,17	175,69	101,10	147,06	165,44	94,97	138,14	155,41	88,97	129,41	145,58
	V	3 403,33	187,18	272,26	306,29	IV	2 988,75	161,—	234,19	263,46	157,63	229,28	257,94	154,26	224,38	252,42	150,89	219,48	246,91	147,51	214,57	241,39	144,14	209,66	235,87
	VI	3 436,75	189,02	274,94	309,30																				
9 359,99 West	I,IV	2 977,08	163,73	238,16	267,93	I	2 977,08	156,99	228,36	256,90	150,25	218,54	245,86	143,50	208,73	234,82	136,76	198,92	223,79	130,01	189,11	212,75	123,26	179,30	201,71
	II	2 931,33	161,22	234,50	263,81	II	2 931,33	154,47	224,69	252,77	147,73	214,88	241,74	140,98	205,07	230,70	134,24	195,26	219,66	127,49	185,45	208,63	120,75	175,64	197,59
	III	2 296,16	126,28	183,69	206,65	III	2 296,16	119,65	174,04	195,79	113,15	164,58	185,15	106,77	155,30	174,71	100,52	146,21	164,48	94,39	137,30	154,46	88,41	128,60	144,67
	V	3 391,66	186,54	271,33	305,24	IV	2 977,08	160,37	233,26	262,42	156,99	228,36	256,90	153,62	223,45	251,38	150,25	218,54	245,86	146,87	213,64	240,34	143,50	208,73	234,82
	VI	3 425,16	188,38	274,01	308,26																				
9 359,99 Ost	I,IV	2 990,—	164,45	239,20	269,10	I	2 990,—	157,70	229,38	258,05	150,96	219,58	247,02	144,21	209,76	235,98	137,46	199,95	224,94	130,72	190,14	213,91	123,97	180,33	202,87
	II	2 944,25	161,93	235,54	264,98	II	2 944,25	155,18	225,72	253,94	148,44	215,91	242,90	141,69	206,10	231,86	134,95	196,29	220,82	128,20	186,48	209,79	121,46	176,67	198,75
	III	2 309,—	126,99	184,72	207,81	III	2 309,—	120,34	175,05	196,93	113,82	165,56	186,25	107,43	156,26	175,79	101,17	147,16	165,55	95,04	138,24	155,52	89,03	129,50	145,69
	V	3 404,58	187,25	272,36	306,41	IV	2 990,—	161,07	234,29	263,57	157,70	229,38	258,05	154,33	224,48	252,54	150,96	219,58	247,02	147,58	214,67	241,50	144,21	209,76	235,98
	VI	3 438,—	189,09	275,04	309,42																				

*** Die ausgewiesenen Tabellenwerte sind amtlich. Siehe Erläuterungen auf der Umschlaginnenseite (U2).**

Abzüge an Lohnsteuer, Solidaritätszuschlag (SolZ) und Kirchensteuer (8%, 9%) in den Steuerklassen

Lohn/ Gehalt bis €*	I – VI					I, II, III, IV		mit Zahl der Kinderfreibeträge . . . 0,5			1			1,5			2			2,5			3		
			ohne Kinderfreibeträge																						
		LSt	SolZ	8%	9%		LSt	SolZ	8%	9%	SolZ	8%	9%	SolZ	8%	9%	SolZ	8%	9%	SolZ	8%	9%	SolZ	8%	9%
9 362,99 West	I,IV	2 978,41	163,81	238,27	268,05	I	2 978,41	157,06	228,46	257,01	150,31	218,64	245,97	143,57	208,84	234,94	136,83	199,02	223,90	130,08	189,21	212,86	123,34	179,40	201,83
	II	2 932,58	161,29	234,60	263,93	II	2 932,58	154,55	224,80	252,90	147,80	214,98	241,85	141,05	205,17	230,81	134,31	195,36	219,78	127,56	185,55	208,74	120,82	175,74	197,70
	III	2 297,50	126,36	183,80	206,77	III	2 297,50	119,72	174,14	195,91	113,21	164,68	185,26	106,83	155,40	174,82	100,58	146,30	164,59	94,46	137,40	154,57	88,46	128,68	144,76
	V	3 392,91	186,61	271,43	305,36	IV	2 978,41	160,43	233,36	262,53	157,06	228,46	257,01	153,69	223,55	251,49	150,31	218,64	245,97	146,94	213,74	240,45	143,57	208,84	234,94
	VI	3 426,41	188,45	274,11	308,37																				
9 362,99 Ost	I,IV	2 991,25	164,51	239,30	269,21	I	2 991,25	157,77	229,48	258,17	151,03	219,68	247,14	144,28	209,86	236,09	137,53	200,05	225,05	130,79	190,24	214,02	124,04	180,43	202,98
	II	2 945,50	162,—	235,64	265,09	II	2 945,50	155,25	225,82	254,05	148,50	216,01	243,01	141,76	206,20	231,98	135,02	196,39	220,94	128,27	186,58	209,90	121,53	176,77	198,86
	III	2 310,33	127,06	184,82	207,92	III	2 310,33	120,41	175,14	197,03	113,89	165,66	186,37	107,49	156,36	175,90	101,23	147,25	165,65	95,10	138,33	155,62	89,09	129,58	145,78
	V	3 405,83	187,32	272,46	306,52	IV	2 991,25	161,14	234,39	263,69	157,77	229,48	258,17	154,40	224,58	252,65	151,03	219,68	247,14	147,65	214,77	241,61	144,28	209,86	236,09
	VI	3 439,25	189,15	275,14	309,53																				
9 365,99 West	I,IV	2 979,66	163,88	238,37	268,16	I	2 979,66	157,13	228,56	257,13	150,38	218,74	246,08	143,64	208,94	235,05	136,89	199,12	224,01	130,15	189,31	212,97	123,41	179,50	201,94
	II	2 933,83	161,36	234,70	264,04	II	2 933,83	154,61	224,90	253,01	147,87	215,08	241,97	141,12	205,27	230,93	134,38	195,46	219,89	127,63	185,65	208,85	120,89	175,84	197,82
	III	2 298,66	126,42	183,89	206,87	III	2 298,66	119,79	174,24	196,02	113,28	164,77	185,36	106,90	155,49	174,92	100,65	146,40	164,70	94,52	137,49	154,67	88,53	128,77	144,86
	V	3 394,25	186,68	271,54	305,48	IV	2 979,66	160,50	233,46	262,64	157,13	228,56	257,13	153,76	223,65	251,60	150,38	218,74	246,08	147,01	213,84	240,57	143,64	208,94	235,05
	VI	3 427,66	188,52	274,21	308,48																				
9 365,99 Ost	I,IV	2 992,50	164,58	239,40	269,32	I	2 992,50	157,84	229,59	258,29	151,09	219,78	247,25	144,35	209,96	236,21	137,61	200,16	225,18	130,86	190,34	214,13	124,11	180,53	203,09
	II	2 946,75	162,07	235,74	265,20	II	2 946,75	155,32	225,92	254,16	148,58	216,12	243,13	141,83	206,30	232,09	135,08	196,49	221,05	128,34	186,68	210,02	121,60	176,87	198,98
	III	2 311,50	127,13	184,92	208,03	III	2 311,50	120,48	175,25	197,15	113,96	165,76	186,48	107,56	156,45	176,—	101,30	147,34	165,76	95,16	138,42	155,72	89,15	129,68	145,89
	V	3 407,08	187,38	272,56	306,63	IV	2 992,50	161,21	234,49	263,80	157,84	229,59	258,29	154,47	224,68	252,77	151,09	219,78	247,25	147,72	214,87	241,73	144,35	209,96	236,21
	VI	3 440,58	189,23	275,24	309,65																				
9 368,99 West	I,IV	2 980,91	163,95	238,47	268,28	I	2 980,91	157,20	228,66	257,24	150,45	218,84	246,20	143,71	209,04	235,17	136,96	199,22	224,12	130,22	189,41	213,08	123,47	179,60	202,05
	II	2 935,08	161,42	234,80	264,15	II	2 935,08	154,68	225,—	253,12	147,94	215,18	242,08	141,19	205,37	231,04	134,45	195,56	220,01	127,70	185,75	208,97	120,95	175,94	197,93
	III	2 300,—	126,50	184,—	207,—	III	2 300,—	119,85	174,33	196,12	113,34	164,86	185,47	106,96	155,58	175,03	100,71	146,49	164,80	94,59	137,58	154,78	88,59	128,86	144,97
	V	3 395,50	186,75	271,64	305,59	IV	2 980,91	160,57	233,56	262,76	157,20	228,66	257,24	153,83	223,75	251,72	150,45	218,84	246,20	147,08	213,94	240,68	143,71	209,04	235,17
	VI	3 428,91	188,59	274,31	308,60																				
9 368,99 Ost	I,IV	2 993,75	164,65	239,50	269,43	I	2 993,75	157,91	229,69	258,40	151,16	219,88	247,36	144,42	210,06	236,32	137,67	200,26	225,29	130,93	190,44	214,25	124,18	180,63	203,21
	II	2 948,—	162,14	235,84	265,32	II	2 948,—	155,39	226,02	254,27	148,65	216,22	243,24	141,90	206,40	232,20	135,15	196,59	221,16	128,41	186,78	210,13	121,66	176,97	199,09
	III	2 312,83	127,20	185,02	208,15	III	2 312,83	120,55	175,34	197,26	114,02	165,85	186,58	107,63	156,56	176,13	101,36	147,44	165,87	95,22	138,50	155,81	89,21	129,77	145,99
	V	3 408,33	187,45	272,66	306,74	IV	2 993,75	161,28	234,60	263,92	157,91	229,69	258,40	154,54	224,78	252,88	151,16	219,88	247,36	147,79	214,97	241,84	144,42	210,06	236,32
	VI	3 441,83	189,30	275,34	309,76																				
9 371,99 West	I,IV	2 982,16	164,01	238,57	268,39	I	2 982,16	157,27	228,76	257,35	150,53	218,95	246,32	143,78	209,14	235,28	137,03	199,32	224,24	130,29	189,52	213,21	123,54	179,70	202,16
	II	2 936,41	161,50	234,91	264,27	II	2 936,41	154,75	225,10	253,23	148,—	215,28	242,19	141,26	205,48	231,16	134,52	195,66	220,12	127,77	185,85	209,08	121,03	176,04	198,05
	III	2 301,16	126,56	184,09	207,10	III	2 301,16	119,92	174,44	196,24	113,41	164,96	185,58	107,03	155,68	175,14	100,77	146,58	164,90	94,65	137,68	154,89	88,65	128,94	145,06
	V	3 396,75	186,82	271,74	305,70	IV	2 982,16	160,64	233,66	262,87	157,27	228,76	257,35	153,89	223,85	251,83	150,53	218,95	246,32	147,15	214,04	240,80	143,78	209,14	235,28
	VI	3 430,16	188,65	274,41	308,71																				
9 371,99 Ost	I,IV	2 995,08	164,72	239,60	269,55	I	2 995,08	157,98	229,79	258,51	151,23	219,98	247,47	144,48	210,16	236,43	137,74	200,36	225,40	131,—	190,54	214,36	124,25	180,73	203,32
	II	2 949,25	162,20	235,94	265,43	II	2 949,25	155,46	226,12	254,39	148,72	216,32	243,36	141,97	206,50	232,31	135,22	196,69	221,27	128,48	186,88	210,24	121,73	177,07	199,20
	III	2 314,—	127,27	185,12	208,26	III	2 314,—	120,61	175,44	197,37	114,08	165,94	186,68	107,69	156,65	176,23	101,42	147,53	165,97	95,28	138,60	155,92	89,27	129,85	146,08
	V	3 409,58	187,52	272,76	306,86	IV	2 995,08	161,35	234,70	264,03	157,98	229,79	258,51	154,60	224,88	252,99	151,23	219,98	247,47	147,86	215,07	241,95	144,48	210,16	236,43
	VI	3 443,08	189,36	275,44	309,87																				
9 374,99 West	I,IV	2 983,41	164,08	238,67	268,50	I	2 983,41	157,34	228,86	257,46	150,59	219,05	246,43	143,85	209,24	235,39	137,10	199,42	224,35	130,36	189,62	213,32	123,61	179,80	202,28
	II	2 937,66	161,57	235,01	264,38	II	2 937,66	154,82	225,20	253,35	148,07	215,38	242,30	141,33	205,58	231,27	134,58	195,76	220,23	127,84	185,95	209,19	121,10	176,14	198,16
	III	2 302,50	126,63	184,20	207,22	III	2 302,50	119,99	174,53	196,34	113,48	165,06	185,69	107,09	155,77	175,24	100,84	146,68	165,01	94,71	137,76	154,98	88,71	129,04	145,17
	V	3 398,—	186,89	271,84	305,82	IV	2 983,41	160,71	233,76	262,98	157,34	228,86	257,46	153,97	223,96	251,95	150,59	219,05	246,43	147,22	214,14	240,91	143,85	209,24	235,39
	VI	3 431,41	188,72	274,51	308,82																				
9 374,99 Ost	I,IV	2 996,33	164,79	239,70	269,66	I	2 996,33	158,05	229,89	258,62	151,30	220,08	247,59	144,56	210,27	236,55	137,81	200,46	225,51	131,06	190,64	214,47	124,32	180,84	203,44
	II	2 950,50	162,27	236,04	265,54	II	2 950,50	155,53	226,23	254,51	148,78	216,42	243,47	142,04	206,60	232,43	135,30	196,80	221,40	128,55	186,98	210,35	121,80	177,17	199,31
	III	2 315,33	127,34	185,22	208,37	III	2 315,33	120,68	175,54	197,48	114,16	166,05	186,80	107,76	156,74	176,33	101,49	147,62	166,07	95,35	138,69	156,02	89,33	129,94	146,18
	V	3 410,83	187,59	272,86	306,97	IV	2 996,33	161,42	234,80	264,15	158,05	229,89	258,62	154,67	224,98	253,10	151,30	220,08	247,59	147,93	215,17	242,06	144,56	210,27	236,55
	VI	3 444,33	189,43	275,54	309,98																				
9 377,99 West	I,IV	2 984,66	164,15	238,77	268,61	I	2 984,66	157,41	228,96	257,58	150,66	219,15	246,54	143,92	209,34	235,50	137,17	199,52	224,46	130,43	189,72	213,43	123,68	179,90	202,39
	II	2 938,91	161,64	235,11	264,50	II	2 938,91	154,89	225,30	253,46	148,14	215,48	242,42	141,40	205,68	231,39	134,65	195,86	220,34	127,91	186,05	209,30	121,16	176,24	198,27
	III	2 303,66	126,70	184,29	207,32	III	2 303,66	120,06	174,64	196,47	113,54	165,16	185,80	107,15	155,86	175,34	100,90	146,77	165,11	94,77	137,85	155,08	88,77	129,13	145,27
	V	3 399,25	186,95	271,94	305,93	IV	2 984,66	160,78	233,86	263,09	157,41	228,96	257,58	154,04	224,06	252,06	150,66	219,15	246,54	147,29	214,24	241,02	143,92	209,34	235,50
	VI	3 432,75	188,80	274,62	308,94																				
9 377,99 Ost	I,IV	2 997,58	164,86	239,80	269,78	I	2 997,58	158,12	229,99	258,74	151,37	220,18	247,70	144,63	210,37	236,66	137,88	200,56	225,63	131,13	190,74	214,58	124,39	180,94	203,55
	II	2 951,75	162,34	236,14	265,65	II	2 951,75	155,60	226,33	254,62	148,85	216,52	243,58	142,11	206,70	232,54	135,36	196,90	221,51	128,62	187,08	210,47	121,87	177,27	199,43
	III	2 316,50	127,40	185,32	208,48	III	2 316,50	120,75	175,64	197,59	114,22	166,14	186,91	107,82	156,84	176,44	101,55	147,72	166,18	95,41	138,78	156,13	89,40	130,04	146,29
	V	3 412,16	187,66	272,97	307,09	IV	2 997,58	161,49	234,90	264,26	158,12	229,99	258,74	154,74	225,08	253,22	151,37	220,18	247,70	148,—	215,28	242,19	144,63	210,37	236,66
	VI	3 445,58	189,50	275,64	310,10																				
9 380,99 West	I,IV	2 985,91	164,22	238,87	268,73	I	2 985,91	157,48	229,06	257,69	150,73	219,25	246,65	143,99	209,44	235,62	137,24	199,63	224,58	130,50	189,82	213,54	123,75	180,—	202,50
	II	2 940,16	161,70	235,21	264,61	II	2 940,16	154,96	225,40	253,57	148,22	215,59	242,54	141,47	205,78	231,50	134,72	195,96	220,46	127,98	186,16	209,43	121,23	176,34	198,38
	III	2 305,—	126,77	184,40	207,45	III	2 305,—	120,12	174,73	196,57	113,61	165,25	185,90	107,22	155,96	175,45	100,97	146,86	165,22	94,83	137,94	155,18	88,83	129,21	145,36
	V	3 400,50	187,02	272,04	306,04	IV	2 985,91	160,85	233,96	263,21	157,48	229,06	257,69	154,11	224,16	252,18	150,73	219,25	246,65	147,36	214,34	241,13	143,99	209,44	235,62
	VI	3 434,—	188,87	274,72	309,06																				
9 380,99 Ost	I,IV	2 998,83	164,93	239,90	269,89	I	2 998,83	158,18	230,09	258,85	151,44	220,28	247,82	144,70	210,47	236,78	137,95	200,66	225,74	131,20	190,84	214,70	124,46	181,04	203,67
	II	2 953,08	162,41	236,24	265,77	II	2 953,08	155,67	226,43	254,73	148,92	216,62	243,69	142,17	206,80	232,65	135,43	197,—	221,62	128,69	187,18	210,58	121,94	177,37	199,54
	III	2 317,83	127,48	185,42	208,60	III	2 317,83	120,81	175,73	197,69	114,29	166,24	187,02	107,89	156,93	176,54	101,62	147,81	166,28	95,48	138,88	156,24	89,45	130,12	146,38
	V	3 413,41	187,73	273,07	307,20	IV	2 998,83	161,56	235,—	264,37	158,18	230,09	258,85	154,81	225,18	253,33	151,44	220,28	247,82	148,07	215,38	242,30	144,70	210,47	236,78
	VI	3 446,83	189,57	275,74	310,21																				
9 383,99 West	I,IV	2 987,16	164,29	238,97	268,84	I	2 987,16	157,55	229,16	257,81	150,80	219,35	246,77	144,05	209,54	235,73	137,31	199,73	224,69	130,57	189,92	213,66	123,82	180,10	202,61
	II	2 941,41	161,77	235,31	264,72	II	2 941,41	155,03	225,50	253,68	148,28	215,69	242,65	141,54	205,88	231,61	134,79	196,06	220,57	128,05	186,26	209,54	121,30	176,44	198,50
	III	2 306,16	126,83	184,49	207,55	III	2 306,16	120,19	174,82	196,67	113,67	165,34	186,01	107,29	156,06	175,57	101,03	146,96	165,33	94,90	138,04	155,29	88,89	129,30	145,46
	V	3 401,75	187,09	272,14	306,15	IV	2 987,16	160,92	234,07	263,33	157,55	229,16	257,81	154,17	224,26	252,29	150,80	219,35	246,77	147,43	214,44	241,25	144,05	209,54	235,73
	VI	3 435,25	188,93	274,82	309,17																				
9 383,99 Ost	I,IV	3 000,08	165,—	240,—	270,—	I	3 000,08	158,25	230,19	258,96	151,51	220,38	247,93	144,76	210,57	236,89	138,02	200,76	225,85	131,28	190,95	214,82	124,53	181,14	203,78
	II	2 954,33	162,48	236,34	265,88	II	2 954,33	155,74	226,53	254,84	148,99	216,72	243,81	142,25	206,91	232,77	135,50	197,10	221,73	128,75	187,28	210,69	122,01	177,48	199,66
	III	2 319,—	127,54	185,52	208,71	III	2 319,—	120,89	175,84	197,82	114,35	166,33	187,12	107,95	157,02	176,65	101,68	147,90	166,39	95,53	138,96	156,33	89,52	130,21	146,48
	V	3 414,66	187,80	273,17	307,31	IV	3 000,08	161,63	235,10	264,48	158,25	230,19	258,96	154,88	225,28	253,44	151,51	220,38	247,93	148,14	215,48	242,41	144,76	210,57	236,89
	VI	3 448,08	189,64	275,84	310,32																				

* Die ausgewiesenen Tabellenwerte sind amtlich. Siehe Erläuterungen auf der Umschlaginnenseite (U2).

Abzüge an Lohnsteuer, Solidaritätszuschlag (SolZ) und Kirchensteuer (8%, 9%) in den Steuerklassen

Lohn/Gehalt bis €*	I – VI					I, II, III, IV		mit Zahl der Kinderfreibeträge . . . 0,5			1			1,5			2			2,5			3		
		LSt	ohne Kinderfreibeträge SolZ	8%	9%		LSt	SolZ	8%	9%	SolZ	8%	9%	SolZ	8%	9%	SolZ	8%	9%	SolZ	8%	9%	SolZ	8%	9%
9 386,99 West	I,IV	2 988,50	164,36	239,08	268,96	I	2 988,50	157,62	229,26	257,92	150,87	219,45	246,88	144,13	209,64	235,85	137,38	199,83	224,81	130,63	190,02	213,77	123,89	180,20	202,73
	II	2 942,66	161,84	235,41	264,83	II	2 942,66	155,10	225,60	253,80	148,35	215,79	242,76	141,61	205,98	231,72	134,86	196,16	220,68	128,12	186,36	209,65	121,37	176,54	198,61
	III	2 307,50	126,91	184,60	207,67	III	2 307,50	120,26	174,93	196,79	113,74	165,45	186,13	107,36	156,16	175,68	101,09	147,05	165,43	94,96	138,13	155,39	88,96	129,40	145,57
	V	3 403,—	187,16	272,24	306,27	IV	2 988,50	160,99	234,17	263,44	157,62	229,26	257,92	154,24	224,36	252,40	150,87	219,45	246,88	147,50	214,54	241,36	144,13	209,64	235,85
	VI	3 436,50	189,—	274,92	309,28																				
9 386,99 Ost	I,IV	3 001,33	165,07	240,10	270,11	I	3 001,33	158,32	230,29	259,07	151,58	220,48	248,04	144,83	210,67	237,—	138,09	200,86	225,96	131,34	191,05	214,93	124,60	181,24	203,89
	II	2 955,58	162,55	236,44	266,—	II	2 955,58	155,81	226,63	254,96	149,06	216,82	243,92	142,32	207,01	232,88	135,57	197,20	221,85	128,82	187,38	210,80	122,08	177,58	199,77
	III	2 320,33	127,61	185,62	208,82	III	2 320,33	120,95	175,93	197,92	114,42	166,44	187,24	108,02	157,12	176,76	101,75	148,—	166,50	95,59	139,05	156,43	89,58	130,30	146,59
	V	3 415,91	187,87	273,27	307,43	IV	3 001,33	161,70	235,20	264,60	158,32	230,29	259,07	154,95	225,39	253,56	151,58	220,48	248,04	148,21	215,58	242,52	144,83	210,67	237,—
	VI	3 449,33	189,71	275,94	310,43																				
9 389,99 West	I,IV	2 989,75	164,43	239,18	269,07	I	2 989,75	157,68	229,36	258,03	150,94	219,55	246,99	144,20	209,74	235,96	137,45	199,93	224,92	130,70	190,12	213,88	123,96	180,31	202,85
	II	2 943,91	161,91	235,51	264,95	II	2 943,91	155,17	225,70	253,91	148,42	215,89	242,87	141,68	206,08	231,84	134,93	196,27	220,80	128,19	186,46	209,76	121,44	176,64	198,72
	III	2 308,66	126,97	184,69	207,77	III	2 308,66	120,33	175,02	196,90	113,81	165,54	186,23	107,42	156,25	175,78	101,16	147,14	165,53	95,02	138,21	155,48	89,01	129,48	145,66
	V	3 404,25	187,23	272,34	306,38	IV	2 989,75	161,06	234,27	263,55	157,68	229,36	258,03	154,31	224,46	252,51	150,94	219,55	246,99	147,56	214,64	241,47	144,20	209,74	235,96
	VI	3 437,75	189,07	275,02	309,39																				
9 389,99 Ost	I,IV	3 002,58	165,14	240,20	270,23	I	3 002,58	158,40	230,40	259,20	151,65	220,58	248,15	144,90	210,77	237,11	138,16	200,96	226,08	131,41	191,15	215,04	124,67	181,34	204,—
	II	2 956,83	162,62	236,54	266,11	II	2 956,83	155,87	226,73	255,07	149,13	216,92	244,04	142,39	207,11	233,—	135,64	197,30	221,96	128,89	187,48	210,92	122,15	177,68	199,89
	III	2 321,50	127,68	185,72	208,93	III	2 321,50	121,02	176,04	198,04	114,49	166,53	187,34	108,08	157,21	176,86	101,81	148,09	166,60	95,66	139,14	156,53	89,64	130,38	146,68
	V	3 417,16	187,94	273,37	307,54	IV	3 002,58	161,76	235,30	264,71	158,40	230,40	259,20	155,02	225,49	253,67	151,65	220,58	248,15	148,28	215,68	242,64	144,90	210,77	237,11
	VI	3 450,66	189,78	276,05	310,55																				
9 392,99 West	I,IV	2 991,—	164,50	239,28	269,19	I	2 991,—	157,75	229,46	258,14	151,01	219,65	247,10	144,26	209,84	236,07	137,52	200,03	225,03	130,77	190,22	213,99	124,03	180,41	202,96
	II	2 945,16	161,98	235,61	265,06	II	2 945,16	155,24	225,80	254,03	148,49	215,99	242,99	141,74	206,18	231,95	135,—	196,37	220,91	128,26	186,56	209,88	121,51	176,74	198,83
	III	2 310,—	127,05	184,80	207,90	III	2 310,—	120,39	175,12	197,01	113,87	165,64	186,34	107,48	156,34	175,88	101,21	147,22	165,62	95,08	138,30	155,59	89,08	129,57	145,76
	V	3 405,58	187,30	272,44	306,50	IV	2 991,—	161,13	234,37	263,66	157,75	229,46	258,14	154,38	224,56	252,63	151,01	219,65	247,10	147,64	214,75	241,59	144,26	209,84	236,07
	VI	3 439,—	189,14	275,12	309,51																				
9 392,99 Ost	I,IV	3 003,83	165,21	240,30	270,34	I	3 003,83	158,46	230,50	259,31	151,72	220,68	248,27	144,97	210,87	237,23	138,23	201,06	226,19	131,48	191,25	215,15	124,74	181,44	204,12
	II	2 958,08	162,69	236,64	266,22	II	2 958,08	155,94	226,83	255,18	149,20	217,02	244,15	142,45	207,21	233,11	135,71	197,40	222,07	128,97	187,59	211,04	122,22	177,78	200,—
	III	2 322,83	127,75	185,82	209,05	III	2 322,83	121,09	176,13	198,14	114,55	166,62	187,45	108,14	157,30	176,96	101,87	148,18	166,70	95,72	139,24	156,64	89,70	130,48	146,79
	V	3 418,41	188,01	273,47	307,65	IV	3 003,83	161,84	235,40	264,83	158,46	230,50	259,31	155,09	225,59	253,79	151,72	220,68	248,27	148,34	215,78	242,75	144,97	210,87	237,23
	VI	3 451,91	189,85	276,15	310,67																				
9 395,99 West	I,IV	2 992,25	164,57	239,38	269,30	I	2 992,25	157,82	229,56	258,26	151,08	219,76	247,23	144,33	209,94	236,18	137,59	200,13	225,14	130,84	190,32	214,11	124,10	180,51	203,07
	II	2 946,50	162,05	235,72	265,18	II	2 946,50	155,31	225,90	254,14	148,56	216,09	243,10	141,82	206,28	232,07	135,07	196,47	221,03	128,32	186,66	209,99	121,58	176,84	198,95
	III	2 311,16	127,11	184,89	208,—	III	2 311,16	120,46	175,22	197,12	113,94	165,73	186,44	107,55	156,44	175,99	101,28	147,32	165,73	95,15	138,40	155,70	89,14	129,66	145,87
	V	3 406,83	187,37	272,54	306,61	IV	2 992,25	161,20	234,47	263,78	157,82	229,56	258,26	154,45	224,66	252,74	151,08	219,76	247,23	147,71	214,85	241,70	144,33	209,94	236,18
	VI	3 440,25	189,21	275,22	309,62																				
9 395,99 Ost	I,IV	3 005,08	165,27	240,40	270,45	I	3 005,08	158,53	230,60	259,42	151,79	220,78	248,38	145,04	210,97	237,34	138,30	201,16	226,31	131,55	191,35	215,27	124,80	181,54	204,23
	II	2 959,33	162,76	236,74	266,33	II	2 959,33	156,01	226,93	255,29	149,27	217,12	244,26	142,52	207,31	233,22	135,78	197,50	222,18	129,03	187,69	211,15	122,29	177,88	200,11
	III	2 324,—	127,82	185,92	209,16	III	2 324,—	121,15	176,22	198,25	114,62	166,72	187,56	108,21	157,40	177,07	101,94	148,28	166,81	95,79	139,33	156,74	89,76	130,57	146,89
	V	3 419,66	188,08	273,57	307,76	IV	3 005,08	161,91	235,50	264,94	158,53	230,60	259,42	155,16	225,69	253,90	151,79	220,78	248,38	148,41	215,88	242,86	145,04	210,97	237,34
	VI	3 453,16	189,92	276,25	310,78																				
9 398,99 West	I,IV	2 993,50	164,64	239,48	269,41	I	2 993,50	157,89	229,66	258,37	151,15	219,86	247,34	144,40	210,04	236,30	137,66	200,23	225,26	130,91	190,42	214,22	124,17	180,61	203,18
	II	2 947,75	162,12	235,82	265,29	II	2 947,75	155,37	226,—	254,25	148,63	216,19	243,21	141,89	206,38	232,18	135,14	196,57	221,14	128,39	186,76	210,10	121,65	176,95	199,07
	III	2 312,50	127,18	185,—	208,12	III	2 312,50	120,53	175,32	197,23	114,01	165,84	186,57	107,61	156,53	176,09	101,34	147,41	165,83	95,21	138,49	155,80	89,20	129,74	145,96
	V	3 408,08	187,44	272,64	306,72	IV	2 993,50	161,26	234,57	263,89	157,89	229,66	258,37	154,52	224,76	252,86	151,15	219,86	247,34	147,78	214,95	241,82	144,40	210,04	236,30
	VI	3 441,50	189,28	275,32	309,73																				
9 398,99 Ost	I,IV	3 006,41	165,35	240,51	270,57	I	3 006,41	158,60	230,70	259,53	151,85	220,88	248,49	145,11	211,08	237,46	138,37	201,26	226,42	131,62	191,45	215,38	124,88	181,64	204,35
	II	2 960,58	162,83	236,84	266,45	II	2 960,58	156,09	227,04	255,42	149,34	217,22	244,37	142,59	207,41	233,33	135,85	197,60	222,30	129,10	187,79	211,26	122,36	177,98	200,22
	III	2 325,33	127,89	186,02	209,27	III	2 325,33	121,22	176,33	198,37	114,69	166,82	187,67	108,28	157,50	177,19	102,—	148,37	166,91	95,84	139,41	156,83	89,83	130,66	146,99
	V	3 420,91	188,15	273,67	307,88	IV	3 006,41	161,97	235,60	265,05	158,60	230,70	259,53	155,23	225,79	254,01	151,85	220,88	248,49	148,48	215,98	242,97	145,11	211,08	237,46
	VI	3 454,41	189,99	276,35	310,89																				
9 401,99 West	I,IV	2 994,75	164,71	239,58	269,52	I	2 994,75	157,96	229,76	258,48	151,22	219,96	247,45	144,47	210,14	236,41	137,72	200,33	225,37	130,98	190,52	214,34	124,24	180,71	203,30
	II	2 949,—	162,19	235,92	265,41	II	2 949,—	155,44	226,10	254,36	148,70	216,29	243,32	141,95	206,48	232,29	135,21	196,67	221,25	128,46	186,86	210,21	121,72	177,05	199,18
	III	2 313,83	127,26	185,10	208,24	III	2 313,83	120,60	175,42	197,35	114,07	165,93	186,67	107,68	156,62	176,20	101,41	147,50	165,94	95,27	138,58	155,90	89,26	129,84	146,07
	V	3 409,33	187,51	272,74	306,83	IV	2 994,75	161,33	234,67	264,—	157,96	229,76	258,48	154,59	224,86	252,97	151,22	219,96	247,45	147,84	215,05	241,93	144,47	210,14	236,41
	VI	3 442,75	189,35	275,42	309,84																				
9 401,99 Ost	I,IV	3 007,66	165,42	240,61	270,68	I	3 007,66	158,67	230,80	259,65	151,92	220,98	248,60	145,18	211,18	237,57	138,43	201,36	226,53	131,69	191,55	215,49	124,95	181,74	204,46
	II	2 961,83	162,90	236,94	266,56	II	2 961,83	156,15	227,14	255,53	149,41	217,32	244,49	142,66	207,51	233,45	135,92	197,70	222,41	129,17	187,89	211,37	122,43	178,08	200,34
	III	2 326,66	127,96	186,13	209,39	III	2 326,66	121,29	176,42	198,47	114,75	166,92	187,78	108,35	157,60	177,30	102,06	148,45	167,—	95,91	139,50	156,94	89,88	130,74	147,08
	V	3 422,25	188,22	273,78	308,—	IV	3 007,66	162,04	235,70	265,16	158,67	230,80	259,65	155,30	225,89	254,12	151,92	220,98	248,60	148,55	216,08	243,09	145,18	211,18	237,57
	VI	3 455,66	190,06	276,45	311,—																				
9 404,99 West	I,IV	2 996,—	164,78	239,68	269,64	I	2 996,—	158,03	229,87	258,60	151,29	220,06	247,56	144,54	210,24	236,52	137,80	200,44	225,49	131,05	190,62	214,45	124,30	180,81	203,41
	II	2 950,25	162,26	236,02	265,52	II	2 950,25	155,51	226,20	254,48	148,77	216,40	243,45	142,02	206,58	232,40	135,28	196,77	221,36	128,53	186,96	210,33	121,79	177,15	199,29
	III	2 315,—	127,32	185,20	208,35	III	2 315,—	120,67	175,52	197,46	114,14	166,02	186,77	107,74	156,72	176,31	101,47	147,60	166,05	95,33	138,66	155,99	89,32	129,93	146,17
	V	3 410,58	187,58	272,84	306,95	IV	2 996,—	161,40	234,77	264,11	158,03	229,87	258,60	154,66	224,96	253,08	151,29	220,06	247,56	147,91	215,15	242,04	144,54	210,24	236,52
	VI	3 444,08	189,42	275,52	309,96																				
9 404,99 Ost	I,IV	3 008,91	165,49	240,71	270,80	I	3 008,91	158,74	230,90	259,76	151,99	221,08	248,72	145,25	211,28	237,69	138,50	201,46	226,64	131,76	191,65	215,60	125,01	181,84	204,57
	II	2 963,08	162,96	237,04	266,67	II	2 963,08	156,22	227,24	255,64	149,48	217,42	244,60	142,73	207,61	233,56	135,99	197,80	222,53	129,24	187,99	211,49	122,49	178,18	200,45
	III	2 327,83	128,03	186,22	209,50	III	2 327,83	121,36	176,53	198,59	114,82	167,01	187,88	108,41	157,69	177,40	102,12	148,54	167,11	95,97	139,60	157,05	89,95	130,84	147,19
	V	3 423,50	188,29	273,88	308,11	IV	3 008,91	162,11	235,80	265,28	158,74	230,90	259,76	155,37	225,99	254,24	151,99	221,08	248,72	148,62	216,18	243,20	145,25	211,28	237,69
	VI	3 456,91	190,13	276,55	311,12																				
9 407,99 West	I,IV	2 997,25	164,84	239,78	269,75	I	2 997,25	158,10	229,97	258,71	151,36	220,16	247,68	144,61	210,34	236,63	137,87	200,54	225,60	131,12	190,72	214,56	124,37	180,91	203,52
	II	2 951,50	162,33	236,12	265,63	II	2 951,50	155,58	226,30	254,59	148,84	216,50	243,56	142,09	206,68	232,52	135,35	196,87	221,48	128,60	187,06	210,44	121,86	177,25	199,40
	III	2 316,33	127,39	185,30	208,46	III	2 316,33	120,73	175,61	197,56	114,20	166,12	186,88	107,80	156,81	176,41	101,53	147,69	166,15	95,39	138,76	156,10	89,38	130,01	146,26
	V	3 411,83	187,65	272,94	307,06	IV	2 997,25	161,48	234,88	264,24	158,10	229,97	258,71	154,73	225,06	253,19	151,36	220,16	247,68	147,98	215,25	242,15	144,61	210,34	236,63
	VI	3 445,33	189,49	275,62	310,07																				
9 407,99 Ost	I,IV	3 010,16	165,55	240,81	270,91	I	3 010,16	158,81	231,—	259,87	152,07	221,19	248,84	145,32	211,38	237,80	138,57	201,56	226,76	131,83	191,76	215,73	125,08	181,94	204,68
	II	2 964,41	163,04	237,15	266,79	II	2 964,41	156,29	227,34	255,75	149,54	217,52	244,71	142,80	207,72	233,68	136,06	197,90	222,64	129,31	188,09	211,60	122,57	178,28	200,57
	III	2 329,16	128,10	186,33	209,62	III	2 329,16	121,43	176,62	198,70	114,88	167,10	187,99	108,47	157,78	177,50	102,19	148,64	167,22	96,03	139,69	157,15	90,01	130,93	147,29
	V	3 424,75	188,36	273,98	308,22	IV	3 010,16	162,18	235,90	265,39	158,81	231,—	259,87	155,43	226,09	254,35	152,07	221,19	248,84	148,69	216,28	243,32	145,32	211,38	237,80
	VI	3 458,16	190,19	276,65	311,23																				

*** Die ausgewiesenen Tabellenwerte sind amtlich. Siehe Erläuterungen auf der Umschlaginnenseite (U2).**

Abzüge an Lohnsteuer, Solidaritätszuschlag (SolZ) und Kirchensteuer (8%, 9%) in den Steuerklassen

Lohn/ Gehalt bis €*		I – VI	ohne Kinderfreibeträge			I, II, III, IV		mit Zahl der Kinderfreibeträge . . . 0,5			1			1,5			2			2,5			3		
		LSt	SolZ	8%	9%		LSt	SolZ	8%	9%	SolZ	8%	9%	SolZ	8%	9%	SolZ	8%	9%	SolZ	8%	9%	SolZ	8%	9%
9 410,99 West	I,IV	2 998,58	164,92	239,88	269,87	I	2 998,58	158,17	230,07	258,83	151,42	220,26	247,79	144,68	210,44	236,75	137,94	200,64	225,72	131,19	190,82	214,67	124,44	181,01	203,63
	II	2 952,75	162,40	236,22	265,74	II	2 952,75	155,65	226,40	254,70	148,91	216,60	243,67	142,16	206,78	232,63	135,41	196,97	221,59	128,67	187,16	210,56	121,93	177,35	199,52
	III	2 317,50	127,46	185,40	208,57	III	2 317,50	120,80	175,72	197,68	114,28	166,22	187,—	107,87	156,90	176,51	101,60	147,78	166,25	95,46	138,85	156,20	89,44	130,10	146,36
	V	3 413,08	187,71	273,04	307,17	IV	2 998,58	161,54	234,98	264,35	158,17	230,07	258,83	154,80	225,16	253,31	151,42	220,26	247,79	148,05	215,35	242,27	144,68	210,44	236,75
	VI	3 446,58	189,56	275,72	310,19																				
9 410,99 Ost	I,IV	3 011,41	165,62	240,91	271,02	I	3 011,41	158,88	231,10	259,98	152,13	221,29	248,95	145,39	211,48	237,91	138,64	201,66	226,87	131,90	191,86	215,84	125,15	182,04	204,80
	II	2 965,66	163,11	237,25	266,90	II	2 965,66	156,36	227,44	255,87	149,61	217,62	244,82	142,87	207,82	233,79	136,12	198,—	222,75	129,38	188,19	211,71	122,64	178,38	200,68
	III	2 330,33	128,16	186,42	209,72	III	2 330,33	121,49	176,72	198,81	114,95	167,21	188,11	108,54	157,88	177,61	102,25	148,73	167,32	96,10	139,78	157,25	90,07	131,01	147,38
	V	3 426,—	188,43	274,08	308,34	IV	3 011,41	162,25	236,—	265,50	158,88	231,10	259,98	155,51	226,20	254,47	152,13	221,29	248,95	148,76	216,38	243,43	145,39	211,48	237,91
	VI	3 459,41	190,26	276,75	311,34																				
9 413,99 West	I,IV	2 999,83	164,99	239,98	269,98	I	2 999,83	158,24	230,17	258,94	151,49	220,36	247,90	144,75	210,55	236,87	138,—	200,74	225,83	131,26	190,92	214,79	124,52	181,12	203,76
	II	2 954,—	162,47	236,32	265,86	II	2 954,—	155,72	226,51	254,82	148,98	216,70	243,78	142,23	206,88	232,74	135,49	197,08	221,71	128,74	187,26	210,67	121,99	177,45	199,63
	III	2 318,83	127,53	185,50	208,69	III	2 318,83	120,87	175,81	197,78	114,34	166,32	187,11	107,93	157,—	176,62	101,66	147,88	166,36	95,52	138,94	156,31	89,51	130,20	146,47
	V	3 414,33	187,78	273,14	307,28	IV	2 999,83	161,61	235,08	264,46	158,24	230,17	258,94	154,87	225,26	253,42	151,49	220,36	247,90	148,12	215,45	242,38	144,75	210,55	236,87
	VI	3 447,83	189,63	275,82	310,30																				
9 413,99 Ost	I,IV	3 012,66	165,69	241,01	271,13	I	3 012,66	158,95	231,20	260,10	152,20	221,39	249,06	145,46	211,58	238,02	138,71	201,76	226,98	131,97	191,96	215,95	125,22	182,14	204,91
	II	2 966,91	163,18	237,35	267,02	II	2 966,91	156,43	227,54	255,98	149,68	217,72	244,94	142,94	207,92	233,91	136,19	198,10	222,86	129,45	188,29	211,82	122,70	178,48	200,79
	III	2 331,66	128,24	186,53	209,84	III	2 331,66	121,56	176,82	198,92	115,02	167,30	188,21	108,60	157,97	177,71	102,31	148,82	167,42	96,16	139,88	157,36	90,13	131,10	147,49
	V	3 427,25	188,49	274,18	308,45	IV	3 012,66	162,32	236,10	265,61	158,95	231,20	260,10	155,58	226,30	254,58	152,20	221,39	249,06	148,83	216,48	243,54	145,46	211,58	238,02
	VI	3 460,75	190,34	276,86	311,46																				
9 416,99 West	I,IV	3 001,08	165,05	240,08	270,09	I	3 001,08	158,31	230,27	259,05	151,56	220,46	248,01	144,82	210,65	236,98	138,07	200,84	225,94	131,33	191,02	214,90	124,58	181,22	203,87
	II	2 955,25	162,53	236,42	265,97	II	2 955,25	155,79	226,61	254,93	149,05	216,80	243,90	142,30	206,98	232,85	135,56	197,18	221,82	128,81	187,36	210,78	122,06	177,55	199,74
	III	2 320,—	127,60	185,60	208,80	III	2 320,—	120,94	175,92	197,91	114,40	166,41	187,21	108,01	157,10	176,74	101,73	147,97	166,46	95,59	139,04	156,42	89,56	130,28	146,56
	V	3 415,66	187,86	273,25	307,40	IV	3 001,08	161,68	235,18	264,57	158,31	230,27	259,05	154,93	225,36	253,53	151,56	220,46	248,01	148,19	215,56	242,50	144,82	210,65	236,98
	VI	3 449,08	189,69	275,92	310,41																				
9 416,99 Ost	I,IV	3 013,91	165,76	241,11	271,25	I	3 013,91	159,02	231,30	260,21	152,27	221,49	249,17	145,53	211,68	238,14	138,78	201,87	227,10	132,04	192,06	216,06	125,29	182,24	205,02
	II	2 968,16	163,24	237,45	267,13	II	2 968,16	156,50	227,64	256,09	149,76	217,83	245,06	143,01	208,02	234,02	136,26	198,20	222,98	129,52	188,40	211,95	122,77	178,58	200,90
	III	2 332,83	128,30	186,62	209,95	III	2 332,83	121,63	176,92	199,03	115,08	167,40	188,32	108,67	158,06	177,82	102,38	148,92	167,53	96,22	139,96	157,45	90,20	131,20	147,60
	V	3 428,50	188,56	274,28	308,56	IV	3 013,91	162,39	236,20	265,73	159,02	231,30	260,21	155,65	226,40	254,70	152,27	221,49	249,17	148,90	216,58	243,65	145,53	211,68	238,14
	VI	3 462,—	190,41	276,96	311,58																				
9 419,99 West	I,IV	3 002,33	165,12	240,18	270,20	I	3 002,33	158,38	230,37	259,16	151,63	220,56	248,13	144,89	210,75	237,09	138,14	200,94	226,05	131,39	191,12	215,01	124,65	181,32	203,98
	II	2 956,58	162,61	236,52	266,09	II	2 956,58	155,86	226,71	255,05	149,11	216,90	244,01	142,37	207,08	232,97	135,63	197,28	221,94	128,88	187,46	210,89	122,13	177,65	199,85
	III	2 321,33	127,67	185,70	208,91	III	2 321,33	121,—	176,01	198,01	114,47	166,50	187,31	108,07	157,20	176,85	101,79	148,06	166,57	95,65	139,13	156,52	89,63	130,37	146,66
	V	3 416,91	187,93	273,35	307,52	IV	3 002,33	161,75	235,28	264,69	158,38	230,37	259,16	155,—	225,46	253,64	151,63	220,56	248,13	148,26	215,66	242,61	144,89	210,75	237,09
	VI	3 450,33	189,76	276,02	310,52																				
9 419,99 Ost	I,IV	3 015,16	165,83	241,21	271,36	I	3 015,16	159,09	231,40	260,33	152,34	221,59	249,29	145,59	211,78	238,25	138,85	201,97	227,21	132,11	192,16	216,18	125,36	182,34	205,13
	II	2 969,41	163,31	237,55	267,24	II	2 969,41	156,57	227,74	256,20	149,82	217,93	245,17	143,08	208,12	234,13	136,33	198,30	223,09	129,59	188,50	212,06	122,84	178,68	201,02
	III	2 334,16	128,37	186,73	210,07	III	2 334,16	121,70	177,02	199,15	115,15	167,49	188,42	108,73	158,16	177,93	102,44	149,01	167,63	96,28	140,05	157,55	90,25	131,28	147,69
	V	3 429,75	188,63	274,38	308,67	IV	3 015,16	162,46	236,31	265,85	159,09	231,40	260,33	155,71	226,50	254,81	152,34	221,59	249,29	148,97	216,68	243,77	145,59	211,78	238,25
	VI	3 463,25	190,47	277,06	311,69																				
9 422,99 West	I,IV	3 003,58	165,19	240,28	270,32	I	3 003,58	158,45	230,47	259,28	151,70	220,66	248,24	144,96	210,85	237,20	138,21	201,04	226,17	131,47	191,23	215,13	124,72	181,42	204,09
	II	2 957,83	162,68	236,62	266,20	II	2 957,83	155,93	226,81	255,16	149,18	217,—	244,12	142,44	207,19	233,09	135,69	197,38	222,05	128,95	187,56	211,01	122,21	177,76	199,98
	III	2 322,50	127,73	185,80	209,02	III	2 322,50	121,07	176,10	198,11	114,54	166,61	187,43	108,13	157,29	176,95	101,86	148,16	166,68	95,70	139,21	156,61	89,69	130,46	146,77
	V	3 418,16	187,99	273,45	307,63	IV	3 003,58	161,82	235,38	264,80	158,45	230,47	259,28	155,07	225,56	253,76	151,70	220,66	248,24	148,33	215,76	242,73	144,96	210,85	237,20
	VI	3 451,58	189,83	276,12	310,64																				
9 422,99 Ost	I,IV	3 016,50	165,90	241,32	271,48	I	3 016,50	159,16	231,50	260,44	152,41	221,69	249,40	145,67	211,88	238,37	138,92	202,07	227,33	132,17	192,26	216,29	125,43	182,44	205,25
	II	2 970,66	163,38	237,65	267,35	II	2 970,66	156,64	227,84	256,32	149,89	218,03	245,28	143,15	208,22	234,24	136,40	198,40	223,20	129,66	188,60	212,17	122,91	178,78	201,13
	III	2 335,33	128,44	186,82	210,17	III	2 335,33	121,77	177,12	199,26	115,22	167,60	188,55	108,79	158,25	178,03	102,51	149,10	167,74	96,35	140,14	157,66	90,31	131,37	147,79
	V	3 431,—	188,70	274,48	308,79	IV	3 016,50	162,53	236,41	265,96	159,16	231,50	260,44	155,78	226,60	254,92	152,41	221,69	249,40	149,04	216,78	243,88	145,67	211,88	238,37
	VI	3 464,50	190,54	277,16	311,80																				
9 425,99 West	I,IV	3 004,83	165,26	240,38	270,43	I	3 004,83	158,51	230,57	259,39	151,77	220,76	248,36	145,03	210,95	237,32	138,28	201,14	226,28	131,54	191,33	215,24	124,79	181,52	204,21
	II	2 959,08	162,74	236,72	266,31	II	2 959,08	156,—	226,91	255,27	149,25	217,10	244,23	142,51	207,29	233,20	135,76	197,48	222,16	129,02	187,66	211,12	122,27	177,86	200,09
	III	2 323,83	127,81	185,90	209,14	III	2 323,83	121,14	176,21	198,23	114,61	166,70	187,54	108,20	157,38	177,05	101,92	148,25	166,78	95,77	139,30	156,71	89,75	130,54	146,86
	V	3 419,41	188,06	273,55	307,74	IV	3 004,83	161,89	235,48	264,91	158,51	230,57	259,39	155,15	225,67	253,88	151,77	220,76	248,36	148,40	215,86	242,84	145,03	210,95	237,32
	VI	3 452,83	189,90	276,22	310,75																				
9 425,99 Ost	I,IV	3 017,75	165,97	241,42	271,59	I	3 017,75	159,22	231,60	260,55	152,48	221,79	249,51	145,74	211,98	238,48	138,99	202,17	227,44	132,24	192,36	216,40	125,50	182,55	205,37
	II	2 971,91	163,45	237,75	267,47	II	2 971,91	156,71	227,94	256,43	149,96	218,13	245,39	143,22	208,32	234,36	136,47	198,51	223,32	129,73	188,70	212,28	122,98	178,88	201,24
	III	2 336,66	128,51	186,93	210,29	III	2 336,66	121,83	177,21	199,36	115,28	167,69	188,65	108,87	158,36	178,15	102,57	149,20	167,85	96,41	140,24	157,77	90,38	131,46	147,89
	V	3 432,25	188,77	274,58	308,90	IV	3 017,75	162,60	236,51	266,07	159,22	231,60	260,55	155,85	226,70	255,03	152,48	221,79	249,51	149,10	216,88	243,99	145,74	211,98	238,48
	VI	3 465,75	190,61	277,26	311,91																				
9 428,99 West	I,IV	3 006,08	165,33	240,48	270,54	I	3 006,08	158,59	230,68	259,51	151,84	220,86	248,47	145,09	211,05	237,43	138,35	201,24	226,40	131,61	191,43	215,36	124,86	181,62	204,32
	II	2 960,33	162,81	236,82	266,42	II	2 960,33	156,07	227,01	255,38	149,32	217,20	244,35	142,58	207,39	233,31	135,83	197,58	222,27	129,08	187,76	211,23	122,34	177,96	200,20
	III	2 325,—	127,87	186,—	209,25	III	2 325,—	121,21	176,30	198,34	114,67	166,80	187,65	108,26	157,48	177,16	101,98	148,34	166,88	95,83	139,40	156,82	89,81	130,64	146,97
	V	3 420,66	188,13	273,65	307,85	IV	3 006,08	161,96	235,58	265,02	158,59	230,68	259,51	155,21	225,77	253,99	151,84	220,86	248,47	148,47	215,96	242,95	145,09	211,05	237,43
	VI	3 454,16	189,97	276,33	310,87																				
9 428,99 Ost	I,IV	3 019,—	166,04	241,52	271,71	I	3 019,—	159,29	231,70	260,66	152,55	221,89	249,62	145,80	212,08	238,59	139,06	202,27	227,55	132,31	192,46	216,51	125,57	182,65	205,48
	II	2 973,16	163,52	237,85	267,58	II	2 973,16	156,78	228,04	256,55	150,03	218,23	245,51	143,28	208,42	234,47	136,54	198,61	223,43	129,80	188,80	212,40	123,05	178,98	201,35
	III	2 338,—	128,59	187,04	210,42	III	2 338,—	121,90	177,32	199,48	115,35	167,78	188,75	108,93	158,45	178,25	102,63	149,29	167,95	96,47	140,33	157,87	90,43	131,54	147,98
	V	3 433,58	188,84	274,68	309,02	IV	3 019,—	162,67	236,61	266,18	159,29	231,70	260,66	155,92	226,80	255,15	152,55	221,89	249,62	149,18	216,99	244,11	145,80	212,08	238,59
	VI	3 467,—	190,68	277,36	312,03																				
9 431,99 West	I,IV	3 007,33	165,40	240,58	270,65	I	3 007,33	158,66	230,78	259,62	151,91	220,96	248,58	145,16	211,15	237,54	138,42	201,34	226,51	131,67	191,53	215,47	124,93	181,72	204,43
	II	2 961,58	162,88	236,92	266,54	II	2 961,58	156,14	227,11	255,50	149,39	217,30	244,46	142,65	207,49	233,42	135,90	197,68	222,39	129,16	187,87	211,35	122,41	178,06	200,31
	III	2 326,33	127,94	186,10	209,36	III	2 326,33	121,28	176,41	198,46	114,73	166,89	187,75	108,33	157,57	177,26	102,05	148,44	166,99	95,90	139,49	156,92	89,87	130,73	147,07
	V	3 421,91	188,20	273,75	307,97	IV	3 007,33	162,03	235,68	265,14	158,66	230,78	259,62	155,28	225,87	254,10	151,91	220,96	248,58	148,54	216,06	243,06	145,16	211,15	237,54
	VI	3 455,41	190,04	276,43	310,98																				
9 431,99 Ost	I,IV	3 020,25	166,11	241,62	271,82	I	3 020,25	159,36	231,80	260,78	152,62	222,—	249,75	145,87	212,18	238,70	139,13	202,37	227,66	132,38	192,56	216,63	125,64	182,75	205,59
	II	2 974,50	163,59	237,96	267,70	II	2 974,50	156,85	228,14	256,66	150,10	218,33	245,62	143,36	208,52	234,59	136,61	198,71	223,55	129,86	188,90	212,51	123,12	179,08	201,47
	III	2 339,16	128,65	187,13	210,52	III	2 339,16	121,97	177,41	199,58	115,42	167,89	188,87	109,—	158,54	178,36	102,70	149,38	168,05	96,54	140,42	157,97	90,50	131,64	148,09
	V	3 434,83	188,91	274,78	309,13	IV	3 020,25	162,74	236,71	266,30	159,36	231,80	260,78	155,99	226,90	255,26	152,62	222,—	249,75	149,25	217,09	244,22	145,87	212,18	238,70
	VI	3 468,25	190,75	277,46	312,14																				

* Die ausgewiesenen Tabellenwerte sind amtlich. Siehe Erläuterungen auf der Umschlaginnenseite (U2).

Abzüge an Lohnsteuer, Solidaritätszuschlag (SolZ) und Kirchensteuer (8%, 9%) in den Steuerklassen

Lohn/Gehalt bis €*	I – VI	LSt	ohne Kinderfreibeträge SolZ	8%	9%	I, II, III, IV	LSt	mit Zahl der Kinderfreibeträge . . . 0,5 SolZ	8%	9%	1 SolZ	8%	9%	1,5 SolZ	8%	9%	2 SolZ	8%	9%	2,5 SolZ	8%	9%	3 SolZ	8%	9%
9 434,99 West	I,IV	3 008,58	165,47	240,68	270,77	I	3 008,58	158,73	230,88	259,74	151,98	221,06	248,69	145,23	211,25	237,65	138,49	201,44	226,62	131,74	191,63	215,58	125,—	181,82	204,54
	II	2 962,83	162,95	237,02	266,65	II	2 962,83	156,20	227,21	255,61	149,46	217,40	244,58	142,72	207,59	233,54	135,97	197,78	222,50	129,23	187,97	211,46	122,48	178,16	200,43
	III	2 327,50	128,01	186,20	209,47	III	2 327,50	121,34	176,50	198,56	114,81	167,—	187,87	108,39	157,66	177,37	102,11	148,53	167,09	95,96	139,58	157,03	89,93	130,81	147,16
	V	3 423,16	188,27	273,85	308,08	IV	3 008,58	162,10	235,78	265,25	158,73	230,88	259,74	155,35	225,97	254,21	151,98	221,06	248,69	148,61	216,16	243,18	145,23	211,25	237,65
	VI	3 456,66	190,11	276,53	311,09																				
9 434,99 Ost	I,IV	3 021,50	166,18	241,72	271,93	I	3 021,50	159,43	231,90	260,89	152,69	222,10	249,86	145,94	212,28	238,82	139,20	202,47	227,78	132,45	192,66	216,74	125,71	182,85	205,70
	II	2 975,75	163,66	238,06	267,81	II	2 975,75	156,91	228,24	256,77	150,17	218,43	245,73	143,43	208,62	234,70	136,68	198,81	223,66	129,93	189,—	212,62	123,19	179,19	201,59
	III	2 340,50	128,72	187,24	210,64	III	2 340,50	122,04	177,52	199,71	115,49	167,98	188,98	109,06	158,64	178,47	102,76	149,48	168,16	96,59	140,50	158,06	90,56	131,73	148,19
	V	3 436,08	188,98	274,88	309,24	IV	3 021,50	162,80	236,81	266,41	159,43	231,90	260,89	156,06	227,—	255,38	152,69	222,10	249,86	149,32	217,19	244,34	145,94	212,28	238,82
	VI	3 469,50	190,82	277,56	312,25																				
9 437,99 West	I,IV	3 009,91	165,54	240,79	270,89	I	3 009,91	158,79	230,98	259,85	152,05	221,16	248,81	145,31	211,36	237,78	138,56	201,54	226,73	131,81	191,73	215,69	125,07	181,92	204,66
	II	2 964,08	163,02	237,12	266,76	II	2 964,08	156,28	227,32	255,73	149,53	217,50	244,69	142,78	207,69	233,65	136,04	197,88	222,62	129,30	188,07	211,58	122,55	178,26	200,54
	III	2 328,83	128,08	186,30	209,59	III	2 328,83	121,41	176,60	198,67	114,87	167,09	187,97	108,46	157,76	177,48	102,18	148,62	167,20	96,02	139,66	157,12	89,99	130,90	147,26
	V	3 424,41	188,34	273,95	308,19	IV	3 009,91	162,17	235,88	265,37	158,79	230,98	259,85	155,42	226,07	254,33	152,05	221,16	248,81	148,67	216,26	243,29	145,31	211,36	237,78
	VI	3 457,91	190,18	276,63	311,21																				
9 437,99 Ost	I,IV	3 022,75	166,25	241,82	272,04	I	3 022,75	159,50	232,—	261,—	152,76	222,20	249,97	146,01	212,38	238,93	139,26	202,57	227,89	132,52	192,76	216,86	125,78	182,95	205,82
	II	2 977,—	163,73	238,16	267,93	II	2 977,—	156,98	228,34	256,88	150,24	218,53	245,84	143,49	208,72	234,81	136,75	198,91	223,77	130,—	189,10	212,73	123,26	179,29	201,70
	III	2 341,66	128,79	187,33	210,74	III	2 341,66	122,10	177,61	199,81	115,55	168,08	189,09	109,12	158,73	178,57	102,83	149,57	168,26	96,66	140,60	158,17	90,62	131,81	148,28
	V	3 437,33	189,05	274,98	309,35	IV	3 022,75	162,87	236,91	266,52	159,50	232,—	261,—	156,13	227,10	255,49	152,76	222,20	249,97	149,38	217,29	244,45	146,01	212,38	238,93
	VI	3 470,75	190,89	277,66	312,36																				
9 440,99 West	I,IV	3 011,16	165,61	240,89	271,—	I	3 011,16	158,86	231,08	259,96	152,12	221,26	248,92	145,37	211,46	237,89	138,63	201,64	226,85	131,88	191,83	215,81	125,14	182,02	204,77
	II	2 965,33	163,09	237,22	266,87	II	2 965,33	156,35	227,42	255,84	149,60	217,60	244,80	142,85	207,79	233,76	136,11	197,98	222,73	129,36	188,17	211,69	122,62	178,36	200,65
	III	2 330,16	128,15	186,41	209,71	III	2 330,16	121,48	176,70	198,79	114,94	167,18	188,08	108,52	157,85	177,58	102,24	148,72	167,31	96,08	139,76	157,23	90,06	131,—	147,37
	V	3 425,75	188,41	274,06	308,31	IV	3 011,16	162,24	235,98	265,48	158,86	231,08	259,96	155,49	226,17	254,44	152,12	221,26	248,92	148,75	216,36	243,41	145,37	211,46	237,89
	VI	3 459,16	190,25	276,73	311,32																				
9 440,99 Ost	I,IV	3 024,—	166,32	241,92	272,16	I	3 024,—	159,57	232,11	261,12	152,83	222,30	250,08	146,08	212,48	239,04	139,34	202,68	228,01	132,59	192,86	216,97	125,84	183,05	205,93
	II	2 978,25	163,80	238,26	268,04	II	2 978,25	157,05	228,44	257,—	150,31	218,64	245,97	143,56	208,82	234,92	136,82	199,01	223,88	130,07	189,20	212,85	123,33	179,39	201,81
	III	2 343,—	128,86	187,44	210,87	III	2 343,—	122,18	177,72	199,93	115,61	168,17	189,19	109,19	158,82	178,67	102,89	149,66	168,37	96,72	140,69	158,27	90,68	131,90	148,39
	V	3 438,58	189,12	275,08	309,47	IV	3 024,—	162,94	237,01	266,63	159,57	232,11	261,12	156,20	227,20	255,60	152,83	222,30	250,08	149,45	217,39	244,56	146,08	212,48	239,04
	VI	3 472,08	190,96	277,76	312,48																				
9 443,99 West	I,IV	3 012,41	165,68	240,99	271,11	I	3 012,41	158,93	231,18	260,07	152,18	221,36	249,03	145,44	211,56	238,—	138,70	201,74	226,96	131,95	191,93	215,92	125,21	182,12	204,89
	II	2 966,58	163,16	237,32	266,99	II	2 966,58	156,42	227,52	255,96	149,67	217,70	244,91	142,92	207,89	233,87	136,18	198,08	222,84	129,43	188,27	211,80	122,69	178,46	200,76
	III	2 331,33	128,22	186,50	209,81	III	2 331,33	121,55	176,80	198,90	115,—	167,28	188,19	108,59	157,96	177,70	102,30	148,81	167,41	96,14	139,85	157,33	90,11	131,08	147,46
	V	3 427,—	188,48	274,16	308,43	IV	3 012,41	162,30	236,08	265,59	158,93	231,18	260,07	155,56	226,27	254,55	152,18	221,36	249,03	148,82	216,46	243,52	145,44	211,56	238,—
	VI	3 460,41	190,32	276,83	311,43																				
9 443,99 Ost	I,IV	3 025,25	166,38	242,02	272,27	I	3 025,25	159,64	232,21	261,23	152,90	222,40	250,20	146,15	212,58	239,15	139,41	202,78	228,12	132,66	192,96	217,08	125,91	183,15	206,04
	II	2 979,50	163,87	238,36	268,15	II	2 979,50	157,12	228,54	257,11	150,38	218,74	246,08	143,63	208,92	235,04	136,89	199,11	224,—	130,14	189,30	212,96	123,40	179,49	201,92
	III	2 344,16	128,92	187,53	210,97	III	2 344,16	122,24	177,81	200,03	115,69	168,28	189,31	109,25	158,92	178,78	102,96	149,76	168,48	96,79	140,78	158,38	90,75	132,—	148,50
	V	3 439,83	189,19	275,18	309,58	IV	3 025,25	163,02	237,12	266,76	159,64	232,21	261,23	156,27	227,30	255,71	152,90	222,40	250,20	149,52	217,49	244,67	146,15	212,58	239,15
	VI	3 473,33	191,03	277,86	312,59																				
9 446,99 West	I,IV	3 013,66	165,75	241,09	271,22	I	3 013,66	159,—	231,28	260,19	152,26	221,47	249,15	145,51	211,66	238,11	138,76	201,84	227,07	132,02	192,04	216,04	125,28	182,22	205,—
	II	2 967,91	163,23	237,43	267,11	II	2 967,91	156,48	227,62	256,07	149,74	217,80	245,03	143,—	208,—	234,—	136,25	198,18	222,95	129,50	188,37	211,91	122,76	178,56	200,88
	III	2 332,66	128,29	186,61	209,93	III	2 332,66	121,62	176,90	199,01	115,07	167,38	188,30	108,66	158,05	177,80	102,37	148,90	167,51	96,21	139,94	157,43	90,18	131,17	147,56
	V	3 428,25	188,55	274,26	308,54	IV	3 013,66	162,37	236,18	265,70	159,—	231,28	260,19	155,63	226,37	254,66	152,26	221,47	249,15	148,88	216,56	243,63	145,51	211,66	238,11
	VI	3 461,66	190,39	276,93	311,54																				
9 446,99 Ost	I,IV	3 026,58	166,46	242,12	272,39	I	3 026,58	159,71	232,31	261,35	152,96	222,50	250,31	146,22	212,68	239,27	139,48	202,88	228,24	132,73	193,06	217,19	125,98	183,25	206,15
	II	2 980,75	163,94	238,46	268,26	II	2 980,75	157,19	228,64	257,22	150,45	218,84	246,19	143,70	209,02	235,15	136,95	199,21	224,11	130,21	189,40	213,08	123,47	179,59	202,04
	III	2 345,50	129,—	187,64	211,09	III	2 345,50	122,31	177,90	200,14	115,75	168,37	189,41	109,33	159,02	178,90	103,02	149,85	168,58	96,85	140,88	158,49	90,81	132,09	148,60
	V	3 441,08	189,25	275,28	309,69	IV	3 026,58	163,08	237,22	266,87	159,71	232,31	261,35	156,34	227,40	255,83	152,96	222,50	250,31	149,59	217,59	244,79	146,22	212,68	239,27
	VI	3 474,58	191,10	277,96	312,71																				
9 449,99 West	I,IV	3 014,91	165,82	241,19	271,34	I	3 014,91	159,07	231,38	260,30	152,33	221,57	249,26	145,58	211,76	238,23	138,83	201,94	227,18	132,09	192,14	216,15	125,34	182,32	205,11
	II	2 969,16	163,30	237,53	267,22	II	2 969,16	156,55	227,72	256,18	149,81	217,90	245,14	143,06	208,10	234,11	136,32	198,28	223,07	129,57	188,47	212,03	122,83	178,66	200,99
	III	2 333,83	128,36	186,70	210,04	III	2 333,83	121,68	177,—	199,12	115,14	167,48	188,41	108,72	158,14	177,91	102,43	149,—	167,62	96,27	140,04	157,54	90,24	131,26	147,67
	V	3 429,50	188,62	274,36	308,65	IV	3 014,91	162,44	236,28	265,82	159,07	231,38	260,30	155,70	226,48	254,79	152,33	221,57	249,26	148,95	216,66	243,74	145,58	211,76	238,23
	VI	3 462,91	190,46	277,03	311,66																				
9 449,99 Ost	I,IV	3 027,83	166,53	242,22	272,50	I	3 027,83	159,78	232,41	261,46	153,03	222,60	250,42	146,29	212,79	239,39	139,54	202,98	228,35	132,80	193,16	217,31	126,06	183,36	206,28
	II	2 982,—	164,01	238,56	268,38	II	2 982,—	157,26	228,75	257,34	150,52	218,94	246,30	143,77	209,12	235,26	137,03	199,32	224,23	130,28	189,50	213,19	123,53	179,69	202,15
	III	2 346,66	129,06	187,73	211,19	III	2 346,66	122,38	178,01	200,26	115,82	168,46	189,52	109,39	159,12	179,01	103,08	149,94	168,68	96,91	140,97	158,59	90,86	132,17	148,69
	V	3 442,33	189,32	275,38	309,80	IV	3 027,83	163,15	237,32	266,98	159,78	232,41	261,46	156,41	227,50	255,94	153,03	222,60	250,42	149,66	217,69	244,90	146,29	212,79	239,39
	VI	3 475,83	191,17	278,06	312,82																				
9 452,99 West	I,IV	3 016,16	165,88	241,29	271,45	I	3 016,16	159,14	231,48	260,42	152,40	221,67	249,38	145,65	211,86	238,34	138,90	202,04	227,30	132,16	192,24	216,27	125,41	182,42	205,22
	II	2 970,41	163,37	237,63	267,33	II	2 970,41	156,62	227,82	256,29	149,87	218,—	245,25	143,13	208,20	234,22	136,39	198,38	223,18	129,64	188,57	212,14	122,90	178,76	201,11
	III	2 335,16	128,43	186,81	210,16	III	2 335,16	121,75	177,09	199,22	115,20	167,57	188,51	108,79	158,24	178,02	102,50	149,09	167,72	96,34	140,13	157,64	90,30	131,34	147,76
	V	3 430,75	188,69	274,46	308,76	IV	3 016,16	162,51	236,38	265,93	159,14	231,48	260,42	155,77	226,58	254,90	152,40	221,67	249,38	149,02	216,76	243,86	145,65	211,86	238,34
	VI	3 464,25	190,53	277,14	311,78																				
9 452,99 Ost	I,IV	3 029,08	166,59	242,32	272,61	I	3 029,08	159,85	232,51	261,57	153,10	222,70	250,53	146,36	212,89	239,50	139,61	203,08	228,46	132,87	193,26	217,42	126,12	183,46	206,39
	II	2 983,25	164,07	238,66	268,49	II	2 983,25	157,33	228,85	257,45	150,59	219,04	246,42	143,84	209,22	235,37	137,10	199,42	224,34	130,35	189,60	213,30	123,60	179,79	202,26
	III	2 348,—	129,14	187,84	211,32	III	2 348,—	122,44	178,10	200,36	115,88	168,56	189,63	109,45	159,21	179,11	103,15	150,04	168,79	96,98	141,06	158,69	90,93	132,26	148,79
	V	3 443,66	189,40	275,49	309,92	IV	3 029,08	163,22	237,42	267,09	159,85	232,51	261,57	156,47	227,60	256,05	153,10	222,70	250,53	149,73	217,80	245,02	146,36	212,89	239,50
	VI	3 477,08	191,23	278,16	312,93																				
9 455,99 West	I,IV	3 017,41	165,95	241,39	271,56	I	3 017,41	159,21	231,58	260,53	152,46	221,77	249,49	145,72	211,96	238,45	138,98	202,15	227,42	132,23	192,34	216,38	125,48	182,52	205,34
	II	2 971,66	163,44	237,73	267,44	II	2 971,66	156,69	227,92	256,41	149,95	218,11	245,37	143,20	208,30	234,33	136,45	198,48	223,29	129,71	188,68	212,26	122,97	178,86	201,22
	III	2 336,33	128,49	186,90	210,26	III	2 336,33	121,82	177,20	199,35	115,27	167,66	188,62	108,85	158,33	178,12	102,56	149,18	167,83	96,39	140,21	157,73	90,36	131,44	147,87
	V	3 432,—	188,76	274,56	308,88	IV	3 017,41	162,58	236,48	266,04	159,21	231,58	260,53	155,84	226,68	255,01	152,46	221,77	249,49	149,09	216,86	243,97	145,72	211,96	238,45
	VI	3 465,50	190,60	277,24	311,89																				
9 455,99 Ost	I,IV	3 030,33	166,66	242,42	272,72	I	3 030,33	159,92	232,61	261,68	153,17	222,80	250,65	146,43	212,99	239,61	139,68	203,18	228,57	132,93	193,36	217,53	126,19	183,56	206,50
	II	2 984,58	164,15	238,76	268,61	II	2 984,58	157,40	228,95	257,57	150,65	219,14	246,53	143,91	209,32	235,49	137,17	199,52	224,46	130,42	189,70	213,41	123,67	179,89	202,37
	III	2 349,16	129,20	187,93	211,42	III	2 349,16	122,52	178,21	200,48	115,95	168,66	189,74	109,52	159,30	179,21	103,21	150,13	168,89	97,03	141,14	158,78	90,99	132,36	148,90
	V	3 444,91	189,47	275,59	310,04	IV	3 030,33	163,29	237,52	267,21	159,92	232,61	261,68	156,54	227,70	256,16	153,17	222,80	250,65	149,80	217,90	245,13	146,43	212,99	239,61
	VI	3 478,33	191,30	278,26	313,04																				

* Die ausgewiesenen Tabellenwerte sind amtlich. Siehe Erläuterungen auf der Umschlaginnenseite (U2).

Abzüge an Lohnsteuer, Solidaritätszuschlag (SolZ) und Kirchensteuer (8%, 9%) in den Steuerklassen

Lohn/ Gehalt bis €*	I – VI					I, II, III, IV		mit Zahl der Kinderfreibeträge . . .																	
			ohne Kinder-freibeträge					0,5			1			1,5			2			2,5			3		
		LSt	SolZ	8%	9%		LSt	SolZ	8%	9%	SolZ	8%	9%	SolZ	8%	9%	SolZ	8%	9%	SolZ	8%	9%	SolZ	8%	9%
9 458,99 West	I,IV	3 018,66	166,02	241,49	271,67	I	3 018,66	159,28	231,68	260,64	152,53	221,87	249,60	145,79	212,06	238,56	139,04	202,25	227,53	132,30	192,44	216,49	125,55	182,62	205,45
	II	2 972,91	163,51	237,83	267,56	II	2 972,91	156,76	228,02	256,52	150,02	218,21	245,48	143,27	208,40	234,45	136,52	198,58	223,40	129,78	188,78	212,37	123,03	178,96	201,33
	III	2 337,66	128,57	187,01	210,38	III	2 337,66	121,88	177,29	199,45	115,34	167,77	188,74	108,91	158,42	178,22	102,63	149,28	167,94	96,46	140,30	157,84	90,42	131,53	147,97
	V	3 433,25	188,82	274,66	308,99	IV	3 018,66	162,65	236,59	266,16	159,28	231,68	260,64	155,91	226,78	255,12	152,53	221,87	249,60	149,16	216,96	244,08	145,79	212,06	238,56
	VI	3 466,75	190,67	277,34	312,—																				
9 458,99 Ost	I,IV	3 031,58	166,73	242,52	272,84	I	3 031,58	159,99	232,71	261,80	153,24	222,90	250,76	146,50	213,09	239,72	139,75	203,28	228,69	133,01	193,47	217,65	126,26	183,66	206,61
	II	2 985,83	164,22	238,86	268,72	II	2 985,83	157,47	229,05	257,68	150,72	219,24	246,64	143,98	209,43	235,61	137,23	199,62	224,57	130,49	189,80	213,53	123,75	180,—	202,50
	III	2 350,50	129,27	188,04	211,54	III	2 350,50	122,58	178,30	200,59	116,02	168,76	189,85	109,58	159,40	179,32	103,28	150,22	169,—	97,10	141,24	158,89	91,05	132,44	148,99
	V	3 446,16	189,53	275,69	310,15	IV	3 031,58	163,36	237,62	267,32	159,99	232,71	261,80	156,61	227,80	256,28	153,24	222,90	250,76	149,87	218,—	245,25	146,50	213,09	239,72
	VI	3 479,58	191,37	278,36	313,16																				
9 461,99 West	I,IV	3 020,—	166,10	241,60	271,80	I	3 020,—	159,35	231,78	260,75	152,60	221,97	249,71	145,86	212,16	238,68	139,11	202,35	227,64	132,37	192,54	216,60	125,62	182,72	205,56
	II	2 974,16	163,57	237,93	267,67	II	2 974,16	156,83	228,12	256,64	150,09	218,31	245,60	143,34	208,50	234,56	136,59	198,68	223,52	129,85	188,88	212,49	123,10	179,06	201,44
	III	2 338,83	128,63	187,10	210,49	III	2 338,83	121,96	177,40	199,57	115,40	167,86	188,84	108,98	158,52	178,33	102,69	149,37	168,04	96,52	140,40	157,95	90,49	131,62	148,07
	V	3 434,50	188,89	274,76	309,10	IV	3 020,—	162,72	236,69	266,27	159,35	231,78	260,75	155,98	226,88	255,24	152,60	221,97	249,71	149,23	217,06	244,19	145,86	212,16	238,68
	VI	3 468,—	190,74	277,44	312,12																				
9 461,99 Ost	I,IV	3 032,83	166,80	242,62	272,95	I	3 032,83	160,05	232,81	261,91	153,31	223,—	250,88	146,57	213,19	239,84	139,82	203,38	228,80	133,08	193,57	217,76	126,33	183,76	206,73
	II	2 987,08	164,28	238,96	268,83	II	2 987,08	157,54	229,15	257,79	150,79	219,34	246,75	144,05	209,53	235,72	137,30	199,72	224,68	130,56	189,90	213,64	123,81	180,10	202,61
	III	2 351,83	129,35	188,14	211,66	III	2 351,83	122,65	178,41	200,71	116,08	168,85	189,95	109,65	159,49	179,42	103,34	150,32	169,11	97,16	141,33	158,99	91,11	132,53	149,09
	V	3 447,41	189,60	275,79	310,26	IV	3 032,83	163,43	237,72	267,43	160,05	232,81	261,91	156,69	227,91	256,40	153,31	223,—	250,88	149,94	218,10	245,36	146,57	213,19	239,84
	VI	3 480,83	191,44	278,46	313,27																				
9 464,99 West	I,IV	3 021,25	166,16	241,70	271,91	I	3 021,25	159,42	231,88	260,87	152,67	222,07	249,83	145,93	212,26	238,79	139,18	202,45	227,75	132,44	192,64	216,72	125,69	182,83	205,68
	II	2 975,41	163,64	238,03	267,78	II	2 975,41	156,90	228,22	256,75	150,15	218,41	245,71	143,41	208,60	234,67	136,67	198,79	223,64	129,92	188,98	212,60	123,17	179,16	201,56
	III	2 340,16	128,70	187,21	210,61	III	2 340,16	122,02	177,49	199,67	115,47	167,96	188,95	109,04	158,61	178,43	102,75	149,46	168,14	96,58	140,49	158,05	90,54	131,70	148,16
	V	3 435,75	188,96	274,86	309,21	IV	3 021,25	162,79	236,79	266,39	159,42	231,88	260,87	156,04	226,98	255,35	152,67	222,07	249,83	149,30	217,16	244,31	145,93	212,26	238,79
	VI	3 469,25	190,80	277,54	312,23																				
9 464,99 Ost	I,IV	3 034,08	166,87	242,72	273,06	I	3 034,08	160,13	232,92	262,03	153,38	223,10	250,99	146,63	213,29	239,95	139,89	203,48	228,92	133,15	193,67	217,88	126,40	183,86	206,84
	II	2 988,33	164,35	239,06	268,94	II	2 988,33	157,61	229,25	257,90	150,86	219,44	246,87	144,12	209,63	235,83	137,37	199,82	224,79	130,62	190,—	213,75	123,88	180,20	202,72
	III	2 353,—	129,41	188,24	211,77	III	2 353,—	122,72	178,50	200,81	116,16	168,96	190,08	109,71	159,58	179,53	103,40	150,41	169,21	97,23	141,42	159,10	91,18	132,62	149,20
	V	3 448,66	189,67	275,89	310,37	IV	3 034,08	163,50	237,82	267,54	160,13	232,92	262,03	156,75	228,01	256,51	153,38	223,10	250,99	150,01	218,20	245,47	146,63	213,29	239,95
	VI	3 482,16	191,51	278,57	313,39																				
9 467,99 West	I,IV	3 022,50	166,23	241,80	272,02	I	3 022,50	159,49	231,98	260,98	152,74	222,17	249,94	146,—	212,36	238,91	139,25	202,55	227,87	132,50	192,74	216,83	125,76	182,93	205,79
	II	2 976,66	163,71	238,13	267,89	II	2 976,66	156,97	228,32	256,86	150,22	218,51	245,82	143,48	208,70	234,78	136,73	198,89	223,75	129,99	189,08	212,71	123,24	179,26	201,67
	III	2 341,33	128,77	187,30	210,71	III	2 341,33	122,09	177,58	199,78	115,53	168,05	189,05	109,12	158,72	178,56	102,82	149,56	168,25	96,65	140,58	158,15	90,61	131,80	148,27
	V	3 437,08	189,03	274,96	309,33	IV	3 022,50	162,86	236,89	266,50	159,49	231,98	260,98	156,11	227,08	255,46	152,74	222,17	249,94	149,37	217,27	244,43	146,—	212,36	238,91
	VI	3 470,50	190,87	277,64	312,34																				
9 467,99 Ost	I,IV	3 035,33	166,94	242,82	273,17	I	3 035,33	160,20	233,02	262,14	153,45	223,20	251,10	146,70	213,39	240,06	139,96	203,58	229,03	133,21	193,77	217,99	126,47	183,96	206,95
	II	2 989,58	164,42	239,16	269,06	II	2 989,58	157,68	229,35	258,02	150,93	219,54	246,98	144,19	209,73	235,94	137,44	199,92	224,91	130,70	190,11	213,87	123,95	180,30	202,83
	III	2 354,33	129,48	188,34	211,88	III	2 354,33	122,78	178,60	200,92	116,22	169,05	190,18	109,78	159,68	179,64	103,47	150,50	169,31	97,29	141,52	159,21	91,23	132,70	149,29
	V	3 449,91	189,74	275,99	310,49	IV	3 035,33	163,57	237,92	267,66	160,20	233,02	262,14	156,82	228,11	256,62	153,45	223,20	251,10	150,08	218,30	245,58	146,70	213,39	240,06
	VI	3 483,41	191,58	278,67	313,50																				
9 470,99 West	I,IV	3 023,75	166,30	241,90	272,13	I	3 023,75	159,55	232,08	261,09	152,81	222,28	250,06	146,07	212,46	239,02	139,32	202,65	227,98	132,58	192,84	216,95	125,83	183,03	205,91
	II	2 978,—	163,79	238,24	268,02	II	2 978,—	157,04	228,42	256,97	150,29	218,61	245,93	143,55	208,80	234,90	136,80	198,99	223,86	130,06	189,18	212,82	123,31	179,36	201,78
	III	2 342,66	128,84	187,41	210,83	III	2 342,66	122,16	177,69	199,90	115,61	168,16	189,18	109,18	158,81	178,66	102,88	149,65	168,35	96,71	140,68	158,26	90,67	131,89	148,37
	V	3 438,33	189,10	275,06	309,44	IV	3 023,75	162,93	236,99	266,61	159,55	232,08	261,09	156,18	227,18	255,57	152,81	222,28	250,06	149,44	217,37	244,54	146,07	212,46	239,02
	VI	3 471,75	190,94	277,74	312,45																				
9 470,99 Ost	I,IV	3 036,58	167,01	242,92	273,29	I	3 036,58	160,27	233,12	262,26	153,52	223,30	251,21	146,77	213,49	240,17	140,03	203,68	229,14	133,28	193,87	218,10	126,54	184,06	207,06
	II	2 990,83	164,49	239,26	269,17	II	2 990,83	157,74	229,45	258,13	151,—	219,64	247,10	144,26	209,83	236,06	137,51	200,02	225,02	130,77	190,21	213,98	124,02	180,40	202,95
	III	2 355,50	129,55	188,44	211,99	III	2 355,50	122,86	178,70	201,04	116,28	169,14	190,28	109,85	159,78	179,75	103,53	150,60	169,42	97,35	141,61	159,31	91,30	132,80	149,40
	V	3 451,16	189,81	276,09	310,60	IV	3 036,58	163,64	238,02	267,77	160,27	233,12	262,26	156,89	228,21	256,73	153,52	223,30	251,21	150,15	218,40	245,70	146,77	213,49	240,17
	VI	3 484,66	191,65	278,77	313,61																				
9 473,99 West	I,IV	3 025,—	166,37	242,—	272,25	I	3 025,—	159,62	232,18	261,20	152,88	222,38	250,17	146,13	212,56	239,13	139,39	202,75	228,09	132,65	192,94	217,06	125,90	183,13	206,02
	II	2 979,25	163,85	238,34	268,13	II	2 979,25	157,11	228,52	257,09	150,36	218,71	246,05	143,62	208,90	235,01	136,87	199,09	223,97	130,13	189,28	212,94	123,38	179,47	201,90
	III	2 344,—	128,92	187,52	210,96	III	2 344,—	122,22	177,78	200,—	115,67	168,25	189,28	109,24	158,90	178,76	102,95	149,74	168,46	96,77	140,76	158,35	90,73	131,97	148,46
	V	3 439,58	189,17	275,16	309,56	IV	3 025,—	163,—	237,09	266,72	159,62	232,18	261,20	156,25	227,28	255,69	152,88	222,38	250,17	149,51	217,47	244,65	146,13	212,56	239,13
	VI	3 473,—	191,01	277,84	312,57																				
9 473,99 Ost	I,IV	3 037,91	167,08	243,03	273,41	I	3 037,91	160,33	233,22	262,37	153,59	223,40	251,33	146,85	213,60	240,30	140,10	203,78	229,25	133,35	193,97	218,21	126,61	184,16	207,18
	II	2 992,08	164,56	239,36	269,28	II	2 992,08	157,82	229,56	258,25	151,07	219,74	247,21	144,32	209,93	236,17	137,58	200,12	225,14	130,84	190,31	214,10	124,09	180,50	203,06
	III	2 356,83	129,62	188,54	212,11	III	2 356,83	122,92	178,80	201,15	116,36	169,25	190,40	109,91	159,88	179,86	103,60	150,69	169,52	97,42	141,70	159,41	91,36	132,89	149,50
	V	3 452,41	189,88	276,19	310,71	IV	3 037,91	163,71	238,12	267,89	160,33	233,22	262,37	156,96	228,31	256,85	153,59	223,40	251,33	150,21	218,50	245,81	146,85	213,60	240,30
	VI	3 485,91	191,72	278,87	313,73																				
9 476,99 West	I,IV	3 026,25	166,44	242,10	272,36	I	3 026,25	159,69	232,28	261,32	152,95	222,48	250,29	146,20	212,66	239,24	139,46	202,85	228,20	132,71	193,04	217,17	125,97	183,23	206,13
	II	2 980,50	163,92	238,44	268,24	II	2 980,50	157,18	228,62	257,20	150,43	218,81	246,16	143,69	209,—	235,13	136,94	199,19	224,09	130,19	189,38	213,05	123,45	179,57	202,01
	III	2 345,16	128,98	187,61	211,06	III	2 345,16	122,30	177,89	200,12	115,73	168,34	189,38	109,31	159,—	178,87	103,01	149,84	168,57	96,83	140,85	158,45	90,79	132,06	148,57
	V	3 440,83	189,24	275,26	309,67	IV	3 026,25	163,07	237,19	266,84	159,69	232,28	261,32	156,32	227,38	255,80	152,95	222,48	250,29	149,58	217,57	244,76	146,20	212,66	239,24
	VI	3 474,25	191,08	277,94	312,68																				
9 476,99 Ost	I,IV	3 039,16	167,15	243,13	273,52	I	3 039,16	160,40	233,32	262,48	153,66	223,50	251,44	146,91	213,70	240,41	140,17	203,88	229,37	133,42	194,07	218,33	126,68	184,26	207,29
	II	2 993,33	164,63	239,46	269,39	II	2 993,33	157,89	229,66	258,36	151,14	219,84	247,32	144,39	210,03	236,28	137,65	200,22	225,25	130,90	190,41	214,21	124,16	180,60	203,17
	III	2 358,—	129,69	188,64	212,22	III	2 358,—	122,99	178,90	201,26	116,42	169,34	190,51	109,98	159,97	179,96	103,66	150,78	169,63	97,47	141,78	159,50	91,42	132,98	149,60
	V	3 453,75	189,95	276,30	310,83	IV	3 039,16	163,78	238,22	268,—	160,40	233,32	262,48	157,03	228,41	256,96	153,66	223,50	251,44	150,29	218,60	245,93	146,91	213,70	240,41
	VI	3 487,16	191,79	278,97	313,84																				
9 479,99 West	I,IV	3 027,50	166,51	242,20	272,47	I	3 027,50	159,77	232,39	261,44	153,02	222,58	250,40	146,27	212,76	239,36	139,53	202,96	228,33	132,78	193,14	217,28	126,04	183,33	206,24
	II	2 981,75	163,99	238,54	268,35	II	2 981,75	157,24	228,72	257,31	150,50	218,92	246,28	143,76	209,10	235,24	137,01	199,29	224,20	130,27	189,48	213,17	123,52	179,67	202,13
	III	2 346,50	129,05	187,72	211,18	III	2 346,50	122,36	177,98	200,23	115,81	168,45	189,50	109,37	159,09	178,97	103,07	149,93	168,67	96,90	140,94	158,56	90,86	132,16	148,68
	V	3 442,08	189,31	275,36	309,78	IV	3 027,50	163,13	237,29	266,95	159,77	232,39	261,44	156,39	227,48	255,92	153,02	222,58	250,40	149,65	217,67	244,88	146,27	212,76	239,36
	VI	3 475,58	191,15	278,04	312,80																				
9 479,99 Ost	I,IV	3 040,41	167,22	243,23	273,63	I	3 040,41	160,47	233,42	262,59	153,72	223,60	251,55	146,98	213,80	240,52	140,24	203,98	229,48	133,49	194,17	218,44	126,75	184,36	207,41
	II	2 994,58	164,70	239,56	269,51	II	2 994,58	157,96	229,76	258,48	151,21	219,94	247,43	144,46	210,13	236,39	137,72	200,32	225,36	130,97	190,51	214,32	124,23	180,70	203,28
	III	2 359,33	129,76	188,74	212,33	III	2 359,33	123,06	179,—	201,37	116,49	169,44	190,62	110,04	160,06	180,07	103,73	150,88	169,74	97,54	141,88	159,61	91,48	133,06	149,69
	V	3 455,—	190,02	276,40	310,95	IV	3 040,41	163,84	238,32	268,11	160,47	233,42	262,59	157,10	228,51	257,07	153,72	223,60	251,55	150,36	218,70	246,04	146,98	213,80	240,52
	VI	3 488,41	191,86	279,07	313,95																				

* Die ausgewiesenen Tabellenwerte sind amtlich. Siehe Erläuterungen auf der Umschlaginnenseite (U2).

Lohn/ Gehalt bis €*		I – VI LSt	ohne Kinderfreibeträge SolZ	8%	9%		I, II, III, IV LSt	0,5 SolZ	8%	9%	1 SolZ	8%	9%	1,5 SolZ	8%	9%	2 SolZ	8%	9%	2,5 SolZ	8%	9%	3 SolZ	8%	9%
9 482,99 West	I,IV	3 028,75	166,58	242,30	272,58	I	3 028,75	159,83	232,49	261,55	153,09	222,68	250,51	146,34	212,86	239,47	139,60	203,06	228,44	132,85	193,24	217,40	126,11	183,43	206,36
	II	2 983,—	164,06	238,64	268,47	II	2 983,—	157,31	228,82	257,42	150,57	219,02	246,39	143,82	209,20	235,35	137,08	199,39	224,31	130,34	189,58	213,28	123,59	179,77	202,24
	III	2 347,66	129,12	187,81	211,28	III	2 347,66	122,43	178,09	200,35	115,87	168,54	189,61	109,44	159,18	179,08	103,14	150,02	168,77	96,96	141,04	158,67	90,91	132,24	148,77
	V	3 443,33	189,38	275,46	309,89	IV	3 028,75	163,21	237,40	267,07	159,83	232,49	261,55	156,46	227,58	256,03	153,09	222,68	250,51	149,71	217,77	244,99	146,34	212,86	239,47
	VI	3 476,83	191,22	278,14	312,91																				
9 482,99 Ost	I,IV	3 041,66	167,29	243,33	273,74	I	3 041,66	160,54	233,52	262,71	153,80	223,71	251,67	147,05	213,90	240,63	140,30	204,08	229,59	133,56	194,28	218,56	126,82	184,46	207,52
	II	2 995,91	164,77	239,67	269,63	II	2 995,91	158,02	229,86	258,59	151,28	220,04	247,55	144,54	210,24	236,52	137,79	200,42	225,47	131,04	190,61	214,43	124,30	180,80	203,40
	III	2 360,66	129,83	188,85	212,45	III	2 360,66	123,13	179,10	201,49	116,55	169,53	190,72	110,11	160,16	180,18	103,79	150,97	169,84	97,60	141,97	159,71	91,54	133,16	149,80
	V	3 456,25	190,09	276,50	311,06	IV	3 041,66	163,91	238,42	268,22	160,54	233,52	262,71	157,17	228,61	257,18	153,80	223,71	251,67	150,42	218,80	246,15	147,05	213,90	240,63
	VI	3 489,66	191,93	279,17	314,06																				
9 485,99 West	I,IV	3 030,08	166,65	242,40	272,70	I	3 030,08	159,90	232,59	261,66	153,16	222,78	250,62	146,41	212,96	239,58	139,67	203,16	228,55	132,92	193,34	217,51	126,17	183,53	206,47
	II	2 984,25	164,13	238,74	268,58	II	2 984,25	157,38	228,92	257,54	150,64	219,12	246,51	143,89	209,30	235,46	137,15	199,49	224,42	130,40	189,68	213,39	123,66	179,87	202,35
	III	2 349,—	129,19	187,92	211,41	III	2 349,—	122,50	178,18	200,45	115,94	168,64	189,72	109,50	159,28	179,19	103,20	150,12	168,88	97,02	141,13	158,77	90,97	132,33	148,87
	V	3 444,58	189,45	275,56	310,01	IV	3 030,08	163,28	237,50	267,18	159,90	232,59	261,66	156,53	227,68	256,14	153,16	222,78	250,62	149,78	217,87	245,10	146,41	212,96	239,58
	VI	3 478,08	191,29	278,24	313,02																				
9 485,99 Ost	I,IV	3 042,91	167,36	243,43	273,86	I	3 042,91	160,61	233,62	262,82	153,87	223,81	251,78	147,12	214,—	240,75	140,37	204,18	229,70	133,63	194,38	218,67	126,88	184,56	207,63
	II	2 997,16	164,84	239,77	269,74	II	2 997,16	158,09	229,96	258,70	151,35	220,14	247,66	144,60	210,34	236,63	137,86	200,52	225,59	131,11	190,71	214,55	124,37	180,90	203,51
	III	2 361,83	129,90	188,94	212,56	III	2 361,83	123,20	179,20	201,60	116,62	169,64	190,84	110,17	160,25	180,28	103,85	151,06	169,94	97,67	142,06	159,82	91,61	133,25	149,90
	V	3 457,50	190,16	276,60	311,17	IV	3 042,91	163,98	238,52	268,34	160,61	233,62	262,82	157,24	228,72	257,31	153,87	223,81	251,78	150,49	218,90	246,26	147,12	214,—	240,75
	VI	3 490,91	192,—	279,27	314,18																				
9 488,99 West	I,IV	3 031,33	166,72	242,50	272,81	I	3 031,33	159,97	232,69	261,77	153,23	222,88	250,74	146,48	213,07	239,70	139,74	203,26	228,66	132,99	193,44	217,62	126,25	183,64	206,59
	II	2 985,50	164,20	238,84	268,69	II	2 985,50	157,46	229,03	257,66	150,71	219,22	246,62	143,96	209,40	235,58	137,22	199,60	224,55	130,47	189,78	213,50	123,73	179,97	202,46
	III	2 350,16	129,25	188,01	211,51	III	2 350,16	122,56	178,28	200,56	116,—	168,73	189,82	109,56	159,37	179,29	103,27	150,21	168,98	97,09	141,22	158,87	91,04	132,42	148,97
	V	3 445,83	189,52	275,66	310,12	IV	3 031,33	163,35	237,60	267,30	159,97	232,69	261,77	156,60	227,78	256,25	153,23	222,88	250,74	149,85	217,97	245,21	146,48	213,07	239,70
	VI	3 479,33	191,36	278,34	313,13																				
9 488,99 Ost	I,IV	3 044,16	167,42	243,53	273,97	I	3 044,16	160,68	233,72	262,94	153,94	223,91	251,90	147,19	214,10	240,86	140,44	204,28	229,82	133,70	194,48	218,79	126,95	184,66	207,74
	II	2 998,41	164,91	239,87	269,85	II	2 998,41	158,16	230,06	258,81	151,41	220,24	247,77	144,67	210,44	236,74	137,93	200,62	225,70	131,18	190,81	214,66	124,44	181,—	203,63
	III	2 363,16	129,97	189,05	212,68	III	2 363,16	123,26	179,29	201,70	116,69	169,73	190,94	110,24	160,36	180,40	103,92	151,16	170,05	97,73	142,16	159,93	91,67	133,34	150,01
	V	3 458,75	190,23	276,70	311,28	IV	3 044,16	164,05	238,62	268,45	160,68	233,72	262,94	157,31	228,82	257,42	153,94	223,91	251,90	150,56	219,—	246,38	147,19	214,10	240,86
	VI	3 492,25	192,07	279,38	314,30																				
9 491,99 West	I,IV	3 032,58	166,79	242,60	272,93	I	3 032,58	160,04	232,79	261,89	153,29	222,98	250,85	146,55	213,17	239,81	139,81	203,36	228,78	133,06	193,54	217,73	126,32	183,74	206,70
	II	2 986,75	164,27	238,94	268,80	II	2 986,75	157,52	229,13	257,77	150,78	219,32	246,73	144,03	209,50	235,69	137,29	199,70	224,66	130,54	189,88	213,62	123,80	180,07	202,58
	III	2 351,50	129,33	188,12	211,63	III	2 351,50	122,64	178,38	200,68	116,07	168,84	189,94	109,64	159,48	179,41	103,33	150,30	169,09	97,15	141,32	158,98	91,10	132,52	149,08
	V	3 447,16	189,59	275,77	310,24	IV	3 032,58	163,41	237,70	267,41	160,04	232,79	261,89	156,67	227,88	256,37	153,29	222,98	250,85	149,93	218,08	245,34	146,55	213,17	239,81
	VI	3 480,58	191,43	278,44	313,25																				
9 491,99 Ost	I,IV	3 045,41	167,49	243,63	274,08	I	3 045,41	160,75	233,82	263,05	154,—	224,01	252,01	147,26	214,20	240,97	140,52	204,39	229,94	133,77	194,58	218,90	127,02	184,76	207,86
	II	2 999,66	164,98	239,97	269,96	II	2 999,66	158,23	230,16	258,93	151,49	220,35	247,89	144,74	210,54	236,85	137,99	200,72	225,81	131,25	190,92	214,78	124,51	181,10	203,74
	III	2 364,33	130,03	189,14	212,78	III	2 364,33	123,33	179,40	201,82	116,75	169,82	191,05	110,31	160,45	180,50	103,98	151,25	170,15	97,79	142,25	160,03	91,73	133,42	150,10
	V	3 460,—	190,30	276,80	311,40	IV	3 045,41	164,12	238,72	268,56	160,75	233,82	263,05	157,38	228,92	257,53	154,—	224,01	252,01	150,63	219,10	246,49	147,26	214,20	240,97
	VI	3 493,50	192,14	279,48	314,41																				
9 494,99 West	I,IV	3 033,83	166,86	242,70	273,04	I	3 033,83	160,11	232,89	262,—	153,37	223,08	250,97	146,62	213,27	239,93	139,87	203,46	228,89	133,13	193,64	217,85	126,39	183,84	206,82
	II	2 988,08	164,34	239,04	268,92	II	2 988,08	157,59	229,23	257,88	150,85	219,42	246,84	144,10	209,60	235,80	137,36	199,80	224,77	130,61	189,98	213,73	123,86	180,17	202,69
	III	2 352,66	129,39	188,21	211,73	III	2 352,66	122,70	178,48	200,79	116,14	168,93	190,04	109,70	159,57	179,51	103,40	150,40	169,20	97,21	141,40	159,07	91,16	132,60	149,17
	V	3 448,41	189,66	275,87	310,35	IV	3 033,83	163,48	237,80	267,52	160,11	232,89	262,—	156,74	227,98	256,48	153,37	223,08	250,97	149,99	218,18	245,45	146,62	213,27	239,93
	VI	3 481,83	191,50	278,54	313,36																				
9 494,99 Ost	I,IV	3 046,66	167,56	243,73	274,19	I	3 046,66	160,82	233,92	263,16	154,07	224,11	252,12	147,33	214,30	241,08	140,58	204,49	230,05	133,84	194,68	219,01	127,09	184,86	207,97
	II	3 000,91	165,05	240,07	270,08	II	3 000,91	158,30	230,26	259,04	151,56	220,45	248,—	144,81	210,64	236,97	138,06	200,82	225,92	131,32	191,02	214,89	124,57	181,20	203,85
	III	2 365,66	130,11	189,25	212,90	III	2 365,66	123,40	179,49	201,92	116,82	169,93	191,17	110,37	160,54	180,61	104,05	151,34	170,26	97,86	142,34	160,13	91,79	133,52	150,21
	V	3 461,25	190,36	276,90	311,51	IV	3 046,66	164,19	238,83	268,68	160,82	233,92	263,16	157,45	229,02	257,64	154,07	224,11	252,12	150,70	219,20	246,60	147,33	214,30	241,08
	VI	3 494,75	192,21	279,58	314,52																				
9 497,99 West	I,IV	3 035,08	166,92	242,80	273,15	I	3 035,08	160,18	232,99	262,11	153,44	223,18	251,08	146,69	213,37	240,04	139,94	203,56	229,—	133,20	193,75	217,97	126,45	183,94	206,93
	II	2 989,33	164,41	239,14	269,03	II	2 989,33	157,66	229,33	257,99	150,92	219,52	246,96	144,17	209,71	235,92	137,43	199,90	224,88	130,68	190,08	213,84	123,94	180,28	202,81
	III	2 354,—	129,47	188,32	211,86	III	2 354,—	122,77	178,58	200,90	116,20	169,02	190,15	109,77	159,66	179,62	103,46	150,49	169,30	97,27	141,49	159,17	91,22	132,69	149,27
	V	3 449,66	189,73	275,97	310,46	IV	3 035,08	163,55	237,90	267,63	160,18	232,99	262,11	156,80	228,08	256,59	153,44	223,18	251,08	150,06	218,28	245,56	146,69	213,37	240,04
	VI	3 483,08	191,56	278,64	313,47																				
9 497,99 Ost	I,IV	3 048,—	167,64	243,84	274,32	I	3 048,—	160,89	234,02	263,27	154,14	224,21	252,23	147,40	214,40	241,20	140,65	204,59	230,16	133,91	194,78	219,12	127,16	184,96	208,08
	II	3 002,16	165,11	240,17	270,19	II	3 002,16	158,37	230,36	259,16	151,63	220,55	248,12	144,88	210,74	237,08	138,13	200,92	226,04	131,39	191,12	215,01	124,64	181,30	203,96
	III	2 366,83	130,17	189,34	213,01	III	2 366,83	123,47	179,60	202,05	116,89	170,02	191,27	110,44	160,64	180,72	104,11	151,44	170,37	97,91	142,42	160,22	91,85	133,61	150,31
	V	3 462,50	190,43	277,—	311,62	IV	3 048,—	164,26	238,93	268,79	160,89	234,02	263,27	157,52	229,12	257,76	154,14	224,21	252,23	150,77	219,30	246,71	147,40	214,40	241,20
	VI	3 496,—	192,28	279,68	314,64																				
9 500,99 West	I,IV	3 036,33	166,99	242,90	273,26	I	3 036,33	160,25	233,09	262,22	153,50	223,28	251,19	146,76	213,47	240,15	140,01	203,66	229,11	133,27	193,85	218,08	126,52	184,04	207,04
	II	2 990,58	164,48	239,24	269,15	II	2 990,58	157,73	229,43	258,11	150,98	219,62	247,07	144,24	209,81	236,03	137,50	200,—	225,—	130,75	190,18	213,95	124,01	180,38	202,92
	III	2 355,33	129,54	188,42	211,97	III	2 355,33	122,84	178,68	201,01	116,27	169,13	190,27	109,83	159,76	179,73	103,52	150,58	169,40	97,34	141,58	159,28	91,29	132,78	149,38
	V	3 450,91	189,80	276,07	310,58	IV	3 036,33	163,62	238,—	267,75	160,25	233,09	262,22	156,88	228,19	256,71	153,50	223,28	251,19	150,13	218,38	245,67	146,76	213,47	240,15
	VI	3 484,33	191,63	278,74	313,58																				
9 500,99 Ost	I,IV	3 049,25	167,70	243,94	274,43	I	3 049,25	160,96	234,12	263,39	154,21	224,31	252,35	147,47	214,50	241,31	140,72	204,69	230,27	133,98	194,88	219,24	127,23	185,07	208,20
	II	3 003,41	165,18	240,27	270,30	II	3 003,41	158,44	230,46	259,27	151,69	220,65	248,23	144,95	210,84	237,19	138,21	201,03	226,16	131,46	191,22	215,12	124,71	181,40	204,08
	III	2 368,16	130,24	189,45	213,13	III	2 368,16	123,53	179,69	202,15	116,95	170,12	191,38	110,50	160,73	180,82	104,17	151,53	170,47	97,98	142,52	160,33	91,91	133,69	150,40
	V	3 463,75	190,50	277,10	311,73	IV	3 049,25	164,33	239,03	268,91	160,96	234,12	263,39	157,58	229,22	257,87	154,21	224,31	252,35	150,84	219,40	246,83	147,47	214,50	241,31
	VI	3 497,25	192,34	279,78	314,75																				
9 503,99 West	I,IV	3 037,58	167,06	243,—	273,38	I	3 037,58	160,32	233,20	262,35	153,57	223,38	251,30	146,83	213,57	240,26	140,08	203,76	229,23	133,34	193,95	218,19	126,59	184,14	207,15
	II	2 991,83	164,55	239,34	269,26	II	2 991,83	157,80	229,53	258,22	151,06	219,72	247,18	144,31	209,91	236,15	137,56	200,10	225,11	130,82	190,28	214,07	124,08	180,48	203,04
	III	2 356,50	129,60	188,52	212,08	III	2 356,50	122,91	178,78	201,13	116,34	169,22	190,37	109,89	159,85	179,83	103,59	150,68	169,51	97,40	141,68	159,39	91,34	132,86	149,47
	V	3 452,16	189,86	276,17	310,69	IV	3 037,58	163,69	238,10	267,86	160,32	233,20	262,35	156,95	228,29	256,82	153,57	223,38	251,30	150,20	218,48	245,79	146,83	213,57	240,26
	VI	3 485,66	191,71	278,85	313,70																				
9 503,99 Ost	I,IV	3 050,50	167,77	244,04	274,54	I	3 050,50	161,03	234,22	263,50	154,28	224,41	252,46	147,54	214,60	241,43	140,79	204,79	230,39	134,04	194,98	219,35	127,30	185,17	208,31
	II	3 004,66	165,25	240,37	270,41	II	3 004,66	158,51	230,56	259,38	151,76	220,75	248,34	145,02	210,94	237,30	138,27	201,13	226,27	131,53	191,32	215,23	124,78	181,50	204,19
	III	2 369,33	130,31	189,54	213,23	III	2 369,33	123,61	179,80	202,27	117,02	170,21	191,48	110,56	160,82	180,92	104,24	151,62	170,57	98,04	142,61	160,43	91,97	133,78	150,50
	V	3 465,—	190,57	277,20	311,85	IV	3 050,50	164,40	239,13	269,02	161,03	234,22	263,50	157,65	229,32	257,98	154,28	224,41	252,46	150,91	219,51	246,95	147,54	214,60	241,43
	VI	3 498,50	192,41	279,88	314,86																				

Table heading: Abzüge an Lohnsteuer, Solidaritätszuschlag (SolZ) und Kirchensteuer (8%, 9%) in den Steuerklassen — I, II, III, IV: mit Zahl der Kinderfreibeträge . . .

* Die ausgewiesenen Tabellenwerte sind amtlich. Siehe Erläuterungen auf der Umschlaginnenseite (U2).

Lohn/ Gehalt bis €*		I – VI LSt	ohne Kinderfreibeträge SolZ	8%	9%	I, II, III, IV	LSt	mit Zahl der Kinderfreibeträge . . . 0,5 SolZ	8%	9%	1 SolZ	8%	9%	1,5 SolZ	8%	9%	2 SolZ	8%	9%	2,5 SolZ	8%	9%	3 SolZ	8%	9%
9 506,99 West	I,IV	3 038,83	167,13	243,10	273,49	I	3 038,83	160,39	233,30	262,46	153,64	223,48	251,42	146,90	213,67	240,38	140,15	203,86	229,34	133,41	194,05	218,30	126,66	184,24	207,27
	II	2 993,08	164,61	239,44	269,37	II	2 993,08	157,87	229,63	258,33	151,13	219,82	247,30	144,38	210,01	236,26	137,63	200,20	225,22	130,89	190,39	214,19	124,14	180,58	203,15
	III	2 357,83	129,68	188,62	212,20	III	2 357,83	122,98	178,88	201,24	116,40	169,32	190,48	109,96	159,94	179,93	103,65	150,77	169,61	97,46	141,77	159,49	91,41	132,96	149,58
	V	3 453,41	189,93	276,27	310,80	IV	3 038,83	163,76	238,20	267,98	160,39	233,30	262,46	157,02	228,39	256,94	153,64	223,48	251,42	150,27	218,58	245,90	146,90	213,67	240,38
	VI	3 486,91	191,78	278,95	313,82																				
9 506,99 Ost	I,IV	3 051,75	167,84	244,14	274,65	I	3 051,75	161,09	234,32	263,61	154,35	224,52	252,58	147,61	214,70	241,54	140,86	204,89	230,50	134,12	195,08	219,47	127,37	185,27	208,43
	II	3 006,—	165,33	240,48	270,54	II	3 006,—	158,58	230,66	259,49	151,83	220,85	248,45	145,09	211,04	237,42	138,34	201,23	226,38	131,60	191,42	215,34	124,85	181,60	204,30
	III	2 370,66	130,38	189,65	213,35	III	2 370,66	123,67	179,89	202,37	117,09	170,32	191,61	110,64	160,93	181,04	104,30	151,72	170,68	98,11	142,70	160,54	92,04	133,88	150,61
	V	3 466,33	190,64	277,30	311,96	IV	3 051,75	164,47	239,23	269,13	161,09	234,32	263,61	157,72	229,42	258,09	154,35	224,52	252,58	150,98	219,61	247,06	147,61	214,70	241,54
	VI	3 499,75	192,48	279,98	314,97																				
9 509,99 West	I,IV	3 040,08	167,20	243,20	273,60	I	3 040,08	160,46	233,40	262,57	153,71	223,58	251,53	146,96	213,77	240,49	140,22	203,96	229,46	133,48	194,15	218,42	126,73	184,34	207,38
	II	2 994,33	164,68	239,54	269,48	II	2 994,33	157,94	229,73	258,44	151,19	219,92	247,41	144,45	210,11	236,37	137,70	200,30	225,33	130,96	190,49	214,30	124,21	180,68	203,26
	III	2 359,—	129,74	188,72	212,31	III	2 359,—	123,04	178,97	201,34	116,47	169,41	190,58	110,03	160,05	180,05	103,72	150,86	169,72	97,53	141,86	159,59	91,47	133,05	149,68
	V	3 454,66	190,—	276,37	310,91	IV	3 040,08	163,83	238,30	268,09	160,46	233,40	262,57	157,08	228,49	257,05	153,71	223,58	251,53	150,34	218,68	246,01	146,96	213,77	240,49
	VI	3 488,16	191,84	279,05	313,93																				
9 509,99 Ost	I,IV	3 053,—	167,91	244,24	274,77	I	3 053,—	161,16	234,42	263,72	154,42	224,62	252,69	147,67	214,80	241,65	140,93	204,99	230,61	134,19	195,18	219,58	127,44	185,37	208,54
	II	3 007,25	165,39	240,58	270,65	II	3 007,25	158,65	230,76	259,61	151,90	220,95	248,57	145,16	211,14	237,53	138,41	201,33	226,49	131,67	191,52	215,46	124,92	181,71	204,42
	III	2 372,—	130,46	189,76	213,48	III	2 372,—	123,75	180,—	202,50	117,15	170,41	191,71	110,70	161,02	181,15	104,37	151,81	170,78	98,17	142,80	160,65	92,10	133,97	150,71
	V	3 467,58	190,71	277,40	312,08	IV	3 053,—	164,54	239,33	269,24	161,16	234,42	263,72	157,79	229,52	258,21	154,42	224,62	252,69	151,05	219,71	247,17	147,67	214,80	241,65
	VI	3 501,—	192,55	280,08	315,09																				
9 512,99 West	I,IV	3 041,41	167,27	243,31	273,72	I	3 041,41	160,53	233,50	262,68	153,78	223,68	251,64	147,04	213,88	240,61	140,29	204,06	229,57	133,54	194,25	218,53	126,80	184,44	207,50
	II	2 995,58	164,75	239,64	269,60	II	2 995,58	158,01	229,84	258,57	151,26	220,02	247,52	144,52	210,21	236,48	137,77	200,40	225,45	131,03	190,59	214,41	124,28	180,78	203,37
	III	2 360,33	129,81	188,82	212,42	III	2 360,33	123,11	179,08	201,46	116,54	169,52	190,71	110,10	160,14	180,16	103,78	150,96	169,83	97,59	141,96	159,70	91,53	133,14	149,78
	V	3 455,91	190,07	276,47	311,03	IV	3 041,41	163,90	238,40	268,20	160,53	233,50	262,68	157,15	228,59	257,16	153,78	223,68	251,64	150,41	218,78	246,12	147,04	213,88	240,61
	VI	3 489,41	191,91	279,15	314,04																				
9 512,99 Ost	I,IV	3 054,25	167,98	244,34	274,88	I	3 054,25	161,23	234,52	263,84	154,49	224,72	252,81	147,74	214,90	241,76	141,—	205,09	230,72	134,25	195,28	219,69	127,51	185,47	208,65
	II	3 008,50	165,46	240,68	270,76	II	3 008,50	158,72	230,86	259,72	151,97	221,05	248,68	145,23	211,24	237,65	138,48	201,43	226,61	131,73	191,62	215,57	124,99	181,81	204,53
	III	2 373,16	130,52	189,85	213,58	III	2 373,16	123,81	180,09	202,60	117,22	170,50	191,81	110,77	161,12	181,26	104,43	151,90	170,89	98,23	142,89	160,75	92,16	134,05	150,80
	V	3 468,83	190,78	277,50	312,19	IV	3 054,25	164,61	239,43	269,36	161,23	234,52	263,84	157,86	229,62	258,32	154,49	224,72	252,81	151,12	219,81	247,28	147,74	214,90	241,76
	VI	3 502,25	192,62	280,18	315,20																				
9 515,99 West	I,IV	3 042,66	167,34	243,41	273,83	I	3 042,66	160,60	233,60	262,80	153,85	223,78	251,75	147,11	213,98	240,72	140,36	204,16	229,68	133,61	194,35	218,64	126,87	184,54	207,61
	II	2 996,83	164,82	239,74	269,71	II	2 996,83	158,08	229,94	258,68	151,33	220,12	247,64	144,59	210,31	236,60	137,84	200,50	225,56	131,10	190,69	214,52	124,35	180,88	203,49
	III	2 361,50	129,88	188,92	212,53	III	2 361,50	123,18	179,17	201,56	116,60	169,61	190,81	110,16	160,24	180,27	103,84	151,05	169,93	97,65	142,04	159,79	91,59	133,22	149,87
	V	3 457,25	190,14	276,58	311,15	IV	3 042,66	163,97	238,50	268,31	160,60	233,60	262,80	157,22	228,69	257,27	153,85	223,78	251,75	150,48	218,88	246,24	147,11	213,98	240,72
	VI	3 490,66	191,98	279,25	314,15																				
9 515,99 Ost	I,IV	3 055,50	168,05	244,44	274,99	I	3 055,50	161,31	234,63	263,96	154,56	224,82	252,92	147,81	215,—	241,88	141,07	205,20	230,85	134,32	195,38	219,80	127,58	185,57	208,76
	II	3 009,75	165,53	240,78	270,87	II	3 009,75	158,78	230,96	259,83	152,04	221,16	248,80	145,30	211,34	237,76	138,55	201,53	226,72	131,81	191,72	215,69	125,06	181,91	204,65
	III	2 374,50	130,59	189,96	213,70	III	2 374,50	123,88	180,20	202,72	117,29	170,61	191,93	110,83	161,21	181,36	104,50	152,—	171,—	98,30	142,98	160,85	92,22	134,14	150,91
	V	3 470,08	190,85	277,60	312,30	IV	3 055,50	164,67	239,53	269,47	161,31	234,63	263,96	157,93	229,72	258,44	154,56	224,82	252,92	151,19	219,91	247,40	147,81	215,—	241,88
	VI	3 503,58	192,69	280,28	315,32																				
9 518,99 West	I,IV	3 043,91	167,41	243,51	273,95	I	3 043,91	160,66	233,70	262,91	153,92	223,88	251,87	147,18	214,08	240,84	140,43	204,26	229,79	133,68	194,45	218,75	126,94	184,64	207,72
	II	2 998,08	164,89	239,84	269,82	II	2 998,08	158,15	230,04	258,79	151,40	220,22	247,75	144,65	210,41	236,71	137,91	200,60	225,68	131,17	190,79	214,64	124,42	180,98	203,60
	III	2 362,83	129,95	189,02	212,65	III	2 362,83	123,25	179,28	201,69	116,67	169,70	190,91	110,22	160,33	180,37	103,91	151,14	170,03	97,71	142,13	159,89	91,65	133,32	149,98
	V	3 458,50	190,21	276,68	311,26	IV	3 043,91	164,04	238,60	268,43	160,66	233,70	262,91	157,29	228,79	257,39	153,92	223,88	251,87	150,55	218,98	246,35	147,18	214,08	240,84
	VI	3 491,91	192,05	279,35	314,27																				
9 518,99 Ost	I,IV	3 056,75	168,12	244,54	275,10	I	3 056,75	161,37	234,73	264,07	154,63	224,92	253,03	147,88	215,10	241,99	141,14	205,30	230,96	134,39	195,48	219,92	127,65	185,67	208,88
	II	3 011,—	165,60	240,88	270,99	II	3 011,—	158,85	231,06	259,94	152,11	221,26	248,91	145,36	211,44	237,87	138,62	201,63	226,83	131,88	191,82	215,80	125,13	182,01	204,76
	III	2 375,66	130,66	190,05	213,80	III	2 375,66	123,95	180,29	202,82	117,36	170,70	192,04	110,89	161,30	181,46	104,56	152,09	171,10	98,36	143,08	160,96	92,29	134,24	151,02
	V	3 471,33	190,92	277,70	312,41	IV	3 056,75	164,75	239,64	269,59	161,37	234,73	264,07	158,—	229,82	258,55	154,63	224,92	253,03	151,25	220,01	247,51	147,88	215,10	241,99
	VI	3 504,83	192,76	280,38	315,43																				
9 521,99 West	I,IV	3 045,16	167,48	243,61	274,06	I	3 045,16	160,73	233,80	263,02	153,99	223,99	251,99	147,24	214,18	240,95	140,50	204,36	229,91	133,76	194,56	218,88	127,01	184,74	207,83
	II	2 999,41	164,96	239,95	269,94	II	2 999,41	158,22	230,14	258,90	151,47	220,32	247,86	144,73	210,52	236,83	137,98	200,70	225,79	131,23	190,89	214,75	124,49	181,08	203,72
	III	2 364,16	130,02	189,13	212,77	III	2 364,16	123,31	179,37	201,79	116,74	169,81	191,03	110,29	160,42	180,47	103,97	151,24	170,14	97,78	142,22	160,—	91,72	133,41	150,08
	V	3 459,75	190,28	276,78	311,37	IV	3 045,16	164,11	238,70	268,54	160,73	233,80	263,02	157,36	228,89	257,50	153,99	223,99	251,99	150,62	219,08	246,47	147,24	214,18	240,95
	VI	3 493,16	192,12	279,45	314,38																				
9 521,99 Ost	I,IV	3 058,08	168,19	244,64	275,22	I	3 058,08	161,44	234,83	264,18	154,70	225,02	253,14	147,95	215,20	242,10	141,21	205,40	231,07	134,46	195,58	220,03	127,71	185,77	208,99
	II	3 012,25	165,67	240,98	271,10	II	3 012,25	158,92	231,16	260,06	152,18	221,36	249,03	145,43	211,54	237,98	138,69	201,73	226,94	131,94	191,92	215,91	125,20	182,11	204,87
	III	2 377,—	130,73	190,16	213,93	III	2 377,—	124,01	180,38	202,93	117,42	170,80	192,15	110,96	161,40	181,57	104,62	152,18	171,20	98,42	143,16	161,05	92,35	134,33	151,12
	V	3 472,58	190,99	277,80	312,53	IV	3 058,08	164,82	239,74	269,70	161,44	234,83	264,18	158,07	229,92	258,66	154,70	225,02	253,14	151,32	220,11	247,62	147,95	215,20	242,10
	VI	3 506,08	192,83	280,48	315,54																				
9 524,99 West	I,IV	3 046,41	167,55	243,71	274,17	I	3 046,41	160,80	233,90	263,13	154,06	224,09	252,10	147,31	214,28	241,06	140,57	204,46	230,02	133,82	194,66	218,99	127,08	184,84	207,95
	II	3 000,66	165,03	240,05	270,05	II	3 000,66	158,29	230,24	259,02	151,54	220,42	247,97	144,80	210,62	236,94	138,05	200,80	225,90	131,30	190,99	214,86	124,56	181,18	203,83
	III	2 365,33	130,09	189,22	212,87	III	2 365,33	123,39	179,48	201,91	116,81	169,90	191,14	110,35	160,52	180,58	104,04	151,33	170,24	97,84	142,32	160,11	91,77	133,49	150,17
	V	3 461,—	190,35	276,88	311,49	IV	3 046,41	164,17	238,80	268,65	160,80	233,90	263,13	157,43	229,—	257,62	154,06	224,09	252,10	150,69	219,18	246,58	147,31	214,28	241,06
	VI	3 494,41	192,19	279,55	314,49																				
9 524,99 Ost	I,IV	3 059,33	168,26	244,74	275,33	I	3 059,33	161,51	234,93	264,29	154,77	225,12	253,26	148,02	215,31	242,22	141,28	205,50	231,18	134,53	195,68	220,14	127,79	185,88	209,11
	II	3 013,50	165,74	241,08	271,21	II	3 013,50	159,—	231,27	260,18	152,25	221,46	249,14	145,50	211,64	238,10	138,76	201,84	227,07	132,01	192,02	216,02	125,27	182,21	204,98
	III	2 378,16	130,79	190,25	214,03	III	2 378,16	124,08	180,49	203,05	117,49	170,90	192,26	111,03	161,50	181,69	104,69	152,28	171,31	98,48	143,25	161,15	92,40	134,41	151,21
	V	3 473,83	191,06	277,90	312,64	IV	3 059,33	164,89	239,84	269,82	161,51	234,93	264,29	158,14	230,02	258,77	154,77	225,12	253,26	151,39	220,21	247,73	148,02	215,31	242,22
	VI	3 507,33	192,90	280,58	315,65																				
9 527,99 West	I,IV	3 047,66	167,62	243,81	274,28	I	3 047,66	160,87	234,—	263,25	154,13	224,19	252,21	147,38	214,38	241,17	140,63	204,56	230,13	133,89	194,76	219,10	127,15	184,94	208,06
	II	3 001,91	165,10	240,15	270,17	II	3 001,91	158,35	230,34	259,13	151,61	220,52	248,09	144,87	210,72	237,06	138,12	200,90	226,01	131,37	191,09	214,97	124,63	181,28	203,94
	III	2 366,66	130,16	189,33	212,99	III	2 366,66	123,45	179,57	202,01	116,87	170,—	191,25	110,42	160,61	180,68	104,10	151,42	170,35	97,90	142,41	160,21	91,84	133,58	150,28
	V	3 462,25	190,42	276,98	311,60	IV	3 047,66	164,24	238,90	268,76	160,87	234,—	263,25	157,50	229,10	257,73	154,13	224,19	252,21	150,75	219,28	246,69	147,38	214,38	241,17
	VI	3 495,75	192,26	279,66	314,61																				
9 527,99 Ost	I,IV	3 060,58	168,33	244,84	275,45	I	3 060,58	161,58	235,03	264,41	154,83	225,22	253,37	148,09	215,41	242,33	141,35	205,60	231,30	134,60	195,78	220,25	127,86	185,98	209,22
	II	3 014,75	165,81	241,18	271,32	II	3 014,75	159,06	231,37	260,29	152,32	221,56	249,25	145,57	211,74	238,21	138,83	201,94	227,18	132,08	192,12	216,14	125,34	182,31	205,10
	III	2 379,50	130,87	190,36	214,15	III	2 379,50	124,15	180,58	203,15	117,56	171,—	192,37	111,10	161,60	181,80	104,75	152,37	171,41	98,55	143,34	161,26	92,47	134,50	151,31
	V	3 475,16	191,13	278,01	312,76	IV	3 060,58	164,95	239,94	269,93	161,58	235,03	264,41	158,21	230,12	258,89	154,83	225,22	253,37	151,47	220,32	247,86	148,09	215,41	242,33
	VI	3 508,58	192,97	280,68	315,77																				

Table header: Abzüge an Lohnsteuer, Solidaritätszuschlag (SolZ) und Kirchensteuer (8%, 9%) in den Steuerklassen

* **Die ausgewiesenen Tabellenwerte sind amtlich. Siehe Erläuterungen auf der Umschlaginnenseite (U2).**

Abzüge an Lohnsteuer, Solidaritätszuschlag (SolZ) und Kirchensteuer (8%, 9%) in den Steuerklassen

Lohn/Gehalt bis €*	I – VI					I, II, III, IV		mit Zahl der Kinderfreibeträge ... 0,5			1			1,5			2			2,5			3		
		LSt	ohne Kinderfreibeträge SolZ	8%	9%		LSt	SolZ	8%	9%	SolZ	8%	9%	SolZ	8%	9%	SolZ	8%	9%	SolZ	8%	9%	SolZ	8%	9%
9 530,99 West	I,IV	3 048,91	167,69	243,91	274,40	I	3 048,91	160,94	234,10	263,36	154,20	224,29	252,32	147,45	214,48	241,29	140,71	204,67	230,25	133,96	194,86	219,21	127,21	185,04	208,17
	II	3 003,16	165,17	240,25	270,28	II	3 003,16	158,42	230,44	259,24	151,68	220,63	248,21	144,93	210,82	237,17	138,19	201,—	226,13	131,45	191,20	215,10	124,70	181,38	204,05
	III	2 367,83	130,23	189,42	213,10	III	2 367,83	123,53	179,68	202,14	116,94	170,10	191,36	110,49	160,72	180,81	104,17	151,52	170,46	97,97	142,50	160,31	91,90	133,68	150,39
	V	3 463,50	190,49	277,08	311,71	IV	3 048,91	164,31	239,—	268,88	160,94	234,10	263,36	157,57	229,20	257,85	154,20	224,29	252,32	150,82	219,38	246,80	147,45	214,48	241,29
	VI	3 497,—	192,33	279,76	314,73																				
9 530,99 Ost	I,IV	3 061,83	168,40	244,94	275,56	I	3 061,83	161,65	235,13	264,52	154,91	225,32	253,49	148,16	215,51	242,45	141,41	205,70	231,41	134,67	195,88	220,37	127,93	186,08	209,34
	II	3 016,08	165,88	241,28	271,44	II	3 016,08	159,13	231,47	260,40	152,39	221,66	249,36	145,64	211,84	238,32	138,90	202,04	227,29	132,15	192,22	216,25	125,40	182,41	205,21
	III	2 380,66	130,93	190,45	214,25	III	2 380,66	124,22	180,69	203,27	117,62	171,09	192,47	111,16	161,69	181,90	104,82	152,46	171,52	98,61	143,44	161,37	92,53	134,60	151,42
	V	3 476,41	191,20	278,11	312,87	IV	3 061,83	165,02	240,04	270,04	161,65	235,13	264,52	158,28	230,22	259,—	154,91	225,32	253,49	151,53	220,42	247,97	148,16	215,51	242,45
	VI	3 509,83	193,04	280,78	315,88																				
9 533,99 West	I,IV	3 050,16	167,75	244,01	274,51	I	3 050,16	161,01	234,20	263,48	154,27	224,39	252,44	147,52	214,58	241,40	140,78	204,77	230,36	134,03	194,96	219,33	127,28	185,14	208,28
	II	3 004,41	165,24	240,35	270,39	II	3 004,41	158,49	230,54	259,35	151,75	220,73	248,32	145,—	210,92	237,28	138,26	201,10	226,24	131,51	191,30	215,21	124,77	181,48	204,17
	III	2 369,16	130,30	189,53	213,22	III	2 369,16	123,59	179,77	202,24	117,01	170,20	191,47	110,55	160,81	180,91	104,23	151,61	170,56	98,03	142,60	160,42	91,96	133,77	150,49
	V	3 464,75	190,56	277,18	311,82	IV	3 050,16	164,39	239,11	269,—	161,01	234,20	263,48	157,64	229,30	257,96	154,27	224,39	252,44	150,89	219,48	246,92	147,52	214,58	241,40
	VI	3 498,25	192,40	279,86	314,84																				
9 533,99 Ost	I,IV	3 063,08	168,46	245,04	275,67	I	3 063,08	161,72	235,23	264,63	154,98	225,42	253,60	148,23	215,61	242,56	141,48	205,80	231,52	134,74	195,99	220,49	127,99	186,18	209,45
	II	3 017,33	165,95	241,38	271,55	II	3 017,33	159,20	231,57	260,51	152,46	221,76	249,48	145,71	211,95	238,44	138,97	202,14	227,40	132,22	192,32	216,36	125,48	182,52	205,33
	III	2 382,—	131,01	190,56	214,38	III	2 382,—	124,29	180,78	203,38	117,70	171,20	192,60	111,22	161,78	182,—	104,88	152,56	171,63	98,67	143,53	161,47	92,60	134,69	151,52
	V	3 477,66	191,27	278,21	312,98	IV	3 063,08	165,09	240,14	270,15	161,72	235,23	264,63	158,34	230,32	259,11	154,98	225,42	253,60	151,60	220,52	248,08	148,23	215,61	242,56
	VI	3 511,08	193,10	280,88	315,99																				
9 536,99 West	I,IV	3 051,50	167,83	244,12	274,63	I	3 051,50	161,08	234,30	263,59	154,33	224,49	252,55	147,59	214,68	241,52	140,85	204,87	230,48	134,10	195,06	219,44	127,35	185,24	208,40
	II	3 005,66	165,31	240,45	270,50	II	3 005,66	158,56	230,64	259,47	151,82	220,83	248,43	145,07	211,02	237,39	138,32	201,20	226,35	131,58	191,40	215,32	124,84	181,58	204,28
	III	2 370,33	130,36	189,62	213,32	III	2 370,33	123,65	179,86	202,34	117,07	170,29	191,57	110,62	160,90	181,01	104,29	151,70	170,66	98,10	142,69	160,52	92,02	133,85	150,58
	V	3 466,—	190,63	277,28	311,94	IV	3 051,50	164,45	239,21	269,11	161,08	234,30	263,59	157,71	229,40	258,07	154,33	224,49	252,55	150,96	219,58	247,03	147,59	214,68	241,52
	VI	3 499,50	192,47	279,96	314,95																				
9 536,99 Ost	I,IV	3 064,33	168,53	245,14	275,78	I	3 064,33	161,79	235,33	264,74	155,04	225,52	253,71	148,30	215,71	242,67	141,55	205,90	231,63	134,81	196,09	220,60	128,06	186,28	209,56
	II	3 018,58	166,02	241,48	271,67	II	3 018,58	159,27	231,67	260,63	152,52	221,86	249,59	145,78	212,05	238,55	139,04	202,24	227,52	132,29	192,42	216,47	125,55	182,62	205,44
	III	2 383,33	131,08	190,66	214,49	III	2 383,33	124,36	180,89	203,50	117,76	171,29	192,70	111,29	161,88	182,11	104,95	152,66	171,74	98,74	143,62	161,57	92,65	134,77	151,61
	V	3 478,91	191,34	278,31	313,10	IV	3 064,33	165,16	240,24	270,27	161,79	235,33	264,74	158,42	230,43	259,23	155,04	225,52	253,71	151,67	220,62	248,19	148,30	215,71	242,67
	VI	3 512,33	193,17	280,98	316,10																				
9 539,99 West	I,IV	3 052,75	167,90	244,22	274,74	I	3 052,75	161,15	234,40	263,70	154,40	224,59	252,66	147,66	214,78	241,63	140,91	204,97	230,59	134,17	195,16	219,55	127,43	185,35	208,52
	II	3 006,91	165,38	240,55	270,62	II	3 006,91	158,63	230,74	259,58	151,89	220,93	248,54	145,14	211,12	237,51	138,40	201,31	226,47	131,65	191,50	215,43	124,90	181,68	204,39
	III	2 371,66	130,44	189,73	213,44	III	2 371,66	123,73	179,97	202,46	117,14	170,38	191,68	110,68	161,—	181,12	104,36	151,80	170,77	98,15	142,77	160,61	92,08	133,94	150,68
	V	3 467,25	190,69	277,38	312,05	IV	3 052,75	164,52	239,31	269,22	161,15	234,40	263,70	157,78	229,50	258,18	154,40	224,59	252,66	151,03	219,68	247,14	147,66	214,78	241,63
	VI	3 500,75	192,54	280,06	315,06																				
9 539,99 Ost	I,IV	3 065,58	168,60	245,24	275,90	I	3 065,58	161,86	235,44	264,87	155,11	225,62	253,82	148,37	215,81	242,78	141,62	206,—	231,75	134,88	196,19	220,71	128,13	186,38	209,67
	II	3 019,83	166,09	241,58	271,78	II	3 019,83	159,34	231,77	260,74	152,60	221,96	249,71	145,85	212,15	238,67	139,10	202,34	227,63	132,36	192,52	216,59	125,62	182,72	205,56
	III	2 384,50	131,14	190,76	214,60	III	2 384,50	124,42	180,98	203,60	117,82	171,38	192,80	111,35	161,97	182,21	105,02	152,76	171,85	98,80	143,72	161,68	92,72	134,86	151,72
	V	3 480,16	191,40	278,41	313,21	IV	3 065,58	165,23	240,34	270,38	161,86	235,44	264,87	158,49	230,53	259,34	155,11	225,62	253,82	151,74	220,72	248,31	148,37	215,81	242,78
	VI	3 513,66	193,25	281,09	316,22																				
9 542,99 West	I,IV	3 054,—	167,97	244,32	274,86	I	3 054,—	161,22	234,50	263,81	154,47	224,69	252,77	147,73	214,88	241,74	140,98	205,07	230,70	134,24	195,26	219,66	127,49	185,45	208,63
	II	3 008,16	165,44	240,65	270,73	II	3 008,16	158,70	230,84	259,70	151,96	221,03	248,66	145,21	211,22	237,62	138,47	201,41	226,58	131,72	191,60	215,55	124,97	181,78	204,50
	III	2 372,83	130,50	189,82	213,55	III	2 372,83	123,79	180,06	202,57	117,21	170,49	191,80	110,75	161,09	181,22	104,42	151,89	170,87	98,22	142,86	160,72	92,15	134,04	150,79
	V	3 468,58	190,77	277,48	312,17	IV	3 054,—	164,59	239,41	269,33	161,22	234,50	263,81	157,85	229,60	258,30	154,47	224,69	252,77	151,10	219,79	247,26	147,73	214,88	241,74
	VI	3 502,—	192,61	280,16	315,18																				
9 542,99 Ost	I,IV	3 066,83	168,67	245,34	276,01	I	3 066,83	161,93	235,54	264,98	155,18	225,72	253,94	148,44	215,91	242,90	141,69	206,10	231,86	134,95	196,29	220,82	128,20	186,48	209,79
	II	3 021,08	166,15	241,68	271,89	II	3 021,08	159,41	231,87	260,85	152,67	222,06	249,82	145,92	212,25	238,78	139,17	202,44	227,74	132,43	192,63	216,71	125,68	182,82	205,67
	III	2 385,83	131,22	190,86	214,72	III	2 385,83	124,50	181,09	203,72	117,90	171,49	192,92	111,43	162,08	182,34	105,08	152,85	171,95	98,87	143,81	161,78	92,78	134,96	151,83
	V	3 481,41	191,47	278,51	313,32	IV	3 066,83	165,30	240,44	270,50	161,93	235,54	264,98	158,56	230,63	259,46	155,18	225,72	253,94	151,81	220,82	248,42	148,44	215,91	242,90
	VI	3 514,91	193,32	281,19	316,34																				
9 545,99 West	I,IV	3 055,25	168,03	244,42	274,97	I	3 055,25	161,29	234,60	263,93	154,55	224,80	252,90	147,80	214,98	241,85	141,05	205,17	230,81	134,31	195,36	219,78	127,56	185,55	208,74
	II	3 009,50	165,52	240,76	270,85	II	3 009,50	158,77	230,94	259,81	152,02	221,13	248,77	145,28	211,32	237,74	138,54	201,51	226,70	131,79	191,70	215,66	125,04	181,88	204,62
	III	2 374,16	130,57	189,93	213,67	III	2 374,16	123,86	180,17	202,69	117,27	170,58	191,90	110,81	161,18	181,33	104,49	151,98	170,98	98,28	142,96	160,83	92,21	134,13	150,89
	V	3 469,83	190,84	277,58	312,28	IV	3 055,25	164,66	239,51	269,45	161,29	234,60	263,93	157,91	229,70	258,41	154,55	224,80	252,90	151,17	219,89	247,37	147,80	214,98	241,85
	VI	3 503,25	192,67	280,26	315,29																				
9 545,99 Ost	I,IV	3 068,08	168,74	245,44	276,12	I	3 068,08	162,—	235,64	265,09	155,25	225,82	254,05	148,50	216,01	243,01	141,76	206,20	231,98	135,02	196,39	220,94	128,27	186,58	209,90
	II	3 022,33	166,22	241,78	272,—	II	3 022,33	159,48	231,97	260,96	152,73	222,16	249,93	145,99	212,35	238,89	139,24	202,54	227,85	132,50	192,73	216,82	125,75	182,92	205,78
	III	2 387,—	131,28	190,96	214,83	III	2 387,—	124,56	181,18	203,83	117,96	171,58	193,03	111,49	162,17	182,44	105,15	152,94	172,06	98,93	143,90	161,89	92,84	135,04	151,92
	V	3 482,66	191,54	278,61	313,43	IV	3 068,08	165,37	240,54	270,61	162,—	235,64	265,09	158,62	230,73	259,57	155,25	225,82	254,05	151,88	220,92	248,53	148,50	216,01	243,01
	VI	3 516,16	193,38	281,29	316,45																				
9 548,99 West	I,IV	3 056,50	168,10	244,52	275,08	I	3 056,50	161,36	234,70	264,04	154,61	224,90	253,01	147,87	215,08	241,97	141,12	205,27	230,93	134,38	195,46	219,89	127,63	185,65	208,85
	II	3 010,75	165,59	240,86	270,96	II	3 010,75	158,84	231,04	259,92	152,09	221,23	248,88	145,35	211,42	237,85	138,60	201,61	226,81	131,86	191,80	215,77	125,12	181,99	204,74
	III	2 375,50	130,65	190,04	213,79	III	2 375,50	123,93	180,26	202,79	117,34	170,68	192,01	110,88	161,29	181,45	104,55	152,08	171,09	98,34	143,05	160,93	92,27	134,21	150,98
	V	3 471,08	190,90	277,68	312,39	IV	3 056,50	164,73	239,61	269,56	161,36	234,70	264,04	157,99	229,80	258,53	154,61	224,90	253,01	151,24	219,99	247,49	147,87	215,08	241,97
	VI	3 504,50	192,74	280,36	315,40																				
9 548,99 Ost	I,IV	3 069,41	168,81	245,55	276,24	I	3 069,41	162,07	235,74	265,20	155,32	225,92	254,16	148,58	216,12	243,13	141,83	206,30	232,09	135,08	196,49	221,05	128,34	186,68	210,02
	II	3 023,58	166,29	241,88	272,12	II	3 023,58	159,55	232,08	261,09	152,80	222,26	250,04	146,06	212,45	239,—	139,31	202,64	227,97	132,57	192,83	216,93	125,82	183,02	205,89
	III	2 388,33	131,35	191,06	214,94	III	2 388,33	124,63	181,29	203,95	118,03	171,68	193,14	111,55	162,26	182,54	105,21	153,04	172,17	98,99	143,98	161,98	92,90	135,13	152,02
	V	3 483,91	191,61	278,71	313,55	IV	3 069,41	165,44	240,64	270,72	162,07	235,74	265,20	158,69	230,83	259,68	155,32	225,92	254,16	151,95	221,02	248,64	148,58	216,12	243,13
	VI	3 517,41	193,45	281,39	316,56																				
9 551,99 West	I,IV	3 057,75	168,17	244,62	275,19	I	3 057,75	161,42	234,80	264,15	154,68	225,—	253,12	147,94	215,18	242,08	141,19	205,37	231,04	134,45	195,56	220,01	127,70	185,75	208,97
	II	3 012,—	165,66	240,96	271,08	II	3 012,—	158,91	231,14	260,03	152,16	221,33	248,99	145,42	211,52	237,96	138,67	201,71	226,92	131,93	191,90	215,88	125,18	182,09	204,85
	III	2 376,66	130,71	190,13	213,89	III	2 376,66	124,—	180,37	202,91	117,41	170,78	192,13	110,95	161,38	181,55	104,61	152,17	171,19	98,41	143,14	161,03	92,33	134,30	151,09
	V	3 472,33	190,97	277,78	312,50	IV	3 057,75	164,80	239,71	269,67	161,42	234,80	264,15	158,06	229,90	258,64	154,68	225,—	253,12	151,31	220,09	247,60	147,94	215,18	242,08
	VI	3 505,75	192,81	280,46	315,51																				
9 551,99 Ost	I,IV	3 070,66	168,88	245,65	276,35	I	3 070,66	162,14	235,84	265,32	155,39	226,02	254,27	148,65	216,22	243,24	141,90	206,40	232,20	135,15	196,59	221,16	128,41	186,78	210,13
	II	3 024,83	166,36	241,98	272,23	II	3 024,83	159,62	232,18	261,20	152,87	222,36	250,16	146,13	212,55	239,12	139,38	202,74	228,08	132,64	192,93	217,04	125,89	183,12	206,01
	III	2 389,50	131,42	191,16	215,05	III	2 389,50	124,70	181,38	204,05	118,10	171,78	193,25	111,62	162,36	182,65	105,27	153,13	172,27	99,05	144,08	162,09	92,96	135,22	152,12
	V	3 485,25	191,68	278,82	313,67	IV	3 070,66	165,51	240,74	270,83	162,14	235,84	265,32	158,76	230,93	259,79	155,39	226,02	254,27	152,02	221,12	248,76	148,65	216,22	243,24
	VI	3 518,66	193,52	281,49	316,67																				

*** Die ausgewiesenen Tabellenwerte sind amtlich. Siehe Erläuterungen auf der Umschlaginnenseite (U2).**

MONAT 9 552,–*

Abzüge an Lohnsteuer, Solidaritätszuschlag (SolZ) und Kirchensteuer (8%, 9%) in den Steuerklassen

Lohn/ Gehalt bis €*	I – VI		ohne Kinderfreibeträge			I, II, III, IV		mit Zahl der Kinderfreibeträge . . . 0,5			1			1,5			2			2,5			3		
		LSt	SolZ	8%	9%		LSt	SolZ	8%	9%	SolZ	8%	9%	SolZ	8%	9%	SolZ	8%	9%	SolZ	8%	9%	SolZ	8%	9%
9 554,99 West	I,IV	3 059,—	168,24	244,72	275,31	I	3 059,—	161,50	234,91	264,27	154,75	225,10	253,23	148,—	215,28	242,19	141,26	205,48	231,16	134,52	195,66	220,12	127,77	185,85	209,08
	II	3 013,25	165,72	241,06	271,19	II	3 013,25	158,98	231,24	260,15	152,24	221,44	249,12	145,49	211,62	238,07	138,74	201,81	227,03	132,—	192,—	216,—	125,25	182,19	204,96
	III	2 378,—	130,79	190,24	214,02	III	2 378,—	124,07	180,46	203,02	117,48	170,88	192,24	111,01	161,48	181,66	104,68	152,26	171,29	98,47	143,24	161,14	92,40	134,40	151,20
	V	3 473,58	191,04	277,88	312,62	IV	3 059,—	164,87	239,81	269,78	161,50	234,91	264,27	158,12	230,—	258,75	154,75	225,10	253,23	151,38	220,19	247,71	148,—	215,28	242,19
	VI	3 507,08	192,88	280,56	315,63																				
9 554,99 Ost	I,IV	3 071,91	168,95	245,75	276,47	I	3 071,91	162,20	235,94	265,43	155,46	226,12	254,39	148,72	216,32	243,36	141,97	206,50	232,31	135,22	196,69	221,27	128,48	186,88	210,24
	II	3 026,08	166,43	242,08	272,34	II	3 026,08	159,69	232,28	261,31	152,94	222,46	250,27	146,19	212,65	239,23	139,45	202,84	228,20	132,71	193,03	217,16	125,96	183,22	206,12
	III	2 390,83	131,49	191,26	215,17	III	2 390,83	124,77	181,49	204,17	118,16	171,88	193,36	111,68	162,45	182,75	105,34	153,22	172,37	99,11	144,17	162,19	93,03	135,32	152,23
	V	3 486,50	191,75	278,92	313,78	IV	3 071,91	165,58	240,84	270,95	162,20	235,94	265,43	158,83	231,03	259,91	155,46	226,12	254,39	152,09	221,22	248,87	148,72	216,32	243,36
	VI	3 519,91	193,59	281,59	316,79																				
9 557,99 West	I,IV	3 060,25	168,31	244,82	275,42	I	3 060,25	161,57	235,01	264,38	154,82	225,20	253,35	148,07	215,38	242,30	141,33	205,58	231,27	134,58	195,76	220,23	127,84	185,95	209,19
	II	3 014,50	165,79	241,16	271,30	II	3 014,50	159,05	231,34	260,26	152,30	221,54	249,23	145,56	211,72	238,19	138,81	201,91	227,15	132,07	192,10	216,11	125,32	182,29	205,07
	III	2 379,16	130,85	190,33	214,12	III	2 379,16	124,14	180,57	203,14	117,54	170,97	192,34	111,08	161,57	181,76	104,74	152,36	171,40	98,54	143,33	161,24	92,46	134,49	151,30
	V	3 474,83	191,11	277,98	312,73	IV	3 060,25	164,94	239,92	269,91	161,57	235,01	264,38	158,19	230,10	258,86	154,82	225,20	253,35	151,45	220,29	247,82	148,07	215,38	242,30
	VI	3 508,33	192,95	280,66	315,74																				
9 557,99 Ost	I,IV	3 073,16	169,02	245,85	276,58	I	3 073,16	162,27	236,04	265,54	155,53	226,23	254,51	148,78	216,42	243,47	142,04	206,60	232,43	135,30	196,80	221,40	128,55	186,98	210,35
	II	3 027,41	166,50	242,19	272,46	II	3 027,41	159,76	232,38	261,42	153,01	222,56	250,38	146,27	212,76	239,35	139,52	202,94	228,31	132,77	193,13	217,27	126,03	183,32	206,24
	III	2 392,16	131,56	191,37	215,29	III	2 392,16	124,84	181,58	204,28	118,23	171,97	193,46	111,76	162,56	182,88	105,40	153,32	172,48	99,18	144,26	162,29	93,09	135,41	152,33
	V	3 487,75	191,82	279,02	313,89	IV	3 073,16	165,65	240,94	271,06	162,27	236,04	265,54	158,90	231,13	260,02	155,53	226,23	254,51	152,16	221,32	248,99	148,78	216,42	243,47
	VI	3 521,16	193,66	281,69	316,90																				
9 560,99 West	I,IV	3 061,58	168,38	244,92	275,54	I	3 061,58	161,64	235,11	264,50	154,89	225,30	253,46	148,14	215,48	242,42	141,40	205,68	231,39	134,65	195,86	220,34	127,91	186,05	209,30
	II	3 015,75	165,86	241,26	271,41	II	3 015,75	159,11	231,44	260,37	152,37	221,64	249,34	145,63	211,82	238,30	138,88	202,01	227,26	132,14	192,20	216,23	125,39	182,39	205,19
	III	2 380,50	130,92	190,44	214,24	III	2 380,50	124,20	180,66	203,24	117,61	171,08	192,46	111,14	161,66	181,87	104,81	152,45	171,50	98,60	143,42	161,35	92,51	134,57	151,39
	V	3 476,08	191,18	278,08	312,84	IV	3 061,58	165,01	240,02	270,02	161,64	235,11	264,50	158,26	230,20	258,98	154,89	225,30	253,46	151,52	220,39	247,94	148,14	215,48	242,42
	VI	3 509,58	193,02	280,76	315,86																				
9 560,99 Ost	I,IV	3 074,41	169,09	245,95	276,69	I	3 074,41	162,34	236,14	265,65	155,60	226,33	254,62	148,85	216,52	243,58	142,11	206,70	232,54	135,36	196,90	221,51	128,62	187,08	210,47
	II	3 028,66	166,57	242,29	272,57	II	3 028,66	159,83	232,48	261,54	153,08	222,66	250,49	146,34	212,86	239,46	139,59	203,04	228,42	132,84	193,23	217,38	126,10	183,42	206,35
	III	2 393,33	131,63	191,46	215,39	III	2 393,33	124,91	181,69	204,40	118,30	172,08	193,59	111,82	162,65	182,98	105,47	153,41	172,58	99,24	144,36	162,40	93,15	135,49	152,42
	V	3 489,—	191,89	279,12	314,01	IV	3 074,41	165,71	241,04	271,17	162,34	236,14	265,65	158,97	231,24	260,14	155,60	226,33	254,62	152,23	221,42	249,10	148,85	216,52	243,58
	VI	3 522,41	193,73	281,79	317,01																				
9 563,99 West	I,IV	3 062,83	168,45	245,02	275,65	I	3 062,83	161,70	235,21	264,61	154,96	225,40	253,57	148,22	215,59	242,54	141,47	205,78	231,50	134,72	195,96	220,46	127,98	186,16	209,43
	II	3 017,—	165,93	241,36	271,53	II	3 017,—	159,19	231,55	260,49	152,44	221,74	249,45	145,69	211,92	238,41	138,95	202,12	227,38	132,21	192,30	216,34	125,46	182,49	205,30
	III	2 381,66	130,99	190,53	214,34	III	2 381,66	124,28	180,77	203,36	117,68	171,17	192,56	111,21	161,76	181,98	104,87	152,54	171,61	98,66	143,50	161,44	92,58	134,66	151,49
	V	3 477,33	191,25	278,18	312,95	IV	3 062,83	165,08	240,12	270,13	161,70	235,21	264,61	158,33	230,30	259,09	154,96	225,40	253,57	151,58	220,49	248,05	148,22	215,59	242,54
	VI	3 510,83	193,09	280,86	315,97																				
9 563,99 Ost	I,IV	3 075,66	169,16	246,05	276,80	I	3 075,66	162,41	236,24	265,77	155,67	226,43	254,73	148,92	216,62	243,69	142,17	206,80	232,65	135,43	197,—	221,62	128,69	187,18	210,58
	II	3 029,91	166,64	242,39	272,69	II	3 029,91	159,89	232,58	261,65	153,15	222,76	250,61	146,41	212,96	239,58	139,66	203,14	228,53	132,91	193,33	217,49	126,17	183,52	206,46
	III	2 394,66	131,70	191,57	215,51	III	2 394,66	124,97	181,78	204,50	118,36	172,17	193,69	111,88	162,74	183,08	105,53	153,50	172,69	99,31	144,45	162,50	93,21	135,58	152,53
	V	3 490,25	191,96	279,22	314,12	IV	3 075,66	165,78	241,14	271,28	162,41	236,24	265,77	159,04	231,34	260,25	155,67	226,43	254,73	152,29	221,52	249,21	148,92	216,62	243,69
	VI	3 523,75	193,80	281,90	317,13																				
9 566,99 West	I,IV	3 064,08	168,52	245,12	275,76	I	3 064,08	161,77	235,31	264,72	155,03	225,50	253,68	148,28	215,69	242,65	141,54	205,88	231,61	134,79	196,06	220,57	128,05	186,26	209,54
	II	3 018,25	166,—	241,46	271,64	II	3 018,25	159,26	231,65	260,60	152,51	221,84	249,57	145,76	212,02	238,52	139,02	202,22	227,49	132,27	192,40	216,45	125,53	182,59	205,41
	III	2 383,—	131,06	190,64	214,47	III	2 383,—	124,34	180,86	203,47	117,74	171,26	192,67	111,28	161,86	182,09	104,94	152,64	171,72	98,72	143,60	161,55	92,64	134,76	151,60
	V	3 478,66	191,32	278,29	313,07	IV	3 064,08	165,15	240,22	270,24	161,77	235,31	264,72	158,40	230,40	259,20	155,03	225,50	253,68	151,66	220,60	248,17	148,28	215,69	242,65
	VI	3 512,08	193,16	280,96	316,08																				
9 566,99 Ost	I,IV	3 076,91	169,23	246,15	276,92	I	3 076,91	162,48	236,34	265,88	155,74	226,53	254,84	148,99	216,72	243,81	142,25	206,91	232,77	135,50	197,10	221,73	128,75	187,28	210,69
	II	3 031,16	166,71	242,49	272,80	II	3 031,16	159,96	232,68	261,76	153,22	222,87	250,73	146,47	213,06	239,69	139,73	203,24	228,65	132,99	193,44	217,62	126,24	183,62	206,57
	III	2 395,83	131,77	191,66	215,62	III	2 395,83	125,04	181,88	204,61	118,43	172,26	193,79	111,95	162,84	183,19	105,60	153,60	172,80	99,37	144,54	162,61	93,28	135,68	152,64
	V	3 491,50	192,03	279,32	314,23	IV	3 076,91	165,85	241,24	271,40	162,48	236,34	265,88	159,11	231,44	260,37	155,74	226,53	254,84	152,36	221,62	249,32	148,99	216,72	243,81
	VI	3 525,—	193,87	282,—	317,25																				
9 569,99 West	I,IV	3 065,33	168,59	245,22	275,87	I	3 065,33	161,84	235,41	264,83	155,10	225,60	253,80	148,35	215,79	242,76	141,61	205,98	231,72	134,86	196,16	220,68	128,12	186,36	209,65
	II	3 019,58	166,07	241,56	271,76	II	3 019,58	159,33	231,75	260,72	152,58	221,94	249,68	145,83	212,12	238,64	139,09	202,32	227,61	132,34	192,50	216,56	125,60	182,69	205,52
	III	2 384,16	131,12	190,73	214,57	III	2 384,16	124,41	180,97	203,59	117,81	171,37	192,79	111,34	161,96	182,20	105,—	152,73	171,82	98,78	143,69	161,65	92,71	134,85	151,70
	V	3 479,91	191,39	278,39	313,19	IV	3 065,33	165,22	240,32	270,36	161,84	235,41	264,83	158,47	230,50	259,31	155,10	225,60	253,80	151,73	220,70	248,28	148,35	215,79	242,76
	VI	3 513,33	193,23	281,06	316,19																				
9 569,99 Ost	I,IV	3 078,16	169,29	246,25	277,03	I	3 078,16	162,55	236,44	266,—	155,81	226,63	254,96	149,06	216,82	243,92	142,32	207,01	232,88	135,57	197,20	221,85	128,82	187,38	210,80
	II	3 032,41	166,78	242,59	272,91	II	3 032,41	160,03	232,78	261,87	153,29	222,97	250,84	146,54	213,16	239,80	139,80	203,34	228,76	133,05	193,54	217,73	126,31	183,72	206,69
	III	2 397,16	131,84	191,77	215,74	III	2 397,16	125,11	181,98	204,73	118,50	172,37	193,91	112,01	162,93	183,29	105,66	153,69	172,90	99,44	144,64	162,72	93,34	135,77	152,74
	V	3 492,75	192,10	279,42	314,34	IV	3 078,16	165,93	241,35	271,52	162,55	236,44	266,—	159,18	231,54	260,48	155,81	226,63	254,96	152,43	221,72	249,44	149,06	216,82	243,92
	VI	3 526,25	193,94	282,10	317,36																				
9 572,99 West	I,IV	3 066,58	168,66	245,32	275,99	I	3 066,58	161,91	235,51	264,95	155,17	225,70	253,91	148,42	215,89	242,87	141,68	206,08	231,84	134,93	196,27	220,80	128,19	186,46	209,76
	II	3 020,83	166,14	241,66	271,87	II	3 020,83	159,39	231,85	260,83	152,65	222,04	249,79	145,91	212,23	238,76	139,16	202,42	227,72	132,41	192,60	216,68	125,67	182,80	205,65
	III	2 385,50	131,20	190,84	214,69	III	2 385,50	124,48	181,06	203,69	117,88	171,46	192,89	111,41	162,05	182,30	105,06	152,82	171,92	98,85	143,78	161,75	92,76	134,93	151,79
	V	3 481,16	191,46	278,49	313,30	IV	3 066,58	165,28	240,42	270,47	161,91	235,51	264,95	158,54	230,60	259,43	155,17	225,70	253,91	151,80	220,80	248,40	148,42	215,89	242,87
	VI	3 514,58	193,30	281,16	316,31																				
9 572,99 Ost	I,IV	3 079,50	169,37	246,36	277,15	I	3 079,50	162,62	236,54	266,11	155,87	226,73	255,07	149,13	216,92	244,04	142,39	207,11	233,—	135,64	197,30	221,96	128,89	187,48	210,92
	II	3 033,66	166,85	242,69	273,02	II	3 033,66	160,10	232,88	261,99	153,36	223,07	250,95	146,61	213,26	239,91	139,86	203,44	228,87	133,12	193,64	217,84	126,38	183,82	206,80
	III	2 398,33	131,90	191,86	215,84	III	2 398,33	125,18	182,08	204,84	118,57	172,46	194,02	112,08	163,02	183,40	105,72	153,78	173,—	99,50	144,73	162,82	93,39	135,85	152,83
	V	3 494,—	192,17	279,52	314,46	IV	3 079,50	165,99	241,45	271,63	162,62	236,54	266,11	159,25	231,64	260,59	155,87	226,73	255,07	152,50	221,82	249,55	149,13	216,92	244,04
	VI	3 527,50	194,01	282,20	317,47																				
9 575,99 West	I,IV	3 067,83	168,73	245,42	276,10	I	3 067,83	161,98	235,61	265,06	155,24	225,80	254,03	148,49	215,99	242,99	141,74	206,18	231,95	135,—	196,37	220,91	128,26	186,56	209,88
	II	3 022,08	166,21	241,76	271,98	II	3 022,08	159,46	231,95	260,94	152,72	222,14	249,90	145,97	212,33	238,87	139,23	202,52	227,83	132,48	192,70	216,79	125,74	182,90	205,76
	III	2 386,83	131,27	190,94	214,81	III	2 386,83	124,54	181,16	203,80	117,94	171,56	193,—	111,47	162,14	182,41	105,13	152,92	172,03	98,91	143,88	161,86	92,83	135,02	151,90
	V	3 482,41	191,53	278,59	313,41	IV	3 067,83	165,35	240,52	270,58	161,98	235,61	265,06	158,61	230,71	259,55	155,24	225,80	254,03	151,86	220,90	248,51	148,49	215,99	242,99
	VI	3 515,83	193,37	281,26	316,42																				
9 575,99 Ost	I,IV	3 080,75	169,44	246,46	277,26	I	3 080,75	162,69	236,64	266,22	155,94	226,83	255,18	149,20	217,02	244,15	142,45	207,21	233,11	135,71	197,40	222,07	128,97	187,59	211,04
	II	3 034,91	166,92	242,79	273,14	II	3 034,91	160,17	232,98	262,10	153,43	223,17	251,06	146,68	213,36	240,03	139,94	203,55	228,99	133,19	193,74	217,95	126,44	183,92	206,91
	III	2 399,66	131,98	191,97	215,96	III	2 399,66	125,25	182,18	204,95	118,63	172,56	194,13	112,15	163,13	183,52	105,79	153,88	173,11	99,56	144,82	162,92	93,46	135,94	152,93
	V	3 495,25	192,23	279,62	314,57	IV	3 080,75	166,06	241,55	271,74	162,69	236,64	266,22	159,32	231,74	260,70	155,94	226,83	255,18	152,57	221,92	249,66	149,20	217,02	244,15
	VI	3 528,75	194,08	282,30	317,58																				

* Die ausgewiesenen Tabellenwerte sind amtlich. Siehe Erläuterungen auf der Umschlaginnenseite (U2).

Abzüge an Lohnsteuer, Solidaritätszuschlag (SolZ) und Kirchensteuer (8%, 9%) in den Steuerklassen

Lohn/ Gehalt bis €*	I – VI					I, II, III, IV																			
			ohne Kinderfreibeträge					mit Zahl der Kinderfreibeträge . . . 0,5			1			1,5			2			2,5			3		
		LSt	SolZ	8%	9%		LSt	SolZ	8%	9%	SolZ	8%	9%	SolZ	8%	9%	SolZ	8%	9%	SolZ	8%	9%	SolZ	8%	9%
9 578,99 West	I,IV	3 069,08	168,79	245,52	276,21	I	3 069,08	162,05	235,72	265,18	155,31	225,90	254,14	148,56	216,09	243,10	141,82	206,28	232,07	135,07	196,47	221,03	128,32	186,66	209,99
	II	3 023,33	166,28	241,86	272,09	II	3 023,33	159,53	232,05	261,05	152,79	222,24	250,02	146,04	212,43	238,98	139,30	202,62	227,94	132,55	192,80	216,90	125,81	183,—	205,87
	III	2 388,—	131,34	191,04	214,92	III	2 388,—	124,62	181,26	203,92	118,02	171,66	193,12	111,54	162,24	182,52	105,19	153,01	172,13	98,98	143,97	161,96	92,89	135,12	152,01
	V	3 483,66	191,60	278,69	313,52	IV	3 069,08	165,42	240,62	270,69	162,05	235,72	265,18	158,68	230,81	259,66	155,31	225,90	254,14	151,93	221,—	248,62	148,56	216,09	243,10
	VI	3 517,16	193,44	281,37	316,54																				
9 578,99 Ost	I,IV	3 082,—	169,51	246,56	277,38	I	3 082,—	162,76	236,74	266,33	156,01	226,93	255,29	149,27	217,12	244,26	142,52	207,31	233,22	135,78	197,50	222,18	129,03	187,69	211,15
	II	3 036,16	166,98	242,89	273,25	II	3 036,16	160,24	233,08	262,22	153,50	223,27	251,18	146,75	213,46	240,14	140,01	203,65	229,10	133,26	193,84	218,07	126,51	184,02	207,02
	III	2 400,83	132,04	192,06	216,07	III	2 400,83	125,31	182,28	205,06	118,70	172,66	194,24	112,21	163,22	183,62	105,85	153,97	173,21	99,62	144,90	163,01	93,52	136,04	153,04
	V	3 496,58	192,31	279,72	314,69	IV	3 082,—	166,13	241,65	271,85	162,76	236,74	266,33	159,39	231,84	260,82	156,01	226,93	255,29	152,64	222,03	249,78	149,27	217,12	244,26
	VI	3 530,—	194,15	282,40	317,70																				
9 581,99 West	I,IV	3 070,33	168,86	245,62	276,32	I	3 070,33	162,12	235,82	265,29	155,37	226,—	254,25	148,63	216,19	243,21	141,89	206,38	232,18	135,14	196,57	221,14	128,39	186,76	210,10
	II	3 024,58	166,35	241,96	272,21	II	3 024,58	159,60	232,15	261,17	152,86	222,34	250,13	146,11	212,53	239,09	139,37	202,72	228,06	132,62	192,91	217,02	125,88	183,10	205,98
	III	2 389,33	131,41	191,14	215,03	III	2 389,33	124,68	181,36	204,03	118,08	171,76	193,23	111,61	162,34	182,63	105,26	153,10	172,24	99,04	144,06	162,07	92,95	135,20	152,10
	V	3 484,91	191,67	278,79	313,64	IV	3 070,33	165,49	240,72	270,81	162,12	235,82	265,29	158,75	230,91	259,77	155,37	226,—	254,25	152,—	221,10	248,73	148,63	216,19	243,21
	VI	3 518,41	193,51	281,47	316,65																				
9 581,99 Ost	I,IV	3 083,25	169,57	246,66	277,49	I	3 083,25	162,83	236,84	266,45	156,09	227,04	255,42	149,34	217,22	244,37	142,59	207,41	233,33	135,85	197,60	222,30	129,10	187,79	211,26
	II	3 037,50	167,06	243,—	273,37	II	3 037,50	160,31	233,18	262,33	153,56	223,37	251,29	146,82	213,56	240,26	140,08	203,75	229,22	133,33	193,94	218,18	126,58	184,12	207,14
	III	2 402,16	132,11	192,17	216,19	III	2 402,16	125,39	182,38	205,18	118,77	172,76	194,35	112,28	163,32	183,73	105,92	154,06	173,32	99,68	145,—	163,12	93,59	136,13	153,14
	V	3 497,83	192,38	279,82	314,80	IV	3 083,25	166,20	241,75	271,97	162,83	236,84	266,45	159,45	231,94	260,93	156,09	227,04	255,42	152,71	222,13	249,89	149,34	217,22	244,37
	VI	3 531,25	194,21	282,50	317,81																				
9 584,99 West	I,IV	3 071,58	168,93	245,72	276,44	I	3 071,58	162,19	235,92	265,41	155,44	226,10	254,36	148,70	216,29	243,32	141,95	206,48	232,29	135,21	196,67	221,25	128,46	186,86	210,21
	II	3 025,83	166,42	242,06	272,32	II	3 025,83	159,67	232,25	261,28	152,93	222,44	250,25	146,18	212,63	239,21	139,43	202,82	228,17	132,69	193,01	217,13	125,95	183,20	206,10
	III	2 390,50	131,47	191,24	215,14	III	2 390,50	124,75	181,46	204,14	118,14	171,85	193,33	111,67	162,44	182,74	105,32	153,20	172,35	99,11	144,16	162,18	93,01	135,29	152,20
	V	3 486,16	191,73	278,89	313,75	IV	3 071,58	165,56	240,82	270,92	162,19	235,92	265,41	158,82	231,01	259,88	155,44	226,10	254,36	152,07	221,20	248,85	148,70	216,29	243,32
	VI	3 519,66	193,58	281,57	316,76																				
9 584,99 Ost	I,IV	3 084,50	169,64	246,76	277,60	I	3 084,50	162,90	236,94	266,56	156,15	227,14	255,53	149,41	217,32	244,49	142,66	207,51	233,45	135,92	197,70	222,41	129,17	187,89	211,37
	II	3 038,75	167,13	243,10	273,48	II	3 038,75	160,38	233,28	262,44	153,63	223,47	251,40	146,89	213,66	240,37	140,14	203,85	229,33	133,40	194,04	218,29	126,66	184,23	207,26
	III	2 403,50	132,19	192,28	216,31	III	2 403,50	125,45	182,48	205,29	118,83	172,85	194,45	112,34	163,41	183,83	105,98	154,16	173,43	99,75	145,09	163,22	93,64	136,21	153,23
	V	3 499,08	192,44	279,92	314,91	IV	3 084,50	166,27	241,85	272,08	162,90	236,94	266,56	159,53	232,04	261,05	156,15	227,14	255,53	152,78	222,23	250,01	149,41	217,32	244,49
	VI	3 532,50	194,28	282,60	317,92																				
9 587,99 West	I,IV	3 072,91	169,01	245,83	276,56	I	3 072,91	162,26	236,02	265,52	155,51	226,20	254,48	148,77	216,40	243,45	142,02	206,58	232,40	135,28	196,77	221,36	128,53	186,96	210,33
	II	3 027,08	166,48	242,16	272,43	II	3 027,08	159,74	232,36	261,40	153,—	222,54	250,36	146,25	212,73	239,32	139,51	202,92	228,29	132,76	193,11	217,25	126,01	183,30	206,21
	III	2 391,83	131,55	191,34	215,26	III	2 391,83	124,82	181,56	204,25	118,22	171,96	193,45	111,74	162,53	182,84	105,38	153,29	172,45	99,17	144,25	162,28	93,07	135,38	152,30
	V	3 487,41	191,80	278,99	313,86	IV	3 072,91	165,63	240,92	271,04	162,26	236,02	265,52	158,89	231,11	260,—	155,51	226,20	254,48	152,14	221,30	248,96	148,77	216,40	243,45
	VI	3 520,91	193,65	281,67	316,88																				
9 587,99 Ost	I,IV	3 085,75	169,71	246,86	277,71	I	3 085,75	162,96	237,04	266,67	156,22	227,24	255,64	149,48	217,42	244,60	142,73	207,61	233,56	135,99	197,80	222,53	129,24	187,99	211,49
	II	3 040,—	167,20	243,20	273,60	II	3 040,—	160,45	233,38	262,55	153,70	223,57	251,51	146,96	213,76	240,48	140,21	203,95	229,44	133,47	194,14	218,40	126,72	184,33	207,37
	III	2 404,66	132,25	192,37	216,41	III	2 404,66	125,52	182,58	205,40	118,91	172,96	194,58	112,41	163,50	183,94	106,04	154,25	173,53	99,81	145,18	163,33	93,71	136,30	153,34
	V	3 500,33	192,51	280,02	315,02	IV	3 085,75	166,34	241,95	272,19	162,96	237,04	266,67	159,60	232,14	261,16	156,22	227,24	255,64	152,85	222,33	250,12	149,48	217,42	244,60
	VI	3 533,75	194,35	282,70	318,03																				
9 590,99 West	I,IV	3 074,16	169,07	245,93	276,67	I	3 074,16	162,33	236,12	265,63	155,58	226,30	254,59	148,84	216,50	243,56	142,09	206,68	232,52	135,35	196,87	221,48	128,60	187,06	210,44
	II	3 028,33	166,55	242,26	272,54	II	3 028,33	159,81	232,46	261,51	153,06	222,64	250,47	146,32	212,83	239,43	139,58	203,02	228,40	132,83	193,21	217,36	126,08	183,40	206,32
	III	2 393,—	131,61	191,44	215,37	III	2 393,—	124,89	181,66	204,37	118,28	172,05	193,55	111,80	162,62	182,95	105,45	153,38	172,55	99,22	144,33	162,37	93,14	135,48	152,41
	V	3 488,75	191,88	279,10	313,98	IV	3 074,16	165,70	241,02	271,15	162,33	236,12	265,63	158,95	231,21	260,11	155,58	226,30	254,59	152,21	221,40	249,08	148,84	216,50	243,56
	VI	3 522,16	193,71	281,77	316,99																				
9 590,99 Ost	I,IV	3 087,—	169,78	246,96	277,83	I	3 087,—	163,04	237,15	266,79	156,29	227,34	255,75	149,54	217,52	244,71	142,80	207,72	233,68	136,06	197,90	222,64	129,31	188,09	211,60
	II	3 041,25	167,26	243,30	273,71	II	3 041,25	160,52	233,48	262,67	153,78	223,68	251,64	147,03	213,86	240,59	140,28	204,05	229,55	133,54	194,24	218,52	126,79	184,43	207,48
	III	2 406,—	132,33	192,48	216,54	III	2 406,—	125,59	182,68	205,51	118,97	173,05	194,68	112,48	163,61	184,06	106,11	154,34	173,63	99,88	145,28	163,44	93,77	136,40	153,45
	V	3 501,58	192,58	280,12	315,14	IV	3 087,—	166,41	242,05	272,30	163,04	237,15	266,79	159,66	232,24	261,27	156,29	227,34	255,75	152,92	222,43	250,23	149,54	217,52	244,71
	VI	3 535,08	194,42	282,80	318,15																				
9 593,99 West	I,IV	3 075,41	169,14	246,03	276,78	I	3 075,41	162,40	236,22	265,74	155,65	226,40	254,70	148,91	216,60	243,67	142,16	206,78	232,63	135,41	196,97	221,59	128,67	187,16	210,56
	II	3 029,58	166,62	242,36	272,66	II	3 029,58	159,88	232,56	261,63	153,13	222,74	250,58	146,39	212,93	239,54	139,64	203,12	228,51	132,90	193,31	217,47	126,15	183,50	206,43
	III	2 394,33	131,68	191,54	215,48	III	2 394,33	124,96	181,76	204,48	118,35	172,14	193,66	111,87	162,72	183,06	105,51	153,48	172,66	99,29	144,42	162,47	93,20	135,57	152,51
	V	3 490,—	191,95	279,20	314,10	IV	3 075,41	165,77	241,12	271,26	162,40	236,22	265,74	159,02	231,31	260,22	155,65	226,40	254,70	152,28	221,50	249,19	148,91	216,60	243,67
	VI	3 523,41	193,78	281,87	317,10																				
9 593,99 Ost	I,IV	3 088,25	169,85	247,06	277,94	I	3 088,25	163,11	237,25	266,90	156,36	227,44	255,87	149,61	217,62	244,82	142,87	207,82	233,79	136,12	198,—	222,75	129,38	188,19	211,71
	II	3 042,50	167,33	243,40	273,82	II	3 042,50	160,59	233,58	262,78	153,84	223,78	251,75	147,10	213,96	240,71	140,35	204,15	229,67	133,61	194,34	218,63	126,86	184,53	207,59
	III	2 407,16	132,39	192,57	216,64	III	2 407,16	125,66	182,78	205,63	119,03	173,14	194,78	112,54	163,70	184,16	106,17	154,44	173,74	99,94	145,37	163,54	93,83	136,49	153,55
	V	3 502,83	192,65	280,22	315,25	IV	3 088,25	166,48	242,16	272,43	163,11	237,25	266,90	159,73	232,34	261,38	156,36	227,44	255,87	152,99	222,53	250,34	149,61	217,62	244,82
	VI	3 536,33	194,49	282,90	318,26																				
9 596,99 West	I,IV	3 076,66	169,21	246,13	276,89	I	3 076,66	162,47	236,32	265,86	155,72	226,51	254,82	148,98	216,70	243,78	142,23	206,88	232,74	135,49	197,08	221,71	128,74	187,26	210,67
	II	3 030,91	166,70	242,47	272,78	II	3 030,91	159,95	232,66	261,74	153,20	222,84	250,70	146,46	213,04	239,67	139,71	203,22	228,62	132,97	193,41	217,58	126,22	183,60	206,55
	III	2 395,66	131,76	191,65	215,60	III	2 395,66	125,03	181,86	204,59	118,42	172,25	193,78	111,93	162,81	183,16	105,58	153,57	172,76	99,35	144,52	162,58	93,26	135,65	152,60
	V	3 491,25	192,01	279,30	314,21	IV	3 076,66	165,84	241,22	271,37	162,47	236,32	265,86	159,09	231,41	260,33	155,72	226,51	254,82	152,35	221,60	249,30	148,98	216,70	243,78
	VI	3 524,66	193,85	281,97	317,21																				
9 596,99 Ost	I,IV	3 089,58	169,92	247,16	278,06	I	3 089,58	163,18	237,35	267,02	156,43	227,54	255,98	149,68	217,72	244,94	142,94	207,92	233,91	136,19	198,10	222,86	129,45	188,29	211,82
	II	3 043,75	167,40	243,50	273,93	II	3 043,75	160,65	233,68	262,89	153,91	223,88	251,86	147,17	214,06	240,82	140,42	204,25	229,78	133,68	194,44	218,75	126,93	184,63	207,71
	III	2 408,50	132,46	192,68	216,76	III	2 408,50	125,73	182,88	205,74	119,11	173,25	194,90	112,61	163,80	184,27	106,25	154,54	173,86	100,—	145,46	163,64	93,89	136,57	153,64
	V	3 504,08	192,72	280,32	315,36	IV	3 089,58	166,55	242,26	272,54	163,18	237,35	267,02	159,80	232,44	261,50	156,43	227,54	255,98	153,06	222,63	250,46	149,68	217,72	244,94
	VI	3 537,58	194,56	283,—	318,38																				
9 599,99 West	I,IV	3 077,91	169,28	246,23	277,01	I	3 077,91	162,53	236,42	265,97	155,79	226,61	254,93	149,05	216,80	243,90	142,30	206,98	232,85	135,56	197,18	221,82	128,81	187,36	210,78
	II	3 032,16	166,76	242,57	272,89	II	3 032,16	160,02	232,76	261,85	153,27	222,94	250,81	146,53	213,14	239,78	139,78	203,32	228,74	133,04	193,51	217,70	126,29	183,70	206,66
	III	2 396,83	131,82	191,74	215,71	III	2 396,83	125,09	181,96	204,70	118,48	172,34	193,88	112,—	162,92	183,28	105,64	153,66	172,87	99,42	144,61	162,68	93,32	135,74	152,71
	V	3 492,50	192,08	279,40	314,32	IV	3 077,91	165,91	241,32	271,49	162,53	236,42	265,97	159,17	231,52	260,46	155,79	226,61	254,93	152,42	221,70	249,41	149,05	216,80	243,90
	VI	3 525,91	193,92	282,07	317,33																				
9 599,99 Ost	I,IV	3 090,83	169,99	247,26	278,17	I	3 090,83	163,24	237,45	267,13	156,50	227,64	256,09	149,76	217,83	245,06	143,01	208,02	234,02	136,26	198,20	222,98	129,52	188,40	211,95
	II	3 045,—	167,47	243,60	274,05	II	3 045,—	160,73	233,79	263,01	153,98	223,98	251,97	147,23	214,16	240,93	140,49	204,36	229,90	133,75	194,54	218,86	127,—	184,73	207,82
	III	2 409,66	132,53	192,77	216,86	III	2 409,66	125,80	182,98	205,85	119,17	173,34	195,01	112,67	163,89	184,37	106,31	154,64	173,97	100,07	145,56	163,75	93,95	136,66	153,74
	V	3 505,33	192,79	280,42	315,47	IV	3 090,83	166,62	242,36	272,65	163,24	237,45	267,13	159,87	232,54	261,61	156,50	227,64	256,09	153,12	222,73	250,57	149,76	217,83	245,06
	VI	3 538,83	194,63	283,10	318,49																				

* Die ausgewiesenen Tabellenwerte sind amtlich. Siehe Erläuterungen auf der Umschlaginnenseite (U2).

MONAT 9 600,–*

Lohn/ Gehalt bis €*		I – VI LSt	ohne Kinderfreibeträge SolZ	8%	9%		LSt	0,5 SolZ	8%	9%	1 SolZ	8%	9%	1,5 SolZ	8%	9%	2 SolZ	8%	9%	2,5 SolZ	8%	9%	3 SolZ	8%	9%
						I, II, III, IV		mit Zahl der Kinderfreibeträge …																	
9 602,99 West	I,IV	3 079,16	169,35	246,33	277,12	I	3 079,16	162,61	236,52	266,09	155,86	226,71	255,05	149,11	216,90	244,01	142,37	207,08	232,97	135,63	197,28	221,94	128,88	187,46	210,89
	II	3 033,41	166,83	242,67	273,—	II	3 033,41	160,09	232,86	261,96	153,34	223,04	250,92	146,60	213,24	239,89	139,85	203,42	228,85	133,10	193,61	217,81	126,36	183,80	206,78
	III	2 398,16	131,89	191,85	215,83	III	2 398,16	125,17	182,06	204,82	118,55	172,44	193,99	112,07	163,01	183,38	105,71	153,76	172,98	99,48	144,70	162,79	93,39	135,84	152,82
	V	3 493,75	192,15	279,50	314,43	IV	3 079,16	165,98	241,42	271,60	162,61	236,52	266,09	159,23	231,62	260,57	155,86	226,71	255,05	152,49	221,80	249,53	149,11	216,90	244,01
	VI	3 527,25	193,99	282,18	317,45																				
9 602,99 Ost	I,IV	3 092,08	170,06	247,36	278,28	I	3 092,08	163,31	237,55	267,24	156,57	227,74	256,20	149,82	217,93	245,17	143,08	208,12	234,13	136,33	198,30	223,09	129,59	188,50	212,06
	II	3 046,25	167,54	243,70	274,16	II	3 046,25	160,80	233,89	263,12	154,05	224,08	252,09	147,30	214,26	241,04	140,56	204,46	230,01	133,81	194,64	218,97	127,07	184,83	207,93
	III	2 411,—	132,60	192,88	216,99	III	2 411,—	125,86	183,08	205,96	119,24	173,44	195,12	112,75	164,—	184,50	106,37	154,73	174,07	100,13	145,65	163,85	94,02	136,76	153,85
	V	3 506,66	192,86	280,53	315,59	IV	3 092,08	166,69	242,46	272,76	163,31	237,55	267,24	159,94	232,64	261,72	156,57	227,74	256,20	153,20	222,84	250,69	149,82	217,93	245,17
	VI	3 540,08	194,70	283,20	318,60																				
9 605,99 West	I,IV	3 080,41	169,42	246,43	277,23	I	3 080,41	162,68	236,62	266,20	155,93	226,81	255,16	149,18	217,—	244,12	142,44	207,19	233,09	135,69	197,38	222,05	128,95	187,56	211,01
	II	3 034,66	166,90	242,77	273,11	II	3 034,66	160,16	232,96	262,08	153,41	223,15	251,04	146,67	213,34	240,—	139,92	203,52	228,96	133,18	193,72	217,93	126,43	183,90	206,89
	III	2 399,33	131,96	191,94	215,93	III	2 399,33	125,23	182,16	204,93	118,62	172,54	194,11	112,13	163,10	183,49	105,78	153,86	173,09	99,55	144,80	162,90	93,45	135,93	152,92
	V	3 495,—	192,22	279,60	314,55	IV	3 080,41	166,04	241,52	271,71	162,68	236,62	266,20	159,30	231,72	260,68	155,93	226,81	255,16	152,56	221,90	249,64	149,18	217,—	244,12
	VI	3 528,50	194,06	282,28	317,56																				
9 605,99 Ost	I,IV	3 093,33	170,13	247,46	278,39	I	3 093,33	163,38	237,65	267,35	156,64	227,84	256,32	149,89	218,03	245,28	143,15	208,22	234,24	136,40	198,40	223,20	129,66	188,60	212,17
	II	3 047,58	167,61	243,80	274,28	II	3 047,58	160,87	233,99	263,24	154,12	224,18	252,20	147,37	214,36	241,16	140,63	204,56	230,13	133,88	194,74	219,08	127,14	184,93	208,04
	III	2 412,16	132,66	192,97	217,09	III	2 412,16	125,94	183,18	206,08	119,31	173,54	195,23	112,81	164,09	184,60	106,44	154,82	174,17	100,20	145,74	163,96	94,08	136,85	153,95
	V	3 507,91	192,93	280,63	315,71	IV	3 093,33	166,76	242,56	272,88	163,38	237,65	267,35	160,01	232,74	261,83	156,64	227,84	256,32	153,27	222,94	250,80	149,89	218,03	245,28
	VI	3 541,33	194,77	283,30	318,71																				
9 608,99 West	I,IV	3 081,66	169,49	246,53	277,34	I	3 081,66	162,74	236,72	266,31	156,—	226,91	255,27	149,25	217,10	244,23	142,51	207,29	233,20	135,76	197,48	222,16	129,02	187,66	211,12
	II	3 035,91	166,97	242,87	273,23	II	3 035,91	160,22	233,06	262,19	153,48	223,25	251,15	146,74	213,44	240,12	139,99	203,62	229,07	133,25	193,82	218,04	126,50	184,—	207,—
	III	2 400,66	132,03	192,05	216,05	III	2 400,66	125,30	182,26	205,04	118,69	172,64	194,22	112,20	163,20	183,60	105,84	153,96	173,20	99,61	144,89	163,—	93,50	136,01	153,01
	V	3 496,25	192,29	279,70	314,66	IV	3 081,66	166,12	241,63	271,83	162,74	236,72	266,31	159,37	231,82	260,79	156,—	226,91	255,27	152,62	222,—	249,75	149,25	217,10	244,23
	VI	3 529,75	194,13	282,38	317,67																				
9 608,99 Ost	I,IV	3 094,58	170,20	247,56	278,51	I	3 094,58	163,45	237,75	267,47	156,71	227,94	256,43	149,96	218,13	245,39	143,22	208,32	234,36	136,47	198,51	223,32	129,73	188,70	212,28
	II	3 048,83	167,68	243,90	274,39	II	3 048,83	160,93	234,09	263,35	154,19	224,28	252,31	147,45	214,47	241,28	140,70	204,66	230,24	133,95	194,84	219,20	127,21	185,04	208,17
	III	2 413,50	132,74	193,08	217,21	III	2 413,50	126,—	183,28	206,19	119,37	173,64	195,34	112,87	164,18	184,70	106,50	154,92	174,28	100,26	145,84	164,07	94,15	136,94	154,06
	V	3 509,16	193,—	280,73	315,82	IV	3 094,58	166,82	242,66	272,99	163,45	237,75	267,47	160,08	232,84	261,95	156,71	227,94	256,43	153,34	223,04	250,92	149,96	218,13	245,39
	VI	3 542,58	194,84	283,40	318,83																				
9 611,99 West	I,IV	3 083,—	169,56	246,64	277,47	I	3 083,—	162,81	236,82	266,42	156,07	227,01	255,38	149,32	217,20	244,35	142,58	207,39	233,31	135,83	197,58	222,27	129,08	187,76	211,23
	II	3 037,16	167,04	242,97	273,34	II	3 037,16	160,30	233,16	262,31	153,55	223,35	251,27	146,80	213,54	240,23	140,06	203,72	229,19	133,32	193,92	218,16	126,57	184,10	207,11
	III	2 401,83	132,10	192,14	216,16	III	2 401,83	125,37	182,36	205,15	118,75	172,73	194,32	112,26	163,29	183,70	105,91	154,05	173,30	99,67	144,98	163,10	93,57	136,10	153,11
	V	3 497,50	192,36	279,80	314,77	IV	3 083,—	166,19	241,73	271,94	162,81	236,82	266,42	159,44	231,92	260,91	156,07	227,01	255,38	152,69	222,10	249,86	149,32	217,20	244,35
	VI	3 531,—	194,20	282,48	317,79																				
9 611,99 Ost	I,IV	3 095,83	170,27	247,66	278,62	I	3 095,83	163,52	237,85	267,58	156,78	228,04	256,55	150,03	218,23	245,51	143,28	208,42	234,47	136,54	198,61	223,43	129,80	188,80	212,40
	II	3 050,08	167,75	244,—	274,50	II	3 050,08	161,—	234,19	263,46	154,26	224,38	252,42	147,51	214,57	241,39	140,77	204,76	230,35	134,02	194,94	219,31	127,28	185,14	208,28
	III	2 414,83	132,81	193,18	217,33	III	2 414,83	126,07	183,38	206,30	119,44	173,73	195,44	112,94	164,28	184,81	106,57	155,01	174,38	100,32	145,93	164,17	94,20	137,02	154,15
	V	3 510,41	193,07	280,83	315,93	IV	3 095,83	166,89	242,76	273,10	163,52	237,85	267,58	160,15	232,95	262,07	156,78	228,04	256,55	153,40	223,14	251,03	150,03	218,23	245,51
	VI	3 543,83	194,91	283,50	318,94																				
9 614,99 West	I,IV	3 084,25	169,63	246,74	277,58	I	3 084,25	162,88	236,92	266,54	156,14	227,11	255,50	149,39	217,30	244,46	142,65	207,49	233,42	135,90	197,68	222,39	129,16	187,87	211,35
	II	3 038,41	167,11	243,07	273,45	II	3 038,41	160,37	233,26	262,42	153,62	223,45	251,38	146,87	213,64	240,34	140,13	203,83	229,31	133,38	194,02	218,27	126,64	184,20	207,23
	III	2 403,16	132,17	192,25	216,28	III	2 403,16	125,44	182,46	205,27	118,82	172,84	194,44	112,33	163,40	183,82	105,97	154,14	173,41	99,74	145,08	163,21	93,63	136,20	153,22
	V	3 498,75	192,43	279,90	314,88	IV	3 084,25	166,26	241,83	272,06	162,88	236,92	266,54	159,51	232,02	261,02	156,14	227,11	255,50	152,76	222,20	249,98	149,39	217,30	244,46
	VI	3 532,25	194,27	282,58	317,90																				
9 614,99 Ost	I,IV	3 097,08	170,33	247,76	278,73	I	3 097,08	163,59	237,96	267,70	156,85	228,14	256,66	150,10	218,33	245,62	143,36	208,52	234,59	136,61	198,71	223,55	129,86	188,90	212,51
	II	3 051,33	167,82	244,10	274,61	II	3 051,33	161,07	234,29	263,57	154,33	224,48	252,54	147,58	214,67	241,50	140,84	204,86	230,46	134,09	195,04	219,42	127,35	185,24	208,39
	III	2 416,—	132,88	193,28	217,44	III	2 416,—	126,14	183,48	206,41	119,51	173,84	195,57	113,—	164,37	184,91	106,63	155,10	174,49	100,39	146,02	164,27	94,27	137,12	154,26
	V	3 511,66	193,14	280,93	316,04	IV	3 097,08	166,96	242,86	273,21	163,59	237,96	267,70	160,22	233,05	262,18	156,85	228,14	256,66	153,47	223,24	251,14	150,10	218,33	245,62
	VI	3 545,16	194,98	283,61	319,06																				
9 617,99 West	I,IV	3 085,50	169,70	246,84	277,69	I	3 085,50	162,95	237,02	266,65	156,20	227,21	255,61	149,46	217,40	244,58	142,72	207,59	233,54	135,97	197,78	222,50	129,23	187,97	211,46
	II	3 039,66	167,18	243,17	273,56	II	3 039,66	160,43	233,36	262,53	153,69	223,55	251,49	146,94	213,74	240,45	140,20	203,93	229,42	133,45	194,12	218,38	126,71	184,30	207,34
	III	2 404,33	132,23	192,34	216,38	III	2 404,33	125,51	182,56	205,38	118,89	172,93	194,54	112,40	163,49	183,92	106,04	154,24	173,52	99,80	145,17	163,31	93,70	136,29	153,32
	V	3 500,08	192,50	280,—	315,—	IV	3 085,50	166,32	241,93	272,17	162,95	237,02	266,65	159,58	232,12	261,13	156,20	227,21	255,61	152,84	222,31	250,10	149,46	217,40	244,58
	VI	3 533,50	194,34	282,68	318,01																				
9 617,99 Ost	I,IV	3 098,33	170,40	247,86	278,84	I	3 098,33	163,66	238,06	267,81	156,91	228,24	256,77	150,17	218,43	245,73	143,43	208,62	234,70	136,68	198,81	223,66	129,93	189,—	212,62
	II	3 052,58	167,89	244,20	274,73	II	3 052,58	161,14	234,39	263,69	154,40	224,58	252,65	147,65	214,77	241,61	140,91	204,96	230,58	134,16	195,15	219,54	127,42	185,34	208,50
	III	2 417,33	132,95	193,38	217,55	III	2 417,33	126,21	183,58	206,53	119,57	173,93	195,67	113,08	164,48	185,04	106,70	155,20	174,60	100,44	146,10	164,36	94,33	137,21	154,36
	V	3 512,91	193,21	281,03	316,16	IV	3 098,33	167,03	242,96	273,33	163,66	238,06	267,81	160,29	233,15	262,29	156,91	228,24	256,77	153,54	223,34	251,25	150,17	218,43	245,73
	VI	3 546,41	195,05	283,71	319,17																				
9 620,99 West	I,IV	3 086,75	169,77	246,94	277,80	I	3 086,75	163,02	237,12	266,76	156,28	227,32	255,73	149,53	217,50	244,69	142,78	207,69	233,65	136,04	197,88	222,62	129,30	188,07	211,58
	II	3 041,—	167,25	243,28	273,69	II	3 041,—	160,50	233,46	262,64	153,76	223,65	251,60	147,01	213,84	240,57	140,27	204,03	229,53	133,52	194,22	218,49	126,77	184,40	207,45
	III	2 405,66	132,31	192,45	216,50	III	2 405,66	125,58	182,66	205,49	118,95	173,02	194,65	112,46	163,58	184,03	106,10	154,33	173,62	99,87	145,26	163,42	93,75	136,37	153,41
	V	3 501,33	192,57	280,10	315,11	IV	3 086,75	166,39	242,03	272,28	163,02	237,12	266,76	159,65	232,22	261,24	156,28	227,32	255,73	152,90	222,41	250,21	149,53	217,50	244,69
	VI	3 534,75	194,41	282,78	318,12																				
9 620,99 Ost	I,IV	3 099,58	170,47	247,96	278,96	I	3 099,58	163,73	238,16	267,93	156,98	228,34	256,88	150,24	218,53	245,84	143,49	208,72	234,81	136,75	198,91	223,77	130,—	189,10	212,73
	II	3 053,83	167,96	244,30	274,84	II	3 053,83	161,21	234,49	263,80	154,47	224,68	252,77	147,72	214,87	241,73	140,97	205,06	230,69	134,23	195,25	219,65	127,49	185,44	208,62
	III	2 418,50	133,01	193,48	217,66	III	2 418,50	126,28	183,68	206,64	119,65	174,04	195,79	113,14	164,57	185,14	106,76	155,29	174,70	100,51	146,20	164,47	94,39	137,30	154,46
	V	3 514,16	193,27	281,13	316,27	IV	3 099,58	167,10	243,06	273,44	163,73	238,16	267,93	160,36	233,25	262,40	156,98	228,34	256,88	153,61	223,44	251,37	150,24	218,53	245,84
	VI	3 547,66	195,12	283,81	319,28																				
9 623,99 West	I,IV	3 088,—	169,84	247,04	277,92	I	3 088,—	163,09	237,22	266,87	156,35	227,42	255,84	149,60	217,60	244,80	142,85	207,79	233,76	136,11	197,98	222,73	129,36	188,17	211,69
	II	3 042,25	167,32	243,38	273,80	II	3 042,25	160,57	233,56	262,76	153,83	223,75	251,72	147,08	213,94	240,68	140,34	204,13	229,64	133,59	194,32	218,61	126,85	184,51	207,57
	III	2 407,—	132,38	192,56	216,63	III	2 407,—	125,64	182,76	205,60	119,02	173,13	194,77	112,53	163,68	184,14	106,16	154,42	173,72	99,93	145,36	163,53	93,82	136,46	153,52
	V	3 502,58	192,64	280,20	315,23	IV	3 088,—	166,46	242,13	272,39	163,09	237,22	266,87	159,72	232,32	261,36	156,35	227,42	255,84	152,97	222,51	250,32	149,60	217,60	244,80
	VI	3 536,—	194,48	282,88	318,24																				
9 623,99 Ost	I,IV	3 100,91	170,55	248,07	279,08	I	3 100,91	163,80	238,26	268,04	157,05	228,44	257,—	150,31	218,64	245,97	143,56	208,82	234,92	136,82	199,01	223,88	130,07	189,20	212,85
	II	3 055,08	168,02	244,40	274,95	II	3 055,08	161,28	234,60	263,92	154,54	224,78	252,88	147,79	214,97	241,84	141,05	205,16	230,81	134,30	195,35	219,77	127,55	185,54	208,73
	III	2 419,83	133,09	193,58	217,78	III	2 419,83	126,35	183,78	206,75	119,71	174,13	195,89	113,20	164,66	185,24	106,82	155,38	174,80	100,57	146,29	164,57	94,46	137,40	154,57
	V	3 515,41	193,34	281,23	316,38	IV	3 100,91	167,17	243,16	273,56	163,80	238,26	268,04	160,43	233,35	262,52	157,05	228,44	257,—	153,68	223,54	251,48	150,31	218,64	245,97
	VI	3 548,91	195,19	283,91	319,40																				

Abzüge an Lohnsteuer, Solidaritätszuschlag (SolZ) und Kirchensteuer (8%, 9%) in den Steuerklassen

* Die ausgewiesenen Tabellenwerte sind amtlich. Siehe Erläuterungen auf der Umschlaginnenseite (U2).

Lohn/Gehalt bis €*	StKl	LSt	SolZ	8%	9%	StKl	LSt	0,5 SolZ	0,5 8%	0,5 9%	1 SolZ	1 8%	1 9%	1,5 SolZ	1,5 8%	1,5 9%	2 SolZ	2 8%	2 9%	2,5 SolZ	2,5 8%	2,5 9%	3 SolZ	3 8%	3 9%
		I – VI ohne Kinderfreibeträge					**I, II, III, IV** mit Zahl der Kinderfreibeträge . . .																		
9 626,99 West	I,IV	3 089,25	169,90	247,14	278,03	I	3 089,25	163,16	237,32	266,99	156,42	227,52	255,96	149,67	217,70	244,91	142,92	207,89	233,87	136,18	198,08	222,84	129,43	188,27	211,80
	II	3 043,50	167,39	243,48	273,91	II	3 043,50	160,64	233,66	262,87	153,89	223,85	251,83	147,15	214,04	240,80	140,41	204,23	229,76	133,66	194,42	218,72	126,92	184,61	207,68
	III	2 408,16	132,44	192,65	216,73	III	2 408,16	125,72	182,86	205,72	119,09	173,22	194,87	112,59	163,77	184,24	106,23	154,52	173,83	99,99	145,44	163,62	93,88	136,56	153,63
	V	3 503,83	192,71	280,30	315,34	IV	3 089,25	166,53	242,23	272,51	163,16	237,32	266,99	159,79	232,42	261,47	156,42	227,52	255,96	153,04	222,61	250,43	149,67	217,70	244,91
	VI	3 537,25	194,54	282,98	318,35																				
9 626,99 Ost	I,IV	3 102,16	170,61	248,17	279,19	I	3 102,16	163,87	238,36	268,15	157,12	228,54	257,11	150,38	218,74	246,08	143,63	208,92	235,04	136,89	199,11	224,—	130,14	189,30	212,96
	II	3 056,33	168,09	244,50	275,06	II	3 056,33	161,35	234,70	264,03	154,60	224,88	252,99	147,86	215,07	241,95	141,12	205,26	230,92	134,37	195,45	219,88	127,62	185,64	208,84
	III	2 421,—	133,15	193,68	217,89	III	2 421,—	126,41	183,88	206,86	119,78	174,22	196,—	113,27	164,76	185,35	106,89	155,48	174,91	100,64	146,38	164,68	94,51	137,48	154,66
	V	3 516,75	193,42	281,34	316,50	IV	3 102,16	167,24	243,26	273,67	163,87	238,36	268,15	160,49	233,45	262,63	157,12	228,54	257,11	153,75	223,64	251,60	150,38	218,74	246,08
	VI	3 550,16	195,25	284,01	319,51																				
9 629,99 West	I,IV	3 090,50	169,97	247,24	278,14	I	3 090,50	163,23	237,43	267,11	156,48	227,62	256,07	149,74	217,80	245,03	143,—	208,—	234,—	136,25	198,18	222,95	129,50	188,37	211,91
	II	3 044,75	167,46	243,58	274,02	II	3 044,75	160,71	233,76	262,98	153,97	223,96	251,95	147,22	214,14	240,91	140,47	204,33	229,87	133,73	194,52	218,84	126,99	184,71	207,80
	III	2 409,50	132,52	192,76	216,85	III	2 409,50	125,78	182,96	205,83	119,15	173,32	194,98	112,66	163,88	184,36	106,29	154,61	173,93	100,05	145,53	163,72	93,96	136,65	153,73
	V	3 505,08	192,77	280,40	315,45	IV	3 090,50	166,60	242,33	272,62	163,23	237,43	267,11	159,86	232,52	261,59	156,48	227,62	256,07	153,11	222,71	250,55	149,74	217,80	245,03
	VI	3 538,58	194,62	283,08	318,47																				
9 629,99 Ost	I,IV	3 103,41	170,68	248,27	279,30	I	3 103,41	163,94	238,46	268,26	157,19	228,64	257,22	150,45	218,84	246,19	143,70	209,02	235,15	136,95	199,21	224,11	130,21	189,40	213,08
	II	3 057,58	168,16	244,60	275,18	II	3 057,58	161,42	234,80	264,15	154,67	224,98	253,10	147,93	215,17	242,06	141,18	205,36	231,03	134,44	195,55	219,99	127,69	185,74	208,95
	III	2 422,33	133,22	193,78	218,—	III	2 422,33	126,49	183,98	206,98	119,85	174,33	196,12	113,33	164,85	185,45	106,95	155,57	175,01	100,70	146,48	164,79	94,58	137,57	154,76
	V	3 518,—	193,49	281,44	316,62	IV	3 103,41	167,31	243,36	273,78	163,94	238,46	268,26	160,56	233,55	262,74	157,19	228,64	257,22	153,82	223,74	251,71	150,45	218,84	246,19
	VI	3 551,41	195,32	284,11	319,62																				
9 632,99 West	I,IV	3 091,75	170,04	247,34	278,25	I	3 091,75	163,30	237,53	267,22	156,55	227,72	256,18	149,81	217,90	245,14	143,06	208,10	234,11	136,32	198,28	223,07	129,57	188,47	212,03
	II	3 046,—	167,53	243,68	274,14	II	3 046,—	160,78	233,86	263,09	154,04	224,06	252,06	147,29	214,24	241,02	140,54	204,43	229,98	133,80	194,62	218,95	127,05	184,81	207,91
	III	2 410,66	132,58	192,85	216,95	III	2 410,66	125,85	183,06	205,94	119,23	173,42	195,10	112,73	163,97	184,46	106,36	154,70	174,04	100,11	145,62	163,82	94,01	136,74	153,83
	V	3 506,33	192,84	280,50	315,56	IV	3 091,75	166,67	242,44	272,74	163,30	237,53	267,22	159,93	232,62	261,70	156,55	227,72	256,18	153,18	222,81	250,66	149,81	217,90	245,14
	VI	3 539,83	194,69	283,18	318,58																				
9 632,99 Ost	I,IV	3 104,66	170,75	248,37	279,41	I	3 104,66	164,01	238,56	268,38	157,26	228,75	257,34	150,52	218,94	246,30	143,77	209,12	235,26	137,03	199,32	224,23	130,28	189,50	213,19
	II	3 058,91	168,24	244,71	275,30	II	3 058,91	161,49	234,90	264,26	154,74	225,08	253,22	148,—	215,28	242,19	141,25	205,46	231,14	134,51	195,65	220,10	127,76	185,84	209,07
	III	2 423,66	133,30	193,89	218,12	III	2 423,66	126,55	184,08	207,09	119,91	174,42	196,22	113,41	164,96	185,58	107,02	155,66	175,12	100,76	146,57	164,89	94,64	137,66	154,87
	V	3 519,25	193,55	281,54	316,73	IV	3 104,66	167,38	243,46	273,89	164,01	238,56	268,38	160,63	233,65	262,85	157,26	228,75	257,34	153,89	223,84	251,82	150,52	218,94	246,30
	VI	3 552,66	195,39	284,21	319,73																				
9 635,99 West	I,IV	3 093,08	170,11	247,44	278,37	I	3 093,08	163,37	237,63	267,33	156,62	227,82	256,29	149,87	218,—	245,25	143,13	208,20	234,22	136,39	198,38	223,18	129,64	188,57	212,14
	II	3 047,25	167,59	243,78	274,25	II	3 047,25	160,85	233,96	263,21	154,11	224,16	252,18	147,36	214,34	241,13	140,61	204,53	230,09	133,87	194,72	219,06	127,12	184,91	208,02
	III	2 412,—	132,66	192,96	217,08	III	2 412,—	125,92	183,16	206,05	119,29	173,52	195,21	112,79	164,06	184,57	106,42	154,80	174,15	100,18	145,72	163,93	94,06	136,82	153,92
	V	3 507,58	192,91	280,60	315,68	IV	3 093,08	166,74	242,54	272,85	163,37	237,63	267,33	159,99	232,72	261,81	156,62	227,82	256,29	153,25	222,91	250,77	149,87	218,—	245,25
	VI	3 541,08	194,75	283,28	318,69																				
9 635,99 Ost	I,IV	3 105,91	170,82	248,47	279,53	I	3 105,91	164,07	238,66	268,49	157,33	228,85	257,45	150,59	219,04	246,42	143,84	209,22	235,37	137,10	199,42	224,34	130,35	189,60	213,30
	II	3 060,16	168,30	244,81	275,41	II	3 060,16	161,56	235,—	264,37	154,81	225,18	253,33	148,07	215,38	242,30	141,32	205,56	231,26	134,58	195,75	220,22	127,83	185,94	209,18
	III	2 424,83	133,36	193,98	218,23	III	2 424,83	126,62	184,18	207,20	119,98	174,52	196,33	113,47	165,05	185,68	107,08	155,76	175,23	100,83	146,66	164,99	94,71	137,76	154,98
	V	3 520,50	193,62	281,64	316,84	IV	3 105,91	167,45	243,56	274,01	164,07	238,66	268,49	160,71	233,76	262,98	157,33	228,85	257,45	153,96	223,94	251,93	150,59	219,04	246,42
	VI	3 553,91	195,46	284,31	319,85																				
9 638,99 West	I,IV	3 094,33	170,18	247,54	278,48	I	3 094,33	163,44	237,73	267,44	156,69	227,92	256,41	149,95	218,11	245,37	143,20	208,30	234,33	136,45	198,48	223,29	129,71	188,68	212,26
	II	3 048,50	167,66	243,88	274,36	II	3 048,50	160,92	234,07	263,33	154,17	224,26	252,29	147,43	214,44	241,25	140,69	204,64	230,22	133,94	194,82	219,17	127,19	185,01	208,13
	III	2 413,16	132,72	193,05	217,18	III	2 413,16	125,99	183,26	206,17	119,35	173,61	195,31	112,86	164,16	184,68	106,48	154,89	174,25	100,24	145,81	164,03	94,13	136,92	154,03
	V	3 508,83	192,98	280,70	315,79	IV	3 094,33	166,81	242,64	272,97	163,44	237,73	267,44	160,06	232,82	261,92	156,69	227,92	256,41	153,32	223,01	250,88	149,95	218,11	245,37
	VI	3 542,33	194,82	283,38	318,80																				
9 638,99 Ost	I,IV	3 107,16	170,89	248,57	279,64	I	3 107,16	164,15	238,76	268,61	157,40	228,95	257,57	150,65	219,14	246,53	143,91	209,32	235,49	137,17	199,52	224,46	130,42	189,70	213,41
	II	3 061,41	168,37	244,91	275,52	II	3 061,41	161,63	235,10	264,48	154,88	225,28	253,44	148,14	215,48	242,41	141,39	205,66	231,37	134,64	195,85	220,33	127,90	186,04	209,30
	III	2 426,16	133,43	194,09	218,35	III	2 426,16	126,69	184,28	207,31	120,05	174,62	196,45	113,53	165,14	185,78	107,15	155,86	175,34	100,89	146,76	165,10	94,76	137,84	155,07
	V	3 521,75	193,69	281,74	316,95	IV	3 107,16	167,52	243,66	274,12	164,15	238,76	268,61	160,77	233,86	263,09	157,40	228,95	257,57	154,03	224,04	252,05	150,65	219,14	246,53
	VI	3 555,25	195,53	284,42	319,97																				
9 641,99 West	I,IV	3 095,58	170,25	247,64	278,60	I	3 095,58	163,51	237,83	267,56	156,76	228,02	256,52	150,02	218,21	245,48	143,27	208,40	234,45	136,52	198,58	223,40	129,78	188,78	212,37
	II	3 049,75	167,73	243,98	274,47	II	3 049,75	160,99	234,17	263,44	154,24	224,36	252,40	147,50	214,54	241,36	140,75	204,74	230,33	134,01	194,92	219,29	127,26	185,11	208,25
	III	2 414,50	132,79	193,16	217,30	III	2 414,50	126,06	183,36	206,28	119,43	173,72	195,43	112,93	164,26	184,79	106,55	154,98	174,35	100,31	145,90	164,14	94,19	137,01	154,13
	V	3 510,16	193,05	280,81	315,91	IV	3 095,58	166,88	242,74	273,08	163,51	237,83	267,56	160,13	232,92	262,04	156,76	228,02	256,52	153,39	223,12	251,01	150,02	218,21	245,48
	VI	3 543,58	194,89	283,48	318,92																				
9 641,99 Ost	I,IV	3 108,41	170,96	248,67	279,75	I	3 108,41	164,22	238,86	268,72	157,47	229,05	257,68	150,72	219,24	246,64	143,98	209,43	235,61	137,23	199,62	224,57	130,49	189,80	213,53
	II	3 062,66	168,44	245,01	275,63	II	3 062,66	161,70	235,20	264,60	154,95	225,39	253,56	148,21	215,58	242,52	141,46	205,76	231,48	134,72	195,96	220,45	127,97	186,14	209,41
	III	2 427,33	133,50	194,18	218,45	III	2 427,33	126,76	184,38	207,43	120,12	174,72	196,56	113,60	165,24	185,89	107,22	155,96	175,45	100,96	146,85	165,20	94,82	137,93	155,17
	V	3 523,—	193,76	281,84	317,07	IV	3 108,41	167,58	243,76	274,23	164,22	238,86	268,72	160,84	233,96	263,20	157,47	229,05	257,68	154,10	224,14	252,16	150,72	219,24	246,64
	VI	3 556,50	195,60	284,52	320,08																				
9 644,99 West	I,IV	3 096,83	170,32	247,74	278,71	I	3 096,83	163,57	237,93	267,67	156,83	228,12	256,64	150,09	218,31	245,60	143,34	208,50	234,56	136,59	198,68	223,52	129,85	188,88	212,49
	II	3 051,08	167,80	244,08	274,59	II	3 051,08	161,06	234,27	263,55	154,31	224,46	252,51	147,56	214,64	241,47	140,82	204,84	230,44	134,08	195,02	219,40	127,33	185,21	208,36
	III	2 415,66	132,86	193,25	217,40	III	2 415,66	126,13	183,46	206,39	119,49	173,81	195,53	112,99	164,36	184,90	106,61	155,08	174,46	100,37	146,—	164,25	94,26	137,10	154,24
	V	3 511,41	193,12	280,91	316,02	IV	3 096,83	166,95	242,84	273,19	163,57	237,93	267,67	160,20	233,02	262,15	156,83	228,12	256,64	153,46	223,22	251,12	150,09	218,31	245,60
	VI	3 544,83	194,96	283,58	319,03																				
9 644,99 Ost	I,IV	3 109,66	171,03	248,77	279,86	I	3 109,66	164,28	238,96	268,83	157,54	229,15	257,79	150,79	219,34	246,75	144,05	209,53	235,72	137,30	199,72	224,68	130,56	189,90	213,64
	II	3 063,91	168,51	245,11	275,75	II	3 063,91	161,76	235,30	264,71	155,02	225,49	253,67	148,28	215,68	242,64	141,53	205,86	231,59	134,79	196,06	220,56	128,04	186,24	209,52
	III	2 428,66	133,57	194,29	218,57	III	2 428,66	126,83	184,49	207,55	120,19	174,82	196,67	113,67	165,34	186,01	107,28	156,05	175,55	101,02	146,94	165,31	94,89	138,02	155,27
	V	3 524,25	193,83	281,94	317,18	IV	3 109,66	167,66	243,87	274,35	164,28	238,96	268,83	160,91	234,06	263,31	157,54	229,15	257,79	154,16	224,24	252,27	150,79	219,34	246,75
	VI	3 557,75	195,67	284,62	320,19																				
9 647,99 West	I,IV	3 098,08	170,39	247,84	278,82	I	3 098,08	163,64	238,03	267,78	156,90	228,22	256,75	150,15	218,41	245,71	143,41	208,60	234,67	136,67	198,79	223,64	129,92	188,98	212,60
	II	3 052,33	167,87	244,18	274,70	II	3 052,33	161,13	234,37	263,66	154,38	224,56	252,63	147,64	214,75	241,59	140,89	204,94	230,55	134,14	195,12	219,51	127,40	185,32	208,48
	III	2 417,—	132,93	193,36	217,53	III	2 417,—	126,19	183,56	206,50	119,57	173,92	195,66	113,06	164,45	185,—	106,68	155,17	174,56	100,43	146,09	164,35	94,31	137,18	154,33
	V	3 512,66	193,19	281,01	316,13	IV	3 098,08	167,02	242,94	273,30	163,64	238,03	267,78	160,27	233,12	262,26	156,90	228,22	256,75	153,53	223,32	251,23	150,15	218,41	245,71
	VI	3 546,08	195,03	283,68	319,14																				
9 647,99 Ost	I,IV	3 111,—	171,10	248,88	279,99	I	3 111,—	164,35	239,06	268,94	157,61	229,25	257,90	150,86	219,44	246,87	144,12	209,63	235,83	137,37	199,82	224,79	130,62	190,—	213,75
	II	3 065,16	168,58	245,21	275,86	II	3 065,16	161,84	235,40	264,83	155,09	225,59	253,79	148,34	215,78	242,75	141,60	205,96	231,71	134,86	196,16	220,68	128,11	186,34	209,63
	III	2 429,83	133,64	194,38	218,68	III	2 429,83	126,90	184,58	207,65	120,25	174,92	196,78	113,74	165,44	186,12	107,35	156,14	175,66	101,09	147,04	165,42	94,95	138,12	155,38
	V	3 525,50	193,90	282,04	317,29	IV	3 111,—	167,73	243,97	274,46	164,35	239,06	268,94	160,98	234,16	263,43	157,61	229,25	257,90	154,23	224,34	252,38	150,86	219,44	246,87
	VI	3 559,—	195,74	284,72	320,31																				

Abzüge an Lohnsteuer, Solidaritätszuschlag (SolZ) und Kirchensteuer (8%, 9%) in den Steuerklassen

* **Die ausgewiesenen Tabellenwerte sind amtlich. Siehe Erläuterungen auf der Umschlaginnenseite (U2).**

Lohn/Gehalt bis €*		I – VI LSt	ohne Kinderfreibeträge SolZ	8%	9%		I, II, III, IV LSt	0,5 SolZ	8%	9%	1 SolZ	8%	9%	1,5 SolZ	8%	9%	2 SolZ	8%	9%	2,5 SolZ	8%	9%	3 SolZ	8%	9%
9 650,99 West	I,IV	3 099,33	170,46	247,94	278,93	I	3 099,33	163,71	238,13	267,89	156,97	228,32	256,86	150,22	218,51	245,82	143,48	208,70	234,78	136,73	198,89	223,75	129,99	189,08	212,71
	II	3 053,58	167,94	244,28	274,82	II	3 053,58	161,20	234,47	263,78	154,45	224,66	252,74	147,71	214,85	241,70	140,96	205,04	230,67	134,21	195,22	219,62	127,47	185,42	208,59
	III	2 418,33	133,—	193,46	217,64	III	2 418,33	126,27	183,66	206,62	119,63	174,01	195,76	113,12	164,54	185,11	106,74	155,26	174,67	100,50	146,18	164,45	94,38	137,28	154,44
	V	3 513,91	193,26	281,11	316,25	IV	3 099,33	167,09	243,04	273,42	163,71	238,13	267,89	160,34	233,23	262,38	156,97	228,32	256,86	153,60	223,42	251,34	150,22	218,51	245,82
	VI	3 547,33	195,10	283,78	319,25																				
9 650,99 Ost	I,IV	3 112,25	171,17	248,98	280,10	I	3 112,25	164,42	239,16	269,06	157,68	229,35	258,02	150,93	219,54	246,98	144,19	209,73	235,94	137,44	199,92	224,91	130,70	190,11	213,87
	II	3 066,41	168,65	245,31	275,97	II	3 066,41	161,91	235,50	264,94	155,16	225,69	253,90	148,41	215,88	242,86	141,67	206,07	231,83	134,92	196,26	220,79	128,18	186,44	209,75
	III	2 431,16	133,71	194,49	218,80	III	2 431,16	126,97	184,69	207,77	120,32	175,01	196,88	113,80	165,53	186,22	107,41	156,24	175,77	101,15	147,13	165,52	95,02	138,21	155,48
	V	3 526,75	193,97	282,14	317,40	IV	3 112,25	167,80	244,07	274,58	164,42	239,16	269,06	161,05	234,26	263,54	157,68	229,35	258,02	154,30	224,44	252,50	150,93	219,54	246,98
	VI	3 560,25	195,81	284,82	320,42																				
9 653,99 West	I,IV	3 100,58	170,53	248,04	279,05	I	3 100,58	163,79	238,24	268,02	157,04	228,42	256,97	150,29	218,61	245,93	143,55	208,80	234,90	136,80	198,99	223,86	130,06	189,18	212,82
	II	3 054,83	168,01	244,38	274,93	II	3 054,83	161,26	234,57	263,89	154,52	224,76	252,86	147,78	214,95	241,82	141,03	205,14	230,78	134,28	195,32	219,74	127,54	185,52	208,71
	III	2 419,50	133,07	193,56	217,75	III	2 419,50	126,33	183,76	206,73	119,69	174,10	195,86	113,19	164,64	185,22	106,81	155,37	174,79	100,56	146,28	164,56	94,44	137,37	154,54
	V	3 515,16	193,33	281,21	316,36	IV	3 100,58	167,15	243,14	273,53	163,79	238,24	268,02	160,41	233,33	262,49	157,04	228,42	256,97	153,67	223,52	251,46	150,29	218,61	245,93
	VI	3 548,66	195,17	283,89	319,37																				
9 653,99 Ost	I,IV	3 113,50	171,24	249,08	280,21	I	3 113,50	164,49	239,26	269,17	157,74	229,45	258,13	151,—	219,64	247,10	144,26	209,83	236,06	137,51	200,02	225,02	130,77	190,21	213,98
	II	3 067,66	168,72	245,41	276,08	II	3 067,66	161,97	235,60	265,05	155,23	225,79	254,01	148,48	215,98	242,97	141,74	206,17	231,94	134,99	196,36	220,90	128,25	186,54	209,86
	III	2 432,33	133,77	194,58	218,90	III	2 432,33	127,04	184,78	207,88	120,39	175,12	197,01	113,86	165,62	186,32	107,47	156,33	175,87	101,21	147,22	165,62	95,07	138,29	155,57
	V	3 528,08	194,04	282,24	317,52	IV	3 113,50	167,86	244,17	274,69	164,49	239,26	269,17	161,12	234,36	263,65	157,74	229,45	258,13	154,38	224,55	252,62	151,—	219,64	247,10
	VI	3 561,50	195,88	284,92	320,53																				
9 656,99 West	I,IV	3 101,83	170,60	248,14	279,16	I	3 101,83	163,85	238,34	268,13	157,11	228,52	257,09	150,36	218,71	246,05	143,62	208,90	235,01	136,87	199,09	223,97	130,13	189,28	212,94
	II	3 056,08	168,08	244,48	275,04	II	3 056,08	161,33	234,67	264,—	154,59	224,86	252,97	147,84	215,05	241,93	141,10	205,24	230,89	134,36	195,43	219,86	127,61	185,62	208,82
	III	2 420,83	133,14	193,66	217,87	III	2 420,83	126,40	183,86	206,84	119,77	174,21	195,98	113,26	164,74	185,33	106,88	155,46	174,89	100,63	146,37	164,66	94,50	137,46	154,64
	V	3 516,41	193,40	281,31	316,47	IV	3 101,83	167,23	243,24	273,65	163,85	238,34	268,13	160,48	233,43	262,61	157,11	228,52	257,09	153,73	223,62	251,57	150,36	218,71	246,05
	VI	3 549,91	195,24	283,99	319,49																				
9 656,99 Ost	I,IV	3 114,75	171,31	249,18	280,32	I	3 114,75	164,56	239,36	269,28	157,82	229,56	258,25	151,07	219,74	247,21	144,32	209,93	236,17	137,58	200,12	225,14	130,84	190,31	214,10
	II	3 069,—	168,79	245,52	276,21	II	3 069,—	162,04	235,70	265,16	155,30	225,89	254,12	148,55	216,08	243,09	141,81	206,27	232,05	135,06	196,46	221,01	128,31	186,64	209,97
	III	2 433,66	133,85	194,69	219,02	III	2 433,66	127,11	184,89	208,—	120,45	175,21	197,11	113,94	165,73	186,44	107,54	156,42	175,97	101,28	147,32	165,73	95,14	138,38	155,68
	V	3 529,33	194,11	282,34	317,63	IV	3 114,75	167,93	244,27	274,80	164,56	239,36	269,28	161,19	234,46	263,76	157,82	229,56	258,25	154,44	224,65	252,73	151,07	219,74	247,21
	VI	3 562,75	195,95	285,02	320,64																				
9 659,99 West	I,IV	3 103,08	170,66	248,24	279,27	I	3 103,08	163,92	238,44	268,24	157,18	228,62	257,20	150,43	218,81	246,16	143,69	209,—	235,13	136,94	199,19	224,09	130,19	189,38	213,05
	II	3 057,33	168,15	244,58	275,15	II	3 057,33	161,40	234,77	264,11	154,66	224,96	253,08	147,91	215,15	242,04	141,17	205,34	231,—	134,42	195,53	219,97	127,68	185,72	208,93
	III	2 422,—	133,21	193,76	217,98	III	2 422,—	126,47	183,96	206,95	119,83	174,30	196,09	113,32	164,84	185,44	106,94	155,56	175,—	100,69	146,46	164,77	94,57	137,56	154,75
	V	3 517,66	193,47	281,41	316,58	IV	3 103,08	167,30	243,34	273,76	163,92	238,44	268,24	160,55	233,53	262,72	157,18	228,62	257,20	153,80	223,72	251,68	150,43	218,81	246,16
	VI	3 551,16	195,31	284,09	319,60																				
9 659,99 Ost	I,IV	3 116,—	171,38	249,28	280,44	I	3 116,—	164,63	239,46	269,39	157,89	229,66	258,36	151,14	219,84	247,32	144,39	210,03	236,28	137,65	200,22	225,25	130,90	190,41	214,21
	II	3 070,25	168,86	245,62	276,32	II	3 070,25	162,11	235,80	265,28	155,37	225,99	254,24	148,62	216,18	243,20	141,88	206,37	232,16	135,13	196,56	221,13	128,39	186,75	210,09
	III	2 435,—	133,92	194,80	219,15	III	2 435,—	127,17	184,98	208,10	120,52	175,30	197,21	114,—	165,82	186,55	107,60	156,52	176,08	101,34	147,41	165,83	95,20	138,48	155,79
	V	3 530,58	194,18	282,44	317,75	IV	3 116,—	168,—	244,37	274,91	164,63	239,46	269,39	161,26	234,56	263,88	157,89	229,66	258,36	154,51	224,75	252,84	151,14	219,84	247,32
	VI	3 564,—	196,02	285,12	320,76																				
9 662,99 West	I,IV	3 104,41	170,74	248,35	279,39	I	3 104,41	163,99	238,54	268,35	157,24	228,72	257,31	150,50	218,92	246,28	143,76	209,10	235,24	137,01	199,29	224,20	130,27	189,48	213,17
	II	3 058,58	168,22	244,68	275,27	II	3 058,58	161,48	234,88	264,24	154,73	225,06	253,19	147,98	215,25	242,15	141,24	205,44	231,12	134,49	195,63	220,08	127,75	185,82	209,04
	III	2 423,33	133,28	193,86	218,09	III	2 423,33	126,54	184,06	207,07	119,90	174,40	196,20	113,39	164,93	185,54	107,01	155,65	175,10	100,76	146,56	164,88	94,62	137,64	154,84
	V	3 518,91	193,54	281,51	316,70	IV	3 104,41	167,36	243,44	273,87	163,99	238,54	268,35	160,62	233,63	262,83	157,24	228,72	257,31	153,87	223,82	251,79	150,50	218,92	246,28
	VI	3 552,41	195,38	284,19	319,71																				
9 662,99 Ost	I,IV	3 117,25	171,44	249,38	280,55	I	3 117,25	164,70	239,56	269,51	157,96	229,76	258,48	151,21	219,94	247,43	144,46	210,13	236,39	137,72	200,32	225,36	130,97	190,51	214,32
	II	3 071,50	168,93	245,72	276,43	II	3 071,50	162,18	235,90	265,39	155,43	226,09	254,35	148,69	216,28	243,32	141,95	206,47	232,28	135,20	196,66	221,24	128,46	186,85	210,20
	III	2 436,16	133,98	194,89	219,25	III	2 436,16	127,25	185,09	208,22	120,59	175,41	197,33	114,07	165,92	186,66	107,67	156,61	176,18	101,41	147,50	165,94	95,26	138,57	155,89
	V	3 531,83	194,25	282,54	317,86	IV	3 117,25	168,07	244,47	275,03	164,70	239,56	269,51	161,33	234,66	263,99	157,96	229,76	258,48	154,58	224,85	252,95	151,21	219,94	247,43
	VI	3 565,25	196,08	285,22	320,87																				
9 665,99 West	I,IV	3 105,66	170,81	248,45	279,50	I	3 105,66	164,06	238,64	268,47	157,31	228,82	257,42	150,57	219,02	246,39	143,82	209,20	235,35	137,08	199,39	224,31	130,34	189,58	213,28
	II	3 059,83	168,29	244,78	275,38	II	3 059,83	161,54	234,98	264,35	154,80	225,16	253,31	148,05	215,35	242,27	141,31	205,54	231,23	134,56	195,73	220,19	127,82	185,92	209,16
	III	2 424,50	133,34	193,96	218,20	III	2 424,50	126,61	184,16	207,18	119,97	174,50	196,31	113,45	165,02	185,65	107,07	155,74	175,21	100,82	146,65	164,98	94,69	137,73	154,94
	V	3 520,25	193,61	281,62	316,82	IV	3 105,66	167,43	243,54	273,98	164,06	238,64	268,47	160,69	233,73	262,94	157,31	228,82	257,42	153,94	223,92	251,91	150,57	219,02	246,39
	VI	3 553,66	195,45	284,29	319,82																				
9 665,99 Ost	I,IV	3 118,50	171,51	249,48	280,66	I	3 118,50	164,77	239,67	269,63	158,02	229,86	258,59	151,28	220,04	247,55	144,54	210,24	236,52	137,79	200,42	225,47	131,04	190,61	214,43
	II	3 072,75	169,—	245,82	276,54	II	3 072,75	162,25	236,—	265,50	155,51	226,20	254,47	148,76	216,38	243,43	142,01	206,57	232,39	135,27	196,76	221,36	128,53	186,95	210,32
	III	2 437,50	134,06	195,—	219,37	III	2 437,50	127,31	185,18	208,33	120,66	175,50	197,44	114,13	166,01	186,76	107,73	156,70	176,29	101,47	147,60	166,05	95,33	138,66	155,99
	V	3 533,08	194,31	282,64	317,97	IV	3 118,50	168,14	244,57	275,14	164,77	239,67	269,63	161,40	234,76	264,11	158,02	229,86	258,59	154,65	224,95	253,07	151,28	220,04	247,55
	VI	3 566,58	196,16	285,32	320,99																				
9 668,99 West	I,IV	3 106,91	170,88	248,55	279,62	I	3 106,91	164,13	238,74	268,58	157,38	228,92	257,54	150,64	219,12	246,51	143,89	209,30	235,46	137,15	199,49	224,42	130,40	189,68	213,39
	II	3 061,08	168,35	244,88	275,49	II	3 061,08	161,61	235,08	264,46	154,87	225,26	253,42	148,12	215,45	242,38	141,38	205,64	231,35	134,63	195,83	220,31	127,88	186,02	209,27
	III	2 425,83	133,42	194,06	218,32	III	2 425,83	126,68	184,26	207,29	120,03	174,60	196,42	113,52	165,13	185,77	107,14	155,84	175,32	100,87	146,73	165,07	94,75	137,82	155,05
	V	3 521,50	193,68	281,72	316,93	IV	3 106,91	167,50	243,64	274,10	164,13	238,74	268,58	160,76	233,83	263,06	157,38	228,92	257,54	154,01	224,02	252,02	150,64	219,12	246,51
	VI	3 554,91	195,52	284,39	319,94																				
9 668,99 Ost	I,IV	3 119,75	171,58	249,58	280,77	I	3 119,75	164,84	239,77	269,74	158,09	229,96	258,70	151,35	220,14	247,66	144,60	210,34	236,63	137,86	200,52	225,59	131,11	190,71	214,55
	II	3 074,—	169,07	245,92	276,66	II	3 074,—	162,32	236,10	265,61	155,58	226,30	254,58	148,83	216,48	243,54	142,08	206,67	232,50	135,34	196,86	221,47	128,59	187,05	210,43
	III	2 438,66	134,12	195,09	219,47	III	2 438,66	127,38	185,29	208,45	120,73	175,61	197,56	114,20	166,12	186,88	107,80	156,80	176,40	101,53	147,68	166,14	95,39	138,76	156,10
	V	3 534,33	194,38	282,74	318,08	IV	3 119,75	168,21	244,68	275,26	164,84	239,77	269,74	161,47	234,86	264,22	158,09	229,96	258,70	154,72	225,05	253,18	151,35	220,14	247,66
	VI	3 567,83	196,23	285,42	321,10																				
9 671,99 West	I,IV	3 108,16	170,94	248,65	279,73	I	3 108,16	164,20	238,84	268,69	157,46	229,03	257,66	150,71	219,22	246,62	143,96	209,40	235,58	137,22	199,60	224,55	130,47	189,78	213,50
	II	3 062,41	168,43	244,99	275,61	II	3 062,41	161,68	235,18	264,57	154,93	225,36	253,53	148,19	215,56	242,50	141,45	205,74	231,46	134,70	195,93	220,42	127,96	186,12	209,39
	III	2 427,16	133,49	194,17	218,44	III	2 427,16	126,74	184,36	207,40	120,11	174,70	196,54	113,59	165,22	185,87	107,20	155,93	175,42	100,94	146,82	165,17	94,82	137,92	155,16
	V	3 522,75	193,75	281,82	317,04	IV	3 108,16	167,57	243,74	274,21	164,20	238,84	268,69	160,82	233,93	263,17	157,46	229,03	257,66	154,08	224,12	252,14	150,71	219,22	246,62
	VI	3 556,16	195,58	284,49	320,05																				
9 671,99 Ost	I,IV	3 121,08	171,65	249,68	280,89	I	3 121,08	164,91	239,87	269,85	158,16	230,06	258,81	151,41	220,24	247,77	144,67	210,44	236,74	137,93	200,62	225,70	131,18	190,81	214,66
	II	3 075,25	169,13	246,02	276,77	II	3 075,25	162,39	236,20	265,73	155,65	226,40	254,70	148,90	216,58	243,65	142,15	206,77	232,61	135,41	196,96	221,58	128,66	187,15	210,54
	III	2 440,—	134,20	195,20	219,60	III	2 440,—	127,45	185,38	208,55	120,79	175,70	197,66	114,27	166,21	186,98	107,87	156,90	176,51	101,59	147,77	166,24	95,45	138,84	156,19
	V	3 535,58	194,45	282,84	318,20	IV	3 121,08	168,28	244,78	275,37	164,91	239,87	269,85	161,53	234,96	264,33	158,16	230,06	258,81	154,79	225,15	253,29	151,41	220,24	247,77
	VI	3 569,08	196,29	285,52	321,21																				

Table heading: Abzüge an Lohnsteuer, Solidaritätszuschlag (SolZ) und Kirchensteuer (8%, 9%) in den Steuerklassen — I – VI; I, II, III, IV mit Zahl der Kinderfreibeträge . . .

* Die ausgewiesenen Tabellenwerte sind amtlich. Siehe Erläuterungen auf der Umschlaginnenseite (U2).

Abzüge an Lohnsteuer, Solidaritätszuschlag (SolZ) und Kirchensteuer (8%, 9%) in den Steuerklassen

Lohn/ Gehalt bis €*	I – VI					I, II, III, IV		mit Zahl der Kinderfreibeträge ... 0,5			1			1,5			2			2,5			3		
		LSt	ohne Kinderfreibeträge SolZ	8%	9%		LSt	SolZ	8%	9%	SolZ	8%	9%	SolZ	8%	9%	SolZ	8%	9%	SolZ	8%	9%	SolZ	8%	9%
9 674,99 West	I,IV	3 109,41	171,01	248,75	279,84	I	3 109,41	164,27	238,94	268,80	157,52	229,13	257,77	150,78	219,32	246,73	144,03	209,50	235,69	137,29	199,70	224,66	130,54	189,88	213,62
	II	3 063,66	168,50	245,09	275,72	II	3 063,66	161,75	235,28	264,69	155,—	225,46	253,64	148,26	215,66	242,61	141,51	205,84	231,57	134,77	196,03	220,53	128,03	186,22	209,50
	III	2 428,33	133,55	194,26	218,54	III	2 428,33	126,82	184,46	207,52	120,17	174,80	196,65	113,65	165,32	185,98	107,26	156,02	175,52	101,—	146,92	165,28	94,88	138,01	155,26
	V	3 524,—	193,82	281,92	317,16	IV	3 109,41	167,64	243,84	274,32	164,27	238,94	268,80	160,90	234,04	263,29	157,52	229,13	257,77	154,15	224,22	252,25	150,78	219,32	246,73
	VI	3 557,41	195,65	284,59	320,16																				
9 674,99 Ost	I,IV	3 122,33	171,72	249,78	281,—	I	3 122,33	164,98	239,97	269,96	158,23	230,16	258,93	151,49	220,35	247,89	144,74	210,54	236,85	137,99	200,72	225,81	131,25	190,92	214,78
	II	3 076,50	169,20	246,12	276,88	II	3 076,50	162,46	236,31	265,85	155,71	226,50	254,81	148,97	216,68	243,77	142,23	206,88	232,74	135,48	197,06	221,69	128,73	187,25	210,65
	III	2 441,16	134,26	195,29	219,70	III	2 441,16	127,52	185,49	208,67	120,86	175,80	197,77	114,33	166,30	187,09	107,93	157,—	176,62	101,65	147,86	166,34	95,51	138,93	156,29
	V	3 536,83	194,52	282,94	318,31	IV	3 122,33	168,35	244,88	275,49	164,98	239,97	269,96	161,60	235,06	264,44	158,23	230,16	258,93	154,86	225,25	253,40	151,49	220,35	247,89
	VI	3 570,33	196,36	285,62	321,32																				
9 677,99 West	I,IV	3 110,66	171,08	248,85	279,95	I	3 110,66	164,34	239,04	268,92	157,59	229,23	257,88	150,85	219,42	246,84	144,10	209,60	235,80	137,36	199,80	224,77	130,61	189,98	213,73
	II	3 064,91	168,57	245,19	275,84	II	3 064,91	161,82	235,38	264,80	155,07	225,56	253,76	148,33	215,76	242,73	141,58	205,94	231,68	134,84	196,13	220,64	128,09	186,32	209,61
	III	2 429,66	133,63	194,37	218,66	III	2 429,66	126,88	184,56	207,63	120,23	174,89	196,75	113,72	165,41	186,08	107,33	156,12	175,63	101,07	147,01	165,38	94,93	138,09	155,35
	V	3 525,25	193,88	282,02	317,27	IV	3 110,66	167,71	243,94	274,43	164,34	239,04	268,92	160,97	234,14	263,40	157,59	229,23	257,88	154,22	224,32	252,36	150,85	219,42	246,84
	VI	3 558,75	195,73	284,70	320,28																				
9 677,99 Ost	I,IV	3 123,58	171,79	249,88	281,12	I	3 123,58	165,05	240,07	270,08	158,30	230,26	259,04	151,56	220,45	248,—	144,81	210,64	236,97	138,06	200,82	225,92	131,32	191,02	214,89
	II	3 077,75	169,27	246,22	276,99	II	3 077,75	162,53	236,41	265,96	155,78	226,60	254,92	149,04	216,78	243,88	142,29	206,98	232,85	135,55	197,16	221,81	128,80	187,35	210,77
	III	2 442,50	134,33	195,40	219,82	III	2 442,50	127,59	185,58	208,78	120,93	175,90	197,89	114,40	166,40	187,20	108,—	157,09	176,72	101,72	147,96	166,45	95,58	139,02	156,40
	V	3 538,16	194,59	283,05	318,43	IV	3 123,58	168,42	244,98	275,60	165,05	240,07	270,08	161,67	235,16	264,56	158,30	230,26	259,04	154,93	225,36	253,53	151,56	220,45	248,—
	VI	3 571,58	196,43	285,72	321,44																				
9 680,99 West	I,IV	3 111,91	171,15	248,95	280,07	I	3 111,91	164,41	239,14	269,03	157,66	229,33	257,99	150,92	219,52	246,96	144,17	209,71	235,92	137,43	199,90	224,88	130,68	190,08	213,84
	II	3 066,16	168,63	245,29	275,95	II	3 066,16	161,89	235,48	264,91	155,15	225,67	253,88	148,40	215,86	242,84	141,65	206,04	231,80	134,91	196,24	220,77	128,16	186,42	209,72
	III	2 430,83	133,69	194,46	218,77	III	2 430,83	126,95	184,66	207,74	120,31	175,—	196,87	113,78	165,50	186,19	107,39	156,21	175,73	101,13	147,10	165,49	95,—	138,18	155,45
	V	3 526,50	193,95	282,12	317,38	IV	3 111,91	167,78	244,04	274,55	164,41	239,14	269,03	161,04	234,24	263,52	157,66	229,33	257,99	154,29	224,42	252,47	150,92	219,52	246,96
	VI	3 560,—	195,80	284,80	320,40																				
9 680,99 Ost	I,IV	3 124,83	171,86	249,98	281,23	I	3 124,83	165,11	240,17	270,19	158,37	230,36	259,16	151,63	220,55	248,12	144,88	210,74	237,08	138,13	200,92	226,04	131,39	191,12	215,01
	II	3 079,08	169,34	246,32	277,11	II	3 079,08	162,60	236,51	266,07	155,85	226,70	255,03	149,10	216,88	243,99	142,36	207,08	232,96	135,62	197,26	221,92	128,87	187,45	210,88
	III	2 443,66	134,40	195,49	219,92	III	2 443,66	127,66	185,69	208,90	121,—	176,—	198,—	114,46	166,49	187,30	108,06	157,18	176,83	101,78	148,05	166,55	95,64	139,12	156,51
	V	3 539,41	194,66	283,15	318,54	IV	3 124,83	168,49	245,08	275,71	165,11	240,17	270,19	161,74	235,26	264,67	158,37	230,36	259,16	155,—	225,46	253,64	151,63	220,55	248,12
	VI	3 572,83	196,50	285,82	321,55																				
9 683,99 West	I,IV	3 113,16	171,22	249,05	280,18	I	3 113,16	164,48	239,24	269,15	157,73	229,43	258,11	150,98	219,62	247,07	144,24	209,81	236,03	137,50	200,—	225,—	130,75	190,18	213,95
	II	3 067,41	168,70	245,39	276,06	II	3 067,41	161,96	235,58	265,02	155,21	225,77	253,99	148,47	215,96	242,95	141,72	206,14	231,91	134,98	196,34	220,88	128,23	186,52	209,84
	III	2 432,16	133,76	194,57	218,89	III	2 432,16	127,02	184,76	207,85	120,37	175,09	196,97	113,85	165,61	186,31	107,46	156,30	175,84	101,20	147,20	165,60	95,06	138,28	155,56
	V	3 527,75	194,02	282,22	317,49	IV	3 113,16	167,85	244,15	274,67	164,48	239,24	269,15	161,10	234,34	263,63	157,73	229,43	258,11	154,36	224,52	252,59	150,98	219,62	247,07
	VI	3 561,25	195,86	284,90	320,51																				
9 683,99 Ost	I,IV	3 126,08	171,93	250,08	281,34	I	3 126,08	165,18	240,27	270,30	158,44	230,46	259,27	151,69	220,65	248,23	144,95	210,84	237,19	138,21	201,03	226,16	131,46	191,22	215,12
	II	3 080,33	169,41	246,42	277,22	II	3 080,33	162,67	236,61	266,18	155,92	226,80	255,15	149,18	216,99	244,11	142,43	207,18	233,07	135,68	197,36	222,03	128,94	187,56	211,—
	III	2 445,—	134,47	195,60	220,05	III	2 445,—	127,72	185,78	209,—	121,07	176,10	198,11	114,53	166,60	187,42	108,13	157,28	176,94	101,85	148,14	166,66	95,70	139,21	156,61
	V	3 540,66	194,73	283,25	318,65	IV	3 126,08	168,56	245,18	275,82	165,18	240,27	270,30	161,81	235,36	264,78	158,44	230,46	259,27	155,07	225,56	253,75	151,69	220,65	248,23
	VI	3 574,08	196,57	285,92	321,66																				
9 686,99 West	I,IV	3 114,50	171,29	249,16	280,30	I	3 114,50	164,55	239,34	269,26	157,80	229,53	258,22	151,06	219,72	247,19	144,31	209,91	236,15	137,56	200,10	225,11	130,82	190,28	214,07
	II	3 068,66	168,77	245,49	276,17	II	3 068,66	162,03	235,68	265,14	155,28	225,87	254,10	148,54	216,06	243,06	141,79	206,24	232,02	135,05	196,44	220,99	128,30	186,62	209,95
	III	2 433,33	133,83	194,66	218,99	III	2 433,33	127,09	184,86	207,97	120,44	175,18	197,08	113,92	165,70	186,41	107,53	156,41	175,96	101,26	147,29	165,70	95,13	138,37	155,66
	V	3 529,—	194,09	282,32	317,61	IV	3 114,50	167,92	244,25	274,78	164,55	239,34	269,26	161,17	234,44	263,74	157,80	229,53	258,22	154,43	224,62	252,70	151,06	219,72	247,19
	VI	3 562,50	195,93	285,—	320,62																				
9 686,99 Ost	I,IV	3 127,33	172,—	250,18	281,45	I	3 127,33	165,25	240,37	270,41	158,51	230,56	259,38	151,76	220,75	248,34	145,02	210,94	237,30	138,27	201,13	226,27	131,53	191,32	215,23
	II	3 081,58	169,48	246,52	277,34	II	3 081,58	162,74	236,71	266,30	155,99	226,90	255,26	149,25	217,09	244,22	142,50	207,28	233,19	135,75	197,46	222,14	129,01	187,66	211,11
	III	2 446,33	134,54	195,70	220,16	III	2 446,33	127,80	185,89	209,12	121,13	176,20	198,22	114,60	166,69	187,52	108,19	157,37	177,04	101,91	148,24	166,77	95,76	139,29	156,70
	V	3 541,91	194,80	283,35	318,77	IV	3 127,33	168,63	245,28	275,94	165,25	240,37	270,41	161,88	235,47	264,90	158,51	230,56	259,38	155,14	225,66	253,86	151,76	220,75	248,34
	VI	3 575,33	196,64	286,02	321,77																				
9 689,99 West	I,IV	3 115,75	171,36	249,26	280,41	I	3 115,75	164,61	239,44	269,37	157,87	229,63	258,33	151,13	219,82	247,30	144,38	210,01	236,26	137,63	200,20	225,22	130,89	190,39	214,19
	II	3 069,91	168,84	245,59	276,29	II	3 069,91	162,10	235,78	265,25	155,35	225,97	254,21	148,61	216,16	243,18	141,86	206,35	232,14	135,12	196,54	221,10	128,37	186,72	210,06
	III	2 434,66	133,90	194,77	219,11	III	2 434,66	127,16	184,96	208,08	120,51	175,29	197,20	113,98	165,80	186,52	107,59	156,50	176,06	101,32	147,38	165,80	95,19	138,46	155,77
	V	3 530,25	194,16	282,42	317,72	IV	3 115,75	167,99	244,35	274,89	164,61	239,44	269,37	161,24	234,54	263,85	157,87	229,63	258,33	154,49	224,72	252,81	151,13	219,82	247,30
	VI	3 563,75	196,—	285,10	320,73																				
9 689,99 Ost	I,IV	3 128,58	172,07	250,28	281,57	I	3 128,58	165,33	240,48	270,54	158,58	230,66	259,49	151,83	220,85	248,45	145,09	211,04	237,42	138,34	201,23	226,38	131,60	191,42	215,34
	II	3 082,83	169,55	246,62	277,45	II	3 082,83	162,80	236,81	266,41	156,06	227,—	255,38	149,32	217,19	244,34	142,57	207,38	233,30	135,82	197,56	222,26	129,08	187,76	211,23
	III	2 447,50	134,61	195,80	220,27	III	2 447,50	127,86	185,98	209,23	121,20	176,29	198,32	114,66	166,78	187,63	108,25	157,46	177,14	101,97	148,33	166,87	95,82	139,38	156,80
	V	3 543,16	194,87	283,45	318,88	IV	3 128,58	168,69	245,38	276,05	165,33	240,48	270,54	161,95	235,57	265,01	158,58	230,66	259,49	155,21	225,76	253,98	151,83	220,85	248,45
	VI	3 576,66	196,71	286,13	321,89																				
9 692,99 West	I,IV	3 117,—	171,43	249,36	280,53	I	3 117,—	164,68	239,54	269,48	157,94	229,73	258,44	151,19	219,92	247,41	144,45	210,11	236,37	137,70	200,30	225,33	130,96	190,49	214,30
	II	3 071,16	168,91	245,69	276,40	II	3 071,16	162,17	235,88	265,37	155,42	226,07	254,33	148,67	216,26	243,29	141,93	206,45	232,25	135,19	196,64	221,22	128,44	186,82	210,17
	III	2 435,83	133,97	194,86	219,22	III	2 435,83	127,23	185,06	208,19	120,57	175,38	197,30	114,05	165,89	186,62	107,66	156,60	176,17	101,39	147,48	165,91	95,25	138,54	155,86
	V	3 531,58	194,23	282,52	317,84	IV	3 117,—	168,06	244,45	275,—	164,68	239,54	269,48	161,31	234,64	263,97	157,94	229,73	258,44	154,57	224,83	252,93	151,19	219,92	247,41
	VI	3 565,—	196,07	285,20	320,85																				
9 692,99 Ost	I,IV	3 129,83	172,14	250,38	281,68	I	3 129,83	165,39	240,58	270,65	158,65	230,76	259,61	151,90	220,95	248,57	145,16	211,14	237,53	138,41	201,33	226,49	131,67	191,52	215,46
	II	3 084,08	169,62	246,72	277,56	II	3 084,08	162,87	236,91	266,52	156,13	227,10	255,49	149,38	217,29	244,45	142,64	207,48	233,41	135,90	197,67	222,38	129,15	187,86	211,34
	III	2 448,83	134,68	195,90	220,39	III	2 448,83	127,93	186,09	209,35	121,27	176,40	198,45	114,73	166,89	187,75	108,32	157,56	177,25	102,04	148,42	166,97	95,89	139,48	156,91
	V	3 544,41	194,94	283,55	318,99	IV	3 129,83	168,77	245,48	276,17	165,39	240,58	270,65	162,02	235,67	265,13	158,65	230,76	259,61	155,27	225,86	254,09	151,90	220,95	248,57
	VI	3 577,91	196,78	286,23	322,01																				
9 695,99 West	I,IV	3 118,25	171,50	249,46	280,64	I	3 118,25	164,75	239,64	269,60	158,01	229,84	258,57	151,26	220,02	247,52	144,52	210,21	236,48	137,77	200,40	225,45	131,03	190,59	214,41
	II	3 072,50	168,98	245,80	276,52	II	3 072,50	162,24	235,98	265,48	155,49	226,17	254,44	148,75	216,36	243,41	142,—	206,55	232,37	135,25	196,74	221,33	128,51	186,92	210,29
	III	2 437,16	134,04	194,97	219,34	III	2 437,16	127,30	185,17	208,31	120,65	175,49	197,42	114,12	166,—	186,75	107,72	156,69	176,27	101,45	147,57	166,01	95,31	138,64	155,97
	V	3 532,83	194,30	282,62	317,95	IV	3 118,25	168,13	244,55	275,12	164,75	239,64	269,60	161,38	234,74	264,08	158,01	229,84	258,57	154,64	224,93	253,04	151,26	220,02	247,52
	VI	3 566,25	196,14	285,30	320,96																				
9 695,99 Ost	I,IV	3 131,08	172,20	250,48	281,79	I	3 131,08	165,46	240,68	270,76	158,72	230,86	259,72	151,97	221,05	248,68	145,23	211,24	237,65	138,48	201,43	226,61	131,73	191,62	215,57
	II	3 085,33	169,69	246,82	277,67	II	3 085,33	162,94	237,01	266,63	156,20	227,20	255,60	149,45	217,39	244,56	142,71	207,58	233,52	135,96	197,77	222,49	129,22	187,96	211,45
	III	2 450,—	134,75	196,—	220,50	III	2 450,—	128,01	186,20	209,47	121,33	176,49	198,55	114,80	166,98	187,85	108,38	157,65	177,35	102,10	148,52	167,08	95,95	139,57	157,01
	V	3 545,66	195,01	283,65	319,10	IV	3 131,08	168,84	245,58	276,28	165,46	240,68	270,76	162,09	235,77	265,24	158,72	230,86	259,72	155,34	225,96	254,20	151,97	221,05	248,68
	VI	3 579,16	196,85	286,33	322,12																				

* Die ausgewiesenen Tabellenwerte sind amtlich. Siehe Erläuterungen auf der Umschlaginnenseite (U2).

MONAT 9 696,–*

Lohn/ Gehalt bis €*	Abzüge an Lohnsteuer, Solidaritätszuschlag (SolZ) und Kirchensteuer (8%, 9%) in den Steuerklassen																								
	I – VI					I, II, III, IV																			
			ohne Kinderfreibeträge					mit Zahl der Kinderfreibeträge . . .																	
								0,5			1			1,5			2			2,5			3		
		LSt	SolZ	8%	9%		LSt	SolZ	8%	9%	SolZ	8%	9%	SolZ	8%	9%	SolZ	8%	9%	SolZ	8%	9%	SolZ	8%	9%
9 698,99 West	I,IV	3 119,50	171,57	249,56	280,75	I	3 119,50	164,82	239,74	269,71	158,08	229,94	258,68	151,33	220,12	247,64	144,59	210,31	236,60	137,84	200,50	225,56	131,10	190,69	214,52
	II	3 073,75	169,05	245,90	276,63	II	3 073,75	162,30	236,08	265,59	155,56	226,27	254,55	148,82	216,46	243,52	142,07	206,65	232,48	135,32	196,84	221,44	128,58	187,03	210,41
	III	2 438,50	134,11	195,08	219,46	III	2 438,50	127,37	185,26	208,42	120,71	175,58	197,53	114,18	166,09	186,85	107,79	156,78	176,38	101,52	147,66	166,12	95,37	138,73	156,07
	V	3 534,08	194,37	282,72	318,06	IV	3 119,50	168,19	244,65	275,23	164,82	239,74	269,71	161,45	234,84	264,20	158,08	229,94	258,68	154,71	225,03	253,16	151,33	220,12	247,64
	VI	3 567,50	196,21	285,40	321,07																				
9 698,99 Ost	I,IV	3 132,41	172,28	250,59	281,91	I	3 132,41	165,53	240,78	270,87	158,78	230,96	259,83	152,04	221,16	248,80	145,30	211,34	237,76	138,55	201,53	226,72	131,81	191,72	215,69
	II	3 086,58	169,76	246,92	277,79	II	3 086,58	163,02	237,12	266,76	156,27	227,30	255,71	149,52	217,49	244,67	142,78	207,68	233,64	136,03	197,87	222,60	129,29	188,06	211,56
	III	2 451,33	134,82	196,10	220,61	III	2 451,33	128,07	186,29	209,57	121,41	176,60	198,67	114,86	167,08	187,96	108,46	157,76	177,48	102,17	148,61	167,18	96,02	139,66	157,12
	V	3 546,91	195,08	283,75	319,22	IV	3 132,41	168,90	245,68	276,39	165,53	240,78	270,87	162,16	235,87	265,35	158,78	230,96	259,83	155,41	226,06	254,31	152,04	221,16	248,80
	VI	3 580,41	196,92	286,43	322,23																				
9 701,99 West	I,IV	3 120,75	171,64	249,66	280,86	I	3 120,75	164,89	239,84	269,82	158,15	230,04	258,79	151,40	220,22	247,75	144,65	210,41	236,71	137,91	200,60	225,68	131,17	190,79	214,64
	II	3 075,—	169,12	246,—	276,75	II	3 075,—	162,37	236,18	265,70	155,63	226,37	254,66	148,88	216,56	243,63	142,14	206,75	232,59	135,39	196,94	221,55	128,65	187,13	210,52
	III	2 439,66	134,18	195,17	219,56	III	2 439,66	127,44	185,37	208,54	120,78	175,68	197,64	114,25	166,18	186,95	107,85	156,88	176,49	101,58	147,76	166,23	95,44	138,82	156,17
	V	3 535,33	194,44	282,82	318,17	IV	3 120,75	168,26	244,75	275,34	164,89	239,84	269,82	161,52	234,94	264,31	158,15	230,04	258,79	154,77	225,13	253,27	151,40	220,22	247,75
	VI	3 568,75	196,28	285,50	321,18																				
9 701,99 Ost	I,IV	3 133,66	172,35	250,69	282,02	I	3 133,66	165,60	240,88	270,99	158,85	231,06	259,94	152,11	221,26	248,91	145,36	211,44	237,87	138,62	201,63	226,83	131,88	191,82	215,80
	II	3 087,83	169,83	247,02	277,90	II	3 087,83	163,08	237,22	266,87	156,34	227,40	255,83	149,59	217,59	244,79	142,85	207,78	233,75	136,10	197,97	222,71	129,36	188,16	211,68
	III	2 452,50	134,88	196,20	220,72	III	2 452,50	128,15	186,40	209,70	121,47	176,69	198,77	114,93	167,17	188,06	108,52	157,85	177,58	102,23	148,70	167,29	96,08	139,76	157,23
	V	3 548,25	195,15	283,86	319,34	IV	3 133,66	168,97	245,78	276,50	165,60	240,88	270,99	162,23	235,97	265,46	158,85	231,06	259,94	155,48	226,16	254,43	152,11	221,26	248,91
	VI	3 581,66	196,99	286,53	322,34																				
9 704,99 West	I,IV	3 122,—	171,71	249,76	280,98	I	3 122,—	164,96	239,95	269,94	158,22	230,14	258,90	151,47	220,32	247,86	144,73	210,52	236,83	137,98	200,70	225,79	131,23	190,89	214,75
	II	3 076,25	169,19	246,10	276,86	II	3 076,25	162,44	236,28	265,82	155,70	226,48	254,79	148,95	216,66	243,74	142,21	206,85	232,70	135,46	197,04	221,67	128,72	187,23	210,63
	III	2 441,—	134,25	195,28	219,69	III	2 441,—	127,50	185,46	208,64	120,85	175,78	197,75	114,31	166,28	187,06	107,91	156,97	176,59	101,64	147,85	166,33	95,50	138,92	156,28
	V	3 536,58	194,51	282,92	318,29	IV	3 122,—	168,33	244,85	275,45	164,96	239,95	269,94	161,59	235,04	264,42	158,22	230,14	258,90	154,84	225,23	253,38	151,47	220,32	247,86
	VI	3 570,08	196,35	285,60	321,30																				
9 704,99 Ost	I,IV	3 134,91	172,42	250,79	282,14	I	3 134,91	165,67	240,98	271,10	158,92	231,16	260,06	152,18	221,36	249,03	145,43	211,54	237,98	138,69	201,73	226,94	131,94	191,92	215,91
	II	3 089,08	169,89	247,12	278,01	II	3 089,08	163,15	237,32	266,98	156,41	227,50	255,94	149,66	217,69	244,90	142,92	207,88	233,87	136,17	198,07	222,83	129,42	188,26	211,79
	III	2 453,83	134,96	196,30	220,84	III	2 453,83	128,21	186,49	209,80	121,54	176,78	198,88	115,—	167,28	188,19	108,58	157,94	177,68	102,30	148,80	167,40	96,14	139,84	157,32
	V	3 549,50	195,22	283,96	319,45	IV	3 134,91	169,04	245,88	276,62	165,67	240,98	271,10	162,30	236,07	265,58	158,92	231,16	260,06	155,55	226,26	254,54	152,18	221,36	249,03
	VI	3 582,91	197,06	286,63	322,46																				
9 707,99 West	I,IV	3 123,25	171,77	249,86	281,09	I	3 123,25	165,03	240,05	270,05	158,29	230,24	259,02	151,54	220,42	247,97	144,80	210,62	236,94	138,05	200,80	225,90	131,30	190,99	214,86
	II	3 077,50	169,26	246,20	276,97	II	3 077,50	162,51	236,38	265,93	155,77	226,58	254,90	149,02	216,76	243,86	142,28	206,95	232,82	135,53	197,14	221,78	128,79	187,33	210,74
	III	2 442,16	134,31	195,37	219,79	III	2 442,16	127,58	185,57	208,76	120,91	175,88	197,86	114,39	166,38	187,18	107,98	157,06	176,69	101,71	147,94	166,43	95,56	139,—	156,37
	V	3 537,83	194,58	283,02	318,40	IV	3 123,25	168,41	244,96	275,58	165,03	240,05	270,05	161,66	235,14	264,53	158,29	230,24	259,02	154,91	225,33	253,49	151,54	220,42	247,97
	VI	3 571,33	196,42	285,70	321,41																				
9 707,99 Ost	I,IV	3 136,16	172,48	250,89	282,25	I	3 136,16	165,74	241,08	271,21	159,—	231,27	260,18	152,25	221,46	249,14	145,50	211,64	238,10	138,76	201,84	227,07	132,01	192,02	216,02
	II	3 090,41	169,97	247,23	278,13	II	3 090,41	163,22	237,42	267,09	156,47	227,60	256,05	149,73	217,80	245,02	142,99	207,98	233,98	136,24	198,17	222,94	129,50	188,36	211,91
	III	2 455,16	135,03	196,41	220,96	III	2 455,16	128,28	186,60	209,92	121,61	176,89	199,—	115,06	167,37	188,29	108,65	158,04	177,79	102,36	148,89	167,50	96,20	139,93	157,42
	V	3 550,75	195,29	284,06	319,56	IV	3 136,16	169,11	245,98	276,73	165,74	241,08	271,21	162,36	236,17	265,69	159,—	231,27	260,18	155,62	226,36	254,66	152,25	221,46	249,14
	VI	3 584,16	197,12	286,73	322,57																				
9 710,99 West	I,IV	3 124,58	171,85	249,96	281,21	I	3 124,58	165,10	240,15	270,17	158,35	230,34	259,13	151,61	220,52	248,09	144,87	210,72	237,06	138,12	200,90	226,01	131,37	191,09	214,97
	II	3 078,75	169,33	246,30	277,08	II	3 078,75	162,58	236,48	266,04	155,84	226,68	255,01	149,09	216,86	243,97	142,34	207,05	232,93	135,60	197,24	221,90	128,86	187,43	210,86
	III	2 443,50	134,39	195,48	219,91	III	2 443,50	127,64	185,66	208,87	120,99	175,98	197,98	114,45	166,48	187,29	108,04	157,16	176,80	101,77	148,04	166,54	95,62	139,09	156,47
	V	3 539,08	194,64	283,12	318,51	IV	3 124,58	168,47	245,06	275,69	165,10	240,15	270,17	161,73	235,24	264,65	158,35	230,34	259,13	154,98	225,43	253,61	151,61	220,52	248,09
	VI	3 572,58	196,49	285,80	321,53																				
9 710,99 Ost	I,IV	3 137,41	172,55	250,99	282,36	I	3 137,41	165,81	241,18	271,32	159,06	231,37	260,29	152,32	221,56	249,25	145,57	211,74	238,21	138,83	201,94	227,18	132,08	192,12	216,14
	II	3 091,66	170,04	247,33	278,24	II	3 091,66	163,29	237,52	267,21	156,54	227,70	256,16	149,80	217,90	245,13	143,05	208,08	234,09	136,31	198,27	223,05	129,57	188,46	212,02
	III	2 456,33	135,09	196,50	221,06	III	2 456,33	128,35	186,69	210,02	121,67	176,98	199,10	115,13	167,46	188,39	108,71	158,13	177,89	102,42	148,98	167,60	96,26	140,02	157,52
	V	3 552,—	195,36	284,16	319,68	IV	3 137,41	169,18	246,08	276,84	165,81	241,18	271,32	162,44	236,28	265,81	159,06	231,37	260,29	155,69	226,46	254,77	152,32	221,56	249,25
	VI	3 585,41	197,19	286,83	322,68																				
9 713,99 West	I,IV	3 125,83	171,92	250,06	281,32	I	3 125,83	165,17	240,25	270,28	158,42	230,44	259,24	151,68	220,63	248,21	144,93	210,82	237,17	138,19	201,—	226,13	131,45	191,20	215,10
	II	3 080,—	169,40	246,40	277,20	II	3 080,—	162,65	236,59	266,16	155,91	226,78	255,12	149,16	216,96	244,08	142,42	207,16	233,05	135,67	197,34	222,01	128,92	187,53	210,97
	III	2 444,66	134,45	195,57	220,01	III	2 444,66	127,71	185,77	208,99	121,05	176,08	198,09	114,51	166,57	187,39	108,11	157,25	176,90	101,84	148,13	166,64	95,69	139,18	156,58
	V	3 540,33	194,71	283,22	318,62	IV	3 125,83	168,54	245,16	275,80	165,17	240,25	270,28	161,80	235,34	264,76	158,42	230,44	259,24	155,05	225,53	253,72	151,68	220,63	248,21
	VI	3 573,83	196,56	285,90	321,64																				
9 713,99 Ost	I,IV	3 138,66	172,62	251,09	282,47	I	3 138,66	165,88	241,28	271,44	159,13	231,47	260,40	152,39	221,66	249,36	145,64	211,84	238,32	138,90	202,04	227,29	132,15	192,22	216,25
	II	3 092,91	170,11	247,43	278,36	II	3 092,91	163,36	237,62	267,32	156,61	227,80	256,28	149,87	218,—	245,25	143,12	208,18	234,20	136,38	198,37	223,16	129,63	188,56	212,13
	III	2 457,66	135,17	196,61	221,18	III	2 457,66	128,42	186,80	210,15	121,75	177,09	199,22	115,19	167,56	188,50	108,78	158,22	178,—	102,49	149,08	167,71	96,33	140,12	157,63
	V	3 553,25	195,42	284,26	319,79	IV	3 138,66	169,25	246,18	276,95	165,88	241,28	271,44	162,51	236,38	265,92	159,13	231,47	260,40	155,76	226,56	254,88	152,39	221,66	249,36
	VI	3 586,75	197,27	286,94	322,80																				
9 716,99 West	I,IV	3 127,08	171,98	250,16	281,43	I	3 127,08	165,24	240,35	270,39	158,49	230,54	259,35	151,75	220,73	248,32	145,—	210,92	237,28	138,26	201,10	226,24	131,51	191,30	215,21
	II	3 081,25	169,46	246,50	277,31	II	3 081,25	162,72	236,69	266,27	155,98	226,88	255,24	149,23	217,06	244,19	142,49	207,26	233,16	135,74	197,44	222,12	128,99	187,63	211,08
	III	2 446,—	134,53	195,68	220,14	III	2 446,—	127,78	185,86	209,09	121,11	176,17	198,19	114,58	166,66	187,49	108,18	157,36	177,03	101,90	148,22	166,75	95,75	139,28	156,69
	V	3 541,66	194,79	283,33	318,74	IV	3 127,08	168,61	245,26	275,91	165,24	240,35	270,39	161,86	235,44	264,87	158,49	230,54	259,35	155,12	225,64	253,84	151,75	220,73	248,32
	VI	3 575,08	196,62	286,—	321,75																				
9 716,99 Ost	I,IV	3 139,91	172,69	251,19	282,59	I	3 139,91	165,95	241,38	271,55	159,20	231,57	260,51	152,46	221,76	249,48	145,71	211,95	238,44	138,97	202,14	227,40	132,22	192,32	216,36
	II	3 094,16	170,17	247,53	278,47	II	3 094,16	163,43	237,72	267,43	156,69	227,91	256,40	149,94	218,10	245,36	143,19	208,28	234,32	136,45	198,48	223,29	129,70	188,66	212,24
	III	2 458,83	135,23	196,70	221,29	III	2 458,83	128,48	186,89	210,25	121,81	177,18	199,33	115,27	167,66	188,62	108,84	158,32	178,11	102,55	149,17	167,81	96,39	140,21	157,73
	V	3 554,50	195,49	284,36	319,90	IV	3 139,91	169,32	246,28	277,07	165,95	241,38	271,55	162,58	236,48	266,04	159,20	231,57	260,51	155,83	226,66	254,99	152,46	221,76	249,48
	VI	3 588,—	197,34	287,04	322,92																				
9 719,99 West	I,IV	3 128,33	172,05	250,26	281,54	I	3 128,33	165,31	240,45	270,50	158,56	230,64	259,47	151,82	220,83	248,43	145,07	211,02	237,39	138,32	201,20	226,35	131,58	191,40	215,32
	II	3 082,58	169,54	246,60	277,43	II	3 082,58	162,79	236,79	266,39	156,04	226,98	255,35	149,30	217,16	244,31	142,56	207,36	233,28	135,81	197,54	222,23	129,06	187,73	211,19
	III	2 447,16	134,59	195,77	220,24	III	2 447,16	127,85	185,97	209,21	121,19	176,28	198,31	114,65	166,77	187,61	108,24	157,45	177,13	101,97	148,32	166,86	95,81	139,37	156,79
	V	3 542,91	194,86	283,43	318,86	IV	3 128,33	168,68	245,36	276,03	165,31	240,45	270,50	161,93	235,54	264,98	158,56	230,64	259,47	155,19	225,74	253,95	151,82	220,83	248,43
	VI	3 576,33	196,69	286,10	321,86																				
9 719,99 Ost	I,IV	3 141,16	172,76	251,29	282,70	I	3 141,16	166,02	241,48	271,67	159,27	231,67	260,63	152,52	221,86	249,59	145,78	212,05	238,55	139,04	202,24	227,52	132,29	192,42	216,47
	II	3 095,41	170,24	247,63	278,58	II	3 095,41	163,50	237,82	267,54	156,75	228,01	256,51	150,01	218,20	245,47	143,26	208,38	234,43	136,52	198,58	223,40	129,77	188,76	212,36
	III	2 460,16	135,30	196,81	221,41	III	2 460,16	128,56	187,—	210,37	121,88	177,28	199,44	115,33	167,76	188,73	108,90	158,41	178,21	102,62	149,26	167,92	96,46	140,30	157,84
	V	3 555,75	195,56	284,46	320,01	IV	3 141,16	169,39	246,39	277,19	166,02	241,48	271,67	162,64	236,58	266,15	159,27	231,67	260,63	155,90	226,76	255,11	152,52	221,86	249,59
	VI	3 589,25	197,40	287,14	323,03																				

*** Die ausgewiesenen Tabellenwerte sind amtlich. Siehe Erläuterungen auf der Umschlaginnenseite (U2).**

Abzüge an Lohnsteuer, Solidaritätszuschlag (SolZ) und Kirchensteuer (8%, 9%) in den Steuerklassen

Lohn/ Gehalt bis €*	I – VI		ohne Kinderfreibeträge			I, II, III, IV		mit Zahl der Kinderfreibeträge . . . 0,5			1			1,5			2			2,5			3		
		LSt	SolZ	8%	9%		LSt	SolZ	8%	9%	SolZ	8%	9%	SolZ	8%	9%	SolZ	8%	9%	SolZ	8%	9%	SolZ	8%	9%
9 722,99 West	I,IV	3 129,58	172,12	250,36	281,66	I	3 129,58	165,38	240,55	270,62	158,63	230,74	259,58	151,89	220,93	248,54	145,14	211,12	237,51	138,40	201,31	226,47	131,65	191,50	215,43
	II	3 083,83	169,61	246,70	277,54	II	3 083,83	162,86	236,89	266,50	156,11	227,08	255,46	149,37	217,27	244,43	142,62	207,46	233,39	135,88	197,64	222,35	129,14	187,84	211,32
	III	2 448,50	134,66	195,88	220,36	III	2 448,50	127,92	186,06	209,32	121,25	176,37	198,41	114,72	166,86	187,72	108,31	157,54	177,23	102,03	148,41	166,96	95,88	139,46	156,89
	V	3 544,16	194,92	283,53	318,97	IV	3 129,58	168,75	245,46	276,14	165,38	240,55	270,62	162,—	235,64	265,10	158,63	230,74	259,58	155,26	225,84	254,07	151,89	220,93	248,54
	VI	3 577,58	196,76	286,20	321,98																				
9 722,99 Ost	I,IV	3 142,50	172,83	251,40	282,82	I	3 142,50	166,09	241,58	271,78	159,34	231,77	260,74	152,60	221,96	249,71	145,85	212,15	238,67	139,10	202,34	227,63	132,36	192,52	216,59
	II	3 096,66	170,31	247,73	278,69	II	3 096,66	163,57	237,92	267,66	156,82	228,11	256,62	150,08	218,30	245,58	143,33	208,48	234,54	136,59	198,68	223,51	129,84	188,86	212,47
	III	2 461,33	135,37	196,90	221,51	III	2 461,33	128,63	187,10	210,49	121,95	177,38	199,55	115,39	167,85	188,83	108,97	158,50	178,31	102,68	149,36	168,03	96,51	140,38	157,93
	V	3 557,—	195,63	284,56	320,13	IV	3 142,50	169,46	246,49	277,30	166,09	241,58	271,78	162,71	236,68	266,26	159,34	231,77	260,74	155,97	226,86	255,22	152,60	221,96	249,71
	VI	3 590,50	197,47	287,24	323,14																				
9 725,99 West	I,IV	3 130,83	172,19	250,46	281,77	I	3 130,83	165,44	240,65	270,73	158,70	230,84	259,70	151,96	221,03	248,66	145,21	211,22	237,62	138,47	201,41	226,58	131,72	191,60	215,55
	II	3 085,08	169,67	246,80	277,65	II	3 085,08	162,93	236,99	266,61	156,18	227,18	255,57	149,44	217,37	244,54	142,69	207,56	233,50	135,95	197,74	222,46	129,20	187,94	211,43
	III	2 449,83	134,74	195,98	220,48	III	2 449,83	127,99	186,17	209,44	121,33	176,48	198,54	114,78	166,96	187,83	108,37	157,64	177,34	102,09	148,50	167,06	95,93	139,54	156,98
	V	3 545,41	194,99	283,63	319,08	IV	3 130,83	168,82	245,56	276,25	165,44	240,65	270,73	162,08	235,75	265,22	158,70	230,84	259,70	155,33	225,94	254,18	151,96	221,03	248,66
	VI	3 578,83	196,83	286,30	322,09																				
9 725,99 Ost	I,IV	3 143,75	172,90	251,50	282,93	I	3 143,75	166,15	241,68	271,89	159,41	231,87	260,85	152,67	222,06	249,82	145,92	212,25	238,78	139,17	202,44	227,74	132,43	192,63	216,71
	II	3 097,91	170,38	247,83	278,81	II	3 097,91	163,64	238,02	267,77	156,89	228,21	256,73	150,15	218,40	245,70	143,40	208,59	234,66	136,66	198,78	223,62	129,91	188,96	212,58
	III	2 462,66	135,44	197,01	221,63	III	2 462,66	128,70	187,20	210,60	122,01	177,48	199,66	115,46	167,94	188,93	109,04	158,61	178,43	102,74	149,45	168,13	96,58	140,48	158,04
	V	3 558,25	195,70	284,66	320,24	IV	3 143,75	169,53	246,59	277,41	166,15	241,68	271,89	162,78	236,78	266,37	159,41	231,87	260,85	156,03	226,96	255,33	152,67	222,06	249,82
	VI	3 591,75	197,54	287,34	323,25																				
9 728,99 West	I,IV	3 132,08	172,26	250,56	281,88	I	3 132,08	165,52	240,76	270,85	158,77	230,94	259,81	152,02	221,13	248,77	145,28	211,32	237,74	138,54	201,51	226,70	131,79	191,70	215,66
	II	3 086,33	169,74	246,90	277,76	II	3 086,33	163,—	237,09	266,72	156,25	227,28	255,69	149,51	217,47	244,65	142,76	207,66	233,61	136,01	197,84	222,57	129,27	188,04	211,54
	III	2 451,—	134,80	196,08	220,59	III	2 451,—	128,05	186,26	209,54	121,39	176,57	198,64	114,84	167,05	187,93	108,44	157,73	177,44	102,16	148,60	167,17	96,—	139,64	157,09
	V	3 546,66	195,06	283,73	319,19	IV	3 132,08	168,89	245,66	276,36	165,52	240,76	270,85	162,14	235,85	265,33	158,77	230,94	259,81	155,40	226,04	254,29	152,02	221,13	248,77
	VI	3 580,16	196,90	286,41	322,21																				
9 728,99 Ost	I,IV	3 145,—	172,97	251,60	283,05	I	3 145,—	166,22	241,78	272,—	159,48	231,97	260,96	152,73	222,16	249,93	145,99	212,35	238,89	139,24	202,54	227,85	132,50	192,73	216,82
	II	3 099,16	170,45	247,93	278,92	II	3 099,16	163,71	238,12	267,89	156,96	228,31	256,85	150,21	218,50	245,81	143,47	208,69	234,77	136,73	198,88	223,74	129,98	189,06	212,69
	III	2 463,83	135,51	197,10	221,74	III	2 463,83	128,77	187,30	210,71	122,09	177,58	199,78	115,53	168,05	189,05	109,11	158,70	178,54	102,81	149,54	168,23	96,64	140,57	158,14
	V	3 559,58	195,77	284,76	320,36	IV	3 145,—	169,60	246,69	277,52	166,22	241,78	272,—	162,85	236,88	266,49	159,48	231,97	260,96	156,11	227,07	255,45	152,73	222,16	249,93
	VI	3 593,—	197,61	287,44	323,37																				
9 731,99 West	I,IV	3 133,33	172,33	250,66	281,99	I	3 133,33	165,59	240,86	270,96	158,84	231,04	259,92	152,09	221,23	248,88	145,35	211,42	237,85	138,60	201,61	226,81	131,86	191,80	215,77
	II	3 087,58	169,81	247,—	277,88	II	3 087,58	163,07	237,19	266,84	156,32	227,38	255,80	149,58	217,57	244,76	142,83	207,76	233,73	136,09	197,95	222,69	129,34	188,14	211,65
	III	2 452,33	134,87	196,18	220,70	III	2 452,33	128,13	186,37	209,66	121,45	176,66	198,74	114,92	167,16	188,05	108,50	157,82	177,55	102,22	148,69	167,27	96,06	139,73	157,19
	V	3 547,91	195,13	283,83	319,31	IV	3 133,33	168,96	245,76	276,48	165,59	240,86	270,96	162,21	235,95	265,44	158,84	231,04	259,92	155,47	226,14	254,40	152,09	221,23	248,88
	VI	3 581,41	196,97	286,51	322,32																				
9 731,99 Ost	I,IV	3 146,25	173,04	251,70	283,16	I	3 146,25	166,29	241,88	272,12	159,55	232,08	261,09	152,80	222,26	250,04	146,06	212,45	239,—	139,31	202,64	227,97	132,57	192,83	216,93
	II	3 100,50	170,52	248,04	279,04	II	3 100,50	163,78	238,22	268,—	157,03	228,41	256,96	150,29	218,60	245,93	143,54	208,79	234,89	136,79	198,98	223,85	130,05	189,16	212,81
	III	2 465,16	135,58	197,21	221,86	III	2 465,16	128,83	187,40	210,82	122,15	177,68	199,89	115,60	168,14	189,16	109,17	158,80	178,65	102,87	149,64	168,34	96,70	140,66	158,24
	V	3 560,83	195,84	284,86	320,47	IV	3 146,25	169,67	246,79	277,64	166,29	241,88	272,12	162,92	236,98	266,60	159,55	232,08	261,09	156,18	227,17	255,56	152,80	222,26	250,04
	VI	3 594,25	197,68	287,54	323,48																				
9 734,99 West	I,IV	3 134,58	172,40	250,76	282,11	I	3 134,58	165,66	240,96	271,08	158,91	231,14	260,03	152,16	221,33	248,99	145,42	211,52	237,96	138,67	201,71	226,92	131,93	191,90	215,88
	II	3 088,83	169,88	247,10	277,99	II	3 088,83	163,13	237,29	266,95	156,39	227,48	255,92	149,65	217,67	244,88	142,90	207,86	233,84	136,16	198,05	222,80	129,41	188,24	211,77
	III	2 453,50	134,94	196,28	220,81	III	2 453,50	128,20	186,48	209,79	121,53	176,77	198,86	114,98	167,25	188,15	108,57	157,92	177,66	102,28	148,77	167,36	96,13	139,82	157,30
	V	3 549,16	195,20	283,93	319,42	IV	3 134,58	169,03	245,86	276,59	165,66	240,96	271,08	162,28	236,05	265,55	158,91	231,14	260,03	155,54	226,24	254,52	152,16	221,33	248,99
	VI	3 582,66	197,04	286,61	322,43																				
9 734,99 Ost	I,IV	3 147,50	173,11	251,80	283,27	I	3 147,50	166,36	241,98	272,23	159,62	232,18	261,20	152,87	222,36	250,16	146,13	212,55	239,12	139,38	202,74	228,08	132,64	192,93	217,04
	II	3 101,75	170,59	248,14	279,15	II	3 101,75	163,84	238,32	268,11	157,10	228,51	257,07	150,36	218,70	246,04	143,61	208,89	235,—	136,86	199,08	223,96	130,12	189,27	212,93
	III	2 466,50	135,65	197,32	221,98	III	2 466,50	128,91	187,50	210,94	122,21	177,77	199,99	115,66	168,24	189,27	109,23	158,89	178,75	102,94	149,73	168,44	96,77	140,76	158,35
	V	3 562,08	195,91	284,96	320,58	IV	3 147,50	169,73	246,89	277,75	166,36	241,98	272,23	162,99	237,08	266,72	159,62	232,18	261,20	156,25	227,27	255,68	152,87	222,36	250,16
	VI	3 595,50	197,75	287,64	323,59																				
9 737,99 West	I,IV	3 135,91	172,47	250,87	282,23	I	3 135,91	165,72	241,06	271,19	158,98	231,24	260,15	152,24	221,44	249,12	145,49	211,62	238,07	138,74	201,81	227,03	132,—	192,—	216,—
	II	3 090,08	169,95	247,20	278,10	II	3 090,08	163,21	237,40	267,07	156,46	227,58	256,03	149,71	217,77	244,99	142,97	207,96	233,96	136,23	198,15	222,92	129,48	188,34	211,88
	III	2 454,83	135,01	196,38	220,93	III	2 454,83	128,26	186,57	209,89	121,59	176,86	198,97	115,05	167,34	188,26	108,63	158,01	177,76	102,34	148,86	167,47	96,19	139,92	157,41
	V	3 550,41	195,27	284,03	319,53	IV	3 135,91	169,10	245,96	276,71	165,72	241,06	271,19	162,35	236,15	265,67	158,98	231,24	260,15	155,60	226,34	254,63	152,24	221,44	249,12
	VI	3 583,91	197,11	286,71	322,55																				
9 737,99 Ost	I,IV	3 148,75	173,18	251,90	283,38	I	3 148,75	166,43	242,08	272,34	159,69	232,28	261,31	152,94	222,46	250,27	146,19	212,65	239,23	139,45	202,84	228,20	132,71	193,03	217,16
	II	3 103,—	170,66	248,24	279,27	II	3 103,—	163,91	238,42	268,22	157,17	228,61	257,18	150,42	218,80	246,15	143,68	208,99	235,11	136,93	199,18	224,07	130,19	189,37	213,04
	III	2 467,66	135,72	197,41	222,08	III	2 467,66	128,97	187,60	211,05	122,29	177,88	200,11	115,73	168,34	189,38	109,30	158,98	178,85	103,—	149,82	168,55	96,83	140,85	158,45
	V	3 563,33	195,98	285,06	320,69	IV	3 148,75	169,80	246,99	277,86	166,43	242,08	272,34	163,06	237,18	266,83	159,69	232,28	261,31	156,31	227,37	255,79	152,94	222,46	250,27
	VI	3 596,75	197,82	287,74	323,70																				
9 740,99 West	I,IV	3 137,16	172,54	250,97	282,34	I	3 137,16	165,79	241,16	271,30	159,05	231,34	260,26	152,30	221,54	249,23	145,56	211,72	238,19	138,81	201,91	227,15	132,07	192,10	216,11
	II	3 091,33	170,02	247,30	278,21	II	3 091,33	163,28	237,50	267,18	156,53	227,68	256,14	149,78	217,87	245,10	143,04	208,06	234,07	136,29	198,25	223,03	129,55	188,44	211,99
	III	2 456,—	135,08	196,48	221,04	III	2 456,—	128,34	186,68	210,01	121,66	176,97	199,09	115,11	167,44	188,37	108,69	158,10	177,86	102,41	148,96	167,58	96,25	140,—	157,50
	V	3 551,75	195,34	284,14	319,65	IV	3 137,16	169,17	246,06	276,82	165,79	241,16	271,30	162,42	236,25	265,78	159,05	231,34	260,26	155,68	226,44	254,75	152,30	221,54	249,23
	VI	3 585,16	197,18	286,81	322,66																				
9 740,99 Ost	I,IV	3 150,—	173,25	252,—	283,50	I	3 150,—	166,50	242,19	272,46	159,76	232,38	261,42	153,01	222,56	250,38	146,27	212,76	239,35	139,52	202,94	228,31	132,77	193,13	217,27
	II	3 104,25	170,73	248,34	279,38	II	3 104,25	163,98	238,52	268,34	157,24	228,72	257,31	150,49	218,90	246,26	143,75	209,09	235,22	137,—	199,28	224,19	130,26	189,47	213,15
	III	2 469,—	135,79	197,52	222,21	III	2 469,—	129,04	187,70	211,16	122,35	177,97	200,21	115,80	168,44	189,49	109,36	159,08	178,96	103,07	149,92	168,66	96,89	140,93	158,54
	V	3 564,58	196,05	285,16	320,81	IV	3 150,—	169,87	247,09	277,97	166,50	242,19	272,46	163,13	237,28	266,94	159,76	232,38	261,42	156,38	227,47	255,90	153,01	222,56	250,38
	VI	3 598,08	197,89	287,84	323,82																				
9 743,99 West	I,IV	3 138,41	172,61	251,07	282,45	I	3 138,41	165,86	241,26	271,41	159,11	231,44	260,37	152,37	221,64	249,34	145,63	211,82	238,30	138,88	202,01	227,26	132,14	192,20	216,23
	II	3 092,58	170,09	247,40	278,33	II	3 092,58	163,35	237,60	267,30	156,60	227,78	256,25	149,85	217,97	245,21	143,11	208,16	234,18	136,36	198,35	223,14	129,62	188,54	212,10
	III	2 457,33	135,15	196,58	221,15	III	2 457,33	128,40	186,77	210,11	121,73	177,06	199,19	115,18	167,54	188,48	108,77	158,21	177,98	102,47	149,05	167,68	96,31	140,09	157,60
	V	3 553,—	195,41	284,24	319,77	IV	3 138,41	169,23	246,16	276,93	165,86	241,26	271,41	162,49	236,35	265,89	159,11	231,44	260,37	155,75	226,54	254,86	152,37	221,64	249,34
	VI	3 586,41	197,25	286,91	322,77																				
9 743,99 Ost	I,IV	3 151,25	173,31	252,10	283,61	I	3 151,25	166,57	242,29	272,57	159,83	232,48	261,54	153,08	222,66	250,49	146,34	212,86	239,46	139,59	203,04	228,42	132,84	193,23	217,38
	II	3 105,50	170,80	248,44	279,49	II	3 105,50	164,05	238,62	268,45	157,31	228,82	257,42	150,56	219,—	246,38	143,82	209,19	235,34	137,07	199,38	224,30	130,33	189,57	213,26
	III	2 470,16	135,85	197,61	222,31	III	2 470,16	129,11	187,80	211,27	122,43	178,08	200,34	115,86	168,53	189,59	109,43	159,17	179,06	103,13	150,01	168,76	96,95	141,02	158,65
	V	3 565,83	196,12	285,26	320,92	IV	3 151,25	169,95	247,20	278,10	166,57	242,29	272,57	163,20	237,38	267,05	159,83	232,48	261,54	156,45	227,57	256,01	153,08	222,66	250,49
	VI	3 599,33	197,96	287,94	323,93																				

* **Die ausgewiesenen Tabellenwerte sind amtlich. Siehe Erläuterungen auf der Umschlaginnenseite (U2).**

MONAT 9 744,–*

Lohn/ Gehalt bis €*	Abzüge an Lohnsteuer, Solidaritätszuschlag (SolZ) und Kirchensteuer (8%, 9%) in den Steuerklassen																								
	I – VI					I, II, III, IV																			
			ohne Kinderfreibeträge					mit Zahl der Kinderfreibeträge . . .																	
								0,5			1			1,5			2			2,5			3		
		LSt	SolZ	8%	9%		LSt	SolZ	8%	9%	SolZ	8%	9%	SolZ	8%	9%	SolZ	8%	9%	SolZ	8%	9%	SolZ	8%	9%
9 746,99 West	I,IV	3 139,66	172,68	251,17	282,56	I	3 139,66	165,93	241,36	271,53	159,19	231,55	260,49	152,44	221,74	249,45	145,69	211,92	238,41	138,95	202,12	227,38	132,21	192,30	216,34
	II	3 093,91	170,16	247,51	278,45	II	3 093,91	163,41	237,70	267,41	156,67	227,88	256,37	149,93	218,08	245,34	143,18	208,26	234,29	136,43	198,45	223,25	129,69	188,64	212,22
	III	2 458,66	135,22	196,69	221,27	III	2 458,66	128,48	186,88	210,24	121,79	177,16	199,30	115,25	167,64	188,59	108,83	158,30	178,09	102,53	149,14	167,78	96,37	140,18	157,70
	V	3 554,25	195,48	284,34	319,88	IV	3 139,66	169,30	246,26	277,04	165,93	241,36	271,53	162,56	236,45	266,—	159,19	231,55	260,49	155,81	226,64	254,97	152,44	221,74	249,45
	VI	3 587,66	197,32	287,01	322,88																				
9 746,99 Ost	I,IV	3 152,58	173,39	252,20	283,73	I	3 152,58	166,64	242,39	272,69	159,89	232,58	261,65	153,15	222,76	250,61	146,41	212,96	239,58	139,66	203,14	228,53	132,91	193,33	217,49
	II	3 106,75	170,87	248,54	279,60	II	3 106,75	164,12	238,72	268,56	157,38	228,92	257,53	150,63	219,10	246,49	143,88	209,29	235,45	137,14	199,48	224,42	130,40	189,67	213,38
	III	2 471,50	135,93	197,72	222,43	III	2 471,50	129,18	187,90	211,39	122,49	178,17	200,44	115,93	168,62	189,70	109,50	159,28	179,19	103,19	150,10	168,86	97,02	141,12	158,76
	V	3 567,08	196,18	285,36	321,03	IV	3 152,58	170,01	247,30	278,21	166,64	242,39	272,69	163,27	237,48	267,17	159,89	232,58	261,65	156,52	227,67	256,13	153,15	222,76	250,61
	VI	3 600,58	198,03	288,04	324,05																				
9 749,99 West	I,IV	3 140,91	172,75	251,27	282,68	I	3 140,91	166,—	241,46	271,64	159,26	231,65	260,60	152,51	221,84	249,57	145,76	212,02	238,52	139,02	202,22	227,49	132,27	192,40	216,45
	II	3 095,16	170,23	247,61	278,56	II	3 095,16	163,48	237,80	267,52	156,74	227,98	256,48	149,99	218,18	245,45	143,25	208,36	234,41	136,50	198,55	223,37	129,76	188,74	212,33
	III	2 459,83	135,29	196,78	221,38	III	2 459,83	128,54	186,97	210,34	121,87	177,26	199,42	115,31	167,73	188,69	108,90	158,40	178,20	102,60	149,24	167,89	96,44	140,28	157,81
	V	3 555,50	195,55	284,44	319,99	IV	3 140,91	169,37	246,36	277,16	166,—	241,46	271,64	162,63	236,56	266,13	159,26	231,65	260,60	155,88	226,74	255,08	152,51	221,84	249,57
	VI	3 588,91	197,39	287,11	323,—																				
9 749,99 Ost	I,IV	3 153,83	173,46	252,30	283,84	I	3 153,83	166,71	242,49	272,80	159,96	232,68	261,76	153,22	222,87	250,73	146,47	213,06	239,69	139,73	203,24	228,65	132,99	193,44	217,62
	II	3 108,—	170,94	248,64	279,72	II	3 108,—	164,19	238,83	268,68	157,45	229,02	257,64	150,70	219,20	246,60	143,96	209,40	235,57	137,21	199,58	224,53	130,46	189,77	213,49
	III	2 472,66	135,99	197,81	222,53	III	2 472,66	129,25	188,01	211,51	122,56	178,28	200,56	116,—	168,73	189,82	109,56	159,37	179,29	103,26	150,20	168,97	97,08	141,21	158,86
	V	3 568,33	196,25	285,46	321,14	IV	3 153,83	170,08	247,40	278,32	166,71	242,49	272,80	163,34	237,58	267,28	159,96	232,68	261,76	156,59	227,77	256,24	153,22	222,87	250,73
	VI	3 601,83	198,10	288,14	324,16																				
9 752,99 West	I,IV	3 142,16	172,81	251,37	282,79	I	3 142,16	166,07	241,56	271,76	159,33	231,75	260,72	152,58	221,94	249,68	145,83	212,12	238,64	139,09	202,32	227,61	132,34	192,50	216,56
	II	3 096,41	170,30	247,71	278,67	II	3 096,41	163,55	237,90	267,63	156,80	228,08	256,59	150,06	218,28	245,56	143,32	208,46	234,52	136,57	198,65	223,48	129,83	188,84	212,45
	III	2 461,16	135,36	196,89	221,50	III	2 461,16	128,61	187,08	210,46	121,93	177,36	199,53	115,39	167,84	188,82	108,96	158,49	178,30	102,66	149,33	167,99	96,50	140,37	157,91
	V	3 556,75	195,62	284,54	320,10	IV	3 142,16	169,44	246,46	277,27	166,07	241,56	271,76	162,70	236,66	266,24	159,33	231,75	260,72	155,95	226,84	255,20	152,58	221,94	249,68
	VI	3 590,25	197,46	287,22	323,12																				
9 752,99 Ost	I,IV	3 155,08	173,52	252,40	283,95	I	3 155,08	166,78	242,59	272,91	160,03	232,78	261,87	153,29	222,97	250,84	146,54	213,16	239,80	139,80	203,34	228,76	133,05	193,54	217,73
	II	3 109,25	171,—	248,74	279,83	II	3 109,25	164,26	238,93	268,79	157,52	229,12	257,76	150,77	219,30	246,71	144,03	209,50	235,68	137,28	199,68	224,64	130,53	189,87	213,60
	III	2 474,—	136,07	197,92	222,66	III	2 474,—	129,32	188,10	211,61	122,63	178,37	200,66	116,06	168,82	189,92	109,63	159,46	179,39	103,32	150,29	169,07	97,14	141,30	158,96
	V	3 569,66	196,33	285,57	321,26	IV	3 155,08	170,15	247,50	278,43	166,78	242,59	272,91	163,40	237,68	267,39	160,03	232,78	261,87	156,66	227,88	256,36	153,29	222,97	250,84
	VI	3 603,08	198,16	288,24	324,27																				
9 755,99 West	I,IV	3 143,41	172,88	251,47	282,90	I	3 143,41	166,14	241,66	271,87	159,39	231,85	260,83	152,65	222,04	249,79	145,91	212,23	238,76	139,16	202,42	227,72	132,41	192,60	216,68
	II	3 097,66	170,37	247,81	278,78	II	3 097,66	163,62	238,—	267,75	156,88	228,19	256,71	150,13	218,38	245,67	143,38	208,56	234,63	136,64	198,76	223,60	129,90	188,94	212,56
	III	2 462,33	135,42	196,98	221,60	III	2 462,33	128,68	187,17	210,56	122,—	177,46	199,64	115,45	167,93	188,92	109,02	158,58	178,40	102,73	149,42	168,10	96,57	140,46	158,02
	V	3 558,—	195,69	284,64	320,22	IV	3 143,41	169,51	246,56	277,38	166,14	241,66	271,87	162,77	236,76	266,35	159,39	231,85	260,83	156,02	226,94	255,31	152,65	222,04	249,79
	VI	3 591,50	197,53	287,32	323,23																				
9 755,99 Ost	I,IV	3 156,33	173,59	252,50	284,06	I	3 156,33	166,85	242,69	273,02	160,10	232,88	261,99	153,36	223,07	250,95	146,61	213,26	239,91	139,86	203,44	228,87	133,12	193,64	217,84
	II	3 110,58	171,08	248,84	279,95	II	3 110,58	164,33	239,03	268,91	157,58	229,22	257,87	150,84	219,40	246,83	144,10	209,60	235,80	137,35	199,78	224,75	130,60	189,97	213,71
	III	2 475,16	136,13	198,01	222,76	III	2 475,16	129,39	188,21	211,73	122,69	178,46	200,77	116,13	168,92	190,03	109,69	159,56	179,50	103,39	150,38	169,18	97,21	141,40	159,07
	V	3 570,91	196,40	285,67	321,38	IV	3 156,33	170,22	247,60	278,55	166,85	242,69	273,02	163,47	237,78	267,50	160,10	232,88	261,99	156,73	227,98	256,47	153,36	223,07	250,95
	VI	3 604,33	198,23	288,34	324,38																				
9 758,99 West	I,IV	3 144,66	172,95	251,57	283,01	I	3 144,66	166,21	241,76	271,98	159,46	231,95	260,94	152,72	222,14	249,90	145,97	212,33	238,87	139,23	202,52	227,83	132,48	192,70	216,79
	II	3 098,91	170,44	247,91	278,90	II	3 098,91	163,69	238,10	267,86	156,95	228,29	256,82	150,20	218,48	245,79	143,45	208,66	234,74	136,71	198,86	223,71	129,96	189,04	212,67
	III	2 463,66	135,50	197,09	221,72	III	2 463,66	128,75	187,28	210,69	122,07	177,56	199,75	115,51	168,02	189,02	109,09	158,68	178,51	102,79	149,52	168,21	96,62	140,54	158,11
	V	3 559,25	195,75	284,74	320,33	IV	3 144,66	169,58	246,67	277,50	166,21	241,76	271,98	162,84	236,86	266,46	159,46	231,95	260,94	156,09	227,04	255,42	152,72	222,14	249,90
	VI	3 592,75	197,60	287,42	323,34																				
9 758,99 Ost	I,IV	3 157,58	173,66	252,60	284,18	I	3 157,58	166,92	242,79	273,14	160,17	232,98	262,10	153,43	223,17	251,06	146,68	213,36	240,03	139,94	203,55	228,99	133,19	193,74	217,95
	II	3 111,83	171,15	248,94	280,06	II	3 111,83	164,40	239,13	269,02	157,65	229,32	257,98	150,91	219,51	246,95	144,16	209,70	235,91	137,42	199,88	224,87	130,68	190,08	213,84
	III	2 476,50	136,20	198,12	222,88	III	2 476,50	129,46	188,30	211,84	122,76	178,57	200,89	116,19	169,01	190,13	109,76	159,65	179,60	103,45	150,48	169,29	97,27	141,49	159,17
	V	3 572,16	196,46	285,77	321,49	IV	3 157,58	170,29	247,70	278,66	166,92	242,79	273,14	163,54	237,88	267,62	160,17	232,98	262,10	156,80	228,08	256,59	153,43	223,17	251,06
	VI	3 605,58	198,30	288,44	324,50																				
9 761,99 West	I,IV	3 146,—	173,03	251,68	283,14	I	3 146,—	166,28	241,86	272,09	159,53	232,05	261,05	152,79	222,24	250,02	146,04	212,43	238,98	139,30	202,62	227,94	132,55	192,80	216,90
	II	3 100,16	170,50	248,01	279,01	II	3 100,16	163,76	238,20	267,98	157,02	228,39	256,94	150,27	218,58	245,90	143,52	208,76	234,86	136,78	198,96	223,83	130,03	189,14	212,78
	III	2 464,83	135,56	197,18	221,83	III	2 464,83	128,81	187,37	210,79	122,13	177,65	199,85	115,58	168,12	189,13	109,15	158,77	178,61	102,85	149,61	168,31	96,69	140,64	158,22
	V	3 560,50	195,82	284,84	320,44	IV	3 146,—	169,65	246,77	277,61	166,28	241,86	272,09	162,91	236,96	266,58	159,53	232,05	261,05	156,16	227,14	255,53	152,79	222,24	250,02
	VI	3 594,—	197,67	287,52	323,46																				
9 761,99 Ost	I,IV	3 158,83	173,73	252,70	284,29	I	3 158,83	166,98	242,89	273,25	160,24	233,08	262,22	153,50	223,27	251,18	146,75	213,46	240,14	140,01	203,65	229,10	133,26	193,84	218,07
	II	3 113,08	171,21	249,04	280,17	II	3 113,08	164,47	239,23	269,13	157,72	229,42	258,09	150,98	219,61	247,06	144,23	209,80	236,02	137,49	199,98	224,98	130,74	190,18	213,95
	III	2 477,83	136,28	198,22	223,—	III	2 477,83	129,53	188,41	211,96	122,83	178,66	200,99	116,27	169,12	190,26	109,82	159,74	179,71	103,51	150,57	169,39	97,33	141,57	159,26
	V	3 573,41	196,53	285,87	321,60	IV	3 158,83	170,36	247,80	278,77	166,98	242,89	273,25	163,62	237,99	267,74	160,24	233,08	262,22	156,87	228,18	256,70	153,50	223,27	251,18
	VI	3 606,83	198,37	288,54	324,61																				
9 764,99 West	I,IV	3 147,25	173,09	251,78	283,25	I	3 147,25	166,35	241,96	272,21	159,60	232,15	261,17	152,86	222,34	250,13	146,11	212,53	239,09	139,37	202,72	228,06	132,62	192,91	217,02
	II	3 101,41	170,57	248,11	279,12	II	3 101,41	163,83	238,30	268,09	157,08	228,49	257,05	150,34	218,68	246,01	143,60	208,87	234,98	136,85	199,06	223,94	130,10	189,24	212,90
	III	2 466,16	135,63	197,29	221,95	III	2 466,16	128,89	187,48	210,91	122,21	177,76	199,98	115,65	168,22	189,25	109,22	158,86	178,72	102,92	149,70	168,41	96,75	140,73	158,32
	V	3 561,75	195,89	284,94	320,55	IV	3 147,25	169,72	246,87	277,73	166,35	241,96	272,21	162,97	237,06	266,69	159,60	232,15	261,17	156,23	227,24	255,65	152,86	222,34	250,13
	VI	3 595,25	197,73	287,62	323,57																				
9 764,99 Ost	I,IV	3 160,08	173,80	252,80	284,40	I	3 160,08	167,06	243,—	273,37	160,31	233,18	262,33	153,56	223,37	251,29	146,82	213,56	240,26	140,08	203,75	229,22	133,33	193,94	218,18
	II	3 114,33	171,28	249,14	280,28	II	3 114,33	164,54	239,33	269,24	157,79	229,52	258,21	151,05	219,71	247,17	144,30	209,90	236,13	137,55	200,08	225,09	130,81	190,28	214,06
	III	2 479,—	136,34	198,32	223,11	III	2 479,—	129,59	188,50	212,06	122,90	178,77	201,11	116,33	169,21	190,36	109,89	159,84	179,82	103,58	150,66	169,49	97,39	141,66	159,37
	V	3 574,66	196,60	285,97	321,71	IV	3 160,08	170,43	247,90	278,88	167,06	243,—	273,37	163,68	238,09	267,85	160,31	233,18	262,33	156,94	228,28	256,81	153,56	223,37	251,29
	VI	3 608,16	198,44	288,65	324,73																				
9 767,99 West	I,IV	3 148,50	173,16	251,88	283,36	I	3 148,50	166,42	242,06	272,32	159,67	232,25	261,28	152,93	222,44	250,25	146,18	212,63	239,21	139,43	202,82	228,17	132,69	193,01	217,13
	II	3 102,66	170,64	248,21	279,23	II	3 102,66	163,90	238,40	268,20	157,15	228,59	257,16	150,41	218,78	246,12	143,66	208,97	235,09	136,92	199,16	224,05	130,17	189,34	213,01
	III	2 467,33	135,70	197,38	222,05	III	2 467,33	128,96	187,58	211,03	122,27	177,85	200,08	115,72	168,32	189,36	109,29	158,97	178,84	102,98	149,80	168,52	96,81	140,82	158,42
	V	3 563,08	195,96	285,04	320,67	IV	3 148,50	169,79	246,97	277,84	166,42	242,06	272,32	163,04	237,16	266,80	159,67	232,25	261,28	156,30	227,35	255,77	152,93	222,44	250,25
	VI	3 596,50	197,80	287,72	323,68																				
9 767,99 Ost	I,IV	3 161,33	173,87	252,90	284,51	I	3 161,33	167,13	243,10	273,48	160,38	233,28	262,44	153,63	223,47	251,40	146,89	213,66	240,37	140,14	203,85	229,33	133,40	194,04	218,29
	II	3 115,58	171,35	249,24	280,40	II	3 115,58	164,61	239,43	269,36	157,86	229,62	258,32	151,12	219,81	247,28	144,37	210,—	236,25	137,63	200,19	225,21	130,88	190,38	214,17
	III	2 480,33	136,41	198,42	223,22	III	2 480,33	129,67	188,61	212,18	122,97	178,86	201,22	116,39	169,30	190,46	109,96	159,94	179,93	103,64	150,76	169,60	97,46	141,76	159,48
	V	3 575,91	196,67	286,07	321,83	IV	3 161,33	170,50	248,—	279,—	167,13	243,10	273,48	163,75	238,19	267,96	160,38	233,28	262,44	157,01	228,38	256,92	153,63	223,47	251,40
	VI	3 609,41	198,51	288,75	324,84																				

* Die ausgewiesenen Tabellenwerte sind amtlich. Siehe Erläuterungen auf der Umschlaginnenseite (U2).

Lohn/ Gehalt bis €*		I – VI LSt	ohne Kinderfreibeträge SolZ	8%	9%	I, II, III, IV	LSt	0,5 SolZ	0,5 8%	0,5 9%	1 SolZ	1 8%	1 9%	1,5 SolZ	1,5 8%	1,5 9%	2 SolZ	2 8%	2 9%	2,5 SolZ	2,5 8%	2,5 9%	3 SolZ	3 8%	3 9%
9 770,99 West	I,IV	3 149,75	173,23	251,98	283,47	I	3 149,75	166,48	242,16	272,43	159,74	232,36	261,40	153,—	222,54	250,36	146,25	212,73	239,32	139,51	202,92	228,29	132,76	193,11	217,25
	II	3 104,—	170,72	248,32	279,36	II	3 104,—	163,97	238,50	268,31	157,22	228,69	257,27	150,48	218,88	246,24	143,73	209,07	235,20	136,99	199,26	224,16	130,24	189,44	213,12
	III	2 468,66	135,77	197,49	222,17	III	2 468,66	129,03	187,68	211,14	122,34	177,96	200,20	115,78	168,41	189,46	109,35	159,06	178,94	103,05	149,89	168,62	96,88	140,92	158,53
	V	3 564,33	196,03	285,14	320,78	IV	3 149,75	169,86	247,07	277,95	166,48	242,16	272,43	163,11	237,26	266,91	159,74	232,36	261,40	156,37	227,45	255,88	153,—	222,54	250,36
	VI	3 597,75	197,87	287,82	323,79																				
9 770,99 Ost	I,IV	3 162,58	173,94	253,—	284,63	I	3 162,58	167,20	243,20	273,60	160,45	233,38	262,55	153,70	223,57	251,51	146,96	213,76	240,48	140,21	203,95	229,44	133,47	194,14	218,40
	II	3 116,83	171,42	249,34	280,51	II	3 116,83	164,67	239,53	269,47	157,93	229,72	258,44	151,19	219,91	247,40	144,44	210,10	236,36	137,70	200,29	225,32	130,95	190,48	214,29
	III	2 481,50	136,48	198,52	223,33	III	2 481,50	129,73	188,70	212,29	123,04	178,97	201,34	116,47	169,41	190,58	110,02	160,04	180,04	103,71	150,85	169,70	97,52	141,85	159,58
	V	3 577,16	196,74	286,17	321,94	IV	3 162,58	170,57	248,10	279,11	167,20	243,20	273,60	163,82	238,29	268,07	160,45	233,38	262,55	157,08	228,48	257,04	153,70	223,57	251,51
	VI	3 610,66	198,58	288,85	324,95																				
9 773,99 West	I,IV	3 151,—	173,30	252,08	283,59	I	3 151,—	166,55	242,26	272,54	159,81	232,46	261,51	153,06	222,64	250,47	146,32	212,83	239,43	139,58	203,02	228,40	132,83	193,21	217,36
	II	3 105,25	170,78	248,42	279,47	II	3 105,25	164,04	238,60	268,43	157,29	228,79	257,39	150,55	218,98	246,35	143,80	209,17	235,31	137,06	199,36	224,28	130,31	189,55	213,24
	III	2 470,—	135,85	197,60	222,30	III	2 470,—	129,10	187,78	211,25	122,41	178,05	200,30	115,84	168,50	189,56	109,42	159,16	179,05	103,11	149,98	168,73	96,94	141,01	158,63
	V	3 565,58	196,10	285,24	320,90	IV	3 151,—	169,93	247,17	278,06	166,55	242,26	272,54	163,18	237,36	267,03	159,81	232,46	261,51	156,44	227,55	255,99	153,06	222,64	250,47
	VI	3 599,—	197,94	287,92	323,91																				
9 773,99 Ost	I,IV	3 163,91	174,01	253,11	284,75	I	3 163,91	167,26	243,30	273,71	160,52	233,48	262,67	153,78	223,68	251,64	147,03	213,86	240,59	140,28	204,05	229,55	133,54	194,24	218,52
	II	3 118,08	171,49	249,44	280,62	II	3 118,08	164,75	239,64	269,59	158,—	229,82	258,55	151,25	220,01	247,51	144,51	210,20	236,48	137,77	200,39	225,44	131,02	190,58	214,40
	III	2 482,83	136,55	198,62	223,45	III	2 482,83	129,80	188,81	212,41	123,10	179,06	201,44	116,53	169,50	190,69	110,09	160,13	180,14	103,77	150,94	169,81	97,58	141,94	159,68
	V	3 578,41	196,81	286,27	322,05	IV	3 163,91	170,64	248,20	279,23	167,26	243,30	273,71	163,89	238,39	268,19	160,52	233,48	262,67	157,14	228,58	257,15	153,78	223,68	251,64
	VI	3 611,91	198,65	288,95	325,07																				
9 776,99 West	I,IV	3 152,25	173,37	252,18	283,70	I	3 152,25	166,62	242,36	272,66	159,88	232,56	261,63	153,13	222,74	250,58	146,39	212,93	239,54	139,64	203,12	228,51	132,90	193,31	217,47
	II	3 106,50	170,85	248,52	279,58	II	3 106,50	164,11	238,70	268,54	157,36	228,89	257,50	150,62	219,08	246,47	143,87	209,27	235,43	137,12	199,46	224,39	130,38	189,65	213,35
	III	2 471,16	135,91	197,69	222,40	III	2 471,16	129,16	187,88	211,36	122,48	178,16	200,43	115,92	168,61	189,68	109,48	159,25	179,15	103,18	150,08	168,84	97,01	141,10	158,74
	V	3 566,83	196,17	285,34	321,01	IV	3 152,25	170,—	247,27	278,18	166,62	242,36	272,66	163,25	237,46	267,14	159,88	232,56	261,63	156,51	227,65	256,10	153,13	222,74	250,58
	VI	3 600,25	198,01	288,02	324,02																				
9 776,99 Ost	I,IV	3 165,16	174,08	253,21	284,86	I	3 165,16	167,33	243,40	273,82	160,59	233,58	262,78	153,84	223,78	251,75	147,10	213,96	240,71	140,35	204,15	229,67	133,61	194,34	218,63
	II	3 119,33	171,56	249,54	280,73	II	3 119,33	164,82	239,74	269,70	158,07	229,92	258,66	151,32	220,11	247,62	144,58	210,30	236,59	137,83	200,49	225,55	131,09	190,68	214,51
	III	2 484,—	136,62	198,72	223,56	III	2 484,—	129,88	188,92	212,53	123,18	179,17	201,56	116,60	169,60	190,80	110,15	160,22	180,25	103,84	151,04	169,92	97,65	142,04	159,79
	V	3 579,75	196,88	286,38	322,17	IV	3 165,16	170,71	248,30	279,34	167,33	243,40	273,82	163,96	238,49	268,30	160,59	233,58	262,78	157,22	228,68	257,27	153,84	223,78	251,75
	VI	3 613,16	198,72	289,05	325,18																				
9 779,99 West	I,IV	3 153,50	173,44	252,28	283,81	I	3 153,50	166,70	242,47	272,78	159,95	232,66	261,74	153,20	222,84	250,70	146,46	213,04	239,67	139,71	203,22	228,62	132,97	193,41	217,58
	II	3 107,75	170,92	248,62	279,69	II	3 107,75	164,17	238,80	268,65	157,43	229,—	257,62	150,69	219,18	246,58	143,94	209,37	235,54	137,20	199,56	224,51	130,45	189,75	213,47
	III	2 472,50	135,98	197,80	222,52	III	2 472,50	129,24	187,98	211,48	122,54	178,25	200,53	115,98	168,70	189,79	109,55	159,34	179,26	103,24	150,17	168,94	97,06	141,18	158,83
	V	3 568,08	196,24	285,44	321,12	IV	3 153,50	170,06	247,37	278,29	166,70	242,47	272,78	163,32	237,56	267,26	159,95	232,66	261,74	156,58	227,75	256,22	153,20	222,84	250,70
	VI	3 601,58	198,08	288,12	324,14																				
9 779,99 Ost	I,IV	3 166,41	174,15	253,31	284,97	I	3 166,41	167,40	243,50	273,93	160,65	233,68	262,89	153,91	223,88	251,86	147,17	214,06	240,82	140,42	204,25	229,78	133,68	194,44	218,75
	II	3 120,58	171,63	249,64	280,85	II	3 120,58	164,89	239,84	269,82	158,14	230,02	258,77	151,39	220,21	247,73	144,65	210,40	236,70	137,90	200,59	225,66	131,16	190,78	214,62
	III	2 485,33	136,69	198,82	223,67	III	2 485,33	129,94	189,01	212,63	123,24	179,26	201,67	116,67	169,70	190,91	110,22	160,32	180,36	103,90	151,13	170,02	97,71	142,13	159,89
	V	3 581,—	196,95	286,48	322,29	IV	3 166,41	170,77	248,40	279,45	167,40	243,50	273,93	164,03	238,59	268,41	160,65	233,68	262,89	157,29	228,78	257,38	153,91	223,88	251,86
	VI	3 614,41	198,79	289,15	325,29																				
9 782,99 West	I,IV	3 154,75	173,51	252,38	283,92	I	3 154,75	166,76	242,57	272,89	160,02	232,76	261,85	153,27	222,94	250,81	146,53	213,14	239,78	139,78	203,32	228,74	133,04	193,51	217,70
	II	3 109,—	170,99	248,72	279,81	II	3 109,—	164,24	238,90	268,76	157,50	229,10	257,73	150,75	219,28	246,69	144,01	209,47	235,65	137,27	199,66	224,62	130,52	189,85	213,58
	III	2 473,66	136,05	197,89	222,62	III	2 473,66	129,30	188,08	211,59	122,61	178,34	200,63	116,05	168,80	189,90	109,61	159,44	179,37	103,30	150,26	169,04	97,13	141,28	158,94
	V	3 569,33	196,31	285,54	321,23	IV	3 154,75	170,14	247,48	278,41	166,76	242,57	272,89	163,39	237,66	267,37	160,02	232,76	261,85	156,64	227,85	256,33	153,27	222,94	250,81
	VI	3 602,83	198,15	288,22	324,25																				
9 782,99 Ost	I,IV	3 167,66	174,22	253,41	285,08	I	3 167,66	167,47	243,60	274,05	160,73	233,79	263,01	153,98	223,98	251,97	147,23	214,16	240,93	140,49	204,36	229,90	133,75	194,54	218,86
	II	3 121,91	171,70	249,75	280,97	II	3 121,91	164,95	239,94	269,93	158,21	230,12	258,89	151,47	220,32	247,86	144,72	210,50	236,81	137,97	200,69	225,77	131,23	190,88	214,74
	III	2 486,66	136,76	198,93	223,79	III	2 486,66	130,02	189,12	212,76	123,31	179,36	201,78	116,73	169,80	191,02	110,28	160,41	180,46	103,96	151,22	170,12	97,77	142,21	159,98
	V	3 582,25	197,02	286,58	322,40	IV	3 167,66	170,84	248,50	279,56	167,47	243,60	274,05	164,10	238,69	268,52	160,73	233,79	263,01	157,35	228,88	257,49	153,98	223,98	251,97
	VI	3 615,66	198,86	289,25	325,40																				
9 785,99 West	I,IV	3 156,08	173,58	252,48	284,04	I	3 156,08	166,83	242,67	273,—	160,09	232,86	261,96	153,34	223,04	250,92	146,60	213,24	239,89	139,85	203,42	228,85	133,10	193,61	217,81
	II	3 110,25	171,06	248,82	279,92	II	3 110,25	164,31	239,—	268,88	157,57	229,20	257,85	150,82	219,38	246,80	144,08	209,57	235,76	137,33	199,76	224,73	130,59	189,95	213,69
	III	2 475,—	136,12	198,—	222,75	III	2 475,—	129,37	188,18	211,70	122,68	178,45	200,75	116,12	168,90	190,01	109,67	159,53	179,47	103,37	150,36	169,15	97,19	141,37	159,04
	V	3 570,58	196,38	285,64	321,35	IV	3 156,08	170,21	247,58	278,52	166,83	242,67	273,—	163,46	237,76	267,48	160,09	232,86	261,96	156,71	227,95	256,44	153,34	223,04	250,92
	VI	3 604,08	198,22	288,32	324,36																				
9 785,99 Ost	I,IV	3 168,91	174,29	253,51	285,20	I	3 168,91	167,54	243,70	274,16	160,80	233,89	263,12	154,05	224,08	252,09	147,30	214,26	241,04	140,56	204,46	230,01	133,81	194,64	218,97
	II	3 123,16	171,77	249,85	281,08	II	3 123,16	165,02	240,04	270,04	158,28	230,22	259,—	151,53	220,42	247,97	144,79	210,60	236,93	138,04	200,79	225,89	131,30	190,98	214,85
	III	2 487,83	136,83	199,02	223,90	III	2 487,83	130,08	189,21	212,86	123,38	179,46	201,89	116,80	169,89	191,12	110,34	160,50	180,56	104,03	151,32	170,23	97,83	142,30	160,09
	V	3 583,50	197,09	286,68	322,51	IV	3 168,91	170,91	248,60	279,68	167,54	243,70	274,16	164,17	238,80	268,65	160,80	233,89	263,12	157,42	228,98	257,60	154,05	224,08	252,09
	VI	3 616,91	198,93	289,35	325,52																				
9 788,99 West	I,IV	3 157,33	173,65	252,58	284,15	I	3 157,33	166,90	242,77	273,11	160,16	232,96	262,08	153,41	223,15	251,04	146,67	213,34	240,—	139,92	203,52	228,96	133,18	193,72	217,93
	II	3 111,50	171,13	248,92	280,03	II	3 111,50	164,39	239,11	269,—	157,64	229,30	257,96	150,89	219,48	246,92	144,15	209,68	235,89	137,40	199,86	224,84	130,66	190,05	213,80
	III	2 476,16	136,18	198,09	222,85	III	2 476,16	129,45	188,29	211,82	122,75	178,54	200,86	116,18	169,—	190,12	109,75	159,64	179,59	103,43	150,45	169,25	97,25	141,46	159,14
	V	3 571,83	196,45	285,74	321,46	IV	3 157,33	170,28	247,68	278,64	166,90	242,77	273,11	163,53	237,86	267,59	160,16	232,96	262,08	156,78	228,05	256,55	153,41	223,15	251,04
	VI	3 605,33	198,29	288,42	324,47																				
9 788,99 Ost	I,IV	3 170,16	174,35	253,61	285,31	I	3 170,16	167,61	243,80	274,28	160,87	233,99	263,24	154,12	224,18	252,20	147,37	214,36	241,16	140,63	204,56	230,13	133,88	194,74	219,08
	II	3 124,41	171,84	249,95	281,19	II	3 124,41	165,09	240,14	270,15	158,34	230,32	259,11	151,60	220,52	248,08	144,86	210,70	237,04	138,11	200,89	226,—	131,37	191,08	214,97
	III	2 489,16	136,90	199,13	224,02	III	2 489,16	130,15	189,32	212,98	123,44	179,56	202,—	116,86	169,98	191,23	110,42	160,61	180,68	104,09	151,41	170,33	97,90	142,40	160,20
	V	3 584,75	197,16	286,78	322,62	IV	3 170,16	170,98	248,70	279,79	167,61	243,80	274,28	164,24	238,90	268,76	160,87	233,99	263,24	157,49	229,08	257,72	154,12	224,18	252,20
	VI	3 618,25	199,—	289,46	325,64																				
9 791,99 West	I,IV	3 158,58	173,72	252,68	284,27	I	3 158,58	166,97	242,87	273,23	160,22	233,06	262,19	153,48	223,25	251,15	146,74	213,44	240,12	139,99	203,62	229,07	133,25	193,82	218,04
	II	3 112,75	171,20	249,02	280,14	II	3 112,75	164,45	239,21	269,11	157,71	229,40	258,07	150,96	219,58	247,03	144,22	209,78	236,—	137,47	199,96	224,96	130,73	190,15	213,92
	III	2 477,50	136,26	198,20	222,97	III	2 477,50	129,51	188,38	211,93	122,82	178,65	200,98	116,25	169,09	190,22	109,81	159,73	179,69	103,50	150,54	169,36	97,32	141,56	159,25
	V	3 573,16	196,52	285,85	321,58	IV	3 158,58	170,34	247,78	278,75	166,97	242,87	273,23	163,60	237,96	267,71	160,22	233,06	262,19	156,86	228,16	256,68	153,48	223,25	251,15
	VI	3 606,58	198,36	288,52	324,59																				
9 791,99 Ost	I,IV	3 171,41	174,42	253,71	285,42	I	3 171,41	167,68	243,90	274,39	160,93	234,09	263,35	154,19	224,28	252,31	147,45	214,47	241,28	140,70	204,66	230,24	133,95	194,84	219,20
	II	3 125,66	171,91	250,05	281,30	II	3 125,66	165,16	240,24	270,27	158,42	230,43	259,23	151,67	220,62	248,19	144,92	210,80	237,15	138,18	201,—	226,12	131,44	191,18	215,08
	III	2 490,33	136,96	199,22	224,12	III	2 490,33	130,22	189,41	213,08	123,52	179,66	202,12	116,93	170,09	191,35	110,48	160,70	180,79	104,16	151,50	170,44	97,96	142,49	160,30
	V	3 586,—	197,23	286,88	322,74	IV	3 171,41	171,05	248,80	279,90	167,68	243,90	274,39	164,31	239,—	268,87	160,93	234,09	263,35	157,56	229,18	257,83	154,19	224,28	252,31
	VI	3 619,50	199,07	289,56	325,75																				

Table title: Abzüge an Lohnsteuer, Solidaritätszuschlag (SolZ) und Kirchensteuer (8%, 9%) in den Steuerklassen I – VI (ohne Kinderfreibeträge) und I, II, III, IV (mit Zahl der Kinderfreibeträge . . .)

*** Die ausgewiesenen Tabellenwerte sind amtlich. Siehe Erläuterungen auf der Umschlaginnenseite (U2).**

MONAT 9 792,–*

Lohn/Gehalt bis €*	Abzüge an Lohnsteuer, Solidaritätszuschlag (SolZ) und Kirchensteuer (8%, 9%) in den Steuerklassen I – VI					I, II, III, IV																			
			ohne Kinderfreibeträge					mit Zahl der Kinderfreibeträge . . .																	
								0,5			1			1,5			2			2,5			3		
		LSt	SolZ	8%	9%		LSt	SolZ	8%	9%	SolZ	8%	9%	SolZ	8%	9%	SolZ	8%	9%	SolZ	8%	9%	SolZ	8%	9%
9 794,99 West	I,IV	3 159,83	173,79	252,78	284,38	I	3 159,83	167,04	242,97	273,34	160,30	233,16	262,31	153,55	223,35	251,27	146,80	213,54	240,23	140,06	203,72	229,19	133,32	193,92	218,16
	II	3 114,08	171,27	249,12	280,26	II	3 114,08	164,52	239,31	269,22	157,78	229,50	258,18	151,03	219,68	247,14	144,29	209,88	236,11	137,54	200,06	225,07	130,79	190,25	214,03
	III	2 478,66	136,32	198,29	223,07	III	2 478,66	129,58	188,49	212,05	122,88	178,74	201,08	116,31	169,18	190,33	109,88	159,82	179,80	103,56	150,64	169,47	97,38	141,65	159,35
	V	3 574,41	196,59	285,95	321,69	IV	3 159,83	170,41	247,88	278,86	167,04	242,97	273,34	163,67	238,06	267,82	160,30	233,16	262,31	156,92	228,26	256,79	153,55	223,35	251,27
	VI	3 607,83	198,43	288,62	324,70																				
9 794,99 Ost	I,IV	3 172,66	174,49	253,81	285,53	I	3 172,66	167,75	244,—	274,50	161,—	234,19	263,46	154,26	224,38	252,42	147,51	214,57	241,39	140,77	204,76	230,35	134,02	194,94	219,31
	II	3 126,91	171,98	250,15	281,42	II	3 126,91	165,23	240,34	270,38	158,49	230,53	259,34	151,74	220,72	248,31	144,99	210,90	237,26	138,25	201,10	226,23	131,50	191,28	215,19
	III	2 491,66	137,04	199,33	224,24	III	2 491,66	130,29	189,52	213,21	123,58	179,76	202,23	117,—	170,18	191,45	110,51	160,80	180,90	104,22	151,60	170,55	98,02	142,58	160,40
	V	3 587,25	197,29	286,98	322,85	IV	3 172,66	171,12	248,91	280,02	167,75	244,—	274,50	164,38	239,10	268,98	161,—	234,19	263,46	157,63	229,28	257,94	154,26	224,38	252,42
	VI	3 620,75	199,14	289,66	325,86																				
9 797,99 West	I,IV	3 161,08	173,85	252,88	284,49	I	3 161,08	167,11	243,07	273,45	160,37	233,26	262,42	153,62	223,45	251,38	146,87	213,64	240,34	140,13	203,83	229,31	133,38	194,02	218,27
	II	3 115,33	171,34	249,22	280,37	II	3 115,33	164,59	239,41	269,33	157,85	229,60	258,30	151,10	219,79	247,26	144,36	209,98	236,22	137,61	200,16	225,18	130,87	190,36	214,15
	III	2 480,—	136,40	198,40	223,20	III	2 480,—	129,65	188,58	212,15	122,96	178,85	201,20	116,38	169,29	190,45	109,94	159,92	179,91	103,62	150,73	169,57	97,45	141,74	159,46
	V	3 575,66	196,66	286,05	321,80	IV	3 161,08	170,48	247,98	278,97	167,11	243,07	273,45	163,75	238,16	267,93	160,37	233,26	262,42	156,99	228,36	256,90	153,62	223,45	251,38
	VI	3 609,08	198,49	288,72	324,81																				
9 797,99 Ost	I,IV	3 174,—	174,57	253,92	285,66	I	3 174,—	167,82	244,10	274,61	161,07	234,29	263,57	154,33	224,48	252,54	147,58	214,67	241,50	140,84	204,86	230,46	134,09	195,04	219,42
	II	3 128,16	172,04	250,25	281,53	II	3 128,16	165,30	240,44	270,50	158,56	230,63	259,46	151,81	220,82	248,42	145,06	211,—	237,38	138,32	201,20	226,35	131,57	191,38	215,30
	III	2 492,83	137,10	199,42	224,35	III	2 492,83	130,35	189,61	213,31	123,65	179,86	202,34	117,06	170,28	191,56	110,61	160,89	181,—	104,28	151,69	170,65	98,09	142,68	160,51
	V	3 588,50	197,36	287,08	322,96	IV	3 174,—	171,19	249,01	280,13	167,82	244,10	274,61	164,45	239,20	269,10	161,07	234,29	263,57	157,70	229,38	258,05	154,33	224,48	252,54
	VI	3 622,—	199,21	289,76	325,98																				
9 800,99 West	I,IV	3 162,33	173,92	252,98	284,60	I	3 162,33	167,18	243,17	273,56	160,43	233,36	262,53	153,69	223,55	251,49	146,94	213,74	240,45	140,20	203,93	229,42	133,45	194,12	218,38
	II	3 116,58	171,41	249,32	280,49	II	3 116,58	164,66	239,51	269,45	157,91	229,70	258,41	151,17	219,89	247,37	144,43	210,08	236,34	137,68	200,26	225,29	130,94	190,46	214,26
	III	2 481,33	136,47	198,50	223,31	III	2 481,33	129,72	188,69	212,27	123,02	178,94	201,31	116,45	169,38	190,55	110,—	160,01	180,01	103,69	150,82	169,67	97,50	141,82	159,55
	V	3 576,91	196,73	286,15	321,92	IV	3 162,33	170,55	248,08	279,09	167,18	243,17	273,56	163,81	238,27	268,05	160,43	233,36	262,53	157,06	228,46	257,01	153,69	223,55	251,49
	VI	3 610,33	198,56	288,82	324,92																				
9 800,99 Ost	I,IV	3 175,25	174,63	254,02	285,77	I	3 175,25	167,89	244,20	274,73	161,14	234,39	263,69	154,40	224,58	252,65	147,65	214,77	241,61	140,91	204,96	230,58	134,16	195,15	219,54
	II	3 129,41	172,11	250,35	281,64	II	3 129,41	165,37	240,54	270,61	158,62	230,73	259,57	151,88	220,92	248,53	145,14	211,11	237,50	138,39	201,30	226,46	131,64	191,48	215,42
	III	2 494,16	137,17	199,53	224,47	III	2 494,16	130,43	189,72	213,43	123,72	179,96	202,45	117,14	170,38	191,68	110,67	160,98	181,10	104,35	151,78	170,75	98,15	142,77	160,61
	V	3 589,75	197,43	287,18	323,07	IV	3 175,25	171,26	249,11	280,25	167,89	244,20	274,73	164,51	239,30	269,21	161,14	234,39	263,69	157,77	229,48	258,17	154,40	224,58	252,65
	VI	3 623,25	199,27	289,86	326,09																				
9 803,99 West	I,IV	3 163,58	173,99	253,08	284,72	I	3 163,58	167,25	243,28	273,69	160,50	233,46	262,64	153,76	223,65	251,60	147,01	213,84	240,57	140,27	204,03	229,53	133,52	194,22	218,49
	II	3 117,83	171,48	249,42	280,60	II	3 117,83	164,73	239,61	269,56	157,99	229,80	258,53	151,24	219,99	247,49	144,49	210,18	236,45	137,75	200,36	225,41	131,01	190,56	214,38
	III	2 482,50	136,53	198,60	223,42	III	2 482,50	129,79	188,78	212,38	123,09	179,04	201,42	116,51	169,48	190,66	110,07	160,10	180,11	103,75	150,92	169,78	97,57	141,92	159,66
	V	3 578,16	196,79	286,25	322,03	IV	3 163,58	170,62	248,18	279,20	167,25	243,28	273,69	163,88	238,37	268,16	160,50	233,46	262,64	157,13	228,56	257,13	153,76	223,65	251,60
	VI	3 611,66	198,64	288,93	325,04																				
9 803,99 Ost	I,IV	3 176,50	174,70	254,12	285,88	I	3 176,50	167,96	244,30	274,84	161,21	234,49	263,80	154,47	224,68	252,77	147,72	214,87	241,73	140,97	205,06	230,69	134,23	195,25	219,65
	II	3 130,66	172,18	250,45	281,75	II	3 130,66	165,44	240,64	270,72	158,69	230,83	259,68	151,95	221,02	248,64	145,20	211,21	237,61	138,46	201,40	226,57	131,71	191,58	215,53
	III	2 495,33	137,24	199,62	224,57	III	2 495,33	130,50	189,82	213,55	123,79	180,06	202,57	117,20	170,48	191,79	110,74	161,08	181,21	104,41	151,88	170,86	98,21	142,85	160,70
	V	3 591,08	197,50	287,28	323,19	IV	3 176,50	171,33	249,21	280,36	167,96	244,30	274,84	164,58	239,40	269,32	161,21	234,49	263,80	157,84	229,59	258,29	154,47	224,68	252,77
	VI	3 624,50	199,34	289,96	326,20																				
9 806,99 West	I,IV	3 164,83	174,06	253,18	284,83	I	3 164,83	167,32	243,38	273,80	160,57	233,56	262,76	153,83	223,75	251,72	147,08	213,94	240,68	140,34	204,13	229,64	133,59	194,32	218,61
	II	3 119,08	171,54	249,52	280,71	II	3 119,08	164,80	239,71	269,67	158,06	229,90	258,64	151,31	220,09	247,60	144,56	210,28	236,56	137,82	200,47	225,53	131,07	190,66	214,49
	III	2 483,83	136,61	198,70	223,54	III	2 483,83	129,86	188,89	212,50	123,16	179,14	201,53	116,59	169,58	190,78	110,13	160,20	180,22	103,82	151,01	169,88	97,63	142,01	159,76
	V	3 579,41	196,86	286,35	322,14	IV	3 164,83	170,69	248,28	279,32	167,32	243,38	273,80	163,95	238,47	268,28	160,57	233,56	262,76	157,20	228,66	257,24	153,83	223,75	251,72
	VI	3 612,91	198,71	289,03	325,16																				
9 806,99 Ost	I,IV	3 177,75	174,77	254,22	285,99	I	3 177,75	168,02	244,40	274,95	161,28	234,60	263,92	154,54	224,78	252,88	147,79	214,97	241,84	141,05	205,16	230,81	134,30	195,35	219,77
	II	3 132,—	172,26	250,56	281,88	II	3 132,—	165,51	240,74	270,83	158,76	230,93	259,79	152,02	221,12	248,76	145,27	211,31	237,72	138,53	201,50	226,68	131,78	191,68	215,64
	III	2 496,66	137,31	199,73	224,69	III	2 496,66	130,57	189,92	213,66	123,86	180,16	202,68	117,26	170,57	191,89	110,81	161,18	181,33	104,48	151,97	170,96	98,27	142,94	160,81
	V	3 592,33	197,57	287,38	323,30	IV	3 177,75	171,40	249,31	280,47	168,02	244,40	274,95	164,65	239,50	269,43	161,28	234,60	263,92	157,91	229,69	258,40	154,54	224,78	252,88
	VI	3 625,75	199,41	290,06	326,31																				
9 809,99 West	I,IV	3 166,08	174,13	253,28	284,94	I	3 166,08	167,39	243,48	273,91	160,64	233,66	262,87	153,89	223,85	251,83	147,15	214,04	240,80	140,41	204,23	229,76	133,66	194,42	218,72
	II	3 120,33	171,61	249,62	280,82	II	3 120,33	164,87	239,81	269,78	158,12	230,—	258,75	151,38	220,19	247,71	144,63	210,38	236,67	137,89	200,57	225,64	131,14	190,76	214,60
	III	2 485,—	136,67	198,80	223,65	III	2 485,—	129,92	188,98	212,60	123,22	179,24	201,64	116,65	169,68	190,89	110,21	160,30	180,34	103,88	151,10	169,99	97,69	142,10	159,86
	V	3 580,66	196,93	286,45	322,25	IV	3 166,08	170,76	248,38	279,43	167,39	243,48	273,91	164,01	238,57	268,39	160,64	233,66	262,87	157,27	228,76	257,35	153,89	223,85	251,83
	VI	3 614,16	198,77	289,13	325,27																				
9 809,99 Ost	I,IV	3 179,—	174,84	254,32	286,11	I	3 179,—	168,09	244,50	275,06	161,35	234,70	264,03	154,60	224,88	252,99	147,86	215,07	241,95	141,12	205,26	230,92	134,37	195,45	219,88
	II	3 133,25	172,32	250,66	281,99	II	3 133,25	165,58	240,84	270,95	158,83	231,03	259,91	152,09	221,22	248,87	145,34	211,41	237,83	138,60	201,60	226,80	131,85	191,79	215,76
	III	2 498,—	137,39	199,84	224,82	III	2 498,—	130,64	190,02	213,77	123,92	180,25	202,78	117,34	170,68	192,01	110,88	161,28	181,44	104,54	152,06	171,07	98,34	143,04	160,92
	V	3 593,58	197,64	287,48	323,42	IV	3 179,—	171,47	249,41	280,58	168,09	244,50	275,06	164,72	239,60	269,55	161,35	234,70	264,03	157,98	229,79	258,51	154,60	224,88	252,99
	VI	3 627,—	199,48	290,16	326,43																				
9 812,99 West	I,IV	3 167,41	174,20	253,39	285,06	I	3 167,41	167,46	243,58	274,02	160,71	233,76	262,98	153,97	223,96	251,95	147,22	214,14	240,91	140,47	204,33	229,87	133,73	194,52	218,84
	II	3 121,58	171,68	249,72	280,94	II	3 121,58	164,94	239,92	269,91	158,19	230,10	258,86	151,45	220,29	247,82	144,70	210,48	236,79	137,96	200,67	225,75	131,21	190,86	214,71
	III	2 486,33	136,74	198,90	223,76	III	2 486,33	130,—	189,09	212,72	123,30	179,34	201,76	116,71	169,77	190,99	110,27	160,40	180,45	103,95	151,20	170,10	97,76	142,20	159,97
	V	3 581,91	197,—	286,55	322,37	IV	3 167,41	170,83	248,48	279,54	167,46	243,58	274,02	164,08	238,67	268,50	160,71	233,76	262,98	157,34	228,86	257,46	153,97	223,96	251,95
	VI	3 615,41	198,84	289,23	325,38																				
9 812,99 Ost	I,IV	3 180,25	174,91	254,42	286,22	I	3 180,25	168,16	244,60	275,18	161,42	234,80	264,15	154,67	224,98	253,10	147,93	215,17	242,06	141,18	205,36	231,03	134,44	195,55	219,99
	II	3 134,50	172,39	250,76	282,10	II	3 134,50	165,65	240,94	271,06	158,90	231,13	260,02	152,16	221,32	248,99	145,41	211,51	237,95	138,66	201,70	226,91	131,92	191,89	215,87
	III	2 499,16	137,45	199,93	224,92	III	2 499,16	130,70	190,12	213,88	123,99	180,36	202,90	117,40	170,77	192,11	110,94	161,37	181,54	104,61	152,16	171,18	98,40	143,13	161,02
	V	3 594,83	197,71	287,58	323,53	IV	3 180,25	171,54	249,51	280,70	168,16	244,60	275,18	164,79	239,70	269,66	161,42	234,80	264,15	158,05	229,89	258,62	154,67	224,98	253,10
	VI	3 628,25	199,55	290,26	326,54																				
9 815,99 West	I,IV	3 168,66	174,27	253,49	285,17	I	3 168,66	167,53	243,68	274,14	160,78	233,86	263,09	154,04	224,06	252,06	147,29	214,24	241,02	140,54	204,43	229,98	133,80	194,62	218,95
	II	3 122,83	171,75	249,82	281,05	II	3 122,83	165,01	240,02	270,02	158,26	230,20	258,98	151,52	220,39	247,94	144,77	210,58	236,90	138,03	200,77	225,86	131,28	190,96	214,83
	III	2 487,50	136,81	199,—	223,87	III	2 487,50	130,07	189,20	212,85	123,36	179,44	201,87	116,79	169,88	191,11	110,33	160,49	180,55	104,01	151,29	170,20	97,82	142,29	160,07
	V	3 583,25	197,07	286,66	322,49	IV	3 168,66	170,90	248,58	279,65	167,53	243,68	274,14	164,15	238,77	268,61	160,78	233,86	263,09	157,41	228,96	257,58	154,04	224,06	252,06
	VI	3 616,66	198,91	289,33	325,49																				
9 815,99 Ost	I,IV	3 181,50	174,98	254,52	286,33	I	3 181,50	168,24	244,71	275,30	161,49	234,90	264,26	154,74	225,08	253,22	148,—	215,28	242,19	141,25	205,46	231,14	134,51	195,65	220,10
	II	3 135,75	172,46	250,86	282,21	II	3 135,75	165,71	241,04	271,17	158,97	231,24	260,14	152,23	221,42	249,10	145,48	211,61	238,06	138,74	201,80	227,03	131,99	191,99	215,99
	III	2 500,50	137,52	200,04	225,04	III	2 500,50	130,78	190,22	214,—	124,06	180,45	203,—	117,47	170,86	192,22	111,—	161,46	181,64	104,67	152,25	171,28	98,46	143,22	161,12
	V	3 596,08	197,78	287,68	323,64	IV	3 181,50	171,60	249,61	280,81	168,24	244,71	275,30	164,86	239,80	269,78	161,49	234,90	264,26	158,12	229,99	258,74	154,74	225,08	253,22
	VI	3 629,58	199,62	290,36	326,66																				

* Die ausgewiesenen Tabellenwerte sind amtlich. Siehe Erläuterungen auf der Umschlaginnenseite (U2).

Lohn/ Gehalt bis €*	Abzüge an Lohnsteuer, Solidaritätszuschlag (SolZ) und Kirchensteuer (8%, 9%) in den Steuerklassen I – VI					I, II, III, IV		mit Zahl der Kinderfreibeträge . . . 0,5			1			1,5			2			2,5			3		
		LSt	ohne Kinderfreibeträge SolZ	8%	9%		LSt	SolZ	8%	9%	SolZ	8%	9%	SolZ	8%	9%	SolZ	8%	9%	SolZ	8%	9%	SolZ	8%	9%
9 818,99 West	I,IV	3 169,91	174,34	253,59	285,29	I	3 169,91	167,59	243,78	274,25	160,85	233,96	263,21	154,11	224,16	252,18	147,36	214,34	241,13	140,61	204,53	230,09	133,87	194,72	219,06
	II	3 124,08	171,82	249,92	281,16	II	3 124,08	165,08	240,12	270,13	158,33	230,30	259,09	151,58	220,49	248,05	144,84	210,68	237,02	138,10	200,87	225,98	131,35	191,06	214,94
	III	2 488,83	136,88	199,10	223,99	III	2 488,83	130,13	189,29	212,95	123,43	179,54	201,98	116,85	169,97	191,21	110,40	160,58	180,65	104,07	151,38	170,30	97,89	142,38	160,18
	V	3 584,50	197,14	286,76	322,60	IV	3 169,91	170,97	248,68	279,77	167,59	243,78	274,25	164,22	238,87	268,73	160,85	233,96	263,21	157,48	229,06	257,69	154,11	224,16	252,18
	VI	3 617,91	198,98	289,43	325,61																				
9 818,99 Ost	I,IV	3 182,75	175,05	254,62	286,44	I	3 182,75	168,30	244,81	275,41	161,56	235,—	264,37	154,81	225,18	253,33	148,07	215,38	242,30	141,32	205,56	231,26	134,58	195,75	220,22
	II	3 137,—	172,53	250,96	282,33	II	3 137,—	165,78	241,14	271,28	159,04	231,34	260,25	152,29	221,52	249,21	145,55	211,71	238,17	138,81	201,90	227,14	132,06	192,09	216,10
	III	2 501,66	137,59	200,13	225,14	III	2 501,66	130,84	190,32	214,11	124,13	180,56	203,13	117,54	170,97	192,34	111,07	161,56	181,75	104,73	152,34	171,38	98,53	143,32	161,23
	V	3 597,33	197,85	287,78	323,75	IV	3 182,75	171,68	249,72	280,93	168,30	244,81	275,41	164,93	239,90	269,89	161,56	235,—	264,37	158,18	230,09	258,85	154,81	225,18	253,33
	VI	3 630,83	199,69	290,46	326,77																				
9 821,99 West	I,IV	3 171,16	174,41	253,69	285,40	I	3 171,16	167,66	243,88	274,36	160,92	234,07	263,33	154,17	224,26	252,29	147,43	214,44	241,25	140,69	204,64	230,22	133,94	194,82	219,17
	II	3 125,41	171,89	250,03	281,28	II	3 125,41	165,15	240,22	270,24	158,40	230,40	259,20	151,66	220,60	248,17	144,91	210,78	237,13	138,16	200,97	226,09	131,42	191,16	215,06
	III	2 490,16	136,95	199,21	224,11	III	2 490,16	130,21	189,40	213,07	123,50	179,64	202,09	116,92	170,06	191,32	110,46	160,68	180,76	104,14	151,48	170,41	97,94	142,46	160,27
	V	3 585,75	197,21	286,86	322,71	IV	3 171,16	171,04	248,78	279,88	167,66	243,88	274,36	164,29	238,97	268,84	160,92	234,07	263,33	157,55	229,16	257,81	154,17	224,26	252,29
	VI	3 619,16	199,05	289,53	325,72																				
9 821,99 Ost	I,IV	3 184,08	175,12	254,72	286,56	I	3 184,08	168,37	244,91	275,52	161,63	235,10	264,48	154,88	225,28	253,44	148,14	215,48	242,41	141,39	205,66	231,37	134,64	195,85	220,33
	II	3 138,25	172,60	251,06	282,44	II	3 138,25	165,85	241,24	271,40	159,11	231,44	260,37	152,36	221,62	249,32	145,62	211,81	238,28	138,87	202,—	227,25	132,13	192,19	216,21
	III	2 503,—	137,66	200,24	225,27	III	2 503,—	130,91	190,42	214,22	124,19	180,65	203,23	117,60	171,06	192,44	111,13	161,65	181,85	104,80	152,44	171,49	98,59	143,41	161,33
	V	3 598,58	197,92	287,88	323,87	IV	3 184,08	171,75	249,82	281,04	168,37	244,91	275,52	165,—	240,—	270,—	161,63	235,10	264,48	158,25	230,19	258,96	154,88	225,28	253,44
	VI	3 632,08	199,76	290,56	326,88																				
9 824,99 West	I,IV	3 172,41	174,48	253,79	285,51	I	3 172,41	167,73	243,98	274,47	160,99	234,17	263,44	154,24	224,36	252,40	147,50	214,54	241,36	140,75	204,74	230,33	134,01	194,92	219,29
	II	3 126,66	171,96	250,13	281,39	II	3 126,66	165,22	240,32	270,36	158,47	230,50	259,31	151,73	220,70	248,28	144,98	210,88	237,24	138,23	201,07	226,20	131,49	191,26	215,17
	III	2 491,33	137,02	199,30	224,21	III	2 491,33	130,27	189,49	213,17	123,57	179,74	202,21	116,98	170,16	191,43	110,53	160,77	180,86	104,20	151,57	170,51	98,01	142,56	160,38
	V	3 587,—	197,28	286,96	322,83	IV	3 172,41	171,10	248,88	279,99	167,73	243,98	274,47	164,36	239,08	268,96	160,99	234,17	263,44	157,62	229,26	257,92	154,24	224,36	252,40
	VI	3 620,41	199,12	289,63	325,83																				
9 824,99 Ost	I,IV	3 185,33	175,19	254,82	286,67	I	3 185,33	168,44	245,01	275,63	161,70	235,20	264,60	154,95	225,39	253,56	148,21	215,58	242,52	141,46	205,76	231,48	134,72	195,96	220,45
	II	3 139,50	172,67	251,16	282,55	II	3 139,50	165,93	241,35	271,52	159,18	231,54	260,48	152,43	221,72	249,44	145,69	211,92	238,41	138,94	202,10	227,36	132,20	192,29	216,32
	III	2 504,16	137,72	200,33	225,37	III	2 504,16	130,99	190,53	214,34	124,27	180,76	203,35	117,67	171,16	192,55	111,21	161,76	181,98	104,86	152,53	171,59	98,66	143,50	161,44
	V	3 599,83	197,99	287,98	323,98	IV	3 185,33	171,82	249,92	281,16	168,44	245,01	275,63	165,07	240,10	270,11	161,70	235,20	264,60	158,32	230,29	259,07	154,95	225,39	253,56
	VI	3 633,33	199,83	290,66	326,99																				
9 827,99 West	I,IV	3 173,66	174,55	253,89	285,62	I	3 173,66	167,80	244,08	274,59	161,06	234,27	263,55	154,31	224,46	252,51	147,56	214,64	241,47	140,82	204,84	230,44	134,08	195,02	219,40
	II	3 127,91	172,03	250,23	281,51	II	3 127,91	165,28	240,42	270,47	158,54	230,60	259,43	151,80	220,80	248,40	145,05	210,98	237,35	138,30	201,17	226,31	131,56	191,36	215,28
	III	2 492,66	137,09	199,41	224,33	III	2 492,66	130,35	189,60	213,30	123,64	179,84	202,32	117,05	170,26	191,54	110,60	160,88	180,99	104,27	151,66	170,62	98,07	142,65	160,48
	V	3 588,25	197,35	287,06	322,94	IV	3 173,66	171,17	248,98	280,10	167,80	244,08	274,59	164,43	239,18	269,07	161,06	234,27	263,55	157,68	229,36	258,03	154,31	224,46	252,51
	VI	3 621,75	199,19	289,74	325,95																				
9 827,99 Ost	I,IV	3 186,58	175,26	254,92	286,79	I	3 186,58	168,51	245,11	275,75	161,76	235,30	264,71	155,02	225,49	253,67	148,28	215,68	242,64	141,53	205,86	231,59	134,79	196,06	220,56
	II	3 140,75	172,74	251,26	282,66	II	3 140,75	165,99	241,45	271,63	159,25	231,64	260,59	152,50	221,82	249,55	145,76	212,02	238,52	139,01	202,20	227,48	132,27	192,39	216,44
	III	2 505,50	137,80	200,44	225,49	III	2 505,50	131,05	190,62	214,45	124,33	180,85	203,45	117,74	171,26	192,67	111,27	161,85	182,08	104,93	152,62	171,70	98,72	143,60	161,55
	V	3 601,16	198,06	288,09	324,10	IV	3 186,58	171,88	250,02	281,27	168,51	245,11	275,75	165,14	240,20	270,23	161,76	235,30	264,71	158,40	230,40	259,20	155,02	225,49	253,67
	VI	3 634,58	199,90	290,76	327,11																				
9 830,99 West	I,IV	3 174,91	174,62	253,99	285,74	I	3 174,91	167,87	244,18	274,70	161,13	234,37	263,66	154,38	224,56	252,63	147,64	214,75	241,59	140,89	204,94	230,55	134,14	195,12	219,51
	II	3 129,16	172,10	250,33	281,62	II	3 129,16	165,35	240,52	270,58	158,61	230,71	259,55	151,86	220,90	248,51	145,12	211,08	237,47	138,38	201,28	226,44	131,63	191,46	215,39
	III	2 493,83	137,16	199,50	224,44	III	2 493,83	130,41	189,69	213,40	123,70	179,93	202,42	117,12	170,36	191,65	110,66	160,97	181,09	104,33	151,76	170,73	98,13	142,74	160,58
	V	3 589,50	197,42	287,16	323,05	IV	3 174,91	171,24	249,08	280,22	167,87	244,18	274,70	164,50	239,28	269,19	161,13	234,37	263,66	157,75	229,46	258,14	154,38	224,56	252,63
	VI	3 623,—	199,26	289,84	326,07																				
9 830,99 Ost	I,IV	3 187,83	175,33	255,02	286,90	I	3 187,83	168,58	245,21	275,86	161,84	235,40	264,83	155,09	225,59	253,79	148,34	215,78	242,75	141,60	205,96	231,71	134,86	196,16	220,68
	II	3 142,08	172,81	251,36	282,78	II	3 142,08	166,06	241,55	271,74	159,32	231,74	260,70	152,57	221,92	249,66	145,83	212,12	238,63	139,08	202,30	227,59	132,33	192,49	216,55
	III	2 506,66	137,86	200,53	225,59	III	2 506,66	131,12	190,73	214,57	124,41	180,96	203,58	117,81	171,36	192,78	111,33	161,94	182,18	104,99	152,72	171,81	98,78	143,68	161,64
	V	3 602,41	198,13	288,19	324,21	IV	3 187,83	171,95	250,12	281,38	168,58	245,21	275,86	165,21	240,30	270,34	161,84	235,40	264,83	158,46	230,50	259,31	155,09	225,59	253,79
	VI	3 635,83	199,97	290,86	327,22																				
9 833,99 West	I,IV	3 176,16	174,68	254,09	285,85	I	3 176,16	167,94	244,28	274,82	161,20	234,47	263,78	154,45	224,66	252,74	147,71	214,85	241,70	140,96	205,04	230,67	134,21	195,22	219,62
	II	3 130,41	172,17	250,43	281,73	II	3 130,41	165,42	240,62	270,69	158,68	230,81	259,66	151,93	221,—	248,62	145,19	211,18	237,58	138,44	201,38	226,55	131,70	191,56	215,51
	III	2 495,16	137,23	199,61	224,56	III	2 495,16	130,48	189,80	213,52	123,77	180,04	202,54	117,18	170,45	191,75	110,73	161,06	181,19	104,39	151,85	170,83	98,20	142,84	160,69
	V	3 590,75	197,49	287,26	323,16	IV	3 176,16	171,32	249,19	280,34	167,94	244,28	274,82	164,57	239,38	269,30	161,20	234,47	263,78	157,82	229,56	258,26	154,45	224,66	252,74
	VI	3 624,25	199,33	289,94	326,18																				
9 833,99 Ost	I,IV	3 189,08	175,39	255,12	287,01	I	3 189,08	168,65	245,31	275,97	161,91	235,50	264,94	155,16	225,69	253,90	148,41	215,88	242,86	141,67	206,07	231,83	134,92	196,26	220,79
	II	3 143,33	172,88	251,46	282,89	II	3 143,33	166,13	241,65	271,85	159,39	231,84	260,82	152,64	222,03	249,78	145,90	212,22	238,74	139,15	202,40	227,70	132,41	192,60	216,67
	III	2 508,—	137,94	200,64	225,72	III	2 508,—	131,19	190,82	214,67	124,47	181,05	203,68	117,87	171,45	192,88	111,40	162,04	182,29	105,05	152,81	171,91	98,84	143,77	161,74
	V	3 603,66	198,20	288,29	324,32	IV	3 189,08	172,02	250,22	281,49	168,65	245,31	275,97	165,27	240,40	270,45	161,91	235,50	264,94	158,53	230,60	259,42	155,16	225,69	253,90
	VI	3 637,08	200,03	290,96	327,33																				
9 836,99 West	I,IV	3 177,50	174,76	254,20	285,97	I	3 177,50	168,01	244,38	274,93	161,26	234,57	263,89	154,52	224,76	252,86	147,78	214,95	241,82	141,03	205,14	230,78	134,28	195,32	219,74
	II	3 131,66	172,24	250,53	281,84	II	3 131,66	165,49	240,72	270,81	158,75	230,91	259,77	152,—	221,10	248,73	145,25	211,28	237,69	138,51	201,48	226,66	131,77	191,66	215,62
	III	2 496,33	137,29	199,70	224,66	III	2 496,33	130,55	189,89	213,62	123,84	180,13	202,64	117,26	170,56	191,88	110,79	161,16	181,30	104,46	151,94	170,93	98,26	142,93	160,79
	V	3 592,—	197,56	287,36	323,28	IV	3 177,50	171,38	249,29	280,45	168,01	244,38	274,93	164,64	239,48	269,41	161,26	234,57	263,89	157,89	229,66	258,37	154,52	224,76	252,86
	VI	3 625,50	199,40	290,04	326,29																				
9 836,99 Ost	I,IV	3 190,33	175,46	255,22	287,12	I	3 190,33	168,72	245,41	276,08	161,97	235,60	265,05	155,23	225,79	254,01	148,48	215,98	242,97	141,74	206,17	231,94	134,99	196,36	220,90
	II	3 144,58	172,95	251,56	283,01	II	3 144,58	166,20	241,75	271,97	159,45	231,94	260,93	152,71	222,13	249,89	145,97	212,32	238,86	139,22	202,50	227,81	132,48	192,70	216,78
	III	2 509,33	138,01	200,74	225,83	III	2 509,33	131,26	190,93	214,79	124,54	181,16	203,80	117,93	171,54	192,98	111,46	162,13	182,39	105,12	152,90	172,01	98,90	143,86	161,84
	V	3 604,91	198,27	288,39	324,44	IV	3 190,33	172,09	250,32	281,61	168,72	245,41	276,08	165,35	240,51	270,57	161,97	235,60	265,05	158,60	230,70	259,53	155,23	225,79	254,01
	VI	3 638,33	200,10	291,06	327,44																				
9 839,99 West	I,IV	3 178,75	174,83	254,30	286,08	I	3 178,75	168,08	244,48	275,04	161,33	234,67	264,—	154,59	224,86	252,97	147,84	215,05	241,93	141,10	205,24	230,89	134,36	195,43	219,86
	II	3 132,91	172,31	250,63	281,96	II	3 132,91	165,56	240,82	270,92	158,82	231,01	259,88	152,07	221,20	248,85	145,33	211,39	237,81	138,58	201,58	226,77	131,83	191,76	215,73
	III	2 497,66	137,37	199,81	224,78	III	2 497,66	130,62	190,—	213,75	123,91	180,24	202,77	117,32	170,65	191,98	110,86	161,25	181,40	104,52	152,04	171,04	98,33	143,02	160,90
	V	3 593,25	197,62	287,46	323,39	IV	3 178,75	171,45	249,39	280,56	168,08	244,48	275,04	164,71	239,58	269,52	161,33	234,67	264,—	157,96	229,76	258,48	154,59	224,86	252,97
	VI	3 626,75	199,47	290,14	326,40																				
9 839,99 Ost	I,IV	3 191,58	175,53	255,32	287,24	I	3 191,58	168,79	245,52	276,21	162,04	235,70	265,16	155,30	225,89	254,12	148,55	216,08	243,09	141,81	206,27	232,05	135,06	196,46	221,01
	II	3 145,83	173,02	251,66	283,12	II	3 145,83	166,27	241,85	272,08	159,53	232,04	261,05	152,78	222,23	250,01	146,03	212,42	238,97	139,29	202,60	227,93	132,55	192,80	216,90
	III	2 510,50	138,07	200,84	225,94	III	2 510,50	131,33	191,02	214,90	124,61	181,25	203,91	118,01	171,65	193,10	111,54	162,24	182,52	105,18	153,—	172,12	98,97	143,96	161,95
	V	3 606,16	198,33	288,49	324,55	IV	3 191,58	172,16	250,42	281,72	168,79	245,52	276,21	165,42	240,61	270,68	162,04	235,70	265,16	158,67	230,80	259,65	155,30	225,89	254,12
	VI	3 639,66	200,18	291,17	327,56																				

*** Die ausgewiesenen Tabellenwerte sind amtlich. Siehe Erläuterungen auf der Umschlaginnenseite (U2).**

MONAT 9 840,–*

Lohn/ Gehalt bis €*	Abzüge an Lohnsteuer, Solidaritätszuschlag (SolZ) und Kirchensteuer (8%, 9%) in den Steuerklassen I – VI					I, II, III, IV		mit Zahl der Kinderfreibeträge . . . 0,5			1			1,5			2			2,5			3		
		LSt	ohne Kinderfreibeträge SolZ	8%	9%		LSt	SolZ	8%	9%	SolZ	8%	9%	SolZ	8%	9%	SolZ	8%	9%	SolZ	8%	9%	SolZ	8%	9%
9 842,99 West	I,IV	3 180,—	174,90	254,40	286,20	I	3 180,—	168,15	244,58	275,15	161,40	234,77	264,11	154,66	224,96	253,08	147,91	215,15	242,04	141,17	205,34	231,—	134,42	195,53	219,97
	II	3 134,16	172,37	250,73	282,07	II	3 134,16	165,63	240,92	271,04	158,89	231,11	260,—	152,14	221,30	248,96	145,40	211,49	237,92	138,65	201,68	226,89	131,90	191,86	215,84
	III	2 498,83	137,43	199,90	224,89	III	2 498,83	130,69	190,10	213,86	123,97	180,33	202,87	117,38	170,74	192,08	110,92	161,34	181,51	104,59	152,13	171,14	98,39	143,12	161,01
	V	3 594,58	197,70	287,56	323,51	IV	3 180,—	171,52	249,49	280,67	168,15	244,58	275,15	164,78	239,68	269,64	161,40	234,77	264,11	158,03	229,87	258,60	154,66	224,96	253,08
	VI	3 628,—	199,54	290,24	326,52																				
9 842,99 Ost	I,IV	3 192,83	175,60	255,42	287,35	I	3 192,83	168,86	245,62	276,32	162,11	235,80	265,28	155,37	225,99	254,24	148,62	216,18	243,20	141,88	206,37	232,16	135,13	196,56	221,13
	II	3 147,08	173,08	251,76	283,23	II	3 147,08	166,34	241,95	272,19	159,60	232,14	261,16	152,85	222,33	250,12	146,10	212,52	239,08	139,36	202,71	228,05	132,61	192,90	217,01
	III	2 511,83	138,15	200,94	226,06	III	2 511,83	131,40	191,13	215,02	124,68	181,36	204,03	118,07	171,74	193,21	111,60	162,33	182,62	105,25	153,09	172,22	99,03	144,05	162,05
	V	3 607,41	198,40	288,59	324,66	IV	3 192,83	172,23	250,52	281,84	168,86	245,62	276,32	165,49	240,71	270,80	162,11	235,80	265,28	158,74	230,90	259,76	155,37	225,99	254,24
	VI	3 640,91	200,25	291,27	327,68																				
9 845,99 West	I,IV	3 181,25	174,96	254,50	286,31	I	3 181,25	168,22	244,68	275,27	161,48	234,88	264,24	154,73	225,06	253,19	147,98	215,25	242,15	141,24	205,44	231,12	134,49	195,63	220,08
	II	3 135,50	172,45	250,84	282,19	II	3 135,50	165,70	241,02	271,15	158,95	231,21	260,11	152,21	221,40	249,08	145,47	211,59	238,04	138,72	201,78	227,—	131,97	191,96	215,96
	III	2 500,16	137,50	200,01	225,01	III	2 500,16	130,76	190,20	213,97	124,05	180,44	202,99	117,46	170,85	192,20	110,99	161,45	181,63	104,65	152,22	171,25	98,45	143,20	161,10
	V	3 595,83	197,77	287,66	323,62	IV	3 181,25	171,59	249,59	280,79	168,22	244,68	275,27	164,84	239,78	269,75	161,48	234,88	264,24	158,10	229,97	258,71	154,73	225,06	253,19
	VI	3 629,25	199,60	290,34	326,63																				
9 845,99 Ost	I,IV	3 194,08	175,67	255,52	287,46	I	3 194,08	168,93	245,72	276,43	162,18	235,90	265,39	155,43	226,09	254,35	148,69	216,28	243,32	141,95	206,47	232,28	135,20	196,66	221,24
	II	3 148,33	173,15	251,86	283,34	II	3 148,33	166,41	242,05	272,30	159,66	232,24	261,27	152,92	222,43	250,23	146,17	212,62	239,19	139,43	202,81	228,16	132,68	193,—	217,12
	III	2 513,—	138,21	201,04	226,17	III	2 513,—	131,46	191,22	215,12	124,74	181,45	204,13	118,14	171,84	193,32	111,66	162,42	182,72	105,31	153,18	172,33	99,10	144,14	162,16
	V	3 608,66	198,47	288,69	324,77	IV	3 194,08	172,30	250,62	281,95	168,93	245,72	276,43	165,55	240,81	270,91	162,18	235,90	265,39	158,81	231,—	259,87	155,43	226,09	254,35
	VI	3 642,16	200,31	291,37	327,79																				
9 848,99 West	I,IV	3 182,50	175,03	254,60	286,42	I	3 182,50	168,29	244,78	275,38	161,54	234,98	264,35	154,80	225,16	253,31	148,05	215,35	242,27	141,31	205,54	231,23	134,56	195,73	220,19
	II	3 136,75	172,52	250,94	282,30	II	3 136,75	165,77	241,12	271,26	159,02	231,31	260,22	152,28	221,50	249,19	145,53	211,69	238,15	138,79	201,88	227,11	132,05	192,07	216,08
	III	2 501,50	137,58	200,12	225,13	III	2 501,50	130,83	190,30	214,09	124,11	180,53	203,09	117,52	170,94	192,31	111,06	161,54	181,73	104,72	152,33	171,37	98,51	143,29	161,20
	V	3 597,08	197,83	287,76	323,73	IV	3 182,50	171,66	249,69	280,90	168,29	244,78	275,38	164,92	239,88	269,87	161,54	234,98	264,35	158,17	230,07	258,83	154,80	225,16	253,31
	VI	3 630,50	199,67	290,44	326,74																				
9 848,99 Ost	I,IV	3 195,41	175,74	255,63	287,58	I	3 195,41	169,—	245,82	276,54	162,25	236,—	265,50	155,51	226,20	254,47	148,76	216,38	243,43	142,01	206,57	232,39	135,27	196,76	221,36
	II	3 149,58	173,22	251,96	283,46	II	3 149,58	166,48	242,16	272,43	159,73	232,34	261,38	152,99	222,53	250,34	146,24	212,72	239,31	139,50	202,91	228,27	132,75	193,10	217,23
	III	2 514,33	138,28	201,14	226,28	III	2 514,33	131,54	191,33	215,24	124,82	181,56	204,25	118,21	171,94	193,43	111,73	162,52	182,83	105,38	153,28	172,44	99,16	144,24	162,27
	V	3 609,91	198,54	288,79	324,89	IV	3 195,41	172,37	250,72	282,06	169,—	245,82	276,54	165,62	240,91	271,02	162,25	236,—	265,50	158,88	231,10	259,98	155,51	226,20	254,47
	VI	3 643,41	200,38	291,47	327,90																				
9 851,99 West	I,IV	3 183,75	175,10	254,70	286,53	I	3 183,75	168,35	244,88	275,49	161,61	235,08	264,46	154,87	225,26	253,42	148,12	215,45	242,38	141,38	205,64	231,35	134,63	195,83	220,31
	II	3 138,—	172,59	251,04	282,42	II	3 138,—	165,84	241,22	271,37	159,09	231,41	260,33	152,35	221,60	249,30	145,60	211,79	238,26	138,86	201,98	227,22	132,11	192,17	216,19
	III	2 502,66	137,64	200,21	225,23	III	2 502,66	130,90	190,40	214,20	124,19	180,64	203,22	117,59	171,04	192,42	111,12	161,64	181,84	104,79	152,42	171,47	98,57	143,38	161,30
	V	3 598,33	197,90	287,86	323,84	IV	3 183,75	171,73	249,79	281,01	168,35	244,88	275,49	164,99	239,98	269,98	161,61	235,08	264,46	158,24	230,17	258,94	154,87	225,26	253,42
	VI	3 631,75	199,74	290,54	326,85																				
9 851,99 Ost	I,IV	3 196,66	175,81	255,73	287,69	I	3 196,66	169,07	245,92	276,66	162,32	236,10	265,61	155,58	226,30	254,58	148,83	216,48	243,54	142,08	206,67	232,50	135,34	196,86	221,47
	II	3 150,83	173,29	252,06	283,57	II	3 150,83	166,55	242,26	272,54	159,80	232,44	261,50	153,06	222,63	250,46	146,31	212,82	239,42	139,57	203,01	228,38	132,82	193,20	217,35
	III	2 515,50	138,35	201,24	226,39	III	2 515,50	131,61	191,44	215,37	124,88	181,65	204,35	118,27	172,04	193,54	111,79	162,61	182,93	105,44	153,37	172,54	99,22	144,33	162,37
	V	3 611,25	198,61	288,90	325,01	IV	3 196,66	172,44	250,82	282,17	169,07	245,92	276,66	165,69	241,01	271,13	162,32	236,10	265,61	158,95	231,20	260,10	155,58	226,30	254,58
	VI	3 644,66	200,45	291,57	328,01																				
9 854,99 West	I,IV	3 185,—	175,17	254,80	286,65	I	3 185,—	168,43	244,99	275,61	161,68	235,18	264,57	154,93	225,36	253,53	148,19	215,56	242,50	141,45	205,74	231,46	134,70	195,93	220,42
	II	3 139,25	172,65	251,14	282,53	II	3 139,25	165,91	241,32	271,49	159,17	231,52	260,46	152,42	221,70	249,41	145,67	211,89	238,37	138,93	202,08	227,34	132,18	192,27	216,30
	III	2 504,—	137,72	200,32	225,36	III	2 504,—	130,97	190,50	214,31	124,25	180,73	203,33	117,66	171,14	192,53	111,19	161,73	181,94	104,85	152,52	171,58	98,64	143,48	161,41
	V	3 599,58	197,97	287,96	323,96	IV	3 185,—	171,80	249,89	281,12	168,43	244,99	275,61	165,05	240,08	270,09	161,68	235,18	264,57	158,31	230,27	259,05	154,93	225,36	253,53
	VI	3 633,08	199,81	290,64	326,97																				
9 854,99 Ost	I,IV	3 197,91	175,88	255,83	287,81	I	3 197,91	169,13	246,02	276,77	162,39	236,20	265,73	155,65	226,40	254,70	148,90	216,58	243,65	142,15	206,77	232,61	135,41	196,96	221,58
	II	3 152,08	173,36	252,16	283,68	II	3 152,08	166,62	242,36	272,65	159,87	232,54	261,61	153,12	222,73	250,57	146,38	212,92	239,54	139,64	203,11	228,50	132,89	193,30	217,46
	III	2 516,83	138,42	201,34	226,51	III	2 516,83	131,67	191,53	215,47	124,96	181,76	204,48	118,34	172,13	193,64	111,86	162,70	183,04	105,51	153,48	172,66	99,29	144,42	162,47
	V	3 612,50	198,68	289,—	325,12	IV	3 197,91	172,51	250,92	282,29	169,13	246,02	276,77	165,76	241,11	271,25	162,39	236,20	265,73	159,02	231,30	260,21	155,65	226,40	254,70
	VI	3 645,91	200,52	291,67	328,13																				
9 857,99 West	I,IV	3 186,25	175,24	254,90	286,76	I	3 186,25	168,50	245,09	275,72	161,75	235,28	264,69	155,—	225,46	253,64	148,26	215,66	242,61	141,51	205,84	231,57	134,77	196,03	220,53
	II	3 140,50	172,72	251,24	282,64	II	3 140,50	165,98	241,42	271,60	159,23	231,62	260,57	152,49	221,80	249,53	145,74	211,99	238,49	139,—	202,18	227,45	132,25	192,37	216,41
	III	2 505,16	137,78	200,41	225,46	III	2 505,16	131,03	190,60	214,42	124,32	180,84	203,44	117,72	171,24	192,64	111,25	161,82	182,05	104,92	152,61	171,68	98,70	143,57	161,51
	V	3 600,83	198,04	288,06	324,07	IV	3 186,25	171,87	250,—	281,25	168,50	245,09	275,72	165,12	240,18	270,20	161,75	235,28	264,69	158,38	230,37	259,16	155,—	225,46	253,64
	VI	3 634,33	199,88	290,74	327,08																				
9 857,99 Ost	I,IV	3 199,16	175,95	255,93	287,92	I	3 199,16	169,20	246,12	276,88	162,46	236,31	265,85	155,71	226,50	254,81	148,97	216,68	243,77	142,23	206,88	232,74	135,48	197,06	221,69
	II	3 153,41	173,43	252,27	283,80	II	3 153,41	166,69	242,46	272,76	159,94	232,64	261,72	153,20	222,84	250,69	146,45	213,02	239,65	139,70	203,21	228,61	132,96	193,40	217,58
	III	2 518,16	138,49	201,45	226,63	III	2 518,16	131,75	191,64	215,59	125,02	181,85	204,58	118,41	172,24	193,77	111,93	162,81	183,16	105,58	153,57	172,76	99,35	144,52	162,58
	V	3 613,75	198,75	289,10	325,23	IV	3 199,16	172,58	251,02	282,40	169,20	246,12	276,88	165,83	241,21	271,36	162,46	236,31	265,85	159,09	231,40	260,33	155,71	226,50	254,81
	VI	3 647,16	200,59	291,77	328,24																				
9 860,99 West	I,IV	3 187,58	175,31	255,—	286,88	I	3 187,58	168,57	245,19	275,84	161,82	235,38	264,80	155,07	225,56	253,76	148,33	215,76	242,73	141,58	205,94	231,68	134,84	196,13	220,64
	II	3 141,75	172,79	251,34	282,75	II	3 141,75	166,04	241,52	271,71	159,30	231,72	260,68	152,56	221,90	249,64	145,81	212,09	238,60	139,07	202,28	227,57	132,32	192,47	216,53
	III	2 506,50	137,85	200,52	225,58	III	2 506,50	131,11	190,70	214,54	124,39	180,93	203,54	117,79	171,33	192,74	111,32	161,92	182,16	104,98	152,70	171,79	98,77	143,66	161,62
	V	3 602,08	198,11	288,16	324,18	IV	3 187,58	171,94	250,10	281,36	168,57	245,19	275,84	165,19	240,28	270,32	161,82	235,38	264,80	158,45	230,47	259,28	155,07	225,56	253,76
	VI	3 635,58	199,95	290,84	327,20																				
9 860,99 Ost	I,IV	3 200,41	176,02	256,03	288,03	I	3 200,41	169,27	246,22	276,99	162,53	236,41	265,96	155,78	226,60	254,92	149,04	216,78	243,88	142,29	206,98	232,85	135,55	197,16	221,81
	II	3 154,66	173,50	252,37	283,91	II	3 154,66	166,76	242,56	272,88	160,01	232,74	261,83	153,27	222,94	250,80	146,52	213,12	239,76	139,77	203,31	228,72	133,03	193,50	217,69
	III	2 519,33	138,56	201,54	226,73	III	2 519,33	131,81	191,73	215,69	125,08	181,94	204,68	118,47	172,33	193,87	111,99	162,90	183,26	105,64	153,66	172,87	99,41	144,60	162,67
	V	3 615,—	198,82	289,20	325,35	IV	3 200,41	172,64	251,12	282,51	169,27	246,22	276,99	165,90	241,32	271,48	162,53	236,41	265,96	159,16	231,50	260,44	155,78	226,60	254,92
	VI	3 648,41	200,66	291,87	328,35																				
9 863,99 West	I,IV	3 188,83	175,38	255,10	286,99	I	3 188,83	168,63	245,29	275,95	161,89	235,48	264,91	155,15	225,67	253,88	148,40	215,86	242,84	141,65	206,04	231,80	134,91	196,24	220,77
	II	3 143,—	172,86	251,44	282,87	II	3 143,—	166,12	241,63	271,83	159,37	231,82	260,79	152,62	222,—	249,75	145,88	212,20	238,72	139,14	202,38	227,68	132,39	192,57	216,64
	III	2 507,66	137,92	200,61	225,68	III	2 507,66	131,18	190,81	214,66	124,46	181,04	203,67	117,86	171,44	192,87	111,39	162,02	182,27	105,05	152,80	171,90	98,83	143,76	161,73
	V	3 603,33	198,18	288,26	324,29	IV	3 188,83	172,01	250,20	281,47	168,63	245,29	275,95	165,26	240,38	270,43	161,89	235,48	264,91	158,51	230,57	259,39	155,15	225,67	253,88
	VI	3 636,83	200,02	290,94	327,31																				
9 863,99 Ost	I,IV	3 201,66	176,09	256,13	288,14	I	3 201,66	169,34	246,32	277,11	162,60	236,51	266,07	155,85	226,70	255,03	149,10	216,88	243,99	142,36	207,08	232,96	135,62	197,26	221,92
	II	3 155,91	173,57	252,47	284,03	II	3 155,91	166,82	242,66	272,99	160,08	232,84	261,95	153,34	223,04	250,92	146,59	213,22	239,87	139,84	203,41	228,83	133,10	193,60	217,80
	III	2 520,66	138,63	201,65	226,85	III	2 520,66	131,89	191,84	215,82	125,16	182,05	204,80	118,54	172,42	193,97	112,06	163,—	183,37	105,71	153,76	172,98	99,47	144,69	162,77
	V	3 616,25	198,89	289,30	325,46	IV	3 201,66	172,71	251,22	282,62	169,34	246,32	277,11	165,97	241,42	271,59	162,60	236,51	266,07	159,22	231,60	260,55	155,85	226,70	255,03
	VI	3 649,75	200,73	291,98	328,47																				

* Die ausgewiesenen Tabellenwerte sind amtlich. Siehe Erläuterungen auf der Umschlaginnenseite (U2).

Lohn/ Gehalt bis €*		Abzüge an Lohnsteuer, Solidaritätszuschlag (SolZ) und Kirchensteuer (8%, 9%) in den Steuerklassen I – VI				I, II, III, IV		mit Zahl der Kinderfreibeträge . . . 0,5			1			1,5			2			2,5			3		
		LSt	ohne Kinderfreibeträge SolZ	8%	9%		LSt	SolZ	8%	9%	SolZ	8%	9%	SolZ	8%	9%	SolZ	8%	9%	SolZ	8%	9%	SolZ	8%	9%
9 866,99 West	I,IV	3 190,08	175,45	255,20	287,10	I	3 190,08	168,70	245,39	276,06	161,96	235,58	265,02	155,21	225,77	253,99	148,47	215,96	242,95	141,72	206,14	231,91	134,98	196,34	220,88
	II	3 144,25	172,93	251,54	282,98	II	3 144,25	166,19	241,73	271,94	159,44	231,92	260,91	152,69	222,10	249,86	145,95	212,30	238,83	139,20	202,48	227,79	132,46	192,67	216,75
	III	2 509,—	137,99	200,72	225,81	III	2 509,—	131,24	190,90	214,76	124,52	181,13	203,77	117,92	171,53	192,97	111,45	162,12	182,38	105,11	152,89	172,—	98,89	143,85	161,83
	V	3 604,66	198,25	288,37	324,41	IV	3 190,08	172,08	250,30	281,58	168,70	245,39	276,06	165,33	240,48	270,54	161,96	235,58	265,02	158,59	230,68	259,51	155,21	225,77	253,99
	VI	3 638,08	200,09	291,04	327,42																				
9 866,99 Ost	I,IV	3 202,91	176,16	256,23	288,26	I	3 202,91	169,41	246,42	277,22	162,67	236,61	266,18	155,92	226,80	255,15	149,18	216,99	244,11	142,43	207,18	233,07	135,68	197,36	222,03
	II	3 157,16	173,64	252,57	284,14	II	3 157,16	166,89	242,76	273,10	160,15	232,95	262,07	153,40	223,14	251,03	146,66	213,32	239,99	139,92	203,52	228,96	133,17	193,70	217,91
	III	2 521,83	138,70	201,74	226,96	III	2 521,83	131,95	191,93	215,92	125,22	182,14	204,91	118,61	172,53	194,09	112,12	163,09	183,47	105,77	153,85	173,08	99,54	144,78	162,88
	V	3 617,50	198,96	289,40	325,57	IV	3 202,91	172,78	251,32	282,74	169,41	246,42	277,22	166,04	241,52	271,71	162,67	236,61	266,18	159,29	231,70	260,66	155,92	226,80	255,15
	VI	3 651,—	200,80	292,08	328,59																				
9 869,99 West	I,IV	3 191,33	175,52	255,30	287,21	I	3 191,33	168,77	245,49	276,17	162,03	235,68	265,14	155,28	225,87	254,10	148,54	216,06	243,06	141,79	206,24	232,02	135,05	196,44	220,99
	II	3 145,58	173,—	251,64	283,10	II	3 145,58	166,26	241,83	272,06	159,51	232,02	261,02	152,76	222,20	249,98	146,02	212,40	238,95	139,27	202,58	227,90	132,53	192,77	216,86
	III	2 510,16	138,05	200,81	225,91	III	2 510,16	131,32	191,01	214,88	124,59	181,22	203,87	117,99	171,62	193,07	111,52	162,21	182,48	105,17	152,98	172,10	98,96	143,94	161,98
	V	3 605,91	198,32	288,47	324,53	IV	3 191,33	172,15	250,40	281,70	168,77	245,49	276,17	165,40	240,58	270,65	162,03	235,68	265,14	158,66	230,78	259,62	155,28	225,87	254,10
	VI	3 639,33	200,16	291,14	327,53																				
9 869,99 Ost	I,IV	3 204,16	176,22	256,33	288,37	I	3 204,16	169,48	246,52	277,34	162,74	236,71	266,30	155,99	226,90	255,26	149,25	217,09	244,22	142,50	207,28	233,19	135,75	197,46	222,14
	II	3 158,41	173,71	252,67	284,25	II	3 158,41	166,96	242,86	273,21	160,22	233,05	262,18	153,47	223,24	251,14	146,73	213,42	240,10	139,98	203,62	229,07	133,24	193,80	218,03
	III	2 523,16	138,77	201,85	227,08	III	2 523,16	132,02	192,04	216,04	125,29	182,25	205,03	118,68	172,62	194,20	112,19	163,18	183,58	105,83	153,94	173,18	99,60	144,88	162,99
	V	3 618,75	199,03	289,50	325,68	IV	3 204,16	172,86	251,43	282,86	169,48	246,52	277,34	166,11	241,62	271,82	162,74	236,71	266,30	159,36	231,80	260,78	155,99	226,90	255,26
	VI	3 652,25	200,87	292,18	328,70																				
9 872,99 West	I,IV	3 192,58	175,59	255,40	287,33	I	3 192,58	168,84	245,59	276,29	162,10	235,78	265,25	155,35	225,97	254,21	148,61	216,16	243,18	141,86	206,35	232,14	135,12	196,54	221,10
	II	3 146,83	173,07	251,74	283,21	II	3 146,83	166,32	241,93	272,17	159,58	232,12	261,13	152,84	222,31	250,10	146,09	212,50	239,06	139,34	202,68	228,02	132,60	192,88	216,99
	III	2 511,50	138,13	200,92	226,03	III	2 511,50	131,38	191,10	214,99	124,66	181,33	203,99	118,06	171,73	193,19	111,58	162,30	182,59	105,24	153,08	172,21	99,02	144,04	162,04
	V	3 607,16	198,39	288,57	324,64	IV	3 192,58	172,21	250,50	281,81	168,84	245,59	276,29	165,47	240,68	270,77	162,10	235,78	265,25	158,73	230,88	259,74	155,35	225,97	254,21
	VI	3 640,58	200,23	291,24	327,65																				
9 872,99 Ost	I,IV	3 205,50	176,30	256,44	288,49	I	3 205,50	169,55	246,62	277,45	162,80	236,81	266,41	156,06	227,—	255,38	149,32	217,19	244,34	142,57	207,38	233,30	135,82	197,56	222,26
	II	3 159,66	173,78	252,77	284,36	II	3 159,66	167,03	242,96	273,33	160,29	233,15	262,29	153,54	223,34	251,25	146,79	213,52	240,21	140,05	203,72	229,18	133,31	193,90	218,14
	III	2 524,33	138,83	201,94	227,18	III	2 524,33	132,09	192,13	216,14	125,36	182,34	205,13	118,75	172,73	194,32	112,26	163,29	183,70	105,90	154,04	173,29	99,66	144,97	163,09
	V	3 620,—	199,10	289,60	325,80	IV	3 205,50	172,92	251,53	282,97	169,55	246,62	277,45	166,18	241,72	271,93	162,80	236,81	266,41	159,43	231,90	260,89	156,06	227,—	255,38
	VI	3 653,50	200,94	292,28	328,81																				
9 875,99 West	I,IV	3 193,83	175,66	255,50	287,44	I	3 193,83	168,91	245,69	276,40	162,17	235,88	265,37	155,42	226,07	254,33	148,67	216,26	243,29	141,93	206,45	232,25	135,19	196,64	221,22
	II	3 148,08	173,14	251,84	283,32	II	3 148,08	166,39	242,03	272,28	159,65	232,22	261,24	152,90	222,41	250,21	146,16	212,60	239,17	139,41	202,78	228,13	132,67	192,98	217,10
	III	2 512,83	138,20	201,02	226,15	III	2 512,83	131,45	191,21	215,11	124,73	181,42	204,10	118,13	171,82	193,30	111,65	162,40	182,70	105,30	153,17	172,31	99,08	144,12	162,13
	V	3 608,41	198,46	288,67	324,75	IV	3 193,83	172,28	250,60	281,92	168,91	245,69	276,40	165,54	240,79	270,89	162,17	235,88	265,37	158,79	230,98	259,85	155,42	226,07	254,33
	VI	3 641,83	200,30	291,34	327,76																				
9 875,99 Ost	I,IV	3 206,75	176,37	256,54	288,60	I	3 206,75	169,62	246,72	277,56	162,87	236,91	266,52	156,13	227,10	255,49	149,38	217,29	244,45	142,64	207,48	233,41	135,90	197,67	222,38
	II	3 160,91	173,85	252,87	284,48	II	3 160,91	167,10	243,06	273,44	160,36	233,25	262,40	153,61	223,44	251,37	146,87	213,63	240,33	140,12	203,82	229,29	133,37	194,—	218,25
	III	2 525,66	138,91	202,05	227,30	III	2 525,66	132,16	192,24	216,27	125,43	182,45	205,25	118,81	172,82	194,42	112,32	163,38	183,80	105,96	154,13	173,39	99,73	145,06	163,19
	V	3 621,25	199,16	289,70	325,91	IV	3 206,75	172,99	251,63	283,08	169,62	246,72	277,56	166,25	241,82	272,04	162,87	236,91	266,52	159,50	232,—	261,—	156,13	227,10	255,49
	VI	3 654,75	201,01	292,38	328,92																				
9 878,99 West	I,IV	3 195,08	175,72	255,60	287,55	I	3 195,08	168,98	245,80	276,52	162,24	235,98	265,48	155,49	226,17	254,44	148,75	216,36	243,41	142,—	206,55	232,37	135,25	196,74	221,33
	II	3 149,33	173,21	251,94	283,43	II	3 149,33	166,46	242,13	272,39	159,72	232,32	261,36	152,97	222,51	250,32	146,23	212,70	239,28	139,48	202,88	228,24	132,74	193,08	217,21
	III	2 514,—	138,27	201,12	226,26	III	2 514,—	131,52	191,30	215,21	124,80	181,53	204,22	118,19	171,92	193,41	111,72	162,50	182,81	105,37	153,26	172,42	99,14	144,21	162,23
	V	3 609,66	198,53	288,77	324,86	IV	3 195,08	172,35	250,70	282,03	168,98	245,80	276,52	165,61	240,89	271,—	162,24	235,98	265,48	158,86	231,08	259,96	155,49	226,17	254,44
	VI	3 643,16	200,37	291,45	327,88																				
9 878,99 Ost	I,IV	3 208,—	176,44	256,64	288,72	I	3 208,—	169,69	246,82	277,67	162,94	237,01	266,63	156,20	227,20	255,60	149,45	217,39	244,56	142,71	207,58	233,52	135,96	197,77	222,49
	II	3 162,16	173,91	252,97	284,59	II	3 162,16	167,17	243,16	273,56	160,43	233,35	262,52	153,68	223,54	251,48	146,94	213,73	240,44	140,19	203,92	229,41	133,44	194,10	218,36
	III	2 526,83	138,97	202,14	227,41	III	2 526,83	132,23	192,34	216,38	125,50	182,54	205,36	118,88	172,92	194,53	112,39	163,48	183,91	106,03	154,22	173,50	99,79	145,16	163,30
	V	3 622,58	199,24	289,80	326,03	IV	3 208,—	173,06	251,73	283,19	169,69	246,82	277,67	166,32	241,92	272,16	162,94	237,01	266,63	159,57	232,11	261,12	156,20	227,20	255,60
	VI	3 656,—	201,08	292,48	329,04																				
9 881,99 West	I,IV	3 196,33	175,79	255,70	287,66	I	3 196,33	169,05	245,90	276,63	162,30	236,08	265,59	155,56	226,27	254,55	148,82	216,46	243,52	142,07	206,65	232,48	135,32	196,84	221,44
	II	3 150,58	173,28	252,04	283,55	II	3 150,58	166,53	242,23	272,51	159,79	232,42	261,47	153,04	222,61	250,43	146,30	212,80	239,40	139,55	202,99	228,36	132,81	193,18	217,32
	III	2 515,33	138,34	201,22	226,37	III	2 515,33	131,59	191,41	215,33	124,86	181,62	204,32	118,26	172,02	193,52	111,78	162,60	182,92	105,43	153,36	172,53	99,21	144,30	162,34
	V	3 610,91	198,60	288,87	324,98	IV	3 196,33	172,42	250,80	282,15	169,05	245,90	276,63	165,68	240,99	271,11	162,30	236,08	265,59	158,93	231,18	260,07	155,56	226,27	254,55
	VI	3 644,41	200,44	291,55	327,99																				
9 881,99 Ost	I,IV	3 209,25	176,50	256,74	288,83	I	3 209,25	169,76	246,92	277,79	163,02	237,12	266,76	156,27	227,30	255,71	149,52	217,49	244,67	142,78	207,68	233,64	136,03	197,87	222,60
	II	3 163,50	173,99	253,08	284,71	II	3 163,50	167,24	243,26	273,67	160,49	233,45	262,63	153,75	223,64	251,60	147,01	213,83	240,56	140,26	204,02	229,52	133,51	194,20	218,48
	III	2 528,16	139,04	202,25	227,53	III	2 528,16	132,30	192,44	216,49	125,57	182,65	205,48	118,95	173,02	194,65	112,45	163,57	184,01	106,09	154,32	173,61	99,86	145,25	163,40
	V	3 623,83	199,31	289,90	326,14	IV	3 209,25	173,13	251,83	283,31	169,76	246,92	277,79	166,38	242,02	272,27	163,02	237,12	266,76	159,64	232,21	261,23	156,27	227,30	255,71
	VI	3 657,25	201,14	292,58	329,15																				
9 884,99 West	I,IV	3 197,58	175,86	255,80	287,78	I	3 197,58	169,12	246,—	276,75	162,37	236,18	265,70	155,63	226,37	254,66	148,88	216,56	243,63	142,14	206,75	232,59	135,39	196,94	221,55
	II	3 151,83	173,35	252,14	283,66	II	3 151,83	166,60	242,33	272,62	159,86	232,52	261,59	153,11	222,71	250,55	146,36	212,90	239,51	139,62	203,09	228,47	132,88	193,28	217,44
	III	2 516,50	138,40	201,32	226,48	III	2 516,50	131,66	191,50	215,44	124,94	181,73	204,44	118,33	172,12	193,63	111,85	162,69	183,02	105,49	153,45	172,63	99,27	144,40	162,45
	V	3 612,16	198,66	288,97	325,09	IV	3 197,58	172,49	250,90	282,26	169,12	246,—	276,75	165,75	241,09	271,22	162,37	236,18	265,70	159,—	231,28	260,19	155,63	226,37	254,66
	VI	3 645,66	200,51	291,65	328,10																				
9 884,99 Ost	I,IV	3 210,50	176,57	256,84	288,94	I	3 210,50	169,83	247,02	277,90	163,08	237,22	266,87	156,34	227,40	255,83	149,59	217,59	244,79	142,85	207,78	233,75	136,10	197,97	222,71
	II	3 164,75	174,06	253,18	284,82	II	3 164,75	167,31	243,36	273,78	160,56	233,55	262,74	153,82	223,74	251,71	147,07	213,93	240,67	140,33	204,12	229,63	133,59	194,31	218,60
	III	2 529,50	139,12	202,36	227,65	III	2 529,50	132,37	192,54	216,61	125,63	182,74	205,58	119,02	173,12	194,76	112,52	163,66	184,12	106,15	154,41	173,71	99,92	145,34	163,51
	V	3 625,08	199,37	290,—	326,25	IV	3 210,50	173,20	251,93	283,42	169,83	247,02	277,90	166,46	242,12	272,39	163,08	237,22	266,87	159,71	232,31	261,35	156,34	227,40	255,83
	VI	3 658,50	201,21	292,68	329,26																				
9 887,99 West	I,IV	3 198,91	175,94	255,91	287,90	I	3 198,91	169,19	246,10	276,86	162,44	236,28	265,82	155,70	226,48	254,79	148,95	216,66	243,74	142,21	206,85	232,70	135,46	197,04	221,67
	II	3 153,08	173,41	252,24	283,77	II	3 153,08	166,67	242,44	272,74	159,93	232,62	261,70	153,18	222,81	250,66	146,44	213,—	239,63	139,69	203,19	228,59	132,94	193,38	217,55
	III	2 517,83	138,48	201,42	226,60	III	2 517,83	131,73	191,61	215,56	125,—	181,82	204,55	118,39	172,21	193,73	111,91	162,78	183,13	105,56	153,54	172,73	99,33	144,49	162,55
	V	3 613,41	198,73	289,07	325,20	IV	3 198,91	172,56	251,—	282,38	169,19	246,10	276,86	165,82	241,19	271,34	162,44	236,28	265,82	159,07	231,38	260,30	155,70	226,48	254,79
	VI	3 646,91	200,58	291,75	328,22																				
9 887,99 Ost	I,IV	3 211,75	176,64	256,94	289,05	I	3 211,75	169,89	247,12	278,01	163,15	237,32	266,98	156,41	227,50	255,94	149,66	217,69	244,90	142,92	207,88	233,87	136,17	198,07	222,83
	II	3 166,—	174,13	253,28	284,94	II	3 166,—	167,38	243,46	273,89	160,63	233,65	262,85	153,89	223,84	251,82	147,14	214,03	240,78	140,40	204,22	229,74	133,65	194,41	218,71
	III	2 530,66	139,18	202,45	227,75	III	2 530,66	132,44	192,64	216,72	125,71	182,85	205,70	119,08	173,21	194,86	112,59	163,77	184,24	106,22	154,50	173,81	99,99	145,44	163,62
	V	3 626,33	199,44	290,10	326,36	IV	3 211,75	173,27	252,03	283,53	169,89	247,12	278,01	166,53	242,22	272,50	163,15	237,32	266,98	159,78	232,41	261,46	156,41	227,50	255,94
	VI	3 659,75	201,28	292,78	329,37																				

* Die ausgewiesenen Tabellenwerte sind amtlich. Siehe Erläuterungen auf der Umschlaginnenseite (U2).

Lohn/Gehalt bis €*	Abzüge an Lohnsteuer, Solidaritätszuschlag (SolZ) und Kirchensteuer (8%, 9%) in den Steuerklassen I – VI					I, II, III, IV																			
			ohne Kinderfreibeträge					mit Zahl der Kinderfreibeträge . . .																	
								0,5			1			1,5			2			2,5			3		
		LSt	SolZ	8%	9%		LSt	SolZ	8%	9%	SolZ	8%	9%	SolZ	8%	9%	SolZ	8%	9%	SolZ	8%	9%	SolZ	8%	9%
9 890,99 West	I,IV	3 200,16	176,–	256,01	288,01	I	3 200,16	169,26	246,20	276,97	162,51	236,38	265,93	155,77	226,58	254,90	149,02	216,76	243,86	142,28	206,95	232,82	135,53	197,14	221,78
	II	3 154,33	173,48	252,34	283,88	II	3 154,33	166,74	242,54	272,85	159,99	232,72	261,81	153,25	222,91	250,77	146,51	213,10	239,74	139,76	203,29	228,70	133,01	193,48	217,66
	III	2 519,–	138,54	201,52	226,71	III	2 519,–	131,80	191,72	215,68	125,07	181,93	204,67	118,47	172,32	193,86	111,98	162,88	183,24	105,62	153,64	172,84	99,40	144,58	162,65
	V	3 614,75	198,81	289,18	325,32	IV	3 200,16	172,63	251,10	282,49	169,26	246,20	276,97	165,88	241,29	271,45	162,51	236,38	265,93	159,14	231,48	260,42	155,77	226,58	254,90
	VI	3 648,16	200,64	291,85	328,33																				
9 890,99 Ost	I,IV	3 213,–	176,71	257,04	289,17	I	3 213,–	169,97	247,23	278,13	163,22	237,42	267,09	156,47	227,60	256,05	149,73	217,80	245,02	142,99	207,98	233,98	136,24	198,17	222,94
	II	3 167,25	174,19	253,38	285,05	II	3 167,25	167,45	243,56	274,01	160,71	233,76	262,98	153,96	223,94	251,93	147,21	214,13	240,89	140,47	204,32	229,86	133,72	194,51	218,82
	III	2 532,–	139,26	202,56	227,88	III	2 532,–	132,51	192,74	216,83	125,77	182,94	205,81	119,15	173,32	194,98	112,65	163,86	184,34	106,28	154,60	173,92	100,05	145,53	163,72
	V	3 627,58	199,51	290,20	326,48	IV	3 213,–	173,34	252,13	283,64	169,97	247,23	278,13	166,59	242,32	272,61	163,22	237,42	267,09	159,85	232,51	261,57	156,47	227,60	256,05
	VI	3 661,08	201,35	292,88	329,49																				
9 893,99 West	I,IV	3 201,41	176,07	256,11	288,12	I	3 201,41	169,33	246,30	277,08	162,58	236,48	266,04	155,84	226,68	255,01	149,09	216,86	243,97	142,34	207,05	232,93	135,60	197,24	221,90
	II	3 155,58	173,55	252,44	284,–	II	3 155,58	166,81	242,64	272,97	160,06	232,82	261,92	153,32	223,01	250,88	146,57	213,20	239,85	139,83	203,39	228,81	133,08	193,58	217,77
	III	2 520,33	138,61	201,62	226,82	III	2 520,33	131,87	191,81	215,78	125,14	182,02	204,77	118,53	172,41	193,96	112,04	162,97	183,34	105,69	153,73	172,94	99,46	144,68	162,76
	V	3 616,–	198,88	289,28	325,44	IV	3 201,41	172,70	251,20	282,60	169,33	246,30	277,08	165,95	241,39	271,56	162,58	236,48	266,04	159,21	231,58	260,53	155,84	226,68	255,01
	VI	3 649,41	200,71	291,95	328,44																				
9 893,99 Ost	I,IV	3 214,25	176,78	257,14	289,28	I	3 214,25	170,04	247,33	278,24	163,29	237,52	267,21	156,54	227,70	256,16	149,80	217,90	245,13	143,05	208,08	234,09	136,31	198,27	223,05
	II	3 168,50	174,26	253,48	285,16	II	3 168,50	167,52	243,66	274,12	160,77	233,86	263,09	154,03	224,04	252,05	147,28	214,23	241,01	140,54	204,42	229,97	133,79	194,61	218,93
	III	2 533,16	139,32	202,65	227,98	III	2 533,16	132,57	192,84	216,94	125,84	183,05	205,93	119,22	173,41	195,08	112,72	163,96	184,45	106,35	154,69	174,02	100,10	145,61	163,81
	V	3 628,83	199,58	290,30	326,59	IV	3 214,25	173,41	252,24	283,77	170,04	247,33	278,24	166,66	242,42	272,72	163,29	237,52	267,21	159,92	232,61	261,68	156,54	227,70	256,16
	VI	3 662,33	201,42	292,98	329,60																				
9 896,99 West	I,IV	3 202,66	176,14	256,21	288,23	I	3 202,66	169,40	246,40	277,20	162,65	236,59	266,16	155,91	226,78	255,12	149,16	216,96	244,08	142,42	207,16	233,05	135,67	197,34	222,01
	II	3 156,91	173,63	252,55	284,12	II	3 156,91	166,88	242,74	273,08	160,13	232,92	262,04	153,39	223,12	251,01	146,64	213,30	239,96	139,90	203,49	228,92	133,15	193,68	217,89
	III	2 521,66	138,69	201,73	226,94	III	2 521,66	131,94	191,92	215,91	125,21	182,13	204,89	118,59	172,50	194,06	112,11	163,08	183,46	105,75	153,82	173,05	99,53	144,77	162,86
	V	3 617,25	198,94	289,38	325,55	IV	3 202,66	172,77	251,30	282,71	169,40	246,40	277,20	166,02	241,49	271,67	162,65	236,59	266,16	159,28	231,68	260,64	155,91	226,78	255,12
	VI	3 650,66	200,78	292,05	328,55																				
9 896,99 Ost	I,IV	3 215,58	176,85	257,24	289,40	I	3 215,58	170,11	247,43	278,36	163,36	237,62	267,32	156,61	227,80	256,28	149,87	218,–	245,25	143,12	208,18	234,20	136,38	198,37	223,16
	II	3 169,75	174,33	253,58	285,27	II	3 169,75	167,58	243,76	274,23	160,84	233,96	263,20	154,10	224,14	252,16	147,35	214,33	241,12	140,61	204,52	230,09	133,86	194,71	219,05
	III	2 534,50	139,39	202,76	228,10	III	2 534,50	132,65	192,94	217,06	125,91	183,14	206,03	119,28	173,50	195,19	112,78	164,05	184,55	106,41	154,78	174,13	100,17	145,70	163,91
	V	3 630,08	199,65	290,40	326,70	IV	3 215,58	173,48	252,34	283,88	170,11	247,43	278,36	166,73	242,52	272,84	163,36	237,62	267,32	159,99	232,71	261,80	156,61	227,80	256,28
	VI	3 663,58	201,49	293,08	329,72																				
9 899,99 West	I,IV	3 203,91	176,21	256,31	288,35	I	3 203,91	169,46	246,50	277,31	162,72	236,69	266,27	155,98	226,88	255,24	149,23	217,06	244,19	142,49	207,26	233,16	135,74	197,44	222,12
	II	3 158,16	173,69	252,65	284,23	II	3 158,16	166,95	242,84	273,19	160,20	233,02	262,15	153,46	223,22	251,12	146,71	213,40	240,08	139,97	203,59	229,04	133,22	193,78	218,–
	III	2 522,83	138,75	201,82	227,05	III	2 522,83	132,–	192,01	216,01	125,28	182,22	205,–	118,67	172,61	194,18	112,18	163,17	183,56	105,82	153,92	173,16	99,59	144,86	162,97
	V	3 618,50	199,01	289,48	325,66	IV	3 203,91	172,84	251,40	282,83	169,46	246,50	277,31	166,10	241,60	271,80	162,72	236,69	266,27	159,35	231,78	260,75	155,98	226,88	255,24
	VI	3 651,91	200,85	292,15	328,67																				
9 899,99 Ost	I,IV	3 216,83	176,92	257,34	289,51	I	3 216,83	170,17	247,53	278,47	163,43	237,72	267,43	156,69	227,91	256,40	149,94	218,10	245,36	143,19	208,28	234,32	136,45	198,48	223,29
	II	3 171,–	174,40	253,68	285,39	II	3 171,–	167,66	243,87	274,35	160,91	234,06	263,31	154,16	224,24	252,27	147,42	214,44	241,24	140,68	204,62	230,20	133,93	194,81	219,16
	III	2 535,66	139,46	202,85	228,20	III	2 535,66	132,72	193,05	217,18	125,98	183,25	206,15	119,35	173,61	195,31	112,86	164,16	184,68	106,48	154,88	174,24	100,23	145,80	164,02
	V	3 631,33	199,72	290,50	326,81	IV	3 216,83	173,55	252,44	283,99	170,17	247,53	278,47	166,80	242,62	272,95	163,43	237,72	267,43	160,05	232,81	261,91	156,69	227,91	256,40
	VI	3 664,83	201,56	293,18	329,83																				
9 902,99 West	I,IV	3 205,16	176,28	256,41	288,46	I	3 205,16	169,54	246,60	277,43	162,79	236,79	266,39	156,04	226,98	255,35	149,30	217,16	244,31	142,56	207,36	233,28	135,81	197,54	222,23
	II	3 159,41	173,76	252,75	284,34	II	3 159,41	167,02	242,94	273,30	160,27	233,12	262,26	153,53	223,32	251,23	146,78	213,50	240,19	140,03	203,69	229,15	133,29	193,88	218,12
	III	2 524,16	138,82	201,93	227,17	III	2 524,16	132,08	192,12	216,13	125,35	182,33	205,12	118,73	172,70	194,29	112,24	163,26	183,67	105,88	154,01	173,26	99,66	144,96	163,08
	V	3 619,75	199,08	289,58	325,77	IV	3 205,16	172,91	251,50	282,94	169,54	246,60	277,43	166,16	241,70	271,91	162,79	236,79	266,39	159,42	231,88	260,87	156,04	226,98	255,35
	VI	3 653,25	200,92	292,26	328,79																				
9 902,99 Ost	I,IV	3 218,08	176,99	257,44	289,62	I	3 218,08	170,24	247,63	278,58	163,50	237,82	267,54	156,75	228,01	256,51	150,01	218,20	245,47	143,26	208,38	234,43	136,52	198,58	223,40
	II	3 172,25	174,47	253,78	285,50	II	3 172,25	167,73	243,97	274,46	160,98	234,16	263,43	154,23	224,34	252,38	147,49	214,54	241,35	140,74	204,72	230,31	134,–	194,91	219,27
	III	2 537,–	139,53	202,96	228,33	III	2 537,–	132,78	193,14	217,28	126,05	183,34	206,26	119,42	173,70	195,41	112,92	164,25	184,78	106,54	154,97	174,34	100,30	145,89	164,12
	V	3 632,66	199,79	290,61	326,93	IV	3 218,08	173,62	252,54	284,10	170,24	247,63	278,58	166,87	242,72	273,06	163,50	237,82	267,54	160,13	232,92	262,03	156,75	228,01	256,51
	VI	3 666,08	201,63	293,28	329,94																				
9 905,99 West	I,IV	3 206,41	176,35	256,51	288,57	I	3 206,41	169,61	246,70	277,54	162,86	236,89	266,50	156,11	227,08	255,46	149,37	217,27	244,43	142,62	207,46	233,39	135,88	197,64	222,35
	II	3 160,66	173,83	252,85	284,45	II	3 160,66	167,09	243,04	273,42	160,34	233,23	262,38	153,60	223,42	251,34	146,85	213,60	240,30	140,11	203,80	229,27	133,36	193,98	218,23
	III	2 525,33	138,89	202,02	227,27	III	2 525,33	132,14	192,21	216,23	125,41	182,42	205,22	118,80	172,80	194,40	112,31	163,36	183,78	105,94	154,10	173,36	99,71	145,04	163,17
	V	3 621,–	199,15	289,68	325,89	IV	3 206,41	172,97	251,60	283,05	169,61	246,70	277,54	166,23	241,80	272,02	162,86	236,89	266,50	159,49	231,98	260,98	156,11	227,08	255,46
	VI	3 654,50	200,99	292,36	328,90																				
9 905,99 Ost	I,IV	3 219,33	177,06	257,54	289,73	I	3 219,33	170,31	247,73	278,69	163,57	237,92	267,66	156,82	228,11	256,62	150,08	218,30	245,58	143,33	208,48	234,54	136,59	198,68	223,51
	II	3 173,58	174,54	253,88	285,62	II	3 173,58	167,80	244,07	274,58	161,05	234,26	263,54	154,30	224,44	252,50	147,56	214,64	241,47	140,81	204,82	230,42	134,07	195,01	219,38
	III	2 538,16	139,59	203,05	228,43	III	2 538,16	132,86	193,25	217,40	126,12	183,45	206,38	119,48	173,80	195,52	112,98	164,34	184,88	106,61	155,08	174,46	100,36	145,98	164,23
	V	3 633,91	199,86	290,71	327,05	IV	3 219,33	173,69	252,64	284,22	170,31	247,73	278,69	166,94	242,82	273,17	163,57	237,92	267,66	160,20	233,02	262,14	156,82	228,11	256,62
	VI	3 667,33	201,70	293,38	330,05																				
9 908,99 West	I,IV	3 207,66	176,42	256,61	288,68	I	3 207,66	169,67	246,80	277,65	162,93	236,99	266,61	156,18	227,18	255,57	149,44	217,37	244,54	142,69	207,56	233,50	135,95	197,74	222,46
	II	3 161,91	173,90	252,95	284,57	II	3 161,91	167,15	243,14	273,53	160,41	233,33	262,49	153,67	223,52	251,46	146,92	213,70	240,41	140,18	203,90	229,38	133,43	194,08	218,34
	III	2 526,66	138,96	202,13	227,39	III	2 526,66	132,22	192,32	216,36	125,49	182,53	205,34	118,87	172,90	194,51	112,37	163,45	183,88	106,01	154,20	173,47	99,77	145,13	163,27
	V	3 622,25	199,22	289,78	326,–	IV	3 207,66	173,05	251,71	283,17	169,67	246,80	277,65	166,30	241,90	272,13	162,93	236,99	266,61	159,55	232,08	261,09	156,18	227,18	255,57
	VI	3 655,75	201,06	292,46	329,01																				
9 908,99 Ost	I,IV	3 220,58	177,13	257,64	289,85	I	3 220,58	170,38	247,83	278,81	163,64	238,02	267,77	156,89	228,21	256,73	150,15	218,40	245,70	143,40	208,59	234,66	136,66	198,78	223,62
	II	3 174,83	174,61	253,98	285,73	II	3 174,83	167,86	244,17	274,69	161,12	234,36	263,65	154,38	224,55	252,62	147,63	214,74	241,58	140,88	204,92	230,54	134,14	195,12	219,51
	III	2 539,50	139,67	203,16	228,55	III	2 539,50	132,92	193,34	217,51	126,18	183,54	206,48	119,56	173,90	195,64	113,05	164,44	184,99	106,68	155,17	174,56	100,43	146,08	164,34
	V	3 635,16	199,93	290,81	327,16	IV	3 220,58	173,75	252,74	284,33	170,38	247,83	278,81	167,01	242,92	273,29	163,64	238,02	267,77	160,27	233,12	262,26	156,89	228,21	256,73
	VI	3 668,58	201,77	293,48	330,17																				
9 911,99 West	I,IV	3 209,–	176,49	256,72	288,81	I	3 209,–	169,74	246,90	277,76	163,–	237,09	266,72	156,25	227,28	255,69	149,51	217,47	244,65	142,76	207,66	233,61	136,01	197,84	222,57
	II	3 163,16	173,97	253,05	284,68	II	3 163,16	167,23	243,24	273,65	160,48	233,43	262,61	153,73	223,62	251,57	146,99	213,80	240,53	140,25	204,–	229,50	133,50	194,18	218,45
	III	2 527,83	139,03	202,22	227,50	III	2 527,83	132,28	192,41	216,46	125,55	182,62	205,45	118,93	173,–	194,62	112,44	163,56	184,–	106,07	154,29	173,57	99,84	145,22	163,37
	V	3 623,50	199,29	289,88	326,11	IV	3 209,–	173,12	251,81	283,28	169,74	246,90	277,76	166,37	242,–	272,25	163,–	237,09	266,72	159,62	232,18	261,20	156,25	227,28	255,69
	VI	3 657,–	201,13	292,56	329,13																				
9 911,99 Ost	I,IV	3 221,83	177,20	257,74	289,96	I	3 221,83	170,45	247,93	278,92	163,71	238,12	267,89	156,96	228,31	256,85	150,21	218,50	245,81	143,47	208,69	234,77	136,73	198,88	223,74
	II	3 176,08	174,68	254,08	285,84	II	3 176,08	167,93	244,27	274,80	161,19	234,46	263,76	154,44	224,65	252,73	147,70	214,84	241,69	140,95	205,02	230,65	134,21	195,22	219,62
	III	2 540,83	139,74	203,26	228,67	III	2 540,83	132,99	193,45	217,63	126,26	183,65	206,60	119,62	174,–	195,75	113,11	164,53	185,09	106,74	155,26	174,67	100,49	146,17	164,44
	V	3 636,41	200,–	290,91	327,27	IV	3 221,83	173,82	252,84	284,44	170,45	247,93	278,92	167,08	243,03	273,41	163,71	238,12	267,89	160,33	233,22	262,37	156,96	228,31	256,85
	VI	3 669,83	201,84	293,58	330,28																				

* Die ausgewiesenen Tabellenwerte sind amtlich. Siehe Erläuterungen auf der Umschlaginnenseite (U2).

Lohn/ Gehalt bis €*	Abzüge an Lohnsteuer, Solidaritätszuschlag (SolZ) und Kirchensteuer (8%, 9%) in den Steuerklassen I – VI					I, II, III, IV		mit Zahl der Kinderfreibeträge . . . 0,5			1			1,5			2			2,5			3		
		LSt	ohne Kinderfreibeträge SolZ	8%	9%		LSt	SolZ	8%	9%	SolZ	8%	9%	SolZ	8%	9%	SolZ	8%	9%	SolZ	8%	9%	SolZ	8%	9%
9 914,99 West	I,IV	3 210,25	176,56	256,82	288,92	I	3 210,25	169,81	247,—	277,88	163,07	237,19	266,84	156,32	227,38	255,80	149,58	217,57	244,76	142,83	207,76	233,73	136,09	197,95	222,69
	II	3 164,41	174,04	253,15	284,79	II	3 164,41	167,30	243,34	273,76	160,55	233,53	262,72	153,80	223,72	251,68	147,06	213,91	240,65	140,31	204,10	229,61	133,57	194,28	218,57
	III	2 529,16	139,10	202,33	227,62	III	2 529,16	132,35	192,52	216,58	125,62	182,73	205,57	119,—	173,09	194,72	112,51	163,65	184,10	106,15	154,40	173,70	99,90	145,32	163,48
	V	3 624,75	199,36	289,98	326,22	IV	3 210,25	173,19	251,91	283,40	169,81	247,—	277,88	166,44	242,10	272,36	163,07	237,19	266,84	159,69	232,28	261,32	156,32	227,38	255,80
	VI	3 658,25	201,20	292,66	329,24																				
9 914,99 Ost	I,IV	3 223,08	177,26	257,84	290,07	I	3 223,08	170,52	248,04	279,04	163,78	238,22	268,—	157,03	228,41	256,96	150,29	218,60	245,93	143,54	208,79	234,89	136,79	198,98	223,85
	II	3 177,33	174,75	254,18	285,95	II	3 177,33	168,—	244,37	274,91	161,26	234,56	263,88	154,51	224,75	252,84	147,77	214,94	241,80	141,02	205,12	230,76	134,28	195,32	219,73
	III	2 542,—	139,81	203,36	228,78	III	2 542,—	133,06	193,54	217,73	126,32	183,74	206,71	119,68	174,09	195,85	113,19	164,64	185,22	106,81	155,36	174,78	100,55	146,26	164,54
	V	3 637,66	200,07	291,01	327,38	IV	3 223,08	173,89	252,94	284,55	170,52	248,04	279,04	167,15	243,13	273,52	163,78	238,22	268,—	160,40	233,32	262,48	157,03	228,41	256,96
	VI	3 671,16	201,91	293,69	330,40																				
9 917,99 West	I,IV	3 211,50	176,63	256,92	289,03	I	3 211,50	169,88	247,10	277,99	163,13	237,29	266,95	156,39	227,48	255,92	149,65	217,67	244,88	142,90	207,86	233,84	136,16	198,05	222,80
	II	3 165,66	174,11	253,25	284,90	II	3 165,66	167,36	243,44	273,87	160,62	233,63	262,83	153,87	223,82	251,79	147,13	214,01	240,76	140,38	204,20	229,72	133,64	194,38	218,68
	III	2 530,33	139,16	202,42	227,72	III	2 530,33	132,43	192,62	216,70	125,69	182,82	205,67	119,07	173,20	194,85	112,57	163,74	184,21	106,21	154,49	173,80	99,97	145,41	163,58
	V	3 626,08	199,43	290,08	326,34	IV	3 211,50	173,25	252,01	283,51	169,88	247,10	277,99	166,51	242,20	272,47	163,13	237,29	266,95	159,77	232,39	261,44	156,39	227,48	255,92
	VI	3 659,50	201,27	292,76	329,35																				
9 917,99 Ost	I,IV	3 224,33	177,33	257,94	290,18	I	3 224,33	170,59	248,14	279,15	163,84	238,32	268,11	157,10	228,51	257,07	150,36	218,70	246,04	143,61	208,89	235,—	136,86	199,08	223,96
	II	3 178,58	174,82	254,28	286,07	II	3 178,58	168,07	244,47	275,03	161,33	234,66	263,99	154,58	224,85	252,95	147,84	215,04	241,92	141,09	205,23	230,88	134,35	195,42	219,84
	III	2 543,33	139,88	203,46	228,89	III	2 543,33	133,13	193,65	217,85	126,39	183,85	206,83	119,76	174,20	195,97	113,25	164,73	185,32	106,87	155,45	174,88	100,62	146,36	164,65
	V	3 638,91	200,14	291,11	327,50	IV	3 224,33	173,96	253,04	284,67	170,59	248,14	279,15	167,22	243,23	273,63	163,84	238,32	268,11	160,47	233,42	262,59	157,10	228,51	257,07
	VI	3 672,41	201,98	293,79	330,51																				
9 920,99 West	I,IV	3 212,75	176,70	257,02	289,14	I	3 212,75	169,95	247,20	278,10	163,21	237,40	267,07	156,46	227,58	256,03	149,71	217,77	244,99	142,97	207,96	233,96	136,23	198,15	222,92
	II	3 167,—	174,18	253,36	285,03	II	3 167,—	167,43	243,54	273,98	160,69	233,73	262,94	153,94	223,92	251,91	147,20	214,11	240,87	140,45	204,30	229,83	133,70	194,48	218,79
	III	2 531,66	139,24	202,53	227,84	III	2 531,66	132,49	192,72	216,81	125,76	182,93	205,79	119,13	173,29	194,95	112,64	163,84	184,32	106,27	154,58	173,90	100,03	145,50	163,69
	V	3 627,33	199,50	290,18	326,45	IV	3 212,75	173,32	252,11	283,62	169,95	247,20	278,10	166,58	242,30	272,58	163,21	237,40	267,07	159,83	232,49	261,55	156,46	227,58	256,03
	VI	3 660,75	201,34	292,86	329,46																				
9 920,99 Ost	I,IV	3 225,58	177,40	258,04	290,30	I	3 225,58	170,66	248,24	279,27	163,91	238,42	268,22	157,17	228,61	257,18	150,42	218,80	246,15	143,68	208,99	235,11	136,93	199,18	224,07
	II	3 179,83	174,89	254,38	286,18	II	3 179,83	168,14	244,57	275,14	161,40	234,76	264,11	154,65	224,95	253,07	147,90	215,14	242,03	141,16	205,33	230,99	134,42	195,52	219,96
	III	2 544,50	139,94	203,56	229,—	III	2 544,50	133,20	193,74	217,96	126,46	183,94	206,93	119,82	174,29	196,07	113,31	164,82	185,42	106,93	155,54	174,98	100,68	146,45	164,75
	V	3 640,16	200,20	291,21	327,61	IV	3 225,58	174,03	253,14	284,78	170,66	248,24	279,27	167,29	243,33	273,74	163,91	238,42	268,22	160,54	233,52	262,71	157,17	228,61	257,18
	VI	3 673,66	202,05	293,89	330,62																				
9 923,99 West	I,IV	3 214,—	176,77	257,12	289,26	I	3 214,—	170,02	247,30	278,21	163,28	237,50	267,18	156,53	227,68	256,14	149,78	217,87	245,10	143,04	208,06	234,07	136,29	198,25	223,03
	II	3 168,25	174,25	253,46	285,14	II	3 168,25	167,50	243,64	274,10	160,76	233,83	263,06	154,01	224,02	252,02	147,27	214,21	240,98	140,52	204,40	229,95	133,78	194,59	218,91
	III	2 533,—	139,31	202,64	227,97	III	2 533,—	132,56	192,82	216,92	125,83	183,02	205,90	119,20	173,38	195,05	112,70	163,93	184,42	106,34	154,68	174,01	100,10	145,60	163,80
	V	3 628,58	199,57	290,28	326,57	IV	3 214,—	173,39	252,21	283,73	170,02	247,30	278,21	166,65	242,40	272,70	163,28	237,50	267,18	159,90	232,59	261,66	156,53	227,68	256,14
	VI	3 662,—	201,41	292,96	329,58																				
9 923,99 Ost	I,IV	3 226,91	177,48	258,15	290,42	I	3 226,91	170,73	248,34	279,38	163,98	238,52	268,34	157,24	228,72	257,31	150,49	218,90	246,26	143,75	209,09	235,22	137,—	199,28	224,19
	II	3 181,08	174,95	254,48	286,29	II	3 181,08	168,21	244,68	275,26	161,47	234,86	264,22	154,72	225,05	253,18	147,98	215,24	242,15	141,23	205,43	231,11	134,48	195,62	220,07
	III	2 545,83	140,02	203,66	229,12	III	2 545,83	133,27	193,85	218,08	126,53	184,05	207,05	119,90	174,40	196,20	113,38	164,92	185,53	107,—	155,64	175,09	100,75	146,54	164,86
	V	3 641,41	200,27	291,31	327,72	IV	3 226,91	174,10	253,24	284,90	170,73	248,34	279,38	167,36	243,43	273,86	163,98	238,52	268,34	160,61	233,62	262,82	157,24	228,72	257,31
	VI	3 674,91	202,12	293,99	330,74																				
9 926,99 West	I,IV	3 215,25	176,83	257,22	289,37	I	3 215,25	170,09	247,40	278,33	163,35	237,60	267,30	156,60	227,78	256,25	149,85	217,97	245,21	143,11	208,16	234,18	136,36	198,35	223,14
	II	3 169,50	174,32	253,56	285,25	II	3 169,50	167,57	243,74	274,21	160,82	233,93	263,17	154,08	224,12	252,14	147,34	214,31	241,10	140,59	204,50	230,06	133,85	194,69	219,02
	III	2 534,16	139,37	202,73	228,07	III	2 534,16	132,63	192,92	217,03	125,90	183,13	206,02	119,27	173,49	195,17	112,77	164,04	184,54	106,40	154,77	174,11	100,16	145,69	163,90
	V	3 629,83	199,64	290,38	326,68	IV	3 215,25	173,46	252,31	283,85	170,09	247,40	278,33	166,72	242,50	272,81	163,35	237,60	267,30	159,97	232,69	261,77	156,60	227,78	256,25
	VI	3 663,25	201,47	293,06	329,69																				
9 926,99 Ost	I,IV	3 228,16	177,54	258,25	290,53	I	3 228,16	170,80	248,44	279,49	164,05	238,62	268,45	157,31	228,82	257,42	150,56	219,—	246,38	143,82	209,19	235,34	137,07	199,38	224,30
	II	3 182,33	175,02	254,58	286,40	II	3 182,33	168,28	244,78	275,37	161,53	234,96	264,33	154,79	225,15	253,29	148,05	215,34	242,26	141,30	205,53	231,22	134,55	195,72	220,18
	III	2 547,—	140,08	203,76	229,23	III	2 547,—	133,34	193,96	218,20	126,60	184,14	207,16	119,96	174,49	196,30	113,45	165,02	185,65	107,06	155,73	175,19	100,81	146,64	164,97
	V	3 642,75	200,35	291,42	327,84	IV	3 228,16	174,17	253,34	285,01	170,80	248,44	279,49	167,42	243,53	273,97	164,05	238,62	268,45	160,68	233,72	262,94	157,31	228,82	257,42
	VI	3 676,16	202,18	294,09	330,85																				
9 929,99 West	I,IV	3 216,50	176,90	257,32	289,48	I	3 216,50	170,16	247,51	278,45	163,41	237,70	267,41	156,67	227,88	256,37	149,93	218,08	245,34	143,18	208,26	234,29	136,43	198,45	223,25
	II	3 170,75	174,39	253,66	285,36	II	3 170,75	167,64	243,84	274,32	160,90	234,04	263,29	154,15	224,22	252,25	147,40	214,41	241,21	140,66	204,60	230,18	133,92	194,79	219,14
	III	2 535,50	139,45	202,84	228,19	III	2 535,50	132,70	193,02	217,15	125,96	183,22	206,12	119,34	173,58	195,28	112,84	164,13	184,64	106,47	154,86	174,22	100,22	145,78	164,—
	V	3 631,08	199,70	290,48	326,79	IV	3 216,50	173,53	252,41	283,96	170,16	247,51	278,45	166,79	242,60	272,93	163,41	237,70	267,41	160,04	232,79	261,89	156,67	227,88	256,37
	VI	3 664,58	201,55	293,16	329,81																				
9 929,99 Ost	I,IV	3 229,41	177,61	258,35	290,64	I	3 229,41	170,87	248,54	279,60	164,12	238,72	268,56	157,38	228,92	257,53	150,63	219,10	246,49	143,88	209,29	235,45	137,14	199,48	224,42
	II	3 183,58	175,09	254,68	286,52	II	3 183,58	168,35	244,88	275,49	161,60	235,06	264,44	154,86	225,25	253,40	148,11	215,44	242,37	141,37	205,63	231,33	134,62	195,82	220,29
	III	2 548,33	140,15	203,86	229,34	III	2 548,33	133,41	194,05	218,30	126,67	184,25	207,28	120,02	174,58	196,40	113,52	165,12	185,76	107,13	155,82	175,30	100,87	146,73	165,07
	V	3 644,—	200,42	291,52	327,96	IV	3 229,41	174,24	253,44	285,12	170,87	248,54	279,60	167,49	243,63	274,08	164,12	238,72	268,56	160,75	233,82	263,05	157,38	228,92	257,53
	VI	3 677,41	202,25	294,19	330,96																				
9 932,99 West	I,IV	3 217,75	176,97	257,42	289,59	I	3 217,75	170,23	247,61	278,56	163,48	237,80	267,52	156,74	227,98	256,48	149,99	218,18	245,45	143,25	208,36	234,41	136,50	198,55	223,37
	II	3 172,—	174,46	253,76	285,48	II	3 172,—	167,71	243,94	274,43	160,97	234,14	263,40	154,22	224,32	252,36	147,47	214,51	241,32	140,73	204,70	230,29	133,98	194,89	219,25
	III	2 536,66	139,51	202,93	228,29	III	2 536,66	132,77	193,12	217,26	126,04	183,33	206,24	119,40	173,68	195,39	112,90	164,22	184,75	106,53	154,96	174,33	100,29	145,88	164,11
	V	3 632,33	199,77	290,58	326,90	IV	3 217,75	173,60	252,52	284,08	170,23	247,61	278,56	166,86	242,70	273,04	163,48	237,80	267,52	160,11	232,89	262,—	156,74	227,98	256,48
	VI	3 665,83	201,62	293,26	329,92																				
9 932,99 Ost	I,IV	3 230,66	177,68	258,45	290,75	I	3 230,66	170,94	248,64	279,72	164,19	238,83	268,68	157,45	229,02	257,64	150,70	219,20	246,60	143,96	209,40	235,57	137,21	199,58	224,53
	II	3 184,91	175,17	254,79	286,64	II	3 184,91	168,42	244,98	275,60	161,67	235,16	264,56	154,93	225,36	253,53	148,18	215,54	242,48	141,44	205,73	231,44	134,69	195,92	220,41
	III	2 549,66	140,23	203,97	229,46	III	2 549,66	133,48	194,16	218,43	126,73	184,34	207,38	120,10	174,69	196,52	113,58	165,21	185,86	107,19	155,92	175,41	100,94	146,82	165,17
	V	3 645,25	200,48	291,62	328,07	IV	3 230,66	174,31	253,54	285,23	170,94	248,64	279,72	167,56	243,73	274,19	164,19	238,83	268,68	160,82	233,92	263,16	157,45	229,02	257,64
	VI	3 678,66	202,32	294,29	331,07																				
9 935,99 West	I,IV	3 219,08	177,04	257,52	289,71	I	3 219,08	170,30	247,71	278,67	163,55	237,90	267,63	156,80	228,08	256,59	150,06	218,28	245,56	143,32	208,46	234,52	136,57	198,65	223,48
	II	3 173,25	174,52	253,86	285,59	II	3 173,25	167,78	244,04	274,55	161,04	234,24	263,52	154,29	224,42	252,47	147,54	214,61	241,43	140,80	204,80	230,40	134,05	194,99	219,36
	III	2 538,—	139,59	203,04	228,42	III	2 538,—	132,84	193,22	217,37	126,10	183,42	206,35	119,47	173,78	195,50	112,97	164,32	184,86	106,59	155,05	174,43	100,35	145,97	164,21
	V	3 633,58	199,84	290,68	327,02	IV	3 219,08	173,67	252,62	284,19	170,30	247,71	278,67	166,92	242,80	273,15	163,55	237,90	267,63	160,18	232,99	262,11	156,80	228,08	256,59
	VI	3 667,08	201,68	293,36	330,03																				
9 935,99 Ost	I,IV	3 231,91	177,75	258,55	290,87	I	3 231,91	171,—	248,74	279,83	164,26	238,93	268,79	157,52	229,12	257,76	150,77	219,30	246,71	144,03	209,50	235,68	137,28	199,68	224,64
	II	3 186,16	175,23	254,89	286,75	II	3 186,16	168,49	245,08	275,71	161,74	235,26	264,67	155,—	225,46	253,64	148,25	215,64	242,60	141,51	205,83	231,56	134,76	196,02	220,52
	III	2 550,83	140,29	204,06	229,57	III	2 550,83	133,54	194,25	218,53	126,81	184,45	207,50	120,16	174,78	196,63	113,64	165,30	185,96	107,25	156,01	175,51	101,—	146,92	165,28
	V	3 646,50	200,55	291,72	328,18	IV	3 231,91	174,38	253,64	285,35	171,—	248,74	279,83	167,64	243,84	274,32	164,26	238,93	268,79	160,89	234,02	263,27	157,52	229,12	257,76
	VI	3 679,91	202,39	294,39	331,19																				

*** Die ausgewiesenen Tabellenwerte sind amtlich. Siehe Erläuterungen auf der Umschlaginnenseite (U2).**

MONAT **9 936,–***

Lohn/ Gehalt bis €*	Abzüge an Lohnsteuer, Solidaritätszuschlag (SolZ) und Kirchensteuer (8%, 9%) in den Steuerklassen I – VI					I, II, III, IV																			
			ohne Kinderfreibeträge					mit Zahl der Kinderfreibeträge . . . 0,5			1			1,5			2			2,5			3		
		LSt	SolZ	8%	9%		LSt	SolZ	8%	9%	SolZ	8%	9%	SolZ	8%	9%	SolZ	8%	9%	SolZ	8%	9%	SolZ	8%	9%
9 938,99 West	I,IV	3 220,33	177,11	257,62	289,82	I	3 220,33	170,37	247,81	278,78	163,62	238,—	267,75	156,88	228,19	256,71	150,13	218,38	245,67	143,38	208,56	234,63	136,64	198,76	223,60
	II	3 174,50	174,59	253,96	285,70	II	3 174,50	167,85	244,15	274,67	161,10	234,34	263,63	154,36	224,52	252,59	147,62	214,72	241,56	140,87	204,90	230,51	134,12	195,09	219,47
	III	2 539,16	139,65	203,13	228,52	III	2 539,16	132,91	193,33	217,49	126,17	183,53	206,47	119,54	173,88	195,61	113,04	164,42	184,97	106,66	155,14	174,53	100,42	146,06	164,32
	V	3 634,83	199,91	290,78	327,13	IV	3 220,33	173,74	252,72	284,31	170,37	247,81	278,78	166,99	242,90	273,26	163,62	238,—	267,75	160,25	233,09	262,22	156,88	228,19	256,71
	VI	3 668,33	201,75	293,46	330,14																				
9 938,99 Ost	I,IV	3 233,16	177,82	258,65	290,98	I	3 233,16	171,08	248,84	279,95	164,33	239,03	268,91	157,58	229,22	257,87	150,84	219,40	246,83	144,10	209,60	235,80	137,35	199,78	224,75
	II	3 187,41	175,30	254,99	286,86	II	3 187,41	168,56	245,18	275,82	161,81	235,36	264,78	155,07	225,56	253,75	148,32	215,74	242,71	141,57	205,93	231,67	134,83	196,12	220,64
	III	2 552,16	140,36	204,17	229,69	III	2 552,16	133,62	194,36	218,65	126,88	184,56	207,63	120,23	174,88	196,74	113,71	165,40	186,07	107,32	156,10	175,61	101,06	147,—	165,37
	V	3 647,75	200,62	291,82	328,29	IV	3 233,16	174,45	253,74	285,46	171,08	248,84	279,95	167,70	243,94	274,43	164,33	239,03	268,91	160,96	234,12	263,39	157,58	229,22	257,87
	VI	3 681,25	202,46	294,50	331,31																				
9 941,99 West	I,IV	3 221,58	177,18	257,72	289,94	I	3 221,58	170,44	247,91	278,90	163,69	238,10	267,86	156,95	228,29	256,82	150,20	218,48	245,79	143,45	208,66	234,74	136,71	198,86	223,71
	II	3 175,75	174,66	254,06	285,81	II	3 175,75	167,92	244,25	274,78	161,17	234,44	263,74	154,43	224,62	252,70	147,68	214,82	241,67	140,94	205,—	230,63	134,19	195,19	219,59
	III	2 540,50	139,72	203,24	228,64	III	2 540,50	132,98	193,42	217,60	126,24	183,62	206,57	119,60	173,97	195,71	113,10	164,52	185,08	106,72	155,24	174,64	100,48	146,16	164,43
	V	3 636,16	199,98	290,89	327,25	IV	3 221,58	173,81	252,82	284,42	170,44	247,91	278,90	167,06	243,—	273,38	163,69	238,10	267,86	160,32	233,20	262,35	156,95	228,29	256,82
	VI	3 669,58	201,82	293,56	330,26																				
9 941,99 Ost	I,IV	3 234,41	177,89	258,75	291,09	I	3 234,41	171,15	248,94	280,06	164,40	239,13	269,02	157,65	229,32	257,98	150,91	219,51	246,95	144,16	209,70	235,91	137,42	199,88	224,87
	II	3 188,66	175,37	255,09	286,97	II	3 188,66	168,63	245,28	275,94	161,88	235,47	264,90	155,14	225,66	253,86	148,39	215,84	242,82	141,65	206,04	231,79	134,90	196,22	220,75
	III	2 553,33	140,43	204,26	229,79	III	2 553,33	133,68	194,45	218,75	126,94	184,65	207,73	120,30	174,98	196,85	113,78	165,50	186,19	107,39	156,21	175,73	101,12	147,09	165,47
	V	3 649,—	200,69	291,92	328,41	IV	3 234,41	174,51	253,84	285,57	171,15	248,94	280,06	167,77	244,04	274,54	164,40	239,13	269,02	161,03	234,22	263,50	157,65	229,32	257,98
	VI	3 682,50	202,53	294,60	331,42																				
9 944,99 West	I,IV	3 222,83	177,25	257,82	290,05	I	3 222,83	170,50	248,01	279,01	163,76	238,20	267,98	157,02	228,39	256,94	150,27	218,58	245,90	143,52	208,76	234,86	136,78	198,96	223,83
	II	3 177,08	174,73	254,16	285,93	II	3 177,08	167,99	244,35	274,89	161,24	234,54	263,85	154,49	224,72	252,81	147,75	214,92	241,78	141,01	205,10	230,74	134,26	195,29	219,70
	III	2 541,66	139,79	203,33	228,74	III	2 541,66	133,05	193,53	217,72	126,31	183,73	206,69	119,68	174,08	195,84	113,17	164,61	185,18	106,79	155,33	174,74	100,54	146,24	164,52
	V	3 637,41	200,05	290,99	327,36	IV	3 222,83	173,88	252,92	284,53	170,50	248,01	279,01	167,13	243,10	273,49	163,76	238,20	267,98	160,39	233,30	262,46	157,02	228,39	256,94
	VI	3 670,83	201,89	293,66	330,37																				
9 944,99 Ost	I,IV	3 235,66	177,96	258,85	291,20	I	3 235,66	171,21	249,04	280,17	164,47	239,23	269,13	157,72	229,42	258,09	150,98	219,61	247,06	144,23	209,80	236,02	137,49	199,98	224,98
	II	3 189,91	175,44	255,19	287,09	II	3 189,91	168,69	245,38	276,05	161,95	235,57	265,01	155,21	225,76	253,98	148,46	215,94	242,93	141,72	206,14	231,90	134,97	196,32	220,86
	III	2 554,66	140,50	204,37	229,91	III	2 554,66	133,76	194,56	218,88	127,02	184,76	207,85	120,36	175,08	196,96	113,85	165,60	186,30	107,46	156,30	175,84	101,19	147,18	165,58
	V	3 650,25	200,76	292,02	328,52	IV	3 235,66	174,59	253,95	285,69	171,21	249,04	280,17	167,84	244,14	274,65	164,47	239,23	269,13	161,09	234,32	263,61	157,72	229,42	258,09
	VI	3 683,75	202,60	294,70	331,53																				
9 947,99 West	I,IV	3 224,08	177,32	257,92	290,16	I	3 224,08	170,57	248,11	279,12	163,83	238,30	268,09	157,08	228,49	257,05	150,34	218,68	246,01	143,60	208,87	234,98	136,85	199,06	223,94
	II	3 178,33	174,80	254,26	286,04	II	3 178,33	168,06	244,45	275,—	161,31	234,64	263,97	154,57	224,83	252,93	147,82	215,02	241,89	141,07	205,20	230,85	134,33	195,40	219,82
	III	2 543,—	139,86	203,44	228,87	III	2 543,—	133,11	193,62	217,82	126,38	183,82	206,80	119,74	174,17	195,94	113,23	164,70	185,29	106,85	155,42	174,85	100,60	146,33	164,62
	V	3 638,66	200,12	291,09	327,47	IV	3 224,08	173,95	253,02	284,64	170,57	248,11	279,12	167,20	243,20	273,60	163,83	238,30	268,09	160,46	233,40	262,57	157,08	228,49	257,05
	VI	3 672,08	201,96	293,76	330,48																				
9 947,99 Ost	I,IV	3 237,—	178,03	258,96	291,33	I	3 237,—	171,28	249,14	280,28	164,54	239,33	269,24	157,79	229,52	258,21	151,05	219,71	247,17	144,30	209,90	236,13	137,55	200,08	225,09
	II	3 191,16	175,51	255,29	287,20	II	3 191,16	168,77	245,48	276,17	162,02	235,67	265,13	155,27	225,86	254,09	148,53	216,04	243,05	141,79	206,24	232,02	135,04	196,42	220,97
	III	2 555,83	140,57	204,46	230,02	III	2 555,83	133,82	194,65	218,98	127,08	184,85	207,95	120,44	175,18	197,08	113,91	165,69	186,40	107,52	156,40	175,95	101,25	147,28	165,69
	V	3 651,50	200,83	292,12	328,63	IV	3 237,—	174,66	254,05	285,80	171,28	249,14	280,28	167,91	244,24	274,77	164,54	239,33	269,24	161,16	234,42	263,72	157,79	229,52	258,21
	VI	3 685,—	202,67	294,80	331,65																				
9 950,99 West	I,IV	3 225,33	177,39	258,02	290,27	I	3 225,33	170,64	248,21	279,23	163,90	238,40	268,20	157,15	228,59	257,16	150,41	218,78	246,12	143,66	208,97	235,09	136,92	199,16	224,05
	II	3 179,58	174,87	254,36	286,16	II	3 179,58	168,13	244,55	275,12	161,38	234,74	264,08	154,64	224,93	253,04	147,89	215,12	242,01	141,14	205,30	230,96	134,40	195,50	219,93
	III	2 544,33	139,93	203,54	228,98	III	2 544,33	133,19	193,73	217,94	126,45	183,93	206,92	119,81	174,28	196,06	113,30	164,80	185,40	106,92	155,52	174,96	100,66	146,42	164,72
	V	3 639,91	200,19	291,19	327,59	IV	3 225,33	174,02	253,12	284,76	170,64	248,21	279,23	167,27	243,31	273,72	163,90	238,40	268,20	160,53	233,50	262,68	157,15	228,59	257,16
	VI	3 673,33	202,03	293,86	330,59																				
9 950,99 Ost	I,IV	3 238,25	178,10	259,06	291,44	I	3 238,25	171,35	249,24	280,40	164,61	239,43	269,36	157,86	229,62	258,32	151,12	219,81	247,28	144,37	210,—	236,25	137,63	200,19	225,21
	II	3 192,41	175,58	255,39	287,31	II	3 192,41	168,84	245,58	276,28	162,09	235,77	265,24	155,34	225,96	254,20	148,60	216,15	243,17	141,85	206,34	232,13	135,11	196,52	221,09
	III	2 557,16	140,64	204,57	230,14	III	2 557,16	133,89	194,76	219,10	127,16	184,96	208,08	120,50	175,28	197,19	113,97	165,78	186,50	107,58	156,49	176,05	101,31	147,37	165,79
	V	3 652,75	200,90	292,22	328,74	IV	3 238,25	174,73	254,15	285,92	171,35	249,24	280,40	167,98	244,34	274,88	164,61	239,43	269,36	161,23	234,52	263,84	157,86	229,62	258,32
	VI	3 686,25	202,74	294,90	331,76																				
9 953,99 West	I,IV	3 226,58	177,46	258,12	290,39	I	3 226,58	170,72	248,32	279,36	163,97	238,50	268,31	157,22	228,69	257,27	150,48	218,88	246,24	143,73	209,07	235,20	136,99	199,26	224,16
	II	3 180,83	174,94	254,46	286,27	II	3 180,83	168,19	244,65	275,23	161,45	234,84	264,20	154,71	225,03	253,16	147,96	215,22	242,12	141,21	205,40	231,08	134,47	195,60	220,05
	III	2 545,50	140,—	203,64	229,09	III	2 545,50	133,25	193,82	218,05	126,51	184,02	207,02	119,88	174,37	196,16	113,37	164,90	185,51	106,98	155,61	175,06	100,73	146,52	164,83
	V	3 641,16	200,26	291,29	327,70	IV	3 226,58	174,08	253,22	284,87	170,72	248,32	279,36	167,34	243,41	273,83	163,97	238,50	268,31	160,60	233,60	262,80	157,22	228,69	257,27
	VI	3 674,66	202,10	293,97	330,71																				
9 953,99 Ost	I,IV	3 239,50	178,17	259,16	291,55	I	3 239,50	171,42	249,34	280,51	164,67	239,53	269,47	157,93	229,72	258,44	151,19	219,91	247,40	144,44	210,10	236,36	137,70	200,29	225,32
	II	3 193,66	175,65	255,49	287,42	II	3 193,66	168,90	245,68	276,39	162,16	235,87	265,35	155,41	226,06	254,31	148,67	216,25	243,28	141,92	206,44	232,24	135,18	196,62	221,20
	III	2 558,33	140,70	204,66	230,24	III	2 558,33	133,97	194,86	219,22	127,22	185,05	208,18	120,56	175,37	197,29	114,05	165,89	186,62	107,65	156,58	176,15	101,38	147,46	165,89
	V	3 654,08	200,97	292,32	328,86	IV	3 239,50	174,79	254,25	286,03	171,42	249,34	280,51	168,05	244,44	274,99	164,67	239,53	269,47	161,31	234,63	263,96	157,93	229,72	258,44
	VI	3 687,50	202,81	295,—	331,87																				
9 956,99 West	I,IV	3 227,83	177,53	258,22	290,50	I	3 227,83	170,78	248,42	279,47	164,04	238,60	268,43	157,29	228,79	257,39	150,55	218,98	246,35	143,80	209,17	235,31	137,06	199,36	224,28
	II	3 182,08	175,01	254,56	286,38	II	3 182,08	168,26	244,75	275,34	161,52	234,94	264,31	154,77	225,13	253,27	148,03	215,32	242,23	141,29	205,51	231,20	134,54	195,70	220,16
	III	2 546,83	140,07	203,74	229,21	III	2 546,83	133,32	193,93	218,17	126,59	184,13	207,14	119,94	174,46	196,27	113,43	165,—	185,62	107,05	155,72	175,18	100,79	146,61	164,93
	V	3 642,41	200,33	291,39	327,81	IV	3 227,83	174,16	253,32	284,99	170,78	248,42	279,47	167,41	243,51	273,95	164,04	238,60	268,43	160,66	233,70	262,91	157,29	228,79	257,39
	VI	3 675,91	202,17	294,07	330,83																				
9 956,99 Ost	I,IV	3 240,75	178,24	259,26	291,66	I	3 240,75	171,49	249,44	280,62	164,75	239,64	269,59	158,—	229,82	258,55	151,25	220,01	247,51	144,51	210,20	236,48	137,77	200,39	225,44
	II	3 195,—	175,72	255,60	287,55	II	3 195,—	168,97	245,78	276,50	162,23	235,97	265,46	155,48	226,16	254,43	148,74	216,35	243,39	141,99	206,54	232,35	135,24	196,72	221,31
	III	2 559,66	140,78	204,77	230,36	III	2 559,66	134,03	194,96	219,33	127,29	185,16	208,30	120,64	175,48	197,41	114,11	165,98	186,73	107,71	156,68	176,26	101,44	147,56	166,—
	V	3 655,33	201,04	292,42	328,97	IV	3 240,75	174,86	254,35	286,14	171,49	249,44	280,62	168,12	244,54	275,10	164,75	239,64	269,59	161,37	234,73	264,07	158,—	229,82	258,55
	VI	3 688,75	202,88	295,10	331,98																				
9 959,99 West	I,IV	3 229,08	177,59	258,32	290,61	I	3 229,08	170,85	248,52	279,58	164,11	238,70	268,54	157,36	228,89	257,50	150,62	219,08	246,47	143,87	209,27	235,43	137,12	199,46	224,39
	II	3 183,33	175,08	254,66	286,49	II	3 183,33	168,33	244,85	275,45	161,59	235,04	264,42	154,84	225,23	253,38	148,10	215,42	242,34	141,35	205,61	231,31	134,61	195,80	220,27
	III	2 548,—	140,14	203,84	229,32	III	2 548,—	133,39	194,02	218,27	126,65	184,22	207,25	120,01	174,57	196,39	113,50	165,09	185,72	107,12	155,81	175,28	100,86	146,70	165,04
	V	3 643,66	200,40	291,49	327,92	IV	3 229,08	174,23	253,42	285,10	170,85	248,52	279,58	167,48	243,61	274,06	164,11	238,70	268,54	160,73	233,80	263,02	157,36	228,89	257,50
	VI	3 677,16	202,24	294,17	330,94																				
9 959,99 Ost	I,IV	3 242,—	178,31	259,36	291,78	I	3 242,—	171,56	249,54	280,73	164,82	239,74	269,70	158,07	229,92	258,66	151,32	220,11	247,62	144,58	210,30	236,59	137,83	200,49	225,55
	II	3 196,25	175,79	255,70	287,66	II	3 196,25	169,04	245,88	276,62	162,30	236,07	265,58	155,55	226,26	254,54	148,81	216,45	243,50	142,06	206,64	232,47	135,32	196,83	221,43
	III	2 561,—	140,85	204,88	230,49	III	2 561,—	134,10	195,06	219,44	127,36	185,25	208,40	120,70	175,57	197,51	114,18	166,08	186,84	107,78	156,77	176,36	101,51	147,65	166,10
	V	3 656,58	201,11	292,52	329,09	IV	3 242,—	174,93	254,45	286,25	171,56	249,54	280,73	168,19	244,64	275,22	164,82	239,74	269,70	161,44	234,83	264,18	158,07	229,92	258,66
	VI	3 690,—	202,95	295,20	332,10																				

* Die ausgewiesenen Tabellenwerte sind amtlich. Siehe Erläuterungen auf der Umschlaginnenseite (U2).

Lohn/Gehalt bis €*		I – VI LSt	ohne Kinderfreibeträge SolZ	8%	9%		I, II, III, IV LSt	0,5 SolZ	8%	9%	1 SolZ	8%	9%	1,5 SolZ	8%	9%	2 SolZ	8%	9%	2,5 SolZ	8%	9%	3 SolZ	8%	9%
9 962,99 West	I,IV	3 230,41	177,67	258,43	290,73	I	3 230,41	170,92	248,62	279,69	164,17	238,80	268,65	157,43	229,—	257,62	150,69	219,18	246,58	143,94	209,37	235,54	137,20	199,56	224,51
	II	3 184,58	175,15	254,76	286,61	II	3 184,58	168,41	244,96	275,58	161,66	235,14	264,53	154,91	225,33	253,49	148,17	215,52	242,46	141,42	205,71	231,42	134,68	195,90	220,38
	III	2 549,33	140,21	203,94	229,43	III	2 549,33	133,46	194,13	218,39	126,72	184,33	207,37	120,08	174,66	196,49	113,56	165,18	185,83	107,18	155,90	175,39	100,92	146,80	165,15
	V	3 644,91	200,47	291,59	328,04	IV	3 230,41	174,29	253,52	285,21	170,92	248,62	279,69	167,55	243,71	274,17	164,17	238,80	268,65	160,80	233,90	263,13	157,43	229,—	257,62
	VI	3 678,41	202,31	294,27	331,05																				
9 962,99 Ost	I,IV	3 243,25	178,37	259,46	291,89	I	3 243,25	171,63	249,64	280,85	164,89	239,84	269,82	158,14	230,02	258,77	151,39	220,21	247,73	144,65	210,40	236,70	137,90	200,59	225,66
	II	3 197,50	175,86	255,80	287,77	II	3 197,50	169,11	245,98	276,73	162,36	236,17	265,69	155,62	226,36	254,66	148,88	216,55	243,62	142,13	206,74	232,58	135,39	196,93	221,54
	III	2 562,16	140,91	204,97	230,59	III	2 562,16	134,17	195,16	219,55	127,43	185,36	208,53	120,78	175,68	197,64	114,24	166,17	186,94	107,84	156,86	176,47	101,57	147,74	166,21
	V	3 657,83	201,18	292,62	329,20	IV	3 243,25	175,—	254,55	286,37	171,63	249,64	280,85	168,26	244,74	275,33	164,89	239,84	269,82	161,51	234,93	264,29	158,14	230,02	258,77
	VI	3 691,25	203,01	295,30	332,21																				
9 965,99 West	I,IV	3 231,66	177,74	258,53	290,84	I	3 231,66	170,99	248,72	279,81	164,24	238,90	268,76	157,50	229,10	257,73	150,75	219,28	246,69	144,01	209,47	235,65	137,27	199,66	224,62
	II	3 185,83	175,22	254,86	286,72	II	3 185,83	168,47	245,06	275,69	161,73	235,24	264,65	154,98	225,43	253,61	148,24	215,62	242,57	141,49	205,81	231,53	134,75	196,—	220,50
	III	2 550,50	140,27	204,04	229,54	III	2 550,50	133,54	194,24	218,52	126,79	184,42	207,47	120,14	174,76	196,60	113,63	165,29	185,95	107,25	156,—	175,50	100,98	146,89	165,25
	V	3 646,25	200,54	291,70	328,16	IV	3 231,66	174,36	253,62	285,32	170,99	248,72	279,81	167,62	243,81	274,28	164,24	238,90	268,76	160,87	234,—	263,25	157,50	229,10	257,73
	VI	3 679,66	202,38	294,37	331,16																				
9 965,99 Ost	I,IV	3 244,50	178,44	259,56	292,—	I	3 244,50	171,70	249,75	280,97	164,95	239,94	269,93	158,21	230,12	258,89	151,47	220,32	247,86	144,72	210,50	236,81	137,97	200,69	225,77
	II	3 198,75	175,93	255,90	287,88	II	3 198,75	169,18	246,08	276,84	162,44	236,28	265,81	155,69	226,46	254,77	148,94	216,65	243,73	142,20	206,84	232,70	135,46	197,03	221,66
	III	2 563,50	140,99	205,08	230,71	III	2 563,50	134,24	195,26	219,67	127,49	185,45	208,63	120,84	175,77	197,74	114,31	166,28	187,06	107,91	156,96	176,58	101,64	147,84	166,32
	V	3 659,08	201,24	292,72	329,31	IV	3 244,50	175,07	254,65	286,48	171,70	249,75	280,97	168,33	244,84	275,45	164,95	239,94	269,93	161,58	235,03	264,41	158,21	230,12	258,89
	VI	3 692,58	203,09	295,40	332,33																				
9 968,99 West	I,IV	3 232,91	177,81	258,63	290,96	I	3 232,91	171,06	248,82	279,92	164,31	239,—	268,88	157,57	229,20	257,85	150,82	219,38	246,80	144,08	209,57	235,76	137,33	199,76	224,73
	II	3 187,08	175,28	254,96	286,83	II	3 187,08	168,54	245,16	275,80	161,80	235,34	264,76	155,05	225,53	253,72	148,31	215,72	242,69	141,56	205,91	231,65	134,81	196,10	220,61
	III	2 551,83	140,35	204,14	229,66	III	2 551,83	133,60	194,33	218,62	126,86	184,53	207,59	120,22	174,86	196,72	113,70	165,38	186,05	107,31	156,09	175,60	101,05	146,98	165,35
	V	3 647,50	200,61	291,80	328,27	IV	3 232,91	174,43	253,72	285,44	171,06	248,82	279,92	167,69	243,91	274,40	164,31	239,—	268,88	160,94	234,10	263,36	157,57	229,20	257,85
	VI	3 680,91	202,45	294,47	331,28																				
9 968,99 Ost	I,IV	3 245,75	178,51	259,66	292,11	I	3 245,75	171,77	249,85	281,08	165,02	240,04	270,04	158,28	230,22	259,—	151,53	220,42	247,97	144,79	210,60	236,93	138,04	200,79	225,89
	II	3 200,—	176,—	256,—	288,—	II	3 200,—	169,25	246,18	276,95	162,51	236,38	265,92	155,76	226,56	254,88	149,01	216,75	243,84	142,27	206,94	232,81	135,52	197,13	221,77
	III	2 564,66	141,05	205,17	230,81	III	2 564,66	134,31	195,36	219,78	127,57	185,56	208,75	120,90	175,86	197,84	114,38	166,37	187,16	107,97	157,05	176,68	101,70	147,93	166,42
	V	3 660,33	201,31	292,82	329,42	IV	3 245,75	175,14	254,76	286,60	171,77	249,85	281,08	168,40	244,94	275,56	165,02	240,04	270,04	161,65	235,13	264,52	158,28	230,22	259,—
	VI	3 693,83	203,16	295,50	332,44																				
9 971,99 West	I,IV	3 234,16	177,87	258,73	291,07	I	3 234,16	171,13	248,92	280,03	164,39	239,11	269,—	157,64	229,30	257,96	150,89	219,48	246,92	144,15	209,68	235,89	137,40	199,86	224,84
	II	3 188,41	175,36	255,07	286,95	II	3 188,41	168,61	245,26	275,91	161,86	235,44	264,87	155,12	225,64	253,84	148,38	215,82	242,80	141,63	206,01	231,76	134,89	196,20	220,73
	III	2 553,16	140,42	204,25	229,78	III	2 553,16	133,67	194,44	218,74	126,93	184,62	207,70	120,28	174,96	196,83	113,76	165,48	186,16	107,37	156,18	175,70	101,11	147,08	165,46
	V	3 648,75	200,68	291,90	328,38	IV	3 234,16	174,50	253,82	285,55	171,13	248,92	280,03	167,75	244,01	274,51	164,39	239,11	269,—	161,01	234,20	263,48	157,64	229,30	257,96
	VI	3 682,16	202,51	294,57	331,39																				
9 971,99 Ost	I,IV	3 247,08	178,58	259,76	292,23	I	3 247,08	171,84	249,95	281,19	165,09	240,14	270,15	158,34	230,32	259,11	151,60	220,52	248,08	144,86	210,70	237,04	138,11	200,89	226,—
	II	3 201,25	176,06	256,10	288,11	II	3 201,25	169,32	246,28	277,07	162,58	236,48	266,04	155,83	226,66	254,99	149,08	216,85	243,95	142,34	207,04	232,92	135,59	197,23	221,88
	III	2 566,—	141,13	205,28	230,94	III	2 566,—	134,38	195,46	219,89	127,63	185,65	208,85	120,98	175,97	197,96	114,44	166,46	187,27	108,04	157,16	176,80	101,76	148,02	166,52
	V	3 661,58	201,38	292,92	329,54	IV	3 247,08	175,21	254,86	286,71	171,84	249,95	281,19	168,46	245,04	275,67	165,09	240,14	270,15	161,72	235,23	264,63	158,34	230,32	259,11
	VI	3 695,08	203,22	295,60	332,55																				
9 974,99 West	I,IV	3 235,41	177,94	258,83	291,18	I	3 235,41	171,20	249,02	280,14	164,45	239,21	269,11	157,71	229,40	258,07	150,96	219,58	247,03	144,22	209,78	236,—	137,47	199,96	224,96
	II	3 189,66	175,43	255,17	287,06	II	3 189,66	168,68	245,36	276,03	161,93	235,54	264,98	155,19	225,74	253,95	148,44	215,92	242,91	141,70	206,11	231,87	134,96	196,30	220,84
	III	2 554,33	140,48	204,34	229,88	III	2 554,33	133,74	194,53	218,84	127,—	184,73	207,82	120,35	175,06	196,94	113,83	165,57	186,26	107,44	156,28	175,81	101,18	147,17	165,56
	V	3 650,—	200,75	292,—	328,50	IV	3 235,41	174,57	253,92	285,66	171,20	249,02	280,14	167,83	244,12	274,63	164,45	239,21	269,11	161,08	234,30	263,59	157,71	229,40	258,07
	VI	3 683,41	202,58	294,67	331,50																				
9 974,99 Ost	I,IV	3 248,33	178,65	259,86	292,34	I	3 248,33	171,91	250,05	281,30	165,16	240,24	270,27	158,42	230,43	259,23	151,67	220,62	248,19	144,92	210,80	237,15	138,18	201,—	226,12
	II	3 202,50	176,13	256,20	288,22	II	3 202,50	169,39	246,39	277,19	162,64	236,58	266,15	155,90	226,76	255,11	149,16	216,96	244,08	142,41	207,14	233,03	135,66	197,33	221,99
	III	2 567,16	141,19	205,37	231,04	III	2 567,16	134,45	195,57	220,01	127,71	185,76	208,98	121,04	176,06	198,07	114,51	166,56	187,38	108,11	157,25	176,90	101,83	148,12	166,63
	V	3 662,83	201,45	293,02	329,65	IV	3 248,33	175,28	254,96	286,83	171,91	250,05	281,30	168,53	245,14	275,78	165,16	240,24	270,27	161,79	235,33	264,74	158,42	230,43	259,23
	VI	3 696,33	203,29	295,70	332,66																				
9 977,99 West	I,IV	3 236,66	178,01	258,93	291,29	I	3 236,66	171,27	249,12	280,26	164,52	239,31	269,22	157,78	229,50	258,18	151,03	219,68	247,14	144,29	209,88	236,11	137,54	200,06	225,07
	II	3 190,91	175,50	255,27	287,18	II	3 190,91	168,75	245,46	276,14	162,—	235,64	265,10	155,26	225,84	254,07	148,51	216,02	243,02	141,77	206,21	231,98	135,02	196,40	220,95
	III	2 555,66	140,56	204,45	230,—	III	2 555,66	133,81	194,64	218,97	127,06	184,82	207,92	120,42	175,16	197,05	113,90	165,68	186,39	107,50	156,37	175,91	101,24	147,26	165,67
	V	3 651,25	200,81	292,10	328,61	IV	3 236,66	174,64	254,02	285,77	171,27	249,12	280,26	167,90	244,22	274,74	164,52	239,31	269,22	161,15	234,40	263,70	157,78	229,50	258,18
	VI	3 684,75	202,66	294,78	331,62																				
9 977,99 Ost	I,IV	3 249,58	178,72	259,96	292,46	I	3 249,58	171,98	250,15	281,42	165,23	240,34	270,38	158,49	230,53	259,34	151,74	220,72	248,31	144,99	210,90	237,26	138,25	201,10	226,23
	II	3 203,75	176,20	256,30	288,33	II	3 203,75	169,46	246,49	277,30	162,71	236,68	266,26	155,97	226,86	255,22	149,22	217,06	244,19	142,48	207,24	233,15	135,73	197,43	222,11
	III	2 568,50	141,26	205,48	231,16	III	2 568,50	134,52	195,66	220,12	127,77	185,85	209,08	121,11	176,16	198,18	114,58	166,66	187,49	108,17	157,34	177,01	101,89	148,21	166,73
	V	3 664,16	201,52	293,13	329,77	IV	3 249,58	175,35	255,06	286,94	171,98	250,15	281,42	168,60	245,24	275,90	165,23	240,34	270,38	161,86	235,44	264,87	158,49	230,53	259,34
	VI	3 697,58	203,36	295,80	332,78																				
9 980,99 West	I,IV	3 237,91	178,08	259,03	291,41	I	3 237,91	171,34	249,22	280,37	164,59	239,41	269,33	157,85	229,60	258,30	151,10	219,79	247,26	144,36	209,98	236,22	137,61	200,16	225,18
	II	3 192,16	175,56	255,37	287,29	II	3 192,16	168,82	245,56	276,25	162,08	235,75	265,22	155,33	225,94	254,18	148,58	216,12	243,14	141,84	206,32	232,11	135,09	196,50	221,06
	III	2 556,83	140,62	204,54	230,11	III	2 556,83	133,87	194,73	219,07	127,14	184,93	208,04	120,48	175,25	197,15	113,96	165,77	186,49	107,57	156,46	176,02	101,31	147,36	165,78
	V	3 652,50	200,88	292,20	328,72	IV	3 237,91	174,71	254,12	285,89	171,34	249,22	280,37	167,97	244,32	274,86	164,59	239,41	269,33	161,22	234,50	263,81	157,85	229,60	258,30
	VI	3 686,—	202,73	294,88	331,74																				
9 980,99 Ost	I,IV	3 250,83	178,79	260,06	292,57	I	3 250,83	172,04	250,25	281,53	165,30	240,44	270,50	158,56	230,63	259,46	151,81	220,82	248,42	145,06	211,—	237,38	138,32	201,20	226,35
	II	3 205,08	176,27	256,40	288,45	II	3 205,08	169,53	246,59	277,41	162,78	236,78	266,37	156,03	226,96	255,33	149,29	217,16	244,30	142,55	207,34	233,26	135,80	197,53	222,22
	III	2 569,66	141,33	205,57	231,26	III	2 569,66	134,59	195,77	220,24	127,84	185,96	209,20	121,18	176,26	198,29	114,64	166,76	187,60	108,24	157,44	177,12	101,96	148,30	166,84
	V	3 665,41	201,59	293,23	329,88	IV	3 250,83	175,42	255,16	287,05	172,04	250,25	281,53	168,67	245,34	276,01	165,30	240,44	270,50	161,93	235,54	264,98	158,56	230,63	259,46
	VI	3 698,83	203,43	295,90	332,89																				
9 983,99 West	I,IV	3 239,16	178,15	259,13	291,52	I	3 239,16	171,41	249,32	280,49	164,66	239,51	269,45	157,91	229,70	258,41	151,17	219,89	247,37	144,43	210,08	236,34	137,68	200,26	225,29
	II	3 193,41	175,63	255,47	287,40	II	3 193,41	168,89	245,66	276,36	162,14	235,85	265,33	155,40	226,04	254,29	148,65	216,22	243,25	141,91	206,42	232,22	135,16	196,60	221,18
	III	2 558,16	140,69	204,65	230,23	III	2 558,16	133,95	194,84	219,19	127,20	185,02	208,15	120,56	175,36	197,28	114,03	165,86	186,59	107,63	156,56	176,13	101,37	147,45	165,88
	V	3 653,75	200,95	292,30	328,83	IV	3 239,16	174,78	254,23	286,01	171,41	249,32	280,49	168,03	244,42	274,97	164,66	239,51	269,45	161,29	234,60	263,93	157,91	229,70	258,41
	VI	3 687,25	202,79	294,98	331,85																				
9 983,99 Ost	I,IV	3 252,08	178,86	260,16	292,68	I	3 252,08	172,11	250,35	281,64	165,37	240,54	270,61	158,62	230,73	259,57	151,88	220,92	248,53	145,14	211,11	237,50	138,39	201,30	226,46
	II	3 206,33	176,34	256,50	288,56	II	3 206,33	169,60	246,69	277,52	162,85	236,88	266,49	156,11	227,07	255,45	149,36	217,26	244,41	142,61	207,44	233,37	135,87	197,64	222,34
	III	2 571,—	141,40	205,68	231,39	III	2 571,—	134,65	195,86	220,34	127,92	186,06	209,32	121,24	176,36	198,40	114,71	166,85	187,70	108,30	157,53	177,22	102,02	148,40	166,95
	V	3 666,66	201,66	293,33	329,99	IV	3 252,08	175,49	255,26	287,16	172,11	250,35	281,64	168,74	245,44	276,12	165,37	240,54	270,61	162,—	235,64	265,09	158,62	230,73	259,57
	VI	3 700,08	203,50	296,—	333,—																				

Table title: Abzüge an Lohnsteuer, Solidaritätszuschlag (SolZ) und Kirchensteuer (8%, 9%) in den Steuerklassen I – VI (ohne Kinderfreibeträge) bzw. I, II, III, IV (mit Zahl der Kinderfreibeträge . . . 0,5 / 1 / 1,5 / 2 / 2,5 / 3)

* **Die ausgewiesenen Tabellenwerte sind amtlich. Siehe Erläuterungen auf der Umschlaginnenseite (U2).**

MONAT 9 984,–*

Abzüge an Lohnsteuer, Solidaritätszuschlag (SolZ) und Kirchensteuer (8%, 9%) in den Steuerklassen

Lohn/ Gehalt bis €*	I – VI					I, II, III, IV		mit Zahl der Kinderfreibeträge . . .																	
			ohne Kinder-freibeträge					0,5			1			1,5			2			2,5			3		
		LSt	SolZ	8%	9%		LSt	SolZ	8%	9%	SolZ	8%	9%	SolZ	8%	9%	SolZ	8%	9%	SolZ	8%	9%	SolZ	8%	9%
9 986,99 West	I,IV	3 240,50	178,22	259,24	291,64	I	3 240,50	171,48	249,42	280,60	164,73	239,61	269,56	157,99	229,80	258,53	151,24	219,99	247,49	144,49	210,18	236,45	137,75	200,36	225,41
	II	3 194,66	175,70	255,57	287,51	II	3 194,66	168,96	245,76	276,48	162,21	235,95	265,44	155,47	226,14	254,40	148,72	216,32	243,36	141,98	206,52	232,33	135,23	196,70	221,29
	III	2 559,33	140,76	204,74	230,33	III	2 559,33	134,01	194,93	219,29	127,27	185,13	208,27	120,62	175,45	197,38	114,09	165,96	186,70	107,69	156,65	176,23	101,43	147,54	165,98
	V	3 655,—	201,02	292,40	328,95	IV	3 240,50	174,85	254,33	286,12	171,48	249,42	280,60	168,10	244,52	275,08	164,73	239,61	269,56	161,36	234,70	264,04	157,99	229,80	258,53
	VI	3 688,50	202,86	295,08	331,96																				
9 986,99 Ost	I,IV	3 253,33	178,93	260,26	292,79	I	3 253,33	172,18	250,45	281,75	165,44	240,64	270,72	158,69	230,83	259,68	151,95	221,02	248,64	145,20	211,21	237,61	138,46	201,40	226,57
	II	3 207,58	176,41	256,60	288,68	II	3 207,58	169,67	246,79	277,64	162,92	236,98	266,60	156,18	227,17	255,56	149,43	217,36	244,53	142,68	207,54	233,48	135,94	197,74	222,45
	III	2 572,33	141,47	205,78	231,50	III	2 572,33	134,73	195,97	220,46	127,98	186,16	209,43	121,32	176,46	198,52	114,77	166,94	187,81	108,36	157,62	177,32	102,08	148,49	167,05
	V	3 667,91	201,73	293,43	330,11	IV	3 253,33	175,56	255,36	287,28	172,18	250,45	281,75	168,81	245,55	276,24	165,44	240,64	270,72	162,07	235,74	265,20	158,69	230,83	259,68
	VI	3 701,33	203,57	296,10	333,11																				
9 989,99 West	I,IV	3 241,75	178,29	259,34	291,75	I	3 241,75	171,54	249,52	280,71	164,80	239,71	269,67	158,06	229,90	258,64	151,31	220,09	247,60	144,56	210,28	236,56	137,82	200,47	225,53
	II	3 195,91	175,77	255,67	287,63	II	3 195,91	169,03	245,86	276,59	162,28	236,05	265,55	155,54	226,24	254,52	148,79	216,43	243,48	142,05	206,62	232,44	135,30	196,80	221,40
	III	2 560,66	140,83	204,85	230,45	III	2 560,66	134,09	195,04	219,42	127,35	185,24	208,39	120,68	175,54	197,48	114,16	166,05	186,80	107,77	156,76	176,35	101,50	147,64	166,09
	V	3 656,25	201,09	292,50	329,06	IV	3 241,75	174,92	254,43	286,23	171,54	249,52	280,71	168,17	244,62	275,19	164,80	239,71	269,67	161,42	234,80	264,15	158,06	229,90	258,64
	VI	3 689,75	202,93	295,18	332,07																				
9 989,99 Ost	I,IV	3 254,58	179,—	260,36	292,91	I	3 254,58	172,26	250,56	281,88	165,51	240,74	270,83	158,76	230,93	259,79	152,02	221,12	248,76	145,27	211,31	237,72	138,53	201,50	226,68
	II	3 208,83	176,48	256,70	288,79	II	3 208,83	169,73	246,89	277,75	162,99	237,08	266,72	156,25	227,27	255,68	149,50	217,46	244,64	142,75	207,64	233,60	136,01	197,84	222,57
	III	2 573,50	141,54	205,88	231,61	III	2 573,50	134,79	196,06	220,57	128,05	186,26	209,54	121,38	176,56	198,63	114,84	167,05	187,93	108,43	157,72	177,43	102,15	148,58	167,15
	V	3 669,16	201,80	293,53	330,22	IV	3 254,58	175,62	255,46	287,39	172,26	250,56	281,88	168,88	245,65	276,35	165,51	240,74	270,83	162,14	235,84	265,32	158,76	230,93	259,79
	VI	3 702,66	203,64	296,21	333,23																				
9 992,99 West	I,IV	3 243,—	178,36	259,44	291,87	I	3 243,—	171,61	249,62	280,82	164,87	239,81	269,78	158,12	230,—	258,75	151,38	220,19	247,71	144,63	210,38	236,67	137,89	200,57	225,64
	II	3 197,16	175,84	255,77	287,74	II	3 197,16	169,10	245,96	276,71	162,35	236,15	265,67	155,60	226,34	254,63	148,86	216,53	243,59	142,12	206,72	232,56	135,37	196,90	221,51
	III	2 561,83	140,90	204,94	230,56	III	2 561,83	134,16	195,14	219,53	127,41	185,33	208,49	120,76	175,65	197,60	114,23	166,16	186,93	107,83	156,85	176,45	101,56	147,73	166,19
	V	3 657,58	201,16	292,60	329,18	IV	3 243,—	174,99	254,53	286,34	171,61	249,62	280,82	168,24	244,72	275,31	164,87	239,81	269,78	161,50	234,91	264,27	158,12	230,—	258,75
	VI	3 691,—	203,—	295,28	332,19																				
9 992,99 Ost	I,IV	3 255,83	179,07	260,46	293,02	I	3 255,83	172,32	250,66	281,99	165,58	240,84	270,95	158,83	231,03	259,91	152,09	221,22	248,87	145,34	211,41	237,83	138,60	201,60	226,80
	II	3 210,08	176,55	256,80	288,90	II	3 210,08	169,80	246,99	277,86	163,06	237,18	266,83	156,31	227,37	255,79	149,57	217,56	244,75	142,83	207,75	233,72	136,08	197,94	222,68
	III	2 574,83	141,61	205,98	231,73	III	2 574,83	134,86	196,17	220,69	128,12	186,36	209,65	121,44	176,65	198,73	114,91	167,14	188,03	108,49	157,81	177,53	102,21	148,68	167,26
	V	3 670,41	201,87	293,63	330,33	IV	3 255,83	175,70	255,56	287,51	172,32	250,66	281,99	168,95	245,75	276,47	165,58	240,84	270,95	162,20	235,94	265,43	158,83	231,03	259,91
	VI	3 703,91	203,71	296,31	333,35																				
9 995,99 West	I,IV	3 244,25	178,43	259,54	291,98	I	3 244,25	171,68	249,72	280,94	164,94	239,92	269,91	158,19	230,10	258,86	151,45	220,29	247,82	144,70	210,48	236,79	137,96	200,67	225,75
	II	3 198,50	175,91	255,88	287,86	II	3 198,50	169,17	246,06	276,82	162,42	236,25	265,78	155,68	226,44	254,75	148,93	216,63	243,71	142,18	206,82	232,67	135,44	197,—	221,63
	III	2 563,16	140,97	205,05	230,68	III	2 563,16	134,22	195,24	219,64	127,49	185,44	208,62	120,82	175,74	197,71	114,29	166,25	187,03	107,90	156,94	176,56	101,63	147,82	166,30
	V	3 658,83	201,23	292,70	329,29	IV	3 244,25	175,06	254,63	286,46	171,68	249,72	280,94	168,31	244,82	275,42	164,94	239,92	269,91	161,57	235,01	264,38	158,19	230,10	258,86
	VI	3 692,25	203,07	295,38	332,30																				
9 995,99 Ost	I,IV	3 257,08	179,13	260,56	293,13	I	3 257,08	172,39	250,76	282,10	165,65	240,94	271,06	158,90	231,13	260,02	152,16	221,32	248,99	145,41	211,51	237,95	138,66	201,70	226,91
	II	3 211,33	176,62	256,90	289,01	II	3 211,33	169,87	247,09	277,97	163,13	237,28	266,94	156,38	227,47	255,90	149,64	217,66	244,86	142,89	207,85	233,83	136,15	198,04	222,79
	III	2 576,—	141,68	206,08	231,84	III	2 576,—	134,93	196,26	220,79	128,19	186,46	209,77	121,52	176,76	198,85	114,97	167,24	188,14	108,56	157,90	177,64	102,28	148,77	167,36
	V	3 671,66	201,94	293,73	330,44	IV	3 257,08	175,77	255,66	287,62	172,39	250,76	282,10	169,02	245,85	276,58	165,65	240,94	271,06	162,27	236,04	265,54	158,90	231,13	260,02
	VI	3 705,16	203,78	296,41	333,46																				
9 998,99 West	I,IV	3 245,50	178,50	259,64	292,09	I	3 245,50	171,75	249,82	281,05	165,01	240,02	270,02	158,26	230,20	258,98	151,52	220,39	247,94	144,77	210,58	236,90	138,03	200,77	225,86
	II	3 199,75	175,98	255,98	287,97	II	3 199,75	169,23	246,16	276,93	162,49	236,35	265,89	155,75	226,54	254,86	149,—	216,73	243,82	142,25	206,92	232,78	135,51	197,11	221,75
	III	2 564,50	141,04	205,16	230,80	III	2 564,50	134,30	195,34	219,76	127,55	185,53	208,72	120,89	175,85	197,83	114,36	166,34	187,13	107,96	157,04	176,67	101,68	147,90	166,39
	V	3 660,08	201,30	292,80	329,40	IV	3 245,50	175,12	254,73	286,57	171,75	249,82	281,05	168,38	244,92	275,54	165,01	240,02	270,02	161,64	235,11	264,50	158,26	230,20	258,98
	VI	3 693,50	203,14	295,48	332,41																				
9 998,99 Ost	I,IV	3 258,41	179,21	260,67	293,25	I	3 258,41	172,46	250,86	282,21	165,71	241,04	271,17	158,97	231,24	260,14	152,23	221,42	249,10	145,48	211,61	238,06	138,74	201,80	227,03
	II	3 212,58	176,69	257,—	289,13	II	3 212,58	169,95	247,20	278,10	163,20	237,38	267,05	156,45	227,57	256,01	149,71	217,76	244,98	142,96	207,95	233,94	136,22	198,14	222,90
	III	2 577,33	141,75	206,18	231,95	III	2 577,33	135,—	196,37	220,91	128,26	186,56	209,88	121,58	176,85	198,95	115,04	167,33	188,24	108,63	158,01	177,76	102,34	148,86	167,47
	V	3 672,91	202,01	293,83	330,56	IV	3 258,41	175,83	255,76	287,73	172,46	250,86	282,21	169,09	245,95	276,69	165,71	241,04	271,17	162,34	236,14	265,65	158,97	231,24	260,14
	VI	3 706,41	203,85	296,51	333,57																				
10 001,99 West	I,IV	3 246,75	178,57	259,74	292,20	I	3 246,75	171,82	249,92	281,16	165,08	240,12	270,13	158,33	230,30	259,09	151,58	220,49	248,05	144,84	210,68	237,02	138,10	200,87	225,98
	II	3 201,—	176,05	256,08	288,09	II	3 201,—	169,30	246,26	277,04	162,56	236,45	266,—	155,81	226,64	254,97	149,07	216,83	243,93	142,32	207,02	232,89	135,58	197,21	221,86
	III	2 565,66	141,11	205,25	230,90	III	2 565,66	134,36	195,44	219,87	127,62	185,64	208,84	120,96	175,94	197,93	114,42	166,44	187,24	108,02	157,13	176,77	101,75	148,—	166,50
	V	3 661,33	201,37	292,90	329,51	IV	3 246,75	175,19	254,83	286,68	171,82	249,92	281,16	168,45	245,02	275,65	165,08	240,12	270,13	161,70	235,21	264,61	158,33	230,30	259,09
	VI	3 694,75	203,21	295,58	332,52																				
10 001,99 Ost	I,IV	3 259,66	179,28	260,77	293,36	I	3 259,66	172,53	250,96	282,33	165,78	241,14	271,28	159,04	231,34	260,25	152,29	221,52	249,21	145,55	211,71	238,17	138,81	201,90	227,14
	II	3 213,83	176,76	257,10	289,24	II	3 213,83	170,01	247,30	278,21	163,27	237,48	267,17	156,52	227,67	256,13	149,78	217,86	245,09	143,03	208,05	234,05	136,29	198,24	223,02
	III	2 578,50	141,81	206,28	232,06	III	2 578,50	135,08	196,48	221,04	128,33	186,66	209,99	121,66	176,96	199,08	115,11	167,44	188,37	108,69	158,10	177,86	102,41	148,96	167,58
	V	3 674,25	202,08	293,94	330,68	IV	3 259,66	175,90	255,86	287,84	172,53	250,96	282,33	169,16	246,05	276,80	165,78	241,14	271,28	162,41	236,24	265,77	159,04	231,34	260,25
	VI	3 707,66	203,92	296,61	333,68																				
10 004,99 West	I,IV	3 248,—	178,64	259,84	292,32	I	3 248,—	171,89	250,03	281,28	165,15	240,22	270,24	158,40	230,40	259,20	151,66	220,60	248,17	144,91	210,78	237,13	138,16	200,97	226,09
	II	3 202,25	176,12	256,18	288,20	II	3 202,25	169,37	246,36	277,16	162,63	236,56	266,13	155,88	226,74	255,08	149,14	216,93	244,04	142,39	207,12	233,01	135,65	197,31	221,97
	III	2 567,—	141,18	205,36	231,03	III	2 567,—	134,43	195,54	219,98	127,69	185,73	208,94	121,02	176,04	198,04	114,50	166,54	187,36	108,09	157,22	176,87	101,81	148,09	166,60
	V	3 662,58	201,44	293,—	329,63	IV	3 248,—	175,26	254,93	286,79	171,89	250,03	281,28	168,52	245,12	275,76	165,15	240,22	270,24	161,77	235,31	264,72	158,40	230,40	259,20
	VI	3 696,08	203,28	295,68	332,64																				
10 004,99 Ost	I,IV	3 260,91	179,35	260,87	293,48	I	3 260,91	172,60	251,06	282,44	165,85	241,24	271,40	159,11	231,44	260,37	152,36	221,62	249,32	145,62	211,81	238,28	138,87	202,—	227,25
	II	3 215,08	176,82	257,20	289,35	II	3 215,08	170,08	247,40	278,32	163,34	237,58	267,28	156,59	227,77	256,24	149,85	217,96	245,21	143,10	208,15	234,17	136,35	198,34	223,13
	III	2 579,83	141,89	206,38	232,18	III	2 579,83	135,14	196,57	221,14	128,39	186,76	210,10	121,72	177,05	199,18	115,17	167,53	188,47	108,76	158,20	177,97	102,47	149,05	167,68
	V	3 675,50	202,15	294,04	330,79	IV	3 260,91	175,97	255,96	287,96	172,60	251,06	282,44	169,23	246,15	276,92	165,85	241,24	271,40	162,48	236,34	265,88	159,11	231,44	260,37
	VI	3 708,91	203,99	296,71	333,80																				
10 007,99 West	I,IV	3 249,25	178,70	259,94	292,43	I	3 249,25	171,96	250,13	281,39	165,22	240,32	270,36	158,47	230,50	259,31	151,73	220,70	248,28	144,98	210,88	237,24	138,23	201,07	226,20
	II	3 203,50	176,19	256,28	288,31	II	3 203,50	169,44	246,46	277,27	162,70	236,66	266,24	155,95	226,84	255,20	149,21	217,03	244,16	142,46	207,22	233,12	135,72	197,41	222,08
	III	2 568,16	141,24	205,45	231,13	III	2 568,16	134,50	195,64	220,09	127,76	185,84	209,07	121,10	176,14	198,16	114,56	166,64	187,47	108,15	157,32	176,98	101,87	148,18	166,70
	V	3 663,83	201,51	293,10	329,74	IV	3 249,25	175,34	255,04	286,92	171,96	250,13	281,39	168,59	245,22	275,87	165,22	240,32	270,36	161,84	235,41	264,83	158,47	230,50	259,31
	VI	3 697,33	203,35	295,78	332,75																				
10 007,99 Ost	I,IV	3 262,16	179,41	260,97	293,59	I	3 262,16	172,67	251,16	282,55	165,93	241,35	271,52	159,18	231,54	260,48	152,43	221,72	249,44	145,69	211,92	238,41	138,94	202,10	227,36
	II	3 216,41	176,90	257,31	289,47	II	3 216,41	170,15	247,50	278,43	163,40	237,68	267,39	156,66	227,88	256,36	149,92	218,06	245,32	143,17	208,25	234,28	136,43	198,44	223,25
	III	2 581,16	141,96	206,49	232,30	III	2 581,16	135,21	196,68	221,26	128,47	186,86	210,22	121,79	177,16	199,30	115,24	167,62	188,57	108,82	158,29	178,07	102,53	149,14	167,78
	V	3 676,75	202,22	294,14	330,90	IV	3 262,16	176,04	256,06	288,07	172,67	251,16	282,55	169,29	246,25	277,03	165,93	241,35	271,52	162,55	236,44	266,—	159,18	231,54	260,48
	VI	3 710,16	204,05	296,81	333,91																				

*** Die ausgewiesenen Tabellenwerte sind amtlich. Siehe Erläuterungen auf der Umschlaginnenseite (U2).**

Abzüge an Lohnsteuer, Solidaritätszuschlag (SolZ) und Kirchensteuer (8%, 9%) in den Steuerklassen

Lohn/ Gehalt bis €*	I – VI					I, II, III, IV		mit Zahl der Kinderfreibeträge . . .																	
			ohne Kinder-freibeträge					0,5			1			1,5			2			2,5			3		
		LSt	SolZ	8%	9%		LSt	SolZ	8%	9%	SolZ	8%	9%	SolZ	8%	9%	SolZ	8%	9%	SolZ	8%	9%	SolZ	8%	9%
10 010,99 West	I,IV	3 250,58	178,78	260,04	292,55	I	3 250,58	172,03	250,23	281,51	165,28	240,42	270,47	158,54	230,60	259,43	151,80	220,80	248,40	145,05	210,98	237,35	138,30	201,17	226,31
	II	3 204,75	176,26	256,38	288,42	II	3 204,75	169,51	246,56	277,38	162,77	236,76	266,35	156,02	226,94	255,31	149,27	217,13	244,27	142,53	207,32	233,24	135,79	197,51	222,20
	III	2 569,50	141,32	205,56	231,25	III	2 569,50	134,57	195,74	220,21	127,82	185,93	209,17	121,16	176,24	198,27	114,62	166,73	187,57	108,22	157,41	177,08	101,94	148,28	166,81
	V	3 665,08	201,57	293,20	329,85	IV	3 250,58	175,40	255,14	287,03	172,03	250,23	281,51	168,66	245,32	275,99	165,28	240,42	270,47	161,91	235,51	264,95	158,54	230,60	259,43
	VI	3 698,58	203,42	295,88	332,87																				
10 010,99 Ost	I,IV	3 263,41	179,48	261,07	293,70	I	3 263,41	172,74	251,26	282,66	165,99	241,45	271,63	159,25	231,64	260,59	152,50	221,82	249,55	145,76	212,02	238,52	139,01	202,20	227,48
	II	3 217,66	176,97	257,41	289,58	II	3 217,66	170,22	247,60	278,55	163,47	237,78	267,50	156,73	227,98	256,47	149,98	218,16	245,43	143,24	208,35	234,39	136,50	198,54	223,36
	III	2 582,33	142,02	206,58	232,40	III	2 582,33	135,28	196,77	221,36	128,53	186,96	210,33	121,86	177,25	199,40	115,30	167,72	188,68	108,89	158,38	178,18	102,60	149,24	167,89
	V	3 678,—	202,29	294,24	331,02	IV	3 263,41	176,11	256,16	288,18	172,74	251,26	282,66	169,37	246,36	277,15	165,99	241,45	271,63	162,62	236,54	266,11	159,25	231,64	260,59
	VI	3 711,41	204,12	296,91	334,02																				
10 013,99 West	I,IV	3 251,83	178,85	260,14	292,66	I	3 251,83	172,10	250,33	281,62	165,35	240,52	270,58	158,61	230,71	259,55	151,86	220,90	248,51	145,12	211,08	237,47	138,38	201,28	226,44
	II	3 206,—	176,33	256,48	288,54	II	3 206,—	169,58	246,67	277,50	162,84	236,86	266,46	156,09	227,04	255,42	149,35	217,24	244,39	142,60	207,42	233,35	135,85	197,61	222,31
	III	2 570,66	141,38	205,65	231,35	III	2 570,66	134,64	195,85	220,33	127,90	186,04	209,29	121,23	176,34	198,38	114,69	166,82	187,67	108,28	157,50	177,19	102,—	148,37	166,91
	V	3 666,33	201,64	293,30	329,96	IV	3 251,83	175,47	255,24	287,14	172,10	250,33	281,62	168,73	245,42	276,10	165,35	240,52	270,58	161,98	235,61	265,06	158,61	230,71	259,55
	VI	3 699,83	203,49	295,98	332,98																				
10 013,99 Ost	I,IV	3 264,66	179,55	261,17	293,81	I	3 264,66	172,81	251,36	282,78	166,06	241,55	271,74	159,32	231,74	260,70	152,57	221,92	249,66	145,83	212,12	238,63	139,08	202,30	227,59
	II	3 218,91	177,04	257,51	289,70	II	3 218,91	170,29	247,70	278,66	163,54	237,88	267,62	156,80	228,08	256,59	150,05	218,26	245,54	143,31	208,45	234,50	136,56	198,64	223,47
	III	2 583,66	142,10	206,69	232,52	III	2 583,66	135,35	196,88	221,49	128,60	187,06	210,44	121,92	177,34	199,51	115,38	167,82	188,80	108,95	158,48	178,29	102,66	149,33	167,99
	V	3 679,25	202,35	294,34	331,13	IV	3 264,66	176,18	256,26	288,29	172,81	251,36	282,78	169,44	246,46	277,26	166,06	241,55	271,74	162,69	236,64	266,22	159,32	231,74	260,70
	VI	3 712,75	204,20	297,02	334,14																				
10 016,99 West	I,IV	3 253,08	178,91	260,24	292,77	I	3 253,08	172,17	250,43	281,73	165,42	240,62	270,69	158,68	230,81	259,66	151,93	221,—	248,62	145,19	211,18	237,58	138,44	201,38	226,55
	II	3 207,25	176,39	256,58	288,65	II	3 207,25	169,65	246,77	277,61	162,91	236,96	266,58	156,16	227,14	255,53	149,42	217,34	244,50	142,67	207,52	233,46	135,92	197,71	222,42
	III	2 572,—	141,46	205,76	231,48	III	2 572,—	134,71	195,94	220,43	127,96	186,13	209,39	121,30	176,44	198,49	114,76	166,93	187,79	108,35	157,60	177,30	102,07	148,46	167,02
	V	3 667,66	201,72	293,41	330,08	IV	3 253,08	175,54	255,34	287,25	172,17	250,43	281,73	168,79	245,52	276,21	165,42	240,62	270,69	162,05	235,72	265,18	158,68	230,81	259,66
	VI	3 701,08	203,55	296,08	333,09																				
10 016,99 Ost	I,IV	3 265,91	179,62	261,27	293,93	I	3 265,91	172,88	251,46	282,89	166,13	241,65	271,85	159,39	231,84	260,82	152,64	222,03	249,78	145,90	212,22	238,74	139,15	202,40	227,70
	II	3 220,16	177,10	257,61	289,81	II	3 220,16	170,36	247,80	278,77	163,62	237,99	267,74	156,87	228,18	256,70	150,12	218,36	245,66	143,38	208,56	234,63	136,63	198,74	223,58
	III	2 584,83	142,16	206,78	232,63	III	2 584,83	135,41	196,97	221,59	128,68	187,17	210,56	121,99	177,45	199,63	115,44	167,92	188,91	109,01	158,57	178,39	102,73	149,42	168,10
	V	3 680,50	202,42	294,44	331,24	IV	3 265,91	176,25	256,36	288,41	172,88	251,46	282,89	169,51	246,56	277,38	166,13	241,65	271,85	162,76	236,74	266,33	159,39	231,84	260,82
	VI	3 714,—	204,27	297,12	334,26																				
10 019,99 West	I,IV	3 254,33	178,98	260,34	292,88	I	3 254,33	172,24	250,53	281,84	165,49	240,72	270,81	158,75	230,91	259,77	152,—	221,10	248,73	145,25	211,28	237,69	138,51	201,48	226,66
	II	3 208,58	176,47	256,68	288,77	II	3 208,58	169,72	246,87	277,73	162,97	237,06	266,69	156,23	227,24	255,65	149,49	217,44	244,62	142,74	207,62	233,57	135,99	197,81	222,53
	III	2 573,16	141,52	205,85	231,58	III	2 573,16	134,78	196,05	220,55	128,04	186,24	209,52	121,36	176,53	198,59	114,83	167,02	187,90	108,42	157,70	177,41	102,13	148,56	167,13
	V	3 668,91	201,79	293,51	330,20	IV	3 254,33	175,61	255,44	287,37	172,24	250,53	281,84	168,86	245,62	276,32	165,49	240,72	270,81	162,12	235,82	265,29	158,75	230,91	259,77
	VI	3 702,33	203,62	296,18	333,20																				
10 019,99 Ost	I,IV	3 267,16	179,69	261,37	294,04	I	3 267,16	172,95	251,56	283,01	166,20	241,75	271,97	159,45	231,94	260,93	152,71	222,13	249,89	145,97	212,32	238,86	139,22	202,50	227,81
	II	3 221,41	177,17	257,71	289,92	II	3 221,41	170,43	247,90	278,88	163,68	238,09	267,85	156,94	228,28	256,81	150,19	218,46	245,77	143,45	208,66	234,74	136,70	198,84	223,70
	III	2 586,16	142,23	206,89	232,75	III	2 586,16	135,49	197,08	221,71	128,74	187,26	210,67	122,06	177,54	199,73	115,50	168,01	189,01	109,08	158,66	178,49	102,79	149,52	168,21
	V	3 681,75	202,49	294,54	331,35	IV	3 267,16	176,32	256,47	288,53	172,95	251,56	283,01	169,57	246,66	277,49	166,20	241,75	271,97	162,83	236,84	266,45	159,45	231,94	260,93
	VI	3 715,25	204,33	297,22	334,37																				
10 022,99 West	I,IV	3 255,58	179,05	260,44	293,—	I	3 255,58	172,31	250,63	281,96	165,56	240,82	270,92	158,82	231,01	259,88	152,07	221,20	248,85	145,33	211,39	237,81	138,58	201,58	226,77
	II	3 209,83	176,54	256,78	288,88	II	3 209,83	169,79	246,97	277,84	163,04	237,16	266,80	156,30	227,35	255,77	149,55	217,54	244,73	142,81	207,72	233,69	136,07	197,92	222,66
	III	2 574,50	141,59	205,96	231,70	III	2 574,50	134,85	196,14	220,66	128,10	186,33	209,62	121,44	176,64	198,72	114,89	167,12	188,01	108,48	157,80	177,52	102,19	148,65	167,23
	V	3 670,16	201,85	293,61	330,31	IV	3 255,58	175,68	255,54	287,48	172,31	250,63	281,96	168,93	245,72	276,44	165,56	240,82	270,92	162,19	235,92	265,41	158,82	231,01	259,88
	VI	3 703,58	203,69	296,28	333,32																				
10 022,99 Ost	I,IV	3 268,50	179,76	261,48	294,16	I	3 268,50	173,02	251,66	283,12	166,27	241,85	272,08	159,53	232,04	261,05	152,78	222,23	250,01	146,03	212,42	238,97	139,29	202,60	227,93
	II	3 222,66	177,24	257,81	290,03	II	3 222,66	170,50	248,—	279,—	163,75	238,19	267,96	157,01	228,38	256,92	150,26	218,56	245,88	143,52	208,76	234,85	136,77	198,94	223,81
	III	2 587,33	142,30	206,98	232,85	III	2 587,33	135,55	197,17	221,81	128,81	187,37	210,79	122,13	177,65	199,85	115,58	168,12	189,13	109,15	158,77	178,61	102,85	149,61	168,31
	V	3 683,—	202,56	294,64	331,47	IV	3 268,50	176,39	256,57	288,64	173,02	251,66	283,12	169,64	246,76	277,60	166,27	241,85	272,08	162,90	236,94	266,56	159,53	232,04	261,05
	VI	3 716,50	204,40	297,32	334,48																				
10 025,99 West	I,IV	3 256,83	179,12	260,54	293,11	I	3 256,83	172,37	250,73	282,07	165,63	240,92	271,04	158,89	231,11	260,—	152,14	221,30	248,96	145,40	211,49	237,92	138,65	201,68	226,89
	II	3 211,08	176,60	256,88	288,99	II	3 211,08	169,86	247,07	277,95	163,11	237,26	266,91	156,37	227,45	255,88	149,62	217,64	244,84	142,88	207,82	233,80	136,13	198,02	222,77
	III	2 575,83	141,67	206,06	231,82	III	2 575,83	134,92	196,25	220,78	128,17	186,44	209,74	121,50	176,73	198,82	114,96	167,22	188,12	108,55	157,89	177,62	102,26	148,74	167,33
	V	3 671,41	201,92	293,71	330,42	IV	3 256,83	175,75	255,64	287,59	172,37	250,73	282,07	169,01	245,83	276,56	165,63	240,92	271,04	162,26	236,02	265,52	158,89	231,11	260,—
	VI	3 704,83	203,76	296,38	333,43																				
10 025,99 Ost	I,IV	3 269,75	179,83	261,58	294,27	I	3 269,75	173,08	251,76	283,23	166,34	241,95	272,19	159,60	232,14	261,16	152,85	222,33	250,12	146,10	212,52	239,08	139,36	202,71	228,05
	II	3 223,91	177,31	257,91	290,15	II	3 223,91	170,57	248,10	279,11	163,82	238,29	268,07	157,08	228,48	257,04	150,33	218,67	246,—	143,59	208,86	234,96	136,84	199,04	223,92
	III	2 588,66	142,37	207,09	232,97	III	2 588,66	135,63	197,28	221,94	128,88	187,46	210,89	122,20	177,74	199,96	115,64	168,21	189,23	109,22	158,86	178,72	102,92	149,70	168,41
	V	3 684,25	202,63	294,74	331,58	IV	3 269,75	176,46	256,67	288,75	173,08	251,76	283,23	169,71	246,86	277,71	166,34	241,95	272,19	162,96	237,04	266,67	159,60	232,14	261,16
	VI	3 717,75	204,47	297,42	334,59																				
10 028,99 West	I,IV	3 258,08	179,19	260,64	293,22	I	3 258,08	172,45	250,84	282,19	165,70	241,02	271,15	158,95	231,21	260,11	152,21	221,40	249,08	145,47	211,59	238,04	138,72	201,78	227,—
	II	3 212,33	176,67	256,98	289,10	II	3 212,33	169,93	247,17	278,06	163,18	237,36	267,03	156,44	227,55	255,99	149,69	217,74	244,95	142,94	207,92	233,91	136,20	198,12	222,88
	III	2 577,—	141,73	206,16	231,93	III	2 577,—	134,98	196,34	220,88	128,25	186,54	209,86	121,57	176,84	198,94	115,03	167,32	188,23	108,61	157,98	177,73	102,32	148,84	167,44
	V	3 672,66	201,99	293,81	330,53	IV	3 258,08	175,82	255,74	287,70	172,45	250,84	282,19	169,07	245,93	276,67	165,70	241,02	271,15	162,33	236,12	265,63	158,95	231,21	260,11
	VI	3 706,16	203,83	296,49	333,55																				
10 028,99 Ost	I,IV	3 271,—	179,90	261,68	294,39	I	3 271,—	173,15	251,86	283,34	166,41	242,05	272,30	159,66	232,24	261,27	152,92	222,43	250,23	146,17	212,62	239,19	139,43	202,81	228,16
	II	3 225,16	177,38	258,01	290,26	II	3 225,16	170,64	248,20	279,23	163,89	238,39	268,19	157,14	228,58	257,15	150,40	218,77	246,11	143,66	208,96	235,08	136,91	199,14	224,03
	III	2 589,83	142,44	207,18	233,08	III	2 589,83	135,70	197,38	222,05	128,95	187,57	211,01	122,26	177,84	200,07	115,71	168,30	189,34	109,28	158,96	178,83	102,97	149,78	168,50
	V	3 685,58	202,70	294,84	331,70	IV	3 271,—	176,53	256,77	288,86	173,15	251,86	283,34	169,78	246,96	277,83	166,41	242,05	272,30	163,04	237,15	266,79	159,66	232,24	261,27
	VI	3 719,—	204,54	297,52	334,71																				
10 031,99 West	I,IV	3 259,33	179,26	260,74	293,33	I	3 259,33	172,52	250,94	282,30	165,77	241,12	271,26	159,02	231,31	260,22	152,28	221,50	249,19	145,53	211,69	238,15	138,79	201,88	227,11
	II	3 213,58	176,74	257,08	289,22	II	3 213,58	170,—	247,27	278,18	163,25	237,46	267,14	156,51	227,65	256,10	149,76	217,84	245,07	143,02	208,03	234,03	136,27	198,22	222,99
	III	2 578,33	141,80	206,26	232,04	III	2 578,33	135,06	196,45	221,—	128,31	186,64	209,97	121,64	176,93	199,04	115,09	167,41	188,33	108,68	158,08	177,84	102,39	148,93	167,54
	V	3 673,91	202,06	293,91	330,65	IV	3 259,33	175,89	255,84	287,82	172,52	250,94	282,30	169,14	246,03	276,78	165,77	241,12	271,26	162,40	236,22	265,74	159,02	231,31	260,22
	VI	3 707,41	203,90	296,59	333,66																				
10 031,99 Ost	I,IV	3 272,25	179,97	261,78	294,50	I	3 272,25	173,22	251,96	283,46	166,48	242,16	272,43	159,73	232,34	261,38	152,99	222,53	250,34	146,24	212,72	239,31	139,50	202,91	228,27
	II	3 226,50	177,45	258,12	290,38	II	3 226,50	170,71	248,30	279,34	163,96	238,49	268,30	157,22	228,68	257,27	150,47	218,87	246,23	143,72	209,06	235,19	136,98	199,24	224,15
	III	2 591,16	142,51	207,29	233,20	III	2 591,16	135,76	197,48	222,16	129,02	187,66	211,12	122,33	177,94	200,18	115,77	168,40	189,45	109,34	159,05	178,93	103,04	149,88	168,61
	V	3 686,83	202,77	294,94	331,81	IV	3 272,25	176,60	256,87	288,98	173,22	251,96	283,46	169,85	247,06	277,94	166,48	242,16	272,43	163,11	237,25	266,90	159,73	232,34	261,38
	VI	3 720,25	204,61	297,62	334,82																				

*** Die ausgewiesenen Tabellenwerte sind amtlich. Siehe Erläuterungen auf der Umschlaginnenseite (U2).**

MONAT **10 032,–***

Abzüge an Lohnsteuer, Solidaritätszuschlag (SolZ) und Kirchensteuer (8%, 9%) in den Steuerklassen

Lohn/ Gehalt bis €*	I – VI		ohne Kinderfreibeträge			I, II, III, IV		mit Zahl der Kinderfreibeträge . . . 0,5			1			1,5			2			2,5			3		
		LSt	SolZ	8%	9%		LSt	SolZ	8%	9%	SolZ	8%	9%	SolZ	8%	9%	SolZ	8%	9%	SolZ	8%	9%	SolZ	8%	9%
10 034,99 West	I,IV	3 260,58	179,33	260,84	293,45	I	3 260,58	172,59	251,04	282,42	165,84	241,22	271,37	159,09	231,41	260,33	152,35	221,60	249,30	145,60	211,79	238,26	138,86	201,98	227,22
	II	3 214,83	176,81	257,18	289,33	II	3 214,83	170,06	247,37	278,29	163,32	237,56	267,26	156,58	227,75	256,22	149,83	217,94	245,18	143,09	208,13	234,14	136,34	198,32	223,11
	III	2 579,50	141,87	206,36	232,15	III	2 579,50	135,12	196,54	221,11	128,38	186,74	210,08	121,70	177,02	199,15	115,16	167,50	188,44	108,74	158,17	177,94	102,45	149,02	167,65
	V	3 675,16	202,13	294,01	330,76	IV	3 260,58	175,96	255,94	287,93	172,59	251,04	282,42	169,21	246,13	276,89	165,84	241,22	271,37	162,47	236,32	265,86	159,09	231,41	260,33
	VI	3 708,66	203,97	296,69	333,77																				
10 034,99 Ost	I,IV	3 273,50	180,04	261,88	294,61	I	3 273,50	173,29	252,06	283,57	166,55	242,26	272,54	159,80	232,44	261,50	153,06	222,63	250,46	146,31	212,82	239,42	139,57	203,01	228,38
	II	3 227,75	177,52	258,22	290,49	II	3 227,75	170,77	248,40	279,45	164,03	238,59	268,41	157,29	228,78	257,38	150,54	218,97	246,34	143,79	209,16	235,30	137,05	199,35	224,27
	III	2 592,50	142,58	207,40	233,32	III	2 592,50	135,84	197,58	222,28	129,09	187,77	211,24	122,40	178,04	200,29	115,84	168,50	189,56	109,41	159,14	179,03	103,10	149,97	168,71
	V	3 688,08	202,84	295,04	331,92	IV	3 273,50	176,66	256,97	289,09	173,29	252,06	283,57	169,92	247,16	278,06	166,55	242,26	272,54	163,18	237,35	267,02	159,80	232,44	261,50
	VI	3 721,50	204,68	297,72	334,93																				
10 037,99 West	I,IV	3 261,91	179,40	260,95	293,57	I	3 261,91	172,65	251,14	282,53	165,91	241,32	271,49	159,17	231,52	260,46	152,42	221,70	249,41	145,67	211,89	238,37	138,93	202,08	227,34
	II	3 216,08	176,88	257,28	289,44	II	3 216,08	170,14	247,48	278,41	163,39	237,66	267,37	156,64	227,85	256,33	149,90	218,04	245,30	143,16	208,23	234,26	136,41	198,42	223,22
	III	2 580,83	141,94	206,46	232,27	III	2 580,83	135,19	196,65	221,23	128,45	186,84	210,19	121,77	177,13	199,27	115,23	167,61	188,56	108,80	158,26	178,04	102,52	149,12	167,76
	V	3 676,41	202,20	294,11	330,87	IV	3 261,91	176,03	256,04	288,05	172,65	251,14	282,53	169,28	246,23	277,01	165,91	241,32	271,49	162,53	236,42	265,97	159,17	231,52	260,46
	VI	3 709,91	204,04	296,79	333,89																				
10 037,99 Ost	I,IV	3 274,75	180,11	261,98	294,72	I	3 274,75	173,36	252,16	283,68	166,62	242,36	272,65	159,87	232,54	261,61	153,12	222,73	250,57	146,38	212,92	239,54	139,64	203,11	228,50
	II	3 229,–	177,59	258,32	290,61	II	3 229,–	170,84	248,50	279,56	164,10	238,69	268,52	157,35	228,88	257,49	150,61	219,07	246,45	143,86	209,26	235,41	137,12	199,45	224,38
	III	2 593,66	142,65	207,49	233,42	III	2 593,66	135,90	197,68	222,39	129,15	187,86	211,34	122,47	178,14	200,41	115,91	168,60	189,67	109,47	159,24	179,14	103,17	150,06	168,82
	V	3 689,33	202,91	295,14	332,03	IV	3 274,75	176,73	257,07	289,20	173,36	252,16	283,68	169,99	247,26	278,17	166,62	242,36	272,65	163,24	237,45	267,13	159,87	232,54	261,61
	VI	3 722,75	204,75	297,82	335,04																				
10 040,99 West	I,IV	3 263,16	179,47	261,05	293,68	I	3 263,16	172,72	251,24	282,64	165,98	241,42	271,60	159,23	231,62	260,57	152,49	221,80	249,53	145,74	211,99	238,49	139,–	202,18	227,45
	II	3 217,33	176,95	257,38	289,55	II	3 217,33	170,21	247,58	278,52	163,46	237,76	267,48	156,71	227,95	256,44	149,97	218,14	245,41	143,22	208,33	234,37	136,48	198,52	223,33
	III	2 582,–	142,01	206,56	232,38	III	2 582,–	135,27	196,76	221,35	128,52	186,94	210,31	121,84	177,22	199,37	115,29	167,70	188,66	108,87	158,36	178,15	102,58	149,21	167,86
	V	3 677,75	202,27	294,22	330,99	IV	3 263,16	176,10	256,14	288,16	172,72	251,24	282,64	169,35	246,33	277,12	165,98	241,42	271,60	162,61	236,52	266,09	159,23	231,62	260,57
	VI	3 711,16	204,11	296,89	334,–																				
10 040,99 Ost	I,IV	3 276,–	180,18	262,08	294,84	I	3 276,–	173,43	252,27	283,80	166,69	242,46	272,76	159,94	232,64	261,72	153,20	222,84	250,69	146,45	213,02	239,65	139,70	203,21	228,61
	II	3 230,25	177,66	258,42	290,72	II	3 230,25	170,91	248,60	279,68	164,17	238,80	268,65	157,42	228,98	257,60	150,68	219,17	246,56	143,93	209,36	235,53	137,19	199,55	224,49
	III	2 595,–	142,72	207,60	233,55	III	2 595,–	135,97	197,78	222,50	129,23	187,97	211,46	122,54	178,24	200,52	115,97	168,69	189,77	109,54	159,33	179,24	103,23	150,16	168,93
	V	3 690,58	202,98	295,24	332,15	IV	3 276,–	176,80	257,17	289,31	173,43	252,27	283,80	170,06	247,36	278,28	166,69	242,46	272,76	163,31	237,55	267,24	159,94	232,64	261,72
	VI	3 724,08	204,82	297,92	335,16																				
10 043,99 West	I,IV	3 264,41	179,54	261,15	293,79	I	3 264,41	172,79	251,34	282,75	166,04	241,52	271,71	159,30	231,72	260,68	152,56	221,90	249,64	145,81	212,09	238,60	139,07	202,28	227,57
	II	3 218,58	177,02	257,48	289,67	II	3 218,58	170,28	247,68	278,64	163,53	237,86	267,59	156,78	228,05	256,55	150,04	218,24	245,52	143,29	208,43	234,48	136,55	198,62	223,44
	III	2 583,33	142,08	206,66	232,49	III	2 583,33	135,33	196,85	221,45	128,59	187,04	210,42	121,91	177,33	199,49	115,36	167,80	188,77	108,94	158,46	178,27	102,64	149,30	167,96
	V	3 679,–	202,34	294,32	331,11	IV	3 264,41	176,16	256,24	288,27	172,79	251,34	282,75	169,42	246,43	277,23	166,04	241,52	271,71	162,68	236,62	266,20	159,30	231,72	260,68
	VI	3 712,41	204,18	296,99	334,11																				
10 043,99 Ost	I,IV	3 277,25	180,24	262,18	294,95	I	3 277,25	173,50	252,37	283,91	166,76	242,56	272,88	160,01	232,74	261,83	153,27	222,94	250,80	146,52	213,12	239,76	139,77	203,31	228,72
	II	3 231,50	177,73	258,52	290,83	II	3 231,50	170,98	248,70	279,79	164,24	238,90	268,76	157,49	229,08	257,72	150,75	219,27	246,68	144,–	209,46	235,64	137,26	199,65	224,60
	III	2 596,16	142,78	207,69	233,65	III	2 596,16	136,04	197,88	222,61	129,30	188,08	211,59	122,61	178,34	200,63	116,04	168,78	189,88	109,60	159,42	179,35	103,29	150,25	169,03
	V	3 691,83	203,05	295,34	332,26	IV	3 277,25	176,88	257,28	289,44	173,50	252,37	283,91	170,13	247,46	278,39	166,76	242,56	272,88	163,38	237,65	267,35	160,01	232,74	261,83
	VI	3 725,33	204,89	298,02	335,27																				
10 046,99 West	I,IV	3 265,66	179,61	261,25	293,90	I	3 265,66	172,86	251,44	282,87	166,12	241,63	271,83	159,37	231,82	260,79	152,62	222,–	249,75	145,88	212,20	238,72	139,14	202,38	227,68
	II	3 219,91	177,09	257,59	289,79	II	3 219,91	170,34	247,78	278,75	163,60	237,96	267,71	156,86	228,16	256,68	150,11	218,34	245,63	143,36	208,53	234,59	136,62	198,72	223,56
	III	2 584,66	142,15	206,77	232,61	III	2 584,66	135,41	196,96	221,58	128,66	187,14	210,53	121,98	177,42	199,60	115,42	167,89	188,87	109,01	158,56	178,38	102,71	149,40	168,07
	V	3 680,25	202,41	294,42	331,22	IV	3 265,66	176,23	256,34	288,38	172,86	251,44	282,87	169,49	246,53	277,34	166,12	241,63	271,83	162,74	236,72	266,31	159,37	231,82	260,79
	VI	3 713,66	204,25	297,09	334,22																				
10 046,99 Ost	I,IV	3 278,58	180,32	262,28	295,07	I	3 278,58	173,57	252,47	284,03	166,82	242,66	272,99	160,08	232,84	261,95	153,34	223,04	250,92	146,59	213,22	239,87	139,84	203,41	228,83
	II	3 232,75	177,80	258,62	290,94	II	3 232,75	171,05	248,80	279,90	164,31	239,–	268,87	157,56	229,18	257,83	150,81	219,37	246,79	144,07	209,56	235,76	137,33	199,75	224,72
	III	2 597,50	142,86	207,80	233,77	III	2 597,50	136,11	197,98	222,73	129,36	188,17	211,69	122,67	178,44	200,74	116,11	168,89	190,–	109,67	159,53	179,47	103,36	150,34	169,13
	V	3 693,08	203,11	295,44	332,37	IV	3 278,58	176,94	257,38	289,55	173,57	252,47	284,03	170,20	247,56	278,51	166,82	242,66	272,99	163,45	237,75	267,47	160,08	232,84	261,95
	VI	3 726,58	204,96	298,12	335,39																				
10 049,99 West	I,IV	3 266,91	179,68	261,35	294,02	I	3 266,91	172,93	251,54	282,98	166,19	241,73	271,94	159,44	231,92	260,91	152,69	222,10	249,86	145,95	212,30	238,83	139,20	202,48	227,79
	II	3 221,16	177,16	257,69	289,90	II	3 221,16	170,41	247,88	278,86	163,67	238,06	267,82	156,92	228,26	256,79	150,18	218,44	245,75	143,43	208,63	234,71	136,69	198,82	223,67
	III	2 585,83	142,22	206,86	232,72	III	2 585,83	135,47	197,05	221,68	128,72	187,24	210,64	122,05	177,53	199,72	115,50	168,–	189,–	109,07	158,65	178,48	102,77	149,49	168,17
	V	3 681,50	202,48	294,52	331,33	IV	3 266,91	176,30	256,44	288,50	172,93	251,54	282,98	169,56	246,64	277,47	166,19	241,73	271,94	162,81	236,82	266,42	159,44	231,92	260,91
	VI	3 714,91	204,32	297,19	334,34																				
10 049,99 Ost	I,IV	3 279,83	180,39	262,38	295,18	I	3 279,83	173,64	252,57	284,14	166,89	242,76	273,10	160,15	232,95	262,07	153,40	223,14	251,03	146,66	213,32	239,99	139,92	203,52	228,96
	II	3 234,–	177,87	258,72	291,06	II	3 234,–	171,12	248,91	280,02	164,38	239,10	268,98	157,63	229,28	257,94	150,89	219,48	246,91	144,14	209,66	235,87	137,39	199,85	224,83
	III	2 598,66	142,92	207,89	233,87	III	2 598,66	136,18	198,09	222,85	129,44	188,28	211,81	122,74	178,53	200,84	116,17	168,98	190,10	109,74	159,62	179,57	103,42	150,44	169,24
	V	3 694,33	203,18	295,54	332,48	IV	3 279,83	177,01	257,48	289,66	173,64	252,57	284,14	170,27	247,66	278,62	166,89	242,76	273,10	163,52	237,85	267,58	160,15	232,95	262,07
	VI	3 727,83	205,03	298,22	335,50																				
10 052,99 West	I,IV	3 268,16	179,74	261,45	294,13	I	3 268,16	173,–	251,64	283,10	166,26	241,83	272,06	159,51	232,02	261,02	152,76	222,20	249,98	146,02	212,40	238,95	139,27	202,58	227,90
	II	3 222,41	177,23	257,79	290,01	II	3 222,41	170,48	247,98	278,97	163,73	238,16	267,93	156,99	228,36	256,90	150,25	218,54	245,86	143,50	208,73	234,82	136,76	198,92	223,79
	III	2 587,16	142,29	206,97	232,84	III	2 587,16	135,54	197,16	221,80	128,80	187,34	210,76	122,11	177,62	199,82	115,56	168,09	189,10	109,13	158,74	178,58	102,84	149,58	168,28
	V	3 682,75	202,55	294,62	331,44	IV	3 268,16	176,37	256,54	288,61	173,–	251,64	283,10	169,63	246,74	277,58	166,26	241,83	272,06	162,88	236,92	266,54	159,51	232,02	261,02
	VI	3 716,25	204,39	297,30	334,46																				
10 052,99 Ost	I,IV	3 281,08	180,45	262,48	295,29	I	3 281,08	173,71	252,67	284,25	166,96	242,86	273,21	160,22	233,05	262,18	153,47	223,24	251,14	146,73	213,42	240,10	139,98	203,62	229,07
	II	3 235,25	177,93	258,82	291,17	II	3 235,25	171,19	249,01	280,13	164,45	239,20	269,10	157,70	229,38	258,05	150,96	219,58	247,02	144,21	209,76	235,98	137,46	199,95	224,94
	III	2 600,–	143,–	208,–	234,–	III	2 600,–	136,25	198,18	222,95	129,50	188,37	211,91	122,81	178,64	200,97	116,24	169,08	190,21	109,80	159,72	179,68	103,49	150,53	169,34
	V	3 695,66	203,26	295,65	332,60	IV	3 281,08	177,08	257,58	289,77	173,71	252,67	284,25	170,33	247,76	278,73	166,96	242,86	273,21	163,59	237,96	267,70	160,22	233,05	262,18
	VI	3 729,08	205,09	298,32	335,61																				
10 055,99 West	I,IV	3 269,41	179,81	261,55	294,24	I	3 269,41	173,07	251,74	283,21	166,32	241,93	272,17	159,58	232,12	261,13	152,84	222,31	250,10	146,09	212,50	239,06	139,34	202,68	228,02
	II	3 223,66	177,30	257,89	290,12	II	3 223,66	170,55	248,08	279,09	163,81	238,27	268,05	157,06	228,46	257,01	150,31	218,64	245,97	143,57	208,84	234,94	136,83	199,02	223,90
	III	2 588,33	142,35	207,06	232,94	III	2 588,33	135,61	197,25	221,90	128,87	187,45	210,88	122,18	177,72	199,93	115,62	168,18	189,20	109,20	158,84	178,69	102,90	149,68	168,39
	V	3 684,–	202,62	294,72	331,56	IV	3 269,41	176,44	256,64	288,72	173,07	251,74	283,21	169,70	246,84	277,69	166,32	241,93	272,17	162,95	237,02	266,65	159,58	232,12	261,13
	VI	3 717,50	204,46	297,40	334,57																				
10 055,99 Ost	I,IV	3 282,33	180,52	262,58	295,40	I	3 282,33	173,78	252,77	284,36	167,03	242,96	273,33	160,29	233,15	262,29	153,54	223,34	251,25	146,79	213,52	240,21	140,05	203,72	229,18
	II	3 236,58	178,01	258,92	291,29	II	3 236,58	171,26	249,11	280,25	164,51	239,30	269,21	157,77	229,48	258,17	151,03	219,68	247,14	144,28	209,86	236,09	137,53	200,05	225,05
	III	2 601,16	143,06	208,09	234,10	III	2 601,16	136,32	198,29	223,07	129,58	188,48	212,04	122,87	178,73	201,07	116,31	169,18	190,33	109,87	159,81	179,78	103,55	150,62	169,45
	V	3 696,91	203,33	295,75	332,72	IV	3 282,33	177,15	257,68	289,89	173,78	252,77	284,36	170,40	247,86	278,84	167,03	242,96	273,33	163,66	238,06	267,81	160,29	233,15	262,29
	VI	3 730,33	205,16	298,42	335,72																				

* Die ausgewiesenen Tabellenwerte sind amtlich. Siehe Erläuterungen auf der Umschlaginnenseite (U2).

Abzüge an Lohnsteuer, Solidaritätszuschlag (SolZ) und Kirchensteuer (8%, 9%) in den Steuerklassen

Lohn/ Gehalt bis €*	I – VI					I, II, III, IV		mit Zahl der Kinderfreibeträge . . . 0,5			1			1,5			2			2,5			3		
		LSt	ohne Kinder-freibeträge SolZ	8%	9%		LSt	SolZ	8%	9%	SolZ	8%	9%	SolZ	8%	9%	SolZ	8%	9%	SolZ	8%	9%	SolZ	8%	9%
10 058,99 West	I,IV	3 270,66	179,88	261,65	294,35	I	3 270,66	173,14	251,84	283,32	166,39	242,03	272,28	159,65	232,22	261,24	152,90	222,41	250,21	146,16	212,60	239,17	139,41	202,78	228,13
	II	3 224,91	177,37	257,99	290,24	II	3 224,91	170,62	248,18	279,20	163,88	238,37	268,16	157,13	228,56	257,13	150,38	218,74	246,08	143,64	208,94	235,05	136,89	199,12	224,01
	III	2 589,66	142,43	207,17	233,06	III	2 589,66	135,68	197,36	222,03	128,93	187,54	210,98	122,25	177,82	200,05	115,69	168,28	189,31	109,26	158,93	178,79	102,96	149,77	168,49
	V	3 685,25	202,68	294,82	331,67	IV	3 270,66	176,51	256,75	288,84	173,14	251,84	283,32	169,77	246,94	277,80	166,39	242,03	272,28	163,02	237,12	266,76	159,65	232,22	261,24
	VI	3 718,75	204,53	297,50	334,68																				
10 058,99 Ost	I,IV	3 283,58	180,59	262,68	295,52	I	3 283,58	173,85	252,87	284,48	167,10	243,06	273,44	160,36	233,25	262,40	153,61	223,44	251,37	146,87	213,63	240,33	140,12	203,82	229,29
	II	3 237,83	178,08	259,02	291,40	II	3 237,83	171,33	249,21	280,36	164,58	239,40	269,32	157,84	229,59	258,29	151,09	219,78	247,25	144,35	209,96	236,21	137,61	200,16	225,18
	III	2 602,50	143,13	208,20	234,22	III	2 602,50	136,39	198,38	223,18	129,64	188,57	212,14	122,95	178,84	201,19	116,38	169,28	190,44	109,93	159,90	179,89	103,62	150,72	169,56
	V	3 698,16	203,39	295,85	332,83	IV	3 283,58	177,22	257,78	290,—	173,85	252,87	284,48	170,47	247,96	278,96	167,10	243,06	273,44	163,73	238,16	267,93	160,36	233,25	262,40
	VI	3 731,58	205,23	298,52	335,84																				
10 061,99 West	I,IV	3 272,—	179,96	261,76	294,48	I	3 272,—	173,21	251,94	283,43	166,46	242,13	272,39	159,72	232,32	261,36	152,97	222,51	250,32	146,23	212,70	239,28	139,48	202,88	228,24
	II	3 226,16	177,43	258,09	290,35	II	3 226,16	170,69	248,28	279,32	163,95	238,47	268,28	157,20	228,66	257,24	150,45	218,84	246,20	143,71	209,04	235,17	136,96	199,22	224,12
	III	2 590,83	142,49	207,26	233,17	III	2 590,83	135,74	197,45	222,13	129,01	187,65	211,10	122,32	177,92	200,16	115,76	168,38	189,43	109,33	159,02	178,90	103,03	149,86	168,59
	V	3 686,50	202,75	294,92	331,78	IV	3 272,—	176,58	256,85	288,95	173,21	251,94	283,43	169,84	247,04	277,92	166,46	242,13	272,39	163,09	237,22	266,87	159,72	232,32	261,36
	VI	3 720,—	204,60	297,60	334,80																				
10 061,99 Ost	I,IV	3 284,83	180,66	262,78	295,63	I	3 284,83	173,91	252,97	284,59	167,17	243,16	273,56	160,43	233,35	262,52	153,68	223,54	251,48	146,94	213,73	240,44	140,19	203,92	229,41
	II	3 239,08	178,14	259,12	291,51	II	3 239,08	171,40	249,31	280,47	164,65	239,50	269,43	157,91	229,69	258,40	151,16	219,88	247,36	144,42	210,06	236,32	137,67	200,26	225,29
	III	2 603,83	143,21	208,30	234,34	III	2 603,83	136,46	198,49	223,30	129,71	188,68	212,26	123,01	178,93	201,29	116,44	169,37	190,54	110,—	160,—	180,—	103,68	150,81	169,66
	V	3 699,41	203,46	295,95	332,94	IV	3 284,83	177,29	257,88	290,11	173,91	252,97	284,59	170,55	248,07	279,08	167,17	243,16	273,56	163,80	238,26	268,04	160,43	233,35	262,52
	VI	3 732,83	205,30	298,62	335,95																				
10 064,99 West	I,IV	3 273,25	180,02	261,86	294,59	I	3 273,25	173,28	252,04	283,55	166,53	242,23	272,51	159,79	232,42	261,47	153,04	222,61	250,43	146,30	212,80	239,40	139,55	202,99	228,36
	II	3 227,41	177,50	258,19	290,46	II	3 227,41	170,76	248,38	279,43	164,01	238,57	268,39	157,27	228,76	257,35	150,53	218,95	246,32	143,78	209,14	235,28	137,03	199,32	224,24
	III	2 592,16	142,56	207,37	233,29	III	2 592,16	135,82	197,56	222,25	129,07	187,74	211,21	122,39	178,02	200,27	115,83	168,48	189,54	109,39	159,12	179,01	103,09	149,96	168,70
	V	3 687,75	202,82	295,02	331,89	IV	3 273,25	176,65	256,95	289,07	173,28	252,04	283,55	169,90	247,14	278,03	166,53	242,23	272,51	163,16	237,32	266,99	159,79	232,42	261,47
	VI	3 721,25	204,66	297,70	334,91																				
10 064,99 Ost	I,IV	3 286,08	180,73	262,88	295,74	I	3 286,08	173,99	253,08	284,71	167,24	243,26	273,67	160,49	233,45	262,63	153,75	223,64	251,60	147,01	213,83	240,56	140,26	204,02	229,52
	II	3 240,33	178,21	259,22	291,62	II	3 240,33	171,47	249,41	280,58	164,72	239,60	269,55	157,98	229,79	258,51	151,23	219,98	247,47	144,48	210,16	236,43	137,74	200,36	225,40
	III	2 605,—	143,27	208,40	234,45	III	2 605,—	136,52	198,58	223,40	129,78	188,77	212,36	123,09	179,04	201,42	116,51	169,48	190,66	110,06	160,09	180,10	103,74	150,90	169,76
	V	3 700,66	203,53	296,05	333,05	IV	3 286,08	177,36	257,98	290,22	173,99	253,08	284,71	170,61	248,17	279,19	167,24	243,26	273,67	163,87	238,36	268,15	160,49	233,45	262,63
	VI	3 734,16	205,37	298,73	336,07																				
10 067,99 West	I,IV	3 274,50	180,09	261,96	294,70	I	3 274,50	173,35	252,14	283,66	166,60	242,33	272,62	159,86	232,52	261,59	153,11	222,71	250,55	146,36	212,90	239,51	139,62	203,09	228,47
	II	3 228,66	177,57	258,29	290,57	II	3 228,66	170,83	248,48	279,54	164,08	238,67	268,50	157,34	228,86	257,46	150,59	219,05	246,43	143,85	209,24	235,39	137,10	199,42	224,35
	III	2 593,33	142,63	207,46	233,39	III	2 593,33	135,89	197,66	222,37	129,14	187,85	211,33	122,45	178,12	200,38	115,89	168,57	189,64	109,46	159,22	179,12	103,16	150,05	168,80
	V	3 689,08	202,89	295,12	332,01	IV	3 274,50	176,72	257,05	289,18	173,35	252,14	283,66	169,97	247,24	278,14	166,60	242,33	272,62	163,23	237,43	267,11	159,86	232,52	261,59
	VI	3 722,50	204,73	297,80	335,02																				
10 067,99 Ost	I,IV	3 287,33	180,80	262,98	295,85	I	3 287,33	174,06	253,18	284,82	167,31	243,36	273,78	160,56	233,55	262,74	153,82	223,74	251,71	147,07	213,93	240,67	140,33	204,12	229,63
	II	3 241,58	178,28	259,32	291,74	II	3 241,58	171,54	249,51	280,70	164,79	239,70	269,66	158,05	229,89	258,62	151,30	220,08	247,59	144,56	210,27	236,55	137,81	200,46	225,51
	III	2 606,33	143,34	208,50	234,56	III	2 606,33	136,60	198,69	223,52	129,85	188,88	212,49	123,15	179,13	201,52	116,58	169,57	190,76	110,13	160,20	180,22	103,81	151,—	169,87
	V	3 701,91	203,60	296,15	333,17	IV	3 287,33	177,43	258,08	290,34	174,06	253,18	284,82	170,68	248,27	279,30	167,31	243,36	273,78	163,94	238,46	268,26	160,56	233,55	262,74
	VI	3 735,41	205,44	298,83	336,18																				
10 070,99 West	I,IV	3 275,75	180,16	262,06	294,81	I	3 275,75	173,41	252,24	283,77	166,67	242,44	272,74	159,93	232,62	261,70	153,18	222,81	250,66	146,44	213,—	239,63	139,69	203,19	228,59
	II	3 230,—	177,65	258,40	290,70	II	3 230,—	170,90	248,58	279,65	164,15	238,77	268,61	157,41	228,96	257,58	150,66	219,15	246,54	143,92	209,34	235,50	137,17	199,52	224,46
	III	2 594,66	142,70	207,57	233,51	III	2 594,66	135,96	197,76	222,48	129,21	187,94	211,43	122,52	178,21	200,48	115,96	168,68	189,76	109,53	159,32	179,23	103,22	150,14	168,91
	V	3 690,33	202,96	295,22	332,12	IV	3 275,75	176,79	257,15	289,29	173,41	252,24	283,77	170,04	247,34	278,25	166,67	242,44	272,74	163,30	237,53	267,22	159,93	232,62	261,70
	VI	3 723,75	204,80	297,90	335,13																				
10 070,99 Ost	I,IV	3 288,58	180,87	263,08	295,97	I	3 288,58	174,13	253,28	284,94	167,38	243,46	273,89	160,63	233,65	262,85	153,89	223,84	251,82	147,14	214,03	240,78	140,40	204,22	229,74
	II	3 242,83	178,35	259,42	291,85	II	3 242,83	171,60	249,61	280,81	164,86	239,80	269,78	158,12	229,99	258,74	151,37	220,18	247,70	144,63	210,37	236,66	137,88	200,56	225,63
	III	2 607,50	143,41	208,60	234,67	III	2 607,50	136,66	198,78	223,63	129,92	188,98	212,60	123,21	179,22	201,62	116,64	169,66	190,87	110,20	160,29	180,32	103,87	151,09	169,97
	V	3 703,16	203,67	296,25	333,28	IV	3 288,58	177,50	258,18	290,45	174,13	253,28	284,94	170,75	248,37	279,41	167,38	243,46	273,89	164,01	238,56	268,38	160,63	233,65	262,85
	VI	3 736,66	205,51	298,93	336,29																				
10 073,99 West	I,IV	3 277,—	180,23	262,16	294,93	I	3 277,—	173,48	252,34	283,88	166,74	242,54	272,85	159,99	232,72	261,81	153,25	222,91	250,77	146,51	213,10	239,74	139,76	203,29	228,70
	II	3 231,25	177,71	258,50	290,81	II	3 231,25	170,97	248,68	279,77	164,22	238,87	268,73	157,48	229,06	257,69	150,73	219,25	246,65	143,99	209,44	235,62	137,24	199,63	224,58
	III	2 596,—	142,78	207,68	233,64	III	2 596,—	136,03	197,86	222,59	129,28	188,05	211,55	122,59	178,32	200,61	116,03	168,77	189,86	109,59	159,41	179,33	103,29	150,24	169,02
	V	3 691,58	203,03	295,32	332,24	IV	3 277,—	176,86	257,25	289,40	173,48	252,34	283,88	170,11	247,44	278,37	166,74	242,54	272,85	163,37	237,63	267,33	159,99	232,72	261,81
	VI	3 725,—	204,87	298,—	335,25																				
10 073,99 Ost	I,IV	3 289,91	180,94	263,19	296,09	I	3 289,91	174,19	253,38	285,05	167,45	243,56	274,01	160,71	233,76	262,98	153,96	223,94	251,93	147,21	214,13	240,89	140,47	204,32	229,86
	II	3 244,08	178,42	259,52	291,96	II	3 244,08	171,68	249,72	280,93	164,93	239,90	269,89	158,18	230,09	258,85	151,44	220,28	247,82	144,70	210,47	236,78	137,95	200,66	225,74
	III	2 608,83	143,48	208,70	234,79	III	2 608,83	136,73	198,89	223,75	129,99	189,08	212,71	123,29	179,33	201,74	116,71	169,76	190,98	110,26	160,38	180,43	103,94	151,18	170,08
	V	3 704,41	203,74	296,35	333,39	IV	3 289,91	177,57	258,28	290,57	174,19	253,38	285,05	170,82	248,47	279,53	167,45	243,56	274,01	164,07	238,66	268,49	160,71	233,76	262,98
	VI	3 737,91	205,58	299,03	336,41																				
10 076,99 West	I,IV	3 278,25	180,30	262,26	295,04	I	3 278,25	173,55	252,44	284,—	166,81	242,64	272,97	160,06	232,82	261,92	153,32	223,01	250,88	146,57	213,20	239,85	139,83	203,39	228,81
	II	3 232,50	177,78	258,60	290,92	II	3 232,50	171,04	248,78	279,88	164,29	238,97	268,84	157,55	229,16	257,81	150,80	219,35	246,77	144,05	209,54	235,73	137,31	199,73	224,69
	III	2 597,16	142,84	207,77	233,74	III	2 597,16	136,09	197,96	222,70	129,35	188,14	211,66	122,65	178,41	200,71	116,09	168,86	189,97	109,66	159,50	179,44	103,35	150,33	169,12
	V	3 692,83	203,10	295,42	332,35	IV	3 278,25	176,93	257,35	289,52	173,55	252,44	284,—	170,18	247,54	278,48	166,81	242,64	272,97	163,44	237,73	267,44	160,06	232,82	261,92
	VI	3 726,25	204,94	298,10	335,36																				
10 076,99 Ost	I,IV	3 291,16	181,01	263,29	296,20	I	3 291,16	174,26	253,48	285,16	167,52	243,66	274,12	160,77	233,86	263,09	154,03	224,04	252,05	147,28	214,23	241,01	140,54	204,42	229,97
	II	3 245,33	178,49	259,62	292,07	II	3 245,33	171,75	249,82	281,04	165,—	240,—	270,—	158,25	230,19	258,96	151,51	220,38	247,93	144,76	210,57	236,89	138,02	200,76	225,85
	III	2 610,—	143,55	208,80	234,90	III	2 610,—	136,81	199,—	223,87	130,06	189,18	212,83	123,35	179,42	201,85	116,78	169,86	191,09	110,33	160,48	180,54	104,01	151,29	170,20
	V	3 705,75	203,81	296,46	333,51	IV	3 291,16	177,64	258,38	290,68	174,26	253,48	285,16	170,89	248,57	279,64	167,52	243,66	274,12	164,15	238,76	268,61	160,77	233,86	263,09
	VI	3 739,16	205,65	299,13	336,52																				
10 079,99 West	I,IV	3 279,50	180,37	262,36	295,15	I	3 279,50	173,63	252,55	284,12	166,88	242,74	273,08	160,13	232,92	262,04	153,39	223,12	251,01	146,64	213,30	239,96	139,90	203,49	228,92
	II	3 233,75	177,85	258,70	291,03	II	3 233,75	171,10	248,88	279,99	164,36	239,08	268,96	157,62	229,26	257,92	150,87	219,45	246,88	144,13	209,64	235,85	137,38	199,83	224,81
	III	2 598,50	142,91	207,88	233,86	III	2 598,50	136,17	198,06	222,82	129,42	188,25	211,78	122,73	178,52	200,83	116,16	168,96	190,08	109,72	159,60	179,55	103,41	150,42	169,22
	V	3 694,08	203,17	295,52	332,46	IV	3 279,50	176,99	257,45	289,63	173,63	252,55	284,12	170,25	247,64	278,60	166,88	242,74	273,08	163,51	237,83	267,56	160,13	232,92	262,04
	VI	3 727,58	205,01	298,20	335,48																				
10 079,99 Ost	I,IV	3 292,41	181,08	263,39	296,31	I	3 292,41	174,33	253,58	285,27	167,58	243,76	274,23	160,84	233,96	263,20	154,10	224,14	252,16	147,35	214,33	241,12	140,61	204,52	230,09
	II	3 246,58	178,56	259,72	292,19	II	3 246,58	171,82	249,92	281,16	165,07	240,10	270,11	158,32	230,29	259,07	151,58	220,48	248,04	144,83	210,67	237,—	138,09	200,86	225,96
	III	2 611,33	143,62	208,90	235,01	III	2 611,33	136,87	199,09	223,97	130,13	189,28	212,94	123,42	179,53	201,97	116,84	169,96	191,20	110,39	160,57	180,64	104,07	151,38	170,30
	V	3 707,—	203,88	296,56	333,63	IV	3 292,41	177,70	258,48	290,79	174,33	253,58	285,27	170,96	248,67	279,75	167,58	243,76	274,23	164,22	238,86	268,72	160,84	233,96	263,20
	VI	3 740,41	205,72	299,23	336,63																				

* Die ausgewiesenen Tabellenwerte sind amtlich. Siehe Erläuterungen auf der Umschlaginnenseite (U2).

MONAT 10 080,–*

Lohn/ Gehalt bis €*	Abzüge an Lohnsteuer, Solidaritätszuschlag (SolZ) und Kirchensteuer (8%, 9%) in den Steuerklassen I – VI					I, II, III, IV																			
			ohne Kinderfreibeträge					mit Zahl der Kinderfreibeträge . . .																	
								0,5			1			1,5			2			2,5			3		
		LSt	SolZ	8%	9%		LSt	SolZ	8%	9%	SolZ	8%	9%	SolZ	8%	9%	SolZ	8%	9%	SolZ	8%	9%	SolZ	8%	9%
10 082,99 West	I,IV	3 280,75	180,44	262,46	295,26	I	3 280,75	173,69	252,65	284,23	166,95	242,84	273,19	160,20	233,02	262,15	153,46	223,22	251,12	146,71	213,40	240,08	139,97	203,59	229,04
	II	3 235,—	177,92	258,80	291,15	II	3 235,—	171,17	248,98	280,10	164,43	239,18	269,07	157,68	229,36	258,03	150,94	219,55	246,99	144,20	209,74	235,96	137,45	199,93	224,92
	III	2 599,66	142,98	207,97	233,96	III	2 599,66	136,23	198,16	222,93	129,49	188,36	211,90	122,79	178,61	200,93	116,23	169,06	190,19	109,78	159,69	179,65	103,48	150,52	169,33
	V	3 695,33	203,24	295,62	332,57	IV	3 280,75	177,07	257,56	289,75	173,69	252,65	284,23	170,32	247,74	278,71	166,95	242,84	273,19	163,57	237,93	267,67	160,20	233,02	262,15
	VI	3 728,83	205,08	298,30	335,59																				
10 082,99 Ost	I,IV	3 293,66	181,15	263,49	296,42	I	3 293,66	174,40	253,68	285,39	167,66	243,87	274,35	160,91	234,06	263,31	154,16	224,24	252,27	147,42	214,44	241,24	140,68	204,62	230,20
	II	3 247,91	178,63	259,83	292,31	II	3 247,91	171,88	250,02	281,27	165,14	240,20	270,23	158,40	230,40	259,20	151,65	220,58	248,15	144,90	210,77	237,11	138,16	200,96	226,08
	III	2 612,66	143,69	209,01	235,13	III	2 612,66	136,95	199,20	224,10	130,20	189,38	213,05	123,49	179,62	202,07	116,91	170,05	191,30	110,45	160,66	180,74	104,14	151,48	170,41
	V	3 708,25	203,95	296,66	333,74	IV	3 293,66	177,77	258,58	290,90	174,40	253,68	285,39	171,03	248,77	279,86	167,66	243,87	274,35	164,28	238,96	268,83	160,91	234,06	263,31
	VI	3 741,66	205,79	299,33	336,74																				
10 085,99 West	I,IV	3 282,08	180,51	262,56	295,38	I	3 282,08	173,76	252,75	284,34	167,02	242,94	273,30	160,27	233,12	262,26	153,53	223,32	251,23	146,78	213,50	240,19	140,03	203,69	229,15
	II	3 236,25	177,99	258,90	291,26	II	3 236,25	171,24	249,08	280,22	164,50	239,28	269,19	157,75	229,46	258,14	151,01	219,65	247,10	144,26	209,84	236,07	137,52	200,03	225,03
	III	2 601,—	143,05	208,08	234,09	III	2 601,—	136,30	198,26	223,04	129,56	188,45	212,—	122,87	178,72	201,06	116,29	169,16	190,30	109,85	159,78	179,75	103,54	150,61	169,43
	V	3 696,58	203,31	295,72	332,69	IV	3 282,08	177,14	257,66	289,86	173,76	252,75	284,34	170,39	247,84	278,82	167,02	242,94	273,30	163,64	238,03	267,78	160,27	233,12	262,26
	VI	3 730,08	205,15	298,40	335,70																				
10 085,99 Ost	I,IV	3 294,91	181,22	263,59	296,54	I	3 294,91	174,47	253,78	285,50	167,73	243,97	274,46	160,98	234,16	263,43	154,23	224,34	252,38	147,49	214,54	241,35	140,74	204,72	230,31
	II	3 249,16	178,70	259,93	292,42	II	3 249,16	171,95	250,12	281,38	165,21	240,30	270,34	158,46	230,50	259,31	151,72	220,68	248,27	144,97	210,87	237,23	138,23	201,06	226,19
	III	2 613,83	143,76	209,10	235,24	III	2 613,83	137,01	199,29	224,20	130,26	189,48	213,16	123,56	179,73	202,19	116,98	170,16	191,43	110,53	160,77	180,86	104,20	151,57	170,51
	V	3 709,50	204,02	296,76	333,85	IV	3 294,91	177,84	258,68	291,02	174,47	253,78	285,50	171,10	248,88	279,99	167,73	243,97	274,46	164,35	239,06	268,94	160,98	234,16	263,43
	VI	3 742,91	205,86	299,43	336,86																				
10 088,99 West	I,IV	3 283,33	180,58	262,66	295,49	I	3 283,33	173,83	252,85	284,45	167,09	243,04	273,42	160,34	233,23	262,38	153,60	223,42	251,34	146,85	213,60	240,30	140,11	203,80	229,27
	II	3 237,50	178,06	259,—	291,37	II	3 237,50	171,32	249,19	280,34	164,57	239,38	269,30	157,82	229,56	258,26	151,08	219,76	247,23	144,33	209,94	236,18	137,59	200,13	225,14
	III	2 602,16	143,11	208,17	234,19	III	2 602,16	136,38	198,37	223,16	129,63	188,56	212,13	122,93	178,81	201,16	116,36	169,25	190,40	109,92	159,89	179,87	103,61	150,70	169,54
	V	3 697,83	203,38	295,82	332,80	IV	3 283,33	177,21	257,76	289,98	173,83	252,85	284,45	170,46	247,94	278,93	167,09	243,04	273,42	163,71	238,13	267,89	160,34	233,23	262,38
	VI	3 731,33	205,22	298,50	335,81																				
10 088,99 Ost	I,IV	3 296,16	181,28	263,69	296,65	I	3 296,16	174,54	253,88	285,62	167,80	244,07	274,58	161,05	234,26	263,54	154,30	224,44	252,50	147,56	214,64	241,47	140,81	204,82	230,42
	II	3 250,41	178,77	260,03	292,53	II	3 250,41	172,02	250,22	281,49	165,27	240,40	270,45	158,53	230,60	259,42	151,79	220,78	248,38	145,04	210,97	237,34	138,30	201,16	226,31
	III	2 615,16	143,83	209,21	235,36	III	2 615,16	137,08	199,40	224,32	130,34	189,58	213,28	123,63	179,82	202,30	117,04	170,25	191,53	110,59	160,86	180,97	104,27	151,66	170,62
	V	3 710,75	204,09	296,86	333,96	IV	3 296,16	177,91	258,78	291,13	174,54	253,88	285,62	171,17	248,98	280,10	167,80	244,07	274,58	164,42	239,16	269,06	161,05	234,26	263,54
	VI	3 744,25	205,93	299,54	336,98																				
10 091,99 West	I,IV	3 284,58	180,65	262,76	295,61	I	3 284,58	173,90	252,95	284,57	167,15	243,14	273,53	160,41	233,33	262,49	153,67	223,52	251,46	146,92	213,70	240,41	140,18	203,90	229,38
	II	3 238,75	178,13	259,10	291,48	II	3 238,75	171,38	249,29	280,45	164,64	239,48	269,41	157,89	229,66	258,37	151,15	219,86	247,34	144,40	210,04	236,30	137,66	200,23	225,26
	III	2 603,50	143,19	208,28	234,31	III	2 603,50	136,44	198,46	223,27	129,69	188,65	212,23	123,—	178,92	201,28	116,43	169,36	190,53	109,99	159,98	179,98	103,67	150,80	169,65
	V	3 699,16	203,45	295,93	332,92	IV	3 284,58	177,27	257,86	290,09	173,90	252,95	284,57	170,53	248,04	279,05	167,15	243,14	273,53	163,79	238,24	268,02	160,41	233,33	262,49
	VI	3 732,58	205,29	298,60	335,93																				
10 091,99 Ost	I,IV	3 297,41	181,35	263,79	296,76	I	3 297,41	174,61	253,98	285,73	167,86	244,17	274,69	161,12	234,36	263,65	154,38	224,55	252,62	147,63	214,74	241,58	140,88	204,92	230,54
	II	3 251,66	178,84	260,13	292,64	II	3 251,66	172,09	250,32	281,61	165,35	240,51	270,57	158,60	230,70	259,53	151,85	220,88	248,49	145,11	211,08	237,46	138,37	201,26	226,42
	III	2 616,33	143,89	209,30	235,46	III	2 616,33	137,15	199,49	224,42	130,41	189,69	213,40	123,70	179,93	202,42	117,11	170,34	191,63	110,66	160,96	181,08	104,33	151,76	170,73
	V	3 712,—	204,16	296,96	334,08	IV	3 297,41	177,98	258,88	291,24	174,61	253,98	285,73	171,24	249,08	280,21	167,86	244,17	274,69	164,49	239,26	269,17	161,12	234,36	263,65
	VI	3 745,50	206,—	299,64	337,09																				
10 094,99 West	I,IV	3 285,83	180,72	262,86	295,72	I	3 285,83	173,97	253,05	284,68	167,23	243,24	273,65	160,48	233,43	262,61	153,73	223,62	251,57	146,99	213,80	240,53	140,25	204,—	229,50
	II	3 240,08	178,20	259,20	291,60	II	3 240,08	171,45	249,39	280,56	164,71	239,58	269,52	157,96	229,76	258,48	151,22	219,96	247,45	144,47	210,14	236,41	137,72	200,33	225,37
	III	2 604,66	143,25	208,37	234,41	III	2 604,66	136,51	198,57	223,39	129,77	188,76	212,35	123,07	179,01	201,38	116,49	169,45	190,63	110,05	160,08	180,09	103,73	150,89	169,75
	V	3 700,41	203,52	296,03	333,03	IV	3 285,83	177,34	257,96	290,20	173,97	253,05	284,68	170,60	248,14	279,16	167,23	243,24	273,65	163,85	238,34	268,13	160,48	233,43	262,61
	VI	3 733,83	205,36	298,70	336,04																				
10 094,99 Ost	I,IV	3 298,66	181,42	263,89	296,87	I	3 298,66	174,68	254,08	285,84	167,93	244,27	274,80	161,19	234,46	263,76	154,44	224,65	252,73	147,70	214,84	241,69	140,95	205,02	230,65
	II	3 252,91	178,91	260,23	292,76	II	3 252,91	172,16	250,42	281,72	165,42	240,61	270,68	158,67	230,80	259,65	151,92	220,98	248,60	145,18	211,18	237,57	138,43	201,36	226,53
	III	2 617,66	143,97	209,41	235,58	III	2 617,66	137,22	199,60	224,55	130,47	189,78	213,50	123,76	180,02	202,52	117,18	170,45	191,75	110,72	161,05	181,18	104,39	151,85	170,83
	V	3 713,25	204,22	297,06	334,19	IV	3 298,66	178,05	258,99	291,36	174,68	254,08	285,84	171,31	249,18	280,32	167,93	244,27	274,80	164,56	239,36	269,28	161,19	234,46	263,76
	VI	3 746,75	206,07	299,74	337,20																				
10 097,99 West	I,IV	3 287,08	180,78	262,96	295,83	I	3 287,08	174,04	253,15	284,79	167,30	243,34	273,76	160,55	233,53	262,72	153,80	223,72	251,68	147,06	213,91	240,65	140,31	204,10	229,61
	II	3 241,33	178,27	259,30	291,71	II	3 241,33	171,52	249,49	280,67	164,78	239,68	269,64	158,03	229,87	258,60	151,29	220,06	247,56	144,54	210,24	236,52	137,80	200,44	225,49
	III	2 606,—	143,33	208,48	234,54	III	2 606,—	136,58	198,66	223,49	129,83	188,85	212,45	123,13	179,10	201,49	116,56	169,54	190,73	110,11	160,17	180,19	103,80	150,98	169,85
	V	3 701,66	203,59	296,13	333,14	IV	3 287,08	177,41	258,06	290,31	174,04	253,15	284,79	170,66	248,24	279,27	167,30	243,34	273,76	163,92	238,44	268,24	160,55	233,53	262,72
	VI	3 735,08	205,42	298,80	336,15																				
10 097,99 Ost	I,IV	3 300,—	181,50	264,—	297,—	I	3 300,—	174,75	254,18	285,95	168,—	244,37	274,91	161,26	234,56	263,88	154,51	224,75	252,84	147,77	214,94	241,80	141,02	205,12	230,76
	II	3 254,16	178,97	260,33	292,87	II	3 254,16	172,23	250,52	281,84	165,49	240,71	270,80	158,74	230,90	259,76	151,99	221,08	248,72	145,25	211,28	237,69	138,50	201,46	226,64
	III	2 618,83	144,03	209,50	235,69	III	2 618,83	137,28	199,69	224,65	130,55	189,89	213,62	123,84	180,13	202,64	117,25	170,54	191,86	110,78	161,14	181,28	104,46	151,94	170,93
	V	3 714,50	204,29	297,16	334,30	IV	3 300,—	178,12	259,09	291,47	174,75	254,18	285,95	171,38	249,28	280,44	168,—	244,37	274,91	164,63	239,46	269,39	161,26	234,56	263,88
	VI	3 748,—	206,14	299,84	337,32																				
10 100,99 West	I,IV	3 288,33	180,85	263,06	295,94	I	3 288,33	174,11	253,25	284,90	167,36	243,44	273,87	160,62	233,63	262,83	153,87	223,82	251,79	147,13	214,01	240,76	140,38	204,20	229,72
	II	3 242,58	178,34	259,40	291,83	II	3 242,58	171,59	249,59	280,79	164,84	239,78	269,75	158,10	229,97	258,71	151,36	220,16	247,68	144,61	210,34	236,63	137,87	200,54	225,60
	III	2 607,33	143,40	208,58	234,65	III	2 607,33	136,65	198,77	223,61	129,91	188,96	212,58	123,20	179,21	201,61	116,62	169,64	190,84	110,18	160,26	180,29	103,86	151,08	169,96
	V	3 702,91	203,66	296,23	333,26	IV	3 288,33	177,48	258,16	290,43	174,11	253,25	284,90	170,74	248,35	279,39	167,36	243,44	273,87	163,99	238,54	268,35	160,62	233,63	262,83
	VI	3 736,33	205,49	298,90	336,26																				
10 100,99 Ost	I,IV	3 301,25	181,56	264,10	297,11	I	3 301,25	174,82	254,28	286,07	168,07	244,47	275,03	161,33	234,66	263,99	154,58	224,85	252,95	147,84	215,04	241,92	141,09	205,23	230,88
	II	3 255,41	179,04	260,43	292,98	II	3 255,41	172,30	250,62	281,95	165,55	240,81	270,91	158,81	231,—	259,87	152,07	221,19	248,84	145,32	211,38	237,80	138,57	201,56	226,76
	III	2 620,16	144,10	209,61	235,81	III	2 620,16	137,36	199,80	224,77	130,61	189,98	213,73	123,90	180,22	202,75	117,31	170,64	191,97	110,85	161,24	181,39	104,52	152,04	171,04
	V	3 715,75	204,36	297,26	334,41	IV	3 301,25	178,19	259,19	291,59	174,82	254,28	286,07	171,44	249,38	280,55	168,07	244,47	275,03	164,70	239,56	269,51	161,33	234,66	263,99
	VI	3 749,25	206,20	299,94	337,43																				
10 103,99 West	I,IV	3 289,58	180,92	263,16	296,06	I	3 289,58	174,18	253,36	285,03	167,43	243,54	273,98	160,69	233,73	262,94	153,94	223,92	251,91	147,20	214,11	240,87	140,45	204,30	229,83
	II	3 243,83	178,41	259,50	291,94	II	3 243,83	171,66	249,69	280,90	164,92	239,88	269,87	158,17	230,07	258,83	151,42	220,26	247,79	144,68	210,44	236,75	137,94	200,64	225,72
	III	2 608,50	143,46	208,68	234,76	III	2 608,50	136,72	198,86	223,72	129,97	189,05	212,68	123,27	179,30	201,71	116,70	169,74	190,96	110,24	160,36	180,40	103,93	151,17	170,06
	V	3 704,16	203,72	296,33	333,37	IV	3 289,58	177,55	258,26	290,54	174,18	253,36	285,03	170,81	248,45	279,50	167,43	243,54	273,98	164,06	238,64	268,47	160,69	233,73	262,94
	VI	3 737,66	205,57	299,01	336,38																				
10 103,99 Ost	I,IV	3 302,50	181,63	264,20	297,22	I	3 302,50	174,89	254,38	286,18	168,14	244,57	275,14	161,40	234,76	264,11	154,65	224,95	253,07	147,90	215,14	242,03	141,16	205,33	230,99
	II	3 256,66	179,11	260,53	293,09	II	3 256,66	172,37	250,72	282,06	165,62	240,91	271,02	158,88	231,10	259,98	152,13	221,29	248,95	145,39	211,48	237,91	138,64	201,66	226,87
	III	2 621,33	144,17	209,70	235,91	III	2 621,33	137,43	199,90	224,89	130,68	190,09	213,85	123,97	180,32	202,86	117,37	170,73	192,07	110,92	161,34	181,51	104,59	152,13	171,14
	V	3 717,08	204,43	297,36	334,53	IV	3 302,50	178,26	259,29	291,70	174,89	254,38	286,18	171,51	249,48	280,66	168,14	244,57	275,14	164,77	239,67	269,63	161,40	234,76	264,11
	VI	3 750,50	206,27	300,04	337,54																				

* Die ausgewiesenen Tabellenwerte sind amtlich. Siehe Erläuterungen auf der Umschlaginnenseite (U2).

Lohn/ Gehalt bis €*		I – VI				I, II, III, IV																			
			ohne Kinderfreibeträge					mit Zahl der Kinderfreibeträge . . .																	
								0,5			1			1,5			2			2,5			3		
		LSt	SolZ	8%	9%		LSt	SolZ	8%	9%	SolZ	8%	9%	SolZ	8%	9%	SolZ	8%	9%	SolZ	8%	9%	SolZ	8%	9%
10 106,99 West	I,IV	3 290,83	180,99	263,26	296,17	I	3 290,83	174,25	253,46	285,14	167,50	243,64	274,10	160,76	233,83	263,06	154,01	224,02	252,02	147,27	214,21	240,98	140,52	204,40	229,95
	II	3 245,08	178,47	259,60	292,05	II	3 245,08	171,73	249,79	281,01	164,99	239,98	269,98	158,24	230,17	258,94	151,49	220,36	247,90	144,75	210,55	236,87	138,—	200,74	225,83
	III	2 609,83	143,54	208,78	234,88	III	2 609,83	136,79	198,97	223,84	130,04	189,16	212,80	123,34	179,41	201,83	116,76	169,84	191,07	110,31	160,45	180,50	103,99	151,26	170,17
	V	3 705,41	203,79	296,43	333,48	IV	3 290,83	177,62	258,36	290,66	174,25	253,46	285,14	170,88	248,55	279,62	167,50	243,64	274,10	164,13	238,74	268,58	160,76	233,83	263,06
	VI	3 738,91	205,64	299,11	336,50																				
10 106,99 Ost	I,IV	3 303,75	181,70	264,30	297,33	I	3 303,75	174,95	254,48	286,29	168,21	244,68	275,26	161,47	234,86	264,22	154,72	225,05	253,18	147,98	215,24	242,15	141,23	205,43	231,11
	II	3 258,—	179,19	260,64	293,22	II	3 258,—	172,44	250,82	282,17	165,69	241,01	271,13	158,95	231,20	260,10	152,20	221,39	249,06	145,46	211,58	238,02	138,71	201,76	226,98
	III	2 622,66	144,24	209,81	236,03	III	2 622,66	137,50	200,—	225,—	130,75	190,18	213,95	124,04	180,42	202,97	117,45	170,84	192,19	110,99	161,44	181,62	104,65	152,22	171,25
	V	3 718,33	204,50	297,46	334,64	IV	3 303,75	178,33	259,39	291,81	174,95	254,48	286,29	171,58	249,58	280,77	168,21	244,68	275,26	164,84	239,77	269,74	161,47	234,86	264,22
	VI	3 751,75	206,34	300,14	337,65																				
10 109,99 West	I,IV	3 292,08	181,06	263,36	296,28	I	3 292,08	174,32	253,56	285,25	167,57	243,74	274,21	160,82	233,93	263,17	154,08	224,12	252,14	147,34	214,31	241,10	140,59	204,50	230,06
	II	3 246,33	178,54	259,70	292,16	II	3 246,33	171,80	249,89	281,12	165,05	240,08	270,09	158,31	230,27	259,05	151,56	220,46	248,01	144,82	210,65	236,98	138,07	200,84	225,94
	III	2 611,—	143,60	208,88	234,99	III	2 611,—	136,85	199,06	223,94	130,12	189,26	212,92	123,41	179,50	201,94	116,82	169,93	191,17	110,38	160,56	180,63	104,06	151,36	170,28
	V	3 706,66	203,86	296,53	333,59	IV	3 292,08	177,69	258,46	290,77	174,32	253,56	285,25	170,94	248,65	279,73	167,57	243,74	274,21	164,20	238,84	268,69	160,82	233,93	263,17
	VI	3 740,16	205,70	299,21	336,61																				
10 109,99 Ost	I,IV	3 305,—	181,77	264,40	297,45	I	3 305,—	175,02	254,58	286,40	168,28	244,78	275,37	161,53	234,96	264,33	154,79	225,15	253,29	148,05	215,34	242,26	141,30	205,53	231,22
	II	3 259,25	179,25	260,74	293,33	II	3 259,25	172,51	250,92	282,29	165,76	241,11	271,25	159,02	231,30	260,21	152,27	221,49	249,17	145,53	211,68	238,14	138,78	201,87	227,10
	III	2 624,—	144,32	209,92	236,16	III	2 624,—	137,57	200,10	225,11	130,82	190,29	214,07	124,10	180,52	203,08	117,51	170,93	192,29	111,05	161,53	181,72	104,72	152,32	171,36
	V	3 719,58	204,57	297,56	334,76	IV	3 305,—	178,40	259,49	291,92	175,02	254,58	286,40	171,65	249,68	280,89	168,28	244,78	275,37	164,91	239,87	269,85	161,53	234,96	264,33
	VI	3 753,—	206,41	300,24	337,77																				
10 112,99 West	I,IV	3 293,41	181,13	263,47	296,40	I	3 293,41	174,39	253,66	285,36	167,64	243,84	274,32	160,90	234,04	263,29	154,15	224,22	252,25	147,40	214,41	241,21	140,66	204,60	230,18
	II	3 247,58	178,61	259,80	292,28	II	3 247,58	171,87	250,—	281,25	165,12	240,18	270,20	158,38	230,37	259,16	151,63	220,56	248,13	144,89	210,75	237,09	138,14	200,94	226,05
	III	2 612,33	143,67	208,98	235,10	III	2 612,33	136,93	199,17	224,06	130,18	189,36	213,03	123,48	179,61	202,06	116,90	170,04	191,29	110,44	160,65	180,73	104,12	151,45	170,38
	V	3 707,91	203,93	296,63	333,71	IV	3 293,41	177,76	258,56	290,88	174,39	253,66	285,36	171,01	248,75	279,84	167,64	243,84	274,32	164,27	238,94	268,80	160,90	234,04	263,29
	VI	3 741,41	205,77	299,31	336,72																				
10 112,99 Ost	I,IV	3 306,25	181,84	264,50	297,56	I	3 306,25	175,09	254,68	286,52	168,35	244,88	275,49	161,60	235,06	264,44	154,86	225,25	253,40	148,11	215,44	242,37	141,37	205,63	231,33
	II	3 260,50	179,32	260,84	293,44	II	3 260,50	172,58	251,02	282,40	165,83	241,21	271,36	159,09	231,40	260,33	152,34	221,59	249,29	145,59	211,78	238,25	138,85	201,97	227,21
	III	2 625,16	144,38	210,01	236,26	III	2 625,16	137,63	200,20	225,22	130,89	190,38	214,18	124,18	180,62	203,20	117,58	171,02	192,40	111,11	161,62	181,82	104,78	152,41	171,46
	V	3 720,83	204,64	297,66	334,87	IV	3 306,25	178,47	259,59	292,04	175,09	254,68	286,52	171,72	249,78	281,—	168,35	244,88	275,49	164,98	239,97	269,96	161,60	235,06	264,44
	VI	3 754,25	206,48	300,34	337,88																				
10 115,99 West	I,IV	3 294,66	181,20	263,57	296,51	I	3 294,66	174,46	253,76	285,48	167,71	243,94	274,43	160,97	234,14	263,40	154,22	224,32	252,36	147,47	214,51	241,32	140,73	204,70	230,29
	II	3 248,83	178,68	259,90	292,39	II	3 248,83	171,94	250,10	281,36	165,19	240,28	270,32	158,45	230,47	259,28	151,70	220,66	248,24	144,96	210,85	237,20	138,21	201,04	226,17
	III	2 613,50	143,74	209,08	235,21	III	2 613,50	137,—	199,28	224,19	130,25	189,46	213,14	123,54	179,70	202,16	116,96	170,13	191,39	110,51	160,74	180,83	104,18	151,54	170,48
	V	3 709,25	204,—	296,74	333,83	IV	3 294,66	177,83	258,66	290,99	174,46	253,76	285,48	171,08	248,85	279,95	167,71	243,94	274,43	164,34	239,04	268,92	160,97	234,14	263,40
	VI	3 742,66	205,84	299,41	336,83																				
10 115,99 Ost	I,IV	3 307,50	181,91	264,60	297,67	I	3 307,50	175,17	254,79	286,64	168,42	244,98	275,60	161,67	235,16	264,56	154,93	225,36	253,53	148,18	215,54	242,48	141,44	205,73	231,44
	II	3 261,75	179,39	260,94	293,55	II	3 261,75	172,64	251,12	282,51	165,90	241,32	271,48	159,16	231,50	260,44	152,41	221,69	249,40	145,67	211,88	238,37	138,92	202,07	227,33
	III	2 626,50	144,45	210,12	236,38	III	2 626,50	137,71	200,30	225,34	130,96	190,49	214,30	124,24	180,72	203,31	117,65	171,13	192,52	111,18	161,72	181,93	104,84	152,50	171,56
	V	3 722,08	204,71	297,76	334,98	IV	3 307,50	178,53	259,69	292,15	175,17	254,79	286,64	171,79	249,88	281,12	168,42	244,98	275,60	165,05	240,07	270,08	161,67	235,16	264,56
	VI	3 755,58	206,55	300,44	338,—																				
10 118,99 West	I,IV	3 295,91	181,27	263,67	296,63	I	3 295,91	174,52	253,86	285,59	167,78	244,04	274,55	161,04	234,24	263,52	154,29	224,42	252,47	147,54	214,61	241,43	140,80	204,80	230,40
	II	3 250,08	178,75	260,—	292,50	II	3 250,08	172,01	250,20	281,47	165,26	240,38	270,43	158,51	230,57	259,39	151,77	220,76	248,36	145,03	210,95	237,32	138,28	201,14	226,28
	III	2 614,83	143,81	209,18	235,33	III	2 614,83	137,06	199,37	224,29	130,32	189,56	213,25	123,62	179,81	202,28	117,03	170,22	191,50	110,57	160,84	180,94	104,25	151,64	170,59
	V	3 710,50	204,07	296,84	333,94	IV	3 295,91	177,90	258,76	291,11	174,52	253,86	285,59	171,15	248,95	280,07	167,78	244,04	274,55	164,41	239,14	269,03	161,04	234,24	263,52
	VI	3 743,91	205,91	299,51	336,95																				
10 118,99 Ost	I,IV	3 308,75	181,98	264,70	297,78	I	3 308,75	175,23	254,89	286,75	168,49	245,08	275,71	161,74	235,26	264,67	155,—	225,46	253,64	148,25	215,64	242,60	141,51	205,83	231,56
	II	3 263,—	179,46	261,04	293,67	II	3 263,—	172,71	251,22	282,62	165,97	241,42	271,59	159,22	231,60	260,55	152,48	221,79	249,51	145,74	211,98	238,48	138,99	202,17	227,44
	III	2 627,66	144,52	210,21	236,48	III	2 627,66	137,77	200,40	225,45	131,03	190,60	214,42	124,31	180,82	203,42	117,71	171,22	192,62	111,24	161,81	182,03	104,91	152,60	171,67
	V	3 723,33	204,78	297,86	335,09	IV	3 308,75	178,61	259,80	292,27	175,23	254,89	286,75	171,86	249,98	281,23	168,49	245,08	275,71	165,11	240,17	270,19	161,74	235,26	264,67
	VI	3 756,83	206,62	300,54	338,11																				
10 121,99 West	I,IV	3 297,16	181,34	263,77	296,74	I	3 297,16	174,59	253,96	285,70	167,85	244,15	274,67	161,10	234,34	263,63	154,36	224,52	252,59	147,62	214,72	241,56	140,87	204,90	230,51
	II	3 251,41	178,82	260,11	292,62	II	3 251,41	172,08	250,30	281,58	165,33	240,48	270,54	158,59	230,68	259,51	151,84	220,86	248,47	145,09	211,05	237,43	138,35	201,24	226,40
	III	2 616,16	143,88	209,29	235,45	III	2 616,16	137,14	199,48	224,41	130,39	189,66	213,37	123,68	179,90	202,39	117,10	170,33	191,62	110,64	160,93	181,04	104,31	151,73	170,69
	V	3 711,75	204,14	296,94	334,05	IV	3 297,16	177,97	258,86	291,22	174,59	253,96	285,70	171,22	249,05	280,18	167,85	244,15	274,67	164,48	239,24	269,15	161,10	234,34	263,63
	VI	3 745,16	205,98	299,61	337,06																				
10 121,99 Ost	I,IV	3 310,08	182,05	264,80	297,90	I	3 310,08	175,30	254,99	286,86	168,56	245,18	275,82	161,81	235,36	264,78	155,07	225,56	253,75	148,32	215,74	242,71	141,57	205,93	231,67
	II	3 264,25	179,53	261,14	293,78	II	3 264,25	172,78	251,32	282,74	166,04	241,52	271,71	159,29	231,70	260,66	152,55	221,89	249,62	145,80	212,08	238,59	139,06	202,27	227,55
	III	2 629,—	144,59	210,32	236,61	III	2 629,—	137,84	200,50	225,56	131,10	190,69	214,52	124,38	180,92	203,53	117,78	171,32	192,73	111,32	161,92	182,16	104,97	152,69	171,77
	V	3 724,58	204,85	297,96	335,21	IV	3 310,08	178,68	259,90	292,38	175,30	254,99	286,86	171,93	250,08	281,34	168,56	245,18	275,82	165,18	240,27	270,30	161,81	235,36	264,78
	VI	3 758,08	206,69	300,64	338,22																				
10 124,99 West	I,IV	3 298,41	181,41	263,87	296,85	I	3 298,41	174,66	254,06	285,81	167,92	244,25	274,78	161,17	234,44	263,74	154,43	224,62	252,70	147,68	214,82	241,67	140,94	205,—	230,63
	II	3 252,66	178,89	260,21	292,73	II	3 252,66	172,15	250,40	281,70	165,40	240,58	270,65	158,66	230,78	259,62	151,91	220,96	248,58	145,16	211,15	237,54	138,42	201,34	226,51
	III	2 617,33	143,95	209,38	235,55	III	2 617,33	137,20	199,57	224,51	130,46	189,76	213,48	123,75	180,—	202,50	117,16	170,42	191,72	110,70	161,02	181,15	104,38	151,82	170,80
	V	3 713,—	204,21	297,04	334,17	IV	3 298,41	178,03	258,96	291,33	174,66	254,06	285,81	171,29	249,16	280,30	167,92	244,25	274,78	164,55	239,34	269,26	161,17	234,44	263,74
	VI	3 746,41	206,05	299,71	337,17																				
10 124,99 Ost	I,IV	3 311,33	182,12	264,90	298,01	I	3 311,33	175,37	255,09	286,97	168,63	245,28	275,94	161,88	235,47	264,90	155,14	225,66	253,86	148,39	215,84	242,82	141,65	206,04	231,79
	II	3 265,50	179,60	261,24	293,89	II	3 265,50	172,86	251,43	282,86	166,11	241,62	271,82	159,36	231,80	260,78	152,62	222,—	249,75	145,87	212,18	238,70	139,13	202,37	227,66
	III	2 630,16	144,65	210,41	236,71	III	2 630,16	137,92	200,61	225,68	131,17	190,80	214,65	124,45	181,02	203,65	117,85	171,42	192,85	111,38	162,01	182,26	105,04	152,78	171,88
	V	3 725,83	204,92	298,06	335,32	IV	3 311,33	178,75	260,—	292,50	175,37	255,09	286,97	172,—	250,18	281,45	168,63	245,28	275,94	165,25	240,37	270,41	161,88	235,47	264,90
	VI	3 759,33	206,76	300,74	338,33																				
10 127,99 West	I,IV	3 299,66	181,48	263,97	296,96	I	3 299,66	174,73	254,16	285,93	167,99	244,35	274,89	161,24	234,54	263,85	154,49	224,72	252,81	147,75	214,92	241,78	141,01	205,10	230,74
	II	3 253,91	178,96	260,31	292,85	II	3 253,91	172,21	250,50	281,81	165,47	240,68	270,77	158,73	230,88	259,74	151,98	221,06	248,69	145,23	211,25	237,65	138,49	201,44	226,62
	III	2 618,66	144,02	209,49	235,67	III	2 618,66	137,28	199,68	224,64	130,53	189,86	213,59	123,82	180,10	202,61	117,23	170,52	191,83	110,77	161,13	181,27	104,44	151,92	170,91
	V	3 714,25	204,28	297,14	334,28	IV	3 299,66	178,10	259,06	291,44	174,73	254,16	285,93	171,36	249,26	280,41	167,99	244,35	274,89	164,61	239,44	269,37	161,24	234,54	263,85
	VI	3 747,75	206,12	299,82	337,29																				
10 127,99 Ost	I,IV	3 312,58	182,19	265,—	298,13	I	3 312,58	175,44	255,19	287,09	168,69	245,38	276,05	161,95	235,57	265,01	155,21	225,76	253,98	148,46	215,94	242,93	141,72	206,14	231,90
	II	3 266,75	179,67	261,34	294,—	II	3 266,75	172,92	251,53	282,97	166,18	241,72	271,93	159,43	231,90	260,89	152,69	222,10	249,86	145,94	212,28	238,82	139,20	202,47	227,78
	III	2 631,50	144,73	210,52	236,83	III	2 631,50	137,98	200,70	225,79	131,23	190,89	214,75	124,52	181,12	203,76	117,92	171,52	192,96	111,44	162,10	182,36	105,10	152,88	171,99
	V	3 727,16	204,99	298,17	335,44	IV	3 312,58	178,81	260,10	292,61	175,44	255,19	287,09	172,07	250,28	281,57	168,69	245,38	276,05	165,33	240,48	270,54	161,95	235,57	265,01
	VI	3 760,58	206,83	300,84	338,45																				

Table title: Abzüge an Lohnsteuer, Solidaritätszuschlag (SolZ) und Kirchensteuer (8%, 9%) in den Steuerklassen

*** Die ausgewiesenen Tabellenwerte sind amtlich. Siehe Erläuterungen auf der Umschlaginnenseite (U2).**

MONAT 10 128,–*

Lohn/ Gehalt bis €*	Abzüge an Lohnsteuer, Solidaritätszuschlag (SolZ) und Kirchensteuer (8%, 9%) in den Steuerklassen I – VI					I, II, III, IV																			
		ohne Kinderfreibeträge					mit Zahl der Kinderfreibeträge . . .																		
								0,5			1			1,5			2			2,5			3		
		LSt	SolZ	8%	9%		LSt	SolZ	8%	9%	SolZ	8%	9%	SolZ	8%	9%	SolZ	8%	9%	SolZ	8%	9%	SolZ	8%	9%
10 130,99 West	I,IV	3 300,91	181,55	264,07	297,08	I	3 300,91	174,80	254,26	286,04	168,06	244,45	275,—	161,31	234,64	263,97	154,57	224,83	252,93	147,82	215,02	241,89	141,07	205,20	230,85
	II	3 255,16	179,03	260,41	292,96	II	3 255,16	172,28	250,60	281,92	165,54	240,79	270,89	158,79	230,98	259,85	152,05	221,16	248,81	145,31	211,36	237,78	138,56	201,54	226,73
	III	2 619,83	144,09	209,58	235,78	III	2 619,83	137,34	199,77	224,74	130,60	189,97	213,71	123,88	180,20	202,72	117,30	170,62	191,95	110,84	161,22	181,37	104,50	152,01	171,01
	V	3 715,50	204,35	297,24	334,39	IV	3 300,91	178,17	259,16	291,56	174,80	254,26	286,04	171,43	249,36	280,53	168,06	244,45	275,—	164,68	239,54	269,48	161,31	234,64	263,97
	VI	3 749,—	206,19	299,92	337,41																				
10 130,99 Ost	I,IV	3 313,83	182,26	265,10	298,24	I	3 313,83	175,51	255,29	287,20	168,77	245,48	276,17	162,02	235,67	265,13	155,27	225,86	254,09	148,53	216,04	243,05	141,79	206,24	232,02
	II	3 268,08	179,74	261,44	294,12	II	3 268,08	172,99	251,63	283,08	166,25	241,82	272,04	159,50	232,—	261,—	152,76	222,20	249,97	146,01	212,38	238,93	139,26	202,57	227,89
	III	2 632,66	144,79	210,61	236,93	III	2 632,66	138,05	200,81	225,91	131,31	191,—	214,87	124,59	181,22	203,87	117,98	171,61	193,06	111,51	162,20	182,47	105,16	152,97	172,09
	V	3 728,41	205,06	298,27	335,55	IV	3 313,83	178,88	260,20	292,72	175,51	255,29	287,20	172,14	250,38	281,68	168,77	245,48	276,17	165,39	240,58	270,65	162,02	235,67	265,13
	VI	3 761,83	206,90	300,94	338,56																				
10 133,99 West	I,IV	3 302,16	181,61	264,17	297,19	I	3 302,16	174,87	254,36	286,16	168,13	244,55	275,12	161,38	234,74	264,08	154,64	224,93	253,04	147,89	215,12	242,01	141,14	205,30	230,96
	II	3 256,41	179,10	260,51	293,07	II	3 256,41	172,35	250,70	282,03	165,61	240,89	271,—	158,86	231,08	259,96	152,12	221,26	248,92	145,37	211,46	237,89	138,63	201,64	226,85
	III	2 621,16	144,16	209,69	235,90	III	2 621,16	137,41	199,88	224,86	130,67	190,06	213,82	123,96	180,30	202,84	117,37	170,72	192,06	110,90	161,32	181,48	104,57	152,10	171,11
	V	3 716,75	204,42	297,34	334,50	IV	3 302,16	178,25	259,27	291,68	174,87	254,36	286,16	171,50	249,46	280,64	168,13	244,55	275,12	164,75	239,64	269,60	161,38	234,74	264,08
	VI	3 750,25	206,26	300,02	337,52																				
10 133,99 Ost	I,IV	3 315,08	182,32	265,20	298,35	I	3 315,08	175,58	255,39	287,31	168,84	245,58	276,28	162,09	235,77	265,24	155,34	225,96	254,20	148,60	216,15	243,17	141,85	206,34	232,13
	II	3 269,33	179,81	261,54	294,23	II	3 269,33	173,06	251,73	283,19	166,32	241,92	272,16	159,57	232,11	261,12	152,83	222,30	250,08	146,08	212,48	239,04	139,34	202,68	228,01
	III	2 634,—	144,87	210,72	237,06	III	2 634,—	138,12	200,90	226,01	131,37	191,09	214,97	124,65	181,32	203,98	118,05	171,72	193,18	111,57	162,29	182,57	105,23	153,06	172,19
	V	3 729,66	205,13	298,37	335,66	IV	3 315,08	178,95	260,30	292,83	175,58	255,39	287,31	172,20	250,48	281,79	168,84	245,58	276,28	165,46	240,68	270,76	162,09	235,77	265,24
	VI	3 763,08	206,96	301,04	338,67																				
10 136,99 West	I,IV	3 303,50	181,69	264,28	297,31	I	3 303,50	174,94	254,46	286,27	168,19	244,65	275,23	161,45	234,84	264,20	154,71	225,03	253,16	147,96	215,22	242,12	141,21	205,40	231,08
	II	3 257,66	179,17	260,61	293,18	II	3 257,66	172,42	250,80	282,15	165,68	240,99	271,11	158,93	231,18	260,07	152,18	221,36	249,03	145,44	211,56	238,—	138,70	201,74	226,96
	III	2 622,33	144,22	209,78	236,—	III	2 622,33	137,48	199,97	224,96	130,74	190,17	213,94	124,02	180,40	202,95	117,43	170,81	192,16	110,97	161,41	181,58	104,63	152,20	171,22
	V	3 718,—	204,49	297,44	334,62	IV	3 303,50	178,31	259,37	291,79	174,94	254,46	286,27	171,57	249,56	280,75	168,19	244,65	275,23	164,82	239,74	269,71	161,45	234,84	264,20
	VI	3 751,50	206,33	300,12	337,63																				
10 136,99 Ost	I,IV	3 316,33	182,39	265,30	298,46	I	3 316,33	175,65	255,49	287,42	168,90	245,68	276,39	162,16	235,87	265,35	155,41	226,06	254,31	148,67	216,25	243,28	141,92	206,44	232,24
	II	3 270,58	179,88	261,64	294,35	II	3 270,58	173,13	251,83	283,31	166,38	242,02	272,27	159,64	232,21	261,23	152,90	222,40	250,20	146,15	212,58	239,15	139,41	202,78	228,12
	III	2 635,33	144,94	210,82	237,17	III	2 635,33	138,19	201,01	226,13	131,45	191,20	215,10	124,73	181,42	204,10	118,12	171,81	193,28	111,65	162,40	182,70	105,29	153,16	172,30
	V	3 730,91	205,20	298,47	335,78	IV	3 316,33	179,02	260,40	292,95	175,65	255,49	287,42	172,28	250,59	281,91	168,90	245,68	276,39	165,53	240,78	270,87	162,16	235,87	265,35
	VI	3 764,33	207,03	301,14	338,78																				
10 139,99 West	I,IV	3 304,75	181,76	264,38	297,42	I	3 304,75	175,01	254,56	286,38	168,26	244,75	275,34	161,52	234,94	264,31	154,77	225,13	253,27	148,03	215,32	242,23	141,29	205,51	231,20
	II	3 258,91	179,24	260,71	293,30	II	3 258,91	172,49	250,90	282,26	165,75	241,09	271,22	159,—	231,28	260,19	152,26	221,47	249,15	145,51	211,66	238,11	138,76	201,84	227,07
	III	2 623,66	144,30	209,89	236,12	III	2 623,66	137,55	200,08	225,09	130,80	190,26	214,04	124,09	180,50	203,06	117,49	170,90	192,26	111,03	161,50	181,69	104,70	152,29	171,32
	V	3 719,25	204,55	297,54	334,73	IV	3 304,75	178,38	259,47	291,90	175,01	254,56	286,38	171,64	249,66	280,86	168,26	244,75	275,34	164,89	239,84	269,82	161,52	234,94	264,31
	VI	3 752,75	206,40	300,22	337,74																				
10 139,99 Ost	I,IV	3 317,58	182,46	265,40	298,58	I	3 317,58	175,72	255,60	287,55	168,97	245,78	276,50	162,23	235,97	265,46	155,48	226,16	254,43	148,74	216,35	243,39	141,99	206,54	232,35
	II	3 271,83	179,95	261,74	294,46	II	3 271,83	173,20	251,93	283,42	166,46	242,12	272,39	159,71	232,31	261,35	152,96	222,50	250,31	146,22	212,68	239,27	139,48	202,88	228,24
	III	2 636,50	145,—	210,92	237,28	III	2 636,50	138,26	201,10	226,24	131,51	191,29	215,20	124,79	181,52	204,21	118,18	171,90	193,39	111,71	162,49	182,80	105,36	153,25	172,40
	V	3 732,16	205,26	298,57	335,89	IV	3 317,58	179,09	260,50	293,06	175,72	255,60	287,55	172,35	250,69	282,02	168,97	245,78	276,50	165,60	240,88	270,99	162,23	235,97	265,46
	VI	3 765,66	207,11	301,25	338,90																				
10 142,99 West	I,IV	3 306,—	181,83	264,48	297,54	I	3 306,—	175,08	254,66	286,49	168,33	244,85	275,45	161,59	235,04	264,42	154,84	225,23	253,38	148,10	215,42	242,34	141,35	205,61	231,31
	II	3 260,16	179,30	260,81	293,41	II	3 260,16	172,56	251,—	282,38	165,82	241,19	271,34	159,07	231,38	260,30	152,33	221,57	249,26	145,58	211,76	238,23	138,83	201,94	227,18
	III	2 624,83	144,36	209,98	236,23	III	2 624,83	137,62	200,18	225,20	130,88	190,37	214,16	124,16	180,60	203,17	117,57	171,01	192,38	111,10	161,60	181,80	104,76	152,38	171,43
	V	3 720,58	204,63	297,64	334,85	IV	3 306,—	178,45	259,57	292,01	175,08	254,66	286,49	171,71	249,76	280,98	168,33	244,85	275,45	164,96	239,95	269,94	161,59	235,04	264,42
	VI	3 754,—	206,47	300,32	337,86																				
10 142,99 Ost	I,IV	3 318,83	182,53	265,50	298,69	I	3 318,83	175,79	255,70	287,66	169,04	245,88	276,62	162,30	236,07	265,58	155,55	226,26	254,54	148,81	216,45	243,50	142,06	206,64	232,47
	II	3 273,08	180,01	261,84	294,57	II	3 273,08	173,27	252,03	283,53	166,53	242,22	272,50	159,78	232,41	261,46	153,03	222,60	250,42	146,29	212,79	239,39	139,54	202,98	228,35
	III	2 637,83	145,08	211,02	237,40	III	2 637,83	138,33	201,21	226,36	131,58	191,40	215,32	124,86	181,62	204,32	118,25	172,01	193,51	111,77	162,58	182,90	105,42	153,34	172,51
	V	3 733,41	205,33	298,67	336,—	IV	3 318,83	179,16	260,60	293,18	175,79	255,70	287,66	172,42	250,79	282,14	169,04	245,88	276,62	165,67	240,98	271,10	162,30	236,07	265,58
	VI	3 766,91	207,18	301,35	339,02																				
10 145,99 West	I,IV	3 307,25	181,89	264,58	297,65	I	3 307,25	175,15	254,76	286,61	168,41	244,96	275,58	161,66	235,14	264,53	154,91	225,33	253,49	148,17	215,52	242,46	141,42	205,71	231,42
	II	3 261,50	179,38	260,92	293,53	II	3 261,50	172,63	251,10	282,49	165,88	241,29	271,45	159,14	231,48	260,42	152,40	221,67	249,38	145,65	211,86	238,34	138,90	202,04	227,30
	III	2 626,16	144,43	210,09	236,35	III	2 626,16	137,69	200,28	225,31	130,94	190,46	214,27	124,23	180,70	203,29	117,63	171,10	192,49	111,17	161,70	181,91	104,83	152,48	171,54
	V	3 721,83	204,70	297,74	334,96	IV	3 307,25	178,52	259,67	292,13	175,15	254,76	286,61	171,77	249,86	281,09	168,41	244,96	275,58	165,03	240,05	270,05	161,66	235,14	264,53
	VI	3 755,25	206,53	300,42	337,97																				
10 145,99 Ost	I,IV	3 320,08	182,60	265,60	298,80	I	3 320,08	175,86	255,80	287,77	169,11	245,98	276,73	162,36	236,17	265,69	155,62	226,36	254,66	148,88	216,55	243,62	142,13	206,74	232,58
	II	3 274,33	180,08	261,94	294,68	II	3 274,33	173,34	252,13	283,64	166,59	242,32	272,61	159,85	232,51	261,57	153,10	222,70	250,53	146,36	212,89	239,50	139,61	203,08	228,46
	III	2 639,—	145,14	211,12	237,51	III	2 639,—	138,39	201,30	226,46	131,66	191,50	215,44	124,93	181,72	204,43	118,32	172,10	193,61	111,84	162,68	183,01	105,49	153,44	172,62
	V	3 734,66	205,40	298,77	336,11	IV	3 320,08	179,23	260,70	293,29	175,86	255,80	287,77	172,48	250,89	282,25	169,11	245,98	276,73	165,74	241,08	271,21	162,36	236,17	265,69
	VI	3 768,16	207,24	301,45	339,13																				
10 148,99 West	I,IV	3 308,50	181,96	264,68	297,76	I	3 308,50	175,22	254,86	286,72	168,47	245,06	275,69	161,73	235,24	264,65	154,98	225,43	253,61	148,24	215,62	242,57	141,49	205,81	231,53
	II	3 262,75	179,45	261,02	293,64	II	3 262,75	172,70	251,20	282,60	165,95	241,39	271,56	159,21	231,58	260,53	152,46	221,77	249,49	145,72	211,96	238,45	138,98	202,15	227,42
	III	2 627,50	144,51	210,20	236,47	III	2 627,50	137,76	200,38	225,43	131,01	190,57	214,39	124,30	180,80	203,40	117,70	171,20	192,60	111,23	161,80	182,02	104,89	152,57	171,64
	V	3 723,08	204,76	297,84	335,07	IV	3 308,50	178,59	259,77	292,24	175,22	254,86	286,72	171,85	249,96	281,21	168,47	245,06	275,69	165,10	240,15	270,17	161,73	235,24	264,65
	VI	3 756,50	206,60	300,52	338,08																				
10 148,99 Ost	I,IV	3 321,41	182,67	265,71	298,92	I	3 321,41	175,93	255,90	287,88	169,18	246,08	276,84	162,44	236,28	265,81	155,69	226,46	254,77	148,94	216,65	243,73	142,20	206,84	232,70
	II	3 275,58	180,15	262,04	294,80	II	3 275,58	173,41	252,24	283,77	166,66	242,42	272,72	159,92	232,61	261,68	153,17	222,80	250,65	146,43	212,99	239,61	139,68	203,18	228,57
	III	2 640,33	145,21	211,22	237,62	III	2 640,33	138,47	201,41	226,58	131,72	191,60	215,55	124,99	181,81	204,53	118,38	172,20	193,72	111,90	162,77	183,11	105,55	153,53	172,72
	V	3 735,91	205,47	298,87	336,23	IV	3 321,41	179,30	260,80	293,40	175,93	255,90	287,88	172,55	250,99	282,36	169,18	246,08	276,84	165,81	241,18	271,32	162,44	236,28	265,81
	VI	3 769,41	207,31	301,55	339,24																				

Für höhere Löhne/Gehälter können die Abzugsbeträge mit Hilfe der von Stollfuß Medien angebotenen Software „Gehalt und Lohn" ermittelt werden.

* Die ausgewiesenen Tabellenwerte sind amtlich. Siehe Erläuterungen auf der Umschlaginnenseite (U2).

Auf unsere Software ist Verlass!

Stotax Gehalt und Lohn 2011 ist die systemgeprüfte Software zur einfachen und effizienten Lohnabrechnung von Stollfuß

Besonders einfach
- Vorbelegung aller wichtigen Lohnarten
- Übersichtliche Auswertungen und Statistiken
- Intuitive Bedienung und zusätzlich leicht verständliche Erläuterungen aller Arbeitsschritte

Besonders günstig
- Unschlagbares Preis-/Leistungsverhältnis
- Viele Profifunktionen im Standardpreis enthalten: u.a. Beitragssatzpflege, Zeitverwaltung, Bescheinigungswesen

Mit Stotax Gehalt und Lohn sind Sie für die Neuerungen 2011 bestens gerüstet:
Die elektronischen AAG-Erstattungsanträge werden automatisch anhand der Entgeltabrechnungen ermittelt und mit einem Klick versendet. Das neue elektronische Zahlstellen-Meldeverfahren für Versorgungsempfänger (Betriebsrentner) geht ebenso leicht wie das bekannte normale SV-Meldeverfahren von der Hand.

Stotax Gehalt und Lohn ist einfach zu bedienen und garantiert durch seine Übersichtlichkeit für eine schnelle und übersichtliche Entgeltabrechnung.

RABATT-AKTION FÜR TABELLEN-BEZIEHER

Mit 80 Euro Preisvorteil ist jetzt der Umstieg auf Stotax Gehalt und Lohn 2011 so günstig wie noch nie!
Installieren Sie die Vollversion, die auf der CD-ROM „Stotax Gehalt und Lohn*Start*" enthalten ist und überzeugen Sie sich vom umfassenden Leistungsangebot ohne Beschränkung. Als Kunde der Steuertabellen oder des ABC des Lohnbüros erhalten Sie Stotax Gehalt und Lohn 2011 als Neukunde zu einem Neupreis von 19,90 € anstatt 99,90 €. Dazu einfach bei Ihrer Bestellung Ihre Kundennummer mitteilen.

Stotax Reisekosten ermöglicht korrektes und steuersparendes Abrechnen.

Stotax Reisekosten 2011 ist das ideale Tool für die schnelle, zeitsparende und bequeme Abrechnung von Reisekosten für beliebig viele Unternehmer, Freiberufler und Arbeitnehmer. Sämtliche aktuellen steuerlichen Vorschriften sind bereits berücksichtigt. Das Programm ermöglicht die Abrechnung von In- und Auslandreisen mit den steuerlichen Werten aller Staaten. Dies geschieht unter Berücksichtigung der Kostenarten Fahrtkosten, Übernachtungskosten, Verpflegungsmehraufwendungen und Reisenebenkosten. Der lohnsteuerpflichtige Anteil wird automatisch berechnet und ausgewiesen. Zusätzlich sind in dem Programm die Verwaltung für individuelle Spesengruppen und Dienstwagen enthalten sowie ein elektronisches Fahrtenbuch.

Alles in allem. Schnelle und bequeme Reisekostenabrechnung, umfangreiche Auswertungen, mit Stotax Gehalt und Lohn ist die Auszahlung über die Gehaltsabrechnung möglich.

BESTELLEN Sie jetzt
bei Ihrer Buchhandlung oder bei Stollfuß Medien
Fax: (0228) 72491181 | Kundenservice Tel.: 0228 724-0
E-Mail: bestellung@stollfuss.de
Versandkostenfrei im Internet unter www.stollfuss.de

ISBN: 978-3-08-333511-5 € 44,80 [D]

HYPNOFORCE

PHILIPPE MORANDO

SYNAMAIL